合同司法观点
总梳理系列

建设工程施工合同

09

纠纷处理司法观点
总梳理
（上册）

王　军／编著

法律出版社
LAW PRESS·CHINA
北京

图书在版编目(CIP)数据

建设工程施工合同纠纷处理司法观点总梳理 / 王军编著. -- 北京 : 法律出版社, 2024
ISBN 978-7-5197-8778-3

Ⅰ. ①建… Ⅱ. ①王… Ⅲ. ①建筑工程－工程施工－合同纠纷－处理－研究－中国 Ⅳ. ①D923.64

中国国家版本馆 CIP 数据核字(2024)第 026214 号

建设工程施工合同纠纷处理司法观点总梳理
JIANSHE GONGCHENG SHIGONG HETONG JIUFEN CHULI SIFA GUANDIAN ZONGSHULI

王 军 编著

策划编辑 朱海波 杨雨晴
责任编辑 朱海波 杨雨晴
装帧设计 汪奇峰 臧晓飞

出版发行 法律出版社
编辑统筹 法律应用出版分社
责任校对 似 玉
责任印制 刘晓伟
经 销 新华书店

开本 710 毫米×1000 毫米 1/16
印张 86.25 字数 1600 千
版本 2024 年 5 月第 1 版
印次 2024 年 5 月第 1 次印刷
印刷 三河市兴达印务有限公司

地址:北京市丰台区莲花池西里 7 号(100073)
网址:www.lawpress.com.cn
投稿邮箱:info@lawpress.com.cn
举报盗版邮箱:jbwq@lawpress.com.cn

销售电话:010-83938349
客服电话:010-83938350
咨询电话:010-63939796

书号:ISBN 978-7-5197-8778-3
定价(上、下册):298.00 元
凡购买本社图书,如有印装错误,我社负责退换。电话:010-83938349

序 言

契约更多称为合同,合同与人类社会的发展紧密相连,长期以来都在人们的生产生活中被广泛应用。特别是随着经济的发展和商业的繁荣,其合同适用范围和应用方式更为广泛、灵活和新颖。在当今社会生活中,合同使用的现象无处不在。人们生活、生产和商事活动中时时刻刻在自觉或不自觉中使用合同,其口头合同、书面合同、网上合同等合同形式千变万化,在其发生纠纷后认定困难。合同使用多,必然伴随着合同纠纷也多,合同纠纷在法院民事案件中的占比一直稳居榜首。这是应该更加持续关注和深入研究探讨的内在因素。建设工程施工合同纠纷案件事实认定及法律适用复杂,法律适用缺乏统一,案件上诉率高、二审发改率高、再审改判率高。建设工程专业技术性强,对于工程造价、质量鉴定、工期顺延、修复费用等诸多专门问题需要借助鉴定机构完成,以鉴代审问题仍为突出。建设工程施工合同纠纷往往涉及商品房买卖合同纠纷、民间借贷纠纷、以物抵债纠纷、执行异议之诉、劳动争议纠纷,关联性案件增多。建设工程施工合同纠纷特点,客观上需要加大对其研究分析,有助于正确认识建设工程合同的特殊性,妥善化解此类纠纷。

在民事法律实务图书市场,主要有三类书籍形式。第一类是裁判规则类,对民事纠纷归纳各类裁判规则,简单明确,让法官、律师和广大读者对号入座争议类型进行类案参考,节约大量时间,提高效率。但不容忽视的是,现实生活中鲜活的案例绝没有百分之百的等同,任何一个细节忽视都存在可能造成处理上的偏差,完全照搬规则受到一定限制。第二类是问答类,对司法实践中出现的疑难问题和多发争议,采用问答的形式,做出自己理解的解答,是很受欢迎的形式之一,但不可避免地因缺少鲜活案例诠释法律,容易造成理解上的偏差。第三类是依据法律条文的顺序进行编排,虽附有一定案例或对同一个问题也有一定案例辅助阐述,但现实社会生活对一个法条或同一个争议反映出争议纠纷呈现多样化,一个争议法院判决出现不同观点,执法尺度并不统一,呈现的面和深度并未能满足实际需求。笔者从检察院、法院再到退休后法律服务的阅历和几十年感悟,试图从另一类途径寻找出有用、实效的办法,从法律理解、法律适用、纠纷处理三个方面诠释鲜活案例反映的实际疑难纠纷。

本书针对建设工程涉及各领域的相关法律法规多，而不是一部法律法规适用之难点展开。现行建设工程相关法律规定较为原则和模糊，且因涉及法律规范较多，不同法律规范出台时间相隔较长，由于立法理念的变化、法律制度的革新，导致不同法律规范之间的相互冲突矛盾，势必影响法官判案评价合同执法尺度统一，基于上述背景和现状，确立了笔者编写的指导思想和本书的定位。笔者撷取建设工程施工合同司法实践中存在争议的热点、疑点、难点问题，以司法实践和理论相结合为基础进行探讨。本书坚持以问题为导向与纠纷案件处理思路相结合，对已生效的纠纷案件进行总结、梳理进而把握适用法律精髓。本书以现行法律规定和合同法理论为基础，对其建设工程合同纠纷中存在的问题选择某一部分重点探讨，未展开至该类合同纠纷的全部内容。在全书编写中笔者力争贯穿一个写作指导思想，即选材上的典型性、广泛性；使用上的实用性、方便性；效果上的准确性、有效性。笔者在思考并实践如何选择在生效判决中，注重研究对其纠纷裁判规则有效利用的方式和程度，使之对纠纷解决、理论的更新和发展起到更大的积极作用。2020 年 5 月 28 日《民法典》颁布后，最高人民法院在前两个建设工程合同解释的基础上，根据新形势、新情况制定了《建设工程解释（一）》提供了建设工程施工合同纠纷实务解决新依据、新路径。2023 年 12 月 4 日，最高人民法院公布了《民法典合同编通则解释》，本书亦吸收了该司法解释的最新规定和精神。需要提醒的是，本书正文论述部分引用的相关法律法规、司法解释等的名称和条文序号为图书出版时生效的规定。而选取的案例中，为体现案例说理和裁判的真实情况，其涉及的法律法规、司法解释等的名称和条文序号原则上为裁判生效时的相关规定，请读者朋友在参考时注意。

本书专题设计是以笔者认为的司法实践中多发争议和疑难问题确定纠纷类型，分为十四个专题。第一专题为建设工程施工合同篇，较为全面地介绍分析了建设工程施工合同一般性问题，如合同内容、合同关系、合同相对性等，以及未归进专题中的情势变更原则、利息、以物抵债等内容。其后依次分为施工合同主体、效力、责任、变更、解除、工期与验收、质量、价款优先受偿权、表见代理、鉴定、结算、实际施工人、程序等专题。在每一专题中，基本上是以该类专题理解、法律适用以及纠纷处理三大部分展开分析，便于读者有重点地查阅。围绕专题的纠纷类型特点且又进一步分类确定具体内涵，如建设工程施工合同结算纠纷，分为六大块即结算条件、原则、依据、特殊情形、无效合同结算和实际施工人结算，每一块针对实践中存在的问题和争议进行剖析，用 179 个案例佐证阐述。在每一专题三大部分之下，根据笔者要分析问题的多少划分若干细目并列入目录以供阅读。对其阐明的观点，均有一至三个案例实证。

本书有以下特点，（1）在本书中，笔者省略案情介绍部分直接提取其判决理由，突出生效判决的重点内涵，简明扼要且信息量大；注重实务处理路径，减少过于学术性的概念、术语的理论阐述，以及追求理论上的深度。(2)在每一专题中，笔者首先是确定该类纠纷的争议焦点，即从实务纠纷中选择多发和疑难的问题，然后依据现行法律和司法解释规定、民事理论，再辅之以最高人民法院公布或认可的案例，对其进行深入分析，力争使法律条文变为看得清、摸得着的鲜活的规则，希望能给法官、律师办理建设工程施工合同纠纷案件提供有价值的参考与借鉴。(3)本书载明分析的案例有1839个，以大容量展示建设工程施工合同纠纷案件裁判的形态。(4)笔者对生效判决中争议的焦点进行分类拆分梳理，而不是展现判决全部内容，尤其是对最高人民法院审理的案件和复杂疑难案件往往有几个争议焦点，对其多个争议焦点分别归置在笔者分类的专题中，力求实现笔者追求的对热点、疑点、难点研讨重点研讨的目标，减少重复或避免全部判决理由归置在一个规则下的不利因素，实现有限阅读和理解最大化。(5)在本书中，选择列出了就同一争议法院内部不同判决，有利于清醒客观认识现状，并提高进一步完善法律、取得共识、统一执法尺度的迫切性。

众所周知，“法律的生命不在于逻辑，而在于经验”。社会在发展，经济在发展，法律也随之发展，新的发展需要新的实践，新的经验，笔者也在随着社会、法律的发展，而不断地前进。社会实践的发展变化总是不断地拓展审判实践的视野，也为笔者拓展研究提供了新的素材、源泉。虽然笔者不断地刻苦学习，努力探索，但因水平有限，本书可能有诸多不足，恳请各位给予批评指正，使笔者能为法治建设、社会和谐作出自己应有的贡献。

王　军

2024年春节

法律法规简称表

全称	简称
《中华人民共和国民法典》	《民法典》
《中华人民共和国民事诉讼法》	《民事诉讼法》
《中华人民共和国公司法》	《公司法》
《中华人民共和国刑法》	《刑法》
《中华人民共和国劳动法》	《劳动法》
《中华人民共和国劳动合同法》	《劳动合同法》
《中华人民共和国保险法》	《保险法》
《中华人民共和国企业破产法》	《企业破产法》
《中华人民共和国消费者权益保护法》	《消费者权益保护法》
《最高人民法院关于适用〈中华人民共和国民法典〉总则编若干问题的解释》(法释〔2022〕6 号)	《民法典总则编解释》
《最高人民法院关于适用〈中华人民共和国民法典〉时间效力的若干规定》(法释〔2020〕15 号)	《民法典时间效力规定》
《最高人民法院关于适用〈中华人民共和国民法典〉合同编通则若干问题的解释》(法释〔2023〕13 号)	《民法典合同编通则解释》
《最高人民法院关于适用〈中华人民共和国民法典〉有关担保制度的解释》(法释〔2020〕28 号)	《民法典担保解释》
《最高人民法院关于审理民间借贷案件适用法律若干问题的规定》(2020 第二次修正)	《民间借贷规定》
《最高人民法院关于适用〈中华人民共和国民法典〉物权编的解释(一)》(法释〔2020〕24 号)	《民法典物权编解释(一)》
《最高人民法院关于适用〈中华人民共和国民法典〉婚姻家庭编的解释(一)》(法释〔2020〕22 号)	《民法典婚姻家庭编解释(一)》

续表

全称	简称
《最高人民法院关于适用〈中华人民共和国婚姻法〉若干问题的解释(三)》(法释〔2011〕18号)(已失效)	《婚姻法解释(三)》
《最高人民法院关于适用〈中华人民共和国婚姻法〉若干问题的解释(二)》(2017修正)(法释〔2017〕6号)(已失效)	《婚姻法解释(二)》
《最高人民法院关于适用〈中华人民共和国婚姻法〉若干问题的解释(一)》(法释〔2001〕30号)(已失效)	《婚姻法解释(一)》
《全国法院民商事审判工作会议纪要》(法〔2019〕254号)	《九民纪要》
《第八次全国法院民事商事审判工作会议(民事部分)纪要》(法〔2016〕399号)	《八民纪要》
《最高人民法院关于适用〈中华人民共和国民事诉讼法〉的解释》(2022修正)	《民事诉讼法解释》
《最高人民法院关于民事诉讼证据的若干规定》(2019修正)	《民事证据规定》
《最高人民法院关于人民法院办理执行异议和复议案件若干问题的规定》(2020修正)	《执行异议和复议规定》
《最高人民法院关于人民法院民事执行中查封、扣押、冻结财产的规定》(2020修正)	《查封、扣押、冻结规定》
《最高人民法院关于审理民事案件适用诉讼时效制度若干问题的规定》(2020修正)	《诉讼时效规定》
《最高人民法院关于审理买卖合同纠纷案件适用法律问题的解释》(2020修正)	《买卖合同解释》
《最高人民法院关于适用〈中华人民共和国合同法〉若干问题的解释(二)》(法释〔2009〕5号)(已失效)	《合同法解释(二)》
《最高人民法院关于适用〈中华人民共和国合同法〉若干问题的解释(一)》(法释〔1999〕19号)(已失效)	《合同法解释(一)》
《最高人民法院关于审理建设工程施工合同纠纷案件适用法律问题的解释(一)》(法释〔2020〕25号)	《建设工程解释(一)》
《最高人民法院关于审理建设工程施工合同纠纷案件适用法律问题的解释(二)》(法释〔2018〕20号)(已失效)	《建设工程解释(二)》

续表

全称	简称
《最高人民法院关于审理建设工程施工合同纠纷案件适用法律问题的解释》(法释〔2004〕14 号)(已失效)	《建设工程解释》
《最高人民法院关于审理技术合同纠纷案件适用法律若干问题的解释》(2020 修正)	《技术合同解释》
《最高人民法院关于审理城镇房屋租赁合同纠纷案件具体应用法律若干问题的解释》(2020 修正)	《房屋租赁合同解释》
《最高人民法院关于审理商品房买卖合同纠纷案件适用法律若干问题的解释》(2020 修正)	《房屋买卖合同解释》
《最高人民法院关于审理融资租赁合同纠纷案件适用法律问题的解释》(2020 修正)	《融资租赁合同解释》
《最高人民法院关于适用〈中华人民共和国保险法〉若干问题的解释(四)》(2020 修正)	《保险法解释(四)》
《最高人民法院关于适用〈中华人民共和国保险法〉若干问题的解释(三)》(2020 修正)	《保险法解释(三)》
《最高人民法院关于适用〈中华人民共和国保险法〉若干问题的解释(二)》(2020 修正)	《保险法解释(二)》
《最高人民法院关于适用〈中华人民共和国保险法〉若干问题的解释(一)》(法释〔2009〕12 号)	《保险法解释(一)》
《最高人民法院关于审理海上保险纠纷案件若干问题的规定》(2020 修正)	《海上保险案件规定》
《最高人民法院关于审理劳动争议案件适用法律问题的解释(一)》(法释〔2020〕26 号)	《劳动争议解释(一)》
《最高人民法院关于审理劳动争议案件适用法律若干问题的解释(四)》(法释〔2013〕4 号)(已失效)	《劳动争议解释(四)》
《最高人民法院关于审理劳动争议案件适用法律若干问题的解释(三)》(法释〔2010〕12 号)(已失效)	《劳动争议解释(三)》
《最高人民法院关于审理劳动争议案件适用法律若干问题的解释》(2008 调整)(已失效)	《2008 年劳动争议解释》

续表

全称	简称
《最高人民法院关于审理劳动争议案件适用法律若干问题的解释(二)》(法释〔2006〕6号)(已失效)	《劳动争议解释(二)》
《最高人民法院关于审理劳动争议案件适用法律若干问题的解释》(法释〔2001〕14号)(已失效)	《劳动争议解释》
《最高人民法院关于审理工伤保险行政案件若干问题的规定》(法释〔2014〕9号)	《工伤保险案件规定》
《最高人民法院关于审理物业服务纠纷案件适用法律若干问题的解释》(2020修正)	《物业服务解释》
《最高人民法院关于审理建筑物区分所有权纠纷案件适用法律若干问题的解释》(2020修正)	《建筑物区分所有权解释》

目录

contents

专题一　建设工程施工合同纠纷概述

专题二　建设工程施工合同主体纠纷

专题三 建设工程施工合同效力纠纷

专题四　建设工程施工合同责任纠纷

专题五　建设工程施工合同变更纠纷

专题六 建设工程施工合同解除纠纷

专题七　建设工程工期与验收纠纷

专题八 建设工程质量纠纷

专题一　建设工程施工合同纠纷概述

《民法典》合同编第十八章从第七百八十八条至第八百零八条计21个条文对建设工程施工合同作了规定，但除了《民法典》之外建设工程施工合同还涉及《建筑法》《招标投标法》《城乡规划法》等法律和行政法规以及《建设工程解释(一)》，具有法律关系错综复杂、专业行业特征明显、诸多问题争议大特点，其纠纷处理有相当难度，本专题着重对建设工程施工合同纠纷部分一般性问题进行分析，其他专门性问题可见有关专题阐述。

一、施工合同理解

建设工程合同,是指承包人进行工程建设,发包人支付价款的合同。施工合同,是指发包人与施工单位就完成建设工程的一定施工活动而达成的协议。[1]

(一)施工合同特征

由于建设工程时常涉及公共安全和社会性利益,故我国有针对性地制定了诸多强制性标准,其中反映建设工程施工合同有其自身特征。

其一,合同内容合法性要求严。在合同双方真实意思表示的基础上,其合同内容涉及工程建设行政审批,受到满足合同内容成立及生效的前置条件和行政审批限制。建设工程施工合同的标的物为不动产。其“公共性”特征存在,也决定了私法之外,国家亦会借助公法的方式进行规制。现行诸多的法律法规对建设工程的各个环节都在监管,建设工程所依附的土地必须为建设用地,依照《土地管理法》的规定,建设用地性质的确认需要具备使用权证书。土地性质明确之后,尚需具备建设用地相关规划,依照《城乡规划法》第三十八条和第四十条的规定,建设方应当向规划主管部门领取建设工程用地规划许可证和建设工程规划许可证。在上述前期手续完备之后,建设方才有可能开工建设。按照《建筑法》第七条之规定,在正式开工之前应领取施工许可证。这些法律规定足以表明,就建设工程能否签订合法有效且具备履行条件的施工合同,往往取决于前期的各项审批环节手续能否办理完毕。

其二,合同缔约主体资格的限制性。建设工程施工合同的标的物投资大且对于技术力量和整体质量要求很高,承包人提交的成果不仅应符合合同约定的标准,还应符合国家规定的质量标准。故此类合同缔约主体范围受到严格限制,即缔约承包人必然是具有资质的法人,自然人个人不能作为承包人。对于建筑企业的资质,住建部专门出台了《建筑业企业资质管理规定》,将企业的资质分为施工

---

〔1〕 参见黄薇主编:《中华人民共和国民法典合同编释义》,法律出版社2020年版,第655~656页。

总承包资质、专业承包资质、施工劳务资质三个序列。其承包人的资质存在瑕疵，也将影响合同效力，《建设工程解释（一）》第一条就明确因施工企业资质或没有资质企业无效情形。

其三，合同权利及责任承担方式的特殊性。现行法律在合同主体享有的权利和责任的承担主体上作出了特殊规定，如《民法典》第八百零七条规定赋予了承包人建设工程优先受偿权，且该项权利优先于抵押权和其他债权。依合同相对性，责任的承担主体有一定的突破性，如《建设工程解释（一）》第四十三条规定了实际施工人主张权利对象问题，第四十四条规定了实际施工人的代位诉讼权。

其四，合同履行期限不确定性。建设工程施工合同不同于普通合同能即时结清，其履行期限随着工程性质和规模，一般的都在一年以上甚至更长。在施工合同履行期限长的情形下，出现缔约时无法预见的客观情况或政策的调整变化，加重合同履行的不确定性和风险增大的概率，导致施工合同约定工程竣工时间完成迟延或难以确定。

其五，合同形式特定性。因建设工程涉及的价款大、履行期限长、施工内容多且复杂，现行法律规定施工合同必须采用书面合同。《民法典》第七百八十九条规定："建设工程合同应当采用书面形式。"实践中，有书面标准版本供发包人和承包人借鉴。

其六，合同规制和评价涉及的法律多。对建设工程施工合同产生影响的有《民法典》《建筑法》《招标投标法》《土地管理法》《环境保护法》《城乡规划法》《建设工程质量管理条例》等各领域的相关法律法规，而不是一部法律。现行建设工程相关法律规定较为原则和模糊，因涉及法律规范较多，不同法律规范出台时间相隔较长，由于立法理念的变化、法律制度的革新，导致不同法律规范之间的相互冲突矛盾，造成对合同评价执法尺度不统一。

其七，合同涉及法律关系复杂。实践中存在转包工程、违法分包工程、借用资质承包工程违法现象，并导致建设施工合同关系中出现多个施工主体，产生多份施工合同，法律关系异常复杂认定处理难度大。

其八，建设工程是要式合同，国家对此具有严格的监督和管理，而且国家对基本建设工程还体现计划性等特点。

（二）施工合同含义

1. 施工合同范围

这里讲的合同范围，是指哪些施工事项可列为建设工程施工合同内容，也是指建筑活动和建设工程的法定含义理解。关于建筑活动,《建筑法》第二条第二款规定:“本法所称建筑活动,是指各类房屋建筑及其附属设施的建造和与其配套的线路、管道、设备的安装活动。”关于建设工程,《建设工程质量管理条例》第二条明确:“凡在中华人民共和国境内从事建设工程的新建、扩建、改建等有关活动及实施对建设工程质量监督管理的,必须遵守本条例。本条例所称建设工程,是指土木工程、建筑工程、线路管道和设备安装工程及装修工程。”此外,《建设工程质量管理条例释义》中明确:土木工程包括矿山、铁路、公路、隧道、桥梁、堤坝、电站、码头、飞机场、运动场、营造林、海洋平台等工程;建筑工程是指房屋建筑工程,即有顶盖、梁柱、墙壁、基础以及能够形成内部空间,满足人们生产、生活、公共活动的工程实体,包括厂房、剧院、旅馆、商店、学校、医院和住宅等工程。由此可见,对于何谓建设工程,上述法律法规及相关释义已经进行了明确,也就是合同可以约定的施工范围,除此之外不属于合同建设工程施工范围,自然不适用建设工程法律规范。

实践中,对是否属于《建筑法》调整的建设工程范围有不同观点。对装饰装修有两种不同的观点,一种观点认为属于《建筑法》调整的范围,另一种观点认为不属于《建筑法》调整的范围,两种观点都有法院判决予以支持。有学者认为,装饰装修合同可分为住宅内装饰装修合同和非住宅内装饰装修合同。住宅类装饰装修合同不属于建设施工合同的范畴,应界定为承揽合同,故施工人资质的缺乏不影响合同效力。[1] 多数人对装饰装修分为工装和家庭装饰装修,现在开发商将整个小区商品房装修成精装房出售划分在哪一类型中存在争议,而且整个小区精装房出售已逐渐成为发展的趋势,显然不能划在家庭装饰装修范围,有必要进行统一认识进而统一执法尺度。对于建设工程内涵的认识差异,直接导致诸多非典型的建设成果能否纳入建设施工合同案由项下,有不同观点,如常见的农业大棚。

2. 施工合同内容

根据《民法典》的规定,建设工程施工合同的内容一般包括工程范围、工程造价、承包方式、建设工期、开工时间、工程进度、竣工时间、中间交工工程的开工和竣工时间、工程质量、技术资料交付时间、材料和设备供应责任、工程变更处理、工程款总额、工程款支付与结算、竣工验收、质量保修范围、质量保证期限、协作条款、违约责任、不可抗力、争议解决等条款和内容。如采用2013年版或2017年版施工合同(与1999年版施工合同相同),则合同由协议书、通用条款、专用条款及

〔1〕 参见王毓莹、史智军:《建设工程施工合同纠纷疑难问题和裁判规则解析》,法律出版社2022年版,第31页。

合同附件四部分组成。

2013 年版或 2017 年版施工合同为示范文本，当事人对有关内容没有约定或者约定不明确的一些内容可以参照示范文本确定。

3. 施工合同条款

在示范文本施工合同中，合同内容的承载与表现由协议书、通用条款和专用条款三部分组成。合同条款应体现合法、合理、完备、严谨、明确的规则，减少合同履行和双方利益产生中的理解纠纷。

所谓通用条款，是根据法律、行政法规规定及建设工程施工的需要订立的，通用于建设工程施工的一种比较固定的格式化的合同条款。通用条款只是对建设工程施工某些共性内容所进行的归纳和提炼，其作用是示范性的，并不是法律、法规的强制性规定。通用条款就工程建设的实施及相关事项，对合同当事人的权利义务作出原则性约定。

所谓专用条款，是发包人与承包人根据法律、行政法规的规定，结合具体工程具体实际情况，经协商达成一致意见的、具有特别约定性质的合同条款。专用条款是对通用条款原则性约定的细化、完善、补充、修改或另行约定的条款，通常的作用是对通用条款的一种补充、修改和完善。

通用条款和专用条款都是发包人与承包人订立合同双方合意的结果，对合同双方均有拘束力，为法院解决纠纷的依据。在二者关系上，施工合同履行中是否适用通用条款要根据专用条款的约定。如专用条款没有对通用条款作出修改，则适用通用条款，如专用条款已对通用条款作出修改，则按专用条款执行。也就是说，双方协商在专用条款中对部分通用条款进行补充、修订，两者内容不一致的，应适用专用条款中双方约定的内容。

【案例 1－1】 广东省六建集团有限公司与广东轻工职业技术学院建设工程施工合同纠纷案

二审法院认为，建设工程施工合同中通用条款为通用于建设工程施工法律关系套用的合同条款内容，双方协商另行约定部分在专用条款中对应通用条款进行补充、修订，两者内容不一致的，应适用专用条款中双方约定内容，轻工公司认为两者同时适用的主张缺乏理据，不予采纳。[1]

双方当事人在施工合同通用条款中约定了固定总价，而在专用条款中又约定土建、安装材料价格调整下浮，应当遵循专用条款优先的原则，对涉案工程施工合同的计价方式理解为可调价格，而非固定总价。如江苏扬安集团有限公司与徐州

〔1〕 广东省佛山市中级人民法院(2014)佛中法民一终字第 372 号民事判决书。

宁兴食品有限公司建设工程施工合同纠纷案。[1]

2013 年版与2017 年版施工合同中制定了过期作废条款和视为默认条款。在这些条款中规定一方多少天要提出权利主张否则过期作废,或者规定另一方在收到后多少天要答复否则视为默认,就会相应地为另一方也设置一个相同的过期作废条款及相对方的视为默认条款。比如,通用条款第 19.1 款第 1 项规定:承包人应在知道或应当知道索赔事件发生后 28 天内,向监理人递交索赔意向通知书,并说明发生索赔事件的事由;承包人未在前述 28 天内发出索赔意向通知书的,丧失要求追加付款和(或)延长工期的权利。第 19.2 款第 2 项规定:发包人应在监理人收到索赔报告或有关索赔的进一步证明材料后的 28 天内,由监理人向承包人出具经办人签认的索赔处理结果。发包人逾期答复的,则视为认可承包人的索赔要求。

所谓背靠背条款,是合同双方约定,承包人在收到业主方的付款后,再向分包人支付相应工程款的条款。[2] 该条款的核心是承包人向分包人支付款项以“业主支付款项”为前提。背靠背条款的争议放在其后阐述。

一般条款与特别条款适用。《民法典》第五百八十四条与第八百零四条的共同点为均规定违约损失赔偿,其第五百八十四条为一般条款规定了一般违约损失范围,而第八百零四条为特别条款是发包人原因造成损失和费用的承担特别规定。两个条款的主要区别为适用条件即“未开工”和“工程中途”,合同签订后没有施工的,损害赔偿应适用第五百八十四条的规定。因发包人的原因致使工程中途停建、缓建给承包人造成损失,发包人损害赔偿应适用第八百零四条的规定。合同履行过程中暂停、暂缓的,承包人预期的合同利益仍然可以实现,只是由于发包人暂停、暂缓的违约行为,增加了承包人的履约成本,给承包人造成损失。对于个案中适用一般条款还是特别条款,要视具体案件情况而定,并非在任何条件下都适用特别条款。

【案例 1-2】 中国银行股份有限公司漯河分行与中国建筑技术集团建设施工合同纠纷案

二审法院认为,漯河中行和中技集团签订的施工合同,按约定工程完工后,中技集团可得到该工程的 7% 利润,即 797,252.33 元。中技集团认为本案的处理应适用《合同法》第一百一十三条,理由是本条规定的是违约责任条款,符合本案实际。而漯河中行认为对本案的处理应适用《合同法》第二百八十四条的特别规定,即为解决建设工程合同纠纷所特别制定的专项条

---

〔1〕 江苏省徐州市中级人民法院(2014)徐民终字第 2679 号民事判决书。

〔2〕 参见孟君婷:《建设工程施工合同中的“背靠背”条款的性质和效力研究》,载于健龙等主编:《中国建设工程法律评论》(第九辑),法律出版社 2019 年版,第 43 页。

款,该条规定不包括预期利润。根据双方的诉讼主张,一审、二审所查证的事实,双方争议的标的物是合同签订后由于漯河中行的原因工程并没有进行施工,漯河中行违背合同约定,理应承担违约责任。《合同法》第二百八十四条的规定指的是因发包人的原因致使工程中途停建、缓建的,发包人应赔偿承包人因此造成的有关损失。本案事实是合同签订后没有施工,不存在停建、缓建的问题,故不适用《合同法》第二百八十四条的规定。漯河中行应赔偿中技集团的预期利润797,252.33元。[1]

4. 施工合同备案

施工合同要求备案,是住建部为了整顿和规范建筑市场秩序所作出的规定,也是提倡和推行的一项制度。其备案合同范围不仅包括施工合同,也包括施工合同的补充协议。从合同效力层面讲,住建部所出的规定并不属于法律、行政法规,因此,关于施工合同备案的要求并不属于法律、行政法规的强制性规定,其未到主管部门备案的不必然导致无效的后果。从结算依据层面讲,经过备案的施工合同是结算依据,未经过备案的施工合同原则上不是结算依据。

《民事审判指导与参考》研究组认为,"备案的中标合同"应具备以下条件:一是应当招标的工程项目。《招标投标法》第三条对哪些工程项目应当招标作出了明确规定,体现了公权力对建筑市场的规制。二是履行了招投标法定程序,依《中标通知书》记载的实质性内容签订的正式的施工合同。三是《中标通知书》为认定合同效力的实质性条件。《招标投标法》第四十五条第二款规定:"中标通知书对招标人和中标人具有法律效力。"备案为工程行政管理部门对工程招标活动的行政管理措施,未备案不影响合同效力。备案合同一般为中标后按照招投标文件签订的正式施工合同,即备案的合同就是中标合同;如备案合同内容与《中标通知书》、正式施工合同(中标合同)记载内容不一致,应以后者为准。[2]

应注意的是,随着改革深入和力度不断加大,国家陆续出台了诸多新规定。如2018年9月,住建部作出《关于修改〈房屋建筑和市政基础设施工程施工招标投标管理办法〉的决定》,决定删除该办法第四十七条第一款中的"订立书面合同后7日内,中标人应当将合同送工程所在地的县级以上地方人民政府建设行政主管部门备案"的规定。这表明今后不备案将会成为常态。

---

〔1〕 参见最高人民法院中国应用法学研究所编著:《人民法院案例选》(月版)2010年第2辑(总第14辑),中国法制出版社2010年版,第110~111页。

〔2〕 参见最高人民法院民事审判第一庭编:《民事审判指导与参考》2013年第4辑(总第56辑),人民法院出版社2014年版,第230页。

5. 拒签订施工合同

实践中,中标通知书发出后一方拒绝签订施工合同的现象时有发生。根据合同法原理,一方提出要约,另一方作出承诺,当事人意思表示一致,合同即告成立。在建设工程招投标活动中,招标行为的法律性质是要约邀请,投标行为是要约,发出中标通知书则为承诺。中标通知书对招标人和中标人均具有法律效力,故中标通知书发出并到达投标人后即意味着招标人与投标人已就建设工程合同达成一致的意思表示,此时合同即告成立。只要经招投标所产生的中标结果不属于法律、法规规定的无效情形,应认定建设工程合同已经依法成立并具有法律效力。中标通知书发出后一方拒绝签订合同时,应认定为合同违约行为,可依据《民法典》第五百八十四条的规定要求拒签方违约责任。其中,招标人拒签的,应赔偿中标人通过履行合同可以获得的利润。中标人拒签合同的,除应向招标人赔偿重新确定承包人所需的费用外,如因该拒签行为导致工程建设成本增加的,还应赔偿该增加部分的费用。

(三)施工合同相对性

主流观点认为,合同关系不同于其他民事法律关系的特点在于合同的相对性。合同关系的相对性是合同规则和合同制度赖以建立的基础和前提,也是合同法立法和审判实践必须遵循的一项重要原则。《民法典》并未直接规定和使用"合同相对性原则"的概念和术语,但是在一些条款内容上体现了该原则,如第四百六十五条、第五百二十二条、第五百二十三条、第五百九十二条规定中均体现了合同相对性原则。合同的相对性包含主体、内容和责任等方面的相对性。从合同内容的相对性可以引申出几个具体规则。第一是合同赋予当事人享有的权利,原则上并不及于第三人,合同规定由当事人承担的义务,一般也不能对第三人产生约束力;第二是合同当事人无权为他人设定合同上的义务;第三是合同权利与义务主要对合同当事人产生约束力,法律的特殊规定即合同的相对性原则的例外。[1] 换言之,合同相对性原则意味着合同一般仅对当事人发生效力,而不能对与合同无关的第三人发生效力,同时,合同对当事人的约束力,除法律、合同另有规定外,也仅以合同所约定的事项为限,不能超越合同的约定。承担合同责任的主体,是合同相对方而不是第三人。合同相对性是妥当处理合同纠纷的重要标

---

〔1〕 参见周月萍主编:《最高人民法院审理建设工程案件裁判规则解析》,法律出版社 2016 年版,第 173 页。

准,对用合同相对性判断合同主体问题放在建设工程施工合同主体纠纷专门阐述。

1. 合同相对性是区分建设工程款与工程劳务费的界限,其适用《建设工程解释(一)》第四十三条第二款应当慎之又慎,而不应盲目使用甚至滥用。

【案例1-3】 大连恒达机械厂与普兰店市宏祥房地产开发有限公司等建设工程施工合同纠纷再审案

最高人民法院认为,本案争议焦点是宏祥公司应否在欠付工程价款范围内承担连带责任问题。本案恒达机械厂与成大公司之间签订有钢梁制作安装协议书,双方存在建设工程施工总承包合同关系,可见,恒大机械厂与宏祥公司之间并不存在任何合同关系。根据合同相对性原则,恒大机械厂应向合同相对方成大公司主张权利。原审法院判令成大公司承担偿还工程价款的责任,适用法律正确。[1]

2. 根据合同相对性原理,建设单位与总承包单位之间的合同与实际施工人没有合同关系。实际施工人与转包人之间存在事实上的合同转包关系,即使合同有效,其对涉案工程实际所得到的有关工程款的允诺,不可能超过总承包单位自己承包工程所取得的工程款项。实际施工人与转包人之间就工程价款计算有明确约定的,即使合同无效,也不应突破合同的相对性。工程层层转包后,实际施工人主张按照第一手施工合同予以结算的,法律不予支持。

【案例1-4】 林州市采桑建筑劳务输出有限公司与天津市西青区大寺镇倪黄庄村民委员会等建设工程合同纠纷案

最高人民法院认为,多手转包形成各自独立法律关系,各手法律关系指向标的物是同一的,相互间有承继关系,但受合同相对性约束。林州采桑公司认为,其已与华北建设公司形成挂靠关系,应按照《中标通知书》等招投标文件结算,享有诉争工程承包人全部权利;其观点缺乏法律、法理依据,本院不予支持。[2]

项目合作开发协议书的当事人并非发包人,承包人应根据合同相对性原则向发包人主张权利。

【案例1-5】 常州市佳程建设工程有限公司与定远县人民政府建设工程施工合同纠纷再审案

最高人民法院认为,本案再审审查的主要问题是定远县人民政府对案涉

---

〔1〕 参见最高人民法院中国应用法学研究所编:《人民法院案例选》2016年第3辑(总第97辑),人民法院出版社2016年版,第65页。

〔2〕 最高人民法院(2014)民申字第952号民事裁定书。

工程款应否承担连带给付责任。首先,常州佳程公司与定远县人民政府没有直接的合同关系,常州佳程公司依据其与定远县中防公司签订的《施工协议书》《还款协议》主张案涉工程款,定远县人民政府并非上述《施工协议书》和《还款协议》的合同一方,根据合同相对性原则,《施工协议书》和《还款协议》约定的付款义务对定远县人民政府没有约束力。其次,定远县人民政府与常州中防公司签订的《项目合作开发协议书》并未约定定远县人民政府为投资人和建设单位,而是约定常州中防公司支付设计、施工等全部费用,还约定常州中防公司设立具有独立法人地位的定远县中防公司作为常州中防公司的项目管理公司,完成项目的总体建设任务,负责建成后的项目运营、管理。可见定远县中防公司由常州中防公司设立,定远县人民政府与该公司并无法律关系。且该《项目合作开发协议书》系定远县人民政府与常州中防公司之间合作开发法律关系的合同,常州佳程公司并非该《项目合作开发协议书》当事人,依据该合同主张权利亦无合同依据。故常州佳程公司以此要求定远县人民政府承担连带付款责任,没有合同和法律依据。最后,定远县人民政府与常州中防公司、定远县中防公司已协议解除《项目合作开发协议书》,定远县人民政府已收回案涉工程的开发权及经营权,即案涉工程已完工程量的补偿问题,属于定远县人民政府与常州中防公司或定远县中防公司之间的合作开发法律关系处理的范围,可由常州中防公司或定远县中防公司向定远县人民政府主张。二审判决已明示如常州中防公司或定远县中防公司怠于行使权利,常州佳程公司可另行提起代位权诉讼,常州佳程公司的合法权益另有救济渠道。故常州佳程公司申请再审称根据权利义务对等基本原则,定远县人民政府应当承担支付工程款义务亦不能成立。[1]

3. 合同相对性决定未付工程款的权利归属问题。合同相对性是合同之债的基础,特定的权利义务关系产生于合同当事人之间,只有合同当事人能基于合同向对方提出请求。在发包人、承包人与实际施工人三者之间,只要在合同的实际履行中没有出现跳过承包人的情形,则三方仍应受各自合同的约束,不能突破合同的相对性。非法转包、违法分包或挂靠实际施工的合同虽然无效,但仍应按无效的合同来确定相对方,确定权利义务主体,而不能突破合同的相对性。

【案例1-6】 盛元公司诉何某、陈某案外人执行异议之诉纠纷案

二审法院认为,在陈某作为实际施工人的法律关系中,陈某工程款的义务人是盛元公司,若盛元公司欠付,则发包人指挥部应在欠付工程款范围内承担连带责任。盛元公司应付陈某工程款1391万元,其已经实际支付、代付

---

〔1〕 最高人民法院(2018)申2275号民事裁定书。

1212万元,又出借282万元约定在工程款中扣除,至此盛元公司已超额支付。遂判决:停止对指挥部应付工程款190万元的执行。[1]

【案例1-7】 田某与中瑞公司、中旅银行执行异议之诉纠纷案

一审法院认为,本案所涉工程系经检支队发包,中瑞公司承包,二者签订了建设工程施工合同。无论田某是否为涉案工程实际施工人,其与经检支队之间不存在合同关系。田某自认,涉案工程款的支付系经检支队向中瑞公司开具支票,中瑞公司再背书给田某,说明向田某履行支付义务的主体系中瑞公司,而非经检支队。故对田某要求停止对经检支队工程款268万余元及利息的执行,并解除查封措施的诉讼请求,不予支持。二审法院亦持同样意见维持原判。[2]

4.对工程质量责任承担也存在合同相对性例外问题。有观点认为,合同相对性一般不能突破,但就质量问题而言,可以突破合同相对性,由实际施工人与总承包人共同向发包人承担连带责任。至于总承包人与实际施工人之间的责任如何划分,目前尚未有相关的法律规定,应当结合案件的具体情况,根据过错责任原则进行综合判断。实际施工人与总承包人就质量问题同时向发包人承担连带责任符合法理,也符合情理。[3] 笔者持赞同意见,个案中由法官行使自由裁量权裁定。

(四)施工合同甄别

所谓项目转让,是指享有土地使用权和项目建设开发权的当事人,在办理审批手续和土地使用权转让手续后,将项目的建设开发权及土地使用权让渡给他人的民事行为。建设工程承包,是指由发包人将建设工程交由承包人进行施工建设,发包人支付相应价款的民事行为。如果合同性质为项目转让,则转让人将建设开发项目转让并收取价款后,对该项目不再享有权益。而建设工程承包合同的标的只限于建设工程,即对建设工程的房屋建筑、土木工程、设备安装、管线敷设等施工任务,承包人对工程项目本身不享有权益。在实践中,当事人签订合同的名目有时与合同约定的内容和性质不一致,而发生纠纷时则均主张按照有利于自

---

〔1〕 江苏省宿迁市中级人民法院(2015)宿中民终字第0737号民事判决书。

〔2〕 参见张倩等:《挂靠人执行异议之诉能否影响建设工程款的归属》,载《人民法院报》2018年12月27日,第7版。

〔3〕 参见周月萍编著:《建筑企业法律风险防范与化解——2013版施工合同实务专辑》,法律出版社2014年版,第77~78页。

己的方式进行解释。因此,应注意项目转让合同与建设工程承包合同的区别。

【案例1-8】　岳阳利德房地产开发有限公司与岳阳天龙建筑装饰公司等建设工程施工合同纠纷案

最高人民法院认为,1995年8月23日,利德公司与农副公司签订《承包合同》约定,利德公司将利德综合大楼项目大包干给农副公司承建销售经营,农副公司支付利德公司485万元,利德综合大楼的土地使用权及房屋所有权由农副公司享有。此后,农副公司与黄某前、利德公司与棉麻公司、棉麻公司与众立公司签订与利德公司和农副公司所签合同性质相同的合同。上述合同均系名为承包实为项目转让性质的合同。因该项目的转让未取得主管部门的批准,未办理相关审批手续和土地使用转让手续,且农副公司及棉麻公司不具有房地产开发经营资格,上述合同应认定为无效。利德公司与农副公司签订合同的内容,是利德公司将讼争项目转让给农副公司,农副公司在取得项目后,即可进行独立的承建销售,而且也是自己的名义而不是以利德公司的名义从事民事活动,因此,一审法院认定农副公司的真正身份是利德公司的全权代理人,依据不足。利德公司与农副公司签订《承包合同》后,将讼争项目的土地证、红线图、设计图纸、基建许可手续等一切关于项目开发建设的相关手续原始资料全部交给农副公司,同时利德公司还将其公章、财务专用章、相关印章、合同章各一枚、税务登记证正本、企业法人营业执照正本交给农副公司的名义进行开发建设。1995年8月24日,农副公司又与黄某前签订《承包合同》,将讼争项目的承建销售经营权让渡给了黄某前,利德公司对此亦表示认可。1995年8月30日的委托书,虽系黄某前出具给刘某辉的,但该委托书加盖了利德公司的公章,且委托事项也表明刘某辉对讼争项目有权签订建设工程合同及进行结算,利德公司对其在委托书中公章的真实性没有提出异议。1996年10月6日,刘某辉与天龙公司签订《建设工程合同》,将讼争项目发包给天龙公司施工建设。该合同加盖了利德公司的公章,一审法院由此确认,利德公司与天龙公司之间已形成建设工程施工的法律关系,适用法律正确。利德公司对合同上加盖的利德公司的真实性没有异议,只是称其公章系被人盗盖,但没有提出证据予以证明,该理由不予采信。[1]

建设工程施工合同与买卖合同分别属于合同法中的有名合同,两者在法律性质上有本质区别:买卖合同的特征是出卖人转移标的物的所有权,买受人取得标的物的所有权并支付相应价款。买卖合同的标的物既可以是动产,也可以是不动

---

〔1〕 参见最高人民法院民事审判第一庭编:《最高人民法院民事案件解析》(建设工程),法律出版社2010年版,第158页。

产。买卖合同中的各种行为主要围绕标的物所有权的转移而展开。建设工程合同的特征是承包人为发包人进行房屋等各类建筑物及其附属设施，以及配套线路、管道、设备进行的建设安装等活动，发包人支付相应价款。建设工程合同的标的物为不动产。建设工程合同中的各种行为主要围绕建筑物的勘察、设计、施工等活动而展开。

建设工程施工合同与买卖合同是两种不同性质的合同，产生纠纷后，所适用的法律条款也不一样。但是在实践中，二者会存在模糊的中间地带，比较典型的是，在有的合同中同时约定了"买卖货物＋安装服务"的内容，既有买卖合同的特征，也有建筑装饰装修工程合同的特征。因为建设工程、装饰装修工程中会涉及许多材料设备的采购、安装、使用等环节，因此容易产生与买卖合同相混淆的情况，具体如何界定，一要看合同约定，二要看合同履行情况。实践中常见的区分为，其一，从合同价款上区分。买卖合同主要为标的物的价格；建设工程施工合同除材料价格外，还包括安装、维修等工程款项。其二，从合同内容上区分。买卖合同的内容主要为交货、验货、质量标准等条款，建设工程施工合同则具有图纸设计、审核以及工程安装、布线、建造、竣工等施工行为。

实践中，如果买卖的标的物是水泥管的合同（含安装），如果安装费所占的比重很小，则认为是买卖合同。

【案例1－9】 新疆吉隆管业有限公司与托克逊县水利局建设工程施工合同纠纷再审案

再审法院认为，具体到本案中，双方之间争议的法律关系性质应认定为买卖合同。具体理由：从德盛公司与托克逊县水利局之间签订的《产品销售合同》《托克逊县阿拉沟10000亩农业高效节水灌溉工程管道购销合同的补充协议》《工程价款确认函》的内容看，德盛公司的主要义务是向托克逊县水利局提供货物（系种类物），双方对于货物的交（提）货地点、运输方式、货物的验收标准、结算方式及期限进行了约定，并没有对供货货物相关的工程约定单独的验收义务和责任，如提供工程相关的资料并履行相应验收手续等且涉案款项中货物款项占供货、安装总款项的绝大部分，安装费用占比较小，故本案双方当事人之间的法律关系更符合买卖合同的特征。[1]

---

〔1〕 新疆维吾尔自治区高级人民法院（2023）新民再6号民事判决书。

二、施工合同法律适用

(一)施工合同内容认定

《民法典》第七百九十五条规定:"施工合同的内容一般包括工程范围、建设工期、中间交工工程的开工和竣工时间、工程质量、工程造价、技术资料交付时间、材料和设备供应责任、拨款和结算、竣工验收、质量保修范围和质量保证期、相互协作等条款。"

施工合同是承发包双方通过合意对其未来相关事务安排,但限于交易经验、法律知识和各种因素不断变化,承发包双方不可能对未来发生的所有情况事先都有充分的预见。所以,施工合同出现某些漏洞或对某些条款产生不同的理解,在所难免。对于施工合同内容理解有争议的,应当按照合同有关条款、合同目的、交易习惯及诚实信用原则确定合同的真实意思。

【案例1-10】 浙江东源建设有限公司与攀枝花市临亚房地产开发有限公司建设工程施工合同纠纷案

最高人民法院认为,在双方当事人对《2007补充协议》约定条款如何理解存在争议的情况下,应根据《2007补充协议》内容表述以及订立的原因背景进行综合分析,从而作出正确的认定。涉案《施工合同》约定了东源公司承包的凤凰工程范围、开工、竣工日期、工程款的支付条件及奖惩等条款。《2007补充协议》就工程取费标准进行了专门约定,即土建部分执行(2000)定额,其管理费不论企业级别和工程类别取综合费22%包干(包括定额内和定额外),如与(94)定额直接费加综合取费14.5%误差超出±0.5%,再折算成(2000)定额取费调整,水电气部分、室外工程、安装工程、装饰工程等,取费按土建同比率下浮等,《施工合同》与《2007补充协议》约定条款,作为《2007补充协议》第一条内容,双方当事人无异议。但第二条与第四条还约定,"双方共同委托造价中心进行工程造价审核。根据(94)定额直接费加综合费率14.5%(包括定额内与定额外)进行工程造价审核;审核结果为最终计算依据"……事实表明,双方当事人订立《2007补充协议》的本意是,《施工合同》约定东源公司承包的凤凰工程范围、开工、竣工日期、工程款的支付条件及奖惩等条款，依然是《2007补充协议》订立的基础，而对于工程结算标准的重要依据，双方当事人则特别约定根据（94）定额直接费加综合费率14.5%（包括定额内与定额外）进行工程造价审核，并以该审核结果为最终计算依据。此为双方当事人平等协商一致的意思表示，内容合法有效，对双方当事人具有约束力。[1]

【案例1-11】 沈阳三色空调净化工程有限公司与沈阳五爱天地实业有限建设公司建设工程施工合同纠纷案

最高人民法院认为，对双方关于工程造价让利2%条款的理解问题。五爱公司关于"双方认可的工程总价"是确定让利数额的计算基数、不能以双方对计算基数存在争议为由就否定让利关系存在之观点，理由成立，二审法院作出三色公司应当向五爱公司给予2%让利的认定，结论正确。[2]

个案中，对于合同内容由法官根据具体案件情况确定。

【案例1-12】 宇寰公司与宏业公司建设工程施工合同纠纷案

一审法院认为，双方当事人对施工合同中涉及的灌注桩工程是否属于宇寰公司总承包范围存有争议，且此节内容在双方合同的订立及履行过程中亦存在矛盾之处。从宏业公司来看，其与安封基础公司签订灌注桩施工合同后，在招标文件中仍将基础工程作为施工范围进行了招标，显属不妥，也是本案双方当事人就此节事实发生争执的成因之一，故宏业公司应在以后的房地产开发过程中引以为戒。从宇寰公司来看，在其投标书中既将灌注桩工程计入了工程造价又将灌注桩工程列入建设单位分包而由其收取分包配合费的项目中，两者显然存在矛盾。而且宇寰公司主张其在订立合同时就认为该分包合同应由其与宏业公司结算，宏业公司支付给灌注桩工程施工单位钱款属于代付款的主张，没有合同及法律依据，亦为宏业公司所否认，法院难以采信。法院认为，宇寰公司在投标中是明知灌注桩工程已由案外人进行施工，其就灌注桩工程仅收取分包配合费的事实。至于宇寰公司关于施工合同约定的施工图纸也包括灌注桩工程，故灌注桩工程属于总包范围，该工程款应当计入工程造价的主张。法院认为，当事人应当遵循公平原则确定双方的权利义务。在本案中，就灌注桩工程的施工工作，宇寰公司既未与案外人订立过分包施工合同，也未向案外人支付过工程款项，宇寰公司就其没有进行过施工或组织施工的工程项目主张工程款缺乏事实及法律依据，亦有违公平原

---

〔1〕 参见最高人民法院民事审判第一庭编：《民事审判指导与参考》2011年第1辑（总第45辑），人民法院出版社2011年版，第179～180页。

〔2〕 参见最高人民法院民事审判第一庭编：《民事审判指导与参考》2010年第1集（总第41集），法律出版社2010年版，第284页。

则,法院难以采信。故灌注桩工程不应作为宇寰公司施工的范围结算工程款项。二审法院亦持同样意见。[1]

【案例1-13】 浙江中成建工集团有限公司诉芜湖中发置业有限责任公司建设工程施工合同纠纷案

一审法院认为,双方签订的补充协议约定:若按期按质完成涉案工程,发包方按照总造价的1%向施工方支付工程奖励费。综合字面含义、约定目的、费用表述体系来看,工程奖励费不应包含在工程款之内。在此基础上,扣除恶劣天气、春节假期及发包方未依进度支付工程款且其变更签证工程师未及时通知施工方的因素后,应认定浙江中成公司按期按质完成了涉案工程,其主张的工程奖励费的相应部分,理应得到支持。二审法院认为,工程奖励费在无特殊约定的情况下,不应认定包含于工程款内。发包方无故拖欠工程款且变更派驻工程师并未按合同约定提前通知被上诉人,导致工期没有及时经工程师确认,应由发包方芜湖中发公司承担延误责任。因而原审判决应予以维持。[2]

多份合同最终履行内容认定。双方当事人在签订合同后、履行合同过程中,因情况变化,又签订多份补充协议修改原合同约定的,只要补充协议是当事人的真实意思表示,协议内容符合法律规定,均应认定为有效。当事人对多份补充协议的履行内容存在争议的,应根据协议之间的内在联系,以及协议中约定的权利义务分配的完整性,并结合补充协议签订和成立的时间顺序,根据民法的公平和诚实信用原则,确定协议的最终履行内容。

关于合同实质性内容理解。合同实质性内容,依字面理解,应当是指合同对合同双方当事人权利义务有实质影响的内容。是否存在实质性影响,可从以下两个方面考虑:(1)是否影响其他中标人中标。(2)是否较大影响招标人与中标人的权利义务。在理解合同实质性内容时,还应当注意以下三点:(1)合同实质性内容不是指合同的主要条款。(2)合同实质性内容不等同于构成新要约的内容。(3)"实质性内容"不是指《民法典》第七百九十五条规定的建设工程施工合同的主要内容。[3]

---

〔1〕 参见潘福仁主编:《建设工程合同纠纷》(第4版),法律出版社2015年版,第115~116页。

〔2〕 参见国家法官学院案例开发研究中心编:《中国法院2017年度案例》(合同纠纷),中国法制出版社2017年版,第139页。

〔3〕 参见最高人民法院民事审判第一庭编著:《最高人民法院新建设工程施工合同司法解释(一)理解与适用》,人民法院出版社2021年版,第29~31页。

(二)施工合同关系认定

1.施工合同关系成立认定

《民法典合同编通则解释》第三条规定:“当事人对合同是否成立存在争议,人民法院能够确定当事人姓名或者名称、标的和数量的,一般应当认定合同成立。但是,法律另有规定或者当事人另有约定的除外。

根据前款规定能够认定合同已经成立的,对合同欠缺的内容,人民法院应当依据民法典第五百一十条、第五百一十一条等规定予以确定。

当事人主张合同无效或者请求撤销、解除合同等,人民法院认为合同不成立的,应当依据《最高人民法院关于民事诉讼证据的若干规定》第五十三条的规定将合同是否成立作为焦点问题进行审理,并可以根据案件的具体情况重新指定举证期限。”

第十五条规定:“人民法院认定当事人之间的权利义务关系,不应当拘泥于合同使用的名称,而应当根据合同约定的内容。当事人主张的权利义务关系与根据合同内容认定的权利义务关系不一致的,人民法院应当结合缔约背景、交易目的、交易结构、履行行为以及当事人是否存在虚构交易标的等事实认定当事人之间的实际民事法律关系。”

中标后未签订书面合同问题。在中标通知书发出后,招标人或中标人不签订书面合同亦仍然成立合同关系。但就成立预约或本约合同关系上观点不同,有法官认为,中标通知书发出后,招标人和中标人之间成立的应该是本约合同,而不是预约合同。[1]

湖南省高级人民法院发布的《关于审理建设工程施工合同纠纷案件若干问题的解答》规定:签订中标通知书后未正式签订建设工程施工合同时合同是否成立?招投标过程中承包人与发包人签订中标通知书,承包人或发包人拒绝与对方签订正式建设工程施工合同文本的,此时应视为双方之间建设工程施工合同本约合同成立。

【案例1-14】 江苏华强房地产开发有限公司与南通四建集团有限公司建设工程施工合同纠纷案

二审法院认为,双方按照投标程序进行了招投标,程序合法,虽然双方在

---

〔1〕 参见陈亚:《建设工程中标通知书发出后的法律效力》,载于健龙等主编:《建设工程法律评论》(第九辑),法律出版社2019年版,第11页。

中标通知书发生后未签订书面合同,但由于招标文件属于要约,中标通知书应为承诺,根据《合同法》第二十五条规定,"承诺生效时合同成立"。故本案中标通知书发出后,双方建设工程施工合同关系成立。但华强公司与南通四建公司在未按照中标通知书的要求签订书面施工合同的情况下,南通四建公司即进场进行施工,导致本案纠纷的产生。[1]

【案例1-15】 无锡市百田建筑设计咨询有限责任公司与无锡市世达建设有限公司建设工程施工合同纠纷再审案

再审法院认为,涉案工程经百田公司以邀请招标的形式向相关施工单位进行招标,而世达公司依据招标文件发出投标函,百田公司依该函向世达公司出具了中标通知书。世达公司发出投标函相当于要约,而百田公司发出的中标通知书相当于承诺,该中标通知书到达世达公司时,双方之间的建设工程施工合同成立并生效。虽然之后双方没有签订书面建设工程施工合同,但由于中标通知书中包含了建设工程施工合同的基本要素,故未签订书面合同并不影响双方之间成立建设工程施工合同关系。世达公司认为没有签订书面合同,故双方之间的合同关系未成立的理由不能成立。由于双方之间已成立建设工程施工合同关系,且世达公司实际已进场施工,双方之间的建设工程施工合同已实际履行。世达公司认为本案应适用缔约过失责任的理由亦不能成立。[2]

2. 事实施工合同认定

最高人民法院民事审判第一庭2021年第20次专业法官会议纪要:没有资质的实际施工人借用有资质的建筑施工企业名义与发包人签订建设工程施工合同,在发包人知道或者应当知道系借用资质的实际施工人进行施工的情况下,发包人与借用资质的实际施工人之间形成事实上的建设工程施工合同关系。该建设工程施工合同因违反法律的强制性规定而无效。《民法典》第七百九十三条第一款规定:"建设工程施工合同无效,但是建设工程经验收合格的,可以参照合同关于工程价款的约定折价补偿承包人。"因此,在借用资质的实际施工人与发包人之间形成事实上的建设工程施工合同关系且建设工程经验收合格的情况下,借用资质的实际施工人有权请求发包人参照合同关于工程价款的约定折价补偿。[3]

承发包双方虽未采用书面形式订立建设工程施工合同,但承包人已履行施工

---

[1] 江苏省高级人民法院(2013)苏民终字第0010号民事判决书。

[2] 江苏省高级人民法院(2013)苏民申字第604号民事裁定书。

[3] 参见最高人民法院民事审判第一庭编:《民事审判指导与参考》2021年第3辑(总第87辑),人民法院出版社2022年版,第162页。

合同的主要义务，发包人也已实际使用的，双方成立建设工程合同关系。

【案例1－16】 浙江海滨建设集团有限公司与上海正海房地产开发有限公司建设工程施工合同纠纷案

判决观点，海滨公司与正海公司虽未按法律规定采用书面形式订立建设工程施工合同，但从2008年7月施工会议纪要可反映，海滨公司已完成了大部分的施工，履行了建设工程施工合同的主要义务，正海公司也已实际使用，双方已形成了事实上的权利义务关系，故海滨公司与正海公司的建设工程施工合同关系成立。海滨公司与正海公司是本案诉讼标的主体，海滨公司以正海公司为被告，其诉讼主体适格。[1]

实践中，事实施工合同形态呈现多样性，法官应根据具体案情认定。

【案例1－17】 内蒙古包头稀土高新技术产业开发区管理委员会等与包头润华永庆建筑公司、包头市第二建筑工程公司建设工程施工合同纠纷案

最高人民法院认为，润华公司是何某槐以其挂靠在包头二建综合队的人员、设备、资金，与海外公司将该公司建筑工程公司经变更登记成立的，原审判决认定润华公司从包头二建分立出来与事实不符。润华公司成立后，创业中心的科贸楼和二号库工程即由该公司组织施工，此后包头二建再未插手该工程，管委会实际上也将润华公司视为施工单位，双方之间的关系也是建设单位和施工单位的关系，润华公司直接向管委会报告工程进度，管委会直接向润华公司支付工程进度款，双方还对施工中的一些具体问题进行协商与核定，以上事实表明包头二建已明确此部分工程由润华公司承建，润华公司基本上是按照包头二建与开发区办公室的施工合同来施工的，也得到了管委会和创业中心的认可，尽管二审中包头二建又主张这部分工程是其履行并完成的，管委会和创业中心也否定润华公司作为施工单位的事实，但包头二建事实上并没有履行科贸楼和二号库的施工任务，润华公司和管委会形成了事实上的合同关系。[2]

【案例1－18】 德阳乾坤科技有限公司诉江西城建建设集团有限公司建设工程施工合同纠纷案

一审法院认为，原告德阳乾坤公司与被告江西城建公司工程项目部达成的建设工程施工合同，虽未经被告江西城建公司签字盖章确认，但原告德阳

---

〔1〕 上海市第二中级人民法院(2009)沪二中民二(民)初字第3号民事判决书。

〔2〕 参见最高人民法院民事审判第一庭编:《最高人民法院民事案件解析》(建设工程)，法律出版社2010年版，第134页。

乾坤公司按照建设工程施工合同约定履行合同义务,被告江西城建公司实际接收该工程并为此支付了大部分工程价款,根据《合同法》第三十七条之规定,原告德阳乾坤公司与被告江西城建公司之间的合同成立。二审法院亦持同样意见,维持原判。[1]

根据《民法典》第一百四十六条和《建设工程解释(一)》第四十三条的立法精神,现有法律规定把发包人知晓实际施工人借用资质承建工程,且认可由该实际施工人完成的工程施工任务,仍与实际施工人借用的有资质的建筑施工企业签订建设工程施工合同。事实合同关系的成立实际包含两个法律行为:一是以虚假的意思表示实施的民事法律行为,即发包人与出借资质的建筑施工企业签订建设工程施工合同;二是以虚假的意思表示隐藏的民事法律行为,即发包人与借用资质的实际施工人之间就建设工程施工合同之标的产生了事实合同关系。简言之,发包人明知实际施工人存在借用资质的情形,发包人与借用资质的实际施工人形成事实上的建设工程施工合同关系。

实践中,如果法院认定发包人与实际施工人存在事实合同关系,则该关系确认后对发包人通常有两大不利的法律后果:其一为实际施工人可突破合同相对性直接向发包人办理结算并主张工程款,同时按照《民法典》和《建设工程解释(一)》第三十五条规定实际施工人可能被认定享有建设工程价款优先受偿权。其二为因施工过程存在借用资质的情况,导致原总包施工合同将被认定为无效。对此,即使在实际施工人在施工过程中存在违反合同约定的情况,发包人无法根据总包合同相关约定向实际施工人抑或施工单位主张工期逾期等各项违约责任。

3. 发包人与挂靠人之间的合同关系

在理论上,就发包人与挂靠人是否成立合同关系有不同观点。最高人民法院在个案中认为,被挂靠人在整个施工合同中并未实际履行义务,而挂靠人与发包人之间虽未建立合法的合同关系,但施工合同中实际履行主体是发包人与挂靠人。[2] 在另一个典型性案例中,最高人民法院明确认定,挂靠人实际为发包人履行了被挂靠人的施工义务,发包人直接从中受益,故二者之间事实上形成权利义务关系。[3] 有法官认为,虽然与发包人签订施工合同的名义主体是被挂靠人,但

---

〔1〕 参见国家法官学院案例开发研究中心编:《中国法院2018年度案例》(合同纠纷),中国法制出版社2018年版,第194页。

〔2〕 参见最高人民法院民事审判第一庭编:《民事审判指导与参与》2012年第1辑(总第49辑),人民法院出版社2012年版,第176~180页。

〔3〕 参见最高人民法院民事审判第一庭编:《民事审判指导与参与》2011年第4辑(总第48辑),人民法院出版社2012年版,第100~103页。

挂靠人与发包人之间存在事实施工合同关系。[1] 笔者赞同以上肯定观点。

【案例1－19】 雷某金与版纳拓普公司建设工程合同纠纷案

最高人民法院认为，确认当事人之间是否形成建设工程合同关系，应当从当事人的意思表示和权利义务履行情况判定。首先，从发包案涉工程的情况分析，雷某金代表甘肃建工工程承包有限公司签订的《湄公河畔项目土建工程施工意向协议书》和《补充协议》系由版纳拓普公司作为证据提交，从其证明内容可以看出，版纳拓普公司作为案涉工程的发包人对于雷某金欲借用建筑企业的资质承揽案涉工程施工项目的目的是明知的。此后，多家建筑企业出现在施工往来函件及资料中，即便在版纳拓普公司与泸州江南公司于2015年10月1日在形式上签订了《建设工程施工合同》后，版纳拓普公司亦明知雷某金是通过借用资质的方式实际对案涉工程进行施工……再结合版纳拓普公司发出的多个往来函件中有“雷某金项目部”的表述，以及版纳拓普公司的工程款支付行为均是按照雷某金或雷某金的代理人的指示所为的相关证据，一审法院认定版纳拓普公司对于雷某金挂靠的事实是明知并予以认可的。其次，从雷某金参与案涉工程施工的过程分析，雷某金自2014年11月起便以甘肃建工工程承包有限公司的委托代理人的身份与版纳拓普公司商洽案涉工程的承包事宜……再结合施工资料中施工方代表梅某平的证人证言，能证明雷某金与泸州江南公司等建筑企业之间未就案涉工程的施工形成真实的挂靠关系。[2]

4. 发包人、承包人与实际施工人之间的合同关系

现实生活中，有的发包人在履行合同过程中，会跳过承包人直接与转（分）包或挂靠的实际施工人履行合同主要内容，甚至签订补充协议、结算或直接支付工程款，这就会在三者间打破原有的两个合同关系，而在事实上直接建立起发包人与实际施工人的合同关系。在此情形下，其实质是发包人与实际施工人形成事实上的施工合同关系而排斥了名义的承包人。

【不同处理】 在个案中，有的法院坚持只成立一个发包人与承包人施工合同关系，而否定发包人与实际施工人之间的事实合同关系。

【案例1－20】 盛元公司诉何某、陈某案外人执行异议之诉纠纷案

二审法院认为，盛元公司与发包人指挥部签订施工合同，为施工合同关

---

〔1〕 参见邬砚：《建设工程合同纠纷——254个裁判规则深度解析》（第2版），法律出版社2019年版，第289页。

〔2〕 最高人民法院（2019）民终2027号民事判决书。

系;陈某通过合作的方式挂靠盛元公司,为实际施工人,其与盛元公司之间的法律关系受双方合作合同调整。在合同履行过程中,工程款直接拨付给原告,是按施工合同在履行;而原告收款后转付陈某,陈某未直接向指挥部领取过款项,是按照合作合同在履行。可见,陈某与指挥部未形成事实上的合同关系。[1]

5. 转包合同关系认定

对于是否转包有争议的,应根据具体案情确认。

【案例1-21】　薛某杰、陈某与重庆交通建设(集团)有限责任公司等建设工程施工合同纠纷案

最高人民法院认为,依据一审查明的事实,涉案工程由指挥部发包给重庆交建,重庆交建与辰升公司签订了《劳务协作合同》,后辰升公司将涉案工程又转包给薛某杰、陈某,薛某杰、陈某为涉案建设工程合同的实际施工人。从本案的实际情况看,辰升公司对于薛某杰、陈某履行了部分管理职责,双方还就工程款结算以及工程质量等问题签订了《退场清算协议》,且薛某杰、陈某退场后,辰升公司仍然继续履行其与重庆交建签订的《劳务协作合同》。综合上述情况,辰升公司与薛某杰、陈某之间存在转包合同关系。薛某杰、陈某主张与辰升公司不存在实质的转包关系,与重庆交建存在事实上的转包关系,但《劳务协作合同》系重庆交建与辰升公司所签,薛某杰、陈某并未举证证明其与重庆交建之间存在合同关系,因此,其主张缺乏依据,最高人民法院不予支持。[2]

对于挂靠还是转包区分,放在其后阐述。

6. 施工合作关系认定

对于是否成立合作合同关系,应根据具体案情认定。

【案例1-22】　中铁十五局集团第七工程有限公司与广东省源天工程公司等建设工程分包合同纠纷案

二审法院认为,双方《工程合作协议书》第二条第三项约定:"双方共同组建项目部,承担对工程进行现场管理和结算工程价款等工作。中铁十五局七公司派驻项目经理、副经理、总工、财务、计划、司机等七人负责协助和监督

---

〔1〕 江苏省宿迁市中级人民法院(2015)宿中民终字第0737号民事判决书。

〔2〕 参见最高人民法院民事审判第一庭编:《民事审判指导与参考》2015年第2辑(总第62辑),人民法院出版社2015年版,第232页。

源天公司对该项目的施工管理……”从该约定看，中铁十五局七公司仍对工程承担管理责任，而且源天公司是有资质的施工企业，双方的合同对工程质量等主要条款的约定也没有改变中标合同的约定和要求，不存在危害工程质量侵犯业主利益的情形，双方应为施工合作关系，而不是非法转包关系。因此双方之间《工程合作协议书》及《工程劳务协作协议书》为有效协议。原审判决认定上述两份协议为无效协议不当，法院予以纠正。[1]

联合体在承接工程后，联合体成员可根据实际需要在内部之间以发包人、承包人的名义签订施工合同，应视为联合体成员之间另行确立施工合同关系，联合体成员关系并不排斥其根据需要在联合体内部约定成立施工合同关系。

【案例1－23】 中冶天工集团有限公司与石狮市环湾投资建设有限公司建设工程施工合同纠纷案

最高人民法院认为，关于案涉《施工承包合同》《施工承包合同补充协议》的效力。中冶公司上诉称案涉《施工承包合同》系以虚假的意思表示实施的民事法律行为，应属无效。案涉《BT合同》约定，中冶公司承担项目总承包施工责任，建科公司承担项目融资责任。建科公司作为承担项目融资责任一方，其负有在施工过程中向中冶公司支付工程款的义务。故《BT合同》不仅明确中冶公司与建科公司系联合体成员关系，还对联合体成员之间的权利义务作出规定。2012年12月26日，建科公司与中冶公司签订《施工承包合同》是联合体双方在《BT合同》约定的基础上，对于其内部关系作出进一步明确约定。建科公司与中冶公司又签订《施工承包合同补充协议》约定增加工程量。中冶公司与建科公司之间的联合体成员关系并不排斥双方根据需要在联合体内部约定成立施工合同关系。建科公司依据《施工承包合同》《施工承包合同补充协议》约定已向中冶公司支付362,228,044元工程款，也即《施工承包合同》《施工承包合同补充协议》已得到实际履行。中冶公司上诉认为案涉《施工承包合同》系以虚假的意思表示实施的民事法律行为缺乏事实和法律依据，其提出《施工承包合同》《施工承包合同补充协议》应属无效的理由不能成立，其主张本院不予支持。中冶公司的一审诉讼请求第一项及第二项即要求确认案涉《BT合同》《施工承包合同》《施工承包合同补充协议》无效。一审法院经审理认为上述合同均属合法有效，一审法院直接对中冶公司的上述诉讼请求不予支持即可，没有向中冶公司进行释明的必要。且中冶公司上诉时仍然坚持主张上述合同无效。故一审法院未就合同效力的

---

〔1〕 河南省高级人民法院(2011)豫法民一终字第16号民事判决书。

认定向中冶公司进行释明并无不当。[1]

7. 内部承包关系认定

现行法律并未对建设工程内部承包合同有明确定义。实务中通常认为内部承包合同是指施工企业与其内部的生产职能部门、分支机构或职工之间签署的，由承包人提供支持并监督，由内部部门、分支机构或职工完成承包工程的合同。

内部承包是施工企业的一种经营模式，指施工企业与其内部生产职能部门、分支机构或职工之间就特定业务及相关经营所达成的有关权利义务的安排。[2]现行的法律法规对内部承包的定义并没有统一规定。最高人民法院在个案中认为："建筑企业的内部承包关系是指建设工程施工合同中的建筑企业的下属分支机构或职工承包全部或部分工程施工，建筑企业对其下属分支机构或职工的工程施工过程及质量等进行监督管理，对外承担施工合同的权利义务，是建筑企业的一种内部经营方式。"[3]承包人将其承包的全部或部分工程交由其下属的分支机构或在册的项目经理等企业职工个人承包施工，承包人对工程施工过程及质量进行管理，对外承担施工上述对内部承包的定义更侧重于内部承包的特征，内部承包其实质是企业内部的一种特殊的工作、利益的分配模式，是企业内部的合同约定。内部承包作为一种内部经营方式，因法无禁止即可为，目前司法界主流观点认为，法律不禁止建设工程内部承包，内部承包合同有效。内部承包的种类多种多样，按不同的标准可分为同类型。按照承包的经济指标，可分为全额承包和经济指标承包。按照内部承包的范围不同，可分为分公司承包和具体工程项目承包。

内部承包关系与转包关系区分是实践中多发争议之一，个案应具体分析仔细甄别。

【案例1－24】　宋某庆与华泰建设集团有限公司、金水河置业有限公司建设工程施工合同纠纷案

华泰公司认为原判决将性质为企业内部承包的《项目承包合同书》定性为转包合同，进而认定该合同无效是错误的。最高人民法院认为，华泰公司的观点不能成立。首先，宋某庆自认是从事建设工程施工的个体工商户，从未与华泰公司建立过劳动关系。如果宋某庆确实是华泰公司的员工，其否认

[1] 最高人民法院(2020)民终165号民事判决书。

[2] 参见常设中国建设工程法律论坛第八工作组：《中国建设工程施工合同法律全书词条释义与实务指引》，法律出版社2019年版，第172页。

[3] 最高人民法院(2019)民再329号民事判决书。

与用人单位之间的劳动合同关系，只能损害自身权益且不合常理。其次，原审法院针对华泰公司就案涉《项目承包合同书》的性质提出的主张，要求其提供与宋某庆之间具有劳动合同关系的证据。华泰公司未能提供劳动合同或为宋某庆办理劳动保险的相关证据，却主张宋某庆属于其员工，案涉《项目承包合同书》的性质属于企业内部承包合同，进而将原判决认定合同性质、效力错误作为再审申请理由。对于华泰公司上述缺少证据的再审申请理由，再审法院不予支持。〔1〕

【案例1－25】 宋某庆与山东华泰建设集团有限公司、临沂市金水河置业有限公司建设工程施工合同纠纷案

二审法院认为，虽然上诉人华泰公司在一审中提交了“项目承包合同书”等十一组证据，予以证实其与被上诉人宋某庆之间是内部承包关系，而非工程转包关系，但在二审庭审中，华泰公司承认其与宋某庆之间并未签订劳动合同，亦未为宋某庆缴纳任何社会保险……根据《劳动合同法》的相关规定，劳动者与其所在单位签订劳动合同或者存在事实上的劳动关系才能认定劳动者与用人单位存在劳动关系。虽然宋某庆名义上系华泰公司的项目经理，但从项目承包合同书所约定的内容以及涉案工程的施工过程，符合工程转包的特征，宋某庆为涉案工程的实际施工人。华泰公司上诉主张其与宋某庆之间不存在工程转包关系，但其并未提交其与宋某庆签订的劳动合同以及缴纳社会保险的相关证据。因此，华泰公司上诉称其与宋某庆之间是内部承包关系，而非工程转包关系的上诉理由不成立，本院不予支持。〔2〕

个案中，对合同关系变化由法官确认。

【案例1－26】 吴某胜、谢某金与宏大建设集团有限公司建设工程施工合同纠纷案

判决观点，宏大公司承包“青海省蓄积峡水利枢纽工程建前工程BT建设项目”后，将涉案工程转包给了吴某胜、谢某金施工，双方为非法转包关系，签订的施工合同无效，吴某胜、谢某金为案涉工程的实际施工人，作为原告主体适格。无论吴某胜与宏大公司有无劳动合同关系，双方基于案涉工程建立的是平等主体之间的非法转包的施工法律关系，同时谢某金与宏大公司无任何的劳动合同关系，与宏大公司亦为平等主体之间的民事法律关系，本案属于人民法院民事案件受案范围。〔3〕

---

〔1〕 最高人民法院（2015）民申字第596号民事裁定书。

〔2〕 山东省高级人民法院（2014）鲁民一终字第443号民事判决书。

〔3〕 青海省高级人民法院（2017）青民初116号民事判决书。

【案例1－27】 武汉市东西湖海口建筑工程有限公司与湖北瑞德置业有限公司襄阳分公司建设工程施工合同纠纷再审案

最高人民法院认为，内部承包关系中，发包工程单位对外应承担施工合同权利义务和经营风险，对内应向承包人提供一定资金、设备等必要的物质条件。该案中，从海口公司与薛某许于2004年9月签订的《内部承包责任书》和《补充协议》的内容看，有以下约定：合同约定工程内容以海口公司与建设方承包内容为准；启动资金由薛某许自备，工程款由薛某许负责；该工程所发生的所有债务薛某许承担，与海口公司无关等。因此，上述协议虽名为内部承包，但实际上合同中约定的相关内容符合转包的特征。[1]

8. 建设工程施工合同与承揽合同关系

广义而言，施工合同属于承揽合同范围，施工合同是特殊的承揽合同。有学者认为，建设工程合同是承揽合同的一种，或者说其是承揽合同的一种特殊类型，建设工程从承揽合同中适当分离是现代合同法的新发展。[2] 一般认为，建设工程除具有承揽合同的一般特点外，还具有以下特点：合同标的特定性，合同主体的限定性，合同管理的特殊性，合同形成的要式性。[3] 除此之外，该类合同签订的基础是相互信任且履行中的相互协作。

两类合同的联系，即施工合同中可以适用承揽合同的有关规定内容。《民法典》第八百零八条规定："本章没有规定的，适用承揽合同的有关规定。"这主要是指，其一，定作人检验约定材料，即第七百七十四条规定。其二，定作人通知承揽人更换、补齐不符合约定材料，即第七百七十五条规定。其三，定作人的原因造成承揽人损失的赔偿责任，即第七百七十六条规定。其四，承揽人保管不善的赔偿责任，即第七百八十条规定。其五，承揽人保密义务，即第七百八十五条规定。其六，承揽合同中有关定作物质量瑕疵处理，即第七百八十一条规定。在施工合同中，定作人可以要求适用承揽人减少价款的规定，在承包人未拒绝修复的，不能解除施工合同，另行指定他人修复。

两类合同的区别，在施工合同中不能适用承揽合同的有关规定内容，主要为，其一，承建工程不享有留置权。《民法典》第十八章建设工程不适用其第十七章承揽合同关于留置的规定。其二，承揽合同的任意解除权原则上不适用于施工合同。从法律规定发包人的合同解除权的立法目的探究，从国家对施工合同严格管理，以及施工合同的特殊性及防止社会资源浪费的角度，以上三方面表明在施工

〔1〕 最高人民法院(2017)民申59号民事裁定书。

〔2〕 参见王利明：《合同法研究》(第3卷)，中国人民大学出版社2012年版，第446页。

〔3〕 参见王利明主编：《民法》(第3版)，中国人民大学出版社2007年版，第657页。

合同中不适用任意解除权。对此,有法官提出自己意见,有必要赋予发包人以任意解除权,以保护发包人的利益;另外,在建设工程施工合同的履行中,承包人就工程的履行形成了"特定性投资",如果发包人任意解除建设工程施工合同,会损害承包人的利益,为了保护承包人的利益,必须对发包人行使任意解除权予以限制。[1] 由该规定可知,建设工程项目经过可行性研究、立项规划审批等,发包人应具备发包资格。施工主体实行市场准入制度,承包人是必须具备相应资质的法人。而承揽合同的标的小,对定作人一般没有发包要求;承揽人可以是具有资质的法人,也可以是其他单位或者个人。换言之,建设工程施工合同主体条件有明确要求,承揽合同则对于合同主体并无限制。其三,受行政制约不同。建设工程是涉及公共利益和安全的特殊产品,国家实行严格的管理和控制,当事人意思自治受公权力的制约。而承揽合同以当事人合意为主,行政一般不予干预。其四,合同要式不同。《民法典》第七百八十九条明确规定,"建设工程合同应当采用书面形式",而并未对承揽合同的形式进行规定,因此承揽合同既可以是口头形式,也可以是书面形式。其五,部分工作交由第三人完成的程序不同。根据《民法典》第七百九十一条第二款的规定,建设工程总包人将其中部分工作交与第三人完成时,须取得发包人同意。而根据《民法典》第七百七十三条的规定,承揽人有权将部分辅助工作交与第三人完成,无需征得定作人同意。但第七百七十二条第二款规定,"承揽人将其承揽的主要工作交由第三人完成的,应当就该第三人完成的工作成果向定作人负责;未经定作人同意的,定作人也可以解除合同"。其六,权利及责任承担不同。在施工合同中,合同法赋予承包人优先受偿权,《建设工程解释(一)》规定实际施工人可以有条件地向发包人主张权利。承揽合同并不具备上述两个特征。实践中,对于是建设工程施工合同还是承揽合同时有争议。其七,管辖法院不同。建设工程施工合同纠纷按照不动产纠纷确定管辖,即由建设工程项目所在地人民法院管辖。而承揽合同纠纷则适用一般合同案件确定管辖,即由被告所在地或合同履行地人民法院管辖,且当事人可以协议约定管辖法院。

【案例1-28】 马某与A公司、侯某合同纠纷案

马某要求二被告连带支付其工程款55万元。A公司认为,本案所涉项目为农业安装,农业温室大棚建设不属于建设工程合同纠纷,其不承担建设工程施工中有关发包人的责任。又因其与马某之间不存在合同关系,故不应被诉。一审法院认为,本案应为承揽合同纠纷,而非建设工程合同纠纷。经向马某释明,马某仍坚持原诉讼请求,故一审裁定驳回起诉。二审裁定,驳回

[1] 参见《建设工程合同纠纷裁判思路》,法律出版社2014年版,第401页。

上诉，维持原裁定。[1] 所谓农业大棚，一般是指具有保温性能的框架覆盖膜结构，其作用在于调节或改变种植物的生长时间，故农业大棚本质上属于农业设施，一般构架于农业用地上。因土地和大棚本身都是为农业服务，且大棚也非永久性建筑物，故在建设之前及过程中并不需要建设部门的审批，也不存在获取建设工程所需的规划许可证等手续的可能性，且在诸多地方，此类大棚建设还可获取政策性补贴。而关于大棚施工企业的资质问题，目前也无法律、行政法规进行特别明确的规定。基于此，一审、二审法院将涉案合同定性为承揽合同正确。

【案例1－29】　伊犁福润德农牧业发展有限公司与伊宁市汲瀛凿井中心建设工程施工合同纠纷再审案

再审法院认为，根据上述规定，建设工程合同与承揽合同的主要区别在于工程建设完成的工作成果系建设工程主要涉及不动产。另外，区别还在于合同缔约主体有无资质要求和特殊规定。建设工程合同中承包人要求必须是具有一定资质的法人，而承揽合同的主体则没有资质要求。此外，实践中还可以结合技术难度、工程用途、发包人情况等因素综合判断。具体到本案中，《凿井工程施工合同》的工程内容为凿井施工，工程用途为福润德公司工业用水。凿井施工工程存在一定的专业技术难度，因此施工单位须具备相应的资质等级。从合同中约定施工内容、质量等级、开工条件及工程款支付等来看，该工程内容更符合建设工程合同规定的建设工程范围，区别于加工、定作、修理、复制、测试、检验等承揽工作特征。故原审法院认定福润德公司与汲瀛凿井中心就《凿井工程施工合同》成立建设工程施工合同关系并无不当。[2]

天然气管道铺设工程焊接合同属于承揽合同。

【案例1－30】　某公司与某某公司建设工程施工合同纠纷再审案

最高人民法院认为，2018年3月28日，原告与被告签订的施工协议书，明确约定了原告承揽被告承包的位于陕西省富县某段天然气管道铺设工程焊接项目，由此引发的纠纷，属于承揽合同纠纷而不是建设工程施工合同纠纷。[3]

工程设备与材料的采购、制作、安装合同属于承揽合同。

---

〔1〕 参见齐晓丹、史智军：《农业温室大棚是否属于建设工程范畴》，载《人民法院报》2016年10月27日，第7版。

〔2〕 新疆维吾尔自治区高级人民法院(2023)新民申208号民事裁定书。

〔3〕 最高人民法院(2021)民辖49号民事裁定书。

【案例1-31】 山西阳煤丰喜化工建设有限责任公司与萍乡市华星环保工程技术有限公司建设工程施工合同纠纷再审案

最高人民法院认为,承揽合同以定作人要求的工作成果为工作内容,而建设工程施工合同以建设工程为工作内容。华星公司承揽丰喜公司总包的重冶公司150万吨/年焦化项目配套化产工程中的部分设备与材料采购、制作、安装等工程,工程范围不含土建、电器、自控仪表、采暖通风、避雷设施、给排水、消防设施等公用设施。从上述合同约定看,案涉工作内容更符合承揽合同的特征,一审、二审判决据此确定本案为承揽合同纠纷,并无不当。[1]

工程机电设备的供应、安装合同属于承揽合同。

【案例1-32】 四川洪雅西南水泥有限公司与杭州汽轮动力集团设备成套工程有限公司建设工程施工合同纠纷再审案

最高人民法院认为,案涉《余热电站协议书》明确约定工程内容为提供工程所涉机电设备并负责安装管理,因此该协议系承揽合同,并非建设工程施工合同。[2]

设备供货、施工安装合同属于建设工程合同。

【案例1-33】 安科瑞电气股份有限公司与浙江中易和节能技术有限公司建设工程施工合同纠纷案

最高人民法院认为,原告、被告签订的《设备供货及施工安装合同》中约定了设备材料的购置、装卸运输、现场安装及调试等内容,其中包括进度计划、施工方案、质量标准、工程监理、安全管理等内容,符合建设工程施工合同特点。[3]

钢结构制作安装合同属于承揽合同。

【案例1-34】 赤峰力和机械制造有限公司与中国第四冶金建设有限责任公司长沙分公司建设工程施工合同纠纷再审案

最高人民法院认为,案涉《钢结构制作安装合同》明确约定工程内容主要为炼铁系统钢结构制作及安装、机电设备安装、耐材砌筑、区域内管网安装、电气自动化、计器仪表设备安装、调试,符合《合同法》关于承揽合同的规定,二审法院认定本案系承揽合同并适用相关法律规定并无不当。[4]

---

〔1〕 最高人民法院(2020)民申2919号民事裁定书。
〔2〕 最高人民法院(2018)民申856号民事裁定书。
〔3〕 最高人民法院(2018)民辖21号民事裁定书。
〔4〕 最高人民法院(2017)民申3123号民事裁定书。

生产线设备安装合同属于承揽合同。

【案例1－35】　洛阳龙羽格锐建材有限公司与福建海源自动化机械股份有限公司建设工程施工合同纠纷再审案

最高人民法院认为,建设工程合同的标的是工程建设,即土木工程和建筑业范围内的线路、管道、设备安装工程的新建、改建、扩建及大型的建筑装修装饰活动。本案中,案涉合同约定的合同标的是粉煤灰标砖生产线涉及工艺设备总承包,并非房屋等的建设及修筑。因此,案涉合同符合《合同法》第二百五十一条规定的承揽合同法律特征。[1]

应注意的是,在一项工程中,经层层分包的后手实际施工人将其具体施工任务安排个人如打眼、拉电线等,具体承接干活人不能认定为《建设工程解释(一)》第四十三条中的实际施工人,其与实际施工人双方关系应认定为承揽合同关系。

(三)情势变更原则适用

《民法典》第五百三十三条规定:"合同成立后,合同的基础条件发生了当事人在订立合同时无法预见的、不属于商业风险的重大变化,继续履行合同对于当事人一方明显不公平的,受不利影响的当事人可以与对方重新协商;在合理期限内协商不成的,当事人可以请求人民法院或者仲裁机构变更或者解除合同。人民法院或者仲裁机构应当结合案件的实际情况,根据公平原则变更或者解除合同。"

《民法典合同编通则解释》第三十二条规定:"合同成立后,因政策调整或者市场供求关系异常变动等原因导致价格发生当事人在订立合同时无法预见的、不属于商业风险的涨跌,继续履行合同对于当事人一方明显不公平的,人民法院应当认定合同的基础条件发生了民法典第五百三十三条第一款规定的'重大变化'。但是,合同涉及市场属性活跃、长期以来价格波动较大的大宗商品以及股票、期货等风险投资型金融产品的除外。

合同的基础条件发生了民法典第五百三十三条第一款规定的重大变化,当事人请求变更合同的,人民法院不得解除合同;当事人一方请求变更合同,对方请求解除合同的,或者当事人一方请求解除合同,对方请求变更合同的,人民法院应当结合案件的实际情况,根据公平原则判决变更或者解除合同。

人民法院依据民法典第五百三十三条的规定判决变更或者解除合同的,应当

〔1〕 最高人民法院(2016)民申929号民事裁定书。

综合考虑合同基础条件发生重大变化的时间、当事人重新协商的情况以及因合同变更或者解除给当事人造成的损失等因素,在判项中明确合同变更或者解除的时间。

当事人事先约定排除民法典第五百三十三条适用的,人民法院应当认定该约定无效。”

《合同法解释(二)》第二十六条规定中引入了情势变更原则,它主要是解决在合同订立后由于社会环境发生重大变化,使一方当事人利益遭受重大的损害,造成显失公平,按实际情况履行不符合合同宗旨情形下,适用情势变更原则对合同进行变更或解除问题。采用固定价结算的建设工程施工合同履行期间,经常会遇到因原材料价格、劳务工资大幅上涨等因素,发生建材、人工费等价格与订立合同存在价差,导致合同约定的工程价款明显偏离实际等问题。对此种情形能否适用情势变更原则,应区分两种情况处理。一般应首先考虑合同的约定,如果合同对此有明确的约定,则应按合同约定进行调整。如果合同没有约定,在这种情况下如对原固定价格不进行调整,把材料价格异动的风险和损失全部由施工单位承担显然有违公平、诚信原则。同时,施工合同的性质也决定了施工单位往往无法承受材料、人工价格异动带来的亏损。如果仍按原合同履行,将严重危害社会安定和损害农民工等弱势群体的利益,更可能导致显失公平和原合同目的落空。对于上述情形自然属于社会环境发生重大变化,故可以适用情势变更原则。虽然司法案例适用情势变更制度调整工程价款的情况不多,但并不足以排除情势变更制度在固定价格的建设工程施工合同中的适用。[1]

1. 关于适用情势变更的条件

适用条件主要为:(1)时间条件,建筑材料价格的大幅变化发生在合同签订之后工程完工之前。(2)原因条件,不归责于双方当事人原因具有外在客观性。因一方当事人原因导致工期延误或建筑材料供应时间延误的,在此期间的建材差价部分工程款,不再适用情势变更原则处理,而应当依过错原则由负有过错的发包人或承包人承担。(3)价格发生重大变化条件。涉及风险幅度标准问题,其一为如何计算建筑材料价格变化的幅度,其二为风险幅度的客观标准是多少,其三为如何计算因价格变化需要调整的工程款数额。这三点是工程专业性问题,超出法官的专业范畴,需要通过委托司法鉴定的方式予以确定,具体标准应当参照当地建设行政主管部门或行业协会的标准予以确定。在2017年版《建设工程施工合同(示范文本)》通用条款规定的人工费和材料费市场价格调整的计算方式包

---

〔1〕 参见最高人民法院民事审判第一庭编:《民事审判指导与参考》2018年第3辑(总第75辑),人民法院出版社2018年版,第191页。

括三种,即采用价格指数进行价格调整、采用造价信息进行价格调整和专用合同条款约定的其他方式。在三个条件的关系上,时间与原因条件是前提条件,而价格变化是核心条件,三个条件是并列的缺一不可。从适用情势变更的实体和程序条件讲,其实质要件为情势变更会导致建设工程施工合同的履行显失公平,其程序要件为建设工程施工合同适用情势变更的请求必须经协商程序后由施工合同当事人自己提出。

有律师对最高人民法院在建设工程施工合同纠纷案件中与情势变更适用有关的裁判,归纳为以下裁判观点:(1)当事人未约定以固定价格结算,且未约定承包人的风险范围,在施工期间物价异常上涨,承包人以构成情势变更为由追加费用的,法院予以支持。(2)当事人已明确约定价格波动属于承包人的风险范围,在施工期间物价异常上涨,承包人以构成情势变更为由追加费用的,法院不予支持。(3)地下施工存在大量采空区的,属于承包人不可预见的范围,其以构成情势变更为由解除合同的,法院予以支持。(4)筹集建设资金是发包人的义务,发包人迟延支付工程款导致施工活动难以为继,其以无法获得融资贷款支付工程款构成情势变更为由要求解除合同的,法院不予支持。(5)周边居民恶意阻挠施工导致工期延误的,超出了承包人的合理预见范围,承包人以第三人妨害履行构成情势变更为由调整合同履行内容的,法院予以支持。[1]

2. 关于适用情势变更的范围

《民法典合同编通则解释》第三十二条规定:"合同成立后,因政策调整或者市场供求关系异常变动等原因导致价格发生当事人在订立合同时无法预见的、不属于商业风险的涨跌,继续履行合同对于当事人一方明显不公平的,人民法院应当认定合同的基础条件发生了民法典第五百三十三条第一款规定的'重大变化'。但是,合同涉及市场属性活跃、长期以来价格波动较大的大宗商品以及股票、期货等风险投资型金融产品的除外。

合同的基础条件发生了民法典第五百三十三条第一款规定的重大变化,当事人请求变更合同的,人民法院不得解除合同;当事人一方请求变更合同,对方请求解除合同的,或者当事人一方请求解除合同,对方请求变更合同的,人民法院应当结合案件的实际情况,根据公平原则判决变更或者解除合同。

人民法院依据民法典第五百三十三条的规定判决变更或者解除合同的,应当综合考虑合同基础条件发生重大变化的时间、当事人重新协商的情况以及因合同变更或者解除给当事人造成的损失等因素,在判项中明确合同变更或者解除的时间。

---

〔1〕 参见于健龙等主编:《中国建设工程法律评论》(第十二辑),法律出版社2022年版,第9~12页。

当事人事先约定排除民法典第五百三十三条适用的,人民法院应当认定该约定无效。”

对主要建筑材料价格重大变化可以界定在情势变更之范畴,已经达成共识不在本专题讨论范围之内,其有争议的是人工费的大幅变化能否适用情势变更原则。从理论上讲,人工费的变化与建筑材料价格的变化性质相同,只要符合情势变更原则的适用条件亦应当适用。实践中,因人工费的上涨更为频繁,故法院对此持谨慎态度。实践中,应注意的是,其一,对建材差价的调整只是超出市场风险范畴部分而不是全部。其二,因工期延误建材涨价,应区分造成原因界定承担人,由发包人原因造成的则由发包人承担,由承包人原因造成的则由承包人承担。

适用情势变更的关键要件之一是在合同成立以后,出现了当事人缔约时无法预见的客观重大变化。法官对于无法预见的审查,应重点审查三个因素:其一,预见时间应当以合同缔结之时;其二,预见标准应为主观标准;其三,风险承担。如果根据合同性质可以确定在缔约时能够预见的,则不能适用情势变更。有法官认为,判断承包人承担的风险范围应考虑以下因素:(1)导致成本上涨的意外事件可否预见。(2)意外事件导致成本上涨的幅度是否超出施工合同约定承包人承担风险的范围。(3)当事人约定的固定价格是否高于正常市场价格。(4)承包人是否有能力控制风险。〔1〕 个案中,由法官结合案情裁量是否构成情势变更。

实践中,法官如何适用情势变更原则对其作合理调整需要研究。适用情势变更原则并非简单地豁免债务人的义务而使债权人承受不利后果,而是要充分注意利益均衡,公平合理地调整双方利益关系。在调整尺度的价值取向把握上,法院仍应遵循侧重于保护守约方的原则。具体操作为,参考各地建设行政主管部门出台的指导意见中的规定,一般为:其一,施工合同约定采用固定价格但未计取相应风险包干费用的工程,当材料价格或人工费用上涨或下降幅度在10%以内(含10%)时,其差价由承包人承担或受益,当上涨或下降幅度超出10%时,其超出部分的差价由发包人承担或受益。其二,施工合同约定采用固定价格并已计取相应风险包干费用的,一般不调整合同价格。但在施工期间,遇材料价格或人工费用波动较大致差价风险包干费用的50%时,则在扣除风险费用后按上条执行。北京法院主要参照标准是北京市住房和城乡建设委员会发布的《关于加强建设工程施工合同中人工、材料等市场价格风险防范与控制的指导意见》(京建发〔2021〕270号),其风险幅度上限,即±6%作为风险幅度调整标准,如果主要建筑材料价格变化在±6%以内的,属于正常的商业风险。2017年版《建设工程施工合同(示

〔1〕 参见最高人民法院民事审判第一庭编:《民事审判指导与参考》2018年第3辑(总第75辑),人民法院出版社2018年版,第191~192页。

范文本)》通用条款第 11.1 条约定:合同履行期间材料单价涨跌幅以基准价格为基础超过 ±5% 时,其超过部分据实调整。实践中,当建设方已经明确地预先排除了因材料上涨等原因而进行合同价格调整的可能,施工期间建材价格大幅上涨不属于当事人不可预见的情形。

【案例 1 - 36】　武汉绕城公路建设指挥部与中铁十八局集团第二工程有限公司建设工程施工合同纠纷案

最高人民法院认为,根据作为当事人《施工承包合同》组成部分的《合同通用条款》第 70.1 条约定,除非合同专用条款另有约定,凡是合同预期工期在 24 个月以上者,在合同执行期间,由于……材料的价格涨落因素应对合同价格进行调整。而在案涉工程武汉绕城公路东北段施工(15、16 合同段)《招标文件项目专用本》"投标须知修改表"第 11.6 条约定,本合同在施工工期内不进行价格调整,投标人在报价时应将此因素考虑在内。从以上条款内容可以得出以下结论:公路建设工程工期在 24 个月以上的,由于材料价格涨落因素应对合同价格进行调整,但合同专用条款另有约定的除外。据此应当认定,本案当事人在合同中已经明确排除了因材料上涨而进行合同价款调整的可能。此外,情势变更原则的功能主要是消除由于订立合同时的基础情势发生重大变更所导致的当事人权利义务的显失平衡。而从本案案情看,经一审法院委托鉴定,二公司因材料价格上涨导致的差价损失幅度尚难达到情势变更原则所要消除的当事人之间权利义务显失平衡的严重程度。因此,一审法院适用情势变更原则判决指挥部补偿二公司材料差价损失,依据不充分。指挥部要求驳回二公司有关补偿其材料差价损失的诉讼请求的上诉主张和理由成立,应予支持。一审判决第二项,应予撤销。〔1〕

【案例 1 - 37】　广东省电白建筑工程总公司与东莞市长安镇房地产开发公司建设工程施工合同纠纷再审案

最高人民法院认为,建设工程施工合同约定,承包合同为定标价包人工、包材料、包工期、包质量、包安全,还包括按国家规定由乙方缴纳的各种税收,除设计变更外,总价、单价以定标价为准,结算时不作调整。上述约定系针对合同约定的施工期间内包括主要建材价格产生变化的市场风险承担条款,说明双方当事人已预见到建材价格变化的市场风险,故二审判决认定开工日期至合同约定的竣工日期建筑材料上涨属于正常的商业风险,不属于情势变更适用法律并无不当。〔2〕

---

〔1〕 参见最高人民法院民事审判第一庭编:《民事审判指导与参考》2008 年第 2 集(总第 34 集),法律出版社 2008 年版,第 152 ~ 171 页。最高人民法院(2007)民一终字第 81 号民事判决书。

〔2〕 最高人民法院(2013)民申字第 1099 号民事裁定书。

3. 对于超出风险幅度之外的工程款差价分摊

适用情势变更原则对建筑材料和人工费进行调整，并非因当事人的原因，其工程款差价应由双方分担而不是由一方承担。在个案中，由法官裁量双方承担差价款比例，但绝非一律为平均承担，可以发包人多承担一些，承包人少承担一些。

【案例1－38】 盐中公司与住总公司建设工程分包合同纠纷案

二审法院认为，根据北京市建设工程造价管理处京造管〔2004〕4号文件可知，在2004年年初，建设工程主要材料价格变化较大，特别是钢材价格异常上涨，上涨幅度已经超出风险预测范围。盐中公司在2003年签订施工合同时已尽注意义务，对建设工程主要材料价格异常上涨，无法预测，且无法抵御。因建设材料已全部物化到涉案工程中，依据诚实信用原则，对"超出正常风险预测范围"内的价格异常上涨而形成的损失应由住总公司与盐中公司分担，其中发包方住总公司承担主要部分，承包方盐中公司承担次要部分。盐中公司在诉讼请求中认为"超出正常风险预测范围"的价值是7,598,998元，计算依据是2004年相关定额与2004年实际采购钢材、商砼价值的差乘以工程量得出的。对于"超出正常风险预测范围"的价值，法院采信工程造价鉴定报告中意见，确定为2,897,418.01元。超出2,897,418.01元之外的价值属于承包方盐中公司应当预测到的正常风险，盐中公司对于该部分损失应自行承担。因考虑到住总公司已补偿盐中公司主要材料差价约90万元，故法院酌定住房公司再补偿盐中公司主要材料差价款150万元。〔1〕

司法实践中，审理法院综合考虑当时的背景情况及参考当时政府的指导性文件，在法官自由裁量权范围内对因建筑材料上涨导致的造价增高的情形予以衡平考量并作出正确判决。

【案例1－39】 山西省五台县建筑安装有限公司诉晋中市太塑地热采暖房地产开发有限公司建设工程施工合同纠纷案

一审法院认为，山西省五台县建筑安装有限公司主张施工期间材料价格上涨形成的材料差价应由晋中市太塑地热采暖房地产开发有限公司承担，因商业行为本身就具有风险性，各方的风险应当各自承担，故其要求晋中市太塑地热采暖房地产开发有限公司承担材料差价依据不足。但一审法院依情势变更原则和承包人存在减少工程量的情形作了适当调整，二审法院持同样

〔1〕 北京市高级人民法院（2007）高民终字第1199号民事判决书。

意见维持一审判决。[1]

4. 政策调整导致的情况变化适用情势变更原则

现行法律和司法解释均未明确这个问题,最高人民法院在个案中表明对此类纠纷处理态度,即政策调整导致的情况可以适用情势变更原则。

【案例1-40】 新东化工发展有限公司与正通宏泰股份有限公司施工合同、技术委托开发合同纠纷案

最高人民法院认为,本案涉案合同在履行过程中,常州市政府根据省政府《关于进一步加强污染物减排工作的意见》的要求,调整了节能减排的政策,明确要求新东公司自备电厂在2012年6月底前拆除燃煤锅炉,客观情况发生了重大变化,导致新东公司原定仅对燃煤锅炉进行脱硫工程改造项目继续进行已经没有意义,无法实现合同目的,该变化是当事人无法预见的,这种合同风险显然不属于普通的商业风险。虽然《合同法》及有关司法解释并未明确规定政府政策调整属于情势变更情形,但是如果确实因政府政策的调整,导致不能继续履行合同或者不能实现合同目的,当然属于合同当事人意志之外的客观情况发生重大变化的情形。因此,应该认定本案的情形属于《合同法解释(二)》第二十六条规定的情势变更情形。新东公司主张本案的情形属于情势变更,其解除合同不属于违约行为,有充分的事实和法律依据,本院予以支持。[2]

(四)纠纷诉讼时效界定

诉讼时效是指权利人在法定期间不行使权利即丧失请求法院依法保护其民事权利的法律制度。建设工程施工合同的承包人工程款属于普通债权,应适用3年(2017年10月1日之前为2年)的普通时效,即自承包人知道或者应当知道权利被侵害之日起3年。

1. 对于工程款债权诉讼时效的起算时间,是实践中争议颇大且复杂问题。债权请求权的主张需要具体明确,在债权无法确定具体数额的情况下,可以说是当事人之间的债权债务关系并未最终明确,债权人请求债务人给付,存在债权数额不确定的法律障碍,债务人可以催告债权人先行给付,诉讼时效从债权债务关系

---

〔1〕 参见国家法官学院案例开发研究中心编:《中国法院2012年度案例》(合同纠纷),中国法制出版社2012年版,第74页。

〔2〕 最高人民法院(2015)民提字第39号民事判决书。

确认时起算。在个案中以具体情形界定为,其一,双方达成结算协议,工程款数额已经确定的起算日。在双方达成结算协议工程数额已经确定的,结算协议对工程结算款的支付期限作出明确约定的,有的还签订了分期履行还款义务的协议书,则应根据约定的履行期限届满的次日起计算诉讼时效。其二,对于工程款数额已经确定,但双方未对付款期限进行约定或约定不明的,有两种不同诉讼时效起算日的观点。《诉讼时效规定》第四条规定:"未约定履行期限的合同,依照民法典第五百一十条、第五百一十一条的规定,可以确定履行期限的,诉讼时效期间从履行期限届满之日起计算;不能确定履行期限的,诉讼时效期间从债权人要求债务人履行义务的期限届满之日起计算,但债务人在债权人要求债务人履行义务的宽限期限届满之日起算,但债务人在债权人第一次向其主张权利之时明确表示不履行义务的,诉讼时效期间从债务人明确表示不履行义务之日起算。"其三,双方未达成结算协议,工程款数额尚未确定的,但其施工合同对付款期限有约定,即合同约定工程竣工验收合格后支付工程款,在确定工程竣工的具体日期计算诉讼时效。其四,双方未达成结算协议,工程款数额尚未确定的,但其施工合同对付款期限没有约定或者约定不明的,即诉讼时效从工程款确定之日开始起算。在诉讼中通过造价鉴定的方式确定工程款的,可以自鉴定意见确定工程款数额之日起算诉讼时效。其五,双方未达成结算协议,在诉讼中通过造价鉴定方式确定工程款的,可以自鉴定意见确定工程数额之日起算诉讼时效。其六,返还质量保证金的诉讼时效,应当从竣工验收合格之日加上法律规定的保修期届满之日或施工合同约定的保证金返还之日起算。其七,工程款分期支付的情形下,最后一期履行期限届满之次日为诉讼时效起算时间。其八,对违约金、垫资款利息有约定支付时间的,应从约定的支付之日起计算诉讼时间,没有约定的,原则上应从结算完毕之日起计算诉讼时效。延误工期违约金诉讼时效,从竣工验收时起算。其九,发包人以质量问题为由要求赔偿损失的诉讼时效,自发包人知道或者应当知道发生质量问题并确定质量问题的原因时起算。其十,停工损失的诉讼时效,应当自竣工验收时起算。其十一,施工合同被撤销或解除的,工程款债权的诉讼时效从合同效力确定之日起算。

2. 界定诉讼时效的起算点,或者界定当事人"知道""应当知道"权利被侵害的事实,依赖于当事人的举证。司法实践中,定期债权应当从约定的期限届满之日起算诉讼时效;不定期债权则债权人随时可以要求债务人履行义务,从债务人拒绝之日起算诉讼时效。债权人将不定期的债权变更为有明确履行期限的债权并通知债务人的,自期限届满之日起,无论债务人是以明示的意思表示拒绝履行,还是以默示的方式表示拒绝履行义务,均应推定为债权人应当知道权利受到侵害,诉讼时效开始计算。建设工程质量诉讼时效,以知道或应当知道发生质量问题之日起算。发包人以质量为由要求赔偿损失、延误工期违约金等,一般从竣工验收起算。未办理结算,对自身债权情况无法确认,因此诉讼时效的起算时间不确定,不应认定超过诉讼时效。如果债权人自己举出对己不利的证据,应自行承担不利的诉讼结果。

【案例1-41】 中国农业银行新疆分行营业部等与乌鲁木齐城市建设综合开发公司欠款纠纷案

最高人民法院认为,第五次董事会纪要约定由城建公司尽快还款,属于履行期限不明,1995年4月27日城建公司向乌市人行出具的《关于偿还乌市人行资金市场已投资金的几点意见》,承诺尽快归还投资款,仍属于履行期限约定不明,因此,新疆农行、乌市人行、工银公司随时可以向城集公司主张权利,城建公司亦可以随时要求履行义务。新疆农行、乌市人行、工银公司向一审、二审法院提供的《中房集团乌鲁木齐公司债权单位协议书》,明确要求城建公司在1997年3月30日前清偿欠款和资金占用费,属于将属于期限不明的债务变更为有明确履行期限的债务,三上诉人主张该协议已于1996年12月18日送达给城建公司的法定代表人姜某明,城建公司以消极的行为予以拒绝,因此,三上诉人应当知道其权利自债务人拒绝履行义务时受到侵害,应在法律规定的诉讼时效期间内依法行使请求权,保护自己的合法权益。由于三上诉人对1996年12月18日以后城建公司拒绝履行义务的时间和自己是否还有以其他形式主张权利的行为不能举证,城建公司在诉讼中否认见到过上述协议书,因此,根据三上诉人的举证,应当认定城建公司拒绝履行义务的时间为1996年12月18日,本案的诉讼时效应从1996年12月19日开始起算。一审法院认定诉讼时效从1995年2月15日开始计算,缺乏依据,本院予以纠正。新疆农行、乌市人行分别在1999年3月24日和2月1日向乌鲁木齐市中级人民法院起诉,超过了法律规定的2年诉讼时效期间,其作为权利人的胜诉权依法不予保护。工银公司于1998年11月4日向乌鲁木齐市中级人民法院起诉,符合法律规定,其诉讼请求城建公司返还500万元并赔偿利息损失,证据充分,依法应予支持。[1]

【案例1-42】 佛山市高明合水建筑工程公司与佛山市高明区高建电影发展有限公司等建设工程施工合同纠纷案

二审法院认为,合水建筑公司和高明区电影发行放映管理中心(后转制为高速电影公司)在《工程还款计划》中约定每月定期将其娱乐中心二层的铺位租金返还给合水建筑公司;在10年后将娱乐中心的所有出租铺位租金

---

〔1〕 参见最高人民法院民事审判第一庭编:《最高人民法院民事案件解析》(建设工程),法律出版社2010年版,第428~429页。

还给合水建筑公司直至还清。据此可以认定双方当事人约定工程款还款分期履行。根据《诉讼时效规定》(此为2008年版,已被修正,最新为2020年版)第五条规定:“当事人约定同一债务分期履行的,诉讼时效期间从最后一期履行期限届满之日起计算。”上述《工程还款计划》中最后一期的履行期限为签订日的10年之后(2015年),直至还清合水建筑公司所有款项止。因此,诉讼时效期间最早也应从2015年起算,合水建筑公司在2013年提起诉讼未超过诉讼时效。高建电影公司主张合水建筑公司的起诉超过诉讼时效依据不足,法院不予支持。[1]

在工程未结算且合同中未就工程结算时间及付款时间作出明确约定的情形下,承包人可以随时要求支付工程价款,自承包人要求支付工程价款时开始计算诉讼时效。

【案例1-43】 孙某与某某公司建设工程施工合同纠纷再审案

最高人民法院认为,关于孙某追索案涉工程款的诉请是否已过诉讼时效的问题。《诉讼时效规定》(此为2008年版,已被修正,最新为2020年版)第六条规定,“未约定履行期限的合同,依照合同法第六十一条、第六十二条的规定,可以确定履行期限的,诉讼时效期间从履行期限届满之日起计算;不能确定履行期限的,诉讼时效期间从债权人要求债务人履行义务的宽限期届满之日起计算……”本案中,建设工程施工合同的双方当事人对案涉工程并未进行结算,工程欠款数额一直未确定的事实均予以认可,双方也并未就工程结算时间及付款时间作出明确约定,因此,孙某作为债权人可以随时要求履行,原判决认定孙某提起本案诉讼并未超过诉讼时效期间并无不当。[2]

3. 附条件请求权诉讼时效起算点。施工合同约定工程尾款待验收通过后支付,如工程验收客观上无法进行,其请求支付该尾款的诉讼时效起算问题。最高人民法院民一庭意见认为,施工合同双方当事人约定,工程尾款待工程验收通过后支付,施工人对工程尾款享有的权利属于附条件请求权。如工程验收客观上已经无法进行,应认定合同约定的条件无法成就。施工人请求建设方支付该工程尾款的诉讼时效期间,应自其知道或者应当知道条件无法成就时起算。[3]

4. 停、窝工损失诉讼时效,为司法实践疑难问题,应结合具体案情认定。

---

〔1〕 广东省佛山市中级人民法院(2014)佛中法民一终字第1411号民事判决书。

〔2〕 最高人民法院(2016)民申3043号民事裁定书。

〔3〕 参见最高人民法院民事审判第一庭编:《民事审判指导与参考》2012年第1辑(总第49辑),人民法院出版社2012年版,第136页。

【案例1－44】　太原三晋国际饭店、太原三晋大厦与山西省第六建筑工程有限责任公司建设工程施工合同纠纷案

最高人民法院认为，三晋国际饭店和三晋大厦主张省六建公司提出的证据证明因停工、窝工造成6,611,675元的损失，已过诉讼时效，在一审中不予质证。在履行合同期间，原万豪国际酒店筹建处负责人曾经表示，窝工损失以后会综合考虑，是对承担这部分损失的同意，三晋国际饭店和三晋大厦承接了原万豪国际酒店筹建处的权利和义务，即有义务对该部分损失承担责任，其主张已过诉讼时效的理由不成立，不予支持。[1]

5. 工程质量起诉与抗辩诉讼时效。实践中，建设方通常以工程质量为由起诉施工方或抗辩施工方要求给付工程款的诉讼请求。建设方未在诉讼时效期间内提出工程质量异议的，对其与工程质量有关的请求不再予以支持。

【案例1－45】　江苏省张家港市长江城市建设综合开发公司等与交通部第二航务工程局第四工程公司建设工程承包合同纠纷案

最高人民法院认为，开发公司作为建设方，根据建设部的上述规定，负有义务召集施工方、质检站对施工方已竣工工程进行质量检测。而其在二航四公司提交竣工报告后，开发公司没有组织质检站和施工方进行工程质量检测，其应负完全责任。直到4年后，二航四公司提出索要工程款之诉，开发公司在一审中也未就驳岸工程质量提出异议。二审期间，开发公司才提交了其单独委托水利部基本建设工程质量检测中心于1999年4月26日作出的驳岸工程不合格的检测报告，并据此反诉要求扣减工程款。……对驳岸工程质量不合格的问题，因已过诉讼时效且于二审中才提出，故本院对开发公司关于扣减驳岸工程款3,080,000的上诉请求不予支持。[2]

6. 延期竣工诉讼时效起算点。笔者赞同法官关于对延期竣工诉讼时效起算的观点，即由于承包方违约的状态一直在持续，究竟承包方违约多少天，发包方要等工程实际竣工时才能计算出来，故诉讼时效的起算点应从工程实际竣工之日开始，而不是从双方合同约定的竣工日期开始计算。[3]

7. 工程款利息诉讼时效问题。工程款利息在性质上为法定孳息，其法定孳息存在诉讼时效。法定孳息本质上是一种债权请求权，债权请求权一般都有诉讼时效，如典型的租金、股息等法定孳息都受诉讼时效制度的约束。但有些法定孳息

---

〔1〕 参见最高人民法院民事审判第一庭编：《最高人民法院民事案件解析》（建设工程），法律出版社2010年版，第87页。

〔2〕 参见最高人民法院民事审判第一庭编：《最高人民法院民事案件解析》（建设工程），法律出版社2010年版，第418页。

〔3〕 参见《建设工程合同纠纷裁判思路》，法律出版社2014年版，第149页。

基于法律法规的特殊规定而没有诉讼时效，如《诉讼时效规定》第一条所规定的“支付存款本金及利息请求权”“兑付国债、金融债权以及向不特定对象发行的企业债权本息请求权”等，但这只是法律法规规定的特殊情况。换言之，在没有法律法规明确规定利息不适用诉讼时效的，其利息均应适用诉讼时效。工程款利息并不属于法律法规规定的特殊情况范围，因此，仍应适用诉讼时效的一般性规定。工程款利息依附于工程款而存在，与工程款构成同一债务，其诉讼时效的起算点应和工程款一致。在工程款债务没有超过诉讼时效的情况下，其利息自然没有超过诉讼时效；在工程款诉讼时效中断的情况下，利息诉讼时效自然中断。

8. 垫资合同利息诉讼时效争议，由法官结合案情认定。

【案例1－46】 海口美兰国际机场有限责任公司与中铁十二局集团有限公司建设工程施工合同纠纷案

二审法院认为，本案的情况是争议双方对垫资利息的计算与审核，不仅未在工程竣工日前完成，而且始终存在争议。在项目竣工1年后，直至中铁十二局于另案向本院起诉前，双方互有部分履行和交涉行为。本案原告的诉讼请求是请求支付垫资利息，作为本金即原告在海口美兰机场土石方和机场场道工程中所垫资部分，本院于2005年4月以〔2003〕琼民一初字第6号《民事判决书》予以支持。利息是本金的孳息，本金债务未超过诉讼时效，利息债务亦未超过。争论垫资利息是否审核或决算，对于认定诉讼时效是否已过没有实际意义，合同约定还款期限届满并不能当然作为计算诉讼时效的起点。故上诉人关于本案已过诉讼时效期间的上诉理由不能成立，本院不予支持。[1]

9. 工程款结算请求权诉讼时效问题。承包人请求结算工程款的权利属于请求权，应当适用诉讼时效的规定。建设工程竣工验收合格后，承包人应当向发包人提出工程结算请求，发包人应当与承包人结算工程款。一些地方法院就工程款结算请求权诉讼时效问题，提出明确操作意见有借鉴指导性。

10. 工程款未确定或未完成结算的诉讼时效问题。发包人与承包人未就工程价款进行结算，亦未约定付款时间，承包人主张工程价款不应认定超过诉讼时效。也就是说，在最终的结算完成前，不应起算诉讼时效。超过合同约定的结算期间仍未成结算的，也同样不应起算诉讼时效。

---

〔1〕 海南省高级人民法院(2006)琼民一终字第4号民事判决书。

【案例1－47】 大连世联防水工程有限公司诉大连市星海湾开发建设管理中心建设工程施工合同纠纷案

二审法院认为,因原告、被告双方至今未就案涉工程进行工程价款的决算,双方亦未对付款时间进行约定,故原告的诉讼请求并未超过诉讼时效。[1]

【案例1－48】 烟台洪瑞港航工程有限责任公司与浙江建隆船务有限公司、秦皇岛市渤海疏浚工程有限公司航道、港口疏浚合同纠纷再审案

最高人民法院认为,《建隆工8中间结算单》主要对建隆船务公司完成的工程量及洪瑞港航公司支付加油款的金额进行确认,后期扫浅问题属于待定事项,并非洪瑞港航公司主张的涉案工程最终完工结算单,双方对建隆船务公司的工程款项没有明确约定支付期间。洪瑞港航公司依据该结算单签署日期确定本案诉讼时效起算时间,缺乏充分的事实和法律依据。[2]

【不同处理】 实践中,基于诉讼时效认识差异法院一审、二审判决有异。

【案例1－49】 华南公司与当代公司建设工程施工合同纠纷案

二审法院认为,当代公司在一审庭审中也表示在工程款未结算的情况下,不能支付华南公司工程价款。故在工程价款未结算的情况下,华南公司工程价款请求权存在数额不确定的法律障碍,诉讼时效应从华南公司和当代公司工程价款确定之时起算,故一审法院判决认定华南公司主张工程款的请求权已经超过诉讼时效,法律适用错误,本院予以纠正。[3]

工程款已确定但付款期限不明确的,承包人可以随时要求发包人履行付款义务,诉讼时效应当从承包人主张权利时起算。

【案例1－50】 孙某与苏某业、盘锦兴通房地产开发有限公司建设工程施工合同纠纷再审案

最高人民法院认为,《诉讼时效规定》第六条规定……因此,孙某作为债权人可以随时要求履行,原判决认定孙某提起本案诉讼并未超过诉讼时效期间并无不当。[4]

---

〔1〕 参见最高人民法院中国应用法学研究所编:《人民法院案例选》2017年第9辑(总第115辑),人民法院出版社2017年版,第107页。

〔2〕 最高人民法院(2014)民申字第2054号民事裁定书。

〔3〕 北京市第一中级人民法院(2011)一中民终字第5941号民事判决书。

〔4〕 最高人民法院(2016)民申字第3043号民事裁定书。

11. 一审未提出诉讼时效抗辩二审、重审提出问题。实践中,当事人在一审期间未提出诉讼时效抗辩,在二审期间提出的,法院不予支持,但其基于新的证据能够证明对方当事人的请求权已过诉讼时效期间的情形除外。二审法院能否支持诉讼时效抗辩应同时满足两个条件,一是新证据证明,二是已过诉讼时效事实。诉讼时效抗辩成立的重点是,如何确认何为新证据。

【案例1-51】 郑州市惠济区古荥镇马村村民委员会与李某建设工程施工合同纠纷案

二审法院认为,马村村委会在一审期间经传票传唤,无正当理由拒不到庭,视为其放弃抗辩权,在二审期间提出诉讼时效抗辩,根据《诉讼时效规定》第四条第一款规定,本院不予支持。[1]

发回重审是一审、二审程序的诉讼阶段延续,债务人未在原一审、二审程序中提出诉讼时效抗辩,发回重审期间仍无权提出相同主张。

【案例1-52】 中国航空港建设总部辽宁蓝天工程部、辽宁北方工程部诉北京世恒信商贸有限公司、白某宇建设工程施工合同纠纷案

二审法院认为,白某宇在原一审中未提出时效抗辩,在发回重审后才提出,超过最高人民法院有关诉讼时效规定的行使期限,法院对此不予支持。[2]

12. 二审中发包人以一审判决作为新证据主张承包人起诉时已经超过诉讼期间问题。最高人民法院民一庭意见认为,当事人因民事纠纷诉讼至法院后,人民法院经审理作出一审判决,是为解决当事人之间纠纷而进行的司法裁判活动,该一审判决本身并不是同一诉讼进入二审阶段的新的证据。关于诉讼时效问题,如果当事人一审未提交、二审时将一审判决作为新的证据据以提出对方诉讼请求已经超过诉讼时效的主张,不符合《诉讼时效规定》第三条"当事人在一审期间未提出诉讼时效抗辩,在二审期间提出的,人民法院不予支持,但其基于新的证据能够证明对方当事人的请求权已过诉讼时效期间的情形除外"规定中的除外情形,人民法院对其请求将依法不予支持。[3]

13. 质量保证金的诉讼时效问题。施工合同对质量保证金返还期限有约定的,诉讼时效从约定的返还期限届满之日起算;没有约定或者约定不明的,缺陷责任期满后,发包人应当将质量保证金返还给承包人,并从届满之日起算诉讼时效。

---

〔1〕 河南省郑州市中级人民法院(2011)郑民三终字第546号民事判决书。

〔2〕 参见最高人民法院中国应用法学研究所编:《人民法院案例选》2016年第4辑(总第98辑),人民法院出版社2016年版,第128页。

〔3〕 参见最高人民法院民事审判第一庭编:《民事审判指导与参考》2014年第2辑(总第58辑),人民法院出版社2014年版,第111页。

质量保证金与工程款性质不同,不属于分期付款的同一笔债务,诉讼时效期间的起算时间应按照合同约定分别确定,不适用工程款从最后一期履行届满之日起计算方式。

14. 二审上诉新增加诉讼请求受诉讼时效限制。

【案例1-53】　新疆维吾尔自治区第三建筑工程公司与新疆通宝资产投资管理有限公司建设工程施工合同纠纷案

最高人民法院认为,三建公司在二审庭审时增加上诉请求,提出通宝公司对上述三项工程的逾期交工及质量违约问题提出诉讼请求,因超过诉讼时效而丧失胜诉权。因本案一审审理期间三建公司并未就诉讼时效提出主张,故一审法院未就诉讼时效问题予以审查处理。三建公司在二审期间作为新的请求提出,本院不予支持。[1]

15. 在一项建设工程中,其工期、质量、工程款支付的违约事实同时出现的,应当自权利人知道或应当知道其权利被侵害时起开始计算;如果工期、质量、工程款支付的违约事实分别出现的,则应当自权利人分别知道或应当知道其权利被侵害时起分别开始计算。除此之外,施工合同案件中的其他民事权利的诉讼时效起算时间也应当适用上述原则。

16. 诉讼时效期间届满确认,由法官结合具体案情裁量。

【案例1-54】　西安丝绸之路(喜来登)大酒店有限公司与中铁一局集团有限公司建设工程施工合同纠纷案

最高人民法院认为,中铁一局向喜来登大酒店发出铁一财〔1999〕226号《关于催收拖欠工程款的函》时虽然已经超过了2年的诉讼时间期间,但该函件明确表明了再次催收拖欠工程款的意思,时任喜来登大酒店总经理徐某在催款函上签字确认,应当视为诉讼时效期间届满后债权人与债务人对原债务的重新确认。二审法院适用《最高人民法院关于超过诉讼时效期间借款人在催款通知单上签字或者盖章的法律效力问题的批复》对本案诉讼时效问题作出认定并无不当。涉案工程20世纪90年代初期即已完工并交付使用,1995年获得中国建筑业协会颁发的"建筑工程鲁班奖",1992年双方当事人签订结算协议后,中铁一局多次派人、去函或者通过陕西省清欠办向喜来登大酒店催收欠付工程款,并未怠于行使权利,一审、二审法院认定本案未超过诉讼时效期间符合法律规定。喜来登大酒店存在严重亏损的情况下承诺待有资金来源时优先履行结算协议,却在此后十几年间以不存在合同关系、超过诉

---

〔1〕 参见最高人民法院民事审判第一庭编:《最高人民法院民事案件解析》(建设工程),法律出版社2010年版,第304页。

讼时效期间等理由狡辩、推诿、拒绝履行,此类缺乏诚信的行为不应得到支持。[1]

17. 施工合同无效诉讼时效问题。现行的法律法规及司法解释中对于无效合同的确认是否适用诉讼时效制度并没有明确的规定。学界和实务界对此存有一定的争议,但通说认为确认合同无效不受诉讼时效的限制。法院应主动审查合同效力,确认合同无效因不属于债权请求权,不适用诉讼时效制度。无效的建设工程施工合同在工程经验收合格的情况下,施工方主张的工程价款属于折价补偿款,是债权请求权,应适用诉讼时效的有关规定,诉讼时效期间应自施工方知道或者应当知道其权利受到侵害,也即合同相对方怠于履行付款义务开始计算。

合同无效,承包人请求支付工程款的权利实质上是请求对无法返还的财产折价补偿的权利,而该权利自合同无效时就享有,而不是合同被确认无效时才拥有。合同被确认无效后,当事人折价补偿的权利是一种债权请求权,应当适用 3 年(2017 年 10 月 1 日之前是 2 年)诉讼时效期间,起算时间应当是合同被确认无效之后次日。

【案例 1－55】 文山州某工程有限公司与周某建设工程施工合同纠纷案

二审法院认为,转包或分包合同为口头合同,不能确认合同中是否有支付工程款时间的约定,即便有约定也因合同无效没有约束力,因此,二上诉人认为周某起诉超过诉讼时效的主张不能成立。[2]

施工人给付工程款的请求权的诉讼时效应从知道或者应当知道权利被侵害开始计算,也就是从发包人怠于履行付款义务开始起算。对怠于履行付款义务时点的确定,以建设工程司法解释中关于应付款时点的认定为准。

【案例 1－56】 骆某诉中天建设集团有限公司建设工程施工合同纠纷案

二审法院认为,本案双方当事人的分歧在于,建设工程施工合同无效,诉讼时效期间从何时起算。《合同法》第五十八条规定,合同无效或被撤销后,因该合同取得的财产应当予以返还;不能返还或者没有必要返还的,应当折价补偿。无效建设工程施工合同的施工人主张的工程款属于折价补偿款,是债权请求权,应适用诉讼时效的有关规定。因此,骆某给付工程款的请求权的诉讼时效应从知道或者应当知道权利被侵害开始计算,也就是从中天公司怠于履行付款义务开始起算。双方当事人未签订书面合同,对

〔1〕 最高人民法院(2012)民申字第 1597 号民事判决书。

〔2〕 云南省高级人民法院(2010)云高民三终字第 62 号民事判决书。参见郭丁铭、肖芳编著:《建设工程施工合同法律实务精解与百案评析》(第 2 版),中国法制出版社 2017 年版,第 15 页。

何时给付工程款没有书面的约定。《合同法》第六十二条第四款规定,履行期限不明确的,债务人可以随时履行,债权人也可以随时要求履行,但应当给对方必要的准备时间。根据《建设工程解释》第十八条规定,本案中,案涉工程于1997年已经进行室内初装饰,1998年整体工程开始进入总结算。显然工程交付日早于结算时间,即使以保护当事人实体权利,对诉讼时效从宽把握的角度分析,也应自达成结算协议之日起,中天公司已经负有付款义务。本案中,2001年6月26日,骆某参与结算并确认其施工的给排水工程造价,在该日的《工程预(结)算审价工作会商纪要》中,已列明给排水工程的审核造价金额予以确认,即2,809,549元(其中包括甲供材料896,029元)。此后,骆某要求中天公司合理安排付款,其请款依据的金额与上述会商纪要的金额一致。法院认为骆某已于2001年6月26日与中天公司达成结算,中天公司未及时付款,已经侵害骆某的权利,诉讼时效应从此时开始计算。对此,骆某在本案诉请工程款的利息的起算时间是2001年6月26日,亦可以印证上述观点。骆某关于案涉工程价款的支付金额和支付期限不明确的抗辩,缺乏事实及法律依据,法院不予采纳。此后,骆某于2001年9月8日向中天公司提出付款要求,诉讼时效中断,诉讼时效期间重新计算。截至2003年9月7日,诉讼时效期间届满,骆某的给付工程款的诉请不再受法律保护。骆某认为其不知晓中天公司与业主之间的最终审核结算情况,直至2017年才知道业主与中天公司已经结算完毕,才知晓权利被侵害的抗辩,理由不成立。在案无证据显示骆某与中天公司约定两者之间的结算付款需待中天公司与业主之间付款完毕后才开始计算。骆某于2001年所参与的结算,系中天公司与业主之间的总结算,该结算报告已出具的情况下,骆某应及时关注,及时主张,而非十余年间消极等待。退一步讲,即使以中天公司与业主之间的结算为诉讼时效起算点,则诉讼时效从2006年判决生效开始计算,也已经超过诉讼时效。二审法院判决:维持一审法院关于合同无效的判决,改判驳回骆某要求给付工程款及利息的诉请。[1]

18. 工程进度款的诉讼时效,适用同一债务分期履行规则,应当以最后一期进度款履行期限届满之日作为诉讼时效的起算点。

〔1〕 上海市第二中级人民法院(2019)沪02民终810号民事判决书。

【案例1-57】 成都大鼎置业有限公司与成都市第四建筑工程公司建设工程施工合同纠纷案

最高人民法院认为,《诉讼时效规定》第五条规定……工程进度款系分期支付,大鼎公司以部分逾期付款违约金超过诉讼时效作为抗辩,不予采纳。[1]

(五)工程价款债权转让

《民法典合同编通则解释》第四十八条规定:“债务人在接到债权转让通知前已经向让与人履行,受让人请求债务人履行的,人民法院不予支持;债务人接到债权转让通知后仍然向让与人履行,受让人请求债务人履行的,人民法院应予支持。

让与人未通知债务人,受让人直接起诉债务人请求履行债务,人民法院经审理确认债权转让事实的,应当认定债权转让自起诉状副本送达时对债务人发生效力。债务人主张因未通知而给其增加的费用或者造成的损失从认定的债权数额中扣除的,人民法院依法予以支持。”

第四十九条规定:“债务人接到债权转让通知后,让与人以债权转让合同不成立、无效、被撤销或者确定不发生效力为由请求债务人向其履行的,人民法院不予支持。但是,该债权转让通知被依法撤销的除外。

受让人基于债务人对债权真实存在的确认受让债权后,债务人又以该债权不存在为由拒绝向受让人履行的,人民法院不予支持。但是,受让人知道或者应当知道该债权不存在的除外。”

第五十条规定:“让与人将同一债权转让给两个以上受让人,债务人以已经向最先通知的受让人履行为由主张其不再履行债务的,人民法院应予支持。债务人明知接受履行的受让人不是最先通知的受让人,最先通知的受让人请求债务人继续履行债务或者依据债权转让协议请求让与人承担违约责任的,人民法院应予支持;最先通知的受让人请求接受履行的受让人返还其接受的财产的,人民法院不予支持,但是接受履行的受让人明知该债权在其受让前已经转让给其他受让人的除外。”

根据《民法典》第五百六十六条的规定,施工合同项下的债权并不属于法律禁止转让的范畴。只要施工合同的当事人没有约定合同项下的债权不得转让,债权人向第三人转让债权并通知债务人的,债权转让合法有效,债权人无须就债权事项征得债务人同意。

---

[1] 最高人民法院(2016)民终字第476号民事判决书。

【案例1-58】　陕西西岳山庄有限公司与中建三局建发工程有限公司、中建三局第三建设工程有限责任公司建设工程施工合同纠纷案

最高人民法院认为,三公司履行了部分合同义务,取得了向西岳山庄请求支付相应工程款的权利。转让行为发生时,三公司的此项债权已经形成,债权数额后被本案鉴定意见所确认。西岳山庄接到三公司的《债权转移通知书》后,并未对此提出异议,法律、法规亦不禁止建设工程施工合同项下的债权转让,债权转让无须征得债务人同意。根据《合同法》第八十条、第八十一条的规定,本院确认涉案债权转让合法有效,建发公司因此受让三公司对西岳山庄的债权及从权利。西岳山庄虽然主张涉案债权依法不得转让,但并未提供相关法律依据,故对西岳山庄关于三公司转让债权的行为无效的主张,本院不予支持。建发公司基于受让三公司的债权取得本案诉讼主体资格。[1]

【案例1-59】　宁夏象龙房地产开发有限公司与闫某庆债权转让合同、民间借贷纠纷案

最高人民法院认为,施工单位取得对建设单位的工程债权后,将该债权转让给受让人,并通知了建设单位,受让人通过债权转让取得工程款债权。[2]

【案例1-60】　泛华工程有限公司与北京中房嘉业房地产开发有限公司建设工程施工合同纠纷案

最高人民法院认为,由于建设工程欠付施工单位工程款,基础债权关系明确,故施工单位将债权转让给受让人并不违反法律规定。虽然双方对债权转让的金额有争议,但是并不影响债权转让的效力。[3]

在债权转让中,受让人受让的是建设工程施工合同项下的债权,而不涉及债务,并非建设工程施工合同整体的转让,因此,债务人要求转让合同对方承担违约责任和赔偿责任的合同债务,仍只能向施工合同的相对方主张。同样,正是因为受让人受让的是合同债权,该转让行为仅需告知债务人即可,而无须征得其同意。也就是说,债权转让的范围,决定了施工合同债务人主张权利的范围,也区别了答辩和反诉的界限。

---

〔1〕 参见最高人民法院民事审判第一庭编:《最高人民法院民事案件解析》(建设工程),法律出版社2010年版,第366页。《最高人民法院公报》2007年第12期(总第134期)。

〔2〕 最高人民法院(2013)民一终字第61号民事判决书。

〔3〕 最高人民法院(2012)民提字第194号民事判决书。

【案例1－61】 中建路矿三局公司与绍安药业公司、汇桥公司建设工程施工合同纠纷案

一审法院认为，绍安药业公司关于汇桥公司与中建路矿三局公司之间债权转让没有合同对价依据的抗辩意见。法院认为，债权转让，作为债务人而言，仅以债权出让人是否对其享有债权以及债权出让人是否通知债务人来审查债权转让是否对其发生效力；且法律、行政法规并无强制性规定禁止公司向其股东出让债权，至于债权转让是否损害了债权出让人其他股东利益一节，系公司内部法律关系，不影响债务人对受让人履行债务。故绍安药业公司以债权转让损害股东利益为由主张转让无效，法院不予支持。汇桥公司向绍安药业公司虽发出的是《债权转让协议书》而非该协议书约定的《债权转让通知书》，但该协议书的内容已经起到了通知绍安药业公司向中建路矿三局公司履行债务的作用，对此绍如药业公司在回函中也已经予以确认。现绍安药业公司以该协议书并非《债权转让通知书》为由拒绝向中建路矿三局公司履行债务，缺乏事实以及法律依据，法院不予支持。二审法院亦持同样意见。〔1〕

（六）挂靠行为的认定

1. 挂靠行为含义

被挂靠人是指出借资质，允许其他单位或个人以本企业的名义参与投标、订立合同、办理有关施工手续、从事施工等承揽工程行为的建筑施工企业。被挂靠人具有相应资质是挂靠关系成立的前提条件，借用资质是构成挂靠关系的核心。挂靠关系中的被挂靠人与挂靠人都是相对独立的主体，没有产权、财务、人事和管理关系。被挂靠人仅向挂靠人收取一定数额的“管理费”，不进行任何实质性管理行为。〔2〕

挂靠实质上是自然人或企业利用企业的法人的独立人格和资质获得自身难以取得的交易信用，以此规避国家法律、政策对其业务、税收等方面的限制和监管。这种行为构成对合法社会关系或者社会秩序的背离。挂靠行为是一种违法

---

〔1〕 参见潘福仁主编：《建设工程纠纷》（第4版），法律出版社2015年版，第131～132页。

〔2〕 参见常设中国建设工程法律论坛第八工作组：《中国建设工程施工合同法律全书词条释义与实务指引》，法律出版社2019年版，第24页。

行为,挂靠人和被挂靠人之间的关系不应受到法律保护。[1]

住房和城乡建设部发布的《建筑工程施工发包与承包违法行为认定查处管理办法的通知》对挂靠关系以及挂靠的情形进行了明确的规定,主要有以下几种情形:其一,没有资质的单位或个人借用其他施工单位的资质承揽工程的;其二,有资质的施工单位相互借用资质承揽工程的,包括资质等级低的借用资质等级高的,资质等级高的借用资质等级低的,相同资质等级相互借用的。

挂靠主要存在以下特征:其一,挂靠人没有建设工程施工的相应资质,利用工程施工相应资质建筑企业的名义对外承接工程,挂靠人以被挂靠人的名义从事工程建设。其二,在挂靠经营模式下,挂靠人是自筹资金、自行组织施工队伍、自主经营、自主管理。被挂靠人不参与工程施工和管理。虽然有时为了应付检查,被挂靠人会象征性地派驻几个管理人员,也会为挂靠人代开发票、代为建账、代扣代缴国家税费等,但被挂靠人及其派驻的人员并不对施工活动进行实质性的管理、不参与经营活动。其三,挂靠人通常以被挂靠人的分支机构、项目部等形式开展活动,这种外化的表象特征容易使人误认为挂靠双方的法律关系是内部的承包关系或是委托代理关系,且法院经常会作出这样的认定。其四,挂靠人必须向被挂靠人上交一定的管理费、承包费等费用,这为挂靠人借用被挂靠人资质的对价。但被挂靠人并没有履行任何的管理义务,并不排除有的挂靠人也对挂靠人的施工活动进行一定的管理。其五,挂靠人独立核算、自负盈亏、自担风险。被挂靠人只收一定比例的管理费,挂靠人对工程进行独立核算,是实际合同义务的履行者和权利的最终享有者。挂靠双方的合同中均会约定由挂靠人承担施工活动的全部法律后果,是盈亏的最终承受者,且被挂靠人无论挂靠人的盈亏都要收取管理费。其六,挂靠的成立和履行是被挂靠人和挂靠人合意的结果,挂靠人是为了利用被挂靠人的施工资质,被挂靠人是为了收取管理费牟取利益,其目的有别。其七,挂靠人和被挂靠人具有共同利益,只有在挂靠行为严重危害各自根本利益的情况下,才会将挂靠公之于众。其八,虽挂靠行为具有高隐蔽性,但从法律地位上讲,挂靠人是一个独立的民事主体,与被挂靠人的民事法律地位是平等的,不存在隶属关系。

2. 挂靠行为判断

尽管各地高级人民法院认定“挂靠”行为的规定不尽相同,但其主要特征可归纳总结为两个核心要素:(1)挂靠人没有资质或者超越资质,且与被挂靠单位没有劳动或隶属关系;(2)挂靠人为了规避资质许可限制而以具有相应资质的被

---

〔1〕 参见最高人民法院民事审判第一庭编著:《最高人民法院新建设工程施工合同司法解释(一)理解与适用》,人民法院出版社 2021 年版,第 79 页。

挂靠单位的名义承揽工程。至于被挂靠单位是否收取“管理费”“挂靠费”等费用,不是认定“挂靠”行为的要素之一。从建设行政管理角度来看,2019年1月3日住房和城乡建设部颁布的《建筑工程施工发包与承包违法行为认定查处管理办法》第九条、第十条对如何认定挂靠行为作出了规定,具有一定的参考意义。[1]

具体而言,如果挂靠人以被挂靠人的名义签订合同,应当依照《民法典》第一百七十二条的规定,结合签订合同时挂靠人所出示或具备的书面文件、履行方式、外观宣示和相对合同相对人的善意与否等因素,判断交易过程是否构成了表见代理。如果构成表见代理,则应当由被挂靠人承担合同责任;如果不构成表见代理,则应当由实际履行方即挂靠人承担合同责任。因此,在此类合同中,让挂靠人和被挂靠人承担连带责任,不仅缺乏法律规范基础,且从合同的角度也难以找寻依据。[2]

3. 挂靠行为认定

最高人民法院法官认为,挂靠施工行为以具有“借用资质”的意思表示为核心,是将挂靠施工行为与转包等违法违规行为进行区分的重要条件。但是如何对于借用资质意思表示的存在及其内容,仍然需要法官根据具体案件事实进行综合认定。[3]

承包人存在收取管理费、参与部分管理、将发包人应付工程款转入实际施工人个人账户、出具税务发票等行为,如何认定真实法律关系是难点和经常发生争议的问题。

通常来讲,挂靠行为发生在工程承揽前,转包行为发生在工程承揽后,两者发生时间不同。但转包行为和挂靠行为存在交叉,二者在现实中不易区分。在司法实践中,通常以发包人在签订合同时是否知道挂靠事实来作出相应认定。

实践中,认定属于挂靠行为需要证明以下几种情形:其一,被挂靠人未派驻项目负责人、技术负责人、质量管理负责人、安全管理负责人等主要管理人员,或派驻的项目负责人、技术负责人、质量管理负责人、安全管理负责人中一人及以上与被挂靠人没有订立劳动合同且没有建立劳动工资和社会养老保险关系,或派驻的项目负责人未对该工程的施工活动进行组织管理,又不能进行合理解释并提供相应证明的。常见的是合同上虽有其名,但实际并未参与管理。其二,合同约定由

---

〔1〕 参见最高人民法院民事审判第一庭编著:《最高人民法院新建设工程施工合同司法解释(一)理解与适用》,人民法院出版社2021年版,第81页。

〔2〕 参见最高人民法院民事审判第一庭编著:《最高人民法院新建设工程施工合同司法解释(一)理解与适用》,人民法院出版社2021年版,第88页。

〔3〕 参见最高人民法院民事审判第一庭编:《民事审判指导与参考》2019年第3辑(总第79辑),人民法院出版社2020年版,第122页。

被挂靠人负责采购的主要建筑材料、构配件及工程设备或租赁的施工机械设备，由其他单位或个人采购、租赁，或被挂靠人不能提供有关采购、租赁合同及发票等证明，又不能进行合理解释并提供相应证明，且被挂靠人并不进场，不进行对工程施工的任何活动。其三，实际施工人承包的范围是被挂靠人承包的全部工程，实际施工人计取的是除上缴给实际施工人“管理费”之外的全部工程价款。其四，被挂靠人通过采取合作、联营、个人承包等形式或名义，直接或变相将其承包的全部工程转给其他单位或个人施工的。其五，施工合同主体之间没有工程款收付关系，或者被挂靠人收到款项后又将款项转拨给其他单位和个人，又不能进行合理解释并提供材料证明的。其六，在涉及建设工程相关的买卖合同纠纷案件中，对于主张货款的卖方来说，收集存在挂靠关系的证据有一定难度。出卖方一般通过采购合同约定的货物所用于工程项目的承包主体与采购主体是否一致、采购对接人员的任职等进行识别。在挂靠人以被挂靠人名义对外签订采购合同的情形，出卖方直接起诉名义买方被挂靠人后，被挂靠人为摆脱合同付款责任，往往也会在诉讼中主动披露挂靠关系。

承包人存在收取管理费、参与部分管理、将发包人应付工程款转入实际施工人个人账户、出具税务发票等行为，应认定为转包法律关系。

【案例1－62】　嘉业地产、汇宏地产与嘉业建工、李某辉、舒某松建设工程施工合同纠纷案

二审法院认为，嘉业地产、汇宏地产作为发包人与嘉业建工作为承包人签订《建设工程施工合同》(GF－99－02010)，双方形成了承发包关系。嘉业建工与李某辉、舒某松签订《承包协议书》，约定由李某辉、舒某松实际履行嘉业建工与嘉业地产、汇宏地产签订的《建设工程施工合同》各条款义务，并承担所有责任。嘉业建工将中标工程转包给李某辉、舒某松施工，嘉业建工与李某辉、舒某松之间形成了转包关系。李某辉与舒某松、李某华、李某平之间签有合伙协议，相互之间形成合伙关系。嘉业建工在整个工程的建设施工中，不仅仅是出借资质收取管理费，还参与了工程的部分管理。嘉业建工负责将发包人嘉业地产、汇宏地产应支付工程款转入实际施工人个人账户，并同意实际施工人以其名义出具税务发票。因此，一审法院认定嘉业建工与李某辉、舒某松之间系转包关系正确，嘉业建工关于其与李某辉、舒某松之间系借用资质的挂靠与被挂靠的关系，而不是转包关系的主张与事实不符，本院不予采信。[1]

实际施工人与名义承包人没有劳动雇佣关系，通过内部承包协议将工程转包

〔1〕　江西省高级人民法院(2019)赣民终698号民事判决书。

给实际施工人施工,但发包人在与名义承包人订立施工合同时就已经明知实际施工人进行工程建设的,应认定实际施工人与名义承包人为挂靠关系。

【案例1-63】 福建成森建设集团有限公司与郴州盛名房地产开发有限公司等建设工程施工合同纠纷案

最高人民法院认为,成森公司以其分公司的名义分别于2013年3月17日、3月27日与张某茂、彭某亮、谭某、侯某明四人签订《内部承包合同》,将《建设工程施工合同》约定的案涉工程内容分栋转包给张某茂等四人施工,且该四人业已按照《内部承包合同》约定完成案涉《建设工程施工合同》的施工任务,表明张某茂等四人是实际施工人。综合张某茂等四人与成森郴州分公司签订《内部承包合同》的时间,该四人在签订《内部承包合同》当天即已向盛名公司交纳履约保证金以及该四人参与合同前期洽谈等事实来看,张某茂等四人实质在成森公司与盛名公司签订案涉《建设工程施工合同》时已经参与案涉工程,盛名公司对此是知晓的,亦与盛名公司在二审中的陈述相对应。张某茂等四人与成森公司或成森郴州分公司未形成正式的劳动雇佣关系,故一审判决综合认定,张某茂等四人借用成森公司资质承揽盛名公司开发的案涉工程,理据充足。[1]

发包人一审中认可实际施工人与承包人存在挂靠,二审与再审阶段又主张名为挂靠实为转包,从涉案工程的签约、履约、施工及收付款等对工程全阶段介入的情况看,双方之间的关系应为挂靠。

【案例1-64】 某公司与金泰隆公司、恒安信公司建设工程施工合同纠纷案

最高人民法院认为,关于恒安信公司在本案中应否承担支付工程款责任的问题。本案中,恒安信公司与杨某国之间构成挂靠的法律关系。(1)恒安信公司与杨某国签订的《资质挂靠协议》中约定,杨某国挂靠恒安信公司资质,承建案涉工程,明确该工程附属部分除外,其他工程由杨某国与金泰隆公司协商沟通。以上约定内容表明双方具有出借资质、挂靠施工的合意。(2)在挂靠协议签订前,杨某国作为恒安信公司的委托代理人在2014年3月6日的《建设工程施工安装合同书》上签字。但恒安信公司并未实际承担案涉工程的施工义务,实际施工人系杨某国。且金泰隆公司直接或通过恒安信公司向杨某国支付部分工程款,故履行建设工程施工安装合同的主体实际为金泰隆公司和杨某国。(3)在一审法院审理过程中,金泰隆公司以及恒安信公司均认可杨某国系挂靠恒安信公司进行施工。据此,可以认定恒安信公司与杨某国之间构成挂靠法律关系,金泰隆公司关于恒安信公司与杨某国之间

---

〔1〕 最高人民法院(2022)民终345号民事判决书。

构成转包合同关系的申请再审主张不能成立，金泰隆公司要求恒安信公司承担支付工程款的责任缺乏事实与法律依据。[1]

实际施工人针对工程并未发生利用承包人施工资质与发包人进行工程谈判、签约、履行的具体行为，实际施工人与承包人之间并非挂靠关系。

【案例1-65】　杨某忠与荆州市城市建设集团工程有限公司建设工程施工合同纠纷案

最高人民法院认为，挂靠关系是指实际施工人借用其他企业资质进行建筑工程承包活动的行为。本案中，杨某忠针对涉案工程并未发生利用荆州公司施工资质与宜化公司进行工程谈判、签约、履行的具体行为，故杨某忠与荆州公司之间并非挂靠关系。杨某忠与荆州公司宜昌分公司签订的《项目承包协议》，主要载明"甲方（荆州宜昌分公司）将已中标青海宜化氯碱工程的人工挖孔桩、焦炭堆场、石灰堆场等工程，责任承包给乙方（杨某忠）操作、施工，其工程内容以甲方与业主方签订的建筑施工合同为准"，该协议的双方当事人之间构成实际的工程转包关系。但该协议违反法律及行政法规的强制性规定，属无效协议。[2]

承包人在签订施工合同的同时，与非内部员工签订"项目施工管理责任书"，指定项目责任人为项目经理并由其全权负责、自负盈亏、承包人仅提取固定比例利润，能直接认定存在挂靠。

【案例1-66】　彭某雄与天成公司、四冶公司建设工程施工合同纠纷再审案

最高人民法院认为，根据已查明事实，2013年2月19日，天成公司与四冶公司签订案涉《建设工程施工合同》时已在合同中明确彭某雄为项目经理。而在之后的2013年3月1日，四冶公司才与彭某雄签订《建设工程项目施工管理责任书》约定：由彭某雄负责组织天宇财富新城项目施工管理，全部承担案涉项目的经济、工程质量和安全的责任。实行由施工管理责任人独立核算、自负盈亏、全部承担工程质量和安全责任的施工管理。四冶公司向彭某雄收取工程决算总造价2.1%的核定纯利润。鉴于彭某雄并非四冶公司员工，四冶公司在签订案涉《建设工程施工合同》时就指定彭某雄为项目经理并在随后让其全权负责、自负盈亏，只提取2.1%的核定纯利润等情况，可以认定彭某雄与四冶公司之间存在出借资质关系。[3]

---

〔1〕最高人民法院（2021）民申2114号民事裁定书。

〔2〕最高人民法院（2020）民终549号民事判决书。

〔3〕最高人民法院（2020）民再81号民事判决书。

4. 挂靠与转包区分

挂靠与转包的主要区别为，其一，合同效力不同。挂靠情况下，施工合同无效，挂靠合同（内部承包合同）的有效性要具体情况具体分析。在转包情况下，一般是建设工程施工合同有效，转包合同无效。其二，法律保护的倾向性不同。在挂靠中，法律规定往往向发包人倾斜，出借资质方应对因出借资质造成的损失与挂靠人承担连带赔偿责任。在转包中，法律倾向于保护实际施工人的利益，实际施工人可以直接向发包人主张工程款。

在个案中，最高人民法院根据具体案情将其二者的区分表述为，在处理无资质的企业或个人挂靠有资质的建筑企业承揽工程时，应进一步审查合同相对人是否善意、在签订协议时是否知道挂靠事实来作出相应认定。如果相对人不知晓挂靠事实，有理由相信承包人就是被挂靠人，则应优先保护善意相对人，双方所签订协议直接约束善意相对人和被挂靠人，此时挂靠人和被挂靠人之间可能形成违法转包关系，实际施工人可就案涉工程价款请求承包人和发包人承担相应的民事责任。[1] 也有在案件中表述为，如果发包人在签订案涉建设工程施工合同时，不知道挂靠人挂靠被挂靠人承揽案涉工程的事实，则系被挂靠人从发包人承包到案涉工程后又将工程转包给了挂靠人。这种情况下，挂靠人亦有权依据《建设工程解释（一）》的相关规定请求发包人在欠付工程款的范围内承担责任。[2]

有观点认为，区分挂靠和转包的关键在于识别实际施工人和名义施工人是否存在支持"借用"关系，判断时主要依据上文所述的第一阶段，即两者之间是"披上外衣、借名订约"还是"名实相符、亲自订约"。因挂靠和转包在上述所述第二阶段存在相似之处，故该阶段不具备区分二者的基础。[3]

对于挂靠还是转包个案区分，最高人民法院以投标保证金、履约保证金等资金，是由实际施工人支付给发包人且无正当理由为区分标准。

【案例1－67】 白某强与重庆瑞昌房地产有限公司建设工程施工合同纠纷再审案

最高人民法院认为，关于瑞昌公司应否承担案涉工程款及利息的连带责任的问题。本院认为，中信公司与白某强之间并非挂靠关系，而系转包关系。一般而言，区分转包和挂靠主要应从实际施工人（挂靠人）有没有参与投标和合同订立等缔约磋商阶段的活动加以判断。转包是承包人承接工程后将

---

〔1〕 最高人民法院（2019）民终1350号民事判决书。

〔2〕 最高人民法院（2019）民申4501号民事裁定书。

〔3〕 参见王毓莹、史智军：《建设工程施工合同纠纷疑难问题和裁判规则解析》，法律出版社2022年版，第124页。

工程的权利义务概括转移给实际施工人,转包中的实际施工人一般并未参与招投标和订立总承包合同,其承接工程的意愿一般是在总承包合同签订之后,而挂靠是承包人出借资质给实际施工人,挂靠关系中的挂靠人在投标和合同订立阶段一般就已经参与,甚至就是其以被挂靠人的代理人或代表的名义与发包人签订建设工程施工合同。因此,一般而言,应当根据投标保证金的缴纳主体和资金来源、实际施工人(挂靠人)是否以承包人的委托代理人身份签订合同、实际施工人(挂靠人)有没有与发包人就合同事宜进行磋商等因素,审查认定属于挂靠还是转包。本案中,中信公司中标在前,白某强与中信公司签订内部承包合同在后,实际施工人白某强并未以承包人中信公司的委托代理人身份签订合同,也没有与发包人瑞昌公司就合同事宜进行磋商,故认定中信公司与白某强为挂靠关系,没有事实依据。因此,二审法院依照《建设工程解释》第二十六条第二款"实际施工人以发包人为被告主张权利的,人民法院可以追加转包人或者违法分包人为本案当事人。发包人只在欠付工程价款范围内对实际施工人承担责任"之规定,认定发包人瑞昌公司在其欠付工程价款范围内对实际施工人白某强承担工程款及利息支付责任,并无不当。[1]

一般而言,区分转包和挂靠主要应从实际施工人(挂靠人)有没有参与投标和合同订立等缔约磋商阶段的活动加以判断。一般而言,区分转包和挂靠主要应从实际施工人(挂靠人)有没有参与投标和合同订立等缔约磋商阶段的活动加以判断。转包是承包人承接工程后将工程的权利义务概括转移给实际施工人,转包中的实际施工人一般并未参与招投标和订立总承包合同,其承接工程的意愿一般是在总承包合同签订之后,而挂靠是承包人出借资质给实际施工人,挂靠关系中的挂靠人在投标和合同订立阶段一般就已经参与,甚至就是其以被挂靠人的代理人或代表的名义与发包人签订建设工程施工合同。因此,一般而言,应当根据投标保证金的缴纳主体和资金来源、实际施工人(挂靠人)是否以承包人的委托代理人身份签订合同、实际施工人(挂靠人)有没有与发包人就合同事宜进行磋商等因素,审查认定属于挂靠还是转包。在工程投标保证金的实际支付主体上,如果是实际施工人而非承包人支付的,对此,倾向于认定是挂靠。最高人民法院(2020)民申4286号、(2019)民申6085号裁判文书均持此观点。

区分转包和挂靠的标准应从实际施工人(挂靠人)有没有参与投标和合同订立等缔约磋商阶段的活动及合同实际履行情况加以判断。

---

〔1〕 最高人民法院(2019)民申729号民事裁定书。

【案例1-68】 单某本与鑫源公司建设工程施工合同纠纷再审案

最高人民法院认为,在鑫源公司参与案涉工程招投标过程中,单某本以鑫源公司名义交纳投标保证金并参与了投标全过程,并在中标后以鑫源公司委托代理人的身份在《建设工程施工合同》上签字。次日,单某本与鑫源公司签订《工程施工协议书》,约定鑫源公司将该公司在《建设工程施工合同》中的义务交由单某本履行,单某本承担工程实际施工内容、全部项目管理工作及所需费用,并向鑫源公司交纳管理费。因此,单某本系借用鑫源公司的资质承包案涉工程,其与鑫源公司之间为挂靠关系。[1]

【案例1-69】 深圳市新鹏都装饰工程有限公司与乔某装饰装修合同纠纷再审案

最高人民法院认为,新鹏都公司主张其与乔某之间系挂靠关系,乔某则主张双方为转包关系。对此,本院认为,一般而言,区分转包和挂靠的标准应从实际施工人(挂靠人)有没有参与投标和合同订立等缔约磋商阶段的活动及合同实际履行情况加以判断。转包是承包人承接工程后将工程的权利义务概括转移给实际施工人,转包中的实际施工人一般并未参与招投标和订立总承包合同,实际施工人承接工程的意愿一般是在总承包合同签订之后;而挂靠是承包人出借资质给实际施工人,挂靠关系中的挂靠人在投标和合同订立阶段一般就已经参与,甚至就是其以被挂靠人的代理人或代表的名义与发包人签订建设工程施工合同,并实际履行施工合同。本案中,一是从《大理中民大酒店室内装饰施工合同》(A2、A3标段)及《补充协议》的缔约情况来看,案涉工程项目系由乔某磋商洽谈,并最终由乔某代表新鹏都公司与中民公司签订合同。二是从乔某与新鹏都公司签订的三份《内部单项工程承包合同》约定内容来看,双方所约定的合同价款与施工合同约定的合同价款一致,同时约定乔某履行新鹏都公司与中民公司签订的合同条款,维护新鹏都公司利益和信誉,乔某自行组织项目部及组织施工班组进行施工,新鹏都公司则负责协调项目部办理施工手续、协调项目部与建设方关系等工作,乔某需按工程结算总造价的一定比例向新鹏都公司缴纳管理费。三是从实际履行行为来看,新鹏都公司未参与工程施工、管理,而是由乔某投入资金、实际施工,施工合同发包方中民公司的工程款亦是直接向乔某进行支付,而在新鹏都公司与中民公司工程款纠纷案中也是乔某作为新鹏都公司特别授权的诉讼代理人参与诉讼和工程造价司法鉴定。四是从身份关系来看,乔某并非新鹏都公司的工作人员,双方不具有身份上的隶属关系。由此可见,新鹏都公司与

---

[1] 最高人民法院(2021)民申6481号民事裁定书。

中民公司之间的装饰施工合同是由乔某借用新鹏都公司的施工资质实际履行,双方之间的法律关系符合挂靠关系的法律特征,应认定为挂靠关系,而非转包关系。原审法院认定新鹏都公司与乔某之间系转包关系不当。[1]

【不同处理】 个案中,最高人民法院有不同观点。

在发包人不明知的情形下,区分挂靠和转包是实践中难点的问题。一般认为,从挂靠和施工的基本特征出发,转包是承包人先接后转,挂靠是先转后接,二者主要的区别是实际施工人介入工程的时间不同。无论哪种情况,从发包人的角度讲结果一样,最终其发包的工程均是被施工企业暗中交给第三人即实际施工人完成。从这个意义上讲,发包人不明知的挂靠与转包并无区别,只是在承包人与实际施工人达成转移承包项目的合意时间上有所区别而已。故原则可按转包关系认定。发包人不明知挂靠的,实际施工人向发包人提起代位权诉讼,合理利用代位权制度。湖南省高级人民法院《关于审理建设工程施工合同纠纷案件若干问题的解答》第二十三条规定:“发包人对借用资质不知情的,出借资质方怠于向发包人主张权利,实际施工人可参照《最高人民法院关于审理建设工程施工合同的司法解释(一)》第四十四条规定行使代位权。人民法院应追加被挂靠人为第三人。”

参与制定司法解释的法官认为,从逻辑上讲,挂靠施工和转包行为不仅可以区分,且因关涉民事责任的承担主体与承担方式,必须对二者加以区分。对比挂靠和转包的特征,二者在部分构成要件上存在重合,但也存在明显区别:(1)二者发生的时间不同。转包行为通常发生在转包人取得承包权之后,而挂靠一般是在被挂靠人订立合同之前或同时就形成借用资质的意思表示。从本质上讲,被挂靠人的“名”“实”分离才是形成挂靠的根本原因。(2)二者涉及的工程范围不同。转包既可能是将工程整体转包,也可能是肢解后另行分包,而挂靠是挂靠人以被挂靠人的名义承包整体的工程。(3)挂靠人以借用资质的行为承接到工程后,还可能发生转包等情形,而承包人将工程转包之后,却不具备被挂靠的基础。(4)在挂靠施工中,因存在借名行为,对外表现为发包人与被挂靠人之间的合同关系;而在转包行为中转包人一般以自己的名义实施行为,对外表现为其自身与相对人的关系。(5)转包行为无效的,不影响发包人与承包人之间的效力,而挂靠施工行为通常会直接导致建设工程施工合同无效。[2]

---

〔1〕 最高人民法院(2020)民再357号民事判决书。

〔2〕 参见最高人民法院民事审判第一庭编著:《最高人民法院新建设工程施工合同司法解释(一)理解与适用》,人民法院出版社2021年版,第26~27页。

5. 挂靠与转包区分意义

个案中区对两者区分,对发包人而言意义重大。按转包合同认定,先签的施工合同有效,后签的转包合同无效。按借用资质认定,先签的内部承包合同无效,后签的施工合同无效。在后一种情况下,发包人不能依据合同中有关工期、质量等违约责任条款追究承包人违约责任,而前一种情况则不存在这种限制。对于两者区分的判断标准,一般认为以实际施工人参与工程时间点为界限。在签订施工合同前介入的为借用资质,在签订施工合同后介入的为转包。

【案例1-70】 浙江申强建设有限公司与浙江旭煜建设有限公司建设工程施工合同纠纷案

一审法院认为,根据双方当事人陈述,本案工程承包事宜原来由申强公司联系,后因申强公司系外地施工企业,到长兴进行施工资质不够等原因,无法直接参与涉案项目的招投标,故以旭煜公司名义参与招投标,并以旭煜公司名义中标,而后旭煜公司与发包人签订合同。旭煜公司与申强公司为履行上述建设工程施工合同,先行签订内部承包协议,故旭煜公司与申强公司之间的法律关系的实质应为申强公司借用旭煜公司的资质参与招投标并进行建筑施工,该行为违反了《建筑法》第二十六条的强制性规定,双方间的内部承包协议应属无效合同。申强公司主张与旭煜公司间的法律关系为合同转包关系,与查明事实不符,不予采信。二审法院亦持同样意见。[1]

【案例1-71】 姜某某与双湾公司、佰亿公司建设工程施工合同纠纷案

最高人民法院认为,《建设工程施工合同》虽由双湾公司与佰亿公司签订,实质为双湾公司向姜某某出借资质,在姜某某向双湾公司交纳一定数额管理费后,由姜某某具体实施的工程。根据《建设工程解释》的规定,双湾公司与佰亿公司签订《建设工程施工合同》违反了国家强制性规定,应认定无效。[2]

承包人承包工程后,不履行合同约定的义务,将其承包的工程转给实际施工人施工,应当认定承包人与实际施工人之间为转包关系,虽然实际施工人存在借用资质的情形,但其借用资质并非用于承包工程的,双方不属于挂靠关系。

【案例1-72】 西安建工绿色建筑集团有限公司与四川三星防水工程有限公司等建设工程施工合同纠纷再审案

最高人民法院认为,《建设工程质量管理条例》第七十八条第三款规定,

---

[1] 浙江省高级人民法院(2013)浙民终字第34号民事判决书。

[2] 最高人民法院(2014)民一终字第31号民事判决书。

“本条例所称转包,是指承包单位承包建设工程后,不履行合同约定的责任和义务,将其承包的全部建设工程转给他人或者将其承包的全部建设工程肢解以后以分包的名义分别转给其他单位承包的行为”。而挂靠是承包人出借资质给实际施工人,挂靠关系中的挂靠人在投标和合同订立阶段一般就已经参与,甚至就是以被挂靠人的代理人或代表的名义与发包人签订建设工程施工合同。本案中,《建设工程施工合同》系三星房产公司与西安绿建公司签订,三星防水公司没有参与,而是在西安绿建公司依据前述合同承包案涉三星融景城项目工程后介入。西安绿建公司承包案涉工程后,不履行合同约定的义务,将其承包的三星融锦城一期项目中除水、电、消防安装外的所有工程转给三星防水公司,应当认定西安绿建公司与三星防水公司之间为转包关系。虽然三星防水公司存在借用资质的情形,但其借用资质并非用于承包案涉工程,而是在西安绿建公司已经承包案涉工程的情况下借用西安绿建公司名义用于签订购销合同、租赁合同等,西安绿建公司关于双方系挂靠关系的理由不能成立。[1]

承包人将从发包人处承包的工程交给实际施工人施工,实际施工人以承包人的名义使用该公司资质对外施工,承包人不履行施工义务,实际施工人与承包人之间不存在劳动关系,实际施工人与承包人为转包关系。

【案例1-73】　杨某利与哈尔滨市东方国际建筑工程有限责任公司建设工程施工合同纠纷再审案

最高人民法院认为,2002年8月12日,东方开发公司通过招投标方式与东方建筑公司签订《建设工程施工合同》,将欧洲新城二期G区住宅及地下车库发包给东方建筑公司,该协议系双方当事人的真实意思表示,符合相关法律规定,应为合法有效。随后,杨某利及其项目部与东方建筑公司签订的《工程内部承包合同》,是东方建筑公司将从东方开发公司承包的涉案工程交给杨某利项目部实际施工,并以东方建筑公司的名义使用该公司资质对外施工,东方建筑公司不履行施工义务,只收取工程造价的10%(含营业税3.4%)的管理费。东方建筑公司提供的证据不足以证明其与杨某利之间存在劳动关系,杨某利项目部系为了涉案工程临时设立的组织。依据《建设工程解释》第四条“承包人非法转包、违法分包建设工程或者没有资质的实际施工人借用有资质的建筑施工企业名义与他人签订建设工程施工合同的行为无效”的规定,承包建设工程应当依法进行,法律禁止建筑施工企业以任何形式允许其他单位或个人使用本企业的资质证书、营业执照以本企业的名义

〔1〕 最高人民法院(2022)民再177号民事判决书。

承揽工程。杨某利项目部与东方建筑公司签订的《工程内部承包合同》名为承包，实为转包关系，违反了法律、法规的强制性规定，应认定为无效合同。[1]

承包人以自己的名义与实际施工人签订分包合同，约定由实际施工人交纳管理费，将案涉工程交由实际施工人施工，无证据表明实际施工人介入了发包人的招投标，承包人与实际施工人之间系转包关系。

【案例1－74】 广元市川越建筑劳务有限公司与中国水利水电第八工程局有限公司等建设工程施工合同纠纷案

最高人民法院认为，长江设计公司与扶贫移民局、昭化区政府签订委托代建合同后组织招标，水利水电八局中标后，长江设计公司作为发包人与水利水电八局签订施工合同，水利水电八局又以自己的名义与川越公司签订分包合同，约定由川越公司交纳管理费，将案涉工程交由川越公司施工，并无证据表明川越公司介入了长江设计公司的招投标或是向长江设计公司支付相关费用，水利水电八局主张川越公司参与了项目的招投标的运作，双方签订的分包协议与补充协议未实际履行，亦未提供相应的证据予以证实。原审认定水利水电八局与川越公司之间系转包关系，并无不当。[2]

实际施工人针对工程并未发生利用承包人施工资质与发包人进行工程谈判、签约、履行的具体行为，实际施工人与承包人之间并非挂靠关系。

【案例1－75】 杨某忠与荆州市城市建设集团工程有限公司建设工程施工合同纠纷案

最高人民法院认为，挂靠关系是指实际施工人借用其他企业资质进行建筑工程承包活动的行为。本案中，杨某忠针对涉案工程并未发生利用荆州公司施工资质与宜化公司进行工程谈判、签约、履行的具体行为，故杨某忠与荆州公司之间并非挂靠关系。杨某忠与荆州公司宜昌分公司签订的《项目承包协议》，主要载明"甲方（荆州宜昌分公司）将已中标青海宜化氯碱工程的人工挖孔桩、焦炭堆场、石灰堆场等工程，责任承包给乙方（杨某忠）操作、施工，其工程内容以甲方与业主方签订的建筑施工合同为准"，该协议的双方当事人之间构成实际的工程转包关系。但该协议违反法律及行政法规的强制性规定，属无效协议。[3]

应注意的是，关于挂靠人能否直接向发包人主张工程款，实践中存在争议。

---

〔1〕 最高人民法院(2016)民再141号民事判决书。

〔2〕 最高人民法院(2020)民终912号民事判决书。

〔3〕 最高人民法院(2020)民终549号民事判决书。

司法实践中,一般认为,没有资质的实际施工人借用有资质的建筑施工企业名义与发包人签订建设工程施工合同,在发包人知道或者应当知道系借用资质的实际施工人进行施工的情形下,发包人与借用资质的实际施工人之间形成事实上的施工合同关系。该施工合同因违反法律的强制性规定而无效……形成事实上的建设工程施工合同关系且建设工程经验收合格的情况下,借用资质的实际施工人有权请求发包人参照合同关于工程价款的约定折价补偿。

6. 挂靠与内部承包区分

其一,隶属关系区分。挂靠关系中,双方是平等主体间借用资质的关系。挂靠人与被挂靠的建筑企业没有劳动合同,或虚假签订劳动合同后不办理社保的缴纳。内部承包关系中,建筑企业与分支机构、生产职能部门、项目经理等企业职工之间存在隶属管理关系。内部承包的人员都与建筑企业签订劳动合同、缴纳社保。在实务中,主体是否与建筑公司存在合法劳动关系是区分内部承包还是挂靠的关键。其二,合同效力区分。挂靠协议因为违反国家资质管理的强制性规定无效。内部承包协议有效。其三,资金投入区分。所有的挂靠关系中,挂靠人都是自筹资金、自行采购。内部承包关系中,全额承包类型其资金、技术、设备、人力几乎都由内部承包人提供。经济指标承包类型其资金、技术、设备、人力一般是由建筑企业提供的。其四,施工过程、管理区分。挂靠关系中,被挂靠人筑建企业不参与任何施工过程和质量监督的管理,全部是由挂靠人自主负责。内部承包关系中,建筑企业对工程施工过程及质量进行较高程度的监督管理以及经济考核指标。其五,利益分配区分。挂靠关系中,挂靠人自主经营、自负盈亏,向被挂靠人交管理费用后剩余部分全部由自己支配。内部承包分两种情况,经济指标承包的内部承包人和建筑企业之间实行的是盈利后奖金分配的模式。而全额承包是在向建筑企业或被挂靠人缴纳一定比例的管理费后,剩余部分由自己支配与挂靠相似。其六,管理费收取区分。挂靠协议因为无效,则管理费并不能当然地收取,实务中存在多种观点,详见其后阐述。内部承包协议约定的管理费有效,受法律保护。其七,承担责任区分。挂靠关系中,如发包人明知挂靠人借用资质与其签订施工合同,则挂靠人就是实际工程承包人,应当承担承包人的全部责任。发包未知挂靠人借助用资质的,只有被挂靠人先承担外部责任,其后再向挂靠人追责任。内部承包关系中,根据合同相对性原则,对发包人的责任均由建筑企业承担。之后,建筑企业与内部承包人再按照内部承包协议的约定划分各自的责任。

建设工程中虽签订有内部承包协议,但未有证据证明与承包人签订过劳动合同或者向其发放过工资,认定二者属于挂靠或转包并无不当。

【案例1-76】 黄某国与河南东方建设集团发展有限公司建设工程施工合同纠纷案

最高人民法院认为,关于东方公司与黄某国之间是借用资质关系还是内部承包关系的问题。二审中,东方公司虽提交了《河南省城镇职工企业养老保险在职职工信息查询单》,但黄某国否认与东方公司之间存在劳动合同关系,且在二审庭审中称不知道东方公司为其购买养老保险的事实,主张其已经在天津购买了社会保险。东方公司一审中认可其与黄某国之间是借用资质关系,二审中亦未提交证据证明其与黄某国之间签订过劳动合同或者向黄某国发放过工资。故一审判决认定本案实质上是没有资质的实际施工人黄某国借用有资质的东方公司名义施工建设工程,并无不当。东方公司关于其与黄某国之间系内部承包关系、案涉《工程施工内部承包协议书》有效的上诉理由不能成立。[1]

(七)背靠背条款认定

工程总承包是科学的工程建设组织方式,也是国家重点加快推行建设工程承包的主流模式,工程总承包涉及大量背靠背条款争议。背靠背条款核心是以业主方向其付款为前提,若业主方未付款,则总承包有权拒绝支付工程款。背靠背条款属于总承包人与分包人真实意思表示的体现,在不存在《民法典》规定的无效情形的前提下,应当认定为有效。况且考虑到发包人是否会向承包人支付工程款存在一定不确定性,该类条款属于对一方履行支付义务附加限制条件,其实质上应属于附条件的民事法律行为,在条件成就(发包人向承包人付款)时则产生相应的法律后果(承包人需向分包人付款)。此外,结合附条件法律行为的规定,背靠背条款有效,承包人想要以该条款抗辩还须积极促成相应条件的成就,如协助催款、协助结算等义务的履行,否则将被认定为不正当地阻止条件成就,视为条件已成就的情形,不得以条款主张支付条件不成就。

现行法律对背靠背条款并未作出明确规定,法官对背靠背付款条款的理解不统一。有律师认为,(1)"背靠背"条款属于民法上的附条件的条款,且属于附生效条件的条款。(2)"背靠背"条款本身系属于有效的合同条款,若分包合同无效,则该条款也无效。(3)"背靠背"条款作为施工合同中的付款条款,在分包合同无效的情况下,依然属于参照适用的范畴。(4)"背靠背"条款生效后,将会发生正常条件成就、条件确定不成就、条件拟制成就三种法律效果。(5)"背靠背"

---

〔1〕 最高人民法院(2020)民终576号民事判决书。

条款将会因为总承包方怠于行使权利等阻止行为，且该行为违背诚信原则而拟制成就，不需要以故意为构成要件。[1]

背靠背条款，对承包人与分包人的影响贯穿分包合同的始终。对承包人而言，分包合同中约定了背靠背条款，就意味着承包人可以据此对抗分包人主张工程款的诉讼请求。对分包人而言，在分包合同签订前，尤其关注付款条件中是否约定了背靠背条款，如果设计了该类条款，在分包合同中应当明确承包人应当向分包人履行的义务以及向发包人主张的权利等事项。同时，在分包合同履行过程中，分包人应当及时保留、固定承包人是否履行合同义务的相关证据，做好突破背靠背条款的准备。

当分包人就欠付工程款向承包人行使付款请求权时，承包人可以依据背靠背条款提出拒付工程款的抗辩。

本专题所讨论背靠背条款效力指所依附的分包合同本身有效的情形，不包括分包合同无效的情况。如果背靠背条款所依附的分包合同整体无效，自然背靠背条款也应当无效。对于背靠背条款效力的认定问题，放在专题三建设工程施工合同效力纠纷中阐述。

其一，付款条件成就。

分包合同中背靠背条款既已赋予承包人以收到发包人的工程款作为付款条件，则承包人负有向发包人积极主张工程款的义务。承包人怠于向发包人主张工程款，不正当地阻止条件成就，视为付款条件已成就，分包人可以突破背靠背条款向承包人主张支付工程款，承包人不得对抗分包人的付款请求权。

【案例1-77】　沈阳祺某市政工程有限公司与中国某某一局（集团）有限公司建设工程施工合同纠纷案

最高人民法院认为，《分包合同》中的“背靠背”条款系附条件的合同条款，合法有效。中某一局主观怠于履行职责，拒绝祺某公司要求，始终未积极向大某建设主张权利，系为自己的利益不正当地阻止条件成就，应视为其向祺某公司支付工程款的条件已成就。中某一局提出双方约定了在大某建设未支付工程款情况下，中某一局不负有付款义务。但是，中某一局的该项免责事由应以其正常履行协助验收、协助结算、协助催款等义务为前提，作为大某建设工程款的催收义务人，中某一局并未提供有效证据证明其在盖章确认案涉工程竣工后至本案诉讼前，已积极履行以上义务，对大某建设予以催告验收、审计、结算、收款等。相反，中某一局工作人员房某的证言证实中某一局主观怠于履行职责，拒绝祺某公司要求，始终未积极向大某建设主张权利，

[1]　参见孟君婷：《建设工程施工合同中的“背靠背”条款的性质和效力研究》，载于健龙等主编：《中国建设工程法律评论》（第九辑），法律出版社2019年版，第43页。

该情形属于《合同法》第四十五条第二款规定附条件的合同中当事人为自己的利益不正当地阻止条件成就的,视为条件已成就的情形,故中某一局关于"背靠背"条件未成就、中某一局不负有支付义务的主张,理据不足。中某一局虽未从发包人大某建设处收取工程款,但因其怠于向发包人主张权利,祺某公司向其主张相应的工程款,应予支持。[1]

【案例1-78】 上海城建市政工程(集团)有限公司与武某重型工程股份有限公司建设工程分包合同纠纷案

二审法院认为,在分包合同中,承包方的主合同义务为给付工程款,分包方的主合同义务为工程施工,主合同权利为收取相应工程款。合同权利的实现有待于合同义务的履行,既然背靠背条款赋予承包方以发包方(业主)向其付款作为其向分包方付款的条件,则承包方便负有积极向发包方(业主)主张工程款之义务,以确保分包方主合同权利得以实现。这也是诚实信用原则在分包合同背靠背支付条款中的具体体现,该支付条款的适用应以承包方履行了相应的义务为前提条件。《民法总则》第一百五十九条规定:附条件的民事法律行为,当事人为自己的利益不正当地阻止条件成就的,视为条件已成就;不正当地促成条件成就的,视为条件不成就。根据上述法律规定和诚实信用原则,上诉人上海城建公司负有积极向发包人(业主)主张工程款的义务,以确保其与被上诉人武某重工公司的背靠背支付条款得以履行,这也是对其行使抗辩权的法律限制。某某城建公司对于其与发包人之间的结算情况以及履行积极向发包人主张支付工程款义务的事实承担证明责任。如存在拖延结算、怠于向发包人主张工程款等情形,其怠于办理结算的行为应视为以不作为的形式阻止履行条件的成就,那么依法应视为付款条件已成就,不得对抗被上诉人武某重工公司的付款请求。[2]

个案中,法官根据具体案情认定付款条件是否成就。

【案例1-79】 河南省鑫中联建工有限公司与郑州新开元投资管理有限公司建设工程施工合同纠纷案

二审法院认为,鑫中联公司与新开元公司的实施合同约定,新开元公司承担转付工程款的责任,如因政府原因没有及时支付工程款,其负有向政府索要工程款的义务。上述约定属于附付款条件的约定。但是,案涉工程已经交付,且新开元公司与上街城投BT实施合同约定的付款期限也已届满。新

---

[1] 最高人民法院(2020)民终106号民事判决书。
[2] 江西省高级人民法院(2020)赣民终958号民事判决书。

开元公司主张不具备付款条件,明显不合情理,对其主张本院不予采纳。[1]

【案例1-80】 中国电建集团湖北工程有限公司与十一冶建设集团有限责任公司、新疆嘉润资源控股有限公司等建设工程施工合同纠纷案

二审法院认为,根据合同相对性原理,电建湖北电力分公司是否依照其与嘉润资源公司签订的《新疆嘉润资源控股有限公司一期二系列45万吨/年电解铝项目(土建)施工合同》《新疆嘉润资源控股有限公司一期二系列45万吨/年电解铝项目(钢结构)施工合同》收到业主嘉润资源公司款项,不影响电建湖北电力分公司向十一冶公司支付工程款,一审法院认定电建湖北电力分公司收到业主款项后支付的约定有失公允,对该抗辩理由不予支持正确。[2]

【案例1-81】 上海宝冶集团有限公司与亿利和华建筑系统(沈阳)有限公司建设工程施工合同纠纷案

二审法院认为,关于付款条件是否成就的问题。双方约定了付款条件,但合同双方当事人应当让合同约定的条件自然而然的发生或不发生,而不能为自己的利益不正当地阻止或促成条件的成就。这是对合同当事人滥用条件的法律限制。本案上诉人虽然不存在故意阻止条件成就的情形,但诉争工程已于2012年由发包人实际占有使用,至今长达7年多的时间,上诉人未能证明其积极向发包人主张工程款未果,客观上阻止了其对被上诉人付款条件的成就,并使该履行期限处于不确定状态,根据诚实信用原则及公平原则,一审判决上诉人向被上诉人支付工程款并无不当。[3]

承包人在已与发包人就工程款进行结算、调解后,不得再以背靠背条款向分包人拒付工程款。

【案例1-82】 江苏汉某安装集团有限公司与徐州基某工程公司建设工程施工合同纠纷再审案

再审法院认为,虽然《结算协议》中存在背靠背条款,即约定了汉某公司按业主方支付工程款进度同比例支付基某公司工程款,但协议中还约定了汉某公司向基某公司按比例支付工程款的最后时间节点。在业主方未能按时分期支付工程款的情况下,汉某公司并未及时提起诉讼向业主方主张工程款,再综合考量涉案工程已经完工并结算多年,汉某公司与业主方在后续的诉讼、执行中存在的调解及和解等情况,一审、二审法院认定基某公司向汉某

---

〔1〕 河南省高级人民法院(2019)豫民终1610号民事判决书。

〔2〕 新疆维吾尔自治区高级人民法院(2020)新民终45号民事判决书。

〔3〕 辽宁省沈阳市中级人民法院(2020)辽01民终7231号民事判决书。

公司主张工程款及利息的条件已成就,并无不当。汉某公司存在以背靠背条款为由拒付工程款及利息的再审申请理由不能成立。[1]

施工合同约定以审计结果、背靠背为付款条件,发包人怠于履行催款义务时,法院委托鉴定机构进行工程造价的鉴定结果效果与审计基本等同,可以作为结算依据,视为工程款已具备支付条件。

付款条件不成就的认定。

【案例1-83】 江苏泰电节能工程有限公司与新疆生产建设兵团建设工程(集团)有限责任公司建设工程施工合同纠纷案

二审法院认为,建设工程合同中涉及的“背靠背”条款是将建设单位(业主)向承包方支付工程款作为承包方向分包方支付工程款之条件,形式上属于附条件的合同条款。本案中,兵团建设公司与泰电公司签订的《分包合同》约定双方对付款条件附加了建设单位支付款项后按比例向泰电公司支付的内容,该内容属于“背靠背”条款的形式,就目前现行法律法规而言,既未有对“背靠背”支付条款的效力性禁止规定,也没有禁止对分包合同中的付款条款附加条件,将付款条件与建设单位付款进度相联系,也实难称得上违反公序良俗。故泰电公司要求兵团建设公司支付剩余工程款项及利息的诉讼请求与合同约定内容不符,本院对此不予支持。[2]

【案例1-84】 蒋某与天津宇昊建设工程集团有限公司、重庆柏椿实业有限公司建设工程施工合同纠纷再审案

再审法院认为,本案《合同》虽然没有明确约定宇昊公司向蒋某付款的条件为柏椿公司支付宇昊公司全部旋挖桩工程款,但是《合同》第三条第2.6项约定:“乙方垫资部分施工范围:乙方同意垫资施工到乙方承包范围内的内容全部完成,甲方不承担任何利息。”其中乙方为蒋某,甲方为宇昊公司。从该约定看,蒋某以全垫资方式完成工程,在此之前,宇昊公司没有义务向蒋某支付工程款,而此类约定的习惯是以合同外第三方(通常是业主单位)向发包方付清全款作为发包方向承包人付款的条件,即所谓的“背靠背”条款,此类约定并非无效条款,故本案即便柏椿公司向宇昊公司支付了部分工程款,但在没有付清全部工程款以前,双方约定的付款条件仍未成就。[3]

其二,承包人过错限制援引。

承包人怠于向发包人主张权利,不能援引背靠背条款要求分包人无期限等待

---

〔1〕 江苏省高级人民法院(2019)苏民申7250号民事裁定书。

〔2〕 新疆维吾尔自治区乌鲁木齐市中级人民法院(2021)新01民终6233号民事判决书。

〔3〕 重庆市高级人民法院(2018)渝民申1281号民事裁定书。

支付工程款。

【案例1-85】　沈阳远某铝业工程有限公司与宝某钢构有限公司、上海某某大厦建设发展有限公司、上海某某集团股份有限公司建设工程分包合同纠纷再审案

再审法院认为，远某公司主张系争合同约定的付款条件，是在自己收到建工集团付款10日内予以支付。此“背靠背”条款目的在于远某公司让宝某钢构公司与其共担风险，并取得时间利益。本案中远某公司与宝某钢构公司是系争合同的缔约双方，宝某钢构公司已完成施工，2017年8月建设项目已整体竣工并验收完成。2018年12月27日鉴定机构已经确认宝某钢构公司施工的工程价款数额，宝某钢构公司和建工集团、上海中心大厦公司对此均无异议。至2021年1月生效判决作出前，远某公司没有采取诉讼或仲裁方式追讨工程款，且工程款未能给付并非宝某钢构公司的原因。一审、二审法院认为，远某公司不能援引“背靠背”条款要求宝某钢构公司无期限等待，认定正确。[1]

其三，背靠背条款无约束力。

虽然“背靠背”条款有效，但如果总承包人怠于向发包人主张权利的，则不得以“背靠背”条款抗辩。如果承发包双方之间约定的经营模式违法，则“背靠背”条款不具有约束力。

因分包合同无效而随之无效，承包人不能以此拒付工程款。

【案例1-86】　佛山市南海粤某园林绿化工程有限公司与广州市景某园林景观工程有限公司建设工程施工合同纠纷案

二审法院认为，景某公司上诉主张双方在合同中约定背靠背条款，因业主单位还没有与其进行最终结算，故其无须支付粤某公司工程款问题。本院对此认为，由于双方签订的《园林绿化工程专业分包合同》无效，故该约定亦无效，在涉案绿化工程已经验收合格情况下，粤某公司要求景某公司支付工程款依据充分，本院予以支持，景某公司该项上诉主张不成立，本院不予支持。[2]

其四，其他情形处理。

因合同履行发生变更，导致约定的工程价款无法实现，则分包合同中约定的背靠背条款不再具备履行条件，应以工程实际交付之日作为应付款时间。

---

〔1〕 上海市高级人民法院(2021)沪民申650号民事裁定书。

〔2〕 广东省广州市中级人民法院(2022)粤01民终3175号民事判决书。

【案例1-87】 中国电力工程顾问集团华东电力设计院有限公司与甘肃省安装建设集团有限公司、金塔万晟光电有限公司建设工程施工合同纠纷案

最高人民法院认为,关于“背靠背”条款的认定问题。首先,案涉金塔万晟公司与华东电力设计院公司于2012年12月签订的《总承包合同》约定华东电力设计院公司总承包甘肃金塔万晟光电100MW光伏电站工程。还约定暂定合同总价为101,000万元,其中,承包商负责的前期工作等费用按固定总价为2000万元……最终价格根据业主方和承包商共同协商后与其他分包方签署的建筑、安装、设备及材料、调试及试验的实际合同价格及签订本合同的补充协议为准。从华东电力设计院公司与甘肃安装公司签订的《基础和组件支架安装施工合同》《土建施工合同》《电气一次、二次和系统二次安装施工合同》三份合同的内容看,只有《基础和组件支架安装施工合同》有由业主方金塔万晟公司全部支付工程款后,华东电力设计院公司再向甘肃安装公司支付工程款的约定。在案涉各方均已确认甘肃安装公司完成了57.6MW安装的情形下,鉴于支付7500万元的前提条件,即完成100MW光伏电站工程的条件已经发生变化,各方当事人均未对这一变化及时达成相关付款协议。一审法院认定华东电力设计院公司在支付工程款时,并未列明已给付的7300万元所指向的具体款项。华东电力设计院公司应当依据《基础和组件支架安装施工合同》《土建施工合同》《电气一次、二次和系统二次安装施工合同》三份合同的约定,向甘肃安装公司支付所欠35,866,674.74元工程款并无不当。故华东电力设计院公司关于一审法院认定背靠背支付条款不再具备履行条件有误的上诉请求,本院不予支持。[1]

【案例1-88】 沈阳远大铝业工程有限公司与宝钢钢构有限公司建设工程分包合同纠纷再审案

再审法院认为,远大公司主张系争合同约定的付款条件,是在自己收到建工集团付款10日内予以支付。此“背靠背”条款目的在于远大公司让宝钢钢构公司与其共担风险,并取得时间利益。本案中远大公司与宝钢钢构公司是系争合同的缔约双方,宝钢钢构公司已完成施工,2017年8月建设项目已整体竣工并验收完成。2018年12月27日鉴定机构已经确认宝钢钢构公司施工的工程价款数额,宝钢钢构公司和建工集团、上海中心大厦公司对此均无异议。至2021年1月生效判决作出前,远大公司没有采取诉讼或仲裁方式追讨工程款,且工程款未能给付并非宝钢钢构公司的原因。一审、二审法

〔1〕 最高人民法院(2021)民终662号民事判决书。

院认为,远大公司不能援引“背靠背”条款要求宝钢钢构公司无期限等待,认定正确。[1]

总包方与分包方就付款方式签订的背靠背条款因违背公平原则而无效。

【案例1-89】 中国电建集团湖北工程有限公司与十一冶建设集团有限责任公司及新疆嘉润资源控股有限公司等建设工程施工合同纠纷再审案

最高人民法院认为,鉴于十一冶公司工程已完工多年,电建湖北分公司仅支付了少部分工程款,而在发生法律效力的昌吉回族自治州中级人民法院(2019)新23民初17号民事判决中,已判令嘉润公司向电建湖北公司支付工程欠款并自2018年5月23日起计算利息,本案二审法院判决电建湖北公司自《结算协议》签订1个月后,即2018年8月6日承担欠付工程款利息,并未加重电建湖北公司支付工程款的利息负担,结果比较公平合理。电建湖北公司申请再审称《结算协议》中约定的付款条件有效,并以此拒绝承担给付工程欠款及利息的主张,理由不能成立。[2]

【案例1-90】 邹某红与中安公司建设工程施工合同纠纷再审案

再审法院认为,本案中,案涉工程已经通过验收,中安公司应参照案涉合同的约定向邹某红支付相应的工程款。案涉合同约定:“本工程工程款支付按照甲方与业主方签订的《工程施工合同》执行,以背靠背形式,甲方收到业主方支付工程款比例进行支付”,即邹某红与中安公司之间的工程款结算需以中安公司与筑品公司之间的工程款结算为依据,且按照中安公司收到的工程比例进行支付。作为实际施工人的邹某红在签约时清楚知悉中安公司向其支付工程款需以康景公司支付工程款为前提,因此,二审法院参照案涉合同关于“业主支付前提条款”之约定以及筑品公司仅向中安公司支付了工程款229,417.02元的事实,判决中安公司向邹某红支付拖欠的工程款229,417.02元,并无不当。[3]

【案例1-91】 四川中铭公司与电建港航公司建设工程施工合同纠纷案

二审法院认为,“背靠背”条款实质上是附条件付款的约定,是有效的。但承包人具有催收义务,有积极向发包人主张权利的义务。如果承包人怠于履行该义务,分包人可以主张承包人恶意阻止条件成就,视为条件成就。本案中,电建港航公司多次催告发包人进行结算付款,并未怠于履行义务,故四

---

[1] 上海市高级人民法院(2021)沪民申650号民事裁定书。

[2] 最高人民法院(2021)民申4924号民事裁定书。

[3] 广东省高级人民法院(2020)粤民申10428号民事裁定书。

川中铭公司要求支付工程款及利息的诉讼请求不能成立,本院不予支持。[1]

【案例1-92】 北京通达吉源商贸有限责任公司与北京奇保良制冷设备有限公司建设工程施工合同纠纷案

二审法院认为,双方签订合同虽约定采用背靠背方式付款,但因该约定明显违反合同的相对性原则,且缺乏对背靠背方式的具体约定,故应当认定属于合同双方对于付款方式约定不明,在此情况下可以依照合同的上下文约定及法律的相关规定认定双方的合理履行方式;而因涉案项目在多年前已经验收合格投入使用,奇保良公司系在超过涉案工程质保期后才提出本案诉讼,鉴于通达吉源公司未能提交充分证据证明其就涉案工程在质保期内向奇保良公司提出过质量问题,故根据相关司法解释的意见和精神,应视为奇保良公司安装的涉案工程质量合格,付款条件已经成就,通达吉源公司应向奇保良公司支付相应合同款项。[2]

(八)EPC工程合同认定

EPC是业主将设计、采购、施工等内容以交钥匙方式一并交给承包商的工程总承包模式,据以签订的合同属于EPC合同。现行法律、行政法规和司法解释对工程总承包合同的性质并未作出明确的规定。实务中,关于工程总承包合同的性质有不同观点。

【案例1-93】 新某化工设计院(上海)有限公司、中某矿业有限公司与某铝业股份有限公司河南分公司、某铝业股份有限公司建设工程施工合同纠纷案

最高人民法院认为,EPC合同是业主将设计、采购、施工等内容通过交钥匙合同一并交给承包商,并通过招标文件、投标须知以及最后形成的合同文件明确工程范围、设计标准、价款、工期、质量、验收和安装调试、运行等方面协商一致签订的总承包协议。在EPC合同模式下,承包商的工作范围包括设计、工程材料和机电设备的采购以及工程施工,直至工程竣工、验收、交付业主后能够立即运行。设计不但包括工程图纸的设计,还包括工程规划和整个设计过程的管理工作。该合同条件通常适用于承包商以交钥匙方式为业主承建工厂、发电厂、石油开发项目以及大型基础设施项目或高科技项目等,

---

[1] 新疆维吾尔自治区乌鲁木齐市中级人民法院(2022)新01民终3160号民事判决书。

[2] 北京市第三中级人民法院(2021)京03民终7492号民事判决书。

这类项目业主的要求一般是价格、工期和合格的工程，承包商需要全面负责工程的设计和实施，从项目开始到结束，业主很少参与项目的具体执行。故EPC合同要求承包商承担工程量和报价风险。EPC合同是边设计、边施工、边修改，在施工过程中的不可预见性、随意性较大，引发的变更较多，对由于非承包商过错或疏忽，属于业主的责任造成损失的，总包商可以向业主提出补偿。EPC工程总承包项目的工程内容极其复杂，合同条款上难免有考虑不周的地方，如果业主和承包方不积极配合协调，会产生很多争议，承包方往往根据同类已建成项目经验，在技术协议条款予以规范。作为投资方的业主在投资前关注工程项目的最终价格和最后工期，以便得到项目的投资回报。业主将投资和工期变为可控制风险。对于承包方而言，其通过自身专业的项目管理技能和工程实施能力，将项目风险控制在最低，从而取得比传统工程承包模式更多的经济利益。对于EPC工程风险承担，从设计、建造，开工日期起，到签发全部工程的试运行证书为止，承包方对工程负全部责任。承包方风险从设计、施工开始发生，施工过程中，承包方遇到设计、施工方式对其原定方案所受财产受损，承包方应当及时通知业主，进行变更签证予以修正，否则该项费用承包方应自行承担。承包方应当根据自身专业优势保障和保护业主免受损失，由于承包人关于工程设计、施工或者运营、维修原因导致或者造成的损失，承包人承担。业主承担的风险：业主负责设计或者业主要求的设计失误、错误、缺陷或遗漏造成的损失。EPC合同谈判和签订阶段对承包商和业主来说至关重要，合同中的约定和规定将成为日后解决双方争议、提供索赔依据的最高准则。双方谈判期间，形成的《澄清说明》《备忘录》等能够表达意思表示的文件可以视为合同补充内容。故EPC合同的总承包方对工程建设项目的设计、采购、施工、试运行等实行全过程的承包，对工程质量、安全、费用和进度负责。业主方作为发包人与承包人签订工程总承包合同，因业主方实际参与案涉工程建设过程，其主张单纯交钥匙EPC合同，缺乏事实依据。[1]

【案例1-94】 伊吾某方民生新能源有限公司与某能源建设集团新疆电力设计院有限公司建设工程施工合同纠纷案

最高人民法院认为，案涉《总承包合同》在第2条业主部分，第2.1条约定："业主应在工程场地设立工程管理机构，委派代表履行业主在本合同项下的义务，并享有业主在本合同项下的权利。……承包商应接受业主工程管理机构及业主代表的管理"。第2.4条约定："业主应负责采购合同附件3所列

---

〔1〕 最高人民法院(2021)民终450号民事判决书。

的设备和材料……由承包商根据工程施工进度领用。”第6.2条约定:“承包商应按照项目可行性研究报告及业主对工程的估算,完成工程的初步设计及工程概算,提交业主。业主应负责根据国家及行业的有关规定安排初步设计文件的审查,审查费用由承包商承担。承包商应参加业主组织的对初步设计文件的审查,并根据审查结论对初步设计文件进行必要的修改、调整和补充。初步设计文件在经业主确认后方可实施。业主的义务,提供项目基础资料。……”上述约定表明,伊吾某方公司作为案涉工程的业主方,并非其所称的单纯交钥匙EPC合同,而是实际参与案涉工程建设过程,在工程建设中享有相关权利,并履行相关义务的参与人。伊吾某方公司不仅具有是否使用案涉《可行性报告》并进行工程建设的决策权,而且对于相关的工程设计文件具有审查和确定的权利。故伊吾某方公司关于本案系交钥匙EPC合同的主张,没有事实依据。[1]

EPC合同性质的判断,应根据合同形式、合同目的、合同内容及其之间存在的关联关系,作出最终的认定。

【案例1-95】 天津滨海鼎某环保科技工程有限公司与国家电投集团远某水务有限公司、天津渤天化工有限责任公司建设工程施工合同纠纷再审案

最高人民法院认为,原审判决认定远某水务公司与滨海鼎某公司之间的法律关系系建设工程总承包合同关系,并无不当。本案中,滨海鼎某公司与远某水务公司之间先后签订了《总承包合同》《施工协议》《采购协议》《服务协议》《补充协议》等合同。从以上合同内容看,主要约定了远某水务公司负责案涉项目工程的全过程建设,其中包括项目设计、设备及材料采购、建筑安装、调试运行、技术培训、质量保修等内容,各个合同只是对建设工程总承包的某一方面具体内容进行约定。从以上合同目的看,每个合同签订的具体目的不尽相同,但是该具体目的之间存在关联关系,且各个合同的最终目的皆是案涉项目工程顺利建设使用。因此,原审判决认定远某水务公司与滨海鼎某公司之间的法律关系为建设工程总承包合同关系,并无不当。[2]

EPC工程总承包合同在性质上属于建设工程合同,因以工程施工为主要内容的合同引起的纠纷,适用《建设工程解释(一)》的规定进行处理。

---

〔1〕 最高人民法院(2019)民终969号民事判决书。

〔2〕 最高人民法院(2021)民申2258号民事裁定书。

【案例1－96】 西安市临潼区绿源市政工程有限公司与天津膜天膜科技股份有限公司某公司、某某公司建设工程施工合同纠纷案

二审法院认为，西安绿源公司主张"案涉项目不是一般的建设工程项目，而是涉及国家某公共利益的环保项目"，不应以一般建设工程的规则作为判断环保项目是否合格的依据。本院认为，案涉工程为市政工程污水处理厂项目，双方签订的《临潼区绿源市政工程污水处理厂项目EPC工程总承包合同》性质上属于建设工程合同，合同是以工程施工为主要内容，原判决适用建设工程施工合同司法解释相关规定处理本案，适用法律并无错误。西安绿源公司的该项主张缺乏法律依据，理由不能成立。关于缺陷责任期。《建设工程解释》第十四条规定："建设工程未经竣工验收，发包人擅自使用的，以转移占有建设工程之日为竣工日期。"因此，案涉工程竣工日期应认定为2018年3月。双方合同约定缺陷责任期自工程竣工日起算为24个月，至天津膜天膜公司提起诉讼，缺陷责任期已经届满。原判决对此节事实的认定，符合法律规定。西安绿源公司关于案涉工程未完工未验收、缺陷责任期至今还未开始起算之上诉理由，本院不予支持。〔1〕

工程其内在特征更符合一般承揽合同的法律要件，定性为承揽合同纠纷并无不当。

【案例1－97】 深圳市五谷新能源有限公司与广州市协爽物业管理有限公司建设工程施工合同纠纷再审案

再审法院认为，2017年9月27日和11月10日，五谷公司（乙方）与乾德健公司（甲方）签订《EPC服务合同》和《补充协议》，约定乾德健公司向五谷公司发包承揽的大楼"屋顶分布式光伏发电项目"工程。一审法院查明，涉案工程是在原已建好并通水通电的大楼顶上布设光伏发电设备设施，故一审、二审法院认定涉案工程不属于建设工程的范畴，属于承揽合同，并无不当。〔2〕

〔1〕 陕西省高级人民法院（2022）陕民终242号民事判决书。
〔2〕 广东省高级人民法院（2020）粤民申1519号民事裁定书。

三、施工合同纠纷处理

（一）工程价款支付处理

1. 工程价款支付范围

其一，施工合同约定的价款不含税金，发包人应当按照合同约定支付工程价款，其要求承包人承担税费无合同依据。

【案例 1－98】 雪域虫草公司与秦某书建设工程施工合同纠纷再审案

最高人民法院认为，案涉合同项下税费的承担。根据 2013 年 4 月 7 日的《建设工程施工合同》第五条的约定，案涉工程价款为固定单价，不含税金。雪域虫草公司应当按照合同约定的单价支付工程款。雪域虫草公司认为应由秦某书承担税费，缺少合同依据，其再审理由不能成立。[1]

分包合同和对账协议对税金承担主体和扣减标准均有约定，应由实际施工人按照应收工程价款的固定比例承担。基于承包人在支付欠付工程款时抵扣税金更加准确便利的考虑，承包人可在向实际施工人支付欠付工程款时按照该固定比例扣减税金。

【案例 1－99】 上海绿地建设（集团）有限公司与盐城蒙发建筑工程劳务有限公司等建设工程分包合同纠纷再审案

最高人民法院认为，关于税金的计取。分包合同约定，税金由绿地建设公司代付代缴，在蒙发公司工程款中进行扣减。2015 年 3 月 29 日双方签订的对账单中明确约定税金应当按照工程造价的 3.43% 进行扣减。一审法院按照双方约定的 3.43% 扣减了税金，二审法院认为以此比例扣减税金既超出了实际发生的税金金额，亦超出了绿地建设公司的抗辩主张，认定应以实际发生税金为准。本院认为，双方对税金承担主体和扣减标准均有约定，应由蒙发公司按照应收工程价款的 3.43% 承担。基于绿地建设公司在支付欠

---

〔1〕 最高人民法院（2021）民申 5497 号民事裁定书。

付工程款时抵扣税金更加准确便利的考虑,绿地建设公司可在支付工程款时按照3.43%比例扣减税金。[1]

其二,未约定人工费调差的,可以按照人工费调差文件进行调差。

【案例1-100】 聚尔溢公司与某某公司建设工程施工合同纠纷再审案

最高人民法院认为,关于应否对人工费进行调整的问题。《住房和城乡建设部公告第1567号——关于发布国家标准〈建设工程工程量清单计价规范〉的公告》规定:"其中,第3.4.1条(款)为强制性条文,必须严格执行。"《建设工程工程量清单计价规范》(GB 50500—2013)第3.4.1条规定:"建设工程发承包,必须在招标文件、合同中明确计价中的风险内容及其范围,不得采用无限风险、所有风险或类似语句规定计价中的风险内容及范围。"第3.4.2条规定:"由于下列因素出现,影响合同价款调整的,应由发包人承担:……省级或行业建设主管部门发布的人工费调整,但承包人对人工费或人工单价的报价高于发布的除外。"由上述规定可知,在案涉《建设工程施工合同》第十一条价格调整部分未就人工费调整的风险承担作出约定情形下,并不当然按照《建设工程施工合同》约定固定合同价款中的人工费标准对案涉工程进行取费,还应当考察省级或行业建设主管部门发布的人工费调整是否影响合同价款调整。根据《河南省住房和城乡建设厅关于贯彻〈建设工程工程量清单计价规范〉(GB 50500—2013)〈建筑安装工程费用项目组成〉(建标〔2013〕44号)文件有关问题的通知》(豫建设标〔2014〕29号)关于"人工费指导价属于政府指导价,不应列入计价风险范围"的规定可知,案涉工程人工费调整应当依据施工期间政府颁发的人工费指导价进行调整,因此鉴定机构金鼎公司将2#楼和6#楼及地下车库工程人工费价差506,843.05元计入变更工程造价,并无不当,聚尔溢公司提出的该费用不应计入变更工程造价的申请理由不能成立,本院不予支持。[2]

【案例1-101】 广厦公司与某某公司建设工程施工合同纠纷案

最高人民法院认为,关于人工费调差,广厦公司主张不应执行陕建发〔2013〕181号文件。本院认为,承包协议约定人工费如有新文件按新文件执行(约定部分除外),同时,双方并未就人工费作其他约定,一审判决根据双方在新文件施行前对工程量进行统计确认的事实,结合承包协议的约定及文件的规定,推定双方同意执行该文件,并采信鉴定机构计算的调差金额,具有

〔1〕 最高人民法院(2023)民申160号民事裁定书。
〔2〕 最高人民法院(2019)民申5682号民事裁定书。

事实和法律依据。[1]

未约定人工费调差,且国家定额对公路工程人工费调差未作规定的,法院可以参照地方房屋建筑、市场工程定额规定计算人工费调差。

【案例1-102】 某公司与某某公司建设工程施工合同纠纷案

最高人民法院认为,工期延误是客观事实,在国家定额对公路工程人工费调差未作规定的情形下,鉴定机构参照相关规定计算调差符合相关规定及客观实际,一审采信鉴定意见,并无不当。[2]

其三,借款预支工程款。

湖南省高级人民法院发布的《关于审理建设工程施工合同纠纷案件若干问题的解答》规定:借款预支工程款应如何处理?建设工程施工合同履行过程中,当事人出具借条预支工程进度款,发包人或承包人在结算工程价款过程中主张抵扣借款本金及利息的,应当一并处理。

【案例1-103】 万某才与青海华宇建设工程公司、青海省宏星房地产开发有限公司建设工程施工合同纠纷再审案

最高人民法院认为,本案系再审审查案件,应当依据再审申请人的申请再审事由以及《民事诉讼法》第二百条的规定进行审查。宏星公司、华宇公司的再审事由均不成立,理由如下:……案涉工程是否交付的问题。(1)二审法院于2020年9月10日依法组织三方代表共同前往案涉项目进行现场调查并形成调查笔录,各方代表签字确认。案涉的项目小区名称为“宏星府邸”,现场调查发现青海维德物业服务有限公司进驻小区,小区部分房屋门口及窗户粘贴了装修公司标识,在装修登记表中显示不同的业主姓名、开竣工时间,且部分房屋内已经悬挂窗帘、放置家具、花盆、水瓶等物品。此外,关于宏星公司辩称房屋悬挂窗帘是履行与青海省湟中县上新庄镇政府签订的政府采购项目合同的问题。经审查,该合同标的及金额项下备注“在合同总价的范围内赠送108副室内窗帘”,与调查笔录中反映的情况不符,本院对其辩称不予采信。故原审判决认定万某才已经交付案涉房屋钥匙以及案涉工程已交付使用并无不当。(2)万某才提交施工资料是否存在虚假和伪造的问题。经审查,二审庭审笔录中记载宏星公司对万某才移交的施工资料清单发表质证意见时,明确表示关于资料问题已向青海省湟中县人民法院提交证据,另案主张相应权利,后宏星公司撤回上诉。故宏星公司的该项再审请求,本院不予支持。案涉工程是否应参照合同约定支付工程款的问题。鉴于案

[1] 最高人民法院(2020)民终849号民事判决书。
[2] 最高人民法院(2020)民终912号民事判决书。

涉工程已视为已竣工验收,根据《建设工程解释》第二条关于“建设工程施工合同无效,但建设工程经竣工验收合格,承包人请求参照合同约定支付工程价款的,应予支持”以及第十四条第三项关于“当事人对建设工程实际竣工日期有争议的,按照以下情形分别处理:……(三)建设工程未经竣工验收,发包人擅自使用的,以转移占有建设工程之日为竣工日期”的规定,宏星公司、华宇公司应向万某才支付工程款,故华宇公司关于其不应参照合同约定支付工程款的再审理由不能成立。原审判决宏星公司、华宇公司向万某才支付工程款并无不当,宏星公司、华宇公司的该项再审请求,本院不予支持。宏星公司、华宇公司是否应承担律师费的问题。万某才因诉讼所发生的律师费和保全费属于确定发生的支出,原审法院认为案涉工程已经实际交付使用,宏星公司、华宇公司拒不支付相应的工程款以致引发本案诉讼,宏星公司、华宇公司应向万某才支付万某才为维护其合法权益所支出的费用并无不当。故对宏星公司、华宇公司主张不应承担律师费的再审请求,本院不予支持。综上,宏星公司、华宇公司的再审申请不符合《民事诉讼法》第二百条第二项、第六项规定的情形。裁定:驳回华宇公司、宏星公司的再审申请。[1]

对内借款到底是借款还是工程款的认定。

【案例1-104】 江苏省金陵建工集团有限公司与邵某军建设工程施工合同纠纷再审案

最高人民法院认为,关于本案诉争借款是否可以抵扣工程欠款、是否应当计收利息的问题。二审判决认定邵某军向金陵建工集团所借款项应当自借款发生之日起,从金陵建工集团欠付邵某军的工程款中予以抵扣,并无不当,理由如下:首先,邵某军虽以借款单的形式向金陵建工集团支取款项,并就利息和还款时间作出了承诺。但根据2012年金陵建工集团与华扬公司的对账情况以及会议纪要,可以认定金陵建工集团欠邵某军工程款。其次,邵某军在借款前,先向金陵建工集团请求支付下欠工程款未果,才以出具借款单的方式向金陵建工集团借支工程款。其所借款项是用于解决本案建设工程欠付农民工工资及材料款问题。最后,诉争的借款实际并未进入邵某军的个人账户,而是由金陵建工集团直接支付给农民工及材料商。此外,虽然邵某军在借款时出具承诺书,承诺支付利息并自愿承担违约责任,但是案涉借款自出借之日就已经抵扣金陵建工集团欠付邵某军的工程款,不应当再计付利息。金陵建工集团关于邵某军应当按照承诺书的约定支付利息的再审申

---

〔1〕 最高人民法院(2021)民申2923号民事裁定书。

请理由不能成立,本院不予支持。[1]

2. 工程价款支付时间

以结算审核完成作为支付工程款条件,可以认定为对付款时间约定不明。

【案例1-105】 深圳市科源建设集团有限公司诉沈阳市和盛房地产开发有限公司建设工程施工合同纠纷案

二审法院认为,(1)"结算审核完成"的付款条件视为约定不明。本案中,双方签订的《建设工程施工合同—室外装饰装修工程》第1.9条约定:"待工程结算审定且工程档案移交后,扣除结算审定额5%的工程质量保证金,余款一次性支付承包方","工程质量保证金在保修期满后,建设单位、物业公司及质监部门检查无问题时,一次性无息返还"。可见双方对应付工程价款时间的约定是,工程结算审核完成且工程档案移交后支付95%工程款;保修期满且检查无问题支付剩余5%工程款。但是,双方就何时完成结算审核并无约定,在工程结算实践中,结算审核的时间有长有短,而本案结算完毕发生在工程交付后长达8年之久,此时,再以结算审定的时间作为应付工程款之日并不符合法律规定及双方约定。(2)本案认定理由。第一,科源建设公司与和盛房地产公司对工程价款的支付时间仅约定为"工程结算审定且工程档案移交后",在双方对于何时能够审核完毕并无最终约定的情况下,对于工程款的支付时间应视为当事人之间约定不明,和盛房地产公司应在案涉工程交付之日支付工程价款。第二,从案涉《建设工程施工合同—室外装饰装修工程》中对支付工程款约定的体系来看,95%工程款支付时间与剩余5%工程款支付时间存在一种先后顺序,首先进行结算审核,以确定工程款总额,其次支付至95%,最后支付剩余5%,这明显约定的是结算审定在先,质保期满在后。而实际的情况是,案涉工程直至2018年才审核结束,此时质保期早已届满。如果再以审核完毕时间作为应付95%工程款的时间,也与双方合同约定不符。第三,建设工程合同属于双务合同,承包人的主要义务是进行工程建设并交付符合质量要求的完工工程,发包人的主要义务是支付工程价款。因此,在当事人之间的合同没有特别约定的情况下,发包人在承包人交付建设工程后,应交付工程价款。[2]

建设工程合同以及决算协议均属于有偿合同,决算协议中约定分期支付工程款,法院可以参照适用买卖合同中分期付款的有关规定,当发包人拖延付款且未

---

[1] 最高人民法院(2019)民申2298号民事裁定书。

[2] 辽宁省沈阳市中级人民法院(2019)辽01民终7603号民事判决书。

到期款项已超过结算总价款 1/5 的,承包人有权加速到期,请求发包人一次性支付全部价款。

【案例 1－106】 江苏南通某建集团有限公司与天津国储置业有限公司建设工程施工合同纠纷案

最高人民法院认为,《支付协议》系双方当事人真实意思表示,合法有效,各方均应受此约束。根据该协议第 3 条和第 4 条约定,置业公司 2018 年 8 月 20 日前须支付 4000 万元,自 2018 年 9 月开始每 3 个月支付 1000 万元,(每 3 个月的第二个月的 20 日前支付 1000 万元),至 2018 年 12 月 30 日前付清余款。虽然按照《支付协议》第 4 条约定,如果 2018 年 12 月 30 日之前付清所有款项,置业公司可以不支付延期付款利息,在南通某建 2018 年 11 月 9 日提起诉讼时,该期限尚未截至。但一审法院分别于 2019 年 1 月和 3 月开庭,彼时,已经超过该付款期限,置业公司并未向南通某建主动履行该条约定项下的合同义务,亦未向法院申请提存款项,应当认定置业公司未在第 4 条约定的时间内付清余款。在此情况下,应当适用《支付协议》第 5 条的约定。在该条中,置业公司承诺"于 2020 年 8 月 20 日前付清所欠工程款,以欠付乙方工程款项为基数,以年息 12% 为标准计算利息,同时分 8 个季度平均支付欠付的工程款,每季度的第三个月的 20 日前支付一次当季度所欠工程款,于第 4 个季度支付前 4 个季度的全部利息"。该条又再次约定了分期付款的时间和具体金额,而且按照年息 12% 对全部欠付款项计算了相应利息。因置业公司在签订《支付协议》后仅支付了 1200 万元,余款均未支付,则对所有欠款按照年息 12% 计算利息,尚少于《支付协议》约定的利息,不违背双方当事人本意。一审判决简单地以债务加速到期为由不适用《支付协议》第 5 条约定,依据不足,本院予以纠正。置业公司不应当支付利息的上诉主张,无事实和法律依据,本院不予支持。南通某建按照年息 12% 支付利息的上诉主张,有合同依据,本院予以支持。关于利息的起算点,根据《支付协议》第 5 条约定,对欠付款项和利息分 8 个季度平均支付,截止时间为 2020 年 8 月 20 日,可见,双方是将 2018 年 8 月 20 日作为应付款项的起始点。一审判决认定自 2018 年 12 月 31 日起算利息,无事实依据,本院予以纠正。南通某建上诉主张从 2018 年 8 月 20 日起算利息,有事实依据,本院予以支持。[1]

转包合同约定"转包方收到建设方拨付的工程款,扣除税、费外付给实际施工人",转包人未收到工程款前无义务支付工程款。

---

〔1〕 最高人民法院(2019)民终 1093 号民事判决书。

【案例1－107】 某公司与桐木公司、桐木海南分公司建设工程施工合同纠纷再审案

最高人民法院认为，案涉《承包协议》第八条约定，“甲方收到建设方拨付的工程款，除按上述约定收取税、费外，其余款项付给乙方专款专用”。该合同条款系对建设方支付桐木海南分公司款项用途的约定，非对桐木海南分公司支付工程款时间的约定。桐木公司、桐木海南分公司主张本案存在付款时间的约定，缺乏事实依据。〔1〕

工程未经相关部门验收，发包方投入使用，应视为已经竣工验收，以转移占有建设工程之日为竣工日期，发包方应当支付相应工程价款。

【案例1－108】 某公司与四友公司建设工程施工合同纠纷再审案

最高人民法院认为，本案中，案涉工程已经由四友公司投入使用，依照上述规定，应视为已经竣工验收，四友公司应当支付相应工程价款。四友公司关于案涉工程未经竣工验收、工程质量不确定、案涉工程价款无法最终确定的申请再审理由不能成立。〔2〕

3. 工程价款支付条件

承包人是否有权请求参照合同约定支付工程价款应考量工程质量，不能机械地将是否经过竣工验收程序作为无效合同支付工程款的条件。

【案例1－109】 唐某军与乐山市宏岳煤业有限公司建设工程施工合同纠纷再审案

最高人民法院认为，关于宏岳公司是否应当支付唐某军案涉工程价款的问题。根据《建设工程解释》第一条规定，案涉《煤矿工程承包合同书》因承包人唐某军不具备建筑施工资质而无效。宏岳公司作为专事煤矿开采的企业法人，无视国家建筑、安全生产等相关法律、法规规定，亦未提供经审查批准的设计施工图纸，即与无任何资质的唐某军签订工程承包合同，对合同无效承担主要过错责任，唐某军承担次要过错责任，一审、二审判决对此认定并无不当。《建设工程解释》第二条规定，建设工程施工合同无效，但建设工程经竣工验收合格，承包人请求参照合同约定支付工程价款的，应予支持。宏岳公司依据上述规定，主张案涉煤矿正在试运转阶段，煤矿扩建工程未经相关行政主管部门竣工验收合格，唐某军请求支付工程价款的条件尚未成就。对此，本院认为，《合同法》第五十八条规定，合同无效或者被撤销后，因该合

〔1〕 最高人民法院(2020)民申4886号民事裁定书。
〔2〕 最高人民法院(2019)民申943号民事裁定书。

同取得的财产,应当予以返还;不能返还或者没有必要返还的,应当折价补偿。有过错的一方应当赔偿对方因此所受到的损失,双方都有过错的,应当各自承担相应的责任。建设工程施工合同的特殊性在于,建设工程的施工工程是承包人将劳务及建筑材料物化到建筑工程的过程。基于这一特殊性,建设工程施工合同被确认为无效后,无法适用恢复原状的返还原则,只能折价补偿。本案实际上解决的是合同被依法确认无效之后如何折价补偿的问题。工程质量是建筑工程的生命,因此,考量承包人是否有权请求参照合同约定支付工程价款的着眼点在于工程质量是否合格。不能机械地将是否经过竣工验收程序作为无效合同支付工程款的条件。在承包人只施工了部分工程即退场的情况下,如果简单地以整个工程未竣工验收即对该承包人支付工程价款的诉请不予支持,将损害承包人的权益,有违立法本意。《建设工程解释》第二条规定中所称经验收合格既包括工程竣工后验收合格,也包括正在建设中的工程经阶段性验收合格以及经过修复后验收合格。本案中,唐某军施工的巷道掘进工程仅系整个煤矿扩建工程的一部分,并非必须以整个煤矿扩建工程全部竣工验收合格作为支付工程款的条件。从体系解释的角度看,根据《建设工程解释》第三条规定,只有在建设工程修复后经竣工验收仍不合格的,才对承包人请求支付工程价款的诉请不予支持。本案中,宏岳公司作为建设单位,不仅未提供经过审查批准的设计施工图纸,亦未积极组织竣工验收即将唐某军施工的工程投入使用,根据二审查明的事实,案涉煤矿2016年11月21日已经开始试运转,本院再审中,宏岳公司也认可,案涉煤矿"在挖煤",宏岳公司虽称唐某军施工的工程存在质量问题,但未提供证据证明。五通桥区安全生产监督管理局于2017年12月12日作出的《关于终止乐山市宏岳煤业有限公司五通桥宏岳煤矿扩建工程联合试运转的决定》只能证明案涉煤矿因未在立项建设时进行环境影响评价,经宏岳公司申请,终止现有的煤矿扩建工程联合试运转,与唐某军施工的巷道掘进工程质量是否合格无关联性,不能证明唐某军施工的工程存在质量问题。至于煤矿安全生产监督管理部门要求的联合试运转程序以及经四川省经济和信息化委员会组织竣工验收和办理相关证照程序,乃是对煤矿安全生产的评估核查,以保证煤矿运营安全,不属于建设工程的竣工验收程序。二审判决以此作为支付工程价款的条件,适用法律错误,本院予以纠正。如上所述,根据已经查明的事实,唐某军施工的工程在案涉煤矿联合试运转中已经投入使用,宏岳公司并未提供证据证明工程质量存在问题,唐某军诉请支付相关的工程款项,有事实和法律依据,本院予以支持。[1]

---

〔1〕 最高人民法院(2017)民再430号民事判决书。

建设方因与施工方产生纠纷而导致停工，由此主张对于未施工、停工等工程不应支付监理费用，不应获得法院支持。

【案例1－110】 洪利高速公司与翔飞监理公司建设工程施工合同纠纷再审案

最高人民法院认为，本案原审已查明，在原审中，洪利高速公司称案涉工程因其与施工方产生纠纷而导致停工，并主张对于未施工、停工等工程不应支付监理费用，但其并未举证证明已依照《监理委托合同》通用条款第5条的约定，在五六日之前向翔飞监理公司发出过书面通知，要求全部或者部分暂停监理服务或者解除监理合同。此外，洪利高速公司不仅未按合同的约定对于由此增加的监理服务工作量所涉及的费用进行调整，而且其总经理陈某林、副总经理林某广、计划合同部主管罗某保等工作人员又在翔飞监理公司提交的监理服务费支付月报上签字确认，故原审法院认定洪利高速公司的上述主张不能成立的基本事实并不缺乏证据证明。本案原审也查明，双方所签《监理委托合同》中对监理费用的计算等问题有明确约定，且洪利高速公司对翔飞监理公司提交的监理费支付月报予以签字确认。因此，洪利高速公司认为监理费的计取应当按建设工程施工完成产值占施工合同总价的比例计算的主张不能成立，其在原审中再对《监理服务费支付证书》《施工阶段延期监理服务费用计算表》申请鉴定已无意义，亦违反诚实信用原则，故原审法院对其申请未予准许，适用法律并无不当，程序亦不违法。[1]

挂靠人（实际施工人）与被挂靠人均认可双方签订《内部挂靠承包合同》，系挂靠人（实际施工人）借用被挂靠人资质承揽工程，被挂靠人收取管理费，双方并未因该合同形成以建设工程价款为标的的合同权利义务关系。因此，挂靠人（实际施工人）对被挂靠人享有工程款债权这一前提并不存在，被挂靠人其他债权人关于其对被挂靠人享有的债权应优先于挂靠人（实际施工人）对被挂靠人所享有工程款债权予以保护的理由不能成立。

【案例1－111】 大山经营部与刘某、黄瓦台公司建设工程施工合同纠纷再审案

最高人民法院认为，第一，挂靠人与发包人之间存在事实上的施工合同关系。(1)发包人明知挂靠关系。刘某系借用黄瓦台公司资质承揽案涉工程。中交公司在与黄瓦台公司签订案涉施工合同时，就知晓系刘某借用黄瓦台公司资质与其签订合同，中交公司也认可刘某是案涉施工合同项下建设工程的施工人。这表明，中交公司对刘某作为案涉施工合同实际履行人是明知

〔1〕 最高人民法院(2020)民申6358号民事裁定书。

且认可的，也意味着黄瓦台公司与中交公司之间并没有订立施工合同的真实意思表示。(2)发包人向挂靠人支付工程款。在案涉账户被冻结后，中交公司又直接向刘某支付工程进度款。(3)以上事实说明，本案真实的施工合同关系存在于中交公司与刘某之间，中交公司与刘某才是施工合同权利享有者和义务承担者。建设工程价款是施工人投入劳务、材料等到建设工程中所获得的对价。刘某提供了其与案外人签订的土石方工程施工合同、管桩施工合同、转账凭证、收条等证据证实其对工程的投入情况，作为投入对价的工程款应由刘某享有，即刘某是案涉工程进度款的实际权利人和给付受领人。第二，被挂靠人与发包人之间不成立施工合同关系，案涉款项不属于被挂靠人可供执行的责任财产范围。(1)黄瓦台公司与中交公司虽然签订了施工合同，但因合同双方均欠缺订立合同的真实意思表示，施工合同关系未能在双方之间订立，黄瓦台公司不是施工合同权利人，不具有享有中交公司所拨付3,894,970元工程进度款的权利基础。(2)案涉款项进入黄瓦台公司账户时，该账户已被人民法院冻结，不受黄瓦台公司的支配和控制，黄瓦台公司因而未实际占有该款项，故不能仅凭账户名义外观即认定该款项属黄瓦台公司所有。从案涉账户业务交易单可以看出，除案涉款项外，该账户被冻结后没有其他款项进入，案涉款项并未与黄瓦台公司其他款项混同。(3)刘某提供的巴中市巴州区劳动保障监察大队出具的《情况说明》、巴中市巴州区人力资源和社会保障局《劳动保障监察投诉登记表》及《劳动保障监察限期改正指令书》可以形成证据链证实案涉款项的拨付用途与支付民工工资有关。综上，可认定案涉款项不属于黄瓦台公司可供执行的责任财产范围。第三，挂靠人与被挂靠人之间未形成以建设工程价款为标的的合同权利义务关系。(1)刘某与黄瓦台公司均认可双方签订《内部挂靠承包合同》，系刘某借用黄瓦台公司资质承揽工程，黄瓦台公司收取管理费，双方并未因该合同形成以建设工程价款为标的的合同权利义务关系。因此，刘某对黄瓦台公司享有工程款债权这一前提并不存在，大山经营部关于其对黄瓦台公司享有的债权应优先于刘某对黄瓦台公司所享有工程款债权予以保护的理由不能成立。(2)法律虽然禁止借用资质承揽建设工程，但借用资质一方在其施工的建设工程符合法定条件的情况下仍有权获得建设工程价款。故虽然刘某借用黄瓦台公司资质承揽工程的行为违法，但不能以此否定其获得工程价款的权利，大山经营部关于挂靠行为违法，工程款请求权不能排除强制执行的再审申请理由不能成立。[1]

---

〔1〕 最高人民法院(2019)民申2147号民事裁定书。

在工程竣工验收合格后，发包人向承包人支付工程款是确定的、必然的。发包人对工程款附加支付条件的行为，不是属于附条件的民事法律行为，而是属于附期限的民事法律行为。当所附期限不明确的情况下，承包人可以随时主张工程款。

【案例1－112】 贵州亿某置业有限公司与某建工第十一建筑工程有限责任公司建设工程施工合同纠纷案

最高人民法院认为，根据会议纪要内容，案涉工程本次工程款支付金额为4000万元；支付资金来源为开发商自筹和银行贷款；工程款分三次支付。现亿某公司已经按照会议纪要约定的资金来源和额度实际支付了1800万元，尚余2200万元。因会议纪要约定的第三次付款时间为“施工单位协助开发商办理贷款到账”，亿某公司据此主张建工公司并未举证证明其协助开发商办理贷款到账，故第三次付款条件未能成就，建工公司无权请求其支付剩余款项。本院认为，因案涉工程已经竣工验收并实际交付使用，无论支付的工程款来源是开发商自筹，还是银行贷款，亿某公司均为付款义务人，即对于双方约定的4000万元工程款，其支付行为应为确定的、必然的，而非可以支付，也可以不支付。根据《民法通则》第六十二条的规定，附条件的民事法律行为在条件成就时生效。如果将“施工单位协助开发商办理贷款到账”的约定视为附条件，则条件成就时，亿某公司应履行付款义务；条件不成就时，亿某公司则无须支付工程款。因此，该约定不能认为是亿某公司支付行为所附条件，亿某公司支付4000万元只是时间的早晚问题，而非是否支付的问题，一审法院将其视为对付款义务履行期限的约定并无不当。亿某公司认为第三次付款条件不成就，故不应支付剩余工程款的主张无事实和法律依据，本院不予支持。按照“施工单位协助开发商办理贷款到账”的约定，第三次付款时间是模糊、不确定的。依据《合同法》第六十一条、第六十二条第四项之规定，对于合同约定的履行期限不明确的，“债务人可以随时履行，债权人也可以要求随时履行，但应当给对方必要的准备时间”。亿某公司已经按照会议纪要履行了部分付款义务，其应继续向建工公司支付剩余2200万元工程款。亿某公司上诉时称，上述事项属于当事人对原合同变更的内容约定不明确，应适用《合同法》第七十八条，推定为未变更，一审法院适用《合同法》第六十一条、第六十二条属于适用法律错误。本院认为，会议纪要对原合同关于案涉工程款支付方式和金额的约定进行的变更是明确的，仅是对债务履行期限的约定不明确，亿某公司关于一审法院适用法律错误的主张不能成立，本院不予支持。同时，亿某公司作为付款义务人和贷款筹集方，并没有证据证明其通知施工方建工公司协助贷款，亿某公司认为一审法院举证责任分配错误的主张亦不能成立，本院不予支持。[1]

约定了生效条件，条件未成就的，合同不生效。

【案例1-113】　浙江开某教育投资有限公司与恒某建设控股集团有限公司、嘉兴市家某经贸有限公司建设工程施工合同纠纷再审案

最高人民法院认为，2008年5月14日，恒某公司嘉兴分公司、家某公司、开某公司与桐乡市鑫某担保投资有限公司签订合作协议一份，四方就涉案工程及土地使用权的处理作了约定。协议第6条明确"自各方盖章之日起及办妥转让至丙方（家某公司）名下之日即生效"。从双方当事人约定的内容看，属于附条件的合同。从文义上理解，"自各方盖章之日"与"办妥转让至丙方（家某公司）名下"是并列关系而非选择关系，两者必须同时具备，合同方能生效，由于涉案工程并未转让至家某公司名下，该协议因约定条件未成就而未生效。开某公司认为四方协议已经取代了双方当事人之间之前签订的协议的主张，缺乏依据，本院不予支持。[2]

建设工程已经完工、投入使用，即视为工程款的支付条件已成就。

【案例1-114】　绿某装饰工程集团有限公司与广东世某达建设集团有限公司建设工程施工合同纠纷案

最高人民法院认为，根据《建设工程解释》第十四条规定，案涉工程除二标段未完工部分之外，其余部分均已完工，并于2017年7月21日作为爱飞客通用航空飞行大会招待酒店在未经竣工验收的情况下投入使用，一审法院据此认定相关部分工程已完工并实际投入使用之日应视为通过竣工日期，绿某公司可就该部分工程向世某达公司主张结算工程款，并无不当。世某达公司就该部分工程支付工程款的条件已经成就，世某达公司、万某源公司等主张绿某公司未按约申请进度款、未按约开具发票，不能成为世某达公司拒绝结算支付该部分工程款的理由。[3]

工程虽未完工也未经竣工验收，但发包人已投入使用，在无证据证明工程质量不合格的情况下，发包人应承担支付工程价款的义务。

【案例1-115】　某公司与盈盛达公司建设工程施工合同纠纷再审案

最高人民法院认为，原判决对案涉工程是否完工未进行认定，案涉工程

---

〔1〕 最高人民法院(2016)民终811号民事判决书。

〔2〕 最高人民法院(2014)民提字第126号民事判决书。

〔3〕 最高人民法院(2020)民终697号民事判决书。

已完工部分虽未经竣工验收，但盈盛达公司已经投入使用，且在本案中对工程质量并未提出异议，在无证据证明工程质量不合格的情况下，盈盛达公司对已完工工程应当承担支付工程价款的义务。[1]

工程未经竣工验收，仅初步验收合格，但已投入使用，可主张全部工程价款。

【案例1-116】 崔某国与法库县自然资源局建设工程施工合同纠纷案

二审法院认为，涉案工程于2016年3月完工并交付，且经过了政府有关部门的初审，并已投入使用。在此情况下，自然资源局怠于履行验收义务，并已擅自使用，依照《建设工程解释》第十三条的规定，"建设工程未经竣工验收，发包人擅自使用后，又以使用部分质量不符合约定为由主张权利的，不予支持"。而且自然资源局提交的验收单上未加盖单位公章，故原审法院认定给付80%的合同价款不当，应对原审法院认定的付款金额予以调整，自然资源局应付款金额为2,927,219.16元(5,854,439.16元-2,927,220元)。[2]

已完工工程质量是否合格与主张工程价款密切相关。《建设工程解释(一)》第十二条规定："因承包人的原因造成建设工程质量不符合约定，承包人拒绝修理、返工或者改建，发包人请求减少支付工程价款的，人民法院应予支持。"

【案例1-117】 福建九鼎建设集团有限公司与云南佳鸿宇合实业有限公司建设工程施工合同纠纷案

最高人民法院认为，因承包人原因导致工程质量不符合约定，可以修复，并且修复不会对建设工程的主体结构造成影响的，发包人不能以此拒绝支付工程款。[3]

工程虽未经竣工验收，但发包人已投入使用，应视为发包人认可承包人完成了合同义务，应向承包人支付工程款。

【案例1-118】 某公司与万象中学建设工程施工合同纠纷案

最高人民法院认为，案涉工程的施工范围包括学校办公楼、教学楼、学生宿舍楼，属于法律和行政法规规定的必须招标的项目。原审法院据此认定双方当事人于2014年12月26日签订的《建设工程施工合同》无效，适用法律并无不当。但《建设工程解释》第十三条规定："建设工程未经竣工验收，发包人擅自使用后，又以使用部分质量不符合约定为由主张权利的，不予支持……"第十四条规定："当事人对建设工程实际竣工日期有争议的，按照以

[1] 最高人民法院(2021)民申3325号民事裁定书。

[2] 辽宁省沈阳市中级人民法院(2022)辽01民终5062号民事判决书。

[3] 最高人民法院(2020)民终337号民事判决书。

下情形分别处理……(三)建设工程未经竣工验收,发包人擅自使用的,以转移占有建设工程之日为竣工日期。”其应有之义在于,发包人实际接收即意味着其承认承包人已完成合同义务,从而开始享有请求支付工程价款的权利。依照《建设工程解释》第二条关于“建设工程施工合同无效,但建设工程经竣工验收合格,承包人请求参照合同约定支付工程价款的,应予支持”的规定,应视为万象中学认可承包人完成合同义务,具有请求支付工程价款的权利。综上,案涉工程必须招标而未招标,《建设工程施工合同》无效,在这种情况下,工程虽未经竣工验收,但已投入使用,承包人仍然可以请求发包人参照合同约定支付工程款。[1]

承包人尚未开具发票,不作为欠付工程款的支付条件。

【案例1-119】 某建工集团有限公司与淮北市国某商业运营管理有限公司建设工程施工合同纠纷案

最高人民法院认为,某建工与淮北国某之间系建设工程施工合同法律关系,淮北国某作为发包人的主要合同义务是支付工程款,某建工作为承包人的主要合同义务是交付建设成果,而开具税务发票仅是某建工的附随义务。在案涉工程经竣工验收合格后,淮北国某即负有按约支付其尚欠工程款的义务。虽双方在施工合同中约定,淮北国某在支付每笔工程款时,某建工应提供同等金额的税务发票,但某建工一直未曾作出拒绝履行开具税务发票义务的意思表示,仅在诉讼中抗辩淮北国某应先支付工程欠款,因此,淮北国某以某建工尚未开具全部工程款税务发票为由,认为欠付土建工程款支付条件尚未成就的抗辩主张,不能成立,故其应支付欠付工程款及利息。[2]

4. 工程价款支付认定

发包人与转包人、违法分包人之间的结算协议,转包人、违法分包人与转承包人、违法分承包人之间的结算协议均只对协议当事人发生效力,不能对抗协议之外的第三人。如果相关付款义务主体能够举证证明已经按照结算协议支付了相应工程款,则在已付工程款范围内免除付款责任。

发包人将工程款支付至非指定账户,收款人将款项用于案涉工程的,可以将发包人支付的款项认定为已付工程款。

【案例1-120】 余某德与三建公司建设工程施工合同纠纷案

最高人民法院认为,余某德收取的15,000,000元是否应认定为已付工

---

〔1〕 最高人民法院(2019)民申5072号民事判决书。

〔2〕 最高人民法院(2019)民终1873号民事判决书。

程款。三建公司上诉提出,三建公司从未委托余某德向凯创公司借款或者领取工程款,合同约定了工程款专户,专款专用,余某德收取的15,000,000元与三建公司无关。经查,余某德向凯创公司收取了15,000,000元,出具了7张借条、1张收条,其上均加盖有三建公司项目部印章。收条载明:“今收到凯创公司陈杨新界项目工程款5,000,000元整,此款汇入余某德建行卡6217×××。”凯创公司在借条、收条后均附《月度工程款支付分配核定表》,并备注:“根据余总(余某德)要求和建议本次付款可否直接支付其个人,以减少三建公司扣除管理费和其他费用,以便能全额付给工人,杜绝工人滋事。”余某德2018年8月28日、9月27日在接受西安市公安局经侦支队六大队询问时,陈述三建公司知悉该15,000,000元,并用于支付农民工工资、给供货商付款及支付项目管理人员工资。本院认为,双方合同虽约定了专户,但前述事实表明余某德领取的15,000,000元已实际用于案涉工程,一审判决将该笔款项计入凯创公司已付工程款,无明显不当,本院予以维持。[1]

承包人在发包人出具的罚款单上签字但未明确认可的,该罚款不能认定为已付工程款。

【案例1-121】 河北时代豪庭房地产开发有限公司与杜班建设有限公司建设工程施工合同纠纷案

最高人民法院认为,关于时代豪庭公司及监理公司对杜班公司罚款203,500元。罚款单上虽有杜班公司施工人员签字,但并未明确认可罚款数额的意思表示,故不能认定杜班公司同意时代豪庭公司的罚款数额。该203,500元不能计入已付款。[2]

承包人违法分包,承包人依据建设工程施工合同向发包人在分包人和承包人结算的工程价款之外另行主张工程价款的,除依据建设工程施工合同上浮外,不予支持。

【案例1-122】 福建中森公司与武汉中森华公司建设工程施工合同纠纷案

最高人民法院认为,土方部分是否应再增加3,376,009.72元。本院认为,土方部分工程款不应再增加上述金额。理由:其一,如前所述,因福建中森公司对案涉工程违法分包,其不应获得违法分包产生的不当利益。福建中森公司认可将《徐东还建楼土方、机械结算表》中载明的土方工程量作为案涉土方工程量,而且认可该表记载的土方工程造价21,567,496.85元系以该工程量为基础按照其与华乐工贸公司间约定的固定单价结算得出。因福建

[1] 最高人民法院(2020)民终483号民事判决书。

[2] 最高人民法院(2020)民终871号民事判决书。

中森公司与华乐工贸公司间土方工程结算价为21,567,496.85元,本案一审判决将该21,567,496.85元,按照福建中森公司与武汉中森华公司《工程总承包施工合同》的约定上浮3%后作为福建中森公司与武汉中森华公司间土方工程的结算价款,也已经充分保障了福建中森公司的利益。福建中森公司上诉请求在此基础上再增加的3,376,009.72元,属于超出土方工程实际造价的不当利益,不应支持和保护。[1]

未约定以工程质量合格为前提支付进度款的,工程质量不合格的,发包人应支付进度款。

【案例1-123】　福建九鼎公司与佳鸿宇合公司建设工程施工合同纠纷案

最高人民法院认为,根据《建设工程施工合同》约定,第一阶段进度款的支付并未设置除主体封顶外的其他前提条件。福建九鼎对于工程质量问题的整改义务是在佳鸿宇合支付第一阶段的工程进度款之后,不影响佳鸿宇合第一阶段进度款的支付。[2]

(二)工程款利息纠纷处理

《建设工程解释(一)》第二十六条规定:"当事人对欠付工程价款利息计付标准有约定的,按照约定处理。没有约定的,按照同期同类贷款利率或者同期贷款市场报价利率计息。"

《建设工程解释(一)》第二十七条规定:"利息从应付工程价款之日开始计付。当事人对付款时间没有约定或者约定不明的,下列时间视为应付款时间:(一)工程已实际交付的,为交付之日;(二)建设工程没有交付的,为提交竣工结算文件之日;(三)建设工程未交付,工程价款也未结算的,为当事人起诉之日。"

1.工程款利息属于法定孳息,不属于违约责任。欠付工程款利息性质,在理论界和实务界有损失或法定孳息之争。从《建设工程解释(一)》第二十五条、第二十六条、第二十七条规定的精神来看,已将利息作为一种法定孳息定位,该条的三项规定都是将支付利息和支付工程款确定在同一时点。在这里体现的是,支付欠付工程款利息是法律和司法解释规定的一项附随义务,与当事人负有的付款责任同时产生,明确施工合同中应付工程款利息的起算点,而非迟延付款的损失。发包方应向施工方支付工程进度款及已完工程总价款,故也应支付工程进度款以

---

〔1〕　最高人民法院(2020)民终781号民事判决书。

〔2〕　最高人民法院(2020)民终337号民事判决书。

及工程总价款的逾期利息。

【案例1-124】 包头国泰置业有限公司与中国第二冶金建设有限责任公司等建设工程施工合同纠纷案

最高人民法院认为,承担或者支付利息,作为一项附随义务,与当事人负有的付款责任同时产生。因此,国泰公司的两笔剩余工程款6,793,155.29元、465,467元的利息,应当分别自相应的款项得出之日开始计算。[1]

【案例1-125】 湖北鑫汇置业发展有限公司与四川省泸州市第十建筑工程有限公司建设工程施工合同纠纷案

最高人民法院认为,关于鑫汇公司是否应当支付拖欠泸州十建工程款的利息问题。《建设工程解释》第十七条规定:"当事人对欠付工程价款利息计付标准有约定的,按照约定处理;没有约定的,按照中国人民银行发布的同期同类贷款利率计息。"关于该条中规定的发包人应当向承包人支付的欠付工程款利息的性质,应当认定为法定孳息,而不是一种违约赔偿责任方式。因此,虽然双方当事人在一审期间签订的《工程造价确认单》中约定"泸州十建不再追究此前鑫汇公司与上述工程承包合同有关的任何违约赔偿责任",但泸州十建要求鑫汇公司支付工程欠款利息,系主张工程欠款相应的法定孳息,符合双方约定和法律规定。一审法院判决鑫汇公司支付从起诉之日起至付清之日止按中国人民银行颁布的同期同类贷款利率计算的利息,认定事实清楚,适用法律正确。[2]

【不同观点】 工程款利息属于欠付工程款的实际损失。虽然约定利率未超过年息24%(依据《民间借贷规定》第二十五条规定,这里的年息24%应调整为合同成立时一年期贷款市场报价利率的四倍),发包人主张工程款利息已超过当事人实际损失,请求法院参照法律相关规定予以调整的,法院可参照《民法典》及相关司法解释对利率予以调整。

【案例1-126】 中建七局第四建筑有限公司与宁港城市建设发展有限公司建设工程施工合同纠纷案

最高人民法院认为,虽然中建七局四公司与宁港公司就案涉工程进度款的支付问题形成《会议纪要》约定,对欠付工程进度款利息按照月息1.5%的利率计算,但上述欠付工程款利息仍为宁港公司因其未能按时支付工程款而赔偿中建七局四公司的实际损失。宁港公司原审中提出欠付工程款利息的约定已超过当事人的实际损失,请求法院参照《合同法》的有关规定予以调

---

〔1〕 最高人民法院(2005)民一终字第38号民事判决书。

〔2〕 最高人民法院(2019)民终895号民事判决书。

整。根据《合同法》第一百一十四条第二款关于"约定的违约金低于造成的损失的,当事人可以请求人民法院或者仲裁机构予以增加;约定的违约金过分高于造成的损失的,当事人可以请求人民法院或者仲裁机构予以适当减少"以及《合同法解释(二)》第二十九条关于"当事人主张约定的违约金过高请求予以适当减少的,人民法院应当以实际损失为基础,兼顾合同的履行情况、当事人的过错程度以及预期利益等综合因素,根据公平原则和诚实信用原则予以衡量,并作出裁决。当事人约定的违约金超过造成损失的百分之三十的,一般可以认定为《合同法》第一百一十四条第二款规定的'过分高于造成的损失'"的规定,原审法院对当事人约定的利息利率予以调整,按中国人民银行发布的同期同类贷款利率上浮30%计算本案欠付工程款的利息,亦无不当,本院对此不持异议。[1]

【不同观点】 工程款利息属于赔偿损失的违约责任。

【案例1-127】 中国华冶科工集团有限公司与营口雅威房地产开发有限公司建设工程施工合同纠纷案

最高人民法院认为,辽宁省高级人民法院审判委员会认为,关于工程欠款利息及违约金问题。本案中,华冶集团既主张工程欠款利息,又主张工程欠款违约金。但需要说明的是,万隆广场一直主张应由辽宁华冶公司与其结算并主张工程款,华冶集团作为本案原告主张工程欠款,主体不适格,万隆广场与华冶集团对工程款的结算是虚假的。鉴于此,无论万隆广场对工程欠款违约金问题是否发表具体意见,均应依法审慎处理。我国《合同法》规定的违约金,其功能以补偿为主。本案中华冶集团既主张欠款利息,又主张欠款违约金,虽有合同依据,但已明显超出补偿范围。工程欠款利息实质即属于要求承担赔偿损失的违约责任,而工程欠款违约金也应该属于主要要求承担赔偿损失违约责任。[2]

2. 处理工程款利息原则。对支付工程款利息标准和起算时间有约定的,应依约定处理,这一方面是对于当事人意思自治的尊重,同时也体现了合同全面实际履行的原则。对支付工程款利息没有约定的,则依法定处理。如果虽有约定但就具体结算时限无法进行协商确定应视为约定不明,约定不明的则按其他时间节点支付利息,具体按照《建设工程解释(一)》规定处理。应注意的是,《建设工程解释(一)》对利息采用法定孳息观点,其第二十五条、第二十六条、第二十七条规定利息计算的内容,并未区分施工合同是否有效,而是适用于具有工程款请求权的

---

〔1〕 最高人民法院(2019)民终1801号民事判决书。

〔2〕 最高人民法院(2019)民终612号民事判决书。

一般债权人。实质上,该解释将利息确定为工程价值的组成部分,无效施工合同承包人具有欠付工程款法定孳息(利息)的请求权。也就是说,工程款利息处理与合同效力无关,无效合同与有效合同一样处理利息。

【案例1-128】 黑龙江某铜业股份有限公司与某市第二建筑工程建设工程施工合同纠纷案

二审法院认为,双方在《建设工程施工合同》中关于工程价款的结算程序及支付时限虽有约定,但根据合同约定,双方结算需经过某公司控股股东的审核后方可进行终审,具体结算时限由承包人和发包人另行协商确定。由此可见,双方合同中关于结算的时限约定并不明确。现双方因冻土项目结算标准产生争议,导致工程至今未进行竣工验收,而双方现已无法就工程结算事宜达成合意,亦无法就具体结算时限进行协商确定,双方《建设工程施工合同》关于竣工结算及质量保证金返还的条款已无法实际履行。故一审法院依据《建设工程解释》第十八条的规定,在当事人对付款时间没有约定或者约定不明的情况下,以工程实际交付之日作为工程款利息的起算认定并无不当。故某铜业公司关于工程价款利息问题的上诉理由不能成立,二审法院不予支持。[1]

【案例1-129】 杭州建工与大理汇宁建设工程施工合同纠纷案

最高人民法院认为,关于工程价款利息和质量保证金应当如何计算的问题。杭州建工主张应当按照同期银行贷款利率的四倍计算工程价款利息,大理汇宁主张不应支付工程价款利息。经查明,《建设工程施工合同》虽然约定了工程进度款利息应当按照同期银行贷款利率的四倍计算,但此后签订的多份补充协议和停工损失赔偿协议就停工损失作出了新的约定,且未再强调工程进度款利息。故一审判决依据《建设工程解释》第十七条"当事人对欠付工程价款利息标准有约定的,按照约定处理;没有约定的,按照中国人民银行发布的同期同类贷款利率计息"的规定确定利息计算标准,并以杭州建工起诉时间即2017年9月13日作为利息起算日系充分衡量了当事人双方的利益,并无不当。杭州建工、大理汇宁关于一审判决利息计算标准、起算时间错误的理由均不能成立。[2]

实践中,对支付工程款利息既存在有约定也有未约定的情形,则应分开处理。

---

〔1〕 黑龙江省高级人民法院(2016)黑民终第332号民事判决书。参见郭丁铭、肖芳编著:《建设工程施工合同法律实务精解与百案评析》(第2版),中国法制出版社2017年版,第368页。

〔2〕 最高人民法院(2019)民终940民事判决书。

【案例1－130】　江苏南通六建建设集团有限公司徐州分公司与侯某某等建设工程施工合同纠纷案

一审法院认为,工程兵学院工程的《施工协议书》约定工程款在竣工决算后1年内付清,但该项工程并未进行决算,应从工程实际交付之日起计算利息。经贸学校工程的《施工协议书》约定自合同签订日后的2年内付清,该合同签订日为2005年10月2日,应自2007年10月2日计算利息,其余工程均未对工程款的支付期限进行约定,故应以工程实际交付之日起计算。侯某某主张的利息数额并未超过法律规定的范围,法院予以认定。二审法院认为,一审法院根据双方有约定付款期限的,从付款期限届满之日计算工程款利息;对双方没有约定工程款付款期限的,从工程实际交付之日计算工程款利息是正确的。上诉人上诉称双方对工程款利息没有约定,应从侯某某起诉之日而不应从工程交付之日起开始计算利息的上诉请求,无事实和法律依据,本院不予采纳。[1]

工程款利息约定无效时,利息约定是否有效,对此有两种截然相反的观点。有效说认为,工程款利息约定虽然无效,但仍可以参照适用。

【案例1－131】　周口市新燎原置业有限公司与某公司建设工程施工合同纠纷再审案

最高人民法院认为,可以参照合同约定的同期同类贷款利率的四倍支付工程款利息。[2]

【案例1－132】　解某安与安徽金得顺投资有限公司建设工程施工合同纠纷再审案

最高人民法院认为,金得顺公司与解某安签订的《建设工程施工合同》专用条款第47条中约定,如金得顺公司拖欠工程款须按当地信用社同期贷款利率的标准支付利息。虽然上述《建设工程施工合同》无效,但根据《建设工程解释》第二条规定,解某安可以请求参照上述《建设工程施工合同》约定支付工程款,工程款中应包含利息。二审判决根据金得顺公司与解某安约定的利息标准判令金得顺公司支付利息,并无错误。[3]

【案例1－133】　朱某云与新吉润公司、金业学校建设工程施工合同纠纷再审案

最高人民法院认为,根据朱某云的再审申请,本案当事人争议的焦点问

---

[1] 江苏省徐州市中级人民法院(2013)徐民终字第1237号民事判决书。

[2] 最高人民法院(2020)民申1030民事裁定书。

[3] 最高人民法院(2020)民申4286民事裁定书。

题:……关于原审法院认定的工程款利息是否错误的问题。一审法院查明,2014年4月4日,王某全以新吉润公司润鹏分公司的名义与朱某云签订《工程施工补充协议》,将案涉工程转包给朱某云。因朱某云未取得建筑施工企业资质,根据《建设工程解释》第一条的规定,案涉《工程施工补充协议》无效。《合同法》第九十八条关于"合同的权利义务终止,不影响合同中结算和清理条款的效力"的规定,并不涵盖合同无效情形。朱某云关于该《工程施工补充协议》虽无效但其中清算条款有效的主张,没有法律依据。《工程施工补充协议》关于迟延支付工程款需要承担的违约金责任的计算方式的约定,也因合同无效而无约束力。在案涉《工程施工补充协议》无效的情况下,一审、二审法院酌定新吉润公司按照中国人民银行同期同类贷款利率计算工程款利息,并无不当。朱某云的此项申请再审理由,不能成立。[1]

违约责任的有效性独立于合同整体,合同虽然无效,但利息和资金占用损失仍可参照约定标准适用。

【案例1-134】 某公司与某某公司建设工程施工合同纠纷案

最高人民法院认为,《建设工程解释》第十七条规定:"当事人对欠付工程价款利息计付标准有约定的,按照约定处理;没有约定的,按照中国人民银行发布的同期同类贷款利率计息。"案涉《备案合同》通用条款第26.4款约定:"发包人不按合同约定支付工程款(进度款),双方又未达成延期付款协议,导致施工无法进行,承包人可停止施工,由发包人承担违约责任。"专用条款第35.1款约定:"本合同通用条款第26.4款约定发包人违约应承担的违约责任:支付银行贷款利息、承担停工损失、工期顺延(20天内支付银行同期贷款利息,超过20天支付1.5~2%市场利息)。"《备案合同》虽无效,但上述约定系当事人真实意思表示,且符合上述司法解释规定的精神,故案涉工程款利息可参照《备案合同》约定计付。(本案最高人民法院判决资金占用损失按照双方约定的年利率10%标准计付,同时赔偿利息损失)[2]

无效说认为,工程款利息约定无效,视为双方未约定利息,利率按同期同类贷款利率(自2019年8月20日起,同期同类贷款利率改为贷款市场报价利率)执行。

【案例1-135】 吴某全与重庆市丰都县第一建筑工程公司建设工程施工合同纠纷再审案

最高人民法院认为,吴某全主张应按四倍利率计算欠付工程款利息,至

〔1〕 最高人民法院(2020)民申331号民事裁定书。
〔2〕 最高人民法院(2022)民终4号民事判决书。

少应按1.3倍予以支持。其与丰都一建公司签订的《建设工程内部承包合同》因其不具备相应建筑工程施工资质而无效。该合同中关于如发包方违约应按照中国农业银行同期贷款利息的四倍每月计算利息支付给吴某全的约定亦无效。根据《建设工程解释》第十七条"当事人对欠付工程价款利息计付标准有约定的,按照约定处理;没有约定的,按照中国人民银行发布的同期同类贷款利率计息"的规定,原审判决按照中国人民银行同期同类贷款利率计付工程款利息并无不当。因自2019年8月20日起,中国人民银行贷款基准利率标准已经取消,故自该日起以全国银行间同业拆借中心公布的贷款市场报价利率作为利息计算标准。[1]

【案例1-136】　汤某文与刘某如建设工程施工合同纠纷案

二审法院认为,(1)关于利息计算标准问题。《建设工程解释》第十七条规定:"当事人对欠付工程价款利息计付标准有约定的,按照约定处理;没有约定的,按照中国人民银行发布的同期同类贷款利率计息。"上述规定系针对有效合同约定情况下对于工程价款利息计算的规定,汤某文与刘某如签订的《正太广场P轴以北建筑施工承包协议书》第十二条第九款约定工程价款延迟支付的利息按照月息2%标准给付,该约定实质是刘某如若延期付款需承担的违约责任,因上述承包协议书无效,该约定亦应无效,则应视为双方未就利息计算标准进行约定。因此,一审法院按照全国银行间同业拆借中心公布的贷款市场报价利率计算,并无不当。(2)关于利息起算时间问题。汤某文提前退出施工现场,涉案工程竣工验收后双方长期未能结算,均存在一定过错,且汤某文未能举证证明其在起诉前曾追讨涉案欠付工程款。因此,一审法院自汤某文提起诉讼之日起计算利息,并无不当。(3)关于结构封顶进度款利息问题。如上分析,该约定实质是刘某如若延期付款需承担的违约责任,变更函属于承包协议书一部分,因上述承包协议书无效,该约定亦应无效,故一审法院对汤某文的该请求不予支持,并无不当。[2]

【案例1-137】　浙商公司与通许县政府建设工程施工合同纠纷案

最高人民法院认为,在案涉合同业已无效的情况下,浙商公司主张参照合同约定的五倍银行贷款利息,判令通许县政府按13.1%/年继续计付前述各项欠款利息,没有事实和法律依据。[3]

---

〔1〕 最高人民法院(2019)民再258号民事判决书。

〔2〕 广东省广州市中级人民法院(2022)粤01民终14613号民事判决书。

〔3〕 最高人民法院(2021)民终517号民事判决书。

【案例1-138】 天宝公司与建投公司建设工程施工合同纠纷案

最高人民法院认为,故双方签订的《建设工程施工合同》及相关补充协议均无效。天宝公司、建投公司关于《建设工程施工合同》及相关补充协议有效的主张,本院依法不予支持。因建投公司关于解除案涉合同并按照合同约定给付违约金及利息、天宝公司关于应继续履行合同并按照合同约定给付违约金的主张,均是建立在双方建设工程施工合同法律关系有效的基础上,本院已经认定上述合同无效,故建投公司、天宝公司上述主张均不能成立,本院依法不予支持。[1]

虽《建设工程施工合同》对欠付工程款利率标准进行了约定,但因《建设工程施工合同》无效,则其有关利息标准的约定亦无效,法院认定工程欠款利息按全国银行间同业拆借中心公布的贷款市场报价利率计算至付清之日止,适用法律正确。

【案例1-139】 成森公司与某某公司建设工程施工合同纠纷案

最高人民法院认为,利息部分:(1)主体工程欠款、辅助工程欠款、桩基工程欠款利息。成森公司上诉主张,该部分利率应当按照合同中约定的月利率2%计算。虽《建设工程施工合同》对欠付工程款利率标准进行了约定,但因《建设工程施工合同》无效,则其有关利息标准的约定亦无效,成森公司的主张缺乏事实和法律依据,本院不予采纳。案涉工程于2018年6月5日办理五方验收,虽然双方约定发包方对所欠付的工程款在1年内的按月息1%支付承包方利息,超过1年的按月息2%支付利息,因案涉工程相关协议无效,其计息标准不应作为依据。《建设工程解释》第十八条规定:……据此,一审法院认定主体工程欠款利息以10,178,798.43元为基数,按中国人民银行发布的同期同类贷款利率自2018年6月5日起计算至2019年8月19日和按全国银行间同业拆借中心公布的贷款市场报价利率自2019年8月20日起计算至付清之日止,适用法律正确。(2)迟延支付工程进度款利息。经查,案涉《建设工程施工合同》《工程款支付申请表》《付款审批表》《工程联系函》等在案证据证实盛名公司确实存在迟延支付工程进度款的情况。成森公司虽主张的该部分利息为20,381,889.46元,但其并未提供全部《工程款支付申请表》《付款审批表》形成完全的对应关系。一审判决综合考虑案涉工程竣工时间,参照中国人民银行同期同类贷款利率酌情支持迟延支付工程进度款利息200万元,较为合理。(3)履约保证金利息。双方当事人对返还375万元履约保证金并无异议。成森公司认为,虽双方约定履约保证金不计

[1] 最高人民法院(2021)民终1053号民事判决书。

息，但自协议约定的退还之日起应计算逾期利息。因双方在合同中约定履约保证金不计息，故一审判决参照双方约定，对成森公司主张的履约保证金利息，不予支持，并无不当。[1]

3. 工程款利率处理。对于长期欠款，如何选择《建设工程解释（一）》第二十五条规定"同期同类贷款利率"。《建设工程解释（一）》第二十五条规定，"当事人对垫资和垫资利息有约定，承包人请求按照约定返还垫资及其利息的，人民法院应予支持，但是约定的利息计算标准高于垫资时的同类贷款利率或者同期贷款市场报价利率的部分除外。当事人对垫资没有约定的，按照工程欠款处理。当事人对垫资利息没有约定，承包人请求支付利息的，人民法院不予支持"。第二十六条规定，"当事人对欠付工程价款利息计付标准有约定的，按照约定处理。没有约定的，按照同期同类贷款利率或者同期贷款市场报价利率计息"。应当根据实际欠款时间长短，选择不同贷款期限所对应的利率。在当事人没有约定利率或者利率约定不明的，应当考察实际欠付的时间长短，据实确定应当适用的"中国人民银行发布的同期同类贷款利率"中贷款期限所对应的利率。不应不区分欠付时间，统一按照中国人民银行发布的同期一年期流动资金贷款利率计算本案利息。

【案例1－140】　河南省内黄县建筑安装工程公司与某中铁某局清算小组、某市公安局建设工程施工合同纠纷再审案

最高人民法院认为，本案在计算工程欠款利息时适用银行1年期还是5年期贷款利率的问题。中国人民银行发布的同期同类贷款利率，存在6个月（含）、1年（含）、1年～3年（含）、3年～5年（含）、5年以上，共计五档次贷款利率。原审判决适用中国人民银行1年期流动资金贷款利率计算涉案欠付的利息，虽然并不违反"中国人民银行发布的同期同类贷款利率"的司法解释规定，但案涉欠款发生在1990年至1994年，1997年内黄某建已完成涉案工程并投入使用，距离双方2001年《汇总》结算，欠款发生的时间均已超过5年期限。尤其是2009年内黄某建以起诉的方式主张相应工程款，已经过10余年，客观上存在利益失衡的问题。故内黄某建清算组关于"按照银行五年同期贷款利率计算利息"的意见，应予以支持。判决：判令某市公安局支付所欠垫资本金，并支付按5年同期贷款利率计算的垫资利息。[2]

实践中，法院对当事人约定利率调整是值得关注研究的问题。

工程款违约金不能超过年息24%（依据《民间借贷规定》第二十六条规定，这里的年息24%应调整为合同成立时1年期贷款市场报价利率的四倍）。

---

〔1〕　最高人民法院（2022）民终345号民事判决书。

〔2〕　最高人民法院（2019）民再128号民事判决书。

【案例1-141】 贵州隆泰房地产开发有限责任公司与贵州隆泰房地产开发有限责任公司晴隆分公司建设工程施工合同纠纷案

最高人民法院认为，隆泰公司、隆泰分公司、天盛公司未按照合同约定足额支付进度款，应当承担相应的违约责任，一审法院将违约金标准调整为月息2%，并根据应付款和已付款的时间、金额制作了分段计算违约金的明细表，进度款违约金共计5,083,800元，符合双方合同约定，本院予以确认。[1]

垫资利率适用贷款市场报价利率而不适用同期同类贷款利率。

【案例1-142】 江苏南通某建集团有限公司与东营市万某置业有限公司建设工程施工合同纠纷案

最高人民法院认为，关于2015年2月5日承诺书中约定的2000万元的利息计算问题。原判决认定万某公司请求南通某建代为支付的2000万元工人工资为垫资款，并无不当。万方公司虽承诺按月息二分支付利息，但根据《建设工程解释》第六条第一款规定，"当事人对垫资和垫资利息有约定，承包人请求按照约定返还垫资及其利息的，应予支持，但是约定的利息计算标准高于中国人民银行发布的同期同类贷款利率的除外"。因此，2000万元应自2015年2月5日起按中国人民银行发布的同期同类贷款利率支付利息。原判决对于2000万元的利息按照全国银行间同业拆借中心公布的贷款市场报价利率计算，缺乏依据，本院予以纠正。[2]

欠付工程价款的利息性质为法定孳息，合同约定的利率应当在国家法定利率上限内才予以保护。法院可综合案件实际以及建设工程领域的通常情况对欠付工程款的利率酌情予以调整，按工程款应付之日的全国银行业同业拆借中心公布的贷款市场报价利率的2倍计付欠付工程款利息，属于行使自由裁量权的范畴，属合理范围。

【案例1-143】 大昌建设公司与和润置业公司建设工程施工合同纠纷案

二审法院认为，虽大昌建设公司与和润置业公司签订的《复工事宜纪要》中约定垫资利息按年利率5.655%计算，但该利息约定高于垫资时同期贷款市场报价利率，一审法院按照本案起诉日全国银行业同业拆借中心公布的贷款市场报价利率3.85%计付垫资款利息，于法有据。关于欠付工程款利息，根据《建设工程解释(一)》第二十六条规定，当事人对欠付工程价款利息计付标准有约定的，按照约定处理。没有约定的，按照同期同类贷款利率或者同期贷款市场报价利率计息。虽然《复工事宜纪要》对欠付工程价款利

---

〔1〕 最高人民法院(2019)民终844号民事判决书。

〔2〕 最高人民法院(2020)民终738号民事判决书。

息计付标准有约定,但欠付工程价款的利息性质为法定孳息,合同约定的利率应当在国家法定利率上限内才予以保护。一审法院综合本案实际以及建设工程领域的通常情况对案涉欠付工程款的利率酌情予以调整,按工程款应付之日的全国银行业同业拆借中心公布的贷款市场报价利率 3.85% 的二倍计付欠付工程款利息,属于行使自由裁量权的范畴,尚在合理范围,故对大昌建设公司提出的该部分上诉请求,法院不予支持。[1]

2019 年 8 月 20 日后,应按同业拆借中心公布贷款市场报价利率计算利息。

【案例 1 -144】 福建省某建设集团有限公司与广西金某浆纸业有限公司建设工程施工合同纠纷案

最高人民法院认为,案涉工程合同内容包括浆线工程、纸线工程、生活区行政区工程,该三个项目工程组成完整的合同施工内容,虽然在 2014 年 4 月 1 日之前部分工程已陆续竣工,但是部分工程竣工验收并不代表整体工程已竣工,整体工程竣工时间应以最后子项目竣工时间为准,因此,本案整体工程竣工时间为 2014 年 4 月 1 日(2014 年 4 月 1 日系建设公司最后一个施工项目的竣工时间),应将此时间点视为整体工程交付日。因双方当事人未约定欠付工程款的利息计付标准,应按照中国人民银行发布的同期同类贷款基准利率计息。但《九民纪要》指出,为深化利率市场化改革,自 2019 年 8 月 20 日起,中国人民银行贷款基准利率这一标准已经取消,人民法院裁判贷款利率的基本标准应改为全国银行间同业拆借中心公布的贷款市场报价利率。因此,2014 年 4 月 1 日至 2015 年 2 月 2 日,金某公司尚欠建设公司工程款为 462,928,187.11 元(342,928,187.11 元 +120,000,000 元),在此期间金某公司应以此为基数,按中国人民银行发布的同期同类贷款基准利率支付利息。2015 年 2 月 3 日之后,金某公司欠付建设公司工程款 342,928,187.11 元,故 2015 年 2 月 3 日至 2019 年 8 月 19 日,按照中国人民银行发布的同期同类贷款基准利率支付利息;自 2019 年 8 月 20 日起至本案生效判决确定给付之日止,金某公司以 342,928,187.11 元为基数,按照全国银行间同业拆借中心公布贷款市场报价利率支付利息。[2]

【案例 1 -145】 安阳市隆源建筑安装有限责任公司与安阳市龙兴商贸有限责任公司建设工程施工合同纠纷案

二审法院认为,当事人对欠付工程款利息计付标准有约定的,按照约定处理,没有约定的,按照中国人民银行发布的同期同类贷款利率计算。但是,

---

〔1〕 浙江省高级人民法院(2022)浙民终 1260 号民事判决书。

〔2〕 最高人民法院(2019)民终 754 号民事判决书。

欠付工程价款的利息性质为法定孳息,合同约定的利率应当在国家法定利率上下限内才予以保护。法定利率也叫基准利率,是由中国人民银行发布的,虽然承发包双方对利息有约定,但约定利率超过了法定利率的上限,因此,法院不予支持,并判定按照中国人民银行公布的同期贷款利益上限计算利息。[1]

4. 支付工程款利息条件。所谓支付工程款利息的前提条件,必须是确定支付工程价款本金的数额。无论是施工合同已经履行完毕还是合同履行中,应通过自行协商或法院判决明确欠付工程款本金的数额,这是支付利息的条件。一般认为,工程未交付使用,且承包人提交的竣工结算文件不完整导致无法结算的,不应起算工程款利息。[2]

【案例1-146】 华西公司与永跃恒公司建设工程施工合同纠纷案

最高人民法院认为,对于永跃恒公司拖欠子悦台B、C段±0.00以上工程款的利息、罚息计算问题,因双方合同约定的“按施工企业向银行计划外贷款利率向乙方支付拖欠款项的利息,并承担每日按拖欠总额的万分之三的罚金”是在竣工结算以后,而事实上B、C段±0.00以上工程尚未完工,不具备合同约定的利息加罚息的适用条件,故应按中国人民银行同期同类利率计算,并从华西公司主张之日开始起算。[3]

5. 支付工程款利息范围。在这里是指对欠付承包人的何种款项,应支付相应的利息。一般欠付预付款、进度款、结算款、文明施工费等均为支付利息的范围。对于施工合同对支付利息有约定的费用,亦是可以成为支付利息之范围。如对垫资款约定了支付利息,亦应支付利息,倘若垫资款未约定利息,则不应支付利息。

【案例1-147】 海口制安市政工程有限公司诉海口电信城市建设投资有限公司建设工程施工合同纠纷案

二审法院认为,原审法院根据制安公司的请求,依法委托鉴定机构依据制安公司和电信投资公司的不同意见分别作出鉴定意见,在该鉴定意见的基础上,原审法院结合施工合同关于工程预付款、工程进度款、工程结算款等的约定以及合同履行的实际情况,合理确定逾期付款利息的起算日期、截止日期、基数和利率并计算出拖欠工程款利息6,880,453.81元并无不当。关于电信投资公司提出70%工程进度款因制安公司未及时向电信投资公司提交

---

〔1〕 浙江省高级人民法院(2009)浙民终字第56号民事判决书。

〔2〕 参见邬砚:《建设工程合同纠纷——254个裁判规则深度解析》(第2版),法律出版社2019年版,第170页。

〔3〕 参见最高人民法院民事审判第一庭编著:《最高人民法院建设工程施工合同司法解释的理解与适用》,人民法院出版社2004年版,第516~517页。

当月实际完成工程量报告，该部分款项不应计算利息的问题，因制安公司未及时向电信投资公司提交当月实际完成工程量报告，原审法院在计算工程进度款利息的时候并未按照合同约定在制安公司提交工程量报表后14日内起算利息，而是以全部工程完工交付之日作为70%工程进度款利息的起算点，这样的计算方式对电信投资公司是公平合理的，并无不当。[1]

建设工程索赔中能主张索赔款利息，利息起算时间应从确定的支付时间起算利息；若索赔款一直未确定具体金额，则在原告提起诉讼时确定为该索赔款利息的起算时间。

【案例1-148】　川越公司与某公司建设工程施工合同纠纷案

最高人民法院认为，川越公司一审提起诉讼时提出了索赔主张，对川越公司主张的索赔款项的利息，应当从川越公司2015年6月16日提起诉讼之日起算。2019年8月20日之后，中国人民银行贷款基准利率标准已经取消，以后的利息应按贷款市场报价利率（LPR）计算。[2]

发包人拖欠工程款违约，其违约损失不属于工程款，所以不能计息。

【案例1-149】　石嘴山市某房地产开发有限责任公司与宁夏某集团第四建筑有限公司建设工程施工合同纠纷案

二审法院认为，一审判决在确定计息本金的构成上存在不当之处。本案停工损失费479,807元属于"因发包人违约所造成的损失"不应适用司法解释规定计息。另外，当事人双方在施工合同中约定的质量保修金在质量保修期限内亦不属于欠付的工程款，当事人对质保金是否计息没有进行明确约定的视为不计付利息。[3]

6.工程款利息起算时间确定，是实践中疑难问题。从法理上讲，工程款的利息属于法定孳息，应当自工程欠款发生时起算。但建设工程的情形复杂特殊，如按形象进度付款，许多案件难以确定工程款的起算时间。现实生活中，通常当事人对于支付欠付工程价款没有约定或者约定不明确，才分不同情况适用《建设工程解释（一）》第二十七条之规定。具体来讲：

其一，交付或使用之日。建设工程已经实际交付的，应当以交付之日作为计算涉案欠付工程款的起息点。工程没有明确的交接手续欠付工程款的起算点，双方当事人没有明确的交付行为，亦缺乏明确的交接手续的情形，应当以涉案工程实际投入使用之时，拟制为交付之日作为计算欠付工程款的起息点。

---

[1] 海南省高级人民法院（2013）琼环民终字第3号民事判决书。

[2] 最高人民法院（2020）民终912号民事判决书。

[3] 宁夏回族自治区高级人民法院（2010）宁民终字第20号民事判决书。

【案例1-150】 罗某与五矿二十三冶建设集团有限公司、中铝国际工程股份有限公司建设工程施工合同纠纷案

最高人民法院认为，双方当事人对于工程款的支付进度并未作出约定，罗某在起诉之前并未向二十三冶公司提交书面的竣工结算资料，二十三冶公司对于自己所应负担的工程款数额并不明确，其主张二十三冶公司承担延期付款的违约利息缺乏依据。关于涉案工程何时交付，双方亦未有明确的交接手续，双方当事人仅认可涉案工程已于2007年12月底投入使用，一审法院综合本案的实际情况，以2008年1月1日起以同期人民银行贷款利率计算涉案工程款利息并无不当。[1]

【案例1-151】 江苏省第一建筑安装集团股份有限公司与唐山市昌隆房地产开发有限公司建设工程施工合同纠纷案

最高人民法院认为，案涉工程于2011年11月30日竣工验收合格并交付使用，案涉两份合同均被认定无效，一方面合同约定的工程价款给付时间无法参照合同约定适用，另一方面发包人支付工程欠款利息性质为法定孳息，建设工程竣工验收合格交付发包人后，其已实际控制，有条件对诉争建设工程行使占有、使用、收益权利，故从工程竣工验收合格交付计付工程价款利息符合当事人利益平衡。江苏一建主张从2012年1月30日起按照中国人民银行同期贷款利率支付工程款利息，最高人民法院予以支持。[2]

未经竣工验收就使用工程，自开始使用工程时支付欠付工程款本金日作为起算点。

【案例1-152】 太原三晋国际饭店、太原三晋大厦与山西省第六建筑工程有限责任公司建设工程施工合同纠纷案

最高人民法院认为，三晋国际饭店和三晋大厦未经竣工验收就开始使用工程，既表明对工程质量责任的自行承担，同时也是对自开始使用工程时支付尚欠工程款本金和利息的事实认可。造成未付工程款的原因在三晋国际饭店和三晋大厦，其主张从判决确定之日起计算利息，缺乏法律和事实依据，不予支持；一审判决确定自1998年6月三晋国际饭店和三晋大厦开始使用工程之日起计算利息，并无不妥。[3]

---

〔1〕 参见最高人民法院民事审判第一庭编：《民事审判指导与参考》2015年第3辑（总第63辑），人民法院出版社2016年版，第184页。

〔2〕 参见杜万华主编、最高人民法院民事审判第一庭编：《民事审判指导与参考》2017年第4辑（总第72辑），人民法院出版社2018年版，第224页。

〔3〕 参见最高人民法院民事审判第一庭编：《最高人民法院民事案件解析》（建设工程），法律出版社2010年版，第88页。

起算日约定不明，发包人长期拖欠工程款的，以竣工验收之日为起算日。

【案例 1-153】　邯郸市鸿基房地产开发有限公司与新八建设集团有限公司建设工程施工合同纠纷再审案

最高人民法院认为，2011 年《补充协议书》约定“整体工程全部结算(需审计部分完成后)支付至工程款总价款的 97%”，但对于何时完成工程结算并无明确约定。案涉工程实际竣工日为 2013 年 9 月 17 日，至今已长达 6 年之久。原审基于鸿基公司长期拖欠工程价款对于新八集团有失公允，认定以项目完成竣工验收的最后时间作为鸿基公司应给付新八集团工程款利息的起算点，并无不当。[1]

工程款付款时间没有约定，利息自工程交付之日开始计算。

【案例 1-154】　海天公司与铠达公司建设工程施工合同纠纷案

最高人民法院认为，关于一审判决对工程欠款利息的计算是否正确。本院认为，因双方当事人签订的案涉《建设工程施工合同》无效，海天公司已将案涉工程交付给铠达公司，海天公司施工的工程未经最终的竣工验收，且至今已经超过约定和法定的工程质量保证期限，故当事人之间关于工程进度款、结算款以及质保金支付进度的约定已经不具有执行的可能性，一审法院依据司法解释的规定确定统一的工程价款利息计付起算日期，对于双方当事人利益并未造成失衡，故铠达公司该项上诉理由不能成立，本院不予支持。关于余欠工程款利息的起算时间，根据《建设工程解释》第十八条规定来认定。关于交付日期，双方当事人在合同专用条款第 51.10.6 项约定，发包人可在未竣工情况下提前使用工程，且不能以此认为工程已竣工交付，故虽然存在铠达公司在 2014 年 8 月将部分商铺交付给承租户的客观事实，但根据双方合同约定，不能因此认定当时工程已竣工交付。一审法院认为，2015 年 7 月 14 日双方签订的纺织城客运站综合服务中心(含招商楼)工程计价相关事实确认书，表明至确认书签署当日海天公司仍有未完工程项目，但对未完项目双方决定海天公司不再施工也不计价，故按此约定可视为海天公司在当日已完工。本院认为，一审法院根据 2015 年 7 月 14 日双方签订的工程计价确认书认定案涉工程交付日期，符合客观事实和双方当事人的真实意思表示，铠达公司应自该日起支付欠付工程款的利息(以欠付的工程款 17,343,856.03 元为基数，自 2015 年 7 月 14 日起计算至实际给付之日止，利率在 2019 年 8 月 19 日前按中国人民银行发布的同期同类贷款利率计算，从 2019 年 8 月 20 日起按全国银行间同业拆借中心公布的贷款市场报

---

〔1〕 最高人民法院(2020)民申 514 号民事裁定书。

价利率计算)。[1]

其二,结算期满之日。在合同没有约定的情况下,如果发包人以竣工结算文件不完整为由拒绝结算,发包人要向承包人支付自审核结算期限满之日起计算的工程款利息。

【案例1-155】 包头国泰置业有限公司与中国第二冶金建设有限责任公司第二建筑工程分公司建设工程施工合同纠纷案

最高人民法院认为,双方当事人约定的剩余工程款支付起始时间为中介机构出具鉴定意见得出工程造价总金额之日。内蒙古造价总站于2004年7月8日出具《鉴定书》认定的国泰公司应付剩余工程款6,793,155.29元,以及2004年12月23日出具《补充鉴定》所认定的应付工程款465,467元的利息,应当分别自相应的款项得出之日开始计算。[2]

其三,提交竣工结算报告期满之日。

【案例1-156】 江西圳业房地产开发有限公司诉江西国利建筑工程有限公司建设工程施工合同纠纷案

最高人民法院认为,根据双方当事人所签合同约定,工程款的利息应当从国利公司向圳业公司提交竣工结算报告第29天起算。由于国利公司起诉时主张的利息总额为90万元,扣除其自愿放弃的60万元,国利公司主张的工程款利息应当以30万元为限。因以中国人民银行同期同类贷款利率计息,所得利息总数已经超过30万元,故国利公司所得工程款利息应为30万元。[3]

其四,提交结算文件之日。双方对计算标准和计付时间未进行约定的,因双方对工程实际交付日期不能确定,建设工程亦未交付,应从提交竣工结算文件之日起计算利息。

【案例1-157】 城区基督教会通惠堂与长业建设集团有限公司建设工程施工合同纠纷案

一审法院认为,关于欠付工程款利息问题,双方对计算标准和计付时间未进行约定,因双方对工程实际交付日期不能确定,故依照《建设工程解释》第十七条、第十八条的规定,从提交竣工结算文件之日即2006年6月22日起按中国人民银行同期同类贷款利率计息。因长业公司在庭审中明确诉请

---

〔1〕 最高人民法院(2021)民终359号民事判决书。

〔2〕 参见最高人民法院民事审判第一庭编:《最高人民法院二审民事案件解析》(第5集),法律出版社2007年版,第103~118页。

〔3〕 参见《最高人民法院公报》2007年第6期。

的利息计算至向原审法院递交起诉状之日即2007年5月28日止,其后的利息未予主张,故欠付款利息计算至2007年5月28日止。二审法院亦持同样意见维持原判。[1]

其五,停工之日。

【案例1-158】 西安市临潼区建筑工程公司与陕西恒升房地产开发有限公司建设工程施工合同纠纷案

最高人民法院认为,一审判决恒升公司从临潼公司起诉之日起支付工程欠款利息不当,本院予以纠正。临潼公司主张从2005年4月12日停工之日起支付利息,本院照准。[2]

其六,法官酌定利息起算点。实践中,对于没有也不能适用法定确定利息起算时间情况下,由法官酌定。

【案例1-159】 江苏江中集团有限公司诉北京润地置业有限公司、北京燕嘉伟业房地产开发有限公司建设工程施工合同纠纷案

二审法院认为,关于江苏江中公司提出的已报结算资料问题,经庭审核对,其所称的结算资料中没有润地公司或燕嘉伟业公司的签章,而资料中签字人员的身份现润地公司、燕嘉伟业公司均不认可,所以,江苏江中公司提供的证据不能有效的证明其已按合同约定提交竣工结算报告以及有关资料,其主张按照2005年8月20日《建设工程施工合同》中通用条款第33.3条约定自2007年3月1日起支付工程款利息,缺乏证据支持。同时,鉴于双方当事人对工程款的结算数额一直持有不同意见,未能签署结算凭证,江苏江中公司起诉主张之日即润地公司、燕嘉伟业公司应付工程款的时间,酌情确定起诉日为工程款利息起算时间,原审法院对利息的处理欠妥,予以改判。[3]

个案中,对于工程款利息无法按双方约定履行的,由法官根据具体案情确定利息起算点。

【案例1-160】 重庆建工集团股份有限公司与中铁十九局集团有限公司建设工程施工合同纠纷案

最高人民法院认为,双方在分包合同及结算协议中均未对工程款的给付时间、利息标准及计付时间等作出明确约定。因此,应当按照法律规定确定

---

〔1〕 参见孙巍主编:《中国建设工程法律业务报告(2009—2010)》,法律出版社2011年版,第314页。
〔2〕 参见《最高人民法院公报》2008年第8期。
〔3〕 参见国家法官学院案例开发研究中心编:《中国法院2015年度案例》(合同纠纷),中国法制出版社2015年版,第158页。

工程款利息是否应当支付以及按照何种标准支付。按照《建设工程解释》第十七条、第十八条的规定,重庆建工集团应当按照中国人民银行发布的同期同类贷款利率,向中铁十九局支付自案涉工程实际交付之日起的利息;本案一审、二审均未查明案涉工程的实际交付日期,再审中,经询问双方当事人,均不能提供案涉工程实际交付时间的证明,故对利息的起算时间,本院参照上述司法解释规定,酌定为中铁十九局提出反诉之日。[1]

【案例1-161】 汕头市建安(集团)公司与北京秦浪屿工艺品有限公司建设工程施工合同纠纷案

最高人民法院认为,一审判决将鉴定报告出具时间作为利息起算时间,符合本案所涉合同被认定无效情形下,工程款给付的实际情况。汕头公司主张依照《工程总承包补充协议(三)》约定的应付工程款之日计付工程价款利息,缺乏法律依据,本院不予支持。[2]

工程未交付也未提交竣工报告,在起诉之前发包人委托造价公司进行审计但承包人对审计报告不认可,工程价款应从出具审计报告之日。

【案例1-162】 城建五公司与中服公司建设工程施工合同纠纷案

最高人民法院认为,关于原判决认定的工程款利息起算时间和计算标准是否正确问题。根据原审查明事实,至城建五公司起诉之时,案涉工程由双方共同控制,尚未交付,城建五公司亦未向中服公司提交竣工验收报告。但本案系因中服公司违约导致施工合同未能竣工验收并交付,在城建五公司提起诉讼之前,城建五公司已经向中服公司主张支付工程款。中服公司曾经委托杰信公司对工程造价进行审计,城建五公司予以配合,说明双方已经进入结算阶段。尽管城建五公司不认可杰信公司的鉴定意见,但是能够证明此时中服公司应予支付工程款。杰信公司出具审计报告之日2015年12月5日作为中服公司应付工程款时间更符合本案实际情况。原判决自城建五公司起诉之时计算工程款利息,本院予以纠正。双方对迟延支付工程款利息未予以约定,原判决按照同期银行贷款利率或者同期全国银行间同业拆借中心公布的贷款市场价利率计算利息,并无不当。[3]

其七,判决确定之日。根据个案的具体情况,利息的起算时间亦可以是从判决确定之时。

---

[1] 参见《最高人民法院公报案例》2014年卷。

[2] 参见最高人民法院民事审判第一庭编:《民事审判指导与参考》2013年第3辑(总第55辑),人民法院出版社2014年版,第131页。

[3] 最高人民法院(2020)民终1285号民事判决书。

【案例1-163】 林州市采桑建筑劳务输出有限公司与天津市西青区大寺镇倪黄庄村民委员会等建设工程施工合同纠纷案

最高人民法院认为,因本案工程实际发生的工程量与合同约定相比,存在大量增加和减少的工程量,且当事人对此存在争议,本案工程款是人民法院通过审判程序作出的判决确定的。对此类情况,一般判令自生效法律文书确定工程价款给付之日起算利息至付清之日止。据此,对2011年6月11日后发生的欠付工程款利息,权利人有权另行主张权利。[1]

其八,支付届满之日或起诉之日。迟延付款与质量保证金利息起算,应自确定支付期限届满日。

【案例1-164】 陕西建工集团第五建筑工程有限公司与陕西铠达投资集团有限公司建设工程施工合同纠纷案

最高人民法院认为,关于利息问题。依照铠达公司与省五建的约定,铠达公司应当如期支付工程款,经省五建催告,铠达公司直至一审起诉时,仍未按足额支付工程款,省五建主张铠达公司应支付从起诉之日起至实际支付之日止的工程款利息,合法有据,应予支持。省五建主张,铠达公司在一审诉讼中支付了500万元,但该款项是2008年12月11日支付的,距省五建起诉时间已有1年,该部分款项长达1年的逾期付款利息被漏计。最高人民法院认为,省五建的针对利息的诉讼请求是支付欠付工程款的利息起算日为起诉之日,因此,省五建的该项主张合法有据,应予支持。[2]

【案例1-165】 陕西省咸阳市建筑安装工程总公司与宁夏银峰房地产开发有限公司建设工程施工合同纠纷案

最高人民法院认为,根据一审已查明事实,咸阳公司已在2010年5月1日将其施工的全部住宅交付给银峰公司使用且部分商网工程也被银峰公司擅自使用,故根据《建设工程解释》第十八条规定,上述住宅和商网工程的欠付工程款的利息应自2010年5月1日开始计算。由于咸阳公司不能举证证明交付使用的住宅和商网工程的欠付工程款具体金额,故本院在综合银峰公司擅自使用案涉工程、确有拖欠工程款的情形等因素基础上,酌定50%欠付工程款的利息自2010年5月1日起算至本判决确定的给付之日止,剩余50%欠付工程款的利息自2011年7月5日起算至本判决确定的给付之

〔1〕 最高人民法院(2014)民申字第952号民事裁定书。

〔2〕 参见最高人民法院民事审判第一庭编:《民事审判指导与参考》2013年第3辑(总第55辑),人民法院出版社2014年版,第165页。

日止。[1]

施工人有少量项目未完成且明知工程违反招投标规定的,主张从交付之日为起算日,法院不予支持,法院认定起诉之日为起算日。

【案例1-166】 大连唐银盛兴置业有限公司与大连永和圣地建设集团有限公司建设工程施工合同纠纷再审案

最高人民法院认为,案涉合同基于工程正常施工并竣工结算的情形对付款时间进行了约定。但案涉工程因永和圣地未施工完毕即撤场,双方当事人未就案涉工程进行正常交接,亦未进行竣工、验收及结算。故原审法院依据上述司法解释的规定,认定应付工程款时间为永和圣地起诉之日,并判令欠付工程款利息从该日计付,于法有据,亦无不当。[2]

【案例1-167】 福建九鼎公司与佳鸿宇合公司建设工程施工合同纠纷案

最高人民法院认为,佳鸿宇合认为计收逾期利息的前提是工程质量合格,起算点应是终审判决生效之日。首先,逾期利息属于法定孳息,与当事人负有的付款责任同时产生。前文已述,佳鸿宇合应向福建九鼎支付工程进度款及已完工程总价款,故也应支付工程进度款以及工程总价款的逾期利息。其次,本案符合《建设工程解释》第十八条"利息从应付工程价款之日计付。当事人对付款时间没有约定或者约定不明的,下列时间视为应付款时间:……(三)建设工程未交付,工程价款也未结算的,为当事人起诉之日"的规定,一审法院认定工程总价款逾期利息的计息起算点系福建九鼎起诉之日(2018年10月9日),于法有据,佳鸿宇合关于其不应支付逾期利息的理由不能成立,本院不予支持。[3]

利息从应付工程价款之日计付,承包人应当在工程竣工验收合格后,在一定期间内向发包人和监理人提交竣工结算申请单,并提交完整结算资料,待监理人审核完毕、发包人完成审批后,该工程竣工结算完毕,并达到付款条件,而非仅以竣工验收合格日作为付款日。

【案例1-168】 虎林一建与迎春林业局建设工程施工合同纠纷再审案

最高人民法院认为,关于工程款利息从何时计付的问题。首先,根据原审查明事实,虎林一建于2011年5月8日与迎春林业局签订《建设工程施工合同》,由虎林一建承建迎春林业局迎林小区C区工程。该工程于2011年

---

〔1〕 参见最高人民法院民事审判第一庭编:《民事审判指导与参考》2016年第1辑(总第65辑),人民法院出版社2016年版,第212页。

〔2〕 最高人民法院(2022)民申825号民事裁定书。

〔3〕 最高人民法院(2020)民终337号民事判决书。

11 月 30 日竣工,2012 年 8 月 30 日竣工验收完成。通常情况下,建设工程价款通常要经过竣工、验收、结算之后才能支付。如果发包人逾期不支付,就应当支付相应利息。换言之,利息从应付工程价款之日计付,承包人应当在工程竣工验收合格后,在一定期间内向发包人和监理人提交竣工结算申请单,并提交完整结算资料,待监理人审核完毕、发包人完成审批后,该工程竣工结算完毕,并达到付款条件,而非仅以竣工验收合格日作为付款日,故虎林一建关于以案涉工程竣工验收之次日即 2012 年 8 月 31 日起算逾期工程款利息的再审主张,不能成立。其次,虎林一建主张案涉工程已经结算并实际交付。根据《民事诉讼法》第六十四条(现为第六十七条)第一款、《民事诉讼法解释》第九十一条规定,应当由虎林一建提交案涉工程已完成结算并交付的证据,但虎林一建二审期间提交的《工程竣工结算书》上并无监理单位和发包人的签章,且案涉工程竣工验收后,虎林一建曾自行销售房屋以抵顶工程款,原审法院亦判决虎林一建返还案涉工程中尚未出售的房屋,以上情况均与虎林一建的上述主张相悖。最后,在虎林一建不能提供证据证明案涉工程已经结算并交付的情况下,结合迎春林业局提出以销售房屋的价款抵顶工程款主张,以及虎林一建亦实际接收该售房款的事实,原审判决认定双方对合同约定的付款方式发生变更,具有事实依据。在双方变更结算方式,且对售房款能抵顶工程款数额、尚拖欠工程款数额未清算的情况下,虎林一建因该结算纠纷起诉到人民法院,寻求司法救济向迎春林业局要求履行付款义务,原审判决以虎林一建起诉之日作为迎春林业局应付工程款之日,并计算逾期利息,并无不当。〔1〕

其九,施工合同解除利息起算点。在施工合同解除时,自然不能按原约定的时间起算利息。其工程款计息的起始时间,如果合同有约定,则从合同约定的应付工程之日起计算;如果合同未约定或约定不明,则推定下列事件为应付工程款时间:建设工程已实际交付的,为交付之日;建设工程没有交付的,为提交竣工结算文件之日;建设工程未交付,工程价款也未结算的,为当事人起诉之日。实践中,有的法院以合同解除之日为利息起算日。

【案例 1－169】　浙江宝业建设集团有限公司与河南置业有限公司建设工程施工合同纠纷案

二审法院认为,双方在施工合同中对工程款的付款时间约定不明,在宝业公司起诉前,工程尚未竣工交付,工程款也未结算。现双方在工程并未完工的情况下协商解除了施工合同,且双方在合同解除后未对工程价款

〔1〕 最高人民法院(2021)民申 3829 号民事裁定书。

进行结算，故根据《建设工程解释》第十八条的规定，法院认定宝业公司提起诉讼的时间为应付款时间，判决从宝业公司起诉之日起计算拖欠工程款的利息。[1]

【案例1－170】 浙江省东阳第三建筑工程有限公司与烟台经纬实业有限责任公司建设工程施工合同纠纷案

最高人民法院认为，关于利息起算时间。《合同法》第九十七条规定，合同解除后，尚未履行的，终止履行；已经履行的，根据履行情况和合同性质，当事人可以要求恢复原状、采取其他补救措施、并有权要求赔偿损失。案涉施工合同于2015年4月30日解除，根据合同性质，建设工程施工合同解除后无法恢复原状，东阳三建诉请支付工程款实质上是合同解除后的结算和清理，烟台经纬应自合同解除之日支付相应的结算和清理款项。东阳三建上诉主张自2015年5月1日为起算点计算欠付工程款的利息，有事实和法律依据，本院予以支持。[2]

其十，分别计算利息日。合同或相关合同文件约定工程价款分为土建、安装两部分支付，其约定起算时间和利率有变化，应分别计算每一部分工程价款的利息，即起算利息日不同。

【案例1－171】 南天集团与民族饭店筹建处、东方大饭店、民宗委建设工程施工合同纠纷案

判决观点，土建部分在签署《会议纪要》时已经完成，双方对土建工程款的支付作出新的约定，应按约定处理，故拖欠的土建工程款2,023,024元利息从2000年1月1日起计算。安装部分在签署《会议纪要》时尚未完成，双方对安装工程款的支付日期未作出新的约定，仍按原合同处理。考虑到民族大厦工程竣工验收手续办理滞后，工程审价的时间跨度比较长，而南天集团提供工程竣工资料及决算资料的时间为2000年1月至2001年3月，故安装工程款1,720,273.6元之利息酌情从2001年5月8日起算。至于利息计付标准，均按照《会议纪要》确定的月息10.98‰计算。该利息计算标准已在原合同约定的“银行计划外贷款利息”标准上予以降低，不存在过高之嫌，故东方大饭店要求调整本院不予支持。[3]

7.在承包人迟延付款，但又不构成违约时，有的法院以利息调节迟延付款导致的双方当事人利益失衡。

---

〔1〕 河南省高级人民法院(2012)豫法民一终字第98号民事判决书。

〔2〕 最高人民法院(2018)民终920号民事判决书。

〔3〕 参见潘福仁主编:《建设工程合同纠纷》(第4版),法律出版社2015年版,第215页。

【案例1－172】　洛阳市凯瑞房地产置业有限公司与洛阳市廛河回族机关事务管理局建设工程施工合同纠纷案

判决观点，该案中双方约定，如发包单位不按协议约定足额按时付款，应付违约金至全部费用付完为止。但本案工程竣工后，双方即按约定对工程造价进行审核，因工程总造价一直未能确定，也无法确定余下价款，因此，认定发包单位违约理由不足，其无需按约定支付违约金。但同时法院认为，发包人应当自工程竣工验收之日起按中国人民银行规定的同期同类贷款利率向承包人支付利息。[1]

8. 质量保证金支付利息为司法实践争议之一，应予妥当处理。

【案例1－173】　融安县第二建筑工程有限公司诉柳州市满地宝农产品开发有限公司建设工程施工合同纠纷案

判决观点，工程质量保证金是工程款的一部分，此部分的延迟支付的利息损失可参照还款协议中违约责任的承担方式进行计算，现原告请求按照低于约定利率1‰而按照万分之七的利率进行利息计算并无不妥。原告要求被告支付“大将金桔综合批发市场”工程质量保证金93,675元及利息损失（延迟支付之日即2011年6月16日起按照每日万分之七的利率计算）的诉讼请求符合法律的规定，应予以支持。就大将金桔综合批发市场的工程款延迟支付的赔偿问题，可按照双方2010年5月27日签订的还款协议进行计算，而原告在（2011）融民二初字第32号案件中提出的诉讼请求的利息是计算至2011年3月31日，现原告请求从2011年4月1日起计算并不重复，而（2011）融民二初字第32号案虽已进入执行程序且已执行了70余万元的款项，但在2011年11月30日之前即原告诉讼请求中的利息计算截止日被告并未主动履行生效判决向原告支付任何款项，故原告要求被告支付原告因未能及时给付工程款而造成的利息损失（利息从2011年4月1日暂计算至2011年11月30日止，利率按每日万分之七计算，之后的损失继续计算至被告全部支付完所拖欠的工程款为止）的诉讼请求符合法律的规定，应当予以支持。[2]

9. 工程造价鉴定意见确定工程款的利息。双方未达成结算协议的，一般都通过委托工程造价鉴定的方式确定工程款数额。对此种情形，应按《建设工程解释（一）》第二十七条规定处理。鉴定意见确定的工程款数额超出合同中标价的部

[1] 参见孙巍主编：《中国建设工程法律业务报告（2009—2010）》，法律出版社2011年版，第303页。

[2] 参见国家法官学院案例开发研究中心编：《中国法院2014年度案例》（合同纠纷），中国法制出版社2014年版，第102页。

分，因为属于欠款应当计算利息，但不应按违约责任认定。

10. 利息的甄别。在竣工验收之后，当事人在结算协议中补充约定的垫资利息，实为欠付工程款利息，不具有垫资利息的性质，承包人主张发包人返还垫资利息，不予支持，发包人应依据该利率标准支付欠付工程款利息。

【案例 1－174】 黑龙江安某房地产开发有限公司与江苏金某建设集团有限公司建设工程施工合同纠纷案

最高人民法院认为，首先，关于利率标准。《决算协议》约定："按决算总额扣除甲方（安某公司）付给乙方（金某公司）的工程款及决算里面的利润、税金，剩余部分都是垫资款，垫资款按年利率 22% 计算，计算时间从乙方进场之日起，垫资利息计算的时间为两年半。"从该约定内容看，双方当事人约定的垫资款实质为欠付工程款，而对垫资款利息的约定也应视为对欠付工程款利息的约定。《建设工程解释》第十七条规定："当事人对欠付工程价款利息计付标准有约定的，按照约定处理；没有约定的，按照中国人民银行发布的同期同类贷款利率计息。"据此，原审判决将《决算协议》约定的年利率 22% 确定为计算案涉欠付工程款利息的利率标准，并无不当。其次，关于利息起算时间。《建设工程解释》第十八条规定：……根据本案查明的事实，2012 年 9 月 30 日监理公司出具案涉工程竣工验收报告并申请备案，因缺少设计单位意见，未能完成竣工备案。二审庭审中，安某公司陈述对工程交付之日为 2013 年 3 月 20 日没有异议，但认为工程款利息起算时间应为金某公司起诉之日 2013 年 10 月 25 日。本院认为，在案涉工程已经竣工并交付使用的情况下，安某公司以工程没有验收合格为由，主张欠付工程款利息从金某公司起诉的时间开始计算，不符合本案事实，也有违上述司法解释规定。原审判决认定 2013 年 3 月 20 日为工程价款应付之日，将安某公司应支付的 14,545,185.83 元工程款利息计算方式确定为自 2013 年 3 月 20 日起，按照年利率 22% 计算两年半至 2015 年 9 月 19 日，自 2015 年 9 月 20 日起按照中国人民银行同期同类贷款利率计算，证据充分，适用法律正确。安某公司上诉请求从金某公司起诉之日起按照中国人民银行同期同类贷款利率计算欠付工程款利息，理由不能成立，本院不予支持。[1]

11. 一审判决支付违约金二审改判利息。在处理工程欠款纠纷案件中，对欠款利息作出一并处理并未超出诉讼标的。认为法院直接处理利息部分逾越了当事人的诉讼请求，属于对其诉讼请求的机械和片面理解，也是对诉讼标的的不当拆分。

---

〔1〕 最高人民法院（2018）民终 1149 号民事判决书。

(三)带资或垫资纠纷处理

垫资,是指在建设工程施工合同或另行签订的垫资合同中约定,承包人不要求发包人先行支付工程款或者仅支付部分工程款,利用其自有资金先行进场施工,建设工程施工到一定阶段或者工程全部完成后,由发包人再支付垫付的工程款。建设工程施工合同中的垫资条款或者另行签订的垫资合同的实质是发包人利用其在建设工程施工合同缔约过程中的优势地位,要求承包人提供的延付融资服务,也是发包人与承包人针对建设工程支付价款的一种约定。

《建设工程解释(一)》第二十五条规定:"当事人对垫资和垫资利息有约定的,承包人请求按约定返还垫资及其利息的,应予支持,但是约定的利息计算标准高于垫资时同类贷款利率或者同期贷款市场报价利率的部分除外。当事人对垫资没有约定的,按工程欠款处理。当事人对垫资利息没有约定,承包人请求支付利息的,不予支持。"本条是关于建设工程合同中垫资利息请求依据的原则性规定。垫资利息以建设工程合同对垫资有明确约定为前提,否则将无法主张垫资利息,同时作为建设工程施工合同的一部分,处理垫资利息问题时,经常出现与建设工程施工合同效力的认定等问题交叉的情形。在该司法解释规定颁布之前,关于双方约定的垫资利息高于同期同类贷款利率限制,是按照2015年最高人民法院颁布《民间借贷规定》的利率"两线三区",其利率标准远高于同期同类贷款利率,根据新法优于旧法的法律适用规则,其原司法解释的规定不再适用。双方对垫资利息的约定,只要不超过《民间借贷规定》划定的标准,不受同期同类贷款利率的限制。

【案例1-175】 徐州大彭建设工程有限公司与徐州冠群重工有限公司建设工程施工合同纠纷案

判决观点,本案原告、被告双方在建设工程施工合同中明确约定本案是大彭公司全额投资建设。虽然约定了每次利息计算为中国人民银行3~5年同期贷款基准年利率再加2%,计算基数为每月工程款审定数额开始累积利息的计算方式,但是此约定超过法定标准。因此,冠群公司应当向大彭公司支付不高于中国人民银行发布的同期同类贷款利率的垫资利息。冠群公司关于工程虽然是大彭公司全额投资建设,但是双方没有约定垫资利息,大彭公司要求的该垫资利息与逾期付款违约金重合,不应当得到支付的主张,一审法院不予支持。大彭公司对于合同约定的每月工程款审定数额未举证予以明确,故不能区分其分阶段垫资的数额,对于竣工验收之日前的垫资利息无法计算,无法予以支持。至竣工验收之日,大彭公司垫资数额能够确定,因此大彭公司要求计算至2014年6月30日(竣工验收并在合同约定的应付款之日)的垫资利息符合应予支持。结合冠群公司的付款情况(至2013年4月25日冠群公司已付款为1,210,000元),一审法院确定垫资利息计算方式为自工程竣工验收之日即2013年4月25日起,以8,445,076.8元(9,655,076.8元-1,210,000元)为本金,按中国人民银行发布的同期银行贷款利率为标准计算至2014年6月30日止。[1]

垫资利息过高的,按中国人民银行同期同类贷款利息认定垫资补偿案。

【案例1-176】 安徽华某建筑装饰有限公司与某镇人民政府建设工程施工合同纠纷案

二审法院认为,上述条款约定的工程价款结算方式虽与中标价款不一致,但招投标中并无华某建筑公司支付"土地款800万元"的约定,故一审法院根据华某建筑公司主张的该项目存在垫资情况,认定该20%其他建设费系对华某建筑公司垫资的补偿,符合本案实际,并根据相关司法解释的规定,认定按中国人民银行同期同类贷款利息认定垫资补偿,对当事人双方均公平,本院予以维持。某镇政府主张该20%其他建设费用的约定违反法律规定应认定无效的观点,既不符合本案实际,也有违诚信原则,本院对其主张不予采纳。[2]

承包人虽有垫资行为但无垫资协议,主张垫资利息的,不予支持。

【案例1-177】 长春新某宇建筑安装有限责任公司与佳木斯三某伟业房地产开发集团有限责任公司建设工程施工合同纠纷案

最高人民法院认为,根据《建设工程解释》第六条第三款的规定,当事人对垫资利息没有约定,承包人请求支付利息的,不予支持。新星宇公司虽有垫资的行为,但双方签订的协议中仅约定了新星宇公司垫付正负0以下主体结构全部工程款。对于垫付其他工程款以及所垫付款项的利息,双方均无约定,故新某宇公司请求三某伟业公司承担新某宇公司的垫资利息,无事实和法律依据,不予支持。[3]

工程利息与垫资利息性质不同。

---

〔1〕 江苏省徐州市中级人民法院(2014)徐民初字第0195号民事判决书。

〔2〕 安徽省高级人民法院(2017)皖民终632号民事判决书。

〔3〕 最高人民法院(2019)民终611号民事判决书。

【案例 1－178】　河南弋阳泰某建筑工程有限公司与信阳九某某平置业有限公司建设工程施工合同纠纷再审案

最高人民法院认为，首先，关于弋阳泰某公司主张的欠付工程款利息计算错误的问题。《建设工程解释》对垫资利息、欠付工程款利息分别作出规定，其中第六条第一款规定："当事人对垫资和垫资利息有约定的，承包人请求按照约定返还垫资及其利息的，应予支持，但是约定的利息计算标准高于中国人民银行发布的同期同类贷款利率的部分除外。"第十七条规定："当事人对欠付工程价款利息计付标准有约定的，按照约定处理；没有约定的，按照中国人民银行发布的同期同类贷款利率计息。"可见垫资利息与欠付工程款利息并非同一概念。二审判决将欠付工程款利息等同于垫资利息，适用法律不当。[1]

(四)建设工程规费处理

建设工程规费，是指政府或建设行政管理部门规定建设工程必须缴纳的费用，它属于建筑安装工程费的间接费，一般计入工程造价。通常包括：(1)社会保障费(养老保险、失业保险、医疗保险)；(2)住房公积金；(3)工伤保险；(4)工程排污费四项内容。由于各地方政府对规费的缴纳办法规定并不完全统一，有的建设单位先行缴纳，后与施工单位结算；有的是由建设单位在工程造价中计入规范，支付工程款后由施工单位自行缴纳。在施工合同中对地方政府收取的建设工程规费没有约定承担者，裁判时可根据当地政府或建设行政管理部门对收取这项费用的规定，并结合《民法典》第五百零九条关于合同当事人有"协助"对方的附随义务来确定相应的承担者和处理方式。

就规费是否支持有不同观点。支持的观点认为，间接费包括了企业管理费、规费和利润。因企业管理费与实际施工人的资质无关，且实际施工人在建设施工过程中进行了具体的工程管理，故管理费不应从工程价款中扣除。规费是政府和有关部门规定必须缴纳的费用，包括为职工缴纳的五险一金以及按规定缴纳的施工现场工程排污费等费用。因实际施工人组织施工，所涉及五险一金等应由实际施工人承担，故规费不应从应得工程价款中扣除。[2] 不支持的观点认为，根据《住房和城乡建设部、财政部关于印发〈建筑安装工程费用项目组成〉的通知》(建标〔2013〕44 号)的规定，认定规费、企业管理费的缴纳义务人是企业而非自然人，

---

〔1〕 最高人民法院(2020)民申 4251 号民事裁定书。

〔2〕 最高人民法院(2021)民终 412 号民事判决书。

而自然人没有施工资质和取费资格，因此，自然人作为实际施工人主张支付规费与企业管理费的，不予支持。存在挂靠、转包或违法分包情形导致建设工程施工合同无效，自然人作为实际施工人主张规费和企业管理费的，不予支持。[1]

【案例1－179】 浙江东源建设有限公司与攀枝花市临亚房地产开发有限公司建设工程施工合同纠纷案

最高人民法院认为，依据前述理由，双方当事人通过订立最终《2007补充协议》的方式，确定“(94)定额直接费用综合费率14.5%(包括定额内和定额外)对工程造价审核。材料价格按咨询公司已审定价格为准”以及“审核结果为最终结算依据”。经审查，浙江省《劳保费办法通知》与台州市《意外伤害保险费办法通知》均没有该两费的计取属于(94)定额组成部分和必须与(94)定额同时配套使用的规定。双方当事人亦未就劳动保险费以及意外伤害保险费在《2007补充协议》中作出特别约定。因此，根据《建设工程解释》第十六条规定，在双方当事人已就凤凰工程造价收费标准明确约定根据(94)定额直接费加综合费率14.5%(包括定额内与定额外)进行工程造价审核，并以该审核结果为最终计算依据情况下，东源公司关于依据(2000)定额、管理站为其出具的《答复》、管理站发布的(2002)1号《关于2002年人工费调整系数的通知》、浙江省《劳保费办法通知》及台州市《人身意外伤害保险费办法通知》等文件，由临亚公司支付劳动保险费与意外伤害保险费的上诉主张，理据不足，不予采信。[2]

1. 关于施工合同约定收取配合费用问题。对于施工合同约定配合费，在工程施工过程中，无论由谁施工，只要工程发生了分包的事实，就会产生配合费用，故法律应支持配合费的请求。

【案例1－180】 江苏生力建设集团有限公司与徐州市贾汪区建筑工程总公司、吕某某建设工程施工合同纠纷案

二审法院认为，贾建公司将涉案三条路的沥青路面改造工程分包给生力公司，得到了发包人的认可，同时分包的内容属于专业分包范围，生力公司本身亦具有相应资质，故本院认为该分包行为合法有效。因此，双方于2012年11月8日还款计划中明确约定了30万元的管理费用，该约定是双方真实意思表示，并未违反法律的相关规定，一审法院据此予以支持，并无不当。综上所述，对于上诉人生力公司的上诉请求无事实和法律依据，不予支持。[3]

---

〔1〕 最高人民法院(2019)民申5453号民事裁定书。

〔2〕 参见最高人民法院民事审判第一庭编:《民事审判指导与参考》2011年第1辑(总第45辑)，人民法院出版社2011年版，第180页。

〔3〕 江苏省徐州市中级人民法院(2014)徐民终字第3149号民事判决书。

施工合同未约定配合费的,个案中由法官根据具体案情确定。

【案例1-181】 广厦公司与长乐公司建设工程施工合同纠纷案

最高人民法院认为,关于15万元配合费支付主体。施工合同约定,由分包方分包的工程的配合费,按照分包项目总价不同差别计取,取费比例在分包合同价款的3%以内。根据广厦公司收取配合费的票据,其中有一张支付单载明"洪涛公司代长乐公司支付给广厦公司的配合费",另有一张收条载明"今收到物资回收公司支付的配合费30,000元",出具单位是西安龙威幕墙工程有限公司。综上,施工合同未约定配合费由分包单位支付,在实际履行合同过程中,分包单位支付的配合费最终由长乐公司负担,长乐公司关于配合费应由分包单位承担,其不应是支付主体的主张不能成立,本院不予支持。一审法院根据案件事实酌定长乐公司支付15万元配合费并无不当。[1]

2. 安全防护、文明施工措施费用,是为了保证施工安全、文明的不可竞争性费用。实践中,法院倾向于保障安全防护、文明施工措施费用的有效性。

规费和安全文明施工费系不可竞争费用,虽约定不予计取,但法院综合考虑后仍可计入工程价款。

【案例1-182】 聚泉公司与某某公司建设工程施工合同纠纷再审案

最高人民法院认为,聚泉公司提交的2020年3月19日缴款通知、2020年3月26日收款票据,系用以证明在二审判决作出后聚泉公司就科技示范小区工程缴纳的包括养老保险统筹费在内的部分城建费用的事实,该事实发生在二审判决作出之后,聚泉公司依据二审判决作出后发生的事实主张原审判决错误的理由不能成立,上述证据不属于足以推翻原审判决的新证据。聚泉公司提交的其他证据,从其载明的内容看,可以证明聚泉公司2005年和2007年分两次曾就科技示范小区工程缴纳了部分养老保险统筹费,但科技示范小区工程包括两期工程,案涉工程是科技示范小区二期工程中的1号楼和5号楼,聚泉公司提供的证据不能充分证明其缴纳的养老保险统筹费为1号楼、5号楼的全部费用,亦不能充分证明聚泉公司已就科技示范小区一期、二期全部工程足额缴纳了养老保险统筹费,并能够从中区分出1号楼和5号楼的具体数额。结合聚泉公司在二审判决作出后仍补缴科技示范小区二期工程的养老保险统筹费的行为,亦可以间接证明在二审判决作出前,聚泉公司并未足额缴纳案涉工程的养老保险统筹费。因此,聚泉公司提交的所谓新证据不能充分证明其在二审判决作出前已经足额缴纳本案所涉工程的养老保险统筹费。聚泉公司关于其有新证据足以推翻二审判决的申请再审理由,

---

〔1〕 最高人民法院(2023)民终20号民事判决书。

不能成立。本案中虽然双方当事人在预算几点说明中约定养老统筹、四项保险费、安全文明施工费不予计取,但二审法院综合考虑养老保险统筹费、四项保险费、安全文明施工费系不可竞争费用,且案涉工程质量合格,双方当事人约定工程造价既不计取人工费调差、贷款利息、四项保险、安全文明施工费、养老保险统筹费,还要在总造价基础上下浮8%作为最终结算价等多种因素,在工程造价中计入养老保险统筹费、四项保险费、安全文明施工费,并无不当。99定额规定省级安全文明施工费费率为1.6%,但陕西省建设厅陕建发〔2007〕232号文件《关于调整房屋建筑和市政基础设施工程工程量清单计价安全文明施工措施费及综合人工单价的通知》已明确将房屋建筑工程的安全文明施工费费率调整至2.6%,该通知自2008年1月1日起执行,此时案涉工程仍在施工过程中,原审判决根据调整后标准2.6%计算安全文明施工费,依据充分。虽然案涉工程并未进行安全文明施工情况考评,但案涉工程已竣工验收并投入使用,聚泉公司亦并未提供证据证明案涉工程施工过程中发生过安全事故或者不文明的施工行为,原审判决将属于不可竞争费用的安全文明施工费计入工程造价,并无不当。〔1〕

3.关于分包配合费计算问题。施工合同对分包配合费有约定的,依照合同约定处理。

【案例1-183】 宇寰公司与宏业公司建设工程施工合同纠纷案

一审法院认为,根据施工合同约定,分包配合费计取标准为按照分包合同的3%计算。宇寰公司认为分包合同未按约定交其备核,因此对分包合同价款不予认定,分包合同根据合同约定确应交宇寰公司备案,但在工程施工中分包工程已经施工完毕,宇寰公司作为总包方,对分包施工没有提出异议,因而视为认可了与宏业公司分包工程的行为。至于分包价价款真实性,宏业公司已经向法院提供了其与案外人签订的分包合同,工程也由案外人实际施工,宇寰公司虽然对合同价款的真实性存有异议,但未能提供足以反证的证据材料,故宇寰公司的上述意见法院不予采信。分包配合费按照合同约定应由宏业公司承担,由于审定造价中未包括该笔款项,在结算工程款中应当将该款计入宏业公司应付宇寰公司的工程款项中。二审法院亦持同样意见。〔2〕

4.内部承包人应得的工程款应是总工程款扣除代缴税款和规费等之后的余额。即使建筑企业未完成代缴义务,内部承包人也无权代替税务机关向建筑企业

---

〔1〕 最高人民法院(2020)民申2649号民事裁定书。
〔2〕 参见潘福仁主编:《建设工程合同纠纷》(第4版),法律出版社2015年版,第116页。

追缴税款。

【案例1－184】 曲某钊诉青岛广发建筑有限公司建设工程施工合同纠纷案

二审法院认为，根据《营业税暂行条例》（已失效）等税收法规，上诉人作为对外承包工程的建筑施工企业，既是法定的纳税义务主体，也是代扣代缴义务主体。被上诉人作为内部承包人，不具备相关税费的纳税主体资格。双方签订的承包合同也约定，“……各种税金、建委管理费等，由各项目部自负，公司代扣代缴”。因此，被上诉人应得工程款应是总工程款扣除代缴税款和管理费等之后的余额。即使上诉人未完成代缴义务，被上诉人也无权代替税务机关向上诉人追缴税款。原审法院认定该税金归被上诉人本人所有不当，本院应予纠正。……原审法院认定上诉人所欠被上诉人的工程款中，包含了上诉人应代扣代缴的123,733.69元的法定税费，本院依法予以扣除。[1]

规费是指按国家法律、法规规定，由省级政府和省级有关权力部门规定必须缴纳或计取的费用。有关自然人作为实际施工人能否取得规费，法律法规及司法解释没有明确规定。

【案例1－185】 马某英与某公司建设工程施工合同纠纷再审案

最高人民法院认为，原审判决根据《住房和城乡建设部、财政部关于印发〈建筑安装工程费用项目组成〉的通知》的规定，认定规费、企业管理费的缴纳义务人是企业而非自然人，没有施工资质和取费资格，不应支付规费与企业管理费给马某英并无不当。然而，依据（2019）最高法民终1549号判决书，作为实际施工人的自然人能够取得劳保基金。[2]

实际施工人因雇用工人产生的保险费用，应由实际施工人承担。

【案例1－186】 蔡某永与某公司建设工程施工合同纠纷再审案

最高人民法院认为，至于10万元保险费，蔡某永作为劳务承包人与民工之间成立雇佣关系，蔡某永有义务承担该笔保险费用。[3]

承包人在工程所在地之外缴纳社会保险，不能证明该费用与工程有关的，社会保险费不能计入工程价款。

【案例1－187】 海天公司与佑利公司建设工程施工合同纠纷案

最高人民法院认为，案涉合同第三部分专用条款第23.1条第（1）J项约

---

〔1〕 参见最高人民法院中国应用法学研究所编：《人民法院案例选》2008年第2辑（总第64辑），人民法院出版社2009年版，第217～218页。

〔2〕 最高人民法院（2019）民申5453号民事裁定书。

〔3〕 最高人民法院（2020）民申4170号民事裁定书。

定“四项保险、劳保统筹按定额规定计取”。《1999陕西建筑工程、安装工程、市政工程、仿古园林工程及装饰工程费用定额》所附《费用定额若干问题说明》规定，参加了四项保险的施工企业按标准分别计取各项保险费，未参加保险的施工企业不得计取此项费用。海天公司一审中提供了2013年1月1日至2014年12月31日其缴纳四项保险费用的票据，但缴纳地点不在陕西，海天公司未能证明该费用与本案工程的关联性。二审中，海天公司亦未能充分证明其所提交的四项保险费票据与本案的关联性，一审法院对四项保险费用不予认定，未将该笔费用计入工程造价中，认定本案佑利公司应付工程款为16,429,658.6元，该认定并无不当，本院予以维持。[1]

约定社会保险费不予计取，法院综合考虑后仍可计入工程价款。

【案例1－188】 某公司与某某公司建设工程施工合同纠纷再审案

最高人民法院认为，本案中，虽然双方当事人在预算几点说明中约定养老统筹、四项保险费、安全文明施工费不予计取，但二审法院综合考虑养老保险统筹费、四项保险费、安全文明施工费系不可竞争费用，且案涉工程质量合格，双方当事人约定工程造价既不计取人工费调差、贷款利息、四项保险、安全文明施工费、养老保险统筹费，还要在总造价的基础上下浮8%作为最终结算价等多种因素，在工程造价中计入养老保险统筹费、四项保险费、安全文明施工费，并无不当。[2]

实际施工人雇佣工人的，应当承担相应的保险费。

【案例1－189】 蔡某永与农某军建设工程施工合同纠纷再审案

最高人民法院认为，至于10万元保险费，蔡某永作为劳务承包人与民工之间成立雇佣关系，蔡某永有义务承担该笔保险费用。[3]

实际施工人有权获得劳保基金。

【案例1－190】 陕西泾渭建设集团有限公司与武某建设工程施工合同纠纷案

最高人民法院认为，劳保基金作为工程造价的组成部分，应由建设单位在申请领取建筑工程施工许可证前向建设主管部门预缴，由施工企业按规定向建设主管部门申请拨付。武某作为实际施工人不是劳保基金的缴纳主体，也无法申请退还，已经缴纳的劳保基金在工程竣工后可由泾渭公司依法向有

---

〔1〕 最高人民法院(2019)民终1335号民事判决书。
〔2〕 最高人民法院(2020)民申2649号民事裁定书。
〔3〕 最高人民法院(2020)民申4170号民事裁定书。

关部门申请退还。一审认定劳保基金不应从本案工程款中扣除正确。[1]

(五)建设工程留置权处理

《民法典》第四百四十七条规定,债务人不履行到期债务,债权人可以留置已经合法占有的债务人的动产,并有权就该动产优先受偿。本条规定的债权人为留置权人,占有的动产为留置财产。承包人不能以发包人未付清工程款为由拒绝交付建设工程,原则上不得就不动产行使留置权,但其享有优先受偿权。

《民法典》建设工程合同章未直接规定留置权,其第八百零八条规定,本章没有规定的,适用承揽合同的有关规定。第七百八十三条规定承揽合同的留置权。基于建设工程合同在本质上具有承揽合同的特点,其留置权同样适用于建设工程合同,承包人有权依法对建设工程合同行使留置权,但合同另有约定的除外。一般认为,留置权行使对象不包括不动产,在建设工程中竣工图纸、资料、房屋钥匙等经常作为留置权对象,现行法律、司法解释对具有不动产性质工程项目没有规定,实践中对留置工程项目有不同看法且鲜有实例,需要进一步加大研究力度。

笔者认为,虽然现行法律、司法解释对建设工程中工程项目留置问题未有规定,但并非绝对不能留置工程项目,在双方对工程项目有约定时可以留置,且承包人可按合同约定出租工程项目用其收益折抵工程款。

【案例1-191】 新疆吉明通信技术股份公司与新疆建工集团第二建筑工程有限责任公司建设工程施工合同纠纷案

二审法院认为,2005年4月12日《协议书》明确约定,“若超过2005年12月30日工程款未付至95%,建工二建有权出租涉案标的物,出租款用以折抵工程款,直至工程款折抵完为止”。因此,建工二建占有并出租涉案办公楼的合同依据是扎实的、合法的,并不构成吉明公司主张的侵权。吉明公司提出应适用《最高人民法院关于审理建设工程合同纠纷案件的暂行意见》第三十条规定,要求建工二建从2005年4月起(竣工验收合格之日)赔偿办公楼的租金损失5,621,000元的问题。法院认为,该暂行意见并不适用于本案纠纷的处理,而应当按照建工二建实际收取租金数额折抵工程款,具体判决理由如下:第一,《最高人民法院关于审理建设工程合同纠纷案件的暂行意见》第三十条规定与本案当事人约定不符。该规定认为,“建筑工程竣工验收合格后,承包人有先将工程及相关的资料交付给对方的义务”,但是此项承

[1] 最高人民法院(2019)民终1549号民事判决书。

包人交付义务的确认明显与本案《建设工程施工合同》通用条款第33.2条、第33.5条约定的承包人交付工程前提条件不同。因此,《合同法》始终贯彻尊重当事人意思自治的原则,故当事人约定除非违背现行法律、行政法规的强制性规定,应当尊重当事人的约定。第二,《最高人民法院关于审理建设工程合同纠纷案件的暂行意见》第三十条规定与《合同法》规定不符。本案双方当事人之间形成的是建设工程施工合同法律关系,应当依照《合同法》第十六章(建设工程合同)相关规定进行审理。鉴于建设工程合同是承揽合同的一种,故《合同法》第二百八十七条规定,本章没有规定的,适用承揽合同的有关规定。《合同法》第十五章(承揽合同)第二百六十四条规定,定作人未向承揽人支付报酬或者材料费等价款的,承揽人对完成的工作成果享有留置权,但当事人另外约定的除外。因此,《最高人民法院关于审理建设工程合同纠纷案件的暂行意见》第三十条规定忽视了承包人留置权这一法定权利的存在,本着上位法优先于下位法的法律适用原则,本案应当适用《合同法》的相关规定进行审理。在吉明公司清偿工程欠款前,建工二建对涉案办公楼享有留置权,故一审判决第二项适用法律不当,本院予以撤销。第三,涉案办公楼于2003年11月30日完成五方验证,但是双方当事人由于工程价款结算问题一直争执不休,直至诉至一审法院,建工二建基于《合同法》第二百六十四条之规定,一直占有涉案办公楼是行使法定留置权的表现,应当受到法律保护。但是,法定留置权的行使方式仅限于占有,不得通过使用收益或者不当减损被留置物的价值,故建工二建在行使法定留置权的情形下不得出租涉案办公楼受益。本案的争议焦点一查明,吉明公司已付工程为438万元,工程款支付比例为64.49%(4,380,000÷6,791,378.92),故《协议书》中"若超过2005年12月30日工程款未付至95%,建工二建有权出租涉案标的物,出租款用以折抵工程款,直至工程款折抵完为止"的生效条件已经成就,建工二建有依约出租涉案办公楼,并用出租收益折抵工程款,直至工程款折抵完为止。[1]

(六)工程担保纠纷处理

在建设工程活动中,实际存在大量的担保行为,常见工程担保、履约担保、质量担保、投标担保等。现行的《建筑法》《招标投标法》《民法典》都没有明确规定工程建设行业保证金收取的种类、比例和返还时间,对被管理者规范较多,对建设

---

〔1〕 新疆维吾尔自治区高级人民法院(2012)新民一终字第187号民事判决书。

单位规范得较少,对施工人规范得较多,对行业主管部门规范得较少,基于上述原因,涉及担保性质的纠纷不断。

1. 投标保证金处理。投标保证金是否退回关键在于违约行为的认定。

【案例1－192】 广厦建设集团有限责任公司与福州市台口区房地产开发公司其他合同纠纷案

最高人民法院认为,台江公司没收广厦公司投标保证金的条件是,广厦公司在收到中标通知后,无正当理由在规定期限内拒签合同协议书,或未按要求提交履约保证金。由于双方实际履行行为表明对广厦公司延期提供履约保证金达成了合意,故不应认为广厦公司无正当理由未按要求提交履约保证金、拒签合同协议书,台江公司取消广厦公司中标资格后,应将广厦公司缴纳的投标保证金予以退还。因此,支持了广厦公司上诉请求台江公司返还投标保证金80万元的诉讼请求。对一审判决进行了改判。[1]

2. 挂靠、借用资质投标保证金处理。此类保证金未中标退回被挂靠公司账户后,依据动产物权的属性不能认定为实际投标人所有。

【案例1－193】 林某与江门市蓬江区奥斯码装饰设计有限公司、广东开平建安集团有限公司、开平辉华房地产开发有限公司执行异议纠纷案

二审法院认为,依据《物权法》第二十三条规定,动产物权的设立和转让,自交付时发生效力,但法律另有规定的除外。林某作为实际投标人,其因挂靠关系下所缴纳的投标保证金,未中标被退回被挂靠公司账户后,依据该法律规定,应认定为被挂靠公司所有,此时,其只对被挂靠公司享有债权,而不能主张享有该笔款项的所有权。[2]

3. 被挂靠公司退回工程保证金处理。虽未直接收取工程保证金,但被挂靠公司有责任退还借用其资质的转包人收取的工程保证金。

【案例1－194】 周某荣、二十一冶金建设有限公司与安徽共创房地产开发有限公司建设工程施工合同纠纷案

一审法院认为,二十一冶金公司安徽分公司知晓王某龙挂靠其公司且以公司名义进行实际施工,但未作否认,王某龙在客观上具备了代理权的表象,周某荣有理由相信王某龙具有代理权,故王某龙以二十一冶金公司安徽分公司的名义与周某荣签订及履行合同的行为对二十一冶金公司安徽分公司有

---

〔1〕 最高人民法院(2014)民一终字第155号民事判决书。

〔2〕 广东省高级人民法院(2013)粤高法民终字第64号民事判决书。

效。本案中,因涉案工程已经停工近半年,合同目的已无法实现,故周某荣可以解除与二十一冶金公司安徽分公司签订的脚手架承包协议。合同解除后,二十一冶金公司应返还收取周某荣的60,000元保证金。由于二十一冶金公司安徽分公司为非企业法人,故周某荣要求二十一冶金公司承担民事责任,予以支持。因安徽共创公司并非合同的当事人,故周某荣要求其承担付款责任不应支持。原审法院据此判决二十一冶金公司返还周某荣保证金60,000元,二审法院维持了该判决事项。[1]

4. 退还履约保证金主体处理。公司是否是返还保证金的主体,在于厘清法定代表人收取保证金的行为属于职务行为还是个人行为。

【案例1-195】 张某、张某军与丁某兴建设工程施工合同纠纷案

二审法院认为,泽世公司是否是返还保证金的主体,从本案证据来看,丁某兴虽为其法定代表人,保证金的收条和保证金上都有其签字和公司的公章,但仍不足以证明本案工程承包协议的相对方为泽世公司。法院根据《民法通则》《建设工程解释》等法律规定,判定丁某兴个人承担返还保证金义务。[2]

5. 工程承包人作为内部承包的发包人,对其内部承包人收取实际施工人的保证金负有返还义务。

【案例1-196】 安徽富煌钢构股份有限公司与李某洋建设工程施工合同纠纷案

二审法院认为,涉案工程发包方恒兴公司与富煌公司签订的建设工程承包补充协议、富煌公司芜湖分公司就涉案工程与葛某君签订的内部承包协议,均对工程履约保证金的收取和返还作了明确的约定,并且恒兴公司已收到履约保证金。李某洋作为涉案工程木工制模项目承包人,交付履约保证金,有葛某君向李某洋出具的收条及向李某洋出具的木工工程结算单等证据证明,一审法院据此予以认定并无不当。富煌公司作为涉案工程的承包人,也为内部承包的发包人,对其内部承包人收取李某洋的保证金负有返还义务。[3]

6. 履约保证金没收承担处理。承包人因工程未按期完工而造成发包人履约保证金被相关部门没收,其并非承包人在签订施工合同时预见或应当预见到的因违反合同可能造成的损失,故不应承担赔偿发包人履约保证金被没收的损失。

---

〔1〕 安徽省宿州市中级人民法院(2015)宿中民一终字第00195号民事判决书。
〔2〕 江苏省无锡市中级人民法院(2015)锡民终字第00921号民事判决书。
〔3〕 安徽省芜湖市中级人民法院(2015)芜中民四终字第00128号民事判决书。

【案例 1－197】 江阴市银星机械制造有限公司与江阴市第二建筑安装工程有限公司建设工程施工合同纠纷案

一审法院认为,集约用地履约保证金协议系江阴市国土资源局与银星机械公司双方签订的。该协议对二建公司并无约束力。虽然二建公司未能按照约定的竣工日期竣工,但银星机械公司在与二建公司签订建设工程施工合同时没有将如二建公司违约上述履约保证金会被相关部门没收的情况告知二建公司,没收履约保证金也不是通常情况下工程未按期竣工自然产生的损失。故对银星机械公司关于赔偿被没收的履约保证金及利息的诉讼请求,法院不予支持。二审法院维持原判。[1]

7. 无效施工合同保证金处理。在无效施工情况下,发包人除应足额返还已收取的工程保证金之外,还要承担利息全额返还责任,该利息不以责任分担。

【案例 1－198】 衡阳腾龙房地产开发有限公司与新疆特变电工集团有限公司衡阳电气分公司建设工程施工合同纠纷案

一审法院认为,特变电衡阳分公司不是具有建筑资质的公司,其作为承包人承建腾龙公司的项目不具备合法性,双方签订的《建设工程施工合同》系无效合同,合同无效或者被撤销后,因该合同取得的财产,应当予以返还。故对于特变电衡阳分公司请求腾龙公司返还 400 万元履约金并承担相应的利息损失的诉讼请求予以支持。并根据双方在本案中的责任,判令特变电衡阳分公司承担 40%,腾龙公司承担 60%。腾龙公司认为判决其承担特变电衡阳分公司履约保证金 400 万元的全部利息错误,认为应在改判双方各对合同无效承担一半责任的基础上判决由各承担 400 万元履约保证金利息损失的一半,因此提出上诉。二审法院未予支持,维持了一审原判。[2]

8. 民工工资保证金处理。发包人和承包人均有义务向建设行政主管部门缴纳民工工资保证金,在没有证据证明有代付行为时,不应将其在应付工程款中扣除。

【案例 1－199】 四川省国园建筑工程有限责任公司与成都安彩敬天科技有限公司建设工程施工合同纠纷案

一审法院认为,根据政策,民工工资保证金是用于保证农民工工资按时足额发放的款项,建设单位和施工单位都有义务向建设行政主管部门缴纳该款项。如果没有发生拖欠农民工工资的情况,缴纳人可以申请行政主管部门退还已经缴纳的民工工资保证金。本案中,安彩科技公司没有证据证明其向

---

〔1〕 江苏省无锡市中级人民法院(2015)锡民终字第 00822 号民事判决书。

〔2〕 湖南省高级人民法院(2015)湘高法民一终字第 160 号民事判决书。

成都高新技术产业开发区规划建设局缴纳的民工工资保证金系代国园建设公司缴纳,故其要求在应付工程款中予以扣除的理由不成立,不予支持。二审法院亦持同样意见维持一审判决。[1]

(七)以物抵债纠纷处理

1.以物抵债理解

《民法典合同编通则解释》第二十七条规定:“债务人或者第三人与债权人在债务履行期限届满后达成以物抵债协议,不存在影响合同效力情形的,人民法院应当认定该协议自当事人意思表示一致时生效。债务人或者第三人履行以物抵债协议后,人民法院应当认定相应的原债务同时消灭;债务人或者第三人未按照约定履行以物抵债协议,经催告后在合理期限内仍不履行,债权人选择请求履行原债务或者以物抵债协议的,人民法院应予支持,但是法律另有规定或者当事人另有约定的除外。前款规定的以物抵债协议经人民法院确认或者人民法院根据当事人达成的以物抵债协议制作成调解书,债权人主张财产权利自确认书、调解书生效时发生变动或者具有对抗善意第三人效力的,人民法院不予支持。债务人或者第三人以自己不享有所有权或者处分权的财产权利订立以物抵债协议的,依据本解释第十九条的规定处理。”

第二十八条规定:“债务人或者第三人与债权人在债务履行期限届满前达成以物抵债协议的,人民法院应当在审理债权债务关系的基础上认定该协议的效力。当事人约定债务人到期没有清偿债务,债权人可以对抵债财产拍卖、变卖、折价以实现债权的,人民法院应当认定该约定有效。当事人约定债务人到期没有清偿债务,抵债财产归债权人所有的,人民法院应当认定该约定无效,但是不影响其他部分的效力;债权人请求对抵债财产拍卖、变卖、折价以实现债权的,人民法院应予支持。当事人订立前款规定的以物抵债协议后,债务人或者第三人未将财产权利转移至债权人名下,债权人主张优先受偿的,人民法院不予支持;债务人或者第三人已将财产权利转移至债权人名下的,依据《最高人民法院关于适用〈中华人民共和国民法典〉有关担保制度的解释》第六十八条的规定处理。”

实践中,发包人与承包人签订清偿债务的以房抵债协议现象时常发生。认定债务清偿期届满后的以物抵债协议时,应以尊重当事人的意思自治为基本原则,约定不明的,一般应认定以物抵债协议为诺成性的新债清偿协议。在协议的履行

---

[1] 四川省高级人民法院(2015)川民终字第96号民事判决书。

问题上,债权人的选择应受到必要限制,一般应先行使新债务履行请求权,但在新债届期不履行,致使以物抵债协议目的不能实现时,债权人有权请求债务人履行旧债务。

【案例1-200】 内蒙古兴华房地产有限责任公司与通州建总集团有限公司建设工程施工合同纠纷案

最高人民法院认为,在债权人与债务人达成以物抵债协议、新债务与旧债务并存时,确定债权人应通过主张新债务抑或旧债务履行以实现债权,亦应以此作为出发点和立足点。若新债务届期不履行,致使以物抵债协议目的不能实现的,债权人有权请求债务人履行旧债务;而且,该请求权的行使、并不以以物抵债协议无效、被撤销或者被解除为前提。本案中,涉案工程于2010年年底已交付,兴华公司即应依约及时结算并支付工程款,但兴华公司未能依约履行该义务。相反,就其所欠的部分工程款,兴华公司试图通过以部分房屋抵顶的方式加以履行,遂经与通州建总协商后签订了《房屋抵顶工程款协议书》。对此,兴华公司曾欲将协议约定的抵债房屋变更为另外的房屋,在未得到通州建总同意的情况下,兴华公司既未及时主动向通州建总交付约定的抵债房屋,也未恢复对旧债务的履行即向通州建总支付相应的工程欠款。通州建总提起本案诉讼向兴华公司主张工程款债权后,双方仍就如何履行《房屋抵顶工程款协议书》以抵顶相应工程款进行协商,但亦未达成一致。而从涉案《房屋抵顶工程款协议书》的约定看,通州建总签订该协议,意为接受兴华公司交付的供水财富大厦A座9层房屋,取得房屋所有权,或者占有使用该房屋,从而实现其相应的工程款债权。虽然该协议书未明确约定履行期限,但自协议签订之日至今已4年多,兴华公司的工程款债务早已届清偿期,兴华公司却仍未向通州建总交付该协议书所约定的房屋,亦无法为其办理房屋所有权登记。综上所述,兴华公司并未履行《房屋抵顶工程款协议书》约定的义务,其行为有违诚实信用原则,通州建总签订《房屋抵顶工程协议书》的目的无法实现。在这种情况下,通州建总提起本案诉讼,请求兴华公司直接给付工程款,符合法律规定的精神以及本案实际,应予支持。[1]

以物抵债协议未履行的处理。《民事审判指导与参考》研究组认为,如果甲开发公司与乙建筑公司未作出《以房抵债协议》替代原债权债务的明确意思表示,甲开发公司到期不履行《以房抵债协议》,乙建筑公司可请求甲开发公司履行原债务。债权人与债务人签订以物抵债协议的目的通常是增加一种清偿债务方

---

〔1〕 参见最高人民法院民事审判第一庭编:《民事审判指导与参考》2017年第2辑(总第70辑),人民法院出版社2017年版,第129~130页。

式,在以物抵债协议履行完毕之前,原债权债务并未消灭。从常理看,债权到期后,债权人能够接受额外增加一种新的清偿方式,但是以一个不确定的新的债权替代原到期债权,具有较大风险,债权人通常不会同意。因此,如果当事人没有作出相反意思表示,签订以物抵债协议不宜理解为替代了原债权债务。[1]

2. 以物抵债效力

《九民纪要》第四十四条规定:“当事人在债务履行期限届满后达成以物抵债协议,抵债物尚未交付债权人,债权人请求债务人交付的,人民法院要着重审查以物抵债协议是否存在恶意损害第三人合法权益等情形,避免虚假诉讼的发生。经审查,不存在以上情况,且无其他无效事由的,人民法院依法予以支持”,即债权到期后的以房抵债协议通常是有效的。但对于房屋尚未建成的商品房而言,结合《城市房地产转让管理规定》(2001 年修正)第三条“本规定所称房地产转让,是指房地产权利人通过买卖、赠与或者其他合法方式将其房地产转移给他人的行为。前款所称其他合法方式,主要包括下列行为:(四)以房地产抵债的……”及《房屋买卖合同解释》第二条“出卖人未取得商品房预售许可证明,与买受人订立的商品房预售合同,应当认定无效,但是在起诉前取得商品房预售许可证明的,可以认定有效”的规定可知,如果开发商在一直未能取得商品房预售许可证明的情况下与债权人签订的以房抵债(及配套的商品房预售)合同,则是无效的。在此情况下,债权人只得基于原施工合同继续要求开发商支付到期工程款。

建设工程领域的以物抵债协议,即以房抵款协议,依据清偿期是否届满,可以分为工程价款确定前和工程价款确定后两种类型的以房抵款协议。实践中,工程价款确定前的以房抵债协议是否属于流质协议是有争议的问题。认定以房抵款协议行为不同,案件处理结果不同。

法院认为以房抵款协议是担保工程价款的实现,参照《民法典》(原《物权法》)中关于流质契约禁止的规定,故认定无效。

【案例 1 – 201】 承德市山诚房地产开发有限公司与承德大正筑业有限公司建设工程施工合同纠纷案

最高人民法院认为,补充协议中以房抵顶工程款的约定,是山诚房地产公司与大正公司在债务履行期届满前达成的以物抵债协议,其本质是为了担保工程价款的实现,原审法院参照《担保法》第四十条及《物权法》第一百八十六条关于禁止流押的规定,认定该补充协议中以房屋抵顶工程款的条款无

---

〔1〕 参见最高人民法院民事审判第一庭编:《民事审判指导与参考》2018 年第 2 辑(总第 74 辑),人民法院出版社 2018 年版,第 226 页。

效，并无不妥。[1]

【案例1－202】 中建二局第二建筑工程有限公司与泉州豪生发展有限公司建设工程施工合同纠纷再审案

最高人民法院认为，尽管《执行事宜协议书》约定了以房抵款事宜，且中建二局与豪生公司亦签订了《商品房买卖合同》，但从《执行事宜协议书》“鉴于：……4. 甲方（豪生公司）现承诺自愿偿还所欠乙方（中建二局）债务，并以附条件的‘以房抵款’及法院查封等方式保证兑现承诺”约定豪生公司归还部分款项后，中建二局向泉州市中级人民法院申请解除对相应价值抵债房产的查封，并与豪生公司解除相应金额抵债房产的《商品房买卖合同》的行为看，豪生公司签订《商品房买卖合同》的目的是向中建二局履行案涉工程款付款义务提供担保，案涉《商品房买卖合同》并非当事人之间真实意思表示。二审判决据此认定双方在《执行事宜协议书》中预先约定若豪生公司未能如期还款则以相应价值的商品房直接抵付所欠中建二局的债务的条款因违反了《物权法》《担保法》相关规定，应属无效，并无不当。[2]

工程款履行期限届满后，发包人和承包人签订的以房抵款协议原则上有效。

【案例1－203】 通州建总集团有限公司与内蒙古兴华房地产有限责任公司建设工程施工合同纠纷案

最高人民法院认为，对以物抵债的效力、履行等问题的认识，应以尊重当事人的意思自治为基本原则。一般而言，除当事人有明确约定外，当事人于债务清偿期限届满后签订的以物抵债协议，并不以债权人现实地受领抵债物，或取得抵债物所有权、使用权等财产权利，为成立或生效要件。只要双方当事人的意思表示真实，合同内容不违反法律、行政法规的强制性规定，合同即有效。[3]

工程款履行期限届满后，发包人和承包人约定以房抵款，且约定债之更改的，承包人不可以继续主张工程款。

【案例1－204】 南通三建公司与郑州卓泰公司、长葛卓泰公司建设工程施工合同纠纷案

最高人民法院认为，关于以房抵工程款效力问题。从案涉《和解协议》《和解补充协议》的约定看，各方并未约定必须将抵账房屋办至南通三建公司或其指定受让人名下才能达到抵顶工程款的效果；从郑州卓泰公司、长葛

[1] 最高人民法院(2017)民申字第284号民事裁定书。

[2] 最高人民法院(2019)民申6801号民事裁定书。

[3] 参见《最高人民法院公报》2017年第9期。

卓泰公司一审提交的江苏南通三建集团有限公司《葛韵华府住宅抵账明细表》《葛韵华府商铺抵账明细表》《葛韵御府住宅抵账明细表》的内容看，住宅房屋大部分已办证、少部分未办证，商铺均已签订合同、未办证；从东某祥2017年9月25日出具的《证明》看，其委托郑州卓泰公司、长葛卓泰公司将抵工程款的房屋、车位、储藏室办理给第三方，没有办理网签及房产登记手续的也全部签订了转让协议并转让给第三方使用。上述事实表明，郑州卓泰公司、长葛卓泰公司已实际履行了以房抵工程款的义务，以房抵工程款的目的已实现，未办理过户手续的应由相关权利人另行主张权利，南通三建公司不能以此为由否定以房抵工程款的效力。虽然大部分抵顶工程款的房屋、车位、储藏室是由东某祥与郑州卓泰公司、长葛卓泰公司商定，但是南通三建公司已经在《和解协议》《和解补充协议》中对郑州卓泰公司、长葛卓泰公司向东某祥支付345,694,099.52元(含房抵工程款)的行为表示了谅解，应当视为南通三建公司对东某祥经手的以房抵工程款已予以认可。故南通三建公司以案涉房屋未按照约定办理产权登记手续至南通三建公司或其指定受让人名下为由否认已抵工程款的效力，继而要求郑州卓泰公司、长葛卓泰公司仍应支付相应工程款的上诉请求缺乏事实依据，本院不予支持。[1]

工程款履行期限届满后，发包人和承包人约定以房抵款，未约定债之更改的，承包人可以继续主张工程款。

【案例1-205】 某公司与瑞泰华公司建设工程施工合同纠纷再审案

最高人民法院认为，关于诉争房屋涉及的以房抵债工程款是否应计入瑞泰华公司的已付工程款的问题。诉争房屋未办理过户登记，双方就该房屋达成的以房抵债协议并未得到实际履行。住业公司基于原有的建设工程施工合同关系向瑞泰华公司主张诉争房屋所涉11,634,740元欠付工程款于法有据，瑞泰华公司主张该部分款项应计入已付工程款的理由不能成立，本院不予支持。[2]

法院认为以房抵款协议并非提供担保，而是一种折价抵偿的清偿方式，故合法有效。

【案例1-206】 江西汉威建设工程集团有限公司与江西华曦公司建设工程施工合同纠纷案

二审法院认为，《补充协议》关于将79套商铺按八五折出售给汉威公司的约定并非为债权实现担保，而是华曦公司难以支付剩余工程款时，通过将

---

〔1〕 最高人民法院(2020)民终197号民事判决书。
〔2〕 最高人民法院(2020)民申2381号民事裁定书。

其开发的商铺折价抵偿给施工人的方式，实现双方权利义务平衡的一种处置。[1]

施工合同无效后，发包人与承包人之间签订的以房抵顶工程款的协议效力，在实务中有不同观点。《民事审判指导与参考》研究组认为，以房抵债协议的效力是否受施工合同无效的影响，应综合根据该协议的内容进行分析判定。从以房抵顶工程款的协议看，当事人约定的是用房屋（通常是在建房屋）抵顶已欠的工程款。根据相关司法解释的精神，不论施工合同有效与否，发包人都负有支付工程价款的义务。该以房抵顶工程款协议为当事人对欠付的工程款进行结算的约定，性质上属于发包人与承包人对既存债权债务关系的清理。相较于施工合同，以房抵顶工程款的协议具有相对的独立性，根据《合同法》第九十八条的立法精神，应认定其效力。[2]

如果双方在以物抵债中没有明确约定原工程款债权债务消灭，则以房抵债协议构成与原债务共存的新债清偿，因此，如果最终以房抵债协议履行不能，工程款债权人仍可以基于原工程合同继续要求开发商以其他方式履行偿还工程款的义务。

3. 以物抵债的执行问题

【案例 1－207】 王某光诉中天建设集团有限公司、白山和丰置业有限公司案外人执行异议之诉案

最高人民法院认为，在建设工程价款强制执行过程中，房屋买受人对强制执行的房屋提起案外人执行异议之诉，请求确认其对案涉房屋享有可以排除强制执行的民事权益，但不否定原生效判决确认的债权人所享有的建设工程价款优先受偿权的，属于《民事诉讼法》第二百二十七条（现为第二百三十四条）规定的"与原判决、裁定无关"的情形，人民法院应予依法受理。[3]

【案例 1－208】 徐某与苏华公司案外人执行异议之诉纠纷案

最高人民法院认为，二审争议的焦点问题：对案涉房屋是否享有足以排除人民法院强制执行的民事权益。本案苏华公司对案涉房屋不享有建设工程价款优先受偿权及其他担保物权，在徐某不属于商品房消费者的情况下，一审法院参照《执行异议和复议规定》第二十八条的规定，审查徐某的权利能否对抗苏华公司的一般金钱债权。但王某东对案涉房屋系通过以物抵债方式取得，目前《执行异议和复议规定》第二十八条能否适用以物抵债，裁判

〔1〕 江西省高级人民法院（2017）赣民终第 209 号民事判决书。

〔2〕 参见最高人民法院民事审判第一庭编：《民事审判指导与参考》2015 年第 4 辑（总第 64 辑），人民法院出版社 2016 年版，第 241 页。

〔3〕 最高人民法院指导案例 154 号。

尺度不尽统一。在参照适用《执行异议和复议规定》第二十八条的情况下，该条明确规定，金钱债权执行中，买受人权利能够排除执行须同时符合四个方面的条件：(1)在人民法院查封之前已签订合法有效的书面买卖合同；(2)在人民法院查封之前已合法占有该不动产；(3)已支付全部价款，或者已按照合同约定支付部分价款且将剩余价款按照人民法院的要求交付执行；(4)非因买受人自身原因未办理过户登记。本案中，王某东与鸿基米兰开发公司签订的《商品房买卖合同》未记载签订时间，该合同内容及其他证据也无法佐证在案涉房屋被查封前签订了前述合同。而徐某将《商品房买卖合同》更名时间在案涉房屋被查封后。对于是否在查封前合法占有案涉房屋的问题，一般而言合法占有是指因交付而对案涉房屋具有事实上管理和支配的状态，案涉抵账协议作为诺成合同，签订协议行为以及卓越伟业公司同意将案涉房屋登记给王某东的意思表示，仅表明王某东取得对案涉房屋的债权，不必然证明其已实际控制和支配案涉房屋。而徐某实际占有房屋的时间在查封之后。徐某提交的法院查封前支付热费的凭证，系由具有利害关系的鸿基米兰热力公司开具。徐某虽提交其以鸿基米兰热力公司所欠工程款抵顶众合物业公司2014年至2017年物业费的《抵账协议》及附件，以佐证王某东在查封前实际占有案涉房屋，但该协议及物业费清单标注日期均系2022年，其亦未提供证据证明鸿基米兰热力公司与众合物业公司间存在债权债务关系，就该抵顶真实性及查封前已占有案涉房屋无法形成完整证据链条。徐某提交的其他案外人购买王某东顶账房的相关证据与本案亦不具有关联性，而其他用以证明实际占有的证据均出具于法院查封之后。故此，现有证据不足以证明徐某在查封前合法占有案涉房屋，即使徐某主张承继王某东的权利，因王某东不享有能够排除执行的民事权利，故徐某也不能基于承继王某东的权利而排除执行。一审法院认定徐某的主张不符合《执行异议和复议规定》第二十八条规定的情形，进而对其关于享有排除强制执行民事权益的主张不予支持，并无不当。况且，案涉履行期满后双方达成的以房抵债协议，系以消灭金钱债务为目的，无论其是新债清偿还是债务更新，与买卖合同在债的性质以及对其他债权人合法利益的保护上均存在不同。加之以物抵债产生的物权期待权缺乏物权变动的公示方法，判断其真实性具有较大难度，故在执行异议之诉中不宜简单适用《执行异议和复议规定》第二十八条的规定，轻易认定以物抵债权利人可以对抗金钱债权人。综上，徐某的上诉请求不能成立，一审判决认定事实清楚，适用法律正确。判决：驳回上诉，维持原判。[1]

---

〔1〕 最高人民法院(2022)民终387号民事判决书。

【案例 1－209】　中国东方资产管理股份有限公司甘肃省分公司、刘某巧等申请执行人执行异议之诉纠纷案

最高人民法院认为,本案中,人民法院查封的案涉房屋已经办理抵押登记手续,东方资产甘肃分公司对华屹置业公司享有的金钱债权可就案涉抵押财产优先受偿。根据《执行异议和复议规定》第二十七条有关"申请执行人对执行标的依法享有对抗案外人的担保物权等优先受偿权,人民法院对案外人提出的排除执行异议不予支持,但法律、司法解释另有规定的除外"之规定,本案应参照《执行异议和复议规定》第二十九条认定刘某巧对案涉房屋是否享有排除强制执行的民事权益。根据东方资产甘肃分公司的上诉请求和理由以及一审查明的事实,本院分析如下:关于签订买卖合同的问题,东方资产甘肃分公司主张刘某巧与华屹置业公司之间并未达成真实的以商品房买卖合意为基础的不动产买卖关系,双方法律关系系以物抵债,刘某巧对华屹置业公司享有的债权与东方资产甘肃分公司享有的债权相比不具有优先实现的价值利益。本院认为,《执行异议和复议规定》第二十九条赋予商品房消费者优先于抵押权人抵押权的民事权益,该规定是为了保护商品房消费者生存权而作出的例外规定,其中该条第一项规定的主要目的为商品房消费者应在案涉房产查封前取得主张商品房交付的合法权利,从而获得物权期待权。具体到本案,在一审法院查封案涉房屋前,刘某巧与华屹置业公司于2016年2月13日签订案涉《商品房买卖合同》购买案涉房屋。二审庭审中,刘某巧陈述其以现金形式缴纳房款435,728元,华屹置业公司陈述案涉房屋属于工程款抵房,其将案涉房屋抵顶给甘肃省东乡族自治县第三建筑工程公司,并根据该公司要求与刘某巧办理了购房手续,刘某巧将购房款支付给该公司,案涉房屋已交付使用。本院认为,刘某巧与华屹置业公司签署《商品房买卖合同》,在该合同项下,刘某巧负有支付购房款的义务并享有要求华屹置业公司交付商品房的权利,刘某巧向第三方支付购房款属于向第三人履行义务的行为,并未改变刘某巧与华屹置业公司直接建立商品房买卖法律关系的性质。刘某巧与华屹置业公司签订《商品房买卖合同》的时间先于一审法院查封案涉房屋的时间,刘某巧在案涉房屋查封前取得了要求华屹置业公司交付商品房的合法权利,符合《执行异议和复议规定》第二十九条第一项规定的条件。关于支付购房款的问题,根据一审查明的事实,刘某巧在签订《商品房买卖合同》后一次性付清了购房款,华屹置业公司向刘某巧出具了收款收据,其后刘某巧办理入住手续居住使用至今。东方资产甘肃分公司主张收款收据并不能证明刘某巧付款真实性,本院认为,刘某巧付款情况有华屹置业公司所开具收款收据予以佐证,东方资产甘肃分公司有关刘某巧付款真实性存疑的主张无证据支持,不能成立。因此,刘某巧符合《执行异议和复议规定》第二十九条第三项规定的条件。一审判决认定刘某巧亦符合《执行异议和复议规定》第二十九条第二项规定的条件,对此东方资产甘肃分公司未提出异议,本院予以确认。故一审判决认定刘某巧对执行标的即案涉房屋享有排除人民法院强制执行的民事权益并无不当,本院予以支持。另外,基于保护商品房消费者生存利益的考虑,《执行异议和复议规定》第二十九条规定符合条件的商品房消费者可排除金钱债权甚至是享有抵押权等优先受偿权的金钱债权的执行。根据一审查明事实,刘某巧购买的案涉房屋属于满足其生存权的范畴。东方资产甘肃分公司有关其对案涉房屋享有抵押权,华屹置业公司与刘某巧签订的购房合同不能直接导致物权变动,刘某巧不享有排除强制执行的权利等主张,本院不予支持。[1]

发包人以房屋抵顶承包人的工程款(以房抵债),承包人将房屋权利转让给第三人,发包人为该第三人开具收款收据,应视为第三人支付了购房款。该第三人对房屋享有足以排除强制执行的民事权益。

【案例1-210】 宋某君与滨联公司、盛恒基公司执行异议纠纷案

最高人民法院认为,本案中,《商品房买卖合同书》虽未载明签订日期,但合同明确约定付款方式为工程款抵顶房款,买受人拒绝在实际进户前一次性补齐物业费等相关费用,出卖人有权拒绝交付房屋。结合2016年2月签订的《关于抵顶工程款商品房拨付的申请》《转卖更名申请书》关于案涉房屋抵付工程款并明确房屋坐落、面积、价款、交付时间等约定内容,以及原审查明盛恒基集团销售部在入住会签单上的盖章时间,可以认定合同签订时间在人民法院查封之前。现有证据无法证明该合同非系双方真实意思表示,故案涉《商品房买卖合同书》合法有效,合同是否在房产部门联机备案不影响其效力。宋某君一审提供的滨联公司与盛恒基公司之间的抵顶工程款商品房拨付申请等材料载明了工程内容、工程价款、审批结算信息及双方以房抵顶工程款的合意,可以认定其间以房抵债的事实以及滨联公司实际支付了案涉房屋的购房款。现滨联公司同意将权利让渡给宋某君,盛恒基公司亦为宋某君开具房款收据予以确认,应视为宋某君已交付了全部购房款。另经查明,宋某君名下无其他用于居住的房屋。综上,宋某君的情形符合《执行异议和复议规定》第二十九条的规定,其对案涉房屋享有足以排除人民法院执行的民事权益。[2]

---

[1] 最高人民法院(2022)民终375号民事判决书。

[2] 最高人民法院(2022)民终15号民事判决书。

专题二　建设工程施工合同主体纠纷

在建设工程施工合同纠纷中，围绕合同主体的争议频发。确认合同的主体，不能只看合同上签字、盖章的主体，也不能只看合同上列明的当事人，要从合同权利的实际享有者、义务的实际履行者来判断合同当事人。施工合同的发包人与建设工程项目建设方不一致，或因合同签约方为项目筹建处等不具备主体资格时，承包人因发包人拖欠工程款引发工程款拖欠纠纷，应通过审慎调查查明谁是真正的责任主体，向建设项目的适格发包人主张权利。

实践中，依据何种标准判断合同主体，承担合同责任主体的范围，以及特殊情形合同主体都需要深入研究。

一、施工合同主体理解

(一)施工合同主体含义

1. 施工合同主体概念

所谓民事主体,是指民事关系的参与者、民事权利的享有者、民事义务的履行者和民事责任的承担者,具体是指平等主体的自然人、法人和非法人组织。[1]

施工合同主体,是指合同中享受权利承担义务的人。这里的人是在法律上拟制的人,包括自然人也包括非自然人。合同中享受权利承担义务的人,从狭义上讲,是合同签订人、履行人、责任承担人。从广义上讲,除前述人员外还包括债务承担人、连带责任人、保证人、债务加入人等。

施工合同主体具有特定性、复杂性,包含发包人、总承包人、承包人、分包人和实际施工人。除实际施工人以外,各类主体都必须是企业资格的法人,限制自然人成为上述施工合同的主体。

正确把握施工合同主体,关系到施工合同纠纷的法律适用问题。

《民法典》第八百零二条规定:"因承包人的原因致使建设工程在合理使用期限内人身损害、财产损失的,承包人应当承担赔偿责任。"立法者认为,这里的受损害方不仅仅是建设工程合同的对方当事人即发包人,建设工程的最终用户以及因该建设工程而受到损害的其他人。[2]

2. 施工合同主体范围

据《民法典》的相关规定,施工合同的主体主要包括以下人:

其一,发包人。发包人是指具有工程发包主体资格和支付工程款能力的当事人以及取得该当事人资格的合法继承人。发包人有时称发包单位、建设单位或项

---

〔1〕 参见中国审判理论研究会民事审判理论专业委员会编著:《民法典总则编条文理解与司法适用》,法律出版社2020年版,第6页。

〔2〕 参见黄薇主编:《中华人民共和国民法典合同编释义》,法律出版社2020年版,第685页。

目业主、项目法人及甲方等。[1]

司法实践中，对《建设工程解释（一）》第四十三条中“发包人”的范围存在以下两种观点，“发包人”的静态理解认为：“相对发包人”不是“发包人”静态理解观点认为，本条规定中所指的发包人，是静态的绝对的，仅为建设工程的建设单位（业主）。即认为不能将转包人、违法分包人等中间环节的“相对发包人”纳入“发包人”的范畴，实际施工人无权据此向转包人、违法分包人主张权利。对法律法规规定中出现的“发包人”作文义解释、体系解释后，“发包人”系专有概念，专指建设工程施工合同中的第一手发包方，即建设单位、业主。《民法典》合同编第十八章关于“建设工程合同”的21个法律条文中，其中12条出现发包人，均明确指向建设方，即“业主”。

总承包人、承包人都是与发包人签订合同的主体，二者并非同一概念；分包单位也用了专门的名称，不应当被理解为包含在发包人概念中。故该条规定“发包人”特指建设单位。

【案例2－1】　蒲某与代某林、余某平等建设工程分包合同纠纷案

最高人民法院认为，承包人和违法转包人不属于《建设工程解释》第二十六条规定中的“发包人”，实际施工人要求违法转包人在欠付工程款内承担连带责任不符合法律规定。[2]

【案例2－2】　王某与贵州建工集团第四建筑有限责任公司建设工程施工合同纠纷案

最高人民法院认为，建工四公司为谢某阳违法转包前一手的违法分包人，系建设工程施工合同的承包人而非发包人。[3]

应注意的是，基于文义解释，不应对发包人范围作扩大理解。在涉及层层分包或转包法律关系中，发包人、总包人、转包人、违法分包人、实际施工人等各个主体的法律含义是特定的，无论是基于《民法典》，还是《建筑法》，其对建设工程不同环节的主体均采用不同的表述，不应随意做扩大发包人范围的理解。《建设工程解释（一）》第四十三条规定中的“发包人”仅限于建设单位。

其二，总承包人，就是施工合同的承包人，也就是施工人。《民法典》中“施工人”涵盖了建设工程施工合同的所有施工主体，包括总承包人、承包人、专业工程分包人、劳务作业的分包人。需要指出的是，《民法典》中“施工人”身份的认可是以施工合同合法有效为前提，相关规定并不适用基于非法转包、法分包合同关系

〔1〕参见常设中国建设工程法律论坛第八工作组：《中国建设工程施工合同法律全书》，法律出版社2019年版，第3页。

〔2〕最高人民法院（2016）民再31号民事判决书。

〔3〕最高人民法院（2018）民申1808号民事裁定书。

形成的施工人。本条中“实际施工人”与总承包人、分包人是并列的,其指向的对象与狭义的总承包人、分包人概念不同,专指非法转包和违法分包的承包人。《民法典》《建筑法》等相关规定是严格禁止分包单位将其承包的工程再分包的。但是实务中,并非如法律规定的那么完美,转包、不合法的分包、施工人系借用他人资质与发包人签订施工合同等情形,为数众多。这些不合法、不合规的现象,造成工程被层层转包,几经转手。有些是发包人知晓并同意的,有些是发包人根本不知情的。严格把握合同关系和法律规定,会造成发包人在工程质量有问题时维权困难的局面。为破解这一审判难题,本条规定应运而生。为区别《民法典》规定的有合法身份的施工人,本解释使用了“实际施工人”的表述方式。在本解释中有几个条款使用了“实际施工人”的概念,均是指无效合同的承包人,如转承包人、违法分包合同的承包人、没有资质借用有资质的建筑施工企业的名义与他人签订建设工程施工合同的承包人,等等。

其三,分包人。本专题讲的分包人包括两种类型,一种为合法的分包人,专业分包人或劳务分包人;另一种为违法的分包人。

湖南省高级人民法院发布的《关于审理建设工程施工合同纠纷案件若干问题的解答》规定:合法分包的情况下,完成建设工程施工分包合同项下内容的分包人可否直接起诉发包人? 合法分包的情况下,实际完成建设工程施工分包合同项下内容的分包人可参照《建设工程解释(一)》第四十三条之规定起诉发包人。

《建筑法》第十二条规定:“从事建筑活动的建筑施工企业、勘察单位、设计单位和工程监理单位,应当具备下列条件:(一)有符合国家规定的注册资本;(二)有与其从事的建筑活动相适应的具有法定执业资格的专业技术人员;(三)有从事相关建筑活动所应有的技术装备;(四)法律、行政法规规定的其他条件。”第十三条进一步规定:“从事建筑活动的建筑施工企业、勘察单位、设计单位和工程监理单位,按照其拥有的注册资本、专业技术人员、技术装备和已完成的建筑工程业绩等资质条件,划分为不同的资质等级,经资质审查合格,取得相应等级的资质证书后,方可在其资质等级许可的范围内从事建筑活动。”据此,劳务作业承包人不得是自然人个人。在此前提下,《房屋建筑和市政基础设施工程施工分包管理办法》第八条第二款规定:“严禁个人承揽分包工程业务。”因此,为了确保工程质量,维护建筑市场秩序,保护建筑工人安全,以个人名义进行劳务承包所签订的劳务分包合同当属无效,这一点不应存有疑义。

劳务作业分包由劳务作业发包人与劳务作业承包人通过劳务合同约定。劳务作业承包人必须自行完成所承包的任务。因此,施工总承包企业或者专业承包企业将承包工程中的劳务作业,发包给具有相应资质的劳务作业承包人,签订的劳务分包合同是合法、有效的,受法律保护;发包给个人,签订的劳务分包合同是非法、无效的,不受法律保护。

其四,实际施工人。在本解释中有几个条款使用了“实际施工人”的概念,均是指无效合同的承包人,如转承包人、违法分包合同的承包人、没有资质借用有资质的建筑施工企业的名义与他人签订建设工程施工合同的承包人,等等。[1] 详见专题十三建设工程实际施工人纠纷中阐述。有法官认为,实际施工人不是建设工程合同主体。理由:第一,实际施工人具有违法性。第二,《建筑法》未规定实际施工人。第三,《民法典》未规定实际施工人。[2]

其五,联合体。大型建设工程中,多个承包人组成联合体投标、施工。联合体的任一成员以联合体名义对外签订的施工合同,对联合体全体成员具有法律约束力,应由联合体全部成员共同享有权利、履行义务、承担责任。

其六,其他相关人员。包括建设工程价款优先授权的主体、表见代理主体、受到损害的其他人。

不宜认定为建设工程合同的主体:(1)劳务分包企业;(2)包工头和施工班组组长。[3]

(二)施工合同主体判断标准

施工合同主体判断标准,是准确认定合同主体的基础。

合同相对性是判断合同主体的重要标准。合同的相对性包含主体、内容和责任等方面的相对性。就合同主体而言,依据签订合同内容的相对性,确认缔约合同双方进而界定涉案争议的当事人。

债权具有相对性,债权人在无法律依据的情况下不能突破合同相对性原则要求第三人对债务承担连带责任。

【案例2-3】 大连渤海建筑工程总公司等诉大连宝玉房地产开发有限公司等建设工程施工合同纠纷案

最高人民法院认为,金世纪公司对宝玉集团、宝玉公司向渤海公司清偿工程欠款不承担连带责任。首先,本案讼争的法律关系是施工合同纠纷,而不是合作开发房地产合同纠纷。本案施工合同的当事人为宝玉集团、宝玉公司与渤海公司,宝玉集团、宝玉公司为发包人、渤海公司为承包人。施工合同

---

〔1〕 参见最高人民法院民事审判第一庭编著:《最高人民法院新建设工程施工合同司法解释(一)理解与适用》,人民法院出版社2021年版,第157页。

〔2〕 参见最高人民法院民事审判第一庭编:《民事审判指导与参考》2020年第3辑(总第83辑),人民法院出版社2021年版,第130~155页。

〔3〕 参见最高人民法院民事审判第一庭编:《民事审判指导与参考》2020年第3辑(总第83辑),人民法院出版社2021年版,第152~153页。

只对合同当事人产生约束力,即对宝玉集团、宝玉公司和渤海公司发生法律效力,对合同当事人以外的人不发生法律效力。金世纪公司与宝玉集团之间存在合作开发房地产关系,不是施工合同当事人,不应对施工合同承担合同义务。其次,债权属于相对权,相对性是债权的基础。债是特定当事人之间的法律关系,债权人和债务人都是特定的。债权人只能向特定的债务人请求给付,债务人只能对特定的债权人负有给付义务。即使因第三人的行为致使债权不能实现,债权人也不能依据债权的效力向第三人请求排除妨害,债权在性质上属于对人性。最后,《民法通则》第八十四条第一款规定:债是按照合同的约定或者依照法律的规定,在当事人之间产生的特定的权利义务关系。第二款规定:债权人有权要求债务人按照合同的约定或者依照法律的规定履行义务。"特定的"含义就是讲只有合同当事人才受合同权利义务内容的约束。债权人要求债务人履行义务的基础是合同约定或法律规定。本案渤海公司主张金世纪公司就宝玉集团、宝玉公司偿还工程欠款承担连带责任,因当事人之间不存在"特定的"债的关系,突破合同相对性也没有法律依据,渤海公司主张金世纪公司对还款承担连带责任的上诉请求,于法无据。[1]

建设项目的施工合同是由房地产开发公司与建设公司签订的,建筑物所有人不是建设工程施工合同的签订人。根据合同的相对性原则,对房地产开发公司与建设公司签订的施工合同所产生的债权债务纠纷,建筑物所有人不应承担责任。也就是说,存在建筑物所有人与房地产开发公司、建设公司三方就建设工程签订合同,约定房地产公司为总承包人,建设公司为施工人,建筑物所有人对总承包人应付工程款不承担责任的,该约定不违反国家法律法规的强制性规定,应认定为有效,法律应支持合同约定。

【案例2-4】 某大学与房地产开发公司、建设公司建设工程施工合同纠纷案

二审法院认为,《三方协议》约定某大学不承担任何房地产开发公司与建设公司之间的债权、债务,而建设公司并未提出该协议无效的理由。因此,该协议应认定为有效。一审判决某大学承担工程付款的连带责任没有合同和法律依据,应予纠正。由于建设公司的投入与劳动成果已物化到建筑物中,不管建筑物归谁所有,只要房地产开发公司未按照约定支付工程价款,建设公司就可依照《合同法》第二百八十六条的规定,向建筑物所有人主张优先受偿权,并可通过对建筑工程的拍卖及折价等方式实现该权利。据此,二

〔1〕 参见《最高人民法院公报》2008年第11期。

审法院判决,房地产开发公司支付建设公司工程款7232万元,而未判决某大学对房地产开发公司应付款项承担连带付款责任。最高人民法院民一庭意见,作为建筑物所有人的建设单位将建设项目全权委托给房地产开发公司施工建设,同时签订了《三方协议》,该协议系当事人的真实意思表示,不违反国家法律及法规的强制性规定,应认定为有效。建设单位对房地产开发公司应付工程款项不应承担连带责任。但是如果房地产开发公司不能按照约定支付工程价款,建设公司可依照《合同法》第二百八十六条的规定,向建筑物所有人主张优先受偿权,并可通过对建筑工程的拍卖及折价等方式实现其权利。[1]

施工合同中的发包人与建筑物所有人不一致,在发包人出现下落不明或者丧失支付能力等影响承包人工程款受偿权的情形,且建筑物所有权人在获得所有权时未支付相应对价(包括未支付合理对价)的,则可以突破合同相对性,承包人向建筑物所有人主张权利,要求其在无偿受益范围内承担还款责任。如果不同时具备上述两个条件,则限制其承包人向建筑物所有权人主张权利。

【案例2-5】 广州市番禺区市场管理总站与广州市番禺区第二建筑公司、广州华粤房地产股份有限公司等工程款纠纷案

最高人民法院认为,市管总站不是华粤公司与二建公司建筑安装工程合同的缔约人,一审法院以讼争项目已被另案判归市管总站所有,市管总站是该建筑物的受益人为由,判由市管总站对华粤公司的上述付款义务承担连带清偿责任,适用法律错误,依法应予纠正。市管总站上诉请求其不应承担连带清偿责任,依据充分,应予支持。[2]

委托开发协议中约定委托方对第三人不承担民事责任的,协议对第三人无约束力,委托开发方对于委托开发过程中产生的债务仍应与受托开发人一起对第三人承担连带责任。

【案例2-6】 徐州市鼓楼区九里街道办事处孤山村村民委员会、王某某与郭某某建设工程施工合同纠纷案

二审法院认为,孤山村委会与王某某之间签订的协议书中虽然约定王某某是涉案工程的开发主体,孤山村委会负责协助办理相关手续,对孤山村委会享有的权利没有约定。但是在该协议的第四条,对相关法律责任的承担方式双方明确约定为"有关部门裁定应由甲方(孤山村委会)承担责任的,乙方(王某某)应全部承担,不能给甲方造成任何经济、民事等影响"。从上述协

---

〔1〕 参见最高人民法院民事审判第一庭编:《民事审判指导与参与》2012年第1辑(总第49辑),人民法院出版社2012年版,第113页。

〔2〕 最高人民法院(2001)民一终字第67号民事判决书。

议内容来看,孤山村委会在签订该协议时对于可能承担相关责任有一定的预期,且依照上述协议约定其享有向王某某追偿的权利。故王某某以孤山村委会的名义从事涉案工程的开发建设行为,孤山村委会应当承担连带责任。孤山村委会主张,王某某并非其集体组织的成员,且王某某在一审判决后已承诺自愿承担本案相应的民事责任,故孤山村委会不应当在本案中承担连带责任。本院认为,王某某是否为孤山村集体组织成员,在其与王某某签订协议书及向王某某出具授权委托书时就应当予以审查,而非在发生争议时才查明。且上诉人孤山村委会二审期间提供的证据亦无法证明其上诉主张。另外,对于王某某向其出具的承诺仅为其双方的内部约定,并不能据此认定孤山村委会不需要向郭某某承担其应当承担的民事责任。[1]

【案例2-7】　佛山市南海区南建奕翔建筑工程有限公司与中国银行股份有限公司佛山市南海支行等建设工程施工合同纠纷案

二审法院认为,虽然奕翔公司签订的施工合同中建设单位系中兴公司,但该公司已于2000年被注销,而讼争工程的报建单位、讼争的土地使用权人及讼争房产建成后办理的产权证所有权人均是南海支行,且在讼争工程接受工程使用至今,南海支行系讼争工程的实际受益者;而南海支行亦无相关证据证实其与中兴公司结算工程价款;据此,原审法院认定南海支行与中兴公司的关系系委托建设讼争房产关系,由南海支行承担与奕翔公司就讼争工程进行结算之义务,并无不妥,本院予以维持。[2]

建设工程施工合同的付款责任人一般以合同相对方为准,而不以房产证记载的产权所有人为凭,但并不排除个案中承担连带付款责任可能性。实践中,施工合同上的发包人为民办学校,其作为民办教育机构还款能力比较欠缺且无力支付工程款,而施工的内容是学校校舍,显然属于法律规定不适合进行拍卖、变卖以抵付工程款的范畴。在教育局以系争工程的建设单位名义,向有关建设主管部门进行立项批复以及备案等手续,并作为建设单位进行招投标工作,其成为实质上和行政管理部门认可的建设工程施工合同的发包人。因此,教育局与承包人虽没有在施工合同上签字构成形式上的合同权利义务关系,但其实际享有系争工程的所有权,民办学校享有系争工程的使用权和收益权,在这种情形下应认定他们就系争工程施工合同具有共同的利益,利益也是不可分割的,对教育局应视为施工合同的隐名发包人而与民办学校共同成为施工合同的一方当事人享有权利并承担相应义务。对于付款责任人认定,应结合具体案情确认。

---

〔1〕　江苏省徐州市中级人民法院(2013)徐民终字第757号民事判决书。

〔2〕　广东省佛山市中级人民法院(2006)佛中法民五终字第84号民事判决书。

【案例2-8】 富汇公司与肖县教育局、美音民办学校建设工程施工合同纠纷案

一审法院认为,关于肖县教育局是否承担付款责任的问题。法院认为涉案工程施工合同虽形式上为富汇公司与美音民办学校签订,工程施工过程中也由美音民办学校支付了部分工程款项,作为工程施工合同的签约方,美音民办学校应当承担涉案工程项下工程款支付责任。但系争工程是以肖县教育局作为建设单位向建设主管部门进行的立项批复以及备案等手续,并由其作为建设单位进行招投标工作,肖县教育局与富汇公司虽没有形式上的合同权利义务关系,但从系争工程施工合同标的物的实际权利分配来看,肖县教育局享有系争工程的所有权,美音民办学校享有系争工程的使用权和收益权。肖县教育局与美音民办学校就系争工程施工合同的利益是一致的,也是不可分割的。因此,肖县教育局应视为施工合同的隐名发包人而与美音民办学校共同成为施工合同的一方当事人所享有权利并承担相应的义务。现富汇公司主张肖县教育局承担该工程欠付工程款部分的付款责任,符合公平的民事法律原则,可予支持。二审法院裁定:准许三方当事人撤回上诉。[1]

【案例2-9】 南天集团与民族饭店筹建处、东方大饭店、民宗委建设工程施工合同纠纷案

判决观点,民族饭店系在原民族饭店筹建处基础上成立,两者之间存在主体上的延续性,现民族饭店已更名为东方大饭店,则原来以民族饭店筹建处名义订立的工程承包合同的权利义务应由东方大饭店承担。民族饭店筹建处及东方大饭店系独立的民事主体,民宗委仅为设立批准单位,南天集团要求民宗委共同承担合同责任缺乏法律依据。[2]

合作开发房地产合同中,合作一方按照合同负责开发项目建设作为发包人与承包人签订施工合同,在发包人无力偿还工程款时,其他合作方对其偿还工程欠款原则上不承担连带责任,但有例外。根据合同相对性原理,案件讼争的法律关系是施工合同纠纷,而不是合作开发房地产纠纷。施工合同只对合同当事人产生约束力,对合同当事人以外的人不发生效力。应注意的是,除发包人以外的合作各方是否存在取代原发包人或因加入债的履行而与施工合同发包人成为共同发包人的事实如存在实际参与施工合同履行则应认定为共同发包人,应当对欠付的工程价款承担连带责任。全面实际参与施工合同履行行为,常见的有与发包人一起共同选定施工队伍、参与施工管理、支付工程款,在经济签证上签署意见,参与

[1] 参见潘福仁主编:《建设工程合同纠纷》(第4版),法律出版社2015年版,第128页。
[2] 参见潘福仁主编:《建设工程合同纠纷》(第4版),法律出版社2015年版,第215页。

工程验收或者工程结算等。对于主张合作方承担连带责任,则应由承包人承担举证责任。实践中,有法院持不同观点,即两个以上的法人、其他组织或个人合作开发房地产项目,其中合作一方以自己名义与承包人签订建设工程施工合同,承包人要求其他合作方对欠付工程款承担连带责任的,应予支持。承包人仅以建设工程施工合同发包人为被告追索工程款的,应依承包人的起诉确定被告。[1] 施工合同签订后,合作协议履行过程中,发生合作方退出或加入的,原合作人和新加入的人对承包人物化工程中的钱物承担连带责任。

【案例2-10】 二建公司与地质研究院、京军公司、檀州公司建设工程施工合同纠纷案

二审法院认为,关于地质研究院应否承担连带给付责任一节,地质研究院在涉案项目中与京军公司是合作关系,在京军公司退出涉案项目后,地质研究院未支付对价即实际占有了二建公司的投入及施工成果,并以该建筑工程与新的合作方另行签订合作开发协议并获得收益,故地质研究院应对前述工程欠款及相关损失承担连带责任。[2]

分包合同有效的前提下,根据合同相对性原则,发包人与分包人之间没有直接的法律关系,分包人不能直接向发包人主张权利,而只能向合同相对方即总包人请求付款,限制适用2004年《建设工程解释》第二十六条第二款规定。况且,分包合同约定的付款方式也明确由发包人向总包人支付工程款,再由总包人向分包人支付,故分包人请求发包人共同承担工程款和利息,没有事实与法律依据,法院不予支持。但分包合同无效,则不受此限制。

【案例2-11】 无锡金源环境保护设备有限公司与上海市第一建筑有限公司等建设工程分包合同纠纷案

二审法院认为,根据益民公司、金源公司与上海一建签订的合同,上海一建系本案系争工程的分包方,金源公司应按约向上海一建支付工程款。现上海一建已按约施工完毕,然金源公司未按约向上海一建付清工程款,故金源公司应对此承担相应的民事责任。金源公司以益民公司系直接分包为由,主张不承担给付责任,无事实和法律依据,本院不予采信。[3]

---

〔1〕 北京市高级人民法院《关于审理建设工程施工合同纠纷案件若干疑难问题的解答》(京高法发[2012]245号)第三十九条。

〔2〕 北京市高级人民法院(2006)高民终字第324号民事判决书。

〔3〕 上海市第一中级人民法院(2009)沪一中民二(民)终字第1297号民事判决书。

【案例2-12】 上海奉发建设有限公司与上海普宏建设工程有限公司等建设工程分包合同纠纷案

二审法院认为,在分包合同有效的情况下,根据合同相对性原则,分包人只能向总包人请求付款,分包人要求发包人付款或要求发包人与总包人承担连带付款责任,没有事实与法律依据,法院不予支持。[1]

发包人与承包人共同或分别与实际施工人签订施工合同,则构成共同发包人,亦为共同支付工程款的主体。

【案例2-13】 重庆市涪陵聚龙房地产开发有限公司等与李某陵建设工程施工合同纠纷再审案

再审法院认为,关于聚龙公司是否应承担支付工程责任的问题。检察机关抗诉认为,聚龙公司只是水电花园C栋工程的建设业主,鸿发公司才是该项工程的承建单位,是鸿发公司将工程内部承包给李某陵。因此,原审判决聚龙公司、鸿发公司共同支付李某陵工程款,违背了合同相对性原则。经查,聚龙公司、鸿发公司与李某陵于2006年3月26日签订了《水电花园C栋工程承包补充协议(一)》,该协议是对鸿发公司与李某陵签订的《单位工程内部承包合同》的补充。同时,聚龙公司还就水电花园C栋工程有关事项单独与李某陵签订了协议,如《完善后续工程协议》等。这些证据可以证明,聚龙公司与鸿发公司成为水电花园C栋工程的共同发包人。因此,原审判决聚龙公司与鸿发公司共同支付李某陵工程款并无不当。[2]

(三)施工合同主体确定

合同相对性原则是判断确定诉讼主体适格的标准,只有合同当事人可以就合同起诉和被诉。发包人未依施工合同约定向合同相对方承包人付款,而向施工合同之外的第三人支付工程款,其行为违反合同相对性原则,其应承担违约责任。承包人在否认发包人向第三人支付工程款,而起诉发包人索要工程款的,法律应予支持。

---

〔1〕 上海市第二中级人民法院(2010)沪二中民二(民)终字第397号民事判决书。

〔2〕 参见最高人民法院审判监督庭编:《全国法院再审典型案例评注》(上),中国法制出版社2011年版,第183页。

【案例2－14】　黑龙江环亚建筑工程有限公司与哈尔滨医科大学附属第四医院及原审刘某力建设工程施工合同纠纷案

最高人民法院认为,本案各方当事人对一审判决认定的彼此为建设工程施工合同纠纷的法律关系性质无异议。因此,涉案《施工合同》的权利义务,只能对特定的签约主体环亚公司与医大四院产生约束力,而且,只有环亚公司与医大四院才能行使合同约定的权利。刘某力与《施工合同》签约双方不存在合同关系,不能以合同当事人的名义向医大四院提出支付工程款的请求。同理,医大四院也不能为刘某力设定合同上的权利义务,即不能向刘某力支付工程款。据查明的案件事实,2007年4月29日及同年5月9日,环亚公司分别在《黑龙江日报》刊登声明和向医大四院送达经过公证证明的《通知》,声明该公司财务专用章、营业执照丢失作废及医大四院一切业务往来及财务结算由企业法人冯某辉负责。环亚公司与医大四院作为《施工合同》的相对方,理应依据约定向对方履行合同义务,但医大四院在明知环亚公司的意思表示后,向刘某力支付了8,806,222.35元工程款,其行为违反了双方签订的《施工合同》关于发包人向承包人支付工程款的约定。因此,医大四院2007年5月9日支付刘某力的8,806,222.35元工程款,环亚公司不予认可为该公司收取的工程款,依据充分。医大四院应向环亚公司支付该笔工程款,一审判决该笔工程款由医大四院支付刘某力不当,本院予以纠正。刘某力对于该笔8,806,222.35元工程款,负有向医大四院返还的义务,医大四院亦有权向刘某力追偿。〔1〕

根据合同相对性原则,确定责任主体。

【案例2－15】　中铁二十二局集团第四工程有限公司与安徽瑞讯交通开发有限公司、安徽省高速公路控股集团有限公司建设工程施工合同纠纷案

最高人民法院认为,关于安徽高速公司应否对瑞讯公司应支付中铁公司的款项承担连带责任的问题。首先,从本案当事人之间的合同关系来看,虽然安徽高速公司基于安徽省政府的决定收回阜周高速公路投资经营权,并且导致中铁公司与瑞讯公司之间的施工合同终止,但是,安徽高速公司与中铁公司之间并未形成施工合同关系。而案涉工程发包人是瑞讯公司,合同承包方是中铁公司,在此二者之间形成合同关系。《合同法》第八条规定,依法成立的合同,对当事人具有法律约束力,因此,基于合同相对性原理,中铁公司

---

〔1〕　参见最高人民法院民事审判第一庭编:《民事审判指导与参考》2010年第3集(总第43集),法律出版社2011年版,第177页。

应向其合同相对方瑞讯公司请求赔偿损失,而不能向与其没有合同关系的安徽高速公司请求。其次,从本案安徽高速公司实际接受案涉公路的过程来看,安徽省政府《253号会议纪要》明确安徽高速公司作为项目新业主,承担复工进场新施工单位的组织协调责任,项目原业主瑞讯公司承担原施工单位及项目此前债权债务的处理责任。这说明,《253号会议纪要》并未要求安徽高速公司对瑞讯公司的对外负债承担责任。而2010年12月16日最高人民法院所作出的(2010)执复字第19号执行裁定书要求,安徽高速公司协助停止清偿对瑞讯公司所负到期债务3000万元,该裁定内容进一步说明,安徽高速公司仅仅是负担停止清偿其对瑞讯公司债务的协助执行义务,而非承担瑞讯公司由于案涉工程所产生的债务。最后,从本案诉讼过程来看,中铁公司并无证据证明存在安徽高速公司应与瑞讯公司承担连带清偿责任的法定情形。综上,中铁公司上诉要求安徽高速公司承担连带支付责任,既无事实基础,也无法律依据,本院不予支持。[1]

【案例2-16】 包头市第二建筑工程有限责任公司与内蒙古拉布大林国家粮食储备库等建设工程施工合同纠纷案

最高人民法院认为,根据内蒙古自治区人民政府以内政办字〔1998〕101号通知,内蒙古粮食局及内蒙古发改委只是内蒙古建库办组成单位之一,既不是"呼盟拉布大林粮食储备库建设项目"的招标人和投资人,也不是《施工合同》签约一方主体。包头二建据以起诉请求工程款的依据是其与拉布大林储备库签订的《施工合同》,由于《施工合同》签订主体与内容的相对性,包头二建不能依据《施工合同》向没有合同权利义务关系的内蒙古粮食局及内蒙古发改委请求共同承担清偿工程款的民事责任。因此,包头二建主张内蒙古粮食局及内蒙古发改委承担清偿责任,没有事实与合同依据,最高人民法院不予支持。一审判决内蒙古粮食局及内蒙古发改委不承担清偿工程款的责任,并无不当,依据充分,最高人民法予以维持。[2]

【案例2-17】 冶建公司与白兰公司建设工程施工合同纠纷案

最高人民法院认为,白兰公司和冶建公司是本案所涉比科新商厦工程土建和装饰施工合同的履行主体。比科新商厦工程建设指挥部使用的印鉴是"兰州白兰房地产开发有限责任公司"的印鉴,《兰州"比科新商厦"装饰工程施工意向书》中已载明,比科新商厦工程系由白兰房地产公司代建、冶建公司

〔1〕 参见最高人民法院民事审判第一庭编:《民事审判指导与参考》2015年第2辑(总第62辑),人民法院出版社2015年版,第178页。

〔2〕 参见最高人民法院民事审判第一庭编:《最高人民法院民事案件解析》(建设工程),法律出版社2010年版,第68页。

> 西北工程指挥部承建。……比科新公司不是比科新商厦工程施工合同的签订者和履行者，一审法院认定其非本案当事人是正确的。[1]

银行职工集资建房，其下属房屋开发公司负责具体实施。银行不是合同当事人，也不是受益人，亦不存在过错行为，根据合同相对性原则，在无法律明确规定其承担民事责任的前提下银行不应对集资建房行为承担民事责任。

【案例2－18】　中国工商银行股份有限公司葫芦岛分行与葫芦岛市新远房地产开发有限公司等建设工程施工合同纠纷再审案

> 再审法院认为，关于工商银行应否对大中公司应给付工程款不能履行部分承担给付责任的问题。工商银行是其下属的房屋开发公司的上级主管部门，房屋开发公司原系全民所有制法人企业，后改制为大中公司并由其承担原公司的全部债权债务。而1997年3月20日签订《协议书》的甲方为新远公司，乙方为房屋开发公司。1997年5月1日签订《建设工程施工合同》的甲方为新远公司、乙方为建安公司。上述行为均是具有独立承担民事责任资格的法人单位的民事法律行为，与工商银行不存在法律上的权利义务关系。而工商银行不是本案合同当事人，且建成后的房屋产权办理在个人名下，亦没有办理在工商银行名下，工商银行也不是本案的受益人，根据合同相对性原则，工商银行不应对该建设工程施工合同承担民事责任。1999年房屋开发公司改制时，海信会计师事务所出具的《资产评估报告》中，已经将12号住宅楼的产权纳入转制的财产中。房屋开发公司亦收到了职工交纳的购房款。大中公司的年检报告亦反映出截至2002年12月31日，该公司净资产为1,684,926.53元。对于房屋开发公司的改制，工商银行亦无法律上的向房屋开发公司的债权人进行通知的义务，也不存在过错行为，且当时建安公司债权人的身份也没有得到法律上的确定。原审以“工商银行在转让房屋开发公司时，未通知债权人，房屋开发公司与建安公司之间的债务尚未确定及履行完毕”为由，判决工商银行对房屋开发公司不能履行部分承担给付责任缺乏相应的法律依据。[2]

合同相对性原则例外问题。在租赁人作为发包人情况下，一般应以发包人为被告提起诉讼。如果发包人下落不明或丧失支付能力，建筑物所有人在装饰装修的残值范围内承担责任。主流观点认为，发包人(承租人)与建筑物所有权人签订租赁合同租赁该建筑物后，以自己的名义对外签订施工合同，承包人主张工程

---

〔1〕　参见最高人民法院民事审判第一庭编著：《最高人民法院建设工程施工合同司法解释的理解与适用》，人民法院出版社2004年版，第288～289页。

〔2〕　参见最高人民法院审判监督庭编：《全国法院再审典型案例评注》(上)，中国法制出版社2011年版，第149～150页。

款的，发包人下落不明或丧失支付能力，且建筑物所有人与发包人之间的租赁合同已经终止，承包人以建筑物所有权人为被告主张权利的，建筑物所有权人在其实际受益范围内承担赔偿责任。

【案例 2－19】 京城公司与信建公司、明物公司建设工程施工合同纠纷案

一审法院认为，关于信建公司主张要求京城公司承担连带责任的诉讼请求。虽然信建公司与京城公司之间不存在合同关系，但是信建公司进驻京城公司出租给明物公司的房屋进行装修后，京城公司在明知明物公司一直未履行给付租金义务，经多次催要仍然无果并决定收回出租给明物公司的房屋的情况下，未向一直在上述争议房屋内进行装修的信建公司给予通告，无视并放任信建公司装修损失的扩大，对此应当承担连带赔偿责任。京城公司的相关抗辩意见，不予采信。二审法院认为，京城公司系涉案房屋的产权人，其最终实际受益于信建公司的装修成果。考虑到明物公司目前的实际情况，为了更好地保护债权人，依据公平原则，判决京城公司对明物公司应承担的工程款承担连带给付义务，并无不当。原审判决结果正确，本院予以维持。[1]

对于建设工程质量的责任主体，应当区分不同情形予以确认。第一，在建设工程实行总承包的情况下，总承包单位应当对全部建设工程质量负责。第二，在合法分包的情况下，分包人（与发包人签订建设施工合同的承包人）和分承包人都应当对分包工程质量承担责任。第三，在违法分包的情况下，分包人和分承包人都应当对分包工程质量承担责任。第四，在转包的情况下，转包人与转承包人应当对建设工程质量承担连带责任。第五，在缺乏资质的单位或者个人借用资质签订建设工程施工合同的情况下，出借资质一方应当与借用资质一方对建设工程质量承担连带责任。第六，在确定建设工程质量主体时，还应当注意区分责任单位的内部责任和外对外责任问题。[2]

---

〔1〕 北京市第二中级人民法院（2008）二中民终字第 04605 号民事判决书。

〔2〕 参见最高人民法院民法典贯彻实施工作领导小组编著：《中国民法典适用大全》（合同卷四），人民法院出版社 2022 年版，第 2655～2657 页。

二、施工合同主体法律适用

(一)公司类责任主体认定

分公司不具有企业法人资格,其从事的民事活动导致的民事责任应当由总公司承担。但是,领取《营业执照》的分公司具有诉讼资格,而没有领取《营业执照》的分公司不能作为民事诉讼的当事人。

【案例2-20】 江苏省溧阳市建筑安装工程总公司诉西安南风日化有限责任公司等建设工程施工合同纠纷案

二审法院认为,关于被上诉人溧阳建安公司主体资格问题,涉案合同是由溧阳建安西安分公司所签,但溧阳建安西安分公司无法人资格,无营业执照,依照《最高人民法院关于适用〈中华人民共和国民事诉讼法〉若干问题的意见》第四十一条之规定,溧阳建安公司作为设立单位参加诉讼,并无不妥。〔1〕

分公司负责人以分公司名下的项目部对外签订的合同,应当由总公司承担责任,分公司及负责人个人不承担责任。

【案例2-21】 某公司与五建公司等建设工程施工合同纠纷再审案

二审法院认为,设计院是五建公司下设的领取营业执照、不具备法人资格的分公司,一体化项目部是设计院的内设机构,时任设计院负责人罗某亮以一体化项目部名义对外签订合同,依据《公司法》第十四条第一款"公司可以设立分公司。设立分公司,应当向公司登记机关申请登记,领取营业执照。分公司不具有法人资格,其民事责任由公司承担"的规定,本案一体化项目部的民事责任依法应由设计院承担,而设计院是五建公司的分公司,不具备独立法人资格,其民事责任依法应由五建公司承担。最高人民法院对五建公司承担责任的认定予以认可。〔2〕

---

〔1〕 参见最高人民法院中国应用法学研究所编:《人民法院案例选》2006年第4辑(总第58辑),人民法院出版社2007年版,第294~295页。

〔2〕 最高人民法院(2020)民申4204号民事裁定书。

企业法人分立后的法人对原企业的债务承担连带责任。

【案例2-22】 吉林明城钢铁总厂与通化钢铁集团有限责任公司建筑安装工程公司等建设工程施工合同纠纷案

最高人民法院认为,钢铁总厂与钢铁公司虽有各自的营业执照,系两个独立的法人,但实际上公司管理职能和员工组成并未分开。钢铁公司总资产为7469万元,钢铁总厂投入新建150立方米高炉折价6469万元资产,占钢铁公司87%的股份,故一审判决其对钢铁总厂原有债务及违约金在6469万元资产范围内承担连带清偿责任并无不当,且钢铁公司对此未提起上诉,应视为对其权利已经放弃,钢铁总厂对此提起上诉缺乏依据,不予支持。[1]

企业法人授权其派出机构承揽业务、签订合同的,该企业法人具有合法的诉讼主体地位。

【案例2-23】 太平洋(福建)房地产开发有限公司与铁道部第十七工程局建设工程施工合同纠纷案

最高人民法院认为,福州办事处系铁十七局的分支机构,其与太平洋公司所签合同、协议铁十七局均予认可,且协议双方意思表示真实,内容合法,因此,协议有效。太平洋公司主张其与福州办事处签订的协议无效缺乏证据,不予支持。[2]

【案例2-24】 住豪公司与中兴公司建设工程施工合同纠纷案

二审法院认为,中兴公司上海项目部是上诉人派驻管理本案系争的具体职能部门,本案系争《总包合同》中相关发包人的职能均由该项目部具体实施,故中兴公司上海项目部于2008年3月10日向住豪公司出具《复函》的行为,应认定为代表了中兴公司的意思表示。[3]

企业法人内部设立的分支机构不具有独立的法人资格,对外不承担责任,但如果形式上表现为法人与其下设非法人机构的关系,实质却为有资质的建筑施工企业与个人出借资质的关系,对外债务其和法人一起承担连带责任。

【案例2-25】 王某光诉肖某、西安市城乡建筑建材总公司拖欠工程款纠纷再审案

再审法院认为,建材公司与其第七项目经理部之间形式上表现为法人与

---

〔1〕 参见最高人民法院民事审判第一庭编:《最高人民法院民事案件解析》(建设工程),法律出版社2010年版,第125页。

〔2〕 参见最高人民法院民事审判第一庭编:《最高人民法院民事案件解析》(建设工程),法律出版社2010年版,第141页。

〔3〕 参见沈志先主编:《2012年上海法院案例精选》,上海人民出版社2012年版,第10页。

其下设的非法人机构的关系,实质上应为有资质的建筑施工企业与尹某运个人之间出借资质的关系。故建材公司第七项目经理部对外所负债务应为尹某运作为主债务人首先承担,建材公司应承担连带清偿责任。王某光与尹某运之间达成由王某光承建土建工程的口头协议后,王某光按约履行了施工义务。王某光出具的加盖有建材公司第七项目经理部公章的结算单,表明尹某运在借用建材公司资质期间对王某光负有债务。因该债务发生于尹某运与肖某婚姻关系存续期间,依据《最高人民法院关于贯彻执行〈中华人民共和国民法通则〉若干问题的意见(试行)》第四十三条、《婚姻法解释(二)》第二十四条的规定,该债务应属夫妻共同债务。故王某光在尹某运死亡后主张肖某清偿该笔债务,建材公司承担连带清偿责任的请求依法成立。虽然王某光与肖某之间就加盖建材公司第七项目经理部公章的工程款结算单形成之后,肖某是否偿还过工程款一节仍有争议,但王某光诉讼请求的数额并未超过工程款结算单载明的欠款额,故王某光请求的欠款数额应予支持。原二审判决免除肖某的还款责任不当,应予撤销。原一审判决认定的事实中部分表述不当,判决理由尚有欠妥之处,但其处理结果正确。[1]

【案例2-26】 德阳乾坤科技有限公司诉江西城建建设集团有限公司建设工程施工合同纠纷案

一审法院认为,被告江西城建公司是本案适格被告。被告江西城建公司工程项目部不具备独立的法人资格,对外达成合同权利由其法人(被告江西城建公司)承受。被告江西城建公司工程项目与原告德阳乾坤公司签订的结算单确认的工程欠款应由被告江西城建公司承担。二审法院亦持同样意见维持原判。[2]

建筑公司项目部系建筑公司的内设机构,不具备法律规定的法人和其他组织资格,以项目部名义签订施工合同或借款的,由设立该项目部的建筑公司承担清偿责任。

【案例2-27】 重庆市通源建材有限公司与重庆金风建筑(集团)有限公司借款合同纠纷案

一审法院认为,涉案收据中明确载明交款单位系原告,交款方式为转账,收据出具人是重庆金风建筑(集团)有限公司六项目部,加之重庆金风建筑(集团)有限公司六项目部系被告的内设机构,没有独立的法人资格,本案金

---

〔1〕 参见最高人民法院中国应用法学研究所编:《人民法院案例选》2007年第3辑(总第61辑),人民法院出版社2008年版,第208~209页。

〔2〕 参见国家法官学院案例开发研究中心编:《中国法院2018年度案例》(合同纠纷),中国法制出版社2018年版,第195页。

风建筑公司是适格被告,应向原告承担还款责任。二审法院亦持同样意见维持原判。[1]

法人变更后,权利义务由变更后的法人承担。

【案例2-28】 内蒙古包头稀土高新技术产业开发区管理委员会等与包头润华永庆建筑公司、包头市第二建筑工程公司建设工程施工合同纠纷案

最高人民法院认为,根据本案已查明的事实,润华公司于1996年9月变更登记为润华建筑公司,合资润华永庆公司注销后,其权利义务由中方润华建筑公司承受,润华建筑公司后又于1999年元月并入被上诉人润华永庆公司。因此,由润华公司完成的三区和二号库工程,润华公司与创业中心的二期合同,及合资润华永庆公司与创业中心订立并完成的水电控制中心工程、外网工程、给排水工程合同,其权利义务都应由本案被上诉人润华永庆公司承受,该公司具备原告的主体资格。二上诉人称其与润华永庆公司无关的理由不能成立。[2]

【案例2-29】 太原三晋国际饭店、太原三晋大厦与山西省第六建筑工程有限责任公司建设工程施工合同纠纷案

最高人民法院认为,省六建公司与原万豪国际酒店筹建处签订的建设工程合同一直得到履行,三晋国际饭店系原万豪国际酒店筹建处在港方资金撤走后的企业法人的更名,依法享有原万豪国际酒店筹建处的权利并承担义务。三晋大厦始终是该工程项目的投资人之一,也是后来与省六建公司签订的一些分项合同的当事人。三晋国际饭店是对外营业的称谓,与三晋大厦系同一住所地、同一法定代表人、使用同一财务报表和账户,管理层和基本职能机构相同,三晋国际饭店和三晋大厦承接了原万豪国际酒店筹建处的全部和义务。因此一审判决三晋国际饭店和三晋大厦共同承担支付拖欠工程款的责任,并无不当。三晋国际饭店和三晋大厦主张其分别为独立的企业法人,应各自承担责任的理由不成立,不予支持。[3]

未经登记的临时机构,不具有法人资格,不具备对外独立承担民事责任的能力,因此,以临时机构的名义对外进行民事行为的法律后果,应由该临时机构的成

---

〔1〕 参见梁桂平、李霄敏:《建筑公司项目部借款效力与责任承担》,载《人民司法·案例》2017年第17期。

〔2〕 参见最高人民法院民事审判第一庭编:《最高人民法院民事案件解析》(建设工程),法律出版社2010年版,第134页。

〔3〕 参见最高人民法院民事审判第一庭编:《最高人民法院民事案件解析》(建设工程),法律出版社2010年版,第87页。

员共同承担连带责任。

【案例2-30】　马某与郑东新区管理委员会等建设工程施工合同纠纷案

判决观点,(1)马某与嘉年华组委会签订的工程劳务合同合法有效。(2)马某已按合同约定履行了其全部义务,嘉年华组委会应当按照合同约定支付原告工程款。嘉年华组委会的性质是未经登记的临时机构,不具有法人资格,也不是有一定的组织机构和财产的其他组织,不具备对外独立承担民事责任的能力,因此,以嘉年华组委会名义对外而产生的民事行为的法律后果,均应由嘉年华组委会的各成员共同承担连带责任。嘉年华组委会是由主办单位报业公司、东区管委会及承办单位HY公司组建的,三方于2006年3月8日签订的合作意向书,约定了各方的权利义务,其条款符合法律和行政法规的规定,应作为三方合作组建嘉年华组委会的基本依据。故本案的民事责任应由报业集团、东区管委会及HY公司共同承担,马某向报业公司、东区管委会及HY公司主张权利,应予以支持。(3)报业集团与报业公司之间系"两块牌子,一套人马",报业公司从设立宗旨上看,具有管理报业集团资产、负责报业集团的经营活动和国有资产保值、增值的义务,且在本次活动中,存在两个名称相互混同使用的情况,报业公司是事实上的主办方,其在工商注册档案亦显示了报业公司对报业集团的经营活动承担最终的法律责任。故报业公司也应对嘉年华组委会作出的民事行为,承担民事责任。(4)HY公司作为嘉年华组委会成员之一,实际操作经营嘉年华活动,虽然在2006年5月以后退出了该项目,但不影响其在作为嘉年华组委会成员期间,对嘉年华组委会作出的民事行为应承担的民事责任。(5)JL公司于2006年5月以后成为嘉年华组委会成员之一,也应对嘉年华组委会对外而产生的民事行为的法律后果,承担民事责任。(6)2006年7月10日,马某与JL公司签订协议书,JL公司同意承担原告的全部债务。该协议未免除东区管委会、报业集团的还款责任。因此该协议的性质不是债务转移而是第三人主动加入债的关系中,是连带责任人,对该债务负连带责任,东区管委会、报业集团仍然要向马某承担还款责任。[1]

(二)行政机关类责任主体认定

行政机关有其以下情形之一的,为涉案主体应当承担责任,一是直接批准开

〔1〕 河南省郑州市中级人民法院(2010)郑民一初字第14号民事判决书。

办企业的主管部门,二是开办单位,三是投资方,四是开办企业的申报方;但其行政机关承担责任范围,只在实际投入资金与注册资金的差额内承担责任。

【案例2-31】 广东省信宜市人民政府与中铁三局集团第二工程有限公司建设工程施工分包合同纠纷案

二审法院认为,信宜市政府是否应承担还款责任,关键看信宜市政府是否为信宜市政公司的开办单位和投资主体,出资单位。结合当事人向一审法院及本院提交的证据分析,信宜市政府1987年2月11日的信府复〔1987〕4号文件是针对1987年1月7日信宜县建设委员会《关于要求成立信宜县市政公司的报告》作出的,仅是对信宜县建设委员会《关于要求成立信宜县市政公司的报告》的一种行政审批行为,该报告不能证明信宜市政府就是信宜市政公司的开办单位。从当事人提交的工商登记资料记载的内容显示信宜市建设委员会是信宜市政公司的主管单位,是对信宜市政公司进行了注资,档案资料并不显示信宜市政府对信宜市政公司进行了注资。因此,在三局二公司没有提供其他证据证明信宜市政府是信宜市政公司开办单位,档案资料又不显示信宜市政府是信宜市政公司的开办单位和投资主体的情况下,一审法院认定信宜市政府是信宜市政公司的开办单位没有事实和法律依据,适用《关于审理军队、武警部队、政法机关移交、撤销企业和党政机关脱钩企业相关纠纷案件若干问题的规定》,判决信宜市政府对信宜市政公司应负担债务中的300万元部分承担连带责任不当。〔1〕

【案例2-32】 本溪市人民政府诉沈阳化工建设总公司、本溪热电厂、本溪市集中供热公司建设工程施工合同纠纷案

一审法院认为,筹建处与化建公司签订的集中供热工程承包合同,意思表示真实,不违反法律规定,应为有效。本溪市政府拖欠的工程款及利息应当给付。关于本溪市政府答辩称其没有与化建公司签订建设工程施工合同,不是合同的当事人,不应承担欠款债务的问题,因集中供热工程系政府设立的专项工程,其立项、机构组建、资金来源等均由本溪市政府决定和实施,工程承包合同也是由本溪市政府设立的筹建处与化建公司签订,签订合同和履行合同的主体均为筹建处,而筹建处作为本溪市政府的下属部门不具备法人资格,故由本溪市政府作为本案的诉讼主体并承担工程欠款的给付义务并无不当,本溪市政府的答辩主张不能成立。在化建公司承建热电厂建设工程的施工中,热电厂参与了本溪市政府与化建公司建设工程施工合同的履行,并支付了部分工程款。该工程竣工后,本溪市政府的筹建结果已全部实物转化

〔1〕 河南省高级人民法院(2008)豫法民一终字第107号民事判决书。

为热电厂,热电厂和供热公司作为本溪市政府投资的受益人,表示愿意承担全部工程欠款的义务,故热电厂和供热公司应当与本溪市政府共同承担给付工程欠款及利息的义务。二审调解结案。[1]

(三)连带类责任主体认定

1. 连带责任主要情形

根据《民法典》的规定,建设工程施工合同纠纷中存在以下需承担连带责任的情形:其一,法律规定需承担连带责任:当事人为法人,法人分立的,分立后的法人承担连带责任。但另有约定的除外不承担连带责任。其二,当事人出现“公司法人格混同”情形的,出资人须承担连带责任。关联公司混同的,需承担连带责任。其三,代理人和相对人恶意串通,损害被代理人合法权益的,代理人和相对人承担连带责任。其四,代理人明知代理事项违法仍实施或者被代理人明知代理事项违法但未反对代理人实施的,被代理人和代理人承担连带责任。其五,共有人之间就共有物对外承担连带责任。法律另有规定或者第三人知道共有人不具有连带债权债务关系的除外。其六,属于“债的加入”情形,债的加入人与债务人承担连带责任。其七,在保证合同中约定保证人和债务人对债务承担连带责任的。保证人在其保证范围内承担保证责任。其八,共同承揽人对定作人承担连带责任。当事人另有约定的除外。其九,总承包人或者勘察、设计、施工承包人经发包人同意,将自己承包的部分工作交由第三人完成。第三人就其完成的工作成果与总承包人或者勘察、设计、施工承包人向发包人承担连带责任。其十,共同处理委托事务的受托人,对委托人承担连带责任。其十一,合伙人对合伙债务承担连带责任。其十二,二人以上共同实施侵权行为,造成他人损害的,承担连带责任。其十三,教唆、帮助他人实施侵权行为的,与行为人承担连带责任。其十四,二人以上实施危及他人人身、财产安全的行为,其中一人或者数人的行为造成他人损害,不能确定具体侵权人的,行为人承担连带责任。其十五,二人以上分别实施侵权行为造成同一损害,每个人的侵权行为都足以造成全部损害的,行为人承担连带责任。其十六,建筑物、构筑物或者其他设施倒塌、塌陷造成他人损害的,建设单位与施工单位连带责任。建设单位与施工单位能够证明不存在质量缺陷的除外。其十七,挂靠人与被挂靠人之间就履行建设工程合同所产生的民事责任承担连带责任。

---

〔1〕 最高人民法院(2004)民一终字第98号民事判决书。《最高人民法院公报》2005年第3期。

2. 连带责任主体认定

在以涉案工程出资与他人共同设立新公司,新公司是否应当对承包人就工程款承担连带清偿责任有争议。连带清偿责任的适用,严格依据《公司法》第二十条第三款规定,“公司股东滥用公司法人独立地位和股东有限责任,逃避债务,严重损害公司债权人利益的,应当对公司债务承担连带责任”。发包人公司以涉案工程出资与他人共同设立新公司不是公司分立。如果发包人的上述行为属于“刺破公司面纱原则”的适用情形,应由发包人的股东而不是新公司向承包人就工程款承担连带清偿责任。

【案例2-33】 洛阳榕拓焦化有限责任公司与河南省HD建筑基础工程有限公司建设工程施工合同纠纷案

二审法院认为,润峰焦化系润峰实业公司以包括案涉工程在内的优质资产与他人组建的新公司,故润峰焦化公司对于案涉工程所负债务,应在接收的财产范围内与润峰实业公司连带承担清偿责任。因此,一审判决认定部分事实不当,但实体问题处理正确。有学者分析为,如果有证据证明润峰实业公司的股东通过设立润峰焦化公司转移资产,逃避债务,严重损害公司债权人利益,可以判决润峰实业公司股东向承包人HD公司就工程款承担连带清偿责任。当然,即使此时也不能判决润峰焦化公司承担连带责任,因为其并不是润峰实业公司的股东。[1]

一人有限责任公司股东未举证证明公司财产独立于股东自己财产,应当对公司债务承担连带清偿责任。

【案例2-34】 江苏南通二建集团有限公司、天津国储置业有限公司与国储能源化工(天津)有限公司、天津睿拓投资有限公司建设工程施工合同纠纷案

最高人民法院认为,关于能源公司、睿拓公司是否就案涉债务承担连带清偿责任的问题。《公司法》第二十条系否认公司法人人格的原则性规定,适用于所有的公司形式,而一人有限责任公司为有限责任公司中的特殊形式。因一人有限责任公司只有一个自然人或者一个法人股东,股东与公司联系更为紧密,股东对公司的控制力更强,股东与公司存在人格混同的可能性也更大,因此,在债权人与股东的利益平衡时,应当对股东课以更重的注意义务。《公司法》第六十三条对一人有限责任公司财产独立的事实,确定了举

〔1〕 河南省高级人民法院(2009)豫法民一终字第53号民事判决书。参见郭丁铭、肖芳编著:《建设工程施工合同法律实务精解与百案评析》(第2版),中国法制出版社2017年版,第56页。

证责任倒置的规则，即一人有限责任的股东应当举证证明公司财产独立于股东自己的财产。在其未完成举证证明责任的情况下，应当对公司债务承担连带责任。此为法律对一人有限责任公司的特别规定，应当优先适用。本案中，从举证情况看，能源公司提交了置业公司2013年度和2014年度的审计报告以及所附的部分财务报表，但从审计意见的结论看，仅能证明置业公司的财务报表符合规范，反映了公司的真实财务状况，无法证明能源公司与财务置业公司财产是否相互独立，不能达到能源公司的证明目的。而且，根据审计报告所附的资产负债表，2013年10月15日置业公司成立后，即有对张家口华富财通公司投资款2900万元，与能源公司在本院二审庭审中关于置业公司只开发案涉国储大厦，无其他业务和对外活动的陈述相矛盾。从能源公司与睿拓公司的《股权转让合同》第三条约定看，不管是能源公司还是睿拓公司，与置业公司的财产均不是独立的，在股权转让中，双方又将置业公司的财产进行了处置。因此，在能源公司未能提供充分证据证明的情况下，其应对置业公司的债务承担连带责任。对于睿拓公司，其在本院二审庭审中自认，在受让能源公司股权时对自己置业公司欠付工程款一事知情，这与《股权转让合同》第二条"乙方陈述与保证"中睿拓公司"已知悉天津国储置业有限公司全部债务情况的"约定一致。而且，案涉工程竣工验收备案与签订《支付协议》均在睿拓公司受让能源公司股权，成为置业公司一人股东之后，在其未提供证明证据证明置业公司财产独立于自己财产的情况下，应当就置业公司债务承担连带责任，有法律依据，予以支持。[1]

在工程的承包、分包、转包方面，母公司对其全资子公司存在业务上的安排与指派行为，与其子公司存在控制关系，业务上亦存在混同的情况，在子公司已进入破产重整程序后，母公司对其子公司欠付工程款应承担连带清偿责任。

【案例2-35】 北京申安公司与中资天和公司建设工程施工合同纠纷再审案

最高人民法院认为，关于北京申安公司是否应对案涉工程款承担连带清偿责任问题。《公司法》第二十条第三款规定的"滥用行为"，常见情形包括人格混同、过度支配与控制、资本显著不足等。根据原审查明的事实，北京申安公司系江西申安公司及山东亚明公司的唯一股东，北京申安公司与中资天和公司签订《合作协议》，约定北京申安公司的子公司或分公司、实际控制或股东、管理人员实际控制的企业、与实际控制人或股东、管理人员有关联关系

---

〔1〕 参见最高人民法院民事审判第一庭编：《民事审判指导与参考》2020年第2辑（总第82辑），人民法院出版社2021年版，第158~159页。

或存在其他关系的企业取得案涉工程,都应将案涉工程交由中资天和公司或其指定公司进行实际施工。山东亚明公司通过招投标方式取得案涉工程后,又分包给江西申安公司,江西申安公司再次将案涉工程转包给中资天和公司,从案涉工程的承包、分包、转包的过程中可以看出,北京申安公司对其控制的山东亚明公司及江西申安公司的业务存在安排与指派的行为,与其子公司存在控制关系,业务上亦存在混同的情况。另外,根据(2021)赣0124破申3号民事裁定,北京申安公司于2021年5月24日向江西省进贤县人民法院申请江西申安公司破产重整,现该院已受理该案并进入破产重整程序。综上,原审判决由北京申安公司对江西申安公司欠付工程款承担连带清偿责任,并无不当。[1]

签订施工合同的发包人名称已变更,变更后的发包人向工商局申请以原发包人的资质证书重新设立企业,新设立企业的名称与原发包的名称完全相同。合同相对人难以区分的,新设立的企业与变更后的发包人应视为共同发包人。

实践中,出于某种原因,建设方既与实际施工方签订施工合同,又与当地建筑公司签订施工合同,再由当地建筑公司收取工程款项并代缴税收。此类案件由于涉及不同合同主体,究竟确定哪一方是真正的施工方,或者说当事人签订两份合同的真实意思是什么,是认定的难点,这个过程往往需要通过大量的相关证据予以佐证,通过一系列履行情况确定真正施工义务的承担方。

【案例2-36】 阳鸣公司与沙洲公司、承富公司建设工程施工合同纠纷案

判决观点,阳鸣公司厂房工程存在两份合同,即阳鸣公司与沙洲公司签订的工程合同以及阳鸣公司与承富公司签订的施工合同。工程合同虽无沙洲公司盖章,但依据同日沙洲公司加盖公章的承诺书,应视为沙洲公司对龙宇等人代表沙洲公司签订工程合同效力的追认;代表阳鸣公司签订系争合同的胡某疆虽未有阳鸣公司授权证明,但阳鸣公司在本案诉讼中的陈述,亦可视为对胡某疆签约行为的追认,故工程合同合法有效。施工合同经双方当事人盖章确认,并经有关行政主管部门登记备案,于法不悖,同样也是有效的合同。故本案争议焦点在于系争工程实际施工人是沙洲公司还是承富公司。根据已经查明的事实,实际施工建造该工程的是罗某和龙某组织的施工人员。现阳鸣公司主张龙某、罗某系沙洲公司施工人员或挂靠沙洲公司人员,但未能提供相关证据材料予以佐证。……法院认为,沙洲公司与阳鸣公司签订工程合同后,并未实际履行。而2003年7月23日沙洲公司盖章的承诺书系为履行该工程合同而出具,因该工程合同并未履行,阳鸣公司以沙洲公司

[1] 最高人民法院(2022)民申17号民事裁定书。

出具的对外承担工程债务的承诺书为由主张沙洲公司系工程实际施工人缺乏依据,也与事实不符,法院不予采信。[1]

发包人签订施工合同后,又成立的项目公司对其工程进行管理,则项目公司与发包人共同承担还款责任。

【案例2-37】　云南省第五建筑工程公司与云南万丰实业有限公司等建设工程施工合同纠纷案

判决观点,原告与被告万丰实业公司订立施工合同,约定被告万丰实业公司将其建设项目发包给原告施工。合同签订后,被告万丰实业公司依法领取建设项目规划许可证、施工许可证,系该建设项目的建设主体。为进行本案建设项目的开发经营,被告万丰实业公司经建设行管主管部门批准成立房地产项目公司,对该建设项目进行房地产开发经营,经登记注册成立了被告万丰房地产公司,被告万丰房地产公司对该房地产项目进行经营管理,且该建设项目竣工后,被告万丰房地产公司申领了部分房屋的所有权证。因此,对于本案工程价款的支付,应由建设单位被告万丰实业公司和该房地产开发经营的项目公司被告万丰房地产公司共同承担。至于被告世纪公司,不是建设工程的建设方,也不是该建设项目的开发经营主体,原告诉请由世纪公司与万丰实业公司、万丰房地产公司连带承担支付工程款义务没有相应的事实及法律依据,本院不予支持。[2]

【不同处理】　发包人为其开发的工程项目设立公司,如无证据证明两公司之间在表征人格的因素(人员、业务、财务等)方面存在高度混同的情形,且根据现有证据也不能认定两公司相互之间丧失独立人格,人格混同,不能以法人人格混同为由判决项目公司项目施工所欠的工程款承担连带责任。

【案例2-38】　徐州安泰顺房地产开发有限公司与常州华东装潢有限公司等建设工程施工合同纠纷案

二审法院认为,根据本案查明的案件事实,目前并无证据证明徐州安泰顺公司与南京安泰顺公司在表征人格的因素(人员、业务、财务等)方面存在高度混同的情形,且根据现有证据也不能认定徐州安泰顺公司与南京安泰顺公司相互之间丧失独立人格,人格混同,故本案不能以法人人格混合为由判决徐州安泰顺公司承担连带责任。[3]

缔约一方与第三方约定以第三方名义对外签订合同,则该真实意思表示在缔

---

〔1〕 参见潘福仁主编:《建设工程合同纠纷》(第4版),法律出版社2015年版,第138~139页。

〔2〕 云南省昆明市中级人民法院(2004)昆民一初字第162号民事判决书。

〔3〕 江苏省高级人民法院(2014)苏民终字第0074号民事判决书。

约一方与第三方之间产生法律拘束力。但缔约一方与第三方不能以双方之间借用名义签约的意思表示对抗善意缔约方,除非缔约相对方对此明知。

【案例2-39】 中建一局集团第六建筑有限公司与河北置业房地产开发有限公司等建设工程施工合同纠纷案

最高人民法院认为,置业公司签订本案所涉《建设工程施工合同》的真实意思表示是代替信托公司签订,且为置业公司与信托公司一致的意思表示,对双方依法产生法律约束力。该真实意思表示是否对抗一局六公司,并对一局六公司产生法律拘束力,关键在于一局六公司对此是否明知并予以认可。从合同签订过程看,委托设备成套局对外招标的是信托公司,依照通常的认识,设备成套局在履行受托义务时,应当告知竞标人谁是委托方(建设方),一局六公司的《投标书》也是向信托公司和设备成套局报送,表明一局六公司已经知道欧陆园小区的建设方为信托公司。从合同履行看,一局六公司签订《建设工程施工合同》后,所有履约行为均在一局六公司与信托公司之间进行,双方针对工程建设签订了《补充合同》,有关的工程洽商、设计变更、工程结算、建设工程的交付、工程款的支付这些建设工程施工合同的主要内容,均体现的是一局六公司与信托公司之间的意思表示,置业公司并未介入合同的履行,一局六公司在收款发票中表明认可置业公司为代信托公司付款。上述事实表明,一局六公司与信托公司实际履行了本案所涉《建设工程施工合同》,并认可置业公司为代信托公司签订合同,信托公司为合同的实际签约主体。依照缔约时当事人的真实意思表示,可以认定《建设工程施工合同》的真正签约主体为信托公司与一局六公司,置业公司并非合同缔约人。[1]

合同转让后责任主体认定。转让方与受让方承担连带责任或共同责任是有争议的问题。连带责任的成立需要有法律的规定或者当事人的约定,在未有法律规定或当事人约定的,则不构成连带责任的承担主体。发包方将其合同权利概括转让后,发包方的责任应依据《合同法》规定的合同权利义务来确认。发包方与受让方是否成立共同责任,其转让工程不涉及工程质量、安全、国家利益、社会公共利益及第三人利益等问题,在项目转让后签订施工合同中未对发包方责任进行约定,因此,发包方是否承担责任要根据项目转让时的进度来确定。发包方在项目没有开发的情况下将整个合同项目转让的,受让人向发包方支付了转让款,实际履行合同的一直是受让人,其项目的土地证与规划手续已经陆续办理至受让人

〔1〕 参见最高人民法院民事审判第一庭编:《民事审判指导与参考》2010年第1集(总第41集),法律出版社2010年版,第273页。

的名下，因此，对承包人的付款义务与支付违约金义务应由受让人承担，而发包方不承担共同责任。如果有证据证明转让前的建设单位是在项目建设完成了一定进度的情况下才向后来的建设单位转让项目，且前面的建设单位并未结算前面的工程款，则可能存在前后两个建设单位共同责任的问题。如在大庆建筑安装集团有限公司与朱某熊、海南凯骏房地产开发有限公司建设工程施工合同纠纷案中，二审法院撤销一审判决被告朱某熊与海南凯骏房地产开发有限公司对原告支付工程款和违约金承担共同责任和互负连带责任，改判海南凯骏房地产开发有限公司承担给付工程款和违约金。[1]

实际施工人对外借款用于工程项目，债权人起诉的，承包人作为借款的实际受益人，应就借款债务与实际施工人共同承担清偿责任。

【案例2-40】　张某、任某慧与大地公司、李某春、霍山县政府建设工程施工合同纠纷案

最高人民法院认为，关于霍山县政府应否对案涉债务承担责任的问题。本院认为，首先，《合同法》第七十三条第一款规定，“因债务人怠于行使其到期债权，对债权人造成损害的，债权人可以向人民法院请求以自己的名义代位行使债务人的债权，但该债权专属于债务人自身的除外”，本案中，张某、任某慧因受让魏某对李某春的债权而成为李某春的债权人；而债务人李某春作为青枫岭隧道工程实际施工人，对大地公司享有工程款支付请求权，对霍山指挥部在欠付大地公司工程款范围内亦享有该项债权，作为霍山指挥部民事责任的实际承担者，霍山县政府应当在霍山指挥部欠付大地公司工程款范围内对李某春承担责任。二审判决在并未厘清本案当事人债权债务关系的情形下，径行认定张某、任某慧代位向李某春、大地公司、霍山县政府主张权利缺乏事实依据。其次，本案亦不符合对霍山县政府提起代位权诉讼的条件。依据《合同法解释(一)》第十一条的规定，……本案二审判决在未查明本案是否符合第二项、第三项规定的情形，即对于李某春对霍山县政府享有的债权是否到期，李某春是否怠于行使其到期债权亦未进行审查，即认定霍山县政府应对案涉债务承担责任，属适用法律错误。根据本案查明的事实，霍山指挥部截至2016年6月14日，支付工程款9344.42万元，已超过合同约定价格的80%，也超过审计报告确认的工程价款9990.47万元的80%，更超过审计报告确认的工程价款9990.47万元的90%，故在本案二审判决作出之时，霍山县政府已经按照合同约定支付工程价款，李某春对霍山县政府未有到期债权，更不存在李某春怠于行使对霍山县政府到期债权的情况。因此，

---

〔1〕　参见《人民司法·案例》2017年第5期。

本案亦不符合代位权诉讼的条件。霍山县政府对案涉债务不应承担责任。原审判决霍山县政府对案涉债务承担责任错误,霍山县政府的该项申诉理由成立,本院予以支持。关于大地公司应否对案涉债务承担责任的问题。本案原审已查明:第一,2013年11月19日,大地公司与李某春签订的《工程项目责任考核协议》及2014年5月12日大地公司与李某春签订的《安徽省大别山旅游扶贫快速通道霍山段二期工程03合同段(青枫岭隧道)工程责任考核补充协议》约定,"乙方(李某春)承诺根据本项目安排的资金计划,从2014年5月起至2014年8月底,乙方每月15日前必须向本项目注入工程流动资金500万元用于本项目的材料购买及必要时支付人工工资,2014年9月后乙方的资金注入金额按后期实际资金情况经甲方(大地公司)核算后注入。每月乙方注入的工程资金必须经乙方账户打往甲方项目部的账户,资金的使用须按公司的工程资金管理制度执行"。李某春已向大地公司缴款了470万元工程保证金;2014年1月25日,李某春以大地公司副经理名义出具的借条载明,借魏某现金1480万元,用于案涉工程项目。第二,2016年1月25日,一审对李某春调查笔录中,李某春称,张某、魏某的钱是用在项目上了,318国道项目实际用了200万元,其余的用在了青枫岭隧道项目上。而在一审庭审质证中,大地公司对该调查笔录未提出异议。第三,一审判决认定大地公司和李某春共同承担案涉借款的清偿责任后,大地公司并未上诉。因此,从原审查明的上述事实可以证明,李某春所借款项用于案涉工程。虽然二审法院适用代位权的有关法律规定判令大地公司与李某春承担共同清偿责任有误,但结合原审查明的事实,作为李某春借款的实际受益人,大地公司应与李某春就案涉债务共同承担清偿责任,如大地公司已支付李某春工程款或者有证据证明李某春所借部分款项未用于案涉工程,则大地公司可就相应款项向李某春另行主张。故大地公司的申诉理由不能成立。[1]

政府工程项目的投资人、运营人与工程发包人并非同一主体,根据合同相对性原则,承包人仅有权请求发包人承担支付工程款的责任。项目建成后发包人或将成为无资产、无收益的空壳公司,承包人不能主张项目的投资人以及实际运行项目的子公司对工程款债务承担连带责任。

【案例2-41】 深圳市文业装饰工程股份有限公司与深圳西美信息产业有限公司装饰装修合同纠纷案

最高人民法院认为,首先,从签订合同主体看,案涉装饰工程施工合同的发包方为西美信息公司,承包方为文业工程公司,美高科技公司与电子投资

〔1〕 最高人民法院(2019)民再4号民事判决书。

公司均未在合同上签字盖章,不是案涉施工合同的主体。其次,从合同实际履行看,文业工程公司是向西美信息公司支付的案涉装饰工程履约保证金,同时也是向西美信息公司发书面函件催讨工程款,其已收工程款亦是由西美信息公司支付,案涉合同履行双方应认定为西美信息公司与文业工程公司。此外,文业工程公司亦未提供充分证据证明电子投资公司与西美信息公司之间就案涉工程存在委托关系,即不能证明西美信息公司系受电子投资公司委托签订、履行案涉装饰工程合同。电子投资公司与西美信息公司签订《投资合同》,双方形成投资合同关系;西美信息公司与文业工程公司签订《施工合同》,双方形成施工合同关系,两者为相互独立的法律关系。案涉工程不存在转包或者违法分包的情形,文业工程公司提供的证据不能证明案涉装饰工程系电子投资公司与西美信息公司合作建设,也不能证明电子投资公司对案涉工程享有实际利益。故文业工程公司要求电子投资公司承担连带责任的上诉理由不能成立,不予支持。同时,电子投资公司与西美信息公司签订的《投资合同》明确约定,由西美信息公司设立美高科技公司负责案涉项目的整体运作。美高科技公司作为独立法人,既非投资合同约定负责案涉项目整体运作的主体,亦非装饰工程合同签订及实际履行主体,与本案不具有关联性,文业工程公司主张美高科技公司作为西美信息公司的全资子公司具体履行投资合同应承担连带清偿责任的上诉理由亦不能成立,不予支持。综上,承包人文业工程公司仅能请求发包人西美信息公司履行支付工程款的义务,其主张电子投资公司、美高科技公司承担连带责任,没有事实和法律依据,不予支持。[1]

数个单位组成联合体投标并约定联合体履行建设工程合同、对外承担连带责任的,联合体各成员属于合伙关系,负责项目具体实施的联合体成员为执行合伙人,其对外所负债务由联合体共同承担。

【案例2-42】 杨某成等与江苏路成公司等建设工程施工合同纠纷再审案

最高人民法院认为,关于保证金、货款、工程款是否应由联合体共同退还、支付问题。首先,《联合体协议》约定联合体履行合同并对外承担连带责任。四家公司作为联合体中标后与平塘交建公司签订《投资建设合同》,对联合体成员进行了具体分工,江苏路成公司、河北佳源公司负责项目具体实施。四家公司的上述行为实质上已经形成合伙关系,江苏路成公司、河北佳源公司为执行合伙人,其对外执行合伙事务即负责案涉工程项目所造成的后果应由全体合伙人即联合体共同承担。案涉工程涉及投资数额较大,电建河

[1] 最高人民法院(2020)民终264号民事判决书。

北公司、电建贵州公司在投标前应对案涉投标工程尽职调查,清楚招标工程现状,且作为联合体成员之一的江苏路成公司亦系投标前已施工工程部分的组织施工者,实质系合伙关系中的执行合伙人。在此情况下,电建河北公司作为牵头人成立联合体,并以联合体名义对全部工程进行投标并签订《投资建设合同》,表明联合体愿意作为一个整体对外承受权利义务,并概括承受已施工部分工程权利义务。江苏路成邱县分公司为江苏路成公司的分公司,其行为后果和责任理应由江苏路成公司承担。根据联合体具体分工,路成邱县分公司对保证金承诺予以退还,该承诺效力依法及于江苏路成公司,并进而及于联合体。其次,河北佳源公司就《购货合同》支付了货款。杨某成、周某明、周某与江苏路成邱县分公司对涉案工程进行了结算,江苏路成邱县分公司根据联合体具体分工,在联合体授权的工作范围内与杨某成、周某明、周某对涉案工程款进行结算,其结算行为系代表联合体履行工作职责,相应的行为后果应由联合体承担。最后,(2021)黔民终142号生效判决确定平塘交建公司向联合体支付涉案工程的全部工程款,杨某成、周某明、周某负责施工部分的工程款已包含在上述工程款范围内。因此,原审法院判决联合体承担共同退还、支付保证金、货款、工程款责任并无不当。[1]

【案例2-43】 北京城建公司与赵某鹏、母某甫建设工程施工合同纠纷再审案

最高人民法院认为,连带责任的承担,属对当事人的不利负担,除法律有明确规定或者当事人有明确约定外,不宜迳行适用。合同相对性原则,亦属合同法上基本原理,须具备严格的适用条件方可有所突破。本案中,北京城建公司与赵某鹏、母某甫之间未就工程施工签订任何合同,北京城建公司亦非案涉工程的发包人,不属于《建设工程解释》第二十六条规定的应在欠付工程款范围内对实际施工人承担连带责任的主体。赵某鹏、母某甫申请判令北京城建公司承担连带责任,均属对合同相对性原则突破的不当扩大,于法无据。[2]

承包人的实际控制人滥用法人独立地位,利用实际控制的关联公司转移资产、逃避债务,严重损害实际施工人利益,承包人的实际控制人与关联公司构成共同侵权,应在其致损范围内就承包人债务承担连带责任。

---

〔1〕 最高人民法院(2022)民申482号民事裁定书。
〔2〕 最高人民法院(2015)民申字第1504号民事裁定书。

【案例 2-44】 盛安公司等与美亚公司建设工程施工合同纠纷、损害债权人利益责任纠纷案

最高人民法院认为,关于林某一、林某二对上述款项承担连带责任的问题。林某一、林某二系盛安公司、盛绣公司股东、法定代表人、实际控制人。2013 年 3 月 28 日由林某一、林某二与苏某峰、贺某签订的《关于小黑河项目退出协议书》表明,林某一、林某二与盛安公司、盛绣公司在案涉工程项目建设上公司业务与个人业务未予区分。同时,本案证据表明,林某一、林某二与盛安公司、盛绣公司存在业务、财产混同的情况。本案中,盛安公司、盛绣公司、林某一、林某二在收到赛罕区政府工程款的当日或者次日将大部分款项转入某关联公司铭德公司,但其并未提供证据证明铭德公司收取案涉款项支付了对价,对于无偿提供给铭德公司使用的该部分款项,亦没有提供证据证明盛安公司、盛绣公司作出合法规范的财务记载,盛安公司、盛绣公司、林某一、林某二明知赛罕区人民政府于 2013 年 5 月 15 日之后的工程款应当转付给美亚公司,但其在《债权转让协议》未生效时,未征得美亚公司同意即向关联公司无偿划拨美亚公司应得的工程款,具有故意逃避公司债务的主观过错,而一审法院根据美亚公司申请调取的盛安公司、盛绣公司相关银行账户流水显示,上述款项划转之后,盛安公司、盛绣公司在其银行账户内的资金余额显然已经无法清偿案涉债务,盛安公司、盛绣公司、林某一、林某二的上述行为严重损害美亚公司的利益,故一审法院判决林某一、林某二在盛安公司、盛绣公司向美亚公司支付工程款本息范围内承担连带责任并无不当。关于铭德公司应否对上述款项承担连带责任问题。盛安公司、盛绣公司、林某一、林某二将案涉款项划转给铭德公司用于房地产开发,即林某一、林某二利用其实际控制的关联关系公司进行利益输送,铭德公司在没有合同及法律依据的情况下占有使用案涉工程款,上述行为共同侵害了债权人美亚公司的利益。故铭德公司作为债务人盛安公司、盛绣公司的关联公司,其法人人格应予以否认,其就接收盛安公司、盛绣公司的款项的返还应与盛安公司、盛绣公司承担连带责任。根据已查明的事实,盛安公司向铭德公司转入工程款 14,517 万元,盛绣公司向铭德公司转入工程款 1300 万元,故铭德公司就该两笔债务本息的返还应承担连带责任。14,517 万元扣除税金后为 139,813,227 元,应从 2015 年 2 月 16 日计算利息。经计算,上述两笔款项本息合计已经超出 15,817 万元,但一审判决铭德公司在 15,817 万元范围内承担连带责任,美亚公司未提出提起上诉,应视为认可,故对一审判决的该项认定予以维持。[1]

(四)特殊责任主体认定

1. 股权转让责任主体认定

股权转让责任主体在司法实践中带有一定特殊性,应注意识别。

【案例2-45】 乌鲁木齐新扶桑投资开发总公司与新疆维吾尔自治区第四建筑工程公司建设工程施工合同纠纷案

最高人民法院认为,新扶桑公司与供销公司之间的股权转让协议经乌鲁木齐市计划委员会批准时,该委将批文抄报了乌鲁木齐市政府,并抄报了乌鲁木齐市对外经济贸易委员会,该委未提异议。新扶桑公司在其与供销公司签订的股权转让协议经当地有关部门批准的情况下,潘某灵即以宝冠公司法定代表人的身份对外开展活动,在行使权利的同时即应承担相应的义务,因此在裙楼施工工程中,因宝冠公司的股东发生变化,宝冠公司被注销后,新扶桑公司又继受了裙楼的全部权利,应依法承担相应的义务,新扶桑公司提出其不是本案所涉合同的主体,应由宝冠公司原股东承担责任的理由不成立,本院不予支持。[2]

2. 代理关系责任主体认定

间接代理关系主体在司法实践中是产生争议点之一,应依法作出确认。

【案例2-46】 重庆YF建设有限责任公司与重庆YD动力机械有限公司等建设工程施工合同纠纷案

判决观点,关于YF公司要求与YD机械公司、YD机械厂、LX公司共同对欠付工程款承担连带责任的问题。……YD机械厂代表三被告与原告签订施工合同后,三被告均以发包人的身份实际履行了施工合同约定的发包人义务并行使了发包人的权利,其行为符合《合同法》第二百六十九条规定的发包人的法律地位,三被告作为共同发包人,应对尚欠原告的工程款承担共

[1] 参见最高人民法院民事审判第一庭编:《民事审判指导与参考》2021年第4辑(总第88辑),人民法院出版社2022年版,第249~250页。

[2] 参见最高人民法院民事审判第一庭编:《最高人民法院民事案件解析》(建设工程),法律出版社2010年版,第16页。

同的给付责任。[1]

代理关系中付款责任主体问题。代理人不是以被代理人的名义而是以自己的名义签订合同,其行为不符合代理的法律特征,不应适用代理的法律规定。

【案例 2-47】　山西安业建设发展有限公司与中铁三局集团建筑安装工程有限公司等建设工程施工合同纠纷案

最高人民法院认为,安业公司与中铁三局签订的建设工程施工合同和安业公司与筹委会签订的代建合同,意思表示真实,不违反法律和行政法规的强制性规定,且大部分已履行,一审法院认定为有效是正确的。……关于支付工程款义务主体问题,安业公司不是以筹委会名义而是以自己名义与中铁三局签订合同,不符合代理的法律特征。根据《合同法》第四百零二条规定……安业公司没有举出证据证据表明安业公司受筹委会委托,作为受托人于1993年8月24日与中铁三局签订《建设工程施工合同》时,中铁三局知道筹委会是委托人,因此安业公司和中铁三局订立《建设工程施工合同》直接约束的主体不应是筹委会和中铁三局。因此,安业公司主张其不是付款义务主体,应由筹委会支付工程款的上诉请求缺乏法律和事实依据,本院不予支持;一审判决确定安业公司为支付工程款的义务主体是正确的。[2]

雇佣人员受工程违法承包方委托的,且以自己的名义与实际施工人签订合同,根据实际施工人经法庭释明后选择委托人为合同相对方的,雇佣人员可成为工程款的支付主体。

【案例 2-48】　沧州临港九易市政工程有限公司诉宁夏煤炭基本建设有限公司等建设工程施工合同纠纷案

一审法院认为,九易公司与尹某签订建设工程分包合同,由九易公司完成工程施工,且工程验收合格并实际交付使用,结算价格也经双方确定,九易公司与尹某已经形成明确债权债务关系,九易公司有权按照结算价格向尹某主张权利。……尹某作为钟某贤委托的项目管理人员,以自己的名义与九易公司签订合同,至九易公司起诉时才披露委托人,经当庭释明,九易公司选择尹某作为合同相对人,故尹某应向九易公司承担合同责任。九易公司与尹某均对实付款610万元及付款确认额620万元无异议。九易公司明知付款不足额(存在贴息差额10万元),却未对付款确认额提出异议,且在诉状中明确

---

〔1〕 重庆市第五中级人民法院(2006)渝五中民初字第139号民事判决书。参见郭丁铭、肖芳编著:《建设工程施工合同法律实务精解与百案评析》(第2版),中国法制出版社2017年版,第28~29页。

〔2〕 参见最高人民法院民事审判第一庭编:《最高人民法院民事案件解析》(建设工程),法律出版社2010年版,第99页。

已付570万元(未计最后50万元),故尹某的主张更接近案件事实,也符合承兑汇票贴息交易习惯,因此,法院对于付款620万元的事实予以确认。九易公司主张尹某最终承担贴息,但尹某否认,加之九易公司未提供其他证据予以证明,故法院对九易公司该项主张不予支持。综上,尹某尚欠九易公司工程款本金4,001,790.88元及逾期付款利息471,357元。尹某自愿承诺不按时付款则按银行同期贷款利率的四倍支付资金占用费,故尹某应付九易公司资金占用费1,885,428元(利息金额×4)。……宁煤公司承建工程后,将大部分主体工程违法分包给旭飞公司,旭飞公司又将全部分包工程违法转包给不具备施工资质的钟某贤,宁煤公司、旭飞公司违反了法律的禁止性规定,对于承包、分包的工程疏于管理,致使九易公司至今未获足额付款,依法应承担补充清偿责任。九易公司与尹某的结算、付息约定未经宁煤公司、旭飞公司同意,故宁煤公司、旭飞公司的责任范围酌定:工程本金4,001,790.88元及自2015年5月20日(工程交付日期)参照中国人民银行同期同类贷款利率计算至本判决生效日的利息。判决:(1)尹某支付九易公司工程本金4,001,790.88元,逾期利息1,885,428元,并自2018年2月15日起按照中国人民银行同期同类贷款利率的4倍支付工程款本金4,001,790.88元的资金占用费至本判决生效日;(2)宁煤公司、旭飞公司对尹某上述债务承担补充清偿责任,责任范围:工程本金4,001,790.88元及自2015年5月20日(工程交付日期)参照中国人民银行同期同类贷款利率计算至本判决生效日的利息;(3)钟某贤在本案中不承担民事责任。二审法院判决:驳回上诉,维持原判。[1]

3. 施工合同主体变更认定

订立合同后,第三人履行了合同的部分义务,时常发生主体变更争议。广义的合同变更,包括合同内容的变更与合同主体变更。所谓第三人代为履行,是指第三人在未与债权人或债务人达成转让债务的协议并成为合同当事人的情况下,自愿代替债务人履行债务。在大多数情况下,合同的履行都是由债务人亲自实施合同约定的行为来实现的。但是,根据合同自由原则,或从保护债权人利益出发,第三人替代债务人履行债务,只要不违反法律规定和合同约定,且未给债权人造成损失或增加费用,这种履行在法律上应该是有效的。第三人替代履行在实践中往往会与债务转移发生混淆,其具有自身的特点。第三人代替债务人履行的情况下,第三人单方表示代替债务人清偿债务,或者与债务人达成代其清偿债务的协

---

〔1〕 参见国家法官学院、最高人民法院司法案例研究院编:《中国法院2020年度案例》,中国法制出版社2020年版,第158~160页。河北省沧州市中级人民法院(2018)冀09民终6669号民事判决书。

议,并没有与债权人或债务人达成转让债务的协议,第三人只是履行主体而不是债的当事人。对于债权人来说,他只能将第三人作为债务履行的辅助人,而不能将其作为合同当事人对待;对第三人的履行不适当的,债务人应当承担债不履行的合同责任,债权人也只能向债务人而不能向第三人请求承担责任。正是因为合同履行过程中第三人代为履行的情况普遍存在,简单地将第三人代为履行行为作为合同主体变更的依据,并不全面。在理论上合同主体变更与第三人代为履行区分明确,但实践中常发生争议。

【案例2-49】　江苏省溧阳市建筑安装总公司诉西安南风日化有限责任公司与第三人西安南风油脂开发有限责任公司建设工程施工合同纠纷案

二审法院认为,关于南风日化是否是合同主体,在1999年4月6日签订的第一份合同中,合同的建设、施工单位分别是西安南风油脂设备改造筹建处与溧阳建安公司西安分公司,南风日化在担保方处盖章,在此份合同上南风日化为担保人。而在1999年5月1日之后陆续签订的第二、三、四份合同中,合同上标明的发包方均为南风日化,南风日化也在这几份合同上盖章予以确认,同时从第二、三份合同上还可以清楚地看到发包方由西安南风农牧产业有限责任公司筹建处、西安南风农牧产业有限公司被更改为南风日化,这进一步表明溧阳建安公司要求南风日化作为合同相对方的意思表示是明确的,在南风日化支付了工程款后,溧阳建安公司有理由相信其与南风日化签订的合同已进入履行阶段。即便第一份合同与后三份合同存在施工上的先后顺序,溧阳建安公司也知道本案所涉工程是为将来成立的南风油脂所建,但这并不能从逻辑上推出溧阳建安公司认可南风日化在第二、三、四份合同中仍然是担保人身份或者认可南风油脂是合同的实际主体,因为工程的归属、工程构建上的关联与选择谁作为合同的相对方不是同一范畴的问题,其间没有必然的因果关系。南风日化还向本院提供了该公司的账册,用以证明南风日化前期付款,是由南风油脂办理了借款手续,其代南风油脂付的款,因此种手续属于南风日化和南风油脂之间的结算关系,南风日化未能证明溧阳建安公司认可南风日化的付款是代付款行为,故此种手续对于溧阳建安公司而言无法律上的约束力。至于发票的开具,由于溧阳建安公司就同一工程的项目向不同的单位开具发票,发票上存在前后矛盾的情况,发票上的收款单位不能作为确认合同当事人的依据。此外,在本案所涉合同的履行过程中,存在南风油脂付款金额高出其所签的第一份合同对应金额及南风油脂在结算审计书上盖章的情况,但是不能由此得出合同主体已由南风日化变更为南风油脂的结论。只有当事人之间有明确的意思表示时才能发生合同主体变更的法律后果。因为合同中的权利义务内容涉及面广,不单是付款、核算工程造价,仅凭参与付款和审计就推定合同主体,并以此否认合同上明示的主体是违背了当事人意思自治原则的。南风日化辩称其不是合同主体,只是代章行为,但其并未提供相关证据证明溧阳建安公司对此种代章行为是认可的,此种抗辩理由,不能成立。[1]

原发包人将项目相关权利义务转让并经债权人同意后,实际施工人在明知施工合同主体变更的情况下,其主张原发包人在欠付建设工程价款范围内承担责任,无事实及法律依据。

【案例2-50】 华胜威公司与二建公司、亘元公司、诺邦公司建设工程施工合同纠纷再审案

最高人民法院认为,首先,在诺邦公司与二建公司签订新的施工协议后,亘元公司已不再是发包人。亘元公司与诺邦公司签订合作开发合同,案涉项目以亘元公司的名义开发,亘元公司作为发包人与二建公司签订了施工合同。之后,亘元公司将案涉项目转让给诺邦公司,诺邦公司与二建公司又另行签订了施工协议,协议附件载明合同主体发生变化,并明确二建公司与亘元公司在之前签订的施工合同仅作为工程备案合同,以二建公司与诺邦公司签订的施工协议为准。由此可见,在项目转让后,诺邦公司作为新的合同主体即发包人与承包人二建公司就案涉工程重新签订了施工协议,施工合同发包人由亘元公司变更为诺邦公司。《合同法》第八十四条规定:"债务人将合同的义务全部或者部分转移给第三人的,应当经债权人同意。"本案中,二建公司与诺邦公司已通过签订协议的行为明确同意发包人由亘元公司变更为诺邦公司,亘元公司在施工合同中的权利义务已经因施工协议的签订而转移至诺邦公司,诺邦公司已成为案涉工程的发包人,亘元公司已不是发包人,故亘元公司不再承担发包人责任。其次,华胜威公司与二建机械公司签订承包协议时明知发包人已由亘元公司变更为诺邦公司。华胜威公司向二建公司出具的承包人承诺书记载:"2016年1月6日建设方由亘元公司变更为诺邦公司,由于建设方主体变更,二建公司与诺邦公司签订了新的施工合同。……对合同的内容无异议,坚决表示认真履行合同全部条款。"因此,华胜威公司对施工合同主体由亘元公司变更为诺邦公司系明知。华胜威公司作为案涉工程的实际施工人提起本案诉讼,其与亘元公司、诺邦公司没有合同关系,其根据《建设工程解释(二)》第二十四条的规定,主张发包人在欠付建设工程价款范围内承担责任。如前所述,本案的发包人为诺邦公司,亘元

---

〔1〕 参见最高人民法院中国应用法学研究所编:《人民法院案例选》2006年第4辑(总第58辑),人民法院出版社2007年版,第293~294页。

公司并非发包人,故华胜威公司主张亘元公司作为发包人承担责任无事实及法律依据。因此,华胜威公司以亘元公司为发包人主张其承担工程款付款责任的再审理由不能成立,原判决对此适用法律错误,本院予以纠正。[1]

〔1〕 最高人民法院(2022)民再78号民事判决书。

三、施工合同主体纠纷处理

(一)适格诉讼主体处理

在建设工程领域中的诉讼主体,具有广泛性和特殊性,需要在个案中确定是否适格。就施工合同主体的适格性来讲,一般主要表现在以下三个方面:第一,主体方面表现为承包人需要具备建筑工程施工资质,缺乏资质的单位或者个人签订的建设工程施工合同无效,缺乏资质的单位或个人借用有资质的建筑企业的名义与发包人签订的施工合同无效也无效。第二,意思表示真实主要表现为多个文本真实性的判断,最典型的是黑白合同问题。第三,意思表示的合法性主要体现为禁止违法发包、转包、违法分包、违反《招标投标法》的强制性规定等方面。[1]

《建设工程解释(一)》第十五条规定:"因建设工程质量发生争议的,发包人可以以总承包人、分包人和实际施工人为共同被告提起诉讼。"本条是关于建设工程质量纠纷案件中有关当事人诉讼主体地位方面程序性的规定。

1. 债权转让成为主体

施工形成的债权可以转让,受让人可以成为原告向债务人主张债权。

【案例2-51】 陕西西岳山庄有限公司与中建三局建发工程有限公司、中建三局第三建设工程有限责任公司建设工程施工合同纠纷案

最高人民法院认为,建发公司基于受让三公司的债权取得本案诉讼主体资格。[2]

【案例2-52】 嘉鸿公司与建服中心建设工程施工合同纠纷再审案

最高人民法院认为,建服中心作为发包人应当向承包人汉中公司支付工程款。段某为山河公司承包的案涉工程的实际施工人,依据《建设工程解

---

〔1〕 参见最高人民法院民事审判第一庭编:《民事审判指导与参考》2020年第3辑(总第83辑),人民法院出版社2021年版,第130~131页。

〔2〕 参见最高人民法院民事审判第一庭编:《最高人民法院民事案件解析》(建设工程),法律出版社2010年版,第367页。

释》第二十六条第二款（现参见《建设工程解释（一）》第四十三条第二款）的规定，其有权在发包人建服中心欠付山河公司的工程款范围内请求建服中心向其支付工程款。嘉鸿公司基于从段某、汉中公司受让案涉工程款债权取得本案诉讼主体资格，原判决认定嘉鸿公司是本案的适格主体，适用法律并无不当。建服中心关于嘉鸿公司不具有本案诉讼主体资格的再审申请事由不能成立，不予支持。[1]

2. 内部承包人适格诉讼主体

对于内部承包人是否构成适格诉讼主体，个案中由法官根据案情确认。

【案例2－53】　曲某钊诉青岛广发建筑有限公司建设工程施工合同纠纷案

关于被上诉人主体是否适格主体问题。二审法院认为，被上诉人是以上诉人项目经理部的名义与上诉人签订的内部承包合同，但该项目经理未经工商登记，未领取营业执照。根据民事诉讼法理论和相关司法解释，未登记领取营业执照的法人或其他组织进行的民事活动，应以直接责任人为当事人。因此，被上诉人作为该项目经理和直接责任人，应当是本案适格诉讼主体，不存在主体不适格问题。[2]

发包人主体不明的责任主体确定问题。

【案例2－54】　王某与刘某、张某、阚某、东莞某生态文旅股份、灵璧县某建设投资公司建设工程施工合同纠纷案

二审法院认为，(1)东莞某生态文旅股份对案涉工程款应否承担付款责任。《合同法》第四十九条规定，“行为人没有代理权、超越代理权或者代理权终止后以被代理人名义订立合同，相对人有理由相信行为人有代理权的，该代理行为有效”。本案中，东莞某生态文旅股份虽未与王某签订施工合同，但东莞某生态文旅股份认可刘某、张某、阚某系其公司正式员工身份。案涉工程系张某联系王某，由刘某安排王某施工，在施工期间，阚某按刘某安排在现场管理，并在王某部分施工日志签字确认工程量，之后张某、刘某又以东莞某生态文旅股份的名义给王某出具工程量确认单，同时提出实际完成工程量以现场审计为准。刘某提交自认系代表东莞某生态文旅股份履行职务行为，阚某出庭亦认可其系东莞某生态文旅股份员工，按公司安排参与现场管理。王某正是基于刘某三人系东莞某生态文旅股份员工的身份，有理由相信案涉

---

〔1〕 最高人民法院（2021）民申1020号民事裁定书。

〔2〕 参见最高人民法院中国应用法学研究所编：《人民法院案例选》2008年第2辑（总第64辑），人民法院出版社2009年版，第218页。

工程系东莞某生态文旅股份发包给其施工，才承包案涉工程，刘某、张某、阚某的行为构成表见代理，该行为后果应由东莞某生态文旅股份承担。东莞某生态文旅股份虽提出其不是案涉工程发包人，也未参与工程承建，但其对员工刘某、张某、阚某将案涉工程发包给王某施工，并参与案涉工程施工管理，该期间未到公司上班，从事公司业务行为的情况下，仍然按时给其三人交纳社保、发放劳动报酬作出合理解释，东莞某生态文旅股份所称对案涉工程施工不知情依据不足，其公司应对案涉工程价款承担清偿责任。东莞某生态文旅股份上诉提出案涉工程系灵璧县某建设投资公司承建，认为刘某、张某、阚某是为灵璧县某建设投资公司工作，应由灵璧县某建设投资公司承担付款义务的主张，因东莞某生态文旅股份没有提交相应证据予以证明，而刘某、张某、阚某予以否认，且灵璧县某建设投资公司也不予认可，东莞某生态文旅股份的该项上诉主张不能成立。(2)原告王某施工工程款应如何确认，按过错责任划分支付比例是否适当。案涉水杉移栽工程系政府工程，且需有施工资质参与施工，案涉工程未经过招投标，王某亦无施工资质，一审认定案涉建设工程施工合同无效正确。虽然案涉合同无效，但王某施工工程产生的劳务和材料已物化于案涉工程中，按《合同法》第五十八条“合同无效或者被撤销后，因该合同取得的财产，应当予以返还；不能返还或者没有必要返还的，应当折价补偿。有过错的一方应当赔偿对方因此所受到的损失，双方都有过错的，应当各自承担相应的责任”的规定，王某有权要求折价补充。基于王某因无水杉移栽技术，在工程施工完毕后，案涉工程也未经过竣工验收，经事后确认，移栽水杉大部分死亡，王某与东莞某生态文旅股份对此均存在过错，按2∶8的比例确认双方过错责任适当。王某施工工程量造价经安徽省建生工程咨询有限公司予以鉴定，作出两种鉴定意见，因第二种鉴定意见是根据王某自己制作施工日志及计价标准予以计算更符合客观事实，采信第二种意见予以裁判适当。[1]

3. 合同无效后财产返还义务人

在此类纠纷中，对于返还义务人应根据具体案情确认。

【案例2－55】　许某诉张家界和义园林景观工程有限公司、胡某建设工程施工合同纠纷案

一审法院认为，应由张家界园林公司返还许某保证金人民币100万元。许某将支付给张家界园林公司的100万元保证金打入胡某账户，由张家界园

---

〔1〕 安徽省宿州市中级人民法院(2023)皖13民终892号民事判决书。

林公司给许某出具100万元的保证金收据,根据许某和胡某的庭审陈述和提交的证据,可认定是征得张家界园林公司的同意,许某代理张家界园林公司向胡某退还100万元保证金。许某要求胡某返还保证金的请求不予支持。二审法院认为,张家界园林公司认为许某打给胡某的100万元与其无关,其未收到许某的100万元保证金,不应由其承担返还责任的上诉主张,法院不予主张。[1]

4. 政府成立的工程指挥部责任主体

政府成立的工程指挥部责任主体涉及还款责任,应依据是否参加合同签订和履行为标准予以判断。

【案例2-56】　郑州市正岩建设有限公司诉河南省宜阳县第一高级中学、河南省宜阳县人民政府建设工程施工合同纠纷案

判决观点,为保证地方重点工程建设项目的顺利施工,地方人民政府成立建设工程指挥部对工程建设进行监管,在地方政府或工程指挥部没有参与建设工程施工合同的签订和履行的情况下,人民政府不宜承担建设工程欠款的还款责任。[2]

5. 具体案情确定主体适格

【案例2-57】　江苏弘盛建设工程集团有限公司与郭甲建设工程施工合同纠纷再审案

最高人民法院认为,关于郭甲的诉讼主体资格问题。弘盛公司中标淮北市经济开发区新区一期安置房A标段工程后,将其中的10栋楼经口头协议分包给郭乙,但工程则由郭乙的兄弟郭甲实际施工,与弘盛公司之间工程款项的收条及结算单等均由郭甲进行也印证了此事实,弘盛公司在工程施工未提出异议,视为认可郭甲实际施工人身份的认可。且一审中郭甲申请郭乙出庭作证,郭乙对郭甲提起本案诉讼主张权利没有提出异议,因此,郭甲作为案涉工程的实际施工人,实际履行了工程施工义务,与弘盛公司已形成事实上的施工合同关系,其主张工程款主体适格。弘盛公司认为郭甲诉讼主体资格不适格的理由不能成立。[3]

---

〔1〕 参见国家法官学院案例开发研究中心编:《中国法院2017年度案例》(合同纠纷),中国法制出版社2017年版,第136页。

〔2〕 参见《人民司法·案例》2008年第4期。河南省高级人民法院(2006)豫法民一初字第9号民事判决书。

〔3〕 最高人民法院(2017)民申1515号民事裁定书。

【案例2-58】 冯某等与华宇公司建设工程施工合同纠纷案

最高人民法院认为,首先,华宇公司与中铁七局三公司签订的《施工协议》《补充协议》的内容为双方就建设工程项目进行合作建设,并未违反法律、法规的强制性规定,故为有效。其次,华宇公司与佘某签订《工程承包合同》将工程进行转包,冯某虽对此予以否认,但冯某与佘某之间的合伙关系系基于该工程项目而产生,且随后华宇公司向冯某及中铁七局三公司出具的授权委托书,也载明该项目由冯某全权负责,双方亦实际履行了该合同。冯某提交的《分(承)包工程结算汇总单》亦可以证明,其与华宇公司之间就工程进行了结算,其主张施工合同的履行与华宇公司无关,华宇公司不是本案适格的原告,依据不足。另外,冯某主张其是与中铁七局三公司直接发生的施工合同关系,亦不能成立。案涉工程施工合同系由中铁七局三公司中标后,与华宇公司签订协议进行合作经营。冯某以华宇公司派驻人员身份参与工程建设,在双方制定的协议附件中已有体现。中铁七局三公司与冯某之间并无直接接触或合意,在中铁七局三公司否认与冯某建立合同关系的情况下,难以认定中铁七局三公司有与冯某直接建立合同关系的意思表示。冯某虽从案涉工程项目部领取工程进度款项,但中铁七局三公司仍将该款项列入华宇公司支取类,并主张是替华宇公司进行代付,未将冯某作为独立的施工主体,不能以进度款的支付和领取强令双方产生合同关系,否则违背合同自由原则,故对冯某主张的该理由,本院不予支持。[1]

承包人违法出借资质,仍可作为原告向发包方主张工程价款。

【案例2-59】 莘县莘城建设有限公司与山东天乐置业有限公司建设工程施工合同纠纷再审案

最高人民法院认为,本案中,莘城建设公司是基于其与天乐置业公司签订的《建设工程施工合同》等证据提起本案诉讼,莘城建设公司是案涉《建设工程施工合同》的签约主体和承包人,与天乐置业公司具有法律上的利害关系,符合法律规定的原告起诉的主体条件。其次,并未有就出借资质的承包人的诉权问题作出禁止性规定。虽然《建设工程解释(一)》第一条规定,建设工程施工合同具有下列情形之一的,应当依据《民法典》第一百五十三条第一款的规定,认定无效:(1)承包人未取得建筑业企业资质或者超越资质等级的;(2)没有资质的实际施工人借用有资质的建筑施工企业名义的;(3)建设工程必须进行招标而未招标或者中标无效的。承包人因转包、违法分包建设工程与他人签订的建设工程施工合同,应当依据《民法典》第一百

---

〔1〕 最高人民法院(2019)民终1752号民事判决书。

五十三条第一款及第七百九十一条第二款、第三款的规定,认定无效。但是,该规定仅涉及合同无效的认定,并未规定因出借资质就不能起诉发包人、不能结算工程款。此外,即便根据《建设工程解释(一)》第四十三条的规定,实际施工人可以突破合同相对性,起诉发包人、转包人、违法分包人,但该规定并没有否定承包人基于合同起诉的权利。虽然另案判决认定老仇是案涉工程的实际施工人,莘城建设公司存在出借资质的事实,但不能就此否定莘城建设公司作为承包人提起诉讼的权利。至于案涉合同效力,承包人主张工程款的诉请能否得到支持,则属于实体审理范畴。据此,一审、二审法院以莘城建设公司不是案涉工程实际施工人为由,认定莘城建设公司与本案无利害关系,否定莘城建设公司的诉权没有法律依据。裁定:撤销山东省高级人民法院和聊城市中级人民法院的裁定,指令聊城市中级人民法院审理。[1]

6. 建设工程领域买卖、租赁合同纠纷主体

河南省高级人民法院《关于审理建设工程领域买卖、租赁合同纠纷案件若干疑难问题解答》1. 问:实践中,建筑设备的出租方或建筑材料的出卖方起诉请求发包人或建筑企业承担付款责任,在认定责任主体时,应当遵循什么裁判原则?答:这类案件的审理应当遵循合同相对性原则根据《民法典》第四百六十五条第二款的规定,依法成立的合同,仅对当事人具有法律约束力,但是法律另有规定的除外建筑企业的项目经理、实际施工人或项目部其他人员等行为人签订买卖、租赁合同,相对人请求建筑企业发包人承担责任的,应当严格遵循合同相对性原则,审查行为人的行为性质,依法确定合同主体、责任主体及责任承担方式;不能仅以买卖的建筑材料、租赁的建筑设备被用于建设项目为由,即判决建筑企业、发包人承担责任;也不能随意突破合同相对性,不审查合同签订主体,而径行判令实际使用方承担责任。关于诉讼主体的确定 4. 问:行为人以建筑企业名义签订合同,但建筑企业否认其签订并履行合同,或者行为人虽以个人名义签订合同但有证据证明代表建筑企业,但建筑设备的出租方、建筑材料的出卖方只将建筑企业或行为人列为被告,这种情况下是否需要追加另一方主体参加诉讼?答:行为人以建筑企业名义签订合同或者虽以个人名义签订合同但有证据证明其代表建筑企业,相对人只起诉建筑企业或行为人的,为查明买卖、租赁等事实,法院可以向当事人释明,申请追加另一方主体为当事人参加诉讼,或依职权进行追加。

不能仅以行为人与建筑企业存在挂靠关系为由,直接依据《民事诉讼法解

---

[1] 最高人民法院(2022)民再96号民事裁定书。

释》第五十四条关于确定共同诉讼当事人的规定,判决建筑企业对行为人签订的买卖、租赁合同承担连带责任。《民事诉讼法解释》第五十四条规定:“以挂靠形式从事民事活动,当事人请求由挂靠人和被挂靠人依法承担民事责任的,该挂靠人和被挂靠人为共同诉讼人。”该条系挂靠关系中如何确定共同诉讼当事人的程序性规定,并非判断挂靠关系当事人之间如何承担民事责任的实体法律规定。《民法典》第五百一十八条第二款规定,连带责任或连带债务,由法律规定或者当事人约定。相对人以行为人与建筑企业存在借用资质(挂靠)关系为由,要求行为人和建筑企业对货款、租赁费支付承担责任的,应依据相关实体法律规定确定责任承担问题,不能仅依据《民事诉讼法解释》第五十四条的程序性规定,认定建筑企业应当承担款项支付责任。

损失索赔需坚持合同相对性和损失填平原则,即索赔一方必须是权利主体,且损失已实际发生。据此,只有项目业主才是遭受发电收益损失的主体,总包方或其他施工单位均不是发电收益的直接权利人,故其无权直接向下游供应商、分包方等主体提出发电量损失索赔。

【案例2-60】 大丰建安公司与东方汽轮机公司买卖合同纠纷案

最高人民法院认为,东方汽轮机公司已交付的28台风机存在动力电缆等设备未交付及风机质量等问题,大丰建安公司存在迟延给付货款的问题,双方均存在违约行为,应当各自承担相应的责任。大丰建安公司上诉称,其是林口胜利风力发电项目的总包单位,承担从设计、采购到安装并网发电等一系列承包服务,最终交付业主的是能正常并网发电的风力发电厂,东方汽轮机公司因违约应当赔偿其发电量损失。但大丰建安公司不是发电企业,由东方汽轮机公司的违约行为给其造成的损失并非发电量损失,发电量损失亦不属于订立合同时可预见到的违约损失,且东方汽轮机公司不予认可,故对大丰建安公司关于东方汽轮机公司赔偿其发电量损失的主张,本院不予支持。[1]

承包人未直接与钢材出卖人签订合同,但钢材已实际用于承包人承包的工程,且承包人签订分包合同时存在过错,材料商不能据此直接向承包人主张货款。

【案例2-61】 旨新公司与新华夏公司、中建三局二公司买卖合同纠纷再审案

最高人民法院认为,中建三局二公司应否承担旨新公司钢材货款的清偿责任。(1)涉案《建设工程劳务分包合同》与《钢材购销合同》属于相互独立的合同。合同当事人依法应当就其各自订立的合同行使相应权利并承担相

[1] 最高人民法院(2021)民终738号民事判决书。

应义务。旨新公司对于依约供应钢材后未获清偿的货款,依法应向实际购买方武汉新华夏公司及胡某伟等人提出主张。原审期间,旨新公司明确表示放弃对武汉新华夏公司的主张,本院不持异议。(2)在旨新公司所签涉案《钢材购销合同》中,对方指定兰某快为验收货物人员。中建三局二公司在其他合同中亦指定兰某快为材料员,兰某快因而具有双重身份。但旨新公司在其依约所供钢材已由合同指定验收人员兰某快签收的情况下,依法应向合同相对方提出货款清偿请求,而不能基于兰某快亦为中建三局二公司在其他合同中指定的材料员而向其提出清偿主张。原审判决依据兰某快系中建三局二公司在其他合同中指定的材料员而认定其系代表中建三局二公司验收涉案钢材,依据显然不足。(3)从在案支付款项证据情况看,协信房地产公司开出汇票票面记载的收款人为中建三局二公司。按照汇票流转规范,即使汇票最后转给了旨新公司,但如无证据证明汇票系由中建三局二公司直接背书让与旨新公司,亦不能证明其直接向旨新公司支付货款的事实。2012年8月28日、9月11日,中建三局二公司虽曾将150万元、100万元分别支付至长沙市雨花区铭东建材经营部的账户,但没有进一步证据证明此款项确系属于受旨新公司指示而支付的涉案钢材货款。原审判决关于中建三局二公司曾向旨新公司直接支付钢材货款的认定,缺乏足够证据证明。在当事人之间缺乏合同关系的情况下,钢材是否实际用于涉案工程,不能成为旨新公司向中建三局二公司提出货款清偿主张的当然依据。(4)另外,中建三局二公司对于他人冒用福建新华夏公司订立《建设工程劳务分包合同》虽然未尽足够审查义务,但与旨新公司基于其他合同所售钢材货款不能及时获偿之间,没有必然关联。原审判决以中建三局二公司订立分包合同转包工程存在过错为由,判令其对旨新公司涉案钢材货款承担清偿责任,缺乏事实和法律依据。实际上,涉案工程结算过程中,中建三局二公司已经按照分包合同约定多次向武汉新华夏公司支付工程款项,武汉新华夏公司亦已向旨新公司实际支付多达3000余万元的钢材货款。原审法院在已查明涉案《钢材购销合同》系旨新公司与武汉新华夏公司及胡某伟等人实际订立并履行的情况下,却又认定旨新公司与中建三局二公司存在事实上的买卖合同关系,并进而判令中建三局二公司承担欠付货款的清偿责任,认定事实和适用法律均有错误。[1]

---

〔1〕 最高人民法院(2018)民再23号民事判决书。

7. 实际施工人提出撤销权之诉纠纷主体

【案例2-62】 甘肃圣大建筑装饰工程有限公司与西和县天乐花炮有限公司、甘肃生源房地产开发有限责任公司建设工程施工合同纠纷案

最高人民法院认为,本案审查的焦点问题是圣大公司是否符合提起第三人撤销之诉的条件。

1. 圣大公司不具备提起第三人撤销之诉的主体资格。根据《民事诉讼法》第五十六条(现为第五十九条)的规定,有权提起第三人撤销之诉的主体为第三人,包括有独立请求权第三人和无独立请求权第三人。首先,圣大公司不是天乐公司与生源公司、工矿公司合作开发房地产合同法律关系的主体,不享有该法律关系中的权利,亦不承担义务,即对(2017)甘12民终263号案件的诉讼标的不具有独立请求权,不是该案有独立请求权的第三人。其次,圣大公司基于与生源公司、工矿公司、甘肃第一建设集团有限责任公司建设工程施工合同纠纷一案的调解结果,享有要求生源公司给付金钱债务的一般债权,与(2017)甘12民终263号民事判决结果没有法律上的牵连关系,亦不具备无独立请求权第三人的特征。圣大公司基于(2016)甘12民初48号民事调解书享有对生源公司的一般债权,不在第三人撤销之诉保护的民事权益的范围。虽然圣大公司为实现前述债权申请对涉案土地采取保全措施,并不因此对涉案土地享有实体上的权利。圣大公司主张其对生源公司的债权中有部分系工程款,属于优先受偿的债权。本院认为,根据《建设工程解释(二)》第十七条"与发包人订立建设工程施工合同的承包人,根据合同法第二百八十六条规定请求其承建工程的价款就工程折价或者拍卖的价款优先受偿的,人民法院应予支持"和《最高人民法院关于建设工程价款优先受偿权问题的批复》(已失效)"人民法院在审理房地产纠纷案件和办理执行案件中,应当依照《中华人民共和国合同法》第二百八十六条的规定,认定建筑工程的承包人的优先受偿权优于抵押权和其他债权"的规定,建设工程价款的优先受偿权的请求权主体是承包人。同时,《建设工程解释》第二十六条仅赋予实际施工人突破合同相对性向发包人主张欠付工程价款的权利,并未规定其可以主张建设工程价款优先受偿权,故圣大公司作为实际施工方不享有工程款优先受偿权。圣大公司作为一般债权人,也不具备《九民纪要》规定的提起第三人撤销之诉的特别情形,因此不具备第三人撤销之诉的原告主体资格。

2. 圣大公司不具备提起第三人撤销之诉的实质条件。(2017)甘12民终263号民事判决内容没有错误,也没有损害圣大公司的民事权益。虽然

(2017)甘12民终263号民事判决的执行在客观上导致圣大公司申请保全的财产被解封,但该判决并未损害圣大公司的债权,也非因为该判决内容错误导致圣大公司不能对执行标的进行受偿。对于执行法院对执行标的的解封裁定不服的,可以依《民事诉讼法》另行救济。

3.关于执行裁定未经送达的问题。本院认为,《民事诉讼法》第一百零八条(现为第一百一十一条)规定:"当事人对保全或者先予执行的裁定不服的,可以申请复议一次。"《民事诉讼法解释》第一百七十一条规定:"当事人对保全或者先予执行裁定不服的,可以自收到裁定书之日起五日内向作出裁定的人民法院申请复议。人民法院应当在收到复议申请后十日内审查。裁定正确的,驳回当事人的申请;裁定不当的,变更或者撤销原裁定。"据此,圣大公司主张(2017)甘12执异6号解除保全的裁定未向其送达导致其权利受损,依法有权通过复议等程序予以救济,并不构成提起第三人撤销之诉的条件。综上,圣大公司的再审申请不符合《民事诉讼法》第二百条第二项规定的情形。裁定:驳回再审申请人甘肃圣大建筑装饰工程有限公司的再审申请。[1]

除工程质量诉讼外,工期延误诉讼不能突破合同的相对性。

【案例2-63】　泰宁县三某竹业开发有限公司与池某璋建设工程施工合同纠纷再审案

二审法院认为,在发生建设工程质量问题时,发包人可以突破合同相对性,以实际施工人为被告提起诉讼,但工期延误不属于建设工程质量问题,在参照无效合同中工期延误责任条款确定相关责任时,应根据合同相对性原则,以该合同的相对人作为责任义务人。本案中,案涉《钢结构建筑安装合同书》和《补充协议》的合同双方是三某竹业和成某建设,具体代表成某建设签订合同的是案外人卓某汶,生效判决认定池某璋是从成某建设处转包案涉工程,可见池某璋并非三某竹业的合同相对方。因此,三某竹业向池某璋主张工期延误责任,没有事实和法律依据。[2]

(二)债的加入主体处理

《民法典合同编通则解释》第五十一条规定:"第三人加入债务并与债务人约

---

〔1〕 最高人民法院(2021)民申2458号民事裁定书。

〔2〕 福建省高级人民法院(2017)闽民再210号民事判决书。

定了追偿权,其履行债务后主张向债务人追偿的,人民法院应予支持;没有约定追偿权,第三人依照民法典关于不当得利等的规定,在其已经向债权人履行债务的范围内请求债务人向其履行的,人民法院应予支持,但是第三人知道或者应当知道加入债务会损害债务人利益的除外。

债务人就其对债权人享有的抗辩向加入债务的第三人主张的,人民法院应予支持。"

债务加入作为债务承担的一种形式,在建设工程领域中常见也是争议频发的问题。虽然不是合同缔约人,但在施工合同履行中,参加会议、验收并承诺工程款支付等事宜的,可以认定为债的加入。

【案例2-64】 杭州利星凯悦大酒店有限公司等与浙江中成建工集团有限公司建设工程施工合同纠纷案

最高人民法院认为,杭州公司虽然不是1997年12月20日合同的缔约人,但在合同履行中,多次参与会议纪要的签署,参加了土建工程的中间结构验收,并分4次直接向中成公司支付工程款累计达1256万元,且于1998年10月3日给中成公司出具书面承诺,工程款支付事宜,凡杭州公司未能及时到位,上海公司又不能按合同支付工程进度款的,由杭州公司负责给付。由此说明杭州公司已加入中成公司与上海公司的合同关系之中。由于中成公司与上海公司在签订合同时是暂定合同价,最后要以结算价支付工程款,故应按鉴定意见确认的实际工程数额款,由上海公司支付给中成公司,杭州公司应按其对中成公司承诺的内容,承担连带清偿责任。一审法院将杭州公司列为共同被告,并判令其承担上海公司还款的连带责任,并无不妥。[1]

从施工合同相对方看,付款责任人是发包方,但在其后补充协议或工程价款结算协议中,第三方在其协议上签字并承诺承担还款责任,该行为实质上是加入了发包人与承包人的债权债务关系中,属于债的加入行为,应当认定为有效,第三方应当承担还款责任。

【案例2-65】 泰信公司与豪胜公司、圣达安酒店建设工程施工合同纠纷案

判决观点,施工合同项下的付款责任人只是豪盛公司,在工程审定协议中圣达安酒店作为协议一方签字,在法律上可将签字行为视为发包人。法院认为,关于工程款结算问题,法院认为从三方审定协议来看,对工程造价的数额已经予以确认,豪盛公司、圣达安酒店作为工程发包方共同向工程承包方

〔1〕 参见最高人民法院民事审判第一庭编:《最高人民法院民事案件解析》(建设工程),法律出版社2010年版,第291页。最高人民法院(2002)民一终字第53号民事判决书。

泰信公司承诺了工程款的付款期限和逾期付款的违约责任，上述两公司应当依据该审定协议履行自己的付款义务。豪盛公司、圣达安酒店以该审定协议系为泰信公司施工负责人向泰信公司总部汇报工作所制作，并非其真实意思表示的答辩意见，缺乏事实和法律依据，也有悖于市场经济诚实信用的交易原则，法院不予采信。豪盛公司、圣达安酒店应当依据审定协议确定的工程款应付数额向泰信公司支付工程款，并按照该审定协议的约定支付相应的逾期付款利息。[1]

后成立的公司未签订施工合同，但确认了施工合同具体建设条款的效力，成为发包人和付款义务人，但签订原施工合同发包人仍是涉案的适格主体。

【案例2－66】　住总公司与华普科技公司等建设工程施工合同纠纷案

最高人民法院认为，合作合同和补充合同虽然是华普科技与住总公司签订的，但华普国际成立后，华普大厦项目转为华普国际的开发项目，在华普国际与住总公司开发部签订的项目合同中，明确约定根据住总公司与华普科技签订的合作合同、补充合同及有关文件，在项目建设期间以及合资合同执行过程中，华普国际对上述合作合同及补充合同和有关文件确认有效，由此说明华普国际作为华普大厦项目的所有人确认了合同中关于华普大厦工程具体建设条款的效力，并承接了合作合同中华普大厦工程建设中的权利义务，华普国际由此与住总公司形成了建筑工程发承包关系，住总公司成为华普大厦工程的承包人，而华普国际成为华普大厦工程的发包人，进而应是华普大厦工程的付款人，华普国际主张住总公司开发部与华普科技间的合作合同因合资合同的签订而失效，没有依据。……华普科技与住总公司签订的相关协议均事后经华普国际确认，作为合同约定权利义务的承接者及华普大厦项目的所有权人，华普国际应是完全的付款义务人；一审判决以华普科技签署了与工程有关的合同及结算协议，是协议约定的付款人，且该公司是华普国际的控股公司为由，判决对华普国际支付工程款的义务承担连带责任，没有事实和法律依据，应予改正。但华普科技与本案存在密切联系，是本案适格的被告。[2]

建设工程施工合同纠纷中，被挂靠经营者作为合同相对方应当依据劳务分包合同向劳务分包单位承担支付欠付工程款的责任，而挂靠经营者向劳务分包单位作出的支付工程款的承诺构成债务加入，应当在其承诺范围内向劳务分包单位承

---

〔1〕　参见潘福仁主编：《建设工程合同纠纷》（第4版），法律出版社2015年版，第161页。

〔2〕　参见最高人民法院民事审判第一庭编著：《最高人民法院建设工程施工合同司法解释的理解与适用》，人民法院出版社2004年版，第279～280页。

担支付工程款的连带责任。对于分包单位请求挂靠经营者承担连带责任诉求,法律应予支持。

法定代表人以个人名义支付欠付工程款的,应为单方债务加入,与法人一同承担连带给付责任。法定代表人是依照法律或法人章程规定代表法人从事民事活动的负责人,其对外有权以自身名义代表法人从事民事活动,但在具体的民事活动中也应当注意区分法人行为和个人行为,从事法人行为时要严格依照法律和公司的章程规定。

(三)转包合同责任主体处理

主张转包合同关系方举证被采信的,建筑企业对其内部挂靠人的外部转包行为承担法律责任。

【案例2－67】 长联公司与东海公司建设工程施工合同纠纷案

一审法院认为,第一,经鉴定,检材4竣工时间为"2012年9月16日"的《零星工程保修合格证明》上的"深圳市东海总装饰工程工业有限公司"印文与样本2日期为"2012年1月9日"的《收据》上相同内容的印文是同一枚印章盖印形成,张某在《零星工程保修合格证明》上签字,东海公司用其认可的公章对张某的签字行为盖章予以确认,证明张某有权代表东海公司对系争工程进行签字确认。第二,业主华兴技术有限公司在本案审理过程中,于2012年5月4日向法院出具一份《华兴技术有限公司函》称,"关于华兴上海金桥基地二次布线(LG09082)－G/H/J栋强电标段建设工程项目,深圳市东海总装饰施工程工业有限公司负责与华兴联络的人是谢某,张某"。该份函件证明业主认可的系争工程中代表东海公司的联络人是张某。而谢某正是长联公司的法定代表人。第三,东海公司在系争工程合同签订及施工期间一直为张某缴纳社保,证明在该期间张某系东海公司员工。第四,系争工程的竣工资料上多处显示张某是系争工程的项目经理及负责人,东海公司对作为项目经理张某签字处均盖章予以确认。第五,张某代表东海公司与长联公司就系争工程签订了《工程施工合作协议》,合同中约定的甲方代表为张某。第六,长联公司提供了一系列采购证明、收条、送货单、施工人员工资发放表等以证明长联公司实际施工系争工程。第七,虽然《工程施工合作协议》上"深圳市东海总装饰工程工业有限公司"印文与东海公司提供样本上相同内容的印文不是同一枚印章盖印形成的,但根据上述一系列证据,长联公司有理由相信张某有权代表东海公司与长联公司签订《工程施工合作协议》,长联公司并不负有对上述印章真实性进行审查的义务。故长联公司与东海公司就系争工程形成建设工程施工合同关系,东海公司应向长联公司承担付款责任。二审法院亦持同样意见维持一审判决。[1]

个人挂靠承包人与发包人签订施工合同后,该个人又以自己的名义将工程转包给实际施工人,实际施工人能主张该个人与承包人共同承担支付工程价款的义务。

【案例2－68】　潘某与郭某林、建穗公司建设工程施工合同纠纷案

最高人民法院认为,关于李某万、郭某林是否为本案适格诉讼主体的问题。郭某林个人作为合同当事人一方与潘某签订有关案涉工程转包协议,前述协议对郭某林具有约束力。案涉工程施工过程中,郭某林亦以个人名义参与了相关争议的处理和结算协议的签订,郭某林应当承担因本案相关合同争议产生的民事责任。一审判决认定郭某林是本案适格被告并无不当。[2]

实际施工人以发包人为被告主张权利的,法院应当追加转包人或者违法分包人为本案第三人。《建设工程解释(一)》第四十三条规定,实际施工人以转包人、违法分包人为被告起诉的,人民法院应当依法受理。实际施工人以发包人为被告主张权利的,法院应当追加转包人或者违法分包人为本案第三人,在查明发包人欠付转包人或者违法分包人建设工程价款的数额后,判决发包人在欠付建设工程价款范围内对实际施工人承担责任。《建设工程解释(一)》第四十四条规定,实际施工人依据《民法典》第五百三十五条规定,以转包人或者违法分包人怠于向发包人行使到期债权或者与该债权有关的从权利,影响其到期债权实现,提起代位权诉讼的,人民法院应予支持。

《建设工程解释(一)》第七条规定:“缺乏资质的单位或个人借用有资质的建筑施工企业名义签订工程施工合同,发包方请求出借方与借用方对建设工程质量不合格等造成的损失承担连带赔偿责任,人民法院应予支持。”该条明确规定,挂靠人与被挂靠人就出借资质造成工程质量等损失的是承担责任主体。提起诉讼,可以追加被挂靠人为案件当事人,作为共同被告,便于查清案件事实。第三人因拖欠租金或材料款提起诉讼,区分三种情形处理。挂靠人以自己名义签订合同,应当以挂靠人为被告。如果挂靠人抗辩是职务行为,则应追加被挂靠人为当事人。挂靠人以被挂靠人名义签订合同,则挂靠人与被挂靠人为共同当事人。第三人因建筑物倒塌提起侵权赔偿诉讼,挂靠人与被挂靠人共同作为诉讼当事人参加诉讼。被挂靠人就管理费提起的诉讼,根据合同相对性列诉讼主体。[3]

---

〔1〕 参见潘福仁主编:《建设工程合同纠纷》(第4版),法律出版社2015年版,第244～245页。

〔2〕 最高人民法院(2020)民终287号民事判决书。

〔3〕 参见最高人民法院民事审判第一庭编著:《最高人民法院新建设工程施工合同司法解释(一)理解与适用》,人民法院出版社2021年版,第82～84页。

(四)代建制责任主体认定

代建制是指项目单位通过招标方式选择专业化的项目管理单位(以下简称代建单位),代为负责项目建设全过程组织实施,严格控制项目投资、质量、工期和安全,项目竣工验收合格后移交项目单位的制度。代建制目前在我国已经推行多年,但是目前没有法律、行政法规对代建制进行规范。司法实践中,关于围绕项目单位是否为责任主体的认定,各级法院关于责任主体的认定争议较大,有不同观点。

最高人民法院的主流观点认为,委托代建与工程施工是两个独立的法律关系。基于委托代建与建设工程施工系两个独立的法律关系及合同的相对性原理,从而否定施工方突破合同相对性要求项目单位承担责任的主张。

【案例2-69】 东升公司与治历公司、硚口劳动就业局建设工程施工合同纠纷再审案

最高人民法院认为,在硚口劳动就业局已经向治历公司支付工程价款的情况下,东升公司应当按照合同相对性原则向治历公司主张权利,要求硚口劳动就业局承担法律责任缺乏法律依据。[1]

【案例2-70】 大足城投公司与鑫路房地产公司、合川工投公司建设工程施工合同纠纷再审案

最高人民法院认为,本案中,即使存在合川工投公司委托鑫路房地产公司代建涉案工程项目的情形,也不符合二者承担连带支付工程款责任的法定条件。故大足城投公司主张合川工投公司对鑫路房地产公司欠付的B区工程款及利息承担连带清偿责任,依据不足。其次,本案中,《联合建设合作协议》的签约人为合川工投公司与鑫路房地产公司,而《建设工程施工合同》的签约人为鑫路房地产公司与博海建设公司。根据"合同相对性"原则,合同仅对合同当事人产生法律约束力,合同一方当事人原则上仅能向另一方当事人提出合同上的请求或提起诉讼,而不能依据合同向合同当事人以外的第三人提出请求。[2]

【案例2-71】 中建一局与交通公司、城通公司建设工程施工合同纠纷案

最高人民法院认为,本案涉案工程虽然是由城通公司委托交通公司代

---

〔1〕 最高人民法院(2018)民申4499号民事裁定书。

〔2〕 最高人民法院(2017)民申1388号民事裁定书。

建,但城通公司与交通公司之间存在的委托代建法律关系,与交通公司和中建一局建立的建设工程施工合同关系及设计合同关系属于两种独立的法律关系。中建一局是基于与交通公司所签订的《建设工程施工合同》《建设工程设计合同》所约定的权利、义务主张工程款,根据合同相对性的基本原则,中建一局应直接向交通公司主张权利,其要求城通公司承担连带责任的诉求,没有事实和法律依据,不予支持。[1]

【案例2-72】 某公司与华瑞达公司、宝鸡良种场建设工程施工合同纠纷案

二审法院认为,……但原告系与被告华瑞达公司签订建设工程施工合同,虽然该合同无效,但因建设案涉工程产生的合同关系主体仍为原告与华瑞达公司。宝鸡良种场虽与华瑞达公司签订委托代建合同,系宝鸡良种场与华瑞达公司之间形成的委托代建关系,原告要求宝鸡良种场就案涉工程款承担连带付款责任,并无相关法律依据,应不予支持,案涉工程款应由其相对方即华瑞达公司给付。[2]

支付在一些施行代建的建设工程中,根据合同相对性原则,总承包人与建设公司签订的施工合同所产生的债权债务纠纷,建筑物所有人不承担合同约定的责任。如果建设工程发包方或总承包人未向施工方付足工程价款,而建筑物所有人欠发包方或总承包人的款项,在这种情况下,若当事人之间没有建筑物所有人不承担建设工程债权、债务的明确约定,施工方可以请求建筑物所有人在未付款项范围内承担连带责任。反之,若当事人之间有类似的明确约定,就不能简单地认定建筑物所有人承担连带责任。

【案例2-73】 某房地产开发公司与某建设公司、某大学建设工程施工合同纠纷案

二审法院认为,《三方协议》约定某大学不承担任何房地产开发公司与建设公司之间的债权、债务,而建设公司并未提出该协议无效的理由。因此,该协议应认定为有效。一审判决某大学承担工程付款的连带责任没有合同和法律依据,应予纠正。由于建设公司的投入与劳动成果已物化到建筑物中,不管建筑物归谁所有,只要房地产开发公司未按照约定支付工程价款,建设公司就可以依照《合同法》第二百八十六条规定,向建筑物所有人主张优先受偿权,并可通过对建筑工程的拍卖及折价等方式实现该权利。据此,二审法院判决,房地产开发公司支付建设公司工程款7232万元,而未判决某大学对房地产公司应付款项承担连带付款责任。最高人民法院民一庭意见为,

---

〔1〕 最高人民法院(2017)民终579号民事判决书。

〔2〕 陕西省咸阳市中级人民法院(2019)陕04民终939号民事判决书。

作为建筑物所有人的建设单位将建设项目全权委托给房地产开发公司施工建设，同时签订了《三方协议》，该协议系当事人真实意思表示，不违反国家法律及法规的强制性规定，应认定为有效。建设单位对房地产开发公司应付工程款项不应承担连带责任。如果房地产开发公司不能按照约定支付工程价款，建设公司可依照《合同法》第二百八十六条规定，向建筑物所有人主张优先受偿权，并可通过对建筑工程的拍卖及折价等方式实现其权利。〔1〕

【不同处理】 有的法院认为，代建的本质是委托代理合同，法律后果应当由项目单位承担。基于《民法典》第九百二十五条关于委托代理关系的规定，若代建方向施工方披露了项目单位，则项目单位作为委托人应当承担责任。

【案例2－74】 中建六局二公司与南海研究院、海南二建建设工程施工合同纠纷案

二审法院认为，南海研究院与海南二建签订的《建设项目委托代建合同》，海南二建与中建六局二公司签订的《中国南海研究院综合楼工程施工合同》均为有效合同，海南二建只是涉案工程的代建人，南海研究院系涉案工程的实际发包人，海南二建对涉案工程并不享有任何权利，故不应承担支付工程款的责任。按照《建设工程解释》第二十六条"发包人只在欠付工程价款范围内对实际施工人承担责任"的规定，南海研究院作为实际发包人只在欠付工程款的范围内对实际施工人王某华承担责任……〔2〕

【案例2－75】 南京三乐公司与青岛亮化公司、青岛建设工程施工合同纠纷案

二审法院认为，依照《合同法》第四百零二条的规定，本案中，首先，从法律关系上看，就涉案工程项目签订了代建合同，二者系委托合同关系；青岛亮化公司接受委托后在青岛的授权范围内以自己的名义与南京三乐公司订立了涉案建设工程施工合同。其次，南京三乐公司在订立合同时知道青岛与青岛亮化公司之间的代理关系……故原审据此认定涉案建设工程施工合同直接约束南京三乐公司与青岛，即青岛应当承担向南京三乐公司支付本案工程款的责任，事实清楚，依据充分，本院予以确认。〔3〕

---

〔1〕 参见最高人民法院民事审判第一庭编：《民事审判指导与参考》2012年第1辑（总第49辑），人民法院出版社2012年版，第113页。

〔2〕 海南省高级人民法院（2018）琼民终546号民事判决书。

〔3〕 山东省青岛市中级人民法院（2017）鲁02民终8328号民事判决书。

【案例2-76】 某公司与建工管理公司、未央区政府建设工程施工合同纠纷案

判决观点,对于原告主张未央区政府承担连带责任一节,虽然三方合同约定的是发包方建工管理公司支付工程款,但未央区政府与建工管理公司双方又签订有《委托代建合同》……对该委托代建关系原告也知悉情况,根据《合同法》第四百零二条,本案区政府无证据证明存在"只约束受托人和第三人"的情形,故受托人建工管理公司与原告之间权利义务的约定直接约束项目委托人未央区政府,即未央区政府亦应当对工程款承担支付责任。[1]

【不同处理】 有的法院认为,根据合同的实际签订和履行情况,结合项目单位对工程的实际参与程度,判断项目单位是否承担责任。

【案例2-77】 某甲公司与华昱公司、龙岗交通局建设工程施工合同纠纷案

二审法院认为,龙岗交通局和某公司签订《总承包协议》之后,双方并未完全按照合同约定履行义务。按照合同约定,华昱公司应作为发包人负责施工单位的招标工作,但在实际招标过程中,龙岗交通局作为招标人确定施工单位联建公司,然后授权华昱公司与中标单位联建公司签订施工合同。2004年8月20日,联建公司、华昱公司和龙岗交通局签订《补充协议》,明确华昱公司代龙岗交通局向某甲公司支付工程款的行为视为龙岗交通局直接付款,联建公司直接向龙岗交通局开具工程款发票,其余事项继续按华昱公司与联建公司签订的合同执行。上述事实表明龙岗交通局以发包人的身份参与了涉案工程的招标,履行了华昱公司作为项目法人应承担的部分责任。因此,华昱公司上诉主张龙岗交通局应就涉案工程款承担连带责任有理,本院予以支持。[2]

工程项目的土地、立项、施工许可等手续虽以项目使用人名义办理,但在施工合同未设定体现项目使用人为发包人的权利义务条款,也无证据证明其参与了工程发包及工程款支付的情况下,不能认定项目使用人为工程实际发包人。

【案例2-78】 民生公司与海阅公司建设工程施工合同纠纷再审案

最高人民法院认为,关于海阅公司是否为实际发包方的问题。首先,海阅公司不是案涉委托代建法律关系的当事人。根据《代建协议书》的约定,投资方及委托方金凤区服务中心委托民生公司对案涉工程进行垫资代建,代建方即民生公司全面负责项目建设管理,包括组织监理、施工、设备和材料供应等招标采购,金凤区服务中心以土地抵顶等方式支付建设资金。《中标通

---

〔1〕 陕西省西安市未央区人民法院(2019)陕0112民初5199号民事判决书。

〔2〕 广东省高级人民法院(2014)粤高法民终字第18号民事判决书。

知书》记载的建设单位亦为民生公司。本案无证据证明海阅公司与金凤区服务中心就案涉项目达成相关协议，或者海阅公司继受了金凤区服务中心的相关权利义务。可见，本案的委托方为金凤区服务中心，代建方为民生公司，均非海阅公司。其次，《建设工程施工合同》未设定任何体现海阅公司实为发包人的权利义务条款。案涉项目土地、立项等相关手续以海阅公司的名义办理，金凤区服务中心出具的案涉工程《竣工决算审计有关事项的函》记载了以海阅公司名义办理的原因，即因金凤区政府考虑到后期运营及融资等事项。此事实与海阅公司为案涉项目使用人的事实相吻合，但依据该事实并不能得出海阅公司为实际发包人并应承担支付工程款责任的结论。最后，海阅公司虽在《基本建设工程预（结）算审核定案表》中“建设单位”处盖章签字，但该定案表中亦有代建单位民生公司的签章。在《建设工程施工合同》约定海阅公司为案涉工程使用人，且无证据证明海阅公司参与了案涉工程发包及工程款支付的情况下，不能仅依据海阅公司在定案表上的签字行为得出其实际为发包人的结论。综上，本案现有事实不能认定海阅公司为工程实际发包人。〔1〕

〔1〕 最高人民法院（2021）民再339号民事判决书。

专题三　建设工程施工合同效力纠纷

建设工程施工合同效力关系工程价款结算、违约责任、质保金返还等，准确认定合同效力是准确裁判建设工程施工合同纠纷类案件的前提与基础。建设工程施工合同效力主要讲形态和范围，是实践中应注意厘清和把握的问题。本专题分析施工合同有效的形态，根据建设工程的特点展开，对容易混淆和有争议问题，提出自己的观点。建设工程施工合同无效，是指合同虽然成立，但因其内容和形式上违反了法律、行政法规的效力性强制性规定或社会公共利益，被法院确认为无效。建设工程领域中，涉及大量合同无效纠纷。如何正确认定合同无效问题，妥当处理合同无效纠纷是司法实践中应予正确把握和深入研究的方面。

一、施工合同效力理解

合同效力问题始终是合同法律的核心问题。合同效力研究对于揭示合同成立、合同成立之后与合同有效、合同生效之间的关系有重要法律意义,为司法实践准确认定合同效力提供理论依据。

(一)施工合同效力含义

合同效力意指已经成立的合同在当事人之间产生的法律拘束力,也就是通常所说的合同具有的法律效力。[1] 学者认为,合同效力是指合同产生的权利义务。[2] 法官认为,合同的效力反映了法律对当事人之间的合意的评价。[3] 一般认为,合同效力是指合同的法律效力,即合同所具有的法律效力,即合同所具有的法律约束力。这种法律约束力是指对合同当事人的约束力及在法律上的强制力,即法律以其强制力迫使合同当事人必须按照相互之间的约定完成一定的行为。[4] 合同效力决定着合同当事人权利义务的有效性,它是合同能否顺利履行的基础,决定着当事人能否实现合同而生的法律救济。合同的效力更多地表现为法律对当事人意思的肯定和纠正。[5] 在合同效力的根据中,当事人的意思与法律的确认两者不可偏废其一,我国《合同法》的规定也体现了此点。[6]

合同的效力,由当事人的意思自治与法律对当事人意思的认可二者构成,缺一不可。但应当注意的是,合同效力更多表现为法律对当事人意思的肯定和纠正。因为并非所有当事人的意思一致能够产生效力并为法律认可,只有有效合同

---

〔1〕 参见程国林:《合同效力状态及其转化》,载《法学杂志》2006 年第 3 期。

〔2〕 参见李仁玉等:《合同效力研究》,北京大学出版社 2006 年版,第 1 页。

〔3〕 参见吴庆宝主编:《最高人民法院专家法官阐释民商裁判疑难问题》(合同裁判精要卷)(增订版),中国法制出版社 2011 年版,第 75 页。

〔4〕 参见颜军:《浅说合同的有效和无效》,载《法制与社会》2008 年第 4 期。

〔5〕 参见最高人民法院民事审判第一庭编著:《最高人民法院关于审理城镇房屋租赁合同纠纷案件司法解释的理解与适用》,人民法院出版社 2009 年版,第 50 页。

〔6〕 参见惠从冰:《合同效力比较研究》,法律出版社 2013 年版,第 5 页。

才受法律保护,对无效合同法律不予保护。对未生效的合同,也不能产生要求合同履行的后果。现行合同法律及司法解释的规定也体现了这一点。合同效力的范畴,不仅包括因有效合同而产生的对当事人产生拘束力,而且包括那些瑕疵合同的处理及其后果,这是基于后者也体现法律对当事人权利义务的安排,与前者具有内在一致性的原因。也就是说,合同效力既包括法律对有效合同赋予的对当事人的拘束力,还包括合同无效与合同被撤销后的法律后果。[1]

合同的效力在合同法体系中具有基础性作用,从立法原理上看,合同的效力体现国家对契约自由的干预程度;从司法的目的看,体现了人民法院对社会经济秩序的维护和对国家产业政策的落实;从合同本身来看,体现了合同主体责、权、利的具体范围。[2]

影响合同的效力因素很多,这些因素往往处于不断变化之中。我国效力制度演变的趋势是,意思自治原则越来越发挥出实际效能,公序良俗原则越来越定位合理,鼓励交易原则越来越落到实处,无效的范围逐渐缩小,效力形式越来越多样化,富有弹性,有效、可撤销、效力待定、未生效并存的模式渐趋完善。[3]

对合同效力的评判,可分为两类分析,合同是否生效是对法律事实的确认,而不是对其法律价值的评判。对合同有效或无效认定,从法律上讲属于价值判断,表明已经成立的合同符合国家的意志要求,因不属于诉讼当事人意思自治的范畴,而属于法律适用,这为效力研究的重点部分。合同效力问题是个法律问题,而非事实问题,因此,即使双方当事人均主张合同有效,法院也可以认定合同无效,这并不违反法定程序。[4]

合同效力范围。一般指合同能够在哪些范围的主体之间产生拘束力,或者说可以设定权利义务主体的范围。确定合同效力范围的一般规则为相对性,即合同只在缔约的当事人之间产生法律效力,不能给合同以外的人强加义务,当然也不具有强制力,但存在例外情况,这就是法律的明确规定,也包括合同以外的人自愿接受他人订立合同的义务受其拘束。有学者概括合同相对性的内容,一是主体的相对性,即合同关系只能发生特定主体之间,只有合同一方能够基于合同向合同的另一方提出请求或提起诉讼。二是内容的相对性,指除法律、合同另有规定外,只有合同当事人才能享有某个合同规定的权利,并承担合同所规定的义务,合同以外的任何人都不能主张合同上的权利。具体来讲,合同规定由当事人享有的权

---

〔1〕 参见李仁玉等:《合同效力研究》,北京大学出版社2006年版,第5页。

〔2〕 参见余卫:《民法分则合同编之合同无效事由的规划完善——以建设工程“黑白合同”为例》,载《江西社会科学》2017年第6期。

〔3〕 参见崔建远:《我国合同效力制度的演变》,载《人大复印资料》(民商法学)2007年第6期。

〔4〕 参见最高人民法院民事审判第一庭编:《民事审判指导与参考》2010年第4集(总第44集),法律出版社2011年版,第243页。

利,原则上并不及于第三人,合同规定由当事人承担的义务,一般也不能对第三人产生约束力;合同当事人无权为他人设定合同上的义务;合同权利与义务主要对合同当事人产生约束力,合同之债主要是一种对内效力。三是责任的相对性,即违约责任只能在特定的当事人之间,即合同关系的当事人之间发生,合同关系以外的人,不负违约责任,合同当事人也不对其承担违约责任。[1] 笔者赞同以上观点,在以上三点中主体的相对性即合同对人的效力为核心是基础,其次才产生内容、责任上的相对性。

当前,理论界通常按照合同的不同特征将合同划分为有效合同、无效合同、可撤销合同和效力待定合同四种类型,并据此将合同划分为有效、无效、可撤销、效力待定四种效力状态。有学者对此提出自己的观点,这种根据效力类型划分合同效力状态的方法,不仅容易混淆合同的类型与合同效力的区别,而且划分的结果造成不同状态之间存在交叉和同一状态下的不确定的状况。并在分析其不科学的原因基础上认为,已经成立的合同,按照某一时点满足国家的对合同有效要件要求的程度不同,进行合同效力状态划分,并将合同效力状态划分为无效状态、有效状态和未生效的状态三种确定状态。[2] 笔者赞同以上划分的三种状态的观点。

合同效力转化与补正。通常情况下,合同效力转化与合同效力补正是指同一问题。合同效力转化是以合同成立时的效力状态认定为基础,合同当事人通过一定的行为,对合同成立后有关合同效力的要件进行调整,或直接对合同效力进行调整,实现合同效力状态之间的转化。也就是说,根据有关法律法规规定,有些合同原本应当被认定为无效,但是允许当事人在一定期限内采取措施对合同效力加以完善,或者因某些客观事由使合同中的无效情形自动消除,从而使原本无效的合同转化为有效合同。最高人民法院法官认为,合同效力补正是指当事人所签订的合同因违反了法律禁止性规定,导致合同不能满足有效条件,当事人可以通过事后补正或者实际履行来使合同满足有效的条件,促使合同有效。[3] 采用合同效力补正理论,可以尽量减少合同无效的情形,进而促进当事人积极履行合同,保证交易安全,促进经济发展。另外,因实践中订立合同后并未办理批准或者登记手续的情况复杂,有的并非自身原因而是批准、登记机关所致,在法律上应采取适当宽容态度,对于及时补办完批准、登记手续的,法院应当承认其合同已经生效,合同未生效状态已经转化为有效状态。

合同效力认定的主体,是国家审判机关即人民法院。对买卖合同效力认定,

---

〔1〕 参见王利明:《民商法研究》(修订版)(第3辑)(第2版),法律出版社2001年版,第409~411页。

〔2〕 参见程国林:《合同效力状态及其转化》,载《法学杂志》2006年第3期。

〔3〕 参见最高人民法院民事审判第一庭编著:《最高人民法院建设工程施工合同司法解释的理解与适用》,人民法院出版社2004年版,第55页。

在进入诉讼程序中是由法官裁量的。只有法院有权确认合同是否有效,合同当事人不享有确认合同效力的权利。换言之,在对双方当事人争议的或无争议的合同效力,由法官依职权审查认定其效力,个案中行使自由裁量权。法官对合同效力依照职权行使审查体现在审理程序的全过程,所不同的是,在二审程序(再审程序)中法官审理上诉案件(再审案件)对合同效力审查,并对一审法院(二审法院)对合同效力的确认是否正确进行审查。可以请求对合同效力审查的主体,应包括合同的当事人,以及受该合同影响的、与该合同利害关系的第三人,而并非任何人都有权向法院提出请求确认合同效力。特别强调一点,法院认定合同效力不以诉讼请求为限。

对于施工合同效力认定,法院在审理时坚持与其他合同一样,实行国家干预原则,即依职权审查合同是否存在违法性。当事人是否提出或否定合同效力,不影响法院审查的职权性和主动性。对于合同内容没有违反法律、行政法规的效力性强制性规定,不具备法定无效要件的合同,应当尊重当事人意思自治原则,认定此类合同有效。反之,则认定此类合同无效。实践中,有很多案件的当事人各方均主张涉案合同有效。在这种情形下,法院不因当事人未请求确认合同无效,便可以主动放弃审查合同内容是否具有违反法律效力性强制性规定因素,如果发现合同属于无效范畴,法院应当主动依职权认定合同无效,不受当事人有无请求的限制。这是基于法院作为司法机关,应当主动行使国家公权力干预当事人的民事行为,不受当事人对合同效力有无请求的限制,目的在于保护国家利益、社会公共利益及案外人利益。对合同效力认定属于法院职权行为,主动审查合同效力是法律赋予法官的权限。司法实践中,对合同效力的审查是处理包括施工合同在内的各种合同纠纷的关键和首要问题,即便双方当事人对于合同效力未提出异议,人民法院亦应依职权主动审查确认合同效力,且不违反不告不理的民事诉讼原则。[1] 参与制定司法解释的法官认为,合同效力与当事人是否提出主张无关,也与当事人主张的内容无关,合同效力应是法院依职权审查的范畴。[2] 也就是说,合同效力属于人民法院主动审查的范围,同时合同效力认定直接影响案件的实体处理。因此,不管当事人的诉讼请求是否提出确认合同效力,人民法院均应主动审查。[3] 审判中应以主动审查为原则,但可根据案件实际情况区别处理。应注意的是,法院对合同效力虽有主动审查义务,但是其审查范围应是当事人诉至法院的合同。对于施工合同的非实质条款,应当允许当事人依据具体情况对于合同

〔1〕 参见最高人民法院民事审判第一庭编著:《最高人民法院建设工程施工合同司法解释(二)理解与适用》,人民法院出版社2019年版,第74页。

〔2〕 参见最高人民法院民事审判第一庭编著:《最高人民法院建设工程施工合同司法解释(二)理解与适用》,人民法院出版社2019年版,第75页。

〔3〕 参见邓基联主编:《房屋租赁合同纠纷》,法律出版社2010年版,第72页。

进行变更,不轻易认定合同无效。

【案例3-1】　江苏南通三建集团有限公司诉山东省青岛建设集团公司、山东省青岛建设集团置业有限公司建设工程施工合同纠纷案

最高人民法院认为,人民法院应当依职权认定合同的性质和效力,不受当事人诉讼请求的限制。[1]

应强调的是,对于黑白合同效力确认仍为依职权审查原则。有法官认为,在审理该类案件中,对于所涉合同是否为黑白合同,合同是否无效,人民法院可以主动进行审查,而不必遵循不告不理的原则。[2]

(二)合同效力判定标准

在判定合同效力标准上,主流观点是将违反法律效力性强制性规定作为判断标准,其难点是实践中对法律强制性效力性规定的识别问题。需要重点厘清的是,法律、行政法规虽然没有规定违反将导致合同无效,但违反该规定如果使合同继续有效将损害国家利益和社会公共利益的,也应当认定该规定是效力性强制性规定。学界主流观点为是否损害社会公共利益——如果认定合同有效将损害社会公共利益,则该法律规定应认定为效力性强制性规定。[3] 参与制定司法解释的法官认为,应从《民法典》《建筑法》《招标投标法》等法律的立法目的角度,将导致建设工程施工合同无效的强制性规范限定为以下两类:(1)保障建设工程质量和施工安全的规范;(2)维护建筑市场公平竞争秩序的规范。[4]

《民法典合同编通则解释》第十六条规定:"合同违反法律、行政法规的强制性规定,有下列情形之一,由行为人承担行政责任或者刑事责任能够实现强制性规定的立法目的的,人民法院可以依据民法典第一百五十三条第一款关于'该强制性规定不导致该民事法律行为无效的除外'的规定认定该合同不因违反强制性规定无效:

(一)强制性规定虽然旨在维护社会公共秩序,但是合同的实际履行对社会公共秩序造成的影响显著轻微,认定合同无效将导致案件处理结果有失公

---

〔1〕 参见《人民司法·案例》2008年第2期。最高人民法院(2007)民一终字第33号民事判决书。

〔2〕 参见王勇:《建设工程施工合同纠纷实务解析》,法律出版社2017年版,第33页。

〔3〕 参见王轶:《民法典的规范配置——以对我国〈合同法〉规范配置的反思为中心》,载《阳台大学学报(哲学社会科学版)》2005年第7期。

〔4〕 参见最高人民法院民事审判第一庭编著:《最高人民法院新建设工程施工合同司法解释(一)理解与适用》,人民法院出版社2021年版,第14页。

平公正；

（二）强制性规定旨在维护政府的税收、土地出让金等国家利益或者其他民事主体的合法利益而非合同当事人的民事权益，认定合同有效不会影响该规范目的的实现；

（三）强制性规定旨在要求当事人一方加强风险控制、内部管理等，对方无能力或者无义务审查合同是否违反强制性规定，认定合同无效将使其承担不利后果；

（四）当事人一方虽然在订立合同时违反强制性规定，但是在合同订立后其已经具备补正违反强制性规定的条件却违背诚信原则不予补正；

（五）法律、司法解释规定的其他情形。

法律、行政法规的强制性规定旨在规制合同订立后的履行行为，当事人以合同违反强制性规定为由请求认定合同无效的，人民法院不予支持。但是，合同履行必然导致违反强制性规定或者法律、司法解释另有规定的除外。

依据前两款认定合同有效，但是当事人的违法行为未经处理的，人民法院应当向有关行政管理部门提出司法建议。当事人的行为涉嫌犯罪的，应当将案件线索移送刑事侦查机关；属于刑事自诉案件的，应当告知当事人可以向有管辖权的人民法院另行提起诉讼。”

然而对于何为社会公共利益，法律并无明确规定。在建设工程领域中的社会公共利益确立，是基于施工合同的标的物是建设工程，而建设工程质量直接关涉人民生命和财产安全。在《民法典》第百九十一条第三款，《建筑法》第二十六条，《招标投标法》第一条、第三条等规定体现的是，对建设施工企业市场准入资格即取得施工企业资质并只能承揽与其资质相适应的建设工程限制无资质或资质不足取得建设工程确保工程质量，这是国家强制力对建设工程质量的干预。国家强制力对建设工程质量干预还表现在《建筑法》《质量管理条例》等赋予对建设行政部门、质量监督部门的监督备案审查等多方面。据此，应将社会公共利益作为判断建设工程合同效力标准。有法官认为，建设工程施工合同的特征之一是关涉社会公共利益，但其本质仍然是当事人的商事交易行为，对该类合同的审理，在关照其维护社会公共利益功能之同时，亦需考量其作为商事合同应当遵循的商事原则。[1]《建筑法》第七条关于建设单位应当于建筑工程开工前申领施工许可证的规定，属于建筑业管理规定，不属于法律、行政法规强制性规定。

---

〔1〕 参见关丽：《建设工程施工合同的效力认定及处理径路》，载《判解研究》2015 年第 3 辑（总第 73 辑），人民法院出版社 2016 年版，第 26 页。

【案例3-2】　北京建工一建工程建设有限公司与天津金发新材料有限公司建设工程施工合同纠纷案

最高人民法院认为,《建筑法》第七条及建设部《建筑工程施工许可管理办法》中,关于建设单位应当于建筑工程开工前申领施工许可证的规定,属于建筑业管理规定,且后者从法律效力层级上看系部门规章。因此,北京一建以双方《建设工程施工合同》第3条对开工时间的约定违反法律、行政法规强制性规定为由,认为该约定无效,缺乏事实和法律依据。[1]

1. 有条件的从宽认定合同效力

《建筑法》第二十六条规定,承包建筑工程的单位应当持有依法取得的资质证书,并在其资质等级许可的范围内承揽工程。禁止建筑施工企业超出本企业资质等级许可的业务范围以任何形式用其他建筑施工企业的名义承揽工程。禁止建筑企业以任何形式允许其他单位或者个人使用本企业的资质证书、营业执照,以本企业的名义承揽工程。但《建筑法》第二条第二款也规定,本法所称建筑活动,是指各类房屋及其附属设施的建造和与其配套的线路、管道、设备的安装活动。实践中,施工企业的施工内容不是建造房屋及其配套设施安装,而是一些简单的劳务性施工,如市政广场的土方挖运和场地道路平整,技术含量低,主要是劳务性的工作,不能生搬硬套《建筑法》的规定,要照顾到建筑市场现行的行规和习惯,体现施工方的资质与所施工内容相一致的精神,从宽认定合同效力,保护施工方的合法权益。

【案例3-3】　永州市建设委员会与陕西省房屋建筑工程公司、肖某时建设工程施工合同纠纷案

最高人民法院认为,陕建一公司是陕建公司设立的不具有独立法人资格的分支机构,双方当事人签订合同时,陕建公司向永州建委出具了授权陕建一公司负责人史某汉代表公司全权负责联系工程项目任务及招标投标有关事宜的法人委托书,陕建公司具有工业与民用建筑二级资质,承揽的潇湘广场市政基础工程主要是土石方的爆破、挖运、场地平整工作,并不需要特殊的市政工程的施工资质,因此,一审法院认为陕建公司委托其下属的一公司与永州建委就永州市潇湘广场土石方所签订的施工合同及补充协议,双方意思表示真实一致,不违反法律强制性规定,系有效合同,是正确的。二审过程中,证人尚某红等人陈述的内容不能证明陕建公司是违法转包和分包工程,上诉人永州建委主张陕建公司违法转包和分包工程,导致双方的工程施工合

---

〔1〕 最高人民法院(2013)民申字第1632号民事裁定书。

同无效，与事实不符，缺乏依据，上诉主张不能成立。[1]

2. 强制招投标项目范围具体标准影响效力判断问题

强制招投标项目范围具体标准的把握事关施工合同效力，因为具体标准理解偏差有可能影响到效力认定，即有效合同认定为无效合同，换言之，具体标准实际上也在决定合同效力。实践中，对于“关系社会公共利益、公众安全的公用事业项目的范围”存在不同的理解，尤其是最后的兜底条款中的“其他公用事业项目”，具体哪些项目属于必须进行招标投标的范围存在很大的解读和操作空间，不同地方确定不同范围影响着合同效力，有必要立法机关作出统一明确规定。

湖南省高级人民法院发布的《关于审理建设工程施工合同纠纷案件若干问题的解答》规定：未经招投标签订的建设工程施工合同的效力如何认定？当事人以建设工程未经招投标程序主张签订的建设工程施工合同无效的，除符合《招标投标法》第三条规定及国家发展和改革委员会2018年6月1日施行的《必须招标的工程项目规定》（中华人民共和国国家发展和改革委员会令第16号）、2018年6月6日施行的《必须招标的基础设施和公用事业项目范围规定》（发改法规〔2018〕843号）的相关规定必须招标的项目外，不予支持。

【案例3－4】 河南城建建设集团有限公司与雷盟（天津）实业有限公司建设工程施工合同纠纷再审案

最高人民法院认为，河南城建公司承建的是雷盟公司产业园1、6号楼工程，虽然诉争工程造价达到4388万元，但并不属于依法必须履行招投标程序的工程。因为根据《招标投标法》第三条第一款的规定，只有大型基础设施、公用事业等关系社会公共利益、公众安全的项目、全部或者部分使用国有资金投资或者国家融资的项目，使用国际组织或者外国政府贷款、援助资金的项目等重大项目类型才属于必须履行招投标程序的项目，同时这些项目还应当符合《工程建设项目招标范围和规模标准规定》第二条至第六条列明的项目范围。本案工程只是普通的企业产业园工程，既不属于《招标投标法》第三条第一款规定的项目类型，也没有在《工程建设项目招标范围和规模标准规定》第二条至第六条列明的项目范围之内。原审判决仅根据《工程建设项目招标范围和规模标准规定》第七条的规定，认为本案合同造价金额达到了该条规定的招投标的金额标准，就认为诉争工程必须进行招投标，双方的建设工程施工合同因没有进行招投标而无效，不符合《招标投标法》第三条第

[1] 参见最高人民法院民事审判第一庭编：《最高人民法院民事案件解析》（建设工程），法律出版社2010年版，第111页。

一款、《工程建设项目招标范围和规模标准规定》第二条至第六条的规定,属于适用法律不当,应当予以纠正。[1]

应注意的是,《工程建设项目招标范围和规模标准规定》是国家发展计划委员会制定的部委规章,不具备法律、行政法规效力等级,从性质上看,该规定本身充其量是技术性规范和管理性规范,而非效力性强制性规范,自然不能仅以此规定作为判断必须进行招标的工程项目的标准。《招标投标法》第三条关于三类工程建设项目必须进行招标的规定属于效力性规定,违反该规定签订的施工合同应当认定无效,但具体在界定三类工程建设项目时不得随意扩大其范围,对于纯民营资本且不涉及社会公共利益、公众安全的建设工程应排除在外,依法认定有效。也就是说,建设资金虽符合《工程建设项目招标范围和规模标准规定》,但全系民营资本,也不涉及社会公共利益、公众安全的项目不在招标范围之内。

3. 中标合同作为判断效力依据问题

中标合同一般称为白合同,在备案制度实施时属备案中标合同。基于中标合同本身就是根据现行法律法规效力性强制性规定经法定程序缔结的,其缔约内容是根据具体建设工程确定的,在不存在无效情形时自然应作为评判合同效力的依据。《建设工程解释(一)》第二条第一款规定:"招标人和中标人另行签订的建设工程施工合同约定的工程范围、建设工期、工程质量、工程价款等实质性内容,与中标合同不一致,一方当事人请求按照中标合同确定权利义务的,人民法院应予支持。"该条明确规定了合同实质性内容是判断权利义务的标准,也是判断合同效力的标准。该条也明确了白合同有效是认定黑合同无效的前提。[2] 参与制定司法解释的法官认为,招标人、中标人之间的权利义务关系绝非中标合同文本就能确定,凡是经当事人意思确定的有约束的文件均为合同的组成部分,中标合同为合同当中一部分。如何协调这些组成合同的不同文件效力,一方面要考虑当事人的意思自治,另一方面也必须考虑《招标投标法》等法律的规定。一旦招投标文件与合同不一致时,是否可以上述示范文本确定合同文件优先顺序来确定合同的权利义务?在上述示范文本中,合同协议书的优先级是最高的,其次是中标通知书、投标函及投标函附录,即招投标文件。正常情况下,合同协议书与招投标文件在工程价款、工程范围、工程质量、工期这些实质性条款上是一致的,合同协议书也主要是关于实质性条款的约定。因此,只要合同协议书不背离招投标文件的实质性条款,将合同协议书作为第一优先顺序是可以的,应尊重当事人意思自治。

---

〔1〕 最高人民法院(2013)民申字第1425号民事裁定书。

〔2〕 参见最高人民法院民事审判第一庭编著:《最高人民法院建设工程施工合同司法解释(一)理解与适用》,人民法院出版社2021年版,第36页。

但如果协议书在实质性条款方面与招投标文件不一致,那么显然这些条款因为违反了《招标投标法》的规定应属无效,不能产生约束当事人的效力,仍然应当以招标投标文件作为结算工程价款的根据。[1]

中标合同实质性内容是判断另签合同效力的标准,应强调的是,当事人另行签订的建设工程施工协议无论是在中标合同之前还是在中标合同之后订立,均不得背离中标合同的实质性内容。不过,应当特别注意的是,不能简单地以当事人在招标之前签订过具备施工合同实质要件的意向书、补充协议、承诺书、会议纪要、备忘录等即否定合同效力。中标合同是否无效,取决于双方当事人在招标投标过程中是否存在招标投标无效的情形。[2]

参与制定司法解释的法官认为,招标人发出中标通知书后,即产生招标人、中标人之间成立书面合同的效力。[3]

对于中标合同是否存在效力瑕疵问题,有法官认为,经过招投标程序签订的"白合同",并非都是有效合同,应当根据个案情况具体分析其效力。[4]

4. 备案与否不是认定合同效力的依据

合同备案只是行政管理的措施,属于行政管理范畴,违反备案管理制度应当受到行政处罚,不会对合同效力产生影响。[5] 随着改革深入和力度不断加大,国家陆续出台了诸多新规定。如2018年9月,住建部作出《关于修改〈房屋建筑和市政基础设施工程施工招标投标管理办法〉的决定》,决定删除该办法第四十七第一款中的"订立书面合同后7日内,中标人应当将合同送工程所在地的县级以上地方人民政府建设行政主管部门备案"的规定。故黑白合同的表现形式将会发生变化,不备案将会成为今后的常态,当然也不存在备案作为判定合同效力依据问题。也就是说,建设工程施工合同强制备案制度正式取消。从今以后无论是依法必须进行招标投标的工程项目还是非强制性招标的工程项目,当事人通过招标投标的方式进行发包与承包,并根据招标投标的结果签订建设工程施工合同

[1] 参见最高人民法院民事审判第一庭编著:《最高人民法院新建设工程施工合同司法解释(一)理解与适用》,人民法院出版社2021年版,第230页。

[2] 参见最高人民法院民事审判第一庭编著:《最高人民法院建设工程施工合同司法解释(二)理解与适用》,人民法院出版社2019年版,第55页。

[3] 参见最高人民法院民事审判第一庭编著:《最高人民法院新建设工程施工合同司法解释(一)理解与适用》,人民法院出版社2021年版,第226页。

[4] 参见邬砚:《建设工程合同纠纷——254个裁判规则深度解析》(第2版),法律出版社2019年版,第25页。

[5] 参见王勇:《建设工程施工合同纠纷实务解析》,法律出版社2017年版,第32页。

即可。[1]

属于应备案合同但未备案不影响合同效力，亦不影响双方的合同义务。

【案例3-5】　九联公司与宝山公司建设工程施工合同纠纷再审案

最高人民法院认为，(1)《煤气输送管道项目合作协议》的约定，系双方当事人的真实意思表示，除合作期限中与相关法律规定应通过安全评估验收不一致的内容外，不违反法律、行政法规的效力性强制性规定，是有效的，双方均应按照有效约定履行各自义务。本案中，虽然《安全生产法》及《建设项目安全设施"三同时"监督管理暂行办法》有备案的相关规定，但并未明确规定案涉合同备案后方能生效，因此，案涉合作协议并不因是否备案影响其法律效力，亦不因是否备案限制其正常履行。赤峰市元宝山区发展和改革委员局下发的《关于赤峰安顺煤气输送有限责任公司焦化煤气输送管道建设项目备案的通知》及赤峰市安监局《关于〈赤峰安顺煤气输送有限责任公司焦化煤气输送管道建设项目验收评价报告〉备案的通知》均明确案涉项目属于备案类，但并未载明案涉项目的正常运营是以备案为前置程序和必要条件。故案涉煤气输送管道是否备案属于管理型的强制性规定，并不影响案涉合同的效力和可得利益起算时间的认定。(2)九联公司主张用气单位宝山公司的燃气锅炉未完成安全设施竣工验收备案，案涉可得利益不具有可支付的客观条件。本院认为，根据合同的相对性，九联公司与宝山公司之间约定的使用条件是否成就，并不影响其与顺通公司合作协议的履行。九联公司主张顺通公司未在请求可得利益部分的时间段领取营业执照，其不具有合法利益。经查，顺通公司在签订案涉协议后即依法领取了营业执照，且九联公司出具的《证明》明确认可顺通公司法定代表人徐某儒签订的案涉协议具有法律效力。九联公司并未对案涉煤气输送管道备案后至公司注册期间的可得利益损失提出异议，故九联公司的该主张亦不能成立。因此，顺通公司可得利益损失计算的开始时间应为2011年11月1日，截止时间应为2012年5月17日，共计199天。按照双方约定的每天8000元标准，顺通公司可得利益损失：199天×8000元/天=1,592,000(元)。[2]

5. 合同效力判定优先依据

依据合同自由原则，法院审查合同效力，应当确认当事人的约定具有优先于法律的任意性规范的适用效力，即认定当事人合同效力，必须以法律和行政法规

〔1〕　参见最高人民法院民事审判第一庭编著：《最高人民法院新建设工程施工合同司法解释(一)理解与适用》，人民法院出版社2021年版，第37页。

〔2〕　最高人民法院(2020)民再246号民事判决书。

规定的合同无效情形为依据，不能以部门规章、政府文件作为认定合同效力的依据。充分尊重当事人订立合同的自由，维护当事人之间的平等地位和合同内容的公平，是法院贯彻执行《民法典》合同自由原则和当事人自行处分原则的必然要求。当事人在法律规定范围内订立的合同条款，应当认定合同有效。

【案例3－6】 湖南省金帆经济发展公司与长沙市建筑安装工程公司、长沙市天心区城市建设开发公司工程款纠纷案

最高人民法院认为，湖南省建设委员会颁布的建筑工程造价取价标准，属于政策性调整文件，不排除当事人自行约定取价标准。建筑工程造价，应尊重合同当事人意思自治原则。金帆公司与建安公司于1994年6月18日签订《建筑工程承包合同》约定："工程造价按本合同签订时所执行的土建、安装及相应配套的有关文件、实行预算包干"，即双方认可的"90定额"取价标准，该约定意思表示真实一致，不违反法律规定，不损害国家利益和社会公共利益，合法有效，应当根据合同约定的"90定额"取价标准计算金帆大厦工程造价。[1]

【案例3－7】 中国建筑第二工程局与河南裕达置业有限公司拖欠工程款纠纷案

最高人民法院认为，关于本案工程款取费标准是按一级取费还是按二级取费问题，中建二局提出属一级企业应按一级取费，合同约定按二级取费属于违法条款，按两级标准取费相差740万元应予补齐；经查1991年11月21日原建设部发布的《建筑市场管理规定》属于部门规章，本案双方当事人就工程取费标准的约定虽与上述规章中有关不得任意压价、抬价或附加不合理条件的规定不符，但没有违反法律和行政法规的强制性或禁止性规定，而且有关约定属于双方在平等自愿的基础上达成的优惠条件，鉴定机构在鉴定意见中以双方合同约定取费标准计价，并无不妥，中建二局主张所签合同中有关取费标准的约定条款无效的请求，于法无据，本院不予支持。[2]

6. 生效判决的"本院认为"部分效力依据

生效判决的"本院认为"部分对他案不具有当然的约束力，审判委员会研究作出的判决效力更强。

---

〔1〕 参见最高人民法院民事审判第一庭编：《最高人民法院民事案件解析》（建设工程），法律出版社2010年版，第31页。

〔2〕 参见最高人民法院民事审判第一庭编：《最高人民法院民事案件解析》（建设工程），法律出版社2010年版，第210页。

【案例3-8】 中原轨道公司诉华邦建投公司、中铁股份公司等建设工程施工合同纠纷案

一审法院曾在中原轨道公司诉华邦建投公司、中铁股份公司等建设工程施工合同纠纷一案中作出(2018)桂民终430号民事判决(以下简称430号判决),认定华邦建投公司和中铁股份公司所签《工程施工承包合同》无效。

最高人民法院认为,一审法院在本案中又认定《工程施工承包合同》有效,明显与430号判决相悖。至于430号判决在其本院认为部分对《工程施工承包合同》效力的分析判断,对本院处理本案不具有当然的约束力;且本案一审判决系经一审法院审判委员会研究作出,而430号判决并未经该院审判委员会研究决定,故如中铁股份公司坚持认为430号判决有误,可依法向该院申请再审。[1]

(三)合同效力判断参照依据

1. 合同约定收费效力与规章规定的收费标准效力关系。地方省级政府有关部门制定的建设工程费用定额,是地方性部门规章,如《山西省建设工程费用定额》是山西省建设厅和山西省发展和改革委员会颁发的地方性部门规章。法院在民事审判中,对部门规章或者地方性部门规章是参照。当事人在施工合同中对有关费用的约定,只要不违反法律、行政法规强制性效力性规定,即具有约束力,当事人约定的有关收费条款的效力高于有关规章规定的收费标准的效力。在这种情形下,法院在审判时亦不予参照部门规章收费标准的规定。

【案例3-9】 太原三晋国际饭店、太原三晋大厦与山西省第六建筑工程有限责任公司建设工程施工合同纠纷案

最高人民法院认为,《山西省建设工程费用定额》是山西省的地方性部门规章,鉴定意见中提及按照上述规定,省六建公司可向三晋国际饭店和三晋大厦计取分包工程造价4,097,500元的2%~5%的现场配合费、交叉影响费,但未计算在工程造价中。一审法院参照上述幅度,判令三晋国际饭店和三晋大厦按3%向省六建公司支付122,925元。由建设单位向施工单位支付配合费,不是法律、行政法规的强制性规定,当事人对有关配合费承担的约定不违反法律和行政法规的强制性规定,对当事人应具有约束力。本案所涉工程承包合同约定,由省六建公司与装潢队伍和安装单位商定发生的配合费。

---

〔1〕 最高人民法院(2021)民终1287号民事判决书。

省六建公司与有关分包单位签订的协议中,已明确约定由各分包商自行承担有关施工管理配合费,作为建设方的三晋国际饭店和三晋大厦没有承担施工配合费的合同义务。三晋国际饭店和三晋大厦主张,一审法院委托的鉴定机构作出的鉴定意见中没有包括该部分施工配合费,一审判决按三晋国际饭店和三晋大厦对外分包工程造价的3%判令其向省六建公司支付122,925元施工配合费,没有合同依据和法律依据,该判项应予撤销的理由成立,予以支持。〔1〕

2. 建筑市场准入许可与合同效力关系。住建部、国家工商总局《建筑市场管理规定》第十五条规定:"跨省、自治区、直辖市承包工程或分包工程、提供劳务的施工企业,须依照《施工企业资质管理规定》,持单位所在地省、自治区、直辖市人民政府建设行政主管部门或者国务院有关主管部门出具的外出承包工程证明和本规定第十四条规定的证件,向工程所在地的省、自治区、直辖市人民政府建设行政主管部门办理核准手续,并到工商行政管理等机关办理有关手续。"该规定已于2011年失效,根据现行有关规定,外省施工单位跨省承接工程须办理工程所在地本省建筑市场准入许可手续,此要求是由政府部门规章等行政管理规范性文件规定的,不是法律、法规的强制性规定,因此,违反该规定,可依法进行行政处罚,并不必然导致合同无效,应认定为有效合同。

(四)合同效力把握要素

认定建设工程施工合同的效力,应区分合同违反的强制性规定的不同属性,将合同无效确定在强制性效力规范的范围内。认定合同因违反强制性规定而无效的依据,只能是全国人大及其常委会颁布的法律及国务院颁布的行政法规中的强制性规定,而不能将违反国务院所属各行政部门就行业管理发布的行政管理规章、规定的内容也作为认定合同效力的依据。《招标投标法》性质上属于法律,《招标投标法实施条例》属于行政法规,《工程建设项目招标范围和规模标准规定》虽然是由国家发展计划委员会制定,但是来自《招标投标法》的明确授权,并经国务院批准下发,性质上也属于行政法规。因此这三部法规均应当作为合同无效的依据。《民法典合同编通则解释》第十七条规定:"合同虽然不违反法律、行政法规的强制性规定,但是有下列情形之一,人民法院应当依据民法典第一百五十三条第二款的规定认定合同无效:(一)合同影响政治安全、经济安全、军事安

---

〔1〕 参见最高人民法院民事审判第一庭编:《最高人民法院民事案件解析》(建设工程),法律出版社2010年版,第88~89页。

全等国家安全的;(二)合同影响社会稳定、公平竞争秩序或者损害社会公共利益等违背社会公共秩序的;(三)合同背离社会公德、家庭伦理或者有损人格尊严等违背善良风俗的。人民法院在认定合同是否违背公序良俗时,应当以社会主义核心价值观为导向,综合考虑当事人的主观动机和交易目的、政府部门的监管强度、一定期限内当事人从事类似交易的频次、行为的社会后果等因素,并在裁判文书中充分说理。当事人确因生活需要进行交易,未给社会公共秩序造成重大影响,且不影响国家安全,也不违背善良风俗的,人民法院不应当认定合同无效。”管理性规范是指法律及行政法规未明确规定违反此类规范导致合同无效的规范。此类规范旨在管理和处罚违反规定的行为,但并不否认该行为在民商法上的效力。效力性规范是指法律及行政法规明确规定违反该类规定将导致合同无效的规范,或者虽未明确规定违反之后将导致合同无效,但若使合同继续有效将损害国家利益和社会公共利益的规范。最高人民法院法官认为,对于强制性规范性质的认定不是简单地以“禁止”“不得”等否定性表述作为判断标准,而是应根据相关法律、行政法规的立法目的,相关行为是否属于严重侵害国家、集体和社会公共利益,是否需要国家权力对当事人意思自治进行干预等标准进行判断。[1]《民法典合同编通则解释》第十八条规定:“法律、行政法规的规定虽然有‘应当’‘必须’或者‘不得’等表述,但是该规定旨在限制或者赋予民事权利,行为人违反该规定将构成无权处分、无权代理、越权代表等,或者导致合同相对人、第三人因此获得撤销权、解除权等民事权利的,人民法院应当依据法律、行政法规规定的关于违反该规定的民事法律后果认定合同效力。”

在建设工程领域中,违反《民法典》、《建筑法》、《招标投标法》及《建设工程解释(一)》效力性强制性规定,主要体现在:(1)关于施工人资质问题,确保建设工程质量。(2)维护建筑市场的招投标秩序,违反招投标规定的行为。(3)关于建设工程审批许可手续即建设工程规划许可证,直接影响国家利益和社会公共利益的。对建设用地规划许可证和土地使用权证而不再作为施工合同效力性规范内容,未取得建设用地规划许可证和土地使用权证的,不影响合同效力。[2] 因为建设用地规划许可证和土地使用权证主要是解决用地合法性问题,[3]不涉及建设工程的合法性,不应以未取得建设用地规划许可证、土地使用权证,否定建设工

---

〔1〕 参见最高人民法院民事审判第一庭编著:《最高人民法院新建设工程施工合同司法解释(一)理解与适用》,人民法院出版社2021年版,第43页。

〔2〕 参见邬砚:《建设工程合同纠纷——254个裁判规则深度解析》(第2版),法律出版社2019年版,第46~47页。

〔3〕 参见最高人民法院民事审判第一庭编著:《最高人民法院国有土地使用权合同纠纷适用法律问题的解释》,人民法院出版社2005年版,第203~204页。

程的合法性,进而否定施工合同的效力。[1]

应注意的是,是否属于效力性强制性的规定,不应该仅仅以是否以法律、法规对效力有无明文规定作为唯一判定依据。法律不可能实时反映社会当下的变化,这就造成了法律的滞后性。立法者可能受到认知能力的限制,在立法时会存在前瞻性不足的情况,不能将制定的每条法律均适用当前或将来的所有情形。法律本身就是通过发现问题后,再以法律法规的制定来约束人们的行为。因此,若机械地认为在法律上没有明确规定,就统一认为不属于违反效力性强制性规定,显然存在一定的不合理性。[2] 虽然《城乡规划法》中并未明确规定未取得建设规划审批手续签订的施工合同无效,但是从该法的立法目的及建设工程自身的特点上看,由于建设工程具有不可移转、投资大、对周围环境影响大,涉及人民群众生命财产安全等特点,决定了国家对建设工程从建设审批手续上必须作出严格规定和要求。国家对违法建筑持否定性评价,是因为违法建筑规避国家对规划体系、建筑产品质量、房地产交易市场等系列行为的监管,客观上也无法办理竣工验收备案,更无法办理相关权属证书,直接危及社会公共安全、损害国家和社会公共利益,国家必须对当事人意思自治的私法领域予以干预,这也符合该禁止性规范的立法目的。据此,《城乡规划法》虽未对此明文规定为合同无效,并不影响对未取得建设规划许审批手续的施工合同无效之认定,这为理论界与实务界达成的共识,《建设工程解释(一)》第三条予以明确规定。

实践中,有律师就地方法院对合同无效时认定态度作了比较分析。关于"三无"的效力问题。各地高级人民法院基本达成的共识:建设工程未取得建设用地规划许可证、建设工程规划许可证这两个规划许可的,应当认定施工合同无效。可见,各地高级人民法院基本认为《城乡规划法》关于建设工程应当取得建设用地规划许可证、建设工程规划许可证的规定属于效力性强制性规定,违反了效力性强制性规定的合同应当认定无效。对于已取得前述两个规划许可证但尚未取得土地使用证的,有观点认为,可以看出颁发建设用地土地使用证的行为是一种物权确权登记行为,其目的是明确土地使用权的权属及其变动情况,是一种国家行政管理手段。因此,对于建设工程已经取得建设用地规划许可证、建设工程规划许可证,仅因行政审批程序等原因尚未取得土地使用证的,不应认定施工合同无效。[3]

符合地方政策但不符合法律效力性强制性规定的合同效力。虽然承包人拥有当地政府主管部门规定的承接此类工程的条件,并多次承接此类工程且通过了

---

〔1〕 参见关丽:《建设工程施工合同的效力认定及处理路径》,载《判解研究》2015年第3辑(总第73辑),人民法院出版社2016年版,第26~27页。

〔2〕 参见朱树英主编:《法院审理建设工程案件观点集成》,中国法制出版社2015年版,第131页。

〔3〕 参见吕辉木:《建设工程若干疑难法律问题各地高院审判观点归纳与评析》,载于健龙等主编:《中国建设工程法律评论》(第四辑),法律出版社2016年版,第27页。

当地政府主管部门的验收,但由于承包人不具有法律规定的施工资质,承包人签订的建设工程分包合同应当认定为无效。

【案例3-10】 中建四局安装工程有限公司厦门分公司与厦门市宝凯人防设备有限公司建设工程分包合同纠纷案

一审法院认为,宝凯人防公司不具备人防防护设备安装施工的主体资质,其与中建四局厦门公司签订的《人防工程施工协议》,违反法律、行政法规的强制性规定,应认定合同无效。二审法院认为,原审判决认定合同无效正确,双方当事人对此均没有异议。[1] 本案中厦门市人防办针对厦门市人防企业经营与准入设定了"只要备案时提交符合要求的真实材料并经得起现场考核"的标准。显然,此标准低于法律明文要求的"具备相应资质"。建设工程领域,类似情况时有发生,当发生纠纷后需要明确判断认定合同效力的标准。对于具备相应资质是法律、行政法规效力性强制性规定而言,地方政府不应颁布与其相冲突的政策规定。地方政策与法律之间并不是简单的平行关系或并列关系,从效力上讲是主从关系。在这种关系中,地方政策需要服从法律的价值取向和相关规定。对于建筑企业资质的法律强制性规定,地方政府出台的政策只能按当地具体情况制定具体合适规定辅之,而不能取而代之,法院亦不能依据当地政策作为判断合同效力的标准。

在施工合同纠纷中,应注意涉及报批义务的效力认定。《民法典合同编通则解释》第十二条规定:"合同依法成立后,负有报批义务的当事人不履行报批义务或者履行报批义务不符合合同的约定或者法律、行政法规的规定,对方请求其继续履行报批义务的,人民法院应予支持;对方主张解除合同并请求其承担违反报批义务的赔偿责任的,人民法院应予支持。

人民法院判决当事人一方履行报批义务后,其仍不履行,对方主张解除合同并参照违反合同的违约责任请求其承担赔偿责任的,人民法院应予支持。

合同获得批准前,当事人一方起诉请求对方履行合同约定的主要义务,经释明后拒绝变更诉讼请求的,人民法院应当判决驳回其诉讼请求,但是不影响其另行提起诉讼。

负有报批义务的当事人已经办理申请批准等手续或者已经履行生效判决确定的报批义务,批准机关决定不予批准,对方请求其承担赔偿责任的,人民法院不予支持。但是,因迟延履行报批义务等可归责于当事人的原因导致合同未获批准,对方请求赔偿因此受到的损失的,人民法院应当依据民法典第一百五十七条的规定处理。"

---

[1] 福建省厦门市中级人民法院(2011)厦民终字第1118号民事判决书。

在施工合同纠纷中,应注意涉及职务行为和加盖印章的效力认定。《民法典合同编通则解释》第二十二条规定:“法定代表人、负责人或者工作人员以法人、非法人组织的名义订立合同且未超越权限,法人、非法人组织仅以合同加盖的印章不是备案印章或者系伪造的印章为由主张该合同对其不发生效力的,人民法院不予支持。

合同系以法人、非法人组织的名义订立,但是仅有法定代表人、负责人或者工作人员签名或者按指印而未加盖法人、非法人组织的印章,相对人能够证明法定代表人、负责人或者工作人员在订立合同时未超越权限的,人民法院应当认定合同对法人、非法人组织发生效力。但是,当事人约定以加盖印章作为合同成立条件的除外。

合同仅加盖法人、非法人组织的印章而无人员签名或者按指印,相对人能够证明合同系法定代表人、负责人或者工作人员在其权限范围内订立的,人民法院应当认定该合同对法人、非法人组织发生效力。

在前三款规定的情形下,法定代表人、负责人或者工作人员在订立合同时虽然超越代表或者代理权限,但是依据民法典第五百零四条的规定构成表见代表,或者依据民法典第一百七十二条的规定构成表见代理的,人民法院应当认定合同对法人、非法人组织发生效力。”

二、施工合同效力法律适用

(一)施工合同效力认定

在当事人订立的施工合同内容不违反法律、行政法规效力性强制性规定的情形下,充分尊重合同当事人意思自治原则,这为法院认定合同效力提供了重要参考依据。

1. 合同约定工程质量标准效力认定

实践中,施工合同约定的工程质量标准与国家强制性标准不一致,其约定标准效力应分两种情况确认。其一,当事人约定的工程质量标准必须符合国家规定的标准,不得违反规定降低建设工程质量标准,也就是说,国家强制性标准是工程质量的最低标准,低于国家强制性标准的质量标准是无效的。其二,当事人约定的工程质量标准高于国家强制性标准的有效。在施工合同被确认无效时,承包人仍应按照约定质量标准交付建设工程。《建设工程解释(一)》第六条第二款明确规定将合同约定质量标准作为无效合同损失参照因素之一。制定司法解释的法官认为,我国工程技术标准和要求包括强制性标准与推荐性标准。强制性标准是合同当事人必须遵照执行的,属于合同文件的当然组成部分,合同当事人不能排除适用,但合同当事人可以在合同中约定比强制性标准更高的标准,故以“参照合同约定的质量标准”表述更为适合。[1]

2. 合同让利条款效力认定

现实社会生活中,当事人双方通过签订补充合同等方式,由施工方在合同约定工程总造价基础上进行一定的返点、让利,为当前建筑行业中较为普遍存在的一种现象,同时引发让利条款是否属于附条件生效的争议。对此,要根据双方所签合同的目的、基本文义、所使用的语句以及结合行业惯例和本地区习惯性做法,

---

〔1〕 参见最高人民法院民事审判第一庭编著:《最高人民法院建设工程施工合同司法解释(二)理解与适用》,人民法院出版社 2019 年版,第 83 页。

进行综合判断,从而做出正确结论。

【案例3-11】 沈阳三色空调净化工程有限公司与沈阳五爱天地实业有限公司建设工程施工合同纠纷申诉案

最高人民法院认为,当事人双方签订的《建设工程施工合同》中,约定按照“最后双方认可的工程总价”2%由施工方予以让利。该约定表明:双方让利2%的意思表示是一致而明确的,关于该条款生效,双方未附加任何条件。“双方认可的工程总价”是确定具体让利数额的计算基数,不能以双方对计算基数存在争议为由就否定让利关系的存在。[1]

3. 栏标价低于成本的合同效力认定

招标人制定栏标价并向全体投标人公布不构成泄露标底。投标人按照栏标价竞标并实际履行合同后,又以投标价低于成本为由主张合同无效,要求重新确定结算价款的,应根据《招标投标法》的相关规定及诚实信用原则予以认定处理。

【案例3-12】 华盛公司与武汉科技大学建设工程施工合同纠纷申诉案

最高人民法院认为,本案争议的焦点是华盛公司与武汉科技大学签订的《建设工程施工合同》是否有效。首先,根据一审、二审查明的事实,该建设项目经过了公开招投标,合乎法律规定之程序,本案所涉合同系双方当事人自愿签订,华盛公司亦不能提供证据证明该合同的签订违背其真实意思表示。其次,关于投标人以低于成本价进行投标是否无效问题。本案中,虽然招标单位公布了较低的栏标价,但投标人可以根据自身的实际情况考虑是否竞标,认为不符合自身要求可以放弃,而不是中标后又以诉讼的形式改变结算价款,脱离了当初达成合意的初衷,违背诚信。《招标投标法》第三十三条规定“投标人不得以低于成本的报价竞标”,目的是规范招投标市场,防止投标人间产生不正当竞争的情形,对于招标人公布自己期望招标的栏标价,是招标人公布底价的要约行为,还须合意才能约束双方。现实中甚至有企业为了扩大声誉,自愿在少盈利的情况下招揽工程,故不宜据此否认合同效力。最后,本案招标单位的招标价格是依据工程造价部门造价咨询报告作出的,在相关说明中陈述其得出的单方造价为803.34元/平方米,与一审委托鉴定的造价基本相符,后因资金限额及招标单位承诺主材价适当下调才得出栏标价632.4元,故不能得出该价格一定低于成本的结论。综上,华盛公司的申

---

〔1〕 参见最高人民法院民事审判第一庭编:《民事审判指导与参考》2010年第1集(总第41集),法律出版社2010年版,第284页。

诉不符合《民事诉讼法》规定的再审条件，决定不对该案提起再审。[1]

4. 同一工程多份施工合同效力认定

招标人与中标人未按《中标通知书》签订施工合同，如果工程不属于必须招标的情形，且未违反法律强制性效力性规定，应认定签订在先的施工合同有效。虽在建设单位与施工企业签订施工合同后，承包、发包双方又就同一工程部分履行了招投标程序，但未按《中标通知书》记载的内容签订施工合同，应独立审核施工合同效力。

【案例3-13】　新疆建工建团第六建筑工程有限责任公司与新疆天通房地产开发有限公司建设工程施工合同纠纷案

最高人民法院认为，本案承包、发包双方当事人在履行招投标程序前，已经签订了施工合同，应当依据法律规定审核施工合同效力。如前所述，应当认定签约在先的建设工程施工合同及补充协议有效。天通公司与新疆六建就同一建设项目又履行招投标程序，意在变更施工合同的部分内容，因招标人与中标人未按照《中标通知书》记载的实质性内容签订施工合同，中标合同未成立，对签约在先的施工合同未产生变更的法律效力。工程取费也应当按照签约在先的合同约定确定。至于招标人与中标人在招标机构发出《中标通知书》后未履行正式签订书面合同的行为，违反了《招标投标法》第四十五条第二款和第五章有关"法律责任"部分的规定，应由行政机关处理，不属于民事案件审理范围，不影响签约在先的施工合同的法律效力。[2]

5. 带资或垫资承包合同效力认定

该类施工合同，是指合同双方当事人约定，先由承包人通过投入自有资金进行工程项目建设，直至工程施工至约定条件或工程完工后再由发包人按合同约定支付工程价款的工程承包形式。现行法律对带资或垫资承包行为没有禁止，但政府主管部门出台文件严禁此类行为。在法律、法规对带资或垫资承包工程行为作出无效处理的前提下，其此类承包工程不影响施工合同的效力，一般认定为有效合同。最高人民法院法官在诠释《建设工程解释》时认为，《建设工程解释》规定当事人对垫资及其利息有约定，请求按照合同约定返还垫资款和利息的，应当予

---

〔1〕　参见杜万华主编：《最高人民法院民商事案件审判指导》（第2卷），人民法院出版社2015年版，第378页。

〔2〕　参见最高人民法院民事审判第一庭编：《最高人民法院民事案件解析》（建设工程），法律出版社2010年版，第49页。

以支持。从而确立了垫资合同有效的处理原则。[1]

【案例3-14】 武当山旅游经济特区规划建设局与湖北省建筑总承包集团第三建筑工程公司建设工程施工合同纠纷案

二审法院认为,上述强制垫资条款的约定违反了国家关于制止或禁止企业间资金拆借行为的相关规定……讼争工程竣工交付后,武当山建设局仅返还省建三公司垫资款60万元,尚余40万元垫资款未予返还。根据《建设工程解释》第六条的规定,省建三公司要求武当山建设局返还剩余垫资款的诉讼请求符合上述规定,一审判决对此予以支持并无不当。[2]

6. 内部承包合同效力认定

建设工程内部承包,是指建筑企业作为发包方与其内部的生产职能部门、分支机构、职工之间为完成建设工程、获得经济利益,就建设工程施工和管理所达成的权利义务的约定。

对于内部承包合同效力,应区分三类内部承包人加以讨论。其一,内部承包人是法人的,内部承包合同应当属于转包或分包合同,因为合同缔约方是两个法律上独立的法人主体,其合法性应当根据转包和违法分包的判断标准认定。其二,内部承包人是分支机构,内部承包合同应当有效,因为根据《公司法》第十四条的规定,分公司不具有法人资格,其民事责任是由其所属公司承担,从性质上讲与所属的承包人签订的合同是一种内部管理协议。其三,内部承包人是自然人,则应分为两种情况界定。内部承包人与承包人存在劳动合同关系,为承包人的正式员工,并由承包人缴纳社会保险的,则所签的内部承包合同有效,反之则无效。自然人身份的确定关系到内部承包合同的效力,具体可从以下方面判断:(1)存在劳动合同关系,有劳动合同和缴纳社会保险等证据证明劳动合同关系事实存在。(2)对外承担安全生产、工程质量等责任上,全部由承包人承担而内部承包人并不承担,承包人能够追究内部承包人的责任只限于根据《劳动法》及企业内部管理规定中的合法部分。在内部承包合同约定诸如"安全事故、工程质量等责任由承包方承担,与建筑企业无关"等内容,则表明内部承包合同实为转包或违法分包。(3)利润分配和成本分担方式。在内部承包合同中,内部承包人获取的利润应当是根据劳动合同获得工资和奖金,且不负担工程发生的成本;承包人通过承揽工程项目获取的利润应当是其根据施工合同应得的工程款减去其成本的差额,且独立承担所有与建设工程有关的成本;转包和违法分包中,承包人只收取管

---

〔1〕 参见冯小光:《〈关于审理建设工程施工合同纠纷案件适用法律问题的解释〉的理解与适用》,载《判解研究》2004年第6辑(总第20辑),人民法院出版社2005年版,第83页。

〔2〕 湖北省高级人民法院(2012)鄂民一终字第112号民事判决书。

理费不承担成本和风险,而内部承包人自担风险和成本,成为独立经营主体。

实践中,承包单位与发包方签订建设工程合同之后,大量使用内部承包作为一种生产组织形式,施工单位通过采用内部承包,将项目交由内部承包人员承建,内部承包人员负责组织招聘工人,以解决企业承建项目对工人的需求。主流观点认为,内部承包合同原则上有效。内部承包合同的认定应当结合合同签订背景、合同约定内容、合同履行情况综合分析判断。根据审判实践,应根据是否具备以下全部情形综合认定内部承包:其一,内部承包人员系承包单位内部职能部门或分支机构或职工个人。其二,内部承包人在经济活动中使用承包单位的资质、商标及企业名称等是履行职责行为。其三,内部承包人员对承包单位承接的工程项目组织施工建设,承包单位对内部承包人财务、工程质量、技术等方面加以管理,监督,承包单位对内部承包的项目进行了实质上的管理和监督,现场人员接受承包单位的调动、任免。其四,内部承包人在经济上可以自负盈亏,承包人自主经营、自负盈亏,向承包单位缴纳一定管理费。承包单位对内部承包的工程在人、财、物方面进行了必要的支持和协调。其五,内部承包人对外以承包单位的名义展开经济活动,承包单位对外承担责任。住建部于2019年1月3日颁布了《建筑工程施工发包与承包违法行为认定查处管理办法》,其中详细、全面地列明了违法发包(含肢解发包)、转包、违法分包、挂靠等违法行为的认定标准,可参照该办法认定这几种情形,以准确认定施工单位内部承包合同。

【案例3-15】 金某寿与浙江兰溪华安房地产开发有限公司建设工程施工合同纠纷再审案

再审法院认为,金某寿以其系案涉工程实际施工人为由要求发包方华安公司退还保修金并支付有关逾期利息及违约金。然本案现有证据表明,案涉工程由中天公司向华安公司承包后,再以内部承包形式交由其员工金某寿负责组织施工。中天公司前述行为属企业自主经营权之范畴,并未违反法律及行政法规的强制性规定,应属有效。[1]

【案例3-16】 福华公司与大华公司建设工程施工合同纠纷案

二审法院认为,根据福华公司出具给法院的《诉讼代理委托书》,其自认林某某系公司职员,结合福华公司提供的《委托书》和《授权委托书》的内容,可以认定福华公司与林某某之间的承包合同关系系企业内部承包合同,其属于建筑施工企业的一种内部经营方式,法律和行政法规对此并不禁止,总承包人仍应对工程施工过程及质量等进行管理,对外承担施工合同的权利义

〔1〕 浙江省高级人民法院(2013)浙民申字第465号民事裁定书。

务,大华公司以内部承包合同的承包方无施工资质为由主张无效的,不予支持。[1]

【不同处理】 实践中,有的法院对实际施工人并非公司内部员工并独立承担风险和成本的,依然按内部承包合同认定为有效。

【案例3-17】 林某与某建设集团有限公司建设工程施工合同纠纷案

二审法院认为,关于某公司二审审理期间提出的本案合同应为无效,从合同内容及实际履行情况来看,林某是以内部承包形式承包工程施工,某公司也参与了管理,一审未认定合同无效并无不当。[2] 该案判决存在诸多可研究之处,如林某非公司的内部职工、工程全部转给林某、林某独立承担风险和成本、承担公司的管理费等,故该内部承包合同实为转包合同。

7. 未在《招标投标法》规定期间签订合同效力认定

《招标投标法》第四十六条第一款规定在中标通知书发出30日内签订书面合同。该条设定期限的立法理由主要是督促当事人尽快签订合同,实现招投标程序涉及的工程项目尽快动工,因为没有在《招标投标法》规定时间内签署合同不会导致整个招投标程序丧失意义,也不会造成《招标投标法》保护国家利益、保护社会公共利益、保证项目质量的立法目的落空,这与签订背离招标文件合同的行为存在本质区别。也就是说,在超过《招标投标法》规定期间签订施工合同是有效的,仅以超过法定期间抗辩合同无效的,法律不予支持。

【案例3-18】 方远建设集团股份有限公司与温岭市电影发行放映公司建设工程施工合同纠纷案

一审法院认为,本案工程经政府有关部门立项后,经过招投标程序,方远公司中标,电影公司也向其发出中标通知书,但双方因故并未及时签订施工合同,其间于2000年11月8日还召开会议进行协商,直到2001年1月3日双方签订施工合同。从合同内容看,该合同内容与电影公司向方远公司发出的《中标通知书》的内容如建设面积、工期、质量要求等基本一致,从工程款方面看,施工合同约定为20,222,594元,甚至低于《中标通知书》所确定的21,014,813元。因此,无论从是否经过招标投标程序,还是从施工合同内容看,施工合同的签订均体现双方的真实意思,且还经过工商行政管理部门的鉴证。至于补充协议,由于其与影视城属同一整体工程,且结算等均按施工合同有关条款执行,故亦不存在违法之处。方远公司施工的工程,经勘察单

[1] 福建省高级人民法院(2015)闽民终字第1318号民事判决书。
[2] 浙江省高级人民法院(2009)浙民终字第123号民事判决书。

位、设计单位、施工单位、监理单位、建设单位验收合格,方远公司方已经履行自己的主要合同义务,电影公司亦应按合同约定履行其支付工程款项的主要义务。二审法院亦持同样意见维持一审判决。[1]

8.假冒合同的效力

合同如系假冒他人名义签订,相关当事人依法可以请求法院判决予以撤销或宣告无效,当事人不请求撤销或宣告无效的,冒用人应当自行承担因相关合同签订与履行引发的法律责任。

【案例3－19】　中建三局第二建设工程有限责任公司与福建新华夏建工有限公司买卖合同纠纷再审案

最高人民法院认为,本案争议的主要问题:(1)武汉新华夏公司、胡某伟等人是否冒用福建新华夏公司名义签订涉案相关合同文件。根据审理查明的事实,2011年4月9日,旨新公司作为乙方签订的《钢材购销合同》中,载明合同甲方为武汉新华夏公司,合同上加盖的印章为"福建新华夏建工有限公司协信·天骄名城项目经理部"。甲方指定的验收货物人员为兰某快和胡某。2011年6月29日,中建三局二公司西部公司签订《建设工程劳务分包合同》,约定将涉案天骄名城项目工程劳务作业分包给福建新华夏公司。合同对方加盖的印章为福建新华夏公司印章及江某宗的私章,合同对方开户银行情况为武汉新华夏公司在中国银行湖北省分行所开账户。2013年5月20日,旨新公司签订的《付款协议》载明合同对方为福建新华夏公司。该协议简述了双方签订涉案购销合同及履行情况,并对欠付货款、还款期限等问题作出核对确认。协议书加盖了福建新华夏公司印章,胡某伟分别作为福建新华夏公司代表和保证人在协议上签名。2013年7月12日,林某兴、林某海、胡某伟、郭某全签署《协议书》记载,武汉新华夏公司注册至今,公司经营、资金的使用支配实际均由胡某伟运作,所有债权债务均由胡某伟承担。胡某伟于2014年12月9日出具《承诺书》称,胡某伟、林某海、林某兴三人合作承办涉案工程项目,私刻福建新华夏公司公章用于签订与中建三局二公司劳务合同。以上事实足以表明,武汉新华夏公司及胡某伟等人冒用福建新华夏公司名义签订并实际履行涉案合同文件。原审判决认定福建新华夏公司并未签订涉案相关合同文件,是正确的。合同如系假冒他人名义签订,相关当事人依法可以请求人民法院判决予以撤销或宣告无效,当事人不请求撤销或宣告无效的,冒用人应当自行承担因相关合同签订与履行引发的法律责任。就本

〔1〕 浙江省高级人民法院(2009)浙民终字第45号民事判决书。

案而言,在对方当事人未依法请求人民法院撤销涉案合同或宣告合同无效的情况下,武汉新华夏公司及胡某伟等人作为冒用人应当自行承担合同相关责任。(2)中建三局二公司应否承担旨新公司钢材货款的清偿责任涉案《建设工程劳务分包合同》与《钢材购销合同》属于相互独立的合同。合同当事人依法应当就其各自订立的合同行使相应权利并承担相应义务。旨新公司对于依约供应钢材后未获清偿的货款,依法应向实际购买方武汉新华夏公司及胡某伟等人提出主张。原审期间,旨新公司明确表示放弃对武汉新华夏公司的主张,本院不持异议。在旨新公司所签涉案《钢材购销合同》中,对方指定兰某快为验收货物人员。中建三局二公司在其他合同中亦指定兰某快为材料员,兰某快因而具有双重身份。但旨新公司在其依约所供钢材已由合同指定验收人员兰某快签收的情况下,依法应向合同相对方提出货款清偿请求,而不能基于兰某快亦为中建三局二公司在其他合同中指定的材料员而向其提出清偿主张。原审判决依据兰某快系中建三局二公司在其他合同中指定的材料员而认定其系代表中建三局二公司验收涉案钢材,依据显然不足。从在案支付款项证据情况看,协信房地产公司开出汇票票面记载的收款人为中建三局二公司。按照汇票流转规范,即使汇票最后转给了旨新公司,但如无证据证明汇票系由中建三局二公司直接背书让与旨新公司,亦不能证明其直接向旨新公司支付货款的事实。2012年8月28日、9月11日,中建三局二公司虽曾将150万元、100万元分别支付至长沙市雨花区铭东建材经营部的账户,但没有进一步证据证明此款项确系属于受旨新公司指示而支付的涉案钢材货款。原审判决关于中建三局二公司曾向旨新公司直接支付钢材货款的认定,缺乏足够证据证明。在当事人之间缺乏合同关系的情况下,钢材是否实际用于涉案工程,不能成为旨新公司向中建三局二公司提出货款清偿主张的当然依据。另外,中建三局二公司对于他人冒用福建新华夏公司订立《建设工程劳务分包合同》虽然未尽足够审查义务,但与旨新公司基于其他合同所售钢材货款不能及时获偿之间,没有必然关联。原审判决以中建三局二公司订立分包合同转包工程存在过错为由,判令其对旨新公司涉案钢材货款承担清偿责任,缺乏事实和法律依据。实际上,涉案工程结算过程中,中建三局二公司已经按照分包合同约定多次向武汉新华夏公司支付工程款项,武汉新华夏公司亦已向旨新公司实际支付多达3000余万元的钢材货款。原审法院在已查明涉案《钢材购销合同》系旨新公司与武汉新华夏公司及胡某伟等人实际订立并履行的情况下,却又认定旨新公司与中建三局二公司存在事实上的买卖合同关系,并进而判令中建三局二公司承担欠付货款的清偿责任,认定事实和适用法律均有错误。[1]

9. 项目经理对工程款和工程量等做的签证和确认效力认定

对此类争议判断依据,应以承包人是否有明确授权为标准。如果承包人已将工程款和工程量等的签证和确认明确授予其他主体,则项目经理的签证和确认无效。如果承包人对工程款和工程量等的签证和确认没有明确授权,考虑到我国建筑企业管理和建设工程施工的实际情况,项目经理的签证和确认应当有效。

结算清单由项目经理签字,并加盖公司"技术专用章",属于当事人的真实意思表示,对双方具有约束力。

【案例3-20】　周某国与江苏登达建设有限公司建设工程施工合同纠纷再审案

最高人民法院认为,关于结算清单的效力。结算清单由周某国与工地项目经理岑某签字,并加盖登达公司烟台分公司"技术专用章(2)"印章,登达公司、登达公司烟台分公司虽然称岑某签字受到威胁,但并未提供充分证据加以证实,对其该项理由本院不予采信,故结算清单应为当事人真实意思表示,二审法院认定结算清单有效正确,本院予以确认。结算清单是登达公司烟台分公司与周某国达成的关于工程结算的独立协议,系当事人根据合同履行的实际情况达成,与工程是否竣工不存在必然联系,故二审法院认定结算清单确定的结算单价缺乏合同依据错误,应予纠正。[2]

10. 劳务分包合同效力认定

《建设工程解释(一)》第五条规定:"具有劳务作业法定资质的承包人与总承包人、分包人签订的劳务分包合同,当事人请求确认无效的,人民法院依法不予支持。"

认定劳务合同有效的理论基础是,劳务分包合同不是二次分包,它是把一个复杂劳务中的简单劳动剥离出来交给劳务单位去做。判断劳务分包合同效力标准为,其一,劳务作业资质。承包人(实际进行劳务作业的主体)必须具有劳务作业法定资质。没有法定资质的承包人分包劳务作业违反了《建筑法》的强制性规定,当然无效。其二,签订劳务分包主体合法。承包人必须直接与总承包人、专业分包人签订劳务分包合同,而不是承包人从其他劳务作业分包人手中分包劳务工程,后者显然构成转包或再次分包,根据相关法律规定当属无效。其三,承包方式

---

〔1〕 最高人民法院(2018)民再23号民事判决书。

〔2〕 最高人民法院(2019)民再221号民事判决书。

与内容。承包人承包的方式为提供劳务，而非包工包料。劳务分包合同的标的是劳务，不涉及材料，合同工程款是对劳务的报酬。

劳务分包与工程分包区别问题。劳务分包合同的主要内容指向的是工程施工中具有较强专业技术性的劳务作业，其对象是计件或计时的施工劳务，主要指人工费用以及劳务施工的相应管理费用。建设工程分包合同的主要法律特征是承包人将其承包的部分工程交给第三方完成，第三方就其施工交付的工程获得工程价款。二者的区别是效力认定上的不同，如果认定为劳务分包合同有效，那么认定为工程分包合同则无效。

【案例3－21】 黄某某、林某某与江西通威公司、泉三高速公路公司建设工程分包合同纠纷案

最高人民法院认为，本案中，江西通威公司与黄某某先后签订的两份《公路建设工程施工劳务分包合同》，约定的主要内容是路基、土石方、涵洞、防护排水、土建工程交给黄某某施工。上述合同约定内容符合工程分包合同的法律特征。因工程分包合同是承包人将其承包的部分工程交给第三人完成，因此，承包人需要对第三人的施工提供一定的施工管理，也不排除承包人与第三人约定承包人提供部分材料设备。江西通威公司以提供材料设备、施工管理为由，主张本案所涉合同为劳务分包合同，应认定有效，缺乏事实及法律依据。[1]

应注意的是，依据《民法典》第一百五十三条的相关规定，劳务分包承包人再分包所签订的劳务分包合同当属无效。[2]

11. 工程分包合同效力认定

承包人将工程分包他人所签订合同并非一定为无效。转包、违法分包合同因违反法律、行政法规的强制性规定从而无效，但承包人经发包人同意，可以将自己承包的部分工作交由第三人完成。建设工程主体结构的施工必须由承包人自行完成。

建筑工程总承包单位可以将承包工程中的部分工程发包给具有相应资质条件的分包单位，其签订的分包合同有效；但是，除总承包合同中约定的分包外，必须经发包人认可，否则分包合同无效。采取工程总承包方式承包工程，不受《建筑法》关于施工总承包单位必须自行完成地基和主体结构工程的强制性规定的限制，其土建总分包人的分包合同不违反法律，应当被认定为合同有效。

---

〔1〕 最高人民法院(2013)民一终字第93号民事判决书。

〔2〕 参见最高人民法院民事审判第一庭编著：《最高人民法院新建设工程施工合同司法解释(一)理解与适用》，人民法院出版社2021年版，第66页。

12. 签证、会议纪要、往来信函的效力认定

最高人民法院法官认为，建设工程特别是施工合同的履行周期长、情况复杂，因此，在履行过程中往往要根据施工的具体情况对施工计划、工程量、双方的权利、义务等通过一定的形式予以确认，主要包括签证、会议纪要、承发包双方往来函件等。对于这些在合同履行过程中形成的文件，应当根据合同约定和法律规定来认定其效力。符合合同约定和法律规定的文件，对合同当事人具有约束力，属于建设工程合同的组成部分。[1]

13. 工程总承包合同效力认定

工程总承包合同性质认定为建设工程施工合同，则该工程总承包合同效力应按照建设工程施工合同效力规则来认定。

【案例 3－22】　北京蓝图工程设计有限公司与新疆大黄山鸿基焦化有限责任公司、新疆大黄山鸿基焦化有限责任公司阜康焦化分公司工程总承包合同纠纷案

判决观点，案涉《新疆大黄山鸿基焦化有限责任公司煤气综合利用项目填平补齐技术改造工程总承包合同［EPC］》内容为煤气综合利用项目填平补齐技术改造工程，合同价款为 7800 万元。《招标投标法》第三条规定，在中华人民共和国境内进行下列工程建设项目包括项目的勘察、设计、施工、监理以及与工程建设有关的重要设备、材料等的采购，必须进行招标：(1) 大型基础设施、公用事业等关系社会公共利益、公众安全的项目；(2) 全部或者部分使用国有资金投资或者国家融资的项目；(3) 使用国际组织或者外国政府贷款、援助资金的项目。前款所列项目的具体范围和规模标准，由国务院发展计划部门会同国务院有关部门制定，报国务院批准。法律或者国务院对必须进行招标的其他项目的范围有规定的，依照其规定。依据案涉合同签约时仍然有效的《工程建设项目招标范围和规模标准规定》（已失效）第二条规定，关系社会公共利益、公众安全的基础设施项目的范围包括：……根据以上规定必须进行招标。而北京蓝图公司与大黄山鸿基焦化公司就案涉项目签订《新疆大黄山鸿基焦化有限责任公司煤气综合利用项目填平补齐技术改造工程总承包合同［EPC］》并未履行招投标程序，依据《建设工程解释》第一条"建设工程施工合同具有下列情形之一的，应当根据合同法第五十二条第（五）项的规定，认定无效：（一）承包人未取得建筑施工企业资质或者超越资

---

〔1〕 参见最高人民法院民法典贯彻实施工作领导小组编著：《中国民法典适用大全》（合同卷四），人民法院出版社 2022 年版，第 2560 页。

质等级的；(二)没有资质的实际施工人借用有资质的建筑施工企业名义的；(三)建设工程必须进行招标而未招标或者中标无效的"之规定，案涉合同违反法律、行政法规的强制性规定，应认定为无效合同。[1]

【案例3-23】 山东力诺太阳能电力工程有限公司与山东丽鹏股份有限公司、山东鸿啸电力工程有限公司建设工程施工合同纠纷案

二审法院认为，2013年3月29日，丽鹏公司与鸿啸公司签订的《山东丽鹏股份有限公司太阳能光电建筑应用示范项目EPC总承包工程合同书》约定，鸿啸公司承包丽鹏公司开发建设的光伏低压并网电站工程，包括光伏设备采购、光伏项目系统集成安装及配套设施改造、光伏项目系统调试、光伏项目数据显示及传输工作、光伏项目系统维护(分区安装)，本工程为交钥匙工程，本工程技术设计由鸿啸公司委托具备相应资质的单位完成。从上述合同约定的内容看，工程设计、工程施工等均属于鸿啸公司承包范围。《合同法》第二百六十九条规定，建设工程合同是承包人进行工程建设，发包人支付价款的合同。建设工程合同包括工程勘察、设计、施工合同。据此，本案所涉合同应为建设工程合同。原审法院将本案的案由确定为建设工程合同纠纷是正确的。由于涉案合同的主要内容为设备采购与安装，因此，原审适用《建设工程解释》相关规定处理本案并无不当。[2]

工程总承包合同性质认定为承揽合同、买卖合同、技术合同或其他合同，工程总承包合同效力不能按照建设工程施工合同的效力规则来认定。

【案例3-24】 深圳市聚创机电设备有限公司与临沂润峰光伏能源有限公司工程总承包合同纠纷案

二审法院认为，本案涉及的《临沂北方国际家居城2MW分布式光伏发电项目EPC/交钥匙合同》和《临沂北方国际家具城2MW分布式光伏发电项目EPC/交钥匙合同补充协议》，包含了设备购置及安装内容，实践中一般应以买卖合同纠纷进行审理，一审法院将本案案由确定为建设工程施工合同纠纷不当，本院在此予以纠正。因本案系买卖合同纠纷，上诉人润峰公司以上诉人聚创公司未能提交具备安装资质的手续，作为自己不履行合同义务的抗辩理由不能成立。[3]

发包人将土方、桩基、基坑维护外墙涂料、门窗工程、栏杆、钢结构、外场市政、弱电和燃气等直接发包，并与总包方约定"所有分包工程纳入总包管理、总包方就

[1] 新疆维吾尔自治区高级人民法院(2019)新民初16号民事判决书。
[2] 山东省高级人民法院(2015)鲁民一终字第119号民事判决书。
[3] 山东省临沂市中级人民法院(2019)鲁13民终6862号民事判决书。

整个项目之类等向发包人负责”,属于有效的总包,而不属于肢解分包。

【案例3-25】 南通六建与新城公司建设工程施工合同纠纷案

二审法院认为,关于案涉总承包合同的效力问题。南通六建主张案涉总承包合同因新城公司肢解发包而无效。经审查,总承包合同附件2.2甲方分包范围载明“……2.由甲方指定分包工程纳入乙方总承包管理,甲方指定分包单位纳入总包管理,整个项目的质量、进度、安全由乙方向甲方负责,乙方不得以甲方分包为免责理由……4.总包办理招标报建规费缴纳的范围包括土方、桩基、土建、安装、门窗、外装饰等所有分包工程及甲供材。甲方分包工程乙方向甲方收取总包管理配合费,总包管理配合费用计取标准及配合内容详见附件……”可见,双方均认可南通六建公司作为总承包人,向新城公司收取总包管理费并将指定分包单位纳入总包管理。故南通六建主张案涉工程系肢解分包,与合同约定不符,不能成立。[1]

14. 工程价款结算协议效力认定

工程价款结算协议,通常是指发包人、承包人在施工合同履行过程中出现重大变化,原施工合同有关工程价款结算的约定难以完全执行时,就工程价款结算等事项达成新约定的协议。工程价款结算协议是指与施工合同相互联系但彼此独立的协议,当该协议满足《民法典》第一百四十三条规定的构成要件时,应认定为有效。此时,即便施工合同被认定为无效,工程价款结算协议也不随之无效。实践中,多数工程款结算协议并非仅指工程款结算,协议中通常还会包括对违约责任、损失赔偿等事宜所达成的新的解决条款。虽然工程价款协议是基于施工合同所产生,但结算协议更类似于事后清算协议,与施工合同中最初约定的结算条款几乎完全不同。对于建设施工合同无效时,基于施工合同而订立的结算协议是否也将无效这一问题,实务中存在争议有不同观点。有观点认为,结算协议既不是在施工合同之内的独立结算条款,也不是在施工合同之外的独立协议,其本身仍然是施工合同的补充协议,不能撇开施工合同单独认定其效力。结算协议是与施工合同彼此独立的协议。同时将结算协议理解为补充协议与《建设工程解释(一)》第二十九条规定的“不予准许”司法鉴定既不矛盾,也可以更好地衔接。制定司法解释的法官认为,当事人基于无效建设工程施工合同签订的建设工程价款结算协议是否无效,在实务中存在争议。我们认为,本条规定所指建设工程价款结算协议是与建设工程施工合同相互联系但彼此独立的协议。一方面,当事人是以建设工程施工合同为基础签订的建设工程价款结算协议,两者具有关联性;另

[1] 浙江省高级人民法院(2021)浙民终1112号民事判决书。

一方面，随着施工进程的推移，可能出现设计变更、工程范围变化、规划指标调整、建筑主材价格大幅波动等新情况，建设工程施工合同会逐渐呈现出滞后性，故当事人签订的建设工程结算协议往往不会严格遵循建设工程施工合同约定，具有其自身的独立性。因此，建设工程价款结算协议源自建设工程施工合同，但又不同于后者。其应被视为独立协议，而非指建设工程施工合同的结算和清理条款。同时认为，对结算协议效力的判断，也应独立进行判断。即根据《民法典》第一百四十三条规定，如当事人签订的建设工程价款结算协议满足上述构成要件，应认定其有效。进而，建设工程施工合同即便被认为无效，建设工程价款结算协议也不随之当然无效。[1] 主流观点认为，结算协议是当事人另行达成的、独立于施工合同之外的补偿协议，系对既存债权债务关系的结算与清理，只要是双方真实意思表示，且内容不违反法律法规强制性效力性规定，应属于合法有效的合同。

【案例 3－26】 欣旺劳务与中铁九局成都分公司建设工程施工合同纠纷案

二审法院认为，关于中铁九局成都分公司与欣旺劳务签订的《施工框架协议》《桥梁工程施工专业分包合同》的效力以及案涉工程价款应否以审计结果作为依据的问题。欣旺劳务仅具有劳务分包资质，不具备建设工程施工资质，从《施工框架协议》《桥梁工程施工专业分包合同》约定的工程范围、工作内容以及实际履行情况看，其施工内容远远超过了劳务分包的范围，故一审认定《施工框架协议》及《桥梁工程施工专业分包合同》无效正确。案涉工程已于 2015 年 4 月 28 日完工并已经实际投入使用，故欣旺劳务参照合同约定主张工程款符合法律约定。虽《施工框架协议》与《桥梁工程施工专业分包合同》约定“结算总价以审计后的金额为基准”，但在中铁九局成都分公司与欣旺劳务签署相关文件中，中铁九局成都分公司承诺 6 个月内必须完成审计，若未能按此约定期限审计完成，欣旺劳务保留通过法律途径解决的权利。该工程完工确认书中关于变更结算方式所达成的合意系双方真实意思表示，但迄今尚未完成，欣旺劳务有权通过诉讼方式主张工程价款，中铁九局成都分公司主张有违诚信原则。[2]

【案例 3－27】 中国能源建设集团江苏省电力建设第一工程有限公司与曲松县协信太阳能发电有限公司等建设工程施工合同纠纷案

二审法院认为，关于案涉两份《补充协议》的性质以及效力如何认定问题。根据两份《补充协议》的内容，两份《补充协议》均系对《EPC 总承包合

〔1〕 参见最高人民法院民事审判第一庭编著：《最高人民法院新建设工程施工合同司法解释（一）理解与适用》，人民法院出版社 2021 年版，第 298 页。

〔2〕 四川省高级人民法院（2020）川民终 1409 号民事判决书。

同》部分内容的修改和明确，案涉两份《补充协议》依附于《EPC总承包合同》和《合作协议》成立。江苏电力第一公司主张《补充协议一》系“双方在施工完毕且已并网发电后，双方为解决后期争议而签订的，应当确认为有效”。本院认为，从案涉两份《补充协议》的内容看，虽部分内容不一致，但均系对《EPC总承包合同》部分内容的修改和明确，并非双方为解决后期争议而签订的《EPC总承包合同》和《合作协议》因违反《招标投标法》的规定，系无效合同，案涉两份《补充协议》系从合同，主合同无效，从合同亦无效的认定正确，应予以维持。[1]

【案例3-28】 云南九州建设集团有限公司与西双版纳新供销房地产开发有限公司建设工程施工合同纠纷案

二审法院认为，根据《招标投标法》第三条等法律规定，本案涉案工程属于法定必须经过招标投标程序的建设项目，故双方当事人的上述行为违反了《招标投标法》第四十三条“在确定中标人前，招标人不得与投标人就投标价格、投标方案等实质性内容进行谈判”之规定，上述中标无效。依照《合同法》第五十二条第五项“有下列情形之一的，合同无效：……（五）违反法律、行政法规的强制性规定”和《建设工程解释》第一条第三项“建设工程施工合同具有下列情形之一的，应当根据合同法第五十二条第（五）项的规定，认定无效：……（三）建设工程必须进行招标而未招标或者中标无效的”之规定，本院依法认定双方当事人2014年6月15日签署的《建设工程施工合同》无效。2015年9月22日双方签署的《合同解除协议书》虽名为解除协议，但实质为结算协议，双方意思表示真实，且协议内容不违反法律法规的强制性规定，故《合同解除协议书》有效。[2]

15. 发包人之间转让工程协议效力认定

原发包人将工程转让给新发包人，双方转让时对权利义务的约定是否对工程其他参与人有效，取决于工程其他参与人是否明知、应知转让相关事宜。

发包人之间转让工程时的约定对工程其他利益相关方有效。

【案例3-29】 某公司与某某公司建设工程施工合同纠纷再审案

最高人民法院认为，首先，原发包人与新发包人签订合作开发合同，案涉项目以原发包人的名义开发，原发包人与承包人签订了施工合同。之后，原发包人将案涉项目转让给新发包人，新发包人与承包人又另行签订了施工协

---

〔1〕 西藏自治区高级人民法院（2021）藏民终126号民事判决书。

〔2〕 云南省高级人民法院（2018）云民终170号民事判决书。

议,协议附件载明合同主体发生变化,并明确承包人与原发包人在之前签订的施工合同仅作为工程备案合同,以承包人与新发包人签订的施工协议为准。施工合同发包人由原发包人变更为新发包人,故原发包人不再承担发包人责任。其次,实际施工人与承包人签订承包协议时明知发包人已由原发包人变更为新发包人。实际施工人提起本案诉讼,其与原发包人、新发包人没有合同关系,其根据法律规定主张发包人在欠付建设工程价款范围内承担责任。如前所述,本案的发包人为新发包人,故实际施工人主张原发包人作为发包人承担责任无事实及法律依据。[1]

发包人之间转让工程时的约定对工程其他利益相关方无效。

【案例3-30】 某公司与某某公司建设工程施工合同纠纷案

最高人民法院认为,原发包人和新发包人签订《项目转让协议书》,新发包人概括性地受让了原发包人的权利和义务,双方关于债务承担的约定仅于相对方之间发生效力。新发包人以此拒绝承担支付约定债务范围之外工程款的责任,缺乏事实与法律依据。[2]

16. 另行签订的补充合同中关于纠纷解决方式的变更约定效力

最高人民法院民事审判第一庭认为,通过补充合同变更主合同的纠纷解决方式的约定是有效的。[3]

17. 其他行为效力认定

现行法律和行政法规并未强制规定签订建设工程施工合同时必须具备完整的施工图纸,故施工图纸完整与否不是确定建设工程施工合同效力的因素。

【案例3-31】 香河万润新元房地产开发有限公司与北京城乡建设集团有限责任公司建设工程施工合同纠纷案

最高人民法院认为,关于施工图纸不完整对合同效力的影响。一审判决以《总承包施工补充合同》签订并备案A区、B区《建设工程施工合同》时,案涉工程的施工图纸仍不完整齐全为由,认定《总承包施工补充合同》的签订违反法律行政法规的强制性规定而无效。对此,本院认为,施工图纸是承包人施工的依据,对工程量和工程价款产生影响,签订合同时若施工图纸没有最终确定,合同双方可以约定工程暂定价,待施工图纸最终确定后合同双方

---

〔1〕 最高人民法院(2022)民再78号民事判决书。

〔2〕 最高人民法院(2021)民申6524号民事裁定书。

〔3〕 参见最高人民法院民事审判第一庭编:《民事审判实务问答》,法律出版社2021年版,第84页。

可以重新报价定价。现行法律和行政法规并未强制规定签订建设工程施工合同时必须具备完整的施工图纸,故施工图纸完整与否不是确定建设工程施工合同效力的因素。案涉《总承包施工补充合同》约定的工程造价为暂定价,合同明确约定合同价格调整方法,即拿到完整施工图纸具备报价条件后,乙方予以报价,甲方予以审核盖章确认报价,作为双方最终合同价。可见,合同双方仅是将完整施工图纸约定为确定最终报价的依据,并未将其约定为影响合同效力的特别条件。一审判决以案涉工程的施工图纸不完整齐全为由认定《总承包施工补充合同》无效,理据不当,本院予以纠正。[1]

18. 鉴证单上缺少甲方或甲方现场代表签字效力认定

工程签证是指建设工程施工合同的承发包双方及其授权代表人在施工和结算过程中,就质量变化、设计变更、价款调整、工期增减、承担违约责任、赔偿损失等内容达成的协议。工程签证对承包人而言意义重大,也是认定和解决纠纷的书面证据。工程签证的法律特征:其一,工程签证本质具有合同性质,其可变更正式的施工合同,或增加新的合同条款。其二,工程签证是主张权利的凭证,因为鉴证内容涉及工程价款的增减、工程量的变化、工期的缩减、违约责任的确认、损失如何赔偿等。司法实践中,对其工程签证的效力争议判断,关键看是否有双方授权的代表签字。签证单只有承包人和监理人员签字,没有发包人现场代表签字的情况下,若监理人员有发包人的授权,则工程签字有效;如没有授权,则无效。

(二)施工合同无效认定

《建设工程解释(一)》第一条规定:"建设工程施工合同具有下列情形之一的,应当依据民法典第一百五十三条第一款的规定认定无效:(一)承包人未取得建筑业企业资质或者超越资质等级的;(二)没有资质的实际施工人借用有资质的建筑施工企业名义的;(三)建筑工程必须进行招标而未招标或者中标无效的。承包人因转包、违法分包建设工程与他人签订的建设工程施工合同,应当依据民法典第一百五十三条第一款及第七百九十一条第二款、第三款的规定认定无效。"

根据《民法典》《建筑法》《招标投标法》《城乡规划法》《建设工程解释(一)》的规定,建设工程合同无效主要类型:

---

〔1〕 最高人民法院(2019)民终1085号民事判决书。

1. 违反施工资质效力性强制性规定合同无效

其一,承包人无资质签订的合同无效。

承包人行为违反《建筑法》效力性强制性的规定,而被确认为无效。在实践中主要有两类情形,第一类是发包人与有资质的承包人签订合同后,承包人为逃避合同义务,与无资质的实际施工人签订施工合同,收取管理费。但发包人在签订合同之时并不知道或者嗣后才知道。常见的有某个体以挂靠的承包人名义联系工程,承包人与发包人签订合同后,自身并不施工而与某个体签订内部承包协议约定权利义务,并收取管理费。第二类是发包人在与有资质的承包人签订合同时,其目的就在于让无资质的施工人实际履行合同,且发包人与承包人、无资质的施工人就借用资质达成合意,从而既达到规避法律法规关于资质问题的规定,又能够实现各自的经济利益的目的。常见的有某个体与发包人事先联系好,然后再找或用原挂靠承包人,并用挂靠人资质、名义与发包人签订合同。

【案例3-32】 满洲里市扎赉诺尔宏基城市基础设施投资开发有限责任公司与聂某等建设工程施工合同纠纷案

最高人民法院认为,关于《建设工程施工合同》效力应如何认定。本案当事人聂某没有建设施工资质,为了承揽涉案给、排水建设工程项目,挂靠于具有建筑施工资质的森天公司,并经双方协商,由森天公司与发包方宏基公司签订《建设工程施工合同》,之后,建设工程由聂某施工建设。根据《建设工程解释》第一条"建设工程施工合同具有下列情形之一的,应当根据合同法第五十二条第(五)项的规定,认定无效……(二)没有资质的实际施工人借用有资质的建筑施工企业名义的"规定,应认定森天公司与宏基公司所签订的《建设工程施工合同》无效。宏基公司主张合同有效,法律依据不足,应予驳回。[1]

【案例3-33】 朱某军与四川中顶建设工程有限公司等建设工程施工合同纠纷再审案

最高人民法院认为,本案中,案涉合同效力的认定基于中顶公司与朱某军的法律关系。中顶公司依据《挂靠协议》《关于成立中顶公司西宁办事处的决定》主张其与朱某军系内部承包关系,朱某军是案涉工程的具体施工人,并非实际施工人。朱某军依据《挂靠协议》《工作联系函》主张与中顶公司系挂靠关系,其为案涉工程的实际施工人。二审法院认为,建筑企业的内部承包关系是指建设工程施工合同中的建筑企业的下属分支机构或职工承包全

---

〔1〕 最高人民法院(2013)民一终字第100号民事判决书。

部或部分工程施工，建筑企业对其下属分支机构或职工的工程施工过程及质量等进行监督管理，对外承担施工合同的权利义务，是建筑企业的一种内部经营方式。借用建筑资质关系是指违反《建筑法》第二十六条第二款有关禁止无资质、超资质等级或者以任何形式借用其他建筑企业的名义承揽工程规定的协议，借用双方不存在隶属关系，被借用的建筑企业不对借用人的工程施工过程及质量等进行监督管理。因此，中顶公司与朱某军是内部承包关系还是借用建筑资质关系，应当从《挂靠协议》内容及工程施工过程及质量等监督管理关系的相关事实进行判断。本案中，一是从《挂靠协议》内容看，该协议第一条“朱某军挂靠中顶公司之下，挂靠期间以中顶公司项目经理部名义自主经营、独立核算、自负盈亏。工程任务自行承揽”、第三条“挂靠期间朱某军实行大包干施工，包质量，包工期，包安全，包材料采购，包人员与施工组织。施工期间朱某军必须自觉维护中顶公司的企业信誉，严格按照国家现行的施工技术规范和验收标准以及施工图纸进行施工，确保工程质量”、第四条“中顶公司向朱某军提供承接工程任务的公司资质，向朱某军提供工程报建所需要的有关资料，协助朱某军办理工程协议签订和办理工程开发，凡须由施工单位负责交缴的费用和资料等有关费用均由朱某军负责。中顶公司同时协助朱某军办理收付工程款和协助协调与工程管理部门以及建设方的关系”等内容，表明朱某军借用中顶公司资质承揽工程，并自行组织施工，自筹资金、自主经营、自负盈亏，中顶公司并不承担技术、质量、经济责任；且朱某军先与中顶公司签订《挂靠协议》后以中顶公司委托代理人身份与乌兰县国土资源局签订案涉合同，并非由中顶公司将先行取得工程承包施工权发包给朱某军，中顶公司也未提交证据证明朱某军与其存在隶属关系，中顶公司主张其与朱某军系内部承包关系的依据不足。二是从工程施工过程及质量等监督管理关系看，庭审中，中顶公司认为对案涉工程进行了施工管理，但认可其并无证据证明参与工程施工管理，本案中也并未有体现中顶公司对朱某军所承包施工的工程过程及质量进行监督管理的其他证据，不符合内部承包的基本特征。三是从实际履行行为看，《建筑法》第二十六条第二款规定，禁止建筑施工企业超越本企业资质等级许可的业务范围或者以任何形式用其他建筑施工企业的名义承揽工程，禁止建筑施工企业以任何形式允许其他单位或者个人使用本企业的资质证书、营业执照，以本企业的名义承揽工程。案涉工程履行期内，中顶公司向乌兰县国土资源局出具的《工作联系函》中认可案涉工程一直由挂靠在中顶公司的朱某军与乌兰县国土资源局实际联系并承包本项目；乌兰县国土资源局认可朱某军负责案涉工程施工事宜，包括工程的招投标、合同的签订、工程的施工以及工程的结算，并向其多次主张工程款，中顶公司从未向其主张过工程款，可判断本案实际存在违反《建筑法》第二十六条第二款规定的情形。由上,中顶公司主张其与朱某军系内部承包关系既未举证其采取措施、分派人员直接参与工程施工,也未举证对外直接向乌兰县国土资源局承担合同上的权利和义务,不符合内部承包的基本特征。根据各方对相关事实的认可,案涉工程实为朱某军借用有资质的中顶公司的名义与乌兰县国土资源局签订案涉合同,朱某军系案涉工程的实际施工人。根据《合同法》第五十二条"有下列情形之一的,合同无效:……(五)违反法律、行政法规的强制性规定"及《建设工程解释》第一条"建设工程施工合同具有下列情形之一的,应当根据合同法第五十二条第(五)项的规定,认定无效:……(二)没有资质的实际施工人借用有资质的建筑施工企业名义的"规定,案涉合同属于没有资质的实际施工人借用有资质的建筑施工企业名义的无效情形,应认定案涉合同无效,一审法院对合同效力认定错误,二审法院予以纠正。〔1〕

【案例3-34】 游某斌等诉李某贤建设工程施工合同纠纷再审案

最高人民法院认为,关于该案合同效力应当如何认定的问题。依据《建筑法》第二十六条第二款、第二十八条,《合同法》第二百七十二条第二款、第五十二条第五项,《建设工程解释》第一条第一项、第二项之规定,游某斌借用华厦恒公司的资质承揽涉案工程,与华厦恒公司签订《建设工程承包合同》后,又将涉案工程再转包给李某贤,并与李某贤签订《建设工程施工协议》,故游某斌与华厦恒公司、李某贤签订的《建设工程承包合同》及《建设工程施工协议》均应认定为无效合同。〔2〕

其二,承包人超越资等级签订的合同无效。

对此种承包人行为并非全部认定无效,有例外即可以效力补正的。

【案例3-35】 东莞市力丰钢结构有限公司与东莞日光滤清器有限公司建设工程施工合同纠纷案

一审法院认为,双方当事人所签的合同约定由力丰公司承建办公楼和厂房,既包括桩基础工程、土建工程,也包括钢结构工程。力丰公司具有钢结构工程专业承包贰级资质,却不具备房屋建筑施工总承包企业资,也不具备地基与基础工程专业承包企业资质。据此,力丰公司属于超越本企业资质等级许可的业务范围承揽工程。二审法院亦持同样意见。〔3〕

有观点认为,当事人超越资质等级签订的施工合同不宜一概认定无效,若承

〔1〕 最高人民法院(2019)民再329号民事判决书。
〔2〕 最高人民法院(2017)民再297号民事判决书。
〔3〕 广东省高级人民法院(2008)粤高法民一终字第74号民事判决书。

包工程范围符合当地行政主管部门的相关规定,则应认定施工合同有效。[1]

其三,承包人冒用他人资质签订的合同无效。

承包人行为违反《建筑法》效力性强制性的规定。实践中,承包人没有资质的情形主要表现为:(1)个体施工队伍在没有资质的情况下违法承揽建设工程的;(2)施工单位冒用、盗用营业执照、资质证书承揽工程的;(3)建筑施工企业的分支机构以自己的名义对外承揽工程的;(4)非建筑施工企业超越经营范围对外承揽建设工程的。[2]

【案例3-36】　中国建筑第八工程局第二建筑公司鲁东公司与青岛创新置业有限公司、张某、王某等建设工程施工合同纠纷抗诉案

最高人民法院认为,本案承包合同是由鲁东公司签订并履行的,鲁东公司系持有营业执照的非法人企业,本身无施工企业资质,其独自签订并履行本案承包合同,却使用中八二建的施工企业资质,原审法院根据《建设工程解释》第一条的规定,认定其与创新公司所签订的承包合同无效,并无不妥。[3]

【案例3-37】　齐河环盾钢结构有限公司与济南永君物资有限公司建设工程施工合同纠纷案

最高人民法院认为,根据原一审、二审查明的事实和证据,能够证明承包人"第九冶金建筑公司第五分公司"系环盾公司工作人员假冒中国第九冶金建设公司第五工程公司的企业名称和施工资质承包涉案工程,环盾公司的行为构成欺诈,且违反了《建筑法》以及相关行政法规关于建筑施工企业应当取得相应等级资质证书后,在其资质等级许可的范围内从事建筑活动的强制性规定。依照《合同法》第五十二条第五项、《建设工程解释》第一条之规定,应当认定环盾公司假冒中国第九冶金建设公司第五工程公司的企业名称和施工资质与永君公司签订的建设工程施工合同无效。永君公司提出的建设工程施工合同无效的主张正确,本院予以支持。[4]

其四,不具有劳务资质的劳务合同无效。

劳务分包作业是指进行包工不包料的纯劳务,常见的是农民工队伍包清工合同。《建筑企业资质管理规定》《建设工程解释》第七条均规定劳务分包作业必须

---

〔1〕　参见王毓莹、史智军:《建设工程施工合同纠纷疑难问题和裁判规则解析》,法律出版社2022年版,第75页。

〔2〕　参见林立:《工程合同法律、规则与实践》,北京大学出版社2016年版,第91页。

〔3〕　参见最高人民法院审判监督庭编:《审判监督指导》2011年第3辑(总第37辑),人民法院出版社2012年版,第171~172页。

〔4〕　参见《最高人民法院公报》2012年第9期。

具有作业资质，据此没有劳务资质签订的劳务合同无效，但农民工追索劳动报酬不受合同效力影响。

其五，自然人签订的建设工程施工合同无效。

自然人没有法定的建设工程承揽资质，其签署的建设工程施工合同违反法律、行政法规的强制性规定，属于无效合同。

【案例3-38】 任某等与银川第一市政工程有限责任公司第五分公司建设工程分包合同纠纷案

二审法院认为，一审法院认定任某与五分公司签订的《工程协议》因五分公司不具备法人资格，任某无施工资质而无效是正确的，任某主张合同有效的上诉理由不能成立。[1]

【案例3-39】 中宝公司与王某某建设工程施工合同纠纷案

二审法院认为，王某某作为自然人，不具备建筑企业施工资质，根据《合同法》以及《建设工程解释》的规定，双方签订的八份工程施工合同均无效。[2]

2. 违反《招标投标法》效力性强制性规定合同无效

其一，必须进行招标而未招标签订的合同无效。

【案例3-40】 汕头市建安(集团)公司与北京秦浪屿工艺品有限公司建设工程施工合同纠纷案

最高人民法院认为，汕头公司与秦琅屿公司签订的《工程保证金使用约定》内容表明，在涉案工程招标投标前，双方已就涉案工程承发包达成合意。双方在招投标过程中，将上述合意表现为《建设工程施工合同》约定内容。上述施工合同约定工程价款为79,150,668元，但随后双方另行签订《工程总承包补充协议》，将合同价款约定为1.85亿元，并通过签订《工程总承包补充协议(二)》及《工程总承包补充协议(三)》，对《工程总承包补充协议》进行补充约定并予以实际履行。双方当事人又基于《建设工程施工合同》与《工程总承包补充协议》约定工程价款存在105,849,332元价差，签订《建设工程补充施工合同》，并以虚假理由向相关行政主管部门申请对该合同不进行招投标直接发包。从双方当事人缔约过程可以认定，双方通过"明招暗定"方式规避招投标，并采用分割整体项目造价、采用虚假理由就部分工程造价申请直接发包方式实现规避招投标，并使背离中标合同约定的《工程总承包补

---

〔1〕 宁夏回族自治区高级人民法院(2009)宁民终字第90号民事判决书。

〔2〕 江西省高级人民法院(2014)赣民一终字第21号民事判决书。

充协议》约定价款符合法律规定形式，以实现双方缔约目的。上述双方当事人行为及合同约定违反了《招标投标法》第四条、第四十三条、第五十五条规定，导致中标无效。[1]

【案例3-41】　青海西部化工有限责任公司与中天建设有限公司建设工程施工合同纠纷案

最高人民法院认为，根据《招标投标法》第三条和《工程建设项目招标范围和规模标准规定》（已失效）第七条规定，该合同价款暂估550万元，应当属于必须招标的范围。虽然西部化工在向青海省格尔木昆仑经济开发区管委会递交的《申请报告》中，提出“由于本项目的一些工艺布局、工艺流程、施工图纸、技术参数尚属世界顶尖技术，属于我公司的高度商业机密，为防止技术泄密，因此特请示对此项工程不采取公开招标的方式，而采用议标的方式进行施工招标”，但其所称该公司的“高度商业机密”并不符合《招标投标法》第六十六条规定所称的可以不进行招标的“涉及国家安全、国家秘密”的特殊情况。此外，青海省发展计划委员会向西部化工下发青计工业〔2003〕314号《柴达木天然气—盐湖资源利用基地规划项目示范工程的批复》，以及青海省格尔木经济开发区开发建设局分别为本案团结湖示范工程项目核发建设用地规划许可证、建设工程许可证和建筑工程施工许可证的事实，也不能认定为《工程建设项目招标范围和规模标准规定》第八条规定的项目主管部门对本案工程可以不进行招标的批准行为。据此，本院认为，案涉建设工程属于法律、行政法规规定的必须招标的项目。……根据该规定，应当认定本案当事人所签的建设工程施工合同无效。[2]

在实践中，招投标项目的单项合同估算作价未达到必须进行招投标标准，但与其关联的多份单项合同总额超过招投标规定的投资总额的，其各单项施工合同均应按无效认定。

【案例3-42】　重庆市万州区清江建筑工程有限公司与重庆市三峡师范学校建设工程施工合同纠纷案

二审法院认为，虽然原告、被告双方签订的5个单项工程合同价款均不超过200万元，但三峡师范学校迁建工程项目总投资7487.61万元。根据《招标投标法》第三条第一款第一项、第二款和《工程建设项目招标范围和规模标准规定》第七条第四项的规定，仍然属于必须进行招投标的工程项目。

---

〔1〕参见最高人民法院民事审判第一庭编：《民事审判指导与参考》2013年第3辑（总第55辑），人民法院出版社2014年版，第128页。最高人民法院（2011）民一终字第62号民事判决书。

〔2〕参见最高人民法院民事审判第一庭编：《最高人民法院民事案件解析》（建设工程），法律出版社2010年版，第403页。

依照《建设工程解释》第一条的规定，本案中，应当认定清江公司与三峡师范签订的5份《建设工程施工合同》无效。[1]

虽然未进行招投标经过建设行政主管部门同意，但属于招投标法必须进行招投标范围的，对未进行的项目合同在法律上亦应认定无效。

【案例3－43】 中城建公司与威尼斯公司建设工程施工合同纠纷案

最高人民法院认为，案涉工程虽系威尼斯公司自行投资的商品房开发项目，当地建设局也同意采用直接发包的方式进行工程建设，但《工程建设项目招标范围和规模标准规定》第三条第五项明确规定商品住宅属于《招标投标法》第三条第一款第一项规定的关系社会公共利益、公众安全的必须进行招标的工程建设项目范围，因此，案涉工程建设项目必须进行招标而未招标，根据《建设工程解释》第一条第三项的规定，双方之间的《建设工程施工合同》无效。[2]

委托代建合同应当履行招投标程序而未招投标，合同无效。

【案例3－44】 江南公司与常元公司建设工程施工合同纠纷再审案

最高人民法院认为，根据江南公司与常元公司的再审理由，本案审查重点为原审广东省高级人民法院判决认定事实及法律适用是否错误。……江南公司主张本案代建管理项目不属于必须进行招标的项目。经审查，《代建管理合同》虽属于委托合同，但约定的代建管理服务内容包括案涉建设工程项目从规划报建到工程竣工验收合格所需的管理工作，该服务属于与工程建设有关的服务，根据《代建管理合同》签订时行政法规的规定，该代建管理服务属于应当招标的项目，故原审法院以未经依法招标为由认定《代建管理合同》无效，并无不当。同时因该合同约定的代建管理服务具有不可分割性，故对江南公司有关《代建管理合同》部分无效的主张，本院不予采纳。[3]

BT合同虽有政府借以实现融资的目的，但仅此既不足以改变案涉工程作为大型市政基础设施项目的性质，也不构成免于履行招标程序的充分理由，承包人以《BT合同》及补充合同约定内容属于政府融资行为为由，主张合同有效，缺乏充分的事实和法律依据。

---

〔1〕 重庆市第二中级人民法院(2010)渝二中法民终字第339号民事判决书。

〔2〕 最高人民法院(2014)民申字第463号民事裁定书。

〔3〕 最高人民法院(2020)民申1422号民事裁定书。

【案例3-45】　浙商公司与通许县政府建设工程施工合同纠纷案

最高人民法院认为，关于《BT合同》及相关《BT合同补充合同》的效力问题。《招标投标法》第三条第一款第一项规定，在中华人民共和国境内进行下列工程建设项目包括项目的勘察、设计、施工、监理以及与工程建设有关的重要设备、材料等的采购，必须进行招标：大型基础设施、公用事业等关系社会公共利益、公众安全的项目；……《建设工程解释》第一条第三项规定，建设工程必须进行招标而未招标或者中标无效的建设工程施工合同，应当根据《合同法》第五十二条第五项的规定，认定无效。根据原审查明，2010年2月5日，通许县政府与中希投资公司签订《BT合同》约定采取投资建设—回购（BT）方式实施通许县"一湖、两桥、四路"市政基础设施项目建设，中希投资公司投资建设工程，通许县政府回购工程偿还中希投资公司投资及相关收益。2010年5月14日通许县政府与中希投资公司签订《BT合同补充合同》约定，投资人由中希投资公司变更为浙商公司，并享有和承担《BT合同》中投资人的权利和义务。案涉"一湖、两桥、四路"工程属于通许县政府投资建设的大型市政基础设施项目，工程关系社会公共利益及公众安全。工程建设虽然采取BT模式实施，但不改变其大型市政基础设施的工程性质，原审法院由此认定案涉工程属于上述法律规定必须进行招标的建设工程项目，并无不当。在涉及使用国有资金进行大型市政基础工程建设的情况下，即便存在相关市场竞争不够充分的情形，也须采取与工程项目建设相适应的缔约机制或履行相应的监管程序，否则难以保障项目建设正当合规的程序要求。浙商公司以签订其时社会认知不足、政策规范缺乏、市场竞争不充分为由主张案涉工程项目不属必须招标的范围，理据不足。案涉BT合同及补充合同约定先由中希投资公司或浙商公司投资建设，工程建设完成后再由政府回购，项目建设资金最终来源于政府财政资金。BT合同虽有政府借以实现融资的目的，但仅此既不足以改变案涉工程作为大型市政基础设施项目的性质，也不构成免于履行招标程序的充分理由。浙商公司以案涉《BT合同》及补充合同约定内容属于政府融资行为为由主张原审法院认定合同无效错误，缺乏充分的事实和法律依据。[1]

其二，必须进行招标中的串通招标行为无效。

《招标投标法》第五十条代理机构泄露或恶意串通，第五十二条泄露招标情况和标底，第五十三条串通投标或行贿，第五十四条弄虚作假骗取中标，第五十五条在确定中标前进行实质性谈判，第五十七条违法确定中标人。对于先签订实际

---

〔1〕 最高人民法院（2021）民终517号民事判决书。

履行黑合同后签订白合同的行为,应被认定为串通投标行为。

【案例3-46】 红山公司与清远公司建设工程施工合同纠纷案

二审法院认为,红山公司与清远公司先签合同后招标,属于串标行为,违反了《建筑法》《招标投标法》的有关规定,合同应为无效合同,一审判决因清远公司中标无效而导致合同无效并无不当。[1]

【案例3-47】 新疆医科大学第二附属医院与新疆福星建设(集团)有限公司建设工程施工合同纠纷案

二审法院认为,二附院与福星公司就案涉工程订立了一份建设工程施工合同,即记载了两个不同日期的施工合同。福星公司称2003年10月20日是合同签订的日期,出现2003年10月16日的日期是因上诉人法定代表人工作繁忙,提前签字。而中标通知书是2003年10月18日发出的,说明招投标过程中,在确定中标人之前,二附院就与福星公司达成了由福星公司承揽工程的意向,并对合同的具体条款进行了协商。……因此,中标通知书不具有法律效力。[2]

【案例3-48】 山东日建建设集团有限公司与日照君泰房地产(集团)有限公司建设工程施工合同纠纷案

最高人民法院认为,讼争工程属于必须进行招标的工程。本案中作为投标人的日照公司在讼争工程正式招标之前和招标人君泰公司就投标价格等实质性内容进行谈判,并签订了标前合同,违反了《招标投标法》第五十五条之规定,日照公司的中标应认定无效。[3]

其三,未按法律规定公开招标方式签订合同无效。

在《招标投标法》明确规定了三大类必须进行招标的建设工程项目,而招标分为公开招标和邀请招标两种。对于法律规定必须公开招标,而通过邀请招标的方式签订施工合同,则应认定施工合同无效。

对于"议标"签订的施工合同亦应认定为无效。

【案例3-49】 商丘市淮海营造工程有限公司与河南建信置业有限公司建设工程施工合同纠纷案

二审法院认为,本案所建工程是该住宅小区楼房的一部分,是该商品住宅小区整体组成部分,且该工程造价已远超国家规定的50万元项目工程标

---

〔1〕 参见最高人民法院民事审判第一庭编:《民事审判指导与参考》2011年第4辑(总第48辑),人民法院出版社2012年版,第113页。

〔2〕 新疆维吾尔自治区高级人民法院(2013)新民一终字第110号民事判决书。

〔3〕 最高人民法院(2013)民申字第572号民事判决书。

准，应属于必须招投标的建设项目工程，本案项目工程未经过招标程序，双方通过议标建设该工程不符合法律、法规的相关规定，故本案建设施工合同应属无效。[1]

【案例3－50】　青海西部化工有限责任公司与中天建设集团有限公司建设工程施工合同纠纷案

最高人民法院认为，本案建设工程施工合同属于施工单项合同。根据《招标投标法》第三条和《工程建设项目招标范围和规模标准规定》第七条的规定，属于必须招标的范围。双方通过议标建设该工程不符合法律、法规的相关规定，应当认定本案当事人所签的建设工程施工合同无效。[2]

其四，工程完工验收后进行补办招投标手续合同无效。

招投标是现行法律规定的一些重大建设工程项目所必需进行的程序，对法律规定应当按照招标投标的方式选定承包人的建设工程项目，没有采用这种方式所签订的施工合同，应视为违反了法律规定的强制性生效条件，所签订的施工合同无效。应当招投标而未经过招投标即行施工，在工程完工验收时进行补办招投标手续及合同，违背了招标投标活动应当遵循的公开、公平、公正、诚实信用、择优选择承包单位的原则和相关法律规定，属于"以其他任何方式规避招标"的行为，同时也是一种虚假招投标、中标行为，这种先施工后补办招标及中标手续是无效的，不具有法律效力。

【案例3－51】　江苏南通六建建设集团有限公司与山西嘉和泰房地产开发有限公司建设工程施工合同纠纷案

最高人民法院认为，涉案工程没有经过招投标，事后双方当事人补办的招投标手续，并未向社会公开进行招投标，属于明招暗定行为，违反了《招标投标法》的相关规定，应当认定涉案合同无效。[3]

其五，先达成约定并施工，之后才在形式上招投标的无效。

对于必须招投标的项目，招投标是签订施工合同的前提，只有符合法律规定的中标才会形成合法的建设工程施工合同。而当事人先达成约定并施工，之后才在形式上招投标的，从顺序上来看就不可能形成有效合同。当事人为办理手续等目的，进行形式上招投标的，违反了《招标投标法》保护公共利益与安全的目的以及公开、公平的原则。因此形式上的招投标不属于有效的招投标活动，不能因此

---

〔1〕 河南省高级人民法院(2015)豫法民一终字第79号民事判决书。

〔2〕 最高人民法院(2009)民一终字第7号民事判决书。

〔3〕 参见最高人民法院民事审判第一庭编：《民事审判指导与参考》2015年第1辑(总第61辑)，人民法院出版社2015年版，第241页。

而获得有效的合同。

【案例 3－52】 中扶建设有限责任公司与德化金龙置业有限公司建设工程施工合同纠纷案

最高人民法院认为，关于案涉建设工程施工合同效力问题。《招标投标法》第三条规定，在中华人民共和国境内的大型基础设施、公用事业等关系社会公共利益、公众安全的项目施工，必须进行招标。《工程建设项目招标范围和规模标准规定》（已失效）第七条进一步明确了施工单项合同估算价 200 万元以上或者施工单项合同估算价虽低于 200 万元，但项目总投资额在 3000 万元以上关系社会公共利益、公众安全的公用事业项目进行施工，必须进行招标。德化县金龙中心城项目包括了总建筑面积 71，793.34 平方米的安置房，工程总造价超过 2 亿元，属于关系社会公共利益、公众安全的重大项目，依据上述法律规定，必须进行招标。但金龙公司在未履行公开招标程序的情况下，即确定由中扶公司进场开始垫资施工。后金龙公司虽补办了招标手续，中扶公司中标，但双方均确认该招标投标程序仅是为办理相关证件而进行的形式意义上的招投标。因此，一审法院依据《建设工程解释》第一条关于建设工程必须进行招标而未招标或者中标无效的，建设工程施工合同应认定无效的规定，认定双方当事人就案涉工程签订的建设工程施工合同及补充协议均无效，并无不当。中扶公司关于案涉工程招投标程序合法，双方签订的建设工程施工合同及补充协议有效的上诉主张，于法无据。[1]

【案例 3－53】 中国建筑第六工程局有限公司与哈尔滨凯盛源置业有限责任公司建设工程施工合同纠纷案

最高人民法院认为，《建设工程解释》第一条第三款规定……建设工程必须进行招标而未招标或者中标无效的。本案中，双方当事人于 2012 年 5 月 27 日签订“玖郡 6 号庄园”《施工协议书》。2012 年 7 月 15 日，中建六公司对“玖郡 6 号庄园”的 A、B、C、D 四个区进行全面施工。凯盛源公司于 2012 年 9 月对“玖郡 6 号庄园”的 B 区项目进行招投标。2012 年 10 月 8 日，双方当事人签订“玖郡 6 号庄园”B 区《建设工程施工合同》，2012 年 12 月 19 日，双方当事人办理“玖郡 6 号庄园”B 区《建设工程施工合同》备案手续。本院认为，案涉工程系大型商品住宅小区，涉及社会公共利益及公众安全，属于《招标投标法》第三条规定必须进行招投标的范畴，双方当事人签订的《施工协议书》因未经招投标程序，应属无效合同。而双方当事人签订的《建设

---

〔1〕 最高人民法院（2017）民终 766 号民事判决书。

工程施工合同》因先施工后招标的行为，明显属于先定后招、明招暗定，也属无效合同。因此，一审法院认定双方当事人之间一系列施工合同因违反《建设工程解释》第一条第三款及《招标投标法》等法律、司法解释的效力性、强制性规定而无效，认定正确。双方当事人也均认可案涉施工合同无效，本院对此予以确认。中建六公司作为大型专业施工企业，凯盛源公司作为专业房地产开发企业，对上述行为违反法律、行政法规的禁止性规定应为明知，对案涉合同无效均存缔约过错。[1]

先施工后招投标的，不属于招标程序瑕疵。

【案例3－54】　山东恒某房地产开发有限公司与华某建设股份有限公司建设工程施工合同纠纷再审案

最高人民法院认为，案涉工程项目属于《招标投标法》规定必须进行招投标的范畴。恒某公司申请再审强调其于2010年12月20日和2011年6月15日分两次进行了公开招投标，但其与华某公司早在2010年10月28日就签订了施工总承包框架协议书。同月又签订了《建设工程施工合同》。监理日志上记载的开工时间是2010年11月24日，可见，案涉工程明显属于先定后招、明招暗定。招投标活动的核心要求在于，招标方和投标方要根据中标通知书签订《建设工程施工合同》并报当地政府建设主管部门备案，招投标文件具有约束双方当事人的效力。而恒某公司和华某公司虽然在2010年12月20日进行了第一次招投标活动，但并未根据中标价格再行签订《建设工程施工合同》报当地政府建设主管部门备案。因此，原判决认定双方当事人之间一系列合同因违反《招标投标法》的规定而无效，不属于错误认定事实和适用法律。据此，根据《招标投标法》第四十三条“关于在确定中标人前，招标人不得与投标人就投标价格、投标方案等实质性内容进行谈判”、第五十三条“投标人相互串通或者与招标人串通投标的……中标无效”、《建设工程解释(一)》第一条“建设工程施工合同具有下列情形之一的，应当根据合同法第五十二条第(五)项的规定，认定无效……(三)建设工程必须进行招标而未招标或者中标无效的”之规定，咸某公司关于吉某公司未举证证明双方实施了虚假招投标行为，《工程施工总承包协议书》没有实际履行，以及备案建设工程施工合同有效的主张不符合上述法律规定，不能成立。原审判决确认涉案工程中标因吉某公司、咸某公司就实质性内容进行商谈、串通投标无效具有事实和法律依据。同时，涉案建设工程施工合同亦为无效合同。[2]

---

〔1〕 最高人民法院(2017)民终730号民事判决书。

〔2〕 最高人民法院(2015)民申728号民事裁定书。

其六,发包人将建设工程支解发包的合同无效。

肢解发包,是将应当由一个承包单位完成的建设工程分解成若干部分发包给不同的承包单位,使得整个工程建设在管理和技术上缺乏应有的统筹协调,容易引发工程质量事故和安全事故。

【案例3-55】 山易公司与赢消公司建设工程施工合同纠纷案

一审法院认为,山易公司将消防工程单独交赢消公司承包施工,其行为实质是将工程肢解发包,该行为违反了《建筑法》第二十四条的规定,故赢消公司与山易公司的合同无效。二审法院持同样意见维持一审判决。[1]

其七,招标人在评标委员会依法推荐的中标候选人以外确定中标人,其中标行为违反《招标投标法》第五十七条规定,应属无效行为。

3.未取得建设工程规划审批手续合同无效

最高人民法院在《八民纪要》仅提到建设工程规划许可审批手续的施工合同无效,[2]但没有提出影响施工合同无效包括建设用地规划许可证、土地使用权证、施工许可证。《建设工程解释(一)》第二条第一款规定为建设工程规划许可证等规划审批手续,在起诉前可补办但第二款规定发包人能够办理审判审批手续而未办理,并以未办理审批手续为由请求确认建设工程施工合同无效的,人民法院不予支持。也就是说,规划审批手续是专指建设工程规划许可证,除此之外,其他非规划手续效力将不影响施工合同效力。在此之前的实践中,一些法院将建设用地规划许可用证、土地使用权证、施工许可证以及建设工程规划许可证全部作为判断施工合效力的标准,有必要对判断标准进行调整。

湖南省高级人民法院发布的《关于审理建设工程施工合同纠纷案件若干问题的解答》规定:发包人未取得建设工程规划许可证及建设工程施工许可证时如何认定合同效力?存在多次诉讼,发包人在本次起诉前取得建设工程规划许可证等审批手续的,可以认定建设工程施工合同有效。

【案例3-56】 上海浦朝建筑安装工程有限公司与徐州阁云投资有限公司、徐州苏锐金属结构有限公司建设工程施工合同纠纷案

判决观点,涉案土地系集体土地,涉案工程在庭审结束前未能取得工程立项手续、建设工程规划许可证、施工许可证等相应的证件,故双方当事人签订的建设工程施工合同因违反法律规定而无效。因合同无效,依法应当终止

---

〔1〕 参见潘福仁主编:《建设工程合同纠纷》(第4版),法律出版社2015年版,第171页。

〔2〕 参见最高人民法院民事审判第一庭编:《民事审判指导与参考》2015年第4辑(总第64辑),人民法院出版社2016年版,第64页。

履行，故浦朝公司要求解除合同的请求没有依据。[1]

发包人以案涉工程未取得建设工程规划许可为由，主张施工合同无效的法院不予支持。

【案例3-57】 某公司与沈阳世茂公司建设工程施工合同纠纷案

最高人民法院认为，案涉工程未取得建设工程规划许可。案涉工程确实未办理建设工程规划许可证，但办理该许可证是作为发包人的沈阳世茂公司的法定义务，沈阳世茂公司以其自己未履行法定义务为由主张案涉合同无效，违反诚实信用原则。且《建设工程解释（二）》第二条第二款规定："发包人能够办理审批手续而未办理，并以未办理审批手续为由请求确认建设工程施工合同无效的，人民法院不予支持。"据此，沈阳世茂公司的该项主张缺乏法律依据。[2]

4. 实质性谈判合同无效

在招投标之前，当事人已就案涉工程进行了实质性谈判所签订的合同无效。

在签订中标合同之前即就合同实质内容达成一致，订立了合同，违反了《招标投标法》第四十三条的规定，所有合同均无效。

【案例3-58】 浙江省三建建设集团有限公司与咸阳凯创置业有限责任公司等建设工程施工合同纠纷案

最高人民法院认为，《招标投标法》第四十三条规定，在确定中标人前，招标人不得与投标人就投标价格、投标方案等实质性内容进行谈判。本案工程为大型拆迁安置工程，合同一和合同二约定建设面积约40万平方米，合同价款6亿元，依照《招标投标法》第三条的规定，属于必须进行招投标的工程。凯创公司在订立合同一和合同二后，向建设主管部门提交了合同三和中标文件。凯创公司与三建公司均认可双方系走招投标手续签订合同三，实际履行的是合同二，足见本案工程未真正进行招投标。林凯公司、凯创公司在合同三订立之前即与三建公司就合同实质内容达成一致，订立了合同一与合同二，违反了《招标投标法》第四十三条的规定，根据《合同法》第五十二条第五项的规定，三份合同均无效。[3]

属于依法必须进行招标的项目，中标之前，双方就案涉工程实质性内容进行谈判并签订的合同，违反了法律法规的强制性规定，应为无效，应当参照实际履行

[1] 江苏省徐州市中级人民法院（2013）徐民初字第0074号民事判决书。
[2] 最高人民法院（2021）民终695号民事判决书。
[3] 最高人民法院（2020）民终483号民事判决书。

的合同认定工程价款。

【案例3－59】 陕西航天建设集团有限公司与甘肃昊鑫市场开发有限公司建设工程施工合同纠纷案

最高人民法院认为，本案中，案涉工程属于依法必须进行招标的项目，陕西航建公司中标之前，双方就案涉工程实质性内容进行谈判并签订的案涉《建设工程施工合同》及《补充协议》，违反了法律法规的强制性规定，应为无效。双方当事人实际履行的是《补充协议》，故本案应当参照《补充协议》的约定认定工程价款。[1]

合同实质性内容主要包括工程项目性质、工程范围、工程期限、工程质量和工程价款。

【案例3－60】 四川省第一建筑工程有限公司与云南万都房地产开发有限公司等建设工程施工合同纠纷案

最高人民法院认为，《招标投标法实施条例》第五十七条第一款规定："招标人和中标人应当依照招标投标法和本条例的规定签订书面合同，合同的标的、价款、质量、履行期限等主要条款应当与招标文件和中标人的投标文件的内容一致。招标人和中标人不得再行订立背离合同实质性内容的其他协议。"从该款第一句及第二句的体系解释可知，"合同的标的、价款、质量、履行期限等主要条款"与"合同实质性内容"应作同一解释。一般认为，合同实质性内容主要包括工程项目性质、工程范围、工程期限、工程质量和工程价款。

就本案而言，万都公司向四川一建发出的中标通知书的落款时间为2013年10月（未具体到日，但从四川一建提交的投标文件载明的日期2013年10月22日推断，中标通知书显然应晚于2013年10月22日）。而对于万都公司与四川一建就案涉工程签订《补充协议》的事实，从本案一审庭审笔录和双方陈述看，该协议的落款时间存在争议，其中一份落款时间为2013年9月5日，另一份落款时间为2013年11月5日；而在2013年10月4日，也就是中标通知书发出之前，四川一建就已向万都公司支付了履约保证金100万元。在《补充协议》中，双方就案涉工程价款、结算方式、施工范围等实质性内容进行了谈判。

可见，在招投标之前，当事人已就案涉工程进行了实质性谈判，此后进行的招投标程序显系非基于当事人真实意思而为虚假招投标程序，属于明招暗定、先定后招，构成《招标投标法实施条例》第四十一条规定的招标人与投标

〔1〕 最高人民法院（2020）民终496号民事判决书。

人串通投标的情形，根据《招标投标法》第五十三条的规定，因此应认定招投标无效。[1]

在中标签订合同之前，双方已经签订合同，从合同签订的时间及内容证明，招投标双方在招投标前已进行了实质性谈判并影响中标结果。

【案例3-61】 东莞市力大置业投资有限公司与凯里市人民政府等建设工程施工合同纠纷案

最高人民法院认为，麻江县人民政府与力大公司于2011年12月7日签订《麻江县城至白秧坪公路工程碧波至白秧坪标段建设项目建设—移交(BT)合同书》，并于2012年3月22日签订补充协议，明确了双方对于投资建设案涉公路的权利义务。2012年4月，麻江县人民政府对外发布招标公告。力大公司于2012年5月29日发出投标文件。2012年6月2日，麻江县人民政府发出中标通知书，并在次日根据中标结果，双方订立《麻江县城至白秧坪公路(K5+000.000至K10+927.584第二标段)道路工程项目建设—移交(BT)合同书》。该合同内容与此前双方所签合同、补充协议的内容基本一致。双方在签订了中标合同后，又于2012年6月5日签订补充合同书，再次明确，中标合同与之前所签的合同互为补充，如有冲突，以原签订的合同书及补充协议为准。以上协议签订的时间及内容证明，招投标双方在招投标前已进行了实质性谈判并影响中标结果。[2]

在评标阶段，法律允许投标人依法对投标文件的特定要求作出必要澄清或者说明，但不得违反《招标投标法》第四十三条规定，即“在确定中标人前，招标人不得与投标人就投标价格、投标方案等实质性内容进行谈判”。

【案例3-62】 中国电建集团新能源电力有限公司与贵州赤天化桐梓化工有限公司建设工程施工合同纠纷案

最高人民法院认为，投标是以投标书形式表现的投标人希望与招标人订立合同的意思表示，属于要约。投标书按照招标文件的要求到达招标人，即产生要约的法律效力。《招标投标法》第三十九条规定：“评标委员会可以要求投标人对投标文件中含义不明确的内容作必要的澄清或者说明，但是澄清或者说明不得超出投标文件的范围或者改变投标文件的实质性内容。”《招标投标法实施条例》第五十二条第一款规定：“投标文件中有含义不明确的内容、明显文字或者计算错误，评标委员会认为需要投标人作出必要澄清、说明的，应当书面通知该投标人。投标人的澄清、说明应当采用书面形式，并不

---

〔1〕 最高人民法院(2019)民终1134号民事判决书。

〔2〕 最高人民法院(2019)民终205号民事判决书。

得超出投标文件的范围或者改变投标文件的实质性内容。”在评标阶段，法律允许投标人依法对投标文件的特定要求作出必要澄清或者说明，但不得违反《招标投标法》第四十三条规定，即“在确定中标人前，招标人不得与投标人就投标价格、投标方案等实质性内容进行谈判。”

本案投标澄清文件中澄清的费用并非在确定中标人之前招标人与投标人对投标文件实质性内容进行的谈判，也不是在中标通知书发出之后，当事人双方对中标合同标的金额所作变更。根据《合同协议书》第一条第一款约定，投标澄清文件是合同文件的组成部分，构成中标合同的内容。[1]

中标合同签订之前，双方已经在框架协议中明确就案涉工程内容、建设模式、总投资额、付款方式、融资数额及利息、违约责任等进行了约定，属于招标前即进行实质性磋商并影响到最终中标结果，故中标无效。

【案例3－63】 长沙市市政工程有限责任公司与湖南省株洲市醴陵市人民政府等建设工程施工合同纠纷案

最高人民法院认为，争议工程位于湖南省醴陵市长庆示范区，详细规划指标由醴陵市政府确定，具体包括经醴陵市政府认可的道路等建设施工内容；该工程属依法应招投标的涉及公共利益的大型基础设施项目。2012年9月14日会议纪要载明，醴陵市政府授权新城公司采取公开招标方式确定案涉工程建设主体；3天后，醴陵市政府即与长沙市政公司签订《框架协议》；同年10月31日，长沙市政公司就案涉项目递交投标文件；同年11月6日，新城公司和招标代理人共同向长沙市政公司发出《中标通知书》。其后，新城公司根据醴陵市政府的授权，就《框架协议》所涉项目进行招投标。2013年7月8日，新城公司与招标代理人再次向长沙市政公司发出《中标通知书》；2014年9月2日，新城公司与长沙市政公司签订《道路工程施工合同》；2015年11月2日，新城公司与长沙市政公司签订《补充协议》。与《道路工程施工合同》及《补充协议》的内容相比，《框架协议》已明确就案涉工程内容、建设模式、总投资额、付款方式、融资数额及利息、违约责任等进行了约定。一审法院据此认为醴陵市政府、新城公司、长沙市政公司在案涉项目招标前即进行实质性磋商并影响到最终中标结果，故中标无效，《框架协议》、《道路工程施工合同》及《补充协议》三份合同亦属无效的处理意见，事实根据和法律依据充分，本院予以认可。[2]

双方当事人在招标投标前签订的协议与招标投标中标文件、招标投标后签订

---

〔1〕 最高人民法院（2019）民终1356号民事判决书。

〔2〕 最高人民法院（2019）民终1459号民事判决书。

的合同在承包范围、工程质量、取费标准等实质性内容上的约定亦基本一致，故双方当事人在招标投标前就案涉工程实质性内容进行谈判的行为影响中标结果。

【案例3-64】　杭州建工集团有限责任公司与阜阳巨川房地产开发有限公司建设工程施工合同纠纷案

最高人民法院认为，阜阳巨川公司在案涉工程进行招标投标之前，与杭州建工公司共同签订《建设工程总承包协议》。在招标投标之后，双方当事人又依据招标投标文件签订了《建设工程施工合同》《建设工程施工补充协议》。双方当事人对该三份合同的真实性均无异议。

关于施工工程，《建设工程总承包协议》约定为"巨川新世界"（暂定名），包括A、B、C、D四个地块，《建设工程施工合同》《建设工程施工补充协议》约定为"巨川金宝汇广场B地块"；关于工程地点，《建设工程总承包协议》《建设工程施工合同》约定的工程地点均为"安徽省阜阳市颍州南路与南二环（路）交汇处"；关于承包范围，《建设工程总承包协议》《建设工程施工合同》《建设工程施工补充协议》约定的工程承包范围均为"施工（设计）图纸范围内的土建、安装、装饰、附属工程及室外工程等全部工程内容"，其中《建设工程总承包协议》《建设工程施工补充协议》约定桩基工程及需特殊资质的由业主单独分包（除外），《建设工程施工合同》约定桩基工程、支护工程、土方工程、电梯安装工程及需特殊资质的由业主单独分包；关于工程质量，《建设工程总承包协议》《建设工程施工补充协议》约定为"合格标准，争创市优"，《建设工程施工合同》约定为"合格标准"；关于取费标准，《建设工程总承包协议》约定为土建综合取费22%，案涉工程中标通知书载明"中标价款为（人民币）百分之贰拾贰（22%）"，《建设工程施工补充协议》约定"建筑工程综合取费22%"。

上述证据表明，双方当事人在招标投标前就案涉工程的实质性内容进行了谈判。双方当事人在招标投标前签订的《建设工程总承包协议》与招标投标中标文件、招标投标后签订的《建设工程施工合同》《建设工程施工补充协议》在承包范围、工程质量、取费标准等实质性内容上的约定亦基本一致。故双方当事人在招标投标前就案涉工程实质性内容进行谈判的行为影响中标结果。双方当事人均认可，案涉工程在签订合同时属于必须招投标的工程。依照《招标投标法》第四十三条、第五十五条，《建设工程解释》第一条第三项的规定，案涉工程中标无效，案涉《建设工程总承包协议》《建设工程施工合同》《建设工程施工补充协议》亦无效。[1]

---

〔1〕 最高人民法院（2019）民终523号民事判决书。

先签订《临时施工协议》并实际进场施工,且双方签订的案涉施工合同时间早于中标时间,明招暗定,违反《招标投标法》第四十三条关于"在确定中标人前,招标人不得与投标人就投标价格、投标方案等实质性内容进行谈判"的规定。

实质性谈判导致合同无效也存在例外情形。

双方在招投标前进行了谈判并达成合作意向,签订了协议书,该协议书中没有约定投标方案等内容,未载明开工时间,合同条款中还存在大量不确定的约定,不能认定双方进行了实质性谈判。

【案例3-65】 新疆华诚安居房地产开发有限公司与中国铁建大桥工程局集团有限公司建设工程施工合同纠纷案

最高人民法院认为,双方在招投标前进行了谈判并达成合作意向,签订了《建筑施工合作框架协议书》。该协议书中没有约定投标方案等内容,未载明开工时间,合同条款中还存在大量不确定的约定,如关于施工内容,双方约定"具体规划指标与建设内容以政府相关部门最终的批复文件为准",关于合同概算,双方约定"项目建筑施工总概算约人民币叁亿元,具体概算数值待规划文件,设计方案确定后双方另行约定"。《建筑施工合作框架协议书》签订后,双方按照《招标投标法》的规定,履行了招投标相关手续,没有证据证明涉案工程在招投标过程中存在其他违法违规行为可能影响合同效力的情形。一审法院认定涉案《建设工程施工合同》真实有效,该认定并无不当,本院予以维持。[1]

承包人在招投标前就项目的实质性内容与发包人达成约定并进场施工,通常被认定为串通投标,进而导致施工合同无效。假如承包人虽在招投标前与发包人达成约定,但以联合体形式参与投标并中标,则招投标有效。

5. 违反中标合同实质性内容的合同无效

其一,招标人超中标范围订立合同条款无效。

招标人强行将不属于招标范围的工程订入施工合同的行为,是未按招标文件和中标人的投标文件订立书面合同的行为,它变更了招标内容,属于订立背离中标合同实质性内容的其他协议,应属于无效的条款。

其二,另行签订让利或各种变相让利合同无效。

《建设工程解释(一)》第二条第二款规定:"招标人和中标人在中标合同之外就明显高于市场价格购买承建房产、无偿建设住房配套设施、让利、向建设单位捐赠财物等另行签订合同,变相降低工程价款,一方当事人以该合同背离中标合同

〔1〕 最高人民法院(2019)民终347号民事判决书。

实质性内容为由请求确认无效的,人民法院应予支持。”

其三,双方约定工程未达到“鲁班奖”不予退还履约保证金的条款无效。

发包方与施工方在招标文件中约定的质量为合格,工程中标后又同中标人约定如工程未达到鲁班奖不予退还履约保证金,其承包方的义务已经高于招投标合同约定的义务,实际上已经改变了招投标文件所约定的工程质量标准,构成对中标合同实质性内容的变更,其行为应认定为无效。“鲁班奖”是全国范围内的建筑行业最高质量奖,从法律性质上讲,这种奖励所依附的标准并不属于国家强制性标准,而是行业领域所鼓励的标准。在招投标合同已经约定为工程合格标准的情况下,发包方与承包方又另行约定必须达到“鲁班奖”,否则即扣除履约保证金,此种承诺所赋予承包方的义务已经高于招投标合同约定的义务,实际上已经改变了招投标文件所约定的工程质量标准。根据《招标投标法》第四十六条第一款规定……上述约定应认定无效。[1]

其四,承包人转包、违法分包签订的合同无效。

根据《建设工程解释(一)》第一条,建筑合同无效情形,主要是《民法典》第七百九十一条第三款规定,“禁止承包人将工程分包给不具备相应资质条件的单位。禁止分包单位将其承包的工程再分包。建设工程主体结构的施工必须由承包人自行完成”,以及第一百五十三条规定,“违反法律、行政法规的强制性规定的民事法律行为无效。但是,该强制性规定不导致该民事法律行为无效的除外。违背公序良俗的民事法律行为无效”。以上规定的合同无效情形,未包括《建设工程质量管理条例》第七十八条“……(二)建设工程总承包合同中未有约定,又未经建设单位认可,承包单位将其承包的部分建设工程交由其他单位完成的”及《建设工程解释(一)》第五条“具有劳务作业法定资质的承包人与总承包人、分包人签订的劳务分包合同,当事人请求确认无效的,人民法院依法不予支持”的规定。由此可见,在总承包合同无约定,且未经发包人认可的分包情形中,分包人因为不具有相应资质,或者分包工作内容为主体结构施工,则分包合同的无效原因归结于上述资质违法或者分包内容违法的情形。仅未经发包人同意,分包人具有相应资质,且分包工作内容又不属于主体结构施工内容时,不属于违法分包导致的无效情形。

湖南省高级人民法院发布的《关于审理建设工程施工合同纠纷案件若干问题的解答》规定:发包人与承包人之间的承包合同无效是否必然导致分包合同也无效?发包人与承包人之间的建设工程施工合同无效,不必然导致分包合同无效。若承包人将部分工程分包给有资质的施工方,则分包合同有效,除非案涉工程本

---

〔1〕 参见最高人民法院民事审判第一庭编:《民事审判实务问答》,法律出版社2021年版,第85~86页。

身存在违法性,如未取得建设工程规划许可证、建设工程用地规划许可证、案涉工程被认定为违法建筑等情形。

【案例3-66】 江苏南通三建集团有限公司诉山东省青岛建设集团公司等建设工程施工合同纠纷案

最高人民法院认为,当事人签订的合同名为建设工程劳务施工合同,实为转包合同,应认定合同无效。本案双方签订的合同貌似施工合同中的劳务分包合同,实为转包合同,因违反了《合同法》《建筑法》《建设工程质量管理条例》等法律法规的强制性规定而无效。[1]

名为内部承包实为违法分包、转包,合同无效。

【案例3-67】 新疆维泰开发建设(集团)股份有限公司与罗某国建设工程施工合同纠纷再审案

最高人民法院认为,内部承包区别于转包合同的关键在于,双方是否存在劳动合同关系。维泰公司将其承包的案涉工程以签订《责任书》的形式全部由罗某国施工,在维泰公司不能证明其与罗某国存在劳动合同关系的情况下,原判决将《责任书》认定为转包合同,并无不当。故原判决依据《建设工程解释》第四条"承包人非法转包、违法分包建设工程或者没有资质的实际施工人借用有资质的建筑施工企业名义与他人签订建设工程施工合同的行为无效"的规定,认定《责任书》无效正确。维泰公司关于《责任书》合法有效的再审申请事由不能成立,本院不予支持。[2]

【案例3-68】 中城投集团第五工程局有限公司与徐某壮建设工程施工合同纠纷再审案

最高人民法院认为,中城投五局虽主张案涉四份施工协议承包人是鸡西分公司徐某壮项目部、徐某壮为鸡西分公司内部职员、其与徐某壮之间为合法有效的内部承包关系,但判断是否构成职工内部承包关系的前提是当事人之间是否具有劳动关系。中城投五局认可其与徐某壮之间并无劳动合同,也未给徐某壮支付工资及缴纳社会保险,因此,其未能证明双方存在劳动关系,对于中城投五局提出的该项申请再审理由,本院不予采信。[3]

个案中,法官根据案情认定合同效力。

---

〔1〕 最高人民法院(2007)民一终字第33号民事判决书。

〔2〕 最高人民法院(2021)民申142号民事裁定书。

〔3〕 最高人民法院(2019)民申4783号民事裁定书。

【案例3-69】　贵州华隆煤业有限公司与六枝工矿(集团)六十五工程建设有限公司建设工程施工合同纠纷案

最高人民法院认为,从合同约定情况分析。2012年5月18日,华隆煤业公司为发包人,六十五公司为承包人,签订《建设工程施工合同》,将新华煤矿中央风井施工区井巷工程发包给六十五公司建设。2012年5月24日,六十五公司(甲方)与陈某、郭某辉(乙方)签订《内部承包协议》。《内部承包协议》约定,陈某等人"对工程项目的工期、质量、安全、成本全面负责""工程项目亏损,由承包人全额承担,并承担由此引起的一切纠纷、诉讼责任""本工程项目的利润全部归承包方,亏损完全由承包方承担"。"承包方必须无条件履行发包方与建设方签订的施工合同的一切义务"……本案中实质上华隆煤业公司与陈某等人之间存在事实上的建设工程施工合同关系,六十五公司与陈某等人《内部承包协议》亦属无效。[1]

【案例3-70】　武汉市东西湖海口建筑工程有限公司与湖北瑞德置业有限公司襄阳分公司建设工程施工合同纠纷再审案

最高人民法院认为,内部承包关系中,发包工程单位对外应承担施工合同权利义务和经营风险,对内应向承包人提供一定资金、设备等必要的物质条件。该案中,从海口公司与薛某许于2004年9月签订的《内部承包责任书》和《补充协议》的内容看,有以下约定:合同约定工程内容以海口公司与建设方承包内容为准;启动资金由薛某许自备,工程款由薛某许负责;该工程所发生的所有债务由薛某许承担,与海口公司无关等。因此,上述协议虽名为内部承包,但实际上合同中约定的相关内容符合转包的特征。[2]

【案例3-71】　浙江恒通机械有限公司等与浙江恒通机械有限公司、浙江建安实业集团股份有限公司等建设工程施工合同纠纷再审案

再审法院认为,建筑企业与其下属分支机构或在册职工签订协议,将其承包的全部或部分工程承包给其下属分支机构或在册职工施工,并在资金、技术、设备、人力等方面给予支持的内部承包合同,在不违反法律法规强制性规定的情况下,一般应认定有效。该案中,就黄某贤是否系建安公司职工的问题,二审法院经认真分析比对当事人提交的证据,认定案涉《内部承包经营责任书》签订之时黄某贤并非建安公司在册员工,进而认定《内部承包经营责任书》无效,均无不当。[3]

---

〔1〕最高人民法院(2016)民终361号民事判决书。

〔2〕最高人民法院(2017)民申59号民事裁定书。

〔3〕浙江省高级人民法院(2014)浙民申字第1472号民事裁定书。

内部承包人与劳务班组结算中明确“其系承包人委派现场的负责人”，但结算上并无承包人盖章，该结算对承包人不能发生效力。

【案例3－72】 方某张与永旭建设公司、张某华建设工程施工合同纠纷案

一审法院认为，本案争议焦点为，被告张某华是否代理被告永旭建设公司与原告方某张及其施工班组形成劳务关系；代理是指代理人以被代理人的名义，在代理权限内与第三人实施民事行为，其法律后果直接由被代理人承受的民事法律制度。代理需要以被代理人的名义或虽以代理人名义但相对人明知被代理人的。具体在本案，虽被告张某华与原告方某张均陈述被告张某华言明系永旭建设公司的工程，但考虑原告方某张与被告张某华在债权实现及债务履行上存在利益关系，双方的陈述仍需结合其他证据予以判断。首先，方某张等人的工程款（劳务费）均由张某华以现金或转账形式支付；其次，原告方某张在起诉前才知晓《建设工程施工合同》内关于被告张某华“项目负责人”的条款，即原告方某张对被告张某华的“项目负责人”身份事先并未审核；再次，结算纸条上仅有张某华签章捺印，虽张某华注明“上饶活禅酒店装修工程及绍兴活禅酒店装修工程由江西永旭建设有限公司施工，永旭建设公司委派张某华为该两项工程现场负责人”等字样，但并无被告永旭建设公司签章确认，且字条系在原告方某张报案要求支付劳务款时张某华书写，被告永旭建设公司并无他人到场，故字条不足以反推原告方某张入场施工与被告永旭建设公司建立直接的劳务关系；最后，被告张某华以“内部承包”形式实际施工上饶活禅酒店装修工程，约定“包自负盈亏、包自理债权债务”，故其对外仍以永旭建设公司名义召集方某张等人并无必要性，同时原告也未能提交永旭建设公司签章确认的施工结算材料予以佐证。综上，法院认为，原告方某张入场施工时应明知系为被告张某华提供劳务，其合同相对方系被告张某华。另外，因原告方某张属劳务班组，并非法律规定的实际施工人，亦不得向违法转包人被告永旭建设公司要求承担在欠付工程款范围内承担连带责任。

二审法院认为，原审庭审中，方某张认可其劳务费均由张某华以现金或转账形式支付，且在起诉前才知晓《建设工程施工合同》内关于张某华“项目负责人”的条款。在张某华出具的结算纸条上仅有张某华签字捺印，无永旭建设公司盖章确认，张某华并非永旭建设公司的员工，系涉案装修工程的承包人，因此，张某华签署劳务款结算单的行为不属于职务行为，故本院对方某张主张张某华的行为属职务行为，对永旭建设公司发生效力，应由永旭建设公司承担支付劳务费义务的上诉理由不予采信。由于方某张系为张某华提供劳务，依据合同相对性原则，应由张某华支付涉案劳务款，原审法院对此处理符合法律规定,本院不持异议。[1]

其五,低于成本价签订的合同无效。

实践中,各地方法院做法不同。《全国民事审判工作会议纪要》(法办〔2011〕442号)明确规定:“对以低于工程建设成本的工程项目标底订立的施工合同,应当依据招标投标法第四十一条第(二)项的规定认定无效。”这里所指的成本价,应该理解为投标人自己承揽工程的个别成本,而不是社会平均成本。由于投标人技术和管理等方面的原因,其个别成本有可能低于社会平均成本。投标人以低于社会平均成本但不低于其个别成本的价格投标,是应该受到保护和鼓励的。在投标人的价格低于自己的个别成本,是否全部为偷工减料或粗制滥造以及排挤其他竞争对手行为,但也不能排除投标人出于为了占领市场或为了树立社会形象、创造信誉,或者为了公司长远利益出发而放弃近期利益等正当目的的行为,故将其低于成本签订合同一律认定无效有待研究。实践中,如何界定投标人自己的个别成本是个疑难问题。最高人民法院民一庭意见:《招标投标法》第三十条所称的“低于成本”,是指低于投标人的为完成投标项目所需支出的个别成本。投标人以中标合同约定价格低于社会平均成本为由,主张符合《招标投标法》第三十三条规定的情形,合同约定价格条款无效的,人民法院不予支持。[2]

【案例3-73】　仁和建筑公司与中天房地产公司建设工程施工合同纠纷案

二审法院认为,根据案涉合同约定,案涉工程实行“综合包干单价”,即除法定原因外,不存在应当调整的情况,一审法院据此根据某市国土房产测绘中心的结论对本案工程总造价作出认定,符合法律和双方当事人的约定。仁和建筑公司主张合同约定价格低于其成本价没有充分依据,故其以案涉工程实际造价远超出合同约定的“综合包干单价1100元/平方米”进而要求按成本价结算的诉请和理由不成立,一审判决的认定和处理并无不当。综上,判决:驳回上诉,维持原判。[3]

【案例3-74】　南通市通州百盛市政工程有限公司与苏州市吴江东太湖综合开发有限公司建设工程施工合同纠纷再审案

最高人民法院认为,只要投标人的报价不低于自身的个别成本,即使是低于行业平均成本,也是完全可以的。[4]

---

〔1〕　江西省上饶市中级人民法院(2021)赣11民终1748号民事判决书。

〔2〕　参见最高人民法院民事审判第一庭编:《民事审判指导与参考》2014年第4辑(总第60辑),人民法院出版社2015年版,第157页。

〔3〕　参见最高人民法院民事审判第一庭编:《民事审判指导与参考》2014年第4辑(总第60辑),人民法院出版社2015年版,第156页。

〔4〕　最高人民法院(2015)民申字第884号民事裁定书。

有观点认为，低于成本中标的判断具有一定专业性、复杂性，在行政监管部门、评标部门未以“低于成本价”为由否定中标效力之时，司法裁判应持谨慎态度，不宜轻易以此为由否定施工合同的效力，除非有充分、明显的证据对此进行佐证。[1]

6. 挂靠合同无效

没有资质的实际施工人作为行为人借用他人资质与相对人的签约行为，只有双方具有共同的虚假意思表示，所签协议才属无效，即所谓的对内法律关系，依法应属无效；而实际施工人借用被挂靠人资质与发包人就建设工程施工事宜签订的协议，即对外法律关系是否无效，则需要根据发包人对于实际施工人借用资质承包工程事宜是否知道或者应当知道进行审查判断；若发包人知道或者应当知道，则所签协议无效，反之则协议有效。

【案例3－75】 福建章诚隆建设工程有限公司与贵州黔西融府房地产开发有限公司建设工程施工合同纠纷再审案

最高人民法院认为，第一，案涉《建设工程施工合同》是否有效。原审已查明，潘某林和融府公司签订的《合作框架协议》明确约定融府公司将案涉工程发包给潘某林，潘某林作为实际施工人应在有相应资质的建筑施工企业任职，并由施工企业与融府公司签订《建设工程施工合同》及其他法律文件；潘某林出借2000万元给融府公司用于交纳第一期土地出让金；潘某林在签订该框架协议后支付融府公司履约保证金200万元等内容。潘某林随后与融府公司签订《工程保证金补充协议》、通过其个人账户向融府公司转账支付200万元保证金，潘某林及其作为法定代表人的正森公司（甲方）与融府公司（乙方）签订《借款协议》约定甲方借款2000万元给乙方用于交纳涉案地块中的第一期土地出让金用于案涉土地开发建设、案涉项目由甲方承建，以有资质的建筑施工企业章诚隆公司的名义与融府公司签订《建设工程施工合同》等行为，均能印证潘某林与融府公司是按照《合作框架协议》约定实际履行合同权利义务。也就是说，可以认定潘某林是以实际施工人的身份与融府公司签订、履行协议并借用章诚隆公司的资质承揽案涉工程，而非代表章诚隆公司履职。依照《建设工程解释》的相关规定，没有资质的实际施工人借用有资质的建筑施工企业名义与他人签订建设工程施工合同的行为无效。据此，潘某林以实际施工人的身份借用有资质的建筑施工企业章诚隆公司的名义与融府公司签订的《建设工程施工合同》应当依法认定无效。原审认定

---

〔1〕 参见王毓莹、史智军：《建设工程施工合同纠纷疑难问题和裁判规则解析》，法律出版社2022年版，第75页。

事实并不缺乏依据，适用法律亦无不当。原审基于《建设工程施工合同》无效，对章诚隆公司所主张的履行合同支付的费用损失及违约金、预期利润损失所作的处理意见合法合理，也无不妥。[1]

名为内部承包实为挂靠，合同无效。

【案例3-76】　南通四建集团有限公司与获嘉县岚世纪房地产开发有限公司建设工程施工合同纠纷案

最高人民法院认为，南通四建公司与岚世纪公司并无签订、履行案涉建设工程施工合同的真实意思表示，双方签订的《建设工程施工合同》及《补充协议》无效；黄某荣为借用南通四建公司资质的案涉工程实际施工人。首先，根据已查明黄某荣在南通四建公司中标案涉工程之前与岚世纪公司接洽工程具体事宜，并在南通四建公司中标之前就已进场施工，案涉工程的主要工作人员均为黄某荣聘请，黄某荣实际组织了案涉工程的施工。其次，南通四建公司不能提供其与黄某荣存在劳动关系的劳动合同及社会保障证明，也未向黄某荣发放工资，因此南通四建公司与黄某荣不存在劳动关系。在黄某荣并非南通四建公司员工的情况下，其实施的接洽案涉工程、组织实施案涉工程的施工等行为，不能视为南通四建公司员工的职务行为，南通四建公司与岚世纪公司签订书面《建设工程施工合同》及《补充协议》，后又与黄某荣签订的《内部经济责任承包书》中，要求黄某荣充分了解公司与业主方签订的工程施工合同全部条款，严格按照工程施工合同履约，承包全部的合同风险和经济责任，实际为授权黄某荣履行南通四建公司与岚世纪公司《建设工程施工合同》的权利义务；南通四建公司还出具授权委托书，授权黄某荣对项目实行管理，提供了南通四建公司的银行账户供黄某荣使用，为黄某荣履行其与岚世纪公司之间合同权利义务提供条件。上述行为应视为黄某荣借用南通四建公司的资质承揽案涉工程，黄某荣与南通四建公司之间为挂靠关系。南通四建公司并非与黄某荣为内部承包关系。[2]

【案例3-77】　南京金陵建筑装饰有限责任公司与倪某装饰装修合同纠纷再审案

最高人民法院认为，关于倪某与金陵公司之间是否挂靠关系的问题。判断倪某与金陵公司之间是否就案涉工程形成挂靠关系，应根据案涉工程实际施工过程中的责任分配、财务管理、劳务关系等多种因素综合认定。在责任分配方面，倪某2010年10月27日向金陵公司出具的《工程项目联营承诺

---

〔1〕 最高人民法院(2022)民申76号民事裁定书。
〔2〕 最高人民法院(2020)民终1269号民事判决书。

书》载明：倪某系案涉工程项目部负责人、内部承包负责人，保证保质、保量、按期竣工，保证不拖欠材料款及人工工资，并承诺因案涉工程造成的对外债务由其负责清理和偿还，案涉工程的一切安全责任由其承担等。倪某在该承诺书中虽称其为案涉项目的内部承包负责人，但关于案涉项目的对外债务由其偿还、一切安全责任由其承担的内容符合挂靠协议的一般特征。在财务管理方面，案涉工程的履约保证金系由倪某支付给金沃公司，金沃公司退还履约保证金也是退还给倪某。结合以金陵公司为被告的案涉工程赊欠材料款案件的相关生效判决内容，可以认定案涉工程施工过程中，相关材料款、人工工资等由倪某自行管理筹措。在劳务关系上，金陵公司虽主张倪某是案涉工程项目部工作人员，但其并未提供证据证实其与倪某之间建立了劳动关系。二审法院综合考虑本案实际情况，认定倪某为案涉工程实际施工人，其与金陵公司之间系挂靠关系，案涉《施工合同》及补充协议因违反法律法规的强制性规定而无效，并无不妥。[1]

【不同处理】 实际施工人借用被挂靠人资质进行建设工程施工的行为，发包人与被挂靠人签订的协议是否无效，需要根据发包人对于实际施工人借用资质承包工程事宜是否知道或者应当知道进行审查判断，若发包人知道或者应当知道，则所签协议无效，反之则协议有效。

【案例3－78】 华邦建投集团股份有限公司与中国中铁股份有限公司建设工程分包合同纠纷案

最高人民法院认为，借用资质所签合同无效系针对"没有资质的实际施工人"借用资质行为的一种法律评价，并未涉及合同相对人的签约行为是否有效的问题。依据《民法总则》第一百四十六条关于"行为人与相对人以虚假的意思表示实施的民事法律行为无效。以虚假的意思表示隐藏的民事法律行为的效力，依照有关法律规定处理"的规定，"没有资质的实际施工人"作为行为人借用他人资质与相对人的签约行为，只有双方具有共同的虚假意思表示，所签协议才属无效，即相对人须明知或者应当知道实际施工人没有资质而借用他人资质与己签约。就此而言，实际施工人与被借用资质的建筑施工企业之间就借用资质施工事宜签订的挂靠或类似性质的协议，即所谓的对内法律关系，依法应属无效；而实际施工人借用被挂靠人资质与发包人就建设工程施工事宜签订的协议，即对外法律关系是否无效，则需要根据发包人对于实际施工人借用资质承包工程事宜是否知道或者应当知道进行审查判断；若发包人知道或者应当知道，则所签协议无效，反之则协议有效。就本

[1] 最高人民法院(2018)民申1263号民事裁定书。

案而言,2011年3月1日,中铁上海局二公司与中原轨道公司签订《标前协议》;2011年3月18日,华邦建投公司向中铁股份公司发出《中标通知书》,随后双方签订《工程施工承包合同》,华邦建投公司将案涉项目中的第四合同段工程分包给中铁股份公司施工,后获得桂和公司批复同意;2011年3月24日,中铁上海局二公司与中原轨道公司签订《内部施工合同》;2011年3月31日,中铁股份公司作出《关于成立中国中铁股份有限公司桂来高速公路第四合同段工程项目经理部的通知》。基于上述证据材料所载事实及其他相关事实,中原轨道公司通过中铁上海局二公司借用中铁股份公司的资质投标,并在中标后以中铁股份公司名义与华邦建投公司签订《工程施工承包合同》,具体负责案涉工程第四合同段工程的施工,系中原轨道公司借用中铁股份公司资质进行建设工程施工的行为,不属于再行转包或者违法分包的情形,基本事实清楚。现没有证据证明华邦建投公司知道或应当知道中原轨道公司作为实际施工人挂靠中铁股份公司进行投标、签约的事实。由此,一审判决认定中原轨道公司与中铁股份公司签订的挂靠协议(案涉《标前协议》《内部施工合同》)无效,而以中铁股份公司名义与华邦建投公司所签《工程施工承包合同》合法有效,有相应的事实和法律依据,应予维持。[1]

发包人与承包人签订施工合同后,承包人将工程转包给实际施工人,在无证据证明实际施工人以承包人名义承包,亦无证据证明发包人明知实际施工人组织施工,施工合同有效。

【案例3-79】　吴某堂与中太建设集团股份有限公司等建设工程施工合同纠纷案

最高人民法院认为,房开公司与中太公司经过招投标程序签订《建设工程施工合同》,中太公司具有相应建设工程施工资质,上述合同是双方当事人的真实意思表示,内容不违反法律、行政法规的效力性强制性规定,合法有效。中太公司承接案涉工程后,将工程交由不具有建设工程施工资质的江某鹏以中太公司大庆分公司名义施工建设,系《建设工程施工合同》履行中的问题。一审法院认定江某鹏借用中太公司名义与房开公司签订《建设工程施工合同》,依据不足。现有证据亦不足以证明房开公司在签订《建设工程施工合同》时,明知案涉工程将由江某鹏实际组织施工,一审法院认定《建设工程施工合同》无效,没有法律依据,本院予以纠正。[2]

---

〔1〕 最高人民法院(2021)民终1287号民事判决书。

〔2〕 最高人民法院(2020)民终78号民事判决书。

借用资质(挂靠),被借用资质企业与发包人签订的施工合同并不必然无效。

【案例3-80】 锦贸鑫公司与中建公司建设工程施工合同纠纷案

最高人民法院认为,至于锦贸鑫公司二审程序中提出该施工合同履行过程中存在挂靠施工或转包情形因此应认定合同无效的主张,因中建公司具有案涉工程的总承包资质,符合签订施工合同所要求的资质要件。至于中建公司是否将案涉工程转包或者他人借用中建公司资质签订案涉合同的问题,锦贸鑫公司对此并未提供相应证据予以证明,且即使存在上述情形,亦不影响案涉施工合同的效力。[1]

挂靠人虽然证明挂靠关系的,但发包人因不知情而受法律保护,挂靠人不得突破合同相对性向发包人主张工程款。

【案例3-81】 许昌信诺置业有限公司与牛某贵、河南林九建设工程有限公司建设工程施工合同纠纷再审案

最高人民法院认为,在处理无资质的企业或个人挂靠有资质的建筑企业承揽工程时,应区分内部关系和外部关系。挂靠人与被挂靠人之间的协议因违反法律的禁止性规定,属于无效协议。而挂靠人以被挂靠人名义对外签订合同的效力,应根据合同相对人是否善意、在签订协议时是否知道挂靠事实来作出认定。如果相对人不知道挂靠事实,有理由相信承包人就是被挂靠人,则应优先保护善意相对人,双方所签订协议直接约束善意相对人和被挂靠人,该协议并不属于无效协议。如果相对人在签订协议知道挂靠事实,即相对人与挂靠人、被挂靠人通谋作出虚假意思表示,则当事人签订的建设工程施工合同属于无效合同。本案中,信诺公司与林九公司签订《建设工程施工合同》,林九公司为承包方,该合同上加盖了林九公司公章和林九公司法定代表人马某栓的私人印章。该合同及附属合同亦未将牛某贵列为当事人。林九公司与牛某贵之间签订《内部承包协议书》,只能证明林九公司与牛某贵之间的借用资质或者转包关系。信诺公司明确表示,其与林九公司签订《建设工程施工合同》及附属合同,在签订合同时不知道林九公司与牛某贵之间的关系。本案无证据证明信某公司在签订《建设工程施工合同》及附属合同时知道系牛某贵借用林某公司的名义与其签订合同,故信诺公司在签订上述合同时有理由相信承包人为林九公司,是善意的。本案应优先保护作为善意相对人的信诺公司的利益。信诺主张案涉《建设工程施工合同》及附属合同有效,有法律依据。该协议直接约束信诺公司和林九公司。一审、二审

〔1〕 最高人民法院(2022)民终212号民事判决书。

判决认定案涉《建设工程施工合同》及附属合同无效缺乏法律依据,本院予以纠正。[1]

7. EPC 合同无效

如果认定工程总承包合同性质为建设工程施工合同,则该工程总承包合同效力应按照建设工程施工合同效力规则来认定。

新能源基础设施项目,达到应当进行招标投标而未依法进行招标投标,属于违反法律的规定,据以签订的EPC合同和PC合同均无效。

【案例3-82】 科左中旗国电中某光伏科技有限公司与南京东某电力科技有限公司等建设工程施工合同纠纷再审案

最高人民法院认为,根据已查明的有关事实,国电中某公司与海某光伏公司就案涉通辽国电中某30MWP光伏电站项目签订《EPC总承包合同》。后海某光伏公司与南京东某公司签订《工程承包合同》,将其与国电中某中某公司签订的EPC合同中的主体结构、关键性工作的范围包括组件、支架的安装、工程整体竣工验收调试分包给南京东送公司。因案涉工程为必须招标的项目,且海润光伏公司缺乏总承包资质,国电中某公司未经招投标程序与海某光伏公司签订的《EPC总包合同》以及海某光伏公司与南京东某公司就案涉工程的主体结构、关键性工作的范围进行分包所签订《PC工程承包合同》违反了法律的规定,依法应为无效。二审法院认定《EPC总包合同》《PC工程承包合同》无效并无不当。[2]

新能源项目的总投资额超过法定标准,属于必须进行招标的项目,未进行招标而签订的EPC合同无效。

【案例3-83】 民丰县昂某光伏科技有限公司与正某光电科技股份有限公司等建设工程施工合同纠纷再审案

最高人民法院认为,而本案《总承包合同》《补充合同》均未依法履行招标投标程序,依据《建设工程解释》第一条关于建设工程施工合同具有下列情形之一的,应当根据《合同法》第五十二条第五项的规定,认定无效:建设工程必须进行招标而未招标或者中标无效的规定,原审判决认定《总承包合同》《补充合同》均违反法律、行政法规的强制性规定,从而判定上述合同为无效合同,进而作出相应判决,适用法律并无不当。[3]

---

[1] 最高人民法院(2019)民申1245号民事裁定书。
[2] 最高人民法院(2020)民申6978号民事裁定书。
[3] 最高人民法院(2020)民申4661号民事裁定书。

总承包单位将 EPC 项目再次发包给不具备资质的分包单位,据以签订的分项 EPC 合同,涉及分项的工程部分违反法律规定而无效。

【案例 3 -84】 中国某冶集团有限公司与西安华某环保科技股份有限公司等建设工程施工合同纠纷案

最高人民法院认为,榆钢公司与西安有某公司通过招投标签订总承包合同,系双方当事人的真实意思表示,合同有效。西安有某公司作为总承包方可以将承包工程中的部分工程发包给具有相应资质条件的分包单位,但本案案涉土建工程部分,华某公司不具有施工资质,西安有某公司将总承包合同中约定的内容全部交由华某公司完成,特别是土建工程部分,根据上述《建筑法》规定内容及《建设工程解释》第一条第一项"建设工程施工合同具有下列情形之一的,应当根据合同法第五十二条第(五)项的规定,认定无效:(一)承包人未取得建筑施工企业资质或者超越资质等级的"规定,分项 EPC 总承包合同中涉及土建工程的部分无效。《建筑法》第二十九条亦规定,禁止分包单位将其承包的工程再分包,因此华某公司与某冶公司之间的合同亦属无效。[1]

【不同处理】 经业主方和发包人同意,总承包人将非主体工程分包给具有相应资质的分包单位,则 EPC 分包合同不存在违反法律的情形,应属合法有效。

【案例 3 -85】 中国某国际经济技术合作集团有限公司与新疆中某矿冶有限公司等建设工程施工合同纠纷案

最高人民法院认为,关于案涉《分包合同》效力。中某公司上诉认为电建某公司存在违法分包的情形,双方签订的《分包合同》应认定无效。……本案中,某南公司因与中某公司签订《总承包合同》,成为案涉中某化学阜康 100 万吨/年电石项目动力站工程的总承包人,承包模式为 EPC 总承包。因某南公司仅负责工程设计而不具备施工资质,其与中某公司作为联合招标人,共同对案涉 A 标段 1#、4#机组主体及部分辅助工程土建和安装工程进行招标,后中铁某局共同与工程中标方电建某公司签订《施工合同》,将案涉 A 标段工程交由电建某公司施工。案涉工程的招标人及《施工合同》的主体均包括中某公司,电建某公司系于发包人中某公司处取得施工承包权利,为案涉 A 标段工程的施工总承包方,不属于《建设工程质量管理条例》第七十八条第二款第四项规定的"分包单位将其承包的建设工程再分包"的情形。《施工合同》中合同通用条件第 3 条三方对案涉工程分包约定:经中某公司与某南公司同意,电建某公司可以分包部分工程。电建某公司作为施工总承包

---

〔1〕 最高人民法院(2021)民终 750 号民事判决书。

方与中某公司签订《分包合同》，将案涉A标段工程中某组及部分附属项目建设工程分包给中某公司，系经业主中某公司及工程总承包方某南公司同意，不属于《建设工程质量管理条例》第七十八条第二款第二项规定的“未经建设单位认可，承包单位将其承包的部分建设工程交由其他单位完成”的情形。本案案涉工程为电石项目动力站工程，工程的主体为机组设备的采购与安装，中某公司承接的工程范围为A标段工程项目中的土建工程，并非主体工程，中某公司亦具备相应的施工资质，不属于《建设工程质量管理条例》第七十八条第二款第一项、第二项规定的情形。综上，电建某公司与中某公司所签《分包合同》，并未构成《建设工程质量管理条例》第七十八条第二款规定的“违法分包”的情形，亦无证据证明其存在《合同法》第五十二条规定的情形，合法有效。[1]

应当招标未招标的，工程总承包合同无效。

【案例3-86】 中国电建集团新能源电力有限公司(原贵州电力建设第二工程公司)与贵州赤天化桐梓化工有限公司建设工程施工合同纠纷案

最高人民法院认为，原审判决对《招标投标法》第五十五条与第四十三条的规范对象及规范功能未加仔细区分，而以案涉项目不属于“依法必须进行招标的项目”为由直接适用该法第五十五条规定，认定当事人“双方在案涉工程招投标过程中是否就合同价格进行了实质性谈判，都不影响案涉EPC总承包合同的效力”，适用法律确有错误。EPC总承包合同之《合同协议书》第三条等工程价款的约定，是发包人赤天化公司将依法不属于必须招标的建设工程进行招标后，与承包人电建公司另行订立的背离中标合同实质性内容的条款，且不存在《建设工程解释》第九条但书规定的情形，该等约定违反《招标投标法》第四十六条第一款第二句及《投标招标法实施条例》第五十七条规定，构成《合同法》第五十二条第五项规定情形，应当确认无效。[2]

发包人未取得建设工程规划许可证，是否影响工程总承包合同效力，主要有两种观点。肯定者认为，发包人未取得建设工程规划许可证导致工程总承包合同无效。

【案例3-87】 晋能控股山西电力股份有限公司与陕西雄风新能源有限公司等建设工程施工合同纠纷案

二审法院认为，雄风公司与十七局一公司签订总承包合同，将案涉工程

---

〔1〕 最高人民法院(2019)民终346号民事判决书。

〔2〕 最高人民法院(2019)民终1356号民事判决书。

发包给十七局一公司施工,诉讼中各方当事人均认可,案涉工程至今尚未办理建设工程规划许可,依据《民法典时间效力规定》第一条第二款,《建设工程解释(二)》第二条第一款、第二十六条规定,案涉总承包合同依法应认定为无效。[1]

发包人未取得建设工程规划许可证,不影响工程总承包合同的效力。

【案例3-88】 山东水泊梁山影视基地股份有限公司与深圳文科园林股份有限公司建设工程施工合同纠纷案

二审法院认为,2017年6月9日,水泊影视公司与文科园林公司签订《水浒影视文化体验园(一期)建设项目设计采购施工(EPC)总承包项目合同》,约定设计范围包括但不限于红线范围内地块及红线外相关区域概念性规划方案设计、景观方案设计、施工图设计等;勘察项目包括详细勘察(含施工期间勘察)、地下障碍物勘察、提供满足地质灾害评价所需的资料、除上述工作外,发包人委托的本项目的其他工程勘察工作。发包人负责向承包人提供施工用地,以及施工用地初勘资料、地形图。因工程总承包合同一般在其签订时即成立生效,不以取得规划许可证为生效要件之一,未取得规划许可证并不当然导致签订的工程总承包合同无效。从合同生效要件的角度分析,未取得规划许可证并不影响工程总承包合同的效力,应当按照《合同法》的相关规定认定工程总承包合同的效力。根据现行《合同法》的规定,发包人可以与总承包人订立建设工程合同,建设工程合同,包括工程勘察、设计、施工合同,据此可以看出涵盖了设计、采购、施工等各阶段在内的工程总承包合同与合同法上的建设工程合同在概念上略有差异,两者既有范围上的交叉,又存在各自的内涵。是否取得规划许可证,并非工程总承包合同生效要件,涉案合同应认定为有效合同。[2]

在非房屋建筑和市政基础设施项目中承包人仅具有设计或者施工资质,在不存在其他法定无效情形下,工程总承包合同有效。

应注意的是,如果认定工程总承包合同性质为承揽合同、买卖合同、技术合同或其他合同,工程总承包合同效力不能按照建设工程施工合同的效力规则来认定。

8. 其他合同无效行为

这里讲的合同无效行为,是指签订合同行为存在《民法典》规定其他无形情

---

[1] 陕西省高级人民法院(2021)陕民终67号民事判决书。
[2] 山东省济宁市中级人民法院(2020)鲁08民终2508号民事判决书。

形,如合同条款的行为无效或部分普通民事行为不具有法律效力。

其一,违反国家计划的建设工程施工合同无效。

《民法典》第四百九十四条规定:国家根据抢险救灾、疫情防控或者其他需要下达国家订货任务、指令性任务的,有关法人、其他组织之间应当依照有关法律、行政法规规定的权利和义务订立合同。依照法律、行政法规的规定负有法发出要约义务的当事人,应当及时发出合理的要约。依照法律、行政法规的规定负有作出承诺义务的当事人,不得拒绝对方订立合同要求。第七百九十二条规定:国家重大建设工程合同,应当按照国家规定的程序和国家批准的投资计划、可行性研究报告等文件订立。因此,对违反国家计划的建设工程施工合同,可根据《民法典》上述规定及第一百五十三条关于"损害公序良俗"的无效合同情形的规定,应认定为无效合同。

其二,侵害实际施工人工程款请求权的行为无效。

转包合同未经发包人认可,转包人将其对发包人的工程款债权让与第三方,第三方接受的转让债权与实际施工人的工程款请求权相冲突,应认定该转让行为无效。

【案例3-89】 迁安市钢城冶金贸易公司、张某虎与程某芳、李某、一审第三人北京京华兴业钢构彩板有限公司等建设工程施工合同纠纷再审案

最高人民法院认为,冯某保利用自己的承包人身份,将本不属于其个人的工程款,以签订债权债务转让协议的形式转让给张某虎,与其个人债务相抵销。本案系程某芳、李某起诉的工程欠款纠纷,张某虎明确放弃了有独立请求权第三人的诉讼身份,表明其并未请求在本案中审理《债权债务转让协议》中相关的权利,但因该协议与《转包协议》的权益相冲突,一审、二审对此予以审查并无不当。张某虎曾为迁安钢城股东,现系迁安钢城职员,又系该工程的介绍人,在涉案工程已竣工并交付使用但工程款尚未结算的情况下,三方签订《债权债务转让协议》,显然侵犯了程某芳、李某作为该工程的实际施工人请求发包方支付工程款的权益。故二审判决认定《债权债务转让协议》中侵害程某芳、李某合法权益的部分无效,并无不当。[1] 涉案《债权债务转让协议》之下的债权受让非善意取得,客观上又侵犯了实际施工人请求发包方支付工程款的合法权益,应认定为无效行为。

其三,低于最低保修期限约定无效。

《建设工程质量管理条例》第四十条规定在正常使用条件下建设工程的最低

---

〔1〕 参见《最高人民法院民商事案件审判指导》(第2卷),人民法院出版社2015年版,第368页。

保修期限。基于该规定的立法目的主要在于保证建筑工程的质量,保障使用人的生命和财产安全,必须保证质量第一的底线,故对该条不能由当事人合意排除其适用,其约定低于该条规定的,则约定无效。

【案例3-90】 柯嘉公司与杨某建设工程施工合同纠纷案

一审法院认为,杨某是涉案防水工程的实际施工人,应在法律法规规定的最低保修期限内对工程承担质量责任。《建设工程质量管理条例》第四十条规定:"在正常使用条件下,建设工程的最低保修期为:……(二)屋面防水工程、有防水要求的卫生间、房间和外墙面的防渗漏,为5年;"柯嘉公司、杨某双方签订的《万科城二期H1—H2组团防水工程分包合同》约定"防水工程保修期为一年半",低于《建设工程质量管理条例》规定的最低保修期限,违反了行政法规的效力性强制性规定,该约定应属无效。二审法院持同样意见维持原判决。[1]

其四,承包人与其他基础专业施工单位签订的基础工程施工合同无效。

承包、发包双方约定基础工程由承包人自己完成,承包人将基础工程交由其他基础专业施工单位施工,所签订的施工合同无效。

其五,根据《八民纪要》第三十条的规定,当事人违反工程建设强制性标准,任意压缩合理工期、降低工程质量标准的,应认定无效。[2]

其六,建设工程施工合同无效时,《结算协议》中有关款违约责任、非工程价款的约定亦无效。

【案例3-91】 毛某武与安徽富煌钢构股份有限公司建设工程施工合同纠纷再审案

最高人民法院认为,毛某武作为无建筑施工资质的个人承包涉案工程……《桩基施工协议书》应为无效协议。2012年12月22日骆某君作为富煌公司承建涉案工程的负责人与毛某武签订《结算协议》,富煌公司员工刘某也签字并加盖了富煌公司建筑总承包管理中心的印章,足以认定富煌公司对该协议内容的认可。鉴于《桩基施工协议书》无效,《结算协议》中违约条款亦属无效条款。[3]

应当说明的是,上述情形并未穷尽建设工程施工合同无效的情形。实践中,在上述情形之外如果建设工程施工合同违反了法律、行政法规的效力性强制性规

---

〔1〕 参见杜玉明:《建设工程疑难法律实务深度解析》,法律出版社2015年版,第299页。

〔2〕 参见最高人民法院民法典贯彻实施工作领导小组编著:《中国民法典适用大全》(合同卷四),人民法院出版社2022年版,第2605页。

〔3〕 最高人民法院(2017)民申4328号民事裁定书。

范，也应当认定合同无效。此外，依据《民法典》第一百四十六条、第一百五十三条、第一百五十四条规定，建设工程施工合同违背公序良俗的，双方当事人恶意串通、损害他人合法权益的，双方当事人意思表示虚假的，均应认定为无效合同。[1]

其七，先签合同无效后签内部承包合同效力认定。

无资质的挂靠人以被挂靠人名义与发包人签订建设工程施工合同，又与被挂靠人签订内部承包合同，两份合同效力如何认定是个疑难问题。前一个施工合同属于没有资质的实际施工人借用有资质的建筑施工企业名义签署合同，为法律所禁止，当属无效。无资质的挂靠人与被挂靠人签订的内部承包合同实质上属于合同转包，应属无效。

【案例3－92】　杨某发与江苏新兴建设工程有限公司建设工程施工合同纠纷案

二审法院认为，勾某柏不具备施工资质，其借用新兴公司资质，挂靠于新兴公司与西南钢材公司签订合同，其行为违反了法律、行政法规的禁止性效力规定，当属无效。而勾某柏挂靠于新兴公司后，又以新兴公司泰州分公司的名义将工程以"内部承包"形式将工程分包给没有资质的杨某发，其行为仍然违反了法律、行政法规的禁止性效力规定，应当认定为无效。二审法院经过审理后，判决：驳回上诉，维持原判。[2]

（三）黑白合同效力认定

《民法典合同编通则解释》第十四条规定："当事人之间就同一交易订立多份合同，人民法院应当认定其中以虚假意思表示订立的合同无效。当事人为规避法律、行政法规的强制性规定，以虚假意思表示隐藏真实意思表示的，人民法院应当依据民法典第一百五十三条第一款的规定认定被隐藏合同的效力；当事人为规避法律、行政法规关于合同应当办理批准等手续的规定，以虚假意思表示隐藏真实意思表示的，人民法院应当依据民法典第五百零二条第二款的规定认定被隐藏合同的效力。

依据前款规定认定被隐藏合同无效或者确定不发生效力的，人民法院应当以被隐藏合同为事实基础，依据民法典第一百五十七条的规定确定当事人的民事责任。但是，法律另有规定的除外。

---

〔1〕 参见最高人民法院民法典贯彻实施工作领导小组编著：《中国民法典适用大全》（合同卷四），人民法院出版社2022年版，第2605页。

〔2〕 江苏省泰州市中级人民法院（2013）泰中民终字第1006号民事判决书。

当事人就同一交易订立的多份合同均系真实意思表示,且不存在其他影响合同效力情形的,人民法院应当在查明各合同成立先后顺序和实际履行情况的基础上,认定合同内容是否发生变更。法律、行政法规禁止变更合同内容的,人民法院应当认定合同的相应变更无效。”

黑白合同又称阴阳合同,是指建设工程施工合同的双方当事人就同一建设工程签订的两份或两份以上实质性内容相异的合同,通常把经过招投标并经政府有关部门备案的合同称为白合同,把白合同中实质性内容进行变更后实际履行的合同称为黑合同。这里讲的黑合同从内容、结算依据划分主要包括两种:一种是黑合同具备施工合同的主要条款,可以独立作为合同结算的依据;另一种是黑合同中只约定承包人让利或缩短工期等内容,不能脱离白合同单独存在,性质上属于补充协议,但都应在效力认定范畴之内。最高人民法院认为,关于“黑白合同”的效力问题。依据《招标投标法》所确定的中标合同是应该受到法律保护的,不能违反法律规定否定招标投标合同的法律效力,这一点必须肯定和坚持。当然,我们也要认识到,合同的变更是法律赋予合同当事人的一项基本权利。我们说中标合同具有法律效力,必须受到法律保护,并不是说这个中标合同就绝对不能变更。如果国家的规划发生了变化,或者工程的设计发生了变更,由此导致工程量扩大或者缩小,当事人据此另行订立的合同未必就不能作为我们工程款结算的依据。此外,中标合同如果存在违反法律、行政法规效力性强制性规定情形时,也要被认定无效。因此,不能笼统地说哪个合同绝对有效,哪个合同一定无效,具体案件要具体分析。[1] 有法官认为,建设工程领域普遍存在“黑白合同”的不正常现象,由于产生的原因不同,表现形式也多种多样,因此对“黑白合同”的认定与处理不宜采取“一刀切”的方式,而应区分不同案件的具体情况来具体认定“黑白合同”的效力,“白合同”并不具有当然地优先于“黑合同”的效力。在法律没有规定或规定不明确时,应大胆地根据法律原则及立法精神公平合理地认定“黑白合同”的效力。[2]

对经过招投标程序中标合同备案时,双方当事人为了达到避税目的,改变合同实质性内容,另行制作一份合同,并以该份合同办理备案和向国家缴纳税款,以达到逃税目的。双方当事人的这种行为属恶意串通,损害国家税收利益的行为,也违反了《招标投标法》关于“招标人和中标人不得再行订立背离合同实质性内容的其他协议”的规定,属于无效行为,其合同无效。如果有证据证明当事人对白合同所作的实质性变更,就应依据《招标投标法》第四十六条以及《建设工程解释

---

〔1〕 参见最高人民法院民事审判第一庭编:《民事审判指导与参考》2011 年第 2 辑(总第 46 辑),人民法院出版社 2011 年版,第 22 页。

〔2〕 参见《建设工程合同纠纷裁判思路》,法律出版社 2014 年版,第 118 页。

(一)》第二条的规定认定为无效。在法律规定必须进行招标或者发包人选择通过招投标订立合同的情况下，如果有证据证明当事人之间订立的用于备案的中标合同并非当事人真实意思表示，而当事人另行达成的作为实际履行依据的合同则是当事人真实意思表示，则构成“以合法形式掩盖非法目的”，无论是“白合同”，还是“黑合同”，均应被认定无效，当事人之间的法律关系依《民法典》规定处理。对中标合同构成实质性背离的施工合同无效。

中标合同签订后，发包人与承包人另行订立的协议中存在影响其他竞标人能够中标或者以何种条件中标，或者较大地改变招投标双方的权利义务关系的内容，则构成对中标合同实质性内容的违反或者背离，应认定为无效。

【案例3－93】　惠元(厦门)房地产发展有限公司与中铁二局集团有限公司建设工程施工合同纠纷再审案

最高人民法院认为，关于案涉补充协议、补充合同等与《建设工程施工合同》是否属于“黑白合同”问题。“黑白合同”通常是指发包人与承包人就同一建设工程签订两份或两份以上实质性内容不一致的合同，其中有一份是中标合同即“白合同”，另一份或多份是与中标合同实质性内容不一致的合同即“黑合同”。招标投标活动应当遵循公开、公正、公平以及诚信的原则，按照上述原则签订的中标合同，对于招标人、中标人以及其他参与竞标活动的主体，都是公平的结果。因此，发包人与承包人应以中标合同作为确定双方权利义务的基础。中标合同签订后，由于工程复杂程度高、履行期限长、变化大，随着施工进度的深入，发包方与承包方之间就工程中出现的具体问题签订补充、变更协议是正常和普遍的，但是这种补充或者变更协议不应构成对中标合同实质性内容的违反或者背离。确定是否对中标合同实质性内容进行变更，应考虑以下两个方面：第一，是否足以影响其他竞标人能够中标或者以何种条件中标。发包人与承包人的补充或变更协议的内容排除其他竞标人中标的可能或其他竞标人中标条件的，构成对中标合同实质性内容的变更。第二，是否对招标人与中标人的权利义务产生较大影响。发包人与承包人另行订立的补充或变更协议较大地改变了双方的权利义务关系，导致双方利益严重失衡的，则背离了中标合同的实质性内容。[1]

实践中，大量存在依法不需要强制招投标的工程，当事人自主经过招投标程序签订施工合同并进行备案，其后又签订与备案合同不一致的施工合同，其效力认定争议颇大，放在下段阐述。非强制投标项目未经投标自行备案涉及黑白合同效力问题。在建设工程报建中，存在依法不需要强制招投标工程，且也未经招投

---

〔1〕 最高人民法院(2022)民申262号民事判决书。

标程序,但按建设行政主管部门的要求办理了备案手续。对此类合同效力认定争议不大,多数法院认为不属强制招投标范围的工程,备案与否不影响合同效力,不存在“黑白合同”的问题。当事人签订的合同尽管与备案的合同有实质性内容的不同,但并非不能作为结算的依据。此时对合同的认定,应以该合同是否违反法律禁止性规定,是否体现当事人真实意思表示进行判断。有法官认为,如果法律没有强制当事人采取招投标方式订立合同,且当事人事实上也没有采取招投标方式订立合同,但当事人为满足当地政府的备案要求,在编造一份“白合同”用于备案,而另行达成一份“黑合同”作为实际履行的依据时,应根据法律关于通谋虚伪表示的规定认定“白合同”无效,至于“黑合同”是否有效,则应考察其是否满足法律行为的成立要件与生效要件。[1]

(四)合同无效关联范围

1.施工合同依法被认定为无效,该合同中关于违约金的约定属于无效条款,作为从合同的抵押合同亦无效

也就是说,在当事人没有签订与案涉施工合同并行的新的债权债务关系的合同时,其案涉施工合同约定的违约金条款内容和以此为基础产生的后续合同、从合同均是无效的。

【案例3-94】 福建融港侨装饰设计工程有限公司与新疆天山实业发展有限公司建筑装饰工程施工合同纠纷案

最高人民法院认为,关于融港侨公司主张的违约金、补偿金等款项应否支持的问题。首先,由于案涉《施工合同》依法被认定为无效,故双方在合同中关于拖欠工程款的违约金等约定也应当属于无效条款,因此融港侨公司基于双方所签《施工合同》主张按照工程总价款20%计算违约金的请求,本院不予支持。其次,如何看待双方在后续2008年3月和2008年8月签订的两份《协议书》约定的补偿款、2009年3月《承诺书》中关于400万元违约金约定等问题。本院认为,本案系施工合同纠纷,天山实业公司原因造成工期拖长,故双方后续又签订了一系列的《协议书》和《承诺书》,其中约定了补偿款、违约金等内容。但无论是垫资款利息损失,还是违约金,这些事后单独签订的协议均因工程款未能及时给付产生,核心内容都是源于融港侨公司与天

[1] 参见刘贵祥:《合同效力研究》,人民法院出版社2012年版,第169页。

山实业公司之间的施工合同关系，并非在当事人之间缔结了与施工合同并行的新的债权债务关系，其效力如何终究取决于最初的合同关系。既然《施工合同》已经被认定无效，意味着在合同有效前提下的违约责任、工程利润等约定均无法得到支持。亦即融港侨公司只能就已经施工完成的工程主张相应工程款，而无权基于合同本身以及后续《协议书》等关于违约金的主张权利。另外，关于工程款的利息计算问题，一审法院已经依法作出处理和认定，支持了融港侨公司的部分请求。鉴于此，一审法院未单独支持融港侨公司关于违约金、补偿金相关诉讼请求，于法有据，本院予以维持。……其次，融港侨公司上诉主张的房屋抵押优先权，是双方当事人当初为担保融港侨公司收回工程款而在天山实业公司名下房产上设定的抵押权。该抵押合同是案涉《施工合同》的从合同，具有从属性，其合同效力是由主合同效力决定的。《施工合同》已被认定系无效合同，主合同无效，作为从合同的抵押合同亦无效。融港侨公司基于无效合同的约定内容主张房屋抵押权，依法不能获得支持。因此，一审法院未支持融港侨公司关于优先权的诉讼请求，结论正确，应予维持。[1]

【案例3-95】 华建公司与政某建设工程施工合同纠纷案

二审法院认为，在中标无效的情况下，双方就诉争工程分别签订的《建设工程施工合同》《补充协议》《住宅公共部分精装修（补充协议）》无效。[2]

建工合同被认定无效后，如果补充协议是建工合同的结算和清理条款，则建工合同无效，补充协议依然有效。反之则建工合同和补充协议均无效。

【案例3-96】 某公司与某某公司建设工程施工合同纠纷案

最高人民法院认为，发包人和承包人签订《建设工程施工合同》的同日又签订了相关补充协议，发包人因与承包人串通投标导致中标无效，依据该次中标所建立的建设工程施工合同法律关系也应无效。故双方签订的《建设工程施工合同》及相关补充协议均无效。[3]

2. 合同无效的效果

在施工合同中，各种劳务承包合同因违反法律、行政法规的效力性强制性规定而确认为无效合同，则该承包合同作为一个整体归于无效，效力追及合同的全部条款，因此合同的除结算、清理条款外其余条款不具任何合同效力，合同当事人因此不再受约束。

---

〔1〕 最高人民法院（2013）民一终字第12号民事判决书。
〔2〕 北京市高级人民法院（2015）高民终字第16号民事判决书。
〔3〕 最高人民法院（2021）民终1053号民事判决书。

3. 合同无效确认适用时效

对于主张工程施工合同无效的案件，不受诉讼时效的限制。但应注意的是，主张合同无效不受诉讼时效的限制并不等于主张返还财产或赔偿的也不受诉讼时效限制，如果合同一方基于合同无效而主张返还财产或赔偿的，则应当自合同被确认无效之日起 3 年内（在 2017 年 10 月 1 日前为 2 年）提出。

4. 发包人主观行为与合同无效关系

实践中，借用他人资质进行建设工程的情形主要分为两类，一类是发包人与有资质的承包人签订合同后，承包人为逃避合同义务，与无资质的实际施工人签订施工合同，非法获利。但发包人在签订合同之时并不知道或者嗣后才知道，其所签第一份合同亦为有效。另一类是发包人在与有资质的承包人签订合同之时，对被借资质是明知甚至是故意追求的，其目的就在于让无资质的施工人实际履行合同实现各自的经济利益，发包人、承包人和借用资质的实际施工人就借用资质达成了合意，实质为三方在主观上构成恶意串通，在客观上规避了国家关于资质的强制性规定，且形成侵害国家利益的效果。对此，发包人与承包人所签订的施工合同无效，承包人与实际承包人签订的施工也无效。最高人民法院民一庭倾向性意见认为，建设工程施工合同中，借用他人资质签订的合同，如果发包人在签订合同时是明知的或故意追求的，则借用有资质企业的实际施工人与承包人签订的合同和承包人与发包人签订的合同都应认定无效。[1]

（五）无效合同中有效内容

1. 施工合同被认定为无效，但并非该无效合同所涉及的内容全部无效

在履行该合同中所作的承诺，与承包人之间的其他协议（指设计变更、工程量增减、工程结算计价方式或欠付工程款等问题签订补充协议等）仍然有效。

---

〔1〕 参见最高人民法院民事审判第一庭编：《民事审判指导与参考》2011 年第 4 辑（总第 48 辑），人民法院出版社 2012 年版，第 111 页。

2. 施工（分包）合同无效时，合同中关于质量保证期及质量保证金的约定，并非无效而为有效合同约定，对双方当事人仍然具有法律约束力

【案例3－97】　于某与江苏南通三建集团有限公司及一审第三人孝昌县比得福建筑劳务有限公司建设工程分包纠纷再审案

最高人民法院认为，一审、二审判决认为，于某与南通三建公司之间签订的《补充协议》虽然为无效的工程施工分包协议，但是协议中关于质量保证期及质量保证金的约定，对双方当事人仍然具有法律约束力，作为施工人于某对涉案工程仍应承担维修义务。因二审期间于某施工工程的质量保证期尚未届满，故对于某要求返还质量保证金的诉讼请求未予支持，并无不当。[1]

【案例3－98】　浙江中南建设集团钢结构有限公司与马泰力克（青岛）建筑系统有限公司、陆某等建设工程施工合同纠纷案

二审法院认为，虽然涉案施工合同因违反相关法律规定而无效，但涉案工程已竣工并交付使用，中南公司作为施工人应承担相应的建设工程质量保修义务和责任。在中南公司参照合同约定主张结算工程款的前提下，发包人可以按照合同约定预留部分工程价款作为工程质量保修金，故原审以国资公司与马泰力克公司签订的《建设工程施工合同》中关于保修期间的约定，确定保修金返还时间并无不当，本院予以支持。[2]

3. 转分包合同无效，未必等于或推出承发包施工合同无效

承发包合同关系与转分包合同关系当事人不同，前者合同效力与后者合同效力有联系也有区别。对此，可分两种情况讨论。第一种情况是，承发包合同关系无效，承包人又将工程转包或分包给第三人的其合同自然无效，这为常见的情形。第二种情况是，承发包合同有效，承包人违法转包或分包的其转分包合同无效。在发包人指定分包导致分包合同无效，其不必然导致承发包合同无效，指定分包的法律后果应由发包人承担。准确区分承发包关系与转分包关系，有利于正确适用法律。

4. 施工合同无效，合同履行过程中双方达成的结算工程价款补充协议未必无效

最高人民法院民事审判第一庭认为，应综合分析协议内容所反映出来的当事

---

〔1〕 最高人民法院（2012）民申字第1332—1号民事判决书。

〔2〕 山东省高级人民法院（2014）鲁民一终字第143号民事判决书。

人之间权利义务关系性质及与施工合同之间法律关系,并不应以是否冠以“补充协议”称谓而简单认定二者主从关系,如果协议内容属于承发包双方对于既存债权债务关系清理,则具有独立性,根据《民法典》第五百六十七条规定,“合同的权利义务终止不影响合同中结算和清理条款的效力”。且从诚实信用原则出发,不当扩大合同无效后边界亦易导致当事人利益失衡。因此,《补充协议》不因《建设工程施工合同》无效而必然无效。[1]

独立于无效合同的结算和清理补充协议有效。从效力上讲,结算协议是承包人已完成工程量,发包人应付工程款的确认,具有独立的法律效力。也就是说,施工合同无效,但当事人签订的对双方之间既存债权债务关系的结算补充协议,在法律效力上具有独立的约束力。

施工合同的备案合同与非备案合同虽然无效,但是承包人作为工程承包人实际履行了施工任务,并将其人力、物力、财力物化到不动产建设工程之中,并形成了承包人对发包人的到期债权,即产生了承包人对发包人应付工程款的到期债务。双方就发包人已经发生的拖欠的工程款债务,自愿、平等协商确定了还款时间及逾期还款责任,该份具有清结债权债务性质的还款协议,与备案合同和非备案合同之间具有相对的独立性,是对客观存在的债权债务的清结处理,是具有法律效力的。

【案例3-99】 博坤建设集团有限公司与安阳广佳欣置业有限公司、管某生建设工程施工合同纠纷案

最高人民法院认为,……根据前述法律及司法解释规定,案涉《建设工程施工合同》应为无效。《补充协议一》亦应认定无效。一审判决认定案涉施工合同有效,并判决解除该合同属适用法律错误,本院予以纠正。《补充协议二》在形式上为《建设工程施工合同》之补充协议,但该协议具有独立性。首先,从该协议的订立背景来看,是截至2013年4月30日,广佳欣公司未按双方约定支付工程进度款、退还履约保证金和支付利息。其次,从该协议的订立目的和内容上看,是确认博坤公司已完工程范围及价值、明确欠款数额及广佳欣公司所应承担的逾期付款补偿责任、广佳欣公司所应承担的逾期付款违约金责任,以及管某生同意提供连带保证责任。本院认为,《补充协议二》在性质上属于广佳欣公司和博坤公司对双方之间既存债权债务关系的结算和清理,确认《补充协议二》在法律效力上的独立性和约束力,不违反法律、行政法规的效力性强制性规定。据此,本院认定《补充协议二》合法有效。[2]

---

〔1〕 参见最高人民法院民事审判第一庭编:《民事审判实务问答》,法律出版社2021年版,第75页。
〔2〕 最高人民法院(2014)民一终字第61号民事判决书。

【案例3-100】 华丰公司与盛鹰公司建设工程施工合同纠纷案

二审法院认为,从内容上看,结算备忘录本身就是双方就争议工程所作的最终结算协议,也就是说,结算备忘录本身是双方为结算事宜而达成的协议。因此,虽然结算备忘录在价款上与中标《工程施工合同》及补充协议相比都有所调整,但合同变更权系法律赋予当事人的基本权利,并不构成对中标的工程合同实质性内容的变更,不属于"黑合同"范畴,结算备忘录应属有效。在双方就涉案工程已经在结算书上确认并已经进行部分结算的情况下,华丰公司要求根据司法解释相关规定向盛鹰公司结算工程款,明显与《建设工程解释》第二十条的立法精神和适用条件不符,也有违民法诚实信用原则之规定。综上所述,本案《结算备忘录》不属于"黑合同"范畴,应属有效,不适用《建设工程解释》第二十条的规定。[1]

虽然施工合同无效,但工程已经完工并办理了竣工验收,其双方签订的结算协议有效。

【案例3-101】 吴某与恒艺公司、朱某建设工程分包合同纠纷案

判决观点,现涉案工程已经竣工,且交付使用,故本院对吴某参照合同约定支付工程款的诉讼请求予以支持。现恒艺公司与欧亚装饰公司施工代表朱某于2012年1月13日已经达成结算协议,朱某亦与吴某于2011年11月28日达成结算协议,且工程已经交付使用,故吴某施工部分已经进入工程质量保修范围,朱某以质量不合格为由要求拒付工程款的抗辩意见,本院不予采纳。[2]

工程部分完工时或工程竣工验收后双方订立的工程款的《补充协议》,在备案合同及非备案合同无效的情况下,应被解释为双方关于合同无效后不当得利返还范围、期限及违约责任的约定,不属于《招标投标法》的调整范围,在性质上独立于无效的备案合同及非备案合同,不受备案合同及非备案合同无效的影响,应认定为有效。

【案例3-102】 江苏省某建设集团股份有限公司与新疆某置业投资有限公司建设工程施工合同纠纷案

最高人民法院认为,承发包双方签订的三份《补充协议》是对已完工程进度款或者已竣工验收工程的价款数额、给付时间和违约责任的规定。在性质上,它可以脱离于建设工程施工合同而独立存在,应认定为有效协议。一

---

〔1〕 上海市第一中级人民法院(2015)沪一中民二(民)终字第777号民事判决书。

〔2〕 参见周月萍:《建筑企业法律风险防范与化解——2013版施工合同实务专辑》,法律出版社2014年版,第38~39页。

审判决认定不当,适用法律不当,应予纠正。判决:(1)撤销新疆维吾尔自治区高级人民法院(2014)新民一初字第27号民事判决第二项;(2)改判新疆维吾尔自治区高级人民法院(2014)新民一初字第27号民事判决第一项为发包人向承包人赔偿损失8,741,888元;(3)驳回承包人的其他诉讼请求;(4)驳回发包人的上诉请求。[1]

建设工程施工合同无效,发承包双方关于欠付工程进度款如何支付、未及时支付时资金占用费如何计取和最终结算价如何确定的补充协议,因具有清理双方债务的性质,独立于建设工程施工合同,应认定为有效。

【案例3-103】 四川省第六建筑有限公司与四川省远发实业有限公司建设工程施工合同纠纷再审案

最高人民法院认为,关于案涉三份补充协议的是否有效,是否应当按照补充协议的约定计算欠付工程款的资金占用费以及工程价款应否上浮2%的问题。双方于2013年11月27日签订的《建设工程施工合同》因违反《招标投标法》的强制性规定,属于无效合同。但双方之后签订的三份补充协议系针对远发公司欠付工程进度款如何支付、未按约支付的工程进度款按18%/年计取资金占用费以及远发公司因未及时支付工程进度款自愿在工程总价基础上上浮2%作为最终结算价的约定,具有清理双方债务的性质,按照《合同法》第九十八条的规定,"合同的权利义务终止,不影响合同中结算和清理条款的效力",三份补充协议独立于《建设工程施工合同》,属有效合同。原审按照该补充协议的约定支持了六建公司要求远发公司承担欠付工程款的资金占用费和工程总价上浮2%的请求,适用法律并无错误。[2]

建设工程施工合同中的结算和清理条款不因施工合同无效而认定无效。

【案例3-104】 重庆澄江建设工程有限公司与重庆万峰建筑劳务有限公司建设工程合同纠纷再审案

最高人民法院认为,澄江公司与万峰公司签订的《补充协议书》是否有效。案涉三份《设备、周材、辅材劳务合同》虽被认定无效,但《补充协议书》系澄江公司和万峰公司对万峰公司施工范围内工程进度款逾期支付的损失、停工损失、后期工程进度款支付等进行的约定,涉及万峰公司损失数额及澄江公司损失赔偿承担方式的确定。二审法院将《补充协议书》认定为结算和清理条款并无不当,澄江公司主张因《设备、周材、辅材劳务合同》无效而导致《补充协议书》无效的观点不能成立。而勇刚公司未在该《补充协议书》上

---

〔1〕 最高人民法院(2016)民终733号民事判决书。

〔2〕 最高人民法院(2022)民申93号民事裁定书。

签章的问题，因澄江公司自认已与勇刚公司另行订立了主要内容一致的《补充协议书》，故案涉《补充协议书》实际上已得到澄江公司、万峰公司、勇刚公司的一致认可，三方未一同签章并不影响协议书的效力。[1]

5. 施工合同无效，发包人与承包人之间签订的以房抵顶工程款的协议未必无效，而应认定为有效

最高人民法院民一庭认为，实务中，发包人与承包人就已欠工程款签订以房抵顶工程款(以房抵债)协议的情形较为常见。协议签订后，发包人又以建设工程施工合同未经法定招投标程序，违反了法律、行政法规的强制性规定为由，主张双方所签订的以房抵债协议亦应无效。对该以房抵债协议的效力如何认定，存在两种不同的观点：第一种观点认为，以房抵债，属于施工合同的一部分，施工合同无效，以房抵债协议也无效；第二种观点认为，以房抵债，属双方意思表示一致，应承认其效力。最高人民法院民一庭倾向于第二种观点。以房抵债协议的效力是否受施工合同无效的影响，应综合根据该协议的内容进行综合分析判定。首先，从以房抵顶工程款的协议看，当事人约定的是用房屋(通常是在建房屋)抵顶已欠的工程款。《民法典》第七百九十三条第一款规定："建设工程合同无效，但是建设工程经验收合格的，可以参照合同关于工程价款的约定折价补偿承包人。"《建设工程解释(一)》第三十八条规定："建设工程质量合格，承包人请求取承建工程上的价款就工程折价或者拍卖的价款优先受偿的，人民法院应予支持。"因此，即便施工合同因为未经法定招标程序无效，但只要工程合格，发包人都负有支付工程价款的义务。既然被抵顶的债务不因合同无效而受影响，则以房抵债协议也不应在效力上遭受负面评价。其次，该以房抵顶工程款协议为当事人对欠付的工程款进行结算的约定，性质上属于发包人与承包人对既存债权债务关系的清理。相较于施工合同，以房抵顶工程款的协议具有相对的独立性，根据《民法典》第五百六十七条(原为《合同法》第九十八条，已废止)"合同的权利义务终止，不影响合同中结算和清理条款的效力"之规定背后的立法精神，应肯定其效力。[2]

6. 施工合同无效，但合同项下工程款债权转让有效

除非施工人和发包人约定施工人不得将债权转让，否则，施工人有权将其对发包人享有的工程款债权进行转让。

---

[1] 最高人民法院(2022)民再204号民事判决书。

[2] 参见最高人民法院民事审判第一庭编：《民事审判实务问答》，法律出版社2021年版，第56～57页。

【案例3－105】 汽配城(中国)有限公司与江苏南通六建建设集团有限公司建设工程施工合同纠纷案

二审法院认为,汽配城公司在与孙某某签订合同时并未约定涉案工程款债权不能转让,且孙某某基于施工人身份所享有的工程款债权与农民工资性质不同,不属于不可转让的债权范围,故孙某某可以将其享有的工程款债权转让给南通六建公司。孙某某也根据法律规定向汽配城送达了债权转让通知书,告知上诉人工程款债权转让的事情,该转让行为系转让人与受让人真实意思表示,并不损害上诉人的利益,故转让行为有效。本院对汽配城公司提出的债权不具有转让性,转让非法的理由,不予支持。[1]

7. 设定让与担保来保障工程款支付行为无效,并不能当然认定整个合同无效

物权法定原则必须遵守。由于我国《民法典》并没有规定让与担保制度,所以不能通过设定让与担保的方式保障工程款的支付。违反物权法定原则的民事后果只是物权设定无效,并非整个合同其他条款均为无效。

【案例3－106】 杨凌某房地产开发有限公司与陕西某某建设工程有限公司建设工程施工合同纠纷案

二审法院认为,某公司与某某公司签订的《银鑫商务大厦等工程款项支付协议书》第三条约定应为让与担保,但因该种非典型性担保形式无论在《担保法》及《物权法》中都未规定,该约定违反了民法物权法定原则,故《银鑫商务大厦等工程款项支付协议书》第三条约定的让与担保无效。该条款无效,并不影响协议书中其他条款的效力。一审判决认定《银鑫商务大厦等工程款项支付协议书》中第三条有关"抵押担保"和"若甲方不能按该协议约定的时间及数额支付欠款,产权自行归属乙方所有,乙方进行出售或拍卖作为工程款"的约定未生效,其余条款有效,显属不当,予以纠正。[2]

8. 前后合同分别认定效力问题

第一份施工合同有效,其第二份、第三份转包合同无效,应分别认定合同效力。

【案例3－107】 姚某某诉周某某等建设工程施工合同纠纷案

二审法院认为,由恒元公司总承包系争工程,因恒元公司具有施工资质,故国飞公司与恒元公司签订的建设工程施工合同、补充合同、补充协议等依

---

〔1〕 江苏省徐州市中级人民法院(2013)徐民终字第1999号民事判决书。

〔2〕 陕西省高级人民法院(2008)陕民一终字第7号民事判决书。

法有效。恒元公司并未实际施工，而是将其总承包的系争工程转包给姚某某施工，因姚某某无施工资质，故恒元公司与姚某某签订的项目承包合同应属无效。姚某某之后将其承包的系争工程肢解分包，一部分自行施工，其余部分给周某某及案外人孟某林施工。因姚某某、周某某等均系个人，并无施工资质，故姚某某与周某某签的建设工程项目管理协议书、补充约定亦属无效。〔1〕

（六）合同效力补正范围

在民法理论上，合同效力补正指的是当事人所签订的合同因违反了法律或行政法规的效力性强制性规定导致合同不具备有效条件，但在某些特殊情况下允许当事人通过事后补正或者实际履行来使得该合同具备有效条件，促使合同有效。合同效力补正必须在法律或司法解释有明确规定的情况下方能适用。

《建设工程解释（一）》第三条规定："当事人以发包人未取得建设工程规划许可证等规划审批手续为由，请求确认建设工程施工合同无效的，人民法院应予支持，但发包人在起诉前取得建设工程规划许可证等规划审批手续的除外。发包人能够办理审批手续而未办理，并以未办理审批手续为由请求确认建设施工合同无效的，人民法院不予支持。"该条规定明确建设工程规划许可证可以适用效力补正，但补正时间在起诉前。在建设工程领域中哪些情形可以补正需要分析。《建设工程解释（一）》第四条规定："承包人超越资质等级许可的业务范围签订建设工程施工合同，在建设工程竣工前取得相应资质等级，当事人请求按照无效合同处理的，人民法院不予支持。"该条明确了，施工企业越级承包，但在工程竣工前取得相应资质的，施工合同按有效处理。其第四条仅规定越级承包一种情况，是基于越级承包人尚具备一定的施工资质，能在一定程度上保证工程的质量，故给予其补正合同效力的机会。其规定合同效力补正期限至竣工前，是因为对承揽工程已具备了施工能力，与《建筑法》等相关法律、法规对于资质的管理并不冲突。但该条解释未对越级承包在竣工后及诉讼期间取得相应资质情况是否有效的规定，这是因为如果把补正期限扩展至竣工后或诉讼期间，由于建设工程纠纷具体情形复杂多变，诉讼周期相对较长的特点，此时取得的资质已与竣工工程缺乏技术上的关联，对于工程质量也无任何的保证，假如允许补正合同效力，与《建筑法》等相关法律、法规对资质的管理立法宗旨相悖，当然应予限制。对于施工时根本无资质的，因其不具备工程施工的能力不能在一定程度上保证工程质量，法律、法规

〔1〕 上海市高级人民法院（2012）沪高民一（民）终字第15号民事判决书。

和司法解释均未对此明确作出可以补正合同效力的规定,故限制其补正合同效力,与法律、法规对资质管理立法宗旨保持一致。也就是说,在建设工程领域中,合同效力补正仅限于未取得建设工程规划起诉前和越级承包至工程竣工前两种情形,限制施工时无资质、完工后或诉讼期间取得资质的合同效力转化,即对这种情形依然应认定合同无效。其补正时间必须在工程竣工前取得相应资质,而不是起诉前取得,也不是判决前取得。有律师提出,如果分包单位在项目竣工时已经取得了相应的资质等级,可以适用《建设工程解释》关于效力补正的规定,即如果当事人主张分包合同无效的不予支持。不过,对于非法转包以及违法分包的其他情形,其违法性和无效性与资质等级无关,故此类无效合同不能适用效力补正原则。[1]

应注意的是,对建设用地规划许可证和土地使用权因不影响合同效力,则不存在效力补正问题。《建设工程解释(一)》第三条第二款规定:“发包人能够办理审批手续而未办理审批手续为由请求确认建设工程施工合同无效的,人民法院不予支持。”也就是说,该种情形不属于效力补正范围。

【案例3-108】 大连锦绣大厦有限公司与佳定工程有限公司拖欠工程款纠纷案

最高人民法院认为,在一审诉讼中,佳定公司也补办了外国(地区)企业常驻代表机构登记证和港澳台地区企业承包工程资质证书,因此,一审法院认定双方所签订的三份合同合法有效是正确的。[2]

关于合同效力补正的期限问题。各地高级人民法院基本都认可合同效力可以补正,即当事人已经补办相应许可手续的,应当认定合同有效;但是在具体的补正期限上存在不同的表述,有“一审法庭辩论终结前”“庭审结束前”“审理期间”“起诉前”等不同期限的规定。[3] 在《建设工程解释(一)》颁布后,应按第三条第一款规定的“起诉前”确认。

关于补办的招投标手续效力补正问题。关于招投标手续的办理,根据有关国家行政法规的规定,由地方各级建设行政主管部门管理。属于强制招投标的建设工程,当事人签订施工合同时未办理招投标手续,但在施工过程中已向有关建设行政主管部门申请补办招投标手续,建设行政主管部门也予以准许的,法院一般视为效力补正,认可为合同有效不按无效认定。

---

〔1〕 参见张庆华:《建设工程施工合同纠纷预防与处理》(第2版),法律出版社2017年版,第43页。

〔2〕 参见最高人民法院民事审判第一庭编:《最高人民法院民事案件解析》(建设工程),法律出版社2010年版,第24页。

〔3〕 参见吕辉木:《建设工程若干疑难法律问题各地高院审判观点归纳与评析》,载于健龙等主编:《中国建设工程法律评论》(第四辑),法律出版社2016年版,第27页。

实践中，个人先签施工合同无效，后经发包人与承包人追认并继续履行的可不按合同无效认定。

【案例3－109】　沙钢集团安阳永兴钢铁有限公司与华宇广泰建工集团有限公司建设工程施工合同纠纷案

二审法院认为，建设工程施工合同由个人与业主签订，但建筑公司与业主均给予追认并继续履行，在履行过程中，双方认可该个人作为建筑公司项目副经理，对施工范围的工程行使项目经理职权，法律后果由建筑公司承担，且该协议已履行完毕，故业主于双方所签合同无效的上诉理由不能成立。[1]

对于招投标手续是否允许补正由法官裁定。

【案例3－110】　汕头市建安（集团）公司与北京秦浪屿工艺品有限公司建设工程施工合同纠纷案

最高人民法院认为，本案所涉《建设工程补充施工合同》的缔约目的是使《建设工程施工合同》与《工程总承包补充协议》约定价款之间的差价符合法律规定，并不存在合同中约定的工程量增加及配套工程。因此，北京市延庆县建设工程招标投标管理办公室同意该份合同约定的工程可以直接发包的方式签订合同，延庆县建设委员会将该份合同登记备案，均不能产生对上述合同效力进行补正的法律效果，上述合同亦应认定无效。一审判决认定秦浪屿公司与汕头公司先后签订的《建设工程施工合同》《建设工程补充施工合同》《工程总承包补充协议（二）》《工程总承包补充协议（三）》有效，适用法律错误，本院依法予以纠正。[2]

---

〔1〕　河南省高级人民法院（2012）豫法民一终字第28号民事判决书。

〔2〕　参见最高人民法院民事审判第一庭编：《民事审判指导与参考》2013年第3辑（总第55辑），人民法院出版社2014年版，第129页。

三、施工合同效力纠纷处理

（一）施工合同效力处理

1. 有效合同中伴生的违法转包合同效力

发包人与承包人签订施工合同，其后承包人又与第三人签订施工合同，将建设工程直接转包于第三人，承包人这一行为违反了《建筑法》的强制规定，应属非法转包行为。在施工合同纠纷案中，发包人与第三人未有合同关系，而且发包人未提起侵权诉讼，法院不宜将其承包人与第三人签订合同效力纳入施工合同处理范围。因为，非合同签订人不能请求他人签订的合同无效。法院对合同效力虽有主动审查义务，但是其审查范围应是当事人诉至法院的合同，而在发包人起诉承包人、第三人施工合同纠纷案中，其承包人与第三人均未对双方签订的合同提起诉讼，则法院不能主动代当事人行使权利，限制法院对承包人与第三人转包合同效力作出认定。但在承包人与第三人任何一方对转包合同效力提起诉讼，则可以与施工合同一并审理。

【案例 3－111】 新疆新世纪成功房地产开发有限公司与青岛建设集团公司等建设工程施工合同纠纷案

最高人民法院认为，根据成功公司与青建公司在本案所提出的诉讼请求，该案为建设工程施工合同纠纷。双方当事人诉讼目的是请求人民法院处理双方因建设施工合同所发生的纠纷。本案中南通四建未参与成功公司与青建集团的合同签订，不是该建设施工合同纠纷的当事人。青建集团与成功公司签订合同后，虽与南通四建签订合同将建设工程转包与南通四建，但因成功公司未向南通四建提起侵权诉讼，因此，在本案的诉讼中成功公司无权主张青建集团与南通四建签订的建设工程施工合同无效。另外，成功公司主张南通四建承担返修费用亦不能支持。青建公司与成功公司签订的建设工程施工合同虽为有效合同，但青建集团在签订合同后，即将建设工程进行了转包，其转包行为严重违反了国家法律强制性规定及双方当事人的合同约定。对此，青建集团依据双方合同约定结算工程款的请求，人民法院不应予以支持。[1]

2. 中标合同与补充合同效力

在一项建设工程中，其先签并备案中标施工合同有效，其后签的补充协议改变中标合同实质内容的无效，其后又签订为履行中标的补充协议有效。在中标合同有效前提下，应依中标合同内容为标准对其不同的补充合同分别认定效力，而不能因同一个工程放在一块综合认定效力。

【案例3－112】　顺通建设集团有限公司诉九龙云天集团有限公司等建设工程施工合同纠纷案

二审法院认为，关于本案所涉的备案的《建设工程施工合同》和后续的补充协议的效力应如何认定的问题。九龙公司对涉案工程四个标段依法进行了招标，顺通公司参与投标并中标，之后双方签订的四份《建设工程施工合同》系双方当事人的真实意思表示，且不违反我国法律法规的强制性规定，合法有效。在该四份备案的《建设工程施工合同》签订后，顺通公司与九龙公司分别于2010年2月5日和2011年4月8日签订了两份《补充协议》。该两份《补充协议》主要针对四份中标备案的《建设工程施工合同》中约定的九龙公司支付工程进度款的时间以及涉案工程价款进行了变更，取消了备案合同中约定的九龙公司在涉案工程竣工初验合格之前向顺通公司支付进度款的义务，同时取消了备案合同中约定的工程造价审计时总造价按8%下浮结算，另外增加了九龙公司同意在工程初验合格交付后按建筑面积乘200元/平方米一次性支付给顺通公司总包管理费的条款。该两份《补充协议》与四份中标合同备案的《建设工程施工合同》相比，工程价款和工程进度款支付方式作出了重大变更，故应认定该两份《补充协议》属于背离中标合同实质性内容的协议，应属无效。但2012年12月18日九龙公司与顺通公司签订的《补充协议》属双方就工程相关事项如何履行进行的约定，并不涉及对备案的《建设工程施工合同》进行实质变更的内容，应属合法有效。2013年5月17日九龙公司与顺通公司签订的《支付工程尾款的补充协议》主要涉及工程尾款如何支付的问题，该约定属于双方在履行合同中发生的合同变更行为，不违反法律、行政法规的强制性规定，应属合法有效。九龙公司上诉要求增加确认2012年12月18日《补充协议》、2013年5月17日《支付工程尾款的补充协议》无效的上诉理由不能成立，本院不予支持。[2]

---

〔1〕　参见最高人民法院民事审判第一庭编：《最高人民法院民事案件解析》（建设工程），法律出版社2010年版，第178页。

〔2〕　江苏省高级人民法院（2015）苏民终字第00316号民事判决书。

3. 不属于招投标的工程订立合同效力

其一，不属于招投标工程的范围。

涉案工程是否属于强制性招标项目应当从项目性质和使用资金来源两方面判断，具体判断标准是《招标投标法》第三条和《工程建设项目招标范围和规模标准规定》。

【案例3－113】 浙江元生实业投资有限公司与龙元建设集团有限公司建设工程施工合同纠纷案

二审法院认为，关于本案建设工程施工合同的效力问题。首先，本案工程项目是由余某某个人控股的民营企业投资建设的酒店及商场，不是公用事业项目，不属于《招标投标法》以及《工程建设项目招标范围和规模标准规定》所规定的必须进行招标的工程建设项目。元生公司主张本案工程项目属于关系社会公共利益、公共安全的旅游项目，无法律依据，不予支持。其次，根据查明事实，龙元公司在签订《建设工程施工合同》后按照合同约定时间向元生公司支付了3300万元履约保证金，2007年8月27日中标通知书载明的中标造价尚不到《建设工程施工合同》约定的合同价款的1/2，双方在2007年8月招标后未按中标通知书签订新的书面合同，以及双方的庭审陈述，可认定元生公司2007年8月就本案工程项目进行招标，仅具有招标之形，无招标之实。所以，双方签订《建设工程施工合同》，不属于在确定中标人前就投标价格、投标方案等实质性内容进行谈判，不违反《招标投标法》第四十三条的规定。上诉人主张双方签订《建设工程施工合同》违反该法律的禁止性规定，无事实依据，不予支持。……综上，双方签订的《建设工程施工合同》虽为草签的合同，但意思表示真实，内容齐备且不违反法律、行政法规的强制性规定，应认定有效，对元生公司、龙元公司均具有拘束力。上诉人主张《建设工程施工合同》无效，没有依据，不予支持。[1]

【案例3－114】 杭州某钢结构实业有限公司与睢县人民政府建设工程施工合同纠纷案

二审法院认为，(1)本案的施工项目是某公司为睢县政府建造工业标准化厂房两幢，虽然发包单位是睢县政府，但该建设项目不属于国有企业的大中型建设工程项目，不属于《工程建设项目招标范围和规模标准规定》中的“关系社会公共利益、公众安全的基础设施范围；关系社会公共利益、公众安全的公用设施项目的范围”等必须招投标的范围及规模标准。虽然工程款是

---

〔1〕 浙江省高级人民法院(2009)浙民终字第27号民事判决书。

通过睢县会计核算中心支付的，但睢县政府并没有证据证明本案工程属于使用国有资金投资项目的范围中各级财政预算资金或使用纳入财政管理的各种政府性专项建设资金项目。(2)原判认定合同无效不当，应予以纠正，但实体处理妥当，予以维持。[1] 二审法院认定合同有效，但不支持承包人某公司的支付违约金请求，值得商榷。

【案例3-115】　浙江国泰建设集团有限公司与泰州开泰汽车城发展有限公司等建设工程施工合同纠纷案

最高人民法院认为，《招标投标法》是规范建筑市场招投标活动的具有公法性质的一部法律，目的是通过规范建筑项目的招投标活动，进而保护国家利益和社会公共利益及公共安全。本案无证据证明双方当事人的招投标行为损害了国家利益、社会公共利益及公共安全。如上所述，案涉工程并非必须进行招投标的项目，而《招标投标法》第五十五条关于因招标人和投标人就实质性内容进行谈判导致中标无效的规定是针对“依法必须进行招标的项目”。本案不属于因违反《建设工程解释》第一条第三项规定而应认定无效的情形。[2]

值得注意的是，不同地方存在不同的认定规范。比如，2022年12月28日《重庆市高级人民法院、四川省高级人民法院关于审理建设工程施工合同纠纷案件若干问题的解答》，明确规定订立合同时属于必须招标的工程项目，但在起诉前属于非必须招标工程项目，可以认定建设工程属于非必须招标工程项目。

其二，非必须进行招标的项目经过了招投标适用《招标投标法》问题。

对于非必须进行招标的项目，在未经招投标的，自然不适用《招标投标法》，这没有争议。在项目本身不需要招投标，而自愿去进行招投标的，其招投标的行为是否适用《招标投标法》是有争议的。《招标投标法》已经明确了该法的适用范围，该法第二条明确规定：“在中华人民共和国境内进行招标投标活动，适用本法。”据此，是否适用这部法律，并不是从项目性质上加以区分，而是要从进行招投标活动的地点是否在境内来加以区分。即只要在我国境内进行招标投标活动的就应适用。也就是说，即使从项目的招标范围和规模标准上判断，该项目不属于必须进行招标的项目，但如果招标人自愿选择通过招投标程序选择中标人，投标人也依照此程序进行投标的，那么，当事人之间的法律关系应当适用《招标投标法》的相关规定。《招标投标法》就类似于一个游戏规则，既然双方选择了这个游戏，相应地就要遵守其中的规则。因此，非必须进行招标的项目，如果经过了招投

[1] 河南省高级人民法院(2008)豫法民一终字第170号民事判决书。

[2] 最高人民法院(2019)民终314号民事判决书。

标程序，就应当适用《招标投标法》。[1] 有法官认为，如果工程项目性质上不属于强制招投标的工程，但当事人自愿进行招投标，就应当受《招标投标法》的约束，中标后发生实质性变更的，同样也存在黑白合同问题。[2] 地方法院就此问题制定的文件认识并不一致，笔者认为，对于非必须进行招标的项目，在招标人和投标人自愿进行招投标的，是双方达成的合意也是真实意思的表示，在经过招投标程序的，其自愿受《招标投标法》约束，双方订立合同必然适用该法调整，依该法判断合同效力。当一方反悔，法律不支持其不诚信行为。参与制定司法解释的法官认为，如果选择了适用招标方式，就必须遵守《招标投标法》及相关法规的要求，依法合规的开展各项活动。[3]

【案例3－116】 甘肃第一建设集团有限责任公司与靖远昌泰源房地产有限公司建设工程施工合同纠纷案

最高人民法院认为，即使对于非必要招标的项目，如当事人自愿选择通过招投标程序订立合同，也应当受《招标投标法》的约束。[4]

【案例3－117】 天宝公司与建投公司建设工程施工合同纠纷案

最高人民法院认为，关于案涉《建设工程施工合同》及相关补充协议效力问题……根据《招标投标法》第四十五条第二款规定，中标通知书对招标人和投标人具有法律约束力。中标是发包人与承包人签订施工合同的前提条件，只有符合法律规定的中标，才能形成合法有效的建设工程施工合同法律关系。因此，无论是必须招投标的项目还是非必须招投标的项目，一旦确定采用招投标的方式订立合同即应当受《招标投标法》的约束，即要通过规制招投标行为以维护建设工程领域的招投标秩序，否则，将导致招投标秩序规则的空设，损害其他不确定投标人的合法权益。本案中，虽然双方当事人均主张案涉合同有效，但对于合同效力的审查属于人民法院依职权主动审查的内容。本案双方当事人在招投标前已经就案涉工程中标达成一致，并由建投公司提前进场施工，故其后续进行招投标活动仅为履行手续，存在串通招投标的行为。根据《招标投标法》第五十三条“投标人相互串通投标或者与招标人串通投标的，投标人以向招标人或者评标委员会成员行贿的手段谋取中标的，中标无效……”的规定，案涉中标无效，依据该次中标所建立的建设工程施工合同法律关系也应无效。故双方签订的《建设工程施工合同》及相

〔1〕 北京市石景山区人民法院(2012)石民初字第3175号民事判决书。

〔2〕 内蒙古自治区高级人民法院(2013)内民一终字第168号民事判决书。

〔3〕 参见最高人民法院民事审判第一庭编著:《最高人民法院建设工程施工合同司法解释(一)理解与适用》,人民法院出版社2021年版,第233页。

〔4〕 最高人民法院(2022)民终118号民事判决书。

关补充协议均无效。天宝公司、建投公司关于《建设工程施工合同》及相关补充协议有效的主张,本院依法不予支持。因建投公司关于解除案涉合同并按照合同约定给付违约金及利息、天宝公司关于应继续履行合同并按照合同约定给付违约金的主张,均是建立在双方建设工程施工合同法律关系有效的基础上,本院已经认定上述合同无效,故建投公司、天宝公司上述主张均不能成立,本院依法不予支持。[1]

《重庆市高级人民法院、四川省高级人民法院关于审理建设工程施工合同纠纷案件若干问题的解答》第十二条明确指出:"在非必须招标项目中,当事人选择通过招标投标程序订立建设工程施工合同,应当受《中华人民共和国招标投标法》的约束和调整,中标前进行实质性谈判并签订合同,属于'先定后招'实质性谈判的行为,违反了《中华人民共和国招标投标法》第四十三条的强制性规定,应属无效。"中标合同因中标无效而当然无效,而订立"标前合同"本身,就属于"明招暗定"的违法行为,体现了双方对规避法定招投标程序或是串标的故意,依法应当评价为无效。

【案例3-118】　湖南湘源建设工程有限公司与湖南千足珍珠有限公司建设工程施工合同纠纷再审案

最高人民法院认为,建设工程事关公众安全和社会公共利益,是百年大计,当事人契约自由的私权原则不得违背和对抗保障公众安全和社会公共利益的立法宗旨和立法目的,不得损害其他潜在投标人通过竞标取得讼争工程项目的建设权益,不得扰乱建筑市场公平竞争的经济秩序。在本案讼争工程项目启动招投标程序前,双方已就以后应当通过招投标程序确定的施工范围、工期、结算方式等实质性内容进行谈判并作出具体约定,违反了《招标投标法》第四十三条、第五十五条以及《建设工程解释》第一条规定,中标无效,以此签订的建设工程施工合同亦无效。[2]

认为非必须招标工程项目的"标前合同"无效的案例。

【案例3-119】　DH公司与YN公司建设工程施工合同纠纷再审案

最高人民法院认为,案涉工程中标时间为2009年12月15日,而补充合同的签订日期为2009年9月8日,在中标时间之前。也即双方先是签订了标前合同(补充合同),后进行招投标并另定了中标合同(施工合同)。根据补充合同的内容,DH公司与YN公司在招投标前已对案涉项目的实质性内容达成了一致,构成恶意串标,该行为违反了法律强行性规定,双方签订的补

---

〔1〕 最高人民法院(2021)民终1053号民事判决书。
〔2〕 最高人民法院(2016)民再123号民事判决书。

充合同与施工合同均应认定无效。[1]

【案例 3－120】 某公司与某某公司建设工程施工合同纠纷案

最高人民法院认为,《招标投标法》第四十三条规定,在确定中标人前,招标人不得与投标人就投标价格、投标方案等实质性内容进行谈判。本案中,JT 公司中标之前,已经与 HT 公司签订《建设工程施工合同》,就案涉工程的合同价款、承包范围等施工实质内容进行了磋商,并作出明确约定。根据前述规定,该中标无效,签订的相关建设施工合同亦无效。[2]

【案例 3－121】 某公司与某某公司建设工程施工合同纠纷再审案

最高人民法院认为,《招标投标法》是对招标投标活动本身进行的规范,不论是否属于必须招标的工程,只要工程建设采用了招标程序,即应受该法约束。《招标投标法》第四十三条规定,在确定中标人前,招标人不得与投标人就投标价格、投标方案等实质性内容进行谈判。第五十三条规定,投标人与招标人串通投标的,中标无效。本案中,对于《建设工程施工合同》的签订时间,一审判决已进行充分论述,本院认为,一审判决综合全部案件事实,认定合同的签订时间为 2011 年 7 月 9 日,并无不当。二审判决虽以孟某泽为实际施工人,本案存在借用施工资质情形的事实为基础,依据不够充分,但认定合同无效的判决结果正确,不符合应当再审的情形。[3]

【不同处理】 《招标投标法》第五十五条关于因招标人和投标人就实质性内容进行谈判导致中标无效的规定是针对“依法必须进行招标的项目”。关于标前框架协议的效力。就当事人在招投标程序前达成的框架协议,应当结合协议的具体内容、项目是否属于依法必须招标项目,以及中标结果等综合判断,不宜一概认定有效或无效。对于依法非必须招标的项目,即使框架协议涉及施工合同的实质性内容,只要不存在法定无效事由,原则上应当尊重当事人的意思自治,认定有效;对于依法必须招标的项目,在标前达成框架协议,通常有明显的规避或架空招投标程序的意图,但需进一步结合框架协议的内容来判断其效力,如果框架协议包含了施工合同的实质性内容,则可能构成《招标投标法》第四十三条规定的“实质性内容进行谈判”或第五十五条第二款规定的“影响中标结果”,应从严认定其效力,但不必然无效。工程系非国有资金投资建设的住宅项目,不属于法律规定必须进行招投标的工程项目,《框架协议》系双方当事人的真实意思表示,不违反法律、行政法规强制性规定,合法有效。

---

〔1〕 最高人民法院(2018)民申 983 号民事裁定书。

〔2〕 最高人民法院(2019)民终 1788 号民事判决书。

〔3〕 最高人民法院(2019)民申 2556 号民事裁定书。

【案例3－122】　浙江国泰建设集团有限公司与泰州开泰汽车城发展有限公司等建设工程施工合同纠纷案

最高人民法院认为，本案双方在签订927合同之前，签订《框架协议》对工程范围、取费标准以及履约保证金、垫资施工等进行了约定，并约定该项目采用邀标方式招标，开泰公司承诺采取适当措施保证国泰公司中标，存在《招标投标法》第四十三条规定的情形。《招标投标法》是规范建筑市场招投标活动的具有公法性质的一部法律，目的是通过规范建筑项目的招投标活动，进而保护国家利益和社会公共利益及公共安全。本案无证据证明双方当事人的招投标行为损害了国家利益、社会公共利益及公共安全。案涉工程并非必须进行招投标的项目，而《招标投标法》第五十五条关于因招标人和投标人就实质性内容进行谈判导致中标无效的规定是针对"依法必须进行招标的项目"。本案不属于因违反《建设工程解释》第一条第三项规定而应认定无效的情形。《框架协议》、927合同系双方当事人的真实意思表示，927合同关于工程范围、建设工期、工程质量、工程价款等内容与招标文件基本一致，国泰公司具有案涉项目的建设工程施工资质，也不存在法律规定的其他无效情形，应认定有效。[1]

【案例3－123】　HT公司与某某公司建设工程施工合同纠纷案

最高人民法院认为，双方在2014年已签订《建设工程施工合同》并实际履行的情况下，又于2015年9月15日经招投标程序后签订一份落款为2015年(无具体月日)的《建设工程施工合同》，根据《招标投标法》第四十三条的规定，该中标应归于无效，一审法院并未认定2015年(无具体月日)的《建设工程施工合同》有效。……本案中，HT公司二审庭审中称案涉工程虽名为公务员小区，但建设资金均为开发商自筹，双方均未主张项目资金源于国家投融资，亦不存在使用国际组织或者外国政府贷款、援助资金的情形，案涉项目不属于《招标投标法》第三条第一款第二项、第三项所规定的必须进行招标的项目……本案中，案涉项目虽属商品房项目，但《必须招标的工程项目规定》中并未明确规定商品房项目属于关系社会公共利益、公众安全的项目，且行政主管部门对《必须招标的工程项目规定》第四条项下必须进行招标的项目所确立的原则是"确有必要、严格限定"。因此，一审法院对2014年《建设工程施工合同》的效力予以认定并无不妥。虽然《必须招标的工程项目规定》系自2018年6月1日起实施，但将该原则适用于既往签订的合同，有利于最大限度尊重当事人的真实意思，且并无证据证明适用的结果将损害公共

〔1〕 最高人民法院(2018)民终475号民事判决书。

利益和公众安全。[1]

【不同处理】 对于合同签订时必须招标但新规定施行后不再是必须招标的工程项目,其"标前合同"不因应招标未招标而归于无效。以未使用国有资金投资的商品住宅工程项目为代表,最高人民法院系列案件的裁判意见是,新规定施行后不再是必须招标的工程项目,当事人主张施工合同订立时因未招标而无效的,不予支持。

【案例3-124】 某公司与某某公司建设工程施工合同纠纷再审案

最高人民法院认为,2018年3月27日,国家发展和改革委员会关于《必须招标的工程项目规定》第四条规定,不属于该规定第二条、第三条规定情形的关系社会公共利益、公众安全的项目,必须招标的具体范围由国务院发展改革部门会同国务院有关部门按照确有必要、严格限定的原则制定。其后2018年6月6日,国家发展和改革委员会颁布了《必须招标的基础设施和公用事业项目范围规定》,进一步明确了不属于《必须招标的工程项目规定》第二条、第三条规定情形的大型基础设施、公用事业等关系社会公共利益、公众安全的项目范围,必须招标的具体范围不包括商品住宅。此情形下,案涉《建设工程施工合同》虽未经公开招投标程序而签订,但该行为的发生已不绝对地损害国家利益或者社会公共利益。参照《合同法解释(一)》第四条"人民法院确认合同效力时,对合同法实施以前成立的合同,适用当时的法律合同无效而适用合同法合同有效的,则适用合同法"的规定精神,从保护市场交易的安全稳定和诚实信用原则考虑,案涉《建设工程施工合同》现应认定有效。[2]

【案例3-125】 润红公司与RH公司建设工程施工合同纠纷案

最高人民法院认为,案涉合同签订时,《工程建设项目招标范围和规模标准规定》没有被废止,当事人应当严格遵照执行。RH公司作为项目开发商,是案涉项目的招标人,其以未招标订立合同为由否认案涉合同效力,违反该规定,且有悖于诚实信用,具有重大过错,即使该抗辩成立也不能减轻或免除其应当依法承担的损失赔偿责任。本案原审判决于2018年12月27日作出,即在本案第一审程序审理期间,该规定被明文废止。本着合同法鼓励交易、信守合同的精神,亦不应当适用该规定而认定案涉合同不成立或无效。关于商品住宅施工合同是否适用订立时仍生效的前引规定而认定无效这一法律争点,最高人民法院(2018)最高法民终475号、(2018)最高法民再163

[1] 最高人民法院(2019)民终314号民事判决书。
[2] 最高人民法院(2018)民再163号民事判决书。

号、(2018)最高法民终620号等民事判决均有明确定论。润红公司并无特别理由以使本院作出有别于上述生效判决的结论。RH公司关于案涉合同无效的主张,缺乏正当理据,不予支持。[1]

其三,非必须进行招标的项目经过备案。

对于不是必须招投标的工程项目,当事人未按照招投标的程序进行招投标,却将施工合同进行了备案,此后双方又签订了实际履行合同,在这种情况下,由于工程项目属于非强制备案的范畴,且工程未经招投标程序,备案并不会对合同效力产生影响。在个案中,应结合具体情况认定合同效力,即以该合同违反法律效力性强制性规定,是否体现当事人真实意思表示为判断合同效力标准。对于后签的实际履行的合同,这并不属于"黑合同",并不否认其合同效力,除非法律对此类合同备案另有明确规定。

【案例3－126】 宝源公司与金海马公司建设工程施工合同纠纷案

最高人民法院认为,本案的施工项目的发包单位宝源公司是中外合资企业,建设项目不属于国有企业的大中型建设工程项目,本案合同虽然是在《合同法》生效实施之前签订的,但未违反法律和国务院颁布的行政法规,根据《合同法》和《合同法解释(一)》第四条的精神,原审判决认定本案合同必须经过公开招标才能有效,既不符合实际情况,也没有法律法规的依据。[2]

4. 补办招投标手续的施工合同效力

属于强制招投标的建设工程,当事人签订施工合同时未办理招投标手续,但在施工过程中已向有关建设行政主管单位申请补办手续,行政主管部门也予以准许的,系争施工合同可以认定有效。

5. 缔约一方以第三人名义签订合同时效力

意思表示真实是缔约人旨在设立、变更、终止民事权利的民事法律行为的必备要件。如缔约一方与第三方约定以第三方名义对外签订合同,则该真实意思表示在缔约一方与第三人之间产生法律约束力,其签订的施工合同有效。但缔约一方与第三方不能以双方之间借用名义签约的意思表示对抗善意缔约方,除非缔约相对方对此明知。

---

〔1〕 最高人民法院(2019)民终791号民事判决书。

〔2〕 参见最高人民法院民事审判第一庭编著:《最高人民法院建设工程施工合同司法解释的理解与适用》,人民法院出版社2004年版,第250～251页。

【案例 3－127】 中建一局集团第六建设有限公司与河北置业房地产开发有限公司及河北省国际信托房地产公司破产清算组建设工程施工合同纠纷案

最高人民法院认为，本案查明事实表明，双方在实际履行合同过程中，为规避国家有关土地使用权转让及相关税费缴纳的规定，并未办理转让的土地使用权变更登记手续。因土地使用权仍在置业公司名下，信托公司对欧陆园小区的开发建设在办理相关审批过程中，以置业公司的名义进行申报，如以置业公司名义办理的欧陆园住宅小区《建设用地规划许可证》《建设工程规划许可证》《商品房预售许可证》，签订本案所涉《建设工程施工合同》。依照土地使用权转让的法律特征，结合本案中置业公司与信托公司履行合同的实际情况，上述两公司对于以置业公司名义对外签署该小区工程招标、建设施工等合同，是置业公司协助协助信托公司作为欧陆园小区房地产项目的实际开发商符合法律、法规规定的房地产应当办理的手续的主张，可予认定。……上述合同内容未违反法律、行政法规的禁止性规定，应依法认定为有效。置业公司代为签约行为，规避了国家相关法律规定，但不因此影响实际缔约人为信托公司与一局六公司的《建设工程施工合同》的效力。〔1〕

6. 中标施工合同变更效力

中标施工合同在工程款稍有调整、工期略微变化的，两份合同不一致内容并无实质性差异，亦应认定为合同有效。反之，对合同进行重大变更，违反了《招标投标法》第四十六条的效力性强制性规定的，依法应认定为无效。

【案例 3－128】 浙江宝业建设集团有限公司与天津老板娘水产食品物流有限公司、浙江老板娘食品集团有限公司建设工程施工合同纠纷案

最高人民法院认为，双方当事人前后就一期工程签订了经备案的《天津市建设工程施工合同》与《施工补充合同》。就 G4 冷库工程签订了经备案的《天津市建设工程施工合同》后又另行签订了《施工合同书》。就大门工程签订了《工程施工合同》，上述合同的效力除 G4 冷库工程合同的效力双方存在争议外，其余双方均不存在争议。〔2〕 本案中，法院确认经备案的一期工程《天津市建设工程施工合同》、G4 冷库《天津市建设工程施工合同》、大门工

---

〔1〕 参见最高人民法院民事审判第一庭编：《民事审判指导与参考》2010 年第 1 集（总第 41 集），法律出版社 2010 年版，第 272～273 页。

〔2〕 参见最高人民法院民事审判第一庭编：《民事审判指导与参考》2014 年第 1 辑（总第 57 辑），人民法院出版社 2014 年版，第 169 页。

程《工程施工合同》,不违反法律、行政法规的强制性规定,亦为有效。

【案例3-129】　中建二局第三建筑工程有限公司与武汉大陆桥投资开发有限公司建设工程施工合同纠纷案

最高人民法院认为,本案双方当事人在项目招标前签订了《2·15协议》。中建公司中标后,双方当事人签订《施工合同》。合同的主要内容与《2·15协议》一致。后双方当事人又签订与《2·15协议》内容一致的《4·17协议》。《4·17协议》虽未备案,但有关工程造价数额、工程质量、工程期限及取价标准等合同主要内容与《施工合同》一致。事实证明,《4·17协议》为双方当事人真实意思表示,内容不违反法律法规的强制性规定,一审判决认定合法有效,适用法律正确。中建公司关于《2·15协议》与《4·17协议》违反了相关法律规定,对其不公平,应认定为无效的上诉主张,没有法律依据。[1]

7. 签订符合中标通知书内容合同有效

签订施工合同后,双方又签订补充协议,如果补充协议约定的施工面积、价款加上先签合同超过中标通知书施工面积、价款,虽然补签合同工程同属于先签合同为一个工程,但应当属于新增项目,使用国家财政资金,因此补充协议为无效合同。对于中标后,承发包双方另行签订补充合同中关于纠纷解决方式约定的效力,《民事审判指导与参考》研究组认为,对于纠纷解决方式来说,是当事人针对可能产生的利益矛盾而预先选择的解决方式,尽管在中标合同中已经约定了特定的纠纷解决方式,但是当事人在补充合同中变更纠纷解决方式的,不应视为变更中标合同实质性内容,而应视为当事人所享有的变更合同的权利,人民法院应承认这种变更纠纷解决方式约定的效力。[2]

8. 施工合同整体接收效力认定

实践中,发包人对成立之前的施工合同整体接收并履行后,又以施工合同签订时未成立无效抗辩的,法律不予支持。

【案例3-130】　富汇公司与肖县教育局、美音民办学校建设工程施工合同纠纷案

一审法院认为,系争美音民办学校工程并非上述法律规定必须进行招投

---

〔1〕 参见最高人民法院民事审判第一庭编:《民事审判指导与参考》2010年第2集(总第42集),法律出版社2011年版,第190页。

〔2〕 参见最高人民法院民事审判第一庭编:《民事审判指导与参考》2012年第3辑(总第51辑),人民法院出版社2012年版,第237页。

标的工程。现肖县教育局虽进行了邀请招标,也出具了中标通知书,但最终并未根据中标通知书与富汇公司签订施工承包合同。故美音民办学校主张其与富汇公司订立的施工合同、补充协议、补充合同违反《招标投标法》的强制性规定而无效的答辩意见,法院不予采纳。美音民办学校认为其在订立三份合同时尚未注册登记,故三份合同无效。一审法院认为,2001 年 5 月,美音民办学校即授权对外招生办校,2002 年 6 月也已向有关主管部门登记注册,美音民办学校在之后履行三份合同期间从未对主体问题提出异议,均以自己的名义又在履行合同。美音民办学校即使在订立三份合同时还没有具备民事主体资格而以学校名义对外进行民事活动,但当美音民办学校具备民事行为能力之后,对之前发生的民事行为系一体化的接收。故美音民办学校的上述主张说法现不予采信。综上所述,系争三份合同系双方当事人真实意思表示,并不违反法律、行政法规强制性规定,合法有效,双方当事人均应恪守履行。二审法院裁定:准许三方当事人撤回上诉。[1]

9. 承包人参与内部承包管理合同的,由法官视情裁定合同效力

【案例 3－131】 福州开发区金山房地产开发有限公司与中建集团第六建筑工程有限公司建设工程施工合同纠纷案

一审法院认为施工合同及一系列补充协议有效。最高人民法院认为,金山房地产公司主张,讼争《施工合同》及后续相关补充合同、补充协议虽由金山房地产公司与六建公司、六建福州公司签订,但实际施工人是原审第三人彭某海个人。这属于《建设工程解释》规定的"没有资质的实际施工人借用有资质的建筑施工企业名义"签订合同的情形,故应认定本案上述合同及相关补充合同、补充协议无效,而不应再以当事人一方是否提出异议为依据。对金山房地产公司该项主张,本院不予支持。虽然公安部门所作的询问笔录有体现彭某海代表六建福州公司直属分公司进行承包施工的事实,但在《内部经济承包协议书》第四条规定了乙方(彭某海)每月应按公司财务科的要求上报当月生产进度计划及财务收付成本核算清单,将当月执行情况以书面报告形式上报公司存档。凡未送工程进度计划及财务报表的,公司有权督促实行。第五条规定了"乙方的财务管理受甲方监督,乙方的工程款必须汇入甲方指定的账户,甲方保证专款专用"。由这些条款可知,彭某海承包讼争工程时,有关施工生产进度及财务收支等由六建福州公司进行监管。这说明按《内部经济承包协议书》约定,六建福州公司有权对生产进度、财务收支等进

〔1〕 参见潘福仁主编:《建设工程合同纠纷》(第 4 版),法律出版社 2015 年版,第 124～125 页。

行监管。从上述的内容来看,双方的约定与单纯出借资质只收取管理费不参与生产经营管理的做法有本质的不同。[1]

10. 黑合同例外有效

在个案中,黑合同与白合同在工期、价款、质量、违约责任等实质性内容虽有不同表述,但没有使承发包双方之间权利义务关系失衡而显失公平,且承包人实际履行黑合同投入了更多的资金、人力的情况下,从维护当事人合法利益的角度出发,法官依据利益衡量方法,对黑合同可以作出有效认定。

【案例 3-132】 包头牡丹园置业有限公司与江苏中苑建设集团有限公司建设工程施工合同纠纷案

二审法院认为,牡丹园公司与中苑公司于 2010 年 4 月 18 日签订了《建设工程施工合同》,即 4.18 合同,中苑公司于 2010 年 4 月 28 日即开工建设,双方均按该合同行使权利与履行义务。在 4.18 合同的基础上,该工程项目经过招投标,双方随后于 2010 年 6 月 15 日、8 月 23 日分别签订了三份《建设工程施工合同》,并进行了备案。2011 年 8 月 3 日,牡丹园公司与中苑公司签订的《补充协议》,明确双方签订的三份《建设工程施工合同》,仅作为办理相关资料及备案用,不作为其他结算依据,双方职责及工程结算均按照 4.18 合同和 2010 年 7 月 5 日的《补充协议》及 2011 年签订的《补充协议》执行。该协议签订时工程已进行招投标,双方在遵循公开、公平、自愿原则基础上签订《补充协议》,再次确认 4.18 合同为双方实际履行的合同,而事实上双方履行的就是 4.18 合同。结合双方在该工程项目形成的所有协议内容,4.18 合同与备案合同在工期、价款、质量标准、违约责任等实质性内容等方面,虽有不同表述,但没有使合同当事人之间权利义务关系失衡而显失公平。因此,4.18 合同及双方履行该合同过程中签订的相关合同、《补充协议》,均是双方当事人的真实意思表示,上述协议内容亦不违反法律、法规的强制性规定,没有侵害他人利益,双方权利义务平等,应为合法有效。只有客观、全面地认定事实,双方当事人权利义务的分配才具有完整性,才能平等保护当事人的合法权益,根据双方实际履行合同的基本事实,认定 4.18 合同有效更符合本案的客观事实。[2]

---

[1] 最高人民法院(2012)民一终字第 31 号民事判决书。

[2] 参见陈旻:《建设工程案件审判实务与案例精析》,中国法制出版社 2014 年版,第 154 页。

【案例3－133】 浙江省二建集团有限公司与时间房地产建设集团有限公司建设工程施工合同纠纷案

一审法院认为，本案中的未备案合同虽然是完整的建设工程施工合同，但它并非对之前签订的备案合同的推倒重来，它在工程价款、工程质量、工程期限、工程款结算支付等施工合同实质性内容方面的约定与备案合同基本一致，所不同的仅仅是工程质量标准的局部调整，以及其他备案合同未约定事项的补充和已约定事项的细化。本案备案合同系双方自愿协商达成，且并不存在《建设工程解释》第二十一条规定的“与经过备案的中标合同实质内容不一致”的情形，即使未经备案，也不足以否定其效力，因为备案既不是认定“黑白合同”的法定依据，更不是认定合同效力的法定依据。事实上，二建公司诉请返还履约保证金也是根据未备案合同中的约定，由此可见，双方是以未备案合同为实际履行的依据。综上，双方签订的未备案合同系补充协议，合法有效，与备案合同具有同样的法律效力。未备案合同对备案合同有补充、修订和变更的，则应以签订在后的未备案合同为准。二审法院亦持同样意见。[1]

11. 备案合同转让效力

备案后的施工合同是否可以转让为疑难问题。施工合同不同于普通合同转让之外是须在行政主管部门进行备案，这便会引起不同于普通合同转让的争议。如果施工合同未经备案，发包方便将所涉工程转让，转让后则经备案，其转让后的合同有效。进行了备案的施工合同能否转让，其转让后的合同未经备案效力如何认定。根据《民法典》第五百四十五条第一款之规定，只有下列情形，债权人不得转让其合同权利：(1)根据合同性质不得转让；(2)根据当事人约定不得转让；(3)依照法律规定不得转让。对于不属于上述情形的施工合同，其转让行为无论是否经过备案均有效。施工合同备案主要日的是保证工程安全、质量，只要不涉及工程安全与质量等方面的问题，不损害国家利益、社会公共利益或第三人利益，根据契约自由、意思自治等民法与合同法原则，施工合同的双方均有权转让，而不依是否备案判断效力。如果签订在先的施工合同业经备案，公信力较高，签订在后合同由于发包方未完成变更登记的手续而无法备案，但应肯定也是当事人真实意思表示，亦是有效的。应注意的是，承发包双方转让备案合同的法定条件不同，发包方转让不需要资质等条件，而承包人转让工程项目则还需要满足相应的资质要求等其他法定条件。

---

〔1〕 浙江省高级人民法院(2011)浙民终字第34号民事判决书。

【案例 3－134】　大庆建筑安装集团有限公司与朱某熊、海南凯骏房地产开发有限公司建设工程施工合同纠纷案

在本案中，被告朱某熊与原告签订总承包合同备案后，又将涉案工程转让给凯骏公司并通知规划局。由于相关报建手续等未完全变更至凯骏公司名下，原告与凯骏公司签订的施工合同无法在住建局备案。一审法院认为，当事人签订的总承包合同与施工合同，未违反法律规定且经当地行政管理部门备案登记，属有效合同。二审法院亦维持一审法院合同有效的判项。[1]

12. 背靠背条款效力

主流观点认为，背靠背条款不违反法律强制性效力性规定，体现了当事人的意思自治，且符合交易习惯及诚实信用原则，应为有效条款。发承包人付款后，总包人再向分包人付款约定应当是有效的。发包人是否向总承包人付款属于将来不确定的事实，上述约定应属于附终止条件的民事法律行为。虽然具体的付款期限并不明确，但当事人就总承包人付款设置限制条件的意思表示是清楚的。此外，上述约定有利于总承包人与分包人共同分担经营风险。因此，只要是该限制付款条件的意思表示没有其他法定无效事由，其条款应是有效的。因总承包人拖延结算或怠于行使到期债权致使分包人不能及时取得工程款，分包人要求总承包人支付欠付工程款的，法律应予支持。

【案例 3－135】　中冶地勘岩土工程有限责任公司与中冶沈勘工程技术有限公司、丹东港集团有限公司建设工程施工合同纠纷案

二审法院认为，该条款内容不违反法律强制性规定，是双方当事人对建筑市场资金风险判断的共识，根据建筑市场众所周知的行业规则和施工习惯所作的约定，该条款体现了当事人的意思自治，符合民法中自愿平等的原则，应为有效条款。[2]

【案例 3－136】　重庆市智翔铺道技术工程有限公司与山东省路桥集团有限公司建设工程施工合同纠纷案

二审法院认为，合同第 15.5 条约定：甲方在收到业主拨付的工程款后及时向乙方支付工程款。如业主单位未及时拨付甲方工程款，甲方有义务积极向业主追要工程款，但甲方对乙方不承担任何由此延期支付造成的违约金及利息。该约定也从侧面反映出重庆智翔公司同意山东路桥公司收到业主支付分包工程的工程款后再向重庆智翔公司支付工程款的意思表示。从交易

---

〔1〕 参见《人民司法·案例》2017 年第 5 期。
〔2〕 辽宁省丹东市中级人民法院(2015)丹民一终字第 00442 号民事判决书。

习惯及诚实信用原则的角度看，山东路桥公司是按照工程进度和各分包单位完成的工程量逐期申请业主支付工程款，监理单位审核后签发支付凭证，业主按照支付凭证向山东路桥公司拨付工程款，山东路桥公司再按照支付凭证向相关分包单位支付工程款。综上，虽然重庆智翔公司施工的工程已经竣工并交付验收合格，山东路桥公司也已经申请业主支付相应的款项，但业主是否支付对应款项，决定山东路桥公司的付款条件是否成就，决定重庆智翔公司的付款诉讼请求应否得到支持。[1]

【不同处理】 背靠背条款因整体合同本身无效而无效。

【案例 3－137】 金某与马某 1 建设工程施工合同纠纷案

二审法院认为，金某与马某 1 签订的建设工程施工合同中约定："马某 1 以宁夏为民实业有限公司按工程进度付给马某 1 款数为准，马某 1 收到工程款后不挪用，不得扣除任何费用，不得拖延时间，在 2 个工作日内付款给金某。"该约定属于建设工程领域中的"价款背靠背条款"，即承包人与其下手的施工方约定，待发包人向承包人支付工程款后，承包人再向其下手的施工方付款，当发包人迟延支付工程款时，承包人无需支付款项，其核心内容是将分包、转包、挂靠合同中的付款条款与总承包合同中的付款条款挂钩，本质上属于总承包人与分包人、转包人或挂靠人之间关于风险负担的约定。因金某与马某 1 签订的建设工程施工合同整体无效，故该约定亦属无效。[2]

【不同处理】 有观点认为，背靠背条款违反了合同相对性原则、严重违反公平原则，该条款应认定无效。

【案例 3－138】 北京东方信联无线通信有限公司与天津讯广科技有限公司建设工程施工合同纠纷案

二审法院认为，东方通信公司在付款条件约定上，显然将第三人付款的风险转移给讯广科技公司，第三人何时付款、付款比例的大小、第三人拒绝付款或者违反约定迟延付款等均会影响施工方讯广科技公司的利益，该约定明显有违公平原则。[3]

对其争议，总承包人对于其与发包人之间的结算情况以及发包人支付工程的事实负有举证责任。

---

〔1〕 山东省济南市中级人民法院(2014)济民五终字第 182 号民事判决书。
〔2〕 宁夏回族自治区高级人民法院(2020)宁民终 3286 号民事判决书。
〔3〕 北京市第一中级人民法院(2014)一中法民终字第 01260 号民事判决书。

【案例 3-139】 长城融资浙江公司诉路桥分公司、中铁建工集团建设工程分包合同纠纷案

判决观点，华铁公司与路桥分公司在分包合同中对付款进度作出了“不超过发包人支付承包人的支付比例”的限制性约定，但是该约定并未进一步明确路桥分公司向华铁公司的支付比例与总发包方向路桥分公司的支付比例之间的关系。华铁公司与路桥分公司对付款时间作出了“在发包人支付工程款10天内”的限制性约定，但路桥公司并未提供证据证明其与总发包方进行工程结算和总发包方支付工程款的请求。即使路桥分公司陈述的情况属实，依据其陈述的事实，路桥分公司在2012年年底撤场并提供结算文件，但至今仍未能与总发包方就工程的结算问题达成一致并且也未采取或计划采取积极的、必要的措施解决工程结算和工程款的追索等问题。路桥分公司怠于行使其对总发包方的相关权利，长城融资浙江公司要求路桥分公司给付工程款的诉讼请求，理由正当。[1]

13. 确认单加盖了施工单位项目部技术专用章有效

工程量确认单有施工单位人员签字，并加盖了施工单位项目部技术专用章，该确认单有效。

【案例 3-140】 筑城岩土公司与天德立公司建设工程施工合同纠纷再审案

最高人民法院认为，原判决对支付工程款及数额的认定是否缺乏证据证明。申请再审认为支付工程款的条件尚未成就。案涉工程系关政府根据重新规划要求通知天德立公司停建，不是筑城岩土公司的原因导致停建。筑城岩土公司所施工工程经验收合格后已于2013年11月8日交付天德立公司，天德立公司应当向筑城岩土公司支付工程款，天德立公司所称的工程款支付条件未成就的申请再审理由不能成立。经审查，筑城岩土公司原审提交的6份《工程量认证单》上均有施工单位筑城岩土公司、监理单位巴州智诚工程项目管理服务有限公司喀什分公司的签章及监理工程师的签字。筑城岩土公司原审提交的14份《工程量签证单》中前6份签证中“建设单位”总经理处均有相关人员手写签字、标注时间，并加盖了“天德立公司嘉和国际项目技术专用章”，后8份签证中监理单位处加盖了“巴州智诚工程项目管理服务有限公司喀什分公司”印章并有监理工程师签字。对于前6份《工程量签证单》，天德立公司再审申请中虽对上述技术专用章不认可，但上述签证不仅加

---

〔1〕 参见国家法官学院案例开发研究中心编：《中国法院2016年度案例》（合同纠纷），中国法制出版社2016年版，第163页。

盖了该印章,而且有相关人员的签字,天德立公司原审中未提交相关证据推翻上述签字和签章,因此原判决对该部分签证认定为天德立公司行为并无不当。《工程量认证单》以及剩余的8份《工程量签证单》中均有监理单位的盖章及监理工程师的签字。天德立公司委托巴州智诚工程项目管理服务有限公司监理案涉工程,根据双方签订的《建设工程委托监理合同》"监理人权利"部分第十七条第十项的约定,监理人享有在工程施工合同约定的工程价格范围内对工程款支付的审核和签认权以及工程结算的复核确认权和否认权。巴州智诚工程项目管理服务有限公司对案涉工程量的确认依法对天德立公司产生效力。因此原判决以《工程量认证单》《工程量签证单》作为天德立公司对工程量的确认,并无不当。双方签订的合同及补充合同中约定了各项施工的单价,筑城岩土公司自行制作《工程结算单》中的单价与合同约定一致,工程量与签证确认的工程量一致,原判决依据案涉《工程量认证单》《工程量签证单》《工程结算单》、案涉施工合同及补充协议约定的单价认定案涉工程价款为10,643,604.9元,并无不当。[1]

(二)折价补偿范围处理

《民法典》第七百九十三条规定:"建设工程合同无效,但是建设工程经验收合格的,可以参照合同关于工程价款的约定折价补偿承包人。建设工程施工合同无效,且建设工程经验收不合格的,按照以下情形处理:(一)修复后的建设工程经验收合格的,发包人可以请求承包人承担修复费用;(二)修复后的建设工程经验收不合格的,承包人无权请求参照合同关于工程价格款的约定折价补偿。发包人对因建设工程不合格造成的损失有过错的,应当承担相应责任。"

按照《民法典》第一百五十七条的规定,合同无效的情况下,存在"返还原物""折价补偿""损害赔偿"三种法律后果。施工合同中承包人投入劳务及建设材料而形成工程,返还原物在客观上不能。折价补偿的财产后果处理方法,与损害赔偿不同,不以过错为条件,折价补偿为消除对方不当得利的方法。建设工程施工合同具有特殊性,其施工合同被确认无效后,已经履行的劳力和建筑材料已物化到工程中,该种履行内容不宜采用返还财产的方式使当事人的利益恢复到合同签订前未施工的状态,即属于"不能返还或者没有必要返还"的情况,如果适用《民法典》第一百五十七条,就应当采用折价补偿的方式。但《民法典》第七百九十三条第一款规定:"建设工程施工合同无效,但建设工程经验收合格的,可以参照合

[1] 最高人民法院(2020)民申2520号民事裁定书。

同关于工程价款的约定折价补偿承包人。”该条规定中的参照合同约定支付工程款,虽然与法理和现行法律有关无效合同的处理原则并不一致,但这种处理方式有利于保障工程质量,且有利于案件的审理,平衡当事人之间的利益关系,妥当化解纠纷,能够取得良好的社会效果。适用折价补偿原则首先应当确定履行无效合同建造的建筑产品是否有价值,其后方存在补偿问题。对于没有价值的工程就不能补偿,只能按过错赔偿损失。建设工程质量不合格就无法交付使用,其工程的价值体现不出来,无法折价补偿。从这个意义上讲,折价补偿原则适用质量合格的建设工程,而对于质量不合格的工程,只能按照过错赔偿损失。也就是说,施工合同无效法律后果应在个案中确定,建设工程质量合格的,适用折价补偿原则;建设工程不合格的,适用过错赔偿原则。

制定司法解释的法官认为,首先,《民法典》第七百九十三条规定的无效施工合同参照合同工程价款的约定折价补偿的原则是处理此类案件的一般性原则,在特殊情况下,如建筑物被行政主管机关依法拆除、工程质量不合格等,应当参照适用。实践中客观存在一些政府部门、国有企事业单位、军队等用房,虽未取得建设工程规划许可证,但已经实际投入使用的情形。此时,如果不参照合同约定结算工程价款,易导致双方权利义务的失衡。其次,若建筑物在建造过程或者竣工后被行政机关依法拆除的,则该建筑物无法律上与事实上的可利用价值,此种情形下适用缔约过失原则对承包人进行赔偿更为妥当。因发包人有办理建设规划审批手续的义务,对施工合同无效负主要责任,应承担全部或较大的责任。[1]

这里讲的折价补偿范围,与其合同损失范围、合同无效结算范围所讲的既有同一问题的内容,也存在讲的角度和层面不同之处。有律师认为,建设工程施工合同无效情况下的折价补偿范围应为建设工程的整体价值,即建设工程的完整造价。全部的工程价款,应包括直接费、间接费、税金和利润。其中,直接费和间接费是工程造价里面的成本,由于间接费是施工企业为工程所支出的实际费用,并不能因合同无效而由施工人承担应由发包人承担的成本。[2] 合同无效但质量合格,不论依据何种计算方式,不论合同有没有约定或约定不明,应支持承包人或实际施工人所发生的直接成本,即包括间接费,但对能否包括有效合同才能获取的利润处理并不一致。

应注意的是,折价补偿的前提是建设工程本身具有价值。需要强调的是,建设工程施工合同无效,虽然依据本条规定可以对承包人参照工程合同关于工程价款的约定折价补偿,但是折价补偿并不影响承包人承担违反法律的行政法律责任

---

〔1〕 参见最高人民法院民事审判第一庭编著:《最高人民法院新建设工程施工合同司法解释(一)理解与适用》,人民法院出版社2021年版,第48页。

〔2〕 参见朱树英主编:《法院审理建设工程案件观点集成》,中国法制出版社2015年版,第200页。

和其他法律责任。[1]

1. 无效施工合同利息处理

因《建设工程解释(一)》第六条中并没有明确规定施工合同无效是否应当计算利息,实践中这个问题存有争议。亦有学者认为,如果承包人采取欺骗手段让发包人相信有法定资质,则承包人对合同无效后果具有完全过错,发包人没有过错,此时不应当支持欠付工程款利息支付请求。[2] 笔者认为,基于利息具有法定孳息性质,具有工程款请求权的无效施工合同承包人也具有利息请求权,法律应支持其请求权。无效合同的处理原则是使当事人财产恢复到合同签订前的状态,对于承包人的工程款利息损失,理应由发包人补偿,否则有违公平原则。制定司法解释的法官认为,承包人向发包人请求支付的拖欠工程价款的利息在性质上属于法定孳息,与工程价款具有附随性,与合同效力无关,与是否支付工程款有关。……不适用过错赔偿责任。[3] 无效施工合同利息处理原则是,有约定的从约定,无约定从法定即按照全国银行业报价市场报价利率处理。换言之,无效合同中关于欠付工程款的利息约定,是可以被参照的。实践中,法院避开对是否参照合同约定利息标准不提,直接以全国银行业市场报价利率计息。

【案例 3-141】 北京某集团有限责任公司与安徽省某某有限责任公司建设工程施工合同纠纷案

二审法院认定双方签订的《路基填筑作业承包合同》无效。二审法院认为,案涉工程于 2007 年 9 月 12 日经验收合格,按照双方约定,工程验收合格后,北京某公司应在 3 个月内办理完结算手续并支付不超过结算工程款的 95%,故对支付工程款应当于 2007 年 12 月 12 日开始计息。对于欠付工程款的利息计付标准,根据《建设工程解释》第十七条的规定,应按照中国人民银行发布的同期同类贷款利率计息。一审法院以某某公司请求北京某公司对欠付工程款承担同期贷款利息损失无法律依据为由,判令北京某公司按每日万分之二点一承担违约金,不仅超出某某公司的诉讼请求,亦不符合相关法律规定,本院予以纠正。[4]

【不同处理】 实践中,对此有的法院持不同观点。

---

〔1〕 参见黄薇主编:《中华人民共和国民法典合同编释义》,法律出版社 2020 年版,第 667～669 页。

〔2〕 参见郭丁铭、肖芳编著:《建设工程施工合同法律实务精解与百案评析》(第 2 版),中国法制出版社 2017 年版,第 373 页。

〔3〕 参见最高人民法院民事审判第一庭编著:《最高人民法院建设工程施工合同司法解释(二)理解与适用》,人民法院出版社 2019 年版,第 87 页。

〔4〕 安徽省高级人民法院(2010)皖民四终字第 00105 号民事判决书。

【案例3－142】 双城市国发热电有限责任公司诉克山县森达建筑工程有限责任公司等建设工程施工合同纠纷案

二审法院确认双方签订的《修建房屋的人工协议书》为无效合同，对被上诉人起诉请求的资金利息、违约损失不予支持。[1]

当一审程序认为合同有效，二审程审程序中认为合同无效，两个程序对合同效力认定不同，此时涉及工程欠款利息的程序处理，最高人民法院民一庭意见：对当事人诉讼请求的理解应当客观全面，不能机械和片面。承包人之所以未主张工程款利息，是基于合同有效的认识，二审法院在认定双方当事人所签建设工程施工合同无效时，不能以承包人没有主张工程欠款利息而简单予以发回重审。如果承包人基于合同有效提出了违约金主张，而当事人对合同无效的过错清楚，损失确定明了且并未超出当事人请求的数额范围，从司法为民和提高诉讼效率出发，人民法院可以不将案件发回重审，直接判决发包人承担工程欠款的利息损失。[2]

实践中，法院原则上一并支持无效施工合同承包人工程款及利息请求权。

【案例3－143】 青海西部化工有限责任公司与中天建设集团有限公司建设工程施工合同纠纷案

最高人民法院认为，尽管中天公司在一审起诉时没有针对西部化工工程欠款的利息提出明确主张，但其基于合同有效并根据合同约定主张了逾期付款违约金。这就表明中天公司的本意并不是放弃欠款本金的利息，只不过是通过追究对方违约金责任的方式来主张权利。虽然中天公司没有上诉，但原因在于一审判决支持了其有关违约金的主张和请求。因西部化工对案涉工程施工合同的无效应当承担主要责任，且利息具有本金法定孳息的性质，为减少当事人的诉累，彻底解决当事人争议，平衡当事人利益，本院认为，西部化工理应承担其未付工程款部分相应利息的支付义务。[3]

合同无效，按照双方的过错酌定支付利息。

【案例3－144】 邓某彬与习水县民化乡新某煤矿建设工程施工合同纠纷案

最高人民法院认为，邓某彬、黄某才根据本案所涉《劳务合作协议》约定，垫资对新某煤矿进行了相应的建设，其建设成果已经物化在新某煤矿的财产中。上述合同被确认无效后，根据《合同法》第五十八条“合同无效或者

---

〔1〕 黑龙江省高级人民法院（2014）黑民终字第72号民事判决书。

〔2〕 参见最高人民法院民事审判第一庭编：《民事审判指导与参考》2009年第2集（总第38集），法律出版社2009年版，第219页。

〔3〕 参见最高人民法院民事审判第一庭编：《最高人民法院民事案件解析》（建设工程），法律出版社2010年版，第404页。

被撤销后，因该合同取得的财产，应当予以返还；不能返还或者没有必要返还的，应当折价补偿”之规定，因新某煤矿取得的垫资建设成果已经不能予以返还，故应当对邓某彬、黄某才进行折价补偿。本案中，新某煤矿未取得安全生产许可证，却签订《劳务合作协议》，对合同无效存在过错，根据《合同法》第五十八条关于合同无效之后“有过错的一方应当赔偿对方因此所受到的损失，双方都有过错的，应当各自承担相应的责任”之规定，应当赔偿占用邓某彬、黄某才资金所造成的损失。而一审判决综合考虑了合同无效的原因，双方过错程度，以最后一笔还款返还时间为起点计算多笔款项利息造成的差额等因素，酌情确定了本案应当返还款项的利率，并无不当。[1]

【案例 3－145】 国某建设集团有限公司与湖北东某置业有限公司建设工程施工合同纠纷案

最高人民法院认为，案涉工程属于关系社会公共利益、公众安全而必须进行招标的项目。一审判决据此认定东某公司与国某公司 2012 年 12 月 5 日在招投标之前签订的《建设工程施工合同》无效，符合《建设工程解释》第一条第三项规定，并无不当。关于东某公司应否承担履约保证金资金占用损失费用问题。东某公司与国某公司 2012 年 12 月 5 日签订的《建设工程施工合同》关于工程履约保证金部分约定，履约保证金应于商住楼施工至十楼、厂房主体封顶时全额退还完毕。因此在案涉工程已经预验收合格情形下，东某公司应全额退还其收取国某公司的 1000 万元履约保证金。东某公司在案涉工程交付后仍未向国某公司退还该 1000 万元履约保证金，因此东某公司应承担逾期支付而产生的资金占用损失费。如前所述，因双方签订的各个合同均为无效，故东某公司以国某公司存在违法转包及逾期竣工等违约情形要求国某公司承担违约责任的主张不能成立；案涉合同虽然无效，但案涉工程已经预验收合格并交付东某公司使用，一审判决酌定东某公司按照同期同类贷款利率的工程款利息标准向国某公司支付资金逾期占用费亦较为合理。东某公司主张其不应承担履约保证金逾期支付而产生的占用费用的上诉理由不能成立，本院不予支持。[2]

合同无效，垫资利息约定无效，按照市场报价利率支付垫资利息。

【案例 3－146】 六枝特区金海大酒店有限公司与戴某忠建设工程施工合同纠纷案

最高人民法院认为，《施工合同》《补充协议 1》约定，乙方进场后 5 日内

〔1〕 最高人民法院（2017）民终 200 号民事判决书。

〔2〕 最高人民法院（2019）民终 442 号民事判决书。

开始计算乙方总投入金额3000万元，甲方每月按乙方投入3000万元金额的2%作为给乙方的投入报酬费用。《补充合同2》虽无关于垫资的约定，但根据金海大酒店截至诉前仍欠工程款25,769,407.06元的事实，可以证实戴某忠在整个工程施工周期内均系垫资施工的。鉴于戴某忠确因垫资施工产生了利息损失，一审法院未采用双方约定的计息标准，而是以应付工程款30,147,147.06元作为基数，按照中国人民银行同期同类贷款利率(2019年8月20日起按全国银行间同业拆借中心公布的贷款市场报价利率)计算利息妥当平衡了双方的利益，本院予以维持。[1]

关于利息的更详细阐述详见专题一的论述。

2. 无效施工合同利润处理

工程合同利润，是指承包人完成所承包工程依法可获得的盈利，显然指当事人的合法收益；如合同无效，这部分收益如何处理争议颇大。在合同无效中，工程利润如何分配关系双方当事人的利益。笔者认为，在个案中，应根据导致合同无效的不同情况和当事人的过错程度，结合工程价款的构成分别处理，不搞“一刀切”。

无效施工合同利润处理是实践中最有争议的问题之一。有法官认为，承包人有权依据合同约定主张利润。当然，实践中不应一概而论，如实际施工人借用资质导致订立的施工合同无效，发包人对此并不知情，对合同无效并无过错，此时让发包人支付全部利润似不甚公平，最高人民法院解释规定的也是“参照”而非“应当”，此时对于工程款中的利润部分可以酌情由双方分担或认定实际施工人无权主张。[2] 如果发包人依据无效合同取得了利润，违背等价有偿原则，对承包人不公平，与无效合同的处理原则相悖，其利益向一方当事人倾斜，不能很好地平衡当事人之间的利益关系。笔者认为，合同无效但工程质量合格，对于利润应区分情况确定。对于利润适用过错责任处理放在下段阐释己见，但应在理论和实践加大探索以便取得共识。实践中，在利润处理上法院有自己的认识。

【案例3-147】 广东开平骏建有限公司与广州市天河区沙河镇经济发展总公司等建设工程施工合同纠纷再审案

再审法院认为，施工合同无效，工程的计划利润、间接费应否认定为工程成本以及工程的利润是否由合同双方对半承担问题。工程承包方在将劳务及建筑材料物化到建筑工程的过程中同时产生了融入建筑工程产品当中的利润，如因合同无效而不予计算，该利润则被发包方获得。发包方依据无效

---

〔1〕 最高人民法院(2020)民终429号民事判决书。
〔2〕 湖南省郴州市中级人民法院(2013)郴民一终字第185号民事判决书。

合同取得了承包方应得的利润,这与合同无效的处理原则不符。工程间接费主要有企业管理费、财务费用、社会劳保费和其他费用,它和利润、税金属于施工方将劳务及建筑材料物化到建设工程中而发生的,属于建设工程成本,应予计取。[1]

【不同处理】 实践中亦有不支持无效合同利润的判决。

【案例3-148】 齐河环盾钢结构有限公司与济南永君物资有限责任公司建设工程施工合同纠纷再审案

最高人民法院认为,合同无效但经竣工验收合格,实际施工人获得的折价工程款就应当是完整的工程造价,包括间接费,但不应当包括利润。[2]

3. 无效施工合同质量保证金处理

施工合同无效,质量保证金应否返还有争议。根据《民法典》第一百五十七条规定,质量保证金是可以返还的财产,应当返还。工程质量责任是法定责任,不能通过私人合同约定进行免除。但是,质量保证金的缴纳不是法定义务,而是合同当事人自由协商的结果。除非法律明确规定承包人必须缴纳质量保证金,并且质量保证金必须在质量保证期满后才能返还。质量保证金的返还与质量保证责任的免除是两个不同概念,两者没有必然关系。返还质量保证金并不意味着实际施工人免除质量保证责任,如果涉案工程在质量保证期间发生质量问题,其必须承担法律责任,而不以是否返还质量保证金为前提。

实践中,对返还质量保证金与质量保证责任免除认识偏差现象存在。

【案例3-149】 广东某某公路工程有限公司与福建省某建设工程有限公司建设工程施工合同纠纷案

一审法院认为,双方在合同中关于计量与支付条款约定:每期工程款,甲方扣除乙方5%的费用作为工程质量保证金,前期扣除10%的合同履约保证金,当累计达合同总价的5%时,不再扣除合同履约保证金,工程交验合格后支付95%,甲方根据业主规定扣留5%作为最终质保金,待业主返还后按相应比例返还。因此,履约保证金应予返还,但质量保证金1,046,069.10元应按约定待业主返还后返还。二审法院的判决理由是,虽双方协议被一审判决认定无效,但一审已判决某公司取得已完工的相应对价,故其不能以协议无效,而免除对已完工程应当承担的质量保证责任。对此学者分析为,一审、二

[1] 广东省高级人民法院(2009)粤高法审监民提字第43号民事判决书。
[2] 参见《最高人民法院公报》2012年第9期。

审法院的判决值得商榷。[1] 一审法院认为应当遵守双方合同约定，但合同既然无效，双方的约定当然没有法律约束力，待业主返还后按比例返还，其判决理由自相矛盾。二审法院以某公司已取得完成工程的对价，不能以合同无效为理由不承担质量保证责任，体现了向某公司返还质量保证金等于某公司不需要承担工程质量保证责任审理思路，混淆了两者的区别。

4. 无效施工合同约定奖励金处理

原合同约定的奖励款不属于工程价款，故对无效施工合同奖励款并不应适用该规定进行支持。最高人民法院民一庭意见：建设工程合同无效，实际施工人请求发包方参照建设工程施工合同中的工程进度奖励金约定支付工程进度奖励金的，人民法院不予支持。[2]

（三）无效合同利益处理

《民法典合同编通则解释》第二十四条规定："合同不成立、无效、被撤销或者确定不发生效力，当事人请求返还财产，经审查财产能够返还的，人民法院应当根据案件具体情况，单独或者合并适用返还占有的标的物、更正登记簿册记载等方式；经审查财产不能返还或者没有必要返还的，人民法院应当以认定合同不成立、无效、被撤销或者确定不发生效力之日该财产的市场价值或者以其他合理方式计算的价值为基准判决折价补偿。

除前款规定的情形外，当事人还请求赔偿损失的，人民法院应当结合财产返还或者折价补偿的情况，综合考虑财产增值收益和贬值损失、交易成本的支出等事实，按照双方当事人的过错程度及原因力大小，根据诚信原则和公平原则，合理确定损失赔偿额。

合同不成立、无效、被撤销或者确定不发生效力，当事人的行为涉嫌违法且未经处理，可能导致一方或者双方通过违法行为获得不当利益的，人民法院应当向有关行政管理部门提出司法建议。当事人的行为涉嫌犯罪的，应当将案件线索移送刑事侦查机关；属于刑事自诉案件的，应当告知当事人可以向有管辖权的人民法院另行提起诉讼。"

---

〔1〕 安徽省高级人民法院(2010)皖民四终字第00063号民事判决书。参见郭丁铭、肖芳编著：《建设工程施工合同法律实务精解与百案评析》(第2版)，中国法制出版社2017年版，第331～334页。

〔2〕 参见最高人民法院民事审判第一庭编：《民事审判指导与参考》2010年第3集(总第43集)，法律出版社2011年版，第150页。

《民法典合同编通则解释》第二十五条规定:“合同不成立、无效、被撤销或者确定不发生效力,有权请求返还价款或者报酬的当事人一方请求对方支付资金占用费的,人民法院应当在当事人请求的范围内按照中国人民银行授权全国银行间同业拆借中心公布的一年期贷款市场报价利率(LPR)计算。但是,占用资金的当事人对于合同不成立、无效、被撤销或者确定不发生效力没有过错的,应当以中国人民银行公布的同期同类存款基准利率计算。

双方互负返还义务,当事人主张同时履行的,人民法院应予支持;占有标的物的一方对标的物存在使用或者依法可以使用的情形,对方请求将其应支付的资金占用费与应收取的标的物使用费相互抵销的,人民法院应予支持,但是法律另有规定的除外。”

无效合同的不得履行性所追求的客观效果就是当事人不能依据无效合同获得利益,尤其是对于合同无效负有过错的当事人,更不能在合同被认定无效后仍然实现签订无效合同所追求的经济目标。法律不允许当事人依据违法的、无效的合同获得利益,其已经获得的利益依照法律规定处理。

1. 收缴非法所得不再适用

民法总则生效后,收缴非法所得已无法律依据。民法总则已删除民事责任条款中有关收缴非法所得的规定,《民法典》继续延续了民法总则的规定这意味着对建设工程中的违法行为应采用行政处罚方式予以制裁。

2. 无效合同税费处理

税金,是指国家税法规定的应计入建筑安装工程造价内的营业税(目前为增值税)、城市维护建设税、教育费附加以及地方教育作为工程造价的组成部分之一,税金是国家税务机关依法向特定纳税主体征收的费用。根据现行税法的规定,工程承包人为工程相关税项的纳税义务人,在施工合同中未对税金负担或代扣代缴作出明确约定的情况下,一般应由承包人承担税金。

双方在合同中约定税金比例及承担方式的,法官应予支持。

【案例3-150】 孔某某与铜山县新达建筑安装工程公司建设工程施工合同纠纷案

二审法院认为,关于税金计算方法应当按照4.33%还是3.33%扣除的问题,根据本案双方当事人在合同中的约定,孔某某作为承包人工程算时应当负担4.33%的税金,此部分约定应为双方当事人关于结算办法的约定。虽然合同无效,但是双方结算工程款时应当参照约定的结算办法进行结算。故新达公司主张应当按照4.33%计取税金,有事实及法律依据,二审法院依法予以支持。根据鉴定部门的计算方式,按4.33%计取税金数额为268,286.32元。[1]

合同中对税金处理没有约定的,由法官依法处理。

【案例3-151】　侯某与某某公司、某某公司徐州分公司、洪某建设工程施工合同纠纷案

二审法院认为,某某公司作为涉案工程的承包人,应依法缴纳相关税费。至于相关税费是否由分包人侯某承担,双方签订《施工协议书》及补充协议对此并未约定,故某某公司、某某公司徐州分公司以及洪某主张应从侯某的工程款中扣除相关税费无依据。至于侯某因分包工程所得工程款的税款征缴及税费计算,系由税务机关依法履行其行政职权,法院不予理涉。[2]

一般情况下,转包人或被挂靠人可在实际施工人的欠付款项中直接扣除税金。

【案例3-152】　李某森与广达工程公司建设工程施工合同纠纷案

二审法院认为,(1)税费属于建设工程施工合同无效情况下的折价补偿范围,该范围应为建设工程的整体价值,即建设工程的完整造价,应包括直接费、间接费、税金和利润;税金是工程款成本,应当从工程款中扣除。(2)在实际扣缴过程中,由于李某森为自然人,不具有缴纳税费的资质,转由承包人或者发包人代扣代缴,所以发包人或者承包人事实上承担了本应由实际施工人承担的税费。因此,广达工程公司、兆磊房开请求在工程款总价中扣除相应部分的税费应予支持。(3)广达工程公司收取李某森缴纳的税款后,作为代扣代缴义务人,应当及时向税务机关缴纳税款,并在其缴纳税款后,从税务机关处得到相应的税务发票。(4)按照双方合同约定,李某森应缴纳的税金为1,793,019.78元,但最终纳税税额应以贵州省税务部门最终确定的金额为准,该款应当在广达工程公司应支付给李某森的工程款中予以扣除。(5)李某森作为自然人不具备缴纳建设工程税费的资质,广达工程公司不仅有代扣义务,而且还有代缴义务,该税费也应由广达工程公司向税务机关缴纳后由李某森承担。所以,向税务机关缴纳税费后取得相应完税票据的义务主体是广达工程公司。广达工程公司不主动履行自身义务,造成的损失与李某森无关,其要求李某森开具发票和赔偿损失的诉讼请求不予支持。[3]

对实际施工人就税金提出的主张进行否认的主要理由包括缴税主体不适格、合同中无税金方面的约定、实际施工人未能提供税金发票等。

---

〔1〕 江苏省徐州市中级人民法院(2013)徐民终字第1030号民事判决书。

〔2〕 江苏省徐州市中级人民法院(2014)徐民终字第3979号民事判决书。

〔3〕 贵州省高级人民法院(2018)黔民终586号民事判决书。

【案例3-153】 徐某壮与中诚投五局建设工程施工合同纠纷再审案

最高人民法院认为,关于案涉工程价款中的税金、规费的计算,二审判决认定,案涉工程中,3、4号楼的施工协议以及6、7号楼的施工协议均约定,税金由中诚投五局代扣代缴,徐某壮在工程结算时不计取税金;5、8号楼的施工协议以及独立商服施工协议均约定,如徐某壮无法提供正规的建安发票,该前述工程鉴定的造价中不包括税金;小区水池子工程的税金亦不计取。原审认定的案涉工程造价中并未包括中城投五局在再审中所主张的税金。中城投五局关于原审判决错误认定案涉工程造价的有关再审申请理由,与事实不符,法院不予采信。[1]

个人可以成为实际施工人,但不是税金规费的缴纳义务主体,且也没有提供证据证明其已经实际缴纳相关税金的,如其要求对方当事人承担该项费用,不予支持。

【案例3-154】 曲阜市园林古建筑工程有限公司与刘某某建设工程施工合同纠纷案

二审法院认为,关于代缴税金(企业所得税)30,238.17元的问题。《企业所得税法》第一条第一款规定:“在中华人民共和国境内,企业和其他取得收入的组织(以下统称企业)为企业所得税的纳税人,依照本法的规定缴纳企业所得税。”据此规定,企业所得税的纳税义务人为企业和其他取得收入的组织,现曲阜市园林古建筑工程有限公司主张应由刘某某承担该部分企业所得税,不仅没有法律依据,而且双方在合作协议中也未明确约定由刘某某承担该部分企业所得税,故不予支持。[2]

【不同处理】 对实际施工人就税金提出的主张进行肯定的主要理由是,即使合同无效,在工程验收合格的情况下,实际施工人有权取得工程款。税金作为工程价款的组成部分,无须剥离。

【案例3-155】 盛某君与日兴公司建设工程施工合同纠纷再审案

最高人民法院认为,盛某君作为实际施工人,在工程验收合格的情况下,可以取得其应得的工程款。日兴公司称本案存在应当收缴的非法所得,没有事实依据。其称利润在工程款中予以扣除,以及称工程款中不包含企业管理费、规费、税金等费用的主张,均无法律依据不予支持。[3]

---

〔1〕 最高人民法院(2019)民申4783号民事裁定书。

〔2〕 江苏省徐州市中级人民法院(2013)徐民终字第2459号民事判决书。

〔3〕 最高人民法院(2016)民申1755号民事裁定书。

3. 无效合同人工费调差处理

案涉合同被认定为无效的，人工费调差约定无效的，仍然可以参照约定进行调差。

【案例3－156】　青海新田房地产开发有限公司与万利建设有限公司建设工程施工合同纠纷案

最高人民法院认为，案涉合同中明确约定政策性调整、造价管理部门调整价格的属于工程价款调整范围。案涉合同虽无效，但该约定系双方当事人真实意思表示，一审法院参照适用，将案涉工程的人工费依据青海省的造价调整规定予以调整，并无不当。故一审法院结合鉴定意见及全案证据情况，认定案涉工程造价应为356,767,813.87元（329,874,156.18元＋8,939,306.89元＋17,954,350.8元），并无不妥。[1]

合同无效，约定人工费调差不予计取的，参照约定执行。

【案例3－157】　陕西宝陵建设（集团）有限责任公司与陕西聚泉节能建筑开发有限公司建设工程施工合同纠纷再审案

最高人民法院认为，宝陵公司与聚泉公司在《补充协议》中取消了备案合同第27条关于合同价款调整（包括人工费调差）的内容，原审判决参照该协议的约定认定双方当事人对人工费不予调整已达成合意，不予计取人工费调差，并无不当。[2]

（四）无效合同管理费处理

管理费又称企业管理费，根据《工程造价术语标准》（GB/T 50875—2013）的规定，指施工单位为组织施工生产和经营管理所发生的费用。在施工总承包合同中，管理费有时又被称为总包管理费。故管理费、企业管理费、总包管理费在施工总承包合同中具有相同的内涵，所不同的是管理费、企业管理费还适用于转包、分包合同中。[3]

有效合同工程造价要素管理费按约定处理争议不大，本部分中不予阐述。本部分主要阐述无效施工合同的管理费，并非建设工程造价要素构成中的企业管理

---

〔1〕 最高人民法院（2020）民终1142号民事判决书。

〔2〕 最高人民法院（2020）民申2649号民事裁定书。

〔3〕 参见常设中国建设工程法律论坛第八工作组：《中国建设工程施工合同法律全书词条释义与实务指引》，法律出版社2019年版，第304页。

费，而是指挂靠、转包、违法分包的情形下，由被挂靠单位、转包人、违法分包人向实际施工人收取一定金额或比例的费用。司法实践中管理费通常分为两部分，一部分是实际的管理成本，即施工单位实际实行了管理行为所产生的对价；另一部分为超出管理成本以外的非法数额，该部分在因转包、违法分包、借用资质等行为无效的建设工程合同中通常被认定为违法所得或者不当得利。尤其在转包、违法分包或者出借资质时，施工单位为了谋取一定的利益，通常在合同中约定管理费。但应明确的是，此处的管理费并非建设工程造价领域的管理费，而是更加类似于总承包服务费的性质。然而在实际施工过程中，工程各方的争议点多集中于类似于总承包服务费的管理费。

最高人民法院民一庭2021年第21次法官会议讨论认为：合同无效，承包人请求实际施工人按照合同约定支付管理费的，不予支持。

转包合同、违法分包合同及借用资质合同均违反法律的强制性规定，属于无效合同。前述合同关于实际施工人向承包人或者出借资质的企业支付管理费的约定，应为无效。实践中，有的承包人、出借资质的企业会派出财务人员等个别工作人员从发包人处收取工程款，并向实际施工人支付工程款，但不实际参与工程施工，既不投入资金，也不承担风险。实际施工人自行组织施工，自负盈亏，自担风险。承包人、出借资质的企业只收取一定比例的管理费。该管理费实质上并非承包人、出借资质的企业对建设工程施工进行管理的对价，而是一种通过转包、违法分包和出借资质违法套取利益的行为。此类管理费属于违法收益，不受司法保护。因此，合同无效，承包人或者出借资质的建筑企业请求实际施工人按照合同约定支付管理费的，不予支持。[1]

最高人民法院第二巡回法庭2020年第7次法官会议纪要认为："建设工程施工合同因非法转包、违法分包或挂靠行为无效时，对于该合同中约定的由转包方收取'管理费'的处理，应结合个案情形根据合同目的等具体判断。如该'管理费'属于工程价款的组成部分，而转包方也实际参与了施工组织管理协调的，可参照合同约定处理；对于转包方纯粹通过转包牟利，未实际参与施工组织管理协调，合同无效后主张'管理费'的，应不予支持。合同当事人以作为合同价款的'管理费'应予收缴为由主张调整工程价款的，不予支持。基于合同的相对性，非合同当事人不能以转包方与转承包方之间有关'管理费'的约定主张调整应支付的工程款。"该纪要区分转包方是否承担了实际工作和单纯的转包牟利。

湖南省高级人民法院发布的《关于审理建设工程施工合同纠纷案件若干问题的解答》规定：建设工程施工合同无效，当事人之间约定的管理费如何处理？建设工程施工合同无效，合同约定的管理费原则上不予支持。当事人主张的，法院可以

〔1〕 最高人民法院民一庭2022年1月7日微信公众号。

根据合同系借用资质或转包、违法分包等不同类型，结合出借资质人、转包人、违法分包人是否履行管理职责因素予以适当支持，一般不宜超过总工程款的3%。

挂靠、转包中的管理费，因为挂靠人出借资质、转包人转包工程获得的“牟利性”对价。挂靠、转包行为被法律禁止，其价格的形成与工程建设成本无关，也并非工程价款的组成和对价性要素。[1]

其一，施工合同无效，绝对的不支持，即不论施工单位对实际施工人是否进行了管理，一律不支持管理费的诉求，因转包、违法分包、出借资质行为导致施工单位与实际施工人签订的转包合同、违法分包合同无效，而合同无效是当然无效、全部无效、自始无效。作为合同约定内容之一的管理费也应一并无效。管理费的约定无效。施工单位要求取得管理费的请求自然没有任何法律依据。建设工程质量涉及公众安全，为保障工程质量，《建筑法》《民法典》《建设工程解释》对转包、违法分包、出借资质行为都持否定性评价，施工单位因转包、违法分包、出借资质而获得管理费，应属于典型的非法所得，故而非法所得不应得到支持。实践中，法院不予支持管理费，判决理由多样。

双方约定的管理费实际是借用资质所支付的对价的，一方请求支付管理费缺乏法律依据。

【案例3－158】　河南东方建设集团发展有限公司与黄某国等建设工程施工合同纠纷案

最高人民法院认为，黄某国与东方公司之间系借用资质关系，但建设工程领域借用资质的行为违反了法律的强制性规定。双方约定的管理费实际是黄某国借用资质所支付的对价。东方公司请求黄某国按照案涉工程价款的1.2%支付管理费缺乏法律依据，本院不予支持。[2]

转包行为无效，双方基于无效行为产生的“管理费”并不属于法院应予强制判决的款项。

【案例3－159】　江苏盛谐建设集团有限公司等与逯某梅建设工程施工合同纠纷案

最高人民法院认为，本案中盛谐建设公司与逯某梅转包行为无效，双方基于无效行为产生的“管理费”并不属于人民法院应予强制判决的款项；逯某梅参照约定的1%标准自愿给付款项，处分自身权益，应以其最终自愿认可数额为准。[3]

---

〔1〕　参见王毓莹、史智军：《建设工程施工合同纠纷疑难问题和裁判规则解析》，法律出版社2022年版，第322页。

〔2〕　最高人民法院(2020)民终576号民事判决书。

〔3〕　最高人民法院(2020)民终1008号民事判决书。

作为有资质的建筑施工企业，在明知无相应建筑施工资质的情形下仍向其违法转包，存在明显过错，且不能举证证明其实际参与了工程建设的相关管理，实际施工人实际承担了工程项目的管理工作，施工企业主张管理费可不予支持。

【案例3－160】 广州富利建筑安装工程有限公司与胡某根等建设工程施工合同纠纷案

最高人民法院认为，富利公司作为有资质的建筑施工企业，在明知胡某根无相应建筑施工资质的情形下仍向其违法转包，存在明显过错，且不能举证证明其实际参与了工程建设的相关管理，胡某根作为案涉工程的实际施工人，其实际承担了工程项目的管理工作，二审法院对富利公司的管理费的主张不予支持并无不当。[1]

【案例3－161】 黄某国与东方公司建设工程施工合同纠纷案

最高人民法院认为，东方公司虽然名义上将承包亚星公司的工程内部承包给黄某国，但实质上是没有资质的实际施工人黄某国借用有资质的东方公司名义施工，原审根据《建设工程解释》第一条第二项规定，认定《建设工程施工合同》与《工程施工内部承包协议书》无效，具有事实和法律依据。黄某国与东方公司之间系借用资质关系，但建设工程领域借用资质的行为违反了法律的强制性规定。故原审不予支持东方公司二审上诉请求按照案涉工程价款的1.2%计取收益费，适用法律并无不当。[2]

自然人作为实际施工人能否取消管理费，现行法律法规及司法解释对此没有明确规定。

【案例3－162】 八冶公司、八冶西宁分公司与李某建设工程施工合同纠纷案

最高人民法院认为，八冶公司、八冶西宁分公司为专业建筑施工企业，其将案涉工程转包给无相应建筑施工资质的个人，存在明显过错，八冶西宁分公司与李某初签订的《协议》为无效合同，其也不能举证证明实际参与了工程建设的相关管理，且未提交证据证明材料发票与本案的关联性，其该项上诉请求缺乏依据，不予支持。[3]

【案例3－163】 马某英与润森公司建设工程施工合同纠纷案

最高人民法院认为，马某英与润森公司并未签订书面合同约定工程价款的支付范围，亦未提交证据证明规费、企业管理费实际产生。原审判决根据

---

〔1〕 最高人民法院（2017）民再395号民事判决书。

〔2〕 最高人民法院（2021）民申3897号民事裁定书。

〔3〕 最高人民法院（2020）民终898号民事判决书。

《住房和城乡建设部、财政部关于印发〈建筑安装工程费用项目组成〉的通知》的规定，认定规费、企业管理费的缴纳义务人是企业而非自然人，马某英没有施工资质和取费资格，不应支付规费与企业管理费给马某英并无不当。[1]

【案例3-164】 大有环境有限公司与赵某杰建设工程施工合同纠纷再审案

最高人民法院认为，《协议书》因大有公司与赵某杰之间借用资质而无效，其中第一条第五项约定的赵某杰应按工程造价的总额为计算基数向大有公司交纳工程款的2.5%的款项，该款项亦因借用资质而产生，也属无效。故，本案二审判决就该款项的处理并无不妥。[2]

个案中，由法官根据具体案情裁决。

【案例3-165】 四川华夏军安建设有限公司与李某斌建设施工合同纠纷再审案

最高人民法院认为，关于华夏军安公司请求东源公司支付管理费等问题，由于《工程承包合作协议书》属无效合同，合同中关于4%的管理费及分摊公共费用的约定，对双方不产生约束力，华夏军安公司请求东源公司按合同约定支付管理费，没有法律依据。该案件中华夏军安公司和东源公司之间系转包关系。[3]

【案例3-166】 中铁隧道集团二处有限公司与上海瑞翃建设管理有限公司建设工程施工合同纠纷再审案

最高人民法院认为，案涉《工程施工承包合同》无效，原审判决未支持项目管理费、安全奖罚，并无不当。该案件中中铁隧道集团二处有限公司和上海瑞翃建设管理有限公司系违法分包关系。[4]

其二，施工合同无效，根据案件情况，有条件的支持管理费请求。相对不支持，即考虑施工单位是否对实际施工人进行了管理，如果施工单位对实际施工人进行了管理，则支持管理费的诉求，否则不支持。

支持施工管理费的诉请，根本基于施工单位实实在在进行一定管理，管理费应属于施工单位提供的管理服务的对价。建设工程竣工验收合格时，尽管相关司法解释明确规定无效合同仍应参照合同约定折价补偿，但该观点将转包、违法分包、出借资质情形下合同约定管理费也认定为建设工程价款组成部分，故认为应

---

〔1〕 最高人民法院(2019)民申5453号民事裁定书。
〔2〕 最高人民法院(2020)民申2721号民事裁定书。
〔3〕 最高人民法院(2020)民申6123号民事裁定书。
〔4〕 最高人民法院(2020)民申6096号民事裁定书。

参照约定处理。

【案例3-167】 王某财与山东黄河公司建设工程施工合同纠纷再审案

最高人民法院认为，关于管理费认定是否错误的问题。案涉《污水管网工程劳务合同》经一审、二审均认定无效，王某财、山东黄河公司均不能基于合同无效而获取超出合同有效时的应得利益。根据一审、二审查明事实，山东黄河公司在施工现场派驻了管理人员，实施了工程质量的管理、控制、监督、检查等管理职责，相关管理活动已物化在建设工程中，王某财亦应折价补偿。故原判决认定由王某财参照合同约定支付管理费，并无不当。王某财的该项再审理由，依法不能成立。[1]

承包人违法将工程分包，双方约定按照"最终审定结算价的78%"作为最终结算价；该约定是否有效，应查明承包人是否存在管理行为、并结合公平原则酌情确定。

【案例3-168】 中航天重庆公司与中建七局二公司建设工程施工合同纠纷案

最高人民法院认为，关于中航天重庆公司应得工程价款数额的确定问题，本案中，中建七局二公司承包案涉项目后并未进行施工，而是违法分包给中航天重庆公司等主体进行实际施工，并以相关部门最终审定结算价的78%作为最终结算价收取相关的管理费用。针对管理费的问题，应在查明中建七局二公司是否存在管理的基础上结合本案具体情况依法公平合理处理。如果中建七局二公司参与工程管理，则可根据参与工程施工管理协调程度等具体情况酌情支持一定的管理费。二审判决未查明有关事实，仅以中航天重庆公司自愿按审计价款的78%计付其应得工程总价款，此属对自己民事权利的自由处分为由认定中航天公司应得工程价款的数额，有失妥当。[2]

企业内部承包协议书因违反法律的强制性规定而无效，合同中有关管理费的约定亦无效，依据无效合同主张管理费不符合法律规定，但一方在工程施工中进行了管理的，可以酌定支付实际劳务成本。

【案例3-169】 葛某华与海天建设集团有限公司、瑞昌市投资有限责任公司建设工程分包合同建设工程施工合同纠纷案

最高人民法院认为，葛某华与海天公司签订的《经营责任书》因违反法律的强制性规定而无效，合同中有关利润（管理费）的约定亦无效。海天公

---

〔1〕 最高人民法院（2021）民申6760号民事裁定书。
〔2〕 最高人民法院（2021）民申5161号民事判决书。

司依据无效合同主张葛某华应向其支付利润不符合法律规定,原审判决认定葛某华应按《经营责任书》的约定向海天公司支付利润不当,本院予以纠正。鉴于案涉工程施工过程中,海天公司金华分公司向葛某华支付了工程进度款并代扣代缴了工程税金,工程竣工后,亦办理了工程资料的交接等,本院酌定葛某华向海天公司支付300万元实际劳务成本。[1]

主张管理费一方如果能够证明对案涉工程履行了管理义务,尽管内部承包合同无效,法院也可以酌情判令支付部分管理费。

【案例3-170】 王某贞、江某鹏、大庆油田房地产开发有限责任公司与中太建设集团股份有限公司等建设工程施工合同纠纷案

最高人民法院认为,关于江某鹏应否收取管理费及管理费比例问题,江某鹏提供证据证明其为案涉工程的施工建设雇佣管理人员、组织会议、上下协调、购买保险,江某鹏对案涉工程履行了管理义务,一审法院判决王某贞向其支付一定的管理费,并无不当。因江某鹏并不具有建筑工程施工和管理的资质,一审法院认为内部承包合同中约定江某鹏收取工程造价7%的管理费标准过高,酌定将管理费率降低至2%,并无不当,本院予以维持。[2]

被挂靠人、转包人、违法分包人提供管理,其参照约定主张管理费的,法院可以酌定调整管理费。

【案例3-171】 浙江省东阳第三建筑工程有限公司与鹰潭万和房地产有限公司建设工程施工合同纠纷案

最高人民法院认为,关于管理费。一审、二审判决已按照工程总造价3.5%计算了东阳公司管理费。东阳公司与何某、刘某之间系挂靠施工关系,何某、刘某并不具有相应的建设工程施工资质,双方之间签订的《工程项目责任承包合同》因违反法律强制性规定而无效。故东阳公司依据该无效合同主张剩余管理费等费用,其诉请显然不能支持。[3]

【案例3-172】 广东高业集团有限公司与汕头公路桥梁工程总公司建设工程施工合同纠纷再审案

最高人民法院认为,关于管理费的问题。高业公司主张其不应当承担管理费。根据各方的陈述及认可,汕头路桥公司收取了实际施工人的管理费5,800,000元,虽然双方的转包合同无效,但因汕头路桥公司在将工程转包给高业公司后,的确对施工及财务进行管理,原审酌情认定高业公司按完成

---

〔1〕 最高人民法院(2020)民终1165号民事判决书。
〔2〕 最高人民法院(2020)民终79号民事判决书。
〔3〕 最高人民法院(2020)民申6228号民事裁定书。

实体工程量占总工程量35%的比例承担管理费2,030,000元,并无不当,汕头路桥公司多收取的管理费应在高业公司应承担的费用中予以扣除。[1]

虽然分包合同无效,但分包人在工程施工过程中配合与发包方、材料供应商、劳务单位等各方进行资金、施工资料的调配和结算,并安排工作人员参与案涉工程现场管理,分包人可以要求参照原约定支付管理费。

【案例3-173】 重庆市基础工程有限公司与新疆生产建设兵团建设工程(集团)有限责任公司等建设工程施工合同纠纷案

最高人民法院认为,根据兵建公司与基础公司签订的《分包合同》的约定,基础公司需按照工程价款的一定比例向兵建公司支付管理费,其中小高层按照比例为2%,多层为3%。虽然《分包合同》无效,但兵建公司在基础公司施工过程中配合其与发包方、材料供应商、劳务单位等各方进行资金、施工资料的调配和结算,并安排工作人员参与案涉工程现场管理,其要求基础公司参照原约定支付管理费,一审判决予以支持,并无不当。[2]

【不同处理】 被挂靠人、转包人、违法分包人不能主张管理费。

内包合同虽然无效,但一方实际履行了管理职责,所付出的劳动成果已经物化到案涉建设工程施工合同的履行之中,故另一方应当承担相应补偿义务。

【案例3-174】 徐某升与重庆一建建设集团有限公司等建设工程施工合同纠纷案

最高人民法院认为,2008年9月5日,重庆一建青海分公司与徐某升签订《内包合同》第六条管理费收取与支付约定,"乙方(徐某升)同意按合同结算造价的2%支付甲方(重庆一建青海分公司)管理费",说明双方当事人对于管理费的计取均是认可的。根据《合同法》第五十八条关于"合同无效或者被撤销后,因该合同取得的财产,应当予以返还;不能返还或者没有必要返还的,应当折价补偿。有过错的一方应当赔偿对方因此所受到的损失,双方都有过错的,应当各自承担相应的责任"的规定,如果合同无效或者解除后,一方当事人已经完成的工作成果无法返还的,另一方当事人则需承担补偿或者赔偿责任。经审查,重庆一建公司作为承包人,在案涉工程施工过程中提供了相应资质,并且代徐某升履行了骆某青等七案生效判决确定的给付义务9,544,300元,重庆一建青海分公司则具体负责协助徐某升从豪都华庭公司收取部分工程款和保证金等相关费用。前述事实可以说明,重庆一建公司、重庆一建青海分公司按照《内包合同》的约定实际履行了管理职责,所付出

---

〔1〕 最高人民法院(2019)民再396号民事判决书。

〔2〕 最高人民法院(2020)民终860号民事判决书。

的劳动成果已经物化到案涉建设工程施工合同的履行之中，故徐某升应当承担相应补偿义务。[1]

实际施工人没有资质而借用公司名义，对违反禁止非法转包也是明知的，故其不能依据内部承包合同无效而主张不予扣除管理费，反而因合同无效而获益，转包方实际参与了案涉工程的施工管理，有权收取管理费用。

【案例3-175】　周某军与七冶博盛建筑安装工程有限责任公司建设工程施工合同纠纷案

最高人民法院认为，《建设工程内部承包合同》无效系因违反禁止违法转包的强制性规定，实际施工人周某军没有资质而借用七冶公司名义，对违反禁止非法转包也是明知的，故其不能依据内部承包合同无效而主张不予扣除七冶公司应当收取的管理费，反而因合同无效而获益。七冶公司实际参与了案涉工程的施工管理，其在应付款项中主张扣除相应的管理费用属于相互履行的抗辩，并非必须通过反诉提出，原审参照合同约定的工程总价款的2%在应付款项中扣除管理费用，并无不当。[2]

工程项目由无建筑资质的实际施工人组织施工，不能按照有资质企业组织施工标准计取企业管理费，企业管理费应予酌减。

【案例3-176】　李某刚、依兰县教育建筑工程有限责任公司与司某杰等建设工程施工合同纠纷案

最高人民法院认为，工程款由工程直接费、工程间接费、利润和税金四部分组成。税金、规费为建设工程施工过程中依规必须缴纳的费用。企业管理费为间接费，难以从工程造价鉴定意见中剥离、扣减。但是，案涉工程项目由无建筑资质的实际施工人司某杰组织施工，不能按照有资质企业组织施工标准计取企业管理费，原审法院将依据定额确定的企业管理费计入应付工程款不当，企业管理费应予酌减。本院在鉴定意见的基础上对达连河商业区工程款企业管理费扣减30%。[3]

被挂靠人出借资质且参与了工程管理的，是否可以按照约定取得管理费？法律法规和司法解释对此没有明确规定，法官根据案件情况裁量。

---

〔1〕 最高人民法院(2020)民终242号民事判决书。

〔2〕 最高人民法院(2018)民终587号民事判决书。

〔3〕 最高人民法院(2017)民再247号民事判决书。

【案例3-177】 煜塬公司与西北公司建设工程施工合同纠纷再审案

最高人民法院认为,《劳务分包协议》约定,西北公司按照每次收到建设单位支付工程款的95%向煜塬公司支付劳务费。该条内容属于双方关于工程价款的约定内容之一,如前所述,可以参照适用。原审中,煜塬公司认可西北公司在施工过程中有代付工人工资、支付塔吊费、打桩费,参与工程结算等行为,证明西北公司参与了工程管理。原审判决参照双方合同约定,扣除5%管理费,按照世纪城投资公司支付给西北公司工程款的95%计算西北公司应付煜塬公司工程款,并无不当,且不存在超出诉讼请求的情形。[1]

【案例3-178】 东阳公司与何某、刘某建设工程施工合同纠纷再审案

最高人民法院认为,一审、二审判决已按照工程总造价3.5%计算了东阳公司管理费。东阳公司与何某、刘某之间系挂靠施工关系,何某、刘某并不具有相应的建设工程施工资质,双方之间签订的《工程项目责任承包合同》因违反法律的强制性规定而无效。故东阳公司依据该无效合同主张剩余管理费等费用,其诉请显然不能支持。[2]

承包无效系因违反法律、法规的强制性规定,但管理费的给付系双方基于工程项目建设资格交换的对价,不符合不当得利的构成要件。

【案例3-179】 拉萨市华宇建设有限责任公司等与佘某等建设工程施工合同纠纷案

最高人民法院认为,冯某主张1000万元管理费构成不当得利的理由,不能成立。案涉《工程承包合同》无效系因违反法律、法规的强制性规定,但管理费的给付系双方基于工程项目建设资格交换的对价,并在《工程承包合同》中进行了明确。冯某实际参与了施工,并与华宇公司进行了结算,该管理费既非给付错误,也无权利侵害,并非冯某遭受的损失,尚难认定符合不当得利的构成要件。[3]

实际施工人在施工中实际接受了总包单位的管理服务,其应向总包单位支付相应的管理费用,具体管理费数额可以结合双方对于合同无效过错进行酌定。

【案例1-180】 上海联众建筑装潢安装工程有限公司与湖北工程建设总承包有限公司等建设工程施工合同纠纷案

最高人民法院认为,上海联众公司认为,湖北工程公司违法分包,其收取的管理费违背客观事实,缺乏法律依据。对此,本院认为,因湖北工程公司将

[1] 最高人民法院(2020)民申2954号民事裁定书。
[2] 最高人民法院(2020)民申6228号民事裁定书。
[3] 最高人民法院(2019)民终1752号民事判决书。

其承包的工程以联营协议的方式分包给上海联众公司,违反了《建筑法》第二十八条、《合同法》第二百七十二条的规定,该协议应为无效。故湖北工程公司要求按照该合同约定收取13%的管理费据理不足。综合考虑到上海联众公司作为实际施工人,在施工中实际接受了总包单位湖北工程公司的管理服务,上海联众公司应向湖北工程公司支付相应的管理费用。结合双方对于合同无效均有过错,且上海联众公司在其法定代表人易某东已与湖北工程公司签订《协作型联营协议书》的情况下,违背诚实信用原则否认案涉协议及授权委托书的存在,过错较大,本院酌定按照审定总价的9%计算管理费,即7,371,396元(81,904,400元×9%),超出的管理费3,276,176元作为工程款由湖北工程公司支付给上海联众公司。[1]

应注意的是,转包人未提供工程管理的,不可以参照约定主张管理费。转包人提供了工程管理的,可以参照约定主张管理费。

【案例3-181】　川越公司与某某公司建设工程施工合同纠纷案

最高人民法院认为,按照《复建工程施工分包合同》约定,每月结算款中要扣除业主结算工程款的3%管理费用,双方在2015年5月20日的《对账备忘录》中也明确应当扣除管理费,川越公司主张不应计取管理费的理由不能成立。[2]

【案例3-182】　四川红源建筑工程有限公司与重庆中环建设有限公司、贵州省毕节中城能源有限责任公司建设工程施工合同纠纷再审案

最高人民法院认为,根据项目合作补充协议约定,案涉工程洞外一切临时设施、炸药库等由中环公司负责提供、基本保险费用亦由中环公司负责购买。项目合作补充协议虽无效,但因中环公司按协议约定对案涉工程实际进行管理,故可参照补充协议约定,在工程结算时应扣除应付的管理费。[3]

实际施工人没有取费资格,不应获得规费和企业管理费。

【案例3-183】　马某英与甘肃省建设投资(控股)集团总公司建设工程施工合同纠纷再审案

最高人民法院认为,马某英与润森公司并未签订书面合同约定工程价款的支付范围,亦未提交证据证明规费、企业管理费实际产生,原审判决根据《住房和城乡建设部、财政部关于印发〈建筑安装工程费用项目组成〉的通

---

〔1〕 最高人民法院(2018)民再317号民事判决书。
〔2〕 最高人民法院(2020)民终912号民事判决书。
〔3〕 最高人民法院(2017)民申字第4383号民事裁定书。

知》,认定规费、企业管理费缴纳义务人是企业而非自然人,马某英没有施工资质和取费资格,不应支付规费和企业管理费给马某英并无不当。[1]

【不同处理】 个案中,最高人民法院作了不同判决。

【案例3-184】 潘某进与中铁十二局集团第二工程有限公司建设工程施工合同纠纷案

最高人民法院认为,华昆咨询价鉴(2019)2号鉴定意见书载明,间接费868,820元包括了企业管理费、规费和利润。因企业管理费与实际施工人的资质无关,且潘某进在建设施工过程中进行了具体的工程管理,故管理费不应从潘某进应得工程价款中扣除。而规费作为政府和有关权力部门规定必须缴纳的费用,包括为职工缴纳的五险一金以及按规定缴纳的施工现场工程排污费等费用,因案涉工程由潘某进组织的工人施工,所涉及的五险一金等应由潘某进承担,故规费不应从潘某进应得工程价款中扣除。[2]

【案例3-185】 信阳市翔如置业发展有限公司与新世纪建设集团有限公司建设工程施工合同纠纷再审案

最高人民法院认为,李某生等人作为个人虽不具备开设社保账户、缴纳社会保障费的资格,但其享受相关社会保障的应有权利不因前述约定而被实质剥夺。所以,原审法院按照权利义务对等原则,基于李某生等人自行承担相关责任约定,将相应的社会保障费列入欠付工程款范围,并无明显失当。[3]

其三,施工合同无效,对转包、分包合同约定的管理费,根据管理成果支付的管理费具有折价补偿性质,并非一概认定为所得全部,而应根据民法公平与等价有偿原则,在个案中以是否参与实际施工管理为标准区别处理。对于约定的管理费比例进行调整,属于法官自由裁量权调整范畴。

【案例3-186】 腾达建设集团股份有限公司与姚某昭等建设工程施工合同纠纷案

最高人民法院认为,本案中所涉及的《工程施工合同》因属非法转包无效,合同自成立时起不具有法律约束力,因此该合同中约定腾达公司转包后可向实际施工人姚某昭、姚某林收取施工管理费的条款亦无效,故腾达公司根据合同中约定请求姚某昭、姚某林支付管理费用,不予支持。腾达公司在施工过程中派出了工作人员参与管理和协调,原审判决酌情确定姚某昭、姚

[1] 最高人民法院(2018)民申5453号民事裁定书。
[2] 最高人民法院(2021)民终412号民事判决书。
[3] 最高人民法院(2021)民申1606号民事裁定书。

某林向腾达公司支付施工管理费55.6241万元，并无不当。[1]

【案例3－187】　开封市兴育房地产开发有限公司等与王某等建设工程施工合同纠纷案

最高人民法院认为，案涉施工合同因违法转包无效，原审判决教育公司对工程进行了施工管理和组织工作，依照公平原则，酌定以工程决算款8,236,363.09元为基数，参照教育公司发包小额工程按照造价2%收取管理费的实际情况，按照工程价款1.5%收取管理费公平合理。[2]

【案例3－188】　中太建设集团股份有限公司与余某坚等建设工程分包合同纠纷案

最高人民法院认为，2009年12月30日《工程施工承包协议》性质为转包合同，应认定为无效，《工程施工承包协议》约定：乙方（余某坚、黄某喜）按工程实际结算总价的22%扣缴甲方（中太公司）的工程管理费、税金的法律性质主要是转包诉争工程渔利费用，属违法所得，不宜认定为合同无效后应当据实结算的工程款；尽管此约定是当事人真实意思表示，但合同被认定为无效后，如何分配此笔费用属审判权即自由裁量权调整范畴；一审、二审判决根据案件实际情况认定中太公司按结算价11%收取税金、管理费并无不当。[3]

实际施工人之间通过内部承包合同约定了管理费，法院可调整管理费。

【案例3－189】　吴某堂与江某鹏建设工程施工合同纠纷案

最高人民法院认为，关于江某鹏应否收取管理费及管理费比例，江某鹏提供证据证明其为案涉工程的施工建设雇佣管理人员、组织会议、上下协调、购买保险，江某鹏对案涉工程履行了管理义务，一审法院判决吴某堂向其支付一定的管理费，并无不当。因江某鹏并不具有建筑工程施工和管理的资质，一审法院认为内部承包合同中约定江某鹏收取工程造价7%的管理费标准过高，酌定将管理费率降低至2%并无不当，本院予以维持。一审判决确定的房开公司在本案中应当向吴某堂支付的工程价款，也应当计取江某鹏的管理费，一审法院未予计取不当。一审法院判决房开公司给付吴某堂工程价款3,358,220.69元，对应的管理费应为67,164.41元（3,358,220.69元×2%），上述管理费应从江某鹏应向吴某堂支付的工程价款中扣除。[4]

---

〔1〕最高人民法院（2012）民申字第1522号民事裁定书。
〔2〕最高人民法院（2014）民申字第1635号民事裁定书。
〔3〕最高人民法院（2014）民申字第861号民事裁定书。
〔4〕最高人民法院（2020）民终78号民事判决书。

内部承包合同无效,在进度款支付过程中的"往来明细"已列明按照约定比例4.6%扣除管理费,还能减少管理费。

【案例3-190】 江苏双楼建设集团有限公司与南京久环劳务服务有限公司建设工程施工合同纠纷再审案

最高人民法院认为,关于管理费。案涉《单体工程内部承包施工协议》约定"江苏双楼公司按南京久环公司所完成工程结算总价(含建设单位及江苏双楼公司的代购材)的4.6%收取总包管理费",因此南京久环公司对于双方之间关于管理费的约定系明知,二审法院基于案涉《单体工程内部承包施工协议》无效,结合江苏双楼公司进行了相应管理的事实,酌定由南京久环公司承担案涉管理费的50%并无明显不当。南京久环公司所称的《建设工程解释(一)》第一条以及《民法典》第一百五十七条、五百零八条并未直接针对管理费作出规定。南京久环公司依据上述条文主张二审适用法律错误理据不足,对其该部分再审申请理由,本院不予采信。江苏双楼公司主张基于双方已就管理费的收取达成合意以及结算协议有效等理由应全额收取管理费,没有事实和法律依据。[1]

参照合同无效损失的确定原则,根据转包、违法分包行为导致合同无效的过错确定管理费数额具有一定合理性。

【案例3-191】 孙某、鞠某军与江苏一建公司建设工程施工合同纠纷案

最高人民法院认为,关于涉案管理费。涉案《工程内部承包合同书》约定"合同价格:审计结算价下浮8%"。一审法院将该约定定性为总包单位收取8%的管理费并无不当,本院予以确认。因《工程内部承包合同书》无效系因违反禁止违法转包的强制性规定。实际施工人孙某、鞠某军并不具备施工资质而借用江苏一建名义,对违反禁止转包明知,其不应从违法行为中获利。对于孙某、鞠某军依据《工程内部承包合同书》无效而主张不予扣除管理费的上诉请求,本院不予支持。同时,因涉案《工程内部承包合同书》无效,江苏一建主张按照协议约定收取8%的管理费也依据不足,一审法院根据本案合同履行的实际情况等因素,将双方约定的按照审计结算价下浮8%调整为下浮4%并无不当,本院予以维持。[2]

实践中,连续转包合同纠纷中往往涉及转包管理费问题,其中的总承包人、中间转包人将工程转包给其他人实际施工,从中收取一定比例的管理费,这部分管理费应区别认定和处理:代扣代缴的税金属实际施工人应承担的费用应该考虑;

---

〔1〕 最高人民法院(2021)民申3986号民事裁定书。

〔2〕 最高人民法院(2019)民终1779号民事判决书。

总承包人、转包人尽了实际管理职责的,应考虑合理的管理成本。

其四,实际施工人自愿支付管理费的,可以支持。

【案例 3-192】　某某与某某公司建设工程施工合同纠纷案

最高人民法院认为,转包人与实际施工人之间的转包行为无效,双方基于无效行为产生的管理费不属于法院应该强制判决的款项;实际施工人愿意参照约定的 1% 标准自愿给付"管理费",处分自身权益,但应以其最终自愿认可的数额为准。[1]

结合《建筑法》《建设工程质量管理条例》等规定,关于挂靠、转包情形中的管理费支付和返还问题,可以不法原因给付理论作为基础,区分情形进行处理。[2]

对于当事人在挂靠或转包中约定的"管理费",处理的一般原则:若已完成支付,则给付一方要求返还的不予支持;若尚未支付,一方请求履行的不予支持。具体情形中,若发包人已将工程款支付被挂靠人,转包人、挂靠人、转承包人以合同无效为由主张被挂靠人、转包人不应扣除管理费的,不应支持;若发包人已将工程款直接支付挂靠人、转承包人,被挂靠人、转包人主张挂靠人、转承包人支付管理费的,不应支持。[3]

应注意的是,在转包、违法分包情形下,转包人、违法分包人通过"倒卖"工程赚取工程差价,故这种情形下约定的管理费实质为转包或违法分包中工程价款的下浮或让利条款,属于建设工程施工合同中的工程价款条款,不宜再认定为管理费性质,可以按照折价补偿条款予以处理。对该借用资质情形下的管理费不能由法院收缴。由于收缴非法所得赋予司法机关直接剥夺民事主体财产的权力,带有明显的惩罚性质和公法色彩,故《民法典》已经删除了《民法通则》第一百三十四条关于收缴财产作为无效法律行为后果的规定,同时新出台的《建设工程解释(一)》也未吸纳原有的收缴规定。对于此类问题的处理属于其他机关的职权范畴,在其未作出收缴处罚决定前,是否应予收缴以及收缴数额均不确定。人民法院可考虑参考住房和城乡建设部《建筑工程施工发包与承包违法行为认定查处管理办法》第十四条的规定,将违法线索移交行政机关并建议由行政机关将管理费予以收缴,以平衡、修复民事法律关系,防止无效合同的当事人获得额外利益。

---

[1] 最高人民法院(2020)民终 1008 号民事判决书。

[2] 参见王毓莹、史智军:《建设工程施工合同纠纷疑难问题和裁判规则解析》,法律出版社 2022 年版,第 322 页。

[3] 参见王毓莹、史智军:《建设工程施工合同纠纷疑难问题和裁判规则解析》,法律出版社 2022 年版,第 323 页。

(五)施工中介合同效力处理

中介合同是指当事人双方约定一方接受他方的委托,并按照他方的指示要求,为他方报告订立合同的机会或者为订约提供媒介服务,委托人给付报酬的合同。中介业务根据居间人所接受委托内容的不同,既可以是只为委托人提供订约机会的报告居间,也可以是为促成委托人与第三人订立合同进行介绍或提供机会的媒介居间,还可以是报告中介与媒介中介兼而有之的中介活动。

《民法典》第九百六十一条规定:中介合同是中介人向委托人报告订立合同的机会或者提供订立合同的媒介服务,委托人支付报酬的合同。第九百六十三条:中介人促成合同成立的,委托人应当按照约定支付报酬。

在建设工程领域中,当事人订立、履行合同,应当遵守法律法规,不得扰乱社会秩序,损害社会公共利益。中介合同约定的中介事项系促成签订违反法律法规强制性规定的无效建设工程施工合同的,该中介合同因扰乱建筑市场秩序,损害社会公共利益,应属无效合同,中介方据此主张居间费用的,法院不予支持。

【案例3-193】 张某国诉江苏红战建设工程有限公司、江苏省建筑工程集团有限公司等居间合同纠纷案

一审法院认为,违反法律、行政法规的强制性规定而订立的合同无效。本案中,原告张某国与被告红战公司签订了《居间协议》,该协议约定的居间事项是由张某国为红战公司居间介绍签订汤山G81地块建设工程施工合同,该居间事项是否合法,张某国的居间行为是否合法决定了《居间协议》的效力。第三人涵田公司将G81地块项目土建及水电安装工程发包给第三人省建公司施工,工程内容为土方、桩基、土建及水电安装施工。省建公司与红战公司均未能提交双方之间就该项目签订的建设工程施工合同,结合《中标通知书》以及省建公司制作的内部承包招标文件,可以确定省建公司曾将土方、土建及水电安装工程交由红战公司施工。《建筑法》第二十九条规定:施工总承包的,建筑工程主体结构的施工必须由总承包单位自行完成。省建公司将自涵田公司处承包的土方、土建及水电安装施工交由红战公司施工,双方之间签订的建设工程施工合同因违反了前述强制性规定而无效。张某国的居间行为促成红战公司与省建公司间签订建设工程施工合同,破坏了建筑市场的秩序,张某国的居间行为违法,其与红战公司间的《居间协议》无效。综上,张某国依据该协议主张的居间费用不受法律保护。判决:驳回原告张某国的诉讼请求。

二审法院认为,本案争议焦点:上诉人张某国与被上诉人红战公司于

2018年9月5日就汤山G81地块工程招标签订的《居间协议》是否合法有效。根据查明的事实，被上诉人涵田公司将位于汤山美泉路与延祥路路口汤山G81地块项目土建及水电安装工程发包给被上诉人省建公司施工。省建公司承接上述工程后，制作G81地块项目土建安装工程内部承包招标文件，将自涵田公司处承包的土方、土建及水电安装施工交由他人施工，违反了法律法规的强制性规定。而上诉人张某国与被上诉人红战公司签订的《居间协议》约定的居间事项是张某国促成红战公司与省建公司签订上述违反法律法规强制性规定的合同。根据法律规定，违反法律、行政法规的强制性规定而订立的合同无效。因此，一审法院认定张某国与红战公司签订的《居间协议》无效，符合法律规定。张某国上诉主张该《居间协议》有效，法院不予采信。张某国依据该协议主张的居间费用不受法律保护，一审法院对张某国主张居间费用的诉讼请求不予支持，并无不当。本案系上诉人张某国与被上诉人红战公司之间的居间合同纠纷，张某国在一审中也未将红战公司以外的其他人列为被告，一审法院为查明张某国与红战公司签订的《居间协议》约定的居间事项的性质，已追加被上诉人省建公司、涵田公司作为第三人参加诉讼。至于张某国与崔某建、郑某清之间的其他事实，不属于本案应当查明的事实范围，故张某国上诉主张一审法院遗漏了必须参加诉讼的当事人，法院不予采信。诚实信用是民事法律关系应当遵循的重要原则，该原则系建立在当事人合法行使权利、履行义务的基础上。本案中，因张某国与红战公司签订的《居间协议》无效，张某国的居间行为违法，故一审法院对张某国主张居间费用的诉讼请求不予支持，并不违反诚实信用原则。此外，张某国如果认为其他有关当事人或案外人在建筑市场中存在因违法行为而获利的情况，可依法向建筑市场有关主管部门反映，并由有关部门依法予以处理。张某国上诉主张一审判决违反诚信原则及不让违法违约者得利原则，法院不予采信。综上，上诉人张某国的上诉请求不能成立，应予驳回。一审判决认定事实清楚，适用法律正确，应予维持。判决：驳回上诉，维持原判。[1]

【案例3-194】 哈尔滨金鑫建筑工程有限公司与王某柱工程信息费纠纷再审案

最高人民法院认为，关于王某柱介绍工程行为的效力。涉案工程为造价1044.4万元的商业服务和住宅楼，属于按规定必须进行招标而未招标的工程。王某柱介绍涉案工程，金鑫公司承诺付给其46万元工程信息费，直接规避了建设工程的招投标程序，双方的行为不仅违反了建设部、国家工商行政

---

〔1〕 参见《最高人民法院公报》2023年第5期。江苏省南京市中级人民法院（2020）苏01民终10148号民事判决书。

管理局《建筑市场管理规定》(已失效)第五条关于"任何单位和个人都不得在承发包活动中行贿受贿或者收受'回扣',不得以介绍工程任务为手段收取费用"的规定,而且违反了《招标投标法》第四条关于"任何单位和个人不得将依法必须进行招标的项目化整为零或者其他任何方式规避招标"的规定。根据《建设工程解释》第一条的规定,因建设工程必须进行招标而未招标所签订的建设工程施工合同为无效合同。本案中因王某柱非法介绍工程,规避行政主管部门对招投标的监管,导致本案建设工程施工合同无效,其与金鑫公司约定借此收取工程信息费,不受法律保护。否则,如果因规避招标导致建设施工合同无效而认定规避招标行为有效,允许从非法行为中获得利益,那将会使不法行为合法化,不仅有损法律的权威,而且客观上会鼓励这种行为发生,扰乱建筑市场秩序,损害建筑工程质量,危害购房人的安全。[1]

【案例3-195】 王某亮与林某居间合同纠纷再审案

再审法院认为,王某亮与林某签订的案涉《合作居间费给付合同》约定王某亮促成林某与广西建工集团第四建筑工程有限公司就南宁市横县景江花园工程签订施工合同,林某支付居间费用。后王某亮、林某与广西建工集团第四建筑工程有限公司十二分公司于2014年6月12日签订了《建筑工程管理责任书》,该《建筑工程管理责任书》性质上是建设工程施工合同,由于我国法律规定取得建设工程资格要取得相应的资质条件,王某亮、林某承包建设工程不符合资格。案涉《建筑工程管理责任书》为无效合同。依法成立的合同才受法律保护,居间合同中促成合同成立指合同合法有效的成立,本案林某没有与广西建工集团第四建筑工程有限公司就南宁市横县景江花园工程签订有效施工合同,王某亮要求林某支付居间报酬及违约金的主张不成立。因此,原审判决认定事实清楚,适用法律正确。[2]

【不同处理】 居间事项系促成签订违反法律、行政法规强制性规定的无效建设工程合同的,居间合同也无效,法院对居间费可酌定支持。

【案例3-196】 郎某与张某伟等居间合同纠纷再审案

再审法院认为,综上分析,张某伟明知郎某没有合法建筑施工资质、需要借用有资质的公司施工,仍为其居间介绍工程项目,损害建筑质量安全管理的社会公共利益,系无效民事行为。原审法院认定涉案居间合同合法有效,适用法律不当。但郎某与张某伟签订了居间合同,且经张某伟的介绍代表欧达公司与仟福公司签订了施工合同并领取了部分工程款,现又主张合同无

---

〔1〕 最高人民法院(2013)民提字第92号民事判决书。

〔2〕 广西壮族自治区高级人民法院(2021)桂民申772号民事裁定书。

效,不支付居间费,有违诚实信用原则。故本案应在认定合同无效的基础上,依据诚实信用原则,综合考虑张某伟实际提供服务和支出费用的情况,公平合理地认定郎某应当承担的责任。郎某的部分再审理由成立,符合《民事诉讼法》第二百条第六项规定的再审情形。[1]

【案例3-197】 刘某昶与韩某锦、韩某俊居间合同纠纷再审案

再审法院认为,刘某昶的再审申请不能成立,理由如下:《建筑法》第二十六条规定,“承包建筑工程的单位应当持有依法取得的资质证书,并在其资质等级许可的业务范围内承揽工程。禁止建筑施工企业超越本企业资质等级许可的业务范围或者以任何形式用其他建筑施工企业的名义承揽工程”。经查,刘某昶与韩某俊、韩某锦签订《工程业务提成协议》,明确约定刘某昶负责将宏远公司中标的“启东宝丰置业有限公司恒大海上威尼斯首四期B型低层住宅114幢、主体及配套工程”洽谈承包给韩某俊、韩某锦承建,并由刘某昶收取相应的居间报酬。而韩某俊、韩某锦系个人承揽上述建设工程,其并无承建该工程的施工资质,刘某昶对该事实应当明知,故《工程业务提成协议》约定的居间事项违反上述法律的强制性规定,该协议无效。二审判决在认定该协议无效的前提下,酌定由韩某俊、韩某锦承担部分劳务费用,并无不当。[2]

【案例3-198】 梁某华与李某居间合同纠纷再审案

再审法院认为,贵港市中级人民法院于2019年12月25日作出(2019)桂08民终1393号民事判决属于生效判决,认定梁某华与戴某福之间签订的《工程施工合作协议书》是非法转包关系。唐某军在明知梁某华个人不具有承包建设工程相关资质的情况下,约定由唐某军促成梁某华以个人名义承包案涉工程,违反法律法规强制性规定,双方签订居间服务合同无效。在本案中唐某军按照合同约定提供了服务,梁某华签订了《工程施工合作协议书》,梁某华不能完成涉案工程不是唐某军造成的。案涉《居间合同》认定无效的情况下,双方均有过错,相互负返还义务。唐某军提供的服务无法返还,应给予折价补偿。唐某军已完成主要合同义务,预付140万元可作为其提供媒介服务的折价补偿,没有返还的必要。原审判决并不是以合同无效为依据判决梁某华支付140万元居间费用。[3]

---

〔1〕 河南省高级人民法院(2021)豫民申176号民事裁定书。

〔2〕 江苏省高级人民法院(2020)苏民申7606号民事裁定书。

〔3〕 广西壮族自治区高级人民法院(2020)桂民申3929号民事裁定书。

专题四　建设工程施工合同责任纠纷

施工合同违约纠纷是建设工程合同争议的多发点，既有与一般合同的共性，也有建设工程自身的特点，有必要作专门探讨。建设工程施工合同纠纷中，对于发包人或承包人主张的实际损失是其争议的焦点，更是认定和处理难点，尤其是对发包人因承包人不履行交资料所引发的损失更有争议。本专题分别从违约的角度，阐述责任认定与承担；从实际损失的角度，阐述赔偿责任划分与处理。

一、施工合同责任理解

(一)施工合同责任含义

合同责任是当事人违反涉及合同的义务,依法应当承担的不利法律后果。[1]

合同责任以合同债务不履行为前提,以过错为核心,以合同责任的承担方式和赔偿范围的确定方式为保障,构建一个丰满健全的法律制度。[2]

合同责任是责任的一种。有学者认为,从文义上看,责任是指债务人对债权人强制干涉的服从状态,但责任也常被用于表达债务的意义。[3] 也有学者认为,责任指债务人当为给付而未给付或不完全给付时,应服从债权人之强制取得之关系。由于此种强制取得的责任关系,附加于债务关系,债务才有拘束力,从而为实现债之目的,责任乃具有担保作用。[4] 合同责任主要是财产责任,但有例外,即合同责任与侵权责任竞合时,允许当事人有选择非物质性民事责任之权利。合同责任是违反涉及合同义务的不利后果,但其具有相对性,即发生在特定的当事人之间,这是明显区别于侵权责任的。应该看到合同责任相对性的例外,即第三人侵害债权理论的出现。一般来讲,合同责任可以由当事人事先约定,这是基于意思自治原则,即可以由当事人在合同中事先约定违反合同义务应当承担责任的方式和方法,自然可以直接约定违反合同义务的违约金。但合同责任约定要受到法律的限制,因其归根结底是一种国家强制方式,不可能完全自由,对超出法律规定责任范围和方式约定的无效,对约定违约金过高过低的,可以请求法官进行适当调整。合同责任除了约定部分之外,还有相当一部分是法定责任,这是不可以由当事人自由约定的,对于强制性规范的责任,即便约定也是无效的,这并未超出意思自治原则范围。买卖合同责任是合同责任的一种,自然适用合同责任的理论和制度。

---

〔1〕 参见冉富强等:《合同责任研究》,吉林大学出版社 2008 年版,第 11 页。

〔2〕 参见张礼洪:《罗马法中的合同责任及其在现代中国的发展》,载梁慧星主编:《民商法论丛》第 1 号(第 5 卷),法律出版社 1996 年版,第 634 页。

〔3〕 参见王洪亮:《强制履行请求权的性质及其行使》,载《法学》2012 年第 1 期。

〔4〕 参见林诚二:《民法理论与问题研究》,中国政法大学出版社 2000 年版,第 208 页。

《民法典》第五百七十七条规定:“当事人一方不履行合同义务或者履行合同义务不符合约定的,应当承担继续履行、采取补救措施或者赔偿损失等违约责任。”第五百七十八条规定:“当事人一方明确表示或者以自己的行为表明不履行合同义务的,对方可以在履行期限届满前请求其承担违约责任。”

立法者认为,违约责任即违反合同的民事责任,也就是合同当事人因违反合同义务所承担的责任。违约责任是当事人一方不履行合同义务或者履行合同义务不符合约定所应承担的后果,违约责任是合同义务的转化和延伸,合同义务是第一性义务,而违约责任是第二性义务,两者具有同一性,无合同义务即无违约责任。[1]

《民法典》第八百零一条规定:“因施工人的原因致使建设工程质量不符合约定的,发包人有权请求施工人在合理期限内无偿修复或者返工、改造。经过修理或者返工改造后,造成逾期交付的,施工人应当承担违约责任。”

《民法典》第八百零二条规定:“因承包人的原因致使建设工程在合理使用期限内人身损害、财产损失的,承包人应当承担赔偿责任。”

《民法典》第八百零三条规定:“发包人未按照约定的时间和要求提供原材料、设备、场地、资金技术资料的,承包人可以顺延工程日期,并有权请求赔偿停工、窝工等损失。”

《民法典》第八百零四条规定:“因发包人的原因致使工程中途停建、缓建的,发包人应当采取措施弥补或者减少损失,赔偿承包人因此造成的停工、窝工、倒运、机械设备搬迁、材料和构件积压等损失和实际费用。”

按照合同约定承担违约责任,或在对违约责任没有约定或约定不明确时,要求出卖人承担修理、退货、减少价款或者报酬等违约责任。

(二)施工合同实际损失理解

赔偿损失在司法实践中适用极为广泛,其主要以损害赔偿金的形式出现,也是极需要厘清的问题。

1. 实际损失特征

其一,实际损失必须是已经发生的客观事实,没有发生或即使以后发生的事实均不能称为实际损失。

其二,实际损失产生的原因是合同一方或双方因违约行为,及合同无效造成

---

〔1〕 参见黄薇主编:《中华人民共和国民法典合同编释义》,法律出版社2020年版,第263页。

的后果。

其三,实际损失产生与违约或合同无效具有因果关系,不具有因果关系的则限制其为实际损失。

其四,实际损失赔偿数额,受到可预见规则的限制,超出可预见规则的则不予赔偿,对于一方扩大的损失则限制主张赔偿。

其五,实际损失造成的原因,因个案情形不同而有别,有工期造成的,亦有不交资料致程序性阻碍造成的,合同解除或无效造成等,而非固定单一的原因。

其六,实际损失因主体不同而范围存在差别。对发包人而言,主要为迟延交房或出租而承担违约金、借款利息等,对承包人而言,主要为停工、窝工费用等。

其七,实际损失赔偿不需双方在合同订立和履行中事先约定,无论是否约定均不影响行使主张赔偿权利,但事先约定损害赔偿金是例外。

其八,实际损失外在表现形式,因个案主张损失主体不同而有别。具体来讲,对于发包人讲主要是借款利息、租金、办公费用、固定资产折旧、员工工资等为表现形式,从外观上表现发包人经营管理过程的费用;对承包人讲主要为停工、窝工的人工工资、机械租赁费等施工中必然发生的费用。

其九,实际损失是可以计算的,无法计算的损失不能得到法律支持。

其十,实际损失认定,应由主张赔偿损失方承担举证责任,举证不能的则承担不利后果。一般情况下,主张赔偿损失方举证对方有造成损失的事实与因果关系后,申请司法鉴定确定具体数额。

2. 实际损失范围

实际损失范围指哪些损失可以成为涉案中主张赔偿范围。一般来讲,损失主要包括为准备签订履行合同支出的费用和签订以及履行合同过程中支出的费用,包括直接费用和间接费用,但不包括利息。根据《建设工程解释(一)》第三条第二款规定,发包人故意不办理规划审批手续而给承包人造成的损失应予赔偿。《民法典合同编通则解释》中明确采纳了赔偿可得利益说,据此,在施工合同纠纷中的损害赔偿的范围包括履行利益(也称期待利益、可得利益),但无效施工合同赔偿范围不包括可得利益损失。

开发商和承包人两方面的实际损失不同。在开发商方面实际损失主要为借贷资金迟延而产生的滞纳金或违约金、出售出租商铺或车库未能交付的损失、土地使用成本、固定资产折旧、人员工资和养老统筹、燃油费、取暖费、办公费用、销售利润、迟延交付购房人商品房而承担交房或办证违约金以及质量修复费用或材料费等。在承包人方面实际损失主要为工人工资、机械或租赁物的租赁费、合理利润等相关费用。

3. 实际损失分类

《民法典》第五百八十四条规定了法定损害赔偿金,其第五百八十五条规定了约定损害赔偿金。就约定损害赔偿而言,即遵循有约定从约定的原则,一般来讲争议不大。就法定损害赔偿而言,依功能不同,又分为惩罚性和补偿性两种。合同责任包括违约责任以补偿为首要的、基本的功能,惩罚是其例外补充功能。故法律无特别规定,法定损害赔偿金原则上应为补偿性法定损害赔偿金。这主要由两部分构成,一是实际损失,即现实财产的减少,又称直接损失。对于直接损失可按当事人为订立合同和准备履行合同所实际支出或减损的费用确定。二是预期利益损失,指缔约时可以预见到的利益,又称可得利益或间接利益损失。实践中对预期利益损失界定,预期利益损失不得超出违约方缔约时预见到或应当预见到的违约可能所致的损失。

4. 实际损失赔偿构成要件

根据《民法典》第五百八十四条第一款规定,一般认为赔偿损失责任构成要件:其一是有违约行为,其二是有损失后果,其三是违约行为与财产等损失之间有因果关系,其四是违约人有过错,或者虽无过错,但法律规定应当赔偿。根据《建设工程解释(一)》第六条第一款规定,建设工程施工合同无效损失构成要件,对方过错、损失大小、过错与损失之间的因果关系。

5. 实际损失因果关系

因果关系是指各种自然现象和社会现象之间的一种内在的必然联系。民事主体只能为自己实施行为的损害后果承担责任,没有因果关系的损害赔偿责任是不成立的。[1] 在主张实际损失的争议中,如何理解和把握构成实际损失构成要件即因果关系至关重要,法官以举证不能证明实际损失的存在而不支持其诉求,其实质就是不认可实际损失与违约方存在因果关系。一般从理论讲,对于延期付款、延期交工造成实际损失容易理解和把握,因为时间的向后拖延而致守约方在预定时间的目的不能实现,其拖延期间产生的各种费用就构成损失。因违约方的行为与造成其后果之间存在必然的内在联系,即无违约行为则无违约行为的现实后果,自然成为因果关系。但实践的认定并非这种理论上公式,涉及举证的充分等诸多方面问题。而且违约行为导致损失后果并不能直接表现出来,而是因一违约行为阻碍下一流程,而该流程阻碍又致使再下一流程受阻,在其因果关系的认定上争议颇大,并没有现成法律对此作出明确规定,认定此类因流程受阻损失是

---

〔1〕 参见王利明等:《侵权责任法新制度理解与适用》,人民法院出版社2010年版,第355页。

根据《建筑法》《城乡规划法》《环境保护法》《档案法》《建设工程质量管理条例》等诸多法律、法规、规章的规定，甚至是档案接收目录规定，在这些规定具体内容之间有一定联系性来判断因果关系。如档案接收资料目录中列出必须交付的资料，在承包人交齐并符合档案规范的前提下，档案馆方出具接收资料。而有了接收资料证明才能申请规划认可书，其后方能进入下一个流程。笔者认为，因一违约行为致使下一流程，进而影响到进入最后流程之间存在必然内部联系，其违约行为与损失之间就构成因果关系。对因果关系成立除了厘清上述逻辑思路，另一方面应注意证明违约方违约行为的举证，其举证侧重点在违约事实清晰而不产生异议，其实际损失举证应具体细化，对二者的关系能够阐述清楚使法官能依据逻辑推理、生活经验得出此违约行为则必然产生此结果肯定性结论。

违约行为与损失的因果关系问题。对于施工合同损失认定，必须对违约方具有违约事实确认，没有违约行为则损失不成立，或者虽有损失存在但不是违约行为造成的，其主张损失不能得到法律支持。换言之，违约事实是认定损失的前提和基础。

【案例4-1】　新疆建工建团第六建筑工程有限责任公司与新疆天通房地产开发有限公司建设工程施工合同纠纷案

最高人民法院认为，施工过程中双方为支付工程进度款、交工期限等问题屡屡发生争议，有大量的往来函件证明，双方事实上已经变更了施工合同约定的付款和交工的相关约定，部分施工项目还存在设计变更、发包人以垫付材料折抵工程款等情况。对变更设计应当如何调整费用、顺延工期等当事人约定不明。正因如此，一审法院才在双方当事人同意的情况下，委托鉴定机构对本案讼争工程造价进行鉴定，意图通过鉴定方式确定工程造价数额。一审法院认为“双方对合同履行均存在不规范、不完全合乎要求的情况，因此，对双方要求对方承担违约责任的主张均不应予以支持”的认定，是适当的，应予维持。据此，对新疆六建提出停工损失的赔偿请求，不予支持。[1]

认定承包人违约行为造成发包人实际损失之间因果关系，必须厘清发包人在承包人违约行为存续期间经营费用是否必然发生，如果不存在承包人违约行为，则发包人则不必然发生违约期间的费用，反之，则不发生该笔经营费用，对此就应该认定二者存在因果关系。从主观明知上讲，承包人在签订施工合同时就已经知道发包人建设的商品房是要出售的，购房人在购房合同约定的时间不能取得房屋，发包人为此要承担迟延交房和办证两项违约金，而这些违约结果的源于承包

〔1〕 参见最高人民法院民事审判第一庭编：《最高人民法院民事案件解析》（建设工程），法律出版社2010年版，第51页。

人的违约行为。从时间上讲,承包人按时交工,则发包人可以在预期时间内交房和出售出租商铺,根本不用支付因违约行为持续产生的各项费用,即延期时间段内的各项费用的增加。从完成备案上讲,发包人建设的工程最终目标是要在建设行政机关完成备案,通过确认进而向购房人出售商品房获取经济利益。因承包人违约行为致使流程障碍而不能按期完成备案,其发包人不能完成的期间发生的费用和承担的违约责任,均因承包人违约行为所致。

对于因果关系是否成立,在案件中是由法官裁量的。有律师认为,违约行为与损害后果之间能否建立因果关系,则一方面需要借助于事实的认定,另一方面也需要法庭或者仲裁庭的裁量。[1]

【案例4-2】 盐城公司与中太公司、城股公司建设工程施工合同纠纷案

二审法院认为,关于盐城公司主张的赔偿退场费30万元的上诉请求。虽城股公司与盐城公司所签《建设工程施工承包合同》因城股公司非法转包而被认定无效,双方对合同无效没有责任。但盐城公司入场施工后,终因城股公司工程款不到位,致使盐城公司停工退场,并为此赔偿朱某施工队停工及退场损失30万元,此损失完全归责于城股公司,盐城公司要求赔偿该损失的上诉请求,原审判决予以驳回处理不妥,本院予以纠正。因该款系因城股公司资金不到位造成的赔偿款,不属于工程款,盐城公司要求中太公司共同赔偿损失之上诉请求,本院不予支持。[2]

【案例4-3】 海口海景酒店有限公司诉江西省工业设备安装公司建设工程施工合同纠纷案

二审法院认为,关于海景公司诉请安装公司赔偿经济损失3,963,396元的问题,海景公司提供《审计报告》,主张因安装公司私自停工245天导致海景酒店不能如期于2007年11月营业因而给其造成了银行借款利息损失3,963,396元,安装公司应予赔偿。但安装公司未如期完成施工影响的只能是酒店正常营业收入,与海景公司主张的借款利息并无直接联系,故海景公司该项主张无事实和法律依据,不予支持。[3]

主张损失赔偿因果关系的表现形式,因个案而有不同载体,其双方索赔停工确认单就是一种。

---

〔1〕 参见林立:《工程合同:法律、规则与实践》,北京大学出版社2014年版,第532页。

〔2〕 北京市高级人民法院(2011)高民终字第22号民事判决书。

〔3〕 海南省高级人民法院(2012)琼民一终字第38号民事判决书。

【案例4-4】 李某祥与河南大城(集团)房地产开发有限公司、郭某宏等建设工程施工合同纠纷案

二审法院认为,关于李某祥上诉主张停工损失的问题。李某祥一审举证4#楼因工程款不到位导致2005年4月1日至8月30日间断停工97天,并据此索赔停工损失费202,157.15元。李某祥经与大城公司核算,双方于2008年12月25日确认"停工损失及其他各项补偿199,000元",原审法院据此判决并无不当,李某祥上诉称双方确认的停工损失"实际是对四层改两层的结算,而不是对整个工程停工损失的认定",因无相关证据,本院不予采信。[1]

(三)施工合同违约与损失关系

《民法典》第五百八十四条规定违约赔偿的法定数额,合同双方在合同中约定的违约金与定金是其约定赔偿方式。此外,在有的施工合同中,当事人还有可能约定其他非典型的违约赔偿的计算方法。约定赔偿责任与法定赔偿责任适用关系上,在存在约定赔偿责任的情况下,应当依意思自治原则优先适用合同约定赔偿责任,但并不排除法定赔偿责任可以并用。也就是说,一方违约给相对方造成实际损失的,有可能除承担违约金外还可能承担赔偿实际损失。

1.违约责任与实际损失赔偿关系

违约责任和实际损失赔偿并不等同,但有紧密联系。违约后的救济措施里,二者属于不同类型的救济措施,针对不同的违约及后果发挥作用。从二者特点看,违约金作为一种违约的补救方式,具有实际损失赔偿所不具有的特点。由于违约金的数额可由当事人在订立合同时约定,这样当事人对违约后承担责任的范围予以确定,一旦发生违约,则不必再予以逐项计算,避免举证困难,而实际损害赔偿则正好相反,常常遇到计算损失的范围和举证困难。这里讲的违约金并未区分惩罚性违约金和补偿性违约金,对惩罚性违约金来说,是不考虑实际损害的,对这一点亦达成共识。对于补偿性违约金来说有一种观点认为可以代替损害赔偿,一般不可以另行要求赔偿损失。实践中,有的法院是如果支付违约金不足以弥补实际损失,守约方还可以要求赔偿损失。二者的共同点是,违约责任和实际损失赔偿均是由违约方的违约行为造成而应当承担的责任,二者都是对守约方的补偿,都可归结为造成守约方的主张权利范畴,守约方对此都有权向违约方主张违

---

[1] 河南省高级人民法院(2011)豫法民三终字第00089号民事判决书。

约责任与实际损失赔偿。

违约责任与实际损失赔偿二者之间亦有区别,违约责任特指违约金,是双方签订合同时对违约行为预先约定的计取违约金数额或计算违约金数额的方法,而实际损失是合同双方签订合同时没有约定,因违约方违约行为造成的各种经济损失。从性质上讲,违约金是约定的,具有人为性;而实际损失是法定的,具有客观性。从成立时间上讲,违约金是在合同订立的双方预先约定,而实际损失是合同成立后履行中发生的。从范围上讲,违约金只是在合同订立时预先对违约行为明确的承担范围。赔偿实际损失,根据《民法典》第五百八十四条的规定,赔偿损失额应相当于因违约造成的损失,包括合同履行后可以获得的利益,但不得超过违反合同一方订立合同时预见到或者应当预见的因违反合同可能造成的损失。也就是说,赔偿实际损失范围远大于主张违约金的范围。从适用条件讲,适用违约金时,对守约方并不要求有实际损失。而守约方主张实际损失时,必须存在可量化的损失但也应承认例外情况。从举证责任上讲,主张违约责任,只要证明违约方违反合同约定行为即可,主张实际损失必须举证证明每一项损失的具体数额。

在实践中,一般来讲,在守约方不存在实际损失的;守约方只能选择主张违约金,对其主张实际损失的,法律不予支持。在守约方存在实际损失的,守约方可以选择违约金,亦可以选择主张赔偿实际损失,还可以选择同时主张违约金与赔偿实际损失,法律应尊重和支持守约方的选择。当然,在守约方存在实际损失时,又有违约金约定的,守约方可以放弃违约金主张,而只主张赔偿实际损失。违约金和损害赔偿在有些情况下是限制同时使用的,即守约方不存在实际损失时,这是法理上可理解为二者同时以补偿为目的,不可重合。但应该注意到,仅主张违约金的,《合同法》规定只有当违约金数额过分高于实际损失时,违约方可以请求法院减少违约金。违约金的高低是以守约方的实际损失作为参照标准的。

承担违约金与赔偿损失并用问题。司法实践中,最高人民法院持违约金与实际损失可以并用的态度。单就实际损失赔偿而言,一般来讲法律支持守约方主张赔偿实际损失数额。也就是说,守约方向法院主张赔偿实际损失的数额不等于违约金数额,违约金与实际损失赔偿之和可能大于或等于实际损失。个案中,当合同约定违约金相当于每年24%利息(现为全国银行业市场报价利率),且又未举证实际损失高于约定违约金时,法院不予支持违约金与赔偿实际损失并用。

【案例4-5】 新疆宏运房地产开发有限公司与新疆建工集团第一建筑工程有限责任公司建设工程施工合同纠纷案

关于一审法院在判决新疆一建承担违约责任的同时又判决其承担赔偿责任的问题。最高人民法院认为,在存在双方当事人约定因违约产生的损失赔偿额的计算方法的时候,每延误一天,承担合同总价款万分之一的违约金,相当于支持每年36.5%的利息,宏运公司提出再依据租金标准计算损失,认为约定的损失低于新疆一建给其造成的损失,由于租金标准既与合同约定不符,又无法律依据,故该项请求不能成立。如新疆一建既赔偿约定的违约金,又赔偿依据租金计算出来的损失,就会导致违约金重复计算,加重新疆一建的责任。因此,宏运公司该项请求,不予支持。[1]

需要厘清两种观点,一是违约金与赔偿实际损失是总分关系当然不能一并主张,二是违约金不足以弥补损失时,方可主张实际损失。笔者认为这两种观点是不正确的。就前一种观点而言,《民法典》第五百八十三条并未规定赔偿损失与违约金是总分关系的规定,立法者在《民法典》释义中未见其该类定义,最高人民法院司法解释及公布的案例亦未见该类提法,从法理角度讲并无此界定,故该观点无法律依据。就后一种观点而言,违约金和赔偿损失都是违约救济措施,均为守约方的权利,这种权利的行使并非受违约金不足以弥补损失之限制,守约方行使何种权利由其自主决定,差别在于行使违约金请求权必须有合同约定,而行使赔偿实际损失请求权基于法律规定而不需要合同约定,其例外是合同对损失有预定数额的。

需要说明的是,施工合同约定,违约方承担定金责任后,守约方不可进一步追究其他违约责任,对此约定效力应正确界定。笔者认为,按照合同意思自治的原则,当事人在合同中承诺今后互不追究对方其他违约责任,实际上是预先抛弃追究对方当事人其他违约责任的权利,属于权利处分行为,处分后果只涉及当事人双方的利益,不存在损害社会公共利益和第三人权利的情况;并且,该约定在买卖双方任何一方违约的情况下都同样适用,双方的权利义务是对等的,也不存在利用格式条款限制对方主要权利的嫌疑,该约定应为有效约定。

2. 放弃违约责任后主张实际损害赔偿

在守约方与违约方就合同履行中协商放弃追究违约方违约责任的,法律应尊重守约方的意思表示,守约方应受其放弃违约责任意思表示之约束,不得对违约方的违约责任再进行追究。笔者认为,守约方放弃对违约方责任追究并不等于放弃对其实际损失赔偿主张权利,二者不能画等号。因为实际损失是现实发生、客观存在的。从文义上讲,守约方放弃追究违约责任并没放弃实际损害赔偿。从意思表示讲,守约方放弃追究违约责任有意思表示,而对实际损害赔偿并没有放弃的意思表示,二者意思表示范围和含义不发生重合。当守约方因违约方违约行为造成的实际损害,应当允许守约方主张实际损害赔偿,这符合损害赔偿适用原则,也与法理、公平原则不发生冲突。需要注意的是约定损害赔偿的调整问题。约定

〔1〕 参见最高人民法院民事审判第一庭编:《最高人民法院民事案件解析》(建设工程),法律出版社2010年版,第223页。

损失赔偿实际上只是约定了损害赔偿计算方法,并不可能等于实际的损失。基于公平原则,可对损害赔偿过分高于实际损失的进行调整。

在守约方放弃违约金后,在合同约定赔偿与实际赔偿存在时,应以守约方主张权利诉求而定。在守约方对其二者同时主张的,笔者认为,应支持其实际损失诉求,而不宜再支持约定赔偿诉求,这样方符合公平原则。

需要进一步研究的是,守约方放弃违约金主张的,实际损失赔偿的额度是否全部或部分包含违约金在内。笔者倾向于不应包含约定的违约金,因为这一部分守约方已经放弃。

关于合同中的工期延期的违约金约定得较少,实际损失多问题。有律师提出:施工承包合同对单位的工期延迟罚款从性质上说是双方约定违约金,如果施工单位延误工期,造成工程迟延交付,通常应当按合同约定的违约金承担违约责任。但迟延交付工程造成建设单位的损失实际远大于合同约定的违约金,此种情况下违约金已不能补救建设单位的损失,根据《民法典》第五百七十七条的规定,建设单位可以不主张违约金而要求施工单位赔偿因其迟延交付工程而造成的实际损失。建设单位亦可以根据《民法典》第五百八十五条规定,以约定的违约金远低于实际损失而要求法院或仲裁机关予以增加。这里要提醒的是,与违约金相比,实际损失的举证是比较困难的,建设单位如果发现约定的违约金过分低于实际损失的,一定要在合同履行过程中做好相关证据的收集、整理、保全等工作,以备举证需要。[1] 也就是说,在个案中双方约定可以放弃也可以守约方单方放弃违约金而主张实际损失。

3. 违约金与实际损失赔偿并存

违约金与赔偿实际损失并存问题,目前已成为多数人共识。在合同履行中,一方当事人违约并造成相对方实际损失的,守约方可主张违约金也可同时一并主张赔偿实际损失,法律应支持守约方的选择。违约金与赔偿实际损失可同时予以支持。

【案例 4-6】 沈阳军辉房地产开发有限公司与辽宁金鼎电力设备有限公司、辽宁金鼎电力设备有限公司沈阳分公司建设工程施工合同纠纷案

一审法院认为,关于军辉公司主张的要求被告给付延期供电违约金757,000 元的诉讼请求。因双方供电合同中约定,金鼎公司沈阳分公司延期供电除赔偿原告一切损失外,另向军辉公司支付工程造价 10% 的违约金。

---

〔1〕 参见朱树英:《工程合同实务问答》(第 2 版),法律出版社 2011 年版,第 161 页。

现金鼎公司沈阳分公司施工的一期工程15号楼至今未能供电，二期工程逾期供电75日，金鼎公司沈阳分公司已构成双方约定的违约条件。因涉案的一期工程在施工中设计规划发生变化，故一期工程延期供电违约金按军辉公司已付工程款2,800,000元计算10%为280,000元，二期工程造价1,470,000元，违约金按10%计算为147,000元。上述共计427,000元。本院对该数额，予以确认。关于军辉公司主张的要求金鼎公司给付临时用电费用704,000元的诉讼请求。因金鼎公司施工的一期15号楼至今未能供电，导致军辉公司为此垫付临时用电费与军辉公司逾期供电行为存在因果关系，而金鼎公司亦未提供证据证明其有减轻或免除责任的事由。故金鼎公司对金鼎公司支付的临时用电费用，应予赔偿。依据军辉公司提供的证据，本院计算临时电费共计660,000元。对该数额，本院予以支持。二审法院亦持同样意见维持一审判决。[1]

【案例4-7】　湛江经济技术开发耀华建筑装饰工程公司与湛江市坡头区南调街头社区卫生服务中心建设工程施工合同纠纷案

一审法院认为，"涉案《采购合同》第4条第3款约定，若因中标人原因造成延误工期的，每延迟1天，按总造价的0.1%罚款，但不得超过预算额的10%"，该"罚款"约定应视为当事人在合同中约定的因工期延误而约定的惩罚性违约金条款。耀华公司因存在擅自停工延误工期，经南调卫生中心多次催告后至今仍未完工的违约行为，应依约向南调中心支付迟延履行的违约金，故对于南调卫生中心请求耀华公司支付工期迟延罚款188,679.38元，予以支持。由于在本案《采购合同》中并未约定根本违约金条款，故南调卫生中心主张耀华公司承担赔偿损失的违约责任，予以支持。二审法院认为，关于违约金与赔偿金是否可同时支持问题。由于耀华公司违约，造成涉案工程无法如期交付使用，使南调卫生中心租房开展业务，造成南调卫生中心损失且该损失至今仍在继续，根据《合同法》第一百一十四条……的规定，原审判决既支持违约金又支持赔偿损失并无不当。耀华公司该上诉主张理由不成立，不予支持。[2]

应注意的是，上述两例违约金与实际损失并用案例中，法院并未强调违约金必须不足以弥补实际损失问题。

【不同处理】　实践中，有的法院以违约金标准约定低于损失的，支持损失后不再支持违约金。

---

〔1〕　辽宁省沈阳市中级人民法院(2014)沈中民二终字第2607号民事判决书。

〔2〕　广东省湛江市中级人民法院(2014)湛中法民三终字第216号民事判决书。

【案例4-8】 大连双安重型机械设备有限公司与大连瑞恒建设有限公司建设工程施工合同纠纷案

二审法院认为,案涉施工合同中约定,工程质量达不到合同约定的标准,承包人应承担的违约责任为承担5%违约金直至修复合格为止。瑞恒公司实际已施工完成的案涉工程造价为567万余元,按照上述违约金标准计算质量问题违约金为28万余元,即使按照双安公司主张的、按照合同约定的工程总造价1037万元的5%计算为518,500元违约金,该违约金数额亦低于瑞恒公司应向双安公司支付的修复费用762,108元。修复费用应为瑞恒公司因施工质量问题给双安公司造成的实际损失,通过支付修复费用,双安公司的实际损失已经得到补偿,双安公司不能再同时主张质量问题违约金。故双安公司要求瑞恒公司支付质量问题违约金518,500元的主张缺乏事实和法律依据,本院不予支持。[1]

对于违约金部分已经弥补了因逾期竣工导致直接损失,法院一般对违约金之外另行主张的间接损失不予支持。

【案例4-9】 甘肃红旗公司与青海福音公司建设工程施工合同纠纷案

最高人民法院认为,红旗公司逾期竣工,法院已根据双方合同约定,判令红旗公司按照工程总造价万分之五承担违约金,这部分赔偿已弥补了福音公司因涉案工程逾期竣工导致的直接经济损失。而福音公司主张的福茵长乐国际大酒店延期开业损失,不属于本案直接损失,且酒店经营存在商业风险,这种风险的存在不能使损失确定化。因此,福音公司该项主张不能得到支持,一审法院的认定并无不当。[2]

4. 请求调整违约金与实际损失赔偿关系

《民法典》第五百八十五条第一款规定:当事人可以约定一方违约时应当根据违约情况向对方支付一定数额的违约金,也可以约定因违约产生的损失赔偿额的计算方法。笔者认为,该条款既规定了违约金,又规定了可以约定损害赔偿。但这里的约定损害赔偿是在合同订立时的预先约定,并不等于实际损失赔偿。在损害赔偿范围内,既包括预先约定损害赔偿,又包括实际损失赔偿。就违约金与约定损害赔偿二者关系而言,是单项选择适用关系。在一个合同纠纷案中,守约方只能就违约金或约定损害赔偿选择一项请求,或选择请求违约金,或选择约定损害赔偿,限制同时选择两项请求。其法理为,违约金与约定损害赔偿均为订立

---

〔1〕 辽宁省大连市中级人民法院(2014)大民二终字第01012号民事判决书。

〔2〕 最高人民法院(2015)民一终字第249号民事判决书。

合同时预先对违约行为承担合同责任的约定，是对一个行为从两个不同方面合同责任的约定，故不宜同时选择。在主张违约金的前提下，不能以约定损害赔偿作为约定违约金调整的标准，也不能既请求调整违约金又主张约定损害赔偿。

衡量约定的违约金是否过低的最重要、最根本的标准是违约造成的损失，对于损失的内涵，现行法律确定该损失是实际损失。实际损失一般包括财产的毁损、减少、灭失和为减少或者消除损失所支付的费用。调整违约金是以实际损失为标准的，因此实际损失的确定是调整违约金的基础和前提。调整违约金是应举证证明损失发生的原因、损失存在、损失的大小以及违约行为与损失的因果关系。有观点认为，守约方应首先举证证明违约方在承担约定的违约金后还存在实际损失，方可以主张违约金。笔者持不同意见，主张违约金不需要承担实际损失的举证责任，单就主张调整违约金高低的则应承担实际损失的举证责任，如果同时主张违约金和实际损失赔偿的，对实际损害赔偿的举证只是对其该主张的举证，并非对调整违约金的举证。应注意的是，对扩大的损失，既不能成为实际损失范围，也不能列为调整违约金高低参照实际损失范围。

在合同履行过程中，开发商因其自身原因致使合同未能如期履行时，造成施工人较大经济损失，而开发商承担较小数额的违约责任，导致施工人在受损失和获得赔偿方面无法达到平衡，在此情况下，不能简单地机械适用双方签订合同中所约定的违约条款，而应综合考虑各种因素依据公平原则予以调整。也就是说，施工合同中当事人约定的违约金明显远低于损失的，守约方可以要求调高违约金数额。如当事人未按照合同的约定及时支付进度款，显属违约，理应承担合同约定的违约责任。但在具体责任的承担上，应就该违约行为的性质、违约形成的过错程度及约定违约金标准进行评价。实践中，常见的是违约金过低可以请求调高违约金。增加违约金以后，守约方又请求违约方赔偿损失的，法院原则上不予支持。

司法实践中，守约方既主张违约金又主张实际损失的，守约方请求调高违约金的，是否可以支持是有待分析的。违约金是当事人在订立合同时对预先违反合同义务的责任约定，其简化了违约时的计算和举证麻烦。其实际损失则是违约方不履行合同或履行合同不符合约定，造成守约方的实际财产损害，具有客观性。在同时主张违约金和实际损失赔偿的前提下，再要求调整违约金数额，实质上是让守约方获得了额外利益，加大了对违约方的惩罚力度，对违约方不公平，破坏了利益平衡原则。笔者认为，在同时主张违约金与实际损害赔偿时，应限制请求调高违约金。对于违约方请求调低违约金数额的，则需要放在个案中处理，一般情况下也不降低违约金数额。

5. 违约金与约定损失赔偿金关系

约定损失赔偿金与法定赔偿金共同构成违约损失赔偿。就法定损失赔偿金而言,《民法典》第五百八十四条规定,经营者对消费者提供商品或者服务有欺诈行为的,依照《消费者权益保护法》的规定承担损害赔偿责任。该条款是惩罚性法定损失赔偿的相关规定。就约定损失赔偿金而言,《民法典》第五百八十五条第一款中有关约定损失赔偿的规定,即当事人在合同中可以约定因违约产生的损失赔偿的计算方法。以约定损失赔偿金在合同签订、履行时间阶段区分,可分为合同订立时就约定或合同终止时约定。前者为通常多数情形,后者在实践中少,即在合同终止履行后当事人达成违约损失赔偿金或赔偿方案。约定损失赔偿表现为两种形式,一是约定具定赔偿数额,即赔偿金;二是约定损失赔偿的具体方式、方法。在合同订立时,当事人约定因违约产生的损失赔偿的计算方式,本质上是一个独立的附停止条件的合同条款,其效力高于法定损失赔偿。约定损失赔偿金在性质、功能上与违约金类似。其二者的区别除具有补偿性外,还带有一定的惩罚性。根据司法解释的规定,在能够确定实际损失的前提下,违约金可适当超过实际损失,但不能超过损失的30%;对于约定损失赔偿金,原则上不能高于实际损失。[1] 对于二者的关系,如果守约方已经提出增加违约金的,就无权再主张损失赔偿;如果守约方没有要求增加违约金,可以就不足部分另行主张损害赔偿。因此,在已造成实际损失的情况下,守约方除了有权要求违约方支付惩罚违约金以外,还有权要求违约方按照实际损失给予赔偿。最高人民法院法官认为,在考量合同解除违约金与损害赔偿之间的关系时,应当考虑合同解除时的损害赔偿包括了违约金指向的违约损害和其他损害,为尊重当事人的意思自治,人民法院应首先支持违约金的支付请求,然后依据《民法典》第五百八十五条确立的违约金调整方法调整即可:或认为违约金已涵盖了损害赔偿,不再支持损害赔偿请求;或认为违约金低于造成的损失的,依当事人之请求,可增加相应的数额。[2] 在这里惩罚违约金与法定损失赔偿是并存的,并不违背合同法完全赔偿的基本原则。有律师认为,在同时约定违约金和损害赔偿条款的情况下,损害赔偿应属于补充性质,即如果违约金低于实际损失的,才可能适用损害赔偿条款加以调节,反之,则可能无需额外承担赔偿金。[3] 笔者不赞同该种观点,因为没有区分违约金和约定赔偿损失、赔偿实际损失之间关系,也没有考虑合同约定赔偿损失与对违约金

---

[1] 参见沈金锋、奚海青:《合同违约金与损害赔偿金适用问题浅析》,载《法制与社会》2012年第12期。

[2] 参见最高人民法院民事审判第二庭编著:《最高人民法院关于买卖合同司法解释理解与适用》,人民法院出版社2012年版,第430页。

[3] 参见林立:《工程合同:法律、规则与实践》,北京大学出版社2016年版,第535页。

有特别并用约定情形。

当事人约定的损失赔偿超过或者低于因违约造成的实际损失时,能否请求法院予以调整,《合同法》及相关司法解释没有作出明确规定,实务中有两种不同观点。笔者认为,约定损害赔偿金是否可以调整应区分情形而定。对合同订立时约定的损失赔偿金,因是事先约定无法准确判断因违约而产生的经济损失,在合同履行过程中会面临许多不确定因素,约定的损失赔偿金可能与违约事实发生后产生的经济损失存在重大出入,依公平原则自然可以请求调整。其调整幅度与违约金相同。对合同终止(解除)时约定的损失赔偿金,属事后给守约方造成的经济损失可以有明确而具体的判断,其达成的具体赔偿数额或相关条款,应遵循民法的意思自治原则及合同法的自由原则,则不应予以调整。学者认为,至于事后约定,乃于损失发生后,由当事人合意以定其范围之谓。既由当事人合意以定,则其内容如何,除有悖于公序良俗外,自应从其所定。[1] 换言之,对于事后当事人在自愿基础上达成的违约损失赔偿条款,应作为违约方承担责任的依据,即使约定的数额过高,法律没有进行干预必要。但有例外,约定赔偿协议存在《合同法》第五十二条、第五十四条规定的无效或可撤销的情形,法律应予干预。

---

〔1〕 参见郑玉波著、陈某隆修订:《民法债编总论》,中国政法大学出版社2004年版,第228页。

二、施工合同责任法律适用

（一）施工合同违约责任认定

违约责任的认定是建设施工合同纠纷案件妥当处理的基础性问题，发包人违约主要表现为逾期支付工程款、拖延结算等，承包人违约表现为工期违约、工程质量违约等。由于立法上对建设工程施工合同违约行为的认定、违约责任的承担规定笼统简单，而实践中违约形态较为复杂，导致适用较为困难。现就实践中常见的违约形态，分类阐述。

1. 逾期开工违约责任认定

在施工合同约定的开工日期，因发包人或承包人的原因造成未开工的，由责任人承担违约金。

【案例4－10】 浙江元生实业投资有限公司与龙元建设有限公司建设工程施工合同纠纷案

二审法院认为，根据查明的事实，元生公司于2008年3月11日取得1#、2#、3#商务办公楼的建设工程规划许可证，于2008年7月30日取得五星级酒店、精品商场以及地下室的建设工程规划许可证，于2008年4月3日向龙元公司提供施工图纸，至今尚未取得本案工程施工许可证，双方尚未进行水准点与坐标控制点交验，应认定元生公司未完全履行合同约定的发包人在开工前应完成的工作，本案工程项目尚不具备开工条件，工程不能开工的原因在于元生公司，龙元公司请求元生公司支付逾期开工违约金，符合合同约定，应予支持。〔1〕

2. 工期违约责任认定

工期违约是建设工程领域多发争议问题，对违约责任认定应准确。

〔1〕 浙江省高级人民法院（2009）浙民终字第27号民事判决书。

其一,发包人违约责任。

【案例4-11】　牡丹江建工集团与泓辰公司建设工程施工合同纠纷案

二审法院认为,泓辰公司于2008年5月19日接收木糖醇车间一期工程,双方合同约定的竣工日期为2007年7月23日。建工集团主张泓辰公司工程量增加、设计变更及大型设备入场导致工期延误,其上诉举示的细化表、说明等证据未被采信,但原审举示了相关设计变更的图纸和临时签证。泓辰公司虽对变更图纸及签证上其工作人员签字的真实性予以否认,但未举示证据反驳。设计变更的图纸和临时签证证明了截至2008年3月5日(最后一张设计变更图纸的日期)泓辰公司仍在对工程设计进行变更,存在泓辰公司对工程不断进行设计变更影响工期的事实。故2007年7月23日至2008年3月5日应为工期的合理顺延。2008年3月6日起至2008年5月19日应为建工集团的误工时间。建工集团由此承担违约金金额为753,001.97元(误工天数75天×合同约定违约金比率1‰×一期工程总造价100,400,026.28元)。对于泓辰公司要求建工集团给付二期工程违约金问题,因泓辰公司在二期工程施工过程中未拨付过工程款,导致建工集团无法按照施工进度施工,致使合同目的无法实现,故泓辰公司主张二期违约金不能得到支持,原审法院对泓辰公司要求建工集团给付二期工程违约金主张不予支持正确。[1]

发包人指定分包单位,且分包合同实质内容由发包人确定的情况下,发包人对于分包单位工期延误存在过错,应承担工期延误的责任。

【案例4-12】　某核工业建设公司与文化传播公司建设工程施工合同纠纷案

最高人民法院认为,由于案涉专业分包单位系由某文化传播公司指定,虽然某核工业建设公司与指定分包人签订专业分包合同,但分包合同实质内容系由某文化传播公司确定,故一审法院认定其对于分包单位工期延误亦存在过错,并根据各方过错程度酌定该核工业建设公司对工期延误承担60%主要责任,即承担工期延误500天的违约责任,某文化传播公司承担剩余40%的责任,并无不当,本院予以维持。[2]

建设单位未取得建设工程施工许可证等相关手续,致使工程处于无法正常施工的状态,建设单位无权主张逾期竣工违约责任。

---

〔1〕黑龙江省高级人民法院(2012)黑民终字第95号民事判决书。

〔2〕最高人民法院(2021)民终1241号民事判决书。

【案例 4 - 13】 某实业公司与某建设公司建设工程施工合同纠纷案

最高人民法院认为,双方当事人于 2015 年 1 月 15 日签订的《建设工程施工合同》约定开工日期为 2014 年 10 月 10 日、竣工日期为 2015 年 2 月 6 日。案涉工程于 2015 年 9 月才取得建设工程规划许可证,迟于前述约定竣工日期,至今仍未取得土地使用权证、建设工程施工许可证等相关手续,既违反法律规定,也违反合同约定,还致使案涉工程处于无法正常施工的状态。即使某建设公司于 2014 年 10 月 8 日实际开工,但因工程欠缺开工的基本条件,亦属于违法开工。同时,在约定的竣工日期届满后,某实业公司仍在向建设公司发出关于图纸变更调整、施工工艺细化的相关通知,把控工程进度。故某实业公司对于逾期竣工存在过错,其要求某建设公司承担逾期竣工违约金的请求,不予支持。[1]

委托代建合同的委托方未按照合同约定提供建设资金,对施工方工期延误负有主要责任,其主张施工方承担逾期竣工责任不应得到支持。

【案例 4 - 14】 某银行与某建设公司建设工程施工合同纠纷案

最高人民法院认为,某银行作为委托代建合同的委托方,要求将合同内容变更为仅建设 9000 平方米和支付 3000 余万元建设费,同时未按合同约定继续提供建设资金,对合同无法继续履行和工期延误负有主要责任。某银行未按期向某建设公司支付工程项目款,其主张某建设公司承担未及时竣工的违约责任、支付工期延误违约金,不能成立。[2]

发包人对施工过程中的问题不及时解决是造成工期延误的主要原因的,即使因工期延误导致发包人损失,亦应由其自行承担。

【案例 4 - 15】 某建筑公司与某置业公司建设工程施工合同纠纷案

最高人民法院认为,在 2011 年 3 月初,某建筑公司就施工中的问题向某置业公司发函反映,但某置业公司未能提交证据证明问题解决的时间。在施工过程中,某建筑公司就某置业公司指定材料、品牌、型号、施工工艺、分包工程配合等问题向某置业公司发函,但某置业公司未及时答复,拖延的时间从几十天到 167 天不等。2011 年 3 月至 2013 年 10 月,某建筑公司多次发函要求某置业公司支付拖欠的工程进度款。某置业公司对施工过程中的相关问题不及时解决,是造成工期延误的主要原因,即使因工期延误导致其向商品房购房人支付违约金、增加的监理费等损失,亦应由其自行承担。[3]

---

〔1〕 最高人民法院(2020)民终 337 号民事判决书。

〔2〕 最高人民法院(2021)民终 805 号民事判决书。

〔3〕 最高人民法院(2018)民终 857 号民事判决书。

其二,承包人违约责任。

【案例4-16】 威龙建筑装饰设计有限公司等与太原市第一建筑工程集团有限公司第十一工程处装饰装修合同纠纷案

最高人民法院认为,从二审法院查明的事实看,涉案工程于2008年9月1日交付使用,迟于合同约定的竣工日期。威龙公司对于逾期交工120天的事实亦没有异议,仅对延期交工的责任承担存有争议,但威龙公司在本案中并不存在免除逾期交工责任的法定条件,依法应承担相应的责任。同时,根据二审法院查明的事实看,一建十一处亦未严格按照合同约定履行支付工程款的义务。根据合同实际履行情况及民事活动的公平原则,二审判决对逾期竣工违约责任的判定并无不妥。[1]

对施工过程中,非承包人原因造成的工期延误,不能认定为承包人违约。

工程存在初步设计与实际施工情况差异较大、工程量增加、发包人资金不到位等影响施工进度的因素,且监理对承包人关于工期延期时长及损失赔偿的报告单进行确认的,工期延误责任不应由承包人承担。

【案例4-17】 某建设公司与某水电开发公司建设工程施工合同纠纷案

最高人民法院认为,双方之间的《工程承包合同》中并未约定提供施工设计图纸系承包人某建设公司的义务,且从某建设公司提交的有监理及发包人代表签字的报告单等证据来看,案涉工程存在初步设计与实际施工情况差异较大、装机容量增加、业主资金不到位等影响施工进度的因素,且监理对某建设公司关于工期延期时长及损失赔偿的报告单进行了确认,由此可见工期延误并非某建设公司的原因造成。某水电开发公司要求某建设公司承担工期延误的违约责任,不予支持。[2]

发包人存在拖欠工程进度款、设计图纸多处变更、甲供材料迟延等情况,主张承包人承担工期迟延责任,不应支持。

【案例4-18】 某置业公司与某装饰公司建设工程施工合同纠纷案

最高人民法院认为,其一,《施工承包合同》约定,某置业公司对某装饰公司完成工程量核实达到300万元之后,开始支付月进度款,付款比例为当月工程量的80%。从应付款和已付款来看,至2016年12月2日某置业公司的付款比例只有50%多,欠付工程款的事实客观存在。其二,某置业公司提供的图纸变更资料共41项,其中有8项在约定的竣工时间2016年4月15

〔1〕 最高人民法院(2013)民申字第501号民事裁定书。

〔2〕 最高人民法院(2020)民终455号民事判决书。

日之后提供。虽然双方签订合同时已预见了有图纸变更，但图纸变更的情况超出了一般施工方的正常预期。其三，2016年2月28日至7月1日的8份《工作联系单》证明某置业公司没有按时提供甲供材料。无论双方协商变更材料供应方式为甲供是何原因，某置业公司没有按期提供甲供材料的事实导致工期客观上延长。某置业公司要求某装饰公司承担逾期违约金的上诉请求不能成立。[1]

发包人迟延支付工程款，承包人因此停工；发包人在停工期间支付了欠付工程款，但此后未要求复工，承包人也未复工；发包人要求承包人赔偿停工违约金不能支持。

【案例4－19】 金汇公司与裕达公司建设工程施工合同纠纷案

最高人民法院认为，关于裕达公司是否应支付金汇公司停工违约金783万元的问题。如前所述，金汇公司至2017年1月23日才支付完毕3000万元工程款进度款存在逾期支付的事实。因此，案涉工程2017年1月23日之前的停工是金汇公司延迟支付工程款导致，金汇公司无权向裕达公司主张在此之前的损失。案涉工程于2016年11月3日开始停工，在停工之后，金汇公司并未要求裕达公司继续履行合同，裕达公司亦未在3000万元工程进度款支付后复工，双方并无继续履行合同的意思表示，均以自己的行为表明不履行合同的主要义务。（法院因此判决解除合同）因此，金汇公司亦无权向裕达公司主张2017年1月23日之后的损失，本院对其上诉主张的停工违约金783万元不予支持。[2]

甲指分包工程，发包人不能证明承包人未尽到管理义务，在发包人与甲指分包单位存在纠纷以及存在未按时支付工程进度款情形的，发包人主张工期逾期违约责任不应得到支持。

【案例4－20】 某商业公司与某建筑公司建设工程施工合同纠纷案

最高人民法院认为，根据《施工总包合同》约定，上述两项工程系甲指分包工程，某建筑公司对两项工程负有管理义务。原审中，某商业公司未提交证据证明某建筑公司未尽到管理义务。根据某建筑公司出具的《承诺书》，对于非因建筑公司原因导致《承诺书》项下工程未按时完工的，某建筑公司不承担责任。原审判决基于某商业公司与甲指分包单位存在纠纷、某商业公司未按时支付工程进度款以及更换分包单位且更换分包单位的竣工资料直至2018年9月10日才移交某建筑公司等情形，认定《承诺书》项下工程未按

---

〔1〕 最高人民法院（2020）民终449号民事判决书。

〔2〕 最高人民法院（2020）民终724号民事判决书。

时完工并非某建筑公司原因所致,某建筑公司不应承担某商业公司所主张的工期逾期违约责任,并无不当。[1]

建设工程竣工前,当事人对工程质量发生争议时,如工程质量经鉴定合格的,鉴定期间为顺延工期期间;但如经鉴定不合格的,则工期不应顺延,承包人应承担逾期交工的违约责任。

【案例4-21】　陕西西岳山庄有限公司与中建三局建发工程有限公司、中建三局第三建设工程有限责任公司建设工程施工合同纠纷案

最高人民法院认为,涉案工程工期拖延是西岳山庄和三公司共同违约造成的,均应承担违约责任。[2]

发包人存在另行发包和提留工程均未按期完成情形,发包人以工程验收时间滞后为由,要求承包人承担工期延误损失的主张,不能得到支持。

【案例4-22】　某房地产公司与某建设公司建设工程施工合同纠纷案

最高人民法院认为,案涉工程虽然于2017年8月26日才完成五方验收,但验收内容除某建设公司施工的部分外,还包含某房地产公司提留和另行发包的部分工程。鉴于案涉工程施工过程中某房地产公司进行过设计变更,以及某房地产公司另行发包和提留工程均未按期完成,故某房地产公司以工程验收时间滞后为由,要求某建设公司承担工期延误损失的主张,不能得到支持。[3]

因施工合同无效,违约金条款不能当然被采纳,因施工方原因导致工程工期延误并造成损失,施工方应向发包方支付适当的工期延误损失。

【案例4-23】　某房地产公司与某建设公司建设工程施工合同纠纷案

最高人民法院认为,案涉《桩基工程施工合同》约定竣工退场日期为2015年5月30日,由于施工质量问题,案涉桩基工程至2016年6月15日才补桩完成,逾期380天。但某房地产公司主张工程逾期210天,本院予以确认。按照合同约定,工期延误违约金应计算为3,288,339.5元(31,317,519元×0.5‰/天×210天)。因《桩基工程施工合同》无效,该违约金条款不能当然被采纳。但因某建设公司施工质量存在问题,导致案涉工程工期延误并造成损失,某建设公司应向某房地产公司支付适当的工期延误损失。由于某房地产公司在某建设公司开始施工时未取得施工许可证,对案涉工程肢解发包,

---

〔1〕　最高人民法院(2020)民终364号民事判决书。

〔2〕　参见《最高人民法院公报》2007年第12期。

〔3〕　最高人民法院(2020)民终162号民事判决书。

存在过错,本院参照工期延误违约金的数额,酌定某建设公司、某房地产公司各承担50%的工期延误损失责任,故某建设公司应向某房地产公司支付工期延误损失1,644,169.7元。[1]

发包人提供材料滞后,承包人不承担违约责任。

【案例4-24】 某公司与某某公司建设工程施工合同纠纷案

最高人民法院认为,案涉工程合同约定的竣工日期为2016年4月15日,工期存在延误。双方在履行合同中已将部分材料的采购变更为由上诉人提供,根据被上诉人于2016年2月28日、3月10日、3月25日、3月28日、4月16日、5月30日、6月12日、7月1日,因甲供材料供应问题分别向上诉人发出的《工作联系单》,上诉人没有按时提供甲供材料和设计图纸,故工期延误的主要责任在上诉人。工期逾期违约责任承担的前提为承包人存在违约行为。依本案来看,存在发包人自身原因造成工期逾期的情况,发包人不能举证是由承包人的违约行为导致工期逾期,故承包人不应承担违约责任。[2]

因验收不合格导致的工期逾期问题属根本性违约情形,承包方应当承担合同约定的违约责任。

其三,双方违约责任。

发包人和承包人对工期逾期均有责任难以区分,发包人主张工期违约金的将不被支持。施工过程中存在各施工单位交叉施工事项,同时,工程设计变更增加了基础工程量,相应增加了施工期。发包人不能举证证明其损失的具体数额,亦无法证明工程工期延误的责任在于承包人的,对发包人要求承包人承担工期延误违约金的诉讼请求,不予支持。

由于双方原因导致工期延误的事实存在交叉,不能区分各自原因导致工期延误的具体时间段,在此情形下,法院可以根据各自原因导致延误工期的时间,对工期迟延责任进行裁量。

【案例4-25】 某公司与某建筑劳务公司建设工程施工合同纠纷案

最高人民法院认为,超合同工期的原因有工程量增加、交地延迟、拆迁补偿等原因导致的村民阻工、洪水灾害、设计变更以及施工作业面复杂等多种因素,同时也有承包人施工组织不合理、措施不科学、擅自停工等原因。且由于双方原因导致工期延误的事实存在交叉,不能区分各自原因导致工期延误的具体时间段。在此情形下,一审法院根据已经认定的各自原因导致延误工

[1] 最高人民法院(2019)民终589号民事判决书。
[2] 最高人民法院(2020)民终449号民事判决书。

期的时间,认定发包人承担主要责任,某建筑劳务公司承担次要责任,并无不当。[1]

发包人直接指定分包单位,承包人负有约定的管理义务并收取部分总包服务费的,发包人应对分包工程的工期延误承担主要责任,承包人亦应承担一定责任。

【案例4-26】 某房产公司与某建设公司建设工程施工合同纠纷案

最高人民法院认为,根据双方《意向协议》的约定,某建设公司是涉案工程的总承包人,但同时约定,某房产公司另自行分包土方、幕墙、消防、通风空调、防火卷帘等部分工程,由某房产公司、某建设公司与分包工程的承包人共同签订合同,某房产公司为此支付给某建设公司分包工程合同总价2%的总包服务费。2011年,某房产公司作为发包方、某建设公司作为总承包方就部分分包工程与多家分包单位签订《施工分包协议》,约定发包方另行确定分包单位,纳入总承包管理范围。发包方与分包方约定工程造价计算规则,工程款也由发包方直接支付指定分包方。总承包方主要负责审查分包方的安全生产资格、审批施工方案、协调工序安排以及其他方面的监督、指导和检查工作。对于因分包工程延误造成涉案工程不能按期验收的责任承担问题,双方未有明确约定。但从某房产公司直接指定分包单位,某建设公司负有约定的管理义务并收取部分总包服务费的模式来看,某房产公司应对分包工程的工期延误承担主要责任,某建设公司亦应承担一定责任。[2]

双方互有造成工期延误的行为,难以区分各方违约原因的,可以判决不承担工期违约责任。

【案例4-27】 中国二十二冶集团有限公司与盘锦新广厦房地产开发有限公司建设工程施工合同纠纷案

最高人民法院认为,履约中,二十二冶公司存在开工准备不足、前期施工能力不够,工程管理存在缺陷、擅自撤场等履约瑕疵;新广厦公司存在混凝土供给不及时、支付工程款进度款不足、未经竣工验收擅自使用等履约瑕疵;还存在承发包双方沟通、协调、配合等方面缺陷。以上综合原因,或先后、或交叉、或共同作用下导致工期延误,现主合同涉及工期的约定内容已经施工现场洽商记录、补充协议等几经修订,二十二冶公司擅自撤场后业主已安排案外人续建,涉案工程完工后未依法办理竣工验收而又转卖他人。在此情形下,已无法确定工期延误时间,难以区分新广厦公司、二十二冶公司各自应承担工期延误违约责任大小和因此遭受的损失数额。新广厦公司不能证明自

---

〔1〕 最高人民法院(2020)民终912号民事判决书。
〔2〕 最高人民法院(2015)民一终字104号民事判决书。

己无违约行为、工期逾期未交工与其无关的情形下,一审法院未支持其关于工期逾期违约金的请求,并无不当。[1]

【不同处理】 个案中,承发包双方对于工期、质量违约的各自承担相应责任。

【案例4-28】 通宝公司与三建公司建设工程施工合同纠纷案

最高人民法院认为,合同履行中,通宝公司多次对工程进行设计变更,且工程约定施工面积为29,000平方米,实际施工面积为34,282平方米,施工面积增加了5282平方米。因变更增加的工程量价款为1,288,742.37元。南门商厦的部分单项工程,通宝公司另行发包给其他单位施工。在工程未竣工验收之前,通宝公司将收尾工程又发包给江苏通州建筑公司施工完毕。南门商厦工程至今未经质量等级核定验收。因此,造成工期延误及工程未经质量验收的原因是多方面的,既有工程施工面积的变化导致工程量增加的原因,又有双方在合作中没有充分进行协调配合的原因。双方应对工程逾期完工及工程质量问题均承担一定的责任。故可比照双方约定的违约金承担方式,由三建公司承担逾期交工违约金4,258,800元的一半,且一审判决三建公司承担50万元工程质量违约金依据不足,三建公司请求免除50万元质量违约金的理由充分,予以支持。[2]

对造成逾期竣工均有责任的,应合理划分责任比例承担违约责任。

【案例4-29】 长城公司与信安公司建设工程施工合同纠纷案

一审法院认为,本案系争工程因钢结构的施工而引起工期延误,而钢结构工程系由长城公司指定分包的,对此长城公司应承担责任,故对长城公司的诉讼请求不予支持。信安公司提供了两份证据证明长城公司原因,其一,监理单位出具的意见;其二,对于钢结构的指令分包。在造价审核报告中明确认定,而双方对于该份报告书均无异议。根据两份证据,钢结构工程延误开工是整个逾期竣工的主要之一,但根据监理单位的意见书中载明的内容,即在土建工程初期,信安公司的人员不到位也影响了施工进程,而且明确是1个月,所以信安公司对此亦应承担相应的责任。二审法院认为,对于逾期竣工,信安公司施工人员不足也是一个原因,因此应当承担一部分责任。二审法院判决:撤销原判,改判信安公司支付长城公司逾期竣工违约金25

[1] 最高人民法院(2013)民一终字第111号民事判决书。

[2] 参见最高人民法院民事审判第一庭编著:《最高人民法院建设工程施工合同司法解释的理解与适用》,人民法院出版社2004年版,第306页。

万元。[1]

在双方对工程工期延误均存在过错的情况下，一方提供的证据无法证明仅因另一方原因导致工期延误具体天数的，其主张工期延误责任不应得到支持。

【案例4－30】　某冶金建设公司等与某环保科技公司建设工程施工合同纠纷案

最高人民法院认为，某冶金建设公司、某环保科技公司均认可实际交工日期晚于合同约定的交工日期。一审中，两公司提交的工作联系单、会议纪要等证据，可以证明造成案涉工程工期延误既有冶金建设公司的原因，也有环保科技公司的原因。环保科技公司提交的施工进度表、会议纪要、工程联系单等证据，无法证明仅因冶金建设公司导致的工期延误的具体天数，其主张冶金建设公司支付317天工期延误导致的违约金和管理费，没有事实依据，不予支持。[2]

其四，其他违约责任认定。

双方已就延误工期问题达成合意，发包人无权追究承包人该期间的工期延误责任。

【案例4－31】　某置业公司与某铁路公司建设工程施工合同纠纷案

最高人民法院认为，某铁路公司未按照《施工协议》的约定限期完成S2（S2塔楼位置除外）地下室结构封顶部分施工，但双方签订的《施工补充协议》已明确约定："由于客观原因，导致工程延期，双方都不再追究本协议签订之前的工期。"根据《合同法》第七十七条第一款（现参见《民法典》第五百四十三条）的规定，"当事人协商一致，可以变更合同"，因双方已就《施工补充协议》签订前的延误工期问题达成合意，某置业公司无权追究某铁路公司在该期间的工期延误责任。[3]

当事人未按照合同约定程序提出工期索赔，但在之后的协议中双方承诺承担因各自原因造成的工期延误责任，另一方可根据之后的协议主张工期延误赔偿责任。

【案例4－32】　某地产公司与某建筑公司建设工程施工合同纠纷案

最高人民法院认为，虽然《总包合同》约定总承包方应在导致损失或支出的事故发生后28日内提出工期索赔申请，并提供工期索赔资料。但双方于2009年9月15日签订的《9.15解除合同协议》第四条明确约定，某地产

---

〔1〕 参见潘福仁主编：《建设工程合同纠纷》（第4版），法律出版社2015年版，第180页。

〔2〕 最高人民法院（2021）民终75号民事判决书。

〔3〕 最高人民法院（2020）民终1156号民事判决书。

公司、某建筑公司须承担因各自原因造成工期延误的责任。因此,即使该建筑公司此前未按《总包合同》约定的时间和程序提出索赔申请,但双方此后签订的《9.15 解除合同协议》明确了双方应承担因各自原因造成的工期延误责任,故某建筑公司仍可据此请求某地产公司承担相应的工期延误责任。[1]

导致工程工期延误的原因是多方面的,且无法精确计算不同原因导致的具体延误天数情况下,法院可以在兼顾合同履行情况及当事人过错后,裁量确定工期延误赔偿数额。

【案例 4-33】 某建设公司与某房地产公司建设工程施工合同纠纷案

最高人民法院认为,关于工期延误违约金数额,从已经查明的事实看,导致案涉工程工期延误的原因是多方面的,且无法精确计算不同原因导致的具体延误天数,根据公平原则和诚实信用原则,兼顾合同履行情况及当事人过错,本院酌定某建设公司支付某房地产公司工期延误违约金 750,000 元。[2]

合同履行中,双方均明知相关的施工期限发生变更,承包人未提出工期变更或顺延申请,发包人也并未提出工期要求,工程款结算中,也未就工期延误损失提出异议,应视为双方对工期延误已达成一致意见或均放弃相关损失主张。

【案例 4-34】 某房地产公司与某建筑公司等建设工程施工合同纠纷案

最高人民法院认为,合同履行中,双方均明知相关的施工期限发生变更,某建筑公司未提出工期变更或顺延申请,某房地产公司也并未依据施工协议提出工期要求,相关工程款结算中,也未就工期延误损失提出异议,应视为双方对工期延误已达成一致意见或均放弃相关损失主张。据此,一审法院未支持某房地产公司有关某建筑公司违约及应承担延误工期损失的请求,有事实和法律依据,本院予以维持。[3]

3. 工程质量违约责任认定

因承包人原因工程质量达不到约定的质量标准,承包人承担违约责任。

工程质量违约认定是疑难问题。施工合同履行中,当工程质量达不到法定或者约定标准时,采取措施加以补救,使不符合质量标准的工程符合标准,就是承包人的法定义务,反之则承包人构成违约。应注意的是,不能把建设工程施工过程中出现的质量问题均视为违约行为。建设工程(部分或全部)的验收并非一次性就能过的,不能认为一次未能通过验收就构成违约,其后进行的返工、改建或修理

---

[1] 最高人民法院(2017)民终 402 号民事判决书。

[2] 最高人民法院(2018)民终 24 号民事判决书。

[3] 最高人民法院(2017)民终 671 号民事判决书。

等就是违约补救措施。只要在施工合同约定的施工期限内完成工程并达到符合法定或者约定标准,就不能认定承包人在施工过程中出现的某些暂时性质量不符合标准的情形是违约行为。在施工合同履行过程中的返工、改建或修理等补救措施可视为承包人正常履行义务的行为,与其将不合格办理交付手续构成违约后采取的返工、改建或修理等补救措施在性质上是有区别的。质量是否存在缺陷,原则上是通过司法鉴定程序认定,如果鉴定工程质量不合格,则应认定承包人工程质量违约。

4. 违反合同义务责任认定

施工合同约定有具体内容的,如承担延期退场、项目经理违约等明确范围的,承包人违反约定的亦应承担违约责任。

【案例 4－35】 中铁建工集团有限公司与上海丽洲大酒店有限公司建设工程施工合同纠纷案

二审法院认为,中铁集团是否应承担延期退场补偿款、项目经理缺勤违约金。根据双方补充协议关于承包方的违约责任的约定,该条款适用的前提条件是中铁集团存在违约行为且违约行为发生的原因系中铁集团自身原因所致。然丽洲公司发出退场通知时中铁集团并不存在上述约定的情形。因此丽洲公司在按约付清进度款之前,不具有单方解除合同的权利,其向中铁集团发出的退场通知不发生效力,丽洲公司以补充协议为据主张中铁集团承担逾期退场补偿金不符合合同约定。但是,中铁集团于 2011 年 1 月 25 日亦向丽洲公司发出了解除通知,说明双方就不再继续履行施工合同这一点已达成一致,即便在工程价款结算、违约责任认定及经济损失承担方面仍存在争议,亦应本着解决问题、避免损失扩大的原则,在合理期限内尽快办理退场移交手续,因此,中铁集团不及时退场并办理工程移交的行为存在一定过错。现中铁集团表示愿意承担 15 万元逾期退场补偿金,加之考虑合同的解除时间,应给予退场的合理期限以及双方的过错程度等因素,认定中铁集团承担逾期退场补偿金 15 万元为属合理,予以准许。合同约定承包人项目经理为范某某,且补充协议特别约定承包人项目经理必须到现场管理,缺勤一次扣款 2000 元。在合同履行过程中承包人项目经理范某某未曾到现场管理,中铁集团提供 2008 年 4 月 2 日的函件证明已更换项目经理为王某某,但未提供此函件送达丽洲公司的证明,且变更合同约定的项目经理应得到业主方同意,而且在此后的工程款支付申请表上中铁集团所填写的项目经理仍为范某某,故对中铁集团关于已更换项目经理的意见不予采信,其应承担项目经理缺勤违约金。但是,根据合同约定工期为 340 天,如按一周 5 天计算,正常情况下项目经理应到天数为 243 天,至于工程因一方或双方原因而延期竣工的,应由过错方承担相应的延期竣工责任,但项目经理缺勤的违约金仍应按原协议约定的天数计算更为合理,停工、窝工造成的延期天数不应计算在缺勤违约金的天数内,因此中铁集团应承担项目经理缺勤违约金为486,000元。[1]

5. 未按期支付工程进度款违约责任认定

【案例4-36】 明田企业有限公司与衡阳市第一建筑工程有限公司等建设工程施工合同纠纷案

最高人民法院认为,综合涉案施工协议及6.26补充协议的签订及履行情况、一建公司现场施工情况、明田公司、监证方、监理公司等有关各方对工程的查验等事实,可以认定明田公司在与一建公司签订原施工协议后存在未按约定支付工程进度款的违约行为。为促进工程进度,双方又签订6.26补充协议,变更了原施工协议约定的支付进度和竣工进度经对照工程现场及6.26协议工程进度附表,可以认定第二周工程附表上列的部分工程内容虽有未完成部分,但第三周及其他周的部分工程量已提前完成。且在监理公司于2006年7月12日出具的工程进度款支付证书中载明:"上周施工方按计划基本完成,但有的暂未作安排的工程也提前进行。同时要考虑上周停水、停电原则,请业主根据补充协议予以支付工程进度款",在监理公司确认第二周现场施工进度符合实际情况应予以付款的情况下,明田公司仍未依约在第三周支付工程进度款,其拒付工程款的理由不充分。从一建公司、明田公司、管理处、衡阳市民政局等出具的相关报告、函件、衡阳市人民政府的相关纪要等证据也佐证了明田公司资金投入不足致使工程进度迟延的情况。综合上述情形,原审判决认定明田公司拒付工程款的行为已构成违约,应当承担违约责任的认定是正确的,应予维持。[2]

6. 未及时撤场违约责任认定

【案例4-37】 珠海市建筑工程有限公司与珠海市铭豪居房产有限公司建设工程施工合同纠纷再审案

最高人民法院认为,根据本案查明的事实,2008年12月29日,财富世家3~8号楼竣工验收合格。2008年12月29日,铭豪居公司向珠豪建筑公司发出《通知》要求珠海建筑公司在工程范围内搭设的工棚、施工用具等拆除退场,不要影响业主装修使用,并要求在珠海建筑公司接到通知后30日内全

---

〔1〕 上海市高级人民法院(2012)沪高民一(民)终字第28号民事判决书。
〔2〕 最高人民法院(2013)民申字第1550号民事裁定书。

部退场搬迁。对此,珠海建筑公司虽然于2009年1月26日书面回复铭豪居公司,称已按要求退场搬迁完毕,但综合公安机关对相关人员的询问笔录以及一审法院现场勘察的实际情况,本案所涉工程区域内一直有祝某超堆放的建筑材料,而祝某超是珠海建筑公司承揽本案建设工程的项目经理,因此,一审、二审法院认定珠海建筑公司并未实际按要求退出施工场地,构成违约是正确的。珠海建筑公司关于已经实际撤场的理由缺乏事实依据,不予支持。[1]

7. 名义承包人主张违约金认定

实践中,法院对名义承包人未施工时主张违约金的则不予支持。

【案例4-38】 河南裕华建设安装工程有限公司与郑州中亚皮革有限公司建设工程施工合同纠纷案

判决观点,在建设工程施工合同无效,名义承包人就该工程又没有施工的情况下,名义承包人与发包人所签订的《施工协议书》并未实际履行。因此,名义承包人不具有《施工协议书》所约定的权利和义务,名义承包人诉请发包人支付工程进度款及违约金缺乏相应依据。[2]

8. 违约责任条款适用问题

适用有关违约责任的条款要根据案件的实际情况作出准确判断,不同的情况适用相应的违约条款。个案中,如双方当事人约定了两种情况下的违约责任,即不按时支付工程进度款的违约责任和竣工结算后不支付工程结算款的违约责任。当所涉工程没有竣工,发包人应按拖欠工程进度款的违约条款承担责任,而不能按工程竣工结算情况下的违约条款来承担责任,即不适用利息加罚息的违约条款。在合同中违约条款相互矛盾的,由法官行使裁量权确认责任承担范围和比例。

【案例4-39】 永跃恒房地产开发(深圳)有限公司与中国华西企业有限公司建设工程施工合同纠纷案

最高人民法院认为,对于永跃恒公司拖欠子悦台B、C段±0.00以上工程款的利息、罚息计算问题,因双方合同约定的"按施工企业向银行计划外贷款利率向乙方支付拖欠款额的利息,并承担每日按拖欠总额的万分之三的罚金"是在竣工结算以后,而事实上B、C段±0.00以上工程尚未完工,不具备

---

[1] 最高人民法院(2016)民再字第26号民事判决书。

[2] 参见孙巍主编:《中国建设工程法律业务报告(2009—2010)》,法律出版社2011年版,第292页。

合同约定的利息加罚息的适用条件,故应按中国人民银行同期同类贷款利率计息,并从华西公司主张之日起算。[1]

【案例4-40】 宝源公司与华宝公司建设工程施工合同纠纷案

最高人民法院认为,由于合同中有关违约条款约定相矛盾、不协调而难以适用,一审判决以华宝公司欠付写字楼工程款数额为基数,按中国人民银行公布的计收逾期贷款利率标准承担逾期支付工程款的违约金,符合法律规定,应予维持。此外,华宝公司还应按照写字楼工程总价款承担合同约定工期以外延长的210天的利息损失,视为对宝源公司窝工损失和因变更设计增大成本的补偿,宝源公司主张的其他违约金和损失赔偿,因合同中有关违约责任条款约定不明和上诉请求不具体、不明确而不予支持。[2]

限制适用无效施工合同中违约金条款。施工合同无效的,虽然承发包仍应承担相应的损失赔偿责任,但不能直接或参照合同中的违约金条款,确定责任人承担违约金。合同无效,违约金条款无效,双方关于违约金责任的请求不予支持。

【案例4-41】 江苏南通六建建设集团有限公司与山西嘉和泰房地产开发有限公司建设工程施工合同纠纷案

最高人民法院认为,涉案建设工程施工合同无效,因此,嘉和泰公司基于合同有效主张南通六建承担违约责任、赔偿损失没有依据。一审认定南通六建承担违约金1630万元错误,应予纠正。嘉和泰公司若认为因合同无效南通六建给其造成损失,可另循法律途径解决。[3]

【案例4-42】 四川省仁寿县荣发建筑工程有限公司与四川省万阳电缆有限公司建设工程施工合同纠纷案

二审法院认为,荣发建筑公司与万阳电缆公司各自要求对方承担逾期付款违约责任和支付违约金,其性质均属违约责任,因双方签订的工程承包合同无效,故不存在违约责任的问题,原审因此对双方有关违约责任的请求均不予支持。原审对该问题的处理符合法律规定,本院予以支持。[4]

9. 违反法定义务责任

发包人作为建设单位应当取得各种许可手续才能开工建设工程项目,这是发

---

〔1〕 参见最高人民法院民事审判第一庭编:《最高人民法院民事案件解析》(建设工程),法律出版社2010年版,第199页。

〔2〕 参见最高人民法院民事审判第一庭编著:《最高人民法院建设工程施工合同司法解释的理解与适用》,人民法院出版社2004年版,第344页。

〔3〕 最高人民法院(2014)民一终字第72号民事判决书。

〔4〕 四川省眉山市中级人民法院(2014)眉民终字第204号民事判决书。

包人法定义务。根据《建设工程解释(一)》第三条第二款规定,发包人故意不予办理许可证等规划审批手续,其主观恶意明显,违背合同法上严守合同约定、全面履行合同以及诚实信用等基本原则,应该认定发包人办理相关手续条件成就而不予办理的违约责任。

发包人超出缺陷责任期后未返还工程质量保证金是否应承担违约责任,制定司法解释的法官认为,应结合以下因素进行考虑:(1)未返还工程质量保证金是否具有法定或合同约定的抗辩事由,如具有有效的抗辩理由则不应承担违约责任;(2)在工程不存在质量缺陷情况下,发包人如在质量缺陷期满后未按约定期限或未在《建设工程质量保证金管理办法》规定的14天内返还工程质量保证金的,应按约定承担违约责任,如果虽然超出缺陷责任期,但在约定时间内进行了返还,则不应承担违约责任。[1]

10. 双方违约责任认定

依照《民法典》第五百九十二条规定,由双方各自承担违约责任,是各自承担相应责任,而不是互相抵消。

【案例4-43】　包头国泰置业有限公司与中国第二冶金建设有限责任公司等建设工程施工合同纠纷案

最高人民法院认为,二分公司和国泰公司在2001年8月17日签订的《补充合同》第8条约定,国泰公司未按本《补充合同》执行,赔付二分公司300万元,二分公司未按本《补充合同》完成施工任务或工程质量未达到合格,赔付国泰公司300万元。可见,二分公司和国泰公司关于只要违约就承担300万元违约金的约定表明,违约过错的程度及违约行为的轻重,与承担违约责任的大小没有直接联系,是一种单一的、惩罚性的违约责任。一审判决基于国泰公司未能依该《补充合同》约定,办理按揭贷款手续并资金到位,违反了《补充合同》第2条第4项的约定,以及二冶公司和二分公司提交的证据不能证明其承建的该工程项目已按《补充合同》约定于2000年10月底前竣工的事实,认定双方当事人在履行《补充合同》时均已违约,应依照《合同法》第一百二十条的规定,由双方当事人各自承担相应的违约责任,没有支持二冶公司和二分公司与国泰公司提出的要求对方赔偿300万元违约金的请求,是各自承担相应的违约责任的一种具体方式,不是互相抵消。故一审判决该项内容在认定事实和适用法律方面,并无不当。国泰公司提出由二冶公司和二分公司承担300万元违约金以及应根据双方违约程度的不同确定相

[1] 参见最高人民法院民事审判第一庭编著:《最高人民法院新建设工程施工合同司法解释(一)理解与适用》,人民法院出版社2021年版,第180页。

应的违约责任的上诉请求,缺乏合同和法律依据,不予支持。[1]

【案例4-44】 肇庆纳百川娱乐发展有限公司与中国建筑第六工程局土木工程公司建设工程施工合同纠纷案

二审法院认为,关于本案违约责任问题。根据《建设工程施工承包合同》第四部分《补充协议书》第12.1.2条的约定,纳百川公司未按合同支付工程款,除支付应付款的贷款利息外还应支付相应违约金。土木工程公司退场后,纳百川公司未依据《补充协议》的约定,与土木工程公司进行结算,构成违约,应按上述合同约定支付应付款的利息及违约金。如前所述,纳百川公司尚欠土木工程公司工程款3,585,640.83元,原审法院按照合同约定认定纳百川公司应承担工程款利息及127,446.3元违约金并无不当,本院予以维持。至于土木工程公司的违约责任问题。虽然土木工程公司完成的工程存在部分质量问题,但在其承担了相关修复费用后,再要求其承担其他赔偿责任,没有合同和法律依据,故纳百川公司的该上诉理由不成立,本院不予支持。[2]

实践中,发包人、承包人均有违约时应分别认定其违约行为,不应对违约责任不加以区分一概不予支持。

【案例4-45】 金坛市建筑安装工程公司与大庆市庆龙房地产开发有限公司建设工程结算纠纷案

最高人民法院认为,一审法院认定双方均有违约行为,金坛公司虽然在交付大庆商城超市工程上不存在工期违约,但其擅自撤离工地、未按约定质量完成工程等行为已经构成违约。庆龙公司没有按照约定数额、期限及时给付工程款,没有按约定如期返还垫资款等行为,亦违反了双方约定。庆龙公司主张,金坛公司违反双方关于1999年10月30日之前交付定建工程的约定,实际交付时间是1999年11月25日,已构成工期违约,一审判决认定有误。双方共同签字认可的开工报告上注明开工日期为1999年5月15日,加之双方开工日期顺延则完工日期相应顺延的约定,顺延后完工日期应为1999年11月25日。金坛公司实际完工于1999年11月15日,故一审判决认定属如期完工未违约的结论是正确的。庆龙公司主张,自己全面且超约定地履行了合同义务,无任何违约行为,金坛公司未按约定完成工程质量等方面存在违约行为。根据一审、二审法院查明的事实,金坛公司施工未达到双

---

〔1〕 参见最高人民法院民事审判第一庭编:《最高人民法院民事案件解析》(建设工程),法律出版社2010年版,第392~393页。

〔2〕 广东省高级人民法院(2011)粤高法民一终字第34号民事判决书。

方约定的质量等级，存在未报验的不合格工程，又擅自撤离工地，庆龙公司未按照约定的数额和期限及时给付工程款，亦未如期返还垫资款，故一审判决认定双方均有违约行为的结论并无不当。[1]

虽一方逾期付款违约，但另一方仍应就工期迟延承担违约责任。

【案例4-46】　吉林省岩土工程公司与长春中泰海洋世界有限公司建设工程施工合同纠纷案

二审法院认为，被上诉人完成涉案工程的施工并将工程交付给上诉人使用，上诉人应该按照合同约定支付工程款。现上诉人未按合同约定支付工程款，应当承担给付工程款及违约金的责任。而被上诉人逾期交工，亦应承担逾期交工的违约责任。原审法院突破上诉人的抗辩理由，以上诉人迟延支付工程款作为免除被上诉人逾期交工违约责任的理由不当，应予纠正。[2]

【不同处理】　有的法院对双方均构成违约，双方诉请违约金均不予支持。

【案例4-47】　重庆腾鲁建筑安装工程有限公司与贵州德豪房地产开发有限公司建设工程施工合同纠纷案

二审法院认为，贵州德豪房地产开发有限公司未能按合同约定的工程进度支付工程款，确实存在违约行为，但重庆腾鲁建筑安装工程有限公司亦未能在合同约定的时间将本案诉争工程施工完毕交付贵州德豪房地产开发有限公司使用，亦存在违约行为。因此，一审认定本案中双方均构成违约，对于重庆腾鲁建筑安装工程有限公司主张的违约金不予支持，并无不当。[3]

(二)合同其他违约责任认定

1. 施工合同解除违约责任认定

对于施工合同解除与违约条款的适用问题上存在两种观点，否定说认为合同解除导致合同关系归于消灭，故合同解除的法律后果不表现违约责任，而是返还不当得利、赔偿损失等形式的合同责任。肯定说认为除当事人另有约定外，解除合同后仍可主张违约责任。笔者赞同肯定说。对《民法典》第五百六十六条规

---

〔1〕 参见《最高人民法院公报》2007年第7期。最高人民法院(2004)民一终字第118号民事判决书。
〔2〕 吉林省长春市中级人民法院(2014)长民一终字第300号民事判决书。
〔3〕 贵州省黔南布依族苗族自治州中级人民法院(2014)黔南民终字第773号民事判决书。

定,最高人民法院认为,违约金条款可以解释为"其他补救措施"而与解除权并存。[1] 结合《民法典》第五百六十七条规定,解除合同与违约金条款可以并存。2017年版《建设工程施工合同(示范文本)》中在发包人和承包人违约解除合同的后果均规定了应支付违约金,在专用条款没有特别规定的情形下,两者可以并存。基于以上理由,一方当事人因对方违约要求解除合同,同时又要求违约方按照合同中约定的违约金条款承担违约责任的,法院应当支持。当事人协议解除合同的,对已发生的违约行为的处理有约定的按照约定,没有约定的按照解除前的合同约定处理。对于非因一方违约解除合同的,则限制当事人主张违约责任。实践中,有的法院对解除合同之诉中守约方主张违约金的请求不予支持。

【案例4-48】 海南某某建设工程有限公司与重庆某建设工程有限公司建设工程施工合同纠纷案

判决观点,对本案中是否存在政府调控行为的问题,由于原告、被告双方在签订的补充协议中明确载明的"……因政府土地调规问题未如期解决的原因,使该项目的建设时间推迟……"足以认定,原告、被告双方已明确知晓项目已经受到政府调规行为的影响,签订补充协议之目的在于对该种因素导致的工期延迟后果进行补救,政府调规行为在本案中确系客观存在;对该政府调规行为是否构成不可抗力问题,由于不可抗力是当事人在签订合同时不能预见、不能避免并不能克服的客观情况,而重庆公司作为一工程建设公司,在工程项目尚未成功立项的情况下,理应对政府调规行为可能存在变化这一风险有预先认知,即使不是重庆公司主观原因造成,但该风险亦在重庆公司合理预期之内,因此,重庆公司主张政府调规行为构成不可抗力的说法不能成立,重庆公司未按约定的期限交付土石方工程给原告施工的行为已构成违约。同时双方对违约金的计算进行了约定,重庆公司理应向海南公司支付违约金,但本案系解除合同之诉,依照《合同法》第九十七条规定,合同解除后,尚未履行的,终止履行,已经履行的,根据履行情况和合同性质,当事人可以请求恢复原状、采取其他补救措施,并有权要求赔偿损失。因此合同解除的法律效果是使合同关系归于消灭,解除合同的后果,违约方的责任承担方式也不表现为支付违约金。故对海南公司要求重庆公司按约定支付违约金的主张,本院依法不予支持。[2]

---

〔1〕 参见最高人民法院民事审判第二庭编著:《最高人民法院关于买卖合同司法解释理解与适用》,人民法院出版社2012年版,第422页。

〔2〕 重庆市南川区人民法院(2012)南川法民初字第02635号民事判决书。

2. 补充协议或结算协议未约定放弃违约责任认定

在承包人延误工期或发包人迟延付款的情况下，双方签订补充协议，承包人重新承诺完工时间或发包人重新承诺付款时间，能否视为守约方对违约方放弃违约责任的理解有分歧。在上述情况下，其补充协议没有涉及工期违约责任的，就不能必然推断出当事人有豁免违约责任的意思表示。既然当事人没有对违约责任作出处分，就不能消灭当事人追究违约责任的权利，仍可按原施工合同对违约责任的约定履行。因此，在补充协议中是否有明确约定豁免违约责任是处理此类纠纷的关键。一些地方法院制定的规定中就此作了明确处理意见。

在承包人延误工期或发包人迟延付款的情况下，双方签订的不是补充协议，而是结算协议，其结算协议未对守约方是否豁免责任作出约定，此时守约方是否还能够追究违约方在工程价款、工程质量、工期等方面的责任，在理论界、司法界理解不同，一些地方法院制定的规定相左。因为结算协议仅就工程价款、工程质量和工期的结算，并非对违约责任的处理，除非在结算协议中已说明对违约责任协商处理完毕。实践中，双方就违约责任的处理一般很难达成共识而往往诉至法院处理，在结算中不排除有对违约责任与工程价款一并解决的，但应就此在结算协议中列明，反之签订结算协议后不影响对违约方违约责任的追究。

发包人签订结算协议后，除在协议中明确约定保留权利外，无权再向承包人主张工期的违约责任。

【案例4－49】　某公司与某某公司建设工程施工合同纠纷再审案

最高人民法院认为，建设工程施工合同当事人在进行工程竣工结算时，应当依照合同约定就对方当事人履行合同是否符合约定进行审核并提出相应索赔。索赔事项及金额，应在结算时一并核定处理。因此，除在结算时因存有争议而声明保留的项目外，竣工结算报告经各方审核确认后的结算意见，属于合同各方进行工程价款清结的最终依据。一方当事人在进行结算时没有提出相关索赔主张或声明保留，完成工程价款结算后又以对方之前存在违约行为提出索赔主张，依法不予支持。[1]

3. 拒绝按中标通知书签订合同违约责任认定

《招标投标法》第四十五条第二款规定："中标通知书对招标人和中标人具有法律效力。中标通知书发出后，招标人改变中标结果的，或者中标人放弃中标项目的，应当依法承担法律责任。"但承担何种责任并不明确，存在缔约责任或违约

---

〔1〕　最高人民法院(2017)民再97号民事判决书。

责任两种观点。主流观点认为,投标文件构成要约,招标人的中标通知书构成承诺的意思表示,中标通知书发出后,合同成立,一方无正当理由拒绝按照中标通知书要求签署书面合同的,应当承担违约责任。

【案例4-50】 广厦建设集团有限责任公司与福州市台江区房地产开发公司合同纠纷案

最高人民法院认为,广厦公司在收到《中标通知书》后,《中标通知书》对台江公司、广厦公司具有法律约束力。现台江公司与广厦公司并未根据招投标文件所确定的内容就福机BT项目签订书面合同,因此,台江公司与广厦公司仅建立了由招投标文件确立的权利义务关系。《招标文件》已经列明了招标文件的组成内容,广厦公司主张《招标文件》第三章工程建设合同及回购协议系格式条款,没有事实依据;投标时广厦公司在《投标文件》之《投标函》第2条中已明确表示接受并遵守招标文件所规定的各项条款,而在广厦公司收到《中标通知书》后,双方之间的合同关系已经成立。作为《招标文件》的组成内容,工程建设合同及回购协议对广厦公司与台江公司均具有法律约束力。现广厦公司以没有在工程建设合同及回购协议盖章为由主张不受该内容的约束,与其《投标函》第2条中的意思表示不符,有违《合同法》第八条第一款关于"依法成立的合同,对当事人具有法律约束力"的规定,故广厦公司的该主张不予采纳。台江公司取消广厦公司中标资格的行为构成违约,应由台江公司承担相应的违约责任。[1]

【不同处理】 在理论和实务中对未按中标通知签订书面合同持不同意见,认为合同未成立,只成立缔约过失责任。

【案例4-51】 安徽水利开发股份有限公司与怀远县城市投资发展有限责任公司缔约过失责任纠纷案

二审法院认为,安徽水利公司收到中标通知书时,其与怀远县城投公司之间的合同尚未成立,怀远县城投公司拒绝签订承包合同,违背了诚实信用原则,应属于违反先合同义务而造成对方信赖利益损失的缔约过失责任。[2]

4. 施工合同约定"罚款"按违约金认定

对于包括施工合同在内的民事合同中约定的罚款,应对其在法律上真实意思进行界定,即作出合理解释。首先应当适用文义解释,只有在文义解释得出荒谬的结果时,才能使用其他方法解释该罚款约定。有法官认为,文义解释具有优先

---

〔1〕 最高人民法院(2014)民一终字第155号民事判决书。
〔2〕 安徽省高级人民法院(2014)皖民二终字第00659号民事判决书。

性，即只要法律措辞的语义清晰明白，且这种语义不会产生荒谬的结果，就应当优先按照其语义进行解释。[1]《民法典》第一百四十二条第一款规定：有相对人的意思表示的理解，应当按照合同所使用的词句，结合合同相关条款、行为的性质和合同的目的、交易习惯以及诚实信用原则，确定行为人的真实意思。该规定虽然规定了文义解释的优先性，但同时也规定了其他解释方法。施工合同约定罚款，如果按其罚款的字面含义理解，结果当然荒谬，因为民事主体不可能享有专属于有权机关的权力也不能对相对方处罚。此时，不能再拘泥于文字，而应该理解缔约当事人缔约的真实目的和意思，对罚款约定事实上就是违约金的约定就应是承发包双方的真实意思表示，就属于合理解释。也就是说，对于民事合同中出现的罚款约定，在不与其他条款冲突的情况下，法院应当将其理解为违约金条款，这符合民事法律关系中的诚实信用原则。

【案例4－52】　浙江长兴某医院与浙江某装饰工程有限公司建筑工程施工合同纠纷案

二审法院认为，《补充协议》第三条虽使用了"罚款"一词，但并非严谨的法言法语，而是一种生活语言。根据《合同法》第一百二十五条第一款的规定，解释合同，重在求得当事人的真意，而不是拘泥于文字。《补充协议》第三条是对原施工合同第十四条约定的工期违约金的变更，实际上，即使原施工合同第十四条"违约和违约责任"部分也出现了"奖励""罚款"等表述，其性质显然不是某公司所谓的行政罚款，更不会因为违反《行政处罚法》而无效。同样，某公司以《补充协议》第三条违反《合同法》第一百一十四条关于违约责任方式的规定，亦不成立。综上，一审判决除完工时间外，其他事实认定正确，适用法律正确，但因完工时间认定不当，导致计算违约金的截止日不正确，进而影响了违约金数额的认定。[2]

施工合同约定的违约金和"罚金"并用问题。承发包双方签订施工合同后，对合同进行多次变更签订多份补充协议，在第一份合同上约定了违约金，其后的补充协议上约定了"罚金"。对合同约定的违约金和"罚金"能否同时适用，是实践中有争议的问题。现行法律并未明确规定违约金和"罚金"并用问题，根据法理可以推断包括施工合同在内的民事合同中的"罚金"应当理解为违约金，能否同时并用应放在个案中的具体情况确定。对多份合同就同一事项既约定违约金和"罚金"的，属于重复约定，法官根据公平原则，对违约金和"罚金"选择适用；但在前后合同中对不同事项约定了违约金或"罚金"，如工期违约金和质量"罚金"

[1] 参见孔祥俊：《法律方法论》（第2卷），人民法院出版社2006年版，第793页。
[2] 浙江省高级人民法院（2006）浙民一终字第343号民事判决书。

则可以并用。疑难的是,多份合同针对是在工期内又细分为材料到场违约金和未按期完工"罚金",承包人同时违反了两项约定是否对违约金和"罚金"并用,应该承认这两项约定均是合同双方的真实意思表示,材料未到场对工期可能影响工期,但并非绝对性,笔者倾向于违约金和"罚金"并用态度。

5. 工程结算违约责任认定

其一,工程结算后对其结算之前违约责任认定。

【案例4-53】 武汉建工第三建筑有限公司与武汉天恒置业有限责任公司建筑安装工程施工合同纠纷案

最高人民法院认为,发包方和承包方就建设工程结算时,其结算的内容是否包括延误工期索赔的事项,是否包括延误工期索赔的数额,完全由双方当事人协商决定,这属于合同自由的范畴,任何人不得干涉。就本案而言,从决算汇总表来看,双方的结算是工程价款的结算,结算内容并不包括索赔数额这一项。且天恒公司在该表上特别注明:"依据双方1998年6月16日签订《建筑安装施工合同》第32条之规定,本公司同意本工程结算总价款为6225万元,合同中其他条款的有关权利义务,双方仍按合同规定执行。"现在天恒公司依据合同第13条等条款向武建三公司提出延误工期索赔,并无不妥,依法予以支持。[1]

其二,工程结算后违约责任认定。

工程竣工结算完毕通常是对工程价款支付等方面进行了清偿,但并不代表双方当事人已结清了所有的合同责任,因为很多时候双方当事人在工程竣工结算时,对一些尚未达成一致意见的争议放在其后解决。对于工程竣工结算完毕后,能否追究违约方违约责任的问题,首先应当审查竣工结算内容,是否对违约事实进行清算,或清算是否对纠纷所有责任进行了兜底处理,如已经清算或兜底,则不能再追究违约方违约责任,反之,未经清算或兜底,则可在诉讼时效内追究违约方的违约责任。

6. 工程质量保证金违约认定

建设工程质量保证金是承包人在一定期限内承担保修责任的担保,它与建设工程建造费用即工程款的含义并不相同。施工合同仅约定逾期支付工程款的违约责任,而没有约定逾期支付保证金的违约责任的,逾期支付保证金的违约责任

---

〔1〕 参见最高人民法院民事审判第一庭编:《最高人民法院民事案件解析》(建设工程),法律出版社2010年版,第249页。

不能适用逾期支付工程款的违约责任约定,应按银行同期贷款的利率计算逾期支付保证金的违约金。

【案例4-54】 上海通兴建筑安装工程总公司与上海美科阀门有限公司建设工程施工合同纠纷再审案

再审法院认为,关于保修金351,928.32元的支付期限问题,双方《补充合同》约定工程竣工1年后支付,应从约定。通兴公司诉请美科公司按约定于工程竣工1年后支付保修金,应予支持。但原审判决将保修金表述为"工程款(保修款)"和对该笔保修金的违约金以每天5‰计算,依据不足,应予纠正。双方签订的《工程质量保修书》《补充合同》约定的保修金,实质是为通兴公司在竣工后1年内承担保修责任的担保。而工程款是指具体的建筑安装工程施工竣工的资金,即工程建造费用。因此,保修金和工程款的含义并不相同。根据《补充合同》的内容,仅对逾期支付工程款的违约责任作了约定,而对逾期支付保修金的违约责任并没有约定,故对逾期支付保修金的违约责任不能适用逾期支付工程款的违约责任的约定。因此,对美科公司逾期支付保修金的违约金,应按中国人民银行同期贷款的利率计算。[1]

7. 多份合同约定不同违约认定

多份合同均为有效的前提下,前合同和后合同或者补充协议约定内容并不完全一致,有时会发生冲突。在发生争议时,当事人肯定会各自主张对自己有利的合同内容作为解决纠纷的依据,可能两份合同都有部分对自己有利,都有部分对自己不利,从而发生不知以哪一份合同内容违反为准认定违约行为。笔者认为,确定当事人支付工程款数额、进度、违约责任等应当以当事人最新的意思表示为准,但解决工程质量、安全等涉及公共利益、第三人利益等责任时,应当遵循备案条款。对于后一份合同或补充协议缺失相关内容的,特别是在当事人约定以备案合同为基础的条件下,仍可以参考备案合同。这样处理才能兼顾合同备案的效力与当事人意思自治。在后一份合同或者补充责任没有规定违约责任的,则应适用第一份合同的约定,第一份合同亦未约定,则应视为约定不明。在第一份合同与后一份合同或补充协议均有约定但有冲突时,以最后一份合同约定为准。

8. 违约责任的限制

发包方在施工中存在迟延支付工程款的违约情形,作为发包人,及时拨付工

---

〔1〕 参见最高人民法院审判监督庭编:《全国法院再审判典型案例评注》(上),中国法制出版社2011年版,第165页。

程款是其主要合同义务,在其履行主要义务不符合约定的情况下,其无权主张施工方的迟延交工责任。

【案例4－55】 中建七局公司与华夏公司建设工程施工合同纠纷案

最高人民法院认为,华夏公司依据华夏合同约定的每天10万元标准主张从2013年7月20日起共129天的工期违约金1290万元。华夏合同虽就工期违约责任作出了约定,但据三方协议第七条约定内容可知,华夏公司在施工中存在迟延支付工程款的违约情形,华夏公司作为发包人,及时拨付工程款是其主要合同义务,在其履行主要义务不符合约定的情况下,其无权主张施工方的迟延交工责任,且三方协议是在中建七局退场多时后签订,签订时早已超过从2013年7月20日起计算129天时间,华夏公司本案主张违约金对应的违约事实,在三方协议签订前已形成,在此情形下,三方协议反而约定了华夏公司向中建七局支付索赔费用,亦可认定该约定是双方当时已综合考虑包括工期延误在内情形相互协商达成一致的处理结果,故对华夏公司现于本案诉讼时提出的工期违约金反诉主张,不予支持。〔1〕

对《民法典》第八百零一条规定的违约责任,最高人民法院法官认为,实际施工人中,违法分包人、转承包人与发包人之间均非建设工程施工合同关系,违法分包人、转包人不应向包人承担违约责任。〔2〕

(三)施工合同实际损失认定

1.实际损失认定

停工、窝工损失认定。在认定停工损失(包括停工时间)的问题上,应遵循两个基本原则:一是所发生的费用应是承包人履行合同所必需的和已经实际发生的;二是承包人不应由于停工的发生而额外受益或受损,即对实际损失进行赔偿。〔3〕 施工方主张发生停工、窝工的事实,应当有监理单位签证或者施工方与建设方往来函件予以证实。

停工原因认定是认定责任人承担责任的前提条件。

---

〔1〕 最高人民法院(2022)民终192号民事判决书。

〔2〕 参见最高人民法院民法典贯彻实施工作领导小组编著:《中国民法典适用大全》(合同卷四),人民法院出版社2022年版,第2655页。

〔3〕 参见《建设工程合同纠纷裁判思路》,法律出版社2014年版,第150页。

【案例4－56】 中工公司与燕本公司建设工程施工合同纠纷案

施工过程中,燕本公司指定某公司分包挖土工程。之后,在双方都认可的审价中,审价报告亦认定挖土工程由燕本公司指定分包。虽然燕本公司认为其并无指定分包的行为,但对于上述证据,其没有其他相反的证据予以推翻,所以对指定分包的事实应予以认定。而且在合同履行期间,中工公司在停工之前也发函至燕本公司,告知其土建公司因挖土工程的延误而停工,另外,燕本公司未按时支付工程进度款,亦使工程停工。燕本公司在收到该函后既未予以答复,亦未纠正相关的行为,而造成中工公司停工3个月。一审法院认为,中工公司提出的停工系因燕本公司引起,燕本公司应赔偿其停工损失,故判决支持中工公司的诉讼请求。据此判决:燕本公司支付中工公司剩余工程款并赔偿停工损失151,623元。一审判决后,双方均未上诉。[1]

就个案损失而言,有的实际施工人确实使用了民间借贷资本,涉及如何确定其利息损失问题。首先应提供证据证明民间借贷资本使用在讼争的工程中,其后是如何确定利率。对涉及使用民间借贷这一块,可以参考《民间借贷规定》规定的标准计算。如其不能举证,则应当结合个案作出综合判断。

在当事人没有证据证明工期延误的损失实际发生的情形下,如工程延期竣工是客观事实,且能够明确责任方,另一方就此产生的停工损失也客观存在。根据公平原则,法院可以委托专业审价单位,以结算审价技术指标为依据,结合系争工程延误工期的实际情况,审定受损方因工期延误造成的各项停工损失。

【案例4－57】 中铁建工集团有限公司与上海丽洲大酒店有限公司建设工程施工合同纠纷案

二审法院认为,关于第二阶段窝工损失问题。根据原审法院查明的合同履行中的相关事实可以看出,丽洲公司对中铁集团提出的停工损失索赔申请未能按照合同约定的时间和要求给予明确的回复意见,按照约定应视为丽洲公司对中铁提出的赔偿予以认可。虽然在鉴定过程中双方均未再提供证据证明实际上的窝工损失,但客观上存在窝工现象,亦产生了一定的窝工损失,鉴于导致无法按实核定窝工损失丽洲公司存在一定的责任,故一审法院以鉴定意见作为参考依据确定中铁集团的窝工损失并无不当。第三阶段的停工损失问题。鉴于该阶段已经停止施工,所以中铁集团未能按照合同约定的索赔程序主张损失赔偿,但该阶段的停工系丽洲公司原因所致,中铁集团产生损失是客观的,一审法院根据鉴定意见对实际产生的损失依法确认由丽洲公

---

〔1〕 参见潘福仁主编:《建设工程合同纠纷》(第4版),法律出版社2015年版,第173页。

司予以赔偿于法有据。[1]

对于发包人擅自变更设计的损失确认问题。实践中,发包人未经设计、规划等部门同意自行变更工程规划、设计,承包人按发包人指令施工,由此造成合同价款的增减、承包人损失及发包人自身损失的,由发包人自行承担,工程价款也应按变更后的情况进行认定。发包人在合同履行期间进行工程变更属于履行义务不符合合同约定的行为,因变更致使建筑面积减少,从而使承包人本可以通过合同施工内容履行获得的利润丧失,应当进行赔偿。承包人可主张的损失包括实际损失(如机械、人工、材料等损失或额外支出)及按原合同工程履行与履行变更后可获利益间的利差。

基于政府管控文件影响,承包人停工客观存在情况下,法官可以行使自由裁量权酌定损失数额。

【案例4-58】 北京市润池建筑装饰工程有限责任公司等与河北恒基建设有限公司建设工程施工合同纠纷案

一审法院认为,虽然润池公司对于恒基公司所主张的在北京奥运会期间的损失不予认可,但是北京奥运会期间停工的情况客观存在,遂酌情支持恒基公司70万元的停工损失补偿。二审法院亦持同样意见,维持原判。[2]

【案例4-59】 中国五冶集团有限公司与西安华江环保科技股份有限公司等建设工程施工合同纠纷、建设工程施工合同纠纷案

最高人民法院认为,关于五冶公司主张停窝工损失4,388,900元能否成立的问题。五冶公司主张华江公司迟延开工、迟延提供图纸、设备以及汽轮机拆除给其造成停窝工损失。二审中,五冶公司和华江公司均认可案涉合同约定案涉工程为开工时间不确定,交工时间确定的工程。五冶公司主张因迟延开工导致迟延交工与合同约定不符。案涉合同约定,图纸会审和设计交底时间根据现场情况双方协商确定。一审中五冶公司提交横道图、主要图纸需求计划、主要设备到货时间要求表等单方制作的证据,没有监理单位、华江公司签字确认,无法证明系华江公司原因导致停窝工的事实,也无法证明停窝工的具体损失。一审中五冶公司申请鉴定停窝工损失,因其提交的证据无法证明造成停窝工的具体原因,一审法院未予准许。二审中五冶公司提交自行委托第三方机构出具的咨询报告,用以证明停窝工损失,但五冶公司无法证明停窝工的具体原因,其按照咨询报告载明的索赔工程费用数额向华江公司

---

〔1〕 上海市高级人民法院(2012)沪高民一(民)终字第28号民事判决书。

〔2〕 北京市高级人民法院(2013)高民终字第3271号民事判决书。

主张停窝工损失没有事实和法律依据，本院对五冶公司的该项主张不予支持。〔1〕

2. 承包人违反协作义务损失认定

对因承包人未履行协作义务损失的认定，最大难点是未履行协作义务造成的损失并非通常直观的损失，而是通过由环环相扣的程序阻碍为表现形式导致发包人损失产生。如承包人不提供应由自身制作施工资料或资料不全、不符合档案馆规范要求的，档案馆不出具接收资料证明。因发包人不能取得档案馆接收资料证明，阻碍申请领取城乡规划局发放规划认可书。没有规划认可书则建设行政主管部门不准予备案。在没有取得在建设行政主管部门备案认可资料的情况下，房产登记部门不予初始登记，也不予办理房屋产权小证。在这种递进式程序进程中，缺少行政主管部门规定要求的相关资料则不能进入程序，任何一个环节或程序的阻碍则无法直接进入下一个程序，不能依流程进行到房产登记机关给购房人办理房产证则产生一系列的损失。从发包人层面讲，因为未进入最终办证程序，加大了发包人各种费用继续支出，而产生新发生的费用在承包人履行协作义务情况下是不应该发生，也不会发生的，这应该认定为发包人的实际损失。这些实际损失主要为销售利润、贷款利息和支付违约金、各项办公费用和固定资产折旧、土地使用成本、员工工资和养老统筹、商铺出售和出租、暖气费等。从购房人角度讲，因无法取得房产证影响权利行使，向作为发包人的开发商主张逾期办证违约金，法院判决开发商承担责任的数额便应构成发包人的损失。

3. 实际损失范围认定

【案例4－60】　中国五冶集团有限公司与西安华江环保科技股份有限公司等建设工程施工合同纠纷、建设工程施工合同纠纷案

最高人民法院认为，关于华江公司主张损失5,114,169元能否成立的问题。

(1)关于华江公司主张绿化工程390,000元能否成立的问题。五冶公司认为绿化工程不在五冶公司的施工范围内，华江公司也未向五冶公司交付绿化工程的图纸，五冶公司无法进行绿化工程施工，且五冶公司提交的工程结算中未包括绿化工程的工程价款，故该款项不应从工程款中扣除。案涉合同附件1约定五冶公司的承包范围中有干熄焦区域土建基础包含工程配套的总图与绿化的内容，同时附件1备注中也载明案涉工程需场地平整达到绿化

〔1〕　最高人民法院(2021)民终750号民事判决书。

要求,绿化满足业主要求。根据上述合同内容,绿化工程属于五冶公司的施工范围,绿化工程相应的工程价款已包含在案涉工程固定总价范围内,五冶公司认可未进行绿化工程施工,一审判决以华江公司提交的证据认定绿化工程费用390,000元,应从工程款中扣除,并无不当。(2)关于华江公司主张干熄焦项目消缺费用250,000元能否成立的问题。五冶公司认为,根据2015年5月19日消缺备忘的约定,华江公司应先向五冶公司支付消缺费用250,000元,五冶公司再进行消缺工程施工,华江公司未支付该费用,故五冶公司享有先履行抗辩权,不应承担该费用。一审中华江公司提供2015年5月22日向五冶公司支付消缺费用250,000元的转账凭证,五冶公司对转账凭证的真实性认可,但认为该转账凭证中的250,000元并非消缺费用,而是华江公司应向其支付的其他工程款,但未提交证据予以证明,对该意见本院不予采信。虽然五冶公司认为华江公司提交的华江公司与第三方签订的消缺工程施工合同为复印件,无法确定真实性,但华江公司提交的相关合同及付款凭证可以相互印证,证明消缺工程由第三方施工且实际产生费用。五冶公司未按照约定进行消缺工程施工,应承担相应费用。五冶公司的该项上诉请求,没有事实与法律依据,本院不予支持。(3)关于华江公司主张清洗预膜费用60,000元能否成立的问题。一审中华江公司提交工业品买卖合同及相关凭证,证明华江公司向第三方支付清洗预膜费用。二审中五冶公司认可一审中对上述证据已进行质证,本院予以确认。案涉合同附件1载明循环水管道的酸洗、清洗、预膜等项目由五冶公司负责施工。一审中华江公司提交的证据可以证明华江公司将该项目委托第三方进行施工,支出费用60,000元,该费用应由五冶公司承担。五冶公司认为该项目不是五冶公司的施工范围与合同约定不符,五冶公司该项上诉请求没有事实依据,本院不予支持。(4)关于华江公司主张汽轮机故障产生费用375,640元能否成立的问题。华江公司主张因五冶公司的原因导致汽轮机故障,五冶公司应承担因此产生的费用,但其提交的榆钢汽轮机振动分析纪要、会议纪要、考核通知单、监理通知单、工矿产品购销合同、汽轮机大修协议等证据,并没有明确表明五冶公司与汽轮机故障之间的关联关系,也无法形成证据链证明五冶公司应承担汽轮机故障所产生的相应费用。对华江公司该项上诉请求,本院不予支持。(5)关于华江公司主张考核罚款334,200元能否成立的问题。华江公司提交的证据载明的考核罚款对象并非五冶公司,而是华江公司。各方当事人均认可榆钢公司与西安有色公司,西安有色公司与华江公司尚未进行结算。华江公司未提交证据证明其主张的罚款费用已实际支付,且其提交的证据也不足以证明上述罚款系五冶公司导致,其主张罚款费用由五冶公司承担,没有事实和法律依据。对华江公司该项上诉请求,本院不予支持。(6)关于华江公司主张延期交工违约金 3,170,000 元、延期交工管理费 534,329 元能否成立的问题。华江公司、五冶公司均认可实际交工日期晚于合同约定的交工日期。一审中,五冶公司、华江公司提交的工作联系单、会议纪要等证据,可以证明造成案涉工程工期延误既有五冶公司的原因,也有华江公司的原因。华江公司提交的施工进度表、会议纪要、工程联系单等证据,无法证明仅因五冶公司导致的工期延误的具体天数。华江公司主张五冶公司支付 317 天工期延误导致的违约金和管理费,没有事实依据,本院不予支持。[1]

发包方逾期付款导致承包方借款、还产生未及时支付材料款被索赔,借款利息、材料款违约金等损失,不能要求发包人承担。

【案例 4-61】　裕达公司与金汇公司建设工程施工合同纠纷案

最高人民法院认为,裕达公司上诉主张因金汇公司逾期支付工程款导致其未能如期支付案外人工程材料款而遭受索赔产生的损失、裕达公司借款建设案涉工程产生的利息损失,并提交了裕达公司与湖南省泰安建材有限公司之间经济纠纷的民事判决书和民事调解书。对此,本院认为这些损失均不属于金汇公司逾期支付工程款造成的直接损失,原判决未予支持,并无不当。[2]

4. 开发商实际损失认定

实践中,对于开发商实际损失认定及处理相较于承包人(施工方)而言存在较严的现象,在理论上探索得不够,总认为开发商处于较强势的地位进而影响到处理公平性。

实际损失与施工方行为的因果关系问题,这是界定开发商实际损失是否成立的关键。施工方工期延期和工程质量瑕疵造成开发商实际损失因果关系,表现为如果施工方工期不延误则开发商可以按期进入下一流程而不用多支出由此发生的费用,即开发商在此阶段发生的费用起因归结为施工方。从外表流程上讲,施工方工期延长、质量不合格首先造成质监站不能出具符合设计规范表,而没有该表进不到下一流程档案馆接收阶段,未有档案馆出具的接收资料证明,则进不去规划局流程出具的规划认可书,更进不去环保局流程出具的环保认可书,当然进不去建设局备案流程,在上述流程欠缺的情况下,自然进不到房管局办理大证流程,即流程的阻碍。从施工方的主观明知上讲,施工方有施工资质,作为成立多年的建筑企业在订立施工合同中,就已经知道给开发商建设的商品房和商铺是出售

---

〔1〕 最高人民法院(2021)民终 750 号民事判决书。

〔2〕 最高人民法院(2020)民终 724 号民事判决书。

给购房人的，也知道开发商与购房人签订有购房协议，在购房协议中约定有交房时间和逾期交房的违约金；但在其因工期延期和工程质量有瑕疵进而影响到开发商向购房人交房办证是要承担违约金的，也明知道其自己的行为必然导致开发商会产生违约责任，故从交易习惯和生活常识上应该肯定施工方是已经预见到的损失，且开发商承担违约责任的损失已经产生，这就是说开发商的损失与施工方的违约行为或过错行为造成的损失有因果关系。从时间与发生费用的角度讲，施工方工期延误比施工合同约定要多用时间，其施工合同约定的竣工时间必然向后推移，随即质监站出具符合设计规范表的时间也向后推移，其后流程中的档案馆、规划局、环保局、建设局、房管局等流程出具准许或认可的手续的时间亦依次类推向后推移，也就是说比原来预定的时间要多，这多出来的时间是因为施工方工期延误行为造成的，如果工期不延误则不会产生多出来的时间。这多出来的时间段内，开发商的公司是要进行正常经营，其经营必然产生人员工资、办公等各项费用；这多出来的时间，开发商通过缴纳出让金取得土地使用费要折抵年度费用，开发商的借贷资金要延期并多交利息及违约金，出售出租车库、商铺等要向后顺延发生闲置费用，出售的商品房产生违约金、销售利润因该段期间不产生而下降等。上述费用的发生与施工方工期延长行为紧密相连，即施工方不延长则不能产生这些费用，这些费用就是开发商多支出的费用，就是开发商的实际损失；这些费用不是开发商正常经营情况必须发生的费用，当然不能归属于开发商的经营费用。从质量与时间层面讲，因施工人工程质量不合格，直接造成其施工的工程未能通过质监站出具符合设计规范表，其后一系列流程均未通过，进而造成开发商在此期间发生相关费用。

从工程资料齐备分析开发商实际损失形成。工程资料齐备是开发商到建设行政主管部门备案的前提条件，只有在建设行政主管部门备案完成，房屋权属登记机关才能进行初始登记，即常说的取得房屋大证，办理销售商品房权属相关手续。可用下列图标表明其文件递送流程所反映的递进关系，若本流程通不过则无法进行下一个流程。

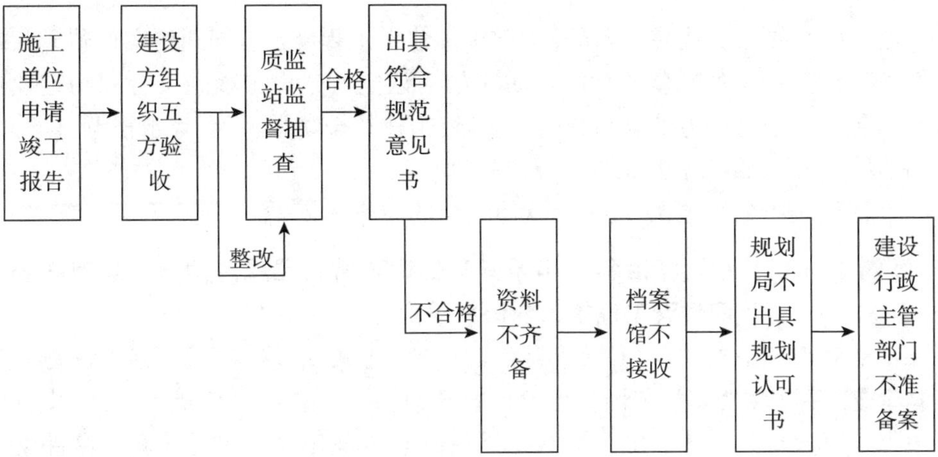

图 4-1　附流程阻碍示意图

实践中,对没有提供备案机关要求的行政备案文件的,备案机关不准许备案,房屋权属登记机关自然无法办理初始登记。也就是说,开发商何时取得初始登记与环保排污费、防雷装置验收意见书有紧密关系。

开发商实际损失的范围界定,应放在个案中确定。一般来讲包括赔偿购房人迟延交付违约金、借款资金增加利息及违约金、出售、出租商铺、车库损失、使用年限土地使用费、利润下降、增加办公费用、折旧、燃油费、取暖费、增加员工工资、养老统筹等。

需要研究的问题是,五方认证后施工方进行整改至质监站对其抽查监督合格期间损失认定。整改时间有长短为不确定期间,质监站抽查合格前不出具监督检查意见书。也就是说,虽然建设工程通过了五方认证,但未取得质监站监督检查意见书,开发商仍然不能取得规划认可书进入流程,最终到房产局进行初始登记,这不但影响到开发商的销售,而且加大了开发商各类费用的支出,从这个实际链条结果讲,五方认证后至施工方整改至质监站复查合格期间导致开发商产生的费用,应认定为由于施工方原因造成的结果,自然应界定为开发商的实际损失。

(四)施工合同违约金认定

合同未约定违约金赔偿问题,仍可要求违约的一方承担继续履行、采取补救措施或赔偿损失等违约责任。根据《民法典》的规定,当事人签订合同但未在合同中约定违约金数额的,仍然可以依据《民法典》中关于合同违约的内容,要求违约方继续履行或承担相应的违约责任。

1. 违约金认定。

湖南省高级人民法院发布的《关于审理建设工程施工合同纠纷案件若干问题的解答》规定:约定的罚款条款的性质应如何认定?建设工程施工合同约定发包人对承包人的违约行为处以罚款的,应定性为违约金条款,当事人申请调整的,根据《民法典》第五百八十五条规定予以处理。

工程款违约金约定无效,工程款违约金的主张无依据。

【案例4-62】 中国华冶科工集团有限公司与营口雅威房地产开发有限公司建设工程施工合同纠纷案

最高人民法院认为,如上所述,案涉备案建筑施工合同、《万隆广场施工总承包合同》及相关补充协议均为无效合同,故上述合同及协议中关于支付逾期工程款违约金的约定亦应认定无效。华冶集团关于同时计算利息并支付违约金的请求,本院不予支持。[1]

2. 违约金调整。

根据《民法典》第五百八十五条第二款和第五百八十四条第一款的规定,当事人一方履行合同义务不符合约定,给对方造成损失的,赔偿额应相当于因违约给对方造成的损失,包括合同履行后可以获得的利益。确定违约金是否过高,是否应该予以酌减,应该以违约方给对方造成的损失为标准。其标准应当是约定的违约金过分高于"造成的损失",含义有二,其一,约定的违约金"过分"高于造成的损失。其二,与造成的损失相比,约定的违约金过分高于该损失。在约定的违约金低于损失的前提下,则应限制对违约金的调整。当约定的违约金远高于造成的损失,且违约方不承认违约,在有证据证明时法官应行使释明权,明确告知违约方违约,必须承担违约责任。在这种释明之后,可以将违约方坚持不违约的抗辩,视为请求降低违约金的意思表示,法官可以降低违约金,反之,法官不宜主动酌减违约金。除非双方当事人提出请求,法官不能主动调整违约金,也不能通过诱导、胁迫等方式要求当事人调整。当事人双方都可以请求法官将违约金调低或调高,方式包括主动起诉和反诉或抗辩。申请调整违约金调低或调高条件不同,申请调低条件必须是约定违约金过分高于实际损失,并不是高于实际损失就可以申请调低;申请调高条件是约定违约金低于其实际损失,只要低于就可以申请。也就是说,即使双方当事人在合同中约定了违约金数额或计算标准,该标准如果与实际损失有差异,诉讼过程中也可以请求法院予以调整。具体分析,此处的规定体现出法律对守约方的保护:约定的违约金低于实际损失的,当事人(通常是守约方)可以请求予以增加,此处只要是"低于",就可以请求增加,没有量的要求;约定的

---

〔1〕 最高人民法院(2019)民终612号民事判决书。

违约金过分高于造成的损失的，当事人（通常是违约方）可以请求适当减少，此处必须是“过分高于”，有量的要求，并且只可以请求“适当”减少。此外，这种增加或适当减少的请求，必须由当事人在诉讼中口头或书面予以提出，否则，法官不能依职权予以增加或减少。出于保护交易安全的考虑，法律在此处对违约金的适用作了详尽的规定。

其一，关于违约金判断标准区分适用对象问题。判断违约金是否过高时应区分承包人与发包人，对承包人不宜科以较高的违约金，对发包人则可以适当提高违约金标准。有法官认为，以行业利润为基础，区分承包人与发包人，分别确定不同的违约金标准，有一定的合理性。但是，在建设单位与施工单位共同参与的施工合同纠纷案件中，如果双方均有违约行为，却对双方适用不同的违约金标准，显然难以让人信服。因此，在施工合同纠纷案件中，不宜区分承包人与发包人，分别确立违约金是否过高的判断标准。[1] 笔者赞同后一种观点，在只有发包人违约的案件中，也可以对发包人适当提高违约金标准。

【案例 4－63】 博坤建设集团有限公司与安阳广佳欣置业有限公司、管某生建设工程施工合同纠纷案

最高人民法院认为，本案事实表明，博坤公司在已预交 3000 万元保证金的基础上，工程垫资超过 8000 万元。广佳欣公司仅支付了 660 万元的工程款，而且其中有 360 万元为抵扣进场费，300 万元为申安公司代为支付（对该笔款项，申安公司支付时，博坤公司并不认为支付的是案涉工程款，因其与申安公司还有其他债权债务关系，申安公司是在博坤公司一审起诉后才出具了一份情况说明，博坤公司虽然认可了该笔款项为广佳欣公司支付的工程款，但其表示如果将该笔款冲抵本案工程款，那么其与申安公司之间的其他债权债务关系亦将随之调整）。以上事实表明，广佳欣公司作为承担全额投资并按进度付款义务的建设方，其履行行为与当事人原约定严重不符。本院认为，广佳欣公司请求调整本案违约金既无证据支持，也与本案事实不符，更与《建设工程解释》规定精神相悖。综上，对广佳欣公司此项上诉请求，本院不予支持。[2]

其二，各地法院调整违约金具体操作的做法主要有：（1）约定违约金过高，调整至诉请工程款的 30%。（2）违约金约定过高，调整为按未付工程款的 30% 计算。（3）违约金约定过高，调整为原同期银行贷款利率的四倍。（4）违约金约定过高，调整为每日万分之五。

---

〔1〕 参见邬砚：《建设工程合同纠纷——254 个裁判规则深度解析》（第 2 版），法律出版社 2019 年版，第 187 页。

〔2〕 最高人民法院（2014）民一终字第 61 号民事判决书。

【案例4-64】 武汉建工第三建筑有限公司与武汉天恒置业有限责任公司建筑安装工程施工合同纠纷案

最高人民法院认为,合同约定的违约金:B栋合同约定的标的金额为32,160,519.72元,其违约金计算为32,160,519.72元×1‰×717天=23,059,092.64元。C1、C2栋合同约定的标的金额为30,089,298.12元,其违约金计算为30,089,298.12元×1‰×266天=8,003,753.30元。B栋、C1、C2的合同约定的违约金总数为23,059,092.64元+8,003,753.30元=31,062,845.94元,加上合同约定罚款金额70万元,共计31,762,845.94元。一审款项计算有误,本院予以纠正。由于一审判决的违约金30,321,836.22元比合同约定的违约金低,因此,本院对武建三公司要求调整违约金的请求依法不予支持。由于天恒公司对一审判决没有上诉,因此,武建三公司向天恒公司支付延期交房的违约金数额应以一审法院的认定为准。[1]

其三,违约金计算基数问题。一般情况下,违约金计算是以合同总价作为计算依据,而不是以欠款本金数额,但在个案中法官可根据具体案情作调整。根据合同约定的计算方式计算出的违约金数额相对拖欠的工程款数额明显过高,双方当事人要求予以调整的,法官可以予以调整,在调整时应兼顾双方损失和体现公平原则。

【案例4-65】 浙江宝业建设集团有限公司与天津老板娘水产食品物流有限公司、浙江老板娘食品集团有限公司建设工程施工合同纠纷案

最高人民法院认为,关于应支付的违约金,由于以合同总价作为计算的依据会出现违约金高于欠款本金数额的情况,一审法院在老板娘公司提出违约金过高应予调整的请求后,对于过高的违约金数额结合本案的实际情况以欠付的工程款作为计算基数进行了适当调整,并无不当。[2]

【案例4-66】 江苏苏鑫装饰(集团)公司与睢宁县规划局建设工程施工合同纠纷案

判决观点,关于计算方式,双方虽然在合同中约定了"以总价的万分之一向对方支付违约金"的违约金计算方式,但据此约定计算出的违约金数额相对于睢宁县规划局拖欠的工程款数额明显过高,睢宁县规划局请求予以调减有合理性,本院依法予以调整。应以睢宁县规划局欠款数额为基数,以不超

---

〔1〕 参见最高人民法院民事审判第一庭编:《最高人民法院民事案件解析》(建设工程),法律出版社2010年版,第253页。

〔2〕 参见最高人民法院民事审判第一庭编:《民事审判指导与参考》2014年第1辑(总第57辑),人民法院出版社2014年版,第169页。

过中国人民银行发布的同期同类贷款利率的1.3倍为标准分段计算为宜。[1]

其四，基于预防再次出现违约行为和化解矛盾目的，其约定以合同总价的20%为基数计算违约金，虽然违约金数额畸高，但法院不予调整。

【案例4-67】　普定县鑫臻房地产开发有限公司与黑龙江省建工集团有限责任公司、普定县鑫臻酒店有限公司建设工程施工合同纠纷案

最高人民法院认定，发包人至迟应在2014年12月15日前向承包人支付剩余工程款13,644,468.52元。从应付款期限届至日至一审判决作出日，时间不到1年，但违约金金额达到应付未付款的88%。违约金的畸高，在于双方约定违约金以工程总价款为基数计算，而不是按应付未付款为基数计算，且在以工程总价款为基数计算违约金的情况下，违约金比例高达20%。最高人民法院认为，该案中高额违约金的约定，其主要目的在于预防双方再次出现违约行为，激化双方矛盾。该违约金的约定适用条件，对双方当事人公平一致，即任何一方违约均应适用。且在签订《纠纷处理协议》时，双方当事人对于工程总造价应当具有合理预期，任何一方违约承担的支付违约金的数额，并未超出双方当事人签订该协议时应当预见的范围。发包人上诉主张违约金数额明显过高，一方面并未就其该主张提供证据证明约定的违约金数额明显高于承包人实际遭受的损失，另一方面该违约金调减请求，与双方当事人签订上述协议时约定高额违约金的目的明显不符，故一审判决判令发包人支付承包人违约金12,029,897.6元（60,149,488.17元×20%），符合双方协议约定，对发包人的该项上述请求，最高人民法院不予支持。[2]

当事人仅主张未违约，并未主张违约金过高，如果其的确违约，而合同约定的违约金又过高，法官能否主动酌减违约金，司法实践中的认识并不统一。从逻辑上讲，当事人主张没有违约，必然包含了其不应当承担违约金的意思表示。所以无论法官如何判定违约金，其均认为过高。在此种情况下，最高人民法院判例表明法官可以依照《民法典》第五百八十五条的规定，酌减违约金。

---

〔1〕江苏省徐州市中级人民法院（2012）徐民初字第38号民事判决书。

〔2〕最高人民法院（2016）民终字第106号民事判决书。

【案例4－68】 天津万利成实业发展有限公司与内蒙古铁骑纺织有限责任公司建设工程施工合同纠纷案

最高人民法院认为,原二审判决事实清楚,适用法律正确,但对于违约金问题,虽然万利成公司并未提出违约金过高的主张,但其一直主张其未违约,应当视为其认为违约金过高。本案中的合同标的额为7,835,369元,而万利成公司需支付的违约金却高达5,766,928元,应予调整。酌定万利成公司应支付铁骑公司违约金为2,350,611元。〔1〕

其五,违约金自由裁量问题。实践中,对违约金调整是由法官根据案情自由裁量的。如工期延误双方均有责任,应当判断双方责任大小,并结合逾期交工给发包人实际造成的损失数额或在发包人的实际损失无法量化时,由法官在合理限度内进行自由裁量违约金。

【案例4－69】 天图公司与银河公司建设工程施工合同纠纷案

二审法院认为,银河公司上诉主张天图公司的损失应按同期同类贷款利息计算,认为双方在合同中约定的违约金标准过高,天图公司对此不予认可。本院认为违约金的计算标准为双方在合同中所明确约定,对双方当事人均具有约束力。银河公司在已方的反诉请求中亦是要求对方按照合同约定的计算标准支付违约金,综合考虑本案的合同履行情况,当事人的过错程度以及预期利益等因素,本院认为银河公司请求就已方的违约情况而降低违约金计算标准依据不足。因双方已对工期进行了洽商变更,现银河公司上诉主张天图公司延误工期依据不足,对其要求天图公司支付违约金的主张,本院不予支持。〔2〕

其六,违约金调整综合因素把握问题。对请求调整违金的,应当以实际损失为基础,兼顾合同的履行情况,当事人的过错程度以及预期利益等综合因素,根据公平原则和诚实信用原则予以衡量,关键是对综合因素的把握。

【案例4－70】 广东川惠科技开发集团有限公司、襄阳川惠大酒店与湖北王胖子置业集团有限公司建设工程施工合同纠纷再审案

最高人民法院认为,涉案工程系王胖子公司全资垫付完成,广东川惠公司长期拖欠工程款不还,客观上造成王胖子公司的巨大经济损失,为督促广东川惠公司履行合同义务,双方协商约定的违约责任,具有明显的损失弥补和惩罚性,广东川惠公司对此亦予以认可,双方并为此办理公证。因此,二审

---

〔1〕 参见最高人民法院民事审判第一庭编:《民事审判指导与参考》2010年第1集(总第41集),法律出版社2010年版,第265页。

〔2〕 北京第一中级人民法院(2010)一中民终字第02398号民事判决书。

关于广东川惠公司向王胖子公司支付600万元违约金的判决具有法律依据，也符合本案当事人履行合同的客观情况。……虽然王胖子公司依《还(付)款协议》约定主张3009万元违约金明显超过其损失，但广东川惠公司无论是履行其与王胖子公司签订的建设工程施工合同还是《还(付)款协议》均存在过错，不仅客观上给王胖子公司造成了经济损失，而且其在签订《还(付)款协议》时明知其应当承担的违约责任。广东川惠公司、襄阳川惠公司和攀枝花川惠公司以《还(付)款协议》有关违约责任的约定违反了公平正义价值为由申请再审，违背了诚实信用的原则，故不予支持其再审请求。[1]

【案例4-71】 索特科技发展有限责任公司诉北京泰跃房地产开发有限责任公司等建设工程施工合同纠纷案

判决观点，对于酌减标准，应当以实际损失为基础，兼顾合同的履行情况、当事人的过错程度以及预期利益等综合因素，根据公平原则和诚实信用原则予以衡量，综合本案实际情况及泰跃房地产公司所做承诺书，实际损失以双方约定的利息标准认定为宜，即中国人民银行同期贷款利率的四倍，该部分乘以1.3倍为违约金的金额，对于索特科技公司主张的超出部分的违约金，法院不予支持。[2]

【案例4-72】 珠海市建筑工程有限公司与珠海市铭豪居房产有限公司建设工程施工合同纠纷再审案

最高人民法院认为，关于违约金的计算标准。尽管《财富世家3—8号楼补充协议》约定的违约金标准是4万元人民币/天，但铭豪居公司未举出充分的证据证明其因珠海建筑公司未及时撤场而给其造成的实际损失的具体数额，且铭豪居公司在向珠海建筑公司发出要求撤场的通知后并明知珠海建筑公司未实际撤场的情况下，未予采取适当措施防止损失的扩大。在此情况下，一审、二审法院综合考虑涉案场地(包括涉案商铺)面积、该场地使用费以及场地被占用期间对铭豪居公司继续开发项目所造成的不利影响等因素，基于珠海建筑公司在一审答辩时根本否定铭豪居公司关于逾期退场违约金的请求，根据《合同法解释(二)》第二十九条的规定，酌情将违约金计算标准调减为每日1.5万元，并无不当。[3]

实践中，如何公平合理调整违约金的比例，达到各方当事人的利益平衡，维护各方当事人权益是一个疑难常态问题，也是必须高度重视及探索的问题。

---

〔1〕 最高人民法院(2013)民申字第241号民事判决书。

〔2〕 参见国家法官学院案例开发研究中心编:《中国法院2017年度案例》(合同纠纷)，中国法制出版社2017年版，第149页。

〔3〕 最高人民法院(2016)民再字第26号民事判决书。

【案例4-73】 青岛正泰锅炉有限公司与青岛伟信建设工程有限公司建设工程施工合同纠纷再审案

再审法院认为，关于本案逾期应承担的违约金问题。根据双方合同约定工期每拖延一天，罚工程造价的0.2‰，后该处修改为5‰，对于违约金是0.2‰还是5‰，双方产生争议。根据当初一审时被申请人伟信公司向法院提供的原始合同，其合同中修改为5‰，但在修改处并未加盖双方印章或签字。根据有关法律规定，约定违约金的高低人民法院可以予以调整。结合本案实际，被申请人在施工工程中付出了大量的人力、物力并为申请再审人正泰公司建造车间厂房后投入使用。正泰公司已经取得了相关利益。如果按照5‰的违约金由伟信公司承担，已经明显超过了给正泰公司所造成的损失（总工程款的一半左右），违背了双方订立合同的初衷，亦显失公平。本院结合《民法通则》的有关公平原则，将双方约定的工程逾期完工的违约金调整为2.5‰，对双方公平、合理，亦符合本案的实际情况。在被申请人伟信公司工程逾期96天，应按照工程实际造价510,930.07元，伟信公司应支付正泰公司违约金122,623.22元（510,930.07元×96天×2.5‰）。对于申请再审人正泰公司对于部分申请再审理由，应当予以支持。[1]

有的法院综合案件实际情况和相关法律规定，将违约金调整为按照银行同期贷款利率上浮30%处理。

【案例4-74】 张某军与山东美源丞市政工程发展有限公司、淄博城市燃气有限公司等建设工程施工合同纠纷案

二审法院认为，关于被上诉人美源丞应付违约金543,000元的问题。因上诉人张某军与被上诉人美源丞签订的建设工程施工合同为无效合同，故合同中关于逾期支付工程款的违约金条款也无效，综合本案实际情况和相关法律规定，原审对此将违约金调整为按照银行同期贷款利率上浮30%并无不当。因此，上诉人张某军主张违约金543,000元无事实和法律依据，本院不予支持。[2]

施工合同约定逾期支付工程进度款的违约金按月息3%计算，发包人抗辩违约金过高，法院调整为中国人民银行同期同类贷款利率上浮30%计算。

【案例4-75】 海天公司与金丰谷公司建设工程施工合同纠纷案

最高人民法院认为，关于逾期付款利息。海天公司在一审中明确，其诉

〔1〕 参见最高人民法院审判监督庭编：《全国法院再审判典型案例评注》（上），中国法制出版社2011年版，第161页。

〔2〕 山东省淄博市中级人民法院（2014）淄民一终字第543号民事判决书。

请的逾期支付工程款利息系根据合同第13.2条约定的月利率3%下调为2.5%进行主张的,现上诉主张按照月息2.5%的标准计算逾期付款利息损失。因金丰谷公司在一审答辩时已经提出合同约定的逾期支付工程进度款利息月利率过高,一审法院在金丰谷公司确存在逾期付款违约事实,且该违约行为给海天公司造成实际损失的基础上,依据《合同法》第一百一十四条及相关司法解释的规定,对逾期付款利息予以调整,并无明显不当。[1]

其七,逾期付款违约金计算方式的变化问题。实践中,在逾期付款违约金计算方式发生变化的,应按最高人民法院最新规定执行。

【案例4-76】　三建公司与宏大公司建设工程施工合同纠纷案

最高人民法院认为,宏大公司承认欠三建公司9,987,429.59元未支付,但上诉提出一审判决按日万分之四计算该笔欠款的逾期付款违约金不妥,应按最高人民法院有关司法解释执行。最高人民法院2000年11月15日公布了法释〔2000〕34号《关于修改〈最高人民法院关于逾期付款违约金应当按照何种标准计算问题的批复〉的批复》,将最高人民法院法释〔1999〕8号批复中关于"逾期付款违约金标准可以按每日万分之四计算"的内容删除,一审判决仍按每日万分之四计算逾期付款违约金不当,应予改判。宏大公司的该项上述理由成立,本院予以支持,本案应依据最高人民法院法释〔1999〕8号批复的有关规定,按照中国人民银行计收逾期贷款利息的标准计算宏大公司逾期付款违约金。[2]

其八,违约金标准其他认定。《民法典合同编通则解释》第六十五条规定:"当事人主张约定的违约金过分高于违约造成的损失,请求予以适当减少的,人民法院应当以民法典第五百八十四条规定的损失为基础,兼顾合同主体、交易类型、合同的履行情况、当事人的过错程度、履约背景等因素,遵循公平原则和诚信原则进行衡量,并作出裁判。约定的违约金超过造成损失的百分之三十的,人民法院一般可以认定为过分高于造成的损失。恶意违约的当事人一方请求减少违约金的,人民法院一般不予支持。"该条第二款规定了一个比较刚性的标准,即当事人约定的违约金超过造成损失的30%的,一般可以认定为"过分高于造成的损失"。但值得注意的是,有的法院对违约金标准过高的其他认定。

---

〔1〕 最高人民法院(2018)民终475号民事判决书。

〔2〕 参见最高人民法院民事审判第一庭编著:《最高人民法院建设工程施工合同司法解释的理解与适用》,人民法院出版社2004年版,第475页。

【案例4－77】 海沃公司与南通三建建设工程施工合同纠纷再审案

最高人民法院认为，合同当事人在本着诚实信用履行合同的同时，也应当兼顾公平。案涉工程于2016年12月30日通过竣工验收，南通三建的投入已经物化于案涉工程中，由海沃公司取得。二审判决对违约金数额的认定，不利于平衡保护发包人和施工企业利益。根据另案生效判决，案涉工程总造价为2.48亿元，原判决认定的逾期竣工违约金为64,529,600元，达到工程造价的26%，远超施工方的预期利润。南通三建原审中是否主张调整违约金，以及原审法院是否予以释明？如果南通三建主张调整违约金，违约金的数额除考虑违约造成的损失外，还应当结合合同的履行情况、当事人的过错程度以及预期利益等综合因素，根据公平原则和诚实信用原则予以衡量。本案发回重审。[1]

其九，违约金调整释明。《民法典合同编通则解释》第六十六条规定："当事人一方请求对方支付违约金，对方以合同不成立、无效、被撤销、确定不发生效力、不构成违约或者非违约方不存在损失等为由抗辩，未主张调整过高的违约金的，人民法院应当就若不支持该抗辩，当事人是否请求调整违约金进行释明。第一审人民法院认为抗辩成立且未予释明，第二审人民法院认为应当判决支付违约金的，可以直接释明，并根据当事人的请求，在当事人就是否应当调整违约金充分举证、质证、辩论后，依法判决适当减少违约金。被告因客观原因在第一审程序中未到庭参加诉讼，但是在第二审程序中到庭参加诉讼并请求减少违约金的，第二审人民法院可以在当事人就是否应当调整违约金充分举证、质证、辩论后，依法判决适当减少违约金。"经审理认为施工合同约定的违约金过高的，法官应主动释明，但不得依职权酌减。

3. 承发包双方约定的违约金限额因守约方损失过大调整，受到可预见规则的制约。

违约方在签订合同时能够或应当能够预见的损失是限缩违约金和金额的重要考量因素。

【案例4－78】 布尔津县融和民俗风情园旅游开发有限公司等与珠海市建安建筑装饰工程有限公司建设工程施工合同纠纷案

判决观点，发包人与承租人约定的逾期交房违约金，属租赁双方的约定，对承包人没有约束力，且施工合同签署在前，租赁合同签署在后，发包人向承租人承担的违约罚则，不属于承包人在签署施工合同时能够预见或者应当预见的损失范围，故对于发包人向承租人主张的其向承租人承担的违约金，法

〔1〕 最高人民法院（2020）民申4963号民事判决书。

院不予支持。[1]

4. 施工合同当事人在诉讼中请求增加违约金的，增加后的违约金数额以不超过实际损失为限。双方约定的违约金超过造成损失的30%的，一般可以认定为过分高于造成的损失。

当事人约定了违约责任但未约定违约金标准的，可以按照有关法律及司法解释确定。

【案例4-79】　中国建筑第二工程局与河南裕达置业有限公司拖欠工程款纠纷案

最高人民法院认为，关于违约责任问题，中建二局虽在二审期间提交了裕达公司图纸不到位、设计变更提供不及时，业主设计环境、业主分包和不可抗力等因素造成应顺延工期396天的证据目录和清单，但在庭审质证中未提出证据原件或者复印件。中建二局在一审中未就其主张裕达公司承担违约责任问题提起诉讼请求，也没有预交相应的诉讼费用，一审法院没有对裕达公司提出的工期违约和质量违约反诉予以审理，并告知其另诉解决，表明一审法院对双方的违约责任没有进行实体审理。双方提出的涉及合同履行中的违约责任问题是一个整体，应一并审理。裕达公司在被一审法院告知有关工期违约和质量违约问题不在本案审理范围后，已经另行起诉。为便于查清双方的违约行为、过错程度以及违约责任的承担等，中建二局应在该案中通过明确提出反诉的途径予以解决。将双方当事人提及的违约责任问题另案解决，便于查清事实，公平合理，符合本案的实际情况，亦不违反《民事诉讼法》的有关规定。[2]

5. 法院直接调减违约金标准问题。法院酌定的基础应以守约方的实际损失为标准，如损失无法确定，则应根据诚信、自愿的原则，按照合同约定的违约金标准执行。

【案例4-80】　中建三局建设工程股份有限公司与中山市华创置业有限公司建设工程施工合同纠纷案

二审法院认为，华创公司二审中明确其主张的损失包括迟延向小业主交楼而所应赔偿的违约金、错过销售期的损失及销售成本的增加、公司支出的增加及政府收费项目的增加等，虽然华创公司未提供充分的证据证明其损失的具体数额，但涉案工程是上亿元的工程，工程的长时间延误必然给作

---

〔1〕　参见孙巍主编：《中国建设工程法律业务报告(2009—2010)》，法律出版社2011年版，第352页。

〔2〕　参见最高人民法院民事审判第一庭编：《最高人民法院民事案件解析》(建设工程)，法律出版社2010年版，第212页。

为开发商的华创公司造成诸如迟延交楼违约金、错过黄金销售期、销售成本增加等损失，因此，结合本案的实际情况及公平原则，原审酌定逾期完工违约金按每逾期一天20,000元标准计算并无不当，本院对该计算标准予以维持。[1]

6.援引民间借贷利率作为逾期付款违约金限度问题。发包人逾期付款，可否主张援引《民间借贷规定》中规定的年利率作为违约金比例，有不同认识。笔者认为，上述规定仅适用法院审理民间借贷案件，并不适用建设工程施工合同纠纷案件。施工合同关系中的当事人的行为性质、违约制度安排及制约效果等区别民间借贷合同关系，不同种类的合同关系法律规定尽管具有借鉴意义，并不一定跨越特定的法律关系适用，即民间借贷利率不能适用施工合同违约金。实践中，最高人民法院在个案中认为，本案为建设工程施工合同纠纷，当事人争议的是工程价款违约金，天威公司主张适用《民间借贷规定》的申请再审理由不能成立。[2]该案表明以民间借贷利息约定对抗双方有效合同约定违约金计算标准，在法律上不能得到支持。

7.需要研究的问题是，工期逾期违约金已足以弥补损失，再主张逾期移交工程资料违约金、停工违约金等显然高于实际损失，法院是否支持。

【案例4-81】 广西东懋房地产开发有限公司与广西中宇达建工有限公司建设工程施工合同纠纷案

一审法院认为，至于违约金的计算，双方签订的《建设工程施工合同》第三部分第35条第(2)项、第45条第(4)项针对逾期竣工及逾期移交工程资料两种违约行为分别约定了违约金及其计算方法，以及被告在2011年8月23日出具的《承诺书》第2条、第6条的承诺内容写明停工及未参加监理例会的违约金计算方法，但双方约定违约金的目的是针对被告违约致使原告受到损失的一种惩罚性赔偿，综合本案各方因素，法院认为依照《建设工程施工合同》第三部分第35条第(2)项的约定计算违约金足以弥补原告受到的损失，原告再请求按合同约定另计逾期交工程资料违约金、停工违约金及未参加监理例会违约金的，不予支持。二审法院认为，关于违约金问题，双方当事人在合同中对违约责任的给付方式已作了明确约定，该约定并未过分高于被上诉人的实际损失。一审法院计算上诉人施工迟延的天数及应当支付违约金数额准确，应当维持。[3]笔者认为，合同中约定了各项违约行为的违约金，承包人违反合同约定的各项内容，则应当分别计算违约金，而不应当只支

〔1〕广东省中山市中级人民法院(2013)中中法民一终字第792号民事判决书。
〔2〕最高人民法院(2016)民申字第1584号民事裁定书。
〔3〕广西壮族自治区百色市中级人民法院(2014)百中民二终字第152号民事判决书。

持一项违约金。如果各项违约金之和明显高于损失，是依法调整问题与其应承担各项违约责任并非同一个概念。上述一审、二审判决有待于研究。

（五）违约金与利息并用

利息和违约金并用问题，即发包人在承担违约金责任之外支付工程款利息。《民法典》第五百八十五条、第五百八十六条规定，就违约赔偿作了相关规定，包括违约金、损失赔偿金、定金。一般来说，这三者不能并存，当事人只能选择其中一个主张权利。但这不是绝对的，是有例外的。在施工合同中，承包人是否可以同时主张逾期支付工程款的违约金和利息，最高人民法院没有规定，地方法院有规定，但意见不一致。合同约定可以同时主张逾期付款违约金和利息，二者可以并存，但二者之和高于损失30%的，为"过分高于"；无约定或约定不明，承包人应当证明损失大于违约金或利息中的任何一项，否则不支持违约金和利息并存。

最高人民法院民一庭认为，建设工程施工合同作为双务有偿合同，支付工程价款是发包人的主要义务。发包人违反合同约定欠付工程价款，则构成违约，应承担违约责任，而当事人之间对所欠工程价款约定支付利息往往是承担违约责任的基本方式。《建设工程解释（一）》第二十六条规定："当事人对欠付工程款利息给付标准有约定的，按照约定处理；没有约定的，按照同期同类贷款利率或者同期贷款市场报价利率计息。"该规定是针对建设工程施工合同当事人关于利息问题争议的处理，应为当事人对欠付工程价款并没有约定违约责任承担方式时适用。如果当事人在施工合同中已经约定逾期支付工程价款所应承担的违约责任方式，则应优先适用该当事人之间的约定。因此，如果当事人在建设工程施工合同中明确约定了发包人在承担利息之外还应赔偿损失或者承担其他违约责任，则承包人请求发包人承担约定之违约责任的同时还请求支付相应约定利息的，应当从其约定。《民法典》第五百七十七条规定："当事人一方不履行合同义务或者履行合同义务不符合约定的，应当承担继续履行、采取补救措施或者赔偿损失等违约责任。"赔偿损失为承担违约责任的方式之一。如果当事人仅就欠付工程价款约定支付违约金，而未额外约定支付欠付工程价款利息的，则此时发包人支付违约金即承担了赔偿损失的违约责任，承包人无权请求发包人额外支付欠付工程价款利息。[1]

违约金与利息是否可以并用在理论上是有争议的问题。常见的现象是施工

---

〔1〕　参见最高人民法院民事审判第一庭编：《民事审判实务问答》，法律出版社2021年版，第86～87页。

合同或结算协议约定了违约金支付方式，承包人是否还可以要求发包人在承担违约金责任之外支付欠付工程款的利息。有法官认为，如果当事人在施工合同中明确约定在承担利息之外还应赔偿损失或者承担其他违约责任，则承包人在请求承担违约责任同时还请求支付相应约定的利息的，应当从其约定；相反，如果当事人仅仅约定承担违约责任的方式，则此时不应再按照《建设工程解释》第十七条（现为《建设工程解释（一）》第二十六条）规定承担支付利息的责任，即承包人无权在请求发包人承担违约责任之外，再请求发包人支付欠付工程款利息；对承包人的该请求，人民法院也不应支持。〔1〕 有律师认为，违约金是合同当事人约定的承担违约责任的一种方式，其与法定孳息属于两种不同的给付，最终适用违约金还是利息，又或者二者并用，取决于其约定的违约金和利息的数额，并与实际损失予以比较，最终权衡适用其中之一还是二者并用。此种观点与《民法典》及司法解释中赋予的合同当事人请求调整违约金的权利且在30%的范围内予以调整，应当是一脉相承的。利息本质上是经济学的概念，多数观点认为利息属于法定孳息的一种。违约金是当事人约定或法律规定，在一方不履行或不完全履行合同时另一方支付的金钱对价。虽然利息和违约金在内涵上存在差异，但在应用中不乏交叉，如利息可以成为确定违约金的一种方式，违约金的范围可以包括利息。利息和违约金均可纳入违约责任的范畴，且目的之一都在于弥补守约方损失，故二者之间不存在非此即彼的排斥关系。〔2〕 如果当事人在合同中同时约定了欠付工程价款的违约金和利息，守约方可一并向违约方主张，但应结合《民法典》第五百八十五条和《全国法院贯彻实施民法典工作会议纪要》第十一条的规定，适用确定或调整违约金。〔3〕 如果当事人在合同中仅约定了违约金，因违约方迟延付款时，利息属于守约方必然产生的损失，故在衡量守约方损失的基础上调整违约金的数额即可，无需再就利息单独主张。如果当事人在合同中仅约定了利息且利息不足以弥补损失的，守约方可同时主张违约方赔偿损失。〔4〕

笔者认为，利息与违约金分别属于《合同法》规定的损害赔偿和违约金制度，二者并用不属于重复计算。基于工程款利息属法定孳息性质，一般是不需要在施工合同中约定，当然也可以约定。《民法典》第三百二十一条第二款规定：“法定孳息，当事人有约定的，按照约定取得；没有约定或约定不明确的，按照交易习惯

〔1〕 参见《建设工程合同纠纷裁判思路》，法律出版社2014年版，第204页。

〔2〕 参见王毓莹、史智军：《建设工程施工合同纠纷疑难问题和裁判规则解析》，法律出版社2022年版，第334页。

〔3〕 参见王毓莹、史智军：《建设工程施工合同纠纷疑难问题和裁判规则解析》，法律出版社2022年版，第335页。

〔4〕 参见王毓莹、史智军：《建设工程施工合同纠纷疑难问题和裁判规则解析》，法律出版社2022年版，第335页。

取得。”在施工合同中约定利息与违约金并用的,自然不存在争议。在施工合同中约定了违约金而没有约定利息的,多发生争议。施工合同没有约定迟延支付工程款应当支付利息,而是约定了每迟延支付一日,按迟延支付工程款的万分之五的标准支付违约金,发包人支付逾期工程款的法定孳息并不会免除发包人基于合同约定应当承担的违约责任,承包人既可以主张违约金,又可以主张利息,承包人有选择权。应注意的是,在施工合同中对利息可以不作约定。换言之,工程款利息具有法定属性,不论是否约定均可以主张,其约定放弃的是例外;而支付的标准是在有约定时从约定,无约定时按法定标准,这才符合《建设工程解释(一)》第二十六条规定精神,该条是支付利息标准规定,但绝不是应否支付工程款利息依据规定。工程款利息归属损害赔偿制度范畴,不论是否约定均可以主张,这与违约金支付是不同的。施工合同约定了违约金而没有约定工程款利息时,承包人既可以主张违约金也可以同时主张工程款利息。反之,施工合同约定了工程款利息而没有约定违约金的,承包人只能主张工程款利息而不能主张违约金。

违约金和利息并用在法院案件处理上存在分歧。在司法解释明确规定之前,其实务操作中对该问题可区分两种考虑,一是合同未约定违约金与利息同时并用,法院同时支持的可能性小。二是合同同时约定了违约金和利息,对该问题存在三种不同观点,在这种情形下,法院可以根据具体案情同时支持。审判一线法官认为,逾期付款违约金与利息原则上只能择一主张,不能同时主张,而且如果主张的逾期付款违约金明显高于造成的损失的,发包人有权要求酌减。但在两种情况下,逾期付款违约金与利息可以同时主张,一是合同约定可以同时主张,二是约定的违约金低于造成的损失的。当然,如果同时主张的结果导致明显高于实际损失的,则发包人可以申请调减。[1] 也有法官认为可以,而且是守约方的必然权利。但是,在当事人没有约定其他违约责任时,则只能请求发包方承担利息责任。[2] 笔者赞同对合同约定违约金和利息并用之观点。应注意的是,即便双方没有约定或约定不明的,法官不予支持并用主张也应存在例外情形,应将承包人有证据证明合同约定的违约金或利息单独不足以弥补其实际损失的除外,这也包含违约金请求调高后仍不足以弥补实际损失的情形。

【案例 4-82】　广东川惠科技开发集团有限公司、襄阳川惠大酒店与湖北王胖子置业集团有限公司建设工程施工合同纠纷再审案

最高人民法院再审中对该约定中“除赔偿乙方每天壹万元损失”和“按银行同期贷款利率的贰倍承担利率”的表述认定:形式上都属于《合同法》第

---

〔1〕 参见邬砚:《建设工程合同纠纷——254 个裁判规则深度解析》(第 2 版),法律出版社 2019 年版,第 192 页。

〔2〕 参见王勇:《建设工程施工合同纠纷实务解析》,法律出版社 2017 年版,第 194 页。

一百一十四条第一款的“损失赔偿额的计算方法”，但“赔偿乙方每天壹万元损失”应为违约金条款，而“按银行同期贷款利率的贰倍承担利率”为欠付工程价款利息计付标准的约定。这表明违约金和利息可以同时支持的态度。[1]

【案例4－83】 回宏成公司与瑞泰公司建设工程施工合同纠纷案

最高人民法院认为，工程款利息与逾期付款违约金虽均是因逾期付款行为产生的责任，但两者性质不同。工程款利息属于法定孳息；逾期付款违约金系基于双方当事人的约定，具有补偿性和惩罚性，能督促当事人积极履行合同，保护当事人的合理预期，促进交易安全。瑞泰公司关于工程款利息与违约金不能同时支持的上诉理由不能成立，本院不予支持。综上所述，瑞泰公司的上诉请求不能成立，应予驳回；一审判决认定事实清楚，适用法律正确，应予维持。判决：驳回上诉，维持原判。[2]

最高人民法院法官认为，在当事人既主张违约金又主张利息的情况下，违约金与工程价款利息支付的总额应以实际损失为衡量基础。依据合同约定计算出的违约金具有以补偿实际损失为主、惩罚违约当事人为辅的双重属性。违约金的计算并非仅以守约方所受损失为上限，可以适度适用惩罚性违约金。该规则有助于维系合同的稳定，保护当事人的合理预期，促进交易安全。[3]

允许利息损失与违约金并用并不排斥违约方要求调低违约金的权利，但过分超过损失的予以调整观点。也就是说，违约金与利息竞合时，两者之和过分高于实际损失的，应予以调整，以体现《合同法》及司法解释关于补偿为主、惩罚为辅的原则。

【案例4－84】 深圳市建工集团股份有限公司与汕尾市城乡规划局、汕尾市住房和城乡建设局建设工程施工合同纠纷案

二审法院认为，本案焦点是涉案利息和违约金能否同时适用及计付的问题。首先，两者能否同时适用。涉案合同明确约定建工公司按造价50%垫资建造，市规划局逾期付款则按银行利率付息、按日万分之三支付违约金。建工公司按合同全面履行义务，但市规划局在工程竣工近20年尚欠付本金5870.38元。据此，建工公司以合同约定为由主张利息、违约金以弥补经济损失有合同依据和事实依据。另外我国现行法律法规并无明文禁止利息、违约金同时适用的规定，根据《广东省高级人民法院关于审理建设工程施工合

---

〔1〕 最高人民法院(2013)民申字第241号民事判决书。

〔2〕 最高人民法院(2022)民终167号民事判决书。

〔3〕 参见武建华：《欠付工程款利息及违约金的适用规则》，载《人民司法·案例》2018年第11期。

同纠纷案件若干问题的意见》(粤高法发〔2006〕37 号)(已失效)第四条关于“没有证据证明当事人已同意不计算结算前的违约金和垫资利息,一方当事人在结算完毕后再主张结算前的违约金和垫资利息的,可予支持”及《广东省高级人民法院全省民事审判工作会议纪要》(粤高法〔2012〕240 号)第三十条关于建设工程施工合同时约定迟延付款的利息和违约金的,可以同时适用的规定,建工公司的该项主张于法有据,本院予以支持。其次,两者之和是否偏高及调整的问题。一是涉案利息和违约金数额认定的问题。本案利息、违约金二者之和为 12,111,075.78 元。二是建工公司经济损失的认定问题。建工公司实际损失参照涉案工程款利息数额 5,734,030.53 元予以认定。三是两者之和如何调整。据上所述,二者之和为 12,111,075.78 元,建工公司因逾期付款的经济损失参照利息数额 5,374,030.53 元认定,故前数超过后数 111.21%。建工公司以经济损失巨大为由主张两者均应计付;市规划局则辩称两者之和过分偏高而以按利息为基数且不得超出 30% 范围内予以调整。上述《广东省高级人民法院全省民事审判工作会议纪要》第三十条同时规定,“二者之和不得过分高于迟延付款的损失,过分高于的认定标准,按照《最高人民法院关于适用〈中华人民共和国合同法〉若干问题的解释(二)》第二十九条的规定把握”。因此,涉案利息、违约金之和明显过分高于建工公司因逾期付款所产生的经济损失,市规划局请求人民法院对此予以调整于法有据,本院予以支持。〔1〕

【不同处理】 工程款利息和工程款违约金可以同时主张,但两项合计不能超过年息 24%(依据《民间借贷规定》第二十六条规定,这里的年息 24% 应调整为合同成立时 1 年期贷款市场报价利率的四倍)。

【案例 4-85】 南通苏中建设有限公司与宏运地产朝阳有限公司建设工程施工合同纠纷案

最高人民法院工程款违约金和利息可以同时主张,但两项合计不能超过 24%。〔2〕

【不同处理】 实践中,有的法院持反对观点但判决理由不同。有的认为均以损失赔偿为目的,二者不可重合,只能支持其一。

---

〔1〕 广东省汕尾市中级人民法院(2014)汕尾中法民一终字第 89 号民事判决书。
〔2〕 最高人民法院(2019)民终 1891 号民事判决书。

【案例4-86】 广西建工集团第一建筑工程有限责任公司与青海恒平房地产开发有限公司建设工程施工合同纠纷案

最高人民法院认为,广西一建认为恒平公司应当按照合同约定支付违约金之外,还应支付迟延付款利息。对此,本院认为,《合同法》第一百一十四条规定:"当事人可以约定一方违约时应当根据违约情况向对方支付一定数额的违约金,也可以约定因违约产生的损失赔偿额的计算方法。约定的违约金低于造成的损失的,当事人可以请求人民法院或者仲裁机构予以增加;约定的违约金过分高于造成的损失的,当事人可以请求人民法院或者仲裁机构予以适当减少……"从该条规定可以看出,违约金以补偿性为原则,以惩罚性为补充,主要用于弥补守约方因违约方的违约行为造成的损失,同时兼顾一定的惩罚作用,以守约方的实际损失为标准,可以对过高或过低的违约金予以适当调整。本案中,双方当事人就迟延支付工程款的违约金计算方式进行了约定,即以迟延支付工程款的数额为基数按照每日千分之三的标准支付违约金。而恒平公司迟延支付工程款给广西一建造成的损失主要为资金占用期间的利息损失。虽然广西一建一审起诉时主张按照每日千分之一的标准计算违约金,仍高于其实际损失。一审法院结合双方合同履行情况、预期利益等情况,确定恒平公司在利息损失的基础上上浮30%支付广西一建违约金,该违约金的计算方式足以弥补广西一建的利息损失,亦兼具一定的惩罚性质,属于法律规定范围内的合理调整。前述违约金的计算方式已涵盖利息损失,故一审法院未予支持广西一建要求恒平公司另行支付利息损失的请求并无不当。[1]

有的法院不予支持违约金和利息并用的理由是利息高于违约金。

【案例4-87】 抚州市临川房屋建筑工程公司诉萍乡市安美房地产有限公司建设工程施工合同纠纷案

判决观点,发包人和承包人对工程进行了结算,确认了尚欠工程款数额和支付方式,并约定了逾期付款利息和违约金计算标准。现发包人逾期付款,法院认为,双方约定的利息计算标准是当事人的真实意思表示,未违反法律强制性规定,应予以支持。该工程款利息的性质是法定孳息,且数额高于违约金,故对于违约金不再支持。[2]

---

〔1〕 最高人民法院(2019)民终1365号民事判决书。

〔2〕 参见孙巍主编:《中国建设工程法律业务报告(2009—2010)》,法律出版社2011年版,第300页。

三、施工合同责任纠纷处理

(一)施工合同责任处理

1. 违约原因不明责任

应付工程款金额的确定是工程款给付的前提。即使工程款给付期间届满,非发包人原因导致工程造价不明确的情况下,因无法判断发包人是否及时足够支付工程款,承包人请求发包人承担违约责任的,法律不予支持。

【案例4-88】 福建省永泰建筑工程公司与福建三明市林立房地产开发有限公司建设工程施工合同纠纷案

最高人民法院认为,根据上述约定,案涉工程款主要结合施工进度分阶段支付,林立公司在各阶段是否存在不及时足够付款的行为,分析如下:(1)关于月完成工程量价值80%工程进度款的支付。……根据永泰公司举证的月进度完成工程量报审接收签证单反映的内容,永泰公司在施工过程中仅向林立公司报送了月工程完成工作量,没有按合同约定报送当月工程量价值表,林立公司审核时也没有核定当月完成工程量的价值。永泰公司在没有证据证明其每月提交了应付工程进度款数额以及林立公司不及时足额支付进度款的情况下,其请求林立公司承担月工程进度款逾期付款违约责任的理由,没有事实和法律依据,本院不予支持。(2)关于全部工程完成后分阶段付款。……由于双方没有严格按合同约定报送和审核月完成工程价值,工程完工时无法反映已完成工程的总价值;之后在竣工结算时由于永泰公司未提交全部竣工结算资料导致工程总造价未能及时结算,无法明确工程总价款。因此,工程总价值不明确不能均归责于林立公司一方。……福建省高级人民法院二审判决认定林立公司应向永泰公司支付逾期付款违约金不当,本院予以纠正;林立公司提出的不应当逾期付款违约责任的再审请求,本院予以支持。[1]

---

〔1〕 最高人民法院(2014)民提字第32号民事判决书。

工程款结算金额不明时主张逾期付款违约责任问题。工程款结算金额的确定是工程款给付的前提。在合同同时约定工程金额确定方式与给付工程款期限的情形下,如给付期间届满,而工程款数额尚未按约定方式确定时,笔者认为,承包人不能以超过约定给付期限为由主张逾期违约金,但因发包人的原因导致逾期结算工程款除外。

【案例4-89】 山东万鑫建设有限公司与园城实业集团有限公司、海阳市天创投资开发有限公司等建设工程施工合同纠纷案

最高人民法院认为,关于一审决算定案数额未按期形成的原因,万鑫公司认为是因园城公司不积极履行合同所致。而园城公司则认为,是双方对决算事项争议较大无法达成一致,并非其故意拖延结算。本院采信园城公司的观点。首先,在双方对一审决算有争议的情形下,园城公司仍按协议约定支付了前两笔共计1000万元工程款。这说明园城公司不存在借一审决算拖延支付工程款的故意。其次,一审决算产生争议确有其客观原因。根据一审委托的工程鉴定意见可知,万鑫公司确实存在虚报、多报工程量的情形,这也从侧面印证了园城公司就一审决算与万鑫公司产生争议确有其正当理由。由上,在应付剩余工程款数额不明的情形下,园城公司有权以其应履行的义务不明拒绝履行《协议书》第一条、第三条第二款约定之义务,该拒绝履行行为不构成违约。故万鑫公司有关园城公司承担逾期付款违约金的上诉请求不能成立。[1]

2. 预期违约责任

在出现预期违约行为情况时,由于该违约行为使得双方丧失了继续履行合同的基础,一般都无须经过改正程序,守约方可以直接解除合同,并主张违约方承担违约责任。

【案例4-90】 苏州华铁公司与太仓市翁江公司建设工程施工合同纠纷案

二审法院认为,在翁江公司一审、二审经合法传唤均未到庭的情况下,结合本案诉讼后翁江公司的付款情况及华铁公司二审中提交的翁江公司年检情况、被执行情况,翁江公司的上述行为足以表明其不履行付款义务,华铁公司在履行期限届满之前请求翁江公司承担还款义务及违约责任,并无不当,应予以支持。[2]

---

〔1〕 参见杜万华主编:《最高人民法院民商事案件审判指导》(第2卷),人民法院出版社2015年版,第311页。

〔2〕 江苏省苏州市中级人民法院(2014)苏中民终字第02769号民事判决书。

3. 施工合同连带责任

连带责任是一种法定责任，由法律规定或者当事人约定产生。通常情况下，法院不能直接将法律原则作为裁判规则。由于连带责任对责任人科以较为严格的共同责任，使得责任人处于较为不利地位，因此对连带责任的适用应当遵循严格的法定原则，即不能通过自由裁量权行使的方式任意将多人责任关系认定为连带责任，而必须具有明确的法律规定或合同约定，才能适用连带责任。

发包人的连带责任。《建设工程解释（一）》第七条规定："缺乏资质的单位或者个人借用有资质的建筑施工企业名义签订建设工程施工合同，发包人请求出借方与借用方对建设工程质量不合格等因出借资质造成的损失承担连带赔偿责任的，人民法院应予支持。"该条规定符合过错赔偿原则，亦符合《建筑法》第六十六条的规定。连带赔偿责任加重了相关人员负担，应当严格限制。该条明确了赔偿范围限于出借资质造成的工程质量不合格等损失，不属于出借资质造成的损失，出借方不承担连带赔偿责任。这里的建设工程质量不合格既包括达不到法定标准，也不包括达不到约定标准。笔者认为，凡是以被挂靠人或承包人名义实施，就建设工程施工质量、工期或结算形成的合同责任人，在法律上应当将挂靠人与被挂靠人或承包人与实际施工人视为一个主体，因为双方形成共同的利益，发包人可以主张其请求连带赔偿。必须坚持权责统一原则，被挂靠人（承包人）不能以收管理费为由而要求免除其应当承担的责任。挂靠人与被挂靠人或承包人与实际施工人承担连带责任的范围为工程质量、工程款返还责任、工期延误责任等。

实际施工人的连带责任。根据《建设工程解释（一）》第四十三条第二款规定，在符合有关限制条件下，发包人在欠付承包人工程款范围内对实际施工人承担连带给付工程款责任。该条第二款规定："实际施工人以发包人为被告主张权利的，人民法院应当追加转包人或者违法分包人为本案第三人，在查明发包人欠付转包人或者违法分包人建设工程价款的数额后，判决发包人在欠付建设工程价款范围内对实际施工人承担责任。"

第三人的连带责任。是指承发包双方对施工合同之外的第三人造成损失的，承包人作为共同侵权人不应免责，应当与发包人对外承担连带责任。《江苏省高级人民法院关于审理建设工程施工合同纠纷案件若干问题的意见》（已失效）第二十六条规定："发包人未经设计、规划等部门同意自行变更工程规划、设计，承包人按照发包人指令施工，由此造成发包人的损失由发包人自行承担；造成第三人损失的由发包人与承包人承担连带责任。"根据《建筑法》第五十四条、第五十九条强制性规定，即使发包人指示承包人继续施工，承包人也应当拒绝。虽然承包人已将发现的问题告知发包人，但其继续施工的行为也属于《建设工程解释（一）》第十三条规定的"承包人有过错"，依法应对其过错造成的损失担责。笔者认为,发包人对承包人明确提出其提供的设计文件、建筑材料存在问题而指示继续施工,而对第三人造成损失的,应由发包人与承包人承担连带责任;即便承发包双方有约定,也不应免除其连带责任。

对拖欠劳动者工资连带责任。业主将建设工程发包给没有施工资质和用工主体资格的总承包人,总承包人又将工程分包给没有施工资质和用工主体资格的实际施工人,尽管业主已将工程价款付清,但仍然要与总承包人对实际施工人拖欠农民工劳务费之债务承担连带清偿责任。

【案例4－91】 梁某与察右后旗草原明珠大酒店有限责任公司、郑某和、张某利建设工程施工合同纠纷案

判决观点,法院判决被告张某利支付原告梁某劳务费131,750元;被告草原明珠大酒店、郑某和对上述债务承担连带清偿责任。[1] 本案中,业主草原明珠大酒店将其酒店框架结构工程违法发包给没有相应资质和安全生产条件的郑某和及其合伙承包人杨某明,郑某和、杨某明又将承包的框架结构土建工程分包给没有相应资质及安全生产条件,且不具备用工主体资格的被告张某利,草原明珠大酒店在支付郑某和工程价款及郑某和在支付张某利工程价款时,均没有监督张某利将劳务费支付给原告梁某,二者存在一定的过错。

建筑施工企业将工程转包、分包给不具备用工主体资格的组织或自然人,该组织或自然人招用的劳动者以发包方承担用工主体责任为由要求确认与发包方存在劳动关系的,应不予支持。但对于拖欠的劳动者工资,发包方应与承包方承担连带赔偿责任。

【案例4－92】 龙元建设集团股份有限公司与黄某宝劳动工资争议案

二审法院认为,本案争议的焦点在于双方当事人之间是否存在劳动关系。龙元公司是所涉及的都市广场复建工程的承包人,作为该工程实际施工人的案外人朱某富是无建筑施工资质的自然人,黄某宝是在该建设工程中参加劳动的劳动者。在工程转包后,作为实际施工人的朱某富负责施工管理和承担经营风险,故与黄某宝之间存在管理与被管理关系的应是朱某富,黄某宝与龙元公司之间不存在劳动关系。黄某宝以朱某富与龙元公司之间转包行为违法为由,主张黄某宝与龙云公司之间存在劳动关系,缺乏法律依据,理由不能成立,不予支持。因此,基于劳动关资存在为前提的补缴社会保险费、支付未签订书面劳动合同的二倍工资及加班工资等请求,不能予以支持。关

---

〔1〕 参见史秀永:《业主违法发包工程应当连带支付农民工劳务费》,载《人民司法·案例》2017年第8期。

于黄某宝主张的2014年2月及7月的劳动报酬11,592.60元。参照原劳动和社会保障部、建设部《建设领域农民工工资支付暂行办法》第十二条规定，工程总承包单位不得将工程违反规定发包、分包给不具备用工主体资格的组织或个人，否则应当承担拖欠工资的连带责任。因此，龙元公司作为违法转包中的总承包单位，应当对黄某宝的劳动报酬承担责任。[1]

对《建设工程解释(一)》第七条，最高人民法院法官认为，理解和适用该条司法解释规定，需要把握以下几点：(1)挂靠人与被挂靠人承担连带赔偿责任的性质是侵权责任。(2)发包人对损失与借用之间的因果关系负有举证责任。(3)发包人"明知"挂靠人借用资质的也应承担相应责任。[2]

实际施工人与名义施工人在承揽建筑工程中系挂靠关系的，应当承担连带支付农民工劳务费责任。

【案例4-93】 李某静诉尹某正、云南惠丰工程建设有限公司建设工程施工合同纠纷案

一审法院认为，本案中，被告尹某正对原告在工程上工作的事实均予以认可，同意给付原告工资本金，本院予以尊重。因被告尹某正认可应支付原告工资，但又没有按时支付，故原告要求被告支付资金占用损失的诉讼请求，本院予以支持。同时，二被告系挂靠关系，分别是项目的名义施工人和实际施工人，故原告要求二被告承担连带责任的诉讼请求，本院予以支持。二审法院亦持同样意见维持一审判决。[3]

联合体的任一成员以联合体名义对外签订的施工合同，对联合体全体成员具有法律约束力，应由联合体全部成员共同享有权利、履行义务、承担责任。联合体成员之间内部关于责任分担的约定，仅对内具有法律约束力，但不影响联合体成员对外承担连带责任。

【案例4-94】 中国水利水电某工程局有限公司、江西赣某集团工程有限公司等建设工程施工合同纠纷再审案

最高人民法院认为，关于中水某局是否应承担支付案涉工程款以及返还履约保证金责任的问题。本案事实表明，案涉工程系由顺某公司、中水某局与案外人中科某某公司组成的联合体共同承接，顺某公司为项目投资方，中水某局、中科某某公司为项目施工方，中水某局为联合体施工主承担方；此

---

〔1〕 参见向春华、郭建标：《违法分包的建筑企业应连带赔偿拖欠的劳动者工资》，载《人民司法·案例》2017年第11期。

〔2〕 参见最高人民法院民法典贯彻实施工作领导小组编著：《中国民法典适用大全》(合同卷四)，人民法院出版社2022年版，第2610～2611页。

〔3〕 参见李霄敏：《施工合同中表见代理的认定与责任承担》，载《人民司法·案例》2017年第2期。

后，顺某公司设立了项目公司耀某公司，耀某公司承接了顺某公司专属之外的其他权利义务，成为联合体的一员。上述联合体的任一成员为了案涉工程所签订合同的权利义务，理应由联合体全部成员共同享有及承担。故此，二审判决认定，案涉工程发包人的权利义务应由联合体成员共同承担，案涉履约保证金50万元系耀某公司代表联合体向赣某公司、贺某群收取；遂判令中水某局作为发包人应向赣某公司、贺某群支付剩余工程价款，退回履约保证金及支付债务迟延履行期间的利息，顺某公司、耀某公司对中水某局的上述给付义务承担连带清偿责任正确。至于中水某局再审主张依其与顺某公司之间的约定不应承担发包人责任的问题，本院认为，此系联合体成员之间内部责任的分担问题，不影响联合体成员外部责任的连带承担。案外人中科某某公司系联合体成员，赣某公司、贺某群在本案中并未对其主张权利，故无必要参加本案诉讼，其权利义务应在联合体的相关协议范围内依法处理。[1]

联合体成员根据协议约定以联合体名义履行合同、承担连带责任。

【案例4－95】 中国电某集团贵州电力设计研究院有限公司与中国电某集团河北工程有限公司等建设工程施工合同纠纷再审案

最高人民法院认为，电某河北公司、电某贵州公司、江苏路某公司、河北佳某公司签订《联合体协议》，约定联合体履行合同并对外承担连带责任。四家公司作为联合体参加涉案工程招投标，中标后与平塘交某公司签订《投资建设合同》，对联合体成员进行了具体分工，江苏路某公司、河北佳某公司负责项目具体实施。四家公司的上述行为实质上已经形成合伙关系，江苏路某公司、河北佳某公司为执行合伙人，其对外执行合伙事务即负责案涉工程项目所造成的后果应由全体合伙人即联合体共同承担。案涉工程涉及投资数额较大，电某河北公司、电某贵州公司在投标前应对案涉投标工程尽职调查，清楚招标工程现状，且作为联合体成员之一的江苏路某公司亦系投标前已施工工程部分的组织施工者，实质系合伙关系中的执行合伙人。在此情况下，电某河北公司作为牵头人成立联合体，并以联合体名义对全部工程进行投标并签订《投资建设合同》，表明联合体愿意作为一个整体对外承受权利义务，并概括承受已施工部分工程权利义务。路某邱县分公司为江苏路某公司的分公司，其行为后果和责任理应由江苏路某公司承担。根据联合体具体分工，路某邱县分公司对保证金承诺予以退还，该承诺效力依法及于江苏路某公司，并进而及于联合体。[2]

---

〔1〕 最高人民法院(2021)民申6087号民事裁定书。

〔2〕 最高人民法院(2022)民申482号民事裁定书。

联合体成员对联合体成立之前对承接工程所收取的保证金,承担共同返还责任。

【案例4-96】 中某投集团第六工程局有限公司与江苏天某建设集团有限公司、中商某润投资控股集团有限公司建设工程施工合同纠纷再审案

再审法院认为,关于中某投公司应否对联合体成立前中商某润公司收取的1000万元承担返还责任的问题。中某建公司与中商某润公司于2012年1月签订的《联合体协议书》约定,中某建公司为案涉工程的牵头人,负责施工总承包工作,中商某润公司负责融资工作,联合体共同承担合同约定的一切义务和责任,联合体各成员单位按照内部职责的划分,承担各自所负的责任和风险,并向招标人承担连带责任。同时,天某公司在联合体成立前支付给中商某润公司1000万元的《电子转账凭证》上注明该1000万元用途为无锡寺头三期安置房投标保证金,中商某润公司于2011年10月20日出具的《收据》中明确款项事由为用于无锡寺头三期安置房的保证金,且中商某润公司之后盖章确认的《施工保证金退还明细表》《劳务分包实体工程结算清单》中的保证金均包括该笔款项,故天某公司支付该1000万元保证金的时间虽然是在联合体成立之前,但根据现有证据可以认定该款项系针对案涉工程,该款项的受益方为联合体,应当计算在天某公司主张的2000万元保证金范围内,一审、二审法院认定由中某建公司与中商某润公司共同返还上述保证金,并无不当。[1]

联合体中标的,联合体成员应当就中标并承建的项目向招标人承担连带责任。

【案例4-97】 四川蜀源某林电气安装工程有限公司与某公路桥梁建设集团有限公司建设工程施工合同纠纷案

二审法院认为,案涉《高海拔宇宙线观测站地方配套建设项目电建35千伏输变电工程EPC总承包合同文件》的承包人为蜀源公司、四川省西某电力设计有限公司(以下简称西某公司)和四川省蜀某岩土工程公司(以下简称蜀某公司),三承包人共同签订《联合体协议》并组成联合体中标并承建案涉工程,依照《招标投标法》第三十一条第三款"联合体各方应当签订共同招标协议,明确约定各方拟承担的工作和责任,并将共同投标协议连同投标文件一并提交招标人。联合体中标的,联合体各方应当共同与招标人签订合同,就中标项目向招标人承担连带责任"的规定,本案中蜀源公司、西某公司以及

[1] 江苏省高级人民法院(2018)苏民申6189号民事裁定书。

蜀某公司应就中标并承建的项目向路桥公司承担连带责任。[1]

4. 过错方承担赔偿责任

《民法典》第一百五十七条后半段规定："有过错的一方应当赔偿对方因此所受到的损失，各方都有过错的，应当各自承担相应的责任。法律另有规定的，依照其规定。"《建设工程解释(一)》第六条规定依据过错界定赔偿责任及损失。发包人未按合同约定支付工程款的，无论施工合同是否有效，承包人都可以请求赔偿相应资金损失。对因发包人原因导致的停窝工损失，无论施工合同是否有效，承包人都可以请求赔偿。承包人对停窝工损失负有减损义务，对因未履行减损义务导致的扩大部分损失，不得要求赔偿。对承包人迟延竣工导致的损失，无论施工合同是否有效，发包人都可以请求赔偿。

对于造成合同无效要区分造成无效的原因划分过错责任，确定责任人或责任的大小。对于造成合同无效无责任的，则不承担过错责任。对于造成合同无效均有责任的，要根据承发包双方对造成合同无效的原因力大小划分责任比例，而不是一律平均承担责任。对于造成合同无效均有责任，并不等于承包人工期延误造成的损失均要承发包双方平均承担责任，因为承包人工期延误有过错承担赔偿责任与合同无效没有因果关系，发包人自然不应承担责任，否则对发包人有失公平。在签订施工合同时或合同履行中，发包人明知实际施工人借用施工企业资质的，亦应认定为有过错，对实际施工人或出借企业资质提出的赔偿诉求，法律应予支持赔偿相应责任，而不是支持赔偿全部责任诉求。

其一，工程欠款承担责任。

实践中，经常发生一项工程多次转包和分包，其资质出借方与违法转包人或分包人、承包人承担何种责任有争议。承包人借用资质承接工程后又违法分包给没有资质的施工人，施工人再将工程违法分包，该转包、分包行为因为违反法律强制性规定而无效，在诉争工程中出借施工的企业对违法转包、分包的无效行为存在过错，应对工程欠款承担连带责任。工程欠款承担连带责任主体为发包人、转包人、违法分包人，挂靠人与被挂靠人。

【案例4－98】 江苏汉中建设集团有限公司与徐州矿务集团有限公司建设工程施工合同纠纷案

二审法院认为，江苏盛业建设集团有限公司以江苏汉中建设集团有限公司名义承接工程后又违法分包给没有资质的实际施工人王某，王某再将工程违法分包给李某，上述转包、分包行为违反了法律强制规定，因而是无效的，

---

[1] 四川省甘孜藏族自治州中级人民法院(2020)川33民终141号民事裁定书。

但并不影响李某作为实际施工人参考双方签订的协议书要求支付工程价款的权利。故王某应依据协议约定的价款支付李某工程款。经查，李某施工的面积由该工程项目部技术人员签字确认，结合双方约定的单价及增加费用，一审法院确认王某应付工程款140,341元，扣除王某已经支付的122,000元，王某仍应支付18,341元。因汉中集团在本案诉争工程中出借施工资质对违法转包、分包的无效行为存在过错，故应当对王某应付李某的工程款承担连带责任。因该工程尚未最终结算，故徐矿集团应在欠付工程价款范围内承担责任。汉中集团作为违法转包的主体依法应当向实际施工人承担连带付款责任。[1]

【案例4-99】 江苏忠信建筑工程有限公司与邓某某等建设工程施工合同纠纷案

二审法院认为，二审期间争议的焦点为上诉人是否应对涉案工程款承担连带给付责任。中住公司为涉案工程的开发商、发包人，其先与中标的金茸公司签订建设工程施工合同，双方就该工程成立发承包关系。后中住公司又就该工程给昌盛公司发中标通知书，并与昌盛公司签订总承包合同协议书。2007年8月18日中住公司、金茸公司、昌盛公司签订三方协议，约定涉案工程由中茸公司中标但其不直接参与项目施工过程中的具体管理，而由昌盛公司实际施工，并与中住公司结算。昌盛公司与金茸公司共同组建了上海金茸建设工程有限公司徐州君临泉山第二项目部，昌盛公司挂靠金茸公司以该项目部的名义实际施工。昌盛公司的工作人员张某某作为徐州市铜山县汉王镇2005—3地块一期二施工段施工方项目经理与芮某某、施某某签订内部工程项目建设责任书，张某某的此行为应视为职务行为，其行为后果应由昌盛公司承担。昌盛公司又将部分工程违法分包给芮某某、施某某。施某某作为实际施工人在施工期间，又将涉案工程的劳务违法分包给邓某某。而基于建设工程因转包、违法分包导致建设工程施工合同无效的，发包人只在欠付的工程款范围内承担连带责任，转包人、违法分包人和发包人对工程欠款承担连带责任，挂靠人与被挂靠人应当承担连带责任的法律规定。一审判决对当事人之间法律关系的认定并无不当。[2]

其二，工伤赔偿责任。

湖南省高级人民法院发布的《关于审理建设工程施工合同纠纷案件若干问题的解答》规定：发包人应否承担工伤赔偿责任？发包人将建设工程承包给符

---

〔1〕 江苏省徐州市中级人民法院（2013）徐民终字第0756号民事判决书。

〔2〕 江苏省徐州市中级人民法院（2013）徐民终字第866号民事判决书。

合资质的承包人,发包人不承担责任,但对合法承包人的转包、违法分包、挂靠行为予以明确认可的,应承担责任。发包人将建设工程承包给无资质的承包人,发包人应承担责任。发包人在对外垫付赔偿款后,有权向无资质的承包人、实际用工人或将工程转包、违法分包、挂靠的合法承包人进行追偿。将工程转包、违法分包、挂靠的合法承包人对工伤赔偿应承担责任,且有权向实际用工人进行追偿。

承揽工程项目建设,须具备相应的工程施工资质,实际施工人不具备工程施工资质、对第三人造成他人损害或者造成自身损害的,发包人、转包人或者分包人应当承担相应的赔偿责任。在违法的多重或连环发包、转包、分包法律关系中,发包人、转包人、分包人之间的赔偿责任份额如何分配,法律没有具体规定,当事人之间争议也较大,故确立该类案件的裁量标准或原则实有必要。笔者认为,对该类纠纷处理,应借鉴侵权责任认定划分原理,责任大小应以行为人造成侵害后果的过错程度为指向,而过错程度应与行为人对损害事故所可能具有的控制能力相适应,换言之,距损害事故这一"危险源"越近,越有能力防范损害事故发生,承担责任越重,反之,则越轻。受害人没有合法资质承包工程,并且在施工过程中没有尽到应有的谨慎注意义务,其对造成自身损害后果,应当承担相应的责任。在个案中,由法官依据具体情节自由裁量各责任人承担责任比例,责任比例适当应体现公平原则。

实践中,与不具备承包建设工程施工合同资质的当事人签订的建设工程劳务承包合同应认定为无效合同。在职工发生了工伤事故时,虽然双方约定了工伤事故的责任承担条款,根据"整体无效"原则和合同正义的理念,该条款不发生效力,伤亡事故责任按照过错原则处理。

【案例4-100】 高某与广元市路桥工程总公司建设工程施工合同纠纷案

判决观点,高某作为自然人与广元市路桥总公司项目部签订的合同,本质上是作为内设机构的广元市路桥工程总公司项目部以法人名义向高某进行的非法转包,应认定合同无效。双方对人身伤害责任承担的约定,在建设工程合同无效的情况下,实际施工人只有在建设工程经竣工验收合格后,可以请求"参照"合同约定支付工程价款,因此其整个内部劳务承包合同的无效而当然无效。同时,受伤工人向广元市路桥工程总公司请求支付工伤待遇基于二者间的劳动合同,与本案建设工程款的结算是不同的法律关系。为工人购买工伤保险是广元市路桥总公司的法定职责,该法定职责不可以通过约定来转嫁。法律规定建设工程施工合同无效是"整体无效"。因此,工程价款结算只能采取"据实结算"规则,双方的约定除工程价款的约定可以请求参照支付外,其他条款不能请求参照执行。判决:广元市路桥工程总公司向高某支付张某民、张某元受伤而扣付的工程价款852,624.6元。[1]

承担工伤保险责任的违法转包的单位承担赔偿责任支付工伤保险待遇后,有权向相关组织单位和个人追偿。双方签订的转包合同属于无效合同,该合同中关于事故责任承担的约定也为无效,双方承担工伤赔偿责任的大小依法确定。

【案例4-101】　S公司诉姚某追偿权纠纷再审案

再审法院认为,对于张某的损害,虽然S公司对张某承担了工伤赔偿责任,但其仅是因为雇用张某的姚某无生产用工资质,基于法律的规定,在特定条件下保护劳动者权益,而让违法转包单位代为承担赔偿责任,实为对外承担责任的一种形式。《工伤保险案件规定》第三条第一款规定:"社会保险行政部门认定下列单位为承担工伤保险责任单位的,人民法院应予支持:(一)……(四)用工单位违反法律法规规定将承包业务转包给不具备用工主体资格的组织或者自然人,该组织或者自然人从事承包业务时因用工伤亡的,用工单位为承担工伤保险责任的单位;"第二款规定:"前款第(四)、(五)项明确的承担工伤保险责任的单位承担赔偿责任或者社会保险经办机构从工伤保险基金支付工伤保险待遇后,有权向相关组织单位和个人追偿",S公司有权利向姚某行使追偿权。本案中,S公司将案涉工程分包给没有资质的姚某,违反了《建设工程解释》第四条规定,双方签订的转包合同属于无效合同,该合同中关于事故责任承担的约定也为无效,双方承担工伤赔偿责任的大小本院依法予以确定。S公司作为一家有钢结构工程施工资质的企业,本应以自己的生产设备,组织自己的从业人员进行相应的施工安装工作。S公司为规避风险,将案涉钢结构安装工程承包给不具备用工主体资格的自然人姚某,属于违法转包,在主体选任上存在过错。而作为姚某受经济利益的驱动,在无相应生产资格和安全生产管理的条件下,从S公司承包案涉工程,亦属违法承包,存在过错,且姚某与受害人之间系雇佣关系,根据法律规定,雇员在从事雇佣活动中遭受人身损害,雇主应当承担赔偿责任。结合雇主责任应重于具有选任过错的用人单位责任的法律归责原则,姚某应承担主要的过错责任。根据以上分析,本案的事故损失由姚某承担主要的赔偿责任,以60%为宜,即S公司可向姚某追偿264,808.2元(441,347.63元×60%)。[2]

---

〔1〕 重庆市彭水苗族土家族自治县人民法院(2011)彭法民初字第00777号民事判决书。

〔2〕 河北省高级人民法院(2020)冀民再19号民事判决书。

其三,保全损失赔偿责任。

实际施工人起诉工程款、损失并申请财产保全,最终法院支持工程款,不属于恶意诉讼并不承担保全损失赔偿责任。

【案例4-102】 雷某金与俊江公司建设工程施工合同纠纷案

最高人民法院认为,雷某金在(2018)云民初23号案件中诉请俊江公司、云南拓普公司、版纳拓普公司应当承担的责任包括已完成工程量价款3800万元和停工损失2000万元,后经鉴定尚欠工程款为19,345,843.14元,停工造成的损失未得到法院的支持。在建设工程合同纠纷中,类似于"工程计价""停工损失"等问题在起诉时存在较大的不确定性,不能仅依据法院生效判决支持的金额少于诉讼请求及保全财产金额而得出雷某金具有故意提高诉讼请求金额以增加保全财产金额的恶意。因此,俊江公司以此主张雷某金在起诉时存在故意或重大过失,不能成立。[1]

5. 无效合同中的责任处理

在建设工程领域,承包人为及时获得进度款,一般会以合同条款或者补充协议的形式约定逾期支付工程款的违约金、高额利息、滞纳金,且该笔款项的计算标准通常高于一般利息的计算。根据建设工程施工合同的特点,在合同无效的情形下,为了保护承包人或者实际施工人的基本利益,《民法典》第七百九十三条的规定系对无效的建设工程施工合同中的"工程价款约定"做有效处理,在认定工程价款时"予以参考"。

【案例4-103】 中建二局四公司与某某公司建设工程施工合同纠纷案

最高人民法院认为,本案与施工相关的合同均为无效合同,所约定的违约条款亦应无效,而从中建二局四公司的主张及举证来看,其主张的逾期付款违约金实为逾期支付进度款的利息,根据欠款即应付息的原则,如日出康城公司出现逾期付款的情况,应给付该款的利息。[2]

【案例4-104】 浙江城建公司与鼎安公司建设工程施工合同纠纷案

最高人民法院认为,双方约定逾期支付工程进度款时按每日千分之一即年利率36%支付滞纳金。这是双方对发包方逾期支付工程进度款时应承担的违约损失的预先约定,性质实为违约金。因诉争合同无效,双方约定的违约金条款亦无效,本案滞纳金计算标准不应适用双方约定。鼎安公司逾期支付工程款,浙江城建公司客观上存在利息损失,而利息属于法定孳息。故本

---

[1] 最高人民法院(2021)民终591号民事判决书。

[2] 最高人民法院(2018)民终922号民事判决书。

案滞纳金应按中国人民银行发布的同期同类贷款利率计算。[1]

极少数案例在施工合同无效的情形下支持参照合同违约金条款计算违约责任，但额度仍不能超过法律保护的最高限度。

【案例4－105】　周某生等与广厦公司建设工程施工合同纠纷再审案

最高人民法院认为，本案《工程施工协议书》约定，广厦公司未按时支付的，从逾期第7天起，按逾期金额每月承担2.5%的违约金。由于该合同无效，该违约金条款亦无效，但广厦公司承诺按每月2.5%承担逾期支付的责任，应视为其真实意思的表达，可参照该条款计算违约责任。但按月利率2.5%超过法律保护的最高限度，调整为广厦公司按月利率2%向周某生等人支付尚欠工程款的利息。[2]

司法实践对方当事人达成合意签订并实际履行、独立于建设工程施工合同存在的"结算协议"，一般做有效处理，进而可以按照结算协议中约定的违约条款计算逾期支付工程款利息或违约金。

【案例4－106】　泰来家美房地产开发有限公司与海天建设集团有限公司建设工程施工合同纠纷案

最高人民法院认为，根据工程价款参照支付及合同权利义务终止不影响结算清理的法律规定，在建设工程施工合同无效情况下，承包人可参照合同约定数额主张工程款，法律亦未排除发包人与承包人对于迟延给付工程款造成损失，在双方自愿认可的情况下进行另行约定的权利。本案中，《书香门第工程退场协议》以及2016年7月6日的《确认单》是海天公司与家美公司双方真实意思表示，对于家美公司尚欠款项以及利息损失作出的单独约定，具有独立性，不违反法律强制性规定，具有法律效力，不受案涉施工合同无效的影响。[3]

【案例4－107】　姚某祥与苏商公司建设工程施工合同纠纷案

最高人民法院认为，《退场补充协议》是三方的真实意思表示，属于结算协议，独立于案涉施工合同，不违反法律的禁止性规定，该协议合法有效。一审法院认为，《退场补充协议》约定的是逾期支付工程款的赔偿金，其性质是违约金。该违约金约定过高，苏商公司申请调整，应予准许。然而最高人民法院认为，《退场补充协议》明确了工程款给付、逾期付款责任等权利义务，是各方的真实意思表示。当事人应当按照约定全面履行自己的义务，一方不履行合同义务或者履行合同义务不符合约定的，应当承担继续履行、采取补

〔1〕　最高人民法院(2020)民终425号民事判决书。
〔2〕　最高人民法院(2019)民申389号民事裁定书。
〔3〕　最高人民法院(2019)民终564号民事判决书。

救措施或者赔偿损失等违约责任。根据《建设工程解释》第十七条规定，苏商公司未提交证据证明约定的违约金过分高于姚某祥的损失，一审法院判决调整违约金的依据不足，应予纠正。对《民法典》第七百九十三条（《建设工程解释》第二条）规定的参照合同约定支付工程价款的理解，应限定在对承包方或者实际施工人因建设施工所发生工程价款的范围，不宜再做扩大解释。因此，对于承包方或者实际施工人按照建设工程施工合同约定主张违约金的，不予支持。[1]

（二）挂靠买卖合同责任处理

在工程挂靠情形下，在买方即实际施工人不履行付款义务时，需要区分两种不同的情形来分别认定。在挂靠人以其自己名义与第三方签订买卖合同的场合，挂靠人既是实际施工人也是买卖合同项下所采购货物的实际使用人，因此，司法实务中一般认为此种情形下买卖合同项下的债务应由挂靠人自行承担，即使有证据证明挂靠关系，也不应牵连到被挂靠人。在2021版《最高人民法院新建设工程施工合同司法解释（一）理解与适用》一书中，最高人民法院就持此种观点，其认为："如果挂靠人以自己的名义对外签订合同，则权利和义务应当由其本人承受，不应当溯及基础的挂靠关系。无论挂靠方是自然人还是法人、非法人组织，发生争议时均应当由挂靠人作为民事主体独立对外承担责任，根据合同的相对性，不能因物的性质或物的流转方向发生变化而突破合同的相对性，让非合同相对人承担本应由合同相对人承担的责任，合同相对方也不得以材料、设备已用于工程建设而要求被挂靠方承担责任。"[2]有观点认为，挂靠人以被挂靠人名义与第三方签订买卖合同，以挂靠人与被挂靠人承担连带责任为原则，以第三人签订合同时善意情形下的被挂靠人承担补充责任为例外。

但是，在最高人民法院更早之前的司法观点以及地方法院的司法实践中，也有认为对于挂靠人以自己名义签订的买卖合同，并不当然只由挂靠人自己承担责任处理。例外情形主要是，虽然挂靠人以自己名义签订合同，但合同相对人（第三人）有理由相信挂靠人签订合同的行为是履行其与被挂靠人之间的职务行为或构成表见代理，此种情形应视为挂靠人以被挂靠人名义签订合同，进而由双方承担连带责任。实务中对于这一问题的处理存在较大争议，甚至是最高人民法院的司

---

〔1〕 最高人民法院（2020）民终153号民事判决书。

〔2〕 参见最高人民法院民事审判第一庭编著：《最高人民法院新建设工程施工合同司法解释（一）理解与适用》，人民法院出版社2021年版，第87页。

法观点也存在前后变化、相互冲突的情况。在《最高人民法院建设工程施工合同司法解释(二)理解与适用》一书中,最高人民法院认为:“如果挂靠人以被挂靠人名义对外签订合同,则无论第三人是否明知挂靠事实,均应由挂靠人与被挂靠人承担连带责任。……”[1]理由:一是被挂靠人是合同形式主体,挂靠人系合同实际履行人;二是被挂靠人获取了挂靠利益,挂靠人对外签订合同也与被挂靠人提供挂靠存在因果关系,二者承担连带责任有利于善意的合同相对方利益保护。但2021版《最高人民法院新建设工程施工合同司法解释(一)理解与适用》一书中,观点又有变化,认为:“如果挂靠人以被挂靠人的名义签订合同,应当依照《民法典》第一百七十二条的规定,结合签订合同时挂靠人所出示或具备的书面文件、履行方式、外观宣示和合同相对方的善意与否等因素,判断交易过程是否构成了表见代理。如果构成表见代理,则应当由被挂靠人承担合同责任;如果不构成表见代理,则应当由实际履行方即挂靠人承担合同责任。因此,在此类合同中,让挂靠人和被挂靠人承担连带责任,不仅缺乏法律规范基础,且从合同的角度也难以找寻依据。”[2]尽管前述司法观点所在的书籍有出版先后之分,但最高人民法院在《建设工程解释(一)》颁布后的审判中,其判决未显示贯彻观点新旧之别。

在2021年案例中,其似乎仍坚持旧的司法观点。

【案例4-108】　臻加公司诉迪旻公司、中建公司买卖合同纠纷再审案

最高人民法院认为,本案中建公司作为被挂靠人是否承担连带责任,不应仅从形式上审查签约主体,还要结合签约时的具体情况及签约后的履行情况综合分析判断。……本院认为,迪旻公司虽然以自己的名义对外为民事行为,但臻加公司有理由相信迪旻公司是在履行与中建公司的施工合同义务有关的职务行为,应视为迪旻公司以中建公司名义发生民事行为,中建公司应与迪旻公司对外承担连带责任。[3]

【案例4-109】　杨某贤诉新星宇公司、王某玉买卖合同纠纷再审案

再审法院认为,新星宇公司与王某玉是项目承包关系,王某玉没有建筑资质,双方应属内部承包。……故本案欠据虽系由王某玉个人出具,但杨某贤基于以上事实有理由相信王某玉的行为系代新星宇公司履行的职务行为。原审判决认为王某玉的行为构成表见代理,有事实依据。因新星宇公司与王

---

[1] 参见最高人民法院民事审判第一庭编著:《最高人民法院建设工程施工合同司法解释(二)理解与适用》,人民法院出版社2019年版,第117页。

[2] 参见最高人民法院民事审判第一庭编著:《最高人民法院新建设工程施工合同司法解释(一)理解与适用》,人民法院出版社2021年版,第88页。

[3] 最高人民法院(2021)民申2300号民事裁定书。

某玉存在承包关系,双方应共同对所欠债务承担民事责任。[1]

2022年新案件也有持“旧”观点。

【案例4-110】 西安闽昌公司与许昌腾飞公司、吴某祥买卖合同纠纷再审案

最高人民法院认为,虽然案涉《钢材供货合同》和《补充协议》的签订主体为西安闽昌公司和许昌腾飞公司,但结合吴某祥对承包隧道段工程并单独支付钢材款的自认,以及吴某祥委托李某铨负责管理隧道段工程的事实,原审法院据此认定吴某祥挂靠许昌腾飞公司实际施工,并以许昌腾飞公司名义与西安闽昌公司进行钢材买卖,无明显不当。原审法院在此基础上判令郭某美、吴某祥对隧道段工程欠付的钢材款承担付款责任,许昌腾飞公司对上述款项承担连带责任,亦无不当。[2]

【案例4-111】 斌隆公司与中润建筑公司、董某海买卖合同纠纷再审案

最高人民法院认为,中润建筑公司就案涉项目与金泰房地产公司签订了《建设工程施工合同》,即使挂靠人董某海对案涉项目进行了实际施工,但中润建筑公司仍为该项目关联楼栋的管理人、受益人,应对该项目工程承担相应的法律责任。……综上,原审认定中润建筑公司就案涉钢材款承担连带还款责任并无不当。至于中润建筑公司与董某海之间形成的挂靠施工法律关系,中润建筑公司可在向斌隆公司给付货款后,另行向董某海主张。[3]

2020年旧案件也有持“新”观点。

【案例4-112】 某公司与天筑公司、广联公司等买卖合同纠纷再审案

最高人民法院认为,连带责任,由法律规定或者当事人约定。本案中,当事人未就天筑公司、广联公司是否承担连带责任进行约定,原审判决以“天筑公司明知广联公司无相应施工资质,却将该工程交给其施工,广联公司又将该工程违法分包给伍某明实际施工,天筑公司和广联公司的上述经营行为存在过错,且以案涉钢材实际用于沙湾中心壹号工程而受益”为由,判令天筑公司、广联公司对实际施工人伍某明在挂靠期间发生的对外债务承担连带责任,明显缺乏法律依据。[4]

笔者认为,挂靠人在实际施工过程中与第三人签订的买卖合同的合同责任承担问题,并无司法解释予以规定。但应充分考虑到,虽然施工资质是建设工程施

---

〔1〕 吉林省高级人民法院(2020)吉民申3460号民事裁定书。
〔2〕 最高人民法院(2021)民申6478号民事裁定书。
〔3〕 最高人民法院(2020)民申6760号民事裁定书。
〔4〕 最高人民法院(2020)民再365号民事判决书。

工合同的准入资质,但该资质同时也起到了施工人在施工过程中签订各项合同的履约担保的功能。在挂靠人以被挂靠人名义与第三人签订买卖合同的场合,第三人无论是否知情或善意,都会对被挂靠人的合法资质产生信赖进而相信具有合法资质的被挂靠人具有充足的履约能力。即原则上由被挂靠人与挂靠人承担连带责任,但在第三人明知挂靠事实(第三人非善意)的情况下,被挂靠人承担补充责任。也就是说,虽然现行法律、司法解释未规定被挂靠人与挂靠人买卖合同的连带责任,但从保障第三人的债权和信赖利益的角度出发,在挂靠人以被挂靠人名义与第三人签订买卖合同的场合,原则上应由挂靠人与被挂靠人承担连带责任,在第三人签订合同时知道挂靠事实的情形下,以被挂靠人承担补充责任为限。

(三)施工合同损失处理

1. 损失责任划分与承担

对造成损失如停工、窝工损失、质量缺陷损失以及工期逾期损失的承担,应根据过错责任来进行确定。如因发包人的过错造成损失的,由发包人承担责任;如因承包人自己的过错导致的损失,由承包人自行承担;双方均有过错的,按责任大小比例分担。在个案中,由法官根据具体案情对责任划分裁量确定责任承担。

【案例4-113】 河南省偃师市鑫龙建安工程有限公司与洛阳理工学院、河南省第六建筑工程公司索赔及工程欠款纠纷再审案

最高人民法院认为,对于理工学院成教楼出现裂缝导致工程停工的责任问题,一审、二审及原再审判决依据查明的案件事实认定理工学院提供地质报告有误,从而导致成教楼裂缝,造成鑫龙公司停工,对此应承担主要责任;六建公司处理不力致使损失扩大,鑫龙公司工程质量存在一定问题,均应承担一定责任。对此事实及认定,鑫龙公司没有异议,理工学院、六建公司对二审及再审判决亦没有提出申诉,最高人民法院予以确认。一审判决并据此认定理工学院承担损失的80%,六建公司和鑫龙公司各自承担损失的10%,属于在正常的自由裁量权范围内进行的责任分担比例划分,并无明显不当。二审及再审判决在认为一审认定责任正确的情况下,将理工学院所负主要责任的比例由80%调整为50%既与其相关认定结论不符,也没有充分证据,应当予以纠正。此外,鑫龙公司在最高人民法院再审中主张,对于停工损失,理工学院应承担70%,六建公司承担20%,其自负10%。鑫龙公司该主张有事实及法律依据,应予支持。故理工学院应承担的损失比例为70%,六建公司仍按照二审及再审判决确定的20%,鑫龙公司自负10%。[1]

【案例4-114】 成都大鼎置业有限公司与成都市第四建筑工程公司建设工程施工合同纠纷案

最高人民法院认为,工程逾期竣工存在多方面原因,在工程施工中双方未按照约定程序和行业惯例提出工期索赔申请。综合《建设工程施工合同》《备忘录》约定及双方实际履约情况,大鼎公司应对分包工程逾期承担主要责任,四建公司自身有逾期施工行为,且未尽到协调义务,作为总承包应对工程逾期承担部分责任。工程逾期后,发包方与承包方均有损失。因大鼎公司对逾期交工应承担主要责任,其主张四建公司承担逾期交工违约金1亿元缺乏充足依据,不予支持。四建公司亦应自担损失,其要求大鼎公司支付逾期支付工程进度款垫资款和逾期退还履约保证金违约金,不予支持。[2]

发包人因自身原因致使施工现场滞留承包方工人待工,承包方函件也告知已存在停工、窝工损失的事实,如不及时处理会带来更大损失,但发包方一直未积极及时处理,应对该停工损失承担主要责任;承包方未能采取其他合理方法避免损失的,也应承担部分责任。

【案例4-115】 A公司与B公司建设工程施工合同纠纷案

二审法院认为,关于停工损失的问题,根据系争合同约定,土建工程的开工日应当以发包方出具开工报告为准,停窝工损失需经发包方的签字确认。合同签订后,新勤丰厂一直未出具土建工程的开工报告,B公司也未进行过土建工程施工,B公司也未举证证明C造纸厂或A公司曾要求其安排人员等工,B公司主张的停工损失缺乏合同依据。本院注意到,关于停工损失金额的鉴定意见是根据B公司单方制作的施工日志作出的,该日志并无C造纸厂、A公司或第三方的签字确认,缺乏客观性。且鉴定日期截至2008年6月9日,而B公司自认其进行的改造维修工程直至2008年5月底才完工,故其在2008年6月底前的进场人员系有施工任务,并非等工、停工,而在2008年6月9日之后,B公司一方也没有关于等工、停工情况的书面记载。故被上诉人主张的停工损失缺乏事实依据,本院不予支持;原审对此认定有误,本院予以纠正。关于材料、机械损失的问题,根据原审查明的事实,工程现场确实遗留下部分钢材和机械,但鉴于A公司在本案诉讼中始终坚持不接收遗留钢材,系争施工合同也已解除,B公司可自行取回遗留在现场的钢材和机

---

〔1〕 参见杜万华主编:《最高人民法院民商事案件审判指导》(第2卷),人民法院出版社2015年版,第351~352页。

〔2〕 最高人民法院(2016)民终字第476号民事判决书。

械,B公司原审诉请的67,900元钢材贬值损失尚属合理,本院予以支持;原审认定的83,156元材料损失超出了当事人的原审诉请范围,本院予以纠正。原审认定的5000元机械损失并无不当,本院予以维持。故A公司应当赔偿B公司的材料、机械损失共计72,900元。[1]

多项损失划分责任问题。个案中,如果存在多项损失,由法官根据实际情况裁量单个或多个损失是否成立及分担比例。

【案例4-116】 辽宁省沈阳溢利房地产开发有限公司与中国建筑第六工程局有限公司建设工程施工合同纠纷案

最高人民法院认为,中建六局是否应当承担涉案工程工期延误责任。涉案工程工期的确存在延误问题,但涉案工程本身就是"边设计、边施工"工程,加之涉案工程存在大量设计变更的情形,而且从双方的约定看,付款方式为按形象进度付款,溢利公司又存在拖欠工程款的行为。此种情况下,一审法院认定涉案工期的延误原因是多方面的,不能归因于本案一方当事人,令双方自行承担工期延误的损失并无不当。中建六局是否应支付竣工图纸的制作费用以及赔偿因其拒不办理工程竣工验收手续给溢利公司造成的损失1,152,518元。依据一审查明的事实,中建六局虽未向溢利公司交付3套涉案工程的竣工图,但溢利公司未依合同约定向中建六局提供7套施工图(含制作竣工图三套),只提供4套图纸。考虑到溢利公司未按约提供图纸在先,因此,其主张中建六局支付制图费用12,123.20元不应支持。[2]

【案例4-117】 江苏华强房地产开发有限公司与南通四建集团有限公司建设工程施工合同纠纷案

二审法院认为,关于纠纷的起因,是华强公司未按照中标通知书的规定与南通四建公司签订书面合同所致,因此,华强公司应对纠纷的产生负60%的责任。南通四建公司在中标后,在未签订书面合同的情况下即进场施工,后又以工程施工中无合同可依为由不予复工,存在一定过错,南通四建应对纠纷的产生承担40%的责任。关于投标保证金50,000元是否应双倍返还的问题。法院经审理认为,中标通知书发出后,由于双方为签订施工合同而产生纠纷,使涉案工程无法继续进行,南通四建公司为此投入的费用应作为实际损失。因双方对施工关系无法继续均有过错,因此,南通四建公司要求华强公司双倍返还投标保证金缺乏依据,该损失也应当按照双方责任比例分

[1] 上海市第一中级人民法院(2013)沪一中民二(民)终字第582号民事判决书。

[2] 参见最高人民法院民事审判第一庭编:《民事审判指导与参考》2014年第3辑(总第59辑),人民法院出版社2015年版,第160~161页。

担。关于施工机械、周转材料、人员停窝工及进退场损失的问题。法院经审理认为,南通四建公司停工后,双方之间纠纷尚未处理完毕,故南通四建公司未退场,因此造成施工机械、周转材料损失及现场留守人员的工资损失。华强公司按其应承担的60%的责任赔偿南通四建公司施工机械、周转材料损失、现场留守人员的工资损失。[1]

实践中,对损失责任认定是由法官行使自由裁量权裁定的,尤其是损失是多种因素造成,更有必要行使裁量权。

【案例4-118】 威海市鲸园建筑有限公司与威海市福利企业服务公司、威海市盛发贸易有限公司建设工程施工合同纠纷再审案

二审法院认为,关于工程保管费、设备及周转性材料停滞费和逾期向盛发公司交付工程造成的损失应由谁承担的问题。泉盛公寓应于1999年5月30日完工而未完工,工程因延期造成的保管费53,450元、设备及周转性材料停滞费521,784.9元,福利公司逾期向盛发公司交付涉案工程,被威海市中级人民法院(2001)威民初字第1号民事判决书判令赔偿盛发公司的实际经济损失(已执行完毕),是由旅游基地拨款不到位和鲸园公司未按约完工造成,旅游基地拨款不到位是造成损失的主要原因,应承担主要责任;鲸园公司未按约完工是造成损失的次要原因,应承担次要责任。依据公平原则,上述损失的70%由旅游基地承担,30%由鲸园公司承担。最高人民法院持同样意见维持二审判决。[2]

对于主张方主张损失赔偿请求,应依合同约定确定对其称之为损失的费用由何方承担。如果合同明确约定该费用由主张方承担,则其后主张方应承担费用作为自身损失要求相对方承担,则法律不应支持合同约定承担费用方的诉求。

【案例4-119】 北京市建筑装饰设计工程有限公司与周口欣欣置业有限公司建设工程施工合同纠纷案

最高人民法院认为,根据《施工合同》专用条款补充条款第47.4.6条约定,北京装饰公司"免费负责现场设计(装饰部分),并配合机电设计",故原二审判决以"合同有明确约定由北京装饰公司负责免费现场设计"为由,对其诉请的设计费不予支持,并无不当。《施工合同》专用条款第9.1(4)条中约定:"北京装饰公司向周口欣欣公司提供办公和生活房屋及设施;如有由北京装饰公司承担。"故此临时设施应由北京装饰公司提供,原二审判决对北京装饰公司提出的有关临时设施费的请求不予支持是正确的。关于周口欣欣

---

〔1〕 江苏省高级人民法院(2013)苏民终字第0010号民事判决书。
〔2〕 《最高人民法院公报》2013年第8期(总第202期)。

公司转包毯、壁纸、KTV 工程给北京装饰公司造成的损失及所购灯具造成损失的问题,从原二审法院查明的事实来看,北京装饰公司的损失已实际发生,且系因周口欣欣公司违约而造成,原二审法院根据实际损失判决周口欣欣公司分别承担 19 万元和 69,987 元的责任正确应予维持。关于人工费损失金额,原二审判决根据实际情况酌定 70 万元,亦较为合理。故周口欣欣公司应赔偿北京装饰公司上述三项损失共计 959,978 元。北京装饰公司在原一审起诉时同时主张了该部分损失自 2007 年 2 月 13 日起至实际给付之日止的利息,应一并予以支持。[1]

2. 可得利益损失处理

《民法典》第五百八十四条规定:当事人一方不履行合同义务或者履行合同义务不符合约定,造成对方损失的,损失赔偿额应当相当于因违约所造成的损失,包括合同履行后可以获得的利益;但是,不得超过违约一方订立合同时预见到或者应当预见到的因违约可能造成的损失。对合同违约损失赔偿实行完全赔偿原则,违约方应对其未如约履行合同给对方预期的未能实现的可得利益损失进行赔偿。建设工程施工合同一方违约,另一方为增加赔偿金额,往往会主张可得利益损失。因此,如果施工合同因发包人原因解除,承包人主张未完工工程可得利益损失的,属于正当请求,当然应支持。

《民法典合同编通则解释》第六十条规定:“人民法院依据民法典第五百八十四条的规定确定合同履行后可以获得的利益时,可以在扣除非违约方为订立、履行合同支出的费用等合理成本后,按照非违约方能够获得的生产利润、经营利润或者转售利润等计算。

非违约方依法行使合同解除权并实施了替代交易,主张按照替代交易价格与合同价格的差额确定合同履行后可以获得的利益的,人民法院依法予以支持;替代交易价格明显偏离替代交易发生时当地的市场价格,违约方主张按照市场价格与合同价格的差额确定合同履行后可以获得的利益的,人民法院应予支持。

非违约方依法行使合同解除权但是未实施替代交易,主张按照违约行为发生后合理期间内合同履行地的市场价格与合同价格的差额确定合同履行后可以获得的利益的,人民法院应予支持。”

《民法典合同编通则解释》第六十二条规定:“非违约方在合同履行后可以获得的利益难以根据本解释第六十条、第六十一条的规定予以确定的,人民法院可以综合考虑违约方因违约获得的利益、违约方的过错程度、其他违约情节等因素,

---

〔1〕 最高人民法院(2013)民提字第 128 号民事判决书。

遵循公平原则和诚信原则确定。”

司法实践中,影响可得利益的诉求因素众多。可得利益损失因为未实际发生,具有不确定性,主要表现为证据的不确定性和计算的不确定性,故法官一般持比较谨慎的态度,往往以当事人不能举证证明其主张的利润确定发生,不能证明利润的具体金额为由而不予支持。无论是《合同法》第一百一十三条,还是《民法典》第五百八十四条,从法条的文义理解看,适用的前提条件是一方当事人违约,而另一方为守约方,守约方可以向违约方主张可得利益损失。在双方均违约的情况下,一方主张可得利益损失缺乏法律依据,而建设工程施工合同中,往往存在双方都有违约。如认定双方违约,就不应适用该条规定。

《民法典合同编通则解释》第六十三条规定:“在认定民法典第五百八十四条规定的‘违约一方订立合同时预见到或者应当预见到的因违约可能造成的损失’时,人民法院应当根据当事人订立合同的目的,综合考虑合同主体、合同内容、交易类型、交易习惯、磋商过程等因素,按照与违约方处于相同或者类似情况的民事主体在订立合同时预见到或者应当预见到的损失予以确定。除合同履行后可以获得的利益外,非违约方主张还有其向第三人承担违约责任应当支出的额外费用等其他因违约所造成的损失,并请求违约方赔偿,经审理认为该损失系违约一方订立合同时预见到或者应当预见到的,人民法院应予支持。在确定违约损失赔偿额时,违约方主张扣除非违约方未采取适当措施导致的扩大损失、非违约方也有过错造成的相应损失、非违约方因违约获得的额外利益或者减少的必要支出的,人民法院依法予以支持。”

对守约方主张可得利益损失,应考虑限制赔偿的参考因素,如当事人的过错程度、合同的履行程度、违约方对损害的可预见性、违约与损害之间的因果关系、过失相抵、减损规则以及损失的确定性规则、不可抗力、特定情事等。

对于发包人而言,可得利益损失主要表现为工程因未能按期竣工交付,影响投入使用的损失。该损失可能表现为,建筑工程不能按期投入使用而产生的租金损失等。此时可以周边同时期、同地段正常租金标准予以综合判断,约定的可得利益损失是否过高。

应注意的是,法官在综合考虑涉诉工程情况、合同签订及履行情况、违约方过错程度等各种因素后,可参照第三方机构鉴定意见、预算审核文件等酌情予以裁判,但因可得利益损失存在较大的不确定性,难以举证,少有法院予以支持,故当事人在提起诉讼时,应结合案件具体情况,综合考虑是否坚持主张可得利益的主张。

其一,法院不支持可得利益损失。

一般而言,建设工程施工合同依法成立并生效后,发包人不履行合同义务或者履行合同义务不符合约定而给承包人造成损失时,承包人可向法院主张可得利益损失；但若建设工程施工合同为无效合同，无效合同本身即不具有法律效力，承包人通过履行无效合同衍生的可得利益当然不在法律保护范围内，故法院对承包人可得利益损失不予认可。

【案例4－120】　万利建设公司与商丘华程房地产开发有限公司建设工程施工合同纠纷案

最高人民法院认为，合同有效，当事人通过履行合同而获取的利益应当依法保护。而无效合同自始无效，当事人通过履行无效合同可能获得的利益，不受法律保护。本案中，《施工总承包框架协议》中约定二期工程的工期、开工日期、履约保证金返还节点、具体的工程垫资及工程款支付办法均需另行签订施工总承包合同来约定，且二期工程按照当时的规定亦属于必须招标的建设项目。在二期工程招标时，招标代理机构向万利公司发出投标邀请书，万利公司未投标，且《施工总承包框架协议》为无效协议，万利公司主张可得利益损失缺乏事实和法律依据，原审认定万利公司请求无效合同的可得利益损失没有法律依据，万利公司申请二期工程可得利益损失鉴定及申请调取华程公司银行账户交易明细对证明待证事实无意义，一审法院不予准许，并无不当。〔1〕

【案例4－121】　惠水龙王山陵园有限责任公司与四川金海建设有限公司建设工程施工合同纠纷案

二审法院认为，建设工程施工合同的履行过程中存在多种影响预期利润实现的因素，工程预期利润具有不确定性，不具有必然性。即使案涉《施工承包合同》顺利履行完毕，也可能受施工管理及原材料价格上涨等诸方面因素影响，未必产生预期利润。加之案涉《施工承包合同》系无效合同，只能参照合同约定获得四川金海公司已实际施工部分的工程价款及实际损失。因此，四川金海公司主张预期可得利益无事实与法律依据，一审法院支持四川金海公司的该项主张错误，本院予以纠正。〔2〕

承包人未能举证证明损失是在缔约时能够预见到的或者该损失并未超过订立合同时应当预见的因违反合同可能造成的损失。

【案例4－122】　广西桂川建设集团有限公司与广西宁明海拓投资开发有限公司、广西海拓置业有限公司建设工程施工合同纠纷案

二审法院认为，桂川公司要求参照建筑行业平均合理利润即按照9%利润率确定其利润损失1,929,401.13元。本院认为，对于建设工程施工合同

---

〔1〕　最高人民法院(2020)民终774号民事判决书。

〔2〕　贵州省高级人民法院(2021)黔民终126号民事判决书。

而言，承包人在合同完全履行后是否必然获得利润，需要综合考虑承包人的施工管理能力、原材料的涨跌、不可抗力的影响等因素，桂川公司在未能提供任何计算依据的情况下，以建筑行业平均利润主张其应获得预期可得利益1,929,401.13元依据性不足。此外，根据《民法典》第八章关于违约责任的规定，预期可得利益是违约方赔偿守约方因其违约行为给守约方造成损失的内容之一，但是，损失赔偿额不得超过违约一方订立合同时预见到或者应当预见到的因违约可能造成的损失。本院已经支持桂川公司因宁明海拓公司原因而造成的逾期支付工程进度款违约金、工程结算款违约金，其主张的物料提升机停窝工损失、务工人员停窝工期间人工费损失亦得到赔偿，以上违约金和损失赔偿数额合计已达380万元，而案涉逾期支付工程款为6,653,371.77元，在桂川公司不能证明其主张的损失是在缔约时宁明海拓公司能够预见到的或者该损失并未超过宁明海拓公司订立合同时应当预见的因违反合同可能造成的损失的情况下，一审法院对桂川公司该项主张不予支持并无不当，本院予以维持。[1]

法院对未经充分举证，且超出订立合同所能预见的间接损失不予支持。

【案例4-123】 广厦公司与中建二局建设工程施工合同纠纷案

最高人民法院认为，如前所述，因广厦公司违约造成逾期完工，故由此造成的逾期交房损失应由广厦公司自行承担，且如一审法院所述，逾期交房还涉及案外人锦城公司是否承担责任的问题，同时，逾期交房违约金并非存在法院生效判决的认定，对于该部分损失广厦公司亦未充分举证，且商品房逾期交房损失属于间接损失，一审法院认定超出中建二局二公司预见亦并无不妥，故广厦公司该部分损失不应予以支持。[2]

【不同处理】 个案中，最高人民法院作了不同判决。不支持的主要理由是，可得利益损失属于不确定的事实，该损失无法准确判定是否发生。

【案例4-124】 温州锐锋矿山建设有限公司与云南黄金矿业集团股份有限公司等建设工程施工合同纠纷再审案

最高人民法院认为，《井岗工程合同》和《探采合同》已经解除，双方确认未履行《探采合同》。而《井岗工程合同》约定的是执行合同固定单价，合同履行能否盈利取决于施工管理水平、市场价格影响以及实际探采情况，在此情况下，请求赔偿预期利益缺乏事实依据。[3]

---

〔1〕 广西壮族自治区崇左市中级人民法院(2022)桂14民终493号民事判决书。

〔2〕 最高人民法院(2017)民终字第428号民事判决书。

〔3〕 最高人民法院(2021)民申2549号民事裁定书。

发包人不存在违约行为。发包人是否存在违约行为系法院裁判可得利益损失时应考虑的重要前提,若发包人在合同履行过程中并未违反约定、不存在过错,要求其承担可得利益损失既不符合公平原则,也不符合《民法典》第五百八十四条适用条件。

【案例 4-125】 宜良县金汇国有资产经营有限责任公司与中铁十局集团有限公司等建设工程施工合同纠纷案

最高人民法院认为,本案中,宜良金汇公司不存在违约行为,且中铁十局对其损失未举证证明,其主张的逾期可得利益损失为单方计算亦无依据。中铁十局依据上述法律规定主张宜良金汇公司应当赔偿可得利益损失3,820,815.98元的请求,不予支持。[1]

其二,法院支持可得利益损失。

法院支持赔偿可得利益损失主张情况下损失金额的认定标准。虽然在施工合同纠纷中,法院较少支持承包人要求发包人承担可得利益损失的主张,但承包人能够证明其的确存在可得损失的,法院也应予以支持。在法院支持当事人赔偿可得利益损失请求的情况中,损失数额主要有以下认定标准:损失数额需在综合考虑涉诉工程情况、合同签订及履行情况、违约方过错程度等因素后酌情裁判。

【案例 4-126】 嘉裕房地产开发有限公司与中建宏大建设集团有限公司建设工程施工合同纠纷案

二审法院认为,当事人一方不履行合同义务或者履行合同义务不符合约定,给对方造成损失的,损失赔偿额应相当于因违约所造成的损失,包括合同履行后可以获得的利益,但不得超过违反合同一方订立合同时预见到或者应当预见到的因违反合同可能造成的损失。本案中,嘉裕公司在签订涉案合同后又另行组织招投标,且未有效通知中建宏大公司,系根本违约导致合同解除,一审法院综合考虑涉诉工程情况、合同签订及履行情况、嘉裕公司的过错程度等因素,酌情判决嘉裕公司应赔偿中建宏大公司可得利益损失300万元,具有事实及法律依据,本院依法予以维持。[2]

法院可依据司法鉴定意见对可得利益损失的数额予以认定。

【案例 4-127】 中国建筑第八工程局有限公司与辽宁九州华伟农产品物流园有限公司建设工程施工合同纠纷案

最高人民法院认为,根据《合同法》第一百一十三条的规定,违约方向守

---

〔1〕 最高人民法院(2021)民终948号民事判决书。

〔2〕 北京市第三中级人民法院(2022)京03民终6891号民事判决书。

约方赔偿损失的范围包括合同履行后可以获得的利益,但不得超过违反合同一方订立合同时预见到或者应当预见到的因违反合同可能造成的损失。由于九州华伟公司未按期支付工程款构成违约,导致合同无法履行,应当赔偿给中建八局造成的损失,该损失赔偿额中应当包括合同履行后可以获得的利益。一审法院依据鉴定意见予以判定,有事实及法律依据。九州华伟公司未能举证证明存在其他导致合同解除的事由,从而减少或者不计算可得利益。故对其该项上诉主张,本院不予支持。[1]

【案例 4-128】 吉林鑫达钢铁有限公司与某某公司建设工程施工合同纠纷再审案

最高人民法院认为,对于案涉可得利益损失,二审法院在审理中委托鉴定机构进行工程造价鉴定,鉴定意见表明案涉合同的建筑安装工程未完工程利润为2,271,929元。二审法院在审理中委托补充鉴定,并不违反法律规定,二审法院既然已经委托鉴定并认定事实,本案又无相反证据予以推翻,二审法院根据鉴定意见认定可得利益损失,并无不当。鑫达公司申请再审认为二审法院对可得利益损失委托补充鉴定违反法定程序,没有事实和法律依据,本院不予支持。[2]

经诉讼双方共同摇号确定鉴定机构,根据鉴定意见[鉴定方法是(中标金额-现完成金额)×投标利润率]支持可得利益。

【案例 4-129】 北京城建集团有限责任公司与沈阳首开国盛投资有限公司建设工程施工合同纠纷案

最高人民法院认为,关于……预期利润4,604,089元应否支持的问题。本案系因首开公司原因,致使合同不能继续履行,首开公司应赔偿城建公司的损失。鉴定机构根据城建公司提供的证据,对其主张的损失中合理部分及预期利润损失出具鉴定意见,确定索赔部分金额为21,486,576元。混凝土违约金及诉讼费及律师费、资金占用补偿金、预期利润属于应由违约方承担的部分,一审法院采信鉴定机构的意见,根据《合同法》第一百一十三条的规定判决首开公司支付城建公司补偿款及预期利润合计21,486,567元,有事实和法律依据。首开公司主张上述费用不应支持,缺乏依据,本院不予支持。[3]

法院可以参考第三方机构出具的预算审核文件中确定的利润金额对可得利益损失的数额酌情予以认定。

---

〔1〕 最高人民法院(2019)民终164号民事判决书。
〔2〕 最高人民法院(2019)民申5776号民事裁定书。
〔3〕 最高人民法院(2020)民终1042号民事判决书。

【案例4-130】　重庆海博建设有限公司与重庆市黔江区城市建设投资(集团)有限公司建设工程施工合同纠纷案

二审法院认为,本案因黔江城投集团违约导致合同解除,海博公司有权要求黔江城投集团赔偿合理的可得利益损失。2011年11月12日,重庆市黔江区诚公造价咨询事务所接受黔江区财政局的委托,对黔江区新田公租房地下车库工程进行预算审核,制作《黔江区新田公租房地下车库预算审核报告》(渝黔诚公造价·审〔2010〕第11号),同日,重庆市黔江区诚公造价咨询事务所接受黔江区财政局的委托,对黔江区新田公租房5#、6#工程进行预算审核,制作《黔江区新田公租房地下车库预算审核报告》(渝黔诚公造价·审〔2010〕第12号)。一审判决根据两份《预算审核报告》中确定的利润金额确定为1,315,177.34元,并考虑海博公司是否能产生预期的利润,还要受到项目运作情况、现场管理情况、施工组织情况、工程质量及工期情况等多方面、多环节影响和制约,据此认定酌情支持海博公司利润率为两份《预算审核报告》确定利润金额的70%(920,624.14元)。前述认定考虑了两份《预算审核报告》系作为案涉BT融资建设施工合同附件的客观事实,并根据该施工合同BT融资模式中相关工程回购款支付的约定进行的认定,其认定正确。[1]

其三,施工合同解除可得利益损失问题。

施工合同解除后,是否应该支持可得利益损失的请求,实务中存在不同的观点。主流观点基于《民法典》第五百七十七条、第五百八十四条的规定,在建设工程施工合同履行中,因发包人违约导致案涉合同解除的,承包人要求发包人支付可得利益损失,应予支持。对可得利益损失,如合同有约定的从约定,没有约定的,可参照签订施工合同时当地建设行政主管部门发布的计价方法或者计价标准,结合市场行情、交易习惯、当事人能力以及工程具体情况等多种因素,综合认定可得利益损失。

【案例4-131】　武汉建工第三建筑有限公司与武汉天恒置业有限责任公司建筑安装工程施工合同纠纷案

最高人民法院认为,本案的关键是审查天恒公司的损失。天恒公司提出的第一部分损失是其对按合同约定对第三方违约的损失,其违约的原因是武建三公司迟延竣工,在认定天恒公司的损失时,不管天恒公司是否已经支付该笔费用,都应该计算因武建三公司违约,导致天恒公司对第三者违约应该对第三者承担的违约赔偿数额780万元+380万元。第二部分系天恒公司

---

〔1〕 重庆市第四中级人民法院(2020)渝04民终1315号民事判决书。

可得利益损失,本院酌定天恒公司的房屋出租率为60%,天恒公司的可得租金损失为31,336,358.67元×60%=18,801,815.20元。第三部分系天恒公司投资被超期占用的利息损失。本院认为因为已经考虑了天恒公司的租金损失,如果再考虑这部分损失,属于重复计算,所以对天恒公司就这部分损失提出的赔偿请求,本院不予支持。据此,天恒公司可能失去的损失和可以获得的利益为780万元+380万元+18,801,815.20元=30,401,815.20元,由于一审判决的违约金30,321,836.22元比天恒公司可能失去的损失和可以获得的利益30,401,815.20元低,因此本院对武建三公司要求调整违约金的请求依法不予支持。[1]

法院委托鉴定,根据鉴定意见酌定支持可得利益。

【案例4-132】 江苏栋梁置业有限公司与张某龙建设工程施工合同纠纷再审案

最高人民法院认为,关于可得利益损失。因栋梁公司的原因导致合同解除,栋梁公司应当赔偿八方公司损失,包括合同履行后可以获得的利益。八方公司已通知栋梁公司确定二标段开工时间,栋梁公司未提出考核不满意、不能由八方公司继续施工的意见,因其他期次的施工需根据栋梁公司的考核结果确定是否由八方公司继续承包,因此,二审法院仅支持八方公司的二标段可得利益损失,未支持其他标段可得利益损失,并无不当,本院予以维持。[2]

法院委托鉴定,根据鉴定结果酌定支持可得利益。

【案例4-133】 湖北凌志装饰工程公司与赛迪工业和信息化研究院(集团)公司上海赛迪公司装饰装修合同纠纷案

一审法院认为,凌志装饰公司诉请判令上海赛迪公司赔偿预期可得利益损失200万元。经一审法院委托重庆市淇澳工程造价咨询有限公司对预期可得利益损失进行鉴定,鉴定机构作出《重庆永川区信息服务产业园装饰装修改造工程渝淇澳[2018]鉴字第1242号工程造价鉴定意见书》,鉴定结果(1)装饰工程鉴定结果分为三种。(2)家具工程:家具的利润金额为0元。对于装饰工程的三种鉴定结果,凌志装饰公司请求采用:①以合同金额为基数,参照2015年各上市装修企业净利润率计算,净利润金额为1,364,586.40元。鉴于凌志装饰公司并非上市装修企业,且根据招投标文件及《合同协议书》约定,中标金额为人民币26,141,502元,此中标价为承包人与建设单位

---

〔1〕 最高人民法院(2004)民一终字第112号民事判决书。
〔2〕 最高人民法院(2018)民申4926号民事裁定书。

结算价。故本案应采用装饰工程鉴定结果。②以合同金额为基数,参照《重庆市建设工程费用定额》(CQFYDE－2008)规定的利润率计算出利润金额为499,302.69元。一审法院判决:上海赛迪公司在本判决生效后10日内赔偿凌志装饰公司预期可得利益损失499,302.69元。二审判决:驳回上诉,维持原判。[1]

实践中未鉴定,法官按过错比例酌定支持可得利益。

【案例4－134】 重庆建安建设(集团)有限公司与重庆俊峰置业有限公司建设工程施工合同纠纷案

二审法院认为,双方签订的《建设工程施工合同》第35.2条约定,因建安建设公司原因导致工期延误的,建安建设公司除应承担违约责任外,还应赔偿俊峰置业公司因逾期交房而产生的直接损失和间接损失。在本案中,俊峰置业公司虽举示了向购房者支付逾期交房违约金的证据,但因建安建设公司和俊峰置业公司均存在工期逾期的责任时间段,因建安建设公司原因导致工程延误的期间仅为44天,而总工期延误的时间为592天,故建安建设公司应当承担赔偿责任的损失金额应当根据因建安建设公司原因导致工程延误的时间占总工期延误时间的比例确定。根据俊峰置业公司在本案一审、二审中举示的向购房者支付逾期交房违约金的证据计算,建安建设公司应当承担赔偿责任的损失金额小于建安建设公司应当向俊峰置业公司支付的工程延误违约金1,157,260元,故本院认定建安建设公司所承担的违约金可以充分弥补因建安建设公司原因导致工期延误而对俊峰置业公司造成的损失。[2]

实践中未鉴定,法官酌定支持可得利益。

【案例4－135】 重庆正川永成医药材料有限公司与重庆瀛方电力工程有限公司建设工程施工合同纠纷再审案

再审法院认为,现有证据能够证明正川公司提出的损失赔偿金300万元并未过分高于因瀛方公司的违约行为而遭受的损失。该损失包括实际损失和可得利益损失。所谓实际损失,是指因违约而导致的现实利益的减少;所谓可得利益损失,是指非违约方在履行合同后本可以获得的,但因违约而无法获得的利益,是未来的、期待的利益损失,如生产经营利润损失。就本案而言,根据一审法院委托专业机构所作的评估报告认定……被瀛方公司更换的设施、设备、元器件、电缆的市场价值为3,779,989.60元(1,361,896元＋2,418,093.60元)。何况,根据《合同法》第一百一十四条规定,"当事人可以

〔1〕 重庆市高级人民法院(2020)渝民终315号民事判决书。
〔2〕 重庆市高级人民法院(2017)渝民终132号民事判决书。

约定一方违约时应当根据违约情况向对方支付一定数额的违约金,也可以约定因违约产生的损失赔偿额的计算方法……”结合本案而言,双方当事人在案涉合同第九条约定“本合同严格按照约定的设施、设备、元器件及材料购置要求执行,若有更改,一经发现,按更改设施、设备及元器件价值总额的10倍向甲方进行赔偿”的内容具体明确。[1]

实践中未鉴定,法官支持约定的可得利益。

【案例4-136】 重庆市宏德机械化土石方工程有限公司与重庆观源房地产开发有限公司建设工程施工合同纠纷案

二审法院认为,本案的争议焦点是上诉人与被上诉人自行约定的可得利益损失赔偿是否应予主张的问题。根据双方合同的约定,案涉工程的合同价款为6000万元,因此,在被上诉人不能将约定工程交由上诉人施工构成根本违约的情况下,双方当事人自行协商确定可得利益损失为40万元,不存在约定的违约金过高之情形。且被上诉人亦未举示该40万元违约金高于上诉人实际损失的相应证据,故对双方当事人的该约定不应进行调整。一审以《债权债务确认书》第二条约定的保证金按月息2%计算利息与第三条约定的可得利益损失分别作为违约金约定和损失赔偿约定而不可并用为由仅主张了保证金利息,但是,保证金利息与履行合同不能所造成的可得利益损失针对的是不同性质的民事行为,利息针对的是被上诉人应当返还的保证金在其未返还而占有使用期间对上诉人所造成的资金占用损失的赔偿,而可得利益损失是被上诉人未按合同履行所应承担的赔偿责任,二者性质截然不同,承担责任的原因也不同,并非《合同法》第一百一十四条所规定的针对同一违约行为所采取的赔偿方式。换言之,本案中,确定上诉人因合同所遭受的可得利益损失时,与其保证金并无关系,因此,二者不可作为上诉人的同一损失进行法定的调整行为。综上,一审驳回上诉人对可得利益损失40万元的请求不当,上诉人的该上诉理由成立,本院予以支持。[2]

个案中,法官根据具体案情决定是否支持可得利益。

【案例4-137】 中国二十冶集团有限公司与济宁如意四季花城房地产有限公司建设工程施工合同纠纷案

最高人民法院认为,关于二十冶集团公司主张的因合同解除导致的可得利益损失800万元。一审法院已经查明,二十冶集团公司和四季花城公司在案涉工程施工过程中均存在违约行为,二十冶集团公司亦需对案涉合同解除

---

〔1〕 重庆市高级人民法院(2019)渝民再353号民事判决书。

〔2〕 重庆市第五中级人民法院(2019)渝05民终5898号民事判决书。

承担部分责任,应当自行承担相应的损失。由于本案鉴定意见所认定的工程价款中已包含了合理利润部分,且二十冶集团公司主张的该部分利益所对应的如意四季城项目南区工程并未实际开工建设,故对于二十冶集团公司主张的800万元可得利益损失,本院不予支持。[1]

3. 停工、窝工损失处理

由于发包人迟延付款,对承包人可能造成的停工损失主要包括大型机械设备租赁费、人工费、台班费、材料涨价费用等。对停工、窝工损失的计算,如果施工合同双方当事人在合同已约定了停工、窝工损失计算方法,则可按合同约定进行计算;如果双方没有约定计算方法或约定不明的,经调解又未能达成一致意见的,可委托专门机构审价或鉴定以确定损失数额。在处理停工损失(包括停工时间)的问题上,应遵循两个基本原则:一是所发生的费用应是承包人履行合同所必需的和已经发生的;二是承包人不应由于停工的发生而额外受益或受损,即对实际损失进行赔偿。实践中,双方在合同中对于计算停工损失及停工时间的处理没有明确约定,可以根据上述原则,并参考类似情况下的有关合同示范文本的做法,由法官综合认定。在施工合同中对停工损失有约定的,原则上法院按约定确定。

【案例4－138】　唐山风辉房地产开发有限公司与赤峰建设建筑(集团)有限责任公司建设工程施工合同纠纷案

最高人民法院认为,关于停工损失数额如何认定问题。依据2011年12月16日《补充协议书二》第五条约定,风辉公司同意补偿赤峰建设公司损失2000万元;依据该协议书第九条约定,该协议书签订后,若风辉公司应付款项不能在3日内到账,每延期一天,承担赤峰建设公司因停工所造成的各项损失合计50,000元/天。该协议书是双方当事人的真实意思表示,内容合法有效,双方当事人应依约履行。一审判决依据该协议书约定,酌情确定3个月的合理期限,从而认定风辉公司应赔偿赤峰建设公司2011年12月16日之前的停工损失2000万元、2011年12月17日之后的停工损失450万元并无不当,风辉公司关于此点的上诉理由不成立。[2]

【案例4－139】　大连渤海建筑工程总公司等诉大连宝玉房地产开发有限公司等建设工程施工合同纠纷案

最高人民法院认为,停工损失费属于“因发包人违约所造成的损失”,优

---

〔1〕 最高人民法院(2020)民终1287号民事判决书。

〔2〕 参见最高人民法院民事审判第一庭编:《民事审判指导与参考》2016年第3辑(总第67辑),人民法院出版社2017年版,第222～223页。

质工程奖励款不属于工程价款范围，本不应适用司法解释规定计息。但在2002年12月1日承包、发包双方当事人签订的《协议书》中就明确由发包人赔偿因其资金不到位给承包人造成的停工损失费550万元，此款为承包人在合同约定的索赔数额基础上几经减让的结果，且该合同还约定“因宝玉公司不按时支付赔偿金，而造成再次停工的损失，由其全部承担”，宝玉公司至今未按照合同约定支付停工损失费，并拖欠巨额工程款至今未付，其恶意违约的主观过错明显。本案仅判决发包人支付停工损失费本金与合同约定由发包人赔偿损失扩大部分的约定不符，且难以弥补因发包人恶意违约给承包人造成的巨大经济损失。据此，发包人向承包人支付的停工损失费，应当自工程结算时起计息。[1]

因发包人的原因如提供错误的地质报告致使建设工程停工，当事人对停工时间未作约定或未达成协议的，承包人不应盲目等待而放任停工状态的持续以及停工损失的扩大。对于计算由此导致的停工损失所依据的停工时间的确定，也不能简单地以停工状态的自然持续时间为准，而是应根据案件事实综合确定一定的合理时间作为停工时间。

【案例4-140】 河南省偃师市鑫龙建安工程有限公司与洛阳理工学院、河南省第六建筑工程公司索赔及工程欠款纠纷再审案

最高人民法院认为，虽然成教楼工程实际处于停工状态近2年，但对于计算停工损失的停工时间则应当综合案件事实加以合理确定，二审判决及再审判决综合各方当事人的责任大小，参照河南省建设厅豫建标定〔1999〕21号《关于记取暂停工程有关损失费用规定的通知》的规定，将鑫龙公司的停工时间计算为从1999年4月20日起的6个月，较为合理。鑫龙公司认为参照该通知将停工时间认定为6个月属于适用法律错误的理由不能成立。二审判决及原再审判决据此认定对此后的停窝工，鑫龙公司应当采取措施加以改变，不应计入赔偿损失的期限范围并无不当。鑫龙公司对其未采取适当措施致使的损失应当自行承担责任，鑫龙公司主张不存在怠于采取措施致使损失扩大的理由亦不能成立。[2]

关于发包方单方面要求工程停工的损失。发包方发出书面通知要求承包方暂停施工，为发包方单方要求停工。承包方施工人员、设备等留在现场等待复工通知，造成人员误工、机械设备租赁费等损失，发包方应承担责任。

---

〔1〕 参见《最高人民法院公报》2008年第11期。最高人民法院(2007)民一终字第39号民事判决书。

〔2〕 参见杜万华主编:《最高人民法院民商事案件审判指导》(第2卷)，人民法院出版社2015年版，第351页。《最高人民法院公报》2013年第1期(总第195期)。

【案例4-141】 中利建设集团有限公司上海分公司、中利建设集团有限公司与上海新格有色金属有限公司建设工程施工合同纠纷案

一审法院认为,根据2011年9月6日两份《甲方(新格)要求施工之联络单》记载的内容,新格公司于2011年9月2日电话通知,于2011年9月6日书面通知中利公司上海分公司暂停施工,可见当时是新格公司单方要求停工。因新格公司表示"待我司测算后,再通知施工",故中利公司上海分公司施工人员、设备等留在现场等待新格公司的复工通知,符合当时的情形,并无不当,停工期间必然造成人员误工、机械设备租赁费等损失,新格公司应承担主要责任。中利公司上海分公司直至2011年10月30日得到新格公司解除合同的通知后退场,现主张2011年9月2日至10月30日的停工损失,可予准许。关于停工损失的具体数额,可参照鉴定单位出具的鉴定意见书。鉴定单位作为专业机构,其关于误工费标准等意见,予以采纳,但其对于误工人数的合理性等无法进行判断,原审法院根据查明的事实,以鉴定意见书为参考,考虑到新格公司的过错程度,酌情确定新格公司赔偿中利公司上海分公司停工损失20万元。二审法院持同样意见维持一审判决。[1]

工期的逾期原因是多方面的,不能归因于任何一方当事人的,承包方要求发包方承担工期逾期的损失,不予支持。

【案例4-142】 某公司与某某公司建设工程施工合同纠纷案

最高人民法院认为,关于承包方请求的窝工索赔损失应否支持的问题。项目A、B、C三个区未按照合同约定的工期竣工,关于工程逾期的理由,双方意见不一致。承包方认为因发包方未按合同约定支付工程款、逾期拆迁、逾期提供图纸、设计变更、逾期办理施工许可证等造成工期逾期,发包方认为因承包方人员不足、管理混乱、质量问题返工、质量事故索赔等造成工程逾期。双方均提交了相关证据,结合双方提交的证据分析,涉案工程的确存在工程逾期问题,但涉案工期的逾期原因是多方面的,不能归因于本案一方当事人,故本案承办方要求发包方承担工期逾期的损失,不予支持。[2]

办理工程竣工结算后不得再主张窝工损失。发包人与承包人办理完毕工程竣工结算手续后,即可视为在双方之间就工程最终造价达成了"默示的意思表示一致"。如承包人事后仍向发包人主张施工期间的窝工损失,则不但有违契约精神,且会增加不必要的司法成本。故对于工程竣工结算后提出窝工损失索赔之请求,《计价规范》和司法判例均不予以支持。

---

[1] 上海市第二中级人民法院(2013)沪二中民二(民)终字第373号民事判决书。
[2] 最高人民法院(2022)民终49号民事判决书。

【案例4－143】 横店公司与某某公司建设工程施工合同纠纷案

最高人民法院认为，根据二审查明的事实，横店公司在施工中未提出窝工损失请求；施工完毕后双方结算中，横店公司对窝工损失也没有作为施工成本予以主张，其表示窝工事实发生时未予提出的原因是出于合作考虑，该种情形亦可视为其具有放弃窝工损失的意思表示。[1]

4. 工期违约造成损失处理

因发包人迟延付款或因其自身原因造成工期延误承包人损失的，由发包人承担承包人的损失。由于承包人工期违约，其要求对过高违约金进行调整的情形，对发包人的损失认定主要从以下因素考虑，如发包人与第三人之间签订的房屋销售、出租合同约定的迟延交房违约金，发包人因到期无法使用涉案房屋需要重新租赁房屋支付的租金损失等，上述损失应当以承包人可预见为原则。

【案例4－144】 陇南市恒源房地产开发有限责任公司与中国建筑工程总公司甘肃分公司建设工程施工合同纠纷案

最高人民法院认为，结合工程款总造价及恒源公司的付款情况可以认定，在合同履行中，是由于恒源公司拖欠工程款的违约行为，导致工期延误及甘肃分公司的窝工，故恒源公司应当承担甘肃分公司的窝工损失。一审法院依据鉴定机构的鉴定意见，认定窝工损失为1,439,195.28元，于法有据。恒源公司的该点上诉请求不予支持。[2]

因发包人的原因停工期间的材料上涨损失，应由发包人承担。

【案例4－145】 江苏广成建设发展有限公司等与江苏贵鑫石油装备有限公司建设工程施工合同纠纷案

二审法院认为，由于贵鑫公司的原因导致开工拖延，材料人工费上涨，且未及时支付工程款。由于王某彪签订合同的工程款低于成本价，为了不使利益过分失衡，一审法院酌情提高工程款200,000元。在合同签订时，原约定3月28日开工，实际全部具备开工条件是5月26日，在此期间，应由贵鑫公司负责领取的施工许可证于2017年5月3日取得，桩基检测5月26日才满足设计要求。在此期间，建筑材料和人工费用都在上升。经江苏伟业项目管理有限公司鉴定，在此期间材料费和人工费上涨263,427.82元。虽然约定开工日期以开工通知为准，但针对延期开工时间内，建筑材料和人工费用都在

〔1〕 最高人民法院(2017)民终671号民事判决书。

〔2〕 参见最高人民法院民事审判第一庭编：《最高人民法院民事案件解析》(建设工程)，法律出版社2010年版，第357页。

上升，给王某彪造成实际的损失，故此损失由贵鑫公司承担比较合理。[1]

【案例4－146】　刘某培与四川武通路桥工程局建设工程施工合同纠纷再审案

再审法院认为，在涉案工程施工的过程中，因停工及工期延长导致原材料价格发生重大变化、人工费用上涨，涉及变更、工程量增加等导致刘某培承担巨额亏损，若仍按合同固定单价结算对其显失公平，故应对合同价款予以调整，对刘某培、杜某华的停工损失予以补偿，故四川武通路桥工程局应向刘某培支付施工期间人工、材料涨价的差价调整补偿款4,403,806元。[2]

合同约定因承包人原因导致工期拖延，承包人应一并承担相应责任的，因承包人原因工期延误导致发包人向购房业主逾期交付房屋，从而产生的赔偿金，承包人应予以赔偿。

【案例4－147】　某置业公司与某建设公司建设工程施工合同纠纷案

最高人民法院认为，某置业公司提交的证据显示，其以抵扣方式一次性向业主支付逾期交房违约金1,707,134元，有购房合同、交房结算单、延期交房违约金支付单等相关证据予以证明，能够形成证据链条，证明置业公司因迟延交付房屋给5#、6#楼业主支付逾期交房违约金的事实，且该部分支付证明均形成于2016年年底前后，即某建设公司撤场之后不久，对该部分损失一审判决未予确认错误，本院予以纠正。根据案涉合同有关因承包人原因导致工期拖延，承包人一并承担“不超过合同总造价的百分之一”的违约金和“因工期延误给发包人造成的相关损失”之约定，该建设公司亦应承担因其迟延交房给该置业公司造成的上述损失。[3]

发包人存在另行发包和提留工程均未按期完成情形，发包人以工程验收时间滞后为由，要求承包人承担工期延误损失的主张，不能得到支持。

【案例4－148】　某房地产公司与某建设公司建设工程施工合同纠纷案

最高人民法院认为，案涉工程虽然于2017年8月26日才完成五方验收，但验收内容除某建设公司施工的部分外，还包含某房地产公司提留和另行发包的部分工程。鉴于案涉工程施工过程中该房地产公司进行过设计变更，以及该房地产公司另行发包和提留工程均未按期完成，故房地产公司以工程验收时间滞后为由，要求某建设公司承担工期延误损失的主张，不能得

---

〔1〕江苏省盐城市中级人民法院(2019)苏09民终1305号民事判决书。
〔2〕湖南省长沙市中级人民法院(2019)湘01民终3114号民事判决书。
〔3〕最高人民法院(2021)民终375号民事判决书。

到支持。[1]

导致工程工期延误的原因是多方面，且无法精确计算不同原因导致的具体延误天数情况下，法院可以在兼顾合同履行情况及当事人过错后，裁量确定工期延误赔偿数额。

【案例4－149】 某房地产公司与某建设公司建设工程施工合同纠纷案

最高人民法院认为，关于工期延误违约金数额，从已经查明的事实看，导致案涉工程工期延误的原因是多方面，且无法精确计算不同原因导致的具体延误天数，根据公平原则和诚实信用原则，兼顾合同履行情况及当事人过错，本院酌定某建设公司支付某房地产公司工期延误违约金750,000元。[2]

【案例4－150】 某公司与某某公司建设工程施工合同纠纷案

最高人民法院认为，在工期延误的原因认定中，存在建设单位拖延支付工程款等事实；又存在施工单位施工现场管理混乱、劳动力严重不足、劳务分包、施工进度缓慢、无故停工、迟迟不复工、拒绝在材料供应的三方合同上签字等事实。因此，造成涉案工程工期逾期，双方均有责任，所产生的损失应各自承担。[3]

合同履行中，双方均明知相关的施工期限发生变更，承包人未提出工期变更或顺延申请，发包人也并未提出工期要求，工程款结算中，也未就工期延误损失提出异议，应视为双方对工期延误已达成一致意见或均放弃相关损失主张。

【案例4－151】 某房地产公司与某公司建设工程施工合同纠纷案

最高人民法院认为，合同履行中，双方均明知相关的施工期限发生变更，某建设公司未提出工期变更或顺延申请，某房地产公司也并未依据施工协议提出工期要求，相关工程款结算中，也未就工期延误损失提出异议，应视为双方对工期延误已达成一致意见或均放弃相关损失主张。据此，一审法院未支持该房地产公司有关该公司违约及应承担延误工期损失的请求，有事实和法律依据，本院予以维持。[4]

施工合同“协议书”未对发包人延误工期赔偿作出规定，但“通用条款”中规定了发包人延误工期需赔偿承包人损失的，应按照“通用条款”规定承担延误工期损失。

---

〔1〕 最高人民法院(2020)民终162号民事判决书。
〔2〕 最高人民法院(2018)民终24号民事判决书。
〔3〕 最高人民法院(2017)民终573号民事判决书。
〔4〕 最高人民法院(2017)民终671号民事判决书。

【案例 4－152】　中国建筑股份有限公司与昆山市超华投资发展有限公司建设工程施工合同纠纷案

最高人民法院认为，双方所订建设工程施工合同“协议书”第六条虽只约定对承包人延误工期进行处罚，对发包人延误工期可顺延工期，但对是否赔偿并不明确；该施工合同“通用条款”第十二条约定，因发包人原因造成停工的，不仅需顺延工期，还需赔偿承包人由此造成的损失。据此，一审法院认定由发包人承担延误工期损失，具有合同根据。同时，根据建设工程合同“通用条款”第十三条及第三十六条，双方虽对工期顺延及索赔程序进行了约定，但并未明确承包人未提出工期顺延或未按约定程序索赔或不及时索赔的法律后果。据此，某投资公司认为某建筑公司在工程交工后予以索赔不应支持的合同根据不足，不予采信。〔1〕

施工合同约定了竣工日期，但通常移交工程日期会晚于合同约定的竣工日期，对于逾期交工如属于多因一果，发包人和承包人均有责任，应当判断双方责任大小，并结合逾期交工给发包人实际造成的损失数额在合理限度内进行自由量化。换言之，发包人实际损失无法量化，法官可以在合理限度内自由裁量。

对迟延竣工损失的赔偿标准，有约定的从约定，无约定的按照实际损失进行认定，实际损失难以证明的，可以参照迟延期内建设工程所在地同期同类租金标准。

5. 合同解除损失处理

合同的解除不影响当事人要求赔偿损失的权利，但此处规定的赔偿损失大多以过错为要件，无过错则不产生赔偿责任。

【案例 4－153】　湖南南洋房地产开发有限公司与宁乡县人民政府建设工程施工合同纠纷案

最高人民法院认为，合同解除后，宁乡县政府已按照双方签订的协议约定，支付了南洋公司实际投入资金及利息，就涉案项目建设工程而言，双方之间不再有未结的债权债务。……南洋公司要求宁乡县政府赔偿其1亿元经济损失，但该损失的计算缺乏明确、具体的依据。按照《民法通则》和《合同法》有关规定，合同的解除不影响当事人要求赔偿损失的权利，但此处规定的赔偿损失大多以过错为要件，无过错则不产生赔偿责任。本案中，宁乡县政府在合同履行过程中并无过错，而南洋公司却存在根本违约行为。作为根本违约一方，南洋公司要求未违约的一方赔偿其1亿元的经济损失无事实和法

〔1〕　最高人民法院（2014）民一终字第310号民事裁定书。

律依据。[1]

【案例4－154】 恒元建设控股集团有限公司与上海国际汽车城瑞安实业有限公司建设工程施工合同纠纷案

二审法院认为，首先，系争合同解除后，恒元公司作为施工方负有退场义务，故合同解除后发生的相关损失应由恒元公司自行承担。其次，因瑞安公司对恒元公司的单方停工并不认可，双方并未就停工时的施工机械设备状态及施工人员配备等进行确认，鉴定单位表示无法就停工损失进行鉴定。恒元公司要求就停工损失重新委托司法鉴定，该院不予采纳。最后，就造成系争工程停工及之后未及时复工，原审法院已认定恒元公司及瑞安公司均有责任，并充分阐明了判决理由，法院对原审法院的认定予以认同。综上，原审法院就停工损失中的合理部分，结合双方当事人各自责任的大小，酌情确定瑞安公司应赔偿恒元公司停工损失250万元尚属合理，法院予以维持。[2]

合同解除后的损害赔偿是对债务不履行的赔偿，一方违约给另一方造成的损失不因合同解除而改变性质，仍然属于违约造成的后果，损害赔偿请求权也不会因合同解除而不存在，为了更全面地保护解除权人还应赔偿可得利益。

【案例4－155】 江苏正通宏泰股份有限公司与常州新东化工发展有限公司建设工程承包、技术委托开发合同纠纷案

二审法院认为，正通公司提供了武汉凯迪电力股份有限公司2010年度利润率及中国化工节能技术协会出具的证明，以证明涉案工程利润率为41.74%，新东公司虽然不认可，但未能提供任何证据证明涉案工程利润率应该为多少，在此情况下，一审法院依据上述证据确认涉案工程利润率为41.74%，并无不当。根据这一利润率，可计算出涉案工程如完成，正通公司可获得利润184万元，该利润为正通公司的可得利益，新东公司应该予以赔偿。[3]

【不同处理】 有的法院对合同解除后赔偿损失仅限于直接损失而排除可得利益。

【案例4－156】 龙信建设集团有限公司与青岛东苑置业集团有限公司建设工程施工合同纠纷案

二审法院认为，合同解除的民事责任不同于基于故意违约而产生的民事责任，合同解除后的赔偿范围仅限于给对方造成的实际损失，不包括对方的

[1] 最高人民法院(2013)民一终字第7号民事判决书。

[2] 上海市高级人民法院(2011)沪高民一(民)终字第5号民事判决书。

[3] 江苏省高级人民法院(2013)苏知民终字第0205号民事判决书。

可得利益。本案中,原审法院适用《合同法》第一百一十三条的规定,对龙信公司主张的可得利益部分予以支持,对此双方当事人均不服,该问题也成为二审中争议的主要焦点问题。从《合同法》第一百一十三条法律条文的文义理解,该条适用的前提条件应为一方当事人违约,另一方守约,守约方可以向违约方主张可得利益损失。原审判决既然已认定双方违约,就不应适用该条规定。故原审法院适用《合同法》第一百一十三条,判决东苑公司承担50%的可得利益损失,属适用法律错误,应予纠正。[1]

对于合同对损失有约定的,则可按合同约定的数额确定损失。

【案例4-157】　海南某某建设工程有限公司与重庆某建设工程有限公司建设工程施工合同纠纷案

判决观点,关于经济损失金额的认定问题。本案系建设施工合同纠纷,合同解除对原告而言,造成的不仅是资金占用的损失,还应包括前期准备、预期利益等损失,如果单纯地以重庆公司提出只有资金占用损失,对海南公司明显不公平。而双方在合同中关于"如双方解除《重庆现代物流职业学院土石方工程承包协议》时,甲乙双方同意执行该协议中第9条第4款,并由违约方补偿守约方经济损失(人民币)50万元整"的约定,应系合同双方当事人对合同解除后损失的估算,该金额应是双方能预见、能认可、能接受的一个合理数额,同时客观上对双方都比较公平,故对海南公司要求重庆公司支付经济损失50万元的诉讼请求,本院依法予以支持。[2]

6. 工程质量损失处理

发包人主张质量损失赔偿的权利,不应以施工合同的效力不同而加以限制,无论施工合同是否有效,发包人均有权主张赔偿。但在赔偿范围上有所不同,应区分两种情况讨论。施工合同有效,采用完全赔偿原则,依据合同约定或法律规定,承包人应赔偿发包人的各项直接损失,包括预期利益损失。施工合同无效,依据《民法典》第一百五十七条规定承包人承担的不是合同违约责任,而是相应的过错赔偿责任。现行法律并未明确规定承包人过错赔偿责任范围,这是实践中有争议的问题。原则上发包人主张质量赔偿的范围限于修复费用等直接损失,其他非直接损失不予赔偿。

【案例4-158】　中梁建司与安和公司建设工程施工合同纠纷案

二审法院认为,本案双方签订的建设工程施工合同虽然无效,但中梁建

---

〔1〕 山东省高级人民法院(2013)鲁高民一终字第213号民事判决书。

〔2〕 重庆市南川区人民法院(2012)南川法民初字第02635号民事判决书。

司仍应对其施工的工程质量负责。中梁建司明知自己无资质而与重庆福安木业有限公司签订《工程承包合同》,且在施工过程中不按图施工,改变了设计要求的厂房主体结构,其施工质量严重不合格,是造成垮塌的主要原因,故中梁建司应对安和公司的损失承担赔偿责任。考虑到垮塌厂房尚有一定残值,垮塌厂房所在地皮已经平整,还可继续利用,中梁建司承担70%责任为宜。[1]

经司法鉴定确定承包人建设工程质量存在问题,应对其造成的损失划分责任并裁量数额。

【案例4-159】 蒙自龙翔钢构工程有限责任公司与云南华丰集团股份有限公司建设工程施工合同纠纷案

二审法院认为,涉案工程存在质量问题所造成的相应损失,应当由造成损失的当事人根据过错程度和原因力的大小承担责任。上诉人龙翔公司不具备施工资质,没有按照合同要求进行设计,焊缝质量不合格是造成涉案工程补强加固,发生装修损失的主要原因,应当承担主要责任。但上诉人华丰公司与龙翔公司在签订涉案合同前已就高尔夫练习场施工有过合作,华丰公司对于龙翔公司不具备施工资质是明知的,且双方在合同中对于装修采用何种地板并无约定,华丰公司在龙翔公司退场后,工程没有经过竣工验收即组织装修,且在装修过程中将合同约定的单层彩板瓦换为双层彩瓦,在未进行充分沟通的情况下,铺设水泥地板,也是导致钢结构工程荷载不足,需要补强加固和装修返工的原因,此原因与华丰公司在合同签订时对于施工标准约定不明,施工过程中对于工程设计把关不严以及监理不力有较大关系,故涉案的返修费用和装修损失费用应当由双方分担,本院确定由华丰公司承担30%,龙翔公司承担70%。关于返修费用和装修损失费用的数额问题。原审法院通过司法鉴定,确定钢结构补强加固和焊缝返修费用862,219元,造成装修返工损失费690,734.32元,总费用为1,552,953.32元,应予以确认。上诉人华丰公司要求增判的398,000元属球网钢架构焊缝返修补焊、钢塔架补强加固部分,不属本案审理范围;其还主张没有申请对于修复费用进行鉴定,装修返工费用应据实结算。但其委托代理人在原审鉴定抽签表上签字认可,该表载明鉴定范围包括相应的修复费用,故其认为没有同意对返修费用鉴定的主张不能成立。按照本院确定的分担比例,应由龙翔公司承担总额1,552,953.32元的70%,即1,087,067.32元,其余30%由华丰公司自行

[1] 四川省泸州市中级人民法院(2014)泸民终字第732号民事判决书。

承担。[1]

7. 拒交房屋造成损失处理

一般情况下，承包人依据合同约定或法律规定有权拒绝交付工程的，其行为属于行使抗辩权，自然不构成违约，因此给发包人造成损失应由发包人自行承担。承包人不享有抗辩权或超出抗辩权范围仍拒绝交付工程的，属于违约行为，应当赔偿因此给发包人造成的损失。实践中发包人的损失主要包括因逾期交房赔偿给房屋买受人的损失、承包人占用工程的使用费等。对发包人未全额支付工程款，构成不完全履行，承包人据此拒绝交付全部工程或拒绝交付的部分远超未付工程款的，由此造成的损失，应由当事人根据过错程度予以分担。在个案中，由法官行使自由裁量权裁定。

【案例4-160】 兴琦公司与五建公司建设工程施工合同纠纷案

二审法院认为，本案所涉合同暂定价为16,524,887元，兴琦公司截至一审诉讼时支付了13,967,655元，尚有部分工程款未支付，且对工程未能及时完成结算负有责任，其迟延付款的行为已构成违约。五建公司依据合同约定有权拒绝交付相应价值的部分房屋。但依现有证据，五建公司实际未交付的房屋有54套，当时市值价值高达1700余万元，显然超出了其有权行使履行抗辩权的范围，其拒绝交付超出兴琦公司欠付工程款数额范围内房屋的行为，亦构成违约，应当赔偿由此给兴琦公司造成的损失。关于赔偿损失的具体数额，兴琦公司主张五建公司拒绝交付房屋，以致其在预售房屋后无法按期向购房者交付房屋，并因此赔偿了购房者部分逾期交房的违约损失。本院认为，兴琦公司所受该部分损失系由五建公司拒绝交房的违约行为造成的，两者之间存在因果关系，鉴于双方在合同履行中均存在违约行为，故应根据双方的过错程度对该部分损失予以合理分担。至于兴琦公司在二审上诉请求中将损失数额从49.005万元增加到1,006,358元的问题，因五建公司迟至一审诉讼期间才将其中52套房屋交付给兴琦公司，该部分增加的请求，系兴琦公司自一审提起反诉时至五建公司实际交房期间发生的损失，由于兴琦公司所受损失存在连续性和不可分割性，且虑及诉讼效率的原则，故对该部分增加的请求，本院依上述责任分担原则一并予以处理，具体数额本院酌定为60万元。[2]

---

[1] 云南省高级人民法院(2011)云高民一终字第58号民事判决书。

[2] 北京市高级人民法院(2007)高民终字第317号民事判决书。

8. 撤场损失处理

施工合同终止或工程竣工后,承包人拒绝撤场或拒交施工资料造成的损失为多发问题。实践中,施工合同终止或工程竣工后,承包人以发包人拖欠工程款为由,继续占有工程、拒绝撤场或者移交施工资料,造成发包人的损失,应区分情况处理。承包人的行为没有合同依据的,承包人应向发包人承担损失赔偿责任。承包人的行为有合同依据的,应考虑欠付工程款数额与拒绝交付工程的价值,并根据当事人的过错程度,合理分担发包人的损失。

9. 竣工验收程序中造成损失处理

发包人对建设工程组织验收,是建设工程通过竣工验收的必经程序。承包人未经发包人同意以发包人名义组织竣工验收,对其给发包人造成的损失由法官裁量承包人承担。

【案例 4-161】 威海市鲸园建筑有限公司与威海市福利企业服务公司、威海市盛发贸易有限公司建设工程施工合同纠纷再审案

最高人民法院认为,本案查明事实表明,在本案所涉建设工程并未符合竣工验收条件时,鲸园公司单方申报竣工验收,侵害了旅游基地作为工程发包单位的权利,对工程未及时竣工亦造成影响。山东省高级人民法院二审判决在鲸园公司存在上述过错基础上,判令鲸园公司对工程延误造成的损失承担30%的赔偿责任,符合本案实际情况。鲸园公司认为其没有过错,不应承担赔偿责任,不予支持。[1]

实践中,对于拖延工程验收的纠纷,应查明案情酌定责任。

【案例 4-162】 辽宁省沈阳溢利房地产开发有限公司与中国建筑第六工程局有限公司建设工程施工合同纠纷案

最高人民法院认为,对于中建六局是否应赔偿拖延竣工验收的损失,双方当事人均认可涉案工程有14项工程为甲方外委分包项目。中建六局为涉案工程的总承包单位,其提供竣工资料及竣工验收报告应包含甲供材及溢利公司直接外委施工部分的竣工验收资料,而溢利公司及其外委施工项目的承包人未向中建六局先行提供该部分资料。从一审查明的事实看,2009年5月8日,中建六局形成致溢利公司的《关于竣工资料的函》,溢利公司于2009年6月1日签收。中建六局在该函中说明涉案工程项目的竣工资料尚不齐

---

〔1〕 参见最高人民法院民事审判第一庭编:《民事审判指导与参考》2013年第2辑(总第54辑),人民法院出版社2013年版,第146页。《最高人民法院公报》2013年第8期(总第202期)。

全,缺少给排水、采暖、通风与空调等甲方外委项目、甲供材部分的相关资料,希望溢利公司给予配合、解决。溢利公司并未提供给充分证据证明其已尽到对涉案工程及时组织竣工验收义务。因此,溢利公司主张中建六局应赔偿因中建六局拒不办理工程竣工验收手续给溢利公司造成的损失1,152,518元缺乏依据,不予支持。[1]

10. 依公平原则分担损失处理

在施工过程中因双方当事人的原因客观上造成工程延误无法继续施工,双方当事人均无充分证据证明系因对方责任造成工期延误损失的发生,可依据公平原则由双方当事人分摊损失。

【案例4-163】　徐州万华住建装饰设计有限公司与江苏久久汇泉集团徐州久久农业科技发展有限公司建设工程施工合同纠纷案

二审法院认为,关于久久公司主张的损失问题,客观上在施工过程中因双方当事人的原因造成工程延误无法继续施工,双方均无充分证据证明系因对方单方责任造成损失的产生,故一审法院判令万华公司向久久公司支付实际损失的50%亦无不当。[2]

【案例4-164】　太原三晋国际饭店、太原三晋大厦与山西省第六建筑工程有限责任公司建设工程施工合同纠纷案

最高人民法院认为,一审法院根据双方在合同履行中的过错程度以及各自所受损失的情况,确定按三七比例,由三晋国际饭店和三晋大厦负担省六建公司停工、窝工损失费4,628,172.50元及利息,由六建公司自行负担其余下的停工、窝工损失费。从有关证据看,省六建公司停工、窝工损失是存在的,只是对省六建公司单方提出的损失数额以及导致损失的过错责任程度,争议较大。实际上造成停工、窝工损失原因是多方面的,主要受1993年宏观调控政策影响,资金、设计等发生变化,施工管理也造成一定影响,既有双方原因,也有非双方的原因,难以证明双方存在造成停工、窝工方面责任的大小,一审判决双方承担损失费的责任比例,与本案当事人在导致停工、窝工损失的责任不尽相行,依据不充分,应予调整。根据双方在造成停工、窝工损失方面的过错程度,由双方各承担该项损失的一半,既符合公平原则,也符合本案双方当事人履行合同的实际情况。据此应将一审判决确定的由

---

〔1〕 参见最高人民法院民事审判第一庭编:《民事审判指导与参考》2014年第3辑(总第59辑),人民法院出版社2015年版,第160~161页。

〔2〕 江苏省徐州市中级人民法院(2015)徐民终字第00441号民事判决书。

三晋国际饭店和三晋大厦承担的停工、窝工损失4,628,172.50元及利息调整为3,305,837.50元及利息。[1]

基于公平原则，根据案件的具体情况，由法官行使自由裁量权确定损失数额。

【案例4－165】 港基公司与嘉汇公司建设工程施工合同纠纷案

二审法院认为，虽然双方当事人未签订书面的建设工程施工合同，亦未约定因违约造成损失的赔偿标准，港基公司关于涉案工程停工损失的主张缺乏合同依据，但涉案工程停工必然给港基公司造成机械费和人工费损失。结合港基公司于2010年11月停工、2012年1月28日双方当事人签订《撤场证明》、停工时间约为一年零两个月的事实，以及双方当事人对因未签书面建设工程施工合同造成工程停工均有责任，法院酌情支持港基公司停工损失70万元。[2]

【案例4－166】 江苏省第一建筑安装集团股份有限公司与唐山市昌隆房地产开发有限公司建设工程施工合同纠纷案

最高人民法院认为，案涉工程2011年7月20日的工程联系单中，监理单位已经签章确认确实存在因昌隆公司原因导致江苏一建窝工81天的事实，但签证单中并未确定损失数额，也没有涉及停工损失的计算方法。江苏一建提供的停窝工损失证据相当一部分是其自己记载、单方提供的工人数量、名单、工资数额、现场机械数量等，昌隆公司对此不予认可，一审法院鉴于此前双方在施工过程中也曾发生过8天停窝工，双方协商的补偿数额为7万元，基本可以反映出停窝工给江苏一建造成的损失程度，酌定81天停窝工损失为70万元并无明显不当。[3]

《建设工程解释(一)》第十八条规定："因保修人未及时履行保修义务，导致建筑物毁损或者造成人身损害财产损失的，保修人应当承担赔偿责任。保修人与建筑物所有人或者发包人对建筑物毁损均有过错的，各自承担相应责任。"

11. 防止损失及扩大费用处理

在损失已经发生的情况下，应采取合理措施防止损失扩大，守约方未采取合理措施诉请对扩大损失部分赔偿法律不予支持。

---

〔1〕 参见最高人民法院民事审判第一庭编：《最高人民法院民事案件解析》(建设工程)，法律出版社2010年版，第87～88页。

〔2〕 山东省高级人民法院(2014)鲁高民一终字第427号民事判决书。

〔3〕 参见最高人民法院民事审判第一庭编：《民事审判指导与参考》2017年第4辑(总第72辑)，人民法院出版社2018年版，第224～225页。

【案例4-167】　广州市大田房地产发展有限公司等与广州市天河建安建筑有限公司建设工程施工合同纠纷案

二审法院认为,因发包人拖延支付工程进度款,导致承包人停工、窝工的,发包人应当在合理范围内赔偿承包人的停工损失。承包人不应放任停工状态的持续,应采取有效措施减少损失的扩大。对于停工、窝工所致损害赔偿的款项一般不再计算利息损失。[1]

在质量保修期内,承包人不及时维修,而发包人损失将扩大的情况下,发包人可以采取适当的措施防止损失及其扩大,支出的合理费用应由承包人承担;发包人也有责任,应根据其责任的酌情分担。

【案例4-168】　北京中色建设工程有限公司与扬州京华城中城生活置业有限公司建设工程施工合同纠纷案

二审法院认为,原审判令中色公司承担重建费用的65%并无不当。……第二,就本案情形而言,京华城公司重铺管道是防止损失扩大的合理措施。该工程作为京华城中城小区的配套设施,在投入使用后出现蒸汽外泄现象,本案双方于2008年7月16日召开专题会议协商对此事实予以确认。关于蒸汽外泄的原因,京华城公司提出可以停汽三天给中色公司检修,否则停汽造成损失较大,但由于本案工程主要为埋地管道,管道外径较大,埋地较深,且该工程管道上有给水管道、煤气管道等同向或交叉埋地铺设,检修非常困难,中色公司提出无法在3日内完成检修,并从有效减损出发,建议京华城公司先找有施工资质的单位从京华城桥东至供汽点重新铺设管道,再检测原管道是否存在施工质量问题。为此,京华城公司一方面于2008年11月10日向原审法院提出本案诉讼,并在诉讼中申请工程质量鉴定;另一方面于2008年9月6日与伟业公司签订《施工合同书》,由伟业公司承建本案热网安装工程中一期工程的改造工程,分两个标段进行发包,京华城桥东侧为一标段,桥西侧为二标段,工程合同总价280万元。伟业公司按约施工了一标段工程后,因京华城西管道仍存在蒸汽泄漏现象,供汽单位扬州威达供热有限公司于2009年3月10日发函要求京华城公司尽快整改,否则停止供汽,京华城公司为减少损失又要求伟业公司施工了二标段工程。中色公司二审提供的专家辅助人刘某域所述的管线泄漏检测维修方法仅适用供汽状态下,而在供汽单位停止供汽的前提下,现有技术在不开挖的情况下难以检测到原管道全部泄漏点并进行有针对性的维修。因此,从及时有效减少损失的角度来看,京华城公司逐步重建工程并非不合理。……京华城公司从合理减损的角度,

---

[1] 广东省高级人民法院(2008)粤高法民一终字第148号民事判决书。

根据专题会议的意见采取重铺管道的整改措施没有过错。故本院对中色公司该条上诉意见不予采纳。……综上,原审法院根据本案实际情况,综合蒸汽管线泄漏的原因及涉案施工合同无效等因素,酌情认定中色公司对蒸汽管线重建费用65%的过错责任,京华城公司承担35%的过错责任,并未有失公允,上诉人提出自己免责的主张不能成立。[1]

承包人未及时履行保修义务导致建筑物毁损或者造成人身、财产损害的,承包人应当承担赔偿损失。承包人与建筑物所有人或者发包人对建筑物毁损均有过错的,各自承担相应的责任。

12. 协作义务损失处理

《民法典》第五百七十七条规定:"当事人一方不履行合同义务或者履行合同义务不符合约定的,应当承担继续履行、采取补救措施或者赔偿损失等违约责任。"承包人不履行协作义务的,应当承担违约责任。《八民纪要》第三十四条规定:"承包人不履行配合工程档案备案、开具发票等协作义务的,人民法院视违约情节,可以依据合同法第六十条、第一百零七条规定,判令承包人限期履行、赔偿损失等。"2017 年版《建设工程施工合同(示范文本)》第二部分通用合同条款中,第 16.2 条承包人违约,其第 16.2.1 条第(8)目规定:承包人未能按照合同约定履行其他义务的。第二款规定:承包人发生除本项第(7)目约定以外的其他违约情况时、监理人可向承包人发出整改通知,要求其在指定的期限内改正。第 16.2.2 条承包人违约责任,承包人应承担因其违约行为而增加的费用和(或)延误的工期。此外,合同当事人可在专用合同条款中另行约定承包人违约责任的承担方式和计算方法。第三部分专用合同条款,第 16.2.2 条承包人违约责任,列明可以由双方约定的空白处的承担方式和计算方法。

关于责任承担方式。《八民纪要》第三十四条列举了限期履行、赔偿损失两种,用"等"兜底。笔者认为不止两种方式,而是依据《民法典》第五百七十七条在个案中视案情而定,有可能只适用一种方式,亦有可能同时适用两种方式,法官根据诉讼请求结合具体案情行使裁量,但应受公平原则的规制。

施工合同中对承包人不履行协作义务约定违约金的,优先适用该约定。没有约定违约金的,不能适用法定违约金,而只能主张实际损失赔偿。关于赔偿实际损失问题。发包人的损失是实际发生的,该损失与承包人不履行协作义务有因果关系;对发包人损失的发生,承包人预先知道或应当知道。发包人对因承包人不履行协作义务造成损失有过错的亦应承担相应责任,减轻承包人的责任,适用过

〔1〕 参见《江苏省高级人民法院公报》2013 年第 1 期(总第 25 期)。江苏省高级人民法院(2011)苏民终字第 0118 号民事判决书。

失相抵规则。理论上和实践中也认为对于违反附随义务应承担损害赔偿责任时，其赔偿的范围应以履行利益，即合同当事人依合同履行本可以实现的某些实现的利益为限。[1]

配合建设单位办理工程竣工备案手续是施工单位的当然义务，资料缺失、无法配合完成竣工备案手续等理由，不能免除其依法应当负担的合同义务，发包人针对承包人不配合办理竣工备案手续造成损失，可以向法院举证并主张损害赔偿。

【案例4－169】 北京三建公司东方雨虹公司建设工程施工合同纠纷案

最高人民法院认为，建设工程依法依规办理竣工备案是相关政府职能部门对工程进行质量监管的要求。配合东方雨虹公司办理案涉工程竣工备案手续，也是北京三建公司作为施工单位的当然义务。北京三建公司所称资料缺失、无法配合完成竣工备案手续等理由，不能免除其依法应当负担的合同义务。东方雨虹公司原审反诉请求北京三建公司配合办理备案手续，并具体陈述其不予配合的情形。原审法院对其请求未予支持确有不当，依法予以纠正。东方雨虹公司虽称北京三建公司不配合备案给其造成损失，但未提出请求赔偿的具体数额和相应证据，原审法院对此问题未予处理，并无不当。东方雨虹公司如另有证据证明北京三建公司不配合办理竣工备案手续造成损失，可以依法另行主张。[2]

承包方因未及时移交工程档案给发包方造成损失的，发包方有权向承包方主张违约责任。

【案例4－170】 沈阳中安房地产开发有限公司与江苏南通二建集团有限公司建设工程施工合同纠纷再审案

最高人民法院认为，在具备移交施工资料条件的情形下，南通二建公司无正当理由拒绝向发包方中安公司依约履行移交施工资料义务，有违诚信原则，主观恶意明显，与建筑业执业准则相悖，依法依约应当承担相应的违约责任。考虑中安公司因缺少竣工备案资料而不能办理竣工备案手续所承受的不良商誉影响及实际损失，酌定南通二建公司向中安公司支付违约金1000万元。[3]

---

〔1〕 参见林立:《工程合同:法律、规则与实践》,北京大学出版社2016年版,第514页。

〔2〕 最高人民法院(2021)民终643号民事判决书。

〔3〕 最高人民法院(2018)民再326号民事判决书。

13. 监督整改期间损失处理

在工程完工后至建设行政主管部备案期间，存在法律规定质监站对承包人业经五方认证后质量监督抽查的必经程序。在五方认证后，工程亦被认可为质量合格，但不能排除、拒绝质监站作为质量行政主管机构的质量监督，也不能排除、拒绝建设行政主管部门的备案监督。承包人按照施工合同约定对其施工的工程质量负责，其工程完工经五方认证后承包人的工程质量仍在保修期间况且尚未通过质监站抽查。在质监站抽查期间，按施工合同约定仍为承包人负责工程质量的期间。2017 年版《建设施工合同（示范文本）》通用条款第 13.2.4 款约定：对于竣工验收不合格的工程，承包人完成整改后，应当重新进行竣工验收，经重新组织验收仍不合格的且无法采取措施补救的，则发包人可以拒绝接收不合格工程，因不合格工程导致其他工程不能正常使用的，承包人应采取措施确保相关工程的正常使用，由此增加的费用和（或）延误的工期由承包人承担。

实践中发生工程经五方认证后，承包人根据质监站抽查整改多达两次以上，时间长达 2 年甚至更长。在承包人按质监站监督整改期间，发包人是不能取得质监站出具的符合设计规范意见书，当然不能持意见书进入下一个办理相关行政许可手续，并且不能到建设行政主管部门备案，乃至办理大证和小证。在五方认证后至监督整改期间，发包人亦发生相应的管理人员费用、办公费用、资金占用和借贷利息延长、出租房屋和商铺受损费用以及承担购房人逾期办证违约金等损失，而这些损失产生的原因是因承包人存在对质量问题整改引发而造成的，如果承包人质量经质监站抽查合格，则不会发生上述费用，这就是说五方认证后至质监站出具意见书与发包人损失之间具有必然的因果关系。笔者认为，承包人应对其五方认证后至质监站出具意见书期间造成发包人因此加大费用支出的部分承担责任，其加大费用支出的部分就是因承包人原因给发包人造成的实际损失，依公平原则自然应由造成他人损失的责任人承担。承包人承担损失时间还应延伸到建设行政主管部门备案和办证期间，其承担损失范围亦应包括这一期间发包人的损失，原因很简单即监督整改过不去，客观上必然导致无法进入下一个办理相关手续的程序。

14. 发包人自担损失处理

在施工过程中，承包人发现发包人提供的设计文件、建筑材料存在问题后向其明确提出，发包人提示其继续施工造成的损失如何承担有争议。笔者认为，发包人对承包人明确提出其提供的设计文件、建筑材料存在问题而指示继续施工，而对自身造成损失的，因承包人已尽到合理注意义务，应视为发包人自愿承担责任，即可免除承包人赔偿损失责任，但双方有约定的除外。在上述情况下对合同之外第三人造成损失的，并不免除其连带责任。

15. 未纳入结算范围损失处理

结算是对已完工程的全面清理，既包括增加工程或减少工程，也包括对损失或违约责任。对损失或违约责任在结算协议已经作出处理的不存在争议，对结算协议未作出约定或处理的，法院认识不同。《北京市高级人民法院关于审理建设工程施工合同纠纷案件若干疑难问题的解答》（京高法发〔2012〕245 号）第二十四条第二款规定："结算协议生效后，承包人以因发包人原因导致工期延期为由，要求赔偿停工、窝工等损失的，不予支持。"最高人民法院亦持权利人放弃观点。

【案例 4－171】　中天建设集团有限公司与新疆温商房地产开发有限公司建设工程施工合同纠纷案

最高人民法院认为，《协议书》签订的目的及意义是解除双方之前签订的《建筑工程施工合同》及其补充协议，并就解除后的双方权利义务作出重新约定。因此，在《协议书》无明确约定时，应当认定《建筑工程施工合同》及其补充协议都已被解除，其内容不再拘束双方当事人。而《协议书》只就工程结算总价款的确定方式、时间、支付方式、如温商公司未依约支付工程结算价款的违约责任作出了约定，并未提及工程进度款，因此，应当认定该协议书免除了温商公司迟延给付工程款的责任。[1]

《建设工程解释（一）》制定法官认为，从司法审判实践来看，多数工程结算协议内容并非单纯结算工程价款，而是对违约责任、损失赔偿等所达成的最终"一揽子"解决协议。因此，本条规定所称"结算达成协议"，更类似于事后清算协议，与建设工程施工合同中事先约定的结算条款不同。……如果当事人一方在诉讼中提出的证据足以证明建设工程质量等存在不实情形，应允许当事人一方申请人民法院委托进行相关鉴定。[2] 笔者认为，依此类推就其主张的损失而言，结算协议未明确载明其处理意见，则可以举证证明其存在且结算时未作处理，法院应予支持。

【不同处理】　有法官认为，未纳入结算范围的损失，施工合同有约定的从约定，无约定的可以另行索赔。[3] 笔者认为，根据实际损失性质，除非结算时明确表示放弃，否则权利人可以主张损失，而不以施工合同或结算协议约定受限制。

---

〔1〕 最高人民法院（2014）民一终字第 4 号民事判决书。

〔2〕 参见最高人民法院民事审判第一庭编著：《最高人民法院新建设工程施工合同司法解释（一）理解与适用》，人民法院出版社 2021 年版，第 292～293 页。

〔3〕 参见邬砚：《建设工程合同纠纷——254 个裁判规则深度解析》（第 2 版），法律出版社 2019 年版，第 106 页。

16. 律师费和保全费损失处理

承包人因诉讼所发生的律师费和保全费属于确定发生的支出,工程已经实际交付使用,发包人拒不支付相应的工程款以致引发诉讼,发包人应向承包人支付承包人为维护其合法权益所支出的费用。

【案例4-172】 万某才与青海华宇建设工程公司、青海省宏星房地产开发有限公司建设工程施工合同纠纷再审案

最高人民法院认为,本案系再审审查案件,应当依据再审申请人的申请再审事由以及《民事诉讼法》第二百条的规定进行审查。宏星公司、华宇公司的再审事由均不成立,理由:本案是否存在新证据的问题。宏星公司、华宇公司提交的证据形成于起诉阶段,根据《民事诉讼法解释》第三百八十八条第二款的规定,上述证据不属于新证据。此外,《湟中县上新庄镇旧城改造项目关于窗台处钢筋砼板带未设置专家论证意见单》系专家观点意见,不能作为认定客观事实的根据,亦不属于《民事诉讼法》第六十三条规定的证据。故对宏星公司、华宇公司该项再审请求,本院不予支持。[1]

(四)无效合同损失处理

合同无效中各种损失认定与处理,是司法实践中疑难问题,故本专题将其区分以上有效合同而单独讨论。《建设工程解释(一)》第六条第一款规定明确损失赔偿标准确认因素:对方过错、损失大小、过错与损失之间的因果关系。第六条第二款规定:"损失大小无法确定,一方当事人请求参照合同约定质量标准、建设工期、工程价款支付时间等内容确定损失大小的,人民法院可以结合双方过错程度、过错与损失之间的因果关系等因素作出裁决。"该条明确规定了允许参照合同约定确定无效合同损失的原则,并可以参照合同约定形成的基础事实确定实际损失的大小。河南省高级人民法院民四庭《关于建设工程合同纠纷案件疑难问题的解答》:在施工合同无效的情况下,合同中约定的质量标准、付款时间等条款如何适用? 答:《民法典》第七百九十三条规定:"建设工程施工合同无效,但是建设工程经验收合格的,可以参照合同关于工程价款的约定折价补偿承包人。《建设工程解释(一)》第六条规定:……"因此,在建设工程施工合同无效的情况下,施工合同中关于工程款、付款时间、质量标准、建设工期等内容可以参照适用。

---

〔1〕 最高人民法院(2021)民申2923号民事裁定书。

无效施工合同的损失赔偿责任，应当主要根据承发包双方的过错进行分担。

施工合同无效的，承包人、发包人虽仍应承担相应的损失赔偿责任，但不能直接或参照适用合同中的违约金条款。

对施工过程中遭受的损失，索赔方应当按照施工合同约定程序提出索赔请求（索赔请求无须得到对方确认），否则视为放弃索赔权利。

1. 实际损失范围处理

这里讲的损失特指合同无效造成的损失，其包含在折价补偿范围之内。一般情况下，在合同被确认无效以后，赔偿损失责任以"以尽可能恢复合同签订前的状态"为原则，不包括可得利益损失。造成合同无效的过错方应当赔偿对方的利益损失，其利益损失范围涉及直接损失和间接损失。一般认为，直接损失主要包括三类：其一，用于缔约的合理费用，如办理招标投标手续支出的费用、合同备案支出的费用等。其二，准备履约和已实际履约所支出的合理费用，如为施工运送机械设备或雇工所支出的费用、投资款、建材价款、劳务费、设备租赁费、工程施工费用等。其三，因施工合同无效而实际支出的费用，如赔偿相关第三人的损失费用、贷款利息、对第三人违约赔偿金等。间接损失赔偿范围是有争议的，从理论上讲是指因合同无效使受害人失去的各种机会损失。通常只有在一定条件下方予赔偿，主要包括：其一，因信赖合同有效成立而放弃获利机会的损失，即丧失与第三人另订合同机会所蒙受的损失。其二，误工损失。其三，其他可得利益损失。间接损失赔偿范围仅限于信赖利益的损失，其信赖利益损失赔偿数额不应超过合同有效且得到实际履行的情况下所应得的全部利益。实践中一般是将间接损失限定于工程成本和合同约定价款之间的差价，当合同约定价款低于工程成本的，则不赔偿其利润损失。对于施工合同无效的损失范围而言，起草司法解释的法官认为，承包人因合同无效向发包人主张损失赔偿的范围：(1)实际支出损失；(2)停工、窝工损失。发包人因合同无效向承包人主张损失赔偿的范围：(1)实际支出的费用；(2)工期索赔；(3)工程质量导致的损失；(4)其他人身的财产损失。[1]

合同无效中，因发包人原因导致停工损失实践中有两种不同观点，第一种观点认为，合同无效对双方均不具备约束力且无需履行合同，承包人主张停工损失没有法律依据。第二种观点认为，虽然承包人对合同无效存在过错，但造成停工损失是由于发包人原因所致，发包人的过错与该损失的产生有直接因果关系，法律可以支持承包人的主张。笔者倾向第二种观点。依据因果关系的理论，判定无效合同的订立和履行与财产损失后果之间是否存在因果关系。在界定损失时，应

---

〔1〕 参见最高人民法院民事审判第一庭编著：《最高人民法院新建设工程施工合同司法解释（一）理解与适用》，人民法院出版社2021年版，第74～77页。

区分损失是无效合同造成还是合同效力无关两种情形。对于损失是因无效合同造成的,则由过错方承担损失责任。反之,该损失包括停工损失与合同效力无关,合同一方或双方造成相对方损失的亦应承担赔偿责任。即使是承包人的过错造成合同无效,但承包人的损失是发包人原因造成的,发包人应对承包人的损失承担责任。但承包人也不应该盲目放任停工状态的持续,而应及时采取补救措施减少停工时间,避免损失扩大,否则对于扩大的损失则应自行承担责任。该规则不但适用于承包人,也适用于实际施工人。

制定司法解释的法官认为,因承包人原因导致施工合同无效的情况下,发包人原因产生的停工窝工损失应否获赔。对此问题,司法实践中意见并不统一。笔者认为,解决该问题的关键是要正确界定损失与过错之间是否存在因果关系。无因果关系不应判定过错方承担赔偿责任。实践中,因无效合同的履行而发生的财产损失后果,其原因可能是多方面的,哪些财产损失应当按照过错原则由过错方来承担,哪些又应当按照当事人各自在履行中的过错来直接确定民事责任承担,必须分析无效合同的订立和履行与财产损失后果之间是否存在因果关系。在合同被确认无效或者被撤销后,一般都会产生损害赔偿的责任。在合同被确认无效或者被撤销后,凡是因合同的无效或者被撤销而给对方当事人造成的损失,主观上有故意或者过失的当事人都应当赔偿对方的财产损失。由此可见,这里的过错特指造成合同无效的过错,这里的损失特指无效合同造成的损失。鉴于此,对于停工损失费的承担,必须先分清哪些损失是无效合同造成的,哪些损失与合同效力无关。对于因无效合同造成的损失,应当由造成合同无效的过错方承担。对于不是因无效合同造成的损失,基于诚信原则,应当由造成实际损失的过错方承担。因此,即使是由于承包人的过错造成施工合同无效,但承包人停工是由于发包人的原因造成的,停工损失与合同效力无关,该责任就应当由造成实际损失的过错方发包人承担。综上,因发包人原因导致停工窝工的,发包人应对承包人的损失承担责任,但承包人也不应该盲目放任停工状态的持续,而应及时采取补救措施减少停工时间,避免损失扩大,否则对于扩大的损失承包人须自行承担责任。[1]

【案例4-173】 黄某银与金銮洛阳房地产开发有限公司、上海龙海建筑安装工程有限公司建设工程施工合同纠纷案

一审法院认为,关于租赁费损失的认定与责任承担问题。(1)钢管、扣件、塔机及脚手架是黄某银在进行高层建筑施工活动中应具备的机械设备及工具。(2)通过黄某银提供的洛阳市洛龙区光达租赁站等出租人出具的出库、入库单,双方签字盖章的租赁费结算单以及与洛阳市古城金桥建筑设备

---

〔1〕 参见最高人民法院民事审判第一庭编著:《最高人民法院新建设工程施工合同司法解释(一)理解与适用》,人民法院出版社2021年版,第77~78页。

租赁站、郑州天立模架工程技术有限公司分别签订的塔机、脚手架租赁合同，足以认定黄某银因工程施工租赁上述出租人钢管、扣件、塔机、脚手架以及工程停工后至租赁物归还期间因需支付租赁费及其他费用而产生损失的事实。(3)因黄某银未取得建筑施工资质，金銮公司在明知黄某银无资质的情况下仍与黄某银签订施工合同，导致施工合同无效双方均有过错，依据《合同法》第五十八条之规定，根据双方的过错程度，对于黄某银的上述合理损失，确定金銮公司和黄某银各承担50%的责任为宜。(4)黄某银于2008年8月13日向洛阳市老城区人民法院提起民事诉讼，要求其撤出施工现场，至此，黄某银应当知道双方签订的施工合同已存在履行不能的可能。在此情况下，黄某银应当采取积极有效的措施防止损失扩大。由于黄某银没有采取适当措施致使损失扩大，对于其扩大的损失，依据《合同法》第一百一十九条的规定，不得向金銮公司要求赔偿。二审法院亦持同样意见。〔1〕

合同无效后，参照合同约定的违约金计付赔偿损失。

【案例4－174】　麦某福与河南省第五建筑安装工程(集团)有限公司东莞分公司等建设工程施工合同纠纷案

二审法院认为，关于麦某福诉请的工期延误违约金906,000元的问题。虽然案涉施工合同、补充合同为无效合同，但参照《建设工程解释》第二条的规定，如施工方延误工期向发包人交付所建工程，必然给发包人造成相应的损失，故如河南第五建筑分公司确实存在工期延误的事实，应参照案涉施工合同、补充合同约定的工期延误违约金计算标准向麦某福赔偿损失。〔2〕

因施工合同无效，违约金条款不能当然被采纳，因施工方原因导致工程工期延误并造成损失，施工方应向发包方支付适当的工期延误损失。

【案例4－175】　某房地产公司与某建设公司建设工程施工合同纠纷案

最高人民法院认为，案涉《桩基工程施工合同》约定竣工退场日期为2015年5月30日，由于施工质量问题，案涉桩基工程至2016年6月15日才补桩完成，逾期380天。但某房地产公司主张工程逾期210天，本院予以确认。按照合同约定，工期延误违约金应计算为3,288,339.5元(31,317,519元×0.5‰/天×210天)。因《桩基工程施工合同》无效，该违约金条款不能当然被采纳。但因某建设公司施工质量存在问题，导致案涉工程工期延误并造成损失，某建设公司应向某房地产公司支付适当的工期延误损失。由于某房地产公司在某建设公司开始施工时未取得施工许可证，对案涉工程肢解发包，存在过

---

〔1〕　河南省高级人民法院(2010)豫法民一终字第130号民事判决书。

〔2〕　广东省东莞市中级人民法院(2014)东中法民二终字第449号民事判决书。

错，本院参照工期延误违约金的数额，酌定某建设公司、某房地产公司各承担50%的工期延误损失责任，故某建设公司应向某房地产公司支付工期延误损失1,644,169.7元。[1]

合同无效，发包人未及时支付工程款系承包人向其材料商、分包商赔偿损失原因之一的，法院可酌定由发包人承担一定比例的损失。

【案例4-176】　北京城乡一建设工程有限责任公司与州东业冠达房地产开发有限公司建设工程施工合同纠纷案

最高人民法院认为，冠达公司与城乡一建公司之间的《建设工程施工合同》无效，冠达公司作为案涉工程的发包人不及时支付工程款，是导致城乡一建公司赔偿福盛天公司钢材款损失、赔偿何某力利息等损失的原因之一。一审判决根据双方的过错程度酌定冠达公司承担赔偿福盛天公司、何某力损失的60%责任，并无不当。[2]

湖南省高级人民法院发布的《关于审理建设工程施工合同纠纷案件若干问题的解答》规定：建设工程施工合同无效，但该建设工程经竣工验收合格，当事人无法举证证明实际损失的情况下，可否参照合同的约定计算损失？建设工程施工合同无效，但该建设工程经竣工验收合格，当事人无法举证证明实际损失的情况下，可参照合同关于质量、工期、进度款支付等索赔条款的约定计算损失。

施工合同无效工期损失的处理可分两种情形讨论：一是施工合同无效但建设工程经竣工验收合格或修复后验收合格的，按《建设工程解释（一）》第六条规定处理。对工期损失无论当事人合同中是否约定，均不予支持。有律师认为，建设工程施工合同无效，建设工程施工合同有关工期提前的奖励性约定以及工期延误的惩罚性约定自始至终不具有法律约束力，也就是说不能适用合同约定来追究工期迟延的违约责任。[3] 有法官认为，在建设工程施工无效后，人民法院或仲裁机构运用公平原则处理工期延误问题时，应当对合同约定的工期、工期顺延的事由及程序等进行评判，既要考虑双方在合同中的约定，又要兼顾公平原则，综合确定工期是否延误及责任承担。[4] 持相反观点认为，合同无效后赔偿责任属于缔约过失责任。由于缔约过失行为所造成的损失一般都是信赖利益的损失，工期索赔的前提是当事人违反合同的约定造成工期延误，即合同当事人存在违约责任，而合同无效后就不存在违约责任问题。因此，工期索赔不适用《合同法》第五十八

---

〔1〕 最高人民法院(2019)民终589号民事判决书。

〔2〕 最高人民法院(2021)民终417号民事判决书。

〔3〕 参见深圳市律师协会建设工程法律专业委员会编：《建设工程纠纷诉讼实务指南》，法律出版社2014年版，第94页。

〔4〕 参见《建设工程合同纠纷裁判思路》，法律出版社2014年版，第155页。

条规定的“赔偿损失”。[1] 笔者认为,承包人对工期延误不承担违约责任,但也并不代表承包人对工期延误不承担任何责任。根据《民法典》第一百五十七条的规定,合同无效后,过错方赔偿对方因此所受到的损失。承包人在对工期延误有过错的,基于过错应当向发包人承担有关工期延误的赔偿责任。

【案例4-177】 世邦公司与川康公司、川康西藏分公司建设工程施工合同纠纷案

最高人民法院认为,川康公司、川康西藏分公司在一审反诉时没有提出因工期延误而支付民工停工损失的赔偿问题,二审时提出属于新增加的诉讼请求,由于二审中世邦公司拒绝调解,因此,该部分诉求不属于本案二审审理范围,川康公司、川康西藏分公司可另行起诉。川康公司、川康西藏分公司主张的钢管、扣件租金损失261,313.2元,其仅提供了两份租赁合同证明存在租赁关系,但对具体停工天数,无证据证明。考虑到工期延误的主要责任在世邦公司,因工期延误所造成的损失客观存在,为公平起见,酌情认定由世邦公司赔偿川康公司、川康西藏分公司该项损失10万元。[2]

无效合同下的工期延误损失,此类损失能否纳入损失范围,在现有法律制度下,此类损失处理无法律依据,但在个案中确实存在工期延误损失之事实。笔者认为,考虑工期延误与合同无效间有无因果关系,在有证据证明有损失时,可依公平原则,综合确定工期是否延误以及确定责任的承担。

【案例4-178】 江苏怡康新型建材制造有限公司与兴化市薪星机电设备安装工程有限公司等建设工程施工合同纠纷案

二审法院认为,关于上诉人主张扣减工期违约金的主张。怡康公司与薪星公司之间关于相应的工期违约责任的条款因合同无效而无效。且园区管委会也未追究怡康公司的延期赔偿责任,怡康公司并无实际损失,其不予支持。[3]

施工合同约定,承包人不能因资金不到位而影响工期。发包人确实逾期付款的,承包人有权主张利息,而不得停工、怠工的,承包人又以发包人未足额支付工程进度款为由主张停工损失,与约定不符,不予支持。

【案例4-179】 四川一建与万都公司建设工程施工合同纠纷案

最高人民法院认为,关于第2笔2014年9月3日至2015年2月2日窝

[1] 参见李雪森:《建设工程工期延误法律实务与判例评析》,中国建筑工业出版社2013年版,第31~33页。

[2] 最高人民法院(2013)民提字第77号民事判决书。

[3] 江苏省高级人民法院(2014)苏民终字第0256号民事判决书。

工损失554.3130万元、第3笔2015年2月3日至4月11日的停工损失111.48万元。四川一建上诉主张因万都公司未足额支付工程进度款造成的前述停工损失应予支持。本院认为,前已述及,当事人在《补充协议》第8条中对万都公司支付工程进度款迟延的情形下四川一建是否应停工以及如何计算违约损失进行了明确的约定,虽然案涉合同无效,但毕竟为当事人所实际履行,在处理纠纷时应予充分考量。而依照前述约定,发包人欠付工程款时,承包人有权按银行基准资金利息或按同期银行贷款利息主张30天以外的利息,而不得停工、怠工。现四川一建以万都公司未足额支付工程进度款为由,主张停工损失111.48万元与前述约定不符,一审以此为依据进行认定,并无不当。而且,双方于2014年12月18日达成的会议纪要中约定:“2014年12月18日会议前,四川一建存在停工行为,会议要求万都公司直接支付一期进度款尾款400万元给劳务方,付款复工同时进行;复工后承包方在5天内把样板房通道搭建完成,工程进度争取3#楼封顶;春节节点支付工程进度款约1800万元,最终以实际完成工程量节点审核为准,支付时间为2015年2月10日,放假时间也为该时间;有关工期、延期时间、投标费用等有争议问题,待工程封顶后双方协商处理,该谁承担由谁承担;水电安装三方合同,2014年12月31日前签订完成。”可见,双方对于四川一建此前的停工以及万都公司为解决此事的付款均作出了约定,会议纪要达成后,万都公司分别于2014年12月31日、2015年1月8日共向劳务公司支付工程款400万元。而在春节节点支付工程进度款1800万元的时间之前,2015年2月3日,四川一建又开始停工,该停工行为与双方达成的会议纪要内容不符。此外,四川一建于一审中提交了其自行计算的停工、窝工损失,并提交了相应证据,但万都公司对此均不予认可。从其提交的证据看,四川一建提交的证据不能证明其提交据以主张损失赔偿的材料、机械设备均用于本案工程,而且,由于在四川一建退场后的后续施工早已开展,计算停工、窝工损失所依据的条件也发生了重大变化,一审法院咨询鉴定机构的意见,鉴定机构认为损失无具体标准,周转材料无法判断,故无法进行鉴定,故一审法院因此而未对四川一建的该鉴定申请予以准许,并无明显不当。综上,在这种情况下,四川一建主张的第2笔、第3笔停窝工损失欠缺事实依据,一审法院对此未予支持,并无不当。[1]

承发包双方约定修建未取得建设工程规划许可的建筑属于无效合同,因该建筑在法律层面不具有可利用性,不能适用《民法典》第七百九十三条所确立的折

---

〔1〕 最高人民法院(2019)民终1134号民事判决书。

价补偿原则,应适用缔约过失规则对施工人的利益予以赔偿。

办理工程报建手续的责任主体是发包人,如果因为没有办理报建手续导致工程被有关主管部门拆除,相关损失应当主要由发包人承担。承包人也应尽到审查的义务,在明知工程未办理报建手续的情况下仍进行施工的,也应承担相应的过错责任,但不影响主张折价补偿。

【案例4－180】　石某文与梁某文建设工程施工合同纠纷案

二审法院认为,关于石某文是否有权请求折价补偿涉案工程款项的问题。根据本案已经查明的事实,首先,双方均确认涉案工程没有办理乡村建设许可证等手续,被城管部门认定为违法建设,且石某文不具备法律规定的施工资质,一审法院认定双方关于"丛缘民宿"项目施工的约定应为无效,并无不当。其次,梁某文作为完全民事行为能力人,系案涉工程发包人,应知晓房屋建设需要履行相应的审批手续,取得相关部门的许可方可实施,其未经许可即将工程发包他人进行施工,其作为施工行为的主导者,应承担合同无效的责任。再次,石某文不具备法律规定的施工资质,但其持有工匠合格证书,本案工程并未涉及整体房屋结构变更,实际施工仅为打拆墙体等常规装修项目,其对自身资质与工程的匹配度认知有偏差亦有合理性,而虽然梁某文曾向其询问能否帮忙办理许可证,但石某文的回答并未承诺或误导梁某文其可以办证,故梁某文以此主张石某文对合同无效存在过错,理据并不充分。最后,双方建设施工合同无效,因合同取得的财产不能返还或者没有必要返还的应当折价补偿,石某文确已实际施工,且系因涉案工程未有建设许可手续而中途退场,梁某文现无证据证实已完成工程存在影响使用、不可修复的严重质量问题,石某文的施工行为已经物化为工程现状,无法返还,梁某文应对其进行折价补偿,而其如在后续使用中发现该部分工程有质量问题,还可再行遵循法律途径要求石某文支付赔偿修理、返工或者改建的合理费用,故为避免工程纠纷久拖不决,一审对石某文请求就已建工程折价补偿予以支持,并无不当。[1]

【不同处理】　对于此类合同无效损失,有的法院不支持赔偿损失诉求。

【案例4－181】　宣威市大亚建工集团有限公司与云南曲靖南海新区开发有限责任公司建设工程施工合同纠纷案

二审法院认为,因发包人的建设用地未办理合法用地手续,未经有权机关批准,导致涉案工程不得不停工。实际施工人借用承包人的资质,违反了法律的强制性规定,承包、发包双方签订的合同被认定为无效。承包人主张

〔1〕广东省广州市中级人民法院(2022)粤01民终11409号民事判决书。

的停工损失属违约损失范畴,因无效合同对双方均不具备约束力且无需履行合同,承包人向发包人主张违约损失没有事实和法律依据。[1]

施工合同无效,违约金条款无效,逾期支付工程款利息约定无效。

【案例4-182】 苏华公司诉热力公司建设工程施工合同纠纷案

最高人民法院认为,因该《建设工程施工合同》无效,合同中约定的违约条款及案涉从合同《担保合同》亦无效,苏华公司不能依《建设工程施工合同》的违约条款主张违约金,亦不能要求房开公司按照《担保合同》的约定作为担保人承担担保责任。苏华公司诉请热力公司按照银行同期贷款基准利率的3倍向苏华公司支付逾期付款利息,并按欠付工程款的2%向苏华公司支付违约金的请求权基础不复存在,其该项上诉理由不成立,本院不予支持。[2]

2. 适用过错赔偿责任损失处理

《民法典》第一百五十七条后半段规定:"有过错的一方应当赔偿对方因此所受到的损失,双方都有过错的,应当各自承担相应的责任。法律另有规定的,依照其规定。"对于建设工程施工合同而言,合同无效过错是指造成合同无效的过错,过错责任划分应体现在施工合同订立和合同履行的全过程,还应区分合法建筑和违法建筑两种情形。建立在合法建筑基础之上合同无效责任划分,工程质量合格的,发包人应支付工程价款,依双方过错大小承担相应赔偿责任。建立在违法建筑基础之上合同无效责任划分,违法建筑无论工程质量是否合格,都不应再支付工程价款,发包人已经支付的,承包人应当予以返还。当事人因此受到的损失,应根据其过错程度做相应的处理。如果是发包人的过错,发包人对自己的损失应自行承担,同时应赔偿承包人在施工中实际支付的人工费、材料费等实际损失。如果是承包人的过错,承包人对自己的损失也应自行承担。双方都有过错的,按过错比例各自承担相应的赔偿责任。在建设工程施工合同中,对于非法转包、违法分包工程,无资质、借用资质承包等违法情形,一般来说发包人和承包人均负有过错责任,但往往承包人的过错责任更大。在许多情况下,合同无效主要是由于承包人的单方过错造成的,比如没有资质采用弄虚作假的手段伪造资质等。由于承包人对合同无效存在明显过错,由此产生的所有损失应当自行承担。实践中,合同当事人的过错一般根据造成建设工程施工合同无效的原因予以认定。[3] 换言

[1] 云南省高级人民法院(2011)云高民一终字第16号民事判决书。

[2] 最高人民法院(2021)民终1075号民事裁定书。

[3] 参见最高人民法院民事审判第一庭编著:《最高人民法院新建设工程施工合同司法解释(一)理解与适用》,人民法院出版社2021年版,第72页。

之,在审查上未尽到合理注意义务的各方均有过错。

【案例4-183】　海天公司与佑利公司建设工程施工合同纠纷案

最高人民法院认为,关于本案一审对停工、窝工损失费用的认定及承担是否正确的问题。本案中,案涉工程两次停工,根据已生效的西安市长安区人民法院(2017)陕0116民初1399号民事判决的认定,第一次停工的主要原因是佑利公司施工手续不全,被政府叫停。第二次停工的主要原因系佑利公司未及时支付工程款。佑利公司主张因治理雾霾导致案涉工程第一次停工,以及对停工期间的窝工人数有异议,未能提供充分证据予以证明,本院不予采信。案涉鉴定意见认定停工期间的停工损失为4,764,145.80元,一审法院依照鉴定意见书的鉴定标准,根据设备实际拆除的时间,认定塔吊和脚手架、扣件等材料的停工损失分别为104,772.8元和28,325.77元,本案停工、窝工损失共计4,897,244.37元,该认定并无不当,本院予以维持。一审法院基于前述生效判决及案涉合同系无效合同,双方均存在过错等本案事实,认定佑利公司对停窝工损失承担主要责任,承担停窝工损失3,917,795.5元,海天公司对停窝工损失承担次要责任,自行承担停窝工损失979,448.87元,该认定并无不当,本院予以维持。[1]

【案例4-184】　裕达公司与金汇公司建设工程施工合同纠纷案

最高人民法院认为,《施工合同》专用条款第35.1款约定,如应支付的工程进度款超过2期以上发包方未足额支付的,承包人有权进行停工处理,由此造成的损失由发包人负责,并且工期相应顺延。如前所述,金汇公司至2017年1月23日才支付完毕3000万元工程进度款。因此,案涉工程2017年1月23日之前的停工是金汇公司延迟支付工程款导致,金汇公司应赔偿裕达公司在此之前的损失。如前所述,金汇公司应对案涉工程自2016年11月13日至2017年1月23日(71天)的停工损失承担赔偿责任。一审判决依据《鉴定意见书》"金汇城停工造成施工单位直接经济损失一览表(至2019年3月1日止)"的记载,认定管理人员工资、塔吊停置损失费、临时水电费损失按实际使用天数计算为580,848.16元,模板支撑架、扣件、配件延期增加费以及室外脚手架延期使用费损失按比例计算为(3,357,173元+377,046元)÷828天×71天=316,383.71元,未支持因裕达公司未恢复施工而发生的钢筋费用、模板延期损耗费、木方延期损耗费,并无不当。[2]

在违法建筑中,施工合同无效是因为发包人未取得工程规划许可证造成的,

---

〔1〕最高人民法院(2019)民终1335号民事判决书。

〔2〕最高人民法院(2020)民终724号民事判决书。

则应由发包人单方承担责任,承包人不承担责任。承包人请求发包人给付工程款的,法律应予支持。发包人给付承包人已施工部分的工程款,实质为赔偿损失。

【案例4-185】 四川恒升钢构公司诉四川国际标榜学院建设工程施工合同纠纷案

二审法院认为,建设工程的规划许可证管理涉及城乡可持续发展,相关法律规范属于效力性强制性规定,在案涉工程未取得建设工程规划许可证的情况下,国际标榜学院与恒升钢构公司签订《建筑工程施工合同》约定实施相关建设行为,该合同因内容违法而无效。案涉工程至法庭辩论终结时仍未完善相关规划手续,其利用价值在法律层面受限,案涉工程的建造成本及利润(合同约定的工程款)均属于损失范畴,因国际标榜学院未依照《城乡规划法》第四十条第一款申请办理建设工程规划许可证,恒升钢构公司要求国际标榜学院给付工程款(承担损失)成立。[1] 该案中,承包人恒升公司对施工合同无过错,不能适用折价补偿原则,其案件处理突破了过错责任范畴。鉴于案涉工程由被告现实使用,因此从利益衡量角度,应由被告承担责任。应注意的是,施工合同无效是否导致合同完全不能参照适用或者对当事人毫无拘束力,笔者赞同法官观点,在区分无效合同过错中,合同中的有关条款仍可作为当事人是否违反诚实信用原则的参照。[2]

关于过错责任划分问题。个案中,由法官根据具体案情行使自由裁量权确定。

【案例4-186】 马某有与涝坝湾煤矿、神华公司建设工程施工合同纠纷再审案

最高人民法院认为,因案涉工程停工后,涝坝湾煤矿、神华公司未告知马某有工程不再施工,亦未通知其撤离现场,导致马某有组织的人员、机械设备等长期处于窝工状态,涝坝湾煤矿、神华公司具有过错,应承担相应的赔偿责任。同时,马某有作为工程实际施工人,在案涉工程应复工未复工的情况下,应及时采取措施减少损失,但其未尽审慎注意义务,导致遗留现场的物品搁置多年损失扩大,对此马某有亦应承担相应的责任。关于各项损失的具体数额问题,虽马某有提交了监理单位盖章的《机械租赁费和库存材料、办公设施盘点表》、证明材料、劳动合同、工资表等证据予以证明,但无证据证明上述证据所涉费用已实际发生,《机械租赁费和库存材料、办公设施盘点表》上虽加

---

〔1〕 参见最高人民法院民事审判第一庭编:《民事审判指导与参考》2017年第1辑(总第69辑),人民法院出版社2017年版,第244页。

〔2〕 参见最高人民法院民事审判第一庭编:《民事审判指导与参考》2013年第1辑(总第53辑),人民法院出版社2013年版,第149页。

盖了监理单位项目部的公章，但缺少具体监理人员的签字，其部分内容亦超出监理工作范围，据此马某提供的证据不足以证明其损失的具体数额。在马某有损失客观存在的情况下，综合考虑其2009年施工期间的工程量造价、案涉工程的实际情况、合理的等待期间以及各方的过错程度，一审、二审法院酌情判决涝坝湾煤矿、神华公司赔偿马某有人工、机械窝工损失、材料损失、设备损失共计110万元，符合本案实际情况，并无不妥。[1]

【案例4－187】　江苏省第一建筑安装股份有限公司与江苏金汇房地产开发有限公司建设工程施工合同纠纷案

最高人民法院认为，关于点工费的认定及责任分担比例是否公平问题。江苏一建认为点工费报价收据签名不存在问题，金汇公司应当全部支付点工费，原审仅令金汇公司承担40%不公平。本院认为，监理工程师职责是代表发包方对工程、工程进度进行监督。监理工程师在承包人的工程报价表上签字代表发包方认可工程进度和工程量。案涉“点工费”报价收据上仅有现场技术人员签字，而没有监理工程师的签字，也没有甲方其他工程师签字，江苏一建在提交报价表后又没有及时要求甲方进行审查，自身也存在过错，应酌情判定双方分担责任。原审酌情判定金汇公司承担40%，属于行使自由裁量权的体现，江苏一建对此再审改变不应得到支持。[2]

【案例4－188】　某市瑞泰紧固件有限公司与某市中城建设集团有限公司建设工程施工合同纠纷案

二审法院认为，综合造成无效合同的过错程度及上述桩基沉降的主要原因，中城公司、洞头分公司、庄某鑫对涉诉工程质量缺陷应承担主要责任，因此被告中城公司、洞头分公司和庄某鑫应对损失承担65%的连带赔偿责任，省勘院及恒业监理公司对损失承担10%的连带赔偿责任。原告因设计变更、桩基工程造价增加，将桩基工程进行剥离，并指定庄某鑫分包桩基工程，对造成工程质量缺陷存在过错，承担相应的过错责任，原告自行承担25%的民事责任。[3]

合同无效责任划分，仅针对计算损失赔偿有意义，而不影响工程款计算数额问题。其对合同无效责任划分有异议且未提起损害赔偿之诉，法院在处理工程款纠纷时不受其影响。

---

〔1〕 最高人民法院（2020）民申5265号民事裁定书。

〔2〕 最高人民法院（2013）民申字第1498号民事裁定书。

〔3〕 浙江省温州市中级人民法院（2014）浙温民终字第327号民事判决书。

【案例 4 -189】 莫某华与东莞市长富广场房地产开发有限公司、深圳市东深工程有限公司建设工程施工合同纠纷再审案

最高人民法院认为,从莫某华与东深公司签订的保密协议的内容看,保密协议以外的第三人很难知晓他们之间的挂靠关系。涉案合同的签订主体为长富广场公司与东深公司,长富广场公司提交的收款收据表明涉案工程进度款是向东深公司支付的,且莫某华参加有关协调会议中亦是以东深公司的工作人员身份参加的,莫某华所提交的借条及借据也均是以东深公司大朗长富广场工程项目经理部的名义借款的。以上证据及事实表明,在合同的签订和履行过程中与长富广场公司发生法律关系的是东深公司,而非莫某华。因此,莫某华与东深公司对于合同无效应当承担全部责任,原判决对于合同无效后责任的认定并无不当。即便长富广场公司对此知情,应承担一定的过错责任,也不影响本案的实体处理。过错责任的划分,仅在计算损失赔偿时有意义,对于涉案工程款数额的认定并无影响。依据《合同法》第五十八条的规定……而本案中双方仅对工程款的计算数额存在争议,双方当事人均未提起损害赔偿之诉,因此,对过错责任的认定并不影响对涉案工程款数额的计算。[1]

内部承包合同无效,合同双方当事人应根据各自过错程度分别承担损失的原则,确定各自承担的责任比例。

【案例 4 -190】 百盛联合建设集团有限公司、百盛联合建设集团有限公司无锡分公司与史某焰建设工程施工合同纠纷再审案

再审法院认为,百盛无锡分公司应当向史某焰返还 130 万元并赔偿部分工人工资、活动板房建造费损失,百盛公司应当承担补充清偿责任。理由:(1)合同无效或者被撤销后,因该合同取得的财产,应当予以返还。百盛公司的前身晋大公司与中龙公司签订案涉建设工程施工合同时,包某松在晋大无锡公司成立后担任负责人。故包某松在涉案工程签约、履约过程中所实施的两次收款行为均属职务行为,且包某松收取 130 万元保证金后将其中的 100 万元交给百盛公司,由百盛公司向中龙公司支付了施工保证金。至于包某松在收到史某焰的 30 万元后是否交至百盛公司,属于百盛公司内部管理问题,不得以此对抗史某焰而拒绝返还。(2)因中龙公司与百盛公司签订的建设工程施工合同约定开工期为 2010 年 6 月 18 日,史某焰与百盛公司签订的协议书约定开工日期以主合同为准,故史某焰在 2010 年六七月为工程开

---

〔1〕 参见最高人民法院民事审判第一庭编:《民事审判指导与参考》2013 年第 2 辑(总第 54 辑),人民法院出版社 2013 年版,第 164 页。

工前期准备具有合理性。因双方之间的协议书为无效合同,史某焰为开工所作准备而对外支付的工人工资 16 万元及活动板的建造费用 13 万元应认定为损失由双方按过错责任分担。一审、二审法院结合本案的实际情况,酌定双方对工人工资及活动板房损失各半承担责任,并无不当。(3)百盛无锡分公司系百盛公司设立的分支机构,并无独立的法人资格,故原审判决认定百盛公司对百盛无锡分公司的债务承担补充清偿责任,符合法律规定。[1]

关于过错责任赔偿范围,应当包括两部分,即订立合同过程中的损失和履行合同过程中的损失。就订立合同损失的缔约过失范围而言,学者认为,将缔约过失责任限于直接损失(主要是指而支持的费用)的做法错误。[2] 最高人民法院法官认为,从鼓励交易原则、维护诚实信用原则出发,对于缔约过失责任的赔偿范围不应仅限于缔约发生的费用。缔约过失赔偿的范围,应以对方的缔约过失造成的实际损失为准,包括缔约合同的支出,由于对违反前契约义务而受有的损失,以及由于对方的过失而造成的订约机会丧失而受有的损失。[3] 由于现实社会生活的多样性及复杂性,法律滞后性决定了一些损失如发包人与第三人违约责任损失、实际施工人停工损失很难划入过错责任赔偿范围。合同无效并不完全排除合同相关内容对当事人的拘束力,可参照合同中的有关条款衡量当事人是否违反诚实信用原则,在合同无效责任规定并不明确的情况下,仍然可以适用诚实信用原则确定当事人的过错程度及赔偿范围。应注意的是,对双方过错进行划分,并不影响案件的实体处理。过错责任的划分,仅在计算损失赔偿时有意义,对于工程数额的认定并无影响。

对于合同无效中发包人与第三人签订的合同违约金损失,是否可以将其纳入无效过错责任赔偿范围是一难点问题。笔者认为,根据具体情况区别处理,有条件的纳入其赔偿范围,但并非全部纳入赔偿范围。纳入赔偿范围条件为,在承包人在签订合同时或履行合同中已经知道或应当知道该损失发生,且该损失与承包人的过错有因果关系,依据有损失有救济的原则,可以将其归入无效合同过错赔偿范围。无效合同的损失不再仅限于信赖利益损失。根据《民法典》第一百五十五条规定,确定承包人其承担相应责任。这里的相应责任,可以是全部损失责任,也可以是部分损失责任;即双方对订立无效合同都有过错的,应当根据各自主观恶意和违背诚实信用原则的程度划分各自责任大小,按照各自的责任,分担损失。同时,承包人承担发包人违约金损失,应当受到可预见规则的限制,即在订立施工

---

[1] 江苏省高级人民法院(2014)苏审三民申字第 0667 号民事裁定书。

[2] 参见崔建远、吴光荣:《中国法语境下的合同效力:理论与实践》,载《法律适用》2012 年第 7 期。

[3] 参见最高人民法院研究室编著:《最高人民法院关于合同法司法解释(二)理解与适用》,人民法院出版社 2009 年版,第 77 页。

合同时或履行合同中已经知道或应当预见到的损失,且该损失是有证据证明的已经实际发生的损失。在个案中,参照合同有关条款衡量是否违反诚实信用原则,结合订立合同原因和过错、违反诚实信用原则程度、过错与损失之间的因果关系等因素,由法官综合分析并裁量其各自责任大小,按照过错责任各自承担损失。在合同一方为主要过错责任,相对方亦可不承担赔偿损失责任。关于过错责任划分的条件,其一,双方对订立无效合同均有过错。如承包人无资质且发包人明知或同意、承包人与发包人串通投标的原因导致合同无效。其二,有证据证明是已经发生的损失。赔偿损失一方订立合同或履行过程中已经知道或应当预见的损失,且损失是有证据证明的。对于未发生的损失,亦不应纳入该范围。其三,发包人的损失与无效合同之间有因果关系。既包括无效合同的订立,也包括在履行过程中违反诚实信用原则。因合同无效而不能主张违约责任时,将承包人在履行合同过程中存在过错造成的损失纳入赔偿范围,符合有损失有救济的原则。

【案例 4 - 191】 联华公司与广厦公司建设工程施工合同纠纷案

最高人民法院认为,联华公司主张 465.24 万元违约金及返租租金能否予以支持,需要从三个方面进行审查:一是导致《施工合同》无效的过错;二是在履约中当事人诚实信用义务违反的程度;三是所主张款项能否列入无效合同过错赔偿范围。发包人联华公司作为招标主体,应当对合同无效承担主要过错,且在施工履行过程中迟延办证,大量频繁设计变更违反诚实信用原则,且以取得预售许可证前的房屋买卖合同损失主张赔偿依据不足,因此承包人无须对发包人的损失承担赔偿责任。[1]

【案例 4 - 192】 美兰公司与大华公司建设工程施工合同纠纷案

二审法院认为,双方对于合同无效均有过错。大华公司如依诚实信用原则施工,工程按期交付,美兰公司向实际购房户支付的 465 万元逾期交房违约金可以避免。大华公司施工过程中存在现场作业面劳力投入不足,窝工、返工、工程被整改、曾经因使用无合格证的钢筋被暂停施工等情况;出具承诺书后,未按承诺完成约定工程量,大华公司应承担过错责任。对于因无效合同美兰公司实际赔偿购房户违约金 465 万元应纳入无效合同过错赔偿范围,由于本案不易计算过错与损失之间数额,综合衡量,根据《合同法》第五十八条规定,酌情裁量大华公司赔偿美兰公司实际损失 465 万元的 30%。[2]

---

〔1〕 最高人民法院(2013)民一终字第 1 号民事判决书。

〔2〕 参见最高人民法院民事审判第一庭编:《民事审判指导与参考》2013 年第 1 辑(总第 53 辑),人民法院出版社 2013 年版,第 148 页。

最高人民法院民一庭倾向性意见：建设工程施工合同被确认无效后，发包方与第三人签订的《房屋买卖合同》因逾期交房发生的违约损失，如果承包人在签订合同时或履行合同中已经知道或应当知道该损失发生，且该损失与承人的过错有因果关系，可以纳入无效合同过错责任赔偿范围。根据承包方订立、履行合同中的过错责任程度及违反诚实信用原则的程度，依据《合同法》第五十八条规定判令其承担相应的责任。[1]

承包人工期延误导致逾期交房，发包人能索赔逾期交房损失。

【案例4－193】　李某忠与肇庆市顺某某景房地产发展有限公司、瑞某建设集团有限公司建设工程施工合同纠纷再审案

最高人民法院认为，施工人因延误工程交付时间，导致开发商向购房者逾期交房的，开发商向购房者赔付的赔偿金额，有权向施工人进行索赔。施工人存在多个主体的，开发商有权主张多个施工人承担连带赔偿责任。[2]

关于施工人的资金占用损失赔偿问题。合同无效或者被撤销后，有过错一方应当赔偿对方因此受到的损失，发包人未能及时退还基于施工合同所收取的施工方保证金的，应退还并赔偿资金占用损失。

【案例4－194】　魏某某与温州建设集团有限公司等建设工程施工合同纠纷案

二审法院认为，魏某某诉请温建重庆分公司、温州建司赔偿保证金的资金占用损失，于法有据，本院予以支持。魏某某的资金占用损失应自温建重庆分公司实际占有魏某某的资金之时起算。魏某某分别在2011年5月19日、2011年5月31日向温建重庆分公司支付保证金200万元、100万元，但魏某某起诉主张自2012年3月13日起算资金占用损失，系对自身权利的处分，符合法律规定，本院予以支持。因温建重庆分公司分别于2012年11月1日、2013年1月17日各退还魏某某保证金100万元。故温建重庆分公司应赔偿魏某某的资金占用损失应以300万元为基数，自2012年3月13日起算至2012年10月31日；以200万元为基数，自2012年11月1日起算至2013年1月16日；以100万元为基数，自2013年1月17日起算至付款付清之日止。魏某某上诉主张资金占用损失参照双方合同中对延期支付或克扣工程进度款的违约责任的约定，按照中国人民银行同期贷款利率四倍计算，但该约定系明确针对进度款的约定，并不涉及保证金，且双方之间的合同关系已

---

〔1〕　参见最高人民法院民事审判第一庭编：《民事审判指导与参考》2013年第1辑（总第53辑），人民法院出版社2013年版，第151页。

〔2〕　最高人民法院（2019）民再231号民事判决书。

经确认无效，合同中关于违约责任的约定亦属无效，故魏某某该项主张不成立。[1]

【案例4－195】 河南七建工程集团有限公司与安阳广厦房地产开发有限公司建设工程施工合同纠纷案

二审法院认为，关于履约保证金200万元，双方认可广厦公司已经退还了150万元，剩50万元没有退还。广厦公司认为七建公司违约且按照《建设工程总承包协议书》的约定条件剩余的履约保证金不应该退还。因《建设工程总承包协议书》无效，且七建公司施工的工程已经验收合格交付使用，广厦公司对因合同履行造成的损失已经反诉，因此该剩余的50万元履约保证应该退还。关于投标保证金5万元，广厦公司给七建公司出具收到5万元保证金的收据，双方认可2.5万元未退，广厦公司主张剩余2.5万元保证金不应退还没有依据。因此广厦公司应该退还该两项共计52.5万元保证金，对于该两项保证金双方并未明确约定利息，本院认为应从七建公司起诉主张权利之日2013年4月27日按照中国人民银行同期贷款利率计算利息。[2]

合同无效，但约定不可抗力导致的停工损失由承包人承担的，参照约定执行。

【案例4－196】 四川省第一建筑工程有限公司与云南万都房地产开发有限公司建设工程施工合同纠纷案

最高人民法院认为，案涉合同通用条款第39条和专用条款第39条的约定，因地震等不可抗力事件导致承包人机械设备损坏及停工损失的，由承包人承担。就本案而言，2014年8月3日，云南省昭通市鲁甸县发生6.5级地震，行政主管部门发出停工通知。2014年8月8日，行政主管部门口头通知四川一建可以恢复施工；2014年8月15日，行政主管部门电话通知四川一建可以恢复施工；2014年8月22日，行政主管部门召开会议要求四川一建尽快恢复施工。之后，四川一建于2014年9月2日恢复施工。前述事实表明第一次停工原因系不可抗力，依照前述约定承包人机械设备损坏及停工损失由承包人承担。虽然案涉合同无效，但毕竟为当事人所实际履行，在处理纠纷时应予充分考量，故四川一建主张8.03级地震及因城市管理需要造成的停工损失227.80万元，与双方约定相悖，故一审以此为依据进行认定，符合当事人的真实意思，并无不当。[3]

施工合同无效，但该建设工程经竣工验收合格，当事人无法举证证明实际损

---

〔1〕 重庆市第一中级人民法院（2014）渝一中法民终字第06458号民事判决书。

〔2〕 河南省高级人民法院（2014）豫法民一终字第239号民事判决书。

〔3〕 最高人民法院（2019）民终1134号民事判决书。

失的情况下，当事人无法举证证明实际损失的情况下，可参照合同关于质量、工期、进度款支付等索赔条款的约定计算损失。在建设方损失确实存在又难以举证的情形下，参照无效合同中约定的逾期完工违约责任条款来确定建设方损失，并结合双方过错责任确定损失责任分担，符合公平及诚实信用原则。

【案例4－197】 房实公司与渝锦诚公司建设工程施工合同纠纷案

二审法院认为，《协议书》约定渝锦诚公司每逾期一天完成或提交验收资料，则按2000元/天计算处罚，房实公司可在工程结算款中扣除。本案中，渝锦诚公司实际逾期完工27天。一审法院认为，涉案合同无效是因渝锦诚公司无相应资质，渝锦诚公司是主要过错方；而房实公司对其资质疏于审查，也存在一定过错。如果因合同无效而使得渝锦诚公司免除了工期延误赔偿责任，将导致双方之间的利益失衡。在房实公司因逾期完工出现实际损失的情况下，房实公司对损失的举证往往较为困难。而当事人在无效合同中约定的逾期完工违约责任条款往往更符合双方对可预见损失的心理价值预期，也更契合双方的真实意思表示。因此，在房实公司损失确实存在又难以举证的情形下，参照无效合同中约定的逾期完工违约责任条款来确定房实公司损失，并结合双方过错责任确定损失责任分担，更符合公平及诚实信用原则。[1]

湖南省高级人民法院发布的《关于审理建设工程施工合同纠纷案件若干问题的解答》规定：建设工程施工合同无效，欠付工程款的逾期利息应如何认定？设工程施工合同无效，因欠付工程款产生的损失一般应认定为资金占用损失，资金占用费应以全国银行间同业拆借中心公布的贷款市场报价利率为计算依据，但当事人能够证明其资金占用损失高于全国银行间同业拆借中心公布的贷款市场报价利率的，可以结合过错程度、过错与损失之间的因果关系等因素予以适当调整。

【案例4－198】 陈某与贵州建工集团第八建筑工程有限责任公司等建设工程施工合同纠纷再审案

最高人民法院认为，关于欠付工程款的利息计算问题。陈某与贵州八建签订的《内部承包协议》，因陈某无建筑资质应属无效合同，双方签订的《结算协议书》中有关逾期付款违约责任的约定亦属无效，陈某依据上述无效约定，请求贵州八建承担违约责任，缺乏法律依据。[2]

如果发包人删减工程项目，承包人可以要求发包人给予一定合理的费用及预期利润。由于上述《建设工程造价鉴定规范》《建设工程工程量清单计价规范》

---

〔1〕 广东省广州市中级人民法院(2020)粤01民终22141号民事判决书。

〔2〕 最高人民法院(2021)民申5511号民事判决书。

(GB 50500—2013)并非法律、司法解释,能否直接适用上存在一定争议。一般认为,合同无效情形下所遭受的损失一般为信赖利益损失,即已发生的实际损失和丧失交易机会的间接损失,不包括尚未实现合同部分的可得利益损失,即便合同有效,预期利润的实现也受市场、政策多种因素影响,合同履行所获得的利润具有不确定性。另外,可得利益损失如何计算、如何证明,没有明确的规定,而且还受到可预见性规则、过失相抵规则、损益相抵规则、减损规则等违约损害赔偿规则的限制。

【案例 4-199】 武汉三星建工集团有限公司与贵阳木林森房地产开发有限公司建设工程施工合同纠纷案

最高人民法院认为,根据《建设工程解释》第一条第三项规定,案涉《建设工程施工合同》及《补充合同》无效。三星公司诉请木林森公司赔偿其可得利益损失,无法律依据,本院不予支持。[1]

【案例 4-200】 万利建设有限公司与商丘华程房地产开发有限公司建设工程施工合同纠纷案

最高人民法院认为,合同有效,当事人通过履行合同而获取的利益应当依法保护。而无效合同自始无效,当事人通过履行无效合同可能获得的利益,不受法律保护。本案中,《施工总承包框架协议》中约定二期工程的工期、开工日期、履约保证金返还节点、具体的工程垫资及工程款支付办法均需另行签订施工总承包合同来约定,且二期工程按照当时的规定亦属于必须招标的建设项目。在二期工程招标时,招标代理机构向万利公司发出投标邀请书,万利公司未投标,且《施工总承包框架协议》为无效协议,万利公司主张可得利益损失缺乏事实和法律依据。[2]

合同对损失承担进行了约定,按约定处理。

【案例 4-201】 古典建设公司与中电建公司建设工程施工合同纠纷案

最高人民法院认为,关于古典建设公司申请再审所称的工作面待工影响造成的损失。工作面待工是由于施工工序及进度安排产生的误工。《分包合同》第 22 条"暂停施工与补偿"约定:"由于施工工序、施工工艺及进度安排的暂停施工引起的误工已包含在合同价格中,甲方(中电建公司)不再另外承担暂停施工的施工人员、设备停工补偿。……本工程引起的暂停施工,业主及监理确认同意补偿部分按 80% 给予乙方补偿,其余均不予补偿",据此双方在订立合同时已经预见到误工损失发生的可能,而且对该损失的承担进

〔1〕 最高人民法院(2017)民终 202 号民事判决书。
〔2〕 最高人民法院(2020)民终 774 号民事判决书。

行了约定。根据该第22条的约定,工作面待工及征地延期造成的误工损失,中电建公司不再另行承担,除"业主及监理确认同意补偿部分"外,其余部分不予补偿。因此原判决将该部分损失中未有引洮管理局确认同意的部分未列入损失,并无不当。古典建设公司关于此项损失的申请再审理由不能成立。[1]

【案例4-202】　中国二十冶集团有限公司与济宁如意四季花城房地产有限公司建设工程施工合同纠纷案

最高人民法院认为,关于二十冶集团公司主张的因合同解除导致的可得利益损失800万元。一审法院已经查明,二十冶集团公司和四季花城公司在案涉工程施工过程中均存在违约行为,二十冶集团公司亦需对案涉合同解除承担部分责任,应当自行承担相应的损失。由于本案鉴定意见所认定的工程价款中已包含了合理利润部分,且二十冶集团公司主张的该部分利益所对应的如意四季城项目南区工程并未实际开工建设,故对于二十冶集团公司主张的800万元可得利益损失,本院不予支持。[2]

---

〔1〕 最高人民法院(2020)民申716号民事判决书。
〔2〕 最高人民法院(2020)民终1287号民事判决书。

专题五　建设工程施工合同变更纠纷

建设工程施工合同变更是常见的纠纷问题，施工合同变更既包括黑白合同也包括其他类型合同变更为施工合同，变更实质性范围界定是认定的难点问题，本专题就其建设工程施工合同变更的相关问题作一剖析。

一、施工合同变更理解

(一)合同变更含义

所谓合同变更,从广义上理解,是指合同内容和主体发生变化;从狭义上理解,仅指合同内容的变更。《民法典》第五百四十三条规定:“当事人协商一致,可以变更合同。”立法者认为,合同的变更是指合同成立后,当事人对合同的内容进行修改或者补充。本条规定的合同变更,不包括合同当事人或者合同的主体改变,债权人和债务人的改变,是通过本章债权转让、债务转移等制度调整的。[1]《民法典》将合同主体的变更称为合同的转让,将合同的变更限于内容的变更。因此,《民法典》规定的合同变更是指在合同成立以后,尚未履行或尚未完全履行以前,当事人就合同内容达成修改或补充的协议。

立法者认为,合同变更,首先,是要求存在已成立的有效合同关系,这是合同变更的前提,无效、被撤销、确定不发生效力的合同不能被变更。其次,要求对合同的内容进行了变更。再次,要求当事人就变更事项协商一致,根据《民法典》第一百三十六条第二款,一方当事人非依法律规定或者未经对方当事人同意不得擅自变更合同的内容,否则变更后的内容不仅对另一方没有约束力,而且这种擅自变更合同的做法也是一种违约行为,当事人应当承担违约责任。最后,法律、行政法规规定合同的变更等情形需要办理批准手续的,应当依照其规定。[2] 也就是说,合同的变更是针对有效合同的内容的变更。无效的合同,对当事人自始没有法律约束力,不存在变更问题;合同被撤销的,当事人之间的合同关系即被消灭,也不存在变更的问题。无权代理人、限制行为能力人签订的合同,如果本人、法定代理人拒绝追认,当事人之间不能成立合同关系,合同变更也就无从谈起。

关于合同变更的前提条件。只有符合法律规定的合同,即依法成立的合同,才能具有法律的约束力。如果合同没有成立或者虽已成立但没有生效,就谈不上合同的变更问题。合同没有成立,意味着双方意思表示没有达成一致,法律不可

---

〔1〕 参见黄薇主编:《中华人民共和国民法典合同编释义》,法律出版社2020年版,第184页。

〔2〕 参见黄薇主编:《中华人民共和国民法典合同编释义》,法律出版社2020年版,第184~186页。

能赋予其法律效力。合同虽已成立,但由于不符合法律的有关规定,而导致绝对无效的,也没有什么法律约束力可言。由此可见,合同的变更问题只产生于有效成立的合同,只有对有效成立的合同才可能发生变更的问题。最高人民法院法官认为,合同变更一般是先存在合法有效的合同,而后当事人根据情况的变化或自身意思变化经协商一致对合同的内容进行变更,变更合同的意思明确。[1] 合同的变更,其实质在于变更已有效成立的合同关系,已存在有效的合同关系,是合同发生变更的首要条件。对于诉讼时效届满后的合同,实体权利仍然存在,当事人自愿履行的,仍然有效。因此,应当允许双方当事人变更无诉权的合同,以成立新的合同。

根据《民法典》第五百零二条第二款、第三款的规定,法律、行政法规规定变更合同事项应当办理批准等手续的,依照其规定。因此,法律、行政法规对变更合同事项有具体要求的,当事人应当按照有关规定办理相应的手续。如果没有履行法定程序,即使当事人已协议变更了合同,变更的内容也不发生法律效力。

当事人在合同履行过程中,只要对合同变更协商一致,除法律、行政法规规定变更合同应当办理批准、登记等手续外,就可以认定合同变更。应注意的是,《民法典》第五百四十三条关于"当事人协商一致,可以变更合同"的规定,表明合同变更实际上是合同内容变更部分的重新订立,故应当符合《民法典》关于合同订立的规定。《民法典》第四百七十一条规定:"当事人订立合同,可以采取要约、承诺方式或者其他方式。"同时,该法对要约与承诺规则作了规定,即要约到达受要约人时生效;承诺应当以通知的方式作出,但根据交易习惯或者要约表明可以通过行为作出承诺的除外;承诺通知到达要约人时生效,承诺不需要通知的,根据交易习惯或者要约的要求作出承诺的行为时生效;承诺生效时合同成立。根据上述规定,合同一方当事人将载有合同变更内容的要约发给对方当事人,对方没有作出任何意思表示,亦无证据证明根据双方交易习惯或者要约要求可以默认的方式表示承诺,且对方否认对要约作出了承诺的,应当认定双方未就合同内容变更部分达成协议,不发生合同变更的法律后果,双方当事人仍应按照原合同的约定履行。

关于合同变更的必要性问题。当事人订立合同时,不可能对合同履行过程中涉及的所有问题都作出明确的约定,对于合同履行过程中的一些新的情况,常见的有因材料市场价格变化因素的情势变更等客观关系情况,如果继续严格履行原合同的内容,可能会对某一方当事人产生不公平的结果,此时必须对合同当事人的权利义务重新作出调整,法律允许当事人对合同内容进行修改或补充。合同变

---

[1] 参见最高人民法院民事审判第一庭编著:《最高人民法院建设工程施工合同司法解释(二)理解与适用》,人民法院出版社2019年版,第218页。

更是当事人在履行合同过程中所享有的一项基本权利。

关于合同变更的合意问题。其一,发生合同变更,须有当事人变更合同的意思表示,法律上称变更意思。变更既存的合同关系,其本身即合同。合同变更的成立,应完全符合成立合同的条件,首先要求双方达成合意。一方有变更意思而他方无变更意思,或者虽双方均有变更意思而未能就变更达成合意,不能成立合同变更。其二,变更合同的合意,原则上适用合同成立的要约承诺规则。《民法典》第五百四十三条规定当事人协商同意变更合同的合意,应适用民法关于意思表示瑕疵的规定,即一方以欺诈、胁迫的手段或者乘人之危,使对方在违背真实意思的情况下所达成的变更合同的合意,依法应为可撤销。同理,当事人对于合同内容的变更有重大误解,以及内容显失公平的,误解一方或受损害一方有权请求法院予以撤销。其三,在判断合同当事人的行为推定当事人之间具有一种合意,必须要求当事人双方都从事了某种行为,还要履行了主要义务。即使当事人在合同中约定合同任何变更必须以书面形式作出,是否采用书面形式也不是判断合同变更成立与否的绝对要件,其关键还在于是否形成了变更合意,即判断合同条款是否发生变更,应当结合当事人之间是否达成以履行行为变更合同条款的合意进行判断。应注意的是,当事人一方就合同内容的变更发出单方意思表示,在对方当事人未明确认可时,不发生合同变更的法律后果。合同变更的实质是在内容上以新合同代替旧合同,在合同发生变更以后,当事人应当按照变更后的内容作出履行。因此,相应的新合同成立也应当有双方当事人的意思表示。但是,《民法典》并不要求当事人变更合同应当采取书面形式,通过行为的默示同样可以作为变更合同的意思表示。

关于不需要协商一致特定情况下的合同变更,其一,法定变更合同情形出现的,当事人可以请求法院变更合同,而不必经双方当事人协商一致。其二,在法律另有其他规定时,法定变更合同情形的产生,也发生合同的变更。此时,变更合同应当依据法律规定进行,不必经双方当事人协商一致。例如,在合同履行过程中,因情势变更情形的出现,当事人可以请求法院变更合同。其三,在一定条件下,违约方可以起诉请求变更合同。对违约方是否有权要求变更合同,《民法典》没有作出明确规定。虽然违约方主动起诉要求变更合同的情况较少,但法律规定不能对社会现象各种情况全部规定,否则将导致司法实践中无法可依。根据法学理论,当因违约导致合同的履行已经没有任何必要或者因违约导致合同根本无法履行的情况下,非违约方不行使合同变更权时,违约方可以起诉要求变更合同,但应当依法承担违约损害赔偿责任。此种情况类似于合同僵局解除处理。

关于合同变更的范围问题。合同的变更,包括对合同的标的物、数量、质量、价款、履行方式或期限、担保条款、违约责任等内容的变更。有观点认为,合同的变更应当是指对合同非要素内容的变更,如果是对合同要素内容的变更,则属于合同的更改,就是以一个新的合同代替一个旧的合同。鉴于《民法典》没有对合同变更和更改进行区分,笔者认为,依据《民法典》规定,除主体变更外,其他所有内容的变更,都属于合同的变更。合同变更的具体内容为,其一,合同的变更实际上是对合同内容部分的修改或者补充,而不是对合同整个内容的变更。如果当事人对合同内容全部进行变更,实际上是消灭了原合同的权利义务关系,重新确立了双方当事人的新的权利义务关系,形成一个与原合同完全不同的新合同,这已不是合同变更而是合同更新。最高人民法院法官认为,合同变更是合同内容的局部变更,而非实质性内容的变更。如果合同内容全部发生变化,则原合同关系归于消灭,一个不同于原合同性质的新合同产生。适用该条仅限于协议变更,如没有当事人的合意,法院不得推定合同变更,强制性改变当事人之间的权利义务关系。在情势变更条件下变更合同,不适用本条的规定。虽然也需要当事人协商,但不能形成合意的,由法院依职权变更。[1] 其二,对于可撤销合同,双方当事人可以协商变更。《民法典》规定可撤销合同在撤销权人行使撤销权之前,属于效力未定,既可因撤销而归于无效,亦可因撤销权期限届满而成为完全有效,其最终是否有效,取决于当事人中享有撤销权一方的意志。因此,应认为双方当事人可协商变更可撤销合同。其三,《民法典》第五百一十条规定:"合同生效后,当事人就质量、价款或者报酬、履行地点等内容没有约定或者约定不明确的,可以协议补充;不能达成补充协议的,按照合同相关条款或者交易习惯确定。"依据该条规定,按照合同相关条款或者交易习惯确定的内容,亦是合同变更的内容之一。其四,就施工合同变更的范围而言,2017 年版《建设工程施工合同(示范文本)》通用条款第 10.1 条规定:"除专用合同条款另有约定外,合同履行过程中发生以下情形的,应按照本条约定进行变更:(1)增加或减少合同中任何工作或追加额外的工作;(2)取消合同中任何工作,但转由他人实施的工作除外;(3)改变合同的中任何工作的质量标准或其他特性;(4)改变工程的基线、标高、位置和尺寸;(5)改变工程的时间安排或实施顺序。"

关于合同变更的形式问题。在没有法律明确规定的情况下,当事人变更合同的形式可以协商决定,一般应与原合同的形式相一致,如原合同为书面形式,变更后合同的形式也应为书面形式,如原合同为口头形式,变更合同的形式可以采用口头形式,也可以采用书面形式。立法者认为,本条未对变更合同的形式作出限制,但是对当事人来说变更合同的,还是以书面形式为宜,这样有利于明确双方的权利和义务,方便在发生纠纷时找到解决争议的依据。[2]

---

〔1〕 参见中国审判理论研究会民事审判理论专业委员会编著:《民法典合同编条文理解与司法适用》,法律出版社 2020 年版,第 150 页。

〔2〕 参见黄薇主编:《中华人民共和国民法典合同编释义》,法律出版社 2020 年版,第 185 页。

关于合同变更的效力问题。其一,在合同变更生效以后,变更后的合同对当事人双方具有法律约束力,当事人应当按照变更后的合同内容履行合同,任何一方违反变更后的合同内容都构成违约,应当承担违约责任。但是,合同的变更没有溯及力,不能对已履行的部分产生效力,任何一方不得因为合同的变更而单方要求对方当事人返还已完成的履行。在合同变更以前,由于一方的过错而给另一方造成的损失,如果双方当事人没有对此另有约定,在合同变更后,受损失的一方仍然有权请求过错方进行赔偿。其二,合同的变更是在合同依法成立后,尚未履行或尚未完全履行之前,基于法律规定、法院的裁判行为或者当事人的法律行为等,使合同内容发生变化的现象。在依据法律行为或其他行为变更上,《民法典》所规定的合同变更主要是指当事人之间基于双方行为的变更,又称协议变更。而对于协议变更,当事人往往通过签订补充协议来变更之前的合同内容,但这种当事人明示的协议变更形式并非协议变更的全部形式。对于协议变更合同来说,尚有基于当事人一定的履行行为的协议变更,即当事人通过实际的履行合同行为变更了之前合同约定的内容。此类变更合同亦属于当事人协议变更合同,对其效力依法应予确认。其三,合同变更后的内容,违反法律强制性规定、公序良俗原则的,其变更的内容不受法律保护。

关于合同变更的程度问题。从实体权利义务的角度来看,主要是看合同变更是否具有"足以影响"当事人基本合同权利义务的内容。就建设工程施工合同而言,如工程范围、建设工期、工程质量、工程价款等因素。上述内容变动轻微,合同当事人的权利义务并没有发生重大变化或权利义务关系严重失衡时,一般情况下,应当尊重当事人的真实意思表示,认定为属于合同当事人对合同内容进行调整的合同变更行为。基于建设施工合同具有复杂性、多样性和合同履行的长期性,不能绝对化、机械化地理解合同变更的程度,需要法官根据案件的实际情况自由裁量权予以解决,无法也不可能划定一个明确的具体数额作为依据,衡量合同变更的程度。

关于合同变更的判断问题。其一,根据《民法典》第四百九十条关于合同成立的规定,当事人一方已经履行主要义务,对方接受的,视为当事人之间以履行行为就合同内容协商一致,因此合同成立。而从《民法典》第五百四十三条规定内容可知,有关合同变更条件中的当事人协商一致,可以根据当事人的履行行为进行判断。其二,当事人采用书面以外的如口头形式以及包括事实行为等在内的其他形式变更合同的,只要当事人没有争议,也可以认定为合同变更。如果当事人就除书面形式以外的是否变更合同的情形理解不一致引发争议,就应当适用《民法典》第五百四十四条的规定,视为当事人对合同变更的内容约定不明,推定为合同未变更。对《民法典》第五百四十四条的规定,最高人民法院法官认为,本条禁止推定变更合同限于对合同变更内容约定不明确,而非变更合同的意愿。如果当事人都主张变更合同，只是对于变更的具体内容约定不明确，则应当推定合同未变更；如果当事人对变更的约定发生争议，即合同本身是否发生变更，根据合同整体内容以及本法第一百四十二条、第四百六十六条合同解释方法无法确定的，则认为约定不明确，推定合同未变更；如果当事人对合同变更文本发生争议的，根据本法第一百四十二条、第四百六十六条合同解释方法无法确定的，则推定合同未变更。〔1〕其三，《民法典》第四百六十九条第一款规定明确了在法律、行政法规没有强制性规定的情形下合同形式采意思自由原则，合同形式应当视为证明合同成立的依据，原则上不能将其当作合同成立或生效的要件。结合《民法典》第四百九十条来看，在当事人未采用约定的书面形式时，如果一方已经履行主要义务，对方接受的，该合同成立。这一条款规定的履行补救行为，体现了立法机关鼓励交易的指导思想。其四，默示变更合同问题。《民法典》第一百四十条第一款规定："行为人可以明示或者默示作出意思表示。"据此，意思表示有明示与默示两种形式。所谓默示的意思表示，是指行为人的意思并非通过语言或者文字明确表示出来，而是通过其行为推定出来。因行为又可分为作为与不作为，默示作为一种行为，也就可以划分为作为的默示与不作为的默示。根据《民法典》第一百四十条第二款的规定，不作为的默示只有在有法律规定、当事人约定或者符合当事人之间的交易习惯时，才可以视为意思表示。可见，现行法律原则上只承认作为的默示可以作为意思表示的方式，对于不作为的默示，原则上并不承认其可以作为意思表示的一种方式。因此，合同变更的意思表示虽然也可以通过默示的方式而为之，但也应遵循上述规定。因此，合同一方当事人通过公告方式将其变更合同的意思表示通知对方当事人，于法并无不可，但其根据对方在公告期满未作反对的事实，即认为对方已经默示同意了其变更主张，则显然没有法律依据与合同依据，对此，法院不应支持。虽然双方当事人未形成变更合同的书面通知或者协议，但如果双方已经按照变更后的合同约定履行了相应义务，则应当视为双方已经默示地作出了变更合同的意思表示，该变更行为并不违反法律规定，故应当认定双方当事人的履行合同行为属于合同变更，对该合同变更行为的效力，应当依法予以确认。其五，如果当事人在约定合同变更时，对部分条款的变更的约定是明确的，但另一部分条款的变更约定是不明确的，若这两部分条款在内容上可以分开，则约定明确部分有效，而约定不明确的部分推定为未变更；如果这两类条款在内容上是不可分割的，则应当认为，整个合同条款的变更约定不明确，应当推定为未变更。〔2〕其六，合同履行中尤其是建设工程施工合同，因客观情况出现在招投标时

---

〔1〕 参见中国审判理论研究会民事审判理论专业委员会编著：《民法典合同编条文理解与司法适用》，法律出版社2020年版，第151页。

〔2〕 参见黄薇主编：《中华人民共和国民法典合同编释义》，法律出版社2020年版，第187页。

难以预见的变化导致合同变更的,属于正常合同变更的范畴。

关于发包人单方变更的问题。《民法典》第八百零八条规定:“本章没有规定的,适用承揽合同的有关规定。”第七百七十七条规定:“定作人中途变更承揽工作的要求,造成承揽人损失的,应当赔偿损失。”由此可见,在承揽合同中定作人有随时变更要求的权利。法律规定建设工程合同可以适用承揽合同的规定,自然也包括该条规定,发包人享有单方变更权。在建设工程施工合同履行中,发包人作为定作人当然也享有随时变更工作要求的权利。2017 年版《建设工程施工合同(示范文本)》通用条款第 10.2 条约定了发包人的“变更权”,发包人和监理人均可以提出变更。变更指示均通过监理人发出,监理人发出变更指示前应征得发包人同意。涉及设计变更的应由设计人提供变更后的图纸和说明。如变更超过原设计标准或批准的建设规模时,发包人应及时办理规划、设计变更等审批手续。单方变更指发包人在工程建设中具有绝对的主导地位,拥有单方变更权,如发包人有权变更设计、有权增加或减少工程内容、有权要求调整施工安排等,只要发包人提出变更要求,承包人应当在技术可能实现的范围内无条件接受。[1] 应注意的是,承包人有权要求发包人赔偿包括设计变更在内等各种变更造成的损失。

关于施工合同的变更条款。在施工合同履行过程中,发生合同约定的工作内容范围变更的情形大量存在。产生这些变更的原因多样。变更将影响施工合同工期条款、价款条款乃至质量条款的履行,因而可能对发包人和承包人双方的合同权益均产生显著影响。变更条款主要涉及以下内容:变更的范围、变更权利人、变更程序、变更估价、承包人的合理化建议、变更引起的工期调整以及对于合同中约定的暂估价、暂列金额与计日工项目的计价和处理。[2]

关于合同变更法官自由裁量权问题。合同变更发生争议进入诉讼程序之后,法官对合同变更争议的合意、形式、效力、范围、程度以及是否变更行使审判裁量权。法官根据具体案情行使自由裁量权,对当事人有约束力。对情势变更情势下的变更合同,法律赋予了法官依职权变更的权力。对于合同效力而言,无论合同当事人是否提出申请或争议,都主动依职权行使审查权,依法作出合同变更的效力认定。

应强调的是,当事人之间的合同变更,未经第三人同意不得对第三人产生不利影响,否则对第三人不发生效力。[3]

应注意的是,合同变更和工程变更的联系和区别。合同变更是指在合同实施过程中,当合同状态改变时,为保证工程顺利实施所采取的对原合同文件的修改

---

〔1〕 参见张晓峰:《建设工程争议解决 100 讲》,法律出版社 2021 年版,第 28 页。

〔2〕 参见曹文衔等:《民法典建设工程合同章条文解释与司法适用》,法律出版社 2021 年版,第 138 页。

〔3〕 参见黄薇主编:《中华人民共和国民法典合同编释义》,法律出版社 2020 年版,第 186 页。

补充的一种措施。工程变更是指设计变更、进度计划变更、施工条件变更以及原招标文件和工程量清单中未包括的“增减工程”。工程项目的复杂性决定了发包人的招投标方案往往存在某方面的不足。随着工程的进展和对工程本身认识的加深,以及其他外部因素的影响,在工程施工过程中常常需要对工程的范围、技术要求等进行修改,形成工程变更。工程变更权的行使按照权利的分类可以归于请求权。一方面,包括了请求人的权利,如发起变更的主体,提出变更的权利等;另一方面,规定了对于变更的审批,应当严格按照有权批准相关事项的主体完成审核与批准。合同变更与工程变更的联系为,工程变更必然引起合同的变更,但合同变更的原因并非就是工程的变更,引起合同变更的原因可能是多方面的,工程变更只是合同变更的原因之一,合同变更与工程变更不能画等号。若当事人在另行签订的合同或补充协议中约定了工程量清单的替换机制,则可以认为其属于合意变更的一种;若当事人未另行约定工程量清单的替换机制,而是以设计变更的方式进行调整,则可以认定其属于工程变更的一种。〔1〕

在司法审判实践中区分工程变更、合同的合意变更与“黑合同”时,应当注意以下两点:第一,工程变更和合同合意变更均发生在合同履行过程中,而“黑合同”一般发生在中标通知书发出之后或中标合同订立之后较短的时段内。第二,工程变更大多表现为设计变更通知、会议纪要、工作联系单等形式,且一般会对变更的具体依据和理由予以明确说明,也有图纸文件予以佐证;合同的合意变更大多表现为会议纪要、补充协议等形式,相关内容也会对变更的具体原因予以说明,往往也有当事人之间往来的工作联系单、电子邮件等证据佐证。“黑合同”大多表现为补充协议的形式,且一般对合同实质性内容的变化并没有任何有说服力的理由,或即使说明了理由,也很笼统、突兀,往往缺少其他相关证据的佐证。〔2〕

(二)施工合同变更范围

1. 实质性内容变更范围

所谓合同实质性内容,是指影响或者决定当事人基本权利义务的合同条款。根据《建设工程解释(一)》第二条第一款的规定,当事人变更任何一项的均可以认定为是实质性内容的变更。

---

〔1〕 参见高印立:《规则与裁判:民法典下建设工程司法解释适用与拓展》,法律出版社2021年版,第136页。

〔2〕 参见高印立:《规则与裁判:民法典下建设工程司法解释适用与拓展》,法律出版社2021年版,第136页。

《建设工程解释(一)》第二条第二款规定列举变更价款典型形式,即中标人直接让利、同意以明显高于市场价格购买其承建的房产、无偿建设住房配套设施、向建设单位捐赠财物,这些无疑是实质性内容的变更。实践中,存在诸多变更形式。制定司法解释的法官认为,当然,无论何种形式,最终的结果是使工程价款有一定程度的下降。这种下降程度,即使并不一定占全部工程的比例有多高,但肯定让其他的竞标人难以接受。也就是说,无论何种形式的存在,其他竞标人都可能放弃竞标。[1]

就合同实质性内容而言,因现实社会生活多样性、复杂性,合同涉及的内容很多,且诸多行业领域的合同文本格式及内容也因合同标的,交易目的不尽一致,哪些内容属于合同实质性内容,现行法律尚无明确界定。按照学界通说,所谓合同实质性内容,是指影响或者决定当事人基本权利义务的条款,如建设工程施工合同约定的工程价款、工程质量、工程期限和工程范围。从行业标准来看,建设工程施工合同实质性内容,是指投标人的报价、招标方式、技术规格等合同主要条款。制定司法解释的法官认为,是否存在实质影响可从以下两方面考虑:(1)是否影响其他中标人中标;(2)较大影响招标人与中标人的权利义务。[2] 在理解"合同实质性内容"时,应当注意以下三点:(1)合同实质性内容不是指合同的主要条款。(2)合同实质性内容不等同于构成新要约的内容。(3)"实质性内容"不是指《民法典》第七百九十五条规定的建设工程施工合同的主要内容。[3] 判断两份合同在内容上是否构成"实质性不一致",首先,要看两份合同中不一致的内容是否属于工程价款、工程质量或者工程期限等影响当事人基本权利义务的条款,当事人经协商对上述条款以外的合同内容的变更,不构成实质性内容不一致。其次,要准确区分该条所称"实质性不一致"与依法进行的正常合同变更的界限。建设工程施工合同中除了通用条款以外,双方协商在专用条款中对部分通用条款进行补充、修订,两者内容不一致的,应适用专用条款中双方约定的内容。双方当事人先后签订两份补充协议,施工过程中,双方并未解除其中任何一份,故该两份补充协议对双方均具有约束力。两份协议中对约定同一内容如有差异,可视为双方协商一致变更了相关的合同内容,应以后签订的协议为准。

常见的实质性内容变更为:(1)与招投标文件相悖的工程款结算方式或计价方式,变更前后工程款差异巨大。(2)改变了招标文件的工程项目性质。(3)改

---

〔1〕 参见最高人民法院民事审判第一庭编著:《最高人民法院新建设工程施工合同司法解释(一)理解与适用》,人民法院出版社2021年版,第34页。

〔2〕 参见最高人民法院民事审判第一庭编著:《最高人民法院新建设工程施工合同司法解释(一)理解与适用》,人民法院出版社2021年版,第29页。

〔3〕 参见最高人民法院民事审判第一庭编著:《最高人民法院新建设工程施工合同司法解释(一)理解与适用》,人民法院出版社2021年版,第30~31页。

变施工合同约定的条件。(4)发包人未经有关部门同意擅自变更工程设计的;(5)招标人强行将不属于招标范围的工程订入施工合同的行为。如果施工范围超出了中标合同约定的施工范围,但该施工范围仍属于该中标工程项目范畴,则属于对中标合同内容实质性变更,应视为黑合同。如果施工范围超出中标合同约定的范围,且该施工范围不属于该中标工程项目范畴,即与中标合同工程施工并无实质性关联时,在该施工系双方当事人合意并确已发生或已实际施工完毕的情况下,若该部分工程亦属必须招标工程,则该部分因未进行招投标而应按无效建设工程合同的规定进行处理。如该部分工程不属于必须招标工程,可视为双方当事人的新要约和承诺,即按新的施工合同进行处理,则不存在合同变更一说。(6)违约责任变化,加大或新加承包人的违约责任,减少或降低发包人的违约责任。(7)压缩或延长工期,无合法与合理的依据。(8)招标时质量要求优良,而另行订立合同降低质量标准,或在招标合同已经约定为工程合格标准的情况下,发包人与承包人又另行约定必须达到"鲁班奖"提高质量标准的。(9)改变工程款支付方式,通过转移债权(包括以将来收益抵顶)、以房屋或者项目抵顶、债权转股权等形式支付工程款或者大幅度延长工程款支付期限。(10)工程款债务承担主体变更。常见的是合作开发房地产项目中,合作的出地方通过招投程序与承包人签订施工合同,其后合作双方与承包人签订三方补充协议,约定工程款由合作的出资方支付,出地一方不承担付款责任。

【案例5-1】 鸿顺公司与森泰公司建设工程施工合同纠纷案

二审法院认为,工程价款属于影响当事人基本权利义务的实质性内容,双方在补充协议中对工程价款作了12%的让利,应当认定为对备案合同的实质性内容作了重大改变,而非一般的合同内容变更或其他条款的修改。[1]

【案例5-2】 吉安市第四建筑工程有限公司与江西鸿昌置业有限公司建设工程施工合同纠纷案

二审法院认为,四建公司与鸿昌公司就案涉工程分别签订了《建设施工合同》、《建筑工程施工补充协议》以及《建筑施工再补充协议》,各合同对案涉工程价款的计价方式、取费标准等实质性内容约定不同,一审判决以经过备案的中标合同即《建设施工合同》作为案涉工程价款的计算依据符合法律规定。鸿昌公司提出一审采信的备案合同认定工程量错误,应按《补充协议》的约定认定工程量的该项上诉主张不符合法律规定,本院不予支持。[2]

实践中,当事人另行签订补充协议中关于纠纷解决方式的变更,是否属于实

〔1〕 山东省高级人民法院(2015)鲁民一终字第172号民事判决书。
〔2〕 江西省高级人民法院(2019)赣民终220号民事判决书。

质内容范围有争议。有法官认为，对于纠纷解决方式来说，是当事人针对可能产生的利益矛盾而预先选择的解决方式，尽管在中标合同中已经约定了特定的纠纷解决方式，但是当事人在补充合同中变更纠纷解决方式的，不应视为变更中标合同实质性内容，而应视为当事人所享有的变更合同的权利，人民法院应承认这种变更纠纷解决方式约定的效力。[1] 笔者赞同法官的观点，双方当事人关于纠纷解决方式的约定不应归属于实质内容变更范畴，也未违反《招标投标法》的相关规定，亦是有效的。

关于变更中标合同约定审计条款问题。在中标合同签订后变更审计条款是否为实质性内容，在实践中有争议。有法官认为，变更中标合同约定的审计条款的，不构成“黑合同”。[2] 笔者赞同法官的观点。

【案例5-3】　海南亿兴城建设投资有限公司与中城建第六工程局集团有限公司建设工程施工合同纠纷案

中级法院认为，由于涉案工程为市政道路工程，最终结算工程款由政府财政拨付，且双方在合同中对工程尾款的支付条件已明确约定，而仲裁庭却以双方在《结算审定签署表》盖章的行为足以构成双方对中城建公司承建完成部分的工程总价款的确认为由，裁决亿兴公司支付工程尾款2,220,646.10元，其后果是市政工程款的支付未经政府审计而直接支付，所损害的是社会公共利益。据此裁定，撤销仲裁裁决。[3]

有法官认为，法院的裁判结论值得斟酌。如果施工合同经过招投标并约定工程价款应当进行审计，而承发包双方在合同履行过程中，又变更为无需进行审计，或者相反——由无需审计变更为需要审计，由于审计只是计价单位的选择——由承发包双方自行结算变更为第三方代为结算，并未变更工程款的计价方式与计价标准，从理论上来说，也就没有变更工程价款等合同的实质性内容，所以不构成“黑白合同”，该变更应属有效。[4]

改变进度款的支付方式，属于合同的实质性内容变更。

【案例5-4】　某公司与某某公司建设工程施工合同纠纷案

最高人民法院认为，以上规定中所谓合同实质性内容不一致，是指合同在工程价款、工程质量和工程期限等方面与备案合同不一致，因为这三个方

---

〔1〕 参见《建设工程合同纠纷裁判思路》，法律出版社2014年版，第386页。

〔2〕 参见邬砚：《建设工程合同纠纷——254个裁判规则深度解析》（第2版），法律出版社2019年版，第124页。

〔3〕 海南省海口市中级人民法院（2015）海中法仲字第10号民事裁定书。

〔4〕 参见邬砚：《建设工程合同纠纷——254个裁判规则深度解析》（第2版），法律出版社2019年版，第125页。

面涉及招标人和中标人的基本权利义务……诉争2013年11月26日签订的《施工协议》系针对案涉同一工程项目另行签订的协议,没有经过备案,该协议约定的竣工时间早于协议签订时间,并不真实,且付款方式改为"主体结构十五层以下暂不付款",亦即主体结构十五层以下由承包人垫资施工,改变了备案合同关于发包人支付预付款和进度款的约定,明显加重了承包人的义务,对苏中集团的利益影响较大。因此,一审判决认定该《施工协议》属于与备案合同实质性内容矛盾的黑合同,违反《招标投标法》第四十六条第一款的强制性规定而应认定为无效,并无不当。[1]

关于非招投标项目让利问题。承包人对非招标工程予以让利,如无证据证明让利后的工程价款低于施工成本的,可将其该承诺排除在实质性内容变更范围之外。

应予强调的是,制定司法解释的法官认为,除了建设工程范围、建设工期、工程质量和与工程价款外,特定情形下,也可能存在背离根据招标文件和中标文件签订的合同的实质性内容的协议。这只能根据建设工程及当事人的具体情况确定。凡是可能限制或者排除其他竞标人的条件都可能构成《招标投标法》第四十六条第一款中的"合同实质性内容"。所以本条只是列举工程范围、建设工期、工程质量与工程价款,而未排除其他可能的因素。[2] 也就是说,基于建设工程的复杂性,除司法解释列举的四种之外还有可能存在其他合同实质性内容。

2. 黑白合同实质性变更边界

工程中标后,经招标人与中标人签订施工合同的称为白合同,其后对中标合同实质性内容变更的称为黑合同,在结算依据上二者是不同的。其白合同是在何种情况下的变更,不被界定为黑合同是实践中疑难问题。协议变更是《合同法》赋予当事人的一项基本权利,但在建设工程领域对中标合同的协议变更范围尚需进一步厘清。建设工程的复杂性决定了工程开工后,难免会遇到订立合同时所不能全部预见的客观情况,如完全禁止当事人变更合同既不合理也不科学。施工合同的特性决定了所有的施工合同都需要细化和变更后才能履行,通过招投标形式签订的施工合同也不例外。不能理解为通过招投标签订的合同,在签约后也不能补充、修订、细化,只能一份合同履行到底。通过招投标签订的施工合同与通过其他形式签订的施工合同一样,都需要通过经济洽商记录等形式不间断地对主合同

---

〔1〕 最高人民法院(2017)民终437号民事判决书。

〔2〕 参见最高人民法院民事审判第一庭编著:《最高人民法院新建设工程施工合同司法解释(一)理解与适用》,人民法院出版社2021年版,第35页。

补充、细化后，才能够全面实际履行，不能因此认定当事人签订了“黑合同”。[1]也就是说，一般情况下对合同的某些内容变更和某些条款的修改，既是当事人真实意思表示，亦是在法律允许范围内的变动，并不是对构成实质性内容的违反和背离，自然不能认定为黑合同。当事人协商一致，中标合同也可以变更。合同变更与黑白合同的区别在于，同一个建设工程的黑白合同形成在招投标过程至合同发生变更前，中标后因法定事由发生变更签订的补充合同不属于黑合同。一些地方法院就黑白合同实质性变更作了明确规定，如河南省高级人民法院民四庭《关于建设工程合同纠纷案件疑难问题的解答》：由于建设工程设计变更等原因引起工程款发生变化而另行订立协议，是否属于对中标合同实质性内容的变更？答：虽然《招标投标法》第四十六条规定：“招标人和中标人不得再行订立背离合同实质性内容的其他协议。”但是，由于建设工程设计变更等原因引起的工程量、工程款等发生的变化，属于在施工过程中发生的招投标时难以预见的变化，应当允许双方当事人补充协商。故当事人只要不是为了故意规避招投标法律规定，就设计变更而另行订立的协议不属于背离中标合同的实质性内容。

一般认为，“黑白合同”之间必须存在实质性违背，即中标合同之外的合同必须在工程价款、工程质量和工程期限等方面与中标合同具有实质性背离，而不是一般的合同内容变更；在具体量化“黑白合同”与依法变更合同的界限上，法官有着一定程度的自由裁量权，需要法官正确把握裁量的标准；“白合同”是依据招标投标这一法定形式确认，即使当事人双方请求按照“黑合同”结算工程款，“黑合同”也可能是当事人的真实意思表示，但由于“黑合同”内容规避法律规定、合同形式不合法，不能代替“白合同”的效力。

从现行法律、法规规定看，限制合同变更主要是指招投标工程，《招标投标法》第四十六条第一款规定：“招标人和中标人不得再行订立背离合同实质性内容的其他协议”。该条包含以下意思：(1)双方当事人可以依据中标书订立施工协议。(2)订立的协议与合同内容范围一致。(3)其内容应当就是中标通知书记载的内容。(4)中标合同签订备案后可以变更合同。(5)不能背离合同实质性内容。对于实质性内容的变化问题。最高人民法院法官认为，施工合同的内容主要包括工程范围、建设工期、中间交工工程的开工和竣工时间、工程质量、工程造价、技术资料交付时间、材料和设备供应责任、拨款和结算、竣工验收、质量保修范围和质量保证期，双方相互协作等条款。建设工程中事关当事人权利义务的核心条款是工程结算，而影响工程结算的主要涉及工程质量、工程期限和工程价款三个方面。工程质量，指建设工程施工合同约定的工程具体条件，也是这一工程区别

[1] 参见最高人民法院民事审判第一庭编：《民事审判指导与参考》2008 年第 1 集（总第 33 集），法律出版社 2008 年版，第 91 页。

其他同类工程的具体特征。工程期限,指建设工程施工合同中约定的工程完工并交付验收的时间。工程价款,指发包人按照合同约定应当支付给承包施工人为其施工建设的代价。如果备案和未备案的两份施工合同在建设工期、施工质量、计付价款等方面发生变化,当无疑义属于实质性内容的变化,未备案的合同应属于无效的"黑合同"。[1] 在界定实质性内容的变更,必须厘清实质性内容的内涵。《招标投标法实施条例》第五十七条第一款规定,是认定施工合同实质性内容范围的主要法律依据。通说认为,施工合同实质性内容主要包括工程价款、工程质量和工程期限三项。笔者赞同法官以建设工期、施工质量和计付价款为实质性内容的观点,但认为实质性内容不限于以上三个方面,如违约责任变化等亦应视为实质性内容。实践中,中标人作出的以明显高于市场价格购买承建房产、无偿建设住房配套设施、让利、向建设方捐款等承诺,亦应认定为变更中标合同的实质性内容。《全国民事审判工作会议纪要》(法办〔2011〕442 号)关于工程价款结算问题又增加规定了"工程项目性质"。《建设工程解释(一)》第二条第一款规定:"招标人和中标人另行签订的建设工程施工合同约定的工程范围、建设工期、工程质量、工程价款等实质性内容,与中标合同不一致,一方当事人请求按照中标合同确定权利义务的,人民法院应予支持。"该条明确规定了合同实质性内容具体范围,工程范围、建设工期、工程质量和工程价款共同构成建设工程施工合同的核心条款,任何要素的变化都会对当事人的权利义务产生较大影响。该条规定明确实质性内容判断标准结束了法院对此认定处理不一致,有利于解决纠纷。也就是说,多份施工合同实质性内容不一致的,应以中标合同为准。

"黑白合同"通常是指发包人与承包人就同一建设工程签订两份或两份以上实质性内容不一致的合同,其中有一份是中标合同系"白合同",另一份或多份是与中标合同实质性内容不一致的合同即"黑合同"。招标投标活动应当遵循公开、公正、公平以及诚信原则,按照上述原则签订的中标合同对招标人、中标人以及其他参与竞标活动的主体,都是公平的结果。因此,发包人与承包人应以中标合同作为确定双方权利义务的基础。中标合同签订后,由于工程复杂程度高、履行期限长、变化大,随着施工进度的深入,发包方与承包方之间就工程中出现的具体问题签订补充、变更协议是正常和普遍的,但是这种补充或者变更协议不应构成对中标合同实质性内容的违反或者背离。确定当事人另行签订的变更或补充协议是否对中标合同实质性内容进行变更,应考虑以下两个方面:第一,是否足以影响其他竞标人能够中标或者以何种条件中标。发包人与承包人的补充或变更协议的内容排除其他竞标人中标的可能性和其他竞标人中标条件的,构成对于中

---

〔1〕 参见最高人民法院民事审判第一庭编:《民事审判指导与参考》2013 年第 1 辑(总第 53 辑),人民法院出版社 2013 年版,第 243 页。

标合同实质性内容的变更。第二,是否对招标人与中标人的权利义务产生较大影响。发包人与承包人另行订立的补充或变更协议较大地改变了双方的权利义务关系,导致双方利益严重失衡的,则背离了中标合同的实质性内容。[1] 也就是说,具体认定时,不应机械地考虑相关条款形式和内容上的改变,而应结合工程施工的实际情况,客观判断补充协议与中标合同不一致的必要性、现实性,同时,结合对招标投标公平竞争秩序及招标人与中标人的权利义务平衡的考虑,综合予以判断。(1)考量补充协议与中标合同不一致的原因。(2)考量是否影响其他人中标。(3)考量是否导致招标人与中标人的权利义务失衡。[2]

【案例5-5】　海南省核工业地质大队与海南琼山建筑工程公司建设工程施工合同纠纷再审案

最高人民法院认为,建设工程施工合同系地质大队和琼山建筑公司经过招投标程序签订并且备案登记的施工合同,依法成立并有效。根据《招标投标法》第四十六条第一款和《建设工程解释(一)》第二十一条规定,本案中,地质大队和琼山建筑公司于2011年12月8日依据中标文件签订建设工程施工合同并办理了合同备案。该合同约定工程价款为15,816,541.39元,合同价款采用固定价格方式确定,无论工程是否有变更或者工程量是否有增加或减少,工程价款均不得的变更。同日,地质大队和琼山建筑公司签订的合作合同书约定:建成的职工住宅楼第17层第18层共6套职工宿舍套房分给琼山建筑公司;地质大队所得的60套住房按定死造价每平方米2280元结算,总造价约为13,800,000元,项目建设所需的其余建设资金由琼山建筑公司全部承担。2011年12月18日,地质大队和琼山建筑公司签订的补充协议书又约定:地下室由琼山建筑公司投资建设,工程项目底层架空层临路27米的场地使用权归琼山建筑公司所有;小区道路、园林绿化、围墙工程由琼山建筑公司施工,工程价款另行结算。从合作合同书及补充协议书约定的内容看,其均涉及对案涉工程总造价及支付方式的约定,且同招标人和中标人经备案登记的建设工程施工合同关于案涉工程款结算的约定不同,属于对建设工程施工合同的实质性内容进行变更。因此,合作合同书和补充协议书违反法律的强制性规定而无效。[3]

---

〔1〕 参见最高人民法院民事审判第一庭编:《民事审判指导与参考》2022年第3辑(总第91辑),人民法院出版社2022年版,第177~178页。

〔2〕 参见最高人民法院民事审判第一庭编:《民事审判指导与参考》2022年第3辑(总第91辑),人民法院出版社2022年版,第182~184页。

〔3〕 最高人民法院(2017)民再249号民事判决书。

(三)施工合同变更条件

《建设工程解释(一)》第二十三条规定:“发包人将依法不属于必须招标的建设工程进行招标后,与承包人另行订立的建设工程施工合同背离中标合同的实质性内容,当事人请求以中标合同作为结算建设工程价款依据的,人民法院应予支持,但发包人与承包人因客观情况发生了在招投标时难以预见的变化而另行订立建设工程施工合同的除外。”就但书部分,制定司法解释的法官认为,本条规定的非必须招标合同当事人将工程进行招标后基于客观情况发生重大变化而另行订立合同一般包括如下情形:(1)招标投标后建设工程的原材料工程价款设备价格变化超出了正常的市场价格涨跌幅度。(2)招标投标后人工单价发生了重大变化。(3)建设工程的规划、设计发生了重大变化。(4)其他客观情况发生了变化的情况。[1]

通常认为,合同依法变更应具备两个条件:其一,前提条件即客观情况发生根本变化,解决为什么变更问题。中标合同履行中,客观情况的变化不可避免地导致了合同约定的价款、质量和工期等内容变更,依法行使合同变更权是当事人缔约自由及意思自治原则的体现,是符合相关法律规定的。参与制定司法解释的法官认为,《建设工程解释(二)》第九条(现为《建设工程解释(一)》第二十三条)规定的客观情况变化,应符合以下条件:第一,客观情况应发生在招投标之后。第二,客观情况变化应属重大。客观情况变化必须达到改变了当事人订立合同的基础的程度,即变化后的客观情况直接导致当事人重新决定是否订立合同或者变更合同对价。[2] 也就是说,在合同成立后的客观情况与招投标时相比发生了根本性的变化,即招投标时的条件不具备,当时所体现的社会公共利益、公众安全和第三者的合法权益也发生了根本变化,或是设计发生重大变更导致工程量的重大增减,此时如果不允许双方当事人对合同实质性内容做出变更,则不符合《招标投标法》第四十六条的立法宗旨,必将损害国家、集体、他人的合法权益,在这种情形下可以适用情势变更原则对合同内容进行变更。其二,实质条件即协商一致,体现怎样变更问题。根据合同法理论,合同变更,应当具有变更合同基础,通常分为协议变更和法定变更。《民法典》第五百四十三条规定的“当事人协商一致,可以变更合同”被称为合意变更合同。在合同变更的两个条件关系上,前提条件是基础,

---

〔1〕 参见最高人民法院民事审判第一庭编著:《最高人民法院新建设工程施工合同司法解释(一)理解与适用》,人民法院出版社2021年版,第239~241页。

〔2〕 参见最高人民法院民事审判第一庭编著:《最高人民法院建设工程施工合同司法解释(二)理解与适用》,人民法院出版社2019年版,第28页。

实质条件是关键。在具备前提条件的情况下,客观情况允许对合同变更时,经双方当事人协商同意,才可以对合同实质性内容进行变更,此种变更才符合《招标投标法》第四十六条的立法宗旨,这种变更方受法律保护。

经过招投标形成的建设工程施工合同也可以进行实质性变更,但必须同时具备上述两个条件,缺一不可。也就是说,在中标合同签订后,任何一方当事人都有权依法通过协商变更合同部分条款。如果出现了变更合同的法定事由,经双方协商一致可以变更合同内容。[1]

不属于必须招标的建设工程进行招标的,在建设工程开工后,因设计变更、建设工程规划指标调整等客观原因,发包人与承包人通过补充协议、会谈纪要、往来函件、签证等洽商纪录形式变更工期、变更价款、工程项目性质的不应当认定为变更中标合同的实质性内容。

【案例5-6】　肇东市水务局黑龙江省建筑安装集团有限公司建设工程施工合同纠纷案

二审法院认为,关于施工合同补充协议是否有效的问题。协议变更合同是法律赋予当事人的一项基本权利,案涉建设工程施工合同签订后,在建安公司履行合同期间,因市场价格变化因素,双方通过签订补充协议的形式对材料价款进行调整,并非为规避招投标而另行订立的"黑合同"。同时,因建设工程施工合同专用条款第50.2条约定了固定单价确定合同价款,并在专用条款中约定了包括工程量的偏差、工程变更、法律、法规、国家有关政策及物价的变化等合同价款调整因素,又在专用条款第64.1条中竣工结算条款中约定按清单单价,按实际工程量结算,以上内容表明,案涉建设工程施工合同价款可因物价、工程变更等因素进行调整,因此,双方签订补充协议变更追加材料价款亦不属于对中标备案合同实质内容的变更,应认定为有效。[2]

---

〔1〕　参见周月萍主编:《最高人民法院审理建设工程案件裁判规则解析》,法律出版社2016年版,第76页。

〔2〕　黑龙江省高级人民法院(2017)黑民终592号民事判决书。

二、施工合同变更法律适用

(一)合同实质性内容认定

《民法典》第七百九十五条规定:“施工合同的内容一般包括工程范围、建设工期、中间交工工期的开工和竣工时间、工程质量、工程造价、技术资料交付时间、材料和设备供应责任、拨款和结算、竣工验收、质量保修范围和质量保证期、相互协作等条款。”本条是关于施工合同主要内容的规定。

合同实质性内容,依字面理解,应当是指对合同双方当事人权利、义务有影响的内容。[1]

正确界定实质性内容变更与正常合同变更的界限,是实践中多发争议和疑难问题。制定司法解释的法官认为,无论是依据《合同法》还是依据《招标投标法》,招标投标应当理解为订立合同的一种方式。《招标投标法》虽然规定了不少强制性和行政处罚性质的内容,但从性质上看,是一部规定招标投标程序的法律,其主要内容不是行政法性质,更具有民事性质。就订立民事合同而言,《招标投标法》是《合同法》的特别规定。[2] 笔者认为,《招标投标法》规定是衡量合同变更、违约和无效,应坚持的依据和判断标准。

通说认为,《招标投标法》第四十六条规定的立法目的并不在于限制当事人在合同履行过程中根据实际情况协商一致补充、调整原合同条款的权利,而是旨在规范招投标活动,禁止招投标当事人串通投标、损害其他竞争者的利益,破坏竞争秩序行为。据此,应排除只要当事人另行订立的合同与备案中标合同内容不一致的就视为实质性变更错误倾向。应从权利义务核心内容的变更是否有正当理由、是否影响工程质量、变更的目的是否破坏招投标秩序等诸多方面进行综合审查判断。客观性原因变化导致的工程价款、工期等实质性内容进行变更,不应认

---

〔1〕 参见最高人民法院民事审判第一庭编著:《最高人民法院新建设工程施工合同司法解释(一)理解与适用》,人民法院出版社2021年版,第29页。

〔2〕 参见最高人民法院民事审判第一庭编著:《最高人民法院建设工程施工合同司法解释(二)理解与适用》,人民法院出版社2019年版,第40页。

定为实质性内容的变更范围。《全国民事审判工作会议纪要》规定:建设工程开工后,因设计变更、建设工程规划指标调整等客观原因,发包人与承包人通过补充协议、会谈纪要、往来函件、签证等洽商记录形式变更工期、工程价款、工程项目性质的,不应认定为变更中标合同的实质性内容。主流观点认为,当事人就同一建设工程另行订立的建设工程施工合同与经过备案的中标合同在内容上存在实质性不一致。判断两份合同在内容上是否构成"实质性不一致",首先,要看两份合同中不一致内容是否属于工程价款、工程质量或者工程期限等影响当事人基本权利义务的条款,当事人经协商对上述条款以外的合同内容的变更,不构成实质性内容不一致。其次,要准确区分该条所称"实质性不一致"与依法进行的正常合同变更的界限。一方面,要衡量内容不一致所达到的程度,只有上述内容的变更足以影响当事人的基本合同权利义务,才可认定为构成"实质性内容不一致";另一方面,要区分导致合同重大变更的原因。如果在合同履行过程中,因设计变更导致工程量明显增加或减少等影响中标合同的实际履行,承包人与发包人经协商对中标合同的内容进行了相应变更,则即使两份合同在工程价款、工程质量和工程期限方面存在重大差异,也应认定属于正常的合同变更,而不构成本条所称的"实质性不一致"。[1] 有律师认为,在建设工程施工合同中,工程价款、工程量、工程期限及工程质量等方面内容的变更均有可能为实质性内容的变更,对此不可以一概而论。判断是否存在"实质性内容不一致",可以从合同价款变化占备案合同约定价款的比例、内容的变化对工程质量的影响的角度分析"实质性内容不一致"的判断标准。[2] 笔者认为,对实质性内容不一致的判断,关键是不一致内容的差异程度,其变更足以影响当事人的基本权利义务。

实质性内容程度的把握,是法官自由裁量权的组成部分。其对认定实质性内容标准宽严,直接决定合同效力和案件处理结果。有法官认为,目前对"实质性内容"的尺度标准不宜过严。"实质性内容"是与个案的具体情况相关联的,像100万元的工程另行订立的合同价款比中标合同少20万元,就应当认定为"黑合同",2000万元的工程少200万元,也不一定认定为"黑合同"。像工艺复杂的异型工程必然工期长于一般工程工期,不能以一般工程的工期衡量异型工程的工期标准;异型工程的工期在施工过程中适度延长是合理的,不能因此认定当事人变更了中标合同的实质性内容。从宽把握"实质性内容"的底线为从宽把握的幅度不能与法律规定、国家标准、行业规范相悖。[3] 对于变更幅度的认识发生变化影响

---

〔1〕 参见最高人民法院民事审判第一庭编:《民事审判指导与参考》2014年第2辑(总第58辑),人民法院出版社2014年版,第117页。

〔2〕 参见张艾主编:《建设工程风险防范与裁判规则》,法律出版社2017年版,第116页。

〔3〕 参见最高人民法院民事审判第一庭编:《最高人民法院民事案件解析》(建设工程),法律出版社2010年版,第684页。

宽严范围,如以合同履行中的变化是否超过备案合同的1/3为据,1/3以内属于正常范围,超过1/3,因其未备案而认定为黑合同;[1]后又将该标准调整为1/5。[2] 实践中,对于实质性内容判断是由法官行使自由权裁量。笔者认为,实质性内容的判断标准存在从严和从宽把握,一般情况下应结合案件情况从宽把握。不能将其少于中标合同10%左右的价款,复杂工程调整了工期均视为变更了招标行为,属于订立背离招标文件的实质性内容。经招投标的工程,可根据合同履行的实际情况,调整材料价格和人工费。对备案合同实质性内容的轻微变更,并未影响双方的基本权利义务,不宜认定为与实质性内容不一致。

【案例5-7】 北安市巨源房地产开发有限公司与绥化铁龙建筑工程有限公司建设工程施工合同纠纷再审案

最高人民法院认为,巨源公司与铁龙公司根据合同履行的实际情况,经协商确定材料价格、人工费调整等主要内容签订的《补充协议书》,系双方当事人的真实意思表示,并不违反法律、行政法规的强制性规定,二审判决认定该《补充协议书》合法有效,并无不当。即工程价款实际结算时,人工费及材料价款部分应以该补充协议为准。[3]

【案例5-8】 昆山中源房地产开发有限公司与中国建设一局(集团)有限公司建设工程施工合同纠纷案

二审法院认为,中源公司将桩基、外墙等工程直接发包给他人施工,因此双方对缩减工程量后的工期协商了变更,即缩短为1年,并签订了补充协议,在缩减工程量的基础上缩短工期是符合施工惯例的,且中建一局并未提供证据证明缩短后的工期违反建设工程施工行业的工艺流程所必需的周期,必然会造成质量不合格,因此该工期的变更,是双方真实意思的表示,不能视为背离合同实质性内容的变更。[4]

司法实践中,因实质性内容没有具体的定量标准,法官认定实质性内容变更上具有较大的自由裁量权。

【案例5-9】 江苏南通六建建设集团有限公司与昆山华强房地产开发有限公司建设工程施工合同纠纷案

最高人民法院认为,南通六建公司与华强房地产公司就商住楼工程签订有一份《建设工程施工合同》和两份《承诺书》。关于工程款结算,《建设工程

---

〔1〕 参见夏正芳:《建设工程案件审判实务中的有关问题》,载《民事审判指导与参考》2008年第3集(总第35集),法律出版社2009年版,第60页。

〔2〕 参见李后龙等:《建设工程招投标纠纷案件审判疑难问题研究》,载《法律适用》2017年第7期。

〔3〕 最高人民法院(2012)民申字第754号民事判决书。

〔4〕 江苏省高级人民法院(2010)苏民终字第0023号民事判决书。

施工合同》中虽未约定下浮比例,但在《中标通知书》中有比预算价下浮6.6%的约定。《中标通知书》是《建设工程施工合同》的组成部分,该下浮比例应视为双方对工程款结算的约定。其后,双方又签订两份《承诺书》,就下浮比例分别作出下浮10%和11%的约定,并约定,主合同与《承诺书》不一致的,以《承诺书》为准。自6%至10%或11%的下浮比例的变化不构成对《建设工程施工合同》内容的实质性变更。且南通六建公司在对本案提起诉讼前,单方制作的工程结算书是按照《承诺书》中约定的2001年定额计算的工程价款。一审审理期间,在法院向其释明是否按照投标书及《建设工程施工合同》中约定的2004年定额重新对工程价款进行鉴定时,南通六建公司表示不需要重新鉴定。该公司以其行为表明《承诺书》中约定的工程款结算方式是当事人真实意思表示,亦是《建设工程施工合同》的有效组成部分。据此,原判决认定《建设工程施工合同》《承诺书》均是有效协议,并按照《承诺书》中约定的结算条款作为双方结算工程价款的依据并无不当。南通六建公司称与华强房地产公司就商住楼工程签订的《建设工程施工合同》与两份《承诺书》之间构成"黑白合同"关系,缺乏事实与法律依据。[1]

【案例5-10】　星华公司与荣盛公司建设工程施工合同纠纷案

二审法院认为,补充协议虽然对施工合同在计价方式及是否根据工程项目的增减调整工程价款上作了变更,但并不构成实质变更。而且,从实际履行情况看,双方在施工过程中就是按照补充协议的约定履行的,双方在工程竣工验收后签订的结算单也是根据补充协议约定的方式计算出的工程价款,因此,应当按照补充协议的约定结算工程款。[2]

【案例5-11】　焦作一建建设工程有限公司与浚县新华书店建设工程施工合同纠纷案

二审法院认为,确认"黑白合同"的主要标准是考察两份合同在工程价款、工程质量或工程期限三个合同实质性内容方面是否进行了重大修改。而从本案补充协议和建设工程施工合同的约定内容看,补充协议并没有从上述三个方面对建设工程施工合同的内容作出实质性的改变。虽然双方在补充协议第四条约定"一建公司在原中标的基础上给新华书店让利200,000元",但双方在该协议第五条同时约定"一建公司在浚县城建局所交各项费用,由新华书店负责支付"。一审法院鉴于一建公司的让利与新华书店代一建公司交纳本应由一建公司负担的费用相互冲抵后,本案的工程价款数额并没有发

〔1〕　最高人民法院(2014)民申字第90号民事判决书。

〔2〕　参见最高人民法院民事审判第一庭编:《民事审判指导与参考》2014年第2辑(总第58辑),人民法院出版社2014年版,第113页。

生重大变化,而认定该补充协议为有效并无不当。一审法院在新华书店负担本应由一建公司向浚县城建局交纳的各项费用后,依据双方约定在工程价款总额中扣除一建公司的让利正确,亦符合双方签订合同时的真实意思表示,予以维持。[1]

常见的属于合法变更情形主要有:(1)具有法定事由的变更,如设计变更、建设工程规划指标调整、工程量增减等。(2)当事人双方并非基于主观故意规避法律、法规的规定或非恶意串通损害国家、社会和第三人利益而签订黑合同的。(3)合法提前工期。如果发包人下达提前竣工指示后,承包人提交了包括实施方案、缩短时间、增加合同价格等内容的提前竣工建议书。其后,双方在签订的提前竣工协议中,既约定了预定工期和逾期违约金,又协商编制了符合工程安全和工程质量等强制性规范的加快工程进度技术方案或措施,修订了施工进度计划,同时约定了合理的赶工措施费用以及提前竣工奖励办法,则应认定为合法有效的协议。反之,如果压缩工期的补充协议中,既没有写明压缩合同工期的合同依据,也没有写明以编制符合工程安全和工程质量的赶工技术方案或措施为压缩工期的前提条件,更没有对承包人进行措施费用或提前工期奖的补偿内容,而仅约定了压缩合同工期和逾期竣工的违约责任,则应认定为非法压缩工期属于实质性内容的变更。区分合法提前工期与非法压缩工期的依据,是权利义务对等和等价有偿的原则。(4)工程价款履行期限变更。对于工程价款履行期限变更是否属于实质性内容有不同观点,笔者倾向大多数情形属于合理变更范畴。但存在利益严重失衡时可认定为实质性内容的变更。对于另行订立垫资条款或垫资协议的,亦照此类方式认定。(5)计价方式变更,由固定总价变更为固定单价,变更前后实际数额差距合理,不会对承包人权利义务产生重大影响。(6)解决纠纷方式的变更。当事人针对可能产生的利益矛盾在施工合同中约定解决纠纷方式,是预先选择的解决方式,其后另行签订的施工补充合同中约定变更纠纷解决方式,不应视为变更中标合同实质性内容,而应视为当事人所享有的变更合同的权利,法律应承认这种变更纠纷解决方式约定的效力。(7)属于客观形势发生根本变化的,如实际地质情况与中标条件不符的。(8)中标合同未约定事项进行的补充约定内容,如补充协议。

对于《招标投标法》第四十六条、《建设工程解释(一)》第二条,不能机械地理解。上述规定的立法目的是防止招标人和投标人事后订立在实质性内容与备案合同不一致的合同,避免招投标双方谋取非法利益和法定的招投标程序沦为形式,从而有效地保护国家利益、社会公共利益和其他利益关系人的合法利益。对

---

〔1〕 河南省高级人民法院(2008)豫法民一终字第185号民事判决书。

于经过招投标的工程，根据合同履行的实际情况调整材料价格和人工费，不应构成黑白合同的情形。在合同履行过程中，因地质情况变化导致施工成本大幅增加，如果不提高工程价款则承包人严重亏损。为了平衡双方的利益，双方一致同意提高工程价款，这符合公平和诚实信用原则，亦不存在规避备案的中标合同和谋取非法利益行为。因客观情况超出预期而变更工程价款，不应当认定为背离合同实质性内容。

【案例5－12】 海擎重工机械有限公司与江苏中兴建设有限公司、中国建设银行股份有限公司泰兴支行建设工程施工合同纠纷再审案

最高人民法院认为，订约时未预料到的地质情况导致合同签订基础发生重大变化，对此，双方均应秉承诚实信用原则，重新进行协商，共同商定可行的开挖方案及合同价款。[1]

【案例5－13】 钦州市某（集团）有限责任公司与中交广州航道局有限公司扩建航道拖欠工程款纠纷案

一审法院认为，在本案中，双方签订中标合同后，在施工过程中又协议提高其中三段工程单价的原因是原告在施工过程中发现实际地质情况与被告招标设计的地质资料明显不符，增加了原告的施工难度，亦必然增加原告的施工成本。为此，原告、被告及监理方共同协商适当提高三段工程单价，并不存在原告、被告为了获取不正当利益，在三段工程地质没有任何变化的情况下，后签订假合同提高工程单价。二审法院亦持同样意见维持一审判决。[2]

未竣工工程变更中标合同约定计价方式问题。基于建设工程特征，对于变更中标合同约定计价方式，应根据承发包双方是否存在主观恶意串通、权利义务是否失衡等具体案件情况判断，不能过于机械地理解和适用《建设工程解释》第二十一条规定。在签订施工合同中，承发包双方不存在恶意串通，中标的总包合同未能履行完毕、工程尚未竣工时双方即停止施工并解除合同，发包人对合同提前解除亦存在一定责任。此后，已完工程经验收合格，双方亦就已完工程的计价方式进行了补充约定，确定依据无利润方式结算工程款，双方该意思表示应为有效，法律应允许其变更计价方式。

【案例5－14】 住豪公司与中兴公司建设工程施工合同纠纷案

二审法院认为，总承包合同已由双方约定解除，住豪公司完工部分已验收合格，中兴公司应支付相应工程款。根据司法鉴定结果，已完工程清单工程造价为2414.44万元，与无利润方式计价结果3388.1606万元相差悬殊，

---

〔1〕 最高人民法院(2012)民提字第20号民事判决书。
〔2〕 广西壮族自治区高级人民法院(2006)桂民四终字第19号民事判决书。

可见总承包合同所约定的清单计价确实有失公平。在此情况下,住豪公司多次向中兴公司请求调整结算计价,而中兴公司项目部发函同意了住豪公司提出的利润结算方式,应按双方变更约定采纳按无利润方式经司法鉴定审价确定的造价3388.1606万元,判决中兴公司支付工程款646.1606万元。[1]

实践中,对让利协议尊重当事人合法变更权,坚持诚实信用原则,综合考虑让利部分占总价的比例、变更原因是否合理以及是否损害国家、社会公共利益和他人利益等因素,而不能一律认定无效。

【案例5-15】 江苏苏中建设集团股份有限公司与江苏省东台市中医院建设工程施工合同纠纷案

二审法院认为,本案中,苏中公司中标东台市中医院发包的案涉工程,双方签订的建设工程施工合同系合法有效的合同。关于苏中公司与东台市中医院签订的补充协议第四条、第五条约定的让利6,878,800元效力如何认定的问题。经查,苏中公司中标东台市中医院发包的案涉工程,在双方签订合同前,苏中公司书面承诺同意在中标价格基础上减价6,878,800元,后双方在签订建设工程施工合同的同时签订补充协议,约定苏中公司在工程款支付到80%时让利6,878,800元,且苏中公司保证不影响工程质量现苏中公司主张上述补充协议约定的让利条款违背了中标合同的内容,系无效条款,东台市中医院对此不予认可。法院认为,《建设工程解释(二)》第一条第二款规定,招标人和中标人在中标合同之外就明显高于市场价格购买承建房产、无偿建设住房配套设施、让利、向建设单位捐赠财物等另行签订合同,变相降低工程价款,一方当事人以该合同背离中标合同实质性内容为由,请求确认无效的,人民法院应予支持。第二十六条第一款、第二款规定,本解释自2019年2月1日起施行,本解释施行后尚未审结的一审、二审案件适用本解释。据此,审查案涉补充协议第四条、第五条的效力,依法应适用上述司法解释的规定。本案中双方签订的补充协议中第四条、第五条涉及的让利确实降低工程价款,但审查该约定是否无效,还应审查是否达到背离中标合同实质性内容的标准,是否会导致双方当事人利益失衡。根据查明的事实,案涉合同中标价,即备案合同约定的总工程款为234,021,691.9元,而苏中公司自愿放弃的总价款数额为6,878,800元,在总工程款中占比仅有2.94%,且苏中公司在签约时已经明确让利不影响苏中公司利润,不影响工程质量,故案涉补充协议第四条、第五条所约定的让利6,878,800元并不足以导致双方之间的权利义务发生较大变化,不构成上述司法解释规定的背离中标合同

---

〔1〕 上海市第一中级人民法院(2010)沪一中民二(民)终字第2353号民事判决书。

实质性内容的情形,苏中公司关于案涉补充协议第四条、第五条约定内容无效的主张没有法律依据。苏中公司的上诉请求不能成立,依法不予支持。一审判决查明事实清楚,适用法律正确,依法予以维持。判决:驳回上诉,维持原判。[1]

(二)施工合同变更认定

承发包双方变更施工合同是法律赋予的一项权利,当事人在合同履行过程中,只要对合同变更协商一致,除法律、行政法规规定变更应当办理批准、登记等手续外,就可以认定合同变更。

【案例5-16】 华太建设集团有限公司与浙江福得尔电器有限公司建设工程施工合同纠纷案

最高人民法院认为,对于涉案工程价款是按综合费率下浮15.2%还是按总价下浮15.2%计算。合同补充条款约定:“1.费率下浮15.2%。2.材料单价以施工期内甲乙双方共同签证的市场价格平均计入,工程量按施工图计算,具体以审计为准。3.计算依据《浙江省建筑工程预算定额》(94)……”从双方当事人合同约定的内容看,工程款的计算依据应当是按照综合费率下浮15.2%。虽然华太公司项目部在工程施工过程中多次按照工程总造价下浮15.2%向福得尔公司报送工程预(决)算书和建筑工程进度报价书,但在最终提交和审核结算书时双方发生争议,并未形成一致的变更合同的意思表示。……浙江省高级人民法院再审认定双方当事人在施工中改变合同约定依据不足,应予纠正。华太公司以合同当事人身份主张按照约定的费率下浮15.2%计算工程造价,符合《合同法》规定与当事人之间签订的合同约定,应予支持。综上,应采信鉴定机构出具的鉴定意见中按综合费率下浮15.2%确定工程造价,即工程总造价为8,505,849元。[2]

【案例5-17】 四会市马房水利枢纽工程管理处等与湖南省水电(闸门)建设工程有限公司建设工程合同纠纷案

二审法院认为,一方面尽管双方施工合同中有关于工程变更的调价约定,却并没有明确约定如何调整,马房水利管理处要求下调5%,也没有提供

---

〔1〕 参见《人民司法·案例》2023年第14期(总第977期)。江苏省盐城市中级人民法院(2021)苏09民终5737号民事判决书。

〔2〕 参见《最高人民法院民商事案件审判指导》(第1卷),人民法院出版社2012年版,第408~409页。

充分的证据；另一方面案涉工程在实际履行过程中，马房水利管理处在明确清楚工程结算价已超过合同约定总价的15%的情况下仍签订《变更与新增项目单价结算审核确认表》，并对变更与新增项目的单价进行审核确认，因此法院对于马房水利管理处的调价请求不予支持。[1]

合同变更认定应把握内容和程度两个方面，合同内容进行修改或者补充的，则属于变更的范畴；变更量化程度是认定实质性变更重要方面，其变更程度小如价款轻微调整则不构成实质性变更。

【案例5－18】 四川尚高建设有限公司与北川羌族自治县城乡规划建设和住房保障局建设工程施工合同纠纷案

最高人民法院认为，对实质性变更的判断，一方面需要把握变更的内容，另一方面也需要把握变更的量化程度。《建设工程施工合同》约定合同价款采用固定综合单价方式确定，确实变更《比选文件》确定的固定总价方式的情形，但本案事实表明，按照两种方式得出的案涉工程款差额仅为11万余元，没有达到法律所禁止的"实质性变更"的严重程度，也不会导致合同当事人之间权利义务关系的显失平衡，故不应认定《建设工程施工合同》构成对《比选文件》的实质性变更。而结合尚高公司与北川建设局的实际履约行为及北川县人民政府的相关文件规定，应当确定以北川县审计局出具的审计报告作为工程款款结算依据。[2]

双方当事人在中标合同履行过程中，为了赔偿一方停工损失而对工程价结算方式进行的变更约定，其实质为关于损失赔偿的约定，属于合同履行过程中正常变更，不属于黑合同。也就是说，在中标合同履行期间，其变更的原因为一方违约责任之承担，变更的目的是更好地履行和推进中标合同，这种中标合同的内容进行修改应认定为正常的合同变更。

【案例5－19】 唐山风辉房地产开发有限公司与赤峰建设建筑（集团）有限责任公司建设工程施工合同纠纷案

最高人民法院认为，因《补充协议书》签订在后，且对《建设工程施工合同》的约定进行了变更，双方应按照《补充协议书》约定的固定单价方式进行结算。风辉公司虽称《补充协议书》是迫于政府部门、施工进度、工期、返迁等各种压力签订，但并没有否认此协议书的真实性，也没有主张撤销，所以《补充协议书》对其仍有拘束力。《建设工程解释》第二十一条关于……之规定针对的是当事人在中标合同之外另行签订建设工程施工合同，以架空中标

〔1〕 广东省高级人民法院（2008）粤高法民一终字第80号民事判决书。
〔2〕 最高人民法院（2014）民申字第842号民事裁定书。

合同、规避中标行为和行政部门监管的情形，而《补充协议书》是在双方履行《建设工程施工合同》过程中，为了解决因工程多次停工给赤峰建设公司造成的损失而签订，只是变更了结算方式，《建设工程施工合同》其他条款仍然有效，并且双方在2012年11月22日的《会议纪要》上对此结算方式再次确认，当地住建局工作人员也在《会议纪要》上签字认可。因此，《补充协议书》属于双方当事人在合同履行过程中经协商一致的合同变更，不属于《建设工程解释》第二十一条规定的情形。[1]

合同的变更必须严格遵守《民法典》的相关规定。除法律规定可以由方当事人申请变更的情况下，合同变更必须通过当事人双方协商一致而实现，任何一方未经对方同意，不能擅自变更合同内容。一方向上级单位要求追加工程建设资金不能视为变更的意思表示。

【案例5-20】 包头市第二建筑工程有限责任公司与内蒙古拉布大林国家粮食储备库等建设工程施工合同纠纷案

最高人民法院认为，本案"呼盟拉布大林粮食储备库建设项目"为招投标项目，依据招投标文件及双方签订的《施工合同》的约定，该项目为固定价款9,256,592元。双方签订的《施工合同》第二十三条第二款、第三款虽约定"经自治区建库办批准的工程变更"的内容，但双方在履行《施工合同》过程中，建库办并未批准工程变更，包头二建未能举证证明该项目已获建库办批准变更或双方协商一致变更了《施工合同》的事实存在。因此，一审判决驳回包头二建关于拉布大林储备库支付6,737,742元工程款的请求，并无不当。包头二建以拉布大林储备库向上级单位申请增加工程预算的报告、内蒙古建库办向国家粮食局申请工程款的请示及工程监理出具的书面意见为据，主张双方签订《施工合同》的内容已变更，证据不足，最高人民法院不予支持。[2]

当事人对建设工程施工合同变更的内容约定不明确的，是双方对已约定的内容理解不同，产生截然相反的两种结论且争议不小，在这种情况下从法律上推定为未变更。

---

〔1〕 参见最高人民法院民事审判第一庭编：《民事审判指导与参考》2016年第1辑(总第65辑)，人民法院出版社2016年版，第181页。

〔2〕 参见最高人民法院民事审判第一庭编：《最高人民法院民事案件解析》(建设工程)，法律出版社2010年版，第68页。

【案例5－21】 浙江CY建设集团有限公司与黄山市LG房地产开发有限公司建设工程施工合同纠纷案

二审法院认为,CY建设公司经公开招投标,中标LG房产公司开发的案涉工程,中标价6,663,223元,双方据此于2007年5月11日签订了《建设工程施工合同》,约定工程价款6,663,223元为固定价。2008年6月10日双方签订的《补充协议》第二条约定:“工程结算:按施工图、设计变更签证确认的净增加工程量按实结算。”双方对该条款的理解产生分歧,CY建设公司认为,案涉工程施工图纸进行了实质性变更,原施工图纸已不能作为确定工程价款依据,工程价款应对整个施工图纸范围内以及设计变更增加工程量均按实结算。LG房产公司则认为,新施工图纸只是对原图局部进行变更,该条款仅对施工图纸和签证变更所净增部分的工程量按实结算,与中标合同约定的工程结算方式一致。正因为双方对《补充协议》第二条内容有不同解释,说明该条约定的内容不明确,依据《合同法》第七十八条“当事人对合同变更的内容不明确的,推定为未变更”的规定,应推定《补充协议》对《建设工程施工合同》约定的工程决算方式未变更。[1]

【案例5－22】 河南省建筑安装工程有限公司与河南省工人文化宫建设工程施工合同纠纷再审案

再审法院认为,合同内工程价款应按约定的420万元进行结算。根据本案查明的事实可知,建筑公司以420万元进行投标并以该价格中标,双方签订的《建设工程施工合同》第一部分协议书对合同价款也明确约定为420万元。关于双方在《建设工程施工合同》第三部分专用条款中约定“本合同价款采用工程按实结算加现场签证方式确定”如何理解的问题。首先,该约定中的“工程”是全部工程还是变更工程不明确。如果认为该约定是对合同价款420万元约定的变更,根据《合同法》第七十八条关于“当事人对合同变更的内容约定不明确的,推定为未变更”的规定,本案合同内工程价款仍应当认为420万元未变更。其次,该约定既约定“按实结算”,又约定“加现场签证”,本身存在矛盾,对此建筑公司在庭审中不能作出合理解释。最后,在招投标过程中,文化宫之所以在几家投标单位中选择建筑公司进行施工,也是基于其报价较低,如果因该不明确且存在矛盾约定能够否定合同内工程价款420万元的约定,建筑工程需经招投标确定施工单位将失去意义,同时也损害了招标单位和其他投标单位的合法利益。故“按实结算”应该理解为是对变更工程量的据实结算,建筑公司认为合同内工程的结算价应为鉴定造价

---

〔1〕 参见郭丁铭、肖芳编著:《建设工程施工合同法律实务精解与百案评析》(第2版),中国法制出版社2017年版,第113页。安徽省高级人民法院(2011)皖民四终字第18号民事判决书。

5,098,695.51 元的理由不能成立,一审和原再审判决在充分论述的基础上认定按照合同固定价 420 万元进行结算处理正确,本院对此予以维持。[1]

如何判断一份补充协议变更,有律师提出可考虑的判断因素意见,第一,补充协议的内容是否发生了实质性变更;第二,补充协议的签订时间与招投标的时间间隔情况;第三,补充协议的签订背景为何?第四,补充协议的签订目的也需要考虑。[2] 对此,笔者认为,不论是中标后签订的合同还是补充协议,重要的是要考量承包人享有的权利义务是否发生重大变化的因素,依据诚实信用原则和公平原则予以衡量。

还需要注意的是,在某些地区,不论是强制还是自愿招标的项目,只要当事人将工程合同送到政府主管部门备案,其内容就会被监管并可能被要求修改,以符合政府审查的需要。在这种情况下,政府对工程合同的形式审查变成了实质审查,并进而对合同双方的实际权利义务发生影响,因此,合同双方当事人也有必要提前了解项目所在地对于工程合同的监管的程度。[3] 也就是说,在认定合同变更时要注意考察该种情形的影响。

中标后,当事人经协商一致可对合同内容进行正常的变更。

【案例 5－23】　宁夏第二建筑有限公司与诺邦公司建设工程施工合同纠纷再审案

最高人民法院认为,但本案中,诺邦公司与二建公司的合同约定“因合同主体发生变化,经双方协商原二建公司与亘元公司的合同仅作为工程备案合同,以二建公司与诺邦公司签订的合同为准,双方就原中标范围标段内的各单体工程另行订立 127,813,845 元的固定总价合同,现执行此合同”,在中标合同签订后,任何一方当事人都有权通过协商变更合同部分条款,本案签订时间在后的诺邦公司与二建公司的合同基本承继了时间在前的亘元公司与二建公司的合同内容,无法以存在先后两份合同来否定时间在后的合同内容,二建公司、二建机械公司关于一审判决适用法律错误的理由不能成立。另外,虽案涉工程的备案合同为二建公司与亘元公司在先签订的施工合同,但在合同主体变更后,诺邦公司及二建公司对合同价款进行了变更,并明确施工合同仅作为备案用,实际执行的为变更后的施工协议,故原生效判决以变更后的施工协议约定的价款认定案涉工程价款正确。[4]

---

〔1〕 河南省高级人民法院(2014)豫法民提字第 00161 号民事判决书。

〔2〕 参见周月萍编著:《建筑企业法律风险防范与化解——2013 版施工合同实务专辑》,法律出版社 2014 年版,第 42 页。

〔3〕 参见林立:《工程合同:法律、规则与实践》,北京大学出版社 2016 年版,第 346 页。

〔4〕 最高人民法院(2022)民再 78 号民事判决书。

招标人与中标人因客观情况发生变而另行与中标合同不一致的补充协议,不属于中标合同实质性内容的合同。

【案例5-24】 惠元(厦门)房地产发展有限公司与中铁二局集团有限公司、中铁二局建设有限公司建设工程施工合同纠纷案

最高人民法院认为,(1)关于案涉补充协议、补充合同等与《建设工程施工合同》是否属于“黑白合同”问题。“黑白合同”通常是指发包人与承包人就同一建设工程签订两份或两份以上实质性内容不一致的合同,其中有一份是中标合同即“白合同”,另一份或多份是与中标合同实质性内容不一致的合同即“黑合同”。招标投标活动应当遵循公开、公正、公平以及诚信的原则,按照上述原则签订的中标合同,对于招标人、中标人以及其他参与竞标活动的主体,都是公平的结果。因此,发包人与承包人应以中标合同作为确定双方权利义务的基础。中标合同签订后,由于工程复杂程度高、履行期限长、变化大,随着施工进度的深入,发包方与承包方之间就工程中出现的具体问题签订补充、变更协议是正常和普遍的,但是这种补充或者变更协议不应构成对中标合同实质性内容的违反或者背离。确定是否对中标合同实质性内容进行变更,应考虑以下两个方面:第一,是否足以影响其他竞标人能够中标或者以何种条件中标。发包人与承包人的补充或变更协议的内容排除其他竞标人中标的可能或其他竞标人中标条件的,构成对中标合同实质性内容的变更。第二,是否对招标人与中标人的权利义务产生较大影响。发包人与承包人另行订立的补充或变更协议较大地改变了双方的权利义务关系,导致双方利益严重失衡的,则背离了中标合同的实质性内容。本案中,2010年10月25日,中铁建设公司通过招投标程序中标案涉工程,2010年11月1日至2019年3月31日,中铁建设公司与惠元公司先后签订《建设工程施工合同》《星海湾和谐天下一区、二区施工补充合同》《补充协议书》及补充合同二至补充合同八等。2020年3月3日,中铁集团公司与惠元公司签订《星海湾和谐天下一区、二区工程结算协议》。上述补充合同、补充协议、结算协议不构成对《建设工程施工合同》的实质性变更,与《建设工程施工合同》之间不属于“黑白合同”关系,具体可从以下两个方面分析。第一,《星海湾和谐天下一区、二区施工补充合同》系对《建设工程施工合同》的细化补充。惠元公司与中铁建设公司2010年11月1日签订的《建设工程施工合同》与2010年11月2日签订的《星海湾和谐天下一区、二区施工补充合同》在页码上系连续编码,《建设工程施工合同》第一部分“协议书”明确约定“六、组成合同的文件……双方有关工程的洽谈、变更等书面协议或文件为本合同的组成部分”,第三部分“专用条款”明确约定“2.合同文件及解释顺序详见《星海湾和谐天下一区、二区施工补充合同》。合同履行中,发包人和承包人有关工程的洽谈、变更等书面协议或文件以及上述内容以外的招标文件内容均视为本合同的组成部分”,《建设工程施工合同》第一部分“协议书”中的“承包范围”及第三部分“专用条款”中的“风险范围以外合同价款调整方法”“双方约定工期顺延的其他情况”等条款均载明“详见《星海湾和谐天下一区、二区施工补充合同》”。二审判决结合上述查明的事实,认定惠元公司与中铁建设公司在签订合同时已经将《星海湾和谐天下一区、二区施工补充合同》作为《建设工程施工合同》的组成部分,《星海湾和谐天下一区、二区施工补充合同》是对《建设工程施工合同》有关条款的进一步明确和具体细化,并非双方另行订立的实质性内容不一致的合同,有相应的事实依据。第二,在建设工程施工合同的履行过程中,无论该工程是否属于依法必须招标的工程,发包人与承包人可以根据客观情况的变化对工程款的数额及支付节点、停窝工损失、工期等通过补充协议的方式作出新的适当约定。本案中,发包人与承包人根据案涉工程施工情况发生的变化先后签订了一系列补充协议、补充合同,如2014年6月30日的《补充协议书》系双方对停窝工等损失及后续施工事宜达成协议,补充合同二至补充合同八及《星海湾和谐天下一区、二区工程结算协议》系双方对新增加的户型改造工程、已完工工程内容和结算价款、未施工部分工程造价的确定方式、工期、工程款支付、违约责任、竣工、工程结算等具体事宜作出进一步补充约定,上述约定均是双方在施工合同履行的过程中因客观情况发生变化所作的真实意思表示,未对招标投标时其他竞标人能否中标或以何种条件中标产生影响。上述协议的签订未违背招标投标制度,导致发包人与承包人之间的权利义务失衡,并不构成对《建设工程施工合同》的实质性变更。二审判决认定上述补充协议、补充合同系因工程施工变化和实际需要作出,属于案涉建设工程施工合同的组成文件,并无不当。惠元公司主张补充合同对《建设工程施工合同》实质性内容作出变更,与《建设工程施工合同》系“黑白合同”关系,不能成立,本院不予支持。(2)关于案涉施工合同的效力认定问题。2010年11月,中铁建设公司与惠元公司签订《建设工程施工合同》及《星海湾和谐天下一区、二区施工补充合同》时,具备房屋建筑工程施工总承包特级资质。2016年10月8日,中铁集团公司取得建筑工程施工总承包特级资质。2019年12月6日,中铁集团公司通过签订《合同主体变更协议》成为承包人,享有和承担施工合同项下中铁建设公司的全部权利义务,并于2020年1月20日以施工单位身份参与工程竣工验收。2020年1月20日,案涉工程经建设单位、勘察单位、设计单位、监理单位、施工单位竣工验收合格。二审判决参照《建设工程解释》第五条“承包人超越资质等级许可的业务范围签订建设工程施工合同,在建设工程竣工前取得相应资质等级,当事人请求按照无效合同处理的,不予支持”的规定,认定案涉施工合同有效,并无不当。惠元公司关于其与中铁建设公司签订的《补充协议书》及补充合同二至补充合同八应属无效合同的理由,不能成立。综上,惠元公司提出的再审事由不能成立,其再审申请不符合《民事诉讼法》第二百零七条第六项规定的情形。裁定:驳回惠元(厦门)房地产发展有限公司的再审申请。[1]

【案例5-25】 内蒙古矿业开发有限责任公司与呼伦贝尔农垦莫拐农牧场有限公司建设工程施工合同纠纷再审案

最高人民法院认为,在建设工程施工合同履行过程中,工程量变更、材差变化等情形属于法定变更事由,因此影响中标合同履行,对于中标合同的内容进行修改属于正常的合同变更,不属于在备案的中标合同之外另行签订实质性内容不一致的"黑合同"。正常的合同变更没有损害其他竞争者的利益、破坏竞争秩序,亦不具有损害国家、社会公共利益和他人利益的目的,与《招标投标法》的相关规定并不相悖,不应因此而认定无效。[2]

(三)签证和工程变更认定

有监理签字但发包人未签字的签证,如果签证的形成过程符合合同约定与双方结算习惯,可以作为计算工程额外费用的依据。

【案例5-26】 某公司与某某公司建设工程施工合同纠纷案

最高人民法院认为,在当事人签订的《建设工程施工合同》中约定了合同价款为"采用预算加现场签证",且在业主和监理单位签订的《建设工程监理合同》中约定监理人义务包括审查施工承包人提交的工程变更申请,协调处理施工进度调整、费用索赔、合同争议等事项。所以,只要监理单位对于签证的签字盖章确认已经符合合同约定和双方结算习惯,就可以作为施工单位主张工程额外产生费用的依据。[3]

签证不符合建设工程施工合同约定,但承包人确已实际施工的,承包人可以主张该签证对应的工程款。

---

〔1〕 参见最高人民法院民事审判第一庭编:《民事审判指导与参考》2022年第3辑(总第91辑),人民法院出版社2022年版,第178~179页。最高人民法院(2022)民申262号民事判决书。

〔2〕 最高人民法院(2021)民申6808号民事裁定书。

〔3〕 最高人民法院(2021)民申5357号民事裁定书。

【案例5－27】 贵州省冶金建设公司与遵义佳信房地产开发有限公司某某公司建设工程施工合同纠纷再审案

最高人民法院认为,关于鉴定意见书未履行盖章程序的签证单所涉的三项费用是否应计入工程款的问题,双方在《建设施工合同》中约定,对于包括设计图纸变更、价款变更、工程量增减、工期等直接导致工程价款增加或减少、工期顺延或者提前的签证,除经发包方派驻的工程师签证外必须经发包人加盖印章,方发生效力。对于鉴定意见"不确定部分"中承建单位未按合同要求盖章的签证单,经过佳信公司派驻的工程师金某的签字确认,在佳信公司未提交充分证据证明该部分工程系由其他施工人施工和上述签证系虚假签证的情况下,虽然佳信公司未加盖印章,但无法否定该部分建设工程系由冶金公司施工完成的事实,故从公平角度考虑,应该对该部分工程及相应1,383,694.68元工程价款予以认定。[1]

签订合同时没有施工图,实际施工工程量相对于模拟清单工程量属于工程变更,应对工程变更据实结算,该等主张不能获得支持。

【案例5－28】 中太公司某公司与东合时代公司建设工程施工合同纠纷案

最高人民法院认为,关于二审法院确定的结算依据和计价原则是否正确的问题。东合时代公司在招标文件中载明施工图纸未到位的事实,对此中太公司系明知。双方签订的《施工协议书》中载明:承包方式为建筑面积综合单价1205元/平方米(不含模板工程费用);综合单价包干为按招标文件规定的工作界面和工作内容经监理、发包人、承包人图纸会审后的施工图纸范围内的工作内容,施工图会审后发生的经监理、发包人确认的工程变更、设计变更、会议纪要及经济签证按实结算,且约定了工程变更、设计变更的计价方式。根据上述约定,只有施工图会审后发生的经监理、发包人确认的施工才属于工程变更、设计变更。现中太公司主张整个工程为工程变更、设计变更缺乏事实依据,不能成立。[2]

施工合同约定签证应递交监理确认,监理签字确认人工误差补偿、机械闲置补偿、管理费补偿等工期延误损失的,该签字对发包人有效。

【案例5－29】 江西太平洋宇洪建设有限公司与理县文泰水电开发有限责任公司建设工程施工合同纠纷案

最高人民法院认为,鉴定意见(4)涉及的检材1、16、18系工期延误造成宇洪公司人员误工费、机械闲置费和管理费等损失补偿。宇洪公司申请延长

---

〔1〕 最高人民法院(2020)民再336号民事判决书。

〔2〕 最高人民法院(2019)民申4614号民事裁定书。

工期18个月及人工误工费、机械闲置费、管理费等损失补偿，并提交了相应报告单，监理在该报告单上进行了签证确认。根据《工程承包合同》中“工程项目及工程量的签字或形象进度签证，承包人递交监理工程师或发包人10天内给予明确答复……”的约定，该报告单已经监理进行签证，可以作为计算工期延误损失的依据，一审法院根据鉴定意见确认宇洪公司因工期延误产生的人工误工费、机械闲置费、管理费等损失共计9,485,055.40元，并无不当。[1]

【案例5－30】 四川省第一建筑工程有限公司与昭通市泰斗房地产开发经营有限公司建设工程施工合同纠纷案

最高人民法院认为，经本院核算，索赔费用签证大多为停工、窝工产生的人员工资、机械材料租赁费用等，并非涉及工程量或工程造价的实体签证，因此不应视为工程款。但上述索赔费用签证均有工程监理单位盖章，形成时间基本在《7月29日补充协议》签订之前，根据查明的事实，在《7月29日补充协议》签订之前确实存在昭通市泰斗房地产开发经营有限公司原因停工、窝工事实，一审法院据此认定上述签证的真实性并结合《7月29日补充协议》已对四川省第一建筑工程有限公司的停工损失进行了一定程度的弥补，四川省第一建筑工程有限公司在施工中也存在如施工人员配备不到位等具体情况，从利益平衡角度酌情支持索赔费用12,272,868元并无明显不当，本院予以确认。[2]

【案例5－31】 山东兴润建设有限公司淄博分公司与日照市住房和城乡建设局房屋租赁合同纠纷案

最高人民法院认为，关于监理加盖印章并签字，建设单位未予确认的工程签证能否采信问题。《BT协议》当事人未约定工程签证必须加盖建设单位印章才能作为计算工程量的依据。监理单位具有确认工程中发生的停窝工损失、增加的项目等职能，其在山东兴润建设有限公司淄博分公司提交的工程签证上加盖印章并签字，即认可工程签证记载事项。《民事诉讼法解释》第一百零九条规定，当事人对欺诈、胁迫、恶意串通事实的证明，以及口头遗嘱或者争议事实的证明，人民法院确信该待证事实存在的可能性能够排除合理怀疑的，应当认定该事实存在。日照市住房和城乡建设局并未提交充分证据证明山东兴润建设有限公司淄博分公司与监理单位存在恶意串通行为，主张监理确认的签证不应采信，依据不足。根据查明事实，2011年3月建设

---

〔1〕 最高人民法院(2020)民终455号民事判决书。
〔2〕 最高人民法院(2019)民终384号民事判决书。

单位确认部分工程签证，且施工单位编制过部分工程签证，建设单位及监理单位予以确认。上述事实说明至2011年3月，监理仍在履行职责，签证确认工作仍在进行。日照市住房和城乡建设局主张案涉签证系在2010年12月20日之后形成，其与监理单位的合同已经终止，监理无权再确认签证，与各方实际履行行为不符，本院不予采纳。原判决将争议签证造价计入工程总造价，并无不当。〔1〕

材料差价签证不符合约定的，材料差价不能进入工程价款。

【案例5－32】 贵州省冶金建设公司与遵义佳信房地产开发有限公司建设工程施工合同纠纷再审案

最高人民法院认为，对于鉴定意见“不确定部分”中未经佳信公司盖章的材料差部分，根据合同的约定，对大宗材料，承包方必须在材料采购前的7个工作日呈报《材料报价清单》，由发包方认可后组织承包方、监理单位进行市场调查后7个工作日内确定。其他未确定的零星材料按《贵州省造价信息（遵义地区）材料价格》单价或双方协商单价结算，因材料的市场价格随行情不断变化，故对该部分价差的认定应按照双方合同约定从严把握，因该部分签证未经发包方佳信公司的盖章确认，故本院对于鉴定意见“不确定部分”关于材料价差的两项费用1,089,170.5元、125,624.72元不予支持。〔2〕

监理工作联系单为监理公司出具，其内容不能反映施工方与发包方存在变更工期的合意，不能确认发包、承包双方在合同履行过程中对合同进行了变更。关于这一条，大家实际上明确的是：监理工作联系单是监理公司出具的，只对和监理单位相关工作的事务提供依据。因此该联系单不能够作为裁决业主和施工单位合同内容的依据。〔3〕

---

〔1〕 最高人民法院（2017）民终475号民事判决书。
〔2〕 最高人民法院（2020）民再336号民事判决书。
〔3〕 最高人民法院（2020）民申1795号民事裁定书。

三、施工合同变更纠纷处理

(一)工程变更结算纠纷处理

工程变更是在施工过程中常见现象,其涉及的范围面广,如设计变更、施工方案变更、新增附加工作、删除工作等,从性质上讲是量发生变化,进而影响到工程结算问题。在施工合同内未就工程变更后的量、价计算方式进行明确约定,按照图纸计算的工程量与施工现场发生的工程量存在差异,如何结算是有争议的。

2017 年版《建设工程施工合同(示范文本)》通用条款第 10.3 条约定了“变更估价”,除专用合同条款另有约定之外,变更估价按照以下原则处理:(1)已标价的工程量清单或预算书有相同项目的,按照项目单价认定;(2)已标价的工程量清单或预算书中无相同项目,但有类似项目的,参照类似项目的单价认定;(3)变更导致实际完成的变更工程量与已标价的工程量清单或预算书中列明的该项目工程量的变化幅度超过 15% 的,或已标价的工程量清单或预算书中无相同项目或类似项目单价的,按照合理的成本与利润构成的原则,由合同当事人确定变更工作的单价。

工程变更是否必然执行合同相同或类似单价,需根据双方合同约定进行判断,并非一概而论。如果合同中约定“有相同合同综合单价的,执行合同单价;没有相同单价的,可参考同类项目的近似单价”等类似表述的,则应严格执行合同的约定合同文件中如存在相同单价的,应直接执行相同单价,合同中存在类似单价的,并不必然直接执行类似单价,发包方可以参照该单价的具体组成、描述,结合工程变更的实际情况,在合理的范围内确定最终单价。如果合同中并未约定工程变更如何确定单价,根据《建设工程解释(一)》第十九条规定“当事人对建设工程的计价标准或者计价方法有约定的,按照约定结算工程价款。因设计变更导致建设工程的工程量或者质量标准发生变化,当事人对该部分工程价款不能协商一致的,可以参照签订建设工程施工合同时当地建设行政主管部门发布的计价方法或者计价标准结算工程价款”,如果双方未能协商一致进入诉讼程序的,司法鉴定机构可能参照签订建设工程施工合同时当地建设行政主管部门发布的计价方法或者计价标准确定工程变更部分价款。

【案例5-33】　上海浦川水利市政工程有限公司与上海市第二市政工程有限公司建设工程施工合同纠纷案

二审法院认为，对于抢工期而引起的施工组织设计变更以及涉及其他工程设计变更而引起的措施费与工程量变更的结算问题，采纳司法鉴定单位的意见，一方面以竣工图为根本依据，但对于现场实物情况与设计图纸不一致的地方，虽然没有签证单审价也已据实计取相关费用。另一方面，按照建筑行业的惯例，根据投标方式采用综合单价报价的，综合单价中已综合考虑了措施费，如果双方没有特殊约定，技术措施费一般不再另行计算。[1]

【案例5-34】　南通五建工程有限公司与上海京都置业有限公司建设工程施工合同纠纷案

二审法院认为，双方的计算原则是在固定单价的基础上变更部分按九三定额下浮10%计算，所以固定单价是双方计算工程款的基础。南通五建以设计变更很多为由否定固定单价，与双方约定不符，因此不予采信。由于双方约定变更部分按九三定额下浮10%计算，该约定应当包含变更的全部情形，即无论工程量增加还是减少，其增加或减少部分为应按九三定额下浮10%计算。故法院最终采信司法鉴定单位的意见，三期工程采取增减的工程量按合同约定下浮率10%计取。[2]

【案例5-35】　遂宁金红叶纸业有限公司与核工业西南建设集团有限公司建设工程施工合同纠纷案

二审法院认为，双方当事人在《建设工程施工合同》中约定，变更合同价款若合同中已有适用变更合同的价格，按合同已有的价格变更合同价款，若合同中没有适用或类似于变更工程的价格，由乙方提出适当的变更价格，经甲方商务联络人员确认后执行。由于新增项目没有相应的计价资料，但施工过程中因金红叶公司设计变更而导致工程量增加是客观事实，双方当事人对该部分工程价款已不能协商一致，故鉴定机构按照《建设工程工程量清单计价规范》(GB 50500—2008)、2009年《四川省建设工程工程量清单计价定额》及其实施办法和配套文件为依据计取新增项目的工程价款符合前述司法解释的规定，也没有违反双方约定的计价原则。[3]

---

〔1〕 上海市高级人民法院(2007)沪高民一(民)终字第139号民事判决书。

〔2〕 上海市第一中级人民法院(2006)沪一中民二(民)初字第174号民事判决书；上海市高级人民法院(2009)沪高民一(民)终字第6号民事判决书。

〔3〕 四川省高级人民法院(2018)川民终741号民事判决书。

(二)合作开发变更施工合同处理

不同类型合同之间的变更,只要符合施工合同要件就应认定原合同已发生变更。合作开发合同的特征是共同投入、共享利益、共担风险,其共同投资是该类合同关系成立的前提和基础,是否参与共同管理,并非构成要件,只是作为认定合作关系是否存在的参考因素。在没有证据证明负责施工一方对讼争项目履行了投资义务,即使存在共同管理的事实,也不能认为双方之间是合作开发合同关系。当负责施工一方实际施工行为并且已经取得了讼争项目工程价款,其当事人签订的合同意思表示以及履行合同的行为,表明原合作开发合同已经被施工合同变更或者替代了,当事人之间权利义务发生了变化,由共同投资、共享利益、共担风险的合作开发房地产合同转变为一方负责工程建设,另一方支付工程价款的建设施工合同,即后合同改变了原来的合作关系,这应当属于合同的变更,而不属于合同的解除。也就是说,同一当事人先签订合作开发房地产合同,其后又签订建设工程施工合同,合同约定由一方负责施工并取得工程款,合同内容已发生了实质性变更,后合同已经取代了先合同,应当认定双方合同的性质变更为施工合同。在合同履行中,一方自行选择履行施工合同,而放弃先签合作开发合同权利和义务,则双方成立施工合同关系。

【案例5-36】 甲公司与乙公司建设工程施工合同纠纷案

二审法院认为,双方之间的合同关系已经变更为建设工程施工合同关系,据此改判支持甲公司的诉讼请求。最高人民法院民一庭倾向性意见:双方当事人签订合作开发房地产合同,后又签订建设工程施工合同,由合作开发房地产合同中的一方负责施工并取得工程价款的,应当认定双方之间的合同关系已经变更为建设工程施工合同关系。[1]

(三)承包人单方变更施工处理

实践中,承包人变更设计导致工程量增加的,是否应增加支付相应的工程款须根据具体情况处理。

---

〔1〕 参见最高人民法院民事审判第一庭编:《民事审判指导与参考》2012年第2辑(总第50辑),人民法院出版社2012年版,第105页。

【案例5-37】 长江公司与湖滨公司建设工程分包合同纠纷案

二审法院认为,虽然长江公司未提供证据证明湖滨公司同意其施工中的变更设计行为,但根据本案客观情况,长江公司在施工前已就此变更函告湖滨公司,且此变更系因为现场施工情况与原先签订合同的施工图纸有所不同引起,而湖滨公司在收到信函后未予以答复,应视为湖滨公司默认。另外,在长达几个月的施工过程中,长江公司在原有的设计中系增加了本案系争部分的施工,这在施工过程中是显而易见的,而湖滨公司作为发包人、建设方,应当知道该事实,且监理单位对此亦未提出过异议,所以可以认定湖滨公司已默认了长江公司对此部分的增加施工,湖滨公司应承担支付相应工程款的责任。据此,二审判决:撤销原审判决,判令湖滨公司支付长江公司工程款43,424,208元。[1]

在建设工程施工合同履行中,承包人自行增加的施工内容,监理单位和发包人未提出异议的,可以视为发包人和承包人就该施工内容达成了变更。[2]

【案例5-38】 浙江省三建集团有限公司与咸阳凯创置业有限责任公司建设工程施工合同纠纷案

最高人民法院认为,经查,纤维网格布客观存在,虽然验收规范对该施工项目无强制性要求,但是监理单位和凯创公司明知三建公司以此方式施工未提出异议,一审法院认定双方就施工方式达成合意,处理无明显不当,本院予以维持。[3]

【案例5-39】 嵩明王家村骨科医院与代某建设工程施工合同纠纷再审案

最高人民法院认为,对超出图纸范围的加层工程,嵩明王家村骨科医院主张部分由代某施工完成,部分并非由代某完成,而其一直未对加层工程的施工提出异议,且加层工程已由嵩明王家村骨科医院投入使用,其现申请再审主张加层工程系由代某擅自施工没有任何证据证明,其认为加层工程不应计入工程价款的申请再审理由不能成立。[4]

【案例5-40】 中国华西企业有限公司与赣州铭欣实业有限公司建设工程施工合同纠纷案

最高人民法院认为,案涉工程外墙涂料变更为面砖施工增加了工艺成本,常理而言中国华西企业有限公司欠缺主动变更外面墙体设计的驱动力,

---

〔1〕 参见潘福仁主编:《建设工程合同纠纷》(第4版),法律出版社2015年版,第178~179页。

〔2〕 参见杜和浩、陈浩:《最高人民法院建设工程施工合同裁判规则》,法律出版社2022年版,第108页。

〔3〕 最高人民法院(2020)民终483号民事判决书。

〔4〕 最高人民法院(2020)民申3254号民事裁定书。

而外墙饰面的变更最终凝固在所交付的已竣工验收建筑工程中,作为案涉工程的发包人赣州铭欣实业有限公司(以下简称铭欣公司)可从中实际收益。铭欣公司并无证据证明其曾在施工过程中就此向中国华西企业有限公司提出异议,在庭审中铭欣公司已认可施工过程中对此知情并默认,一审法院据此判令铭欣公司承担变更部分工程量所增加的成本并无不大。[1]

(四)情势变更合同内容处理

《民法典》第五百三十三条规定:"合同成立后,合同的基础条件发生了当事人在订立合同时无法预见的、不属于商业风险的重大变化,继续履行合同对于当事人一方明显不公平的,受不利影响的当事人可以与对方重新协商;在合理期限内协商不成的,当事人可以请求人民法院或者仲裁机构变更或者解除合同。人民法院或者仲裁机构应当结合案件的实际情况,根据公平原则变更或者解除合同。"

《民法典合同编通则解释》第三十二条规定:"合同成立后,因政策调控或者市场供求关系异常变动导致价格发生常人无法合理预见的涨跌,继续履行合同对于当事人一方明显不公平的,人民法院应当认定合同的基础条件发生了民法典第五百三十三条第一款规定的重大变化,但是合同涉及市场属性活泼、长期以来价格波动的大宗商品以及股票、期货等风险投资型金融产品的除外。

合同的基础条件发生了民法典第五百三十三条第一款规定的重大变化,当事人请求变更合同的,人民法院不得解除合同;当事人请求解除合同的,人民法院可以根据案件具体情形判决变更或者解除合同。

人民法院依据民法典第五百三十三条判决变更或者解除合同的,应当综合考虑合同解除条件发生重大变化的时间、当事人重新协商的情况以及因合同变更或者解除给当事人造成的损失等因素,在判项中明确合同变更或者解除的时间。

当事人事先约定排除民法典第五百三十三条适用的,人民法院应当认定该约定无效。"

就《建设工程解释(一)》第二十三条但书部分,制定司法解释的法官认为,本条规定的"客观情况发生了招标投标时难以预见的变化",实质上属于情势变更的范畴。[2]

《建设工程解释(一)》第二十三条但书部分规定,因客观情况发生变化可以

---

[1] 最高人民法院(2020)民终8号民事判决书。

[2] 参见最高人民法院民事审判第一庭编著:《最高人民法院新建设工程施工合同司法解释(一)理解与适用》,人民法院出版社2021年版,第238页。

变更中标合同结算原则。制定司法解释的法官对客观情况发生变化归纳为以下四种情况:(1)招标投标后建设工程的原材料、工程设备价格变化超出了正常的市场价格涨跌幅度;(2)招标投标后人工单价发生了重大变化;(3)建设工程的规划、设计发生了重大变化;(4)其他客观情况发生重大变化的情形。[1] 笔者认为,《建设工程解释(一)》第二十三条虽然涉及不属于招标工程项目结算,但同样适用所有的工程结算变更情形。在施工过程中,其发生设计变更、施工方案变更、新增加工作、删除工作等不同形式的变更,这些变更是否引起工程款结算的变化需放在个案中确认。对于此类结算纠纷,应区分固定总价和固定单价两种情况讨论。对于固定总价下的工程变更,一般情况下法院参照合同约定执行,但亦会酌情根据公平原则进行考虑。对于涉及合同未约定部分的变更,参照施工当地建设行政主管部门发布的计价方法或计价标准计算工程价款。[2] 法官认为,订约后客观形式发生根本变化的,合同当事人可以直接变更中标合同的实质性内容,或者诉请法院裁判变更。[3]

主流观点认为,情势变更可以作为对备案合同进行实质变更的法定理由。在合同履行中,在确已出现继续履行可能会影响到某方当事人基本利益的情形时,允许对合同相关条款进行重新约定,体现法律保护当事人的公平性。也就是说,签订中标合同后属于客观形势变动发生根本变化的事件,如主要建材价格异动的,可以变更合同实质性内容。个案中,法院采用情势变更的适用存在争议。

【案例5-41】　北安市巨源房地产开发有限公司与绥化铁龙建筑工程有限公司建设工程施工合同纠纷再审案

最高人民法院认为,2010年5月25日签订的《补充协议书》中巨源公司与铁龙公司根据合同履行的实际情况,经协商决定对材料价格、人工费调整等主要内容重新进行约定,系双方当事人的真实意思表示,并不违反法律、行政法规的强制性规定,二审判决认定《补充协议书》合法有效,并无不当。[4] 有律师对此分析为,在本案中,由于工程未能在约定工期内完成,逾期竣工导致施工方面临材料费、人工费、机械费价格均大幅上涨的市场行情,若继续按照原中标备案合同履行必然出现显失公平的结果。在这种情况下,双方当事人基于客观情势的变更已经签订了《补充协议》,该协议充分体现了双方为

---

〔1〕 参见最高人民法院民事审判第一庭编著:《最高人民法院新建设工程施工合同司法解释(一)理解与适用》,人民法院出版社2021年版,第239~241页。

〔2〕 参见最高人民法院民事审判第一庭编著:《最高人民法院新建设工程施工合同司法解释(一)理解与适用》,人民法院出版社2021年版,第239~241页。

〔3〕 参见邬砚:《建设工程合同纠纷——254个裁判规则深度解析》(第2版),法律出版社2019年版,第329页。

〔4〕 最高人民法院(2012)民申字第754号民事判决书。

保证工程顺利实施、维持当事人间利益平衡的真实意思,当然不应视为无效。那么,既然补充协议已经签订了,也就不存在一方当事人单方要求变更或解除合同的余地,从而不具备适用情势变更原则的前提条件。〔1〕

(五)欠款证明变签协议处理

实践中,承包人给施工人出具工程款欠款证明,但之后双方就工程款结算又签订了新的协议,故应视为双方就工程款的结算达成了新的合意,是对欠款证明的变更,双方应依照新的协议所确定的结算标准结算工程款。

【案例5-42】 中国对外建设总公司北京建筑工程分公司与孙某杰建设工程施工合同纠纷再审案

再审法院认为,依据中外建北京分公司与北京顺义京润物资供应公司签订的建筑施工协议,中外建北京分公司应按照孙某杰完成2号楼的实际工程量,即总工程量65%结算工程款。原再审判决仅依据欠条认定中外建北京分公司应给付工程款确有不当。在合同履行过程中,中外建北京分公司强行将孙某杰和施工人员清除出施工工地,属于违约行为,应当承担违约责任。中外建北京分公司应按约定向孙某杰支付违约金。依据中外建北京分公司与北京市顺义京润物资供应公司签订的建筑施工协议,北京顺义京润物资供应公司赔偿2号楼的前期误工损失费35万元,应当归孙某杰所有。另根据中外建北京分公司提交的证据材料,龙脉花园2号楼的实际建筑面积为5446平方米,原审认定2号楼建筑面积为5461平方米系认定事实有误,应予纠正。中外建北京分公司的部分再审请求理由成立,应予支持。该案裁判解析:从查明事实看,200万元工程款"欠款证明"在前,中外建北京分公司的项目经理陈某新与孙某杰等人达成协议在后,《协议书》约定:中外建北京分公司按每平方米738元进行结算,自交工之日起3个月内结算。该协议的签订应当视为双方以200万元支付工程款的变更,即北京分公司与孙某杰就工程款的支付达成了新的合意,双方应按照该协议的约定执行,而不是依据"欠款证明"来支付2号楼的工程款。故本案应依双方所签《协议书》确定的结算标准每平方米738元,按照孙某杰完成2号楼的实际工程量,即总工程量的65%结算工程款。〔2〕

---

〔1〕 参见朱树英主编:《法院审理建设工程案件观点集成》,法律出版社2015年版,第143页。

〔2〕 参见最高人民法院审判监督庭编:《全国法院再审典型案例评注》(上),中国法制出版社2011年版,第71~74页。

专题六　建设工程施工合同解除纠纷

《民法典》在建设工程合同一章并未具体规定建设工程合同解除的内容，但建设工程合同作为《民法典》规定的各类合同中的一种，其解除的条件、程序等当然适用《合同法》中关于合同解除的一般规定。本专题就施工合同解除纠纷实务问题，作些具体探讨。

一、施工合同解除理解

合同解除，是指在合同有效成立后，因一方或双方当事人的意思表示，使合同关系终止，未履行的部分不必履行，既已履行的部分依具体情形进行清算的制度，它是合同特有的终止原因。合同解除是当事人进行救济的方式之一。通过合同解除，能够使当事人在其合同目的不能实现的情形中摆脱现有合同权利义务关系的约束，重新获得交易的自由。[1] 合同解除可以分为协商解除、约定解除和法定解除三类。应注意的是，合同解除只适用于有效合同，无效合同不存在解除问题。

《民法典》第五百六十二条规定："当事人协商一致，可以解除合同。"第五百六十三条第一款规定："有下列情形之一的，当事人可以解除合同：(一)因不可抗力致使不能实现合同目的；(二)在履行期限届满前，当事人一方明确表示或者以自己的行为表明不履行主要债务；(三)当事人一方迟延履行主要债务，经催告后在合理期限内仍未履行；(四)当事人一方迟延履行债务或者有其他违约行为致使不能实现合同目的；(五)法律规定的其他情形。"以持续履行的债务为内容的不定期合同，当事人可以随时解除合同，但是应当在合理期限之前通知对方。主要债务的履行，关系债权人最重要的权利的实现，关系订立合同的主要目的的实现。

《民法典合同编通则解释》第五十二条规定："当事人就解除合同协商一致时未对合同解除后的违约责任、结算和清理等问题作出处理，一方主张合同已经解除的，人民法院应予支持。但是，当事人另有约定的除外。有下列情形之一的，除当事人一方另有意思表示外，人民法院可以认定合同解除：(一)当事人一方主张行使法律规定或者合同约定的解除权，经审理认为不符合解除权行使条件但是对方同意解除；(二)双方当事人均不符合解除权行使的条件但是均主张解除合同。前两款情形下的违约责任、结算和清理等问题，人民法院应当依据民法典第五百六十六条、第五百六十七条和有关违约责任的规定处理。"

发包人享有解除权，承包人在特殊情况下也享有解除权，但实际施工人不享有解除权，在转包人与转承包人、违法分包人之间不存在合同解除问题。

---

〔1〕 参见黄薇主编：《中华人民共和国民法典合同编释义》，法律出版社2020年版，第220页。

（一）施工合同法定解除条件

《民法典》第八百零六条规定："承包人将建设工程转包、违法分包的，发包人可以解除合同。发包人提供的主要建筑材料、建筑构配件和设备不符合强制性标准或者不履行协助义务，承包人无法施工，经催告后在合理期限内仍未履行相应义务的，承包人可以解除合同。合同解除后，已经完成的建设工程质量合格的，发包人应当按照约定支付相应的工程价款；已经完成的建设工程质量不合格的，参照本法第七百九十三条的规定处理。"本条是关于建设工程合同法定解除的规定。主要包含以下几层含义：其一，发包人法定解除的条件是承包人为转包、违法分包。其二，承包人法定解除的条件是发包人提供的主要建筑材料、建筑构配件和设备不符合强制性标准或者不履行协助义务，承包人无法施工，经催告后在合理期限内仍未履行相应义务的。其三，发包人支付工程款的条件是工程质量合格。

法定解除主要适用于当事人不履行合同的主要义务，致使合同目的无法实现的情形，是一种合同违约的救济方式。

法定解除权或称解除条件，是指承发包双方依照法律规定行使解除权而使合同予以解除。法定解除事由可分为三类，即客观原因引起的解除、因一方当事人违约引起的解除和因法律规定的其他事由引起的解除。

发包人的法定解除条件，其一，承包人明确表示或者以行为表明不履行合同履行义务。常见的承包人无故擅自停工、中途自行撤场。其二，承包人在合同约定的期限内没有完工，且在发包人催告的合理期限内仍未完工的。如果发包人催告后，合理期限内承包人仍未继续施工的，致使合同目的不能实现的。其三，承包人已经完成的建设工程质量不合格，并且拒绝修复的。其四，承包人将承包的建设工程非法转包、违法分包的。其五，承包人在施工期间资质等级下降，不具备继续履行合同的能力和资格。其六，其他可以构成法定解除情形。

对建设工程施工合同中的发包人而言，承包人在合同的主要债务为及时完成建设工程，如果承包人明示或者以自己的行为表示其不履行合同的主要债务的，发包人有权解除合同；但发包人该项解除权的行使，应限于承包人不履行合同主要债务的前提下。

承包人的法定解除条件，其一，发包人未按约定支付工程价款，致使承包人无法施工，且在催告的合理期限内仍未履行相应义务。其二，发包人提供的主要建筑材料、建筑构配件和设备不符合强制性标准，致使承包人无法施工，且在催告的合理期限内仍未履行相应义务。其三，发包人不履行合同约定的协助义务，致使承包人无法施工，且在催告的合理期限内仍未履行相应义务。其四，其他可以构成法定解除情形。

合同解除判定优先依据，除《民法典》第五百六十三条规定的合同解除法定情形之外，其第五百八十五条实际上也是对合同解除事由的特殊规定，最高人民法院在案件处理时亦坚持该种观点。[1] 根据第五百八十条规定，施工合同不存在继续履行的条件，法院可以判决解除。

【案例6-1】　广州市番禺区市场管理总站与广州市番禺区第二建筑公司、广州华粤房地产股份有限公司等工程款纠纷案

最高人民法院认为，由于华粤公司与市管总站的合作开发合同被法院判决已确认为无效合同，工程项目判归市管总站所有，华粤公司已不具备继续履行与二建公司建筑工程承发包合同的主体资格，故双方签订的合同及补充协议应依法解除。[2]

【案例6-2】　钦州市建筑工程公司南宁第二分公司与南宁市永邦建筑工程劳务有限责任公司承揽合同纠纷案

二审法院认为，关于《解除合同通知书》的效力问题，本案诉争的平果中环商业广场项目现已由广西区一建公司承建，钦州建筑二分公司与永邦公司签订的《平果中环商业广场项目工程建设劳务分包施工合同》实际已无法履行，据此，钦州建筑二分公司作出的《解除合同通知书》内容并未违反国家法律法规，应为有效，一审判决认定该通知书无效有误，本院予以纠正。[3]

【案例6-3】　某地质博物馆与某市海外装饰工程有限公司工程施工合同纠纷案

二审法院认为，关于原审认定涉案合同符合法定解除条件是否正确的问题，承包人停止施工没有正当理由，于2012年5月停止施工后至今未复工，上诉人停止施工的行为使发包人签订合同的目的不能实现，且该合同现已无继续履行的可能。因此，原审根据《建设工程解释》第八条的规定，认定上诉人停止施工的行为属于以行为表明不履行合同主要义务的根本性违约行为、涉案合同符合法律规定的解除条件是正确的。承包人主张不能恢复施工的原因在被发包人，但未提供证据证实，本院不予支持。二审法院最终维持了原审判决。[4]

---

〔1〕 参见《最高人民法院公报》2006年第6期。最高人民法院民事审判第一庭编：《民事审判指导与参考》2008年第2辑（总第34辑），法律出版社2008年版，第151～161页。

〔2〕 最高人民法院（2001）民一终字第67号民事判决书。

〔3〕 广西壮族自治区南宁市中级人民法院（2012）南市民二终字第109号民事判决书。

〔4〕 山东省高级人民法院（2015）鲁民一终字第27号民事判决书。

【案例6-4】 华西股份公司与胜业房地产公司建设工程施工合同纠纷再审案

最高人民法院认为,首先,根据已查明的事实,案涉合同的约定地下室正负零为第一次付款节点,胜业房地产公司应支付已完工程量的80%的工程款。根据名扬公司出具的鉴定意见书,华西股份公司实际完成的实体工程造价为13,514,718元,而胜业房地产公司已支付的工程款仅为2,016,700元,余款至今尚未支付,故胜业房地产公司未按合同约定支付相应工程款,迟延履行主要义务,符合合同法定解除的条件。其次,根据胜业房地产公司2014年9月15日发出的总控进度计划,华西股份公司应于2014年11月15日进行主楼部分(A—F轴)的施工工作。但因胜业房地产公司直接发包的施工单位未按时完成前期施工,未向华西股份公司移交主楼工作面,致使华西股份公司无法进行主楼(A—F轴)地下室部分的施工工作。根据上述法律及司法解释规定,华西股份公司亦有权请求解除案涉建设施工合同。综上,原审判决解除案涉建设施工合同并无不当,应予维持。[1]

(二)施工合同约定解除条件

当事人可以约定一方解除合同的事由。解除合同的事由发生时,解除权人可以解除合同。施工合同约定的解除条件,并无统一的内容,由承发包双方合意确定;在表现形式上,大多是散见于施工合同通用条款和专用条款之中,也可以就某个事项作出特别约定在补充合同中。包括因承包人根本违约、发包人根本违约和不可抗力等情形导致合同不能履行而解除。双方约定的内容可以是法定解除条件,也可以是不违反法律效力性强制性的其他内容,对此法律并无强行要求。如2017年版《建设工程施工合同(示范文本)》通用条款中关于合同解除的约定主要包括以下内容:(1)因发包人原因导致工程未能按期开工,第7.3.2条第2款规定。(2)工程暂停施工持续相当长的时间而无法复工,第7.8.6条第2款规定。(3)因发包人违约行为致使合同目的不能实现,第16.1.3条第2款规定。(4)因承包人违约行为致使合同目的不能实现,第16.2.3条规定。(5)因不可抗力导致合同无法履行,第17.4条规定。

---

〔1〕 最高人民法院(2020)民再12号民事判决书。

【案例6-5】　合肥桃花工业园经济发展有限公司诉中铁四局集团第二工程有限公司建设工程施工合同纠纷案

二审法院认为,由于合肥发展公司不按约支付工程进度款,中铁四局二公司在垫资无法收回且面临风险的情况下,依照合同通用条款的规定,行使停工权利并进而要求解除合同并无不当。[1]

实践中,合同一方单方行使解除权有可能同时涉及符合法定和约定两个条件问题,法官有必要对法定条件和约定条件分别评析。

【案例6-6】　甲信息公司与乙工程公司建设工程施工合同纠纷案

最高人民法院认为,关于甲信息公司单方解除合同是否符合约定和法定条件。一方面,合同通用条款第44.4条约定:“有下列情形之一的,发包人承包人可以解除合同……(2)一方违约致使合同无法履行。”从乙方工程公司的违约行为看,其在质监站提出整改通知后,直至合同解除,均未能整改完毕,且施工存在诸多项目不合格的情形,再加之其未能在最终的工期内完工,可以认定乙工程公司的违约行为致使合同无法履行,双方合同目的不能实现,据此,甲信息公司解除合同符合合同通用条款第41.4条的约定解除条件。另一方面,本案乙工程公司未在双方约定的最终日期2012年6月20日完工的事实存在。2012年7月18日,甲信息公司发给乙工程公司《工作联系函》,要求乙工程公司于2012年7月25日前将质量问题全部整改合格并完成合同约定的全部工程内容,否则终止双方的合作。此事实应视为甲信息公司向乙工程公司进行了催告,催告乙工程公司应在7月25日前完工。但事实上,直至2012年8月28日甲信息公司解除合同,乙工程公司仍未最终完工。并且,乙工程公司施工存在质量问题,并长期未予修复的事实客观存在。依据《建设工程解释》第八条有关“承包人具有下列情形之一,发包人请求解除建设工程施工合同的,应予支持……(二)合同约定的期限没有完工,且在发包人催告的合理期限内仍未完工的;(三)已经完成的建设工程质量不合格,并拒绝修复的”的规定,甲信息公司解除合同,符合法定解除条件。综上,乙工程公司存在未按期完工以及工程质量不合格的违约行为,甲信息公司据此单方解除双方之间的合同符合合同约定和法律规定。[2]

---

〔1〕　上海市高级人民法院(2010)沪高民四(商)终字第7号民事判决书。

〔2〕　最高人民法院(2015)民提字第193号民事判决书。

(三)发包人任意解除权

对发包人任意解除权有争议,多数观点为应承认发包人任意解除权。[1] 学者认为,建设工程合同受到国家的严格管理,不允许任意变更和解除。发包人和承包人在不违反法律强制性规定的前提下,可以协商变更或者解除。变更或者解除建设工程合同要符合法定的程序和形式。[2] 有法官认为,《建设工程解释》第八条至第十条规定,原则上采用法学界的主流观点,即发包人不能随意解除建设工程施工合同。[3] 有律师亦主张不应赋予发包人以任意合同解除权,否则发包人可以任意解除施工合同,对于一些必须经过招标投标才能承包的合同,在承包人中标后,发包人行使任意解除权更换承包人,规避了法律的强制性规定。也有的主张基于建设工程施工合同的特殊性和为了防止社会资源的浪费,应尽量维持建设工程施工合同的稳定,不应赋予发包人任意解除权。[4]

《民事审判指导与参考》研究组认为,发包人是否享有任意解除施工合同的权利?答:不宜认定发包人享有任意解除权,理由如下:第一,从体系解释看,《民法典》第八百零八条规定:"本章没有规定的,适用承揽合同的有关规定。"《民法典》合同编第十八章已经就发包人在何种情况下享有解除权作了规定,故关于发包人的解除权问题应当适用合同编第十八章的规定,不应适用第十七章的规定。第二,从立法目的看,《民法典》第七百八十七条规定定作人在承揽人完成工作前可以随时解除合同,主要目的是减少损失、防止浪费。承揽合同约定的定作物是满足定作人的特定需求,如果由于情况变化定作人不再需要定作物,就没有必要继续制定购物,及时解除合同有利于减少当事人的损失,避免造成更大的浪费。但建设工程施工合同并不存在这一情况。实践中,签订建设工程施工合同后,发包人再在建设合同中约定工程的情况十分少见。如果规划变化等原因导致建设工程没有继续施工必要的,发包人可通过情势变更原则行使合同解除权。相反,承包人准备施工、进场和退场都会带来高昂的成本。如果允许发包人随时解除合同,反而会造成更大的损失,与定作人任意解除合同制度的立法目的正好相

---

[1] 参见《建设工程施工合同纠纷裁判思路》,法律出版社2014年版,第400页。

[2] 参见江平主编:《民法学》,中国政法大学出版社2007年版,第696页。

[3] 参见《建设工程施工合同纠纷裁判思路》,法律出版社2014年版,第455页。

[4] 参见贺春华:《论建设工程施工合同解除的特殊性》,载中华全国律师协会民事专业委员会编:《房地产建筑律师实务——前沿、务实与责任》,法律出版社2007年版,第543页。

背。[1] 笔者赞同发包人不享有随时解除权之观点。实践中,最高人民法院以判例形式间接承认发包人享有合同任意解除权。发包人认为承包人违约,请求解除施工合同,一审法院认为承包人违约,判令解除承包合同,二审法院认为发包人并不构成违约,"但由于伊都锦公司(发包人)已对华康公司(承包人)失去信任,双方之间已经没有继续合作、继续履行合同的基础,一审法院判决解除合同并无不当",这实际上承认了发包人的任意解除权,虽然没有承包人的违约,但是发包人可以依据"对承包人失去信任"而解除合同。[2]

【案例6-7】 江苏广厦房地产开发有限公司与中建二局第二建筑工程有限公司建设工程施工合同纠纷案

二审法院认为,关于涉案合同及补充协议是否应当解除,除法律另有规定外,建设工程施工合同适用承揽合同的有关规定。定作人可以随时解除承揽合同,造成承揽人损失的,应当赔偿损失。本案中,广厦公司作为建设工程施工合同关系中的建设方即定作人享有任意解除权,而且中建二局已经停止施工,合同陷入履行僵局,故广厦公司在2012年11月1日向中建二局公司发出解除通知,合同自通知到达时即应解除,与何方违约无关。[3]

对于不能任意扩大解除权的行使范围,有些法院作了明确规定。笔者认为,有必要对发包人任意解除权以限制,以保护承包人的利益。发包人行使任意解除权具有违约性质,应就其违约解除行为给承包人造成的损失承担相应的赔偿责任,赔偿范围包括承包人预期可得利益的损失。发包人行使合同解除权必须符合《民法典》第五百六十二条、第五百六十三条的规定。发包人依据《民法典》第七百八十七条、第八百零八条的规定要求解除建设工程施工合同的,不予支持。

《民法典》对合同解除权作出了明确具体的规定,另外建工合同有自己的特点,一是标的大,二是承包人和实际施工人处于弱势地位,如果赋予发包人任意解除权,双方权利义务显著失衡。故不宜认为建工合同中发包人有任意解除权。

(四)施工合同解除效力

施工合同的解除效力,是向后的效力,即合同在解除后对双方不再发生约束

〔1〕 参见最高人民法院民事审判第一庭编:《民事审判指导与参考》2021年第3辑(总第87辑),人民法院出版社2022年版,第254页。

〔2〕 最高人民法院(2009)民终字第99号民事判决书。参见最高人民法院民事审判第一庭编著:《最高人民法院建设工程施工合同司法解释的理解与适用》,人民法院出版社2004年版,第297页。

〔3〕 江苏省无锡市中级人民法院(2014)锡民终字第1521号民事判决书。

力。但合同解除后,对双方此前已经履行的合同内容,合同条款并不丧失约束力,在处理双方因解除合同而引起的后果时,仍应适用合同的约定。施工合同解除后,合同中的结算和清理条款仍然对合同双方具有约束力。结算工程造价是对合同解除前已经实施工程价款的计算,是合同解除的后果,应当受到合同条款的约束,其结算及结算后的付款直到合同解除后全部结清。如果解除合同时,预付款尚未扣清的,尚未扣清的预付款余额应作为承包人的到期应付款。

合同解除与合同效力关系。合同解除与合同效力在概念上区分明确,司法实践中混淆两者区别的现象时有发生,法院一审、二审对其认定不同。两者的共同点外在表现为,对当事人不再具有拘束力。两者主要区别:其一,发生原因不同。合同解除是指消灭已经有效成立的合同;而合同无效是指合同根本不符合法律规定的有效条件,合同关系不应该成立。其二,效力不同。合同解除分别情况界定,协议解除有无溯及力原则上应取决于双方的约定,无约定时由法院根据具体情况确定,客观原因造成合同不能履行解除合同,原则上无溯及力;无效合同是绝对无效、当然无效、自始无效。其三,干预不同。合同解除主要适用合同自由原则,即使符合法律规定的解除条件,当事人不行使解除权,法律不必且也不应主动干涉;合同无效,即使当事人不主张无效,法院也应主动干涉。其四,确认权不同。合同解除权由双方当事人自己决定;合同无效确认权归法院。其五,法律后果不同。合同解除适用合同约定处理相关事务,可能承担违约责任;合同无效不适用合同约定处理相关事务,而依法律规定折价补偿,有过错的承担赔偿责任。其六,追缴财产不同。合同解除不存在追缴财产问题;合同无效中存在故意违法而导致无效的,有可能要追缴当事人获得的非法财产。两者在实践中要正确处理合同解除对象应为有效合同,无效合同不存在解除的问题;即便解除了无效合同,法律不予认可,亦不产生合同解除的法律效果。如果认定偏差,则出现案件处理结果不同。

【案例6-8】 北京燕京汽车厂与北京贝伦钢结构有限责任公司建设工程施工合同纠纷案

一审法院认定涉案施工合同有效,基于贝伦公司在起诉前已书面通知燕京厂解除施工合同,认定双方之间的施工合同已经解除,并根据施工合同中的相关条款约定支持了贝伦公司所提出的各项诉讼请求,特别是根据施工合同中的定金条款判令双倍定金,根据施工合同中的违约责任条款判令尚欠工程款利息。二审法院认定涉案施工合同无效,则施工合同中的相关条款(包括定金条款、违约责任条款等)均对双方当事人不具有约束力,贝伦公司在起诉前书面通知燕京厂解除施工合同的行为并不产生依法解除施工合同的效力,因施工合同中的定金条款、违约责任条款对双方当事人不具有约束力,贝伦公司要求燕京厂双倍返还定金、支付尚欠工程款利息缺乏合同依据,其相应诉讼请求未被二审法院支持。[1]

当事人达成的解除合同的协议也是一种合同,该合同一旦成立,便发生法律效力,当事人应当履行。

【案例6-9】　长久公司与第一建筑公司建设工程施工合同纠纷案

二审法院认为,双方当事人约定长久公司归还保证金为《解除合同协议》的生效条件,因而长久公司以其未归还保证金为由认为该协议尚未生效,进而认为其有权不按照《解除合同协议》的约定归还保证金。法院认为,首先,长久公司向第一建筑公司归还保证金系其在《解除合同协议》中的主要义务,即该协议本身的内容,同时又将其约定为该协议生效的条件,显然自相矛盾,与附条件的合同中"条件"的特点和性质相悖。其次,长久公司拒绝归还保证金以使该协议不生效,显然是恶意阻止条件成就,有违诚实信用原则。最后,长久公司于2006年4月14日亦向第一建筑公司出具一份承诺书,承诺于2006年4月20日向第一建筑公司借款50万元,因而长久公司应当履行承诺书中的义务。因此,第一建筑公司起诉要求长久公司归还50万元保证金,具有事实和法律依据,原审判决予以支持,并无不当。长久公司的上诉请求依据不足,不予支持。[2]

---

〔1〕 北京市高级人民法院(2011)高民再终字第8号民事判决书。

〔2〕 参见潘福仁主编:《建设工程合同纠纷》(第4版),法律出版社2015年版,第225~226页。

二、施工合同解除法律适用

(一)迟延完工解除判断标准

《民法典》第五百六十三条第一款第三项规定的没有履行主要债务,在建设工程领域中,施工合同约定的期限内没有完工,并在发包方催告的合理期限内仍未完工的,即没有履行合同约定的主要义务,发包人有权解除合同。对于没有完工的理解不同,则产生承包人是否迟延结果认定差别。没有完工的意义,是指实质完工还是合同约定完工,需要准确界定。法官认为,判断“完工”之含义,应根据不同情况作出不同之判断。在追究承包人的违约责任时,可认为只要承包人没有于约定的期限内完成约定的所有工程即违约,应当负担履约迟延之责任。承包人作为一个从事相关专业的市场主体,具有相应的风险预知和承受能力,如因可归责于自己的事由未能于合同约定的期限内完成工程,应承担履行迟延的违约责任。在判定是否应当解除合同的场合,对“完工”的含义应作宽松解释,只要承包人完成了工程的主体部分,发包人可以依照合同目的使用,那么发包人就不能依据本条的规定行使法定解除权,应给予承包人一定的合理期间,将剩下的工程尽快完成。承包人作为施工方,由于已经在工程上已经投入相应的财力、物力和人力,比较熟悉工程的施工情况,由其继续完成剩余工程,有利于提高效率和降低成本。[1] 笔者赞同法官对完工有区别的判断标准,对迟延完工中的“完工”应确定为施工合同约定的五方认证之完工,而非实际完成验收备案之完工。

应注意的是,合同对完工期限应具有明确约定;未在合同期限内完工系由承包人原因导致,并非由于发包人原因、第三方原因或情势变更等原因导致;承包人在发包人催告后的“合理期限”内仍未完工。

---

〔1〕 参见《建设工程施工合同纠纷裁判思路》,法律出版社2014年版,第394页。

(二)施工合同解除程序认定

根据《民法典》第五百六十二条规定,无论是法定解除还是约定解除,都必须遵循一定的合同解除程序。根据《民法典》第五百六十五条规定,合同一方根据法定解除的规定或通过约定行使解除权解除合同,其必须将解除合同的意思表示通知对方。其解除意思表示自通知到达对方时解除。否则,不发生合同解除的效力。此外,如果法律、行政法规规定应当办理批准、登记等手续才能解除合同的,还必须获得批准或登记。在施工合同履行过程中,承包人主要义务之一即按期完成施工任务。故根据《民法典》第五百六十三条第一款第三项的规定,如承包人在合同约定期限内没有完工,且在发包人催告的合理期限内仍未完工的,发包人应可以请求解除施工合同。程序条件则为,承包人在合同约定期限内未完工后,发包人必须履行催告义务,该项催告义务的时间节点,必须是在承包人已经逾期完工之后,对于催告的方式则一般采用书面形式。

【案例6-10】　慈溪市第二建筑工程有限公司与慈溪市三金智能仪表有限公司建设工程施工合同纠纷案

二审法院认为,即便基础工程验收已经合格,三金公司未按合同约定支付工程进度款,二建公司依照合同通用条款第44.2条解除合同,也应当按照合同通用条款第44.5条的约定,一方依据第44.2条、第44.3条、第44.4条约定要求解除合同的,应以书面形式向对方发出解除合同的通知,并在发出通知后7日内告知对方,通知到达对方时合同解除。由于解除权在性质上属于形成权,享有解除权的一方当事人将解除合同的意思表示送达到合同另一方当事人,就能发生合同解除的法律效果,而无需对方当事人的同意,故《合同法》第九十六条第一款规定了以"应当通知对方"为前提。本案中,二建公司明确其诉讼请求中主张的是约定解除权,但其未提供证据证明已经向三金公司发送要求解除合同的通知,2007年9月10日其虽曾向三金公司发出《停工通知》,也只载明"根据《合同法》第六十七条、第二百八十三条的规定,通知三金公司即日起,停止施工,停工期间的损失三金公司应全额赔偿",该内容并无通知要求解除合同的意思表示,不能当然产生通知解除合同的法律效力。故二建公司要求确认双方之间合同解除的诉讼请求不能得到支持。[1]

---

〔1〕 浙江省高级人民法院(2008)浙民一终字第223号民事判决书。

【案例6-11】 四川某建筑公司与某房产公司建设工程施工合同纠纷案

二审法院认为,某房产公司虽然于2007年3月2日向四川某建筑公司工长张某维送达了解除合同的函,但因张某维不具有代表四川某建筑公司签收法律文书的权限,四川某建筑公司又否认收到解除通知,故解除通知并未于2007年3月2日有效送达四川某建筑公司。2007年3月26日,某房产公司以四川某建筑公司注册地址为邮寄地址,以四川某建筑公司法定代表人李某群为收件人,用邮政挂号信的方式向四川某建筑公司发出解除合同书面通知,在四川某建筑公司无相反证据的情况下,应推定该通知已到达四川某建筑公司。本地挂号信在途时间通常不超过3天,故本院推定通知到达时间为2007年3月29日,当天双方施工合同解除。[1]

【案例6-12】 琦洋汽车销售公司与成飞建设公司建设工程施工合同纠纷再审案

最高人民法院认为,首先,成飞建设公司主张案涉工程出现"钢筋断裂"是第三人违法犯罪行为所致,应当适用"先刑后民"原则移送公安机关侦查,但成飞建设公司作为案涉工程承包方,在工程竣工交付发包方之前,对工程具有看管义务,应自行承担建设工程标的物毁损的风险。无论案涉工程"钢筋断裂"是否因第三人实施违法犯罪行为故意破坏所致,均不影响成飞建设公司向其合同相对方承担相应的合同义务和民事责任,故本案民事纠纷无需移送公安机关处理。其次,2014年10月,琦洋汽车销售公司接到工程质量问题的举报,随后多次通知成飞建设公司要求对工程质量隐患进行全方位检测,待检测结果完成后无质量隐患再按相关合同执行下步工作,而案涉工程经双方当事人现场检测以及工程质量鉴定,事实上的确存在钢筋连接构造方式不当、梱筋形状或钢筋距离不满足规范要求、部分钢筋保护层厚度不满足规范要求、部分混凝土抗压强度不合格等质量问题。琦洋汽车销售公司要求成飞建设公司解决质量问题后再履行剩余部分合同内容,具有正当性。成飞建设公司关于琦洋汽车销售公司不提供下一步施工方案导致停工,琦洋汽车销售公司构成违约的主张不成立。最后,为解决工程质量问题,成飞建设公司与琦洋汽车销售公司分别于2015年4月27日和2015年6月1日达成《钢筋事宜处理协议》及《检测项目的协议》,约定共同委托有资质的检测机构对案涉工程进行质量安全检测,上述协议不违反法律禁止性规定,合法有效,当事人应当按照约定履行合同义务。原审法院据此认定成飞建设公司以实际行为表明不履行合同主要义务,琦洋汽车销售公司享有合同解除权,其

---

〔1〕 四川省成都市中级人民法院(2008)成民终字第2126号民事判决书。

于2015年6月21日向成飞建设公司发出的解除合同通知有效,并无不当。[1]

实践中,对于解除人能否未经通知对方而直接起诉请求解除合同存有争议。

【案例6-13】 新疆皮山县文体局与安徽天一建设有限公司建设工程施工合同纠纷案

判决观点,因法律规定依法通知当事人并未规定不能以起诉方式表达解除权人解除合同的意思表示,故对被告的辩解不予采纳,并依据《建设工程解释》第八条支持了原告要求解除合同的请求。[2]

【不同处理】 司法实践中,对此问题有的法院作出相反判决。

【案例6-14】 安徽五湖四海置业有限公司与巢湖市巢城建筑工程有限公司建设工程施工合同纠纷案

二审法院认为,民事主体向法院起诉解除民事合同须经法院对合同权利关系、合同履行状况、合同目的实现等审查并根据情况处理,法院送达诉讼材料的程序性作业并不能成为解除民事合同的依据,维持了一审不予支持处理。[3]

笔者认为,基于解除权属于形成权,而意思表示并不限于非诉讼或者诉讼方式,通知解除与直接请求法院裁决解除均为解除合同意思表示方式,区别仅在于解除意思表示方式略有不同,解除权人可以不经通知而直接起诉请求解除合同。在出现预期违约行为情况时,由于该违约行为使得双方丧失了继续履行合同的基础,一般都无须经过改正程序,守约方可以直接解除合同。

应注意的是,催告并不等于通知解除,解除合同需另行通知。未另行通知的,不发生合同解除效力。

【案例6-15】 泉州市丰泽建筑工程有限公司与威海胜丰地产有限公司建设工程施工合同纠纷案

二审法院认为,律师函内容主要为催告泉州公司按约履行其施工义务,虽载有泉州公司逾期履行相关义务则该函件作为解除合同的通知的内容,但因双方对于威海公司单方解除合同的条件和方式并未有明确约定。在经催告泉州公司仍未继续履行义务的情况下,威海公司依法应另行通知解除合同而未通知,而是以起诉的方式要求解除双方间施工合同,因此,该律师函并不

---

〔1〕 最高人民法院(2020)民再37号民事判决书。

〔2〕 新疆和田地区中级人民法院(2015)和中民一初字第1号民事判决书。

〔3〕 安徽省合肥市中级人民法院(2014)合民一终字第00312号民事判决书。

发生解除双方合同的效力。[1]

当事人一方主张解除合同的，应当向另一方发送《解除合同通知》。建设工程中施工过程中，发包人直接向承包人发送《退场令》能够产生解除合同的法律效力。根据《民法典》规定，解除合同可以通过通知和诉讼方式行使。以通知方式解除的，合同自通知到达对方时解除。以提起诉讼的方式主张解除合同，人民法院确认该主张的，合同自起诉状副本送达对方时解除。因此，以通知方式解除合同的，应当是合同一方向另一方发出含有明确解除合同意思表示的通知，且解约通知需向相对方有效送达。合同解除后，不影响合同中清算条款的效力。

应当注意的是，最高人民法院法官认为，第一，行使解除权必须及时。第二，解除权的行使应当符合法律规定的条件，只有在出现了本条规定的情况下，发包方和承包方才有权通知对方解除合同，但无需取得对方同意。第三，解除权的行使应当符合法律规定的程序。第四，合同解除的时间为解除通知到达之时。[2]

（三）施工合同解除时间认定

《民法典合同编通则解释》第五十三条规定："当事人一方以通知方式解除合同，并以对方未在约定的异议期限或者其他合理期限内提出异议为由主张合同已经解除的，人民法院应当对其是否享有法律规定或者合同约定的解除权进行审查。经审查，享有解除权的，合同自通知到达对方时解除；不享有解除权的，不发生合同解除的效力。"

《民法典合同编通则解释》第五十四条规定："当事人一方未通知对方，直接以提起诉讼的方式主张解除合同，撤诉后再次起诉主张解除合同，人民法院经审理支持该主张的，合同自再次起诉的起诉状副本送达对方时解除。但是，当事人一方撤诉后又通知对方解除合同且该通知已经到达对方的除外。"

合同解除时间点是判断施工合同法律关系存在与否的重要依据。对于解除时间点应区分四种情况分析：

其一，诉讼外单方解除的，根据《民法典》第五百六十五条规定，合同解除的时间以意思到达为准。

其二，以诉讼的方式行使解除权，合同应自起诉状副本送到被告时解除，并非以法院作出判决时间为解除时间，该类认定比较普遍。

---

〔1〕 山东省威海市中级人民法院（2015）威民一终字第337号民事判决书。

〔2〕 参见最高人民法院民事审判第一庭编：《民事审判指导与参考》2020年第2辑（总第82辑），人民法院出版社2021年版，第77页。

【案例 6－16】　福建惠丰建筑工程有限公司与福建龙岩市惠龙实业有限公司建设工程施工合同纠纷案

判决观点，原告惠丰建筑公司作为有权解除合同一方当事人，其主张解除合同，应当通知对方，合同自通知对方时解除。讼争合同自原告惠丰建筑公司起诉提出解除合同的诉讼请求送达被告惠龙实业公司之日起解除。本案中，原告起诉状及相关诉讼资料因无法送达而采用公告送达方式。2014年2月20日公告期满视为送达。该时间点亦为原告惠丰建筑公司解除合同通知到达之日。[1]

【案例 6－17】　福建省惠一建设工程有限公司与福建省龙岩市富泰房地产开发有限公司建设工程施工合同纠纷案

二审法院认为，富泰公司与惠一公司签订的《协议书》和《建设工程施工合同》系双方当事人真实意思表示，内容合法，应确认有效，对双方当事人均有法律约束力。合同签订后，惠一公司依约施工，但富泰公司未按约支付工程款导致惠一公司多次停止施工。在政府相关部门协调组织后，惠一公司才继续施工，但富泰公司仍未依约支付工程款，导致工程停工多年，造成本案工程“烂尾”状态。据此，结合富泰公司在履行本案诉争合同中拖欠工程款的行为分析，认定惠一公司停止本案诉争工程的施工系因富泰公司履行合同过程中存在违约所致，对此，富泰公司应承担相应的民事责任。《合同法》第九十四条规定，当事人一方迟延履行债务或者有其他违约行为致使不能实现合同目的的，当事人可以解除合同。本案中，富泰公司长期拖欠工程款的行为已构成根本违约，本案诉争工程已成“烂尾”状态，双方订立合同的目的已无法实现，作为守约方的惠一公司有权解除本案诉争合同。《合同法》第九十六条规定，当事人一方以第九十四条的规定主张解除合同的，应当通知对方。合同自通知到达对方时解除。另外《建设工程解释》第九条规定，发包人未按约定支付工程价款，不履行合同约定的协助义务的，致使承包人无法施工，且在催告的合理期限内仍未履行相应义务，承包人可以请求解除建设工程施工合同。依照前述法律规定，惠一公司作为有权解除合同一方当事人，其主张解除合同，应当通知富泰公司，合同自通知到达对方时解除。讼争合同自惠一公司起诉提出解除合同的诉讼请求送达富泰公司之日起解除。[2]

有的法院以起诉时间作为解除合同时间。

---

〔1〕 福建省龙岩市中级人民法院(2013)岩民初字第227号民事判决书。

〔2〕 福建省高级人民法院(2018)闽民终790号民事判决书。

【案例6－18】 泸州市佳乐建筑安装工程有限公司与湖北宜化置业有限责任公司建设工程施工合同纠纷案

二审法院认为,宜化置业公司依据双方合同约定向其送达《关于解除建筑工程施工合同的函》解除双方之间的合同关系,其行为既符合法律规定,也符合双方合同约定。因宜化置业公司未提交证据证实向泸州佳乐公司送达《关于解除建筑工程施工合同的函》具体时间,因此,法院确定以宜化置业公司提起诉讼主张之日(2015年1月17日)为双方解除合同的时间。〔1〕

其三,合同解除有异议的解除时间点。对合同解除有异议的,经法院认为解除合同的意思表示有效的,解除的效力仍于此项意思表示达到对方时即已发生,而非自判决确定时发生;经法院认为解除合同的意思表示无效的,则应认定合同未解除。一方行使合同解除权,对方有异议提起诉讼,经法院审理认为该当事人无合同解除权,但双方在诉讼中均同意解除合同的,合意解除之日为合同解除时间点。

其四,通知解除时间点。一方已经行使解除权,通知已经到达对当事人,解除权人其后又起诉要求解除合同的,法院经审查通知时解除权成立的,则仍然以通知的时间作为合同解除时间。

其五,双方协商确定时间点。

【案例6－19】 恒元建设控股集团有限公司与上海国际汽车城瑞安实业有限公司建设工程施工合同纠纷案

二审法院认为,前案诉讼中,瑞安公司同意恒元公司要求解除合同并确认以瑞安公司收到起诉状之日(2007年1月19日)为合同解除日期的诉讼请求,双方对合同解除及日期已经达成了一致意思表示,故系争合同及补充协议等已于2007年1月19日解除。〔2〕

(四)施工合同解除范围认定

1.解除合同范围

建设工程签有施工合同及相关补充协议的,在解除施工合同时其应同时解除相关的补充协议,即建设工程解除施工合同范围包含覆盖相关合同。

---

〔1〕 湖北省宜昌市中级人民法院(2015)鄂宜昌中民二终字第00360号民事判决书。

〔2〕 上海市高级人民法院(2011)沪高民一(民)终字第5号民事判决书。

【案例6－20】　海南某某建设工程有限公司与重庆某建设工程有限公司建设工程施工合同纠纷案

判决观点，关于海南公司主张的《重庆现代物流职业学院土石方工程承包协议》解除问题，由于重庆市现代物流职业学院项目未能成功立项，客观上已不能实施，且重庆公司同意解除协议，本院依法予以认可；同时，由于《重庆现代物流学院土石方工程补充协议》明确载明，补充协议也随之一并解除。[1]

【案例6－21】　汕头市潮阳第一建安总公司与上海金万年文具制造有限公司建设工程施工合同纠纷案

一审法院认为，本案中金万年公司未能按时支付工程款，潮阳一建在施工中未能保证质量，按约定的材料施工，从而导致停工。现双方提出解除合同，相互之间的信赖基础已经丧失，继续施工已不可能，双方签订的《建设工程施工合同》以及《补充合同》、《补充协议》予以解除，潮阳一建应当迁出系争施工现场。二审法院认为，一审法院的审理无不当之处，均予以维持。[2]

在发生纠纷时，承发包双方均提出对本案不同的施工合同解除请求的，法院可以支持其诉求。

【案例6－22】　天津万利成实业发展有限公司与内蒙古铁骑纺织品有限责任公司建设工程施工合同纠纷案

最高人民法院认为，万利成公司主张解除合同。双方就第四绒毛纺织厂工程签订的《建设工程施工合同》与本案属于不同的法律关系。《新建钢结构建筑材料制作安装合同》因属和林一期工程增加项目，隔墙工程并非必然影响吊顶工程，也有其不同的独立性，且双方约定权利义务明确，故与本案无关。对万利成公司提出的解除双方的《建设工程施工合同》的诉请，因双方均提出解除该合同，故予以支持。[3]

2. 违约解除合同范围

一方违反合同约定义务，守约方有权解除合同。就承包人违约解除合同而言，其一，擅自停工；其二，迟延完工；其三，不履行维修义务；其四，转包、违法分包合同；其五，施工质量不符合约定；其六，其他根本违约行为。就发包人违约解除

〔1〕　重庆市南川区人民法院（2012）南川法民初字第02635号民事判决书。

〔2〕　上海市高级人民法院（2009）沪高民一（民）终字第10号民事判决书。

〔3〕　参见最高人民法院民事审判第一庭编：《民事审判指导与参考》2010年第1集（总第41集），法律出版社2010年版，第265页。

合同而言，其一，不履行支付工程款主要义务；其二，不履行协助义务；其三，发包人未经承包人允许擅自将承包人承包的工程中部分分项工程包与他人，这种擅自分包行为违反诚实信用原则，构成根本违约，承包人有权要求解除整个施工合同；其四，其他违约行为。

【案例6－23】 陕西建工集团第五建筑工程有限公司与陕西铠达投资集团有限公司建设工程施工合同纠纷案

最高人民法院认为，关于涉案施工合同是否应予解除。省五建与铠达公司所签订的建设工程施工合同，是双方当事人真实意思的表示，且不违反法律法规的禁止性规定，应为有效。依据一审查明的事实，在建设工程施工合同履行过程中，铠达公司并未依照合同约定返还垫资款，也未足够支付工程进度款，省五建催告后，铠达公司直至诉讼时仍未履行合同约定的义务，其行为构成违约。而省五建并不存在违约行为。铠达公司与华茂监理公司签订的《建设工程委托监理合同》约定，监理人有工程实际竣工日期提前或超过施工合同规定竣工期限的签认权。2007年9月26日，省五建向监理单位提交的竣工报告载明华茂监理公司签署意见同意竣工。竣工报告载明，实际开工日期为2006年11月1日，实际竣工日期为2007年9月26日。依据省五建与铠达公司签订的施工合同约定，七层以下确保2007年10月31日交付使用。根据合同约定，工程完成到七层后，铠达公司暂不进行上部工程建设视为工程竣工。铠达公司在工作联系单上签署意见称，八层以下室内外相关工作内容完成后即可退场，八层以上缓建，因此，综合上述事实，省五建并不存在违约行为。省五建作为守约方，有权解除合同，其主张应予支持。〔1〕

【案例6－24】 陕西西岳山庄有限公司与中建三局建发工程有限公司等建设工程施工合同纠纷案

最高人民法院认为，根据《施工合同》第18条18－1的约定，只要因一方违约导致合同不能继续履行，另一方即可解除合同并应提前10天通知对方，无需征得对方同意。三公司解除合同前已撤出施工现场，西岳山庄就同一工程与环建公司签订续建的施工合同，客观上《施工合同》已不能继续履行，三公司行使合同解除权符合合同约定。对于西岳山庄关于未经其同意，三公司无权单方解除合同的主张，本院不予支持。〔2〕

对于工程开工延期，如未达到《民法典》第五百六十三条第一款第一项所规

---

〔1〕 参见最高人民法院民事审判第一庭编：《民事审判指导与参考》2013年第3辑（总第55辑），人民法院出版社2014年版，第163页。

〔2〕 参见最高人民法院民事审判第一庭编：《最高人民法院民事案件解析》（建设工程），法律出版社2010年版，第367页。《最高人民法院公报》2007年第12期。

定的"致使不能实现合同目的"的严重后果,即未达到根本违约程度的(如仅延期一天开工、对合同目的实现无明显影响等),则发包人不能行使合同解除权。对于竣工逾期,发包人在合理催告未果后可以解除合同。对于未取得施工许可证的,不影响施工合同效力。如因发包人的原因未取得施工许可证,在承包人合理催告后仍未取得的,则可以将此作为要求解除合同的理由。

【案例6－25】 浙江德意弹簧有限公司与杭州富春钢结构制造有限公司建设工程施工合同纠纷案

二审法院认为,办理建设许可手续是工程发包人协助义务之一。根据法律的规定,未能办出施工许可等手续,不得进场施工。施工合同约定工期自2006年5月30日起,依常理设定工期意味许可手续已办妥,但被上诉人直至2008年4月29日才取得施工许可证,故被上诉人未能及时履行协助义务导致上诉人无法依约进场施工的事实清楚。承揽人有权要求顺延工期,有权要求赔偿损失,经催告仍不履行的,有权解除合同。[1] 应注意的是,无效合同不存在解除问题,如未取得规划审批手续的,建设工程属于违法建筑,其双方签订的施工合同为无效则不能解除。

默示毁约解除合同。预期违约,又称为毁约,是指在履行期限届满之前,当事人一方明确表示或以自己的行为表明不履行主要债务,其中前一种情形称为明示毁约,后一种情形称为默示毁约。承包人与发包人签订施工合同后,擅自将工程交于他人施工,显属默示违约,发包人有权解除施工合同。

【案例6－26】 先锋公司诉正康公司建设工程设计施工合同纠纷案

二审法院认为,现正康公司擅自将该工程交与他人施工,显属违约,故应承担违约责任,先锋公司要求解除合同,应予支持,因正康公司未能提供足够证据证明其没有利用先锋公司的图纸进行装修,因此,正康公司应当对先锋公司提供的图纸进行补偿。[2]

【案例6－27】 深圳海外装饰工程有限公司与山东省地质博物馆建设工程施工合同纠纷案

二审法院认为,历下区执法局下达的执法调查(询问)通知书并没有责令上诉人停止施工的内容,上诉人没有提供证据证明被上诉人通知其停止施工,上诉人也没有提供证据证明被上诉人欠付工程款。上诉人主张停止施工是因被上诉人未取得合法的施工手续、执法局不允许施工等原因所致,但未提交直接有效的证据予以证实,对该上诉主张,不予支持。上诉人于2012年

---

〔1〕 浙江省绍兴市中级人民法院(2010)浙绍民终字第1149号民事判决书。

〔2〕 参见潘福仁主编:《建设工程合同纠纷》(第4版),法律出版社2015年版,第228～229页。

5月停止施工后至今未复工,上诉人停止施工的行为使被上诉人签订合同的目的不能实现,且该合同现已无继续履行的可能。因此,原审根据《建设工程解释》第八条的规定,认定上诉人停止施工的行为属于以行为表明不履行合同主要义务的根本性违约行为、涉案合同符合法律规定的解除条件是正确的。上诉人主张不能恢复施工的原因在被上诉人,但未提供证据证实,不予支持。[1]

【案例6-28】 肇庆旭达照明科技有限公司与佛山市三水区二建集团有限公司等建设工程施工合同纠纷案

二审法院认为,涉案工程的建设工程施工许可证核准的合同开工时间为2007年4月1日,合同竣工时间为2007年12月30日,在施工合同过程中,旭达公司又增加了部分工程,逾期后,旭达公司又支付了工程款,三水二建集团也没有约定完成并交付使用的时间,双方继续履行合同。据此,旭达公司和三水二建集团可视为双方自愿延长竣工时间。由于三水二建集团于2008年12月4日发出解除双方的《肇庆旭达照明科技有限公司建设工程施工合同》的通知,且三水二建集团的代理人即苏某也将施工人员、机械设备全部撤出施工场地,并停止施工,三水二建集团解除合同和以其撤出工程施工场地行为表明不履行合同主要义务,因此,三水二建集团应承担合同从2008年12月4日起不能继续履行至交回涉案工程之日的责任。根据《合同法》第九十七条和第九十八条的规定,合同解除后,当事人有权要求赔偿损失,且不影响合同中的结算和清理条款的效力。[2]

正在施工或已经完成的建设工程质量不合格,承包人拒绝修复的,发包人可以请求解除合同。此种合同解除属于法定解除,在《民法典》第五百六十三条中已作了明确规定。工程质量不合格拒绝修复的解除,其解除工程范围不管是全部完成的建设工程,还是部分完成的工程,只要工程质量不合格,且承包人拒绝修复,发包人都可以请求解除合同。

【案例6-29】 某钢结构工程(中国)有限公司与青岛某某塑胶有限公司建设工程施工合同纠纷案

一审法院认为,……某公司已完成的建设工程,经鉴定存在很多质量问题,且某公司明确表示不予修复,致使某某公司的合同目的不能实现,故某某公司要求解除双方签订的《建设工程施工合同》及《建设工程施工合同补充

[1] 山东省高级人民法院(2015)鲁民一终字第27号民事判决书。
[2] 广东省肇庆市中级人民法院(2017)粤12民终1832号民事判决书。

条款》，证据充分，理由正当，予以支持。二审法院亦持同样意见，维持原判。[1]

【案例6－30】　桃花寨公司与大地公司建设工程施工合同纠纷案

判决观点，关于桃花寨公司诉称因大地公司的施工不符合质量标准，请求依法判令解除双方签订的施工合同的意见；桃花寨公司委托鉴定机构对大地公司施工工程做钢结构安全性鉴定，结论为其施工的钢结构安全性不符合国家标准，钢柱焊缝不符合登记要求，高强度大六角头螺栓扭矩系数不符合国家标准。根据上述结论，足以认定大地公司施工工程不符合安全标准，因大地公司的瑕疵履行导致桃花寨酒店无法开业，使合同目的不能实现，桃花寨公司请求解除合同的诉讼请求于法有据，应予支持。[2]

延误工期解除。实践中，发包人对承包人延误工期能够解除合同的理由有两种情况：其一，承包人迟延施工，经发包人催告后在合理期限内仍未履行。构成该情况必须满足的要件：(1)承包人在合同约定的履行期限到来后未履行主要债务，即没有完成约定工程，不包括未履行次要债务。(2)经发包人催告履行，如未催告不得解除合同。(3)催告后，发包人要给予承包人一段合理的宽限期。宽限期的时间应当根据合同具体情况确定。其二，承包人迟延施工，或者有其他违约行为，导致合同目的无法实现。此种情况比第一种情况简单，因为发包人无需催告承包人即可解除合同，但必须满足承包人迟延施工导致合同目的落空的要件。对于延误工期的解除并非需要两种情况同时具备，只要存在一种情况即可解除，但也不排除在个案中同时存在两种情况的解除。

【案例6－31】　广州番禺电梯工程有限公司与广州市番禺某房地产开发有限公司建设工程施工合同纠纷案

一审法院认为，评估机构经现场查勘后出具的粤造咨字0810054号《造价咨询报告书》清晰地反映了涉讼工程的现状：至2008年10月，金海岸花园二期低层住宅别墅电梯安装工程中A1－A18栋、B1－B6栋、C1栋、E1－E7栋共32栋已开始施工，但未按合同要求全部完成，另外6栋电梯设备未交货，且电梯公司对该报告书所反映的工程现状亦予以确认。因为电梯公司已构成逾期未完工的违约行为，并且在某公司多次催告的合理期限内，电梯公司仍未完成涉讼电梯工程。某公司现主张解除双方签订的销字2006PF—0302号《电梯工程合同》及《补充协议》，合法有据，故一审法院对此予以支

[1] 山东省青岛市中级人民法院(2011)青民一终字第827号民事判决书。
[2] 河南省信阳市中级人民法院(2014)信中法民初字第97号民事判决书。

持。二审法院亦持同样意见，维持一审判决。[1]

合同双方均行使单方解除权问题。在施工合同中，先是发包人单方解除合同，后是承包人单方解除合同，基于双方不愿继续履行合同意思表示，法院可以确认合同解除，其合同解除时间以承包人通知的时间为准。

【案例6－32】 中铁建工集团有限公司、上海丽洲大酒店有限公司建设工程施工合同纠纷案

二审法院认为，中铁集团与丽洲公司哪一方构成违约，是否有权单方解除合同及合同的解除时间。从丽洲公司的实际情况看，首先，第一期、第二期进度款不设宽限期，第一期中的4,162,794元迟延支付时间较长，虽在后续曾补足部分款项，但仍存在拖欠，构成迟延付款；第二期进度款的支付超期虽不多，亦存在一定迟延。第三期至第十期进度款，扣除可使用的四次宽限期外，第十期进度款的支付在时间上亦有一定迟延。其次，丽洲公司对变更签证部分未予审核确认，其怠于履行审核义务的行为实际上是变相拖延支付该部分进度款。在双方的《补充协议》第6条第1款约定，当发包人资金暂时遇到困难，不能按约定的时间支付，承包人予以充分理解，自行解决资金困难，其承诺工程不停顿施工，同时给予发包人一定限度的付款限期，但必须满足以下要求等（略）。从该条款文字来看，并不能得出承包人中铁集团在发包人丽洲公司迟延付款的情况下无条件放弃停工权之结论。实际履行中，丽洲公司在施工补充协议给予的宽限期外仍存在迟延付款的违约行为，故中铁集团有权停工。在按约付清进度款之前丽洲公司不具有单方解除权，其于2010年11月19日向中铁集团发出的退场通知不具有解除合同的效力，但表明不再与中铁集团继续履行合同的意思表示。而中铁集团于2011年1月25日向丽洲公司发出解除通知，亦表明了其不再履行合同的意思表示，故应认定双方的施工合同关系于2011年1月25日起解除。[2]

在建设工程施工合同关系中，发包方的主要义务系及时支付足额工程款或进度款，发包方未按约支付工程进度款，且应支付数额与已付工程款数额相差较大，施工方可以请求解除双方签订的《建设工程施工合同》。

【案例6－33】 福建九鼎建设集团有限公司与云南佳鸿宇合实业有限公司建设工程施工合同纠纷案

最高人民法院认为，关于案涉《建设工程施工合同》是否应当解除的问题。福建九鼎与佳鸿宇合于2015年1月15日签订《建设工程施工合同》，约

[1] 广东省广州市中级人民法院（2009）穗中法民五终字第3430号民事判决书。
[2] 上海市高级人民法院（2012）沪高民一（民）终字第28号民事判决书。

定付款方式:在标段全部栋号主体全部封顶后,发包人付给承包人合同总价款的30%;在承包人所承包五标段所有施工范围工程全部完工且承包人已将发包人及监理提出的质量问题及缺陷全部整改完毕后,发包人再付给承包人合同总价款的40%;承包人提供完整的验收资料且竣工验收合格并完成最终结算后,双方对最终结算价款无异议的,发包人支付至工程结算价款的95%(含前述已经支付的价款)。根据该约定,第一阶段30%进度款的支付条件是全部楼栋主体全部封顶。双方当事人对于除因佳鸿宇合要求暂停施工的3-34#、3-35#、3-43#房屋外,其余13栋房屋主体已于2016年1月8日完成主体封顶的事实不持异议,且监理在《工程进度款支付单》确认了福建九鼎的施工进度,故佳鸿宇合应依约向福建九鼎支付13栋房屋的进度款,其至今未能支付该工程进度款,根据《建设工程施工合同》通用条款第16.1.1条"在合同履行过程中发生的下列情形,属于发包人违约:……(2)因发包人原因未按合同约定支付价款的……(7)发包人明确表示或者以其行为表明不履行合同主要义务……"的约定,佳鸿宇合的行为已构成违约。同时,根据双方签订的《建设工程施工合同》第16.1.3条"除专用合同条款另有约定外,承包人发出通知后,发包人不纠正其违约行为并致使合同目的不能实现的,或出现第16.1.1条第(7)目约定的违约情况,承包人有权解除合同,发包人应承担由此增加的费用"之约定,福建九鼎有权解除双方签订的《建设工程施工合同》。此外,在建设工程施工合同关系中,发包方的主要义务系及时支付足额工程款或进度款,本案中佳鸿宇合作为发包方未按约支付工程进度款,且应支付数额与已付工程款数额相差较大,故根据《合同法》第九十四条"有下列情形之一的,当事人可以解除合同:……(二)在履行期限届满之前,当事人一方明确表示或者以自己的行为表明不履行主要债务……"以及《建设工程解释》第九条"发包人具有下列情形之一,致使承包人无法施工,且在催告的合理期限内仍未履行相应义务,承包人请求解除建设工程施工合同的,应予支持:(一)未按约定支付工程价款的……"之规定,福建九鼎可以请求解除双方签订的《建设工程施工合同》,一审法院予以支持,并无不当。佳鸿宇合主张因案涉工程防火防腐涂料质量不合格,其拒付工程进度款系行使先履行抗辩权,不构成违约。本院认为,根据《建设工程施工合同》约定,第一阶段进度款的支付并未设置除主体封顶外的其他前提条件。福建九鼎对于工程质量问题的整改义务是在佳鸿宇合支付第一阶段的工程进度款之后,不影响佳鸿宇合第一阶段进度款的支付,故佳鸿宇合的该项主张不能成立。此外,案涉工程虽取得了建设用地规划许可证、建设工程规划许可证,但佳鸿宇合至今未办理建设工程施工许可证,也导致案涉《建设工程施工合同》无法继续履行。[1]

【案例6－34】 内蒙古新加多房地产开发有限公司与中建城市建设发展有限公司等建设工程施工合同纠纷案

最高人民法院认为，新加多公司与中建公司签订的《美百纳国际社区一期别墅区工程施工合同》《包头市美百纳国际社区一期别墅区土石方工程施工合同》《包头市希望花舞人间望墅一期 A 段 1－54 栋地库工程施工合同》是双方当事人的真实意思表示，不违反法律法规的规定，应为有效合同，双方当事人应依照合同约定全面履行义务。合同履行过程中，中建公司按进度向新加多公司申请工程进度款，截至 2014 年 12 月 15 日，新加多公司审核，应付工程款进度款 96,041,069 元。截至 2014 年 12 月 15 日，新加多公司实际支付进度款 4321 万元。截至本案起诉前，新加多公司支付工程款 5031 万元。新加多公司未按合同约定向中介公司支付工程进度款，构成违约，导致中建公司不能实现合同目的。中建公司于 2016 年 12 月 2 日致函新加多公司，提出解除合同。新加多公司于 2016 年 12 月 4 日收到该函，故双方签订的上述三份合同于 2016 年 12 月 4 日已经解除，双方当事人对上述三份合同已经解除无异议。新加多公司抗辩主张中建公司于 2014 年 11 月 5 日撤离施工场地再未进行施工，涉案合同于 2014 年 11 月 5 日已经解除与合同约定不符。故新加多公司该项抗辩无事实和法律依据，法院不予支持。[2]

---

〔1〕 最高人民法院(2020)民终 337 号民事判决书。

〔2〕 最高人民法院(2017)民终 883 号民事判决书。

三、施工合同解除纠纷处理

（一）特殊情形合同解除处理

1. 资质等级下降的合同解除

《建筑法》第二十六条规定，承包建筑工程的单位应当在其资质等级许可的业务范围内承揽工程。“承揽”的内涵不仅是指签订建设工程合同揽活，也包括承担工程施工。法律禁止施工单位超越本单位资质等级许可的业务范围内承揽工程和施工承包工程，如施工单位在施工期间资质等级下降，则表明其已不符合正在承建的工程资质要求，也不能确保所建工程质量达到原有资质水准。因此，该施工单位不再具备继续履行合同的能力，在此情形下，发包人可以解除施工合同。

2. 两份施工合同解除

在均属于招投标工程中的“白合同”或不属于招投标工程的合同的前提下，承包、发包双方同时签订了两份施工合同内容不同，说明双方当事人在两份合同中所享有的权利和承担的义务也不相同。因此，两份合同都有其各自的相对独立性，两者之间并不能相互代替或等同，当其中一份合同未支付工程价款事由不能作为另一份合同的解除事由。承包方要解除另一份合同，必须是该另一份合同自身具有法定的解除情形，否定，不能解除。就中标备案的“白合同”或对中标合同价款实质性变更的“黑合同”而言，发包人未履行“黑合同”确定的价款，承包人要求解除“黑合同”应同时解除“白合同”，如承包人要解除“白合同”的其效力及于“黑合同”。

3. 适用情势变更原则解除合同

【案例 6－35】　徐某与西安润恒电力设备安装有限公司施工合同纠纷案

二审法院认为，徐某与润恒公司签订的《电力工程施工合同》系双方真实意思表示，合法有效，双方均应依约履行。该合同施工内容及价款系针对一台 50KVA 变压器安装工程的设备材料、人工及税金等成本,并未涉及配电室。双方在签订合同时基于安装现场周边等情形均未预见到安装变压器需要修建配电室。在 2012 年 7 月设计图纸完成后出现需要修建配电室的新情况、新要求,此时客观上存在修建配电室的费用承担问题,而双方均认为应由对方承担该项费用,就此产生争议并协商无果。在双方未能解决修建配电室问题的情形下,由润恒公司继续履行安装变压器将面临不能通过电力部门审核以及其他相关风险,则此时解决修建配电室问题成为涉案合同继续履行的前置问题,也因此造成双方当初签订涉案合同时的履行条件及风险发生了变化,属于客观情势的变更。在双方一直未能解决修建配电室问题时,涉案合同不具备正常履行的基础,在 2014 年徐某提出解除合同之时变压器未实际安装,涉案合同在履行过程中出现了双方未能预见的非不可抗力造成的重大变化,致使当初签订合同的目的已不能实现,根据《合同法解释(二)》第二十六条的规定,徐某与润恒公司签订的涉案《电力工程施工合同》应予以解除。故二审法院认为一审判决判令解除合同正确,应予以维持,遂驳回润恒公司的上诉。[1]

【案例 6-36】 宏胜建设有限公司与兴义市威鲁公路投资建设有限责任公司建设工程施工合同纠纷案

最高人民法院认为,威鲁公司关于《施工合同书》解除系由情势变原更原则导致的上述主张缺乏事实和法律依据。本案中,威鲁公司作为威鲁公路的建设方,有责任进行融资贷款。因此,《关于威鲁公路全线停工的通知》指明的"威鲁公路在建设工程中因融资贷款问题不能正常进行施工"原因,不属于《合同法解释(二)》第二十六条规定的在订立合同时无法预见的、非不可抗力造成的不属于商业风险的重大变化。[2]

4. 部分合同解除

建设工程施工合同存在部分解除合同的情况,对于部分解除合同的诉讼请求司法实践认定是疑难问题。实践中,对于建设工程施工的合同当事人部分解除合同的情况并不多见,其中主要有两种情况。

其一,合意解除。

在承包人已实际履行部分工程项目后,双方达成一致合意,对于合同尚未履行部分双方签订部分解除合同协议。此种情况法院会直接认可双方的相应协议

---

〔1〕 陕西省西安市中级人民法院(2014)西中民四终字第 00417 号民事判决书。

〔2〕 最高人民法院(2018)民终 373 号民事判决书。

产生的合同部分解除的后果。

【案例6－37】　某公司与某某公司建设工程施工合同纠纷案

判决观点，从原告、被告的微信聊天记录内容看，被告从2018年6月开始即出现资金问题，为此原告于2018年8月16日微信表示“不按合同来了”，对其承接的装修项目不再包工包料，直接由被告负责欠账拿材料，原告继续监督工地质量及进度；被告于当日微信回复同意。为此，双方协商一致解除了装修合同中关于被告承接项目未完成部分的委托装修合同，但对装修合同中包含的双方监理合同关系仍予以保留，且对这部分合同进行了变更，明确约定了工作要求（每个月最少四次现场，对接各项事宜；原告负责拿材料，被告负责看质量）及报酬（每个月15,000元）。[1]

【案例6－38】　铁建公司与泰美公司建设工程施工合同纠纷案

二审法院认为，铁建公司、泰美公司双方签订的《建设工程施工合同》及《建设工程施工合同部分解除协议》均系双方当事人真实意思表示，且不违反法律、法规的禁止性规定，合法有效。双方均应按照合同约定履行各自的义务。[2] 本案中，双方未履行部分工程的合同部分解除。

其二，法官裁量解除。

因承包人对于部分地块/楼宇等项目上存在工期延误、工程质量存在问题等原因，发包人单方面希望解除该地块/楼宇的施工合同，但合同其他部分继续履行。对于该种情况，法官会考虑以下三个方面行使自由裁量权作出处理。

第一，该部分合同是否具有可拆分性及拆分后对当事人利益是否有显著影响。可拆分性是指应判断该部分项目是否可以单独施工、单独结算、单独交付，是否与其他项目并不存在施工工序上的先后关系。而利益影响则指拆分后会显著影响一方的营收，例如，案涉工程成本较低利润较高，而其他工程成本较高利润较低，若单独解除则可能对双方权益产生较为明显的影响这一情况。若合同可拆分且不存在显著利益影响，则可部分解除合同。

【案例6－39】　西安世融房地产开发有限公司与南通海洲建设集团有限公司建设工程施工合同纠纷案

二审法院认为，首先，《合同法》并未对合同解除的范围作出限定，故世融公司主张案涉合同部分解除应当根据合同性质是否具备可拆分性以及拆分后是否影响当事人权益等因素予以考虑。本案系建设工程施工合同，双方于2012年、2013年及2015年签订了包含案涉工程的施工合同，2015年施工

---

〔1〕 江苏省高邮市人民法院（2019）苏1084民初1454号民事判决书。

〔2〕 四川省高级人民法院（2020）川民终560号民事判决书。

合同前已论述属无效合同。首先,从合同标的角度看,2012 年、2013 年的施工合同均对案涉项目的不同楼体进行约定,而从《物权法》的角度以及观念意义的角度,项目中的各个楼体都可以单独成为独立的物,且海洲公司并未提供证据证明楼体与楼体之间存在施工工序上的先后关系,也即各个楼体可以单独施工、单独结算、单独交付。故案涉 2012 年、2013 年施工合同根据合同标的属于可拆分的合同。其次,海洲公司并未主张或提供证据证明案涉 16 号、18 号楼及地下车库工程相较于 2012 年、2013 年施工合同中其他楼体有其经济价值的特殊之处。例如,案涉工程成本较低利润较高,而其他工程成本较高利润较低,若单独解除则可能对双方权益产生较为明显的影响。再次,2012 年、2013 年施工合同中虽然有关于按照标段整体达到形象进度进而支付工程款及按照批次计算工程保修金的相关约定,但 2017 年补充协议对案涉工程价款约定明确,可以利用差额的方式对 2012 年、2013 年施工合同相关条款进行明确,并不会造成与案涉工程相关内容解除则其他合同内容无法履行的情况。最后,双方签订补充协议进一步明确案涉工程的权利义务亦可说明 16 号、18 号楼及地下车库工程具有独立可拆分性。据此,海洲公司的该项上诉理由不能成立。[1]

【案例 6 -40】 佳兆港公司与中天公司建设工程施工合同纠纷案

判决观点,为避免讼累和损失的扩大,为了避免因停工造成的社会不稳定因素加剧,本院依据《合同法》第一百一十条第一项的规定,对佳兆港公司解除《建设工程施工合同》《补充协议》《补充协议(二)》中涉及 16 号楼部分的约定请求予以支持。[2] 本案中,解除合同中涉及 16 号楼部分的约定。

第二,该部分合同主要权利义务是否尚未履行完毕。若已支付大部分工程款且施工单位已履行完主要工程内容,则该部分合同不可解除。

【案例 6 -41】 某公司与兴隆保税区投资公司建设工程施工合同纠纷案

判决观点,最后,《和解协议》其他条款均已履行,大部分工程款已经支付完毕,兴隆保税区投资公司已经履行完合同主要债务,本案所涉《和解协议》系债务转移合同,涉及合同各方之间其他债务及履行方式的转移,部分解除合同条款亦不利于合同各方的交易稳定性。综上,本案《和解协议》第四条、第五条不符合法律规定的解除情形。[3]

---

〔1〕 陕西省高级人民法院(2021)陕民终 616 号民事判决书。

〔2〕 四川省成都市中级人民法院(2018)川 01 民初 2487 号民事判决书。

〔3〕 吉林省长春经济技术开发区人民法院(2019)吉 0191 民初 2588 号民事判决书。

【案例6－42】　金某珍与海磊石材装饰装修合同纠纷案

二审法院认为，金某珍与海磊石材签订石材购销协议，双方建立了包含石材购销、安装装饰在内的装饰装修合同关系，除海磊石材陈述尚有部分工程款未支付，合同权利义务均已履行完毕。本案系因海磊石材提供的大理石不符合质量要求而引发的诉讼，金某珍可据此提起违约之诉，因合同已履行完毕，金某珍主张解除合同已无必要，一审法院基于金某珍的解除请求，确认合同部分解除，系属对法律理解不准确。[1]

第三，该部分合同是否达到合同解除条件。应分别判断该部分合同是否达到合同约定解除条件与合同法定解除条件。因此部分解除合同不以双方对于部分解除事项有明确约定为前提条件。

【案例6－43】　温泉馆与某某公司建设工程施工合同纠纷案

二审法院认为，综上，在华蓝机组及PID冷热回收机等设备不能满足合同约定参数的情况下，因二审中温泉馆同意将诉求变更为部分解除合同，考虑到现场设备使用情况及避免当事人损失扩大化，依照《合同法》第九十四条第四项规定，"有下列情形之一的，当事人可以解除合同：……（四）当事人一方迟延履行债务或者有其他违约行为致使不能实现合同目的"，本院对合同中关于热水机房中华蓝机组和现场PID冷热回收机的部分内容予以解除。[2]

【案例6－44】　世融公司与海洲公司建设工程施工合同纠纷案

二审法院认为，关于案涉合同是否达到法定解除条件的问题。海洲公司未能在2020年2月27日前达到复工条件，并不能归结于海洲公司以行为表明不履行主要债务。因此，一审关于"海洲公司已经用自己的行为表明其不履行施工义务"的认定明显不当，世融公司以该法定解除事由要求确认合同已解除不能成立，海洲公司的该项上诉理由成立。关于案涉合同是否达到约定解除条件的问题。如前所述，新冠疫情全面暴发前，海洲公司即存在施工逾期的行为，特别是未能对16#楼主体结构和二次结构工程进行施工，已明显逾期超过3个月，已达到合同约定的解除条件。新冠疫情全面暴发后，我国多省份相继公布延长假期和迟延复工的通知，海洲公司更不可能在此种情况下组织各种人力、物力进行复工，案涉工程如期竣工存在较大风险，明显影响世融公司如期竣工合同目的的实现。此种情况下，世融公司书面通知海洲公司解除合同既符合合同约定，也符合法律有关约定解除

---

〔1〕 浙江省温州市中级人民法院(2021)浙03民终3734号民事判决书。

〔2〕 辽宁省沈阳市中级人民法院(2021)辽01民终14250号民事判决书。

的规定。[1]

特殊情况下承包人有权终止合同权利义务关系。即存在《民法典》第五百八十条规定的法律上或事实上不能履行；债务的标的不适用强制履行或履行费用过高；发包人在合理期限内未请求履行的三项除外情形时。此为《民法典》关于违约责任的一般规定，适用于各类民事合同包括建设工程合同，承包人可因人力、材料、机器费用大幅上涨致使履行费用过高请求终止合同权利义务关系，注意终止的事由并非基于存在转包或者违法分包，承包人请求终止权利义务关系的，不影响发包人基于承包人因存在转包、违法分包请求其承担违约责任。[2]

5. 合同僵局解除

在合同项下工程绝大部分已经完工并完成质量验收，交付使用较长时间，未施工工程量占比小且履行停滞，因该部分争议导致合同关系长期陷入僵局，不符合合同履行中的公平原则与诚实信用原则，从解决争议、保护交易的角度出发，在符合合同履行的实际情况、不违背双方当事人的意愿的情形下，法院可以判决解除合同。

【案例6－45】　芜湖公路中心与中建五局建设工程施工合同纠纷案

最高人民法院认为，考虑该两座人行天桥在案涉合同中的比例，其合同内未施工造价1,175,599元，在合同工程量中占比约为1%，因为该部分争议导致合同关系长期陷入僵局，显然不符合合同履行中的公平原则与诚实信用原则要求。对此，芜湖公路中心虽然提出过要求中建五局继续施工的主张，但其原一审答辩状中称："中建五局如坚持不再施工，应承担未施工的人行天桥另行发包费用差价的赔偿责任，一并列入工程决算。"已经作出中建五局不再施工的选择性表述，中建五局对该两座人行天桥不再施工，亦不违背芜湖公路中心意思表示。同时，芜湖公路中心再审申请书中亦未对41号判决的解除合同判项提出反对意见。综合考虑上述因素，41号判决认定"双方合同关系已无继续保持的必要，如果继续维持双方的合同关系，只会使此种僵持局面持续""从解决争议、保护交易的角度出发，本案建筑工程施工合同可予解除"，判决解除案涉合同，符合案涉合同履行的实际情况，不违背双方当事人对未施工工程的处理意愿，一审法院再审予以维持。[3]

---

〔1〕 陕西省高级人民法院(2021)陕民终616号民事判决书。

〔2〕 参见最高人民法院民事审判第一庭编:《民事审判指导与参考》2020年第3辑(总第83辑),人民法院出版社2021年版,第161页。

〔3〕 最高人民法院(2022)民终1号民事判决书。

(二)施工合同解除后果处理

从原则上讲,《民法典》第五百六十六条规定的几种处理方式均可适用建设工程施工合同解除后的处理。基于建设工程施工合同解除处理的特殊性,在个案中应对具体情况具体分析而不能生搬硬套《民法典》的规定,在此基础上确定合同解除后合同当事人应当承担的法律后果。施工合同解除一般不具有溯及力,即建设工程已部分完成且质量合格,则不能适用恢复原状的处理方式。建设工程施工合同标的物均为建筑物、构筑物等不动产,工程质量直接决定不动产的价值和使用价值。具体来讲,其一,已完成的建设工程质量合格的,发包人应当按照约定支付相应的工程价款。其二,已完成的建设工程质量不合格的,则不予支付相应的工程价款。根据《民法典》第七百八十一条规定,能够修复且经竣工验收合格的仍须支付工程价款,可以请求承担修复费用或减少相应工程价款,但修复不合格的则不予支付工程价款。有律师认为,在合同解除时,其处理方式只能以解除时工程质量状况为准,合格的工程就应当支付对价,不合格的则只能作价补偿,不应再等到不合格的工程经过修复并完成竣工验收程序后再决定工程价款的支付。[1] 该种观点有一定道理,因为修复不合格工程涉及一系列实际问题,如修复由谁认定,修复时间和次数,未完工程是否要等到工程竣工验收等,造成实际操作困难需要进一步研究。需要注意的是,施工合同解除是因一方过错造成的,过错方应基于违约过错行为承担相对方的损失,即法律在支持承包人(过错方)工程价款请求的同时,承包人的违约及赔偿损失责任并不能免除。在具体处理时,应得工程价款和违约及赔偿责任可以相互抵销。如果合同双方对合同解除均有过错,则同样适用抵销的规则。

1. 合同解除后应支付工程款

施工合同解除后,支付工程价款的约定属于结算和清理条款,发包人应当自解除之日起向承包人支付工程款。

【案例6-46】　浙江省东阳第三建筑工程有限公司与烟台经纬实业有限责任公司建设工程施工合同纠纷案

最高人民法院认为,案涉施工合同于2015年4月30日解除,根据合同性质,建设工程施工合同解除后无法恢复原状,东阳三建诉请支付工程款实

〔1〕 参见张庆华:《建设工程施工合同纠纷预防与处理》(第2版),法律出版社2017年版,第100页。

质上是合同解除后的结算和清理,烟台经纬应自合同解除之日起支付相应的结算和清理款项。东阳三建上诉主张以2015年5月1日为起算点计算工程款的利息,有事实和法律依据,本院予以支持。一审判决以东阳三建一审起诉之日作为利息起算点依据不足,本院予以纠正。[1]

2. 施工合同解除涉及经济补偿金问题

对此类纠纷处理有约定的从约定,无约定依据公平原则处理。

【案例6-47】 海南某某建设工程有限公司与重庆某建设工程有限公司建设工程施工合同纠纷案

判决观点,双方签订《重庆现代物流职业学院土石方工程承包协议》后,海南公司向重庆公司支付了保证金并进行了进场施工的必要准备,但由于重庆公司违约导致合同不能履行,从而致使合同解除,因此海南公司有权向重庆公司主张因此造成的损失。关于经济损失金额的认定问题。本案系建设工程施工合同纠纷,合同解除对原告而言,造成的不仅是资金占用的损失,还应包括前期准备、预期利益等损失,如果单纯地以重庆公司提出只有资金占用损失,对海南公司明显不公平。而双方在合同中关于"如双方解除《重庆现代物流职业学院土石方工程承包协议》时,甲乙双方同意执行该协议中第9条第4款,并由违约方补偿守约方经济损失(人民币)50万元整"的约定,应系合同双方当事人对合同解除后损失的估算,该金额应是双方能预见、能认可、能接受的一个合理数额,同时客观上对双方都比较公平,故对海南公司要求重庆公司支付经济损失50万元的诉讼请求,本院依法予以支持。[2]

因情势变更原则解除合同后,对于一方遭受的损失并不能根据《民法典》第五百六十六条之规定请求赔偿,而应当根据公平原则处理。

【案例6-48】 新东化工发展有限公司与正通宏泰股份有限公司施工合同、技术委托开发合同纠纷案

最高人民法院认为,本案并非因为合同一方存在主观过错导致合同解除的情形,在双方对因合同解除发生的损失如何处理不能协商解决的情况下,应该根据公平原则处理。对于正通公司的损失,应该遵循填平原则,即该公司因为涉案合同签订及履行已经实际发生的费用、损失,以及其已经完成的工作或实际付出的劳动应当获得的合理报酬,应当予以补偿。对于其尚未进行的工作或付出的劳动,正通公司没有理由要求获得报酬或可得利益。不支

---

〔1〕 最高人民法院(2018)民终920号民事判决书。
〔2〕 重庆市南川区人民法院(2012)南川法民初字第02635号民事判决书。

持正通公司关于可得利益的诉求,并非要求其分担损失,更不是要求其承担责任。新东公司按照政府的要求停用燃煤锅炉,导致涉案合同解除,应该承担正通公司实际发生的全部费用和损失,至于其损失是否能够获得政府补偿,与其是否应该补偿正通公司的损失,并无关系。[1]

3. 施工合同解除后工程资料处理

在实践中,施工合同终止或解除后,并不意味着承发包双方的合同义务和工作完全终结,双方均负有合同义务,即应当遵循诚实信用原则、根据交易习惯履行通知、协助、保密等义务。具体来讲,施工合同解除后,除了涉及价款结算、赔偿责任的处理之外,还会涉及已完工程和材料的保管、工程项目的移交、资料交接和场地清理等一系列事项的处理和解决。实践中最容易发生纠纷的有两项,一项是合同解除后的清场、撤离,另一项是工程资料的移交。

【案例 6-49】　汕头市潮阳第一建安总公司与上海金万年文具制造有限公司建设工程施工合同纠纷案

一审法院认为,对于合同的解除双方均有过错,各自的损失应当自行承担。合同解除,应当对工程进行结算,经认定系争工程总造价为 17,186,567 元,金万年公司已付款为 15,000,000 元,金万年公司还应当支付 2,186,567 元。潮阳一建应当返还污水处理项目款 160,000 元。工程存在质量问题,潮阳一建应当支付金万年公司修复费用 1,175,261 元。潮阳一建提出解除合同后仍滞留现场,故停工后的水电费用潮阳一建应当承担,鉴于金万年公司亦使用部分,故酌定金万年公司分担部分费用。潮阳一建提出的停工损失和未施工的材料费用、金万年公司提出的有关损失,除上述污水处理设备款、水电费、晒图费外,均应自行承担。关于工程款利息,合同约定的付款日期应当为竣工结算后 1 个月,由于合同解除该条件无法实现,工程款应当从合同解除之日计算。因此潮阳一建要求从 2005 年 9 月 20 日起计息的请求,不予支持。二审法院认为,一审法院的审理无不当之处,均予以维持。[2]

4. 施工合同解除现场遗留的建筑材料处理

施工合同解除,施工现场遗留的建筑材料尚未使用到建设工程之中,鉴于施工合同不再履行,承包人应当撤场施工现场,并撤出建筑材料与建筑工人。如果发包人违约导致施工合同解除,承包人所支付的搬运倒运费用以及材料损毁损

---

〔1〕　最高人民法院(2015)民提字第 39 号民事判决书。

〔2〕　上海市高级人民法院(2009)沪高民一(民)终字第 10 号民事判决书。

失、材料贬值损失,发包人应予赔偿。当然,双方也可以协商由发包人接受建筑材料,支付相应价款。

【案例6-50】 鑫宏公司与二十二冶公司建设工程施工合同纠纷案

最高人民法院认为,关于原施工单位遗留物资2,353,044元的问题。根据鑫宏公司与二十二冶于2012年7月17日签订的《交接协议书》第二条规定,原施工单位遗留在施工现场的临建设施、小型机具、木材、木脚板、成品、半成品及办公设备等,鑫宏公司以目前合理的市场价格转给二十二冶,双方进行现场盘点并办理确认手续,遗留物品价格按市场合理价格确定,费用由鑫宏公司先行支付给原施工单位,并从二十二冶的工程款中扣除。本案中,鑫宏公司主张二十二冶接收原施工单位物资主要包括临建房屋、剩余物资及室内物品三部分。其中,除接收钢筋清单由双方签字确定数量、价格外,其他剩余物资清单均无任何一方签字,不能证明二十二冶实际接收了除钢筋外的其他剩余物资;临建房屋接收清单及室内物品清单由鑫宏公司、二十二冶及监理单位相关人员签字确认,该清单上仅注明临建房屋、室内物品的具体数量及现状,未注明价格。鑫宏公司提交的二十二冶接收前任施工单位物资汇总表上载明原施工单位遗留物资总价格为2,353,044元,但该表上仅有鑫宏公司的签字,而无二十二冶的签字确认,不能视为双方对临建房屋、室内物品等剩余物资价格达成一致。因此,除二十二冶签字确认的钢筋款783,135元应当按照《交接协议书》的约定抵扣案涉工程款外,其余经二十二冶签字确认的剩余物资因无法确定价格,不宜在本案中一并抵扣,鑫宏公司可就该部分物资款另行主张权利。据此,一审判决认定除783,135元钢筋款外的其他遗留物资款不予抵顶已付工程款,并无不当。[1]

【案例6-51】 江苏泓建公司与文翔公司、日盛达公司建设工程施工合同纠纷案

最高人民法院认为,虽然2012年5月5日江苏泓建公司与文翔公司、日盛达公司形成的会议纪要约定,由文翔公司负责给付江苏泓建公司临时道路、临建基础及地面、施工围挡等费用,但是江苏泓建公司提供的清点记录单上,文翔公司工作人员王某兴只对第一项办公用品及办公设施费170,000元、第二项现场材料及临建费4,390,028.08元签字予以确认,对第三项现场基建及各设施费5,583,619.27元未签字确认。江苏泓建公司又未提供其他证据证明文翔公司接收了其所主张的价值5,583,619.27元临时设施。故一审判决对其要求文翔公司支付5,583,619.27元临时设施费用的主张未予支

〔1〕 最高人民法院(2018)民终1131号民事判决书。

持，并无不当。江苏泓建公司二审中申请本院调取(2013)冀民一初字第6号案件庭审录音录像资料，以证明文翔公司在庭审中承认了558万余元的临时设施价值，但即便文翔公司出庭人员在庭审中有过这样的陈述，也不代表文翔公司承认其接收了558万余元的临时设施。故本院对江苏泓建公司的该项调查取证申请，亦不予准许。[1]

发包人违约导致合同解除，根据合同约定，承包人请求将其为履行施工合同而签订的材料采购合同的权益转让于发包人，法院予以支持，判决发包人支付相应价款。

【案例6-52】 城建公司与首开公司建设工程施工合同纠纷案

最高人民法院认为，关于钢构件3,631,201元应否支持的问题。根据案涉合同第22.2.4(2)款的约定，因发包人违约解除合同的，发包人应支付承包人为该工程施工订购并已付款的材料、工程设备和其他物品的金额。发包人付款后，该材料、工程设备和其他物品归发包人所有。钢构件系城建公司为施工案涉工程订购的材料，由于案涉合同因首开公司违约解除，鉴定机构根据城建公司提交的证据材料确定钢构件费用为3,631,201元，一审法院采信鉴定机构意见判决首开公司支付费用，有事实和法律依据。首开公司主张不应支付该笔费用，依据不足，本院不予支持。[2]

5. 施工合同解除的法律后果

对于施工合同解除的法律后果，可以于正在审理的纠纷中一并处理，也可以在合同解除后另行主张权利。对于合同解除法律后果是否处理，要根据涉案当事人的诉求，根据具体案情由法官自由裁量。

【案例6-53】 阳鸣公司与沙洲公司、承富公司建设工程施工合同纠纷案

判决观点，本案审理过程中，三方当事人均同意工程合同、施工合同于2004年12月14日解除，此系合同当事人对合同解除协商一致，且于法不悖，法院予以准许。鉴于三方当事人就解除合同后的未尽事宜均不在本案中主张，故承富公司与阳鸣公司就施工合同解除后有关工程款结算、违约赔偿等如有争议，可另行解决，本案不予处理。[3]

因施工人原因导致施工合同无法继续履行，发包人起诉要求解除施工合同，并要求施工人退出施工现场，而施工人通常以发包人支付已完工工程款作为退场

---

〔1〕 最高人民法院(2019)民终2015号民事判决书。

〔2〕 最高人民法院(2020)民终1042号民事判决书。

〔3〕 参见潘福仁主编：《建设工程合同纠纷》(第4版)，法律出版社2015年版，第140页。

条件。法院经审查,因施工人的原因导致施工合同确实存在无法继续履行的可能性,应判决发包人法定合同解除权成立,而解除合同的法律后果就是已经履行的合同终止履行,故发包人为避免损失扩大要求施工人退场,符合法律规定,法院应同时判决施工人撤出施工现场。施工人以发包人未支付已完工工程款为由而拒绝退场的,因为承包人违约在先,不构成先履行抗辩权。

【案例6-54】 徐州压力机械有限公司与十一冶建设集团有限责任公司建设工程施工合同纠纷案

二审法院认为,徐州压力公司一审诉讼请求中还包括要求判令十一冶公司立即撤出工地,而原审法院对此未作判决。由于双方均同意解除合同,不再继续履行,双方虽就已完工造价及工程质量产生争议,但对此可通过施工现场公证保全的方式予以解决,不影响施工现场的交接,而若双方对施工现场一直不予交接,则后续施工无法进行,损失持续扩大,故对徐州压力公司要求十一冶公司撤出2#联合厂房工地的请求,予以支持。[1]

发包方与施工方就工程施工、付款、结算等事宜产生较大矛盾且未能达成一致意见,施工方为此撤离施工现场的,不应承担违约金。

【案例6-55】 晨迪房产与广宇建设建设工程施工合同纠纷再审案

最高人民法院认为,关于广宇建设是否承担违约责任的问题。晨迪房产主张广宇建设延误工期、擅自离场,应当承担违约责任。经审查,广宇建设虽然存在延误工期的行为,但晨迪房产亦存在拖延付款的行为。广宇建设撤离施工现场主要因为双方就工程施工、付款、结算等事宜未能达成一致意见,甚至产生较大矛盾,对此双方均存在一定过错。故一审、二审对于晨迪房产要求广宇建设支付违约金1579万元的意见未予采纳,亦无不当。[2]

(三)施工合同解除限制处理

实践中,对不符合施工合同约定解除与法定解除情形,且建设工程已竣工验收的,则限制单方解除。

【案例6-56】 浙江东源建设有限公司与攀枝花市临亚房地产开发有限公司建设工程施工合同纠纷案

最高人民法院认为,《施工合同》、《补充协议》、《2006补充协议》及

〔1〕 江苏省高级人民法院(2014)苏民终字第0142号民事判决书。
〔2〕 最高人民法院(2021)民申4497号民事裁定书。

《2007补充协议》均没有东源公司行使合同解除权的约定，该工程已经2004年11月23日竣工验收，亦不存在法定解除事由，且东源公司起诉与答辩，未提出该项主张。限于一审判决以及二审法院审理的范围，对于东源公司关于《2007补充协议》已解除的上诉主张，不予采信。[1]

有的法院就限制施工合同解除情形和范围作出具体规定。

当事人一方不履行非金钱债务或者履行非金钱债务不符合约定的，对方可以请求履行，但是法律上或者事实上不能履行的除外。该规定系对履行非金钱债务违约及其责任的规定，法律上或事实上不能履行不构成法定解约事由，且案涉合同也不存在法律上或事实上不能履行的情形，双方存在矛盾也不意味着合同不能继续履行，故原审判决适用该条判令合同解除亦属不当。

【案例6－57】　北京城建集团有限责任公司与沈阳世茂新世纪房地产开发有限公司建设工程施工合同纠纷案

最高人民法院认为，根据双方的诉辩意见，本案主要争议焦点：案涉合同是否无效、应否解除。(1)关于案涉合同是否无效问题。沈阳世茂公司主张案涉合同无效的主要理由是案涉工程未取得建设工程规划许可。案涉工程确实未办理建设工程规划许可证，但办理该许可证是作为发包人的沈阳世茂公司的法定义务，沈阳世茂公司以其自己未履行法定义务为由主张案涉合同无效，违反诚实信用原则。且《建设工程解释(二)》第二条第二款规定："发包人能够办理审批手续而未办理，并以未办理审批手续为由请求确认建设工程施工合同无效的，人民法院不予支持。"据此，沈阳世茂公司的该项主张缺乏法律依据。沈阳世茂公司还主张北京城建公司存在出借施工资质的行为，但其并未提供证据证明，对其该项主张，本院不予支持。(2)关于案涉合同应否解除问题。沈阳世茂公司在原审中的诉讼请求是请求确认案涉建设工程施工合同无效，原审判决在认定合同有效的基础上判令解除合同，超出了当事人诉讼请求的范围。沈阳世茂公司虽然提交了《情况说明》，但根据《民事诉讼法解释》第二百三十二条的规定，诉讼请求的变更应于一审法庭辩论终结前提出，而沈阳世茂公司系在一审庭审结束后才提交《情况说明》；且《情况说明》亦无明确变更诉讼请求的内容，故应当认定案涉诉讼请求并未变更，原审判决判令合同解除，超出了当事人的诉讼请求范围，剥夺了当事人就该问题辩论的权利。退一步说，即便不考虑诉讼请求变更的因素，仅就合同解除而言，案涉合同也不具备解除条件，具体来说：首先，沈阳世茂公司并

[1]　参见最高人民法院民事审判第一庭编：《民事审判指导与参考》2011年第1辑(总第45辑)，人民法院出版社2011年版，第180页。

无约定解除权,其虽然根据施工合同采用的《FIDIC 施工合同条件》第 15.2 项、第 15.5 项主张解除案涉协议,但第 15.2 项系对承包人存在未经许可将工程违法分包等情形时发包人可以行使解除权的约定,沈阳世茂公司未能举证证明北京城建公司存在此类情形,故不能以此约定主张合同解除。而第 15.5 项虽约定"雇主应有权为其便利在任何时候,通过向承包商发出终止通知,终止合同",但该约定不符合公平原则,尤其在目前建筑市场中承包人处于弱势地位的情形下,允许发包人轻易解除合同会使得发包人以此逃避合同义务,导致双方利益显著失衡,造成社会资源的极大浪费,故其无权依据该约定主张合同解除。其次,虽然沈阳世茂公司曾向北京城建公司发送解除合同函,但北京城建公司对此提出异议,不同意合同解除,故案涉合同不满足协议解除的要件。最后,案涉合同不存在法定解除事由。《合同法》第九十四条第二项规定"在履行期限届满之前,当事人一方明确表示或者以自己的行为表明不履行主要债务",当事人可以解除合同。沈阳世茂公司向北京城建公司发送解除合同函,属于明确表示不履行主要债务的行为,此时应由对方当事人即北京城建公司决定是否解除合同。在北京城建公司未主张解除合同的情形下,原审判决适用《合同法》第九十四条判令解除案涉合同,系适用法律错误,本院予以纠正。而《合同法》第一百一十条系对履行非金钱债务违约及其责任的规定,法律上或事实上不能履行不构成法定解约事由,且案涉合同也不存在法律上或事实上不能履行的情形,双方存在矛盾也不意味着合同不能继续履行,故原审判决适用该条判令合同解除亦属不当。此外,原审判决似有允许违约方解除合同之意,但本案中也不存在违约方可以解除合同的前提,且原审也未判决违约方承担违约责任。故案涉协议合法有效,并不存在解除事由。〔1〕

在合同一方未能提交证据证明合同已无履行可能,且相对方明确不同意解除合同的情况下,合同一方关于解除合同的诉讼请求不应支持。

【案例 6-58】 融远公司与建港公司建设工程施工合同纠纷再审案

最高人民法院认为,融远公司在原审中主张解除合同,但其未能提交证据证明案涉项目已无履行可能,且建港公司明确不同意解除合同,原判决据此认定相关事实且未支持融远公司解除合同的诉讼请求,并无不当。〔2〕

EPC 是以工程设计、设备采购、组织施工为内容的工程总承包模式,EPC 合同属于建设工程合同,因 EPC 合同引起的建设工程施工合同纠纷,应当适用建设

〔1〕 最高人民法院(2021)民终 695 号民事判决书。
〔2〕 最高人民法院(2022)民申 318 号民事裁定书。

工程领域的法律、司法解释予以处理。

【案例6－59】 首钢京某钢铁联合有限责任公司与大连绿某集团有限公司建设工程施工合同纠纷案

最高人民法院认为，建设工程领域的所谓EPC承包模式，即Engineering—工程设计、Procurement—设备采购、Construction—组织施工，通称设计采购施工总承包。BOT承包模式，即Build—建设、Operate—运营、Transfer—转让，通常是指政府部门就某个基础设施项目签订特许权协议，授权签约的私企来承担该项目的投资、融资、建设和维护。在特许期限内，许可其融资建设和经营特定的公共基础设施，并通过向用户收费或出售产品以清偿贷款，回收投资并赚取利润。政府对该公共基础设施有监督权、调控权，特许期满，签约的私企将该公司基础设施无偿或有偿移交给政府部门。因此，从BOT承包模式的性质和本案所涉工程项目并非公共基础设施以及不存在政府部门作为合同当事人的情况看，案涉《工程总承包合同》不属于BOT承包模式。另外，从《工程总承包合同》第二条可以看到，承包方式为“采取设计采供施工(EPC)/交钥匙的工程总承包方式”，而且根据该合同第1.17条规定，“组成合同的文件即有限解释顺序”，《工程总承包合同》的解释效力高于合同所附的其他文件。因此，案涉《工程总承包合同》不是BOT承包方式，并非由承包模式决定不能解除。[1]

---

〔1〕 最高人民法院(2017)民终57号民事判决书。

专题七　建设工程工期与验收纠纷

在建设工程施工合同纠纷案中，其竣工验收涉及工期、开工与竣工日期、竣工范围与标准等方面争议颇多，厘清其与其涉及诸多方面的关系是妥当化解矛盾的必不可少内容。该类纠纷是建筑工程多发争议问题，发包人主张承包人工期延误要求承担违约责任、赔偿损失的，呈多发趋势，也是审判实践中的难点和热点问题，本专题就涉及的重点问题予以剖析。

一、建设工程工期与验收理解

《民法典》第七百九十九条规定："建设工程竣工后，发包人应当根据施工图纸及说明书、国家颁发的竣工验收规范和质量检验标准及时进行验收。验收合格的，发包人应当按照约定支付价款，并接收该建设工程。建设工程竣工验收合格后，方可交付使用；未经验收或者验收不合格的，不得交付使用。"

建设工程的竣工验收，是指建设工程已经按照设计要求完成全部工作任务，准备交付给发包人投入使用前，由发包人或者有关主管部门依照国家关于建设工程竣工验收的规定，对该项工程是否符合设计要求和工程质量标准所进行的检查、考核工作。建设工程的竣工验收是工程建设全过程的最后一道程序，是对工程质量实行控制的最后一个重要环节。[1]

（一）工期内容理解

建设工期，是指施工人完成施工任务的期限。[2] 工期，一般是指发承包双方在施工合同或者协议中约定的承包人完成工程所需要的期限，工程项目从施工到结束的一个时间区间，包括按照合同约定所作的期限变更。工期对于判决承包人施工是否迟延违约、发包人是否按期支付工程价款等至关重要。最高人民法院法官认为，工期是从开工起到完成承包合同约定的全部内容，达到竣工验收合格标准所经历的时间，以日历天数表示。[3] 工期包括约定工期（计划工期）、实际工期和定额工期三类。

约定工期，是指承包人与发包人在施工合同中协商约定完成工程的期限。承包人完成某一工程项目所需要的时间周期具有特殊性。承包人可根据自身的经济实力或者技术水准等综合权衡确定一个自身可达成的时间周期，否则将会面临

---

〔1〕 参见黄薇主编：《中华人民共和国民法典合同编释义》，法律出版社 2020 年版，第 678 页。

〔2〕 参见黄薇主编：《中华人民共和国民法典合同编释义》，法律出版社 2020 年版，第 672 页。

〔3〕 参见最高人民法院民事审判第一庭编著：《最高人民法院新建设工程施工合同司法解释（一）理解与适用》，人民法院出版社 2021 年版，第 89 ~ 90 页。

因工期延误被索赔的情形。

实际工期，是承包人实际完成施工合同中约定完成工程的期限。

定额工期，是指在一定的生产技术和自然条件下，完成业主（或发包方）工程平均需用的标准天数。一般认为，定额工期是指建设行政主管部门根据国家建筑安装工程质量检验评定标准、施工及验收规范等有关规定，按正常的施工条件、合理的劳动组织，以施工企业技术装备和管理的平均水平为基础，结合各地区的工期情况，在广泛调查研究的基础上制定并在一定时间内发布的工程项目所消耗的时间标准。定额规定的完成某一工程项目所需要的时间周期，其具有普遍性。定额工期的长短与社会生产力水平的高低直接相关；定额工期可作为确定合同工期的参考依据使用，是否按照定额工期施工，发承包双方可以自行约定。

合理工期，是指在正常建设条件下，采取科学合理的施工工艺和管理方法，以现行的建设行政主管部门颁布的工期定额为基础，结合项目建设的具体情况而确定的使业主（或发包方）、承包人均获得满意的经济效益的工期。合理工期要以定额工期为基础确定，但不一定与定额工期完全一致，可依施工条件等作适当调整，这是因为定额工期反映的是社会平均水平，是经选取的各类典型工程经分析整理后综合取得的数据，由于技术的进步，完成一个既定项目所需的时间会缩短，其工期会提前。

《建设工程质量管理条例》第十条规定：建设工程发包单位不得迫使承包方以低于成本的价格竞标，不得任意压缩合理工期。建设单位不得明示或者暗示设计单位或者施工单位违反工程建设强制性标准，降低建设工程质量。如确实存在任意压缩合理工期的情形，承包人应保存相应被胁迫的凭据，自胁迫行为终止之日起1年内积极行使撤销权保障自身的权益。

1. 工期延误原因

工期延误是指工程实施过程中任何一项、多项工作或者整个工程项目的实际完工日期迟于合同约定或发包人批准的完工日期。[1] 实践中，常见的工期延误的原因有以下几种：

其一，发包人原因。如要求承包人增加工程量、变更设计、未按合同约定的期限提供设计图纸等施工必需的资料、未按约定支付工程款、未能及时进行中间工程和隐蔽工程条件的验收并办理有关交工手续、发包人指定的分包人与承包人在施工过程中衔接不当等。

其二，承包人原因。如组织施工人员不当、施工机械调配不足不合理、擅自变更设计、自购建材不到位或质量不合格等。

---

〔1〕 参见林立：《工程合同：法律、规则与实践》，北京大学出版社2016年版，第318页。

【案例7-1】　北京建工一建工程建设有限公司与天津金发新材料有限公司建设工程施工合同纠纷案

最高人民法院认为，一审、二审查明事实一致，均表明北京一建在本案合同履行过程中，未按照约定的时限完成相应的工程进度，造成工程延期，违反了合同约定，双方争议的焦点为造成工程延期的原因。[1]

其三，不可抗力、意外事件、施工管制等。施工合同履行中，常见的因自然灾害、恶劣气候、流行性疾病，高考期间有关政府部门要求考点周围100米范围内不得施工等。

其四，施工工程鉴定、工程量增加、设计变更等。

其五，第三方原因。

2. 工期顺延情形

工期顺延是指经发包人和承包人协商一致，将合同约定的竣工日期推延至另一时间。实践中，常见的工期可以顺延的情形有以下几种：

其一，发包人未提供施工许可证等相应开工手续的。

其二，发包人未按约提供图纸及其他应满足的开工条件的，如三通一平。

其三，发包人未按约定时间和要求提供原材料、设备等施工所需物资的。

其四，发包人未按约及时作出指示或批准等，致使施工进度不能如期进行的。

其五，发包人进行设计变更、重新设计或增加工程量的。

其六，一周内非施工人原因停水、停电等造成停工累计超过8小时。

其七，发生不能合理预见的恶劣气候、自然灾害等不可抗力事件，或流行性疾病、现场发现文物需要保护或者由于发包人与周边群众发生纠纷导致阻挠而无法按时开工的等不以施工人意志为转移的意外事件。

其八，发包人没有及时履行工程检验或鉴定义务的。常见的有隐蔽工程没有及时检查的、发包人提供的原材料设备等不及时。

其九，发包人未能按约支付工程预付款、进度款，致使施工不能正常进行的。

其十，发包人指定的分包人与承包人在施工过程中衔接不当。

其十一，法律法规变化引起的工期顺延。笔者认为，随着改革的深入，国家不断出台新的政策，因政策的调整变化可以工期顺延。

其十二，其他非施工人原因导致延误。

实践中，对以下情形是否顺延工期区别而定：

进行工程质量鉴定期间是否可以顺延工期问题。《建设工程解释（一）》第十

---

〔1〕 最高人民法院（2013）民申字第1632号民事裁定书。

一条规定："建设工程竣工前，当事人对工程质量发生争议，工程质量经鉴定合格的，鉴定期间为顺延工期期间。"也就是说，对于质量争议，在工程质量经鉴定合格的，鉴定期间为顺延工期，反之经鉴定不合格的，则工期不顺延。

被责令停工工程的工期确定，如发包人原因导致行政主管部门责令停工的，对承包人可以顺延工期；如承包人原因导致行政主管部门责令停工的，承包人不可以顺延工期。

3. 工期延误免除约定

对于工延误具体事项可以免除责任，承发包双方可以在施工合同中作约定。在 1999 年版《建设工程施工合同（示范文本）》中，合同通用条款第 13.1 条约定："因以下原因造成工期延误，经工程师确认，工期顺延：（1）发包人未能按专用条款的约定提供图纸及开工条件；（2）发包人未能按约定日期支付工程预付款、进度款，致使施工不能正常进行；（3）工程师未按合同约定提供所需指令、批准等，致使施工不能正常进行；（4）设计变更和工程量增加；（5）一周内非承包人原因停水、停电、停气造成停工累计超过 8 小时；（6）不可抗力；（7）专用条款中约定或工程师同意顺延的其他情况。"第 13.2 条约定："承包人在 13.1 款情况发生 14 天内，就延误的工期以书面形式向工程师提出报告。工程师在收到报告后 14 天内予以确认，逾期不予确认也不提出修改意见，视为同意顺延工期。"2013 年版《建设工程施工合同（示范文本）》中，通用条款第 7.5.1 条则删去了有关设计变更和工程量增加以及停水、停电、停气可以顺延工期的相关内容，其他事由基本与法定事由一致。但该版合同示范文本通用条款第 10 条约定因变更而引起工期变化的，合同当事人均可要求调整工期。变更包括设计变更和工程变更，同时也包括通用合同条款第 7 条约定的因不利物质条件和异常恶劣的气候条件两种情形下，发包人发出指示而构成的变更。而有关不利物质条件和异常恶劣的气候条件的认定，需要另行在专用条款中进行明确细化和约定。2017 年版《建设工程施工合同（示范文本）》通用条款第 7 条及第 10 条亦作了相同规定。

在实践中，由于工程施工期限一般较长，工程施工情况较为复杂，故结合工程特点将有可能发生的导致工期顺延的全部事由详细列举，对施工过程中可能导致顺延工期的事由形成书面材料，并及时对原工程基础上进行增项或增量、停水停电签署变更或证明文件。

4. 承包人单方停工权

承包人单方停工权，是指承包人依据法律规定或合同约定的条件及程序将建设工程的一部或全部建设施工工作暂时停止权利。承包人单方停工法律依据为《民法典》的规定。《民法典》第五百二十六条规定先履行抗辩权及第五百二十七条规定的不安抗辩权，是承包人行使单方停工权理论依据。其第八百零三条规定："发包人未按照约定的时间和要求提供原材料、设备、场地、资金、技术资料的，承包人可以顺延工程日期，并有权赔偿停工、窝工等损失。"本条并未直接停工权的概念，但明确了因发包人违反合同约定原因，有权利停工并进行工期索赔。其第八百零四条规定了在承包人行使停工权的情况下主张赔偿损失的范围。从依法停工方面讲，主要为三种情形：其一，开工许可不完备；其二，图纸重大变更；其三，其他施工过程中行政许可不完备。从依约停工方面讲，主要为三种情形：其一，发包人未履行合同主要义务；其二，发包人未履行协助等其他合同义务；其三，不可抗力。承包人行使单方停工权有可能出现两种后果：其一，行使停工权正确，承包人在停工原因消除后恢复施工不影响工期的，可主张停工赔偿，自然不需要顺延工期；承包人在停工原因消除后恢复施工影响工期的，可申请顺延工期。其二，行使停工权错误，承担工期延误赔偿责任。

【案例7-2】　中铁建工集团有限公司与上海丽洲大酒店有限公司建设工程施工合同纠纷案

二审法院认为，合同约定的总工期为340日历天，以取得竣工验收备案证明为条件。实际上中铁集团接到开工通知后于2007年12月18日开工，至2009年8月底停工时尚未完工，从开工至2009年8月底停工时所用工期为621天，已超过合同约定的340天总工期。系争工程延期竣工已是客观事实，但由于丽洲公司付款不足中铁集团有权停工，故停工之后不应作为工程延期阶段。而从开工至停工阶段，中铁集团曾提出顺延工期68天的申请，丽洲公司批复准许顺延11天，此11天应予扣除。另施工期间曾发生因进度款拖欠导致工效不足的窝工情形，此是造成工期拖延的重要因素之一，此部分责任不应由中铁集团承担。[1]

【案例7-3】　建工公司与朝阳公司建设工程施工合同纠纷案

最高人民法院认为，按照《建设工程施工合同》第6-4条的约定，朝阳公司不按时付款超过1个月时，建工公司有权停工。同时，当事人并没有约定建工公司停工需以工程款结算为前提条件。《国际商贸中心施工计划及拨款办法》中注明的，除不可抗力因素不再顺延工期的约定，亦不能理解为建工公司此后不能停工退场。[2]

---

〔1〕　上海市高级人民法院(2012)沪高民一(民)终字第28号民事判决书。

〔2〕　参见最高人民法院民事审判第一庭编著：《最高人民法院建设工程施工合同司法解释的理解与适用》，人民法院出版社2004年版，第443页。

(二)开工日期理解

开工日期,通常是指施工合同约定正式施工的日期。实践中,又对开工日期区分为合同约定开工日期和实际开工日期两种,且两种开工日期并不一致。对于开工时间确认依据,主要为合同约定的开工时间点、施工许可证载明的开工时间点、监理或者发包人签发的开工报告以及会议纪要等。承包人在开工通知发出前已经实际进场施工的,以实际开工时间为开工日期。在对实际开工日期发生争议时,可分两种情况讨论。一种为在开工时间无法确定时,以开工报告、会议纪要、施工许可证、合同约定的排列顺序确定。另一种为在无任何书面文件证明实际开工日期的,应以合同约定的开工时间确定为实际开工日期。换言之,实际开工日期往往晚于合同约定开工日期。《建设工程解释(一)》第八条规定:"当事人对建设工程开工日期有争议的,人民法院应当分别按照以下情形予以认定:(一)开工日期为发包人或者监理人发出的开工通知载明的开工日期;开工通知发出后,尚不具备开工条件的,以开工条件具备时间为开工时间;因承包人原因导致开工时间推迟的,以开工通知载明的时间为开工日期。(二)承包人经发包人同意已经实际进场的,以实际进场施工时间为开工日期。(三)发包人或者监理人未发出开工通知,亦无相关证据证明实际开工日期的,应当综合考虑开工报告、合同、施工许可证、竣工验收报告或者竣工验收备案表等载明的时间,并结合是否具备开工条件的事实,认定开工时间。"该条明确规定了不同情况下对建设工程开工日期认定,有利于解决法院认定开工日期执法尺度统一,化解纠纷。对该条的规定可从以下三个方面理解:其一,开工日期确认的依据首先是开工通知,该顺序有利于认定规范化。其二,区分了在没有开工通知或承包人影响开工时的开工时间确定。其三,现有证据无法证明何时实际开工时,赋予法官裁量的依据和行使自由裁量权认定开工日期。有观点认为,由于施工许可证制度属于《建筑法》对于开工的程序规定,是否取得施工许可证与是否实际开工之间并无直接联系。建设工程施工许可证本身并不是确定开工日期的凭证。[1] 根据本条规定,施工许可证的证明力要结合实际开工时间以及其他相关文件记载的开工时间综合进行认定。如果施工许可证记载的日期与开工通知记载的时间、施工单位实际进场日期不一致,则不能认定施工许可证记载的日期证明效力更强。如果发包人或者监理人未发出开工通知,亦无相关证据证明实际开工日期的,可以将施工许可证作为考虑

---

〔1〕 参见朱树英:《工程合同实务问答》(第2版),法律出版社2011年版,第176页、第180页。

因素,但其亦不具有高于其他文件开工报告、施工合同等的证明力。[1] 笔者持赞同意见。在双方达成一致意见或开工通知,经发包人签发的开工报告等与建设单位施工许可证上的开工日期不一致的,法官一般不会以施工许可证为依据。

【案例7-4】 浙江某建设有限责任公司与潘某建设工程施工合同纠纷案

二审法院认为,双方的建设工程施工合同约定开工时间为2007年9月18日,竣工时间为2008年4月8日,共计工期200天;补充合同未对相应时间和期限作出变更。而上诉人提交的开工报告、施工现场质量管理检查记录、工程竣工验收意见书中载明的开工时间均为2007年12月4日。合同中所约定的开工时间是当事人通过协商暂时确定的理想开工时间,实际是否按约开工受到各种因素影响,开工时间将根据双方履行情况而发生变化。现双方在开工报告中均盖章签名,确认开工日期为2007年12月4日。故在双方对是否按照约定时间开工或者实际开工时间有争议的情况下,应以开工报告载明的开工时间确定,即案涉工程的开工时间应为2007年12月4日。一审认定合同约定的开工日期即作本案工程开工日期与事实不符,应当予以纠正。[2]

【案例7-5】 青海省方升建设有限公司与青海隆豪置业有限公司建设工程施工合同纠纷案

最高人民法院认为,施工合同约定的开工日期、开工报告确定的开工日期与施工许可证载明的开工日期不一致时,以监理单位确认的开工报告为准。约定开工日期与实际开工日期不一致时,以改变了的日期作为开工日期。[3]

实践中,经常发生发包人为了赶时间进度,在尚未取得施工许可证的情况下要求承包人先行施工,边施工边办手续,一旦发生纠纷,承包人则以工程尚未取得施工许可证为由要求将开工日期确认到取得施工许可证之日。对于这种情况,笔者认为,开工日期认定应该以承包人接到发包人通知后的实际开工日期为准,而非以施工许可证的取得为准。施工许可证是作为证明开工日期的一个有效证据,却未必是唯一直接和正确的证据。虽然未取得施工许可证属违规行为,但承包人既然按发包人指令实际开工,说明其已接受这种状态,即应计算工期,当然承包人若以未取得施工许可证为由拒绝按发包人通知日期开工亦属正当行为,故开工日期应以承包人接发包人通知后的实际开工日期为准。对于因施工许可证迟延取

---

〔1〕 参见最高人民法院民事审判第一庭编著:《最高人民法院新建设工程施工合同司法解释(一)理解与适用》,人民法院出版社2021年版,第98页。

〔2〕 浙江省湖州市中级人民法院(2010)浙湖民终字第88号民事判决书。

〔3〕 最高人民法院(2014)民一终字第69号民事判决书。

得影响正常施工的问题,在案件审理时可根据具体情况酌情考虑,并作为顺延工期的因素进行扣除。

【案例7-6】 振华公司与第二建筑公司建设工程施工合同纠纷案

判决观点,首先是开工日期的确定问题。2001年9月5日是第二建筑公司承建的工程正式动工之日,当时振华公司已办理了5幢房屋的施工许可证。第二建筑公司承建的工程为单体别墅,在每幢房屋的桩基工程验收之后即可进入主体施工,无需等所有房屋的桩基工程全部验收后才一起开工,事实上从2001年11月的监理工作月报中亦反映出当时第二建筑公司已进入主体施工阶段,故第二建筑公司以2001年12月24日全部房屋取得施工许可证之日作为开工日期缺乏依据,亦与事实不符。但从上述监理月报中亦反映出,直至2001年11月时第二建筑公司可进行施工的仍为少部分房屋,大部分房屋的桩基工程尚处于陆续验收阶段,即便是已取得施工许可证的3#房,其桩基验收亦拖延至2001年11月才完成,此情形对施工进度必将造成一定影响,绝对认定2001年9月5日为开工日期并起算工期对第二建筑公司而言亦欠公平,故本院酌情确定顺延55天,以2001年10月30日为工期起算日。当然,38#房的设计图纸迟至2002年七八月才会审移交,由此造成竣工迟延可在工期计算时予以考虑。[1]

【案例7-7】 中成公司等与红富士公司建设工程施工合同纠纷案

二审法院认为,双方合同虽然约定开工日期为2006年10月17日,但合同同时也约定了德威公司须于开工前办理完毕规划许可证、施工许可证和中标通知书等相关文件,故原审法院认定以德威公司全部办出施工许可文件的2006年12月18日为本案系争工程开工时间,并无不当。[2]

对于开工日期的认定,始终要坚持实事求是的原则,同时根据当事人的举证责任及证据的证明力,确定最接近事实并且符合证据规定的开工时间。[3] 另外一个重要因素是要结合开工条件是否具备的事实。若是根据开工报告、合同、施工许可证、竣工验收报告或者竣工验收备案表等材料确定了开工日期,但是当时不具备开工条件,亦不能作为开工日期。[4] 也就是说,在开工日期发生争议时要

---

〔1〕 参见《最高人民法院公报》2015年第12期。

〔2〕 参见潘福仁主编:《建设工程合同纠纷》(第4版),法律出版社2015年版,第190~191页。上海市高级人民法院(2012)沪高民一(民)终字第16号民事判决书。

〔3〕 参见最高人民法院民事审判第一庭编著:《最高人民法院建设工程施工合同司法解释(二)理解与适用》,人民法院出版社2019年版,第132页。

〔4〕 参见最高人民法院民事审判第一庭编著:《最高人民法院建设工程施工合同司法解释(二)理解与适用》,人民法院出版社2019年版,第127页。

坚持开工条件成就之日作为实际开工日期,而不能机械地以记载开工日期文件上的时间为开工日期。

开工日期是工期计算的起点,准确确定开工日期对于衡量工期是否延误有着十分重要的作用。

(三)竣工日期理解

竣工日期,是指承包人完成全部合同工作的时间,具体讲承包人完成承包范围内工程施工并且通过竣工验收的日期或竣工验收通过的情况下施工人提交验收报告的日期。竣工日期,通常采用一个时间段或截止日为表现方式。

竣工日期通常在施工合同中予以明确约定。在1999年版《建设工程施工合同(示范文本)》中,第一部分:“三合同工期:……竣工日期:如2019年7月20日竣工”。通用条款第1.16条:“竣工日期:指发包人承包人在协议书中约定,承包人完成承包范围工程的绝对或相对的日期”。根据2013年版《建设工程施工合同(示范文本)》第1.1.4.2项规定,竣工日期包括计划竣工日期和实际竣工日期。计划竣工日期是指合同协议书约定的竣工日期,第13.2.3款规定,工程经竣工验收合格的,以承包人提交竣工验收申请报告之日为实际竣工日期,并在工程接收证书中载明;因发包人原因,未在监理人收到承包人提交的竣工验收申请报告42天内完成竣工验收,或完成竣工验收不予签发工程接收证书的,以提交竣工验收申请报告日期为实际竣工验收日期;工程未经竣工验收,发包人擅自使用的,以转移占有工程之日为实际竣工日期。2017年版《建设工程施工合同(示范文本)》亦为同样规定。

(四)竣工内容理解

1. 竣工验收合格通过条件

《建设工程质量管理条例》第十六条第二款规定:建设工程竣工验收应当具备下列条件:(1)完成建设工程设计和合同约定的各项内容;(2)有完整的技术档案和施工管理资料;(3)有工程使用的主要建筑材料、建筑构配件和设备的进场试验报告;(4)有勘察、设计、施工、工程监理等单位分别签署的质量合格文件;(5)有施工单位签署的工程保修书。

2. 竣工验收通过原则性标准

住建部颁布的《建设工程质量验收规范》第16.4.6条规定：竣工验收的工程必须符合下列规定：(1)合同约定的工程质量标准；(2)单位工程竣工验收的合格标准；(3)单项工程达到使用条件或满足生产要求；(4)建设项目满足建成投入使用或生产的各项要求。

对于竣工范围均在施工合同予以明确。施工合同第一部分工程内容：施工图范围内的土建、安装、水、暖、强电(弱电布管、预穿铁丝)所有内容。据此，竣工范围：包括施工图在内的各项具体施工范围，也包括现行单行法律规定的在施工工程中所含有的事项，如《环境保护法》中规定环保施工的内容和要求、《气象法》中规定的防雷工程。也就是说，在施工方的工程竣工时，其环保、防雷等设施也应同时竣工。况且，环保和防雷装置等也包含在施工合同和施工图之中，故该部分也应在竣工范围之内。

建设工程的竣工验收，是指建设工程已经按照设计要求完成全部工作任务，准备交付给发包人投入使用时，由发包人或者有关主管部门依照国家关于建设工程竣工验收制度的规定，对该项工程是否合乎设计要求和工程质量标准所进行的检查、考核工作。[1]

关于竣工验收主体。根据《民法典》第七百九十九条前半段规定，"建设工程竣工后，发包人应当根据施工图纸及说明书、国家颁布的施工验收规范和质量验收标准及时进行验收"。这里明确规定发包方(建设方)是对工程竣工五方认证的组织者。最高人民法院在公报案例中认为，竣工验收既是发包人的权利，也是发包人的义务。发包人对建设工程组织验收，是建设工程通过竣工验收的必经程序。[2]

关于竣工验收日期。发包人组织验收通过验收签署的日期，竣工验收日期应与施工合同约定的竣工日期一致，日期滞后的应视为未按约定的日期竣工。例外的是，在承包人向发包人提供了竣工报告，但发包人迟延组织验收的，应以竣工报告上载明的时间为竣工时间。

有律师认为，应将"验收合格"统一理解为工程质量既符合法定标准也符合约定要求。[3]

---

〔1〕 参见王勇：《建设工程施工合同纠纷实务解析》，法律出版社2017年版，第279页。

〔2〕 参见贾劲松主编：《建设工程施工合同案件裁判要点与观点》，法律出版社2016年版，第276页。《最高人民法院公报》2008年卷。

〔3〕 参见曹文衔等：《民法典建设工程合同章条文解释与司法适用》，法律出版社2021年版，第292～293页。

【案例7－8】　菏泽公司与万昌公司建设工程施工合同纠纷案

二审法院认为,工程竣工后是否存在质量问题应当通过验收来检验。若存在重大质量问题,工程自然无法通过验收,构成施工方未按期竣工,若存在质量瑕疵问题,可按质保条款由施工方维修。因此菏泽公司在收到竣工报告后应当及时组织竣工验收。菏泽公司在收到2010年12月29日竣工报告后,既未提出异议,也未组织验收,符合《建设工程解释》第十四条第二项规定之情形,因此2010年12月29日作为竣工日于法有据。[1]

关于竣工验收后果。承包人负责施工工程经发包方会同承包人、监理、勘察及设计对其逐项验收,由参加验收的五方签字认可工程竣工并形成五方认证书,该过程称为五方认证。其通过五方认证的,一般视为工程竣工质量合格,其五方认证书具有竣工日期确定和质量合格的法律依据效力,其质监站监督抽查放在以后论述。应注意的是,质监站监督抽查不影响五方认证的竣工意见形成,但对其工程质量是否合格产生影响。对于竣工验收不合格的工程,承包人完成整改后,应当重新进行验收,经重新组织验收仍不合格的且无法采取措施补救的,则发包人可以拒绝接收不合格工程,因不合格工程导致其他工程不能正常使用的,承包人应采取措施确保相关工程的正常使用,由此增加的费用和(或)延误的工期由承包人承担。[2]

未经竣工验收,发包人擅自使用在法律上视为验收合格。

【案例7－9】　天富公司与长沙建工集团建设工程施工合同纠纷案

二审法院认为,在涉案工程未经竣工验收的情况下,天富公司将房屋陆续交付购买人使用,依据《建设工程解释》第十三条以及第十四条第三项的规定,结合双方合同约定,长沙建工集团认为本案工程应视为验收合格的理由成立。[3]

工程经竣工验收,其风险随之从承包人转移至发包人,未经竣工验收风险仍应由承包人承担,但发包人擅自使用的除外。简易工程施工合同,为特殊类型的承揽合同。除双方有特别约定外,工程完工后的竣工验收仍是一道必经程序,是交付的前提;交付是工程质量与毁损风险转移的界限,在工程完工后未经竣工验收,建设单位或发包人也未实际使用的情况下,建设工程发生毁损的风险责任应由承包人承担。

---

〔1〕 浙江省高级人民法院(2013)浙民终字第35号民事判决书。

〔2〕 参见王勇:《建设工程施工合同纠纷实务解析》,法律出版社2017年版,第285页。

〔3〕 湖南省高级人民法院(2014)湘高民一终字第138号民事判决书。

【案例7－10】 浙江振邦化纤有限公司与浙江一帆钢结构有限公司建设工程施工合同纠纷再审案

再审法院认为，一帆公司承建的简易钢棚于2007年7月11日完工后，双方未进行竣工验收，亦未履行其他交付手续，现有证据亦不足以表明振邦公司擅自使用了该钢棚；同年7月22日晚该钢棚遭遇暴风雨而倒塌后，因双方为此发生纠纷，钢棚至今亦未重建，故双方签订的合同并未履行完毕。相对于振邦公司而言，其合同目的已无法实现，事实上双方现亦无继续履行之可能。故现对于其要求终止履行双方签订合同之诉请，应予支持。振邦公司支付给一帆公司的工程款，在合同终止履行后，一帆公司应予返还。钢棚倒塌后所遗留的建筑材料归一帆公司所有。对于振邦公司主张的要求一帆公司承担逾期完工的违约金问题，因双方签订的施工合同已终止履行，对施工期限的违约责任在本案中已无适用条件，故对该诉请不予支持。[1]

---

〔1〕 参见最高人民法院审判监督庭编：《全国法院再审典型案例评注》（上），中国法制出版社2011年版，第176页。

二、建设工程工期与验收法律适用

(一)建设工期认定

1. 工期顺延认定

工期顺延,是指由于发包人的原因或者其非承包人的原因造成的工期延误,承包人可以按合同约定或者法律规定相应顺延的工期。

工期顺延认定的原则。对于在施工过程中,发包人认可的工程顺延天数,在诉讼中如无相反证据足以推翻的,法官原则上予以认定。实践中,工期顺延在能运用证据确认的,并非必须通过鉴定确定顺延事实。

《建设工程解释(一)》第十条规定:"当事人约定顺延工期应当经发包人或者监理人签证等方式确认,承包人虽未取得工期顺延的确认,但能够证明在合理约定的期限内向发包人和监理人申请过工期顺延且顺延事由符合合同约定,承包人以此为由主张工期顺延的,人民法院应予支持。当事人约定承包人未在约定时间内提出工期顺延申请视为工期不顺延的,按照约定处理,但发包人在约定期限后同意工期顺延或者承包人合理抗辩的除外。"本条是关于未取得工期顺延确认以及未在约定时间内提出工期顺延申请到处理的规定。本条规定明确了承包人顺延工期的主张能否获得法官支持,承包人是否提出过工期顺延的申请并非其中最为重要评判标准,更为重要的是承包人提供的支持其工期顺延主张的具体依据是否确实充分。

【案例7-11】 青海福音公司与甘肃红旗公司建设工程施工合同纠纷再审案

最高人民法院认为,原审判决认定红旗公司要求顺延工期的主张部分成立,有包括福音公司、红旗公司和监理公司在施工过程中签订的会议纪要、工作联系单、签证单等证据佐证,上述证据能够证明红旗公司具有要求顺延工期的意思表示和需要顺延的具体天数,原审判决认定该项事实不缺乏证据证明。工期顺延问题由各方当事人根据工程实际情况加以确认,并非必须通过鉴定才能确定的事实,福音公司单方委托进行的工期延误咨询报告不足以推翻原审判决认定的事实,对其该项申请再审理由本院不予采纳。[1]

工期顺延认定条件问题。顺延认定条件:一是存在顺延工期的事由,二是存在工期延误事实,三是顺延工期的事由与工期延误之间存在因果关系。[2] 发包人与承包人双方在合同中约定的顺延工期的条件出现时,且按约定程序提出申请,则顺延工期的理由成立。当约定顺延工期的条件不明确时,法院根据一方当事人的申请,参照当事人约定的相关合同约定的条件,折算相应工程的工期,不违反公平原则。施工过程中确实出现了影响工期的因素,这些因素与工期延误有因果关系,则依合同约定或举证由法官确认。应注意的是,暂停施工并不必然导致工期顺延,应区分具体停工原因,进而区分是否构成工期顺延条件。

【案例7-12】 萧山市第二建筑工程有限公司与海宁龙祥大酒店有限公司建筑安装工程承包合同工程款纠纷案

最高人民法院认为,龙祥大酒店公司与萧二建公司于1994年6月17日签订《中外合资龙祥大酒店土建及预埋管线预埋件工程承包合同》约定工程总工期为550天,应在1996年1月20日前完成全部土建及预埋管线预埋件工程;双方于1995年11月28日签订的《电气安装工程承包合同》约定的竣工日期为1996年8月25日,上述两份合同中约定的工程虽是两个工程,但都属于龙祥大酒店建筑安装项目,都是双方的真实意思表示,并且《电气安装工程承包合同》约定的工程不竣工,《龙祥大酒店土建及预埋管线预埋件工程承包合同》的目的就无法实现,影响到该工程的竣工日期,在计算工期时顺延215天,符合双方当事人的意思表示,并无不当,应予维持。龙祥大酒店公司于1995年5月29日出具工程变更联系单的商场1~3层管线安装工程,经鉴定增加工程量847,157元,这部分工程施工虽先于双方1995年11月28日签订的《电气安装工程承包合同》,但从工程性质看,属于通风和电气管线安装范围,双方约定该部分工程据实结算,但没有单独约定管线安装的日工程量单价;龙祥大酒店公司认为应按《土建及预埋管线预埋件工程承包合同》的总造价除以总工期550天得出的每天36,300元计算,顺延23天;萧二建公司提出应该按该份合同中的电气安装部分的日工程量2400元计算,顺延352天,二者相差甚远。因此,采用其中任何一种计算方法,都与本案的实际情况不符,而且显失公平。一审法院根据这部分工程的性质,参照双方随后签订的《电气安装工程承包合同》中约定的工程量单价4740元计算,折算出相应顺延179天工期,符合工程的实际状况,也不违反《民法通则》规定的

---

[1] 最高人民法院(2016)民申字第2327号民事裁定书。

[2] 参见朱树英主编:《法院审理建工程案件观点集成》,中国法制出版社2015年版,第431~432页。

公平原则,可予维持。龙祥大酒店公司对一审判决认定的其他87天顺延工期没有提起上诉,应予确认。萧二建公司主张工期延误是龙祥大酒店公司追加和变更工程量以及不按时支付工程款所造成,但其对龙祥大酒店公司按核准的工程量进度支付的工程款项总额不持异议,并且其提出的除一审判决已认定部分外的其他工程变更单等,尚不能证明必然需要顺延相应工期,故请求免除一审判决因其延误13天工期应支付给龙祥大酒店公司39万元违约金,证据不足,理由不充分,本院不予支持。[1]

提出工期顺延的时间问题。承包人未在约定时间内提出工期顺延申请,诉讼中主张顺延能否支持有争议。最高人民法院法官认为,如果当事人在施工合同中约定,承包人未在约定时间内提出工期延申请,视为工期不顺延,或者承包人丧失要求顺延工期的权利,通常应该按照约定处理。承包人未在约定期限内申请工期顺延,视为工期不顺延。然而,承包人未申请工期顺延的原因较为复杂,有些情况下,尽管承包人未在约定时间内提出工期顺延申请或者索赔,发包人对工期顺延仍然予以认可;有些情况下,承包人有证据证明其未申请工期顺延有合理理由且工期应予以顺延。故在遵循施工合同约定情况下,仍需进一步审查发包人是否以实际行为变更了施工合同约定或者承包人未申请工期顺延是否有合理抗辩,避免产生不公平的法律后果。[2] 制定司法解释的法官认为,承包人未在约定时间内提出工期顺延申请,其提出的抗辩是否合理,可考虑如下因素。首先,承包人应未怠于行使权利,而系因客观原因未提出索赔请求。例如,虽未提交索赔报告、提出正式索赔请求,但是通过其他方式做出了工期应予顺延的意思表示(如向监理报告了事件对公司的影响);或者发生法律规定的免责事件(如发生了不可抗力导致施工方式发生变化,不能保证施工人员到位、降低了施工效率等),但事件导致延期的时间暂时无法确定,无法在事件发生后的规定时间内提出索赔请求。其次,承包人未在约定的时间内提出了工期顺延不会影响到索赔事件的调查。在处理工期顺延争议时,应该明确当事人对申请工期顺延期限进行约定目的主要是防止纠纷发生时事实真伪不明。如果承包人未在约定时间提出了工期顺延并不影响查明事实,则法院对承包人的工期顺延主张可予审查。最后,也要考虑承包人在诉讼中主张工期顺延对发包人的影响。发包人是否会因为承包人未予索赔而相信承包人不再主张工期顺延,从而做了不予顺延工期的安排。[3]

---

〔1〕 参见最高人民法院民事审判第一庭编:《最高人民法院民事案件解析》(建设工程),法律出版社2010年版,第325~326页。

〔2〕 参见最高人民法院民事审判第一庭编著:《最高人民法院新建设工程施工合同司法解释(一)理解与适用》,人民法院出版社2021年版,第115页。

〔3〕 参见最高人民法院民事审判第一庭编著:《最高人民法院新建设工程施工合同司法解释(一)理解与适用》,人民法院出版社2021年版,第122页。

有的法院认为工期顺延申请是否在合同约定时间内提出可以灵活对待。主流观点认为,承包人未在一审中提出申请工期顺延事实,二审中法院不支持工期顺延的上诉请求。

【案例7-13】 天津万利成实业发展有限公司与内蒙古铁骑纺织有限责任公司建设工程施工合同纠纷案

最高人民法院认为,开工日期不应当顺延。双方于2003年7月18日所签订的《建设工程施工合同》是当事人的真实意思表示,对于开工工期是否顺延的问题,该合同第二部分第11条有明确约定。承包人应当按照协议书约定的开工日期开工,如承包人不能按时开工,应当不迟于协议书约定的开工日期前7天,以书面形式向工程师提出延期开工的理由和要求,承包人未在规定时间内提出延期开工要求,工期不予顺延。本案中承包人未提出过延期开工的书面请求,依据双方当事人合同约定,开工工期不应顺延。[1]

【案例7-14】 海南职业技术学院与海南省第二建筑工程建设工程施工合同纠纷再审案

最高人民法院认为,二建公司与职业学院于2007年7月5日订立的《补充协议书》明确约定:自2007年6月8日起复工,工期至2008年2月8日止,共计240个日历日……发包人在本协议签约后一周内给承包人支付工程款100万元,承包人在收到该款项后不得单方面停工,否则承包人赔偿发包人100万元违约金该协议书中并无“职业学院如不按合同支付后续工程款、导致正常施工无法进行则须承担包括顺延工期在内的违约责任”的表述,尤其是关于二建公司不能单方面停工的约定更排除了可顺延工期的可能性。二建公司还主张实际施工过程中职业学院将楼梯扶手和栏杆等铁艺工艺变更为石雕工艺增加工程量以及未消防报件、无节能设计以致影响竣工验收、应当顺延工期,但该公司并未在一审中予以主张,亦未提交证据予以证明上述工程变更之大足以影响整个工程按期完成。故二建公司关于其有权顺延工期、实际施工时间并未超过240天的主张因无事实根据而不能成立。[2]

工期顺延计算方法问题。有法官认为,对工期顺延时间的计算,可以采取价款比例法或工程量比例法确定。[3] 发包人对设计变更或增加工程量的,双方约定按定额计算工程量及工程款的,法院可以依据实际工程款与约定工程款的比

---

〔1〕 参见最高人民法院民事审判第一庭编:《民事审判指导与参考》2010年第1集(总第41集),法律出版社2010年版,第264页。

〔2〕 最高人民法院(2016)民再字第134号民事判决书。

〔3〕 参见邬砚:《建设工程合同纠纷——254个裁判规则深度解析》(第2版),法律出版社2019年版,第95页。

例，结合约定工期，确定承包人为完成变更后的工程实际需要的天数。一般而言，工程造价增加随之工程量相应增加，在此情况下，工期应依据工程造价增加比例顺延工期比例。根据实际工程款数额超过约定工程数额的比例确定应当顺延的天数，并在此基础上明确各自的责任。

【案例 7－15】　华太建设集团有限公司与浙江福得尔电器有限公司建设工程施工合同纠纷案

最高人民法院认为，关于华太公司是否延期完工问题。双方均认可实际施工日期超出合同约定工期 74 天。合同约定的工程造价为 651 万余元，实际施工过程中工程量增加至 8，505，849 元，即造价增加了 30.7%，工期亦应相应延长 30.7%，即延长 72 天，增加零星工程，以及工程施工过程中的停电均应相应适当延长工期。综上，华太公司并未对工程造成延误，浙江省高级人民法院再审判决华太公司承担 1.6 万元工程延误的违约责任不当，应予纠正。[1]

工期顺延依据认定问题。一般情况下经发包人或监理人签字确认的工程签证是证明施工中发生工程量变更、工期应顺延等情况的重要依据。在承包人未提供工程签证、符合合同约定顺延工期条件其向发包人申请工期顺延申请的，则承包人主张工期顺延工期不能成立，法院不予支持。

有观点认为，开工日期之不同载体的证明力大小顺序是开工通知、开工报告、竣工验收报告。至于施工合同、施工许可证、竣工验收备案表、签证文件，难以形成明确的优劣排序。但各种载体的证明力大小并非绝对化的逻辑排列，实践中尚需结合个案和施工惯例进行认定。[2]

【案例 7－16】　河北建材公司与华盛天涯公司建设工程施工合同纠纷再审案

最高人民法院认为，双方签订的施工合同中约定承包人在工期顺延情况发生后 14 天内，就延误的工期以书面形式向工程师提出报告。工程师在收到报告后 14 天内予以确认，逾期不予确认也不提出修改意见，视为同意顺延工期。合同对于工期延误情形及工期顺延程序均有约定，即对于因符合合同约定原因造成工程延期，应当由河北建材公司提出书面报告，由昌江华盛公司的工程师进行确认，才能作为顺延工期的依据。在建设工程施工过程中，经双方签字确认的工程签证是证明施工中发生工程量变更、工期应顺延等情

---

〔1〕 参见最高人民法院民事审判第一庭编：《民事审判指导与参考》2011 年第 3 辑（总第 47 辑），人民法院出版社 2011 年版，第 190 页。

〔2〕 参见王毓莹、史智军：《建设工程施工合同纠纷疑难问题和裁判规则解析》，法律出版社 2022 年版，第 148 页。

况的重要依据。而本案中河北建材公司虽申请再审主张工期应予顺延,但并未提供经其与昌江华盛公司双方签字确认的工期顺延签证,亦未提供因符合合同约定顺延工期条件其曾向昌江华盛公司申请工期顺延的报告,所以,二审法院认为河北建材公司未能提供按合同约定提交申请确认工期延误的报告及工程签证等证据。河北建材公司主张工期顺延不能成立并无不当。河北建材公司该项再审主张依据不足,本院不予支持。[1]

工期顺延成立判断问题。在工期顺延事项发生后,承包人未依约向发包人提出顺延签证申请,或者没有按照合同约定的程序提出工期顺延申请,视为放弃了要求工期顺延的权利,因无依据则仍按合同约定不予顺延。在顺延是否成立上,最高人民法院坚持以承包人是否提出过工期顺延的申请为标准,见《建设工程解释(一)》第十条规定。实践中,法官对顺延认定把握尺度有宽有严,不尽相同。有法官认为,因发包人原因,承包人要求顺延工期的,应当在约定时间内提出了顺延申请,否则无权要求顺延工期。[2]

【案例7-17】 军凯公司与金易公司建设工程施工合同纠纷案

判决观点,双方在合同履行过程中虽然存在工程内容变更的情况,但工程内容变更并不必然导致工期延期。如确需延长工期,金易公司方应按合同约定,在导致工期延误的情况发生后14天内,就延误的工期以书面形式向工程师提出报告。现金易公司没有提出书面报告,双方对合同工期没有协商延期,故合同中的工期约定对双方仍然具有约束力。合同中约定竣工日为2006年11月15日,金易公司实际竣工日为2007年12月3日,金易公司已经构成违约,应当承担逾期竣工的违约责任。[3]

【案例7-18】 新疆宏运房地产开发有限公司与新疆建工集团第一建筑工程有限公司建设工程施工合同纠纷再审案

最高人民法院认为,双方当事人约定工程开工的时间为2000年3月28日,实际开工日期为2000年5月1日,而2000年4月新疆一建在用于施工的《安全施工组织设计》中明确载明:宏运大厦续建工程建筑面积为30,000平方米。虽然该面积与实际工程面积31,400平方米不完全一致,但可以证明新疆一建在工程开工之前,已明知建筑工程实际面积超出了合同约定施工面积。而且新疆一建对逾期交付工程将承担违约责任的后果是清楚的。但新疆一建在施工过程中,未向宏运公司提出延长工期的申请,据此,新疆一建提

[1] 最高人民法院(2013)民提字第182号民事判决书。

[2] 参见邬砚:《建设工程合同纠纷——254个裁判规则深度解析》(第2版),法律出版社2019年版,第93页。

[3] 北京市丰台区人民法院(2011)丰民初字第01144号民事判决书。

出的该项主张,理由不成立。[1]

发生施工合同约定的工期顺延事项,如果该事项没有达到合同约定的严重程度,承包人的工期顺延主张并非必须获得法律支持。也就是说,符合合同约定的工期顺延事项,并非必须认定为工期顺延,工期顺延是否成立取决于严重程度。

【案例7-19】　浙江SY建筑工程有限公司与上海HL大酒店有限公司建设工程施工合同纠纷案

一审法院认为,(1)就SY公司所提出的工期顺延事项中有关夏季避峰让电事由,SY公司所提交的工程联系单反映的HL大酒店通知SY公司因夏季高峰让电,该通知中让电的时间为1周1天或2天,每次停电8小时,并未达到1周内停电超过24小时的约定,故该事由虽然无需SY公司申报工期延期,但依约定不应顺延工期。(2)有关高温暂停户外作业,虽然在上述条款中没有约定,但此系有关部门的规定,应当可以顺延工期,该15.5天可以免责。(3)有关吊顶工程和消防工程等直接分包项目施工必然与SY公司的施工互有配合、依存、混合的情形,但是,吊顶工程和消防工程均早于SY公司施工,SY公司的竣工日期较消防工程竣工迟1个月以上,SY公司主张的该事由并不足以导致顺延工期。(4)设计变更、工程量变化几乎每一个工程都存在,均有可能导致工期变化,但不必然导致工期顺延,合同约定必须达到直接造成施工不能正常进行的程度,故该事由也不足以导致工期顺延。(5)依据合同约定顺延工期的,必须书面向HL大酒店提出申请,再由HL大酒店回复。现SY公司提交的证据,上述事由除高温暂停户外作业及让电无需申报外,均未向HL大酒店提出过工期顺延,故即使存在上述足以引起工期顺延的事实,也只能认为SY公司放弃了工期顺延的权利。因此,SY公司提出的工期顺延事由可顺延15.5天。二审法院亦持同样意见。[2]

工程施工合同周期较长,履行过程中会发生各种情况导致工期受影响,如设计变更、工程量增加、开工手续迟延办理、图纸迟延提交、天气、停水停电、返工,有些情况合同中会作出约定,并将之作为顺延因素;有些情况在签约时双方可能无法预测并未作出约定,便需要根据实际情况适当调整。关键是要区分是否由于承包人自身原因造成,如果并非承包人自身或其责任范围内的原因影响工期,则应该给予顺延,除非在合同中事先已经作出约定将之排除在工期顺延考虑之外。

---

〔1〕　最高人民法院(2008)民提字第39号民事判决书。

〔2〕　上海市高级人民法院(2008)沪高民一(民)终字第103号民事判决书。参见郭丁铭、肖芳编著:《建设工程施工合同法律实务精解与百案评析》(第2版),中国法制出版社2017年版,第278~279页。

【案例7-20】 振华公司与第二建筑公司建设工程施工合同纠纷案

判决观点,工期计算中应予考虑的因素。虽然第二建筑公司施工的41幢房屋的竣工验收日期为2003年5月20日,但至2002年10月初其已完成了其中40幢房屋的建筑施工,而38#房之所以未一起完工是由于振华公司的设计图纸提供迟延,由此造成的竣工延期责任不应由第二建筑公司承担。2002年10月28日至12月5日,第二建筑公司4次要求振华公司组织预验,但振华公司拖延至2003年2月底3月初才组织有关单位进行全面的检查验收工作,该4个月应从第二建筑公司的工期天数中扣除。2003年3月至4月7日是第二建筑公司的施工整改阶段,第二建筑公司对此亦予认可。故从2003年3月初至4月7日应计入工期天数。2003年4月7日至5月中旬期间,第二建筑公司主要进行了防盗门和车库门的油漆以及配电箱的返工重做等工程内容,其中防盗门和车库门的油漆迟延有振华公司之因素,但在扣除4个月工期天数中已经考虑,而该部分内容仍属第二建筑公司施工范围,故该段施工期间应计入工期;配电箱在安装过程中虽发生了返工重做之情形,但第二建筑公司在本案审理中未据此提出抗辩要求顺延工期,故上述施工期间亦应计入工期。除此之外,在工期计算时应考虑扣除因设计变更、涂料重刷、雨天等因素造成的应予顺延的天数。根据第二建筑公司提供的证据,因设计变更应予顺延工期15天,其主张25天缺乏依据;雨天应予顺延工期45天;涂料重刷据审价单位确认的脚手架租赁延搁期为32天,另对涂料质量问题进行认定及重新采购亦需一定时间,本院酌情确定再顺延14天;图纸不清问题第二建筑公司依据监理报告主张顺延工期60天,但监理报告中所说的进度滞缓一至两个月包括了各种因素,图纸不清只是其中之一,且进度滞缓与顺延天数属两个概念,故第二建筑公司据此要求顺延60天工期缺乏依据。〔1〕

【案例7-21】 丽城公司与海曙一建建设工程施工合同纠纷案

最高人民法院认为,一审法院认定上诉人丽城公司签约后,未及时提供施工图纸,组织三方会审,致工期顺延是正确的。〔2〕

当事人约定承包人未在约定期限内提出工期顺延申请视为工期不顺延的,按照约定处理,但发包人在约定期限后同意工期顺延或者承包人提出合理抗辩的除外。

发包人提供材料时间滞后工期顺延。

---

〔1〕 参见潘福仁主编:《建设工程合同纠纷》(第4版),法律出版社2015年版,第191~192页。

〔2〕 参见最高人民法院民事审判第一庭编著:《最高人民法院建设工程施工合同司法解释的理解与适用》,人民法院出版社2004年版,第363页。

【案例7-22】 某公司与某某公司建设工程施工合同纠纷案

二审法院认为,依据本案已查明的事实,被上诉人数次就甲供材料如瓷砖、配电箱、电缆等向上诉人发函进行催要,在2014年5月13日的《会议纪要》中,双方也一致确认了上诉人材料采购方面的问题,如材料配套性不够、部分材料购买不足、部分材料购买错误、材料采购时间不及时等。而甲供材料能否及时提供客观上也会一定程度地影响工程的施工进度。故被上诉人以上诉人未及时提供甲供材料为由主张工期顺延符合本案基本事实,本院予以采纳。[1]

合同约定的工期中并未说明包含冬歇期,但实际确需冬歇期的,应当在约定工期中扣减冬歇期。

【案例7-23】 青海盛某房地产开发有限公司与八某建设集团有限公司某房地产开发公司、某冶金建设公司建设工程施工合同纠纷案

最高人民法院认为,双方当事人签订《建设工程施工合同》约定工程承包范围,同时对不在承包范围内的工程也进行约定,即桩基工程不属于案涉合同承包范围。桩基工程、支护工程是案涉工程的施工基础,但双方并无明确约定相关施工工期。盛某公司提交证据证明桩基工程、支护工程于2013年10月开工,实际施工人李某初于2014年8月20日完成桩基工程、支护工程。庭审中,双方当事人均认可案涉合同约定的工期为主体工程工期,应认为双方当事人对主体工程实际开工日期作出变更。故《开工报告》所载开工日期即2014年5月2日应认定为主体工程开工日期,2014年5月2日至实际完工时间2014年8月20日的111天,应予以扣减。合同工期是建设单位与施工单位根据自身的实际需要和实际施工能力,经过协商约定的完成某项建设工程所需要的时间周期,合同当事人应当对建设工程的工期作出明确的要求。合法有效的默认须有当事人的明确约定或法律规定。案涉合同约定的工期中并未说明包含冬歇期。根据青海省冬季施工情况,因需面临无法施工的客观条件限制,确存在冬歇期。《西宁市城乡建设委员会关于2014年冬季建筑工地大气污染防治工作的通知》和《西宁市城乡规划和建设局关于2015年冬季建筑工地大气污染防治工作的通知》指令冬季停工时间,经盛某公司、监理单位、八某公司三方协商,确定两次停工累计200天,应从约定工期中予以扣减。综上,案涉工程实际施工时间扣减桩基工程、支护工程施工时间111天,扣减冬歇期累计200天,实际施工工期为552天,并未超出双方当事人约定。故八某公司不存在逾期竣工的行为,不应承担相应违约金。盛

---

〔1〕 四川省成都市中级人民法院(2020)川01民终12669号民事判决书。

某公司此节上诉理由不能成立，本院不予支持。[1]

发包人和承包人对工期延误均存在过错，法院可以根据鉴定报告决定扣除延误工期的期间。

【案例7－24】 宁波康某房地产开发有限公司与宁波华某建设有限公司建设工程施工合同纠纷再审案

最高人民法院认为，康某公司主张因华某公司未提供施工进度表导致鉴定意见错误，无事实依据。《建设工程施工合同》虽然约定了华某公司申请工期顺延的程序，但该程序并非确认工期顺延的唯一途径。华某公司作为案涉工程承包人，在2014年3月29日的会议中明确提出由于康某公司原因导致工期延误4个月并要求康某公司在5天内回复，但康某公司并未回应，亦未作出解释。同时，鉴定报告"特别说明"栏载明，康某公司存在施工方案未能及时确认、多次变更施工图纸、出具了许多工程技术变更联系单以及工程款未能及时到位，对施工工期有一定影响等，原审判决基于以上情况，采纳鉴定报告扣除4个月工期的意见，并无不当。[2]

在合同没有约定的情况下，施工人主张从工期中扣除降雨天数的主张，缺乏事实和法律依据，不予支持。

【案例7－25】 靖边县顺某土石方工程有限公司与湖南华某建设集团有限公司建设工程分包合同纠纷再审案

最高人民法院认为，对扣除日期，从顺某公司提交有关靖边县气象局出具的《逐日降水量》及靖边县沙石粘土站出具的《证明》来看，当地在2007年5～10月降雨达50多天，施工道路为粘土路面。但该些证据并未说明当地一经降雨即导致施工现场点顺某公司客观上确实无法施工以及无法施工的天数，而《劳务承包合同》亦未约定当地一经降雨顺某公司即可以顺延或扣除工期。因此，二审判决未支持顺某公司应从工期中扣除降雨天数的主张，并无不当。顺某公司申请再审提出应从工期中扣除56天的理由，缺乏事实和法律依据，不能成立。[3]

发包人以施工单位未按约定提出延期报告为由主张不应扣除工期的，不予支持。

---

〔1〕 最高人民法院(2021)民终372号民事判决书。

〔2〕 最高人民法院(2020)民申6257号民事裁定书。

〔3〕 最高人民法院(2013)民申字第1879号民事裁定书。

【案例7－26】　呼伦贝尔市联某房地产开发有限责任公司与广某建设集团有限责任公司建设工程施工合同纠纷案

最高人民法院认为，联某公司主张，广某公司对于影响工期情形未按照合同约定提出延期报告，不应扣除工期，一审法院也据此认定双方在合同通用条款、专用条款中已有明确约定，对于影响工期因素应提出延期报告才予以扣除工期。本院认为，建设单位在开工前取得施工许可证、提供施工图纸是其法定义务，以施工单位未提出延期报告为由不相应扣除工期并不妥当，且《施工合同》已被确认无效，依据《施工合同》约定计算工期依据并不充分，故联某公司该项主张没有法律依据，不予支持。一审法院对此认定存在适用法律错误，应予纠正。[1]

对于造成工期延误的原因往往并非承发包一方所致，更多的工期纠纷既有发包人原因也有承包人原因，甚至亦有第三人原因所致，故对多方原因工期延误能否认定顺延问题，应当综合各种实际因素确定工期延误的原因，由法官根据具体案情酌定是否主张顺延工期以及顺延具体天数。

【案例7－27】　上海市车市置业发展有限公司与上海陆海建设集团有限公司建设工程合同纠纷案

判决观点，(1)承包人投标时已考虑到可能存在的工程内容应纳入总工期之内，施工过程中，承包人虽有工程量签证单，但未有顺延工期的签证内容，故顺延工期依据不足，其主张不予采信。(2)《停工损失审价报告》中对因发包人原因延误工期作出认定，故确认给予顺延工期。(3)对于发包人指定的材料供应商(指定分包单位)影响工程竣工验收，涉及诸多问题，难以将责任单纯归咎于某一方。全部不予顺延工期与合同约定不符，但将指定分包项目造成的工期延误责任全部归由承包人承担亦不合理，故法院酌情确定顺延工期天数。(4)工程款迟延支付，承包人要求顺延工期予以支持。[2]

非关键线路的大量设计变更是否影响工期，应根据具体案情确定，不能一概排斥否定。

【案例7－28】　江苏省房地产投资有限责任公司徐州分公司与盐城二建建设工程施工合同纠纷再审案

最高人民法院认为，房投徐州分公司和盐城二建在案涉《建设工程施工合同》中将设计变更和工程量增加作为工期顺延的情形。而根据相关资料，从主体封顶至竣工验收期间存在大量的工程变更，且鉴定机构亦认定辅线变

---

〔1〕　最高人民法院(2013)民一终字第1号民事判决书。

〔2〕　上海市高级人民法院(2008)沪高民一(民)终字第60号民事判决书。

更仍然会影响整个工程的整体竣工验收。房投徐州分公司主张该阶段工期延误系由于盐城二建原因导致,但并没有证据予以证明。因此,一审、二审判决认定由房投徐州分公司承担从主体封顶至竣工验收期间的工期延误责任并无不当。房投徐州分公司关于案涉工程的变更皆是辅线变更,对工期无实质性影响,一审、二审法院采信鉴定结论属于事实认定错误等申请再审理由均不能成立。[1]

工期顺延限制问题。发包人逾期支付工程进度款、数额不大且承包人并未就此提出异议而继续施工,承包人主张顺延工期的,一般不予支持。[2]

实践中,工期顺延的认定比较混乱。大致来说,可分为定性分析和定量分析两类。[3] 定性分析做法存在的问题是只要发生合同约定的工期顺延事项,或者发生其他影响工期的事项,就认定工期顺延主张成立,至于上述事项是否足以导致工期顺延以及工期顺延的具体天数多少则不加分析,其分析结论不科学。定量分析的做法亦存在一定问题,是委托工程造价鉴定机构进行工期鉴定。但因工程造价鉴定机构和鉴定人员本身没有工期鉴定的资格,也没有工期鉴定的能力。[4] 根据《民事证据规定》第二十九条的规定:“鉴定书应当由鉴定人签名或者盖章,并附鉴定人的相应资格证明。”据此,工程造价鉴定机构出具的意见不能作为证据采用。笔者认为,应积极探索法官依据合同约定的内容,审查是否发生约定的工期顺延事项及提出申请,结合严重程度,由法官裁量工期顺延具体天数,避免定性分析和定量分析的不足之处,妥当解决工期顺延争议。在个案中并不完全排除对工期司法鉴定,结合工期鉴定意见审查,吸取合理部分行使裁量权裁定。

2. 合理工期认定

对于什么是合理工期,我国法律法规并没有作出界定。[5] 这就给审判实践带来了先天的法律依据不足,也给法官行使自由裁量权预留了空间。判断合理工期应考虑哪些因素,何种做法更公平合理是探索的问题。有法官认为,判断合同工期是否合理,应考虑项目的建设规模、质量要求、施工工艺、施工流程等要求。[6] 也有律师提出,定额工期可以作为确定合理工期的参考,但定额工期不等

---

〔1〕 最高人民法院(2017)民申第5047号民事裁定书。

〔2〕 参见王勇:《建设工程施工合同纠纷实务解析》,法律出版社2017年版,第254页。

〔3〕 参见周吉高:《建设工程专项法律实务》,法律出版社2008年版,第87页。

〔4〕 参见郭丁铭、肖芳编著:《建设工程施工合同法律实务精解与百案评析》(第2版),中国法制出版社2017年版,第279页。

〔5〕 参见朱树英:《工程合同实务问答》(第2版),法律出版社2011年版,第182页。

〔6〕 参见王勇:《建设工程施工合同纠纷实务解析》,法律出版社2017年版,第228页。

同合理工期。[1] 在实践中,合理工期发生争议一般是通过鉴定确定。

【案例7-29】 江苏欧瑞置业有限公司与瑞安市建筑工程有限公司建设工程施工合同纠纷案

判决观点,经法院委托中国建设银行股份有限公司淮安分行鉴定,鉴定意见:(1)按照《全国统一建筑安装工程工期定额》及苏建定〔2000〕283号文的有关规定,由瑞安公司承包施工的盱眙山水名都A1~A15号楼及会所16幢楼群体施工的定额工期为624天,根据淮安市建设局淮建办〔2004〕79号文规定,该6幢楼合同工期上限为624天,下限为499天。合同工期180天明显过低,违反了淮建办〔2004〕79号文规定的工期下限。(2)按照《全国统一建筑安装工程工期定额》及苏建定〔2000〕283号文的有关规定,由瑞安公司承包施工的盱眙山水名都A1~A9号楼及会所10幢楼群体施工的定额工期为482天,根据淮安市建设局淮建办〔2004〕79号文规定,该10幢楼合同工期上限为482天,下限为386天。合同工期180天明显过低,违反了淮建办〔2004〕79号文规定的工期下限。(3)按照《全国统一建筑安装工程工期定额》及苏建定〔2000〕283号文的有关规定,由瑞安公司承包施工的盱眙山水名都A10~A15号楼6幢楼群体施工的定额工期为621天,根据淮安市建设局淮建办〔2004〕79号文规定,该6幢楼合同工期上限为621天,下限为497天。合同工期180天明显过低,违反了淮建办〔2004〕79号文规定的工期下限。……故本院认为应以鉴定确定的最低工期作为被告施工的合理期限。[2]

《建设工程质量管理条例》第十条第一款规定,建设工程发包单位不得任意压缩合理工期。《八民纪要》第三十条也认为,当事人违反工程建设强制性标准,任意压缩合理工期、降低工程质量标准的约定,应认定无效。双方当事人在合同中约定的工期低于定额工期一半的,是否属于任意压缩合理工期需要具体分析。至于"合理工期"与"定额工期"的概念,现有法律、法规并无对二者概念的明文规定。定额工期并不等于合理工期,合同约定工期显著低于合理工期的,应予以调整。合同约定工期显著低于定额工期的,系承包人作为专业施工企业基于自身施工能力与市场等因素的综合考量后对自己权利的处分,并不当然地构成对合理工期的压缩。

【案例7-30】 中建三局与金胤公司建设工程施工合同纠纷再审案

最高人民法院认为,中建三局(案涉工程承包方)还主张,《建设工程施

---

〔1〕 参见朱树英:《工程合同实务问答》(第2版),法律出版社2011年版,第182页。

〔2〕 江苏省淮安市中级人民法院(2012)淮中民初字第0162号民事判决书。

工合同》中580日历天的工期条款因违反行政法规"不得任意压缩合理工期"的强制性规定而无效。对此,本院认为,一方面,定额工期通常依据施工规范、典型工程设计、施工企业的平均水平等多方面因素制定,虽具有合理性,但在实际技术专长、管理水平和施工经验存在差异的情况下,并不能完全准确反映不同施工企业在不同工程项目的合理工期。另一方面,本案中,中建三局作为大型专业施工企业,基于对自身施工能力及市场等因素的综合考量,经与金胤公司平等协商,在《建设工程施工合同》中约定580日历天的工期条款,系对自身权利的处分,亦为其真实意思表示,在无其他相反证据证明的情况下,不能当然推定金胤公司(案涉工程发包方)迫使其压缩合理工期。中建三局的该项再审主张亦缺乏事实依据,不能成立,本院不予支持。[1]

总承包合同所约定工期不足《北京市建设工程工期定额》计算得出定额工期的1/2,约定有效;承包人主张发包人应付压缩工期增加费和抢攻措施费的,不予支持。

【案例7-31】 某建工公司与某资产公司建设工程施工合同纠纷案

二审法院认为,关于涉案工程的工期。建工公司主张涉案工程根据《北京市建设工程工期定额》计算定额工期为1290天,而总承包合同约定的工期为547天(本案实际工期为1004天),资产公司任意压缩合理工期,故总承包合同中工期条款无效,资产公司应支付建工公司压缩工期增加费和抢工措施费。对此,一审法院认为,《北京市建设工程工期定额》并非全国人民代表大会及其常委会和国务院制定的法律、行政法规,故总承包合同关于工期的约定是否合法不以《北京市建设工程工期定额》为依据。同时,根据《招标投标法》第四十六条第一款规定,招标人和中标人应当自中标通知书发出之日起30日内,按照招标文件和中标人的投标文件订立书面合同。招标人和中标人不得再行订立背离合同实质性内容的其他协议。本案中,547天工期在招投标期间已经明确,在总承包合同中亦未变更,资产公司并未背离招投标期间确定的工期而另行约定工期,亦不违反《招标投标法》第四十六条第一款规定。故总承包合同约定的工期为547天的条款合法有效,建工公司主张资产公司支付其增加费和抢工措施费的诉讼请求,缺乏依据,不予支持。二审法院对一审法院的判决予以确认。[2]

---

〔1〕 最高人民法院(2018)民再163号民事判决书。
〔2〕 北京市高级人民法院(2019)民终366号民事判决书。

3. 工期顺延与有关事件变动关系

工期顺延与有关事件变动存在直接关联,这些关联性表现在事件变化直接影响到工期,决定了工期的延误或延期事实成立认定。其一,工程量变更是引起工期变动的原因之一,但并非工期顺延法定事由。工程量变更并不必然改变工期。工程量变更后是否缩短或延长工期,如何确定工期,应当由当事人在订立合同时约定或在履行过程中协商一致确定。工程设计变更是建设工程施工中的常见现象,而设计变更又与工程量直接关联,但并非设计变更了工期就要顺延,是否顺延应区分三种情形,一是设计变更了细微部分或取消了某一具体施工部分,常见的原在某处打一个小洞设计变更后不打小洞了,又如在布线在左边现改为右边或中间等。二是设计作了较大或大的调整,其工程量增加幅度大。三是在工期延误后发生了设计变更。四是承包人自行对设计进行变更增加工程量。对于上述除第二种情形外可依施工合同约定变更顺延工期,其第一种、第三种和第四种情形下不顺延工期也不对设计变更影响到工期天数扣除。其二,如果并非灾害性天气,不符合法律规定的不可抗力的构成要件,与是否能顺延工期无必然联系。在施工过程出现停水、停电等非因承包人原因引起工期变动,承包人亦应在事情发生之时取证,否则由于工期迟延发生争议后,没有相关的证据支持其工期顺延的事实。其三,按照约定的时间和要求提供原材料、设备、场地、资金、技术资料等,是发包人的法定义务,在发包人供料不及时等因发包人原因造成承包人不能顺利施工、影响施工进度的,承包人可以此作为主张顺延工期依据为法定事由。其四,工程分包延误与工期顺延问题。在因工程分包导致工期延误的情况下,应区分原因。如果因发包人迟延,分包迟延进场,分包施工迟延等原因致使工期延误,承包人有权主张工期顺延。如果系承包人未履行职责,未能合理安排配合分包工程,则承包人应当承担工期延误责任。如果承包人作为施工单位并无充分证据证明是由于发包人和分包人原因导致工期延误,承包人仍应对工期延误承担相应责任。[1]应注意的是,对于有关事件成立对工期顺延,承包人应按施工合同约定提出,没有提出的亦不成立工期顺延,但有证据证明发包人自愿同意的除外。

实践中,影响工期的事件并非单一而是多个事件交织在一起。

【案例7－32】　江苏南通六建建设集团有限公司与上海浦庆投资有限公司建设工程施工合同纠纷案

二审法院认为,(1)关于工程量变更及增加原因应顺延工期的问题。工程量变更并非顺延工期的法定事由,工程量变更后并不必然改变工期。如果

---

〔1〕 参见最高人民法院民事审判第一庭编著:《最高人民法院建设工程施工合同司法解释(二)理解与适用》,人民法院出版社2019年版,第146～147页。

影响施工工期的,承包人应当提出相应的工期顺延申请,如果未提出申请的,视为对施工工期没有影响。且工程量变更后是否缩短或延长工期,如何确定工期,应由当事人在订立合同时约定或在履行过程中协商一致确定。南通六建的本项主张,既不符合双方当事人关于因工程量变更而顺延工期的约定,也未就此协商达成一致意见。故对南通六建的本项主张,不予支持。(2)关于天气原因应顺延工期的问题。根据《合同法》第一百一十七条规定,南通六建所列低温情况,并非灾害性天气,不符合法律规定的不可抗力的构成要件。监理单位对做好冬季施工阶段提出的要求,与是否能顺延工期无必然联系。故采纳浦庆公司的意见,南通六建不能因天气原因顺延工期。(3)甲供料、分包延迟工期(电表箱、外墙涂料施工)的问题。根据《合同法》第二百八十三条规定,按照约定的时间和要求提供原材料、设备、场地、资金、技术资料等,是浦庆公司的法定义务。甲供料供应不及时及分包工程施工不及时进场,势必影响南通六建施工进度。现有证据表明,浦庆公司确有材料供应不及时及专业分包队伍进场延迟的情况。浦庆公司对鉴定单位的计算依据《施工进度计划》持有异议,认为监理单位、浦庆公司均未签收该《施工进度计划》。但监理单位2004年10月22日的第二十次例会上确有“两个施工单位的施工总进度计划已报项目监理部”之表述。至于天数,鉴定单位已扣除了时间重叠的部分。南通六建本项主张的依据为法定事由。据此,采纳鉴定单位的意见,即本项南通六建可顺延工期77天。(4)关于延期支付进度款应推迟工期的问题。正如南通六建所称,根据《补充协议》第5条第5.1.1项的约定,支付进度款的基数为合同单价或根据第4.1.1项调整后的合同单价。而现有证据显示,双方当事人并未根据《补充协议》第4条的约定调整合同单价。虽法院在阐述“关于工程造价计算方式问题”时,基本采纳了南通六建的意见,即在确定工程造价的方式时,套用“九三定额”的方式按实结算。但当时南通六建、浦庆公司并未按约调整单价,南通六建要求根据本院现在确定的计算方式得出的造价,作为浦庆公司当时应付进度款的基数,不符合《补充协议》第5条的约定,故采纳浦庆公司的意见,确定本项浦庆公司延期支付进度款的时间为14天。南通六建据此可顺延工期14天。[1]

【案例7-33】 泰州市碧桂园公司与泰州市海洋公司建设工程施工合同纠纷案

二审法院认为,至于43号补充合同、59号合同,从双方合同约定的工期来看,海洋公司至撤场时未按约定完工似存在工期延误,但对照建设部《全国

〔1〕 上海市高级人民法院(2010)沪高民一(民)终字第26号民事判决书。

统一建筑安装工程工期定额》,上述合同严重压缩国家定额工期,故以合同约定工期来判断海洋公司是否延误明显不合理,况且涉案工程是未完工程,海洋公司撤场时是否超过合理工期也难以确定。加之综合本案工作联系单等证据分析,造成工期延误的原因是多方面的,除合同约定工期不合理外,还存在双方合作衔接配合不充分、天气等原因,并不能归责于海洋公司一方。因此,碧桂园公司上诉主张海洋公司承担工期迟延的违约责任依据不足。[1]

发包人迟延支付工程款是否工期顺延,应结合具体案情分析。因发包人欠付工程款,承包人主张工期顺延,应满足如下条件:一是工程款未予以支付系发包人原因,而非承包人原因。二是因工程款延迟支付导致工程无法正常进行,施工人不能正常支付工人工资、购买材料、支付机械设备租赁费等。工程迟缓或者停工,影响整体工期。三是承包人提出了工期补偿要求,通常应该有书面证据,包括停工申请、付款申请、索赔报告、签证单、会议纪要、信函等。如果承包人未及时提出工期补偿,不宜支持依据发包人拖延支付工程款的时间作为工期顺延天数,而应具体分析,发包人拖延支付工程款是否给承包人造成工期拖延,承包人未申请工期补偿是否有合理理由。[2]

【案例7－34】　小田(中山)实业有限公司与深圳市建安(集团)股份有限公司建设工程施工合同纠纷案

二审法院认为,由于小田公司支付预付款及进度款严重滞后、变更设计图纸和增加分项工程、深圳建安公司依约可顺延工期。直至工程竣工,小田公司仍拖欠工程竣工前应付的预付款及进度款,深圳建安公司无需对逾期完工承担违约责任。故小田公司上诉主张其有权迟延支付预付款、进度款,深圳建安公司应当承担逾期完工的违约责任,本院予以驳回。[3]

(二)工期延误认定

1. 停工原因与时间认定

实践中,造成停工的原因是多方面的,其中发包人拖延支付工程是重要原因,另外还有设计变更等因素是否影响关键线路施工,客观原因的发生是否足以引起

---

〔1〕　江苏省高级人民法院(2011)苏民终字第0129号民事判决书。

〔2〕　参见最高人民法院民事审判第一庭编著:《最高人民法院建设工程施工合同司法解释(二)理解与适用》,人民法院出版社2019年版,第145页。

〔3〕　广东省高级人民法院(2009)粤高法民一终字第223号民事判决书。

承包人停工等。个案中,必须查明停工原因,这是确认工期迟延必须解决的基础问题。

【案例7-35】 江苏省华建建设股份有限公司深圳分公司与深圳南方电力建设有限公司建设工程施工合同纠纷案

最高人民法院认为,E栋楼停工的原因在于南方公司欲改变该楼的使用用途和设计并下令停工,但未按照合同的约定和建筑法律法规的要求提供变更后的设计图纸,导致华建公司无法继续施工,并停工至今。因此,南方公司以华建公司未完成E栋楼建设至封顶的合同义务为由拒绝付款的抗辩权不能成立,南方公司应当向华建公司支付相应的工程款。[1]

【案例7-36】 浙江环宇建设集团有限公司与唐山市南北房地产开发有限公司建设工程施工合同纠纷案

最高人民法院认为,关于南北公司是否存在迟延支付工程款的违约行为问题。双方在《建设工程施工合同》中约定,南北公司于每月10日根据环宇公司上报的已完成工程量并经其确认后,给付75%工程进度款。但双方并未按照该约定履行。后双方商定环宇公司完成工程面积65,751平方米时为南北公司第一次付款时间。环宇公司在完成约定的施工面积后发函要求南北公司于2011年5月10日前支付75%工程款,但南北公司未能按时支付。后在环宇公司的多次催告下,南北公司于2011年8月25日前陆续支付工程款共计3300万元,但并未达到双方约定的已完成工程价款的75%,故南北公司存在迟延支付工程的违约行为。[2] 本案通过查明事实,认定发包人支付工程款严重违约,最终确认因发包人原因导致的工期延误。

因发包人原因致使建设工程停工,合同双方对停工时间未作约定或未达成协议的,承包人不应盲目等待而放任停工状态的持续以及停工损失的扩大。对于计算由此导致的停工损失所依据的停工时间的确定,也不能简单地以停工状态的自然持续时间为准,而是应根据案件事综合确定一定的合理期间作为停工时间。

【案例7-37】 河南省偃师市鑫龙建安工程有限公司与洛阳理工学院、河南省第六建筑工程公司索赔及工程欠款纠纷案

最高人民法院认为,虽然成教楼工程实际处于停工状态近两年,但对于计算停工损失的停工时间则应当综合案件事实加以合理确定,二审判决及再

---

〔1〕 参见最高人民法院民事审判第一庭编:《民事审判指导与参考》2012年第2辑(总第50辑),人民法院出版社2012年版,第164页。

〔2〕 最高人民法院(2015)民一终字第9号民事判决书。

审判决综合本案各方当事人的责任大小，参照河南省建设厅豫建标定〔1999〕21号《关于记取暂停工程有关损失费用规定的通知》的规定，将鑫龙公司的停工时间计算为从1999年4月20日起的6个月，较为合理，鑫龙公司认为参照该通知将停工时间认定为6个月属于适用法律错误的理由不能成立。[1]

承包人得到子项目进度奖，不能说明整个工程不存在逾期。发包方对承包方进行的工期奖励并非对其逾期责任的免除；承包人得到子项目进度奖与整体工程总工期是否承担逾期责任没有必然关系；是否逾期应以实际情况来衡量。

【案例7－38】 合肥水泥研究院与十五冶金建设公司建设工程施工合同纠纷

最高人民法院认为，关于工期问题：(1)《苏丹柏柏尔工程施工合同》第四条合同工期4.1约定："工期368日历天。开工日期以发包人签发的开工令为准。"一审中，合肥水泥研究院提交了双方盖章或签字的苏丹柏柏尔工程各子项开工报告、工程竣工验收申请表等证据，从上述证据可见：原料堆场开工日期2007年5月1日，实际交工日期2011年1月6日；生料配料站开工日期2007年8月10日，实际交工日期2010年12月8日；生料均化库开工日期2007年2月28日，实际交工日期2011年1月8日等。由此可以看到，比照前述合同约定的工期，十五冶金建设公司施工的多个子项已超期。(2)但在施工过程中，双方又于2008年6月18日签订《补充协议》，就部分子项工程的交付安装日期重新作出安排，因此十五冶金建设公司的施工情况还应考虑该《补充协议》的约定及履行情况。从前述证据看，《补充协议》约定的部分子项工程也已超过该协议约定的交安时间，还有部分子项工程与前述证据体现的子项工程不重合。(3)另外，从合肥水泥研究院一审提交的《会议纪要》《会议记录》、2009年4月22日、12月28日等多份《工程联系单》等证据来看，合肥水泥研究院曾多次就工期延误问题向十五冶金建设公司进行催促，十五冶金建设公司亦认可在苏丹柏柏尔工程点火前夕仍有多项工程未完工。故《补充协议》的履行情况亦说明，苏丹柏柏尔工程确实逾期完工。关于苏丹阿特巴拉工程，情况与苏丹柏柏尔工程相似，不再重复论述。十五冶金建设公司就此问题抗辩提出，合肥水泥研究院已向十五冶金建设公司支付工程完工进度奖，说明工程不存在逾期完工情形，但从双方签订的《补充协议》、十五冶金建设公司向合肥水泥研究院出具的请款报告等内容可知，合肥水泥研究院支付的奖励属于十五冶金建设公司完成某子项工程的进度奖，而非全

〔1〕《最高人民法院公报》2013年卷。

部土建工程按时完工的奖励。因此,合肥水泥研究院向十五冶金建设公司进行奖励的事实不能说明案涉工程未存在逾期情形。十五冶金建设公司的该项抗辩意见与本案事实不符,本院不予采信。[1]

2. 工期延误天数认定

工程价款的增加并不必然由工程量增加引起,不能简单以增加工程价款除以合同约定的"日完成工程价款"确定延误工期天数。换言之,工程顺延天数的计算并不是工程延误天数的简单相加,只有发生足以影响工程施工进程的关键事项才构成延误,其工期才能顺延,反之,不产生工期顺延的法律后果。

【案例7-39】 宁波福华房地产开发有限公司与杭州建工集团有限责任公司建设工程施工合同纠纷案

二审法院认为,合同约定工期450天,实际施工799天,逾期349天,双方对此事实没有异议。双方有争议的是工期延误的原因和责任。(1)关于因工程量增加延误工期的问题。对因该原因延误工期的天数,鉴定报告系按"增加工程价款"除以"合同约定之日完成工程价款"的方法计算得出。本院认为,工程价款增加的因素是多方面的,如设计变更、材料价格上涨、施工工艺改变等均可引起工程价款的增加,因此,工程价款的增加并不必然由工程量增加引起,故鉴定报告按照工程价款的增加来确定工程量增加延误工期的天数,不够科学。但福华公司仅从建筑面积变化的角度(实际建筑面积仅较合同约定增加237平方米)提出不存在因工程量增加延误工期的主张,也是片面的。由于该问题的专业性强,福华公司虽对此项鉴定持有异议,但未提出重新鉴定申请。故在目前情况下,对该项工期延误鉴定方法无法作出调整,但实际工程造价应按二审认定的77,165,524元计算,按鉴定报告采用的计(68,121,108元÷450天)。(2)关于因拖欠工程进度款延误工期的问题。鉴定报告关于因该原因延误工期的天数是按每期《工程款支付申请表》审定的应付工程进度款额度,结合拖欠款金额计算的。从2005年6月29日《工程款支付申请表》看,杭建公司上报的累计已完工程量达8455.6万元,而实际上,到2005年12月31日整个土建工程完成时,工程总造价才77,165,524元,故福华公司认为杭建公司在申报工程量时明显存在虚高现象有理。鉴定报告按这样的工程款支付申请表核定的工程进度款确定工期延误的天数,不符合客观事实。由于鉴定依据《工程款支付申请表》与实际发生工程量明显不符,故对鉴定报告关于因拖欠工程进度款延误工期234天的结论,本院不

[1] 最高人民法院(2018)民终92号民事判决书。

予采纳。在福华公司未提出重新鉴定申请的情况下，经审查相关证据，因该原因延误工期的天数，可按杭建公司在2005年12月5日出具给福华公司的《协商问题》中自认的2个月，确定为60天。综上，涉案工程逾期349天，其中，因工程量增加延误60天，因拖欠工程进度款延误60天，合计因福华公司原因延误120天，则可认定因杭建公司原因延误229天，故杭建公司应承担66%的工期延误责任。按此责任比例，因工期延误造成福华公司支付购房产违约金或降价处理的损失合计1,646,442元，应由杭建公司承担1,086,652元。[1]

【案例7-40】　青岛正泰锅炉有限公司与青岛伟信建设工程有限公司建设工程施工合同纠纷再审案

再审法院认为，关于本案工程逾期责任问题。双方施工合同中约定办公楼竣工时间为2000年8月4日。双方在竣工工程验收申报表中确认的竣工日期为2000年12月20日。工期逾期136天属实，双方对此没有异议。被申请人伟信公司认为逾期竣工的责任是正泰公司进行了设计变更和延期支付工程款造成工程逾期，但根据中国建设银行青岛市分行造价咨询中心平度营业部对正泰公司办公楼工程量变更后的工期出具的鉴定意见证实，正泰公司的办公楼工程量变更与工期无关，不存在工期顺延情况，且伟信公司对暖气、铝合金窗、楼地面面层以及外墙大理石工程的甩项工程是明知的。伟信公司认为正泰公司迟延支付工程款项是造成工程逾期的主要责任，因双方合同约定工程预付款是按工程进度拨款，而至本案审理期间，伟信公司亦没有提供证据证明其向正泰公司提交了工程进度表，且正泰公司至工程竣工已经支付伟信公司工程款40.8万元，正泰公司已经按照合同约定足够付清伟信公司的工程预付款。正泰公司并无延期支付伟信公司工程预付款的行为，因此，被申请人伟信公司认为，正泰公司工程变更工程量以及迟延支付工程预付款导致工程逾期的抗辩理由，本院依法不予采纳。原审认定工程逾期是伟信公司的违约行为认定正确，扣除双方约定40天合理排水期，实际逾期违约时间为96天。[2]

合同同时约定单体验收合格和具备交付使用条件的情况下，法院未查明房屋是否具备交付使用条件，仅以单体验收为节点计算承包人逾期交房天数的理据不足，属于事实不清。

---

〔1〕　浙江省高级人民法院(2009)浙民终字第58号民事判决书。

〔2〕　参见最高人民法院审判监督庭编：《全国法院再审判典型案例评注》(上)，中国法制出版社2011年版，第160~161页。

【案例7-41】 某公司与巨勇建安公司建设工程施工合同纠纷再审案

最高人民法院认为,案涉《保障性住房合同》第十六条约定,每个组团自动工之日起15个月内完工,单体验收合格,具备交付使用条件;公共建筑自动工之日起10个月完工,单体验收合格,具备交付使用条件。一审、二审法院未查明案涉房屋是否具备交付使用条件,仅以单体验收为节点计算巨勇建安公司逾期交房天数理据不足,相关事实不清。[1]

(三)工期区分认定

1.工期顺延与工期延误

工期顺延与工期延误是两个既有联系又有区别的概念,二者都是围绕工期而发生的内容。工期延误是产生工期顺延的原因,但并非导致工期顺延必然性的结果。工期延误的原因,可能是由发包人引起的,也可能是由于承包人引起的,还可能是第三人或者不可抗力原因造成的。如果是承包人原因造成的工期延误,则工期不能顺延。如果是发包人原因造成的或者非因承包原因造成的工期延误,工期则应顺延。具体来讲,工程变更如建筑物增加门窗的数量、建筑材料的变更、工艺方法的变化等是否对工期有影响,如果有影响,其影响的后果是延长工期还是减少工期,以及工程内容增加是否顺延工期是不确定的,二者之间不能画等号。工期延误对合同双方一般都会造成损失,但表现的形式有差别,发包人往往因工期延误不能按计划实现投资目的,承包人工期延误往往增加工程成本。从本质上讲,工期延误是属于违约的一种情形。工期顺延则是对工期延误中基于合同约定或法定可以免责事由的确定和认可。工期延误是工期顺延的前提,没有工期延误就没有工期顺延;工期顺延则是对工期延误确认免责后的结果,但这种确认后果具有非一致性。工期延误承包人一般要承担责任,而工期顺延因符合合同约定或法律的规定,承包人可以就该顺延的工期免除向发包人承担的违约责任。诉讼中,对于工期延误天数并非全部可认定为工期顺延之天数,已经实际发生延误的天数,法官可根据承发包人在发生工程停工中的过错情况及其他因素,酌定可以顺延的天数。工期延误后能否成立顺延需要二者之间具有因果关系,如果存在因果关系则可以顺延,反之缺少因果关系则限制顺延。一般来讲,承包人工期延误后,虽然发包人未按合同约定提供原材料和设计图纸,但与承包人工期延误没有因果关系,承包人主张顺延工期不应得到法律支持。而发包人调整工程进度款的

---

[1] 最高人民法院(2021)民申6963号民事裁定书。

支付时间，属于行使合同履行抗辩权，不应作为承包人顺延工期的理由，自然亦不能顺延工期。关于承包人工期延误后发生不可抗力顺延工期问题。《民法典》第五百九十条第二款规定："当事人迟延履行发生不可抗力的，不能免除责任。"2013年版《建设工程施工合同（示范文本）》通用条款第17.3.2款和2017年版《建设工程施工合同（示范文本）》通用条款第17.3.3款约定与《民法典》第五百九十条规定相一致，即通过合同约定形式明确迟延工期不免责。根据建设工程施工合同持续履行的特点，承包人工延误后发生不可抗力的，如果不可抗力发生在合同约定的工期之后，则承包人不能据此顺延工期，如果不可抗力发生在合同约定的工期之内，则承包人仍可顺延工期。

2. 压缩工期与合理工期

《建筑法》第五十二条第一款规定："建筑工程勘察、设计、施工的质量必须符合国家有关建筑工程安全标准的要求。"第五十四条规定："建设单位不得以任何理由，要求建筑设计单位或者建筑施工企业在工程设计或者施工作业中，违反法律、行政法规和建筑工程质量、安全标准，降低工程质量。"《建设工程安全生产管理条例》第七条规定："建设单位不得对勘察、设计、施工、工程监理等单位提出不符合建设工程安全生产法律、法规和强制性标准规定的要求，不得压缩合同约定的工期。"这些法律、法规是确定合理工期的基本要求，亦是判断压缩工期的标准。压缩工期是以合理工期为基础评判的，是对合理工期的破坏。施工合同约定的工期，应该符合工程质量标准，遵守法律规定，任意压缩工期明显不合理的，实践中一般对任意压缩工期认定为无效。但是，压缩工程并非全部无效，关键是在合理工期压缩的程度。对于压缩工期幅度不大，承包人亦是自愿的且质量验收合格的，亦应按有效处理。山东省济南市政府行政主管部门发布的《关于加强建筑安装工程工期管理的通知》规定，招标工期和投标工期不得低于定额工期的70%，低于70%的，视为任意压缩工期。此种规定从建筑业角度确立了合理工期的量化标准，较为符合客观情况，可以作为认定压缩工期的参考标准。有律师认为，从目前的实务出发合理工期以不提前定额工期25%为限较为适宜。[1] 一般认为，对于压缩工期合理程度，在个案中由法官裁量。

【案例7－42】　某建筑公司诉康城中学建设工程施工合同纠纷案

判决观点，本案被告为了早日使用合同工程，不顾施工质量、安全标准，任意压缩工期，以明显不合理的工期签订施工合同，违反了法律规定，因此双方合同中对工期的约定无效。原告为完成合同工程施工，已尽力赶工，其竣

〔1〕 参见朱树英：《工程合同实务问答》（第2版），法律出版社2011年版，第182页。

工时间在合理工期许可范围内,不存在竣工延误问题,故对被告要求原告承担延期竣工责任的主张法院不予支持。法院遂判决被告支付原告工程尾款369万元。[1]

【案例7-43】 江苏欧瑞置业有限公司与瑞安市建筑工程有限公司建设工程施工合同纠纷案

判决观点,双方合同约定的工期明显低于国家相关文件规定的最低工期,且合同亦被确认无效,故对瑞安公司应按鉴定确定的合理工期作为其施工工期,超出该合理工期则作为其逾期交付期间,给欧瑞公司造成损失的,瑞安公司应予赔偿。经鉴定合理工期有上限和下限,而瑞安公司是以欧瑞公司工期要求苛刻抗辩并申请司法鉴定,其同时主张因欧瑞公司增加、变更工程量、分包他人施工需要延长工期等,但其未提供相关证据证明存在上述原因延误工期,并因其没有提供欧瑞公司同意其顺延工期的相关证据或签证致鉴定没有采信其意见。因此,应以鉴定确定的最低工期作为瑞安公司施工的合理期限。根据鉴定合理工期的最低限度,瑞安公司仍逾期交付工程。在此期间,欧瑞公司向业主承担的逾期交付房屋违约金,应作为实际损失,该损失应由瑞安公司承担赔偿责任。[2]

【案例7-44】 中建三局第一建设工程有限责任公司与金胤公司建设工程施工合同纠纷再审案

最高人民法院认为,一方面,定额工期通常依据施工规范、典型工程设计、施工企业的平均水平等多方面因素制定,虽具有合理性,但在实际技术专长、管理水平和施工经验存在差异的情况下,并不能完全准确反映不同施工企业在不同工程项目的合理工期。另一方面,本案中,中建三局作为大型专业施工企业,基于对自身施工能力及市场等因素的综合考量,经与金胤公司平等协商,在《建设工程施工合同》中约定580日历天的工期条款,系对自身权利的处分,亦为其真实意思表示,在无其他相反证据证明的情况下,不能当然推定金胤公司迫使其压缩合理工期。中建三局的该项再审主张亦缺乏事实依据,不能成立,本院不予支持。[3]

对于工期争议,因工期延误、工期顺延的因果关系及损失问题是一个比较复杂的专业性问题,一般由法院委托专业的鉴定机构进行鉴定。

---

〔1〕 参见张广兄编著:《建设工程合同纠纷诉讼指引与实务解答》,法律出版社2013年版,第239页。
〔2〕 江苏省淮安市中级人民法院(2012)淮中民初字第0162号民事判决书。
〔3〕 最高人民法院(2018)民再163号民事判决书。

(四)竣工日期认定

竣工日期认定是以双方在施工合同约定的日期,除非双方另外约定和法律规定的日期为例外。一般来讲,五方认证的时间与施工合同约定不一致的,以五方认证时间为竣工时间,当其五方认证时间晚于施工合同约定竣工时间则应视为一种违约行为。在发包人(建设方)不组织竣工验收又擅自使用建设工程的,以转移占有建设工程之日为竣工日期。法律规定对五方认证界定竣工日期的影响,是必须引起足够注意的问题。竣工日期是五方认证的时间,这是在建设行政主管部门允许备案情况下的认定。如果建设行政主管部门责令重新五方认证,则以五方重新认证的时间为竣工日期。在质监站抽查合格的竣工日期可以是五方认证的时间,在承包人按质监站要求整改后再抽查合格的,以质监站出具符合设计规范表上的时间为竣工时间。

《建设工程解释(一)》第九条规定:"当事人对建设工程实际竣工日期有争议的,人民法院应当分别按照以下情形予以认定:(一)建设工程经验收合格的,以竣工验收合格之日为竣工日期;(二)承包人已经提交竣工验收报告,发包人拖延验收的,以承包人提交验收报告之日为竣工日期;(三)建设工程未经竣工验收,发包人擅自使用的,以转移占有建设工程之日为竣工日期。"实践中主要分四种情况认定,其一,以双方确认的日期为竣工日期。承发包双方签字确认了竣工日期,则应认定该确认的日期为竣工日期。确认的形式一般是书面的,可以是竣工验收登记表、协议、会议纪要、往来函件、监理日志等。其二,经五方认证通过的日期。其三,承包人已经提交竣工验收报告,发包人拖延验收的,以承包人提交验收报告之日为竣工日期。其四,建设工程未经竣工验收,发包人擅自使用的,以转移占有建设工程之日为竣工之日。

对完工、竣工、验收合格三者区分理解尤为重要,《民法典》第七百九十九条与《建设工程解释(一)》第九条的规定有所不同。《民法典》第七百九十九条规定:"建设工程竣工后,发包人应当根据施工图纸及说明书、国家颁布的施工验收规范和质量检验标准及时进行验收。验收合格的,发包人应当按照约定支付价款,并接收该建设工程。建设工程竣工验收合格后,方可交付使用;未经验收或者验收不合格的,不得交付使用。"可见,《民法典》第七百九十九条的"竣工"是指工程完工,与验收合格并非同一意义。而《建设工程解释(一)》第九条则以竣工验收合格之日为竣工日期的一般形态。实践中,当事人在合同中使用语言,未必严格依从法律语言,确定某个具体合同中"竣工"一词的内容,应当根据当事人的真实意思并结合交易习惯来理解。

有观点认为,竣工日期不等于验收合格之日。竣工日期是施工人完成工程建设的时间节点,其与开工日期首尾呼应,决定了工期长短和工期责任。竣工日期侧重于“活干完”,竣工验收合格之日侧重于“检查完”,两个存在一定的时间差,如以验收合格之日为竣工日期,则变相延长了工期,对施工人有失公平。现有行业惯例中,多数观点主张,工程验收合格的,以承包人提交竣工验收申请报告之日为竣工日期,以验收各方签署意见并盖章的验收记录行程时间为竣工合格之日。[1]

根据建筑市场的一般观念,建设工程施工合同中所约定的工期,是指开工期至完工日期之间的期限,而不是开工日期至验收合格日期之间的期限。这是因为工程验收合格不完全是合同当事人可以控制的事项,双方在订立合同时往往无法预料验收合格的日期。建设工程施工期,应依双方真实意思表示并结合一般交易习惯来理解,通常理解为从开工日至五方认证之间的期间。实践中,也有法院将此界定为开工日至完工日之间的期限,而不是开工日至验收合格日之间的期限。

【案例7-45】 浙江银建装饰工程有限责任公司与浙江长兴博济医院建筑工程施工合同纠纷案

二审法院认为,对于《补充协议》第1条、第3条的理解。《补充协议》第1条中“2002年12月17日”应为完工时间,而非博济医院所主张的竣工验收时间。……根据案涉《施工合同》《补充协议》的表述,可以看出本案双方当事人也持此种认识。《施工合同》第3条合同工期约定:“开工工期:2002年7月15日”“竣工工期:2002年9月28日”“合同工期总日历天数75天”;第10条第6点约定:“工程竣工后,乙方应通知甲方验收,甲方自接到验收通知15天内组织验收,并办理验收,验交手续。”第11条第1点亦有类似表述,已明确将“竣工”与“验收”严格区分,时间点上不同,故《施工合同》上的“竣工”即为“完工”,而非“验收合格”。《补充协议》第1条、第3条更是明确使用了“全部完工”“延期完工”的表述。虽然《补充协议》第1条约定“乙方承诺在2002年12月17日装饰工程全部完工,并竣工验收交付使用”,但《补充协议》第3条约定的罚款所针对的,仍为“延期完工”,而且自双方签订《补充协议》的2002年11月27日至《补充协议》第1条所约定的2002年12月17日,仅有20天的时间,既要完工也要验收合格并交付使用,也是不大可能的。故考量当事人本意,2002年12月17日应为对完工日期的约定,而非博济医院所主张的对竣工验收合格日期的约定。据此,扣除原审认定的工期顺延1

[1] 参见王毓莹、史智军:《建设工程施工合同纠纷疑难问题和裁判规则解析》,法律出版社2022年版,第157页。

天,自该日起至实际完工的2003年1月3日,银建公司实际误工期为16天。[1]

按施工合同约定的竣工时间认定。

【案例7－46】　浙江某建设有限责任公司与潘某建设工程施工合同纠纷案

二审法院认为,双方在合同第九条竣工验收与结算条款约定,工程竣工验收通过,承包人送交竣工验收报告的日期为实际竣工作日期。工程按发包人要求修改后通过竣工验收的,实际竣工日期为承包人修改后提请发包人验收的日期。被上诉人认为工程中间结构验收报告的日期为2008年9月10日,10月5日就其具备工程竣工验收条件是不可能的,但由于案涉工程主要为厂房工程,中间验收后的后期施工并不复杂,施工期限不会要求太长,在次月完成工程,提出竣工报告要求竣工验收是可能的。被上诉人在二审答辩时实际也已承认上诉人提交工程竣工报告的日期,所以可以认定2008年10月5日为上诉人提交工程竣工报告日。又因案涉该工程于2009年1月8日经建设单位、监理单位、勘察单位、设计单位、施工单位五家单位联合验收,工程通过竣工验收,综合意见显示符合设计规范要求,验收合格。所以工程的实际竣工日期按照约定应认定为2008年10月5日。至此,认定上诉人的实际施工期限为2007年12月4日至2008年10月5日。[2]

【案例7－47】　连云港某水务有限公司与通州建总集团有限公司建设工程施工合同纠纷案

二审法院认为,双方在《补充协议》中约定的厂区道路及厂区回填土工程竣工时间为2008年12月27日。鉴于《单位工程竣工验收记录》上未载明竣工日期,且建总公司在单位工程竣工验收报告中记载厂区道路及厂区回填工程于2008年12月31日竣工,基本符合合同约定的竣工时间,应认定本案工程实际竣工时间为2008年12月31日。关于水务公司主张本案工程应以《竣工验收备案表》载明的竣工验收时间为准的问题,因建设工程竣工验收备案系建设行政主管部门对建设工程的行政管理行为,而履行验收备案手续又系建设单位水务公司的法定义务,故水务公司以竣工验收备案时间主张建总公司的实际竣工时间,依据不足,因此对水务公司要求建总公司承担工期延误违约金的诉讼请求不予支持。[3]

甩项工程竣工日期认定。甩项也即部分交工,是指对通过验收的部分先行交

---

〔1〕　浙江省高级人民法院(2006)浙民一终字第343号民事判决书。

〔2〕　浙江省湖州市中级人民法院(2010)浙湖民终字第88号民事判决书。

〔3〕　江苏省高级人民法院(2013)苏民终字第0026号民事判决书。

付使用,甩下未通过验收的部分工程,待符合条件时再验收。甩项一般发生在工程大部已经竣工,而个别子项尚未完成,但是并不影响整体工程的使用或对整体工程的使用影响不大,而发包方又急需使用该工程时,可以选择"甩项竣工验收"。对甩项竣工验收确认,应有承发包双方签订的甩项竣工协议为依据,或者主张有甩项工程竣工口头协议且相对方认可的。甩项竣工协议应明确双方责任和工程价款的支付办法,以及相关事项。对其甩项工程应另行进行验收,验收合格的以其该日作为全部工程的竣工日期。

业主使用部分单项工程的竣工日期认定。对这个问题,可区分两种情况讨论。其一,在施工合同中约定了每个单项工程的竣工日期。建设工程未经竣工验收的情况下,业主使用某单项工程的日期作为该单项工程的竣工日期,但不能作为整个工程的竣工日期。其二,在施工合同中只约定了整个工程的竣工日期,而没有约定每个单项工程的竣工日期。建设工程未经竣工验收的情况下,业主使用某单项工程的日期,虽然单项工程具有相对独立性且实际竣工期是可以确定的,则不能作为整体工程的竣工日期,但该单项未经竣工验收使用对承包人是可以免责的,而不能对整体工程免责。也就是说,业主只对擅自使用整体工程中的部分单项工程视为此时间该部分单项工程的竣工时间,而不能将其视为整个工程的竣工时间。

对一建设工程分两部分发包,对两部分工程应分别认定竣工日期,同时将非承包人承包施工范围的工程是否竣工排除在竣工日期认定之外。发包人在收到承包人提交竣工验收报告不进行验收,在等其他分包项目及配套工程内容完成之后一并验收的,应以承包人提交竣工验收报告之日为竣工日期。

【案例7-48】 振华公司与第二建筑公司建设工程施工合同纠纷案

判决观点,第二建筑公司承建的工程于2003年5月20日经验收合格,监理单位出具了工程质量评估报告,故应认定此日为工程竣工之日。当时振华公司另行发包的绿化及室外水、电、煤安装及弱电系统等小区总体工程尚未完成,故未立即向质监站办理备案验收手续,但该部分工程不应计算在第二建筑公司的工期天数内。第二建筑公司2003年8月1日的工作联系单已告知振华公司,第二建筑公司施工的41幢房屋之工程资料已整理完毕,要求振华公司收取其他各部门的竣工资料后向城建档案部门办理备案手续,并非如振华公司所说的系通知振华公司组织验收。至于质监站在验收过程中发现遗漏低窗台栏杆和暗卫生间出气孔两项要求整改补做的问题,根据第二建筑公司提供的两份工作联系单,上述两项施工项目系振华公司要求取消,故由此造成质监站验收备案手续办理迟延的责任应由振华公司承担。而且在2002年8月19日质监站对沪孙公司施工的单位工程进行验收时亦提出了低于90毫米的窗台加做安全栏杆的问题,可见低窗台栏杆未做并非第二建筑公司施工中独有之现象，整个黄浦花园二期工程均存在此问题，由此亦可推断出该项施工当属应振华公司之要求而取消，并非第二建筑公司擅自行为。[1]

在双方就实际竣工日期发生争议时，应以竣工验收合格之日为准。竣工验收备案只是竣工验收后建设单位所应办理的手续，是否取得竣工验收备案表不能作为认定工程是否已竣工验收的依据。也就是说，因竣工验收与竣工备案存在时间差和不确定因素，有律师认为，在工程合同中约定以通过竣工验收作为竣工日期是相对比较合理的方式。[2] 实践中，应将竣工日期与竣工验收备案日期相区别。

【案例7－49】　中成公司等与红富士公司建设工程施工合同纠纷案

二审法院认为，系争厂房项目于2007年12月10日竣工验收后交付德威公司使用，德威公司自己使用部分厂房，其余厂房用于出租，还对厂房进行了装潢。虽然系争工程后来还于2008年5月16日进行了竣工验收备案，但原审法院认定实际竣工时间为2007年12月10日正确，德威公司要求以竣工备案日期为竣工时间，与事实不符，本院不予采信。[3]

【案例7－50】　宁夏众鑫诚房地产开发有限公司与宁厦功达建筑工程有限责任公司建设工程施工合同纠纷案

最高人民法院认为，关于竣工日期。首先，众鑫诚公司虽向本院提交了2010年7月13日《房屋顶账协议》、2010年8月1日《佳和鑫居1#、4#楼工程进度专题会议纪要》等证据，用于证明2010年4月30日讼争工程并未竣工，但是依据《建设工程解释》第十四条之规定，在双方就实际竣工日期发生争议时，应以竣工验收合格之日为准。而从功达公司在一审、二审中提交的竣工验收报告、工程竣工验收备案表等证据看，众鑫诚公司在2010年4月30日前已组织勘察单位、设计单位、施工单位以及监理公司对讼争工程进行了竣工验收，上述四家单位以及众鑫诚公司均在验收意见一栏中签署合格的意见并加盖公章，故二审判决将讼争工程的竣工时间认定为2010年4月30日并无不妥。其次，众鑫诚公司虽主张功达公司向贺兰县城乡建设局提供的竣工验收备案表的各栏内容均是事先填好盖章，日期由功达公司根据需要填写，但并没有相应的证据予以证明，故对该主张不予支持。最后，众鑫诚公司还主张工程竣工应以取得竣工验收备案表为准，该主张不能成立。因为双方合同中没有约定竣工应以取得竣工验收备案表为准，而根据国务院2000年1

---

〔1〕参见潘福仁主编：《建设工程合同纠纷》（第4版），法律出版社2015年版，第191页。

〔2〕参见林立：《工程合同法律规则与实践》，北京大学出版社2016年版，第304页。

〔3〕上海市高级人民法院（2012）沪高民一（民）终字第16号民事判决书。

月30日(现为2019年4月23日版)颁布施行的《建设工程质量管理条例》的规定,建设单位在收到建设工程竣工报告后,组织设计、施工、工程监理等有关单位进行竣工验收,验收合格后再由建设单位将竣工验收报告等文件提交给政府建设主管部门备案,也就是说,竣工验收备案只是竣工验收后建设单位应办理的手续,故是否取得竣工验收备案表并不能作为认定工程是否已竣工验收的依据。[1]

承包人提交的《工程移交单》虽然表明部分工程的移交时间,但在没有发包人及相关设计、监理等单位正式确认的情况下,《工程移交单》不足以证明工程已经实际完工的事实,法院依据建设单位、监理单位、施工单位、设计单位、勘察单位及相关人员共同签章确认的竣工日期认定完工时间,具有事实依据。

【案例7-51】 北京三建公司与东方雨虹公司建设工程施工合同纠纷案

最高人民法院认为,案涉《建设工程施工合同》约定,芜湖卧牛山工程一期一标段计划开工日期2016年10月30日,工期总日历天数273天,计划竣工日期2017年7月30日;一期二标段计划开工日期为2017年1月20日,工期总日历天数为162天,计划竣工日期为2017年7月1日。工程开工报告所载开工日期与前述合同约定的开工日期相同。在实际施工过程中,双方于2017年7月19日签订《补充协议》,约定将工程总完工日期变更为2017年10月15日。该《补充协议》系合同双方对案涉工程完工时间重新作出的约定。建设单位、监理单位、施工单位、设计单位、勘察单位及相关人员共同签章确认的《单位(子单位)工程质量竣工验收记录》载明,开工日期2016年10月30日,竣工日期为2018年5月15日。原审法院依据前述证据认定北京三建公司完工时间为2018年5月15日,并无不当。北京三建公司提交的《工程移交单》虽然表明部分工程于2017年5~10月移交,但在没有东方雨虹公司及相关设计、监理等单位正式确认的情况下,《工程移交单》不足以证明工程已经实际完工的事实。况且,《补充协议》约定的2017年10月15日是工程总体完工时间,北京三建公司以部分工程之前已经移交主张原审法院依据《单位(子单位)工程质量竣工验收记录》记载认定案涉工程的完工时间错误,依据并不充分。东方雨虹公司厂区电子屏幕关于企业生产情况的宣传及公司员工个人陈述,不能推翻建设相关方通过《单位(子单位)工程质量竣工验收记录》确认的完工时间。由上,在合同双方已就工程完工时间重新作出约定的情况下,原审法院根据《单位(子单位)工程质量竣工验收记录》载明的完工时间,认定北京三建公司延误工期天数并据以计算相应违约金的数

---

[1] 最高人民法院(2012)民申字第1480号民事裁定书。

额，并无不当。[1]

(五)交付使用日期认定

交付日期，是指承包人向发包人移交建筑物的日期，通常按承发包双方形成的交接手续确定。使用日期是承包人移交建筑物后，发包人使用建筑物的日期。实践中，其二者实质上是一回事，其交付后等于使用。在社会生活中，交付与使用往往是同时一起产生的而不单独分开。更多的情况下，是建筑物未经竣工验收，未经交付，发包人擅自使用的。对此种情况，以发包人实际占有日期为交付日也为竣工日。先交付使用后验收的，以转移占有建设工程之日为竣工日期。对先使用后验收或补办验收文件日期滞后的，以证据证明的实际使用日为建设工程竣工日期。

《陕西省高级人民法院关于审理建设工程施工合同纠纷案件若干问题的解答》第十条规定："关于建设工程已实际交付的理解。建设工程交付，包括已完工程交付，也包括未完工程交付。案涉工程包括数个单项工程的，应以最后子项目交付时间为整体工程交付之日。双方当事人没有明确的交付行为和交接手续的，以涉案工程实际投入使用之时，视为交付之日。未完工工程的交付，不限于工程向发包人进行交付，承包人根据发包人指示将工程交由后续施工方进行施工的也属于工程交付。"

有观点认为，通常意义上的"竣工"其内涵包括通过竣工验收之意，以便与纯粹的"完工"相区别。但在确定竣工日期之时，需要考虑行业规则，考察竣工日期与竣工验收合格之日的不同。[2]

实践中，未经竣工验收的建筑物中，有在先使用的楼层亦有在后使用的楼层，其交付使用的日期为最后使用楼层的日期，即该日也为整个工程的竣工日期。

【案例7－52】　北京市建筑装饰设计工程有限公司与周口欣欣置业有限公司建设工程施工合同纠纷案

最高人民法院认为，本案所涉工程竣工后，未经验收，周口欣欣公司即提前使用(德银购物广场1、2、3、7层于2005年12月29日竣工，周口欣欣公司于同年12月30日未经验收即投入使用；4层、5层、6层分别于2006年10月10日、10月29日、12月29日竣工，周口欣欣公司亦未经检验收即亦使用)。

---

〔1〕 最高人民法院(2021)民终643号民事判决书。

〔2〕 参见王毓莹、史智军：《建设工程施工合同纠纷疑难问题和裁判规则解析》，法律出版社2022年版，第157页。

根据双方所签合同专用条款第47.5.3条的约定,“未办理验收手续,发包商提前使用或擅自动用的部分视为已经验收的合格工程,若造成损失时应由发包商负责并承担损失”。《建设工程解释》第十四条第三项亦明确规定……因此,应认定本案所涉工程属于竣工合格工程,且竣工日期应为周口欣欣公司开始使用之日。该建筑装修后,最后一层投入使用的时间是2006年12月29日,应为整个工程的竣工日期。[1]

实际使用日期认定,在实践中经常发生争议。

【案例7-53】 泰信公司与豪胜公司、圣达安酒店建设工程施工合同纠纷案

判决观点,当事人对建设工程竣工日期有争议,未办理明确的竣工验收手续而发包人擅自使用的,以发包人转移占有建设工程之日为竣工日期。本案中泰信公司、豪盛公司、圣达安酒店就系争工程中布置了相关经营设施设备并开始经营,发生了营业性收入。由于违反了有关环保、消防的专项管理规定并责令停业。无论经营行为是正式经营还是如豪盛公司、圣达安酒店所解释的“试营业”“试运转”,均应认为是豪盛公司、圣达安酒店实际使用了系争工程。而且自2004年8月以来有关行政主管部门一系列的整改通知和行政处罚决定作出后,豪盛公司与圣达安酒店也未向施工单位提出整改或要求完成工程的书面意见。另外豪盛公司与圣达安酒店在与泰信公司签订的《关于圣达安酒店主、副楼,装修、安装、改扩建工程结(决)算价款审定协议》(以下简称审定协议)中明确“由甲方(豪盛公司、圣达安酒店)发包,乙方(泰信公司)承包施工完成的……该扩建工程”,据此可以认定在审定协议签订之时即2004年12月,各方当事人已经确认了工程的“完成”状态。故豪盛公司、圣达安酒店主张系争工程至今未竣工验收缺乏事实依据,法院不予支持。[2]

(六)工程验收认定

依照部门规章和规范性文件要求,竣工验收的组织单位是建设单位,参加单位包括勘察设计单位、施工单位、监理单位、工程质量监督机构。竣工验收的一般流程可分为八个步骤:第一步,施工单位对工程质量自行检查,若合格,提出工程竣工报告;第二步,监理单位对工程质量进行评估,若合格,提出工程质量评估报

[1] 最高人民法院(2013)民提字第128号民事判决书。
[2] 参见潘福仁主编:《建设工程合同纠纷》(第4版),法律出版社2015年版,第166页。

告;第三步,勘察设计单位对勘察设计文件设计等文件进行检查,若合格,提出质量检查报告;第四步,建设单位组织勘察、设计、施工、监理单位进行竣工验收,通知工程质量监督机构;第五步,验收完毕,若合格,形成经验收人员签署的竣工验收意见;若不合格,重新组织验收;第六步,验收合格,建设单位提出竣工验收报告;第七步,建设单位申请取得规划、环保、消防等部门出具认可或者准许使用文件;第八步,建设单位向主管部门备案规定文件,工程质量监督机构向备案机关提交工程质量监督报告。〔1〕

1. 验收通过认定

实践中,对涉案工程是否通过验收多发争议。

【案例7-54】 慈溪市第二建筑工程有限公司与慈溪市三金智能仪表有限公司建设工程施工合同纠纷案

二审法院认为,本案二审的主要争议焦点是基础工程部分是否通过验收,即验收记录能否作为验收合格的依据。……(1)关于验收的条件。二建公司认为已经具备验收条件,三金公司认为不具备验收条件,主要异议是二建公司没有完成基础工程全部工程量、基础防雷接地装置未全部验收。一审庭审中,二建公司对于2#厂房、办公室、研发中心、附房砌体基础没有施工,部分土方没有回填的事实没有异议,二审庭审中,二建公司再次确认了该事实,但同时提出这不属于基础工程验收的范围。虽然双方对于《建筑工程施工质量验收统一标准》附录B建筑工程分部(子分部)工程、分项工程划分中关于基础工程的范围有不同理解,但从二建公司编制的施工组织设计(补充)所附的施工进度计划表的内容看,无论是1#厂房、2#厂房,还是办公室、研发中心均有基础土方回填的工程,二建公司部分土方没有回填既不符合双方的约定,也不具备验收的条件。至于慈溪市防雷所于2008年4月21日出具的情况说明,证明了"涉案工程的建筑物基础防雷接地装置部分验收,部分未验收,建筑物基础应在防雷验收合格后方可隐蔽",二建公司在一审庭审中认为防雷装置合格,有部分没有记录在防雷手册上,是因为监理没有提供,其能够进行补证。但其一直未提供补证材料,也在一定程度上证明必须基础防雷接地装置全部验收合格方能进行基础工程验收,本案工程验收时存在欠缺。(2)关于验收的程序。……二建公司称三金公司法定代表人马某军当天上午到过工地现场怠于验收,却未提供相关证据,故该主张依法不能成立。本案验收由于缺少了建设单位三金公司的参与,在程序上是不到位的,原判

---

〔1〕 参见王毓莹、史智军:《建设工程施工合同纠纷疑难问题和裁判规则解析》,法律出版社2022年版,第203页。

对此认定正确。(3)关于验收的内容。……慈溪市质监站2007年9月18日责令整改的通知载明:1.1#厂房基础部分中质量缺陷的处理程序不符合规范要求。2.1#厂房电梯井基础,未严格按图施工,质量问题的处理程序不符合规范要求。3.2#厂房地基基础设计中部分与地质勘察报告不符,地基处理过程中设计变更、施工、检查验收等程序不符合规范要求,塘渣回填地基强度和承载力检测数量未达到规范要求。鉴于上述情况,责令整改,整改合格后方可继续施工。从中可以看出,2#厂房塘渣回填地基强度和承载力检测数量未达到规范要求,需整改的工程不符合合同约定的合格条件,更不可能验收为合格工程,之前的2007年8月15日验收记录称"包括塘渣静载试验等各项试验结果均满足设计要求,该基础工程施工质量满足设计要求和施工规范规定"不符合事实。……因此,本案所谓的验收不够全面、不够充分,也不符合国家施工规范强制性标准。[1]

【案例7-55】 成都市第二建筑工程公司与宜宾源德房地产开发有限公司建设工程施工合同纠纷案

最高人民法院认为,关于案涉工程是否已竣工验收问题。根据本案一审、二审法院查明的事实,2007年6月30日成都二建公司提交《竣工工程申请验收报告》,总监理工程师李某签署"符合竣工验收条件,同意进行工程验收"。2007年9月19日《住宅工程分户验收汇总记录》载明,467户验收合格。申请再审人、成都二建公司、监理单位签字。2008年3月3日,申请再审人、合宏监理公司、成都二建公司、宜宾市建筑勘察设计院对阳光名城电梯公寓和酒店式公寓进行了竣工验收。2008年3月3日《竣工验收报告》,结论为"验收合格"。申请再审人、成都二建公司及监理单位、勘察设计单位均在竣工验收报告上签字同意竣工验收并加盖公章,竣工验收报告上载明工程竣工资料完整、工程质量合格。成都二建公司在2008年3月3日竣工验收后,以申请再审人未按合同约定支付工程款为由,拒绝移交工程竣工资料。基于上述事实,原审认定案涉工程已于2008年3月3日经竣工验收合格,完成了竣工验收,有事实依据。申请再审人依据《建设工程质量管理条例》第十六条及《房屋建筑工程和市政基础设施工程竣工验收暂行规定》(已失效)第五条和第六条规定的有关建设工程竣工验收应当具备的条件及验收程序,主张成都二建公司的施工不符合约定,案涉工程不符合竣工验收条件,案涉工程没有完成竣工验收等,既与原审查明的事实不相符,亦缺乏证据证明。[2]

---

[1] 浙江省高级人民法院(2008)浙民一终字第223号民事判决书。

[2] 最高人民法院(2014)民申字第1827号民事裁定书。

承包人未经发包人同意以发包人名义组织竣工验收，因组织验收主体不适格，验收程序不合法，不产生工程竣工验收效力。质量监督管理部门在没有核实上述事实情形下出具的竣工验收报告，不具有证据证明力，不应予以采信。

【案例7－56】　威海市鲸园建筑有限公司与威海市福利企业服务公司等建设工程施工合同纠纷案

最高人民法院认为，本案查明事实表明，旅游基地因不具有相关的开发建设资格，故将涉案工程的建设单位登记为鲸园公司。鲸园公司在未经旅游基地同意的情况下，单方向质监站办理竣工验收手续，申报质量评定等级，侵害了福利公司作为工程发包人的权利，导致质监站对该工程验收出具的工程竣工验收报告及工程优良评定证书，不符合法定程序，不能产生相应的法律效力。鲸园公司依照质监站出具的工程竣工验收报告及工程优良评定证书主张工程已经竣工验收，且质量优良，福利公司应当支付工程优良奖的理由不成立，不予支持。[1]

2. 竣工范围认定

施工图在内的各项具体施工范围，也包括现行单行法律规定的在施工工程中所含有的事项，如《环境保护法》中规定环保施工的内容和要求、《气象法》中规定的防雷工程。也就是说，在施工方的工程竣工时，其环保、防雷等设施也应同时竣工。况且，环保和防雷装置等也包含在施工合同和施工图之中，故该部分也应在竣工范围内。

3. 协助验收认定

按照现行法律法规的规定，建设方负有组织和实施验收的法定义务，但这并不排除或免除承包人参与和协助验收的义务，换言之，承包人参与和协助发包人对其施工的工程进行验收既是合同约定的义务，也是法定义务。对于发包人擅自使用的工程，承包人仍然负有协助义务。

【案例7－57】　海南众神药业与广东华厦钢构建设工程施工合同纠纷案

二审法院认为，根据《建设工程解释》第十三条的规定，是指使用后又以使用部分质量不符合约定主张权利的，不予支持，并不是使用了就等同于验收，即可免除验收，提供竣工验收数据及竣工验收报告是合同中规定的钢结构公司的义务，对工程进行验收，施工方始终具有协助义务，而钢结构公司至

---

〔1〕　参见最高人民法院民事审判第一庭编：《民事审判指导与参考》2013年第2辑（总第54辑），人民法院出版社2013年版，第145页。《最高人民法院公报》2013年第8期（总第202期）。

今都没有履行合同中约定的提供竣工验收数据以及竣工验收报告的义务,因而,造成药业公司至今不能组织验收以及组织生产。[1]

【案例7-58】 越城公司与高德公司建设工程施工合同纠纷案

一审法院认为,根据双方最后在2011年11月15日签订的《结算协议补充协议》,越城公司应在2011年11月21日前将符合要求、完整齐全的涉案工程的竣工验收资料原件移交高德公司,但越城公司至今未履行上述义务,现高德公司主张越城公司向其提供完整的符合市建设工程质监站和市规划局档案馆要求的工程竣工验收资料及竣工验收报告,并协助高德公司完成工程竣工验收及竣工备案的诉讼请求合理,原审法院予以支持。至于越城公司抗辩称,高德公司与恒宇建设工程有限公司(以下简称恒宇公司)签订的《高德北江馨雅苑雨污管网整改工程补充协议》约定,应由恒宇公司承担交付涉案工程竣工验收资料的义务,在高德公司与恒宇公司签订上述补充协议后,越城公司已没有交付竣工资料的义务。原审法院认为,越城公司作为涉案工程的施工方,具有按照合同约定向高德公司交付完整合格的竣工验收资料的义务,高德公司虽与恒宇公司约定由恒宇公司通过其资源向高德公司提交涉案工程的竣工验收资料,但并无证据显示高德公司因此而免除了越城公司交付竣工验收资料的义务,因此越城公司的上述抗辩意见缺乏事实依据,原审法院不予采信。二审法院亦持同样意见维持原判。[2]

4. 监理验收认定

监理单位基于工程建设方的委托关系对工程质量验收记录并予以确认,应视为建设方对工程通过质量验收。

【案例7-59】 廊坊澳美基业房地产开发有限公司与中国建设第二局有限公司建设工程施工合同纠纷案

最高人民法院认为,正常情况下,无论是分部分项验收还是竣工验收,所涉工程均应当是不存在质量不合格等不符合规定情形的,参与验收的各单位才能作出通过或者同意质量验收的决定。而且,监理单位系受建设单位委托,代表和维护的是建设单位的利益,在无证据表明监理单位属于未获得授权或者存在故意损害建设单位利益等情况下,其基于委托关系对质量验收记录予以确认,可以视为建设单位对工程通过分部分项质量验收是同意的。[3]

---

〔1〕 海南省高级人民法院(2008)海南民三终字第95号民事判决书。

〔2〕 参见杜玉明:《建设工程疑难法律实务深度解析》,法律出版社2015年版,第244页。

〔3〕 最高人民法院(2019)民终974号民事判决书。

【案例7－60】　四川鹏筑置业有限公司与眉山华源饲料原料有限公司建设工程施工合同纠纷再审案

最高人民法院认为，监理公司是否在相关试验记录上签章，仅涉及相应工程是否通过竣工验收的认定问题，即使监理公司工作人员未在试验记录中签字，由于案涉安装、装饰工程部分已实际完成并投入使用，故未竣工验收不影响相应工程部分的结算。[1]

〔1〕 最高人民法院(2019)民申1629号民事裁定书。

三、建设工程工期与验收纠纷处理

(一)工期延误处理

工期延误责任处理是实践中常见的主要的方面,也是纠纷解决的关键。

1. 发包人原因延误处理

《民法典》第八百零三条规定:“发包人未按照约定的时间和要求提供原材料、设备、场地、资金技术资料的,承包人可以顺延工程日期,并有权请求赔偿停工、窝工等损失。”

对于因发包人所因所导致的工期延误,由发包人承担延误责任,主要有因窝工、停工、倒运、机械设备调迁、材料和构件积压等原因发生的损失和实际费用;施工合同有违约金条款的,还应承担违约责任,施工合同有约定的,承包人有权解除合同。

【案例7-61】 浙江双堰建筑工程有限公司与上海华龙大酒店有限公司建设工程施工合同纠纷案

二审法院认为,双堰公司上诉认为逾期竣工责任在华龙大酒店,对此其应当承担举证责任。根据双方合同约定,工程延期应当在延期情况下发生后7天内由双堰公司向华龙大酒店提出报告。由于双堰公司在本案审理过程中没有证据证明曾有延期报告的事实,现在其认为延期的责任在华龙大酒店,缺乏事实依据,也不符合双方约定。原审判决双堰公司承担违约责任,并无不当,本院予以维持。双堰公司逾期交房的事实,有龙华大酒店的函以及相关的证人证言予以佐证,本院予以确认。双堰公司认为其不存在逾期交房,缺乏证据证明,本院不予采信。至于华龙大酒店招租工作没有成功,与逾期交房之间并无必然的联系,故华龙大酒店要求相关租金损失全部由双堰公司承担的主张,缺乏依据。原审法院综合考虑上述事实,酌情认定由双堰公司承担损失20,000元,并无不当,予以维持。[1]

---

〔1〕 上海市高级人民法院(2008)沪高民一(民)终字第103号民事判决书。

【案例7-62】 淮北育才房地产开发有限公司与浙江二建建设集团有限公司建设工程施工合同纠纷案

二审法院认为,发包人支付工程进度款应以承包人实际进度和实际完成工程量为依据,在承包人逾期完工的情形下,要求发包人仍按承包人此前承诺的完工日期支付工程款,并相应顺延工期,不符合当事人的约定,显失公允,因此对于发包人请求顺延工期的请求,不予支持。[1]

【案例7-63】 陇南市恒源房地产开发有限责任公司与中国建筑工程总公司甘肃分公司建设工程施工合同纠纷案

最高人民法院认为,关于工期延误的问题,从双方往来函件及会议纪要均能证明,恒源公司未能按合同及承诺按时支付工程款。2002年4月17日,恒源公司在致甘肃分公司的函件中称,由于其暂时资金困难给甘肃分公司所造成的工期延误深表歉意。为了确定履行合同,恒源公司依据实际情况现已做了安排。如恒源公司届时不能按上述安排支付,将承担给甘肃分公司所造成的误工损失,并承担相应的经济责任。2005年4月22日,在双方当事人签字盖章的会议纪要中载明,讼争工程于2001年8月1日正式开工,由于恒源公司资金不到位,工程款均不能如期、足额支付等原因,拖至2004年2月28日竣工。对此,恒源公司表示歉意。[2]

发包人没有按照施工合同的约定提供设备、场地、资金、技术资料的,承包人有权行使先履行抗辩权和同时履行抗辩权,拒绝施工,并不承担工期违约责任;承包人有权主张顺延工期。

【案例7-64】 广东某幕墙工程有限公司与广州市某房地产开发有限公司建设工程施工合同纠纷案

二审法院认为,幕墙公司在本案诉讼中,针对某公司要求其承担逾期完工的违约责任的反诉请求,举出某公司在合同履行中的诸多违约事实,要求顺延工期,免除违约责任,实为主张同时履行抗辩权。本案所涉合同为双务合同,幕墙公司的主要义务是按约施工,某公司的主要义务是按期支付工程款,并应为幕墙公司提供必要的施工条件,即合同约定的提供设计图、施工图、提供施工用水、电源、脚手架、土建基准线等。双方的上述义务之间具有牵连性,如某公司不及时履行其合同义务,势必影响幕墙公司施工义务的履行。根据《合同法》第六十六条的规定,幕墙公司在合同履行中可以行使同

---

〔1〕 安徽省高级人民法院(2012)皖民四终字第00118号民事判决书。

〔2〕 参见最高人民法院民事审判第一庭编:《最高人民法院民事案件解析》(建设工程),法律出版社2010年版,第356页。

时履行抗辩权,其因某公司的违约责任行为造成的逾期完工,不属于违约行为,故幕墙公司要求免除该部分违约的抗辩理由成立,予以采纳。一审判决以上因素不足以影响全部工程的施工,且有关的例会纪要未记录影响工期的具体时间为由,不采纳幕墙公司的抗辩理由,应属不当,予以纠正。[1]

因发包人过错导致工期延误,对工期延误期间的建材差价部分工程款由发包人承担。

2. 承包人原因延误处理

对于因承包人原因所导致的工期延误,由承包人承担延误责任,主要为延期交付的违约责任,包括发包人解除施工合同、赔偿发包人损失、按照合同约定承担违约金等。

【案例7-65】 徐州开元名都置业有限公司与江苏省第一建筑安装有限公司建设工程施工合同纠纷案

判决观点,防盗门、塑钢窗安装以及保温砂浆品牌和瓦的选定客观上影响了工期……上述证据证实由于防盗门、保温砂浆、瓦、塑钢窗等原因确实造成了工期延长,虽然防盗门、塑钢窗的安装名义上由江苏一建公司总包,但实际上是由徐州开元公司发包给其他单位具体施工,并不在江苏一建的承包范围,保温砂浆、瓦等材料的选定亦是由徐州开元公司直接负责的,由此而使得涉案工程的工期被延长,并不能单独归责于江苏一建公司。双方在合同中还约定"合同期内发生不可抗力及确因建设单位造成的原因,经建设单位及监理单位签证后,工期顺延"。而防盗门、保温砂浆、瓦、塑钢窗客观上影响了工期,通过徐州开元公司给江苏一建公司签署的业务联系单,其是认可自身有责任的,也是同意工期予以协商签证的,只是双方没有达成协议而已。考虑到防盗门、塑钢窗安装等辅助工程对于项目主体工程的建设进度会有一定影响,但不至于导致工期被拖延过久,江苏一建作为承包方对此应负主要责任。因具体工期延长天数无法确定,无法按照双方在合同中约定的违约金计算方法计算违约金,由于江苏一建公司认为其不存在违约行为不应当支付违约金且没有给徐州开元公司造成实际损失,徐州开元公司则应当提供相关证据证明因江苏一建的违约行为给其造成的实际损失的数额。徐州开元公司仅在庭审中陈述"财务资金占用、银行贷款还利息、逾期销售后的管理人员以及其他人员的工资,后期材料投入价格都是损失",而没有举证证明因江苏一建公司的违约行为给其造成实际损失的数额。鉴于江苏一建公司的违约行为确

---

[1] 广东省广州市中级人民法院(2005)穗中法民二终字第1861号民事判决书。

实导致了涉案工程施工延期，确有可能造成徐州开元公司的经济损失，考虑到本案合同的履行情况，江苏一建公司的过错程度以及徐州开元公司的预期利益等因素，基于我国《合同法》规定的违约金性采取“补偿为主、惩罚为辅”的原则，本院酌定由江苏一建公司向徐州开元公司支付25万元违约金。[1]

【案例7-66】　广州番禺电梯工程有限公司与广州番禺某房地产开发有限公司建设工程施工合同纠纷案

一审法院认为，评估机构经现场勘查后出具的粤造咨字0810054号《造价咨询报告书》清晰地反映了涉讼工程的现状：至2008年10月，金海岸花园二期低层住宅别墅电梯安装工程中A1～A18栋、B1～B6栋、C1栋、E1～E7栋共32栋已开始施工，但未按合同要求全部完成，另外6栋电梯设备未交货，且电梯公司对该报告书所反映的工程现状亦予以确认。因为电梯公司已构成逾期未完工的违约行为，并且在某公司多次催告的合理期限内，电梯公司仍未完成涉讼电梯工程。某公司现主张解除双方签订的销字2006PF—0302号《电梯工程合同》及《补充协议》，合法有据，故一审法院对此予以支持。二审法院维持原判。[2]

因承包人过错导致工期延误，对工期延误期间的建材差价部分工程款由承包人承担。

3. 承发包人原因之外延误处理

对于因不可抗力、意外事件导致的工期延误，承包人和施工人均不承担赔偿责任。根据《建设工程解释(一)》第十一条规定，非承包人的原因可顺延工期免责。也就是说，由发包人过错而引起的工期延误，则由发包人承担延误责任；由承包人过错而引起的工期延误，则由承包人承担延误责任；由非承发包人原因而引起的工期延误，则发包人与承包人互不承担赔偿责任。也就是说，承包人工期延长是否承担责任需要综合各方因素进行考量。

【案例7-67】　三建公司与朝霞门窗厂建设工程施工合同纠纷案

判决观点，本案工程施工期间，因地下发现古墓，造成停工和工期延误，既非承包人的过错，也非发包人的过错，属于意外事件而导致的工期延误，承包人和施工人互不负赔偿对方的责任，工期应当相应顺延。原告已完成工程且质量合格，被告应当支付工程尾款，遂判决被告支付工程尾款165万元，驳

---

〔1〕 江苏省徐州市中级人民法院(2008)徐民一初字第94号民事判决书。

〔2〕 广州市中级人民法院(2009)穗中法民五终字第3430号民事判决书。

回原告的其他诉讼请求。[1]

承包人有正当理由的可以顺延工期。

【案例7-68】 东方公司与汉唐公司建筑装饰工程施工合同纠纷案

工程开工日期为2004年4月19日,工期80天,应于2004年7月10日竣工,但在施工期间因钢结构尚未审图,东方公司根据区建设工程安全监督站的要求暂停作业,且多份有汉唐公司工地代表签字的工程联系单及技术核定单等亦反映,在施工期间确有增加及更改的部分,故应根据上述情况顺延的工期。据此一审、二审法院均认定工期应合理顺延至2004年8月23日。对于东方公司提出因"绿色护考"而顺延工期5天的辩解,因东方公司提供了环保局要求其停工的通知,东方公司在收到该通知后即以书面形式告知了汉唐公司,故应认定东方公司停工5天。现汉唐公司已于2004年8月28日开业,故逾期竣工的事实不成立,东方公司不应承担逾期竣工违约金。二审法院判决:撤销原审判,驳回汉唐公司的诉讼请求。[2]

对于不构成不可抗力的延误不能顺延。

【案例7-69】 江苏南通六建建设集团有限公司与上海浦庆投资有限公司建设工程施工合同纠纷案

判决观点,南通六建所列低温情况,并非灾害性天气,不符合法律规定的不可抗力的构成要件。监理单位对做好冬季施工阶段提出的要求,与是否能顺延工期无必然联系。故采纳浦庆公司的意见,南通六建不能因天气原因顺延。工程量变更并非顺延工期的法定事由,工程量变更后并不必然改变工期。工程量变更是否缩短或延长工期,如何确定工期,应由当事人在订立合同时约定或在履行过程中协商一致确定。[3]

对于既有不可抗力原因,也有发包人造成工期延误,则承包人不承担责任。

【案例7-70】 新疆城建(集团)股份有限公司与某有限公司新疆分公司建设工程施工合同纠纷案

判决观点,在合同履行过程中,由于城建股份公司单方作出解除合同的决定,在未对新疆分公司已完成的工程量进行实地测量的情况下,将其清离出施工现场,造成新疆分公司无法施工。并且,寒潮、暴雪、洪水等极端天气也造成新疆分公司不能施工。因此,造成工程延期的责任不在新疆分公司一

[1] 参见张广兄编著:《建设工程合同纠纷诉讼指引与实务解答》,法律出版社2013年版,第245页。

[2] 参见潘福仁主编:《建设工程合同纠纷》(第4版),法律出版社2015年版,第177页。

[3] 上海市高级人民法院(2010)沪高民一(民)终字第26号民事判决书。

方,新疆分公司不构成违约,城建股份公司要求新疆分公司支付违约金1,400,000元的主张没有事实和法律依据,不予支持。[1]

【案例7-71】　某电力公司诉某钢结构工程公司建设工程施工合同纠纷案

判决观点,应当综合各种实际因素来确定工期延误的原因。一是原告方在合同履行过程中存在违约的情形。双方在合同中对具体的付款时间点进行了约定,但根据被告提供的《付款对比表》,原告方在合同约定的时间节点付款过程中存在延期付款之违约情形。根据《合同法》第二百八十三条规定,故原告方在合同约定的时间节点付款过程中存在延期付款的违约情形,属于工期实际顺延考虑的因素之一。二是根据案件查明事实,被告方工期延期客观存在以下因素:(1)根据如皋市气象局的证明,如皋市2009年6月至12月降水日数为58天。钢结构施工工程大部分情况下是露天作业,晴天施工,下雨天停止作业。下雨天停止作业属于不可抗力的天气因素造成,工期按理也应顺延。(2)在实际施工过程中,发包人变更设计,造成承包人返工、改建,也属于承包人顺延工期的情形。综上所述,对原告要求被告支付工程延误违约金59万元的诉讼请求,法院不予支持。[2]

因施工工程鉴定、工程量增加、设计变更等原因所导致的工期延误,一般可相应顺延工期,双方互不负担赔偿责任。但应注意的是,工程鉴定期间为顺延工期期间,但鉴定质量不合格的,则工期不应顺延。

因第三人原因所导致的工期延误,一般应归承包人先向发包人承担违约责任,然后承包人向第三人追偿。

4.承发包双方原因处理

实践中,对于工程停工或工期逾期既有发包人原因,也有承包人原因,法官根据个案情况区分双方责任大小。

【案例7-72】　海南职业技术学院与海南省第二建筑工程公司建设工程施工合同纠纷再审案

最高人民法院认为,一审、二审判决虽认定案涉工程第一次和第二次停工的原因在于《建设工程施工合同》对双方责任的约定不明确和职业学院未能及时支付工程进度款,该合同也有“发包人未能履行8.1款各项义务,导致工期延误或给承包人造成损失的,发包人赔偿承包人有关损失,顺延延误的

---

〔1〕　新疆维吾尔自治区高级人民法院(2014)新民申字第1448号民事裁定书。

〔2〕　江苏省如皋市人民法院(2016)苏0682民初9757号民事判决书。参见孔德莱:《承包人工期延长是否承担责任需要综合各方因素进行考量》,载《人民法院报》2018年4月25日,第6版。

工期以及发包人违约,承担违约责任,赔偿因其违约给承包人造成的经济损失,顺延延误的工期"等约定,但该合同还有关"发包人不按约定付款,无论是否达成贷款利息以及在此期间若发包方工程资金未能到位时,承包方同意发包方延期付款,但延期付款不影响承包方继续完成工程项目的施工,且承包方须保证工程按期竣工并投入使用"的特别约定,说明在职业学院未能依约支付工程进度款这一特定情况下二建公司不得停止施工,应由职业学院承担利息损失。由于该合同并未约定职业学院支付工程进度款的数额以及时间等,且二建公司主动放弃申请鉴定的诉讼权利,因此一审、二审判决对第一次和第二次停工不应归责任何一方当事人的认定并无不当。另由于第一份《补充协议书》约定二建公司收到工程款100万元后不得单方面停工,还约定未涉及的违约责任等内容仍按前述合同执行,故一审、二审判决就二建公司单方面停工之事实按照《建设工程施工合同》有关延期交付工程违约责任的约定计算违约金有事实依据。[1]

【案例7-73】 新疆维吾尔自治区第三建筑工程公司与新疆通宝资产投资管理有限公司建设工程施工合同纠纷案

最高人民法院认为,南门商厦工程至今未经质量等级核定验收。因此,造成工程延误及工程未经质量验收的原因是多方面的,既有工程施工面积的变化导致工程量增加的原因,又有双方在合作中没有充分进行协调配合的原因。双方应对工程逾期完工及工程质量问题均承担一定的责任。故可比照双方约定的违约金承担方式,由三建公司承担逾期交工违约金4,258,800元的一半,且一审判决三建公司承担50万元工程质量违约金依据不足,三建公司请求免除50万元质量违约金的理由充分,本院予以支持。[2]

存在分包情况下,工期延期的原因更为复杂,区分发包双方的原因进行处理。

【案例7-74】 浙江华夏建设集团有限公司与合肥耀华房地产开发有限公司建设工程施工合同纠纷案

最高人民法院认为,耀华房产公司(发包人)直接指定分包单位单独约定工程款计价规则且直接支付工程款,华夏建设公司(承包人)负有约定的管理义务并收取部分总包服务费,耀华房产公司应对分包工程工期迟延承担主要责任,华夏建设公司亦应承担一定责任。[3]

---

〔1〕 最高人民法院(2016)民再字第134号民事判决书。

〔2〕 参见最高人民法院民事审判第一庭编:《最高人民法院民事案件解析》(建设工程),法律出版社2010年版,第303~304页。

〔3〕 参见最高人民法院民事审判第一庭编著:《最高人民法院新建设工程施工合同司法解释(一)理解与适用》,人民法院出版社2021年版,第121页。最高人民法院(2015)民一终字第104号民事判决书。

个案中,对于既有可以顺延工期的原因,又有不可顺延工期的原因,法官对因承发包双方原因行使自由裁量权划分主次责任,对主要责任方主张工期延误诉求不予支持。

【案例7－75】　陕西西岳山庄有限公司与中建三局建发工程有限公司、中建三局第三建设工程有限责任公司建设工程施工合同纠纷案

最高人民法院认为,首先,关于支付拖延工期罚金的请求。涉案工程迟延交付的原因:一是西岳山庄办理工程报建手续迟延,取得建设工程开工许可证的日期晚于合同约定的开工日期4个多月,取得《国有土地使用证》的日期晚于合同约定的工程竣工日期。二是西岳山庄提供施工图纸迟延,并且未在开工前解决施工所需的供水、供电。按图施工是建设工程的客观要求,但时至2002年3月19日,西岳山庄尚未向三公司交付施工图纸,水、电供应不足,导致三公司不能正常施工。三是西岳山庄没有按进度付足工程款,严重影响施工。三公司也存在施工现场人员和设备不足,施工管理不严和返工等情况,影响了施工进度。鉴于此,一审认定西岳山庄与三公司共同造成工期延误并无不当。由于西岳山庄存在严重违约,对其关于三公司应当承担赔偿责任的主张,本院不予支持。[1]

5. 结算中未提出工期延误处理

实践中,发包人在结算过程中未对工程期限提出异议,并不能将此类程序问题简单地理解为超过诉讼时效或未依约定程序提出从而丧失实体权利。对此类纠纷,仍然要查明工期是否延误。

【案例7－76】　贵州湘能实业有限公司深圳分公司与湖南涟邵建设工程(集团)有限责任公司建设工程施工合同纠纷案

最高人民法院认为,关于湘能公司抗辩因涟邵公司工程延期,故应依照约定以违约金抵扣相应的工程款的主张能否成立的问题。第一,本案涉案施工合同均约定:工程量以实际施工为准,工期随着实际施工工程量的变化而未按照签订合同约定完成实属正常。且本案涉案工程存在竣工验收、结算,湘能公司向其母公司报告结算结果等环节中,湘能公司均未对工程期限提出异议。第二,在湘能公司向其母公司黑金时代公司上报结算报告并得到复核意见后,湘能公司再次与涟邵公司在《往来账款询证函》中确认了工程欠款的数额,此数额应视为双方对工程款、违约金等相关事项处理结算后确定的

〔1〕 参见《最高人民法院公报》2007年第12期。

最终数额，故湘能公司的主张不能成立。[1]

6. 工期延误条款调整

施工合同虽对工期可予顺延的情况进行了规定，但设置的条件极为苛刻，可根据权利义务相对等原则，对该条款的适用予以调整。

【案例7－77】 南通四建公司与万居德公司建设工程施工合同纠纷再审案

最高人民法院认为，涉案施工合同第三部分专用条款第三条施工组织设计和工期中约定，仅因施工关键线路造成工期延误，且系因万居德公司原因引起、行政主管部门通知要求暂停或停止施工（因南通四建违反规定被处罚的除外）、不可抗力因素，经万居德公司确认，工期才相应顺延。且工期顺延的签证须经监理方和万居德公司签章为准，工期顺延引起的费用一律不增加不补贴。一审法院认为，首先，南通四建发出的多份施工联系单均提到了工期延误问题，而万居德公司多以按合同约定办理而予以拒绝。鉴于施工合同对工期可予顺延的情况规定了极为苛刻的条件，故根据权利义务相对等原则，对该条款的适用亦应从严掌握。由此，对万居德公司存在的材料批价不及时、拖延提供施工材料、无合理理由迟延确定施工图纸存在的问题等情形，因此均系万居德公司单方行为，南通四建就此均无法预知，亦无法控制解决，故不属于南通四建在投标时就工期问题已充分考量的因素，由此导致工期延误，万居德公司理应承担相应责任。万居德公司简单以合同条款的字面意思主张其不应承担工期延误的相应责任，不能成立。[2]

（二）承包人单方停工处理

承包人暂停施工在建设工程纠纷中为常见现象。现行法律对承包人单方停工权未能作出明确的规定，因而承包人行使停工权受到一定的限制，各地法院对其停工权涉及的顺延工期和索赔方面处理存在较大差异。因承包人原因严重拖延工期，发包人通常会通知承包人及时恢复施工，如在限期内不恢复施工，发包人往往选择解除合同，并向承包人提出工期延误索赔。

---

〔1〕 最高人民法院（2017）民终第841号民事判决书。

〔2〕 最高人民法院（2019）民申2995号民事裁定书。

【案例7-78】 合肥桃花工业园经济发展有限公司诉中铁四局集团第二工程有限公司建设工程施工合同纠纷案

二审法院认为,根据合同约定,若发包人不按合同约定支付工程款(进度款),双方又未达成延期付款协议,导致施工无法进行,承包人有权停止施工,由发包人承担违约责任。这里的违约责任除了发包人应支付拖欠的工程款(进度款)以及相应的逾期付款违约金外,还应对承包人停止施工受到的损害结果承担违约赔偿责任。综上,原审判决关于涉案合同无法继续履行系由发包人即合肥发展公司根本违约造成,而中铁四局二公司不存在违约的认定,符合事实和法律规定,本院予以确认。由于合肥发展公司不按约支付工程进度款,中铁四局二公司在垫资无法收回且面临风险的情况下,依照合同通用条款的规定,行使停工权利并进而要求解除合同并无不当。[1]

如发包方延期付款,承包人是否有权暂停施工,是否当然产生工期顺延的法律后果,对此,需结合合同条款以及具体的施工情况综合判断。

建设工程施工合同中约定发包人欠付工程款时,承包人有权按银行基准资金利息或按同期银行贷款利息主张30天以外的利息,而不得停工、怠工,故承包人以发包人未足额支付工程进度款为由主张停工损失与约定不符不予支持。

【案例7-79】 四川省第一建筑工程有限公司与云南万都房地产开发有限公司建设工程施工合同纠纷案

最高人民法院认为,关于第2笔2014年9月3日至2015年2月2日的窝工损失554.3130万元、第3笔2015年2月3日至4月11日的停工损失111.48万元。四川一建上诉主张因万都公司未足额支付工程进度款造成的前述停工损失应予支持。本院认为,前已述及,当事人在《补充协议》第8条中对万都公司支付工程进度款迟延的情形下四川一建是否应停工以及如何计算违约损失进行了明确的约定,虽然案涉合同无效,但毕竟为当事人所实际履行,在处理纠纷时应予充分考量。而依照前述约定,发包人欠付工程款时,承包人有权按银行基准资金利息或按同期银行贷款利息主张30天以外的利息,而不得停工、怠工。现四川一建以万都公司未足额支付工程进度款为由,主张停工损失111.48万元与前述约定不符,一审以此为依据进行认定,并无不当。[2]

如合同中未约定发包人逾期支付工程款承包人可暂停施工,及相应的索赔条款,或未在合理期限内提出索赔要求,但在约定后,发包人又同意工期顺延的,法

---

〔1〕 上海市高级人民法院(2010)沪高民四(商)终字第7号民事判决书。

〔2〕 最高人民法院(2019)民终1134号民事判决书。

院应当认定工期顺延,据此支持承包人关于停工期间产出的停工、窝工损失。

【案例7-80】 三天津博海缘置业投资有限公司与北京住总第六开发建设有限公司建设工程施工合同纠纷案

最高人民法院认为,可以认定案涉工程施工中确实存在博海缘公司原因造成案涉工程停工,并导致工期拖延。本案诉讼中,博海缘公司并不否认有停工事实,但主张停工期间不清楚。因此,住六公司据此主张停工损失,符合本案事实。〔1〕

虽然施工合同并未约定发包人逾期付款,承包人可以暂停施工,但发包人不予支付工程价款的情形已产生了施工不能正常进行的后果,法院依法裁判发包人应当赔偿承包人损失。

【案例7-81】 朝阳中贸商业城开发有限公司与江苏南通二建集团有限公司等建设工程施工合同纠纷案

最高人民法院认为,由于1号楼、2号楼从3层至顶层主体施工完成,4层~13层砌筑完成,朝阳中贸应及时支付相应工程款。但朝阳中贸除返还南通二建600万元保证金外,未支付任何工程款。南通二建有理由认为朝阳中贸可能丧失给付工程款能力或者可能拒不给付工程款。在南通二建起诉后,朝阳中贸仍未支付相应工程款或提供适当担保。南通二建依法停止施工系保护自己合法权益的行为,不应认为违约。因此,本案现有证据难以支持朝阳中贸有关南通二建违约在先的上诉意见。因发包人原因引起暂停施工的常见情形。〔2〕

根据《民法典》的规定,存在以下情形,承包人享有单方停工权。其一,发包人未按约定支付工程款:发包人未按合同约定的时间及数额支付工程款时,承包人有权依据第五百二十六条的先履行抗辩权而采取停工措施。此外,根据第五百二十七条有关不安抗辩权的规定,如果承包人在施工过程中有证据证明发包人有转移财产、丧失信誉等可能不履行或不能履行支付义务的行为,承包人有权停工。其二,发包人未按约定提供施工条件:如开工许可不完备、施工图纸深化、设计变更、审查施工方案、因其他施工过程中行政许可不完备引起的停工等。其三,发包人未按约定提供材料和设备:提供材料迟延或者材料质量问题属于因发包人原因暂停施工,如果是承包人自己采购的材料导致的迟延则需由承包人自身承担。其四,发包人对项目进行协调管理。其五,发包人未及时检查隐蔽工程、未及时进行中间结构的验收。

---

〔1〕 最高人民法院(2016)民终259号民事判决书。

〔2〕 最高人民法院(2021)民终688号民事判决书。

(三)无施工许可证工期利益处理

根据《建筑法》规定,未取得施工许可证的建设项目不得进行施工行为。但在现实生活中,发包人为了追求项目利益,许多工程都是无证即开工。从行政执法管理的角度,这种无证施工行为应当停止并受到相应的处罚,但在涉及工期延误责任争议案件中,对于非法施工行为的期间应当如何判定,即是否应当计入承包人的施工工期。从事实上看,无施工许可证虽然是非法的,但客观上施工行为已经发生,在该种行为所持续的期间内,承包人能够完成一定的工程量,发包人一般会据此主张无证施工期间应计入工期。申请办理施工许可证是发包人的法定义务,也是工程合法开工的前提条件。从合同履行过错的角度上讲,发包人违反《建筑法》第七条应在开工前领取施工许可证规定,发包人存在过错。从价值取向的角度分析,导致无证施工的首要责任在于发包人,这种行为应当予以遏制。如果将无证施工期间计入工期,等于在保护非法施工期间的工期利益,则实质是肯定发包人的不当行为,违反了法律的价值取向。笔者认为,无施工许可证施工期间不应计入工期。

【案例7-82】　新城公司与真荣公司建设工程施工合同纠纷案

一审法院认为,被告曾在2006年3月20日遭到行政主管部门的停工指令,至同年7月28日才收到正式回函表示可恢复施工。虽然被告在此期间仍然完成了一定的工程量,但一方面,施工过程中的相关会议记录中显示出被告曾多次提出因无开工手续,其人员、机械进场规模受到了严重影响,在此情况下,被告的施工系处于非正常的状态;另一方面,被告在此段期间本应依法停工,而导致停工令的责任在于原告,原告不能就无证施工期间的违法施工行为享有工期利益。故法院认定2005年12月20日至2006年7月27日的工期应予顺延,扣除该期间后,被告的剩余工期并未超出合同约定,原告主张的违约责任不成立。二审法院亦持同样意见,维持一审驳回新城公司诉讼请求判决。[1]

---

〔1〕 参见潘福仁主编:《建设工程合同纠纷》(第4版),法律出版社2015年版,第241页。

（四）竣工验收处理

1. 竣工与竣工验收

竣工与竣工验收二者存在内部紧密关系，在履行顺序上，先完成竣工，其后方可竣工验收。竣工验收在施工方工程竣工基础之上，没有竣工则没有竣工验收。

工程竣工必须同时完成的资料范围依法律规定和当地建设行政管理部门的规定而确定，其表现形式有书面表格或相关规定的特殊式样。《建筑法》第六十一条规定："交付竣工验收的建筑工程，必须符合规定的建筑工程质量标准，有完整的工程技术经济资料和经签署的工程保修书，并具备国家规定的其他竣工条件。建筑工程竣工验收合格后，方可交付使用；未经验收或者验收不合格的，不得交付使用。"这些"其他竣工条件"的规定散见包括《消防法》《城市规划法》《环境保护法》《建设工程质量管理条例》等法律法规和部门规章中。由此可以看出，消防验收、规划核实、环保验收等专项是工程竣工验收的前置条件，也就是说未进行前述的专项验收或验收不合格的不得交付，自然不能认为工程竣工。应注意《建设工程质量管理条例》第十六条第二项规定五项具体内容。凡施工方竣工时应提交上述与工程竣工相关的资料，其资料完成的时间是与施工方在提交竣工报告时同步，没有提交相关的资料不能视为竣工。

依据2017年版《建设工程施工合同（示范文本）》通用条款第13.2.4款规定，对于竣工验收不合格的工程，承包人完成整改后，应当重新进行竣工验收，经重新组织验收仍不合格的且无法采取措施补救的，则发包人可以拒绝接收不合格工程，因不合格工程导致其他工程不能正常使用的，承包人应采取措施确保相关工程的正常使用，由此增加的费用和（或）延误的工期由承包人承担。也就是说，承包人完成的工程验收不合格或质监站抽查不合格的均要整改，并且重新进行竣工验收。

2. 竣工验收与竣工验收备案

竣工验收与竣工验收备案是有联系又有区别的，是施工合同纠纷中经常涉及的问题之一。

竣工验收，是建设方依据建设工程管理制度、竣工验收技术标准，以及施工合同的约定，组织有关单位对建设工程进行查验接收的行为。根据《合同法》第二百七十九条和《建设工程质量管理条例》第十六条规定，工程竣工验收系平等地位的合同主体基于法律规定及合同约定自主进行的一种行为，为上述平等主体对施工单位是否全面履行合同义务，建设工程质量是否符合合同约定的一种确认，具有民事法律行为的性质，其效力及于合同各方。也就是说，工程竣工验收实质是一种私法行为，与行政管理行为无关。

竣工验收备案，是建设行政主管部门在建设方申请备案并提交有关文件和资料的情况下予以准许，以供审查的行为。《建设工程质量管理条例》第四十九条规定，建设单位应当自建设工程竣工验收合格之日起15日内，将建设工程竣工验收报告和规划、公安消防、环保等部门出具的认可文件或者准许使用文件报建设行政主管部门或者其他有关部门备案。建设行政主管部门或者其他有关部门发现建设单位在竣工验收过程中有违反国家有关建设工程质量管理规定行为的，责令停止使用，重新组织竣工验收。可见，竣工验收备案是一种行政管理行为。但是，竣工验收备案并未对建设工程质量作任何实体认定，仅是对建设方自主组织的竣工验收行为等进行程序性、形式性的审查。有律师认为，建设行政主管部门的验收备案行为并不是竣工验收行为本身，也不是法定的竣工验收结论。建设行政主管部门通过验收备案行为行使的是对验收行为的监督管理权。对不合法的验收行为加以否决，甚至对验收参与者给予行政处罚，乃是其监督权的具体体现，否则，政府的监督权将无法实现。但这一监督权不能自行取代建设单位的验收权，即验收的组织主体仍然是建设单位。[1]

竣工验收与竣工验收备案的区别在于，在完成备案上的法律意义不同。完成了备案，则意味着建设行主政主管部门对五方认证验收结论追认效力，即认可其结论和行为合法有效，且该追认效力可以溯及五方认证之日，备案之前的验收行为有效；反之，不予登记备案的效力也可溯及五方认证之日，建设工程在重新组织竣工验收之前出具的验收合格证明无效且不能交付使用。此前，已交付工程行为无效。

在竣工验收与竣工备案流程之间存在质量抽查问题。所谓抽查，是指质量监督机构在建设方组织五方认证对其工程质量进行抽查监督并出具符合设计规范表，而该表是备案必不可少的资料。根据《建设工程质量管理条例》第四十六条和第四十九条的规定，可知竣工抽查备案是质量监督机构、建设行政主管部门对建设工程监督管理的一种制度。是否予以备案是建设行政主管部门的职权行为，具有行政法律行为的性质。竣工验收备案并未对建设工程质量作实质性的认定，仅是对建设方自主组织的竣工验收行为等进行程序性、形式性的审查。《建筑法》第六十一条明确，建筑工程竣工验收合格后，方可交付使用。《建设工程质量管理条例》《合同法》对此均有相似规定。依照上述法律法规，建设工程交付使用的条件也是建设工程竣工验收，并非通过竣工验收备案，如果在合同中约定将竣

〔1〕 参见张庆华：《建设工程施工合同纠纷预防与处理》（第2版），法律出版社2017年版，第160页。

工验收备案作为建设工程交付使用的条件，亦是合法合理的方式。在二者的关系上，其竣工验收对建设工程质量的实体认定具有决定性的意义，是基础性的条件，也是竣工验收备案的必要前提和必经程序，而竣工验收备案是竣工验收之后依法受质量监督机构和建设行政主管部门监督管理的措施。

3. 竣工验收与综合验收

竣工验收与综合验收有联系亦有区别，且两者存在本质上的区别。主要联系为，在履行顺序上先有竣工验收后有综合验收，在适用范围上综合验收一般只适用房地产开发项目。主要区别为验收性质、主体不同。根据《建设工程质量管理条例》第十六条规定，竣工验收是建设工程平等主体自己组织进行的私法行为，与建设行政主管部门没有直接关系，由建设单位组织勘察、设计、施工、工程监理等单位共同进行。根据《城市房地产开发经营管理条例》第十七条、第十八条的规定，综合验收是一种政府的管理行为，一般先由房地产开发企业在五方认证基础上提出申请，然后由建设行政主管部门组织工程质量监督、规划、消防、人防等有关部门进行验收，若验收合格则由以上单位出具认可文件和准许使用文件。

【案例 7－83】 福建省某建筑工程开发公司与福清市某某房地产开发有限公司建设工程施工合同纠纷案

某公司提供的《单位（子单位）工程质量竣工验收记录》《勘察单位工程质量检查报告》《设计单位工程检查报告》《福建省房屋建筑工程竣工验收报告》可以证明建设、监理、勘察、设计、施工方已于2006年9月30日一致评定某公司施工的御景山庄1#～4#工程质量验收合格。其中《单位（子单位）工程质量竣工验收记录》和《福建省房屋建筑工程竣工验收报告》均记载该工程竣工日期为2006年9月13日。由于竣工验收是一种私行为，不需要质监等政府部门参加，故质监部门要求整改的事实不能否认案涉工程已于2006年9月30日竣工验收合格。双方在《建设工程施工合同》中明确约定，工程竣工验收通过，承包人送交验收报告的日期为实际竣工日期。因此，本案竣工日期的认定，不适用《建设工程解释》第十四条第一项之规定，而应认定为2006年9月13日。至于2006年10月由质监、建设、规划、环保、消防等部门参加的验收是综合验收，并不是竣工验收。据此，二审法院认为，案涉工程于2006年9月30日竣工验收合格，而竣工验收报告明确记载竣工日期为2006年9月13日。[1]

---

〔1〕 福建省高级人民法院（2008）闽民终字第423号民事判决书。参见郭丁铭、肖芳编著：《建设工程施工合同法律实务精解与百案评析》（第2版），中国法制出版社2017年版，第295页。

4. 交工验收和竣工验收

公路工程验收分为交工验收和竣工验收两个阶段，交工验收不等于竣工验收。在交工验收通车试运行 2 年之后，公路工程的质量合格，才能进行竣工验收。

【案例 7－84】　贵州凯和建设工程有限公司与天柱县交通运输局建设工程施工合同纠纷再审案

最高人民法院认为，案涉道路工程于 2016 年 6 月 13 日完工，在此之前相应的绿化工程、水管改造工程亦已完工，上述工程已经交付交通运输局，且已实际投入使用。……对于案涉工程欠付的工程款，《公路工程竣（交）工验收办法》第十六条关于公路工程需交工验收通车试运营 2 年后才能进行竣工验收的规定，意在确保公路工程质量。案涉工程至今未出现质量问题，交通运输局对此亦不持异议。[1]

（五）五方认证与备案、抽查监督

五方认证与建设行政主管部门（建设局）及质量监督机构（质监站）的关系性质，是准确界定工程竣工必须厘清的问题。根据现行法律、行政法规和规章，可界定建设局及质监站与五方认证之间是监督与被监督的关系，五方认证的过程及结果受建设局的监督，也受质监站的监督。上述监督具体表现为，五方认证的工程不符合竣工条件，建设局不允许备案，责令整改并重新组织验收。五方认证的工程质量经抽查存在问题，质监站责令整改，直至整改合格。

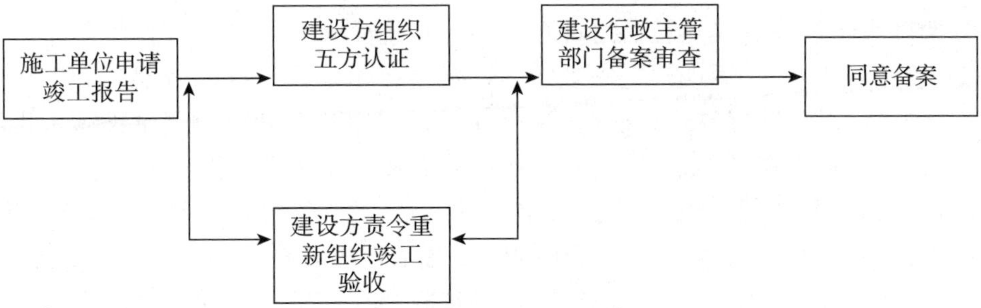

图 7－1　《建筑法》《房屋验收和市政基础设施施工工程验收备案管理办法》中规定的监督示意图

〔1〕 最高人民法院（2021）民再 318 号民事判决书。

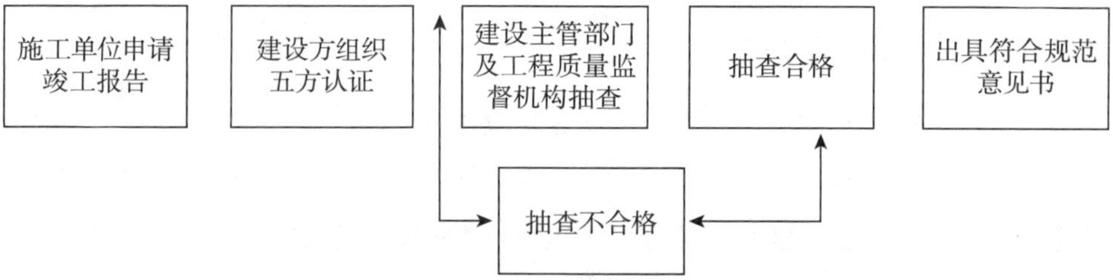

图7－2 《市政基础设施工程竣工验收规定》中规定的监督示意图

图7－1、图7－2法律依据:(1)《建设工程质量管理条例》第十六条第一款规定:"建设单位收到建设工程竣工报告后,应当组织设计、施工、工程监理等有关单位进行竣工验收。"这就是五方认证的工程验收的法律规定,只有经过五方认证的程序,才有了工程竣工的标志。现行法律、法规虽然没有规定建设行政部门及质监监督机构必须直接参加并组织工程竣工验收,但赋予了建设行政主管部门与质量监督机构对工程质量的监督,只是将从原先事前监督改为现行的备案及抽查的方法对工程质量监督的模式。(2)《建筑法》第七十四条、第七十五条规定了施工企业质量的法律责任,也就是法律赋予建设行政主管部门可以就该条对施工方依法查处并做处理,这里的查处既是行政管理又是行政监督。(3)城乡建设部制定的《房屋建筑和市政基础设施工程竣工验收备案管理办法》第八条规定,"备案机关发现建设单位在竣工验收过程中有违反国家有关建设工程质量管理规定行为的,应当在收到竣工验收备案文件15日内,责令停止使用,重新组织竣工验收"。第十一条规定,"建设单位采用虚假证明文件办理工程竣工验收备案的,工程竣工验收无效,备案机关责令停止使用,重新组织竣工验收"。故备案是验收的最后程序,是政府对整个开发环节的又一次审查,避免不合格的房屋流向社会的控制手段,只经过五方验收和其他专项验收未备案的,其竣工验收程序并未结束。上述规定明确表明建设行政主管部门对五方认证的监督依据。(4)《建设工程质量管理条例》第四十六条、第四十七条规定了监督主体是建设行政主管部门和工程质量监督机构,以及监督方式。根据城乡建设部《房屋建筑和市政基础设施工程竣工验收规定》第五条的规定,"工程符合下列要求方进行竣工验收……(十)建设主管部门及工程质量监督机构责令整改的问题全部整改完毕"。第八条规定,"负责监督该工程的工程质量监督机构应当对工程竣工验收的组织形式、验收程序、执行验收标准等情况进行现场监督,发现有违反建筑工程质量管理规定行为的,责令改正"。在这里规定虽然是事后监督的形式,但规定明确质量监督机构责令已经五方认证的工程进行整改,具体实施整改人是施工方,在整改合格后由建设方申报,质检机构再抽查,抽查合格后出具"符合设计规范"意见书。经五方认证的工程,必须经质检机构抽查合格,如果抽查合格的工程,五方认证的时间便应为施工方工程竣工的时间;如果抽查不合格的工程,经整改并再抽查合格后的时

间应认定为施工方五方认证的时间。

根据法律、行政法规和规章规定，对五方认证监督的主体有建设行政主管部门和质量监督机构，但两个监督主体监督的方式不同，建设行政主管部门以备案审查方式监督，质量监督机构以现场抽查责令整改的方式监督。在监督处理方式上，建设行政主管部门备案发现问题，责令重新组织五方认证，质量监督机构抽查不合格的，不出具监督符合设计规范表。在监督顺序上，质量监督机构在先，建设行政主管部门在后，前者是在五方认证后备案前，后者为五方认证并经质量监督机构出具意见书后备案审查阶段。从监督深度和性质上看，建设工程竣工验收备案不属于行政许可事项，且属告知性备案。其验收备案不能等同于建设工程竣工验收，故建设行政主管部门仅需对竣工验收备案文件是否齐全及形式上的真实性进行审查。竣工验收备案是建设行政主管部门根据建设方的申请，就其竣工验收合格的行为状态进行审核并将该事实予以记载备份，以供查考的行为。竣工验收备案作为一种行为不包含建设行政主管部门对建设方组织竣工验收并且合格这一事实的认知与判断，是一种观念表示。建设行政主管部门并非专业工程质量评估机构，要求其对竣工验收备案文件的实质真实性承担查实义务不具可行性。对建设工程质量的监督管理，并非在竣工验收备案时完成，而是在建设工程的规划、设计、施工、监理过程之中，由建设行政主管部门通过行政许可的方式，如建设用地规划许可、建设工程规划许可、施工许可、工程监理与质量监督来实现的。因此，对备案文件的审查应以建设行政主管部门的判断、识别能力为限，建设行政主管部门只要尽到审慎注意义务即可，不宜适用更为严苛的实质审查标准。对建设行政主管部门未实质性审查要求撤销备案证明的诉求，法院一般不予支持。有法官认为，在竣工验收备案行为中，建设行政机关并非仅仅是简单地接受建设单位向其报送房屋竣工验收相关资料，还要对备案资料进行至少是形式上的审查，如果发现违法情形责令停止使用，重新组织竣工验收。由此可见，竣工验收备案行为无论对房地产开发商还是对购房者都会产生行政法上的拘束力，能够对购房者的权利产生实质性影响。而且法律设立竣工验收备案制度的目的是加强房屋建筑质量的监管，如果建设行政机关不依法进行竣工验收备案，无疑会对房屋建筑质量的监管留下隐患，进而侵害购房者的权利。故普通购房者具备起诉建筑工程竣工验收备案行为的原告主体资格。竣工验收备案行为能够对当事人的权利产生实际影响，是可诉的具体行政行为。[1] 应予强调的是，对于发现建设方虚报竣工验收备案的行为，建设行政主管部门亦应依法监督责令改正。质量监督机构是对建设工程质量进行抽查监督，是实质性监督，与建设行政主管部门备案而言的深度及性质明显不同。

---

〔1〕 参见《建设工程合同纠纷裁判思路》，法律出版社 2014 年版，第 332 ~ 333 页。

专题八　建设工程质量纠纷

建设工程质量纠纷是实践中多发的问题，本专题着重就建设工程质量自身的特有问题展开分析，对其违约、赔偿损失、鉴定等问题等放在相关专题中予以分析。

一、建设工程质量理解

建设工程质量,是指在国家现行有关法律、法规、技术标准、设计文件和合同中,对工程的安全、适用、经济、环保等特性的综合要求。[1] 工程质量,是指工程的等级要求,是施工合同中的核心内容。工程质量往往通过设计图纸和施工说明书、施工技术标准加以确定。工程质量条款是明确对施工人的施工要求,确定施工人责任的依据是施工合同的必备条款。工程质量必须符合国家有关建设工程安全标准的要求,发包人不得以任何理由要求施工人在施工过程中违反法律、行政法规以及建设工程质量和安全的标准,降低工程质量。[2] 建设工程质量合格,是对已竣工或者未竣工的工程,经相关部门组织验收、相关机构进行工程质量检测后作出符合国家建筑工程质量标准结论的事实。《建筑法》规定,建筑活动应当确保建筑工程质量和安全,符合国家的建筑工程安全标准,并明确建筑工程施工的质量等必须符合国家有关建筑工程安全标准的要求。《建设工程质量管理条例》也明确建设单位、施工单位等依法对建设工程质量负责,国家对建设工程质量实行监督管理制度。交付竣工验收的建筑工程,必须符合规定的建筑工程质量标准,有完整的技术资料,签署工程保修书等国家规定的竣工条件。建筑工程经验收合格后,方可交付使用,未经验收或验收不合格的,不得交付使用。建设工程质量问题,是指因在施工方法、技术、使用功能、耐久性能、安全及环境保护等方面存在不符合法律规定或合同约定的质量标准而产生的工程缺陷、毛病、隐患或其他后果。

(一)工程质量理解

1.工程质量分类

根据不同判断标准可以作出不同分类:依据质量问题严重程度可分为地基基

---

〔1〕 参见邬砚:《建设工程合同纠纷——254 个裁判规则深度解析》(第 2 版),法律出版社 2019 年版,第 58 页。

〔2〕 参见黄薇主编:《中华人民共和国民法典合同编释义》,法律出版社 2020 年版,第 672 页。

础工程和主体结构质量问题和一般质量瑕疵。依据提出质量问题时间可分为工程施工阶段和保修阶段质量问题。一般可分为:(1)工程质量缺陷,是指建设工程质量中不符合规定要求的检验项或检验点,既包括工程质量不符合施工合同约定的质量标准,也包括工程质量不符合国家对建设工程质量强制性的规范标准。从广义上讲,建设工程质量不符合发包人的使用要求,也属于工程质量不符合标准。(2)工程质量通病,是指各类影响工程结构、使用功能和外形观感的常见性损伤。(3)工程质量事故,是指对工程结构安全、使用功能和外形观感造成影响和损失较大的质量损伤。在此种分类中,可以继续按质量问题严重程度作进一步划分。

2. 工程质量承担责任范围

承包人承担工程质量责任范围主要为:其一,未按工程设计图纸和施工技术规范施工造成的工程质量问题。其二,未按工程设计要求、施工技术规范和合同约定,对建筑材料、构配件和设备进行检验,使用不合格的建筑材料、构配件和设备造成的工程质量问题。其三,建设工程竣工验收时检验出来的屋顶、墙面渗水、开裂等施工工程质量问题。其四,建筑物在合理使用寿命中,地基基础和主体结构出现的质量问题。

发包人承担工程质量责任范围主要为:其一,提供的设计有缺陷。其二,提供或者指定购买的建筑材料、建筑构配件、设备不符合强制性标准。其三,直接指定分包人分包专业工程。

发包人和承包人共同承担质量责任范围主要为:其一,承包人明知发包人提供的设计图纸存在问题或在施工过程中发现问题,而没有及时提出意见和建议继续施工的。其二,对发包人提供或者指定购买的建筑材料、建筑构配件、设备不符合强制性标准,没有进行应有的检验或经检验不合格仍然使用的。其三,总承包人对发包人直接指定的分包人施工的工程质量未履行总包人质量管理义务的。其四,对发包人提出的违反法律、法规和建筑工程质量、安全标准、降低工程质量的要求,承包人不予拒绝而进行施工的。在这里指承发包人共同责任,指承发包双方均有过错,即混合过错造成工程质量问题的情形,由双方按过错责任比例承担。

3. 工程质量保修期与缺陷期区别

两者共同之处均为承包人承担工程质量责任的范畴,在期限内的质量问题都负有维修和保修义务。存在一定的联系,主要为缺陷责任期的期限一般情况下是包含在保修期内,且缺陷责任期的期限一般处于保修期的初始阶段,两者计算起始日在多数情况下是一致的,即竣工验收合格之日。

两者的主要区别:其一,概念不同。质量保修期是承包人交付工程后承担质量保修责任的期限,2017 年版《建设工程施工合同(示范文本)》通用条款第 1.2.4.5 项规定。缺陷责任期是承包人对所承建的工程质量如出现不符合工程建设强制性标准、设计文件规定以及施工合同的约定质量缺陷时须承担维修责任的期限,2017 年版《建设工程施工合同(示范文本)》通用条款第 1.1.4.4 项规定。前者是为了保证建筑物合理寿命年限内正常使用而设置的,后者为符合该定义所列标准而设置的。其二,设立依据不同。质量保修期规定在《建筑法》《建设工程质量管理条例》等法律、法规中,缺陷责任期规定在《建设工程质量保证金管理办法》等规章中。其三,期限规定和终止日不同。现行法律、法规对质量保修期的期限规定是按保证建筑物合理寿命年限内正常使用,维护使用者合法权益的原则确定的,一般以最低保修期限形式出现,工程性质不同期限也不同,有 2 年、5 年等。该期限也可由当事人自行约定,但约定的保修期限则不能低于法定最低保修期限。缺陷责任期一般可由当事人在合同中具体约定,通常分为 6 个月、12 个月等。因此,从整体上说,缺陷责任期的期限会短于保修期。其四,起算点不同。质量保修期自工程竣工验收合格之日起算,这是《建设工程质量管理条例》的强制性规定。缺陷责任期计算起始日可以由当事人双方在合同中自行约定,可以是完工日、实际竣工日、竣工验收之日。由于承包人原因导致工程无法按规定期限进行竣(交)工验收的,缺陷责任期从实际通过竣(交)工验收之日起计算;发包人原因导致工程无法按规定期限进行竣(交)验收的,在承包人提交竣(交)工验收报告 90 天后,工程自动进入缺陷责任期。其五,质量保证金返还不同。质量保修期一般不与质量保证金返还时间挂钩,质量保证金可先于质量保修期返还。缺陷责任期与质量保证金返还时间紧密相连,质量保证金一般应于缺陷责任期满后返还。其六,质量保修义务终结不同。质量保修期满,质量保修义务终结。缺陷责任期满,质量保修义务不一定消灭。其七,承包人的责任不同。缺陷责任期:《建设工程质量保证金管理办法》第九条规定:缺陷责任期内,由承包人原因造成的缺陷,承包人应负责维修,并承担鉴定及维修费用。由他人原因造成的缺陷,发包人负责组织维修,承包人不承担费用,且发包人不得从保证金中扣除费用。保修期:《房屋建筑工程质量保修办法》第九条规定:房屋建筑工程在保修期限内出现质量缺陷,建设单位或者房屋建筑所有人应当向施工单位发出保修通知。施工单位在接到保修通知后,应当到现场核查情况,在保修书约定的时间内予以保修。发生涉及结构安全或者严重影响使用功能的紧急抢修事故,施工单位接到保修通知后,应当立即到达现场抢修。第十三条规定:保修费用由质量缺陷的责任方承担。

根据上述内容可以得出,缺陷责任期主要解决的是因承包人的原因造成的质量问题,仅仅指的是施工方面的缺陷。在保修期内,无论是由于承包人的原因,还是由于设计人、监理人等其他人的原因造成的质量问题,承包人都要承担保修义务，因为只有承包人对工程比较熟悉，修理起来比较方便，且保修义务属于法定义务，不允许当事人进行约定排除。至于费用，则由责任方自行承担。但有以下两种情形的除外：《房屋建筑工程质量管理办法》第十七条规定：下列情况不属于本办法规定的保修范围：(1)因使用不当或者第三方造成的质量缺陷；(2)不可抗力造成的质量缺陷。

应注意的是，如果双方明确约定了建设工程合理期限的，则应当按照约定确定承包人承担质量责任的最长期限，超出该约定期限后不再承担责任。如果承发包双方未约定建设工程合理使用期限的，则应当按照设计文件规定的合理使用年限，作为承包人承担质量责任的最长期限。

4. 工程质量修复与救济

在本段中主要讨论无效时施工合同的修复问题。

在无效施工合同中，其对工程质量修复标准判断的标准有不同理解。《民法典》第七百九十三条规定："建设工程施工合同无效，但是建设工程经验收合格的，可以参照合同关于工程价款的约定折价补偿承包人。建设施工合同无效，且建设工程经验收不合格的，按照以下情形处理：(一)修复后的建设工程经验收合格的，发包人可以请求承包人承担修复费用；(二)修复后的建设工程经验收不合格的，发包人无权请求参照合同关于工程价款的约定折价补偿。发包人对建设工程不合格造成的损失有过错的，应当承担相应的责任。"该条规定的内容明确，它是对无效合同所作出的特别约定，是以确保工程质量符合国家强制性标准为前提的，只有符合国家强制性标准的无效合同工程，才能得到无效合同按有效处理的法律保护。在对修复后的工程进行验收时，原施工合同约定质量标准因合同无效而不能使用，故只能依据国家关于工程质量强制性标准进行验收。因此，对无效施工合同的工程修复后进行竣工验收执行的质量标准应是国家标准，而非原施工合同约定的标准。对于原施工合同约定高于国家标准的，可以执行原施工合同约定的标准。

最高人民法院法官认为，实践中，对建设工程质量不合格的救济主要包括以下几种方式：第一，对质量不合格部分的建设工程进行修复。第二，承包人拒绝修复的，发包人有权减少支付工程价款。第三，如果建设工程质量严重不合格，无修复可能的，发包人有权拒付建设工程价款。第四，发包人有权扣除建设工程质量保证金。第五，发包人有权请求承包人承担保修责任。第六，发包人有权请求承包人承担逾期交付的违约责任。[1]

---

〔1〕参见最高人民法院民法典贯彻实施工作领导小组编著：《中国民法典适用大全》(合同卷四)，人民法院出版社 2022 年版，第 2659～2661 页。

(二)工程质量约定标准

从2000年开始我国建设工程竣工验收由核定制变为备案制,取消了原来由建设工程质量监督机构直接对建设工程质量核定合格、优良等级的制度,但竣工验收不同于竣工验收备案,前者是私法行为,后者是行政管理行为。竣工验收备案制度对建设工程质量提出了基本的要求,并未限制、禁止当事人就工程质量进行高于合格等级的约定。作出此类约定,意味着施工人除了应当达到备案制下的合格标准外,还应达到合同约定的其他工程质量标准。有法官认为,对于"建设工程质量不符合约定"的,应当作广义理解,不仅包括工程质量不符合双方当事人合同约定的标准,而且应包括不符合国家对建筑工程质量强制性的规范标准等情形。[1] 备案制下的质量合格定位与当事人对质量更高,更严的约定并不矛盾,可以并行。前者是法定义务,后者是合同义务,承包人均应切实履行。承发包双方对工程质量优良标准的约定,是其双方的真实意思表示,体现私法自治原则,其双方约定工程质量标准并不违反法律法规,应当予以支持。笔者赞同法官的观点:建设单位和施工单位在合同中对工程质量作出更高标准的约定,系双方的真实意思表示,应为有效。就保障和提高国家各类建设工程质量的角度而言,亦应对此约定持鼓励态度。[2] 笔者认为,约定的工程质量标准高于国家强制性标准,但施工合同被确认无效,不影响质量标准的约定,承包人仍应按照约定的质量标准交付建设工程,也就是说,按约定质量标准对工程进行验收。

【案例8-1】　上海正文房地产开发有限公司与上海金厦建筑安装工程有限公司建设工程施工合同纠纷案

二审法院认为:(1)正文公司和金厦公司于2001年11月签订合同,当时竣工验收备案制度早已公布施行,相关的新质量检验标准亦在数月前发布并明确了将于2002年1月起施行。故双方应已了解建设工程质量等级核定制度的变更且应预见到质量检验标准的更替,在此情况下仍在合同中就工程质量作其他约定,应视作双方在案涉工程质量上作出了特殊或更高标准的约定,该约定系双方的真实意思表示,应为有效。(2)尽管备案制下有关建设工程质量监督部门未对系争工程质量进行合格或优良的核定,但《验收备案表》显示案涉工程于2003年由设计、勘察、监理、施工、建设等单位进行了竣工验收,并共同就单位工程质量核定了合格或优良等级,亦向上海市杨浦区

---

〔1〕 参见《建设工程合同纠纷裁判思路》,法律出版社2014年版,第315页。
〔2〕 参见张晓颖:《竣工验收备案制下的建设工程质量认定》,载《人民司法·案例》2011年第8期。

建设和管理委员会成功备案。《质量验收证明书》等文件亦反映出当时的确在自行区分评定等级的行为,而金厦公司在《分项、分部工程质量验收证明书》中对部分主体工程的自评等级亦为合格。(3)合同约定了质量评定仲裁部门为上海市建设工程质量监督站杨浦分站,金厦公司在其自评等级意见与其他单位意见不一致的情况下,亦自认未向该质量监督站申请仲裁协调,应视为其对有关质量评定的认可。(4)一审法院在有关主管部门按照备案制未对工程质量作出核定等级的情况下,忽视双方当事人进行质量约定的本意、竣工验收中自行分级评定、金厦公司自认部分工程合格及未就此申请协调等情况,存有不妥,应予纠正。(5)根据本案的具体情形,综合合同履行程度、当事人过错、违约所致损失、当事人缔约地位等多项因素,酌定金厦公司应承担的质量违约金为80万元。[1]

【案例8-2】 抚顺某公司与某集团工程设计研究院有限公司建设工程施工合同纠纷案

关于双方争执的焦点即混凝土强度是否符合约定的问题,一审法院认为,其实质是施工工程质量是否符合约定的问题。建筑工程质量不符合约定应作广义理解,它不仅包括工程质量不符合当事人约定标准,还应包括不符合国家对建筑工程质量强制性规范标准等情形。工程设计图纸是施工的依据,施工技术标准亦称为施工技术规范,按照图纸和施工技术标准是建筑工程质量得以保证的重要前提,也是划分责任的重要依据。建筑工程设计是施工方据以施工的依据,施工方应严格依据工程设计进行施工。《混凝土结构工程施工质量验收规范》第7.4.1条规定,结构混凝土的强度等级必须符合设计要求。该条文为强制性条文,必须严格执行,故对某设计院、中国一冶公司不同意鉴定结论中对不满足设计要求部分进行整改的意见不予采纳。该两家单位对6项鉴定报告中所列的不满足设计要求及外观质量缺陷部分限期予以整改。对抚顺某公司主张拆除重建的请求一审法院暂无法支持。二审法院亦持同样意见。[2]

《建设工程解释(一)》第十二条规定:“因承包人的原因造成建设工程质量不符合约定,承包人拒绝修理、返工或者改造,发包人请求减少支付工程价款的,人民法院应予支持。”制定司法解释的法官认为,本条中“建设工程质量”不符合约定应作广义理解,不仅包括工程质量不符合双方当事人约定标准,还应包括不符合国家对建设工程质量强制性的规范标准等情形。因建筑工程施工方面原因造

〔1〕 上海市第二中级人民法院(2010)沪二中民二(民)终字第652号民事判决书。参见沈志先主编:《2012年上海法院案例精选》,上海人民出版社2012年版,第17~18页。

〔2〕 辽宁省高级人民法院(2014)辽民一终字第00019号民事判决书。

成的工程质量问题，主要包括下列三种情形：(1)建筑工程施工方不按照工程设计图纸和施工技术规范施工造成的工程质量问题。(2)建筑施工方未按照工程设计要求施工技术标准和合同的约定，对建筑材料、建筑构件和设备进行检验，使用不合格的建筑材料建筑构配件和设备等造成的质量问题。(3)建筑物在合理使用寿命内，地基基础工程和主体结构的质量出现问题；建筑工程竣工时，屋顶、墙面留有渗漏开裂等问题。[1]

应注意的是，在当事人对工程质量有特别约定的情况下，应依约定，如工程质量不符合约定，则属于质量不合格(约定)，承包人并不享有工程价款优先受偿权。但从《民法典》第八百零七条和司法解释的立法目的看，工程质量合格为承包人享有工程价款的条件，并未以其他的质量标准为依据，尽管当事人在合同中对工程质量问题进行了特别约定，仍应以工程质量是否符合国家标准作为工程价款优先受偿权的行使条件。虽然当事人就质量的约定对承包人建设工程价款优先受偿权不产生影响，但承包人的工程质量未达到约定的标准，发包人可依据合同约定向承包人主张违约或损失赔偿等民事责任。

(三)工程质量缺陷责任期

缺陷是指建设工程质量不符合工程建设强制性标准、设计文件，以及承包合同的约定。缺陷责任期一般为6个月、12个月或24个月，具体由发承包双方在合同中约定。如当事人双方未约定缺陷责任期，缺陷期为自竣工之日起24个月。

【案例8－3】　江苏胜威建设有限公司与徐州市金安房地产开发有限公司建设工程施工合同纠纷案

二审法院认为，因本案涉及工程双方虽未约定缺陷责任期，但自合同竣工之日至今超过上述办法所规定的最长时限为24个月，故不应再从刘某应得的工程款中扣除质保金。[2]

2017年版《建设工程施工合同(示范文本)》关于缺陷责任期约定的延长问题，有律师归纳为，在符合以下两个条件的情况下，发包人有权要求缺陷责任期延长：(1)由于质量缺陷或损坏致使工程、单位工程或某项主要设备不能按原定目

---

〔1〕　参见最高人民法院民事审判第一庭编著：《最高人民法院新建设工程施工合同司法解释(一)理解与适用》，人民法院出版社2021年版，第130～131页。

〔2〕　江苏省徐州市中级人民法院(2013)徐民终字第0653号民事判决书。

的使用;(2)质量缺陷或损害是由承包人原因导致的。[1]

建设工程没有通过竣工验收的缺陷责任期确定问题。最高人民法院法官认为,如工程质量不合格、工程手续不完备导致工程无法通过竣工验收时,则无论是发包人原因还是承包人原因,都不存在确定缺陷责任期的前提条件。发包方、承包方必须适当履行各自在建设工程施工合同中的权利义务,使得建设工程达到竣工验收合格,方能确定缺陷责任期。如烂尾等原因导致工程长期无法竣工验收的,因工程未通过竣工验收,是否确定缺陷责任期对于建设工程没有意义。但无论是否存在缺陷责任期,都不影响承包人根据法律规定及合同约定承担保修责任。[2]

发包人拖延验收时,如果自承包人提交验收申请报告之日计算保修期,到保修期和缺陷责任期的计算起点将相差90天。考虑到从承包人提交竣工验收报告到发包人验收完毕需要一定的时间,而保修期原则上从竣工验收合格之日计算,故建议在发包人拖延验收时,保修期和缺陷责任期的计算起点应采取统一规则,工程自动进行缺陷责任期和保修期。[3]

以现有法律为基础,若施工合同约定的缺陷责任期超出《建设工程质量保证金管理办法》规定的,并非必然无效,原则上应当尊重当事人的意思自治,承包人认为其利益受损的,可依法行使撤销权。以行业未来发展为基础,建议立法机关参考《建设工程质量保证金管理办法》的内容,将缺陷责任期的期限纳入法律行政法规的强制性规范。[4]

---

[1] 参见周月萍编著:《建筑企业法律风险防范与化解——2013版施工合同实务专辑》,法律出版社2014年版,第5页。

[2] 参见最高人民法院民事审判第一庭编著:《最高人民法院新建设工程施工合同司法解释(一)理解与适用》,人民法院出版社2021年版,第180页。

[3] 参见王毓莹、史智军:《建设工程施工合同纠纷疑难问题和裁判规则解析》,法律出版社2022年版,第241页。

[4] 参见王毓莹、史智军:《建设工程施工合同纠纷疑难问题和裁判规则解析》,法律出版社2022年版,第241页。

二、建设工程质量纠纷法律适用

(一)工程质量认定依据

对于工程质量的认定,如果承发包双方一致确认工程质量问题,则法官应予以认定。若一方对工程质量不予认可,则法官应当通过举证责任分配规则综合认定,实践中多以工程质量鉴定意见认定。

工程质量认定的原则。法院应当根据合同约定、法律及行政法规规定的工程建设程序,依据诚实信用原则,合理确定建设单位与施工单位对于建设工程质量问题的责任承担。

工程质量认定的依据。其一,已竣工的建设工程,一般以竣工验收文件作为认定建设工程质量合格的依据。根据住房和城乡建设部《房屋建筑和市政基础设施工程竣工验收规定》的规定,工程竣工验收合格后,建设单位应当提出工程竣工验收报告。竣工工程验收合格的法律后果是建设工程质量合格,承包人已经按照合同约定完成了质量合格的建设工程成果。因此,对于已竣工的建设工程一般以竣工验收文件作为认定建设工程质量合格的依据。工程实际存在明显的质量问题,承包人以工程竣工验收合格证明等主张工程质量合格的,法院不予支持。其二,发包人擅自使用未经验收合格的建设工程,一般视为工程质量合格。实践中,建设工程竣工后,发包人为尽快投入使用,在建设工程未进行验收的情形下即擅自使用工程,因擅自使用未经竣工验收合格的建设工程为《民法典》、《建筑法》以及《建设工程质量管理条例》所禁止,只要出现发包人擅自使用的情形,应视为发包人认可该建设工程质量符合法律规定和合同约定,故可以推定该建设工程质量合格。但是,地基基础工程和主体结构直接决定建设工程整体质量,涉及公共安全,也是承包人最基本的合同义务,故《建设工程解释(一)》第十四条规定,承包人应当对于地基基础工程和主体结构在建设工程的合理使用寿命内承担质量责任。其三,未竣工的建设工程,可以依据节点验收文件判断质量是否合格。根据建设工程的施工工序要求,需要对隐蔽工程、分部分项工程进行节点验收,因此对于已完工程的质量判断可以依据上述节点验收文件予以判断,如承包人提供隐蔽工程验收以及分部分项工程验收合格资料,可以认定对应的已完工程质量合格。

其四,未竣工的建设工程,发包人发包剩余工程的,可以考虑推定已完工程质量合格发包人发包剩余工程的,其发包行为与擅自使用行为相当,可以推定已完工程质量合格。除非发包人能提供相反证据证明已完工程质量不合格;如发包人为减少停工损失或者前手承包人拒绝修复,且发包人已经就未竣工工程质量问题进行公证或者交由其他承包人修复的,人民法院可以结合工程质量客观事实予以认定。如发包人尚未发包剩余工程的,应当由承包人承担已完工程质量合格的证明责任。其五,建设工程验收合格后,发现质量问题的处理。

该质量问题既有可能是验收合格后在保修期内发生的质量问题,也有可能是承包人施工过程中产生的质量问题。对于前者,承包人应当按照规定承担相应的质量保修义务;对于后者,一般为,建设工程竣工验收合格包括发包人未经竣工验收擅自使用的,表明发包人对建设工程质量合格予以确定,从肯定验收行为的既定事实效力和验收行为的法律效力角度而言,法院不宜轻易否定工程验收合格证明文件的效力。然若系承包人未按工程设计图纸和施工技术标准施工、偷工减料、使用不合格的建筑材料、建筑构配件和设备等原因导致工程客观上存在明显的质量问题时,如驳回发包人的诉讼请求,将面临权利无法救济的损害,造成发包人利益严重失衡。此时,可从双方证据证明力大小角度进行比较,酌情予以支持。

对建设工程质量异议认定方式,实践中通常采取:其一,司法推定。《建设工程解释(一)》第十四条"建设工程未经竣工验收,发包人擅自使用后,又以使用部分质量不符合约定为由主张权利的,人民法院不予支持",据此,建设工程未经竣工验收,但如果经发包人擅自使用,则该部分工程质量推定为合格。其二,司法鉴定。由于建设工程质量争议问题的专业性和复杂性,司法鉴定是较为重要且常用的一种方式。

实践中,存在混淆建设工程质量合格和验收的情形,认为建设工程只有经过验收了才属于质量合格。事实上,这是两个不同的概念。建筑工程竣工验收是指由建设单位组织设计、施工、监理、勘察单位并会同有关单位对工程质量进行验收。因此,已验收的工程质量一般是合格的,当事人对工程质量也基本无争议,存在争议的主要是对已完工的未经验收或未完工工程的质量问题。

(二)擅自使用责任认定

《建设工程解释(一)》第十四条明确规定了发包人擅自使用的后果,即未经竣工验收时承包人可被豁免一般工程质量瑕疵责任的法律后果,却未对擅自使用的使用标准作进一步的说明。实践中,对如何认定擅自使用以及擅自使用包含的内容有争议。笔者认为,依据汉语通常词义对擅自使用的解释应指,发包人未经承包人同意和允许，在工程未经验收或者验收不合格的情况下自行使用工程的行为。擅自使用可从以下层次理解，一是该工程必须发生了转移占有的事实，发包人实际控制建设工程。如果承包人退场后工程由发包人实际控制，这不属于司法解释中的“擅自使用”。二是发包人未经允许使用或自作主张使用，是单方行为和单方过错。三是使用工程未经验收或验收不合格。四是这种使用应是实际进行了使用，使用行为具有排他性和持续性。五是擅自使用法律后果的承担应以实际使用工程范围为限，未使用的工程范围不承担后果。六是擅自使用是对工程质量合格认可，但存在例外情形，即在建设工程的合理使用寿命内出现地基基础工程和主体结构质量问题时，因这种质量问题往往属于承包人施工重大过错所致，故承包人仍应承担质量责任。法官认为，在发包人使用未经竣工验收的已完工工程时，其应当预见到工程质量可能存在问题，应在工程质量验收合格的情况下使用建设工程，但发包人擅自使用的行为则可直接地表明其对工程质量问题的认可。[1]

判断是否构成“擅自”使用，必须以是否依法经验收合格作为认定标准，只要建设工程未依法验收合格，发包人即占有使用将一律构成“擅自”使用。因此，“擅自”的认定无须考量发包人和承包人的主观意愿或合意，也无需考量是否由行政机关的许可，此处的“擅自”应理解为对法律法规强制性规范的违反。从《建设工程解释（一）》第十四条目的解释出发，在认定发包人使用行为是否构成本条所规定的“擅自使用”时，应考量该使用行为是否直接构成对竣工验收要求的违反。具体而言：(1)发包人在承包人中途退场时接收工程，因尚不具备竣工验收条件，不属于司法解释规定的擅自使用情形。(2)在工程未达整体竣工验收条件之前，各分包主体因施工需要对其他分部分项工程的使用，不应当认定为擅自使用。(3)关于“使用”是否限定于功能性使用，实务中争议较大。……针对个案进行具体分析时，可通过对发包人占有时间的持续长短、空间是否独立、是否体现对物的“用益”等因素进行综合判断，若占有时间不具有持续性，如偶尔的检查、抽查，或者占有部分在空间上可以独立，这不应认为是擅自使用。(4)使用行为（如试运行、试车等）本身为竣工验收的前提或流程的一部分，则不应当认定为擅自使用。(5)对于工程总承包项目，总承包人以发包人未竣工验收使用为由提出抗辩的，不宜直接适用《建设工程解释（一）》第十四条的规定。[2]

在“擅自使用”的理解上，最高人民法院在个案中认为，发包人认为，建设工程项目是承包人主动交付，而非其“擅自使用”。法院认为，根据《建筑法》第六十

---

〔1〕 参见最高人民法院民事审判第一庭编著：《最高人民法院建设工程施工合同司法解释（二）理解与适用》，人民法院出版社2019年版，第419页。

〔2〕 参见常设中国建设工程法律论坛第十六工作组：《建设工程质量纠纷裁判指引》，法律出版社2023年版，第348～351页。

一条的规定,未经验收或者验收不合格的,不得交付使用;司法解释所说的"擅自",系指建设工程未经过竣工验收或者验收未通过的情况下,发包人违反法律规定进行使用的行为;因此,不论承包人是否同意交付,只要在工程未经竣工验收的情况下占有并使用工程,就构成"擅自使用"的情形。[1] 在另一案中最高人民法院认为,发包人未经竣工验收已占有使用工程后提起诉讼,虽然其多次要求进行质量鉴定,但其申请的鉴定事项不属于地基基础工程和主体结构质量问题,因为法院认为在"擅自使用"后,视为已经通过竣工验收,发包人认可承包人已施工工程质量合格。因此只能针对质量保修以及地基基础和主体结构质量问题,才能提出质量鉴定申请。[2]

实践中,构成擅自使用行为主要情形:其一,项目没有进行验收流程,发包人对建设项目进行功能性的使用。但如建设房屋未经过工程验收,发包人只是购买了部分装修材料及设施设备置于其内,发包人的行为构成了简单的存放材料及设备的行为,并未在实际意义上使用项目,该种情况不能认定为擅自使用未经验收的建设工程。其二,对于在建项目,发包人上一道工序内容未经过验收,发包人要求直接进入下一道工序,发包人则不能再认为施工单位质量不合格,要求施工单位赔偿。该种情况可以认定为擅自使用了未经验收的建设项目。其三,在建项目发包人与施工单位因争议或其他原因导致建设项目合同终止,但实际项目未竣工,此时发包人对建设项目进行试营业。如对精装酒店、宾馆项目进行试营业等情形,在这种情况下会认为发包人对项目进行了实质上的使用,对工程质量进行了确认;从严格的法律角度和逻辑上来讲,虽发包人进行的是试运行行为,但工程没有上一步骤的完成与确认则不可进行下一步骤的实施。其四,在建项目发包人与承包人的日常函件往来中,内容为在建工程设备运转发生的故障,此种现象已经维持有一定的时间并产生相应的损失。其五,在建项目发包人为缩短投资回报周期,将部分已完成但未验收的项目出租如停车场地的出租收益,此种情形虽然项目的实际使用功能与现实的使用功能不同,但应认定为发包人已经进行了确认,符合擅自使用定义。

关于擅自使用部分的认定。参与制定司法解释的法官认为,关于发包人使用部分的认定应结合建设工程的结构、使用功能、发包人使用情况等综合认定,对于与发包人使用部分不可明确分割的部分,虽然没有明确证据证明发包人使用,也应认定为发包人擅自使用。反之,则予以排除。[3]

---

〔1〕 最高人民法院(2021)民终375号民事判决书。

〔2〕 最高人民法院(2020)民终483号民事判决书。

〔3〕 参见最高人民法院民事审判第一庭编著:《最高人民法院新建设工程施工合同司法解释(一)理解与适用》,人民法院出版社2021年版,第151页。

关于擅自使用的法律后果。有观点认为,发包人擅自使用未经竣工验收的工程,并不能由此推导出“建设工程质量合格”或“已通过竣工验收”的结论。[1]

擅自使用认定,应注意区分两个方面的问题:一是擅自使用并不包括合意交付使用,后者是双方过错行为。合意交付使用并不包含擅自使用,其经承包人允许使用,其同意发包人使用的不能因此免除承包人的工程质量瑕疵责任。二是建设工程应由发包人组织验收,验收合格后才能交付使用;未经验收或验收不合格的,即使行政主管部门同意或批准的,仍然构成擅自使用。行政主管部门同意或批准不是法定验收程序,不能以行政主管部门同意或批准代替验收,其同意或批准行为只对发包人具有指示作用,但不能产生竣工验收的法律效果,发包人尽管是得到行政主管部门同意或批准后使用,但仍受到《建设工程解释》第十三条规定的约束。发包人经行政主管部门同意或批准依然是擅自使用性质,其主张工程存在质量问题不能得到法律支持。擅自使用在实践中最普遍的形式,就是在使用工程后又以质量不符合约定主张权利,其对抗支付工程款请求不能得到法律支持。关于擅自使用时间认定。随着发包人的提起使用,其工程质量责任风险也由施工单位随之转移给发包人,而且工程交付的时间,亦可认定为发包人提前使用的时间。[2]

【案例8-4】　五建公司与福海公司建设工程施工合同纠纷案

最高人民法院认为,福海公司在本案所涉工程未经验收的情况下,于1997年9月开始使用上述工程,由此发生的质量或其他问题,应由其自行承担。[3]

【案例8-5】　民族公司与兰州二建建设工程施工合同纠纷案

最高人民法院认为,根据上述法律行政法规关于工程未经验收,提前使用或擅自使用,发现质量问题,由此而发生的质量或其他问题,由发包方自己承担责任的规定,民族公司申请先予执行尚未验收交工的房屋并将该部分房屋出售使用,属于上述法律行政法规所列情形,下沟A2楼出现的质量返修维修以及其他问题应由民族公司自行承担。[4]

---

〔1〕 参见常设中国建设工程法律论坛第十六工作组:《建设工程质量纠纷裁判指引》,法律出版社2023年版,第354页。

〔2〕 最高人民法院(2015)民申字第3367号民事裁定书。

〔3〕 参见最高人民法院民事审判第一庭编著:《最高人民法院建设工程施工合同司法解释的理解与适用》,人民法院出版社2004年版,第367~368页。

〔4〕 参见最高人民法院民事审判第一庭编著:《最高人民法院建设工程施工合同司法解释的理解与适用》,人民法院出版社2004年版,第375页。

【案例8-6】 城中区建筑公司与正和公司建设工程施工合同纠纷案

最高人民法院认为,本案讼争工程主体结构未经验收即交付使用,既有违法转包导致工程质量存在缺陷一次验收未通过的原因,也有发包人怠于配合参加验收各方的验收活动,急于解除《施工合同》收回诉争工程导致诉争工程主体结构未经验收,对此双方均有过错。参照《建筑安装工程承包合同条例》(已失效)第十三条第二款第三项规定,由此造成的损失由正和公司承担。[1]

已使用部分与未使用部分的工程无法区分的情形下,发包人对工程的使用应视为对整体的使用,其主张对未使用部分的工程应拒付工程款的理由,不予支持。

【案例8-7】 湖北阔盛塑料模具有限公司与黄石市东方建筑工程有限责任公司建设工程施工合同纠纷案

二审法院认为,涉案工程综合楼系一个整体工程,且针对综合楼已使用部分与未使用部分的工程款亦无法进行区分。综上,阔盛模具公司对综合楼的使用应视为对整体的使用,其主张对未使用部分的建设工程应拒付工程款的理由,本院不予支持。[2]

在工程未经竣工验收,发包人擅自使用的情形下,是需要区别发包人使用部分及未使用部分的,对于发包人使用部分工程质量(地基基础工程和主体结构质量除外),承包人可以主张免责,但对于发包人未使用部分工程质量,承包人仍需承担责任。擅自使用的情形多样,但根据法律规定由发包人自己承担责任。

(三)工程质量认定范围

1.擅自更改责任认定

《建筑法》第五十八条规定:"建筑施工企业对工程的施工质量负责。建筑施工企业必须按工程设计图纸和施工技术标准施工,不准偷工减料。工程设计的修改由原设计单位负责,建筑施工企业不得擅自修改工程设计。"《建设工程质量管理条例》第二十八条规定:"施工单位必须按工程设计图纸和施工技术标准严格施工,不得擅自修改工程设计,不得偷工减料。施工单位在施工过程中发现设计

〔1〕 参见最高人民法院民事审判第一庭编著:《最高人民法院建设工程施工合同司法解释的理解与适用》,人民法院出版社2004年版,第387页。

〔2〕 湖北省黄冈市中级人民法院(2018)鄂11民终1412号民事判决书。

文件和图纸有差错的，应当及时提出意见和建议。”在发承包双方签订的施工合同中的约定，也应与法律、法规的规定保持一致。施工方擅自更改设计和材料行为，属于法律、法规禁止和违反合同的行为。对其擅自更改的行为视其程度，应承担法律责任和合同责任。在施工方擅自更改设计和材料后，工程质量符合国家标准，即未发生工程质量问题时，可不追究其施工责任，但仍可以根据合同约定主张其违约责任。

2. 未履行保修责任认定

《建设工程解释（一）》第十八条明确规定：“因保修人未及时履行保修义务，导致建筑物毁损或者造成人身损害、财产损失的，保修人应当承担赔偿责任。保修人与建筑物所有人或者发包人对建筑物毁损均有过错的，各自承担相应的责任。”该条规定承包人应当及时保修的时间条件，同时也包括全面、妥当修复质量缺陷在内的要求。实践中，在发包人或使用人通知其履行维修义务后，承包人拒绝履行义务造成工程附属物脱落致人或财产损害的，应承担主要责任。但发包人或使用人在要求承包人履行维修义务遭拒后，没有及时使用预留的质量保修金自行或另请他人进行维修，其拖延行为使本可以通过及时维修即可避免的事故发生，其主观上也存在一定的过错，亦应承担相应的责任。

3. 未完工程质量认定

对承包人未竣工工程质量的判定，应根据工程是否续建而区别论处。如果工程未由第三人续建，则对未完工工程的认定可结合当事人提供的证据、工程的状态综合认定。……发包人在交由第三人续建前，应首先确定续建前承包人施工的工程情况进行确认。否则，导致的质量责任若无法确定，则可推定续建前承包人施工的工程质量合格。[1]

工程中途交由其他人施工的，前期工程质量如何认定存在较多争议。在施工过程中，会出现一些双方无法继续合作，而将工程交由其他人继续施工的情况。此时双方应及时对工程量与工程质量进行结算与验收。但如果未对已完工程进行验收即进行下一步施工，发包人事后对已完工程提出质量索赔的是有争议的问题。

发包人在未经验收的情况下安排案外人继续施工，应当视同擅自使用工程，其关于工程质量瑕疵的主张不予支持。

---

〔1〕 参见最高人民法院民事审判第一庭编著：《最高人民法院建设工程施工合同司法解释（二）理解与适用》，人民法院出版社 2019 年版，第 419～420 页。

【案例8-8】 福建宏某建设集团有限公司与陕西女某实业有限公司建设工程施工合同纠纷案

最高人民法院认为,关于涉案工程质量瑕疵认定的问题。根据查明的事实,宏某公司于2015年11月5日离场,女某公司随即在宏某公司已完工程的基础上安排其他施工单位继续施工。女某公司虽然对宏某公司已完工程质量有异议,但并没有按照双方约定申请质量监督部门进行认定。而且,《建设工程解释》第十三条规定,"建设工程未经竣工验收,发包人擅自使用后,又以使用部分质量不符合约定为由主张权利,不予支持"。根据上述司法解释精神,女某公司在没有对宏某公司已完工程进行验收的情况下继续安排施工,造成工程质量如果存在瑕疵无法区分责任主体的可能。因此,女某公司的行为应当视同擅自使用工程,其关于工程质量瑕疵的主张,本院不予支持。[1]

发包人将工程交由第三人施工视为对工程质量的认可。

【案例8-9】 格尔木市菁某学校与郑州金某实业有限公司建设工程施工合同纠纷再审案

最高人民法院认为,案涉工程施工中途金某公司撤场,菁某学校已将后续工程交由案外人施工,应视为菁某学校对金某公司已施工部分的工程质量无异议,据此对已完工部分的工程,一审、二审判决认为应据实结算。[2]

承包人退场后,发包人实际接管工程并进行了续建,可视为发包人擅自使用的行为。

【案例8-10】 楚雄公司与嘉晟公司建设工程施工合同纠纷再审案

最高人民法院认为,本案中,在楚雄公司退场后,嘉晟公司实际接管了案涉工程项目并进行了续建。案涉工程虽未整体竣工验收,但单体已验收合格且有部分业主入住,可视为质量合格。(1)《建设工程解释》第二条规定,"建设工程施工合同无效,但建设工程经竣工验收合格,承包人请求参照合同约定支付工程价款的,应予支持"。二审判决依据鉴定报告认定工程款,并无不当。嘉晟公司主张折价补偿范围应以形成建筑物的实际投入成本为准,缺乏依据。(2)《建设工程解释》第十三条规定,"建设工程未经竣工验收,发包人擅自使用后,又以使用部分质量不符合约定为由主张权利的,不予支持;但是承包人应当在建设工程的合理使用寿命内对地基基础工程和主体结构质量承担民事责任"。嘉晟公司提交的检测报告并未对整个地下车库进行检测,

---

〔1〕 最高人民法院(2019)民终63号民事判决书;最高人民法院(2020)民申908号民事裁定书。

〔2〕 最高人民法院(2020)民申5591号民事裁定书。

不能证实整个地下车库均存在工程质量问题，且楚雄公司未参与检测，对检测结果亦不予认可。故嘉晟公司所举证据不足以证明案涉主体工程存在质量问题。嘉晟公司也未提交证据证明其已实际支付了6,279,981.8元的维修费用。因此，二审法院对嘉晟公司提请的维修费用应在工程造价中予以扣减的上诉请求不予支持，并释明若嘉晟公司有充分的证据证实案涉工程在合理使用寿命内地基基础工程和主体结构工程存在质量问题，可另行主张，并无不当。〔1〕

4.交钥匙工程质量认定

所谓"交钥匙工程"，就是项目承包方负责项目的设计、供货及施工，直至试运行合格后，将项目移交业主方，也就是最终交给业主一把插入项目就能够运行的钥匙，业主接手后就能够直接进行正常生产的工程项目。因承包人未能交付符合约定的工程，法院不支持承包人给付工程款尾款及迟延付款利息的诉请。

【案例8-11】 中冶焦耐公司与龙盛达公司建设工程施工合同纠纷案

最高人民法院认为，双方当事人在合同中约定案涉工程为"交钥匙工程"，承包人中冶焦耐公司负责工程设计、设备材料采购、施工至工程试运行、投产达产达标等全过程和最终效果。按照合同约定，中冶焦耐公司完工后需组织竣工验收，整个工程的竣工验收大致分实物移交和装置投料试车并考核达标两个阶段执行。……根据本案现有证据尚不能认定案涉工程在实物移交后，承包人中冶焦耐公司完成了竣工检验程序，也不能认定其未完成竣工检验程序系发包人龙盛达公司的原因所致，主要体现：(1)中冶焦耐公司在一审中提供的案涉工程系列《工程中间验收单》、实物移交清单、建设工程验收报告、单位工程质量认证书、《竣工移交资料证明》均属于建筑工程施工和设备安装等实物移交相关的文件，其中并无装置投料试车、考核达标等实物移交后的相关内容。按照合同约定，竣工检验各步骤均有其程序、标准和文件等方面的要求，而本案中并无证据表明双方按照合同具体约定完成竣工检验各步骤的要求，故不能认定承包人中冶焦耐公司完成了竣工检验程序。(2)一审法院2019年10月25日询问笔录记载，中冶焦耐公司陈述："工艺已经全部打通，并且也产生了合格产品，但是72小时标准部分装置没有达到稳定运行。没有进入考核程序。"龙盛达公司也陈述"还没有到考核那一步，因为全部系统还没有打通，没有办法考核"。中冶焦耐公司在该笔录中还确认2#大门土建没做及其他部分工程未完工。据此，双方当事人均承认案涉工程

〔1〕 最高人民法院(2021)民申2016号民事裁定书。

的竣工检验程序未完成,特别是尚未进入保证值考核程序。(3)2018年12月11日双方现场勘察的会谈记录载明:案涉工程存在生产时没有做配油供需以及焦油蒸馏开工时出现炉管晃动、弯头开裂冒火、酚盐分解堵塞等一系列的问题;中冶焦耐公司主张问题可以在开工过程中整改;中冶焦耐公司总包项目负责人杨某松称:"至于开工中存在的问题,可能有几百条,我们一项一项梳理最后梳理出来达成协议的有36项,这一块有将近20项已经整改完了。"从双方协商和联系情况看,双方对案涉工程试生产中出现的诸多问题的性质(严重或者轻微程度以及是否容易解决等)、原因以及解决方案均有不同认识,部分问题未得到实际解决。该证据初步表明案涉工程装置投料试车不断出现故障,尚未达到合同约定保证值考核的要求。(4)中冶焦耐公司没有提供证据证明其曾经按照合同要求在预计无负荷试车前48小时、在预计负荷试车前21天等有关时点,书面通知发包人龙盛达公司试车内容、时间、地点以及需要发包人为试车提供必要的条件,难以认定案涉工程竣工检验程序未完成系龙盛达公司不提供必要条件等原因所致。中冶焦耐公司主张案涉工程已经通过竣工验收,工程符合合同约定的质量标准和要求,工程已经投产且投产后的质量问题仅仅属于合格后的质量维修问题,其上述主张不仅缺乏事实依据,也明显与事实不符,本院不予支持。中冶焦耐公司主张龙盛达公司在工程交付后擅自使用,工程试车过程中出现问题系龙盛达公司实际操作不当、原料不合格以及设备长期未投入施工造成的正常损耗所致,也明显缺乏事实依据,本院不予支持。案涉合同约定工程竣工验收的标准不仅是工程实物交接,还包括试车投产达产达标,而案涉工程并没有完成竣工检验程序,案涉工程不同于一般实物交接的建设工程,且本案也无证据证明龙盛达公司在工程未经竣工验收情况下擅自使用,案涉工程尚不具有适用《建设工程解释》第十三条关于"建设工程未经竣工验收,发包人擅自使用后,又以使用部分质量不符合约定为由主张权利的,不予支持"规定的条件,中冶焦耐公司根据该条司法解释的规定主张案涉工程存在的问题仅仅是工程验收合格后的质量维修问题,缺乏事实和法律依据,本院不予支持。……鉴于案涉工程的竣工检验程序尚未完成,特别是尚未进入保证值考核阶段,无论之前的工程质量如何,中冶焦耐公司原则上均不具有请求龙盛达公司支付剩余工程价款58,140,470.63元及其利息的条件,中冶焦耐公司请求支付上述剩余工程价款,至少需在案涉工程的竣工检验程序完成之后。在案涉工程的竣工检验程序尚未完成的情况下,其申请本院委托司法鉴定机构鉴定案涉工程设计和设备是否符合有关质量合格的标准、案涉工程不正常运转影响投产的质量缺陷的原因及其责任、案涉工程的修复方案及修复费用,对于本案纠纷的处理并无意义,也无必要,本院不予准许。中冶焦耐公司可以在完成竣工检验程序,案涉工程达到竣工验收标准和合同约定的质量标准,或者双方之间出现工程视为竣工验收等情形后,就剩余工程价款另循法律途径解决。综上所述,中冶焦耐公司上诉请求缺乏事实和法律依据,本院不予支持。一审判决认定事实清楚,适用法律正确,本院予以维持。判决:驳回上诉,维持原判。[1]

(四)约定质量奖惩认定

实践中,承发包双方在施工合同中关于质量奖约定现象带有普遍性。约定质量奖惩,通常是为了激励优质施工和处罚劣质施工而设置的,它有利于提高工程质量。因此,一般情况下,只要双方当事人的约定不违反法律、法规的强制性规定,法官应尊重当事人的意思自治而给予支持。法官应注意审查,对于工程质量奖励的约定,如查明系双方当事人恶意串通假借奖励之名行损害国家、社会公共利益或第三人利益之实的,应当认定为无效约定,不予支持。对于工程质量惩罚的约定,其本质上属于违约责任的一种方式,因在合同签订中由于承发包双方的地位、优势、能力、谈判素质等不同,有时会造成双方关于奖惩的合意约定畸高畸低情形的发生,对此,法官可依当事人申请,依照《民法典》第五百八十五条的规定进行调整。如当事人未申请调整,法官应进行释明。笔者认为,对于承发包一方自愿承诺给予的奖励或者承诺承担的处罚,受诚实信用原则的约束,其单方承诺不在法官调整合意奖惩约定数额范围之内。在原施工合同中约定,全部工程质量应达到市(区)质监站检验评定的80%优良等级,达到工程质量等级80%优良标准,则发包人给予一定奖励,未达到的承包人应承担罚金违约责任。鉴于原有质监站进行的建设工程竣工验收改为现行的由发包人组织的五方认证,对于发包人再以工程质量等级未达80%优良等级主张罚金则缺乏根据,法律不予支持。

【案例8-12】 富汇公司与肖县教育局、美音民办学校建设工程施工合同纠纷案

一审法院认为,关于系争合同应付工程价款中是否应当包括质量奖和工期奖的问题。质量奖和工期奖的有关内容在施工合同中均有约定。……关于质量奖,从三份合同订立情况来看,虽前后标准不同,但可以发现质量奖约定的给付标准是系争工程的一部分送检工程质量达到一定的质量标准。现

---

〔1〕 最高人民法院(2020)民终1040号民事判决书。

系争工程教学楼已获得市优质工程奖“白玉兰奖”,较约定的“不低于区优质结构和‘浦江杯’”标准更高,且在美音民办学校委托的审计过程中也已经将有关土建、安装的质量奖计入工程造价,对此双方当事人均已确认,该确认行为应视作双方当事人对合同约定的变更。故美音民办学校认为系争项目未获得“浦江杯”,故不应给付质量奖的答辩意见,法院不予采纳。二审裁定:准许三方当事人撤回上诉。[1]

在施工合同中约定工程必须取得鲁班奖、长城杯等奖项,并约定了相应的奖惩标准,在工程完工后承包人未取得约定奖项,对其发生的争议应区分情况处理。对合同约定的是工程达到评选鲁班奖、长城杯的施工质量标准,该约定有效并作为质量判断标准,达到标准的按约定奖励,反之承担违约责任。对合同约定的是必须获得鲁班奖、长城杯等奖项,在无证据证明不是真实意思表示的,应认定合同有效,不属于《合同法》规定的显失公平的情形,原则上承包人应当依照合同约定履行。在判断承包人是否符合合同约定时应区分何种原因所致,承包人未申请参加评奖或参加评奖后因其施工质量原因未能获奖,应承担违约责任且不能依据奖励条款约定取得工程款。在承包人参加评奖后非因其自身原因未能获奖,则不能依约定取得奖励也不承担违约责任。如果承包人举证证明是因发包人的原因导致未获奖的,则有权依据约定取得工程款。

【案例8-13】 海南职业技术学院与海南省第二建筑工程建设工程施工合同纠纷再审案

最高人民法院认为,关于案涉工程未获省优工程评比资格过错问题。一审、二审已查明,案涉工程未能申报绿岛杯奖即省优工程评奖确实存在职业学院坚持非环保节能设计导致不符合评奖实质性条件的原因,但申报省优工程的先决条件或前置程序之一是有关结构工程必须已评定为优质结构工程,而二建公司未能提交证据证明其已就图书馆工程向有关部门申报且评定为优质结构工程,故无论其他实质性评选条件是否成就,该工程也无成为省优工程的可能,二建公司对该工程未达到省优工程亦负有相应的过错责任。一审、二审判决基于双方对此均有过错而认定职业学院和二建公司各承担其中1/2的责任,从应付二建公司工程款中扣减工程结算造价的1.5%的处理并无不当。[2]

---

〔1〕 参见潘福仁主编:《建设工程合同纠纷》(第4版),法律出版社2015年版,第125页。

〔2〕 最高人民法院(2016)民再字第134号民事判决书。

三、建设工程质量纠纷处理

《民法典》第八百零一条规定:“因施工人的原因致使建设工程质量不符合约定的,发包人有权请求施工人在合理期限内无偿修复或者返工、改建。经过修理或者返工、改建后,造成逾期交付的,施工人应当承担违约责任。”

关于工程质量争议的处理,一般的处理原则是,建设工程施工质量局部存在质量缺陷的,应予整改,但并不必然导致工程质量整体不合格,只要不属于禁止验收的情形,即便存在质量缺陷,如经过法定机构检验评定,确认工程属于合格工程的,该工程应依法属于合格工程。处理工程质量争议应查明质量缺陷的成因,进而确定责任承担主体,划分承担修复工程质量问题所需费用。在工程质量纠纷中,要进行过错责任认定和划分,以便区分责任主体和责任大小。

(一)工程质量责任纠纷处理

《建设工程解释(一)》第十三条规定:“发包人具有下列情形之一,造成建设工程质量缺陷,应当承担过错责任:(一)提供的设计有缺陷;(二)提供或者指定购买的建筑材料、建筑构配件、设备不符合强制性标准;(三)直接指定分包人分包专业工程。承包人有过错的,也应承担相应的过错责任。”

1. 过错主体责任划分

因承包人过错导致工程质量承担,其一,在合理期限内无偿修理或者返工、改建。经过修理或者返工、改建后,造成逾期交付的,承包人应当承担违约责任。其二,承包人拒绝修理、返工或者改建,发包人请求支付修复工程价款的,应予支持。其三,施工合同无效,经修复不合格的,对承包人请求支付工程款的不予支持。其四,承包人负责采购建筑材料、建筑构配件和设备质量不合格引起的质量缺陷,自担责任。

因发包人过错导致工程质量承担,其一,对有过错造成质量缺陷的,承担过错责任。其二,擅自使用未经竣工验收合格工程的,工程质量视为合格。其三,对已擅自使用部分出现的质量问题承担相应责任,对未擅自使用部分不承担责任,不能推断为发包人认可工程质量。其四,对负责采购建筑材料、建筑构配件和设备质量不合格引起的质量缺陷,自担责任。其五,因使用不当造成的质量缺陷,由其自己担责。有法官认为,因发包人原因造成工程质量未达到合同约定标准的,由发包人承担由此增加的费用和(或)延误工期,并支付承包人合理的利润。[1]

存在混合过错时责任划分问题。参与制定司法解释的法官认为,如工程出现多处质量问题,系基于发包人和承包人过错,相应处理即可。但如同一质量问题,经工程质量鉴定确定,有发包人、承包人原因。在鉴定机构明确原因并就原因力发表意见后,应引导发包人、承包人就是否存在原因及原因力大小发表意见,确保就过错程度给予有效区分。如无法区分过错程度,且双方也未给予充分证据佐证或者具有说服力的说法,可认定双方承担同等过错。[2]

主体不同责任承担方式问题。参与制定司法解释的法官认为,建设工程质量不合格,承包人不能向发包人索要工程价款。如发包人对工程质量不合格亦有过错责任,对承包人不能索要工程价款的损失,发包人也应在相应过错范围内赔偿承包人的损失。如因发包人、承包人混合过错造成质量缺陷但经修复合格的,双方应根据过错程度承担修复费用,同时对因未如期竣工造成的损失承担相应责任。具体承担的方式应根据出现质量缺陷的不同原因进行具体区分,确保过错分配公平,责任承担合理。[3]

【案例8-14】 海擎重工与江苏中兴建设、建设银行泰兴支行建设工程施工合同纠纷再审案

最高人民法院认为,本案中,工程质量问题产生原因在很大程度上是基于当地特殊地质。根据《建设工程质量管理条例》要求,在基本建设的规定程序中,与工程质量的形成关系密切的是勘察、设计、施工三个阶段。勘察工作为设计提供地质、水文等情况,给出地基承载力。勘察成果文件是设计工作的基础资料,设计单位据此确定选用的结构形式,进行地基基础设计,向施工单位提供施工图,施工单位按图施工。本案中,海擎公司作为业主在招投标过程中并未提供岩土工程详细勘察报告,而是在签订合同的次日才提交,给工程质量事故的发生造成隐患,应当对此承担责任。[4]

---

〔1〕 参见王勇:《建设工程施工合同纠纷实务解析》,法律出版社2017年版,第269页。

〔2〕 参见最高人民法院民事审判第一庭编著:《最高人民法院新建设工程施工合同司法解释(一)理解与适用》,人民法院出版社2021年版,第144页。

〔3〕 参见最高人民法院民事审判第一庭编著:《最高人民法院新建设工程施工合同司法解释(一)理解与适用》,人民法院出版社2021年版,第144~145页。

〔4〕 最高人民法院(2012)民提字第20号民事判决书。

2. 转包、违法分包质量处理

《建筑法》第六十七条规定，承包单位将承包的工程转包，或者违法进行分包的违法行为，对因转包工程或者违法进行分包的工程不符合规定的质量标准造成的损失，与接受转包或者分包的单位承担连带赔偿责任。违法分包和转包合同中，总承包人对于签订转包和违法分包合同在主观上存在过错，总承包人和分包人明知违法而与承包人订立合同，在主观上同样存在过错，总承包人共同对工程质量承担过错责任。故本条规定实际施工人应当与总承包人、发包人对工程质量承担连带责任是有法律依据的，也是符合法理的，由于前一种情况属于履行合法的合同，后一种情况属于无效合同，故表述上区分为“连带责任”和“连带赔偿责任”，主要是因为履行无效合同造成的损失，应当按照过错原则承担赔偿责任。[1]

对发包人指定分包，分包工程发生质量问题，由发包人承担过错责任。

依据建设工程发承包管理规定，施工项目总承包单位对专业分包单位实行统一管理，分包单位应服从总包单位的管理，分包单位不服从总包管理，发生质量安全事故，分包承担主要责任，总包承担次要责任，总包单位和分包单位就分包工程对建设单位承担连带责任。

因双方过错导致工程质量承担，根据双方过错责任的大小，由法官裁量责任承担责任的比例。在发包人的过错与承包人的过错相结合，共同造成了工程质量缺陷，由法官裁量承发包双方按比例承担责任，因工程质量缺陷造成第三人损失的承担连带责任。实践中，因双方过错产生质量问题是多发原因。如发包人负责采购建筑材料、建筑构配件和设备质量不合格，但承包人没有验收或者验收不合格仍然使用的，引起的质量缺陷由双方承担责任。对发包人提出的违反法律法规和建筑工程质量、安全标准、降低工程质量的要求，承包人不予拒绝而进行施工的，由发包人与承包人共同承担责任。

【案例8-15】　海南省建筑工程总公司与海南宝胜置业有限公司建设工程施工合同纠纷案

二审法院认为，对于工程质量的责任问题，双方当事人对《建筑工程司法鉴定报告》均予以认可，二审中双方亦都承认对工程质量负有责任，只是对各自应承担的责任比例无法达成共识。从该鉴定报告对造成工程局部出现裂缝和漏水的原因认定来看，裂缝问题主要原因是海建公司施工不当。次要原因是宝胜公司二次施工和其选定的第三方施工不当；漏水问题原因：一是海建公司施工不当，二是施工选用防水材料不当，三是二次施工对防水层局部

---

〔1〕　参见最高人民法院民事审判第一庭编著：《最高人民法院新建设工程施工合同司法解释(一)理解与适用》，人民法院出版社2021年版，第158~159页。

有损伤。对局部工程质量问题,作为施工方的海建公司应承担主要责任,根据《合同法》第一百零七条之规定,酌情判定其承担修复工程造价费用的60%。在竣工验收时,宝胜公司及其监理方对包括后来出现裂缝和漏水等问题局部工程在内的整个工程质量是认可的,对海建公司选用的防水和墙体等材料在施工前亦予认可,宝胜公司直接指定的案外人第三方不当施工是造成局部工程裂缝和漏水的原因之一,根据《建设工程解释》第十二条第三项之规定,因此宝胜公司应对局部工程质量问题承担次要责任,酌情判定其承担修复工程造价费用的40%。[1]

转包人自业主方处取得工程后,如果将工程转包给不具有相应施工资质的企业或个人进行施工,或者对实际施工方进行错误的指示造成质量问题,或者怠于履行施工现场的监督和管理职责出现质量问题的,应当认定具有一定的过错,因此应就其具体的过错情况,与实际从事施工活动的转承包人分担因质量问题造成的损失。

【案例8-16】 中隧公司与华邦公司建设工程施工合同纠纷案

最高人民法院认为,建设工程在转包情形下,转包人仍然负有对工程施工主体的选任以及工程施工现场的监督、管理职责。转包人自业主方处取得工程后,如果将工程转包给不具有相应施工资质的企业或个人进行施工,或者对实际施工方进行错误的指示造成质量问题,或者怠于履行施工现场的监督和管理职责出现质量问题的,应当认定具有一定的过错,因此应就其具体的过错情况,与实际从事施工活动的转承包人分担因质量问题造成的损失。本案中,中隧公司在与华邦公司签订《联合施工合同》后,组织设立了案涉工程的项目经理部,并派驻了项目经理等相关人员。双方在《安全生产管理协议》中也约定,中隧公司对华邦公司在本单位的施工范围内履行安全检查、监督检查和管理职能。在工程施工过程中,业主方多次向中隧公司和华邦公司以及中隧公司项目经理部以通知、函件等形式,通报批评施工现场管理混乱、施工不合规范、埋下较大质量隐患等问题。但未见中隧公司针对发包方通报批评的问题采取必要的整改措施,也未见中隧公司及时履行施工现场监督管理职责,据此可以认定中隧公司对于华邦公司施工部分出现的质量问题具有一定的过错。故基于上述分析,因中隧公司和华邦公司对于华邦公司施工部分出现的质量问题均有过错,一审法院判令华邦公司施工部分产生的维修费用136,766,912.39元全部由华邦公司承担,属于适用法律不当,应予纠正。结合工程后续维修的情况等因素并综合考量双方的过错程度,本院酌定华邦

[1] 海南省高级人民法院(2011)琼民一终字第26号民事判决书。

公司承担其施工部分因质量问题产生的90%维修费用,中隧公司承担华邦公司施工部分因质量问题产生的10%维修费用。[1]

在无效施工合同中,也是根据过错区分责任。

在分包工程中,发包人对分包工程质量发生有过错,承包人对工程质量问题的发生也有过错的,如承包人对发包人指定分包未提出异议或予以接受的,在施工期间又没有履行或没有完全履行其总包管理职责的,在发包人承担责任的同时,承包人也应当承担相应的过错责任。

3. 承包人的连带责任

建设工程实行总承包的,工程质量由总承包人负责,总承包人将工程分包的,应当对分包工程的质量与分包人承担连带责任,分包人应当接受总承包人的质量管理。两个以上的承包人联合共同承包的建设工程,共同承包的各方对承包合同的履行及包括质量在内的全部内容承担连带责任。承担了连带责任的总承包人或承包人,有权利对负有质量责任的分包人或承包人追偿。

在工程质量争议中,挂靠人和被挂靠人对发包人共同侵权,承担连带赔偿责任,赔偿后就内部责任上可以看作按份责任。因承包合同的权益实际上由挂靠人享有,义务实际上也是由挂靠人承担,而被挂靠人取得的收益只是管理费,故可以考虑被挂靠人在收取管理费的范围内承担按份责任。在发包人明知的情况下,发包人存在过错也应承担一定的过错责任,不宜单独保护发包人的利益,此时,被挂靠人仍应在收取的管理费范围内承担责任。

【案例8-17】　中天公司与越华公司建设工程施工合同纠纷案

二审法院认为,涉案工程存在质量问题,中天公司承建了整体工程,系施工总承包人。其将工程中的门窗工程分包给越华公司,应当就整体工程质量对发包方承担责任。越华公司负有接受中天公司质量管理的义务。中天公司应当就越华公司施工的部分,和越华公司一起对发包人承担连带责任,中天公司与越华公司之间就质量问题属于连带责任的追偿关系,如中天公司因涉案工程对发包人承担了赔偿责任,中天公司仍可依法行使追偿的权利。[2]

承包人独自承担质量责任后,可向实际施工人追偿。

【案例8-18】　江苏苏某建设集团有限公司与安庆新某悦盛房地产发展有限公司建设工程施工合同纠纷案

最高人民法院认为,本案中,实际施工人为朱某彪,按照上述司法解释的

---

〔1〕 最高人民法院(2022)民终291号民事判决书。

〔2〕 安徽省高级人民法院(2012)皖民四终字第00081号民事判决书。

规定，其应与苏某公司对质量问题共同承担责任。但新某公司并未起诉朱某彪，根据民事诉讼不告不理的原则，应由苏某公司承担赔偿责任。苏某公司在承担赔偿责任后，可依据相关法律规定予以追偿。[1]

转包人向业主承担质量责任后，有权向实际施工人、被挂靠人追偿。

【案例8-19】 贵州赋某消防工程有限公司与王某云建设工程施工合同纠纷案

二审法院认为，业主方乌某公司因案涉工程质量问题起诉合同相对方第四公司，转包人第四公司承担相应的质量赔偿责任后，有权向实际施工人王某云、被挂靠人赋某公司进行追偿。根据遵义市汇川区人民法院(2012)汇民商初字第136号民事调解书确认第四公司赔付乌某公司各项损失4,601,532.45元(含案件诉讼费、公证费、鉴定费等)，该费用第四公司已实际支付，属于追偿的范围。该调解书合法有效，未依法予以撤销，属生效法律文书。该调解书的达成，是在修复费用鉴定的基础上结合违约金、鉴定费用、诉讼费用等综合达成，较能客观地反映损失的真实情况，在未有证据证明该调解存在恶意串通，损害相关人权利的情况下，该调解书所确定的损失数额可以作为认定本案损失数额的依据。[2]

4. 工程竣工验收后不免除质量责任

由于基础工程属于前期完成的隐蔽工程，基础工程通过先期验收后方可进行后续施工，而工程隐蔽后再进行鉴定的难度较大，并可能对工程现状造成破坏，故这类质量纠纷不完全同于一般的质量纠纷，具有一定的特殊性。基础工程是整个建设工程质量的核心，基础工程的质量瑕疵可能导致严重的后果。无论基础工程是否已经通过验收，也不论是否未经验收而由发包人擅自使用，如果在合理使用寿命内出现质量问题，承包人仍然要承担质量保证责任。也就是说，建设工程竣工验收合格并不导致免除质量责任。

【案例8-20】 中国建筑一局(集团)有限公司与无锡远东置业有限公司建设工程施工合同纠纷案

最高人民法院认为，建设工程验收合格表明承包人已经按照约定履行了合同义务，不合格的工程不得通过竣工验收交付使用。合同解除后，案涉工程在诉讼中已通过远东置业组织的竣工验收，应推定案涉工程并非不合格工程。当然，即便工程通过竣工验收，承包人仍应承担质保责任，补充协议中双

〔1〕 最高人民法院(2019)民终589号民事判决书。
〔2〕 贵州省高级人民法院(2017)黔民终881号民事判决书。

方也约定,“无论甲方是否进行并通过了各项检验或验收,均不解除乙方对自己承包工程(含总承包管理范围内对所有分包)的质量所负的责任”。《建设工程解释》第十一条规定,“因承包人的过错造成建设工程质量不符合约定,承包人拒绝修理、返工或者改建,发包人请求减少支付工程价款的,应予支持”。可见,针对承包人施工造成的质量问题,首先应当由承包人承担修复义务,只有在承包人拒绝修理、返工或者改建等情况下,发包人请求减少支付工程价款的抗辩或反诉,才能得到支持。[1]

【案例 8-21】 某公司与某某公司建设工程施工合同纠纷案

最高人民法院认为,《建筑法》第八十条规定:“在建筑物的合理使用寿命内,因建筑工程质量不合格受到损害的,有权向责任者要求赔偿。”据此,工程验收合格不等于工程真正合格,因施工人的原因发生质量事故的,其依法仍应承担民事责任。任何法律、法规均没有工程一经验收合格,施工人对之后出现的任何质量问题均可免责的规定。施工人以案涉工程已经正式通过竣工验收为由主张其不应承担责任,理由不能成立。[2]

【案例 8-22】 某公司与某某公司建设工程施工合同纠纷案

最高人民法院认为,建设工程已经竣工验收合格,或虽未竣工验收,但发包人已经实际使用,工程存在的质量问题属于工程质量保修的范围。发包人以工程质量不符合合同约定给其造成损害为由要求拒付或减付工程款的,对其质量抗辩不予支持。但确有证据证明因承包人原因导致工程的地基基础工程或主体结构质量不合格的除外。发包人可以反诉或者另行起诉要求承包人承担保修责任或者赔偿修复费用等实际损失,按照建设工程保修的相关规定处理。发包人应支付到期的工程款,但可以另案向承包人主张保修责任。[3]

5. 违章建筑承包人承担工程质量责任问题

对违章建筑,承包人仍应承担工程质量责任。这是基于以下原因:其一,违章建筑虽然违反了相关法律法规,但发包人在违章建筑修建过程中投入的材料和人工费是合法,上述投入已经物化在违章建筑中。如果承包人不承担质量责任,实际上是允许承包人损害发包人合法拥有的材料。其二,发包人为修建违章建筑向承包人支付了工程款,根据权利义务对等的公平原则,承包人也应当承担工程质

---

〔1〕 最高人民法院(2022)民终 63 号民事判决书。
〔2〕 最高人民法院(2019)民申 5769 号民事裁定书。
〔3〕 最高人民法院(2020)民申 6924 号民事裁定书。

量责任。其三,在违章建筑拆除前,其质量问题将影响发包人正常使用,可能造成发包人的人身和财产损失。

6. 施工合同无效,承包人仍应承担工程质量责任

根据权利义务对等公平原则,对于施工无效发包人不能免除支付工程款义务,承包人也不能免除工程质量责任。因此,依照民法的公平原则,享有权利应当承担相应的义务。施工合同无效,不影响发包人按合同约定、承包人出具的质量保修书或法律法规的规定,请求承包人承担工程质量责任,承包人也不能以施工合同无效免除其法定或约定的工程质量责任。

【案例8-23】 金某与浙江某实业集团有限公司建设工程施工合同纠纷案

一审法院认为,金某应当在案涉工程的合理使用寿命内对其地基基础工程和主体结构质量承担相应的民事责任。根据浙江省计量科学研究所出具的质量鉴定报告中认定钢棚设计制作不满足规范要求是导致钢棚倒塌的主要原因;同时中华人民共和国国家标准《建筑结构可靠度设计统一标准》(现已失效)规定临时结构设计使用年限为5年,案涉工程从施工至倒塌未逾5年,故金某理应对钢棚倒塌造成的损失承担主要赔偿责任,某公司要求金某赔偿钢棚倒塌的修复费用,理由正当,依法应予支持。二审法院认为,本案双方当事人之间成立建设工程施工合同,属平等主体的民事双务合同,在享有权利的同时应履行约定的义务。上诉人认为讼争建筑未经审批的事实,并不能成为其不履行或不完全履行约定义务之抗辩事由,故上诉人的该部分主张不成立,不予支持。……根据《建设工程解释》第十三条之规定,承包人应当在建设工程的合理使用寿命内对地基基础工程和主体结构质量承担民事责任;同时根据《建筑结构可靠度设计统一标准》的规定,临时结构设计使用年限为5年,案涉工程从施工至倒塌未逾5年,故一审法院确定上诉人应对钢棚倒塌造成的损失承担赔偿责任应属正确。[1]

7. 工程质量承担责任主体范围问题

因建设工程质量发生争议,发包人可以根据建设工程施工合同以总承包人、分包人和实际施工人为共同被告提起诉讼,但具体选择谁作为被告由发包人自行决定。发包人放弃可作为被告的起诉,属于对自己权利的自由处分,法律不予干涉。如果监理存在过错,发包人也可以依据监理合同追究监理的相应责任,但基于合同相对性只能另案起诉,而不能作为共同被告在进行案件中一并处理。在工

---

〔1〕 浙江省绍兴市中级人民法院(2010)浙绍民终字第1093号民事判决书。

程质量争议中，挂靠人和被挂靠人对发包人共同侵权，承担连带赔偿责任，赔偿后就内部责任上可以看作按份责任。

【案例8－24】　绍兴某电器制造有限公司与浙江某某建设集团有限公司建设工程施工合同纠纷案

一审法院认为，某某公司辩称造成工期延误及质量问题的责任在于实际施工人金某及监理公司，并要求追加金某及监理公司为本案共同被告，因某公司放弃对金某的诉讼请求，故不予准许；至于监理公司，根据合同相对性原则，属另一法律关系，故本案不予处理。二审法院亦持同样的意见，维持原判。[1]

因工程质量缺陷造成第三人损失，发包人能否追偿全部损失应放在个案中根据案情确定。如果发包人有过错，则应当承担相应责任；如果发包人没有履行防止损失扩大义务，则应对扩大的损失部分承担责任，也就是说，在上述情况下发包人的追偿权受到一定限制。

【案例8－25】　上海WL服饰有限公司与上海NN建筑装潢工程有限公司建设工程施工合同纠纷案

一审法院认为，如何确定WL公司与NN公司双方在本案中的过错责任。在建设工程合同中，承包人的主要义务是完成合同约定的施工任务，向发包人交付合格的工程，因此，承包人对其所建设的工程承担质量担保义务。本案中，NN公司作为一个有资质的施工企业，明知WL公司不具备工程开工条件和施工图未经过正规设计单位设计，非但未予拒绝施工，反而在合同中约定了以草图进行施工，实际是NN公司在无施工图情况下进行了施工。同时，在施工过程中，未按照施工规范进行施工，存在严重的施工质量问题。根据房屋质量检测报告检测意见，NN公司施工质量存在缺陷是导致厂房坍塌事故发生的一个原因，故NN公司应对此损失承担主要责任；而WL公司作为建设单位，未办理任何合法施工手续，也根本未进行正规设计，而约定以草图方式进行施工，在施工过程中也未进行质量监督，对施工质量采取放任不管的态度。根据检测报告，导致房屋坍塌的一个原因是未进行正规设计。同时，WL公司在该工程竣工后未进行验收即交付使用，显然WL公司未能把好工程质量的最后一道关。因此，WL公司对房屋坍塌造成的损失也应承担相应的责任。对于上述确定的WL公司损失额591,502元，确定由NN公司承担60%的赔偿责任，即由NN公司赔偿WL公司354,901.20元，其余部分由WL公司自行承担。对于NN公司提出厂房坍塌系雪灾造成的自然灾

---

〔1〕 浙江省绍兴市中级人民法院(2010)浙绍民终字第96号民事判决书。

害而要求免责的抗辩意见,在房屋检测报告已经明确本事故非自然灾害引起,不予采纳。二审法院亦持同样意见维持一审判决。[1]

对于建设工程质量保修期满之后,承包人是否承担相应质量责任有不同观点。有的律师认为,施工单位对建筑产品承担质量责任的责任期间,为建筑物的合理使用寿命期内。因此,在质量保修期满之后,施工单位仍应承担一定的质量责任,直至合理使用寿命期届满,只不过该种质量责任承担的条件和内容不同。[2] 该种观点符合《建筑法》第八十条"在建筑物的合理使用寿命内,因建筑工程质量不合格受到损害的,有权向责任者要求赔偿"的规定。质量保修期满之后的责任是结果责任即赔偿损失责任,其责任承担方式一般体现为赔偿金额给付,赔偿范围为原则上不再承担无偿修复义务,故对于发包人或建筑物所有人因质量缺陷(非重大、危及他人人身和财产的缺陷)而产生的修复费用,应自行承担,但有例外。对其请求该种责任,必须充分举证证明损害是承包人原因造成,承包人才承担赔偿责任,这有别于质量保修期内无须证明承包人有过错。

8. 质量责任免除范围

因自然事故、社会事件等不可抗力造成的质量事故,由建筑物的所有人或者使用人承担责任。

工程竣工交付使用多年后,发包人提出质量异议的不受法律保护。

【案例8－26】 中建七局四公司与桐柏金矿建设工程施工合同纠纷案

最高人民法院认为,桐柏金矿在工程竣工交付使用时并未提出过质量异议,在使用多年后又认为工程质量存在缺陷,且未就其主张提供充分的证据,故对此不予支持。[3]

保修责任是施工单位在建筑工程竣工验收后、保修期内出现的非因使用不当、第三方或者不可抗力造成的质量缺陷,承担无条件按交付时的原貌和质量标准实施修复的责任,保修责任不同于地基基础工程和主体结构的质量保证责任,在地基基础工程和主体结构存在质量问题时,施工单位应对其承担整改责任。

【案例8－27】 海力舟阳公司与杜班公司建设工程施工合同纠纷案

最高人民法院认为,杜班公司主张其责任已经免除的依据是《协议书》

---

〔1〕 上海市第一中级人民法院(2008)沪一中民二(民)终字第3087号民事判决书。参见郭丁铭、肖芳编著:《建设工程施工合同法律实务精解与百案评析》(第2版),中国法制出版社2017年版,第403～404页。

〔2〕 参见谭敬慧:《建设工程疑难问题与法律实务》,法律出版社2016年版,第86页。

〔3〕 参见最高人民法院民事审判第一庭编著:《最高人民法院建设工程施工合同司法解释的理解与适用》,人民法院出版社2004年版,第400页。

第五条，但是该《协议书》第五条约定内容为“乙方承揽范围内的工程已经完工，但尚未竣工验收，乙方协助该工程的竣工验收，自相关五方单位签字盖章通过验收后20日内向甲方提交乙方承建完成的全部工程验收资料，该协议生效后，乙方不再承担保修责任。如因乙方不提交项目的竣工资料，甲方有权拒付剩余1000万元工程款并不承担逾期付款的违约责任”。依据该条约定，该《协议书》生效后，杜班公司免除的责任为“保修责任”。保修责任是施工单位在建筑工程竣工验收后、保修期内出现的非因使用不当、第三方或者不可抗力造成的质量缺陷，承担无条件按交付时的原貌和质量标准实施修复的责任，保修责任不同于地基基础工程和主体结构的质量保证责任，且《协议书》第六条也约定：“本工程质量以《建筑法》《建设工程质量管理条例》相关法律、法规的规定及双方签订的《建设工程施工合同》相关条款为依据。”《建筑法》第六十条第一款规定：“建筑物在合理使用寿命内，必须确保地基基础工程和主体结构的质量”，杜班公司应当对案涉地基基础工程承担责任。根据本案查明的事实，案涉工程经鉴定存在混凝土柱箍筋间距不合格、混凝土柱垂直度不合格、混凝土基础防腐做法不符合设计要求及混凝土柱的构件截面尺寸不合格等地基基础工程问题，依照《建设工程解释》第十三条“建设工程未经竣工验收，发包人擅自使用后，又以使用部分质量不符合约定为由主张权利的，不予支持；但是承包人应当在建设工程的合理使用寿命内对地基基础工程和主体结构质量承担民事责任”之规定，杜班公司应当对案涉地基基础工程存在的质量问题承担整改责任。杜班公司称海力舟阳公司已经免除杜班公司责任的理由，依法不能成立。[1]

需要研究的问题，如果通过鉴定无法确定质量缺陷原因时，既不能认定承包人的原因，也不能认定发包人的原因，各地法院观点不同，为实践中的疑难问题。笔者认为，在对质量缺陷责任无约定时，可依据公平原则处理。实践中，由于主客观上的原因，鉴定意见未能给予肯定或否定的结果，而是提出了对问题的模糊意见或结果的一种鉴定结论，称为未置可否的不确定意见。在这种情况下，由法官根据具体案情裁量。

【案例8－28】　杭州某地基基础工程有限公司与嘉兴某置业有限公司桩基公司建设工程施工合同纠纷案

二审经地基公司申请，对桩基工程质量问题的原因再次进行鉴定，鉴定结论为：施工总包单位基坑开挖不符合设计与规范要求，是直接原因；建设单位违反建设工程基本程序，监理单位未发现工程质量隐患并采取措施，是间

---

〔1〕　最高人民法院(2021)民终1054号民事判决书。

接原因。二审法院认为,对于引起桩基质量问题的原因:置业公司将同一个建筑工程的桩基施工与其他施工分别发包,违反了法律规定,导致难以查清质量问题产生的时间。根据鉴定结论,不能证明地基公司施工行为造成了桩基质量问题,因此主张其损失赔偿不成立。[1]

9. 质量责任疑难问题

对部分工程进行质量鉴定的,不能推断全部工程存在质量问题。

【案例8-29】 安徽环某房地产股份有限公司与中国某冶集团有限公司建设工程施工合同纠纷案

最高人民法院认为,关于安徽环某公司提出的在未对其余7栋楼的桩基工程进行鉴定情况下,仅根据1#楼、3#楼桩基工程的鉴定意见推定全部工程质量合格没有事实和法律依据的问题。经查,一审期间安徽环某公司通过自行委托鉴定的方式得出1#楼、3#楼桩基工程存在质量问题,此种情形下某冶公司提出有针对性的司法鉴定申请,且在鉴定过程中安徽环某公司亦同意只鉴定1#楼、3#楼桩基工程,况且安徽环某公司亦未举证证明其他7栋楼桩基工程存在质量问题,因此对安徽环某公司该项主张本院不予支持。[2]

对未完工且存在质量问题的工程是否需支付工程款,应视存在质量问题的工程是否为整个工程的主要或关键部分来决定。非关键部分存在质量问题的,应支付已完成工程质量合格部分的工程款。存在质量问题且已不能修复合格的,应从总工程款中扣除和重建的费用。

【案例8-30】 陕西省建筑路桥工程公司与海南凯立中部开发建设股份有限公司建筑工程承包合同纠纷再审案

再审法院认为,针对凯立公司在本案再审中一再提出的观点,即部分工程质量不合格,整条公路工程质量就不合格,因而就不具备使用价值,就不能支付工程款,而应向凯立公司支付违约金的主张,湖南省高级人民法院不予支持。在没有法律明文规定的情况下,在审判实践中,支付未完建筑工程的工程款,应以承建工程的部分是否为整个工程的主要或关键部分来决定是否支付工程款,而不仅仅是部分工程存在质量问题,则不可再支付已完成工程质量合格部分的工程款。[3]

---

〔1〕 参见中华全国律师协会民事专业委员会编:《中国民商事案例精选》(2012—2014),法律出版社2014年版,第10页。

〔2〕 最高人民法院(2019)民终485号民事判决书。

〔3〕 参见最高人民法院审判监督庭编:《全国法院再审典型案例评注》(上),中国法制出版社2011年版,第82页。

竣工验收后发生质量问题,仍可主张工程质量责任。

【案例8-31】　江苏省某建筑安装集团股份有限公司与唐山市昌某房地产开发有限公司建设工程施工合同纠纷案

最高人民法院认为,案涉工程鉴定机构在进行现场勘验时发现楼梯间与不采暖走道及住宅间的隔墙保温层厚度达不到设计要求,且该质量问题并非业主使用造成,而是江苏某建在施工过程中未按图纸施工所致,因此应由江苏某建承担质量责任。一审判决认为,昌某公司要求江苏某建对存在质量问题部分进行整改并将该部分工程款1,972,553.25元暂不处理,待江苏某建整改合格之后双方另行结算并无不当。[1]

建设工程不合格,修复费用与减少支付工程款不可以同时适用。

【案例8-32】　华夏公司与中建七局建设工程施工合同纠纷案

最高人民法院认为,根据《建设工程解释》第十六条第三款的规定,"建设工程施工合同有效,但建设工程经竣工验收不合格的,工程价款结算参照本解释第三条规定处理"。第三条第一款第一项规定:"修复后的建设工程经竣工验收合格,发包人请求承包人承担修复费用的,应予支持。"第十一条规定:"因承包人的过错造成建设工程质量不符合约定,承包人拒绝修理、返工或者改建,发包人请求减少支付工程价款的,应予支持。"上述法律规定同最新规定。因此,对不合格的建设工程,发包人可以选择承包人承担修复费用或者减少支付工程价款,但两种权利只能选择其一行使。华夏公司在一审中已就请求中建七局支付质量修复费用提出反诉,一审也已经判决支持了部分修复费用,其不能再以质量不合格为由请求减少支付工程价款,故对于华夏公司以工程质量存在缺陷为由主张减少支付工程价款的上诉主张,本院不予支持。[2]

10. 施工合同约定有效仲裁条款问题

在施工合同约定有效仲裁条款时,发包人受到仲裁条款的约束,只能以工程质量问题为由向承包人主张承担责任,不能突破仲裁条款直接起诉分包人、实际施工人。在生效仲裁裁决确认工程质量问题、承包人承担责任后,承包人还可以向分包人、实际施工人追偿,不会免除分包人、实际施工人的工程质量责任。总承包人与分包人本应对工程质量问题承担连带责任,但由于约定了仲裁条款,法院认为工程质量纠纷应由仲裁解决。同时,发包人因与分包人、实际施工人之间又没

---

〔1〕 最高人民法院(2017)民终175号民事判决书。

〔2〕 最高人民法院(2022)民终192号民事判决书。

有仲裁协议或者仲裁条款,分包人、实际施工人不是适格的被申请人。因此,发包人只能通过申请仲裁主张承包人承担质量责任,减少了可能潜在的责任主体的范围。

需要指出的是,虽然施工合同约定仲裁条款,不能在仲裁程序中一并解决工程质量问题,但是并不必然导致分包人、实际施工人因工程质量问题而免除责任。实际上,如果工程质量问题客观存在,且给发包人造成实际损失,承包人在实际取得生效裁决后,还可以依据其与分包人、实际施工人签订的施工合同或者相关协议主张工程质量责任。

【案例8-33】 成都星某置业有限公司与某建设集团有限公司(原某建筑工程集团总公司)建设工程施工合同纠纷再审案

二审法院认为,星某公司以与建设公司因履行《星某上溪园工程建设工程施工合同》及两份《星某上溪园工程施工承包补充合同》提起本案诉讼,要求建设公司承担案涉工程返修、重做责任并赔偿相应损失,基础法律关系的依据建设工程施工合同,合同的签约相对人为星某公司和建设公司。富某公司、张某伟与星某公司之间没有建立合同关系,并非合同的相对一方。星某公司对富某公司、张某伟起诉主张权利,也是基于星某公司与建设公司之间的建设工程施工合同。依据星某公司与建设公司在合同中约定的争议解决方式,即提请成都仲裁委员会仲裁,在建设公司不愿放弃仲裁方式解决争议的条件下,对双方因履行案涉合同产生的纠纷不属人民法院主管案件,人民法院对本案没有管辖权。《建设工程解释》第二十五条规定,"因建设工程质量发生争议的,发包人可以以总承包人、分包人和实际施工人为共同被告提出诉讼",应为人民法院,有管辖权的前提下,发包人就建设工程质量发生的纠纷,可以以总承包人、分包人和实际施工人为共同被告提起民事诉讼,并不意味着发包人可突破与总承包人达成的仲裁协议,可以直接向人民法院提起民事诉讼。否则,该规定就一律排除以仲裁方式解决纠纷的适用,不符合法律立法之本意。

最高人民法院认为,关于星某公司能否依据《建设工程解释(一)》第二十五条的规定,突破其与建设公司的仲裁协议,提起本案诉讼的问题。根据《建设工程解释(一)》第二十五条"因建设工程质量发生争议的,发包人可以以总承包人、分包人和实际施工人为共同被告提起诉讼"的规定,发包人可以基于与承包人之间的合同关系就建设工程质量争议提起诉讼,也可以将承包人、分包人和实际施工人作为共同被告提起诉讼,故星某公司关于本案属于必要共同诉讼的理由不能成立。本案中,虽然由于仲裁条款的存在,星某公司不能将建设公司、富某公司、张某伟作为共同被告提起诉讼,但是如经由生效仲裁裁决确认建设公司应就案涉工程质量承担责任,那么建设公司仍可依据分包合同追究分包人富某公司、张某伟的责任,不存在星某公司所称本案排除法院管辖必然造成免除分包人实体责任的后果。[1]

(二)工程擅自使用纠纷处理

《建设工程解释(一)》第十四条规定:“建设工程未经竣工验收,发包人擅自使用后,又以使用部分质量不符合约定为由主张权利的,人民法院不予支持;但是承包人应当在建设工程的合理使用寿命内对地基基础工程和主体结构质量承担民事责任。”该条明确规定了工程质量纠纷处理原则,即发包人擅自使用责任。应注意的是,发包人仅对使用部分承担质量责任,对于未使用部分,出现质量问题,仍应由承包人承担责任。出现发包人擅自使用建设工程的情况,承包人对发包人擅自使用部分不应再承担质量保修责任,因为本条规定的发包人承担的质量责任范围为除地基基础工程和主体结构质量以外的所有质量问题,法律规定质量保修责任范围是重叠的,如果承包人对发包人擅自使用的建设工程部分承担保修责任,则本条规定就失去了其意义。[2]

工程未经竣工验收,发包人擅自使用的,应视为已竣工验收且质量合格。

【案例8-34】　重庆建工第三建设有限责任公司与重庆市巴南区人民政府建设工程施工合同纠纷再审案

最高人民法院认为,根据重庆三建提交的“网易新闻”报道,案涉工程于2012年5月10日通车投入使用,融华公司及巴南区政府对此均无异议。现无证据显示,通车八年多来巴南区政府或融华公司向重庆三建主张过案涉工程存在质量问题。故此,案涉施工合同补充条款虽约定工程竣工须有完整的技术档案和施工管理资料(含文字资料、竣工图、音/像资料等)并通过监理单位、发包人组织的竣工验收,但依据《建设工程解释》第十三条关于“建设工程未经竣工验收,发包人擅自使用后,又以使用部分质量不符合约定为由主张权利的,不予支持”及第十四条第三项关于“建设工程未经竣工验收,发包人擅自使用的,以转移占有建设工程之日为竣工日期”之规定,案涉工程应视为已竣工验收且质量合格,目前仅涉及补办验收手续的问题。[3]

发包人将承包方施工未经验收的部分工程交付给第三人对该部分工程进行施工,属于发包人擅自使用行为,视为认可工程质量合格。

---

〔1〕　最高人民法院(2019)民申5011号民事裁定书。

〔2〕　参见最高人民法院民事审判第一庭编著:《最高人民法院新建设工程施工合同司法解释(一)理解与适用》,人民法院出版社2021年版,第149页。

〔3〕　最高人民法院(2020)民再250号民事判决书。

【案例8-35】 许某与天圣公司建设工程施工合同纠纷再审案

最高人民法院认为,天圣公司在接收许某交付的工程后,未组织竣工验收,未在合理时间内提出工程质量不合格主张,天圣公司总工程师朱某宏、项目经理陈某喜与许某进行结算过程中,未提出工程存在质量问题或要求许某进行修复的意见。天圣公司未提供证据证明其在接收工程后向许某提出工程质量存在问题及要求修复的主张。天圣公司截至2017年1月26日已向许某给付工程款1397万元。上述事实初步表明天圣公司认可许明施工完成的工程质量,且客观上由于第三人的施工行为导致案涉工程未能保持许某交付时的原始状态,难以对工程质量进行鉴定。根据《建设工程解释》第十三条的规定,建设工程未经竣工验收,发包人擅自使用后,又以部分质量不符合约定为由主张权利的,不予支持。案涉工程如期完工后,天圣公司将许某施工未经验收的厂房土建、办公楼、15#商业楼土建工程部分交付给第三人对厂房钢结构、办公楼、15#商业楼安装内部电梯设施,并进行外部大理石装饰施工,属于擅自使用行为,天圣公司再主张许某施工部分质量不符合约定,一审、二审法院不予支持,并无不当。〔1〕

在工程未经竣工验收的情况下,发包人擅自使用工程,且其提交的证据不能证明案涉工程主体结构存在质量问题的,发包人以工程质量问题主张权利,不予支持。

【案例8-36】 甘肃三联巨能环保热源科技有限公司与兰州兰石建设工程有限公司建设工程施工合同纠纷再审案

最高人民法院认为,在工程未经竣工验收的情况下,三联公司擅自使用工程,且其原审提交的证据不能证明案涉工程主体结构存在质量问题,故三联公司以工程质量问题为由主张权利,不应予以支持。〔2〕

【案例8-37】 长江公司诉正华公司建设工程施工合同纠纷案

一审法院认为,合同约定屋面采用950海蓝EPS彩钢瓦楞夹心板,选用FPR采光板,正华公司实际施工采用平板彩钢夹心板及国产采光板,对此正华公司并无证据证明施工前已经长江公司同意。鉴于2005年1月长江公司接管上述工程并且未经验收即实际使用,且经法院释明后,长江公司坚持要求不对工程质量进行鉴定,也不要求正华公司因材质不符约定而补偿差价,因此长江公司要求正华公司更换不符合合同要求的彩钢瓦和采光板的诉讼请求,法院不予支持。二审法院认为,长江公司在系争工程未经验收的情况

〔1〕 最高人民法院(2019)民申3393号民事裁定书。
〔2〕 最高人民法院(2021)民申4526号民事裁定书。

下,实际接收并使用了该工程,现又以正华公司使用的施工材料不符合合同约定为由,要求正华公司更换符合合同约定的材料,原审判决不予支持符合上述司法解释的规定。二审法院维持一审驳回长江公司的诉讼请求的判决。[1]

未经竣工验收擅自使用案涉工程,又以工程质量不合格为由,主张驳回承包人的支付工程款的诉讼请求,法院不予支持。在建设工程的合理使用寿命内若地基基础工程和主体结构存在质量问题的,发包人应该通过合同约定及法律规定的保修责任进行权利救济。

【案例 8 – 38】　海天公司与智弘公司建设工程施工合同纠纷案

最高人民法院认为,海天公司根据双方所签订的《9.28 补充协议》约定,已于 2018 年 1 月 15 日至 11 月 12 日,陆续将案涉工程项目的房屋钥匙移交给了智弘公司,并办理了相关移交手续。即案涉工程已经移交智弘公司管控,智弘公司亦已将部分房屋交付房屋买受人。智弘公司已经实际使用了案涉工程项目,海天公司要求智弘公司支付工程价款的诉请于法有据。智弘公司未经竣工验收擅自使用案涉工程,又以工程质量不合格为由,主张驳回海天公司的支付工程款的诉讼请求,该院不予支持。在建设工程的合理使用寿命内若地基基础工程和主体结构存在质量问题,智弘公司应该通过合同约定及法律规定的保修责任进行权利救济。[2]

实践中,一般情况下发包人擅自使用除因地基基础和主体结构之外的质量问题由其自负责任,但承包人在工程合理使用寿命内对主体结构质量承担责任,其承发包双方对主体结构工程质量缺陷的发生均有过错的,按过错大小区分责任,而并非全部由发包人或承包人承担擅自使用责任。

【案例 8 – 39】　黄某与吐鲁番某化工股份有限公司建设工程施工合同纠纷案

一审法院认为,就本案而言,综合全案事实认为,造成某化工公司所有的宿舍、机修房、成品库房、冷冻房、碎碱车间、精品房六项工程质量存在的问题,双方均有责任,应依其原因大小承担相应的责任。因在该项工程具体施工过程中,某化工公司存在选用承包人不当,单位内部管理不善,且未向施工人提供施工图纸的过错,应承担次要责任。黄某作为承包人,在未取得建筑施工企业资质的情况下就承建工程,在具体施工过程中利用与某化工公司的原法定代表人系亲属关系,存在恶意串通损害某化工公司的合法利益,且在

---

〔1〕 参见潘福仁主编:《建设工程合同纠纷》(第 4 版),法律出版社 2015 年版,第 209 ~ 210 页。
〔2〕 最高人民法院(2020)民终 305 号民事判决书。

没有施工设计图纸的情况下就组织人员进行施工。在施工过程中，根据日常生活经验法则，应当在所建工程完成地基基础工程后，才能进行地面部分工程施工，其在未进行地基基础工程施工的情况下，就直接进行地面部分施工，最终致使所建工程无地基基础，有造成严重质量问题的过错，应承担主要责任。考虑到黄某在另案起诉某化工公司支付工程款时，鉴定部门确定该工程的工程量按照四类工程取费，没有考虑个人施工因素，亦未扣减不合格工程造价的事实。一审法院确定责任比例：某化工公司承担30%的责任，黄某承担70%的责任，因宿舍、机修房、成品库房、冷冻房、碎碱车间、精品房六项工程，经广东华玺建筑设计有限公司新疆分公司设计加固方案和新疆天丰建筑工程项目管理有限公司对加固所需的费用予以定额。二审法院持同样意见维持原判。〔1〕

擅自使用未经竣工验收的工程并非当然排除保修期内的保修责任。

【案例8－40】 悦康药业集团上海制药有限公司诉上海伟恒防水保温工程有限公司建设工程施工合同纠纷案

二审法院认为，鉴定机构通过现场检测所认定的质量问题均发生在约定保修期内，上诉人应当根据合同约定对相应质量问题承担维修责任。一审审理中，在上诉人并未积极履行维修义务的情况下，被上诉人另行聘请第三人完成了重作防水工程，由此产生的维修费用应由上诉人在合理范围内予以承担，一审酌情认定由上诉人承担10万元维修费用符合公平合理的原则，并无不当。上诉人称现场质量问题是因被上诉人使用不当所致，被上诉人对此予以否认，上诉人又未能提供相关证据予以证明，法院不予采信。〔2〕

发包人擅自使用未经竣工验收的建设工程，其法律后果是由发包人对其所使用部分工程承担质量风险责任，而非免除承包人配合办理竣工验收及备案手续的义务。

【案例8－41】 湖南巴陵建设有限公司与大兴公司建设工程施工合同纠纷再审案

最高人民法院认为，《建设工程解释》第十三条规定："建设工程未经竣工验收，发包人擅自使用后，又以使用部分质量不符合约定为由主张权利的，不予支持；但是承包人应当在建设工程的合理使用寿命内对地基基础工程和主体结构质量承担民事责任。"该条司法解释是关于发包人擅自使用未经竣工验收的建设工程法律后果的规定，即建设工程未经验收擅自使用的，除建

〔1〕 新疆维吾尔自治区高级人民法院（2015）新民一终字第150号民事判决书。

〔2〕 参见郭伟清主编：《2015年上海法院案例精选》，上海人民出版社2016年版，第16～17页。

设工程合理使用寿命内的地基基础和主体结构外,发包人对其擅自使用部分承担工程质量风险责任,该条文并未规定此种情形下免除施工单位对于办理竣工验收及备案手续的协助义务。《建设工程解释》第十四条第三项规定:"建设工程未经竣工验收,发包人擅自使用的,以转移占有建设工程之日为竣工日期。"该条文是关于竣工日期的规定。即使结合上述四个条文,亦不能得出施工单位对发包人擅自使用的未经验收的工程免除办理竣工验收及备案手续的协助义务,更不能得出支付工程款为施工单位履行协助办理竣工验收及备案手续义务的前提条件。本案中,即使认定作为发包人的大兴公司在涉案工程未经验收合格情况下擅自使用,其后果仅仅是由其对所使用的部分工程的质量风险承担责任,巴陵公司作为施工单位的办理竣工验收及备案手续的协助义务并不因此而免除。[1]

发包人擅自使用未经验收的工程,承包人仍应承担未使用部分的工程质量以及保修期间内的保修责任。

【案例8-42】　陕西荣都房地产开发有限公司与汉中市龙江建筑有限责任公司某公司建设工程施工合同纠纷案

二审法院认为,一审法院未区分使用和未使用部分,认为发包人应承担除主体结构质量和地基基础工程以外的工程质量责任,而施工单位就此免除了责任,并不恰当。发包人擅自使用未经验收的工程,承包人仍应承担未使用部分的工程质量以及保修期间内的保修责任。依据案涉工程部分业主擅自入住的事实情况,外墙保温层应当认定为未使用部分。[2]

工程未经竣工验收,发包人擅自使用前已以工程存在质量问题为由中止承包人施工的,不适用司法解释关于"建设工程未经竣工验收,发包人擅自使用后,又以部分质量不符合约定为由主张权利的,不予支持"的规定。

【案例8-43】　泰州市百代装饰工程有限公司与大庄园公司装饰装修合同纠纷再审案

最高人民法院认为,《建设工程解释》第十三条规定,建设工程未经竣工验收,发包人擅自使用后,又以部分质量不符合约定为由主张权利的,不予支持。该规定系针对发包人擅自使用未经竣工验收工程的情形。就本案而言,在案涉装修工程未全部完工且大庄园公司接收案涉工程之前,大庄园公司以案涉工程存在质量问题中止百代公司的施工,故并不存在《建设工程解释》

---

〔1〕 最高人民法院(2018)民申279号民事裁定书。

〔2〕 陕西省高级人民法院(2018)陕民终759号民事判决书。

第十三条规定的情形。[1]

对于建设工程的质量问题,现行法律规定了三类不同的责任即返修责任、保修责任和质量责任,而它们最大的区别在于,返修责任受施工期间限制,保修责任受保修期限的限制,而质量责任不受保修期的限制,在合理的期限内都可以提出请求。擅自使用仅能免除返修责任,而不能消灭保修责任。

【案例8-44】 齐齐哈尔市非凡建筑装饰工程有限责任公司与泰来县聚洋购物中心有限公司等建设工程施工合同纠纷再审案

最高人民法院认为,本案双方签订的《工程装修合同书》第六条约定,未经验收擅自使用案涉工程,视为聚洋公司对工程已经验收合格。聚洋公司在案涉工程竣工后未经验收即开业使用,根据上述约定,自其实际使用之日起即应认定工程已经验收合格,非凡公司不再负有施工中或经验收不合格的质量返修责任,仅对案涉工程质量在保修期内及保修范围内负有保修义务,承担保修责任。……非凡公司作为施工方,对质保期内出现的属于保修范围的工程质量缺陷依法应履行保修义务。但在双方发生纠纷期间,非凡公司并未对工程出现的质量问题是否属于保修范围进行核查并进行维修。鉴于双方当事人在一审、二审中没有对工程出现的质量问题哪些属于保修范围及责任如何承担进行协商及诉辩主张,一审、二审法院亦未对双方就案涉工程质量问题各自应承担的责任进行释明,也没有对经鉴定的工程质量问题是否属于保修范围进行审理认定,且聚洋公司主张其已在鉴定部门现场勘察并作出鉴定意见后自行委托他人对存在的质量问题进行了维修,据此,非凡公司应承担的保修义务范围内的工程质量责任不应诉讼期间的持续而免除,扣除本案诉讼期间,聚洋公司在本判决生效后3个月内另行主张权利。[2]

工程未完成竣工验收前,发包人即同意购房人入住使用,属于擅自使用,应承担擅自使用的后果即支付工程价款,并且仅能要求承包人在建设工程的合理使用寿命内对地基基础工程和主体结构质量承担民事责任。

【案例8-45】 凯元公司与中天公司建设工程施工合同纠纷案

最高人民法院认为,首先,案涉工程未完成竣工验收前,凯元公司即同意购房人入住使用。《建设工程解释》第十三条规定:"建设工程未经竣工验收,发包人擅自使用后,又以使用部分质量不符合约定为由主张权利的,不予支持;但是承包人应当在建设工程的合理使用寿命内对地基基础工程和主体结构质量承担民事责任。"根据该规定,中天公司承担质量责任的范围仅限于

[1] 最高人民法院(2019)民申1392号民事裁定书。

[2] 最高人民法院(2016)民再字第23号民事判决书。

"建设工程的地基基础工程和主体结构质量"。其次,《施工协议书》第六条第五项约定:"保修期间,乙方在接到甲方修理通知之日后15天内派人修理。否则,甲方可委托其他单位或人员修理,因乙方原因而产生的返修费用甲方在保修金内扣除,不足部分由乙方支付。"本案中,凯元公司并未提供通知中天公司履行维修义务的相关证据,是否因质量问题产生损失的事实存疑。因此,凯元公司关于中天公司因工程质量不合格应承担1,671,822.02元损失赔偿责任的上诉理由,不能成立。[1]

发包人在明知工程未经竣工验收的情况下,将案涉工程房屋交付业主并装修入住,其行为已经构成擅自使用,应视为工程已经竣工并具备结算条件。

【案例8-46】 某公司与国宾公司建设工程施工合同纠纷再审案

最高人民法院认为,国宾公司作为案涉工程的开发商,对于项目工程主要用于出售,其在明知工程未经竣工验收的情况下,将案涉工程房屋交付业主并装修入住,其行为已经构成擅自使用。同时,案涉工程除零星工程外已经基本完成,主体工程已经验收合格,双方办理了水电交接手续。综合以上情况,应视为工程已经竣工并具备结算条件。[2]

工程虽未经相关部门整体竣工验收和分部分项的验收,但已交付使用。若发包人提交的行政主管部门出具的有关工程质量安全隐患整改等文件不足以证明质量问题与承包方的施工之间存在直接因果关系的,承包人对该部分工程质量不承担责任。

【案例8-47】 某公司与贵山公司建设工程施工合同纠纷再审案

最高人民法院认为,本案中,案涉工程虽未经相关部门整体竣工验收和分部分项的验收,但已交付使用。贵山公司在再审申请中提交的昆明市建设工程质量安全监督管理总站出具的《工程质量安全隐患整改通知书》载明,案涉工程有基础筏板发生开裂渗水的情况,存在筏板断裂的可能及质量安全隐患。但该证据是在原审程序终结后相关主管部门进行巡检时形成,只能表明案涉工程存在质量问题的相关线索,因该问题的出现系在案涉工程移交3年之后,且经本院询问原鉴定机构和昆明市建设工程质量安全监督管理总站,双方均称钢筋保护层厚度不够与筏板开裂不是同一问题,两者之间不存在因果关系,即《工程质量安全隐患整改通知书》并不足以证明该质量问题与中润公司的施工之间存在直接因果关系。《民事诉讼法解释》第三百二十三条规定,第二审人民法院应当围绕当事人的上诉请求进行审理。当事人没

---

〔1〕 最高人民法院(2021)民终754号民事判决书。

〔2〕 最高人民法院(2020)民申2575号民事裁定书。

有提出请求的,不予审理。同理,再审是对原审进行审判监督的程序,人民法院审理再审案件应当围绕再审请求进行。当事人的再审请求超出原审诉讼请求的,不予审理。即再审时原则上应以上诉请求确定审查范围。本案中,针对筏板的质量问题贵山公司未在原审中提出,也未对一审法院判决其支付工程欠款及利息提出上诉,系其对自身权利的处分。另外,《工程质量安全隐患整改通知书》属于原庭审结束后新形成,贵山公司未举示证据证明无法据此另行提起诉讼,对贵山公司的该项申请再审理由,不予支持。贵山公司可依据该证据另行提起诉讼主张。[1]

发包方未组织验收擅自使用,应当视为其对工程质量符合合同约定予以认可,即便存在主体结构和地基基础以外的其他问题,亦应当自行承担相应的责任。

【案例8-48】 香格里拉市云矿红牛矿业有限公司与中国有色金属第十四冶金建设公司建设工程施工合同纠纷再审案

最高人民法院认为,双方当事人于2014年11月1日签订的《施工合同》通用条款第32.8条约定:“工程未经竣工验收或竣工验收未通过的,发包人不得使用。发包人强行使用时,由此发生的质量问题及其他问题,由发包人承担责任。”《建设工程解释》第十三条规定:“建设工程未经竣工验收,发包人擅自使用后,又以使用部分质量不符合约定为由主张权利的,不予支持;但是承包人应当在建设工程的合理使用寿命内对地基基础工程和主体结构质量承担民事责任。”据此,在建设施工单位未经过竣工验收或者验收未通过的情况下,发包人违反法律规定,擅自或者强行使用,即可视为发包人对建筑工程质量是认可的,或者虽然工程质量不合格但其自愿承担质量责任,工程相应的质量风险随着发包人的提前使用转移至发包人。但承包人应当在建设工程的合理使用寿命内对地基基础工程和主体结构质量承担民事责任。红牛矿业公司在法律规定的最长试运行期内并未就2号排水井标高问题提出异议,并且在试运行期满后,也未组织验收擅自使用,根据上述规定,应当视为其对工程质量符合合同约定予以认可,即便存在主体结构和地基基础以外的其他问题,亦应当自行承担相应的责任。[2]

工程未经验收合格,承发包双方合意交付使用后,发现工程存在质量问题,按承发包双方的过错程度,确定由双方按责任比例进行分担。

工程未经竣工验收但发包人擅自使用,承包人仍应承担交付完整合格的竣工验收资料的义务。

---

〔1〕 最高人民法院(2019)民申5540号民事裁定书。

〔2〕 最高人民法院(2019)民申6740号民事裁定书。

工程未经相关部门验收,但已交付发包方使用,应当认定案涉工程于交付使用时即视为竣工验收,施工方应向发包方交付竣工资料。

【案例8－49】　新南洋公司、新南洋青海分公司与海宏公司建设工程施工合同纠纷案

最高人民法院认为,根据《建设工程解释》第十三条“建设工程未经竣工验收,发包人擅自使用后,又以使用部分质量不符合约定为由主张权利的,不予支持”的规定,海宏公司在《西海都市报》发出的《公告》表明案涉工程已交付使用,应当认定案涉工程于交付使用时即视为竣工验收。根据海宏公司与新南洋公司、新南洋青海分公司签订的《建设工程施工合同》第32.1条“工程具备竣工验收条件,承包人按国家工程竣工验收的相关规定,向发包人提供完整竣工资料及竣工验收报告”的约定,竣工资料的交付,作为施工方的附随义务,理应履行。新南洋公司、新南洋青海分公司应当向海宏公司移交完整的竣工资料及竣工验收报告,新南洋公司及其青海分公司也认可海宏公司主张的要求移交的资料内容,即双方对于交付何种资料意思一致,海宏公司的该项诉讼请求合法有据,应予支持;新南洋公司、新南洋青海分公司认为其已经备齐资料但交付资料的条件尚未成就的抗辩理由不成立,法院不予采纳。〔1〕

发包人在工程未经竣工验收的情况下已占有使用,其以工程存在质量问题主张不具备工程款支付条件的,不予支持。

【案例8－50】　黑龙江立宏风力发电有限公司与北京天源科创风电技术有限责任公司建设工程施工合同纠纷案

最高人民法院认为,案涉《总承包合同》专用条款附件三《合同价格和付款方式》约定,案涉工程付款进度“完工后支付到合同总价的95%,最终竣工后付清”。《建设工程解释》第十四条第三项规定:“建设工程未经竣工验收,发包人擅自使用的,以转移占有建设工程之日为竣工日期。”因立宏公司在案涉工程未经竣工验收的情况下既已占有使用,根据上述司法解释的规定,应以立宏公司占有使用案涉工程的时间即2014年12月24日为竣工日期。据此,根据《总承包合同》关于工程款支付进度的约定,立宏公司应向天源公司支付工程款。一审法院认定案涉项目于2014年12月24日竣工,符合上述司法解释规定,并无不当;一审法院据此判决立宏公司向天源公司支付工程款、利息、违约金,亦无不当。立宏公司以天源公司未完成全部施工义务及工程存在质量问题为由,提出其不应支付工程款、利息、违约金的上诉主张,缺

〔1〕　最高人民法院(2019)民终356号民事判决书。

乏事实和法律依据,本院不予支持。[1]

(三)工程质量修复纠纷处理

建筑工程在保修期内出现质量问题,承包人在发包人通知的合理期限内拒绝修复或者无正当理由未修复的,发包人可自行修复或者委托他人修复,并有权要求承包人承担合理的修复费用,除非承包人能够举证证实该质量问题是由发包人或者非承包人施工原因造成。法院对于发包人诉请的修复费用的合理性应进行审查,必要时可启动司法鉴定程序对所需的修复费用进行评估认定。

承包人自行修复与发包人委托他人修复关系,是实践中应注意把握的问题。根据《民法典》第八百零一条的规定,施工人应对其自身原因造成工程质量不符合约定承担责任,保证合格的工程质量首先为承包人的义务和责任,出现质量问题后应先由承包人自己修复。对于存在工程质量不合格,应自然先由其承包人承担修复。在承包人要求修复,而发包人拒绝承包人另行委托他人进行修复,进而要求承包人承担修复费用,承包人以应由其先行修复为由拒付修复费用。此种情况时常引发纠纷和处理上的不同争议,应厘清发包人拒绝承包人拒绝修复有无合理理由和是否履行了告知义务两点。因承包人原因致使工程不符合合同约定,承包人拒绝修复、在合理期限内不能修复或者发包人有正当理由拒绝承包人修复,发包人另行委托他人修复后要求承包人承担合理修复费用,法律应予支持。发包人未通知承包人或无正当理由拒绝由承包人修复,并另行委托他人修复的,承包人承担的修复费用以由其自行修复所需的合理费用为限,因另请他人而增加的费用不应由承包人承担。

【案例8-51】 江苏南通二建集团有限公司与吴江恒森房地产开发有限公司建设工程施工合同纠纷案

全面设计方案修复费用应在考虑案情实际的基础上合理分担。二审法院认为,承担全面设计方案的工程造价,是南通二建作为施工人向恒森公司承担的违约责任,与工程实际施工工程款结算分属不同的法律关系,南通二建要求比照施工工程款下浮9.5%的方式计算全面设计方案修复费用,缺乏合同依据和法律依据。关于全面设计方案费用中,0~100毫米厚细石混凝土找平层费用536,379.74元是否应当扣除的问题,二审认为,0~100毫米厚细石混凝土找平层是涉案工程原设计方案没有的,系全面设计方案中为配合

[1] 最高人民法院(2020)民终982号民事判决书。

伸缩缝部位翻边设计而增加的，由此增加的费用536,379.74元应从总修复费用中扣除。综前所述，南通二建在本案中应支付的修复费用合计为2,877,372.30元（3,198,436.68元＋365,315.36元－150,000元－536,379.74元）。[1]

【案例8－52】 香河华联房地产开发有限公司与大元建业集团股份有限公司建设工程施工合同纠纷案

二审法院认为，发包人与承包人约定，对于属于保修范围、内容的项目，承包人应在接到保修通知起7日内派人维修。承包人不在约定期限内派人维修的，发包人可以委托他人修理。基于发包人未能提供通知承包人进行维修的证据，导致承包人无法确定维修项目的发生是否属于其承包的范围，花费的数额是否合理，在合同中，双方的权利义务应当体现出公平，在承包人不知情的前提下要求承担责任显然是不公平的。故二审本院对发包人的维修费用承担请求不予支持。[2]

发包人在工程保修期内如发现工程出现质量瑕疵，应当先履行向承包人发出保修通知义务，如承包人在质量保修书约定保修时间或合理时间内拒绝履行或不履行保修义务的，发包人才可自行或委托其他人修复，维修费用可以从质量保证金中扣除。如发包人未先履行向承包人发出保修通知义务，擅自对工程进行维修，因该维修行为不符合规定，则维修费用不能从质量保证金中扣除。当工程在质保期内出现质量问题发生返修时，质量保证金应当用于支付因维修所产生的费用。如合同约定承包人未履行维修义务的情况下发包人可另请他人维修，亦不能免除承包人的质保维修义务，发包人另请他人维修所产生的实际费用仍应在质量保证金内扣除。

【案例8－53】 中成公司与德威公司建设工程施工合同纠纷案

二审法院认为，系争工程虽经竣工验收合格并交付使用，但根据合同约定，中成公司对厂房主体工程保修期为3年，屋面防渗漏保修期为5年，结合双方提供的证据，德威公司在保修期内发现房屋存在裂缝及渗漏问题，并多次发函要求中成公司保修，中成公司虽然进行了保修，德威公司也在保修记录上签字，但根据检测机构的检测意见，房屋仍存在开裂、渗水情况，原因在于温度和混凝土收缩等引起墙体裂缝、变形，并已构成房屋质量问题，故可以认定中成公司未完全尽到保修义务。原审法院考虑到中成公司进行保修但未能完成修复义务的情况，判令由中成公司承担相应的修复费用，由德威公

---

〔1〕 参见《最高人民法院公报案例》2001年卷。

〔2〕 河北省沧州市中级人民法院（2014）沧民终字第132号民事判决书。

司自行委托维修,亦无不当,故予以认同。[1]

工程质量存在问题,发包人要求承包人拆除重做,承包人要求自己修复,对是否应当拆除重做,应当以鉴定机构的意见为准。如果鉴定机构认为通过修复可以保证工程质量,则没有必要拆除重做,反之则应当拆除重做,因为通常情况下重拆重做成本高于修复成本,并会扩大损失。

【案例8-54】 汕头市潮阳第一建安总公司与上海金万年文具制造有限公司建设工程施工合同纠纷案

一审法院认为,鉴定人科技公司认为重做是扩大损失。根据法律的有关规定,对于质量不符合约定的,受损方可以合理选择要求对方承担维修、更换、重做、减少价款等责任。故受损方并无任意选择的权利,只有当不能维修时,方能选择更换;不能更换时,才可以重做。目的是避免扩大损失。因此本案中主厂房地坪及道路两项,鉴定人科技公司对于地坪已经明确按修复方案中所述的方法进行修复,可以保证正常安全使用,故潮阳一建应当承担维修的责任,方式是支付维修费用,而不承担重做的责任。金万年公司主张重做,要求在造价中扣除主厂房地坪及道路造价,由潮阳一建承担拆除费用的意见,不予采纳。二审法院持同样意见维持一审判决。[2]

对于承包人实际无法继续履行修复行为的情况,法官也可以裁定发包人另行委托第三人维修。

【案例8-55】 江苏南通二建集团有限公司与吴江恒森房地产开发有限公司建设工程施工合同纠纷案

二审法院认为,鉴于恒森公司几经局部维修仍不能彻底解决屋面渗漏,双方当事人亦失去信任的合作基础,为彻底解决双方存在的矛盾,原审法院按照司法鉴定意见认定按全面设计方案修复,并判决由恒森公司自行委托第三方参照全面设计方案对屋面渗漏予以整改,南通二建承担与改建相应的责任有事实和法律依据,亦属必要。[3]

承包人承担地基基础工程和主体结构的修复责任,对有证据证明质量瑕疵亦应承担相应的修复费用。

【案例8-56】 宏运公司与三建公司建设工程施工合同纠纷案

最高人民法院认为,对于工程基础渗水的问题,三建公司表示不是其施

---

〔1〕 上海市高级人民法院(2012)沪高民一(民)终字第16号民事判决书。
〔2〕 上海市高级人民法院(2009)沪高民一(民)终字第10号民事判决书。
〔3〕 参见《最高人民法院公报》2014年第8期(总第214期)。

工质量缺陷所致,但没有提供证据加以证明,本院对其该项上诉主张不予支持。三建公司称,1997 年 3 月 22 日当事人双方已就防水工程的费用问题达成所需费用由宏运公司承担的一致意见,因此宏运公司另行委托第三人进行维修,费用应由宏运公司自负。根据双方当事人之间函件的内容,可知其达成的是意向性方案,双方并未最终确定防水工程的施工时间、方法和费用负担。鉴于地下室的施工原因属三建公司的施工范围,在三建公司工程质量存在缺陷的情况下,一审法院判令三建公司承担防水工程维修费是正确的。[1]

【案例 8-57】 新疆四建与新扶桑公司建设工程施工合同纠纷案

最高人民法院认为,新扶桑公司提出在裙楼使用过程中发现工程存在质量问题,新疆四建对其中部分问题予以认可,应由新疆四建承担相应的返修和保修责任。新疆四建应对乌鲁木齐市建设工程质量监督站在《遗留问题处理通知书》中开列的质量瑕疵以及二审期间双方当事人现场查看确认的相关工程质量问题进行返修保修,所需费用由新疆四建负担,经质检部门验收合格后,新扶桑公司将 953, 289 元预留保修金退给新疆四建。一审判决认定新扶桑公司提出的质量问题均在质检范围内,现质保期已过,保修金不再预留不当,应予纠正。[2]

实践中,多种因素交织一起的质量保修纠纷处理是疑难性问题。

【案例 8-58】 宇寰公司与宏业公司建设工程施工合同纠纷案

一审法院认为,讼争车库并未办理竣工验收手续,且宏业公司正为车库质量整改及验收等与宇寰公司诉讼中。现讼争的房屋已经由宏业公司交付给小区业主,并由物业公司进行管理。宇寰公司虽可证明小区业主使用了讼争车库,但未能证明小区业主使用讼争系宏业公司交付车库后所为。小区业主使用车库与宏业公司在未进行竣工验收情况之下擅自使用车库的行为尚有区别。因此宏业公司主张车库竣工验收情况下交付,车库部分使用工程款只能结算 90% 的抗辩理由法院予以支持。鉴于车库加固原因仍在法院审理过程中,而车库加固的工作量已经由宏业公司签证予以认可,故本案中宏业公司应当先根据其签证认可的数额向宇寰公司支付车库加固费用。待车库加固原因查明后,当事人另可根据合同约定行使权利。本案审理过程中,宏业公提出根据合同约定,工程竣工后应当在工程造价中暂留 2% 保修金。就该争议的问题,法院查明:根据施工合同约定,工程决算价的 2% 由宏业公司

[1] 参见最高人民法院民事审判第一庭编著:《最高人民法院建设工程施工合同司法解释的理解与适用》,人民法院出版社 2004 年版,第 408 页。

[2] 参见最高人民法院民事审判第一庭编著:《最高人民法院建设工程施工合同司法解释的理解与适用》,人民法院出版社 2004 年版,第 418 页。

从应付宇寰公司工程款中扣留作为保修款，其中100,000元作为防水工程保修款。保修期限自竣工验收合格、交付甲方使用之日起计，年限按《市新建住宅质量保证书》有关规定。保修期间，宇寰公司应对保修范围内的工程项目进行保修，否则宏业公司可委托其他单位或人员修理，修理的费用在保修金内扣除，不足部分，由宇寰公司负担。保修期满后20天内，宏业公司应将剩余保修金返还宇寰公司，不足部分由宏业公司支付。《市新建住宅质量保证书》规定，工程质量问题保修2年，屋面防水保修3年。本案诉讼过程中，工程竣工验收已逾2年，宏业公司未能向法院提供除车库以外宇寰公司施工项目存在质量问题且宇寰公司未按照合同约定予以修复的证据材料，故法院认为，为避免当事人讼累，该部分质量保修金可与工程结算中一并结算给宇寰公司。因屋面防水保修期为3年，至今该期限并未届满，故对于屋面防水保修金共计200,000元，在本案工程结算款中暂且扣留。二审法院亦持同样意见。[1]

对于发生质量问题，发包人、总承包人或其他单位有过错的，亦应对修复费用承担相应的责任。

【案例8－59】 博达公司诉虹桥公司、宏大公司建设工程施工合同纠纷案

二审法院认为，根据查明的事实，上诉人在施工过程中确因施工不当发生了质量事故，对此上诉人应当承担相应的赔偿责任。上诉人称，其于2004年10月19日出具的《工程结算单》中的工程款数额已经考虑了质量赔偿因素。经查，该《工程结算单》中载明，由于施工错误造成的损失，希望双方共同协商后适当处理。因此，上诉人的该项主张与事实不符，法院不予采信。至于损失的确定，法院认为，应当是通过修复补救达到质量要求而发生的费用，即设计费150,000元和购桩材料费351,330元。由于通过修复补救已达到质量要求，故废桩的费用不应当作为损失计算。鉴于虹桥公司作为总包单位，对于施工事故的发生亦存在一定的过错，应承担一部分责任，故原审酌情确定上诉人承担损失380,000元，并无不当。[2]

【案例8－60】 永泰房地产开发有限公司与广宇建筑工程有限公司建设工程施工合同纠纷案

一审法院认为，根据2011年2月23日检测中心作出的质检报告，可以证实广宇公司所施工的a1、b1～b5栋楼的屋面、外墙、地下室均存在质量问题，对此双方没有异议。……永泰公司和广宇公司均无权变更设计方案，故

〔1〕 参见潘福仁主编：《建设工程合同纠纷》（第4版），法律出版社2015年版，第118～119页。
〔2〕 参见潘福仁主编：《建设工程合同纠纷》（第4版），法律出版社2015年版，第207页。

广宇公司提出工程质量存在问题系设计不合理及在施工中永泰公司指示变更设计要求，证据不足，不予支持；根据双方签订的质保书以及相关法律规定，广宇公司应对隆泰小区 a1、b1～b5 栋楼房中存在质量问题的部分承担保修义务。永泰公司委托的监理在施工和工程验收中没有全面履行监督管理职责，因此对于工程质量存在的问题，作为委托单位的永泰公司亦应承担相应的责任。结合永泰公司、广宇公司双方的过错程度、合同履行情况、实际损失等，对于隆泰小区 a1、b1～b5 栋楼房因质量问题造成的损失，应由广宇公司承担 70% 的责任，永泰公司承担 30% 的责任。因广宇公司不同意按照设计院作出的修复方案对隆泰小区 a1、b1～b5 栋楼房存在质量部分进行修复，故永泰公司可另行委托其他单位维修，由广宇公司按照通汇公司作出的造价报告承担修复费用。二审法院亦持同样意见，维持一审判决。[1]

发包人在该工程未经竣工验收的情况下投入使用，后又主张承包人所做工程存在质量问题，其证据不足以证明系地基基础工程和主体结构质量存在问题的，其维修费用自行承担。

【案例 8－61】　南通常青公司与山西昊晖公司建设工程施工合同纠纷再审案

最高人民法院认为，山西昊晖公司称其在工程保修期内自行或委托第三方对诸多有质量问题工程进行了修缮，故要求扣减工程价款。但山西昊晖公司未能提供其在质保期内通知南通常青公司进行维修而南通常青公司拒绝承担保修责任导致其支出合理修复费用的证据。根据《建设工程解释》第十三条“建设工程未经竣工验收，发包人擅自使用后，又以使用部分质量不符合约定为由主张权利的，不予支持；但是承包人应当在建设工程的合理使用寿命内对地基基础工程和主体结构质量承担民事责任”的规定，山西昊晖公司在该工程未经竣工验收的情况下投入使用，后又主张南通常青公司所做工程存在质量问题，因所提交证据不足以证明系地基基础工程和主体结构质量存在问题，故原审法院对该主张未予支持，并无不当。[2]

发包人在诉讼中自认案涉工程在施工方退场时尚未竣工验收，亦自认工程其后已实际投入使用，也无证据证明履行了通知维修义务的，无权向施工方主张维修费。

【案例 8－62】　泰来家美房地产开发有限公司与海天建设集团有限公司建设工程施工合同纠纷案

最高人民法院认为，关于尚欠工程款应否扣除质保金及家美公司主张的

---

〔1〕 吉林省高级人民法院(2014)吉民一终字第 44 号民事判决书。

〔2〕 最高人民法院(2019)民申 5009 号民事裁定书。

维修费 5,158,746.65 元。首先,关于维修费。家美公司主张工程存在质量问题,海天公司未予维修,应承担家美公司后期维修费用 5,158,746.65 元。《建设工程解释》第十三条规定:"建设工程未经竣工验收,发包人擅自使用后,又以使用部分质量不符合约定为由主张权利的,不予支持;但是承包人应当在建设工程的合理使用寿命内对地基基础工程和主体结构质量承担民事责任。"家美公司一审中自认案涉工程在海天公司退场时尚未竣工验收,亦自认工程其后已实际投入使用,故家美公司现以部分质量不符合约定为由主张权利,一审未予支持,并无不当。家美公司主张海天公司退场后,家美公司已通知海天公司案涉工程存在质量问题并要求维修,但是其提供的主要证据即监理公司出具的《情况说明》,仅陈述海天公司工作人员留在工地,以及家美公司维修至 2016 年年底,并未说明问题产生的原因及维修责任方,亦未证明家美公司曾向海天公司主张权利,海天公司明确予以拒绝。相反,在 2017 年 1 月 12 日,家美公司仍发函认可一审认定的本案工程款 101,257,649.26 元。因此,一审未予支持家美公司关于扣除维修费的主张,并无不当。[1]

建设工程未经竣工验收,发包人擅自使用后,发包方未能提交证据证明其主体结构存在问题,其不能要求承包人承担返修工程款责任。

【案例 8－63】 胥某秋与陕西中交公司建设工程施工合同纠纷再审案

最高人民法院认为,案涉工程已经完工并实际交付业主西藏自治区拉萨市水利工程建设管理中心使用。陕西中交公司未能提交证据证明其主体结构存在问题,其要求胥某秋承担返修工程款缺乏事实依据。[2]

工程质量缺陷修复费用确定尤其是对尚未实际发生修复费用,如何确定是实践中的多发争议。发包人自行修复或委托他人修复的,可根据修复方案和真实的修复费用支出确定修复费用。如果发包人和承包人都没有对工程进行修复而将工程质量争议诉至法院,法院应当先进行工程质量司法鉴定,确定是否存在工程质量缺陷及缺陷的具体情况,然后,应当对建设工程的缺陷部分进行整改方案设计司法鉴定,最后,应当对整改方案进行工程造价司法鉴定,确定工程缺陷部分的修复费用。

【案例 8－64】 宁夏灵武市某建筑安装工程有限公司与宁夏某冶化实业有限公司等建设工程施工合同纠纷案

一审法院认为,案涉工程经司法鉴定存在质量不合格部分,被告灵武某公司应承担工程质量不合格的加固工程费用 1,095,022 元(图纸部分工程造

〔1〕 最高人民法院(2019)民终 564 号民事判决书。
〔2〕 最高人民法院(2019)民再 163 号民事判决书。

价),因被告灵武某公司未能按期完工,且工程质量不合格,其应承担合同约定的违约责任。二审法院亦持同样意见。[1]

【案例8-65】 肇庆纳百川娱乐发展有限公司与中国建筑第六工程局土木工程公司建设工程施工合同纠纷案

二审法院认为,关于土木工程公司应承担修复费用的金额问题。对于案涉工程质量及需要修复工程,原审法院在委托相关鉴定机构进行工程整体施工质量鉴定、确定修复设计方案、鉴定修复费用等三方面的工作后,确定修复费用为83,711.91元。纳百川公司虽然对鉴定结论有异议,但不能举证推翻该鉴定结论,其上诉主张土木工程公司支付1,108,025元的修复费用,依据不足,本院不予支持。[2]

建设工程竣工验收合格后,在保修期内出现质量问题的,承包人应履行保修义务。在承包人不及时维修,可能造成发包人损失扩大的情况下,发包人应当采取适当的措施防止损失扩大。发包人由此支出的合理费用应由承包人承担。发包人有过错的,也应承担相应的过错责任。

【案例8-66】 北京中色建设工程有限公司与扬州京华城中城生活置业有限公司建设工程施工合同纠纷案

二审法院认为,……由于中色公司不具备《特种设备安装改造维修(压力管道)许可证》,依法不能亲自实施本案工程管道维修工作,但可采取承担维修费用的方式履行其法定义务。……原审法院根据本案实际情况,综合蒸汽管线泄漏的原因及涉案施工合同无效等因素,酌情认定中色公司对蒸汽管线重建费用承担65%的过错责任,京华城公司承担35%的过错责任,并未有失公允。中色公司上诉提出自己免责的主张不能成立。……本院对照前后两份合同,中色公司与京中城公司的合同约定总造价为325万元(包工包料),加上工程变更调整价187,227.13元,合计3,437,227.13元,而京华城公司与伟业公司的合同总价280万元(亦是包工包料),且截至2009年12月31日京华城公司已支付伟业公司工程价款252万元(还余28万元质保金未给付),远低于中色公司与京华城公司的结算价,本案现有证据并无迹象显示存在重建费用偏高的情况,故本院不同意其鉴定申请。原审法院认定京华城公司重建费用为280万元并无不妥。[3]

---

[1] 宁夏回族自治区高级人民法院(2007)宁民终字第7号民事判决书。

[2] 广东省高级人民法院(2011)粤高法民一终字第34号民事判决书。

[3] 江苏省高级人民法院(2011)苏民终字第0118号民事判决书。参见《江苏省高级人民法院公报》2013年第1期(总第25期)。

工程已交付，且经验收结论为合格，发包方也实际使用，在没有相反证据否定验收合格结论的情况下，案涉工程经验收合格应当认定为工程符合现行工程质量合格标准。发包方主张因工程质量缺陷或瑕疵产生的工程整改费，但未提交充分证据证明该整改费用是由承包方施工所导致的，不予支持。

【案例8-67】 鸿宇公司与岳建公司建设工程施工合同纠纷再审案

最高人民法院认为，《建筑法》第六十一条规定："交付竣工验收的建筑工程，必须符合规定的建筑工程质量标准，有完整的工程技术经济资料和经签署的工程保修书，并具备国家规定的其他竣工条件。建筑工程竣工经验收合格后，方可交付使用；未经验收或验收不合格的，不得交付使用。"本案中，岳建公司所完成的工程已交付，且经验收结论为合格，鸿宇公司也实际使用，在没有相反证据否定验收合格结论的情况下，案涉工程经验收合格应当认定为工程符合现行工程质量合格标准。鸿宇公司主张因工程质量缺陷或瑕疵产生的工程整改费，但未提交充分证据证明该整改费用是由岳建公司施工所导致，故其主张没有事实和法律依据，该申请理由不能成立。[1]

【案例8-68】 江苏南通二建集团有限公司与吴江恒森房地产开发有限公司建设工程施工合同纠纷案

最高人民法院认为，承包人交付的建设工程应符合合同约定的交付条件及相关工程验收标准。工程实际存在明显的质量问题，承包人以工程竣工验收合格证明等主张工程质量合格的，人民法院不予支持。在双方当事人已失去合作信任的情况下，为解决双方矛盾，人民法院可以判决由发包人自行委托第三方参照修复设计方案对工程质量予以整改，所需费用由承包人承担。[2]

工程验收后，施工合同解除承包人撤场，承包人应对其工程承担维修费用。

【案例8-69】 青海方升建筑安装工程有限责任公司与青海隆豪置业有限公司建设工程施工合同纠纷案

最高人民法院认为，根据甘肃土木工科学研究院出具的鉴定意见书，隆豪公司主张的工程质量问题，主要是由于方升公司在施工中施工措施不到位或未按图纸施工造成的。在案涉工程通过验收的情况下，因合同解除方升公司已撤场，由方升公司进行维修已无可能。因此，对该部分维修费用

---

〔1〕 最高人民法院(2021)民申6368号民事裁定书。

〔2〕 参见《最高人民法院公报》2014年第8期(总第214期)。江苏省高级人民法院(2012)苏民终字第0238号民事判决书。

248,000元应由方升公司向隆豪公司支付。[1]

在缺陷责任期内，在承包人提出异议的情况下，发包人如何处理问题。笔者认为，发包人应先与承包人协商确定或鉴定后，通知承包人在约定期限内履行保修义务。承包人在接到保修通知后未按约定期限派人维修的，发包人方可委托他人修理。

【案例8-70】　浙江广宏建设有限公司与嘉兴市鑫港房地产开发有限公司建设工程施工合同纠纷案

二审法院认为，根据本案双方当事人往来函件，可以确定承包人因对质量缺陷的原因和责任有异议，未对发包人提出的质量问题全部予以保修。而发包人没有举证证明其在收到回函后曾组织对缺陷原因进行确认，及另行委托他人予以维修的事实和费用。故发包人在缺陷责任期内怠于行使权利，其在合同约定的质保金期限届满后仍扣留全部质保金依据不足。二审法院认为对于因承包人原因导致的质量缺陷，发包人应先与承包人协商确定或鉴定后，通知其在约定期内履行保修义务。如承包人不按约履行，发包人有权委托他人维修，所产生的鉴定费及维修费用可向承包人另行主张。[2]

施工合同无效，承包人是否履行保修义务问题。在施工合同无效的情况下，承包人是否需要履行保修义务，取决建设工程经竣工验收合格以及承包人是否具有相应的施工资质两个条件。施工合同无效，在建设工程竣工验收合格并交付发包人使用的，应区分两种情况讨论，一是承包人具有相应资质的，则承包人应依据法律、行政法规的规定承担质量保修责任，由承包人自身履行保修义务。二是因承包人没有相应的资质而被确认合同无效，承包人仍应对保修期内的质量问题承担责任，但不能由承包人自己来承担质量瑕疵的维修义务，可由承包人自行委托具有相应资质的施工人替代其承担质量瑕疵的维修义务，也可由发包人自行维修，修复的费用由承包人承担。

【案例8-71】　林某金与高某辉、江苏省第一建筑安装有限公司建设工程分包合同纠纷案

二审法院认为，高某辉与发包人签订的《泉州福隆新城水电工程承包合同》，因高某辉不具有水电施工资质，违反法律、行政法规的强制性规定，而被本院(2011)泉民终字第2655号民事判决确认为无效。鉴于诉争建设工程已竣工验收合格，高某辉作为承包人有权要求支付全部工程款，本案诉争的保修金系从总工程款中预留的余款，故发包人应当向高某辉支付该部分款项。

---

〔1〕 最高人民法院(2014)民一终字第69号民事判决书。
〔2〕 浙江省嘉兴市中级人民法院(2014)浙嘉民终字第2号民事判决书。

由于高某辉没有水电施工资质,依法不得进行水电工程保修作业,发包人要求高某辉履行保修义务,不符合法律规定,不应予以支持。若因高某辉无法履行保修义务,而造成建筑物损害或其他损失的,应由发包人另行主张。[1]

仅收取人工费的承包人承担保修责任问题。

【案例8-72】 重庆竞盟建筑工程(集团)有限公司与重庆长铃中德机车工业有限公司建设工程施工合同纠纷案

对于上诉人辩称其向被上诉人就讼争工程仅收费了人工费,而整改鉴定意见远超人工费的理由,二审法院认为,上诉人与被上诉人之间形成的是建设工程施工合同关系,对施工方而言,该合同关系权利义务内容中就包括对施工所造成的质量问题进行整改的义务,该义务不以其所收取的款项性质而予以免除,上诉人施工的范围只要存在质量问题,即应承担整改义务,故一审就整改费用进行的鉴定,并未超出双方合同权利义务范围,上诉人的该上诉理由亦不成立,本院不予支持。[2]

对于施工过程中不可抗力造成修复费用承担问题。施工合同明确了责任承担方式的,从其约定;如果没有约定或约定不明,因不可抗力导致的修复费用,依照民法公平原则与权利义务相对等原则处理。

【案例8-73】 某矿业有限责任公司与某集团新疆电力设计院有限公司乌鲁木齐工程承包分公司建设工程施工合同纠纷案

二审法院认为,地震抢修费用应当由某矿业承担。工程竣工后,工程所在地发生地震,造成一定损坏,后工程承包公司委托他方进行了抢险修复,发生修复费用317,553.54元,该事实清楚。工程承包公司也以书面方式向某矿业进行了汇报,并得到某矿业的确认。合同通用条款第十一章第3.9条旨在督促承发包双方当事人在自然灾害发生后及时处理,同时,第39.3条明确约定了因不可抗力事件导致工程所需修复费用由发包人承担。因此,原审法院认为由某矿业承担地震抢修费用正确,二审法院予以确认。判决驳回上诉,维持原判。[3]

验收合格但尚未交付的工程因自然灾害毁损产生费用的风险负担问题。在无明确约定的情形下,因自然灾害而引发建筑物的毁损风险能否适用合同法意义上的风险转移规则有必要研究。《民法典》第六百零四条规定:“标的物毁损、灭失的风险,在标的物交付之前由出卖人承担,交付以后由买受人承担,但法律另有

---

〔1〕 福建省泉州市中级人民法院(2014)泉民终字第386号民事判决书。
〔2〕 重庆市第五中级人民法院(2014)渝五中法民终字第04048号民事判决书。
〔3〕 新疆维吾尔自治区高级人民法院(2015)新民一终字第144号民事判决书。

规定或者当事人另有约定的除外。”第六百四十六条规定：“法律对其他有偿合同有规定的，依照其规定；没有规定的参照买卖合同的有关规定。”除买卖合同的相应条款外，《民法典》合同编中并无关于标的物风险负担的具体规定，上述条款不宜必然适用于承揽和建设工程施工合同。从法理上讲，其第六百四十六条属于参照适用的准用性法条，由于买卖合同环境下的交付一般产生所有权转移的后果，故不能以交付主义作为包括建设工程在内的其他有偿合同标的物风险转移的规则，而应以合同之间具有类似性作为类推适用基础。建设工程施工合同与买卖合同在物的所有权转移方式、物的交付后果等诸多方面存在实质上的差异，当建筑物因自然灾害产生损害后果时，不能仅凭交付或占有的事实状态确定风险承受人，而应根据所有人负担原则判定发包人承担相应的风险责任。换言之，建设工程施工合同与承揽合同均属于一方利用自身专业技术向相对方提供特定劳动成果为义务完成的给付型合同，基于建设工程的原始取得无需通过转移占有实现和房地一体原则决定了建设工程的所有权归属考量，交付行为不具有所有权转移意义上的作用和结果，在履行期间内发生的合同风险，必然由建设单位负担。有法官认为，无论发包人（建设单位）或承包人（施工单位）提供的主材、辅材以及劳动力凝结在建设工程中，因不可归责于任何一方的自然力而引发的建筑物损毁、灭失的风险均应由发包人承担。需要指出的是，风险负担的前提是承包人施工工程具有基本的利用价值，如果通过正式验收或监理日志能够证实已完或在建工程出现必须拆除重建等重大质量瑕疵，该工程明显不具有物的基本价值和使用价值，则应作为除外情形不再由发包人承担合同风险。[1]

【案例8-74】 金石中心诉天强公司建设工程施工合同纠纷案

一审法院认为，金石中心单方向天强公司发出《通知函》，要求暂停首层、二层工程施工，在天强公司占有工程期间，因“7·21”暴雨自然灾害导致涉案工程地下室被大量雨水所淹，形成必须清理的淤泥，在考虑自然灾害因素的情况下，金石中心作为建设方对此应承担合同风险。当然，天强公司在占有期间亦负有工程保护义务，其未采取一定的保护措施，故应承担一定比例的合理费用。因此，对于为确保工程主体结构不受损而产生的清淤费用，法院根据案件具体情况酌情确定由金石中心与天强公司按主、次比例予以分担。法院判决金石中心给付天强公司地下室清淤费用1,100,000元。二审法院亦持同样意见维持原判。[2]

---

〔1〕 参见张鹏：《验收合格但尚未交付的建筑工程因自然灾害毁损产生修复费用的风险负担规则辨析》，载《审判前沿——新类型案件审判实务》（总第55集），法律出版社2017年版，第70页。

〔2〕 参见北京市高级人民法院研究室编：《审判前沿——新类型案件审判实务》（总第55集），法律出版社2017年版，第63页。

工程可以进行修复且经修复后有利用价值的，即使并未实际修复，在承包人承担修复费用后，视为工程验收合格，发包人应当支付相应工程款。

【案例8－75】 江苏省苏某建设集团股份有限公司与宁夏银某实业有限公司建设工程施工合同纠纷案

最高人民法院认为，银某公司是否应支付工程价款。涉案工程系未完工工程，对于已经完成的工程经验收合格的，发包人应当支付相应的工程价款。经验收合格包括经过修复后验收合格的工程。……本案诉讼中，就涉案工程质量问题经一审法院委托国鉴所鉴定，国鉴所出具《鉴定检验报告书》之后经一审法院委托，信远鉴定所根据国鉴所出具的鉴定意见就涉案工程修复方案及修复费用出具《司法鉴定意见书》。苏某公司已完成大部分工程，从国鉴所就涉案工程质量问题出具的鉴定意见来看，涉案工程存在主要的工程质量问题有，在建筑与结构方面存在渗漏、墙面空鼓现象，楼层净高、砌块墙面外挂钢丝网的直径与做法、屋面防水做法等不满足设计或规范要求，水、暖、电方面不满足规范或设计要求。从信远鉴定所出具的涉案工程修复方案及修复费用来看，涉案工程可以进行修复且经修复后有利用价值。依据《建设工程解释》第三条……的规定，银某公司已在本案中提起反诉，主张由苏某公司承担修复费用，并在一审时申请对工程修复方案及修复费用进行鉴定，可以此认定银某公司认可工程经修复有使用价值。二审中银某公司又以工程未进行实际修复认为支付工程款条件未成就拒绝支付工程款，自相矛盾。根据本案的实际情况，可以参照上述鉴定意见由苏某公司承担修复费用，视为工程验收合格。银某公司以工程未经验收合格，不应支付工程款的理由不能成立。[1]

应注意的是，“视为验收合格”，作为合同法下拟制的民事法律事实，仅在建设工程合同当事人之间产生下列民事法律效果：对于视为验收合格的工程，视为承包人完成了建设工程合同项下的建造合格工程的义务。因此，发包人擅自使用未经验收或者验收不合格的工程，即便在某些情况下被视为验收合格，亦不能减免承包人按约定应当履行的协助发包人完成工程实际验收和验收备案的义务和责任。视为验收合格后工程实际验收不合格的，一般应由承包人继续完成修复工作，修复期限由双方另行商定，且该修复时间不计入承包人合同工期。其中应由发包人或者承包人承担质量责任的部分，修复费用分别由发包人或者承包人各自负担。[2]

---

〔1〕 最高人民法院(2019)民终1192号民事判决书。

〔2〕 参见曹文衔等：《民法典建设工程合同章条文解释与司法适用》，法律出版社2021年版，第308页。

未经竣工验收擅自使用,只是推定工程质量合格,并不能免除承包人对案涉工程质量保修义务。

【案例 8 - 76】　中业公司与临峰公司建设工程施工合同纠纷再审案

最高人民法院认为,施工方对建设工程应承担的质量责任,包括对工程施工中出现的质量问题及经验收不合格工程应承担的质量返修责任,以及对经验收合格的工程在使用过程中出现的质量问题应承担的保修责任。临峰公司未经竣工验收擅自使用,只是推定工程质量合格,并不能免除承包人对案涉工程质量保修义务。故原判决关于在欠付工程款中扣除保证金的认定正确,中业公司主张不应当予以扣减的再审理由不能成立。[1]

(四)工程保修责任期限纠纷处理

实践中,施工合同未约定保修期限,存在如何确定保修期问题。根据《民法典》第五百一十一条规定,当事人就有关合同内容约定不明确,而又不能达成补充协议的,应当按照合同有关条款或者交易习惯确定。根据施工行业的惯例,一般工程的保修期为 2 年,有防水要求的工程保修期为 5 年,通常情况下工程保修期限均不超过 5 年。建设工程竣工验收后在保修期限内出现质量缺陷,承包人负有修复义务,该保修责任实际是对建设工程质量的瑕疵担保责任,对工程主体结构在法律规定的合理使用期限内出现质量问题,发包人仍有权要求承包人进行维修,但不能以此作为拒绝返还保证金的抗辩理由,且以主体结构保修期限作为返还保修金的期限与通常施工行业的惯例及缺陷责任的规定亦不相符。

【案例 8 - 77】　七建公司与东方世纪公司建设工程施工合同纠纷案

一审法院认为,涉案工程未经验收于 2003 年 9 月 1 日即由东方世纪公司投入使用,至今已过 10 年,除地基、主体结构外,涉案工程其他部分的保修期限早已届满,东方世纪公司以建设工程的合理使用年限(50 ~ 70 年)作为质保金返还期限,有违基本的公平原则,亦无可操作性。七建公司要求东方世纪公司返还质量保修金的诉讼请求,法院予以支持。二审法院亦持同样意见,并支持七建公司主张质量保修金利息。[2]

对于施工合同约定保修期不明的,应依法推定未变更。

---

〔1〕 最高人民法院(2019)民再 166 号民事判决书。

〔2〕 参见潘福仁主编:《建设工程合同纠纷》(第 4 版),法律出版社 2015 年版,第 250 页。

【案例 8 - 78】 海南省建筑工程总公司与海南宝胜置业有限公司建设工程施工合同纠纷案

二审法院认为,对于保修期问题,两份《施工合同》均在第 12 条中明确约定土建工程,电器管线和上下水管道安装工程为 1 年;屋面防水工程为 5 年。双方在主楼和停车场分别竣工验收后又分别签订了两份合同内容相同的《建筑工程质量保修书》,该保修书对南亚广场工程的地基基础工程和主体结构工程保修期约定改为设计文件规定的该工程合理使用年限。此约定,属于典型的约定不明,依据《合同法》第七十八条之规定,当事人对合同变更的内容约定不明确的,推定为未变更,因此双方仍应遵守《施工合同》对保修期的约定。[1]

施工合同约定的保修期限低于法定保修期,是应当按照合同约定还是按照法律规定来履行工程质量保修责任。根据《建设工程质量管理条例》第三十九条规定,承包人对竣工验收合格的工程承担工程质量保修责任。但是,承包人的质量保修责任是有期限的。该条例第四十条对工程主要部分规定最低保修期限,其他项目的保修期由发包人与承包人约定。换言之,可以允许发包人与承包人约定保修期高于第四十条规定的主要部分最低保修期限,而限制其约定低于第四十条规定的主要部分最低保修期限,其约定低于第四十条规定的主要部分最低保修期限内容无效,仍应按法律、行政法规规定的保修期认定保修期限。

【案例 8 - 79】 浙江省东阳第三建筑工程有限公司与陕西中泰置业有限公司、西安昆仑工业(集团)有限责任公司建设工程施工合同纠纷再审案

最高人民法院认为,东阳三建主张昆仑公司应当返还其保修金的依据是双方于 2005 年 5 月 31 日达成的《补充协议》。该《补充协议》第四条第一款第六项约定:剩余保修金在保修期(1 年)满后 15 日内支付。从该合同约定的内容看,保修金的返还时间与保修期密不可分,双方并未单纯约定保修金的返还期为 1 年,而是约定保修金在保修期(1 年)满后 15 日内支付。从合同解释的角度看,保修金是否返还取决于保修期是否届满。1 年是对于保修期的进一步说明,应视为双方当事人对于保修期的约定,并不能理解为 1 年以后就应当返还保修金。虽然保修金的返还期限当事人可以自由约定,应尊重双方当事人的意思自治,但是保修期事关工程质量安全,当事人不能自行约定。保修期应当按照国务院发布的《建设工程质量管理条例》执行。根据《建设工程质量管理条例》第四十条第一款第二项的规定,在正常使用条件

---

〔1〕 海南省高级人民法院(2011)琼民一终字第 26 号民事判决书。

下，屋面防水工程、有防水要求的卫生间、房间和外墙面的防渗漏最低保修期限为5年。二审判决认定《补充协议》在招投标之前签订有误，最高人民法院予以纠正。二审法院基于双方对该工程未依保修项目分项约定保修金额的情况，结合现该工程保修期项目的最后保修期尚未届满的事实，告知东阳三建可待保修期满后另行主张权利并无不当。二审判决的实体处理结果并未损害东阳三建的利益，最高人民法院予以维持。〔1〕

在质量保修期间，其发包人诉请承担保修责任，法律予以支持。超过保修期的，法律不支持发包人请求承包人承担保修责任。

【案例8-80】　浙江省暨阳建设集团有限公司与上海利驰实业发展有限公司建设工程施工合同纠纷案

二审法院认为，无论工程是否已竣工或实际投入使用，就工程中出现的质量问题进行修复系施工方的义务，最高人民法院司法解释关于工程提前使用的法律后果的规定，并未免除施工方的保修责任，施工单位应当依法履行保修义务。由于施工单位未按约履行义务，相关的修理费用应当由施工单位承担。〔2〕

对未经竣工验收擅自使用的，其保修期限从转移占有工程之日起算。

【案例8-81】　大连铭泰房地产开发有限责任公司与大连浩盛建筑工程有限公司建设工程施工合同纠纷案

二审法院认为，案涉工程虽未经验收备案，但浩盛公司自2009年9月至12月即将工程交付铭泰公司，铭泰公司随即向业主交付使用，故原审判决确定自2009年起算工程保修期并无不当。现除防水工程保修期未满5年外，其他工程均已超过保修期，铭泰公司在原审法院规定的期限内以及本院二审期间，均未提供防水工程部分的造价，故本院确认原审判决根据浩盛公司提供的防水工程造价3,000,187元，认定该部分保修金为90,006元（3,000,187元×3%）并无不当，该保修金应由浩盛公司支付铭泰公司。铭泰公司以案涉工程未经竣工验收，保修期不应开始起算为由，上诉请求按照全部工程总造价计算维修保证金，缺乏事实和法律依据，本院对此不予支持。〔3〕

工程未经竣工验收但发包人擅自使用，从转移占有建设工程之日开始起算工程保修期限。

---

〔1〕 最高人民法院（2016）民再字第69号民事判决书。

〔2〕 上海市高级人民法院（2008）沪高民一（民）终字第79号民事判决书。

〔3〕 辽宁省高级人民法院（2014）民一终字第90号民事判决书。

【案例8－82】 某公司与某某公司建设工程施工合同纠纷再审案

最高人民法院认为,关于质量保证金问题。工程质量保修金是从应付工程款中预先截留,用来保证承包人在缺陷责任期内对建设工程出现的缺陷进行维修的资金。所谓工程缺陷,是指工程的质量不符合建设工程强制性标准、设计文件,或者施工合同的相关约定。缺陷责任期一般为1年,最长不超过2年,在建设工程施工合同中一般会作约定。根据法律规定,缺陷责任期从工程通过竣工验收之日起计。案涉施工合同约定的缺陷责任期为1年,但案涉工程在未经竣工验收的情况下,已由发包人于2013年9月9日接收并已交付给业主(购房人)使用,故应当以转移占有建设工程之日为竣工日期,并开始起算工程保修期限。[1]

【案例8－83】 重庆市泰诚建设工程有限公司与贵州鸿远房地产开发有限公司务川分公司建设工程施工合同纠纷案

最高人民法院认为,经双方庭审确认,在一期工程尚未竣工验收的情况下已于2016年11月20日交付使用,属于发包人未经竣工验收擅自使用工程的情形,故一期工程保修期应自转移占有之日即2016年11月20日起算,现一期工程交付使用已逾2年,按照合同约定鸿远务川分公司应当返还90%工程质保金。(此为一审法院观点,二审法院予以维持)[2]

(五)工程质量保修范围纠纷处理

现行法律和行政法规并没有对承包人的质量保修范围进行明确。《建设工程质量管理条例》第三十九条规定:"建设工程实行质量保修制度。建设工程承包单位在向建设单位提交工程竣工验收报告时,应当向建设单位出具质量保修书。质量保修书中应当明确建设工程的保修范围、保修期限和保修责任等。"该条例将保修范围交由承包人出具的保修书来确定。《房屋建筑工程质量保修办法》第三条第二款规定:"本办法所称质量缺陷,是指房屋建筑工程质量不符合工程建设强制性标准以及合同的约定。"第十七条规定:"下列情况不属于本办法规定的保修范围:(一)因使用不当或者第三方造成的质量缺陷;(二)不可抗力造成的缺陷。"该规章明确规定排除了承包人不承担保修责任的范围。据此,建设工程的质量保修范围首先应当根据承包人出具的质量保修书来确定,如果没有质量保修书或质量保修书没有明确约定或质量保修书与法律、法规的强制性规定冲突则无效,因

---

〔1〕 最高人民法院(2019)民申5009号民事裁定书。

〔2〕 最高人民法院(2020)民终457号民事判决书。

使用不当造成的质量缺陷、第三方造成的质量缺陷以及不可抗力造成的质量缺陷不属于质量保修范围。

【案例8-84】 浙江某钢结构有限公司与某世界贸易中心有限公司建设工程施工合同纠纷案

判决观点,本案中造成屋面漏水,虽有台风的原因,但也有工程彩钢盖板自膨胀螺钉软弱且无其他连接措施,每块屋面压型钢板的自攻螺钉数目不足,导致构成连接薄弱,以及屋面局部不密封导致轻微渗漏等工程质量原因,因此,本案中屋面漏水属于保修范围,世贸中心反诉要求某公司对某世贸中心B区、C区屋面工程进行修理,理由正当,予以支持。[1]

(六)工程质量保证金纠纷处理

依据《建设工程质量保证金管理办法》的规定,建设工程质量保证金是发包人与承包人在建设工程承包合同中约定,从应付的工程款中预留,用以保证承包人在缺陷责任期内对建设工程出现的缺陷进行维修的资金。从应付工程款中预留质保金用以保证承包人在缺陷责任期内对建设工程出现的缺陷进行维修,是一种法定义务,不以合同效力为前提。质保金返还时间及比例按合同约定履行。应注意的是,合同没有约定质量保证金的,发包人不能强扣。

实践中,在不同施工合同中经常出现"工程质量保修金""质保金""保修金"等词语,虽然名称表述不同,但只要属于对可能出现的工程缺陷之维修进行担保的资金,都属于质量保证金。质量保证金返还经常发生争议。

1. 返还质量保证金与保修义务的关系问题

《建设工程解释(一)》第十七条第二款规定:"发包人返还工程质量保证金后,不影响承包人根据合同约定或者法律规定履行工程保修义务。"该条款规定了保证金返还和承包人保修义务之间的关系。承包人对建设工程在保修期内承担的保修义务属于法定义务,不能通过合同约定予以排除。《建设工程质量管理条例》第四十条针对不同的建设工程规定了不同的最低保修期限。发包人向承包人返还工程质量保证金,只表明缺陷责任期已经届满,承包人无需再向发包人承担工程质量缺陷责任,但不影响承包人向发包人承担保修义务。

---

[1] 浙江省绍兴市中级人民法院(2005)绍中民一初字第168号民事判决书。

2. 质量保证金返还认定

《建设工程解释(一)》第十七条第一款规定:“有下列情形之一,承包人请求发包人返还工程质量保证金的,人民法院应予支持:(一)当事人约定的工程质量保证金返还期限届满。(二)当事人未约定工程保证返还期限的,自建设工程通过竣工验收之日起满二年。(三)因发包人原因建设工程未按约定进行竣工验收的,自承包人提交工程竣工验收报告九十日后起当事人约定的工程质量保证金返还期限届满;当事人未约定工程质量保证金返还期限的,自承包人提交工程竣工报告九十日后起满二年。”该条规定对工程质量保证金的返还期限作出较为清晰的界定,明确了此类争议的解决路径。由于质量保修金对应的是质量保修期,而质量保证金对应的是缺陷责任期,导致司法实务中对于保修金或者保证金的返还时间发生争议。当事人对质量保修金返还期限有约定的,从其约定;没有约定或约定不明的,缺陷责任期满后,发包人应当将质量保修金返还给承包人,即发包人应当自接受建设工程之日起 2 年内将质量保修金返还给承包人。

实践中,对于工程质量保证金的返还时间,区分三种不同情形分别认定。且在每种情形中,法院又有不同的观点。

合同正常履行情况下质量保证金的返还时间:

其一,质保金的返还期限应根据合同约定。《建设工程质量保证金管理办法》关于缺陷责任期的规定不属于强制性规定,合同约定质保期满后分期返还质保金的,质保金返还期限应当根据合同约定。

其二,合同约定质保金返还期限超过 2 年最长缺陷责任期的,应认定质保金的返还期限为 2 年。

根据《建设工程质量保证金管理办法》第二条第三款规定,质保金最长不超过 2 年。

【案例 8 -85】 阿尔山市政府与中铁九局一公司建设工程施工合同纠纷案

针对原告、被告双方争议的案涉工程质保金 635,678 元应否返还的问题,最高人民法院认为,该工程交付使用时间及通车时间为 2009 年 10 月 25 日。按照施工合同约定,从 2009 年 10 月 25 日起,1 年后 15 日应返还质保金。双方在《补充协议》中约定:工程缺陷责任期为 2 年,保修期为 5 年,质保金为合同价款的 5%。因此,635,678 元质保金应按照《补充协议》的约定于 2 年工程缺陷责任期届满后返还,不能按约返还应支付相应的利息损失。故二审法院根据双方在《补充协议》中的约定,判决阿尔山市政府返还质保金

635,678 元并无不当。[1]

合同约定质保金于保修期满后返还的,发包人未提供证据证明各专业工程对应保修金金额的,应当认定质保金返还期限约定不明,应依照《民法典》相关规定,确定质保金返还期限。

应注意的是,如合同约定质保金于保修期满后返还但没有约定各专业工程对应的质保金比例的,由于各专业工程保修期限不一致,部分保修期届满,部分未届满的,法院往往酌定各保修期对应的质保金比例,从而确定各期质保金的返还期限;或酌定一个统一的期限,按这一期限返还全部质保金。

承包人与实际施工人订立的分包合同因违法分包而无效,工程竣工验收后,双方又签订工程款结算协议约定:以发包人支付质保金作为承包人向实际施工人支付质保金的前提条件,实际施工人应收的质保金应根据发包人的支付进度同步支付("背靠背"条款)。在发包人未支付质保金的情况下,承包人有权拒绝向实际施工人支付质保金。

【案例8-86】 上海绿地建设(集团)有限公司与盐城蒙发建筑工程劳务有限公司等建设工程分包合同纠纷再审案

最高人民法院认为,关于质保金的返还。首先,是否应该返还。绿地建设公司主张因为蒙发公司未承担维修责任导致建设单位不予返还质保金。经一审、二审法院查明,绿地建设公司未能就工程维修系由蒙发公司负责提供证据证明,应承担举证不能的责任。其次,是否应按照《结算备忘录》"背靠背"条款的约定返还质保金。《结算备忘录》是双方真实意思表示,可以作为结算依据。《结算备忘录》约定:蒙发公司应收的质保金部分根据绿地置业公司支付进度同步支付,如有扣款由蒙发公司承担。在再审申请询问过程中,绿地建设公司陈述:绿地置业公司扣留的质保金,已明确表示不再返还。按照《民法典总则编解释》第二十四条的规定,民事法律行为所附条件不可能发生,当事人约定为生效条件的,人民法院应当认定民事法律行为不发生效力。因此,双方就返还质保金达成的新约定并未发生效力,绿地建设公司关于依据"背靠背"条款按照总包合同约定返还质保金的主张没有事实依据,不予支持。《结算备忘录》关于质保金"背靠背"条款虽不能成就,但能反映双方存在质保金的意思表示。蒙发公司与绿地建设关于5、7~10#楼签订的施工协议中并无质保金条款的具体约定,一审、二审法院参照蒙发公司承包的18#楼工程项目的约定来认定质保金的比例及返还时间并无不当,可以予以维持。绿地建设公司关于质保金的返还条件尚未成就,不应返还质保金

[1] 最高人民法院(2014)民申字第259号民事裁定书。

的再审理由不成立,本院不予支持。[1]

3. 合同解除情况下质量保证金的返还时间

实践中,主要存在以下处理模式。

其一,施工合同解除,质保金应当继续保留,待合同约定的返还期限到期后予以返还。质保金条款属于结算条款。

有观点认为,合同解除后,已完工程质量合格的,发包人主张按照合同约定预留一定比例质量保证金的,一般应予支持。[2]

施工合同解除后,质保金返还期限已届满,质保金应予返还。

【案例8-87】 浙江众某建设集团有限公司与辽阳晟某龙房地产开发有限公司建设工程施工合同纠纷案

最高人民法院认为,关于晟某龙公司应否返还质保金的问题。晟某龙公司与众某公司签订的《房屋建筑工程质量保修书》约定,质量保修期:(1)地基基础工程和主体结构工程为设计文件规定的该工程合理使用年限;(2)屋面防水工程、有防水要求的卫生间、房间和外墙面的防漏为5年;(3)装修工程为2年;(4)电器管线、给排水管道、设备安装工程为2年;(5)供热与供冷系统为2个采暖期、供冷期。第五条约定,工程保修金为本工程结算总价的3%,保修期满还清。晟某龙公司与众某公司于2014年9月12日解除《建设工程施工合同》,且后续施工已经由晟某龙公司另行发包给案外人施工完成,故自合同解除至今已超过5年时间,已逾双方约定的最长保修期限。在此情况下,原审法院判决晟某龙公司返还相应的工程保修金,符合上述《房屋建筑工程质量保修书》的约定。晟某龙公司关于应当扣除3%工程质保金的上诉主张,缺乏事实和法律依据,本院不予支持。[3]

其二,施工合同解除,不应再按照合同约定的竣工验收为质保金的起算时间,而是应当以案涉工程停工或承包人撤场或工程交付发包人或工程通过分部分项验收之日为质保金的起算时间,并按照合同约定的质保金扣留时间,计算质保金的返还期限。

合同解除后,竣工验收合格作为质保金支付条件的约定失去了履行基础。

其三,施工合同解除,质保金应当立即返还。

施工合同解除,质保金条款终止履行,质保金应当立即返还。

---

〔1〕 最高人民法院(2023)民申160号民事裁定书。

〔2〕 参见王毓莹、史智军:《建设工程施工合同纠纷疑难问题和裁判规则解析》,法律出版社2022年版,第266页。

〔3〕 最高人民法院(2019)民终1446号民事判决书。

从合同因发包人原因解除、案涉工程已经移交发包人、后续工程由案外人施工故原承包人无法控制,质保金返还不影响承包人承担保修责任、发包人已进入破产程序等角度,继续按照合同约定扣留质保金有违公平原则,因而质保金应当立即返还。

对于工程尚未完工、施工合同解除情形下,质量保证金何时返还争议较大。一般认为,施工合同解除、建设工程未完工或未经竣工验收的,发包人无法使用则没有必要预留质量保证金。最高人民法院在个案中认为,施工合同已解除便无需再按照原先的合同约定扣除的工程质保金。[1] 在其他个案中,最高人民法院认为,对于发包人提出的原判决未预留工程造价5%作为质量保证金不当的问题,一是发包人对此问题在一审审理中未提出主张或抗辩。二是依据该案事实,承包人施工的涉案工程仅为主体部分,其余工程并未施工,因而除主体工程之外不存在质量保修的前提。三是对于主体工程部分的质量保修,一方面,双方并未对保修金的支付和返还作出具体约定;另一方面,依据《建设工程解释》第十三条之规定,属于建工集团在涉案工程的合理使用寿命内应当承担的责任,均不以质量保修金支付为约束。四是基于双方合同解除的认定,该部分未履行的约定无需履行。故原判决未予扣留质量保证金的认定并无不当。[2] 有律师认为,建设单位如果希望合同解除时能扣留工程质量保证金以作为对承包人按国家规定和合同约定进行工程保修的牵制,应在施工合同中约定合同解除时工程质量保证金的扣留比例和返还时间作出约定。[3] 也就是说,施工合同解除后,如果承发包双方对合同解除后是否预留质量保证金没有特别约定,则在认定发包人应付工程款时,不可直接适用原合同中有关质量保证金的条款,仅在特定情形下有适用余地,法官在认定时应持谨慎态度。

【案例8-88】 中国新兴建设开发总公司与国泰纸业(唐山曹妃甸)有限公司建设工程施工合同纠纷案

最高人民法院认为,在认定国泰纸业公司应向新兴公司支付的工程欠款数额时,应否扣除质保金的问题。根据双方于2013年12月10日签订的《建设工程施工合同》专用条款第68条约定"质量保证金是用于承包人对工程质量的担保。承包人未按约定及有关法律法规的规定履行质量保修义务的,发包人有权从质量保证金中扣留用于质量返修的各项支出""除专用条款另有约定外,工程竣工验收合格满二年后的28天内,发包人应将剩余的质量保证金返还给承包人。剩余质量保证金的返还,并不能解除承包人按合同约定应

---

[1] 最高人民法院(2015)民一终字第8号民事判决书。

[2] 最高人民法院(2016)民申字第3556号民事裁定书。

[3] 参见丁小军:《房地产与建设工程法律实务》,法律出版社2017年版,第160页。

负的质量保修责任”,国泰纸业公司作为发包人返还所扣留的质量保证金的时间是“工程竣工验收合格满二年后的28天内”,但这是在工程能够竣工验收合格的情形下。本案中,因资金问题,案涉工程已于2015年1月停工至今,并且新兴公司在一审时的诉请之一就是解除《建设工程施工合同》,在此情形下,在新兴公司和国泰纸业公司之间,案涉工程不可能满足竣工这一条件,故有关质量保证金的返还问题不能直接适用上述规定。鉴于案涉工程已于2015年1月停工,至今已经超出2年,在此期间,国泰纸业公司并未提出证据证明案涉工程存在质量问题以及需要进行质量返修,故其主张应继续扣留质量保证金没有依据,其应按照已经认定的数额向新兴公司支付工程欠款及损失费用。原审判决对此认定不当,最高人民法院予以纠正。〔1〕

【不同处理】 有法官认为,施工合同在未完工的情况下被解除的,发包人也有权按照合同约定比例预留质保金。〔2〕

对于工程未完工、施工合同解除时质量保证金基数确定问题。一般情形下,合同约定的质量保证金为工程价款结算总额的特定百分比。在合同解除、工程尚未完工情形下,不存在整个工程的价款结算总额,所以即使扣除质量保证金,也应以已完工部分对应的工程价款为计算基数才比较合理。〔3〕

4. 合同无效情况下质量保证金的返还时间

建设工程施工合同无效,其是否在结算时扣留质量保证金有争议。2013年版和2017年版《建设工程施工合同(示范文本)》中明确约定了单位工程先于全部工程进行验收,经验收合格并交付使用的,该单位工程缺陷责任期自单位工程验收合格之日起算。由此也可看出,对已竣工验收的分部分工程参照合同约定预留质量保证金也符合行业交易习惯。在合同无效情形下,工程经验收合格并交付发包人使用的,承包人应依据法律、行政法规的规定承担质量保修责任。发包人要求参照合同约定扣留一定比例的工程款作为工程质量保证金的,法律应予支持。反之,工程验收不合格的则不存在扣留工程质量保证金。现行法律并未规定质量保证金的性质,而从其功能上来看,工程质量保证金是对工程质量保修期内建设工程出现的质量缺陷进行维修的资金的担保,是承包人的一种法定义务,施工合同中关于质保金的约定,属于结算条款范畴,不以施工合同的合同效力作为

---

〔1〕 参见最高人民法院民事审判第一庭编:《民事审判指导与参考》2018年第2辑(总第74辑),人民法院出版社2018年版,第207页。

〔2〕 参见邬砚:《建设工程合同纠纷——254个裁判规则深度解析》(第2版),法律出版社2019年版,第73页。

〔3〕 参见最高人民法院民事审判第一庭编:《民事审判指导与参考》2018年第2辑(总第74辑),人民法院出版社2018年版,第212页。

认定前提。有观点认为，合同无效后，工程竣工验收合格的，发包人主张参照合同约定扣留工程质量保证金的，一般应予支持。[1]

其一，施工合同无效，质保金的返还期限仍应当按照合同约定。质保金是用以保证承包人在缺陷责任期内对建设工程出现的缺陷进行维修的资金，是一种法定义务，故不应以合同效力为认定前提。

【案例8－89】　江苏某南通某建建设集团有限公司与唐山市通某房地产开发有限公司建设工程施工合同纠纷案

最高人民法院认为，案涉《工程协议书》虽被确认无效，但建设工程实行质量保修制度。工程质量保证金一般是用以保证承包人在工程质量保修期内对建设工程出现的质量缺陷进行维修的资金。虽然工程质保金可以由当事人双方在合同中约定，但从性质上讲，工程质量保证金是对工程质量保修期内工程质量的担保，是一种法定义务，故不应以合同效力为认定前提。且双方对工程质保金约定在《工程协议书》第七条“付款方式”中，内容即“政府主管部门对工程项目总体竣工验收合格后，由南通某建向通某公司提交工程结算报告，通某公司收到南通某建工程结算报告后60日内完成结算审核并支付至总工程款的95%。剩余5%部分作为保修金，在南通某建按有关规定完成保修任务的前提下，工程竣工满一年10日内付2%，剩余部分按国家有关规定执行”。由此，双方对质保金的约定，属于结算条款范畴。因此，在合同约定的条件满足时，工程质量保证金才应返还施工人。本案中，虽然南通某建已完成施工的部分工程经过了分部分项验收，但建设工程的保修期，应自整个工程竣工验收合格之日起计算。虽然案涉工程存在的质量问题已经另案判决南通某建承担了质量修复责任，但质量修复责任与质保金承载的担保责任并非同一性质，工程质量保证金在条件满足的情况下是应予返还的。因案涉整体工程尚未竣工验收合格，根据合同约定，通某公司主张应扣留工程价款5%的质保金的上诉请求成立，本院予以支持。根据一审法院认定，南通某建已完工程造价为107,123,872.97元，案涉工程的质保金应为5,356,193.65元（107,123,872.97元×5%）。一审法院未按照合同约定，扣留相应工程质保金存在不当，本院予以纠正。[2]

其二，施工合同无效，质保金条款有效，保修期届满后，应返还质保金。

---

〔1〕　参见王毓莹、史智军：《建设工程施工合同纠纷疑难问题和裁判规则解析》，法律出版社2022年版，第266页。

〔2〕　最高人民法院（2019）民终504号民事判决书。

【案例8－90】 浙江某某建设集团有限公司与青海临某房地产开发有限公司建设工程施工合同纠纷再审案

最高人民法院认为,关于案涉工程是否已过质保期,质保金应否扣除的问题。《施工合同》及《补偿协议》虽无效,但案涉工程款的结算及支付仍应参照上述合同的约定。《施工合同》约定,“土建工程、质量、保修金在通过竣工验收贰年后经甲乙双方及监理单位验收合格后15天内付清质量保修金,其他工程保修金,在其保修期满后15天内付清”,《补充协议》约定,“3%保修金按照国家规定时间期满后七日内一次性付清”。本案中,临某公司与中某公司虽实际履行的合同为《补充协议》及《施工合同》,但根据双方在签订合同时的真实意思表示,《施工合同》与《补充协议》的约定抵触时,应以《补充协议》的约定为准。故案涉保修金的支付应参照《补充协议》的约定,即“3%保修金按照国家规定时间期满后七日内一次性付清”。质保金为案涉总工程款52,995,590.49元×3%＝1,589,867.7元,该款项应在质保期满后支付,故应予扣除。[1]

其三,施工合同无效,质保金返还期限为通过竣工验收之日起满2年。施工合同无效,质保金条件亦无效,应根据《建设工程质量保证金管理办法》的规定,质保金返还期限为通过竣工验收之日起满2年。

其四,施工合同无效,质保金应当随工程款一并返还。施工合同无效,质保金条件亦无效,质保金应当随工程款一并返还。

其五,施工合同无效,以借款利息抵扣的保证金期限及利息约定亦无效。

【案例8－91】 江苏某建工建设集团有限公司与十堰市瑞某房地产开发有限公司建设工程施工合同纠纷再审案

最高人民法院认为,关于420万元工程质量保证金的认定问题。瑞某公司主张,420万元工程质量保证金系以违法借款的利息抵扣,某建工公司未实际交付,该420万元保证金不存在。某建工公司称,以借款利息抵扣保证金是债的抵销,保证金及利息约定有效。前已述及,借贷合同及利息约定合法有效,该420万元保证金虽为借款利息抵扣,但未违反法律规定,且已经双方协议签章确认,应予认定。因建设工程施工合同无效,双方就保证金返还期限及逾期利息的约定亦无效,原审法院判决瑞某公司返还保证金并依据保证金来源酌情不予计息的判决并无不当。[2]

【不同处理】 也有观点认为,根据合同法无效处理规则,其工程质量保证金

〔1〕 最高人民法院(2019)民再166号民事判决书。

〔2〕 最高人民法院(2017)民申3773号民事裁定书。

(保证金)应当退还给承包人,不受施工合同质保期的限制。但退回质量保证金并不等于免除承包人对工程质量维修的责任。如果发包人发现承包人施工的建设工程项目存在质量问题或者需要维修的,即使在退还了质量保证金后,亦仍然有权向承包人进行索赔。最高人民法院在个案中认为,案涉合同属于无效合同,康福公司据此取得的200万元工程款质量保证金应予返还。[1]

5. 质量保证金返还期限

工程质量保证金的返还期限,应以合同约定的时间为主,约定返还期限与工程质量保修期不一致的,不影响工程质量保证金的返还,且不免除相应的工程质量保修责任。最高人民法院民一庭倾向性意见,当事人对发包人在应付工程款中预留的工程质量保证金返还有约定,承包人请求按照约定返还工程质量保证金的,应予支持。发包人返还工程质量保证金后,不影响承包人依照合同约定或者法律规定履行工程保修义务。[2]

【案例8-92】　大连荣基建设工程有限公司与大连美天测控系统有限公司建设工程施工合同纠纷案

二审法院认为,双方在合同中对于质量保修金的返还期限作了不同的约定,在合同附件中约定的质量保修金的返还期限是在质量保修期届满之后;而在合同专用条款中约定的保修金返还期限是在1年质保期后返还,在双方签订的补充协议中亦约定质保金于工程竣工验收合格1年后14个工作日内付清,因此,应视为双方变更了保修金的返还期限,在合同专用条款中约定保修金返还期限应视为双方特别约定。值得注意的是,该约定是双方对于工程质量保修金何时返还的约定,并未免除荣基公司对于案涉工程的质量保修责任,故一审法院以双方专用条款中关于保修金返还的约定违反《建筑工程质量管理条例》规定,目前尚未超过质保期,原告仍需履行质量缺陷保修义务为由,驳回荣基公司主张返还工程质量保修金及利息的诉讼请求明显错误,二审法院予以纠正。[3]

工程未经验收,发包人擅自使用后不得再主张扣除部分工程款作为工程质量保证金。

---

〔1〕　最高人民法院(2014)民一终字第108号民事判决书。

〔2〕　参见最高人民法院民事审判第一庭编:《民事审判指导与参考》2016年第2辑(总第66辑),人民法院出版社2016年版,第165页。

〔3〕　辽宁省大连市中级人民法院(2015)大民二终字第00027号民事判决书。

【案例8－93】 青海福海房地产开发有限公司与浙江正见建设集团有限公司建设工程施工合同纠纷案

一审法院认为，根据双方签订的《建设工程施工合同》的约定，在决算工程款时应当扣除3%的质保金，但是双方就工程质量保修金的返还期限并没有约定，根据工程的保修期限不得低于相关法律法规所规定的最低期限，工程质量保修金返还期限应为工程竣工验收合格之日起24个月。在本案中正见公司施工的工程未经竣工验收，但已实际交付福海公司擅自使用，根据《建设工程解释》第十三条……的规定，正见公司除对建设工程的地基基础工程和主体结构质量承担民事责任外，对于福海公司擅自使用工程存在的一般性的属于工程质量保修范围的质量问题，再对正见公司进行主张保修的权利是不予支持的。故，福海公司要求按照双方合同约定，在工程款中扣除3%的工程款作为工程质量保修金与客观事实不符，其理由不能成立，不予支持。福海公司不服提出上诉，二审法院维持此部分的判决。[1]

工程未依保修项目分项约定保修金数额，则依该工程约定的保修项目的最后保修期尚未届满处理保修金。

【案例8－94】 新疆新世纪成功房地产开发有限公司与青岛建设集团公司等建设工程施工合同纠纷案

最高人民法院认为，因双方对工程未依保修项目分项约定保修金数额，仅约定了保修金的比例和期限，现该工程约定的保修项目的最后保修期尚未届满，故一审判决对保修金予以扣除并无不妥。工程发生的费用（含税金）为104，724，957.78元，依据此造价及约定的保修金比例，该工程保修金数额应为5，236，247.8元。青建公司的该项上诉理由不成立，不予支持。[2]

【案例8－95】 杭州建工与大理汇宁建设工程施工合同纠纷案

最高人民法院认为，关于杭州建工主张不应缴纳质量保证金1，408，220.74元。依照《建设工程施工合同》的约定，杭州建工应当按照案涉工程价款3%的比例缴纳工程质量保证金。虽然案涉工程未完工，但杭州建工的保修义务并不因此免除。杭州建工称项目后续工程并非由其完成，工程何时竣工其无法控制，以竣工验收作为质量保证金退还条件将导致其实际难以取回工程质量保证金。针对这一问题，一审判决已明确将2018年9月14日工程移交时间作为工程保修起算时间，大理汇宁应自此时起根据《建设合同施工合同》

---

〔1〕 青海省高级人民法院（2015）青民一终字第32号民事判决书。

〔2〕 参见最高人民法院民事审判第一庭编：《最高人民法院民事案件解析》（建设工程），法律出版社2010年版，第179页。

的约定于3年内分期退还。故杭州建工关于工程质量保证金退还时间无法确定的理由不能成立。[1]

缺陷责任期满，法律法规和司法解释对发包人没有明确规定是否应当返还质量保证金。

【案例8－96】　某公司与凯创公司建设工程施工合同纠纷案

最高人民法院认为，关于质量保证金。凯创公司主张从工程造价中扣减4%的质量保证金，一审法院未支持，凯创公司提起上诉。本院认为，《建设工程解释（二）》第八条第一款第一项规定，当事人约定的工程质量保证金返还期限届满，承包人请求发包人返还工程质量保证金的，人民法院应予支持。《建设工程质量保证金管理办法》第二条第三款规定，缺陷责任期一般为1年，最长不超过2年，由发包方和承包方在合同中约定。本案中，双方约定了各项工程的质量保修期，并约定质量保证金为合同造价的4%，在工程竣工结算时预留，土建、安装、防水工程各自保修期限到期后，按造价比例自保修期满后14天内分别无息退还承包人。其他保修项目由承包人负责直至保修期满后无息退还，地下车库工程预留质量保证金待质保期满后30日内收回工程，质量缺陷责任期应自此日起计算。按照《建设工程质量保证金管理办法》的规定，以及双方的约定，截至一审判决作出时间2019年12月27日，本案各项工程均已过保修期，已扣留的质量保证金应予退还，并支付保修金利息。一审对质量保证金的处理正确，凯创公司此项上诉请求缺乏事实和法律依据，本院不予支持。[2]

【案例8－97】　某公司与某某公司建设工程施工合同纠纷案

最高人民法院认为，关于保修金问题，案涉工程造价为151,970,358.04元，依据双方关于“甲方按乙方工程结算总造价的5%暂留，作为工程质量保修金，保修期限为5年”的约定，以及关于“保修金不支付利息，扣除已发生的保修费用后支付，保修期满两年后返3%，保修期满三年后返还1%，保修期满五年后返1%。其他保修责任及相关事宜执行合同文本之规定”的约定，保修金应为7,598,517.9元，并应依约返还。因万旌公司主张南通二建于2014年年末全部撤走，工程的商场部分于2015年11月28日开始营业，写字楼部分于2015年5月开始使用，故一审法院酌定案涉工程已于2015年1月1日由南通二建交付万旌公司使用，保修期应自2015年1月1日起算。因

[1]　最高人民法院（2019）民终940民事判决书。

[2]　最高人民法院（2020）民终483号民事判决书。

此，万旌公司目前能保留工程造价1%的保修金即1,519,703.58元。[1]

保修期起算时间无法确定，承包人不可以主张质量保证金。

【案例8－98】 泸州七建公司与金鸿宇公司建设工程施工合同纠纷案

最高人民法院认为，对于工程款认定问题。根据《建设工程施工合同》约定，在结算审核定案20个工作日内，金鸿宇公司应向泸州七建支付结算总价98%的工程款，余2%作为质量保修金，保修期满2年，金鸿宇公司支付工程质量保修金的80%；保修期满5年的20个工作日内，金鸿宇公司支付剩余质量保修金。2018年1月10日《建设工程结算书》确定的工程造价为83,008,020元，泸州七建诉请的工程款金额中包含了质量保修金的退还，但因案涉工程未竣工验收，且业主入住使用时间不明，保修期起算时间无法确定，质量保修金依法应暂予扣除，故金鸿宇公司在本案中应支付泸州七建的工程价款为83,008,020元×98%＝81,347,859.6元。[2]

6.质量保证金的返还主体

没有事实和证据证明的，发包人应返还承包人的工程质量保证金。

【案例8－99】 抚顺恒昇房地产开发有限公司与江苏南通二建集团有限公司建设工程施工合同纠纷案

最高人民法院认为，关于质保金是否应予扣除的问题，恒昇公司主张案涉工程部分区域存在诸多质量问题，南通二建公司拒不履行维修义务的行为已经构成违约，恒昇公司有权拒付案涉工程款5%的质保金，具体金额为4,969,151.819元。……本案中，恒昇公司主张存在施工质量问题，但其提交的《工程质量整改通知单》《督促函》《违约责任告知函》《告知函》《关于重申D区地下室施工要求的函》《工作联系函》等均系恒昇公司单方出具，部分无南通二建公司盖章或工作人员签字，部分有签字但无法证明系南通二建公司的工作人员所签认。因此，一审法院认定在南通二建公司不予认可的情况下，上述证据材料的真实性无法确认，无法证明南通二建公司拒不履行维修义务，并无不当。另外，恒昇公司主张从2014年1月起即发现案涉工程存有质量问题，但在2014年1月至2014年9月恒昇公司与南通二建公司就案涉工程款结算问题进行会议协商及对账工作期间，以及2015年至2016年向南通二建公司支付工程款期间，恒昇公司始终未对工程质量提出过任何异议，且恒昇公司自认交付时间为2013年11月8日，已超过最长5年的质保期。

---

〔1〕 最高人民法院(2020)民终191号民事判决书。

〔2〕 最高人民法院(2020)民终375号民事判决书。

因此,恒昇公司关于应从工程款数额中再扣除4,969,151.819元质保金的上诉理由,缺乏事实依据,本院不予支持。[1]

施工单位代实际施工人将保证金转付给发包人,保证金应由收取实际施工人履约保证金的直接相对方(施工单位)退还。

【案例8-100】 郑某军与联腾公司建设工程施工合同纠纷再审案

最高人民法院认为,(1)关于履约保证金的退还是否受《合作协议书》约定条件的限制。因郑某军不具备施工资质,与联腾公司系挂靠关系,《合同协议书》《合作意向协议》均应被认定为无效。因此,《合同协议书》约定的履约保证金退还条件不再对郑某军产生约束力。(2)关于联腾公司是否有返还履约保证金的义务。根据已查明的事实,400万元履约保证金系郑某军独立支出的,《合作意向协议》明确约定,挂靠期间郑某军必须以联腾公司名义与发包人进行相应活动,因此,可以确定的是该笔履约保证金系郑某军代联腾公司支付的,尽管联腾公司在支付过程中仅起到中转作用,但在《合作意向协议》被确认无效后,根据合同无效的法律后果,联腾公司应承担向郑某军返还该400万元的责任。[2]

【案例8-101】 蒲某与八建公司建设工程施工合同纠纷再审案

最高人民法院认为,在本院再审中,八建公司主张,其纯属提供挂靠资质,并不实际享有或占有工程权益,所谓八建公司收取履约保证金,实质上只是借用八建公司名义过账而已。本案的保证金,应当由最初收取保证金的账户的实际控制人余某平,或者由保证金的最终收取者诚投公司退还。为此,八建公司提交了账号为39×××27和39×××93的两个账户的开立申请书、授权书、更换印鉴申请书、专用存款账户现金支取申请书作为本案新证据,还提交了要求追加诚投公司为本案第三人的申请书。对此本院认为,在八建公司提交的有关银行账号的开立申请等资料中,均显示账户名称为八建公司,即使预留印鉴中有余某平和代某林的名章,也不能否认该账户由八建公司拥有的事实,不能否认本案所涉蒲某335万元保证金已由八建公司收取的事实。虽然该335万元保证金已由八建公司转付给诚投公司,但在蒲某与诚投公司或八建公司均无合同关系的情况下,该335万元保证金应由实际收取者八建公司承担返还责任,在本案中无需追加诚投公司为第三人。[3]

应明确的是,若实际施工人与施工单位的协议中明确施工单位仅是代为转交

---

〔1〕 最高人民法院(2020)民终1225号民事判决书。
〔2〕 最高人民法院(2019)民申1916号民事裁定书。
〔3〕 最高人民法院(2016)民再31号民事判决书。

履约保证金,不承担返还义务的,则实际施工人仅能将施工单位列为第三人,将发包人列为被告主张退还保证金。

关于质量保证金使用应注意的是,承包人维修并承担相应费用后,不免除对工程的一般损失赔偿责任。由他人原因造成的缺陷,发包人组织维修,承包人不承担费用,且发包人不得从保证金中扣除费用。[1]

关于质量保证金返还和利息的关系,2017 年版《建设工程施工合同(示范文本)》明确规定,发包人在退还质量保证金的同时按照中国人民银行发布的同期同类贷款基准利率支付利息。若当事人对此并无约定,综合行业习惯、部分地方文件规定等因素,笔者倾向认为,质量保证金在约定和推定期限内返还时,发包人应同时支付相应的利息。[2]

---

〔1〕 最高人民法院(2011)民申字 866 号民事裁定书。

〔2〕 参见王毓莹、史智军:《建设工程施工合同纠纷疑难问题和裁判规则解析》,法律出版社 2022 年版,第 266 页。

合同司法观点
总梳理系列

建设工程施工合同

09

纠纷处理司法观点总梳理（下册）

王　军／编著

法律出版社
LAW PRESS·CHINA
北京

contents **目录**

专题九　建设工程价款优先受偿权纠纷

专题十　建设工程表见代理纠纷

专题十一　建设工程鉴定纠纷

专题十二　建设工程价款结算纠纷

专题十三 建设工程实际施工人纠纷

专题十四　建设工程程序纠纷

专题九　建设工程价款优先受偿权纠纷

建设工程价款优先受偿权，是指负有建设工程价款支付义务的债务人除欠付工程款外，还同时存在其他债务，即同时存在数个债权人时，建设工程价款就该债务人的财产享有优先于其他债权人受清偿的权利。简言之，建设工程价款优先受偿权，是指承包人就其施工所应得的价款而享有的对该工程折价或拍卖所得款项优先受偿的权利。在司法实践中，就建设工程价款优先受偿权适用产生诸多纠纷，本专题就部分争议较大的问题予以剖析。

一、工程价款优先受偿权理解

《民法典》第八百零七条规定："发包人未按照约定支付价款的，承包人可以催告发包人在合理期限内支付价款。发包人逾期不支付的，除根据建设工程的性质不宜折价、拍卖外，承包人可以与发包人协议将该工程折价，也可以请求人民法院将该工程依法拍卖。建设工程的价款就该工程折价或者拍卖的价款优先受偿。"该条规定被认为建设工程优先受偿权的法律依据，但该条规定比较原则。

(一)优先受偿权含义

1. 优先受偿权性质

《民法典》第八百零七条并未对建设工程价款优先受偿权的性质予以界定，《最高人民法院关于建设工程价款优先受偿权问题的批复》(已失效)亦未对建设工程价款优先受偿权的性质予以界定。学术界对建设工程价款优先受偿权的性质有不同观点，有人认为，基于将建设工程价款优先受偿权界定为法定抵押权符合立法者的意图。因此，对于优先权的性质，应当采法定抵押说。[1] 有学者从立法背景和立法过程考察，认为建设工程价款优先受偿权性质上属于法定抵押权。[2] 有法官持不同观点认为，建设工程价款优先受偿权在性质上属于法定优先权，不属于法定抵押权。[3] 实务界主流观点认为，建设工程价款优先受偿权属于法定优先权，笔者持赞同意见。制定司法解释的法官认为，无论是规定在《合同法》还是规定在《民法典》合同编中，不可否认的是，工程价款优先受偿权的性质不是债权。尽管承包人因履行建设工程施工合同而享有优先权，但该权利不是依据合同取得，而是直接依据法律规定而享有。承包人优先受偿权的性质就是优先

---

〔1〕 参见朱树英主编：《法院审理建设工程案件观点集成》，中国法制出版社2015年版，第647页。

〔2〕 参见梁慧星：《合同法第286条的权利性质及其适用》，载《山西大学学报(哲学社会科学版)》2001年第3期。

〔3〕 参见潘军锋：《建设工程施工合同案件审判疑难问题研究》，载《法律适用》2014年第7期。

权。这种优先权可称为建筑优先权。如同船舶优先权、航空器优先权一样。将工程价款优先受偿权解释为优先权,不仅避免了不必要的概念之争,符合现行法律规定精神,而且与其他国家和地区相关立法例一致。[1]

从理论上讲,建设工程价款优先受偿权是依法律直接规定而成立,以特定不动产为标的物,不以对标的物的占有为要件,无需经过登记,效力优先于一般债权和其他担保物权,作用在于保证与标的物有牵连关系的特种债权实现。承包人就建筑物直接支配其交换价值而优先于发包人的其他债权人受偿其债权的权利,它的实现无需双方合意,也无需承包人进行实际占有,它不能根据先来后到的原则,确定工程价款优先受偿权和一般抵押权的效力。建设工程价款优先受偿权在性质上类似于法定抵押权,但并非法定抵押权,更不同于留置权。建设工程价款优先受偿权是以建设工程折价、拍卖的交换价值担保债权的实现,本质上是债权实现的优先顺位权。

2. 优先受偿权效力

依据现行法律规定和理论研究成果,通说认为,建设工程价款优先受偿权为依法律规定当然产生,无需登记公示,具有从属性,其效力比存在建设工程之上的物权要高。对于优先受偿权是否存在物上追及力,理论上认识并不一致。有法官认为,建设工程价款优先受偿权具有物上追及力。[2] 最高人民法院在优先受偿权物上追及力上的态度明确、肯定。最高人民法院民一庭在个案中认为,法定优先受偿权属于担保物权,是法律赋予权利人的一种对物权,具有一定的追及效力。该权利依附于所担保的工程而存在,即使被担保的工程发生转让,只要受让人对受让该工程存在一定过错,即不构成善意取得,承包人在其工程款范围内对该工程享有优先受偿权。[3] 在另一个案中认为,根据建设工程价款优先受偿权的立法精神,第三人通过以物抵债方式取得建设工程所有权不能对抗承包人的优先受偿权,承包人对已过户到该第三人名下的承包人承建的房屋行使优先受偿的权利不应受到限制。[4] 鉴于承包人的建设工程价款优先受偿权具有优先于抵押权的效力,该优先受偿权也应当具有物上追及力。司法实践对这一问题也持肯定意见。因此,承包人的建设工程价款优先受偿权能够对抗受让建设工程的第三人。

---

〔1〕 参见最高人民法院民事审判第一庭编著:《最高人民法院新建设工程施工合同司法解释(一)理解与适用》,人民法院出版社 2021 年版,第 371 ~ 373 页。

〔2〕 参见邬砚:《建设工程合同纠纷——254 个裁判规则深度解析》(第 2 版),法律出版社 2019 年版,第 212 页。

〔3〕 参见最高人民法院民事审判第一庭编:《民事审判指导与参考》2010 年第 2 集(总第 42 集),法律出版社 2011 年版,第 158 页。

〔4〕 参见最高人民法院民事审判第一庭编:《民事审判指导与参考》2012 年第 3 辑(总第 51 辑),人民法院出版社 2012 年版,第 164 页。

如果承包人允诺放弃建设工程价款优先受偿权,其建设工程价款债权则失去上述效力,不能对抗发包人、发包人的债权人、建设工程的抵押权人和受让人。如果承包人允诺限制建设工程价款优先受偿权,则其建设工程价款债权在其允诺的范围内失去上述效力。[1]

【案例9-1】 吉林中城建中大房地产开发有限公司与东奥公司建设工程施工合同纠纷再审案

经最高人民法院审委会讨论认为,东奥公司对中大世纪城B区工程享有的工程价款优先权是基于法律规定而取得的,效力优先于一般债权和其他担保物权。在存在法定优先权的情况下,中大公司与中控公司通过《债务重组协议》对B区土地及地上物进行处置,侵害了优先权的利益,东奥公司有权追及B区土地及地上物,主张优先受偿。鉴于B区土地及地上物已被中控公司处置,东奥公司有权直接向中控公司追偿。[2]

建设工程价款优先受偿权能否排除强制执行问题。最高人民法院在个案中的明确态度:人民法院对生效判决确认的强制执行并不必然妨害建设工程价款优先受偿权的实现,案外人不能以其被执行的建设工程享有优先受偿权为由要求停止执行,而应当在执行程序中向执行法院提出优先受偿主张。

【案例9-2】 华宇广泰建工集团松原建筑有限公司与东北农业生产资料有限公司及松原市博翔房地产开发有限公司案外人执行异议之诉再审案

最高人民法院认为,关于华宇广泰公司享有的建设工程价款优先受偿权能否排除东北农业公司借款债权执行的问题。华宇广泰公司诉松原博翔公司建设工程施工合同纠纷一案,松原市中级人民法院于2015年11月26日作出(2015)松民二初字第106号生效民事判决,确认华宇广泰公司在博翔大酒店工程价款的范围内享有优先受偿权。据此,华宇广泰公司对本案执行标的物博翔大酒店享有实体权益。建设工程价款优先受偿权属于法定优先权,其本质是以建设工程的交换价值担保工程款债权的实现,此种优先受偿权仅是债的实现顺位的优先,不能排除人民法院对执行标的采取的拍卖、变卖、折价等执行行为,不属于"足以排除强制执行"的民事权益。因此,二审法院对建设工程价款优先受偿权人华宇广泰公司停止执行的诉讼请求不予支持,并

---

〔1〕 参见最高人民法院民事审判第一庭编著:《最高人民法院建设工程施工合同司法解释(二)理解与适用》,人民法院出版社2019年版,第477页。

〔2〕 最高人民法院(2011)执监字第15号驳回申诉通知书。

无不当，华宇广泰公司此项申请再审主张不成立。[1]

建筑物转让之后，优先受偿权是否具有追及力，需要结合受让人的主观状态判断。若受让人不知道或者不应当知道承包人享有优先受偿权，则优先受偿权对于转移权属的建筑物不具有追及力；若受让人知道或者应当知道承包人享有优先受偿权，则优先受偿权对于转移权属的建筑物具有追及效力。受让人是否知道或者应当知道，可以结合受让人是否知晓发包人欠付工程款、承包人就工程款提起的诉讼以及发包人转让时的告知情况等因素综合判断。建筑物被采取查封保全措施之后，因其本身无法完成权属转移，故该种情形不属于追及力探讨的范围。[2]

参与制定司法解释的法官认为，建设工程被转让承包人的优先权应当仍然存在。首先，建设工程队被转让，受让人实际取得承包人的地位。其次，法定优先权具有担保属性，具有一定的追及效力，其功能是担保工程款优先支付，该权利依附于所担保的工程而存在，即使被担保的工程发生转让，也不应影响工程价款优先受偿权的实现。[3]

3. 优先受偿权行使主体

《民法典》第八百零七条未明确优先授权的主体。《民法典》第七百八十八条第二款规定建设工程合同范围中有三类即工程勘察、设计、施工，而第八百零七条规定建设工程价款优先受偿权并未明确将勘察人、设计人排除在优先受偿权之外。对第八百零七条中的建设工程合同，应作狭义解释，仅指施工合同，不应包括勘察合同、设计合同，故不应包括勘察人、设计人。司法实践中，一般是将勘察人、设计人排除在优先受偿权行使主体之外，而只允许承包人行使该项权利。其主要理由为，勘察人、设计人处于有利的位置、在拖欠费用时可以不交勘察报告和设计图纸，且拖欠数额不大，远不如拖欠工程款严重。享有建设工程价款优先受偿权的主体需要具备三个条件：一是与发包人订立的合同属于建设工程合同，不成立建设工程合同关系的承包人不享有建设工程价款优先受偿权。例如，建设工程监理合同、建设工程代建合同和建设工程项目管理合同均不属于法律规定的建设工程合同，所以监理人、代建人和项目管理人均不享有建设工程价款优先受偿权。二是与发包人直接订立建设工程合同，与发包人直接成立建设工程合同关系。与

[1] 参见最高人民法院民事审判第一庭编：《民事审判指导与参考》2017年第4辑(总第72辑)，人民法院出版社2018年版，第234页。

[2] 参见王毓莹、史智军：《建设工程施工合同纠纷疑难问题和裁判规则解析》，法律出版社2022年版，第391页。

[3] 参见最高人民法院民事审判第一庭编著：《最高人民法院新建设工程施工合同司法解释(一)理解与适用》，人民法院出版社2021年版，第366页。

建设工程施工承包人或建设工程总承包人签订建设工程专业分包合同或劳务分包合同的分包人不享有建设工程价款优先受偿权。三是与发包人订立的建设工程合同必须包含施工内容,如建设工程施工承包和建设工程总承包合同;不包含施工内容的建设工程合同承包人不享有建设工程价款优先受偿权,如建设工程勘察、设计合同承包人等。

根据现行法律和司法解释规定,行使优先受偿权主体:

其一,承包人,包括总承包人、专业承包人。《建设工程解释(一)》第三十五条规定:“与发包人订立建设工程施工合同的承包人,依据民法典第八百零七条的规定请求其承建工程的价款就工程折价或者拍卖的价款优先受偿的,人民法院应予支持。”该条明确规定价款优先受偿权利主体为与发包人订立施工合同的承包人,扩大了享有优先受偿权的承包人范围,与发包人直接签订施工合同的专业承包人、分包人、总承包人均有权行使优先受偿权。该条规定严格遵循《民法典》第八百零七条和合同相对性原则,有合同关系的就享有优先受偿权,没有合同关系的施工人则不享有优先受偿权。因转包、违法分包均被法律明确禁止,如果再赋予实际施工人以优先受偿权,有可能对建设工程市场秩序产生负面导向。享有优先受偿权主体的范围,只有与发包人订立施工合同的承包人,不包括勘察人、设计人、实际施工人以及次承包人和合法的分包人。分包人和实际施工人行使优先受偿权放在本专题第三部分阐述。

在工程总承包模式下,工程总承包人与发包人签订工程总承包合同,承包工程设计、采购、施工或者设计、施工等阶段任务,因此工程总承包人属于法律及司法解释规定的承包人范围,有权主张建设工程价款优先受偿权。

应注意的是,设计单位和施工单位组成联合体总承包的,仍然限制设计单位主张建设工程价款优先受偿权。根据《房屋建筑和市政基础设施项目工程总承包管理办法》第十条规定,工程总承包单位可以由具有相应资质的设计单位和施工单位组成联合体。在联合体总承包模式下,设计单位并未实际从事项目施工工作,理应排除在优先受偿权行使主体范围之外。如支持设计单位单独主张优先受偿权,则可能引发后续设计单位拿到工程款后与施工单位内部就工程款分配的纠纷。如果最终施工单位无法实际受领应得工程价款,则优先受偿权的价值目的可能无法实现。对于施工单位如何单独取得价款优先受偿权,有待进一步研究探讨。

其二,装饰装修工程承包人。《建设工程解释(一)》第三十七条规定:“装饰装修工程价款具备折价或者拍卖条件,装饰装修工程的承包人请求工程价款就该装饰装修工程价款折价或者拍卖的价款优先受偿的,人民法院应予支持。”该条明确规定装饰装修工程的承包人是优先受偿权主体,且是有条件的即具备折价或者拍卖条件。应注意的是,根据本条解释,未要求装饰装修工程的发包人必须是该建筑物的所有权人。《建设工程解释(二)》第十八条中的但书部分即“但装饰装修工程的发包人不是该建筑物的所有权人的除外”表明装饰装修工程的发包人应当是该建筑物的所有权人。然而,前文已述及,实务中存在建设工程的所有权人与使用权人分离的情形。依法享有使用权的人当然有权对建筑物进行装饰装修,对外发包装饰装修工程。〔1〕也就是说,虽然装饰装修工程具有附着性特点并不意味着装饰装修工程不具备独立价值,当装饰装修工程发包人不是该建筑物所有权人时,仍应当进一步判断装饰装修工程客观上能否单独折价或拍卖。如装饰装修工程具备折价或者拍卖条件,装饰装修工程的承包人享有优先受偿权。

湖南省高级人民法院发布的《关于审理建设工程施工合同纠纷案件若干问题的解答》规定:如何理解《建设工程解释(一)》第三十七条装饰装修工程承包人主张优先权应具备的折价或者拍卖条件?装饰装修的承包人就建设工程价款主张优先受偿权应具备折价或者拍卖条件,应理解为装饰装修的承包人就建设工程价款主张优先受偿权的同时应举证证明案涉装饰装修工程可单独评估且与其他工程一并拍卖。

需要注意的是,《建设工程解释(一)》第三十七条的规定不适用于家庭居室装饰装修,家庭居室装饰装修工程的承包人不享有工程价款的优先受偿权。主要原因是,依现行《建筑法》的规定,家庭居室装饰装修活动不属于《建筑法》的调整范围,家庭居室装饰装修工程应适用《民法典》合同编有关承揽合同的规定。同时,认定家庭居室的装饰装修工程承包人享有工程价款优先受偿权不符合司法解释与司法政策的精神,也缺乏实际可操作性。通常情况下,家庭居室的装饰装修是居住人已经实际占有将要装饰装修的房屋,更应当受到特殊保护,认定承包人的优先受偿权在实现权利的路径上也将存在一定障碍。

【案例9－3】 戴某忠与金海大酒店装饰装修工程价款优先受偿权纠纷案

一审法院认为,关于装饰装修工程的承包人是否能够主张优先受偿权问题。根据《建设工程解释(二)》第十八条之规定及案涉酒店建筑物所有权人即金海大酒店的事实,戴某忠作为案涉工程承包人,对装饰装修工程价款享有优先受偿的权利。一审法院对金海大酒店提出的装饰装修工程的承包人不享有优先受偿权的意见不予采纳。

最高人民法院认为,《施工合同》《补充协议1》《补充合同2》系戴某忠借用资质与金海大酒店签订。尽管在承包案涉工程后,戴某忠又以原华翔飞分公司的名义先后与兰某、龙某权等多人签订分包合同,但上述案外人只是与戴某忠构成分包关系,而与金海大酒店不成立施工合同关系。经一审查明,

〔1〕 参见最高人民法院民事审判第一庭编著:《最高人民法院新建设工程施工合同司法解释(一)理解与适用》,人民法院出版社2021年版,第388页。

金海大酒店已付的由兰某施工的29万元工程款，亦是基于与戴某忠的合同关系支付，表明金海大酒店对于戴某忠的实际施工人主体地位并无异议。现金海大酒店以案涉工程还存在其他实际施工人为由主张戴某忠无权主张全部工程款，进而认为其不享有建设工程价款优先受偿权缺乏事实与法律依据，不能成立。〔1〕

其三，消防工程承包人。消防工程，既可以由建设工程总包人负责，也可以由发包人直接发包专业的消防工程承包人。如同装饰装修工程的承包人一样在行使工程价款优先受偿权时受到一定的限制。这种限制表现在两个方面：一是只有发包人直接向专业技术承包人发包消防工程的承包人才依法享有工程价款优先受偿权；二是消防工程的承包人只能就其承包的消防工程在整个工程增值的范围内行使优先权。〔2〕

其四，工程款受让人。优先受偿权是一种类似于担保物权的优先性、从属性权利，且该主债权未见有人身属性，故无论从建设工程价款优先受偿权的性质还是为保障农民工等建筑工人生存权益这一设立目的，均不能得出建设工程价款优先受偿权具有身份属性的逻辑。而在实践中债权受让人也往往正是基于债权具备法定优先权这一优秀品质才使其愿意支付对价取得该债权，故承包人将建设工程价款债权转让的，建设工程价款优先受偿权应当随之转让，债权受让人享有优先受偿权的主体资格。

建设施工中形成的债权合法的其转让行为亦为有效，其债权可以转让。法官认为，既然建设工程承包人可以转让其在施工中形成的债权，受让人基于债权的转让而取得工程款债权，根据建设工程款具有优先受偿的性质，债权受让人应当享有该工程款的优先受偿权。〔3〕 最高人民法院对此态度明确，放在其后第二部分优先受偿权转让段阐述。

（二）优先受偿权行使期间

《民法典》第八百零七条未对建设工程优先受偿权的行使期限作出规定，《最高人民法院关于建设工程价款优先受偿权问题的批复》（已失效）第四条规定为6

---

〔1〕 最高人民法院（2020）民终429号民事判决书。

〔2〕 参见最高人民法院民事审判第一庭编著：《最高人民法院建设工程施工合同司法解释（二）理解与适用》，人民法院出版社2019年版，第367页。

〔3〕 参见安徽省高级人民法院民事审判第四庭：《建设工程施工合同纠纷若干问题分析》，载《人民司法·应用》2008年第21期。

个月行使期限。最高人民法院执行局《关于对人民法院调解书中未写明建设工程款有优先受偿权应如何适用法律问题的请示的复函》(〔2007〕执他字第11号)明确:建设工程承包人行使优先权的期限为6个月,且为不变期间,不存在中止、中断、延长的情形。该规定明确优先受偿权期限界定为除斥期间,既不可以约定缩短,也不可以约定延长。优先受偿权行使期限属于除斥期间,不可中止、中断或延长,即必须在法律规定的6个月期限内行使。该期间经过后,权利人的实体权利即归于消灭,法院不支持承包人优先受偿权的诉求。优先受偿权的行使期间在性质上是一种除斥期间,为不变期间,不适用中止、中断或者延长的规定。〔1〕 最新的《建设工程解释(一)》第四十一条规定:"承包人应当在合理期限内行使建设工程价款优先受偿权,但最长不得超过十八个月,自发包人应当给付建设工程价款之日起算。"该条是优先受偿权行使期限和起算点的规定,与原规定有所不同。有观点认为,《建设工程解释(一)》第四十一条中的"合理期限"是倡导督促性条款,目的在于提醒承包人及时行使权利,该条中的"十八个月"是承包人行使法定优先权的法定、不变的最长期限,且排除了当事人对此进行约定的情形。〔2〕

【案例9-4】 沈阳万路实业有限公司与沈阳妙味食品有限公司、沈阳一运实业有限责任公司建设工程价款优先受偿权纠纷再审案

最高人民法院认为,本案的争议焦点是万路公司是否有权主张建设工程优先受偿权。根据二审查明的事实,涉案工程中有9处房屋于2004年、2005年办理了竣工验收备案手续,并取得房产证,其余房屋未办理验收备案手续,未取得房产证。《塑钢门窗制作安装合同》约定的施工工期是2003年9月至2005年12月。《土方施工合同书》约定的工程期限是2003年3月3日至2003年6月1日。《最高人民法院关于建设工程价款优先受偿权问题的批复》(已失效)第四条规定……因此,万路公司起诉时,早已超过法律规定的行使优先权的期限,万路公司在本案主张优先权没有法律依据。对于万路公司提出本案还存在一个至今未开工的"二期工程",故工程一直未竣工的主张,由于建设工程价款优先受偿权是针对建设工程的,万路公司对没有实际施工的建筑物主张工程价款优先受偿权,没有法律依据。〔3〕

根据《建设工程解释(一)》第四十一条规定,自发包人应当给付工程款之日起最长不得超过18个月向发包人主张建设工程折价或向法院提出优先受偿权的

---

〔1〕 参见王毓莹、史智军:《建设工程施工合同纠纷疑难问题和裁判规则解析》,法律出版社2022年版,第368页。

〔2〕 参见王毓莹、史智军:《建设工程施工合同纠纷疑难问题和裁判规则解析》,法律出版社2022年版,第368页。

〔3〕 最高人民法院(2011)民申字第1766号民事裁定书。

确认之诉或执行申请，可视为承包人已行使优先受偿权。承包人向发包人主张工程款债权未有优先受偿权诉讼请求的，不能视为承包人行使优先受偿权，超过18个月未主张的，优先受偿权消灭。承包人在行使优先受偿权后不再受18个月除斥期间的限制，但并不意味着承包人可以无限期地享有优先受偿权，应从承包人主张优先受偿权之日计算诉讼时效。承包人在向发包人主张工程折价优先受偿权后，其未在3年内再次向发包人主张权利或提起诉讼，应视为优先受偿权超过诉讼时效期间丧失胜诉的权利。

【案例9－5】 胡某礼与夏邑信用社、双联公司建设工程价款优先受偿权纠纷再审案

最高人民法院认为，2015年2月4日施行的《民事诉讼法解释》以及2021年1月1日起施行的《民事诉讼法解释》第三百零五条均规定："案外人提起执行异议之诉，除符合民事诉讼法第一百一十九条规定外，还应当具备下列条件：……（二）有明确的排除对执行标的执行的诉讼请求，且诉讼请求与原判决、裁定无关……"本案中，胡某礼于2020年6月3日以夏邑信用社、双联公司等为被告向河南省商丘市中级人民法院提起诉讼，诉讼请求："一、对被执行人双联公司办公楼（夏邑县房权证城关镇字第2××3号）、宿舍楼（夏邑县房权证城关镇字第2××2号）不动产附属设施在201万元范围内行使优先受偿权；二、诉讼费用由被告负担。"其中并无排除对夏邑信用社强制执行的诉讼请求，不符合法律规定的案外人执行异议之诉的受理范围。原判决认定本案系案外人执行异议之诉，案由确定不当，本院纠正为建设工程施工合同纠纷。胡某礼自认其在不具备建筑企业施工资质的情况下与双联公司口头协商承建了双联熟食加工厂、办公楼、宿舍楼、大门，依据《建设工程解释（一）》第一条之规定，该建设工程合同应属无效。《建设工程解释（一）》第三十八条规定："建设工程质量合格，承包人请求其承建工程的价款就工程折价或者拍卖的价款优先受偿的，人民法院应予支持。"因此，建设施工合同的效力并非决定承包人是否享有建设工程价款优先受偿权的前提条件。胡某礼申请再审主张二审判决以合同无效为由而认定其不享有工程价款优先受偿权有误，本院予以支持。虽然胡某礼享有建设工程价款优先受偿权，但亦应在合理期限内行使。原审查明，胡某礼与双联公司法定代表人牛某武于2015年4月28日签订建筑工程结算单，确认尚欠胡某礼工程款2,687,252元。2002年起施行的《最高人民法院关于建设工程价款优先受偿权问题的批复》第四条规定："建设工程承包人行使优先权的期限为六个月，自建设工程竣工之日或者建设工程合同约定的竣工之日起计算。"2019年2月1日起施行的《建设工程解释（二）》第二十二条规定："承包人行使建设工程价款优先受偿权的期限为六个月，自发包人应当给付建设工程价款之日起算。"2021 年 1 月 1 日起施行的《建设工程解释(一)》第四十一条规定:"承包人应当在合理期限内行使建设工程价款优先受偿权,但最长不得超过十八个月,自发包人应当给付建设工程价款之日起算。"上述司法解释对优先受偿权的起算时间规定不同,但一审中《建设工程解释(二)》已生效,按照新法优于旧法原则,一审判决以发包人应当给付建设工程价款之日即 2015 年 4 月 28 日双方结算的日期作为建设工程价款优先受偿权的起算时间,并无不当。后因双联公司未付款,胡某礼诉至河南省夏邑县人民法院,并于 2015 年 8 月 6 日提出了建设工程价款优先受偿权的诉请。河南省夏邑县人民法院经审理,根据当事人自愿达成的调解协议作出(2015)夏民初字第 02607 号民事调解书,但其中并未涉及建设工程价款优先受偿权的内容。因此,胡某礼虽在该案中提出了行使建设工程价款优先受偿权的诉请,但在调解中又放弃了建设工程价款优先受偿权。2020 年 6 月 3 日,胡某礼提起本案诉讼再次主张行使建设工程价款优先受偿权,距 2015 年 4 月 28 日的起算时间已达 5 年多,明显超出了法定的期间。胡某礼以原判决认定其行使建设工程价款优先受偿权超越法定期限适用法律错误为由申请再审,本院不予支持。二审在胡某礼上诉主张行使建设工程价款优先受偿权的情形下,先对其是否享有权利进行判定,不属于超出上诉请求审理的情形;二审在认定合同无效不享有建设工程价款优先受偿权的情形下,未就建设工程价款优先受偿权是否超越法定期限进行评判亦不属于漏审情形。综上,原判决虽然在案由确定以及以合同无效为由认定承包人不享有建设工程价款优先受偿权方面存在不当,但驳回胡某礼诉讼请求的判决结果正确。[1]

合同解除后,优先受偿权行使的期限不宜类推适用从合同解除之日起 18 个月行使,因为从法律适用的角度看,应尽量从保护施工人的利益出发,维护承包方的合法权利,除非合同约定了明确的竣工日期方可行使优先受偿权行使的期限,否则应从支付工程款的条件成就之时。

【案例 9-6】 陕西建工集团第五建筑工程有限公司与陕西铠达投资集团有限公司建设工程施工合同纠纷案

最高人民法院承办法官认为,双方的建设工程合同中对于工期的约定 2006 年 8 月 20 日(暂定)至 2007 年 12 月 31 日,共 487 天,并没有最终明确关于竣工日期的规定,因此,不能适用《最高人民法院关于建设工程价款优先受偿权问题的批复》(已失效)的规定,而应适用《合同法》第二百八十六条的

〔1〕 最高人民法院(2021)民申 7425 号民事裁定书。

规定。[1]

关于优先受偿权18个月除斥期间催款函问题。承包人在除斥期间向发包人发出了催款函,表示发包人如不按期付款将行使优先受偿权,同时发包人对此无异议,则可认定承包人有权行使优先受偿权。但如果有利害关系人(如银行等)提出异议,则应严格审查催款函的证据效力。

【案例9-7】 重庆市北兴工程建设开发有限责任公司与重庆龙诚房地产开发有限公司建设工程施工合同纠纷案

二审法院认为,本案所涉工程的竣工日期为2005年12月28日,按照上述司法解释的规定,北兴公司应在2006年5月28日之前与龙诚公司协议将工程折价或向人民法院提起诉讼,才能表示其在法律规定的期限内行使了建设工程价款优先权。本案中,北兴公司举证证明其在2006年1月17日向龙城公司发出《关于要求清算拖欠工程款及主张建设工程款优先受偿权的催告函》,虽然龙诚公司认可北兴公司曾发出该催告函,但因利害关系人渝北支行提出异议,并请求鉴定,故北兴公司有义务提交原件。因北兴公司无法提交催告函原件,重庆市高级人民法院认为,北兴公司未尽足够的举证义务,其举示的《关于要求清算拖欠工程款及主张建设工程款优先受偿权的催告函》系复印件,不能证明其在法律规定的期限内行使了建设工程价款优先权。[2]

关于当事人是否可以约定优先受偿权行使期间问题。在这个问题上有两种观点,一种为不可约定说。《建设工程解释(一)》第四十一条规定建设工程承包人行使优先受偿权的期限为18个月。该18个月性质属于除斥期间,是法定期间,当事人不得依约定变更,约定与法定期间不一致的,以法定期间为准。另一种为可约定说。当事人在施工合同约定权利行使期限是其意思自治的体现,原则上是有效的,法律可以根据立法目的及制度特点对当事人的约定予以限制,而不必然绝对否定。主流观点是不可约定说。

应注意的是,在诉讼中,承包人对工程价款优先受偿权应在诉讼请求中明确提出,未提出的,视为未主张优先权。承包人起诉状中仅主张工程价款债权,不宜认定为行使建设工程优先受偿权。

---

〔1〕 参见最高人民法院民事审判第一庭编:《民事审判指导与参考》2013年第3辑(总第55辑),人民法院出版社2014年版,第168页。

〔2〕 参见最高人民法院中国应用法学研究所编:《人民法院案例选》2011年第1辑(总第75辑),人民法院出版社2011年版,第154~155页。重庆市高级人民法院(2008)渝高法民终字第251号民事判决书。

【案例9-8】 德州天龙建筑安装有限公司第三分公司与山东宏力集团有限公司破产管理人建设工程价款优先受偿权纠纷案

二审法院认为,法院因原告起诉工程欠款时未提出优先受偿权申请,认定其未主张过优先受偿权。[1]

(三)优先受偿权行使条件

1.优先受偿权取得条件

《建设工程解释(一)》第三十八条规定:"建设工程质量合格,承包人请求其承建工程的价款就工程折价或者拍卖的价款优先受偿的,人民法院应予支持。"该条明确规定无论合同有效还是无效,只要建设工程质量合格,承包人就能享有优先受偿权,其工程质量合格是承包人行使优先受偿权的先决条件。制定司法解释的法官认为,建设工程价款优先受偿性质上属于工程价款支付问题,在支付条件上,仍应坚持工程质量合格标准。[2] 也就是说,优先受偿权成立的前提条件是承包人形成工程建设的"劳动成果"且质量合格。[3] 最高人民法院法官认为,建工优先权为法定优先权,原则上符合自合同有效,建设工程施工合同已竣工或因发包人原因停建,且不属于不易折价、拍卖的范围等法定条件时起设立。上述三个条件同时具备,建设工程价款优先权成立。[4]

根据《民法典》第八百零七条、《建设工程解释(一)》第三十八条之规定,承包人取得建设工程优先受偿权应当具备以下条件:其一,发包人欠付工程价款。其二,承包人按合同规定履行了合同约定义务,即工程质量合格。其三,必须是基于建设工程合同产生的债权。只有同时满足这些条件,建设工程承包人方能取得优先受偿权。有法官认为,承包人主张建设工程优先权应具备四个要件:一是主张权利的主体是建设工程施工合同的承包人;二是承包人享有的工程款债权应当合法、有效;三是建设工程优先权的标的物须为发包人所有的不属于"不宜折价、拍卖的"建设工程;四是承包人行使优先权没有超过法定期限。[5] 主张适用优先受

---

[1] 山东省高级人民法院(2014)鲁民一终字第307号民事判决书。

[2] 参见最高人民法院民事审判第一庭编著:《最高人民法院新建设工程施工合同司法解释(一)理解与适用》,人民法院出版社2021年版,第393页。

[3] 参见王毓莹、史智军:《建设工程施工合同纠纷疑难问题和裁判规则解析》,法律出版社2022年版,第368页。

[4] 参见最高人民法院民事审判第一庭编:《民事审判指导与参考》2019年第2辑(总第78辑),人民法院出版社2019年版,第123~124页。

[5] 参见陈旻:《建设工程案件审判实务与案例精析》,中国法制出版社2014年版,第364页。

偿权的前提是非因承包人自身原因导致发包人未按照约定支付工程价款，反之则应视为承包人未取得主张优先受偿权条件。应强调的是，建设工程价款优先受偿权不是合同权利而是法定权利，其成立不以登记或当事人达成一致意见为条件，而是法律规定的构成要件成就为条件。应注意的是，承包人对工程未竣工存在过错的，并不影响其享有的工程价款优先受偿权。[1]

【案例9－9】　徐某某与苏中公司建设工程价款优先受偿权纠纷案

二审法院认为，本案中，徐某某已依约履行了全部义务，且工程已竣工验收交付苏中公司，双方已对工程款进行了结算，徐某某也向苏中公司催要了尚欠的工程款，但徐某某提交的苏中公司的法定代表人吴某某等三人出具的证明，仅证明其曾口头提出要求，不能证明其在竣工验收或在工程款结算后6个月内，依照法律规定的程序、方式向苏中公司提出主张，即与苏中公司达成工程折价协议，或依法申请拍卖、依法提起诉讼、仲裁等，而且该证明是在苏中公司已进入破产清算程序，破产管理人管理苏中公司所有事务之后，其证明效力亦相对低下。因此，徐某某请求确认苏中公司尚欠的工程款在苏中公司破产过程中享有优先受偿权，法院不予支持。[2]

已经竣工验收的工程，诉讼中通过鉴定发现存在可修复的部分质量问题，并不意味着该工程属于不合格工程，不影响承包人对工程价款优先受偿权的主张和享有。

【案例9－10】　中国建筑一局（集团）有限公司与无锡远东置业有限公司建设工程施工合同纠纷案

最高人民法院认为，关于中建一局能否就其承建的案涉工程享有优先受偿权的问题……所谓建设工程质量合格，是已竣工或者未竣工的工程，经相关部门组织竣工验收、相关机构进行工程质量检测后作出符合国家建筑工程质量标准结论的事实。已经竣工验收的工程，可推定工程质量符合正常使用标准。诉讼中通过鉴定发现存在可修复的部分质量问题，并不意味着该工程属于不合格工程。对存在质量问题的部分进行修复属于承包人的保修责任，不影响承包人对工程价款优先受偿权的主张和享有。幕墙工程属于案涉工程的分项工程，案涉工程已经投入使用多年，在施工人表示愿意维修的情况下，发包人拒绝维修，一审判决以幕墙工程存在部分质量问题为由，认定案涉工程不合格，进而认定中建一局不享有建设工程价款优先受偿权，认定事实、

---

〔1〕　参见最高人民法院民事审判第一庭编著：《最高人民法院新建设工程施工合同司法解释（一）理解与适用》，人民法院出版社2021年版，第408页。

〔2〕　江苏省泰州市中级人民法院（2016）苏12民终字第1096号民事判决书。

适用法律有误,本院予以纠正。一审判决关于优先受偿权的问题说理不当,适用法律有误,应予以纠正。[1]

建设工程未经竣工验收,发包人擅自使用后,应认定涉案工程质量合格,承建人主张建设工程价款优先受偿权符合建设工程需质量合格的前提条件。

【案例9-11】 广厦公司与馨怡公司建设工程施工合同纠纷案

最高人民法院认为,根据本案现有证据,广厦公司承建的涉案工程虽未经竣工验收,但馨怡公司已将涉案工程交付部分业主使用,按照《建设工程解释》第十三条"建设工程未经竣工验收,发包人擅自使用后,又以使用部分质量不符合约定为由主张权利的,不予支持;但是承包人应当在建设工程的合理适用寿命内对地基基础工程和主体结构质量承担民事责任"的规定,应认定广厦公司承建的涉案工程质量合格,广厦公司主张建设工程价款优先受偿权符合建设工程须质量合格的前提条件。[2]

承包人对建设工程价款享有优先受偿权的前提是发包人未按照约定支付工程款,且经承包人催告在合理期限内支付工程款发包人仍逾期不支付,建设工程施工合同有效并非承包人行使工程价款优先受偿权的前提条件。

【案例9-12】 昌泰源公司与某某公司建设工程施工合同纠纷案

最高人民法院认为,关于案涉工程价款优先受偿权如何认定的问题。昌泰源公司上诉主张根据《合同法》第二百八十六条和《民法典》第八百零七条的规定,"发包人未按照约定支付价款的,承包人可以催告发包人在合理期限内支付价款。发包人逾期不支付的,除根据建设工程的性质不宜折价、拍卖外,承包人可以与发包人协议将该工程折价,也可以请求人民法院将该工程依法拍卖。建设工程的价款就该工程折价或者拍卖的价款优先受偿"。承包人对建设工程价款享有优先受偿权的前提是发包人未按照约定支付工程款,且经承包人催告在合理期限内支付工程款发包人仍逾期不支付。本案中,《建设工程施工合同》被确认无效,那么有关支付工程款的约定自始无效,上述两个前提条件也就不能满足,且法律和司法解释从未规定承包人对根据无效合同原则应取得折价补偿款享有建设工程价款优先受偿权,因此甘肃一建不应享有建设工程价款优先受偿权。本院认为,建设工程价款优先受偿权是法律规定的建设工程承包人的一项法定权利,目的是保障承包人能够优先获得工程款,建设工程施工合同有效并非承包人行使工程价款优先受偿权的前

[1] 最高人民法院(2022)民终63号民事判决书。
[2] 最高人民法院(2019)民终889号民事判决书。

提条件。[1]

未完工程取得优先受偿权条件问题。最高人民法院民一庭认为,建设工程优先受偿权的行使不以建设工程是否竣工为限。《民法典》第八百零七条规定,发包人未按照约定支付价款的,承包人可以催告发包人在合理期限内支付价款。发包人逾期不支付的,除根据建设工程的性质不宜折价、拍卖外,承包人可以与发包人协议将该工程折价,也可以请求人民法院将该工程依法拍卖。建设工程的价款就该工程折价或者拍卖的价款优先受偿。据此规定可知,建设工程价款的优先受偿权是以发包人欠付工程款为前提的,所以即使工程未竣工,只要发包人有欠付工程款的事实,承包人就可以依照法律规定的程序主张工程价款优先受偿权。与之相符,《建设工程解释(一)》第三十九条也规定:"未竣工的建设工程质量合格,承包人请求其承建工程的价款就其承建工程部分折价或者拍卖的价款优先受偿的,人民法院应予支持。"这样理解,有利于保护工人的利益,也符合立法本意。[2]《建设工程解释(一)》第三十九条规定明确了优先受偿权以发包人欠付工程款为前提,其行使不以建设工程是否竣工为限。已完工程与未完工程取得优先受偿条件原则上是一样的,但在因要求发包人支付工程款上有一定差别。一般情况下,承包人对未完工程享有优先受偿权。但存在例外情况,如承包人因其自身原因导致施工质量不合格或工程未按约定进度完成的,就无权要求发包人支付工程款,相应地亦不能行使工程的优先受偿权。

施工合同解除享有优先受偿权条件问题。施工合同具有一定的特殊性,施工人的劳动与建筑材料已经物化到建设工程中,从建设工程优先受偿权保护施工人的立法本意,合同解除后,承包人对于涉案工程仍应享有优先受偿权。最高人民法院民一庭意见为,《合同法》第二百八十六条(现为《民法典》第八百零七条)的规定,是法律赋予承包人工程款优先受偿的权利。从《合同法》规定的条文表述分析,没有要求承包人优先受偿工程款以工程完工并经竣工验收为先决条件,在合同解除的情形下,承包人也对未完工程享有优先受偿的权利。[3]

【案例9-13】　陕西建工集团第五建筑工程有限公司与陕西锴达投资集团有限公司建设工程施工合同纠纷案

最高人民法院认为,根据省五建与锴达公司双方所签订的建设工程的约定,省五建享有优先受偿权。虽然涉案建设工程合同已经解除,但省五建的

---

〔1〕 最高人民法院(2022)民终118号民事判决书。

〔2〕 参见最高人民法院民事审判第一庭编:《民事审判实务问答》,法律出版社2021年版,第61~62页。

〔3〕 参见最高人民法院民事审判第一庭编:《民事审判指导与参考》2008年第3集(总第35集),法律出版社2008年版,第127页。

劳动与建筑材料已物化于涉案工程中。因此,一审认定省五建对于涉案工程中其施工的部分享有优先受偿权,并无不当,铠达公司的该项主张缺乏依据,应不予支持。[1]

施工合同无效享有优先受偿权条件问题。建设工程施工合同无效,但建设工程质量合格的,承包人在法定期限内主张建设工程价款优先受偿权的,法院应予支持。

【案例9-14】 博坤建设集团有限公司与安阳广佳欣置业有限公司、管某生建设工程施工合同纠纷案

最高人民法院认为,关于博坤公司是否享有优先受偿权的问题。根据《人民防空法》第十八条、第二十二条、第二十六条的规定,人防工程只是相对相关建筑工程在战时及紧急状态下确保能够发挥特定用途有特别要求,但其经济价值和可交易属性是应当受到法律保护的。广佳欣公司上诉认为,博坤公司施工的地下室属于人防工程且该部分工程不宜折价拍卖,没有法律依据。至于工程是否竣工、承包人是否保持对建设工程的占有,均非承包人依据《合同法》第二百八十六条主张优先受偿权的法定前提条件。综上,广佳欣公司有关博坤公司不能享有和行使优先受偿权的上诉主张,没有法律依据,本院不予支持。[2]

建设工程质量不合格的,因不符合优先受偿权取得条件,法律不支持优先受偿权请求。

【案例9-15】 核工业西南建设集团有限公司与奥金(金坛)鳄鱼开发有限公司建设工程施工合同纠纷案

一审法院认为,根据已经生效的民事判决,原告、被告签订的建设工程施工合同及建筑工程系无效合同,且原告建设的工程未竣工验收,合同中也未约定竣工日期,故原告主张要求确认原告对奥金鳄鱼乐园工程依法享有建设工程优先受偿权于法无据。二审法院亦持同样意见,维持一审判决。[3]

合同无效,工程质量合格但并未达到当事人订立合同时对工程质量的特殊约定标准,承包人是否享有优先受偿权是疑难问题。一般认为,应以建设工程质量合格的法定标准作为依据来判断承包人是否享有工程价款优先受偿权的前提条

[1] 参见最高人民法院民事审判第一庭编:《民事审判指导与参考》2013年第3辑(总第55辑),人民法院出版社2014年版,第166页。

[2] 最高人民法院(2014)民一终字第61号民事判决书。

[3] 江苏省常州市中级人民法院(2012)常民终字第0001号民事判决书。

件，而不能以当事人约定的高于或低于法定工程质量标准的其他标准为依据。[1]

限制承包人取得优先受偿权条件问题。在建设工程标的物不属于发包人所有且使用人并无合法使用权的情况下，不适用《民法典》第八百零七条规定，承包人不享有优先受偿权。建设工程为第三人所有存在以下情形：一是工程自始为第三人所有，第三人委托发包人进行发包改造；二是工程原为发包人所有，第三人依法受让所得。实践中，最为典型的是承租人对长期租赁房屋进行装修改造，其后承租人欠付工程款，因承租人不享有房屋所有权，承包人只能依据合同向承租人主张工程款债权，无权向房屋产权人主张优先受偿权。

【案例9－16】　上海浦朝建筑安装工程有限公司与徐州阁云投资有限公司、徐州苏锐金属结构制造有限公司建设工程施工合同纠纷案

判决观点，因双方签订的建设工程施工合同无效，且涉案工程系三无工程，故浦朝公司无权主张优先受偿权。[2]

优先受偿权客体限制条件问题。根据《民法典》第八百零七条规定，限制按照建设工程的性质不宜折价、拍卖行使优先受偿权，承包人并非对所施工的任何工程都可行使优先受偿权。《民法典》及相关司法解释并未明确规定不宜折价、拍卖的工程类型和具体范围，实践中颇有争议且各地法院认定不同。这种限制表现为，如该工程的所有权不属于发包人，承包人就不得将工程折价或者拍卖；如国家重点工程、具有特定用途的工程等也不宜折价或者拍卖。法律规定建设工程优先受偿权的客体不得为“不宜折价、拍卖”的建设工程，应当理解为法律禁止流通物，包括国家重点工程及用途关系国计民生的工程，具体为：公有物，如国家机关办公的房屋建筑物及军事设施；公用物，如公共道路、桥梁、机场、港口、公共图书馆、公共博物馆等。一般可以这样理解，凡涉及公共利益的工程，如医院、学校、市政工程、公路、桥梁、军事用途等工程都会认定为性质上不宜折价、拍卖的工程。除此之外，钢结构工程、人防工程、附属工程、经济适用房等工程是否属于优先受偿权客体，其处理有别。建设工程不宜折价、拍卖的情形，参与制定司法解释的法官认为：(1)违章建筑。所谓违章建筑，是指建造人违反国家法律、行政法规关于建筑行为的相关规定所建造的各种建筑物及其附属设施。违章建筑有两个鲜明的特征，一是违章建筑违反了法律、行政法规的规定而建造形成的一种状态；二是违章建筑不仅包括各种建筑物，还包括其附属设施。(2)工程质量不合格且难以修复的建筑。(3)法律、行政法规规定的其他情形。需要明确的是，对于学校、幼儿园、医院等机构的非公益设施范围内的建设工程，则不属于不宜折价、拍卖的建

〔1〕　参见最高人民法院民事审判第一庭编著：《最高人民法院建设工程施工合同司法解释(二)理解与适用》，人民法院出版社2019年版，第407页。

〔2〕　江苏省徐州市中级人民法院(2013)徐民初字第0074号民事判决书。

设工程。如学校开办的宾馆、医院所开办的生产基地等非公益设施的建设工程。[1] 个案中,应当对"不宜折价、拍卖"的建设工程予以严格限制。实践中,法官可根据工程性质、用途等因素予以区别处理。对钢结构工程、门窗、配电箱、电梯等具有附属性质的,多数法院持不宜单独处理态度。[2] 就人防工程而言,最高人民法院在个案中持不属于不能折价拍卖的工程意见。[3] 就经济适用房而言,虽然具有一定流通性,但经济适用房在行政划拨用地上建设的保障性质的政策性住房具有特定社功能,具有严格准入和退出机制,如进行折价或拍卖在一定程度上影响其保障困难家庭住房社会功能实现。个案中,有法院认为经济适用房可以纳入优先受偿权范围。[4]

应强调的是,对以下两类工程限制主张优先受偿权,其一,未取得工程规划许可证或未按工程规划许可证施工的违法工程;其二,验收不合格或无法修复的工程。

笔者认为,对于不宜折价、拍卖的具体范围,应在个案中根据具体案情由法官裁量。

【案例9-17】 贺某昌、辽源市和谐房地产开发有限责任公司与辽源农村商业银行有限责任公司建设工程施工合同纠纷案

最高人民法院认为,依据贺某昌与和谐地产公司签订的《施工合同》第二条约定,贺某昌施工的范围为接通小区电源、安装对讲门铃系统、楼道墙面刮白工程以及工程粉饰、门窗、水暖安装、电器安装等。这些工程依性质不宜折价、拍卖。[5]

2. 优先受偿权行使条件

行使价款优先受偿权,必须以发包人欠付工程款对承包人主张欠付的建设工程价款数额没有异议为前提。如果发包人有异议,承包人则应先对工程欠款进行诉讼确定后才能主张工程价款优先受偿权。对建设工程价款优先受偿权是否需要提起诉讼确认问题,在理论和实务中均存在争议,但实务中倾向于在工程欠款属实的情况下,无需专门提起确认之诉,只需向法院提出行使优先受偿权的申请,

---

〔1〕 参见最高人民法院民事审判第一庭编著:《最高人民法院新建设工程施工合同司法解释(一)理解与适用》,人民法院出版社2021年版,第396~398页。

〔2〕 广东省深圳市中级人民法院(2013)深中法房终字第229号民事判决书;四川省成都市中级人民法院(2014)成民终字第1739号民事判决书;浙江省甬州市中级人民法院(2009)浙甬民二终字第92号民事判决书。

〔3〕 最高人民法院(2014)民一终字第61号民事判决书。

〔4〕 贵州省高级人民法院(2012)黔高民终字第17号民事判决书。

〔5〕 参见于健龙等主编:《中国建设工程法律评论》(第五辑),法律出版社2017年版,第155页。

由法院认定和作出处理即可。诉讼中,工程价款优先受偿权应在诉讼请求中明确提出。未提出的,视为未主张优先权。

【案例9-18】　江苏中苑建设集团有限公司与包头牡丹园置业有限公司建设工程施工合同纠纷案

二审法院认为,该工程目前尚未竣工,双方发生争议并诉讼后,未确定牡丹园公司欠付工程款的数额,由于工程价款结算没有完成,不存在牡丹园公司欠付工程款的数额,由于工程价款结算没有完成,不存在牡丹园公司在应付期限内未按期支付中苑公司工程款的情形,由于中苑公司擅自停工导致该工程目前仍处于停工状态,不具备优先受偿权的条件,故中苑公司主张优先受偿权不符合法律规定的条件,其该项请求不予支持。[1]

承包人向法院提出申请执行建设工程价款优先受偿权时,需要证明该优先受偿权的存在以及其已经具备可执行的条件。发包人就该优先受偿权是否存在或者是否具备可执行的条件提出了异议,法院应当终止该执行程序,并且同时驳回承包人的申请。在这种情形下,承包人只能向法院另行提出确认之诉,由法院确认承包人的优先受偿权是否存在及是否具备可执行的条件。

立法者认为,承包人按照本条规定行使优先受偿权应注意以下几点:(1)应当达到付款条件。(2)发包人不支付价款的,承包人不能立即将该工程折价、拍卖,而是应当催告发包人在合理期限内支付价款。(3)承包人对工程依法折价或者拍卖的,应当遵循一定的程序。(4)建设工程折价或者拍卖后所得的价款如果超出发包人应付的价款数额的,该超过的部分应当归发包人所有;如果折价或者拍卖所得的价款不足以清偿承包人的价款债权的,承包人可以请求发包人支付不足部分。(5)根据本条规定,按照工程的性质不宜折价、拍卖的,承包人不能将该工程折价或者拍卖,如国家重点工程、具有特定用途的工程等不易折价或者拍卖,应当拆除的违章建筑无法折价或者拍卖。[2]

建设工程价款优先受偿权有效与否,以及范围大小,对于抵押权人具有法律上的利害关系,故抵押权人有证据证明建设工程价款优先受偿权的确权文书确有错误时,有权提起第三人撤销之诉,以保护发包人/其他债权人的合法权益。

【案例9-19】　中国民生银行股份有限公司温州分行诉浙江山口建筑工程有限公司、青田依利高鞋业有限公司第三人撤销之诉案

最高人民法院认为,建设工程价款优先受偿权与抵押权指向同一标的物,抵押权的实现因建设工程价款优先受偿权的有无以及范围大小受到影响

---

〔1〕 内蒙古自治区高级人民法院(2013)内民一终字第168号民事判决书。

〔2〕 参见黄薇主编:《中华人民共和国民法典合同编释义》,法律出版社2020年版,第693~694页。

的,应当认定抵押权的实现同建设工程价款优先受偿权案件的处理结果有法律上的利害关系,抵押权人对确认建设工程价款优先受偿权的生效裁判具有提起第三人撤销之诉的原告主体资格。[1]

在同一财产上抵押权与建设工程优先受偿权同时存在时,抵押权人有权提起第三人撤销之诉。

当事人多次变更诉讼请求的情形下,应以第一次主张工程价款优先权为准。增加确认工程价款优先受偿权的诉讼请求,并不需要补交诉讼费。原告在本案一审中变更的诉讼请求中包括工程价款优先受偿权的主张,庭审中确认以第一次的诉讼请求为准,对于不需要补交诉讼费的工程价款优先受偿权的诉讼请求,法院应当向其释明是否继续主张,未释明的应当视为原告主张了工程价款优先受偿权,属于法院的审理范围。

【案例9-20】 江苏省江建集团有限公司与霍尔果斯金大门房地产开发有限公司、包某建设工程施工合同纠纷案

最高人民法院认为,二审中是否应对工程价款优先受偿权进行审理。2015年8月20日,江建公司因案涉工程向伊犁州分院起诉金大门房产公司、包某等,该案中江建公司于2015年10月14日变更诉讼请求时主张金大门房产公司支付工程款,但其在该案并未主张工程价款优先受偿权。在该案审理中,江建公司于2018年6月23日申请撤回起诉,伊犁州分院裁定准许江建公司撤回起诉。江建公司又于2018年11月16日提起本案诉讼,其在立案时递交的起诉状中并未主张建设工程价款优先受偿权,之后其在2019年4月15日增加了确认建设工程价款优先受偿权并增加了利息、损失等赔偿数额的诉讼请求,因江建公司未补交诉讼费,江建公司在2020年4月14日一审法院的笔录中,明确称以第一次的诉讼请求为准。考虑到增加确认建设工程价款优先受偿权的诉讼请求,并不需要补交诉讼费,江建公司在本案一审中主张建设工程价款优先受偿权,二审中江建公司上诉请求确认建设工程价款优先受偿权,故本院对其是否享有优先受偿权予以审理。[2]

(四)优先受偿权行使程序

一般来讲,承包人行使优先受偿权不仅可在一审中主张,在执行阶段中也可

[1] 最高人民法院指导案例150号。
[2] 最高人民法院(2020)民终840号民事判决书。

以主张。但就优先受偿权是否必须经过审判确认还是执行程序确认存在分歧,有法官认为,建设工程价款优先权属于法定权利,对于申请执行人有没有在法定期限内行使该权利,并非一定要通过审判程序确认,可以在执行程序中审查认定。[1] 也有法官认为,比较切合目前法院审判实际的做法是,承包人向人民法院起诉,获得生效判决或者调解书后,向人民法院申请执行。当然承包人也可以仲裁书为依据申请人民法院强制执行。[2] 有律师认为,优先受偿权并非一定要通过诉讼确认。至于能不能直接申请法院强制执行,则要看发包人未按照约定支付价款的事实是否经过司法确认。[3] 笔者认为,优先受偿权虽然是法定优先权,在个案中承包人的请求是否符合优先受偿权的法定条件,其权利范围和具体数额等实体问题均需通过审理确认。发包人对承包人拍卖工程申请有异议,需要通过法院判决确认。无论是承包人优先受偿权的确认之诉,还是要求给付工程款的给付之诉中同时要求确认优先受偿权,都必须在审理程序解决,而不宜也不能在执行程序中处理。根据审执分立的原则,法院的执行机构一般不得对实体问题进行裁判。作为例外施工合同对优先受偿权有具体范围和数额,且发包人对此无异议的,也可以在执行程序中处理。实践中。承包人在工程款给付之诉中要求确认工程价款享有优先受偿权,有的承包人分别提起工程款给付之诉与优先受偿权确认之诉。就两种诉之间的关系,一般认为,建筑工程款优先受偿权是为了保证工程款实现的一种担保物权,其产生从属于工程款主债权。但其权利性质与工程款并不完全一致,前者是担保物权,后者是合同债权。因此,在对工程款提起的诉讼中,其诉讼标的是承包人和发包人之间的承发包合同关系;在对建筑工程优先受偿权提起的诉讼中,其诉讼标的是承包人与发包人之间的担保物权关系。且享有优先受偿权的工程价款的范围与工程款并非完全一致。由于二者诉讼标的及权利范围的不同,在已经提起工程款诉讼后,再就工程款优先受偿权的存在及范围另行提起诉讼,并不违反“一事不再理”原则。但又因工程款优先受偿权对工程款合法有效存在的依附性,在对工程款的诉讼尚未审结之前,工程款优先受偿权的存在及其范围无法确定。因此,根据《民事诉讼法》第一百三十六条第五项之规定,对工程款优先受偿权的诉讼作为必须以前案工程款诉讼的审理结果为依据的案件,在前案尚未审结的,应当中止审理。

最高人民法院民一庭认为,当前,在执行对建设工程优先权未予明确的执行名义时,执行机构可首先告知承包人申请再审或另行诉讼,经审判机构对有建设

---

〔1〕 参见《建设工程合同纠纷裁判思路》,法律出版社 2014 年版,第 311 页。

〔2〕 参见最高人民法院民事审判第一庭编:《最高人民法院民事案件解析》(建设工程),法律出版社 2010 年版,第 627 页。

〔3〕 参见朱树英:《工程合同实务问答》(第 2 版),法律出版社 2011 年版,第 319 页。

工程优先权的债权数额进行确认后，依确定的金额执行。[1]

《民事诉讼法解释》第五百零六条第二款规定："对人民法院查封、扣押、冻结的财产有优先权、担保物权的债权人，可以直接申请参与分配，主张优先受偿权。"但主张优先受偿权的前提是生效判决确认承包人享有优先受偿权，其方可在执行程序中申请参与分配，主张优先受偿权。反之，生效判决未确认承包人享有优先受偿权，在执行程序中申请参与分配，不能获得支持。无论是执行行为异议，还是案外人执行异议，都不针对承包人是否享有优先受偿权实体问题进行审查。申请人是否享有优先受偿权，涉及当事人的实体权利，也不宜在异议、复议程序中予以确认。如最高人民法院（2020）执监295号裁定所言"承包人在执行程序中提出享有建设工程优先受偿权的主张时，执行法院应予审查，充分考虑可能存在的优先受偿权并将承包人优先受偿权的主张导入法定的救济程序"，承包人申请参与分配，是行使优先受偿权的一种方式，执行法院在制作分配方案过程中，应当结合生效判决内容以及承包人申请参与分配时间，综合考虑优先受偿权问题，但绝不是确认是否享有优先受偿权。

【案例9－21】 合肥达美建筑装饰工程有限责任公司与焦作中旅银行股份有限公司等借款合同纠纷执行监督案

最高人民法院认为，本案争议的焦点问题是，合肥达美公司认为其享有优先受偿权的主张，执行法院应通过何种途径予以审查。建设工程价款优先受偿权是法律赋予建设工程承包人的一项法定优先权，承包人在执行程序中提出享有建设工程优先受偿权的主张时，执行法院应予审查，充分考虑可能存在的优先受偿权并将承包人优先受偿权的主张导入法定的救济程序。《民事诉讼法解释》第五百一十一条（现为第五百零九条）规定："多个债权人对执行财产申请参与分配的，执行法院应当制作财产分配方案，并送达各债权人和被执行人。债权人或者被执行人对分配方案有异议的，应当自收到分配方案之日起十五日内向执行法院提出书面异议。"被执行人是法人的，执行法院需要对多个债权进行分配时，也需要制作分配方案，当事人可以根据上述规定提起分配方案异议、分配方案异议之诉。本案中，焦作市中级人民法院以合肥达美公司提出的参与分配申请不属于执行异议审查范围，驳回合肥达美公司的异议申请，剥夺了合肥达美公司通过执行程序依法主张优先受偿权的权利，属于适用法律不当。另外，本案中，合肥达美公司在焦作市中级人民法院作出以物抵债裁定之前，曾多次向焦作市中级人民法院主张其享有优先受偿权，河南省高级人民法院以合肥达美公司未提交充分证据证明其曾在涉

[1] 参见最高人民法院民事审判第一庭编：《民事审判实务问答》，法律出版社2021年版，第59页。

案房地产以物抵债给中旅银行前申请参与分配为由,驳回该公司的复议申请,属于认定事实不清。裁定:(1)撤销河南省高级人民法院执行裁定;(2)撤销河南省焦作市中级人民法院执行裁定;(3)本案发回河南省焦作市中级人民法院重新审查。[1]

焦作市中级人民法院认为,本案的争议焦点是合肥达美公司对涉案房地产的拍卖价款是否享有优先受偿权。本案中,合肥达美公司不能提供证据证明其对涉案房地产的拍卖价款享有优先受偿权。故合肥达美公司请求对涉案房地产的拍卖价款享有优先受偿权并据此参与分配的理由不能成立,明显缺乏事实和法律依据,本院不予支持。2021 年 8 月 18 日焦作市中级人民法院裁定,驳回执行异议。[2]

执行法院依其他债权人的申请,对发包人的建设工程强制执行,承包人向执行法院主张其享有建设工程价款优先受偿权且未超过除斥期间的,视为承包人依法行使了建设工程价款优先受偿权。发包人依承包人起诉时行使建设工程价款优先受偿权超过除斥期间为由进行抗辩的,法院不予支持。

【案例 9－22】　中天建设集团有限公司诉河南恒河置业有限公司建设工程施工合同纠纷案

最高人民法院认为,承包人向执行法院主张其对建设工程享有建设工程价款优先受偿权的,属于行使建设工程价款优先受偿权的合法方式。河南恒河置业有限公司和中天建设集团有限公司共同委托的造价机构德汇工程管理(北京)有限公司于 2014 年 11 月 3 日对案涉工程价款出具《审核报告》。2014 年 11 月 24 日,中天建设集团有限公司收到通知,河南省焦作市中级人民法院依据河南恒河置业有限公司其他债权人的申请将对案涉工程进行拍卖。2014 年 12 月 1 日,中天建设集团有限公司第九建设公司向河南省焦作市中级人民法院提交《关于恒和国际商务会展中心在建工程拍卖联系函》,请求依法确认对案涉建设工程的优先受偿权。2015 年 2 月 5 日,中天建设集团有限公司为案涉工程停止施工。2015 年 8 月 4 日,中天建设集团有限公司向河南恒河置业有限公司发送《关于主张恒和国际商务会展中心工程价款优先受偿权的工作联系单》,要求对案涉工程价款享有优先受偿权。2016 年 5 月 5 日,中天建设集团有限公司第九建设公司又向河南省洛阳市中级人民法院提交《优先受偿权参与分配申请书》,依法确认并保证其对案涉建设工程价款享有的优先受偿权。因此,河南恒河置业有限公司关于中天建设集团有

---

〔1〕 最高人民法院(2020)执监 295 号民事裁定书。
〔2〕 河南省焦作市中级人民法院(2021)豫 08 执异 71 号民事裁定书。

限公司未在6个月除斥期间内以诉讼方式主张优先受偿权,其优先受偿权主张不应得到支持的上述理由不能成立。[1]

关于承包人未经催告直接主张优先受偿权问题。在《民法典》第八百零七条中规定承包人主张优先受偿权催告是“可以”用语,而不是“应当”,在法理上,“可以”属于任意性规范,即“可以”或“可以不”都是符合法律规定的。从这一理解出发,当发包人未按合同约定支付价款的,承包人完全可以不经过催告程序直接向法院申请拍卖,且实践中绝大多数承包人亦未经催告程序直接主张权利,法院也按诉求审理。

【案例9-23】 重庆市涪陵聚龙房地产开发有限公司等与李某陵建设工程施工合同纠纷再审案

再审法院认为,关于李某陵是否享有优先受偿权的问题。检察机关认为,原审中没有证据证明李某陵对鸿发公司进行了书面催告并给予合理期限,因此,原审判决李某陵享有优先受偿权错误,同时原审认定的优先受偿权的范围也有错误。经查,原审中没有证据证明李某陵向聚龙公司、鸿发公司催告过,但并不等于没有催过就不享有优先受偿权。建设工程的优先受偿是一项权利,只要施工人是工程的实际施工人,他就享有《合同法》第二百八十六条规定的优先受偿权;而催告仅仅是一种程序,通过催告是让另一方有一个合理的准备期限,没有通过催告这一程序,不等于就自然丧失了优先受偿的权利。李某陵是水电花园C栋工程的实际承包人,加之他在本案再审中向法庭提交了向鸿发公司催告的证据,因此其依法享有优先受偿权。[2]

对于“可以”亦有不同观点,有人认为,“可以”系针对承包人“选择行使优先受偿权”而言,而非仅指向“催告”。就法条文义而言,不能得出“承包人可以不作催告”的理解,优先受偿权的行使应当包括催告阶段。[3]

已采取执行措施中行使优先受偿权问题。《最高人民法院关于人民法院执行工作若干问题的规定(试行)》第九十三条规定:对人民法院查封、扣押或冻结的财产有优先权,担保物权的债权人,可以申请参加参与分配程序,主张优先受偿权。故承包人对法院已采取执行措施的建设工程可以主张优先受偿权。

优先受偿权不能代替诉讼中的财产保全措施。财产保全措施是指法院在当事人在诉前或者起诉后,为保障将来的生效判决能够得到执行或者避免财产遭受

---

[1] 人民法院案例库2021-18-2-115-001。最高人民法院指导案例171号。

[2] 参见最高人民法院审判监督庭编:《全国法院再审典型案例评注》(上),中国法制出版社2011年版,第183页。

[3] 参见中国建设工程法律评论第四工作组编著:《建设工程优先受偿权》,法律出版社2017年版,第101页。

损失,对对方当事人的财产或者争议的标的物,采取限制其处分的强制措施。优先受偿权和诉讼中的财产保全是完全不同的权利,不能因主张了工程价款优先受偿权,就视为取得了建设工程申请财产保全措施。在诉讼中,如不申请保全,工程仍然可以转让。而一旦工程转让,承包人的工程价款优先受偿权的请求将落空。

(五)优先受偿权实现方式

1. 优先受偿权行使方式理解

《民法典》第八百零七条明确优先授权的实现分为协议折价和申请拍卖两种。协议折价方式为合意受偿方式,一般适用于全部工程价款尚未确认时。申请拍卖为依法受偿方式,一般适用工程竣工价款已结算确认时。法律规定两种受偿方式,符合施工合同履行的实际情况,适用的对象和范围均应是承包人施工的工程。一般认为,工程价款在施工过程中应包括预付款、进度款、签证款、结算款、保修金五部分,这五部分均属于工程价款的范畴,自然属于优先受偿权的范围。工程价款各组成部分性质不尽相同,在施工过程中先后发生的时间不同,承包人应根据具体情况决定选择实现方式。就协议折价而言,是承发包双方自行协商操作简便,其效率高。就申请拍卖而言,是通过司法程序进行,有非常严格的前提条件和程序规定,其依法受偿方式较协议折价时间长。根据法律规定,承包人行使优先受偿权享有选择权,既可以选择协议折价方式,也可以选择申请拍卖方式,法律应尊重承包人的选择。在一项工程中,是否可同时选择两种方式,即工程价款未确认前协议折价部分工程(可分楼房),其工程价款结算后对另一部分申请拍卖,在理论上是可行的,但实践中鲜见。

从现行法律规定可以得出,承包人行使优先受偿权只能采取折价或拍卖方式。协议折价方式为合意受偿方式,一般适用于全部工程价款尚未确认时。申请拍卖为依法受偿方式,一般适用于工程竣工价款已结算确认时。承包人对工程依法折价或者拍卖,应当遵循一定的程序。发包人对工程折价的,应当与承包人达成协议,参照市场价格确定价款把工程的所有权由发包人转移给承包人,从而使承包人的价款债权得以实现。承包人因与发包人达不成折价协议而采取拍卖方式的,应当申请法院依法将该工程予以拍卖,承包人不得委托拍卖公司或者自行将工程予以拍卖。实践中,承包人可通过以下两种方式行使优先受偿权:其一,与发包人协议以书面形式将工程折价,承包人就该工程折价的折价款优先受偿。其二,向法院提起确认之诉,即要求单独确认承包人享有优先受偿权;或者向法院提起工程款给付之诉,同时要求判令承包人就该工程拍卖的价款享有优先受偿权。

应注意的是，根据《民法典》第八百零七条规定，按照工程的性质不宜折价、拍卖的，承包人不能将该工程折价或拍卖，即限制用这两种方式行使优先受偿权。

实践中，一般以诉讼方式行使，但对于通过发函方式行使的法院也予以认可。

【案例9－24】 天成润华集团有限公司与中国核工业华兴建设有限公司建设工程施工合同纠纷案

最高人民法院认为，关于一审判决华兴公司享有天成国贸中心8－24轴裙楼工程优先受偿权是否正确问题。天成公司认为，华兴公司起诉时主张优先权，已超过法定的期限，一审判决华兴公司享有优先权是错误的。本院认为，天成国贸中心一期工程在2008年2月4日竣工验收后，华兴公司于同年5月12日以“工作联系单”方式向天成公司主张涉案工程的优先受偿权，并未超出法定优先受偿权除斥期间。天成公司认为华兴公司起诉时主张优先受偿权超出法定的期间缺乏事实和法律依据，不能成立。一审判决认定华兴公司享有天成国贸中心8－24轴裙楼工程优先受偿权正确，应予维持。[1]

该案中，最高人民法院认可了承包人以工作联系单行使优先受偿权的方式，类似的前述重庆市北兴工程建设开发有限责任公司与重庆龙诚房地产开发有限公司建设工程施工合同纠纷案中催款函亦为行使方式。就发函方式主张优先受偿权，法院内部认识不同。

【案例9－25】 威海建设集团股份有限公司与荣成市神飞船舶制造有限公司破产管理人建设工程价款优先受偿权纠纷案

一审法院认为，原告在发送催款函的时候主张优先受偿权，而未与被告就工程折价或者拍卖达成合意，发送催款函的行为不是行使优先受偿权的有效方式。二审法院则认为，以“催款函”等发函方式主张工程的优先受偿权，属于行使优先受偿权的适当方式，并判决原审有误，应予纠正。[2]

【不同处理】 实践中，也有法院否认以发函方式行使优先受偿权的实例。

【案例9－26】 华冶科工公司与巨龙化纤公司建设工程施工合同纠纷案

二审法院认为，华冶科工公司虽于2002年12月10日以邮寄信函的方式向巨龙化纤公司主张了工程价款优先受偿权，但该行为是单方行为，并未与巨龙化纤公司协商一致，其主张方式不符合上述法律规定，且自华冶科工公司提起本案诉讼时，其享有的优先受偿权已超过上述司法解释规定的期限。[3]

---

〔1〕 最高人民法院（2012）民一终字第41号民事判决书。

〔2〕 山东省威海市中级人民法院（2015）威民一终字第550号民事判决书。

〔3〕 山东省高级人民法院（2014）鲁民一终字第425号民事判决书。

当事人可以通过发函或者协议折价方式行使建设工程价款优先受偿权。

2. 优先受偿权行使方式范围

关于工程价款优先受偿权的实现方式，现有的法律、法规等并未明确限于法院判决的方式实现。以调解方式确认优先权的，最高人民法院未有明确规定，但地方法院有相关规定。湖南省高级人民法院发布的《关于审理建设工程施工合同纠纷案件若干问题的解答》规定：建设工程价款优先受偿权可否通过调解确认？以调解方式确认建设工程价款优先受偿权的，符合法律规定的，法院可以确认，但为了防止虚假诉讼、损害案外人利益等情况，法院应当进行实体审查，重点审查建设工程价款优先受偿权的行使主体、行使期限、行使方式、工程款债权的范围等实质性事项是否符合法律规定，尤其要审查是否存在当事人虚增工程款数额、伪造竣工记录、伪造付款期限、伪造行使时间等情形。未经实体审查或者经审查不符合建设工程价款优先受偿权行使条件的，不予出具调解书。福建省高级人民法院颁布的《建设工程施工合同纠纷疑难问题解答》第四十四条规定：建设工程价款优先受偿权涉及不特定第三人，双方当事人通过调解确认建设工程价款优先受偿权，易发虚假诉讼，或损害抵押权人、其他债权人等其他案外人的情况，因此，双方当事人请求出具调解书对建设工程价款优先受偿权予以确认的，原则不应准许。从湖南省高级人民法院意见可以看出，虽然湖南省高级人民法院认可建设工程价款优先受偿权可以通过调解确认，但确认的前提系法院审理过程中就法律规定的建设工程价款优先受偿权各纬度进行严格的实质审查，在审查无误后，方可通过调解确认建设工程价款优先受偿权，反之则不予出具调解书。反观福建省高级人民法院，其在表述通过调解确认建设工程价款优先受偿权的弊端后，其最后的行文表述为原则不应准许，并非"不应准许"或其他"具有完全否定之意的表述"。该"原则不应准许"的表述基于文义解释可以理解为"满足条件后，可以准许"。

一般认为，工程价款优先受偿权，在诉讼过程中经过审查后可以通过调解确认。法官经实体审查或者经审查不符合工程价款优先受偿权行使条件的，不予出具调解书。

应注意的是，《民法典》第八百零七条并未排除承包人通过特别程序予以行使，承包人工程款债权确定的，也可以申请人民法院对该工程依法拍卖，其建设工程的价款债权可就该工程拍卖的价款优先受偿。具体的行使程序可以考虑准用《民事诉讼法解释》第三百七十二条关于担保物权实现程序的规定，因建设工程价款优先受偿权作为一种法定优先权，具有担保工程款债权实现的特定功能，通过特别程序实现优先受偿权并无不妥，这也与《民法典》第八百零七条的立法本意并不相悖。

湖南省高级人民法院发布的《关于审理建设工程施工合同纠纷案件若干问题

的解答》规定:行使优先受偿权的方式应如何认定? 承包人有证据证明以发函、与发包人协议折价或申请参与对建设工程变价分配等方式行使建设工程价款优先受偿权的,应予认可。

关于调解方式确定优先受偿权成立及债权数额问题。笔者认为,根据《最高人民法院关于人民法院民事调解工作若干问题的规定》第十二条规定,原则上不能通过调解方式确定优先受偿权成立及债权数额。具体包括两方面内容,一是庭外自行达成的协议,法官对此不审查也不予确认。二是当庭就优先受偿权成立及债权数额请求调解的,法官不予调解。

支持程价款优先受偿权可以民事调解书的形式确认。

【案例 9-27】 东田公司、十建某公司与孔某林建设工程施工合同纠纷再审案

最高人民法院认为,建设工程价款优先受偿权是法定优先权,对于在人民法院调解书中明确建设工程价款享有优先受偿权的情形,法律、法规及司法解释并未予以禁止。本案中,十建公司从东田公司处承包案涉工程后,孔某林作为东田三期科技孵化楼项目部负责人与十建公司签订《工程项目管理合同》并向十建公司实际交纳保证金200万元,东田公司、十建公司均认可案涉工程由孔某林挂靠十建公司承建,工程实际由孔某林施工完成。(2016)渝0105民破5、7、8、9号民事裁定书载明:东田公司与十建公司系集团化运作模式,实际控制人为同一自然人,东田公司的总经理、财务负责人均由十建公司任命并核发工资,所有资产均属于十建公司和实际控制人。由此,东田公司对案涉工程实际由孔某林借用十建公司资质施工是明知或应知的,孔某林与东田公司之间形成事实上的建设工程施工合同关系,203号案件调解确认孔某林在应收工程价款范围内享有优先受偿权并无不当。[1]

【不同处理】 未支持程价款优先受偿权可以民事调解书的形式确认。

【案例 9-28】 某公司与某某公司建设工程施工合同纠纷案

最高人民法院认为,57号调解书可能存在错误。根据57号调解书查明的事实,2013年12月25日,永泰公司向顺康公司、贵州化兴建设工程监理有限公司发出《赫章县碧水蓝庭小区工程进度及工程款情况报告》,在报告中,永泰公司明确主张"至工程全部完工建设单位应当支付施工单位的工程款为7501.76万元"。同时,57号案件调解笔录记载,双方虽然确认工程欠款为17,667,204元,但同时约定"赫章县顺康房地产开发有限责任公司本案工程项目负责人徐某以个人的名义向泸州市永泰建筑工程有限公司借款人民币

〔1〕 最高人民法院(2022)民申22号民事裁定书。

14,497,365 元,在本调解协议生效后视为已返还”。上述证据已经初步表明57号调解书可能存在将其他债权纳入建设工程价款优先受偿权范围的错误。[1] 57号调解书内容错误将直接损害小河农商行的抵押权。建设工程价款优先受偿权是法定优先权,该权利一旦确定,当然优先于银行的抵押权,在建设工程价款优先受偿权与抵押权指向同一标的物,且该标的物拍卖、变卖所得价款不足以清偿工程欠款和抵押权所担保的主债权时,抵押权人的权益必然会因为建设工程价款优先受偿权的有无以及范围大小而受到影响。从现有的证据材料看,57号调解书的执行标的物有三套房屋,其中,在两套房屋上小河农商行设有抵押权,该三套房屋在57号调解书执行过程中三次流拍,后小河农商行设有抵押权的两套房屋一套被变卖,一套直接作价抵偿给永泰公司,而从剩余抵押物的评估价来看,尚不足以清偿小河农商行的全部债权,因此,小河农商行对于57号案件的处理结果,有法律上的利害关系。如果57号调解书存在错误,通过当事人约定的方式随意扩大法定优先受偿权的范围,将直接损害小河农商行的抵押权。

【案例9－29】 云南某某建设集团有限公司诉云南某某集团畹町某某水泥有限公司建设工程价款优先受偿权纠纷案

判决观点,原告要求确认对1500万元桩基工程款享有优先受偿权的条件尚不成就,故不同意在(2013)德民初字第26号民事调解书确认原告对该工程款享有优先受偿权。[2]

实践中对承包人以何种方式行使建设工程价款优先受偿权存在争议,比如以诉讼方式、以诉讼或者折价方式、以强制执行公证程序。鉴于实践中的情况更加复杂,承包人行使建设工程价款优先受偿权的方式也更加多样,只要承包人并非怠于行使建设工程价款优先受偿权,原则上都应予保护。但是,在诉讼中直接主张以物抵债、以房抵债行使优先受偿权尚有争议。

在实际生活中,以房抵债经常发生在金钱出借方与房产开发商之间。金钱出借方是否具有排除执行的权能可以依据《执行异议和复议规定》第二十八条进行判断。施工方以冲抵工程款的方式购买案涉房屋,其实质是通过协商折价抵偿实现其就案涉项目房屋所享有的建设工程价款优先受偿权。工程款债权优先于所涉普通债权得到受偿,案涉房屋系工程款债权的物化载体。

承包人享有的建设工程价款优先受偿权系法定权利,承包人行使优先受偿权的形式包括但不限于通知、协商、诉讼、仲裁等方式,承包人在除斥期间内以上述

---

〔1〕 最高人民法院(2017)民终38号民事裁定书。

〔2〕 云南省德宏傣族景颇族自治州中级人民法院(2015)德民二初字第33号民事判决书。

形式主张过建设工程价款优先受偿权的，应当认定其主张未超过优先受偿权行使的法定期限。

【案例9-30】 建机工程公司与紫杰投资公司、大邑银都公司案外人执行异议之诉再审案

最高人民法院认为，承包人享有的建设工程价款优先受偿权系法定权利，承包人行使优先受偿权的形式包括且不限于通知、协商、诉讼、仲裁等方式，承包人在除斥期间内以上述形式主张过建设工程价款优先受偿权的，应当认定其主张未超过优先受偿权行使的法定期限。……大邑某都公司出具的《关于我司为四川省建筑机械化工程有限公司抵偿房屋办理过户登记有关情况的说明》载明："鉴于我司因位于大邑县大邑大道458#邑都上城项目欠付省建机公司工程款6,830,778元，且省建机公司享有该工程价款优先受偿权，经多次磋商，我司于2013年7月11日与省建机公司签订《协议书》，约定将我司房源中价值7,330,778元的15套房屋用以抵扣欠付建机公司的工程款6,830,778元……"原审中建某工程公司已将该份说明作为证据提交，大邑某都公司原审代理人对该份说明的真实性无异议，故该份说明可以证明建某工程公司在案涉工程价款优先受偿权行使的6个月法定期限内通过磋商的方式向大邑某都公司主张过工程价款优先受偿权，故建某工程公司与大邑某都公司于2013年7月11日签订案涉《协议书》时并未超过建设工程价款优先受偿权行使的法定期限。建某工程公司以与大邑某都公司签订的以房抵债《协议书》方式行使建设工程价款优先受偿权。根据《合同法》第二百八十六条规定，在发包人逾期不支付工程价款的情形下，承包人既可以通过法院拍卖程序就建设工程拍卖价款优先受偿，也可以通过与发包人协商的方式将建设工程折价抵偿。建某工程公司承建了大邑某都公司开发的邑都上城项目土建、水电安装工程。大邑某都公司欠付建某工程公司该工程项目的工程款6,830,778元。双方于2013年7月11日签订《协议书》，约定以包括案涉位于邑都上城项目的13套房屋在内的共15套房屋作价7,330,778元抵偿大邑某都公司欠付建某工程公司的工程款，后建某工程公司与大邑某都公司就案涉房屋签订《商品房买卖合同》，建某工程公司以冲抵工程款的方式购买案涉房屋，其实质是通过协商折价抵偿实现建某工程公司就案涉项目房屋所享有的建设工程价款优先受偿权，建某工程公司与大邑某都公司以案涉房屋折价抵偿欠付工程款，符合《合同法》第二百八十六条规定的工程价款优先受偿权实现方式。判决：(1)撤销一审、二审民事判决；(2)驳回紫杰公司的诉讼请求。[1]

【案例9-31】　华盛六分公司与菩萨崖公司执行异议之诉纠纷再审案

最高人民法院认为，本案符合《民事诉讼法》规定的应予再审的情形。具体分析如下：(1)原判决以《执行异议和复议规定》第二十八条认定华盛六分公司不足以排除对案涉房屋的强制执行，适用法律不当。华盛六分公司与菩萨崖公司于2013年5月27日签订《结算单》，确认尚欠工程款1930.65万元。2013年8月8日，按照盂县住房保障和城乡建设管理局下发的盂建发〔2013〕30号文件《关于盂县菩萨崖自然生态风景区开发有限公司开发金龙住宅小区引发群体上访、完善工程的意见》的精神，华盛六分公司与菩萨崖公司签订《房屋抵债协议》，约定以盂县小区第1栋，一层底商全部建筑面积1718.4平方米、二层全部建筑面积1641.8平方米、三层全部建筑面积1641.8平方米，共计5002平方米建筑抵顶1930.65万元工程款。2013年12月11日，山西省阳泉市中级人民法院作出(2013)阳商初字第42号民事调解书对华盛六分公司与菩萨崖公司签订的《房屋抵债协议》的上述内容予以确认。本案中，华盛六分公司系以享有并行使了建设工程价款优先受偿权为由提起诉讼，主张排除王某双的强制执行。二审判决未对华盛六分公司的前述上诉主张进行审理，却以《执行异议和复议规定》第二十八条来分析判断王某双与华盛六分公司的权益先后顺序，与当事人主张不符，适用法律不当。(2)华盛六分公司享有并以折价方式行使了建设工程价款优先受偿权。建设工程价款优先受偿权作为承包人的法定权利，在发包人逾期不支付工程价款的情形下，承包人可以通过与发包人协商的方式将建设工程折价抵偿。本案中，华盛六分公司与菩萨崖公司在政府的协调下签订《房屋抵债协议》以案涉5002平方米房屋抵顶1930.65万元工程款符合法律规定的建设工程价款优先受偿权的行使方式。……上述司法解释对优先受偿权起算时间的规定不尽相同。依照新法优于旧法的适用规则，本案应从发包人应当给付建设工程价款之日计算工程价款优先受偿权。本案中，因菩萨崖公司资金链断裂，华盛六分公司于2011年11月停工。虽然双方签订的建设工程合同约定的竣工日期为2011年5月30日，但双方于2013年5月27日签订《结算单》确认尚欠工程款1930.65万元，实际系以协议的方式确定了应付工程价款。因此，应以2013年5月27日作为应当给付工程款日期。2013年8月8日，双方签订《房屋抵债协议》未超过法律规定的建设工程价款优先受偿权行使期限。《建设工程解释(二)》第二十条规定："未竣工的建设工程质量合格，

---

〔1〕　最高人民法院(2020)民再352号民事判决书。

承包人请求其承建工程的价款就其承建工程部分折价或者拍卖的价款优先受偿的，人民法院应予支持。”案涉工程虽未竣工验收，但菩萨崖公司与华盛六分公司签订《结算单》确认工程价款结算，未就工程质量提出异议。本案审查期间，经询问华盛六分公司与王某双，双方均认可案涉工程已实际入住，未就工程质量产生争议。因此，应认定华盛六分公司享有并通过折价方式行使了建设工程价款优先受偿权。(3)(2016)最高法民申3122号民事裁定书不能作为本案裁判的直接依据。2013年12月11日，山西省阳泉市中级人民法院作出(2013)阳商初字第42号民事调解书对华盛六分公司与菩萨崖公司签订的《房屋抵债协议》中以案涉5002平方米房屋抵偿工程款的内容予以确认。王某双提起对该调解书的第三人撤销之诉，在一审、二审均驳回其诉讼请求的情况下，其向本院申请再审。本院作出(2016)最高法民申3122号民事裁定书认定(2013)阳商初字第42号民事调解书仅系就双方之间以房抵工程款的确认，并非房屋权属变更的确认，不具有物权效力。但华盛六分公司主张排除王某双的强制执行系基于享有并行使了建设工程价款优先受偿权，即便华盛六分公司未取得物权，亦不能当然否定其在具备法定条件时仍可以依据其他权利而主张排除执行。原一审判决以(2016)最高法民申3122号民事裁定书认定华盛六分公司不享有物权为由即判定其不足以排除强制执行不当，二审予以维持，结果有误。(4)华盛六分公司主张排除强制执行具有事实和法律依据。根据《合同法》第二百八十六条规定，建设工程价款优先受偿权应优先于普通债权，这也是优先权的应有之义。2013年8月8日，华盛六分公司与菩萨崖公司签订《房屋抵债协议》，通过以房折价方式行使了建设工程价款优先受偿权，而王某双与菩萨崖公司系民间借贷关系，王某双为实现借款债权在2018年申请对案涉房屋强制执行时，华盛六分公司已经就案涉房屋折价行使了建设工程价款优先受偿权，其对案涉抵债房屋所享有的权利足以排除强制执行。综上，华盛六分公司的再审申请符合《民事诉讼法》第二百条第二项、第六项的规定。[1]

当事人之间以协议形式将建设工程折价抵偿是法律允许的实现工程价款优先受偿权的方式。

【案例9－32】 兴业银行股份有限公司某某分行与河南省腾某建筑有限公司、平舆瑞某家私有限公司等金融借款合同纠纷再审案

最高人民法院认为，根据该条规定，在发包人逾期不支付工程价款的情形下，承包人既可以通过法院拍卖程序就建设工程拍卖价款优先受偿，也可

[1] 最高人民法院(2021)民申4579号民事裁定书。

以通过与发包人协商的方式将建设工程折价抵偿,因此本案中承包人腾某公司与发包人瑞某公司约定以腾某公司承建的2#、4#厂房抵偿瑞某公司欠付的工程价款,是法律允许的实现工程价款优先受偿权的一种方式。上述两种实现建设工程价款的方式中,以工程拍卖价款优先受偿是承包人通过支配建设工程的交换价值从建设工程拍卖价款中获偿,而以工程折价抵偿则是承包人通过取得建设工程所有权的方式受偿。折价抵偿的情形下由于涉及建设工程所有权的转移,根据《物权法》第一百四十六条"建设用地使用权转让、互换、出资或者赠与的,附着于该土地上的建筑物、构筑物及其附属设施一并处分"以及第一百四十七条"建筑物、构筑物及其附属设施转让、互换、出资或者赠与的,该建筑物、构筑物及其附属设施占用范围内的建设用地使用权一并处分"的规定中所体现出来的房随地走、地随房走的"房地一体"处分原则,在发包人与承包人协议约定以建设工程折抵工程价款的情况下,用于折抵的建设工程及其对应的土地使用权应当一并作为抵偿标的物,且承包人对此享有优先受偿权。[1]

以物抵债协议中附加发包人无力偿还欠款的条件,实质是双方对房屋折价抵顶工程款达成合意,视为承包人行使了优先受偿权。

【案例9-33】　山西工人晋某疗养院与太原市某某建筑工程集团有限公司、徐某建设工程施工合同纠纷再审案

二审法院认为,太原某建于2004年12月25日完成涉案工程,并由相关部门进行竣工验收交付晋某疗养院使用。2005年5月24日晋某疗养院回函太原某建,主要内容为:因欠付太原某建工程款,同意太原某建暂管涉案工程中的14套房屋,待工程欠款还清后,太原某建再将暂管的14套房屋交给晋某疗养院,并承诺若晋某疗养院无力偿还欠付工程款时,太原某建有权对暂管房进行处置。该函件的实质是双方就涉案房屋折价抵顶工程款达成合意,即在无力偿还工程款时双方达成以房抵债(因建设工程施工合同产生的债)协议,只不过该折价清偿工程款协议附加了晋某疗养院无力偿还欠款的条件。该以房抵债协议是双方真实意思体现,并不违反法律、行政法规的强制性规定,合法有效,双方当事人均应按约执行。同时该协议也符合《合同法》第二百八十六条的规定(发包人未按照约定支付价款的,承包人可以催告发包人在合理期限内支付价款。发包人逾期不支付的,除按照建设工程的性质不宜折价、拍卖的以外,承包人可以与发包人协议将该工程折价,也可以申请人民法院将该工程拍卖。建设工程价款就该工程折价或者拍卖的价款优先

〔1〕 最高人民法院(2018)民终497号民事判决书。

受偿)。关于该协议的附加条件,原审法院依据太原某建自2005年5月24日向晋某疗养院去函催还工程欠款,直至2009年7月16日太原某建与第三人徐某签订协议对案涉13套房屋以合理的价格进行转让前,晋某疗养院在长达5年以上的时间段内未曾支付太原某建分文所欠工程款的客观事实,认定晋某疗养院确已无力偿还欠付太原某建工程款,符合本案实际,本院予以确认。由此,太原某建为了偿还其对外债务,在合理的期待期间经过后按照以房抵债协议的约定将暂管的涉案房屋以合理的价格予以转让,符合合同约定,且该转让行为也不存在《合同法》第五十二条规定的关于合同无效的情形,所以该处分行为合法有效。[1]

【不同处理】 协议中关于在发包人不能清偿工程款时以房抵债的约定,并非行使优先受偿权法定的折价或拍卖条款,不能认定承包人行使优先受偿权。

【案例9-34】 李某营与达某(北京)国际投资有限公司建设工程施工合同纠纷案

二审法院认为,李某营的起诉请求为将其债权确认为优先受偿债权,并提交其与达某公司于2014年1月24日达成的一份《协议书》,《协议书》第一条约定:甲方(达某公司)欠乙方(李某营)装饰装修工程款486,000元,甲方房产抵押贷款到账后,优先足额偿还乙方的尾欠款。3个月内甲方如不能履行还款义务,自愿将一楼营业区部分以每平方米15,000元作价给乙方。二审时,另提交其与国香茶庄(王某中)于2014年4月3日签订的一份《协议书》,证明其已依据2014年1月24日《协议书》取得了31平方米的营业柜台。根据上述协议内容,对照《合同法》第二百八十六条和《建设工程解释(二)》第十八条关于优先受偿权的规定,李某营主张其已经行使了优先受偿权并要求法院确认的请求不符合法律的规定。《合同法》第二百八十六条规定,承包人可以与发包人协议将该工程折价,也可以申请人民法院将该工程依法拍卖,建设工程的价款就该工程折价或者拍卖的价款优先受偿;《建设工程解释(二)》第十八条规定,装饰装修工程的承包人,请求装饰装修工程价款就该装饰装修工程折价或者拍卖的价款优先受偿的,人民法院应予支持,但装饰装修工程的发包人不是该建筑物的所有权人的除外。从上述条款的内容可以看出,装饰装修工程的承包人可以在装饰装修工程折价或者拍卖的价款范围内行使优先受偿权,但行使优先受偿权的方式只有协商折价和申请法院拍卖两种方式,而在本案中,2014年1月24日签订的《协议书》第一条的约定仅是达某公司偿还李某营装饰装修工程款486,000元不能的情况下

---

〔1〕 山西省高级人民法院(2019)晋民终597号民事判决书。

以房抵债的约定,并非行使优先受偿权法定的折价或拍卖条款,不能视为李某营就装饰装修工程折价或者拍卖的价款范围已经行使了优先受偿权。[1]

只有当建设工程整体需要折价或者拍卖时,装饰装修工程承包人可以在因装饰装修而使该建筑物增加的价值范围内享有建设工程价款优先受偿。

【案例9-35】 光大银行与苏里公司、金和泰公司某某公司建设工程施工合同纠纷再审案

最高人民法院认为,(1)《房屋抵顶协议书》不能视为苏里公司行使建设工程价款优先受偿权:①协议中并无苏里公司行使建设工程价款优先受偿权的意思表示。②苏里公司的施工范围只是装修工程、管道工程、电气工程附属设施工程,装饰装修工程承包人的优先权只能在建筑物因装修装饰而增加价值的范围内优先受偿。(2)苏里公司对案涉房产享有的合同债权并不能排除抵押权的强制执行。(3)苏里公司本系金和泰公司的工程款债权人,金和泰公司以案涉争议房产抵顶工程款,系清偿工程款的替代履行方式。苏里公司也不属于购房消费者。[2]

承包人在起诉时主张在工程变卖或者以物抵债时享有优先受偿权,缺乏法律依据,未获得法院支持。

【案例9-36】 上海全某装饰有限公司与重庆恒大鑫某置业有限公司装饰装修合同纠纷案

判决观点,《建设工程解释(一)》第三十七条规定:装饰装修工程具备折价或者拍卖条件,装饰装修工程的承包人请求工程价款就该装饰装修工程折价或者拍卖的价款优先受偿的,人民法院应予支持。可见,被告作为承包人有权请求质保金就该装饰装修工程折价或者拍卖的价款优先受偿。原告主张在工程变卖或以物抵债时享有优先受偿权,无法律依据,本院不予支持。[3]

应注意的是,主流观点认为,诉讼不是建设工程承包人行使建设工程价款优先受偿权的唯一方式。承包人不仅可以通过诉讼的方式行使建设工程价款优先受偿权,还可以通过与发包人协商折价的方式行使建设工程价款优先受偿权。在执行法院根据发包人的其他债权人或抵押权人的申请对建设工程采取强制执行措施时,承包人向执行法院主张其对建设工程享有建设工程价款优先受偿权的,属于承包人行使建设工程价款优先受偿权的合理方式。

---

〔1〕 河南省高级人民法院(2020)豫民终205号民事判决书。
〔2〕 最高人民法院(2019)民再359号民事判决书。
〔3〕 重庆市渝北区人民法院(2021)渝0112民初43423号民事判决书。

二、工程价款优先受偿权法律适用

(一)优先受偿权放弃限制问题

根据承包人行为的法律后果不同可分为建设工程价款优先受偿权的放弃与建设工程价款优先受偿权的限制。

建设工程价款优先受偿权的放弃是指承包人放弃对发包人就建设工程折价或者拍卖价款优先受偿的权利,承包人放弃该权利后,其对发包人享有的工程债权成为普通金钱债权,清偿顺序劣后于担保债权,与其他无担保的普通债权处于同一清偿顺位。

建设工程价款优先受偿权的限制主要包括两种:一种是承包人与发包人约定对其享有的建设工程价款优先权的行使条件、债权数额或工程范围进行限定。另一种是承包人仅向特定第三人承诺放弃优先于该第三人债权的优先受偿权权利,该放弃行为对发包人和其他抵押权人和普通债权人的权利没有影响,其他权利人不能援引该承诺对抗承包人。

建设工程价款优先受偿权可否约定放弃,在理论和实务中均有争议,有法官认为,建设工程优先权在一般情况下不应被放弃,但并非绝对不能放弃。[1] 也有法官认为,建设工程价款尽管是一种债权,但是建设工程款优先权是一种法定担保物权,这种法定担保物权不得预先放弃。[2] 还有律师认为,优先受偿权属于法定的权利,而非可由合同双方自行确定的约定权利,《合同法》也没有关于"双方另有约定除外"或者类似的规定,因此,严格来讲,优先权不应由合同双方当事人自行约定是否适用,就如同法律规定的除斥期间一样。[3] 亦有法官认为,建设工程优先权的制度设计是从保护承包人的利益,最终保障农民工等劳动者生存利益考虑,体现了生存利益优先于经营利益的指导思想,体现了维护社会稳定、维护劳动者权益的政策考量,承包人订立合同时承诺放弃优先受偿权的,也不能因此认

---

〔1〕 参见《建设工程合同纠纷裁判思路》,法律出版社 2014 年版,第 255 页。

〔2〕 参见最高人民法院民事审判第一庭编:《民事审判指导与参考》2010 年第 3 集(总第 43 集),法律出版社 2011 年版,第 103 页。

〔3〕 参见林立:《工程合同:法律、规则与实践》,北京大学出版社 2016 年版,第 281 页。

定其债权优先权因此丧失。[1] 主流观点认为，建设工程价款优先受偿权是法律赋予承包人的一种民事权利，既然是民事权利，权利人就有权处分，既可以依法行使，也可以约定放弃。司法实践中，大多数法院的判决对于承包人起诉请求确认放弃优先受偿权承诺无效的诉讼请求不予支持，支持有效说观点的案例占总数的九成以上。[2]

《建设工程解释（一）》第四十二条规定："发包人与承包人约定放弃或限制建设工程价款优先权，损害建筑工人利益，发包人根据约定主张承包人不享有建设工程价款优先受偿权的，人民法院不予支持。"该条规定明确了最高人民法院的态度，优先受偿权实为法定优先权，不建议轻易通过约定将该权利排除或放弃。发包人和承包人原则上可以自由协商约定放弃或者限制优先受偿权的行使，但如果双方的约定损害到建筑工人利益，有关放弃或者限制权利行使的约定无效。该条规定承包人放弃优先受偿权损害建筑工人利益的，其放弃或限制约定则不受法律保护。建筑市场上，承包人一般处于相对弱势的地位，如果法律上允许当事人通过协商的方式任意处分优先受偿权，可能引诱发包人利用自己的优势地位，强制要求承包人接受或者限制优先受偿权行使的条款，这不仅会损害承包人的利益，还可能影响农民工工资权益的实现。因此，如果承包人事先放弃或者限制优先受偿权，使得承包人无充分的责任财产支付建筑工人工资等债务，则可以认定双方的约定损害了建筑工人的利益。在这种情形下，发包人根据双方事先的约定抗辩承包人不再享有优先受偿权的，法院不予支持。但有例外，一是约定或者限制优先受偿权并未损害建筑工人的利益，法院可以支持承包人放弃或者限制优先受偿权。二是承包人出于自愿单方承诺放弃或者限制优先受偿权的，因为放弃或者限制优先受偿权其本质上是承包人的一项权利，从性质上讲是私权利，当事人可以自由处分。

对于《建设工程解释（一）》第四十二条规定理解，制定司法解释的法官认为，承包人与发包人可以约定放弃建设工程价款优先受偿权，也可以约定限制建设工程价款优先受偿权。本条规定的发包人与承包人约定限制建设工程价款优先受偿权，含义较为广泛，既包括承包人只放弃部分建设工程价款优先受偿权，即所谓的相对放弃，也包括为建设工程价款优先受偿权的行使设定时间、条件，或者限定建设工程价款优先受偿权所针对的建设工程的范围等方面。[3]

---

[1] 参见张勇健：《建设工程施工合同案件审理中应注意的问题》，载《人民法院报》2018年9月5日，第7版。

[2] 参见王涛、俞悦：《建设工程价款优先受偿权放弃的法律效力》，载《人民司法·应用》2016年第16期。

[3] 参见最高人民法院民事审判第一庭编著：《最高人民法院新建设工程施工合同司法解释（一）理解与适用》，人民法院出版社2021年版，第472～474页。

对于《建设工程解释(一)》第四十二条规定涉及损害建筑工人利益理解,制定司法解释的法官认为,承包人的责任财产不仅是针对对外承担民事责任的基础,也是对内承担工资等债务的基础。如果承包人与发包人约定放弃或者限制建设工程价款优先受偿权,导致其工程价款债权不能实现,进而造成其资产负债情况恶化,以至于不能支付建筑工人的工资,则该放弃或者限制建设工程价款优先受偿权的行为就违背了《民法典》第八百零七条设立建设工程价款优先受偿权制度的本意。根据本条解释的规定,在这种情况下,承包人与发包人约定放弃或者限制建设工程价款优先受偿权的约定无效。在判断承包人放弃或者限制建设工程价款优先受偿权是否损害建筑工人的利益时,要看承包人这一行为是否影响其整体的清偿能力,要将承包人整体的资产负债情况以及现金流情况是否因此恶化到影响建筑工人工资支付的程度作为主要考虑因素。[1] 也就是说,如果承包人与发包人约定放弃或者限制建设工程价款优先受偿权,导致其工程价款债权不能实现,进而造成其资产负债状况恶化,以至于不能支付建筑工人的工资,就属于"损害建筑工人利益"。不能简单以是否拖欠建筑工人的工资作为判断标准,以及避免该规定在实践中被承包人滥用和裁判机构扩张适用。

在承包人放弃或者限制优先受偿权符合司法解释规定的前提下,仍然涉及有关问题。(1)承包人放弃优先受偿权意思表示问题。有法官认为,承包人放弃建设工程优先受偿权,应当以有明确放弃的意思表示为要件。[2] 笔者持赞同态度,对于承包人采取抓阄等各种非明示行为,不能推定放弃优先受偿权。从意思表示主体讲,有可能是承包人单方意思表示,或者承发包双方意思表示,还可能为承包人、发包人、发包人的债权人、抵押权人等多方的意思表示。(2)双方约定放弃优先受偿权,或承包人单方放弃优先受偿权的承诺是合同内容一部分,在合同无效时该部分内容自然无效。(3)在有效总包合同里约定放弃优先受偿权,其后总包人又专业分包,其总包人和其后手均受合同约定限制。(4)放弃优先受偿权的范围确定,既可以是约定全部放弃,也可以约定部分放弃;既可以约定放弃的金额,也可以约定放弃针对具体建筑。放弃优先受偿权范围,应以双方明确约定或承包人单方承诺为准。承包人在没有放弃的范围内,依法享有优先受偿权。(5)放弃优先受偿权条件约定问题。承包人可以与发包人、债权人约定放弃优先受偿权条件,这是三方真实意思表示,也是合法有效的。在发包人或债权人满足条件的情况下,承包人的债权已经得到了实现或者部分实现,对于承包人而言,对此后果是对自身权利处分,不应视为损失。

---

〔1〕 参见最高人民法院民事审判第一庭编著:《最高人民法院新建设工程施工合同司法解释(一)理解与适用》,人民法院出版社2021年版,第437页。

〔2〕 参见李玉林:《合同纠纷前沿问题审判实务》,中国法制出版社2014年版,第211页。

承包人放弃优先受偿权涉及第三人利益(建筑工人除外,下同)时应对其效力作具体分析。这里的利益第三人,是指与承包人放弃优先受偿权在法律上有利益影响的第三人。有利益影响第三人,主要是指保证人。保证人与发包人、承包人签订保证合同,就发包人依据施工合同约定支付工程款的义务承担保证责任,此时承包人优先受偿权是否存续与保证人利益密切相关,该保证人即利益第三人。《民法典》第四百零九条第二款规定:债务人以自己的财产设定抵押,抵押权人放弃抵押权、抵押权顺位或者变更抵押权的,其他担保人在抵押权人丧失优先受偿权的范围内免除担保责任,但其他担保人承诺仍然提供担保的除外。承包人优先受偿权作为担保物权可参照适用该规定。依照该条规定,承包人放弃优先受偿权的,保证人在承包人放弃优先受偿权益的范围内免除保证责任。据此,承包人放弃行为对保证人的并无不利影响,其行为有效。

放弃优先受偿权相对性问题。实践中,在发包人需要以工程作为融资的抵押物向银行借款,银行提出的条件就是要求承包人必须以书面形式放弃工程价款优先受偿权。在这种情况下,承包人为了履行施工合同,一般会同意发包人为实现借款银行提出的条件,此时承包人放弃优先受偿权是其真实意思表示,亦是对其自身权利的权利处分,也是有效的。需要研究的问题是,承包人在发包人借款中对银行作出放弃优先受偿权的效力,是仅针对银行还是对所有债权人或抵押权人的绝对放弃。笔者认为,从理论上讲,承包人放弃优先受偿权,实际上是受偿次序的放弃,即承包人为后顺位的银行的利益而放弃其优先的次序,即在受偿时,银行债权优先于工程价款优先受偿权。承包人在对银行借款中放弃优先受偿权不影响在银行之外的效力,并不是以消灭优先受偿权为目的绝对放弃,其优先受偿权除银行之外仍旧存在,对工程价款依然优先于其他的债权或抵押权受偿。最高人民法院在认可优先受偿权可以预先放弃的基础上,也认为该权利的放弃只对相对方有效。也就是说,放弃优先受偿权具有相对性,有特定的对象、特定的前提,并非对世承诺。在承诺的对象关系之内承诺发生效力,在承诺的对象关系之外承诺不发生效力,放弃承诺的范围是特定的。

【案例9-37】　北京长富投资基金与武汉中森华世纪房地产开发有限公司等委托贷款合同纠纷案

最高人民法院认为,徐东集团公司在该《承诺函》承诺徐东集团公司对中森华房地产公司的所有债权劣后于长富基金的债权。从《承诺函》设置的义务内容看,系徐东集团公司对长富基金在《委托贷款合同》中的债权作出的一种担保性质的承诺,虽不具有物权法上的排他性物权效力,不能对抗第三人,但该承诺不违反法律法规的禁止性规定,应合法有效,在当事人之间具有约束力。[1]

放弃承诺可以附生效条件，但所附条件需由当事人明确约定。民事法律行为可以附条件，所附条件包括生效条件和解除条件，但生效条件或解除条件需由当事人约定，不宜通过法律解释推定。放弃承诺中可以限定贷款用途，保证专款专用。承包人作出放弃优先受偿权承诺的目的是发包人顺利获得贷款筹集建设资金，该资金原则上应当用于工程建设支付工程款，如果挪作他用将会导致放弃承诺的目的落空。

【案例9-38】 中国工商银行股份有限公司枣庄薛城支行与江苏南通二建集团有限公司、山东浙商联合实业股份有限公司第三人撤销之诉纠纷案

最高人民法院认为，首先，从双方主体来看，工行薛城支行系案涉嘉豪国际公寓工程项目在建工程抵押权人，南通二建系该项目的总承包人，其出具《承诺函》是为帮助浙商公司顺利获得工行薛城支行就该项目工程的贷款。在此，有关《承诺函》中南通二建的意思表示，应当根据《民法总则》第一百四十二条第一款"有相对人的意思表示的解释，应当按照所使用的词句，结合相关条款、行为的性质和目的、习惯以及诚信原则，确定意思表示的含义"的规定确定其真实含义。本院认为，《承诺函》是南通二建针对特定抵押权人工行薛城支行作出的，故其承诺放弃工程价款优先受偿权的意思表示，是对工程价款优先受偿权的相对放弃而非绝对放弃，因该种权利放弃的意思表示不及于浙商公司的其他债权人，而且此种放弃的意思表示仅应视为对法律规定工程价款优先于抵押权受偿顺位的一种放弃，而非法定权利本身的放弃。其次，从《承诺函》的内容看，南通二建放弃该项目工程款优先受偿权是因已知项目建设资金来源已全部落实。结合2013年4月18日浙商公司致南通二建的承诺函，其中浙商公司明确承诺保证本次贷款只用于南通二建承建的嘉豪国际公寓项目工程进度款和结算款，再结合工行薛城支行与浙商公司就案涉项目签订的《房地产借款合同》中借款发放和账户管理的相关内容。南通二建主张其向工行薛城支行出具承诺函放弃其对案涉工程价款优先于工行薛城支行抵押权的受偿顺位是一种附条件的放弃，理由成立。后在案涉《建设工程施工合同》《房地产借款合同》实际履行过程中，2013年5月22日，工行薛城支行根据浙商公司的提款申请和支付委托将1.38亿元贷款进行了一次性发放，其中仅向南通二建发放500万元。之后，因浙商公司欠付工程款，南通二建于2015年3月30日向山东省高级人民法院提起诉讼。据此，南通

---

〔1〕 最高人民法院(2016)民终字第124号民事判决书。

二建认为并未实现本次贷款全部用于南通二建承建的嘉豪国际公寓项目建设资金的条件，故主张其向工行薛城支行出具《承诺函》放弃其对案涉工程价款优先于工行薛城支行抵押权的受偿顺位的所附条件未成就，具有一定合理性。[1]

承包人承诺放弃优先受偿权的条件未成就，其依法享有优先受偿权，同样对转让的工程享有优先受偿权。

【案例 9－39】　H 公司与 J 公司建设工程施工合同纠纷案

二审法院认为，本案的焦点问题是，J 公司向 H 公司承诺放弃对在建工程的优先受偿权的条件是否已成就，能否对转让后的在建工程行使优先受偿权。S 公司与 H 公司约定转让在建工程的价款包括未完工部分，经过委托评估，转让价不明显低于市场价，其中 J 公司主张 S 公司与 H 公司之间存在恶意串通的转让行为，依据不足。故其与 H 公司签订的在建工程转让协议有效。鉴于担保还款人的 Z 公司未确认该承诺，H 公司在收到该承诺之后并未确认外墙、门窗、电梯安装工程款并支付 J 公司 100 万元，J 公司的起诉理由包含了其对建设工程拥有优先受偿权的主张，且提出该主张是在法定的 6 个月之内。因此，一审法院认定 J 公司关于放弃系争工程优先受偿权的前提条件并未成就，J 公司仍享有该工程的优先受偿权是正确的。[2]

在判断承包人放弃或者限制优先权是否损害建筑工人利益时，要看承包人这一行为是否影响其整体清偿能力，要将承包人整体的资产负债状况以及现金流情况是否因此恶化到影响建筑工人工资支付的程度为主要判断标准，损害建筑工人利益时点的判断，多以当事人主张优先权之时为准。

【案例 9－40】　华融福建省分公司与苏州凤凰公司优先受偿权纠纷案

最高人民法院认为，本案中，尚无证据显示承包人出具《承诺书》存在《合同法》第五十二条规定的合同无效的法定情形，但直到 2018 年 7 月 27 日福建省宁德市中级人民法院作出执行分配方案，承包人在调解书中确定的工程价款通过行使优先权仅实际获得分配 68,939,365 元。后经法院裁定，承包人亦进入破产清算程序。以上事实足以说明，在本案中，若还允许承包人基于意思自治放弃建设工程优先权，必然使其整体清偿能力恶化影响到正常支付建筑工人工资，从而导致侵犯建筑工人利益。受让方虽主张政府部门垫付的建筑工人工资已通过执行款项得到受偿，但是承包人取得相应执行款正

〔1〕　最高人民法院(2019)民终 978 号民事判决书。

〔2〕　参见最高人民法院民事审判第一庭编:《民事审判指导与参考》2010 年第 2 集(总第 42 集)，法律出版社 2011 年版，第 156 页。

是其行使优先受偿权的结果。一审法院认定《承诺书》中承包人放弃优先权的相关条款因损害建筑工人利益而无效,并无错误。[1]

【案例9-41】 利辛县信宜达融资担保有限公司与安徽水安建设集团股份有限公司等建设工程价款优先受偿权纠纷案

最高人民法院认为,关于水安建设公司是否丧失了建设工程价款优先受偿权问题。这一争议主要涉及两个具体问题:第一,水安建设公司放弃建设工程价款优先受偿权的行为是否因损害建筑工人利益而无效。《建设工程解释(二)》第二十三条规定:"发包人与承包人约定放弃或者限制建设工程价款优先受偿权,损害建筑工人利益,发包人根据该约定主张承包人不享有建设工程价款优先受偿权的,人民法院不予支持"。因此,认定承包人放弃建设工程价款优先受偿权的行为是否无效,关键看其是否损害建筑工人利益。案涉《在建工程抵押建筑商声明书》虽是承包人水安建设公司向发包人的债权人信宜达担保公司作出,并非直接向发包人龙腾置业公司作出,但其核心内容仍是水安建设公司处分了建设工程价款优先受偿权,对其效力判断仍应适用前述司法解释的规定。从目的上看,本案中水安建设公司放弃建设工程价款优先受偿权不具有损害建筑工人利益的非法目的。水安建设公司向信宜达担保公司承诺放弃建设工程价款优先受偿权,目的在于获取信宜达担保公司为案涉项目建设贷款提供担保,以保障项目建设获得必要的资金支持,而这对水安建设公司自身以及建筑工人均是有利的。从后果上看,水安建设公司的放弃行为也不会损害建筑工人利益。综合考虑《在建工程抵押建筑商声明书》作出的背景及目的,根据目的解释、诚信解释原则,可以认定水安建设公司只是就案涉10号楼已经为信宜达担保公司设定抵押的108套房产放弃了优先受偿权,以保障信宜达担保公司抵押权的实现。华普公司于2018年12月26日出具的《工程结算审核报告》载明,水安建设公司承建工程总建筑面积约为150,087平方米,包含住宅区(C区)面积46,847平方米,商业区(D区)面积103,240平方米。《在建工程抵押担保合同》载明抵押物为D区10号楼的3~5层部分共108套房产,建筑面积共6736.39平方米;安徽利君价格评估有限公司于2020年10月28日作出的《房地产评估报告书》载明案涉抵押房产综合总价22,373,538元。由此可见,案涉抵押房产面积仅占水安建设公司所承建D区面积约6.5%,占总工程面积约4.5%。水安建设公司放弃只占总工程面积约4.5%、评估价值22,373,538元房产的优先受偿权,仍对占总工程面积95.5%的剩余房产享有建设工程价款优先受偿权,因

---

[1] 最高人民法院(2019)民终1951号民事判决书。

此水安建设公司的放弃行为不影响其对龙腾置业公司的48,733,386元工程款及利息债权获得清偿，不会损害建筑工人的合法权益，在不存在其他无效事由的情况下，应认定该放弃行为有效。第二，水安建设公司是否丧失了对案涉房产的建设工程价款优先受偿权。建设工程价款优先受偿权是为了保护建筑工人利益，赋予承包人的工程款债权相较于发包人的普通债权甚至某些物权如抵押权等就建筑物变价款优先受清偿的效力，实质是当建设工程上聚合存在工程款债权以及抵押权、普通债权等多种权利的情况下，工程款债权具有的相对优先清偿顺位。本案中，水安建设公司并未对龙腾置业公司的其他债权人作出一概放弃优先清偿顺位的意思表示，而只是对特定抵押权人信宜达担保公司承诺放弃对抵押房产的建设工程价款优先受偿权，因此该放弃行为具有相对性和部分性，仅产生水安建设公司对案涉108套房产的工程款债权不得比信宜达担保公司的抵押权优先受清偿的后果，但并不导致水安建设公司的建设工程价款优先受偿权绝对消灭，相对于龙腾置业公司的其他抵押权人和普通债权人而言，水安建设公司仍享有并可以主张建设工程价款优先受偿权。因此，民初248号判决、民终831号判决确认水安建设公司在龙腾置业公司欠付工程款范围内就安徽·金龙国际商贸港C、D区的拍卖或变卖价款享有优先受偿权，并无错误，且该判决也不改变执行过程中信宜达担保公司的抵押权与水安建设公司放弃优先受偿权后的工程款债权的实现顺位。综上，一审判决认定水安建设公司放弃建设工程价款优先受偿权极有可能使龙腾置业公司的整体清偿能力恶化导致侵犯建筑工人利益，缺乏事实依据，应予纠正，但判决驳回信宜达担保公司的诉讼请求，结果并无不当，本院予以维持。[1]

最高人民法院民一庭意见为，承包人承诺放弃工程款优先受偿权的条件未成就，即使工程的所有权发生转让，如果受让人对工程的转让存在过错，发包人不支持工程款，承包人仍可依照《合同法》第二百八十六条（现为《民法典》第八百零七条）及相关司法解释的规定，在工程款范围内对所建工程行使优先受偿权。[2]

关于建设工程价款受偿权放弃是否有效，实践中存在争议。分为行为无效说、行为有效说以及以是否损害其他利益关系人区分行为效力的观点。第四十二条解释采取的是“原则有效、无效例外”的标准。主要理由：《民法典》第八百零七条赋予承包人建设工程价款优先受偿权实质是为保护建筑工人的利益。虽然原则上承包人有权自由处分自身财产权利，但不能违背第八百零七条的立法宗旨，

〔1〕 最高人民法院(2022)民终233号民事判决书。

〔2〕 参见最高人民法院民事审判第一庭编：《民事审判指导与参考》2010年第2集(总第42集)，法律出版社2011年版，第158页。

不能损害农民工人的权益。这里较为特殊的是,发包人与承包人约定放弃或者限制建设工程价款优先受偿权,可能不会直接损害建筑工人的利益,但是建筑工人根据承包人要求完成建设工程,将自己的劳务投入建设工程之中,虽不对建设工程价款享有权利,但对承包人享有劳动报酬给付请求权。发包人与承包人约定放弃或者限制建设工程价款优先授权,损害建筑工人利益的,法院不能认可此类约定的效力。

现实中甚至出现如逼迫承包人放弃优先权的“阴阳条约”,其做法是正式合同看不出破绽,但工程承包方必须与开发商和开发商的贷款银行三方在合同之外签订补充条款或是补充协议,声明“自愿”放弃优先权。在处理涉及承包人放弃优先权的纠纷时,还要考虑合同自由合同正义的关系。

(二)优先受偿权转让

《民法典》第五百四十五条第一款前半段规定:“债权人可以将合同的权利全部或部分转让给第三人”,由此可见,发包人在法律上具有将在建工程转让的权利,同时承包人也可以转让其在施工中形成的债权。承包人转让的债权为享有优先权的债权,受让人基于转让而取得工程款债权,因而亦应当享有该工程款的优先受偿权。从法理上讲,由于建设工程价款优先受偿权是赋予工程价款权利人的一种法定优先权,具有附随性,故如工程价款权利人发生变更,则建设工程价款优先受偿权的行使主体也应随之变更,由变更后的承包人承继享有。即合同债权合法转让时,建设工程价款优先受偿权自然随工程价款一并移转,而无须当事人另行约定转让。另外,也不能将其与建设工程分离或割裂转让,承包人单独转让优先受偿权的,该转让行为无效。一些地方法院对此作出了规定,如湖南省高级人民法院发布的《关于审理建设工程施工合同纠纷案件若干问题的解答》规定:建设工程价款债权转让,建设工程价款优先受偿权是否随之转让?建设工程价款优先受偿权所设立的立法本意系解决拖欠工程款问题,以推动承包人价款债权的实现,具有从属性,不具有人身属性,故承包人将建设工程价款债权转让的,建设工程价款优先受偿权随之转让。山东省高级人民法院民一庭《关于审理建设工程施工合同纠纷案件若干问题的解答》规定,工程款债权的受让人主张对建设工程价款优先受偿权一并受让,如何处理?建设工程价款优先受偿权依附于工程款债权,属于从属性权利,承包人将建设工程价款债权转让的,建设工程价款优先受偿权随之转让。制定司法解释的法官认为,建设工程价款债权转让后,受让人是否应享有优先权在现行解释中尚无定论。[1]

最高人民法院民一庭认为，肯定受让人享有优先受偿权，也有利于建设工程债权的流转。虽然债权受让人享有优先受偿权与承包人和建筑工人的利益看似无直接关系，但承包人在债权转让中获得的对价亦可用于结算建筑工人的工资，建设工程债权的流转能够促进承包人和建筑工人加速获偿。[2] 制定司法解释的法官亦持同样观点。[3]

一般认为，建设工程价款优先受偿权不是一项单独的权利，是依附于建设工程价款债权基础之上优先受偿的权利，所以优先受偿权不应因该债权的转让而丧失。而且，如果建设工程价款优先受偿权在建设工程价款债权转让后丧失，不利于建设工程价款债权的流转，也不利于施工企业债权的实现，最终不利于保障建筑工人劳动报酬的实现。

【案例9-42】　陕西西岳山庄有限公司与中建三局建发工程有限公司等建设工程施工合同纠纷案

一审法院认为，三公司将合同债权转让给建发公司，并向西岳山庄送达了债权转让通知书，符合相关法律规定。该转让行为系转让人与受让人真实意思表示，并不损害债务人的利益，依法认定有效。建发公司因此取得三公司应享有的合同债权。判决建发公司在西岳山庄欠付的工程款范围内，对该工程享有优先受偿权。最高人民法院认为，建发公司基于债权受让，在合同解除前已提起诉讼，对涉案工程享有优先受偿权。原判认定事实基本清楚，适用法律正确。判决：驳回上诉，维持原判。[4]

【案例9-43】　斯丹尔公司与某某公司建设工程施工合同纠纷案

最高人民法院认为，建设工程价款优先受偿权为法定优先权，立法初衷系通过保护承包人的建设工程价款债权进而确保建筑工人的工资权益得以实现。对该债权的保护，不应因债权主体的改变而改变，而允许受让人享有该优先受偿权，有利于原债权人获得合理的、充足的债权转让对价，更有利于实现建筑工人的劳动债权；反之，如果建设工程价款优先受偿权随之消灭，则会间接损害劳动债权的受偿……本案所涉建昌公司与斯丹尔公司之间的债权转让有关转让协议涉及的财产权利，是双方当事人之间的民事权益，没有

---

〔1〕 参见最高人民法院民事审判第一庭编著：《最高人民法院新建设工程施工合同司法解释（一）理解与适用》，人民法院出版社2021年版，第365页。

〔2〕 参见最高人民法院民事审判第一庭编：《民事审判实务问答》，法律出版社2021年版，第54~55页。

〔3〕 参见最高人民法院民事审判第一庭编著：《最高人民法院新建设工程施工合同司法解释（一）理解与适用》，人民法院出版社2021年版，第366页。

〔4〕 参见《最高人民法院公报》2007年第12期。

证据证明系建昌公司放弃债权、无偿或低价转让财产、处分财产的不当行为。故本案确认斯丹尔公司受让建设工程价款债权后依然享有优先受偿权,并不违背建设工程价款优先受偿权制度保护建筑工人劳动报酬的制度目的。[1]

【案例9-44】 中建海某建设发展有限公司与厦门兴某伟业房地产开发有限公司建设工程施工合同纠纷案

最高人民法院认为,案涉工程于2014年6月30日竣工验收合格,中建某局于2014年11月5日委托中建海某公司向兴某伟业公司发函,主张案涉建设工程价款的优先受偿权,兴某伟业公司于当日签章确认收到该函件,对此未提出异议,故可以认定中建某局在法定期限内行使了建设工程价款优先受偿权。中建某局于2016年12月6日向中建海某公司转让案涉债权,并于2017年2月20日将债权转让的通知送达兴某伟业公司,债权转让对兴某伟业公司发生法律效力。建设工程款债权转让后,中建某局享有的建设工程价款优先受偿权可以随之转让予中建海某公司,理由如下:第一,建设工程价款优先受偿权为法定优先权,功能是担保工程款优先支付,系工程款债权的从权利,不专属于承包人自身,可以随建设工程价款债权一并转让。《合同法》第八十一条规定,债权人转让权利的,受让人取得与债权有关的从权利,但该从权利专属于债权人自身的除外。《建设工程解释(二)》第十七条虽然规定由承包人主张优先受偿权,但是并不能得出建设工程价款优先受偿权具有人身专属性。故建设工程价款债权转让的,建设工程价款优先受偿权随之转让并不违反法律规定。第二,本案建设工程价款优先受偿权与工程款债权的一并转让,既不增加兴某伟业公司的负担,也不损害兴某伟业公司其他债权人的利益。综上,中建某局将案涉工程款债权转让给中建海某公司后,中建海某公司可以享有建设工程价款优先受偿权。[2]

优先受偿权不具有人身专属性,可以与工程款债权一并转让。

【案例9-45】 王某燕与闫某毛、焦作市东某房地产开发有限公司建设工程施工合同纠纷再审案

最高人民法院认为,本案中,根据已查明事实,黎某公司对东某公司享有19,372,188.8元债权,并对东某公司温县新东未来城1号、2号、3号楼及人防、商铺、地下车库工程以折价或拍卖的价款在19,372,188.8元范围内享有的优先受偿权,黎某公司已于2019年5月16日与闫某毛签订债权转让协议,将其对东某公司享有的债权及相关权利转让给闫某毛。《建设工程解释

---

〔1〕 最高人民法院(2021)民再18号民事判决书。

〔2〕 最高人民法院(2021)民终958号民事判决书。

(二)》第十七条规定:“与发包人订立建设工程施工合同的承包人,根据合同法第二百八十六条规定请求其承建工程的价款就工程折价或者拍卖的价款优先受偿的,人民法院应予支持。”该条虽然规定由承包人主张优先受偿权,但是并不能得出建设工程价款优先受偿权具有人身专属性。本案中,闫某毛系作为黎某公司承建案涉工程全额投资人受让案涉工程款债权及相关权利,一审、二审判决基于债权转让并结合闫某毛系全额投资人身份的事实,认定建设工程价款主债权转让的,建设工程价款优先受偿权一并转让,闫某毛取得相关工程款债权优先受偿权并不违反上述法律规定。王某燕的相关申请理由不能成立。[1]

施工前,项目发生转让的,不影响承包人向发包人主张优先受偿权。

【案例9-46】 宁夏瑞某山水置业有限公司与某宸建设集团股份有限公司建设工程施工合同纠纷案

最高人民法院认为,按照瑞某公司与某泽公司签订的《项目合作开发协议》的约定,案涉工程项目由瑞某公司提供土地,由某泽公司承担项目开发的全部风险,无论项目是否盈利,某泽公司均向瑞某公司支付固定收益,项目开发、建设、销售以瑞某公司名义进行,某泽公司全部付清瑞某公司固定收益、承担项目对外全部负债后,项目整体转让至某泽公司名下,由某泽公司独立开发建设。而实际履行协议中,由某泽公司作为发包人与某宸公司签订了《建设工程施工合同》,之后因《项目合作开发协议》解除未能继续履行,现案涉工程在瑞某公司名下。某宸公司已向瑞某公司移交了施工工程,因某宸公司的施工行为,建筑材料和劳动力已经物化为在建工程,已经和在建工程不可分离,优先受偿权的标的物为某宸公司施工所完成的工程。依据《建设工程解释(二)》第十七条“与发包人订立建设工程施工合同的承包人,根据合同法第二百八十六条规定请求其承建工程的价款就工程折价或者拍卖的价款优先受偿的,人民法院应予支持”的规定,某宸公司作为案涉工程的承包人有权依法主张对案涉工程的优先受偿权。[2]

施工后,项目发生转让的,不影响承包人向发包人主张优先受偿权。

【案例9-47】 南阳万某电力设备有限公司破产管理人与南阳市兴某钢结构有限公司建设工程施工合同纠纷再审案

最高人民法院认为,兴某公司在申报债权时,虽然提出行使留置权,但要求从其承建的工程折价或从拍卖的价款中优先受偿的意思表示是明确的,南

---

〔1〕 最高人民法院(2021)民申35号民事裁定书。

〔2〕 最高人民法院(2019)民终1572号民事判决书。

阳万某破产管理人《关于提请债权人会议核查债权报告》[(2011)宛万电破管字第10号]内容中,也载明收到兴某公司对于140余万元工程款享有优先受偿权的申请,因此,二审判决认定兴某公司享有优先受偿权不缺乏证据证明。关于本案工程优先受偿权的行使期限应于何时起算的问题,双方于2010年12月27日才进行决算并相应确定工程款数额,故二审判决认定兴某公司就相关工程款行使优先受偿权,其行使优先受偿权期限的起算日期为2010年12月27日,兴某公司于2011年1月10日申报债权并主张优先受偿权,未超出6个月的期限,有兴某公司申报债权的相关文书和双方签订的决算书等证据佐证,适用法律亦无不当。兴某公司承建工程已经建成,南阳万某破产管理人所主张的该工程已经转让,不是免除其义务的法定理由。[1]

在施工过程中,建设工程即便发生转让,不影响承包人对其已完工的部分主张优先受偿权。

【案例9-48】 泰安凯某实业有限公司与江苏南通某建集团股份有限公司建设工程施工合同纠纷再审案

最高人民法院认为,南通某建对案涉工程在光大公司欠付工程款范围内享有建设工程价款优先受偿权是否正确的问题。首先,《合同法》第二百八十六条规定的建设工程价款优先受偿权是承包人针对建设工程所享有的法定优先权,目的是保障承包人取得全部工程价款。本案凯某公司虽不是案涉施工合同载明的发包人,但凯某公司受让案涉工程,依法办理了案涉工程相关手续,取得了案涉项目产权证书,已经实际具有发包人的地位。在接收案涉工程时,工程仍处于未完工的状态,凯某公司对案涉工程可能欠付工程款,可能存在工程价款优先受偿权负有审慎的注意义务,在接收案涉工程后亦应对工程之上的建设工程价款优先受偿权负有容忍义务。其次,凯某公司主张无效合同的承包人不应享有建设工程价款优先受偿权,缺乏明确的法律依据。再次,《建设工程解释(二)》第十八条所规定的装饰装修工程作为建筑物的附属工程,该条规定不能类推适用于本案建设工程施工合同。最后,根据原审查明的情况,在南通某建与光大公司履行施工合同的过程中,并未就案涉工程的交付以及工程款的结算达成一致,在南通某建提起本案诉讼时,案涉工程仍未完成竣工验收,凯某公司提出的南通某建主张建设工程价款优先受偿权超过法定期限的理由缺乏依据。本院对凯某公司关于原判决认定南通某建就案涉工程在光大公司欠付工程款范围内享有建设工程价款优先

---

[1] 最高人民法院(2015)民申字第1527号民事裁定书。

受偿权错误的主张,不予支持。[1]

建设用地使用权被转让的,不影响承包人行使优先受偿权。

【案例9-49】 广西建工集团某建筑工程有限责任公司与全州义乌通某市场开发服务有限公司建设工程施工合同纠纷案

二审法院认为,依据《合同法》第二百八十六条及《最高人民法院关于建设工程价款优先受偿权问题的批复》的相关规定,工程价款优先受偿权是法律赋予承包人的权利,并不因为合同无效或以工程完工并经竣工验收为先决条件,而且建设工程价款优先受偿权不及于建筑物所占用的建设用地使用权部分,在将建筑物价值变现时,尽管根据"房地一体化"原则要将建筑物和建设用地使用权一起进行处分,但是在一体处分时要区分开建筑物的价值和建设用地使用权的价值,建设工程价款优先仅仅对建筑物的价值部分有优先受偿的效力。故涉案工程的土地过户至第三方名下,并不影响五建公司享有工程价款的优先受偿。故建筑公司上诉主张对其完成的涉案工程享有优先受偿权,符合法律规定,依法应予支持。一审判决认定建筑公司不能就涉案工程享有优先受偿权错误,依法予以纠正。[2]

【不同处理】 有观点认为,建设工程价款优先受偿权制度设立的目的是保护建筑工人的劳动报酬,承包人转让债权后获取的收入能够保障建筑工人劳动报酬的实现,而且受让人一般不是建筑施工企业,不再担负支付建筑工人劳动报酬的义务,因而建设工程价款债权转让后,优先受偿权制度的存在价值已经丧失,此时受让人不应再享有建设工程价款优先受偿权。

《重庆市高级人民法院、四川省高级人民法院关于审理建设工程施工合同纠纷案件若干问题的解答》第十七条规定:"建设工程价款债权转让后,受让人是否享有优先受偿权?答:建设工程价款优先受偿权属于法定优先权,行使主体应限定为与发包人形成建设工程施工合同关系的承包人,建设工程价款债权转让后,受让人主张对建设工程享有优先受偿权的,人民法院不予支持。"

【案例9-50】 程某与德感建司建设工程价款优先受偿权纠纷案

二审法院认为,承包人将其与发包人钧煌公司结算的结果含工程款优先受偿权一并转让给程某,因德感建司通过转让工程价款的债权已获得相应的对价,其作为承包人的权利得以实现,故其不再享有建设工程价款优先受偿权,程某作为受让人也不能因转让协议而当然取得工程价款优先受偿权。故

---

〔1〕 最高人民法院(2020)民申6034号民事裁定书。

〔2〕 广西壮族自治区高级人民法院(2018)桂民终431号民事判决书。

程某只能取得向发包人收取工程价款的权利，不能取得工程价款的优先受偿权。[1]

建设工程价款债权转让后受让人不享有优先受偿权。

【案例 9－51】 重庆新一兴建设工程有限公司与张某明优先受偿权转让纠纷再审案

最高人民法院认为，在申请执行过程中，将其享有的“蓝山郡”房地产项目工程价款债权转让给张某明，以抵销应当支付给张某明的工程价款债务。债权转让属于当事人意思自治范畴，债权人转让权利的，从权利随之转让，但专属于债权人自身的除外。建设工程价款优先受偿权为法定优先权，其设立初衷意在通过保护承包人的建设工程价款债权进而确保建筑工人的工资权益得以实现，专属于承包人。在建设工程价款债权转让时，该工程价款的优先受偿权是否随之一并转让，并无明确的裁判规范。就本案而言，张某明通过债权转让所取得的债权可以被认定为普通金钱债权。[2]

【案例 9－52】 某公司与某某公司建设工程施工合同纠纷再审案

最高人民法院认为，工程款优先受偿权为法定优先权，其设立初衷意在通过保护承包人的工程款债权进而确保建筑工人的工资权益得以实现，专属于承包人。在工程款债权转让时，该工程款的优先受偿权是否随之一并转让并无明确的裁判意见。就本案而言，受让人通过债权转让所取得的债权可被认定为普通金钱债权。[3]

（三）优先受偿权行使起算点

1. 优先受偿权行使起算点理解

《建设工程解释（一）》第四十一条后半段规定优先受偿权自发包人应当给付建设工程价款之日起算，修正《最高人民法院关于建设工程价款优先受偿权问题的批复》第四条从建设工程竣工之日或者建设工程合同约定的竣工之日起算规定点。由于建设工程结算周期长，流程较为复杂，工程竣工后 6 个月的时间往往难以完成结算，如果按照《最高人民法院关于建设工程价款优先受偿权问题的批

[1] 重庆市第五中级人民法院（2020）渝 05 民终 5767 号民事判决书。
[2] 最高人民法院（2019）民申 3350 号民事裁定书。
[3] 最高人民法院（2019）民申 3349 号民事裁定书。

复》第四条确定的起算日开始计算,尚未结算完成就已经超过优先权的行使期限,对承包人显然不公平,实践中暴露了诸多问题并产生了大量纠纷。第四十一条规定,优先受偿权自发包应当给付工程价款之日起算,有利于保护承包人的利益,也使得优先受偿权制度真正得以落实。在《建设工程解释(二)》颁布前,地方法院制定多种指导意见,指导规范优先受偿权起算点。优先受偿权的起算,以满足工程价款支付条件为前提。承包人催告发包人支付工程款,是承包人行使优先受偿权的前置程序。

关于实际竣工日期能否作为优先受偿权除此期间的起算点,最高人民法院民一庭认为,答案是否定的。在建设工程合同的实际履行过程中,工程通常要经过竣工、验收、结算之后才能付款。但实践中,建设工程结算周期长,流程复杂,6 个月期限双方难以达成结算。若以建设工程竣工之日或者建设工程合同约定的竣工之日作为优先权行使期限的起算时间,此时承包人尚不知道发包人是否会拖欠工程款,甚至可能出现优先权行使期限已经届满,而发包方的付款期限尚未届至的情形。这显然不利于对承包人权益的保护。[1]

有观点认为,如果当事人约定了工程价款支付时间且数额明确,应以约定的支付时间(质量保证金除外)作为优先受偿权的起算点;发包人拖延结算时,如果当事人约定了工程价款支付时间和逾期未提异议的后果,应按照约定内容推断出应付价款的时间,并以此作为优先受偿权的起算点;如果约定了工程价款支付时间但未约定逾期答复后果,应以起诉之日作为优先受偿权行使期限的起算点;如果约定了工程价款支付时间但产生结算争议,且无法认定哪方存在过错或者双方均存在过错,应以起诉之日作为优先受偿权行使期限的起算点。如果对工程价款支付时间没有约定或者约定不明,建设工程已经实际交付的,以交付之日作为优先受偿权行使期限的起算点;如果建设工程未交付也未结算,或者承包人提交了竣工结算文件但发包人怠于结算的,以起诉之日作为优先受偿权行使期限的起算点。[2]

司法实践中,各地法院在认定优先受偿权起算点上差异大。有律师团队对 2002 年至 2012 年 10 年间 90 件涉及建设工程价款优先受偿权案件进行分析,归纳为十种起算点,已完工程的有三种:(1)自投入使用之日起算;(2)自工程结算确认之日起算;(3)自竣工验收合格之日起算。未完工程的有七种:(1)自约定竣工之日起算;(2)自停工之日起算;(3)以投入使用之日为竣工日期;(4)自合同解除之日起算;(5)自承包人撤离之日起算;(6)以单项决算确认之日起算;(7)以涉

---

〔1〕 参见最高人民法院民事审判第一庭编:《民事审判实务问答》,法律出版社 2021 年版,第 64 页。

〔2〕 参见王毓莹、史智军:《建设工程施工合同纠纷疑难问题和裁判规则解析》,法律出版社 2022 年版,第 368 ~ 369 页。

案工程房产证记载的建成时间为起算点。[1]

关于发包人给付日期起算点的理解问题。《民法典》第八百零七条明确了承包人行使优先受偿权的前提条件是发包人未按约付款,即工程款债权已届清偿期未获清偿,且经催告后仍未清偿。因此,计算承包人优先受偿权行使期限最早应当从债权清偿期届满而未获清偿时开始计算。如果工程款在建设工程竣工之日或当事人约定的竣工之日尚未届清偿期,则承包人的优先受偿权行使期限最早应从工程款清偿期届满开始起算。发包人主张从工程竣工之日或合同约定的竣工之日开始计算承包人的优先受偿权的,法院不予支持。也就是说,在工程竣工之日与债权应受清偿之日发生不一致时,则从债权应受清偿之日作为优先受偿权起算点,即优先受偿权行使期间的起算为应当支付工程款时。

应特别强调的是,基于建设工程案件非常复杂,需要法官根据具体案情作出优先受偿权起算点判断,制定司法解释的法官认为,首先,建设工程施工合同对付款时间及方式有明确约定且合同已正常履行完毕,应当遵从当事人的约定。其次,承包、发包方对付款时间没有约定或者约定不明的,双方未进行结算,工程价款尚不确定的情况下,需要依照《建设工程解释(一)》第二十七条的规定,划分几种情况分别确定大体公平的时间点作为行使优先受偿权的起算时间:(1)建设工程实际交付的,以建设工程交付之日为应付款时间。(2)建设工程未交付,建设工程也未结算时,以起诉之日应付款时间。(3)建设工程施工合同解除或者终止履行,且工程未经竣工结算,区分情况认定应付工程款之日。[2]

工程实际竣工的,以工程款支付条件成就之日作为优先受偿权的起算点。工程未竣工的,以施工合同解除之日或工程款支付条件成就之日作为优先受偿权的起算点。

2. 优先受偿权行使起算点认定

其一,付款时间及方式有明确约定之日。

在认定该优先受偿权的行使期限时,应当尊重当事人之间关于支付工程价款期限的约定,优先受偿权行使期限的起算点,不应早于当事人之间约定的工程价款支付期限,以保证实现该优先权权能。

---

〔1〕 参见周月萍:《简析建设工程施工合同纠纷中优先受偿权的行使》,载《中国建设工程法律评论》(第三辑),法律出版社2015年版,第117~119页。

〔2〕 参见最高人民法院民事审判第一庭编著:《最高人民法院新建设工程施工合同司法解释(一)理解与适用》,人民法院出版社2021年版,第423~425页。

【案例9-53】　湖南协和建设有限公司与株洲市汉华房地产开发有限公司建设工程施工合同纠纷再审案

最高人民法院认为,本案优先受偿权的保护期应从2015年1月28日开始起算。……汉华公司在2014年10月24日办理竣工结算备案之日,向协和公司出具“欠条”,确认实际拖欠工程款3316万元,承诺于2015年1月27日之前完成支付,并在“欠条”中载明协和公司就拖欠的工程款享有优先受偿权。由此可见,虽然涉案工程已于2012年10月18日竣工,但双方实际办理竣工结算备案的时间是2014年10月24日,约定的付款时间是2015年1月27日之前。因此,本案优先受偿权宜从2015年1月28日起算,计算6个月至2015年7月27日止。……当事人双方对二审判决有关优先受偿权起算点的认定未申请再审,而汉华公司在再审审理中提出的从2012年10月18日开始起算优先受偿权期限的抗辩主张,最高人民法院不予支持。[1]

【案例9-54】　普定县鑫臻房地产开发有限责任公司与黑龙江省建工集团有限责任公司、普定县鑫臻酒店有限公司建设工程施工合同纠纷案

最高人民法院认为,《合同法》第二百八十六条规定承包人就未付工程款对所承建工程享有优先受偿权,系为保护承包人对工程价款的实际受偿,在认定该优先受偿权的行使期限时,应当遵循案件的客观事实,尊重当事人之间关于支付工程价款期限的约定,优先受偿权行使期限的起算点,不应早于当事人之间约定的工程价款支付期限,以保证实现该优先权权能。[2]

约定给付工程款条件不成就的,则不能起算优先受偿权时间。

【案例9-55】　乙公司与甲公司建设工程施工合同纠纷案

二审法院认为,双方约定以第三方的审计结果作为工程款结算依据,在该审计结果未作出之前,不具备支付工程款条件,也就相应不具备主张优先权的条件。结算报告形成于2014年11月20日,依约定甲公司应当从2014年11月25日结算报告送至该县住建局时起的10日内向乙公司支付尚欠工程款,乙公司于2014年12月30日提起诉讼主张优先受偿权,没有超过优先权6个月的行使期限,遂改判支持了乙公司该项诉讼请求。[3]

其二,应付工程价款确定之日。

---

〔1〕 参见最高人民法院民事审判第一庭编:《民事审判指导与参考》2018年第1辑(总第73辑),人民法院出版社2018年版,第211~212页。

〔2〕 最高人民法院(2016)民终字第106号民事判决书。

〔3〕 参见最高人民法院民事审判第一庭编:《民事审判指导与参考》2018年第1辑(总第73辑),人民法院出版社2018年版,第157页。

一般而言,工程质量竣工验收合格之日起2年后,发包人向承包人返还工程质量保证金,那么当工程质量保证金的返还之日与工程价款应当给付之日不属于同一时间时,发包人应当给付建设工程价款之日不包含工程质量保证金返还之日,即承包人不能以工程质量保证金的返还之日作为其行使优先受偿权的起算之日。

【案例9-56】 北京首某建设集团有限公司与通化市诚某房地产开发有限责任公司建设工程施工合同纠纷案

最高人民法院认为,《建设工程解释(二)》第二十二条规定:承包人行使建设工程价款优先受偿权的期限为6个月,自发包人应当给付建设工程价款之日起算。根据本条规定,审理首某建设行使工程价款优先受偿权的请求,应首先查明诚某公司应付工程款的时间。经查明,2013年6月18日,诚某公司与首某建设就阳光颐水某苑综合住宅小区二标段和三标段签订的两份《建设工程施工合同》第26.2款付款条件均约定:(1)±0以下施工完付第一次工程款,付款比例为进度结算额的20%;(2)施工至三层顶板时按60%付工程款;(3)三层以上按月结算方式支付工程款;(4)结构封顶付款至工程累计结算额的80%;(5)工程完工双方验收合格后付款至工程结算额的90%;(6)备案手续完成后付款至工程结算额的95%,余下5%为质保金,质保期满付款;(7)所有甲指分包项目由乙方结算,甲方代付工程款;(8)如甲方未按合同条款约定付款,欠付款按照同期银行贷款利率按日结息,所产生的利息费用由甲方承担并按月支付;(9)税金由甲方代扣代缴并提供完税凭证。又查明,2015年11月20日,阳光颐水某苑2#、3#、13#、14#楼取得城建工程档案验收合格证。故就此日起,已经符合诚某公司与首某建设就阳光颐水某苑综合住宅小区二标段和三标段签订的《建设工程施工合同》第26.2款付款至95%的条件。也即一审法院将2015年11月20日认定为诚某公司应支付工程款的时间,符合本案实际。也即自此日开始,根据上述司法解释规定,可以起算首某建设行使优先受偿权的期限。而自2015年11月20日开始,至首某建设于2017年1月25日提起本案诉讼,已经超过6个月,故针对诚某公司应付95%的工程款,首某建设请求行使工程价款优先受偿权的期限已经届满。但是,对于工程结算总额的5%部分,案涉两份《建设工程施工合同》约定为质保期满付款;案涉《施工合同补充协议》约定15日内建设单位组织验收,甲方扣除5%保修费(保修期按国家规定),保修款1年以后返还。而案涉《建设工程施工合同》附件三《房屋建筑工程质量保修书》关于质量保修期主要约定为:地基基础工程和主体结构工程为工程合理使用年限;屋面防水工程、有防水要求的卫生间、房间和外墙面的防渗漏为5年;装修工程为2年;电器管线、给排水管道、设备安装工程为1年;供热与供冷系统为2个采暖期、供冷期。故根据上述合同约定,该部分5%保修金至早自竣工验收合格1年后开始支付。2015年11月20日,阳光颐水某苑2#、3#、13#、14#楼取得城建工程档案验收合格证,则至早自2016年11月20日,诚某公司始负担返还该5%工程保修金的义务。首某建设请求就该部分工程款行使优先受偿权的期限届满日为2017年5月20日。首某建设于2017年1月25日提起本案诉讼,并未超过就该部分工程价款优先受偿权的行使期间。故对于该124,549,915.6元×5% =6,227,495.78元应付工程款,首某建设在本案中主张行使工程价款优先受偿权,依据充分。一审法院未支持该部分工程价款优先受偿权,认定事实及适用法律均错误。首某建设关于优先受偿权起算时点应从质量保证金的最后返还期限的上诉理由,虽然大部分不能成立,但是其针对质量保修金部分的上诉请求成立,本院予以支持。一审法院认定首某建设起诉请求行使优先受偿权已经超过6个月的法定期限,部分认定事实及适用法律并无不当;部分不当,应予纠正。至于能否以质量保修金的返还日期作为整个案涉建设工程价款优先受偿权的起算时点。对此,这涉及对于质量保修金返还和工程款支付两种款项支付期间的区分。质量保修金虽然属于建设工程价款的一部分,在其作为工程价款能够对施工工程取得优先受偿权上与工程款是一致的,但是从质量保修金的功能来看,系施工单位在工程保修书中承诺,在建筑工程竣工验收交付使用后,从交付的建设工程款中预留的用于维修建筑工程的资金;因此,该款项虽然来源于工程款,但是在功能上却发挥保证金的作用。对于该保证金的返还日期,其具有区别于工程款支付期限的单独要求,通常需要由当事人通过约定的方式,明确在一定的保修期满以后,建设单位将质量保修金返还给施工单位。就此而言,质量保修金是为保障工程质量而自工程款中扣除,自扣除之日起其已经与整个工程应付工程款相分离;因此,对该返还义务的具体履行期限,需要基于合同的特殊约定来确定。因而,在质量保修金与工程价款存在上述功能上的区分的情况下,不应该以建设单位返还质量保修金作为应付工程款的时间。首某建设关于应以质量保修金的返还日期作为整个案涉建设工程价款优先受偿权行使起算时点的上诉理由,本院不予采信。[1]

建设工程虽具备竣工条件,承包人被迫延后结算的过程,应当以结算完成之日作为承包人主张优先受偿权的起算点。

---

〔1〕 最高人民法院(2020)民终1192号民事判决书。

【案例9－57】 黑龙江省牡丹江林某工程公司与牡丹江江某房地产开发有限公司建设工程施工合同纠纷案

最高人民法院认为，本案中，江某公司与林某公司在《建设工程施工合同》的“付款方式”中约定“工程竣工后1个月内承包人上报工程结算及所有内业资料，发包人在3个月内审核完工程结算，办理完结算工作后2个月内发包人扣除5%质量保证金，其余工程款全部结清”，即江某公司应当在办理完结算工作后2个月内支付工程款。2019年6月20日，双方开始对案涉工程进行结算，并于2019年8月29日签订《丹江·盛世华庭项目对账表》，对案涉工程价款及江某公司欠付工程款数额进行确定。经双方确认，江某公司应支付林某公司工程款40,541,898.8元，故该结算完成时间2019年8月29日应作为江某公司应付工程款之日，相应的林某公司行使建设工程价款优先受偿权亦应自该时间节点起算。林某公司于2019年9月17日提起本案诉讼，主张行使建设工程价款优先受偿权，并未超过6个月的法定期限。二审判决仅以江某公司发送《通知》中所称的具备竣工条件、协商暂缓付款认定林某公司主张建设工程价款优先受偿权超过了6个月法定期限，忽略了双方协商特别是林某公司被迫延后结算的过程，属于适用法律有误，本院予以纠正。[1]

当发包人支付工程价款已届履行期时，承包人通过诉讼要求支付工程款才可能得到支持，并相应主张优先受偿权才有意义，故建设工程优先受偿权宜从发包人应付工程款期间届满之日起算。

【案例9－58】 株洲市汉华房地产开发有限公司与湖南协和建设有限公司建设工程施工合同纠纷再审案

最高人民法院认为，(1)关于本案优先受偿权保护期限的起算点如何认定的问题协和公司主张本案优先权受偿权的保护期限应从双方结算协议约定的付款日之次日即2015年1月28日开始起算，而汉华公司则认为应当从建设工程竣工日2012年10月18日开始起算。本院认为，本案优先受偿权的保护期限应从2015年1月28日开始起算。理由：首先，根据《合同法》第二百八十六条的规定可知，建设工程优先受偿的对象是工程折价或者拍卖价款，而工程需折价或者拍卖的前提是发包人逾期不支付工程价款。当发包人支付工程价款已届履行期时，承包人通过诉讼要求支付工程款才可能得到支持，并相应主张优先受偿权才有意义，故建设工程优先受偿权宜从发包人应付工程款期间届满之日起算。《合同法》第二百八十六条规定承包人就未付

〔1〕 最高人民法院(2021)民再256号民事判决书。

工程款对所承建工程享有优先受偿权,系为保护承包人对工程价款的实际受偿,在认定该优先受偿权的行使期限时,应当尊重当事人之间关于支付工程价款期限的约定,优先受偿权行使期限的起算点,不应早于当事人之间约定的工程价款支付期限,以保证实现该优先权权能。《最高人民法院关于建设工程价款优先受偿权问题的批复》第四条规定建设工程承包人行使优先受偿权的期限自建设工程竣工之日或者建设工程合同约定的竣工之日起计算,宜理解为前述起算点与应付工程款的期限一致的情形。本案中,汉华公司在2014年10月24日办理竣工结算备案之日,向协和公司出具"欠条",确认实际拖欠工程款3316万元,承诺于2015年1月27日之前完成支付,并在"欠条"中载明协和公司就拖欠的工程款享有优先受偿权。由此可见,虽然案涉工程已于2012年10月18日竣工,但双方实际办理竣工结算备案的时间是2014年10月24日,约定的付款时间是2015年1月27日之前。因此,本案优先受偿权宜从2015年1月28日起算,计算6个月至2015年7月27日止。其次,根据《民事诉讼法解释》第三百八十六条的规定,人民法院受理申请再审案件后,应当对当事人主张的再审事由进行审查。本院根据协和公司的申请提审本案后,亦应围绕协和公司申请再审的事由进行审理。湖南省高级人民法院二审认定,双方结算协议约定付款于2015年1月27日之前付清,在该约定付款期限到达前,双方纠纷尚未发生,协和公司不行使建设工程优先受偿权合乎情理。这说明二审判决也认为本案优先受偿权应从2015年1月27日之后开始起算。当事人双方对二审判决有关优先受偿权起算点的认定未申请再审,而汉华公司在再审审理中提出的从2012年10月18日开始起算优先受偿权期限的抗辩主张,本院不予支持。(2)关于协和公司提出优先受偿权主张的时间如何认定的问题建设工程款优先受偿权的行使期限属于除斥期间,且承包人需在法定期限内通过诉讼的方式予以主张。湖南省高级人民法院认为优先受偿权须向相对方提出,审判机关不是其权利的行使对象,属于对法律规定的错误理解,本院予以纠正。原审查明,协和公司于2015年5月15日向株洲市中级人民法院提交起诉状,主张欠付工程款及优先受偿权。因协和公司无力缴纳诉讼费,其降低了诉讼请求标的额并重新提交起诉状后,株洲市中级人民法院于2015年7月29日予以立案。虽然本案一审立案时间是2015年7月29日,但协和公司第一次提交起诉状的时间是2015年5月15日,在株洲市中级人民法院对协和公司第一次提交起诉状未作处理的情形下,应认定协和公司后面提交的起诉状是对之前起诉状的变更,其通过起诉主张权利的效力处于延续状态,故本案应认定协和公司提起优先受偿权主张的时间是2015年5月15日。该时间点未超过优先受偿权保护期限,协和公司主张就建设工程款优先受偿,符合法律规定,应予支持。

二审认定协和公司主张建设工程优先受偿权超过了6个月的保护期限,适用法律错误,判决结果不当,本院予以纠正。[1]

【案例9-59】 重庆建工工业有限公司与重庆通耀交通装备有限公司建设工程施工合同纠纷再审案

最高人民法院认为,关于案涉工程款优先受偿权行使期限的起算点。2014年8月27日《会议纪要》载明:"……四、工程结算款的约定从工程结算完,报告数据出来之日起,甲方在2015年1月31日前支付结算总价95%,并承担结算完毕后至支付之日止剩余工程款的年息10%。""从工程结算完,报告数据出来之日起"的约定系对应付款时间的宽限,而非支付工程款的条件,即此约定系会议结束后留给通耀公司核定工程价款的合理期间,但该合理期间最迟不能超过2015年1月31日。由此足以认定2015年1月31日为双方明确约定的应付工程款时间,即案涉工程款优先受偿权行使期限的起算点,其不以工程款结算为前提。通耀公司应当支付工程款的时间不晚于2015年1月31日,建工公司应当在6个月内即2015年7月31日前向通耀公司行使优先受偿权。[2]

其三,应付款时间为起诉之日。

应当给付的前提是工程价款已经固定。如果工程价款都存在争议,不存在给付的问题,也不存在优先受偿权过期的问题。在工程未结算,也未完工的情况下,优先受偿权的起算点应以结算达成之后的次日开始计算。如果起诉到法院,应以起诉之日作为优先受偿权的起算点,这符合立法的初衷。

【案例9-60】 贵州中振房地产开发有限责任公司与湖北远大建设集团有限公司建设工程施工合同纠纷再审案

最高人民法院认为,关于一审法院认定远大公司对案涉工程价款享有优先受偿权是否正确问题。……根据上述法律规定,建设工程未交付,工程价款未结算的,应付工程款的时间为当事人起诉之日,承包人行使建设工程价款优先受偿权的期限6个月自当事人起诉之日开始计算。本案中,案涉工程价款未结算,结合工程价款需鉴定的情形,一审法院认定远大公司对案涉工程价款享有优先受偿权并无不当。中振公司在再审程序中提交的其他新的证据材料,亦无法推翻原判决认定。[3]

---

〔1〕 最高人民法院(2017)民再389号民事判决书。
〔2〕 最高人民法院(2022)民再114号民事判决书。
〔3〕 最高人民法院(2021)民申3522号民事裁定书。

【案例9－61】 中国有色金属工业第十四冶金建设公司与湖南航空股份有限公司建设工程施工合同纠纷案

最高人民法院认为,本案中,案涉工程双方未进行结算,建设工程亦未交付,恒益元盛就案涉项目应支付的工程款金额,直至一审方才确定,应认定十四冶起诉之日为恒益元盛应当给付建设工程价款的时间,故十四冶主张其就案涉项目折价或者拍卖的价款享有优先受偿权的请求,有事实和法律依据,予以支持。[1]

其四,结算达成协议之日起计算。

部分工程整体验收的,视为工程质量合格,承包人主张优先受偿权的起算时间是自结算之日起计算。

【案例9－62】 江苏苏某建设工程有限公司与黄山市黄山区某某国际艺术家庄园置业有限公司等建设工程施工合同纠纷案

最高人民法院认为,涉案工程虽有部分工程未进行竣工验收,但黄山某某公司同意按照现状接收,在其占有、使用涉案工程后未对其质量提出异议,可视为涉案建设工程质量合格,且涉案工程量总价款双方在2017年9月28日进行决算确认,根据双方签订的施工合同的约定,黄山某某公司应当于决算审计后6个月内支付最终决算审定价95%,余款5%作为质保金,可确定自江苏苏某公司一审起诉时,其主张建设工程价款优先受偿权并未超过法定行使期限。故黄山某某公司关于涉案部分工程未完工且大部分工程未经竣工验收,涉案工程质量是否合格并不确定,江苏苏某公司依法不再享有建设工程价款优先受偿权的上诉理由不能成立。[2]

每个施工合同约定了单独项目的具体结算金额及结算时间,应当对各个子项目分别计算优先受偿权的起算时间。

【案例9－63】 中国华某企业有限公司与汇通国某房地产开发有限责任公司等建设工程施工合同纠纷案

最高人民法院认为,本案中,案涉1#～7#住宅楼、1#～3#商业楼和幼儿园虽然均为5#地项目,但是双方对于案涉项目签署了包括住宅部分、商业部分、幼儿园部分施工合同等十四份合同,并明确了每个项目的具体结算金额及结算时间,应当对案涉工程各项目分别计算优先受偿权的起算时间。根据双方于2016年5月30日、2016年10月27日、2017年6月26日形成的四份工程结算审批表可以确定,5#地项目中1#～3#商业楼的结算时间为2016年

---

〔1〕 最高人民法院(2021)民终687号民事判决书。

〔2〕 最高人民法院(2019)民终1349号民事判决书。

5月30日，1#～6#楼的结算时间为2016年10月27日，7#楼的结算时间为2017年6月26日，幼儿园的结算时间为2017年6月26日，按照案涉建设工程施工合同的约定，竣工结算经双方签字盖章认可后的30日内支付结算款。而华某公司、华某西安分公司于2017年8月1日向一审法院起诉请求主张工程价款优先受偿权，对于1#～3#商业楼、1#～6#住宅楼的请求已超过法定期限，一审法院未予支持并无不当。对于案涉7#楼及幼儿园工程，华某公司、华某西安分公司行使优先受偿权未超过法定期限，故可在该部分工程的工程价款范围内享有优先受偿权。[1]

按2004年《建设工程解释》规定，建设工程在施工合同约定的竣工日期之后仍在继续施工，至诉讼时尚未全部施工完毕、没有实际竣工日期的情况下，优先受偿权起算点以合同约定的竣工日起算不合理。在缺乏直接明确的法律依据的情况下，法官可根据立法和司法解释的目的出发，确定以当事人就工程结算达成协议的时间作为优先受偿权的起算点，应当说是比较妥当的。

【案例9－64】 浙江同心建筑工程有限公司与龙游县佳美置业有限公司建设工程施工合同纠纷案

二审法院认为，优先权的行使并非以竣工为唯一要件，因发包方未按约履行合同义务导致工程停工，发包方行为已构成根本性违约，为此承包方有权要求终止建设工程施工合同，本案工程优先权的期限应从工程款确定之日起算。[2]

其五，施工合同解除优先受偿权起算点。

笔者认为，对于合同解除原则上应当以合同解除或终止履行之日作为优先受偿权起算时间，这是因为合同解除意味着双方应就债权债务清算，发包人给付工程款的条件已成就。由于社会生活复杂性，基于平等保护各方当事人的合法权益出发，以公平原则为标准妥当合理界定优先受偿权起算点。施工合同解除，一些法院确立以发包人、承包人约定的债务履行期限届满或法院确定的债务履行期限届满作为行使工程价款优先受偿权期限的起算点。

【案例9－65】 陕西西岳山庄有限公司与中建三局建发工程有限公司等建设工程施工合同纠纷案

最高人民法院认为，鉴于该项建设工程目前尚未全部竣工，《施工合同》因西岳山庄拖欠工程等原因而迟延履行，建发公司优先受偿权的行使期限应

---

〔1〕 最高人民法院（2021）民终359号民事判决书。

〔2〕 浙江省高级人民法院（2011）浙民终字第28号民事判决书。

从 2005 年 10 月 10 日解除合同时起算。[1]

【案例 9－66】　怡和公司与红叶公司建设工程施工合同纠纷案

二审法院认为,双方在《协议条款》第 1.2 条中约定工程总日历工期 1020 天,但合同中对竣工时间未约定,当事人双方也未就合同的竣工时间举证。一审判决将合同解除日认定为工程竣工日缺乏法律依据,判决红叶公司有权请求从拍卖蛟河大厦所得的价款中优先受偿工程款。[2]

3. 优先受偿权行使特殊起算点

施工合同无效,而该合同中关于竣工验收与结算的相关规定并非独立存在的有关解决争议方法的条款,亦应认定为无效。由于承包人提起诉讼时案涉工程尚未结算、工程价款数额尚未确定,因此优先受偿权的除斥期间在起诉前尚未起算。

【案例 9－67】　天宇公司与洋帆公司建设工程施工合同纠纷再审案

最高人民法院认为,建设工程价款优先受偿权是法律赋予建设工程施工人的法定权利,属于具有担保性质的民事权利。天宇公司作为案涉工程的承包人,就案涉建设工程价款依法享有优先受偿权。至于本案优先受偿权的起算时间问题。洋帆公司主张应依据案涉《建设工程施工合同》第九项关于竣工验收与结算的相关规定确定优先受偿权的起算时间。因案涉《建设工程施工合同》无效,而该合同第九项并非独立存在的有关解决争议方法的条款,故该条款亦应认定为无效。且天宇公司提起本案诉讼时,双方尚未对案涉工程进行结算,案涉工程价款数额尚未确定。二审判决认为案涉工程价款优先受偿权的除斥期间在天宇公司起诉前尚未起算,并无不当。故对洋帆公司该项申请再审主张,本院不予支持。[3] 在发包人进入破产程序的情形下,承包人的工程款债权加速到期,优先受偿权的行使期间以承包人债权申报时间为起算点,而不以工程款结算为必要。

中途停工过程中法院受理发包人破产申请,按照《企业破产法》的规定确定合同解除时间,并以此时间计算工程价款优先权的起始日期。

【案例 9－68】　通州公司与天宇公司工程价款优先权纠纷案

二审法院认为,现没有证据证明在工程停工后至法院受理破产申请前,双方签订的建设施工合同已经解除或终止履行;也没有证据证明在法院受理破产申请后,破产管理人决定继续履行合同。根据《企业破产法》第十八条

---

〔1〕 参见《最高人民法院公报》2007 年第 12 期。

〔2〕 最高人民法院(2012)民申字第 431 号民事裁定书。

〔3〕 最高人民法院(2022)民申 292 号民事裁定书。

第一款“人民法院受理破产申请后,管理人对破产申请受理前成立而债务人和对方当事人均未履行完毕的合同有权决定解除或继续履行,并通知对方当事人。管理人自破产申请受理之日起二个月内未通知对方当事人,或者自收到对方当事人催告之日起三十日内未答复的,视为解除合同”之规定,案涉建设工程施工合同在法院受理破产申请后已实际解除,本案建设工程无法正常竣工。按照最高人民法院全国民事审判工作会议纪要精神,因发包人的原因,合同解除或终止履行时已经超出合同约定的竣工日期的,承包人行使优先受偿权的期限自合同解除或终止履行之日起计算。即本案工程款优先受偿权的行使时间应自合同解除之日起计算,天宇公司要求按合同约定的竣工日期起算优先权行使时间的上诉主张,缺乏依据,不予采信。2011 年 8 月 26 日,法院裁定受理对天宇公司的破产申请,2011 年 10 月 10 日通州公司即向天宇公司的破产管理人申报债权并主张工程款优先受偿权。……可见,通州公司主张优先受偿权的时间是 2011 年 10 月 10 日。天宇公司上诉认为通州公司行使优先权的时间超过了破产受理之日 6 个月,与事实不符,本院不予支持。[1]

【案例 9－69】 重庆建工工业有限公司与重庆通耀交通装备有限公司建设工程施工合同纠纷案

关于工程价款优先受偿权的起算点问题,最高人民法院认为,《建设工程解释》第十八条规定:……该规定虽然针对利息计付,但同样适用于工程款优先受偿权行使期间。《企业破产法》第四十六条第一款规定:“未到期的债权,在破产申请受理时视为到期。”武隆区人民法院于 2015 年 9 月 24 日受理了通耀公司破产重整申请,即使在通耀公司破产前,建工公司主张的工程款未到应付款时间,进入破产程序后,该债权也应于 2015 年 9 月 24 日加速到期。建工公司在 2016 年 1 月 29 日向管理人申报了共计 55,470,547 元的债权,该债权被列入了《重整计划》的临时表决权额,但未主张工程款优先受偿权。况且,根据《合同法》第二百八十六条“承包人可以与发包人协议将该工程折价,也可以申请人民法院将该工程依法拍卖”之规定,承包人直接向发包人主张工程款优先受偿权,应当以达成工程折价协议为必要,否则,承包人的单方主张并不能视为正确的行权方式,不能起到催告优先受偿权的法律效果。建工公司虽于 2016 年 7 月 22 日向管理人主张优先受偿权,但未得到管理人的确认,故该日期不能认定为建工公司行权时间。此时,作为债权人的建工公司如认为其享有优先受偿权,应当及时提起确认之诉,但其直到 2018

---

〔1〕 安徽省高级人民法院(2014)皖民一终字第 00054 号民事判决书。

年10月8日才提起诉讼。概言之，在发包人进入破产程序的情形下，承包人的工程款债权加速到期，优先受偿权的行使期间以承包人债权申报时间为起算点，而不以工程款结算为必要。优先受偿权的行使期间为除斥期间，一旦经过即消灭实体权利，故审定债权金额及再次申报优先受偿权的行为并不能使建工公司的优先受偿权失而复得。况且，优先受偿权对其他债权人利益有重大影响，如允许建工公司在重整计划执行过程中，依然可以行使优先受偿权，实际上是将其未及时行使优先权的法律后果转嫁给其他债权人，对其他债权人不公，也不利于重整计划的执行。进而言之，《最高人民法院关于适用〈中华人民共和国企业破产法〉若干问题的规定（三）》第八条规定的15日的起诉期间虽然不是除斥期间，但过长时间不起诉，可能导致相关实体权利失权，这也是规定15日期间，督促债权人尽快起诉的意义所在。判决结果：维持重庆市高级人民法院（2020）渝民终1023号民事判决。[1]

工程价款虽可以约定分期给付，但在本质上仍是同一债务，因此，对于行使建设工程价款优先受偿权的起算时间也应从整体性上进行把握，不应分段起算。

【案例9－70】　重庆斯努特啤酒有限责任公司与重庆项胜建筑装饰工程有限公司建设工程施工合同纠纷再审案

最高人民法院认为，斯努特啤酒公司主张案涉工程价款优先受偿权行使期限不应从最后一期工程款应付之日起算，二审法院适用法律错误。本院认为，工程价款虽可以约定分期给付，但在本质上仍是同一债务，因此，对于行使建设工程价款优先受偿权的起算时间也应从整体性上进行把握，不应分段起算。同时，工程价款优先权是为了保障承包人的工程款债权而设立的法定权利，应当便于承包人行使自身的法定权利，如果对每一期的工程款都单独起算行使期限，承包人需要频繁主张权利，可能就会针对同一工程价款优先权发生多个纠纷，也会造成司法资源的浪费。因此，二审法院认定在当事人约定分期支付工程款的情况下，工程价款优先受偿权的行使期限应当从最后一期工程款应付之日起算并无不当。[2]

【案例9－71】　华居公司与淮川公司建设工程施工合同纠纷再审案

最高人民法院认为，本案再审审查重点是，二审判决认定华居公司行使建设工程价款优先受偿权的起算点为2019年1月1日是否正确。……华居公司与淮川公司对案涉欠付工程款约定分期履行，属于对同一个债务的履行，最后一期工程款应付之日为债务整体到期之日，二审判决以最后一期工

---

〔1〕　最高人民法院（2022）民再114号民事判决书。

〔2〕　最高人民法院（2021）民申4949号民事裁定书。

程款应付之日作为工程款优先受偿权起算点，并无不当。[1]

应注意的是，分期施工、阶段付款的建设工程施工合同，承包人主张阶段性工程价款而合同仍在继续履行的，应以工程最终竣工结算后所确定的工程总价款的应付款时间行使优先受偿权的行使期限的起算点。[2] 如果同一建设工程施工合同项下有多个单位工程，对各单位工程的欠付工程款无法区分的，建设工程价款优先受偿权不宜针对各个单位工程分别计算，而应作为一个整体统一计算。

建设工程价款应付款时间协商延长起算点问题。制定司法解释的法官认为，承、发包人在施工合同之外另行签订的关于付款时间的协议，实际上系对施工合同的工程款数额及付款时间进行了变更，除了属于《民法典》规定的合同无效的情形外，应当认定为有效，应付款之日即以另约定的日期为准。但是为了避免发包人与承包人恶意串通，导致损害银行等其他债权人利益，人民法院应主动审查承、发包人的主观意愿及是否存在第三人利益的情形，如果确系一方原因，导致付款条件不能成就，双方协商一致另行确定的付款时间，不存在恶意损害第三人利益的情形，应认定对付款时间的约定为有效，优先受偿权行使的起算时间以协议约定的付款时间为准。反之，承、发包人恶意串通，目的是拖延银行抵押权的行使或损害第三人利益，则仍应以原合同约定的付款日期作为应付工程款之日，即行使建设工程价款优先受偿权的起算时间。[3]

（四）优先受偿权与其他关系认定

1. 优先受偿权与抵押权和债权关系

《建设工程解释（一）》第三十六条规定："承包人根据民法典第八百零七条规定享有的建设工程价款优先权优于抵押权和其他债权。"《最高人民法院关于商品房消费者权利保护问题的批复》中规定：建设工程价款优先受偿权、抵押权以及其他债权之间的权利顺位关系，按照《建设工程解释（一）》第三十六条的规定处理。[4]

主流观点认为，建设工程价款优先受偿权优于抵押权和其他债权。承包人对

〔1〕 最高人民法院（2021）民申5725号民事裁定书。

〔2〕 参见最高人民法院民事审判第一庭编著：《最高人民法院新建设工程施工合同司法解释（一）理解与适用》，人民法院出版社2021年版，第426页。

〔3〕 参见最高人民法院民事审判第一庭编著：《最高人民法院新建设工程施工合同司法解释（一）理解与适用》，人民法院出版社2021年版，第427～428页。

〔4〕《最高人民法院关于商品房消费者权利保护问题的批复》（法释〔2023〕1号）。

发包人拖欠的建设工程价款享有优先受偿权,同时保证人为发包人的工程欠款向承包人提供保证的,在二者优先顺位上,承包人应当优先行使建设工程价款优先受偿权,保证人只在建设工程价款优先受偿权不能受偿的范围内承担责任。制定司法解释的法官认为,就工程价款优先受偿权而言,在发包人的财产存在被担保的特殊债权,又存在没有被担保的普通债权的情况下,建设工程价款优先受偿权不仅优先于普通债权受偿,还优先于抵押权。在此并不需要考虑承包人工程价款发生的时间是早于还是迟于其他债权人的发生。在承包人实现工程价款优先权时,也不必考虑发包人的财产是否足以清偿全部的债务,承包人可以就案涉工程进行拍卖或折价的价款优先受偿。〔1〕 也就是说,作为优先受偿权的一种类别,建设工程价款优先受偿权当然具有优先受偿性。但与其他优先受偿权不同的是,建设工程价款优先受偿权不仅优先于普通债权受偿,在与抵押权等优先受偿权发生冲突时,根据法律的规定仍存在清偿顺序的先后之分,也即在债务人不履行债务时,建设工程价款优先受偿权人(承包人)可以根据法律规定的清偿顺序,就标的物的变现价款优先于抵押权人和一般债权人而受清偿。〔2〕

【案例9-72】 中关村担保公司与大中建筑公司等执行分配方案异议之诉案

二审法院认为,处理的是不同性质的权利在执行过程中发生冲突时如何确定权利顺位的问题。大中建筑公司作为承包人享有建设工程价款优先受偿权,中关村担保公司作为抵押权人享有抵押权,其他申请执行人享有的均是普通金钱债权,因此二审法院按大中建筑公司、中关村担保公司、其他债权人进行权利顺位排序,亦是正确的。〔3〕

承包人享有的优先受偿权具有法定性,只要在法定期限内主张优先受偿权,任何第三人均不得以不知情为由与之对抗。

【案例9-73】 李某冬与无锡蠡园经济开发区管理委员会等建设工程施工合同纠纷再审案

最高人民法院认为,李某冬的工程款是优先债权,足以对抗另案债权。……如果锡山区人民法院划转的上述款项从蠡园管委会所欠工程款中扣除,李某冬优先受偿权就得不到保护。蠡园管委会关于上述1192万元应当从本案所欠工程中扣除的主张,缺乏事实和法律依据,不应成为再审本案

---

〔1〕 参见最高人民法院民事审判第一庭编著:《最高人民法院新建设工程施工合同司法解释(一)理解与适用》,人民法院出版社2021年版,第396页。

〔2〕 参见最高人民法院民事审判第一庭编著:《最高人民法院建设工程施工合同司法解释(二)理解与适用》,人民法院出版社2019年版,第402页。

〔3〕 北京市高级人民法院(2010)高民终字第1787号民事判决书。

的依据理由。[1]

应注意的是，承包人将工程款债权出质，质权人善意且无过失的，质权优先于次承包人的优先。在优先受偿权与抵押权指向的权利客体不完全重合的情况下，应当按比例确定各自的优先受偿范围。

2. 优先受偿权与不动产约定抵押权关系

在同一建设工程上同时存有承包人优先受偿权与约定抵押权时，从理论上讲，两种权利同属于担保物权，物权间的效力一般以时间在先、权利在先为原则确定效力优先，即以成立时间的先后决定效力先后。但有例外，即费用性担保物权优先融资性担保物权。《最高人民法院关于建设工程价款优先受偿权问题的批复》（现已废止）第一条规定，建筑工程的承包人的优先受偿权优于抵押权和其他债权。该条规定体现了法定物权优先于约定物权、费用性担保物权优先融资性担保物权原则。该条规定与《民法典》第四百一十四条规定的“多个抵押权的效力优先原则”也不无抵触之处，司法实践中对此条规定并不存在争议。

3. 优先受偿权与消费者购房权关系

通说认为，基于对消费者生存利益的特殊保护，应优先于承包人优先受偿权的经营利益。主流观点认为，对于消费者请求继续履行商品房买卖合同，办理房屋过户登记的权利应优先于承包人优先受偿权。也就是说，消费者行使购房权具体行为不同，均是其行使权利的体现，均可以对抗承包人的优先受偿权，均应当给予同样的保护。消费者原则上需证明支付50%以上的购房款就可以对抗承包人优先受偿权，其是否办理预告登记、预售合同备案登记及实际占有房屋、对未办理房屋过户是否存在过错不影响其权利享有和行使。但消费者必须是从开发商处购买的商品房，双方之间存在合法有效的商品房买卖合同关系，其购买二手房、小产权房的都不享有该项权利。《最高人民法院关于商品房消费者权利保护问题的批复》中规定，商品房消费者以居住为目的购买房屋并已支付全部价款，主张其房屋交付请求权优先于建设工程价款优先受偿权、抵押权以及其他债权的，人民法院应当予以支持。只支付了部分价款的商品房消费者，在一审法庭辩论终结前已实际支付剩余价款的，可以适用前款规定。在房屋不能交付且无实际交付可能的情况下，商品房消费者主张价款返还请求权优先于建设工程价款优先受偿权、抵押权以及其他债权的，人民法院应当予以支持。[2]

应注意的是，为保护真正需要保护的人，应综合考虑了建筑物价款支付因素、

---

〔1〕 最高人民法院（2014）民申字第1455号民事裁定书。

〔2〕《最高人民法院关于商品房消费者权利保护问题的批复》（法释〔2023〕1号）。

当事人过错因素、建筑物由谁占有因素、买受人购买目的及其名下是否有其他用于居住的房屋等,从而决定应保护的对象。不能机械地依据形式逻辑推理,得出买受人权利一律优于建设工程价款请求权与抵押权的结论。买受人解除商品房或者因合同无效而获得的退款或者损失赔偿请求权,不具有优先于工程价款的效力。此时,买受人只享有普通债权,与居住权无关。

【案例9-74】　江苏淮阴建设工程集团有限公司诉江苏鸿洲置业有限公司建设工程施工合同纠纷案

判决观点,鸿洲置业公司将清河城市广场3号楼912号房屋出售给王某香,王某香在付清购房款并缴纳购房契税后,未及时到市住建局办理备案手续,致使异议人购买的商品房被法院查封,异议人王某香没有过错。本案调解书中虽然明确了淮建公司在其所承建的清河城市广场1~5号楼工程拍卖、变卖的工程款范围内享有优先受偿权,但不得对抗买受人王某香。《最高人民法院、国土资源部、建设部关于依法规范人民法院执行和国土资源房地产管理部门协助执行若干问题的通知》第十五条第一项规定,作为被执行人的房地产开发企业,已办理了商品房预售许可证且尚未出售的房屋,人民法院可以进行预查封。法院查封鸿洲置业公司已出售给王某香的912号房屋不符合规定。王某香的异议理由成立,法院予以支持。[1]

实践中,虽然签订商品房买卖合同,但真实目的是投资经营,不享有消费者优先权。

【案例9-75】　吴某、窦某群等申请承认与执行法院判决、仲裁裁决再审案

再审法院认为,刘某成不享有消费者优先权。根据《消费者权益保护法》第二条的规定,消费者仅指生活消费,故《最高人民法院关于建设工程价款优先受偿权问题的批复》第二条所指称的"消费者",亦为生活消费。刘某成虽签订有《商品房买卖合同》,但其真实意思表示为通过借贷获得利益,不能认定为"消费者"。因此,刘某成不构成《最高人民法院关于建设工程价款优先受偿权问题的批复》第二条所指称的"消费者",不享有消费者优先权。[2]

【案例9-76】　彭某某与张某乙建设工程施工合同纠纷再审案

再审法院认为,更重要的是原一审、二审在案证据已表明本案建设工程是用于经营的,而彭某某作为买受人显然不是出于生活消费需要而购买,因此彭某某依法不属于《消费者权益保护法》规定的"消费者"的范围。故彭某

---

〔1〕江苏省淮安市中级人民法院(2015)淮中执异字第00058号执行裁定书。
〔2〕海南省高级人民法院(2016)琼民再字第10号民事判决书。

某无权以《最高人民法院关于建设工程价款优先受偿权问题的批复》第二条的规定作为对张某乙行使优先受偿权的抗辩。[1]

【案例9－77】 袁某等与随州烟草公司等合作开发房地产合同纠纷案

最高人民法院亦持购买目的为经营所用并非《最高人民法院关于建设工程价款优先受偿权问题的批复》第二条的“消费者”、无法援引此条进行抗辩之态度。[2]

4.优先受偿权与不动产约定抵押、消费者购房权三者之间关系

在同一房屋同时存在承包人优先受偿权、不动产约定抵押权以及消费者购房权三种权利并存的情形,在适用上如何确定顺位。主流观点认为,应当按购房消费者、承包人、抵押人的顺序确定权利顺位。在消费者权利与抵押权两者发生冲突时,消费者的购房权优先于抵押权。在三者顺序上不能绝对化,理由同前段。需要研究的是,消费者作为抵押人且不按期偿还银行按揭款,自身存在过错时是否仍确定在先权利顺序。笔者倾向于银行可以依照《民法典》的有关规定对消费者的抵押房屋主张抵押权,不能对抗优先受偿权。消费者请求返还已付房购房款的权利与消费者购房优先权两者权利性质有所不同,基于保护消费者立法目的不同,在权利顺位上不应当优先于工程价款优先权。

在遵循承包人优先受偿权对已办理登记房屋原则上不具有追及力的同时,对未过户的需要查明原因,即是否存在恶意串通事实,损害承包人利益为目的,则承包人自然享有优先受偿权。

【案例9－78】 建机工程公司与紫杰投资公司执行异议之诉再审案

最高人民法院认为,建机工程公司以冲抵工程款的方式购买案涉房屋,其实质是通过协商折价抵偿实现建机工程公司就案涉项目房屋所享有的建设工程价款优先受偿权,建机工程公司与大邑银都公司以案涉房屋折价抵偿欠付工程款,符合《合同法》第二百八十六条规定的工程价款优先受偿权实现方式。紫杰投资公司对大邑银都公司享有的是普通借贷债权,而建机工程公司作为案涉工程项目的承包人对案涉房屋享有建设工程价款优先受偿权,建机工程公司工程款债权优先于紫杰投资公司的普通债权得到受偿,案涉房屋系工程款债权的物化载体,本案不适用《执行异议和复议规定》第二十八条,建机工程公司就案涉房屋享有的权利足以排除紫杰投资公司的强制

---

〔1〕 浙江省湖州市中级人民法院(2013)浙湖民申字第37号民事裁定书。

〔2〕 最高人民法院(2009)民提字第78号民事判决书。

执行。[1]

5. 同一建设工程存在多个优先受偿权关系

一般情况下，同一个工程上只存在一个承包人，故亦存在一个优先受偿权。对于大型建筑工程或者结构复杂的建筑工程，可以由两个以上的承包单位联合共同承包，总包人可以将承包工程中的部分工程发包给具有相应资质条件的分包单位。在共同承包和专业分包的情况下，就会出现多个承包人，亦存在多个优先受偿权。换言之，建设工程因工程阶段与内容不同，有可能在一个建设工程先后存在多个承包人，常见的土建与安装、土建与装修工程并非同一承包人所为，或因其他原因发生承包人的更换等，多个承包人对该工程均享有优先受偿权，各个承包人之间亦存在优先受偿权冲突的可能性，势必产生权利受偿顺序、受偿比例确定问题。现行法律和司法解释对此未有规定，可借鉴国外立法和法学理论提出自己的看法。有法官认为，不同承包人的优先权应居于同一顺序，在建设工程折价或拍卖后不足以清偿工程欠款时，应按各自的债权比例受偿。[2] 也有律师认为，虽然各施工合同的承包人签订合同有先后、完工验收有先后，但毕竟各承包人优先权的产生基础、指向对象是一致的，其工程价款优先权亦应处于平等地位。因此，各承包人应平等享有工程价款的优先受偿权，受偿方式应按各承包人债权与工程折价、拍卖所得款项的比例平等、同时受偿。[3] 有律师认为，可以按照各承包人的债权比例对工程价款优先受偿权进行清偿。[4] 笔者持赞同意见。建设工程的承包人与次承包人都可以主张优先受偿权，二者同时主张优先受偿权的，由次承包人享有优先受偿权。

针对烂尾楼工程的多个建设工程价款优先受偿权问题，有法官提出，各个建设工程价款优先受偿权只能就自己所施工的部分优先受偿，无权主张对其他承包人施工的部分优先受偿。这里需要注意的是，工程价款受偿权对于未施工部分也不能优先于约定抵押权人优先受偿。[5]

6. 优先受偿权与所有权关系

二者的关系表现为现实生活中常见的以物抵债。通过以物抵债方式取得建设工程所有权的第三人，是否具有追及效力，能否对抗承包人行使建设工程价款

[1] 最高人民法院(2020)民再352号民事判决书。

[2] 参见陈旻:《建设工程案件审判实务与案例精析》,中国法制出版社2014年版,第433~434页。

[3] 参见杜玉明:《建设工程疑难法律实务深度解析》,法律出版社2015年版,第285页。

[4] 参见张艾主编:《建设工程风险防范与裁判规则》,法律出版社2017年版,第361页。

[5] 参见最高人民法院民事审判第一庭编:《民事审判指导与参考》2010年第3集(总第43集),法律出版社2011年版,第110页。

优先受偿权,实践中有不同观点,现行立法与司法解释均没有明确规定。建设工程所有权转移或房屋已经办理过户登记手续的,依据物权优先于债权的原则,承包人对所有权转移的工程或房屋不具有追及效力,限制行使优先受偿权。承包人对于建设工程转让价款的,为保护承包人优先受偿权的实现,应当赋予承包人对于工程或房屋转让价款享有物上代位优先权。有法官认为,根据建设工程价款优先受偿权的立法精神,通过以物抵债方式取得建设工程所有权的第三人,不是《最高人民法院关于建设工程价款优先受偿权问题的批复》第二条规定的消费者,第三人通过以物抵债方式取得建设工程所有权不能对抗承包人的优先受偿权,承包人对已过户到该第三人名下的承包人承建的房屋行使优先受偿权的不应受到限制。[1]

【案例9-79】 福华建筑公司与丰兰公司建设工程施工合同纠纷案

二审法院认为,殷某取得丰兰悦华购物中心营业楼的商铺不属于《最高人民法院关于建设工程价款优先受偿权问题的批复》第二条规定的情形,故虽然殷某已就相应商铺进行了产权变更登记,取得了产权证书,但亦不能对抗福华建筑公司的建筑工程价款优先受偿权,福华建筑公司的该优先权及于其承建的丰兰悦华购物中心营业楼的全部。[2] 最高人民法院民一庭倾向性意见,通过以物抵债方式取得建设工程所有权的第三人,不是《最高人民法院关于建设工程价款优先受偿权问题的批复》第二条规定的消费者,不能对抗承包人就其承建的建设工程行使优先受偿权。[3]

7.优先受偿权与预售登记关系

通说认为,预售登记不产生对抗优先受偿的效力。根据《城市房地产管理法》和原建设部发布的《城市商品房预售管理办法》的规定,预售登记制度实际上就是预售合同备案制度,只是国家建设行政主管部门对预售商品房的一种行政管理制度,不同于《物权法》中的预告登记制度。因此,是否进行了预售登记并不是预购人是否取得对抗第三人效力的标准。更何况按照我国现行法律的规定,进行预售登记只是开发商的义务,并非预购人的义务。在这种情况下将是否进行了预售登记作为是否具有对抗第三人效力的标准,既不符合法理,又对预购人不公,因

〔1〕 参见《建设工程合同纠纷裁判思路》,法律出版社2014年版,第268页。

〔2〕 参见最高人民法院民事审判第一庭编:《民事审判指导与参考》2012年第3辑(总第51辑),人民法院出版社2012年版,第161页。

〔3〕 参见最高人民法院民事审判第一庭编:《民事审判指导与参考》2012年第3辑(总第51辑),人民法院出版社2012年版,第165页。

为其需被动地承受他人(开发商)行为所致的后果。[1]

最高人民法院民一庭2021年第21次专业法官会议纪要:建设工程价款优先受偿权不因工程建成的房屋已经办理商品房预售合同网签而消灭,如符合建设工程价款优先受偿权的成立要件,承包人仍有权就工程折价或者拍卖的价款优先受偿。主要理由:《民法典》第八百零七条规定:"发包人未按照约定支付价款的,承包人可以催告发包人在合理期限内支付价款。发包人逾期不支付的,除根据建设工程的性质不宜折价、拍卖外,承包人可以与发包人协议将该工程折价,也可以请求人民法院将该工程依法拍卖。建设工程的价款就该工程折价或者拍卖的价款优先受偿。"《建设工程解释(一)》第三十五条至第四十二条进一步明确了行使建设工程价款优先受偿权的条件。由此可见,建设工程价款优先权是承包人的法定权利,在符合法律及司法解释规定的条件时,建设工程价款优先受偿权就已经成立。商品房预售合同网签是为了规范商品房预售而采用的行政管理手段,非法律规定的不动产物权设立、变更、转让和消灭的公示方式,不能产生物权变动的效力,亦不导致承包人原本享有的建设工程价款优先受偿权因此不成立或者消灭。如承包人行使建设工程价款优先受偿权时与房屋买受人之间发生权利冲突的,属于权利顺位问题,可另行解决。[2]

8. 优先受偿权与合同无效关系

对于合同无效情形下,承包人是否优先受偿权,存在两种不同意见。最高人民法院民一庭认为,建设工程施工合同无效,不应影响优先受偿权的行使。建筑工程款优先受偿权的立法目的是保护劳动者的利益。因为在发包人拖欠承包人的工程款中,相当部分是承包人应支付给工人的工资和其他劳务费用。在无效建筑工程合同中,上述有关费用也已实际支出,应当由发包人予以支付。即便合同无效,认定承包人就该笔费用享有优先受偿权,依然有利于促进劳动者利益的保护,符合建设工程优先权制度的立法目的。《建设工程解释(一)》第三十八条规定:"建设工程质量合格,承包人请求取承建工程上的价款就工程折价或者拍卖的价款优先受偿的,人民法院应予支持。"该条明确规定承包人的工程价款优先受偿权与建设工程质量是否合格相关,不与合同效力直接相关。[3] 建设工程施工合同被认定无效,并非排除适用《民法典》第八百零七条的条件。[4]

---

〔1〕 参见雷运龙、黄锋:《建设工程优先权若干问题辨析》,载《法律适用》2005年第10期。

〔2〕 参见最高人民法院民事审判第一庭编:《民事审判指导与参考》2021年第3辑(总第87辑),人民法院出版社2022年版,第168~169页。

〔3〕 参见最高人民法院民事审判第一庭编:《民事审判实务问答》,法律出版社2021年版,第60~61页。

〔4〕 参见最高人民法院民事审判第一庭编:《民事审判实务问答》,法律出版社2021年版,第63页。

【案例9－80】 汕头市建安(集团)公司与北京秦浪屿工艺品有限公司建设工程施工合同纠纷案

一审法院认为,关于汕头公司申请对涉案工程享有优先受偿权的问题,鉴于汕头公司在履行合同过程中没有过错,依照法律规定,其主张享有优先受偿权,予以支持。判决:汕头公司对承建的秦浪屿公司八达岭景区西部交通综合服务设施项目享有优先受偿权。最高人民法院认为,秦浪屿公司、汕头公司签订的《工程总承包补充协议》及《工程总承包补充协议(二)》《工程总承包补充协议(三)》应认定无效。……判决维持一审判决第五项。[1]

【案例9－81】 崔某志与中国太平洋财产保险股份有限公司苏州分公司、苏州中川投资有限公司建设工程施工合同纠纷案

二审法院认为,并无法律或司法解释明确规定施工方享有工程款优先权必须以建设工程施工合同有效为基础。现有证据充分证实崔某志及其开办的莫城大理石厂实际从事了昆山太平洋大厦石材幕墙的施工活动,其供应的材料和提供的劳务已在客观上转化为该建筑物已完工部分的一部分。根据《最高人民法院关于建设工程价款优先受偿权问题的批复》第三条的规定,建筑工程价款包括了承包人为建设工程应当支付的材料款等实际支出的费用。综上,原审法院支持崔某志一方的工程款优先受偿权,并不违反法律的强制性规定,也符合公平原则和相关司法解释的规定,并无不当。[2]

【不同处理】 也有的法院以合同无效否定承包人优先受偿权。《江苏省高级人民法院建设工程施工合同案件审理指南》规定,合同无效而取得合法的工程款优先受偿权不符合立法精神。

【案例9－82】 核工业西南建设集团有限公司与奥金(金坛)鳄鱼开发有限公司建设工程施工合同纠纷案

二审法院认为,合同无效而取得合法的工程款优先受偿权不符合立法精神,《合同法》第二百八十六条的语境以合同有效为前提,故建设工程合同无效,承包人或实际施工人主张享有建设工程价款优先受偿权的,不应支持。本案所涉建设工程合同已被常州市中级人民法院(2008)常民一初字第70号民事判决书认定为无效合同,故核工业公司主张建设工程价款优先受偿权,本院不予支持。[3]

---

〔1〕 参见最高人民法院民事审判第一庭编:《民事审判指导与参考》2013年第3辑(总第55辑),人民法院出版社2014年版,第132页。

〔2〕 江苏省苏州市中级人民法院(2014)苏中民终字第04569号民事判决书。

〔3〕 江苏省常州市中级人民法院(2012)常中民终字第0001号民事判决书。

笔者认为，施工合同无效不是判断承包人是否取得优先受偿权的标准，亦不能成为行使障碍，应结合工程是否质量合格这一事实进行判断。如果合同无效，但工程质量合格，法院应支持承包人主张的优先受偿权。如果合同无效，但工程质量不合格的，法院不应支持优先受偿权。合同无效情形下，承包人工程价款优先受偿权之工程价款应有所限定，范围上为因承包人的资质、未遵守特定的程序等参照有效合同处理的无效合同范畴时，发包人对承包人的投入所支付的款项。其他情形导致的合同无效，例如，发包人未取得建设工程规划许可证的情况下，与承包人签订建设施工合同，即使建设工程质量合格，因无法实现工程价款的折价、拍卖等程序的完成，承包人实际享有的为要求发包人对其投入损失赔偿性质，并不享有要求发包人建设工程价款的权利，更不享有工程价款优先受偿的权利。[1]

9. 优先受偿权与税收关系

因建设工程被拍卖成交后，往往由于税收问题造成拍卖标的物不能及时过户，从而导致承包人不能优先受偿工程价款。这类税收问题主要是指人民法院在强制拍卖建设工程成交后办理过户手续时，由于拍卖所产生的营业税、土地增值税等税收缴纳问题。[2] 在优先受偿权与税收二者先后关系上，理论上认识分歧、法律与规章冲突且现行法律对此并未作出明确规定。有法官认为，建设工程价款优先受偿权的法律效力应当高于税收征收权的法律效力。[3] 笔者赞同法官优先受偿权位序优先税收之观点。《国家税务总局关于人民法院强制执行被执行人财产有关税收问题的复函》中指出法院强制执行行为不是应税行为和《税收征收管理法》第四十五条的优先性；在《关于进一步加强房地产税收管理的通知》规定先税后证。其拍卖成交建设工程具有流转税性质，是在成交后才产生的税款。在立法机关制定的税收法律中，并没有规定应收税款可以先于该税发生之前予以征缴，从先税后证规定按行政规章看待效力，则低于《民法典》规定的建设工程价款优先受偿权效力，部门规章规定的先税后证制度不能阻碍优先受偿权。

10. 优先受偿权与别除权关系

《企业破产法》第一百零九条规定：对破产人的特定财产享有担保的权利人，对该特定财产享有优先受偿的权利。这里所说的“担保权的权利人”，包括《合同法》第二百八十六条规定的工程价款法定优先受偿权，这应无异议。对此，《最高

---

〔1〕 参见最高人民法院民事审判第一庭编著：《最高人民法院新建设工程施工合同司法解释（一）理解与适用》，人民法院出版社 2021 年版，第 398～399 页。

〔2〕 参见栾金娣等：《工程款在不动产司法强制拍卖中是否优于税收》，载《城市建设》2010 年第 4 期。

〔3〕 参见《建设工程合同纠纷裁判思路》，法律出版社 2014 年版，第 284 页。

人民法院关于审理企业破产案件若干问题的规定》(法释〔2002〕23号)第七十一条第四项规定,依照法律规定存在优先权的财产不属于破产财产,也包含了《合同法》第二百八十六条应适用破产法别除权的相关规定。工程价款优先受偿权在与《企业破产法》第一百一十三条第一款第一项工资债权的关系上,二者均是对工人基本生存的保障,从破产程序保护的价值上看均为同一序列,并无价值上孰优孰劣之分。有法官认为,建设工程价款优先权应该优先于破产企业的工资债权。〔1〕笔者赞同法官的观点,建设工程价款优先受偿权优先于破产程序的财产权。发包人破产时,承包人就建设工程享有不依照破产清算程序而优先获得清偿和满足的权利,该权利优先于破产企业的工资债权。

【案例9-83】 通州建总集团有限公司诉安徽天宇化工有限公司别除权案

二审法院认为,本案双方当事人签订的建设工程施工合同虽约定了工程竣工时间,但涉案工程因天宇公司未能按合同约定支付工程款导致停工。现没有证据证明在工程停工后至法院受理破产申请前,双方签订的建设施工合同已经解除或终止履行;也没有证据证明在法院受理破产申请后,破产管理人决定继续履行合同。根据《企业破产法》第十八条第一款"人民法院受理破产申请后,管理人对破产申请前成立而债务人和对方当事人均未履行完毕的合同有权决定解除或继续履行,并通知对方当事人。管理人自破产申请受理之日起二个月未通知对方当事人,或者自收到对方当事人催告之日起三十日内未答复的,视为解除合同"之规定,涉案建设工程施工合同在法院受理破产申请后已实际解除,本案建设工程无法正常竣工。按照最高人民法院全国民事审判工作会议纪要精神,因发包人的原因,合同解除或终止履行时已经超出合同约定的竣工日期的,承包人行使优先受偿权的期限自合同解除之日起计算,天宇公司要求按合同约定的竣工日期起算优先权行使时间的上诉主张,缺乏依据,不予采信。2011年8月26日,法院裁定受理对天宇公司的破产申请,2011年10月10日通州公司即向天宇公司的破产管理人申报债权并主张工程款优先受偿权。此后的工程造价鉴定和通州公司提起的别除权确认之诉,系破产管理人对债权数额的审查和别除权人对债权性质异议的救济程序,属于破产程序中对债权的核查与确认。可见,通州公司主张优先受偿权的时间是2011年10月10日。天宇公司上诉认为通州公司行使优先权的时间超过了破产管理之日6个月,与事实不符,不予支持。〔2〕

〔1〕 参见最高人民法院民事审判第一庭编:《民事审判指导与参考》2010年第3集(总第43集),法律出版社2011年版,第107页。

〔2〕 最高人民法院指导案例73号。

11. 优先受偿权与未完工、未竣工验收关系

对于工程未完工、未竣工验收涉及优先受偿权，应分两种情况讨论。施工合同无效，工程验收不合格的，自然不能主张优先受偿权；其工程验收合格的，可以主张优先受偿权。施工合同有效，可以根据《民法典》第八百零七条和司法解释的一般规定判断。对此，最高人民法院持支持承包人优先受偿工程款态度明确，建设工程优先受偿权的行使不以建设工程是否竣工为限。[1] 换言之，不以工程完工并经竣工验收为先决条件，也不以合同解除而否定承包人享有优先受偿的权利。在施工合同有效的情况下，因发包人的原因工程处于停工或无法竣工验收状态，其不能因此认定为工程质量不合格，否认承包人的优先受偿权主张。因发包人资金困难，施工合同分别被终止或解除，但法院亦支持承包人的优先权主张。

【案例 9-84】　深圳南方电力建设有限公司与江苏省华建设股份有限公司等建设工程施工合同纠纷再审案

一审法院、二审法院、再审法院（最高人民法院）均认为，华建公司的优先受偿权及于E栋裙楼这一未竣工工程。[2]

12. 优先受偿权与违法建筑关系

主流观点认为，承包人不能对违法建筑工程主张工程价款优先受偿权。

最高人民法院民一庭2021年第21次专业法官会议纪要：建设工程价款优先受偿权制度系以建设工程折价或者拍卖的价款优先清偿承包人享有的建设工程价款债权，故承包人享有建设工程价款优先受偿权的前提是其建设完成的建设工程依法可以流转。对此，根据《民法典》第八百零七条的规定，承包人享有建设工程价款优先受偿权的条件是建设工程宜折价、拍卖。因违章建筑不宜折价、拍卖，故承包人对违章建筑不享有建设工程价款优先受偿权。[3]

【案例 9-85】　华恒建设集团有限公司与宁波市北仑蓝天造船有限公司建设工程价款优先受偿权纠纷案

二审法院认为，原告施工的部分工程项目虽位于建设用地红线范围之内，但至法庭辩论终结前仍未取得建设工程规划许可证，故原告要求就该部

---

〔1〕 参见最高人民法院民事审判第一庭编：《民事审判实务问答》，法律出版社2021年版，第61页。

〔2〕 参见邬砚：《建设工程合同纠纷——254个裁判规则深度解析》（第2版），法律出版社2019年版，第228页；最高人民法院民事审判第一庭编：《民事审判指导与参考》2012年第2辑（总第50辑），人民法院出版社2012年版。

〔3〕 参见最高人民法院民事审判第一庭编：《民事审判指导与参考》2021年第3辑（总第87辑），人民法院出版社2022年版，第167页。

分工程的工程价款享有优先权的请求于法无据。另外,原告施工的部分工程项目位于建设用地红线范围之外,原告就该部分工程的工程价款享有优先权的请求亦于法无据。[1]

【案例9-86】 中建海某建设发展有限公司与和某(福建)房地产开发有限公司建设工程施工合同纠纷再审案

最高人民法院认为,《合同法》第二百八十六条规定:发包人未按照约定支付价款的,承包人可以催告发包人在合理期限内支付价款。发包人逾期不支付的,除按照建设工程的性质不宜折价、拍卖的以外,承包人可以与发包人协议将该工程折价,也可以申请人民法院将该工程依法拍卖。建设工程的价款就该工程折价或者拍卖的价款优先受偿。承包人就工程折价或者拍卖的价款享有优先受偿权的前提是该工程不存在按照其性质不宜折价、拍卖的情形。根据《土地管理法》《城乡规划法》《村庄和集镇规划建设管理条例》等相关法律法规的规定,在城市规划区内,未取得建设工程规划许可证或者违反建设工程规划许可证的规定建设,严重影响城市规划的建筑,为违法建筑。案涉工程至今尚未取得建设工程规划许可证,应属于违法建筑。对于违法建筑,《城乡规划法》第六十四条明确规定了处理方式,即由县级以上地方人民政府城乡规划主管部门责令停止建设;尚可采取改正措施消除对规划实施的影响的,限期改正,处建设工程造价5%以上10%以下的罚款;无法采取改正措施消除影响的,限期拆除,不能拆除的,没收实物或者违法收入,可以并处建设工程造价10%以下的罚款。案涉工程因违反法律禁止性规定,无法取得不动产所有权,二审判决认定该工程系不可折价、拍卖的工程,海峡公司对案涉工程价款不享有优先权,并无不当。[2]

【不同处理】 理论上有不同观点,一些法官认为,违法建筑上应允许成立工程价款优先受偿权。[3] 也有律师认为,违法建筑是否可以成立建设工程价款优先受偿权的问题,应当区分不同情况,如存在补正空间的情况下,应当认定该种情况下,承包人有权行使相应权利。在不存在补正空间的情况下,因建设者不具备所有权,违法建筑性质上属于无法通过折价与变价拍卖等进行处置变现的财产,故不符合建设工程价款优先受偿权的行使条件,也就不存在是否优先受偿的问题。[4] 司法实践中,有的法院持该种观点。

---

〔1〕 浙江省宁波市中级人民法院(2015)浙甬民二终字第539号民事判决书。

〔2〕 最高人民法院(2020)民申1850号民事裁定书。

〔3〕 参见最高人民法院民事审判第一庭编:《民事审判指导与参考》2010年第2集(总第42集),法律出版社2011年版,第49页。

〔4〕 参见陈鑫等:《房地产及工程纠纷实务焦点问题案例精析》,法律出版社2017年版,第254页。

【案例9－87】　南通长城建设集团有限公司与文昌正豪房地产开发有限公司建设工程施工合同纠纷案

二审法院认为，违法建筑不能依法取得相应物权，也不能由当事人自由处分，应属于《合同法》第二百八十六条规定的按工程性质不能折价以及不能申请拍卖的情形。因此，长城建设公司不得就涉案工程享有优先受偿权。[1]

〔1〕　海南省高级人民法院（2016）琼民终字第236号民事判决书。

三、工程价款优先受偿权纠纷处理

(一)实际施工人优先受偿权处理

实际施工人在法律上没有规定,在施工合同无效的情形之下,承包人是否享有优先受偿权,在司法实践中有不同观点。各地法院的审判指导意见或裁判观点并不一致。

《建设工程解释(一)》第三十五条规定与发包人订立建设工程施工合同的承包人享有优先受偿权,而排除了实际施工人享有优先受偿权,有利于法院就此认定的统一和消除执法冲突现象,但实践中也有例外。

最高人民法院民一庭2021年第21次法官会议讨论认为:建设工程价款优先受偿权是指在发包人经承包人催告支付工程款后合理期限内仍未支付工程款时,承包人享有的与发包人协议将该工程折价或者请求人民法院将该工程依法拍卖,并就该工程折价或者拍卖价款优先受偿的权利。依据《民法典》第八百零七条和《建设工程解释(一)》第三十五条规定,只有与发包人订立建设工程施工合同的承包人才享有建设工程价款优先受偿权。实际施工人不属于"与发包人订立建设工程施工合同的承包人",不享有建设工程价款优先受偿权。[1]

【案例9-88】 王某霖与辽宁万泰房地产开发有限公司、盛京银行股份有限公司沈阳市泰山市支行建设工程施工合同再审案

最高人民法院认为,行使优先受偿权的主体应仅限于承包人,现行法律及司法解释并未赋予实际施工人享有建设工程价款优先受偿的权利。[2]

【案例9-89】 中国五冶集团有限公司与西安华江环保科技股份有限公司等建设工程施工合同纠纷案

最高人民法院认为,关于五冶公司是否享有优先受偿权的问题。《合同

〔1〕 参见最高人民法院民事审判第一庭编:《民事审判指导与参考》2021年第3辑(总第87辑),人民法院出版社2022年版,第165页。

〔2〕 最高人民法院(2015)民申字第2311号民事裁定书。

法》第二百八十六条规定:“发包人未按照约定支付价款的,承包人可以催告发包人在合理期限内支付价款。发包人逾期不支付的,除按照建设工程的性质不宜折价、拍卖的以外,承包人可以与发包人协议将该工程折价,也可以申请人民法院将该工程依法拍卖。建设工程的价款就该工程折价或者拍卖的价款优先受偿。”五冶公司并非与发包人榆钢公司签订建设工程施工合同的承包人,不享有优先受偿权。[1]

【案例9－90】　曹某某、黄某某与某某公司建设工程施工合同纠纷再审案

最高人民法院认为,再审申请人曹某某、黄某某为案涉工程的实际施工人,而非承包方。《建设工程解释》第二十六条第二款规定,发包人只在欠付工程价款范围内对实际施工人承担责任,即实际施工人有条件向发包人主张工程价款,但并未规定实际施工人享有工程价款的优先受偿权。因此,福建省高级人民法院认为曹某某、黄某某作为实际施工人不享有工程价款优先受偿权,并无不当。[2]

【不同处理】　《民事审判指导与参考》研究组认为,《建设工程解释》第二十六条规定了分包人和实际施工人完成了其与总包人或转包人之间合同约定的施工义务且工程质量合格的,在总包人或者转包人不主张或者怠于主张工程价款优先受偿权的情况下,应允许分包人或者实际施工人就其承建的工程部分在发包人欠付的工程款范围内向发包人主张工程价款优先受偿权。分包人或者实际施工人有条件地享有优先受偿权。[3]

在发包人同意或者认可挂靠存在的情形下,挂靠人作为没有资质的实际施工人,借用有资质的被挂靠人的名义,与发包人订立了建设工程施工合同,实质上在挂靠人与发包人之间形成了事实上的施工合同关系。挂靠人是实际承包人,被挂靠人仅是名义承包人,两者与发包人属于同一建设工程施工合同的双方当事人。在发包人明知挂靠人的情况下,实际施工人享有优先受偿权。

订立合同时,如果发包人知道或者应当知道挂靠事实,发包人和挂靠人形成事实上的合同关系,挂靠人可直接向发包人主张工程相关的价款和优先受偿权;如果发包人不知道挂靠事实,挂靠人作为实际付出成本的主体,可直接向发包人主张工程相关的价款和优先受偿权;发包人可向挂靠人、被挂靠人主张共同承担

---

〔1〕　最高人民法院(2021)最高法民终750号民事判决书。

〔2〕　最高人民法院(2021)民申5733号民事裁定书。

〔3〕　参见最高人民法院民事审判第一庭编:《民事审判指导与参考》2016年第1辑(总第65辑),人民法院出版社2016年版,第252页。

因合同无效产生的责任。[1]

【案例9-91】 宁夏钰隆工程有限公司与安徽三建工程有限公司、宁夏蓝天房地产开发有限责任公司建设工程施工合同纠纷案

最高人民法院认为,《承包合同》无效,不影响因为实际施工的行为在各方当事人之间形成的民事法律关系,也不影响实际施工人在此民事法律关系中依法享有的民事权利。在合同书上载明的"承包人",是具有相应施工资质的施工企业,即被挂靠人;而实际履行施工义务的实际施工人,是不具备相应资质的被挂靠人。挂靠人因为实际施工行为而比被挂靠人更应当从发包人处得到工程款,被挂靠人实际上只是最终从挂靠人处获得管理费。挂靠人既是实际施工人,也是实际承包人,而被挂靠人只是名义承包人,认定挂靠人享有主张工程价款请求权和优先受偿权,更符合法律保护工程价款请求权和设立优先受偿权的目的。之所以规定只有承包人享有优先权,是因为在建设工程施工合同关系中,优先受偿权是为了保障工程价款请求权得以实现而设立的,而工程价款请求权又是基于合同关系产生,所以,应受合同相对性的限制。[2] 本案中,最高人民法院认为二审法院适用法律错误,钰隆公司虽为被挂靠的实际施工人,但应享有优先受偿权,不过因钰隆公司行使优先受偿的权利超过了法定期限,因此不予认可,驳回了钰隆公司的再审申请。

与发包人成立事实上的合同关系条件下的实际施工人享有优先受偿权。借用资质的实际施工人,如果发包人是知晓的,发包人的工程款直接支付于实际施工人个人账户中,可以认定实际施工人与发包人成立事实上的施工合同关系,法院认为实际施工人具有建设工程的优先受偿权。

【案例9-92】 申某某与桓大公司建设工程价款优先受偿权纠纷案

一审法院认为,依据《合同法》第二百八十六条,《建设工程解释(二)》第二十条、第二十一条、第二十二条的规定,承包人有权请求对其承建的工程价款行使优先受偿权,承包人行使建设工程价款优先受偿权的期限为6个月,自发包人应当给付建设工程价款之日起算。本案申某某是借用资质的实际施工人,其已取代名义上的承包人桓大公司作为实际承包人与光明公司成立事实上的建设施工合同关系,此为申某某能够直接请求光明公司付款的原理所在,同理,在案涉工程已经实际交付光明公司的情况下,申某某对案涉工程应当享有优先受偿权。

---

〔1〕 参见王毓莹、史智军:《建设工程施工合同纠纷疑难问题和裁判规则解析》,法律出版社2022年版,第358页。

〔2〕 最高人民法院(2019)民申6085号民事裁定书。

最高人民法院判决变更贵州省高级人民法院(2019)黔民初5号民事判决第四项为申某某在盘州市光明房地产开发有限责任公司欠付工程款范围内就其承建工程部分折价或者拍卖的价款享有优先受偿权,支持了实际施工人享有优先受偿权。[1]

在发包人将工程直接发包给自然人的情况下,实际施工人虽然也是无效建设工程施工合同的承包人,但其与发包人直接订立建设工程施工合同,有权依据合同向发包人主张工程款,也有权享有优先受偿权。

【案例9－93】　张某某与成虎公司建设工程价款优先受偿权纠纷再审案

二审法院认为,张某某承包涉案工程直接与成虎公司签订了施工合同,双方之间直接形成权利义务关系。虽然本案施工合同无效,但基于优先受偿权实质在于以已完工的工程价款标的物为担保,随发包人的付款义务同时产生,合同无效并不影响承包人依据施工合同向发包人主张工程款的权利,因此也不影响承包人优先受偿权的享有与行使。再审法院最高人民法院对张某某在成虎公司欠付工程价款范围内就案涉工程折价或者拍卖的价款享有优先受偿权,予以维持。[2]

建设工程中基坑工程承包人投入的建筑材料和劳动力已物化到建筑物中,与建筑物不可分割,基坑施工合同的承包人应享有优先受偿权。对于同一建设工程,可能存在多个承包人,如承包人完成的工程属于建设工程,且共同完成的建设工程宜于折价、拍卖的,则应依法保障承包人的优先受偿权。根据建筑行业管理规范和办法,深基坑工程施工包括支护结构施工、地下水和地表水控制、土石方开挖等内容,故基坑支护、降水、土石方挖运工程施工合同的承包人,要求在未受偿工程款范围内享有优先受偿权的,法院应予支持。

【案例9－94】　四川中成煤炭建设(集团)有限责任公司与成都泓昌嘉泰房地产有限公司建设工程施工合同纠纷再审案

最高人民法院认为,本案的争议焦点为,中成煤建公司施工的基坑支护、降水、土石方挖运工程是否属于建设工程,中成煤建公司针对未支付工程价款15,398,977.71元是否就案涉海峡友谊大厦工程折价或者拍卖的价款享有优先受偿权。……本案中,根据中成煤建公司提供的证据4～15等行业标准规范和相关规定,《建筑深基坑工程施工安全技术规范》(JGJ 311—2013)是由住房和城乡建设部根据《关于印发〈2011年工程建设标准规范制订、修订计划〉的通知》的要求编制,规范的主要内容即深基坑工程施工包括支护

〔1〕　最高人民法院(2021)民终727号民事判决书。
〔2〕　最高人民法院(2022)民再168号民事判决书。

结构施工、地下水和地表水控制、土石方开挖等,深基坑工程施工技术规范应符合建设工程有关管理规定;对建筑地基进行的检测,包含了对基坑(边坡)工程即支护结构施工的检测;包括建筑总平面图、各层建筑和结构平面图等主体结构的设计资料是基坑支护结构设计必不可少的依据;各种建筑都需要有一个坚固的基础,其造价要占到一幢房屋建筑的1/5,甚至1/3;开挖深度超过5米(含5米)的基坑的土方开挖、支护、降水工程即深基坑工程,属于房屋建筑施工中超过一定规模的危险性较大的分部分项工程。根据《成都市建筑工程深基坑施工管理办法》第五条规定,深基坑工程原则上实行建筑工程施工总承包管理,建设单位确需对深度超过5米的基坑工程实行单独发包的,应办理建筑工程(深基坑)施工许可证。本案中,案涉海峡友谊大厦的基坑深度达19.1米,鸿昌嘉泰公司将案涉项目的基坑支护、降水、土石方挖运工程发包给中成煤建公司施工,中成煤建公司就其施工工程办理了《建筑工程施工许可证》。成都建工集团有限公司是案涉海峡友谊大厦的总包方,对工程主体进行施工。根据中成煤建公司与鸿昌嘉泰公司签订的《设计、施工合同》《补充协议》《补充协议(二)》的相关约定,中成煤建公司施工的基坑等工程的方案设计图应当通过鸿昌嘉泰公司和专组的审查,并接受其检测;中成煤建公司必须服从甲方、监理方、总包方的管理,其施工的基坑支护、降水、土石方挖运工程按期完工并经甲方、监理方、总包方及相关职能部门验收合格、书面确认后办理结算。根据证据19,案涉项目施工图预算15.186亿元,包含了中成煤建公司承包工程的预算2600万元。根据证据23~25,中成煤建公司向总包方交付基坑护壁工程后,仍参与案涉项目监理例会,会议要求中成煤建公司纳入总包方管理范围,继续做好降水井排水工作;为满足施工需要和确保建筑物安全,在回填之前需继续保持基坑周围管井降水。上述事实能够证明,中成煤建公司施工的基坑支护、降水、土石方挖运工程,从设计到具体施工,均与总包方密切联系,与主体工程的施工严密配合,交叉进行,属于案涉海峡友谊大厦项目建设工程不可缺少的内容。在整个施工过程中,中成煤建公司投入的建筑材料和劳动力已经物化到案涉海峡友谊大厦项目整个建筑物之中,与建筑物不可分割。中成煤建公司作为与发包方鸿昌嘉泰公司订立建设工程施工合同的承包人,在未受偿工程款15,398,977.71元范围内有权就案涉海峡友谊大厦工程折价或者拍卖的价款优先受偿。一审、二审法院认定中成煤建公司施工内容实质是对拟修建建筑物所依附的土地现状进行的改变,尚未形成单独的建筑物或构筑物,客观上不具备行使建设工程价款优先受偿权的条件,系认定事实和适用法律错误,本院予以纠正。本案中,中成煤建公司的工程价款中包含了取水资源费2,282,688.38元。《最高人民法院关于建设工程价款优先受偿权问题的批复》第三条规定:"建筑工程价款包括承包人为建设工程应当支付的工作人员报酬、材料款等实际支出的费用，不包括承包人因发包人违约所造成的损失。”原建设部印发的《建设工程施工发包与承包价格管理暂行规定》第五条规定，工程价格由成本（直接成本、间接成本）、利润（酬金）和税金构成。本案中，根据中成煤建公司提交的《取水许可证》《取水许可证变更申请表》等证据，结合一审法院查明的中成煤建公司一直为案涉工程降水的事实，取水资源费应系中成煤建公司为建设工程应当支付的实际支出费用，属于建设工程价款直接成本的一部分。根据《建设工程解释（二）》第二十一条和《建设工程施工发包与承包价格管理暂行规定》第五条规定，取水资源费作为建设工程价款，应当属于优先受偿的范围。鸿昌嘉泰公司关于取水资源费不应纳入优先受偿范围的主张，本院不予支持。双方当事人均认可，案涉工程承包方为成都建工集团有限公司和中成煤建公司；成都建工集团有限公司诉鸿昌嘉泰公司建设工程施工合同纠纷一案目前在二审审理过程中；案涉海峡友谊大厦已经停工，目前处于已经完成地下四层以及地上四层封顶、五层开始初步施工的现状。因此，中成煤建公司不是就案涉海峡友谊大厦折价或者拍卖的价款享有优先受偿权的唯一施工人。综上所述，中成煤建公司的再审请求成立，本院予以支持。[1]

最高人民法院的法官认为，根据现行司法解释的相关规定，建设工程价款优先受偿权的主体被限定为与发包人订立施工合同的承包人，由于与发包人并不存在直接的施工合同关系，实际施工人被排除在优先受偿权的主体之外。诚然，从解释论的角度，无论是以文义解释、体系解释还是以目的解释，建设工程价款优先受偿权制度平衡承包人与发包人其他债权人之间的关系的功能都无法忽视，无效施工合同的承包人不应享有建设工程价款优先受偿权。但是，在有效施工合同的总承包人、转包人或者出借资质人怠于行使建设工程优先授权的，为顺利实现因工程建设产生的合法债权，实际施工人可以提起代位权诉讼的方式主张建设工程价款优先受偿权。实际施工人代位主张建设工程价款优先受偿权的，只能产生权利人已经行使受偿权的效果，因行使建设工程价款优先受偿权而取得的财产，应当归属于有效施工合同的承包人。实际施工人因工程建设享有折价补偿请求权，并不直接由此受偿，仍需依普通债权另行主张。[2]

---

〔1〕　最高人民法院（2021）民再188号民事判决书。

〔2〕　参见最高人民法院民事审判第一庭编：《民事审判指导与参考》2020年第1辑（总第81辑），人民法院出版社2021年版，第92页、第111页。

(二)分包人优先受偿权处理

分包人是否享有优先受偿权是有争议的问题。按照《民法典》及《建筑法》的规定,承包人可以将“部分工作”(如涉及专门技术)交由第三人完成或者将“部分工程”(如劳务)发包给具有相应资质条件的分包单位,而建设工程的主体结构必须由总承包单位自行完成。这样,一方面分包人与承包人产生了合同关系,而非与发包人产生直接权利义务关系;另一方面分包人实际完成的工程量有限,其应得的工程价款同样有限。同时承包人依据法律规定及实际施工需要合法分包后,承包人与分包构成一个整体,承包人通常不会对分包人的利益漠不关心。在分包人只享有部分价款情况下,赋予分包人越过承包人与发包人就工程折价或者由请求法院拍卖工程优先实现分包人应得工程价款的债权,对承包人有失公平且不合理。

《民事审判指导与参考》研究组认为,分包人或者实际施工人有条件地享有优先受偿权。[1]《建设工程解释(一)》第三十五条规定与发包人订立建设工程施工合同的承包人享有优先受偿权,而排除了分包人享有优先受偿权,有利于统一优先受偿权主体的认定。

【案例9-95】 周某良诉陕西中拓力实业有限公司等建设工程优先受偿权纠纷案

判决观点,建设工程的分包人只能向总承包人主张合同之债,而不能就该债务对工程本身行使优先受偿权。在本案中,因周某良系建设工程分包人,故其并不享有建设工程价款优先受偿权。[2]

在例外情况下,应允许承包人行使优先受偿权。主流观点认为,分包人可以作为行使优先受偿权有两个前提条件,其一,总承包人怠于主张工程价款优先权。其二,在发包人欠付工程款范围内行使。这两个条件,是分包人区别承包人行使优先受偿权的重要方面,也是对分包人行使优先受偿权的限制。在承包人行使优先受偿权时,则分包人不能单独或与承包人共同行使优先受偿权。

---

〔1〕 参见最高人民法院民事审判第一庭编:《民事审判指导与参考》2016年第1辑(总第65辑),人民法院出版社2016年版,第252页。

〔2〕 陕西省西安市雁塔区人民法院(2014)雁民初字第01397号民事判决书。

【案例9-96】　沙伯基础创新塑料（中国）有限公司与福建省土木建设实业有限公司等建设工程施工合同纠纷案

二审法院认为，三星工程公司一方面未向福建土木公司足额支付工程款，另一方面在福建土木公司不知情的情况下放弃对沙伯公司的部分债权，可能影响福建土木公司获得足额工程款权利的实现，加之三星工程公司自始至终未曾向沙伯公司主张过工程价款优先受偿权。因此，本案应允许作为分包人的福建土木公司行使建设工程价款优先受偿权，《广东省高级人民法院关于在审判工作中如何适用〈合同法〉第286条的指导意见》是为了指引法官正确适用法律和司法解释的指导性文件，原审法院将其直接作为裁判依据不妥。且该指导性文件的本意是在总包人已就建设工程价款主张优先权的情况下，分包人再主张承建部分工程价款优先权的，人民法院不予支持。若总包人未行使建设工程价款优先受偿权导致分包人的工程款可能难以受偿的，分包人可依法行使建设工程价款优先受偿权。[1]

（三）优先受偿权范围处理

关于优先受偿权行使范围，《民法典》第八百零七条没有对此加以界定，《建设工程解释（一）》第四十条对此作了进一步明确规定。第四十条规定："承包人建设工程价款优先受偿的范围依照国务院有关行政主管部门关于建设工程价款范围的规定确定。承包人就逾期支付建设工程价款的利息、违约金、损害赔偿金等主张优先受偿的，人民法院不予支持"。该条明确了优先受偿权具体范围，既包括工作人员报酬、材料款等直接费用，也包括施工单位实际支出的税金、预扣的质量保证金等，其承包人的利润也纳入优先受偿权的行使范围。此外，本条规定将行政主管部门关于建设工程价款范围纳入价款优先受偿权行使范围，整体上扩大了优先受偿权的范围。

最高人民法院民一庭认为，享有优先保护的建筑工程价款的范围可以界定为，如指已竣工工程，应指竣工结算价，如指未竣工工程则应以施工预算价为基础进行评估确定工程价款；包含承包人的正常利润，但不包括承包人因发包人违约造成的损失。[2] 主流观点认为，建设工程价款优先受偿权的担保范围包含已完工程利润、但不包含预期利润；工程款利息、垫资款、质量优良、提前完工的奖励费用，因价格上涨导致的材料价差损失、欠付部分工程款的，应按已付款性质或比例

---

〔1〕 广东省高级人民法院（2011）粤高法民一终字第1号民事判决书。

〔2〕 参见最高人民法院民事审判第一庭编：《民事审判实务问答》，法律出版社2021年版，第67页。

确定；质量保证金在理论上属于优先受偿权的担保范围，但因返还期限晚于优先受偿权的存续期限，在事实上无法得到优先受偿权的保护。以下就其有关问题予以分类讨论。

1. 司法解释范围的理解

其一，在建工程为商品房中的消费者，但此类有限制条件。原《最高人民法院关于建设工程价款优先受偿权问题的批复》规定，消费者交付购买商品房的全部或者大部分款项后，承包人就该商品房享有的工程价款优先受偿权不得对抗买受人。2023年4月，《最高人民法院关于商品房消费者权利保护问题的批复》中又坚持这一规定精神。该规定体现的是基于生存权益高于经营权益的原则而作出的保护买受人生存利益的特别规定。建设工程为商品房的，承包人只能在消费者交付购买商品房的大部分款项前行使优先受偿权。如消费者交付购买商品房的全部或大部分款项后，则不能行使优先受偿权。实务中，对消费者应按《消费者权益保护法》的规定界定，即购房者购房是为生活消费而非经营需要。对批复所提及的交付购买商品房的大部分款项，一般以超过商品房总价的50%来衡量。

【案例9－97】 重庆市巴南区诚通小额贷款股份有限公司等诉重庆诚全置业（集团）有限公司等执行效力公证债权文书案

判决观点，虽然叶某广、杨某容在法院查封上述房屋前已签订购房合同，但其只支付了190,732元的购房款，剩余房款也未按照购房合同约定的方式办成银行按揭手续，因此其已支付的价款未超过购房合同约定的总价款420,732元的50%。综上，叶某广、杨某容的异议理由不符合上述司法解释规定的情形，其对上述房屋不享有足以对抗执行的实体权益，其请求法院中止对上述房屋执行的异议理由不能成立。[1]

【案例9－98】 姜某某与大和房地产公司、大和房地产国泰分公司等申请执行人执行异议之诉纠纷案

二审法院认为，温某某提供的《买卖协议》及《认购协议书》的签订时间均在法院查封涉诉房屋之前，且所约定的商品房基本情况、计价方式与价款、付款方式等内容明确具体。又因温某某交纳了全部购房款，且在法院查封前已经与开发商签订了关于涉诉房屋的商品房买卖合同。从温某某提供的水费收据和《进户通知单》可以认定其在查封前已经实际占有涉诉房屋。依据《查封、扣押、冻结规定》第十七条以及《最高人民法院关于建设工程价款优

---

〔1〕 重庆市第五中级人民法院（2015）渝五中法执异字第00766号执行裁定书。

先受偿权问题的批复》第一条、第二条之规定，法院对姜某某关于许可对涉案房屋继续执行的主张不予支持。[1]

在建工程为商品房，但没有预售或没有证据证明有购房者时，发包人抗辩优先受偿权的理由不成立。

【案例9－99】　兴隆建筑安装有限责任公司诉中海房地产开发有限公司建设工程施工合同纠纷案

二审法院认为，由于中海房产公司未提交证据证明涉案工程存在对抗建设工程价款优先受偿权条件的买受人，且即使存在上述买受人，亦不影响兴隆建安公司建设工程价款优先受偿权的成立。因此，中海房地产关于原判认定兴隆建安公司享有建设工程价款优先受偿权错误的上诉理由不能成立，本院不予采纳。[2]

买卖双方均认可存在房屋买卖关系，但在诸多重要事实上存在疑点，法官应综合各种证据准确认定是否存在真实购房关系确定消费者。

【案例9－100】　宋某与北京盛和发房地产开发有限公司、广东粤财投资控股有限公司、北京城乡建设集团有限责任公司商品房预售合同纠纷案

最高人民法院认为，案涉商品房买卖关系是否真实存在是本案争议的关键所在。本案商品房买卖关系明显与同类的正常交易不符。虽然盛和发公司与宋某在诉讼中均主张双方之间存在真实有效的商品房买卖关系，但对签订购房合同、支付购房款等重要事实，宋某多次陈述不一、前后矛盾。在存在上述众多疑点的情况下，认定宋某与盛和发公司之间存在真实商品房买卖关系，依据明显不足。原审判决认定宋某与盛和发公司之间不存在真实的商品房买卖关系，并无不当，本院予以维持。[3]

其二，装饰装修工程款。最高人民法院民一庭认为，建设工程优先受偿权的行使范围包括装饰装修工程。[4] 应注意的是，基于家庭居室装饰装修工程应适用《民法典》有关承揽合同规定，制定司法解释的法官认为，家庭居室装饰装修工程的承包人不享有工程价款的优先受偿权。[5]

---

〔1〕吉林省高级人民法院(2014)吉民一终字第146号民事判决书。

〔2〕安徽省高级人民法院(2013)皖民四终字第00021号民事判决书。

〔3〕最高人民法院(2011)民提字第331号民事判决书。

〔4〕参见最高人民法院民事审判第一庭编:《民事审判实务问答》,法律出版社2021年版,第55页。

〔5〕参见最高人民法院民事审判第一庭编著:《最高人民法院新建设工程施工合同司法解释(一)理解与适用》,人民法院出版社2021年版,第389页。

【案例9-101】 福建天虹建设工程有限公司诉福建德亚集团公司建设工程施工合同纠纷再审案

二审法院认为,确定建设工程优先受偿权的范围应先对建设工程是否属于装修装饰工程进行区分。即对于属于装修装饰工程的,只能在建筑物因装修装饰而增加价值的范围内优先受偿。对于主体工程,则应限于承包人为建设工程应当支付的工作人员报酬、材料款等实际支出的费用,且不包括承包人因发包人违约造成的损失。本案天虹公司承建的是德亚集团的室内装饰工程和围墙建筑等其他工程,根据上述规定,天虹公司完成建设任务后,德亚集团未按照约定支付价款的,其作为承包人享有就该工程(不含建筑物占地部分的土地使用权)拍卖的价款优先受偿的权利。对于室内装饰工程价款只能从建筑物装饰部分的拍卖款中优先受偿。[1]

【案例9-102】 东江海棠公司与姚某某装饰装修合同纠纷案

二审法院认为,装修装饰工程属于建设工程,姚某某可在装修款范围内对案涉建筑物因装修装饰而增加价值的范围内优先受偿。[2]

其三,实际支出的费用。优先受偿权的工程款项目范围包括:(1)承包人为建设工程应当支付的劳务报酬、材料款费用。(2)批复使用"等实际支出的费用"这一兜底用语,而并非未全部罗列优先受偿的工程款项目范围。在实践中,对"等"的范围界定有分歧,但通常理解还应包括用于施工机械的费用、税金等,也有法院主张将垫资款也包括在内。也就是说,在个案中,由法官行使自由裁量权确定实际费用的具体项目。

【案例9-103】 浙江兴湖工业丝有限公司与浙江大东吴集团有限公司建设工程施工合同纠纷案

二审法院认为,兴湖公司上诉认为建设工程价款优先权范围仅指材料款和人工工资,是对法律规定的片面理解。大东吴公司为建设本案工程实际应支出的费用都属于优先权范围,符合最高人民法院相关批复的规定。故本院认为,原审法院确定大东吴公司的工程价款优先权及优先权范围,具有事实依据,符合法律规定。[3]

2. 行政主管部门工程价款范围

根据《建设工程解释(一)》第四十条的规定,结合住建部2013年颁发的《建

〔1〕 福建省高级人民法院(2011)闽民再终字第13号民事判决书。
〔2〕 江西省赣州市中级人民法院(2015)赣中民一终字第69号民事判决书。
〔3〕 浙江省湖州市中级人民法院(2013)浙湖民终字第72号民事判决书。

设工程工程量清单计价规范》第10.3条以及住建部、财政部于2013年发布的《建筑安装工程费用项目组成》第一条第一款等相关行政主管部门的意见，建设工程的价款不应仅包括承包人为建设工程应当支付的工作人员报酬、材料款等实际支出的费用，还应当包括施工机具使用费、企业管理费、利润、规费和税金。需要注意的是，本条并未直接罗列建设工程价款所包含的各个组成部分，而是直接规定依照国务院有关行政主管部门关于建设工程价款范围的规定确定。因此，如果以后国务院有关行政主管部门关于建设工程价款范围的规定发生了变化，则建设工程价款优先受偿的范围也相应变化。[1]

建设工程价款优先受偿的范围包括人工费、材料费、施工机具使用费、企业管理费、利润、规费和税金，不包括逾期支付建设工程价款的利息、违约金、损害赔偿金。

【案例9-104】　中建二局公司与某某公司建设工程施工合同纠纷案

最高人民法院认为，中建二局公司享有建设工程价款优先受偿的范围。根据《建设工程解释（二）》第二十一条"承包人建设工程价款优先受偿的范围依照国务院有关行政主管部门关于建设工程价款范围的规定确定。承包人就逾期支付建设工程价款的利息、违约金、损害赔偿金等主张优先受偿的，人民法院不予支持"及住房和城乡建设部、财政部印发的《建筑安装工程费用项目组成》（建标〔2013〕44号）第一条第一款"建筑安装工程费用项目按费用构成要素组成划分为人工费、材料费、施工机具使用费、企业管理费、利润、规费和税金……"的规定，建设工程价款优先受偿的范围包括人工费、材料费、施工机具使用费、企业管理费、利润、规费和税金。因此，除《竣工结算书》中汇总表载明的工程款68,450,756元属于建设工程价款优先受偿的范围外，2016年4~6月钢筋材料价格调整款1,209,416.40元、安全文明施工费率调差款2,400,000元及2017年9月20日以前项目签证款823,317元，均属于建设工程价款优先受偿的范围。一审未将案涉工程的钢筋材料价格调整款、安全文明施工费率调差款及项目签证款计入建设工程价款优先受偿范围内，有所不当，应予纠正。即中建二局公司在72,883,489.40元（68,450,756元+1,209,416.4元+2,400,000元+823,317元）工程价款范围内对其承建的案涉项目部分工程折价或者拍卖的价款享有优先受偿权，扣除未完成施工部分金额180万元和查明已付工程款16,689,249.10元后，中建二局公司享有建设工程价款优先受偿权的金额应为54,394,240.30元（72,883,489.40元-180万元-16,689,249.10元）。中建二局公司提出的

---

〔1〕　参见最高人民法院民事审判第一庭编著：《最高人民法院新建设工程施工合同司法解释（一）理解与适用》，人民法院出版社2021年版，第412页。

2016年4~6月钢筋材料价格调整款1,209,416.40元、安全文明施工费率调差款2,400,000元及2017年9月20日以前项目签证款823,317元应计入建设工程价款优先受偿范围内的上诉请求,本院予以支持。[1]

3. 利润属于优先受偿权范围

根据原建设部的规定,工程价款分为直接费、间接费、税金和利润四部分。前三项大致可以作为建设工程的成本看待。《民法典》第八百零七条规定承包人优先受偿权的范围为建设工程的价款,从文义解释的角度讲应包括上述四部分,并未将利润排除在外。《最高人民法院关于建设工程价款优先受偿权问题的批复》中,对于利润是否纳入优先受偿权的范围并未明确。司法实务中,相当一部分法院并不支持将利润界定在优先受偿权范围。有法官认为,工程款中的利润应当属于承包人建设工程优先权担保的债权范围。[2]《建设工程解释(一)》第四十条对利润归于优先受偿权范围已明确规定,故应当执行。

应注意的是,预期利润不属于优先受偿权范围。制定司法解释的法官认为,未完工程的预期可得利润属于违约造成的损失范畴,不能就建设工程的折价或者拍卖价款优先受偿。[3]

【案例9-105】 浙江衢盛建设公司与享吉得食品公司建设工程施工合同纠纷案

判决观点,由于本案工程在尚未施工完毕的情况下合同予以解除,尚未履行的部分不再履行;另外预期可得利益应遵守可预见规则,本案中原告主张的未完工工程预期可得利益,实为受鉴定项目未完工部分的利润,该利润并不是具有可预见性,工程施工本身是否能够盈利受多种因素影响,整个工程完工后有可能盈利也有可能亏损,存在不确定性,故原告要求赔偿其预期可得利益73,837元的诉讼请求,法院不予支持。[4]

4. 不属于优先受偿权范围

《建设工程解释(一)》第四十条第二款通过列举的方式明确了哪些债权请求不属于优先受偿权的范围,将违约金、损害赔偿金,逾期支付工程价款产生的利息均排除在外,有利于维持承包人、发包人和包括抵押权人在内的其他债权人之间

---

〔1〕 最高人民法院(2022)民终9号民事判决书。

〔2〕 参见陈旻:《建设工程案件审判实务与案例精析》,中国法制出版社2014年版,第399页。

〔3〕 参见最高人民法院民事审判第一庭编著:《最高人民法院新建设工程施工合同司法解释(一)理解与适用》,人民法院出版社2021年版,第407页。

〔4〕 浙江省衢州市衢江区人民法院(2013)衢甘民初字第10号民事判决书。

的利益平衡。应注意的是,实现优先受偿权的费用不属于优先受偿权的范围。

其一,违约损失。

承包人因发包人违约所受的损失不属于优先受偿权行使范围,因为该部分并非实际投入建筑物中的价值,无论其表现形式如何,均不能对建设工程取得优先受偿的地位。

【案例 9-106】 中铁二十二局集团第四工程有限公司与安徽瑞讯交通开发有限公司、安徽省高速公路控股集团有限公司建设工程施工合同纠纷案

最高人民法院认为,从前述中铁公司在本案中被支持的诉请款项来看,包括因瑞讯公司违约给其造成的停窝工损失和材料价差损失两项,均不属于建设工程价款优先受偿权的权利行使范围,故一审法院未予支持中铁公司主张对案涉工程项目享有优先受偿权的请求,并无不当。中铁公司主张对案涉工程项目享有优先受偿权的该项上诉请求,无事实及法律依据,应予驳回。[1]

在该案中,涉及因价格上涨导致的材料价差损失,该种价差虽名为损失,但就其实质而言,不外乎是多花了钱但材料仍物化到工程中,并不能改变涨价材料物化建设工程的性质,也不能改变因材料上涨导致建设成本上涨的性质。有法官认为,因价格上涨导致的材料价差损失属于应当纳入建设工程优先受偿权的保护范围。[2] 笔者认为该分析具有合理性。

【案例 9-107】 长实房地产开发集团有限公司、晋豪国际大酒店有限公司与南通六建建设集团有限公司建设工程施工合同纠纷案

最高人民法院认为,建设工程价款优先受偿权所保护的范围系投入或者物化到建设工程中、对建设工程所产生增值部分的工作人员报酬、材料款等实际支出的费用,在发包人欠付工程款的情况下,施工人由于无法取回其"实际投入"或者物化到建设工程中的该部分价值,从而设定了一种对拍卖价款的物上代位,即施工人可以从该工程拍卖或者折价款项中优先取得其实际投入或者物化到建设工程中的价值;而对于未"实际投入"到建筑物中的价值,无论其表现形式如何,均不能对建设工程取得优先受偿权的地位。该部分款项在性质上仍然属于工程拖期所造成的违约金性质,而不属于建设工程优先

---

〔1〕 参见最高人民法院民事审判第一庭编:《民事审判指导与参考》2015 年第 2 辑(总第 62 辑),人民法院出版社 2015 年版,第 179 页。

〔2〕 参见邬砚:《建设工程合同纠纷——254 个裁判规则深度解析》(第 2 版),法律出版社 2019 年版,第 239 页。

受偿权的范围。[1]

实践中,有法院将损失细分为两类,一类是违约行为造成的损失,另一类是从损失分出实际发生的费用。对于前者请求纳入优先受偿权范围的不予支持,而对于后者则纳入优先受偿权范围予以支持。

【案例9-108】 重庆宏耀建设(集团)有限公司与重庆富亿实业(集团)有限公司建设工程施工合同纠纷案

二审法院认为,根据法律规定,工程款优先受偿权不应包括因富亿公司违约而造成的违约利益损失68万元,而停工窝工损失394,762.03元、排除干扰和停工损失300,000元并非违约损失,是基于停工而产生的费用,该损失是宏耀公司因停工而已实际支出的机械材料费用、人工工资等,属于法律规定的优先受偿权范围。[2]

【案例9-109】 湖南嘉信房地产发展有限公司与中国建筑第五工程局有限公司建设工程施工合同纠纷案

二审法院认为,冰灾损失16,000元以及欠付工程款是工程实际费用,属于优先受偿权的范围。但欠付工程款的利息虽然是法定孳息,但其是因嘉信公司未按约定支付工程款造成的损失,属于违约行为造成的损失,不属于优先受偿权的范围。故原审法院判决中建公司五局就欠付工程款利息享有优先受偿权不当,本院予以纠正。[3]

最高人民法院民一庭编著的《民事审判实务问答》载明:问:实践中对于享有优先权保护的建筑工程价款不包括承包人因发包人违约造成的损失一项没有争议,但对于是否包括承包人的应得利润存有争议,请问,享有优先权保护的建筑工程价款范围应如何界定,是否包括承包人的应得利润?答:……综上所述,享有优先保护的建筑工程价款的范围可以界定为,如指已竣工工程,应指竣工结算价,如指未竣工工程,应以施工预算价为基础进行评估确定工程价款;包括承包人的正常利润,但不包括承包人因发包人违约造成的损失。[4]

其二,工期延误损失。

工期延误损失,不属于建设工程价款优先受偿权的权利行使范围。

---

〔1〕 最高人民法院(2014)民一终字第181号民事判决书。

〔2〕 重庆市第五中级人民法院(2014)渝五中法民终字第00189号民事判决书。

〔3〕 湖南省高级人民法院(2011)湘高法民一终字第23号民事判决书。

〔4〕 参见最高人民法院民事审判第一庭编著:《民事审判实务问答》,人民法院出版社2021年版,第67页。

【案例 9－110】 某建设公司与某水电开发公司建设工程施工合同纠纷案

最高人民法院认为，根据《建设工程解释（一）》第四十条第二款的规定，承包人就逾期支付建设工程价款的利息、违约金、损害赔偿金等主张优先受偿的，人民法院不予支持。因某水电开发公司原因造成某建设公司工期延误损失，不属于建设工程价款优先受偿权的权利行使范围，故该建设公司主张将工期延误损失确认为工程价款优先受偿权范围，于法无据。[1]

其三，停窝工损失。

承包人的停窝工损失是否享有优先受偿权，在实务中存在一定争议。有观点认为，停工窝工损失属于工程价款范围，承包人应当享有优先受偿权。另有观点认为，停窝工损失属于损失赔偿范围，承包人不享有建设工程价款优先受偿权。从实践上讲承包人的人材机全部物化至建筑物，太过理想。承包人因停窝工存在人材机损耗，是现实情况。只要停窝工损失是承包人对人材机的实际支付费用，就应界定为用于工程施工，属于工程价款，承包人就此享有建设工程价款优先受偿权。非要以停窝工损失是人材机损耗，没有物化至建筑物，不是工程价款，承包人就此不享有建设工程价款优先受偿权，实属苛责。一般认为，停窝工损失承包人是否享有优先受偿权，不能一概而论，判断停窝工损失是否属于优先受偿权范围，关键在于停窝工损失是否由于发包人违约原因产生。如为发包人违约造成的停窝工损失，则承包人不享有优先受偿权；如为不可抗力或不可归责于发包人及承包人等原因导致的停窝工损失，其中应由发包人承担的部分，一般应计入工程价款范围，承包人享有优先受偿权。由于执行疫情防控措施，导致承包人人工费、设备租赁等停窝工损失，根据《最高人民法院关于依法妥善审理涉新冠肺炎疫情民事案件若干问题的指导意见（二）》第七条第二款的规定，承包方请求调整价款的，人民法院应当结合案件的实际情况，根据公平原则进行调整。

停窝工损失属于工程价款而非逾期支付工程价款导致的损害赔偿金，应享有优先受偿权。

【案例 9－111】 龙元建设集团股份有限公司与成都西南交大府河苑培训中心有限公司建设工程施工合同纠纷案

最高人民法院认为，关于优先受偿权的对象以及范围的问题。府河苑公司上诉认为，鉴定机构鉴定的停窝工损失属于损害赔偿金，不应享有优先受偿权。本院认为，依照《建设工程解释（二）》第二十一条的规定，享有优先受偿权的工程价款范围，根据国务院有关行政主管部门的规定确定。而正如本院上文评述，本案中由鉴定机构鉴定的停窝工费用，均为住建部、财政部规定

---

〔1〕 最高人民法院（2020）民终 455 号民事判决书。

的建筑安装工程费用项目,属于工程价款而非逾期支付工程价款导致的损害赔偿金,故该部分费用,应享有优先受偿权,府河苑公司的该项上诉请求,本院不予支持。[1]

【案例9-112】 中建四局第五建筑工程有限公司与昆明大田宥房地产开发有限公司建设工程施工合同纠纷案

最高人民法院认为,《建设工程解释(二)》第二十一条规定,承包人建设工程价款优先受偿的范围依照国务院有关行政主管部门关于建设工程价款范围的规定确定。承包人就逾期支付建设工程价款的利息、违约金、损害赔偿金等主张优先受偿权的,人民法院不予支持。根据上述规定,中建四局行使建设工程优先受偿权应当限于欠付的工程价款144,065,066元及停工损失388万元的范围内,共计147,945,066元。中建四局请求就违约金部分行使建设工程价款优先受偿权的主张,本院不予支持。[2]

【案例9-113】 合肥建工集团有限公司与安徽东基房地产开发有限公司建设工程施工合同纠纷案

二审法院认为,《最高人民法院关于建设工程价款优先受偿权问题的批复》第三条规定,建筑工程价款包括承包人为建设工程应当支付的工作人员报酬、材料款等实际支出的费用,不包括承包人因发包人违约所造成的损失。安徽华普工程造价咨询有限公司鉴定的工程脚手架、机械租赁费、模板摊销及内支撑费用、停工人工费用等损失实质仍是承包人为案涉工程施工所支出的工作人员报酬、材料款等实际支付的费用,是工程施工的成本及内容,不超出工程造价的内涵,该费用并非承包人因履行合同对第三人的违约损失赔偿以及履行案涉建设工程施工合同的预期可得利益。故该7,726,188.58元索赔损失应纳入建设工程价款优先受偿权范围,合肥建工集团该节上诉请求,本院予以支持。[3]

【不同处理】 停窝工损失和材料价差损失,均不属于优先受偿权的权利行使范围。

【案例9-114】 河南四建集团股份有限公司与开封市世纪嘉源房地产开发有限公司建设工程施工合同纠纷再审案

最高人民法院认为,本案中,案涉工程停工后,河南四建公司与开封世纪嘉源公司未对剩余工程价款进行结算,案涉工程剩余价款系在诉讼中通过司

---

〔1〕 最高人民法院(2022)民终24号民事判决书。
〔2〕 最高人民法院(2019)民终273号民事判决书。
〔3〕 安徽省高级人民法院(2018)皖民终238号民事判决书。

法鉴定确定,河南四建公司因停工产生的损失并不在工程价款范围内,其要求将停工损失列入工程价款优先受偿范围的主张,没有法律依据,二审法院未予支持,并无不当。[1]

【案例9-115】 安阳中广发汇成置业有限公司与杭州建工集团有限责任公司建设工程施工合同纠纷案

最高人民法院认为,承包人的优先受偿权范围限于建设工程合同约定的工程价款,包括承包人应当支付的工作人员报酬、材料款、用于建设工程的垫资等实际支出的费用,未用于建设工程的以及发包人应当支付的违约金或者因为发包人违约所造成的损失不属于建设工程价款优先受偿权的受偿范围。据此,一审法院认为,中广发公司应付的9156.885827万元(先行判决5585.65万元+本次判决认定3571.235827万元)工程价款应当属于建设工程价款优先受偿权的范围。资金占用费、违约金及停工损失均不属于建设工程价款优先受偿权的范围,杭建工公司对上述费用主张优先受偿,没有法律依据,一审法院不予支持。最高人民法院判决:驳回上诉,维持上述判决。[2]

地方法院持旧观点的处理亦存在。

【案例9-116】 南阳市建发工程有限公司与河南省锦寓置业有限公司普通破产债权确认纠纷案

二审法院认为,关于建发公司主张施工期间窝工、停工损失、管理人员费用、总包管理费、施工配合费、鉴定费等费用137万元应否确认为优先债权的问题。《建设工程解释(一)》第四十条规定中的工程价款,是承包人在施工过程中关于人工、材料、机械等物化至建筑物的投入,而窝工、停工损失等系因停工造成的人员、机械等现场停滞损失,不属于工程价款,按照上述法律规定,窝工、停工损失不属于优先受偿权范围。同样,总包管理费、施工配合费、鉴定费也不是物化至建筑物的投入,不属于法律规定的建设工程价款优先受偿权的范围,故建发公司的该上诉理由不能成立,本院不予支持。[3]

【案例9-117】 德州凯德仓储有限公司与州振华建安集团有限公司建设工程施工合同纠纷案

二审法院认为,至于振华公司的停窝工损失32,400元及利息应否享有优先受偿权的问题,虽然生效判决认定32,400元为人工费用,但该费用系因发包人违约导致振华公司撤场后造成的损失,并没有物化到建设工程之中,

---

〔1〕 最高人民法院(2021)民申6473号民事裁定书。
〔2〕 最高人民法院(2020)民终1113号民事判决书。
〔3〕 河南省高级人民法院(2021)豫民终1296号民事判决书。

其享有优先受偿权有违立法本意，不属于建设工程价款优先受偿权的权利行使范围，承包人请求对停窝工损失32,400元及利息行使优先受偿权缺乏法律依据。[1]

【案例9－118】 四川省第三建筑工程公司与成都鑫红光商贸有限公司建设工程施工合同纠纷案

二审法院认为，根据《建设工程解释(二)》第二十一条的规定，建设工程价款优先受偿的范围仅限于工程价款，承包人就逾期支付建设工程价款的利息、违约金、损害赔偿金等不属于优先受偿权的范围，故一审法院对省建三公司主张停工损失和解除合同的损失享有优先受偿权的诉讼请求不予支持。[2]

【案例9－119】 中国信达资产管理股份有限公司吉林省分公司与桦甸市建筑工程有限责任公司等建设工程施工合同纠纷执行异议案

执行法院认为，根据《最高人民法院关于建设工程价款优先受偿权问题的批复》第三条的规定，"建设工程价款包括承包人为建设工程应当支付的工作人员报酬、材料款等实际支出的费用，不包括承包人因发包人违约所造成的损失"。据此，工程款的利息和停工损失应属于发包人违约给承包人造成的损失，不属于优先受偿范围。[3]

停窝工损失部分属于优先受偿范围。

【案例9－120】 中城投集团第六工程局有限公司与海南儋州东坡雅居置业有限公司建设工程施工合同纠纷案

二审法院认为，案涉工程停工损失818,718.60元[504,000元(塔吊、卷扬机费用)+26,100元(水电费用)+246,498.60元(窝工工资)+42,120元(遣散费用)]。基于前述对停工损失范围、数额及双方所应当承担责任的分析，一审判决判令按照比例分担停工损失并确定分担比例并无不当。中城投六局公司、海南东坡公司关于不应承担停工损失的上诉理由和抗辩理由均不成立，本院均不予支持。海南东坡公司应当承担停工损失70%，即573,103.02元，应当计入工程造价；中城投六局公司应当承担停工损失30%，即245,615.58元。《最高人民法院关于建设工程价款优先受偿权问题的批复》第三条规定，"建筑工程价款包括承包人为建设工程应当支付的工作人员报酬、材料款等实际支出的费用，不包括承包人因发包人违约所造成的损

[1] 山东省高级人民法院(2017)鲁民终1629号民事判决书。
[2] 四川省高级人民法院(2019)川民终819号民事判决书。
[3] 吉林省高级人民法院(2019)吉执复146号执行裁定书。

失"。《建设工程解释(二)》第二十一条第二款规定,"承包人就逾期支付建设工程价款的利息、违约金、损害赔偿金等主张优先受偿的,人民法院不予支持"。本案中,停工损失2,041,906.29元不属于建设工程价款优先受偿权的范围,中城投六局公司就其所建案涉工程部分建设工程价款优先受偿权的范围为10,022,971.62元[50,206,972.40元(无争议部分)+1,145,185.80元(争议部分签证工程)+3,406,135.24元(材料费用)+172,549.02元(窝工工资246,498.60元×70%)+29,484元(遣散费42,120元×70%)-44,931,129.93元(已付工程价款)-6224.91元(中标下浮)]。[1]

其四,工程款利息。

《建设工程解释(二)》颁布前,法律和司法解释、批复等未规定欠付工程款利息,属于优先受偿权范围。实践中,对此有不同认识。通说认为,利息不应属于优先受偿权的行使范围。其主要理由为,尽管利息属于法定孳息,但如果发包人及时付款,不存在迟延支付的情形,则发包人向承包人支付的工程款仅限于工程款本身,而不包括其在理论上会产生的孳息即利息,因此,对承包人而言,在欠付工程款之外获得利息是在发包人迟延付款的前提之下才发生,而如不存在此前提,则承包人无向发包人主张支付利息的权利,故从此角度讲,利息是在发包人违约,拖欠工程款的情况下发生的,因此,利息应归为发包人违约给承包人造成的损失,《建设工程解释(一)》第四十条第二款明确将利息排除优先受偿权范围之外。

【案例9-121】　中煤第五建设有限公司与中顺汽车控股有限公司建设工程施工合同纠纷案

判决观点,承包人的优先受偿权范围限于建设工程合同约定的工程价款,且本案中,中煤公司主张的利息及鉴定费用均不属于建设工程的实际支出费用的范围。故一审法院对中煤公司在工程款990万元范围内享有优先受偿权予以确认。[2]

【案例9-122】　纳百川公司与中建土木公司建设工程施工合同纠纷案

二审法院认为,根据《最高人民法院关于建设工程价款优先受偿权问题的批复》第三条的规定,享有优先受偿权不包括承包人因发包人违约所造成的损失。因此,利息作为本案违约损失不应纳入优先受偿权范围。[3]

【不同处理】　有法官认为,利息系法定孳息,应属于建设工程价款优先受偿

---

〔1〕　海南省高级人民法院(2020)琼民终5号民事判决书。

〔2〕　江苏省徐州市中级人民法院(2012)徐民初字第0116号民事判决书。

〔3〕　广东省高级人民法院(2011)粤高法民一终字第34号民事判决书。

权的行使范围。从我国法律和司法实践中多个有关优先受偿权的权利内容的横向比较来看,主债权的利息无一例外地被纳入优先受偿的债权范围。《担保法》第四十六条规定的抵押担保的范围包括主债权及利息;第八十三条规定的留置担保的范围也包括主债权及利息。但超过同期同类人民银行贷款利率部分的利息,不属于工程价款优先受偿权的行使范围。〔1〕 有律师认为,从《建设工程解释》的规定及立法本意来看,工程欠款利息作为工程款的法定孳息,是为承包人实际支出的费用而产生的孳息而非损失的范畴,同时考虑到承包人在工程建设中的垫资情况,应当将工程欠款利息纳入建设工程价款优先受偿权的优先受偿范围。〔2〕

【案例9-123】 商丘市华商农村商业银行股份有限公司与商丘市天宏建筑工程有限责任公司等建设工程施工合同纠纷再审案

再审法院认为,利息不同于承包人的其他损失,它是基于承包人实际支出的费用而产生的孳息,其属于法定孳息,因此,建设工程价款支付利息应属于优先受偿权的范围。由于本案所涉工程至起诉时未完工,故原审判决天宏建筑公司就工程价款及利息对涉案工程折价或者拍卖的价款有优先受偿权符合法律规定。〔3〕

【案例9-124】 汕头市建安(集团)公司与北京秦浪屿工艺品有限公司建设工程施工合同纠纷案

最高人民法院认为,工程价款的利息依法属于工程价款法定孳息,本案工程奖励费、赶工费属于工程价款的组成部分,秦浪屿公司主张上述款项不应纳入汕头公司优先受偿权的问题,与法律规定不符,本院不予支持。〔4〕

其五,工程索赔。

工程索赔是承发包双方中的任何一方,对于非因自己的过错,而是由对方责任或非因自己的过错造成的损失,或者未能获得按合同约定支付的各种费用,在约定期限内向对方提出索赔(包括费用、工期及合理利润)的一种权利。〔5〕 在实践中,施工合同中的索赔是否属于实际损失、界定为优先受偿范围并不十分清晰。

---

〔1〕 参见张勇健:《建设工程施工合同案件审理中应注意的问题》,载《人民法院报》2018年9月5日,第7版。

〔2〕 参见深圳市律师协会建设工程法律专业委员会编:《建设工程纠纷诉讼实务指南》,法律出版社2016年版,第52页。

〔3〕 河南省商丘市中级人民法院(2013)商民再终字第17号民事判决书。

〔4〕 参见最高人民法院民事审判第一庭编:《民事审判指导与参考》2013年第3辑(总第55辑),人民法院出版社2014年版,第132页。

〔5〕 参见周月萍编著:《建筑企业法律风险防范与化解——2013版施工合同实务专辑》,法律出版社2014年版,第172~173页。

在1999年版《建设工程施工合同(示范文本)》的第1.21条规定了索赔定义,但因为施工合同的索赔情形十分复杂,基于发包人违约、第三方原因、不可抗力等各种因素引发的索赔事件不仅给承包人造成实际损失,还导致承包人失去了相当一部分合理利润。因此,2013年版《建设工程施工合同(示范文本)》删除了1999年版《建设工程施工合同(示范文本)》对索赔的定义,且新增加了17项承包人可以向发包人索赔费用、工期及合理利润的条款,2017年版《建设工程施工合同(示范文本)》亦作相同规定。索赔与工程价款虽区分明显,但在性质上应当属于损失,如承包人停窝工损失即属于索赔的范围。从理论上讲索赔应当排除在优先受偿权范围之外。但在结算协议或工程造价鉴定中往往将停窝工等各种损失作为洽商变更、计入工程价款,实质上进入优先受偿权范围。对于索赔款是否作为直接损失、何项索赔款为直接损失,并列入优先受偿权的范围均需要在理论与实践中探索取得共识。

案涉工程未竣工且存在质量不合格需要修复的情况下,由质量不合格造成的修复费用可以在承包人主张优先受偿权时予以扣除。

【案例9-125】 中建公司与锦贸鑫公司建设工程施工合同纠纷案

最高人民法院认为,案涉工程停工后,双方未就工程价款数额达成一致,诉讼中双方同意按照司法鉴定程序由第三方专业鉴定机构通过司法鉴定确定案涉工程价款,因此中建公司起诉主张工程价款优先受偿权具有事实和法律依据。至于案涉工程的工程价款优先受偿权数额如何确定,《建设工程解释(二)》第二十条规定,未竣工的建设工程质量合格,承包人请求其承建工程的价款就其承建工程部分折价或者拍卖的价款优先受偿的,人民法院应予支持。本案案涉工程未竣工,且存在质量不合格需要修复的情况。工程价款优先受偿权是为了保护施工方的合法权益,使其对于工程价款优先得到受偿的一项专门的法律制度。施工方能够优先获得工程价款,当然应以其所施工的工程符合质量要求为前提条件。如果其所施工的工程不符合质量要求,由此产生的修复费用当然应由其承担,并且在其主张优先受偿权时也应予以扣除。因此一审判决关于工程价款优先受偿权的处理并无不当,中建公司和锦贸鑫公司的该项主张均不成立。[1]

5. 土地使用权是否属于优先受偿权范围

承包人优先受偿权标的物是否及于所建工程的土地使用权,在理论上存在不同意见。最高人民法院民一庭认为,建设用地使用权不是建设工程优先受偿权的

---

〔1〕 最高人民法院(2022)民终212号民事判决书。

客体。[1] 有律师认为，工程价款优先受偿权的权利基础是债权，而土地使用权则是物权，两者法律属性完全不一样，因此，以追偿所欠的工程款为由主张土地使用权没有依据。[2] 通说认为，《民法典》第八百零七条规定承包人就所建工程折价或拍卖的价款优先受偿，从文义解释上仅指所建工程本身，不应包括工程所附的土地使用权。不包括建设工程土地使用权，但根据房地一体、房随地走原则，在实际对建设工程折价、拍卖时对其所附土地使用权是一并处理的，但这并不等于所建工程的土地使用权也属于优先受偿权范围，承包人仅就工程折价、拍卖所得价款优先受偿，对土地使用权折价或拍卖所得价款没有优先受偿权。

最高人民法院法官认为，关于建设工程价款优先受偿权的客体，依据《合同法》第二百八十六条的字面规定，针对的是“建设工程”本身，不包括建筑物所占用的土地价值部分，即其仅对建筑物价值部分享有优先受偿的效力，对建筑物所占用的建设用地使用权价值部分不发生优先清偿的效力。从建设工程价款优先受偿权的法理基础分析，承包人以提供劳务、投入材料等方式创造或增加了建筑物的价值，这是赋予其优先受偿权的法理基础。但土地使用权的价值不是承包人的施工行为所创造，故建设用地使用权不应成为建设工程价款优先受偿权的标的物。尽管根据“房地一体处分”原则，实践中要将建筑物和建设用地使用权一并进行处分，但在处理变卖价款时还要区分建筑物的价值和建设用地使用权的价值，建设工程价款优先受偿权仅对建筑物的价值部分有优先受偿的效力。[3]

【案例 9－126】 中国长城资产管理公司济南办事处与山东省济南医药采购供应站等借款担保合同纠纷案

最高人民法院认为，该案实质上暗含了建筑物价值可以和建设用地使用权价值分离的概念，该判决书指出，当事人在签订抵押合同时，如果仅约定以自有房产设定抵押并办理房屋抵押登记，并未将该房产附着的、以划拨方式取得的国有土地使用权一并抵押的，该合同仍然有效，可见，最高人民法院已经认可了建筑物价值和建设用地使用权价值分离进行抵押并清偿的内涵。[4]

【案例 9－127】 甲建筑公司与乙房地产开发公司建设工程施工合同纠纷案

二审法院认为，《合同法》第二百八十六条规定的工程价款优先受偿权的“客体”并不包括土地价值部分。一审法院审理认定甲建筑公司对建筑物行使优先受偿权的建筑物也应该指扣除了土地价值部分的“工程”，只不过

---

〔1〕 参见最高人民法院民事审判第一庭编：《民事审判实务问答》，法律出版社 2021 年版，第 62 页。

〔2〕 参见林立：《工程合同：法律、规则与实践》，北京大学出版社 2016 年版，第 282 页。

〔3〕 参见最高人民法院第四巡回法庭编：《最高人民法院第四巡回法庭疑难案件裁判要点与观点》，人民法院出版社 2020 年版，第 75～76 页。

〔4〕 参见《最高人民法院公报》2008 年第 1 期。

表述的用语并不明确而已，因此，一审法院判决结果并无不当，只是表述需要进一步完善。[1] 最高人民法院民一庭意见为，《合同法》第二百八十六条（现为《民法典》第八百零七条）规定的建设工程价款优先受偿权不及于建筑物所占有的建设用地使用权部分。在将建筑物价值变现时，尽管根据“房地一体处分”原则要将建筑物和建设用地使用权一起进行处分，但是在一起处分时要区分开建筑物的价值和建设用地使用权的价值，建设工程价款优先权仅仅对建筑物的价值部分有优先受偿的效力。[2]

6. 履约保证金是否属于优先受偿权范围

履约保证金是承包人为担保合同的履行而向发包人支付的一种保证金，属于一般的债权债务关系，并未物化成工程价款的一部分，而优先受偿权的范围则是承包人为建设工程而实际支出的费用，因此，承包人就履约保证金主张优先受偿权的不应得到法律支持。

【案例 9－128】 浙江特富锅炉有限公司与中轻房地产开发公司建设工程施工合同纠纷案

判决观点，根据《最高人民法院关于建设工程价款优先受偿权问题的批复》第三条关于优先受偿权范围的规定，因原告主张的履约保证金 255,000 元不属于该条规定的支付工作人员的报酬、材料款等实际支出的费用，故原告该项诉请，于法无据，不予支持。[3]

【案例 9－129】 商丘华商农村银行与天宏建筑公司建设工程施工合同纠纷再审案

再审法院认为，本案天宏建筑公司支付的 20 万元押金属于合同履约保证金，是承包人为担保合同的履行而向发包人支付的一种保证金，属于一般的债权债务关系，故该 20 万元不属于建设工程价款优先受偿权的范围，因此，抗诉机关的该抗诉理由成立，予以支持。[4]

7. 垫资款是否属于优先受偿权范围

有法官认为，垫资款的本质属于工程价款的范畴，已经物化在建设工程当中，

---

〔1〕 参见最高人民法院民事审判第一庭编：《民事审判指导与参考》2010 年第 4 集（总第 44 集），法律出版社 2011 年版，第 205 页。

〔2〕 参见最高人民法院民事审判第一庭编：《民事审判指导与参考》2010 年第 4 集（总第 44 集），法律出版社 2011 年版，第 208 页。

〔3〕 浙江省绍兴市柯桥区人民法院（2014）绍柯民初字第 4461 号民事判决书。

〔4〕 河南省商丘市中级人民法院（2013）商民再终字第 17 号民事判决书。

应该属于优先受偿的范围。[1] 有律师认为,司法裁判中,一般掌握的判断标准是垫资款是否属于承包人对建设工程的实际支出,如果承包人垫资款物化为建设工程的实体,则该等垫资款应属于优先受偿权应支付的范围;而如果承包发包双方以垫资为名,行资金拆借之实的,则该等垫资款与发包人负担的其他普通债务性质相同,该垫资款不应在建设工程价款范围内优先受偿。[2] 笔者赞同对垫资款以最终去向分别认定观点。在以下三种情况下,垫付的资金不能纳入优先受偿权的范围:一是承包人垫付的资金没有用于工程中,就属于企业间的借贷行为,不能受优先受偿权的保护。如一些开发商把保证金(变相借款)作为发包的条件之一,这部分资金不能享受优先受偿权。二是垫资不同于投资,如果双方约定,垫资之后分享建成后建筑物,这里的垫资是投资,而投资的部分不能享受优先受偿权。三是有的承包人为承接工程,借款给开发商,同时开发商支付一定的利息,这种情况下的借款,也不能享受优先受偿权。[3] 制定司法解释的法官认为,不宜直接将承包人垫资认定为建设价款优先受偿的范围,主要是基于以下几个方面的考虑:(1)有关垫资施工的法律法规以及配套制度尚不完善,存在一定社会风险,不宜提倡。(2)承包人对建设工程价款优先受偿的范围,应依照建筑行政主管部门关于建设工程价款范围的规定而确定。目前来看,发包人应付的全部建设工程价款都可就建设工程折价或者拍卖的价款优先受偿,足以偿付承包人的垫资。(3)实践中的情况较为复杂,即便承包人垫资施工,但完成的建设工程质量不合格的,无权请求发包人支付工程价款。[4] 也就是说,垫资款不在《建设工程解释(一)》第二十五条规定的优先受偿权范围之内。

【不同处理】 垫资行为不宜一律认定为无效,承包人的垫资款项属于工程建设中所付出的成本,其已成为工程建筑中的一部分,故属于工程款范畴,有权享有优先受偿权。

【案例9-130】 国泰公司与某某公司建设工程施工合同纠纷案

一审法院认为,双方签订的《框架协议》系双方当事人的真实意思表示,不违反法律、行政法规的强制性规定,合法有效,对双方当事人均有约束力,应当作为认定双方权利义务的依据。另外,双方在施工过程中形成的《施工补充协议》及《施工补充协议(二)》,虽系双方在履约过程中对施工合同的补充,但其主要内容为对已发生的工程进度款数额以及8000万元垫资工程量

---

〔1〕 参见王勇:《建设工程施工合同纠纷实务解析》,法律出版社2017年版,第380页。

〔2〕 参见朱树英主编:《法院审理建设工程案件观点集成》,中国法制出版社2015年版,第851页。

〔3〕 参见陈柏新:《〈合同法〉第二百八十六条司法适用疑难问题探讨》,载《法治论丛》2011年第2期。

〔4〕 参见最高人民法院民事审判第一庭编著:《最高人民法院新建设工程施工合同司法解释(一)理解与适用》,人民法院出版社2021年版,第265页。

的审核确认，并对欠付进度款及垫资款的支付时间、担保事项等进行的约定，属于具有结算性质文件，具有相对独立性，不违反法律、行政法规的强制性规定，合法有效。合同中对国泰公司需垫资施工 8000 万元以及返还垫资款相关事项进行了约定，反映了案涉工程存在国泰公司垫资 8000 万元施工的事实，且施工过程中双方对于 8000 万元垫资施工工程量、垫资款及利息结算支付进行了结算确认，故应以上述合同为工程款结算的依据。根据《合同法》第二百八十六条规定，发包人未按照约定支付价款的，承包人可以催告发包人在合理期限内支付价款。发包人逾期不支付的，除按照建设工程的性质不宜折价、拍卖的以外，承包人可以与发包人协议将该工程折价，也可以申请人民法院将该工程依法拍卖。建设工程的价款就该工程折价或者拍卖的价款优先受偿。国泰公司在上述工程垫资款及进度款 1.3 亿元范围内对案涉工程折价或拍卖价款享有优先受偿权。最高人民法院认为，一审法院认定事实和适用法律并无不当，予以维持。[1]

【案例 9－131】　通泰公司与长浏公司建设工程施工合同纠纷再审案

最高人民法院认为，关于通泰公司主张的 8500 万元是否属于建设工程价款优先受偿权的范围问题，《建设工程解释》第六条第二款规定："当事人对垫资没有约定的，按照工程欠款处理。"本案中，通泰公司系与长浏公司签订借款协议，且双方多次通过《借款财务成本展期支付协议》《函证》并在诉讼中以达成调解协议的方式明确上述款项性质为借款。因此通泰公司主张 8500 万元应按工程欠款处理，并可就该部分享有优先受偿权，无事实和法律依据。[2]

【案例 9－132】　永泰公司与顺康公司建设工程施工合同纠纷再审案

最高人民法院认为，永泰公司和顺康公司一致确认：全部工程款最终决算确定工程款总额为 93,988,904 元，已付 76,321,700 元，还应付 17,667,204 元。在此，永泰公司已经就工程款总额作了一定的让步，据此无法认定欠付的 17,667,204 元包含以顺康公司的徐某出具借据所涉的 14,497,365 元。加之，案涉项目的排水安装、电气安装、消防安装等工程另行发包给其他单位施工，且上述分包工程的工程款从永泰公司项目部账户上经过，总承包协议还约定永泰公司事先全部垫资施工至案涉项目的 25% 以及交付 300 万元履约保证金等事实，以及房地产项目的开发运营实际情况，本院有理由相信上述借据所涉款项用于案涉工程费用。农商行小河支行仅

[1] 最高人民法院（2019）民终 314 号民事判决书。

[2] 最高人民法院（2021）民申 6551 号民事裁定书。

以原案调解笔录中的记载难以证明其主张。而顺康公司的陈述前后不一,且其主张借据所涉的14,497,365元不享有优先受偿权,意在减少已为生效调解书所确认的欠付工程款,不能作为第三人撤销之诉的裁判依据。《最高人民法院关于建设工程价款优先受偿权问题的批复》第三条规定:"建筑工程价款包括承包人为建设工程应当支付的工作人员报酬、材料款等实际支付的费用,不包括承包人因发包人违约所造成的损失。"本案中,因代付分包工程款或垫资款而记载为承包人借款的款项,仍属于永泰公司行使优先受偿权的范围。〔1〕

8. 质量保证金是否属于优先受偿权范围

主流观点认为,质量保证金来源于工程款,属于工程价款的范畴,应当属于优先受偿范围。

【案例9-133】 宁波超强装饰有限公司与余姚龙鼎商业广场有限公司建设工程施工合同纠纷案

判决观点,现该工程于2015年6月26日经过竣工结算,故5%的质保金的支付期限尚未到达,其可待到期后另行主张。原告在涉案工程完工后6个月内已经向被告就涉案工程主张过优先受偿权,故对原告要求工程款优先受偿的诉讼请求,本院亦予以支持。〔2〕

有观点认为,鉴于质量保证金(发包人扣留工程款形式)享有优先权的观点存在诸多实际难题,故笔者认为,该种工程质量保证金可认定为一种金钱担保形式,一旦发包人以该种方式收取了质量保证金,该笔保证金就不再属于工程价款,自然就不再享有优先受偿权。〔3〕

9. 优先受偿权主张权利范围限制

优先受偿权仅限于施工人本人施工完成部分,而不及于其他施工人施工部分。

【案例9-134】 陕西建工集团第五建筑工程有限公司与陕西铠达投资集团有限公司建设工程施工合同纠纷案

最高人民法院认为,虽然涉案建设工程合同已经解除,但省五建的劳动

---

〔1〕 最高人民法院(2019)民申3139号民事裁定书。

〔2〕 浙江省余姚市人民法院(2016)浙0281民初字第591号民事判决书。

〔3〕 参见王毓莹、史智军:《建设工程施工合同纠纷疑难问题和裁判规则解析》,法律出版社2022年版,第399页。

与建筑材料已物化于涉案工程中,因此,一审认定省五建对于涉案工程中其施工的部分享有优先受偿权,并无不当。[1] 该案表明法院将省五建的优先受偿权限定在本人施工完成部分。

【不同处理】 有学者认为,承包人可以就不属于自己完成的其他部分工程主张优先权。[2]

优先受偿权主张对象范围限制问题。只能对债务人建设的工程主张建设工程价款优先受偿权。

应注意的是,对民营的图书馆、博物馆、学校与医院等公用物,在存在转让可能性的情况下,最高人民法院持可以有条件成立优先受偿权的态度。

【案例9-135】 中国农业银行股份有限公司吉林市东升支行与吉林市碧碧溪外国语实验学校借款担保合同纠纷执行案

最高人民法院认为,虽然基于社会公共利益考量,教育用地与教育设施确实具有不同于普通财产的特殊性,但法律、行政法规中对于强制执行教育用地或教育设施并无限制性或禁止性规定。因此,只要不影响教育用地与教育设施的正常使用,人民法院可以采取必要执行措施。[3]

实现建设工程价款优先受偿权的费用不能就建设工程折价或者拍卖的价款优先受偿。理由是,此项费用是在实现优先权的过程中形成的,不是建设工程款的组成部分,不属于建设工程价款,根据《民法典》第八百零七条规定,不能就建设工程价款折价或者拍卖的价款优先受偿。[4]

10. 法官确认优先受偿权范围

享有优先受偿权的承包人所完成的工程并不局限于单独的建筑物或构筑物,只要承包人完成的工程属于建设工程,且共同完成的建设工程宜于折价、拍卖的,就应当依法保障承包人的优先受偿权。

【案例9-136】 蔡某晓与蔡某玲等执行分配方案异议之诉纠纷案

最高人民法院认为,从上述规定可知,《合同法》第二百八十六条规定的享有优先受偿权的承包人所完成的工程并不局限于单独的建筑物或构筑物,

---

〔1〕 参见最高人民法院民事审判第一庭编:《民事审判指导与参考》2013年第3辑(总第55辑),人民法院出版社2014年版,第166页。

〔2〕 参见中国建设工程法律评论第四工作组编著:《建设工程优先受偿权》,法律出版社2017年版,第64页。

〔3〕 最高人民法院(2015)执申字第55号执行裁定书。

〔4〕 参见最高人民法院民事审判第一庭编著:《最高人民法院新建设工程施工合同司法解释(一)理解与适用》,人民法院出版社2021年版,第418页。

如装饰装修工程的承包人也享有优先受偿权。对于同一建设工程,由于工程技术内容不同、需要多方投资等原因,存在多个承包人是常见现象;只要承包人完成的工程属于建设工程,且共同完成的建设工程宜于折价、拍卖的,就应当依法保障承包人的优先受偿权。本案中,根据中成煤建公司提供的证据4~15等行业标准规范和相关规定,《建筑深基坑施工安全技术规范》(JGJ 311-2013)是由住房和城乡建设部根据《关于印发〈2011年工程建设标准规范制订、修订计划〉的通知》的要求编制,规范的主要内容即深基坑工程施工包括支护结构施工、地下水和地表水控制、土石方开挖等,深基坑工程施工技术规范应符合建设工程有关管理规定;对建筑地基进行的检测,包含了对基坑(边坡)工程即支护结构施工的检测;包括建筑总平面图、各层建筑和结构平面图等主体结构的设计资料是基坑支护结构设计必不可少的依据;各种建筑都需要有一个坚固的基础,其造价要占到一幢房屋建筑的1/5,甚至1/3;开挖深度超过5米(含5米)的基坑的土方开挖、支护、降水工程即深基坑工程,属于房屋建筑施工中超过一定规模的危险性较大的分部分项工程。根据《成都市建筑工程深基坑施工管理办法》第五条规定,深基坑工程原则上实行建筑工程施工总承包管理,建设单位确需对深度超过5米的基坑工程实行单独发包的,应办理建筑工程(深基坑)施工许可证。本案中,案涉海峡友谊大厦的基坑深度达19.1米,鸿昌嘉泰公司将案涉项目的基坑支护、降水、土石方挖运工程发包给中成煤建公司施工,中成煤建公司就其施工工程办理了《建筑工程施工许可证》。成都建工集团有限公司是案涉海峡友谊大厦的总包方,对工程主体进行施工。根据中成煤建公司与鸿昌嘉泰公司签订的《设计、施工合同》《补充协议》《补充协议(二)》的相关约定,中成煤建公司施工的基坑等工程的方案设计图应当通过鸿昌嘉泰公司和专组的审查,并接受其检测;中成煤建公司必须服从甲方、监理方、总包方的管理,其施工的基坑支护、降水、土石方挖运工程按期完工并经甲方、监理方、总包方及相关职能部门验收合格、书面确认后办理结算。根据证据19,案涉项目施工图预算15.186亿元,包含了中成煤建公司承包工程的预算2600万元。根据证据23~25,中成煤建公司向总包方交付基坑护壁工程后,仍参与案涉项目监理例会,会议要求中成煤建公司纳入总包方管理范围,继续做好降水井排水工作;为满足施工需要和确保建筑物安全,在回填之前需继续保持基坑周围管井降水。上述事实能够证明,中成煤建公司施工的基坑支护、降水、土石方挖运工程,从设计到具体施工,均与总包方密切联系,与主体工程的施工严密配合,交叉进行,属于案涉海峡友谊大厦项目建设工程不可缺少的内容。在整个施工过程中,中成煤建公司投入的建筑材料和劳动力已经物化到案涉海峡友谊大厦项目整个建筑物之中,与建筑物不可分割。中成煤建公司作为与发包方鸿昌嘉泰公司订立建设工程施工合同的承包人,在未受偿工程款15,398,977.71元范围内有权就案涉海峡友谊大厦工程折价或者拍卖的价款优先受偿。一审、二审法院认定中成煤建公司施工内容实质是对拟修建建筑物所依附的土地现状进行的改变,尚未形成单独的建筑物或构筑物,客观上不具备行使建设工程价款优先受偿权的条件,系认定事实和适用法律错误,本院予以纠正。本案中,中成煤建公司的工程价款中包含了取水资源费2,282,688.38元。《最高人民法院关于建设工程价款优先受偿权问题的批复》第三条规定:"建筑工程价款包括承包人为建设工程应当支付的工作人员报酬、材料款等实际支出的费用,不包括承包人因发包人违约所造成的损失。"原建设部印发的《建设工程施工发包与承包价格管理暂行规定》第五条第二款规定,工程价格由成本(直接成本、间接成本)、利润(酬金)和税金构成。本案中,根据中成煤建公司提交的《取水许可证》《取水许可证变更申请表》等证据,结合一审法院查明的中成煤建公司一直为案涉工程降水的事实,取水资源费应系中成煤建公司为建设工程应当支付的实际支出费用,属于建设工程价款直接成本的一部分。根据《建设工程解释(二)》第二十一条和《建设工程施工发包与承包价格管理暂行规定》第五条规定,取水资源费作为建设工程价款,应当属于优先受偿的范围。鸿昌嘉泰公司关于取水资源费不应纳入优先受偿范围的主张,本院不予支持。双方当事人均认可,案涉工程承包方为成都建工集团有限公司和中成煤建公司;成都建工集团有限公司诉鸿昌嘉泰公司建设工程施工合同纠纷一案目前在二审审理过程中;案涉海峡友谊大厦已经停工,目前处于已经完成地下四层以及地上四层封顶、五层开始初步施工的现状。因此,中成煤建公司不是就案涉海峡友谊大厦折价或者拍卖的价款享有优先受偿权的唯一施工人。[1]

对已竣工未出售的房屋,承包人主张建设工程价款优先受偿权的,应予支持;对已竣工部分已出售的房屋,承包人对未出售的房屋主张优先受偿权的,应予支持;对全部出售的房屋,承包人主张优先受偿权的,不予支持。

【案例9-137】　长春市南关区幸福乡某村村民委员会与中国建筑某局(集团)有限公司建设工程施工合同纠纷案

最高人民法院认为,关于工程价款优先受偿权问题。中建某局作为承包人对案涉工程享有建设工程价款优先受偿权。中建某局于2017年3月提起本案诉讼,并且是在诉讼过程中双方当事人确认了应付工程价款的数额,案涉建设工程施工合同也是在本案中被确认为无效,依照《建设工程解释

〔1〕 最高人民法院(2021)民再295号民事判决书。

(二)》第二十二条的规定,中建某局主张建设工程价款优先受偿权未超期限,对其该项主张予以支持。依照《最高人民法院关于建设工程价款优先受偿权问题的批复》第二条关于“消费者交付购买商品房的全部或者大部分款项后,承包人就该商品房享有的工程价款优先受偿权不得对抗买受人”的规定,案涉工程中有部分房屋已经出售、回迁给“村民”,且已交付使用,故中建某局对该部分房屋不享有建设工程价款优先受偿权。案涉工程的土地权利、开发建设手续等皆办理在某村委会名下,而且某村委会对保某公司与中建某局签订建设工程施工合同,中建某局承建案涉工程为明知,某村委会也是案涉工程的受益人,故某村委会应配合中建某局,确保中建某局能够实际享有建设工程价款优先受偿权。某村委会不能以土地权利、开发建设手续在其名下为由排除对案涉工程的拍卖、折价等。综上,某村委会的上诉请求不能成立,应予驳回;一审判决认定事实清楚,适用法律正确,应予维持。判决:驳回上诉,维持原判。[1]

11. 不宜折价、拍卖不属于优先受偿权的范围

事实上,因建设工程的性质导致不宜折价、拍卖的,排除在适用优先受偿权之外。

建设工程未取得“三证”,属于不宜折价、拍卖的情形。

【案例9-138】 青海安某电子科技有限责任公司与浙江金某钢结构有限公司管理人建设工程施工合同纠纷再审案

最高人民法院认为,《合同法》第二百八十六条规定:“发包人未按照约定支付价款的,承包人可以催告发包人在合理期限内支付价款。发包人逾期不支付的,除按照建设工程的性质不宜折价、拍卖的以外,承包人可以与发包人协议将该工程折价,也可以申请人民法院将该工程依法拍卖。建设工程的价款就该工程折价或者拍卖的价款优先受偿。”根据一审、二审查明的事实,案涉工程并未办理建设用地土地使用权证、建设用地规划许可证及建设工程规划许可证,其不能进行转让,应属《合同法》第二百八十六条规定的“不宜折价、拍卖”的情形。故金某公司管理人关于案涉工程价款优先受偿权的主张不能得到支持。[2]

建设工程属于公共教育设施,属于不宜折价、拍卖的情形。

---

〔1〕 最高人民法院(2020)民终367号民事判决书。

〔2〕 最高人民法院(2018)民申4028号民事裁定书。

【案例9-139】 江苏新某建设工程有限公司与安徽盛某投资有限公司、滁州城市职业学院建设工程施工合同纠纷案

最高人民法院认为,根据《合同法》第二百八十六条“发包人未按照约定支付价款的,承包人可以催告发包人在合理期限内支付价款。发包人逾期不支付的,除按照建设工程的性质不宜折价、拍卖的以外,承包人可以与发包人协议将该工程折价,也可以申请人民法院将该工程依法拍卖。建设工程的价款就该工程折价或者拍卖的价款优先受偿”的规定,工程承包人或实际施工人对其所建造工程拍卖、变卖所得价款依法享有优先受偿的权利,但按照建设工程的性质不宜折价、拍卖的工程不能作为建设工程价款优先受偿权行使的客体。本案所涉工程系滁州城市学院的校舍工程,性质上属于公共教育设施,系不宜进行折价或拍卖的工程范围,新某公司主张对案涉工程拍卖、变卖所得价款享有优先受偿权无法律依据,本院不予支持。[1]

建设工程出现违反房地一体原则,属于不宜折价、拍卖的情形。

【案例9-140】 北京建某集团有限责任公司与丹东汉某口岸置业有限公司、丹东汉某口岸物流有限公司建设工程施工合同纠纷案

最高人民法院认为,案涉国有土地使用权已于2016年收归国有,本院(2020)最高法民终784号民事判决也确认“因土地使用权出让合同在案涉土地查封之前已解除,虽然案涉土地使用权登记在汉某置业公司名下,但汉某置业公司对案涉土地已不享有权利”。根据房地一体原则,对案涉工程价款优先受偿权的认定将涉及一并处置案涉旅检大楼和综合服务大楼及其所占用土地的国有土地使用权。汉某置业在《国有建设用地使用权出让合同》解除后,已不是案涉土地使用权的权利主体。在汉某置业已失去案涉土地使用权的情况下,对案涉工程优先受偿权的认定和行使均涉及土地使用权人的权利。北京建某在本案中未一并起诉土地使用权人,为保障土地使用权人的辩论权利,本院对此不予审查,北京建某可依法另行主张权利。[2]

建设工程系社会公益性质、子分部工程、非发包人所有,属于不宜折价、拍卖的情形。

【案例9-141】 美某建筑系统(中国)有限公司与青海明某房地产开发有限公司、西宁某某交通建设投资有限公司等建设工程施工合同纠纷案

最高人民法院认为,根据《合同法》第二百八十六条之规定,按照建设工

[1] 最高人民法院(2018)民终305号民事判决书。

[2] 最高人民法院(2021)民终885号民事判决书。

程的性质不宜折价、拍卖的,承包人不能将该工程折价或者拍卖。关于不宜折价、拍卖的情形,应当是指建筑工程的性质及其用途特殊,不适合以折价或者拍卖的规则加以转让。首先,新宁广场公共停车场综合改造项目系市政重点工程和民生项目,具有社会公益性质;其次,该项目的所有权不属于发包人明某公司,因此该项目属于不宜折价、拍卖的工程。另外,美某公司所施工的钢结构工程系该项目的子分部工程,并非独立工程,也无法单独拆分进行折价拍卖。因此,一审法院认定美某公司无权对新宁广场公共停车场综合改造项目工程进行折价或拍卖是正确的,美某公司该项上诉主张不能成立,本院不予支持。[1]

建设工程系公路特殊工程,属于不宜折价、拍卖的情形。

【案例9-142】 北京中某村开发建设股份有限公司与湖南潭某高速公路开发有限公司、湖南省高速公路管理局建设工程施工合同纠纷案

最高人民法院认为,根据《合同法》第二百八十六条"发包人未按照约定支付价款的,承包人可以催告发包人在合理期限内支付价款。发包人逾期不支付的,除按照建设工程的性质不宜折价、拍卖的以外,承包人可以与发包人协商将该工程折价,也可以申请人民法院将该工程依法拍卖。建设工程的价款就该工程折价或者拍卖的价款优先受偿"的规定,潭某公司逾期支付工程款,中某村公司作为诉争工程的承包人,对潭某公司欠付的工程款依法享有优先受偿权。因涉案工程为公路建设工程,属于特殊建设工程,无法直接折价,其主要经济价值体现在其通行费用上,故对其收益作为优先受偿权的行为对象符合实际情况。[2]

建设工程系回迁安置属性,属于不宜折价、拍卖的情形。对拆迁安置房,不得行使建设工程价款优先受偿权。

【案例9-143】 福建中某建设有限公司与湖北徐某(集团)股份有限公司等建设工程施工合同纠纷案

最高人民法院认为,福建中某公司对案涉工程不享有建设工程价款优先受偿权。理由:福建中某公司在案涉工程中于2014年4月底退场。武汉中某华公司于2014年4月28日又与和某公司、湖北世纪兴某公司签订《协议书》,约定由和某公司继续施工。因此应当认定案涉工程于2014年4月底时已交付给武汉中某华公司。在双方对最终付款时间没有明确约定的情况下,

---

〔1〕 最高人民法院(2018)民终59号民事判决书。
〔2〕 最高人民法院(2019)民终1401号民事判决书。

福建中某公司应于2014年4月底工程交付时起的6个月内即2014年10月底之前主张行使建设工程价款优先受偿权。退一步讲,即使按照福建中某公司所称的2016年3月28日案涉工程安排拆迁户入住,故以该日作为工程交付时间,那么福建中某公司也应于2016年9月底之前主张行使建设工程价款优先受偿权。本案中,福建中某公司是在2019年3月18日提交的本案一审起诉状中主张优先受偿权,这已超出了6个月的法定期间。所以,福建中某公司主张行使案涉工程价款优先受偿权的主张,不应支持。据此,案涉工程安置房的范围和面积问题也不再影响建设工程价款优先受偿权问题,故对案涉工程安置房的范围和面积问题本院不再考虑。[1]

建设工程售出给消费者,属于不宜折价、拍卖的情形。

【案例9－144】 拉萨康某商贸有限公司与新疆宏某建设集团有限公司建设工程施工合同纠纷再审案

最高人民法院认为,本案涉案工程为商品房,且已出售。依照《最高人民法院关于建设工程价款优先受偿权问题的批复》第二条之规定,"消费者交付购买商品房的全部或者大部分款项后,承包人就该商品房享有的工程价款优先受偿权不得对抗买受人"。因此,在消费者购买涉案商品房,并已经交付购买商品房的全部或者大部分款项,且部分购房者已经入住情形下,工程价款优先受偿权的实现已无可能。因此本案涉案工程不宜进行折价或者拍卖,一审法院对此作出的认定正确,宏某公司主张的优先受偿权,不予支持。[2]

政府回购不阻却建设工程优先受偿权,不属于不宜折价、拍卖的情形。

【案例9－145】 安徽同某祥实业有限公司与安徽梅某建设集团有限公司建设工程施工合同纠纷再审案

最高人民法院认为,案涉项目不属于按照工程性质不宜折价、拍卖项目,政府回购与否并不当然阻却梅某公司所享有的建设工程价款优先受偿权。同某祥公司未提交充分有效的证据证明梅某公司书面承诺放弃案涉工程价款优先受偿权。因此,二审判决认定梅某公司对案涉工程享有建设工程价款优先受偿权并无不当。[3]

---

〔1〕 最高人民法院(2020)民终781号民事判决书。
〔2〕 最高人民法院(2016)民再392号民事判决书。
〔3〕 最高人民法院(2019)民申1242号民事裁定书。

(四)优先受偿权在判决中的处理模式

司法实践中,因最高人民法院现无统一规定,法院对承包人在诉讼请求中主张建设工程价款优先受偿权处理差别大,大体可归纳为以下类型:

其一,对承包人的优先受偿权请求在判决中不作处理。不处理的理由主要为,承包人的优先受偿权是法定权利,不需要在工程合同纠纷的案件中再行处理,其承包人主张优先受偿可在执行程序处理,案件进入执行程序后承包人就工程折价、拍卖款优先受偿。个别法官甚至认为,工程款纠纷诉讼中主张建设工程优先受偿权不符合法律程序。

【案例9-146】 中建二局三公司与西金公司建设工程施工合同纠纷案

判决观点,中建二局三公司要求确认其对于西金公司所有的西金大厦工程享有优先受偿权,根据法律规定,在该工程折价、拍卖后,建设工程的价款就该工程折价或者拍卖的价款优先受偿。故中建二局三公司的优先受偿权是法律规定的,无需法院在本案给付之诉中予以确认,并判决驳回了中建二局三公司的诉讼请求。[1]

【案例9-147】 京建公司与万华公司建设工程价款优先受偿权纠纷案

二审法院认为,关于京建公司要求确认其对新华印刷厂科研住宅楼工程款享有优先受偿权的诉讼请求。京建公司与万华公司纠纷系因万华公司拖欠工程款引发,本院现已确认京建公司相关债权。依据《合同法》的规定,建筑工程的价款就该工程折价或者拍卖的价款优先受偿。因双方当事人未就该工程折价达成合意,本案审理亦不涉及该工程的拍卖,故京建公司在本案中主张享有优先受偿权,不符合法律程序,本院不予支持。[2]

在涉及优先受偿权案件审理程序是否处理上,法院内部审判机构与执行机构认识不同。执行人员认为,审判机构在关于建设工程价款纠纷的裁判文书中,应当根据当事人的诉请,确认承包人是否享有建设工程优先权;如果享有,则应确认具体金额。如果审判机构对此不予明确,应当认定其为“漏判”,须通过审判监督程序予以纠正或者补足。[3] 笔者赞同执行人员的观点,即在审理程序中应对其优先受偿权作出处理,以便于执行。优先受偿权是法定权利,其不通过判决确认

〔1〕 北京市海淀区人民法院(2006)海民初字第16521号民事判决书。

〔2〕 北京市高级人民法院(2003)高民终字第695号民事判决书。

〔3〕 参见雷运龙、黄锋:《建设工程优先权若干问题辨析》,载《法律适用》2005年第10期。

有悖法理。

其二,仅在判决理由部分确认是否享有优受偿权,在判决书判项中不予表述。该种处理的主要理由,一是在具体个案中工程款的优先问题需要和其他具体债权进行比较才能鉴别出来。如果在个案中不涉及其他债权,主文中即不宜明确优先受偿权。二是只有执行程序中判决兑现的情况下,与其他债权去作比较,才存在按照最高人民法院的批复享有优先受偿权的问题。如债务人同时存在两个以上工程款债务,形成多起诉讼,那么就都有优先受偿的问题,一个判决上写了一个判决上却没有写,将来执行当中当事人就会说自己的判决书主文中有优先受偿,而对方的判决书中就没有,会出现混乱。建议由承办人和当事人讲清楚,可以在判决的理由部分涉及,但还是不要把工程款优先受偿写入判决主文。笔者认为,该种处理模式虽在法律上承认承包人享有优先受偿权,但不对判决判项表述具体数额,其承包人获得执行依据不足。

【案例9-148】　六建公司起诉的建设工程施工合同纠纷案

二审法院认为,六建公司要求对施工工程应收款享有优先受偿权主张,按照《合同法》第二百八十六条及《最高人民法院关于建设工程价款优先受偿权问题的批复》的规定,对六建公司的该项请求,可以对涉案工程主张债权,在案件执行中优先受偿。[1]

其三,在判决书判项中确认是否享有优先受偿权,但对承包人优先担保债权的具体数额未予明确。笔者认为,该种判决模式产生的实际效果,是将由审判机构判决的实体问题交由执行机构裁定,执行的依据严重不足,有失法律的严肃性,有可能引发新的纠纷。

【案例9-149】　中国新兴建设开发总公司与北京明达房地产开发有限公司建设工程施工合同纠纷案

判决观点,判决主文第四项:中国新兴建设开发总公司对北京明达房地产开发有限公司的工程欠款享有优先受偿权。[2]

其四,在判决书理由部分与判项中同时明确是否享有优先受偿权和优先权担保债权数额。承包人享有建设工程款优先受偿权的基础是对工程款的欠款享有债权,而确认债权的存在以及优先权部分的具体数额,从法律性质上讲,属于实体方面的问题,根据审执分立的原则,执行机构一般不得对实体问题进行裁判,除非法律或司法解释特别授权,故本质上应由审判机构通过诉讼程序予以确认。只有在判决、裁判主文中对具体数额予以明确才能为执行提供有效的执行依据,才能

〔1〕 北京市高级人民法院(2006)高民终字第86号民事判决书。
〔2〕 北京市第二中级人民法院(2008)二中民初字第19361-2号民事判决书。

给当事人的权利提供充分救济。[1] 笔者认为,凡涉及优先受偿权诉求,在判决书理由部分阐明,在判项中裁明支持优先受偿权具体数额。《广东省高级人民法院关于在审判中如何适用〈合同法〉第286条的指导意见》第一条采此观点,该条规定:当事人在一审诉讼中依法提出要求人民法院确认其对建设工程享有优先受偿权的诉讼请求的,人民法院应对该诉讼请求进行审理,并作出是否支持其诉讼请求的判决。人民法院支持当事人对建设工程享有优先受偿权的诉讼请求的,判决主文可作如下表述:承包人在××元范围内对于××工程(楼房)享有建设工程价款优先受偿权,但在本判决生效之日(如已对该工程或楼房采取财产保全措施的,为采取财产保全措施之日)前已办理商品房预售登记、变更登记或消费者已交付超过50%购房款(在商品房担保贷款中,含消费者向银行所借款项)的房屋部分除外。该条规定体现权利得到法律认可和保护的精神,没有经过判决确认的优先受偿权,法律则难以对承包人行使优先受偿权予以保护。

【案例9-150】 浙江华匠建设有限公司与浙江金巢包装有限公司建设工程施工合同纠纷案

判决观点:原告(反诉被告)浙江华匠建设有限公司就被告(反诉原告)浙江金巢包装有限公司2#厂房工程折价或者拍卖的价款在5,870,000元内享有建设工程优先权。[2]

(五)优先受偿权限制处理

其一,因承包人的过错而限制。

承包人出具虚假的工程款收款证明,就其未获清偿的工程款债权主张享有建设工程价款优先受偿权的,法院不予支持。

【案例9-151】 江苏南通二建集团有限公司与上海栩宽企业发展有限公司等建设工程施工合同纠纷再审案

最高人民法院认为,(1)关于南通二建就案涉工程应否享有建设工程价款优先受偿权的问题。建设工程价款优先受偿权是建设工程承包人享有的一项法定优先权,但承包人不得滥用该项权利,且在特定情形下,因承包人自身存在过错行为,其还可能丧失建设工程价款优先受偿权。本案南通二建就案涉工程应否享有建设工程价款优先受偿权,应结合南通二建所实施行为的

---

〔1〕 参见中国建设工程法律评论第四工作组编著:《建设工程优先受偿权》,法律出版社2017年版,第129页。

〔2〕 浙江省桐乡市人民法院(2015)嘉桐民初字第4753号民事判决书。

主观过错、后果、是否损害他人合法权益、是否影响建筑工人利益等因素综合予以认定。第一,从主观过错来看,南通二建在原审中自认其曾向上海农商行浦东分行出具了落款时间分别为2016年3月31日、5月10日、5月23日、8月22日、8月30日的5份《施工方已收到资金确认函》,确认收到工程款261,466,700元。南通二建作为长期专业从事工程建设的市场主体,应对上海农商行浦东分行要求其出具收到资金确认函的目的以及其出具收到资金确认函所产生的法律后果具有相应的认知。在此情况下,南通二建仍向上海农商行浦东分行出具与实际收到工程款金额不符的《施工方已收到资金确认函》,并将其实际收到的145,432,901元工程款中的115,692,901元返还给了佳程房产公司,配合佳程房产公司套取上海农商行浦东分行贷款。南通二建的行为在主观上存在重大过错,其应对此承担相应的法律责任。第二,从行为后果来看,南通二建在原审中自认由其出具的5份收到资金确认函载明其已收到佳程房产公司支付的工程款合计261,466,700元,超过原审法院认定的南通二建施工工程的总价款157,704,663.49元。发包人欠付工程款是承包人享有建设工程价款优先受偿权的前提和基础,南通二建在收到资金确认函中确认收到的工程款已超出其实际应得的工程款,其因为自身的过错行为丧失了主张建设工程价款优先受偿权的事实基础,其不应再享有该项优先权。第三,从是否损害他人权益的角度来看,虽然南通二建出具5份收到资金确认函的对象为上海农商行浦东分行,但该行为导致佳程房产公司从上海农商行浦东分行获取的本应用于支付工程款的贷款被挪作他用,而具有优先受偿权的工程款未获清偿,必然会影响佳程房产公司其他债权人的债权受偿,故南通二建出具收到资金确认函的行为,不仅损害了上海农商行浦东分行的合法权益,而且损害了佳程房产公司其他债权人的合法权益,其对佳程房产公司享有的工程款债权不应再优先于上海农商行浦东分行对佳程房产公司享有的贷款债权,以及其他债权人对佳程房产公司享有的债权。第四,南通二建并未提供证据证明其就案涉工程不享有建设工程价款优先受偿权会损害建筑工人利益。综上,二审判决认定南通二建就案涉工程因其自身过错行为不享有建设工程价款优先受偿权,并无不当。南通二建申请再审新提交的启东市公安局立案告知单、鉴定意见通知书、立案决定书、苏州同济司法鉴定所司法鉴定意见书,不足以推翻其在原审中关于上述5份收到资金确认函由其出具的自认,亦不能证明原审认定的《施工方已收到资金确认函》均系伪造;其申请再审新提交的上海市监察委员会公告、上海市不动产登记信息、《上海银行人民币单位委托贷款借款合同》、《上海市建设工程施工合同》,不足以证明上海农商行浦东分行存在主观恶意、未尽到合理审查义务的情形。南通二建所提交的上述证据材料均不属于《民事诉讼法》第二百条第一项规定的足以推翻原判决的新的证据。

(2)关于上海农商行浦东分行是否享有案涉工程抵押权的问题。上海农商行浦东分行与佳程房产公司就案涉工程签订了借款合同和抵押合同,并办理了案涉工程抵押预告登记,且上海农商行浦东分行享有案涉工程抵押权已经上海市第一中级人民法院(2018)沪01民初784号民事生效判决确认,原审法院认定上海农商行浦东分行享有案涉工程抵押权,并无不妥。南通二建关于上海农商行浦东分行不享有案涉工程抵押权的主张不成立。南通二建申请再审新提交的混凝土抗压强度检测报告、钢材焊接力学性能检测报告、工程变更签证联系单、挖土令、建设工程开工报告不足以推翻原判决的上述认定,不属于《民事诉讼法》第二百条第一项规定的新的证据。

(3)关于上海农商行浦东分行在本案中是否享有上诉权的问题。南通二建关于其对案涉工程折价或者拍卖的价款优先受偿的诉讼请求与上海农商行浦东分行实现案涉工程抵押权的优先顺位直接相关,本案的处理结果与上海农商行浦东分行具有法律上的利害关系,上海农商行浦东分行在一审时以第三人身份参加本案诉讼符合《民事诉讼法》第五十六条的规定。一审判决判定南通二建对案涉工程折价、拍卖的价款享有优先受偿权,已实质性地影响到上海农商行浦东分行享有的案涉工程抵押权的行使和实现,上海农商行浦东分行因一审判决结果实际上承担了相应的法律后果。在此情况下,二审法院认定上海农商行浦东分行享有上诉权,并无不当。南通二建关于上海农商行浦东分行无权提起本案上诉的主张,本院亦不予支持。

综上,南通二建提出的再审事由不能成立,其再审申请不符合《民事诉讼法》第二百条第一项、第三项、第六项规定的情形。裁定如下:驳回南通二建的再审申请。[1]

发包人以在建工程抵押向银行申请贷款用于支付工程款,承包人收到银行贷款资金后,按照与发包人事先商定将工程款转付至发包人指定账户的,承包人不得再以未收到该部分工程款为由主张建设工程价款优先受偿。[2]

其二,转包、挂靠合同中限制。

建设工程转包的,限制优先受偿权的主体。承包人将承包的建设工程转包的,实际施工人为转包合同的承包人,虽然转包合同属于无效合同,但是承包人与发包人签订的工程合同仍然有效,依据司法解释的规定,承包人应享有优先受偿权。但是如果承包人仍享有优先受偿权,将会出现一系列问题。首先,承包人并

〔1〕 最高人民法院(2021)民申3629号民事裁定书。

〔2〕 参见最高人民法院第一巡回法庭编著:《最高人民法院第一巡回法庭民商事主审法官会议纪要(第1卷)》,中国法制出版社2020年版,第112~119页。

不是建设工程的真实施工人,未对建设工程进行任何投入,不是建设工程价款的最终享有者,真正享有工程价款债权的是转包合同的实际施工人,优先受偿权依附于建设工程价款债权,如果承包人不享有建设工程价款债权,自然不应享有优先受偿权。其次,《建设工程解释(一)》第四十三条规定,实际施工人可以发包人为被告主张权利,要求发包人直接支付工程价款。在转包合同中的实际施工人向发包人主张直接支付工程价款时,而建设工程的承包人却享有价款优先受偿权,相互矛盾不符合逻辑。最后,优先受偿权制度设置的目的是保护建筑工人的劳动报酬,维护建筑工人的最低生活保障,在转包合同中,建筑工人不是承包人雇佣的,承包人也不负责建筑工人工资的发放,赋予承包人优先受偿权与优先受偿权制度宗旨相背离。承包人转包建设工程的,实际施工人也不应享有建设工程价款优先受偿权。首先,转包行为是违法行为,实际施工人不应因违法行为获利。其次,转包合同的实际施工人与发包人之间并不存在施工合同关系,不符合《民法典》第八百零七条的规定。因而,转包合同的实际施工人即使依据《建设工程解释(一)》第四十三条的规定起诉发包人主张权利,也不能主张优先受偿权,第三十五条已经排除了实际施工人的优先受偿权。也就是说,在转包合同中,不存在优先受偿权。

建设工程挂靠的,限制优先受偿权主体。建设工程挂靠的,即实际施工人借用被挂靠人的资质,以挂靠人名义与发包人签订施工合同的,无论是挂靠人还是被挂靠人均不享有优先受偿权。借用被挂靠人的资质仍然是实际施工人,基于上段所述的原因,挂靠人仍然不享有优先受偿权。

其三,执行程序中限制。

另案正在执行,执行申请人申请拍卖建设工程,承包人以享有建设工程价款优先受偿权为由,提出执行异议,请求中止执行,不能获得支持。优先受偿权的本质是优先分配建设工程折价或者拍卖价款的顺位权,该权利不是对建设工程本身享有实体权利,更不是优先拍卖和处分的权利。承包人实现优先受偿权,恰恰依赖于建设工程被折价或拍卖,承包人对建设工程不享有足以排除执行的实体权利,故承包人根据《民事诉讼法》第二百二十七条提出案外人执行异议,请求排除执行,裁定不予受理,已经受理的,裁定驳回异议。

【案例 9－152】　江苏中科建集团有限公司与江苏凌云置业有限公司等执行复议申请案

最高人民法院认为,建设工程款应当从案涉工程折价或者拍卖的价款中优先受偿,而不是直接受让工程的物权。也就是说,工程价款作为债权虽基于留置而具有优先受偿的属性,但恰如其他担保物权一样,均应在工程的变价款中优先受偿。因此,江苏中科建公司以工程价款优先受偿为由不能阻止案涉工程的评估拍卖程序。如果江苏中科建公司确实是案涉拍卖的建设工程施工方且被执行人尚未支付工程款，重庆市高级人民法院应当依法优先保护其债权实现，即便其没有向江苏省如皋市人民法院提起诉讼，亦应根据江苏中科建公司优先受偿工程价款的申请提存相应款项；如果其他债权人对江苏中科建公司优先受偿权有异议，可通过执行异议之诉确认优先受偿权的效力；如果其他债权人没有异议，重庆市高级人民法院应当依法及时向江苏中科建公司发放工程款。故虽然江苏中科建公司在江苏省如皋市人民法院另行提起的相关诉讼，但不是裁定本案中止评估、拍卖程序的法定事由。重庆市高级人民法院(2020)渝执异40号执行裁定认定事实清楚，适用法律正确，本院予以维持，驳回江苏中科建公司的复议申请。[1]

[1] 最高人民法院(2020)执复122号民事裁定书。

专题十　建设工程表见代理纠纷

建设工程领域中，承包人承建工程后，一般成立项目部负责具体施工的事务，其项目经理有时以项目部或承包人名义，有时以个人名义，也有的挂靠人、工地负责人等购买材料及借款形成的债务，由谁承担给付责任，在司法实践中认识不一致，其判决比较乱，同案不同判的情况时有发生。主要有两种观点，一种观点为，只要材料或借款实际用于工地，即应由工地的承包人承担责任。另一种观点为，由项目经理承担直接付款责任更为合理。因为基于合同相对性原则，材料供应商或出借人应向项目经理追索款项。如果项目经理将材料或借款实际用于工程，再向承包人主张返还。因此，有必要对当前对建筑市场层层转包、分包产生大量的债权债务纠纷审判不统一现象深入研究，维护债权人的合法权益，构建规范有序的建筑市场秩序。

一、建设工程表见代理理解

《民法典》第一百七十二条规定："行为人没有代理权、超越代理权或者代理权终止后，仍然实施代理行为，相对人有理由相信行为人有代理权的，代理行为有效。"本条是关于表见代理的规定。所谓表现代理，是指行为人虽无代理权而实施代理行为，如果相对人有理由相信其有代理权，该代理行为有效。[1] 依据该规定，认定项目经理及其工作人员的表见代理行为，依然要根据两个因素进行判断：一是项目经理及其工作人员的行为在客观上是否具有代理权的表象代理的明显特征；二是相对人在主观上是否为善意且无过失。

建设工程表见代理是当今社会生活中多发现象，虽具有一般表见代理的基本原理和特点，但又有其自身的特征。

（一）表见代理理解

1. 表见代理基本特征

其一，领域典型性。工程表见代理纠纷，与我国建筑市场普遍的违法转包及层层分包等现象密切相关。再加上工程项目管理能力与工程规模扩大间的矛盾，相关人员对外随意签订合同甚至恶意背负债务的情况多。常见的围绕建设工程发生签订合同，购买工程材料、租赁、工程借款、工程结算等纠纷。

其二，主体多样性。在建设工程领域中，实施表见代理的主体有项目经理及其授权的人、挂靠人、实际施工人或工地班组长等。

其三，行为性质复杂性。实施行为的人有的可以认定表见代理，或职务行为，而有的只能认定为个人，并非一律为表见代理。

其四，权利外观特殊性。行为人实施行为的外观有施工公司的授权，而实际上公司可能授权，可能没有授权或超越授权，具有不确定性。

---

〔1〕 参见黄薇主编：《中华人民共和国民法典总则编释义》，法律出版社2020年版，第455页。

其五,合理信赖的基础性。项目经理的活动是多次、经常性的与承包人之外相关单位或个人接触,表现为时间长、交往多,并非单次短期行为。

其六,承担责任区分性。在建设工程中涉及的行为人是否承担给付责任,需要在个案中区分,而并非全部同样处理或认定。

当前,建设工程表见代理认定混乱的主要原因为,其一,认识存在差异。现行调整规范建筑市场的法律和司法解释有多个,不同的法律关系适用不同的法律和司法解释,法官对法律适用存在不同认识。其二,行为主体原因。项目部的组建不规范,项目经理与建筑公司之间存在多种关系,其法律关系主体确定困难。项目部对外运行不规范,其项目经理没有或超越授权购买材料及租赁等签订合同行为性质判断困难。其三,判断标准不明确。法官对表见代理适用标准掌握尺度不一致。

2. 表见代理构成要件

建设工程领域中表见代理的基本理论及构成要件来自表见代理的一般规定。表见代理制度的实质是指某些无权代理"转化"为有权代理,以迎合现实的要求,其制度价值是保护交易安全。虽为无权代理,但第三人有理由相信行为人有代理权,该代理行为有效。关于表见代理的规定,主要是《合同法》第四十九条规定和《民法总则》第一百七十二条规定,现已废止。《民法典》第一百七十二条规定:"行为人没有代理权,超越代理权或者代理权终止后,仍然实施代理行为,相对人有理由相信行为人有代理权的,代理行为有效。"对表见代理的构成要件一直是理论界以及司法实务中争论较大的问题。一般认为,构成表见代理须具备四个要件:其一,须是无权代理,即代理人没有代理权、超越代理权或者代理权终止后实施的代理行为。其二,须在代理行为外观上存在使相对人相信行为人具有代理权的理由。其三,须相对人与无权代理人实施了民事法律行为。其四,须是相对人善意且无过失。也可从表见代理权利外观和合理信赖两个层面理解。所谓代理权利外观,指具有被第三人认可的表见事实,谓之客观要件。所谓合理信赖,指具有被第三人相信有权代理的理由,谓之主观要件。

【案例10-1】 台州标力混凝土有限公司诉浙江广鑫建筑工程有限公司买卖合同纠纷案

二审法院认为,陈某忠以上诉人公司的名义与被上诉人签订了《商品混凝土供应(加工)合同》《台州标力混凝土有限公司方量金额确认函》,被上诉人出售的混凝土用于上诉人承包的御景华庭6~7号楼工程。对于被上诉人而言,其有理由相信陈某忠有权代表上诉人对外采购商品混凝土。上诉人主张陈某忠系御景华庭6~7号楼工程的混凝土浇筑工程的分包商,但是陈某忠系个人,并不是具备相应资质条件的分包单位,上诉人提供的证据不能证明其与陈某忠之间存在合法的分包合同关系，而且也不能排除双方之间存在内部承包关系。在此情形下，应当认定陈某忠的行为构成表见代理。〔1〕

【案例10－2】　湛江市第一建筑工程公司与白某江租赁合同纠纷再审案

最高人民法院认为，因梁某同与湛江一建之间存在挂靠关系，足以使白某江有理由相信印章的真实性以及梁某同得到了湛江一建的授权，故梁某同的行为构成表见代理，其行为后果应由湛江一建承担。〔2〕

3. 表见代理权利外观

代理制度中代理人权利外观形成，无论是有权代理，还是表见代理，其能够约束被代理人的法律效果，均不受代理人与被代理人内部约定的影响。项目经理作为承包人法定代表人在工程项目上的代表人，作为工程的实际管理者，负责处理与工程项目有关内外事务，具体负责建设方与承包人之间的权利义务关系处理，以及具体从事指挥、安排项目部人、财、物等工作，每个施工步骤中权利的行使和义务的履行，甚至包括参加会议、出席场合、参与管理等事务性活动，其也有权代理，极易形成外事商行为具有权利外观。现阶段建设工程领域的经营体制下，项目经理因其职责和定位，具有一定特殊性，基于建设工程履行上的持续性和第三方发生交易的经常性等诸多因素，使得项目经理权利外观既有职务关系权利外观，同时有超越权利或无授权的权利外观，二者相互渗透结合很难区分。有律师认为，建筑施工企业允许实际施工人挂靠或违法分包、转包并不直接导致授权表象的产生，还需要实际施工人提供建筑施工企业的授权委托书、介绍信、任命书、项目部公章等其他有权代理的外观，才可认定表见代理。〔3〕 项目经理无论是施工公司员工还是实际施工人，其在购买原材料、租赁设备或者进行分包时，一般以施工公司项目经理的身份、以项目部的名义实施活动，这就具备了代理权的表象特征，不论最终签订合同是项目经理个人签字还是加盖项目部公章，相对人均会产生项目经理具有代理权的认识。

《河南省高级人民法院关于审理建设工程领域买卖、租赁合同纠纷案件若干疑难问题解答》关于表见代理的认定8.问：行为人的行为构成表见代理，应具备哪些条件？答：表见代理的判断是这类案件裁判标准不统一表现最突出的领域。行为人没有代理权，超越代理权或者代理权终止后，仍然以建筑企业名义对外签

---

〔1〕 参见国家法官学院案例开发研究中心编：《中国法院2014年度案例》（买卖合同纠纷），中国法制出版社2014年版，第87～88页。

〔2〕 最高人民法院（2015）民申字第3402号民事裁定书。

〔3〕 参见李乐敏、傅梦露：《表见代理制度在实际施工人对外商事行为中的司法运用》，载于健龙等主编：《中国建设工程法律评论》（第七辑），法律出版社2018年版，第7页。

订买卖、租赁合同,相对人请求该建筑企业承担责任的,应根据《民法典》第一百七十二条规定认定行为人的行为是否构成表见代理。相对人有理由相信行为人有代理权的,代理行为有效。《民法典总则编解释》第二十八条第一款规定:同时符合下列条件的,人民法院可以认定为《民法典》第一百七十二条规定的相对人有理由相信行为人有代理权:(1)存在代理权的外观;(2)相对人不知道行为人行为时没有代理权,且无过失。据此分析,认定是否构成表见代理,应依法审查行为人的无权代理行为客观上是否具有代理权的表象,而且要求相对人在主观上善意且无过失地相信行为人有代理权。需强调的是,表见代理的适用前提是行为人不具备代理权(自始无代理权、超越代理权及代理权终止三种情形),有证据证明行为人具备代理权的,则不适用表见代理。此外,因不同的相对人在主观认知和客观感知存在差异,故个案审理中认定表见代理应当根据不同案件的具体事实进行。

实践中常见的权利外观为,项目经理虽然以其个人名义签订购销合同或租赁合同,但是在建设工程项目所在地作为签订合同的地点和签收交易标的物,交易资金通过建筑企业银行账户支付,或者项目经理所借的款项直接打入建筑企业的银行账户等,均可以认定具有代理权表象特征。根据相关规定的要求,建筑施工现场树立的公示牌,公示建设单位和施工单位名称、主要负责人员姓名等信息,即挂靠或转包中的项目经理,公示牌中项目经理的所属单位是建筑施工企业,从而形成项目经理为建筑企业代理人的表象。另外,如果建筑企业的项目经理已经离职,但是公示牌并没有及时更换,相对人根据对公示牌的信赖,与已经离职的项目经理签约,依然可以认定项目经理的签约行为构成表见代理。

【案例10-3】 尹某诉冯某坤等买卖合同纠纷案

二审法院认为,尹某向原审法院提交的某市温泉镇污水处理厂工程施工工地围蔽外墙悬挂的“施工标志牌”、工地内某建筑工程公司办公室的墙上悬挂的“主要管理人员和办公电话牌”“工程概况牌”“某市温泉镇污水处理厂工程通讯录”等照片记载的内容均表明冯某坤为该工地的工作人员。虽然某建设工程公司对“施工标志牌”不予认可,但没有提交证据推翻上述照片的真实性;……姑且不论冯某坤是否为某建设工程公司的员工,至少冯某坤与尹某进行交易的行为足以构成表见代理的法律要件,故原审法院认定对尹某建立买卖合同关系的相对方为某建设工程公司,并无不当,本院予以维持。某建设工程公诉上诉主张与尹某之间并不存在买卖合同关系的意见,据理不足,本院不予采纳。[1]

---

〔1〕 参见国家法官学院案例开发研究中心编:《中国法院2015年度案例》(买卖合同纠纷),中国法制出版社2015年版,第7~8页。

【案例10－4】 大庆龙安建筑安装有限公司与沙某、孟某东买卖合同纠纷再审案

最高人民法院认为，判令龙安公司承担支付责任。其理由有二：第一，在向沙某购买红砖时，孟某东出示了由其代表龙安公司与呼伦贝尔市龙安房地产开发有限责任公司签订的《建设工程施工合同》的复印件；第二，孟某东将所购红砖用于案涉工程施工所用。并据此认为，上述事实足以使孟某东系代表龙安公司向其购买红砖。因此，龙安公司应当承担向沙某支付红砖款的法律责任。[1]

应注意的是，项目经理的行为与职务代理区分。《民法典》第一百七十条规定，执行法人或者非法人组织工作任务的人员，就其职权范围内的事项，以法人或者非法人组织的名义实施民事法律行为，对法人或者非法人组织发生效力。职务代理的代理人是被代理人的工作人员，具有稳定、持续的劳动法律关系和内部隶属关系，就其职权范围内事项实施的法律行为，无需法人或者非法人组织的特别授权。项目经理多是实际施工人，通常存在借用资质或转包关系，与承包人之间不存在劳动合同关系和隶属关系，享有人、财、物支配权，独自享有工程款利益。实践中，一旦查明项目经理就是实际施工人，再简单依据通常意义上项目经理的概念认定项目经理的行为构成职务行为，不仅与事实不符，而且会导致概念混乱。

（二）合理信赖理解

合理信赖理解实际是有理由的认识问题。所谓有理由，应是相对人在主观上善意且无过失地相信行为人有代理权。表见代理人以被代理人的名义与第三人订立买卖合同，但在纠纷发生时遭被代理人否认，视为具有代理外观的无权代理，被代理人在其承建的工程中实际使用了第三人交付的标的物，未在合同履行期间提出异议，致使第三人有理由相信表见代理人有代理权，已达合理信赖标准，故表见代理人实施的代理行为有效。应注意的是，权利外观与从事施工行为的牵连性至关重要，否则相对人对表见代理成立的合理信赖基础存在缺陷。

【案例10－5】 湖北省工业建筑总承包集团第三建筑工程公司与王某华、张某义买卖合同纠纷再审案

最高人民法院认为，在发包人十堰市林森房地产开发有限公司签订《水

---

〔1〕 最高人民法院（2015）民申字第1217号民事裁定书。

岸新都》房地产项目建设施工合同时,张某义是以工建三公司委托代理人身份在承包人栏内签名,并加盖了工建三公司公章,随后十堰市林森房地产开发有限公司(甲方)与工建三公司(乙方)签署的补充协议亦由张某义在乙方栏签名。施工合同履行中,张某义在该工程中全面负责施工,并将办公地点设在项目现场。据此,应当认定工建三公司对于张某义以该公司名义开展施工活动予以认可。另外,张某义在与王某华签订《钢材供应合同》后,王某华按约将钢材运送至建设项目施工现场,嗣后结算时,王某华与张某义就供货钢材的结算提货明细表中注明的是“省工建三公司张某义”。因此,虽然张某义以自己的名义与王某华签订了《钢材供应合同》,但基于上述事实,王某华有理由相信张某义的行为代表工建三公司,二审判决据此认定张某义的行为构成表见代理,符合法律规定。[1]

【案例 10-6】 浙江泰舜建设有限公司与肖某法建设工程分包合同纠纷案

二审法院认为,……综观本案现有证据可见,案涉工程系由泰舜公司承包,案涉《班组责任承包合同》系以案涉工程项目部的名义签订,合同第七条明确甲方委派徐某建为驻工地代表,且徐某建代表甲方签名并加盖项目部技术专用章,故该合同签订时在客观上形成了具有代理权的表象。且泰舜公司并无证据证明肖某法在签订合同时主观上存在恶意或过失,再结合肖某法提交的施工联系单及案涉工程项目部对外签订的其他合同也同样采取加盖项目部技术专用章的惯例,原审法院关于肖某法在签订合同时有充足的理由相信其系与泰舜公司签订合同的认定并无不当。故案涉《班组责任承包合同》对泰舜公司具有约束力,泰舜公司理应承担相应的工程款。综上,泰舜公司的上诉请求缺乏事实和法律依据,二审法院不予支持。[2]

《河南省高级人民法院关于审理建设工程领域买卖、租赁合同纠纷案件若干疑难问题解答》9.问:认定存在代理权的外观的主要考量因素有哪些?答:在建设工程领域买卖、租赁合同案件中,应当结合行为人的身份、权限、行为模式、交易惯例等因素,综合判断行为人是否具有代理权的表象。以下情形可以作为综合判断行为人具有代理权的表象因素:(1)行为人持有建筑企业出具的授权委托书、任命书等文件;(2)合同书加盖了建筑企业或分公司、项目部的印章;(3)项目部对外公示的铭示牌张贴的项目部成员名单等方式明确行为人为项目部经理或负责人;(4)行为人与相对人在建筑企业项目部办公场所签订合同;(5)虽未签订书面合同,但建筑企业知道或应当知道该民事行为而未作反对表示的,或者从事该民

---

〔1〕 最高人民法院(2015)民申字第2687号民事裁定书。

〔2〕 浙江省杭州市中级人民法院(2014)浙杭民终字第2401号民事判决书。

事行为属于项目部权限范围，项目部知道或应当知道而未作反对表示的；(6)行为人的行为客观上形成具有代理权表象的其他情形。

(三)善意无过失理解

所谓善意，是指相对人不知道或者不应当知道行为人实际上无权代理；所谓无过失，是指相对人的这种不知道不是因为大意造成。[1]《最高人民法院关于当前形势下审理民商事合同纠纷案件若干问题的指导意见》规定，人民法院在判断合同相对人主观上是否属于善意无过失时，应当结合合同缔结与履行过程中的各种因素综合判断相对人是否尽到合理注意义务，此外还要考虑合同缔结时间、以谁的名义签字、是否盖有相关印章及印章真伪、标的物交付方式与地点、购买的材料、租赁的器材、所借款项的用途、建筑单位是否知道项目经理的行为，是否参与合同履行等各种因素，作出综合分析判断。而职务行为的认定相对要简单一些，只要是法人或其他非法人的员工实施的履行职责的行为，一般均可认定为法人或其他非法人组织的行为。对于相对人善意无过失的判断应放在个案中由法官自由裁量，在以下情形时法官一般可以否定相对人善意无过失的：其一，承包人利益，考量因合同的订立和履行明显损害承包人利益。实践中有多种表现，如项目经理以自己作为交易主体与相对人订立、履行合同后，未经公司授权又以公司名义出具债权凭证。又如项目经理加盖私刻或伪造的印章或偷盖相关印章对外订立合同或出具债权凭证，且无证据证明所涉标的物的交付、使用与本项工程有关的。再如大额借贷资金现金交付项目经理，且无证据证明资金的交付、使用与本项目有关。其二，工程建设需要。交付的合同标的物明显非该工程所需的，或材料供应量明显超过该工程建设需要量的。其三，时间界限。签订合同、租赁、借款条据在工程竣工结算结束后所为。其四，行为的关联程度，项目经理或挂靠人与权利外观不具有牵连性。其五，相对人自身因素，相对人知道或应当知道存在非法转包、违法分包或挂靠事实，仍同意并持续与行为人以承包人名义进行交易。其六，承包人授权明确，相对人明知项目经理越权代理的。其七，项目经理与相对人的行为明显与常理不符的情形，或不应认定为构成表见代理的其他情形。

《河南省高级人民法院关于审理建设工程领域买卖、租赁合同纠纷案件若干疑难问题解答》10.问：如何判断相对人是善意且无过失的？答：在判断合同相对人主观上是否属于善意且无过失时，应当结合合同缔结与履行过程中的各种因素综合判断合同相对人是否尽到合理注意义务，可以考量下列因素：合同的缔结时

---

〔1〕 参见胡康生主编：《中华人民共和国合同法释义》(第2版)，法律出版社2009年版，第85页。

间、签订主体、合同是否加盖印章及印章真伪、标的物的用途、交付方式与地点、建筑企业是否参与合同履行等。有以下情形之一的,一般不认定相对人为善意且无过失:(1)签订的合同损害建筑企业的利益;(2)相对人明知行为人与建筑企业之间是借用资质、非法转包、违法分包关系,仍然与其签订合同;(3)交易金额与实际需求、规模等明显不相称;(4)合同所涉建筑材料、建筑设备等并未实际向工程项目提供。

【案例10-7】 戴某诉镇江市光大建筑工程有限公司买卖合同纠纷案

一审法院认为,(1)戴某持加盖"镇江市光大建筑工程有限公司中南世纪城F-1区2#、3#、4#楼工程项目经理部资料专用章(债务无效)"章的合同向本院主张权利,由于印文已经明确印章特定用途,需要衡量该证据是否导致相对人善意无过失构成要件不成立。资料专用章只能用于技术资料管理或报审施工资料等专用用途,理性、谨慎的普通人不应相信其能用作缔约或财务结算,相对人接受此类印章作为合同缔约证明的,不能认定相对人善意无过失,作为该合同的需方签订人未能证明其得到被告的授权,亦不符合表见代理的构成要件,故本院认定该合同对镇江市光大建设工程有限公司不发生效力。(2)戴某所持的加"镇江市光大建筑工程有限公司中南世纪城F-1区2#、3#、4#楼工程项目经理部资料专用章(债务无效)"章的欠条,因印章上已明确注明"债务无效",戴某遗漏了作为谨慎理性的人本来可以发现并予以核实的疑点,不能认定其为善意无过失,且戴某仅提供合同及欠条,该合同是否实际履行亦无相关证据予以印证,故戴某要求被告承担给付货款的请求,应予驳回。判决驳回原告戴某要求被告镇江市光大建筑工程有限公司支付货款358,000元的诉讼请求。二审法院基于同理维持一审判决。[1]

【案例10-8】 张某航与中太建设集团股份有限公司、张某民间借贷纠纷再审案

最高人民法院认为,从张某航提交的借款合同及收款收条上看,张某航在借款合同及收款条中均注明借款人为中太集团香格今典项目部,且加盖了中太集团香格今典项目部的印章,具备一定的有权代理的客观表象。但是,从张某航出借款项的流向上看,相关款项系直接存入或转账存入张某的会计田某娟、张某莲个人的银行卡,而非存入中太集团香格今典项目部或者中太集团的账户,形式要素上有所欠缺。且张某航与张某系表兄弟关系,张某航对张某的身份、借款的具体用途等情况应当是知晓的。张某航未能证明其善

---

〔1〕 参见国家法官学院案例开发研究中心编:《中国法院2015年度案例》(买卖合同纠纷),中国法制出版社2015年版,第38~39页。

意且无过失地相信张某具有代理权，能够代表中太集团借款，故不符合表见代理的构成。[1]

【案例10－9】　宏伟机械租赁公司与红叶建设公司、李某银租赁合同纠纷案

二审法院认为，从本案所涉《塔式起重机租赁合同》的签订情况看，承租方是李某银作为委托代理人以红叶建设公司重庆市五一电站名义签订，并加盖红叶建设公司重庆市五一电站印章，虽然万某福称该印章雕刻有误，红叶建设公司也不认可该印章，但红叶建设公司认可万道福挂靠其公司承建了石柱县五一电站项目工程，而且红叶建设公司石柱项目部还在重庆市质量技术监督局办理了塔式起重机特种设备使用登记证，万某福作为欠款人向宏伟机械租赁公司出具了欠条，欠条上欠款单位处加盖了红叶建设公司石柱县五一电站项目部印章，结合上述事实，宏伟机械租赁公司有理由相信红叶建设公司石柱县五一电站项目部和万道福具有代理权，其行为构成表见代理，红叶建设公司应当承担支付宏伟机械租赁公司租金及利息责任。[2]

---

〔1〕 最高人民法院(2015)民申字第1895号民事裁定书。

〔2〕 重庆市第四中级人民法院(2019)渝04民终1531号民事判决书。

二、建设工程表见代理法律适用

(一)表见代理主体范围认定

项目经理是建设工程领域表见代理主体。现在一般工程承包都实行项目经理负责制,以项目经理为首有一个项目部。项目部是承包人为履行某一具体建设工程承包合同,便于对施工进度、质量进行直接管理而组成的特定工程的临时性的管理班子。原建设部《建筑施工企业项目经理资质管理办法》(建建〔1995〕第1号,1995 年 1 月 7 日施行)中对施工企业项目经理的定位:项目经理是指受企业法定代表人委托对工程施工过程全面负责的项目管理者,是建筑施工企业法定代表人在工程项目上的代表人。项目经理在承担工程项目施工的管理过程中,应当按照建筑施工企业与建设单位签订的工程承包合同,与本企业法定代表人签订项目承包合同,并在企业法定代表人授权范围内,行使下列权利:组织项目管理班子;以企业法定代表人的代表身份处理与所承担的工程项目的外部关系,受委托签署有关合同;指挥工程项目建设的生产经营活动,调配并管理进入项目的人力、资金、物资、机械设备等生产要素;选择施工作业队伍;进行合理的经济分配;企业法定代表人授予的其他管理权力。1999 年版《建设工程施工合同(示范文本)》通用条款第1.5 条规定:"项目经理:指承包人在专用条款中负责施工管理和合同履行的代表。"2013 年版《建设工程施工合同(示范文本)》通用条款第 3.2.1 条规定:"项目经理经承包人授权后代表承包人负责履行合同。项目经理应是承包人正式聘用的员工,承包人应向发包人提交项目经理与承包人之间的劳动合同,以及承包人为项目经理缴纳社会保险的有效证明。"2017 年版《建设工程施工合同(示范文本)》通用条款第 3.2.1 条也作了同样规定。从法律层面讲,项目经理是承包人履行合同的肢解部门,项目经理是承包人的全权代理人,对外项目经理可以根据承包人的授权以其公司或项目经理的名义签订和履行合同,其代理权限是概括的而非具体固定的。项目经理又是特殊地位的人,他是由承包人任命或派驻施工场地行使公司权利的代表,其权限超越普通员工。但项目经理并不属于承包人的分支机构,项目部不需要工商企业登记备案,项目部不是其他经济组织,更不具有独立的法人地位,也无需办理营业执照,项目部有其自己项目章但不能独立承担责任。

《河南省高级人民法院关于审理建设工程领域买卖、租赁合同纠纷案件若干疑难问题解答》3. 问：在审理建设工程领域买卖、租赁合同纠纷案件中，判断项目经理等行为人实施的行为是否对建筑企业发生效力时，应坚持什么样的裁判思路？答：要按照依法界定职务行为，准确认定表见代理，严厉打击虚假诉讼的审理思路。应从以下三个层次进行审查：一是审查该行为是否有建筑企业的明确授权，判断是否属于法律规定的委托代理行为；二是判断行为人与建筑企业之间是否存在劳动关系，行为人实施的行为是否在职责范围内、是否属于职务行为（职务代理行为）；三是在不能认定构成委托代理或职务行为的情况下，进一步审查判断行为人的行为是否构成表见代理。构成委托代理、职务行为或表见代理的，相应的法律后果依法应当由建筑企业承担。另外，在审理此类案件过程中，也要注意对相关合同和交易关系的真实性进行审查，防止部分当事人之间恶意串通，虚构债务，损害建筑企业的合法权益。

实践中，大型建筑公司的项目经理主要为本公司的员工，但有少数为非本公司之外的人即挂靠人员，大量中小型建筑公司的项目经理为挂靠人员，个别的为本公司的员工。这里还要关注项目经理聘用、委托的人。项目经理在项目部内部指定副经理，部门负责人或聘用材料员等，这些受托人为其购买材料、租赁、督促建设方支付工程款，其受托人员应向项目部负责，当然也应向承包人负责。

实际施工人是建设工程表见代理中出问题较多的主体之一。因建筑领域层层转包、分包现象极为普遍，实践中项目经理又将工程进行转包或将其中一部分转包，承包人将承包工程大部分配给项目部，另一小部分给无资质的人即实际施工人。实际施工人无任何资质，多为单项水电或劳务分包人。

挂靠人是建设领域表见代理出现问题较多的主体之一。挂靠人无任何资质，也不是公司的员工，双方无劳动关系，也不用公司缴纳社会保险。在挂靠人与公司签订内部挂靠或承包合同，约定挂靠人向公司缴纳管理费，公司便对外宣称是项目经理，由挂靠人自行组建项目部。这种项目经理负责施工的工程有两种，一种是公司对外签订的工程合同承包的工程，另一种是挂靠人自己找的工程经公司同意以公司名义与建设方签订的工程合同，这为当前建筑领域的主要方面。

施工队、施工班组长或劳务负责人或称小包工头，这是建设工程领域中有可能成为表见代理的另一类主体。之所以也将这类人员列入表见代理范围，因为在涉案的工地上发生的相关行为和后果，不能绝对将其排除在表见代理的人群之外。

挂靠人对外买卖、租赁等情形下，如何认定合同的主体是多发纠纷。制定司法解释的法官认为，如果挂靠人以自己的名义对外签订合同，则权利和义务应当由其本人承受，不应当溯及基础的挂靠关系。无论挂靠方是自然人还是法人、非法人组织，发生争议时均应当由挂靠人作为民事主体独立对外承担责任，根据合同的相对性,不能因物的性质或物的流转方向发生变化而突破合同的相对性,让非合同相对人承担本应由合同相对人承担的责任,合同相对方也不得以材料、设备已用于工程建设而要求被挂靠方承担责任。具体而言,如果挂靠人以被挂靠人的名义签订合同,应当依照《民法典》第一百七十二条的规定,结合签订合同时挂靠人所出示或具备的书面文件、履行方式、外观宣示和合同相对方的善意与否等因素,判断交易过程是否构成了表见代理。如果构成表见代理,则应当由被挂靠人承担合同责任;如果不构成表见代理,则应当由实际履行方即挂靠人承担合同责任。因此,在此类合同中,让挂靠人和被挂靠人承担连带责任,不仅缺乏法律规范基础,且从合同的角度也难以找寻依据。[1]

(二)表见代理与职务行为关系

《民法典合同编通则解释》第二十一条规定:"法人、非法人组织的工作人员就超越其职权范围的事项以法人、非法人组织的名义订立合同,相对人主张该合同对法人、非法人组织发生效力并由其承担违约责任的,人民法院不予支持。但是,法人、非法人组织有过错的,人民法院可以参照民法典第一百五十七条的规定判决其承担相应的赔偿责任。前述情形,构成表见代理的,人民法院应当依据民法典第一百七十二条的规定处理。

合同所涉事项有下列情形之一的,人民法院应当认定法人、非法人组织的工作人员在订立合同时超越其职权范围:

(一)依法应当由法人、非法人组织的权力机构或者决策机构决议的事项;

(二)依法应当由法人、非法人组织的执行机构决定的事项;

(三)依法应当由法定代表人、负责人代表法人、非法人组织实施的事项;

(四)不属于通常情形下依其职权可以处理的事项。

合同所涉事项未超越依据前款确定的职权范围,但是超越法人、非法人组织对工作人员职权范围的限制,相对人主张该合同对法人、非法人组织发生效力并由其承担违约责任的,人民法院应予支持。但是,法人、非法人组织举证证明相对人知道或者应当知道该限制的除外。

法人、非法人组织承担民事责任后,向故意或者有重大过失的工作人员追偿的,人民法院依法予以支持。"

在建设工程领域中,表见代理与职务行为有共同点但有区别。二者有共同权

---

〔1〕 参见最高人民法院民事审判第一庭编著:《最高人民法院新建设工程施工合同司法解释(一)理解与适用》,人民法院出版社 2021 年版,第 873 ~ 888 页。

利外观,在最后承担责任上一致即由公司担责。但实质二者有区别,表见代理属于广义的无权代理,而职务行为则属于有权代理之范畴。《民法典》第一百七十条规定:“执行法人或者非法人组织工作人员任务的人员,就其职权范围内的事项,以法人或者非法人组织的名义实施民事法律行为,对法人或者非法人组织发生效力。法人或者非法人组织对执行其工作任务的人员职权范围的限制,不得对抗善意相对人。”上述条文是认定职务行为的法律依据,构成职务行为的前提条件是行为人的身份为承包人公司代表人或者其他工作人员,其对外行为在其职权范围内作出。项目经理是承包人公司的法定代表人在工程项目上的全权代表,其在施工管理工作中实施的行为属于职务行为范畴。表见代理的行为后果从外部先归为公司承担,而在公司内部按合同约定处理。职务行为不但从外部而且在内部全部由公司承担,不存在其后按约定处理问题,行为人的行为就是公司的行为,由公司对行为人经营活动承担责任。这是区分表见代理和职务行为必须厘清之处。应注意的是,在《民法总则》颁布后,将职务行为纳入代理行为的范畴,行为人擅自以项目部或项目经理名义实施的行为就应该属于有权代理行为,而不构成表见代表行为。在建设工程领域,行为人实施的购买材料、租赁除极个别的是用承包人介绍信并给付支票外,其余绝大多数未直接用公司书面证明进行,同时很多是用承包人的支票给付货款而且往往不止一次,在这种情形下其行为性质认定困难,是认定为表见代理、职务行为或其个人行为争议颇大。如果行为人与供应商、出租方有加盖公司印章的书面合同,则问题很容易解决。但现实社会生活中,双方当事人有合同但未加盖印章,抬头落款为某项目部或个人,且口头约定或打个人署名的欠条较多,成为纠纷发生后争议的多发区。对与材料供应商、出租方有书面合同或出具联系函,或不予追认的,法官应根据合同、欠单欠条及相关证据确认其行为的性质。

《河南省高级人民法院关于审理建设工程领域买卖、租赁合同纠纷案件若干疑难问题解答》关于职务行为的认定 7. 问:与建筑企业存在借用资质关系的实际施工人对外通常也有项目经理、工地负责人等身份表象,建筑设备的出租方、建筑材料的出卖方通常会主张行为人系建筑企业的工作人员,根据职务代理的法律规定请求建筑企业承担责任,那么在哪些情况下,可以认定行为人的行为构成职务行为? 答:根据《民法典》第一百七十条的规定,执行法人或者非法人组织工作任务的人员,就其职权范围内的事项,以法人或者非法人组织的名义实施的民事法律行为,对法人或者非法人组织发生效力。认定项目经理、工地负责人等行为人的行为属于职务行为通常应具备身份要素、名义要素、权限要素三个方面的要件。身份要素,是指项目经理等行为人与建筑企业存在劳动关系,系建筑企业的工作人员。判断行为人是否系建筑企业的工作人员,应当从行为人与建筑企业是否存在劳动关系,建筑企业是否向行为人发放工资、缴纳社会保险费用,以及采取何种管理模式等方面进行综合判断。权限要素，是指项目经理等行为人的行为在建筑企业的授权范围之内，即有权实施购买或租赁必备的办公用具、原材料、机器设备等行为。名义要素，是指项目经理等行为人是以建筑企业或项目部的名义对外签订合同，而不是以自己的名义签订合同。如果项目经理等行为人实施的行为满足上述三要件，即行为人系建筑企业的工作人员，且在职权范内以建筑企业名义对外签订买卖、租赁合同，则构成职务代理，相对人有权要求建筑企业承担合同责任。如果行为人与建筑企业之间存在借用资质、分包转包等关系，以建筑企业名义签订合同，相对人以行为人签订合同时持有建筑企业的授权委托书、任命书等主张行为人的行为构成职务代理的，因行为人与建筑企业之间实质系借用资质、分包等关系，行为人并非建筑企业的工作人员，不构成职务代理，这种情况下，考虑是否构成表见代理。

河北省高级人民法院《建设工程施工合同案件审理指南》规定，转包人、违法分包人未经施工企业授权，以施工企业项目部名义对外签订买卖、租赁等合同，施工企业是否承担民事责任适用《民法典》第一百七十二条的规定。有证据证实合同标的用于工程或施工合同履行过程中施工企业对项目部的行为进行过认可的，可以认定债权人有理由相信转包人、违法分包人有代理权。

立法者认为，职务代理与一般的委托代理相比有其特殊性，理解职务代理制度，应注意以下几点：一是被代理人须是法人或者非法人组织。二是代理人须是执行法人或者非法人组织工作任务的人员。三是代理事项须是职权范围内的事项。[1]

实践中，施工单位员工作为项目经理，持有授权委托书、施工合同、项目部印章等授权文书和印章的，属于行使职权范围内的事务，自然属于职务行为，对施工单位发生效力。而挂靠或转包的实际施工人本不是施工单位的代理人，但是施工单位为了实际施工人的便利，一般情形下也会给予实际施工人授权委托书和项目部印章。建设工程实践中，可以认定实际施工人具有施工单位授权的证据有施工单位的授权委托书、介绍信、任命书、证明、项目部印章以及工程合同、施工组织设计、方案、监理会议、往来函件的签名等。项目经理及其工作人员实施代理行为是否符合其工作职责的一般要求：项目经理的职责是对建设工程的施工进行全面管理，进行与其职责相应的商业交易活动，比如采购原材料、租赁设备或者借款等，但有例外。这主要为施工单位限制项目经理对外借款、采购大宗原材料。相对人按照通常逻辑理解项目经理的行为是为了履行职责所必需，而不是与履行职责无关的行为。例如，项目经理大额度的集资行为、均以个人账户支付货款或租金的行为等，均不符合项目经理履行一般职责行为的表象。此种情形下，项目经理的

---

〔1〕 参见黄薇主编：《中华人民共和国民法典总则编释义》，法律出版社 2020 年版，第 447 页。

行为由于不具备有权代理的表象特征,即使相对人不存在过失,也不能认定为表见代理。

【案例 10-10】 刘某东诉广东省电白县第四建筑工程公司等买卖合同纠纷案

二审法院认为,电白公司与粤东公司存在建筑工程承包合同关系,电白公司是本案所涉工程的承包方,而杨某佳是电白公司授权和认可的该工程的负责人,且电白公司向杨某佳出具了《授权委托书》,杨某佳持该份授权委托书与刘某东达成买卖建材的口头合同,上述材料提供至电白公司承建的粤东工地,由杨某佳指派的其胞妹杨某梅进行签收,由此可见,杨某佳是根据电白公司的授权,与刘某东形成买卖建材的合同关系,履行的是其职务行为,由此产生的法律后果应由电白公司承担。[1]

【案例 10-11】 甲公司与乙公司建设工程施工合同纠纷案

判决观点,甲公司在本案审理过程中,明确承认袁某是其技术人员,袁某也在"厂房审价会议签到表"中代表甲公司签字。在涉案工程投标过程中,袁某也以甲公司的代表身份参加。另外,2007 年 4 月 30 日,甲公司、乙公司曾在鉴定机构的主持下召开了一次司法鉴定会议,袁某代表甲公司参加会议并在会议纪要上签字。上述证据说明,袁某不仅是甲公司的工作人员,而且是涉案工程甲公司方的代表。退一步而言,即使袁某没有相应的代理权,但是他作为甲公司的工作人员以及其从事的职务行为也足以使万盛公司有理由相应的代理权。因此,甲公司认为袁某没有委托代理权、其出具的"报价"不是甲公司作出的承诺的主张不能成立。[2]

项目经理行为的后果不仅表现在债务方面,也体现在债权方面。项目经理如果与发包人构成事实的施工合同关系,则承包人亦可向发包人主张工程款。

【案例 10-12】 福建宏盛建设集团有限公司成都分公司与周某建设工程施工合同纠纷案

判决观点,合同中仅约定塑钢窗工程的发包,未将其他任何工程进行发包。但实际合同履行中,承包方还承担了铝百叶窗的制作安装,此等工程并无书面合同,仅有工长和项目经理签字的工程量清单。对此,法院判决认定,工长和项目经理签字的工程量清单足以证明双方就铝百叶窗项目形成了事

---

〔1〕 参见国家法官学院案例开发研究中心编:《中国法院 2017 年度案例》(买卖合同纠纷),中国法制出版社 2017 年版,第 44 页。

〔2〕 参见刘贵祥:《合同效力研究》,人民法院出版社 2012 年版,第 239 页。

实上的施工合同关系,发包方应该向该承包方支付拖欠的工程款。[1]

对于如何区分表见代理与职务行为,有法官认为,职务行为的前提是行为人的身份为单位代表人或其他工作人员,其对外行为在其职权范围内作出,认定职务行为不能突破这个前提。由于转包、分包、挂靠等现象的存在,工地公告牌上载明的人员不一定是承建单位的工作人员,仅仅因为公告牌反映的信息即认定职务行为是不妥当的,善意相对人根据对公告牌的信赖从事交易,如公告人员并非承建单位员工,应从是否构成表见代理的角度予以认定。[2] 也有法官认为,如果对外从事相关行为的身份为项目经理或企业职工,则对其行为的判断归属于职务行为或职务表见代理;如果对外从事相关行为人的身份为实际施工人,因为隶属关系的缺乏,则只能认定是否构成表见代理。[3]

【案例 10-13】 刘某英与江苏一建、江苏一建重庆分公司等民间借贷纠纷再审案

二审法院认为,张某、夏某泉的借款行为使用了项目部印章,属于履行职务的行为。张某、夏某泉的借款行为具有有权代理的表象。债权人刘某英有理由相信张某、夏某泉的行为具有代理权限,张某、夏某泉的行为符合表见代理的构成要件,被挂靠企业江苏一建、江苏一建重庆分公司应承担还款责任。[4]

【不同处理】 对于表见代理与职务行为认定理解差异大。实践中,一些法院将项目经理的行为不视为表见代理而认定为职务行为。

【案例 10-14】 张某松诉福建省华丰建设工程有限公司承揽合同纠纷案

二审法院认为,上诉人委任林某勇为莆田六中学生公寓 A、B 幢工程项目负责人,且上诉人并未提供有效的证据证实林某勇的行为系其个人行为,故上诉人辩称本案讼争的承揽合同关系主体是被上诉人张某松与林某勇,因缺乏事实和法律依据,其要求追加案外人林某勇作为本案共同被告的理由,本院不予支持。[5]

---

〔1〕 参见孙巍主编:《中国建设工程法律业务报告(2009—2010)》,法律出版社 2011 年版,第 146 页。

〔2〕 参见《建设工程合同纠纷裁判思路》,法律出版社 2014 年版,第 422 页。

〔3〕 参见史智军:《建设工程领域相关之表见代理的类型化归类和司法认定规则探析》,载于健龙等主编:《中国建设工程法律评论》(第七辑),法律出版社 2018 年版,第 25 页。

〔4〕 重庆市高级人民法院(2016)渝民再 244 号民事判决书。

〔5〕 参见国家法官学院案例开发研究中心编:《中国法院 2014 年度案例》(合同纠纷),中国法制出版社 2014 年版,第 214 页。

【案例10－15】　吴某都诉北京金丰环球远大装饰工程有限公司买卖合同纠纷案

判决观点,金丰公司与吴某都签订的《石材购销合同》及石材结算清单上,虽无金丰公司的公章,但有冼某松的签字。冼某松作为金丰公司涉案工程的项目经理,其签订合同的行为应认定为职务行为。而且冼某松的职务,在相对人看来有理由认定其具有签订合同的代理权。[1]

【案例10－16】　江苏星光发电设备有限公司诉新疆昆仑工程有限责任公司、张某民买卖合同纠纷案

判决观点,根据本案查明的事实,被告张某民的身份系新疆昆仑公司工地负责人,而不是工地的承包人或者实际施工人。其与原告进行结算和在结算单上签名的行为,被告新疆昆仑公司表示认可。由此可以确认被告张某民是在其职责范围内履行职务行为。[2]

在司法实践中,法院内部对其项目经理行为定性有分歧,是需要加大研究的难点问题。

【案例10－17】　黄某清诉福建省广润建筑发展有限公司、黄某魁买卖合同纠纷案

一审法院认为,被告黄某魁个人无建筑工程施工资质,其以被告广润公司的名义承揽工程,两被告之间成立工程挂靠施工合同关系。被告黄某魁在承建讼争工程的过程中,以被告广润公司项目部的名义向原告购买加气砖并出具欠条,其行为构成表见代理,其民事责任应由被告广润公司承担,原告与被告广润公司之间成立买卖合同关系。被告广润公司结欠原告货款人民币263,000元的事实,应予以认定。被告广润公司依法应按结欠金额向原告承担赔付责任。二审法院认为,被上诉人黄某魁作为上诉人广润公司在本案诉争工程的实际施工人,在施工过程中,因工程所需与材料商进行结算并出具欠条的行为,应认定为代表上诉人广润公司履行职务的行为,欠条中所体现的欠款金额的还款义务,依法应由上诉人广润公司承担。上诉人广润公司的上诉理由,缺乏事实和法律依据,不予支持。[3]

---

〔1〕　参见国家法官学院案例开发研究中心编:《中国法院2013年度案例》(买卖合同纠纷),中国法制出版社2013年版,第172页。

〔2〕　参见国家法官学院案例开发研究中心编:《中国法院2014年度案例》(买卖合同纠纷),中国法制出版社2014年版,第212页。

〔3〕　参见国家法官学院案例开发研究中心编:《中国法院2014年度案例》(买卖合同纠纷),中国法制出版社2014年版,第90页。

【案例10－18】 蔡某虎与朱某荣、朱某军、南通建工借款纠纷案

一审法院认为，朱某荣作为项目经理，有权对外借款，出具借条的行为属职务行为，南通建工应承担还款责任；同时，朱某荣本人是共同借款人，应承担连带清偿责任。二审法院认为，对外借款与工程现场管理没有必然的关联性，不能认定朱某荣的对外借款属职务行为，也缺乏表见代理的证据，据此改判由朱某荣个人承担还款责任。[1]

建设工程项目经理在没有明确授权情形下，指示材料供货商通过其账户支付给材料供货商的货款转付他人，不能认定为职务行为。虽然项目经理具有外表授权特征，但因材料供货商没有尽到应有注意义务，不构成合理信赖，不能认定项目经理指示转款行为构成表见代理。

【案例10－19】 湖南昌华科技有限公司诉湖南省第六工程有限公司买卖合同纠纷再审案

再审法院认为，谢某伟不是第六工程公司员工，该公司也没有授权其融资或将款项转付给他人，显然谢某伟指示转款给湖南瑞泉投资有限公司并不是职务行为或有权代理。……本案谢某伟是第六工程公司农信家园项目部负责人，第六工程公司也授权其处理工程相关事宜。该事实决定了谢某伟具有双重身份，既具有该项目负责人身份，也具有普通自然人身份。涉案争议的250万元资金转款给湖南瑞泉投资有限公司虽然系谢某伟指示，但第六工程公司已将400万元转入昌华科技公司账户，因钱系种类物，自该款转入昌华科技公司账户，该款就已属于昌华科技公司所有。因此，谢某伟指示转账的对象并不是第六工程公司所有的财产，而是昌华科技公司所有的财产。虽然昌华科技公司提出只是利用其账户过账，但并无充分证据证明双方存在此约定。因此，昌华科技公司提出谢某伟在支配控制第六工程公司财产的理由不能成立。而昌华科技公司对自己财产处置则具有更高的注意义务。即使上述250万元款项仍属谢某伟对第六工程公司资金的支配，本案昌华科技公司对谢某伟指示转款行为并不属善意且无过失。作为相对方的昌华科技公司，在谢某伟指示其转款时，至少从形式上应考量所转之款应与第六工程公司是否有关，也只有在谢某伟所实施的事务在表面上与其项目负责人身份相关联时，昌华科技公司才可能有理由相信其代表第六工程公司。而本案谢某伟指示昌华科技公司转款给湖南瑞泉投资有限公司，与第六工程公司项目没有任何关联。此时，谢某伟除有项目负责人身份外，再无其他外表授权，而如

---

〔1〕 参见谷昔伟：《工程项目负责人擅自以公司名义对外借款不构成表见代理》，载《人民司法·案例》2016年第11期。

上文所述,谢某伟具有双重身份,仅凭其身份并不当然认定其有理由相信谢某伟具有代理权,故昌华科技公司转款并不属善意相对方。另外,本案涉案工程是以第六工程公司的名义承建,谢某伟实施的与工程相关行为均是以第六工程公司的名义实施,钢材买卖合同的需方也是第六工程公司,钢材款的支付也是第六工程公司账上支付,昌华科技公司现起诉对象也是第六工程公司,故昌华科技公司知道权利相对方为第六工程公司,对于谢某伟指示转款是否为第六工程公司意思表示并没有与其合同相对方即第六工程公司进行核实,也没有要求第六工程公司或项目部出具意见函,仅凭谢某伟个人口头指示和湖南瑞泉投资有限公司出具的联系函就将其账户上的款项转给他人,明显没有尽到应有的谨慎注意义务。虽然昌华科技公司提出湖南瑞泉投资有限公司系谢某伟控制,但并不能因此而免除其应尽的注意义务。再者,从常理来看,如果谢某伟的指示是代表第六工程公司意思表示,完全没有必要绕弯通过昌华科技公司账户转款,直接少支付 250 万元更简单明了。很显然,谢某伟行为外观上也与第六工程公司利益不符。故昌华科技公司对于转款 250 万元给湖南瑞泉投资有限公司存在过失。[1]

(三)行为人对外签订合同认定

对于行为人签订合同或出具条据的效力认定,这是对外部民事行为效力的确认,应放在个案中由法官自由裁量。

其一,项目经理或其授权的人持有公司授权证明或加盖公司印章的合同、条据对公司发生效力,或未授权、加盖印章而公司事后追认的同样有效。对这种情形,法官认定上不再区分项目经理是否为公司的员工或超越授权范围。

其二,项目经理或其授权的人以加盖项目部章、个人名义签订合同或出具条据,其效力可分两种情况讨论。一种情况为,相对人从外部直观上可以确认项目经理有代理权,构成表见代理其合同、条据对公司发生效力。另一种情况为,相对人从外部直观上不能确认项目经理有代理权,不能构成表见代理,公司事后并未追认或未实际认可,其合同只在项目经理与相对人之间发生效力,对公司不发生效力。实践中,存在以项目经理有无资质、公司员工进行判断合同效力之意见,项目经理有资质、员工身份的对外签订合同有效,项目经理借用资质、无员工身份签订的合同无效。有法官认为,关于项目经理或项目部的行为,无论其与承包人之

〔1〕 参见最高人民法院中国应用法学研究所编:《人民法院案例选》2017 年第 12 辑(总第 118 辑),人民法院出版社 2018 年版,第 124 ~125 页。

间是行政隶属关系还是挂靠关系，一般情况下均应当认为其取得了承包人的概括性授权，在承包人未提供相反证据的情况下，为保护善意相对人的权利，项目经理或项目部对外从事的行为均是有效的，对于承包人具有约束力。至于其与承包人之间属于内部承包还是挂靠经营等其他法律关系，双方可另行解决。[1] 笔者认为，现行法律、司法解释没有明确规定挂靠、转包、违法分包时，项目经理（实际施工人）对外签订合同出具条据产生法律后果不同。而且项目经理资质、员工身份以及与公司内部关系对其外部行为效力没有影响，也就是说内部差别不影响外部合同、条据的效力。一般认为，在施工合同履行过程中，承包人的项目经理以承包人名义在结算报告、签证文件上签字确认、加盖项目部章或者收取工程款、接受发包人供材等行为，原则上应当认定为职务行为或表见代理行为，对承包人具有约束力，但施工合同另有约定或承包人有证据证明相对方知道或者应当知道项目经理没有代理权的除外。

《河南省高级人民法院关于审理建设工程领域买卖、租赁合同纠纷案件若干疑难问题解答》关于盖章行为的法律效力及责任认定 12. 问：行为人与建筑企业存在借用资质、分包、转包等关系，合同书上加盖有建筑企业项目部印章，相对人请求建筑企业承担责任，建筑企业抗辩合同上的印章是实际施工人伪造、私刻的，其不应承担责任，对此问题该如何处理？答：可以参照《九民纪要》（法〔2019〕254号）第 41 条关于盖章行为的法律效力的规定，审查行为人签约盖章之时是否有代理权，或是否构成表见代理，来确定合同效力和责任主体。建筑企业仅以行为人加盖的印章系伪造、私刻或与其使用、备案印章不一致，否定合同效力，主张不承担责任的，依据不充分。14. 问：合同上加盖技术专用章、资料专用章等具有特定用途的印章，是否构成具有代理权的外观？答：如果相对人接受行为人使用技术专用章、资料专用章等有特定用途的印章签订合同，且没有证据证明行为人取得建筑企业的授权，应视为相对人未尽到合理的注意义务；相对人持加盖此类印章的合同要求建筑企业承担责任，但无其他证据证明建筑企业有履行合同行为的，一般不能认定构成表见代理。

《山东省高级人民法院民一庭关于审理建设工程施工合同纠纷案件若干问题的解答》项目经理以承包人名义实施确认工程量、签订买卖合同或租赁合同、对外借款等行为，效力如何认定？承包人对项目经理授权不明，或者项目经理在承包人授权范围外从事的相关行为，应当适用表见代理的法律规定，审查承包人是否对项目经理行为承担民事责任。合同相对人主张构成表见代理的，应当承担举证证明责任。对于项目经理确认工程量的行为，一般应认定为有效，但承包人明确项目经理无确认工程量的授权，且发包人明知的除外。对于签订买卖、租赁合同

---

[1] 参见陈旻：《建设工程案件审判实务与案例精析》，中国法制出版社 2014 年版，第 95 页。

的行为,应当结合购买材料或租赁设备的品类、用途、交货地点,是否用于涉案工程以及施工合同履行习惯,相对方是否善意等情况,认定是否由承包人承担责任。对于对外借款行为效力的认定要从严掌握,应当对借款流向、用途以及出借人是否善意等事实进行实质性审查,并结合承包人与项目经理之间关于涉案工程的资金投入、结算方式等约定,综合认定是否由承包人承担还款责任。

【案例 10-20】 常州现代混凝土有限公司诉金坛市儒林建筑安装公司、徐某华承揽合同纠纷再审案

再审法院认为,本案徐某华以儒林建安公司 203 项目部的名义、印章与现代公司签订、履行集中搅拌混凝土浇筑承揽合同,现代公司供应的搅拌混凝土全部用于徐某华转包承建的金坛市城市花园 A、B、C 三幢房屋工程,已交付的 97 万元混凝土价款是发包人翔峰公司直接从其账户以现金或现金支票方式支付给现代公司,最后徐某华以该 203 项目部的名义向现代公司出具混凝土价款的欠条,因此徐某华并不是以其个人名义与现代公司发生供应混凝土业务往来。……本案儒林建安公司与徐某华之间虽然签订了内部转包合同,因徐某华对外签订、履行合同及付款、出具欠条均以儒林建安公司 203 项目部的名义进行,儒林建安公司对徐某华以儒林建安公司 203 项目部的名义开展活动也从未表示异议,所以二者虽是内部承包关系,但对外具有明显的代理人与被代理人的关系特征。根据我国《民法通则》确立的代理制度,徐某华是以儒林建安公司 203 项目部的名义所欠现代公司混凝土款,应由儒林建安公司直接承担民事责任。[1]

【案例 10-21】 李某明诉云南省玉溪市东风建筑安装有限公司、李某买卖合同纠纷案

二审法院认为,首先,被上诉人(一审被告)李某与被上诉人李某明(一审原告)签订《钢筋购销协议》,并在该合同上加盖其持有的"云南省玉溪市东风建筑安装有限公司禄劝项目部"印章,具备有权代理的客观表象形式要素;其次,李某以上诉人云南省玉溪市东风建筑安装有限公司的名义与李某明签订合同,约定由李某明提供钢材,缔约时间与工程的时间吻合,购买的材料为工程所需,证人亦陈述该批钢材的交付地点为上诉人禄劝马鹿塘中心小学工地,故可以认定李某明主观上善意且无过失地相应李某具有代理权。因此,李某对上诉人的代理行为应认定为有效,上诉人应当向李某明支付钢材

---

〔1〕 参见最高人民法院中国应用法学研究所编:《人民法院案例选》2013 年第 3 辑(总第 85 辑),人民法院出版社 2014 年版,第 238 页。

余款及违约金。[1]

争议的行为被法官认定为施工单位成立项目部行为,其行为效力判断参照职务代理行为的法理,由施工公司承担法律责任。

【案例10-22】 李某与甲建设公司、尚某买卖合同纠纷再审案

最高人民法院认为,美馨庄园项目部系甲建设公司设立,刘某、尚某系甲建设公司工作人员,具体负责该项目,因此在工程施工过程中尚某、刘某对外签订本案购销钢材合同及出具欠条的行为,应视为履行甲建设公司职务行为,根据《民法通则》第四十三条规定,企业法人对它的法定代表人和其他工作人员的经营活动,承担民事责任,故甲建设公司应对其工作人员尚某、刘某在案涉钢材购销合同中实施的民事行为承担责任。[2]

其三,实际施工人、班组负责人对外签订的合同、出具的欠条,只能在相对人之间发生效力,对公司不发生效力,但公司认可除外。对确有证据证明实际施工人系以承包人名义与相对人订立履行合同的,不属于以自己名义担责范围;有证据证明是为公司实际履行合同的其效力涉及公司,实务中作为行为人的债权可向公司主张。也就是说,不构成表见代理与无公司授权或实际认可,法院可能将其认定为个人行为,否认与相对人签订的合同对公司有约束力。即便加盖项目技术专章的,应视为是个人行为而不是公司行为。

【案例10-23】 俞某法诉慈溪市第二建筑工程有限公司买卖合同纠纷再审案

再审法院认为,本案所涉合同签订前,马某君、王某军等人并未代表二建公司与俞某法发生过交易关系;签订合同时,俞某法明知本案所涉工程项目经理为朱某祥,马某君、王某军仅为标段负责人(实为工程承包人);合同上所盖印章为明显不具有对外合同效力的技术专用章。上述情况说明,马某君、王某军二人并不具备使申诉人相信其有代表二建公司与俞某法签订合同的理由,但俞某法仍与所谓代表二建公司的马某君、王某军签订了合同并履行,俞某法自身存在过失,故不符表见代理的构成要件,因此,马某君、王某军于本案所涉之行为,并不构成表见代理。再审法院维持驳回俞某法的诉讼请求判决。[3]

---

〔1〕 参见国家法官学院案例开发研究中心编:《中国法院2016年度案例》(买卖合同纠纷),中国法制出版社2016年版,第66页。

〔2〕 最高人民法院(2016)民再字第5号民事判决书。

〔3〕 参见国家法官学院案例开发研究中心编:《中国法院2013年度案例》(买卖合同纠纷),中国法制出版社2013年版,第152页。

项目经理对外商事行为如对外借款性质认定,实务中有不同观点。持肯定态度的观点认为,基于规范意义上项目经理的定义,项目经理是公司的全权代理人,其签字有无可争议的效力。因此,项目经理为了工程项目代表公司对外借款,是法律明确规定的,应被认定为职务行为,无需特别授权,正如法定代表人代表公司对外借款的。持否定态度的观点认为,项目经理没有对外借款的权利。笔者同意后一种观点,项目经理在负责施工中可以对外签订劳务合同、买卖合同、租赁合同,但并不必然应有对外融资借款的权限。项目经理不是公司的所有权表意者,项目经理代表公司对外借款的行为,与其管理工程、购买建材等施工必需材料的行为性质不同,是需要公司另行授权,因为项目经理虽说是法定代表人的代表,但与法定代表人在权限上还是有区别的。对于工程项目的资金,只有进入工程后,项目经理才具有调配和管理的权利。项目经理商事行为如对外借款,未经公司授权或认可的应由其个人负责。

【案例 10-24】 陈某善诉中天二公司、中天集团公司借款纠纷案

二审法院认为,金某跃虽系被告中天二公司承建工程的项目经理,但其持有的中天二公司的技术专用章,只能应用在相应工程项目的技术工作事务中。金某跃向原告陈某善借款,并未经被告中天二公司认可,其在借条上加盖项目部技术专用章的行为,并非中天二公司的意思表示。原告陈某善作为出借人,理应明知技术专用章的使用范围,且陈某善也未提供证据证明该借款实际使用于中天二公司承建的工程项目中,故陈某善以金某跃加盖中天二公司项目部技术专用章的借条为据,主张系被告中天二公司借款,缺乏事实和法律依据。据此,判决撤销一审判决,驳回原告陈某善的诉讼请求。[1] 本案借款的基本事实清楚,金某跃通过卜某洪向原告陈某善借款 10 万元的事实可以认定,借条上既有经办人卜某洪的签名,又加盖了工程项目部的技术专用章。有争议的问题就是借款的责任主体是金某跃个人还是中天二公司,其焦点就在于金某跃对外借款是否具有代理权抑或是否构成表见代理,对此两级法院作出了不同的认定。结合全案证据,二审法院认定金某跃的借款行为既不属于有权代理,也不构成表见代理,而属个人行为,其认定正确。

司法实践中,对是否构成表见代理认定有从严和从宽两种态度。持从严意见的坚持,不仅要求代理人的无权代理行为在客观上形成具有代理权的表象,而且要求相对人善意且无过失地相信行为人有代理权。因为表见代理实质上是无权代理,为了保护善意第三人的利益却要产生有权代理后果之原因。另一种意见为

---

〔1〕 参见林晨、林恩伟:《项目经理对外借款的责任主体认定》,载《判解研究》2013 年第 4 辑(总第 66 辑),人民法院出版社 2014 年版,第 134 页。

有条件的从宽认定。有法官认为,原则上,凡是项目经理基于工程施工的原因对外所作的意思表示,都应当认定其是有代理权的。换言之,基于建筑管理法规的规定和建筑工程施工合同的特征,施工企业的项目经理在代理权有无的认定上应当从宽。同时,在项目经理确实超越权限的情况下,对其是否构成表见代理的认定标准上也要宽于其他雇员。但是,这并非说,项目经理以施工企业的名义所为的任何行为都能认定有权代理或表见代理。[1] 笔者赞同法官的观点,因项目经理的授权是概括性的,在不能认定为职务行为时按表见代理认定合理,除非有证据证明该行为是其个人行为。实践中可从以下几个方面考量,其一,授权表象。可从建设工地的项目公示牌的内容,使用施工公司的财务章、合同章,施工公司的内部承包合同、任命文件是否形式完整、内容合法,是否表明合同签订人身份为施工公司的项目经理,施工函、工程联系单、现场签证单等各种表明授权的材料。其二,合同相对人善意无过失。其三,标的物用途。标的物用在涉案工程中,符合建设方与施工方双方签订合同约定之项目。在此情况下,则可认定为项目经理有授权。

【案例 10-25】 广东省八建集团有限公司与杨某纯买卖合同纠纷再审案

最高人民法院认为,一方面,杨某纯有理由相信史某伟具有代理权。史某伟在购买钢材时手中持有富源德鑫集团有限公司(以下简称德鑫公司)与八建公司签订的《建设工程施工合同》和史某伟与八建公司云南分公司签订的《工程项目安全责任书》。经鉴定,《建设工程施工合同》上的公章为八建公司的真实印章,虽八建公司云南分公司的印章经鉴定与工商企业登记管理档案中的印章不是同一枚印章,但对于杨某纯来说,已足够使其相信史某伟具有代理权。另一方面,杨某纯善意且无过失。八建公司称欠条可能是杨某纯与史某伟借购买钢材之名行民间借贷之实,但是八建公司并未提交证据证明其主张。八建公司亦未提交其他证据证明杨某纯存有恶意及过失行为。故杨某纯应为善意无过失的。据此,史某伟的行为构成表见代理,二审判决认定八建公司对杨某纯承担责任,并无不当。[2]

在处理无资质企业或个人挂靠有资质的建筑企业承揽工程时,应区分内部和外部关系,挂靠人与被挂靠人之间的协议因违反法律禁止性规定,属无效协议。而挂靠人以被挂靠人名义对外签订合同效力,应根据合同相对人在签订协议时是否善意、是否知道挂靠事实来作出认定。

---

〔1〕 参见刘贵祥:《合同效力研究》,人民法院出版社 2012 年版,第 247 页。

〔2〕 最高人民法院(2013)民申字第 1060 号民事裁定书。

【案例10－26】　李某盛与新疆天瑞圣源建设工程有限公司、奚某军等建设工程施工合同纠纷再审案

最高人民法院认为,本案争议焦点:二审法院以张某、奚某军不构成表见代理而驳回李某盛对天瑞圣源公司的诉讼请求,是否正确。《最高人民法院关于当前形势下审理民商事合同纠纷案件若干问题的指导意见》第十三条规定,《合同法》第四十九条规定的表见代理制度不仅要求代理人的无权代理行为在客观上形成具有代理权的表象,而且要求相对人在主观上善意且无过失地相信行为人有代理权。合同相对人主张构成表见代理的,应当承担举证责任,不仅应当举证证明代理行为存在诸如合同书、公章、印鉴等有权代理的客观表象形式要素,而且应当证明其善意且无过失地相信行为人具有代理权。本院认为,在处理无资质企业或个人挂靠有资质的建筑企业承揽工作时,应区分内部和外部关系,挂靠人与被挂靠人之间的协议因违反法律禁止性规定,属无效协议。而挂靠人以被挂靠人名义对外签订合同效力,应根据合同相对人在签订协议时是否善意、是否知道挂靠事实来认定。首先,本案中李某盛与张某、奚某军之间签订施工合同,张某、奚某军作为承包方,将案涉工程外墙保温部分转包给李某盛施工,该合同上落款处只有李某盛与张某、奚某军签名捺手印,并无天瑞圣源公司公章。其次,李某盛实际施工期间,从未向天瑞圣源公司主张支付案涉工程款,也未在天瑞圣源公司处取得任何工程款。最后,天瑞圣源公司在与示范区管委会签订的《工程合同协议书》上盖章及其与王某成建筑工程施工合同案事后追认的行为,并不能代表其认可张某、奚某军与李某盛的转包行为,且李某盛在得知案涉工程农民工上访追讨工资事件发生后,仍与张某、奚某军签订案涉施工合同,未尽到合理审查义务。因此,李某盛并非属于善意且无过失,原审据此认定张某、奚某军的行为不能构成表见代理,继而驳回李某盛对天瑞圣源公司的诉讼请求,并无不当。综上,李某盛的再审申请不符合《民事诉讼法》第二百条第二项、第六项规定的情形。裁定:驳回李某盛的再审申请。[1]

发包人的控股股东、实际控制人代表公司签字,构成表见代理。

【案例10－27】　华阳公司与鹏华公司等建设工程施工合同纠纷再审案

最高人民法院认为,本案系当事人申请再审案件,应当围绕华阳公司主张的再审事由能否成立进行审查。根据华阳公司的再审申请理由,本案主要审查了以下问题:案涉《协议书》是否成立并生效;……2015年9月19日,鹏华公司、华阳公司与华汇公司就案涉工程价款结算事宜,签订了《协议书》,

〔1〕　最高人民法院(2021)民申2345号民事裁定书。

确认装饰装修工程结算造价为2600万元。虽然华阳公司法定代表人刘某未在《协议书》上签字确认,但是华阳公司的控股股东、实际控制人刘某骅代表华阳公司进行了签字。从案涉《建筑装饰工程施工合同》的签订、履行及《协议书》签订过程看,鹏华公司知道刘某骅不仅是华汇公司的法定代表人,还是华阳公司的控股股东、实际控制人,有权代理华阳公司从事民事行为。即使华阳公司否认刘某骅代理公司在《协议书》上签字的行为,但是根据《合同法》第四十九条"行为人没有代理权、超越代理权或者代理权终止后以被代理人名义订立合同,相对人有理由相信行为人有代理权的,该代理行为有效"之规定,刘某骅代理华阳公司签字行为的法律后果应由华阳公司承担。而且,《协议书》签订后,华阳公司按照约定,以一套商品房向鹏华公司抵顶了部分工程款,以实际行为履行了《协议书》约定的义务。因此,一审、二审判决认定《协议书》有效,并将其作为确认案涉工程结算价款的依据,并无不当。……综上,华阳公司的再审申请不符合《民事诉讼法》第二百条第二项、第六项规定的情形。裁定:驳回华阳公司的再审申请。[1]

应注意的是,在考虑项目经理表见代理时不应忽视归责性要件,应建立本人归责性程度与相对人信赖合理性程度的比较权衡框架,[2]把施工公司对项目经理管控过失作为认定表见代理的因素之一。有法官认为,不仅要考察是否具有被授权的表象,还需要对"本人可归责性"作出严格考察,这需要结合各种条件作出综合分析判断。[3]

---

〔1〕 最高人民法院(2021)民申4920号民事裁定书。

〔2〕 参见叶金强:《表见代理构成中的本人归责性要件——方法论角度的再思考》,载《法律科学》2010年第5期。

〔3〕 参见《建设工程合同纠纷裁判思路》,法律出版社2014年版,第440页。

三、建设工程表见代理纠纷处理

实践中,对于表见代理行为责任主要有两种意见,一是公司承担,二是个人承担。材料供应商给工地供应的材料、出租方出租的钢管设备用在工地上,肯定应有人为此付账,反之不符合公平原则。这是司法实践中争议的焦点问题,也是认定表见代理、职务行为或个人行为最终所面临要解决的法律后果。笔者认为,现行法律、司法解释没有规定借用形式如何担责,在挂靠、转包、违法分包情形下项目经理对外行为产生的法律责任,应在个案中分类界定责任。

(一)表见代理主体连带责任处理

《民法典合同编通则解释》第二十一条第四款规定:"法人、非法人组织承担民事责任后,向故意或者有重大过失的工作人员追偿的,人民法院依法予以支持。"

《民法典合同编通则解释》第二十三条第一款、第二款规定:"法定代表人、负责人或者代理人与相对人恶意串通,以法人、非法人组织的名义订立合同,损害法人、非法人组织的合法权益,法人、非法人组织主张不承担民事责任的,人民法院应予支持。法人、非法人组织请求法定代表人、负责人或者代理人与相对人对因此受到的损失承担连带赔偿责任的,人民法院应予支持。"

材料供应商、出租方起诉公司或项目经理主张欠付材料款或租赁费的,如公司未举证证明与项目经理进行内部清算的,则由公司与项目经理对欠款诉讼请求承担连带责任。其依据参考《建设工程解释(一)》第四十三条第二款规定的"发包人在欠付建设工程价款范围内对实际施工人承担责任",实际施工人或施工队、工地班组长起诉公司或项目经理主张劳务费的或同时主张垫付材料费的,以进行内部清算为标准划界,与上述处理相同。笔者认为,在这里不因项目经理没有资质使其所签订合同无效,而将其排除在责任承担主体之外。合同无效,但工程实际使用材料或设备、组织人员施工,其虽未形成实际施工人的身份但不影响债权债务关系成立,也不影响责任的承担。对形成挂靠关系的,则因挂靠利害关系对外承担连带清偿责任。

河北省高级人民法院《建设工程施工合同案件审理指南》规定,施工企业设立项目部并任命项目部负责人的,项目部负责人受施工企业委托从事民事行为,应视为履行职务行为,施工企业应为合同主体。建设工程承包人设立的项目部负责人在施工企业授权范围外从事的行为,构成表见代理的,施工企业应对外承担责任。施工企业与其设立的项目部负责人签订的有关内部协议,约定免除施工企业对外承担责任的条款,不具有对外效力,不能约束第三人。

《陕西省高级人民法院关于审理建设工程施工合同纠纷案件若干问题的解答》第十二条规定:"承包人的项目部负责人以承包人名义实施的行为效力如何判断。建设工程承包人设立项目部并任命项目部负责人的,项目部负责人受承包人委托从事民事行为,应视为履行职务行为,承包人应为合同主体。建设工程承包人设立的项目部负责人在承包人授权范围外从事的行为,构成表见代理的,承包人应对外承担责任。承包人与其设立的项目部负责人签订的有关内部协议,约定免除承包人对外承担责任的条款,不具有对外效力,不能约束第三人。

对于签订买卖、租赁合同的行为,应当结合购买材料或租赁设备的品类、用途、交货地点,是否用于涉案工程以及施工合同履行习惯,相对方是否善意等情况,认定是否由承包人承担责任。

对于对外借款行为效力的认定要从严掌握,应当对借款流向、用途以及出借人是否善意等事实进行实质性审查,出借人要求承包人承担还款责任的,一般不予支持;出借人举证证明项目部负责人系获得承包人授权,或具有款项进入承包人账户、实际用于工程等情形的,出借人要求承包人承担还款责任的,可予支持。"

《山东省高级人民法院民一庭关于审理建设工程施工合同纠纷案件若干问题的解答》:"4.项目经理以承包人名义实施确认工程量、签订买卖合同或租赁合同、对外借款等行为,效力如何认定?

承包人对项目经理授权不明,或者项目经理在承包人授权范围外从事的相关行为,应当适用表见代理的法律规定,审查承包人是否对项目经理行为承担民事责任。合同相对人主张构成表见代理的,应当承担举证证明责任。

对于项目经理确认工程量的行为,一般应认定为有效,但承包人明确项目经理无确认工程量的授权,且发包人明知的除外。

对于签订买卖、租赁合同的行为,应当结合购买材料或租赁设备的品类、用途、交货地点,是否用于涉案工程以及施工合同履行习惯,相对方是否善意等情况,认定是否由承包人承担责任。

对于对外借款行为效力的认定要从严掌握,应当对借款流向、用途以及出借人是否善意等事实进行实质性审查,并结合承包人与项目经理之间关于涉案工程的资金投入、结算方式等约定,综合认定是否由承包人承担还款责任。"

【案例 10－28】　房某忠诉山东天海建业有限责任公司等买卖合同纠纷案

判决观点，原告房某忠与被告赵某然之间达成的买卖合同合法有效。原告按约履行了供货义务，被告赵某然未按双方确认的金额支付货款，应承担本案全部民事法律责任，故原告要求被告赵某然支付货款410,700元的诉请，事实清楚，证据充分，本院予以支持。被告天海公司将承接的工程以内部承包形式交由被告赵某然实际施工，并收取管理费，两被告应当视为挂靠关系，被告天海公司对被告赵某然基于挂靠关系而产生的债务，应当承担连带清偿责任。[1]

施工单位并未以项目部的名义向涉案工程投入资金、实际组织施工，也未将该工程部印章和账户交给实际施工人使用，施工公司对于实际施工人自己组织资金，以项目部的名义进行施工应当是明知的，施工公司应当承担用于工程借款的连带还款责任。

【案例 10－29】　广东省第四建筑工程公司与梁某雄民间借贷纠纷再审案

最高人民法院认为，关于广东四建公司是否应当对梁某雄出借资金承担清偿责任问题。梁某雄等人所借款项依现有证据证明已用于涉案工程，广东四建公司是工程的总承包人，且实际占有该工程，是涉案项目的权利义务承受者。广东四建公司承建皖江明珠、皖江商业街土建与安装工程后，与化州二建公司签订《专业分包工程合同》，实为整体转包合同。……广东四建公司承包涉案项目后，虽然组建了“广东四建公司繁昌县工程部”，任命林某章为工程部负责人，刻制了公章，设立了账户，但广东四建公司并未以该项目部的名义承接其他工程，或向涉案工程投入资金、实际组织施工，也未将该工程部的公章和账户交给实际施工人段某根使用，广东四建公司对于段某根自己组织资金，以“广东四建公司繁昌县工程部”的名义进行施工，并在工地上悬挂有“广东四建公司繁昌县工程部”的招牌是明知的，但广东四建公司并未在施工过程中予以制止，直至停工之后才责令段某根销毁私自刻制的公章。为此，广东四建公司应承担相应的法律责任。即使广东四建公司不承担借款的还款责任，也应向实际施工人对工程的投入支付工程款。因此，依据公平原则，由工程总承包人广东四建公司承担用于工程借款的连带还款责任，并无不妥。[2]

实践中，对于在合同或欠据上加盖印章责任主体认定，应结合其他情形综合

---

〔1〕 参见国家法官学院案例开发研究中心编：《中国法院2013年度案例》（买卖合同纠纷），中国法制出版社2013年版，第199页。

〔2〕 最高人民法院（2014）民申字第604号民事裁定书。

考虑,如结合其经济往来的一贯行为和通常情形下的市场规则综合认定。

【案例10-30】 济南鑫择源物资有限公司诉河北建工集团有限责任公司等买卖合同纠纷案

判决观点,关于为原告出具欠条的陈某军的身份问题,原告提交的欠条中陈某军签字处加盖河北建工集团有限责任公司济南吉利汽车项目部公章,庭审中,被告认可在其承建的济南吉利汽车有限公司的工程项目中使用项目章,且被告未提供相应证据推翻欠条中加盖的项目部公章的效力,同时在原告提交的加盖"河北建工集团有限责任公司济南吉利汽车项目部"公章的还款计划中作为被告委托代理人的马某华也予以签字认可,更加能够说明该济南吉利汽车项目部的公章是真实存在的,并且被告在实际经营活动中使用。另原告提交的2010年4月27日欠条中陈某军的签字处加盖了河北建工集团有限责任公司济南分公司的公章,说明陈某军系被告在其承建工程上的工作人员,综上法院认定陈某军因该项目为原告出具欠条的行为能够代表公司,产生相关法律后果由被告承担。原告与被告河北建工济南公司双方存在买卖钢材业务关系,原告向被告承建的工程供应钢材,该买卖合同关系合法有效,双方应依法履行。被告河北建工公司作为设立被告河北建工济南公司的法人单位,应对其分支机构的债务承担连带责任。[1]

【案例10-31】 杨某贤与新星宇公司、王某玉买卖合同纠纷再审案

再审法院认为,新星宇公司与王某玉是项目承包关系,王某玉没有建筑资质,双方应属内部承包。王某玉作为项目负责人向杨某贤赊购材料,杨某贤把材料运送至王某玉承包的工地,证人姜某云出庭证实王某玉与杨某贤曾有多笔往来账目,欠据上都标注了承包工地的名头。故本案欠据虽系由王某玉个人出具,但杨某贤基于以上事实有理由相信王某玉的行为系代新星宇公司履行的职务行为。原审判决认为王某玉的行为构成表见代理,有事实依据。因新星宇公司与王某玉存在承包关系,双方应共同对所欠债务承担民事责任。二审判决确定新星宇公司对本案债务承担连带责任,与最高人民法院相关解释观点并不矛盾。综上,新星宇公司申请再审的理由不符合应予再审情形。[2]

---

〔1〕 参见国家法官学院案例开发研究中心编:《中国法院2015年度案例》(买卖合同纠纷),中国法制出版社2015年版,第74页。

〔2〕 吉林省高级人民法院(2020)吉民申3460号民事裁定书。

(二)表见代理施工单位责任处理

在公司出具授权书或事后追认项目经理的买卖、租赁行为或借据的,法院认定项目经理行为构成表见代理的,则不宜区分公司与项目经理是否内部清算,一律先由公司负责对外给付。在公司担责之后,根据内部协议约定处理。如果项目经理超出工程款给付约定的范围,应向其追偿。这种情况适用材料供应商、出租方主张材料款和租赁费、实际施工人主张拖欠工程款及劳务费等情形。也就是说在认定为职务行为情况下,全由公司担责。考虑到表见代理制度认定情况严格、复杂和不确定性,针对个案中在公司承认项目经理的前提下,以职务行为为依据要求公司承担还款责任,减轻了原告的举证责任和其后有利执行,无疑更有效率。施工单位对项目经理的行为不认可,但在可以认定项目经理行为产生的利益归属有利于公司的,亦可以从宽认定为表见代理。应注意的是,对表见代理与职务行为的外部法律后果相同,都是由施工单位承担责任。

河北省高级人民法院《建设工程施工合同案件审理指南》规定,施工企业认可的项目部印章对外订立合同的,该印章具有缔约或结算的效力,施工企业应对加盖该项目部印章的合同承担责任。

施工企业对项目部印章不认可的,若权利人举证证明在其他对外经济往来或具有公示效力的场合使用过该印章,则该印章具有缔约或结算的效力。

【案例10-32】　江苏星光发电设备有限公司诉新疆昆仑工程有限责任公司、张某民买卖合同纠纷案

判决观点,依照法律规定,被告张某民的职务行为,后果应当由新疆昆仑公司承担。故原告要求其承担民事责任的请求不符合法律规定,法院不予支持。[1]

【案例10-33】　吴某都诉北京金丰环球远大装饰工程有限公司买卖合同纠纷案

判决观点,金丰公司虽否认冼某松代其与吴某都签订的《石材购销合同》及石材结算清单,但金丰公司未能提供相应证据,现吴某都要求金丰公司支付尚欠货款的诉讼请求,理由正当,应予以支持。法院判决被告金丰公司

---

〔1〕 参见国家法官学院案例开发研究中心编:《中国法院2014年度案例》(买卖合同纠纷),中国法制出版社2014年版,第212页。

支付原告吴某都货款487,862.96元及违约金73,179元。[1]

关于对行为追认问题。实践中,在纠纷已经进行诉讼程序的,施工公司很少对行为人追认情形,但双方达成和解或追认也有存在。其施工公司行使追认权后,项目经理的行为自始发生有权代理的法律效力。虽然第三人未能就项目经理的材料采购、设备租赁等行为系有权代理直接提供相应依据,但能够提供证据证明被代理方即施工公司,存在事后明示、默示或者以自己的行为表明确认项目经理具有从事相应经济行为的代理权的,则项目经理的行为仍然被作为有权代理认定。

【案例10－34】 绍兴市中富商品混凝土有限公司诉鉴湖建设集团有限公司商品混凝土买卖合同纠纷案

二审法院认为,本案双方的争议焦点是祝某龙以鉴湖公司的名义出具结账清单的行为对鉴湖公司有无约束力。第一,供货合同上虽未加盖鉴湖公司公章,但抬头及落款处均为鉴湖公司名称,祝某龙在委托代理人处签名。合同履行过程中月对账单上记账的收款对象也是“鉴湖建工”。可见,本案买卖合同是祝某龙等行为人以鉴湖公司名义而非其个人名义签订并履行。第二,鉴湖公司对祝某龙作为项目副经理、经济责任承包人的身份予以确认。但鉴湖公司在二审中提供的内部承包合同仅涉及兰亭国际公寓二期工程,而本案买卖合同关系自一期工程即已发生,对于一期工程是否由祝某龙内部承包,鉴湖公司并未提供证据证明。而且,内部承包合同中关于祝某龙职责范围的约定,系鉴湖公司内部关系,并无证据证明中富公司明知该约定,故对中富公司无约束力。第三,即使祝某龙的行为系无权代理,由于祝某龙系该工地的实际负责人,其购买建材行为与工程施工直接有关。而且,从混凝土这种商品的特性看,需要现场搅拌、现场浇灌,同时结合城建档案资料、兰亭国际公寓使用的混凝土相应的质量证明书由中富公司出具,可见本案所涉混凝土实际用在兰亭国际公寓工程中。中富公司将混凝土运送至鉴湖公司承建的兰亭国际公寓施工现场。第四,中富公司开具给鉴湖公司的增值税发票鉴湖公司均已认证抵扣,应视为鉴湖公司对交易关系的认可。综合分析本案合同实际履行的情况,祝某龙出具结账清单的行为对鉴湖公司有约束力。……综上,鉴湖公司的上诉理由不能成立,不应予以支持。二审法院判决:驳回上诉,维持原判。[2]

---

〔1〕 参见国家法官学院案例开发研究中心编:《中国法院2013年度案例》(买卖合同纠纷),中国法制出版社2013年版,第172页。

〔2〕 参见最高人民法院民事审判第一庭编:《民事审判指导与参考》2016年第4辑(总第68辑),人民法院出版社2017年版,第236～237页。

从承担外部责任上讲,其建设工程挂靠关系还是内部承包关系没有区别。企业内部承包人与工程挂靠下的承包人,差别在于内部承包的承包主体是本单位工作人员,而工程挂靠的承包人则是外部人员。企业与项目经理之间所签订的内部承包合同仅仅改变了企业内部的经营管理方式,无法改变企业作为内部发包方本身的法律地位。项目经理作为承包人在承包期间是以企业的名义而不是以个人名义对外进行民事交往,因民事交往产生的权利由企业享有,产生的义务由企业承担。因此当承包人即项目经理对外创设民事法律关系时,该民事法律关系的一方主体是企业而不是项目经理。

【案例 10 – 35】　蔡某添诉福建省华厦建设发展有限公司等买卖合同纠纷案

二审法院认为,华厦建设公司是霞浦县松港街道农发土地整理项目的施工单位,虽然华厦建设公司与王某旺之间存在内部承包合同关系,但该内部承包合同关系不影响华厦建设公司对外作为该工程施工主体并承担相应的责任。王某旺因施工建设需要向蔡某添购买水槽 119,924 元的事实存在,华厦建设公司应对本案结欠款承担偿还责任。原审法院认定事实清楚,适用法律并无不当,应当予以维持。〔1〕

包工头借用企业资质、挂靠施工单位名义承包工程项目的现象在当今社会十分普遍。工程建设期间,涉及大量租赁、购销合同行为,由于没有书面合同或者合同约定不明确,由此引发的纠纷,作为出借资质、允许挂靠且收取管理费的施工单位不可能置身事外。如无特殊约定,其对外应当承担买卖或租赁合同主体的相应责任。

【案例 10 – 36】　陈某祥与建工集团、吴某明买卖合同纠纷再审案

再审法院认为,陈某联系购买的行为不属于职务行为,但构成表见代理;吴某明等在"好视达"项目工程工地签收涉案钢材的行为属于职务行为,建工集团应当对陈某祥承担支付欠货款的民事责任。二审判决认定的事实基本清楚,但适用法律不当。陈某祥要求建工集团承担支付欠款的民事责任有相应的事实和法律依据,予以支持。判决:撤销二审判决,维持一审判决。〔2〕该案表明了一个责任认定问题,即实际施工负责人在为自己实际施工工地购买所需材料构成表见代理,其聘用的工作人员为其实际施工工地购买所需材料构成职务行为,二者在对外责任承担上均由施工公司负责,实际施工人或其聘用的工作人员无需承担欠款责任。

---

〔1〕　参见国家法官学院案例开发研究中心编:《中国法院 2012 年度案例》(买卖合同纠纷),中国法制出版社 2012 年版,第 95 页。

〔2〕　浙江省高级人民法院(2012)浙商提字第 2 号民事判决书。

承包人任命的项目经理对外实施法律行为的,由承包人承担法律责任。[1]

地方法院对项目经理的行为有明确规定。

【案例10-37】 沈阳市合富源物资有限公司与辽宁国际建设工程集团有限公司、李某强等买卖合同纠纷再审案

最高人民法院认为,辽国建公司和华凌公司签订的《施工补充合同条款》中明确约定该工程由辽国建公司包工、包料施工,李某强为辽国建公司的现场负责人。根据上述内容,李某强是辽国建公司的工作人员,有权代表辽国建公司就涉案工程对外采购施工材料,辽国建公司应当对李某强以辽国建公司名义采购钢材的行为承担民事责任。合富源公司与李某强缔结的工业品买卖合同中明确载明附施工合同,合富源公司对李某强的身份及权限已经尽到了足够的注意义务,李某强的行为为合法的代理行为,有权要求辽国建公司对涉案货款承担清偿责任。[2]

借款与案涉工程建设施工的直接关联性的判断标准。如果能够查明借款与施工项目有直接的关联性,被挂靠公司享有收益,则应该判决被挂靠公司承担连带还款责任。如果经审查不能确认案涉借款与工程有直接的关联性,与被挂靠公司没有收益关系,则不认定被挂靠公司承担连带还款责任。

【案例10-38】 康某永、康某国与海博建设股份有限公司民间借贷纠纷再审案

最高人民法院认为,项目部公章的使用范围一般限于工程报告、计量、变更及决算资料方面,不包括对外借款用途。但从建筑行业现实情况来看,部分建设施工单位不规范,使用项目部公章确认原材料供货、工人劳动报酬数额等债权债务关系的情形也不鲜见,故对在借条上加盖项目部印章的行为,应结合出具人的职务及其日常管理行为、出借款项的流向等因素综合认定。本案中,虽然海博公司与康某国签订《项目部印章使用合同》对项目部印章使用范围进行了专门的约定,但该约定对第三方不具有直接约束力。就康某国以海博建设公司名义向康某永借款,并在有关协议、欠条上加盖"安徽海博建设工程有限公司文帝西路(汤王大道—希夷大道)道排工程项目部"印章的行为,对其中与工程建设相关的垫付款项2,937,505元部分,鉴于海博建设公司在未与康某国结算工程量就接管案涉工程,系上述垫资借款的受益

---

〔1〕 参见邬砚:《建设工程合同纠纷——254个裁判规则深度解析》(第2版),法律出版社2019年版,第370页。

〔2〕 最高人民法院(2014)民抗字第31号民事判决书。

人,原审判决判令海博建设公司承担相应的还款责任,符合本案实际情况。经原审法院审查,康某永主张的垫付款项中,涉及餐饮费、送礼、烟酒、招待费、李某伟借款等款项共996,235.5元部分,不能证明与案涉工程建设施工的直接关联性,原审判决从海博建设公司还款数额中予以扣除,由康某国自行承担还款责任。因上述款项难以认定海博建设公司系该部分垫付款项的受益人,故海博建设公司不应承担相应的还款责任。裁定:驳回康某永、康某国、海博建设公司的再审申请。[1]

借用资质(挂靠)的实际施工人以被挂靠单位项目部公章签订的《混凝土买卖合同》,被挂靠单位应承担责任。

【案例10-39】 福泰公司与天伟公司建设工程施工合同纠纷再审案

再审法院认为,关于福泰公司与天伟公司之间是否存在买卖合同关系的问题。本案中,许某平借用福泰公司资质承包建设上城公馆10#楼项目,并设立福泰公司第九项目部,许某平是上城公馆10#楼项目五层(含五层)以下工程的实际施工人。根据原审查明事实,2011年7月4日《预拌混凝土买卖合同》的签订双方系天伟公司和福泰公司第九项目部。天伟公司主张福泰公司应当承担上述买卖合同义务,但福泰公司认为其没有授权许某平对外签订合同,不应承担买卖合同义务。本院对此分析如下:第一,2011年7月4日《预拌混凝土买卖合同》中买受人处加盖的是福泰公司第九项目部公章,福泰公司虽不认可该合同中福泰公司第九项目部公章,但在另案方州公司与福泰公司建设施工合同纠纷一案中,福泰公司并未否认方州公司提交的加盖福泰公司第九项目部公章的工程款收据的效力,该收据亦在该案中作为福泰公司、方州公司确认上城公馆10#楼项目五层(含五层)以下完成工程款价款总额840万元的依据。第二,案涉《预拌混凝土买卖合同》落款处由许某平代表福泰公司第九项目部签字,而另案生效的(2016)豫0503民初41号民事判决(宋某案)已认定"福泰公司授权本公司工作人员许某平负责收货",该事实进一步说明福泰公司对福泰公司第九项目部对外签订买卖合同的行为是认可的。第三,案涉项目系福泰公司从方州公司处承包,福泰公司与方州公司之间的《建筑工程施工承包协议书》明确约定许海平为上城公馆10#楼项目经理,天伟公司所供混凝土亦是用于案涉项目。同时,根据案涉买卖合同签订人侯某明的陈述,其虽然考察了许某平的好几个工地,但亦对涉案项目系由福泰公司承包以及许某平负责项目施工的事实向方州公司进行了核实,并基于此签订了案涉买卖合同。因此,天伟公司在签订买卖合同时已经尽到了

---

[1] 最高人民法院(2020)民申1735号民事裁定书。

合理的注意义务。第四，本案许某平实际施工的上城公馆10#楼项目五层（含五层）以下工程中，212万元工程款系由方州公司直接支付给福泰公司，而根据许某平在刑事案件中的供述可知，其与福泰公司之间还存在工程款未退还的情况。若福泰公司基于案涉买卖合同承担相关责任，其亦可在与许某平之间的结算中另行处理。基于上述分析，许某平成立的福泰公司第九项目部有权代理福泰公司签订《预拌混凝土买卖合同》，福泰公司第九项目部签订案涉《预拌混凝土买卖合同》的法律后果应由福泰公司承担。即便福泰公司没有授权许某平或福泰公司第九项目部对外签订买卖合同，上述事实亦足以让天伟公司相信许某平成立的福泰公司第九项目部有权代理福泰公司对外签订买卖合同。因此，福泰公司与天伟公司之间存在买卖合同关系，案涉《预拌混凝土买卖合同》的合同义务应由福泰公司承担。[1]

承包人知道实际施工人或行为人以自名义对外实施法律行为，未做否认表示的，应由承包人对外承担责任。

【案例10－40】 江苏摩天建工集团公司与淮安兴港建材有限公司买卖合同纠纷再审案

最高人民法院认为，王某贵是摩天公司认可的案涉工程负责人及实际施工人，其签订定购合同使用的印章由摩天公司委托到项目部的人员负责管理，故摩天公司应当知道该印章在王某贵承建工程期间对外使用，但并未反对。根据《民法通则》第六十六条的规定，摩天公司应对王某贵的行为对外承担民事责任。[2]

【案例10－41】 江山市江建房地产开发有限责任公司与雷某程、吴某旺、俞某貂、江西四季青生态科技有限公司民间借贷纠纷再审案

最高人民法院认为，《还款协议》上江建公司作为担保人加盖公章，虽然该公章已被刑事判决认定为吴自旺伪造，但吴某旺在《招标通知书》和《建设工程施工招标备案资料》以及与施工单位订立的《建设工程施工合同》中均使用了该枚私刻的公章。且上述法律行为必须使用公章，在此情况下，二审判决推定江建公司对于吴某旺使用该枚公章知情并无不当。据此，江建公司为涉案款项提供担保的行为合法有效，应当承担担保责任。[3]

---

〔1〕 河南省高级人民法院（2022）豫民再122号民事判决书。

〔2〕 最高人民法院（2015）民申字第3341号民事裁定书。

〔3〕 最高人民法院（2016）民申字第425号民事裁定书。

(三)表见代理行为人责任处理

项目经理、挂靠人、施工队及班组长这些主体以个人名义签订的合同、出具条据经证据证明购买材料未用在涉案工地或用与涉案工地无关的地方,或用于个人生活消费或其自身利益,均应由其行为人承担责任。也就是行为性质为非职务行为,由其行为人自行承担。行为人的行为是无权代理,不构成表见代理,自然应由行为人负责处理。

《河南省高级人民法院关于审理建设工程领域买卖、租赁合同纠纷案件若干疑难问题解答》第5条规定:“问:行为人以自己的名义与相对方签订租赁或买卖合同,应如何认定该行为性质和责任主体,应否判令建筑企业承担责任?答:不应判令建筑企业承担责任。根据《民法典》第一百六十二条的规定,代理人在代理权限内,以被代理人名义实施的民事法律行为,对被代理人发生效力。委托代理、职务代理、表见代理均适用于行为人以建筑企业的名义与相对方签订合同的情形,如果行为人以自己名义与相对人签订合同,一般应认定为行为人的个人行为,应由行为人承担责任,判令建筑企业承担责任明显违背合同相对性原则。此外,有一些合同中,虽然合同文本首部记载的签订主体为建筑企业或项目部,但尾部只有行为人个人签名而未加盖建筑企业或项目部印章,也没有其他证据证明行为人代表建筑企业的,也应认定为行为人的个人行为。”第13条规定:“问:行为人冒用建筑企业名义购买建材或租赁设备的,该如何确定责任主体?答:虽然行为人以建筑企业或项目部名义与相对人签订合同,甚至合同书上还加盖了建筑企业或项目部印章,但是,如果建筑企业举证证明与行为人不存在借用资质、分包转包等关系,或所涉工程项目与建筑企业无关,相对人亦没有证据证明取得建筑企业授权或建筑企业有履行合同行为的,对相对人要求建筑企业承担责任的诉讼请求,不予支持。”

河北省高级人民法院《建设工程施工合同案件审理指南》第37条规定,挂靠人以自己名义与材料设备供应商签订买卖合同,材料设备供应商起诉要求被挂靠单位承担合同责任的,不予支持;挂靠人以被挂靠单位名义签订合同,一般应由被挂靠单位和挂靠人共同承担责任,但材料设备供应商签订合同时明知挂靠的事实,并起诉要求被挂靠人承担合同责任的,人民法院不予支持。第39条规定,转包人、违法分包人未经施工企业授权,以施工企业项目部名义对外签订借款合同,应按照《民间借贷规定》严格审查借贷的基础事实,包括借款的数额、利息等,并审查借款的用途。有证据证实借款实际发生且用于工程或施工合同履行过程中施工企业对项目部的行为进行过认可的,可以认定债权人有理由相信转包人、违法分包人有代理权。

【案例 10-42】 北京东方一代防水工程有限公司诉中方县建筑装饰工程有限公司、彭某南建设工程施工合同纠纷案

判决观点,本案中的防水工程施工合同,只有彭某南和刘某签名,中方工程公司及东方公司均未盖章,法定代表人亦未签名,但东方公司在起诉状上的陈述,已表明事后对刘某的行为进行了追认,故东方公司具有原告诉讼主体资格。原告无证据证明彭某南有中方工程公司的授权,该合同中方工程公司事后亦未追认,原告也无证据证明彭某南与中方工程公司是挂靠关系,故该合同对中方工程公司不发生法律效力,对原告要求中方工程公司承担违约赔偿责任的请求,法院不予支持。彭某南至今未能使合同工程由东方公司施工,已构成违约,对东方公司要求彭某南赔偿损失的请求,法院予以支持。[1]

司法实践中,实际施工人对外从事商行为有可能出现两种情况,一是以自己的名义,二是以承包人名义。根据相对性原理,如其以承包人名义的,则应适用表见代理的规定确定责任人。如果其以自己名义,则根据合同相对性原理,由其自行承担责任,这为当前法院的通常做法。若相对人知道或应当知道存在挂靠、转包、违法分包的事实,仍同意实际施工人以承包人名义与之发生交易的,应由实际施工人承担责任。

【案例 10-43】 陈某兵与国本建设有限公司、中太建设集团股份有限公司民间借贷纠纷再审案

最高人民法院认为,诉争《借款协议》载明了眭某红、徐某共同承接涉案项目、垫资施工的事实,故借款债权人陈某兵对眭某红、徐某是涉案项目实际施工人的事实是明知的。尽管诉争借款用于涉案工程,但借款合同与建设工程施工合同是两个不同的合同关系,实际施工人对外借款不是对涉案项目建设工程施工合同的履行,在未经中太公司追认的情况下,不能认定《借款协议》是中太公司的意思表示。再结合中太公司和国本公司未参加《借款协议》的签订、协议上未加盖国本公司公章以及出借人陈某兵对眭某红、徐某借用国本公司和中太公司的资质施工是明知的事实,应认定诉争借款是眭某红、徐某的个人债务,陈某兵要求中太公司和国本公司对诉争借款承担连带还款责任缺乏依据。[2]

---

〔1〕 参见国家法官学院案例开发研究中心编:《中国法院 2013 年度案例》(合同纠纷),中国法制出版社 2013 年版,第 68 页。

〔2〕 最高人民法院(2014)民申字第 1 号民事裁定书。

【案例10-44】　某物资贸易公司与某建设集团公司、某建设工程公司、吉某华买卖合同纠纷案

二审法院认为，钢材购销合同的实际买受人应为吉某华。具体理由：(1)吉某华并非某建设集团公司员工，其行为并非职务行为。(2)吉某华购买钢材行为亦不构成表见代理。……最后，某物资贸易公司已经在原审中确认合同买受人吉某华。其起诉状说明，签订合同时，已经明知吉某华以某建设工程公司名义从某建设集团公司承包了案涉工程项目，并与吉某华签订买卖合同。综上，吉某华应承担合同责任。某建设集团公司和某建设工程公司并非案涉买卖合同当事人，不应承担合同责任。[1]

【案例10-45】　杨某群诉南通华荣建设集团有限公司、谢某明买卖合同纠纷案

判决观点，被告谢某明在本案中是否应当承担相应的民事责任，其关键在于被告谢某明向原告杨某群采购砂石的行为是否对被告华荣公司构成表见代理。首先，根据被告华荣公司与被告谢某明之间订立的《工程施工承包责任书》中"乙方的材料、租赁等对外合同均应报送甲方工程管理部审核同意方可签订，并交华荣公司财务部门作为付款的依据"的约定，被告谢某明在未能证明其向原告杨某群采购砂石是经被告华荣公司授权的情况下，其所进行的案涉交易属于无权代理行为。其次，即便被告华荣公司对外承建了案涉金桥工程、被告谢某明具有案涉金桥工程项目副经理的身份外观，但并不能推定被告谢某明必然具有代表被告华荣公司对外采购建筑材料的权限。至于被告华荣公司基于转包合同关系代被告谢某明对外付款的可能，并不能起到外观授权的法律效力。故在被告谢某明洽谈案涉交易时既未出具被告华荣公司颁发的授权证书亦未通过在入库单上加盖公章表明华荣公司认可其采购行为的情况下，原告杨某群无理由相信被告谢某明享有代理权。最后，原告杨某群在与被告谢某明洽谈案涉交易时，既不审查核实谢某明的真实身份及有无代理权，又不要求与谢某明订立书面的买卖合同；在交易履行过程中亦未要求被告华荣公司予以确认或追认，特别是在谢某明出具欠条时完全可以要求被告华荣公司加盖公章予以追认。故原告杨某群在客观上因未尽到合理注意义务而存在行为过失。因此，被告谢某明从事案涉交易的行为对被告华荣公司不构成表见代理。综上所述，被告谢某明应就原告杨某群主张给付砂石款126.79万元的请求承担法律责任，被告华荣公司不承担给付

---

〔1〕　参见《建设工程合同纠纷裁判思路》，法律出版社2014年版，第437～438页。

责任。[1]

实际施工人对外商事行为的责任承担主体。

【案例10-46】 亳州市成业建材销售有限公司与安徽水利开发股份有限公司等分期付款买卖合同纠纷再审案

最高人民法院认为,实际施工人以工程项目部名义对外购买钢材,相关合同上仅有实际施工人签字或盖章,无项目部或其他单位盖章,且合同相对人未对相关授权手续尽到审查义务,非善意无过失,相关法律责任由实际施工人自行承担。[2]

在能举证证明实际施工人借用有资质公司购买建材时,出卖人有理由相信是该公司购买,则排除实际施工人承担还款责任。

【案例10-47】 大庆龙安建筑安装有限公司与沙某、孟某东买卖合同纠纷案

最高人民法院认为,当事人提交的《建设工程施工合同》、2011年4月18日龙安公司与孟某东签订的协议书等证据以及案涉建设工程施工的有关事实表明,孟某东系借用龙安公司的资质承包案涉工程,是案涉工程的实际施工人。在向沙某购买红砖时,孟某东出示了由其代表龙安公司与呼伦贝尔市龙安房地产开发有限责任公司签订的《建设工程施工合同》的复印件,其所购红砖均为案涉工程施工所用。上述事实足以使沙某相信孟某东系代表龙安公司向其购买红砖。因此,龙安公司应当承担向沙某支付红砖款的法律责任。至于沙某是否在本案诉讼前直接向龙安公司催要过欠款以及孟某东出具的欠据是否加盖龙安公司的公章,均不足以免除龙安公司应当承担的法律责任。[3]

以项目部名义对外发生的借贷关系,是否由被挂靠公司承担还款责任,需要对案件全面审查并重点审查项目印章使用时是否为有权代理,是否有印章的使用限制,债权人是否尽到审慎的审查义务等诸多方面,才能根据查明的案情作出由谁承担还款义务的判决。

【案例10-48】 黄某义与东风公司、黄某城等民间借贷纠纷再审案

二审法院认为,“东风公司宁国项目部”虽由东风公司设立,但未经工商登记备案,并非东风公司的分支机构,仅为东风公司为完成案涉工程设立的

---

〔1〕 参见国家法官学院案例开发研究中心编:《中国法院2015年度案例》(买卖合同纠纷),中国法制出版社2015年版,第85页。

〔2〕 最高人民法院(2019)民申687号民事裁定书。

〔3〕 最高人民法院(2015)民申字第1217号民事裁定书。

职能部门。原二审判决在认定“东风公司宁国项目部”为东风公司职能部门的前提下,仍判令东风公司承担担保合同无效的过错赔偿责任,显然是认为黄某义不知“东风公司宁国项目部”并非东风公司的职能部门,但该认定缺乏充分的事实依据。因项目部名称与分支机构名称存在较明显的差异,黄某义应当知道该项目部并非东风公司的分支机构,而仅为东风公司的职能部门。无论案涉项目部章是否为黄某城、秦某旺私刻,基于黄某义明知项目部为职能部门以及黄某城、秦某旺二人客观上并未得到东风公司的授权,其将该项目部章加盖在案涉黄某城、秦某旺共同向黄某义出具借条的担保人处,为案涉债务提供担保的合同无效。因该合同无效造成的损失,应由债权人黄某义自行承担。原二审判决适用法律存在错误,本院依法予以纠正。东风公司无需对黄某城、秦某旺不能清偿部分向黄某义承担赔偿责任。[1]

在出卖人能够举证证明实际施工人已将合同标的物确已用工程项目,但实际施工人又不能构成表见代理,此类纠纷亦为疑难法律问题。实践中,常见的有实际施工人以刻有“不得签订合同”或者“签订合同无效”的项目部印章与相对人签订合同或者办理工程结算,合同标的物也已经用于工程的情形。在此种情形下,实际施工人已经履行了主要义务,施工单位又接受的,应当基于这一事实支付相应对价。实践中,亦有法院作出类似判决。[2]

应注意的是,实际施工人不能适用表见代理的主要情形为,其一,承包人授权明确,相对人明知实际施工人越权代理。其二,合同的订立履行明显损害承包人利益。其三,以自己名义与相对人订立、履行合同后,未经承包人同意并以承包人出具债权条据。其四,实际施工人借大额现金,但无证据证明资金的交付、使用与其本项目有关。也就是说,在上述情形下由实际施工人承担相应责任。在不具备职务行为或表见代理的情形下,只能将买卖合同的相对方认定为实际施工人。

实践中,对于用个人名义购买材料,法院在判决行为人承担责任的同时,让其向公司另行主张权利。

【案例 10-49】　梁某尚诉郑某党等买卖合同纠纷案

判决观点,郑某党虽系三明交建公司负责承建的 A1 合同段的施工班组负责人,但其未能提供证据证实三明交建公司有委托其向梁某尚购买石料,并授权林某南对石料货款进行结算的权限,故郑某党提出向梁某尚购买石料的行为,系履行三明交建公司的职务行为,其民事责任应由三明交建公司承担的主张不能成立。一审、二审法院判决被告郑某党向原告梁某尚支付石料

---

〔1〕 安徽省高级人民法院(2019)皖民再 217 号民事判决书。
〔2〕 浙江省高级人民法院(2015)浙商提字第 134 号民事判决书。

款935,951.50元及代垫火工品款41,702元,合计977,653.50元。[1] 当然,郑某党如有充分的证据证实其向梁某尚购买的石料用于A1合同段的数量,可另行向三明交建公司主张权利。

对于既不构成表见代理,也不构成职务行为的,法律不支持材料供应商向施工公司主张给付款项的诉求。

【案例10-50】 湖南昌华科技有限公司诉湖南省第六工程有限公司买卖合同纠纷再审案

再审法院认为,本案谢某伟指示昌华科技公司转款250万元给湖南瑞泉投资有限公司的行为并不符合表见代理构成要件,谢某伟行为不构成表见代理,上述争议250万元应为第六工程公司已付货款,应从欠付货款总额本金予以扣除。再审法院判决:撤销原一审、二审判决,驳回昌华科技公司的诉讼请求。[2]

【案例10-51】 张某忠诉江苏中柱建设工程有限公司、朱某昌分期付款买卖合同纠纷案

由于朱某昌的特殊身份,其本身是南通亳州房地产开发有限公司的法定代表人,根据长龙新村8、9号楼工地牌子显示,其又为中柱公司项目经理。此外,原告与张某忠又为朋友关系。法院认为,朱某昌购买钢材行为不符合职务行为构成要件,故不应认定为职务行为。……朱某昌行为亦不构成表见代理。判决被告朱某昌支付原告张某忠货款93,231元。[3]

项目经理以工程项目部名义对外借款由公司承担还款责任需要满足三个条件。首先,行为人具有代理权外观。项目经理有权以公司名义进行与工程项目相关的活动。案涉行为人以项目经理的身份与相对人进行过多次与工程相关的活动,其所出具的借条上不仅签有公司项目经理的签名,且加盖有公司工程项目部的印章,因此,相对人有理由相信项目经理具有代理权。其次,相对人善意且无过失。相对人知道或者应当知道项目经理只有权进行与工程有关的行为,对外借款一般情况下不属于其职责范围内的事务。在对外借款的情况下,借条上应写明所借款项的实际用途,否则无法证明相对人并无过失。最后,所借款项实际用于工程建设。案涉借条上并未写明所借款项的实际用途,且借款均进入项目经理的个

---

〔1〕 参见国家法官学院案例开发研究中心编:《中国法院2014年度案例》(买卖合同纠纷),中国法制出版社2014年版,第179页。

〔2〕 参见最高人民法院中国应用法学研究所编:《人民法院案例选》2017年第12辑(总第118辑),人民法院出版社2018年版,第125页。

〔3〕 参见国家法官学院案例开发研究中心编:《中国法院2015年度案例》(买卖合同纠纷),中国法制出版社2015年版,第143页。

人账户，相对人亦无任何证据证明借款实际用于工程建设。因此，在无法证明所借款项实际用于工程建设的情况下，应由项目经理个人承担还款责任。[1]

应注意的是，挂靠人对外欠款等商事行为的责任认定，应当区分不同情形分别进行判断：对于挂靠人以自己对外交易的行为以及以被挂靠人名义但不能构成表见代理的行为，应当由挂靠人自己承担责任；对于符合表见代理构成要件的行为，应当依法由被挂靠人承担责任。[2]

（四）表见代理承包人补充责任处理

表见代理承包人补充责任处理在司法实践比较少见，一些地方法院对此亦有规定，如《北京市高级人民法院审理民商事案件若干问题的解答之五》第四十七条规定：合同相对人同时起诉挂靠者和被挂靠者，如果合同相对人对于挂靠事实不明知，由挂靠者与被挂靠者承担连带责任；如果合同相对人对于挂靠事实明知，首先由挂靠者承担责任，被挂靠者承担补充的民事责任。《河南省高级人民法院关于审理建设工程领域买卖、租赁合同纠纷案件若干疑难问题解答》第 15 条规定："问：行为人与建筑企业存在借用资质、分包、转包等关系，行为人以自己的名义签订合同，合同书担保人处加盖了建筑企业项目部印章，在这种情况下，担保合同是否成立，建筑企业应否承担责任？答：依据《最高人民法院关于适用〈中华人民共和国民法典〉有关担保制度的解释》第十一条、第十七条规定，在该类案件中，相对人请求建筑企业承担担保责任，因项目部不具备对外提供担保的资格，相对人存在明显过错，对其主张一般不予支持；如果相对人能够举证证明建筑企业管理中存在明显过错的，可以根据过错程度，对债务人不能清偿的部分承担补充赔偿责任。"河北省高级人民法院《建设工程施工合同案件审理指南》规定，实际施工人与施工企业之间存在挂靠关系，行为人私刻施工企业印章的，施工企业不能证明合同相对人对私刻印章的情形是明知的，施工企业应承担相应的民事责任。

---

〔1〕 参见《最高人民法院第五巡回法庭法官会议纪要》，人民法院出版社 2021 年版。

〔2〕 参见高印立：《规则与裁判：民法典下建设工程司法解释适用与拓展》，法律出版社 2021 年版，第 46 页。

专题十一　建设工程鉴定纠纷

建设工程司法鉴定，是指法院就审理案件中与建设工程相关的专门性问题委托专业司法鉴定机构，由鉴定机构指派的鉴定人员运用建筑行业专业理论和技术进行审核、评估、计算，并作出判断结论意见的活动。建设工程争议的诸多方面，都涉及鉴定由此引发鉴定纠纷，本专题就鉴定的难点及争议实务问题作剖析。

一、建设工程鉴定理解

司法鉴定的对象应为诉讼涉及的专门性问题。对于建设工程施工合同纠纷案件,专门性问题主要是指工程造价、工程质量、工期、修复方案、修复费用等,其中,工程造价鉴定和工程质量鉴定最为常见。

(一)鉴定申请

就鉴定申请主体而言,发包人与承包人均有权利提出,而非限制某一方提出鉴定申请。

就鉴定程序的启动方式。根据《民事诉讼法》第六十七条规定,鉴定程序的启动方式有两种:当事人申请启动和法院以职权启动。前者是当事人可以就查明事实的专门问题向法院申请鉴定,当事人未申请鉴定,法院对专门问题认为需要鉴定的,应当委托具备资质的鉴定人进行鉴定。实践中坚持以当事人申请鉴定为主,法院依职权委托鉴定为辅。这是基于鉴定意见属于法定证据形式,申请鉴定是当事人履行其举证责任的内容,在其需要运用鉴定意见证明自己提出的事实主张时,应申请鉴定。本专题侧重阐述当事人申请启动鉴定。

提出鉴定申请期间,根据《民事证据规定》第三十一条之规定,应当在举证期间内提出。实践中,在庭审中提出鉴定申请为多数。对于逾期提出鉴定申请的,法院应当参照《民事诉讼法解释》第一百零一条、第一百零二条规定的逾期举证的相关规则予以处理。

就鉴定的范围而言,是指具体对哪些事项进行鉴定。在确定鉴定对象是对工程造价还是对工程质量进行鉴定之后,需要进一步明确鉴定范围,比如对于工程造价鉴定,是全面鉴定还是部分鉴定,如果是部分鉴定,应对哪一部分进行鉴定等。《建设工程解释(一)》第三十一条规定:“当事人对部分案件事实有争议的,仅对有争议的事实进行鉴定,但争议事实范围不能确定,或者双方当事人请求对全部事实鉴定的除外。”本条规定的“有争议的事实”即鉴定范围。对有争议的事实如何确定,原则上首先尊重当事人的意思表示。本条规定“只对争议事实进行鉴定”,重心在于“非必要,不全部鉴定”,不倡导对全部案件事实进行鉴定,其目的在于降低诉讼成本,缩短诉讼时间,避免给当事人造成诉累,但如果当事人愿意对全部案件事实鉴定,愿意承担诉讼成本及诉讼风险,应当充分尊重当事人的意见,按照双方当事人的一致意思对全部案件事实进行鉴定。当事人不能就鉴定范围达成一致意见的,由申请鉴定一方当事人申请鉴定范围,法院决定。当事人的申请与待证事项无关联或者对证明待证事实无意义的,不应鉴定,比如诉请未主张停工损失而要求对停工损失一并鉴定的;对不具备鉴定条件的相关案件事实也不应鉴定,而应当通过本解释的其他规定解决。

就鉴定申请事项而言,可以就涉案工程争议事项提出一项或多项请求,既可以对工程造价鉴定,也可以对工程质量鉴定,亦可以对工程造价、工程质量提出请求。在提出申请事项应注意到与解决争议的关系问题,鉴定意见是在申请事项范围基础上形成的结果。如果未提出争议事项的申请鉴定内容,则不可能作为赔偿依据。质量鉴定意见证明涉案工程存在质量问题,可以认定工程质量存在问题。但这不能处理要求返工或承担修复、改造费用或承担其他类型的赔偿责任。对此类纠纷处理,具体采用何种诉讼主张,由具体的案件当事人申请的具体情况而定。在仅对质量鉴定申请,没有对于因质量存在问题需要返工、修复、改造的费用鉴定申请,往往仅凭质量问题鉴定意见尚不能满足证明目的,质量问题鉴定只能解决质量争议。要解决因质量问题发生的赔偿事宜必须继续举证解决该质量问题的方法及费用,故一般在进行质量鉴定时会同时申请对解决质量问题的费用亦要求一块进行评估、鉴定,或者对所需费用分步骤进行评估、鉴定,如此才能彻底解决质量争议及赔偿事宜。申请质量鉴定涉及的工期问题,建设工程竣工前,发生工程质量争议,质量鉴定合格的其鉴定期间为顺延工期期间。需要注意的是,在仅对部分工程造价存在争议,或者法官根据举证责任方举证能够自行确定部分工程造价,需要通过鉴定方式对争议部分或者法官无法确定部分工程造价的,应当仅对存在争议部分或者法官无法确定部分的工程造价进行鉴定。但存在争议部分或者法官无法确定部分的工程造价与无争议部分或者法官可确定部分的工程造价不可分,客观上需要对工程造价进行整体鉴定的除外。

就鉴定申请事项内容而言,应明确具体,防止笼统的请求。根据具体案情和请求事项,将争议问题申请具体到各个单项,表述得清楚明确。对质量鉴定不但要有质量意见,还可以申请质量缺陷的成因,有利于鉴定意见变得完整和明确。

对于不申请鉴定的法律后果。建设工程施工合同纠纷案中,在需要通过鉴定确定工程造价的情形下,若一方提出了具体的工程造价数额,另一方对此数额不予认可且又不申请鉴定的,对此如何处理有争议。《民事审判指导与参考》研究组认为,如果是承包人提出了具体的工程造价数额,发包人不予认可但又不申请鉴定,可按照承包人提出的数额确定工程造价;如果是发包人提出了具体的工程造价数额,承包人不予认可但又不申请鉴定的,可按照发包人认可的金额确定工程造价,要避免出现简单驳回承包人全部诉讼请求的情形。如果双方都提出了不同的具体的工程造价数额又都不申请鉴定的,则要依据“谁主张,谁举证”的原则,根据各自的诉讼地位、诉讼请求等因素确定由哪一方承担举证不力的后果。[1]

(二)鉴定启动

1. 鉴定启动审查

关于鉴定启动审查,对申请主体提出的鉴定申请是否准许,法官应当在听取争议双方的意见后,对鉴定事项是否明确、鉴定事项与待证事实是否存在关联性、鉴定是否具有可行性、计价原则和计价方式如何确定等内容进行审查,由法官行使自由裁量权决定。法官认为申请的鉴定事项不符合同约定或者相关法律、法规规定,或者与待证事实不具备关联性的,应当指导申请主体选择正确的鉴定事项,并向其释明理由以及拒不变更鉴定事项的后果。经法官向申请主体释明拒不变更鉴定事项的后果后,申请主体仍拒不变更的,对其鉴定申请应当不予准许,并根据举证规则由其承担相应的不利后果。实践中,一方申请鉴定,另一方不同意,法官完全可以根据查明案件事实的需要及相关法律、法规、司法解释的规定,对鉴定申请进行审查并决定是否允许启动鉴定程序,而无需征得另一方的同意。两种鉴定启动方式之间的关系为,当事人以申请鉴定为主,法院以职权委托鉴定为辅。[2] 也就是说,对司法鉴定启动,应确立“根据当事人的申请确认鉴定事项”的规则,法院有启动决定权,在鉴定事项的确定上应当适度干预。实践中,对于鉴定启动由法官根据案情决定。

实践中,有观念认为,鉴定的启动是诉讼中人民法院依当事人申请而被动启动的法定程序。这种观念是不正确的。鉴定启动申请只是引发鉴定启动的基本前提条件,不当然产生鉴定启动的法律后果。当事人申请鉴定并不必然启动鉴定,仍需经法官根据其对相关事实的认定需要进行决定。因此,人民法院具有实质意义上的鉴定启动权。是否启动鉴定,本质上必须是法官在案件审理过程中对相关专门性问题缺乏判断认定能力的情况下,才会决定通过委托相关鉴定机构通过科学的方法和手段来查明该专门性问题的相关事实。司法鉴定为法院的辅助

---

〔1〕 参见最高人民法院民事审判第一庭编:《民事审判指导与参考》2017 年第 1 辑(总第 69 辑),人民法院出版社 2017 年版,第 250 页。

〔2〕 参见最高人民法院民事审判第一庭编著:《最高人民法院新建设工程施工合同司法解释(一)理解与适用》,人民法院出版社 2021 年版,第 295 页。

机关，法官因不具有特别知识而不能知晓的事项，需有专家补其不足，以达到正确判断之目的。因此，鉴定不是以当事人提出为前提，恰恰是以法官查明事实的需要为前提。为防止鉴定启动的随意性，实践中应着重审查以下几个方面：(1)当事人申请鉴定的事项是否与案件有待查明的事实具有关联性，即该需要通过鉴定方能证明的待证事实是否为案件审理所必需查明的基本事实，或者是否会影响案件的审理程序合法性。(2)是否必须通过特殊技术手段或者专门方法才能确定相应的专门性问题，是否已经通过一般的举证、质证手段或者现有证据确实对相关专门性问题无法查明。实践中，一些当事人经常会通过启动鉴定来实现人为混淆视听、拖延诉讼进程或者其他不当的目的。对此，必须对待证事实查明的方式进行考察，如果发现常规的方式完全可以查明的，则对当事人相关司法鉴定的申请不应予以准许。(3)对于待鉴定的专门性问题，是否有较为权威的鉴定方法和相应有资质的鉴定机构，是否有明确充分的鉴定材料。(4)在启动鉴定之前是否已经充分听取了双方当事人的意见。〔1〕

一般来说，当事人申请鉴定并不必然启动鉴定程序，法院仍需根据对相关事实的认定需要作出是否启动鉴定程序的决定。对于当事人提出的鉴定申请，既要避免当事人滥用申请鉴定的权利，也要避免不当剥夺其相关的诉讼权利，一般应着重从以下四个方面予以审查：一是关联性，申请鉴定的事项与案件有待查明的事实是否具有关联；二是必要性，即是否必须通过特殊技术手段或者专门方法才能确定相应的专门性问题，是否已经通过其他的举证、质证手段仍然对专门性问题无法查明；三是可行性，对于待鉴定的专门性问题，是否有较为权威的鉴定方法和相应有资质的鉴定机构，是否有明确充分的鉴定材料；四是正当性，鉴定申请的提出是否遵循了相应的民事诉讼规则，在启动鉴定之前是否已充分听取各方当事人的意见，以确保程序上的正当性。

【案例11－1】 无锡金源环境保护设备有限公司与上海市第一建筑有限公司等建设工程分包合同纠纷案

二审法院认为，由于原审期间，金源公司向法院递交的相关文件上的公章并非出自同一枚，所以金源公司的公章并不存在唯一性，原审法院不准许进行公章鉴定，并无不妥。〔2〕

应注意的是，就同一项建设工程在前案中已对工程质量作鉴定，在后案中则限制再对工程质量作鉴定。

〔1〕 参见最高人民法院民事审判第一庭编：《民事审判实务问答》，法律出版社2021年版，第292～293页。

〔2〕 上海市第一中级人民法院(2009)沪一中民二(民)终字第1297号民事判决书。

【案例 11－2】　宁波东海电子科技有限公司与浙江宏丰建筑工程有限公司建设工程施工合同纠纷案

二审法院认为,2011 年 1 月 6 日的承诺书已明确在 2010 年 8 月 10 日已开始基础垫层上部工程施工,且在前案审理过程中,诉争工程经中技公司鉴定,不存在地基基础工程和主体结构质量问题。原审法院据此对东海公司的鉴定申请不予准许,并无不当。[1]

发包人虽主张不构成擅自使用,但已有证据证明工程已有业主入住、发包人在组织销售的情形下,可以认定发包人已实际使用工程。承包人主张工程款时,鉴定机构按照合格工程进行工程价款鉴定,并无不当。

【案例 11－3】　四川裕翔建筑工程有限公司与金川县天诚财富置业有限公司建设工程施工合同纠纷案

二审法院认为,天诚财富公司上诉主张案涉项目尚未竣工验收,不能确定为合格工程,不能办理结算,天诚财富公司不构成"擅自使用",不具备"视为竣工验收合格的"法定条件,鉴定报告按照"验收合格或已完工程质量合格"进行鉴定,一审判决采信鉴定意见作出结算处理错误。本院认为,案涉工程虽未经竣工验收,但已有证据证明有业主已经入住,天诚财富公司在组织销售,故一审认定天诚财富公司已经实际进行了使用并无不当。天诚财富公司主张不能认定为合格工程,但并未提交证据证明裕翔公司完成的工程存在质量不合格。故裕翔公司请求支付工程款,鉴定机构按照合格工程进行鉴定,一审法院采信鉴定意见作出处理并无不当。天诚财富公司该项上诉理由不能成立,本院不予支持。[2]

工程未经竣工验收,发包人擅自使用的,对发包人提出的对工程质量进行鉴定的申请,不予支持。

【案例 11－4】　某公司与黑龙江诚源置业投资有限公司建设工程施工合同纠纷再审案

最高人民法院认为,关于原审法院未予准许诚源公司对案涉工程造价及质量进行鉴定的申请是否违反法定程序的问题。……案涉工程虽未经竣工验收,但已交付诚源公司,诚源公司已将房屋出售并交付使用,且诚源公司未提交证据证明其曾经因案涉工程质量问题向刘某念提出异议,故原审法院未予准许诚源公司要求对工程质量进行鉴定的申请,并无不当。[3]

---

〔1〕 浙江省高级人民法院(2015)浙甬民二终字第 767 号民事判决书。

〔2〕 四川省高级人民法院(2020)川民终 389 号民事判决书。

〔3〕 最高人民法院(2020)民申 2646 号民事裁定书。

从《建设工程解释(一)》第三十三条规定可以看出,本条规定强化了鉴定程序中人民法院的司法审判权,从鉴定程序启动、鉴定事项的确定、鉴定材料的确定等几个方面作出了具体规定。人民法院准许当事人鉴定申请后,应当根据当事人申请及查明案件事实的需要,确定委托鉴定的事项、范围、鉴定期限等相关事项。[1] 制定司法解释的法官认为,由人民法院委托进行的鉴定,在鉴定之前,人民法院应当确定鉴定范围、鉴定依据、鉴定期限等事项,在确定这些事项时,一是根据当事人的申请,二是根据案件事实,即审查当事人鉴定的事项与待证事实有无关联、有无意义。[2] 但应注意的是,对于鉴定事项、鉴定方法选择,应优先体现当事人意志,确立根据当事人的申请确认鉴定事项规则。为了避免因鉴定事项的选择不当影响诉讼效率,法官在鉴定事项应适当干预。一般来讲,当事人仅对部分案件事实有争议的,没有必要对全案涉及事实委托鉴定。如不对全部事实鉴定,争议事实不能确定,或者双方当事人同意对全部事实鉴定的除外。

有结算书,发包人和承包人均同意司法鉴定的,法院可以启动司法鉴定。

【案例11－5】 云南文荣建筑工程有限公司与景洪立丰房地产开发有限公司建设工程施工合同纠纷再审案

最高人民法院认为,虽然《建设工程解释(二)》第十二条规定,当事人在诉讼前已经对建设工程价款结算达成协议,诉讼中一方当事人申请对工程造价进行鉴定的,人民法院不予准许。但本案中的鉴定程序的启动经过了双方当事人的同意,故原审法院未采信结算书而启动鉴定程序并无不当。[3]

关于鉴定过程中变更事项鉴定范围问题。在鉴定期间,举证责任方对已申请鉴定事项可以提出变更请求,是否可以变更由法官决定。在有利于查明争议事实的前提下,法官可以同意其变更申请。

关于鉴定启动法官释明问题。实践中,当事人未申请进行建设工程专门性问题鉴定,但法官认为根据举证情况而只有通过鉴定才能解决争议事项,应向承担举证责任一方释明告知其提出鉴定申请。《建设工程解释(一)》第三十二条第一款规定:"当事人对工程造价、质量、修复费用等专门性问题有争议,人民法院认为需要鉴定的,应当向负有举证责任的当事人释明。当事人经释明未申请鉴定,虽申请鉴定但未支付鉴定费用或者拒不提供相关材料的,应当承担举证不能的法律后果。"该条规定要求法官对认为需要鉴定的问题向负有举证责任方的释明,正确

---

〔1〕 参见最高人民法院民事审判第一庭编著:《最高人民法院新建设工程施工合同司法解释(一)理解与适用》,人民法院出版社2021年版,第336～338页。

〔2〕 参见最高人民法院民事审判第一庭编著:《最高人民法院新建设工程施工合同司法解释(一)理解与适用》,人民法院出版社2021年版,第342页。

〔3〕 最高人民法院(2020)民再360号民事判决书。

分配举证责任。在法官向其释明后,承担举证责任方拒不申请鉴定的,根据举证规则由承担举证责任方承担不利后果。鉴定过程中,一方当事人无正当理由在规定期限内拒绝提交鉴定材料或不交鉴定费用拒不配合,导致鉴定无法进行,经法官释明不利后果后其仍拒绝提交或拒不配合的,应承担举证不能的不利后果。对必须进行鉴定的案件,如果负有申请鉴定责任的一方拒绝鉴定,而不负有申请鉴定责任的一方同意鉴定,法院应当组织鉴定。

再审程序鉴定启动问题。当事人在一审、二审程序中都没有申请鉴定,申请人在再审中提出申请鉴定的,参与制定司法解释的法官认为,《民事诉讼法解释》第三百九十九条规定:"审查再审申请期间,再审申请人申请人民法院委托鉴定、勘验的,人民法院不予准许。"依据该条规定,本条第二款规定仅适用于二审程序,不适用审判监督程序。当事人在一审、二审期间均未申请鉴定,未完成举证,在再审审查期间又提出鉴定申请的,人民法院应不予准许。〔1〕 笔者认为,当事人在一审、二审程序中均提出申请鉴定,但法院不予准许,在再审程序中又提出申请鉴定的,法院不应绝对不予准许,而应审查申请鉴定的事实和理由是否成立,根据具体案情作出处理。

对于行政审计、财政评审启动司法鉴定问题。这主要存在以下特定情形,即审计或财政评审机构未能按照发承包双方约定的期限出具审计意见,或者在合理期限内未出具意见,或者审计、财政评审机构明确表示无法进行审计,导致发承包双方可能长时间无法形成结算文件。此时,继续等待审计结果对承包人而言相对不公平,如承包人就工程价款结算事项申请司法鉴定的,为避免双方当事人长时间处于纠纷、不确定状态,法院可以准许当事人的司法鉴定申请。如果在司法鉴定过程中审计、财政评审机构出具审计意见的,由于法院已经启动司法鉴定,应当视为双方已经达成变更结算依据的意思表示,即以司法鉴定意见作为新的结算依据,此时应当继续进行司法鉴定;如果双方当事人都愿意接受该审计意见的,就节约诉讼资源、提高诉讼效率角度而言,可予以支持。也就是说,当事人有选择继续鉴定或不鉴定的权利。

湖南省高级人民法院发布的《关于审理建设工程施工合同纠纷案件若干问题的解答》中规定:"发包人认为建设工程主体结构质量不合格,要求司法鉴定的,应达到何种证明程度?《建设施工合同解释(一)》第十四条明确了针对建筑地基基础工程和主体结构质量承包人应承担更重的瑕疵担保责任,故在诉讼中,承包人向发包人主张工程款,发包人以地基基础或主体结构存在严重质量问题抗辩不支付工程款,并要求进行质量鉴定的,发包人应提供初步证据予以证明。"

---

〔1〕 参见最高人民法院民事审判第一庭编著:《最高人民法院新建设工程施工合同司法解释(一)理解与适用》,人民法院出版社2021年版,第332页。

对工程项目预算进行的评审报告，发包人不认可的，需要通过司法鉴定确定工程造价。

【案例11－6】 内蒙古亦龙实业有限公司与固阳县人民政府建设工程施工合同纠纷再审案

最高人民法院认为，本案中，亦龙公司以佳世达造价公司出具的《预(决)算评审报告》为证据请求以此评审报告评审的工程总价认定案涉工程价款。一审、二审中，固阳县政府、固阳县交通局均主张《预(决)算评审报告》是内蒙古自治区财政厅对国有资金使用情况的跟踪审计，不能作为案涉工程结算依据。经查，从《预(决)算评审报告》内容看，该评审报告是佳世达造价公司根据内蒙古自治区财政厅的通知要求，对案涉项目预算进行的评审，评审目的、评审依据、评审方法和程序均与工程造价的审计或鉴定有一定区别。据此，发包方不认可此审定报告为工程造价结算，具有事实依据。至此，在双方对工程结算价款没有达成一致意见的情况下，亦龙公司作为实际施工人对其主张的工程价款负有举证责任。在一审法院释明后，亦龙公司申请鉴定又撤回，原审判决认定其提起诉讼的证据尚不充分，并无不妥。亦龙公司可在有充分有效的证据证明工程价款数额后再行提起诉讼，不存在丧失追索工程款权利的情形。[1]

逾期竣工天数可由法官根据案件事实进行认定的，不需要启动司法鉴定。

【案例11－7】 泉州崇武半月湾度假村开发建设有限公司与某公司建设工程施工合同纠纷再审案

最高人民法院认为，原审法院认定逾期竣工天数可由法院根据案件事实进行认定，因而未要求鉴定机构就此问题出具鉴定意见，不违反法律规定。[2]

2. 造价鉴定启动

关于鉴定造价启动的范围。在举示的证据不能自行确定建设工程造价的，可予准许的为，其一，约定固定总价方式确定工程造价，同时对固定总价包含的风险范围、风险费用的计算方法以及风险范围以外的合同价格的调整方法作出了约定，需要确定风险范围以外的工程造价的。也就是说，即使约定的是固定总价，若在履行过程中发生合同未约定的设计变更，通过签证等现有证据不能确定变更部分造价的，对变更部分的造价仍需通过鉴定予以认定。如双方无法准确分清原固

〔1〕 最高人民法院(2020)民申5266号民事裁定书。

〔2〕 最高人民法院(2019)民申4906号民事裁定书。

定价部分与变更部分，或是甄别的工作量极为巨大双方当事人都不愿意为之，在迫不得已的情况下只能对整个工程进行鉴定，但鉴定出的工程总价仍应体现原固定价合同所包含的让利率。[1] 其二，约定固定单价方式确定工程造价，如果双方对工程量未能取得一致，又不能通过现有证据确定的。其三，约定采用成本加酬金确定工程造价。其四，约定采用可调价格方式确定工程造价。其五，建设工程未完工。其六，未约定工程价款的确定方法。其七，约定以政府审计为结算依据的案件。在审核审计长期没有结果的情形下，应当区分情况，如果查明政府部门确实无法进行审核审计的，应当允许通过司法鉴定的方式确定工程造价，解决当事人的纠纷。在审核审计结果与工程实际情况或者合同约定不符的情形下，比如审计结果存在漏项的，或者采用了与合同约定不符的计价依据的，应当允许当事人就不符部分另行通过司法鉴定确定造价，但申请鉴定的一方当事人应当举证证明不符情形的存在。[2] 其八，法院认为需要通过鉴定方式确定工程造价的其他情形。

工程造价鉴定启动应注意的问题为，其一，鉴定事项、范围、目的必须明确、具体；承发包双方对部分案件事实有争议的，仅对有争议的事实进行鉴定，但争议事实不能确定，或者双方请求对全部事实鉴定的除外。其二，因设计变更导致建设工程的工程量或者质量标准发生变化，承发包双方对该部分工程价款不能协商一致的，鉴定时可要求参照签订施工合同时当地建设行政主管部门发布的计价方法或计价标准计算工程价款。实践中，在当事人对建设工程的计价标准或者计价方法没有约定或约定不明，多次变更设计或设计变更后工程量增加明显的，可以对涉案工程进行司法鉴定。

关于限制鉴定固定价结算启动问题。《建设工程解释（一）》第二十八条规定："当事人约定按照固定价结算工程价款，一方当事人请求对建设工程造价进行鉴定的，人民法院不予支持。"放在下段阐述。

关于限制鉴定造价启动的问题。《建设工程解释（一）》第二十九条规定："当事人在诉讼前已经对建设工程价款结算达成协议，诉讼中一方当事人申请对工程造价进行鉴定的，人民法院不予支持。"该条规定明确双方自愿达成的结算协议效力足以限制造价鉴定的启动。除此之外，限制鉴定的具体范围主要有：其一，已经办理结算，并形成结算文件，又申请通过鉴定方式确定建设工程造价的，法院不予准许。但有证据证明双方达成的结算文件无效、被依法撤销的除外。其二，合同约定按固定价结算工程价款的，除非工程发生重大设计变更导致工程量大幅增减

---

〔1〕 参见最高人民法院民事审判第一庭编著：《最高人民法院建设工程施工合同司法解释（二）理解与适用》，人民法院出版社 2019 年版，第 325 页。

〔2〕 参见最高人民法院民事审判第一庭编著：《最高人民法院建设工程施工合同司法解释（二）理解与适用》，人民法院出版社 2019 年版，第 340 页。

或质量标准发生变化的，可对该变更部分工程进行造价鉴定外，其余情况应不予准许。其三，在施工合同中约定了计价标准或者计价方法，应按照约定结算工程价款，而不予鉴定。其四，合同无效但工程经竣工验收合格的，工程价款可参照合同约定，无须委托鉴定。其五，中标合同履行过程中产生争议，原投标人申请对工程成本进行造价鉴定，以期证明投标时是以低于成本报价竞标的，因该鉴定申请与招投标法律规定精神相悖，应不予准许。其六，承发包双方在诉讼前已就全部或部分工程款的结算达成有效协议后又申请对达成结算协议部分造价鉴定的，除有充分证据证明结算协议有重大漏项的，可对有关漏项的造价进行鉴定外，其余应一概不予准许。其七，在诉讼前，一方委托做的鉴定意见，根据《民事证据规定》第二十八条规定在没有证据推翻单方委托鉴定意见的，则限制启动鉴定程序。其八，合同约定送审价条款，发包人在收到竣工结算报告后未在约定的期限内提出异议的，法院不应再启动工程造价司法鉴定。承包人主张按照送审价确定工程价款的，应予支持。其九，对有缺陷的鉴定意见，可以通过补充鉴定、重新质证或者补充质证等方法解决的，不予重新鉴定。

【案例11－8】 北京市建筑装饰设计工程有限公司与周口欣欣置业有限公司建设工程施工合同纠纷案

最高人民法院认为，北京装饰公司主张不认可鉴定结果，并认为其违背了当事人的真实意思、合同约定及法律规定，本院予以支持。原驻马店市中级人民法院一审判决依据竣工决算报告确定30,095,103元工程价款并无不当。因此，本案再审申请人北京装饰公司提出的应按照竣工决算报告确定的30,095,103元工程价款进行结算的请求，证据充分，法律依据明确，应予支持。〔1〕

【案例11－9】 云南某高等级公路投资管理有限公司与四川某集团有限公司等建设工程施工合同纠纷案

二审法院认为，发包人与承包人明确约定了单价清单，并且承包人已完工程量可以确认为：(1)清理现场66,461.30平方米；(2)砍伐树根155棵；(3)挖除树根155棵；(4)挖除竹根71立方米；(5)挖除结构物(水管)70米；(6)挖土方2255.48立方米；(7)挖除非适用材料(包括淤泥)13,017.06立方米；(8)利用土石混填2255.48立方米；(9)借土填方39,010.41立方米；(10)碎石桩283,859.32米。故某公司要求工程造价鉴定不予支持。〔2〕

对于施工合同约定了计价标准，虽然设计变更明显增加工程量，则限制启动

---

〔1〕 最高人民法院(2013)民提字第128号民事判决书。
〔2〕 云南省高级人民法院(2010)云高民一终字第137号民事判决书。

司法鉴定,即便形成鉴定意见也不予采信。

涉案双方已经就工程款的结算数额达成协议的,应当尊重双方当事人的合意。一方当事人主张对于涉案工程数额进行鉴定的,法院不予支持。

【案例11-10】 薛某杰、陈某与重庆交通建设(集团)有限责任公司等建设工程施工合同纠纷案

最高人民法院认为,《退场清算协议书》是双方自愿协商的结果,是双方真实意思表示,且不违反法律的禁止性规定,应为有效。因此,应以此为依据确定涉案工程款,本案已无需对于涉案工程款再进行鉴定,一审法院未组织鉴定并无不当。薛某杰、陈某认为一审存在程序违法,缺乏依据,其主张最高人民法院不予支持。〔1〕

【案例11-11】 保山市辛街建筑工程有限责任公司与昌宁县珈源电力开发有限公司建设工程施工合同纠纷再审案

最高人民法院认为,《建设工程解释(二)》第十二条规定,"当事人在诉讼前已经对建设工程价款结算达成协议,诉讼中一方当事人申请对工程造价进行鉴定的,人民法院不予准许。"本案当事人已经就工程价款结算达成了《结算支付协议》,该协议对双方当事人均具有约束力,在结算条款明确有效的情况下,珈源电力公司申请司法鉴定的请求缺乏依据,本院不予支持。〔2〕

关于一审未准许造价鉴定处理问题。举证责任方在一审程序中申请工程造价鉴定,一审法院应当予以准许而未准许,或者一审法院应当向其释明鉴定而未释明,举证责任方在二审中又提出鉴定的,二审法院原则上应当发回一审法院重审,由一审法院进行鉴定。经一审法院释明后举证责任方拒不申请鉴定,或者拒不选择鉴定机构、拒不交纳鉴定费用、拒不提交完整的鉴定材料等,导致一审法院未能进行建设工程造价鉴定,其后在二审中又申请鉴定,二审法院认为应当进行工程造价鉴定的,可以在二审中进行鉴定,但应当参照《民事诉讼法解释》第一百零一条、第一百零二条规定的逾期举证的相关规则予以处理。

关于双方达成工程价款结算协议后又共同申请鉴定问题。制定司法解释的法官认为,此时双方当事人均不认可之前签订的工程价款结算协议,都认为应当把鉴定机构作出的工程造价司法意见作为确定工程价款的依据。此种情况下,依据工程价款协议也不能得出真实的工程价款金额,司法鉴定意见对工程价款金额

〔1〕 参见最高人民法院民事审判第一庭编:《民事审判指导与参考》2015年第2辑(总第62辑),人民法院出版社2015年版,第233页。

〔2〕 最高人民法院(2020)民申3395号民事裁定书。

就具有重要意义,故应允许当事人双方共同申请工程造价鉴定。[1]

关于工程价款结算协议被撤销后申请鉴定问题。制定司法解释的法官认为,一旦结算协议被撤销,当事人关于工程价款的真实意思表示就无法确定。相应地,当事人如以工程价款这一专门问题不清为由,申请鉴定,人民法院通常应予准许。[2]

关于工程价款结算协议被确认无效后申请鉴定问题。制定司法解释的法官认为,虽然无效的建设工程价款结算协议没有法律约束力,但并不等于结算协议内容均不是当事人真实意思表示。在结算协议不损害他人合法权益的情形下,只要当事人关于工程价款结算达成了真实意思表示,应当认为可以类推《民法典》第七百九十三条的规定,参照结算协议约定,计算工程价款。在此情形下,当事人申请工程造价鉴定的,同样不予准许。而当结算协议系因行为人与相对人以虚假意思表示实施而被认定无效的情况下,与前述撤销情形相类似,不能认为结算协议的内容系双方真实意思表示,除非存在其他证据,不能认定双方对结算价款数额的合意,当事人申请就诉争工程造价进行鉴定的,人民法院应予准许。[3]

应予强调的是,制定司法解释的法官认为,司法实践中确实存在基于欺诈、重大误解或恶意串通等原因,双方当事人签订工程质量等协议的情形。此时,如果当事人一方在诉讼中提出的证据足以证明建设工程质量等存在不实情形,应允许当事人一方申请人民法院委托进行相关鉴定。[4] 这表明对诉讼前达成结算协议再申请鉴定有严格限制条件,但并非绝对不予准许。

工程欠款利息及违约金属于工程造价鉴定范围。

【案例 11-12】 贵州建工集团第十建筑工程有限公司与贵州鑫贵房地产开发有限公司建设工程施工合同纠纷案

最高人民法院认为,在住房和城乡建设部 2017 年 8 月 31 日发布并于 2018 年 3 月 1 日起实施的《建设工程造价鉴定规范》中,明确列明了费用索赔争议鉴定,可据此判断本案《鉴定意见书》所载鉴定范围中的停工损失、工程欠款利息及违约金属于工程造价鉴定范畴。[5]

---

〔1〕 参见最高人民法院民事审判第一庭编著:《最高人民法院新建设工程施工合同司法解释(一)理解与适用》,人民法院出版社 2021 年版,第 297 页。

〔2〕 参见最高人民法院民事审判第一庭编著:《最高人民法院新建设工程施工合同司法解释(一)理解与适用》,人民法院出版社 2021 年版,第 300 页。

〔3〕 参见最高人民法院民事审判第一庭编著:《最高人民法院新建设工程施工合同司法解释(一)理解与适用》,人民法院出版社 2021 年版,第 300 页。

〔4〕 参见最高人民法院民事审判第一庭编著:《最高人民法院新建设工程施工合同司法解释(一)理解与适用》,人民法院出版社 2021 年版,第 293 页。

〔5〕 最高人民法院(2020)民终 1131 号民事判决书。

实际施工人与承包人达成了结算协议，即便该结算价款低于承包人与发包人之间的结算金额，或部分应扣款尚未达成一致意见的，不足以推翻前述结算协议，工程价款应当以双方结算为准而不应鉴定。

【案例 11－13】 咸恒公司与葛洲坝公司建设工程施工合同纠纷再审案

最高人民法院认为，咸恒公司主张《结算书》系工程进度结算，而不是原审认定的工程最终结算。本案工程价款应当通过鉴定方式确定。法院认为：(1)《结算书》包含了葛洲坝公司和中广核公司签订的总包合同所附工程量清单的全部内容，亦包含了工程自开工至竣工的全部施工阶段，该《结算书》更符合最终结算的特征。(2)《结算书》第五项"应扣款金额"中虽备注有"暂定金额再议"，但该备注内容可说明双方对应扣款金额未达成最终一致意见，亦可以进一步说明双方如对已完工程量存在争议便会进行明确备注(而实际双方并未备注)。(3)咸恒公司与葛洲坝公司的结算数额低于葛洲坝公司与中广核公司的结算数额并不违反常理，此现象并不足以证明咸恒公司与葛洲坝公司签订的《结算书》存在问题。(4)咸恒公司二审提交的证据均为复印件，不能证明其完成了《结算书》以外的工程量。故原审将《结算书》认定为双方的最终结算依据，并无不当。咸恒公司认为其在《结算书》之外，另完成了其他工程量，无充分证据予以支持。[1]

3. 质量鉴定启动

双方在诉讼过程中，就质量问题提出异议并提供初步的证据，法院可以经申请依法委托开展司法鉴定。法官在审查决定启动司法鉴定时，根据个案情况可以裁量不予启动。

【案例 11－14】 广州社建房地产投资有限公司与广州市黄埔建筑工程总公司等建设工程施工合同纠纷案

二审法院认为，在一审法庭调查、辩论终结后，社建地产公司又提出对鹤林苑项目中存在的工程质量问题进行司法鉴定的申请。法院认为该项目是否存在质量缺陷，与本案工程欠款纠纷属不同法律关系的问题，且社建地产公司并未就此提起反诉，故上述问题不属本案调查范围，社建地产公司上述工程质量司法鉴定申请，法院不予接纳。[2]

工程未经验收合格但发包人擅自使用的，其申请鉴定一般不予启动。

---

〔1〕 最高人民法院(2021)民申 4493 号民事裁定书。

〔2〕 广东省高级人民法院(2008)粤高法民一终字第 203 号民事判决书。

【案例 11 –15】 李某伟与肖某明建设工程施工合同纠纷案

二审法院认为，二审期间，李某伟又提出对涉案工程质量委托鉴定，但没有提供新的证据。且涉案工程在未经竣工验收的情况下，李某伟擅自使用后，又以质量问题为由拒付工程款，证据不足。李某伟申请重新鉴定没有依据，法院不予支持。[1]

应注意的是，建设工程竣工但未经验收，承包人要求发包人支付工程价款，发包人对工程质量提出异议并要求进行鉴定的，因该工程在未经验收情况下，工程质量是否合格处于不确定的状态，故对发包人鉴定申请应予支持。

关于质量鉴定启动限制问题。应当对全面质量鉴定申请采取严格的审查标准，凡是没有直接证据证明工程整体质量确实存在瑕疵隐患的均应仅针对已经显现的质量问题进行产生原因、维修方案鉴定，不应准许全面质量鉴定。竣工验收后出现的局部质量问题，限制进行工程质量全面鉴定。在个案中，应当区分不同情况处理，因为建筑物是关系公共利益的重大问题，对于确有证据证明工程整体质量存在瑕疵（如作为建筑主材的钢筋、混凝土不合格），尤其是建筑物主体、基础工程存在重大质量隐患的，也应该及时进行全面鉴定，以消除不合格工程对公共安全的威胁隐患。

【案例 11 –16】 荣达公司与新丰公司建设工程施工合同纠纷案

判决观点，关于工程质量问题，虽然目前系争幕墙工程的部分玻璃发生了碎裂问题，但业主方新丰公司的工程监理、设计、总承包等单位于2008 年 8 月 2 日已经在《建筑装饰装修分部幕墙子分部工程验收记录》上签字或盖章确认，并对该验收记录上记载的石材幕墙、玻璃幕墙和金属幕墙三个分项工程“合格”、质量控制资料以及安全、功能检验为“齐全”不持异议，也已经取得了竣工验收备案证书，施工方应当承担的是保修责任，而且经过调查核实，诉争工程确实使用的是符合合同约定的玻璃品牌，故根据现有证据事实，尚不能推定工程整体质量存在问题，故对荣达公司提出的全面鉴定申请不予准许。[2]

4. 工期鉴定启动

在实践中，工期鉴定启动程序难。有律师认为，就当事人而言，只有在启动工期鉴定前对案件工期争议事实问题做全面梳理后再开展工期鉴定才是有效、可行的，具体包含两个方面：第一，有主张工期延误的实体请求。当事人申请工期鉴定

---

〔1〕 广东省高级人民法院（2009）粤高法民一终字第 91 号民事判决书。
〔2〕 参见潘福仁主编：《建设工程合同纠纷》（第 4 版），法律出版社 2015 年版，第 237 页。

系基于其在争议解决过程中提出了工期索赔请求,包括工期顺延、额外费用损失赔偿等。第二,有初步证据证明存在工期延误事实。启动工期鉴定的前提是存在与工期有关的争议事实。启动工期鉴定的前提是存在与工期有关的争议事实。鉴于工期延误责任的划分是最核心的争议,工期鉴定需要当事人双方,尤其是申请工期鉴定的一方当事人提出初步证据证明工期延误事实,包括但不限于发生延误案件的事实、产生延误结果的事实、事件与结果之间的因果关系。就鉴定机构而言,应在证据充足的基础上,根据不同工程的情况,选择适当的分析方法,尽可能采取更直观的展示方法,使裁判者更容易读懂专业性较强的工期鉴定意见书,同时避免对应由裁判者自行判断的事项越俎代庖,力争成为裁判者厘清工期责任的好助手。[1]

在工期天数无法量化,工期延误是多种因素造成,既有发包人的原因,也有承包人的原因更为棘手。如果选择工期鉴定程序,其涉及多种因素均需进行鉴定,事实上鉴定机构的工期鉴定也为一种模糊而非确切的判断结论,而且鉴定时间长,且不经济。对于个案工期争议问题处理,应当具体情形具体分析,如果具备鉴定条件,且鉴定工期不至于导致诉讼时间拖延过长,可以采取鉴定的方式予以解决。如果根据案情鉴定条件本身不具备,且鉴定工期很可能导致诉讼时间被拖延过长,启动工期鉴定并非良策,法官可以根据案件的实际情形,综合工期延误的各种因素,在工期延误给发包人造成或可能造成的实际损失范围内予以自由裁量,而不决定启动工期鉴定程序。启动工期鉴定和较为明确的鉴定意见的作出本身还是依赖于相关证据的充足性。换言之,工期延误或顺延问题依据工程实际情况加以确认,并非必须通过鉴定才能确定的事实。

工期延误责任的归属,由法官确定,依据是《建设工程造价鉴定规范》第5.7.6条。

5. 二审鉴定启动

二审程序中,法院认为需要鉴定问题。当事人在一审未提出鉴定申请,如果双方当事人都同意鉴定的,可以准许,如果有一方当事人反对,则不予同意。《建设工程解释(一)》第三十二条第二款规定:"一审诉讼中负有举证责任的当事人未申请鉴定,虽申请鉴定但未支付鉴定费用或者拒不提供相关材料,二审诉讼中申请鉴定,人民法院认为确有必要的,应当依照民事诉讼法第一百七十条第一款第三项的规定处理。"二审程序鉴定启动问题。该条规定明确二审法院不能一概不予准许鉴定。制定司法解释的法官认为,即使一审诉讼当事人明确表示不申请鉴定,或者通过不支付鉴定费用、拒不提供相关材料的方式,致使无法通过鉴定查

〔1〕 参见袁华之、丘闯主编:《建设工程工期争议解决指引》,法律出版社2021年版,第430页。

明相关事实的,二审程序中其又提出鉴定申请的,鉴于建设工程的特殊性及工程鉴定的重要性,人民法院应当对是否确有必要进行鉴定予以审查,而不能以其一审时未鉴定为由一概不予准许。[1] 确有必要内涵:一是指鉴定对于查清案件相关事实确有必要,二是指鉴定对于案件处理确有必要,三是指当事人不仅申请鉴定,而且表示愿意交纳鉴定费用、提供相关材料。[2] 法官准许后认为,构成《民事诉讼法》第一百七十条第一款第三项规定的"原判决认定基本事实不清的"情形,法院有权发回重审或改判,并可以在二审程序启动鉴定程序。应当注意的是,具体采用哪种做法,应结合案情判断,并听取当事人的意见。因为二审如果自行委托鉴定并依据鉴定意见作出裁判,涉及当事人的审级利益,相当于对于鉴定意见的质证未经过两审程序,故只有在双方当事人都愿意放弃审级利益并同意二审法院直接委托鉴定的情形下,二审法院才可以直接委托鉴定。[3]

在个案中,在一审程序中,因发包人拒绝法院及鉴定人员进入现场勘查,一审法院直接认定涉案质量合格。在二审中,最高人民法院认为涉案建设工程质量是必须查明的事实。最高人民法院向发包人及承包人释明其有配合法院进行鉴定的义务,且发包人向法院出具了书面承诺函。因此,最高人民法院依据上述法律规定将案件发回高级人民法院重审。[4] 在另一最高人民法院二审案中,一审法院多次询问发包人是否对反诉请求的工程质量问题与修复费用一并申请鉴定,发包人明确表示不申请。在鉴定机构出具《建筑工程质量检测鉴定报告》后,发包人又向一审法院申请对修复方案及费用进行鉴定,一审法院依据《证据规定》依法不予准许该鉴定申请。[5]

【案例 11－17】 某公司与某某公司建设工程施工合同纠纷再审案

最高人民法院认为,鉴于建设工程的特殊性及工程造价鉴定的重要性,人民法院应当对是否确有必要进行鉴定予以审查,而不能以一审时未申请鉴定为由一概不予准许。如果相关鉴定事项与案件基本事实有关,不鉴定不能查清案件基本事实的,一般应对鉴定申请予以准许。本案中,工程造价鉴定意见属于案件的基本事实证据,建筑公司(承包人)经一审法院释明其具有举证责任,但仍拒绝申请鉴定,其应对不能查清案件基本事实负主要责任。

---

〔1〕 参见最高人民法院民事审判第一庭编著:《最高人民法院新建设工程施工合同司法解释(一)理解与适用》,人民法院出版社 2021 年版,第 330 页。

〔2〕 参见最高人民法院民事审判第一庭编著:《最高人民法院新建设工程施工合同司法解释(一)理解与适用》,人民法院出版社 2021 年版,第 330 页。

〔3〕 参见最高人民法院民事审判第一庭编著:《最高人民法院新建设工程施工合同司法解释(一)理解与适用》,人民法院出版社 2021 年版,第 331 页。

〔4〕 最高人民法院(2021)民终 1302 号民事判决书。

〔5〕 最高人民法院(2020)民终 1285 号民事判决书。

但在通过其他证据仍不能确定工程造价的情况下,在二审程序中准许其鉴定申请更为合适,遂指令二审法院再审。[1]

【不同处理】 在《建设工程解释(二)》颁布前,法院以超过举证期限而不支持二审中提出鉴定申请。

【案例 11－18】 增城市长路桥发展有限公司与广州开发区某工程有限公司等建设工程施工合同纠纷案

二审法院认为,上诉人申请质量鉴定,应当依照《证据规则》的规定在一审期间提出,在二审期间才提出质量鉴定申请,显然不符合《证据规则》的规定,对上诉人进行质量鉴定的申请,不予准许。[2]

6. 重新鉴定启动条件

承发包双方对法院委托的鉴定机构作出的鉴定意见有异议,法院准许其申请重新鉴定应符合以下条件:其一,鉴定机构或鉴定人员不具备相关的鉴定资格的。其二,鉴定程序严重违法的。其三,鉴定意见明显依据不足的。其四,经过质证不能作为证据使用的其他情形。笔者认为,法官对重新鉴定申请启动自由裁量空间较大,存在认定随意现象,规范限制很有必要。对申请重新鉴定的实体条件应当遵循从严审查,从严控制的原则。除非既有的鉴定意见明显依据不足,或者鉴定之效力与证明效力高低无法认定,否则限制启动重新鉴定程序。二审程序对重新鉴定申请处理原则为,一审程序合法完整,采信的证据材料经双方质证且无明显违法之处,二审中对鉴定意见未提出新的理由和证据的,一审鉴定意见可以作为认定案件事实的依据,二审法院不予支持重新鉴定。对于有缺陷的鉴定意见,经补正后仍然可以作为二审法院定案的依据。反之,二审法院应撤销原判发回重审或者支持重新鉴定的请求。

【案例 11－19】 裕宁公司与省二建建设工程施工合同纠纷案

最高人民法院认为,一审审理期间双方共同书面请求一审法院委托辽宁省财政厅基本建设处对讼争工程造价评估,以后辽宁省财政厅基本建设处又将部分审价工作转让给沈阳市基本工程预决算中心,双方当事人对此未提出异议,且造价审核人员具备工程师的注册资格,评估程序合法,应认可造价鉴定意见并作为本案的证据。省二建主张重新评估缺乏事实和法律依据,本院

---

〔1〕 最高人民法院(2020)民申 318 号民事裁定书。

〔2〕 广东省广州市中级人民法院(2011)穗中法民五终字第 2467 号民事判决书。

不予采信。[1]

【案例 11－20】 金坛市建筑安装工程公司与大庆市庆龙房地产开发有限公司建设工程施工合同纠纷案

最高人民法院认为，庆龙公司在一审期间未就鉴定机构资质问题提出异议，现二审期间提出，加之鉴定所需要部分材料已无法提供，不具备重新鉴定条件，故对庆龙公司的此项请求不予支持。[2]

不配合司法鉴定机构的鉴定，不提交鉴定材料又不对鉴定材料发表意见的，将承担不利后果，鉴定机构依据法院移交的已有材料进行鉴定，二审法院不会以鉴定材料未经双方确认为由裁定重新委托鉴定。

【案例 11－21】 吴某诉胡某祥农村建房施工合同纠纷案

二审法院认为，在一审审理过程中，依胡某祥申请，一审法院启动了对涉案房屋的司法鉴定，鉴定机构向双方当事人明确了涉案房屋的开挖工作由胡某祥进行，且若不进行开挖，将无法继续进行鉴定工作。而胡某祥以自身没有开挖能力为由拒绝开挖，导致鉴定终止。现被告胡某祥上诉要求重新对涉案房屋进行司法鉴定以证明涉案房屋为危房，又表示自己不敢开挖，故若二审再次启动司法鉴定程序，胡某祥依旧不能履行开挖义务，鉴定工作仍无法正常进行，在现有条件下，法院对胡某祥再次启动鉴定的请求不予准许。现胡某祥的上述抗辩理由缺乏事实依据，法院不予采信。[3]

发包人主张鉴定机构不具有审计评估的资格，但并未提供相应证据予以证明，在发承包双方已就工程款结算相关事宜达成协议并共同委托鉴定机构进行造价审计的情况下，对发包人重新鉴定的申请，应当依法予以驳回。

【案例 11－22】 龙腾公司与水安公司建设工程施工合同纠纷再审案

最高人民法院认为，龙腾公司主张华普公司不具有对工程造价进行审计评估并出具审计报告的资格，《工程结算审核报告》及补充意见不是龙腾公司和水安公司共同委托而出具，不能作为认定工程价款的依据，但并未提供相应证据予以证明。根据 2015 年 4 月 28 日签订的《安徽省建设工程造价咨询合同》及 2018 年 3 月 18 日签订的《利辛县金龙商贸港工程项目审计及竣工验收、工程款支付的协议》第二条，龙腾公司、水安公司已经就工程款（进

---

[1] 参见最高人民法院民事审判第一庭编：《最高人民法院建设工程施工合同司法解释的理解与适用》，人民法院出版社 2004 年版，第 624 页。

[2] 最高人民法院（2004）民一终字第 118 号民事判决书。

[3] 参见国家法官学院案例开发研究中心编：《中国法院 2018 年度案例》（合同纠纷），中国法制出版社 2018 年版，第 197 页。

度款)的支付方式、造价审计等问题作出了安排,双方已就工程款结算相关事宜达成协议并共同委托华普公司进行造价审计。龙腾公司时任法定代表人李某章也表示对《工程结算审核报告》结果无异议。故原判决将华普公司出具的《工程结算审核报告》作为确定工程款数额的依据,并适用《建设工程解释(二)》第十二条驳回龙腾公司的重新鉴定申请,并无不当。[1] 另案生效民事判决已确定案涉工程造价,承包人关于案涉工程造价问题的再审申请亦被驳回,现实际施工人并无证据推翻生效判决确定的事实,而且其自行核算出的造价亦未得到发包方的认可。据此,原判决援引另案生效判决确定的工程造价事实且不予支持实际施工人对案涉工程重新鉴定的申请,亦无不当。

【案例 11-23】 冼某芳与广西正鑫房地产有限责任公司等建设工程施工合同纠纷再审案

最高人民法院认为,关于案涉工程造价是否应重新鉴定的问题。(2015)西民一初字第 268 号生效民事判决已确定案涉工程造价,湛江一建关于案涉工程造价问题的再审申请亦被驳回,现冼某芳并无证据推翻生效判决确定的事实,而且其自行核算出的造价亦未得到发包方正鑫公司的认可。据此,原审判决援引另案生效判决确定的工程造价事实且不予支持冼某芳对案涉工程重新鉴定的申请,亦无不当。[2]

7. 补充鉴定启动条件

二审程序中对一审期间有缺陷的鉴定意见,可以通过补充鉴定、重新质证或者补充质证等方法解决的,不予重新鉴定。

【不同处理】 实践中,有的法院针对当事人提出的异议并不符合上述条件,便委托公安机关重新鉴定。根据《全国人民代表大会常务委员会关于司法鉴定管理问题的决定》第七条第一款规定,“侦查机关根据侦查工作的需要设立的鉴定机构,不得面向社会接受委托从事司法鉴定业务”。在个案中时有发生委托公安机关作鉴定现象应引起高度重视。

【案例 11-24】 新乡市某房地产开发有限公司与新乡市某建筑安装工程公司建设工程施工合同纠纷案

一审法院委托公安部物证鉴定中心作鉴定不妥,一审、二审法院委托公安机关重新鉴定违反现行法律规定,属于无效行为。[3]

---

〔1〕 最高人民法院(2021)民申 6167 号民事裁定书。

〔2〕 最高人民法院(2021)民申 6434 号民事裁定书。

〔3〕 河南省高级人民法院(2008)豫法民一终字第 75 号民事判决书。

8. 对鉴定材料质证

《建设工程解释(一)》第三十三条规定:"人民法院准许当事人的鉴定申请后,应当根据当事人申请及查明案件事实的需要,确定委托鉴定的事项、范围、鉴定期限等,并组织当事人对争议的鉴定材料进行质证。"

(三)固定总价鉴定

固定总价的建设工程施工合同,固定总价施工范围内的工程造价是确定价、包干价,一般除变更、签证等合同明确约定的调整因素外,最终结算时固定总价部分不予调整,即按照合同价款直接确定固定总价部分的工程造价。在没有特殊情况下,法院大多不支持就固定总价重新进行造价鉴定。

1. 按照固定总价确定结算价

《建设工程解释(一)》第二十八条规定:当事人约定按照固定价结算工程价款,一方当事人请求对建设工程造价进行鉴定的,人民法院不予支持。因此,一般情况下,对于固定总价合同,除变更、签证部分外,法院不支持对工程造价的调整或鉴定。

【案例 11-25】 包头市第二建筑工程有限责任公司与内蒙古拉布大林国家粮食储备库等建设工程合同纠纷案

最高人民法院认为,在当事人双方签订的《施工合同》固定价格没有变更仍然有效,拉布大林储备库已依约付清合同价款的情况下,包头二建申请对其承包的土建工程造价进行鉴定,依据不足。一审判决驳回包头二建申请鉴定工程造价的请求正确,最高人民法院予以维持。[1]

2. 对固定总价进行调整或支持鉴定的情形

一般情况下,对于固定总价合同,法院不支持造价鉴定或对固定总价进行调整。但也存在例外情形,法官会对以下情况进行具体处理。

其一,固定总价工程范围不明确。

双方采取固定总价计价形式,实际上需要明确的工程范围,而明确的工程范围一般需要深度足够的施工图纸或者较为具体的工程量清单。固定总价的前提

---

〔1〕 参见最高人民法院民事审判第一庭编:《最高人民法院民事案件解析》(建设工程),法律出版社2010年版,第69页。

是承包人的施工内容与施工图和工程量清单相一致。因此,如果在施工过程中,无论是基于承包人还是发包人的原因导致固定总价对应的工程范围不明确,固定总价将会被突破。

其二,工程量清单错误导致的固定总价偏差。

根据《建设工程工程量清单计价规范》的规定:招标工程量清单作为招标文件的组成部分,其准确性和完整性由招标人负责。因此,如果合同没有约定工程量清单漏项错项的责任承担或者招标文件中明确工程量清单不得调整,那么应由发包人承担工程量清单漏项错项的责任,进而导致固定总价被突破。

其三,黑白合同固定总价被突破。

根据《建设工程解释(一)》第二条、第二十二条、第二十三条规定,在以上黑白合同的情况下,固定总价合同将被突破。

其四,基于情势变更原则主张对工程总价予以调整。

固定总价是指在合同约定的风险范围内不做调整,但并不意味着一律不能进行调整。

如果市场价格波动超过了正常商业风险,当事人可以根据情势变更请求对工程造价进行调整。在此情况下,对于固定价合同是否给予鉴定也不能一概而论,而应结合具体案情中固定价合同的特点以及情势变更、公平原则进行综合考量。

其五,工程未完工。

固定总价结算的依据是工程全部完工,对于未完工的工程一般无法直接适用固定价款或适用固定价款对应部分容易造成显失公平,因此实务中存在两种方式确定已完工部分工程价款,即"比例折算法"和"政府部门发布的定额法"。

约定了按照固定价格计算工程价款,工程尚未完工双方发生纠纷致使合同无法继续履行时,对于已完成的工程部分的价款如何计算问题。制定司法解释的法官认为,需要结合当事人诉求及具体案情确定。如果双方当事人都同意对工程造价进行鉴定的,则应允许进行造价鉴定;如果有一方当事人坚持按照合同约定计算工程价款,则应尽量按照合同约定处理,在固定总价款可以计算得出的情形下,可通过鉴定确定已完成工程与全部工程的比例,再乘以固定总价款即可得出已完工程价款。这样的做法,一方面实践中比较具有可操作性,另一方面以同一标准确定已完工程占全部工程的比例,也比较科学。这种计算方法既能反映当事人通过合同表达出的真实意思,也能反映施工的客观情况。〔1〕

需要指出的是,无论在何种情况下,对于因设计变更导致建设工程的工程量或者质量标准发生变化的,固定总价显然可以调整。

---

〔1〕 参见最高人民法院民事审判第一庭编著:《最高人民法院新建设工程施工合同司法解释(一)理解与适用》,人民法院出版社 2021 年版,第 289 页。

二、建设工程鉴定纠纷法律适用

(一)鉴定意见形式审查

《最高人民法院关于人民法院民事诉讼中委托鉴定审查工作若干问题的规定》第一条至第九条规定了对鉴定事项、鉴定材料、鉴定机构、鉴定人的审查。

对于司法鉴定意见审查分为实质审查和形式审查两类,形式审查主要有以下方面:

其一,鉴定资质。其审查既包括对机构的审查,也包括对鉴定人员的资格审查,两者均需具备合法的资质、条件。工程造价咨询单位不属于实行司法鉴定登记管理制度的范围,所以工程造价司法鉴定单位可以不从司法行政机关编制的《国家司法鉴定人和司法鉴定机构名册》中选择。

【案例11-26】 彭某与中铁十七局集团有限公司建设工程施工合同纠纷案

二审法院认为,关于中铁十七局主张的西双版纳州建筑工程造价编审咨询服务中心没有鉴定资质问题。依据《全国人民代表大会常务委员会关于司法鉴定管理问题的决定》第二条以及《云南省高级人民法院、云南省司法厅、云南省商务厅关于在诉讼活动中委托鉴定、拍卖工作的若干规定》第四条的规定,法院委托工程造价司法鉴定并未强行要求从司法行政机关编制的《国家司法鉴定人和司法鉴定机构名册》中选择;《最高人民法院关于如何认定工程造价从业人员是否同时在两个单位执业问题的答复》(法函〔2006〕68号)中也认为,工程造价咨询单位不属于实行司法鉴定登记管理制度的范围。所以一审法院委托《国家司法鉴定人和司法鉴定机构名册》外的工程造价咨询单位进行工程司法鉴定并未违反法律强制性规定。只要该单位取得工程造价咨询资质,并在其资质许可的范围内从事工程造价咨询工作即可。因此,一审法院委托的西双版纳州建筑工程造价编审咨询服务中心具有工程造价司法鉴定资质。[1] 鉴定人员资格不因任职单位和受聘单位的不同而受影响,鉴定人员任职单位与颁证时工作单位不一致,也不会影响鉴定意见效力。

---

〔1〕 云南省高级人民法院(2011)云高民一终字第11号民事判决书。

【案例 11－27】　成都三业建设有限公司与李某连建设工程分包合同纠纷案

二审法院认为,经核实,一审委托的鉴定机构建业公司的执业许可范围包含案涉工程造价的鉴定业务,本院对其具备鉴定资格予以确认。由于案涉工程属于水利工程,鉴定人员需具备水利工程造价人员鉴定资格。建业公司接受鉴定委托于 2010 年 8 月 5 日作出的鉴定书上签字的鉴定人员印某红不具备案涉工程所需的鉴定资格,在双方对鉴定书均提出异议的基础上,一审要求建业公司进行鉴定说明并无不当。建业公司聘请有资格的鉴定人员对鉴定事项予以修正后,于 2012 年 7 月 2 日作出鉴定意见书。该鉴定书上签字的鉴定人员是何某茹,其所持全国建设工程造价员资格证书表明其具有水利工程造价人员鉴定资格,且证章刊刻内容与资格证书确定的鉴定人资格内容一致,虽然其任职单位与颁证单位时工作单位不一致,但其具有水利工程造价鉴定人员资格并不因任职单位和受聘单位不同而受影响,故其参与案涉工程造价鉴定作出鉴定意见并未违反法律法规的禁止性规定,本院对此予以确认。三业公司质疑鉴定人员鉴定资格的理由不能成立。[1]

【案例 11－28】　金坛市建筑安装工程公司与大庆市庆龙房地产开发有限公司建设工程结算纠纷案

最高人民法院认为,庆龙公司上诉提出,一审法院委托对 1999 年工程造价进行鉴定的中龙公司,其经营范围内工程造价咨询为乙级资质,而本案属于大型建设项目,理应由具有甲级资质的鉴定机构进行鉴定,据此认为,一审法院采用该鉴定机构出具的结论系程序违法,申请重新鉴定。中龙公司虽然就工程造价咨询为乙级资质,但该鉴定机构经当地有关部门认定具有从事司法鉴定资格,且鉴定结论并非由中龙公司独立完成,是由鉴定中心和中龙公司联合作出,一审法院予以采信并无不当,亦不存在程序违法。[2]

鉴定机构取得工程造价评估资格,但未取得工程造价咨询企业资质,是否应认定鉴定机构具备相应资质有不同观点。

一种观点认为可以。

【案例 11－29】　浦城县万达置业有限公司与某公司建设工程施工合同纠纷再审案

最高人民法院认为,蒲城万达公司一审、二审中均提出鼎力公司没有取得工程造价咨询企业资质,不具有案涉工程造价评估资格。经查,鼎力公司取得了厦门市发展和改革委员会颁发的工程造价评估资质,且并未有法律、

---

〔1〕　四川省成都市中级人民法院(2013)成民终字第 733 号民事判决书。

〔2〕　参见《最高人民法院公报》2007 年第 7 期。最高人民法院(2004)民一终字第 118 号民事判决书。

行政法规明确规定只有取得工程造价咨询企业资质才能从事工程造价评估工作，故一审、二审法院认可鼎力公司的工程造价评估资格并无不当。[1]

另一种观点认为不可以，比如2013年12月23日安徽省高级人民法院审判委员会民事执行专业委员会第32次会议讨论通过的《关于审理建设工程施工合同纠纷案件适用法律问题的指导意见（二）》第二十条规定，人民法院对外委托工程造价鉴定，应当选择具有建设行政主管部门颁发的工程造价资质证书的鉴定机构。

鉴定人仅有一人具有注册造价工程师资质，该鉴定意见书不是当然无效。

【案例11－30】 云南文荣建筑工程有限公司与景洪立丰房地产开发有限公司建设工程施工合同纠纷再审案

最高人民法院认为，虽然本案三个鉴定人中，仅鉴定人黄某3具有注册造价工程师资质，其余两人均非注册造价工程师，但目前并无明确的法律法规规定司法鉴定人员数量须三人以上且全部须具备注册造价工程师资质，否则鉴定意见无效。本案是否应当重新鉴定还应根据鉴定意见是否客观真实、是否存在明显错误予以确定。[2]

鉴定人同时在两个鉴定机构执业，该鉴定意见不是当然无效。

【案例11－31】 陕西志诚建筑工程有限公司与陕西兴汉光源科技有限公司建设工程施工合同纠纷再审案

最高人民法院认为，虽然志诚公司提交新证据证明案涉《鉴定意见》的鉴定人杨某翔、宋某峰、马某琴三人同时在陕西锦桥昌工程造价咨询有限公司和陕西华夏司法会计鉴定所从事司法鉴定业务，但杨某翔、宋某峰、马某琴三人的上述行为并不能得出该三人丧失鉴定人资格的结论，亦不能得出案涉《鉴定意见》无效的结论，故二审法院将《鉴定意见》作为认定本案相关事实的依据并无不当。[3]

工程造价鉴定不属于必须登记的鉴定从业事项，只需通过行政审批获得资质证书，即可在资质范围内从事工程造价咨询活动。

【案例11－32】 北京中某村开发建设股份有限公司与湖南潭某高速公路开发有限公司建设工程施工合同纠纷案

最高人民法院认为，关于建某公司及其鉴定人鉴定资质的问题。《全国

---

〔1〕 最高人民法院（2019）民申6461号民事裁定书。

〔2〕 最高人民法院（2020）民再360号民事判决书。

〔3〕 最高人民法院（2021）民申2096号民事裁定书。

人民代表大会常务委员会关于司法鉴定管理问题的决定》第二条规定,国家对从事下列司法鉴定业务的鉴定人和鉴定机构实行登记管理制度:(1)法医类鉴定;(2)物证类鉴定;(3)声像资料鉴定;(4)根据诉讼需要由国务院司法行政部门商最高人民法院、最高人民检察院确定的其他应当对鉴定人和鉴定机构实行登记管理的鉴定事项。住房和城乡建设部《工程造价咨询企业管理办法》第四条规定,工程造价咨询企业应当依法取得工程造价咨询企业资质,并在其资质等级许可的范围内从事工程造价咨询活动。《建设工程造价鉴定规范》术语第2.0.5条对鉴定机构定义:接受委托从事工程造价鉴定的工程造价咨询企业。《最高人民法院关于如何认定工程造价从业人员是否同时在两个单位执业问题的答复》(法函〔2006〕68号)规定,根据《全国人民代表大会常务委员会关于司法鉴定管理问题的决定》第二条规定,工程造价咨询单位不属于实行司法鉴定登记管理制度的范围。……对于从事工程造价咨询业务的单位和鉴定人员的执业资质认定以及对工程造价成果性文件的程序审查,应当以工程造价行政许可主管部门的审批、注册管理和相关法律规定为据。根据上述规定,工程造价鉴定不属于必须登记的鉴定从业事项,只需通过行政审批获得资质证书,即可在资质范围内从事工程造价咨询活动。湖南省司法厅编制《国家司法鉴定人和司法鉴定机构名册湖南分册》(2017年度)系当地行政主管部门对工程造价鉴定实行双重执业准入管理的行为,对于从事工程造价咨询业务的单位和鉴定人员的执业资质认定以及对工程造价成果性文件的程序审查,应当以工程造价行政许可主管部门的审批、注册管理和相关法律规定为据。建某公司具有"工程造价咨询企业甲级资质"证书,鉴定人亦有"注册造价工程师"证书,具备鉴定资质。中某村公司关于建某公司的司法鉴定资格存在瑕疵、原审法院司法鉴定人选定程序违法的主张,没有法律依据,本院不予采信。[1]

如果鉴定报告上记载的鉴定人员并非鉴定机构的工作人员,且现场勘查的实际情况确与原鉴定报告及部分签证存在不符之处,应重新鉴定。

【案例11-33】 湖南省某工程有限公司与湖南紫某湾温泉度假有限公司某某建设工程施工合同纠纷案

最高人民法院认为,第三公司上诉认为重审时法院委托新某公司重新鉴定程序违法。本院认为,根据查明的事实,原一审时委托的鉴定机构长某公司出具的鉴定报告上记载的鉴定人员谭某非该公司的工作人员,且原二审时,因双方对原鉴定报告争议较大,原二审通过现场勘查发现实际情况确与

〔1〕 最高人民法院(2019)民终1401号民事判决书。

原鉴定报告及部分签证存在不符之处，根据《民事证据规定》第二十七条第二项、第四项之规定，重审法院依紫某湾公司的申请委托重新鉴定并无不当。[1]

其二，鉴定程序。主要是指启动的程序及开展的程序，包括鉴定的时间周期等。对于鉴定的工程材料应通过庭审质证，在质证后由法官移交鉴定机构。对于工程争议的事项，应由鉴定机构在涉案双方参与的情况下，鉴定过程中的每一个环节尤其是现场勘查、现状确认、工程项目内容及其他程序，均不能出现差错，反之，因鉴定程序瑕疵而影响鉴定意见的效力。

【案例 11－34】 林州市采桑建筑劳务输出有限公司与天津市西青区大寺镇倪黄庄村民委员会等建设工程施工合同纠纷案

最高人民法院认为，关于工程造价鉴定程序是否合法问题。一审期间，林州采桑公司申请对施工过程中的变更工程造价进行鉴定并对建筑主材价格上涨应当调整工程造价进行鉴定。一审法院委托天津房友工程咨询有限公司对诉争工程造价鉴定。鉴定机构提交鉴定报告后，根据当事人提出的异议，作出《〈司法鉴定报告〉调整一》《工程造价鉴定调整表》。根据当事人申请，鉴定人员出庭就鉴定方法、标准作出说明，就当事人提出的异议进行答疑。总体来看，鉴定结论基本客观，鉴定程序基本完备；申请人就鉴定提出的有关异议，在一审、二审期间均提出过，一审、二审法院已注重程序审查和实体审查，注重保护当事人诉权；现林州采桑公司再审申请中再次对委托鉴定提出异议但未辅以相应证据佐证其观点，对就此提出的请求，本院不予支持。[2]

鉴定机构担任过鉴定项目咨询人的，鉴定机构未自行回避，发包人或承包人也未提出回避申请的，事后以此为由认为鉴定意见严重违反程序的，法官不予支持。

【案例 11－35】 四川金海建设有限公司与贵州省慕俄格房地产开发有限公司建设工程施工合同纠纷再审案

最高人民法院认为，关于是否因鉴定机构未回避而导致鉴定程序违法。从慕俄格公司原审提交的工程进度款审核报告看，鉴定机构贵州正合建设项目管理咨询有限公司（以下简称正合公司）在对案涉工程造价进行鉴定前就已接受慕俄格公司委托，对案涉项目提出过意见。根据《建设工程造价鉴定规范》第 3.3.4 条关于“鉴定机构担任过鉴定项目咨询人的，应当自行回避”的规定，正合公司应主动申请回避。但《建设工程造价鉴定规范》第 3.5.2 条

---

〔1〕 湖南省高级人民法院（2019）湘民终 233 号民事判决书。

〔2〕 最高人民法院（2014）民申字第 952 号民事裁定书。

同时规定："鉴定机构有本规范第3.3.4条情形之一未自行回避的，且当事人向委托人申请鉴定机构回避的，由委托人决定其是否回避，鉴定机构应执行委托人的决定。"据此，在鉴定机构担任过鉴定项目咨询人的情形下，如当事人未申请鉴定机构回避，人民法院作为委托人有权决定鉴定机构是否回避，也意味着此种回避事由并不足以对鉴定意见的可采性造成实质影响。这是因为，鉴定意见作为证据的一种，是否具有证据资格，以及证明力大小最终要由人民法院根据民事诉讼证据规则进行判断。本案中，原审法院依照法定程序选定正合公司作为鉴定机构，双方当事人均未提出异议。慕俄格公司在原审中将正合公司所作工程进度款审核报告作为证据提交时，金海公司就已知悉正合公司具有回避事由，但金海公司并未申请回避。金海公司在原审中不仅未对鉴定意见的合法性提出异议，在原审法院就鉴定意见定稿征询双方意见时，金海公司还明确表示没有意见。金海公司的以上诉讼行为表明，金海公司在原审中对鉴定意见的客观公正性是认可的。基于此种判断，原审法院将正合公司出具的鉴定意见作为认定本案事实的依据，并不违反法律规定。金海公司的该项再审申请理由不能成立。[1]

根据《人民法院司法鉴定工作暂行规定》第十三条规定，"司法鉴定机构接受委托后，可根据情况自行鉴定，也可以组织专家、联合科研机构或者委托从相关鉴定人名册中随机选定的鉴定人进行鉴定"，其中一个鉴定机构不具备造价鉴定资格，一审法院从解决双方纠纷和减少诉累及诉讼成本的角度考虑，同意官审造价对防火防腐涂料分项工程重做费用进行鉴定，并无不当。

【案例11－36】　福建九鼎建设集团有限公司与云南佳鸿宇合实业有限公司建设工程施工合同纠纷案

最高人民法院认为，关于防火防腐涂料分项工程鉴定程序是否存在不当及重做费用如何认定的问题。(1)防火防腐涂料分项工程重做费用的鉴定程序是否存在不当。本案涉及两个鉴定事项，分别是已完工程造价与防火防腐料喷涂施工质量及重做费用。一审法院依据当事人的申请就上述鉴定事项分别委托了官审造价与必和必真两家机构。鉴定过程中由于必和必真仅具备工程质量鉴定资质，无法满足《司法鉴定委托书》[(2019)云委鉴第010号]关于"返工工程款金额"的鉴定要求，经一审法院同意官审造价在必和必真质量鉴定的基础上作出关于防火防腐涂料分项工程重做费用的鉴定。对此，福建九鼎、佳鸿宇合均主张防火防腐涂料分项工程重做费用的鉴定程序存在不当。首先，前述鉴定机构均由一审法院组织当事人随机抽取，其鉴定

[1] 最高人民法院(2019)民申6023号民事裁定书。

意见未超出业务范围,鉴定人员均接受当事人的质询和一审法院的询问,鉴定结论经过双方当事人的质证。其次,根据《人民法院司法鉴定工作暂行规定》第十三条规定,"司法鉴定机构接受委托后,可根据情况自行鉴定,也可以组织专家、联合科研机构或者委托从相关鉴定人名册中随机选定的鉴定人进行鉴定",必和必真不具备造价鉴定资格,一审法院从解决双方纠纷和减少诉累及诉讼成本的角度考虑,同意官审造价对防火防腐涂料分项工程重做费用进行鉴定,并无不当。最后,官审造价是根据必和必真出具的工程质量意见作出关于不合格工程修复费用的鉴定意见,无证据表明两家鉴定机构存在损害当事人利益之行为。故一审法院采信官审造价作出的重做费用鉴定意见并无不当。(2)防火防腐涂料分项工程重做费用如何认定。对于防火防腐涂料分项工程重做费用,官审造价分别采用两种标准作出两种鉴定意见,按13定额得出重做费用为12,382,358.44元,按市场价得出重做费用为10,199,761元。佳鸿宇合主张鉴定机构依据的市场价格无证明材料,应采信13定额为依据的鉴定意见。本院认为,佳鸿宇合未举证证明鉴定机构存在背离鉴定资料或者背离工程实际随意主观判断的情形。对于佳鸿宇合的异议,鉴定人员在一审中接受质询时已作出合理说明。故对于佳鸿宇合该主张,本院不予支持。福建九鼎主张,防火防腐涂料的费用在已完工程造价鉴定、重做费用鉴定中采用的标准不一致,导致修复费用远高于已完工程造价,并且鉴定发生在工程停工四年后,导致结论偏差。本院认为,首先,根据《已完工的防火、防腐涂料喷涂施工不合格部分的返工工程造价鉴定意见书》,重做费用中包含除重新涂刷防火防腐涂料外的工程项目,故防火防腐涂料分项工程的重做费用高于其已完工程造价,符合常理。其次,已完工程造价鉴定之目的在于确定当时的工程价款,重做费用鉴定之目的在于确认当前修复质量不合格的工程所需费用,福建九鼎在一审质证中也自认返工费用按照市场价更为公平。故一审法院采信以市场价为依据的鉴定意见并无不当。[1]

工程鉴定存在无正当理由超出鉴定期限的问题,鉴定意见也存在不正确的情形,鉴定人不具备鉴定资质,应对一审鉴定事项进行重新鉴定。

【案例11-37】 某市国有资产投资发展有限公司与某省工业设备安装集团有限公司建设工程施工合同纠纷案

二审法院认为,双方当事人诉辩主张,正某所出具的《鉴定意见书》能否作为本案工程价款结算的依据,本案工程造价是否需要重新进行司法鉴定。

〔1〕 最高人民法院(2020)民终337号民事判决书。

第一,关于某市国投公司上诉主张一审鉴定超期的问题。经审查一审鉴定相关材料,一审法院出具的司法鉴定委托书要求的鉴定期限为接到委托后30个工作日,如需延长时间,请书面说明原因。正某所于2018年1月24日向法院出具受理鉴定的函,于2018年1月23日与某省工业安装公司签订了《司法鉴定协议书》,约定鉴定期限为60个工作日,遇复杂、疑难、特殊的技术问题,或者检验过程的确需要较长时间的,延长30个工作日,需要补充或重新提起鉴定材料的,延长30个工作日。2018年4月18日进行了现场踏勘,并要求当事人补充鉴定材料。2018年5月15日收到补充的部分鉴定材料。根据前述《建设工程造价鉴定规范》的规定,4月18日至5月15日应不计入鉴定期限,扣除后,鉴定期限实际为2018年1月25日至2018年4月17日及2018年5月15日至2018年10月16日出具正式报告为止,确实超出了一审法院司法鉴定委托书上要求的30个工作日的期限,也超过了正某所与某省工业安装公司签订的《司法鉴定协议书》约定的60个工作日的期限,且无鉴定期限延长的相关材料。一审鉴定确实存在无正当理由超期的情形。第二,关于某市国投公司上诉称鉴定材料未经质证的问题一审中2018年4月18日的现场笔录中记载"呼某平:我们提供施工现场施工照片,主要是施工前的照片,能够看到当时的施工现状。成某华:对方要提供当时的照片,我们对此没有异议。一审:山西公司在今天看现场后,要求提供当时随机照片,某市国投公司需不需要在其提供后进行质证。成某华:对方要提供照片,主要对照当时的施工现状,我们对此没有异议,不需要质证。"二审中,某省工业安装公司重新提供了照片,本院在此组织双方当事人进行了质证。故对某市国投公司该上诉理由,不予采信。第三,关于《鉴定意见书》未出具《征求意见稿》和《征询意见函》的问题。《建设工程造价鉴定规范》第5.2.5条规定:鉴定机构在出具正式鉴定意见书之前,应提请委托人向各方当事人发出鉴定意见书征求意见稿和征求意见函,征求意见函应明确当事人的答复期限及其不答复行为将承担的后果,即视为对鉴定意见书无意见。但该规范中并未规定不发出征求意见稿和征求意见函,需重新鉴定。具体到本案中,正某所未出具征求意见稿和征求意见函并不当然影响鉴定结果,正某所出具《鉴定意见书》后,一审法院组织当事人进行了质证,双方当事人均提出了异议,正某所另行出具了书面的《司法鉴定意见回复函》,并再次进行了质证。因此,某市国投公司该上诉理由不能成立,不予采信。第四,关于鉴定人员的问题。(1)关于鉴定人数问题。《建设工程造价鉴定规范》(GBT 51262—2017)第3.4.3条规定:"鉴定机构对同一鉴定事项,应当指定二名及以上鉴定人共同进行鉴定。对争议标的较大或涉及工程专业较多的鉴定项目,可以指定多名鉴定人进行鉴定。必要时,应成立三名及以上鉴定人组成的鉴定项目组。"《司法鉴定程序通则》第十九条规定:“司法鉴定机构对同一鉴定事项,应当指定或者选择二名司法鉴定人进行鉴定”,并无必须由3人及以上奇数鉴定人员组成合议组的规定,故某市国投公司关于本案鉴定人为2人不符合住建部《建设工程造价鉴定规范》规定的上诉理由,不能成立,本院不予采信。(2)关于《鉴定意见书》鉴定人资格问题。《司法鉴定程序通则》第十九条规定:“司法鉴定机构对同一鉴定事项,应当指定或者选择二名司法鉴定人进行鉴定;对复杂、疑难或者特殊鉴定事项,可以指定或者选择多名司法鉴定人进行鉴定。”第三十七条规定:“司法鉴定意见书应当由司法鉴定人签名。多人参加的鉴定,对鉴定意见有不同意见的,应当注明。”第三十八条规定:“司法鉴定意见书应当加盖司法鉴定机构的司法鉴定专用章。”《建设工程司法鉴定程序规范》第3.5条明确规定,“司法鉴定人为经过司法行政机关审核登记并取得《司法鉴定人执业证》,从事司法鉴定业务的人员”,《全国人民代表大会常务委员会关于司法鉴定管理问题的决定》第六条第一款规定:“申请从事司法鉴定业务的个人、法人或者其他组织,由省级人民政府司法行政部门审核,对符合条件的予以登记,编入鉴定人和鉴定机构名册并公告。”《贵州省司法鉴定条例》第三条第二款规定,“本条例所称司法鉴定机构和司法鉴定人是指经省人民政府司法行政部门审核登记或者备案登记,从事司法鉴定业务的机构和人员”。《建设工程造价鉴定规范》第3.1.2条规定,“鉴定机构应对鉴定人的鉴定活动进行管理和监督,在鉴定意见书上加盖公章”,第3.1.4条规定,“鉴定人应在鉴定意见书上签名并加盖注册造价工程师执业专用章,对鉴定意见负责任”,第6.1.1条规定,“鉴定机构接受了鉴定委托人的委托后,应成立鉴定项目部(组)。鉴定项目部(组)由三人以上单数组成,其中项目负责人必须是注册造价工程师”。建设部在《关于建设工程造价鉴定报告合法性问题的复函》中明确:“建设工程造价鉴定报告只要有一位注册造价工程师签字、加盖执业印章,同时加盖工程造价咨询企业的执业印章,应当认定该建设工程造价鉴定报告合法、有效,报告中上述签字的造价工程师承担相关责任,其他人员签字并不影响该鉴定报告的合法、有效性。”本案中,鉴定机构在《鉴定意见书》上加盖了印章,鉴定人在《鉴定意见书》上签名,注明了司法鉴定执业证证号,并提供了司法鉴定人执业证。根据司法鉴定人执业证上记载的内容,一名鉴定人罗某耀为注册造价工程师,另一名杨某为工程师。根据上述法律规定,结合2017年12月27日贵州省司法厅公告(一),出具本案《鉴定意见书》的鉴定机构及鉴定人员罗某耀、杨某均已编入《国家司法鉴定人和司法鉴定机构名册(贵州省)》(2017年度),并持有贵州省司法厅颁发的司法鉴定人执业证,执业类别为建设工程造,其二人均具有建设工程造价司法鉴定人的资格。因此,一审中两名鉴定人的司法鉴定资格均符合工程造价司法鉴定的要求。但是,二审中正某公司出具的《回复函》上所列鉴定人仍为罗某耀、杨某,而杨某的《司法鉴定人执业证》已被注销,杨某又无注册造价工程师资质,根据《建设工程造价鉴定规范》第3.1.4条"鉴定人应在鉴定意见书上签名并加盖注册造价工程师执业专用章,对鉴定意见负责任"之规定,杨某已不具备鉴定人资质,因此正某公司二审出具的《回复函》等不能作为补充鉴定意见使用。第五,关于鉴定人员出庭的问题。《民事诉讼法》第七十八条(现为第八十一条)规定,"当事人对鉴定意见有异议或者人民法院认为鉴定人有必要出庭的,鉴定人应当出庭作证。经人民法院通知,鉴定人拒不出庭作证的,鉴定意见不得作为认定事实的根据;支付鉴定费用的当事人可以要求返还鉴定费用"。经查阅一审卷宗,鉴定人员确实未出庭作证,但鉴定人员针对双方当事人在一审中就《鉴定意见书》提出的异议,进行了书面回复。一审法院也未通知鉴定人出庭作证。因此不存在经人民法院通知,鉴定人拒不出庭作证的情形。第六,二审中正某公司作为原正某所的母体单位,对原鉴定意见书进行修正,说明原鉴定意见书存在结论不正确的情形。且正某所一审中出具的《司法鉴定意见书》(司鉴〔2018〕工程造价鉴字第36号)除存在二审已修正的错误外,某市国投公司还提出,鉴定所依据的SXAZ－QZ－083、SXAZ－QZ－084、SXAZ－QZ－120、SXAZ－QZ－105号等工程现场签证单上建设单位签署意见记载有"以审计为准"等字样,不应作为鉴定依据等意见。综上,一审正某所出具的《司法鉴定意见书》存在无正当理由超出鉴定期限的问题,鉴定意见也存在不正确的情形,一审鉴定时的鉴定人之一杨某已不具备鉴定资质,本案工程造价应重新鉴定。[1]

【不同处理】 鉴定意见的出具存在超过规定鉴定期限的问题,不属于鉴定人存在严重违反鉴定程序,不当然推定鉴定意见本身有误。

【案例11－38】 张某成与泰州市众某房产开发有限公司建设工程施工合同纠纷再审案

最高人民法院认为,至于张某成申请再审主张案涉鉴定违反鉴定程序规定的问题。经查,二审法院针对张某成关于案涉鉴定仅有两家备选鉴定机构、违反鉴定程序规定的主张,以及对张某成申请重新鉴定未予准许均进行了相应的解释与回应;关于张某成主张鉴定超期的问题,现有材料未显示张某成在一审、二审中对鉴定意见质证时有主张过,即便案涉鉴定意见的出具存在超过规定鉴定期限的问题,也不当然推定鉴定意见本身有误。基于润某

---

〔1〕 贵州省高级人民法院(2019)黔民终143号民事判决书。

公司出具鉴定意见后,双方多次对鉴定意见进行了质证,并在二审期间重新对鉴定底稿进行核对,张某成虽对鉴定意见提出诸多异议,但其未有证据证明润某公司存在严重违反鉴定程序的情形,故二审判决对张某成主张重新委托其他鉴定机构进行鉴定的主张不予支持,并无明显不当。[1]

其三,鉴定意见内容。根据《民事证据规定》第二十九条规定,法官对鉴定人出具的鉴定意书,应当审查是否具有下列内容:一是委托人姓名或者名称、委托鉴定的具体事项。二是委托鉴定的材料。三是鉴定的依据及使用的科学技术手段。四是对鉴定过程的说明。五是符合鉴定申请事项范围。六是明确具体的鉴定意见。七是对鉴定人鉴定资格的说明。八是鉴定人员及鉴定机构签名盖章。

其四,有关鉴定情况。鉴定活动有其他参与单位,但鉴定意见以鉴定机构名义出具,不影响鉴定意见的效力。

(二)鉴定意见采信程序

对于鉴定机构出具的意见书,法院一般情况下未发现影响效力的情形则予以采信。在采信过程中应确立"谨慎鉴定原则""因一审法院原因未在一审鉴定的发回重审,因当事人原因未在一审鉴定的由二审鉴定"等规则。

其一,诉前单方委托建设工程造价中介机构作出的咨询意见书,法院原则上不予采信。但存在除外情况,在咨询意见经质证,另一方未提出异议,或者提出的异议明显不能成立的,法官对该咨询意见可以采信。对于不能采信单方意见书,而在证据不能证明争议事项的,法官应向承担举证责任方释明告知提出鉴定申请。

其二,诉前双方共同委托造价中介机构出具咨询意见采信处理。《建设工程解释(一)》第三十条规定:"当事人在诉讼前共同委托有关机构、人员对建设工程造价出具咨询意见,诉讼中一方当事人不认可该咨询意见申请鉴定的,人民法院应予准许,但双方当事人明确表示受该咨询意见约束的除外。"该条规定了当事人在诉讼程序中的权利救济属于公权力救济,不能轻易受到限制或者排除。当事人虽在诉讼前共同委托出具咨询意见,本质上属于专业咨询意见,不属于《民事诉讼法》第六十三条规定的鉴定意见,不具有司法鉴定意见效力。进入诉讼程序后,应该将意思表示与诉权相区分,当事人仍有权申请鉴定对工程。但是,如果当事人

---

〔1〕 最高人民法院(2019)民申3053号民事裁定书。

在共同选定造价咨询前已经明确均受该咨询意见约束的，相当于双方达成了委托他人结算协议，该协议约束双方，双方均应遵守。在这种情况下，如果一方当事人反悔违背了诚实信用原则，对其在诉讼中又申请鉴定的，法院不予准许。笔者认为，一方当事人同意接受咨询意见后发现咨询意见存在重大错误、遗漏或咨询机构与另一方恶意串通的，即有证据证明该咨询意见具有《民事证据规定》第四十条第一款规定情形除外，法院对其申请鉴定应予支持。对于该条的理解，参与制定司法解释的法官认为，故本条仅将常见的当事人诉讼前委托工程造价咨询机构出具咨询意见情形写入条文，但有必要强调的是，这并不意味着当事人不可以在诉讼后自行委托工程造价咨询机构出具咨询意见，更不意味着出现当事人一方或双方诉讼后自行委托工程造价咨询时，当事人不能在诉讼中向人民法院申请鉴定。事实上，无论当事人在诉讼前还是诉讼后委托工程造价咨询机构等有关机构或人员出具造价咨询意见，都属于本条规范对象的范畴，当事人都可以主张适用本条。[1] 需要注意的是，当事人不认可咨询意见申请鉴定不需要举证证明。制定司法解释的法官认为，而本条则没有该要求，就文义表述而言，只需当事人表示不接受该咨询意见即可，不需要当事人另行举证证明该咨询意见存在瑕疵。[2]

其三，对异议处理。对鉴定方法有异议的，应当向法院提交书面意见，并说明理由。法官在听取异议意见后，应对其异议进行审查并作出处理。异议成立的，书面告知鉴定人变更鉴定方法；异议不成立的，书面告知异议人、鉴定人仍应根据法院确定的鉴定方法进行鉴定。

其四，初步鉴定意见处理。在正式出具鉴定意见前，鉴定人应当出具初步鉴定意见，征求法院和当事人的意见。异议人对初步鉴定意见提出异议，就其鉴定意见与鉴定事项是否相符、计价原则和计价方式是否科学、鉴定依据是否合法、鉴定意见是否存在错漏等提出意见。法官认为有必要的，可以组织当事人、鉴定人进行听证，听取当事人、鉴定人的意见。

其五，相关问题处理。这一块主要涉及鉴定人提出的问题，建设工程造价鉴定中，鉴定人应当对与建设工程造价相关的专门性问题出具鉴定意见。鉴定人认为需要对合同或者合同条款的效力、合同条文的理解、证据采信等法律问题作出认定的，应当向法院提交书面意见并说明理由，由法官作出认定书面答复。

---

〔1〕 参见最高人民法院民事审判第一庭编著：《最高人民法院新建设工程施工合同司法解释（一）理解与适用》，人民法院出版社2021年版，第305页。

〔2〕 参见最高人民法院民事审判第一庭编著：《最高人民法院新建设工程施工合同司法解释（一）理解与适用》，人民法院出版社2021年版，第312页。

(三)鉴定依据确定

关于鉴定材料提交范围和提交主体。鉴定程序启动后,法官应当与鉴定人共同确定所需要提交的鉴定材料,并形成鉴定材料清单。材料清单应当载明鉴定材料的名称、提交主体等内容,其所列材料应当与鉴定事项存在关联性。材料清单形成后,法官应当及时送达涉案双方。

关于鉴定材料提交范围和提交主体异议。法官对提出的异议可分类处理:对提出增加鉴定材料有关联性的,应予准许。对提出鉴定材料不具有关联性的,可在质证时剔除。对提出鉴定材料在对方控制之下的,可申请法院责令对方提交,由法官决定。对提出鉴定材料由国家有关部门保存,或者涉及国家秘密、商业秘密、个人隐私,因客观原因确不能自行提交,可以申请法院调取或申请调取律师调查令。

关于鉴定材料提交期限。法官在送达鉴定材料清单时,应当明确告知提交材料清单的期限,该期限是由承办法官确定的。涉案双方应当在期限内提交,如确难提交的,可在期限届满前提出延长期限申请,由法官确定。应注意的是,在初步鉴定意见出具后,涉案双方又申请补交鉴定材料的,原则上不予同意。但补交的鉴定材料对工程造价存在重大影响的,法官可以同意,但应参照《民事诉讼法解释》第一百零一条、第一百零二条规定的逾期举证的相关规则予以处理。

关于鉴定材料交接。凡作鉴定的材料,应当全部提交法院,由法官组织质证后提交鉴定人,而不能直接提交给鉴定人。直接将鉴定材料交鉴定人的,鉴定人应拒收或转交法院,未经质证程序鉴定人不得作为鉴定依据。鉴定人作为鉴定依据的,法院应当对其鉴定意见不予采信,并重新进行鉴定或者对相关鉴定材料质证后由鉴定人重新出具鉴定意见。

关于鉴定材料认定。对司法鉴定材料的证据效力认定是法院审判权的行使,鉴定机构没有这项职能。对鉴定材料证据的采信与否,是由法官通过庭审或质证来进行审查、判断和选择的,也是由法官来认定效力,而不能由鉴定人作判断,更不能以鉴定意见代替质证过程。所有鉴定材料均应经过法官及双方当事人质证、认证,方可送交鉴定机构进行鉴定。对全部提交的鉴定材料,由法官组织涉案双方进行质证。质证时,应围绕鉴定材料的真实性、合法性以及与鉴定事项的关联性陈述意见。鉴定人可以参加质证程序,经法官允许可以就鉴定材料向当事人发问。质证后,法官应当结合涉案双方发表的质证意见对提交的材料能否作为鉴定材料作出认定,并将无异议或将法官认为应当作为鉴定依据的材料移交给鉴定人。对于提交的材料能否被采信暂时难以认定,需要在庭审后结合其他证据一并作出认定的,法官可以将存在争议的鉴定材料提交鉴定人,由鉴定人就存在争议的鉴定材料所涉及的工程造价予以单列。在鉴定中,鉴定人认为需要提交鉴定材料的,应当向法院发送书面函件。其函件应当载明补充提交鉴定材料的名称、提交主体以及与鉴定事项的关系。法官审查认为确需补充提交的,可以责令限期提交并经质证程序认定后移交。

【案例 11－39】　海森建筑公司与德惠商场建设工程施工合同纠纷案

判决观点,本案鉴定机构在原告提交的工程签证单未经对方当事人质证的情况下便作为鉴材使用,违反了鉴定规则及正常程序,其所作出的鉴定意见不能作为证据使用。故对被告要求重新鉴定的请求应予以支持。[1]

关于现场勘验。鉴定人认为需要进行对建设工程是否施工、实际施工的方式、数量以及施工现场状况等进行现场勘验的,应当告知法官。在法官经审查后,认为确有必要的组织涉案双方、鉴定人进行现场勘验。现场勘验应当形成勘验笔录,由涉案双方、鉴定人及法官签字后提交鉴定人作为鉴定依据。

(四)鉴定意见异议

关于鉴定意见异议。对于鉴定人出具的初步鉴定意见,应当征求法院和涉案双方的意见,异议人应就初步鉴定意见提出异议,异议书可就初步鉴定意见的程序、鉴定方法、鉴定依据、造价原则、错漏等诸多方面提出意见。法官认为有必要的,可以组织涉案双方、鉴定人进行听证。对异议人提出书面异议、听证意见反馈给鉴定人后,鉴定人应当结合书面意见、听证意见对初步鉴定意见进行修正,并及时出具正式的鉴定意见。

关于鉴定意见质证。对鉴定人出具的正式鉴定意见,必须经过质证程序,方能作为认定待证事实的依据。涉案双方可就鉴定意见发表全面意见,并说明具体理由。在涉案双方提出申请或法官认为有必要的,可通知鉴定人出庭作证并接受发问。

【案例 11－40】　莫某华与东莞市长富广场房地产开发有限公司、深圳市东深工程有限公司建设工程施工合同纠纷再审案

最高人民法院认为,莫某华主张《合同造价鉴定报告》未经其质证。2006 年 9 月 6 日,一审法院开庭审理本案,莫某华、长富广场公司、东深公司以及鉴定单位均参加庭审。一审庭审过程中,一审法院要求各方当事人对本

〔1〕 参见张广兄编著:《建设工程合同纷诉讼指引与实务解答》,法律出版社 2013 年版,第 409 页。

案两份鉴定报告发表意见,莫某华对于据实结算的鉴定报告发表意见,对于按合同结算的鉴定报告不认可,因此不予质证。一审法院已将相关证据材料在法庭出示并要求各方当事人互相质证,莫某华主张《合同造价鉴定报告》未经质证与事实不符。〔1〕

关于鉴定意见存在问题处理。法官对于鉴定意见依据采用不当、鉴定数据存在错漏等情形,应书面通知鉴定人通过出具补充鉴定意见方式予以纠正。法官认为存在鉴定意见与鉴定事项不符、未按照法院确定的鉴定方法鉴定、鉴定程序违法等情形,不能通过出具补充鉴定意见方式予以纠正的,应当重新鉴定。

实践中,对鉴定意见是否可以作为证据予以采信在个案中由法官裁定。

【案例 11－41】 威海市鲸园建筑有限公司与威海市福利企业服务公司等建设工程施工合同纠纷案

最高人民法院认为,本案中,鲸园公司主张福利公司欠付工程款数额的依据是山东汇德会计师事务所有限公司威海分公司出具的《工程结算审核报告》,该报告系由盛发公司委托出具,而盛发公司并非本案所涉《建设工程施工合同》的缔约人,其委托结算行为亦未经上述合同缔约双方认可。且上述报告审核的依据鲸园公司单方提供的涉案工程决算书,该决算书亦未经发包方旅游基地认可。在山东省高级人民法院二审期间,福利公司提供了威海市环翠区人民检察院的侦查笔录,该笔录中涉案工程监理人员称质监站验收涉诉工程时,该工程尚未完工,而上述结案审核报告及鲸园公司提供的决算书是在完工的基础上对工程款进行的结算审核,依照上述事实可以认定山东汇德会计师事务所有限公司威海分公司出具的《工程结算审核报告》,对工程款结算数额的审核不准确,不能作为证据予以采信。二审法院综合上述情况,准许福利公司重新鉴定的申请,适用法律并无不当。鲸园公司认为二审法院准许福利公司重新鉴定的申请适用法律错误,本院不予支持。正源会计师事务所出具的《威海市泉盛公寓楼工程造价司法鉴定报告》,鉴定人员具有相应的鉴定资质。二审法院组织鉴定人员及双方当事人对鉴定报告进行了质证,并当庭就双方当事人对鉴定报告提出的异议是否成立进行了认定,鉴定单位依据法庭的认定对鉴定报告进行修改,作出《〈威海市泉盛公寓楼工程造价司法鉴定报告〉的补充说明》。鲸园公司主张其针对鉴定报告提出的异议,鉴定单位未予回复,作出的补充鉴定报告未经其质证,与本案

〔1〕 参见最高人民法院民事审判第一庭编:《民事审判指导与参考》2013 年第 2 辑(总第 54 辑),人民法院出版社 2013 年版,第 165 页。

查明的事实不符,其主张上述鉴定报告不能作为证据予以采信,本院不予支持。[1]

【案例11-42】　广东省韶关市第二建筑工程公司与韶关市坪石发电厂有限公司建设工程施工合同纠纷再审案

最高人民法院认为,关于《工程造价司法鉴定评估报告》是否采信的问题。韶关二建公司认为一审、二审判决所采信的《工程造价司法鉴定评估报告》存在大量瑕疵且程序违法、不能作为定案依据,但未提交实质性的证据证明该鉴定报告不具有证明效力,华联公司系一审法院经韶关二建公司申请通过法定程序选定,因韶关二建未能完成申请鉴定的后续手续,一审法院委托该鉴定机构对坪石电厂所申请的同类事项进行鉴定并无违法之处,韶关二建公司亦不能举证证明两委托事项存在实质性区别以至于须另行启动鉴定机构选定程序,故其关于鉴定程序严重违法的主张因无事实根据和法律依据而不能成立。一审法院就案涉工程有关价款问题依法委托鉴定部门进行鉴定并组织各方当事人对鉴定报告进行了质证,韶关二建公司发表了充分的意见并提供了相关依据,其诉讼权利已得到行使,并未受到限制或侵害。由于鉴定意见书系人民法院依照法定程序委托有鉴定资质的鉴定机构就本案所涉专门性问题依法独立、客观、公正地作出,并经各方当事人质证,属于有证明力的合法证据,这一权威性专业结论应当成为原判决认定事实的主要依据。韶关二建公司未能举出充分的事实根据和法律依据否定鉴定机构的资质、推翻鉴定意见书,其关于一审、二审判决依据鉴定报告认定工程总造价错误的主张不能成立。韶关二建公司虽于二审期间申请重新鉴定,但其申请并不符合《民事证据规定》第二十七条第一款关于……规定的法定情形,二审法院依法不予接受并无不当。[2]

(五)鉴定意见质证

《建设工程解释(一)》第三十四条规定:“人民法院应当组织当事人对鉴定意见进行质证。鉴定人将当事人有争议且未经质证的材料作为鉴定依据的,人民法院应当组织当事人就该部分材料进行质证。经质证认为不能作为鉴定依据的,根据该材料作出的鉴定意见不得作为认定案件事实的依据。”该条规定明

---

〔1〕 参见最高人民法院民事审判第一庭编:《民事审判指导与参考》2013年第2辑(总第54辑),人民法院出版社2013年版,第144~145页。《最高人民法院公报》2013年第8期(总第202期)。

〔2〕 最高人民法院(2016)民再字第135号民事判决书。

确了法院不允许鉴定机构采用未经当事人质证的材料出具鉴定意见，限制采信此种鉴定意见作为定案依据。在第三十三条后半段规定："组织当事人对争议的鉴定材料进行质证。"该条规定除明确法院在鉴定程序中司法权行使的范围和要求外，其强调组织原告、被告双方质证是一项必不可少的内容。《建设工程解释（一）》用两个条款突出质证环节，进一步提高法官对组织质证的要求，以保证采信的正确性。

鉴定材料和鉴定意见都是《民事诉讼法》所规定的证据，是认定案件事实的基础，因此，鉴定材料、鉴定意见初稿和定稿都需要质证，否则不得作为认定案件事实的依据。鉴定机构利用专业知识根据鉴定材料出具的鉴定意见，属于新的证据，需要再组织质证。在对鉴定意见质证的过程中，如果发现鉴定机构将当事人有争议且未经质证的材料作为根据的，为提高诉讼效率，法官应组织补充质证，经补充质证不能作鉴定材料的，根据该材料所作的鉴定意见应排除作为定案事实的根据。在工程鉴定纠纷中，质证过程不符合法律规定的情况经常出现，或者鉴定材料未经质证即作为出具鉴定意见的依据，或者对当事人的质证意见不予答复，或者对出具的鉴定意见初稿或定稿不组织当事人质证，或者由鉴定机构对鉴定材料进行质证。个案中，质证是否需要继续及继续到何种程度，法官可以自己控制。如果法官认为质证意见及鉴定机构的答复已经充分，其可以结束质证，但是其不能不组织质证。法官拥有的是对当事人的质证意见进行判断的权利，而无权剥夺当事人的质证权利。

【案例 11－43】 中国建设银行新疆石油专业分行与深圳康源设计装饰工程有限公司、潘某装饰工程结算纠纷案

最高人民法院认为，在本院主持下，对鉴定机构作出的鉴定意见进行了补充质证和答疑，该鉴定机构经核对，确认计算错误共计 35.71 万元，上述款项应在总工程款中予以扣除。[1]

在个案中，一审法院针对发包人和承包人就已完工程总造价、材料分析退价、不合格工程返修费用等事项产生的争议，基于当事人申请，分别委托鉴定机构就上述事项进行鉴定，经二审庭审补充质证，当事人对上述鉴定意见没有提出充分的相反证据和反驳理由的，可以认定上述鉴定意见的证明力。

【案例 11－44】 金坛市建筑安装工程公司与大庆市庆龙房地产开发有限公司建设工程施工合同纠纷案

最高人民法院认为，关于工程所用材料价格如何确定的问题。庆龙公司

〔1〕 参见最高人民法院民事审判第一庭编：《最高人民法院民事案件解析》（建设工程），法律出版社 2010 年版，第 465 页。

主张,金坛公司在供料单上签字,意味着其对供料单载明价格、数量等的认可,是对原材料按定额计价约定条款的变更,故材料总价款应根据双方签字认可的供料单计算。而且一审庭审时金坛公司自认领取3600万元的土建部分材料总价也高于3200万元的鉴定意见,判决不应简单地按照鉴定意见加以认定。金坛公司认为双方关于材料价格明确约定按定额计算,后来对此问题未作任何改变,供料单仅能证明材料数量的交付,不能据此认定材料价格。双方对材料价格认识不一致,金坛公司的主张符合双方约定,应予采信。金坛公司一审庭审时虽然有过承认领取3600万元材料的意思表示,但同时亦表示材料问题愿意通过鉴定解决。庆龙公司既然也同意就工程造价按约定的定额标准进行鉴定,意味着无充分证据足以否定鉴定意见,一审判决对鉴定意见予以采信是正当的。另外,庆龙公司主张双方约定工程造价下浮并不包括下浮材料价格,一审判决认定材料价格下浮,损害了庆龙公司的合法利益。双方约定在扣除计划利润、管理费、税金后,工程造价高层下浮9%,裙房下浮8%。因双方约定工程造价下浮前予以扣除的项目并不包含材料价款,且材料价款为工程造价重要组成部分,故工程造价整体下浮,材料价款亦应下浮。一审法院采信由鉴定机构作出下浮后的材料价格进行材料退价分析,是正确的。[1]

对当事人存在争议的鉴定材料没有进行质证就移送鉴定机构,之后也未补充质证,属违法剥夺当事人辩论权利情形,不符合民事诉讼辩论原则,依据该鉴定材料认定的工程款造价因依据并不充分,基本事实不清。

【案例11－45】　某公司与某某公司建设工程施工合同纠纷再审案

最高人民法院认为,原审判决据以认定案涉工程造价的《鉴定意见书》相关鉴定材料未经依法质证,属于严重违反法定程序之情形。《鉴定意见书》"二、鉴定依据"第5、7、8、9、10项均是鉴定机构据以确定工程价款的基础性材料,原一审法院没有将上述当事人存在争议的鉴定材料进行质证,就将其移送鉴定机构,原二审法院也未进行补充质证,属违法剥夺当事人辩论权利情形,不符合民事诉讼辩论原则。因相关鉴定材料未经质证,原审法院认定"沈阳南路硬化路面拆除及恢复工程"和"部门单位院内硬化路面的破除与恢复施工"等相应的工程款造价,依据并不充分,致基本事实不清。[2]

审计材料未经质证,二审质证弥补程序不足。

---

〔1〕最高人民法院(2004)民一终字第118号民事判决书。

〔2〕最高人民法院(2021)民再316号民事判决书。

【案例 11－46】 山西四建与工行朔州分行建设工程施工合同纠纷案

最高人民法院认为,二审期间,本院通知该审计机构派员出庭为双方当事人答疑,对送审材料质证。……装潢工程管理费 222 万元、退款 151,000 元均为一审法院在一审期间才认定的数额,审计报告确定由上诉人自 1995 年开始承担利息,缺乏依据。且双方当事人在《补充条款》中约定:在施工过程中工程款如暂时不能到位,乙方同意在 200 万元之内垫付。无论垫资 200 万元的条款是否有效,由上诉人单方承担利息是不公平的。审计机构的出庭人员对计息问题未作出有说服力的解释。一审法院委托的审计机构所计算的利息 1,760,918 元缺乏依据,应予撤销。[1]

有争议且未经质证材料作为鉴定依据并作出鉴定意见的采信问题。制定司法解释的法官认为,审判实践中应注意的是,对于当事人有争议且未经质证的材料进行补充质证后,如认为不能作为鉴定依据的,根据该材料作出的鉴定意见不得作为案件事实的依据。但并非鉴定意见整体不可采纳,如果鉴定意见可分,则根据该材料所对应部分不能作为认定案件事实的根据;如果鉴定意见不可分,则整个鉴定意见均不能作为认定案件事实的根据。[2] 如果在诉讼中,当事人未提出异议,但人民法院经审查后发现存在上述问题的,人民法院应当询问当事人对此问题是否提出异议,如果当事人明确表示认可鉴定意见,则视为当事人放弃提出异议的权利;如果当事人就此提出异议,应当按照本条规定处理。如果一审中当事人未提出异议,人民法院也未发现存在上述问题,二审时一方当事人又提出此异议的,二审法院应当进行审查,如果审查后发现确实存在上述问题的,应当按照本条规定处理。[3]

【不同处理】 在一审法院组织各方当事人对鉴定报告和审订报告进行质证时,当事人对鉴定依据的资料从未提出异议,则法院无需组织质证。

【案例 11－47】 王某和与大连钜某建筑工程有限公司建设工程施工合同纠纷案

二审法院认为,第一,《民事诉讼法解释》第三百二十五条规定……因此,钜某公司上诉主张的上述情形,并不属于上述法律规定的程序违法情形。第二,如果工程造价鉴定材料没有经过质证、原审将陆某泉指定为证人出庭作

[1] 参见最高人民法院民事审判第一庭编:《最高人民法院建设工程施工合同司法解释的理解与适用》,人民法院出版社 2004 年版,第 618～619 页。

[2] 参见最高人民法院民事审判第一庭编著:《最高人民法院新建设工程施工合同司法解释(一)理解与适用》,人民法院出版社 2021 年版,第 354 页。

[3] 参见最高人民法院民事审判第一庭编著:《最高人民法院建设工程施工合同司法解释(二)理解与适用》,人民法院出版社 2019 年版,第 352 页。

证，均属于事实认定问题，亦不属于程序违法情形。关于钜某公司上诉主张的未质证的证据问题，一审法院开庭传票注明的举证期限为2018年3月9日，钜某公司在上诉状中称其提交证据的时间为2018年9月14日，一审法院对其提供的证据不予质证并无不当。关于王某和提供的证据，案涉工程所有施工图纸（光盘）已在2018年4月11日庭审中提供（2018年4月11日庭审笔录第12页至第13页载明光盘内容无法播放，但证人会证明，第32页至第33页证人崔某证明工程图纸纸质和电子版情况），对该证据进行了质证，只是由于证据原件在钜某公司保管，其不配合，没有提供原件。《造价鉴定报告》第一条"基本情况"第四项"送鉴材料"中所列的资料，其中钜某公司提供了总承包书、分包合同、吴明川项目部决算书、CAD图纸；王某和提供了结算版修改后的CAD图、清原易和广场项目F7地块项目总承包合同、清原易和广场项目F7地块施工现场交接界面明细表（电子版）、现场签证（电子版）及部分复印件。保存上述资料的U盘1个、光盘11张附在本案一审卷宗中。一审中，钜某公司及易和公司提出重新鉴定的理由，并非对鉴定依据的资料有异议，而是质疑鉴定人的身份及资质。一审法院驳回其重新鉴定申请并无不当。第三，《建设工程解释（二）》第十五条规定：……第十六条规定：……根据上述规定，人民法院仅需对双方争议的证据组织质证。在一审法院组织各方当事人对鉴定报告和审订报告进行质证时，钜某公司对鉴定依据的资料从未提出异议，法院无需组织质证。综上，原审程序并无不当，钜某公司关于一审程序违法的上诉主张，没有事实和法律依据，本院不予支持。[1]

（六）自行鉴定意见采信

实践中，一方当事人在诉前委托鉴定机构对争议事项鉴定具有普遍性。法官如何审查自行鉴定意见，事关是否启动重新鉴定程序和案件实体处理。应当明确的是，根据现行法律规定，并不排斥当事人自委托进行鉴定，另一方当事人如果没有足以反驳的证据，则该自行委托出具的鉴定意见，可以作为定案依据。[2]《民事证据规定》第二十八条规定："一方当事人自行委托有关部门作出的鉴定结论，另一方当事人有证据足以反驳并申请重新鉴定的，人民法院应予准许。"鉴定机构受当事人委托作出鉴定意见，其根据鉴定意见所作出结论的证明力应参照证人证言的标准，是一种法定证据，应与法院委托鉴定机构出具的鉴定意见以同样标准

---

〔1〕辽宁省高级人民法院（2019）辽民终1508号民事判决书。

〔2〕参见王勇：《建设工程合同纠纷实务解析》，法律出版社2017年版，第324页。

审查、采信。自行鉴定意见与法院委托鉴定意见关系处理，为实践中多发争议。有法官认为，结合审判实践，可以认为当事人自行鉴定意见如果与法院鉴定意见相冲突，则应以认定法院委托鉴定意见为原则，采信自行鉴定意见为例外，即相对于当事人自行委托的鉴定以及其他机关委托的鉴定而言，法院委托的司法鉴定具有较高的证据效力。不论是就司法鉴定程序的严谨性而言，还是出于对司法中立性的考量，法院委托的司法鉴定无疑是最具权威性的证据效力。因此，确立法院委托鉴定效力优先原则，无疑是鉴定效力审查的一项基础规则。当然，任何原则都有其例外。法院委托鉴定效力优先原则，同样也存在其效力例外，那就是根据冲突鉴定的审查判断标准，司法鉴定在鉴定人与鉴定机构资质、鉴定程序、鉴定内容三个方面存在明显的瑕疵，足以证明当事人自行委托的鉴定以及其他机关委托的鉴定具有更高的证明效力，则法院委托鉴定丧失其效力优先性。单方委托形成的鉴定意见，如另一方既不申请重新鉴定，也未举证证明该鉴定意见，则法院也可以采纳使用。

合同一方委托审计，审计咨询公司依据合同双方认可的工程量作出的审计意见，法院可以采信并作为结算依据。

【案例 11－48】 中建三局与金博大公司建设工程施工合同纠纷案

最高人民法院认为，关于咨询公司的审计结论可否作为本案的定案依据问题。咨询公司是具有甲级工程造价咨询资质的审计鉴定单位，其依据与金博大公司签订的《郑州市造价咨询委托合同》，运用专业技术，在中建三局与金博大公司认可的工程量签单及实际存在的工程量基础上，对中建三局承建的金博大城工程决算进行审计并出具《金博大城安装工程决算书》（第二期）三份审计报告。一审法院在金博大公司没有提供充分的证据足以反驳上述审计结论的情况下，采信上述审计结论并作为本案的定案依据，符合法律规定。金博大公司与咨询公司签订《郑州市造价咨询委托合同》，是履行其与中建三局签订的《建设工程施工合同》约定的义务。上述委托合同签订后，中建三局及金博大公司均参与咨询公司的工程决算审计工作。以上事实表明虽然咨询公司的审计报告是依据金博大公司单方委托出具，但体现了金博大公司与中建三局是双方的意思表示，中建三局代金博大公司支付咨询费，取得咨询公司出具的审计报告，作为其主张金博大公司支付工程款的依据，并没有违反法律禁止性规定，取得审计报告的程序并无不当。金博大公司对审计报告的部分内容有异议，可以提出证据和理由要求人民法院审查更正，但金博大公司否认审计报告的证据效力，证据不足，申请对本案所涉工程造价委托审计,理由不成立,不予支持。[1]

诉讼前,发包人单方委托鉴定机构所作的工程造价鉴定意见没有将其作为证据提交给法院,但承包人将其作为证据,要求发包人按鉴定意见支付工程款,对此处理有必要研究。首先,应确定该份鉴定意见有证据效力,承发包双方都可以作为证据使用。其次,发包人不提交该份鉴定意见,则表明不认可的态度。在承包人提交作为证据使用时,其表明认可态度。发包人应举证证明不认可该份鉴定意见的事实与理由,由法官根据具体案情裁定是否采信。对于单方委托鉴定机构作鉴定,另一方是否选择参与的问题,有律师认为,发承包双方中的一方单方委托鉴定机构对工程造价进行鉴定时,另一方应当慎重考虑是否要参与到造价过程中。一旦另一方同意参与造价过程,则视为其对一方单方委托鉴定机构的行为予以认可,该鉴定机构所作出的造价结论作为工程价款的依据。此时,任何一方再想要推翻这个造价结论,一般来说是非常困难的。[2]

〔1〕 参见最高人民法院民事审判第一庭编:《最高人民法院建设工程施工合同司法解释的理解与适用》,人民法院出版社2004年版,第596页。

〔2〕 参见杜玉明:《建设工程疑难法律实务深度解析》,法律出版社2015年版,第169页。

三、建设工程鉴定纠纷处理

（一）鉴定意见实质内容处理

对于司法鉴定的规范和判断，现行有司法部制定的《司法鉴定程序通则》、《建设工程司法鉴定程序规范》和住建部发布的《建设工程造价鉴定规范》等作为处理依据。《建设工程造价鉴定规范》规定了建设工程造价司法鉴定应遵循四项基本原则，即合法性原则、独立性原则、客观性原则、公正性原则。该四项基本原则不但适用造价鉴定，也应适用质量、工期等鉴定活动。在工程造价鉴定中，法院依职权判定的事项：施工合同效力、结算依据、签证文件的真实性及效力，该部分事项不是鉴定机构的鉴定范围。

1. 鉴定意见涉及合法性采信处理

对一审认定的鉴定意见，涉案一方或双方不予认可，程序存在一定问题且有证据证明鉴定意见不当成立的，二审法院有权重新论证并作出处理。

【案例 11－49】 佳木斯市天利百货有限公司与黑龙江正阳建筑工程有限责任公司拖欠工程款、工程质量赔偿纠纷再审案

再审法院认为，在无相反证据情况下，司法鉴定意见具有法律效力。法院认为，若鉴定报告未经鉴定人员出庭接受质询，不符合法律规定，且有相反证据证明，该鉴定的修复费用过高，故在二审期间，法院对工程质量问题重新进行论证，结论：正阳公司承建的新天利商厦工程存在一定质量问题。该论证符合法律规定，且程序合法。2006 年 11 月，哈尔滨工业大学建筑结构及处理咨询事务所作出的《新天利商厦加固工程》图纸，及 2006 年 12 月 14 日黑龙江省信恒工程造价咨询有限公司作出的工程预算书，均经过双方当事人及鉴定机构的鉴定人员的质证认证，程序合法。鉴于天利公司不同意正阳公司对新天利商厦工程进行修复加固，本院二审判决正阳公司对新天利商厦工程进行修复加固，本院二审判决正阳公司直接给付天利公司修复加固费

1,307,904.51 元并无不当。[1]

【案例 11－50】 福建省闽南建筑工程有限公司与洛阳润峰房地产开发有限公司、洛阳港兴房地产开发有限公司建设工程施工合同纠纷案

二审法院认为,鉴定结论中确认的土建工程未完成项目的依据是鉴定机构、原审法院与双方当事人经过两次现场勘验后作出的现场记录,其内容已由双方当事人签字认可,现发包人提出的多项遗漏项目均无证据予以证明,鉴定意见并无不当。[2]

对鉴定意见所列事项是否正确,由法官根据查明案情裁定。

【案例 11－51】 罗某与五矿二十三冶建设集团有限公司、中铝国际工程股份有限公司建设工程施工合同纠纷案

最高人民法院认为,鉴定报告所列争议事项是鉴定机构依据双方当事人所提出的事项予以确立的。鉴定机构资质合格,鉴定意见亦经过双方当事人的质证。且鉴定机构已对双方针对鉴定意见的异议予以解答。现罗某主张鉴定报告所列争议事项错误,缺乏依据,最高人民法院不予支持。[3]

对于既有工程质量问题的原因、维修方案、维修费用的鉴定,不拘泥于工程现场是否完全保留,通过录像、会议纪要等也可作出鉴定意见。

【案例 11－52】 中铁建钢结构有限公司与中铁十八局集团第五工程有限公司建设工程施工合同纠纷案

原审法院称业主妥善保存证据后及时维修,也是避免造成更大损失的行为,符合《合同法》的相关规定。二审法院认为,原审法院委托的鉴定机构具有相应资质,鉴定程序合法、鉴定过程、技术分析、鉴定依据在鉴定意见中均有明确的体现,鉴定机构作出的司法鉴定意见应当作为审理本案的依据。上诉人所提鉴定意见不具备客观性、真实性和合法性的理由,本院不予采纳。[4]

对有缺陷的鉴定意见经补正后可以作为定案依据。

【案例 11－53】 石油分行与康源公司建设工程施工合同纠纷案

最高人民法院认为,但该鉴定意见中关于冬季施工费、流动施工津贴及

---

〔1〕 黑龙江省高级人民法院(2011)黑监民再字第 30 号民事判决书。

〔2〕 河南省高级人民法院(2010)豫法民一终字第 5 号民事判决书。

〔3〕 参见最高人民法院民事审判第一庭编:《民事审判指导与参考》2015 年第 3 辑(总第 63 辑),人民法院出版社 2016 年版,第 183～184 页。

〔4〕 天津市第二中级人民法院(2014)二中保民终字第 143 号民事判决书。

超高费的计算,因双方当事人在合同中没有明确约定,且鉴定机构向一审法院提交鉴定报告时指出,流动施工津贴及冬季施工费需举证后,由法院予以确定。上述项目的收费是当事人约定以外的间接费,参照有关主管部门的意见及装饰行业惯例,没有双方明确约定的取费项目,不应进入工程造价之中,故一审法院将流动施工津贴 139,331.12 元、冬季施工费 151,027.37 元及超高费 1,434,250.79 元计入工程总造价之中,依据不足,应予纠正。在本院主持下,对鉴定机构作出的鉴定意见进行了补充质证和答疑,该鉴定机构经核对,确认计算错误共计 35.71 万元,上述款项应在总工程款中予以扣除。[1]

对于鉴定机构或人员违反资质等级部门规章管理性规范的鉴定意见,法官可以采信作为案件依据。

【案例 11－54】 江苏南通六建建设集团有限公司与山西嘉和泰开发有限公司建设工程施工合同纠纷案

最高人民法院认为,关于鉴定意见能否作为计算涉案工程款的依据问题。涉案工程的鉴定机构的资质等级为乙级,嘉和泰公司主张其作出的鉴定结论无效。其依据是《工程造价咨询企业管理办法》第十九条规定,"乙级工程造价咨询企业可以从事工程造价 5000 万元人民币以下的造价咨询业务"。第三十八条规定:"超越资质等级承接工程造价咨询业务的,出具的工程造价成果文件无效。"但上述规定是原建设部的部颁规章,属于管理性规范,且嘉和泰公司在一审中并未提出鉴定资质不合格的主张,因此,应当以鉴定意见作为计算涉案工程的依据。一审法院已经组织双方当事人对于鉴定意见进行质证,鉴定机构亦对双方当事人提出的异议予以了解答,因此,鉴定程序合法。关于质量问题,一审时,法院曾征求嘉和泰公司的意见,对于工程质量与修复费用进行鉴定。嘉和泰公司不同意对此进行鉴定并且未缴纳鉴定费用,因此鉴定机构未对工程质量与修复费用进行鉴定并无不当之处。鉴定意见可以作为计算涉案工程款的依据。[2]

【不同处理】 超越资质等级作出的鉴定意见,最高人民法院在个案中认为不能作为定案依据。

【案例 11－55】 省建七公司与中盛公司建设工程施工合同纠纷案

最高人民法院认为,根据国家计委、国家建委、财政部颁布的《关于基本

---

〔1〕 参见最高人民法院民事审判第一庭编:《最高人民法院建设工程施工合同司法解释的理解与适用》,人民法院出版社 2004 年版,第 605 页。

〔2〕 参见最高人民法院民事审判第一庭编:《民事审判指导与参考》2015 年第 1 辑(总第 61 辑),人民法院出出版社 2015 年版,第 241 页。

建设项目和大中型划分标准的规定》,该建设工程应认定为大型建设项目,依照建设部《工程造价咨询单位管理办法》(已失效)的规定,大型建设项目的造价评估鉴定应由甲级资质的造价咨询估价机构进行鉴定。而一审法院委托甘肃信诺房地产咨询估价中心(系乙级资质)对该建设工程项目进行评估鉴定不妥,该鉴定意见不能作为人民法院审理案件的依据。上诉人中盛公司的该项请求有理,应予支持。[1]

应注意的是,司法鉴定应遵循的程序要求不适用社会审计。主要表现在两个方面,一是当事人有权委托其适合进行造价审计的任何主体。二是社会审计对审计人员、审计程序的要求不如司法鉴定严格。[2]

【案例11-56】　黑龙江四海园林建筑工程有限公司与哈尔滨市第五医院建设工程施工合同纠纷案

最高人民法院认为,由于工程结算审计的目的是确定工程结算价格,而价格的高低仅仅是不同当事人之间的利益调整,并不涉及建筑工程质量安全等公共利益,因此,共赢公司虽然超越有关行政规章限定的乙级资质承揽工程造价的业务范围,但由于该公司出具的《审核报告》源于哈五院自行委托且又经过该院和四海园公司共同签章确认,应当视为双方当事人对工程款的结算价格已经协商一致,亦应当将该报告核定金额作为工程款结算的依据。[3]

鉴定意见书虽然没有鉴定人签章,不足以影响鉴定意见书的可采性。

【案例11-57】　四川金海建设有限公司与贵州省慕俄格房地产开发有限公司建设工程施工合同纠纷再审案

最高人民法院认为,关于鉴定意见是否因无鉴定人员签字而不应被采信。经审查,鉴定机构于2019年2月25日作出《鉴定意见书》(定稿)上没有鉴定人签章。在《鉴定意见书》(定稿)作出前,鉴定机构曾先后出具了五稿《鉴定意见书》,其中征求意见稿之后的第一稿,即2018年6月19日的《司法鉴定意见书》(第二稿)上加盖了两名注册造价工程师的印章,该鉴定意见系有资质的鉴定人作出。从《鉴定意见书》(定稿)的作出过程及其内容看,《鉴定意见书》(定稿)是鉴定机构在2018年6月19日《司法鉴定意见书》(第二稿)基础上,结合金海公司与慕俄格公司历次提出的修改意见进行修正后作

---

〔1〕 参见最高人民法院民事审判第一庭编:《最高人民法院建设工程施工合同司法解释的理解与适用》,人民法院出版社2004年版,第630页。

〔2〕 参见邬砚:《建设工程合同纠纷——254个裁判规则深度解析》(第2版),法律出版社2019年版,第120~121页。

〔3〕 最高人民法院(2015)民一终字第94号民事判决书。

出的。而且,原审法院曾在庭前质证和庭审中均通知鉴定人出庭,金海公司并未对鉴定人资质或者身份提出过异议。据此,《鉴定意见书》(定稿)上虽没有鉴定人签章,形式上存在瑕疵,但这并不足以影响鉴定意见的可采性。[1]

2. 鉴定意见涉及合理性采信处理

对鉴定意见合理的评判,是实践中法官经常需要处理的问题。

【案例 11-58】 唐某平与邓某华建设工程施工合同纠纷案

二审法院认为,关于司法鉴定意见是否合法合理问题。虽然唐某平主张《司法鉴定报告书》将本案需更换的中空玻璃面积认定为2000平方米、价格认定为90元/平方米与事实不符,但在《司法鉴定报告书》中,鉴定机构已经说明其是参照《建设工程工程量清单计价规范》(GB 50500—2008)和基于双方当事人协议约定的"铝合金门窗面积约2300平方米"综合考虑按2000平方米计算;而中空玻璃的价格亦参考《建筑装饰工程参考定额与报价》和目前湖南地区建筑装饰材料及人工费用的一般平均价格水平,90元/平方米的中空玻璃更换价格系包含中空玻璃材料费和更换玻璃的人工安装等费用,因此《司法鉴定报告书》中对中空玻璃面积和价格的认定系鉴定机构依据专业知识在其职权范围内的合理确定,在唐某平无证据反驳上述鉴定依据、技术合理性的情况下,法院对该鉴定意见予以了确认。至于唐某平提出《司法鉴定报告书》对于修复费用数额确定所依据标准不明确的抗辩理由,由于《建设工程工程量清单计价规范》(GB 50500—2008)是关于建筑工程工程数量确定方法和标准的规定,鉴定机构对本案修复费用数额的确定是在依据该计价规范和《建筑装饰工程参考定额与报价》等行业标准的基础上结合其他各项实际因素综合考虑确定,因此《司法鉴定报告书》中关于本案所涉铝合金窗制作和安装工程修复费用的鉴定结论合法合理。[2]

【案例 11-59】 中建二局第三建筑工程有限公司与武汉大陆桥投资开发有限公司建设工程施工合同纠纷案

最高人民法院认为,关于一审判决采纳咨询公司鉴定结论有争议部分是否正确的问题。(1)关于中建公司提交的未经陆桥公司签字的签证单所载40.993769万元应否计入工程造价的问题。根据建设工程计算工程量通常程序,本案涉及的工程量签证单应由发包方陆桥公司与承包方中建公司双方签字确认,才能作为计算工程量及工程造价的结算依据。中建公司提交的工

---

〔1〕 最高人民法院(2019)民申6023号民事裁定书。

〔2〕 湖南省株洲市中级人民法院(2012)株中法民四终字第161号民事判决书。

程签证单为其单方签字，无发包方路桥公司的签字。因此，中建公司的签证单所载40.993769万元不能证明为陆桥公司的意思表示。一审判决驳回中建公司此项请求是正确的。(2)关于露面砂浆找平层面加厚发生的32.059954万元应否计入工程造价的问题。双方当事人在履行合同过程中，如陆桥公司需要对原工程设计变更，进行露面砂浆找平层加厚，应向中建公司发出书面变更通知。如变更超过原设计标准或者批准的建设规模时，路桥公司应报请规划部门和其他相关部门重新审查批准，并由原设计单位提出变更的相应图纸和说明，只有完成该手续，才能产生工程量变更的法律后果。事实上，该露面砂浆找平层面加厚涉及的工程量，双方均没有履行必要的手续和陆桥公的签字确认。中建公司关于32.059954万元应计入工程造价的上诉请求，依据不足……[1]

自然人承包建设工程，合同没有约定计价标准或计价方式，法院委托鉴定机构进行工程造价鉴定，其取费范围是有限制的。取费必须有取费资质，如果没有取费资质，各地建设行政主管部门都会规定不能计取某些类别的费用，如间接费。由于自然人没有取费资质，所以不能计取禁止计取的费用。

鉴定机构出具的鉴定意见中虽未专项列出劳动保险基金和税金的具体数额，但该两项费用是施工单位就其经营所得按规定比例应予上缴的，鉴定机构根据双方约定按定额取费而计算出的工程造价中已包含当事人的利润、税费等内容，如果当事人仍主张此款项，依法不予支持。

【案例11－60】　金坛市建筑安装工程公司与大庆市庆龙房地产开发有限公司建设工程施工合同纠纷案

最高人民法院认为，根据当事人申请，鉴定中心及中龙公司共同对大庆商城超市工程造价进行鉴定，结论为大庆商城超市及高层工程造价为56,103,764.68元，待定部分合计3,608,045.76元(其中包括劳动保险基金1,561,292.73元、税金2,046,753.03元)。金坛公司主张一审判决认定工程造价56,103,764.68元中未包含劳动保险基金和税金，不符合行业惯例，少算了金坛公司应得的工程款，应予调整。劳动保险基金和税金是施工单位就其经营所得按规定比例应予上缴的，鉴定机构根据双方约定按定额取费而计算出的工程造价中已包含当事人的利润、税费等内容，只是未专项列出，故对金坛公司主张应在工程造价56,103,764.68元的基础上再加入上述两笔款项，依法不予支持。[2]

---

[1] 参见最高人民法院民事审判第一庭编：《民事审判指导与参考》2010年第2集(总第42集)，法律出版社2011年版，第191页。

[2] 参见《最高人民法院公报》2007年第7期。最高人民法院(2004)民一终字第118号民事判决书。

因双方当事人对工程量有争议且争议范围不能确定，承包人申请对案涉工程的全部工程造价进行鉴定，一审法院依法组织对该工程进行了全部造价鉴定。

【案例 11－61】 中医院与四海园公司建设工程施工合同纠纷案

最高人民法院认为，关于本案鉴定意见能否作为认定案件事实的根据、是否需要重新鉴定的问题。根据《建设工程解释》第二十三条的规定，当事人对部分案件事实有争议的，仅对有争议的事实进行鉴定，但争议事实范围不能确定，或者双方当事人请求对全部事实鉴定的除外。本案中，案涉工程施工完毕后，因双方当事人对四海园公司实际完成的工程量存在争议，且无法核对合同内新增的工程量及合同外增加的工程量，一审法院根据四海园公司的申请，委托鉴定机构对案涉工程的全部工程造价进行鉴定，符合上述司法解释的规定。一审法院委托的鉴定机构具备相应鉴定资质，鉴定程序合法，中医院亦无证据证明本案存在其他需要重新鉴定的法定情形，故其关于本案应重新鉴定的主张，缺乏事实依据和法律依据，本院不予支持。本案鉴定意见能够作为认定案件事实的根据。本院结合双方争议的焦点问题和质证、辩论意见，对鉴定意见的内容进行审核认定。[1]

3. 鉴定意见采信程度处理

《民事证据规定》第八十八条规定："审判人员对案件的全部证据，应当从各证据与案件事实的关联程度、各证据之间的联系等方面进行综合审查判断。"对鉴定意见的审查突出重点作为处理基础条件，一是论据是否科学、充分，推论是否合理，论据与结论之间是否存在矛盾；二是审查鉴定意见是否客观。鉴定意见作为证据的一种，法官通过认证，行使是否采信、采信多少的权力，而非全盘照搬鉴定意见书的全部意见。鉴定意见不能作为裁判的唯一依据，更不能以鉴代审。

【案例 11－62】 中铁四局集团第四工程有限公司与武汉磊鑫建设集团有限公司、襄樊市建设工程公司、杨某元工程款结算纠纷案

最高人民法院认为，益信公司作出的鉴定报告的主要计算依据是复印件，且其亦未经现场核查，因而该鉴定报告的鉴定依据不足。原审中，中铁公司已提出该鉴定报告存在多算、错算、未扣除税款等问题，但原审对中铁公司提出的该鉴定报告是否存在上述问题没有进行具体审核。不过，由于中铁公司在原审中存在不积极配合鉴定，不及时提供鉴定材料，亦未提供原件证明鉴定依据的复印件虚假，因此，中铁公司关于不应采信益信公司作出的鉴定报告而应按工程量清单进行结算的主张以及在该院再审中提出重新鉴定的

〔1〕 最高人民法院(2019)民终165号民事判决书。

申请,本院不予支持。[1]

在工程造价鉴定中,承包人出具的工程签证单等工程施工资料有瑕疵,鉴定机构未予认定,承包人要求按工程签证单等工程施工资料给付相应工程价款的,因上述资料缺乏证明力,法官可以不予支持。但如承包人有证据证明工程签证单等工程施工资料载明的工程内容确已完成的,即上述资料得到了其他证据或事实的佐证,法官可以对鉴定意见未确认的部分认定实际发生的工程量。

【案例 13-63】 沈阳三色空调净化工程有限公司与沈阳五爱天地实业有限公司建设工程施工合同纠纷再审案

最高人民法院认为,对工程签证单有复印件而无原件部分所涉及工程造价的认定问题。对相关仅有复印件而无原件印证的工程签证单,二审鉴定机构在现场勘查的基础上,分成现场可见部分施工痕迹和没有发现施工痕迹的两种情况,对工程造价进行了计算。对既无法提供原件佐证且现场又未发现施工痕迹的部分,属三色公司无法证明相关工程实际发生,二审未予支持,是正确的。对其中现场可见部分施工痕迹的部分,在双方各执一词,又均无法充分证明自己观点的情况下,二审酌定判令双方各负担一半,亦无不可。[2]

【案例 11-64】 合肥市某房地产开发有限公司与浙江某实业集团股份有限公司建设工程施工合同纠纷案

二审法院认为,本案双方于 2006 年 4 月签订的《建设工程施工承包合同》本身虽未明确约定工程承包范围,但在该合同附件 1《房屋建筑工程质量保修书》中明确约定某实业公司质量保修范围包括地基基础、主体结构、屋面防水、供热与供冷系统、电气管线、给排水管道、设备安装和装修等工程,由此可以推定某实业公司承包范围应包括上述工程项目。一审法院委托的鉴定单位仅以某实业公司等三家投标单位报价和某房产公司设定的评标参考值以及案涉工程招标过程完整合法、一审法院提供的鉴定资料不全为由认定某实业公司仅承建部分工程,并在未进一步明确某实业公司究竟承建哪些工程项目的情况下作出的鉴定意见依据不足,不应作为本案定案的依据。某实业公司投标时的预算价为 21,217,694 元,表明其以 1750 万元承建案涉"上海城市公寓"8#、9#楼工程存在大幅让利,而某房产公司就案涉工程设定的合理最低价参考值 17,059,954 元则表明该公司认为承包方报价中高于该最低成本价的部分即为利润,故某房产公司在与某实业公司签订合同时对某实业公

---

〔1〕 最高人民法院(2013)民抗字第 9 号民事判决书。

〔2〕 参见最高人民法院民事审判第一庭编:《民事审判指导与参考》2010 年第 1 集(总第 41 集),法律出版社 2010 年版,第 284 页。

司通过承建案涉工程可获得440,046元(1,750,000元－17,059,954元)利润是预知的。据此,判令某房产公司赔偿某实业公司预期可得利益损失440,046元事实和法律依据更为充分。[1] 本案中,一审法院以鉴定机构出具的《鉴定报告》为准,二审法院认为《鉴定报告》依据的资料不完整,不宜作为预期可得利益的确定依据,并作出上述可得利益的确定。相较而言,二审法院的观点更接近事实和法律规定。

施工合同未约定结算以政府审计为准,也不能证明系必须接受审计监督的国家建设项目工程,即使有政府委托的审计报告,法院也优先选择使用法院委托的司法鉴定意见。

【案例11－65】 四川同程建设有限公司与四川大方建设工程有限公司建设工程施工合同纠纷案

二审法院认为,同程公司上诉主张涉案工程是政府工程,工程量的确定应以政府委托鉴定机构所作出的审计报告为准。鉴于双方合同中并未约定工程量结算要受甲方工程决算审计的影响,加之同程公司未能提供证据证明涉案工程量系必须接受审计监督的国家建设项目工程,故其主张土方工程量以《工程阶段结算审核报告》为结算依据的上诉理由不成立,本院不予支持。[2]

鉴定意见冲突时如何处理是疑难问题。个案中,有时存在多份鉴定意见,在多份鉴定意见发生冲突时,由法官结合案情裁量。

【案例11－66】 悦福公司与李某某建设工程施工合同纠纷案

二审法院认为,本案中存在两份鉴定报告,且悦福公司还要求重新鉴定。悦福公司虽有异议,但其提供的证据并不能证明其主张,故其对鉴定意见书所提的各项异议均不能成立。法院认为,天禹鉴定中心作出的鉴定意见书程序合法,内容客观公正,予以采信,并依此作为确认涉案工程造价的依据。[3]

4. 鉴定意见符合委托鉴定范围处理

在鉴定机构超出法院委托鉴定函范围作出的鉴定意见,属于违反职责的行为,该行为对承发包方双方不发生效力,法院不予采信,也不能作为判决的依据,除非承发包双方一致同意追认并接受该部分鉴定意见。实践中,工程造价鉴定中可能涉及人工费用的计取与审核,但该人工费并非专指劳务费。如果因劳务费发

〔1〕 安徽省高级人民法院(2010)皖民四终字第00080号民事判决书。

〔2〕 四川省成都市中级人民法院(2012)成民终字第247号民事判决书。

〔3〕 云南省高级人民法院(2013)云高民一终字第189号民事判决书。

生争议,需要通过鉴定解决的,只能就劳务费另行申请费用鉴定,而不能通过工程造价鉴定的方式进行。对劳务费的鉴定未单独提出,而放在工程价款中鉴定就超出了约定的鉴定范围。对于委托鉴定的范围,应当按照合同的约定进行。鉴定意见超出当事人约定的鉴定范围的,不能作为判决的依据。

【案例11-67】　湛江市霞山金星房地产开发总公司与湛江市霞山华影装饰工程公司装饰工程合同纠纷案

最高人民法院认为,湛江市霞山区人民法院在重审期间,委托湛江市建设工程造价管理站对华影公司施工的装饰工程进行结算,该造价站于1999年9月22日编制了《新世界酒店内外装饰工程结算书》。该结算书系对整体工程作出的,并不符合双方当事人合同约定的结算方式;同时,该结算书"结算资料不齐全,是在没有图纸、合同及其他资料的情况下作出的",缺乏真实性、客观性。该结算书不应作为处理本案的依据。湛江市中级人民法院在二审期间,委托广东省建设工程造价管理总站进行评估鉴定,金星公司表示同意,但该公司明确表示只同意对3~9楼实际施工项目和1~2楼增多减少项目进行评估结算;二审庭审笔录也记载了相关内容。证据充分表明,金星公司同意鉴定,但其主张鉴定必须依据合同约定,鉴定范围仅限于增减部分工程。没有证据证明金星公司同意对整体工程进行鉴定和结算。广东省建设工程造价管理总站对整体工程作出的鉴定结论,并不符合双方当事人约定的结算方式,该鉴定结论也不应作为处理本案的依据;广东省高级人民法院(2004)粤高法审监民再字52号民事判决关于"金星公司同意广东省湛江市中级人民法院委托广东省建设工程造价管理总站对整个涉案工程进行鉴定,仅对鉴定结果有异议,即意味着其已自愿将合同约定'大包干'的结算方式,变更为按合同约定的价格对整个涉案工程进行结算鉴定,对涉案工程的结算方式作出了新的意思表示。因此,广东省湛江市中级人民法院委托广东省建设工程造价管理总站对涉案工程进行评估,体现了尊重合同约定、当事人意思自治的原则,程序公正"的认定,没有事实依据,也应予以纠正。〔1〕

5. 鉴定意见作为案件依据采信处理

实践中,虽然鉴定意见可作为案件依据,但仍应结合当事人陈述、其他证据,综合审查判断后作出认定,确保采信的准确。

---

〔1〕　参见最高人民法院审判监督庭编:《审判监督指导》2008年第3辑(总第25辑),人民法院出版社2008年版,第186~195页。最高人民法院(2007)民一终字第7号民事判决书。

【案例 11 - 68】 西安市临潼区建筑工程公司与陕西恒升房地产开发有限公司建设工程施工合同纠纷案

最高人民法院认为,虽然陕西华春建设工程项目管理有限责任公司2006年11月25日出具的鉴定报告中,对于恒升大厦工程停、窝工损失计算为346,421.84元,但该鉴定报告也明确说明:"该工程停、窝工时间为自2004年4月至2006年6月22日,但数量没有建设单位指定的工程代表签证。"一审判决以临潼公司未按合同约定申报工程量及申请支付工程款,亦未提供监理公司确认的停、窝工证据,故对临潼公司主张的停、窝工损失不予支持。由于二审中临潼公司也没有提供相关证据支持其主张,故对临潼公司上诉要求恒升公司按鉴定报告计算的346,421.84元支付停、窝工损失,本院亦不予支持。[1]

对于鉴定人员的答复,当事人不能提供相反的证据予以推翻,法官将以鉴定意见作为定案依据。

【案例 11 - 69】 福建省第一电力建设公司与中国十五冶金建设集团有限公司、中国水利水电第十六工程局有限公司建设工程施工合同纠纷案

二审法院认为,关于闽建公司鉴定报告是否应作为定案依据的问题。本案鉴定报告程序合法,对鉴定机构闽建公司作出的工程造价鉴定意见,双方均有异议。对此,原审法院组织鉴定人员出庭接受质询,省电建公司主要对工程计价、循环水泵房基岩爆破及开挖工程量、帷幕灌浆工程量、回填石渣工程量等问题有异议。对此,鉴定人员均作了答复,对鉴定人员的答复,省电建公司未能提供相反的证据予以推翻,故鉴定报告可以作为定案依据。省电建公司对诉争工程造价重新鉴定的申请不予准许。[2]

【案例 11 - 70】 昆明源大建筑工程有限公司与云南志诚房地产开发有限公司建设工程施工合同纠纷案

二审法院认为,源大公司自称2003年补充协议中内容与印章系同一天形成,而鉴定报告已作出补充协议为先盖章后书写内容及所载日期不真实的结论,源大公司对其叙述的协议内容形成过程未能提交其他相关证据印证,在志诚公司否认源大公司所书写内容的情况下,不能认定双方当事人经协商一致形成该补充协议的文字内容,故2003年补充协议不具备真实性要件,对

---

[1] 参见《最高人民法院公报》2008年第8期。

[2] 福建省高级人民法院(2014)闽民终字第160号民事判决书。

其效力不予确认。[1]

建设工程造价的鉴定意见虽然存在部分瑕疵,但尚不足以必须重新鉴定,且诉讼双方均无法提供完整的施工资料,建设工程也早已装修完毕,无法重新鉴定,此种情形下,法院采用鉴定意见作为认定案件事实依据,符合法律规定。

【案例11-71】 义乌市第三建筑工程有限公司与义乌国际大厦有限公司建设工程施工合同纠纷案

最高人民法院认为,涉案《鉴定报告》虽然存在部分瑕疵,但尚不足以必须重新鉴新鉴定。且现双方均无法提供完整的施工资料,涉案工程早已装修完毕,事实上也无法重新鉴定。因此,原审采信涉案《鉴定报告》作为认定事实依据,并无不当。义乌三建关于《鉴定报告》无效的申诉理由不能成立。[2]

【案例11-72】 开明公司与恒元公司、家俊公司建设工程施工合同纠纷案

最高人民法院认为,《民事证据规定》第二十七条对于应当重新鉴定的情形有明确规定。开明公司质证时并未对鉴定报告提出实质性异议,其提出的要求重新鉴定的理由简单而笼统,且无事实依据。案涉工程造价鉴定不存在法律规定的应当重新鉴定的情况,其结论可以作为认定事实的依据。[3]

6. 鉴定意见涉及合同约定采信处理

施工合同对工程结算有明确约定,因双方合意有效排斥鉴定意见,法官可以不采信鉴定意见。

【案例11-73】 北京市建筑装饰设计工程有限公司与周口欣欣置业有限公司建设工程施工合同纠纷案

最高人民法院认为,在每部分工程竣工后,北京装饰公司均向周口欣欣公司递交了竣工资料。2007年1月15日北京装饰公司向周口欣欣公司报送了竣工决算书,在合同约定的28天异议期内周口欣欣公司未提出任何异议。根据《施工合同》第二部分“通用条款”第33.3条约定,周口欣欣公司收到竣工结算报告结算资料后28天内无正当理由不支付工程竣工结算价款,其应从第29天起按同期银行贷款利率向北京装饰公司支付拖欠工程价款的利息,并承担违约责任。同时依据该合同第三部分“专用条款”第35.1条的约定,该合同“通用条款”第33.3条约定周口欣欣公司应承担违约责任;未按约

---

〔1〕 云南省高级人民法院(2007)云高民一终字第34号民事判决书。

〔2〕 最高人民法院(2013)民抗字第85号民事判决书。

〔3〕 最高人民法院(2014)民提字第126号民事判决书。

定时间办理竣工结算,逾期视为北京装饰公司的结算价款已得到周口欣欣公司的认可。……综上,北京装饰公司主张不认可鉴定结果,并认为其违背了当事人的真实意思、合同约定及法律规定,本院予以支持。原驻马店市中级人民法院一审判决依据竣工决算报告确定30,095,103元工程价款并无不当,因此,本案再审申请人北京装饰公司提出的应按照竣工结算报告确定的30,095,103元工程价款进行结算的请求,证据充分,法律依据明确,应予支持。〔1〕

诉前双方委托鉴定机构出具鉴定意见,是双方合意对争议处理约定,对其鉴定意见由法官在个案中作出具体裁量。

【案例11-74】 福州开发区金山房地产开发有限公司与中建集团第六建筑工程有限公司建设工程施工合同纠纷案

最高人民法院认为,金山房地产公司有关闽建公司出具《鉴定报告》与事实不符,应以闽都公司出具的《审核报告书》为依据计算工程造价的主张缺乏充分证据证明,不予支持。……本案之所以对案涉工程进行司法鉴定,主要是因为双方当事人对已完工程量产生了争议。因此,福建省高级人民法院才委托闽建公司对案涉工程已完工部分造价进行司法鉴定。在一审法院2008年5月9日进行的送交鉴定材料质证笔录中,金山房地产公司已经明确表示《已完工程量界定图纸及文字说明》可以作为鉴定依据。故闽建公司依据上述图纸作为审价依据,符合当事人意思表示。另外,由于未完工程界定图本身内容不明确且分包合同为复印件不被六建公司、六建福州公司所确认,故闽建公司对此不予确认并无不当。综上,金山房地产公司有关鉴定报告没有对施工单位未施工项目和金山房地产公司另行分包的项目进行核减的主张,缺乏充分依据,不予支持。〔2〕

(二)工程价款争议鉴定依据处理

鉴定机构分别按照定额价和市场价作出鉴定意见的,在确定工程价款时,一般应以市场价确定工程价款。这是因为以定额为基础确定工程造价大多未能反映企业的施工、技术和管理水平,定额标准往往跟不上市场价格的变化,而建设行政主管部门发布的市场价格信息,更贴近市场价格,更接近建筑工程的实际造价。

---

〔1〕 最高人民法院(2013)民提字第128号民事判决书。

〔2〕 最高人民法院(2012)民一终字第31号民事判决书。

对于工程价款争可以通过司法鉴定方式。其鉴定可针对全部工程价款,也可只针对争议部分的某项价款,如商品砼价差、人工工资调差等项。

【案例 11-75】 晟元集团有限公司与潍坊雅居园投资置业有限公司建设工程施工合同纠纷案

最高人民法院认为,工程造价应否扣除分包配合费、潜水泵排水费用、质保金、防水卷材和油毡费用。关于分包配合费、潜水泵排水费用,一审鉴定的工程造价中包括上述两项费用。雅居园公司一审已提出异议,鉴定机构予以回复,并有相关签证等证据予以佐证。根据查明事实,晟元公司施工期内发生了电梯、回填土方、基坑支护等分包项目。潜水泵排水费有签证等予以证明。雅居园公司二审未提出其他证据否定鉴定意见,其主张分包配合费未发生、潜水泵排水费用不应支付,依据不足。关于质保金,工程造价包括质保金,故雅居园公司折价补偿的金额应包括质保金。案涉主体分部工程分别于2013年9月29日、2014年4月20日通过雅居园公司、晟元公司诸城分公司及监理单位的验收。晟元公司请求返还质保金具有合理性。根据查明的事实,不能认定未能竣工验收系晟元公司的原因造成,雅居园公司主张仍然按照《建设工程施工合同》约定的竣工验收后3年返还质保金,依据不足。关于防水卷材和油毡费用,鉴定意见将该费用单独列出。设计图虽未载明防水卷材和油毡,但是该项施工并不违反设计要求。晟元公司已实际施工,该费用应包括在工程造价内。[1]

《建设工程解释(一)》第二十八条确定了固定价不予鉴定规则,但超出施工合同约定工程是可以鉴定的。

【案例 11-76】 新郑市新源污水处理有限责任公司与河南省地矿建设工程(集团)有限公司建设工程施工合同纠纷案

二审法院认为,对于鉴定意见能否作为计算合同外工程价款依据问题。……对鉴定意见中涉及的跨河围堰费用,新源公司上诉主张跨河围堰费用应在工程款中扣除,依据是新源公司在鉴定机构现场勘验时提出河床施工在冬季,当时的勘验记录清楚地反映地矿公司认可河道中的河水已经放干,但鉴定单位仍根据地矿公司在原审中提供了监理会议纪要计算了围堰费用。本院认为,虽然地矿公司在原审中提供了监理会议纪要,但之后对新源公司提出的异议又表示认可,鉴定单位在原审接受双方质询时又不能对为何计算

〔1〕 参见最高人民法院民事审判第一庭编:《民事审判指导与参考》2018年第2辑(总第74辑),人民法院出版社2018年版,第222~223页。最高人民法院(2017)民终字第360号民事判决书。

围堰费用作出合理解释，因此，跨河围堰费230,314.52元应从工程款中扣除。[1]

在约定固定价情况下，有可能形成很多签证，这些签证是否需要鉴定，应审查签证项目是否包含在承包范围之内。包含在承包范围的工程项目不需要鉴定，反之则需要鉴定计取工程量。

在约定固定价下作的鉴定因不符合合同约定，法院不予采信。

【案例11－77】 新安县人民政府与中国水利水电第十一工程局建设工程施工合同纠纷案

最高人民法院认为，在双方签订的合同“总承包价”没有变更，新安县政府已支付355,396.21元工程款的情况下，一审法院依照第十一工程局的申请，委托河南省建设工程咨询公司鉴定，有悖当事人意思自治原则。……一审法院在认定合同有效的前提下，又委托河南省建设工程咨询公司对石峪公路工程造价进行鉴定，缺乏事实和法律依据。[2]

固定价不予鉴定是原则性规定，实践中情况复杂，对风险范围没有约定，出现利益重大失衡，法院则适用公平原则调整当事人之间的利益。

鉴定机构分别按照定额价和市场价作出鉴定意见的，在确定工程价款时，一般应以市场价确定工程价款。这是因为，以定额为基础确定工程造价大多数未能反映企业的施工、技术和管理水平，定额标准往往跟不上市场价格的变化，而以市场价确定建造价成本，符合《合同法》的有关规定，对双方当事人更公平。

【案例11－78】 济南永君物资有限责任公司与齐河环盾钢结构有限公司建设工程施工合同纠纷案

最高人民法院认为，以市场价进行鉴定的结论应当作为定案依据。实信造价公司根据一审法院的委托又以市场价进行了鉴定，并于2007年9月26日出具的造价鉴定补充说明（二）指出，涉案工程综合单价每平方米388.35元，工程总造价11,355,354元。……一审、二审和原再审判决对以市场价出具的鉴定意见不予采信的做法不当，应予纠正。本案所涉工程总面积为29,240平方米，故工程总造价按市场价应为11,355,354元。鉴于永君公司已经支付工程款11,952,835.52元，永君公司在一审判决后没有上诉；二审维持一审判决后，永君公司亦没有提出申请再审，因此，本案工程总造价可按

---

〔1〕 河南省高级人民法院（2011）豫法民二终字第12号民事判决书。

〔2〕 参见最高人民法院民事审判第一庭编：《最高人民法院民事案件解析》（建设工程），法律出版社2010年版，第378页。

一审确定的12,097,423.01元,作为永君公司应当支付的工程款项。〔1〕

施工合同无效后工程价款的结算方式,有约定的按约定,没有约定的依鉴定意见。

【案例11-79】　川康西藏分公司与世邦公司建设工程施工合同纠纷再审案

最高人民法院认为,川康西藏分公司要求世邦公司支付鉴定意见中建筑和安装部分工程造价与工程成本费用间差额的再审诉讼请求,具有一定的事实和法律依据,本院部分予以支持。该部分工程款的具体数额,应在鉴定结论确定的建筑和安装部分工程造价与成本费用的差额中,先行扣除造价中按照12.2%计算的管理费与成本费用中按照3%计算的管理费差额后,由世邦公司负担剩余款项的50%。对上述管理费差额,鉴定报告并没有予以明确,可以按照川康西藏分公司在再审中自行主张的数额确定。〔2〕

【案例11-80】　贺某功与同心县房地产综合开发公司建设工程施工合同纠纷再审案

再审法院认为,根据《建设工程解释》的有关规定,工程经竣工验收合格,工程款结算仍应以合同约定为依据,且根据涉案工程价款系固定价4,026,340元,只有图纸变更可作为调价因素予以调增调减的合同约定。涉案工程施工中,因地界发生权属争议导致招标和签订合同图纸不能使用,后由马某英委托银川规划建筑设计院进行了变更设计,新图纸与旧图纸发生了变更,经原审法院委托鉴定,变更部分增加造价220,139.14元,按合同约定,涉案工程价款应在固定价基础上增加变更部分的价款,即涉案工程总造价应为4,246,479.14元,故贺某功、杨某明以新图纸鉴定造价5,710,153.97元为结算依据以及钢材价以实际购买价格为准计算的反诉主张与合同约定不符,法院未予支持。〔3〕

无效合同中固定价格鉴定处理。对此种情形,一般以鉴定的合同履行地定额标准计算工程价款。

【案例11-81】　常泰建筑装潢工程有限公司与青海房地产开发有限公司建设工程施工合同纠纷案

最高人民法院认为,本案施工合同价款为固定价款,但因工程并未竣工验收,双方终止履行合同后,虽对已完工程量作了确认,但对工程价款的计价标准产生争议。双方签订的施工合同载明"工程合同价款采用固定价格,总

---

〔1〕 最高人民法院(2011)民提字第104号民事判决书。参见《最高人民法院公报案例》2012年卷。

〔2〕 最高人民法院(2013)民提字第77号民事判决书。

〔3〕 宁夏回族自治区高级人民法院(2010)宁民终字第73号民事判决书。

造价为3490万元,常泰公司应在2011年5月25日前向福海公司提供装潢工程的全部材料清单,监理按照材料清单的内容、价格进行监督、检查,作为支付工程款的依据”的约定,说明常泰公司应于2011年5月25日前提供材料清单,以此作为双方结算工程款的依据。因双方未按进度对工程量进行过结算,故无法确认本案单项工程的具体价格,常泰公司虽在诉讼中提供了案涉工程的报价清单,但福海公司对此不予认可,认为未向其提供,是事后补算的,常泰公司无证据证明该报价清单的真实、有效及向福海公司送达以上材料清单的事实,福海公司解除合同的原因也是因为常泰公司未依约垫付材料款及按此清单超报工程价款。因此,施工合同对双方工程价款的计价标准约定是不明确的,由此产生争议。工程价款无法按照施工合同有关条款及交易习惯确定。根据《合同法》第六十二条的规定,应以合同履行地的定额标准计算工程价款,即应采纳鉴定部门核算的3,277,044.11元的鉴定意见。二审判决:鉴于案涉工程属未完工程的客观事实,认定一审法院委托鉴定部门对已完工程价款进行鉴定以及按照定额、现场实物进行计价确定已完工程价款正确。一审判决对常泰公司主张不予支持并无不当。〔1〕

对无效合同约定固定价的鉴定,仅根据工程造价定额且仅计取定额直接费,未考虑合同的约定,均不能作为确定工程造价的依据。

【案例11-82】 中国建筑第八工程局第二建筑公司鲁东公司与青岛创新置业有限公司、张某、王某等建设工程施工合同纠纷案

最高人民法院认为,原审法院委托颐和公司对工程造价进行的重新鉴定,对工程价款的计取不仅没有参照合同的约定,也没有计取其他直接费等工程费用。以该鉴定意见为准确定创新公司应向鲁东公司支付的工程价款,不符合以上司法解释的规定,也不符合司法实践中建设工程施工合同被确认无效后、对施工方折价补偿的通常做法。鲁东公司一直对原审法院进行的这次鉴定表示异议,对鉴定意见不予认可。原审却以鲁东公司同意此次鉴定且在规定的期限内对鉴定意见没有提出书面异议,应视为对此次鉴定意见认可为由,完全根据颐和公司的鉴定意见确定创新公司应向鲁东公司支付的工程价款不当,本院予以纠正。〔2〕

建设工程为未完工程的,可以通过鉴定确定有争议的工程量,根据已完工程量和合同约定的计价原则来确定已完工程造价。如果合同为固定总价合同,且无法确定已完工程占整个工程的比例的,一般可以根据工程所在地的建设工程定额

---

〔1〕 最高人民法院(2013)民申字第840号民事判决书。
〔2〕 最高人民法院(2010)民抗字第16号民事判决书。

及相关配套文件确定已完工程占整个工程的比例，再以固定总价乘以该比例来确定已完工程造价。

【案例 11 - 83】　长春北希发展有限公司与吉林省第一建筑公司建设工程施工合同纠纷案

最高人民法院认为，鉴定结论中虽未包括双方签字的全部土方量价款，而是据实认定了一部分，也未认定预算外项目 491,357 元。鉴定机构对此曾向一审法院予以说明。本案中，北希公司驻工地代表在结算书签字时，明确表示“工程尚在进行之中”，而工程结算应在工程竣工之后。同时，一建公司增加土方工程量，未经北希公司同意并确认。本案证据中缺乏现场施工过程中的经济技术签证，无法核定造价，且存在高估冒算问题，土方工程量已在鉴定意见中考虑了实际情况。鉴于鉴定机构已考虑了案件的实际情况，认定了增加施工部分的工程造价，经审理认为，鉴定机构根据本案的实际情况提出的增加施工部分的工程造价是适当的，予以确认，因此本案不宜在鉴定意见之外，再增加工程造价款。一审法院将土方差价 965,641 元及预算外项目 491,357 元计入工程造价不当，依法应予纠正。[1]

工程是以实际施工人施工的，则应按实际施工人资质等级作为鉴定与结算依据，对承包人主张按施工合同约定结算不予支持。

【案例 11 - 84】　新疆新世纪成功房地产开发有限公司与青岛建设集团公司等建设工程施工合同纠纷案

最高人民法院认为，青建集团在与成功公司签订合同后，未进行工程施工，其提出依照合同约定按青建集团一级资质结算工程款无事实依据，不予支持。双方当事人争议的建设工程是由三级资质的建设单位完成的，因此，应依照实际施工人资质等级据实结算工程款。本案一审法院委托鉴定机构以青建集团一级资质进行鉴定不妥，应予纠正。……本案是成功公司与青建集团的工程结算纠纷，虽然本案是按照实际施工人的资质进行鉴定确定工程款数额，但是不能由此认为本案是成功公司与南通四建之间的工程结算。成功公司与南通四建之间没有法律关系，成功公司无权要求南通四建参与工程结算。因此，成功公司此项请求依据不足，不予支持。[2]

超出合同外项目工程进行的结算并非最终结算协议，且最终鉴定的索赔项目

---

〔1〕 参见最高人民法院民事审判第一庭编：《最高人民法院民事案件解析》（建设工程），法律出版社 2010 年版，第 489 页。

〔2〕 参见最高人民法院民事审判第一庭编：《最高人民法院民事案件解析》（建设工程），法律出版社 2010 年版，第 178 页。

也不限于该结算表所载项目，因此承包人以该结算表系最终结算协议而不应启动鉴定的主张不成立。

【案例 11－85】 黄河公司与某某公司建设工程施工合同纠纷再审案

最高人民法院认为，《武荆高速路面一标 B 工区合同外项目结算表》并非案涉工程最终结算协议，该结算表系合同外项目工程结算，结算表本身也注明了仍有需要进一步核准的问题，且最终鉴定的索赔项目也不限于该结算表所载项目。因此，黄河公司关于《武荆高速路面一标 B 工区合同外项目结算表》是最终结算协议，不应启动鉴定的主张，不成立。[1] 承包人请求工程款，应当提交证据并予以证明，其既否认结算协议的效力，在法院向其释明后又不申请鉴定的情况下，人民法院可以参照结算协议认定工程款、损失数额及已支付工程款数额。

【案例 11－86】 京大通达分公司与某某公司建设工程施工合同纠纷再审案

最高人民法院认为，京大通达分公司请求工程款，应当提交证据并予以证明。一审法院先后两次向京大通达分公司询问是否申请鉴定，京大通达分公司均明确表示因无法区分前后施工人的工程量，不申请鉴定。京大通达分公司在二审期间申请调取案涉《工程款申请表》，缺乏事实基础。依据《民事诉讼法解释》第九十条规定，京大通达分公司应当承担不利后果。依据《建设工程解释》第二条规定，建设工程施工合同无效，但建设工程经竣工验收合格，承包人请求参照合同约定支付工程价款的，应予支持。原审法院参照案涉《结算协议》认定工程款、损失数额及已支付工程款数额，适用法律并无不当。京大通达分公司以《结算协议》已经作废为由，否认案涉工程款等数额，理据不足。[2]

个案中，由法官根据具体案情裁量造价鉴定意见。

【案例 11－87】 二建公司与新城公司建设工程施工合同纠纷再审案

最高人民法院认为，本案的审查重点为原审法院根据《鉴定意见书》确定案涉工程价款是否妥当以及该鉴定意见是否存在错误等问题。根据原审法院查明的事实，二建公司与新城公司合同约定以海南省三亚市财政局投资评审中心审核结果 46,452,649.33 元作为预算造价，该价格亦为中标合同价。三亚审计局出具审计报告核定案涉工程造价为 32,060,988.03 元，远低于预算造价和中标合同价，仅为 69%。而二建公司于原审中表示在施工过程中有增加签证工程量并提供相应签证作为证据予以证明。新城公司虽表

---

〔1〕 最高人民法院(2021)民申 7193 号民事裁定书。

〔2〕 最高人民法院(2021)民申 7693 号民事裁定书。

示签证只是证明工程量有变更,同时主张工程量有减少,却未对其主张提供证据予以证明。事实上,案涉工程经竣工验收交付使用多年,三亚审计局未能在合理期限内作出审计报告。一般而言,人民法院审理工程价款结算纠纷案件中,如果当事人明确约定“竣工结算以审计部门评审结果为准”,则应尊重当事人的意思自由,按照约定处理;这并不影响人民法院对审计机构出具报告的合法性、合理性负有审查义务及权力,实践中不宜不经审查就直接予以采纳。如经审查,确有证据证明审计意见存在明显不真实、不客观、不合理之处,该审计意见则不应作为认定案涉工程价款结算的依据。该观点亦可见于《2015年全国民事审判工作会议纪要》第四十九条关于“承包人提供证据证明审计机关的审计意见具有不真实、不客观情形,人民法院可以准许当事人补充鉴定、重新质证或者补充质证等方法纠正审计意见存在的缺陷。上述方法不能解决的,应当准许当事人申请对工程造价进行鉴定”的内容。原审中,新城公司曾质询鉴定机构并认为其并未采取合同约定的定价标准;鉴定人员回复称送鉴的财评文件“未与合同装订成一本”“未加盖骑缝章”“并非合同附件”。经查,送鉴材料系由二建公司送鉴、经过双方质证确认;又因《施工合同》属于认定本案基本事实的核心证据,且合同副本在送至鉴定机构前已经双方质证确认,新城公司并未提出异议。故新城公司于申请再审期间主张《鉴定意见书》未依据合同附件2中的财评单价明细和签证项目单价出具鉴定意见、原审法院因采信《鉴定意见书》导致认定事实有误等,理据不足,本院不予支持。而新城公司于二审庭审中称,《审计报告》中的工程款数额只是“预估价、并非固定总价”,另一方面又于申请再审期间请求本院,按照三亚审计局出具的《审计报告》确定案涉工程结算价款;显然,新城公司于本案所述内容,逻辑难以自洽。因此,原审法院根据公平原则以及前述案件情况,并综合考虑双方对工程结算款存在分歧、审计报告与施工事实不符等因素,准许二建公司申请对工程造价进行鉴定,并认为鉴定机构对另行组价、子目套用定额错误等问题的回复均已作出合理合法的解释,遂以《鉴定意见书》作为认定案涉工程价款的依据,符合本案实际情况,并非“以鉴代审”,处理意见亦较为公允,本院予以认可。而新城公司虽主张原审法院适用法律错误且“以鉴代审”、相应证据未经质证、鉴定程序违法等,却未能提供充分、有效的证据予以证明,故本院不予支持。此外,原审中,合同双方当事人在鉴定听证时已对送鉴样本进行质证并确认样本真实性;鉴定机构针对异议亦答复称,双方已经对运距等送检材料进行签证确认。故新城公司虽主张鉴定机构认定的运距标准不合理、未按合同约定审定签证造价、原审法院认定事实的主要证据未经质证等,但却未提供充分、有效的证据予以证明;另外,新城公司提供的2011年6月5日后的四份收量确认单和四份签证,亦不足以推翻其与二建公司已共同认可送鉴样本真实性的事实。新城公司申请再审期间向本院提交了《施工合同》原件以及该公司在原审判决后自行委托有关专业机构出具的意见即《结算审核书》,根据《民事诉讼法解释》第三百八十七条、第三百八十八条的规定,新城公司不仅无法证明其逾期提供证据的理由成立,且前述证据材料也无法证明原判决的裁判结果错误,故本院不予采信。[1]

确定工程造价依据具体规则:其一,诉前承发包双方审定的工程造价与鉴定意见冲突处理。双方审定的工程造价是一种合同,双方意思表示真实,合同约定内容没有违反法律法规的强制性效力性规定,是有效合同,应当尊重当事人的意思自治。承发包双方在工程造价结算书上签字盖章,亦是对工程造价确认行为,表明双方已确定工程造价,这为法律上对自己权利的一种处分行为,对双方具有法律约束力。在审定工程造价与鉴定意见发生冲突时,法官不应仅以鉴定意见作为确定涉案工程造价标准,而应综合考察双方当事人的合同约定和预算、决算以及还款协议的签订等一系列履行合同行为,在综合考量基础上决定采信审定工程造价或鉴定意见。其二,双方审定的工程造价与审计结论不一致时,以双方一致确认的工程造价为准。其三,工程造价鉴定取费标准变化时,原则不按原约定下浮率对工程造价鉴定意见进行下浮。其四,对固定价格施工合同,不应启动鉴定程序,限制采信鉴定意见。其五,对于发包人既不认可承包人提供的结算造价,也不申请鉴定据以确定工程造价,拒不提供反驳证据的,发包人应承担举证不能的法律后果,在这种情况下,法院可以将承包人结算文件确定工程造价。

如果施工合同约定的计价标准与实际履行的计价标准不一致,适用约定标准还是实际履行标准,法官根据实际情况确定并依此标准进行鉴定。

【案例11-88】 陕西延长石油(集团)有限责任公司炼化公司诉山西路桥建设集团有限公司建设工程施工合同纠纷案

最高人民法院认为,本案当事人争议焦点为杨庄河炼化区洛河1某、2某大桥工程款结算的计价标准问题。虽然本案所涉工程是按公路工程进行招标,当事人双方所签施工合同约定的工程技术标准亦为公路桥三级。但在该工程施工过程中,炼化公司多次变更施工图纸,路桥公司依据变更后新的设计图纸进行了施工。炼化公司负责洛河2某大桥监理的延安建安监理有限责任公司于2006年9月15日向路桥公司发出的编号为001的监理工程师通知单载明“经基建科研究决定,洛河2某大桥工程施工所采用的施工技术资料整编办法及使用表格、施工技术规范、工程质量检验评定标准:施工技

[1] 最高人民法院(2021)民申1739号民事裁定书。

术资料整编及使用表格按延市城建质发〔2002〕12号文要求，执行《市政基础设施工程施工技术文件管理规定》，用陕西省市政工程施工技术资料统一表格；工程施工执行《公路桥涵施工技术规范》JTJ041－2000，《城市道路路基工程施工及验收规范》CJJ44－91；工程质量检验评定执行《市政桥梁工程质量检验评定标准》CJJ2－90，《市政道路工程质量检验评定标准》CJJI－90”。该内容表明，当事人双方对施工技术资料整编办法及使用表格、施工技术规范、工程质量检验评定标准等方面基本变更为市政工程标准。实际施工、验收亦是按此标准履行，而负责洛河1某大桥监理的陕西方诚石化建设监理有限责任公司关于洛河1某大桥工程“在工程实施过程中，经请示杨庄河炼化项目建设指挥部，该工程在资料整理和桥梁工程质量评定时采用了与洛河2某大桥相同的资料整理办法和质量检验评定标准”的情况说明则证明该工程与洛河2某大桥工程的标准相同。鉴于以上情形，如仍以公路工程计价标准进行工程结算，将会导致当事人双方利益失衡，对施工方而言，有失公允。故原判关于对本案所涉工程的计价标准按照市政工程标准的认定符合本案的实际情况亦符合情理，并无不当。原审据此标准重新委托鉴定亦无不当。另外，炼化公司关于陕西新时代工程造价咨询有限公司未依据双方提交的鉴定材料进行鉴定，且未出具正式鉴定报告的理由与事实不符。而原审中鉴定负责人和复核人虽未出庭接受质证，但其他鉴定人员已出庭接受了质证，并不存在违反法律程序的情形，故炼化公司认为原审重新鉴定的程序违法的理由均不能成立。[1]

对法官采信工程造价意见中的限制问题，即限制法官直接在造价鉴定意见基础上，增加工程价款。对于有缺陷的鉴定意见，可以申请法院通过补充鉴定、重新质证或者补充质证等方法予以修正。

（三）工程质量争议鉴定依据处理

工程质量争议可以通过司法鉴定方式解决。工程经鉴定存在质量问题，法院可以采信该鉴定意见。

【案例11－89】　余姚市华夏建筑工程有限公司、明峰建材集团股份有限公司与余姚欧菲亚皮草有限公司建设工程施工合同纠纷案

二审法院认为，关于华夏公司已完成的1#、2#厂房混凝土基础工程是否

〔1〕　最高人民法院（2016）民申2937号民事裁定书。

存在质量问题,经浙江中技建设工程检测有限公司司法鉴定,结论意见:该批钻芯法检测的批次推定强度值为22.4MPa。根据钻芯法检测的批次推定结果,1#、2#厂房基础混凝土强度值低于设计要求C25的要求。本院认为,司法鉴定机构根据钻芯法检测的批次推定作出鉴定,当时双方对鉴定方式并未提出异议,现两上诉人认为1#、2#厂房工程质量不同,不存在质量问题等上诉理由不足,不予采信。基于讼争厂房的基础混凝土工程未达到设计要求,存在质量问题,如经加固修理也会影响到工程的使用年限,另结合工程进度等实际情况,原审判决上诉人华夏公司对所涉工程进行返工并承担相关费用并无不当。[1]

质量鉴定意见,是法官裁量责任有无或责任承担大小的依据。

【案例11-90】 蒙自龙翔钢构工程有限责任公司与云南华丰集团股份有限公司建设工程施工合同纠纷案

二审法院认为,原审为确定涉案工程是否存在质量问题,在华丰公司申请下,委托光大鉴定中心进行工程质量鉴定,光大鉴定中心具有相关鉴定资质,鉴定程序合法,结论应予采纳。根据该中心云光司鉴〔2010〕鉴字第9号《司法鉴定意见书》,涉案钢结构工程屋面静荷载和楼面活荷载的设计及施工焊缝质量均存在问题,造成质量问题的原因系施工图纸未由有资质的设计院设计且龙翔公司不具备钢结构工程的施工资质。龙翔公司上诉虽然称其设计不存在问题,即使存在问题也应当由华丰公司承担责任,但双方在合同中明确约定设计工作由龙翔公司承担,龙翔公司认为设计责任应当由华丰公司承担没有依据,其认为工程没有质量问题的主张既与司法鉴定意见相悖,也和由具有鉴定资质的十四冶建材料科研所诉讼前出具的检测报告不一致,且发生质量问题后双方经过协商,确定由江苏天目公司昆明分公司进行返修,龙翔公司在2008年12月2日出具的《官渡区抗体中心钢结构决算的意见书》中自认主体工程部分焊接存在焊高不够的问题,故原审判决认定工程质量存在问题并无不当,对上诉人龙翔公司认为工程不存在质量问题的主张予以驳回。[2]

【案例11-91】 杨某与德州金月生化有限公司建设工程施工合同纠纷案

二审法院认为,从青岛诚祥建筑工程司法鉴定所出具的司法鉴定意见看,涉案工程在金月公司投入使用前存在质量问题。至于金月公司基层混凝土强度,尤其是表面强度不足的问题,杨某作为专业施工人,在施工前应当对

---

〔1〕 浙江省宁波市中级人民法院(2010)浙甬民二终字第518号民事判决书。

〔2〕 云南省高级人民法院(2011)云高民一终字第58号民事判决书。

基层混凝土强度以及表面强度进行检查,并向金月公司提出建议,进行补强处理,并告知不进行补强处理执意要求施工可能带来质量问题的严重后果,否则应当由金月公司承担责任;但杨某没有证据对金月公司履行了告知义务,其主张金月公司对涉案工程发生的质量问题存在过错没有事实依据。杨某未按施工要求进行施工,导致存在明显的质量问题,应当承担修复义务。[1]

在鉴定机构确定工程存在质量问题,但是难以认定是哪一方的原因导致了质量问题时,法院可以根据案件具体情况认定由双方分担质量责任。在个案中,鉴定机构作出《司法鉴定意见书》说明质量有问题,但是导致质量问题的原因难以认定。对此,最高人民法院认为,发包人已经委托第三方对质量进行修复并签订了相关合同,故不再另行委托鉴定机构对相关质量修复方案及修复费用进行司法鉴定。法院结合发包人为修复缺陷支付的维修费、检测费等情况认定质量修复费用为500余万元。同时,法院认定由发承包双方各自承担工程质量问题修复费用的50%。[2]

保修期内工程质量缺陷鉴定。在保修期内质量出现缺陷具有一定复杂性,法院通过鉴定最终认定工程质量缺陷是否存在以及各方的责任。

【案例11-92】　佛山市顺德区新的风机设备有限公司与佛山市顺德区承德建筑工程有限公司建设工程施工合同纠纷案

二审法院认为,虽然承德公司认为涉讼工程出现门窗、污管、卷闸门、室内外给水管质量问题时已过保质期,且涉讼工程大部分质量问题是因新的公司使用不当和其他原因造成,故不应当承担除76,530元外的维修费用,但从《新的员工村房屋工程鉴定报告》的鉴定意见可见,诉讼工程出现门窗、污管、卷闸门、室内外给水管质量问题的主要原因是承德公司的施工程序不符合规范,且原审法院亦结合鉴定项目出现质量问题的成因酌定新的公司和承德公司承担鉴定项目修复责任和相应费用的比例,故原审法院判决承德公司承担修复费用199,248.49元符合本案客观情况,本院对承德公司关于其不应承担除76,530元外的修复费用的上诉主张不予支持。因此,原审法院判决承德公司向新的公司支付275,778.49元修复费用,依据充分,应予维持。[3]

---

〔1〕山东省德州市中级人民法院(2013)德中民终字第441号民事判决书。

〔2〕最高人民法院(2020)民终1113号民事判决书。

〔3〕广东省高级人民法院(2010)粤高法民一终字第177号民事判决书。

【案例 11－93】 小田(中山)实业有限公司与深圳市建安(集团)股份有限公司建设工程施工合同纠纷案

二审法院认为,根据汕头市工程质量监管站出具的《小田公司厂房及综合楼工程质量鉴定报告》,涉案工程尚有 15 处存在质量瑕疵需要修复。其中第 5 处钢结构涂层施工系小田公司指定第三人施工,该涂层存在脱落等质量缺陷与深建安公司无关。根据补充条款的约定,施工单位仅对施工单位施工质量原因引起的质量问题承担保修责任。对于其他质量缺陷,原审判决根据该鉴定报告确认缺陷形成的原因力及过错状况,对于施工单位原因形成的缺陷,因工程至小田公司起诉前仍处于保修期间,判令深建安公司承担保修责任,费用由深建安公司自行承担;对于自然原因与施工原因共同形成的或者建设单位原因与施工单位原因共同形成的缺陷,判令深建安公司承担维修或者返修责任,费用由深建安公司、小田公司各自承担 1/2。上述处理办法并未显失公平。小田公司上诉主张原审判决其负担部分工程质量瑕疵消除费用处理不当,本院不予采纳。[1]

《民法典》第八百零一条规定,“因施工人的原因致使建设工程质量不符合约定的,发包人有权请求施工人在合理期限内无偿修理或者返工、改建”。因此,法院对于工程质量责任的承担方式,可以判决责任方承担修复责任。当然,在双方已经将争议诉至法院的情形下,通常很少有承包人愿意再去承担实际修复责任,多数情况是法院判定承包人承担修复费用。如果合同明确约定了因承包人原因导致工程质量不合格时的违约赔偿责任,法院则可以根据发包人的请求直接判决承包人承担违约赔偿责任。在最高人民法院个案中,案涉项目未经竣工验收,发包人反诉承包人要求其立即对不合格项目进行加固修复。法院委托鉴定机构认定工程质量不符合设计要求,并对加固修复费用进行了评估。法院依此要求承包人对施工质量问题承担加固修复责任,在加固修复并经检测合格后全面复工,并保证施工完毕的建设工程经竣工验收合格。[2] 在另一案中,最高人民法院则认定承包人承担修复费用,并从应付承包人的工程款中扣除。[3]

(四)工期争议鉴定依据处理

实践中工期鉴定意见采信难。有律师认为,通过上述案例,我们可以得出最

---

[1] 广东省高级人民法院(2009)粤高法民一终字第 223 号民事判决书。

[2] 最高人民法院(2020)民终 44 号民事判决书。

[3] 最高人民法院(2021)民终 1075 号民事判决书。

高人民法院的裁判思路：定性（确定工期延误的事实及责任）—定量（确定工期延误的天数）—定损（确定工期的预期损失）。[1]

工期争议可以通过司法鉴定方式解决。工期鉴定事项主要涉及工期能否顺延、顺延工期天数以及工期延误造成的损失。

【案例11－94】　浙江祥华房地产有限公司与衢州金泰建筑工程有限公司建设工程施工合同纠纷案

二审法院认为，关于施工期确定问题，双方在承包协议中约定：项目所用钢材、水泥、红砖结算，按总施工期的80%时间内的平均信息下降5%结算，现双方对施工期如何确定有异议。根据金泰公司仅是对案涉工程项目的土建部分进行施工，在该工程中存在土方工程、水电工程、铝合金门窗、内外墙涂料分包的情况，因此，鉴定机构按照土建完成的时间（2005年1月6日）确定施工期符合本案实际。祥华公司该上诉理由不能成立。[2]

对于经鉴定工期天数，承包人在承包工程时已知工程量自愿提出具体天数承包工程，其压缩工期天数超过定额工程30%的，因是真实意思表示，故是有效的。

【案例11－95】　深圳市美术装饰工程有限公司与广西南宁桂景大酒店有限责任公司建设工程施工合同纠纷案

二审法院认为，法院认为虽然鉴定定额工期为180天，但深圳美术公司是专业的装修公司，其在与桂景公司签订合同时已知道其所装修的工程量，其愿意以80天的工期承接该工程既是其真实意思表示，也没有违反法律强制性规定，故应属有效，本案应按合同约定确定工期。深圳美术公司要求按定额工期计算理由不充分，一审法院不予支持。[3]

对于逾期竣工日期鉴定意见，法官可以根据具体案情决定是否作为定案依据。

【案例11－96】　上海华峰制笔有限公司与上海康桥建设工程有限公司建设工程施工合同纠纷案

二审法院认为，根据查明的事实，由于设计变更、图纸提交迟延、工程量增加等因素，双方在施工过程中已对工期进行了调整；按2005—3《工程例会纪要》中载明的内容，施工工期至2005年1月底，显然与鉴定报告中240天的工期不符，鉴定人员在庭审中表示对双方提供的相关资料不清楚，因此，法院认为该鉴定报告不客观，不作为认定康桥公司逾期竣工的依据。综合各种

---

〔1〕参见袁华之、丘闯主编：《建设工程工期争议解决指引》，法律出版社2021年版，第583页。

〔2〕浙江省高级人民法院（2009）浙民终字第61号民事判决书。

〔3〕广西壮族自治区高级人民法院（2010）桂民一终字第73号民事判决书。

因素,法院认为康桥公司并未逾期竣工,顺延工期理由成立。对华峰公司反诉要求康桥公司承担逾期竣工违约金的请求,法院不予支持。[1]

【案例11-97】 中国江苏国际经济技术合作公司与上海中福地产置业有限公司建设工程施工合同纠纷案

二审法院认为,根据双方提供的工程施工资料,鉴定单位认为中江公司的完工日期应为2003年3月20日。鉴于2002年12月26日之后,工程确实仍处于施工阶段,而2003年3月28日是工程竣工验收日期而非工程实际完工日期,故原审法院采纳鉴定意见,确认中江公司于2003年3月20日完成系争工程的施工实际逾期80天。[2]

对于鉴定意见因依据不足无法确定工程延误工期及损失,法官则不予采信。

【案例11-98】 中国建筑股份有限公司与昆山市超华投资发展有限公司建设工程施工合同纠纷案

最高人民法院认为,根据原告的申请,一审法院于2012年3月29日委托金永诚公司对涉案工程工期延误给中建公司造成的实际损失进行鉴定。金永诚公司于2013年10月10日出具《超华商贸城工期延误损失的鉴定报告》。鉴定意见认为:(1)虽然工期实际造成了延误,但现场未发生全面停工现象;(2)所有资料中,工期延误未有明确的时间界限,不能准确判定工期延误时工程所处状态;(3)中建公司未按合同约定履行工期索赔的程序;(4)设计变更及工程量的增加(补充协议)未明确施工工期。最终,法院依据双方举证和案件查明的事实确定了工期延误责任和双方的工期逾期损失。[3]

(五)修复方案及费用鉴定依据处理

工程质量纠纷中,修复加固方案是否合理是争议焦点之一。一般认为,修复加固方案合理性应考虑的因素:其一,方案符合缺陷整改的性质;其二,方案符合质量缺陷整改目的;其三,方案具有科学性和可行性;其四,方案具有经济性。

【案例11-99】 浙江建工集团有限责任公司诉慈溪市慈吉教育集团建设工程施工合同纠纷案

二审法院认为,案涉工程确实实际质量问题,必须予以加固与修复。但

---

〔1〕 上海市第一中级人民法院(2009)沪一中民二(民)终字第349号民事判决书。
〔2〕 上海市高级人民法院(2009)沪高民一(民)终字第25号民事判决书。
〔3〕 最高人民法院(2014)民一终字第310号民事判决书。

浙江省建筑设计研究院按原设计要求选用的加固修复费用高达3800万元，远远超过工程造价，经济上不合理，有关顶升(迫降)方案施工难度高、风险大，而案涉工程标高与设计值最大相差66mm，层高与设计值不符最大值为98mm，有的仅相差11mm，不予调整仍可满足正常使用，故对该院出具的维修方案不予采纳。[1]

【案例11－100】　常州市雪堰建筑工程有限公司与顾某东建设工程施工合同纠纷案

二审法院认为，经过相关鉴定机构的鉴定，建筑公司承包的工程质量存在以下七个方面的问题……针对工程质量存在的其余六个方面的问题，对车间生产安全不构成影响，且重新施工或加固到符合原设计要求，经济成本过大，客观上不现实，双方应按合同约定的增减条款结算工程款。[2]

在涉案工程经鉴定存在质量问题的情形下，对其修复费用的鉴定意见应作为赔偿依据。

【案例11－101】　汕头市潮阳第一建安总公司与上海金万年文具制造有限公司建设工程施工合同纠纷案

二审法院认为，修复费用预算问题。双方都要求解除合同，相互之间已不存在信赖基础，对潮阳一建要求通过自行整改解决系争工程质量问题的意见不予采纳，潮阳一建应当承担修复的费用。同时鉴定人科技公司认为，在后续使用过程中可能会出现类似问题，应加强观察，发现问题则可通过类似的方法修复，故而该部分主厂房屋面、地坪及道路虽不用拆除重做，但应当预留一定的费用以备将来类似问题出现的修补。同时该部分的施工达不到设计要求的系数，也可通过适当减少价款的方式来承担责任，该费用以及维修的费用由法院酌定为30万元。因后续使用过程中可能会出现类似问题，所需费用并不能确实预计，故如今后厂房地坪和道路出现类似问题进行修复，累计的维修费用超出上述费用时，金万年公司可以再行向潮阳一建主张修复费用。综上，潮阳一建应当承担因质量问题产生的费用为1,175,261元。[3]

【案例11－102】　金坛市建筑安装工程公司与大庆市庆龙房地产开发有限公司建设工程施工合同纠纷案

最高人民法院认为，双方约定工程质量为优良，虽然工程未完成双方即发生纠纷，但金坛公司对其完成的未报验不合格工程，理应承担返修和维修

---

〔1〕 浙江省高级人民法院(2008)浙民一终字第109号民事判决书。

〔2〕 江苏省常州市中级人民法院(2011)常民终字第1278号民事判决书。

〔3〕 上海市高级人民法院(2009)沪高民一(民)终字第10号民事判决书。

费用。经鉴定工程返修和维修费为3,979,822.10元,金坛公司除只认可其中一部分外,认为鉴定机构以大量未经质证的材料为依据进行鉴定,结论不应被采信。一审期间,鉴定机构在说明材料中指出,一些材料未经质证,是金坛公司自己拒绝履行对用于鉴定的材料进行质证的义务,故其不认可鉴定结论的理由不成立。金坛公司施工工程质量不合格,违反了合同约定,一审判决支持庆龙公司主张其承担返修、维修费用的请求,并无不当。[1]

对于造成实际损失涉案双方均有过错的,法官根据鉴定意见载明的修复费用核减。

【案例11-103】 A公司与B公司等建设工程施工合同纠纷案

一审法院认为,唯修复费用中存在使用不当加剧屋面损坏的情况,法院酌情在修复费用中扣除。……关于修复费用,法院考虑到涉案房屋投入使用后维护不当加剧屋面损坏,故予酌情核减为1,420,000元。B公司要求由C公司、A公司赔偿修复费用,而自行负责维修,合理合法,法院予以准许。二审法院认为,对于修复费用金额的认定,原审法院根据本案实际情况,充分考虑了系争房屋在投入使用维护不当也是造成房屋渗漏的因素之一,据此对鉴定单位估算的修复费用酌情予以核减,该处理公平合理,本院予以维持。[2]

建设工程项目通过竣工验收即代表发包人认可了工程质量合格且工程开始进入缺陷责任期,在工程缺陷责任期届满之后,承包人仍然需要对没有超过质保期的部分工程,以及在工程合理使用寿命内的地基基础工程和主体结构承担民事责任。个案中,经鉴定人复核,修复费用中包括了建筑装饰装修、建筑屋面防水、主体结构和地基基础工程修复费用。对此,最高人民法院认为,按照合同约定,发包人提出反诉时,缺陷责任期届满后装饰装修部分也已超过保修期限,故该项维修费用不应由承包人承担,但是,屋面防水未超过保修期限,该维修费用仍应由其承担;主体工程在合理使用寿命内,也由承包人承担。[3]

(六)鉴定意见涉及法律问题处理

《建设工程解释(一)》第三十三条规定:"人民法院准许当事人鉴定申请后,应当根据当事人申请及查明案件事实的需要,确定委托鉴定的事项、范围、鉴定期

---

〔1〕 参见《最高人民法院公报》2007年第7期。最高人民法院(2004)民一终字第118号民事判决书。

〔2〕 上海市第一中级人民法院(2012)沪一中民二(民)终字第1785号民事判决书。

〔3〕 最高人民法院(2021)民终304号民事判决书。

限等,并组织双方当事人对争议的鉴定材料进行质证。"该条规定了法院在鉴定程序中司法权行使的范围和要求,亦是对鉴定机构进行鉴定监督的法律依据。

鉴定机构是接受法院委托对有争议的专业问题进行鉴定的社会机构,并不享有司法审判权,不能承担鉴定材料的质证和审核认定工作,无权对案件的法律问题进行判断。司法审判权的行使应贯穿对外委托及鉴定的始终,工程鉴定中涉及的审判权确定事项:其一,确定造价或质量鉴定范围及相关事项。其二,鉴定材料的收集及效力认定。其三,解决鉴定中出现的有关问题及争议。其四,鉴定材料提交期限的确定。鉴定机构在鉴定过程中可以行使鉴定权利事项:其一,依据法院认定的计价标准或计价方法计算工程造价。其二,根据国家规定标准对委托工程质量作出判断意见。其三,依据法院认定成立的索赔计算索赔费用。其四,提取鉴定材料中的工程量和价格信息。其五,要求当事人补充鉴定材料。其六,进行现场勘验。在司法鉴定过程中,应当坚持审判权处理事实认定、合同理解及法律适用问题,鉴定机构处理法院委托的工程专门性问题。

在鉴定意见中出现涉及法律问题的,只能对争议造价两种结算方式应当得出的工程造价及两者之间的差额据实提供,由主审法官在鉴定机构提供的鉴定意见基础上,采信何种造价。

【案例 11-104】　韩某与吴忠市商业建筑工程有限公司等建设工程施工合同纠纷案

一审法院认为,……该工程经鉴定,造价为 5,531,029.35 元,鉴定机构还在被告方提供的决算细则、决算事项补充、会议纪要等内容的基础上进行了量价计算,确定了"定额价"与"纪要价"之间的差距额为 759,301.38 元。原告没有与工程承建方被告商业建筑公司签订书面施工合同,但发包方被告某房产公司在开工前召开会议,形成会议纪要,商业建筑公司认可,作为承包方的施工队原告应当与其他施工队一样接受该会议纪要的约束,并且原告韩某作为被告商业建筑公司的施工队之一,在明知会议纪要内容的情况下,如不接受会议纪要的内容,可拒绝进场施工,但其以自己的行为承建了该工程,故应视为对被告某房产公司发出的要约即会议纪要作出了承诺,依法应受此约束。原告韩某完成的工程类别为三类工程,并经验收合格,故应以三类工程类别取费。据此,鉴定方确定的"定额价"与"纪要价"之间的差距额为 759,301.38 元,应从总造价中扣除。……原告系个体施工队,不具有企业施工资质,依法不应计取企业资质费用,因此,鉴定的工程总造价计取的三类企业间接费用额 164,184.57 元应从中扣除。二审法院亦持同样意见,维持原判。[1]

经鉴定材料差价，鉴定机构对该项费用应由谁承担未作出说明，且施工合同对该风险也未约定，该费用处理属于法院审判权范畴，由法官裁定承担比例。

鉴定机构的鉴定意见系以发包人提交的评审报告作为鉴定依据，经法院多次释明后，发包人未就评审报告中存在的问题提交书面材料予以合理解释，亦未提交其他证据进一步举证，在发包人未能提交确实充分的证据证明鉴定意见存在错误的情况下，鉴定机构出具的鉴定意见不应被推翻。

【案例 11－105】　太原城建中心与某某公司建设工程施工合同纠纷案

最高人民法院认为，关于三款洗墙灯的单价，太原城建中心提交的由太原市建设工程预结算审核中心出具的《关于对太原市南中环桥景观及照明工程结算的评审报告》中，主材汇总表所载的洗墙灯单价计量单位既有“套”也有“米”，表述不一。一审期间，鉴定机构表示对三款洗墙灯的鉴定意见系以太原城建中心提交的上述评审报告作为依据。二审期间，经本院多次释明，太原城建中心未就上述评审报告中存在的问题提交书面材料予以合理解释，亦未提交其他证据进一步举证。本院认为，太原城建中心未能提交确实充分的证据证明《工程造价鉴定意见书》中关于三款洗墙灯的鉴定意见存在错误，不足以推翻该部分鉴定意见，对其就此所提上诉主张，本院难以支持。[2]

索赔成因、索赔损失、索赔时效是否成立，由法官确定，依据是《建设工程造价鉴定规范》第 5.8.1 条。

因发包人原因，发包人删减了合同中的工程项目时，承包人提出应由发包人给予合理的费用及预期利润的，由法官认定删减事实是否成，依据是《建设工程造价鉴定规范》第 5.8.5 条。

建设工程纠纷另案鉴定意见在本案中的适用分析。从原则上讲，鉴定意见是法院委托鉴定机构，仅就处理单独案件而进行的，一般不适用于其他案件。但建设工程类纠纷中，就同一施工项目涉及发包、承包、分包、再分包等多重法律关系主体，相互关联主体间就工程款支付问题产生争议后，如上所述就会通过诉讼处理，进而产生鉴定意见。因该鉴定意见所对应的目标就是该施工项目，故而该鉴定意见也可能被案件争议方或其他方用在另案中使用。对于另案审判中委托作出的鉴定意见在本案能否使用、如何适用的问题，法律、司法解释无明确细化规定。在公报合同案例中，已有适用的情形，但只能作为一般书证。另案鉴定意见在本案诉讼过程中虽然可以使用，但不能作为鉴定意见使用，仅作为一般书证明。

---

〔1〕 宁夏回族自治区高级人民法院（2009）宁民终字第 58 号民事判决书。
〔2〕 最高人民法院（2021）民终 582 号民事判决书。

对于提交一方而言,在本诉中向法院提交另案鉴定意见时,还需要向法院表明该证据的来源,接受对方质证。应注意的是,提交的鉴定意见并不以案件胜诉为前提。如J公司与T公司财产损害赔偿纠纷案。[1]

已选定的鉴定机构超出其技术条件和鉴定能力而无法鉴定的,法院可另行委托具有相应技术条件和鉴定能力的鉴定机构继续鉴定。

【案例11-106】 深圳市中建某建设集团有限公司宁夏分公司与宁夏亘某房地产开发有限公司建设工程施工合同纠纷再审案

最高人民法院认为,一审法院依据中建某公司申请委托某农林科学院园艺研究所对中建某公司实际完成的工程量和工程造价进行鉴定,后某农林科学院园艺研究所于2016年12月23日以"鉴定标的物中工程施工方较多,鉴定范围无法明确;提供检材中缺乏有力依据支持实际发生工程量和工程造价的评估的进行"为由,依据《司法鉴定程序通则》(已于2016年5月1日废止)第二十七条第一款第三项、第四项的规定终止鉴定。在某农林科学院园艺研究所明确表示完成鉴定所需的技术要求超出其技术条件和鉴定能力的情况下,一审法院可再行委托具有相应技术条件和鉴定能力的鉴定机构对本案相关专业性问题进行鉴定。或者在认为不需要再次鉴定的情况下,按照举证责任分配,结合案涉证据,作出事实认定。[2]

在正选定鉴定机构明确表示无法鉴定的情况下,依次征询被选鉴定机构的意见。经摇号选择的鉴定机关机构均明确无法鉴定,各方当事人一致同意的,可重新选择鉴定机构或申请若干专家组成鉴定组进行鉴定;各方当事人无法达成一致意见的,认定申请鉴定事项无法鉴定,则依据举证责任的分配原则、双方当事人的过错程度和全案证据情况,认定案件的基本事实。[3]

(七)实际损失鉴定依据处理

法院对司法鉴定意见书有司法审查权,有权对明显缺乏事实依据的司法鉴定意见书不予采信。在无有效证据证实当事人损失金额时,法官应遵循相关法律立法本意、法律原则,遵循法官职业道德,根据双方的过错和公平原则行使自由裁量权,酌定赔偿损失金额。

---

[1] 最高人民法院(2020)民申2871号民事裁定书。

[2] 最高人民法院(2019)民再167号民事裁定书。

[3] 参见最高人民法院民事审判第一庭编:《民事审判指导与参考》2022年第3辑(总第91辑),人民法院出版社2022年版,第246页。

鉴定机构作出停工等损失数额,法院可以采信作为赔偿依据。

【案例11－107】 中利建设集团有限公司上海分公司、中利建设集团有限公司与上海新格有色金属有限公司建设工程施工合同纠纷案

二审法院认为,就本案停工损失的鉴定意见中的人工待工补偿费问题,因鉴定单位认为正常施工的情况下,现场有43人的人数较为合理,而中利公司上海分公司关于其处于待工状态无法遣散工人的说法无明显不符合常理之处,故鉴定单位按照最低工资标准计算43人的待工补偿费合理合法,中利公司上海分公司要求按照行业人工工资标准计算待工补偿费有失公平,而新格公司提出相关《会议纪要》已就人工工资等问题进行结算,其中应包括停工损失的说法亦缺乏依据。鉴于工程处于等待复工状态,挖土机等机械租赁费用同样基于上述认定及中利公司上海分公司提供的有关支付租赁费的证据可作为中利公司上海分公司在停工期间的实际损失。新格公司认为计算停工损失的截止日期应为其同意延长的工期截止时间即2011年9月20日,本院认为该日期是在双方正常履行合同的情况下约定的工期截止日期,不应作为停工损失计算的截止日期。综上,原审法院根据查明的事实及鉴定意见并考虑新格公司的过错程度酌情确定新格公司赔偿中利公司上海分公司20万元停工损失尚属合理,可予维持。对中利公司上海分公司、中利公司及新格公司的上诉请求,本院均不予支持。[1]

【案例11－108】 中国十五冶金建设集团有限公司与刘某清、陈某等建设工程施工合同纠纷案

二审法院认为,关于窝工损失的计算公式是否恰当。十五冶金公司认为鉴定机构将分包人已发生的人工、机械费减去其计入已完工的人工费和机械费来计算窝工损失,既无当事人之间的约定,又无法律规定。本院认为,因窝工事实确实存在,一旦窝工即会造成人工工资损失、机械设备停滞损失、管理费用、办公费用开支、材料损耗等损失。由于具体窝工的实际天数无法统计,鉴定机构以此公式计算窝工损失并无不妥。关于陈某、刘某清因窝工造成的人工费损失的认定是否恰当。十五冶金公司认为刘某清伪造游某恩、陈某增等13人签名和手印,编造7～10月已发民工工资148,000元;伪造退场承诺书编造游某荃、汪某峰等11人领取工资547,671元,故鉴定报告关于陈某、刘某清因窝工造成的人工费损失1,561,369元不是事实。法院认为,鉴定报告已将编造的已发民工工资148,000元剔除,2010年11～12月套取的工程

〔1〕 上海市第二中级人民法院(2013)沪二中民二(民)终字第373号民事判决书。

款547,671元,不是鉴定机构计算陈某、刘某清因窝工造成的人工费损失所采纳的鉴定依据(3~10月捺手印的工资发放表),上述两笔套取款项未计算在陈某、刘某清因窝工造成的人工费损失之内。故原审法院采纳鉴定报告关于陈某、刘某清因窝工造成的人工费损失的认定并无不妥。[1]

在工程延期竣工是客观事实,且能够明确责任方,停工损失也客观存在,法官可以采信审价意见确定损失数额。

【案例11-109】　浙江环宇建设集团有限公司与上海雅恒房地产开发有限公司建设工程施工合同纠纷案

二审法院认为,环宇公司索赔的内容是依据双方于2007年5月29日签订的《备忘录》中的相关约定即对于浅坑复工后塔楼未能同时施工的损失予以补偿。由于《备忘录》明确约定"按实补偿",故原审法院据此进行了司法审价以确定实际损失数额,并以此作为补偿依据,符合备忘录的约定。环宇公司在二审中对司法审价提出了部分异议。鉴于审价结论是对施工过程中专业问题的判断,在双方无新证据的情况下,维持一审法院对审价报告的认定。[2]

对于工程索赔费用金额无法根据司法鉴定确定时,法院一般酌定赔偿费用的金额。

【案例11-110】　李某秀、廖某甲、廖某乙、何某根与核工业华东建设工程集团公司、江西省新余市展晖建设开发有限公司建设工程施工合同纠纷案

二审法院认为,本案一审鉴定机构江西万隆中审工程咨询有限公司认定本案争议工程施工期间确实存在停工,但由于双方均未提交证据证明停工天数,以及停工期间施工现场的情况,故无法确定具体的停工损失如何计算。从已查明的事实可知,核工业华东公司已经向展晖公司结算了停工索赔款11,155,069.55元,其未提供证据证明这些停工损失具体发生在哪个工区,故应当认定停工索赔款11,155,069.55元中不包括A合同段的停工损失,故对其要求不应支付李某秀、廖某甲、廖某乙、何某根施工段的停工损失的主张,不予支持。关于李某秀、廖某甲、廖某乙、何某根施工段的停工损失是多少的问题,因为李某秀、廖某甲、廖某乙、何某根也未提供证据证明其停工的具体时间和停工时施工现场的情况,故无法依据江西万隆中审工程咨询有限公司鉴定报告确定的每天的停工损失费用计算停工损失。考虑本案停工事

---

〔1〕 湖南省高级人民法院(2014)湘高法民三终字第9号民事判决书。
〔2〕 上海市高级人民法院(2010)沪高民一(民)终字第1号民事判决书。

实存在的实际情况,比照连接线工程及B合同段工程的工程造价与停工索赔损失比例,酌定李某秀、廖某甲、廖某乙、何某根施工段的停工损失为60万元(本案工程造价为3,877,809.74元)。[1]

在提交必要的鉴定依据的前提下,承包人可以通过申请司法鉴定确认窝工损失金额。

【案例11-111】 潘某进与中铁十二局二公司建设工程施工合同纠纷案

最高人民法院认为,虽然中铁十二局二公司对潘某进主张的机械设备停工损失未进行确认,但《关于坪上隧道退场谈判机械设备处理的纪要》记载了机械设备的数量,《坪上隧道误工统计表》记载了停工天数,鉴定机构据此对案涉机械设备停工损失进行鉴定并出具的鉴定意见较为合理,一审法院采信鉴定意见对机械设备停工损失作出的认定正确,中铁十二局二公司关于潘某进未产生机械设备停工损失的上诉理由不能成立。[2]

---

〔1〕 江西省高级人民法院(2014)赣民一终字第131号民事判决书。
〔2〕 最高人民法院(2021)民终412号民事判决书。

专题十二　建设工程价款结算纠纷

所谓工程价款结算，是指对建设工程的发包人与承包人依据合同约定及法律规定进行工程预付款、工程进度款、工程竣工价款结算活动。建设工程结算内容是价格结算，法律性质是按照合同约定及法律规定确定发承包双方之间所签订合同的价格。也就是说，对涉案工程(已完工、未完工)价格确认、支付价款及相关问题的处理。在建设工程施工合同纠纷中，其结算争议是其焦点和处理的难点，现对实践中常见争议予以厘清。

本专题讨论的工程结算分三部分阐述，第一部分是有效合同工程价款结算；第二部分是无效合同工程价款结算；第三部分是实际施工人工程价款结算。

一、工程价款结算条件认定

工程价款结算条件是指厘清能否进行结算问题，是工程价款结算时间点的界定，亦是建设工程施工合同纠纷处理的重要方面，其正确妥当把握结算条件对于工程价款结算具有基础性、先导性作用。

（一）标的物转移占有结算条件成就

实践中，不论讼争工程是否办理竣工验收手续，标的物转移占有由发包人管理使用的，工程价款结算条件均已成就。

【案例12－1】 烟台大华装饰工程有限公司与烟台新东方商城装饰工程合同欠款纠纷案

最高人民法院认为，讼争工程是否竣工对本案核心争议焦点工程价款结算所产生的影响是工程结算条件是否成就。按照《合同法》《建筑法》等法律、法规规定，建设工程未经验收或者经竣工验收不合格的，不得交付使用。本案讼争工程未经验收即发生标的物转移占有，由发包人管理使用，承发包双方当事人对违法擅自使用讼争工程行为均有过错。《建设工程解释》第十四条规定：当事人对建设工程实际竣工日期有争议的，按照以下情形分别处理：……建设工程未经竣工验收，发包人擅自使用的，转移占有建设工程之日为竣工日期。参照此规定和人民法院在此司法解释颁布实施前审理此类案件的司法惯例，不论讼争工程是否办理竣工验收手续，标的物转移占有由发包人管理使用的，工程价款结算条件均已成就。[1]

【案例12－2】 中建二局第三建筑工程有限公司与武汉大陆桥投资开发有限公司建设工程施工合同纠纷案

最高人民法院认为，关于工程是否已达结算条件的问题。依据《4·17协议》关于“竣工日期：达到竣工条件，经预验收合格，并向甲方移交之日”之

---

〔1〕 最高人民法院（2010）民一终字第8号民事判决书。

约定,2007 年 8 月 28 日,由武汉地质工程勘察院及湖北和联建设监理有限公司及其共同验收,确认工程合格,陆桥公司实际使用了工程。事实证明,中建公司虽然没有依据约定提交竣工图纸等资料,但陆桥公司已接受并使用该工程,表明工程已具备结算条件。即便中建公司未提供完整竣工资料,依据《建设工程解释》第十三条的规定,建设工程未经竣工验收,发包人擅自使用后,又以使用部分存在质量不符合约定为由主张权利的,不予支持。且工程事实上已经验收合格,因此,一审判决认定工程已竣工,中建公司主张工程欠款的条件已成就,理由充分。[1]

建筑物已经竣工验收,发包方拖延审计进度的,应当认定付款条件已经成就。

【案例 12 -3】 吴某与宁夏威翔建筑工程有限公司、灵武市卫生健康局建设工程施工合同纠纷案

二审法院认为,关于灵武市卫健局未付威翔公司的工程款金额及付款条件是否成就的问题。根据鉴定意见,扣除灵武市卫健局已支付的工程款及威翔公司应承担的 11% 的税金后,灵武市卫健局欠付威翔公司工程款 38,452,695.36 元。关于付款条件是否成就问题,灵武市卫健局与威翔公司签订的《建设工程施工合同》虽然约定结算审计局审定并通过项目审批单位项目验收后,拨付至审定总价格的 95%,但经法院多次告知灵武市卫健局推进审计工作进度后,灵武市卫健局明确表示案涉工程因不符合审计条件无法审计;而案涉工程也已于 2018 年 11 月 19 日经灵武市卫健局竣工验收合格,虽然灵武市卫健局不是案涉项目的审批单位,但截至目前,工程竣工已 2 年多,灵武市卫健局也未提供证据证明其单位积极推进了该项工作。据此,灵武市卫健局应当支付 95% 的工程款。关于 5% 的工程质保金,依据威翔公司签订的《建设工程施工合同》约定:“工程缺陷责任期为 12 个月,缺陷责任期自工程竣工验收合格之日起计算发包人在质量缺陷期满后 14 天内,将剩余保修金和利息返还承包人。”案涉工程于 2018 年 11 月 19 日已经竣工验收合格,质保金的返还条件也已成就,质保金应与 95% 的工程款一并支付。[2]

建设工程部分已实际完成并投入使用,虽未竣工验收,亦不影响相应工程部分的结算。

【案例 12 -4】 某公司与鹏筑公司建设工程施工合同纠纷再审案

最高人民法院认为,关于案涉安装、装饰工程价款是否应予支持的问题。

---

〔1〕 参见最高人民法院民事审判第一庭编:《民事审判指导与参考》2010 年第 2 集(总第 42 集),法律出版社 2011 年版,第 191 页。

〔2〕 宁夏回族自治区银川市中级人民法院(2021)宁 01 民终 925 号民事判决书。

鹏筑公司主张《污水管道立管通球检查记录》《雨水管道灌水试验记录》《管道工程压力试验记录》中监理公司工作人员签字系伪造,二审据此认定安装、装饰工程已验收错误,并提交其与四川蓉科强工程管理咨询有限责任公司往来函件予以证明,认为此属于有新的证据,足以推翻原审判决。本院认为,监理公司是否在相关试验记录上签章,仅涉及相应工程是否通过竣工验收的认定问题,根据《建设工程解释》第十三条之规定,"建设工程未经竣工验收,发包人擅自使用后,又以使用部分质量不符合约定为由主张权利的,不予支持……"本案中,即使监理公司工作人员未在上述三份试验记录中签字,由于案涉安装、装饰工程部分已实际完成并投入使用,故未竣工验收不影响相应工程部分的结算。[1]

(二)视为认可约定结算文件适用条件

《建设工程解释(一)》第二十一条规定:"当事人约定,发包人收到竣工结算文件后,在约定期限内不予答复,视为认可竣工结算文件的,按照约定处理。承包人请求按照竣工结算文件结算工程价款的,人民法院应予支持。"适用该条的前提条件:其一,当事人之间对"以送审价为准"有明确约定,条款中需作出发包人具体的审核期限以及不予答复的后果是"逾期不结算视为认可"之约定。其二,竣工结算文件必须是书面文件,不能是口头形式。其三,必须确定承包人的送审资料已送达发包人,发包人有书面签收竣工结算文件的记录。其四,发包人亦未在约定期限内对承包人出具的结算提出异议。只要发包人在约定期限内做出答复即可,即使提出的异议不具有合理性,也可以免除承担本条所规定的不利后果。[2]

发包人未在约定时间对承包人报送的竣工结算文件提出异议,但是双方对部分工程造价进行了确认,能否按照竣工结算文件结算工程价款即适用《建设工程解释(一)》第二十一条问题。对此,最高人民法院民一庭认为,该条款的适用有严格条件,一是合同通用条款或者专用条款明确约定"发包人收到竣工结算后,在约定期限内不予答复,视为认可竣工结算文件";二是发包人确实没有答复,如果发包人有回复,亦不能适用该规定。该条规定的目的在于,督促发包人积极答复承包人提供的竣工结算文件;在发包人就结算事宜态度消极,置之不理,双方缺乏

---

〔1〕 最高人民法院(2019)民终1951号民事裁定书。

〔2〕 参见最高人民法院民事审判第一庭编著:《最高人民法院新建设工程施工合同司法解释(一)理解与适用》,人民法院出版社2021年版,第219页。

与结算有关的实质性沟通时，依照竣工结算文件尽快确定承包人的债权。[1]

【案例12－5】 福建省永泰建筑工程公司与福建三明市林立房地产开发有限公司建设工程施工合同纠纷案

最高人民法院认为，工程竣工验收合格后，永泰公司虽然向林立公司提交了编制工程造价为236，104，795元的工程竣工决算资料，但林立公司收到该结算资料后明确注明未收到竣工图，且在此后的28日内亦已函告永泰公司竣工结算资料存在缺陷致使不能结算，永泰公司未作函复，亦未及时补充相关资料并修正存在的问题。永泰公司关于林立公司为了阻止工程款支付条件成就而故意拖延结算的主张，与证据反映的事实不符，本院不予认定。因此，工程价款不能按时审核的责任不在于林立公司。林立公司收到永泰公司送交的竣工决算资料后作出了答复，由于资料存在缺陷没有审核同意永泰公司编制的工程竣工决算文件，本案情形不符合《建设工程解释》第二十条关于"发包人收到竣工结算文件后，在约定期限内不予答复，视为认可竣工结算文件"的规定，永泰公司请求以其自行编制的工程竣工决算文件作为确定讼争工程价款的依据，不符合双方合同约定和法律规定，本院不予支持。[2]

【案例12－6】 长沙桐木建设股份有限公司诉海南三正实业投资有限公司建设工程施工合同纠纷案

二审法院认为，长沙桐木依约进场施工，尔后双方完成了对A栋工程的验收。2009年2月15日，长沙桐木与三正实业共同签订了《工程结算书》，确实A栋土建工程款为49，940，177.06元（以下简称4994万元结算书）。并于2009年7月8日，长沙桐木出具A栋工程结算书，结算金额为43，658，110.40元（以下简称4365万元结算书），2009年7月20日送达三正实业。2011年1月8日，三正实业单方编制建筑工程结算书，明确A栋工程价款为33，632，113.15元（以下简称3363万元结算书）。本案A栋工程先后出现了三份数额相差较大的结算书，但根据双方当事人提供的证据及经开庭审理，4994万元结算书不能作为付款依据。关于4365万元结算书，根据《承包合同》对竣工验收与结算的约定，涉案工程应由长沙桐木出具结算报告，三正实业收到竣工报告及完整的结算资料后在3个月内完成结算审核工作或提出修改意见，逾期视同三正实业认可长沙桐木所报结算。本案4365万元结算书已由长沙桐木送达三正实业，后者未在约定期限内提出异议，而是单方编制一份3363万元结算书且不能证明已送达给长沙桐木，三正实业应承

---

〔1〕 参见最高人民法院民事审判第一庭编：《民事审判实务问答》，法律出版社2021年版，第53页。

〔2〕 最高人民法院（2014）民提字第32号民事判决书。

担逾期不结算的后果,因此,涉案A栋最终的工程造价应以长沙桐木的送审价4365万元为准。故二审撤销原判,以4365万元结算书作为结算依据,改判三正实业仍需向长沙桐木支付未付的工程款并承担违约金。[1]

发包人收到竣工结算文件后,在约定期限内不予答复,视为认可竣工结算文件。承包人按约定请求按照竣工结算文件结算工程价款的,应予支持。

【案例12-7】 某建工公司与某资产公司建设工程施工合同纠纷案

二审法院认为,《建设工程解释》第二十条规定:"当事人约定,发包人收到竣工结算文件后,在约定期限内不予答复,视为认可竣工结算文件的,按照约定处理。"本案合同约定发包人应当在收到承包人提交的相关竣工结算报告和完整的竣工结算资料后的60日内完成审核,并提出审核意见;未提出意见,则视同认可。现资产公司签收建工公司邮寄涉案工程结算书后60日内并未向建工公司提交审核意见。故建工公司要求按照竣工结算文件结算工程价款的请求应予支持。[2]

需要注意的是,依据最高人民法院民事审判庭于2006年4月25日以《关于发包人收到承包人竣工结算文件后,在约定期限内不予答复,是否视为认可竣工结算文件的复函》([2005]民一他字第25号),仅以建设部制定的《建设工程施工合同(示范文本)》中通用条款第三十三条第三款为依据,没有在专用条款中作出"逾期不结算视为认可结算"之约定,不能适用《建设工程解释》第二十条的规定。应注意的是,当事人只是选择适用了施工合同格式文本,并没有对是否以承包人报送的竣工结算文件作为工程款结算依据一事作出特别约定。因此,不能以该格式文本中的通用条款之规定为据,简单地推定出发包人认可以承包人报送的竣工结算文件为确定工程款数额的依据。

应强调的是,对于无效施工合同,当事人没有法律依据可照此规定请求按照竣工结算文件结算工程价款即限制适用。

(三)合同解除完成部分工程结算条件

施工合同约定承包人施工范围为土建部分工程,经过对土建部分完成质量合格的视为结算条件成就,可以进行结算。

---

[1] 参见最高人民法院中国应用法学研究所编:《人民法院案例选》2016年第4辑(总第98辑),人民法院出版社2016年版,第160页。

[2] 北京市高级人民法院(2019)民终366号民事判决书。

【案例12－8】 杭州利星凯悦大酒店有限公司、上海中鼎世华建设开发有限公司与浙江中成建工集团有限公司建设工程施工合同纠纷案

最高人民法院认为，中成公司依据合同只承建该工程的土建部分。现工程已通过由中成公司、上海公司、杭州公司、设计单位、监理单位和质监部门共同参加的中间结构验收，验收结论为保证资料齐全，试验结果都达到设计要求，其外观尺寸都符合图纸要求，达到优良等级，可以进入下一道工序施工。中成公司依据合同已完成土建工程。上海公司和杭州公司认为应待整个工程竣工验收后再进行结算，既不符合案件实际情况，又没有合同及法律依据。中间结构验收记录已证明，工程具备竣工条件，故双方工程结算纠纷应予解决。依照合同约定，工程结算，中成公司应提交竣工报告和竣工资料，一审法院已对此予以认定亦是正确的。〔1〕

施工合同解除合同结算前提条件为，已经完成的建设工程质量合格的，发包人应当支付相应的工程价款；已经完成的建设工程质量不合格的，如果修复后竣工验收合格，承包人可以要求支付工程款，但必须承担修复费用，反之承包人不得要求支付工程款。

部分工程完工解除合同结算条件问题。对于该问题因造成的原因具有多样化和复杂性，在个案中由法官依据具体案情自由裁量。

【案例12－9】 天地公司与天化麻业公司建设工程施工合同纠纷案

二审法院认为，本案中，涉案工程尚未全部完工，无法取得竣工验收手续，但由天地公司施工的涉案工程中已完工的部分，已经由监理单位审核确认为主体结构合格，其第二次退场前施工的C型钢檩条安装工程虽未有单独的监理公司验收单，但在天地公司退场前发给监理公司的联系单上已经注明施工完毕，监理公司已予以认可，并未提出质量异议。此后，在双方协议解除合同的1年间，天化麻业公司亦未对已完成的工程提出质量异议。一审期间，天化麻业公司虽对已完工的工程部分提出质量抗辩，但是未提交证据证明，也未申请工程质量鉴定，其在一审、二审期间只是要求天地公司就工程质量合格进行举证，原审法院应考虑到导致合同不能履行而被解除的过错在天化麻业公司，结合天地公司已经提交的监理公司确认主体结构合格、两次退场联系单等证据，将涉案工程已完工部分质量不合格的举证责任分配给天化麻业公司并无不当，在其举证不能的情况下，可以确认本案已具备结算条件，

---

〔1〕 参见最高人民法院民事审判第一庭编：《最高人民法院民事案件解析》（建设工程），法律出版社2010年版，第291页。

天化麻业公司应对已完工的部分支付相应的工程款。天化麻业公司在二审期间提交了监理公司的监理通知书不能证明已完工工程部分在天地公司退场时存在质量问题，故天化麻业公司关于本案不具备结算条件的抗辩主张本院不予采纳。[1]

(四)中标合同结算条件

中标合同结算条件是中标合同有效，无效的中标合同，其结算条件不成立。

《建设工程解释(一)》第二十二条规定："当事人签订的建设施工合同与招标文件、投标文件、中标通知书载明的工程范围、建设工期、工程质量、工程价款不一致，一方当事人请求将招标文件、投标文件、中标通知书作为结算工程价款的依据的，人民法院应予支持。"根据该条规定，其结算条件有三：一是经过合法有效的招投标活动，并根据招投标的结果签订中标合同；二是实行备案制度下该中标合同经过建设行政主管部门备案；三是另行订立的合同与备案合同的主体一致。一般认为，是指合同实质内容的变更，而非合同主体的变更，解释的立法本意系避免招标人利用优势地位，该条所指的"当事人"，不应扩大解释到转包人、违法分包人、实际施工人等。参照招投标文件结算工程价款的前提条件为招投标合法有效。

【案例 12-10】 广海房地产开发有限公司与融水苗族自治县建筑工程公司建设工程施工合同纠纷案

一审法院认为，在融水县住房和城乡建设局备案的《建设工程施工合同》属于经过备案的中标合同，故应当以备案的中标合同作为结算工程价款的根据。二审法院虽然撤销一审法院的判决，但并不是因为适用法律错误，而是因为二审当事人提出新的证据证明本案的工程并非通过招投标程序确定，在融水县住房和城乡建设局备案的《建设工程施工合同》仅为备案合同，并非备案的中标合同，因此认为与《建设工程解释》第二十一条的规定不符。如果一审查明的事实是正确的，即备案的合同是经过招投标程序确定的，那么就该适用《建设工程解释》第二十一条的规定。[2]

【案例 12-11】 弘盛公司与天成公司、方泽公司建设工程施工合同纠纷案

二审法院认为，中标合同与三方订立的施工合同主体不一致，弘盛公司

---

〔1〕 江苏省徐州市中级人民法院(2010)徐民终字第 2043 号民事判决书。

〔2〕 广西壮族自治区柳州市中级人民法院(2014)柳市民一终字第 1244 号民事判决书。

不是中标合同的主体,本案不应依据备案合同确定工程价款。[1]

本合同仅作备案作用,不作为施工结算的依据不影响将备案合同作为结算依据。

【案例12-12】 东辉公司与某某公司建设工程施工合同纠纷再审案

最高人民法院认为,本案中,并无充分证据证明东辉公司存在串标行为,或者该公司在邀标程序中存在导致中标无效的违法行为。因此,二审法院认为5.10合同并未因违反法律强制性规定而无效,双方将该合同进行了备案,5.10合同为有效合同,理据充分,本院予以确认。而5.8合同与经过备案的中标合同5.10合同实质性内容不一致,故5.8合同因违反《招标投标法》第四十六条第一款关于"招标人和中标人应当自中标通知书发出之日起三十日内,按照招标文件和中标人的投标文件订立书面合同。招标人和中标人不得再行订立背离合同实质性内容的其他协议"的规定而无效。又因《建设工程解释》第二十一条规定:……该规定的适用前提是备案的中标合同为有效合同;承前分析,二审法院以合法有效的5.10合同作为案涉工程结算的依据,事实和法律充分,本院予以认可。而5.10合同结尾注明的"本合同仅作备案作用,不作为施工结算的依据"的内容,明显有违《建设工程解释》第二十一条关于维护中标合同的法律效力,规范建筑市场的规则目的。故二审法院认为5.10合同的备注内容不影响该合同作为案涉工程的结算依据,事实和法律依据充分,本院予以认可。而东辉公司关于5.10合同的备注内容可排除该合同作为结算依据,应以实际履行的5.8合同作为结算依据的主张,没有事实和法律依据,本院不予支持。[2]

(五)结算条件成就认定

发包人无正当理由在合同约定期限或合理期限内未组织竣工验收,应承担迟延验收的责任,并视为工程款结算或支付条件已成就,发包人应当向承包人支付工程款。建设工程未经验收或者验收不合格,则应视为结算工程款条件不成就,发包人可以拒付工程款。分包合同中约定待总包人与发包人进行结算且发包人支付工程款到位后,再由总包人向分包人支付工程款的,该结算条件是否成就由

---

〔1〕 最高人民法院(2012)民申字第430号民事判决书。

〔2〕 最高人民法院(2021)民申66号民事裁定书。

分包人承担举证责任。当事人约定以工程竣工验收备案作为支付工程款的条件,工程竣工验收合格后,非由于承包人的原因导致无法办理备案,如发包人未办理土地使用证或施工许可证等,从而阻碍工程付款条件的成就,应视为工程款结算条件已成就,承包人可以向发包人请求支付工程款。也就是说,发包人为自己的利益不正当地阻止结算条件成就的,应视为结算条件已成就;如果承包人不正当促成结算条件成就的,则视为结算条件不成就。

【案例 12－13】　江西圳业房地产开发有限公司与江西省国利建筑工程有限公司建设工程施工合同纠纷案

最高人民法院认为,国利公司已经履行了合同义务,且涉案工程已通过验收并交付使用,圳业公司对工程质量不持异议。此后,国利公司依约将竣工结算文件提交给圳业公司。圳业公司在收到竣工资料后的 28 日内,既不表示认可也未提出修改意见,违反了双方当事人选择适用的建设部制定的《建设工程施工合同》格式文本第三十三条第三款的规定,从第 29 天起,支付工程款的条件成就。圳业公司的违约行为不能阻却支付工程条件的成就。[1]

合同约定认可结算书期限作为结算条件的,结算期满一方不认可,应视为结算条件不成就。

【案例 12－14】　中国建筑第二工程局与河南裕达置业有限公司建设工程施工合同纠纷案

最高人民法院认为,关于本案工程造价是依中建二局提供的结算书还是以一审法院委托鉴定机构所作的鉴定意见作为依据的问题,双方在合同中虽对裕达公司审核结算书的期限作了约定,但在中建二局于 1998 年 4 月 17 日提交《郑州裕达国贸大厦工程土建部分结算书》的 12 天后,即同月 29 日中建二局、裕达公司及监理公司三方召开了经济工作会议,研究本案讼争工程并决定共同进行工程盘点和工程款审核结算的核对工作,虽因种种原因该工程结算的核对工作没有进行下去,但这已表明裕达公司没有认可结算书,双方在合同中约定的认可结算书的条件尚未成就。[2]

对于发包人审定工程量可作为结算依据,其结算条件成就。

---

〔1〕 参见《最高人民法院公报》2007 年第 6 期。最高人民法院(2006)民一终字第 52 号民事判决书。

〔2〕 参见最高人民法院民事审判第一庭编:《建设工程施工合同司法解释的理解与适用》,人民法院出版社 2004 年版,第 488 页。

【案例12－15】 山东天幕集团公司无锡第二分公司诉南通一建集团有限公司建设工程施工合同纠纷案

判决观点,关于天幕无锡二分公司要求南通一建支付工程价款的条件是否成就问题,双方对分包合同约定的"工程结算完毕后30日内支付至业主审定量工程量的95%"产生争议。本院认为,合同未明确"工程结算"的指向,一般可解释为总包工程结算或分包合同工程单独结算,而分包工程结算既可由发包人与承包人完成,也可由承包人与分包人单独完成。本案发起时三种方式的结算均未完成,且至判决时总包工程的结算仍未完成,发包人、承包人就未完成的原因相互推诿,确已影响到分包人债权的实现,故应从有利于债权人角度考量分包工程的支付条件,包括:(1)上述三种结算方式中任一结算完成;(2)结算完毕后30日;(3)业主审定。现业主就分包工程量已单独审定且得到分包人确认,即成为承包人与分包人进行结算、付款的关键;同时中关村公司作为本案第三人参加诉讼后又对其出具的审定单再行确认,又产生约束中关村公司的法律效力,包括:(1)在南通一建与中关村公司结算中出现由天幕无锡二分公司承建的幕墙工程任一项目审定量及雨篷幕墙的审定单价低于《结算说明》所载明的工程量、审定单价时,应按《结算说明》进行结算;(2)如幕墙工程全部项目或任一项目及雨篷幕墙的审定单价高于《结算说明》所载明的工程量、审定单价时,按实际审定量及单价结算。既确保了天幕无锡二分公司债权的实现,亦不产生南通一建在整体工程结算部分于程序权利与实体权利上的影响,此为本案之关键。天幕无锡二分公司要求南通一建支付工程价款的条件已经成就。[1]

《建设工程解释(一)》第二十条规定,当事人对工程量有争议的,按照施工过程中形成的签证等书面文件确认。承包人能够证明发包人同意其施工,但未能提供签证文件证明工程量发生的,可以按照当事人提供的其他证据确认实际发生的工程量。也就是说,发包人未签字确认的签证亦可予以结算。

【案例12－16】 中国建筑第七工程局有限公司与陕西华夏置业有限公司建设工程施工合同纠纷案

最高人民法院认为,华夏公司上诉主张签证编号为018、035、036、037、038、047号的6张签证单未经其签章确认,根据华夏公司合同专用条款第八条第五款"缺少任何一方签字的设计变更、工程洽商、现场签证,视为无效资料,不予结算"的约定,以上签证属于无效签证,应不予结算。监理单位作为

---

〔1〕 参见国家法官学院案例开发研究中心编:《中国法院2017年度案例》(合同纠纷),中国法制出版社2017年版,第145～146页。

受建设单位委托对施工单位施工进行监督的第三方,经过其确认的工程量可推定为实际发生。在上述签证已有监理方签字确认的情况下,华夏公司对其未签字确认不能作出合理解释,且不能提供充分证据证明中建七局未进行施工,因此对华夏公司此项上诉主张,不予支持。[1]

发包人主张《决算委托函》所载内容系发承包双方关于结算的最终意思表示,应当作为结算依据,然而该《决算委托函》出具后相关工程结算审核工作并未如约进行,发包人对该事实既未提出异议也未作出合理解释,发包人关于双方在《决算委托函》中就结算问题达成一致意见的主张,缺乏事实依据。

【案例12－17】　鑫马公司与某某公司建设工程施工合同纠纷再审案

最高人民法院认为,根据一审、二审查明事实,案涉《施工补充协议书》签订日期早于《建设工程施工合同》,《施工补充协议书》第二十五条约定,本协议条款如与工程施工合同有抵触,以本协议为准。2012年3月19日,鑫马公司出具的《承诺书》又载明"此次招投标造价只为办理手续所用,实际总造价按总包协议结算办法确定",二审法院据此认定双方真实意思表示系依据《施工补充协议书》结算工程价款并不缺乏依据。鑫马公司称2015年10月8日《决算委托函》系双方就结算依据问题作出的最终意思表示,而该份《决算委托函》中虽有"请贵司以双方签订的《建设工程施工合同》及招投标文件为结算依据进行工程结算审核"的表述,但在《决算委托函》出具后,相关工程结算审核工作并未如约进行,二审以该份《决算委托函》系为配合审价向审计机构出具,但最终审计机构并未出具审计结论,双方亦未最终达成一致意见为由对鑫马公司该部分抗辩理由未予采信亦不缺乏依据。鑫马公司称其并未收到审计机构的相关函件,但其对审计机构未按照《决算委托函》开展审计工作的事实未提出异议,对审计机构未开展审计工作的原因也未作出合理解释。鑫马公司仅以二审该部分事实认定错误为由主张本案应进入再审理据不足。[2]

发包人以未依约提交不直接影响工程款结算的资料为由,拒绝对整个工程进行结算并支付工程欠款,有违合同约定和诚信原则。

【案例12－18】　中国一冶集团有限公司与霞浦东方伟业商用置业有限公司建设工程施工合同纠纷案

最高人民法院认为,(1)塔吊、施工电梯费用应当认定为9,076,835元。案涉《鉴定意见书》载明:"塔吊和施工电梯为施工工地常用的垂直运输机

〔1〕　最高人民法院(2022)民终192号民事判决书。
〔2〕　最高人民法院(2021)民申7184号民事裁定书。

械,因一冶集团公司提供的塔吊和施工电梯安拆相关资料无原件,本次鉴定按一冶集团公司提供的相关资料计入并列为不确定项,由委托方审理确定。”该《鉴定意见书》的《工程造价汇总表》不确定项第六项载明:“塔吊施工电梯,9,557,947元,材料无原件。”一冶集团公司在鉴定过程中未提供塔吊、施工电梯费用的原件,《鉴定意见书》将该项目费用列为不确定项。一冶集团公司在原审中提交20份进度造价核对清单表原件,用以证明该项费用为9,076,835元。该组证据均由东方伟业公司工作人员签字确认,足以证明东方伟业公司对该项目在实际施工中发生的费用是认可的。在中天建公司《司法鉴定意见书》(征求意见稿)中,塔吊和施工电梯费用初步鉴定为9,883,783元,东方伟业公司《关于霞浦东方伟业城市广场工程造价鉴定征求意见稿的反馈意见》第九十条关于塔吊、施工电梯费用的意见:“本栋楼鉴定机构造价与我方造价多计124.8万元,无法分辨鉴定机构工程量的准备性,双方工程量是核对全部完成的,不可能存在这么大的差异,申请三方核对。”即东方伟业公司认为该项费用为8,635,783元(9,883,783元-124.8万元),尽管其附“申请三方核对”的条件,不构成明确的自认,但更接近双方共同确认的9,076,835元。东方伟业公司认为该部分证据为进度款资料,并非最终结算资料,不能作为该项费用结算的依据,但其自认的6,732,791.55元是以案涉《建设工程施工合同》约定的工期为基数自行测算的费用,此单方计算金额与前两项数据差距较大,难以客观反映该项费用的实际发生金额,施工方一冶集团公司亦不认可,故原审判决根据东方伟业公司单方计算的6,732,791.55元作为认定案涉塔吊和施工电梯费用,有失妥当,应予更正。

(2)系争签章不全的签证259,953元应计入工程造价。根据前述查明的事实,系争签证单已经全部由监理公司签字确认,虽缺少东方伟业公司相关人员的完整签字,但至少有两名东方伟业公司的工作人员对签证单载明工程量予以签字确认。因双方没有特别约定,东方伟业公司内部报签手续不应由一冶集团公司履行,东方伟业公司工作人员在该26份签证单上的签字确认,应当认定为双方按约定对案涉工程量的确认。故系争签证单所涉259,953元应当计入工程造价,原审判决对此节事实未作认定,确有不当,应予更正。

(3)甲供钢筋78万元不应当扣减。案涉《鉴定意见书》第五条第三款第七项载明:“关于泉港项目调入钢筋的价款,根据相关文件内容‘此项材料款项在以后进度款拨付中扣回’分析,本次鉴定的工程总造价未考虑该部分钢筋的价款。”中天建公司于2022年1月25日针对双方关于案涉《鉴定意见书》的异议,向原审法院出具《补充说明函》,该函第一条第二款载明:“泉港项目调入钢筋的问题,意见书的工程总造价未考虑该部分钢筋价款扣回因素。”东方伟业公司主张一冶集团公司已确认该部分价款,原审判决对该部分价款未予扣减是错误的。一冶集团公司在2020年10月27日《被告方鉴定资料的鉴定意见》第二条第七款中认为,双方核定金额是749,483元,而非78万元,且已经由东方伟业公司在进度款中予以扣回。经查,案涉《鉴定意见书》在工程总造价中,并不包含该甲供钢筋款项,而是将其作为双方钢材往来款予以认定。东方伟业公司以该甲供钢筋款为由,主张应从工程总造价中扣减,缺乏事实和法律依据。

(4)零星维修整改费用123,540元应予扣减。零星维修整改费用并未包含在《鉴定意见书》中,但东方伟业公司并无证据证明其所主张的所有整改费用均系由一冶集团公司施工质量所致,其亦未申请工程质量鉴定,东方伟业公司没有可靠证据证明该项费用应由一冶集团公司承担,除一冶集团公司自认的123,540元费用应予扣减外,东方伟业公司对其他零星整改维修费用未尽到举证证明责任,不予支持。

(5)工程款逾期付款利息应予计付。案涉《建设工程施工合同》专用条款第六部分第二十六条第二款第二项约定:“承包人在提交完整的竣工结算资料并达到本合同竣工日期的规定要求后90天内,发包人完成对承包人提交的竣工结算资料的审核;双方共同完成竣工结算并确认后的28天内,发包人向承包人支付至工程结算总造价的95%止。”一冶集团公司在工程竣工验收后,于2016年11月29日向东方伟业公司提交了竣工结算资料。东方伟业公司虽在其后发函要求一冶集团公司补充结算材料,但该等结算资料并不直接影响案涉工程款的结算。案涉工程已于2015年12月25日竣工验收,东方伟业公司以未依约提交不直接影响工程款结算的资料为由,拒绝对整个工程进行结算并支付工程欠款,有违合同约定和诚信原则。原审判决结合双方结算实际,衡平双方利益,调整逾期付款利息计算标准,并无失当。综上所述,一冶集团公司和东方伟业公司的部分上诉请求成立,应予支持。本案工程总造价:124,705,224元(双方共同确认部分造价)+234,419,502元(鉴定报告确定项)+9,076,835元(塔吊施工电梯费用)+259,953元(部分签证)+78,127元(地下室外墙施工缝差额)=368,539,641元。东方伟业公司已付工程款为321,927,236.08元-33,000,000元+2,785,628.8元+123,540元=291,836,404.88元。东方伟业公司尚欠付一冶集团公司工程款76,703,236.12元。判决:(1)撤销福建省高级人民法院(2018)闽民初83号民事判决第二项;(2)变更福建省高级人民法院(2018)闽民初83号民事判决第一项为“霞浦东方伟业商用置业有限公司应于本判决生效之日起30日内向中国一冶集团有限公司支付工程款76,703,236.12元及逾期付款利息(自2017年1月14日起按中国人民银行发布的金融机构人民币同期同类贷款基准利率计算至2019年8月19日；自2019年8月20日起按全国银行间同业拆借中心公布的贷款市场报价利率计算至实际还清之日止）”；（3）驳回一冶集团公司的其他诉讼请求。[1]

（六）合同约定结算条件

施工合同约定发包人一方之外由第三人的审计行为，作为发包人支付工程款义务的条件，其实质是由发包人自己决定是否履行义务，该条件的设置使承包人能否实现债权处于不确定状态，将己方的风险转嫁给对方，剥夺对方合同权利，显然违背公平原则和诚信原则。如果属于格式合同，应适用《民法典》第四百九十七条，否定其效力；如果不是格式条款，则应适用《民法典》第七条诚信原则否定其效力。其结算的条件已成就，法律应支持承包人支付工程款的请求。

【案例12－19】 沈阳天北建筑安装工程公司诉沈阳浑南置业房地产有限公司建设工程施工合同纠纷案

二审法院认为，置业公司主张其与天北公司签订的补充协议中约定了以“经政府审计部门审计”作为支付工程款的条件，该所附条件是依赖于工程款支付义务人置业公司和第三方政府审计部门的意思表示，根据置业公司自述的政府审计部门的审计流程，这种附条件的设置使得天北公司欲实现其工程款的债权完全取决于置业公司是否积极地促进政府审计部门进行审计，其实质是由置业公司决定是否履行给付工程款的义务，将自己的风险转嫁给天北公司，剥夺了天北公司按照施工合同的约定合法地主张工程款的权利。从本案的实际情况看，案涉工程早已于2013年竣工，但截至本案二审庭审结束，历经3年多的时间，政府审计部门仍然未对案涉工程结算进行审计。如果确定该约定有效，在政府审计部门未作出结论前，天北公司将始终无法行使对置业公司的工程款债权，这显然违反了《合同法》第六条关于当事人行使权利、履行义务应当遵循诚实信用原则的规定，故本院确认补充协议中以“经政府审计部门审计”作为支付工程款条件的约定无效。[2]

发包人与承包人在非招标建设工程施工合同中，关于工程总价1%～3%让利条款的约定，是一个附有生效条件的条款，条件就是“双方认可的工程总价”。只有双方认可的工程总价明确、固定时，让利1%～3%的条款才因条件成就而生

---

〔1〕 最高人民法院（2023）民终55号民事判决书。

〔2〕 参见最高人民法院法学研究所编：《人民法院案例选》2017年第5辑（总第111辑），人民法院出版社2017年版，第136～137页。辽宁省沈阳市中级人民法院（2016）辽01民终8598号民事判决书。

效,否则,让利条件就未生效。在双方对工程总价尚未达成共识前,根据让利条款约定对应付工程款项作出认定,属于对合同约定内容的误解。

最高人民法院民一庭意见,施工合同双方当事人约定,工程尾款待工程验收通过后支付,施工人对工程尾款享有的权利属于附条件请求权。如工程验收客观上已经无法进行,应认定合同所约定的条件无法成就。施工人请求建设方支付该工程尾款的诉讼时效期间,应自其知道或者应当知道条件无法成就时起算。[1]

〔1〕 参见最高人民法院民事审判第一庭编:《民事审判指导与参考》2012 年第 1 辑(总第 49 辑),人民法院出版社 2012 年版,第 136 页。

二、工程价款结算处理原则

工程价款结算原则是指解决依据何种结算原则进行结算，是建设工程施工合同纠纷的核心问题。

（一）约定优先结算原则

1. 遵从合同约定结算

《建设工程解释(一)》第十九条第一款规定："当事人对建设工程的计价标准或者计价方法有约定的，按照约定计结算工程价款。"在结算中，其处理基本原则是有约定从约定。最高人民法院民一庭意见为，合同约定按固定总价方式结算工程款的，应当按照合同约定的不同风险范围，可以或者不能调整工程价款。因设计变更导致超出合同约定风险范围内的工程量或质量标准变化，应按照司法解释规定据实结算，当事人另有约定的除外。发包人未在合同约定的审价期限内审价，视为认可施工人报价；合同约定，既可以体现在施工合同中，也可以在履约甚至结算阶段作出。[1]

【案例 12－20】 中期公司与工程公司建设工程施工合同纠纷案

最高人民法院认为，工程公司与中期公司于1995年8月4日、8月28日签订的两份协议书约定工程的承包方式为包工包料，工程公司在工程中获得利润不超过也不低于10%。如果超过10%，中期公司有权收回超出部分。工程公司上诉主张工程造价包干，不同意中期公司收回超过10%以外的工程款，不符合双方协议书的约定。关于10%利润的约定是双方的真实意思表示，不违反法律规定，应认定有效。同时这一合同条款是工程公司获得一

---

〔1〕 参见最高人民法院民事审判第一庭编：《民事审判指导与参考》2008年第2集（总第34集），法律出版社2008年版，第57页。

定利润的保证,不存在显失公平的问题。〔1〕

对于合法有效的施工合同,在对于取费标准发生争议时应以合同约定为判断标准,除非合同约定存在无效或解除或变更的法定情形,即限制承发包一方单方变更约定,也限制法官不得主动变更合同约定。国家规定的取费标准(定额)是任意性规范,不是强制性规范,承发包双方可以选择适用,法律应尊重和支持双方合意选择的真实意思表示。换言之,建设工程造价标准,应尊重合同当事人意思自治原则。在合同约定造价标准与建设行政主管部门取价规定不一致时,法律应支持按合同约定造价标准结算。

【案例12－21】　中国建筑第二工程局与河南裕达置业有限公司拖欠工程款纠纷案

最高人民法院认为,关于本案工程款取费标准是按一级取费还是按二级取费问题,中建二局提出其属一级企业应按一级取费,合同约定按二级取费属于违法条款,按两级标准取费相差740万元应予补齐;经查1991年11月21日建设部发布的《建筑市场管理规定》属于部门规章,本案双方当事人就工程取费标准是按一级取费还是按二级取费问题,本案双方当事人就工程取费标准的约定虽与上述规章中有关不得任意压价、抬价或附加不合理条件的规定不符,但没有违反法律、行政法规的强制性或者禁止性规定,而且有关约定属于双方在平等自愿的基础上达成的优惠条件,鉴定机构在鉴定意见中以双方约定取费标准计价,并无不妥,中建二局主张所签合同中有关取费标准的约定条款无效的请求,于法无据,本院不予支持。〔2〕

实践中,承包人为了中标往往作出让利,合同约定的让利条款与低价竞标问题有内在紧密联系,其让利条款是双方真实意思表示,合同双方应受该意思表示之约束。从法律上讲,为了惩罚过错人和保护无过错方的双重目的,即使让利条款低于成本价,也应当按合同约定的让利条款结算工程款,对于承包人否定让利条款的诉求而不应予以支持。

对于没有争议部分项目的工程结算价,应按照约定依据承包人提交的竣工结算文件确定工程结算价,而限制用鉴定意见结算。双方已签订工程结算书的,依据意思自治原则,在确定工程结算书真实、合法、有效的基础上,应依此作为工程结算的依据,约束承发包双方随意鉴定及调减之请求。对于工程结算书中没有包括或者应予扣除的部分,应在查证属实后,据实增减。

---

〔1〕　参见最高人民法院民事审判第一庭编:《建设工程施工合同司法解释的理解与适用》,人民法院出版社2004年版,第571页。

〔2〕　参见最高人民法院民事审判第一庭编:《最高人民法院民事案件解析》(建设工程),法律出版社2010年版,第210页。

2. 约定例外结算

在不能依据合同约定确定工程数额时,法官应以合同约定并结合案件的实际情况来确定。系争工程属于必须备案招投标的范围,且双方当事人已经办理了招投标程序及中标合同备案,应当按照合同进行结算,双方签订的补充协议与中标合同的实质性条款不一致的,不应适用,双方应该按照备案合同进行结算。

【案例12-22】 河源公司与真茂公司建设工程施工合同纠纷案

判决观点,本案诉争的工程是商品房住宅小区项目,《工程建设项目招投标范围和规模标准规定》第三条第五项明确规定了"商品住宅,包括经济适用房",因此本案系争工程属于必须招投标的范围,且双方当事人已经办理了招投标程序及中标合同备案,应当按照该合同进行结算,双方签订的补充协议与中标合同的实质性条款不一致,不应适用,故双方应该按照备案合同进行结算,真茂公司按照中标备案合同的约定支付工程余款。[1]

当事人在建设工程施工中约定不同的结算方式,会导致不同的法律后果。如果合同中约定按照固定价结算工程款,在履行建设工程施工合同过程中,没有发生合同修改或者设计变更的情况,就应当依照合同约定的包干总价结算工程款。因为当事人之间约定以固定价方式结算工程款,属于合同的权利义务条款,对双方都应具有法律约束力。在没有证据和事实推翻合同约定时,应当尊重当事人的意思自治。一方当事人抛开合同约定的包干总价,提出对工程造价进行鉴定的申请,法院不应予以支持。

【案例12-23】 新安县人民政府与中国水利水电第十一工程局建设工程施工合同纠纷案

最高人民法院认为,合同明确约定:"以小浪底移民局批准下达的建安工程费总价承包。"双方履行合同过程中,未对该约定理解产生异议。由此表明,合同约定的"以小浪底移民局批准下达的建安工程费总价承包"为固定价结算方式。固定价款是合同总价或单价在合同约定的风险范围内不可调整的价格。因此,在双方签订的合同"总价承包"没有变更,新安县政府已支付35,596,522.21元工程款的情况下,一审法院依照第十一工程局的申请,委托河南省建设工程咨询公司鉴定,有悖当事人意思自治原则。……在合同履行过程中,第十一工程局与新安县政府并没有就总价承包问题协商予以变更,第十一工程局也没有提交新安县政府同意或要求变更设计从而增加建设费用的相关证据。……但鉴于本案合同履行过程中的具体情况,且工程已交

[1] 参见贾劲松主编:《建设工程施工合同案件裁判要点与观点》,法律出版社2016年版,第78页。

付使用多年,本院根据公平原则,对于第十一工程局在网上公布的欠款数额1324万元,由新安县政府给付第十一工程局一半的补偿。[1]

【案例12-24】 新郑市新源污水处理有限责任公司与河南省地矿建设工程(集团)有限公司建设工程施工合同纠纷案

二审法院认为,双方在《建设工程合同》专用条款中还约定:本合同范围内工程采用的是固定价格合同(但不包括因工程变更增加的工程量)。地矿公司在施工初期,依据的图纸为施工平面图,但在实际施工过程中对施工平面图的内容进行了变更,且变更内容已经得到了新源公司监理单位的签字认可,新源公司对地矿公司变更的内容在实际施工过程中并未提出异议,也应视为对变更内容的认可。虽然地矿公司的施工内容发生了部分变化,但按照合同约定本合同范围内工程采用的是固定价合同,因此,对合同范围工程变更部分的工程价款不应进行调整。[2]

实践中,施工合同约定按二类工程取费,实际完成的工程属于三类工程,亦有法院以显失公平主动变更合同约定据实结算。

【案例12-25】 江苏某建设工程有限公司与六安市某某房地产开发有限公司建设工程施工合同纠纷案

二审法院认为,双方在合同中约定按二类工程取费,但约定施工的17栋楼中,只有一栋属二类工程,其余16栋均属三类工程。实际施工中,属二类工程的楼幢某公司实际并未施工,某公司施工的工程均为三类工程。根据《2000年安徽省建筑安装工程费用定额》的说明,工程所对应的类别,一律由当地定额站进行确认,并根据《安徽省建设工程类别确认管理暂行管理办法》核发《工程类别确认通知书》,凡未经类别确认的工程,不得计取间接费,财政部门或经办银行不予办理结算和拨款。在诉讼中,经某某公司向六安定额站申请,六安定额站确认某公司所施工的工程按建筑安装工程三类费率标准执行。故一审法院综合考虑以上情况,基于公平合理之考量,按三类工程进行取费计算本案所涉工程价款,并无不妥。[3]

施工合同约定如因承包人的原因造成停工,即按所完成工程量70%予以结算,在发包人在先违约且在双方的违约中承担主要违约责任的情况下,按照上述结算方式进行结算依据不足,且对承包人明显不公平。

---

〔1〕 参见最高人民法院民事审判第一庭编:《最高人民法院民事案件解析》(建设工程),法律出版社2010年版,第378~379页。

〔2〕 河南省高级人民法院(2011)豫法民二终字第12号民事判决书。

〔3〕 江苏省高级人民法院(2010)苏民终字第0044号民事判决书。

【案例 12－26】 湘安公司与景云公司建设工程施工合同纠纷再审案

最高人民法院认为，景云公司主张按照《建设工程施工合同补充协议》（以下简称《补充协议》）第十条第二项和《建设工程施工承包合同补充协议（三）》（以下简称《补充协议三》）第三条的约定进行结算，即按所完成工程量70%予以结算。但根据《补充协议三》《补充协议》的约定，适用上述结算方式的条件是因乙方的原因造成停工。如前所述，湘安公司在施工过程中虽有停工行为，但景云公司在先存在未按约定及时支付工程款等违约行为，且在双方的违约中景云公司承担主要的违约责任，认定停工全系湘安公司的原因造成，依据不足。故按照景云公司主张的结算方式进行结算，依据不足且对湘安公司明显不公平。[1]

（二）固定价结算原则

1. 固定总价合同与据实结算关系

固定价格合同是指双方在合同中约定合同价款包含的风险范围和风险费用的计算方法，在约定的风险范围内合同价款不再调整。风险范围以外的合同价款调整方法，应当在合同中另行约定。固定价格合同分为两类，一类是固定总价合同，其合同总价款在风险范围内不调整。另一类是固定单价合同，其合同综合单价不再调整，但该类合同的工程量是据实结算，工程量调整必然导致工程价款作相应调整。实践中，最有争议的是固定总价合同的调整问题。当事人签订的是固定总价合同，结算时承包人要求据实结算的，笔者认为，原则上应按合同总价结算，但在一定条件下可以变更应从严掌握，处理好合同严守与合理平衡承发包双方利益的关系。因施工合同履行期限长、情况比较复杂，其签订合同时的预见性与现实可能完全不同，如仍按原合同结算工程价款，势必导致施工人承担巨额亏损，对施工人显失公平，因此应允许对合同价款予以调整。在合同履行过程中因发生某些情形的可以调整价款，主要有：其一，原材料价格发生重大变化。其二，工程价款计算依据的图纸发生重大变化。由于固定总价是与投标图纸确定的工程量相对应，但有些三边工程，当事人在签订合同作工程预算时没有图纸或只有非常简单的草图，施工时才拿到经过设计审查的施工图，其两份图在工程量、质量标准上差别很大，甚至在某种程度上已不再是同一工程，故可以参照定额标准据实结算。其三，工程量调整。因发包人原因和客观原因导致工程量变化的，如规

［1］ 最高人民法院（2021）民申6116号民事裁定书。

划变更、设计变更导致工程量增减的,工程价款可作相应调整。因承包人自身原因导致工程量增加的,如工程量质量不合格进行返工等,无权主张增加工程款。

招标文件规定“工程量按施工图计算”,因施工图在招投标之前就已经确定,如果按照施工图计算工程量,则对应合同价款为固定总价,可是招投标文件又约定案涉合同为固定单价合同,此种情形下,法院可以竣工验收建筑面积据实计算工程量。

【案例12－27】 嘉铭公司与某公司建设工程施工合同纠纷再审案

最高人民法院认为,结合施工图在招投标之前就已经确定的事实,如果按照施工图计算工程量,则招投标文件中应约定本案合同价款为固定总价。本案中,招投标文件约定案涉合同为固定单价合同,说明双方约定的“按施工图计算”并非对工程量计价的最终确定。此外,经法院委托鉴定机构进行实际测绘,施工过程中存在“不上人结构板”等增量工程,施工图却未将其列入其内,也未通过其他形式反映该部分工程量的增减及计算方式,进一步说明“施工图”并非双方工程量的计算依据。根据双方签订的《建设工程施工合同》第六条第三项约定“本合同具体条款,与招标文件不一致的以招标文件为准,招标文件未明确的以本合同为准”,合同具体条款第十二项“工程合同价款采用固定单价方式包干确定1108元(大写壹仟壹佰零捌元)/平方米,工程量按竣工验收建筑面积计算”,二审法院以本案工程竣工验收的竣工图载明的建筑面积(各楼层标明的建筑面积为基数相加)为基础据实计算工程量,并无不当。[1]

2. 固定总价结算调整

《重庆市高级人民法院、四川省高级人民法院关于审理建设工程施工合同纠纷案件若干问题的解答》问题十三,建设工程施工合同约定工程价款实行固定价结算,因设计变更导致工程量或者质量标准发生变化,当事人请求对工程价款进行调整如何处理?答:当事人约定按照固定价结算工程价款,在合同约定的风险范围和风险费用内,按照合同约定执行,一方当事人请求对工程造价进行鉴定并依据鉴定结论结算的,人民法院不予支持。因设计变更导致建设工程的工程量或者质量标准发生变化,当事人请求对工程价款予以调整的,如果合同对工程价款调整的计算方法有约定的,依照其约定;没有约定或者约定不明的,由当事人协商解决,不能协商一致的,可以参照合同约定标准对变更部分予以结算,无法参照合同约定结算可以参照工程所在地建设行政主管部门发布的计价方法或者计价标

〔1〕 最高人民法院(2021)民申3528号民事裁定书。

准结算；涉及新材料、新工艺等在建设行政主管部门发布的计价方法或者计价标准中没有规定的项目，可根据市场行情据实结算。问题十四，建设工程施工合同约定工程价款实行固定价结算，在履行过程中主要建筑材料价格发生重大变化，当事人请求对工程价款进行调整如何处理？答：固定价施工合同履行过程中，钢材、水泥等对工程造价影响较大的主要建筑材料价格发生重大变化，超出了正常市场风险范围，合同对建材价格变动风险调整计算方法有约定的，依照其约定调整；没有约定或约定不明，当事人请求调整工程价款的，参照《民法典》第五百三十三条的规定处理。因承包人原因致使工期或建筑材料供应时间延误导致的建材价格变化风险由承包人承担，承包人要求调整工程价款的，人民法院不予支持。固定价合同中约定承包人承担无限风险、所有风险或者类似未明确风险内容和风险范围的条款，对双方没有约束力。

固定总价合同履行过程中，其建筑材料、人工费大幅变化，符合情势变更适用原则的亦可以对其合同价款进行调整，详见《建设工程施工合同纠纷》中情势变更适用段。双方虽就工程造价已形成书面文件约定工程款结算方式，但该结算方式需建立在承包人按施工图纸和实际工程量的基础上。若实际工程量与施工图纸预计工程量存在较大差异，在发包人与承包人均认可施工图与竣工图差别不大的前提下，表明承包人按施工图纸施工的实际工程量远大于其所依据投标的招标文件中工程量清单所反映的工程量。因此，认定工程结算时按双方约定的结算的基础不存在，工程造价应按实际结算。

实践中，法官更多的是基于公平原则考虑调整。

【案例12－28】 江苏中阳建设集团有限公司与南京金盛田房地产开发有限公司建设工程施工合同纠纷案

二审法院认为，供材方式的变化属于合同的重大变更，如果仍然按照原合同约定，将建立在包工包料基础上的固定总价作为结算方式，导致双方利益的失衡，故对承包人要求按实结算工程款的主张予以支持。[1]

【案例12－29】 江苏汉中建设集团有限公司与张某华建设工程施工合同纠纷案

二审法院认为，根据后一图纸，实际施工的工程量远大于图纸的工程量，虽然双方约定的是按照固定价格结算工程款，但实际施工中超出原有图纸的层数和开间数目而发生的工程量与图纸的工程量相比已发生了重大变化，如仍按约定的固定价格结算工程款，则对实际施工人显失公平，故认定工程款

〔1〕 江苏省高级人民法院(2011)苏民终字第0005号民事判决书。

应按实结算。[1]

关于调整的幅度，有约定的按照约定处理，没有约定的，应考虑到建筑市场的利润率、合同的约定、招投标等情形综合确定，不使利益过于失衡。在个案中，法官行使自由裁量权。

承包方未能证明施工图纸发生变化，总价合同不予调价。转包的实际施工人虽然不是总包合同的签订主体，但对总包与发包签订的建设工程施工合同的合同条款是知晓并认可的，其作为实际施工人应受发包人与承包人之间合同的约束。

【案例12－30】　余某富等与泰宏公司、新密市中医院建设工程施工合同纠纷案

最高人民法院认为，二审判决依据固定总价反扣未施工项的鉴定意见认定案涉工程总造价，并无不当。泰宏公司作为承包人通过招投标方式中标案涉工程，并与发包人新密市中医院签订案涉建设工程施工合同，双方均应受该合同条款的约束。该合同约定工程价款采用固定总价方式确定，明确约定了固定总价、合同价款的调整、工程设计变更价款调整方法等内容。余某富等三人虽不是该合同的签订主体，在施工过程中对该合同条款系明知且未提出异议，亦应受该合同的约束。余某富等三人主张据实结算案涉工程价款，缺乏依据。二审判决认定案涉工程按固定总价结算工程款，符合当事人之间的合同约定。余某富等三人主张新密市中医院在招标完成后更换施工图纸，且对工程进行大量变更，约定的固定总价结算基础发生根本性变化，但未证明施工图纸存在较大差异，亦未证明工程变更达到了足以改变合同约定结算方式的程度。本院审查期间泰宏公司提交意见称即使有部分施工范围变更，仅需对变更部分作价多退少补，而非推翻原固定总价约定。余某富等三人申请再审称施工过程中发生的变更增加项未包括在固定总价合同反扣未施工项之内，原判决认定案涉工程造价遗漏造价项目，但未举示相应证据予以证明，缺乏事实依据。二审判决依据鉴定意见对案涉工程造价予以认定，并无不当。[2]

3. 固定总价中涉及合同范围以外工程结算

对于施工合同约定固定总价不变条件下的“固定”和“不鉴定”问题有例外。在承包合同范围之外、设计变更、签证、索赔等情况均可能需要通过鉴定来确定工程价款。对固定总价结算要求工程造价的，法院委托鉴定机构仅就承包合同范围

---

〔1〕江苏省高级人民法院(2010)苏民终字第0067号民事判决书。

〔2〕最高人民法院(2021)民申4787号民事裁定书。

以外的工程量部分按合同约定的结算方法和计算标准计算工程价款。

4. 约定固定价款合同解除结算

施工合同被单方违约中途解除,导致原合同约定的按建筑平方米固定价计价失去计价的前提,也导致承包人失去不平衡报酬的基础。其违约解除合同和无法按约定方式计价存在因果关系,此时应突破施工合同约定,以政府指导价即定额作为计价方法结算已完成的工程,实现计价方法实质上公平。守约方应得到司法价值判断时的合理保护,违约方应当在工程款计价时承担因自己违约所带来的不利后果,不能因违约而获利。

【案例12-31】 青海省方升建设有限公司与青海隆豪置业有限公司建设工程施工合同纠纷案

最高人民法院认为,对于约定了固定价款的建设工程施工合同,双方未能如约履行,致使合同解除的,在确定争议合同的工程价款时,既不能简单地依据政府部门发布的定额计算工程价款,也不宜直接以合同约定的总价与全部工程预算总价的比值作为下浮比例,再以该比例乘以已完工工程预算价格的方式计算工程价款,而应当综合考虑案件实际履行情况,并特别注重双方当事人的过错与司法判决的价值取向等因素来确定。[1]

5. 备案合同约定争议结算

对于备案合同约定"合同价款采用固定价款方式"争议结算处理,其仅凭该条款约定无法判定是固定总价方式还是固定单价方式进行结算,这属于合同没有明确约定固定单价还是固定总价,应结合备案合同的其他条款进行解释,参考报价清单、补充协议、招投标文件等其他证据材料综合判断。应注意的是,双方当事人在施工合同通用条款中约定了固定总价,而在专用条款中又约定土建、安装材料价格调整下浮,应用遵循专用条款优先的原则,对涉案工程施工合同的计价方式理解为可调价格,而非固定总价。

【案例12-32】 江苏扬安集团有限公司与徐州宁兴食品有限公司建设工程施工合同纠纷案

二审法院认为,双方当事人二审期间的纠纷争议关键在于对固定价款内的土建、安装材料在套用2009年7月信息价的基础上作21%的下浮还是24.93%的下浮。涉案厂房为自主招投标建设工程,非属强制招投标范围内的工程,合同本身对于工程价款约定相互矛盾,其中合同第一部分约定工程

---

〔1〕 参见《最高人民法院公报》2015年第12期。最高人民法院(2014)民一终字第69号民事判决书。

为一次性承包价2,288,900元(除合同内相关商定条款及甲方确认的工程联络单变更签证外、原电子预算中漏算或套错定额均不得调整),但合同第三部分专用条款第23.1条约定合同价款采用可调价格,且在价款调整因素部分约定了5种情形,其中第3条明确约定,"工程报价书中的土建、安装材料价格原套用五月信息后总价下浮21%,作为合同成交价;现经双方商定套用七月的徐州市丰县信息价带入预算后,预算总价同样下浮21%执行,最终成为合同的成交价。非信息价不作调整"。通过双方当事人对于涉案合同条款的文义解释以及考虑合同其他条款的履行情况,双方当事人在签订合同时对于涉案工程结算的真实意思表示应当是采取可调价格计算工程价款。因此,不应仅对固定价款2,288,900元材料价差调整,应当对固定价款范围内的土建、安装材料套用2009年7月丰县信息价作出预算总价后按照21%下浮,而非按照24.93%下浮。对此本院要求鉴定机构对该部分予以重新计价,鉴定机构给予答复,该部分工程造价为2,413,052.07元(此费用不包含原报告中土建材料价差49,921.25元及安装材料价差-2323.17元)。[1]

合同约定工程采用一次性包死价,虽然施工过程中存在一定的工程量变更增加,但是双方在工程验收时约定包死价不作调整的,一方当事人要求增加工程款不予支持。

(三)中标合同结算原则

《建设工程解释(一)》第二十二条规定确定了招投标文件结算的基本原则,不仅适用于有效合同结算,亦适用于无效合同的结算;不仅适用必须招标工程项目结算,也同样适用非必招项目自愿招标项目结算。

湖南省高级人民法院发布的《关于审理建设工程施工合同纠纷案件若干问题的解答》规定:如何确定"黑白合同"中作为结算依据的合同?中标合同有效,以中标合同作为结算依据。中标合同与其他合同均无效的,以实际履行的合同作为结算依据。无法区分实际履行的合同的,以后签订的合同作为结算依据。招标人与中标人另行签订的建设工程施工合同约定的实质性内容与中标合同不一致的,应以中标合同作为结算依据。但因客观情况发生了招投标时难以预见的变化而另订施工合同的除外。

---

[1] 江苏省徐州市中级人民法院(2014)徐民终字第2679号民事判决书。

1. 中标合同可调价方式结算变更为按固定单价结算

在中标合同履行过程中，基于变更的原因为发包人违约责任之承担，变更的目的是更好地履行和推进中标合同，对经协商一致的变更合同可作为结算依据。

【案例12－33】 唐山风辉房地产开发有限公司与赤峰建设建筑（集团）有限责任公司建设工程施工合同纠纷案

在本案中，《建设工程施工合同》约定按可调价方式结算，《补充协议书》约定按固定单价方式结算，从形式上看，是对结算方式的变更，直接影响到工程价款的认定，但根据已查明的事实，《补充协议书》是在《建设工程施工合同》签订并履行近3年后，为了解决因工程多次停工给一方造成的损失而签订，其签订不是为了取代《建设工程施工合同》、规避中标行为和行政部门监管，恰恰是为了保障和推进《建设工程施工合同》的履行。并且《补充协议书》只是对结算方式这一点作了约定，对工程质量、工期、工程项目性质等内容并没有涉及，双方在《补充协议书》签订后，也依然以《建设工程施工合同》为主要合同依据继续履行。故从性质上判断，《补充协议书》关于结算方式的变更，实质上是对停工损失赔偿的约定。最高人民法院认为，2013年2月1日《补充协议书》约定双方核算工程量及完成产值，但此后双方未能按约进行核算，故风辉公司认为该《补充协议书》已将结算方式由“固定单价”再次变更为“可调价方式”，从而主张按可调价方式进行结算的上诉理由不成立。[1]

2. 施工范围超出中标合同约定工程款的结算

如果施工范围超出了中标合同约定的施工范围，但该施工范围仍属于该中标工程项目范畴，虽对中标合同内容实质性变更，但工程价款一般应按中标合同确定的价款进行结算。如果施工范围超出中标合同约定的范围，且该施工范围不属于该中标工程项目范畴，即与中标合同工程施工并无实质性关联时，在该施工系双方当事人合意并确已发生或已实际施工完毕的情况下，若该部分工程亦属必须招标工程，则该部分因未进行招投标而应按无效建设工程合同的规定进行处理，视工程质量是否合格决定是否参照当事人约定价格给付工程款。如该部分工程不属于必须招标工程，可视为双方当事人的新要约和承诺，即按新的建设工程合同进行处理。

---

〔1〕 参见最高人民法院民事审判第一庭编：《民事审判指导与参考》2016年第1辑（总第65辑），人民法院出版社2016年版，第181页。

3. 中标合同与实际履行合同均未备案结算

根据《招标投标法》的规定，只要是招投标建设工程，经过招投标后根据招投标文件签订的中标合同，不论是否经过备案，均应为有效合同，因为合同备案并非其生效的法定条件。虽然中标合同未经备案，但并不因此而影响其效力。如双方当事人实际履行合同与未备案的中标合同不一致，且改变了中标合同的实质性内容的，其因违反《招标投标法》规定而不能作为工程结算的依据。因此，在此种两份合同均未备案的情况下，仍应以符合招投标文件的中标合同为计算工程款的依据，并适用《招标投标法》的规定进行裁判。如双方当事人实际履行合同与未备案的中标合同不一致，但并未改变中标合同实质性内容的，因两份合同均不违反法律规定的，在均未备案的情况下，根据后合同优于先合同或实际履行合同优于未履行合同的原则，应以实际履行合同为结算依据。应注意的是，尽管备案中标合同可能不是双方当事人的真实意思，但在未确定备案中标合同无效或在未对备案中标合同进行合法变更并重新备案之前，应以备案的中标合同作为结算工程价款的根据。背离招标文件的合同约定工程款结算方式、施工条件，其合同不论是否备案均不能作为结算依据。

当事人在中标合同中注明的“本合同仅作备案作用，不作为施工结算的依据”的内容，明显有违《建设工程解释(一)》关于维护中标合同的法律效力及规范建筑市场规则的目的，该备注内容不能排除中标合同作为结算的依据。

【案例12－34】　中辉建设集团有限公司与岳阳东辉房地产开发有限公司等建设工程施工合同纠纷再审案

最高人民法院认为，根据原审法院查明的事实，东辉公司与华新项目管理有限公司(现已更名)签订《工程建设项目招标代理合同》，对案涉项目进行了邀标。中辉公司中标后，与东辉公司签订了建设工程施工合同并且对该合同进行了备案。本案中，并无充分证据证明东辉公司存在串标行为，或者该公司在邀标程序中存在导致中标无效的违法行为。因此，二审法院认为5.10合同并未因违反法律强制性规定而无效，双方将该合同进行了备案，5.10合同为有效合同，理据充分，本院予以确认。而5.8合同与经过备案的中标合同5.10合同实质性内容不一致，故5.8合同因违反《招标投标法》第四十六条第一款关于“招标人和中标人应当自中标通知书发出之日起三十日内，按照招标文件和中标人的投标文件订立书面合同。招标人和中标人不得再行订立背离合同实质性内容的其他协议”的规定而无效。又因《建设工程解释》第二十一条规定：“当事人就同一建设工程另行订立的建设工程施工合同与经过备案的中标合同实质性内容不一致的，应当以备案的中标合同作为结算工程价款的根据。”该规定的适用前提是备案的中标合同为有效合同；

承前分析,二审法院以合法有效的5.10合同作为案涉工程结算的依据,事实和法律充分,本院予以认可。而5.10合同结尾注明的“本合同仅作备案作用,不作为施工结算的依据”的内容,明显有违《建设工程解释》第二十一条关于维护中标合同的法律效力,规范建筑市场的规则目的。故二审法院认为5.10合同的备注内容不影响该合同作为案涉工程的结算依据,事实和法律依据充分,本院予以认可。而中辉公司关于5.10合同的备注内容可排除该合同作为结算依据,应以实际履行的5.8合同作为结算依据的主张,没有事实和法律依据,本院不予支持。[1]

4. 组成合同结算文件适用顺序

制定司法解释的法官认为,在上述示范文本中,合同协议书的优先级是最高的,其次是中标通知书、投标函及投标函附录,即招投标文件。正常情况下,合同协议书与招投标文件在工程价款、工程范围、工程质量、工期这些实质性条款上是一致的,合同协议书也主要是关于实质性条款的约定。因此,只要合同协议书不背离招投标文件的实质性条款,将合同协议书作为第一优先顺序是可以的,应尊重当事人意思自治。但如果协议书在实质性条款方面与招投标文件不一致,那么显然这些条款因为违反了《招标投标法》的规定应属无效,不能产生约束当事人的效力,仍然应当以招标投标文件作为结算工程价款的根据。[2]

5. 合同与招标文件不一致时,应当依照招标投标文件

对《建设工程解释(一)》第二十二条规定,最高人民法院的法官认为,审判实践中适用上述司法解释的规定,需要注意以下三点:一是依照招投标文件结算工程价款的前提是招投标活动合法有效。二是中标通知书发出后,招标人、中标人因工程实施的细节方面没有达成一致或者其他原因最终没有签订书面合同,要区分不同情况分别处理。三是当事人在合同中约定了合同协议书的效力优先于招投标文件的,如果合同协议书在实质性条款方面与招投标文件不一致,那么这些条款因为违反了《招标投标法》的规定也应属于无效,仍然应当以招投标文件作为结算工程价款的依据。[3]

---

〔1〕 最高人民法院(2021)民申66号民事裁定书。

〔2〕 参见最高人民法院民事审判第一庭编著:《最高人民法院新建设工程施工合同司法解释(一)理解与适用》,人民法院出版社2021年版,第230页。

〔3〕 参见最高人民法院民法典贯彻实施工作领导小组编著:《中国民法典适用大全》(合同卷四),人民法院出版社2022年版,第2572~2573页。

【案例12－35】　中铝矿业有限公司与某某公司建设工程施工合同纠纷案

最高人民法院认为,根据已经查明的事实,2014年12月,《中标通知书》载明的中标金额为34,401.73万元。2015年3月18日,新煤化工与中铝公司河南分公司签订《商务合同》,第五条"合同工程价款"载明:根据2014年12月8日中铝公司河南分公司《中标通知书》,本合同工程第二条"工程承包范围及内容"的总价款为33,500万元。《商务合同》签订在《中标通知书》之后,约定的工程价款和《中标通知书》载明的工程价款不一致,根据上述司法解释的规定,应当以《中标通知书》载明的金额认定合同内工程价款。中铝矿业公司主张是由于设备采购部分减少致使工程价款减少,但对此未提交充分证据证明。中铝矿业公司主张工程价款的降低是双方合意达成,不会扰乱招投标秩序,但招投标过程中,工程价款是确定投标方的一个重要考虑因素,在中标之后双方任意改变工程价款的行为违反《招标投标法》规定的公开、公平、公正和诚实信用的原则,故中铝矿业公司以此为由主张以变更后的金额作为结算依据的理由不能成立。[1]

当事人就同一建设工程另行订立的施工合同与经过备案的中标合同实质性内容不一致时,应当以备案的中标合同作为结算工程价款的依据。

【案例12－36】　浙江宝业建设集团有限公司与天津老板娘水产食品物流有限公司、浙江老板娘食品集团有限公司建设工程施工合同纠纷案

最高人民法院认为,欠付的G4冷库工程款与违约金的计算应当以经过备案的《天津市建设工程施工合同》为依据。[2]

【案例12－37】　中建二局第三建筑工程有限公司与武汉大陆桥投资开发有限公司建设工程施工合同纠纷案

最高人民法院认为,建设工程发包人与承包人之间就同一工程签订中标合同与中标合同内容不一致的合同,原则上应以中标合同作为结算工程价款的依据。但如两份合同在工程价款、工程质量与工程期限等内容方面无实质性差异,并不必然导致非中标合同无效。[3]

施工合同双方存在两份有效补充协议的,应当以签订时间在后的协议为结算依据。

---

〔1〕 最高人民法院(2021)民终450号民事判决书。

〔2〕 参见最高人民法院民事审判第一庭编:《民事审判指导与参考》2014年第1辑(总第57辑),人民法院出版社2014年版,第169页。

〔3〕 参见最高人民法院民事审判第一庭编:《民事审判指导与参考》2010年第2集(总第42集),法律出版社2011年版,第190页。

【案例12－38】 上海绿杨建筑装饰工程有限公司与德斯兰压缩机有限公司建设工程施工合同纠纷案

二审法院认为，双方当事人先后签订过2005年施工合同及补充条款和2006年施工合同及补充条款，且在施工过程中，并未解除其中任何一份合同和补充条款，故该两份施工合同、补充条款均对双方具有约束力。上述两份施工合同、补充条款中对约定同一内容如有差异，可视为双方协商一致变更了相关的合同内容，应以后签订并备案的施工合同和补充条款为准，本院予以认同。[1]

发生争议时应当以备案的中标合同作为结算工程价款的根据，而不是指以存档文本作为结算工程价款的依据。

【案例12－39】 西安市临潼区建筑工程公司与陕西恒升房地产开发有限公司建设工程施工合同纠纷案

最高人民法院认为，关于本案所涉工程应以哪个《建设工程施工合同》文本作为结算依据问题。恒升公司与临潼公司于2003年9月10日签订《建设工程施工合同》，2004年4月5日在西安城乡建设委员会进行了备案。双方当事人在一审举证期限内向一审法院提供的《建设工程施工合同》文本内容是一致的，即没有29—3条款的内容，长安监理公司出具的《情况说明》也证明《建设工程施工合同》的文本没有29—3条款的内容。《建设工程施工合同》第十一条约定了工程进度款问题，对具体的工程进度和付款期限作了明确约定，恒升公司自己也主张已向临潼公司支付工程款12,219,182.8元，而29—3条款的内容与《建设工程施工合同》第十一条明显矛盾。《建设工程解释》第二十一条规定是指当事人就同一建设工程签订两份不同版本的合同，发生争议时应以备案的中标合同作为结算工程价格的依据，而不是指以存档文本为依据结算工程价款。恒升公司提交的西安市城市建设档案馆存档的《建设工程施工合同》文本，该合同文本上的29—3条款是恒升公司何某京书写的，没有证据证明该条款系双方当事人协商一致，故应以一审举证期限届满前双方提交的同样内容的《建设工程施工合同》文本作为本案结算工程款的依据。一审判决仅凭招投标补办手续档案中有临潼公司向恒升公司出具的"法人代表授权委托书"，认定备案合同手续是由临潼公司工地代表张某明办理并按恒升公司提交的存档合同文本作为工程价款结算依据，缺乏事实和法律依据，本院应予以纠正。[2]

---

〔1〕 上海市第二中级人民法院(2011)沪二中民二终字第2519号民事判决书。

〔2〕 参见最高人民法院民事审判第一庭编：《最高人民法院民事案件解析》(建设工程)，法律出版社2010年版，第264页。《最高人民法院公报》2008年第8期。

对备案的中标合同应作严格的文义解释,应限于根据有关规定必须进行招投标且确实进行了招投标活动并根据招投标结果签订了合同;未进行招投标活动或者未进行实质意义的招投标活动而编造的当事人明确表示仅用于备案以办理建设工程手续的中标合同,不属于《建设工程解释(一)》规定的备案中标合同,不能作为结算工程款的依据。

应当注意的是,以备案中标合同作为结算工程价款的根据,适用前提应是中标合同有效。在违反《招标投标法》第五十条至第五十七条规定的中标过程中存在违法行为影响中标结果的,中标无效,中标无效而形成的中标文件、合同亦无效。常见的是招标人与投标人串标、在中标前已经进行实质性谈判等。在进行备案的前提下,自然不能适用备案招标文件、合同作为结算依据。

(四)工程变更结算原则

《建设工程解释(一)》第十九条第二款规定:"因设计变更导致建设工程的工程量或者质量标准发生变化,当事人对该部分价款不能协商一致的,可以参照签订建设工程施工合同时当地建设行政主管部门发布的计价方法或者计价标准结算工程价款。"

《建设工程解释(一)》第二十三条但书部分规定,因客观情况发生变化可以变更中标合同结算原则。制定司法解释的法官对客观情况发生变化归纳为以下四种情况:(1)招标投标后建设工程的原材料、工程设备价格变化超出了正常的市场价格涨跌幅度;(2)招标投标后人工单价发生了重大变化;(3)建设工程的规划、设计发生了重大变化;(4)其他客观情况发生重大变化的情形。[1] 笔者认为,《建设工程解释(一)》第二十三条虽然涉及不属于招标工程项目结算,但同样适用所有的工程结算变更情形。在施工过程中,其发生设计变更、施工方案变更、新增加工作、删除工作等不同形式的变更,这些变更是否引起工程款结算的变化需放在个案中确认。对于此类结算纠纷,应区分固定总价和固定单价两种情况讨论。对于固定总价下的工程变更,一般情况下法院参照合同约定执行,但亦会酌情根据公平原则进行考虑。对于涉及合同未约定部分的变更,参照施工当地建设行政主管部门发布的计价方法或计价标准计算工程价款。

---

〔1〕 参见最高人民法院民事审判第一庭编著:《最高人民法院新建设工程施工合同司法解释(一)理解与适用》,人民法院出版社2021年版,第239～241页。

【案例12－40】 小田(中山)实业有限公司与深圳市建安(集团)股份有限公司建设工程施工合同纠纷案

一审法院认为,根据双方《补充条款》的约定,调整工程造价的因素不限于“经发包人或设计人提出并经发包人确认的设计修改、变更而引起工程量增减”,还包括实际工程量与报价确认的工程量(前文已述,报价与图纸不一致时以报价单为准)之间的最差、新增项目等因素。因此,小田公司认为只有经监理公司或建设单位确认的部分才是增加工程,没有确认的就不是增加工程的理由不能成立。因此,法院就工程量计量争议部分判决支持了深建安公司的工程款反诉请求,驳回了小田公司有关工程量应按照其招标文件及图纸明确的抗辩主张。二审法院亦持同样意见。〔1〕

对于固定单价合同的工程变更而言,其一,在原施工合同范围内的变更工程结算价款,(1)在工程量清单中已列明单价的,以其列明单价为依据,按双方认可的变更工程量计算确定变更工程的结算价值。(2)在工程量清单未列明单价的,根据施工中双方签认或协商一致变更工程单价,按实际完成变更工程量确定工程结算价值。(3)在工程量清单未列明单价,双方施工中协商又未确定的工程变更单价,在工程变更结算中,应依造价工程师参考类似工程定价方法确定的工程变更单位,按实际完成变更工程量计算确定变更工程结算价值。其二,原合同范围以外的变更工程结算价值确定。(1)变更工程项目的性质和内容与原工程合同性质、内容完全相同,可以采用原合同或投标报价书中的相应单价作为变更工程结算单价。(2)变更工程项目性质和内容与原工程性质、内容完全不同,则应由发包人与承包人另签新的合同文件,重新协商确定变更工程的合同价值,按新增工程结算价值处理,即按实际变更工程量和新合同单价确定变更工程的结算价值。应注意的是,在价款采用固定综合单价方式的,一般情况下不计材料损耗,但双方对此有特别约定或鉴定意见认为应计取损耗的应当扣除。

关于工程变更导致工程量发生重大变化,当事人对于该部分工程款结算达不成一致时结算问题。《建设工程解释(一)》第十九条第二款规定:“因设计变更导致建设工程的工程量或者质量标准发生变化,当事人对该部分价款不能协商一致的,可以参照签订建设工程施工合同时当地建设行政主管部门发布的计价方法或者计价标准结算工程价款。”参与制定司法解释的法官认为,对该规定的理解应当明确以下几点:(1)在审理过程中,法官就因设计变更导致建设工程量或质量发生变化等,是可以参照而非必须参照。(2)可以参照“合同签订时”当地主管部门发布计价方法或计价标准结算工程价款。(3)参照结算工程价款的是因设计变

〔1〕 河南省高级人民法院(2010)豫法民一终字第101号民事判决书。

更导致工程量和质量发生变化的部分工程价格。(4)参照的是该"工程所在地(当地)"的建设主管部门发布的计价方法和标准。[1] 应注意的是,按照本条的规定,因设计变更导致建设工程的工程量或质量标准发生变化时,如果当事人之间不能协商一致,则可以参照签订建设工程施工合同时当地建设行政主管部门发布的计价标准和计价方法结算工程价款。这里包含了两层含义,也就是说,当事人自己可以按照这个原则结算工程价款,也可以委托有审价资质的机构按照此原则审定最终工程造价。审价主要是根据建设工程施工合同、国家定额以及有关文件对施工过程中形成的工程量变化资料、技术变更、核定资料和施工图纸等资料进行全面综合的核对、评估和计算,并最终审定工程造价的过程。审价结论应在庭审中出示并经过质证。当事人对审价结论有异议并有证据证明的,审价机构应对审价结论据实调整并重新出具补充审价结论,并再次进行庭审质证。经质证的审价结论是确定工程造价的最主要依据。[2]

(五)质量不合格结算原则

《建设工程解释(一)》第十九条第三款规定:"建设工程施工合同有效,但建设工程经竣工验收不合格的,依照民法典第五百七十七条规定处理。"该条款适用的前提是施工合同有效,无效施工合同不能适用该条款。

根据《民法典》第五百七十七条的规定,制定司法解释的法官认为,当事人是否依照合同约定全面履行合同,建设工程验收是否合格就是当事人是否全面履行合同的重要体现。若建设工程经验收不合格,则其应当依照合同约定承担相应的违约责任,包括继续履行、采取补救措施或者赔偿损失的责任;若建设工程经验收合格,则说明当事人全面履行了合同,合同另一方当事人应当对履行合同价款结算和给付义务。[3]

---

〔1〕 参见最高人民法院民事审判第一庭编著:《最高人民法院新建设工程施工合同司法解释(一)理解与适用》,人民法院出版社2021年版,第193~196页。

〔2〕 参见最高人民法院民事审判第一庭编著:《最高人民法院新建设工程施工合同司法解释(一)理解与适用》,人民法院出版社2021年版,第198页。

〔3〕 参见最高人民法院民事审判第一庭编著:《最高人民法院新建设工程施工合同司法解释(一)理解与适用》,人民法院出版社2021年版,第197页。

三、工程价款结算处理依据

工程价款结算依据是解决在结算中根据什么标准计算工程价款问题。一般而言,建设工程价款的确定最终都要确定具体依据进行结算活动。社会生活的复杂性、多样性,工程结算的依据在个案中的表示形式亦不同。

(一)协议变更合同结算依据

在建设工程施工合同履过程中,因设计变更或者特殊地质情况等客观原因导致工程量增减,当事人协商一致对中标合同的内容进行修改,属于正常行使合同变更权,修改后的合同可以作为结算工程价款的依据。

实践中,承发包双方在合同履行中改变约定结算方式,则应以实际履行的方式得出结算额为依据。

【案例12-41】 鼎立公司与尊爵公司建设工程施工合同纠纷案

最高人民法院认为,本案工程结算的实质性标准是以双方当事人或三方(包括监理单位或设计单位)盖章或签字达成一致的结算签证作为结算的唯一依据。在履行合同中,双方实际采取的工程款结算方式已经改变了双方在《协议条款》第二十八条约定的工程竣工结算方式。[1]

(二)审计结论作为结算依据

1.审计结论结算依据理解

行政审计一般是指由专职机构和人员对被审计单位的财政、财务收支,以及

---

〔1〕 参见最高人民法院民事审判第一庭编:《建设工程施工合同司法解释的理解与适用》,人民法院出版社2004年版,第566页。

其他经济活动的真实性、合法性和效益性,进行审查和评价的独立性经济监督活动。当事人可以在合同中约定“以行政审计为工程结算依据”,此时发包人负担推进工程审计工作的义务。如果发包人原因导致未能及时进行审计的,如发包人收到承包人报送的竣工结算资料后未及时提交审计或者未提交完整的审计资料等,根据《民法典》第一百五十九条规定,可视为发包人不正当地阻止条件成就。为了维护公平,承包人可突破合同对结算依据的约定,请求以其他方式,如申请司法鉴定的方式确定工程价款。

最高人民法院在一个答复中指出:审计是国家对建设单位的一种行政监督,不影响建设单位与承建单位的合同效力。建设工程承包合同案件应当以当事人的约定作为法院判决的依据。只有在合同明确约定以审计结论作为判决的依据或者合同约定不明确、合同约定无效的情况下,才能将审计结论作为判决依据。[1] 也就是说,审计部门对建设资金的审计是国家对建设单位基本建设资金的监督管理行为,不影响发包人与承包人签订的合同效力及履行。该答复意见确立审计结论作为工程款的结算依据,有三个独立适用条件,一是合同有明确约定,二是约定不明确的情形,三是合同约定无效的情形。对后两个条件,有律师认为,《建设工程解释》是2004年发布的,而前面提到的电话答复意见是2001年发布的,2004年司法解释的效力显然高于电话答复意见。2004年司法解释对于合同约定不明确、合同约定无效的情况,规定按合同约定结算工程价款或者参照签订建设工程施工合同时当地建设行政主管部门发布的计价方法、计价标准结算工程价款,但未规定要按审计部门审计的工程决算价款作为双方的结算价款。由以上分析可见,电话答复意见(〔2001〕民一他字第2号)中的“合同约定不明确、合同约定无效的情况下,才能将审计结论作为判决的依据”不能再适用。[2]

湖南省高级人民法院发布的《关于审理建设工程施工合同纠纷案件若干问题的解答》规定:当事人约定以行政审计、财政评审作为工程款结算依据,一方以审计、财政评审结论不真实、客观要求重新鉴定如何处理?审计部门明确表示无法审计或拖延审计如何处理?当事人约定以行政审计、财政评审作为工程款结算依据的,按约定处理。当事人有证据证明审计结论不真实、客观,法院可以准许当事人补充鉴定、重新鉴定或者补充质证等方法对争议事实做出认定。行政审计或财政评审部门明确表示无法进行审计,或在约定期限及合理期限内无正当理由未出具审计结论,当事人就工程价款结算无法达成一致申请司法审计鉴定的,应予准许。

---

〔1〕《最高人民法院关于建设工程承包案件中双方当事人已确认的工程决算价款与审计部门审计的工程决算价款不一致时如何适用法律问题的电话答复意见》(〔2001〕民一他字第2号)。

〔2〕 参见杜玉明:《建设工程疑难法律实务深度解析》,法律出版社2015年版,第265页。

《重庆市高级人民法院、四川省高级人民法院关于审理建设工程施工合同纠纷案件若干问题的解答》第五条：建设工程施工合同约定工程造价以审计意见为准，但审计单位未能出具审计意见的，人民法院应当对审计单位未能出具审计意见的原因进行审查，区分不同情形分别作出处理：(1)因承包人原因导致未能及时进行审计的，如承包人未按照约定报送审计所需的竣工结算资料等，承包人请求以申请司法鉴定的方式确定工程造价的，人民法院不予支持；(2)因发包人原因导致未能及时进行审计的，如发包人收到承包人报送的竣工结算资料后未及时提交审计或者未提交完整的审计资料等，可视为发包人不正当地阻止条件成就，承包人请求以申请司法鉴定的方式确定工程造价的，人民法院予以支持；(3)因审计单位原因未及时出具审计意见的，人民法院可以函告审计单位在合理期间内出具审计意见。审计单位未在合理期间内出具审计意见又未能作出合理说明的，承包人请求以申请司法鉴定的方式确定工程造价的，人民法院予以支持。

2. 审计结论适用限制

对于合同就支付工程总价款有明确约定，这是双方的真实意思表示，则限制适用审计结论作为工程款结算依据，法律不支持单方改变形成合意的行为。

【案例12－42】 呼和浩特绕城公路建设开发有限责任公司与河北路桥集团有限公司建设工程施工合同纠纷案

最高人民法院认为，从一审查明的事实看，绕城公路全部工程已经于2006年全线通车，河北路桥公司所施工路面工程分验合格后，于2006年11月1日向绕城公路公司提交竣工验收报告。双方也于2008年10月21日对河北路桥公司完工工程量进行汇总后，核定工程总造价为105,243,288元。该工程价款是在河北路桥公司申报工程量之后确认的价款。双方对此无异议，双方已就应支付的工程款总价形成合意，这是双方的真实意思表示，且没有违反法律的禁止性规定，对双方均具有约束力。因此，绕城公路公司主张该工程量仅供审计之用，缺乏依据。依法有效的建设工程施工合同，双方当事人均应依约履行。审计部门对建设资金的审计是国家对建设单位基本建设资金的监督管理，不影响建设单位与承建单位的合同效力及履行。双方当事人并未在合同中约定，将审计结果作为计算涉案工程款的依据。且从一审法院调查的结果来看，审计人员认为审计局函中的初审值数据不准确，因为建设单位提交的相关材料不全面，故无法出具客观真实的审计报告。因此，绕城公路公司的上诉主张，既缺乏合同依据，也缺乏法律依据，应不予支持。[1]

---

〔1〕 参见杜万华主编：《最高人民法院民商事案件审判指导》(第2卷)，人民法院出版社2015年版，第361～362页。

在施工合同中，当事人对接受行政审计作为确定合同法律关系依据的约定，应当具体明确，而不能通过解释推定的方式，认为合同签订时，当事人已经同意接受国家机关的审计行为对合同法律关系的介入。在双方当事人已经通过结算协议确认了工程结算价款并已基本履行完毕的情况下，国家审计机关做出的审计报告，不影响双方结算协议的效力。

【案例 12－43】　重庆建工集团股份有限公司与中铁十九局集团有限公司建设工程合同纠纷案

最高人民法院认为，关于重庆建工集团主张案涉工程属于法定审计范围，因此必须按照国家审计机关的审计结果进行结算的问题。本院认为，根据《审计法》的规定及其立法宗旨，法律规定审计机关对政府投资和以政府投资为主的建设项目的预算执行情况和决算进行审计监督，目的在于维护国家财政经济秩序，提高财政资金使用效益，防止建设项目中出现违规行为。重庆建工集团中与中铁十九局之间关于案涉工程款的结算，属于平等民事主体之间的民事法律关系。因此，本案诉争工程款的结算，与法律规定的国家审计的主体、范围、效力等，属于不同性质的法律关系问题，即无论案涉工程是否依法须经国家审计机关审计，均不能认为，国家审计机关的审计结论，可以成为确定本案双方当事人之间结算的当然依据，故对重庆建工集团的上述主张，本院不予采信。关于分包合同是否约定了案涉工程应以国家审计机关的审计结论作为结算依据问题。本院认为，分包合同中对合同最终结算价约定按照业主审计为准，系因该合同属于分包合同，其工程量与工程款的最终确定，需依赖合同之外的第三人即业主的最终确认。因此，对该约定的理解，应解释为工程最终结算价须通过专业的审查途径或方式，确定结算工程款的真实合理性，该结果须经业主认可，而不应解释为须业主接受国家审计机关审计后，依据审计结果进行结算。根据《审计法》的规定，国家审计机关的审计系对工程建设单位的一种行政监督行为，审计人与被审计人之间因国家审计发生的法律关系与本案当事人之间的民事法律关系性质不同。因此，在民事合同中，当事人对接受行政审计作为确定民事法律关系依据的约定，应当具体明确，而不能通过解释推定的方式，认为合同签订时，当事人已经同意接受国家机关的审计行为对民事法律关系的介入。因此，重庆建工集团所持分包合同约定了以国家审计机关的审计结论作为结算依据的主张，缺乏事实和法律依据，本院不予采信。……在双方当事人已经通过结算协议确认了工程结算价款并已基本履行完毕的情况下，国家审计机关做出的审计报告，不影响双方结算协议的效力。现重庆建工集团提出不按结算协议的约定履行，但未举出相应证据证明该协议存在效力瑕疵，故本院对其主张不予支持；中铁十九局依据上述结算协议要求重庆建工集团支付欠付工程款，具有事实和法律依据,本院予以支持。[1]

对国家建设工程造价进行审计,是审计机关依职权所实施的行政行为。但在建筑工程承包合同纠纷诉讼中,审计机关对国家建设项目的决算审计仅是确认工程价款的证据之一,并非最终决算依据,更不能对抗生效判决。法院对审计机关的审计结果应依法审查质证,决定是否采信,并根据查明的事实作出判决。实践中,不宜不经审查就直接予以采纳。

【案例12-44】 广东第八建筑工程公司与海南兴业聚酯股份有限公司建设工程施工合同纠纷再审案

最高人民法院认为,在本案二审判决已经生效的情况下,原再审判决认定本案新证据《审计意见书》是本案工程终局性的决算依据,没有法律依据,据此核减水泥价款1,455,531.22元不当,应予纠正。《审计意见书》对《工程决算书》提出的其他核减项目,本院予以确认。[2]

【案例12-45】 海南第二建设工程有限公司与海南三亚湾新城开发有限公司建设工程施工合同纠纷案

最高人民法院认为,本案系民事申请再审案件,应当围绕当事人主张的再审事由是否成立进行审查。因此,本案的审查重点为原审法院根据《鉴定意见书》确定案涉工程价款是否妥当以及该鉴定意见是否存在错误等问题。

根据原审法院查明的事实,二建公司与新城公司合同约定以海南省三亚市财政局投资评审中心审核结果46,452,649.33元作为预算造价,该价格亦为中标合同价。三亚审计局出具审计报告核定案涉工程造价为32,060,988.03元,远低于预算造价和中标合同价,仅为69%。而二建公司于原审中表示在施工过程中有增加签证工程量并提供相应签证作为证据予以证明。新城公司虽表示签证只是证明工程量有变更,同时主张工程量有减少,却未对其主张提供证据予以证明。事实上,案涉工程经竣工验收交付使用多年,三亚审计局未能在合理期限内作出审计报告。一般而言,人民法院审理工程价款结算纠纷案件中,如果当事人明确约定"竣工结算以审计部门评审结果为准",则应尊重当事人的意思自由,按照约定处理;这并不影响人民法院对审计机构出具报告的合法性、合理性负有审查义务及权力,实践中不宜不经审查就直接予以采纳。如经审查,确有证据证明审计意见(或结论)存在明显不真实、不客观、不合理之处,该审计意见则不应作为认定案涉工程价款结算的依

---

[1] 参见《最高人民法院公报》2014年第4期。

[2] 参见最高人民法院审判监督庭编著:《最后的裁判——最高人民法院典型疑难百案再审实录》(房地产与公司企业案件卷),中国长安出版社2007年版,第101~109页。最高人民法院(2002)民一提字第7号民事判决书。

据。该观点亦可见于《2015年全国民事审判工作会议纪要》第四十九条关于“承包人提供证据证明审计机关的审计意见具有不真实、不客观情形,人民法院可以准许当事人补充鉴定、重新质证或者补充质证等方法纠正审计意见存在的缺陷。上述方法不能解决的,应当准许当事人申请对工程造价进行鉴定”的内容。原审中,新城公司曾质询鉴定机构并认为其并未采取合同约定的定价标准;鉴定人员回复称送鉴的财评文件“未与合同装订成一本”“未加盖骑缝章”“并非合同附件”。经查,送鉴材料系由二建公司送鉴、经过双方质证确认;又因《施工合同》属于认定本案基本事实的核心证据,且合同副本在送至鉴定机构前已经双方质证确认,新城公司并未提出异议。故新城公司于申请再审期间主张《鉴定意见书》未依据合同附件2中的财评单价明细和签证项目单价出具鉴定意见、原审法院因采信《鉴定意见书》导致认定事实有误等,理据不足,本院不予支持。而新城公司于二审庭审中称,《审计报告》中的工程款数额只是“预估价、并非固定总价”,另一方面又于申请再审期间请求本院,按照三亚审计局出具的《审计报告》确定案涉工程结算价款;显然,新城公司于本案所述内容,逻辑难以自洽。因此,原审法院根据公平原则以及前述案件情况,并综合考虑双方对工程结算款存在分歧、审计报告与施工事实不符等因素,准许二建公司申请对工程造价进行鉴定,并认为鉴定机构对另行组价、子目套用定额错误等问题的回复均已作出合理合法的解释,遂以《鉴定意见书》作为认定案涉工程价款的依据,符合本案实际情况,并非“以鉴代审”,处理意见亦较为公允,本院予以认可。而新城公司虽主张原审法院适用法律错误且“以鉴代审”、相应证据未经质证、鉴定程序违法等,却未能提供充分、有效的证据予以证明,故本院不予支持。

此外,原审中,合同双方当事人在鉴定听证时已对送鉴样本进行质证并确认样本真实性;鉴定机构针对异议亦答复称,双方已经对运距等送检材料进行签证确认。故新城公司虽主张鉴定机构认定的运距标准不合理、未按合同约定审定签证造价、原审法院认定事实的主要证据未经质证等,却未提供充分、有效的证据予以证明;另外,新城公司提供的2011年6月5日后的四份收量确认单和四份签证,亦不足以推翻其与二建公司已共同认可送鉴样本真实性的事实。新城公司申请再审期间向本院提交了《施工合同》原件以及该公司在原审判决后自行委托有关专业机构出具的意见即《结算审核书》,根据《民事诉讼法解释》第三百八十七条、第三百八十八条的规定,新城公司不仅无法证明其逾期提供证据的理由成立,且前述证据材料也无法证明原判决的裁判结果错误,故本院不予采信。

综上,新城公司的再审申请不符合《民事诉讼法》第二百条规定的情形。

裁定:驳回新城公司的再审申请。[1]

建设工程施工合同双方经过招投标程序确定施工合同中标价格,待工程完工后,双方又协议以政府审计部门审计报告为准的,不得改变招投标程序确定的施工合同中标价格,且应当以该价格作为双方结算的依据。

【案例12-46】 江苏新奇环保有限公司与丰县城市管理局建设工程施工合同纠纷案

二审法院认为,确定被上诉人是否拖欠涉案工程款的前提在于如何认定涉案工程造价的确定关键在于是应当以丰县审计局的审计报告为准还是以双方之间的招投标文件、招投标合同为准。首先,关于承诺书能否代表上诉人认可审计报告结论的问题。根据双方当事人出具给丰县审计局的《承诺书》,上诉人"愿意以审计认定的为准",并非指认可审计认定的造价结论,而是指保证审计报送的资料真实,出现补报、变更的愿意作无效处理。因此,该份《承诺书》反映不出上诉人有一经报审无论审计局报告数额多少,上诉人都认可审计报告结论的意思表示。其次,涉案工程属于强制招投标的建设项目,建设方与承包方必须采取投标方式订立合同,并且该工程也经过招投标程序,双方当事人签订了中标合同。双方当事人之间的建设工程关系应当受招投标法保护范围,双方当事人也应当依据中标文件签订合同,并且受到中标文件的约束。而在工程的招标文件中关于投标报价16.1中明确载明"本次投标价采用固定总价的形式,投标人考虑影响本项目造价的各种因素,日后若有变更设计报价将不予调整,为一次性包死的价格",因此,涉案工程造价的确定应当依据中标文件确定,而不能依据丰县审计局的审计报告来认定工程造价,否则是对招投标市场秩序和招投标法的破坏。至于被上诉人所说的《丰县政府投融资建设项目审计监督办法》,该文件所说的建设项目必审制,目的是对政府资金使用的规范、监督,而不是用来破坏《招标投标法》规定的市场秩序。因此,根据双方的中标文件,涉案工程造价为4,321,485元(固定价),变更设计报价不予调整。[2]

【案例12-47】 中国建筑第四工程局有限公司与大茂建设集团有限公司等建设工程施工合同纠纷再审案

最高人民法院认为,根据中建四公司与大茂公司签订的《××项目体育场场地部分工程分包合同》约定,双方同意工程总结算价根据业主、业主委托的第三方审计或政府审计部门的最终审计结果计算。本案中,荣盛公司与蜀

[1] 最高人民法院(2021)民申1739号民事裁定书。

[2] 江苏省徐州市中级人民法院(2015)徐民终字第02947号民事判决书。

通公司签订了《建设工程委托跟踪审计合同》，但在蜀通公司尚未对案涉工程作出审计结论，且在双方当事人对案涉工程量和总结算价存在争议的情况下，一审判决依据中建四公司向蜀通公司提交的审计资料中涉及大茂公司完成的工程总结算款确定案涉工程总结算价，显属不当。蜀通公司陈述，其于2020年10月14日出具《报告书》，既是完成业主荣盛公司委托进行的第三方审计，也是完成安顺市审计局委托进行的行政审计。虽然财政部门或审计部门对工程款的审计，是监控财政拨款与使用的行政措施，对民事合同当事人不具有法律约束力，但如果当事人明确约定以政府审计结果作为结算依据的，应尊重当事人意思自治。如果政府审计长期没有结果，致使工程总结算价无法计算，或审计结果与工程实际情况不符或与合同约定不符的，不应当直接以政府审计结果作为民事案件的判决依据。根据查明的事实，中建四公司与大茂公司约定通过业主委托的第三方审计或政府审计部门审计两种方式计算工程总结算价，故不论《报告书》是业主委托的第三方审计还是政府审计部门的审计，均是双方约定的计算案涉工程总结算价的依据。中建四公司以《报告书》为新证据申请再审，但该《报告书》系在二审结束后作出，未经过一审、二审程序的质证，现大茂公司不认可《报告书》的审计结论，且中建四公司、大茂公司均认可《报告书》存在计算错误和漏审项目等问题，大茂公司也已提供证据证明审计结果与合同约定及实际施工情况不符。因此，应当组织各方当事人对《报告书》进行质证，并根据案涉工程的相关合同和施工资料等确定工程量，对《报告书》中的计算错误和漏审项目，应通过补充审计、当事人协商或司法鉴定等合法的方式予以确定，进而确定案涉工程的总结算价。[1]

应注意的是，建设单位不得以行政审计、财政评审结算工程价款，除非明确约定以行政审计、财政评审作为工程价款结算依据。2017年6月5日，全国人大常委会法工委在回复中国建筑业协会作出的《关于对地方性法规中以审计结果作为政府投资建设项目竣工结算依据有关规定提出的审查建议的复函》（法工备函〔2017〕22号）中，明确“地方性法规中直接以审计结果作为竣工结算依据和应当在招标文件中载明或者在合同中约定以审计结果作为竣工结算依据的规定，限制了民事权利，超越了地方立法权限，应当予以纠正”。各地相关条例或办法也相继删除或修正了相关内容，明确不能强制要求以审计结果作为建设项目竣工结算依据。虽然该复函是在立法层面要求不得强制建设单位和施工单位必须以审计结果作为结算依据，但并未否定双方合意采用审计结果作为结算依据。承发包双方

〔1〕 最高人民法院（2021）民再82号民事裁定书。

在合同中明确约定以审计结果作为结算依据的,不在法律限制范围之内,这也包括合同无效可以参照约定结算。根据国务院出台的《保障中小企业款项支付条例》第十一条之规定,“机关、事业单位和国有大型企业不得强制要求以审计机关的审计结果作为结算依据,但合同另有约定或者法律、行政法规另有规定的除外”。

3. 审计结论调整限制

法院不允许对政府审计结论进行调整当事人双方对计价条款的含义发生争议,但主张调整审计结论的一方未能充分举证证明审计报告计价依据与合同不符,则限制对政府审计结论进行调整。

【案例 12 -48】 A 建设集团有限公司与 B 市人民政府建设工程施工合同纠纷再审案

最高人民法院认为,(1)工程款结算方式问题。《建设工程解释》第十六条第一款规定,当事人对建设工程的计价标准或者计价方法有约定的,按照约定结算工程价款。案涉合同中有关工程价款的约定如下,“合同价款调整方法为中标价为基准价,工程量据实结算,详细结算方式及单价详见补充条款。合同补充条款约定:一、招标文件、图纸答疑、中标通知书、施工图纸为本协议的附件及结算依据;二、1. 结算方式为中标价加增减变更,工程量与标底工程量有误差,按实际发生工程量结算……5. 工程结算值以 B 市审计局审定值为准……”因此,本案工程款的结算方式应当按照上述条款约定的方法确定。A 公司称上述条款约定的结算方式为全部据实结算。对此,应结合案涉工程的情况和合同条款的文本含义确定。首先,案涉工程为政府财政资金项目,依法进行了招投标程序。《招标投标法实施条例》第五十七条第一款规定:招标人和中标人应当依照招标投标法和本条例的规定签订书面合同,合同的标的、价款、质量、履行期限等主要条款应当与招标文件和中标人的投标文件的内容一致。招标人和中标人不得再行订立背离合同实质性内容的其他协议。案涉工程中标通知书已经确定了中标价格为 20, 300, 061.41 元,故双方结算工程款应以中标价为基础。其次,虽然关于价款的合同条款中有“工程量据实结算”的表述,但前提是“以中标通知书等文件为结算依据,结算方式为中标价加增减变更”,只有在有相应的变更签证的情形下才进行增减。综上,A 公司称全部据实结算的主张不符合合同约定和法律规定,该理由不能成立。(2)本案证据问题。B 市人民政府提交的《工程造价咨询报告书》,内容与审计档案中的《工程造价咨询报告书》有多处不同,后造价咨询公司对此出具了情况说明,证明审计档案中的报告书为正式稿,B 市人民政府提交的为征求意见稿。审计档案中的《工程造价咨询报告书》确定的工程款数额要高于征求意见稿中的数额,对 A 公司更为有利,A 公司以存在两份报告书为由认为造价咨询公司作出的《工程造价咨询报告书》不客观、不真实,没有事实依据。B市审计局经审计后确认了该份报告书,并无不当。A公司亦未提供相应的证据证明《造价咨询报告书》系伪造。故A公司称本案主要证据系伪造的理由并不能成立。[1]

仅以上级审计机关曾撤销下级审计机关作出的审计报告为由,主张审计结论不客观、不真实,则限制对政府审计结论进行调整。

【案例12-49】　A建设(集团)有限公司与B县人民政府建设工程施工合同纠纷案

最高人民法院认为,《框架协议》、《工程承包合同》及《工程承包补充协议》仅约定了以审计方式作为确定案涉工程价款的依据,并未明确限定应仅以某一具体审计部门的审计结论为最终依据。而且《审计法实施条例》第四十三条第一款赋予了上级审计机关对下级审计机关的审计业务依法进行监督的权力,第二款进一步规定下级审计机关作出的审计决定违反国家有关规定的,上级审计机关可以责成下级审计机关予以变更或者撤销,也可以直接作出变更或者撤销的决定;审计决定被撤销后需要重新作出审计决定的,上级审计机关可以责成下级审计机关在规定的期限内重新作出审计决定,也可以直接作出审计决定。本案中B审计局出具《审计报告》后,其上级审计机关即C市审计局以《审计报告》结果存在重大失实为由,撤销了《审计报告》,后又作出《专项审计调查报告》。因B审计局的《审计报告》已被撤销,以该《审计报告》作为确定案涉工程价款的依据已无事实基础。在此情况下,一审法院以C市审计局的审计结论作为确定案涉工程价款的依据,并无不当。A公司还主张C市审计局实地勘测过程及审计报告的作出过程其未参加、不知情,且C市审计局存在测量方法不正确、计算依据不充分导致结论不真实的情况。一审法院查明,C市审计局决定进行专项审计后,已将相关书面通知通过申通快递通知A公司法定代表人但被拒收,专项审计过程中审计调查组进入施工现场,对案涉工程的相关项目进行了抽查,利用GPS、现场实测等手段对案涉工程竣工结算进行了复查。A公司并未提供足以推翻上述事实认定的证据,A公司的该上诉理由不能成立。[2]

4. 审计结论调整限制例外

审计报告的计价依据明显与合同约定不符的,法院允许以另行审计或造价鉴

---

〔1〕 最高人民法院(2019)民申3810号民事裁定书。
〔2〕 最高人民法院(2017)民终912号民事判决书。

定的方式对审计结论进行调整。

【案例12－50】 黄某与A集团有限公司建设工程施工合同纠纷案

最高人民法院认为,关于审计方式的问题。《施工合同》专用条款第25.4条约定……(3)本工程人工工资单价按湘建价〔2009〕396号文件市场工资单价执行,施工期间如人工工资、机械设备费用发生变化以及政府或其授权的相关职能部门的文件规定进行调整……C市审计局出具的X审报〔2018〕26号审计报告载明,由于本工程是BT项目,审计依据2012年12月4日C市人民政府办公室《关于市城区政府投资BT项目竣工结算审计有关问题的会议备忘录》的规定,按施工同期最低人工工资标准计取。按最低工资标准计取比按市场工资标准少597.55万元,施工单位对此持不同意见。根据原审查明的事实,案涉工程已由合同约定的BT项目转为了普通建设工程项目,审计报告以对BT项目的相关规定计取最低人工工资标准,与合同约定不符。原审认定审计报告并未完全依据合同约定的计价方式进行审计,且审计结果已不予调整,如依据审计报告结算将违反合同约定,并无不当。……综合上述分析,无论是审计依据还是审计期限,X审报〔2018〕26号审计报告均非按照合同约定及相关规定作出,原审未将审计报告作为本案结算依据,并无不当。[1]

【案例12－51】 A实业有限公司与B开发建设有限公司建设工程施工合同纠纷案

最高人民法院认为,虽然A公司与B公司签订的《重庆市某工业园区某标准分区横三路一期、纵五路一期、平场土石方一期建设项目BT融资建设管理协议》约定A公司的投资金额以经法定审计部门审计的金额为准,但当地区审计局作出的碚审建报(2015)42号、46号、50号《审计报告》均是以2008年《重庆市建设工程费用定额》为依据作出,与A公司和B公司在协议中约定的计价标准不符,在A公司对此不予认可的情形下,不能作为确定A公司投资金额的依据。当事人可申请审计部门按照协议约定另行审计,或者委托工程造价咨询机构按照协议约定予以造价鉴定,以确定投资金额。[2]

【案例12－52】 A工程建设有限公司诉B镇人民政府建设工程施工合同纠纷案

二审法院认为,在审理政府投资项目的工程结算纠纷中,当事人明确约定以财政评审报告作为工程结算依据,应尊重当事人的意思自由。但人民法

---

〔1〕 最高人民法院(2020)民终630号民事判决书。
〔2〕 最高人民法院(2016)民终269号民事判决书。

院对财政评审的合法性、合理性均有审查义务及权力，不能单纯予以采纳，若财政评审报告明显不合理则不应作为认定工程款结算的依据。[1]

审计报告存在漏项，不符合客观实际的，法院允许调整审计结论。

【案例 12-53】　仇某某与 A 区粮油储备库建设工程施工合同纠纷再审案

二审法院认为，关于本案结算依据的问题。案涉工程系“5·12”灾后重建工程，对该工程进行审计结算的基础材料之一为审计材料，但审计报告中有漏项，为此一审法院依据仇某某的申请，启动鉴定程序，对实际施工的工程量进行鉴定，而鉴定报告与审计报告的差异系双方争议。原判认定了排涝抽水费用、塔吊租赁费用符合本案实际，且其系工程款的范畴；而申请人与被申请人均认可将配电工程和电梯工程的税金计算在总工程款内，故原判将上述漏项计算入工程总价款并无不当。[2]

因审计人员受贿等原因，足以使法官产生审计结论不真实的怀疑的，法院允许调整审计结论。

【案例 12-54】　B 县股份制电站与 A 有限公司建设工程施工合同纠纷再审案

再审法院认为，案涉农网改造工程是以国家投资为主的民生工程，具有一定的特殊性，应遵守农改政策，工程造价原则上应当适用《审计决定》，但审计人员陈某某曾在 2004 年 3 月至 5 月带领审计工作组对农网二期改造工程(包括案涉农网改造工程)进行审计过程中，存在受贿行为，并因此受到刑事处罚。且检察机关也以陈某某在审计过程中存在受贿行为，案涉工程造价不应适用《审计决定》等理由对原采信《审计决定》的生效民事判决进行了抗诉。原审法院在与该市审计机关交换意见后，审计机关未作出实质性结论，仅以书面说明的形式回复表示认可原审计结论，在此情况下，不能消除因审计人员受贿而影响审计结论真实性的合理性怀疑，故原审法院未采信《审计决定》并无不当。[3]

【不同处理】　实践中，个别案例直接认定“以审计为准”的条款无效。

---

〔1〕 参见最高人民法院中国应用法学研究所编：《人民法院案例选》2015 年第 4 辑(总第 94 辑)，人民法院出版社 2016 年版，第 129～130 页。广东省高级人民法院(2014)穗中法民五终字第 235 号民事判决书。

〔2〕 四川省高级人民法院(2016)川民申 865 号民事裁定书。

〔3〕 四川省高级人民法院(2014)川民提字第 381 号民事判决书。

【案例 12－55】 沈阳浑南置业房地产开发有限公司与沈阳天北建筑安装工程公司建设工程施工合同纠纷案

二审法院认为,本案系建设工程施工合同纠纷,建设工程施工合同乃双务合同的一种,置业公司作为工程发包人,其主要的合同义务是支付工程款。置业公司主张其与天北公司签订的补充协议中约定了以“经政府审计部门审计”作为支付工程款的条件,该所附条件是依赖于工程款支付义务人置业公司和第三方政府审计部门的意思表示,根据置业公司自述的政府审计部门的审计流程,这种附条件的设置使得天北公司欲实现其工程款的债权完全取决于置业公司是否积极地促进政府审计部门进行审计,其实质是由置业公司决定是否履行给付工程款的义务,将自己一方的风险转嫁给天北公司,剥夺了天北公司按照施工合同约定合法地主张工程款的权利。从本案的实际情况看,案涉工程早已于 2013 年竣工,但截至本案二审庭审结束,历经 3 年多的时间,政府审计部门仍然未对案涉工程结算进行审计,如果确定该约定有效,在政府审计部门未作出结论前,天北公司将始终无法行使对置业公司的工程款债权,这显然违反了《合同法》第六条关于当事人行使权利、履行义务应当遵循诚实信用原则的规定,故本院确认补充协议中以“经政府审计部门审计”作为支付工程款条件的约定无效。[1]

审计单位根据承包合同约定的结算标准计价,对工程造价进行区分鉴定的结果,能够作为认定工程款的依据。

【案例 12－56】 中建某局第三建设有限公司与贵州德某泰实业有限公司等建设工程施工合同纠纷再审案

最高人民法院认为,关于工程款计价依据问题。中建某局三公司与德某泰公司签订的数份合同及双方认可的会议纪要均约定工程价款以某旅投公司确定或审定的价款为基础,并未约定案涉工程需单独审计,也未约定慢行系统需按市政定额进行审计。遵义中某会计师事务所作为整条公路项目的审计单位,其依据中建某局三公司与某旅投公司签订的《G212 茅台至习酒公路改扩建工程施工总承包合同文件》约定的结算标准计价,对德某泰公司施工部分的工程造价进行区分鉴定的结果,能够作为本案认定德某泰公司施工工程款的依据。德某泰公司以审计机构为获取审计提成而恶意审减工程价款为由要求重新对案涉工程进行审计缺乏事实和法律依据,其该项再审申请理由不能成立。[2]

---

〔1〕 辽宁省沈阳市中级人民法院(2016)辽 01 民终 8598 号民事判决书。
〔2〕 最高人民法院(2021)民申 7041 号民事裁定书。

合同约定“以行政审计为工程结算依据”,但发包人怠于送审的,可以司法鉴定方式确定工程价款。

【案例12－57】 业某公司与某镇政府、紫某公司建设工程施工合同纠纷再审案

最高人民法院认为,紫某公司与业某公司在《道路工程施工承包合同》中约定工程结算按现行长沙市政定额标准计取,工程最终造价及支付以财政、审计部门最后审计结果为最终结算依据。虽然紫某公司及某镇政府均主张工程造价应以财政、审计部门最后审计结果为最终结算依据,但在上述道路工程已使用近2年的情况下,紫某公司尚未向相关财政、审计部门提交工程建设资料,启动财政、审计部门审计。在本案审理过程中也无法提供审计结果,故一审法院根据业某公司的申请,依法委托工程咨询有限公司对业某公司完成的工程进行造价鉴定,该鉴定机构作出(2016)基鉴字111号《工程造价鉴定报告》,该鉴定报告可以作为认定涉案工程造价的依据。[1]

(三)审核结论结算依据

依法有效的建设工程施工合同,双方当事人均应依约履行。除合同另有约定,当事人请求以审计机关作出的审计报告、财政评审机构作出的评审结论作为工程价款结算依据的,一般不予支持。最高人民法院民一庭认为,财政部门对财政投资的评定审核是国家对建设单位基本建设资金的监督管理,不影响建设单位与承建单位的合同效力及履行。但是,建设合同中明确约定以财政部门对财政投资的审核结论作为结算依据的,审核结论应当作为结算依据。[2]

【案例12－58】 长春工业大学与吉林建工集团有限公司建设工程施工合同纠纷抗诉案

最高人民法院认为,依相关规定,含有国家财政性预算内资金投资的工程,结算时须报财政部门进行审查。但财政部门审查结论只是其行使国家财政性资金管理职能的依据,不是当事人结算的法定依据,工程款的结算应依当事人间合法约定而确定。[3]

---

〔1〕 最高人民法院(2019)民再56号民事判决书。

〔2〕 参见最高人民法院民事审判第一庭编:《民事审判指导与参考》2008年第2集(总第34集),法律出版社2008年版,第61页。

〔3〕 参见最高人民法院审判监督庭编:《审判监督指导》2010年第4辑(总第34辑),人民法院出版社2011年版,第196～202页。

在审理政府投资项目的工程结算纠纷中,当事人明确约定以财政评审报告作为工程结算依据,应尊重当事人的意思自由。但法院对财政评审的合法性、合理性均有审查义务及权力,不能机械予以采纳,若评审报告明显不合理则不应作为认定工程款结算的依据。

【案例 12-59】 广东虹雨照明工程建设有限公司诉广州市南沙区东涌镇人民政府建设工程施工合同纠纷案

二审法院认为,东涌镇政府提交的财政评审报告中 LED 灯具评定的工程价格与合同约定的暂定价款及经东涌镇政府确定的虹雨公司报价相差巨大。在二审中,东涌镇政府应广州市中级人民法院要求提交证据证明其所主张的财政评审报告中 LED 灯具所评定参考价格的依据,即是以深圳市创美芯光科技有限公司就瓦楞灯询价为依据,并非以“韩国现代照明”品牌或同档次以上产品作为参考依据,故此与东涌镇政府上述报价汇总表中确认的采用 LED 瓦楞灯是“韩国现代照明”品牌不符。综合上述两点,东涌镇政府要求以评审报告作为工程结算的依据与事实不符,不予采纳。同理,双方在招标文件中所确定的中标价作为番禺区财政评审下浮 12%,因东涌镇政府提交的财政评审报告不能作为双方的结算依据,故不存在下浮 12% 的前提。虹雨公司要求根据报价表中确认的综合单价和计算方式以及双方确认移交的工程量计算的工程款总额 2,159,035.87 元作为结算工程款的依据合理,并予以支持。根据双方确认东涌镇政府已付款99 万元,扣除5% 未到期的保修金,判处东涌镇政府应向虹雨公司支付工程余款 1,061,084 元。据此,对东涌镇政府诉讼请求虹雨公司返还多收取的工程款,不予支持。[1]

【案例 12-60】 大连世联防水工程有限公司诉大连市星海湾开发建设管理中心建设工程施工合同纠纷案

二审法院认为,政府财政审核部门出具的工程相关经费的审定表是政府相关部门对政府工程建设单位基本建设资金的监督管理,不影响双方当事人之间的合同效力以及履行,双方当事人亦未在合同中明确约定以财政部门对财政投资的评定审核结果作为结算依据。双方当事人在合同中明确约定“整改中随时增加工作量等一工程最后决算为准”。案涉合同价款 201,100 元,在工程项目审定表出具之前,被告已向原告支付工程款 32 万元,在项目审定表出具之前,被告从未就其所称的超付部分工程款向原告主张过权利,因此

〔1〕 参见最高人民法院中国应用法学研究所编:《人民法院案例选》2015 年第 4 辑(总第 94 辑),人民法院出版社 2016 年版,第 129~130 页。

双方当事人未就案涉工程进行过决算。[1]

发包人故意拖延报送财政评审，以结算协议确定。

【案例12－61】　省一建公司与和泉公司建设工程施工合同纠纷案

二审法院认为，关于本案工程造价如何确定的问题。省一建公司主张按照《工程结算书》确定最终结算造价，和泉公司则以合同约定"工程变更或工程竣工结算的工程量计算或计价以从化市财政投资评审中心的评审确认为准"，一审答辩认为应以从化区财政投资评审中心定审金额30,657,711.2元为准，二审又认为应重新鉴定。对此：首先，财政投资评审是通过对财政性资金投资项目预（概）算和竣工决（结）算进行评价与审查，对财政资金使用情况进行专项核查及追踪问效的一种财政职能，财政评审的结果并不当然对民事合同当事人产生法律约束力。但本案双方在施工合同明确约定"工程变更或工程竣工结算的工程量计算或计价以从化市财政投资评审中心的评审确认为准""工程结算评审完成后支付至结算价款的95%"，故本案工程造价结算以及进度款的支付应受财政评审的约束。需要明确的是，财政评审的对象是建设单位使用财政资金的情况，财政评审并不直接对接施工单位，按照评审的程序以及双方合同约定，向从化市财政投资评审中心送核资料的是发包人和泉公司。从本案已经查明的事实来看，2017年双方即已完成工程结算，但直至2020年11月和泉公司和良口镇政府才向从化区财政投资评审中心申请结算审核申请及提交资料，至今尚有材料未提交完成，且在一审期间财评中心已经发出告知书后仍未补齐送审材料，导致结算距今5年多仍未有财评结论。因此，虽然双方约定财评确认为准，省一建公司本应当承担不确定风险，但和泉公司迟延推进财政评审进度，实属不正当阻止工程款支付条件成就的行为，根据《合同法》的相关规定，应视为本案工程款付款条件已经成就，一审法院对此认定正确。其次，双方已于2017年4月19日签署《工程结算书》，对本案工程完成了全部的结算，《工程结算书》中对于工程漏项及增加、变更工程均有明确结算内容和依据，其中增加、变更工程量的签证单亦有省一建公司、和泉公司盖章确认，和泉公司盖章前后始终未对《工程结算书》提出任何异议，足见双方对于工程量及工程造价均是认可的。结合招标文件、《广东省建设工程施工合同》的记载，双方明确约定工程量清单漏项、工程变更、工程量偏差等情况可以调整合同价款，可见双方在招投标议定固定总价后再行结算的行为未与招标文件相悖，该结算行为有效。而和泉公司既

---

〔1〕　参见最高人民法院中国应用法学研究所编：《人民法院案例选》2017年第9辑（总第115辑），人民法院出版社2017年版，第106页。

已盖章确认《工程结算书》，和泉公司与良口镇政府亦对上述变更部分进行过专家论证，足可认定和泉公司与省一建公司对于固定合同外造价变更的数量、价款已经达成一致，和泉公司再申请对工程变更部分予以鉴定，理据并不确实充分，一审不予支持其鉴定申请亦无不当。最后，和泉公司一审答辩认为经从化区财政投资评审中心定审的金额为 30, 657, 711. 2 元，其应付的工程尾款为 3, 417, 713. 11 元，因其二审确认从化区财政投资评审中心并未最终定审，该抗辩理由不能成立。而再审查新誉时代工程咨询有限公司出具的评审报告、审核报告，评审依据中载明的工程变更调整方法与本案《广东省建设工程施工合同》专用条款约定的变更工程的计价方式并不相同，施工合同约定予以增加的部分评审依据中明确不予增加，新誉时代工程咨询有限公司的评审依据有违双方约定，作出的评审结论并不合理。即使新誉时代工程咨询有限公司组织双方到场勘查发现现场与竣工图有不一致的情况，但勘查时间为 2021 年 1 月 19 日，距离 2014 年 1 月 22 日工程竣工验收合格，已经过 7 年，现场发生变化也是必然，不能以此否定《工程结算书》的真实客观性，而和泉公司坚持《工程结算书》其仅是配合签名、结算工程造价不实，但经本院释明，其有能力、有义务就其主张工程量不实部分进行举证，但其仅能提交招投标文件和新誉时代工程咨询有限公司提供的资料，不足以反驳《工程结算书》的结论。综合以上分析，本院认为，和泉公司以财评条款为由拒付剩余工程款，理据并不充分，一审法院以《工程结算书》确定的金额 38, 007, 216. 76 元为本案工程的结算价，理据充分，应予以维持。〔1〕

（四）合同约定政府文件结算依据

双方当事人在合同中约定以某政府文件确定的计价标准或方法作为合同结算依据，为双方经过利益与风险的权衡后选择的结果，是双方当事人的真实意思表示。该政府文件在这里是作为工程结算的一种计价标准或方法而存在合同之中的，并不是适用于该政府文件的效力，而是适用包含在该文件中的计价标准或方法，即选择的并不是文件本身，而是选择的文件内容，与将来是否会被撤销并无实质性关联。且当事人以此进行约定亦不违反法律、行政法规的强制性规定。根据当事人意思自治原则，其文件载明的计价标准或方法，无论该文件是否被撤销，均对双方当事人具有约束力。即便政府文件被撤销，只是撤销的政府文件自身，而不是撤销了作为合同内容组成部分的计价标准或方法。如一方当事人主张按

〔1〕 广东省广州市中级人民法院(2022)粤 01 民终 11438 号民事判决书。

实结算,属于违反合同约定的计价标准或方法,法律亦不应予以支持,其以政府文件被撤销为抗辩双方约定的计价标准不能成立。对此主流观点为,当事人约定作为结算标准和依据的是文件内容,而不是文件名称,该约定部分已成为合同约定内容,不因文件修改,撤销或失效而影响合同约定内容。最高人民法院民一庭意见:合同当事人自愿将含有结算标准和依据的地方政府文件内容转化为合同内容,如文件内容不违反法律、行政法规的强制性规定,不能因文件被撤销、失效而否定合同相关条款的效力,当事人请求据实结算的,不应予以支持。[1]

(五)合同解除或未完工结算依据

关于固定总价包干合同模式下,承包方中途退场、解除合同如何结算已完工工程款的问题,在司法实践中,各地高级人民法院以《解答》《指导意见》《会议纪要》的形式进行了回应。需要说明的是,承包方起诉主张已完工部分工程款获得支持的必备前提条件应当是工程质量合格。而根据业主、承包方何者违约导致合同解除的不同,结算方式也不一样。

司法实践中,已完工工程的不同结算模式。2018 年 3 月 1 日《建设工程造价鉴定规范》(GB/T 51262—2017)第 5.10.7 条规定:"总价合同解除后的争议,按以下规定进行鉴定,供委托人判断使用:1. 合同中有约定的,按合同约定进行鉴定;2. 委托人认定承包人违约导致合同解除的,鉴定人可参照工程所在地同时期适用的计价依据计算出未完工程价款,再用合同约定的总价款减去未完工程价款计算;3. 委托人认定发包人违约导致合同解除的,承包人请求按照工程所在地同时期适用的计价依据计算已完工程价款,鉴定人可采用这一方式鉴定,供委托人判断使用。"

《湖北省高级人民法院民事审判工作座谈会会议纪要》第 32 条规定:"建设工程合同中当事人约定按包干价结算,承包人按照合同约定范围完工后,应当严格按照合同约定结算工程款。

因设计变更导致工程量变化或质量标准变化,当事人要求对工程量增加或减少部分据实结算的,应予支持。

如果工程未完工,承包人请求结算工程款的,区分情况处理:

(1)已完工程质量不合格的,由承包人进行修复,修复后质量合格的,可以请求支付工程款,修复后质量仍不合格的,承包人请求支付工程款的,不予支持。

---

〔1〕 参见最高人民法院民事审判第一庭编:《民事审判指导与参考》2008 年第 4 集(总第 36 集),法律出版社 2009 年版。

(2)已完工程质量合格的,合同约定以单价包干方式计价的,按照包干单价和已完工程量计算工程款;合同约定以总价包干方式计价的,若工程未完工系承包人原因导致,按合同约定的取费标准鉴定未完工部分,以总包干价减未完工部分造价计算工程款;若工程未完工系发包人原因导致,按照建设行政主管部门颁发的定额及取费标准据实结算。”

在建设单位根本性违约导致合同中途解除时,如以原固定价格合同约定结算,根据建设工程的利润分布呈现逐渐增多规律,则使承包方在完成部分工程(基础或主体部分)解除合同结算有可能亏损,而建设单位则因解除合同盈利,此时处理应突破合同相对性,以政府部门发布的预算定额价结算。

【案例12－62】 青海方舟建筑安装工程有限责任公司与青海隆豪置业有限公司建设工程施工合同纠纷案

最高人民法院认为,审理此类案件,除应当综合考虑案件实际履行情况外,还应当特别注重双方当事人的过错和司法判决的价值取向等因素,以此确定已完工程的价款。一审判决没有分清哪一方违约,仅仅依据合同与预算相比下浮的76.6%确定本案工程价款,然而,该比例既非定额规定的比例,也不是当事约定的比例,一审判决以此种方法确定工程价款不当,应予纠正;方升公司提出的以政府部门发布的预算定额价结算本案已完工程价款的上诉理由成立,应予支持。[1]

工程施工过程中尚未完工时发包人与承包人解除合同,这为常见未完工的现象。首先应按合同约定单价结算工程款,同时还应将临时建筑设施的费用进行分摊。已完工程量分摊的临时建筑设施的费用由承包人承担;未完工程量分摊的临时建筑设施的费用由发包人承担,即作为承包人应获得的工程款。如果法院直接委托鉴定,鉴定机构按照定额单价对已完工程鉴定,鉴定出的工程总价往往会大大超出当事人约定的固定总价,法院根据定额单价对已完工程量进行的鉴定意见判决,势必会严重损害一方当事人的合法利益。主流观点认为,采用确定所完工程的工程量占全部工程量的比例,按所完工程量的比例乘以合同约定的固定价款得出工程价款。适用比例计价应坚持的前提条件为,质量不存在争议,已完成的工程量是确定的。

【案例12－63】 中兴通讯股份有限公司诉上海住豪建筑工程有限公司建设工程施工合同纠纷案

判决观点,《总包合同》未履行完毕,中兴公司起诉要求解除合同,诉讼中住豪公司同意解除合同,双方达成退场协议,完成场地交接事宜,《总包合

〔1〕 最高人民法院(2014)民一终字第69号民事判决书。

同》已由双方解除。住豪公司已完工部分已验收合格,故中兴公司应支付相应工程款。关于已完工程造价的确定,中兴公司主张按总包合同约定的价格即清单方式计价,住豪公司则认为双方已变更总包合同,约定为按照商定的无利润方式结算。根据司法鉴定结果,已完工程按清单工程造价为24,144,400.32元,与无利润方式计价结果33,881,606元已经相差悬殊,可见住豪公司按清单计价方式履行确实遭受重大亏损,总包合同所约定的清单计价确实难以履行,也明显有失公平,在此情况下,住豪公司向中兴公司请求调整结算计价,根据双方往来函及相关工程联系单等证据可以认定。中兴公司在住豪公司多次要求调整结算计价方式并专程至中兴公司深圳总部要求协商后,指明要求住豪公司与其上海项目部商谈,而中兴公司上海项目部在2008年3月10日函中亦言明系"中兴公司要求本项目部具体书面答复",由此应当认定中兴公司上海项目部系代表中兴公司向住豪公司发出该函,该函中所述内容均系中兴公司的意思表示。根据该函所述,中兴公司同意了住豪公司提出的无利润结算计价方式,双方就结算中采用新的计价方式已协商达成一致,变更了原合同约定,双方结算应按此履行。故应采纳上海文汇工程咨询有限公司按此原则审定的93定额工程造价33,881,606元(未包含人防门及配电箱造价)。[1]

结算条款采用包干价格,双方达成下浮合意的前提条件为"在此总价",即包干的价格基础上。本案通过司法鉴定确定工程价款,改变了下浮合意的前提条件,故对施工方关于工程总造价不应下浮5%的主张,应予以支持。质保金条款属于结算条款,合同解除不影响质保金条款效力,因此在合同约定的条件满足时,工程质量保证金才应返还施工方。虽然案涉工程未完工,但福建九鼎的质量保修义务并不因此免除。案涉工程处于未完工状态,工程款尚有争议,有待鉴定机构确认工程量及其价款,工程造价的鉴定意见系由一审法院根据施工方申请委托鉴定机构作出,应依照鉴定确认价款的30%作为进度款逾期利息的计息基础。

【案例12－64】　福建九鼎建设集团有限公司与云南佳鸿宇合实业有限公司建设工程施工合同纠纷案

最高人民法院认为,关于工程价款如何确定的问题。(1)工程总造价是否应当下浮5%。福建九鼎认为其5%的让利承诺是基于固定包干价作出的,鉴定机构按实际工程量的金额得出造价,改变计价基础,不应下浮5%。本院认为,根据双方签订的《建设工程施工合同》约定:单栋包干价格人民币

[1] 参见国家法官学院案例开发研究中心编:《中国法院2013年度案例》(合同纠纷),中国法制出版社2013年版,第65页。

6,279,953.08元,在此总价下浮5%后单栋价格为5,965,955.43元;五标段共计16栋,总价为100,479,249.28元,下浮后总价为95,455,286.82元。该结算条款采用包干价格,双方达成下浮合意的前提条件为“在此总价”,即包干的价格基础上。本案通过司法鉴定确定工程价款,改变了下浮合意的前提条件,故对于福建九鼎关于工程总造价不应下浮5%的主张,本院予以支持。(2)工程总价款5%的质保金是否应当扣除。福建九鼎认为合同解除后,质保金条款不再适用,故不应扣除质保金。本院认为,质保金条款属于结算条款,合同解除不影响质保金条款效力,因此在合同约定的条件满足时,工程质量保证金才应返还施工方。虽然案涉工程未完工,但福建九鼎的质量保修义务并不因此免除。根据《建设工程施工合同》中《工程质量保修书》之约定,工程质量保修金按实际完成工程结算总价款5%扣留5年,案涉工程于2016年1月8日完成主体封顶,至今工程未竣工验收,也未交付使用,质量保修期尚未届满,故福建九鼎主张质保金不应扣除的理由不能成立。(3)关于逾期利息的认定。一审法院认定的逾期利息分为两个阶段,第一阶段是进度款的逾期利息,即计息基础系鉴定确认总价款的30%,计息期间系从该项目主体工程封顶次日(2016年1月9日)至福建九鼎起诉前日(2018年10月8日),计息利率系中国人民银行发布的同期同类贷款利率;第二阶段是工程总价款的逾期利息,即计息基础系鉴定确认总价扣除已付工程款、防火防腐涂料分项工程重做费用、质保金,计息期间系福建九鼎起诉之日(2018年10月9日)至工程款付清之日。福建九鼎认为,计息基础应该是合同约定总价款的30%,而非鉴定确认总价款的30%,并认为计算进度款的逾期利息时不应该扣除已付工程款。本院认为,案涉工程处于未完工状态,工程款尚有争议,有待鉴定机构确认工程量及其价款,工程造价的鉴定意见系由一审法院根据福建九鼎申请委托鉴定机构作出,应依照鉴定确认价款的30%作为进度款逾期利息的计息基础。另外,福建九鼎主张一审法院扣除已付工程款计算进度款逾期利息的计息方式错误,经查,一审法院在计算进度款的逾期利息时并未扣除已付工程款。佳鸿宇合认为计收逾期利息的前提是工程质量合格,起算点应是终审判决生效之日。首先,逾期利息属于法定孳息,与当事人负有的付款责任同时产生。前文已述,佳鸿宇合应向福建九鼎支付工程进度款及已完工程总价款,故也应支付工程进度款以及工程总价款的逾期利息。其次,本案符合《建设工程解释》第十八条“利息从应付工程价款之日计付。当事人对付款时间没有约定或者约定不明的,下列时间视为应付款时间:……(三)建设工程未交付,工程价款也未结算的,为当事人起诉之日”的规定,一审法院认定工程总价款逾期利息的计息起算点系福建九鼎起诉之日(2018年10月9日),于法有据,佳鸿宇合关于其不应支付逾期利息的理由不能成立，本院不予支持。[1]

当事人约定按照固定价结算工程价款，一方当事人请求对建设工程造价进行鉴定的，不予支持。双方对涉案建设工程施工合同及相关补充协议无效均有过错，但双方的过错并不影响参照合同约定确定工程价款。对于施工人中途退场实际完成的部分工程的价款采取按比例折算的方式计算。

【案例12－65】　卢某义与营口华强玻璃有限公司建设工程施工合同纠纷再审案

最高人民法院认为，(1)《建设工程解释》第二十二条规定："当事人约定按照固定价结算工程价款，一方当事人请求对建设工程造价进行鉴定的，不予支持。"(2)案涉《建设工程施工合同》约定采用固定价格，合同价款为1360万元。该约定是双方自愿作出的真实意思表示，卢某义在签订合同时应当对合同约定的工程价款有充分认识，其事后认为合同约定价款明显不公，并主张案涉工程价款应当通过司法鉴定确定，没有事实和法律依据，二审法院不予支持并无不当。(3)鉴于卢某义在未完工情况下中途退出施工，二审法院对于其实际完成的部分工程的价款采取按比例折算的方式计算，即先计算出已完工的部分工程的价款占全部工程总价款(该已完工的部分工程的价款和全部工程总价款可按照定额标准鉴定得出)的比例，然后按照该比例乘以合同约定的固定价款，计算得出实际完成的部分工程的价款为9,869,054.75元，并无不当。(4)卢某义关于按实际完成工程造价据实结算涉案工程价款的申请再审理由，缺乏事实依据，本院不予支持。二审法院在确定案涉工程价款时，参照华强公司、卢某义、赤峰天德通(辽宁)建筑工程有限公司签订的《营口沿海产业基地营口华强玻璃有限公司1#车间工程〈建设工程施工合同〉补充协议》第七条的约定，扣除华强公司"代扣代缴"应当由卢某义支付赤峰天德通(辽宁)建筑工程有限公司的文明施工管理、协助办理竣工备案手续服务费10万元，亦无不当。[2]

【案例12－66】　曾某文与富华隆公司某某公司建设工程施工合同纠纷再审案

最高人民法院认为，建设工程合同价款的确定一般有三种方式：一是固定总价；二是固定单价；三是可调价格。通常约定固定价款结算的，其固定价款确定的依据应当是工程全部完工。本案《建设施工合同补充协议》中约定案涉工程以固定单价方式进行结算，倘若工程正常竣工全部完成，毫无疑问

---

〔1〕　最高人民法院(2020)民终337号民事判决书。

〔2〕　最高人民法院(2020)民申2229号民事裁定书。

应以双方约定的固定价款方式作出结算,但在本案工程没有完工的情况下,以合同约定的单价结算既不客观也不合理。对此,《工程造价鉴定意见书》(定稿)以“定额”套价确定工程价款符合本案工程施工的实际情况。[1]

施工合同约定工程结算依据综合单价乘以实际面积计算,但承包方未按照合同约定施工完毕,尚有部分工程未施工,宜采取将未施工的部分按与合同对应的报价单同比下浮后予以扣除的方式确定工程价款,体现了双方签订合同时的真实意思表示,是处理未完工程价款较为合理方式。

【案例12-67】 徐州市钊鸿钢结构网架厂与徐州海之润玻璃有限公司建设工程施工合同纠纷案

二审法院认为,关于已完工程价款如何认定的问题,因双方当事人对已完工程造价无法达成一致意见,原审法院依法委托鉴定机构对涉案的已完工程造价进行鉴定。鉴定机构在确定已完工工程款时是根据未施工的部分按与合同对应的报价单同比下浮后予以扣除,该鉴定意见符合双方当事人订立合同的真实意图。因为案涉工程报价单中建筑面积为3960.06平方米,工程单价为272.35元/平方米,合同签订单价为260元/平方米,合同签订单价的最终确定是基于上诉人将案涉厂房的门窗、墙板、剪刀撑、钢构安装等多个部分全部交由被上诉人施工。但是实际施工过程中上诉人自行安装门窗、剪刀撑,导致被上诉人未能完成该部分工程的施工,因此,上诉人所提出的安装窗户的102,000元应当据实从工程造价中扣除的主张,不予支持。[2]

虽然双方在协议解除合同时未对已完工部分的工程款如何结算重新进行约定,但双方当事人签订的施工合同已明确约定,在履行合同过程中,一方发出的函件、图表等文件,另一方在接收后应当在约定期限内予以答复,逾期不予答复则视为认可对方的主张。

【案例12-68】 天地公司与天化麻业公司建设工程施工合同纠纷案

二审法院认为,虽然双方在协议解除合同时未对已完工部分的工程款如何结算重新进行约定,但双方当事人签订的施工合同第15条已明确约定,在履行合同过程中,一方发出的函件、图表等文件,另一方在接收后应当在约定期限内予以答复,否则视为认可对方的主张。事实上,天地公司在撤场后,就已完工工程量的结算问题向天化麻业公司发出函件及工程量统计表,而天化麻业公司未能提供证据证明其在收到上述文件后已在限定的时间内进行答复或提出异议,原审法院据此认定可以按照天地公司制作的工程量统计表确

---

〔1〕 最高人民法院(2017)民申1340号民事裁定书。

〔2〕 江苏省徐州市中级人民法院(2014)徐民终字第01130号民事判决书。

定涉案工程的工程量及价款亦无不当。天化麻业公司虽然主张收到天地公司发出的函件及工程统计表后及时用传真予以了回复，但是其不能提供证据证实，其在上诉状中提到的天地公司一审期间提交的证据十五《关于催促办理结算及支付工程款的函的复函》亦不能证明其在规定的期限内给予天地公司答复，因此，天化麻业公司关于工程量统计表不能作为定案依据的主张不能成立，本院不予采信。[1]

对于在施工合同中约定按照平方米均价进行结算的未完工程，对已完工部分进行结算时，应尊重当事人的约定，可先以合同约定的平方米均价乘以总面积数计算得出约定的总价款，再通过鉴定确定已完工程的工程量占全部工程量的比例，最后以总价款乘以比例得出已完工程的工程价款。

【案例 12－69】 唐山风辉房地产开发有限公司与赤峰建设建筑(集团)有限责任公司建设工程施工合同纠纷案

最高人民法院认为，采用固定单价如何计算工程款。《补充协议书》约定的固定单价，指的是每平方米均价，针对的是已经完工的工程。根据已查明事实，赤峰建设公司退场时，案涉工程尚未完工。此种情形下工程款如何计算，现行法律、法规、司法解释没有作出规定。一审判决先以固定单价乘以双方约定的面积计算出约定的工程总价款，再通过造价鉴定计算出赤峰建设公司完成的部分占整个工程的比例，再用计算出的比例乘以约定的工程总价款确定赤峰建设公司应得的工程价款，此种计算方法，能够兼顾合同约定与工程实际完成情况，并无不当。[2]

(六)未约定造价标准结算依据

对施工部分工程的造价未明确约定，合同解除后就该部分工程价款也未能达成一致，法官综合考虑合同履行情况、合同性质、建筑行业的实际利润等因素予以确定，符合民事活动的公平原则。

【案例 12－70】 腾远房地产开发有限公司与郑州市第二建筑工程有限公司建设工程施工合同纠纷再审案

再审法院认为，根据本案的相关情况分析，腾远公司提出的应以 12% 的

---

〔1〕 江苏省徐州市中级人民法院(2010)徐民终字第 2043 号民事判决书。

〔2〕 参见最高人民法院民事审判第一庭编:《民事审判指导与参考》2016 年第 3 辑(总第 67 辑)，人民法院出版社 2017 年版，第 221 页。

优惠率确定案涉工程价款的主张不能成立,理由如下:第一,从合同约定的内容看,合同所约定的有关"经双方协商同意,在双方认定的预算造价基础上优惠12%为合同总价(据实结算)"的内容应是当事人在合同履行完毕后,对案涉全部工程价款进行确定的约定。从案涉合同的履行看,二建公司仅施工了土建工程及少量的安装工程,腾远公司将其余的安装工程交由他人施工。当事人对施工部分工程的造价是否优惠12%并未明确约定。第二,从当前建筑行业的实际利润情况看,根据鉴定意见,优惠12%后的工程价款为2,142,709,656元,而二建公司施工的成本价21,541,546.4元(鉴定土建工程成本价20,991,255.8元+鉴定安装工程成本价550,290.6元),优惠12%后的工程价款低于二建公司施工的成本价。第三,民事活动中,当事人应遵循公平原则确定各方的权利义务。基于当事人对施工部分工程的造价未明确约定、建筑行业的实际利润以及合同的履行情况等因素,二审判决对案涉工程价款优惠率的判定符合民事活动的公平原则。[1]

未约定结算标准的情况下,视为价款约定不明确采用司法造价鉴定处理。对同时又存在未完工结算的情形,则按上段阐述的比例计价确定。

双方约定所采用的合同价款计价方式尚不明确,鉴定机构依照工程施工图、施工合同及工程变更联系单等对涉案工程进行鉴定,出具的工程造价鉴定意见程序合法、依据充分的,应当作为工程造价结算之依据。

【案例12-71】 八方建设集团有限公司与景宁石印山房地产开发有限公司建设工程施工合同纠纷案

二审法院认为,一审法院依据石印山公司申请,委托丽水市新时代工程造价咨询事务所有限公司就本案讼争工程造价进行鉴定,该鉴定报告业经庭审质证,虽然八方公司对鉴定报告的计价依据及相关工程内容提出了部分异议,但根据施工合同通用条款第23条合同价款及调整之规定,合同价款在协议内容约定后,任何一方不得擅自改变;下列三种确定合同价款的方式,即固定价格合同、可调价格合同、成本加酬金合同,双方可在专用条款内约定采用其中一种。但在专用条款中双方采用了固定价格合同加可调价格合同的方式确定,与通用条款相悖,显然本案施工合同并非固定价格合同。由此可见,双方约定采用的合同价款计价方式尚不明确。鉴定单位依照工程施工图、施工合同及工程变更联系单等对涉案工程造价进行鉴定,且该鉴定人员也出庭接受八方公司的质询,并对八方公司提出的异议部分作出了书面说明,而八方公司对此并没有提交足以反驳的相反证据,根据《民事证据规定》第五十九条、第

〔1〕 最高人民法院(2015)民申字第739号民事裁定书。

七十一条之规定,鉴定单位出具的工程造价鉴定报告,程序合法,依据充分,应当作为本案工程造价结算之依据。因此,八方公司提出对本案工程造价重新鉴定之申请,依据不足,本院不予采纳。[1]

(七)第三方审核意见结算依据

建设工程施工合同中,一般约定承、发包双方自行工程款的决算工作。但也存在发包方没有相适应的工程款决算的审核能力,而委托第三人协助其完成工程款结算工作的情况。在委托中,第三人不是作为专业的工程款审计部门,独立完成工程款决算的审计工作,而是运用其专业力量,协助发包方的工作,完成的审核视为发包人对承包方提供的决算报告的审核,从性质上讲是发包方的内部审核。第三人就其审核工作对发包方负责。当发包方授权或者委托第三人与承包人直接进行工程款决算审核工作,第三人出具的审核意见而承包方认可或双方达成的一致意见,视为发包方与承包方达成的一致意见,可以作为结算工程款的依据。实践中出现的监理公司出具结算文件能否作为结算依据,可根据案情作界定。监理公司实施的民事法律行为效力取决于是否拥有相应授权。如果根据相关合同或案件事实可以认定监理公司拥有工程款结算审核的授权,则其出具的结算文件经承包人同意后对发包人发生法律效力,自然可以作为结算依据。反之,则不能作为结算依据。

【案例12－72】　山东世界贸易中心与中国建筑第八工程局建设工程施工合同纠纷案

最高人民法院认为,世贸中心与商建总公司于1996年4月25日签订《关于〈山东世界贸易中心一期工期〉预、决核审核工作的协议》约定,由世贸中心物业部预算科和商建总公司下属建设监理公司现有的工程技术人员,共同组成世贸中心一期工程决算审核小组。审核小组的主要工作是世贸中心一期已建成工程的预、决算审核工作。审核小组对施工单位编报的工程预决算进行复核,向世贸中心、集团总公司分管领导汇报,并征得领导的原则同意,与施工单位面对面地核对,直至双方认可,并整理、调整工程预决算,双方签字盖章。世贸中心与监理中心于2001年2月6日签订《工程结算审核协议》约定,双方合作审核工程结算。上述合同履行的实际情况是,监理中心从1996年起即与世贸中心共同对中建八局提交的工程决算报告进行审核,并

---

〔1〕 浙江省高级人民法院(2009)浙民终字第100号民事判决书。

出具《工程决算审核报告》。世贸中心对监理中心的审核工作予以认可，并在部分《工程审核决算书》中签字盖章，监理中心实际上承继了世贸中心委托商建总公司进行的工程款审核工作。上述两份审核协议约定的内容表明，监理中心按照世贸中心的委托及授权，协助世贸中心审核中建八局提交的工程决算书，并非作为专业鉴定单位独立进行工程款结算的审计工作。监理中心这种有偿协助工程款结算审核的经营活动，并没有违反法律、行政法规的强制性规定。监理中心按照世贸中心的委托，将双方的审核结果形成《工程审核决算书》，并提交中建八局。中建八局在该《工程审核决算书》上签字认可，《工程审核决算书》即对世贸中心与中建八局产生法律约束力。一审法院在庭审中对监理中心出具的《工程审核决算书》组织质证，世贸中心没有提出正当的理由及充分的依据否定上述《工程审核决算书》的真实性及确定的工程款数额的准确性，一审法院以监理中心出具的《工程审核决算书》作为本案认定工程款的依据，适用法律并无不当。〔1〕

〔1〕 参见最高人民法院民事审判第一庭编：《最高人民法院民事案件解析》（建设工程），法律出版社2010年版，第278～279页。最高人民法院（2003）民一终字第77号民事判决书。

四、工程价款结算特殊情形处理

本部分结算特殊情形,是在结算活动中因依据发生变异而不能按正常的依据予以结算,有必要作一些合理合法的调整。

常见不予结算或不能作结算依据情形,其一,建设工程竣工验收质量不合格的,经承包人修复后质量仍然不合格,承包人索要工程款的,不予结算且不予支持诉求。其二,经建设单位聘用的监理工程师签认的工程量月报表,原则上不能直接作为工程结算依据。其三,对于一些身份不明或者无权进行工程款结算的人,如被派驻工地的质量安全员、班组安全员等出具的工程"结算"单,不能作为确定工程价款依据。其四,不能以承发包人选择适用的建设工程施工合同格式合同文本中的通用条款为据,推定出发包人认可以承包人报送的竣工结算文件为确定工程数额的依据。

(一)取费标准变化下浮结算

一般而言,工程取费标准越高,工程款结算金额越多,施工方最终可得利益也就越大。因此,在建设工程施工合同法律关系中,施工方往往倾向于约定较高的取费标准。对此,建设方则通过与施工方约定一个工程价款的下浮率来降低应付工程款的数额。在同一份建设工程施工合同中,下浮率多少与取费标准高低直接相关。一般来说,取费标准越高,下浮率就越高。当工程造价鉴定取费标准低于原约定取费标准时,工程造价大幅下降,其约定的下浮费则不应适用。

【案例 12－73】　飞翔公司与天娱公司建设工程施工合同纠纷案

最高人民法院认为,关于案涉工程款是否计算下浮率问题。根据双方签订的《建设工程合同》约定,案涉工程取费标准为按二类工程取费,按不含税总造价(安装主材除外)下浮 2.29%(商铺)和 1.44%(住宅楼)。……而案涉工程造价鉴定是按新施行的建筑工程综合定额取费。从本案情况来看,与二类工程取费相比,按照建筑工程综合定额取费,工程造价已经大幅下降,故不存在让利的问题。由于下浮率与工程取费标准直接相关,如果改变二类工程取费的标准,则之前约定的下浮率就失去了计价基础。进而,原合同中关于下浮率的约定已不再适用。另外,建设工程造价下浮率的确定,需要施工方明确表示同意。对建设方而言,下浮率意味着施工方在工程造价基础上少收建设方一定比例的工程款。既然按下浮率计算存款将使施工方可得收入减少,那么工程款是否下浮以及下浮多少比例都因与施工方切身利益相关而必须经施工方明确同意。此外,依据《建设工程解释(一)》第二条第一款,当事人对于工程范围、建设工期、工程质量、工程价款的约定属于建设工程施工合同的实质性内容,而工程造价下浮率关系到工程价款的结算,也属于合同的实质性内容。在案涉工程造价鉴定不按照二类工程标准取费后,原合同中约定的下浮率已失去计价基础。此时,如果还要对工程造价进行下浮,则应由当事人另行约定下浮率标准且该标准需取得各方一致同意。〔1〕

(二)工程或结算文件结算

1. 承包人单方提交结算文件的结算

对于承包人单方提供的竣工结算文件,如果合同有约定,可以作为结算依据。如果合同没有约定,但发包人认可,也可以作为结算依据。如果发包人不认可承包人单方提供的竣工结算文件,其应当在法院指定的举证期限内提出相反证据或申请鉴定,否则需承担举证不能的后果。对于承包人单方提交结算文件是否作为结算依据,应放在个案中确定而不是一概否定。承包人提交竣工结算文件后,发包人既未提出相反证据也未申请造价鉴定,则可依据该结算文件确认工程款。

【案例12－74】 深圳航空城(东部)实业有限公司与广东省化州市第二建筑工程公司宝安分公司等建设工程施工合同纠纷案

最高人民法院认为,建设工程施工合同中,发包人未在约定的期限内就承包人提交的结算文件予以答复,承包人将竣工结算文件作为确定工程款数额的证据提交后,发包人在一审、二审期间均未提出相反的证据,也未申请对涉案工程的造价进行鉴定,在此情况下,人民法院可以承包人提供的竣工结算文件作为确认工程款的依据。〔2〕

---

〔1〕 参见最高人民法院民事审判第一庭编:《民事审判实务问答》,法律出版社2021年版,第79～80页。

〔2〕 参见最高人民法院审判监督庭编:《审判监督指导》2010年第3辑(总第33辑),人民法院出版社2011年版,第111～121页。

2. 签证等书面文件确认工程量作为结算依据

工程量的确认直接影响工程款的结算。如果承发包双方对工程量有争议,按照施工过程中形成的签证等书面文件确认。承包人能够证明发包人同意其施工,但未能提供签证文件证明工程量发生的,可以按照当事人提供的其他证据确认实际发生的工程量。

【案例12-75】　黑龙江省水利第二工程处与罗某建设工程施工合同纠纷案

二审法院认为,(1)从双方的诉辩主张和工程的实际情况来看,罗某修筑了汇车道这一事实是确定的。但由于在工程建设中,没有汇车道的设计施工图纸和工程签证,而讼争工程已实际使用且隧道洞门现已封闭,致使无法确定汇车道的真实数量和工程造价,对此,工程处负有责任。原判确认汇车道为7条,以中间价款确定为汇车道的工程单价,系在前述之情形下的自由裁量,并无不当。(2)从工程处与罗某签订的《施工队计量方式的补充协议》内容看,该协议第三条载明:防水工程量收方为1000平方米。该表述明确无误,是双方对防水工程量的确认。在鉴定报告中,与前述1000米长度的收方量有关的防水工程项目有防水板、弹簧管(纵)两项,该两项均是以图纸长度1476.10米计算工程量,而非双方在《施工队计量方式的补充协议》中确定的收方长度,该计量确属不当。(3)《施工队计量方式的补充协议》第三条约定:其他工程量以设计为准。那么,除防水板、弹簧管(纵)外,其他项目应当按照设计施工图纸计算工程量。[1]

3. 竣工验收报告中工程造价总额作为结算依据

在竣工验收报告造价栏目上填有工程造价总额,且验收报告经发包人、施工单位及监理等相关人员签字确认,其双方签订的验收报告合法有效。由于合同约定工程竣工验收合格后据实结算,其施工单位举证的验收报告又是在该结算时间段形成,且验收报告已经发包人签字确认,故虽然工程造价款单方填写,但发包人的签字确认行为也表明了对其工程造价总额是认可的,在其无充分证据证明其签字行为存在法定无效情形的情况下,应当认定该验收报告中工程造价总额的证明效力,可以作为结算依据。

4. 施工完毕后双方形成的工程款结算单作结算

一般情况下,只有经过双方共同委托审计部门作出的审计报告才能够作为双

---

〔1〕 重庆市第四中级人民法院(2010)渝四中法民终字第4号民事判决书。

方结算的依据。审计报告没有经过双方共同认可的，双方达成的工程款结算单可以作为定案依据。

【案例12-76】 徐州市鼓楼区九里街道办事处孤山村村民委员会、王某某与卓某某建设工程施工合同纠纷案

二审法院认为，双方虽然在建设工程施工协议中约定了结算方式，但是双方在2011年6月21日签订了结算单，应当认为双方对结算方式的约定进行了改变。且王某某对结算单的真实性不持异议。应当认为此次结算单的签订系双方真实意思表示，并不违反法律规定。王某某虽然主张其在一审前进行了委托审计，但是从其提供的证据来看，审核报告仅为4#、6#楼的结算单价，无法体现其主张的本案被上诉人卓某某施工的工程已经经过鉴定。况且，只有经过双方共同委托审计部门作出的审计报告才能作为双方结算的凭证。现王某某不能证明该审计经过双方共同委托，且卓某某对该审计不予认可。因此一审法院依据双方签订的70万元结算单作为定案依据并无不妥。现王某某提供的证据仅证明在2011年6月21日签订结算单之前，卓某某从王某某领过款，无法证明该70万元中包括已付款的事实。王某某二审期间提供的证据不能证明其上诉主张，故对于其上诉请求，二审法院依法不予支持。[1]

5. 结合合同约定和签证单结算

实践中，工程造价多涉及合同内工程和合同外工程结算两方面。施工合同项下对于工程量、工程费用的计价方式有明确约定，因此合同约定的内容应首先作为双方计算工程费用的依据。在实际施工中，双方又形成了派工单、会签单、签证单据等书面材料，根据相关法律规定，对于其中符合形式要求的书面材料，也应作为计算工程费用的依据，但对签证单的内容必须进行严格的审查。也就是说，对于合同约定范围内的工程，应当严格按照合同的约定进行工程造价确认；对于合同约定范围外的工程，应当以施工过程中的签证单据进行认定结算。对整个工程造价而言，应结合合同约定和签证单据综合认定结算，不应仅凭合同的约定或签证单据进行工程造价，而应当考虑两方面的实际情况。

【案例12-77】 广厦建设集团有限责任公司与张某员及江西省浙赣房地产开发有限公司施工合同欠款纠纷再审案

再审法院认为，张某员和广厦公司步红花园项目部于2003年3月6日签订的《合同书》是双方自愿的，应具有法律效力。因本案所涉工程已通过竣工验收，故应当认定张某员已完成合同内约定的全部工程量。在施工过程

---

[1] 江苏省徐州市中级人民法院(2013)徐民终字第0420号民事判决书。

中，对于双方形成的符合形式要求的派工单、会签单、工程签证单等书面材料，也应视为对于其中所记载工程量、计价标准、工程费用的认可。故本案应结合《合同书》的约定及相应书面材料来计算工程费用。原一审对于合同外工程采信了部分派工单、会签单的内容，但对于合同内的工程费用仅凭双方的合同书来计算而没有考虑到施工过程中的实际情况，对于符合形式要求的工程签证全部没有采信，故一审判决不当。而二审抛开合同的约定，完全按照施工过程中的会签单等书面材料来计算工程费用欠妥，也应予以纠正。[1]

（三）逾期不答复结算文件的结算

发包人收到承包人提交的竣工报告及结算资料，逾期不予答复的，其法律后果取决于双方当事人在施工合同中的约定。即直接采信承包人提交的结算文件作为计价依据还是判令发包人支付拖欠工程款利息并承担违约责任，取决于双方当事人在合同中约定适用《建设工程价款结算暂行办法》第十六条还是《建设工程施工合同（示范文本）》第 33.3 条通用条款。在当事人没有特别约定的情形下，不宜适用逾期审核视为认可的规则，否则会侵犯合同自由原则，破坏竞争环境的均衡。1999 年版《建设工程施工合同（示范文本）》通用条款只约定了发包人应当在收到竣工结算报告后 28 日内进行审核，无正当理由不支付工程竣工结算价款的，应当支付利息并承担违约责任，并未规定发包人在 28 日内未答复的法律后果是视为其认可该结算报告。2013 年版《建设工程施工合同（示范文本）》对上述条款进行了修订，通用条款第 14.2 条竣工结算审核约定：发包人在收到承包人提交竣工结算申请书后 28 天内未完成审批且未提出异议的，视为发包人认可承包人提交的竣工结算单，并自发包人收到承包人提交的竣工结算申请单后第 29 天起视为已签发竣工付款证书。2017 年《建设工程施工合同（示范文本）》通用条款第 14.4.1 条作了同样约定。该约定符合《建设工程解释（一）》第二十一条不答复即视为认可的规定，具体来讲，发包人在收到竣工结算文件后 28 日内不予答复的，可以视为其认可承包人提交的竣工结算文件，应当依该结算文件确定工程款结算数额。也就是说，逾期不答复认可承包人结算数额必须有合同明确约定内容。

《建设工程解释（一）》第二十一条规定，“当事人约定，发包人收到竣工结算文件后，在约定期限内不予答复，视为认可竣工结算文件的，按照约定处理。承包人请求按照竣工结算文件结算工程价款的，人民法院应予支持”。发包人收到竣

〔1〕参见最高人民法院审判监督庭编：《全国法院再审判典型案例评注》（上），中国法制出版社 2011 年版，第 141～142 页。

工结算文件后，在约定期限内不予答复，视为认可竣工结算文件的适用前提是当事人有明确约定。不能仅依据建设工程施工合同格式文本中的通用条款视为当事人对竣工结算已有约定，从而把承包人提供的竣工结算文件作为工程款结算依据。在双方当事人签订的《建设工程施工合同》专用条款中明确约定执行通用条款，发包人收到竣工结算文件后在约定期限内不予答复的情况下，则视为认可竣工结算文件，以承包人提交的竣工结算文件作为工程款结算依据。

【案例 12－78】 江西圳业房地产开发有限公司与江西省国利建筑工程有限公司建设工程施工合同纠纷案

最高人民法院认为，适用本解释的前提条件是，当事人之间约定了发包人收到竣工结算文件后，在约定的期限内不予答复，则视为认可结算文件。本案当事人只是选择适用了建设部制定的《建设工程施工合同》格式文本，并没有对是否以承包人报送的竣工结算文件作为工程款结算依据一事作出特别约定。因此，不能以该格式合同文本中的通用条款第三十三条第三款之规定，简单地推出发包人认可以承包人报送的竣工结算文件为确定工程款数额的依据。本案不适用《建设工程解释》第二十条之规定，以承包人单方提交的竣工结算文件作为确认工程款数额的依据，并不意味着《建设工程施工合同》中通用条款第三十三条第三款的内容，对双方当事人没有约束力，违反这一规定，仍应承担违约责任。之所以维持一审判决以国利公司向圳业公司报送的竣工结算文件作为确认工程款数额基础的结论，是因为在一审诉讼中，国利公司将该竣工结算文件作为确定工程款数额的证据提交后，圳业公司没有在一审法院指定的举证期限内提出相反的证据，亦未在这一期限内申请鉴定。在一审法院同意就与工程款有关的问题进行鉴定后，圳业公司以不同意一审法院确定的鉴定范围为由，未在一审法院负责对外委托鉴定工作的部门指定的期限内缴纳鉴定费，致使鉴定工作未能进行，应承担举证不能的后果。在此情况下，人民法院只能以一方当事人提供的证据作为确认工程款的依据。[1]

《河南省高级人民法院民四庭关于建设工程合同纠纷案件疑难问题的解答》19. 当事人在施工合同中约定，发包人收到竣工结算文件后应在约定的期限内答复，但却没有约定逾期不答复的法律后果的，能否适用《建设工程解释（一）》第二十一条规定认定工程款？答：《建设工程解释（一）》第二十一条规定，“当事人约定，发包人收到竣工结算文件后，在约定期限内不予答复，视为认可竣工结算文件的，按照约定处理。承包人请求按照竣工结算文件结算工程价款的，人民法院应予支持”。从文义解释看，工程款结算中的默示条款，不仅包括发包人收到竣工结

〔1〕 参见《最高人民法院公报》2007 年第 6 期。最高人民法院（2006）民一终字第 52 号民事判决书。

算文件后在约定期限内不予答复的默示行为,还必须包括默示行为的法律后果,即发包人在约定期限内逾期不结算的,视为认可竣工结算文件的明确意思表示。双方当事人没有约定默示行为后果的,即没有明确约定"视为认可承包人提交的结算文件的",发包人逾期不予答复的仅构成违约,不能适用该解释规定。需要说明的是,最高人民法院也专门就此出台答复意见,该解释规定的默示条款不包括住建部示范合同文本中的通用条款的约定内容。

【案例 12-79】 黄浦住安公司与农工商超市有限公司工程款纠纷案

二审法院认为,本案中,合同通用条款第 33.2 条载明:发包人收到承包人递交的竣工结算报告及结算资料后 28 天内进行核实,给予确认或者提出修改意见;第 33.3 条载明:发包人收到承包人递交的竣工结算报告及结算资料后 28 天内无正当理由不支付工程竣工结算价款,从第 29 天起按承包人同期向银行贷款利率支付拖欠工程价款的利息,并承担违约责任。因此,本案当事人只约定发包方若不按期审核应承担违约责任,并未明确将产生"视为认可竣工结算文件"的后果,故本案不属于第二十条规定的情形。原审法院对该条的理解有误,上诉人农工商超市的该项上诉理由能够成立。据此,二审法院根据农工商超市的申请委托鉴定单位对涉案工程造价进行了审计鉴定,并根据审计结果进行了改判。[1]

不作为的默示只有在法律有规定或者当事人双方有约定的情况下,才可以视为意思表示。所以,在建设工程施工合同没有约定或法律规定的情况下,不能将承包人的沉默视为同意。

【案例 12-80】 河南省第三建筑工程公司诉平顶山煤业(集团)有限责任公司总医院建设工程施工合同纠纷案

判决观点,(1)对于工程如何结算,当事人在合同的专用条款和通用条款中进行了明确,而且在三建公司于 2008 年 6 月 2 日向平煤总医院提交的《工程竣工结算报告》中也将《建设工程价款结算暂行办法》第十六条作为结算依据,故该工程价款结算应该按照双方当事人的约定,按《建设工程价款结算暂行办法》的相关条款进行。(2)平煤总医院在该工程未经竣工验收的情况下,即于 2008 年 4 月 8 日擅自使用。因此,2008 年 4 月 8 日为案涉工程竣工之日。三建公司在工程竣工后向平煤总医院提交了《工程竣工结算报告》及结算资料,而平煤总医院收到上述材料后未提出任何异议,也未对上述材料的完整性提出意见或向对方进行催促,根据《建设工程价款结算暂行办

〔1〕 参见最高人民法院民事审判第一庭编:《民事审判指导与参考》2008 年第 3 集(总第 35 集),法律出版社 2008 年版,第 57 页。

法》第十六条的规定,应视为结算报告及资料的认可。[1] 该案判决存在可研究之处,合同专用条款和通用条款中的约定是发包人收到竣工结算报告及结算资料后28天内无正当理由不支付工程结算价款,从第29天起按承包人同期向银行贷款利率支付拖欠工程价款的利息,并承担违约责任。可见,通用条款第33.3条并没有约定发包人收到竣工结算报告及结算资料后28天内无正当理由不支付工程竣工结算价款,视为其同意上述结算资料,而只是约定从第29天起按承包人同期向银行贷款利率支付拖欠工程价款的利息,并承担违约责任。因此,发包人与承包人签订的《建设工程施工合同》并没有如法院所说明确约定“按《建设工程价款结算暂行办法》执行”。另外,三建公司于2008年6月2日向平煤总医院提交的《工程竣工结算报告》中将《建设工程价款结算暂行办法》第十六条作为结算依据,但只是三建公司的单方意思表示,并没有征得平煤总医院的同意。所以,本案发包人与承包人自始至终都没有约定“不作为的默示视为意思表示”,故法院将发包人收到承包人提交的工程结算资料后的不作为视为同意的认定违反法律规定,也没有合同依据,应当归结为错判范畴。实践中,虽然双方在协议解除合同时未对已完工部分的工程款如何结算重新进行约定,但双方当事人签订的施工合同已明确约定,在履行合同过程中,一方发出的函件、图表等文件,另一方在接收后应当在约定期限内予以答复,逾期不予答复则视为认可对方的主张。

(四)任职两个公司签署文件结算

实践中,具有双重职务身份既可代表本公司又可代表另一公司,其签署的法律文件对两个公司均具有法律效力,可以作为结算或付款的依据。

【案例12-81】 新兴公司诉天程公司、精兴公司建设工程施工合同纠纷案

二审法院认为,本案系争工程由精兴公司总经理王某以精兴公司名义对外发包,工程地点亦为精兴公司的经营场所,因此,王某的行为应认定为职务行为,应由精兴公司承担相应的法律后果。工程竣工后,新兴公司与精兴公司达成《关于工程款事宜的解决方法》,此后新兴公司又致函天程公司,表示其认可并接受该工程,由其与天程公司结算工程余款,故可以认定精兴公司对天程公司的工程款债务已转移给新兴公司。2005年2月3日,尽管李某系以精兴公司名义与天程公司签订《和解协议书》,但李某亦系新兴公司的总

---

〔1〕 河南省平顶山市中级人民法院(2009)平民初字第3号民事判决书。

经理,因此可以认定新兴公司对该协议书也是确认的,故原审据此判决新兴公司支付工程款,并无不当。新兴公司称其出于无奈才介入该争议,因未提供相应证据证明,且从未提出撤销其与精兴公司之间的《关于工程款事宜的解决方法》及其对天程公司的承诺,故不予采信。至于新兴公司与精兴公司之间的争议,系其内部事宜,与本案无关,由新兴公司与精兴公司另行解决。[1]

(五)不属于招标工程的结算

对于不属于招标工程适用何种合同结算一般分两种情形界定:一种是经过招投标程序订立了合同,并进行了备案,应当以备案的中标合同结算;另一种是没有经过招投标程序,应当以实际履行的合同结算。《建设工程解释(一)》第二十三条规定:"发包人将依法不属于必须招标的建设工程进行招标后,与承包人另行订立的建设工程施工合同背离中标合同的实质性内容,当事人请求以中标合同作为结算建设工程价款依据的,人民法院应予支持,但发包人与承包人因客观情况发生了在招投标时难以预见的变化而另行订立建设工程施工合同的除外。"该条规定明确规定了不属于强制招标工程按其强制性招投标项目处理的原则,同时又明确在招投标完成后,因客观情况发生了变化,确需另行订立施工合同的,基于合同自由的考虑,法院允许当事人按照另行订立的合同结算。根据2018年《必须招标的工程项目规定》《必须招标的基础设施和公用事业项目范围规定》,不属于必须招标的建设工程范围越来越大,主要是根据确有必要、严格限定的原则将施工单项估算价不到400万元的项目;民间资本投入的非基础设施项目和非城建项目都纳入不必需招标范围。从维护公开公正公平的招投标秩序角度出发,对于以上不必需招标项目,如果发包人进行了招标,则应以中标合同为准,任何背离实质性内容的其他协议均不能作为结算工程价款协议,其例外是客观情况发生了招投标时难以预见的变化。制定司法解释的法官认为,而非必须招标工程项目当事人可以选择招标,也可以选择不招标,有一定的自由选择权,但只要在我国境内进行招标投标活动,即应遵守《招标投标法》。[2] 也就是说,无论是否属于招投标的项目,只要经过招投标程序,则必须依中标合同进行结算,但有例外。

---

〔1〕 参见潘福仁主编:《建设工程合同纠纷》(第4版),法律出版社2015年版,第223页。

〔2〕 参见最高人民法院民事审判第一庭编著:《最高人民法院建设工程施工合同司法解释(二)理解与适用》,人民法院出版社2019年版,第212页。

【案例12－82】 绍兴某建设工程有限公司与浙江某科技有限公司建设工程施工合同纠纷案

二审法院认为,本案讼争工程并非法律、行政法规规定必须进行招标的建设工程,一审法院认为"厂房工程合同及补充合同签订在施工合同之后,且结合其他证据可以看出,双方实际履行的系厂房工程合同及补充合同,故应视为双方协商一致对第一份合同进行了变更,前后三份合同不一致处应以3月1日签订的两份合同为准",并无不当。故讼争工程的合同价款应以厂房工程合同及补充合同为依据进行确定。[1]

(六)法院裁量结算依据

1.计价定额裁量

在个案中,施工合同约定的计价定额,在合同履行中被政府新定额标准替代,但新定额标准文件明确规定不适用在实施之前已经签订施工合同工程,在承发包双方对此没有达成合意的情况下,由法官可以裁量仍然适用合同约定的旧计算标准。

【案例12－83】 江苏省华建建设股份有限公司深圳分公司与深圳南方电力建设有限公司建设工程施工合同纠纷案

最高人民法院认为,根据涉案《工程承包补充协议书》第三条第三款约定:"在合同期内深圳市执行新的定额及新的收费标准时,本工程则按新的文件执行。"新定额即2003年定额文件深建价〔2004〕4号《关于发布〈深圳市建筑工程消耗量标准〉(2003)的通知》规定:"《深圳市建筑工程综合价格》(2000)自2004年5月1日起停止使用。但2004年5月1日前(不含5月1日)已招标的建筑工程(包含未定标及未签订或已签订施工承包合同者),仍按原规定执行。"新定额文件深建价〔2004〕6号也有相同的规定。由于涉案工程属于非招标工程,因此上述通知确定的新定额文件的适用范围是否适用涉案合同即存在疑问。但是,就该问题,华建公司于2008年7月14日、7月29日分别请示深圳市建设局和深圳市建设工程造价管理站,深圳市建设工程造价管理站于2008年9月10日作出深建价函〔2008〕14号复函,主要内容:"根据深造价〔2004〕4、5、6号文件精神,对于2004年5月1日前(不含5

---

〔1〕 浙江省绍兴市中级人民法院(2010)浙绍民终字第1105号民事判决书。

月1日)已签订施工承包合同的规定,仍按原规定执行。”由于新定额文件的制定、发布、解释、补充和修订工作都是深圳市建设工程造价管理站的职权范围,因此深圳市建设工程造价管理站的解释是新定额文件适用范围的权威解释,应予采纳。其次,新定额标准于2004年3月18日发布,而在2004年12月28日、2005年2月1日、2005年4月29日、2005年6月23日等由华建公司制作、南方公司予以确认的多份《施工现场签证单》上,都明确标明相关的工程量计价采用2000年定额取费,这些签证单都是在2003年定额发布之后,甚至是在双方已经产生争议之后形成的,因此,也在一定程度上反映出双方当时就该工程应当适用2000年定额标准的意思表示。最后,由于2003年定额在价格构成、管理费的计算基数、工程量计算规则等涉及工程价款的重要方面存在重大差别,因此,在客观上难以适用。并且,若干费率标准需要当事人的明确约定方能适用,在当事人没有达成一致的情形下,法院或鉴定机构以直接采用推荐费率的形式代替当事人的意思表示,法律依据不足。广东省高级人民法院综合上述理由作出应当适用2000年定额的结论正确,应予维持。〔1〕

2. 结算书结算价款包括范围确认

结算书中的结算价款是承包人实际施工的工程量价款,还是施工合同中约定的全部工程量价款,对其争议应当按照合同双方约定的具体内容和案件实际情况确认。

【案例12-84】 辽宁省沈阳溢利房地产开发有限公司与中国建筑第六工程局有限公司建设工程施工合同纠纷案

最高人民法院认为,关于涉案《竣工结算确认书》中的结算价款是中建六局实际施工的工程量价款,还是建设工程施工合同中约定的全部工程量价款问题。2010年12月11日,双方当事人签订《关于沈阳金碧辉煌国际俱乐部工程竣工结算确认书》,明确双方同意达成最终结算意见,即涉案工程总造价确认为120,150,000.00元;就中建六局承包的建设工程的造价结算,双方不再另行增加任何费用;上述总造价为本工程最终结算价款;该款尚未扣减甲供材、甲方垫付工程款等;上述应扣减项目尚需双方继续核对。《关于沈阳金碧辉煌国际俱乐部工程竣工结算确认书》约定的内容,是双方当事人的真实意思表示,且不违反法律的禁止性规定,应当认定该竣工结算确认书有效。

---

〔1〕 参见最高人民法院民事审判第一庭编:《民事审判指导与参考》2012年第2辑(总第50辑),人民法院出版社2012年版,第164~165页。

涉案竣工结算确认书是双方当事人对于涉案工程造价的最终确认。双方对于涉案工程价款应扣减的项目约定很明确,即甲供材与甲方垫付工程款等,并不包括甲方外委分包项目。且从常理看,竣工结算确认书是在中建六局结束施工已近2年之后签订,若7800余万元的项目不包括甲方应当给付的工程款中,应在该竣工结算确认书中予以注明。另外,按照溢利公司的主张,扣减7800万元后,涉案工程造价每平方米仅为400余元,不符合常理。故溢利公司主张涉案工程竣工结算确认书中确认的工程价款包含其外委发包项目,缺乏依据,最高人民法院不予支持。[1]

3. 有其他证据佐证的结算材料结算

承包人明确表示结算书原件为发包人持有,且通过其他证据的佐证和证人证言亦可以证明结算确实发生过,故在发包人无正当理由拒不提供结算书原件,仅对结算事实予以否认,且不能通过相关证据推翻承包人主张的情况下,应当推定承包人的主张成立。通过对补强证据规则和妨碍举证推定规则的运用,法官亦可对案件事实进行查明和判断。

湖南省高级人民法院发布的《关于审理建设工程施工合同纠纷案件若干问题的解答》规定:以房抵债协议在结算中应如何处理?工程款结算中,发包人与承包人约定以承包人建设的房屋抵冲工程价款的,在案件结算中应一并予以处理。除非承包人能够证明存在发包人拒绝履行以房抵债义务或其他履行障碍情形。

签证单未按照合同约定经发包人盖章,承包人施工的设计图纸外部分的工程价款有权主张。

【案例12-85】 冶某公司与某某公司建设工程施工合同纠纷再审案

最高人民法院认为,对于鉴定意见"不确定部分"中承建单位未按合同要求盖章的签证单,经过某某公司派驻的工程师某某的签字确认,在某某公司未提交充分证据证明该部分工程系由其他施工人施工或上述签证系虚假签证的情况下,虽然某某公司未加盖印章,但无法否定该部分建设工程系由冶某公司施工完成的事实,故从公平角度考虑,应对该部分工程及相应1,383,694.68元工程价款予以认定。[2]

案涉工程已验收合格并实际交付发包方使用,根据鉴定结果招标清单与工程图纸工程量之间存在巨大差额,实际施工人就工程量清单与图纸差额部分已实际

---

〔1〕 参见最高人民法院民事审判第一庭编:《民事审判指导与参考》2014年第3辑(总第59辑),人民法院出版社2015年版,第159~160页。

〔2〕 最高人民法院(2020)民再336号民事判决书。

付出成本与劳动,发包方作为案涉工程的实际使用者与收益方,依公平原则,应就大部分款项承担支付义务。

【案例12－86】　金某与银泰公司建设工程施工合同纠纷案

最高人民法院认为,实际施工人金某提出,根据《建设工程造价咨询成果文件质量标准》,招标清单与图纸不符的合理误差应为3%。本院认为,3%系在承包人无复核义务亦无其他过错的情况下,发包人的合理误差比。本案中,招投标文件和案涉《建设工程施工合同》均明确约定承包人对工程量清单有根据招标资料及设计图纸计算复核的义务,且在招标前未就其准确性和完整性提出异议的,工程量不予调整。但根据招标代理机构、其他投标人的情况说明,银泰公司在招标工程中没有发放工程图纸。银泰公司虽在招标前给东欣公司马某某发放过一份工程图纸,但未能提供证据证明该份图纸与招标清单相配套。而东欣公司、金某作为承包人和实际施工人在负有核对工程量清单与图纸一致性义务的情况下,未就图纸发放问题提出异议,也未与银泰公司协商;银泰公司实际发放图纸后,也未就工程量清单与图纸之间的差异进行核对,亦应承担相应责任。综合考虑,案涉工程已验收合格并实际交付银泰公司使用,金某就工程量清单与图纸差额部分已实际付出成本与劳动,银泰公司作为案涉工程的实际使用者与收益方,依公平原则,应就大部分款项承担支付义务。故本院对一审法院酌定已完工部分差额35,885,509.09元中的80%,即28,708,407.27元属银泰公司应当支付工程款的处理意见,予以认可。[1]

【案例12－87】　赖某明与河北双维集团有限公司海南分公司、河北双维集团有限公司建设工程施工合同纠纷再审案

最高人民法院认为,根据《建设工程解释(二)》第十二条规定,“当事人在诉讼前已经对建设工程价款结算达成协议,诉讼中一方当事人申请对工程造价进行鉴定的,人民法院不予准许”。本案一审立案时间为2020年2月17日,河北双维公司及河北双维海南分公司向赖某明出具《承诺3》的时间为2020年1月13日,其承诺支付工程价款时间为2020年1月20日前,系因该承诺未兑现,赖某明才诉至法院。因此符合当事人在诉讼前已经对建设工程价款结算达成协议的情形。综上,二审判决以《承诺3》作为案涉工程价款的结算依据,认定案涉工程结算价款,并无不当。[2]

监理公司是否在相关试验记录上签章,仅涉及相应工程是否通过竣工验收的

---

〔1〕 最高人民法院(2019)民终379号民事判决书。

〔2〕 最高人民法院(2021)民申1755号民事裁定书。

认定问题，即使监理公司工作人员未在试验记录中签字，由于案涉安装、装饰工程部分已实际完成并投入使用，故未竣工验收不影响相应工程部分的结算。

【案例12－88】 某公司与某某公司建设工程施工合同纠纷再审案

最高人民法院认为，监理公司是否在相关试验记录上签章，仅涉及相应工程是否通过竣工验收的认定问题，根据《建设工程解释》第十三条之规定，“建设工程未经竣工验收，发包人擅自使用后，又以使用部分质量不符合约定为由主张权利的，不予支持……”本案中，即使监理公司工作人员未在上述三份试验记录中签字，由于案涉安装、装饰工程部分已实际完成并投入使用，故未竣工验收不影响相应工程部分的结算；上述工程已完工部分的工程价值亦为造价核定机构核算的结果，二审判决据此认定相应工程价值应计入工程总造价，并无不当。[1]

结算清单由项目经理签字，并加盖公司“技术专用章”，属于当事人的真实意思表示，对双方具有约束力，可以作为结算的依据。

【案例12－89】 周某国与江苏登达建设有限公司建设工程施工合同纠纷再审案

最高人民法院认为，关于结算清单的效力。结算清单由周某国与工地项目经理岑某签字，并加盖登达公司烟台分公司“技术专用章(2)”印章，登达公司、登达公司烟台分公司虽然称岑某签字受到威胁，但并未提供充分证据加以证实，对其该项理由本院不予采信，故结算清单应为当事人的真实意思表示，二审法院认定结算清单有效正确，本院予以确认。结算清单是登达公司烟台分公司与周某国达成的关于工程结算的独立协议，系当事人根据合同履行的实际情况达成，与工程是否竣工不存在必然联系，故二审法院认定结算清单确定的结算单价缺乏合同依据错误，应予纠正。[2]

4. 无法进行造价鉴定的结算

工程因缺乏施工资料无法进行造价鉴定的，应如何确定工程价款是疑难问题。工程造价鉴定是建设工程纠纷中最为常用的鉴定，而该鉴定需要以施工图纸、监理日志等材料作为基础。当施工资料丢失无法通过鉴定确认工程造价时，可以参照相邻地区相似工程的造价来确定工程造价。

---

〔1〕 最高人民法院(2019)民申1629号民事裁定书。

〔2〕 最高人民法院(2019)民再221号民事判决书。

【案例12-90】　甘肃北某电力工程有限公司与青岛华某阳光电力科技有限公司建设工程施工合同纠纷案

最高人民法院认为,由于双方对北某公司实际施工的支架基础工程造价并未进行结算审核。诉讼中,北某公司申请对已完工程价款进行造价鉴定。经依法委托相关鉴定机构进行鉴定。鉴定中,因北某公司、华某公司不能提供案涉工程的施工资料,且中某公司以不是合同相对方拒绝参加鉴定活动。经到监理单位、设计单位调取,亦未调取到相关施工图纸等资料。因案涉工程量施工资料缺失,导致鉴定工作无法进行,故一审法院鉴定组织部门终止了本案的鉴定程序。由于三方均未提交设计施工图纸,且对涉及支架基础工程造价鉴定的桩截面尺寸、长度、外露地面、地下长度、砼标号、配筋等部分计价指标无法确定。鉴于北某公司完成的25,960桩支架基础工程系各自独立的施工单元,采用破坏性抽检形式确认各桩平均工程量的方式不仅鉴定费用大,造成当事人不必要的诉讼成本,亦不符合案涉桩基工程各自独立、数量较多的实际情况。因此,案涉已完工程因无法通过鉴定程序确定工程造价。根据举证责任的规定,作为施工方的北某公司应当提供证据证明其完成支架基础工程所依据的施工图纸和标准、工程款如何进行结算以及向华某公司、中某公司移交施工资料的事实,北某公司无正当理由不能提供鉴定所需的相关施工资料,致使案涉工程的造价无法确定,本应承担不利责任。根据公平原则,本着能够彻底地、实质性解决本案纠纷的角度,一审法院责令各方当事人提交其他光伏发电工程中关于支架基础部分工程造价的相关证据。中某公司提交了该公司与向某公司签订的《施工承包合同》《补充合同》《居间合同》,用以证明中某公司与向某公司合同约定的支架基础工程造价为2,000,000元/10MWP的事实。北某公司提交了中国电某建设集团有限公司制作的《投标报价表》,用以证明支架基础工程造价为290元/桩的事实。经现场勘查,中某公司与向某公司上述合同约定的支架基础工程的施工区域与本案工程相毗邻,系相同地段关于对支架基础工程造价的约定,故本案支架基础工程价款可参照该合同约定予以核算。北某公司提供的《投标报价表》为复印件,华某公司与中某公司均不予认可,认为该报价表仅是施工方的单方意思表示,施工单位并不一定能中标该工程。由于北某公司提供的《投标报价表》系复印件,并未提供相应施工合同来印证,且该报价表反映的施工地点为青海省海北州共和县,与本案工程施工地点青海省海某州都兰县不同,不能真实客观反映支架基础工程造价,故一审法院对该证据不予认定。因此,参照中某公司与向某公司合同约定的支架基础工程造价,故本案工程总造价应为4,000,000元。在施工中,由于中某公司已代华某公司向北某公司垫付劳务费用973,000元,故华某公司还应向北某公司支付剩余工程款

3,027,000元。北某公司的部分诉讼请求成立,应予支持。诉讼中,北某公司向一审法院提交鉴定申请,请求对案涉工程量价款进行鉴定。一审法院依法委托鉴定机构对案涉工程造价进行鉴定。因案涉工程量施工资料缺失,导致鉴定工作无法进行,鉴定组织部门终止了本案的鉴定程序。由此,案涉工程无法通过鉴定予以确定。在此情况下,为彻底解决本案纠纷,一审法院基于公平原则责令各方当事人提交其他光伏发电工程中关于支架基础部分工程造价的相关证据。中某公司提交了该公司与向某公司签订的《施工合同》《补充合同》《居间合同》,以证明支架基础工程造价为2,000,000元/10MWP的事实。北某公司则提交了中国电某建设集团有限公司制作的《投标报价表》复印件,以证明支架基础工程造价为290元/桩的事实。根据当事人提供的证据分析,北某公司提供的证据为复印件,华某公司、中某公司对此均不予以认可,且该报价表反映的施工地点为青海省海北共和县,与本案工程施工地点青海省海西州都兰县不同。而中某公司提交的证据所约定的支架基础工程施工区域与本案工程相毗邻,参照意义较大。相较于北某公司提供的证据,北某公司所举证据的证明力较低,不足以反映案涉工程支架基础工程造价的实际情况。由此,一审法院参照中某公司与向某公司合同约定的支架基础工程造价,认定案涉工程总造价为4,000,000元更为客观。中某公司上诉主张案涉工程造价应为8,224,900元,并未提供充分证据予以证明,本院不予支持。[1]

因欠缺造价鉴定的客观条件,法院可依据现有的证据以及双方认可的证据综合确认工程造价。

【案例12-91】 西安市某综合治理开发建设管理委员会未央管理办公室与陕西东某实业有限公司建设工程施工合同纠纷案

最高人民法院认为,未央办在二审中申请对趸船工程造价继续鉴定。如前所述,一审中未央办已申请鉴定,一审法院予以准许并依法委托评估机构进行了评估鉴定,但因缺少相关测绘数据,鉴定机构要求必须先进行船舶测绘鉴定方能作出评估鉴定。对此,一审法院已决定进行测绘鉴定,但经在全国范围内寻找,因专业资质要求及船舶腐蚀严重、设备缺失等原因,最终未找到能对案涉趸船进行测绘的合适机构,故本案目前不具备对趸船工程造价进行客观准确鉴定的条件。一审法院已将无法测绘的事实告知双方当事人,双方均未提出异议。现未央办在二审中要求继续鉴定,但没有提供证据推翻一审无法测绘的事实,也没有提供证据证明一审鉴定程序存在错误。在此情况

[1] 最高人民法院(2016)民终522号民事判决书。

下，本院认为，本案无法继续鉴定，只能依据现有证据综合考量，对该项工程款作出认定：首先，未央办在其制作的《自建报告》中明确表述趸船工程总造价为 1270 万元，应视为未央办对趸船工程价款的自认表示，一审以《自建报告》所载金额作为工程价款是有依据的。其次，在现有多份证据记载的三个不同价款金额（1600 余万元、1400 余万元、1270 万元）中，《自建报告》记载的 1270 万元已系最低价，且与工程预算价（1287 万元）最为接近。最后，一般而言，工程最终实际造价往往高于预算价，且本案趸船工程存在设计变更增加工程量的事实，而一审认定的 1270 万元已低于预算价，已充分照顾了未央办的利益。虽然未央办在二审中否认其自认趸船工程的工程价款为 1270 万元，但并没有提供足以推翻该价款的证据以支撑其抗辩，应承担举证不能的后果。因此，一审依据未央办《自建报告》认定趸船工程价款为 1270 万元并无不当，本院予以确认。[1]

因无法提供完整材料且施工现场已经清理，缺乏进行司法鉴定的条件，法院根据接近的数值确定工程量。

【案例 12－92】 江苏广某建设工程有限公司十堰分公司与河南省江某实业有限公司建设工程施工合同纠纷案

最高人民法院认为，广某公司十堰分公司主张西采区爆破量为 2,523,133.7 立方米，但认为准确数据应以海某煤业公司、中铁北京某公司、江某公司每期办理的西采区《剥离岩土计算表》《工程数量审批单》《验工计价表》所记载的数额为准。由于上述三个表单并未区分爆破量与非爆破量，故不能作为认定广某公司十堰分公司完成西采区爆破量的计算依据。本案一审重审过程中，广某公司十堰分公司申请对西采区爆破方量进行鉴定，一审法院依法委托青海金某测绘有限公司进行司法鉴定，因广某公司十堰分公司不能提供完整资料且施工现场已经渣山治理，鉴定机构两次作出无法鉴定并终止鉴定的意见，一审法院最终未再继续鉴定并无不妥。在一审审理过程中，江某公司自认广某公司十堰分公司西采区爆破方量为 1,339,634.3 立方米。经查，从海某煤业公司在中铁矿区的作业流程来看，爆破每立方米需使用的炸药量在 0.34 千克～0.4 千克，双方认可广某公司十堰分公司使用的炸药总量为 619.148 吨，以此计算，爆破总量应在 1,821,023.53 立方米～1,547,870 立方米。鉴于广某公司十堰分公司所举证据不能证明其主张的西采区爆破方量，而江某公司自认广某公司十堰分公司西采区爆破方量为 1,339,634.3 立方米，该方量与双方无争议的东采区爆破方量 500,334.7 立

〔1〕 最高人民法院（2018）民终 1275 号民事判决书。

方米之和为1,839,969立方米,与广某公司十堰分公司所使用炸药所能完成的总爆破方量接近,表明江某公司所认可的西采区爆破方量数符合客观实际。在此情况下,一审法院依据江某公司自认广某公司十堰分公司的数据认定广某公司十堰分公司西采区爆破方量为1,339,634.3立方米,并无不当。[1]

5. 过程结算问题

过程结算书能否作为阶段性工程款依据是有争议的问题。实践中因案情特殊,虽然《工程(月)结算书》并非双方最终对工程款的总体结算文件,但该结算书体现了双方认可的单价和工程量,能够支持阶段性工程款的诉求。

【案例12-93】 中铁公司与新基业公司建设工程施工合同纠纷案

最高人民法院认为,虽然《工程(月)结算书》并非双方最终对工程款的总体结算文件,但该结算书体现了双方认可的单价和工程量,能够支持本案中铁公司主张2012年1月11日至2012年12月25日阶段性工程款的诉求。结合本案中案涉工程停摆多年、发包方新基业公司始终未予支付剩余工程款、《工程(月)结算书》属于包括监理方的三方确认且包含价款的特殊案情,一审法院依据13份《工程(月)结算书》认定新基业公司尚欠工程款43,637,620.20元有所依据,本院予以维持。另外,新基业公司主张本案中铁公司完工工程存在质量问题,并主张一并在工程款中予以扣减,但是,一审中新基业公司未参加诉讼,二审中其仅提交数量较少的几张照片及工作联系单用以证明主张,而未提交其他有效、客观、全面的证据或线索证明工程确实存在严重质量问题,其该项主张现并无依据,亦不足以启动鉴定,如其就工程质量问题存在诉求,可另行主张。关于尚欠工程款利息起算时间,一审法院根据中铁公司向新基业公司发出暂停施工的通知等事实,认定案涉工程于2013年6月15日全面停工。新基业公司根据2013年6月15日后新基业公司仍在支付款项,以及直至2014年5月新基业公司仍在交纳电费等情况,主张案涉工程尚未移交,尚未达到工程款支付条件。但是,中铁公司对以上情况已作出合理解释,且新基业公司2013年6月15日后并无与中铁公司结算、签订《工程(月)结算书》以及签证的情况,故新基业公司的该项主张依据不足。一审法院认定2013年6月16日起新基业公司负有给付尚欠工程款义务,并起算利息,较为合理,并无不当。[2]

---

[1] 最高人民法院(2017)民终673号民事判决书。

[2] 最高人民法院(2020)民终905号民事判决书。

实际施工人撤场后转包人未进行确认实际产值继续施工情况下,由业主方与监理方及其他有关人员按照严格的流程和规则认定的实际施工人完成的产值表,可以作为实际施工人主张应付款依据。

【案例12－94】　徐某东诉金某腾公司建设工程施工合同纠纷案

二审法院认为,本案中徐某东主张金某腾公司支付工程款,金某腾公司不认可并认为其代付了大量劳务费、材料费,后续工程系金某腾公司组织施工,徐某东施工工程存在质量问题,不同意给付工程款。故本案二审争议的焦点归纳为:徐某东主张金某腾公司给付工程款的诉讼请求能否成立,工程款的数额如何确定。《民法典时间效力规定》第一条第一款规定:“民法典实行后的法律事实引起的民事纠纷案件,适用民法典的规定。”本案双方签订合同及履行事实均发生在《民法典》施行后,故本案适用《民法典》及司法解释的相关规定,一审适用《民法典》实行前的规定适用法律错误,本院予以纠正。针对争议焦点问题,根据本案查明的事实,当事人的陈述意见,结合相关法律规定,本院分析认定如下:

首先,关于徐某东与金某腾公司之间的关系问题。本案徐某东认为双方系非法转包关系,金某腾公司认为双方系承包关系。对此本院认为金某腾公司未提交为徐某东缴纳社保、按月支付工资等双方存在劳动关系的实质性证据,故双方签订的《项目经理责任书》形式上为内部承担承包,实质为非法转包合同,双方的合同无效,徐某东可参照合同约定并依据实际履行主张工程价款。

其次,关于应付款问题,本案中,徐某东、金某腾公司均未提交有关徐某东撤场时或者金某腾公司后续施工前工程现状的相关资料。徐某东在金某腾公司与新疆美好乾德房地产开发有限公司签订《新疆万科公司五号二标段1号、2号、6号楼公区及室内精装修合同》之前就以金某腾公司及经理身份组织人员进场进行了施工,经业主方和监理公司的确认,徐某东2021年11月产值4,991,496.80元、12月产值3,872,395.56元,合计8,863,892.36元。徐某东称从最后一次确认产值至2022年1月1日实际撤场前有部分产值未经确认,总产值将达到10,224,166.9元。对此本院认为,因徐某东撤场时本案双方未对徐某东施工现场情况及完成产值情况进行确认或者留有现场照片、视频等资料,金某腾公司进行后续施工前对工程现场状况亦未形成相关证据,故本院对徐某东所称的预估产值意见不予确认,本院按照业主方或监理单位确认的产值作为应付工程款,即金某腾公司应付工程款数额为8,863,892.36元。徐某东称其当时约定的税金9%、管理费按3%合计按12%计算,一审按照该比例扣款并无不妥,本院予以维持。因金某腾公司就质量问题提出了抗辩并提交了证据,但其并未提交有效证据证实曾通知徐某东到场维修,双方也未有证据证实徐某东撤场时是否存在未解决的质量问题,同时徐某东陈述其负责施工期间请款前确有部分质量问题但早已整改完毕,在此情形下,一审考虑质保期并参照金某腾公司与新疆美好乾德公司合同约定内容酌情扣除3%的质保金,在质保期满后另行解决本案的实际情况,本院予以维持。故金某腾公司的应付工程款数额为7,534,308.51元(8,863,892.36元×85%)。金某腾公司关于质量问题的上诉意见依据不足,本院不予采信。

最后,关于已付款问题。其一,本案中金某腾公司作为付款方,其在徐某东撤场后未经徐某东确认的情况下,通过揽佩公司支付大量的劳务费及材料费。一审法院根据揽佩公司提交的证据计算,2021年支出劳务费及材料费数额为2,338,971元,2022年1月揽佩公司支付劳务费及材料费数额为3,280,634.05元,合计5,619,605.05元。对此本院认为,金某腾公司在本案二审中,对徐某东用工情况、付款凭证具体情况不清楚,对具体材料商是否为徐某东的材料商无法给出确定的回答,金某腾公司作为付款方未与徐某东就案涉工程中徐某东对外欠款真实情况进行核实的情况下,擅自向案外人支付了大量款项,一审法院在金某腾公司对其已付款情况未作明确合理解释的情况下,仅根据金某腾公司提交的付款凭证认定已付款数额,有失妥当。其二,本案中徐某东施工过程中向赵某青、李某、胡某的借款合计52万元的事实认可,并认为合计1,300,000元应计入金某腾公司的已付款。其三,金某腾公司作为付款方应对其付款情况及付款事实作详尽说明,在其举证情况未达到民事案件高度盖然性时,付款方对此应当承担不利的法律后果,即就本案而言,应当采纳合同相对方徐某东关于付款情况的相关意见。本案中,徐某东将金某腾公司、揽佩公司一审提交的付款凭证中不认可部分作为证据提交并叙述了理由,依据本案在证据认定意见及以上论述,该部分应从揽佩公司扣款中予以核减925,373元(289,093元+6840元+64,827元+156,030元+50,000元+50,000元+56,000元十59,990元+81,700元+3995元+100,500元+408元+2995元+2995元)。核减金额为59,946,232.05元(561,905.05元+1,300,000元-925,373元)。基于以上分析,金某腾公司还应向徐某东支付工程款1,540,076.46元(7,534,308.51元-5,994,232.05元),徐某东关于工程款的上述理由部分成立,本院予以支持。一审法院对此计算有误,本院予以纠正。

综上,徐某东的上诉请求部分成立,应予支持;金某腾公司的上诉请求不成立,应予驳回。判决:(1)撤销一审判决第二项;(2)变更一审判决第一项为金某腾公司向徐某东支付工程款1,540,076.46元;(3)驳回徐某东的其他诉讼请求。[1]

6. 不认可工程造价数额又不申请鉴定的问题

在需要通过鉴定确定工程造价的情形下，若一方提出了具体的工程造价数额，另一方对此数额不予认可但又不申请鉴定的，对此，最高人民法院民一庭认为，如果是承包人提出了具体的工程造价数额，发包人不予认可但又不申请鉴定的，可按照承包人提出的数额确定工程造价；如果是发包人提出了具体的工程造价数额，承包人不予认可但又不申请鉴定的，可按照发包人认可的金额确定工程造价，要避免出现简单驳回承包人全部诉讼请求的情形。依据《建设工程解释(一)》第三十二条第一款的规定，“当事人对工程造价、质量、修复费用等专门性问题有争议，人民法院认为需要鉴定的，应当向负有举证责任的当事人释明。当事人经释明未申请鉴定，虽申请鉴定但未支付鉴定费用或者拒不提供相关材料的，应承担举证不能的法律后果”。换言之，如果双方都提出了不同的具体工程造价数额又都不申请鉴定的，则要根据“谁主张，谁举证”的原则，根据各自的诉讼地位、诉讼请求等因素确定由哪一方承担举证不力的后果。[2]

7. 工程量月报表结算依据

就一般情况而言，监理工程师签认工程量月报表的行为属书证，具备《民事诉讼法》意义上的证据效力，不发生签证效力。也就是说，经建设单位聘用的监理工程师签认的工程量月报表，原则上不能直接作为工程结算的依据。[3]

8. 甲供材料的结算

对于存在项目，是工程结算疑难问题。

【案例12－95】　四川天福房地产开发有限公司与四川省第四建筑工程公司、成都长信房地产开发公司建设工程施工合同纠纷案

二审法院认为，关于甲供材料金额的认定。发包人上诉主张甲供材料应当按照审计单位出具的《工程省建四公司结算审计汇总表》上确定的35,363,800元扣除，承包人辩称应按照《甲供材料核对表》上确定的3,472,537.54元扣除。本院认为，在建设工程中，甲供材料按照定额消耗量

---

〔1〕 新疆维吾尔自治区乌鲁木齐市中级人民法院(2023)新01民终3981号民事判决书。

〔2〕 参见最高人民法院民事审判第一庭编：《民事审判实务问答》，法律出版社2021年版，第72～73页。

〔3〕 参见最高人民法院民事审判第一庭编：《民事审判实务问答》，法律出版社2021年版，第80～81页。

计算一般比实际用量大,其差额即为节约部分。《建设工程补充合同》约定,"甲供材料承包人按定额消耗量结算,节约部分按发包人实际采购价计价结算",上述约定明确了甲供材料及节约部分的结算方式,但对节约部分应由哪方享有并未进行明确约定。各方对《甲供材料核对表》真实性均无异议,虽然发包人认为该表中确认甲供材料供货数量属实不等于总金额属实,发包人不认可该表计算的甲供材料金额,但两方均未举证证明异议成立。一审按照《甲供材料核对表》上实际使用的甲供材料数量计算应当扣除的甲供材料金额未违反法律和合同约定,本院予以维持。[1]

(七)工程量清单结算

发包人提供的工程清单往往存在漏项、错项,为实践中结算多发争议。有法官认为,如果施工合同没有约定工程量清单的漏项、错项的责任承担,应由发包人承担工程量清单漏项、错项的责任。[2] 笔者赞同法官的观点,即应当据实结算工程价款。

【案例 12 -96】 广州市第二建筑工程有限公司与黄冈中学广州学校建设工程施工合同纠纷案

二审法院认为,发包人未履行其作为招标人编制工程量清单的审慎义务,将超过合理范围之外的漏项漏量责任全部归由承包人承担,不仅有违《建设工程工程量清单计价规范》的规定,也有违诚信原则。承包人作为专业的建筑公司,亦应审慎核实招标人编制的工程量清单,及时指出工程量清单中的漏项漏量情况,如果对于超过合理范围之外的漏项漏量未能发现和指出,不仅与其专业建筑公司的能力水平不符,也有违诚信原则。本案中,工程量清单漏项漏量达到 56.55%,显然已超出了建设项目漏项漏量的合理范围,表明双方在涉案工程招标中不仅存在过错,也未遵循诚信原则参与招投标。因此,一审判令黄岗中学广州学校向广州二建公司补偿工程量清单漏项漏量差价 12,306,000 元,既考虑了双方的过错程度,又有利于弘扬诚信原则,应当予以维持。[3] 有法官对一审、二审判决对漏项漏量由发包人与承包人各承担 50% 的责任提出异议,并认为发包人就享有的错项、漏项部分工作成果仅支付了 50% 的对价,这样的结果并不公平。因此,更为合理的解决思路应

---

〔1〕 四川省高级人民法院(2014)川民终字第 493 号民事判决书。

〔2〕 参见秦旺:《建设工程造价结算问题研究》,载《法律适用》2017 年第 5 期。

〔3〕 广东省高级人民法院(2015)粤高法民终字第 12 号民事判决书。

当是,对合理范围内的误差,根据约定由承包人承担,对超出合理范围的误差,宜视为已经超出承包人订立合同时的可预见范围,应当据实结算。[1]

设计图纸中有但工程量清单中未体现的工程量需要单独计价。根据《建设工程工程量清单计价规范》(GB 50500—2013)第4.1.2条规定:招标工程量清单必须作为招标文件的组成部分,其准确性和完整性应由招标人负责。需要说明的是,本条属于《建设工程工程量清单计价规范》中的强制性条款,招标人必须执行。

【案例12-97】　蒋某军与青海地方铁路建设投资有限公司、宜昌博高建筑工程有限公司建设工程施工合同纠纷再审案

最高人民法院认为,关于案涉室外铁栅围墙工程款应否计入欠付工程款的问题《房建工程施工图设计》及蒋某军提交的《施工图》均形成于招投标过程中,是案涉工程的设计图纸,并已载明室外铁栅围墙具体施工要求,属于建设工程施工合同工程范围。工程量清单中未摘录室外铁栅围墙。2015年6月《招标文件》中约定"设计图纸中有但工程量清单中未摘录的,视为已分摊到其他项目"。因此,施工资料中即便有相关单位签字,亦不能推翻室外铁栅围墙已分摊到其他项目的约定。蒋某军所提交的室外铁栅围墙工程《设计变更申请表》没有经该项目办公室、铁投公司审核同意,不能证明铁投公司认可变更设计、增加工程量,故蒋某军的该项再审理由,依法不能成立。[2]

工程变更导致工程量发生重大变化,当事人对该部分工程款结算达不成一致的,最高人民法院民一庭认为,建设工程结算工程款的基本原则是尊重当事人之间的约定,只要对合同工程增加如何结算的约定是明确的、具体的,根据增减工程的性质、标准可以适用原合同约定的计价方法和计价标准结算工程款,并不会因此而导致当事人之间利益的显失公平。而在因增减工程的性质、标准不宜适用原合同约定的计价方法和计价标准结算工程款,或者在原合同约定不明无法适用的情况下,则可根据《建设工程解释(一)》第十九条第二款的规定,参照签订建设工程施工合同时当地建设行政主管部门发布的计价方法或者计价标准结算工程价款。[3]

---

〔1〕 参见邬砚:《建设工程合同纠纷——254个裁判规则深度解析》(第2版),法律出版社2019年版,第109页。

〔2〕 最高人民法院(2021)民申6748号民事裁定书。

〔3〕 参见最高人民法院民事审判第一庭编:《民事审判实务问答》,法律出版社2021年版,第78页。

五、无效施工合同结算纠纷处理

(一)参照合同约定结算

建设工程合同被确认无效后,工程价款如何结算,不仅关系到建设工程合同双方的切身利益,而且也影响到整个建筑市场的规范和管理问题。[1]

1. 参照合同约定含义

《民法典》第七百九十三条规定:"建设工程施工合同无效,但是建设工程经验收合格的,可以参照合同关于工程价款的约定折价补偿承包人。建设施工合同无效,且建设工程经验收不合格的,按照以下情形处理:(一)修复后的建设工程经验收合格的,发包人可以请求承包人承担修复费用;(二)修复后的建设工程经验收不合格的,发包人无权请求参照合同关于工程价款的约定折价补偿。发包人对建设工程不合格造成的损失有过错的,应当承担相应的责任。"本条是关于建设施工合同无效时对承包人补偿的相关规定。这里面包含六层意思:其一,立法者认为,折价补偿的前提是建设工程本身具有价值。[2] 建设工程质量合格是请求参照合同约定支付工程价款的先决条件。该条规范对象包括建设工程竣工验收合格情形,也包括尚未竣工但已完成建设工程质量合格两种情形。其二,质量不合格的,但经修复后验收合格的,也同样适用。其三,参照是参考并对照比较、仿照的意思,并不是必须完全按照或依照原合同约定的工程价款执行。其四,不仅参照无效合同约定的价款,而且还要参照无效合同约定的工程款计价方式,甚至包括了双方约定适用默示条款的结算规则。在个案中,最高人民法院认为,本案当事人协议书中的"默认条款"系双方结算工程量的依据,故应依法参照执行。[3] 其五,作为折价补偿处理的仅是针对原无效合同中的工程价款的约定,并不包括

---

〔1〕 参见最高人民法院民事审判第一庭编:《最高人民法院建设工程施工合同司法解释的理解与适用》,人民法院出版社2004年版,第33~34页。

〔2〕 参见黄薇主编:《中华人民共和国民法典合同编释义》,法律出版社2020年版,第667页。

〔3〕 最高人民法院(2013)民申字第1124号民事判决书。

违约金等其他合同权利、义务条款,并不是恢复整个合同的效力。该条按折价补偿处理规定体现的本意是追求尽可能公平的结果,并非在实践中去鼓励无效合同签订、履行倾向。其六,建设工程施工合同无效,虽然依据本条规定可以对承包人按照建设工程合同关于工程价款的约定折价补偿,但是折价补偿并不影响承包人违反法律的行政法律责任和其他法律责任。[1]

《民法典》第七百九十三条规定体现的是合同无效后,对承包人折价补偿原则,而不是无效合同按有效处理。当合同形式和内容被认定为不合法而导致合同无效时,发包人也免除不了支付工程款的义务,而且合同约定是计价主要依据。参照合同约定支付价款是处理合同无效,工程质量合格时,双方支付工程款的一项基本原则,在一般情况下,应当依照合同约定来支付工程款。但应注意的是,对此原则的适用也不能过于僵化,其"参照"合同约定也并非意味着在任何情况下均要完全按照约定来给付工程价款,而是应当结合案件的具体情况加以处理。在按照合同约定无法计算工程款时,如未完的工程或者工程大规模改变设计的情况下往往发生这种情况,此时根据案件的具体情况,也不排除委托评估的办法来认定工程款的数额。对于参照合同约定计算工程价款,承包人不应获得比合同有效时更多的利益。施工合同无效并不影响合同约定的工程结算标准的效力,只要承发包任何一方请求参照合同约定结算工程价款,即应按合同约定结算。需要强调的是,厘清参照与折价补偿关系。现阶段建筑市场存在不同标准的工程款计价方式,在考虑折价补偿时,需要明确以何种计价方式为标准,这是《民法典》第七百九十三条"参照合同约定"规定所要解决的核心问题。

建设工程施工合同无效但工程竣工并交付使用的,应当依法参照合同关于工程价款的约定计算折价补偿款。

最高人民法院民一庭 2022 年第 22 次法官会议讨论认为:建设工程施工合同是承包人进行工程建设、交付工作成果即建设工程并由发包人支付价款的合同。建设工程竣工后,发包人应当根据合同约定及国家颁发的施工验收规范和质量检验标准及时进行验收。验收合格的,发包人应当按照约定支付价款并接收建设工程。如果发包人不按照合同约定及相应的规范或者标准组织验收,但接收建设工程的,参照《建设工程解释(一)》第九条、第十四条等规定,视为建设工程质量合格。《民法典》第七百九十三条第一款规定:"建设工程施工合同无效,但是建设工程经验收合格的,可以参照合同关于工程价款的约定折价补偿承包人。"根据上述规定,建设工程施工合同无效但工程竣工并交付使用的,应当依法参照合同关于工程价款的约定,计算承包人应得折价补偿款。实务中,之所以出现建设工程施工合同无效但工程竣工并交付使用的情形下以何种标准计算折价补偿款的争

---

〔1〕 参见黄薇主编:《中华人民共和国民法典合同编释义》,法律出版社 2020 年版,第 669 页。

议，在于未能准确理解《民法典》第七百九十三条第一款的规定。建设工程施工具有一定的周期性和复杂性，双方当事人在合同中的约定一定程度上代表了双方当事人对于合同签订和履行的合理预期以及对于相关合同风险的预先安排，在建设工程施工合同无效，没有更加科学、合理、简便有效的折价补偿标准的情况下，参照建设工程施工合同关于工程价款的约定折价补偿承包人具有相当的合理性。这种方式可以在保证建设工程质量的前提下，确保双方当事人均不能从无效合同中获得超出合同有效时的利益，符合当事人的合理预期和我国建筑市场的实际，能够保证案件裁判的社会效果。《民法典》第七百九十三条第一款虽然使用了“可以参照”的表述，但如果工程建设未发生大规模设计改变，或者合同中有关工程价款约定不存在严重违背当事人真实意思表示等情况，人民法院在具体裁判中，不宜任意将“可以参照”理解为可以参照也可以不参照。[1]

湖南省高级人民法院发布的《关于审理建设工程施工合同纠纷案件若干问题的解答》规定：发包人可否参照无效合同约定要求支付工程款？建设工程施工合同无效，但是建设工程经验收合格，发包人可以参照合同关于工程价款的约定请求对承包人进行折价补偿。

《建设工程解释（一）》第二条已经规定，招标人和中标人另行签订的建设工程施工合同约定的工程价款等实质性内容，与中标合同不一致，一方当事人请求按照中标合同确定权利义务的，人民法院应予支持。此处之所以不再支持参照另行签订的合同折价补偿，主要是为维护建筑市场与招标投标管理秩序，保护其他投标人公平竞争权益、杜绝规避招投标的违法行为。故为了遏制“低价中标、高价结算”的顽疾，对于“白合同”即中标合同之后变更实质性内容的“黑合同”的效力应当予以否定，进而也不能参照该“黑合同”进行结算。人民法院应当依据《民法典》等法律、行政法规关于合同无效或可撤销的规定，重点审查发承包双方的结算协议是否存在恶意串通损害他人合法权益等无效或可撤销的情形，综合认定结算协议效力。

湖南省高级人民法院发布的《关于审理建设工程施工合同纠纷案件若干问题的解答》规定：当事人已达成结算协议后又以合同无效反悔应如何处理？当事人就建设工程价款自行达成结算协议后，又以建设工程施工合同无效为由，否定结算协议确定的工程价款的，不予支持。

湖南省高级人民法院发布的《关于审理建设工程施工合同纠纷案件若干问题的解答》规定：合同均无效情形中总包合同与转包、违法分包合同关于工程款的差额应如何处理。建设工程施工合同均无效情形中，承包合同高于转包、违法分包

---

〔1〕 参见最高人民法院民事审判第一庭编：《民事审判指导与参考》2022年第2辑（总第90辑），法律出版社2022年版，第253～254页。

合同的工程款差额的性质属非法利益,转包、违法分包人与实际施工人按转包、违法分包合同结算后又以承包合同向发包人主张支付工程款,发包人对超出部分的工程款提出不予支付抗辩的,人民法院应综合合同履行情况、施工工程内容及行业惯例等情形予以调整,一般不宜超过差额部分工程款的8%(包含税金、管理费在内)。但发包人明知且认可的,该抗辩不能成立。

《山东省高级人民法院民一庭关于审理建设工程施工合同纠纷案件若干问题的解答》第1条规定,施工合同无效,当事人主张参照合同约定结算工程价款,如何处理?施工合同无效,建设工程经竣工验收合格的,可以将合同中关于工程价款、付款时间、工程款支付进度、下浮率、质保金等约定条款作为折价补偿的依据。2.施工合同无效,当事人主张以另行签订的结算协议作为工程价款结算依据,如何处理?当事人在施工合同之外签订的结算协议具有独立性,施工合同的效力不影响结算协议的效力,结算协议可以作为确定工程价款的依据。

参照合同约定具有强制性,即施工合同无效,工程质量合格的情况下,无论发包人或承包人选择与否,均应参照合同约定支付工程款,除非双方当事人另行协商一致以其他方式进行工程结算。

【案例12-98】　郝某勤与文某熠等建设工程施工合同纠纷再审案

最高人民法院认为,二审判决按照郝某勤与文某熠在《工程承包合同》中约定的结算条款确认涉案工程价款,符合《建设工程解释》关于工程价款结算规定的精神。[1]

【案例12-99】　甘肃第一建设集团有限责任公司与靖远昌泰源房地产有限公司建设工程施工合同纠纷案

最高人民法院认为,本案中,发包人昌泰源公司在案涉工程未经过竣工验收的情况下擅自占有使用,即可认为昌泰源公司对建设工程质量是认可的,应将案涉工程视为质量合格。《建设工程解释(二)》第十一条第一款规定,当事人就同一建设工程订立的数份建设工程施工合同均无效,但建设工程质量合格,一方当事人请求参照实际履行的合同关于工程价款的约定折价补偿承包人的,人民法院应予支持。如前所述,因违反招投标强制性规定,本案双方当事人签订的《建设工程施工合同》及《补充协议》均无效,但双方当事人均认可施工过程中实际履行的为《建设工程施工合同》,因此参照此合同约定结算工程价款具有法律依据。[2]

根据《民法典》第一百五十七条"民事法律行为无效后,行为人因该行为取得

---

〔1〕 最高人民法院(2013)民申字第2461号民事裁定书。

〔2〕 最高人民法院(2022)民终118号民事判决书。

的财产,应当予以返还;不能返还或者没有必要返还的,应当折价补偿”的规定,合同约定的总价为折价补偿的依据,原则上可以参照执行;如果约定的总价不具有相应的事实基础或者约定的总价违反了公平合理原则的,则该总价不可以参照执行。

【案例12-100】 晋能控股山西电力股份有限公司与陕西雄风新能源有限公司等建设工程施工合同纠纷案

二审法院认为,总承包合同协议书第四条约定,合同固定总价24,150万元,超过30MW部分按固定价6元/瓦结算,其他情况不调整。合作协议第二条EPC总承包第2.2条总承包价款约定内容与总承包合同协议书第四条约定相同,即按合作协议约定由晋能电力向十七局一公司支付的工程款也是固定总价24,150万元,除超过30MW部分外,其他情况不作调整。合作协议第五条违约责任第5.3.3条约定,项目如未取得0.88元/度电价,根据甲方投资收益率不变的原则,电价每下降0.01元/度,甲方相应在付丙方的总承包价款内扣除0.08元/瓦。该条约定是对甲方晋能电力投资利益的保障约定,未涉及乙方雄风公司,虽然合作协议约定的股权转让条件成就,晋能电力已成为雄风公司唯一股东,但二公司均为独立法人,不能据此认为雄风公司亦有权依据合作协议第5.3.3条约定扣减应付十七局一公司工程款。综合合作协议第2.2条、第5.3.3条约定内容可知,未取得约定电价是晋能电力代付工程款数额的调整约定,而不是案涉项目工程总价款的调整约定,故雄风公司仍应参照总承包合同及合作协议均约定的固定总价24,150万元作为其与十七局一公司的结算依据,而晋能电力的责任范围可以其主张的经调整后的19,076.4万元为计算依据。[1]

【案例12-101】 北京蓝图工程设计有限公司与新疆大黄山鸿基焦化有限责任公司建设工程施工合同纠纷案

最高人民法院认为,该合同“通用条款”第23.1条约定合同价款为固定合同总价,但合同第一部分“协议书”、第二部分“通用条款”中均没有约定具体的合同价款,第三部分“合同专用条款”第7.1条约定合同价款(暂定价)为7800万元。按照合同第三部分“合同专用条款”第2.2条“合同文件及解释优先顺序”中约定的合同条款解释顺序,合同价款应理解为固定总价(暂定价)7800万元。该合同附件十一“项目投资估算表”对该工程各项造价分项估算计算出的建设投资总计7808万元,与合同约定的价款7800万元相符。约定合同价款为固定总价并非不能变更,根据合同的约定,在符合“通用

〔1〕 陕西省高级人民法院(2021)陕民终67号民事判决书。

条款”第23.1条约定的情形时按照该部分第31条“变更价款的确定”的约定可对合同价款进行变更。北京蓝图公司上诉称案涉合同并非固定总价7800万元、合同价款为暂定价7800万元，与合同约定并不矛盾。北京蓝图公司上诉称双方在合同履行过程中将合同价款变更为据实结算，与事实不符。(1)北京蓝图公司与鸿基焦化公司的往来函件不能证明双方对工程价款进行了变更。①鸿基焦化公司于2013年4月7日致北京蓝图公司的函中并未就合同约定的工程款进行变更，也未就进行变更达成一致，北京蓝图公司无证据证明双方完成了合同价格的调整。②2016年4月19日北京蓝图公司致鸿基焦化公司《关于12万吨/年合成氨填平补齐项目决算及出具发票的函》中称“由于实际造价与合同暂定价差异较大，经双方协商同意按照实际工程量按实结算”，鸿基焦化公司在复函中并未提及据实结算，北京蓝图公司无证据证明鸿基焦化公司同意据实结算，仅以其在函件中单方所称、鸿基焦化公司未提出异议为由认为鸿基焦化公司认可据实结算，缺乏事实依据。(2)《工程款支付证书》系宝中公司出具报告的一部分，不能证明双方对工程价款进行了变更。北京蓝图公司以案涉工程2013年3月至9月《工程款支付证书》中鸿基公司审核的应付款总额远超合同所约定的7800万元为由，认为双方对合同价款变更为据实结算。对此本院认为，案涉6份《报告书》系鸿基焦化公司委托宝中公司出具，是为了对工程进度款的支付进行审核，《工程款支付证书》是审核中的过程资料，并非最终的支付依据，而且《工程款支付证书》中记载最终以宝中公司审核为准，宝中公司审核的应付款金额并未超过合同约定价款，鸿基焦化公司已支付的工程款也未超出合同约定的价款，因此《工程款支付证书》不能证明双方是据实结算。综上，北京蓝图公司上诉主张双方对合同约定的价款变更为据实结算的上诉理由不能成立。案涉合同中并未约定以北京蓝图公司向第三方支付的款项作为案涉合同价款的结算依据，北京蓝图公司因案涉工程向第三方支付的价款与案涉工程款的认定无关。合同“通用条款”第23.1条约定合同价款所包含的工程内容为初步方案设计范围所包含的工作范围，案涉工程设计由北京蓝图公司设计，设计费包含在合同价款内，合同“通用条款”第29条“工程变更”约定“对初步设计方案性的变更甲乙双方原则上不得随意变更”。对于双方是否对初步设计方案进行变更问题，北京蓝图公司称签订案涉合同时没有初步设计方案，工程是边设计边施工的；鸿基焦化公司称没有变更，案涉合同是EPC合同，设计是由北京蓝图公司负责。北京蓝图公司所称与合同约定不符，不予采信，按照北京蓝图公司所称也就不存在超出初步方案设计范围的内容。北京蓝图公司二审庭审中称，实际工程量发生重大变更，应当据实结算。合同中约定了工程款暂定价，同时约定了对于价款调整的情况及变更价款的确定，北京蓝图公司未提供证据证明出现了合同“通用条款”部分第23.1条中约定的价款调整的情况,即“由于业主变更引起的合同价款的增减(变更引起的工程建设费用累计增减额50万元以内的变更不予调整);合同约定的其他价款增减或调整”。北京蓝图公司以实际工程量发生变更认为应当据实结算的理由不能成立。综上,北京蓝图公司没有证据证明双方已经对合同价款进行了调整,在合同无效的情况下,一审判决参照合同约定的7800万元认定工程价款正确。[1]

工程总承包合同无效情形下,在具有相应事实基础且公平合理的情况下约定的合同总价可以参照执行;否则,该合同总价不能参照执行。

【案例12－102】 江西长荣建设集团有限公司与江西余干高新技术产业园区管理委员会建设工程施工合同纠纷案

最高人民法院认为,关于案涉《总承包合同》是否为固定总价合同;若不属于固定总价合同,一审法院采信鉴定意见确定工程价款是否正确问题。案涉《总承包合同》第一部分合同协议书第六条约定合同价格为36,768.26万元,虽该合同无效,但其约定的合同价格在具有相应事实基础且公平合理的情况下可以参照结算工程价款。案涉《总承包合同》于2017年11月10日签订,约定竣工日期为2017年12月31日。对于长荣公司在《总承包合同》签订前已入场施工的事实,各方均不否认。案涉项目开始施工时仅有立项文件,无初步设计、无图纸,属于边施工边设计出图的模式,工程总价难以控制。一审法院委托江西中达造价咨询有限公司对长荣公司已完工程造价以及该项目的总工期进行了鉴定,结论是长荣公司已完工程造价为35,040.624661万元,案涉项目总工期为671.9天。二审中,余干管委会认为长荣公司已完工程量约为总工程量的58%。余干管委会主张案涉《总承包合同》为固定总价合同,即工程总价款为合同约定的36,768.26万元,而如果依此固定工程价款,结合余干管委会主张的已完工程比例来计算长荣公司已完工程价款,将与鉴定意见确定的已完工程造价35,040.624661万元相距甚远。从合同对工期的约定看,与鉴定意见亦有很大差距。基于此,一审判决认定如按照余干管委会主张的合同约定的工程总价结合其认可的长荣公司已完工程量占比来确定工程价款,双方权利义务将失衡,长荣公司、余干管委会对案涉工程实际施工成本高于合同价均具有过错,并无不当。余干管委会在本案二审庭审中自认,其后续将长荣公司未施工部分的工程发包给案外人的合同总价约24,000万元,也能印证《总承包合同》第一部分合同协议书第六条约定合

〔1〕 最高人民法院(2020)民终481号民事判决书。

同价格与客观事实不符。一审判决结合在案证据及本案实际情况，采信江西中达造价咨询有限公司出具的鉴定结论认定余干管委会应支付给长荣公司的工程价款，对案涉工程进行据实结算，并无不妥。余干管委会一审中申请对长荣公司已完工程量在其总工程量中所占比例进行鉴定，一审法院为此向相关鉴定机构进行咨询，鉴定机构认为上述比例值难以确定，故一审法院未启动此鉴定程序，不构成程序违法。[1]

参照合同约定的前提条件是正确厘清结算条款与违约条款。

【案例12－103】　浙江杭萧钢构股份有限公司与湖北香利资产管理公司、武汉中联三星中联实业有限公司建设工程施工合同纠纷案

二审法院认为，《"世纪家园二期"钢结构住宅合同补充协议》系针对2004年12月27日《钢结构住宅合同》而签订，其主要内容是明确工程款支付及违约责任事宜。根据该补充协议第一条及第三条的约定，本案中所争议的补偿款从性质上讲是对杭萧钢构垫资及资金利息损失的补偿，相关协议条文应属案涉工程价款结算条款，而非违约条款。一审法院以《钢结构住宅合同》及上述补充协议无效为由，对补偿款的约定不予参照适用属法律适用不当。根据《建设工程解释》第二条的规定……因此，作为本案价款结算条款内容之一的补偿费，在补充协议依法被确认无效的情况下，仍可参照适用作为结算的依据。[2]

在司法实践中，适用《民法典》第七百九十三条规定时还要注意一个问题，即建设工程施工合同无效，承包人建设的工程也验收合格，承包人是否可以请求不参照合同约定支付工程价款，而申请人民法院委托鉴定机构对工程价款进行鉴定呢？对此，本书认为，既然该条规定并未限定承包人只能请求参照建设工程施工合同约定折价补偿，根据法无禁止即自由的民事基本原则，承包人在起诉时可以选择请求参照建设工程施工合同约定支付工程价款，也可以申请人民法院委托鉴定机构对工程价款进行鉴定。但一旦选定后，就不应再反悔，即人民法院既应注重保护承包人的选择权，也应注重维护诉讼诚信原则。[3]

2. 参照合同约定请求权主体

根据合同权利义务相一致的原则，发包人和承包人均有权请求参照合同约定折价补偿款，并非只有承包人有权请求。主流观点认为，建设工程施工合同无效，

---

〔1〕 最高人民法院(2020)民终115号民事判决书。

〔2〕 浙江省高级人民法院(2013)浙民终字第27号民事判决书。

〔3〕 参见最高人民法院民事审判第一庭编：《民事审判指导与参考》2020年第3辑(总第83辑)，人民法院出版社2021年版，第145页。

但建设工程经验收合格，发包人也可以请求参照合同约定支付折价补偿款。理由如下，第一，《民法典》第七百九十三条规定的本意并不是赋予承包人选择参照合同约定或工程定额标准进行结算的权利，而是建设工程合同无效但经竣工验收合格时的折价补偿原则，即“参照合同约定折价补偿款”。第二，从该条的文义内容来看，承包人请求参照合同约定折价补偿款的表述形式，只是在文字表述上以承包人的名义出现而已，不具有其他内涵，不是赋予承包人进行选择的权利。第三，赋予发包人有权请求参照合同约定折价补偿款的权利，是平等保护合同双方当事人的需要。参与制定司法解释的法官认为，我们将承包人主张参照合同约定折价补偿款和发包人抗辩应参照合同约定给付两种情况均纳入本条规范对象，以当事人称谓加以统称。〔1〕

虽然《民法典》第七百九十三条并没有明确规定发包人参照合同约定支付折价补偿款，但是依据诚信、对等、公平原则，结合《民法典》第七百九十三条的立法精神，应该允许发包人享有上述权利，这既符合减少鉴定的要求，也可以防止承包人通过合同无效获取更大利益。《建设工程解释（一）》第二十四条采用当事人请求参照表述，制定司法解释的法官认为，一般而言，这里的“当事人”是指同一建设工程中的发包人与承包人。但没有资质的实际施工人借用有资质的建筑施工企业名义与他人签订的建设工程施工合同，也属于本条所指无效建设工程施工合同当事人。〔2〕这种表述明确了请求参照合同约定的主体为发包人与承包人，并非只有承包人。河北省高级人民法院《建设工程施工合同案件审理指南》5. 建设工程施工合同无效，发包人与承包人均有权请求参照合同约定支付折价补偿款；承包人要求另行按照定额结算或者据实结算的，人民法院不予支持。有律师认为，《民法典》以敞口形式规定该项请求权主体既可以是发包人，也可以是承包人，以此消除发包人能否参照无效合同关于工程价款的约定折价补偿承包人的实务争议。〔3〕

笔者持发包人与承包人均有权请求参照合同约定结算工程价款观点，法院在必要时也可依照职权参照合同约定结算工程价款。

【案例 12－104】 张某与甲公司建设工程施工合同纠纷案

二审法院认为，虽然“承包人”张某没有提出“参照合同约定”的请求，但“发包人”甲公司提出了这种请求，也应予以支持。〔4〕

---

〔1〕 参见最高人民法院民事审判第一庭编著：《最高人民法院新建设工程施工合同司法解释（一）理解与适用》，人民法院出版社 2021 年版，第 253～254 页。

〔2〕 参见最高人民法院民事审判第一庭编著：《最高人民法院新建设工程施工合同司法解释（一）理解与适用》，人民法院出版社 2021 年版，第 245 页。

〔3〕 参见张晓峰：《建设工程争议解决 100 讲》，法律出版社 2021 年版，第 500 页。

〔4〕 最高人民法院（2012）民申字第 741 号民事裁定书。

施工合同无效,工程未按期完工,但案涉工程已经竣工验收合格,可以参照合同约定计算案涉工程款,工期延误的责任在承包人,应由承包人承担相应的违约责任。

【案例 12-105】 林某富与延边嘉和房地产开发有限责任公司建设工程施工合同纠纷再审案

最高人民法院认为,关于建设工程施工合同无效后,谁有权主张参照合同约定支付工程款的问题。建设工程施工合同虽无效,但工程经竣工验收合格的,承包人有权主张参照合同约定支付工程价款。民事合同中,合同双方的权利义务是平等的,发包人也有权主张参照合同约定支付工程价款。林某富认为请求按照合同约定支付工程款的主体仅限于承包人缺乏依据。[1]

挂靠的实际施工人有权请求参照。最高人民法院民一庭 2021 年第 20 次专业法官会议纪要:没有资质的实际施工人借用有资质的建筑施工企业名义与发包人签订建设工程施工合同,在发包人知道或者应当知道系借用资质的实际施工人进行施工的情况下,发包人与借用资质的实际施工人之间形成事实上的建设工程施工合同关系。该建设工程施工合同因违反法律的强制性规定而无效。《民法典》第七百九十三条第一款规定:"建设工程施工合同无效,但是建设工程经验收合格的,可以参照合同关于工程价款的约定折价补偿承包人。"因此,在借用资质的实际施工人与发包人之间形成事实上的建设工程施工合同关系且建设工程经验收合格的情况下,借用资质的实际施工人有权请求发包人参照合同关于工程价款的约定折价补偿。[2]

3. 参照合同约定范围

《民法典》第七百九十三条规定明确参照范围是工程价款。实践中,一般认为主要指参照合同有关工程计价方法和计算标准,不包含支付条件。

《建设工程解释(一)》第二十四条第二款规定:"实际履行的合同难以确定,当事人请求参照最后签订的合同的关于工程价款的约定折价补偿承包人的,人民法院应予支持。"

山东省高级人民法院民一庭《关于审理建设工程施工合同纠纷案件若干问题的解答》第 1 条规定:施工合同无效,当事人主张参照合同约定结算工程价款,如何处理?施工合同无效,建设工程经竣工验收合格的,可以将合同中关于工程价款、付款时间、工程款支付进度、下浮率、质保金等约定条款作为折价补偿的依据。

---

〔1〕 最高人民法院(2014)民申字第 940 号民事裁定书。

〔2〕 参见最高人民法院民事审判第一庭编:《民事审判指导与参考》2021 年第 3 辑(总第 87 辑),人民法院出版社 2022 年版,第 162 页。

【案例12-106】 黄某盛、林某勇与江西通威公路建设集团有限公司、泉州泉三高速公路有限责任公司建设工程分包合同纠纷案

最高人民法院认为,一审判决根据诉争工程已经竣工验收并交付使用的实际情况,依照《建设工程解释》第二条之规定,判令江西通威公司支付黄某盛、林某勇工程款,并自工程交付之日起承担尚欠工程款的利息,适用法律正确。上述司法解释条款规定"参照合同约定支付工程价款"主要指参照合同有关工程款计价方法和计价标准的约定。江西通威公司主张"参照"应当包括合同对支付条件的约定,其与业主泉三高速公路公司未完成结算,本案所涉合同约定的工程款支付条件尚未成就,其应在付款条件成就时承担向黄某盛的付款义务,于法无据,本院不予支持。[1]

【案例12-107】 龙某建设集团股份有限公司与成都奥某斯财富广场投资有限公司建设工程施工合同纠纷案

最高人民法院认为,关于案涉工程结算依据如何确定的问题。……依照《建设工程解释》第二条关于"建设工程施工合同无效,但建设工程经竣工验收合格,承包人请求参照合同约定支付工程价款的,应予支持"的规定,结合案涉工程已经竣工验收合格的事实,应参照龙某公司与奥某斯公司实际履行的合同认定案涉工程价款。本院认为,龙某公司与奥某斯公司实际履行的是《施工合同》而非《备案合同》,理由:第一,龙某公司向奥某斯公司支付质量保证金1.05亿元,与双方当事人在《施工合同》中约定的质量保证金的数额相同。而《备案合同》约定的质量保证金仅为2054.72万元。第二,龙某公司在履行合同过程中向工商银行象山支行申请开立的以奥某斯公司为受益人的《建设工程履约保函》载明,该保函是为了履行《施工合同》需要而出具的。第三,龙某公司在上海证券交易所向投资人发布的公告载明与奥某斯公司签订了《施工合同》以及实际履行该合同。第四,龙某公司与奥某斯公司于2010年12月24日签订的《补充协议一》、2014年6月17日签订的《补充协议二》均载明是以《施工合同》为基础和依据。第五,龙某公司对提交的《工程结算审核报告》系按照《施工合同》约定的土建工程总价下浮15.5%、安装工程总价下浮18.5%计算工程款,并未提出异议。综合上述分析,一审法院认为《施工合同二》《施工合同》无效,支付工程价款是参照合同约定,主要指参照合同有关工程款计价方法和计价标准的约定,并不包括合同对支付条件的约定。[2]

---

〔1〕 最高人民法院(2013)民一终字第93号民事判决书。
〔2〕 最高人民法院(2020)民终744号民事判决书。

对于具体内容参照,由法官根据具体案情酌情裁定。

【案例 12－108】　汕头市建安(集团)公司与北京秦浪屿工艺品有限公司建设施工合同纠纷案

最高人民法院认为,《工程总承包补充协议(二)》《工程总承包补充协议(三)》虽然无效,但上述协议中有关工程奖励费和赶工的约定,属于当事人对施工过程中劳务报酬的约定,依照《建设工程解释》第二条之规定,双方当事人可以参照合同约定进行结算。但在合同无效情形下,汕头公司主张其因政府指令性要求停工的16天期间,应作为工期顺延时间,计算在提前完工时间内,缺乏依据,本院不予支持。[1]

【案例 12－109】　覃某汉等与广西冶金建设公司等建设施工合同纠纷案

一审法院认为,关于鉴定报告中扣除的技术咨询服务费、营业税和所得税、管理人员工资、投标及前期费用、按工程总价的6‰承担办证费用、承担临时住宿工棚费(大临费)、施工用水、用电费,系覃某汉、廖某为与桂林分公司订立的《工程栋号内部施工承包协议书》当中双方覃某汉、廖某为应承担的责任,属于合同约定结算工程款应遵循的条款,鉴定机构依合同约定予以扣除,并无不当。且根据协议对该费用约定的内容来看,没有明确约定桂林分公司应提供技术咨询服务项目的具体内容及如何衡量提供该项服务的量化指标,亦没有约定覃某汉、廖某为支付该笔费用时对桂林分公司设置有附加条件,而技术交底单、图纸会审纪要等证据则证实了桂林分公司对覃某汉、廖某为的施工确已提供了一定技术支持,故该笔费用鉴定意见按照合同约定扣除有事实和合同依据。……故覃某汉、廖某为上诉主张工程款结算不应扣减8%技术咨询服务费、管理人员工资、投标及前期费用6万元、临时住宿工棚费的理由不成立。二审法院亦持同样意见,维持一审判决。[2]

施工合同无效时,承包人请求参照合同约定支付的范围仅限于工程价款,并不包括违约金。

【案例 12－110】　中铁某工程局集团有限公司与迅某(西安)仓储发展有限公司建设工程施工合同纠纷案

最高人民法院认为,由于协议书属无效合同,合同中的违约条款亦自始无效,对双方当事人不发生法律效力和约束力。且根据《建设工程解释》第二条"建设工程施工合同无效,但建设工程经竣工验收合格,承包人请求参照

〔1〕参见最高人民法院民事审判第一庭编:《民事审判指导与参考》2013年第3辑(总第55辑),人民法院出版社2014年版,第131页。

〔2〕广西壮族自治区高级人民法院(2010)桂民一终字第69号民事判决书。

合同约定支付工程价款的,应予支持”的规定精神,建设工程施工合同无效时,承包人请求参照合同约定支付的范围仅限于工程价款,并不包括违约金。[1]

参照支付的工程价款为直接成本在实践中无争议,但在应否包括合理的利润、间接费及计费等级的确定则存在最根本分歧,各地法院执法尺度不尽一致。就合理利润一块,有的法院支持无效合同原告的诉求,而有的法院则对无效合同原告按比例支持或根本不予支持或予以收缴。就间接费一块,有的法院基于承包人为无资质个人、相关费用基本没有发生不予支持,有的法院则按鉴定意见中工程造价包含的全部内容予以判决,即支持了间接费的诉求。就计费等级一块,有的法院基于实际施工人等级资质计取费用,而有的法院依据无资质的个人按最低资质标准计费。[2] 上述疑难问题除了加强理论研究取得共识之外,最主要的应由最高人民法院颁布司法解释规定统一执法尺度。

参照合同约定范围,最重要的是体现无效合同结算工程价款范围。施工合同无效但工程质量合格,发包人应向承包人承担折价补偿责任范围,即折价补偿款的计算可以参照合同约定的工程款计价方式计算。《建设工程解释(一)》第四十条第一款规定:“承包人建设工程价款优先受偿权的范围依照国务院有关行政主管部门关于建设工程价款范围的规定确定。”制定司法解释的法官认为,无论按哪种计算方式,利润都属于建设工程价款的组成部分,可就建设工程折价、拍卖的价款优先受偿。[3] 笔者认为,折价补偿款应包括规费和利润,符合建筑市场行情且接近建设工程的实际价值。工程项目由发包人占有,发包人应按照工程价款补偿承包人,工程价款包括规费和利润。

【案例12-111】 晟元集团有限公司与潍坊雅居园投资置业有限公司建设工程施工合同纠纷案

最高人民法院认为,规费和利润应否由雅居园公司与晟元公司分享。在雅居园公司与晟元公司之间,案涉工程的价值为工程造价,包括规费和利润。案涉工程项目由雅居园公司占有,雅居园公司应按照工程造价补偿晟元公司。私法救济的目的是使双方的利益恢复均衡,如果自折价补偿款中扣减部分规费和利润,则雅居园公司既享有工程项目的价值,又未支付足够对价,获得额外利益,不符合无效合同的处理原则。故雅居园公司主张在工程造价中

---

〔1〕 最高人民法院(2018)民终96号民事判决书。

〔2〕 参见最高人民法院审判监督庭编:《全国法院再审法律疑难问题》,中国法制出版社2011年版,第66~67页。

〔3〕 参见最高人民法院民事审判第一庭编著:《最高人民法院新建设工程施工合同司法解释(一)理解与适用》,人民法院出版社2021年版,第413页。

扣除50%的利润和规费,缺乏依据。[1]

按照《建筑安装工程费用项目组成》的规定,工程价款包括利润。

【案例12-112】　武某与泾渭公司建设工程施工合同纠纷案

最高人民法院认为,对于施工利润。泾渭公司认为合同无效,武某不应当获得工程利润。本案中,泾渭公司将案涉工程转包给没有资质的个人武某,泾渭公司对《项目施工委托书》的无效存在过错。一审中已经按照《项目施工委托书》的约定扣除了泾渭公司收取的管理费,如再扣除利润,该利润被泾渭公司获得,泾渭公司违法转包反而取得了实际施工人本应获得的利润,不仅违背《项目施工委托书》的约定,违背诚信,亦有失公平。因此泾渭公司主张扣减施工利润的上诉理由不能成立。[2]

关于税费承担的约定,可以参照。

【案例12-113】　皇凯公司与建工集团华瑞分公司建设工程施工合同纠纷再审案

最高人民法院认为,缴纳税款是承包人的法定义务,皇凯公司承包案涉工程,应当缴纳税款。皇凯公司与建工集团华瑞分公司签订的《劳务合同》第八条显示双方对税款的承担进行了安排,即上述税款由建工集团华瑞分公司代扣代缴从工程款中直接扣除。虽然《劳务合同》因违反法律规定被认定为无效合同,但合同中关于税费承担的相关约定并不违反法律规定。根据合同约定该税款的扣除并不以建工集团华瑞分公司实际缴纳为条件,原判决按照合同约定的营业税及附加、印花税的税率将税款从工程款中扣除,并无不当。[3]

【不同处理】　有的法院认为参照合同约定范围包括支付条件条款,既包括"背靠背"支付条件条款在内。

【案例12-114】　某某与桥建公司、武汉花木公司、青山花木公司建设工程施工合同纠纷案

判决观点,原告与被告青山花木公司签订的合同无效,原告可要求参照合同约定支付工程款,但原告不应获得比合同有效时更多的利益,"参照合同约定"应是指与工程款支付有关的所有条款,原告与被告青山花木公司约定:支付工程款依发包人付款进度执行,因发包人桥建公司目前支付了80%的

---

〔1〕参见最高人民法院民事审判第一庭编:《民事审判指导与参考》2018年第2辑(总第74辑),人民法院出版社2018年版,第223页。最高人民法院(2017)民终字第360号民事判决书。

〔2〕最高人民法院(2019)民终1549号民事判决书。

〔3〕最高人民法院(2020)民申1521号民事裁定书。

工程款，且本案中并不存在发包方桥建公司故意不履行完毕付款义务的情况，故被告青山花木公司现应向原告支付80%的工程款，即619,880.26元，扣除已支付的工程款338,000元后，被告青山花木公司还应向原告支付工程款281,880.26元，另20%的工程款即154,970.06元，待发包方桥建公司支付完毕工程款后，原告可再向被告青山花木公司主张权利。原告要求被告青山花木公司支付全部工程款，原告反而因合同无效比合同有效时获得了在工程款等方面更多的利益，明显违反了当事人不能从合同无效而获得额外利益的基本原则，故对原告要求被告青山花木公司支付工程款436,850.32元的诉讼请求，对支付281,880.26元的部分予以支持，其他部分不予支持。[1]

实践中，有的法院认为以房抵债约定亦为参照合同约定范围。

【案例12－115】 江西立天唐人房地产发展有限公司与王某君建设工程施工合同纠纷案

对于上诉人主张的本案施工协议无效故王某君只有货币请求权的上诉理由，二审法院认为，一方面，《建设工程解释》第二条并未有承包人请求支付工程价款时只能主张货币支付请求的法律规定；另一方面，实际施工人请求按照施工协议第七条第三款约定以店铺支付工程款，亦符合该解释第二条的"参照合同约定支付工程价款"的规定，故上诉人的该项上诉理由，缺乏法律依据，本院不予采纳。[2]

合同无效，但约定临时道路的维护、保通不另行计量的，参照约定执行。

【案例12－116】 广元市川越建筑劳务有限公司与中国水利水电第八工程局有限公司建设工程施工合同纠纷案

最高人民法院认为，根据招标文件《技术规范》的规定，川越公司负有道路保通义务，临时道路的维护、保通不另行计量，监理及业主批复对该项不予计价，川越公司主张另行计量缺乏事实依据，不能成立。本案中，水利水电八局与川越公司之间系转包关系，长江设计公司系发包人。[3]

合同无效，但约定承包人采购材料发包人支付采保费和管理费的，参照约定执行。

---

〔1〕 湖北省武汉市青山区人民法院(2016)鄂0107民初236号民事判决书。

〔2〕 江西省上饶市中级人民法院(2018)赣11民终378号民事判决书。

〔3〕 最高人民法院(2020)民终912号民事判决书。

【案例12 –117】　六枝特区金海大酒店有限公司与戴某忠建设工程施工合同纠纷案

最高人民法院民事判决书中载明，贵州省高级人民法院认为金海大酒店委托戴某忠采购酒店所需杂件，由此产生的杂件采购款系直接支付给杂件供货人，对于杂件的采购款其不享有任何利润。考虑戴某忠采购杂件需支出除采购款外必要的采购成本，且对所采购的杂件负有保管的义务和承担毁损灭失的风险，故合同约定的采保费和管理费应当予以认定。因此，金海大酒店代为支付的杂件采购款20万元对应的采保费和管理费56,000元应当支付给戴某忠。本案中，建设工程施工合同无效。〔1〕

合同无效，工程采用固定单价的，约定固定单价风险范围以外的费用按照变更处理的，参照约定执行。

【案例12 –118】　中国华冶科工集团有限公司与某某建设工程施工合同纠纷再审案

最高人民法院认为，关于超运距、材料调价、人工调价的问题。涉案《建设工程施工合同》专用条款“六、合同价款与支付”约定：“本合同价款采用固定单价合同方式确定。固定单价（综合单价）包含的风险范围：工程的不可预见性及市场因素（投标人已经按招标文件要求，在投标报价中考虑了相应的风险费用）。风险费用的计算方法：投标人投标报价中的单价为固定单价，结算时在合同约定范围内不再调整。风险范围以外的综合单价调整方法：本工程的洽商变更及经发包人提出并确认的设计变更，作相应增减账调整。”超运距、材料调价、人工调价的产生均系工程的不可预见性及市场因素导致，华冶公司亦未举证证明超运距、材料调价、人工调价经过洽商变更或设计变更，依据《建设工程施工合同》约定，该部分不属于增减账调整的范围。二审判决对华冶公司的该部分请求未予支持，并无不当。〔2〕 案涉工程层层转包，由自然人作为实际施工人完成案涉工程的施工。

合同无效，但约定承包人承担办理施工许可证费用和建筑垃圾处置费的，参照约定执行。

【案例12 –119】　四川省第一建筑工程有限公司与云南万都房地产开发有限公司建设工程施工合同纠纷案

最高人民法院认为，依照双方《建设工程施工合同》专用条款第9.1条“承包人应遵守昭通市、昭阳区政府及相关部门的管理规定、办理相关手续并

〔1〕 最高人民法院（2020）民终429号民事判决书。

〔2〕 最高人民法院（2020）民申482号民事裁定书。

承担费用”以及双方补充协议第5.2.3条“承包人配合发包人办理施工许可证以及与施工有关的一切证件和手续,费用由承包人根据政策规定承担费用”的约定,该费用应由四川一建承担,虽然案涉合同无效,但毕竟为当事人所实际履行,四川一建上诉主张万都公司承担办理文明施工许可证费用和建筑垃圾处置费的主张,与双方约定不符,若支持四川一建的该主张,则实际上相当于四川一建获得了比合同约定要多的工程款,故一审以此为依据进行认定,符合当事人的真实意思及参照合同约定结算工程价款的基本原则,并无不当。[1]

合同无效,但工程质量合格时,应以鉴定意见中的造价总额作为承包人应得价款的基础;工程造价的组成项目均是确定工程成本的技术性要素,不能成为区分不同施工主体获得不同价款数额的基础。[2] 施工合同无效但工程验收合格时,依照《民法典》第七百九十三条的规定,可参照合同约定的工程价款折价补偿承包人,目的是获取标的物的发包人和付出成本的承包人之间实现利益平衡;折价补偿的参照内容,应当是合同约定的关于工程建设本身的对价性因素,如人工、材料、机械等费用。挂靠、转包中的管理费并非工程建设的对价性因素,不具有参照意义。[3]

4. 参照合同约定方式结算

承发包双方在合同中明确约定结算方式为其真实意思表示,在合同被判定无效后,仍然应作为参照约定方式结算。如果合同约定以审计机关的审计结论作为结算依据,即便合同无效,仍应尊重承发包双方的真实意思表示,在审计机关的审计结论未经依法撤销或变更的情况下,不宜在民事审判中对国家审计机关依法作出的审计结论进行审理并作出直接或间接的否定,而应当按照审计机关依法作出的审计结论进行结算。

【案例12-120】 重庆两江新区水土高新技术产业园建设投资有限公司与河南万绿园林股份有限公司成都分公司建设工程施工合同纠纷案

二审法院认为,案涉工程系全部使用国有资金,属于必须进行招标的项目,但涉案工程并未进行招标,因此两江公司与河南万绿成都分公司签订的两江新区云汉大道道路景观工程(北段)施工合同及两江新区云汉大道景观

---

〔1〕 最高人民法院(2019)民终1134号民事判决书。

〔2〕 参见王毓莹、史智军:《建设工程施工合同纠纷疑难问题和裁判规则解析》,法律出版社2022年版,第314页。

〔3〕 参见王毓莹、史智军:《建设工程施工合同纠纷疑难问题和裁判规则解析》,法律出版社2022年版,第322页。

工程(北段)补充协议属无效合同。本案中涉案工程已竣工验收,虽系发包人请求承包人按合同约定返还多支付的工程款,但其仍符合《建设工程解释》第二条立法本意,可参照合同约定确定涉案工程结算价款。两江公司与河南万绿成都分公司就涉案工程的结算价款应当以审计机关的审定金额予以确定,已付工程款实行多退少补。[1]

审计单位根据承包合同约定的结算标准计价,对工程造价进行区分鉴定的结果,能够作为认定工程款的依据。

【案例12-121】　中建某局第三建设有限公司与贵州德某泰实业有限公司等建设工程施工合同纠纷再审案

最高人民法院认为,关于工程款计价依据问题。中建某局三公司与德某泰公司签订的数份合同及双方认可的会议纪要均约定工程价款以某旅投公司确定或审定的价款为基础,并未约定案涉工程需单独审计,也未约定慢行系统需按市政定额进行审计。遵义中某会计师事务所作为整条公路项目的审计单位,其依据中建某局三公司与某旅投公司签订的《G212茅台至习酒公路改扩建工程施工总承包合同文件》约定的结算标准计价,对德某泰公司施工部分的工程造价进行区分鉴定的结果,能够作为本案认定德某泰公司施工工程款的依据。德某泰公司以审计机构为获取审计提成而恶意审减工程价款为由要求重新对案涉工程进行审计缺乏事实和法律依据,其该项再审申请理由不能成立。[2]

5. 参照合同约定结算增加工程

对于合同未约定或合同有约定但有增加的工程如何参照结算问题。最高人民法院民一庭倾向性意见为,建设工程施工合同因承包人资质无效,但建设工程经竣工验收合格,合同未约定工程价款,发包人和承包人就工程价款达不成协议的,经当事人申请,可以根据承包人的资质参照合同有效的标准在鉴定的基础上解决。合同虽然约定了工程价款,但发包人和承包人对新增加的价款达不成一致意见的,如果新增加工程与原工程性质基本相同,当事人请求参照合同约定计算工程价款的,应予支持。如果新增加工程与原工程性质不同,例如建筑材料不同、设计不同,经当事人申请,可以根据承包人的资质参照合同有效的标准在鉴定的基础上解决。[3]

---

〔1〕 重庆市第一中级人民法院(2017)渝01民终5550号民事判决书。

〔2〕 最高人民法院(2021)民申7041号民事裁定书。

〔3〕 参见最高人民法院民事审判第一庭编:《中国民事审判前沿》2005年第2集(总第2集),法律出版社2005年版,第223页。

6. 合同约定不明的参照问题

《民法典》第七百九十三条规定可以参照合同约定支付工程款，但实践中双方当事人对其工程款约定不明或因各种原因无法确定约定时，可以通过委托鉴定的方式解决结算依据问题。鉴定机构分别按照定额价和市场价作出鉴定意见的，在确定工程价款时，一般应以市场价确定工程价款。这是因为，以定额为基础确定工程造价大多未能反映企业的施工、技术和管理水平，定额标准往往跟不上市场价格的变化，而建设行政主管部门发布的市场价格信息，更贴近建筑工程的实际造价成本，且符合《民法典》的有关规定，对双方当事人更公平。

【案例 12-122】 齐河环盾钢结构有限公司与济南永君物资有限公司建设工程施工合同纠纷案

最高人民法院认为，第一，本案应当通过鉴定方式确定工程价款。尽管当事人签订的三份建设工程施工合同无效，但在工程已竣工并交付使用的情况下，根据无效合同的处理原则和建筑施工行为的特殊性，对于环盾公司实际支付的施工费用应当采取折价补偿的方式予以处理。本案所涉建设工程已经竣工验收且质量合格，在工程款的确定问题上，按照《建设工程解释》第二条的规定，可以参照合同约定支付工程款。但是，由于本案双方当事人提供了由相同的委托代理人签订的、签署时间均为同一天、工程价款各不相同的三份合同，在三份合同价款分配没有规律且无法辨别真伪的情况下，不能确认当事人对合同价款约定的真实意思表示。因此，该三份合同均不能作为工程价款结算的依据。一审法院为解决双方当事人的讼争，通过委托鉴定的方式，依据鉴定机构出具的鉴定意见对双方当事人争议的工程价款作出司法认定，并无不当。[1]

7. 参照合同约定结算限于合法建筑

这里讲的施工合同无效可以参照合同约定支付工程款，是建立在涉及的工程都属于合法工程基础上。未取得建设工程规划审批手续的工程性质上则属于违法建筑。依据《城乡规划法》第六十四条、第六十五条、第六十八条的规定，有关行政主管部门有权责令停止建设、限期改正，不能改正的，限期拆除。此时则应限制参照合同约定支付工程款。有法官认为，未取得建设工程规划许可证的建设工程，即使质量合格，也没有利用价值。对于这类施工合同，如果建设工程经批准补办手续的，则施工合同有效，应当按照合同约定支付工程款；如果不能补办手续

---

〔1〕 参见《最高人民法院公报》2012 年第 9 期。

的，则施工合同标的物违法，合同无效，无论工程质量是否有效，均不能参照合同约定支付工程价款，而应立即拆除成物，返还已经支付的工程款。对于由此导致的损失，则按照双方过错进行分担。[1] 也就是说，对于可以参照合同约定支付工程款应区分合同无效的原因，合法工程可以参照，违法工程则不能参照。

8. 参照合同约定结算例外

建设工程经竣工验收合格的，承包人可以请求参照合同约定支付工程价款，但这并不排除各方在事后对清理结算方式另行协商。

【案例 12－123】　成都高某土地整理有限公司与中某建设集团股份有限公司等建设工程施工合同纠纷案

最高人民法院认为，关于高某公司诉请的 83,795,651.57 元工程款损失问题。如上所述，高某公司未对《三方协议》请求变更或者撤销，《三方协议》的内容不违反法律、行政法规的禁止性规定，且性质上属于清理结算内容，与《工程劳务责任承包书》及《补充协议》相对独立，合法有效，对三方当事人均具有法律约束力。高某公司对鉴定结论不认可的主要理由是计价依据问题。对此，本院认为，建设工程施工合同无效，但建设工程经竣工验收合格的，承包人可以请求参照合同约定支付工程价款，但这并不排除各方在事后对清理结算方式另行协商。案涉工程没有实际完工，且《三方协议》已经明确约定“项目工程量及造价审核确认时，未通过某县财政局财政投资工程预算审查的，按国家标准《建设工程工程量清单计价规范》（GB 50500—2008）、《四川省建设工程工程量清单计价定额》（2009 版）、施工期内的‘成都市工程造价信息’组价计算后下浮 8% 结算按照 2009 定额下浮 8% 进行结算”，因此，可以认定各方对案涉工程的结算方式已经协议变更。高某公司主张仍按照《工程劳务责任承包书》及《补充协议》约定的计价方法进行结算，无事实和法律依据。[2]

对于中标价低于成本价导致施工合同无效的，有不同观点放在其后阐述。

9. 参照约定折价补偿规则在适用中缺陷与完善

有学者认为，不能忽视“参照约定折价补偿”规则适用中存在的问题，（1）建工合同在绝对无效时不能适用折价补偿。（2）建工合同中虚假的“合同约定价款”不能作为折价补偿的标准。（3）建工合同在金额计算标准上需要“客观说”的

〔1〕　参见《房地产纠纷裁判思路与规范指引》（上），人民法院出版社 2014 年版，第 260 页。

〔2〕　最高人民法院（2015）民一终字第 359 号民事判决书。

补充。(4)建工合同在计算时点上应有不能返还时的兼顾。(5)缺乏损害赔偿致产生利益严重失衡。合同无效"参照合同约定折价补偿"完善适用规则可以归纳如下:合同无效后,因合同取得的财产一般无需返还,应予折价补偿,但严重违法、严重违背诚信及公序良俗的除外;合同关于价款的约定,可以作为折价补偿基本计算标准,但该约定系虚假意思表示或明显低于成本价的除外;参照合同约定补偿需防止合同一方因该折价补偿计算标准而获益,应兼顾"客观说"计算标准;合同无效参照合同约定补偿,需要合同主体过错责任比例与其承担损失赔偿范围相当来填补;损失赔偿数额以实际损失为准,在无法举证客观实际损失的情形下,可参照合同约定的相关违约金标准来确定。[1]

(二)无效合同结算调整与限制

1. 无效合同结算调整

个案中,参照合同的约定、相似情形下定额计价的因素,考虑合同无效的原因、施工中工程量增减的情况,以及双方在自行结算时互相协商让步的情况等,法官可以对造价鉴定数额裁量变更。

【案例12-124】 中国建筑第八工程局第二建筑公司鲁东公司与青岛创新置业有限公司、张某、王某等建设工程施工合同纠纷案

最高人民法院认为,双方所签订的承包合同对合同内工程量的价款约定为1291万元,一次包死。参照这一约定,并考虑导致本案承包合同无效的原因,本院酌定合同内工程量在合同约定的价格基础上,降10%计取工程价款(12,910,000元-12,910,000元×10%),即1161.9万元。本案施工过程中,因设计变更增加并经签证认可的工程量,如何计取费用,双方在承包合同仅约定依据投标书中的收费类别、预算定案计取费用、具体增加的工程量和收费数额事先没有明确约定,但经佳恒公司对双方所报的工程结算资料审查核定,并经双方盖章认可,该部分工程的造价为5,489,228.46元。考虑以上的酌定因素,并考虑到该部分工程毕竟不属于承包合同约定的价款一次包死的范围,以及本案双方对工程款自行协商结算时,对进一步降低结算标准曾有过共识,本院参照佳恒公司的审查报告结果,酌定该部分工程应计取的价款为佳恒公司审查核定价款的60%,即3,293,537.07元。综上,本案创新公

[1] 参见《社会科学家》2023年第2期(总第310期)。

司应向鲁东公司支付的工程价款取其整数共计为1491万元。鉴于创新公司在本院再审之前已履行1098万元,已支付1,173,817.39元及其利息,故创新公司应再向鲁东公司支付工程款275万元。[1]

个案中,对于利益严重失衡时由法官裁量确认调整。

【案例12-125】　广东省韶关市第二建筑工程公司与韶关市坪石发电厂有限公司建设工程施工合同纠纷再审案

最高人民法院认为,……前述两份证据可以作为新的证据使用并可以证明合同约定的固定价格严重脱离了案涉工程的客观事实基础,材料价格巨大变动也使执行固定价格难以为继。因此,坪石电厂与韶关二建公司在合同履行过程中根据实际情况以及陆续提交的施工图所确定的施工量来重新议定工程承包总价格、变更原有固定价的工程价款确定方式,既有相应事实依据且合乎常理,亦有利于保证案涉工程的质量和建设施工顺利完成。……合同所约定的固定承包价因未经双方当事人充分协商而无约束力。合同履行中坪石电厂和韶关二建公司根据实际情况据实结算,以借款名目支付的9493.8万元款项亦属于工程承包款。一审、二审判决关于案涉工程应以合同约定固定价格2.0495亿元结算以及9493.8万元为借款可另案解决的认定缺乏事实依据且与双方对账结果不符,应予纠正。[2]

在《建设工程合作合同》及《补充协议》无效的情况下,发承包双方应结合《司法鉴定意见书》据实结算。

【案例12-126】　黑马公司与众大公司建设工程施工合同纠纷再审案

最高人民法院认为,案涉项目确实存在部分地块没有土地使用权证的情形。黑马公司申请再审提交的证据证明了同一项地块中的4#、5#楼已经补办了《建设用地规划许可证》,并不能必然得出原审时案涉1#、2#、3#楼已经具备办理建设用地规划许可证、建设工程规划许可证条件的结论。鉴于案涉《建设工程合作合同》及《补充协议》无效,黑马公司和众大公司应结合《司法鉴定意见书》据实结算。[3]

合同约定工程采用一次性包死价,虽然施工过程中存在一定的工程量变更增加,但是双方在工程验收时约定包死价不作调整的,一方当事人要求增加工程款,不予支持。

---

〔1〕 最高人民法院(2010)民抗字第16号民事判决书。

〔2〕 最高人民法院(2016)民再字第135号民事判决书。

〔3〕 最高人民法院(2021)民申7435号民事裁定书。

【案例 12－127】 江苏中阳建设集团有限公司与徐州路工工程机械制造有限公司建设工程施工合同纠纷案

二审法院认为,欠付工程款如何确定的问题。首先,从补充协议约定的内容及工程验收节点看,中阳公司的施工符合补充协议约定的验收节点,路工公司应当按照原合同约定向中阳公司付款。其次,虽然工程施工过程中存在一定的工程变更增加,但从补充协议约定的内容及双方合同履行情况看,双方已经明确在工程验收时间符合约定时,中阳公司应得工程款为原合同约定的一次性包死价不作调整,因此一审认定工程款总价为约定的包死价420万元并无不当。中阳公司认为应当由路工公司另行支付变更增加工程款及材料差价没有依据,本院不予支持。最后,中阳公司施工范围不包括消防工程,2008年3月20日会议纪要及2009年6月30日鼓楼法院对监理单位驻工地总监宋某风的调查笔录的内容显示,双方合同约定的工程范围不包括消防工程,施工中依照的民用设计院图纸也不含消防工程。路工公司自行施工的消防工程部分的工程款不应由中阳公司承担,故路工公司要求从双方约定的固定价中扣除消防工程款没有依据。[1]

2. 无效合同结算利益限制

如果采取据实结算方式,会造成无效合同比有效合同的工程价款还高,这不仅超出了当事人签订合同时的预期,也会导致合同当事人反而因无效合同获得额外利益。因此,除非双方当事人另行协商一致达成新的结算合意,否则,均应当参照合同约定结算。

【案例 12－128】 济南市历城区建筑安装工程公司等与济南市历城区建筑安装工程公司第十分公司等建设工程施工合同纠纷再审案

最高人民法院认为,因建安十分公司与开发公司约定,按照单位平方米造价一次性包死,地下室不计算面积,故工程处与建安十分公司的结算工程造价亦应如此。济南市中级人民法院采纳了鉴定意见1的工程总价款,扣除总造价的9%,同时调增不符合规定的结算资料造价302,468.28元,再减去建安十分公司已付的款项,得出欠付工程款的数额,此种计算方法并无不当,其判决应予维持;山东省高级人民法院二审、再审判决均采纳了鉴定意见2据实结算工程总造价,扣除总造价的9%和建安十分公司已付款项后,得出

---

〔1〕 江苏省徐州市中级人民法院(2014)徐民终字第04343号民事判决书。

建安十分公司欠付工程款数额的计算方法，因缺乏事实和法律依据，应予纠正。[1]

【案例 12－129】　莫某华与东莞市长富广场房地产开发有限公司、深圳市东深工程有限公司建设工程施工合同纠纷再审案

最高人民法院认为，莫某华与东深公司不应获得比合同有效时更多的利益。涉案工程款应当依据合同约定结算。[2]

因未取得建设规划审批手续而无效的施工合同结算，应当依照无效施工合同关于折价补偿的规定处理。

【案例 12－130】　建工集团与水泥公司建设工程施工合同纠纷再审案

最高人民法院认为，水泥公司至本案诉讼前仍未取得案涉工程的建设工程规划许可证等规划审批手续，故原审认定水泥公司与建工集团签订的《建设工程施工合同》《补充协议》无效，并无不当。水泥公司主张案涉工程不符合合同约定"可调价格"的情形，案涉工程应按照建工集团投标时报送的综合单价作为结算依据。经查，《建设工程解释（二）》第十一条第一款规定："当事人就同一建设工程订立的数份建设工程施工合同均无效，但建设工程质量合格，一方当事人请求参照实际履行的合同结算建设工程价款的，人民法院应予支持。"原审认定案涉工程价款应按照"可调价格"计算，并无不当。[3]

实践中，工程转包后的结算纠纷涉及的主要问题是，涉案工程验收合格，承包人认为应以与发包人合同约定结算工程款，发包人则不同意按合同约定结算。最高人民法院在个案中的态度是，应以实际施工人的资质据实结算。

【案例 12－131】　新疆新世纪成功房地产开发有限公司与青岛建设集团公司等建设工程施工合同纠纷案

最高人民法院认为，青建集团在与成功公司签订合同后，未进行工程施工，其提出依照合同约定按青建集团一级资质结算工程款无事实依据，不予支持。双方当事人争议的建设工程是由三级资质的建设单位完成的，因此，应依照实际施工人资质等级据实结算工程款。本案一审法院委托鉴定机构

---

〔1〕 最高人民法院（2013）民提字第 59 号民事判决书。

〔2〕 参见最高人民法院民事审判第一庭编：《民事审判指导与参考》2013 年第 2 辑（总第 54 辑），人民法院出版社 2013 年版，第 165 页。

〔3〕 最高人民法院（2021）民申 7536 号民事裁定书。

以青建集团一级资质进行鉴定不妥,应予纠正。[1]

应注意的是,无效施工合同中对规费、利润、税金的计价有不同观点。[2]

(三)数份无效合同结算

1. 数份无效合同结算理解

就同一建设工程签订多份合同的情形下,应区分情况确定结算依据。对属于涉案工程强制招投标的范围,以经招投标程序备案的合同为结算依据。对属于涉案工程非强制招投标的范围,当事人自愿进行招投标程序的,以备案合同为结算依据。对属于涉案工程非强制招投标,且又未进行招投标的,但按当地建设行政主管部门的要求进行了备案,当事人只履行其中的一份合同,应以当事人实际履行的合同作为结算价款依据。就同一建设工程另行签订的施工合同与经过备案的中标合同实质性内容不一致,且备案的中标合同合法有效的,应以备案的中标合同作为结算程价款为依据;如果备案中标合同无效,则以未备案实际履行的合同(黑合同)为结算依据。

双方当事人就同一建设工程签订的数份施工合同(或黑合同)均被认定无效,且数份合同有关工程价款结算的约定不同,应参照哪份合同约定结算工程价款,实践中争议颇大。

《建设工程解释(一)》第二十四条规定:"当事人就同一建设工程订立的数份建设工程施工合同均无效,但建设工程质量合格,一方当事人请求参照实际履行的合同关于工程价款的约定折价补偿承包人的,人民法院应予支持。实际履行的合同难以确定,当事人请求参照最后签订的合同结算建设工程价款的,人民法院应予支持。"该条规定坚持在工程价款结算问题上参照合同约定折价补偿原则,但是具体参照哪份合同结算,则确立了实际履行合同优先,实际履行合同确定不了时,最后签订合同优先原则。[3] 以当事人最后签订的合同作为当事人签订合同的最新意思表示,并以此推定实际履行的合同应是符合最新意思表示的合同。这样处理虽然存在因当事人可能倒签合同签订时间而导致所谓最后签订的合同并

---

〔1〕 参见最高人民法院民事审判第一庭编:《最高人民法院民事案件解析》(建设工程),法律出版社2010年版,第178页。

〔2〕 参见史鹏舟主编:《建设工程实际施工人法律问题深度解析》,法律出版社2002年版,第261~268页。

〔3〕 参见最高人民法院民事审判第一庭编著:《最高人民法院建设工程施工合同司法解释(二)理解与适用》,人民法院出版社2019年版,第244页。

非当事人最新的意思表示,但其好处在于符合日常生活经验,相对比较客观,更便于统一司法裁量尺度。[1] 换言之,实际履行合同无法确定,参照最后签订的合同关于工程价款的约定折价补偿结算,在法律上推定最后签订的合同代表当事人的真实意思表示,也是结合缔约时建筑市场行情双方的真实合意,按照最后签订的合同进行结算,对双方都是公平的。

实践中,存在数份合同均无效时以参照实际履行的合同作为工程款结算依据,其最后签订合同无效,但确实是双方当事人的真实意思表示并已经履行的合同,可以作为工程结算的参照依据。现实社会生活中,存在形态多样的黑白合同。如双方在黑合同中明确约定白合同仅供备案使用,不作为合同结算使用,或者明确约定以黑合同作为结算依据,此种属于黑白合同均无形的情形。对必须进行招投标的工程项目,发包人未进行招投标直接与施工单位签订建设工程施工合同。工程完工后,为了符合《招标投标法》的要求及应付行政主管部门的监督和检查,当事人补办了徒具形式的招标程序或者缴纳罚款后,直接编造了相应的招投标文件并签订白合同用以备案,这种亦为黑白合同均无效的情形。不论黑白合同无效形态如何,应以双方实际履行的合同作为参照结算依据。

应注意的是,有律师认为,对于"交叉履行"来说,不宜一概认为其属于"实际履行的合同难以确定"的情形,从而参照最后签订合同约定的工程价款折价补偿,而是应当根据当事人履行行为发生的时间顺序、其对折价补偿的影响程度以及具体情况来综合判断。[2]

2. 实际履行的合同认定

案涉工程已经验收合格的情况下,应参照双方实际履行的合同认定案涉工程价款。

【案例 12-132】 汕头市建安(集团)公司与北京秦浪屿工艺品有限公司建设工程施工合同纠纷案

最高人民法院认为,从本案所涉合同约定看,《建设工程施工合同》约定的工程价款并非双方当事人的真实意思,亦与工程实际造价差距巨大,无法作为结算双方工程价款的参照标准。秦浪屿公司主张依据上述合同结算工程价款,本院不予支持。双方实际履行的《工程总承包补充协议》约定的工程价款数额,体现了双方当事人对工程价款一致的意思表示,作为结算的参

---

〔1〕 参见最高人民法院民事审判第一庭编著:《最高人民法院新建设工程施工合同司法解释(一)理解与适用》,人民法院出版社 2021 年版,第 252 页。

〔2〕 参见高印立:《规则与裁判:民法典下建设工程司法解释适用与拓展》,法律出版社 2021 年版,第 147 页。

照标准,更符合本案的实际情况及诚实信用原则。对于本案所涉工程的造价,恒信造价公司出具的1013号《造价报告结论书》确定工程实际造价为156,640,949.11元。上述鉴定报告载明的鉴定人员无正当理由未出庭接受质询,且上述鉴定报告确定的工程造价并未涵盖汕头公司承建的全部工程范围,不能准确反映本案工程的实际造价数额。一审判决以合同约定的1.85亿元工程价款为基础,参照上述鉴定报告据实结算的造价,酌情确定工程结算数额为170,820,474.56元,缺乏依据,本院依法予以纠正。汕头公司主张按照1.85亿元结算工程价款,理据充分,本院予以支持。本案经最高人民法院审判委员会决定,改判秦浪屿公司支付汕头公司尚欠工程款108,900,000元。〔1〕

【案例12－133】 龙某建设集团股份有限公司与成都奥某斯财富广场投资有限公司建设工程施工合同纠纷案

最高人民法院认为,关于案涉工程结算依据如何确定的问题。……依照《建设工程解释》第二条关于"建设工程施工合同无效,但建设工程经竣工验收合格,承包人请求参照合同约定支付工程价款的,应予支持"的规定,结合案涉工程已经竣工验收合格的事实,应参照龙某公司与奥某斯公司实际履行的合同认定案涉工程价款。本院认为,龙某公司与奥某斯公司实际履行的是《施工合同》而非《备案合同》,理由:第一,龙某公司向奥某斯公司支付质量保证金1.05亿元,与双方当事人在《施工合同》中约定的质量保证金的数额相同。而《备案合同》约定的质量保证金仅为2054.72万元。第二,龙某公司在履行合同过程中向工商银行象山支行申请开立的以奥某斯公司为受益人的《建设工程履约保函》载明,该保函是为了履行《施工合同》需要而出具的。第三,龙某公司在上海证券交易所向投资人发布的公告载明与奥某斯公司签订了《施工合同》以及实际履行该合同。第四,龙某公司与奥某斯公司于2010年12月24日签订的《补充协议一》、2014年6月17日签订的《补充协议二》均载明是以《施工合同》为基础和依据。第五,龙某公司对提交的《工程结算审核报告》系按照《施工合同》约定的土建工程总价下浮15.5%、安装工程总价下浮18.5%计算工程款,并未提出异议。综合上述分析,一审法院以《施工合同》作为工程款结算依据并无不当,应予维持。〔2〕

---

〔1〕 参见最高人民法院民事审判第一庭编:《民事审判指导与参考》2013年第3辑(总第55辑),人民法院出版社2014年版,第129页。

〔2〕 最高人民法院(2020)民终744号民事判决书。

【案例12-134】　山东日建建设集团有限公司与照君泰房地产(集团)有限公司建设工程施工合同纠纷再审案

最高人民法院认为,就工程款结算依据而言,《建设工程解释》第二十一条适用的前提是备案的中标合同为有效合同,那么在本案中,中标备案合同无效的前提下,并不能适用该条的规定,以中标合同作为工程价款的结算依据。从实际履行情况看,招标人和投标人均是按照前合同的约定结算工程进度款,也即双方实际履行的合同为标前合同,而非中标合同,故二审判决依据标前合同结算工程价款并无不妥。[1]

在中标合同无效的情况下,应以双方实际履行的合同作为结算工程价款的依据。

【案例12-135】　新乡市盛鑫房地产开发有限公司与河南科兴建设有限公司建设工程施工合同纠纷再审案

最高人民法院认为,第一,本案《建设工程施工合同》和备案合同,均是无效的。第二,可视当事人在实际中的具体履行情况,参照《建设工程施工合同》结算工程价款。第三,二审法院关于盛鑫公司应付工程款的认定基本正确。[2]

【案例12-136】　江苏省第一建筑安装股份有限公司与江苏金汇房地产开发有限公司建设工程施工合同纠纷案

最高人民法院认为,关于本案所涉工程应以中标前签订的合同还是以备案合同作为结算依据的问题。……中标后,江苏一建与金汇公司在2007年4月28日和2007年6月4日(该合同上签订日期为2007年4月26日)分别签订两份《建设工程施工合同》,并对该两份合同进行了备案。而备案后双方并没有按照备案合同履行,在实际履行中,江苏一建并未主张金汇公司按照备案合同于开工前7日预付合同价款总额的10%,相反在申报工程形象进度预算书及申请鉴定工程造价时,江苏一建均依据中标前双方签订的《建设工程施工合同》及《金源花苑商住楼工程施工补充协议书》,而金汇公司也按江苏省建筑工程预算定额(2004)下浮12.8%的标准审核。……因双方在中标之前签订的《建设工程施工合同》及其补充协议已经履行完毕,原审将其作为双方工程款结算的依据是正确的。江苏一建关于二审认定虚假招投标没有事实及法律依据的申请再审理由不成立。[3]

---

〔1〕 最高人民法院(2013)民申字572号民事判决书。

〔2〕 参见杜万华主编:《最高人民法院民商事案件审判指导》(第3卷),人民法院出版社2015年版,第363页。

〔3〕 最高人民法院(2013)民申字第1498号民事裁定书。

3. 备案合同与未备案合同约定不一致结算

很多黑白合同案件中，两份合同所约定的施工范围是一致的，而仅就合同价款有所不同。对此类案件，以备案的中标合同作为结算工程价款的依据。但是，在黑白合同施工内容不一致的，应从实际履行合同情况确定结算依据。

【案例 12－137】 东风公司与唐朝公司建筑装饰工程合同纠纷案

一审法院认为，本案主要的争议焦点为备案合同与未备案合同适用。本案中涉及两份合同，一份是唐朝公司所主张的人工费为 1,870,000 元的合同，另一份是东风公司所主张的包工包料总价为 3,900,380 元的合同。根据《建设工程解释》规定，当事人就同一建设工程订立的建设工程施工合同与经过备案的中标合同实质性内容不一致的，应当以备案的中标合同作为结算工程价款的根据。东风公司所主张的 3,900,380 元合同已由该区建设工程招标投标管理办公室登记备案，故在通常情况下应以该份合同约定的 3,900,380 元作为结算工程价款的根据。但根据本案中双方当事人实际履行情况，施工范围与双方当事人于 2004 年 3 月所签订的第一份合同相一致，并未按照备案合同施工，且唐朝公司支付款项的方式也与第一份合同相符，所以双方当事人在实际履约中系按第一份合同履行，据此，应以该份合同作为定案依据。另外，东风公司在其于 2004 年 9 月 3 日向唐朝公司发出的敦促函中"本工程我方为包工不包料、施工材料全部由贵方自行采购"的内容，更加能够佐证双方未按备案合同履行，故东风公司要求全部合同包干价 3,900,380 元支付工程余款缺乏依据，法院不予支持。据此，一审法院判决驳回东风公司的诉讼请求。二审法院驳回上诉维持原判。[1]

备案合同可作为结算依据。

【案例 12－138】 伊春市宏达建筑工程有限公司与王某利等建设工程施工合同纠纷案

二审、再审法院均认为，因《补充条款》对于合同的更改不存在导致双方当事人利益失衡的情况，对合同实质性内容未改变，不属于《建设工程解释》第二十一条"当事人就同一建设工程另行订立的建设工程合同与经过备案的中标合同实际内容不一致的，应当以备案的中标合同作为结算工程价款的根据"中规定的"黑白合同"的情况，故本案工程总价款应依照《补充条款》的约定予以确定，宏达公司认为应按照《建筑工程施工合同》每平方米 550 元给付

---

〔1〕 参见潘福仁主编：《建设工程合同纠纷》（第 4 版），法律出版社 2015 年版，第 169 页。

工程款的申请理由不能成立。[1]

中标合同有效，其后签订的补充协议变更工程单价应属无效，双方应根据中标合同当中对价款的约定进行工程款结算。

【案例 12-139】 肇庆市第二建筑工程集团有限与德庆县悦城工业集约基地指挥部、德庆县政府建设工程施工合同纠纷再审案

再审法院认为，各方于2009年6月2日签订《关于悦城工业集约基地一期土方工程油差石方及外运土方的补偿计算方式》，虽然约定“每立方米土方由于柴油价格上涨增加的工程造价为0.55元”，但这实质上变更了中标合同约定的工程单价，违反了《招标投标法》第四十六条……的规定，故二审判决据此认定悦城指挥部与肇庆二建公司对油差补偿的约定属变更中标合同实质性内容，并根据《合同法》第五十二条的规定，认定悦城指挥部与肇庆二建公司油差补偿的约定无效，并无不当。肇庆二建公司主张悦城指挥部、德庆县人民政府支付油差补偿工程款符合情势变更原则，但其在进场施工之前与悦城指挥部、德庆县人民政府签订2007年11月8日《补充协议书》，约定柴油价格可调整的行为与招投标合同确定的单价相违背，本院不予支持。[2]

4. 依据公平原则结算

在承发包双方存在多份施工合同且无效情况下，一般应参照符合当事人真实意思表示并实际履行的合同作为工程价款结算依据。在无法确定实际履行合同时，法院对于两份争议合同之间差价，结合工程质量、当事人过错、诚实信用原则等予以合理分配。

【案例 12-140】 江苏省第一建筑安装集团股份有限公司与唐山市昌隆房地产开发有限公司建设工程施工合同纠纷案

最高人民法院认为，在无法确定双方当事人真实合意并实际履行的合同时，应当结合缔约过错、已完工程质量、利益平衡等因素，根据《合同法》第五十八条规定由各方当事人按过错程度分担因合同无效造成的损失。一审法院认定本案中无法确定真实合意履行的两份合同之间的差价作为损失，基于昌隆公司作为依法组织进行招投标的发包方，江苏一建作为对于招投标法等法律相关规定也应熟知的具有特级资质的专业施工单位的过错，结合本案工程竣工验收合格的事实，由昌隆公司与江苏一建按6∶4比例分担损失并无不当。江苏一建上诉主张应依《补充协议》结算工程价款，事实依据和法律

---

〔1〕 黑龙江省高级人民法院(2015)黑高民申三字第244号民事判决书。

〔2〕 广东省高级人民法院(2014)粤高法民二申字第64号民事判决书。

依据不足，最高人民法院不予支持。〔1〕

存在数份无效施工合同，难以确定实际履行的合同时，法院可以依据公平原则，参照双方达成合意并经行政主管部门审查备案的合同结算工程款。

【案例12－141】 洛阳五建公司诉向阳公司建设工程施工合同纠纷再审案

最高人民法院认为，一审、二审判决依据"6·25合同"计算案涉工程款并无不当。"6·12合同"和"6·25合同"均因未经招投标而无效，五建公司和向阳公司对此均无异议。根据《建设工程解释》第二条关于……的规定，案涉工程竣工验收合格后，应参照双方合同约定计算工程价款。为此双方对以"6·12合同"还是"6·25合同"作为计价依据产生争议。前述两份合同除对工程质量约定一致外，对工程价款、施工范围、付款方式、工程期限等合同实质性内容的约定均不一致。根据本案工程施工进度、工程款支付等实际履行情况看，因双方均未按照两份合同的约定严格履行，难以确定双方实际履行的是哪份合同。鉴于"6·25合同"系在"6·12合同"之后签订，且"6·25合同"经过行政主管部门审查备案，二审判决以"6·25合同"作为案涉工程的计算依据，符合《建设工程解释》第二十一条关于"当事人就同一建设工程另行订立的建设工程合同与经过备案的中标合同实质性内容不一致的，应当以备案的中标合同作为结算工程价款的根据"的规定精神。〔2〕

（四）未竣工或未验收结算

对于未完工程结算而言，首先应按合同约定单价结算工程款，同时还应将临时建筑设施的费用进行分摊，两项相加为承包人应获得的工程款。该处理规则，无论是有效合同还是无效合同都是相同的。

【案例12－142】 东阳公司与康福公司建设工程施工合同纠纷案

最高人民法院认为，案涉工程虽未完工，但东阳公司完成的主体部分经验收合格。双方当事人作出《工程总决算书》，确定决算造价为23,204,207.36元，诉讼中双方对此均无异议。根据《建设工程解释》第二条的规定，双方之间的合同虽无效，但双方均同意按照该合同结算并共同签署了总决算书，确定了工程价款，应予支持。〔3〕

---

〔1〕 参见最高人民法院民事审判第一庭编：《民事审判指导与参考》2017年第4辑（总第72辑），人民法院出版社2018年版，第224页。最高人民法院（2017）民终175号民事判决书。

〔2〕 最高人民法院（2013）民申字1791号民事判决书。

〔3〕 最高人民法院（2014）民一终字第108号民事判决书。

对于未竣工且又未验收工程结算而言，最高人民法院民一庭倾向性意见为，建设工程施工合同无效，工程尚未竣工且未经验收，承包人请求支付工程价款，发包人同意并主张参照合同约定支付的，一般应当参照合同约定支付工程价款，当事人另有约定或者法律、司法解释另有规定的除外。[1] 这里的一般应当参照合同约定支付工程价款，并不是不分具体情况绝对化，如果符合《建设工程解释（一）》第四十三条第二款规定的情形的，或者建设工程仅达到正负零或地上工程仅完成了一小部分施工，按照当事人合同约定的固定单价结算工程价款将会对承包人明显不公平的，或者当事人另行协商按照定额标准据实结算的，自然应当根据有关法律、司法解释的规定或者当事人的约定另行处理。对于一般的把握应在个案中，由法官行使自由裁量权裁定。

【案例12－143】　隆达公司与丽都公司建设工程施工合同纠纷案

二审法院认为，案涉施工合同无效，但应当作为双方之间结算工程价款的依据。案涉工程未经竣工验收，发包人有权对承包人请求支付工程款进行抗辩，而本案中，丽都公司主动同意在建设工程未经竣工验收的情况下向隆达公司支付剩余工程价款，故应参照施工合同的约定结算工程价款。根据鉴定结论，已完工程造价为1300万元，双方确认丽都公司已向隆达公司支付工程款800万元，故丽都公司尚欠工程价款500万元。[2]

【不同处理】　实践中，施工合同无效，且工程并未竣工亦未验收，承包人请求发包人支持工程款的，有法院不予支持。

【案例12－144】　董某与蔡某、李某建设工程施工合同纠纷案

判决观点，工程并未竣工、亦未验收，董某请求蔡某、李某支付修路工程款403,200元的诉讼请求，不符合法律规定，本院不予支持。董某请求蔡某、李某支付自2011年8月19日停工至起诉日（10月13日）共55天，董某的两个工人（守料场一个、守设备一个）工资，每天170元，共计9350元；其他工种共17人，每人每天85元，55天共79,475元的诉讼请求和请求支付机械费用租金、搅拌机、发电机、铲车各一台、汽车三台共6台，按每天每台60元计算，55天合计19,800元的诉讼请求，以及机械设备运费及过路费及其他费用20,000元的诉讼请求，因在《公路工程内部承包合同》中，双方约定承包方式为“本工程实行单价承包，工程计量以监理检验合格并签认范围内的实际完成工程量计算。工程中所发生的人工、材料、机械设备等各项费用均已包含

[1] 参见最高人民法院民事审判第一庭编：《民事审判指导与参考》2014年第3辑（总第59辑），人民法院出版社2015年版，第139页。

[2] 参见最高人民法院民事审判第一庭编：《民事审判指导与参考》2014年第3辑（总第59辑），人民法院出版社2015年版，第136页。

在承包单价之中”,即董某所请求的工人工资、机械设备租赁费等,已包含在承包单价中,亦即包含在工程价款之中,故而董某的上述三项诉讼请求,本院不予支持。[1]

实际施工人中途退场,价款未结算,其已完工程价款以铁路部门发布的定额作为计算价款的依据。

【案例 12 -145】 某公司与某某公司建设工程施工合同纠纷案

最高人民法院认为,因实际施工人与发包人之间形成了事实上的建设工程施工合同权利义务关系,参照双方约定的计价的基础已无可能,且当事人没有达成其他合同。以铁路部门发布的定额作为计算价款的依据,符合法律规定,也能反映实际施工人在项目中的投入,符合双方当事人预期的价款。[2]

(五)签有工程结算文件结算

根据《民法典》第七百九十三条第一款“建设工程施工合同无效,但是建设工程经验收合格的,可以参照合同关于工程价款的约定折价补偿承包人”之规定,施工合同被认定为无效,但该工程经验收合格的,当事人就工程价款的数额、支付方式等作出约定,是双方对既存债务的约定,不违反法律的强制性规定。若不认可结算协议中双方确定的工程价款,可能需要通过司法鉴定程序来确定工程款,不仅增加当事人诉讼成本,也会浪费司法资源。故法官在审理施工合同纠纷案件时,结算协议如不违反法律、行政法规强制性规定的情况下,结算协议可对法官在认定工程款构成时起到提示作用。因此,施工合同无效不影响结算协议的效力。

发包人与承包人签订工程结算单或就工程款的结算数额达成协议的,应当尊重双方当事人的合意,法律应予支持。一方当事人主张对于涉案工程款数额进行鉴定的,法院应当不予支持。

【案例 12 -146】 白某福等与宁夏盈盛达热力物业有限公司建设工程施工合同纠纷案

最高人民法院认为,首先,信邦公司与白某福为挂靠关系……其次,《工程结算书》记载盈盛达公司同意该结算……原判决以《工程结算书》作为认定工程价款的依据,并无不当。……原判决以《工程结算书》金额扣减《摘除

---

〔1〕 重庆市秀山土家族苗族自治县人民法院(2011)秀法民初字第 2708 号民事判决书。

〔2〕 最高人民法院(2021)民终 412 号民事判决书。

未施工项目统计表》中未完工程的价款,从而对欠付工程款数额进行认定,并无不当。[1]

【案例12-147】 安阳广佳欣置业有限公司与管某生、博坤建设集团有限公司建设工程施工合同纠纷案

最高人民法院认为,《建设工程施工合同》因未履行招投标程序而无效;《补充协议二》在形式上为《建设工程施工合同》之补充协议,但该协议具有独立性。……本院认为,《补充协议二》在性质上属于广佳欣公司和博坤公司对双方之间既存债权债务关系的结算和清理,确认《补充协议二》在法律效力上的独立性和约束力,不违反法律、行政法规的效力性强制性规定。据此,本院认定《补充协议二》合法有效。[2]

在实践中,其工程结算单约定逾期付款违约金的,是对另一新的债权债务关系设立的约定,法律也应予以支持。

【案例12-148】 陈某跃诉杨某强建设工程施工合同纠纷案

判决观点,原告、被告于2012年1月21日签订了杨家电站结算单,该结算单是原告、被告双方的真实意思表示,该结算单合法有效,被告应按照结算单全面履行自己的义务。该结算单也约定合同内的工程款于2012年5月30日前一次性付清,所以,对于原告要求被告支付工程价款328,000元予以支持。另外,该结算单约定增加工程款338,000元,此款分三次付清,但至今被告也没有向原告支付增加的工程款分文,所以,对于原告要求被告支付增加工程款338,000元予以支持。该结算单约定,被告分期支付下欠的工程款,否则需向对方支付违约金100,000元,现被告没有按结算单的约定支付工程款,所以原告要求被告承担违约金100,000元的诉讼请求予以支持。[3]

【不同处理】 建设工程施工合同无效时,建设工程施工合同中的"结算条款"亦无效。

【案例12-149】 朱某云某公司与长春建工新吉润建设有限公司建设工程施工合同纠纷再审案

最高人民法院认为,因朱某云未取得建筑施工企业资质,根据《建设工程解释》第一条的规定,案涉《工程施工补充协议》无效。《合同法》第九十八条关于"合同的权利义务终止,不影响合同中结算和清理条款的效力"的规定,

[1] 最高人民法院(2021)民申3325号民事裁定书。

[2] 最高人民法院(2014)民一终字第61号民事判决书。

[3] 参见国家法官学院案例开发研究中心编:《中国法院2015度案例》,中国法制出版社2015年版,第166~167页。

并不涵盖合同无效情形。朱某云关于该《工程施工补充协议》虽无效但其中清算条款有效的主张,没有法律依据。《工程施工补充协议》关于迟延支付工程款需要承担的违约金责任的计算方式的约定,也因合同无效而无约束力。[1]

结算时应注意的是,在建设工程施工合同无效的情况下,工程经竣工验收合格交付发包人使用的,承包人因负有工程质量瑕疵担保责任,故其仍应承担合同约定的工程保修义务和责任。同时,在此情况下发包人也仍然享有参照合同约定和留一定比例的工程款作为工程质量保修金的权利。[2]

(六)无效合同结算方式选择权

合同被认定无效后,承包人可以请求参照合同约定折价补偿按照,是否享有结算方式选择权。这里的"可以"仅指承包人请求支付工程价款是其一项权利,涉及权利如何行使问题,而不是指参照合同约定还是以定额价或市场价为标准据实结算享有选择权。最高人民法院在函件中明确:关于讼争工程价款的确定应依据鉴定意见还是参照合同约定的问题,涉及对2004年《建设工程解释》第二条的理解问题。《建设工程解释》对于无效合同的工程价款结算原则上是采取了参照合同约定结算的补偿方式,虽然其在表述中出现"承包人请求参照合同约定支付工程价款",但这并不意味着承包人对于两种折价补偿方式享有选择权。[3]《民法典》第七百九十三条确立了建设工程施工合同无效,但建设工程经验收合格时的折价补偿原则,即"参照合同约定折价补偿承包人的"。该条并未赋予承包人选择参照合同约定或者工程定额标准进行结算的权利,除非双方另行协商一致同意按照定额价或市场价据实结算,否则,一般应参照合同约定支付折价补偿价款。因为,对该条不应仅从文字表述上机械地加以理解,承包人不能行使对结算标准选择的权利。制定司法解释的法官认为,如果承包人主张折价补偿款的诉讼请求不是参照合同约定计算得出的,而是主张进行建设工程造价鉴定,人民法院一般应对其鉴定申请不予准许,并告知其不予准许的原因,以便承包人变更诉讼请求以符合本解释的规定。相应地,作为被告的发包人也可以主张适用本条作为对原

---

〔1〕 最高人民法院(2020)民申331号民事裁定书。

〔2〕 参见安徽省高级人民法院民事审判第四庭:《建设工程施工合同纠纷若干法律问题分析》,载《人民司法·应用》2008年第21期。

〔3〕 最高人民法院立案二庭在2010年4月20日给江西省高级人民法院内部函[(2010)民申字第260号]。

告承包人折价补偿款请求的抗辩。[1]

【案例12－150】 红山公司与清远公司建设工程施工合同纠纷案

二审法院认为，对于无效合同的工程价款结算，原则上应当参照合同约定的结算方式计算工程价款，承包人按实际造价结算的主张不应予以支持。对于承包人在建筑工程中形成相应的利润及税金应否在工程价款中予以扣减的问题，二审法院认为，在建筑工程中形成相应的利润及税金是承包人通过施工应得的合法收益，如果予以扣减将导致承包人融入建筑工程产品中的利润及税金被发包人依据无效合同取得，这与无效合同的处理原则不符，有违公平原则，故发包人支付工程价款不应当扣减利润及税金。[2]

【案例12－151】 莫某华、深圳市东深工程有限公司与东莞市长富广场房地产开发有限公司建设工程施工合同纠纷案

最高人民法院认为，关于涉案工程款的计算依据。关于涉案工程款是应按照合同约定结算还是据实结算。鉴于建筑工程的特殊性，虽然合同无效，但莫某华与东深公司的劳动和建筑材料已经物化在涉案工程中，依据《建设合同解释》第二条的规定，建设工程无效合同参照有效合同处理，应当参照合同约定来计算涉案工程款。莫某华与东深公司主张应据实结算工程款，其主张缺乏依据。[3]

在无效施工合同中，即使合同约定价格低于（施工企业通过评估机构）评估得出的社会平均成本，从尊重当事人意思自治的角度出发，亦应参照合同约定的价格进行结算。承包人以低于成本价为由主张抛开合同约定结算工程价款的，法律不予支持。

【案例12－152】 浙江杭萧钢构股份有限公司与湖北香利资产管理公司、武汉中联三星中联实业有限公司建设工程施工合同纠纷案

二审法院认为，双方二审争议的核心为合同无效后应根据什么标准来结算工程款。……在双方签订的《建设工程施工合同》、《钢结构住宅合同》及补充协议均为无效但工程已竣工验收合格的情况下，本案应当根据《建设工程解释》第二条的规定，将符合双方当事人真实意思并在施工中具体履行的那份合同作为工程价款结算的依据。由此，一审法院以双方实际履行的《钢结构住宅合同》作为结算依据正确。同时，根据《钢结构住宅合同》的约定，

---

〔1〕 参见最高人民法院民事审判第一庭编著：《最高人民法院新建设工程施工合同司法解释（一）理解与适用》，人民法院出版社2021年版，第254页。

〔2〕 参见最高人民法院民事审判第一庭编：《民事审判指导与参考》2011年第4辑（总第48辑），人民法院出版社2012年版，第114页。

〔3〕 参见《最高人民法院公报》2013年第11期。

案涉工程实行"综合包干单价",即除法定原因外,不存在应当调整的情况,一审法院据此根据武汉市国土房产测绘中心的测绘结论对本案工程总造价作出认定,符合法律和双方当事人的约定。杭萧钢构以案涉工程实际造价远超出合同约定的"综合包干单价1100 元/m^2"进而要求按成本价结算的诉请和理由不成立。其有关双方当事人已对计价方式进行协商调整的意见也缺乏证据佐证,相反其二审中所提供的《武汉世纪花园二期住宅楼工程项目项(决)算书》上的批注,明确表示"最终造价双方根据合同协议结算条款确认"。至于其所称案涉工程因设计变更导致总面积增加,应按《钢结构住宅合同》第5.9条、第12.2.7条的约定,由发包方承担费用并执行湖北省定额标准,因其未能提出有效证据证明,故不予支持。[1]

【不同处理】 在前述莫某华与东莞市长富广场房地产开发有限公司、深圳市东深工程有限公司建设工程施工合同纠纷案[案例12-151]二审时认为,除非合同无效的原因归于价格条款违反法律、行政法规的强制性规定,否则无效的施工合同仍应按照合同约定确定工程造价。换言之,因价款条款违法导致合同无效的,则不应按照合同约定确定工程造价。有法官认为,在施工合同因"中标价低于成本价"而无效的情况下,如果再参照合同约定支付工程价款,显然违背了规范目的,在法律逻辑上自相矛盾。因此,因中标价低于成本价导致合同无效的,不能参照合同约定付款。[2]

---

〔1〕 浙江省高级人民法院(2013)浙民终字第27号民事判决书。

〔2〕 参见邬砚:《建设工程合同纠纷——254个裁判规则深度解析》(第2版),法律出版社2019年版,第139页。

六、实际施工人工程价款结算

实际施工人与转包人或者违法分包人签订的施工合同属于无效合同,依据《民法典》第七百九十三条第二款规定,可以参照合同约定结算工程款。因此,转包合同或违法分包合同约定结算标准的,应当依照该标准结算工程款,没有约定或约定不明的,可以参照上一手施工合同的约定结算工程款。关于参照的内涵上文已作阐述,这里不再重复。

(一)发包人与实际施工人结算协议

建设工程经竣工验收合格后,实际施工人与发包人所签订的建设工程价款结算协议,该结算协议应视为实际施工人与发包人就施工工程价款结算问题所达成的合意,对双方具有法律约束力,实际施工人请求发包方依据结算协议支付工程价款的,法律可予支持。应注意的是,有观点认为,不管该工程建设项目是否竣工验收合格,只要发包人与实际施工人签订了工程款结算协议书,实际施工人就可以据此要求发包人支付工程款。[1]

【案例 12-153】 黑龙江省东阳房地产开发有限公司与郑某利建设工程施工合同纠纷案

一审法院认为,施工合同虽以东鼎一分公司的名义与东阳开发公司签订,东鼎一分公司并不存在,实为郑某利个人承包,在诉前东阳开发公司已陆续向郑某某支付大部分工程款。现工程已完工并验收合格后交付使用,东阳开发公司应按双方约定给付郑某某工程款及利息。因东阳开发公司授权其员工乔某丙与郑某利进行工程款决算,即乔某丙代表东阳开发公司与郑某利进行决算,该决算结果应作为双方结算工程款的依据,该工程款应由东阳开发公司给付。且在双方决算后,东阳开发公司亦陆续向郑某利支付工程款 2,050,000 元。据此,东阳开发公司请求对工程造价再行鉴定,不应得到支

〔1〕 参见王乾應:《建设工程法律疑难问题专题实务》,中国法制出版社 2017 年版,第 318 页。

持。二审法院持同样意见，维持一审判决。最高人民法院认为，关于乔某华同郑某利结算行为的效力问题。2007年11月2日，东阳开发公司出具《委托书》，内容："东阳公司委托乔某华与郑某利决算伦河商贸城工地工程款。乔某华同意负责付工程欠款，以乔某华欠据金额为准。"根据《委托书》的内容，东阳开发公司作为委托人，乔某华系东阳开发公司的受托人，委托事项为代为决算涉案工程结算款，因此，乔某华实施结算行为的法律后果基于民事代理关系而归属于东阳开发公司。东阳开发公司主张其所出具《委托书》系附条件的民事法律行为，工程款结算条件未成就，无事实依据，一审、二审法院对此事实认定和适用法律正确、恰当。[1]

实践中，发包人与实际承包人直接签订的合同，可以作为给付实际施工人工程款依据。

【案例12－154】　中铁二局股份有限公司与李某久建设工程施工合同纠纷案

最高人民法院认为，根据一审查明的事实，李某久系中铁二局项目部四工区第四作业队的负责人，进行了路基土石方工程的施工。……2012年6月25日《退场协议书》是中铁二局项目部四工区与李某久签订，盖有中铁二局项目部四工区的印章，为当事人的真实意思表示，双方当事人均应受其约束。中铁二局提交的《承诺书》和《集体承诺书》以及撤销中铁二局项目部四工区的证据并不能证明中铁二局的主张。四工区是中铁二局内设机构，四工区何时撤销，李某久对此并不知情，《承诺书》仅对承诺人和中铁二局产生约束力。……一审判决以《退场协议书》、计价审核表等为依据，判令中铁二局支付欠付工程款并无不当。[2]

挂靠人作为工程实际施工人，享有获得工程款的权利，其与发包人进行结算符合法律规定，结算协议合法有效。

【案例12－155】　甘肃第一建设集团有限责任公司与庆阳市华兴房地产开发有限公司建设工程施工合同纠纷再审案

最高人民法院认为，甘肃一建的再审申请不符合《民事诉讼法》第二百条第六项规定的应当再审之情形，应予驳回。具体理由：(1)甘肃一建无权再向华兴公司主张工程款。根据原审所查明的事实，李某昌系借用甘肃一建

〔1〕　参见最高人民法院民事审判第一庭编：《民事审判指导与参考》2012年第1辑（总第49辑），人民法院出版社2012年版，第175页。

〔2〕　参见最高人民法院民事审判第一庭编：《民事审判指导与参考》2016年第1辑（总第65辑），人民法院出版社2016年版，第223页。

资质承接华兴公司建设工程项目,并依约向甘肃一建支付管理费,双方形成了挂靠与被挂靠的关系。正是基于这一关系,案涉《建设工程施工合同》系以甘肃一建名义签订。之后,案涉项目工程又被李某昌以甘肃一建名义转包给由李某昌实际控制的庆阳市金程建材有限公司,项目施工亦是由李某昌负责完成,甘肃一建并未实际参与施工。综观上述过程李某昌系借用资质的实际施工人。在一审诉讼中,李某昌以甘肃一建名义与华兴公司就案涉工程款结算问题签订结算协议,甘肃一建对此并未否认,并且华兴公司也已经根据结算协议支付了工程款,结算协议已经履行完毕。《建设工程解释》第二条规定:"建设工程施工合同无效,但建设工程经竣工验收合格,承包人请求参照合同约定支付工程价款的,应予支持。"但本案中,华兴公司的给付工程款义务已经履行完毕,在这种情况下,甘肃一建再次向华兴公司主张工程款债权,无异于要求华兴公司重复履行,显然不妥。(2)华兴公司与李某昌之间的结算协议有效。甘肃一建主张根据《建设工程解释》第二十六条以及《建设工程解释(二)》第二十四条之规定,建设工程施工合同关系具有相对性,非法转包和违法分包的实际施工人不得突破合同相对性径直对发包人主张权利。然而,实际施工人包括非法转包、违法分包、借用资质情形等情形下的实际承包人。借用他人资质的实际施工人在与发包方发生法律关系时,均是以被挂靠人的名义出现,挂靠人缺乏独立性,故不存在突破合同相对性问题,也与另外两种情形的实际施工人以自己名义进行施工不同,上述两条司法解释并不适用于借用他人资质的实际施工人。本案中,李某昌借用甘肃一建资质,李某昌系以甘肃一建(乙方)委托代理人的名义与华兴公司(甲方)签订结算协议,原审据此作出裁判并未突破合同相对性。甘肃一建对上述情况完全知晓,其亦未能够举证证明李某昌与华兴公司之间存在恶意串通损害其合法权益之事实。案涉结算协议亦不存在违反法律、行政法规强制性规定之效力瑕疵,原审对其做有效认定并无不当。(3)华兴公司与李某昌之间以房抵债的约定有效。以房抵债约定亦是李某昌以甘肃一建名义与华兴公司缔结,甘肃一建对此知情。华兴公司与李某昌之间关于以房抵债的约定,系结算协议的内容之一,结算协议有效,以房抵债约定亦无效力瑕疵。李某昌系案涉项目工程的实际施工人,案涉项目工程整个建设过程均由其负责完成,华兴公司完全有理由相信其能够代表甘肃一建。甘肃一建作为资质出借方,本已于法不当,对此可能产生的法律风险应有充分预期,现在未明确终止李某昌与其挂靠关系的情形下,否认李某昌就挂靠事项内所作的行为效力,于理于法无据。另外,甘肃一建主张案涉房产已被查封,所以以房抵债约定无效。对此,本院认为,债务人并不因查封而丧失其原有的不动产物权;不动产在查封后,债务人对该不动产的处分受到限制,此为保护债权人之必要效力。但这并不意味着债务人对其该不动产进行的任何处分行为都一律无效,而只是相对债权人无效。如果该处分行为并不对债权的实现构成妨碍,不损害债权人的权益,可以有效。本案如上所述,李某昌一直以甘肃一建的名义与华兴公司进行结算,抵债房产所抵顶的也是甘肃一建名义上的债权,故为有效。综上,甘肃一建的再审申请不符合《民事诉讼法》第二百条第六项规定的应当再审之情形。裁定:驳回甘肃一建的再审申请。[1]

被挂靠人缺乏与发包人形成建工关系的意思表示,挂靠人是工程款的实际权利主体,有权与发包人进行有效结算,结算协议合法有效。

【案例12-156】 重庆元飞建设(集团)有限公司与重庆正扬实业(集团)有限公司建设工程施工合同纠纷再审案

最高人民法院认为,首先,本案存在两份建设工程施工合同:一份为2014年8月29日,鸿鹄公司作为发包方,元飞公司作为承包方签订的《补充协议》;另一份为2014年10月8日,正扬公司、服务中心、鸿鹄公司作为发包方,元飞公司作为承包方签订的《建设工程施工合同》。《建筑工程施工合同》系当事双方为备案而签订的并未实际履行的合同,实际履行的是早于《建筑工程施工合同》而签订的《补充协议》。在《补充协议》中,合同当事人并不包含正扬公司与服务中心,且在实际施工与支付相应的工程价款时,也是由鸿鹄公司一方独立承担与完成,2018年7月5日鸿鹄公司与案外人重庆市南岸资产经营管理有限公司(政府平台公司)共同取得了土地使用权证,都说明正扬公司与服务中心与案涉工程项目没有直接关系。且案涉工程的工程款已经由鸿鹄公司向范某广支付,元飞公司要求正扬公司与服务中心作为发包方,为已经结算并完成支付的工程项目向元飞公司再次支付工程款,于法无据。其次,2016年10月27日、28日元飞公司(甲方)与范某广(乙方)签订了一系列施工协议,其中《工程项目目标责任书》明确约定:"工程名称为茶园江南小区七期一标段综合楼工程,建设单位为鸿鹄公司,施工范围以设计施工图及说明等为准;本工程由范某广负责全面施工,负责实施甲方与建设方所签订的本工程总包合同中的全部条款。乙方所有工程款必须转入甲方指定的银行账户,按工程结算总价的1%收取管理费……"由上述元飞公司与范某广之间的协议可以看出,范某广借用元飞公司的资质,并向元飞支付工程结算总价1%的管理费,元飞公司与范某广之间实际为挂靠关系。被挂靠方元飞公司在与挂靠人范某广之间的合同中已经约定由范某广负责全面施工,负责实施元飞公司与建筑方所签订的本工程总包合同中的全

[1] 最高人民法院(2020)民申1814号民事裁定书。

部条款。现工程已竣工并验收合格，范某广作为挂靠方和实际施工人履行了其与被挂靠方元飞公司之间合同的约定，也按照该合同向元飞公司支付了工程价款1%的管理费。就被挂靠人而言，范某广向鸿鹄公司请求支付工程价款，并不会对元飞公司造成损失。即便是鸿鹄公司直接向元飞公司支付工程价款，元飞公司也应当按照约定向范某广支付该工程款。现鸿鹄公司已经向范某广支付完毕，元飞公司再次向鸿鹄公司以同一工程为由，请求支付工程价款，没有事实和法律依据。至于范某广与元飞公司之间是否存在借款关系等其他债权债务关系，并非本案的审理范围。最后，在2014年8月29日签订《补充协议》之前，范某广就找到鸿鹄公司法定代表人王某林要求承包工程，且在签订合同时范某广就是以元飞公司的委托代理人身份签字，故在签订合同之前鸿鹄公司就知晓范某广才是案涉项目的实际施工人，范某广与元飞公司为挂靠关系。实际上，作为挂靠法律关系中的被挂靠人，元飞公司并无与鸿鹄公司之间就案涉工程形成建设工程施工合同的意思，其真实意思为取得出借资质的"管理费"，而非建设工程价款。而实际履行了《补充协议》约定的义务、对案涉项目进行了施工的主体是范某广，在其完成了案涉工程的建设且该工程经竣工验收合格的情况下，根据《建设工程解释》第二条的规定，其有权向鸿鹄公司请求支付工程价款。现双方签订了《结算协议》，并且没有证据证明该协议无效或可撤销，故元飞公司主张鸿鹄公司只能与其办理工程结算、并向其支付工程款的理由与事实不符，于法无据。[1]

发包人经过招标程序确定承包人，但在招标前，发包人已与实际施工人签订施工合同并实际履行。根据承包人出具的书面文件，发包人明知实际施工人没有施工资质，系借用承包人资质承接工程。根据《建设工程解释(一)》中的相关规定，实际施工人借用他人名义与发包人签订的施工合同无效，但案涉工程经验收合格并交付使用，实际施工人依法有权向发包人主张结算工程款。

【案例12－157】　徐州远大房地产开发有限公司与王某建建设工程施工合同纠纷再审案

最高人民法院认为，虽然本案远大公司开发的时代商场项目经过招投标，1号楼、2号楼的中标单位为中嘉公司，3号楼中标单位为鸿安公司。但在招标前，远大公司就与王某建签订施工合同书并实际履行。根据中嘉公司出具的授权委托书，远大公司对王某建没有施工资质，系借用中嘉公司和鸿安公司资质承接工程是明知的。根据《建设工程解释(一)》的相关规定，王某建借用他人名义与远大公司签订的施工合同无效，但案涉工程经验收合格

〔1〕 最高人民法院(2020)民申3885号民事裁定书。

并交付使用，王某建作为实际施工人，依法有权向远大公司主张结算工程款。故远大公司认为王某建的行为只是职务行为，王某建主体不适格的观点不能成立。[1]

（二）发包人对实际施工人结算影响

1. 发包人工程价款书面确认作为结算依据

由于发包人的原因导致审价结论无法得出的情况下，实际施工人可依据发包人在施工阶段作出的对工程价款的书面确认主张工程款。

【案例12－158】　上海舟欣置业有限公司与鲁某某建设工程施工合同纠纷案

二审法院认为，涉案工程款的最终确定是否需经审价是本案双方当事人之间的主要争议焦点。……在双方无法就上述材料单价标准达成一致意见的情况下，舟欣公司应按照三方会议纪要的约定提供其工程一部的同等价格作为确定上述单价的标准。因舟欣公司至今无法提供上述约定标准，审价结论无法作出的后果应由其承担。原一审法院认定舟欣公司出具的工程数额的字据对其具有法律约束力并无不当。[2]

2. 发包人向实际承包人主张税金问题

发包人向实际施工人主张税金结算，应根据具体案情，由法官行使自由裁量确定。

【案例12－159】　黄某盛、林某勇与江西通威公路建设集团有限公司、泉州泉三高速公路有限责任公司建设工程分包合同纠纷案

最高人民法院认为，江西通威公司尚欠工程款中是否应当扣除税金。因本案所涉合同无效，江西通威公司有关诉争工程造价应当扣减黄某盛、林某勇税费的主张是否成立，一要看江西通威公司是否替代黄某盛、林某勇纳税的法定主体；二要看江西通威公司是否已经替付黄某盛、林某勇向相关行政主管部门缴纳税金。江西通威公司未从上述两个方面提供证据其主张，其认为应由其替代黄某盛、林某勇缴纳税金，该税金应当在工程造价中予以扣减，

---

〔1〕 最高人民法院（2013）民申字第100号民事裁定书。
〔2〕 上海市第二中级人民法院（2013）沪二中民二（民）终字第495号民事判决书。

缺乏事实和法律依据，本院不予支持。[1]

实际施工人应得工程价款的间接费中不应扣除企业管理费、规费和利润。

【案例 12 – 160】 潘某与中铁十二局二公司建设工程施工合同纠纷案

最高人民法院认为，中铁十二局二公司将其承包的涉案部分工程分包给河南忠诚公司建设施工，但河南忠诚公司未组织施工，也表示不主张工程款，案涉工程由潘某进实际施工，潘某进系借用河南忠诚公司的资质签订合同，故涉案承包合同无效。华昆咨询价鉴(2019)2 号鉴定意见书载明，间接费868,820 元包括企业管理费、规费和利润。因企业管理费与实际施工人的资质无关，且潘某进在建设施工过程中进行了具体的工程管理，故管理费不应从潘某进应得工程价款中扣除。而规费作为政府和有关权力部门规定必须缴纳的费用，包括为职工缴纳的五险一金以及按规定缴纳的施工现场工程排污费等费用，因案涉工程由潘某进组织的工人施工，所涉及的五险一金等应由潘某进承担，故规费不应从潘某进应得工程价款中扣除。至于利润，作为施工方的潘某进，其劳力、材料等已物化在建设工程的整体价值中，在潘某进完成的工程不存在质量问题的情况下，中铁十二局二公司的合同目的已实现，利润是潘某进理应获得的相应对价，如将该部分利润留给中铁十二局二公司，则基于同样一份无效合同，中铁十二局二公司将获得更多的非法利益，有违合同公平合理的基本原则，故利润亦不应从潘某进应得工程价款中扣除。[2]

(三) 承包人对实际施工人结算影响

1. 承包人与实际施工人合同约定结算依据

对于承包人与实际施工人在施工合同中就价款有约定的，从其约定，该约定可作为结算依据。

【案例 12 – 161】 中国内蒙古森工集团建设有限公司与吴某然建设工程施工合同纠纷再审案

再审法院认为，关于双方合同中约定的价款能否作为工程结算依据的问题。森天公司和吴某然作为相应民事行为能力的主体，通过合同约定："单价

---

〔1〕 最高人民法院(2013)民一终字第 93 号民事判决书。

〔2〕 最高人民法院(2021)民终 412 号民事判决书。

一次性包死，以后无论市场物价上涨或下落，均不做任何形式的单价调整”，表明双方对建设施工的风险有预知，并考虑到了合同履行中引起价格变动的各种因素，不具有显失公平、重大误解等可变更、可撤销情形。而且在合同履行过程中，也未发生工程变更的情形。合同签订后，吴某然积极履行了施工义务。现工程已竣工交付使用，双方对工程质量均无异议。建设工程的施工过程，就是承包人将劳务及建筑材料物化到建设工程的过程。无论合同的效力是否有瑕疵，作为已竣工验收、质量合格的工程，均应比照有效合同来履行。故吴某然认为合同约定显失公平，单方委托做的工程预算鉴定结果不能作为工程结算的依据，依据《建设工程解释》第十六条的规定，双方应按照合同中约定的价款作为工程结算的依据。[1]

计算实际施工人工程款时，实际施工人与承包人约定的计价标准与业主和承包人约定的计价标准不一致的，以实际施工人与承包人约定的为准。

【案例12－162】 余某生与顺吉集团有限公司建设工程施工合同纠纷再审案

最高人民法院认为，在余某生与顺吉公司双方之间就案涉工程单价有约定的情形下，参照《建设工程解释》第二条规定，应当按照双方约定的单价确定本案工程款。原审判决一方面适用上述规定认定余某生请求参照《建筑安装工程劳务承包》向顺吉公司主张工程款符合法律规定，另一方面又以双方没有约定工程单价为由，认定应参照顺吉公司与业主方的审核价确定本案工程款，逻辑矛盾，且缺乏法律依据，本院予以纠正。[2]

2. 依据承包人承诺确认工程款

承包人向实际施工人承诺限期向发包人报送决算审计资料，如因承包人的原因拖延向发包人报送决算资料，导致发包人不能出具审计报告，承包人应当按照其向实际施工人作出的承诺，以实际施工人报送的结算报告载明的数额，向实际施工人支付工程款。

【案例12－163】 刘某某与常州市嘉泽园林绿化有限公司、中国矿业大学建设工程施工合同纠纷案

二审法院认为，对于刘某某要求嘉泽园林公司和中国矿业大学按照承诺结算工程款是否有事实和法律依据的问题。本案之所以存在上述争议，主要

---

〔1〕 参见最高人民法院审判监督庭编：《全国法院再审判典型案例评注》（上），中国法制出版社2011年版，第154页。

〔2〕 最高人民法院（2019）民再115号民事判决书。

是双方当事人对于嘉泽园林公司和中国矿业大学是否履行承诺存在不同的认识。通过审理查明可以认定嘉泽园林未能在承诺的时间内向中国矿业大学提供相关的审计资料。虽然嘉泽园林公司认为其并未违反承诺的内容,是刘某某没有按要求去确认工程量,不能进行审计的责任在刘某某,但嘉泽园林公司的该主张与事实不符。……嘉泽园林公司未能按照承诺向中国矿业大学提供相关的审计资料,且责任在嘉泽园林公司,故嘉泽园林公司应按照其承诺承担向刘某某支付工程款1,363,820.3元的责任。原审法院依据实测的结果认定工程量以及对争议的临时土方量未予认定存在不当,依法予以纠正。但刘某某上诉的不应扣减57万元的主张,没有事实和法律依据,该57万元应在工程款中予以扣减。〔1〕

3. 以承包人与发包人之间的结算结论作为依据

实践中,转包或分包合同无效,实际施工人与承包人之间的工程款结算能否以发包人与承包人之间的结算作为依据是疑难问题。实际施工人与承包人(转包人、分包人)之间的工程款结算可根据双方合同约定处理,或者通过司法鉴定确定。根据合同相对性原理,转包人、违法分包人与前手签订的合同及工程款结算结论只能约束该合同的当事人,对第三人没有约束力,但不能将转包人或违法分包人与前手的结算结论作为实际施工人与转包人或违法分包人之间的结算依据,但是双方书面约定可以作结算依据的除外。也就是说,在转包或分包合同中没有约定结算结论作为依据内容,则不能将承包人与发包人之间的工程款结算结论作为承包人与实际施工人的结算依据。实践中,实际施工人要求不以转包或分包合同约定转包人、分包人与发包人之间价款为依据的,而是要据实对工程价款进行鉴定,在这种情况下,除非实际施工人能举证证明其上述结算结果明显损害了其合法权益,法院方可同意鉴定并将鉴定意见作为结算依据。否则,一般情况下应尊重双方当事人的约定。

【案例12-164】 侯某与云南省第三建筑工程公司建设工程施工合同纠纷案

一审法院认为,就三建司认为双方争议的工程总造价应当按照其与建设单位之间审核确认的价款为准的主张,因其与建设单位之间确认的价款约束的是建设单位与三建司,而非侯某,作为侯某与三建司之间结算价款的确认,应当依据侯某与三建司签字确认的价款,虽然侯某作为工程的实际施工人,其与转包工程的三建司之间确认的工程价款数额超过三建司与建设单位之

〔1〕 江苏省徐州市中级人民法院(2011)徐民终字第1864号民事判决书。

间结算确认的工程价款数额，与常理相悖，但这并不能成为否定双方当事人之间确认的工程价款的法定事由，只要双方的签章真实，即应当遵从双方意愿，以双方一致确认的价款作为支付工程价款的依据。

二审法院认为，在双方无书面合同的情况下，应根据双方的意思表示及法律规定来确认案涉工程结算价款，以三建司与云南省大型戒毒劳教所筹建组于2006年12月31日就水电安装工程的结算并经第三方审定价6,343,424.87元（其中土建部分为440,931.69元）作为确认侯某施工工程造价的基础。另外由于侯某认可未作土建部分，且三建司提供了三建司下属的310处施工的混凝土实验报告，土建部分440,931.69元应予减扣。故侯某施工的工程价款为5,902,493.18元，应扣税款201,275元，三建司应向侯某支付2,701,218.18元。综上，三建司应向侯某支付总价款5,701,218.18元，在扣减已付款和供货合同尚欠款项后，三建司还欠的款项为343,342.93元。[1] 在本案中，一审法院坚持合同相对性原则无疑是正确的。二审法院否认双方签字确认的《大型戒毒所劳教所材料、人工费用等其他费用统计表》，直接援用三建司与云南省大型戒毒劳教所筹建组于2006年12月31日就水电安装的结算单并经第三方审定价金额作为确认侯某施工造价的基础，其违背了合同相对性原则。

实际施工人没有与转包人签订施工合同约定结算问题。其一，参照施工企业与发包人签订的施工合同约定的结算原则进行结算。转包情形下，施工企业在拿到项目后直接转包给实际施工人，施工企业不参与项目管理，也未实际投入，仅收取"管理费"，而管理费的计取通常以与发包人的结算金额为基础，在此情形下，施工单位与实际施工人之间的结算参照施工单位与发包人的结算，符合实际情况也符合当事人的真实意图。其二，按工程所在地当时的定额进行结算。《建设工程解释（一）》第十九条第二款规定：因设计变更导致建设工程的工程量或者质量标准发生变化，当事人对该部分工程价款不能协商一致的，可以参照签订建设工程施工合同时当地建设行政主管部门发布的计价方法或者计价标准结算工程价款。可参照该司法解释对计价方式约定不明的，参照当地建设行政主管部门发布的计价方法或者计价标准即定额进行结算。

4. 承包人让利承诺约束实际施工人结算

承包人与发包人在施工合同中约定的工程款让利条款，对实际施工人不产生

---

[1] 云南省高级人民法院（2008）云高民一终字第146号民事判决书。

约束力,承包人和实际施工人对于工程款的结算应当按照双方签订的施工合同予以处理。

【案例12－165】　江苏长安建设集团有限公司与赵某某、吴某某建设工程施工合同纠纷案

一审法院认为,关于安装工程结算价如何下浮问题。根据双方签订的《施工承揽合同》约定,工程结算价为甲方与建设方认可的安装工程结算价下浮22.4%后为甲方与乙方的最终结算价,结算方式按照甲方与建设方签订的施工合同执行按实结算。虽长安集团与徐州苏商实业有限公司签订的《建设工程施工合同》约定招标工程的合同价款由发包人承包人依据中标通知书的中标价格在协议书内约定,长安集团承诺实际合同价款为按经双方确认的标底价或经双方确认的审核后的工程预算价下浮8%,但该下浮应为长安集团公司与徐州苏商实业有限公司的结算方式,对长安集团公司与赵某某之间的结算方式没有约束力。长安集团公司与赵某某之间的结算价应以甲方与建设方认可的安装工程结算价,即徐富造审〔2012〕003号审核报告核定的工程结算价3,540,775.73元未扣除8%之前的基础上直接下浮22.4%后,为双方的最终结算价。对长安集团公司主张在下浮8%的基础上再下浮22.4%进行工程款结算的辩称理由,原审法院不予支持。二审法院亦持同样意见,维持一审判决。[1]

(四)实际施工人结算限制

承包人将工程转包,发包人与承包人之间是按实际施工人还是按承包人的资质标准结算在实践中理解存在差异。取费标准不同,直接影响发包人和承包人双方的经济利益。承包人资质等级越高,费率越高,反之越低;其费率越高承包人利率越大,而发包人支出越大对其利益减少,反之发包人支出越少其利益减少的幅度越低。就同一建设工程而言,取费标准资质等级高的承包人要高于资质等级低的承包人,工程费用支出发包人对资质等级高的承包人高于资质等级低的承包人。转包行为严重违反国家法律强制性规定,为了打击转包人通过工程转包获取非法所得,实现民事法律关系的公平,法院应按就低不就高的原则决定是按承包人还是实际施工人的资质标准结算工程款。实践中,绝大多数实际施工人的资质等级比承包人低,但并未排除实际施工人资质等级比承包人高的情况存在。对此

〔1〕　江苏省徐州市中级人民法院(2013)徐民终字第1137号民事判决书。

仍应坚持就低不就高的原则处理,阻止承包人通过转包获利的思想并获取更大的非法收益。如本专题前段举的新疆新世纪成功房地产开发有限公司与青岛建设集团等建设工程施工合同纠纷案。[1]

层层转包后,实际施工人主张按总承包单位与建设单位签订的第一手施工合同予以工程款结算的,法律不予支持。

【案例12－166】 林州市采桑建筑劳务输出有限公司与天津市西青区大寺镇倪黄庄村民委员会等建设工程施工合同纠纷案

最高人民法院认为,现实际施工人林州采桑公司主张按照一手即业主与诉争工程总承包人订立的施工合同约定结算工程款,因诉争工程总承包合同、转包合同、再次转包合同各项法律关系相对独立存在,林州采桑公司不是诉争工程总承包合同当事人,无权依此合同主张权利。据此,林州采桑公司主张按照招投标文件、中标通知书等结算工程款,法律依据不足,不予支持。[2]

挂靠人作为工程实际施工人,其付出的劳动物化在工程中,享有获得工程款的权利,若实际施工人与发包人就工程价款折价补偿达成合意的,该结算行为有效。即在发包人对挂靠事宜不知情的情况下,发包人与被挂靠人进行工程价款结算的,在不存在恶意串通等违法情形时,实际施工人不得直接否定已作出的工程结算。

【案例12－167】 甘肃第一建设集团有限责任公司与庆阳市华兴房地产开发有限公司建设工程施工合同纠纷案

最高人民法院认为,华兴公司与李某昌之间的结算协议有效。甘肃一建主张根据《建设工程解释》第二十六条以及《建设工程解释(二)》第二十四条之规定,建设工程施工合同关系具有相对性,非法转包和违法分包的实际施工人不得突破合同相对性径直对发包人主张权利。然而,实际施工人包括非法转包、违法分包、借用资质情形等情形下的实际承包人。借用他人资质的实际施工人在与发包方发生法律关系时,均是以被挂靠人的名义出现,挂靠人缺乏独立性,故不存在突破合同相对性问题,也与另外两种情形的实际施工人以自己名义进行施工不同,上述两条司法解释并不适用于借用他人资质的实际施工人。本案中,李某昌借用甘肃一建资质,李某昌系以甘肃一建(乙方)委托代理人的名义与华兴公司(甲方)签订结算协议,原审据此作出裁判

[1] 参见最高人民法院民事审判第一庭编:《最高人民法院民事案件解析》(建设工程),法律出版社2010年版,第178页。

[2] 最高人民法院(2014)民申字第952号民事裁定书。

并未突破合同相对性。甘肃一建对上述情况完全知晓,其亦未能够举证证明李某昌与华兴公司之间存在恶意串通损害其合法权益之事实。案涉结算协议亦不存在违反法律、行政法规强制性规定之效力瑕疵,原审对其做有效认定并无不当。[1]

被挂靠人已与发包人完成工程结算的,挂靠人不能再以其名义要求与发包人结算。

【案例 12-168】 黄某国与东方公司建设工程施工合同纠纷再审案

最高人民法院认为,涉案《建设工程施工合同》因亚星公司未取得建设工程规划许可证等规划审批手续及实质上是黄某国借用东方公司资质签订而无效,但建设工程质量合格,可以参照合同约定结算工程价款。案涉工程已竣工验收合格并移交业主单位使用,东方公司作为被挂靠人已与发包人亚星公司签订工程结算协议书对工程价款进行了结算,黄某国作为挂靠人,要求由其对工程价款进行结算,没有法律依据。在东方公司与亚星公司双方确认工程项目结算总价基础上,原审根据已支付工程款、已支付的剩余工程款、已支付的社会保险费,黄某国的自认等,结合举证责任分配规则,从而认定需要向黄某国支付工程款的数额,不缺乏证据证明。[2]

如果转包人、违法分包人或被挂靠人已向行政部门交纳了全部或部分规费,则应在实际施工人处获得的工程价款中相应扣除,因其对实际施工人已不具有造价成本的意义。[3] 如果实际施工人为自然人或无法开具增值税专用发票的企业,就税金部分的损失应着重考察发包人的抗辩内容,并结合发包人、承包人各自的举证情况,将税金损失从发包人应付价款中全部或部分扣除。[4]

(五)涉及政府补助款中据实结算

实际施工人虽与作为发包人的政府没有合同关系,且未在合同中约定工程的结算方式,但就政府提供的政府补助,根据权利义务相一致的原则,结合不同性质政府补助的实施目的和相应法律规定,针对因施工计划变更增加施工而提供的政

---

〔1〕 最高人民法院(2020)民申 1814 号民事裁定书。

〔2〕 最高人民法院(2021)民申 3897 号民事裁定书。

〔3〕 参见王毓莹、史智军:《建设工程施工合同纠纷疑难问题和裁判规则解析》,法律出版社 2022 年版,第 314 页。

〔4〕 参见王毓莹、史智军:《建设工程施工合同纠纷疑难问题和裁判规则解析》,法律出版社 2022 年版,第 314 页。

府补助,或是本质上属于合同工程价格调整而以行政补贴形式的政府提供的专项行政补助,实际施工人均有权按照据实结算的原则主张合法权益。

【案例12-169】 杨某碧与宏梁公司建设工程施工合同纠纷案

一审法院认为,杨某碧作为自然人与宏梁公司项目部签订的内部承包合同,本质上是宏梁公司项目部以法人名义向杨某碧进行非法转包,该合同属于无效合同。该工程路基项目竣工经验收合格后,依法律规定,杨某碧有权请求宏梁公司参照合同约定支付工程价款。六号路补助,实质上是万足镇政府作为发包人,变更施工计划,致使工程实际施工里程超出3.27公里的新增工程价款,万足镇政府应当对此支付施工费用。万足镇政府在复函中明确对该多施工路段补助6.54万元,且宏梁公司未对该复函提出异议,应视为宏梁公司对该补助方案予以认可,万足镇政府补助的6.54万元理应归实际施工人杨德碧所有。杨某碧开挖路基完成未通过验收,宏梁公司廖家村项目部对该路基开挖进行整改后通过验收,应当视为杨某碧、宏梁公司共同完成开挖路基,对于该路段的38万元专项补助,应当由杨某碧、宏梁公司按照实际完成的工程量比例进行结算。杨某碧花去挖机款124,930元,宏梁公司花去挖机款27,041元。按照比例计算,杨某碧应当分得其中的312,385元,宏梁公司应当分得其中的67,615元。遂判决,由宏梁公司支付杨某碧六号路补助工程款45,000元及路基开挖工程款312,385元。二审法院亦持同样意见,维持一审判决。[1]

(六)工程总价下浮结算问题

合同无效,总价下浮约定亦无效。

【案例12-170】 浙江宏成建设集团有限公司与陕西广厦投资发展集团有限公司建设工程施工合同纠纷案

最高人民法院认为,承包协议系无效合同,其中关于工程总价下浮5%的约定亦归于无效。一审判决根据公平原则及案涉工程的实际情况,对工程总价未予下浮,处理亦无不当。[2]

【不同处理】 个案中,最高人民法院作了不同判决。

---

〔1〕 重庆市第四中级人民法院(2013)渝四中法民终字第00546号民事判决书。

〔2〕 最高人民法院(2020)民终849号民事判决书。

【案例12－171】　青岛温泉建设集团有限公司与青岛昊通房地产开发有限公司建设工程施工合同纠纷再审案

最高人民法院认为,关于已完工工程价值的确定,温泉公司与昊通公司作为平等的商事主体,按照《建设工程施工合同》约定的方法进行计算,符合双方当事人订立合同时的真实意思表示,且双方在《建设工程施工合同》中约定的让利条款属于结算条款,鉴定机构按照《建设工程施工合同》约定的结算方式认定工程造价并无不当,故对该申请再审理由不予支持。[1]

约定工程质量达不到优质工程,则总价下浮的,该约定属于工程结算条款。

【案例12－172】　杨某尧与江苏通力建设工程有限公司建设工程施工合同纠纷再审案

最高人民法院认为,案涉小高层工程总价应否下浮4%的问题。案涉协议中有关如工程质量小高层达不到"姑苏杯"优质工程,通力公司、杨某尧愿处小高层总价下浮4%处罚的约定,原审法院将其理解为案涉工程在合格标准之上额外投入的优质工程费用,本质上属于工程结算条款的组成部分亦未超出当事人的缔约预期。如依杨某尧所述应排除该条款的适用,则意味着案涉工程已达到优质工程标准,杨某尧即可据此以合格工程获得优质工程对价,与本案事实不符,亦有失公允。同时,根据《苏州市"姑苏杯"优质工程奖评审办法》的规定,苏州市"姑苏杯"优质奖每年评审一次,申报的工程应为评审年度的上一年度12月31日前竣工且验收合格的工程,申报材料中必须包括当地建设行政主管部门签发的"建设工程竣工验收备案表"材料。但案涉工程竣工验收时间为2014年1月20日,并不具备申报2013年度苏州市"姑苏杯"优质工程奖的条件,而杨某尧于2014年6月提起本案诉讼也未向通力公司或豪世公司交付相应材料并提出申报主张,原审法院据此认定杨某尧提出的案涉工程未能评上苏州市"姑苏杯"优质工程与其无关的主张缺乏事实依据符合案涉实际。杨某尧关于案涉小高层总价不应下浮4%的再审申请理由不能成立。本案中,建设工程施工合同无效。[2]

合同无效,优质工程奖励款的约定无效,该约定不能参照执行。

【案例12－173】　长沙市市政工程有限责任公司与湖南省株洲市醴陵市人民政府建设工程施工合同纠纷案

最高人民法院认为,因案涉合同属无效合同,而当事人关于逾期付款违约金、优质工程奖励款的约定不属于有关解决争议方法的条款,故亦属无效;

---

〔1〕 最高人民法院(2021)民申1940号民事裁定书。

〔2〕 最高人民法院(2020)民申4837号民事裁定书。

因此,一审法院没有支持长沙市政公司关于新城公司、醴陵市政府支付逾期违约金、优质工程奖励款的请求,事实根据和法律依据充分,本院予以支持。[1]

【不同处理】 个案中,最高人民法院作了不同判决。

【案例12-174】 中国华西企业有限公司与赣州铭欣实业有限公司建设工程施工合同纠纷案

最高人民法院认为,关于奖励费用。《协议书》第九条第二项约定:"如果单位工程获得市优工程,发包人按获得市优工程的单位工程价款奖励承包人综合费率1%。"根据中华人民共和国住房和城乡建设部发布的《建设工程分类标准》(GB/T 50841—2013)中的相关定义,"单位工程"一般是指具备独立施工条件并能形成独立使用功能的建筑物及构筑物。且赣州市住房和城乡建设局《关于赣州铭欣实业有限公司咨询函的回复》中亦载明,该市目前有"赣州市建筑结构示范工程"(2016年以前为"赣州市建筑结构优良工程")和"赣州市优质建设工程"两个工程质量奖项的评选。《协议书》仅表述为单位工程获得市优工程,并未就"市优工程"作出明确具体的奖项所指,华西公司施工建设的5#、6#楼获赣州市优良结构工程奖,与合同约定的奖励条件并不相悖,亦实现了约定奖励费用以鼓励承包人提升建设质量的初衷。因此,一审法院按照5#、6#楼工程款的比例计算奖励费66,917元,有相应事实依据亦符合建筑工程行业内对单位工程的通常理解,本院予以维持。本案中,《协议书》无效。[2] 合同无效,审计费负担约定仍然参照执行。

【案例12-175】 江苏省建设集团有限公司与大庆嘉丽房地产开发有限公司建设工程施工合同纠纷案

最高人民法院认为,审计费660,462元。江苏建设公司与嘉丽开发公司已约定"如江苏建设公司报送造价金额超过审减额5%的部分由江苏建设公司承担该部分审计费"。本案江苏建设公司工程报审金额162,875,655.42元,审核后金额132,716,459.65元,核减金额30,159,195.77元,审减率达18.52%,远超162,875,655.42元5%的8,143,782.77元,二者差额22,015,413元。《建设工程造价咨询合同》约定"效益咨询费按核减额3%收取",嘉丽开发公司就江苏建设公司超过审减率5%部分额外支出审计费660,462元(计算公式:22,015,413元×3%=660,462元)。因此,在双方当事人已有明确约定的情况下,应尊重当事人的意思自治,不宜在无确定依据的情况下自由裁量。一审法院未按照合同约定确定审计费负担缺乏事实和

[1] 最高人民法院(2019)民终1459号民事判决书。

[2] 最高人民法院(2020)民终8号民事判决书。

法律依据，本院予以纠正。超出审减额的部分审计费660,462元应全额予以计入已付工程款。[1]

合同无效，但约定发包人有权增加或减少工程项目的，参照约定执行。

【案例12－176】　四川省第四建筑有限公司（原四川省第四建筑工程公司）与汇丰祥商业控股有限公司建设工程施工合同纠纷案

最高人民法院认为，案涉建设工程施工合同第7.4条"甲方增加或减少工程范围的权利"中约定，"甲方有权增加或减少本地块工程总包范围内的相关工程项目，相关工程指令乙方必须执行"，故汇丰祥公司有减少工程范围的权利，四建公司主张汇丰祥公司擅自变更合同施工范围，致使双方合同金额从2.3亿元降低至1.6亿元左右，造成其预期收益损失约2,601,300元，无事实和法律依据，故不予支持。[2]

合同无效，但约定按照二类工程二类企业类别进行取费的，参照约定执行。

【案例12－177】　四川省第四建筑有限公司（原四川省第四建筑工程公司）与汇丰祥商业控股有限公司建设工程施工合同纠纷案

最高人民法院认为，关于取费标准的问题。四建公司上诉称，案涉工程应按照一级企业一类工程进行取费。《建设工程解释（二）》第十一条第一款规定，"当事人就同一建设工程订立的数份建设工程施工合同均无效，但建设工程质量合格，一方当事人请求参照实际履行的合同结算建设工程价款的，人民法院应予支持"。本案中，案涉两份建设工程施工合同以及《备忘录》，因违反法律的强制性规定，应认定无效，当事人均同意按照或参照2013年4月30日所签合同结算工程款，该合同约定按照二类工程二类企业类别进行取费，故四建公司该项主张依据不足，不能成立。[3]

合同无效，但约定发包人取消工程项目应支付管理费和利润，因承包人原因发包人取消工程项目的，不属于取消工程项目应当支付管理费和利润的情形。

【案例12－178】　广元市川越建筑劳务有限公司与中国水利水电第八工程局有限公司建设工程施工合同纠纷案

最高人民法院认为，因川越公司的原因长江设计公司将收尾工程交由地方政府继续施工，不属于《通用合同条款》和《专用合同条款》规定计取管理费和利润的情形，一审对该项不予计价，并无不当。本案中，水利水电八局与

---

〔1〕 最高人民法院（2020）民终398号民事判决书。

〔2〕 最高人民法院（2020）民终1145号民事判决书。

〔3〕 最高人民法院（2020）民终1145号民事判决书。

川越公司之间系转包关系,长江设计公司系发包人。[1]

合同无效,约定结算价款最终核减超过5%时超出部分的10%应作为罚金从结算价款中扣除,该约定属于结算条款。

【案例12-179】 曾某刚与江西大筑城房地产开发有限公司建设工程施工合同纠纷再审案

最高人民法院认为,关于原审判决扣除虚高工程造价差额部分10%罚金1,005,232.3元是否正确的问题。案涉《施工合同》中关于施工人报送的竣工结算价经最终核减超过5%时超出部分的10%应作为罚金从结算总价中扣除的约定,属于合同结算条款,原审判决根据双方履行合同情况,将上述款项作为罚金予以扣除,不违反法律规定。本案中,建设工程施工合同无效。[2]

合同无效,但约定发包人导致的停工、窝工的,停工、窝工损失发包人不承担,参照约定执行。

【案例12-180】 四川省第四建筑有限公司(原四川省第四建筑工程公司)与汇丰祥商业控股有限公司建设工程施工合同纠纷案

最高人民法院民事判决书载明,宁夏回族自治区高级人民法院认为,关于停工、窝工损失以及由此产生的贷款利息、同期银行透支利息等损失。案涉建设工程施工合同虽属无效,但合同中关于工期约定的内容是与计算工程价款数额有关的内容,且是双方当事人签订合同时的真实意思表示,应当予以参照适用。案涉建设工程施工合同中关于工期条款的约定,其中第5.6.1条约定:"因以下原因在施工关键线路(按乙方提交,并经甲方、监理确认的施工网络图中关键线路)造成工期延误,经甲方确认,工期相应顺延;但甲方不再承担包括乙方窝工、停工费等在内的任何费用(已经由乙方在增加的措施费中包干考虑):……(b)甲方引起的工程延期开工、停建、缓建、暂停施工",参照上述约定内容,因汇丰祥公司原因造成的工期延误,汇丰祥公司给予顺延工期,但不承担四建公司的停工、窝工损失。本案中,关于四建公司主张的1#、2#、3#楼因建设方案调整原因,致使其停工造成的损失问题,四建公司曾于2014年4月8日及2014年5月6日向汇丰祥公司发出2份《工作联系单》,写明案涉工程因汇丰祥公司原因造成停工、窝工,汇丰祥公司以及监理工程师在该《工作联系单》以及所附《进场人员窝工费用、机械周转料具租赁费用清单》上签字或盖章,后汇丰祥公司按照四建公司发出的《工程延期

---

〔1〕 最高人民法院(2020)民终912号民事判决书。

〔2〕 最高人民法院(2020)民申3989号民事裁定书。

报审表》,经过审核,同意延长工期77天。之后,对四建公司的停工、窝工损失,尽管双方也予以了协调、磋商,但最终未能达成一致意见,无法认定双方对停工、窝工损失问题达成了新的处理意见,故仍应当参照合同约定处理该问题。关于四建公司主张的案涉工程3#楼因功能调整致其停工所造成的损失问题,因其提供的证据不足以证明其主张,且亦应当参照合同约定处理该问题。故对四建公司要求汇丰祥公司承担停工、窝工损失以及由此产生的贷款利息、同期银行透支利息的诉讼请求不予支持。[1]

---

〔1〕 最高人民法院(2020)民终1145号民事判决书。

专题十三　建设工程实际施工人纠纷

在建设工程领域中，普遍存在大量实际施工人。有资质的企业承包建设工程后，通过不同形式转由实际施工人实际施工，实际施工人是当今社会中担当建设工程主要力量，也是频发争议纠纷之处，有必要对其单独讨论分析。

一、实际施工人理解

(一)实际施工人含义

对于实际施工人,在《民法典》《建筑法》《建设工程质量管理条例》等法律法规中并未有规定,实际施工人是为了对应和区别《民法典》在“建设工程合同”一章中表述的“施工人”这一概念而出现的,为《建设工程解释》规定的法律概念,但司法解释没有对实际施工人的概念、范围等问题作出明确具体的规定。最高人民法院就《建设工程解释》答记者问中对“实际施工人”的阐释:“承包人与发包人订立建设工程施工合同后,往往又将建设工程转包或者违法分包给第三人,第三人就是实际施工人。”制定《建设工程解释》的法官对实际施工人作了相对具体的诠释:“‘实际施工人’的称谓,是指无效合同的承包人,如转承包人、违法分包合同的承包人、没有资质借用有资质的建筑施工企业的名义与他人签订建设工程施工合同的承包人。”

制定《建设工程解释(一)》的法官认为,综合本解释相关条文对实际施工人概念的使用情况,所谓的“实际施工人”,须以“名义”施工人的存在为前提。因此,将借用资质订立施工合同、转发以及违法分包合同中实际完成工程建设的主体认定为实际施工人,更加符合规范内部统一性的要求。根据司法解释,所谓实际施工人,是指建设工程施工合同被认定为无效后,具体实施工程建设的人,包括转包关系中的承包方、违法分包关系中的承包方、挂靠或者借用建筑企业资质的承包方等。实际施工人,不包括承包方的履行辅助人、合法的专业分包工程承包方、违法分包的承包方、劳务作业承包方。[1] 通俗地讲,实际施工人就是在上述违法情形中实际完成施工任务的单位或个人。建设工程层层多手转包的,实际施工人一般是指最终投入资金、人工、材料、机械设备实际进行施工的施工人。一般而言:(1)实际施工人是实际履行承包义务的人,既可能是对整个建设工程进行施工的人,也可能是对建设工程部分进行施工的人。(2)实际施工人与发包人没

---

〔1〕 参见最高人民法院民事审判第一庭编著:《最高人民法院新建设工程施工合同司法解释(一)理解与适用》,人民法院出版社2021年版,第363页。

有直接的合同关系或者名义上的合同关系。实际施工人如果直接与发包人签订建设工程施工合同，则属于承包人、施工人，无须强调“实际”二字。(3)实际施工人同与其签订转包合同、违法分包合同的承包人或者出借资质的建筑施工企业之间不存在劳动人事关系或劳务关系。司法实践中，对于在合法专业分包、劳务分包中的承包人不认定为实际施工人。[1] 应注意的是，一些地方法院将实际施工人定义凸出实际施工人投入人工、资金、材料成本等的物化属性。《山东省高级人民法院关于审理建设工程施工合同纠纷案件若干问题的解答》第一条规定：“实际施工人是指依照法律规定被认定为无效的施工合同中实际完成工程建设的施工主体，包括转承包人、违法分包的承包人等。当事人以实际施工人身份主张权利的，应当对其实际投入工程的资金、设备、材料、人工等事实进行举证。”

实际施工人，一般具有以下基本特征：其一，实际施工人没有合法的合同基础，没有以自己的名义与发包人签订建设工程施工合同，而是名义承包人在与发包人签订合同后，通过违法转包、违法分包或者挂靠形式违法或违约地将工程交给“实际施工人”完成。出现实际施工人时，建设工程施工合同即存在非法转包、违法分包及借用有施工资质的企业名义承揽建设工程等无效情形，实际施工人是在上述违法情形中实际完成了施工义务的单位或者个人。其二，实际施工人需要对工程施工进行实质性的投入，包括但不限于投入资金、设备、人工、材料等，未对工程进行实际投入的人不是“实际施工人”。其三，实际施工人应当最终承担成本，实际施工人应当是工程项盈亏的最终承受者，“名义承包人”一般仅按照约定收取固定金额或固定比例的管理费，不承担经营风险。其四，为区别《民法典》规定的有合法身份的施工人，司法解释使用了“实际施工人”的表述方式。在司法解释中有几个条款使用了“实际施工人”的概念，均是指无效合同的承包人，如转承包人、违法分包合同的承包人、没有资质借用有资质的建筑施工企业的名义与他人签订建设工程施工合同的承包人等。其五，“实际施工人”旨在描述无效合同中实际承揽工程干活的低于法定资质的施工企业、非法人组织、自然人个人等。

实际施工人类型：其一，挂靠关系中借用资质的承包人。其二，转包合同的转承包人、违法分包合同的承包人。其三，多层违法转包、分包的承包人。三种类型实际施工人就是上述违法情形中实际完成了施工任务的单位或者个人。实际施工人范围界定，主要有两类人，一类为层层多手转包链条中的最终实际对工程进行施工的承包人，另一类人为了规避国家法律对施工企业资质管理规定，采取挂靠、联营、内部承包等各种形式借用有资质的建筑企业名义，而所谓内设项目部、分公司等。应将下列人员排除在实际施工人范围之外，一类是在合法专业分包、

---

〔1〕 参见最高人民法院民事审判第一庭编著：《最高人民法院新建设工程施工合同司法解释（一）理解与适用》，人民法院出版社2021年版，第445～446页。

劳务分包的承包人,另一类是各工种农民工个人,即提供劳务的劳动者。需要注意的是,是否为《建设工程解释(一)》第四十三条规定调整的对象,应放在个案中确认。

实践中,有很多自然人如个体老板、个人合伙、工头等,是以个人名义组成施工队从事和参与建设工程活动,他们能否认定实际施工人有不同见解。有律师认为,对以自然人为原告提起的工程款给付诉讼,在确认原告主体资格时一定要慎重。原则上不允许农民工以个人名义追索工程欠款,他们虽然也是某一工序、某一具体施工部位的实际施工人,但并非《建设工程解释(一)》本意所指的实际施工人,《建设工程解释(一)》所称的实际施工人应当理解为一个整体工程的实际施工人,该整体工程应与其承包范围相一致。农民工所追索的工程款实质上为劳动报酬,是基于劳动合同关系产生的给付请求,因此,应当通过劳动仲裁等程序向其雇主和与其有劳动合同关系的人追偿。至于包工头个人是否可以实际施工人的名义提起诉讼也不能一概而论。一般而言,只有那种有相对固定的施工队伍并且具体实施了工程建设组织管理的包工头才可以将其视为实际施工人并可以原告名义起诉。总之,对以自然人为原告提起的追索工程欠款的诉讼,在立案时就应当对原告主体资格严加审查;否则,必将造成诉讼程序的混乱,变相鼓励非法的工程转包,并且使恶意诉讼有机可乘。[1] 有法官认为,对实际施工人的概念,应做广义理解,理应包括合法分包人、内部承包人、挂靠人、清包人(俗称包工头)等,以利于对建筑领域农民工合法权益的保护。[2] 也有法官认为,作为权利主体的实际施工人,是指在建设工程施工环节中,与发包人不具有合同关系,但承接了全部或部分施工内容的承包主体。[3] 笔者认为,实际施工人是指实际完成施工义务的主体。这里的主体应作广义的理解,其主体可能是法人、非法人组织、个人合伙、自然人个体等。包括借用建筑企业的名义或者资质证书承接建设工程的承包人、非法转包中接受建设工程转包的承包人、违法分包中接受工程分包的分包人、超资质许可施工范围从事工程基础或结构建设的劳务分包企业等。实践中通俗所称的不具有建筑资质施工队、不属于建筑企业设立的项目部、包工头等。因为最高人民法院提出"实际施工人"时没有对这个概念下定义,个案中的实际施工人差异明显,在开封市兴育房地产开发有限公司等与王某等建设工程施工合同纠纷案中,最高人民法院认定项目经理王某为实际施工人。[4] 在楼某春与祁连

---

〔1〕 参见张庆华:《建设工程施工合同纠纷预防与处理》(最新修订版)(第2版),法律出版社2017年版,第141~142页。

〔2〕 参见《建设工程合同纠纷裁判思路》,法律出版社2014年版,第60页。

〔3〕 参见邬砚:《建设工程合同纠纷——254个裁判规则深度解析》(第2版),法律出版社2019年版,第343页。

〔4〕 参见于健龙等主编:《中国建设工程法律评论》(第五辑),法律出版社2017年版,第5页。

山县科技农牧扶贫开发局等建设工程施工合同纠纷案中,一审法院和二审法院对谁是实际施工人分别作不同认定,最高人民法院作出程序上的裁定,回避了实际施工人的认定方面的争议。[1]

最高人民法院认为,按照司法解释,实际施工人与转包人、违法分包人相对应。依据国务院发布的《建设工程质量管理条例》第七十八条规定,转包与违法分包有明确的界定。因而,司法解释中的实际施工人范围应是确定的,仅指与依《建设工程质量管理条例》认定的转包人或者违法分包人对应的、建设工程发包人与承包人之外的第三人,不应当包括依照法律规定实行"企业内部项目经济责任制承包"(内部承包)的人。[2]

(二)实际施工人身份确认

《建设工程解释(一)》虽有相关条文涉及这一问题,但实际施工人的身份确认,也并未有明确规定。

实践中,因建设工程合同无效或有效纠纷必然涉及这一块,其理解不一致认定尺度不同。笔者认为,实际施工人突破合同相对性是在坚持合同相对性原则下对实际施工人的特殊授权,实际施工人构成要件:一是实际施工人相对于名义承包人而存在。二是要实际施工并管理,实际施工人是工程施工的实际承担者。即发包人和承包人双方在施工合同中所约定的施工内容全部或部分是由实际施工人承担、完成,而不是完成某一道工序或某项具体劳务。三是合同要因未经发包人同意的一次转包或者违法分包而无效,不包括多次转包和违法分包的情形。实际施工人负责承担施工任务违反了相关法律法规或施工合同约定。对实际施工人身份确认的要素为,合同的实际履行情况、施工的实际支配权和其他相关资料,综合审查确认。根据个案的具体情况,由法官自由裁量。换言之,判断真正的实际施工人可以从其是否通过转包、分包、挂靠形式承接工程施工,是否对工程项目实际投入资金、材料、劳力,是否最终承担成本等方面进行综合认定。实际施工人需对工程施工进行实质性的投入,包括但不限于投入资金、设备、组织施工等,对于施工成本部分,应由实际施工人自行承担,故对于承包方代付费用,如果双方在内部承包合同中明确约定予以抵扣,或承包方能够证明代付费用等确系实际施工人施工支出,法院通常会认定承包方代付部分可直接抵扣工程款。

实际施工人认定的一般具体原则为,其一,审查是否参与合同签订,如是否直

---

〔1〕 最高人民法院(2013)民一终字第149号民事裁定书。

〔2〕 最高人民法院对十三届全国人大五次会议第3784号建议的答复。

接以被挂靠人的名义与发包人签订合同,是否是转包、违法分包合同签约主体。其二,审查是否存在组织工程管理、购买材料、租赁机具、支付水电费或劳务费等实际施工行为。实践中,重点审查是否进场施工。其三,审查是否享有施工支配权,如对项目部人、财、物的独立支配权,对工程结算、工程款是否直接支付给材料供应商、机具出租人、农民工等的决定权等。其四,审查是否存在投资、垫资或收款行为。其五,审查与转包人、违法分包人或出借资质的建筑施工企业之间是否存在劳动关系。其六,审查是对全部或部分工程的施工,还是对某个环节辅助的施工。

在建设工程合同纠纷中,实际施工人的认定是一个普遍性问题,不仅关乎诉讼程序的进程,更牵涉农民工等弱势群体的合法权益。个案中,法官针对案件实际情况,在无书面合同关系的情况下,以是否实际履行合同义务为前提认定实际施工人资格,将两人合作施工人认定为实际施工人。

1. 实际施工人的类型

根据不同标准可以划分以下实际施工人类型:

根据是否借用资质的标准,可以划分为借用资质的挂靠实际施工人和非借用资质的挂靠实际施工人。前者为挂靠借用有施工单位的资质与发包人订立施工合同,后者为没有挂靠借用有施工资质单位的资质而履行施工义务的实际施工人。

根据是否工程转包的标准,可以划分为转包的实际施工人和非转包的实际施工人。前者是承包人承包工程以后转包给实际施工人施工,后者是实际施工人直接与发包人订立施工合同。

根据是否分包后再转包的标准,可以划分为分包的实际施工人和非分包的实际施工人。前者是分包人将分包工程交由实际施工人施工,后者并非分包的工程而由实际施工人施工的。

根据同一项工程施工人人数的标准,可以划分为一人实际施工人和多人实际施工人。前者是一项工程只有一个实际施工人,这为现实中的普遍情况;后者是一项工程有多个实际施工人。

根据实际施工人是否为合伙人的标准,可以划分为合伙实际施工人和非合伙实际施工人。前者实际施工人为合伙人,主要是讲合伙人全部为实际施工人,并不排除以下两种情形,一种是一个实际施工人承包工程后转为多人合伙人,另一种是合伙人中的一人为实际施工人;后者是实际施工人并非具有合伙性质的实际施工人。

根据实际施工人是否具有多层实际施工的标准,可以划分为多层实际施工人和非多层实际施工人。前者是工程经过多层转手最后实际施工的人,后者是没有经过多层转手的实际施工人。

根据实际施工人与承包单位具有劳动关系的标准,可以划分为有劳动关系的实际施工人和没有劳动关系的实际施工人。前者是实际施工人与承包单位具有劳动关系,后者是实际施工人与承包单位不具有劳动关系。

2. 存在实际施工人身份事实

【案例13-1】 满洲里市扎赉诺尔宏基城市基础设施投资开发有限责任公司与聂某等建设工程施工合同纠纷案

最高人民法院认为,关于聂某是否为本案的实际施工人问题。聂某与森天公司所签订的《协议书》明确约定,聂某挂靠、借用森天公司的资质,聂某对工程全额投资、自主组织施工、独立核算、自负盈亏。协议签订后,涉案工程全部是由聂某组织施工投资建设的。对此,森天公司并无异议,而且发包方宏基公司已付的工程款项,是直接拨付至聂某承包的项目部和聂某个人公司账户的。这说明宏基公司明知或者应当知道涉案工程是由聂某投资并组织施工建设的。鉴于此,一审判决认定聂某为实际施工人正确,应予维持。虽然宏基公司否定聂某实际施工人身份,但事实依据不足,不予支持。[1]

【案例13-2】 济南永君物资有限责任公司与齐河环盾钢结构有限公司建设工程施工合同纠纷案

最高人民法院认为,首先,虽然从本案建设工程施工合同的形式看,承包人为第九冶金建设公司第五分公司,与环盾公司并无直接的法律关系,从本案建设工程施工合同的内容看,也没有约定与环盾公司有关的权利义务内容,但是,环盾公司提供了中国网通齐河公司书证,证明上述施工合同乙方(承包方)一栏记载的电话0534-5676××××、0534-567××××均是环盾公司办公电话。其次,环盾公司提供的提货单证明永君公司抵顶工程款的钢材均运送到环盾公司;环盾公司的财务记账凭证、外联单位的收款收据、发票等证据能够证明支付给涉案工程外联单位的各种款项由环盾公司支付;环盾公司法定代表人刘某甲还以“第九冶金建设公司第五分公司”名义与案外人山东英格利实业有限公司签订的用于“济南永君钢铁公司轧钢厂房”工程预拌混凝土供需合同。再次,环盾公司法定代表人刘某甲与永君公司工作人员刘某乙签订的一份证明,证明称永君公司发包给“第九冶金建设公司第五分公司”承建的30万吨棒线材轧钢厂、加热炉厂房及翼缘板轧钢工程的施工点已由济南市工业北路68号改为董家镇机场路谢家屯村西。最后,环盾公司持有双方争议工程的施工合同、施工技术资料,收取了永君公司供应的工

[1] 最高人民法院(2013)民一终字第100号民事判决书。

程用钢材及永君公司支付的工程价款。因此,原一审、二审和认定环盾公司是涉案工程的实际施工人并无不当。永君公司提出的主张环盾公司不是实际施工人的申请再审理由不成立,本院不予支持。[1]

支付材料款、支付农民工工资保险、缴纳水费等行为可以证明实际施工人身份,发包人是否知悉不影响实际施工人人身认定。

【案例 13 -3】　高某红与糖烟酒公司、广进公司建设工程施工合同纠纷再审案

再审法院认为,关于高某红是否系案涉工程实际施工人的问题。根据本案查明的事实,糖烟酒公司与广进公司签订《建设工程施工合同》,后广进公司又与高某红签订《伊犁州广进建筑安装工程有限责任公司内部项目承包协议书》,将案涉工程转包给高某红进行施工。施工过程中,高某红为案涉工程垫付商砼款 1,000,000 元,以广进公司的名义为案涉工程缴纳水费 1195 元、电费 55,000 元、农民工工资保障金 120,000 元,并为农民工购买了平安建筑工程团体意外伤害保险及工伤、生育社会保险。2014 年 6 月 6 日、10 月 17 日、11 月 7 日,广进公司分别向高某红支付 6,299,300 元、4,755,500 元、4,755,500 元,高某红就此出具的收据上均加盖广进公司财务专用章,载明的款项性质为糖烟酒公司一期工程款。2016 年 5 月 3 日《糖烟酒一期工程付款对账单》载明“合计付款金额 34,500,000 元,尚欠工程款 190,028.02 元”,在对账单双方签字盖章处书写有付某春(伊犁糖烟酒有限责任公司财务科科长)和高某红的签名。以上高某红基于其与广进公司的约定对案涉工程进行施工,其为案涉工程垫付商砼款、缴纳水费以及广进公司向高某红支付工程价款,高某红在《糖烟酒一期工程付款对账单》上签字等案涉事实,足以认定高某红系案涉工程实际施工人。糖烟酒公司对高某红的身份是否知悉并不影响对高某红系案涉工程实际施工人的认定。综上,原判决认定高某红系案涉工程实际施工人,有合同和事实依据,并无不当。[2]

实际施工人身份应综合考虑是否实际施工、工程范围、资金垫付情况、施工材料的持有等因素认定。

【案例 13 -4】　罗某华与大理市第十二建筑工程有限责任公司等建设工程施工合同纠纷再审案

最高人民法院认为,罗某华与吴某生、杨某签订的《合作协议书》约定,由罗某华负责案涉项目的全额垫资施工,而非代替吴某生进行项目管理;罗

---

〔1〕 参见《最高人民法院公报案例》2012 年卷。
〔2〕 新疆维吾尔自治区高级人民法院(2022)新民申 1039 号民事裁定书。

某华在签订转包合同后即购买仪器、聘请技术管理人员进场施工、进行管理；土方回填中的土等材料由罗某华购买；施工过程中大理十二建司双江项目部与建设方所签订的“机械台班计价协议书”等协议的原件均由罗某华持有且有其签名；土方回填及其他零星工程所涉及的《工程中间验收计量签证表》等工程签证表原件均由罗某华持有，大理十二建司亦认可罗某华为案涉项目垫付了人工工资及材料费。且大理十二建司知晓罗某三是依据其与罗某华之间的口头协议而施工。从大理十二建司与罗某三签订的《付款协议》可以看出，大理十二建司知晓罗某华与罗某三之间有口头协议，大理十二建司与罗某三之间的结算单价正是依据罗某华与罗某三之间口头协议的约定。综上，大理十二建司承包案涉工程后，通过吴某生、杨某将案涉工程转包给罗某华施工，罗某华又将工程劳务部分分包给罗某三施工，认定罗某华为案涉工程的实际施工人，并有权向大理十二建司主张工程款。[1]

3. 存在实际施工人身份关系

实际施工人起诉转包人或违法分包人支付工程款，应当有存在承包人施工合同关系事实。

承包人虽未签订书面施工合同，但是有证据证明其对工程实施管理行为，可以认定为实际施工人。

内部经营方式或内部承包合同是否成立，应由主张方承担劳动关系举证责任，在举证不能时，内部承包人就应认定为实际施工人。

【案例13－5】 百盛联合建设集团有限公司、百盛联合建设集团有限公司无锡分公司与史某焰建设工程施工合同纠纷再审案

再审法院认为，涉工程承包制管理协议书应为无效协议。史某焰系无建设工程施工资格的个人，百盛无锡分公司的前身晋大无锡分公司与史某焰签订协议书，将涉案工程以内部承包方式实系转包给史某焰施工，违反法律、行政法规禁止性规定，故双方签订的协议书应为无效。百盛公司未举证证明史某焰与百盛公司之间存在劳动关系，且根据协议约定，史某焰在涉案工程中独立核算、自负盈亏，不符合法律规定的内部承包特征，故百盛公司主张其与史某焰之间系内部承包的理由不能成立，应认定双方之间存在违法转包关系。[2]

---

〔1〕 最高人民法院(2018)民再204号民事判决书。

〔2〕 江苏省高级人民法院(2014)苏审三民申字第0667号民事裁定书。

【案例13－6】　张某与沈阳冠隆置业发展有限公司、辽宁实华(集团)房地产开发有限公司等建设工程施工合同纠纷再审案

最高人民法院认为,关于各方当事人的法律关系。发包人冠隆公司与本钢三建公司就案涉工程签订《建设工程施工合同》,约定采用固定单价方式计付工程款。本钢三建公司承包案涉工程后,又与实华公司签订了《合作施工合同书》,约定其仅负责办理施工手续,由实华公司负责施工并承担费用,本质上系实华公司借用本钢三建公司的资质,二者构成挂靠关系。其后,实华公司又与本钢三建公司作为发包人,与四冶建设公司、金泰建筑公司作为承包人签订"四方协议",约定由四冶建设公司和金泰建筑公司作为承包人进行施工,本钢三建公司、实华公司支付相应工程款。"四方协议"实质上是实华公司将其承包的工程再次进行转包的约定。"四方协议"尽管加盖了四冶建设公司的公章,但没有其法定代表人或者授权代理人的签名。从缔约情况看,是王某华以四冶建设公司的名义签订合同,四冶建设公司称其不是合同当事人,案涉协议与其无关;从合同实际履行情况看,实际享有相应权利及履行相应义务的也是王某华,其他合同当事人对此不持异议,因此可以认为王某华是"四方协议"的实际当事人。此后,王某华与张某签订《合伙承包工程协议》,约定双方合伙承包案涉工程,由张某提供资金,无论哪一方出现不可预见的事情,另一方都可代表行使对方对该工程一切义务的权利。虽然张某不是"四方协议"项下的当事人,但因其与王某华系共同承包人,且已经履行了王某华在"四方协议"项下的义务,在各方当事人对其作为实际施工人均不持异议而王某华又已经失联的情况下,由张某承继王某华在"四方协议"项下的合同地位于法有据。前述协议中,冠隆公司与本钢三建公司签订的建设工程施工合同是当事人的真实意思表示,不违反法律、行政法规的强制性规定,应属合法有效。本钢三建公司与实华公司签订的《合作施工合同》,及其与王某华(四冶建设公司)、金泰建筑公司签订的"四方协议",存在借用资质、转包等情形,均应依法认定无效。[1]

承包人承包工程后以劳务分包形式分包工程,劳务分包公司又将劳务分包给个人,个人能主张其与承包人之间存在真实合同关系。

【案例13－7】　某公司与某某公司建设工程施工合同纠纷再审案

再审法院认为,关于案涉《施工作业(班组)劳务协议书》相对人的问题。案涉工程系云南建投承包后以劳务分包形式分包给云南建广厦,后云南建广厦继续分包给韩某。从《施工作业(班组)劳务协议书》形式上看,乙方为韩

[1] 最高人民法院(2021)民再84号民事判决书。

某,甲方为云南建广厦,合同相对人为云南建广厦,韩某与云南建广厦建立了施工劳务作业关系。对此,本院认为,对合同相对人的认定应予综合分析。其一,一审期间,云南建广厦主张其与韩某建立劳务分包关系,但其举证161份《建筑行业劳动合同》中有62份合同系劳务工人与案外人湖南晨光建设工程有限公司签订,且对此直至本院再审庭审期间云南建广厦仍未作出合理解释;其二,一审期间,韩某委托诉讼代理人依据一审法院出具的《律师调查令》,向西藏自治区墨竹工卡县人社局和西藏自治区拉萨市北郊劳动监察大队等单位调取的《云南建广厦劳务有限公司项目工伤参保人员名单》上并无韩某班组民工参保的身份信息;其三,本院再审庭审中赵某山证实,案涉《建筑行业劳动合同》均系云南建投劳资员 icon 韩某虹提供的100余份空白合同,由赵某山等工人予以补签并代签形成,而补签代签时合同甲方处并无公司公章;其四,云南建投在一审庭审中称,在案涉项目不止一家劳务分包单位,湖南晨光建设工程有限公司亦是其中一家劳务分包公司;其五,案涉项目施工作业中,云南建广厦除在《施工作业(班组)劳务协议书》上委派庄金当签字外,该公司并未举证其对案涉项目进行施工劳务管理;其六,“微墨竹”微信公众号上刊登的《关于2021年度云南建投频繁出现拖欠案件向社会公布》中载明:墨竹工卡县人力资源和社会保障局于2021年7月20日根据《重大劳动保障违法行为社会公布办法》(人力资源和社会保障部令第29号)第五条的规定,将云南建投频繁出现拖欠案件及未严格落实实名制分账管理,存在违法分包、转包、劳动合同签订不规范及用工不规范等情况向社会公布。综上,本院内心确信,云南建投承包到案涉拉萨市墨竹工卡县甲玛乡巨龙铜业驱龙选矿厂相关施工项目后,借用拥有用工资质的云南建广厦名义将案涉工程项目分包给不具备施工资质的自然人即韩某。根据《民法典》第七百九十一条第三款“……禁止承包人将工程分包给不具备相应资质条件的单位。禁止分包单位将其承包的工程再分包……”第一百五十三条第一款“违反法律、行政法规的强制性规定的民事法律行为无效。……”及《建设工程解释(一)》第一条第二款“……承包人因转包、违法分包建设工程与他人签订的建设工程施工合同,应当依据民法典第一百五十三条第一款及第七百九十一条第二款、第三款的规定,认定无效”之规定,云南建投存在违法分包行为,案涉《施工作业(班组)劳务协议书》应为无效。云南建投以同云南建广厦签订《建设工程施工劳务分包合同》、以云南建广厦与韩某班组签订《施工作业(班组)劳务协议书》等形式,主张其依据《建筑法》等规定,作为总承包施工企业,对云南建广厦和韩某施工作业进行组织、管理、代付工资等一系列看似合法的方式掩盖云南建投将案涉工程项目违法转包或分包给不具备施工资质的自然人,从而达到掩盖云南建投才是案涉工程相对人进而规避向韩某支付劳务费的目的。故韩某主张云南建投为其合同相对人的主张成立。一审法院对此认定正确,本院予以确认。二审法院流于表面合同审查,未深挖及探究当事人的真实意思表示,对案涉劳务协议相对人的认定错误,本院予以纠正。[1]

4. 可以认定为《建设工程解释(一)》第四十三条实际施工人的情形

这是从实际施工人能否向发包人主张工程价款的角度,认定《建设工程解释(一)》第四十三条的实际施工人。

在总承包人冒用他人名义承接工程涉嫌刑事犯罪,导致总承包合同和分包合同无效,分包人可以被认定为实际施工人。

【案例13－8】 河南安信达防水保温有限公司与刘某、中国第四冶金建设有限责任公司、绥中鑫宏房地产开发有限公司建设工程施工合同纠纷案

二审法院认为,刘某涉嫌合同诈骗,冒用四冶的名义与鑫宏地产签订建设工程施工合同,刘某个人不具备建筑施工企业资质,刘某与鑫宏地产签订的建设工程施工合同为无效,并且四冶并不知情,安信达主张四冶承担责任的请求,不予支持。安信达作为实际施工人,以包工包料的方式按合同约定完成施工,双方对工程量已进行核对,对合同中约定的工程单价无异议。虽刘某辩解对工程量不予认可,但未提供充分的证据予以反驳,故刘某应以双方核对的工程量承担给付工程款的责任。鑫宏地产作为发包人实际占有安信达的施工成果,在刘某与鑫宏地产没有进行工程结算的前提下,安信达为维护自身权益,向发包方鑫宏地产主张权利符合《建设工程解释》第二十六条的规定。[2]

经分包(包括合法或违法)或转包后,自行组织人力、物力和财力完成工程的承包人仍可以作为实际施工人主张权利。

【案例13－9】 周某宽与江苏云泰建设工程有限公司、金某银、淄博高新技术开发区国有资产经营管理公司建设工程施工合同纠纷案

二审法院认为,周某宽在以江苏云泰公司名义承包了山东兴润公司转包的淄博高新区实验中学西区办公艺术综合楼工程后,又将该工程中的装饰、安装部分工程分包给了金某银,实际上已经取代山东兴润公司履行了山东兴润公司与淄博国资管理公司之间的建设工程施工合同,金某银作为实际施工

---

〔1〕 西藏自治区高级人民法院(2022)藏民再20号民事判决书。

〔2〕 辽宁省葫芦岛市中级人民法院(2014)葫民终字第00130号民事判决书。

人主张工程款,符合法律的规定,可以作为本案适格的诉讼主体。淄博国资管理公司、山东兴润公司认为金某银不是实际施工人,非本案适格主体的上诉理由,不符合法律的规定,不予支持。〔1〕

【案例13-10】 广东省煤炭建设(集团)有限公司等与钟某建设工程施工合同纠纷案

二审法院认为,建设工程经数次转包的,实际施工人应当是最终实际投入资金、材料和劳力进行工程施工的法人、非法人企业、个人合伙、包工头等民事主体。〔2〕

很多情况下,建设工程涉及多种承发包关系,包括施工总承包、发包人指定分包、内部承包、挂靠、转包,既有有效的总承包合同、指定分包合同,也有无效的挂靠合同、转包合同。在多种承发包模式混合的情况下,要注意厘清不同主体之间属于哪种合同关系以及相关合同的法律效力,准确认定实际施工人。

【案例13-11】 李某某与特同公司建设工程施工合同纠纷案

二审法院认为,本案争议焦点是仅有易某签字,由特同公司支付给瑞威公司的两笔款是否可以认定为特同公司向李某某支付的工程款。因本案所涉工程系李某某借用特同公司资质承接,实际施工均由李某某负责,特同公司只收取管理和规费,而易某也系李某找来负责工程的项目经理。实际施工过程中,李某某又将工程转包给瑞威公司施工。特同公司基于易某的签字向实际施工方瑞威公司转付相应工程款的行为并无不当,可以认定为特同公司向李某某的付款。上诉人李某某认为,该两笔电汇款不应作为特同公司支付李某某工程款的上诉理由,缺乏依据,法院不予采纳。原审根据查明事实,判决特同公司给付李某某63,368元工程余款及相应利息并无不当,法院予以维持。〔3〕

建设工程施工合同的承包人将其承包的全部或部分工程交由其下属的分支机构或者在册的项目经理等企业职工个人承包施工,承包人对工程施工过程及质量进行管理,对外承担施工合同权利义务的,属于企业内部承包行为,内部施工的人员为实际施工人。

【案例13-12】 马某欣、刘某英与扶沟县昌茂纺织有限责任公司、平顶山昌茂纺织有限责任公司建设工程施工合同纠纷案

二审法院认为,2006年11月16日,河南省隆华建设发展有限公司出具

---

〔1〕 江苏省泰州市中级人民法院(2013)泰中民终字第1026号民事判决书。

〔2〕 海南省高级人民法院(2011)琼民一终字第39号民事判决书。

〔3〕 参见杜玉明:《建设工程疑难法律实务深度解析》,法律出版社2015年版,第62页。

授权委托书,委托马某欣代理该公司办理扶沟昌茂公司主厂房工程有关事宜,2006 年 11 月 30 日,马某欣代理河南省隆华建设发展有限责任公司与平顶山昌茂公司扶沟分公司签订了《建筑工程施工合同》。2006 年 12 月 26 日,马某欣与河南省隆华建设发展有限责任公司签订了《内部承包协议书》。2006 年 11 月 13 日,马某欣与刘某英签订了一份《合作协议书》、约定由马某欣联系施工资质、施工技术人员、签订合同、工地管理,刘某英出资管理财务,盈利各 50%。合同签订后,马某欣、刘某英组织人员,购置施工机械设备、工具进场施工。工程进行到 2007 年 8 月前后,因工人讨要工资等原因停工。以上证据足以认定,马某欣在本案讼争工程项目中进行施工,系该工程的实际施工人。刘某英作为马某欣的合作者,参与了本案讼争工程的施工,与马某欣均为本案的实际施工人。因此,扶沟昌茂公司以马某欣、刘某英不是本案实际施工人,不具备本案诉讼主体资格的上诉理由不能成立,本院不予支持。[1]

5. 多个实际施工人

实践中,对一项工程存在多个诉讼主体主张自己是实际施工人的情形。有律师认为,一个项目中可能存在多个实际施工人。[2] 笔者持赞同意见。因为在转包、违法分包中,转包、分包人同时将工程交由多个实际施工人施工。多个实际施工人负责具体的施工项目或者部分,常见的甲负责施工一号楼,乙负责施工二号楼,丙负责施工三号楼,甲、乙、丙各自组织施工队伍投入人、财、物,故甲、乙、丙都是实际施工人。又如常见的甲负责施工土建施工,乙负责水电暖安装,故甲乙都是实际施工人。在多层转包、分包的情形下,自然存在多个实际施工人。

【案例 13－13】　中太建设集团股份有限公司与余某坚等建设工程分包合同纠纷案

最高人民法院认为,工程建设方与中太公司签订的合同性质为施工总承包合同;中太公司与余某坚、黄某喜签订的合同性质为工程转包合同;余某坚、黄某喜与案外人签订部分工程分包合同性质为转包或违法分包。……多手转包、违法分包合同关系中,后手实际施工人应当依据合同关系以上一手转包人、违法分包人为被告提出以不突破合同相对性为原则的诉讼;从原则上讲,后手实际施工人不能突破合同相对性提起与其没有合同关系的总承包人、业主为被告的民事诉讼。[3] 在该案中,最高人民法院使用了“前手实际

---

〔1〕 河南省高级人民法院(2011)豫法民三终字第 143 号民事判决书。

〔2〕 参见史鹏舟主编:《建设工程实际施工人法律问题深度解析》,法律出版社 2022 年版,第 47 页。

〔3〕 最高人民法院(2014)民申字第 861 号民事裁定书。

施工人”和“后手实际施工人”。

实践中，对于多次转包及违法分包中，客观存在多个实际施工人，即前手实际施工人和后手实际施工人，对于独立完成工程的实际施工人不宜认定为前手实际施工人的班组，而否认实际施工人身份。

【案例13－14】 邓某川诉张某某、湖南创高建设有限公司、新疆如意纺织服装有限公司等建设工程施工合同纠纷案

二审法院认为，本案中，张某某不具备建筑施工资质，其挂靠在创高公司名下，并将承包的涉案工程非法转包给和润欣六分公司。和润欣六分公司又将涉案工程违法分包给不具备劳务作业法定资质的邓某川，对工程进行具体施工。据此，张某某、创高公司、和润欣六分公司、邓某川均违反法律规定。张某某以创高公司的名义与和润欣六分公司签订的合同、和润欣六分公司与邓某川签订的合同均因违法而无效。邓某川按照合同的约定履行义务，完成了承包的工程，并经张某某、和润欣六分公司验收结算，和润欣公司、和润欣六分公司对已支付及欠款款项予以认可，故邓某川作为实际施工人，请求按约定支付剩余工程款的主张，合法有据，应予支持。张某某、创高公司违反法律规定，具有过错，依法应对和润欣公司拖欠工程款及利息承担连带责任。原审认定创高公司无违法行为、创高公司与和润欣公司转包为有效合同、张某某和创高公司不承担责任错误，本院予以纠正，上诉人的该项上诉理由成立。[1]

6. 合伙人构成实际施工人

判断全体合伙人是否构成实际施工人，对外是以其中部分合伙人的名义，还是以全体合伙人的名义与法转包人、违法分包人或被挂靠单位建立转包、违法分包及挂靠关系。合同具有相对性，合伙关系不同于建设工程施工合同关系，前者是内部关系，后者是外部关系。合伙人内部应当根据合伙合同（包括口头合伙协议）约定对项目的盈亏进行分配、分担；合伙人外部，由谁可以作为实际施工人对外主张权利，取决于具体以谁的名义与转包人、违法分包人或被挂靠单位发生合同关系。即便存在“合伙”的事实，如仅部分合伙人对外发生合同关系，且合同相对方对于其他合伙人共同投入、组织施工的事实不知情或不予认可，其他合伙人只能根据合伙合同向该对外发生合同关系的合伙人主张债权，而不能直接以实际施工人身份对外主张权利。类似于公司法领域的“隐名股东”与“显名股东”的关

〔1〕 新疆生产建设兵团第八师中级人民法院（2018）兵08民终728号民事判决书。

系，在未获得公司认可的情况下，"隐名股东"无权直接向公司主张权利。[1] 也就是说，对外签订施工合同的合伙人，未用合伙人的名义，其他合伙人不是涉案工程的实际施工人。如果实际施工人在施工过程中，与他人形成合伙并参与施工，且转包，分包人认可的，则全体合伙人为实际施工人。

【案例 13－15】　宋某元、田某林与浙江中景市政园林建设有限公司等建设工程施工合同纠纷案

一审法院认为，宋某元、谢某后、田某林自述为合伙关系，但宋某元、谢某后、田某林均未与施某二、浙江中景市政园林建设有限公司和武汉巴登城投资有限公司签订任何书面合同。施某二在庭审过程中陈述其与谢某后为朋友关系，并口头约定将案涉工程交由谢某后施工；但并不认识宋某元和田某林，也不知道谢某后与二人系合伙关系。谢某后承认施某二所述属实，表示确实没告知施某二，宋某元、谢某后、田某林之间的合伙关系，宋某元、田某林的委托诉讼代理人在庭审过程中陈述宋某元、谢某后、田某林系内部合伙关系，谢某后、田某林一直在施工现场，宋某元未参与施工，根据提交的证据和当事人的陈述可知，宋某元、谢某后、田某林系内部合伙关系，施某二仅与谢某后存在建设工程分包合同关系，与宋某元、田某林并无合同关系。本案系建设工程合同纠纷，并不是合伙协议纠纷。宋某元、田某林认为与谢某后形成合伙关系，可依据三人之间的合伙约定主张相应的权利。此外，宋某元、田某林亦没有提交证据证明其为实际施工人。综上所述，宋某元、田某林不是本案的适格原告，对其起诉，法院依法予以驳回。

二审法院认为，宋某元、田某林以自己是案涉工程实际施工人的身份，向巴登城公司、中景公司、施某二主张支付工程款，但宋某元、田某林并未提交证据证明其案涉工程实际施工人的身份，并未能举证证明宋某元、田某林与施某二、中景公司或巴登城公司之间存在合同关系。原审法院认定宋某元、田某林原告主体资格不适当并无不当。[2]

【案例 13－16】　李某万、潘某与建穗遇公司、郭某林建设工程施工合同纠纷案

最高人民法院认为，从案涉各方当事人往来函件和相关协议来看，李某万实际参与了案涉工程的施工和结算，并与建穗遇公司、郭某林签订多份书面协议，潘某亦认可李某万为其施工合伙人。原审判决确认为李某为本案适格原告亦无不当。建穗遇公司、郭某林的关于李某万、潘某不是本案适格诉

---

〔1〕 参见史鹏舟主编：《建设工程实际施工人法律问题深度解析》，法律出版社 2022 年版，第 48～49 页。

〔2〕 湖北省武汉市中级人民法院(2021)鄂 01 民终 3959 号民事判决书。

讼主体的上述理由不能成立，故法院不予支持。[1]

实际施工人与他人合伙约定共同出资承建工程，因各合伙人之间属于合伙关系，而非分包转包关系，故非实际施工人的其他合伙人不能独立成为建设工程领域所称的实际施工人。对于发包人/总承包人欠付的工程款，非实际施工人的其他合伙人应先请求对合伙财产进行清算，在合伙财产清算后，如有工程款盈余可供分配，但因2/3以上合伙人怠于行使权利的，其可依据在合伙中享有的权益份额行使债权人之代位权，请求发包人和总承包人支付欠付工程盈余款。

【案例13－17】 周某与绥阳聚源鑫发房地产有限责任公司、川渝建设集团有限公司等建设工程施工合同纠纷再审案

最高人民法院认为，周某的再审申请不能成立，理由：其一，本案中，川渝公司作为案涉项目的承包人，将项目整体转包给并无施工资质的陈某伦，由陈某伦履行川渝公司与聚源鑫发公司之间签订的《建设工程施工合同》，可见，陈某伦属于实际施工人。2016年6月6日，陈某伦与周某等五人签订《股东合作协议书》，约定五人共同出资承建案涉项目，周某负责降低资本投入的策划和实施，该合作协议并未将陈某伦承包的案涉工程分包或转包给周某，周某与陈某伦等人之间属于合伙关系，而非分包转包关系，故周某不能独立成为建设工程领域所称的实际施工人。其二，根据《最高人民法院关于贯彻执行〈中华人民共和国民法通则〉若干问题的意见（试行）》第五十五条"合伙终止时，对合伙财产的处理，有书面协议的，按协议处理……"之规定，周某请求对合伙财产进行处理即请求分配工程盈余款应当依据五人合伙签订的《股东合作协议书》进行结算和清算。《股东合作协议书》第五条规定："盈余分配与债务承担：1.盈余分配：除去经营成本、日常开支、工资、奖金、需缴纳的税费等的收入为净利润……2.债务承担：如在合伙经营承建过程中有债务产生，合伙债务先由合伙财产偿还，合伙财产不足清偿时，以合伙人出资为据，并按比例承担。"第八条规定："合伙的终止与清算：1.合伙期限届满，即本项目竣工验收合格，结算完毕。……3.合伙的清算：合伙终止后，应当按下列顺序进行债权债务清算，合伙财产及合伙收入在支付完全部工程成本、税费、合伙债务、返还完合伙的出资。清偿后的盈余按上述盈余分配约定分配。"由于五人合伙至今未清算，该五人合伙经营期间是否产生了经营成本，是否有债权债务等费用发生均处于不明状态，故周某应先行请求对五人合伙进行清算。其三，根据原审法院已认定的事实，陈某伦、田某、周某清系聚源鑫发公司股东，实际控制聚源鑫发公司的经营管理。在个人合伙结清后，如

〔1〕 最高人民法院(2020)民终287号民事判决书。

有工程款盈余可供分配但因2/3以上合伙人怠于行使权利时，依据《合同法》第七十三条规定，“因债务人怠于行使其到期债权，对债权人造成损害的，债权人可以向人民法院请求以自己的名义代位行使债务人的债权，但该债权专属于债务人自身的除外”。周某可以在合伙清算后，依据在合伙中享有的权益份额行使债权人之代位权，请求聚源鑫发公司和川渝公司向周某支付工程盈余款。裁定：驳回周某的再审申请。[1]

合伙人系案涉工程实际施工人，就其与另一合伙人共同完成的案涉工程，对发包人享有工程款受偿请求权。

【案例13－18】　孙某春与重庆市五一实业（集团）有限公司、独山县人民政府建设工程施工合同纠纷案

最高人民法院认为，依据案涉《合作协议》约定，孙某春与廖某涛系合伙关系，孙某春系案涉工程实际施工人，各方当事人对此均无异议。孙某春就其独立完成及其与廖某涛共同完成的案涉工程对发包人五一公司享有工程款受偿请求权。当事人之间虽然以审计结果为结算依据形成会议纪要，但是，案涉师院片区工程已交付使用、城南大道工程也已通车，且孙某春在2016年2月已退出施工，案涉工程发包人与五一公司至今仍未完成审计。孙某春在一审中即申请对案涉工程造价进行司法鉴定，以查明案涉工程量及价款，及时清结当事人之间权利义务。原审判决以孙某春不同意对其单独施工部分进行司法鉴定及对其与廖某涛共同完成的案涉工程不享有工程款受偿请求权为由，驳回孙某春的诉讼请求，认定基本事实不清，适用法律不当。裁定：（1）撤销贵州省高级人民法院（2017）黔民初111号民事判决；（2）本案发回贵州省高级人民法院重审。[2]

应注意的是，二人合伙承包工程，并作为共同原告主张工程款，同时要求法院对二人内部比例和权利义务进行判决，法院不应当在工程款案件中对内部权利义务关系进行分割。

【案例13－19】　潘某、李某万与某某公司建设工程施工合同纠纷案

最高人民法院认为，关于潘某、李某万主张划分二人应得工程款比例是否应予支持的问题。潘某和李某万均认可双方为合伙关系，是共同实际施工人，在本案中两人作为共同原告主张权利，且对其内部合伙份额比例并不存在争议。一审认定两人就工程款如何分配以及权利义务如何分担与本案不属于同一民事法律关系，并无不妥。潘某、李某万请求二审确认两人应得工

---

〔1〕 最高人民法院（2020）民申3234号民事裁定书。

〔2〕 最高人民法院（2020）民终266号民事裁定书。

程款比例的上诉请求,没有法律依据,本院不予支持。[1]

7. 自然人劳动关系与实际施工人之间的关系

自然人与承包人是否存在劳动关系,并不必然影响自然人的实际施工人身份认定。自然人在建设工程中作出的民事行为是自身意思表示还是履行承包人职务的行为,是影响自然人认定实际施工人的重要因素。

因自然人与承包人不存在劳动关系,认定自然人为实际施工人。

【案例13-20】 张某与某公司建设工程施工合同纠纷再审案

最高人民法院认为,虽然建筑师资格证书在承包人名下,但承包人并未与张某签订劳动合同,亦未为张某交纳社会养老保险、支付工资等。张某称其建筑师资格证书仅是挂靠在承包人名下,双方之间不存在劳动合同关系,故承包人主张张某系其内部职工的事实依据不足。张某提交的《建筑安装工程承包合同书》载明,张某对案涉工程承包方式为包工包料,承担采购材料质量、施工质量及安全等一切后果。并提交了采购建筑材料、施工资料、支付凭证、证人证言等实际履行的相关证据,初步表明张某对案涉工程组织了施工建设,可认定张某为实际施工人。[2]

自然人虽与承包人存在劳动关系,仍可认定自然人为实际施工人。

【案例13-21】 潘某与某公司建设工程施工合同纠纷再审案

最高人民法院认为,虽然承包人提供了生效劳动仲裁裁决确认潘某从2007年7月至2021年4月与承包人存在劳动关系。但潘某和发包人签订的《合作框架协议》明确约定发包人将案涉工程发包给潘某,潘某作为实际施工人应在有相应资质的建筑施工企业任职,并由施工企业与发包人签订《建设工程施工合同》及其他法律文件;潘某出借2000万元给发包人用于交纳第一期土地出让金;潘某在签订该框架协议后支付发包人履约保证金200万元等内容。潘某随后与发包人签订《工程保证金补充协议》、通过其个人账户向发包人转账支付200万元保证金,潘某及其作为法定代表人的正森公司(甲方)与发包人(乙方)签订《借款协议》约定甲方借款2000万元给乙方用于交纳涉案地块中的第一期土地出让金用于案涉土地开发建设,案涉项目由甲方承建,以有资质的建筑施工企业承包人的名义与发包人签订《建设工程施工合同》等行为,均能印证潘某与发包人是按照《合作框架协议》约定实际履行合同权利义务。可以认定潘某是以实际施工人的身份与发包人签订、履

---

〔1〕 最高人民法院(2020)民终287号民事判决书。

〔2〕 最高人民法院(2022)最高法民再236号民事裁定书。

行协议并借用承包人的资质承揽案涉工程，而非代表承包人履职。[1]

应注意的是，当事人不能提起确认之诉，不能请求确认自己为某工程的实际施工人。确认之诉的客体限于法律关系，不包括事实和事实关系。而对实际施工人身份的认定，是对“无效施工合同中实际完成工程建设的主体”的认定，属于对事实关系的认定。

【案例13－22】　某某与某某公司建设工程施工合同纠纷案

最高人民法院认为，民事法律关系的事实不能成为民事诉讼确认之诉的确认对象，当事人不能就某一事实提起确认之诉。当事人如认为其系某建设工程项目的实际施工人，可以请求人民法院确认资质借用合同关系、转包关系、违法分包关系是否成立、是否有效等，无权请求确认其为履行案涉施工合同的实际施工人。[2]

（三）实际施工人甄别

正确认定实际施工人是处理案件的关键。实践中，要判断某一主体是否为实际施工人，在审理案件时，应严格审查实际施工人是否与发包人全面实际地履行了发包人与承包人之间的合同，并形成了事实上的权利义务关系，即事实上的合同关系。在成立事实上合同关系的情况下，才准许转承包人、违法分包合同的承包人作为实际施工人以发包人为被告提起追索工程款的诉讼。法官对各种因素正确加以认定，只要遵循权利义务的实际享有和履行原则，就能够清晰地判断实际施工人和表面上的承包人。

实践中，实际施工人尽管没有与发包人签订建设工程合同，但事实上以包工包料或者包工不包料等形式独立完成了工程具体施工，双方还进行了工程款的结算，这些人可以认定工程的实际施工人，是承建合同的真正相对方。而所谓的承包人实际上未对工程投入技术、资金和施工，并且自工程开工至竣工验收甚至到起诉之日，承包人与发包单位之间从未发生资金往来、结算等事项，同时承包人也提供不出任何与建设工程有关的账务资料。这种情况，可以认定承包人仅仅是为了工程的报建、竣工验收等手续办理提供了方便，但不是工程承建合同的实际履行方。如果为此发生争议，可以责令双方提供完成工程的审批资料，财务资料、验收资质等予以证明。

---

〔1〕 最高人民法院（2021）民申76号民事裁定书。

〔2〕 最高人民法院（2021）民申1724号民事裁定书。

实际施工人是通过筹集资金、组织人员机械、支付农民工工资或劳务报酬等实际从事工程项目建设的主体，包括挂靠、转包、违法分包、肢解分包等情形下的自然人、法人或其他组织，有别于承包人、施工班组、农民工个体等。在层层转包、多次违法分包、挂靠后再次转包或违法分包等情形下，实际施工人仅指最后进场施工的民事主体。

工程承包流转中的仅为其中流转一环的转包人、违法分包人、挂靠人等不属于实际施工人，无权突破合同相对性，越过其合同相对方直接向发包人主张工程款的权利。

1. 不可以认定《建设工程解释（一）》第四十三条的实际施工人情形

这是从实际施工人不能向发包人主张工程价款的角度，认定《建设工程解释（一）》第四十三条的实际施工人。

司法实践中，不能认定为实际施工人的为，其一，与转包人、违法分包人无施工合同关系的农民工不能认定为实际施工人。其二，建筑行业俗称的包工头（施工队、施工班组）是否是实际施工人要区分情况：如包工头既向转包人、违法分包人承担施工合同义务，又负责招工，对招来的农民工承担支付工资义务，应认定为实际施工人。如包工头只负责招工和管理，与农民工都直接从转承包人、违法分承包人处领取工资或由包工头代领、代发工资，就不应认定为实际施工人。其三，承包人委派的项目负责人、项目管理人。每个建设工程项目都有实际到场负责的项目负责人或管理人，一般情况下，该项目负责人或管理人是由承包人委派或任命的，与承包人之间存在劳动关系。因此，项目负责人或者管理人的行为属于职务行为，其行为的后果也应归属于承包人。但是，也有可能存在实际施工人持有项目负责人的任命书、授权委托书的情况。此时，则需要查明持有任命书、授权委托书的该主体与承包人之间是否存在劳动关系。个案中，根据任命书授权委托书的实际情况作出判断。承包人指定他人依据其意思表示负责施工工程的管理与建设，该被指定人是施工工程的负责人或者管理人，而不是法律规定的实际施工人。其四，承包人的履行辅助人。结合《建筑工程施工发包与承包违法行为认定查处管理办法》，可认定承包方的履行辅助人的情形：第一种为施工总承包单位或专业承包单位派驻项目负责人、技术负责人、质量管理负责人、安全管理负责人等主要管理人员，或派驻的项目负责人、技术负责人、质量管理负责人、安全管理负责人中一人及以上与施工单位订立有劳动合同且有建立劳动工资和社会养老保险关系，或派驻的项目负责人对该工程的施工活动进行组织管理，又可以进行合理解释并提供相应证明的。第二种为合同约定由承包单位负责采购的主要建筑材料、结构配件及工程设备或租赁的施工机械设备，由其他单位或个人采购、租赁，或施工单位能够提供有关采购、租赁合同及发票等证明，又能进行合理解释并提供相应证明的。第三种为施工合同主体之间没有工程款收付关系,或者承包单位收到款项后又将款项转拨给其他单位和个人,能够进行合理解释并提供材料证明的。

行为人以承包人提供印章与发包人签订施工合同,以承包人提供财务章接收发包人拨付的工程款,并以承包人分公司名义缴纳各项税费等事项,其所实施的都是承包工程项目施工管理行为,其行为并非行为人本人的意思表示而为承包人的意思表示,行为的效果归于承包人的,行为人是承包人的管理人员而不能认定为实际施工人。

【案例13-23】　黑龙江环亚建筑工程有限公司与哈尔滨医科大学附属第四医院及原审刘某力建设工程施工合同纠纷案

最高人民法院认为,《施工合同》签订后,环亚公司陆续将安装、消防、水暖等后续工程分别分包哈尔滨市中实美盛混凝土有限公司等公司,并签订相关分包施工合同。各分包施工合同履行过程中,虽刘某力与环亚公司于2006年9月12日签订《协议书》约定,环亚公司不参与管理,出现问题由环亚公司的项目公司六分公司与刘某力负责,刘某力负责办理了工程的《工程报审表》《结算书报审表》《工程结算报审表》《工程概预算书》等与施工相关的事项,但上述各类表格载明的刘某力,均为医技楼项目施工负责人或管理人。哈尔滨市道外区人民法院作出的(2007)外民三初字第752号民事判决、(2007)外民一初字第1958号民事判决及(2008)南民一初字第2128号民事判决,均判令环亚公司向医技楼工程项目的分包单位履行付款义务。2008年5月12日,黑龙江省建设厅发布的《关于发布2007年度黑龙江省建设工程质量优质建设工程获奖名单的通知》亦载明:施工单位为环亚公司。事实证明,环亚公司为涉案《施工合同》及分包施工合同的签约主体与义务承担主体。刘某力作为医技楼项目施工负责人,是依据环亚公司的意思表示从事负责施工管理,不符合《建设工程解释》第二十六条"实际施工人为转包人"和"违法分包人的承包人"的条件。环亚公司关于刘某力不是实际施工人的上诉主张,依据充分,本院予以支持。一审判决认定刘某力为医技楼项目工程的实际施工人,对工程款享有独立请求权,适用法律错误,本院予以纠正。[1]

实际施工人与施工人身份的区分和认定,是正确确认实际施工人的重要方面。实践中,应根据具体案情由法官行使自由裁量权裁定,并非参加施工的人员均为实际施工人。

---

〔1〕 参见最高人民法院民事审判第一庭编:《民事审判指导与参考》2010年第3集(总第43集),法律出版社2011年版,第176页。

【案例 13 – 24】 资源县东和景大酒店诉广西建工集团第二建筑工程有限责任公司等建设工程施工合同纠纷案

二审法院认为,申某元不是本案合同的相对人,且东和大酒店未提供证据证实申某元系广西二建公司及分公司的委托代理人,因此,申某元向邹某林、东和大酒店等领款、借款所产生的债权债务,不能视为给付广西二建公司及分公司的工程款。[1]

【案例 13 – 25】 刘某与发达公司、鑫鸿辉公司建设工程施工合同纠纷再审案

最高人民法院认为,本案中,鑫鸿辉公司是发包方,发达公司是承包方,双方之间签订的《建设工程施工合同》明确约定刘某为负责施工现场联络的文件接收人。刘某与发达公司之间签订的《工程经济承包合同》虽然约定发达公司将案涉工程交由刘某承包施工,但该工程所有工程款必须由发达公司统一管理、结算,并转入发达公司指定账户;刘某不得以任何理由要求业主将工程款转入刘某账户,否则发达公司不予办理认可手续。原审庭审中,发达公司与鑫鸿辉公司亦均否认刘某的实际施工人身份,且刘某与发包方鑫鸿辉公司无直接的合同关系,根据合同相对性原则,其无权以自己名义主张工程款。因此,二审判决未予认定刘某是案涉工程实际施工人的主张,并无不当。[2]

施工过程存在垫资行为并不等于实际施工人,劳务班组不属于实际施工人。

【案例 13 – 26】 王某军与铭建公司、新合鑫公司建设工程施工合同纠纷再审案

二审法院认为,王某军虽然在施工中存在垫资行为,但不构成法律意义上的实际施工人。吴某勤在涉案工程的施工过程中,实际组织实施管理并以自己名义与铭建公司组织结算,其间,王某军与铭建公司之间并没有直接结算,即使其收到了铭建公司的直接转款,也是铭建公司基于吴某勤出具委托支付的授权书后,按照吴某勤的指定收款人予以支付,该委托支付的行为并不发生直接结算的法律后果。在王某军追索款项的过程中,曾以王某军施工班组的名义向劳动监察机构投诉,并以王某军施工班组名义签订文书材料,在劳动监察机构的介入下,由铭建公司代付所拖欠的农民工工资,王某军追索农民工劳动报酬的行为,亦符合劳务施工班组的特征,其虽有垫资行为,但

---

〔1〕 参见国家法官学院案例开发研究中心编:《中国法院2016年度案例》(合同纠纷),中国法制出版社2016年版,第152页。

〔2〕 最高人民法院(2021)民申7533号民事裁定书。

所欠付的款项主要为农民工劳动报酬，故尚不构成法律意义上的实际施工人，原审认定其为劳务施工班组，并无不当。王某军施工过程中虽然存在垫资行为，但综合其合同签订、实际履行、结算行为，不构成法律意义上的实际施工人，其主张依据实际施工人的身份请求铭建公司、新合鑫公司向其直接承担付款责任，违反了合同相对性原则，原审对该项主张不予支持，处理适当。[1]

在建设工程中，劳动者受包工头雇佣，在工地上从事技术指导工作，系为完成某项工作任务的临时聘用人员，类似工程项目管理人的身份，并不具备实际施工人身份，发生纠纷只能向包工头主张权利，不能突破合同相对性的限制，向发包人主张权利。

【案例 13－27】　曹某诉江苏东兴公司、卡某心劳动争议纠纷案

一审法院认为，原告曹某与被告东兴公司未签订任何劳动合同，原告在工地施工过程中受被告卡某心指挥，也是由被告卡某心录用和辞退，可以认定原告曹某系向被告卡某心个人提供劳务，遂判决被告卡某心支付原告曹某劳务费 24,000 元及利息。二审法院亦持同样意见，维持原判。[2]

在一项工程中，经层层分包的后手实际施工人将其具体施工任务安排个人如打眼、拉电线等，具体承接干活人不能认定为《建设工程解释(一)》第四十三条中的实际施工人，司法实践中不宜扩大解释。

【案例 13－28】　徐某祥诉慈溪市城市发展有限公司、慈溪城关建筑有限公司、徐某余建设工程施工合同纠纷案

二审法院认为，由于慈溪市城市发展有限公司未经建设单位慈溪经济开发区管理委员会认可，将其承包的部分建设工程交由慈溪城关建筑有限公司完成，慈溪市城市发展有限公司的行为属违法分包。同样，慈溪城关建筑有限公司将其承包工程中建造四座桥梁的工程再分包给徐某余，慈溪城关建筑有限公司的行为也属违法分包，而徐某余作为违法分包人慈溪城关建筑有限公司建设工程施工部分(仅有四座桥梁)的承包的当事人，依照《建设工程解释》第二十六条之规定，徐某余是“四座桥梁”项目的实际施工人。徐某余将其中一座五金大道羊路头江桥的钻机造孔工作，交给徐某祥施工，双方之间形成承揽关系，徐某祥并不是五金大道羊路头江桥全部工程的实际施工人，

---

〔1〕 河南省高级人民法院(2021)豫民再 670 号民事判决书。

〔2〕 参见吴磊、陈琪：《非实际施工人不能突破合同相对性原则主张权利——江苏徐州铜山法院判决曹坤诉江苏东兴公司、卡玉心劳动争议纠纷案》，载《人民法院报》2018 年 5 月 31 日，第 6 版。江苏省徐州市中级人民法院(2017)苏 03 民终 7981 号民事判决书。

仅是桥梁钻机造孔的承揽人，故徐某祥要求慈溪市城市发展有限公司、慈溪城关建筑有限公司与徐某余共同承担徐某余尚欠其的款项，缺乏事实和法律依据，本院难以支持，徐某祥应向定作人徐某余主张权利。原审法院根据慈溪市城市发展有限公司申请追加了慈溪城关建筑有限公司，又根据慈溪城关建筑有限公司申请追加徐某余为本案当事人，判决由徐某余支付尚欠款项及利息，并无不当。故二审判决维持一审原判，驳回上诉人的上诉请求。[1]

【案例13－29】 郭某云与通源公司、华盛公司执行异议之诉案

最高人民法院认为，本案中，郭某云主张其享有排除人民法院对案涉6套房产执行的民事权益，主要依据其系东方花园项目的实际施工人，而案涉6套房产已用于冲抵华盛公司欠其的工程款。本院认为，实际施工人一般是指，对相对独立的单项工程，通过筹集资金、组织人员机械等进场施工，在工程竣工验收合格后，与业主方、被挂靠单位、转承包人进行单独结算的自然人、法人或者其他组织。本案中，郭某云提交了两份《瓦工协议书》《安装工程协议书》《木工协议书》《钢筋安装合同书》《脚手架协议书》、一份《外墙油漆施工协议书》，欲证明其实际组织人员进场施工、日常管理东方花园项目；提交了《东方花园1、4和7号楼竣工结算会议记录》，证明其参与东方花园项目的开发商润泰公司召开的结算会议，从而证明其向华盛公司内部承包了东方花园工程，履行了《建设工程内部承包协议书》，并实际进行了施工。但郭某云未能提供东方花园项目的施工记录、工程签证单、领款单、工程请款单、月进度款支付申请单、材料报验单、工程验收单等施工过程中产生的凭证材料，以证明其进行施工、请款并与华盛公司独立进行工程结算等事实。另外，虽然郭某云提供的107份付款凭证上均有“同意支付：郭某云”字样，但其中大部分付款凭证“核准人”或“主管”处只有华盛公司大股东郭某华签名，因此，郭某云支付东方花园项目的工人工资、材料款时大部分均需要华盛公司的批准，且依据原审查明的事实，该部分款项大部分由华盛公司支付，据此，郭某云提供以其名义签订的《瓦工协议书》《安装工程协议书》《木工协议书》《钢筋安装合同书》《脚手架协议书》《外墙油漆施工协议书》以及107份付款凭证，均难以认定其参与东方花园项目施工系作为实际施工人的个人行为还是作为华盛公司员工的职务行为，其提交的两份《建设工程内部承包协议书》亦不足以证明其系东方花园项目的实际施工人。依据《民事诉讼法解释》第一百零八条第二款规定，郭某云应当承担举证不能的不利后果，原审法院未认定其是东方花园项目实际施工人具有相应的法律依据。综上，因郭某

---

〔1〕 参见最高人民法院中国应用法学研究所编：《人民法院案例选》2008年第2辑（总第64辑），人民法院出版社2009年版，第225～226页。

云未能证明其是东方花园项目的实际施工人,原审对其主张未予支持,并无不当。综上,郭某云的再审申请不符合《民事诉讼法》第二百条第二项、第六项规定的情形。裁定:驳回郭某云的再审申请。[1]

《山东省高级人民法院民一庭关于审理建设工程施工合同纠纷案件若干问题的解答》第七条规定:“建设工程承包人与其雇佣的施工班组之间是劳务合同法律关系,施工班组不属于法律意义上的实际施工人。”

实际施工人下辖的一般班组不具有独立性,此时班组与实际施工人的纠纷原则上为劳务纠纷,即一般班组即使包工包料,不构成实际施工人,无权突破合同相对性向发包人主张工程款。

【案例13-30】　楚某杰与四海建设公司、淮安明发公司建设工程施工合同纠纷案

最高人民法院认为,从现有证据来看,楚某杰并非独立的施工主体,二审判决认定其与实际施工人彭某瑞形成了劳务关系并无不当。本案中,四海建设公司与彭某瑞就案涉工程签订了《内部承包经营合同》,且四海建设公司在(2015)淮中商初字第00119号以及(2015)河商初字第0189号两份民事判决中均陈述其将淮安明发商业广场工程交给彭某瑞独立运作,因此彭某瑞系案涉工程的实际施工人。依据原审查明的事实,作为实际施工人的彭某瑞将工程分为油漆、涂料、吊顶等几项劳务班组,交由楚某杰组织人员进行施工,且楚某杰的工程款亦由彭某瑞项目部的员工林某融进行结算。此外,从楚某杰在再审申请中提交的四海建设公司工资表可以看出,楚某杰以四海建设公司员工的名义领取了工资,结合彭某瑞依据内部承包经营方式自行管理运作并完成案涉工程的事实,可以认定楚某杰与彭某瑞形成了劳务关系。楚某杰并未提交充分证据证明其系案涉工程的实际施工人,原审法院认定楚某杰无权向四海建设公司、淮安明发公司主张工程款并无不当。当事人对自己的主张应当承担举证证明的责任。本案中,楚某杰并未提交证据证明其系挂靠彭某瑞的案涉工程的实际施工人,从其与彭某瑞的关系以及彭某瑞分劳务班组进行施工的事实来看,楚某杰并非独立的施工主体,不具有实际施工人地位,因此无权依据《建设工程解释》第二十六条第二款的规定,突破合同相对性向四海建设公司、淮安明发公司主张付款责任。[2]

对于施工人签订合同承建小型建筑工程或两层以下(含两层)农民住宅,或进行家庭住宅室内装饰装修,或对城市平房的修缮,因该类工程不要求施工人必

---

〔1〕　最高人民法院(2021)民申5427民事裁定书。

〔2〕　最高人民法院(2019)民申3949号民事裁定书。

须具有相应的资质,故当事人仅以施工人缺乏相应资质为由主张合同无效的,法律一般不予支持。此类分包合同亦为有效,因其施工人并非司法解释中确定的实际施工人范畴,其自然不享有实际施工人向发包人主张工程款的权利。对于不属于实际施工人的当事人依据《建设工程解释(一)》第四十三条规定以发包人为被告主张欠付工程款的,应当不予受理,已经受理的,应当裁定驳回起诉。如刘某与北京市崇华建设工程有限公司、北京大前门投资经营有限公司等建设工程施工合同纠纷案。[1]

2. 借用资质及多层转包关系中的实际施工人

《建设工程解释(一)》第四十三条规定的实际施工人不包含借用资质及多层转包和违法分包关系中的实际施工人。

最高人民法院民一庭2021年第20次专业法官会议纪要:《建设工程解释(一)》第四十三条规定……本条解释涉及三方当事人两个法律关系:一是发包人与承包人之间的建设工程施工合同关系;二是承包人与实际施工人之间的转包或者违法分包关系。原则上,当事人应当依据各自的法律关系,请求各自的债务人承担责任。本条解释为保护农民工等建筑工人利益,突破合同相对性原则,允许实际施工人请求发包人在欠付建设工程价款的数额内承担责任。对该条解释的适用应当从严把握。该条解释只规范转包和违法分包两种关系,未规定借用资质的实际施工人以及多层转包违法分包关系中的实际施工人有权请求发包人在欠付工程款范围内承担责任。因此可以依据《建设工程解释(一)》第四十三条规定突破合同相对性原则请求发包人在欠付工程款规范内承担责任的实际施工人不包括借用资质及多层转包违法分包关系中的实际施工人。[2]

最高人民法院民一庭2021年第20次专业法官会议纪要:没有资质的实际施工人借用有资质的建筑施工企业名义与发包人签订建设工程施工合同,在发包人知道或者应当知道系借用资质的实际施工人进行施工的情况下,发包人与借用资质的实际施工人之间形成事实上的建设工程施工合同关系。该建设工程施工合同因违反法律的强制性规定而无效。《民法典》第七百九十三条第一款规定:"建设工程施工合同无效,但是建设工程经验收合格的,可以参照合同关于工程价款的约定折价补偿承包人。"因此,在借用资质的实际施工人与发包人之间形成事实上的建设工程施工合同关系且建设工程经验收合格的情况下,借用资质的实际施

---

〔1〕 北京市第二中级人民法院(2017)京02民终10790号民事判决书。

〔2〕 参见最高人民法院民事审判第一庭编:《民事审判指导与参考》2021年第3辑(总第87辑),人民法院出版社2022年版,第160~161页。

工人有权请求发包人参照合同关于工程价款的约定折价补偿。[1]

实际施工人能够突破合同相对性的权利,工程多次流转环节中的有关人员或项目管理人员无权以自己的名义独立起诉发包人。

【案例 13－31】　凯某齐与六盘水盘南产业园区管理委员会等建设工程施工合同纠纷再审案

最高人民法院认为,二审认定凯某齐不是实际施工人并不缺乏事实和法律依据。实际施工人是通过筹集资金、组织人员机械、支付农民工工资或劳务报酬等实际从事工程项目建设的主体为实际施工人,包括挂靠、转包、违法分包、肢解分包等情形下的自然人、法人或其他组织,有别于承包人、施工班组、农民工个体等。在层层转包、多次违法分包、挂靠后再次转包或违法分包等情形下,实际施工人仅指最后进场施工的民事主体,工程承包流转中的仅为其中流转一环的转包人、违法分包人、挂靠人等不属于实际施工人,无权突破合同相对性,越过其合同相对方直接向发包人主张工程款的权利。本案凯某齐作为委托人以重庆德感公司名义与盘南管委会在前期签订了数份案涉工程合同,结合《工程项目内部承包经营合同》内容,其与重庆德感公司形成了挂靠关系,但凯某齐又通过违法分包或肢解分包等方式将案涉工程交由他人实际施工。在 2015 年 12 月案涉项目引进贵州申安公司作为投资主体后,凯某齐并未再以重庆德感公司代理人身份参与合同签订。大量的另案诉讼生效法律文书表明案涉工程被重庆德感公司肢解分包或非法分包,存在多位实际施工人,凯某齐主张其为唯一实际施工人缺乏事实依据,反而印证其实质上为案涉工程承包多次流转中的中间一环或其仅为重庆德感公司的项目管理人员。《建设工程解释(二)》第二十四条规定:"实际施工人以发包人为被告主张权利的,人民法院应当追加转包人或者违法分包人为本案第三人,在查明发包人欠付转包人或者违法分包人建设工程价款的数额后,判决发包人在欠付建设工程价款范围内对实际施工人承担责任。"该规定只赋予了实际施工人能够突破合同相对性的权利,工程多次流转环节中的有关人员或项目管理人员无权以自己的名义独立起诉发包人。另外,凯某齐向本院提交的"新证据"银行流水并未显示款项往来主体,更无法证明款项直接用于案涉工程,故不能推翻二审裁定。综上,凯某齐的再审申请不符合《民事诉讼法》第二百条之情形。裁定:驳回凯某齐的再审申请。[2]

---

〔1〕 参见最高人民法院民事审判第一庭编:《民事审判指导与参考》2021 年第 3 辑(总第 87 辑),人民法院出版社 2022 年版,第 162 页。

〔2〕 最高人民法院(2021)民申 5114 号民事裁定书。

【案例13－32】 欧某斌、彭某明与兵团六建、同达公司等建设劳务合同纠纷再审案

最高人民法院认为，关于兵团六建、同达公司、木森公司应否承担案涉劳务费支付责任的问题。根据一审、二审法院查明的事实，2012年3月15日，兵团六建所属正远公司与同达公司签订《工程合作协议》，兵团六建将案涉项目中的六幢住宅分包给同达公司。同达公司出具了《授权委托书》，授权夏某林、彭某明为工程项目现场负责人。2012年5月31日，夏某林又以木森公司名义与欧某斌签订《劳务合同书》，约定欧某斌负责六幢楼中其中三幢住宅楼的劳务部分的施工任务，承包方式为包工不包料。诉讼中，木森公司称其从未在新疆承接过任何工程，亦未委托过他人在新疆承接过工程，并出具证据证明该《劳务合同书》上的公章系伪造，并非其公司公章。一审、二审法院对上述事实予以认定。由于夏某林的行为为无权代理，在木森公司拒绝追认的情况下，签订合同的后果应由夏某林本人承担。故案涉《劳务合同书》约束的双方当事人为夏某林与欧某斌。施工过程中，夏某林退出案涉工程承包，彭某明接替夏某林继续承包施工。一审中，彭某明当庭认可承接夏某林转包的案涉工程，认可按照夏某林以木森公司名义与欧某斌签订的劳务合同履行，并出具《承诺书》，承诺克拉玛依康城住宅项目C5、C7、C9、C10、C11、C12幢工程的一切债权债务均由其本人及同达公司承担，但同达公司对该《承诺书》并未盖章确认。在欧某斌对案涉工程施工过程中，夏某林、彭某明将欧某斌劳务情况审核后交由陆兴公司结算劳务费。根据上述事实可以认定，欧某斌与兵团六建、同达公司之间均没有合同关系，木森公司、陆兴公司又未实际参与案涉工程建设。根据《建设工程解释》第二十六条的规定，实际施工人可以突破合同相对性追究发包人的法律责任。但建设工程中的“实际施工人”是特指无效建设工程施工合同中的实际完成工程建设的承包人，即非法转包、违法分包、借用资质情形下的实际承包人。本案中，欧某斌签订的是案涉部分工程的劳务分包合同，承包方式为包工不包料，其并非案涉工程的实际施工人，《建设工程解释》第二十六条的规定对其并不适用。因此，欧某斌、彭某明主张兵团六建、同达公司、木森公司应承担支付劳务费的责任，缺乏事实和法律依据，一审、二审法院不予支持，并无不当。彭某明主张案涉两份《结算单》及《会议纪要》系伪造且其未参与其中，不予认可，但其没有证据予以证明，故其该项再审申请理由不能成立，本院不予支持。综上，一审、二审判决彭某明承担向欧某斌支付劳务费的责任并无不当。……综上，欧某斌、彭某明的再审申请不符合《民事诉讼法》第二百条第二项、第三项、第六项、第十一项规定的情形。裁定:驳回欧某斌、彭某明的再审申请。[1]

承包人虽然与发包人签订建设工程施工合同,实际是将其施工资质出借给自然人用于案涉工程的施工,承包人并无签订、履行合同的真实意思表示;自然人借用资质承揽案涉工程,是案涉工程的实际施工人。因此,承包人主张其为建设工程施工合同的一方当事人并向发包人主张工程价款及优先受偿权,缺乏事实和法律依据。

【案例13-33】　南通四建集团有限公司与获嘉县岚世纪房地产开发有限公司建设工程施工合同纠纷案

最高人民法院认为,关于岚世纪公司、南通四建公司、黄某荣之间的关系如何认定。本院认为,南通四建公司与岚世纪公司并无签订、履行案涉建设工程施工合同的真实意思表示,双方签订的《建设工程施工合同》及《补充协议》无效;黄某荣为借用南通四建公司资质的案涉工程实际施工人。主要理由:首先,本案已查明,岚世纪公司原副董事长屈某证明系黄某荣与其接洽承揽工程,劳务分包负责人陈某新、张某成证言、育兴监理公司证明等可证实黄某荣组织进场施工时间早于本案《建设工程施工合同》签订时间。历次会议纪要显示黄某荣及其下属负责人员俞某良、葛某华、施某、张某伟等参与了工程施工。南通四建公司主张派驻的管理人员除安全员时某益外,沈某国、赵某、张某等人均未出现;育兴监理公司也证实南通四建公司的工作人员除安全员时某益外无其他人员参与工程施工;案涉工程劳务分包负责人陈某新、张某成在本案第一次一审中出庭作证其受黄某荣指派进行施工,对黄某荣负责。上述证据可以证明黄某荣在南通四建公司中标案涉工程之前与岚世纪公司接洽工程具体事宜,并在南通四建公司中标之前就已进场施工,案涉工程的主要工作人员均为黄某荣聘请,黄某荣实际组织了案涉工程的施工。虽然南通四建公司上诉主张项目人员黄某荣、时某益、张某、沈某国、赵某等均为南通四建公司指派任命,项目经理王某明也在施工现场履行职责,但其未提交证据予以证明,且与在案证据及原审查明的事实不符。其次,南通四建公司上诉主张黄某荣在本案第一次一审期间回答法官询问时称"与南通四建公司曾签订劳动合同",但黄某荣称"系为支持南通四建公司起诉岚世纪公司所作的虚假陈述,且举证在施工期间其为南通大学附属医院的工作人员、与南通大学附属医院存在劳动关系"。而南通四建公司不能提供其与黄某荣存在劳动关系的劳动合同及社会保障证明,也未向黄某荣发放工资,因此南通四建公司上诉主张其与黄某荣存在劳动关系的理由不能成立。在黄某荣

---

〔1〕 最高人民法院(2018)民申5741号民事裁定书。

并非南通四建公司员工的情况下,其实施的接洽案涉工程、组织实施案涉工程的施工等行为,不能视为南通四建公司员工的职务行为,南通四建公司与岚世纪公司签订书面《建设工程施工合同》及《补充协议》,后又与黄某荣签订的《内部经济责任承包书》中,要求黄某荣充分了解公司与业主方签订的工程施工合同全部条款,严格按照工程施工合同履约,承包全部的合同风险和经济责任,实际为授权黄某荣履行南通四建公司与岚世纪公司《建设工程施工合同》的权利义务;南通四建公司还出具授权委托书,授权黄某荣对项目实行管理,提供了南通四建公司的银行账户供黄某荣使用,为黄某荣履行其与岚世纪公司之间合同权利义务提供条件。上述行为应视为黄某荣借用南通四建公司的资质承揽案涉工程,黄某荣与南通四建公司之间为挂靠关系。因此,南通四建公司主张其与黄某荣为内部承包关系的主张缺乏证据证明。最后,南通四建公司上诉主张已就案涉工程对外支出的有关款项不足以认定为其对案涉项目的投入。本案已查明,其中1300万元为南通四建公司收取岚世纪公司工程款后对外支付劳务队,但南通四建公司借支工程款或收取工程款的行为是在黄某荣借用南通四建公司资质获得授权后发生,黄某荣通过南通四建公司账户借取或收取岚世纪公司工程款是黄某荣借用南通四建公司资质的表现形式之一,岚世纪公司向南通四建公司账户转款的行为,以及黄某荣通过南通四建公司账户收款后,再通过南通四建公司账户向外付款是必然发生的情形,不能证明其对案涉工程的资金投入。关于600万元钢材款,40万元加气块货款均为汇票支付。黄某荣诉讼中认可南通四建公司的支付属实,但辩称系其向南通四建公司的借款,结合刘某与黄某荣的通话录音以及黄某荣的自认,可证明本案南通四建公司与黄某荣之间不仅存在借用资质的关系,双方还存在资金及设备的借贷、借用关系,故南通四建公司向黄某荣借支货款的事实亦不足以证明南通四建公司是实际施工人。[1]

实际施工人与发包人约定"为发包人提供建设资金、支付履约保证金、实际施工人在有相应资质的建筑施工企业任职,并由施工企业与发包人签订施工合同"内容并实际履行的,应认定实际施工人系借用资质承揽建设工程。

【案例13-34】 福建章诚隆建设工程有限公司与贵州黔西融府房地产开发有限公司、潘某林等建设工程施工合同纠纷再审案

最高人民法院认为,原审已查明,潘某林和融府公司签订的《合作框架协议》明确约定融府公司将案涉工程发包给潘某林,潘某林作为实际施工人应在有相应资质的建筑施工企业任职,并由施工企业与融府公司签订《建设工

〔1〕 最高人民法院(2022)民终1269号民事判决书。

程施工合同》及其他法律文件;潘某林出借2000万元给融府公司用于交纳第一期土地出让金;潘某林在签订该框架协议后支付融府公司履约保证金200万元等内容。潘某林随后与融府公司签订《工程保证金补充协议》、通过其个人账户向融府公司转账支付200万元保证金,潘某林及其作为法定代表人的正森公司(甲方)与融府公司(乙方)签订《借款协议》,约定甲方借款2000万元给乙方用于交纳涉案地块中的第一期土地出让金用于案涉土地开发建设、案涉项目由甲方承建,以有资质的建筑施工企业章诚隆公司的名义与融府公司签订《建设工程施工合同》等行为,均能印证潘某林与融府公司是按照《合作框架协议》约定实际履行合同权利义务。也就是说,可以认定潘某林是以实际施工人的身份与融府公司签订、履行协议并借用章诚隆公司的资质承揽案涉工程,而非代表章诚隆公司履职。依照《建设工程解释》的相关规定,没有资质的实际施工人借用有资质的建筑施工企业名义与他人签订建设工程施工合同的行为无效。[1]

发包人在同一工程曾与不同施工企业签订过施工合同,施工合同项目负责人却是同一人。

【案例13-35】 雷某金与版纳拓普公司建设劳务合同纠纷再审案

最高人民法院认为,确认当事人之间是否形成建设工程合同关系,应当从当事人的意思表示和权利义务履行情况判定。首先,从版纳拓普公司发包案涉工程的情况分析,雷某金代表甘肃建工工程承包有限公司签订的《湄公河畔项目土建工程施工意向协议书》和《补充协议》系由版纳拓普公司作为证据提交,从其证明内容可以看出,版纳拓普公司作为案涉工程的发包人对于雷某金欲借用建筑企业的资质承揽案涉工程施工项目的目的是明知的。此后,多家建筑企业出现在施工往来函件及资料中,即便在版纳拓普公司与泸州江南公司于2015年10月1日在形式上签订了《建设工程施工合同》后,版纳拓普公司亦明知雷某金是通过借用资质的方式实际对案涉工程进行施工……再结合版纳拓普公司发出的多个往来函件中有"雷某金项目部"的表述,以及版纳拓普公司的工程款支付行为均是按照雷某金或雷某金的代理人的指示所为的相关证据,一审法院认定版纳拓普公司对于雷某金挂靠的事实是明知并予以认可的。其次,从雷某金参与案涉工程施工的过程分析,雷某金自2014年11月起便以甘肃建工工程承包有限公司的委托代理人的身份与版纳拓普公司商洽案涉工程的承包事宜……再结合施工资料中施工方代表梅某平的证人证言,能证明雷某金与泸州江南公司等建筑企业之间未就案

---

〔1〕 最高人民法院(2018)民申76号民事裁定书。

涉工程的施工形成真实的挂靠关系。[1]

3.《保障农民工工资支付条例》与实际施工人的关系

国务院《保障农民工工资支付条例》于2020年5月1日起施行,《保障农民工工资支付条例》规定了建设单位对拖欠农民工工资的先行垫付和清偿责任、施工总承包单位对拖欠农民工工资的(先行)清偿责任及施工单位因出借资质拖欠农民工工资的清偿责任。实践中应注意区分认定:

其一,农民工是为用工单位提供劳动的农村居民,农民工工资是农民工为用工单位提供劳动后应得的劳动报酬,《保障农民工工资支付条例》和《建设工程解释(一)》创设实际施工人制度的初衷和目的具有一致性。

其二,实际施工人与农民工是两个法律概念,《建设工程解释(一)》是通过对实际施工人的特殊保护间接保护农民工合法权益,《保障农民工工资支付条例》则是直接保护农民工合法权益。实际施工人的队伍中有大量的农民工,但二者不能画等号。实际施工人是组织施工的公司或者个人,而农民工纯粹是自然人,具体出卖劳力的个人。应注意的是,实际施工人的利益不能等同于农民工的利益。

其三,建设工程领域的农民工工资纠纷严格意义上属于农民工追索劳动报酬的劳务合同纠纷,不属于建设工程合同纠纷。因此,《保障农民工工资支付条例》的施行对于建设工程施工合同纠纷案件的审理没有实质性影响,也不是对合同相对性原则的再次突破,认为依据《保障农民工工资支付条例》不仅发包人要在欠付工程款范围内承担责任,(总)承包人、施工单位均要承担清偿责任的观点不正确。

建设工程劳务分包合同的劳务承包人,如常见土建班组、木工班组、钢筋班负责人,一般被称为班组长或小包工头,其订立合同后组织农民工进行劳务施工。如转包人拖欠班组长劳务费,则可能导致其拖欠农民工工资,农民工的生存权无法得到保障。在建设工程劳务转包合同中,劳务承包人主张与其订立合同的劳务转包人、建设工程总承包人拖欠其劳务费。法院对责任主体的认定方面,应当首先根据劳务合同的相对性由劳务转包人承担责任,如果劳务承包人能够提交充分证据证明该劳务费中包含了农民工工资,而建设工程总承包人未根据《保障农民工工资支付条例》第三十一条规定直接将农民工工资通过专用账户支付到农民工本人的银行账户的,将可根据《保障农民工工资支付条例》第三十条规定,由建设工程总承包人对查证属实的农民工工资的部分承担连带清偿责任。在不突破合同相对性这一《合同法》基本原则的基础上,有效保障了农民工弱势群体的合法权益。

实际施工人在具体的施工活动中,会聘请大量的施工班组(钢筋班组、水泥班

[1] 最高人民法院(2019)民终2027号民事判决书。

组、混凝土班组等)及农民工。施工班组及农民工与实际施工人之间往往存在劳动关系或者劳务关系,其追索工资、劳务报酬或者劳务费也往往按照合同相对性原则向实际施工人主张。

《河南省高级人民法院民四庭关于建设工程合同纠纷案件疑难问题的解答》第14条规定:施工班组长按照劳务合同主张权利,将发包人、总承包人、合同相对人一并起诉,并引用《保障农民工工资支付条例》规定,要求发包人、总承包人先行清偿,如何处理?答:仅作为工人代表,组织工人进行施工作业,正常领取工资获取报酬的施工班组长,不属于实际施工人,相应的诉讼不属于建设工程施工合同纠纷,而应属于劳务合同纠纷,可以依据《保障农民工工资支付条例》规定要求发包人、总承包人先行清偿。如果施工班组长在工程中投入和收益不限于劳动及劳动报酬,在工程项目中实际投入资金、少量设备材料和劳力,获取一定的利润,实际上属于劳务分包的实际施工人。该情形下的施工班组长依据劳务合同主张权利,属于建设工程施工合同纠纷,不能依据《保障农民工工资支付条例》规定要求发包人、总承包人先行清偿。

实际施工人借用其他公司资质,劳务人员要求实际施工人支付劳务费的同时,能要求被挂靠分包公司承担连带责任。

【案例13-36】　孙某与张某、甲公司建设工程施工合同纠纷案

一审法院认为,张某持有甲公司的授权委托书,直接以甲公司代理人的身份与上级承包商签订合同,并负责该项目的实际施工管理、结算、报税等,双方之间符合借用资质的特征,对于张某借用甲公司资质、双方之间系挂靠关系予以采信。关于甲公司的责任承担问题,《国务院办公厅关于全面治理拖欠农民工工资问题的意见》(国办发〔2016〕1号)第三条规定,明确工资支付各方主体责任。全面落实企业对招用农民工的工资支付责任。在工程建设领域,施工总承包企业对所承包工程项目的农民工工资支付负总责,分包企业对所招用农民工的工资支付负直接责任。《建设领域农民工工资支付管理暂行办法》第十二条规定,工程总承包企业不得将工程违反规定发包、分包给不具备用工主体资格的组织或个人,否则应承担清偿拖欠工资连带责任。上述规定,明确了用人单位在违法发包、分包或出借资质的情形下对农民工工资的直接清偿责任。本案中,实际施工人张某欠付孙某劳务费,甲公司向张某出借资质,故甲公司应当就张某拖欠孙某的劳务费承担连带责任。二审法院判决:驳回上诉,维持原判。[1]

挂靠情形下挂靠人拖欠农民工工资的,被挂靠人是否需要承担清偿责任需要

---

〔1〕 山东省济南市中级人民法院(2023)鲁01民终286号民事判决书。

根据具体案情确定。

【案例13－37】 某某与金鼎公司、晟泰公司、曹某红建设工程施工合同纠纷再审案

再审法院认为,《保障农民工工资支付条例》第三十六条第二款规定:“施工单位允许其他单位和个人以施工单位的名义对外承揽建设工程,导致拖欠农民工工资的,由施工单位清偿。”该规定确定了建筑施工企业对外出具施工资质时的法律责任。显而易见,本案中,晟泰公司与曹某红系挂靠关系,曹某红以晟泰公司的名义承揽案涉工程并对案涉工程进行施工,但在案涉《工程劳务承包合同》于2019年11月解除后,晟泰公司与被申请人曹某红之间的挂靠关系因《工程劳务承包合同》的解除而不复存在,被申请人曹某红不得以晟泰公司的名义对外承揽建设工程,申言之,晟泰公司也没有在案涉《工程劳务承包合同》解除后为被申请人曹某红对外承揽业务承担民事责任的法定义务。晟泰公司出借资质,按照《保障农民工工资支付条例》第三十六条第二款规定对因此导致拖欠农民工工资予以清偿的法定义务因案涉《工程劳务承包合同》的解除而转化,即由施工总承包单位金鼎公司因将建设工程分包给个人曹某红而按照《保障农民工工资支付条例》第三十六条第一款规定对拖欠农民工工资承担清偿的法定义务。[1]

4. 实际施工人与内部承包的关系

在建设工程施工领域如何正确区分“实际施工人”和“内部承包”的关系,是建设工程法律实务中的常见法律问题。内部承包一般是指建筑企业作为发包人与其职工之间达成的约定,其建筑企业与职工存在劳动关系。这种内部分工形式并不为法律所禁止。而最高人民法院在2023年1月19日的答复中认为根据建设工程施工合同的司法解释,实际施工人的范围应当是确定的,仅仅指与转包人或者违法分包人对应的,除建设工程发包人与承包人之外的第三人、内部承包的人。

承包人将工程以内部承包的方式交给个人施工,此后承包人又将工程钢结构等专项工程分包给他人,专业分包人有权以实际施工人名义主张专项工程的工程款,内部承包的方式个人无权以实际施工人的名义主张工程款。

【案例13－38】 许某明与中关村建设公司建设工程施工合同纠纷案

最高人民法院认为,关于专业分包部分工程款的认定问题。根据一审查明的事实,2011年4月6日建设中心通过招投标程序,将乌鲁木齐经济技术

---

〔1〕 辽宁省大连市中级人民法院(2022)辽02民再126号民事判决书。

开发区二期延伸区文化体育中心项目发包给中关村建设公司建设，之后中关村建设公司又将该工程以内部承包的方式交由许某明具体施工。许某明施工过程中，中关村建设公司授权中关村建设公司新疆分公司代表其执行案涉项目施工合同，对项目进行管理，对外签署专业分包、材料采购及劳务分包合同等事宜。随后，中关村建设公司新疆分公司将案涉工程的钢结构工程分包给中船公司施工，将机电、水、电、暖等安装工程分包给苏中公司施工；中关村建设公司将幕墙、安全玻璃屋面、运动中心玻璃采光顶等安装工程分包给柯利达公司施工。2017 年 12 月 4 日，案涉工程竣工验收合格。许某明上诉认为其系案涉工程的实际施工人，中关村建设公司应当依据《内部承包协议》向其支付已完工部分的全部工程价款，包括专业分包部分。(1)对此本院认为，实际施工人系指最终投入资金、人工、材料、机械设备实际进行施工的施工人。案涉工程的专业分包合同是由中关村建设公司或其新疆分公司与中船公司等专业分包人签订，并非与许某明签订；该分包部分由中船公司等公司具体施工，许某明并未实际施工。(2)许某明亦无证据证明专业分包工程所涉合同系其以中关村建设公司的名义签订，也无证据证明其垫资支付了该部分工程款、组织人员和机械等对专业分包工程进行施工。中船公司、柯利达公司已通过诉讼向中关村建设公司等主张工程价款，且生效判决已经判令由中关村建设公司承担工程款支付责任。苏中公司亦明确表示其对水、电、暖等分包部分的工程价款具有独立请求权。据此，原判决认定中关村建设公司将专业工程分包、许某明非此部分工程的实际施工人，并无不当，许某明关于其是上述专业分包工程的实际施工人的上诉理由缺乏事实依据，本院不予支持。〔1〕

〔1〕 最高人民法院(2021)民终 663 号民事判决书。

二、实际施工人主张权利法律适用

承包人将建设工程转包、违法分包后，建设工程施工合同的义务都是由实际施工人履行的。实际施工人与发包人已经全面实际履行了发包人与承包人之间的合同并形成了事实上的权利义务关系，这也是实际施工人请求权基础。在这种情况下，如果不允许实际施工人向发包人主张权利，不利于对实际施工人利益的保护。

（一）实际施工人请求权

1. 实际施工人请求权性质

建设工程合同无效，实际施工人已完成的工程竣工验收合格，碍于合同相对性原则，其行使请求权性质需厘清。首先，实际施工人以其施工行为基于自己的意思增加了发包人的财产，具体体现为实际施工人投入在建工程的材料、人力等。而且发包人在绝大多数情况下是明知、默认或同意实际施工人的给付行为及产生的物化结果。这是实际施工人行使请求权的基础性条件。其次，发包人因实际施工人的给付而受利益。因合同的无效，发包人获得在建工程或已完工程的所有权无合同依据或法律依据。在发包人的受益里包含了实际施工人投入的材料物化为建工程中形成添附，其材料所有权消灭不能返还，其投入到建设工程中的劳务，在其性质上无法返还，应偿还相应价额，这为发包人应支付实际施工人价款的必要条件。按照不当得利理论，将合同无效中实际施工人请求权定性为不当得利为妥当。当然，这种不当得利的表现形态与普通的不当得利是有区别的。最高人民法院法官认为，合同无效情形下的不当得利返还请求权，在受领人受领给付后，受领人即受有利益，给付人受有损失且无合法根据，不当得利产生。……在建工程或已完工程交付给发包人时，不当得利的构成要件满足，实际施工人的不当得利返还请求权成立。最高人民法院民一庭倾向性意见认为：建设工程施工合同中，借用他人资质签订的合同，如果发包人在签订合同时明知的或者故意追求的，则借用有资质企业的实际施工人向发包人请求欠付工程款基础为不当得利返还请求权，其返还范围包括欠付工程款及其利息，利息应从在建工程或已完工程交付给发包人时计算。[1]《建设工程解释(一)》第四十四条规定实际施工人请求权性质为代位权，其代位行使债权合同。有律师认为，实际施工人工程价款请求权的基础应当是补偿请求权，已投入建设工程的人力、物力、财力成本折价补偿。[2]

实际施工人突破合同相对性向发包人主张权利仍应以各自合同的相对性为基础。

【案例13－39】 丰磊公司诉桂某胜执行异议之诉案

再审法院认为，发包人在欠付工程价款范围内对实际施工人承担付款责任的前提是，各方当事人已经依据合同相对方之间的合同完成了结算且均存在欠付款项。该合同相对性的突破是以肯定各自之间的合同相对性为基础的、有条件的突破。[3]

2. 实际施工人请求权条件

一般认为，《建设工程解释(一)》第四十三条规定了实际施工人两个请求权条件，一是实际施工人相对方破产、下落不明等实际施工人不提起以发包人或者总承包人为被告的诉讼就难以保障权利实现；二是实际施工人为无效合同当事人，原则上施工总承包合同及所有下手转包、违法分包合同均为无效。[4] 制定司法解释的法官认为，实际施工人向发包人主张权利一般需要具备三个要件：(1)实际施工人对转包人或者违法分包人享有债权。该债权可能是工程价款请求权，也可能是因转包合同或者违法分包合同无效引起的赔偿损失请求权。(2)发包人欠付转包人或者违法分包人建设工程价款。转包合同和违法分包合同无效，并不意味着发包人与承包人签订的建设施工合同无效。即使发包人与承包人签订的建设施工合同无效，如果承包人与实际施工人完成的建设工程经竣工验收合格，承包人也有权依据《民法典》第七百九十三条的规定，请求发包人参照合同约定支付工程价款。但是，如果承包人与实际施工人完成的建设工程质量不合格导致承包人无权请求支付工程价款，或者发包人已经全部支付欠承包人的工

〔1〕 参见最高人民法院民事审判第一庭编：《民事审判指导与参考》2011年第4辑(总第48辑)，人民法院出版社2012年版，第111页。

〔2〕 参见袁继尚：《建设工程施工合同纠纷疑难问题研究》，法律出版社2021年版，第149页。

〔3〕 参见《人民法院报》2018年12月6日，第6版。安徽省高级人民法院(2018)皖民申1524号民事裁定书。

〔4〕 参见最高人民法院民事审判第一庭编：《民事审判指导与参考》2008年第1集(总第33集)，法律出版社2008年版。

程价款,实际施工人就不能向发包人主张权利。(3)实际施工人对转包人或者违法分包人享有债权数额不超出发包人欠付转包人或者违法分包人建设工程价款。如果超出,对超出部分实际施工人不能向发包人主张。[1]

【案例13－40】 满洲里市扎赉诺尔宏基城市基础设施投资开发有限责任公司与聂某等建设工程施工合同纠纷案

最高人民法院认为,鉴于聂某已全面履行了建设施工义务,且建设工程已验收合格。依据《建设工程解释》第二条、第二十六条的规定,聂某请求发包人宏基公司给付工程款,依法应予支持。一审法院经审理认定,宏基公司欠付工程款为17,825,815.3元及利息正确。对此,宏基公司未提出异议,故一审判决宏基公司给付聂某工程款为17,825,815.3元及利息,依法应予维持。[2]

需要研究的问题是,在转包人、违法分包人具备清偿能力,实际施工人能否向发包人主张权利,换言之,实际施工人主张工程款的条件是否成就,对此问题《建设工程解释(一)》第四十三条未明确。笔者认为,在转包人、违法分包人具备清偿条件下,实际施工人不能突破合同相对性直接向发包人主张清偿,即不能适用第四十三条规定,应将转包人、违法分包人有清偿能力作为限制条件,只有存在转包人、违法分包人破产、下落不明等实际施工人不提起以发包人或者总承包人为被告的诉讼就难以保障权利实现才满足请求权条件。

3. 实际施工人请求权范围

转包、违法分包的实际施工人有权突破合同相对性直接向发包人主张工程折价补偿款的欠付责任。但应当查明发包人是否存在欠付事实、欠付金额是否到期等主要事实,在查清上述事实的基础上予以裁判,防止相关主体借此滥用诉权。仍未查明发包人欠付事实的,如根据现有证据能够证明发包人欠付数额明显大于实际施工人主张的工程价款数额,法院可以予以支持,如现有证据无法查明的,应当驳回实际施工人的诉讼请求。

实际施工人以发包人为被告主张权利的,法院应当追加转包人或者违法分包人为案件当事人。发包人只在欠付工程价款范围内对实际施工人承担责任。

---

〔1〕 参见最高人民法院民事审判第一庭编著:《最高人民法院新建设工程施工合同司法解释(一)理解与适用》,人民法院出版社2021年版,第447～448页。

〔2〕 最高人民法院(2013)民一终字第100号民事判决书。

【案例13-41】 王某某、赵某某与中海石油东营石化有限公司、刘某某建设工程施工合同纠纷再审案

再审法院认为，中海油东营公司为涉案工程的发包人，该公司将工程发包给刘某某、赵某某后，二人又将其中涉案的工程转包给王某某，王某某作为涉案工程的实际施工人，要求中海油东营公司在欠款范围内承担付款责任符合法律规定，东营德正会计师事务所有限责任公司出具的东德会监字〔2008〕第024号鉴定报告证实王某某施工的工程造价为355,191.97元，刘某某与赵某某共支付王某某工程款27.83万元，刘某某与赵某某尚欠王某某工程款76,981元，刘某某应对该工程款76,981元承担付款义务，因此，原审判决中海油东营公司在欠付工程款76,981元范围内承担责任并无不当。[1]

【案例13-42】 梁某某与佛山市金粤装饰工程有限公司、中盈地产有限公司、广东信盈投资有限公司建设工程施工合同纠纷案

二审法院认为，虽然被告中盈公司、信盈公司主张其所付工程款已超出金粤公司完成工程量造价，但三被告就包括涉讼工程在内的整体工程尚未结算完毕，被告中盈公司、信盈公司在本案中未提供足够证据证明其不拖欠金粤公司工程款，故本院对上述抗辩主张不予采纳。因被告金粤公司欠付原告的工程款190,967元及超期排栅费104,624元均属第7～9层、西南门、车道口工程价款，故依照上述司法解释，被告中盈公司、信盈公司应在欠付金粤公司第7～9层、西南门、车道口工程价款范围内承担上述工程欠款及超期使用排栅费的清偿责任。[2]

实际施工人起诉索要工程款的，首先应当坚持依据合同相对性原则，实际施工人应首先向与其有合同关系的相对方主张权利，而不是径行向发包方主张权利，只有在满足一定条件下，以允许实际施工人突破合同相对性直接向发包人主张权利为补充。也就是说，实际施工人原则上只能与其有合同关系的施工人主张权利，其突破合同相对性原则行使诉权的，应提供起诉证据证明转包人或者违法分包人有诸多严重影响实际施工人权利实现的情形。实际施工人主张权利的款项，应当限于工程款及"欠付工程价款范围内"，不能做扩大解释。就实践中适用《建设工程解释》第二十六条比较混乱的情形，最高人民法院民一庭负责人强调，要根据该条第一款规定严守合同相对性原则，不能随意扩大该条第二款规定的适用范围，只有在欠付劳务分包工程款导致无法支付劳务分包关系中农民工工资时，才可以要求发包人在欠付工程价款范围内对实际施工人承担责任，不能随意

---

〔1〕 山东省高级人民法院(2011)东民再终字第34号民事判决书。

〔2〕 广东省佛山市中级人民法院(2014)佛中法民一终字第3358号民事判决书。

扩大发包人责任范围。[1]

在层层转包中,实际施工人向合同之外主体索要劳务费问题。实际施工人应当向其合同相对方主张合同权利,不能以无效代理向非合同当事人主张权利,也不能将其合同权利随意扩大至前手承包人、总包人或发包人。

【案例13-43】 董某亭、董某勇诉四川恒力通建筑工程有限公司建设工程施工合同纠纷案

判决观点,重庆黄金建设(集团)有限公司涉案工程项目总包方,将涉案工程分包给被告承建,被告又将该工程以内部承包的名义转包给第三人罗某江并收取管理费;罗某江实际作为该工程的协调人收取费用,并将该工程转包给第三人王某羊。第三人王某羊是涉案工程项目经理,即实际施工人,二原告是由王某羊雇佣到涉案工程施工的班组长,第三人高某增是经原告介绍到涉案工程工作并担任安全员。本案原告诉请的基础是,第三人高某增是涉案工程的项目经理,代表被告公司与二原告签订合同并收方,而根据审理查明的事实,原告的主张不能成立,理由:第一,第三人高某增不能代表被告公司。原告认定高某增代表被告公司的证据仅仅是高某增在监理单位发出的《合同项目开工令》《分部工程开工通知》中承包人项目经理处签字,上述两份文件加盖了被告公司项目章,事实上高某增作为涉案工程项目的安全员签字只能表示项目上收到了通知,不能凭此即认定高某增具有项目经理的身份,该主张与庭审查明的事实不符。第二,原告和高某增均认可高某增是由原告介绍到涉案工程工作,原告和高某增均不能提供其他证据证明高某增有被告公司的委托授权或者其他任职证明、关系,且被告公司亦未对高某增的确认收方行为进行追认。第三,庭审中,高某增对于是谁授权其与原告签订《开挖队劳务协议》和《出渣队劳务协议》,以及谁应当向其发放工资均语焉不详,不能确定其具有代表被告公司的身份。第四,原告作为施工班组,应当向实际雇佣其施工的合同相对方按照工作成果主张合法权利,但原告直接向涉案工程的分包单位主张权利,于法无据。高某增无权代表被告公司,高某增自行与原告签订的《开挖队劳务协议》和《出渣队劳务协议》法院均不予认可,原告的诉讼请求没有事实和法律依据。据此,法院驳回原告的诉讼请求。[2]

发包人与实际施工人直接签订的合同对于合同双方均有约束力,实际施工人

---

〔1〕 参见程新文:《关于当前民事审判工作中的若干具体问题》,载《判解研究》2015年第4辑(总第74辑),人民法院出版社2016年版,第30页。

〔2〕 参见国家法官学院案例开发研究中心编:《中国法院2017年度案例》(合同纠纷),中国法制出版社2017年版,第153页。

可以直接向发包人主张权利,不受《建设工程解释(一)》第四十三条规定的限制。

实际施工人起诉主张工程款,发包人在判决确定未付工程款范围内与承包人承担连带责任的,实际施工人享有排除承包人的债权人对发包人前述工程款强制执行的民事权益。实际施工人的工程款权益应优先于申请执行人强制执行权益,如果允许强制执行将妨害实际施工人工程款权益的实现。换言之,实际施工人享有一定实体权益,有权提出案外人异议之诉。

【案例 13-44】 秦某宁诉襄业公司等案外人执行异议案

一审法院认为,案涉执行标的系启洋公司、业晋公司与精物公司的建设施工合同产生的应由发包人支付给承包人的款项。实际施工人秦某宁虽不能改变建设施工合同相对关系,但发包人的工程款支付义务已获生效判决确认。在确定的债权范围内,秦某宁享有足以排除强制执行的民事权益,遂支持诉求。二审法院认为,秦某宁非以对精物公司债权对抗襄业公司对精物公司债权,不适用《执行异议和复议规定》第二十六条第二款。启洋公司对精物公司及对秦某宁的应付工程款存在替代关系,秦某宁作为实际施工人系工程款最终权利人,故相较于前者,后者具有优先性,据此二审法院维持一审作出的不得执行精物公司对启洋公司应收工程款 7.8 万元的判决。[1]

实际施工人起诉时,发包人欠付工程款数额尚未确定的,实际施工人有权申请财产保全。

【案例 13-45】 某公司与某某公司建设工程施工合同纠纷再审案

最高人民法院认为,既然《建设工程解释》第二十六条第二款突破合同相对性,例外地赋予实际施工人可以直接起诉发包人的权利,相应地,就应当赋予实际施工人就发包人的财产进行诉讼与诉前保全的权利。在建设工程合同纠纷案件中,发包人欠付工程款的具体金额需通过诉讼确定,要求实际施工人在诉前准确判断财产保全的数额过于严苛。以起诉时发包人欠付工程款数额尚不确定为由否定实际施工人诉前保全发包人财产的权利,与上述司法解释目的不符。[2]

承包人与分包人在合同中约定建设工程价款归第三人所有,且有证据证明第三人进行实际施工的,第三人要求承包人支付相应工程价款,法院应予以支持。

---

〔1〕 参见王坤等:《工程款范围内实际施工人享有排除另案强制执行的权益——重庆一中院判决秦某宁诉襄业公司等案外人执行异议案》,载《人民法院报》2018 年 10 月 11 日,第 6 版。重庆市第一中级人民法院(2017)渝 01 民终 7901 号民事判决书。

〔2〕 最高人民法院(2019)民申 1615 号民事裁定书。

【案例13－46】 中铁六局北京公司与何某建设工程施工合同纠纷再审案

最高人民法院认为，中铁六局北京公司申请再审的理由不能成立。(1)关于何某是否有权向中铁六局北京公司主张权利。2016年5月，中铁六局北京公司作为承包人与定州海源公司签订《工程劳务分包合同》，将案涉工程分包给定州海源公司。合同第19.11条约定，本合同价款收取委托人何某，负责处理施工中的结算、签订补充协议及其他书面往来文件、结算领取合同价款等相关事宜。2018年1月15日，中铁六局北京公司蒙华铁路项目部一分部与定州海源公司签订的《补充协议》第二条约定，款项属于该项目实际施工人何某所有，该款项的支付手续必须由何某办理。2019年3月10日，定州海源公司出具的《情况说明》载明，案涉工程系何某挂靠定州海源公司取得的项目，实际施工人是何某。以上证据可以证明何某挂靠定州海源公司，实际承建了案涉工程，系案涉工程的实际施工人，中铁六局北京公司亦知情该挂靠关系及何某的施工行为。在案涉工程已经竣工验收合格的情况下，何某作为实际施工人，有权请求中铁六局北京公司参照合同约定支付工程价款。中铁六局北京公司关于何某主体资格错误的申请再审的理由不能成立。(2)关于中铁六局北京公司是否应向何某支付工程补偿款1450万元及利息。从《补充协议》的约定来看，《补充协议》是双方对截至2018年1月15日所完成的合同外变更、增加工程及损失等费用的阶段性工程决算。中铁六局北京公司主张《补充协议》是其受何某的胁迫签订，但是其提供的新证据只记载了停工的事实，不足以证明其是受胁迫签订《补充协议》。在其没有充分证据推翻《补充协议》真实性的情况下，中铁六局北京公司应按《补充协议》约定向何某支付补偿款及利息。因此，中铁六局北京公司关于该点申请再审的理由不能成立。综上所述，中铁六局北京公司的再审申请不符合《民事诉讼法》第二百零七条规定的情形。裁定：驳回中铁六局北京公司的再审申请。[1]

关于人民法院执行实际施工人对发包人的到期债权的，转包人或者违法分包人是否有权提出异议的问题。《民事诉讼法解释》第四百九十九条规定："人民法院执行被执行人对他人的到期债权，可以作出冻结债权的裁定，并通知该他人向申请执行人履行。该他人对到期债权有异议，申请执行人请求对异议部分强制执行的，人民法院不予支持。利害关系人对到期债权有异议的，人民法院应当按照民事诉讼法第二百三十四条规定处理。对生效法律文书确定的到期债权，该他人予以否认的，人民法院不予支持。"《建设工程解释(一)》第四十三条第二款规定：

〔1〕 最高人民法院(2021)民申5718号民事裁定书。

“实际施工人以发包人为被告主张权利的，人民法院应当追加转包人或者违法分包人为本案第三人，在查明发包人欠付转包人或者违法分包人建设工程价款的数额后，判决发包人在欠付建设工程价款范围内对实际施工人承担责任。”如果人民法院执行作为被执行人的实际施工人对发包人的到期债权，则实际执行了建设工程施工合同项下转包人或者违法分包人对发包人享有的建设工程价款债权。转包人或者违法分包人属于《民事诉讼法解释》第四百九十九条规定的“该他人”，有权对被执行的到期债权提出异议。[1] 对于实际施工人主张执行异议之诉的权利问题。最高人民法院法官认为，一方面，借用资质、转包、违法分包的施工人身份认定应当仅限于建设工程施工合同纠纷案件中，在案外人执行异议之诉中不宜对实际施工人身份进行认定；另一方面，《建设工程解释(一)》第四十三条关于合同相对性的突破是以肯定各自之间的合同相对性为基础的、有条件的突破，在执行异议之诉中实际施工人不能突破合同相对性直接向发包人主张折价补偿款，否则可能涉及发包人向实际施工人和承包人同时承担重复的债务。退一步讲，即使认定发包人应当对实际施工人承担欠付责任，实际施工人对发包人享有的也仅是一般意义上的债权请求权，而且在发包人未实际支付前，该债权并未特定，实际施工人也不享有足以排除强制执行的民事权益。[2]

实际施工人以其对工程款债权享有实际权利为由，提出执行异议或执行异议之诉，主张排除执行，不支持实际施工人享有排除执行权利的法院也在多数。

【案例 13－47】　洪某某与杨某某、永业建工集团有限公司案外人执行异议之诉纠纷案

再审法院认为，案涉账户系永业公司为该特定项目工程开立的一般结算账户，开立在永业公司抚州市西二路新建工程项目部名下，发包人将案涉工程款汇入该账户，基于货币占有即所有的规则，应认定永业公司系账户内资金的所有权人。且从永业公司与洪某某所签《建设工程项目管理协议书》约定“所收工程款必须全额转入甲方指定账户内”、永业公司出具的授权委托书载明“该项目部因账户开立、使用和撤销而产生的所有法律责任由我公司承担”等内容来看，永业公司对案涉账户的开立、使用和撤销均承担法律责任，基于权利义务的一致性，也宜认定永业公司系案涉账户内工程款的所有权人。永业公司与洪某某之间就账户内工程款归属的内部约定不能对抗外部第三人；洪某某对永业公司的工程款债权属于债权请求权，其可依据双方

〔1〕 参见最高人民法院民事审判第一庭编：《民事审判指导与参考》2022 年第 2 辑(总第 90 辑)，人民法院出版社 2022 年版，第 255～256 页。

〔2〕 参见最高人民法院民事审判第一庭编：《民事审判指导与参考》2020 年第 4 辑(总第 84 辑)，人民法院出版社 2021 年版，第 167 页。

内部约定向永业公司主张,但仅以其实际施工人的身份主张案涉账户内工程款归其所有,依据尚不充分。另外,洪某某提及的江苏省高级人民法院《执行异议及执行异议之诉案件审理指南(三)》属于地方性司法文件,对本案不具有约束力,且该文件第三十条为法院执行承包人对发包人享有的到期债权时,实际施工人就该债权提出的权利主张,与本案中法院执行承包人名下账户资金时,案外人以其系实际施工人对资金所有权提出的权利主张存在本质区别,也不能类推适用。[1]

(二)实际施工人请求权限缩

1. 实际施工人请求权限缩理解

从法理上讲,工程施工合同属于债权合同,其基础是合同的相对性。准许承包人突破合同相对性向不具有合同关系的发包人主张权利,从法理和法律规定上讲都是有缺陷的。债权所具有的相对性属性是债存在的基础。故在适用《建设工程解释(一)》第四十三条第二款时,应受到必要限制,其一,原则上不准许实际施工人提起以不具备合同关系的发包人为被告的诉讼,只有在实际施工人符合请求权三项条件且危害其自身合法利益的情形下,才准许实际施工人提起以发包人没有合同关系的当事人为被告的诉讼。其二,原则上第一手承包合同与下手的所有转包合均应当无效,以此为基础判定发包人在欠付工程价款范围内对实际施工人承担付款清偿责任。其三,以不损害发包人或总承包人的合法权益为原则。实践中,存在实际施工人的合同相对人具备支付工程款的实力,却与实际施工人恶意串通,提起以发包人或者承包人为被告的诉讼,合谋借机向发包人或者总承包人索取费用。多数情况下发包人或总承包人对工程的转包、违法分包的履行情况并不知情,对其工程量、工程费用等事项无法抗辩,适用该解释不慎容易损害发包人或者总承包人的合法权益。其四,虽然依据《建设工程解释(一)》第四十三条的规定,实际施工人享有向发包人主张工程欠款的权利,但该条司法解释规定并未赋予实际施工人享有请求发包人停止向承包人支付工程款的权利。

其一,实际施工人主体不适格地限制行使请求权。

《建设工程解释(一)》第四十三条中的实际施工人指无效合同的承包人,如转包人、违法分包合同的承包人,而不包括借用资质实际施工人。有律师认为,即使存在实际施工人可以向发包人主张权利,也仅仅适用于违法转包和非法分包情

---

〔1〕 浙江省高级人民法院(2021)浙民申3587号民事裁定书。

形，并不适用于借用资质情形。否则，按照立法的严谨性来说，该条应当明确可以追加转包人、违法分包人或者出借资质人为本案当事人。不具有工程发包主体资格和不具有工程施工承包主体资格的当事人无权依据《建设工程解释（一）》第四十三条之规定主张权利。未进行实际施工的转承包人、转分包人等中间环节主体不是实际施工人，不能突破合同相对性向发包人主张权利。

对于施工队或班组能否界定为实际施工人，关键应看其是否构成转包合同、违法分包合同的签约主体，属于施工企业内部职工或者不具有合同主体身份的施工队、班组成员的，不能成为实际施工人，也不能以此身份行使请求权。

建设项目施工负责人或管理人不是建设工程施工主体，不能以合同当事人名义提出支付工程款的请求。

实践中，还应区分实际施工人与承揽人，对于承揽人只能向实际施工人主张债权，而不能向发包人行使权利。

实际施工人起诉索要工程款的对象限制，即发包人所欠的工程款所指向的必须是实际施工人所完成的工程，如果发包人已支付案涉工程款，欠付的是其他工程款项的，则不属于《建设工程解释（一）》第四十三条第二款的适用范围。不能把承包人为完成工程而签订的承揽加工合同、买卖合同等其他合同的相对方混淆为实际施工人。承揽合同和买卖合同中往往会附随着部分安装、调试、修复等义务，这部分附随义务如果不属于建设工程施工范围内的专业工程，则不构成全面履行了本应承包人完成的施工义务的事实，不能把此类合同错误地认为是建设施工合同，进而把合同相对方作为实际施工人对待。完成承包人负责施工合同中部分承揽工程的人，对其案涉工程欠款只能向承包人主张而不能向发包人主张，为不适格的实际施工人，发包人对此欠款也不承担付款清偿责任。

【案例 13－48】　黄某盛、林某勇与江西通威公路建设集团有限公司、泉州泉三高速公路有限责任公司建设工程分包合同纠纷案

最高人民法院认为，泉三高速公路公司是否应在黄某盛、林某勇主张的工程价款及利息范围内停止向通威公司支付工程款问题。黄某盛、林某勇提起诉讼时，并未将泉三高速公路公司列为被告，其向泉三高速公路公司提出请求，缺乏程序法依据。况且，从实体权利角度讲，虽然依据《建设工程解释》第二十六条的规定，实际施工人享有向发包人主张工程欠款的权利，但该条司法解释规定并未赋予实际施工人享有请求发包人停止向承包人支付工程款的权利。黄某盛、林某勇请求泉三高速公路公司在黄某盛主张的工程价款及利息范围内停止向通威公司支付工程款，缺乏法律依据，本院不予支持。[1]

---

〔1〕 最高人民法院（2013）民一终字第93号民事判决书。

实际施工人无权向与其没有合同关系的转包人、分包人主张工程价款。

【案例13－49】 陕西森茂闳博公司、李某柱与北京世纪源博公司等建设工程施工合同纠纷再审案

最高人民法院认为，关于案涉工程款支付主体的认定问题。本案中，违法转包人北京世纪源博公司、山东显通公司、山东显通五公司与陕西森茂闳博公司、李某柱并无直接合同关系。《建设工程解释》第二十六条赋予了实际施工人可以突破合同相对性向发包人主张工程价款的权利，但并不意味着实际施工人可以直接向与其没有合同关系的转包人、分包人主张工程价款。因此，陕西森茂闳博公司、李某柱主张由以上主体承担责任无事实和法律依据。再者，该条所规定的发包人在欠付工程价款范围内对实际施工人承担责任，并不以合同无效为适用前提，古浪鑫淼公司与北京世纪源博公司签订的发包合同有效并不影响该条的适用。故原判决依据《建设工程解释》第二十六条的规定，判决由发包人古浪鑫淼公司承担案涉工程欠款的付款责任，并无不当。陕西森茂闳博公司、李某柱关于原判决对工程款支付主体认定错误的再审申请事由不能成立，本院不予支持。〔1〕

实际施工人主张权利的程序例外。最高人民法院民一庭2021年第21次专业法官会议纪要：实践中存在承包人与实际施工人分别起诉发包人承担民事责任的情形，为防止不同生效判决判令发包人就同一债务分别向承包人和实际施工人清偿的情形，需要对承包人和实际施工人的起诉做好协调。在承包人已经起诉发包人支付工程款的情况下，实际施工人可以在一审辩论终结前申请作为第三人参加诉讼，其另诉请求发包人在欠付工程款范围内承担责任的，不应受理。实际施工人作为第三人参加诉讼后，如果请求发包人在欠付工程款范围内承担责任，应当将承包人的诉讼请求和实际施工人的诉讼请求合并审理。〔2〕

例外的是，挂靠双方可以作为共同承包人向发包人主张工程价款。

【案例13－50】 赣基公司、贺某群与顺洋公司建设工程施工合同纠纷再审案

最高人民法院认为，关于赣基公司（被挂靠人）、贺某群（挂靠人）能否共同作为承包人向发包人主张剩余工程价款的问题。首先，贺某群借用赣基公司的资质签订案涉建设工程施工合同，名义承包人是赣基公司，实际承包人是贺某群，赣基公司与贺某群作为一个整体为共同承包人，对发包人负责。

---

〔1〕 最高人民法院（2021）民申3649号民事裁定书。

〔2〕 参见最高人民法院民事审判第一庭编：《民事审判指导与参考》2021年第3辑（总第87辑），人民法院出版社2022年版，第164页。

其次,赣基公司、贺某群先与顺洋公司签订施工合同,后与中水八局签订施工合同,两份合同指向的内容均为案涉工程,虽然当事人约定实际履行的是前一份合同,后一份合同仅作备案用途,但并不影响顺洋公司、中水八局均以发包人的名义与承包人赣基公司、贺某群建立了建设工程施工合同关系的认定。据此,赣基公司、贺某群有权就案涉工程价款共同向发包人主张权利。[1]

其二,实际施工人请求支付施工合同约定的给付内容限制。

【案例13-51】 张某与甲房地产开发有限公司、乙建设工程有限公司建设工程施工合同纠纷案

二审法院认为,虽然根据《建设工程解释》第二条规定,"建设工程施工合同无效,但建设工程经竣工验收合格,承包人请求参照合同约定支付工程价款的,应予支持"。但是该规定实际施工人的请求权范围仅为"参照合同约定支付工程价款",并未包括工程建设进度奖励金,因此,张某关于参照合同约定支付工程进度奖励金的请求无法律依据,人民法院不应支持。据此,二审法院判决:(1)撤销一审法院的判决;(2)驳回张某的诉讼请求。最高人民法院民一庭意见:建设工程施工合同无效,实际施工人请求发包方参照该建设工程施工合同中的工程进度奖励金约定支付工程进度奖励金的,人民法院不予支持。[2]

实际施工人不能以其对发包人有工程款债权为由主张排除强制执行。

一方面借用资质、转包、违法分包的施工人身份认定应当仅限于建设工程施工合同纠纷案件中,在案外人执行异议之诉中不宜对实际施工人身份进行认定;另一方面《建设工程解释(一)》第四十三条关于合同相对性的突破是以肯定各自之间的合同相对性为基础的、有条件的突破,在执行异议之诉中实际施工人不能突破合同相对性直接向发包人主张工程款,否则可能涉及发包人向实际施工人和承包人同时承担重复的工程款债务。退一步讲,即便认定发包人应当对实际施工人承担欠付责任,实际施工人对发包人享有的也仅是一般意义上的债权请求权,而且在发包人未实际支付前,该债权并未特定,实际施工人也不享有足以排除强制执行的民事权益。

实际施工人有权请求被挂靠人向其返还发包人已支付的工程款,但需扣除实际施工人应当承担的费用。

---

〔1〕 最高人民法院(2021)民申6087号民事裁定书。

〔2〕 参见最高人民法院民事审判第一庭编:《民事审判指导与参考》2010年第3集(总第43集),法律出版社2011年版,第148~150页。

【案例 13－52】 单某本与鑫源公司建设工程施工合同纠纷再审案

最高人民法院认为,关于鑫源公司是否应向单某本返还工程款问题。管委会累计给付工程款 510 万元,其中单某本实际收到工程款 285 万元,鑫源公司实际收到工程款 225 万元。管委会基于《建设工程施工合同》,将案涉工程款汇入合同相对方鑫源公司账户符合一般交易规则,鑫源公司应将其中属于单某本施工部分的款项及时支付给单某本。单某本自认应向鑫源公司交付管理费及材料费共计 25 万元。因此,鑫源公司从管委会处受领的 225 万元工程款,扣除前述鑫源公司施工的工程款 206,103 元及 25 万元后,鑫源公司应将剩余工程款返还给单某本。[1]

实际施工人可以突破合同相对性向发包人主张权利的规定,并不排除承包人依据建设工程施工合同主张工程款的权利。

【案例 13－53】 宏达公司与静建公司建设工程施工合同纠纷再审案

最高人民法院认为,关于宏达公司是否有权主张案涉工程款的问题。李某勤、刘某借用静建公司资质开发案涉项目,李某虎借用宏达公司的名义承包案涉工程。经过招投标程序,宏达公司与静建公司就案涉工程签订了《建设工程施工合同》并进行备案。后李某勤与李某虎以及李某虎之子李君某分别就案涉工程签订了《施工合同书》。虽然《施工合同书》《建设工程施工合同》签订的主体不同,但基于以下理由,本院认为宏达公司作为案涉工程承包人,有权主张工程款。首先,李某虎借用宏达公司的名义承包案涉工程,其二者之间存在借用资质的挂靠关系。无论案涉《建设工程施工合同》是否有效,宏达公司均为该合同关系的当事人。实际施工人李某虎(以及李君某代其父李某虎)此后以其名义签订的《施工合同书》均系基于《建设工程施工合同》而签订,《施工合同书》与《建设工程施工合同》密切相关。其次,工程报验单等施工资料均加盖了宏达公司的印章,宏达公司办理了竣工验收事宜。由此可见,被挂靠方宏达公司参与了建设工程施工合同的履行,实际施工人李某虎亦认可宏达公司的承包人地位。静建公司于 2018 年 6 月以宏达公司为被告,起诉请求宏达公司向其移交工程竣工验收资料,配合办理工程验收备案手续,生效判决支持了静建公司的诉讼请求,静建公司的诉讼行为亦表明其认可宏达公司为案涉工程的承包人。最后,《建设工程解释(二)》规定实际施工人以发包人为被告主张权利,突破合同相对性,系基于保护实际施工人权益的目的,该规定作为例外并不排除承包人依据建设工程施工合同主张工程款的权利。综上,宏达公司作为案涉工程的承包人,其有权主张案涉

---

〔1〕 最高人民法院(2021)民申 6481 号民事裁定书。

工程款。[1]

个人可以成为实际施工人,但不是税金规费的缴纳义务主体,也没有提供证据证明其已实际缴纳相关税金,如其要求对方当事人承担该项费用的,法律不予支持。实际施工人要求按承包人的资质向发包人主张权利的,法院不予支持。

2. 施工合同约定仲裁条款对实际施工人权利限制

对约定仲裁条款是否限制实际施工人权利,可区分两种情况讨论,一种是发包人与承包人约定,另一种是实际施工人与转包人或者违法分包人约定,实践中对此理解并不相同。多数观点认为,虽然发包人与承包人之间的建设工程施工合同约定有仲裁条款,但是根据合同相对性原则,此仲裁条款只能约束合同当事人,即只能约束合同中的发包人和承包人,不能约束作为非合同当事人的实际施工人。实际施工人有权依据《建设工程解释(一)》第四十三条规定向发包人提起诉讼、主张权利,不受发包人与承包人之间施工合同中仲裁条款的制约。有观点认为,发包人与转包人(违法分包人)之间的仲裁协议,对于实际施工人的权利行使具有一定影响,但并不妨碍实际施工人在程序上同时向发包人、转包人(违法分包人)主张工程款。发包人是否需要对实际施工人承担责任,取决于发包人是否欠付工程款;如果发包人欠付工程款的事实并无争议,则不会涉及发包人、转包人(违法分包人)之间的仲裁协议对实际施工人产生约束力的问题;如果发包人欠付工程款的事实存在争议,因为发包人、转包人(违法分包人)之间的仲裁协议已经排除了法院对他们之间纠纷的主管,故应当驳回实际施工人对发包人的起诉。[2] 笔者认为,实际施工人向发包人主张权利,不能简单地理解为对承包人权利的承继,也不应受承包人与发包人之间仲裁条款的约束。实际施工人与转包人或者违法分包人之间约定了仲裁条款,实际施工人应依约提请仲裁不得以司法解释为依据起诉,因受基础合同关系制约也不能向发包人主张权利。也就是说,前一种约定的仲裁条款不影响实际施工人主张权利,而后一种约定的仲裁条款影响了实际施工人主张权利。

湖南省高级人民法院发布的《关于审理建设工程施工合同纠纷案件若干问题的解答》规定:建设工程施工合同中仲裁条款涉及管辖等相关问题应如何认定?发包人与承包人在建设工程施工合同中约定仲裁条款的,除非实际施工人表示认可或表示受发包人与承包人之间的仲裁条款约束,否则仲裁条款仅对合同双方具

---

〔1〕 最高人民法院(2021)民再178号民事判决书。

〔2〕 参见王毓莹、史智军:《建设工程施工合同纠纷疑难问题和裁判规则解析》,法律出版社2022年版,第57页。

有约束力。实际施工人、合法分包人起诉承包人或直接起诉发包人的,人民法院应当审理。如果本案诉讼需要以发包人与承包人之间的仲裁结果作为依据,可中止审理,待仲裁程序结束后再恢复审理。人民法院对已为仲裁机构的生效裁决所确认的事实应根据《民事证据规定》第十条之规定予以认定。实际施工人、合法分包人与承包人约定了仲裁条款,又以发包人为被告提起诉讼的,不予受理,已经受理的,裁定驳回起诉。实际施工人、合法分包人与承包人之间的仲裁已终结后,又起诉发包人的(包含发包人与承包人在建设工程施工合同中亦约定了仲裁条款情形),人民法院应当审理。

实际施工人起诉发包人不受发包人与承包人签订的建设工程施工合同中约定的仲裁管辖条款的约束。

【案例 13-54】 何某与唐山德誉房地产开发有限公司、晟元集团有限公司建设工程施工合同纠纷再审案

最高人民法院认为,虽然 2011 年 7 月德誉公司与晟元公司签订的建设工程施工合同约定了仲裁条款,但何某并非该合同当事人,德誉公司申请再审称本案应裁定驳回何某的起诉,理由不能成立。法院驳回了德誉公司及何某的再审申请。[1]

【案例 13-55】 王某虎与荣盛公司、华星公司建设工程施工合同纠纷再审案

最高人民法院认为,存在于双方当事人之间的、合法有效的仲裁协议,是当事人排除人民法院主管采取仲裁方式解决纠纷的必要条件。实际施工人向发包人主张权利,不能简单地理解为对承包人权利的承继,也不应受承包人与发包人之间仲裁条款的约束。事实上,王某虎也无权依据荣盛公司与华星公司之间的仲裁条款向蚌埠仲裁委员会对荣盛公司提起仲裁申请,法院裁定驳回荣盛公司的再审申请。[2]

【案例 13-56】 张某宇、某公司与颍州碧桂园公司某某公司建设工程施工合同纠纷案

二审法院认为,本院经审查认为,根据合同相对性原则,合法有效的仲裁协议、仲裁条款对合同当事人具有法律拘束力,对他人无拘束力。本案含有仲裁条款的《建设工程施工合同》系颍州碧桂园公司与中天公司签订,张某宇不是《建设工程施工合同》当事人,不受仲裁条款的约束;即使张某宇申请仲裁,因其不是《建设工程施工合同》当事人,仲裁机构也无法受理其仲裁申

---

〔1〕 最高人民法院(2021)民申 5747 号民事裁定书。
〔2〕 最高人民法院(2014)民申字第 1575 号民事裁定书。

请;张某宇主张其系案涉工程实际施工人,并以实际施工人的身份对发包人和承包人提起本案诉讼,并非对建设工程施工合同权利义务的承继,而是基于《建设工程解释(二)》作出的优先保护实际施工人权益的特殊制度安排。《建设工程解释(二)》第二十四条规定:"实际施工人以发包人为被告主张权利的,人民法院应当追加转包人或者违法分包人为本案第三人,在查明发包人欠付转包人或者违法分包人建设工程价款的数额后,判决发包人在欠付建设工程价款范围内对实际施工人承担责任。"故一审法院以张某宇对案涉工程进行承包经营、对外以中天公司经营负责人的身份进行实际施工和管理为由,裁定驳回张某宇的起诉,适用法律错误。[1]

虽然发包人与承包人约定了仲裁条款,但实际施工人并非该建设工程施工合同的当事人,实际施工人无法依据该仲裁条款对发包人提起仲裁,也不应受发包人与承包人之间仲裁条款的约束,实际施工人享有诉权。

【案例13-57】　董某良与秦龙公司建设工程施工合同纠纷再审案

再审法院认为,本案再审的焦点是董某良的起诉是否属于人民法院主管,一审、二审法院裁定驳回董某良的起诉是否符合法律规定。第一,《仲裁法》第四条规定,"当事人采用仲裁方式解决纠纷,应当双方自愿,达成仲裁协议。没有仲裁协议,一方申请仲裁的,仲裁委员会不予受理"。泰森公司与秦龙公司签订的三份建设工程施工合同(备案)约定,争议的解决方式为提交宝鸡仲裁委员会仲裁。该仲裁条款仅对泰森公司和秦龙公司具有约束力,因董某良没有参与该仲裁协议的签订,该仲裁协议对董某良不具有约束力。第二,从黑白合同对仲裁与诉讼的约定审查,备案合同均约定仲裁,但同一工程实际履行的三份合同(黑合同)均约定了发生纠纷进行诉讼,对于未参与备案合同签订的董某良来说,备案合同约定的仲裁不能约束董某良。秦龙公司认可涉案工程由董某良进行了施工,董某良以实际施工人身份起诉,其起诉符合《民事诉讼法》规定的起诉条件,而且涉案工程所在地在宝鸡市金台区,宝鸡市金台区人民法院对本案依法享有管辖权。同时,宝鸡仲裁委员会也向董某良出具了不予受理通知书,故一审、二审裁定驳回董某良的起诉,不符合法律规定。[2]

---

〔1〕　安徽省高级人民法院(2022)皖民终85号民事判决书。

〔2〕　陕西省高级人民法院(2022)陕民再187号民事判决书。

【案例13－58】 熊某诉吐鲁番国投公司建设工程施工合同纠纷再审案

再审法院认为，实践中，建设工程施工领域相关合同的签订不尽规范，发包人与承包人签订仲裁协议后，实际施工人无权向发包人主张工程款，显然社会效果不佳。如发包人希望相关施工合同纠纷通过仲裁一次性解决，其应当在与承包人签订施工合同后，对后续建设工程的转包、分包予以更多关注和约束，从而亦使得建设工程质量更有保证。综上所述，根据仲裁协议的相对性原则和自愿原则，参照代位权制度法律及司法解释的相关规定，以及最高人民法院关于审理建设工程施工合同纠纷案件的相关司法解释规定中对实际施工人特殊权利的保护，结合本案具体案情，熊某并非湖北卓越公司、吐鲁番国投公司之间《建设工程施工合同》的当事人，熊某向吐鲁番国投公司主张权利亦不应受该合同约定的仲裁协议的约束。一审法院认定该仲裁协议对熊某不具有拘束力，驳回吐鲁番国投公司据此提出的管辖权异议，适用法律正确，应予维持，本案应由一审法院审理。二审法院关于熊某主张权利不能超越吐鲁番国投公司在签订合同时对管辖的正常预期，案涉仲裁协议排除了人民法院的管辖权的认定，适用法律错误，应予纠正。[1]

实际施工人并非发包人与承包人签订的施工合同的当事人，亦未与发包人、承包人订立有效仲裁协议，不应受发包人与承包人的仲裁协议约束。实际施工人依据发包人与承包人的仲裁协议申请仲裁，仲裁机构作出仲裁裁决后，发包人请求撤销仲裁裁决的，法院应予支持。

【案例13－59】 运裕有限公司与深圳市中苑城商业投资控股有限公司确认仲裁协议效力纠纷案

最高人民法院认为，本案争议焦点是案涉仲裁条款是否成立。运裕公司在中苑城公司申请仲裁后，以仲裁条款未成立为由，向人民法院申请确认双方之间不存在有效的仲裁条款。虽然这不同于要求确认仲裁协议无效，但是仲裁协议是否存在与是否有效同样直接影响到纠纷解决方式，同样属于需要解决的先决问题，因而要求确认当事人之间不存在仲裁协议也属于广义的对仲裁协议效力的异议。……运裕公司还提出其并非《债权清偿协议》当事人，其中的仲裁条款不能拘束运裕公司。鉴于《产权交易合同》中的仲裁条款已能约束运裕公司，其与中苑城公司之间的纠纷应通过仲裁解决，且运裕公司等为同一仲裁案件的共同被申请人，无需本院在本案中对《债权清偿协议》中的仲裁条款能否约束运裕公司进行判断。综上，运裕公司的理由和请

---

〔1〕 新疆维吾尔自治区高级人民法院(2022)新民再187号民事判决书。

求不能成立。裁定:驳回运裕公司的申请。[1]

【案例 13 -60】 工行岳阳分与刘某良、巴陵公司撤销仲裁纠纷案

最高人民法院认为,仲裁协议是当事人达成的自愿将他们之间业已产生或可能产生的有关特定的无论是契约性还是非契约性的法律争议的全部或特定争议提交仲裁的合意。仲裁协议是仲裁机构取得管辖权的依据,是仲裁合法性、正当性的基础,其集中体现了仲裁自愿原则和协议仲裁制度。本案中,工行岳阳分行与巴陵公司签订的《装修工程施工合同》第 15.11 条约定,“本合同发生争议时,先由双方协商解决,协商不成时,向岳阳仲裁委员会申请仲裁”,故工行岳阳分行与巴陵公司之间因工程款结算及支付引起的争议应当通过仲裁解决。但刘某良作为实际施工人,其并非工行岳阳分行与巴陵公司签订的《装修工程施工合同》的当事人,刘某良与工行岳阳分行及巴陵公司之间均未达成仲裁合意,不受该合同中仲裁条款的约束。除非另有约定,刘某良无权援引工行岳阳分行与巴陵公司之间《装修工程施工合同》中的仲裁条款向合同当事方主张权利。刘某良以巴陵公司的名义施工,巴陵公司作为《装修工程施工合同》的主体仍然存在并承担相应的权利义务,案件当事人之间并未构成《最高人民法院关于适用〈中华人民共和国仲裁法〉若干问题的解释》第八条规定的合同仲裁条款“承继”情形,亦不构成上述解释第九条规定的合同主体变更情形。《建设工程解释》第二十六条虽然规定实际施工人可以发包人为被告主张权利且发包人只在欠付工程款的范围内对实际施工人承担责任,但上述内容仅规定了实际施工人对发包人的诉权以及发包人承担责任的范围,不应视为实际施工人援引《装修工程施工合同》中仲裁条款的依据。综上,工行岳阳分行与刘某良之间不存在仲裁协议,岳阳仲裁委员会基于刘某良的申请以仲裁方式解决工行岳阳分行与刘某良之间的工程款争议无法律依据。实际施工人依据发包人与承包人的仲裁协议申请仲裁,仲裁机构作出仲裁裁决后,发包人请求撤销仲裁裁决的,人民法院应予支持。[2]

应注意的是,在审理实际施工人直接对发包人提起的诉讼中,应当追加转包人或违法分包人为案件第三人的,实践中亦不对设有仲裁条款合同进行审理和认定,否则就是越权审判行为。但亦有相反观点,即分包合同约定了仲裁管辖,而总承包合同并没有约定,实际施工人以发包人和分包人为被告的,有法院认为案件当事人的范围已经超出了分包合同主体的范围,故不受该合同仲裁条款的约束,

---

〔1〕 最高人民法院(2019)法民特 1 号民事裁定书。

〔2〕 最高人民法院指导性案例 198 号。

法院依法取得管辖权。制定司法解释的法官认为,发包人与承包人在建设工程施工中约定仲裁时,法院是否有权审理并认定发包人与承包人之间的工程价款,《建设工程解释(一)》没有明确的解释,只列举了两种不同观点。[1]

【不同处理】 实际施工人突破合同相对性原理,直接向发包人提起诉讼,是对承包人权利的代位,而且实际施工人是在已经知晓发包人、承包人双方所签合同已约定了仲裁管辖或者实际施工人以承包人名义与发包人签订合同约定了仲裁管辖,都应受此仲裁管辖条款的约束。

【案例13-61】 甘肃杰出建筑工程有限公司与中交第二公路工程局有限公司、兰渝铁路有限责任公司建设工程施工合同纠纷再审案

最高人民法院认为,本案中,杰出建筑公司主张工程价款的基础法律关系是其与中交公路公司之间的合同关系,而双方在合同中约定了仲裁条款,排除了法院管辖权。杰出建筑公司将兰渝铁路公司、中交公路公司作为共同被告起诉至甘肃省陇南市中级人民法院,违背了杰出建筑公司与中交公路公司通过仲裁处理双方争议的约定。原裁定书中虽有不甚准确的表述,但适用《建设工程解释(一)》第二十六条的规定并不存在法律适用错误的问题。[2]

个案中,在此问题上最高人民法院表述有差异。

【案例13-62】 中交第二公路工程局与付某等建设工程施工合同纠纷案

最高人民法院认为,实际施工人向发包人主张权利具有代位请求的性质,实际施工人与发包人之间的关系与违法转包人与发包人、项目经理部之间的法律关系具有承继关系,因此,实际施工人起诉发包人时,应受到发包人、项目经理部与违法转包人之间有关仲裁条款的约束。实际施工人无权单方改变仲裁条款的约定;但实际施工人若仅起诉违法转包方则可不受上述仲裁条款的约束。据此驳回了付某对中交二局的起诉。[3]

实际施工人起诉发包人应当受发包人与承包人签订的建设工程施工合同中约定的仲裁管辖条款的约束。

---

〔1〕 参见最高人民法院民事审判第一庭编著:《最高人民法院新建设工程施工合同司法解释(一)理解与适用》,人民法院出版社2021年版,第449~450页。

〔2〕 参见最高人民法院民事审判第一庭编:《民事审判指导与参考》2014年第4辑(总第60辑),人民法院出版社2015年版,第195页。

〔3〕 最高人民法院(2013)民提字第148号民事裁定书。

【案例13－63】　肖某大与祈福公司、三公司及广州分公司建设工程施工合同纠纷案

最高人民法院认为，祈福公司与三公司及广州分公司工程承包合同约定，就本案涉案工程发生争议，提交仲裁解决，且广州市仲裁委（2009）穗仲案字第1521号《裁决书》、（2010）穗仲案字第939号《裁决书》对祈福公司与三公司及广州分公司的工程款结算事宜实际进行了裁决，上述仲裁委裁决事项，均由当地执行法院通过执行程序予以解决。上诉人肖某大与祈福公司有关工程款争议解决的方式，亦应受祈福公司与三公司及广州分公司建设工程合同仲裁条款的约束，故原审法院以祈福公司与三公司之间签订的协议中约定有明确的仲裁条款为由支持祈福公司所提的对人民法院案件受理异议并无不当，最终裁定驳回上诉，维持原裁定。[1]

【案例13－64】　熊某海与森科盐化公司、建安建设公司建设工程施工合同纠纷案

最高人民法院认为，建安建设公司与森科盐化公司签订的《建设工程施工合同》已经明确约定了仲裁条款，故双方之间的工程款结算和支付等争议，应提交由双方约定的仲裁委员会仲裁解决，不属于人民法院主管范围，法院驳回了熊某海对森科盐化公司的起诉。[2]

挂靠关系中，实际施工人受被挂靠人与发包人仲裁条款的约束。

【案例13－65】　胡某斌、李某印等与华泰公司、中泰公司建设工程施工合同纠纷再审案

最高人民法院认为，李某印主张案涉工程价款的基础法律关系是其以中泰公司名义与华泰公司签订的协议书，而该协议书中约定了仲裁条款，此条款具有独立性且排除了人民法院的管辖权。李某印将发包人城投公司、转包人有色公司作为共同被告起诉至一审法院，有违双方此前关于通过仲裁方式处理争议的约定。即便胡某斌、万某华与华泰公司形成事实上的建设工程施工合同关系，亦与李某印的诉讼地位相同，不能以此排除案涉仲裁条款的适用。故胡某斌、万某华、李某印关于案涉仲裁条款对其不具有约束力的再审申请事由不能成立，裁定驳回胡某斌、万某华、李某印的再审申请。[3]

---

〔1〕 最高人民法院（2015）民一终字第366号民事判决书。

〔2〕 最高人民法院（2015）民一终字第170号民事判决书。

〔3〕 最高人民法院（2020）民申4893号民事裁定书。

3.多层转包关系中实际施工人请求权限缩理解

在多层转包关系中,实际施工人不能向既不是发包人又与其不具有合同关系的转包人主张权利。对于层层转包情形下,只有实际投入资金、材料和劳力等从事工程施工的最后手的承包人才属于实际施工人,对于中间环节的违法转包人不能认定为实际施工人,自然应排除在行使请求权主体范围之外。

在工程多次转包或违法分包的情况下,实际施工人向所有转(分)包人主张工程款的,审判实践中应严格适用《建设工程解释(一)》第四十三条规定,一般情况下不能支持其主张,仅在实际施工人构成表见代理的情况下除外。具体应把握:其一,严守合同相对性。合同仅对合同当事人产生拘束力,不能约束合同之外的人。实际施工人只能向与其有合同关系的当事人主张权利,除非法律有特别规定。《建设工程解释(一)》第四十三条的规定旨在重申严守合同相对性原则。其二,不应对《建设工程解释(一)》第四十三条随意扩大解释。《建设工程解释(一)》第四十三条仅规定实际施工人可以突破合同相对性向发包人主张工程款,并未规定其可以向转(分)包人主张工程款。在审判实践中,依据《建设工程解释(一)》第四十三条规定判决与实际施工人没有合同关系的转(分)包人承担支付工程款责任,防止随意扩大该条的适用范围。其三,防止对实际施工人的过度保护。实际施工人是非法承包人,对于施工合同无效具有过错。如果允许实际施工人不仅对发包人还对所有转(分)包人都可以主张权利,则是对非法承包人的过度保护,使其获得比合同有效更大的非法利益,不利于遏制转包、违法分包和借用资质等扰乱建筑市场的行为。

山东省高级人民法院民一庭《关于审理建设工程施工合同纠纷案件若干问题的解答》第八条规定:在多层转包或者违法分包情况下,实际施工人原则上仅可以要求与其有直接合同关系的转包人或者违法分包人对工程欠款承担付款责任。实际施工人向发包人主张权利的,为查明发包人欠付转包人或者违法分包人工程款的数额,人民法院可以追加与其无合同关系的转包人或者违法分包人为第三人。

【案例13-66】 中国五冶集团有限公司与西安华江环保科技股份有限公司等建设工程施工合同纠纷案

最高人民法院认为,关于西安有色公司、榆钢公司应承担责任的问题。榆钢公司作为发包人是案涉土建工程物化利益的享有者。……榆钢公司与西安有色公司未结算,但双方签订的总承包合同约定的为固定总价129,500,000元,榆钢公司主张其已付款金额为113,643,149.57元,西安有色公司自认收到榆钢公司向西安有色公司已付款118,183,000元,应以西安有色公司自认金额确认榆钢公司向西安有色公司的已付款,为118,183,000

元。因西安有色公司为总承包单位,无法分清榆钢公司向西安有色公司支付工程款属于哪一分项工程,故榆钢公司应在欠付工程款总额范围内对五冶公司承担责任。榆钢公司、西安有色公司均未举证证实需要调整合同价款的范围、金额,故应以固定总价计算应付工程款金额,榆钢公司在未与西安有色公司进行结算的情形下,依据现有证据,欠付工程款金额为11,317,000元。西安有色公司、华江公司、五冶公司就案涉土建工程属于多层转包,西安有色公司非工程物化利益的享有者、发包方,亦非五冶公司的合同相对方,原则上五冶公司作为实际施工人不能向既不是发包人又与其无合同关系的转包人西安有色公司主张权利。[1]

【案例13-67】 某某与某公司建设工程施工合同纠纷再审案

最高人民法院认为,作为多层转包关系的最后实际施工人,不能援引《建设工程解释(一)》第四十三条的规定向与其没有直接合同关系的公司主张非工程款性质的损失赔偿和返还保证金,而应当遵循合同相对性原则,向与其有合同关系的中间转包人主张权利。[2]

【案例13-68】 杨某平与联合建工公司建设工程施工合同纠纷再审案

最高人民法院认为,关于杨某平向联合建工公司、玖基公司主张工程款是否有依据的问题。案涉工程的发包人是美兰监狱、承包人是联合建工公司,联合建工公司又将工程交由玖基公司施工,玖基公司将部分工程交由杨某平施工;工程前期杨某平投入资金进行工程的招投标,投入资金作为工程保证金,后杨某平组织人员施工,购买材料,支付工人工资,实际收取案涉工程款。根据合同相对性的一般原则,杨某平在实际施工工程完工后有权向其转包或分包的相对人主张结算并支付相应工程款。鉴于杨某平与联合建工公司并未签订任何合同,联合建工公司不认可其与杨某平存在直接合同关系,也不认可存在挂靠情形,二审判决据此认定杨某平向联合建工公司主张工程款缺乏合同依据,并无不当。[3]

作为多层转包关系的最后实际施工人,不能向与其没有直接合同关系的当事人主张非工程款性质的损失赔偿和返还保证金,而应当遵循合同相对性原则,向与其有合同关系的中间转包人主张权利。

---

〔1〕 最高人民法院(2021)民终750号民事判决书。

〔2〕 最高人民法院(2019)民申1903号民事裁定书。

〔3〕 最高人民法院(2021)民申3586号民事裁定书。

【案例13－69】 肖某友、刘某德与衡山盛豪房地产开发有限公司、方泰建设集团有限公司、方泰建设集团有限公司衡阳分公司建设工程施工合同纠纷再审案

最高人民法院认为,逾期付款利息和临时设施费损失系违约损失赔偿性质,保证金属于履约担保性质,均不属于《建设工程解释》第二十六条规定突破合同相对性原则向发包人追溯的工程款范围,肖某友、刘某德作为多层转包关系的最后实际施工人,不能援引该司法解释第二十六条规定向与其没有直接合同关系的方泰公司、盛豪公司主张非工程款性质的损失赔偿和返还保证金,而应当遵循合同相对性原则,向与其有合同关系的中间转包人主张权利。因此,肖某友、刘某德主张逾期付款利息、赔偿临时设施费和返还保证金的请求,缺乏法律依据。肖某友和刘某德所得工程款均是含税价,从一审、二审查明的情况来看,各方均同意税费由实际施工人负担,方泰公司提供了税务发票证明其已按5.348%税率缴纳了相关税费,肖某友、刘某德称在领取工程款时就已经交纳过税金,没有提供证据证明。[1]

【案例13－70】 中国三冶集团有限公司与林某富及中国三冶集团(营口)有限公司建设工程施工合同纠纷再审案

再审法院认为,关于原审判决三冶集团公司在本案中承担民事责任是否有事实与法律依据问题。本案中存在以下法律关系,一是发包人鞍山达道湾工业经济管理委员会与承包人三冶集团公司之间的建设工程施工合同关系;二是承包人三冶集团公司与三冶营口公司之间的分包关系;三是三冶营口公司与林某富之间的分包关系。林某富无建设施工资质,在其与三冶营口公司的法律关系中,三冶营口公司是违法分包人,林某富是实际施工人,原审判决三冶营口公司向林某富给付工程款,并无不当。根据三冶集团公司与三冶营口公司签订的建设工程施工合同,三冶集团公司是将其承包工程中的部分工程分包给三冶营口公司,本案中没有充分的证据证明三冶集团公司将其承包的全部建筑工程转包给三冶营口公司,也无充分的证据证明三冶集团公司将其承包的全部建筑工程肢解以后以分包的名义转包给三冶营口公司。一审判决认定三冶集团公司作为总承包人将工程全部转包给三冶营口公司,认为违反《合同法》对于工程转包的规定,进而认为三冶集团公司应在未支付工程款范围内对林某富的债权承担连带责任,缺乏事实依据,适用法律错误。《建设工程解释》第二十六条第一款规定……上述司法解释中的实际施工人主要是指转包人和违法分包的承包人,其与转包人、违法分包人是建设工程

〔1〕 最高人民法院(2019)民申1901号民事裁定书。

施工合同的相对人。上述司法解释第二十六条第一款是程序性、倡导性规定，即实际施工人起诉索要工程款应当首先向合同相对方主张权利，而不是向发包人(业主)主张权利。上述司法解释第二十六条第二款是保护农民工合法权益的特殊规定，实际施工人和农民工劳务物化为建设工程价值并由发包人享有是上述特殊规定突破合同相对性的重要逻辑基础。享有实际施工人和农民工劳务物化成果的发包人是建设工程的业主即工程建设方，发包人在欠付工程价款范围内对实际施工人承担责任。在多层转包或者违法分包的情况下，原则上实际施工人不能向既不是发包人又与其不具有合同关系的转包人、违法分包人主张权利。本案中，三冶集团公司是工程施工总承包人，并非上述司法解释规定的发包人，其与林某富之间不存在合同关系，本案中又无证据表明发包人已经向三冶集团公司支付了全部工程款致使林某富无权再向发包人主张权利。原二审依据《建设工程解释》第二十六条的规定，判令三冶集团公司在欠付工程价款范围内对实际施工人林某富承担责任，适用法律错误。对于林某富在本院再审庭审过程中主张案涉工程款应由三冶集团公司、三冶营口公司共同给付而提出的事由，本院评判如下：第一，三冶营口公司是三冶集团公司的子公司，两个公司均为依法独立享有民事权利和承担民事义务的法人。中国三冶集团有限公司营口分公司是三冶集团公司的分支机构，不具备法人资格。林某富与三冶营口公司签订工程承包合同，双方法律关系明确。三冶集团公司是工程施工总承包人，根据三冶集团公司与三冶营口公司的合同约定，三冶集团公司有派管理人员全面负责分包工程项目的实施、监控及财务结算和资金的正确使用等多项权利。林某富提交的2014年3月1日的现场确认单以及2016年3月1日的分包工程竣工结算书、结算单虽盖有中国三冶集团有限公司营口分公司工程部印章，但不足以证明林某富提出的关于三冶集团公司与三冶营口公司共同履行其与三冶营口公司的施工合同的主张。第二，本案原审判决发生法律效力后，执行法院强制执行三冶集团公司。其后，三冶集团公司受让股权由三冶营口公司控股股东(国有)成为唯一股东。公司财产独立于股东财产，林某富主张三冶集团公司与三冶营口公司是同一股东，三冶集团公司给付执行款是代表同一股东履行债务，该主张不能成立。同时，三冶集团公司受让股权时提出异议与否，与其在本案中是否应承担民事责任没有联系。第三，关于林某富提出其有权依照《建设工程解释》第二十六条第一款的规定要求三冶集团公司与三冶营口公司共同给付工程款的主张，前文对此已作论述，不再赘述。综上，林某富在本案中要求三冶集团公司对案涉工程欠款承担给付责任，缺乏法律依据。[1]

【案例13－71】 胡某与汪某全、王某刚、黑龙江省建工集团有限责任公司建设工程施工合同纠纷再审案

再审法院认为，(1)本案系由《民法典》实施之前的法律事实引起的民事纠纷案件，应当适用当时的法律、司法解释的规定。……本案中，案涉工程的发包人为河南仁信置业有限公司，黑龙江建工为承包人，胡某要求黑龙江建工在欠付工程款范围内向其承担付款责任，与上述法律规定不符。(2)黑龙江建工将承包工程转包给汪某全，汪某全、王某刚又将其中4#、12#楼内外墙涂料工程交由胡某施工。胡某与汪某全、王某刚之间存在建设工程施工合同关系，而与黑龙江建工之间不存在合同关系，因此，胡某主张黑龙江建工向其支付工程价款无合同依据。(3)二审判决认为，黑龙江建工应在欠付工程价款范围内对胡某承担责任，但黑龙江建工欠付汪某全工程价款数额不明确，胡某请求黑龙江建工承担连带清偿责任的条件不成就，黑龙江建工不应在欠付工程价款的范围内承担责任，二审判决上述认定系适用法律错误，但未影响案件处理结果。[2]

【不同处理】 在个案中，最高人民法院认为，层层转分包导致实际施工人未收到足额工程款，承包人存在过错，应当承担相应的责任。[3]

限制的例外情形是，发包人与实际施工人直接签订合同的，实际施工人可以直接向发包人主张权利，不受《建设工程解释(一)》第四十三条的限制。

【案例13－72】 中铁二局股份有限公司与李某久建设工程施工合同纠纷案

最高人民法院认为，中铁二局与李某久之间存在事实上的劳务施工合同关系。《退场协议书》系中铁二局与李某久签订，两者之间存在直接的合同关系，李某久可以依据《退场协议书》向中铁二局主张权利，本案并不适用《建设工程解释》第二十六条的规定。[4]

4. 专业分包关系中实际施工人请求权限缩理解

在违法分包、转包关系中，实际施工人突破合同相对性向发包人主张权利，是法律赋予实际施工人的特殊权利。但是，在专业技术工程等合法分包关系中，实际施工人突破合同相对性，直接起诉发包人要求其在欠付工程款的范围内承担责

---

〔1〕 辽宁省高级人民法院(2018)辽民再131号民事判决书。

〔2〕 河南省高级人民法院(2021)豫民申9645号民事裁定书。

〔3〕 最高人民法院(2020)民申5235号民事裁定书。

〔4〕 参见最高人民法院民事审判第一庭编：《民事审判指导与参考》2016年第1辑(总第65辑)，人民法院出版社2016年版，第223页。

任,缺乏法律依据。

【案例13－73】 中某建设集团有限公司与惟某营造建筑设计(北京)有限公司、贵州省梵某山某资控股集团有限公司建设工程施工合同纠纷案

最高人民法院认为,本案中,惟某公司和中某公司通过招投标程序订立的《施工总包合同》仅包含基础工程和钢结构工程,而惟某公司在其EPC总包范围内交由中某公司实际施工的工程范围包含基础工程、钢结构工程、屋面幕墙工程、室内精装修工程、暖通空调工程、给排水消防工程和强电工程。基础工程和钢结构工程属于合法分包,中某公司主张梵某公司在欠付工程价款范围内对其承担责任无法律依据,本院不予支持。余下工程项目未经过招投标程序,已违反《招标投标法》第三条……属于违法分包,因案涉工程已经竣工验收合格,中某公司原则上可作为实际施工人主张梵某公司在欠付工程价款范围内对其承担责任。但是,承包人惟某公司已经通过(2021)最高法民终1312号案件[一审案号:(2018)黔民初109号]起诉发包人梵某公司支付工程款,并没有存在怠于主张权利情形,且本院已判决梵某公司向惟某公司支付欠付金额,为防止出现不同生效判决判令发包人就同一债务向承包人和实际施工人重复清偿,本院不再另行判决梵某公司在欠付惟某公司工程款范围内向中某公司承担连带责任。[1]

违法专业分包的实际施工人其主张权利亦不受法律支持。

【案例13－74】 大连恒某达机械厂与普兰店市宏某祥房地产开发有限公司等建设工程施工合同纠纷再审案

最高人民法院认为,本案争议焦点是宏某公司应否在欠付工程价款范围内承担连带责任问题。本案恒某机械厂与成某公司之间签订有钢梁制作安装协议书,双方存在钢梁制作安装工程的工程承包合同关系。成某公司系从博某公司处转包取得涉案工程,双方签订有工程承包合同。而博某公司与宏某公司之间存在建设工程施工总承包合同关系,可见,恒某机械厂与宏某公司之间并不存在任何合同关系。根据合同相对性原则,恒某机械厂应向合同相对方成某公司主张权利。原审法院根据《建设工程解释》第二条关于……之规定,判令成某公司承担偿还工程价款的责任,适用法律正确。现恒某机械厂突破合同相对性向宏某公司主张权利,其依据的是《建设工程解释》第二十六条第二款的规定。该款规定:“实际施工人以发包人为被告主张权利的,人民法院可以追加转包人或者违法分包人为本案当事人。发包人只在欠

---

〔1〕 最高人民法院(2021)民终1305号民事判决书。

付工程价款范围内对实际施工人承担责任。”第一款规定:“实际施工人以转包人、违法分包人为被告起诉的,人民法院应当依法受理”,比较第二款规定的文意内容,可以看出实际施工人提起索要工程款的诉讼,原则上应当适用第一款规定,以不突破合同相对性为法律适用的基本原则;第二款是突破合同相对性的特别规定,旨在保护农民工的合法权益。实际施工人是指因转包、违法分包、肢解合同等违法行为施工合同被认定为无效,实际从事工程建设的主体为实际施工人,为有别于施工人、承包人、建筑施工企业等法定施工主体的表述方式,《建设工程解释(一)》使用了实际施工人概念。实际施工人可能是自然人、超资质等级施工的建筑施工企业、超资质许可施工范围从事工程基础或结构建设的劳务分包企业等。从实际施工人的人员构成看,在施工现场实际从事施工作业的人员多为农民工。实际施工人与其发包人形成了施工合同关系,实际施工人内部法律关系为劳动合同关系或劳务合同关系,农民工工资或劳务报酬在工程款中的占比很高,多为农民工的基本生活保障费用。为此,《建设工程解释(一)》第二十六条第二款作出了特殊情况下准许实际施工人突破合同相对性向发包人主张工程欠款的规定。本案恒某机械厂系经与成某公司之间签订的钢梁制作安装协议书而取得案涉钢梁制作安装工程,并按合同约定需提供钢梁的制作、运输、安装等作业,且包工包料,可见其提供的是专业技术安装工程并非普通劳务作业,被拖欠的工程款并非劳务分包费用,并不具备《建设工程解释(一)》第二十六条第二款规定的适用条件。恒某机械厂已按合同约定完成的钢梁工程承包作业,也仅仅是宏某公司与博某公司之间建设工程施工合同内容中的部分施工内容,属违法分包工程,并非全面履行发包人与承包人之间的合同。因此,并不符合《建设工程解释(一)》第二十六条规定的情形,一审、二审判决未判定宏某公司承担连带责任并无不当。至于宏某公司是否对转包知情,并不影响本案的判决结果。[1]

(三)挂靠实际施工人请求权

1. 挂靠实际施工人起诉权理解

挂靠施工情形下,实际施工人(挂靠人)能否直接起诉发包人,司法实践中,争议不是一般的大,各地、各级法院持截然相反观点的案例,执法尺度不统一带有

〔1〕 最高人民法院(2015)民申字第919号民事裁定书。

一定普遍性。

有法院认为,《建设工程解释(一)》规定的(废除了原解释一、解释二,但条文内容沿袭了旧的规定)关于实际施工人在一定条件下可以突破合同相对性直接起诉发包人,但只适用于"转包""违法分包"情形下的实际施工人,"挂靠"的实际施工人被排除在外。合同相对性原则是债法的基本原则之一,必须被遵守。《建设工程解释(一)》允许实际施工人在满足一定条件下可以突破合同相对性向发包方主张工程款,现阶段具有特殊的价值追求,该等价值追求应当被遵守。

另有法院认为,无论何种情形下的实际施工人,只要涉案工程已经验收并交付使用且质量合格的,均可适用司法解释的规定,直接起诉发包方。如果机械套用司法解释条文,把挂靠情形排除在外,且不要求实践者在法律适用时能够对司法解释条文本身的文义、条文内部的逻辑结构、体系性等做更高层面的考量,仅从最高人民法院三令五申的立法意旨出发——本条为保护农民工的利益,坚持排除挂靠适用的,而不能解释违法转包、分包情形下的农民工和挂靠情形下的农民工之间的区别。

《建设工程解释(一)》第四十三条规定的实际施工人不包含借用资质及多层转包和违法分包关系中的实际施工人,最高人民法院民一庭2021年第20次专业法官会议纪要进行了进一步的明确。

湖南省高级人民法院发布的《关于审理建设工程施工合同纠纷案件若干问题的解答》第二十三条规定:挂靠人直接起诉发包人应如何处理?借用资质的实际施工人起诉发包人要求支付工程款的,人民法院可在查明事实的基础上按以下两种情形处理:(1)发包人明知实际施工人借用资质而未提出异议的,根据《民法典》第一百四十六条、第四百九十条规定处理,实际施工人可直接向发包人主张权利。人民法院应追加被挂靠人为第三人。(2)发包人对借用资质不知情的,出借资质方怠于向发包人主张权利,实际施工人可参照《建设工程解释(一)》第四十四条规定行使代位权。人民法院应追加被挂靠人为第三人。

最高人民法院民一庭2021年第20次专业法官会议纪要:没有资质的实际施工人借用有资质的建筑施工企业名义与发包人签订建设工程施工合同,在发包人知道或者应当知道系借用资质的实际施工人进行施工的情况下,发包人与借用资质的实际施工人之间形成事实上的建设工程施工合同关系。该建设工程施工合同因违反法律的强制性规定而无效。《民法典》第七百九十三条第一款规定:"建设工程施工合同无效,但是建设工程经验收合格的,可以参照合同关于工程价款的约定折价补偿承包人。"因此,在借用资质的实际施工人与发包人之间形成事实上的建设工程施工合同关系且建设工程经验收合格的情况下,借用资质的实际施工工人有权请求发包人参照合同关于工程价款的约定折价补偿。[1]

有观点认为实际施工人是借用资质情况下形成的,区分两种情形进行分析:(1)发包人知情的借用资质。在发包人知情的借用资质情形下,是由发包人与实际施工人直接建立施工合同关系,施工企业仅是名义的施工人,而实际施工人才是发包人认可的真正施工人。故发包人有权向实际施工人支付工程款,发包人向实际施工人支付的工程款原则上可以向施工企业支付的工程款中予以抵扣,除非施工企业有证据证明发包人与实际施工人存在恶意串通,损害了施工企业的合法权益。故本书认为,在发包人知情情况下的借用资质采用"原则肯定说"更为可取。(2)发包人不知情的借用资质。但如果是发包人不知情地借用资质,本书认为在此情形下发包人与施工人施工企业的施工关系还是有效的,除非有正当理由,发包人原则上不可以向实际施工人支付工程款。故本书认为,在此情形下采取"原则上否定说"更为可取。[2]

2. 挂靠实际施工人起诉发包人

其一,挂靠人可以向发包人主张工程价款。

【案例13-75】 黄某涛与北京某某集团有限责任公司建设工程施工合同纠纷案

最高人民法院认为,北京某工或北某海南分公司承揽明光大酒店相关建设工程后,即通过分包方式将其承包的全部工程转给由黄某涛实际控制的企业进行施工。原审期间,北京某工及北某海南分公司亦认可停工前工程、续建工程和商业广场等涉案工程,均由黄某涛实际垫资完成施工。因此,北京某工及北某海南分公司与黄某涛之间,已就涉案工程构成事实上的违法转包关系。……北京某工及北某海南分公司承包涉案工程后,又将工程非法转包给黄某涛实际施工,相关转包协议依法属于无效合同。涉案工程经过竣工验收认定为合格工程,明光旅游公司、明光酒店公司共同确认尚欠停工前工程价款数额,明光酒店公司与北某海南分公司签订确认书确认续建工程欠款数额。黄某涛与北京某工上诉未对原审判决认定的工程欠款数额提出异议,黄某涛请求按照前述确认数额支付相应工程价款,依法应予支持。北京某工及北某海南分公司作为违法转包合同当事人,对于黄某涛因履行转包合同而发生的工程价款,依法应当承担清偿责任。即便本案存在明光酒店公司以房抵顶部分工程款,或其他向黄某涛直接支付工程款的情形,北京某工及北某海

---

〔1〕 参见最高人民法院民事审判第一庭编:《民事审判指导与参考》2021年第3辑(总第87辑),人民法院出版社2022年版,第162页。

〔2〕 参见史鹏舟主编:《建设工程实际施工人法律问题深度解析》,法律出版社2002年版,第138页。

南分公司对于欠付工程价款的清偿义务也不由此免除。黄某涛关于其与北京某工及北某海南分公司之间就续建工程形成分包合同关系的主张虽不准确，但其关于后者应当向其支付续建工程欠款及利息的上诉主张，具有相应的事实和法律依据，依法予以支持。[1]

无论何种情形，均不能仅以挂靠关系而简单否定挂靠人的工程款请求权。

【案例13－76】　某公司与某某公司建设工程施工合同纠纷案

最高人民法院认为，在处理无资质的企业或个人挂靠有资质的建筑企业承揽工程时，应进一步审查合同相对人是否善意、在签订协议时是否知道挂靠事实来作出相应认定。如果相对人不知晓挂靠事实，有理由相信承包人就是被挂靠人，则应优先保护善意相对人，双方所签订协议直接约束善意相对人和被挂靠人，此时挂靠人和被挂靠人之间可能形成违法转包关系，实际施工人可就案涉工程价款请求承包人和发包人承担相应的民事责任；如果相对人在签订协议时知道挂靠事实，即相对人与挂靠人、被挂靠人通谋作出虚假意思表示，则挂靠人和发包人之间可能直接形成事实上的合同权利义务关系，挂靠人可直接向发包人主张权利。即无论属于上述何种情形，均不能仅以存在挂靠关系而简单否定挂靠人享有的工程价款请求权。[2]

约定"以审计部门审计为最终结算价和结算时间"的条款无效，不能成为拒绝支付工程款的抗辩事由。

【案例13－77】　卢某与某银行、中建某局建设工程施工合同纠纷案

判决观点，本案中，卢某作为没有资质的实际施工人通过签订《项目内部承包协议书》挂靠在某建设公司，并借用有资质的建筑施工企业的名义与中建某局签订涉案《市政道路合同》，违反了法律、行政法规的强制性规定，故该合同应无效。该合同虽无效，但卢某实际完成了该合同约定的施工内容，涉案工程已竣工验收合格，故中建某局应依约支付工程价款。不具有资质的实际施工人（挂靠施工人）挂靠有资质的建筑施工企业（被挂靠人），并以该企业的名义签订建设工程施工合同，被挂靠人怠于主张工程款债权的，挂靠施工人可以自己的名义起诉要求发包人支付工程款，发包人在欠付工程款范围内承担给付责任。故作为挂靠施工人的卢某可以自己的名义起诉要求中建某局支付工程款。中建某局主张卢某在本案中作为卢某起诉主体不适格的抗辩意见，本院不予认可；诉争合同虽然约定"以审计部门审计为最终结算价和结算时间"的条款，但没有约定具体审计单位及时间，且诉争合同无效，

---

〔1〕　最高人民法院（2018）民终611号民事判决书。
〔2〕　最高人民法院（2019）民终1350号民事裁定书。

故挂靠人有权要求发包方支付工程款,中建某局主张付款条件未成就意见不予采纳。[1]

其二,挂靠人不可以向发包人主张工程价款。

【不同处理】 工程款请求权只适用于"转包""违法分包"情形下的实际施工人,"挂靠"的实际施工人被排除在外。

【案例13-78】 天津建邦地基基础工程有限公司与中冶建工集团有限公司建设工程施工合同纠纷案

最高人民法院认为,挂靠在他人名下的实际施工人无权直接向发包人主张权利。其理由:在挂靠施工情形中,存在两个不同性质、不同内容的法律关系,一为建设工程法律关系,二为挂靠法律关系,根据合同相对性原则,各方的权利义务关系应当根据相关合同分别处理。二审判决根据建邦地基公司认可的事实,认定建设工程法律关系的合同当事人为中冶集团公司和博川岩土公司,并无不当。建邦地基公司并未提供证据证明其与中冶集团公司形成了事实上的建设工程施工合同关系,因此,即便认定建邦地基公司为案涉工程的实际施工人,其亦无权突破合同相对性,直接向非合同相对方中冶集团公司主张建设工程合同权利。建邦地基公司主张挂靠情形下实际施工人可越过被挂靠单位直接向合同相对方主张工程款,依据不足。至于建邦地基公司与博川岩土公司之间的内部权利义务关系,双方仍可另寻法律途径解决。[2]

挂靠关系中的实际施工人不得突破合同相对性要求发包人支付工程款。

【案例13-79】 郑州手某手集团有限公司与河南省冶某建设有限公司建设工程施工合同纠纷案

最高人民法院认为,即使沈某付系挂靠的实际施工人,《建设工程解释》第二十六条并未明确规定挂靠的实际施工人有权向发包人主张权利,且在本案中承包人已经向发包人主张权利的情况下,其诉请不应得到支持。(1)《建设工程解释》第二十六条第一款规定,实际施工人以转包人、违法分包人为被告起诉的,人民法院应当依法受理。第二款规定,实际施工人以发包人为被告主张权利的,人民法院可以追加转包人或者违法分包人为本案当事人。发包人只在欠付工程价款范围内对实际施工人承担责任。即转包合同、违法分包合同关系中的实际施工人主张权利应当以不突破合同相对性为基本原则,只有特定情况下,方能突破合同相对性。该第二款的规定是考虑

---

[1] 北京市海淀区人民法院(2020)京0108民初2259号民事判决书。

[2] 最高人民法院(2017)民申3613号民事裁定书。

转包和违法分包的情形下，不突破合同相对性会造成农民工讨薪无门、导致矛盾激化的后果，为了保护农民工的利益而制定的，仅在特殊情况下适用。(2)一审判决认定沈某付属于挂靠的实际施工人，沈某付在本案二审答辩中也认可其为挂靠的实际施工人，只是在二审庭审结束后才提出其属于违法转包的实际施工人，其主张前后不一致，本院对其关于其系违法转包的实际施工人的主张不予支持。[1]

【案例13-80】　陕西隆兴建筑工程劳务有限责任公司与陕西建工安装集团有限公司建设工程施工合同纠纷再审案

最高人民法院认为，若被挂靠公司与实际施工人之间不存在直接合同关系，挂靠人与被挂靠人之间即使存在挂靠关系，实际施工人也不存在可以突破合同相对性而向被挂靠人主张权利的事实基础和法律依据，被挂靠公司不应对实际施工人的工程款承担连带付款的法律责任。[2]

在发包人不明知挂靠人的情况下，挂靠人一般无权越过被挂靠人直接向发包人主张权利。

【案例13-81】　罗某雄与遵义开投公司、钢建公司建设工程施工合同纠纷案

最高人民法院认为，罗某雄主张案涉项目系谈好，才找钢建公司借用资质，遵义开投公司对罗某雄借用资质的行为明确并且放任、追求，钢建公司仅仅是挂名、过账，遵义开投公司和罗某雄建立事实上的建设工程施工合同关系。……因此，本案应准确认定罗某雄和钢建公司的法律关系。首先，发包人遵义开投公司和承包人钢建公司之间建立了建设工程合同关系。遵义开投公司对案涉工程启动了招投标程序，钢建公司通过投标行为最终中标，双方签订了《建设工程施工合同》。其次，钢建公司承包案涉工程后，以内部承包形式将案涉全部工程转给了罗某雄施工。根据钢建公司和罗某雄于2015年8月13日签订的《项目内部承包合同》，钢建公司将案涉工程以内部承包的形式交由罗某雄进行施工。根据《项目内部承包合同》第二条"内部承包方式"的约定，钢建公司聘任罗某雄作为项目部负责人，负责项目工程部的日常管理、协调和监督工作，罗某雄对承包项目自筹资金、自主经营、独立核算、自负盈亏，还约定案涉工程扣除成本支出及罗某雄向钢建公司交纳的包干管理费50万元、税金，其余部分作为罗某雄的收益。再次，钢建公司始终未放弃发包人合同相对人身份。根据钢建公司和罗某雄《项目内部承包合同》第

---

〔1〕 最高人民法院(2018)民终391号民事判决书。
〔2〕 最高人民法院(2018)民再297号民事判决书。

五条“施工管理”以及第六条“财务管理”的约定,钢建公司对案涉项目施工质量、进度以及施工现场平面布置、文明施工、工程款财务进行监督。遵义开投公司支付的工程款,大部分直接进入钢建公司相关账户,即便是少部分直接支付给相关班组的款项,也是遵义开投公司出于钢建公司的委托而支付,并未向罗某雄直接支付。在罗某雄施工阶段,遵义开投公司工程款的支付是根据《工程进度款报审表》进行,九期的《工程进度款报审表》均显示发包人为遵义开投公司,承包人为钢建公司,案涉项目资料上报人为钢建公司项目经理陈某祥,经过监理及业主的审批完成,罗某雄并未作为一方主体签字。即便是在工程联系单上的签字,也是以钢建公司代表的名义向监理、业主报送,和遵义开投公司之间并未直接发生关系。钢建公司、罗某雄均主张在案涉工程中标之前,罗某雄已与遵义开投公司谈妥该项目,但第一次《项目内部承包协议》时间早于工程中标时间也仅证明钢建公司与罗某雄有转包或者挂靠的合意,并不能证明遵义开投公司同意或明知罗某雄以钢建公司名义承揽工程。案涉工程中标后,罗某雄和钢建公司又于2016年1月22日签订了内容一致的《项目内部承包合同》,该合同应视为罗某雄、钢建公司对于案涉工程进行转包的确认,并不意味着钢建公司对其承包人地位的放弃。最后,钢建公司对于罗某雄能否继续对案涉工程施工并获得发包人拨付的工程款具有支配地位。钢建公司《关于撤销罗某雄“蚕坡岭项目部”负责人中止项目内部承包合同的决定》载明,因罗某雄施工过程中,存在违反《项目内部承包合同》第六条关于工程款专款专用、第八条关于民工工资和材料款及时清偿、第十二条关于给钢建公司造成损失后钢建公司解除合同的约定,钢建公司撤销了罗某雄项目负责人资格,钢建公司另行组建项目部进行施工,并以《关于调整“遵义市新浦新区三合收费站匝道处(蚕坡岭)平场工程”项目部负责人及项目部管理人员的函》的方式将上述决定告知遵义开投公司。该决定直接导致罗某雄在现场无法进行施工,也无法继续获得相关工程款。综上,《项目内部承包合同》系钢建公司和罗某雄的转包协议,因罗某雄无施工资质,应为无效。罗某雄未在案涉工程招投标文件、建设工程施工合同中签字,也未作为缔约一方实质上参与了案涉工程招投标、施工合同订立过程,相关文件上签字人均为时任钢建公司法定代表人的谭某群。而且,即便罗某雄和钢建公司已经达成借用资质合意并已经对案涉项目进行施工,但是在遵义开投公司对此不知情且不认可的情况下,罗某雄和遵义开投公司无法直接建立事实合同关系。因此,遵义开投公司和罗某雄之间缺乏绕过承包人钢建公司而建立合同关系的合意,相关履行行为也未建立事实合同关系。发包人遵义开投公司和承包人钢建公司签订《建设工程施工合同》,不存在违反法律法规强制性规定的情形,应为有效。一审法院以罗某雄无施工资质,从而认定该施工合同无效,系适用法律错误,本院予以纠正。[1]

挂靠人系以被挂靠人名义订立和履行合同,其与作为发包人的建设单位之间不存在合同关系,对实际完成施工的工程价款,其仅能依照挂靠关系向被挂靠人主张,而不能跨越被挂靠人直接向发包人主张工程价款。

【案例 13－82】　黄某涛与海口明光旅游发展有限公司等建设工程施工合同纠纷案

最高人民法院认为,北京建工或北建海南分公司承揽明光大酒店相关建设工程后,即通过分包方式将其承包的全部工程转给由黄某涛实际控制的企业进行施工。原审期间,北京建工及北建海南分公司亦认可停工前工程、续建工程和商业广场等涉案工程,均由黄某涛实际垫资完成施工。因此,北京建工及北建海南分公司与黄某涛之间,已就涉案工程构成事实上的违法转包关系。北京建工及北建海南分公司承包涉案工程后,又将工程非法转包给黄某涛实际施工,相关转包协议依法属于无效合同。涉案工程经过竣工验收认定为合格工程,明光旅游公司、明光酒店公司共同确认尚欠停工前工程价款数额,明光酒店公司与北建海南分公司签订确认书确认续建工程欠款数额。黄某涛与北京建工上诉未对原审判决认定的工程欠款数额提出异议,黄某涛请求按照前述确认数额支付相应工程价款,依法应予支持。北京建工及北建海南分公司作为违法转包合同当事人,对于黄某涛因履行转包合同而发生的工程价款,依法应当承担清偿责任。进一步讲,在挂靠关系下,挂靠人系以被挂靠人名义订立和履行合同,其与作为发包人的建设单位之间不存在合同关系。对实际完成施工的工程价款,其仅能依照挂靠关系向被挂靠人主张,而不能跨越被挂靠人直接向发包人主张工程价款。《建设工程解释》第二十六条的规定不适用于挂靠情形,是因挂靠关系中的实际施工人不能援引该司法解释直接向发包人主张工程款,而非免除被挂靠人的付款义务。从这个意义上看,北京建工上诉主张停工前工程系黄某涛挂靠施工,故其不应承担付款责任,黄某涛应向明光酒店公司和明光旅游公司直接提出主张的意见,没有法律依据。[2]

其三,在挂靠人明知情况下,挂靠人可以向发包人主张工程价款。

挂靠人能否依据被挂靠人与发包人之间的合同向发包人主张权利,主要取决于发包人在缔约时对挂靠关系是否知情,若知情,挂靠人可以基于事实关系直接向发包人主张权利;反之,则不可以。

---

〔1〕 最高人民法院(2021)民终 394 号民事判决书。

〔2〕 最高人民法院(2018)民终 611 号民事判决书。

【案例13-83】 大庆龙安建筑安装有限公司与大庆市龙凤区城建投资开发有限公司等建设工程施工合同纠纷案

最高人民法院认为,建安集团与龙安建筑公司签订的《一标段分包协议》《剩余工程分包协议》尽管名为分包合同,但综合考虑以下因素,一审判决认定二者之间构成借用资质即挂靠关系符合客观实际,具体来说:一是从缔约过程看,龙安建筑公司的工作人员参与了建安集团的招投标工作,可见其知晓总承包合同的有关内容;二是从实际施工情况看,建安集团与龙凤城投公司签订系列建设工程施工合同后,于同日或次日便将所承包的工程交由龙安建筑公司施工建设,可见建安集团没有施工的意图,事实上其也没有实际施工行为;三是从履约过程看,龙凤城投公司与龙安建筑公司及施工单位就案涉工程的建设、结算等问题进行磋商并形成会议纪要,在此过程中建安集团并未参会,即龙凤城投公司直接与龙安建筑公司交涉工程建设事宜;四是从另案30号调解书的内容看,本案三方当事人曾认可龙安建筑公司借用建安集团资质与龙凤城投公司签订建设工程施工合同的事实。在挂靠关系中,挂靠人能否依据被挂靠人与发包人之间的合同向发包人主张权利,主要取决于发包人在缔约时对挂靠关系是否知情:若知情,挂靠人可以基于事实关系直接向发包人主张权利;反之,则不可以。就本案而言,龙凤城投公司与建安集团于2012年7月5日签订《一标段施工合同》后,其于2012年7月31日组织龙安建筑公司及相关施工单位召开会议时,作为名义上的总承包人的建安集团并未参会,而龙安建筑公司则以总承包人的身份参加会议。2012年8月1日,龙凤城投公司与建安集团签订《剩余工程施工合同》《配套工程施工合同》后,又于2014年12月组织龙安建筑公司及施工单位召开会议。前述事实表明,龙凤城投公司对龙安建筑公司是案涉工程的实际承包人不仅知情,而且予以认可。在此情况下,龙安建筑公司作为案涉工程的实际承包人,有权依据建安集团与龙凤城投公司签订的施工合同的有关约定,向龙凤城投公司主张工程款。[1]

出借资质的建设工程施工合同中,如果发包方对于建筑工程施工企业出借资质、由实际施工人予以施工事实明知,出借资质的建筑工程企业实际仅为名义上承包方,在该工程价款的结算中,应当由实际施工人直接向发包方主张工程价款。

【案例13-84】 陈某等与华隆煤业公司、六十五公司建设工程施工合同纠纷再审案

最高人民法院认为,建筑工程施工企业出借资质中,一般存在两种情形,

〔1〕 最高人民法院(2021)民终985号民事判决书。

一是发包方不知有关单位或个人以其他有资质的施工单位的名义,参与投标、订立合同、办理有关施工手续、从事施工等活动;二是发包方明知、放任或者故意追求不具备资质的单位或者个人以具备资质的施工单位名义承揽工程行为。在后一种情形中,形式上存在两个法律关系,发包方与承包方之间的建设工程施工合同法律关系,该法律关系因双方虚假意思表示应为无效;承包方与实际施工人之间出借资质的法律关系,出借资质的承包方主要承担违反《建筑法》《建设工程质量管理条例》规定的行政责任和《建筑法》第六十六条规定的因承揽工程不符合规定的质量标准造成损失与使用其名义的单位或者个人承担连带赔偿责任。出借资质的建设工程施工合同中,如果建设工程发包方对于建筑工程施工企业出借资质、由实际施工人予以施工事实明知,出借资质的建筑工程企业实际仅为名义上承包方,在该工程价款的结算中,应当由实际施工人直接向发包方主张工程价款,出借资质的建筑工程施工企业承担因其违反法律规定出借资质的法律责任。就本案而言,陈某等人系借用六十五公司资质,以六十五公司项目部的名义进行建设工程活动,是本案工程实际施工人,华隆煤业公司对此明知,并与陈某等人建立事实上的建设工程施工合同关系,应当承担支付工程价款的责任。原判认定华隆煤业公司与六十五公司承担连带责任法律依据不足,本院予以纠正。[1]

挂靠情形下,实际施工人可基于事实建设工程施工合同关系向发包人主张折价补偿。

【案例13-85】　朱某胜与泉兴公司建设工程施工合同纠纷再审案

最高人民法院认为,本案中,从《承包合同》签订前朱某胜即已施工及后期以房抵账实际是朱某胜参与协商且售房款实际付给朱某胜等事实,可以推定泉兴公司对于朱某胜为实际施工人的情况知悉,且双方之间形成了事实上的权利义务关系;在发包人明知挂靠人借用资质的,发包人和挂靠人之间形成了事实建设工程施工合同关系,故挂靠人可以基于事实建设工程施工合同关系向发包人主张工程价款。[2]

其四,其他情况下,挂靠人可以向发包人主张工程价款。

关于借用资质的实际施工人适用《建设工程解释(一)》第四十三条规定起诉问题。参与制定司法解释的法官认为,本条第二款的规定原则上不适用挂靠情形的实际施工人。……实际施工人借用有资质的建筑施工企业与发包人签订建设工程施工合同,实际包含两个法律行为:一是以虚假的意思表示实施的民事法律

[1] 最高人民法院(2021)民申3649号民事裁定书。
[2] 最高人民法院(2021)民申1995号民事裁定书。

行为,即出借资质的建筑施工企业与发包人签订的建设工程施工合同。二是以虚假的意思表示隐藏的民事法律行为,即借用资质的实际施工人与发包人之间就建设工程施工合同之标的产生的实质性的建设施工合同关系。根据《民法典》第一百四十六条“行为人与相对人以虚假的意思表示实施的民事法律行为无效。以虚假的意思表示隐藏的民事法律行为的效力,依照有关法律规定处理”及本解释第一条的规定,发包人在订立建设施工合同时知道或者应当知道实际施工人借用资质的,上述建设施工合同无效。发包人与实际施工人事实上围绕订立、履行建设施工合同而形成一系列法律关系,双方当事人之间会基于这些法律关系产生债法上的请求权。也就是说,在建设工程施工合同关系无效,但建设工程经竣工验收合格情形下,实际施工人可直接向发包人参照合同关于工程价款的约定支付工程价款。实践中还有一种情形,即发包人对实际施工人借用建筑施工名义并不知情的。考虑到转包行为和挂靠施工行为存在交叉,二者在现实中不易区分,根据《建筑工程施工发包与承包违法行为认定查处管理办法》第七条的规定,有证据证明属于挂靠或者其他违法行为,不认定为转包。当事人无法证明实际施工人与承包人系挂靠的,一般认定为转包,并依照本条规定处理。[1] 换言之,对实际施工人借用资质以发包人是否明知分两种情况处理,其一,发包人明知实际施工人借用资质的,实际施工人可依据事实施工法律关系向发包人主张权利。其二,发包人不知实际施工人借用资质的,实际施工人不能直接依据《建设工程解释(一)》第四十三条的规定向发包人主张权利。

借用资质的实际施工人明知其与出借资质的施工企业是借用资质(挂靠)关系且常签有挂靠或内部承包协议,双方之间不存在发包、承包关系,实际施工人向出借资质的施工企业主张工程款应不予支持。但如果因合同约定或实际履行过程中发包人将工程款支付到出借资质的施工企业账户,出借资质施工企业截留工程款不予支付的,实际施工人可向出借资质的施工企业主张被截留部分的工程款。

被挂靠人(承包人)起诉发包人要求支付工程款中,实际施工人法律地位的处理。无论是被挂靠人起诉发包人还是实际施工人以被挂靠人名义起诉发包人,均符合合同相对性原则,均不违反程序法的规定。但如果实际施工人不同意被挂靠人单独起诉发包人主张工程款,要求参加诉讼,法院应当追加实际施工人为有独立请求权第三人,一体解决纠纷。实际施工人和被挂靠人同时参加诉讼的,经审理查明涉案工程确由实际施工人施工或实际施工人与发包人已形成事实上建设工程施工合同关系的,应当判决发包人直接向实际施工人支付工程款,不宜再

---

〔1〕 参见最高人民法院民事审判第一庭编著:《最高人民法院新建设工程施工合同司法解释(一)理解与适用》,人民法院出版社2021年版,第451页。

以合同相对性为由判决发包人向被挂靠人支付工程款，以免损害实际施工人合法权益。

3. 挂靠实际施工人起诉被挂靠人

不论发包人对于挂靠事实是否明知，因挂靠人与被挂靠人之间自始便不存在实质上的建设工程施工合同关系，故对于挂靠人要求被挂靠人直接承担工程欠款支付责任的请求，法院通常不予支持。但如果发包人支付的工程款系通过被挂靠人的账户流转且被挂靠人确实存在截留工程款的情况，挂靠人也仅可向被挂靠人主张被截留部分的工程款。

【案例 13－86】　邱某与 A 公司、B 公司等建设工程施工合同纠纷案

二审法院认为，案涉 2010 年 12 月 9 日《建设工程施工合同》的相对人虽是 A 公司（发包人）与 B 公司（承包人），但诉讼中，B 公司、谢某均明确未对案涉红梅小区集资建房四．三期第四标段工程投入人力或资金。反之，邱某才是案涉工程的实际施工人，是本案适格的原告。同时，根据《授权委托书》及《协议书》第二条、第四条的具体内容，可以证明 A 公司亦明知邱某是实际施工人的身份。因邱某没有提供证据证明其与 B 公司之间存在工程转包合同关系，同时其在本案一审、二审诉讼中均明确其与 B 公司之间是借用资质（挂靠）关系。结合 B 公司、谢某明确未对案涉红梅小区集资建房四．三期第四标段工程投入人力或资金的事实以及张某与谢某的电话录音内容、邱某在询问笔录中的内容，足以认定邱某系借用 B 公司的资质，以 B 公司的名义与 A 公司签订涉案建设工程施工合同，邱某与 B 公司之间系挂靠关系。同时，B 公司、谢某没有收取并截留 A 公司支付的工程款，也没有收取邱某的管理费，故邱某要求 B 公司与 A 公司共同支付工程款，没有事实与法律依据，本院不予支持，最终判决由发包人 A 公司直接向邱某支付工程款。[1]

【案例 13－87】　某公司与某某公司建设工程施工合同纠纷案

二审法院认为，作为实际施工人，武某借用了 B 公司的资质，两者之间存在挂靠关系。基于挂靠关系的性质，如果 B 公司实际获得了 A 公司支付的工程款，那么其有义务向武某支付。但是，本案实际情况是，没有证据证明 A 公司已将武某主张的欠付工程款支付给了 B 公司，那么，B 公司无义务向武某支付工程款。一审判决驳回武某要求 B 公司向其支付工程款的诉讼请求，并无不当。[2]

---

〔1〕　福建省龙岩市中级人民法院（2021）闽 08 民终 2245 号民事判决书。

〔2〕　山东省东营市中级人民法院（2021）鲁 05 民终 2052 号民事判决书。

没有资质的实际施工人借用有资质的建筑施工人名义进行实际施工的,发包人是工程款及利息的实际给付主体,作为挂靠人的实际施工人向被挂靠人主张承担工程款及利息的给付责任,不应支持。

【案例13-88】 中建东方装饰有限公司与西安世纪金花珠江时代广场购物有限公司建设工程施工合同纠纷再审案

最高人民法院认为,关于第一个争议焦点。虽然中建公司与迪旻公司签订的《世纪金花珠江时代广场购物中心装修(分包)合同》的名称中含有"分包"字样,但在迪旻公司出具的情况说明及其与中建公司签订的结算对账确认书和结算对账确认书补充协议中,均承认其与中建公司之间属于借用资质的挂靠关系。而且,二审时,迪旻公司和金花公司均认可中建公司与迪旻公司之间系挂靠关系。金花公司认为迪旻公司与中建公司系转包关系的抗辩理由,与事实不符,不能成立。因此,原判决认定中建公司与迪旻公司之间系挂靠关系是正确的,本院予以确认。关于第二个争议焦点。由于迪旻公司与中建公司属于挂靠关系……金花公司与中建公司签订的《世纪金花珠江时代广场购物中心外立面装修工程施工承包合同》《世纪金花珠江时代广场购物中心装修工程施工承包合同》,中建公司与迪旻公司签订的《世纪金花珠江时代广场购物中心装修(分包)合同》,因违反法律强制性规定,均属无效合同。但是,涉案工程已经验收并交付金花公司使用,依照《建设工程解释》第二条"建设工程施工合同无效,但建设工程经竣工验收合格,承包人请求参照合同约定支付工程价款的,应予支持"的规定,涉案合同虽无效,但仍然在实际施工人(挂靠人)、发包人与被挂靠人之间存在参照合同约定支付工程款的债权债务关系。参照中建公司与迪旻公司签订的《世纪金花珠江时代广场购物中心装修(分包)合同》的约定,中建公司对迪旻公司的义务,是在金花公司工程款到达中建公司银行账户后,中建公司扣除相关费用,向迪旻公司支付工程款;如果金花公司不向中建公司支付工程款,则中建公司无需向迪旻公司支付工程款;迪旻公司也无权在中建公司没有收到金花公司支付的工程款的情况下,要求中建公司向其支付。而且,迪旻公司在其2017年11月25日与中建公司签订的结算对账确认书补充协议和2017年12月9日向中建公司出具的两份情况说明中,进一步表示中建公司在涉案工程并无欠付迪旻公司工程款的事实,还承诺无条件放弃向中建公司主张工程款的实体权利。这是中建公司与迪旻公司对彼此债权债务关系的约定,代表了双方的真实意思表示,亦应依照相关法律规定,予以支持。本案中,对于金花公司和中建公司而言,迪旻公司是涉案工程的实际施工人,根据《建设工程解释》第二十六条的规定,实际施工人迪旻公司有权向发包人金花公司主张工程款,金花公司应当在其欠付工程款的范围内向迪旻公司承担支付责任。[1]

【案例13-89】　朱某军与四川中顶建设工程有限公司建设工程施工合同纠纷再审案

最高人民法院认为，中顶公司向乌兰县国土资源局出具的《工作联系函》记载，“案涉工程一直由挂靠在我单位的朱某军先生与贵局联系并承包本项目”。乌兰县国土资源局对《工作联系函》的内容认可，《工作联系函》中明确记载案涉工程由朱某军承包，施工过程中实际由朱某军与乌兰县国土资源局联系。并且，乌兰县国土资源局作为发包人认可朱某军为案涉工程的实际施工人。故原审认定朱某军为案涉工程的实际施工人正确。依据《建设工程解释》第二十六条“实际施工人以转包人、违法分包人为被告起诉的，人民法院应当依法受理。实际施工人以发包人为被告主张权利的，人民法院可以追加转包人或者违法分包人为本案当事人。发包人只在欠付工程价款范围内对实际施工人承担责任”的规定，实际施工人可向发包人、转包人、违法分包人主张权利。但中顶公司系被挂靠方，不属于转包人、违法分包人或发包人，原判决以上述规定为法律依据判决中顶公司承担给付工程款的责任，适用法律错误，本院予以纠正。因此，中顶公司再审主张其不承担案涉工程款及利息的给付责任成立，对中顶公司请求驳回朱某军对其的诉讼请求，本院予以支持。[2]

4.挂靠实际施工人执行异议权利

挂靠人挂靠被挂靠人，以被挂靠人名义与发包人签订施工合同并进行施工，发包人按照合同约定将工程款支付至被挂靠人银行账户，但假如被挂靠人因为自身债权债务关系导致该笔工程款被法院采取保全或执行措施时，挂靠人可否以其是执行标的（工程款）的实际权利人为由，在执行异议或执行异议之诉中排除法院对被挂靠人银行账户资金的强制执行是有争议的问题。

挂靠人对被查封账户资金拥有阻却强制执行的权利。

发包人明知挂靠借用资质施工的情况下，挂靠人与发包人形成事实上的建设工程合同法律关系，挂靠人的工程款债权具有优先性，不受事实上建设工程合同法律关系效力的影响。遇有其他债权人的强制执行时，挂靠人可通过执行异议之诉维护其权利。

[1]　最高人民法院（2018）民再265号民事判决书。

[2]　最高人民法院（2020）民申3885号民事裁定书。

【案例 13 – 90】 刘某申请执行人执行异议之诉纠纷再审案

最高人民法院认为,(1)首先可明确的是,案涉争议款项系工程进度款。2016年12月6日,中交公司向黄瓦台公司支付的389万元款项,系黄瓦台公司所承建工程项目的进度款。(2)其次可认定的是,刘某借用黄瓦台公司名义从中交公司承揽案涉工程,系该工程的实际施工人。结合中交公司与黄瓦台公司签订的施工合同,黄瓦台与刘某签署的内部挂靠施工合同,以及刘某提交的《华建管桩销售及委托代运合同》及转账凭证、《现场签证单》、《打桩施工记录》、缴纳税费的完税证明及转账记录等,能够形成证据链,足以证明刘某借用资质承揽案涉工程的事实。(3)刘某系案涉争议款项的实际权利人。刘某借用资质承揽工程,因违反法律强制性规定而无效。即便认定施工合同无效,实际施工人也有权获得工程款。案涉争议款项系发包人中交公司支付的工程款,刘某作为实际施工人因投入资金、人力等,对发包人支付的工程款享有独立请求权,系该工程款的实际权利人。(4)案涉争议款项已经特定化。根据刘某提供的黄瓦台公司银行明细看,案涉争议款项在中交公司汇入后,该账户并无其他款项进入,未与其他款项混同。同时,因未及时支付民工工资引发上访及行政部门限期改正措施,案涉争议款项已经特定化。综上,刘某作为实际施工人,对发包人拨付的工程进度款具有独立请求权,该款项已经特定化。故刘某对案涉争议款项享有的民事权益足以排除人民法院另案的强制执行。申请执行人大山经营部关于不能证实刘某系实际施工人、挂靠行为违法不能保护的主张,本院不予支持。[1]

【案例 13 – 91】 黄某兴与交行陕西分行、瑞麟公司执行异议纠纷再审案

最高人民法院认为,黄某兴挂靠于西安圣森景观工程有限责任公司承揽瑞麟君府二期园林景观工程,是该景观工程的实际施工人,瑞麟公司由于欠付黄某兴该工程的工程款,以案涉房屋抵顶工程款。因此,黄某兴对案涉房屋享有的建设工程价款优先受偿权优于交行陕西分行对案涉房屋享有的抵押权。黄某兴在法院查封之前与瑞麟公司签订《商品房买卖合同》并经过备案,该房屋系用于居住且黄某兴名下无其他用于居住的房屋,黄某兴通过抵顶工程款的形式支付了全部价款。因此,原判决适用《执行异议和复议规定》第二十九条,认定黄某兴对案涉房屋享有的权利能够排除执行并不缺乏证据证明,亦不存在法律适用错误的问题。[2]

【不同处理】 挂靠人对被查封账户资金没有阻却强制执行的权利。

---

〔1〕 最高人民法院(2019)民申2147号民事裁定书。

〔2〕 最高人民法院(2018)民申5478号民事裁定书。

【案例13－92】　包某山与利民公司执行异议之诉纠纷再审案

最高人民法院认为,金钱系特殊种类物,除法律、司法解释另有规定外,账户所有人对账户中的款项有所有权。本案中,送变电公司汇入利民公司账户25万元款项时虽然"用途注明为工程款(包某山)",但仅根据该事实不能得出利民公司账户内的该笔款项已经特定化、利民公司对该笔款项没有所有权、包某山对该笔款项享有阻却执行的民事权益的结论。[1]

一般认为,实际施工人有权向发包人主张工程款,该笔工程款通常是由发包人直接向实际施工人支付。因此,在没有法院查封执行的外在因素下,工程款应当归属于实际施工人,存在挂靠关系的情况下,挂靠人应当类推认定为实际施工人而享有工程款的所有权。施工合同挂靠项目中,工程款因具有归属于实际施工人的特定性而可以排除法院强制执行。

一般情况下,执行异议之诉案件,同时符合下列情形的,对案外人(挂靠人)的主张应予以支持:其一,案外人(挂靠人)符合《建设工程解释(一)》第四十三条中实际施工人身份。其二,案外人(挂靠人)提供的证据能够支持其所主张的债权数额,包括但不限于发包人欠付建设工程价款的数额以及承包人欠付其工程款数额等。其三,案外人(挂靠人)主张的工程价款数额覆盖案涉债权的,对其超过案涉债权部分的主张不予支持。

〔1〕　最高人民法院(2018)民申708号民事裁定书。

三、实际施工人主张权利纠纷处理

(一)承担责任主体处理

1. 发包人责任主体理解

在这里主要讨论确认个案中的发包人。建设工程施工合同中的“发包人”如何界定,直接决定了承担责任主体的不同。《民法典》第七百九十三条规定,建设工程合同是承包人进行工程建设,发包人支付价款的合同。这一宽泛的定义造成实践中学者、法官、律师对“发包人”产生了不同的理解。在当前建筑市场尚不规范的现实情况下,实际施工人通过层层转包、违法分包的形式取得承建项目,而工程的转包人或违法分包人已从中谋取利润,并不关心合同初始发包人是否按约定支付工程款。实际施工人虽已实际履行了施工义务,但在转包人或违法分包人怠于行使债权的前提下,囿于合同相对性而无法向合同初始发包人主张权利,致使权利无法得以保护。同时,转包人或违法分包人通常为信誉差、资质等级低的小建筑企业,这类企业常陷入资信恶化、破产等境地,如仅仅起诉这些企业,实际施工人也很难拿回其应得报酬。基于保护实际施工人的角度考虑,最高人民法院2004年出台《建设工程解释》突破了合同相对性原则,赋予实际施工人直接向发包人主张权利,但也在理论上不断遭到质疑。合同相对性原则是合同法的基本原则,是合同与不当得利、侵权等其他民事行为的区别所在。因此,对合同相对性原则的突破和例外,应当是谨慎的、克制的,为防止合同相对性原则例外的滥用,对“发包人”范围,应作限制性的界定。从文义解释角度看,司法解释中采用了“违法分包人”“转包人”两词,表明此处的“发包人”仅指在整个建设工程施工合同链条中第一任、初始合同的甲方,即业主。而通常也被称作“发包人”的其他合同中的甲方,则用“分包人”、“违法分包人”或“转包人”以作区分。笔者认为,对于发包人是否向实际施工人担责主体,应放在个案中根据具体案情确定。虽然发包人范围包括合同初始发包人,还应包括与实际施工人有合同关系的转包合同和违法分包合同的发包人。但初始发包人在付清了工程款前提下,则应限制其作为担责主体,也就是说,初始发包人是承担责任主体具有不确定性。一般来说,发包人主体确定,即认定实际施工人的上手即承包人所对应的发包人。

《建设工程解释(一)》第四十三条规定的发包人仅指建设工程的建设单位即业主以及非经营性政府投资项目根据规定实行委托代建的代建单位,并未规定在层层转包、违法分包模式下,与实际施工人没有合同关系的前手转包人、违法分包人的欠付责任,不应进行概念位移,实际施工人无权要求突破合同相对性向与其没有直接合同关系的转包人或者违法分包人对工程欠款承担付款责任。以存在两层转包、违法分包关系为例,如发包人已经将工程款全部支付给前手转包人、违法分包人,虽然工程款最终应归属于实际施工人所有,但是前手转包人、违法分包人依据与发包人之间的施工合同约定取得该工程款,不应当认定为不当得利,至于前手转包人、违法分包人与后手转包人、违法分包人之间债权债务属于另一层法律关系,实际施工人仍应当坚持合同相对性,要求与其有合同关系的前手转包人、违法分包人给付工程款。

【案例 13-93】　孙某明诉潘某辉等建设工程分包合同纠纷案

一审法院认为,关于被告李某爱、李某钊对工程款及利息承担连带清偿责任的问题,被告李某爱作为涉案工程用地的土地使用权人,虽然没有在《土建工程施工合同协议》上签名,但涉案工程为住宅楼,属家庭性质建房,而被告李某钊作为被告李某爱的儿子,代表李某爱在合同上签名,且李某钊签名施工,乃至停工结算至今,被告李某爱一直未提出异议,应视为同意。综上所述,现即使被告李某爱没有在《土建工程施工合同协议》上签名,也应与被告李某钊一并被视为涉案工程的发包人。被告李某爱认为其并非涉案工程的业主,合同对其不能产生约束力,不应承担责任的抗辩意见,理据不足,应不予采纳。被告李某爱、李某钊作为工程的发包人,承包人被告潘某辉、张某升承接工程后,以包工的形式把工程分包给原告,施工义务全部转由原告履行,原告成为该工程的实际施工人。根据《建设工程解释》第二十六条第二款的规定,实际施工人以发包人为被告主张权利的,发包人应在欠付工程价款范围内对实际施工人承担责任。二审法院持同样意见,维持原判。[1]

发包人应向实际施工人的受让人支付工程价款。

【案例 13-94】　嘉鸿公司与建管中心、山河公司建设工程施工合同纠纷再审案

最高人民法院认为,(1)关于受让人嘉鸿公司的诉讼主体资格是否适格问题。发包人建管中心应当向承包人支付工程款,段某作为实际施工人,依

〔1〕 参见国家法官学院案例开发研究中心编:《中国法院 2016 年度案例》(合同纠纷),中国法制出版社 2016 年版,第 158~159 页。

据建工司法解释的规定,可主张发包人在其欠付承包人工程款金额范围内向实际施工人支付工程款。嘉鸿公司基于从实际施工人和承包人处受让案涉工程款债权,取得本案诉讼主体资格。关于发包人提出的嘉鸿公司受让案涉工程款债权未支付对价的问题,根据《合同法》的规定,债权转让合同具有无因性,并非必须支付对价。嘉鸿公司是否支付对价,不是债权转让合同是否有效的必备条件。(2)关于发包人以委托代建为由主张不应担责的问题。发包人并未举证证明各方当事人知晓其接受委托代建的事实,其主张应当直接约束委托人的再审理由不成立。作为发包人,与承包人签署施工合同,判决其给付工程款并无不当。裁定:再审驳回再审申请。[1]

联合体并非法律一个主体,而工程上的联合体是由设计单位、施工单位等通过签订联合体协议,约定共享利益、共担风险,并明确各自的分工、权利、义务等,现在出现争议一般是根据《民法典》第二十七章"合伙合同"的规定处理。在《民法典》出台前,参照《民法通则》个人合伙合同的法理处理。

【案例 13-95】 电建贵州公司、电建河北公司等与杨某成、周某明、周某建设工程施工合同纠纷再审案

最高人民法院认为,(1)电建河北公司、电建贵州公司、江苏路成公司、河北佳源公司签订《联合体协议》,约定联合体履行合同并对外承担连带责任。四家公司作为联合体参加涉案工程招投标,中标后与平塘交建公司签订《投资建设合同》,对联合体成员进行了具体分工,江苏路成公司、河北佳源公司负责项目具体实施。四家公司的上述行为实质上已经形成合伙关系,江苏路成公司、河北佳源公司为执行合伙人,其对外执行合伙事务即负责案涉工程项目所造成的后果应由全体合伙人即联合体共同承担。(2)案涉工程涉及投资数额较大,电建河北公司、电建贵州公司在投标前应对案涉投标工程尽职调查,清楚招标工程现状,且作为联合体成员之一的江苏路成公司亦系投标前已施工工程部分的组织施工者,实质系合伙关系中的执行合伙人。在此情况下,电建河北公司作为牵头人成立联合体,并以联合体名义对全部工程进行投标并签订《投资建设合同》,表明联合体愿意作为一个整体对外承受权利义务,并概括承受已施工部分工程权利义务。路成邱县分公司为江苏路成公司的分公司,其行为后果和责任理应由江苏路成公司承担。根据联合体具体分工,路成邱县分公司对保证金承诺予以退还,该承诺效力依法及于江苏路成公司,并进而及于联合体。(3)周某就涉案工程与河北佳源公司签订《购货合同》,并支付货款 1150 万元。后杨某成、周某明、周某与路成邱

---

〔1〕 最高人民法院(2021)民申 1020 号民事裁定书。

县分公司对涉案工程进行了结算，结算的工程价款为7,502,683.25元。路成邱县分公司根据联合体具体分工，在联合体授权的工作范围内与杨某成、周某明、周某对涉案工程款进行结算，其结算行为系代表联合体履行工作职责，相应的行为后果应由联合体承担。(4)(2021)黔民终142号生效判决确定平塘交建公司向联合体支付平塘县公路安全生命防护工程的全部工程款，杨某成、周某明、周某负责施工部分的工程款已包含在上述工程款范围内。(5)原审法院判决联合体承担共同退还、支付保证金、货款、工程款责任并无不当。[1]

发包人与承包人均借用资质，名义承包人请求名义发包人和实际发包人支付工程款的，法院应予支持。

【案例13－96】　庄浪县宏达建筑安装工程有限公司与静宁县建筑集团房地产开发有限公司、李某某建设工程施工合同纠纷再审案

最高人民法院认为，关于工程款支付责任主体的认定问题。静建公司出借资质与宏达公司签订《建设工程施工合同》，李某某、刘某借用静建公司开发资质，静建公司作为名义上的发包人基于其签订合同的事实，应当承担支付工程款的责任。李某某、刘某与实际施工人就案涉工程签订了《施工合同书》，李某某、刘某作为合同的实际履行主体，亦应承担支付工程款的责任。[2]

一般情况下，企业法人内部设立的分支机构不具有独立的法人资格，对外不承担责任。但有例外，即如果形式上表现为法人与其下设非法人机构的关系，实质却为有资质的建筑施工企业与个人出借资质的关系，对外债务它和法人一起承担连带责任。

2. 代建合同责任主体

实际施工人能否向委托人主张权利。实务中亦存在不同的观点，一种观点认为，实际施工人是建设工程合同中的特有主体，只能突破建设工程合同向发包人主张权利，不能向委托人主张权利。另一种观点认为，委托代建合同本质属于委托合同，实际施工人可以穿透到委托人，发包人不承担责任。还有一种观点认为，委托人、发包人承担连带责任。

在同一项目中，既有委托代建合同又有建设工程合同，应当对当事人的法律关系进行准确认定。虽然以使用人的名义代发包人承办项目的土地用地证、立项

〔1〕　最高人民法院(2022)民申482号民事裁定书。
〔2〕　最高人民法院(2021)民再178号民事判决书。

批复、施工许可证,但其并不享有建设工程合同项下的权利义务关系,不应当认定工程实际发包人,不对工程款承担责任。

【案例13-97】 宁夏海阅资本运营控股有限公司与南京东智投资管理有限公司、宁夏民生房地产开发有限公司建设工程施工合同纠纷再审案

最高人民法院认为,本案现有事实不能认定海某公司为工程实际发包人。理由:首先,海某公司不是案涉委托代建法律关系的当事人。根据《代建协议书》的约定,投资方及委托方金某区服务中心委托民某公司对案涉工程进行垫资代建,代建方即民某公司全面负责项目建设管理,包括组织监理、施工、设备和材料供应等招标采购,金某区服务中心以土地抵顶等方式支付建设资金。《银川市建设工程中标通知书》记载的建设单位亦为民某公司。本案无证据证明海某公司与金某区服务中心就案涉项目达成相关协议,或者海某公司继受了金某区服务中心的相关权利义务。可见,本案的委托方为金某区服务中心,代建方为民某公司,均非海某公司。其次,《建设工程施工合同》未设定任何体现海某公司实为发包人的权利义务条款。案涉项目土地、立项等相关手续以海某公司的名义办理,金某区服务中心出具的案涉工程《竣工决算审计有关事项的函》记载了以海某公司名义办理的原因,即因金某区政府考虑到后期运营及融资等事项。此事实与海某公司为案涉项目使用人的事实相吻合,但依据该事实并不能得出海某公司为实际发包人并应承担支付工程款责任的结论。最后,海某公司虽在《基本建设工程预(结)算审核定案表》中"建设单位"处盖章签字,但该定案表中亦有代建单位民某公司的签章。在《建设工程施工合同》约定海某公司为案涉工程使用人,且无证据证明海某公司参与了案涉工程发包及工程款支付的情况下,不能仅依据海某公司在定案表上的签字行为得出其实际为发包人的结论。综上,本案现有事实不能认定海某公司为工程实际发包人,二审判决认定其为实际发包人,确有不当,本院予以纠正。[1]

委托代建合同关系与建设工程合同关系是彼此独立的合同关系,委托代建合同中的委托人不是建设工程合同的相对人,不对承包人承担付款责任。

【案例13-98】 河南省某机关房屋建设开发公司与中国新某建筑工程有限责任公司、河南某学院建设工程施工合同纠纷再审案

最高人民法院认为,2008年4月17日,某学院作为甲方与某开发公司作为乙方,就甲方新校区的委托建设与老校区合作开发事宜签订了《委托建设

〔1〕 最高人民法院(2021)民再339号民事判决书。

协议书》。双方就委托建设的相关权利和义务进行了约定,在该合同履行过程中,双方未协商变更合同性质。随后,某开发公司作为案涉工程发包人,与新某公司作为工程承包人,就工程施工事宜签订了《建设工程施工合同》等一系列协议。在合同履行过程中,双方亦未对合同的性质及权利义务变更提出异议。因此,某学院与某开发公司之间系委托代建合同关系,某开发公司与新某公司之间系建设工程施工合同关系。某开发公司所称的某学院参与案涉工程施工管理的情形,符合某开发公司与某学院之间《委托代建协议书》中关于甲方权利义务的约定。二审判决认定某学院不是建设工程施工合同的相对人,某开发公司作为案涉工程发包人应向新某公司承担工程款支付责任,并无不当。[1]

实际施工人有权突破建设工程合同的相对性向发包人主张权利,但无权突破委托代建合同向委托人主张权利。

【案例13-99】　王某明、青海喜玛某雅房地产开发有限公司与某市住房和城乡建设局、某县建筑工程股份合作总公司等建设工程施工合同纠纷再审案

最高人民法院认为,某市住建局作为委托方与喜玛某雅公司作为代建方签订《同仁县廉租房委托代建合同》,喜玛某雅公司又以自己的名义与循某建筑总公司签订了《建设工程施工合同》。王某明挂靠在循某建筑总公司名下对案涉工程进行了施工。本案中,某市住建局是委托方,喜玛某雅公司是代建方及发包人,王某明是实际施工人,循某建筑总公司是被挂靠方。循某建筑总公司已明确认可王某明有权主张已施工部分的工程款,表示其不主张工程款。在此情形下,原审判令由喜玛某雅公司向王某明支付工程款,并无不当。故对于王某明认为原审付款主体认定错误,喜玛某雅公司认为王某明身份、本案法律关系、付款主体认定不清的意见,本院不予支持。[2]

名为代建、实为投资,应当按照实际法律关系认定权利义务关系。

【案例13-100】　新疆征某房地产投资有限公司与新疆生产建设兵团某师奇某农场建设工程施工合同纠纷再审案

最高人民法院认为,从《代建协议书》约定的具体内容,案涉项目的建设工程施工合同签订及履行情况,竣工房屋销售及补贴发放情况综合来看,征某房产公司名为代建,实际系案涉项目的投资建设方,对案涉项目拥有投资决策权,其通过销售房屋实际获得了部分房款,理应承担相应投资风险;其未

---

[1]　最高人民法院(2021)民申3230号民事裁定书。
[2]　最高人民法院(2021)民申5942号民事裁定书。

获取国有土地使用权，系遵守保障性住房政策与按照协议约定履行义务的表现。根据查明的案件事实，二审判决认定双方存在保障性住房投资建设关系，不存在委托代建关系，并无不当。征某房产公司还认为奇台农场支付了1735万元工程款、代建款，征某房产公司退还的1274万元系工程质保金，二审法院根据《代建房回购协议》认定退款为房屋回购款，印证双方之间不存在委托代建关系与事实不符。本院认为，奇台农场与农行奇台县兵团支行签订《代建房回购协议》，奇台农场支付征某房产公司1735万元，后因该协议未实际履行发生退款，二审法院认定上述款项系房屋回购款并无不当。征某房产公司该项申请再审事由无事实依据，不能成立。[1]

3. 追加责任主体

在《建设工程解释(二)》颁布前，对追加转包人、违法分包人为共同被告或者案件的第三人，有的法院持可以追加态度，也有的法院按应该追加处理，其认识处理上并不一致。例如，有法官认为，从民事审判实践看，不是可以追加不追加的问题，而是应当追加不追加的问题。即应以追加为原则，不追加为例外。[2]《建设工程解释(一)》第四十三条规定："实际施工人以转包人、违法分包人为被告起诉的，人民法院应当依法受理。实际施工人以发包人为被告主张权利的，人民法院应当追加转包人或者违法分包人为本案第三人，在查明发包人欠付转包人或者违法分包人建设工程价款的数额后，判决发包人在欠付建设工程价款范围内对实际施工人承担责任。"该条规定改变了《建设工程解释》第二十六条第二款"实际施工人以发包人为被告主张权利的，人民法院可以追加转包人或者违法分包人为本案当事人"的规定，其一，明确了转包人、违法分包人的诉讼主体地位，不是共同被告而是第三人；其二，增加了法院追加转包人或者违法分包人的强制性，有利于查明案情解决纠纷；其三，法院判决发包人在欠款范围承担责任，而转包人或者违法分包人不承担支付欠款责任。即使实际施工人未向其主张权利，法院也应当予以释明，实际施工人坚持不追加的，法院也应依职权追加转包人或违法分包人为第三人参加诉讼。参与制定司法解释的法官认为，在多层转包或者违法分包情况下，实际施工人向发包人主张权利的，人民法院应当追加各转包人或者违法分包人为第三人，在查明发包人、各转包人或者违法分包人以及实际施工人之间欠付工程价款数额的基础上确定发包人应向实际施工人承担的责任。实际施工人向发包人主张权利的范围以各方当事人欠付工

---

〔1〕 最高人民法院(2020)民申4366号民事裁定书。

〔2〕 参见最高人民法院民事审判第一庭编：《民事审判指导与参考》2015年第1辑(总第61辑)，人民法院出版社2015年版，第108页。

程价款的数额为限。发包人向实际施工人承担责任后,各方当事人之间的建设工程价款债权债务相应部分消灭。[1] 对实际施工人只起诉发包人承担责任的追加问题。从尊重实际施工人的意愿和遵守《民事诉讼法》相关规定的角度考虑,在实际施工人以发包人为被告主张权利的情况下,人民法院应当追加转包人或者违法分包人为本案第三人。[2] 个案中,对于不予追加的情形,法官认为,发包人、转包人或者违法分包人、实际施工人就相互之间拖欠工程款及其数额没有异议则不予追加。于此情形,实际施工人利益得到了保护,也不会损害其他当事人的利益。[3]

4. 挂靠责任主体

在借用资质的情况下,是否必须将被借用资质单位追加进案件诉讼中,法院可以视情况而决定是否追加。比如,在借用资质签订施工合同的情况下,对于被借用资质单位不参与诉讼不能查清案件事实或不利用保护当事人诉讼权利或者可能侵害被借用资质单位权益的,法院应予以追加;而一旦能够切实保护实际施工人的诉讼权利,并且案件事实在被借用资质单位不参加诉讼并不影响事实的查清,亦不会影响被借用资质单位权益的情况下,法院则可不予追加。

【案例13－101】 黑龙江省东阳房地产开发有限公司与郑某利建设工程施工合同纠纷案

一审、二审法院没有追加被借用资质单位东鼎建筑公司参加到诉讼中来。一审、二审法院认为,郑某利作为实际施工人与东阳开发公司之间已经形成债权债务关系,郑某利向东阳开发公司主张权利系依据双方之间已建立的建设工程施工法律关系及结算凭证,而东鼎建筑公司并非本案必要共同诉讼人,故未追加东鼎建筑公司参加本案诉讼,是适当的。最高人民法院认为,实际施工人郑某利系基于《伦河商贸城决算》及《还款协议》确定的债权债务关系而对东阳开发公司行使工程欠款请求权。而东阳开发公司主张本案涉案工程建设主体为东鼎建筑公司,该申请理由无事实及法律依据。因此,一审、二审判决东阳开发公司按照《伦河商贸城决算》的内容及《还款协议》的

---

〔1〕 参见最高人民法院民事审判第一庭编著:《最高人民法院建设工程施工合同司法解释(二)理解与适用》,人民法院出版社2019年版,第503页。

〔2〕 参见最高人民法院民事审判第一庭编著:《最高人民法院建设工程施工合同司法解释(二)理解与适用》,人民法院出版社2019年版,第506页。

〔3〕 参见最高人民法院民事审判第一庭编:《民事审判指导与参考》2015年第1辑(总第61辑),人民法院出版社2015年版,第109页。

约定直接向郑某利承担责任,事实清楚,适用法律正确。[1]

在自然人挂靠有资质的建筑公司施工的过程中,在无证据证明实际施工人明知自然人存在挂靠行为的情况下,实际施工人可以要求被挂靠的建筑公司承担责任。

【案例 13-102】 张某等与北京天下城电器有限公司建设工程施工合同纠纷案

二审法院认为,关于付款义务主体如何确定的问题。首先,天恒公司主张张某为挂靠在其名下的实际施工人,天下城公司对此是知晓的,天下城公司与张某形成事实上的建设工程施工合同法律关系,己方不应当承担付款义务。天下城公司对天恒公司的该主张不予认可。诉讼中,天恒公司称从招标服务费、施工现场水费、网络费等费用的负担主体为张某可以佐证天下城公司对挂靠关系是知晓的,该举证证明过程具有一定的推测性,尚不足以证明天恒公司此主张成立,该公司应承担举证不能的法律后果。其次,天恒公司明知张某挂靠施工,工程款最终由张某享有,但却未征得张某同意即与天下城公司就整体工程进行结算,该行为损害了实际施工人的利益,天恒公司应当就已收取及放弃的工程款承担责任。一审法院认定天恒公司为付款义务主体正确,本院不持异议。涉案工程涉及挂靠施工,具有违法性,天恒公司、张某就建设工程施工合同无效均负有责任。[2]

5. 其他责任主体

层层转包中,实际施工人要求所有转包人、违法分包人支付工程价款问题。现行法律法规和司法解释对此没有明确规定。可参考《山东省高级人民法院关于审理建设工程施工合同纠纷案件若干问题的解答》借用资质签订建设工程施工合同后分包、转包工程,与借用资质人订立施工合同的实际施工人能否向出借资质人主张工程价款?没有施工资质的施工主体借用有资质的建筑施工企业名义签订的建设工程施工合同无效,借用资质人以自己的名义将工程分包、转包他人施工,实际施工人原则上仅可以向借用资质人主张工程价款。笔者认为,前手转包人、违法分包人不能举证证明其已付清工程价款的,实际施工人可以要求前手转包人、违法分包人在其欠付工程款范围内支付工程价款。

在经过多次转包、分包情况下,当转承包人拒不付工程款的,实际施工人向发

---

〔1〕 参见最高人民法院民事审判第一庭编:《民事审判指导与参考》2012 年第 1 辑(总第 49 辑),人民法院出版社 2012 年版,第 175 页。

〔2〕 北京市第二中级人民法院(2022)京 02 民终 7215 号民事判决书。

包人直接主张工程款,若发包人存在欠付转包人或者违法分包人工程价款的,实际承包人有权在发包人欠付范围内突破合同相对性要求发包人清偿工程款。

湖南省高级人民法院发布的《关于审理建设工程施工合同纠纷案件若干问题的解答》第二十四条规定:层层转包中转包人、违法分包人的责任如何认定?实际施工人向层层转包人或层层分包人主张给付工程价款,转包人或者违法分包人能够证明已经付清工程价款的,其前手转包人或违法分包人一般不再承担给付责任。

【案例13-103】　许某斌与汇龙天华公司等建设工程施工合同纠纷再审案

最高人民法院认为,汇龙天华公司将案涉工程发包给天恒基公司,天恒基公司将工程转给蒋某红内部承包,蒋某红又将部分工程转给许某斌施工。依照"实际施工人以发包人为被告主张权利的,人民法院应当追加转包人或者违法分包人为本案第三人,在查明发包人欠付转包人或者违法分包人建设工程价款的数额后,判决发包人在欠付建设工程价款范围内对实际施工人承担责任"的法律规定,许某斌将汇龙天华公司、天恒基公司与蒋某红作为共同被告起诉,二审法院认定蒋某红作为违法分包人,汇龙天华公司作为发包人,判决承担支付工程款及利息的处理结果,亦无不妥。天恒基公司作为承包人,其与许某斌之间并没有合同关系,因此许某斌无法依照合同主张案涉工程款及利息,二审法院免除天恒基公司的民事责任,具有法律依据。[1]

【案例13-104】　王某与建工四公司建设工程施工合同纠纷再审案

最高人民法院认为,顺成公司案涉工程发包人,建工四公司系案涉工程的总包方,其将工程违法分包给谢某阳后,谢某阳将工程非法转包给王某,王某与建工四公司之间没有合同关系,王某与谢某阳之间约定对建工四公司不具有约束力。另外,合同无效不能等同于没有合同关系。合同无效应产生合同无效的法律后果,合同无效不是当事人可得主张突破合同相对性的理由。而《建设工程解释》第二十六条规定:"实际施工人以转包人、违法分包人为被告起诉的,人民法院应当依法受理。实际施工人以发包人为被告主张权利的,人民法院可以追加转包人或者违法分包人为本案当事人。"本案建工四公司为谢某阳违法转包前一手的违法分包人,系建设工程施工合同的承包人而非发包人,故王某要求依据司法解释的前述规定判令建工四公司承担连带责任缺乏依据,不予支持。根据《合同法》第七十三条之规定,因债务人怠于行使其到期债权,对债权人造成损害的,债权人可以向人民法院请求以自己的名义代位行使债务人的债权,但该债权专属于债务人自身的除外。故王某向谢某

〔1〕　最高人民法院(2021)民申1358号民事裁定书。

阳主张债权不能实现的,如谢某阳怠于行使其自身的债权,王某还可以行使债权人之代位权,本案建工四公司未承担责任不影响王某其他权利救济。[1]

【案例13-105】 福泰建筑公司与王某喜建设工程施工合同纠纷再审案

二审法院认为,福泰建筑公司向刘某军出借建筑施工资质,约定由刘某军以福泰建筑公司名义与发包方宏翔置业公司签订建设施工合同,并借用福泰建筑公司银行账户结算工程款,福泰建筑公司收取管理费。刘某军在承包涉案工程后,就外墙保温施工分项以个人名义与王某喜签订了承包合同,现宏翔置业公司向福泰建筑公司账户支付了工程款,福泰建筑公司将该款转交刘某军,现有证据证明没有欠付情形,但刘某军对王某喜的工程款没有结清。上述事实中,刘某军以个人名义与王某喜签订了承包合同,该合同因双方均不具备建设工程施工资格而无效,也没有约定福泰建筑公司的付款义务,且福泰建筑公司向刘某军出借资质的行为,并不当然地成为刘某军与王某喜之间承包关系的合同主体,故王某喜主张福泰建筑公司承担连带责任没有事实依据。关于王某喜主张福泰建筑公司承担连带责任适用法律的问题。根据《建设工程解释》的规定,在发包人欠付工程款情形下,基于涉及农民工工资的特殊问题,突破了合同相对性而予以保护,由发包人直接承担清偿责任;虽然规定了可将违法转包人或分包人追加为诉讼当事人,但没有明确地确定由违法转包人或分包人对实际施工人承担连带责任。故王某喜据此主张由福泰建筑公司承担连带责任,法律依据不足,本院不予支持。[2]

【不同处理】 层层转包、违法分包情形下,实际施工人只能向与其直接签订合同的相对人和发包人主张欠款责任。

【案例13-106】 陕西森茂闳博建设工程有限公司、李某柱与山东省显通安装有限公司建设工程施工合同纠纷再审案

最高人民法院认为,本案中,违法转包人北京世纪源博公司、山东显通公司、山东显通五公司与陕西森茂闳博公司、李某柱并无直接合同关系。《建设工程解释》第二十六条赋予了实际施工人可以突破合同相对性向发包人主张工程价款的权利,但并不意味着实际施工人可以直接向与其没有合同关系的转包人、分包人主张工程价款。因此,陕西森茂闳博公司、李某柱主张由以上主体承担责任无事实和法律依据。[3]

层层转包的情况下,根据合同相对性的原则实际施工人应依据与其具有直接

---

〔1〕 最高人民法院(2018)民申1808号民事裁定书。

〔2〕 河南省高级人民法院(2019)豫民再694号民事裁定书。

〔3〕 最高人民法院(2021)民申3649号民事裁定书。

合同关系的转包人所签合同确定工程价款。

【案例13－107】　欧某、伦某因与陕西省中业交通建筑工程有限公司、西藏阿里地区水利建设项目管理中心等建设工程施工合同纠纷再审案

最高人民法院认为,《施工合同》《工程承包协议》系不同当事人之间签订的合同,根据合同相对性原则,各方应按各自为当事人的合同主张权利、履行义务,合同效力问题不影响这一原则的适用。欧某、伦某系《工程承包协议》而非《施工合同》的当事人,原审判决依据《工程承包协议》关于工程固定价款的约定认定欧某、伦某应当收取的工程款,并无不当,并基于阿里水利中心提交的《造价审核》中载明案涉工程存在因工程量增加而新增工程款1,935,043.48元的事实,原审法院将该部分增加的工程款确定为本案应付款。综上,申请人申请再审的理由不能成立,不予支持。[1]

在作为转包人的建筑施工企业进入破产清算的情况下,实际施工人应当向管理人申报债权,不能避开破产转包人直接起诉发包人。

【案例13－108】　王某柱、孙某杭等与滨海县人民政府招待所建设工程施工合同纠纷案

二审法院认为,人工费仅是建设工程价款中的一部分。实际施工人利益不完全等同于农民工工资。剔除人工费后,工程价款中的剩余部分与普通破产债权无异,无采取特殊保护制度安排之必要。在作为转包人的建筑施工企业进入破产清算的情况下,为保障公平受偿,实际施工人应当向管理人申报债权,不能再径行突破合同相对性向发包人提起具有代位权性质的个别诉讼,概括性地要求发包人在欠付转包人工程价款的范围内向其承担包括人工费在内的全部工程价款。至于管理人向发包人追收的工程价款如何分配,应当按照破产法规定的程序和其他法律、行政法规规定的权利位阶进行有序清偿。[2]

【不同处理】　转包人破产不影响实际施工人向发包人主张权利。

【案例13－109】　国产实业(苏州)新兴建材有限公司与沈某标、江苏中苑建设集团有限公司等建设工程施工合同纠纷再审案

二审法院认为,实际施工人突破合同相对性向发包人主张权利,系司法解释为保护农民工权益而作出的特殊制度安排,是实际施工人的法定权利。

---

〔1〕　最高人民法院(2021)民申5875号民事裁定书。

〔2〕　参见《人民司法·案例》2021年第35期。江苏省盐城市中级人民法院(2021)苏09民终3681号民事判决书。

其主要在于解决农民工组成的实际施工人在与其有合同关系的相对人，因下落不明、破产、资信状况恶化等原因导致其缺乏支付能力，实际施工人又投诉无门的情况下，为实际施工人主张工程价款提供的特殊救济途径，即准许实际施工人突破合同相对性，提起以发包人、施工总承包人为被告的诉讼。因此，承包人破产导致的支付能力欠缺，本身就是法律赋予实际施工人突破合同相对性向发包人主张权利的初衷之一。转包人破产的，不影响实际施工人行使上述权利。《企业破产法》第一百二十四条规定，破产人的保证人和其他连带债务人，在破产程序终结后，对债权人依照破产清算程序未受清偿的债权，依法继续承担清偿责任。司法实践中，法院多依据《建设工程解释》第二十六条（现参见《建设工程解释（一）》第四十三条）判决发包人在欠付工程价款范围内对实际施工人承担连带责任。因此，比照《企业破产法》上述规定的立法精神，因承包人破产，实际施工人依照破产清算程序未受清偿的债权，当然有权要求发包人承担相应的清偿责任。在确认转包人工程款债务的前提下，由发包人在欠付转包人工程款范围内对实际施工人承担清偿责任。[1]

发包人明知存在挂靠关系的，被挂靠人无权依据建设工程施工合同向发包人主张工程价款。

【案例 13－110】 南通四建公司与岚世纪公司建设工程施工合同纠纷再审案

最高人民法院认为，关于案涉工程款支付的对象和欠付的数额应如何认定。南通四建公司虽然与发包人岚世纪公司签订《建设工程施工合同》及《补充协议》，实际是将其施工资质出借给黄某荣用于案涉工程的施工，南通四建公司并无签订、履行合同的真实意思表示；黄某荣借用南通四建公司的资质承揽案涉工程，是案涉工程的实际施工人。因此，原审依据《建设工程解释》第二条“建设工程施工合同无效，但建设工程经竣工验收合格，承包人请求参照合同约定支付工程价款的，应予支持”的规定（现参见《建设工程解释（一）》第六条），准许黄某荣以自己的名义向岚世纪公司主张相应施工价款并无不当。黄某荣与岚世纪公司已于 2016 年 8 月 27 日签订工程结算确认书，对工程施工范围、结算依据、工程造价、岚世纪公司的已付款数额、欠付工程款数额等进行确认。在本案二审庭审中，岚世纪公司与黄某荣对原审认定的欠付工程款金额也均予以认可，本院亦予以确认。因南通四建公司并非施工主体，其虽对岚世纪公司支付情况提出异议，但未提供证据证明黄某荣与

---

〔1〕 参见《人民司法·案例》2020 年第 20 期。江苏省苏州市中级人民法院（2019）苏 05 民再 92 号民事判决书。

岚世纪公司之间就工程款结算的确认系虚假的意思表示，故原审认定岚世纪公司欠付黄某荣工程款数额为959，477.84元并无不当，予以维持。[1]

承包人与实际施工人均认可存在挂靠关系，承包人未进行施工仅收取挂靠费，但实际施工人同意承包人向发包人主张工程款，法院应支持承包人诉求。

【案例13－111】　伟太公司与金石园公司建设工程施工合同纠纷案

最高人民法院认为，伟太公司是否有权向金石园公司主张支付工程款。首先，案涉《建设工程施工合同》约定金石园公司将金石清水城1号楼工程发包给伟太公司施工，伟太公司是合同约定的承包人，双方均在合同上加盖了公司印章。其次，在合同履行过程中，部分工程款系由金石园公司向伟太公司支付，伟太公司向金石园公司出具了相应收据，并加盖了财务专用章。2016年1月27日伟太公司与金石园公司就案涉工程价款进行了财务对账。最后，实际施工人胡永忠亦表示同意由伟太公司主张工程款相关权利。故伟太公司有权要求金石园公司支付案涉工程的价款。金石园公司主张伟太公司无权主张工程款，本院不予支持。[2]

发包人明知实际施工人系挂靠承包人资质的，不能要求承包人承担支付工程款的责任。

【案例13－112】　杨某国与金泰隆公司、恒安信公司建设工程施工合同纠纷再审案

最高人民法院认为，关于承包人恒安信公司应否承担支付工程款责任。本案中，恒安信公司与杨某国之间构成挂靠法律关系。首先，恒安信公司与杨某国签订的《资质挂靠协议》中约定，杨某国挂靠恒安信公司资质，承建案涉工程，明确该工程附属部分除外，其他工程由杨某国与发包人金泰隆公司协商沟通。以上约定内容表明双方具有出借资质、挂靠施工的合意。其次，在挂靠协议签订前，杨某国作为恒安信公司的委托代理人在涉案《建设工程施工安装合同书》上签字。但恒安信公司并未实际承担案涉工程的施工义务，实际施工人系杨某国。且金泰隆公司直接或通过恒安信公司向杨某国支付部分工程款，故履行该合同的主体实际为金泰隆公司和杨某国。最后，在一审中，金泰隆公司以及恒安信公司均认可杨某国系挂靠恒安信公司进行施工。据此，可以认定恒安信公司与杨某国之间构成挂靠法律关系，金泰隆公司关于恒安信公司与杨某国之间构成转包合同关系的申请再审主张不能成立，金泰隆公司要求恒安信公司承担支付工程款的责任缺乏事实与法律依

---

〔1〕　最高人民法院（2020）民终1269号民事判决书。

〔2〕　最高人民法院（2020）民终452号民事判决书。

据。杨某国作为案涉工程的实际施工人与发包人金泰隆公司在订立和履行施工合同的过程中,形成事实上的法律关系,故金泰隆公司应当承担支付杨某国欠付工程款的责任。因恒安信公司与杨某国之间系挂靠关系,而非转包关系,故金泰隆公司不能依据《建设工程解释》第二十六条第二款之规定(现参见《建设工程解释(一)》第四十三条第二款),要求恒安信公司承担支付工程款的责任,对金泰隆公司该项申请再审理由,不予支持。[1]

在工程竣工验收合格的情形下,实际施工人有权向总承包人主张工程款,具有代位请求的性质。

【案例13-113】 柳某龙与中铁十五局、信宇公司、王某平某某公司建设工程施工合同纠纷再审案

最高人民法院认为,柳某龙作为实际施工人,系通过王某平承接的案涉工程,而王某平系代表信宇公司从中铁十五局下属项目部承接到有关工程的,因此中铁十五局与柳某龙之间并不存在直接合同关系。但中铁十五局与信宇公司或王某平之间并未完成结算,从中铁十五局原审的举证情况来看,亦不能认定中铁十五局已将柳某龙所施工项目的工程款付给信宇公司,故中铁十五局与信宇公司之间的待结算款项中包含柳某龙所施工的部分。在柳某龙已经完成案涉工程且竣工验收合格的情况下,其直接向中铁十五局主张工程款,具有代位请求的性质,同时从中铁十五局曾直接向柳某龙付款的行为来看,其对信宇公司向柳某龙转包的行为是知情和认可的,原审法院判令中铁十五局向柳某龙支付工程欠款亦符合本案的实际情况,并无明显不妥。[2]

6. 被挂靠人起诉发包人

以发包人在与被挂靠人签订施工合同之前/之时以及在施工合同的履行过程中对于挂靠事实便已明知为前提,相当于发包人与挂靠人之间已经形成了事实上的施工合同关系。在此情况下,虽然被挂靠人仅为表面上的施工合同相对方,但其仍具有诉讼主体资格,根据程序法的相关规定,其可以基于合同相对性原则直接起诉发包人。在被挂靠人与发包人的施工合同纠纷诉讼过程中,如果发包人对挂靠事实并不清楚且挂靠人积极配合被挂靠人,包括但不限于向被挂靠人提供施工材料、协助被挂靠人核对工程量以及工程款收取情况等,在发包人与被挂靠人之间的施工合同不存在其他无效事由的前提下,法院将依据施工合同约定内容进

[1] 最高人民法院(2021)民申2114号民事裁定书。
[2] 最高人民法院(2019)民申3086号民事裁定书。

行裁判。但如果挂靠人不同意被挂靠人单独起诉发包人并主动要求参加诉讼的，法院亦应作出判决。

挂靠人在被挂靠人已经起诉发包人后，不再同意并配合被挂靠人进行诉讼，反而另行起诉被挂靠人直接追讨工程欠款。在此情况下，考虑到挂靠人已经另行起诉且被挂靠人也拟在另案中充分披露挂靠事实，如确有证据可以证实发包人对于挂靠事实确属明知，基于实际施工合同关系直接建立于挂靠人与发包人之间，挂靠人作为项目工程所涉施工合同实际权利与义务的享有者与承担者，故被挂靠人虽然可以依据合同相对性原则起诉，但其向发包人追讨工程欠款的诉讼请求将不能得到支持。

【案例13-114】　B公司与A公司、谢某建设工程施工合同纠纷案

二审法院认为，第一，本案谢某等人与B公司的关系为挂靠。本案《施工合同》虽系B公司与A公司签订，但B公司与谢某签订《工程承包合同》约定，由谢某对涉案项目进行全面的施工承包管理，B公司按工程结算价1.5%收取管理费；谢某虽在B公司参加社保，但B公司并未实际按照劳动合同的约定向谢某支付劳动报酬，谢某也陈述其在B公司仅做了涉案项目就办理了离职手续；施工过程中，实际施工人自主聘用工作人员，自筹资金，自主施工，自行与A公司结算，B公司未派驻资料管理人员未掌握工程资料，且在本案诉讼中仍在收集有关施工资料。因此，谢某等人及涉案项目与B公司之间无资产的产权联系，无统一的财务管理，无规范的人事任免和调动、聘用手续，双方之间的关系明显属于借用资质的挂靠行为。一审法院认定谢某等人与B公司存在挂靠关系正确，B公司上诉认为不存在借用资质行为以及谢某一审有关内部承包关系的主张没有法律和事实依据，本院不予支持。第二，B公司与A公司所签订的《施工合同》属于无效合同。本案现有证据足以认定A公司对挂靠事实是明知的，双方签订合同时知晓谢某等人挂靠B公司的事实，双方作出虚假意思表示，所签订的《施工合同》违反法律的效力性强制性规定，属于无效合同。第三，B公司不享有请求支付涉案装修项目工程款的权利。关于被挂靠人是否能够请求支付工程款，不能一概而论，应当根据合同效力和实际履行情况并结合各方当事人实际权利义务来区别认定。如果发包人订立和履行合同不知道为挂靠，施工合同关系成立于发包人与被挂靠人之间，则被挂靠人可以向发包人请求支付工程款。如果发包人订立和履行合同过程中明知为挂靠，双方签订的合同无效，且被挂靠人未实际参与工程施工，发包人也未与被挂靠人结算工程款，则实际施工合同关系直接建立于挂靠人与发包人之间，被挂靠人不能请求支付工程款。本案中，如前文所述，A公司明知谢某等人挂靠B公司的事实，已付工程款的结算均是在A公司与实际施工人之间进行。B公司未参与工程施工，未实际投入资金，双方签订的合同无效且双方未形成实际施工合同关系。因此，本案《施工合同》所涉工程款支付请求权不宜由B公司行使，对其支付工程款的请求应当予以驳回。B公司因挂靠合同已经对外承担材料款、劳务费等支付责任的，可通过行使追偿权另行救济。[1]

被挂靠人起诉发包人符合合同相对性原则，不违反程序法的规定；但如果实际施工人不同意被挂靠人单独起诉发包人主张工程款，要求参加诉讼，法院应当追加实际施工人为有独立请求权第三人，一体解决纠纷。实际施工人和被挂靠人同时参加诉讼的，经审理查明涉案工程确由实际施工人施工或实际施工人与发包人已形成事实上施工合同关系的，应当判决发包人直接向实际施工人支付工程款，不宜再以合同相对性为由判决发包人向被挂靠人支付工程款，以免损害实际施工人的合法权益。

【案例13－115】 B公司与A公司、刘某建设工程施工合同纠纷案

二审法院认为，本案B公司是施工合同的签订人、施工资质的出借人，基于合同相对性有权主张本案工程价款；刘某借用B公司的资质对本案工程进行了实际施工，根据有关法律规定也有权主张本案工程价款。B公司和刘某的诉讼权利均应依法保障。本案的问题在于，刘某不同意B公司主张本案工程价款，从而，发包人应否向B公司支付工程款、工程价款应当向谁支付就成了本案的一个争议焦点。对此，刘某是实际施工人，是施工合同权利义务的实际享有人、负担人，而B公司只是施工合同形式上的签订人，并不真正、实际享有和负担施工合同的权利义务；衡量两者在施工合同签订和履行方面的身份、地位，本案实体方面应当判决发包人向刘某支付工程款，但由于第三人刘某未提出独立的诉讼请求，因而本案不能判决向刘某支付工程款；在刘某不同意B公司的诉讼请求的情况下，也不能再以合同相对性为由判决发包人向B公司支付工程款，否则将对实际施工人刘某的合法权益造成损害。鉴于以上原因，B公司的本案诉讼请求不能支持，原审判决并无不当。客观上，在缺乏实际施工人刘某配合的情况下，B公司直接主张工程价款，还存在对工程量大小、工程价款多少难以举证等现实困难，法院也难以对案件主要事实作出认定，最终会导致驳回B公司诉讼请求的结果。B公司主张本案工程价款的一个重要原因是，刘某借用该公司的资质对外发生采购、租赁业务，由于无力支付相关费用，而造成该公司被起诉并被判决支付相应款项，该公司希望通过主张本案工程价款来弥补损失。对此，B公司与刘某之间的挂靠合同关系与本案建设工程合同关系并非同一法律关系，B公司可以依据挂靠关系

---

〔1〕 山东省潍坊市中级人民法院(2022)鲁07民终3038号民事判决书。

直接向刘某提起诉讼、主张权利，而不能依据因挂靠遭受经济损失的事实直接向发包人主张权利。[1]

7. 责任主体例外

农民工并非实际施工人，其不可主张发包人在欠付工程款范围内承担连带责任。

【案例 13－116】 某公司与某某公司建设工程施工合同纠纷再审案

最高人民法院认为，彭某挂靠某公司承接工程，彭某是实际施工人；乐某系为彭某承包施工项目中的泥水班组负责人。彭某与被挂靠公司均确认“彭某拖欠乐某劳务费用”；乐某的诉请是支付“劳务费及利息”；申请再审主张拖欠款为“农民工工资”，故乐某与彭某之间的法律关系属于劳务关系。乐某（班组）作为受雇佣提供泥水劳务的人员，并非法律规定的实际施工人。故乐某以请求案涉工程项目发包人在欠付工程款范围内承担偿付责任，不予支持。[2]

（二）承担责任形式处理

1. 承担责任形式理解

《建设工程解释（一）》第四十三条规定，明确发包人在欠付工程款的范围内承担责任，但未明确发包人担责的性质。理论上，发包人应向实际施工人承担何种形式的责任，有连带责任说、补充责任说、代偿责任说等观点。连带责任中数个债务人对同一债权人负担全部给付的义务，债权人可任意请求每个债务人给付，但一旦任一债务人给付，则债务整体消灭。连带责任体现的是给付的同一性、主体的平等性和消灭的整体性。补充责任强调债务人的主次之分，在主债务人不能履行或不能完全履行时，从债务人才补充性地履行。代偿性责任主要特征在于代为清偿，在债务人代替其他债务人履行债务后，还可向原债务人追偿。笔者认为，发包人与转包人、违法分包人承担的性质不同，转包人、违法分包人应当是第一责任人或者直接责任人，而发包人只是基于司法解释规定在欠付承包人工程款范围内承担责任，有利于保护实际施工人利益。查明发包人是否欠付

---

〔1〕 河南省焦作市中级人民法院（2021）豫 08 民终 2989 号民事判决书。

〔2〕 最高人民法院（2019）民申 5594 号民事裁定书。

工程款，是决定发包人承担付款责任的前提。参与制定司法解释的法官认为，针对以上问题，为查清各方当事人之间欠付工程款的情况，准确认定发包人的责任范围，本条要求人民法院追加转包人或者违法分包人为本案第三人，并查明发包人欠付转包人或者违法分包人建设工程价款的数额。如果人民法院根据当事人提供的证据无法查清发包人是否欠付工程款的，由实际施工人承担举证不能的后果。〔1〕

实际施工人突破合同性，可向发包人主张权利，就实际施工人民事行为的实质理论上可归为代位权的行使，这一点在《建设工程解释(一)》第四十四条规定中予以明确。一般认为实际施工人以自己的名义，代为转包人或违法分包人，向发包人主张权利，其依据是转包人或违法分包人与发包人所签订的合同。具体来讲，首先，发包人向实际施工人承担的应是其自身的责任，为直接责任，这与代偿责任存在本质区别。其次，发包人承担责任的依据是自己所签订的合同，给付的内容是其自身所欠付的工程款，与同为债务人的转包人或违法分包人承担责任的依据、给付的内容均不同，而连带责任中不同债务人承担的是同一给付内容。且发包人只在欠付工程款的范围内承担责任，一旦其与之签订合同的转包人或者违法分包人付清了工程款，此种责任则灭失。这与“在未清偿全部债务前，全体债务人仍向债权人负责”的连带责任亦不相同。最后，只要发包人对转包人或者违法分包人欠付工程款，就具有向实际施工人给付工程款的义务，发包人没有要求实际施工人先向转包人或者违法分包人主张的权利，即发包人没有先履行抗辩权，故发包人所承担的责任形式也非补充责任。也就是说，发包人承担的付款责任应是其所欠付的转包人或者违法分包人工程款范围内的自身责任，是一种有条件的付款责任。

还需指出的是，依据《建设工程解释(一)》第四十三条第二款规定，发包人应承担责任，与实际施工人形成了直接的结算关系或构成债的加入发包人亦应承担责任，两者并存时，以何种理由主张权利，实际施工人享有选择权。但两种责任性质不同，后果不同，判令发包人承担责任不能将两种理由同时并用。〔2〕

发包人对实际施工人的付款责任，受发包人欠付承包人工程款数额、转包人欠付实际施工人工程款数额的双重限制。〔3〕

河南省高级人民法院民四庭《关于建设工程合同纠纷案件疑难问题的解

〔1〕 参见最高人民法院民事审判第一庭编著：《最高人民法院新建设工程施工合同司法解释(一)理解与适用》，人民法院出版社2021年版，第448页。

〔2〕 参见最高人民法院民事审判第一庭编：《民事审判指导与参考》2015年第1辑(总第61辑)，人民法院出版社2015年版，第116页。

〔3〕 参见杨临萍主编：《最高人民法院第六巡回法庭裁判规则》，人民法院出版社2022年版，第179页。

答》:发包人在欠付工程款范围内承担责任的性质?执行程序中如何处理?答:《建设工程解释(一)》第四十三条规定的发包人在欠付建设工程款范围内对实际施工人承担的责任,可以理解为工程款支付责任,不能认定为连带责任、共同责任或者补充责任。在执行过程中,只要不超过发包人欠付总承包人工程款的范围,就可以直接执行发包人,不用考虑发包人和其他被执行人之间的执行顺位和比例问题。

河北省高级人民法院《建设工程施工合同案件审理指南》:实际施工人向与其没有合同关系的转包人、分包人、总承包人、发包人提起的诉讼,发包人与承包人就工程款问题尚未结算的,原则上仍应坚持合同相对性,由与实际施工人有合同关系的前手承包人给付工程款。

如果发包人与承包人已就工程款进行结算或虽尚未结算,但欠款范围明确,可以确定发包人欠付承包人的工程款数额大于承包人欠付实际施工人的工程款数额,可以直接判决发包人对实际施工人在承包人欠付实际施工人的工程款数额范围内承担连带给付责任。

欠付工程款范围明确是指判决中必须明确发包人承担连带责任的范围和数额,不能简单表述为发包人在欠付工程款范围内承担连带责任。

2. 发包人担责类型

司法实践中,发包人承担付款责任主要有连带责任和直接付款责任两种,以连带责任的形式为多。

【案例13-117】　航道工程局与顺达公司、临海公司航道疏浚施工合同纠纷案

二审法院认为,临海公司作为案涉整体Ⅱ标段发包人,至今未向航道工程局支付完毕工程款。《建设工程解释》第二十六条规定明确了发包人应在欠付款的范围承担责任的原则,该规定突破合同相对性明确发包人承担责任之目的旨在保护实际施工人的利益,但转包人、分包人作为转包合同、分包合同的一方当事人,无疑应为工程欠款支付的第一责任人,发包人应承担连带清偿责任。本案中,航道工程作为《分包施工合同》的一方当事人,应当为工程款项支付的第一责任人,而发包方临海公司应当承担的是在欠付工程款范围内的连带清偿责任。[1]

---

〔1〕 广西壮族自治区高级人民法院(2015)桂民四终字第18号民事判决书。

【案例 13 - 118】 杨某与仟坤公司、黄某泉建设工程施工合同纠纷案

二审法院认为,关于仟坤公司应否承担连带责任。综前所述,仟坤公司、黄某泉与杨某之间形成建设工程分包合同关系,仟坤公司应对涉案债务承担付款责任。《民事诉讼法》第一百七十五条规定:“第二审人民法院应当对上诉请求的有关事实和适用法律进行审查。”杨某、黄某泉均未对一审判决黄某权、仟坤公司的责任承担形式为连带责任提起上诉,且一审判决仟坤公司承担连带责任也未加重仟坤公司的负担。鉴于此,一审判决仟坤公司对涉案债务承担连带责任并无不当。[1]

【不同处理】 实践中,在法院内部对发包人应承担何种责任形式理解及处理并不一致。

【案例 13 - 119】 胡某与二建公司、汉口北公司建设工程施工合同纠纷案

2011 年,汉口北公司将某冷库建筑工程发包给二建公司。群益公司与二建公司签订《建设工程劳务分包合同》,承建上述工程。同年 8 月,群益公司将其承包的工程中的脚手架工程分包给胡某,合同约定了建筑面积、单价、价款方式等。2014 年 1 月,胡某与群益公司达成协议,双方确定脚手架工程款为 278 万元,2013 年 10 月前群益公司已付 147 万元,尚欠 131 万元,余款在 2014 年 2 月 1 日付清。二建公司发包给群益公司的建设工程的合同价款为 8923 万元,二建公司已支付 5000 余万元。汉口北公司与二建公司的工程款已结清。现胡某诉至法院要求群益公司、二建公司支付 131 万元工程款及承担延期付款的违约责任。一审法院判决群益公司向胡某支付 131 万元工程款及利息,二建公司承担连带清偿责任。二审法院判决群益公司向胡某支付 131 万元工程款及利息。[2] 本案中,胡某作为实际施工人,群益公司为其合同相对人,一审法院将发包人作扩大解释,认为作为承包方,也即违法分包合同中分包方中二建公司应当与群益公司一起,承担给付胡某工程款的责任,是一种错误的认识。本案的发包方应仅为汉口北公司,若其欠付工程款,则应承担相应的责任。二审法院改判是基于发包方汉口北公司已付清了全部工程款,则不应承担责任。二建公司因与胡某无直接的合同关系,不应向胡某承担责任。胡某作为实际施工人向二建公司主张权利主体错误,二审法院改判符合法律规定,亦是正确的。

---

〔1〕 新疆维吾尔自治区塔城地区中级人民法院(2022)新 41 民终 1771 号民事判决书。

〔2〕 参见汪丽玲:《向实际施工人担责的发包人之范围及责任形式》,载《人民法院报》2017 年 4 月 20 日,第 7 版。

【案例13－120】　宁夏富兴达房地产开发集团有限公司与泰兴市十里甸建筑安装工程有限责任公司等建设工程施工合同纠纷案

二审法院认为,根据《建设工程解释》的规定,发包人只在欠付工程款范围内对实际施工人承担责任。原审法院判令发包人富兴达公司向十里甸公司支付工程款,总包方中兴公司对富兴达公司的债务承担连带赔偿责任不妥,应予纠正,中兴公司应当承担支付工程款的责任,宁夏富兴达房地产开发集团有限公司对江苏中兴集团有限公司的上述债务承担连带责任。[1]

【案例13－121】　天津市新科源技术开发有限公司诉天津天大天发房地产开发有限公司等建设工程施工合同纠纷案

二审法院认为,此案的争议焦点是天大天发公司应否承担连带责任。根据《建设工程解释》第二十六条第二款的规定,发包人只在欠付工程款范围内对实际施工人承担责任。该规定的责任形式并非连带责任。新科源公司作为碧水园工程的实际施工人可以向发包人天大天发公司主张权利,但作为发包人的天大天发公司只就新科源所施工12、14、15、16、18、19、20号楼工程中,欠付津盛公司工程款的范围内对实际施工人新科源公司承担给付责任。一审法院判决天大天发公司对鸿盛公司所欠新科源公司1,799,422元工程款承担连带责任缺乏依据。二审法院据以纠正。[2]

司法实践中,法官认识分歧颇大。有法官认为,关于发包人承担的责任类型,应当认定发包人在欠付范围内与承包人承担连带责任为宜。因在工程的转包及违法分包过程中,承包人作为中间人参与其中,对于工程款的支付、转付情况较为了解,不宜越过承包人直接由发包人支付给实际施工人。对于第三种观点,因案件已进入诉讼程序,各方当事人相互之间的信任度有所降低,若发包人将款项支付给承包人,再由承包人转付给实际施工人,恐中间的转付过程中又生变故,增加了再生矛盾的可能性,所以该种方式有所不妥。唯有承包人在欠付范围内与发包人承担连带责任,责任承担方式简单明了,易于操作,节约了司法资源和当事人的诉讼成本。[3] 也有法官持不同意见,即实际施工人向发包人追索工程款的,由发包人在欠付工程价款范围内对实际施工人单独承担责任。[4] 还有法官认为,发包人履行生效裁判所确定的债务后,发包人对转包人或者违法分包人的债务以及

---

〔1〕 河南省高级人民法院(2011)豫法民二终字第108号民事判决书。

〔2〕 参见《中国建设工程法律评论》(第2辑),法律出版社2011年版,第3页。

〔3〕 参见《建设工程合同纠纷裁判思路》,法律出版社2014年版,第39～40页。

〔4〕 参见邬砚:《建设工程合同纠纷——254个裁判规则深度解析》(第2版),法律出版社2019年版,第349页。

转包人或者违法分包人对实际施工人的债务的相应部分消灭。[1]

发包人只在欠付工程价款范围内对实际施工人承担责任，此原则适用于系争施工合同之外的所有转包、违法分包方，且只要后手付清了工程款，则免除前手的付款责任，而前手直接支付的工程款应计入其与后手的结算中。

【案例13－122】 邵某杰、莫某刚与地空公司、冶金公司、绿地公司、浦东公司及第三人陈某兵建设工程施工合同纠纷案

判决观点，地空公司支付邵某杰的工程款已超过其应得数额，不存在欠付工程款之事实，故邵某杰要求支付剩余工程款及利息的诉讼请求不予支持。保证金25万元已经抵作地空公司的5%管理费，该笔款项应作为地空公司的非法所得予以收缴，邵某杰要求返还保证金并支付逾期利息的诉讼请求不予支持。邵某杰与地空公司的内部承包协议无效，邵某杰要求按照合同约定支付10%违约金的诉讼请求不予支持。由于地空公司并未欠付工程款，故不存在由冶金公司、绿地公司、浦东公司在欠付工程价款范围内承担连带责任之事实基础，邵某杰关于连带责任之诉讼请求亦不予支持。地空公司支付莫某刚的工程款已超过其应得数额，不存在欠付工程款之事实，故邵某杰要求支付剩余工程款及利息的诉讼请求不予支持。保证金25万元已经抵作地空公司的5%管理费，该笔款项应作为地空公司的非法所得予以收缴，莫某刚要求返还保证金并支付逾期利息的诉讼请求不予支持；由于地空公司并未欠付工程款，故不存在由冶金公司、绿地公司、浦东公司在欠付工程价款范围内承担连带责任之事实基础，莫某刚关于连带责任及工程款优先受偿权的诉讼请求亦不予支持。[2]

【不同处理】 实际施工人以发包人为被告主张权利的，发包人在欠付工程款的范围内承担直接付款责任。

【案例13－123】 胡某信诉泰安志高锦秀房地产开发有限责任公司等建设工程施工合同纠纷案

二审法院认为，实际施工人以发包人为被告主张权利的，人民法院可以追加转包人或者违法分包人为本案当事人。发包人只在欠付工程价款范围内对实际施工人承担责任。现根据《建设工程解释（一）》第四十三条的规定，实际施工人以发包人为被告主张权利的，人民法院应当追加转包人或者违法分包人为本案第三人，在查明发包人欠付转包人或者违法分包人建设工

---

〔1〕 参见最高人民法院民事审判第一庭编著：《最高人民法院建设工程施工合同司法解释（二）理解与适用》，人民法院出版社2019年版，第507页。

〔2〕 参见潘福仁主编：《建设工程合同纠纷》（第4版），法律出版社2015年版，第156页。

程价款的数额后，判决发包人在欠付建设工程价款范围内对实际施工人承担责任。[1]

实际施工人（挂靠人）起诉被挂靠人支付工程款并要求发包人在欠付工程款范围内承担连带责任，法院能在查明挂靠情况下判决发包人直接向实际施工人付款而非承担连带责任。

【案例13－124】 白某福与信邦公司、盈盛达公司建设工程施工合同纠纷再审案

最高人民法院认为，白某福起诉请求"判令盈盛达公司在欠付工程款范围内承担付款责任"。根据原审查明的事实，信邦公司与白某福为挂靠关系，各方亦未约定由信邦公司支付工程款。原判决查明盈盛达公司欠付工程款的数额后，判决盈盛达公司向白某福支付欠付工程款，并未超出白某福的诉讼请求。因此，盈盛达公司的再审申请事由不能成立，本院不予支持。[2]

挂靠施工中涉及"施工"和"挂靠"两个不同性质、不同内容的法律关系。因挂靠合同的合同目的是"借用资质"而非"承揽工程"，被挂靠人不承担向挂靠人支付工程折价款的义务。在发包人对挂靠行为不知情的情况下，施工合同的相对人仍然是被挂靠人，因发包人与挂靠人之间无合同关系，根据合同相对性原则发包人对挂靠人无约定付款义务；又因挂靠人不是《建设工程解释（一）》第四十三条规定的实际施工人，故发包人对挂靠人也没有法定的付款义务。挂靠人仅有权请求被挂靠人参照挂靠协议约定向其转付从发包人处收取的工程款。若发包人的特定行为使得层层转付工程款的流程受阻，在被挂靠人同意的情况下，为避免诉累，可判令发包人径行向挂靠人支付工程款。

需要研究的是，发包人向承包人支付全部工程款，承包人未向分包人支付或拖欠部分工程款，按照《建设工程解释（一）》第四十三条的规定，实际施工人不能向发包人主张权利，基于对实际施工人合法权益的保护，笔者倾向在这种情形下承包人应承担连带责任。换言之，因转包、违法分包导致施工合同无效，实际施工人要求转包人、违法分包人对工程欠款承担连带付款责任的，法院应予支持，发包人只在欠付的工程款范围内承担付款责任。

以出借资金支付工程款并履行部分发包权力的出借人，视为加入建设工程施工合同法律关系并承担相应责任。

---

〔1〕 山东省泰安市中级人民法院（2017）鲁09民终1209号民事判决书。

〔2〕 最高人民法院（2021）民申3325号民事裁定书。

【案例 13-125】 陕西雄风新源有限公司、晋能控股山西电力股份有限公司与中铁十七局集团第一工程有限公司建设工程施工合同纠纷案

二审法院认为,一方当事人出借资金是以支付工程款形式完成,同时约定出借人享有确认是设备材料、审查变更设计方案等发包人权利,故出借人实际加入了案涉建设工程施工合同关系,应在其加入了该建设工程施工合同范围内承担相应的法律责任。[1] 在本案中,出借人晋能控股山西电力股份有限公司承担的是共同支付义务。

3.转包、违法分包承担责任类型

《建设工程解释(一)》第四十三条均规定发包人在欠付建设工程价款范围内对实际施工人承担责任。《民法典》第一百七十八条第三款规定:连带责任,由法律规定或者当事人约定。因此,在法律没有规定和当事人约定的情况下,不应将发包人的责任认定为连带责任或者共同责任。对于发包人责任的表述应按照上述司法解释条款的表述为宜。审判实践中对于构成表见代理的转包人、违法分包人责任的认定也应比照处理。

参与制定司法解释的法官认为,司法实践中,通常判决与实际施工人有合同关系的转包人承担直接支付工程款的责任,同时判决发包人在欠付工程款范围内承担连带责任或者补充责任,判决连带责任的居多。但根据《民法典》第一百七十八条的规定,连带责任由法律规定或者当事人约定。因此,连带责任似法律依据不足。在此情况下,发包人的责任是共同责任、补充责任还是连带责任,在法理上争议极大。考虑本条款的立法本意及特殊性,审判中直接判决发包人在欠付工程范围内承担责任。当然,不论发包人承担的是什么性质责任,责任承担的区间应在"欠付工程价款范围内"。[2]

转包人和分包人未结清工程款的,转包人对分包人欠付实际施工人的工程款承担连带责任。

【案例 13-126】 发达控股集团有限公司与吴某进建设工程施工合同纠纷再审案

最高人民法院认为,本案中,发达公司虽非案涉工程的发包人,但其作为转包人,对张某尚未支付完毕全部的工程款,原审判令其对张某欠付实际施工人的工程款承担连带责任,并未实际损害其利益。至于其与张某之间工程

---

〔1〕 陕西省高级人民法院(2021)陕民终67号民事判决书。

〔2〕 参见最高人民法院民事审判第一庭编著:《最高人民法院新建设工程施工合同司法解释(一)理解与适用》,人民法院出版社2021年版,第449页。

款支付及相关债务关系,如其能补充提供证据,亦可通过另诉解决。[1]

【案例 13－127】　朱某云与新吉润公司、金业学校建设工程施工合同纠纷再审案

最高人民法院认为,根据朱某云的再审申请,本案当事人争议的焦点问题:……关于金业学校应否承担连带责任的问题。《建设工程解释(二)》第二十四条规定:“实际施工人以发包人为被告主张权利的,人民法院应当追加转包人或者违法分包人为本案第三人,在查明发包人欠付转包人或者违法分包人建设工程价款的数额后,判决发包人在欠付建设工程价款范围内对实际施工人承担责任。”二审法院查明,金业学校作为发包人,新吉润公司作为违法分包人,金业学校与新吉润公司润鹏分公司、王某全之间就案涉工程进行了结算,双方债权债务关系已经结清。金业学校不存在欠付新吉润公司工程款的情形,二审法院据此驳回朱某云关于金业学校应对其承担连带付款责任的主张,适用法律并无不当。朱某云虽主张金业学校在欠付工程款范围内承担连带付款责任,但并未提供证据证明金业学校存在欠付工程款的情形。朱某云的此项申请再审理由,亦不能成立。综上,朱某云的再审申请不符合《民事诉讼法》第二百条第六项规定的情形。裁定:驳回朱某云的再审申请。[2]

【不同处理】　实践中,一些法院以合同相对性为由而不支持实际施工人请求承包人承担连带责任诉求。

【案例 13－128】　余某明诉浙江中南建设集团有限公司、姚某军建设工程施工合同纠纷案

二审法院认为,余某明的合同相对方为姚某军,原审判决由中南公司对姚某军应支付余某明的工程款经执行未能清偿部分承担补充赔偿责任,依据不足。故判决:姚某军支付余某明工程款 871, 241 元。[3]

实际施工人只是施工发包人与承包人施工合同的部分内容,且主张的是分包专业工程费而非普通劳务费,则限制按《建设工程解释(一)》第四十三条规定适用处理纠纷。

【案例 13－129】　大连恒达机械厂与普兰店市宏祥房地产开发有限公司等施工合同纠纷再审案

最高人民法院认为,本案恒达机械厂系成大公司之间签订的钢梁制作安

---

〔1〕 最高人民法院(2021)民申 3670 号民事裁定书。

〔2〕 最高人民法院(2020)民申 331 号民事裁定书。

〔3〕 浙江省衢州市中级人民法院(2010)浙衢民终字第 487 号民事判决书。

装协议书而取得案涉钢梁制作安装工程,并按合同约定提供钢梁的制作、运输、安装等作业,且包工包料,可见其提供的是专业技术安装工程并非普通劳务作业,被拖欠的工程款并非劳务分包费用,并不具备《建设工程解释》第二十六条第二款规定的适用条件。恒达机械厂已按合同约定完成的钢梁工程承包作业,仅仅是宏祥公司与博源公司之间建设工程施工合同内容中的部分施工内容,属于违法分包工程,并非全面履行发包人与承包人之间的合同。因此,并不符合《建设工程解释》第二十六条规定的情形,一审、二审判决未判定宏祥公司承担连带责任并无不当。至于宏祥公司是否对转包知情,并不影响本案的判决结果。[1]

《建设工程解释(一)》第四十三条只规定发包人在欠付工程价款范围内对实际施工人承担责任,没有规定承包人对实际施工人承担责任。根据合同相对性原理,实际施工人可以向与其签订转包合同的转包人主张权利,也可以依据《建设工程解释(一)》第四十三条规定向发包人主张权利。但在有双重合同关系中,承包人与转包人签有转包合同,且转包人与实际施工人又签有转包合同时,实际施工人受合同相对性限制而不能向承包人主张权利,承包人亦不承担连带付款责任。

法律并未规定转包人需对转承包人欠付实际施工人的工程款承担连带责任。根据合同相对性原则,在转包人与实际施工人没有合同关系的情况下,通常不应支持实际施工人关于转包人与转承包人承担连带责任的诉求。最高人民法院裁定类推适用《建设工程解释(一)》第四十三条第二款的规定起诉的上述规定,支持了原审这一判决结果。转包人虽非案涉工程的发包人,但其作为转包人对转承包人尚未支付完毕全部的工程款,原审判令其对转承包人欠付实际施工人的工程款承担连带责任,并未实际损害其利益,予以支持。

【案例13-130】 吴某进等与发达控股集团有限公司、九江富和建设投资集团有限公司建设工程施工合同纠纷再审案

最高人民法院认为,本案争议的焦点问题:发达公司是否应对张某、张某峰的债务承担连带责任。首先,本案中,发达公司对于已经支付完毕全部工程款的事实,所举证据为付款明细表及银行转账回单。付款明细表虽注明转给张某的是工程款,但此明细表系发达公司单方制作,应结合其他证据综合认定。从银行转账回单来看,2012年11月29日及2013年1月7日分别转账给张某的100万元、282万元备注的交易用途为借款,而非本案工程款。同时,转账用途还有备注为劳务费、材料款、报销、代张某还款及利息等,如向

---

〔1〕 参见最高人民法院民事审判第一庭编:《民事审判指导与参考》2015年第2辑(总第62辑),人民法院出版社2015年版,第262页。最高人民法院(2015)民申字第919号民事裁定书。

胡某娟支付的2,085,000元,以及向南昌经济技术开发区云程小额贷款股份有限公司分三次支付的2,624,000元,用途为代张某还款,在发达公司未进一步举证证明前述款项属于案涉工程款范围的前提下,难以认定为本案工程款。原审法院据此认定发达公司未向张某支付完毕全部工程款且已结算,并无不当。其次,《建设工程解释(二)》第二十四条规定:“实际施工人以发包人为被告主张权利的,人民法院应当追加转包人或者违法分包人为本案第三人,在查明发包人欠付转包人或者违法分包人建设工程价款的数额后,判决发包人在欠付建设工程价款范围内对实际施工人承担责任。”本案中,发达公司虽非案涉工程的发包人,但其作为转包人,对张某尚未支付完毕全部的工程款,原审判令其对张某欠付实际施工人的工程款承担连带责任,并未实际损害其利益。至于其与张某之间工程款支付及相关债务关系,如其能补充提供证据,亦可通过另诉解决。最后,发达公司主张原审认定吴某进等人为实际施工人证据不足、认定事实错误,但并未提供相应证据予以证明,本院对该理由亦不予认可。综上,发达公司的再审申请不符合《民事诉讼法》第二百条第二项、第六项规定的情形。裁定:驳回发达公司的再审申请。[1]

发包人应在欠付承包人工程款金额内对实际施工人承担补充支付责任,法院应当查明发包人尚欠承包人的工程款金额。

【案例13-131】　彭某瑞与淮安明发公司建设工程施工合同纠纷案

二审法院认为,关于淮安明发公司是否应在欠付工程款范围内对彭某瑞的付款义务承担连带责任的问题。本院认为,鸿瑞公司作为本案分包工程的实际施工人,主张发包人淮安明发公司在尚欠工程价款的范围内承担连带责任,符合《建设工程解释》第二十六条的规定。淮安明发公司就淮安明发商业广场C地块项目尚欠的工程款,已经福建省高级人民法院生效的(2018)闽民终999号判决认定为44,669,860.67元,远超本案鸿瑞公司所主张的工程款数额,其应就本案的债务在尚欠工程款范围内承担连带责任,原审法院予以支持,并无不当。但原审法院未明确淮安明发公司尚欠的工程款具体金额不当,应予纠正。[2]

4. 挂靠关系责任类型

建筑行业中,挂靠关系的形成,一方面使挂靠者弥补了其施工资质等的欠缺,另一方面被挂靠者也同时获得了一定利益。挂靠者、被挂靠者双方均因此受益的

[1] 最高人民法院(2021)民申3670号民事裁定书。
[2] 福建省高级人民法院(2019)闽民终1118号民事判决书。

同时,对涉案工程所产生的民事责任,亦应根据不同情况承担相应的民事责任。

其一,发包人明知挂靠人借用资质的责任中,无论是事先明知还是事后明知,在个案中确定承担责任形式。

【案例 13－132】 丁某彦与昌融达利公司建设工程施工合同纠纷再审案

最高人民法院认为,个人以承包人代理人名义施工建设,但承包人认可发包人直接向该个人支付结算工程款的,应属借用资质。在本案中,一方面,丁某彦与展辉公司均认可丁某彦系借用展辉公司建筑资质的性质,且丁某彦以自身名义与实际施工人吕某签订了施工合同,案涉工程款由昌融达利公司与丁某彦进行结算,展辉分公司并未截留工程款等;另一方面,展辉分公司向丁某彦出具授权委托书,且施工期间丁某彦等人为展辉分公司的委托代理人等。[1]

【案例 13－133】 北京渝京诚劳务分包有限公司与朱某勤等装饰装修合同纠纷案

二审法院认为,本案所涉工程因发包方原因导致停工,双方应对已完成的工程量进行结算。现朱某勤依据上述“班组协议”约定履行了相应义务,且其工作量已经鉴定确定,故作为本案所涉工程的承包人邹某虎应支付朱某勤相应工程款。鉴于邹某虎系挂靠在渝京诚公司名下,故渝京诚公司应对邹某虎上述支付款项承担连带给付责任。[2]

其二,出借资质人责任的认定。

被挂靠人收取管理费未尽管理义务,应当对挂靠人对外欠的工程款承担连带责任。

【案例 13－134】 曾某与长建集团、陈某远建设工程施工合同纠纷再审案

最高人民法院认为,本案争议焦点:长建集团是否应对陈某远欠付曾某的工程款承担连带给付责任。经查,长建集团明知陈某远不具备建设工程承包资质,仍然允许陈某远借用资质非法挂靠以规避法律,且长建集团还按照已完工程总造价7.2%的标准向曾某收取税金和管理费。长建集团在履行合同过程中对挂靠人未尽到管理义务,导致陈某远产生违约行为拖欠曾某工程款,故长建集团在本案中存在过错。原审判决长建集团对陈某远欠付曾某的工程款承担连带责任,并无不当。[3]

---

〔1〕 最高人民法院(2022)民再124号民事判决书。

〔2〕 北京市第一中级人民法院(2015)一中民终字第01259号民事判决书。

〔3〕 最高人民法院(2021)民申6369号民事裁定书。

【案例 13－135】　常某霞与冶建公司、何某洲建设工程施工合同纠纷再审案

最高人民法院认为，冶建公司允许森裕公司、何某洲借用其名义进行施工建设，应当对挂靠行为的后果承担相应的法律责任。原审法院认定欠付的工程价款承担连带给付责任，并无不当。[1]

【不同处理】　个案中，最高人民法院作了不同判决。

【案例 13－136】　中顶公司与某公司建设工程施工合同纠纷再审案

最高人民法院认为，但中顶公司系被挂靠方，不属于转包人、违法分包人或发包人，原判决以上述规定为法律依据判决中顶公司承担给付工程款的责任，适用法律错误，本院予以纠正。因此，中顶公司再审主张其不承担案涉工程款及利息的给付责任成立。[2]

【不同处理】　挂靠人以被挂靠人的名义从事经济活动的，如果合同相对人对于挂靠事实明知，首先由挂靠者承担责任，被挂靠承担补充责任。

【案例 13－137】　杨某川与城乡建设公司、长城路桥公司建设工程施工合同纠纷再审案

最高人民法院认为，凤县人民政府将涉案工程发包给城乡建设公司，城乡建设公司将工程交由长城路桥公司施工，长城路桥公司又将工程交由杨某川（丰禾山隧道施工队）施工。杨某川主张本案工程款。一审、二审判令长城路桥公司承担本案付款责任。杨某川再审申请认为城乡建设公司应当与长城路桥公司承担连带责任。在工程施工过程中，城乡建设公司虽然多次向杨某川支付工程款，但该支付行为应视为城乡建设公司代长城路桥公司支付工程款。城乡建设公司与杨某川（丰禾山隧道施工队）无直接合同关系，双方并非本案合同相对人。杨某川要求城乡建设公司承担本案连带责任，无明确法律依据，原审对其该主张未予支持，并无不当。[3]

实际施工人能否向出借资质的承包人追责，要看实际施工人在订立合同时是否明知应知承包人仅出借资质并不参与工程的事实。

出借资质的承包人需要对实际施工人承担责任。

【案例 13－138】　某公司与某某公司建设工程施工合同纠纷案

最高人民法院认为，承包人明知法律禁止建筑施工企业将本企业的资质证书等出借他人，仍允许转包人借用其资质，并向转包人出具授权委托书，且

---

〔1〕　最高人民法院（2020）民申 4642 号民事裁定书。
〔2〕　最高人民法院（2019）民再 329 号民事判决书。
〔3〕　最高人民法院（2021）民申 4495 号民事裁定书。

工程施工合同中明确约定承包人委派转包人为案涉项目现场承包人代表，负责施工现场的项目管理工作。转包人虽以自己的名义与实际施工人签订施工合同，但施工合同系在复印的工程施工合同上签订，实际施工人根据合同内容有理由相信转包人签订施工合同系代表承包人，承包人在施工合同签订中存在明显过错，应承担相应的补充责任。综合工程施工合同及施工合同的履行情况、当事人的过错程度等因素，根据公平原则和诚实信用原则，酌情认定承包人在欠付工程款及利息的范围内承担30%的赔偿责任。[1]

【不同处理】 出借资质的承包人无需对实际施工人承担责任。

【案例13－139】 某公司与某某公司建设工程施工合同纠纷再审案

最高人民法院认为，根据《建筑工程施工合同》《承包协议书》及案涉工程的施工情况，金某是实际施工人，建筑公司只是名义上承包案涉工程，双方之间属于借用资质关系。案涉《建设工程施工合同》及《承包协议书》均因违法而无效。建筑公司并未参与工程建设，无需承担支付工程款的责任。[2]

因承包合同的权益实际上由挂靠人享有，义务实际上也是由挂靠人承担，而被挂靠人取得的收益只是管理费，故可以考虑被挂靠人在收取管理费的范围内承担按份责任。在发包人明知的情况下，发包人存在过错也应承担一定的过错责任，不宜单独保护发包人的利益，此时，被挂靠人仍应在收取的管理费范围内承担责任。[3] 也就是说，在对挂靠人欠付工程款付款责任上，根据权利义务相一致的原则，类推适用《建设工程解释（一）》第七条的规定，由被挂靠人在收取管理费范围内对挂靠人的欠款承担责任份额。

5. 总承包人承担责任类型

总承包人在明知行为系违法分包、层层转包，存在过错的情形下，应对实际施工人的工程款承担连带责任。

【案例13－140】 何某华与长工公司、汇华公司建设工程施工合同纠纷再审案

最高人民法院认为，《内部承包合同》约定，业主方、总承包方违约拖欠应付工程款，业主方、总承包方按月2%计取息金支付给承包人，并由业主方、总承包方承担因拖欠应付工程款而造成的一切经济损失。虽然《内部承

---

〔1〕 最高人民法院（2022）民再124号民事判决书。

〔2〕 最高人民法院（2021）民申6524号民事裁定书。

〔3〕 参见最高人民法院民事审判第一庭编著：《最高人民法院新建设工程施工合同司法解释（一）理解与适用》，人民法院出版社2021年版，第84页。

包合同》因承包人何某华没有建筑施工企业资质而被认定无效，但根据《合同法》第五十八条的规定，合同被依法确认无效后，当事人应当承担返还财产或者折价补偿以及赔偿损失的法律责任，长工公司明知何某华没有资质而以内部承包的形式与何某华、汇华公司共同签订建设工程施工合同，对合同无效有过错，应当承担赔偿损失的责任。何某华的损失即工程款被拖欠的损失，故原判决认定长工公司与汇华公司就欠付工程款及利息承担连带责任，并无不当。[1]

（三）发包人担责范围处理

1. 欠付工程款的理解

参与制定司法解释的法官认为，本解释规定的“欠付工程款”应当是指发包人欠付总承包人的工程款，而非欠付实际施工人的工程款，不能要求发包人、总承包人、转包人对实际施工人的所有债权承担责任。……实际施工人主张工程价款时，往往还会向发包人或者转包人、违法分包人主张工程款利息、违约金、工程奖励、损失赔偿等款项。对于这些不同类别的款项，实际施工人可以突破合同相对性原则向发包人主张的款项应当限定为工程价款，不包括违约金、损失、赔偿等。至于工程款利息是否可以要求发包人在欠付工程款范围内承担责任，实践中争议较大。工程款结算中，人工费占比一般在15% ~20%，从本条款保护农民工工资的本意出发，发包人在欠付工程款范围内承担责任，数额上已足以保障农民工工资的支付，故倾向性意见对工程款利息不予支持。[2]

施工合同无效，发包人责任范围应以承包人对实际施工人欠付的工程价款，发包人对在欠款范围内承担责任的，既包含工程款也包含工程款利息，但不包括其他损失。

【案例13－141】　甲公司与乙公司建设工程施工合同纠纷案

一审法院认为，关于张某提出欠付款利息问题，由于张某所签合同当属无效，且施工中存在严重问题被令退场，因此导致工程被令停工、清场产生的损失等，应属无效合同的损失。考虑到张某自身的过错和责任，同时考虑甲公司与乙公司各自的责任以及张某等施工人员停工后损失实际存在的具体

〔1〕　最高人民法院（2019）民申4893号民事裁定书。

〔2〕　参见最高人民法院民事审判第一庭编著：《最高人民法院新建设工程施工合同司法解释（一）理解与适用》，人民法院出版社2021年版，第449页。

情况,根据公平原则,判决甲公司对该损失以全额支付欠款利息的方式对张某等施工人予以适当补偿,乙公司对此承担连带责任,所支付的利息自张某起诉主张权利时起算。二审法院认为,本案中甲公司欠付工程款的利息不应当作为合同无效后的损失计算,而应当作为不当得利予以返还,且计算期间应自涉案工程款交付甲公司之日起算。最高人民法院民一庭倾向性意见:建设工程施工合同中,借用他人资质签订的合同,如果发包人在签订合同时是明知的或故意追求的,则借用有资质企业的实际施工人与承包人签订的合同和承包人与发包人签订的合同都应认定无效。实际施工人向发包人请求欠付工程款基于不当得利返还请求权,其返还范围包括欠付的工程款及其利息,利息应从在建工程或已完工交付给发包人时计算。〔1〕

实际施工人主张发包人在欠付工程价款及利息范围内承担责任的,法院应当支持。

【案例13-142】 金某祥与银泰公司建设工程施工合同纠纷再审案

最高人民法院认为,关于银泰公司的连带责任是否包含工程款的利息。工程款利息系法定孳息,原判决依据《建设工程解释(一)》第二十六条规定认定银泰公司应支付案涉欠付工程款利息,并不缺乏法律依据。〔2〕

实际施工人请求发包人在欠付工程款范围内承担责任的,诉求应写明是否包含工程款利息,未写明的,法院对工程款利息不予处分。

【案例13-143】 河南汇龙环保科技有限公司与大唐陕西发电有限公司西安热电厂等建设工程施工合同纠纷再审案

最高人民法院认为,关于利息问题。依据《建设工程解释(二)》第二十四条规定,原判决大唐热电厂在欠付工程款范围内对汇龙公司欠付亚能公司的工程款承担连带清偿责任,事实及法律依据充分,并无不妥。汇龙公司申请再审认为原判决未确认大唐热电厂在欠付工程款范围内对汇龙公司拖欠山西亚能公司的工程款利息承担清偿责任错误。因利息系法定孳息,实际施工人根据《建设工程解释(二)》第二十六条之规定请求发包人在欠付工程款范围内承担责任的,该责任既包括转包人、违法分包人欠付的工程款本金,也包括相应利息。本案中,法院系围绕一审亚能公司的诉讼请求进行审理,鉴于该公司在诉讼请求中仅主张大唐热电厂在欠付工程款范围内向其偿付工程款,并未涉及利息,故二审法院依据其诉讼请求,判决由大唐热电厂对汇龙

〔1〕 参见贾劲松主编:《建设工程施工合同案件裁判要点与观点》,法律出版社2016年版,第136页。
〔2〕 最高人民法院(2020)民申3929号民事裁定书。

公司在其欠付工程款范围内承担连带清偿责任，并无不妥。[1]

《建设工程解释(一)》规定，“发包人只在欠付工程价款范围内对实际施工人承担责任”，究竟是按整个工程来认定欠款范围还是按实际施工人承包的工程来认定欠款范围，要根据案件具体情况、综合平衡各方利益而定。一般来讲，某一工程是由多个实际施工人平行完成，或者先后完成的，只承包了部分工程的实际施工人起诉，其他实际施工人没有起诉，法院的审理范围往往限于起诉实际施工人承包的工程款范围，审查造价、已付款金额，认定实际施工人被欠款金额。至于发包人欠付工程款金额，在发包人和承包人已经结算的情况下，欠款范围认定是工程总造价减去已付工程款，这种情况不会产生争议。在发包人和承包人尚未结算的情况下，工程总造价无法确定，发包人已付款总额能够确定，此时发包人和承包人之间的欠款范围无法确定，但是发包人对承包人付款能够区分出实际施工人承包的部分工程的付款金额，此时根据“实际施工人造价”减去“发包人就承包的部分工程的付款金额”，即可确定发包人的欠款范围。在发包人和总包人尚未结算的情况下，如果各实际施工人是分开结算付款的且发包人对此明知，法院一般不将其他实际施工人结算付款情况纳入本案审理范围，不能拿其他实际施工人的多付或超付款项来充抵本案实际施工人的欠款。虽然发包人和承包人尚未完成结算，也无法区分各实际施工人的付款情况，但是根据合同价和初步结算能够确定发包人欠付承包人的工程款范围要远大于实际施工人的被欠款金额，法院可根据实际施工人被欠款金额直接判决。

【案例 13-144】　宁夏瑞信房地产开发有限公司与徐某波建设工程施工合同纠纷再审案

最高人民法院认为，(1)本案系实际施工人徐某波提起诉讼，请求判决瑞信公司及吉运公司支付欠付的工程款。瑞信公司并未提供充分证据证明就徐某波实际施工部分的工程款，其已经向吉运公司或者徐某波全部付清。(2)一审判决认为瑞信公司提交的付款证据无法区分各个施工人工程款支付情况，不足以证明其不存在欠付工程款的事实，瑞信公司应在欠付工程款的范围内对徐某波承担责任。(3)瑞信公司二审时为支持其主张补充提交了证据，但从其提交证据的内容看，系其就其他实际施工人王某忠、高某鹏实际施工的工程付款的证据，并非直接证明瑞信公司就徐某波实际施工部分向吉运公司或者徐某波付款的证据。(4)二审判决认为瑞信公司分别与实际施工人结算并支付工程款，瑞信公司未举证证明其已向徐某波付清该款项，在查明徐某波实际施工的工程项目面积基础上，依据合同约定的固定单价对

---

[1]　最高人民法院(2021)民申1400号民事裁定书。

徐某波实际施工部分的应付工程款进行了认定，并对瑞信公司、吉运公司能够提供充分证据证明的向徐某波已付工程款进行了认定，在扣除已付款、未到期质保金、税金和管理费等各项费用后，对欠付工程款进行了认定，就徐某波实际施工部分的工程款，判决瑞信公司在欠付吉运公司工程款11,468,415.56元范围内向徐某波承担付款责任，并无不当。[1]

2. 工程款范围的理解

质量保证金是发包人支付欠付工程款范围。质量保证金的留取是发包人用以约束承包人严格按照合同约定及施工质量标准进行施工建设，否则承包人将无法获得全额工程款的一种行业惯例。质量保证金的来源是发包人应支付给承包人的工程价款。从形式上来讲，质量保证金具有特殊意义，是保证建设工程质量的一种资金；从实质上来讲，质量保证金依然是承包人应得工程款（发包人欠付工程款）的一部分。实际施工人要求发包人在质量保证金范围内承担支付责任，应予支持。

【案例13－145】　颜某银、王某辉诉文某芳等建设工程施工合同纠纷案

一审法院认为，实际施工人起诉发包人请求欠付工程价款的，发包人在欠付工程价款的范围内对实际施工人承担直接支付欠付工程款的责任。据此，被告振兴房地产公司依法应当在其欠付被告茌山建筑公司的质量保证金中支付法院确认的工程欠款数额。二审法院亦持同样意见，维持一审判决。[2]

【案例13－146】　某公司与振兴公司建设工程施工合同纠纷再审案

再审法院认为，申请人主张，振兴公司作为发包人应向实际施工人承担责任，其应连带返还保证金。因《建设工程解释》第二十六条及《建设工程解释（一）》第四十三条所规定的发包人责任范围仅限于欠付工程价款，不包括工程保证金，故申请人该项诉讼主张，缺乏相应法律依据，不能成立。[3]

【案例13－147】　戚某锋与斯某江建设工程施工合同纠纷案

最高人民法院认为，关于“保证金”是否应退还并支付逾期利息问题。根据《内部工程承包协议》的明确约定，在建设方的总承包合同主要条款有所修改且戚某锋无法接受的情况下，斯某江才负有退还“保证金”的合同义

---

〔1〕 最高人民法院(2020)民申707号民事裁定书。

〔2〕 参见国家法官学院案例开发研究中心编：《中国法院2018年度案例》(合同纠纷)，中国法制出版社2018年版，第200页。

〔3〕 陕西省高级人民法院(2022)陕民申1974号民事裁定书。

务。从本案已查明的事实来看,戚某锋对案涉工程已施工完毕,以实际行为表明并无拒绝承建工程以及相关条件的情形,亦未提交证据证明本案存在双方约定的应退“保证金”的事由,故戚某锋主张退还保证金缺乏合同依据。另从合同的具体约定判断,案涉“保证金”的法律属性并不明确,亦非工程质量保证金,戚某锋主张斯某江自工程竣工之日退还并支付逾期退还的利息,缺乏更为充分的法律依据。故戚某锋此项上诉请求不能成立,本院不予支持。[1]

按照《建筑安装工程费用项目组成》的规定,工程价款包括利润。自然人作为实际施工人有权获得利润。

【案例13-148】　陕西泾渭建设集团有限公司与武某建设工程施工合同纠纷案

最高人民法院认为,对于施工利润。泾渭公司认为合同无效,武某不应当获得工程利润。在本案中,泾渭公司将案涉工程转包给没有资质的个人武某,泾渭公司对《项目施工委托书》的无效存在过错。一审中已经按照《项目施工委托书》的约定扣除了泾渭公司收取的管理费,如再扣除利润,该利润被泾渭公司获得,泾渭公司违法转包反而取得了实际施工人本应获得的利润,不仅违背《项目施工委托书》的约定,违背诚信,亦有失公平。因此泾渭公司主张扣减施工利润的上诉理由不能成立。[2]

实际施工人应得工程价款的间接费中不应扣除企业管理费、规费和利润。

【案例13-149】　潘某进与中铁十二局二公司建设工程施工合同纠纷再审案

最高人民法院认为,华昆咨询价鉴(2019)2号鉴定意见书载明,间接费868,820元包括企业管理费、规费和利润。因企业管理费与实际施工人的资质无关,且潘某进在建设施工过程中进行了具体的工程管理,故管理费不应从潘某进应得工程价款中扣除。而规费作为政府和有关权力部门规定必须缴纳的费用,包括为职工缴纳的五险一金以及按规定缴纳的施工现场工程排污费等费用,因案涉工程由潘某进组织的工人施工,所涉及的五险一金等应由潘某进承担,故规费不应从潘某进应得工程价款中扣除。至于利润,作为施工方的潘某进,其劳力、材料等已物化在建设工程的整体价值中,在潘某进完成的工程不存在质量问题的情况下,中铁十二局二公司的合同目的已实现,利润是潘某进理应获得的相应对价,如将该部分利润留给中铁十二局二公

---

〔1〕 最高人民法院(2021)民终1268号民事判决书。
〔2〕 最高人民法院(2019)民终1549号民事判决书。

司,则基于同样一份无效合同,中铁十二局二公司将获得更多的非法利益,有违合同公平合理的基本原则,故利润亦不应从潘某进应得工程价款中扣除。[1]

实际施工人不应获得比承包人更多的工程价款。

【案例 13 - 150】 胥某秋与陕西省中业交通建筑工程有限公司建设工程施工合同纠纷再审案

最高人民法院认为,《工程施工合同书》约定:"工程量为施工图纸及工程量清单全部内容,工程造价 23,196,960.21 元,该工程的全部变更工程实施责任交由乙方(胥某秋)承担,届时按变更后的实施施工工程量另计工程价款。"依照该约定,工程款应当据实结算。西藏自治区审计厅藏审投报(2017)24 号审计报告明确案涉工程因工程量减少核减的金额为 1,781,990.51 元,工程价款为 21,737,854.52 元。本院认为应当按照该审计报告据实确定工程价款,陕西中交公司西藏分公司欠付胥某秋工程价款中应当扣除 1,781,990.51 元,即 1,682,028.01 元。[2]

3. 工程款特定性的理解

归属于实际施工人的工程款具有特定性,并非承包人的责任财产,实际施工人可排除他案的强制执行。

【案例 13 - 151】 某某与诚拓公司、王某建设工程施工合同纠纷再审案

再审法院认为,案涉工程款不是诚拓公司的责任财产,不应纳入诚拓公司、民间借贷纠纷一案强制执行的范围。人民法院在执行程序中对被执行人所采取的强制执行措施,应当以其责任财产为限。如果有证据证明拟执行标的不属于被执行人的责任财产,则人民法院应当停止对该标的的执行。债权人无权要求债务人用其责任财产之外的财产偿付其的债务。本案中,洪泽法院(2018)苏 0813 民初 578 号民事生效判决查明,案涉经九路道路工程系实际施工人徐某完成,经竣工验收合格,案涉工程系徐某劳动所凝结的成果,且诚拓公司与食品产业公司并无其他工程项目,因此,食品产业公司应支付的全部案涉工程款均具有归属于徐某的特定性,并非诚拓公司的责任财产,洪泽法院在执行赵某春与诚拓公司、王某民间借贷纠纷一案过程,作出(2017)苏 0813 执 973 号之二执行裁定,对诚拓公司在食品产业公司的工程款在 400 万元范围内予以冻结;于 2018 年 2 月 8 日作出(2017)苏 0813 执 973 号之六执行裁定书,裁定提取诚拓公司在食品产业公司的工程款,没有事实与法律

---

〔1〕 最高人民法院(2021)民终 412 号民事判决书。
〔2〕 最高人民法院(2019)民再 163 号民事判决书。

依据，应予撤销。诚拓公司在明知案涉工程为徐某实际施工人，案涉工程款并非归自己所有的情况下，仍然主张用此款项归还自身的债务，并由此引发本案诉讼，应当承担本案诉讼费用。[1]

(四)发包人担责条件处理

1. 发包人担责条件理解

根据《建设工程解释(一)》第四十三条的规定，发包人向实际施工人承担支付工程款。但该条适用是有严格条件的，其一，必须存在转包或违法分包的行为。转包或违法分包的概念详见有关规定。该行为是担责的前提性条件。其二，发包人只在欠付工程价款范围内对实际施工人承担责任，如果发包人已向承包人支付完工程款则不成立该条件，该条是担责的核心条件。这两个条件是并列条件，构成《建设工程解释(一)》第四十三条规定突破合同相对性核心内容，缺少任何一个条件则限制实际施工人向发包人主张工程款，同样发包人也无需向实际施工人担责。对于不符合担责要件的，法律不支持实际施工人的诉求。也就是说，为了限制发包人的责任，其只在拖欠与其有合同关系的承包人的工程款范围内向实际施工人承担责任。

发包人在欠付工程款范围内对实际施工人承担付款责任的前提是，各方当事人已经依据合同相对方之间的合同完成了结算且存在欠付款项，该合同相对性的突破是以肯定各自之间的合同相对性为基础，有条件的突破，而不是完全的突破合同相对性原则。需要强调的是，在执行程序中，案外人请求直接从发包人处扣划实际施工人工程款，不仅要证明发包人就案涉工程尚有欠付工程款，还要证明实际施工人就其所施工工程与承包人的结算情况。在未完成两个结算的情况下，发包人欠付承包人的工程款未必就是归实际施工人所有。

【案例 13－152】　丰磊公司诉汪某胜执行异议之诉纠纷再审案

二审法院认为，汪某胜作为丰磊公司承建涉案工程的实际施工人，应当依据其与丰磊公司相关合同约定结算其应得工程款，枞阳中学所欠付工程款并不当然属于汪某胜的到期债权。丰磊公司作为案涉工程的施工单位，依法对枞阳中学欠付工程款享有排除他人强制执行的民事权益。遂判决撤销了一审判决。再审法院认为，《建设工程解释》第二十六条虽然赋予实际施工

---

〔1〕 江苏省高级人民法院(2019)苏民再548号民事判决书。

人直接向发包人主张欠付工程价款的权利,在实体上突破了合同相对性,但该合同相对性的突破是以肯定各自之间的合同相对性为基础的,有条件的突破。在丰磊公司是否尚欠汪某胜工程款以及实际欠款数额均不明确的情况下,应当停止对枞阳中学应付丰磊公司"枞阳中学新校区3#、4#楼公寓(Ⅱ标段)"工程款220万元的强制执行。遂驳回了汪某胜的再审申请。[1]

承包人实际施工,但无法准确计量的部分,法院不能以无法准确计量为由不支持相应的工程价款。

【案例13-153】 中国水利水电第五工程局有限公司与大唐甘肃祁连水电有限公司建设工程施工合同纠纷案

最高人民法院认为,对部分确实发生的施工,仅以施工量无法计量为由对相应工程价款未予支持不妥。本案已经委托相关中介机构进行鉴定。对于确实发生的施工,即使无法准确计量施工量,亦应当委托相关中介机构予以估算,并对施工方要求支付工程价款的诉请视情形予以相应支持,方为公平。一审判决多处在认定已实际施工的情况下,仅因工程量无法准确计量,而不予认定相应工程价款不妥。[2]

【不同处理】 发承包未结算,实际施工人请求发包人支付工程款不支持。

【案例13-154】 符某强等与长隆海洋世界建设工程施工合同纠纷再审案

再审法院认为,发包人长隆海洋世界已举证证明其向总承包人中建三局第一公司支付了工程款760,471,776.58元,中建三局第一公司对此予以认可,符某强等四人、人众公司亦不持异议。由于长隆海洋世界与中建三局第一公司均确认珠海长隆海洋科学馆项目土建施工总承包工程尚未完工验收故尚未进行结算,因此二审法院将长隆海洋世界已付工程款与总承包合同暂定的总工程款637,024,252.57元进行比较后,认为暂不能认定长隆海洋世界欠付工程款,故对符某强等四人作为实际施工人请求长隆海洋世界承担责任不予支持,并无不当。二审法院并已告知符某强等四人,若长隆海洋世界在与中建三局第一公司实际结算后仍存在欠付工程款的,其四人可另行起诉主张。符某强等四人在申请再审时提交的网络新闻报道,尚不足以推翻二审判决,不属于再审新证据。[3]

发包人的付款对象和付款效力认定问题。根据合同相对性原理,发包人应向合同相对方承包人支付工程款。与承包人签订内部承包合同的自然人以承包人

[1] 安徽省高级人民法院(2018)皖民申1524号民事裁定书。
[2] 最高人民法院(2020)民终852号民事判决书。
[3] 广东省高级人民法院(2021)粤民申7270号民事裁定书。

名义对外签订合同、并以承包人名义形成负债,其个人不能成为建设工程的合同主体,无权向发包人主张工程款。也就是说,即便内部承包合同的自然人为实际施工人,其限制发包人将其作为付款对象。

【案例 13-155】 河北凯隆建筑工程有限公司与河北妇兴房地产开发有限公司等建设工程施工合同纠纷案

二审法院认为,该建设工程合同的主体为妇兴公司和凯隆公司,凯隆公司依据合同主张工程款依法有据。王某心虽为南堡开发区2号住宅小区的实际施工人,但其在施工过程中以凯隆公司的名义对外签订过合同,目前有以凯隆公司名义形成的负债,故一审法院认定工程款应向凯隆公司支付、王某心与凯隆公司的内部纠纷应另案解决是正确的。[1]

2. 挂靠情形下发包人担责条件理解

发包人明知实际施工人借用资质签订施工合同的,实际施工人可以直接向发包人主张工程款。

【案例 13-156】 李某民与衡洲公司建设工程施工合同纠纷再审案

最高人民法院认为,(1)本案中,《蓝岛·滨海康城项目建筑施工合同》约定衡洲公司承包正诚公司开发的案涉项目,在该合同承包人处由李某民签字、衡洲公司盖章。(2)李某民与衡洲公司签订的内部经济责任承包合同约定,李某民负责案涉工程施工过程中的一切生产经营事务,行使在该合同中的权利、责任和义务,并承担经济、民事等一切法律责任。李某民以结算总价为基数,按照一定比例向衡洲公司交纳管理费。(3)正诚公司在本案一审审理时提交了借条及业务委托书回执、支付工程款凭证等证据,证明其在案涉施工合同履行过程中,代李某民向劳动监察部门缴纳工程保证金并直接向李某民支付工程款。(4)此外,在李某民提起本案诉讼之前,衡洲公司提起另案诉讼向正诚公司主张权利,在该案审理过程中,衡洲公司与正诚公司签订《和解协议》,确定双方所签施工合同的实际施工人为李某民,对于正诚公司与李某民之间工程款结算等问题由正诚公司与李某民按施工合同及补充协议的相关约定办理。因此,结合案涉合同签订、履行的相关事实及另案诉讼中形成的证据可认定,李某民系借用衡洲公司资质与正诚公司订立建设工程施工合同,李某民为案涉工程的实际施工人,正诚公司对此应属明知,故原审法院认定李某民有权请求正诚公司支付工程欠款,理据充分,并无不当。[2]

---

〔1〕 河北省高级人民法院(2012)冀民一终字第22号民事判决书。

〔2〕 最高人民法院(2021)民申5282号民事裁定书。

判决发包人在欠付建设工程价款范围内对实际施工人承担责任，应以查明发包人欠付转包人或者违法分包人工程款数额为前提。发包人与承包人尚未完成结算的，因不能确定欠付工程款数额，实际施工人不能请求发包人在欠付工程款范围内承担支付责任。

【案例13－157】 朝阳公司与南江土储中心建设工程施工合同纠纷再审案

最高人民法院认为，原审法院基于对南江土储中心系案涉项目的发包方、回购方且尚欠朝阳公司工程款及投资收益等事实的认定，依据《建设工程解释（二）》第二十四条规定（现参见《建设工程解释（一）》第四十三条第二款），判决南江土储中心在欠付朝阳公司工程款范围内就朝阳公司应向李某寿、邹某荣支付的回购款本息及投资收益承担支付责任。但是，根据上述规定，建设工程施工合同纠纷案件中，判决发包人在欠付建设工程价款范围内对实际施工人承担责任，应以查明发包人欠付转包人或者违法分包人工程款数额为前提。截至原审法院作出判决时，南江土储中心与朝阳公司并未就案涉工程进行结算，南江土储中心所欠朝阳公司的工程款数额尚不确定。在此情形下，原审法院判决南江土储中心承担本案支付责任，属于认定基本事实不清。〔1〕

【案例13－158】 黄某德与安盘南公司、德感公司建设工程施工合同纠纷再审案

最高人民法院认为，实际施工人要求发包人承担支付工程款的前提是发包人欠付承包人工程款，进而需要认定发包人与承包人之间的工程款结算事实。本案2015年盘州市人民政府、申安盘南公司、德感公司三方签订的《BT补充协议》第五条（一）项目回购2. 项目回购期约定，“该项目竣工决算、审计结束进入回购期。审计须在3个月内完成，即乙方（德感公司）将决算报告提交至甲方（盘州市人民政府）后3个月未完成审计，视为已经完成审计程序，并暂按决算金额直接进入回购”。现各方当事人均确认德感公司一直未提交竣工验收资料，且验收资料由德感公司掌握，导致案涉工程截至目前仍未验收。另外，案涉工程尚有部分工程未完工，且存在工程质量问题。黄某德一方（以实际施工人名义）以工程质量验收会议结论原件、工程结算审核定案表原件、会议签到册原件以及现场照片等作为再审新证据，主张案涉工程已结算并竣工验收合格投入使用。但上述证据材料作为结算依据与前述多份合同约定不符，缺乏作为竣工结算资料的合同依据。故上述证据不能推翻二审判决关于“未有证据证明申安盘南公司与德感公司对案涉工程款已有结

〔1〕 最高人民法院（2021）民申4930号民事裁定书。

算”的认定。另外，实际施工人并非合法的工程施工主体，其虽然有权突破合同相对性向发包人主张债权，但其享有的权利不能优于承包人，其权利的行使要受发包人与承包人之间约定的限制。[1]

【案例 13－159】　李某军、崔某良与中发源公司建设工程施工合同纠纷案

最高人民法院认为，根据《建设工程解释》的规定，发包人向实际施工人承担责任的前提是其欠付转包人或者违法分包人工程价款。该规定是从实质公平的角度出发，实际施工人向发包人主张权利后，发包人、转包人或者违法分包人以及实际施工人之间的连环债务相应消灭，且发包人对实际施工人承担责任以其欠付的建设工程价款为限。案涉时代广场并未完工，发包人中发源公司与承包人黄瓦台公司亦未进行结算，仅能确定黄瓦台公司、黄瓦台青海分公司欠付李某军、崔某良工程款的事实。中发源公司是否欠付黄瓦台公司、黄瓦台青海分公司工程款，欠付工程款的数额等事实因未结算无法查清，实际施工人与发包人之间的权利义务并不明确，故李某军、崔某良向中发源公司主张其在欠付工程款范围内承担责任的条件不成就。[2]

【案例 13－160】　河南鼎泰公司与港区国有资产公司、华中国电公司某某公司建设工程施工合同纠纷再审案

最高人民法院认为，河南鼎泰公司主张依据司法鉴定机构对案涉工程的造价鉴定和结算比例，可推断出港区国有资产公司欠付华中国电公司的工程款数额，但港区国有资产公司与华中国电公司之间尚未进行结算，在本案二审审理过程中，港区国有资产公司与华中国电公司均明确表示港区国有资产公司已经按照双方之间合同约定支付了进度款，故港区国有资产公司是否欠付华中国电公司工程款及欠付多少尚无法确定。同时，二审判决已载明待港区国有资产公司与华中国电公司实际结算后，如存在港区国有资产公司欠付的情形，河南鼎泰公司可另行主张权利。故河南鼎泰公司该申请再审的理由不能成立。[3]

实际施工人借用被挂靠方的资质与发包人签订建设工程施工合同，因被挂靠方与发包人之间无订立合同的真实意思表示，双方之间不存在实质性的法律关系，故实际施工人依据《建设工程解释(一)》第四十三条要求被挂靠方承担支付工程款的责任，法院不应支持。但实际施工人与发包人在订立和履行施工合同的过程中，形成事实上的法律关系，实际施工人有权直接向发包人主张工程款。

---

〔1〕 最高人民法院(2021)民申 3407 号民事裁定书。

〔2〕 最高人民法院(2021)民终 339 号民事判决书。

〔3〕 最高人民法院(2021)民申 6156 号民事裁定书。

【案例13－161】 朱某某诉四川中顶建设工程有限公司、乌兰县自然资源局建设工程施工合同纠纷再审案

最高人民法院认为，朱某某与中顶公司签订的《挂靠协议》约定："中顶公司同时协助朱某某办理收付工程款……"并未约定被挂靠方中顶公司向朱某某支付工程款，同时，乌兰县国土资源局亦未实际向中顶公司支付案涉工程款，故朱某某主张中顶公司支付欠付工程款及利息无合同及事实依据。依据《建设工程解释》第二十六条规定，实际施工人可向发包人、转包人、违法分包人主张权利。但中顶公司系被挂靠方，不属于发包人、转包人、违法分包人，一审、二审判决以上述规定为法律依据判决中顶公司承担给付工程款的责任，适用法律错误。朱某某挂靠中顶公司借用其资质与乌兰县国土资源局签订案涉施工合同，中顶公司作为被借用资质方，欠缺与发包人乌兰县国土资源局订立施工合同的真实意思表示，双方不存在实质性的法律关系。朱某某作为案涉工程的实际施工人与发包人乌兰县国土资源局在订立和履行施工合同的过程中，形成事实上的法律关系，朱某某有权直接向乌兰县国土资源局主张工程款。〔1〕

在借用资质的情况下，名义承包人并未参与工程建设，实际施工人请求名义承包人承担付款责任，缺乏事实根据和法律依据。

【案例13－162】 金某三、陈某辉与大唐建筑公司建设工程施工合同纠纷再审案

最高人民法院认为，根据2013年5月3日签订的《建筑工程施工合同》、2013年5月17日签订的《承包协议书》及案涉工程的施工情况，金某三、陈某辉是案涉工程的实际施工人，大唐建筑公司只是名义上承包案涉工程，原判决认定金某三、陈某辉与大唐建筑公司之间属于借用资质关系并不缺乏证据证明。《建设工程解释》第四条规定，承包人非法转包、违法分包建设工程或者没有资质的实际施工人借用有资质的建筑施工企业名义与他人签订建设工程施工合同的行为无效。案涉《建设工程施工合同》及《承包协议书》均因违法而无效。大唐建筑公司并未参与工程建设，陈某辉请求大唐建筑公司承担付款责任，缺乏事实根据和法律依据。〔2〕

名义承包人与挂靠人通过内部承包协议约定挂靠人对其承揽的工程实行独立核算、自负盈亏，虽然挂靠人为项目实际施工人，但该约定不能成为名义承包人免除其对发包人承担合同责任的理由。

---

〔1〕 最高人民法院(2019)民再329号民事判决书。

〔2〕 最高人民法院(2021)民申6524号民事判决书。

【案例 13－163】 金利公司与中太公司、张某建设工程施工合同纠纷案

最高人民法院认为，关于原审判决认定的中太公司责任应否由张某负担的问题。中太公司承认张某挂靠其公司承揽案涉工程并实际施工，其配合金利公司完成招投标程序后，与张某签订工程内部承包协议，约定建设资金全部由张某组织自筹，张某对该工程承担全部施工管理任务，独立核算，自负盈亏，其只收取管理费。但其与张某通过内部承包协议所作前述约定，不能成为免除其对金利公司承担合同责任的理由。原审法院判令其对金利公司承担相应责任，符合法律规定。[1]

在发包人与承包人之间就建设工程价款明确约定了结算方式的情况下，发包人仅在约定的范围内承担责任，实际施工人不能直接与发包人进行结算。

【案例 13－164】 张某与沈阳冠隆置业发展有限公司、辽宁实华（集团）房地产开发有限公司等建设工程施工合同纠纷再审案

最高人民法院认为，关于冠隆公司、实华公司的责任问题。尽管“四方协议”无效，但张某作为实际施工人已经对案涉五栋楼进行了实际施工，在本案诉讼过程中，实华公司或冠隆公司从未就其实际施工部分的工程质量问题提出异议，原审认定其实际施工的部分不存在质量问题，并判令实华公司、冠隆公司承担付款责任符合客观实际。冠隆公司有关案涉工程未经竣工验收、未实际使用、不具备付款条件等主张，均缺乏事实和法律依据，本院不予支持。至于冠隆公司、实华公司的责任范围，则应当依据其再审申请，再结合其在案涉建设工程法律关系中的地位来具体确定：一是关于冠隆公司的责任范围。《建设工程解释（二）》第二十四条规定：“实际施工人以发包人为被告主张权利的，人民法院应当追加转包人或者违法分包人为本案第三人，在查明发包人欠付转包人或者违法分包人建设工程价款的数额后，判决发包人在欠付建设工程价款范围内对实际施工人承担责任。”从该条规定来看，实际施工人尽管可以直接向发包人主张权利，但发包人仅与转包人或者违法分包人进行结算，并不直接与实际施工人进行结算。在发包人与承包人之间就建设工程价款明确约定了结算方式的情况下，发包人仅在约定的范围内承担责任。否则，如果允许实际施工人直接与发包人进行结算，在实际工程造价超出约定的情况下，会导致实际施工人实际获得的价款大于承包人依据约定从发包人处能够获得的价款，实质上是鼓励了违法分包和层层转包。本案中，依据冠隆公司与本钢三建公司有关采用固定单价方式计付工程款的约定，冠隆公司主张依据辽阳华阳工程造价咨询事务所有限责任公司出具的《已完工程施工

---

〔1〕 最高人民法院（2021）民终425号民事判决书。

产值报告》认定案涉工程款有合同依据。根据该报告,张某实际施工部分对应的价款为45,185,293.36元,扣除冠隆公司实际支付的35,034,300.00元,其应付的工程款为10,150,993.36元。原审判决依照"四方协议"的约定认定冠隆公司应付的工程款有所不当,本院予以纠正。至于冠隆公司主张在欠付的工程款中扣除9%的税金、3%的质保金及规费等费用的问题,因其与本钢三建公司签订的建设工程施工合同中对此未予约定,对其该项主张,本院不予支持。二是关于实华公司的责任范围。实华公司主张其已经以房屋抵顶工程款的形式向王某华支付了9,983,613.60元的工程款,该款项应当在应付的工程款中予以扣除。从案涉以物抵债协议的签订及履行过程来看,系王某华以四冶建设公司名义与实华公司所签订,王某华及其代理人李某华、张某在相关函件上予以签字确认。在四冶建设公司明确表示案涉协议与其无关,其后果由王某华承担的情况下,应当认为实华公司以物抵债的对象是王某华。王某华与张某的合伙承包关系决定了以物抵债的效果也及于张某。就此而言,实华公司的该项主张于法有据,相应款项应从应付的工程款中扣除,故实华公司应付张某的工程款:19,033,224.00元-9,983,613.60元=9,049,610.40元。原审判决未扣减该款项不当,本院予以纠正。[1]

被挂靠人起诉发包人后法院判决发包人应支付工程款,挂靠人又起诉被挂靠人并要求发包人在欠付工程款范围内承担连带责任,如何执行到位是应研究的问题。

【案例13-165】 刘某贵与鑫卓公司建设工程施工合同纠纷再审案

再审法院认为,根据本案已查明的事实,刘某贵为涉案工程的实际施工人,其借用中外建公司资质进行涉案土石方工程的施工,刘某贵与中外建公司形成挂靠关系,鑫卓公司为涉案工程的发包人。……本案应审查的是中外建公司按照法律规定是否应支付刘某贵工程款及利息及鑫卓公司应承担何种责任。而生效判决却判令确认中外建公司在其诉鑫卓公司建设工程施工合同纠纷一案。(2017)豫1327民初1548号民事判决中享有"鑫卓公司在判决生效后10日内支付中外建公司工程款3,107,764.64元及利息"权利中的2,303,623.64元及其利息部分归刘某贵:首先,生效判决确认中外建公司在其诉鑫卓公司判决中享有"鑫卓公司在判决生效后10日内支付中外建公司工程款3,107,764.64元及利息"权利中的2,303,623.64元及其利息归刘某贵判非所请,超出刘某贵诉讼请求;其次,生效判决无法执行。根据《民事诉讼法解释》第四百六十三条第一款的规定,当事人申请人民法院执行的生效

---

〔1〕 最高人民法院(2021)民再84号民事判决书。

法律文书应当具备下列条件:(1)权利义务主体明确;(2)给付内容明确。本案生效判决确认的标的系另案生效判决书中的工程款数额,该工程款请求权是否已履行或经强制执行及何时能执行均处于不确定状态,且未明确责任承担的主体。故指令河南省南阳市中级人民法院再审本案。[1]

实际施工人对发包人、违法分包人提起的建设工程价款的给付诉讼,发包人的责任范围是欠付的建设工程价款,该事实属于案件审理中必须查明的事实,未超越法院审理范围。

【案例 13-166】 芜湖市鸠江建设投资有限公司与叶某龙等建设工程施工合同纠纷再审案

最高人民法院认为,根据相关司法解释规定,发包人的责任范围是欠付的建设工程价款,该事实属于案件审理中必须查明的事实。原审法院依法查明建投公司欠付三联公司的建设工程价款金额 2,136,461.33 元,符合法律、司法解释的规定。《建设工程解释(一)》第二十六条、《建设工程解释(二)》第二十四条突破了合同的相对性,确立了实际施工人直接向发包人主张权利的规则,其目的就在于更有效地保护实际施工人的权利。发包人与违法分包人对工程价款是否决算、是否存在争议、违法分包人是否向发包人主张权利都不能影响实际施工人主张权利。再审申请人建投公司主张原审法院超越审理范围无事实和法律依据,其请求不能成立。[2]

3. 发包人担责条件例外

有律师认为,下列情况下应属于正当理由:其一,有生效判决或者生效裁定,确认由发包人向实际施工人支付工程款;其二,施工企业要求发包人直接支付给实际施工人;其三,发包人直接向施工实际施工人付款虽缺乏承包人授权,但付款原因涉及职务行为或表现代理的,则付款有效;其四,发生诸如农民工讨薪事件,但施工企业无力支付,政府部门要求发包人支付的。[3]

【案例 13-167】 安徽省十字铺茶场与合肥建工金鸟集团有限公司建设工程施工合同纠纷案

最高人民法院认为,安徽省十字铺茶场(以下简称十字铺茶场)代付农民工工资,虽然未按照双方 2010 年 10 月 22 日签订的《建设工程施工合同》专用条款第四十七条约定,将该笔款项汇入合肥建工金鸟集团有限公司(以

---

〔1〕 河南省高级人民法院(2022)豫民申 1000 号民事裁决书。

〔2〕 最高人民法院(2020)民申 3363 号民事裁定书。

〔3〕 参见史鹏舟主编:《建设工程实际施工人法律问题深度解析》,法律出版社 2002 年版,第 137 页。

下简称金鸟公司)所属账户,但金鸟公司向十字铺茶场出具的《关于不拖欠农民工工资的承诺》明确表示如拖欠农民工工资,同意十字铺茶场直接从结算款中扣留拖欠的金额。在郎溪县建筑工程质量安全监督管理局、郎溪县人社局、郎溪县住建委召开的十字铺绿魁花园廉租房农民工工资会议上,金鸟公司亦派人参加,郎溪县人社局和郎溪县住建委向十字铺茶场下发的《关于垫付农民工工资的函》及《十字铺茶场二期廉租房拖欠农民工工资清单》的事实完全知晓,并积极履行了工程款申请手续。郎溪县人社局和郎溪县住建委根据国务院关于农民工工资的相关规定,要求十字铺茶场垫付农民工工资是履行政府行政管理职责,并未侵犯金鸟公司的权益。[1]

(五)实际施工人代位权处理

《民法典》第五百三十五条规定,因债务人怠于行使其债权或者与该债权有关的从权利,影响债权人的到期债权实现的,债权人可以向人民法院请求以自己的名义代位行使债务人对相对人的权利,但是该权利专属于债务人自身的除外。

《民法典合同编通则解释》第四十条规定:"代位权诉讼中,人民法院经审理认为债权人的主张不符合代位权行使条件的,应当驳回诉讼请求,但是不影响债权人根据新的事实再次起诉。

债务人的相对人仅以债权人提起代位权诉讼时债权人与债务人之间的债权债务关系未经生效法律文书确认为由,主张债权人提起的诉讼不符合代位权行使条件的,人民法院不予支持。"

《民法典合同编通则解释》第四十一条规定:"债权人提起代位权诉讼后,债务人无正当理由减免相对人的债务或者延长相对人的履行期限,相对人以此向债权人抗辩的,人民法院不予支持。"

1. 债权人代位权构成要件

其一,债权人的债权合法、有效、到期代位权的首要构成要件系债权人对债务人的债权合法、有效、到期。该债权既可以是一般债权,也可以是特定债权;既可以先于债务人的权利存在,也可以后于债务人的权利存在。即使债权已过诉讼时效,债权人对该债权仍得行使代位权,但次债务人可对债权人主张"原债的抗辩"。"到期"应解释为"债务人履行迟延",以便囊括债权期限不确定及无期限之情形。债权到期要件的例外情形为保存行为。由于其目的在于防止债务人之权

---

[1] 最高人民法院(2017)民提183号民事判决书。

利变更或消灭，故而无需“到期”之要求。在建设工程施工领域，“次债权到期”应当特指承包人对发包人主张工程款的条件已成就，即案涉工程的形象进度已满足合同约定的支付条件。但在实际施工中，许多工程不可避免地进入了烂尾阶段，相关工程质量与进度均无法确定，此时就必须向法院申请司法鉴定，通过司法鉴定来查清案涉工程的具体情况，辅助法院查明相关工程款是否满足支付条件，即次债权是否到期。其二，债权人怠于行使债权或与该债权有关的从权利就代位权的客体而言，《民法典》将代位权客体限制为“债权或与该债权有关的从权利”。其三，影响债权人到期债权的实现“影响债权人到期债权的实现”又称保全必要性要件。其四，债务人的权利不专属于债务人自身，从法理上讲，专属于债务人自身的权利不能代位，包括非财产性权利、主要为保护权利人无形利益的财产权、不得扣押的权利、不得让与的权利。

2. 实际施工人代位权条件

《建设工程解释（一）》第四十四条规定：“实际施工人根据民法典第五百三十五条规定，以转包人或者违法分包人怠于向发包人行使到期债权或者该债权有关的从权利，影响其到期债权实现，提起代位权诉讼的，人民法院应予支持。”该条明确规定实际施工人可以提起代位权诉讼的条件。参与制定司法解释的法官认为，（1）实际施工人提起代位权的条件包括实际施工人对转包人或者违法分包人享有合法的债权。（2）转包人或者违法分包人怠于向发包人行使其到期债权或者与该债权的有关的从权利，影响实际施工人的到期债权实现。影响实际施工人的到期债权实现这一条件，可细化以下条件：①转包人或者违法分包人对实际施工人的债务已经到期。②转包人或者违法分包人不向实际施工人履行该到期债务。③转包人或者违法分包人对发包人享有债权。④转包人或者违法分包人对发包人的债权已到期。⑤转包人或者违法分包人不以诉讼方式或者仲裁方式向发包人主张已到期的债权。⑥转包人或者违法分包人怠于向发包人主张已到期的债权，影响实际施工人的到期债权实现。（3）转包人或者违法分包人对发包人的债权已经到期。（4）转包人或者违法分包人的债权不是专属于其自身的债权。[1]这四个条件是一个整体，只有满足全部条件才能提起代位权诉讼。代位权诉讼的法律后果是，发包人向实际施工人履行清偿义务后，发包人与转包人或者违法分包人之间的债权债务以及实际施工人与转包人或者违法分包人之间债权债务的相应部分均消灭。[2] 应注意的是，实际施工人对发包人提起的代位权诉讼并不

〔1〕参见最高人民法院民事审判第一庭编著：《最高人民法院新建设工程施工合同司法解释（一）理解与适用》，人民法院出版社 2021 年版，第 453～455 页。

〔2〕参见最高人民法院民事审判第一庭编著：《最高人民法院建设工程施工合同司法解释（二）理解与适用》，人民法院出版社 2019 年版，第 517 页。

妨碍转包人或者违法分包人起诉请求发包人履行债务。但是,在前诉裁判发生法律效力之前,后诉需中止审理。[1] 应强调的是,实际施工人起诉时应当举证证明与其具有合同关系的缔约人存在丧失履约能力、下落不明或者怠于向发包人主张工程款债权的情形。实际施工人对发包人提起的代位权诉讼中,发包人有权向实际施工人主张其向转包人或者违法分包人的抗辩。如果债权未到期,发包人可以此为由提出抗辩,对抗实际施工人的代位权。

最高人民法院第六巡回法庭认为,以代位权主张的工程款债权范围大于实际施工人直接向发包人主张工程款债权的范围。债权人债权的范围要求系承包人的债权即可,并不限于工程款,还可以包含工程款利息,可以是双方基于其他工程产生的债权,也可以是因其他合同关系产生的债权。而实际施工人直接向发包人主张权利,实践中多数观点认为仅限于发包人欠付承包人的工程款,不包括利息。就债权范围而言,实际施工人选择行使代位权更有利于债权的充分实现。[2]

需要注意的是,转包人或者违法分包人是否怠于行使债权,其主观动机在所不论,关键在于债权履行期届满后是否不行使债权。基于扶养关系、赡养关系、继承关系产生的给付请求权和劳动报酬、退休金、养老金、人身损害赔偿请求权等权利系专属于债务人自身的债权。在转包人或者违法分包人为建筑企业的情况下,转包人或者违法分包人对发包人的债权均不属于专属其自身的债权,实际施工人均可代位行使。

需要注意的是,参与制定司法解释的法官认为,实际施工人无权代位行使优先受偿权。[3] 实际施工人作为无效合同的承包人是不享有建设工程价款优先受偿权。主要理由有四:其一,建设工程价款优先受偿权作为一种法定优先权,其效力是从属于主合同的,在建设工程施工合同无效的情况下,法定优先权也当然无效,工程价款优先受偿权缺乏了合法基础。其二,在施工合同无效的情形下,承包人主张的其实是一种不当得利返还之债。根据《民法典》第一百五十七条之规定,结合建设工程的特殊性,承包人只能通过主张折价补偿来弥补自己的支出和损失,而这并不属于优先受偿权的客体范围。其三,《建筑法》第二十八条和第六十六条规定禁止转包并且对转包行为规定了没收违法所得、罚款等行政处罚。《民法典》第七百九十一条也明文规定不得转包。这些规定都具有法律强制性,

---

〔1〕 参见最高人民法院民事审判第一庭编著:《最高人民法院建设工程施工合同司法解释(二)理解与适用》,人民法院出版社2019年版,第520页。

〔2〕 参见杨临萍主编:《最高人民法院第六巡回法庭裁判规则》,人民法院出版社2022年版,第185页。

〔3〕 参见最高人民法院民事审判第一庭编著:《最高人民法院新建设工程施工合同司法解释(一)理解与适用》,人民法院出版社2021年版,第456页。

应当为包括实际施工人在内的所有人遵守。如果赋予实际施工人优先受偿权，会导致其违法行为客观上予以鼓励的现象。其四，《建设工程解释(一)》第四十条和第四十三条突破合同的相对性，对实际施工人利益予以保护，是以不加重发包人的责任为前提。发包人在和承包人签订建设工程施工合同时，往往不知道实际施工人的存在，但是工程价款优先受偿权对发包人利益有重大影响，如果允许实际施工人向其主张建设工程价款优先受偿权，对发包人明显不公平。

3. 实际施工人代位权行使

从性质上讲，债权人代位权是债权人自己享有的固有权，而非代理权，我国将债权人代位权的行使方法限定为诉讼，其中债权人为原告，相对人为被告，债务人则为无独立请求权的第三人。代位权行使范围。代位权“以债权人的到期债权为限”，即债权人代位行使金钱债权和其他种类债权以代位权人的债权为限；在债权人代位行使特定债权的场合下，若给付特定不可分物，由于债权只能一次主张，应允许债权人代位行使整个债权。同样，在保存行为场合，基于简化法律关系的考虑，也应当令债权人代位权的行使范围及于债权的全部。根据《民法典》的规定，相对人对债务人的抗辩，可向债权人主张。这里的抗辩，既包括本于原法律关系之抗辩，亦包含抵销抗辩，但债权人提起代位权诉讼后，债务人因处分行为所生之抗辩则不在其列。如果债权人之起诉是因为债务人对于相对人无权利而被驳回的，基于“一事不再理”的法律原则，债务人及其他债权人均应为该判决的效力所及。

债权人行使代位权的应满足其行使条件，首先应是债务人可以行使权利而因故没有行使，致使债权人的权益受到损害，并且这种损害将逐步扩大或将不可弥补。其次是非专属于债务人的债权明晰存在。

【案例 13－168】　吉林新星药业有限公司与德惠市建设工程有限公司等建设工程施工合同纠纷再审案

再审法院认为，新星公司是与机电工程公司签订的施工总承包合同，机电工程公司将其总承包工程中的基础工程部分分包给德惠公司，正常情况下，如果欠付工程款，德惠公司应向分包方机电工程公司主张权利，但本案的情况是，新星公司没有与机电工程公司进行工程决算，机电工程公司也没有与德惠公司决算工程款，而新星公司与机电工程公司签订的施工总承包合同中约定的是“工程总费用按实际发生结算”，机电工程公司与德惠公司也没有明确约定工程量或总施工费用。《合同法》第七十三条规定……在机电工程公司怠于行使到期债权，德惠公司多次向机电工程公司和新星公司索要工程款无果的情形下，德惠公司提起诉讼，向其工程的发包方新星公司主张工程款,其诉讼程序符合相关法律的特殊规定。[1]

【案例13-169】 陈某光与贵州新建业工程有限责任公司债权人代位权纠纷再审案

最高人民法院认为,根据合同相对性,宋某平原则上只能向具有合同关系的新建业公司主张工程款,但是基于保护处于弱势地位的建筑工人权益的目的,司法解释突破合同相对性原则,赋予实际施工人直接向发包人追索工程款的权利。……实际施工人可以根据该规定越过承包人直接向发包人主张工程款债权,说明发包人对实际施工人的责任具有一定独立性,不以承包人先承担支付义务为前提。如前所述,宋某平有权就其施工部分向新建业公司、中岭公司主张工程款。新建业公司、中岭公司均自认欠付工程款,新建业公司同意由中岭公司向宋某平直接给付,宋某平可依据上述司法解释要求中岭公司在欠付工程款范围内承担责任,故宋某平对中岭公司的债权已经到期。新建业公司与宋某平关于新建业公司收到中岭公司付款后及时转付的内部约定,不影响中岭公司向宋某平履行付款义务。……本案中,宋某平对新建业公司的债权是否到期,取决于如何看待新建业公司与宋某平在《项目管理目标责任书》中关于付款条件的特别约定,即新建业公司在中岭公司支付的工程款中,扣除4.5%的管理费,其余部分及时向宋某平支付。此类条款的效力实践中亦有合同自由应予尊重与违反建筑市场准入规定应予否定两种观点,个案中应结合具体案情予以判断,不宜一概而论。本案中,新建业公司主张其收取的中岭公司所付宋某平施工部分的款项已全部支付宋某平或代宋某平对外支付,宋某平对此无异议,陈某光亦未举证证明新建业公司存在收取了中岭公司款项而未向宋某平支付的情形,故新建业公司履行了与宋某平在《项目管理目标责任书》中关于收到中岭公司付款后及时转付的约定。此外,宋某平还认可新建业公司已代宋某平对外支付了约3000万元的工程款。在陈某光一并起诉中岭公司与新建业公司,且本院已认定中岭公司的支付条件已经具备的情况下,同时认定新建业公司因中岭公司未支付而欠付宋某平的工程款到期并承担支付责任,有违合同约定和公平原则。[2] 本案中,发包人与承包人均自认欠付实际施工人工程款,新建业公司作为承包人同意由发包人中岭公司向宋某平直接给付的行为即视为宋某平债权已到期,宋某平即有权突破合同相对性向中岭公司主张工程款;而新建业公司作为承包人,积极履行了转付义务,故未支持债权人向新建业公司代位主张工

〔1〕 参见最高人民法院审判监督庭编:《全国法院再审典型案例评注》(上),中国法制出版社2011年版,第105页。

〔2〕 最高人民法院(2020)民再231号民事判决书。

程款。

【案例13－170】　周某栋与文化旅游公司债权人代位权之诉纠纷案

二审法院认为,案涉纠纷为债权人代位权之诉……本案中,黑龙江省佳木斯市中级人民法院(2018)黑08民初131号生效民事判决已确认刘某海对周某栋、孙某享有1200万元本金及利息的债权,该债权已到期且合法、有效。虽然文化旅游公司主张其系与建设工程公司签订《建设工程施工合同》,否认周某栋实际施工人身份,但是建设工程公司自认没有参与工程管理施工、没有投资、没有提供建筑材料,没有用该公司账户收取工程款,并主张周某栋为案涉工程的实际施工人,认可由周某栋享有承包人的权利和义务,包括主张工程款的权利。结合周某栋以个人名义对外签订该工程的分包合同,证人连某冬、韩某友的证言以及周某栋、孙某的陈述,一审判决认定周某栋是案涉工程的实际施工人,享有向文化旅游公司主张案涉工程款的权利正确。在债权人代位权之诉中,如苛求债权人必须逐一提供债务人对相对人的债权是否到期、履行情况等证据,债权人多力有不逮,故债权人一般只需证明债务人对相对人有权利即可,相对人抗辩反驳的,应当提供相应证据。根据《建设工程施工合同》的约定,文化旅游公司应按月工程进度在监理人收到进度付款申请单后的28天内,将进度应付款支付给周某栋。现案涉工程已经投入使用,但周某栋未提供证据证明已经收到全部工程进度款,亦未提供证据证明其主张给付工程进度款或对工程款进行结算。文化旅游公司在一审法院向其释明后拒不提供支付工程款的证据,二审中仍未提供,故可以认定周某栋对文化旅游公司享有到期债权且怠于行使权利,侵害了刘某海的权益。案涉工程款性质为债权,且非专属于周某栋自身的权利,综上刘某海有权代位周某栋向文化旅游公司主张其债权数额的工程款。关于文化旅游公司欠付工程款数额确定问题。《建设工程施工合同》约定工程价款为固定价44,251,069元,文化旅游公司诉讼中一直未能提供证据证明已付工程款的数额,尽管文化旅游公司对肖某瑾陈述的欠款2000万元不认可,但无论是工程总价款44,251,069元,还是该2000万元,均超过了刘某海诉讼的范围,一审判决文化旅游公司在2000万元的范围内给付刘某海欠款及逾期利息(扣除已执行部分)亦无不当。至于文化旅游公司主张的工程质量问题,不是拒付工程款的法定或约定理由,其可另行主张权利。另外,关于刘某海一审中超出举证期限申请文化旅游公司提交证据的问题。根据《民事诉讼法解释》第一百零二条关于"当事人非因故意或者重大过失逾期提供的证据,人民法院应当采纳,并对当事人予以训诫"的规定,一审法院为了查清本案的基本事实,同意刘某海要求文化旅游公司提供其掌握的书证的申请是适当的。综上所述,文化旅游公司的上诉请求不能成立,应予驳回;一审判决认定事实清楚,适用法律正确，应予维持。判决：驳回上诉，维持原判。[1]

应注意的是，就债权人代位权和撤销权能否同时行使的问题，《民法典合同编通则解释》第七十五条第一款规定，债权人请求法院撤销债务人的行为，并同时代位行使债务人在其行为被撤销后对相对人所享有的权利的，法院应受理并可合并审理。同时，对于债权人代位权诉讼和债权人撤销权诉讼的被告不统一的问题，该条第二款规定，债权人可以债务人和债务人的相对人为共同被告。这既降低了当事人的诉讼成本，节省了司法资源，也避免了诉讼当事人身份的混乱。

4. 发包人不明知情形下，借用资质实际施工人以代位权方式主张工程款问题

适用代位权制度的前提是存在两个合法有效的债权，在借用资质情形下，则应当是发包人与被挂靠人之间存在工程款债权，被挂靠人与挂靠人之间亦存在工程款债权。被挂靠人与挂靠人之间的挂靠合同关系并不存在合法债权债务关系，被挂靠人仅是转付义务，并不是真正的债务人，因此从这个意义上讲，套用代位权主张权利并无法律基础。从理论上讲，挂靠人可以参照《民法典》第九百二十六条第一款规定的代理披露制度主张工程款权利。对于验收合格的工程，推定发包人同意订立合同。在司法实践判例中，目前大多以转包形式处理。

【案例13－171】 章某涛与湖南华信稀贵科技股份有限公司债权人代位权纠纷案

二审法院认为，虽然《建设工程解释（二）》第二十五条仅规定了实际施工人可以根据《合同法》第七十三条规定，以转包人或违法分包人怠于向发包人行使到期债权，提起代位权诉讼，但代位权是《合同法》中规定的对债权人权利救济的一项重要制度，借用资质情形中的实际施工人也是最终实际投入资金、材料和劳动力进行工程施工的民事主体，其作为债权人只要符合行使代位权的要件，就可以提起代位权诉讼。且章某涛曾向原审法院起诉要求华信公司支付案涉项目工程款等，原审法院以章某涛主体不适格为由驳回了章某涛的起诉，《建设工程解释（二）》第二十五条并未明确禁止借用资质的实际施工人行使代位权，因此在适用《合同法》第七十三条、《合同法解释（一）》第十一条并无障碍的情形下，应给予章某涛行使代位权的救济途径。综上，章某涛作为广东五建公司的债权人在广东五建公司怠于行使其对次债务人华信公司享有的权利而有害于其债权时，为保全自己的债权，可以自己的名义代位行使广东五建公司对华信公司的权利。原审法院认定本案代位

---

[1] 黑龙江省高级人民法院（2020）黑民终512号民事判决书。

权条件成就符合法律规定,本院予以维持。[1]

5. 实际施工人代位权行使限制

转包人或者违法分包人怠于向发包人行使到期债权或者与该债权有关的从权利中的"从权利"是否包括建设工程价款优先受偿权,也就是说,实际施工人是否有权代位行使优先受偿权,对此存在不同的认识和观点。一种观点认为,实际施工人有权代为行使优先受偿权。其主要理由为,首先,代位权属于债的保全,其存在的意义是为防止债权人的到期债权无法实现;而优先权虽属于法定优先权,但本身具有一定的担保性质,且具有从属性,符合《民法典》第五百三十五条中"从权利"的标准,实际施工人代位承包人主张工程款时一并行使主从权利并无不妥。其次就保护农民工角度而言,在建设工程施工领域挂靠、转包、违法分包的环境下,由实际施工人代位承包人主张优先权,亦有利于保护真正负责施工的广大农民工。最后从优先权转让方面阐述,《江苏省高级人民法院建设工程施工合同案件审理指南》第七条第二款规定,建设工程款优先受偿权属于法定抵押权,担保的是工程款债权,主债权转让的,担保物权应一并转让。既然部分法院支持优先权随主债权一并转让,实际施工人在依据《建设工程解释(一)》第四十四条代位主张工程款时一并主张优先权也同样不应存在障碍。另一种观点认为,实际施工人无权代为行使优先受偿权。《民法典》第五百三十五条规定债权人可代位行使债务人的债权及有关的从权利,这里的从权利主要是指担保权利,包括担保物权和保证。[2] 参与制定司法解释的法官认为,这里要区分建设工程价款优先受偿权担保物权的区别。依据物权公示公信原则,担保物权的设立原则上以一定的公示行为为条件,才能产生公信力,具有对世性。……因此,在缺乏必要的公示方式的情况下,担保物权或不能成立,或不能对抗善意第三人。《民法典》相关司法解释并未规定建设工程价款优先受偿权需以法定公示方式为条件,但赋予了其对抗善意第三人的效力,不仅优先于一般债权,而且优先于抵押权。……我国《民法典》及相关司法解释并不要求承包人享有建设工程价款优先受偿权以登记为要件,也没有规定法定确认等前置程序,但其赋予其对世性和优先效力。因此,在理解和适用《民法典》第五百三十五条规定时,一定要区分建设工程价款优先受偿权与担保物权在成立条件、效力优先性、对交易安全的影响等方面的巨大差异,不可将二者简单画等号。[3]

---

〔1〕 湖南省高级人民法院(2020)湘民终1196号民事判决书。

〔2〕 参见黄薇主编:《中华人民共和国民法典合同编释义》,法律出版社2020年版,第167页。

〔3〕 参见最高人民法院民事审判第一庭编著:《最高人民法院新建设工程施工合同司法解释(一)理解与适用》,人民法院出版社2021年版,第457~459页。

《建设工程解释(一)》第三十五条规定:“与发包人订立建设工程施工合同的承包人,依据民法典第八百零七条的规定请求其承建工程的价款就工程价款折价或者拍卖的价款优先受偿的,人民法院应予支持。”之所以规定只有与发包人订立建设工程施工合同的承包人才享有建设工程价款优先受偿权,是考虑到建设工程价款优先受偿权是对世权,具有优先于设立在建设工程上的抵押权、普通债权的效力,对交易安全和第三人利益影响较大,为维护交易安全和平衡善意第三人利益,对其权利主体不宜过度放宽。最高人民法院态度是明确的,实际施工人无权代位行使优先受偿权。[1]

实际施工人向发包人代位权时,发包人不得向承包人主张抵销权。

【案例 13-172】 汕头振某(集团)公司与某某经济特区保税区管理委员会、黄某明建设工程施工合同纠纷再审案

最高人民法院认为,振某集团未取得建筑施工企业资质而承包保税区海关大楼工程,黄某明亦在不具备施工资质的情况下实际参与工程施工,根据《建设工程解释》第一条第一项、第二项的规定,案涉《建安合同》应为无效合同。案涉各方当事人对此均无异议。《建安合同》虽然无效,因案涉保税区海关大楼工程已于1996年9月25日竣工,并于同年10月验收合格且交付使用,根据《建设工程解释》第二条关于“建设工程施工合同无效,但建设工程经竣工验收合格,承包人请求参照合同约定支付工程价款的,应予支持”的规定,振某集团作为承包人,仍可请求保税区参照合同约定支付工程价款。但此工程价款偿付之债务,非根据合同原因,而是直接基于法律规定。质言之,该债务性质为承揽合同项下的特殊法定债务,而振某集团依据保税区从汕头市财政局处取得的债权而对保税区负有的支付周转金的债务,为借款合同项下的一般约定债务,由此,二者因债务性质不同,属于《合同法》第九十九条第一款规定的“依据法律规定或者按照合同性质不得抵销”的情形。且本案中,保税区所欠付的振某集团工程款不仅是当事人之间的互负债务,亦直接关涉第三人即实际施工人的切身利益。保税区在案涉实际施工人诉请支付工程价款的情形下,仍向振某集团发出债务抵销之通知,主张将案涉工程价款抵销振某集团拖欠保税区的财政周转金债务,与《建设工程解释》第二条及第二十六条的规定精神相悖,损害了第三人的利益。二审判决认为黄某明作为实际施工人向保税区主张工程款,实质上是对代位权的行使,故不存在损害第三人利益的问题。首先,根据《合同法》第七十三条第一款的规定,代位权的行使,应以债务人怠于行使其到期债权,对债权人造成损害为要

[1] 参见最高人民法院民事审判第一庭编著:《最高人民法院新建设工程施工合同司法解释(一)理解与适用》,人民法院出版社2021年版,第4456页。

件。本案中,振某集团多次声明主张诉争工程价款应属黄某明等实际施工人所有,故并不存在怠于行使债权之情形。其次,如前所述,根据《建设工程解释》第二十六条的规定,实际施工人对发包人欠付范围内的工程价款请求权,其性质并非代位权,而是基于实际施工人与发包人之间已经全面实际履行了发包人与承包人之间的合同并形成了事实上的权利义务关系而产生的法定债权。因此,上述二审判决关于本案债务抵销不存在损害实际施工人利益的问题,实际施工人黄某明应向振某集团另行主张工程款的认定,在认定事实及适用法律方面均有错误,本院予以纠正。[1]

实际施工人与他人合伙约定共同出资承建工程,因各合伙人之间属于合伙关系,而非分包转包关系,故非实际施工人的其他合伙人不能独立成为建设工程领域所称的实际施工人。对于发包人/总承包人欠付的工程款,非实际施工人的其他合伙人应先请求对合伙财产进行清算,在合伙财产清算后,如有工程款盈余可供分配,但因2/3以上合伙人怠于行使权利的,其可依据在合伙中享有的权益份额行使债权人之代位权,请求发包人和总承包人支付欠付工程盈余款。

【案例13-173】　周某与绥阳聚源鑫发房地产有限责任公司、川渝建设集团有限公司等建设工程施工合同纠纷再审案

最高人民法院认为,周某的再审申请不能成立,理由:其一,本案中,川渝公司作为案涉项目的承包人,将项目整体转包给并无施工资质的陈某伦,由陈某伦履行川渝公司与聚源鑫发公司之间签订的《建设工程施工合同》,可见,陈某伦属于实际施工人。2016年6月6日,陈某伦与周某等五人签订《股东合作协议书》,约定五人共同出资承建案涉项目,周某负责降低资本投入的策划和实施,该合作协议并未将陈某伦承包的案涉工程分包或转包给周某,周某与陈某伦等人之间属于合伙关系,而非分包转包关系,故周某不能独立成为建设工程领域所称的实际施工人。其二,根据《最高人民法院关于贯彻执行〈中华人民共和国民法通则〉若干问题的意见(试行)》第五十五条“合伙终止时,对合伙财产的处理,有书面协议的,按协议处理……”之规定,周某请求对合伙财产进行处理即请求分配工程盈余款应当依据五人合伙签订的《股东合作协议书》进行结算和清算。《股东合作协议书》第五条规定:“盈余分配与债务承担:1.盈余分配:除去经营成本、日常开支、工资、奖金、需缴纳的税费等的收入为净利润……2.债务承担:如在合伙经营承建过程中有债务产生,合伙债务先由合伙财产偿还,合伙财产不足清偿时,以合伙人出资为据,并按比例承担。”第八条规定:“合伙的终止与清算:1.合伙期限届满,即

〔1〕　最高人民法院(2013)民提字第96号民事判决书。

本项目竣工验收合格，结算完毕。……3. 合伙的清算：合伙终止后，应当按下列顺序进行债权债务清算，合伙财产及合伙收入在支付完全部工程成本、税费、合伙债务、返还完合伙的出资。清偿后的盈余按上述盈余分配约定分配。”由于五人合伙至今未清算，该五人合伙经营期间是否产生了经营成本，是否有债权债务等费用发生均处于不明状态，故周某应先行请求对五人合伙进行清算。其三，根据原审法院已认定的事实，陈某伦、田某、周某清系聚源鑫发公司股东，实际控制聚源鑫发公司的经营管理。在个人合伙结清后，如有工程款盈余可供分配但因2/3以上合伙人怠于行使权利时，依据《合同法》第七十三条第一款规定，“因债务人怠于行使其到期债权，对债权人造成损害的，债权人可以向人民法院请求以自己的名义代位行使债务人的债权，但该债权专属于债务人自身的除外”。周某可以在合伙清算后，依据在合伙中享有的权益份额行使债权人之代位权，请求聚源鑫发公司和川渝公司向周某支付工程盈余款。裁定：驳回周某的再审申请。〔1〕

〔1〕 最高人民法院（2020）民申3234号民事裁定书。

专题十四　建设工程程序纠纷

本专题侧重建设工程管辖、程序与举证等相关问题进行阐述。

一、建设工程管辖理解

(一)建设工程专属管辖

《民事诉讼法》第三十四条规定,下列案件,由本条规定的人民法院专属管辖:(1)因不动产纠纷提起的诉讼,由不动产所在地人民法院管辖;(2)因港口作业中发生纠纷提起的诉讼,由港口所在地人民法院管辖;(3)因继承遗产纠纷提起的诉讼,由被继承人死亡时住所地或者主要遗产所在地人民法院管辖。

《民事诉讼法解释》第二十八条、《民事诉讼法》第三十四条第一项规定的不动产纠纷是指因不动产的权利确认、分割、相邻关系等引起的物权纠纷。农村土地承包经营合同纠纷、房屋租赁合同纠纷、建设工程施工合同纠纷、政策性房屋买卖合同纠纷,按照不动产纠纷确定管辖。不动产已登记的,以不动产登记簿记载的所在地为不动产所在地;不动产未登记的,以不动产实际所在地为不动产所在地。

湖南省高级人民法院发布的《关于审理建设工程施工合同纠纷案件若干问题的解答》规定,下列案件,由建设工程所在地人民法院管辖:(1)建设工程施工合同纠纷、装饰装修合同纠纷、建设工程价款优先受偿权纠纷、建设工程监理合同纠纷、农村建房施工合同纠纷,建设工程分包合同纠纷及建设工程劳务分包合同纠纷。(2)建设工程勘察合同纠纷、建设工程设计合同纠纷。(3)工程款债权转让,债务人与受让人因债务履行发生的纠纷。(4)建设工程总承包合同纠纷。

由不动产所在地法院专属管辖的建设工程合同纠纷范围主要为,建设工程施工合同纠纷、建设工程价款优先受偿权纠纷、建设工程分包合同纠纷、建设工程监理合同纠纷、装饰装修合同纠纷、铁路修建合同纠纷、农村建房施工合同纠纷。也就是说,除了以上四种,建设工程施工合同纠纷应当包括该项下第四级9个小案由中的建设工程施工相关的案件:“(1)建设工程勘察合同纠纷……(3)建设工程施工合同纠纷,(4)建设工程价款优先受偿权纠纷,(5)建设工程分包合同纠纷,(6)建设工程监理合同纠纷,(7)装饰装修合同纠纷,(8)铁路修建合同纠纷,(9)农村建房施工合同纠纷。”注意劳务分包合同纠纷,通说认为其适用一般合同的管辖原则。

工程总承包合同纠纷宜由工程所在地人民法院专属管辖，当事人约定以仲裁方式解决纠纷的除外。

发包人与同一承包人就同一工程分别签订的设计、采购、施工合同，应根据各合同所约定权利义务的关系，确定其法律适用及是否应合并审理，进而确定管辖法院。如各合同所约定的权利义务没有依存关系，则应分别适用各合同相应典型合同的法律规范，分别提起诉讼的，根据诉求确定是否属于专属管辖。

涉外工程总承包合同不适用工程所在地专属管辖的规定。当事人约定选择仲裁方式解决争议的，应根据双方当事人的约定确定管辖。工程总承包合同虽多数观点认为应专属管辖，但其具有涉外因素时，不适用专属管辖规定，而应适用涉外民事诉讼程序的特别规定。

当事人约定选择国外法院解决争议的，并不必然排除中国法院的管辖权，中国法院有权根据该约定是否属于排他性选择而确定中国法院是否予以管辖。

实践中，建设工程施工方将债权转让第三人，第三人与工程发包方价款支付发生纠纷，管辖法院确定的焦点问题是按照合同纠纷还是不动产纠纷确定管辖。一般认为，要分不同的情况区别对待，其一，施工方在转让债权之前，已与发包方确认工程价款金额，对工程质量、合同履行等情况不存在争议。工程施工方将工程债权转让给第三人，双方之间成立债权转让合同。受让方是基于债权转让合同向发包方主张支付价款债权，受让方与发包方就款项问题发生纠纷的，应当认定为债权转让合同纠纷。由被告住所地或合同履行地法院管辖。其二，施工方在转让债权前，未与发包方确认工程价款金额，双方对工程质量、合同履行等情况也未达成一致。这种情形下，施工方将工程价款债权转让给第三受让人的，受让人请求发包方履行债务的依据是施工方基于工程施工形成的建设工程债权。受让人就工程价款支付问题，与发包方发生纠纷、提起诉讼的。在发包方的抗辩中，必然会涉及案涉工程质量鉴定、造价评估、工程款项等相关工程问题，以及工程施工合同签订、履行情况，不是单纯地给付一定数额的工程欠款。在此种情形下，应当认定为建设工程施工合同纠纷，由不动产所在地法院专属管辖。也有观点认为，工程款债权受让人起诉主张工程款，应由建设工程所在地的人民法院专属管辖。当工程款债权转让后，第三人作为债权受让人与债务人因债务履行发生的纠纷，由于债权转让的后果仅是建设工程施工合同权利主体发生变更，并不影响案件的法律关系性质认定，故仍应由建设工程所在地的人民法院专属管辖。

尚未动工建设工程纠纷，应由建设工程所在地的人民法院专属管辖。由于法律及司法解释并未将此类案件的纠纷以施工前、施工中、竣工后等时间节点进行区分，故即使建设工程尚未开工或者建设工程事实上最终并非由一方诉讼当事人所承建，为方便案件事实的审理查明，只要双方签订的建设工程施工合同所涉的建设工程是客观存在的，仍宜将此类案由纠纷适用专属管辖。

结算协议纠纷一般应由建设工程所在地的人民法院专属管辖。结算协议纠纷的处理也往往会涉及建设工程施工合同的履行事宜，故一般应当适用专属管辖。有观点认为，施工合同履行完毕之后，当事人就工程价款另行签订结算或还款协议的，因其基础产生于施工合同，且两者具有紧密的延续关系，故承包人依据上述协议起诉要求发包人支付价款的，应适用施工合同纠纷专属管辖规则。[1]需要注意的是，上述尚未开工建设或达成结算协议后引发的纠纷情形也适用于除建设工程设计合同外的其他建设工程合同纠纷案由。

（二）建设工程专属管辖类别

1. 实际施工人起诉管辖

基于建设工程施工合同纠纷实际施工人起诉主张工程款或劳务费的适宜专属管辖。

在实践中，存在许多以劳务分包之名，行挂靠、非法转包、违法分包之实的现象。对于实际施工人是否进入施工现场是区分专属管辖的判断标准。实际施工人进入施工现场的，按专属管辖处理。如果实际施工人仅签订了转包、分包施工合同，而没有进入施工现场的，则不按专属管辖处理。

2. 建设工程代位权专属管辖

就债权人代位权诉讼的管辖而言，原则上遵循原告就被告的规则。当债务人和相对人之间存在管辖协议或仲裁协议时，有必要将管辖协议效力扩张至债权人。在我国法上债权人代位权的行使方式是诉讼，仲裁协议对代位权人的扩张效力面临着阻碍，应引入代位仲裁制度，平衡债权人交易安全及债务人和相对人的行为自由。

基于建设工程施工合同纠纷提起的代位权纠纷适宜专属管辖。

实际施工人对发包人提起代位权诉讼，应区分两种情况确定管辖。

参与制定司法解释的法官认为，债权人提起代位权诉讼的，应由被告住所地人民法院管辖。实际施工人对发包人提起代位权诉讼，原则上应由发包人住所地人民法院管辖。但是，实际施工人对发包人提起的代位权诉讼通常涉及建设工程价款债权，涉及建设工程施工合同纠纷。《民事诉讼法解释》第二十八条第二款

---

〔1〕 参见王毓莹、史智军：《建设工程施工合同纠纷疑难问题和裁判规则解析》，法律出版社2022年版，第57页。

规定,建设工程施工合同纠纷按照不动产纠纷确定管辖。根据《民事诉讼法》第三十三条关于转专属管辖的规定,由不动产所在地人民法院管辖。因此,实际施工人对发包人提起的代位权诉讼涉及建设工程价款债权的,应由建设工程所在地人民法院管辖,不涉及建设工程价款债权的,应由发包人住所地人民法院管辖。[1]

3. 劳务争议管辖

《最高人民法院关于印发修改后的〈民事案件案由规定〉的通知》规定,建设工程合同纠纷:(1)建设工程勘察合同纠纷;(2)建设工程设计合同纠纷;(3)建设工程施工合同纠纷;(4)建设工程价款优先受偿权纠纷;(5)建设工程分包合同纠纷;(6)建设工程监理合同纠纷;(7)装饰装修合同纠纷;(8)铁路修合同纠纷;(9)农村建房施工合同纠纷。

《建设工程解释(一)》第五条规定,具有劳务作业法定资质的承包人与总承包人、分包人签订的劳务分包合同,当事人请求确认无效的,人民法院依法不予支持。

《房屋建筑和市政基础设施工程施工分包管理办法》(2019 修正)第五条规定,房屋建筑和市政基础设施工程施工分包分为专业工程分包和劳务作业分包。本办法所称专业工程分包,是指施工总承包企业(以下简称专业分包工程发包人)将其所承包工程中的专业工程发包给具有相应资质的其他建筑业企业(以下简称专业分包工程承包人)完成的活动。本办法所称劳务作业分包,是指施工总承包企业或者专业承包企业(以下简称劳务作业发包人)将其承包工程中的劳务作业发包给劳务分包企业(以下简称劳务作业承包人)完成的活动。本办法所称分包工程发包人包括本条第二款、第三款中的专业分包工程发包人和劳务作业发包人;分包工程承包人包括本条第二款、第三款中的专业分包工程承包人和劳务作业承包人。

在建设工程领域中,施工工程分包现象尤为常见。依据《房屋建筑和市政基础设施工程施工分包管理办法》第五条规定,施工分包分为两种,第一种是专业分包,第二种是劳务分包。而对于劳务分包合同是否适用专属管辖,司法实务中一直存在争议,目前主要有以下两种观点。一种观点认为,不适用专属管辖。另一种观点则认为,适用专属管辖。主流观点认为,《民事诉讼法解释》第二十八条关于建设工程专属管辖的范围,不限于《民事案件案由规定》中的"建设工程施工合同纠纷",而包括建设工程施工相关的案件。最高人民法院民事审判庭法官在

---

[1] 参见最高人民法院民事审判第一庭编著:《最高人民法院新建设工程施工合同司法解释(一)理解与适用》,人民法院出版社 2021 年版,第 288 页。

《人民法院报》发表《关于民诉法解释中有关管辖若干问题的理解与适用》中，关于《民事诉讼法解释》第二十八条“建设工程施工合同纠纷”的范围，其认为，应当按照不动产纠纷由不动产所在地法院专属管辖的建设工程施工合同纠纷，不限于《民事案件案由规定》的建设工程合同纠纷项下的第三个第四级案由“建设工程施工合同纠纷”应当包括该项下的建设工程施工相关的案件：建设工程分包合同纠纷。从合同内容来看，施工单位将施工劳务分包给建筑劳务企业后，由建筑劳务企业承担施工单位的部分施工任务，即建筑劳务企业实质上履行了施工合同的部分内容，应属于施工合同的范畴。况且合同主体身份地位平等独立，不具有劳务关系中支配与被支配关系，不应纳入劳务法律关系。并且，工程劳务分包合同内容中往往涉及工程鉴定、勘察等因素，工程所在地法院管辖更有利于调取证据，查清案件事实，作出正确裁判。从法律规定来看，工程劳务分包也受建设工程司法解释的调整，其实质为建设工程施工合同法律关系，属于施工合同的特殊类型，理应适用专属管辖的规定。从司法实践看，大多数法院均是按专属管辖处理该类纠纷。

【案例 14－1】　美达芙公司与中建二局第一公司建设工程分包合同纠纷案

最高人民法院认为，《民事诉讼法解释》第二十八条第二项规定：“农村土地承包经营合同纠纷、房屋租赁合同纠纷、建设工程施工合同纠纷、政策性房屋买卖合同纠纷，按照不动产纠纷确定管辖。”对该项涉及的建设工程施工合同纠纷的理解，应不限于《民事案件案由规定》的建设工程合同项下的第三级、第四级案由“建设工程施工合同纠纷”，还包括该项下的建设工程施工相关案件：建设工程施工合同纠纷、建设工程价款优先受偿权纠纷、建设工程分包合同纠纷、建设工程监理合同纠纷、装饰装修合同纠纷、铁路修建合同纠纷、农村建房施工合同纠纷。本案中，中建二局第一公司将其总承包工程中的外墙涂料工程分包给美达芙公司，双方形成的系建设工程分包合同关系。虽然双方当事人在《外墙涂料工程施工专业分包合同》中约定由北京市丰台区人民法院管辖，但根据《民事诉讼法》第三十四条的规定，该约定违反专属管辖原则，应认定无效。本案应根据《民事诉讼法解释》第二十八条的规定，按照不动产纠纷确定管辖。双方签订的分包合同确定工程所在地在长春市，结合案件诉讼标的额，本案应由吉林省长春市南关区人民法院管辖。[1]

---

〔1〕 最高人民法院（2017）法民辖 30 号民事裁定书。

【案例 14－2】 乌鲁木齐兴元安康劳务有限公司与中铁二十局集团第五工程有限公司劳务合同纠纷案

最高人民法院认为，本案系劳务合同纠纷。从本案起诉情况看，兴元公司主张与第五工程公司存在劳务合同争议，请求法院判令第五工程公司支付已结算的劳务费。尽管案涉劳务合同发生在建设工程施工过程中，但是建设工程施工合同纠纷审理过程中，往往涉及建筑物工程造价评估、质量鉴定、留置权优先受偿、执行拍卖等，由建筑物所在地法院管辖，有利于案件审理与执行，因而按照不动产纠纷确定管辖。本案中，兴元公司依据案涉劳务分包合同，起诉请求判令第五工程公司支付劳务费。从案涉劳务分包合同内容看，兴元公司以固定单价方式分包案涉工程并以包清工形式施工，施工完成后双方已对劳务费进行了结算。可见，本案纠纷并不涉及建筑物工程造价评估、质量鉴定、留置权优先受偿、执行拍卖等，不宜按照不动产纠纷确定管辖，本案可以按照合同纠纷确定管辖。《民事诉讼法》第三十五条规定："合同或者其他财产权益纠纷的当事人可以书面协议选择被告住所地、合同履行地、合同签订地、原告住所地、标的物所在地等与争议有实际联系的地点的人民法院管辖，但不得违反本法对级别管辖和专属管辖的规定。"案涉劳务分包合同第二十条约定，在履行合同中若出现纠纷时应公平、合理地进行协商解决，若不能协商解决时，须在甲方（第五工程公司）企业工商注册所在地人民法院起诉。该约定未违反法律规定，应认定有效。第五工程公司工商注册所在地位于云南省昆明市官渡区，云南省昆明市官渡区人民法院对本案具有管辖权，吉木萨尔法院将本案裁定移送云南省昆明市官渡区人民法院审理并无不当。[1]

不符合建设工程施工合同的特征，不宜按照不动产纠纷确定管辖，应当按照一般合同纠纷确定管辖。

【案例 14－3】 李某明与中铁十七局集团有限公司劳务合同纠纷案

最高人民法院认为，本案系劳务合同纠纷。一般来说，在起诉与受理阶段，人民法院应当根据当事人主张的法律关系性质确定案由，进而审查是否具有管辖权。本案中，李某明主张与中铁十七局存在劳务合同纠纷，诉请判令中铁十七局支付欠付的劳务费，案涉劳务合同发生在建设工程施工过程中。对于建设工程施工合同引发的纠纷，往往涉及建筑物工程造价评估、质量鉴定、留置权优先受偿、执行拍卖等内容，由建筑物所在地法院管辖，有利于案件审理与执行，因而按照不动产纠纷确定管辖。但是，案涉合同名称为

---

〔1〕 最高人民法院(2023)民辖39号民事裁定书。

中铁十七局宁安铁路 NASZ－3 标工序劳务作业合同书，主要内容：中铁十七局负责供应材料，李某明组织人员编入中铁十七局架子队管理，为中铁十七局提供劳务，按照劳务作业完成工序项目的工程量和劳务单价计算劳务费。可见，案涉合同并不符合建设工程施工合同的特征，不宜按照不动产纠纷确定管辖，应当按照一般合同纠纷确定管辖。本案中，案涉合同约定，在甲方（中铁十七局）企业法人注册地有管辖权的人民法院诉讼。该管辖约定系双方当事人的真实意思表示，不违反级别管辖和专属管辖的规定，可以认定为合法有效。中铁十七局注册地位于山西省太原市小店区，本案可以由山西省太原市小店区人民法院管辖。[1]

（三）建设工程争议管辖

1. 仲裁条款处理

实际施工人起诉发包人主张权利，发包人不得以与承包人存在仲裁条款为由，提出主管异议当发包人与承包人存在仲裁条款时，实际施工人向发包人主张权利，实际施工人向发包人主张欠付工程款系基于法律的直接规定，不能简单地理解为对承包人权利的承继，也不应受承包人与发包人之间仲裁条款的约束。

实际施工人与承包人之间存在仲裁条款时，实际施工人以发包人为被告提起诉讼，则不宜追加转包人、违法分包人为共同被告当实际施工人与承包人之间的协议如存在仲裁条款时，《民法典》第五百零七条规定，合同不生效、无效、被撤销或者终止的，不影响合同中有关解决争议方法的条款的效力，一般应认定该仲裁条款有效。由于发包人与实际施工人之间没有仲裁条款，故如果实际施工人以发包人为被告提起诉讼，则不宜追加转包人、违法分包人为共同被告。

湖南省高级人民法院发布的《关于审理建设工程施工合同纠纷案件若干问题的解答》规定：建设工程施工合同中仲裁条款涉及管辖等相关问题应如何认定？发包人与承包人在建设工程施工合同中约定仲裁条款的，除非实际施工人表示认可或表示受发包人与承包人之间的仲裁条款约束，否则仲裁条款仅对合同双方具有约束力。实际施工人、合法分包人起诉承包人或直接起诉发包人的，人民法院应当审理。如果本案诉讼需要以发包人与承包人之间的仲裁结果作为依据的，可中止审理，待仲裁程序结束后再恢复审理。人民法院对已为仲裁机构的生效裁决所确认的事实应根据《民事证据规定》第十条之规定予以认定。实际施工人、合

---

〔1〕 最高人民法院（2023）民辖 76 号民事裁定书。

法分包人与承包人约定了仲裁条款,又以发包人为被告提起诉讼的,不予受理,已经受理的,裁定驳回起诉。实际施工人、合法分包人与承包人之间的仲裁已终结后,又起诉发包人的(包含发包人与承包人在建设工程施工合同中亦约定了仲裁条款情形),人民法院应当审理。

【案例 14-4】 叶某宗与无锡中粮工程科技有限公司、中粮(昌吉)粮油工业有限公司等建设工程施工合同管辖权异议纠纷案

最高人民法院认为,叶某宗作为中粮(昌吉)粮油公司饲料加工项目工程的实际施工人,有权根据《建设工程解释》第二十六条的规定,向工程的总承包方无锡中粮公司提起本案诉讼。关于无锡中粮公司是否有权援引《协议书》中的仲裁条款主张本案诉讼程序权利的问题。《协议书》之主体为无锡中粮公司以及江苏天腾公司,实际施工人叶某宗并非《协议书》的签约方,不受《协议书》中仲裁条款的约束。无锡中粮公司援引《协议书》中的仲裁条款对一审法院的管辖权提出异议没有事实依据。无锡中粮公司提出的"无锡中粮公司和江苏天腾公司签订的《协议书》中明确约定了仲裁管辖条款,法院无权受理此案"的上诉理由,法院不予支持,最终裁定驳回上诉,维持原裁定。[1]

【案例 14-5】 上海新住信机电集成有限公司与石家庄英杰建筑装饰工程有限公司、石家庄建工集团有限公司等建设工程施工合同纠纷案

二审法院认为,现上海新住信公司作为施工单位将邢台中北公司、邢台市仁恒房地产开发有限公司、石家庄建工集团、石家庄英杰公司诉至法院,要求支付工程款,超出了《邢台市曹演庄旧村改造工程安装工程分包合同书》的当事人范围,故不受该合同中仲裁条款的约束,人民法院依法取得管辖权。[2]

施工合同约定的仲裁条款适用于因偿付工程欠款签订《还款协议书》后发生的纠纷案件问题。

最高人民法院民一庭认为,仲裁条款在民事合同中具有独立性。工程结算后,施工合同双方对发包人欠付承包人的工程价款数额达成一致,即工程欠款数额已经成为一个定数。……《还款协议书》是为履行施工主合同签订的,体现了工程结算的结果,是对施工主合同的补充、细化。同时,《还款协议书》是为从签约到结算的前期履约行为做一了断,对后期确认欠款数额、还款时间、还款方式内

---

〔1〕 最高人民法院(2019)民辖终14号民事裁定书。
〔2〕 河北省高级人民法院(2015)冀立民终字第20号民事判决书。

容作出约定,《还款协议书》为主合同的补充协议,是整个合同不可分割的一部分,与主合同具有同等效力。既然因合同纠纷适用约定的仲裁条款,施工主合同约定的仲裁条款也应适用于履行《还款协议书》发生的纠纷案件。[1]

2. 工程总承包合同管辖处理

其一,认定工程总承包合同性质为建设工程施工合同,则工程总承包合同纠纷应由工程(不动产)所在地专属管辖。

【案例14-6】 新疆大黄山鸿基焦化有限责任公司等与北京蓝图工程设计有限公司建设工程施工合同纠纷案

二审法院认为,建设工程合同是承包人进行工程建设,发包人支付价款的合同。建设工程施工合同纠纷,是指当事人就达成的未完成建设工程的建筑、安装等行为,双方明确相互权利义务的合同而产生的权利义务纠纷。本案系被上诉人北京蓝图工程设计有限公司依据《新疆大黄山鸿基焦化有限责任公司煤气综合利用项目填平补齐技术改造工程总承包合同》,为索要位于新疆昌吉回族自治州阜康市重化工园区内的煤气综合利用项目填平补齐技术改造工程的工程款而提起的诉讼,符合建设工程施工合同纠纷案件的特征。《民事诉讼法》第三十三条规定,因不动产纠纷提起的诉讼,由不动产所在地人民法院管辖。《民事诉讼法解释》第二十八条规定,农村土地承包经营合同纠纷、房屋租赁合同纠纷、建设工程施工合同纠纷、政策性房屋买卖合同纠纷,按照不动产纠纷确定管辖。故本案应由建设工程所在地人民法院专属管辖,本案中涉案建设工程项目位于昌吉回族自治州阜康市,属昌吉回族自治州中级人民法院管辖范围。本案诉讼标的金额8300万余元,亦属于昌吉回族自治州中级人民法院管辖范围。至于新疆大黄山鸿基焦化有限责任公司阜康焦化分公司与北京蓝图工程设计有限公司之间的法律关系,其是否是本案适格的被告,属案件实体审理的范围,根据《最高人民法院关于新疆生产建设兵团人民法院案件管辖权问题的若干规定》第三条的规定,本案亦不属于兵团人民法院管辖民事案件的范围。故被上诉人北京蓝图工程设计有限公司向昌吉回族自治州中级人民法院起诉符合法律规定,原审法院裁定驳回新疆大黄山鸿基焦化有限责任公司、新疆大黄山鸿基焦化有限责任公司阜康焦化分公司对本案管辖权提出的异议并无不当。上诉人新疆大黄山鸿基焦化有限责任公司、新疆大黄山鸿基焦化有限责任公司阜康焦化分公司的上

---

〔1〕 参见最高人民法院民事审判第一庭编:《民事审判实务问答》,法律出版社2021年版,第87~88页。

诉理由不成立,本院不予支持。[1]

其二,建设工程勘察合同纠纷、建设工程设计合同纠纷作为建设工程合同项下的四级案由,并不适用不动产专属管辖。但是,如果认定工程总承包合同性质为建设工程合同,则工程总承包合同纠纷应由工程(不动产)所在地专属管辖。

【案例14-7】 中外建华诚工程技术集团有限公司、北京贞玉民生药业有限公司建设工程设计合同纠纷案

最高人民法院认为,本案中,建华诚公司以与贞玉民生药业公司存在建设工程设计合同纠纷为由,起诉至法院请求判令支付设计费等费用。《民法典》第七百八十八条规定,建设工程合同是承包人进行工程建设,发包人支付价款的合同。建设工程合同包括工程勘察、设计、施工合同。这三种合同均属于为建设房屋而订立的合同,但是各自具有不同的特点。工程勘察合同是指发包人与勘察人就完成建设工程地理、地质状况的调查研究工作而达成的协议;设计合同是在建设工程为项目决策提供可行性资料的设计及具体施工设计达成的协议;施工合同主要包括建筑和安装两方面内容。在审理建设工程施工合同纠纷中,建设工程施工合同的履行基本是在建设工程所在地,即不动产所在地,其争议会经常涉及建筑物工程造价评估、质量鉴定、留置权优先受偿、执行拍卖等,故由不动产所在地法院管辖。依照《民事案件案由规定》的有关规定,与建设工程施工合同具有同样性质、具有建筑和安装内容的建设工程分包合同纠纷、装饰装修合同纠纷、铁路修建合同纠纷、农村建房施工合同纠纷,其合同履行基本也在建筑物所在地,故应适用不动产专属管辖,同时建设工程价款优先受偿权纠纷、建设工程监理合同纠纷与建设工程施工具有密切关联性,同样应适用不动产专属管辖。虽然建设工程勘察合同、建设工程设计合同的履行与工地有一定的联系,如设计合同,设计工作必须从工地勘察开始,但设计工作主体实际是在设计单位内完成;勘察合同的履行尽管数据采集等大部分工作在工地进行,但后期作图、报告制作等也是在承揽单位完成,故建设工程勘察合同纠纷、建设工程设计合同纠纷不应适用不动产专属管辖。[2]

【案例14-8】 太原重工股份有限公司与山东鼎能新能源有限公司、刘某宁与建设工程施工合同纠纷案

判决观点,从承包方式和合同价款的约定来看,承包商负责泽库风电场项目一期工程的建设,工程合同采取设计、采购、施工一体化的EPC模式,承

〔1〕 新疆维吾尔自治区高级人民法院(2017)民辖终13号民事裁定书。
〔2〕 最高人民法院(2021)民辖16号民事裁定书。

包方式超出一般的设备承揽，更符合建设工程的总承包模式。《合同法》第二百六十九条规定，建设工程合同是承包人进行工程建设，发包人支付价款的合同，建设工程合同包括工程勘察、设计、施工合同。涉案合同表现出建设工程合同特有的特征，相较而言，建设工程合同的特殊性明显胜于承揽合同的一般性。因此，本案当事人诉争的法律关系应认定为建设工程合同纠纷而非承揽合同纠纷，本案案由应变更为建设工程合同纠纷。根据《民事诉讼法》第三十三条和《民事诉讼法解释》第二十八条的规定，本案应由不动产所在地人民法院管辖。[1]

其三，如果认定工程总承包合同性质为承揽合同或者买卖合同或者技术合同或者无名合同，则工程总承包合同纠纷适用一般管辖规则。

【案例14－9】　江苏科行环保科技有限公司、安徽盛运环保工程有限公司承揽合同纠纷案

二审法院认为，根据安徽盛运环保工程有限公司起诉的请求及理由，结合安徽盛运环保工程有限公司提交的《建设项目工程总承包合同》的内容、发货清单、补充协议等证据，本案双方当事人之间诉争的法律关系符合承揽合同的法律特征，原审裁定认定本案为承揽合同纠纷无误。江苏科行环保科技有限公司上诉认为本案系建设工程施工合同纠纷并据此要求按照不动产专属管辖规则确定本案管辖的理由不成立。本案系因合同纠纷提起的诉讼且不属于适用不动产专属管辖的情形，根据《民事诉讼法》第三十四条的规定，在不违反《民事诉讼法》关于级别管辖的规定的情形下，当事人可以书面选择被告住所地、合同履行地、合同签订地、原告住所地、标的物所在地等与争议有实际联系的地点的人民法院管辖。案涉《建设项目工程总承包合同》关于争议解决方式的约定为“向项目所在地有管辖权的人民法院提起诉讼”，但此后双方当事人在签订的《补充协议》中就争议解决方式作出变更约定，即“凡因上述《建设项目工程总承包合同》及本补充协议的履行发生争议的，双方应友好协商解决，协商不成的，甲乙双方均可在各自所在地人民法院提起诉讼”。案涉《补充协议》中关于管辖的约定明确具体，且不违反《民事诉讼法》关于级别管辖和专属管辖的规定，为有效约定，应据此确定本案管辖。根据《补充协议》中的协议管辖条款，安徽盛运环保工程有限公司作为原审原告可以向其住所地人民法院起诉。因安徽盛运环保工程有限公司的住所地在原审人民法院辖区内，原审人民法院对本案有管辖权。上诉人上诉

---

〔1〕　山西省高级人民法院（2017）晋民初45号之二民事裁定书。

认为原审人民法院对本案无管辖权的理由不成立,对其上诉意见不予采纳。[1]

承包人或发包人破产情形下,工程总承包合同纠纷由受理破产申请的法院管辖。

【案例 14－10】 北京建工金源环保发展股份有限公司与黄山市屯溪城市建设投资有限责任公司等建设工程合同纠纷案

判决观点,人民法院受理破产申请后,债务人作为原告,或者以债务人为被告提起的第一审民事诉讼,由受理破产申请的人民法院集中管辖,不受《民事诉讼法》关于地域管辖、级别管辖和专属管辖规定的限制,故本院对本案有管辖权。黄山市屯溪区住建局、黄山市屯溪城市建设公司提出的管辖权异议不能成立,本院不予支持。[2]

发承包双方约定了有效的仲裁条款,工程总承包合同纠纷由仲裁机构管辖。

涉军队主体的工程总承包项目纠纷管辖,主要存在两种法院管辖情形:一是遵循了建设工程专属管辖,即涉军队工程总承包合同纠纷由工程所在地法院专属管辖;二是工程总承包项目涉及机密级以上军事秘密的,则工程总承包合同纠纷由军事法院管辖。《最高人民法院关于军事法院管辖民事案件若干问题的规定》(法释〔2020〕20 号)第一条规定:“下列民事案件,由军事法院管辖:……(二)涉及机密级以上军事秘密的案件。”工程总承包合同纠纷案件由军事法院管辖。

海洋、通海可航水域工程总承包项目,工程总承包合同纠纷由海事法院管辖。

3. 挂靠合同纠纷管辖处理

建设工程施工合同与挂靠合同属于两类合同。两者的联系点为,其前提都是涉及建设工程有关活动而发生的。施工合同当事人围绕施工活动而产生的争议,双方之间存在施工合同关系。挂靠合同当事人是被挂靠人与挂靠人,挂靠合同争议焦点是利益分配问题与追偿问题。挂靠人不是施工合同当事人,与工程发包人不存在施工合同关系,挂靠人与被挂靠人因履行挂靠合同产生的纠纷不适用专属管辖,而适用一般地域管辖,由被告住所地或合同履行地法院管辖。

施工合同纠纷适用不动产专属管辖,挂靠合同纠纷由被告所在地管辖,不适用不动产专属管辖。

一方以挂靠人与被挂靠人之间存在挂靠合同为由在被告住所地法院起诉,被告认为属于施工合同纠纷提出管辖权异议,受案法院驳回管辖权异议。

---

〔1〕 安徽省合肥市中级人民法院(2017)皖 01 民辖终 120 号民事裁定书。

〔2〕 北京市第一中级人民法院(2021)京 01 民初 840 号民事裁定书。

【案例 14－11】　陈某玮与余某、赵某明、中扶建设公司合同纠纷案

二审法院认为，本案中，陈某玮以其和余某、赵某明与中扶建设公司之间存在挂靠关系为由，主张被挂靠方中扶建设公司向挂靠方陈某玮、余某、赵某明支付工程款及利息，故本案系合同纠纷而非建设工程施工合同纠纷，一审法院认定案由正确，并根据合同纠纷管辖规定确定对本案享有管辖权正确，本院予以维持。中扶建设公司所持本案系建设工程施工合同纠纷，应由工程所在地人民法院管辖的上诉理由不能成立，本院不予采纳。[1]

【案例 14－12】　中铁公司福州工程局与杜某苗合同纠纷案

二审法院认为，中铁公司福州工程局与杜某苗于 2007 年 11 月 6 日签订的《单项工程内部承包施工合同》，涉案工程为淄博阿波罗大酒店 1#、2#住宅楼及地下室，中铁公司作为承包人与发包方置业公司签订《建设工程施工合同》，中铁公司与置业公司之间为建设工程施工合同关系。杜某苗系没有施工资质的个人，其与中铁公司福州工程局签订的合同名称虽然为内部承包施工合同，但双方约定由杜某苗按工程造价的 1.5% 支付管理费，明显不属于转包，双方之间并不存在隶属关系，实际应系挂靠关系，不应适用专属管辖的规定，一审法院对此认定正确，本院不持异议。[2]

【案例 14－13】　张某前与华瑞公司、姜某云施工合同纠纷案

二审法院认为，张某前系依据《还款协议书》等证据提起的诉讼，并请求判令华瑞公司、姜某云共同给付张某前工程款等。本案中，张某前主张其与姜某云、华瑞公司之间系挂靠关系，并不存在建设工程施工合同问题。原审被告华瑞公司住所地位于北京市密云区，故北京市密云区人民法院对本案具有管辖权。[3]

一方以挂靠人与被挂靠人之间存在挂靠合同为由在工程所在地法院起诉，立案后经过审查，本案适用一般地域管辖，受案法院裁定将案件移送至被告住所地法院。

【案例 14－14】　中联天盛公司与黄某君、江某花、黄某合同纠纷案

二审法院认为，中联天盛公司依据《合作协议》等证据，主张黄某君、江某花、黄某造成中联天盛公司损失，以建设工程合同纠纷为由提起本案诉讼，后于一审中变更案由为挂靠经营合同纠纷，要求黄某君、江某花、黄某返还合同价款 4,811,258 元并支付利息等，属于因合同纠纷提起的诉讼，应根据合

---

〔1〕 北京市第一中级人民法院(2022)京 01 民辖终 247 号民事裁定书。

〔2〕 北京市第一中级人民法院(2020)京 01 民辖终 560 号民事裁定书。

〔3〕 北京市第三中级人民法院(2022)京 03 民辖终 330 号民事裁定书。

同纠纷的一般管辖原则，即根据《民事诉讼法》第二十三条（现为第二十四条）关于“因合同纠纷提起的诉讼，由被告住所地或者合同履行地人民法院管辖”的规定，确定案件管辖法院。[1]

挂靠人与被挂靠人之间在挂靠过程中履行挂靠协议所发生的争议，并非发包人与承包人、转包人或分包人之间发生的建设工程施工合同纠纷，不适用有关专属管辖的规定，应当按照被告住所地和合同履行地的法定管辖原则确定管辖法院。一方以挂靠人与被挂靠人之间存在挂靠合同为由在被告住所地法院起诉，受案法院认为属于施工合同纠纷，将案件移送至工程所在地法院，受移送法院认为不属于施工合同纠纷，报请上级法院指定管辖，上级法院指定由被告住所地法院管辖。

【案例14－15】 河北力筑建筑劳务分包有限公司与邵某合同纠纷案

最高人民法院认为，本案争议焦点为是否属于建设工程施工合同纠纷，是否适用专属管辖的规定。从力筑公司起诉情况看，力筑公司与邵某之间不属于内部承包或者非法转包、分包关系，而应当属于挂靠关系。挂靠是指挂靠者通过借用被挂靠者的资质证书、营业执照、银行账户等资质，以被挂靠企业名义对外开展业务，挂靠者一般自负盈亏，被挂靠者收取固定管理费或者挂靠费。与挂靠相比，内部承包一方主体通常为发包单位的人员，与发包单位有合法的人事、劳动合同关系。在经营上，挂靠主要以挂靠者自己投入财产为主，而内部承包以使用发包企业财产为主，发包企业通常还提供工程所需的必要技术，进行必要的安全、质量管理。另外，非法转包、分包与挂靠虽然都是将项目工程整体或者部分转交他人，但非法转包、分包往往是承包方在承包案涉工程后，再将工程整体转包或者一部分内容分包，而挂靠通常是实际施工人事先与承包人进行约定后再承包工程，一般而言，非法转包、分包实际施工人可能有相应施工资质，但挂靠人基本都没有施工资质。本案中，根据力筑公司在江苏省镇江市丹徒区人民法院开庭时所述，邵某收到河北四建招标通知后，找到力筑公司要求挂靠在其名下，由邵某作为项目实际负责人组织施工。双方当事人并未签订转包、分包合同，邵某也未提供其与力筑公司存在劳动合同关系的证据，不能证明双方具有转包、分包或者内部承包关系。力筑公司在江苏省镇江市丹徒区人民法院开庭笔录中，表明邵某是挂靠在力筑公司，力筑公司收取管理费，邵某施工项目由其自负盈亏、自享利润，工程发生的一切事故及债务由其承担。在与本案相关的力筑公司与施工工人劳动争议一案中，安徽省淮北市中级人民法院作出的（2018）皖06民终

[1] 北京市第二中级人民法院（2021）京02民辖终455号民事裁定书。

154号生效判决，也对邵某挂靠力筑公司并以力筑公司名义承接涉案工程劳务的事实予以认定。据此，力筑公司与邵某之间更符合挂靠特征。综上，本案属于挂靠人与被挂靠人之间在挂靠过程中履行挂靠协议所发生的争议，并非发包人与承包人、转包人或分包人之间发生的建设工程施工合同纠纷，不适用有关专属管辖的规定，应当按照被告住所地和合同履行地的法定管辖原则确定管辖法院。本案被告住所地位于江苏省镇江市丹徒区，江苏省镇江市丹徒区人民法院对案件有管辖权，其将案件移送安徽省淮北市杜集区人民法院不当。需要指出的是，安徽省淮北市杜集区人民法院在收到江苏省镇江市丹徒区人民法院移送案件后，认为不属于本院管辖的，应当报请上级人民法院指定管辖，其自行移送不妥。裁定：本案由江苏省镇江市丹徒区人民法院审理。〔1〕

【案例 14－16】　杜某明与建工博海公司施工合同纠纷案

二审法院认为，管辖权的审查系程序性审查，当案件法律关系的性质影响案件管辖的确定时，应根据原告诉讼请求所指向的法律关系，结合原告提供的初始证据认定案件争议法律关系的性质，并据以确定案件管辖。故此，杜某明基于双方当事人之间存在挂靠经营合同关系，对建工博海公司提起的返还工程款和挂靠管理费的诉讼，在形式上不能认定杜某明与建工博海公司之间形成了建设工程施工合同关系。据此，本案不属于应由不动产所在地法院专属管辖的案件。〔2〕

4. 债权转让管辖处理

实践中，建设工程施工方将债权转让第三人，第三人与工程发包方价款支付发生纠纷，管辖法院应当要分不同的情况区别对待。其一，施工方在转让债权之前，已与发包方确认工程价款金额，对工程质量、合同履行等情况不存在争议。此后，施工方将工程债权转让给第三人，双方之间成立债权转让合同。受让方是基于债权转让合同向发包方主张支付价款债权，受让方与发包方就款项问题发生纠纷的，应当认定为债权转让合同纠纷。由被告住所地或合同履行地法院管辖。其二，施工方在转让债权前，未与发包方确认工程价款金额，双方对工程质量、合同履行等情况也未达成一致。此种情形下，施工方将工程价款债权转让给第三受让人的，受让人请求发包方履行债务的依据是施工方基于建设工程施工形成的建设工程债权。受让人就工程价款支付问题，与发包方发生纠纷、提起诉讼的。在发

〔1〕 最高人民法院(2020)民辖12号民事裁定书。
〔2〕 北京市第二中级人民法院(2020)京02民辖终105号民事裁定书。

包方的抗辩中,必然会涉及案涉工程质量鉴定、造价评估、工程款项等相关工程问题,以及建设工程施工合同签订、履行情况,不是单纯的给付一定数额的工程欠款。在此种情形下,应当认定为建设工程施工合同纠纷,由不动产所在地法院专属管辖。

5. 管辖异议处理

【案例 14-17】 振峰建筑公司与中铁九局公司、中铁四局路桥公司建设工程施工合同纠纷案

最高人民法院认为,本案振峰建筑公司向法院提起诉讼,请求判令中铁九局公司、中铁四局路桥公司支付平齐线茂林至满汉营段增建工程的全部工程款。根据《民事诉讼法解释》第二十八条的规定,建设工程施工合同纠纷,按照不动产纠纷确定管辖。《铁路运输法院案件管辖范围的若干规定》第三条规定,与铁路及其附属设施的建设施工有关的合同纠纷,由铁路运输法院管辖。因此,本案确定管辖既要考虑铁路法院的专门管辖范围,也要按照不动产纠纷确定管辖法院。本案中振峰建筑公司与中铁九局公司、中铁四局路桥公司在《建设工程施工劳务分包合同》约定管辖法院为中铁四局路桥公司所在地即长春铁路运输法院,但该约定因违背专属相关管辖的规定而应认定为无效。根据中国铁路沈阳局集团有限公司出具证明,茂林站系通辽车务段管辖的车站。案涉建设工程施工地位于平齐线茂林至满汉营段,属于通辽车务段辖区。结合上述司法解释规定,本案应由通辽铁路运输法院专属管辖。[1]

【案例 14-18】 华荣公司与海天公司、海天公司青海分公司管辖纠纷案

最高人民法院认为,海天公司青海分公司系就海湖新区九号公馆工程中的部分工程作为发包方与作为承包方的华荣公司签订了《建筑工程劳务承包合同》,海湖新区九号公馆工程属于建设工程,海天公司青海分公司与华荣公司在《建筑工程劳务承包合同》中亦明确约定:"依照《中华人民共和国合同法》和《中华人民共和国建筑法》,经双方充分协商一致签订本合同。"因此,该合同系平等主体之间就建设工程设立民事权利义务关系的协议,而非用人单位与劳动者之间确立劳动关系的协议。故海天公司主张本案纠纷应适用劳动仲裁前置程序,缺乏事实和法律依据,本院不予支持。根据《民事诉讼法解释》的规定,农村土地承包经营合同纠纷、房屋租赁合同纠纷、建设工程施工合同纠纷、政策性房屋买卖合同纠纷,按照不动产纠纷确定管辖,结合本案

---

〔1〕 最高人民法院(2018)法民辖44号民事裁定书。

工程施工地位于青海省的有关事实和相关规定，认为本案应按照不动产纠纷专属管辖原则确定管辖法院，确认青海省高级人民法院对本案具有管辖权是正确的。至于华荣公司是否具有建筑企业资质的问题，对于本案管辖权的确定没有影响。[1]

6. 协议管辖处理

原告主张与被告存在劳务合同纠纷，请求法院判令被告支付人工费，故本案属于劳务合同纠纷。被告向原告出具的劳务费欠条虽载明“该纠纷由××法院管辖”，但该欠条系被告单方出具的对双方当事人之间债权债务关系的确认，现无其他证据材料用以证明原、被告就协议管辖达成一致意思表示，故该协议管辖条款不成立。也就是说，债务人出具的欠条中载明管辖法院的，不可视为双方的协议管辖条款。

【案例 14－19】 刘某武与徐某、某某公司建设工程施工合同纠纷案

最高人民法院认为，本案系劳务合同纠纷。《民事诉讼法》第三十五条规定：“合同或者其他财产权益纠纷的当事人可以书面协议选择被告住所地、合同履行地、合同签订地、原告住所地、标的物所在地等与争议有实际联系的地点的人民法院管辖，但不得违反本法对级别管辖和专属管辖的规定。”本案中，刘某武主张与徐某存在劳务合同纠纷，请求法院判令徐某支付人工工资。案涉欠条虽载明“该纠纷由兴化法院管辖”，但欠条系徐某单方出具的对当事人之间债权债务关系的确认，现无其他证据材料用以证明刘某武、徐某就协议管辖达成一致意思表示，案涉协议管辖条款不成立，杭州市西湖区人民法院以案涉协议管辖条款有效为由，裁定将本案移送江苏省兴化市人民法院处理，适用法律不当，本院予以纠正。《民事诉讼法》第二十四条规定，“因合同纠纷提起的诉讼，由被告住所地或者合同履行地人民法院管辖”。本案被告徐某的住所地在杭州市西湖区，刘某武作为接收货币一方所在地在江苏省兴化市，杭州市西湖区人民法院和江苏省兴化市人民法院对本案均有管辖权。江苏省兴化市人民法院作为受移送的人民法院，认定本案系建设工程施工合同引发的纠纷、应当按照不动产纠纷确定管辖，适用法律错误。江苏省兴化市人民法院基于上述错误认定，径行裁定将本案移送杭州市下城区人民法院审理，而不是报请上级人民法院指定管辖，违反了《民事诉讼法》第三十七条的规定，本院予以指正。在杭州市西湖区人民法院和江苏省兴化市人民法院对本案均有管辖权的情况下，考虑本案原告刘某武选择在杭州市西湖区

---

〔1〕 最高人民法院(2017)法民辖43号民事裁定书。

人民法院起诉，且本案已经移送至杭州市下城区人民法院，为避免诉讼迟延、减轻当事人诉累，本案可以由杭州市西湖区人民法院审理。裁定：本案由杭州市西湖区人民法院审理。〔1〕

建设工程设计合同不属于不动产纠纷管辖，按合同约定确定管辖。

【案例14－20】 南通源诚建筑设计有限公司与南京中核能源工程有限公司建设工程设计合同纠纷案

最高人民法院认为，本案系建设工程设计合同纠纷。《民事诉讼法解释》第二十八条第二款规定："农村土地承包经营合同纠纷、房屋租赁合同纠纷、建设工程施工合同纠纷、政策性房屋买卖合同纠纷，按照不动产纠纷确定管辖。"本案中，南通源诚公司主张与南京中核公司存在建设工程设计合同纠纷，请求判令南京中核公司支付设计款。建设工程设计合同纠纷和建设工程施工合同纠纷都属于建设工程合同项下的案由，但司法解释并未规定建设工程设计合同纠纷按照不动产纠纷确定管辖。江苏省南京市玄武区人民法院裁定认为本案应当按照不动产纠纷确定管辖，缺乏法律依据。《民事诉讼法》第三十五条规定，"合同或者其他财产权益纠纷的当事人可以书面协议选择被告住所地、合同履行地、合同签订地、原告住所地、标的物所在地等与争议有实际联系的地点的人民法院管辖，但不得违反本法对级别管辖和专属管辖的规定"。本案中，案涉设计合同第二部分第十二条约定了"向合同签订地有管辖权的人民法院起诉"的事宜，同时，该合同首页显示合同签订地点在南京市玄武区。上述协议管辖的约定，系当事人真实意思表示，未违反级别管辖和专属管辖的规定，应认定有效。江苏省南京市玄武区人民法院对本案具有管辖权，裁定移送河南省遂平县人民法院处理不当，本院予以纠正。〔2〕

电梯采购合同（含安装、检测）的性质是买卖合同不是建设工程合同，能约定管辖。

【案例14－21】 西奥公司与淦升公司买卖合同纠纷案

最高人民法院认为，本案管辖争议的焦点问题是依据建设工程施工合同纠纷还是买卖合同纠纷确定管辖法院。建设工程施工合同纠纷，往往涉及建筑物工程造价评估、质量鉴定、留置权优先受偿、执行拍卖等，由建筑物所在地法院管辖，有利于案件审理与执行，因而按照不动产纠纷确定管辖。本案中，西奥公司与淦升公司签订电梯供货合同，约定淦升公司向西奥公司采购

〔1〕 最高人民法院（2022）民辖110号民事裁定书。
〔2〕 最高人民法院（2023）民辖32号管辖裁定书。

电梯,西奥公司负责供货、安装、检测等。西奥公司履行了相关义务后,因淦升公司拖欠款项产生纠纷。其中,西奥公司向淦升公司出售电梯系案涉合同的主要义务,安装、检测电梯系附随义务,故本案应当依据买卖合同纠纷确定管辖。《民事诉讼法》第三十五条规定,“合同或者其他财产权益纠纷的当事人可以书面协议选择被告住所地、合同履行地、合同签订地、原告住所地、标的物所在地等与争议有实际联系的地点的人民法院管辖,但不得违反本法对级别管辖和专属管辖的规定”。本案中,原告、被告双方签订的《嵊州锦城商业中心一期电梯供货合同》约定,“若合同出现争议,由合同签订地人民法院管辖,任何一方可以将争议提交本协议签订地有管辖权的法院诉讼解决”。该约定系双方当事人真实意思表示,不违反法律对级别管辖和专属管辖的规定,应认定有效。上述合同载明签订地点为成都市金牛区,成都市金牛区人民法院对本案有管辖权,其裁定将本案移送浙江省嵊州市人民法院处理不当。[1]

7. 驳回起诉处理

实际施工人为由提起诉讼,请求判令发包人支付工程款在欠付江苏山水公司工程款范围内承担责任,符合法律规定,法院依法应当进行审理。至于实际施工人所主张的施工事实及相应价款是否成立,可在实体审理时通过委托鉴定查明或依照证据规则依法认定并作出相应判决。法院虽对实际施工人提交的证据组织质证,但最终以工程审计没有完毕、施工工程量及价款无法确定等为由驳回其起诉,显然不符合法律规定。至于法院认为实际施工人待工程审计完毕后再行主张可以较好维护各方当事人合法权益的意见,亦无事实和法律依据。

【案例 14－22】　高某友与江苏山水环境建设集团股份有限公司、聊城江北水城旅游度假区住房和城乡建设局建设工程施工合同纠纷再审案

最高人民法院认为,具体到本案,高某友以其系案涉工程实际施工人为由提起诉讼,请求判令江苏山水公司支付工程款,江北水城度假区住建局在欠付江苏山水公司工程款范围内承担责任,符合前述法律规定,原审法院依法应当进行审理。至于高某友所主张的施工事实及相应价款是否成立,可在实体审理时通过委托鉴定查明或依照证据规则依法认定并作出相应判决。原审法院虽对高某友提交的证据组织质证,但最终以工程审计没有完毕、施工工程量及价款无法确定等为由驳回其起诉,显然不符合法律规定。至于原

〔1〕 最高人民法院(2022)民辖134号民事裁定书。

审法院认为高某友待工程审计完毕后再行主张可以较好地维护各方当事人合法权益的意见,亦无事实和法律依据。综上,原审法院裁定驳回高某友的起诉,适用法律明显错误,依法予以纠正。高某友的再审请求具有相应的事实和法律依据,依法予以支持。裁定:(1)撤销山东省高级人民法院(2021)鲁民终2475号民事裁定及山东省聊城市中级人民法院(2021)鲁15民初99号民事裁定。(2)指令山东省聊城市中级人民法院对本案进行审理。[1]

出借资质的承包人,要对外承担一定的民事责任的风险,其行为虽然违反法律法规强制性规定,从而导致双方签订的建设工程施工合同无效。但无论其身份是被挂靠人还是转包人,根据合同的相对性,其仍是名义上的合同相对方。无论是根据合同约定内容,还是在对外责任的承担,其与案涉项目都存在直接的利害关系。不能因为对实际施工人身份的确认,而否定承包人的起诉权利。如果法律排除承包人的起诉,一方面可能会损害承包人在案涉项目中相关权益,不利于案件事实的查明。另一方面也变相为承包人逃避法律责任提供了借口。即便是《建设工程解释(一)》第四十三条规定,实际施工人可以突破合同相对性,起诉发包人、转包人、违法分包人,亦未否定承包人基于合同起诉的权利。故虽然在另案判决中认定案涉工程的实际施工人及承包人出借资质的事实,但不能就此否定作为承包人提起诉讼的权利。至于案涉合同效力,承包人主张工程款的诉请能否得到支持,则属于实体审理范畴。原审法院以莘城建设公司不是实际施工人而与本案无利害关系,不具备原告主体资格,不符合民事权利义务相一致的公平原则。

【案例14-23】 莘县莘城建设有限公司与山东天乐置业有限公司建设工程施工合同纠纷再审案

最高人民法院认为,本案争议焦点在于莘城建设公司是否具有提起本案诉讼的原告主体资格。原审裁定以莘城建设公司不是实际施工人,对案涉合同无合法权益,进而驳回莘城建设公司的起诉,适用法律是否正确。《民事诉讼法》第一百二十二条规定,起诉必须符合下列条件:(1)原告是与本案有直接利害关系的公民、法人和其他组织;(2)有明确的被告;(3)有具体的诉讼请求和事实、理由;(4)属于人民法院受理民事诉讼的范围和受诉人民法院管辖。本案中,莘城建设公司符合上述法律规定的起诉条件,具有提起本案诉讼的原告主体资格。首先,莘城建设公司是基于其与天乐置业公司签订的《建设工程施工合同》等证据提起本案诉讼,莘城建设公司是案涉《建设工程施工合同》的签约主体和承包人,与天乐置业公司具有法律上的利害关系,符合法律规定的原告起诉的主体条件。其次,从法律规定上,并未有就出借资

〔1〕 最高人民法院(2023)民再2号民事裁定书。

质的承包人的诉权问题作出禁止性规定。《建设工程解释》第一条规定:“建设工程施工合同具有下列情形之一的,应当依据民法典第一百五十三条第一款的规定,认定无效:(一)承包人未取得建筑业企业资质或者超越资质等级的;(二)没有资质的实际施工人借用有资质的建筑施工企业名义的;(三)建设工程必须进行招标而未招标或者中标无效的。承包人因转包、违法分包建设工程与他人签订的建设工程施工合同,应当依据民法典第一百五十三条第一款及第七百九十一条第二款、第三款的规定,认定无效。”依据该规定,签订建设工程施工合同的承包人作为合同相对人,无论是出借资质还是其他原因,仅涉及合同无效的认定,并没有因出借资质就不能起诉发包人,结算工程款的限制性规定。即便是《建设工程解释》第四十三条规定,实际施工人可以突破合同相对性,起诉发包人、转包人、违法分包人,亦未否定承包人基于合同起诉的权利。故虽然在另案判决中认定仇某军是案涉工程的实际施工人及莘城建设公司出借资质的事实,但不能就此否定莘城建设公司作为承包人提起诉讼的权利。至于案涉合同效力,承包人主张工程款的诉请能否得到支持,则属于实体审理范畴。原审法院以莘城建设公司不是案涉工程实际施工人为由认定莘城建设公司与本案无利害关系,否定莘城建设公司的诉权没有法律依据。最后,从权利义务关系上,根据合同相对性原则,莘城建设公司作为名义签订合同的承包人要对外承担一定的民事责任的风险,另案四起生效判决中将莘城建设公司作为被告并且判决其对案涉工程的相关欠款承担民事责任,并实际执行莘城建设公司400余万元。显然,莘城建设公司与本案具有直接利害关系,原审法院以莘城建设公司不是实际施工人而与本案无利害关系,不具备原告主体资格,不符合民事权利义务相一致的公平原则。综上,莘城建设公司关于本案应予受理的再审请求成立。原审裁定驳回莘城建设公司的起诉,适用法律错误,本院予以纠正。裁定:(1)撤销山东省高级人民法院(2020)鲁民终2732号民事裁定及山东省聊城市中级人民法院(2020)鲁15民初18号民事裁定。(2)指令山东省聊城市中级人民法院对本案进行审理。[1]

【案例14-24】　滨州建设地产发展集团有限公司与滨州高新技术产业开发区管理委员会委托代建合同纠纷再审案

最高人民法院认为,人民法院受理案件应以《民事诉讼法》关于案件受理条件的法律规定为判断标准。本案系滨州建设公司依据其与滨州开发区管委会签订的《协议书》《补充协议》、工程审计报告等证据材料,向一审法院

[1] 最高人民法院(2022)民再96号民事裁定书。

提起的委托代建合同纠纷,要求滨州开发区管委会给付建设投资款及相应利息。滨州建设公司的起诉有明确的被告和具体的诉讼请求及事实、理由,属于人民法院民事案件的受案范围,符合《民事诉讼法》第一百二十二条规定的起诉条件。关于滨州市纪委〔2019〕18 号《纪律检查建议书》对高新区"已建和在建工程项目进行审计"的建议并不影响本案的受理。相关刑事案件涉及的虚假《高新区创业大厦裙楼配套工程基本建设工程结算审核报告》,金额为 3,090,555.09 元,虽与本案民事诉讼所涉部分工程造价金额相同,但并非同一法律关系。该部分工程造价是否存在虚假,需经实体审理查明。原审以该部分工程款属纪检监察机关建议重新评估范围,工程款数额尚处于不确定状态为由驳回滨州建设公司的起诉,不符合法律规定。综上,滨州建设公司关于本案应予受理的再审请求成立。〔1〕

8. 工程款转化为借款管辖处理

根据法律规定,建设工程施工合同纠纷适用工程所在地法院专属管辖。而借款合同纠纷中,被告住所地或原告住所地(接受货币一方所在地)法院均有管辖权。在实践中,当"工程款"转化为"借款"后,法院应依据何种法律关系确定管辖有不同观点。一种观点是认为适用专属管辖,如以民间借贷起诉,则裁定案件移送专属法院管辖。另一种观点则认为转化后的借款合同适用合同纠纷管辖规定。但就后一种观点而言,根据法院裁判理由可知,还需符合一定的前提,即"工程款"是否有效转化"借款",如工程合同是否存在无效情形、"借条"或"借款合同"中是否约定不明等情形下,如被认定未能转化为"借款",则又回转至建设工程施工合同纠纷,自然属于专属管辖。也就是说,"工程款"转化为"借款"的管辖是以有效转化为基础。

【案例 14-25】 某某与某某公司民间借贷纠纷案

判决观点,被告以本案实际系建设工程施工合同纠纷,应按照不动产纠纷确定管辖未有提出管辖异议,实为探究原告在本案中的请求权基础,现原告以民间借贷为由向本案提起诉讼,系当事人主张诉权的选择结果。且原告提交的借条形式符合民间借贷案件的立案标准,其背后的债权债务关系如何转化而来并不改变民间借贷案件的管辖原则。〔2〕

9. 债权人代位诉讼管辖处理

《民法典合同编通则解释》第三十五条规定:"债权人依据民法典第五百三十

〔1〕 最高人民法院(2021)民再 366 号民事裁定书。
〔2〕 上海市徐汇区人民法院(2017)沪 0104 民初 24415 号民事裁定书。

五条的规定对债务人的相对人提起代位权诉讼的,由被告住所地人民法院管辖,但是依法应当适用专属管辖规定的除外。

债务人或者相对人以双方之间的债权债务关系订有管辖协议为由提出异议的,人民法院不予支持。”

《民法典合同编通则解释》第三十六条规定:“债权人提起代位权诉讼后,债务人或者相对人以双方之间的债权债务关系订有仲裁协议为由对法院主管提出异议的,人民法院不予支持。但是,债务人或者相对人在首次开庭前就债务人与相对人之间的债权债务关系申请仲裁的,人民法院可以依法中止代位权诉讼。”

《民法典合同编通则解释》第三十七条规定:“债权人以债务人的相对人为被告向人民法院提起代位权诉讼,未将债务人列为第三人的,人民法院应当追加债务人为第三人。

两个以上债权人以债务人的同一相对人为被告提起代位权诉讼的,人民法院可以合并审理。债务人对相对人享有的债权不足以清偿其对两个以上债权人负担的债务的,人民法院应当按照债权人享有的债权比例确定相对人的履行份额,但是法律另有规定的除外。”

《民法典合同编通则解释》第三十八条规定:“债权人向人民法院起诉债务人后,又向同一人民法院对债务人的相对人提起代位权诉讼,属于该人民法院管辖的,可以合并审理。不属于该人民法院管辖的,应当告知其向有管辖权的人民法院另行起诉;在起诉债务人的诉讼终结前,代位权诉讼应当中止。”

《民法典合同编通则解释》第三十九条规定:“在代位权诉讼中,债务人对超过债权人代位请求数额的债权部分起诉相对人,属于同一人民法院管辖的,可以合并审理。不属于同一人民法院管辖的,应当告知其向有管辖权的人民法院另行起诉;在代位权诉讼终结前,债务人对相对人的诉讼应当中止。”

以上《民法典合同编通则解释》的五个条文对代位权诉讼作了详细明确的规定,可操作性很强。

对建设工程价款提起的债权人代位诉讼,不以不动产纠纷确定管辖。

【案例14－26】　东营昌润吊装有限责任公司与山东军辉建设集团有限公司代位权纠纷案

最高人民法院认为,本案系债权人代位权纠纷。为贯彻实施《民法典》,最高人民法院废止了《关于贯彻执行〈中华人民共和国民法通则〉若干问题的意见(试行)》《合同法解释(一)》《合同法解释(二)》等司法解释,出台了《民法典物权编解释(一)》等司法解释。但是,对于上述已经废止的司法解释中的程序性规定的精神,与《民事诉讼法》及相关法律不冲突的,如《合同法解释(一)》第十四条、第二十三条等,人民法院可以在办理程序性事项时作为参考。本案中,东营昌润吊装有限责任公司作为债权人提起代位权诉讼,主张债务人朱某林作为实际施工人,怠于行使对工程承包人山东军辉建设集团有限公司和工程发包人中机国能电力工程有限公司的到期债权,请求法院判令山东军辉建设集团有限公司、中机国能电力工程有限公司清偿债务。在建设工程施工法律关系中,山东军辉建设集团有限公司与朱某林是债权债务的相对方。参考《合同法解释(一)》第十四条关于债权人代位权诉讼由被告住所地人民法院管辖的规定,本案被告山东军辉建设集团有限公司住所地在山东省肥城市,山东省肥城市人民法院可以管辖本案。[1]

10. 合并管辖处理

当事人将建设施工合同与相关的其他合同一并起诉时应依据建设施工合同确定管辖法院。

【案例 14－27】 某文化传播公司诉某文化创意公司建设工程合同纠纷案

最高人民法院认为,当事人将建设工程施工合同及相关联的其他合同一并起诉的,由于两份合同系针对同一工程项目,且同时履行,存在关联关系,原告一并起诉后,被告未提出管辖权异议且提出了反诉,在此情形下,人民法院可以一并审理,并按照不动产纠纷确定管辖法院。[2]

---

〔1〕 最高人民法院(2023)民辖71号民事裁定书。

〔2〕 人民法院案例库2023－01－2－115－001。最高人民法院(2022)民辖77号民事裁定书。

二、建设工程程序相关问题

(一)抗辩与反诉界定处理

实践中,承包人追索工程款,发包人经常以建设工程质量存在问题为由对抗承包人的诉讼请求,对此项对抗性主张以抗辩还是反诉界定是争议问题之一。《建设工程解释(一)》第十六条规定:“发包人在承包人提起的建设工程施工合同纠纷案件中,以建设工程质量不符合合同约定或法律规定为由,就承包人支付违约金或者赔偿修理、改建的合理费用等损失提起反诉的,人民法院可以合并审理。”该条规定明确了,抗辩只能在本诉原告的诉请范围内要求减轻或者免除自己的责任,发包人抗辩的方式主张质量不合格请求少付工程款或者不付工程款的,必须提起反诉,否则不能实现其抗辩的目的。对发包人的抗辩,法官应释明其提出反诉或者另行起诉。如果发包人坚持提出抗辩的,法院应驳回其抗辩请求。参与制定司法解释的法官认为,对于抗辩与反诉的判断标准应从两方面入手:一是是否超过原告诉讼请求范围;二是是否具有独立给付请求的内容。[1]

【案例 14-28】 京燕公司、中燕公司与宝业公司建设工程施工合同纠纷案

二审法院认为,宝业公司完成施工后多次催促发包方进行竣工验收,但发包方未积极履行相关竣工验收手续,二审审理中又以不符合验收条件来抗辩,本院不予采纳。本案中,中燕公司已将办公楼和食堂投入使用,且京燕公司和宝业公司在回复函中已对整个工程的造价款进行了确认,理应按照确认的数额给付。对总装车间的质量问题一节,一审中京燕公司只提供几组照片证明,远未达到能充分证明总装车间建筑主体存在质量问题的程度,一审以举证不充分为由未予支持,并无不当。对总装车间是否投入使用,宝业公司提供了企业2008年的年检报告,工商档案及京燕公司提供的照片来证明其已投入使用,而上诉人以质量问题指出未实际投入使用,在未充分证明总装车间存在质量问题的前提下,是否投入使用与应给付工程款没有必然联系。

---

〔1〕 参见最高人民法院民事审判第一庭编著:《最高人民法院建设工程施工合同司法解释(一)理解与适用》,人民法院出版社2021年版,第163页。

京燕公司要求宝业公司移交档案资料和开具有效发票的要求不足以吞并或抵销偿付工程款的义务，因此一审法院认为不构成反诉并无不当。〔1〕

承包人提起诉讼要求发包人支付工程款，发包人以工程质量提出抗辩，但未提起反诉的，法院不予审查。

【案例14－29】 徐州博顿置业有限公司与施某云、福建省土木建设实业有限公司建设工程施工合同纠纷再审案

最高人民法院认为，本案原由施某云提起诉讼，请求博顿公司支付拖欠的工程款。对此，博顿公司提出抗辩，认为施某云的施工存在偷工减料的质量问题。《建设工程解释》第二条规定："建设工程施工合同无效，但建设工程经竣工验收合格，承包人请求参照合同约定支付工程价款的，应予支持。"本案中，施某云不具备相应的资质，其与博顿公司签订的建设工程施工合同应无效。考虑案中建设工程经竣工验收合格并交付使用，施某云请求博顿公司支付拖欠的工程款，二审判决予以支持，并无不当。至于施某云施工是否存在偷工减料的质量缺陷，涉及其应否向博顿公司承担赔偿责任的问题。对此，博顿公司虽然提出抗辩，但未提出反诉，且其已另案提出诉请，故二审判决不予审查，亦无不当。博顿公司申请再审提出的理由，缺乏事实和法律依据，不能成立。〔2〕

发包方以工程存在质量问题为由要求减少工程价款的请求，系基于工程质量缺陷提出的请求，这是相对于本诉（请求支付工程款）的独立的诉讼请求，并非就质量问题要求承包人进行修复的抗辩，需提反诉处理。

【案例14－30】 中建八局与九州华伟公司建设工程施工合同纠纷案

最高人民法院认为，本案中，中建八局提供的《工程报验审核表》及其附件可以证明中建八局已完工的工程部分经由九州华伟公司委托的监理公司大连市工程建设监理有限公司检验合格。故案涉工程质量合格的本证已经成立，九州华伟公司未能举示充分证据证明案涉工程存在质量问题，亦未在案涉《建设工程施工合同》解除后要求中建八局对工程进行修复。故九州华伟公司提出要求减少或拒付工程款的请求，缺少上引司法解释规定的前置条件，亦不足以作为对承包人要求支付工程款的抗辩依据。九州华伟公司以案涉工程存在质量问题为由要求减少工程价款的请求，系基于工程质量缺陷提出的请求，这是相较于本诉（请求支付工程款）的独立的诉讼请求，并非上引司法解释条款规定的就质量问题要求承包人进行修复的抗辩。并且，九州华

---

〔1〕 北京市第一中级人民法院（2011）一中民终字第6632号民事判决书。

〔2〕 最高人民法院（2013）民申字第2200号民事裁定书。

伟公司的抗辩理由涉及质量缺陷责任认定和具体金额,需另行认定后才能在诉争工程款中进行抵扣。因此,一审法院以九州华伟公司未提出反诉为由未予准许其要求进行质量鉴定的请求,并未违反法定程序。九州华伟公司若认为中建八局承建的案涉工程存在质量问题,应当承担违约责任或者赔偿修理、返工、改建的合理费用等损失的,可以另行提起诉讼。[1]

主张减少工程款的发包人,以何种方式提出问题。参与制定司法解释的法官认为,被告主张减少工程款是抗辩,无须再提起反诉。[2]

湖南省高级人民法院发布的《关于审理建设工程施工合同纠纷案件若干问题的解答》中问题十六:发包方以承包方未开具发票拒绝支付工程款应如何处理?发包人以承包人未开具发票为由拒绝支付工程款的,人民法院不予支持。当事人另有明确约定的除外。承包人起诉要求发包人支付工程款,发包人以要求承包人开具发票为由提起反诉的,人民法院可以一并审理。

(二)拒付工程款抗辩处理

《民法典》第五百二十六条规定:"当事人互负债务,有先后履行顺序,应当先履行债务一方未履行的,后履行一方有权拒绝其履行请求。先履行一方履行债务不符合约定的,后履行一方有权拒绝其相应的履行请求。"后履行抗辩权,也有人称为"先履行抗辩权""先违约抗辩权",是指"在双务合同中应先履行的一方当事人未履行或者履行债务不符合约定的,后履行的一方当事人享有拒绝对方履行请求或者拒绝对方相应履行请求的权利"。后履行抗辩权的成立要件,主要包括:一是同一双务合同,且互负债务;二是债务有先后履行顺序;三是应先履行者不履行债务,或者履行债务不符合约定;四是后履行的债务已到履行期。即只有同时满足上述条件后,方可行使后履行抗辩权。其中,关于同一双务合同且互负债务关系,双方的义务是否构成对待给付是一个重要方面,因为"在双务合同中,当事人互负对待给付义务,当事人一方履行义务,是为了换取对方的履行,所以,在先履行一方不履行自己的债务时,后履行一方为保护自己的履行利益,就可以拒绝对方的履行要求"。建设工程合同作为一种双务合同,依据其合同的本质,合同抗辩的范围仅限于对价义务,也就是说,一方不履行对价义务,相对方才享有抗辩权。

---

〔1〕 最高人民法院(2019)民终164号民事判决书。

〔2〕 参见最高人民法院民事审判第一庭编著:《最高人民法院新建设工程施工合同司法解释(一)理解与适用》,人民法院出版社2021年版,第134页。

1. 工程质量抗辩

实践中,发包人以工程质量存在问题、逾期竣工、未履行保修义务或因开具发票等理由拒绝支付工程款纠纷不断。

对工程质量存在问题拒付工程款处理。发包人已组织验收并在五方认证表上签字,后又以工程质量存在瑕疵为由,拒绝支付或延期支付工程款的,法律不予支持。但存在例外,即工程经鉴定不合格的,发包人仍可以拒绝支付或要求延期支付工程款。

【案例14-31】 广厦公司与南洲公司建设工程施工合同纠纷案

二审法院认为,南洲公司主张广厦公司逾期竣工且施工质量存在缺陷,其可以拒绝支付工程款,故不应计算其逾期付款的利息。然其提起的追究广厦公司逾期竣工及施工质量存在缺陷的违约之诉,均尚未审结,尚无定论;即使其胜诉,则广厦公司承担违约责任之时,既是弥补其违约情形之时,也是南洲公司的先履行抗辩权不复存在之时。因此,对其主张,不予采纳,涉案工程的欠款应计算相应的利息。[1]

对于工程竣工验收合格或视为工程验收合格的,发包人以未交付竣工资料拒付工程款的,法律不予支持其主张。

【案例14-32】 天富公司与长沙建工集团建设工程施工合同纠纷案

二审法院认为,至于未交付相关竣工资料是否能够成为天富公司拒绝付款的问题,本案工程视为验收合格即视同长沙建工集团在法律上已向天富公司提供了符合合同约定的建筑物,基于这种特殊情况,天富公司不能再以长沙建工集团是否交付竣工资料作为其付款的前置条件。[2]

【案例14-33】 中建二局第三建筑工程有限公司与武汉大陆桥投资开发有限公司建设工程施工合同纠纷案

最高人民法院认为,中建公司虽然没有依据约定提交竣工图纸等资料,但陆桥公司已接收并使用该工程,表明工程已具备结算条件,且工程事实上已经验收合格,因此,中建公司主张工程欠款的条件已成就。[3]

对工程质量的抗辩,仅针对工程款项的支付。

---

〔1〕 江苏省高级人民法院(2015)苏民终字第365号民事判决书。

〔2〕 湖南省高级人民法院(2014)湘高法民一终字第138号民事判决书。

〔3〕 参见最高人民法院民事审判第一庭编:《民事审判指导与参考》2010年第2集(总第42集),法律出版社2011年版,第193页。

【案例 14－34】　中铁十九局集团第二工程有限公司与海西冰峰矿泉水开发有限公司建设工程施工合同纠纷案

最高人民法院认为，因案涉合同系海西公司要求解除，双方在关于结算问题的《会议纪要》中对于返还履约保证金、利息、招标代理费并无条件约束，且根据《建设工程施工合同司法解释》的相关规定，对工程质量的抗辩主要针对工程款项的支付，而履约保证金、利息、招标代理费均不属工程款项，故海西公司以案涉工程存在质量问题、中铁十九局未移交施工资料为由，认为履约保证金、利息、招标代理费的支付条件尚不具备的上诉理由不能成立，本院不予支持。[1]

司法实践中，发包人以承包人未履行保修义务由拒付工程价款的，法律不予支持。

最高人民法院民一庭意见：建设工程施工合同被依法认定无效，工程未经竣工验收程序但已交付使用的，发包人未对工程质量提出异议或者未提供证据证明工程质量不合格，仅以未完成竣工验收程序为由对施工人支付工程款的请求提出抗辩的，不应予以支持。[2]

2. 未开具发票抗辩

《民法典合同编通则解释》第二十六条规定："当事人一方未根据法律规定或者合同约定履行开具发票、提供证明文件等非主要债务，对方请求继续履行该债务并赔偿因怠于履行该债务造成的损失的，人民法院依法予以支持；对方请求解除合同的，人民法院不予支持，但是不履行该债务致使不能实现合同目的或者当事人另有约定的除外。"

审判实践中，发包人往往是以承包人未开具发票作为抗辩理由拒付工程款，如果施工合同中明确地约定为主要合同义务和发包人的拒付权的，根据私法自治的原则，法院应当尊重当事人的合意，可以认定发包人的抗辩成立。反之，发包人不能以承包人未开具发票拒付工程款。

最高人民法院民一庭认为，建设施工合同作为一种双务合同，依据其合同的本质，合同抗辩的范围仅限于对价义务，也就是说，一方不履行对价义务的，相对方才享有抗辩权。支付工程款义务与开具发票义务是两种不同性质的义务，前者是合同的主要义务，后者并非合同的主要义务，二者不具有对等关系。只有对等关系的义务才存在先履行抗辩权的适用条件。如果不是对等关系的义务，就不能

---

〔1〕　最高人民法院(2019)民终 237 号民事判决书。

〔2〕　参见最高人民法院民事审判第一庭编：《民事审判指导与参考》2020 年第 1 辑(总第 81 辑)，人民法院出版社 2021 年版，第 133 页。

适用先履行抗辩权。……建设工程施工合同中的主要义务就是一方完成合同项下的建设工程，另一方依约支付工程款项。而开具发票的义务显然不属于建设工程施工合同中的主要义务，一方当事人违反该义务并不构成根本违约，另一方当事人不能仅因为未及时出具相应发票而主张解除合同，也不能仅因此行使先履行抗辩权。综上所述，在一方违反约定没有开具发票的情况下，另一方不能以此为由拒绝履行合同主要义务即支付工程价款。除非当事人明确约定：一方不及时开具发票，另一方有权拒绝支付工程价款。这种情况就意味着双方将开具发票视为与支付工程价款同等的义务。〔1〕 笔者认为，能否行使拒绝支付工程款权利，应确定合同对拒绝理由有明确约定或者符合法律规定的抗辩权。具体来讲，支付工程款与开具发票是两种不同性质的义务，前者是合同的主要义务，后者并非合同的主要义务，二者不具有对等关系。除非在施工合同中有特别约定，承包人需开具发票提供给发包人才能领取工程款，否则，发包人以承包人未开具工程款发票而拒付工程款的，法律不予支持。

《福建省高级人民法院关于建设工程施工合同纠纷疑难问题解答》第二十四条规定：建设工程施工合同作为一种双务合同，依据其合同的性质，合同抗辩的范围仅限于对价义务，也就是说，一方不履行对价义务的，相对方才享有抗辩权。《民法典》第七百八十八条第一款规定："建设工程合同是承包人进行工程建设，发包人支付价款的合同。"建设工程施工合同中的主要义务就是一方完成合同项下的建设工程，另一方依约支付工程价款而交付发票的义务显然不属于建设工程施工合同中的主要义务。支付建设工程价款义务与交付发票义务不具有对等关系，不能适用先履行抗辩权。因此，发包人以承包人未交付发票作为拒付工程价款抗辩事由的，不予支持。但讼争合同明确约定承包人未交付发票，发包人有权拒绝支付建设工程价款的除外。

《山东省高级人民法院关于审理建设工程施工合同纠纷案件若干问题的解答》第十条规定：支付工程款义务和开具发票义务是两种不同性质的义务，不具有对等关系。发包人以承包人违反约定未开具发票为抗辩理由拒付工程款的，一般不予支持；双方明确约定以承包人开具发票作为支付工程款条件的，可以明确承包人具有向发包人开具发票的义务。

实践中，对发包人请求承包人开具税务发票法院是否支持争议颇大。税务发票对于发包人利益影响很大，这表现为对发包人可以作抵扣。2016 年《住房城乡建设部办公厅关于做好建筑业营改增建设工程计价依据调整准备工作的通知》规定："工程造价可按以下公式计算：工程造价 = 税前工程造价 ×（1 + 11%）。其

〔1〕 参见最高人民法院民事审判第一庭编：《民事审判实务问答》，法律出版社 2021 年版，第 76 ~ 77 页。

中,11%为建筑业拟征增值税率,税前工程造价为人工费、材料费、施工机具使用费、企业管理费、利润和规费之和。”承包人收取发包人支付工程款,根据相关税务法规应当开具发票,开具发票既是承包人应当承担的法定义务,也是应当履行附随义务。承包人不履行开具发票义务,发包人诉至法院请求履行并请求赔偿由此产生损失的,法院应依法作出判决。

发、承包双方未明确约定“先票后款”的,法院一般认定支付工程款义务和提供发票义务是两种不同性质的义务,不具有对等关系,原则上不支持发包人的抗辩权利。

【案例14-35】 运光公司与特乙甲公司建设工程施工合同纠纷再审案

再审法院认为,本案工程已经过合法竣工验收,运光公司关于支付工程款的请求符合法律规定和合同约定,特乙甲公司作为发包方,依法负有向承包人支付工程款的义务,不应以承包人先开具发票作为拒绝支付工程款的抗辩理由。特乙甲公司可待付款时或付款后根据相关税法规定向运光公司主张开具发票,但其关于“先开具发票后付款”的主张缺乏法律依据,本院不予支持。[1]

【案例14-36】 上海锦浩建筑安装工程有限公司与昆山纯高投资开发有限公司建设工程施工合同纠纷案

最高人民法院认为,关于是否交付工程款发票,双方当事人在合同中并未有明确约定,交付发票是税法上的义务,而非双方合同中约定的义务。昆山纯高公司依据合同主张锦浩公司交付发票缺乏依据,其主张本院不予支持。[2]

未约定“先票后款”时,付款方不能以未开具发票拒绝付款。

【案例14-37】 中铁建工集团与世纪佳和公司建设工程施工合同纠纷案

最高人民法院认为,关于世纪佳和公司主张中铁建工集团未开具发票,其有权拒付工程款的抗辩理由是否成立的问题。双方在《建设工程施工合同》专用条款第26.6条约定承包人应在发包人支付工程款的同时提供相一致的税务发票。而开具工程款发票系中铁建工集团履行本案合同的附随义务,与世纪佳和公司支付工程款的主要义务相比,二者不具有对等关系,并且开具工程款发票亦非双方当事人约定的支付工程款的前提条件。因此,一审法院认定世纪佳和公司以中铁建工集团未及时开具发票作为拒绝支付工程

---

〔1〕 山东省高级人民法院(2020)鲁民申9795号民事裁定书。

〔2〕 最高人民法院(2015)民一终字第86号民事判决书。

款的抗辩理由不能成立,并无不当。[1]

【案例14－38】 海外建设集团与矿山机械公司等建设工程施工合同纠纷案

二审法院认为,支付工程款为合同的主义务,而开具发票则为合同的从义务,矿山机械公司不能以海外建设集团未开具发票为由拒绝履行支付工程款的合同义务,且在法院第一次庭审中,矿山机械公司确认海外建设集团已经向其开具了已付工程款的发票。因此对于矿山机械公司该抗辩理由,法院不予支持。[2]

如果当事人在合同中明确约定:承包人不开具发票,发包人有权拒绝支付工程款的,此时说明合同当事人将开具发票视为与支付工程价款同等的义务,承包人未开具发票的,则发包人可以按照合同约定主张先履行抗辩权。[3] 也就是说,对开具发票没有约定或约定不明的,限制发包人行使拒付工程款权利。

【案例14－39】 新沂市河海建筑工程公司与邵某某、王某建设工程施工合同纠纷案

二审法院认为,根据2010年8月12日双方《关于房山水库大坝防渗和反滤等已完工程结算的约定》第三条分析,上诉人的义务是"将上述资金并扣除预付款后在8月30日前足够支付给施工方",据此约定,上诉人新沂市河海建筑工程公司应在2010年8月30日前将工程尾款足额支付给施工方邵某某、王某;而施工方邵某某、王某的义务是"向新沂市河海建筑工程公司提供在东海县地税局开出的等额的建安发票,并应与大坝防渗和反滤施工人员结清经费,不得无故扣款或不支付,更不能出现施工人员到新沂市河海建筑工程公司或水务局要钱的情况。"据此约定,邵某某、王某履行义务的具体时间,且"与大坝防渗和反滤施工人员结清经费"本身属约定不明,比如大坝防渗和反滤施工人员究竟是指哪些人、经费有多少,何时结算等通过该约定亦无法探知。况且,上诉人提交的上诉状内容中写明"王某在一审开庭时也不认可大坝防渗由钱某某施工",既然被上诉人连钱某某的实际施工人身份都不予认可,何谈要求其与钱某某进行结算。至于上诉人主张的钱某某和被上诉人之间的工程款纠纷,涉及另外一个法律关系,相关合同当事人可以另行解决。综上,上诉人新沂市河海建筑工程公司以被上诉人未"与大坝防渗和反滤施工人员结清经费"为由而拒付工程款的上诉理由,不能成立。[4]

---

〔1〕 最高人民法院(2020)民终158号民事判决书。

〔2〕 辽宁省高级人民法院(2015)辽民一终字第00151号民事判决书。

〔3〕 参见王勇:《建设工程施工合同纠纷实务解析》,法律出版社2017年版,第158页。

〔4〕 江苏省徐州市中级人民法院(2014)徐民终字第1737号民事判决书。

明确约定“先票后款”时，另一方可以根据约定拒绝付款。依据“有约定，从约定”，承包人未提供发票的，发包人可拒付工程款。

【案例 14－40】　万城公司与鑫诚公司建设工程施工合同纠纷再审案

最高人民法院认为，虽然结算协议约定如鑫诚公司未按约支付工程款，万城公司可按原分包合同执行，鑫诚公司首付款未按约支付协议无效，但该协议同时约定，万城公司申请付款时应负责开具正规等额的发票，否则鑫诚公司有权拒绝支付。原审未支持万城公司在未开具发票的情形下要求按照原分包合同执行的主张，并无不当。案涉协议明确赋予了鑫诚公司在万城公司未开具发票的情形下有拒付工程款的权利，万城公司关于未开具发票不能成为鑫诚公司拒付工程款理由的主张，本院不予支持。[1]

【案例 14－41】　山海公司与智达公司、晶达公司建设工程施工合同纠纷案

二审法院认为，从民事权利义务的角度讲，付款是智达公司、晶达公司的主要义务，而开具发票仅是山海公司的附随义务，二者之间没有对价关系，不成立抗辩权。虽然双方在《办理房产证合同》中约定“以后甲方还款应先开具发票”，但双方在《还款协议》中对开具发票的问题又作了新的约定，即智达公司、晶达公司按约定分期付款，山海公司在 2006 年 6 月之前开具全部欠开的发票。因此，山海公司是否开具发票不能作为智达公司、晶达公司拒付工程款的理由，判决驳回上诉，维持原判。[2]

施工合同约定收到工程款前应提供发票，该约定属于先开票后付款的约定。

【案例 14－42】　某公司与尊宝成公司建设工程施工合同纠纷案

二审法院认为，开具发票需以尊宝成公司付款为条件，但尊宝成公司并未付款，故尊宝成公司上诉称未开具发票，故不能付款的上诉理由与合同约定不符，上诉意见事实依据不足，本院对该上诉意见亦不予采纳。[3]

双方补充协议中约定的提供发票并非指由税务机关提供的发票，而是指在给付工程款时需由承包方向发包人给付税务机关开具的发票，当事人之间就一方自主申请开具发票与另一方取得发票的关系，属于民事法律关系范畴，原判决认定开具发票属于民事案件的审理范围，并无不当。

---

〔1〕　最高人民法院(2019)民申 2634 号民事裁定书。

〔2〕　参见杜万华主编：《〈第八次全国法院民事商事审判工作会议(民事部分)纪要〉理解与适用》，人民法院出版社 2017 年版，第 520 页。

〔3〕　北京市第二中级人民法院(2022)京 02 民终 3433 号民事判决书。

【案例14－43】 新疆天宇建设工程集团有限责任公司与新疆新颐园房地产开发有限公司建设工程施工合同纠纷再审案

最高人民法院认为,本案系再审审查案件,应当依据再审申请人的申请再审事由以及《民事诉讼法》第二百条等规定进行审查。关于开具发票问题。关于开具发票是否属于民事案件的审理范围问题。根据《税收征收管理法》第二十一条第一款"税务机关是发票的主管机关,负责发票印制、领购、开具、取得、保管、缴销的管理和监督。单位、个人在购销商品、提供或者接受经营服务以及从事其他经营活动中,应当按照规定开具、使用、取得发票"及《发票管理办法》第十九条(现为第十八条)"销售商品、提供服务以及从事其他经营活动的单位和个人,对外发生经营业务收取款项,收款方应当向付款方开具发票;特殊情况下,由付款方向收款方开具发票"的规定,收取工程款,开具工程款发票是承包方税法上的义务,承包人应当依据税法的相关规定向发包人开具发票。本案中,双方补充协议中约定的提供发票并非指由税务机关提供的发票,而是指在给付工程款时需由承包方向发包人给付税务机关开具的发票,当事人之间就一方自主申请开具发票与另一方取得发票的关系,属于民事法律关系范畴,原判决认定开具发票属于民事案件的审理范围,并无不当。天宇公司该再审申请事由不能成立,本院不予支持。关于天宇公司所称的原判决对未支付的工程款开具发票问题。(1)双方在补充协议中约定商砼为甲供材,在结算时将商砼款计入工程总造价,在对账时将商砼款作为已付工程款进行了扣除,鉴定报告亦将商砼款作为应付工程款计入工程总造价。因此,天宇公司关于其对商砼款不承担开具发票义务的再审申请事由不能成立。(2)根据原审查明的事实,天宇公司所称的2013年9月17日、2014年1月15日实际付款与发票差额126万元,系新颐园公司从应付工程款中扣除的天宇公司应向其交纳的履约保证金,原判决认定履约保证金应当退还,从已付工程款中扣除了该款项,天宇公司关于该款项的再审申请事由不能成立。(3)双方在对账明细表中均同意以房抵偿工程款1,609,063元,原判决按照双方的对账将此部分款项作为已付款扣除,并无不当。天宇公司所称的房屋未交付、未办理过户登记,属于以物抵债的具体履行问题,天宇公司可依法另行主张。(4)对于天宇公司所称的基坑支护费收据与实际支付款项的差额、未按收据金额支付工程款问题,天宇公司并未提交证据证明,原判决按照收据金额将此部分款项作为已付款并无不当。综上,天宇公司关于原判决对未实际支付的工程款开具发票的再审申请事由不能成立,本院不予支持。[1]

---

〔1〕 最高人民法院(2021)民申1337号民事裁定书。

【不同处理】　合同虽然约定在付款方支付相应款项前，收款方须开具增值税发票，否则付款方有权拒绝付款，但是根据双方的交易习惯，在收款方开具发票前，付款方应当先行审核确定付款金额，而付款方未及时履行审核义务导致收款方未开具发票的，付款方不得以“先票后款”约定为由拒绝付款。

【案例 14 – 44】　深圳市郑中设计股份有限公司与广安市富盈酒店有限公司建设工程施工合同纠纷再审案

最高人民法院认为，关于富盈酒店能否以郑中公司未开具发票、提交结算资料不完整为由拒绝付款问题。本院再审认为，本案已查明，案涉工程经郑中公司装修后已于 2018 年 11 月 14 日交付富盈酒店，富盈酒店验收合格后已投入使用。2018 年 12 月 27 日，郑中公司向富盈酒店移交竣工图及资料。2019 年 4 月 12 日，郑中公司向富盈酒店报送结算资料。《装修合同》专用条款第十二条第三款约定：“富盈酒店在收齐郑中公司递交的竣工结算报告及结算资料后 60 个工作日内提出修改意见。”依据上述约定，富盈酒店在收齐郑中公司递交的竣工结算报告及结算资料后 60 个工作日内提出修改意见，而郑中公司已于 2019 年 4 月 12 日向富盈酒店报送结算资料，富盈酒店应于 2019 年 7 月 10 日审核确认结算款并向郑中公司支付工程款。富盈酒店提交的《工作联系函》等虽载明郑中公司提交的部分材料无酒店工程部和监理单位签字、艺术品变更方案及清单缺失、部分材料无合格证，但以上问题不影响富盈酒店办理整体工程结算。《装修合同》专用条款第六条第四款虽约定“办理工程结算手续完毕后 14 个工作日内，富盈酒店向郑中公司支付当期工程结算总价的 95%”，但由于富盈酒店未依约在郑中公司递交的竣工结算报告及结算资料后 60 个工作日内提出修改意见，导致后续工程结算办理手续无法推进，原审法院认定 2019 年 7 月 10 日富盈酒店审核确定工程款条件成就，并无不当。根据《装修合同》专用条款第六条第六款的约定，在富盈酒店支付相应款项前，郑中公司须向富盈酒店开具增值税发票，否则富盈酒店有权拒付任何款项。但是，从富盈酒店提交的已付款增值税发票、付款凭证等证据来看，双方历次收付款过程中，富盈酒店和监理单位先审核确定工程款，然后再由郑中公司开具发票。郑中公司未开具后续发票的原因是富盈酒店未审核确定郑中公司的请款金额，故富盈酒店以“先票后款”约定为由拒不付款的理由不能成立。因此，原审认定富盈酒店应按约于 2019 年 7 月 10 日审核完毕并支付欠付的工程款，并无不当，本院再审予以维持。……综上，原审判决认定的基本事实清楚，适用法律正确。本院除对富盈酒店关于原审重复计算进度款利息的请求成立予以支持外，对富盈酒店的其他再审请求均予以驳回。[1]

施工单位的开具发票行为属于行政法律关系而不是民事法律关系，如果因为施工单位没有开具发票，发包人起诉施工单位要求开具发票一事，不属于法院的民事诉讼审理范围，即使法院立案审理，也应该驳回当事人的诉讼请求。

【案例14－45】 朝阳富隆建筑工程有限公司与辽宁宏丰天运食品有限公司建设工程施工合同纠纷再审案

最高人民法院认为，开具工程款发票是富隆公司应承担的法定纳税义务，而非民事义务。二审法院认定开具发票属于行政法律关系而不是民事法律关系，驳回宏丰公司该项诉讼请求并无不当，本院予以维持。综上，富隆公司、宏丰公司的再审申请均不符合《民事诉讼法》第二百条规定的情形。裁定驳回朝阳富隆建筑工程有限公司、辽宁宏丰天运食品有限公司的再审申请。[2]

【不同处理】 有的法院认为开具发票不属于行政法律关系。

【案例14－46】 鲁某某与上海海燕建筑工程有限公司、徐某建设工程施工合同纠纷案

二审法院认为，关于焦点二，开具工程款发票是鲁某某税法上的义务，海燕公司支付工程款后，鲁某某应当依据税法的相关规定向海燕公司开具发票。海燕公司要求鲁某某收取工程款后开具相应数额的工程款发票的请求应予支持。一审法院认为该请求属于行政法律关系，而非民事案件审理范围并不予支持不当，应予以纠正，鲁某某提出双方签订的合同价格是不含税价格及材料供应商已经向海燕公司开具材料费发票的抗辩意见并未提供证据证明，不予采信。[3]

在发包人支付工程款之后，承包人迟迟不开发票，发包人基于财务上的需要代开发票的，该种基于承包人原因造成发包人增大的费用，构成发包人损失并有权主张赔偿。有法官认为，承包人收到工程款后未开具发票，发包人代为开具的，可以请求赔偿相应税款。[4]

一般来说，承包人负有向发包人开具增值税发票的法定义务或者约定义务。在挂靠关系，实际施工人本质上与发包人直接发生建设工程施工合同关系，实际

---

〔1〕 最高人民法院(2022)民再286号民事判决书。

〔2〕 最高人民法院(2018)民申1395号民事裁定书。

〔3〕 新疆生产建设兵团第八师中级人民法院(2021)兵08民终875号民事判决书。

〔4〕 参见邬砚：《建设工程合同纠纷——254个裁判规则深度解析》(第2版)，法律出版社2019年版，第201页。

施工人代替了承包人的地位,应当承担相应开具发票的义务。工程款为含税价的,实际施工人负有开票义务。

【案例14-47】 吴某祥、马某军、吴某林与润翔公司、古城公司建设工程施工合同纠纷再审案

最高人民法院认为,关于马某军是否应向润翔公司开具7,777,366.5元增值税发票。根据上述认定,案涉施工合同及相关文件中关于工程总价与单价的约定为含税价格,且古城公司自润翔公司收到的款项均先扣除税金与管理费后才支付给马某军、吴某祥、吴某林,即马某军、吴某祥、吴某林为税金的实际承担人。古城公司已向润翔公司开具发票金额为69,232,047元,故润翔公司主张马某军、吴某祥、吴某林开具金额7,777,366.5元(77,009,413.5元-69,232,047元)发票的请求,一审、二审法院予以支持并无不当。[1]

3. 拒绝交付工程资料抗辩

《民法典》第五百九十九十条规定:"出卖人应当按照约定或者交易习惯向买受人交付提取标的物单证以外的有关单证和资料。"该条规定的"交付……以外的有关单证和资料"即属于从合同义务。出卖人违反该义务的,应承担违约责任。从合同义务的不具独立性,是相较于主合同义务而言的,不影响其在诉讼中的独立请求。买受人可以单独诉请法院强制出卖人履行交付"提取标的物单证以外的有关单证和资料"的义务或请求赔偿损失。

建设工程施工合同案件中对于发包方而言,其合同目的为接收合格的建筑产品,承包方承建的工程是否为合格工程既包括建设工程质量合格,也包括该建设工程经过竣工验收程序并将在建设过程中的相关资料在城建档案馆备案存档。故工程档案资料对工程的竣工验收及备案具有至关重要的作用,在一般的建设工程施工合同中对工程档案资料的移交的具体时间、方式及内容均有具体明确的约定。虽然承包方移交工程档案以及配合发包方办理竣工验收系承包方的法定义务,但该义务为合同的附随义务,不具有强制执行效力,发包方不能单独提起诉讼。

承包方移交工程档案是其法定义务,不因建设工程合同无效或合同解除受影响,发包方仍有权要求承包方在其施工范围内移交工程档案。发包方擅自使用建设工程,视为建设工程竣工验收合格情况下,承包方仍有移交工程档案资料的义务。

---

[1] 最高人民法院(2023)民申204号民事裁定书。

【案例 14 -48】 陕西航天建设集团有限公司(原陕西航天建筑工程有限公司)与甘肃昊鑫市场开发有限公司建设工程施工合同纠纷案

最高人民法院认为,本案中,双方对施工方交付完整的竣工验收资料及配合发包方办理竣工验收有明确的约定,移交案涉工程完整的工程竣工资料并协助竣工验收是施工方陕西航建公司必须履行的合同义务。一审认定陕西航建公司在判决生效后15日内移交案涉工程完整的工程竣工资料并协助竣工验收,该认定并无不当,本院予以维持。[1]

承包人可以发包人未付工程款为由拒绝交付工程资料。

【案例 14 -49】 黄冈市嘉晟房地产开发有限公司与湖北楚雄建筑工程有限公司等建设工程施工合同纠纷再审案

最高人民法院认为,关于发包人要求承包人提交资料的诉讼请求能否支持。发包人在未履行支付尚欠工程款124,654,051.27元的主合同义务的情况下,承包人可以抗辩交付工程资料的附随义务。且发包人虽主张承包人应移交案涉工程相关资料,但其未明确要求承包人提交工程资料的具体范围,也未能提交证据证明承包人存在拒不提供与协助的情形。故法院对发包人的该项请求不予支持。发包人在承担付款义务后,可向承包人另行主张。[2]

【案例 14 -50】 中铁建设集团有限公司与惟邦营造建筑设计(北京)有限公司等建设工程施工合同纠纷再审案

最高人民法院认为,中铁公司已完成主要合同义务,即已依约施工并交付合格工程,提交竣工材料等均系中铁公司在案涉合同中的附随义务,而惟邦公司在案涉合同中的主要义务为支付工程款,惟邦公司该主要义务与中铁公司的附随义务两者不具有对等性,因此,惟邦公司以中铁公司未及时交付竣工资料为由拒绝支付工程结算款,明显加重了中铁公司的责任、排除了中铁公司主要权利,该主张不能予以支持。[3]

发包方要求承包方移交工程档案时,承包方能不按照建设工程合同约定提出先履行抗辩权。

【案例 14 -51】 河南国基建设集团有限公司与焦作市中山置业有限公司建设工程施工合同纠纷再审案

最高人民法院认为,国基公司与中山公司之间的法律关系为建设工程施

〔1〕 最高人民法院(2020)民终496号民事判决书。
〔2〕 最高人民法院(2021)民申2016号民事裁定书。
〔3〕 最高人民法院(2021)民终1305号民事判决书。

工合同关系，双方的主要合同义务分别系国基公司为中山公司建造并交付合格工程、中山公司向国基公司支付工程价款，而工程施工过程中所产生的相关资料作为工程验收及办理相关证件的必要材料，应由国基公司一并移交中山公司。况且，国基公司与中山公司在补充协议中对于工程资料的移交事宜亦进行了明确约定。故本案工程资料的移交既属国基公司应当履行的法定附随义务，亦属国基公司应当承担的合同约定义务，二审法院判令国基公司向中山公司交付工程资料符合法律规定及合同约定。至于国基公司主张在中山公司未能向其支付补充协议约定的工程款项前提下，其享有拒绝向中山公司移交工程资料的先履行抗辩权问题。本院认为，二审法院在判令中山公司向国基公司履行合同主要义务，即支付欠付国基公司的全部工程价款的同时，判令国基公司向中山公司履行交付工程资料的附随义务，符合法律规定，国基公司的工程价款请求权已据此得以充分保护，其主张享有先履行抗辩权、不应向中山公司交付工程资料的再审理由，本院不予支持。[1]

应注意的是，对于发包人要求承包人交付施工资料的诉讼请求必须具体明确，否则法律不予支持。

【案例14－52】　徐州万华住建装饰设计有限公司与江苏久久汇泉集团徐州久久农业科技发展有限公司建设工程施工合同纠纷案

二审法院认为，关于久久公司要求的交付施工资料的诉讼请求应否予以支持的问题。一审中并未明确该诉讼请求的内容，二审中久久公司虽依据《民用建筑工程室内环境控制规范 GB50325—2010》及《建筑施工及验收规范 GB50210》明确此项诉讼请求的具体内容：(1)进场材料合格证、复试报告；(2)隐蔽工程验收单；(3)施工记录；(4)环境监测报告；(5)木制作防腐、防火处理验收记录；(6)图纸变更及变更签证单等技术、验收资料。本院认为，尽管根据双方合同约定，万华公司应当向久久公司交付有关资料，但是由于万华公司已经同意将本案一审诉讼中其提交给法庭的鉴定资料直接退还给久久公司，可以视为该部分资料已经交付。而双方在合同中对于应交付资料的具体明细并未明确。现久久公司要求万华公司交付其他资料的主张没有合同依据，二审法院不予支持。[2]

4. 其他事由抗辩

施工单位不能以发包方未支付工程款而拒绝配合办理竣工验收手续。

---

〔1〕 最高人民法院(2018)民申2123号民事裁定书。
〔2〕 江苏省徐州市中级人民法院(2015)徐民终字第00441号民事判决书。

【案例14－53】 湖南巴陵建设有限公司与大兴公司建设工程施工合同纠纷再审案

最高人民法院认为,本案的主要问题是,原判决适用法律是否确有错误。首先,发包人擅自使用未经竣工验收的建设工程,其法律后果是由发包人对其所使用部分工程承担质量风险责任,而非免除施工单位配合办理竣工验收及备案手续的义务。《合同法》第二百七十九条规定:"建设工程竣工后,发包人应当根据施工图纸及说明书、国家颁发的施工验收规范和质量检验标准及时进行验收。验收合格的,发包人应当按照约定支付价款,并接收该建设工程。建设工程竣工经验收合格后,方可交付使用;未经验收或者验收不合格的,不得交付使用。"《建筑法》第六十一条规定:"交付竣工验收的建筑工程,必须符合规定的建筑工程质量标准,有完整的工程技术经济资料和经签署的工程保修书,并具备国家规定的其他竣工条件。建筑工程竣工经验收合格后,方可交付使用;未经验收或者验收不合格的,不得交付使用。"前述两条是关于建设工程竣工验收的规定,并强调未经验收或验收不合格的不得交付使用。《建设工程解释》第十三条规定:"建设工程未经竣工验收,发包人擅自使用后,又以使用部分质量不符合约定为由主张权利的,不予支持;但是承包人应当在建设工程的合理使用寿命内对地基基础工程和主体结构质量承担民事责任。"该条司法解释是关于发包人擅自使用未经竣工验收的建设工程法律后果的规定,即建设工程未经验收擅自使用的,除建设工程合理使用寿命内的地基基础和主体结构外,发包人对其擅自使用部分承担工程质量风险责任,该条文并未规定此种情形下免除施工单位对于办理竣工验收及备案手续的协助义务。该司法解释第十四条第三项规定:"建设工程未经竣工验收,发包人擅自使用的,以转移占有建设工程之日为竣工日期。"该条文是关于竣工日期的规定。即使结合上述四个条文,亦不能得出施工单位对发包人擅自使用的未经验收的工程免除办理竣工验收及备案手续的协助义务,更不能得出支付工程款为施工单位履行协助办理竣工验收及备案手续义务的前提条件。本案中,即使认定作为发包人的大兴公司在涉案工程未经验收合格情况下擅自使用,其后果仅仅是由其对所使用的部分工程的质量风险承担责任,巴陵公司作为施工单位的办理竣工验收及备案手续的协助义务并不因此而免除。其次,由施工单位协助办理涉案工程竣工验收、消防验收、综合验收及竣工验收备案的相关手续,是客观需要,也是诚实信用原则的必然要求。根据《建设工程质量管理条例》第十六条第二款、《房屋建筑和市政基础设施工程竣工验收备案管理办法》第五条的规定,竣工验收及办理工程竣工验收备案手续应当提交的文件中,部分文件需要施工单位签署或者提供,故作为施工单位的巴陵公司在涉案建设工程竣工验收及备案过程中履行协助义务是客观需要。另外,《合同法》第六十条第二款规定:当事人应当遵循诚实信用原则,根据合同的性质、目的和交易习惯履行通知、协助、保密等义务。工程质量关涉人民群众生命财产安全,工程竣工验收、消防验收及备案等手续的办理是国家对建设工程质量进行监督管理的重要制度。巴陵公司和大兴公司签订的《湖南省建设工程施工合同》虽未明确约定巴陵公司对大兴公司在涉案工程竣工验收、消防验收、综合验收及竣工验收备案过程中的直接协助义务,但从合同目的和办理前述验收备案手续的客观需要出发,要求巴陵公司履行相关协助义务亦属诚实信用原则的应有之义。一审、二审法院先行判决巴陵公司履行协助竣工验收及备案义务,是因为该部分事实清楚、权利义务关系明确,以及出于保障涉案工程质量和及时解决房屋办证问题、防止诉讼过分迟延的综合考量,并非对巴陵公司履行协助义务和大兴公司支付工程款的先后顺序的认定。故对该部分反诉请求的先行判决不影响巴陵公司在本诉中对工程款的主张。再次,巴陵公司虽辩称其已按照合同约定将竣工验收所需资料提交给监理单位,但其并未举证证明,应由其承担举证不能的不利法律后果。且根据《湖南省建设工程施工合同》通用条款第18.1.3条规定,对于需要国家验收的建设工程,发包人所采用的各项验收和判断标准应符合国家验收标准,承包人所提供的资料也应符合有关法律、法规的规定和行政主管部门的规程要求。如前所述,《建设工程质量管理条例》第十六条第二款以及住房和城乡建设部《房屋建筑和市政基础设施工程竣工验收备案管理办法》第五条规定的办理竣工验收及备案手续应当提交的文件中,包含了必须由施工单位签署或者提供的资料。故要求巴陵公司在涉案建设工程竣工验收及备案过程中直接对大兴公司履行协助义务也并不违反合同约定,亦不与巴陵公司依约向监理单位提交竣工验收资料明显冲突。最后,巴陵公司认为二审程序中审判长及主审法官对本案的审理过于草率,有办人情案和先入为主之嫌,属主观臆测,无证据证明,且该事由非申请再审之法定事由,本院不予采纳。至于二审判决书错列诉讼代理人问题,可由二审法院通过文书补正方式解决,亦非申请再审法定事由。[1]

发包人请求承包人在竣工验收报告上盖章,不具有民事争议的可执行性。

【案例14-54】　四川嘉煜房地产开发有限公司与重庆一品建设集团有限公司建设工程施工合同纠纷案

最高人民法院认为,《建筑工程质量管理条例》第十六条第一款规定:"建设单位收到建设工程竣工报告后,应当组织设计、施工、工程监理等有关

---

〔1〕 最高人民法院(2018)民申279号民事裁定书。

单位进行竣工验收。”第四十九条规定:“建设单位应当自建设工程竣工验收合格之日起15日内,将建设工程竣工验收报告和规划、公安消防、环保等部门出具的认可文件或者准许使用文件报建设行政主管部门或者其他有关部门备案。建设行政主管部门或者其他有关部门发现建设单位在竣工验收过程中有违反国家有关建设工程质量管理规定行为的,责令停止使用,重新组织竣工验收。”根据上述规定,竣工验收是工程质量管理的重要环节且受国家相关行政职能部门的监督。案涉工程竣工验收的责任主体是建设单位即嘉煜公司,一品公司作为案涉工程的施工方,应当积极配合嘉煜公司办理竣工验收,提交工程验收需要的具体资料,保障工程竣工验收的顺利进行。但是,施工单位是否在竣工验收报告上盖章确认,涉及双方共同的权利义务,并涉及行政行为,应当受到国家行政职能部门的监督,故嘉煜公司请求一品公司在竣工验收报告上盖章,不具有民事争议的可执行性,一审法院对此认定并无不当。〔1〕

【案例14-55】 中机中联工程有限公司与重庆建工第二建设有限公司、中国嘉陵工业股份有限公司建设工程施工合同纠纷案

二审法院认为,首先,《建设工程施工总承包合同》中虽然约定,“工程款的申请,需要经过监理工程师等确认,需要通过发包人的内部支付审核、建设人内部的支付审核合格后并在发包人收到建设人支付的对应节点的工程款后支付给承包人”,但该约定系针对“工程款(进度款)支付”,而非针对工程结算款;“竣工结算”部分,并未约定中机中联公司向建工二建公司支付工程结算款应以中机中联公司收到嘉陵公司工程结算款为前提条件。其次,《工程进度款支付流程》是中机中联公司单方对工程进度款支付流程作出的规定,未取得建工二建公司的同意,不发生变更进度款支付条件的效力;同时,建工二建公司请求中机中联公司支付的是工程结算款,《工程进度款支付流程》中约定的工程进度款支付条件也不适用于工程结算款。在嘉陵公司未按期向中机中联公司支付工程结算款的情况下,中机中联公司不因此取得可迟延支付建工二建公司工程结算款的抗辩权利。〔2〕

发包人以另签分包合同抗辩总承包人给付工程款请求问题。就同一项工程,发包人将其发包给总承包人,其后发包人又将已经发包的工程中部分工程另行与分包施工人签订合同,其另行分包的行为应属于违法发包。且总承包人在承包该项工程时已将该部分工程的专业部分或劳务部分分包给分包人,分包人就其施工

---

〔1〕 最高人民法院(2022)民终65号民事判决书。
〔2〕 重庆市第一中级人民法院(2018)渝01民终6065号民事判决书。

的工程,实际上既与总承包人签有分包合同又与发包人签有承包合同。在分包工程承包人同时签订合法分包合同与违法发包合同的情形下,分包人究竟履行哪份合同应当依据施工过程中形成的《工程质量验收记录》《工作联系函》等证据材料的记载内容进行综合判断。发包人不得仅以其与分包工程承包人签订了分包合同并向分包人实际给付了工程款来抗辩总承包人关于分包部分工程款的给付请求。

发包人与承包人或分包人在工程施工结束后经结算形成结算协议,如果协议中没有约定发包人支付工程款的前提条件,或者约定的条件不明,发包人要求行使先履行抗辩权拒付工程款的,法律不予支持。

在已使用部分与未使用部分的工程无法区分的情形下,发包人对工程的使用应视为对整体的使用,其主张对未使用部分的工程应拒付工程款的理由,不予支持。

【案例 14－56】　黄石市东方建筑工程有限责任公司与湖北阔盛塑料模具有限公司建设工程施工合同纠纷案

二审法院认为,涉案工程综合楼系一个整体工程,且针对综合楼已使用部分与未使用部分的工程款亦无法进行区分。综上,阔盛模具公司对综合楼的使用应视为对整体的使用,其主张对未使用部分的建设工程应拒付工程款的理由,本院不予支持。[1]

5. 不安抗辩处理

《民法典》第五百二十七条第一款规定:"应当先履行债务的当事人,有确切证据证明对方有下列情形之一的,可以中止履行:(一)经营状况严重恶化;(二)转移财产、抽逃资金,以逃避债务;(三)丧失商业信誉;(四)有丧失或者可能丧失履行债务能力的其他情形。"不安抗辩权行使主体是特定的,为应当先履行债务的当事人。在建设工程领域,常见的情形如在按照工程进度节点支付工程款的付款方式下,承包人完成工程进度节点为先履行债务一方,发包人支付工程进度款为后履行债务一方。此时符合行使不安抗辩权主体要素的为承包人。根据第五百二十七条第二款"当事人没有确切证据中止履行的,应当承担违约责任"之规定,其行为就属于违约行为,需承担违约责任。此行使条件于权利人而言非常重要,实践中对于不安抗辩权人取证能力和取证程度的要求也非常高。由于第五百二十七条第一款对不安抗辩权人可行使不安抗辩权的四类法定情形仅是进行原则性规定,举证的标准尺度难以衡量,而实践中的证据种类多样、证明力大小不一,能否达到该条规定的"确切证据"的标准实难掌握。实践中,不安抗辩权人因

---

〔1〕 湖北省黄冈市中级人民法院(2018)鄂11民终1412号民事判决书。

被认定为举证不能导致不安抗辩权行使的失败。第五百二十八条中规定的“中止履行后,对方在合理期限内未恢复履行能力且未提供适当担保的,视为以自己的行为表明不履行主要债务,中止履行的一方可以解除合同并可以请求对方承担违约责任”可以看作是不安抗辩权的法律效果。为了不使中止履行的状态遥遥无期,法律规定了在“对方在合理期限内未恢复履行能力且未提供适当担保的”情形下,权利人有权选择解除两者之间的法律关系,并且有权要求对方承担违约责任。至于该条规定的“合理期限”具体是多久,该条没有进一步明确。实践中,需要结合具体合同履行期限等进行判断。

【案例14－57】 新乡市津都奶业有限公司与新乡市鑫福钢结构有限公司建设工程施工合同纠纷再审案

最高人民法院认为,在二审诉讼过程中,津都奶业公司陈述:津都奶业公司与鑫福公司签订建设工程施工合同时,津都奶业公司向鑫福公司介绍津都奶业公司系中国扶贫会会员单位,津都奶业公司奶牛养殖建设项目是中国扶贫会计划投资项目,中国扶贫会拟对该项目投资4000万元,后中国扶贫会终止该项目投资计划。在本案审理过程中,津都奶业公司未提供其系中国扶贫会会员单位,以及中国扶贫会有对该公司奶牛养殖投资计划及实际投资的证据。从上述事实看,鑫福公司是基于对津都奶业公司奶牛养殖建设项目为中国扶贫会计划投资项目的信任而进行全额垫资施工。在合同履行过程中,鑫福公司在获知中国扶贫会没有对津都奶业公司奶牛养殖项目投资计划后而停工的行为符合合同法规定的不安抗辩权的构成要件。津都奶业公司在鑫福公司中止履行合同后支付共计142.4448万元工程款的事实表明鑫福公司履行了通知津都奶业公司的义务。鑫福公司不安抗辩权的行使符合合同法规定的条件。[1]

工程已竣工验收并结算,承包人在发包人可能丧失履行债务能力的情形下,承诺承担保修责任、履行保修义务后,行使不安抗辩权要求发包人先返还质保金,符合法律规定。

【案例14－58】 山东力诺瑞特新能源有限公司与余姚盛建置业有限公司建设工程施工合同纠纷案

二审法院认为,上诉人与被上诉人之间签订的《余姚恒大御澜庭项目1#～17#楼空气能热泵采购安装工程施工合同》系双方当事人的真实意思表示,双方均应按约履行。被上诉人施工的工程已竣工验收并结算,上诉人应支付尚欠工程款426,686.84元(包括质保金110,669.84元)。因恒大相关

〔1〕 最高人民法院(2013)民申字第2398号民事裁定书。

公司即上诉人目前可能丧失履行债务能力，被上诉人亦承诺仍承担保修责任、履行保修义务的前提下，要求行使不安抗辩权，先返还质保金，符合法律规定。[1]

发包人不符合不安抗辩权的条件且未及时通知对方，主张不支付工程款是行使不安抗辩权的，法院不予支持。

【案例14－59】　北锦祥房地产开发有限公司等与河北锦祥房地产开发有限公司等建设工程施工合同纠纷再审案

最高人民法院认为，关于工期延误的原因，一方面锦祥公司在合同履行后期确实存在支付工程款不到位行为……根据《合同法》第六十八条、第六十九条的规定，行使不安抗辩权亦需符合相应的条件并及时通知对方，锦祥公司该项主张依据不足，不予支持。[2]

发包人以承包人未开具发票义务行使不安抗辩权拒绝付款的，法律不予支持。

【案例14－60】　浙江永鑫建设有限公司与台州市路桥聚众房地产有限公司等建设工程施工合同纠纷案

二审法院认为，不安抗辩权的行使，需基于同一双务合同互负合法有效的债务，两债务间不仅具有对价关系，且有先后履行顺序。本案中，与发包人聚众公司支付工程款义务具有对价关系的是承包人永鑫公司交付合格工程的义务，而交付增值税发票虽为永鑫公司的法定义务但只是附随义务，与工程款支付不具有对价性，永鑫公司不能据此行使不安抗辩权。[3]

发包人以承包人无资质会导致后期质保问题处于不安状态为由行使不安抗辩权拒退质保金的，法律不予支持。

【案例14－61】　西宁惠东城市建设投资开发有限公司与陈某明建设工程施工合同纠纷案

二审法院认为，从惠东公司的抗辩意见来看，惠东公司认为，因案涉工程的防水防渗工程保修期尚未届满应扣除质保金，且陈某明为无资质的施工人，导致后期防水渗水质保问题处于不安状态，惠东公司可行使不安抗辩权。本院认为，案涉合同已明确约定缺陷责任期满退还剩余的质量保证金，且工程质量保证金的退还并不影响惠东公司就案涉工程在保修期内向实际施工

---

〔1〕 浙江省宁波市中级人民法院(2022)浙02民终4363号民事判决书。

〔2〕 最高人民法院(2016)民申1400号民事裁定书。

〔3〕 浙江省高级人民法院(2022)浙民终25号民事判决书。

人陈某明主张保修的权利。陈某明虽无相应资质，但作为案涉工程实际施工人，其已取得了施工的工程款对价，理应在保修期限内承担法定的保修责任，惠东公司的抗辩理由不能成立。[1]

发包人未举证证实承包人存在法定的情形，行使不安抗辩权的条件不成立。

【案例 14－62】 沈阳五爱保成酒店管理有限公司与辽宁诚安建设有限公司建设工程施工合同纠纷案

最高人民法院认为，截至案涉工程竣工验收合格交付使用时，五爱保成公司仅支付工程款 850 万元，五爱保成公司并未按约履行付款义务。合同当事人行使不安抗辩权应符合法律规定，五爱保成公司并未提供证据证明诚安公司存在《合同法》第六十八条、第六十九条规定的情形，故二审法院认定五爱保成公司行使不安抗辩权的条件并不成立，五爱保成公司在清偿所欠工程款时应向诚安公司支付迟延期间的法定孳息，该认定并无不当，本院予以维持。[2]

承包人明知发包人存在不能履行债务的风险仍签约，后又以发包人可能缺乏履行能力为由行使不安抗辩权，违反诚实信用原则，法律不予支持。

【案例 14－63】 四川金宏厦建筑加固工程有限公司与四川雅卓房地产经纪有限责任公司、童某东建设工程施工合同纠纷案

判决观点，因案涉工程尚未竣工验收，故雅卓公司的付款期限并未届满，金宏厦公司要求雅卓公司立即支付工程款缺乏合同依据。对于金宏厦公司所称的其系行使不安抗辩权，经审查，雅卓公司确涉及多项诉讼并因无财产可供执行终结执行程序。但该类执行案件有很多发生在案涉《施工合同》签订之前，应推定金宏厦公司在签订合同时即知晓雅卓公司的涉诉情况和不能履行债务的情况。在此情形下，金宏厦公司仍然选择签订合同并接受合同约定的付款条件，应视为其自愿承担雅卓公司不能履行债务的风险，其在施工过程中又以雅卓公司可能缺乏履行能力为由行使不安抗辩权，违反诚实信用原则。此外，案外人童某东以其名下房产作为抵押为雅卓公司履行债务提供担保，使得金宏厦公司的债权在一定程度上能够得到保证，金宏厦公司行使不安抗辩权也缺乏事实及法律依据。故本院对金宏厦公司要求雅卓公司立即支付工程进度款的诉讼请求不予支持。[3]

承包人不是先履行合同义务方，不享有不安抗辩权。

---

〔1〕 青海省高级人民法院(2021)青民终 123 号民事判决书。

〔2〕 最高人民法院(2017)民申 4466 号民事裁定书。

〔3〕 四川省成都市成华区人民法院(2020)川 0108 民初 14874 号民事判决书。

【案例14-64】 山东力诺瑞特新能源有限公司与余某盛建置业有限公司建设工程施工合同纠纷案

二审法院认为,不安抗辩权是双务合同中应当先履行的一方有确切证据证明对方丧失或者可能丧失履行能力时,在对方没有履行或者没有提供担保之前,享有中止履行合同的权利。本案系建设工程施工合同纠纷,交付竣工验收资料是万城公司的法定的随义务,其不应当以发包人拒付工程款而免除。万城公司不是上述法律规定的先履行合同的义务方,自然不享有"不安抗辩权",故万城公司主张享有"不安抗辩权"而不交付土建工程竣工材料、图纸等的上诉理由不成立,本院不予支持。[1]

(三)施工合同纠纷程序处理

1.程序合并处理

《建设工程解释(一)》第十六条规定:"发包人在承包人提起的建设工程施工合同纠纷案件中,以建设工程质量不符合合同约定或者法律规定为由,就承包人支付违约金或者赔偿、修理、返工、改建的合理费用等损失提出反诉的,人民法院可以合并审理。"因此,发包人在诉讼过程中就工程量问题提出反诉的,法院一般应合并审理。但是,如果发包人诉讼过程中没有提出或者法官有合理的理由认为确有必要的,也可以要求发包人另案起诉。在最高人民法院二审案中,对于双方有争议、未确定的工程质量问题及维修费用,因发包人撤回工程质量鉴定申请,一审法院释明发包人可以另案主张。最高人民法院亦认为一审法院的认定合理。[2] 在另一案中,因发包人未就质量问题提出反诉,亦未充分举证证明案涉工程存在质量问题,法院未准许其质量鉴定请求。最高人民法院认为,若发包人认为案涉工程存在质量问题,可以另行提起诉讼。[3] 在另案中,发包人未对质量问题修复费用申请鉴定,最高人民法院认为,对于该项修复费用及损失,发包人可另行解决。[4]

需要注意的是,本条规定发包人提起反诉的,人民法院可以"合并审理",是与《民事诉讼法》第一百四十条的立法条文保持一致,但并非可以合并审理,也可以不合并审理。《民事诉讼法解释》第二百三十二条规定,被告提出反诉,可以合

---

〔1〕 浙江省宁波市中级人民法院(2022)浙02民终4363号民事判决书。

〔2〕 最高人民法院(2020)民终927号民事判决书。

〔3〕 最高人民法院(2020)民终766号民事判决书。

〔4〕 最高人民法院(2020)民终1285号民事判决书。

并审理的,人民法院应当合并审理。也就是说,当事人提出反诉符合受理条件的,应当与本诉合并审理,而不能告知当事人另行起诉。[1]

在实际施工人起诉发包人主张权利时,发包人可以直接对实际施工人提起反诉要求承担质量方面的责任,法院合并审理。有律师认为,对于质量问题因上述法律和司法解释明确规定,该问题由施工企业和实际施工人承担连带责任,故在实际施工人作为原告起诉发包人之时,发包人可以直接对其反诉(即便最终查明该质量不是实际施工人造成的,而是施工企业造成的,也不影响在程序上将实际施工人作为反诉被告),如查明质量问题系由施工方造成(无论是施工企业,还是实际施工人的责任,抑或两者共同责任造成),因两者对质量问题需承担连带责任,故法院对于发包人要求实际施工人对质量问题承担责任的反诉请求(支付修复费用、支付质量违约金、质量问题造成的损失等)应当予以支持。[2]

对于质量问题以外的其他问题,如工期违约金及其损害赔偿等,因现行法律和司法解释并未规定发包人有权直接要求实际施工人对此承担连带责任,故在实际施工人作为原告起诉发包人的案件中,发包人无法对作为本诉原告的实际施工人提起反诉。基于合同相对性原则,发包人只能另行起诉转包人、违法分包人,其主张工期违约金或要求赔偿损失。此时发包人可以请求法院将两案合并审理,在依法确定转包人、违法分包人应当向其承担的工期违约金或损害赔偿款之后,发包人可以主张在其欠付转包人、违法分包人的工程数额中扣除上述违约金或损害赔偿金,由此减少与欠付工程款债务的数额,其在减少后的工程款数额范围内对实际施工人承担责任。如此,对发包人才较为公平。转包人、违法分包人与实际施工人内部,则根据法院查明的质量、工期等方面的最终责任主体来承担各自的责任。[3]

承包人以发包人拖欠工程款为由提起本诉,发包人针对承包人的本诉提起反诉,法院是否一概受理,实务中的做法存在争议。如果发包人提出的反诉,有意拖延诉讼程序,存在违反诚实信用之嫌,法院往往裁定不予受理。在承包人以发包人欠付工程款为由提出本诉之后,发包人基于同一建设工程施工合同以工程质量、工期延误为由提出反诉,即便本诉与反诉基于相同基础事实、相同法律关系以及诉讼请求之间具有因果关系,法院亦有权不受理发包人提出的反诉,释明发包人另诉。

---

[1] 参见最高人民法院民事审判第一庭编著:《最高人民法院新建设工程施工合同司法解释(一)理解与适用》,人民法院出版社2021年版,第166页。

[2] 参见史鹏舟主编:《建设工程实际施工人法律问题深度解析》,法律出版社2002年版,第259页。

[3] 参见史鹏舟主编:《建设工程实际施工人法律问题深度解析》,法律出版社2002年版,第260页。

【案例 14 - 65】　陈某华与兰州天某房地产开发有限公司、兰州西伯某斯楼宇自动系统有限公司建设工程施工合同纠纷案

最高人民法院认为,本案的焦点问题是天某公司和西伯某斯公司的反诉请求应否受理。一审不予受理的主要理由:一是开具发票属行政法律关系,而非民事法律关系,超出法院受理范围;二是天某公司和西伯某斯公司的反诉主张对象不当,陈某华起诉的是天某公司和西伯某斯公司,而天某公司和西伯某斯公司反诉的是陈某华、宏某公司和中某银都甘肃分公司;从建设施工合同看,提交施工资料的主体是承包人宏某公司和中某银都甘肃分公司,而不是实际施工人陈某华,上述反诉不是抵销或吞并陈某华要求支付工程款的诉讼请求,实质上只是一种抗辩,反诉和本诉所依据的事实、理由不存在关联。经审查,一审法院的上述理由,均不能成立。具体理由:第一,《民事诉讼法解释》第二百三十三条第一款规定:"反诉的当事人应当限于本诉的当事人的范围。"本案本诉陈某华作为原告起诉天某公司和西伯某斯公司,经天某公司和西伯某斯公司申请,宏某公司和中某银都甘肃分公司虽被列为第三人,但因均可能承担民事责任属本诉当事人范围。天某公司和西伯某斯公司反诉的被告为陈某华、宏某公司和中某银都甘肃分公司,亦为当事人。故原审认为反诉的当事人超出本诉当事人范围,与事实不符。第二,天某公司和西伯某斯公司的反诉与陈某华的本诉是基于同一建筑施工合同法律关系、基于同一建筑施工的事实发生的纠纷。根据《民事诉讼法解释》第二百三十三条第二款"反诉与本诉的诉讼请求基于相同法律关系、诉讼请求之间具有因果关系,或者反诉与本诉的诉讼请求基于相同事实的,人民法院应当合并审理"之规定,应属合并审理范围。第三,从天某公司和西伯某斯公司的反诉请求看,开具发票、交付竣工结算资料均属合同约定内容,属于民事义务范围。其中,"开具发票"从文义解释看虽是由税务机关开具和履行,但合同文本的含义并非规定税务机关开具发票的义务,而是约定在给付工程款时需由承包一方"给付发票",该给付义务属承包方应予履行的义务,故原审认为"开具发票"属于行政法律关系,无事实和法律依据。同时,"开具发票"和"交付结算资料"作为合同义务虽不属金钱给付义务,但同为"给付之诉"的范围,虽不能抵销或吞并本诉的金钱请求,但具有对抗性,可能减少、延迟甚至消灭金钱的给付请求。当然,能否抵销或吞并,还需看合同约定,属实体审理范围。综上,原审认为天某公司和西伯某斯公司的反诉不能成立,裁定不予受理,事实认定和法律适用错误,本院予以纠正。[1]

---

〔1〕 最高人民法院(2018)民终 1208 号民事裁定书。

发包人就工程质量问题提起反诉又撤回反诉，申请鉴定又撤回鉴定，存在明显拖延了诉讼进程，影响了诉讼周期，法院不予受理，合法正当。

【案例14－66】 阜新新某房地产开发有限公司与中国新某建设开发有限责任公司建设工程施工合同纠纷案

最高人民法院认为，法律规定了对于一审被告的反诉请求，人民法院可以合并审理，但限定在法庭辩论结束前，并予以审查。本案一审中，案涉建设工程施工合同签订于2012年，1#～3#楼亦交付于2012年，距今已7年之久。2015年2月28日，阜新新某公司就工程质量问题向一审法院提起反诉；2016年8月5日，阜新新某公司向一审法院撤回反诉；2018年4月26日，阜新新某公司又就工程质量问题向一审法院提交《反诉状》，中国新某公司对此提出异议。本案涉案金额达数亿元，利益影响巨大，工程鉴定周期漫长，阜新新某公司在对方提出工程款鉴定申请时，本可就其抗辩意见及反诉主张一并申请工程质量鉴定，但其放弃反诉及申请鉴定的权利，在时隔3年后再次提出反诉及鉴定申请，明显拖延了诉讼进程，影响诉讼周期，浪费司法资源，影响对方正当权利行使。一审法院基于此，未予受理对阜新新某公司的反诉请求，并释明其另诉解决的权利，属于正当行使人民法院审查权力，并无不当。阜新新某公司该项上诉理由不能成立，本院不予支持。[1]

【案例14－67】 黑龙江鸿基某兰房地产开发有限公司与江苏江某集团有限公司建设工程施工合同纠纷案

最高人民法院认为，关于鸿基某兰公司提出的一审法院未受理其就工程质量提出的鉴定申请，程序违法的上诉意见。鸿基某兰公司在一审立案11个月，已进入工程造价鉴定程序近4个月后，方主张工程存在质量问题，并提出反诉请求。但是鸿基某兰公司未能提交案涉工程存在质量问题的有效初步证据。故一审法院为避免诉讼拖延，对鸿基某兰公司在本案中就质量问题提出的反诉请求裁定不予受理，并释明其可就该请求另行主张权利，程序上并无不当之处。[2]

反诉是指在已经开始的诉讼程序中，本诉的被告以本诉原告为被告向人民法院提起的与本诉存在牵连关系的独立的反请求，被告向受诉法院提出反诉，应视为其接受该法院管辖，应合并审理。

---

〔1〕 最高人民法院(2019)民终1466号民事判决书。

〔2〕 最高人民法院(2019)民终1962号民事判决书。

【案例14-68】 陕西有某建设有限公司与银川胡某投资有限公司建设工程施工合同纠纷案

最高人民法院认为，本案中，有某公司依据双方于2012年4月30日所签《建设工程施工合同》，向原审法院诉请胡某公司支付工程款，胡某公司亦依据该合同反诉请求有某公司立即完成案涉工程收尾施工，系基于同一合同所建立的相同法律关系，符合前述法律规定，有某公司主张胡某公司的反诉请求并非基于同一事实，依据不足，不能成立。[1]

反诉与本诉虽属同一法律关系，但该反诉与本诉系可分之诉，当事人就反诉已另行起诉的情况下，法院释明当事人另行解决，并无不妥。

【案例14-69】 辽阳亚某房地产开发有限公司与中国建筑某工程局有限公司建设工程施工合同纠纷案

最高人民法院认为，依据《民事诉讼法解释》第二百三十二条关于"在案件受理后，法庭辩论结束前，原告增加诉讼请求，被告提出反诉，第三人提出与本案有关的诉讼请求，可以合并审理的，人民法院应当合并审理"的规定，亚某公司应当在一审法庭辩论终结前提出反诉。经本院二审查明，一审法院于2014年3月4日第一次公开开庭审理，之后，亚某公司于2014年8月12日向一审法院书面提出了反诉。尽管此时亚某公司的反诉已经超过了法定期限，但在2015年4月22日，一审法院重新组成合议庭后，重新对本案公开开庭审理，并告知了亚某公司享有依法提出反诉的权利。亚某公司在此次庭审中仍坚持自己的反诉主张，因此，亚某公司提出反诉的期限应当重新起算，故其在此次庭审前提出的反诉并未超过法定期限。一审法院对亚某公司的反诉未予受理属于适用法律错误，且仅在一审判决书"本院认为"部分中对亚某公司的反诉予以驳回，没有以裁定形式作出处理，存在违反法定程序的情形。但就亚某公司的反诉而言，其反诉与本诉虽属同一法律关系，但该反诉与本诉系可分之诉，即亚某公司可另行诉讼，且其在二审庭审中自称已经就该反诉向辽宁省辽阳市中级人民法院另行提起了诉讼，仅是在等待本案二审结果而尚未交纳诉讼费用。据此，一审法院虽违反法定程序但并未影响亚某公司就反诉请求的诉讼权利及实体权利。况且，本案一审法院存在的上述问题并不属于《民事诉讼法解释》第三百二十五条规定的严重违反法定程序的情形，即不符合《民事诉讼法》第一百七十条第一款第四项发回重审的法定条件。因此，对于亚某公司要求将本案发回重审的上诉主张，本院不予支

---

〔1〕 最高人民法院(2020)民终1121号民事判决书。

持，就其一审所提之反诉主张可另诉解决。[1]

【案例 14－70】 北海智某投资有限公司与张某智、北海智某经贸发展有限公司、海某建设集团有限公司建设工程施工合同纠纷案

最高人民法院认为，智某公司在案涉工程竣工后未经验收擅自使用，自其实际使用之日起即应认定工程已经验收合格，智某公司反诉请求海某公司承担保修义务责任，与本诉请求支付拖欠的工程款及相关利息不是基于同一事实，之间不具有因果关系，故对智某公司的反诉不予受理。一审法院的认定符合《民事诉讼法解释》第二百三十三条第二款的规定，且智某公司已经就案涉工程主体结构质量问题向广西壮族自治区北海市中级人民法院提起诉讼，其诉讼权利未受影响。智某公司关于一审法院不受理其反诉违反法定程序的主张不能成立。[2]

本诉原告撤回起诉，意图撤销整个案件，但是反诉并不能依其意愿当然撤销，要考虑反诉原告的意愿。因此，对反诉的管辖权不因本诉的撤回而消灭，以反诉作为一个独立的新诉进行审理。

【案例 14－71】 北京中某村科技发展（控股）股份有限公司与福州华某房地产公司、福建汇海建工集团公司建设工程施工合同纠纷再审案

最高人民法院认为，本案一审法院受理反诉原告华某公司诉汇某公司的反诉请求及请求北京中某村科技发展（控股）股份有限公司承担连带责任，是基于汇某公司以建设工程施工合同纠纷为由提起的本诉。该本诉已经涉及反诉讼争的建筑工程施工合同。北京中某村科技发展（控股）股份有限公司在本诉中并未提出管辖权异议，其已事实上接受了北京市第一中级人民法院对该合同的管辖权。依据《最高人民法院关于适用〈中华人民共和国民事诉讼法〉若干问题的意见》（已失效）第一百五十六条的规定，“在案件受理后，法庭辩论结束前，原告增加诉讼请求，被告提出反诉，第三人提出与本案有关的诉讼请求，可以合并审理的，人民法院应当合并审理”。本案本诉原告汇某公司起诉北京中某村科技发展（控股）股份有限公司、华某公司，请求判令北京中某村科技发展（控股）股份有限公司支付工程款 22,050,832 元及逾期还款利息直至付清为止，支付工程索赔款暂计 14,860,381.8 元直至工程依法移交为止；判令华某公司就上述请求承担连带责任。华某公司在答辩期内依法提出管辖权异议，明确表示不接受法院管辖。而一审法院受理汇某公

---

〔1〕 最高人民法院（2016）民终 135 号民事判决书。

〔2〕 最高人民法院（2020）民终 305 号民事判决书。

司的本诉时,北京中某村科技发展(控股)股份有限公司明知就工程施工合同纠纷案件仲裁委已经受理,但并没有提起管辖权异议,说明北京中某村科技发展(控股)股份有限公司接受法院对本诉的管辖,也就意味着北京中某村科技发展(控股)股份有限公司接受人民法院对于与本诉有关的包括反诉在内的诉讼请求管辖。一审法院对本诉和反诉均取得管辖权。本诉原告撤回起诉,意图撤销整个案件,但是反诉并不能依其意愿当然撤销,要考虑反诉原告的意愿。因此,对反诉的管辖权不因本诉的撤回而消灭。北京中某村科技发展(控股)股份有限公司以本诉撤回后,华某公司的反诉不再是依附于本诉的反诉,而独立成为一个新诉及本案仲裁委已经受理为由提出管辖权异议,与对待本诉管辖权的意见相矛盾,本院不予支持。[1]

本诉与反诉均指向互负的金钱债务,符合抵销的情形,二者之间具有较强的牵连性,法院应予受理反诉,并将二者合并审理。

【案例 14－72】　中某新疆安装工程有限公司与莎车县德某劳务分包有限公司、莎车县致某基础设施建设管理有限公司建设工程施工合同纠纷案

二审法院认为,我国《民事诉讼法》中有关反诉制度的目的,一方面便于法院通过对反诉与本诉的合并审理,以同一诉讼程序解决相关民事纠纷,提高诉讼效率;另一方面是为了避免因分别审理而造成的裁判矛盾。《民事诉讼法解释》第二百三十三条规定:“反诉的当事人应当限于本诉的当事人的范围。反诉与本诉的诉讼请求基于相同法律关系,诉讼请求之间具有因果关系,或者反诉与本诉的诉讼请求基于相同事实的,人民法院应当合并审理。”根据该条法律规定,反诉与本诉必须合并审理的原因在于两诉之间具有牵连关系,而牵连关系表现为本诉与反诉的诉讼请求基于相同的法律关系、具有因果关系或基于相同事实,符合以上三项条件之一,即可视为本诉与反诉具有牵连关系。对于有牵连关系的反诉,只要不违反专属管辖的规定,就应当与本诉合并审理。本案中,提起反诉的一般程序性条件,提起法院、诉讼程序、提起的期限等均符合法律规定,没有争议。反诉与本诉的牵连性是本案反诉是否受理的决定性条件。我国民事诉讼理论一般认为,判断反诉与本诉的诉讼请求或诉讼理由是否基于同一法律关系或同一事实关系的关键是反诉的诉讼请求能否排斥、抵销或吞并本诉的诉讼请求。本案中,中建公司提起反诉的理由基于其因案涉工程项目超付德某劳务公司工程款请求予以返还,与德某劳务公司的本诉诉讼请求支付劳务费,两者为互负的金钱债务,符

---

〔1〕 最高人民法院(2013)民申字第 02347 号民事裁定书。

合抵销的情形,该反诉请求能够排斥、抵销或吞并本诉的诉讼请求,本诉与反诉之间具有较强的牵连性,上述情节完全符合反诉的本质特征及构成要件,反诉应予受理。一审法院驳回中建公司反诉的起诉不当,本院予以纠正。本案指令一审法院审理后,应将反诉与本诉合并审理。[1]

法院不予受理当事人的反诉且未作出书面裁定,属于严重违反法定程序,依法应予撤销,将反诉与本所合并审理。

【案例 14 –73】 重庆圣某建设(集团)有限公司与周某军、贵州绅某房地产开发有限公司、王某兵建设工程施工合同纠纷案

二审法院认为,一审法院不受理圣某公司反诉且未出具书面裁定,严重违反法定程序。首先,根据《民事诉讼法》第五十一条(现为第五十四条)“原告可以放弃或者变更诉讼请求。被告可以承认或者反驳诉讼请求,有权提起反诉”的规定,提起反诉是被告的诉讼权利。根据《民事诉讼法解释》第二百三十二条的规定,圣某公司作为一审被告,其在第二次开庭的法庭辩论结束前提出反诉,符合法律的规定,一审法院以圣某公司提出反诉超过举证期限为由属于适用法律不当。其次,根据《民事诉讼法解释》第二百三十三条第三款“反诉应由其他人民法院专属管辖,或者与本诉的诉讼标的及诉讼请求所依据的事实、理由无关联的,裁定不予受理,告知另行起诉”的规定,一审法院如果认为圣某公司的反诉不予受理,应当出具书面裁定。一审法院对此不予受理且未出具书面裁定,违反法定程序。最后,圣某公司反诉与周某军的本诉的诉讼请求均是基于同一建设工程施工合同履行所发生,诉讼请求之间具有因果关系,按照《民事诉讼法解释》第二百三十二条、第二百三十三条的规定,本案依法应当受理圣某公司的反诉并合并审理,一审法院不受理圣某公司反诉属于程序违法。[2]

就同一施工合同关系下的不同款项分别起诉的,虽不构成重复起诉,但为避免对合同效力等基础问题出现矛盾判决,故应在同一案件中解决。

【案例 14 –74】 北京城建集团有限责任公司与沈阳世茂新世纪房地产开发有限公司建设工程施工合同纠纷案

最高人民法院认为,本案审查的主要问题是,应否驳回北京城建公司的起诉。本案中,北京城建公司起诉请求沈阳世茂公司支付停工前损失、撤场费、停工费等,符合 2021 年 12 月 24 日第四次修正的《民事诉讼法》第一百二十二条规定的起诉条件。虽然该诉请与另案中北京城建公司关于工程进度

---

〔1〕 新疆维吾尔自治区高级人民法院(2021)新民终 237 号民事裁定书。

〔2〕 贵州省高级人民法院(2016)黔民终 665 号民事裁定书。

款、停窝工预期利润等诉请,系基于同一建设工程施工合同关系,但请求范围并不相同,亦不构成重复诉讼,辽宁省高级人民法院仅以审理本案存在诸多障碍为由就裁定驳回北京城建公司的起诉,在法律适用上确有不当。但被本院发回重审的北京城建公司诉求支付工程进度款及停窝工预期利润等的该另案正在一审期间且尚未开庭,为避免出现矛盾判决,同时也为更好地解决纠纷,节约司法资源,北京城建公司可在该案中通过增加、变更诉讼请求等方式,实现本案诉讼目的。故一审裁定驳回北京城建公司的起诉,未损害北京城建公司的合法权益,在结果上并无不当,本院予以维持。[1]

2. 再审后将案件发回重审作出的生效裁判可以申请再审处理

最高人民法院民一庭2022年第22次法官会议讨论认为,再审撤销原判发回一审法院重审,当事人的诉讼恢复至原一审裁判之前的状态,其诉讼请求未被生效裁判羁束,诉争的民事法律关系仍处于待决状态,一审法院应对当事人之间的争议重新进行审理。根据《民事诉讼法解释》第二百五十二条的规定,原判决、裁定被撤销后,审判程序重新开始,当事人依法可以变更、增加诉讼请求或者提出反诉、提交新证据;人民法院可以根据当事人的申请或者依职权追加当事人,适用一审程序相关规定确定当事人的诉讼权利义务。再审撤销原判发回重审之后的程序并非再审审理程序的延续,人民法院作出的裁判亦非再审裁判。当事人不服撤销原判发回重审后作出的生效裁判,可以依据《民事诉讼法》第二百零六条的规定申请再审。

【案例14-75】 深圳市郑中设计股份有限公司与广安市富盈酒店有限公司建设工程施工合同纠纷再审案

最高人民法院认为,案涉《装修合同》是双方当事人的真实意思表示,不违反法律、行政法规的强制性规定,且郑中公司具有建筑装饰装修主体资格,原审认定合同有效正确,本院予以确认。关于富盈酒店再审审理期间新增加的再审请求应否审理问题。在本院再审审理期间,富盈酒店变更其再审请求为"撤销二审判决,驳回郑中公司全部诉讼请求"。本院认为,《民事诉讼法解释》第四百零三条第二款规定:"被申请人及原审其他当事人在庭审辩论结束前提出的再审请求,符合民事诉讼法第二百一十二条规定的,人民法院应当一并审理。"《民事诉讼法》第二百一十二条规定:"当事人申请再审,应当在判决、裁定发生法律效力后六个月内提出;有本法第二百零七条第一项、第三项、第十二项、第十三项规定情形的,自知道或者应当知道之日起六个月

---

〔1〕 最高人民法院(2022)民终248号民事判决书。

内提出。”因本案为再审审理案件，富盈酒店在本院再审审理中再行变更再审请求，不符合上述法律规定，本院再审仍以其申请再审时的请求为准，对其新增加的再审请求不予审理，对其针对新增加的再审请求而提交的《工程联系函》、电子邮件截图等质保金相关证据材料，本院也不予审查。[1]

3. 生效判决中未认定的争议工程款当事人有权另诉

《民事诉讼法解释》第二百四十七条第一款规定：“当事人就已经提起诉讼的事项在诉讼过程中或者裁判生效后再次起诉，同时符合下列条件的，构成重复起诉：(一)后诉与前诉的当事人相同；(二)后诉与前诉的诉讼标的相同；(三)后诉与前诉的诉讼请求相同，或者后诉的诉讼请求实质上否定前诉裁判结果。”

为了维护生效判决的既判力，对于重复起诉的，法院应当裁定不予受理。但是在建设工程案件中，各种工程费用种类繁多，难免遗漏。对于这部分遗漏的争议，如果当事人的诉讼请求，并未否定生效判决所认定的事实，而是在其基础上另行主张未经审理的其他工程费用的，不违反一事不再理原则，不属于重复起诉，法院应当受理。

“一事不再理”原则中的“一事”应为相同当事人、同一案件事实、同一诉讼标的。同一案件事实，是指当事人起诉所涉案件事实关系在前诉与后诉一致；同一诉讼标的则是指原告前后两次起诉基于一致的请求权基础。由此，相同当事人、同一案件事实、同一标的，要求前后两诉所涉法律关系在主体、内容与客体上一致，而这三者的一致本质上要求前后两诉处理的法律关系一致。

【案例 14－76】 宁夏新某建筑有限公司与化某、来某建设工程施工合同纠纷再审案

最高人民法院认为，依据查明的事实可知，本案诉讼前，新某公司作为原告起诉化某、来某要求返还超付工程款256,293.06元，兴庆区法院作出3618号判决驳回了新某公司的诉讼请求，银川中院二审作出413号判决维持了一审判决。本院认为，本案与413号案件的当事人虽然相同，但并不具有同一案件事实和同一诉讼标的。就案件事实而言，413号判决以无争议总造价10,055,814.88元为基础判断是否存在超付工程款，对二次植筋费用与商品砼超运距款应由谁负担并未进行审理，亦明确了因企业间接费存在争议该案对此争议不予认定。本案以另案造价鉴定书中确认的无争议造价10,055,814.88元、“砌体加筋、构造柱圈梁”植筋造价和商品砼超运距款两部分争议造价以及413号案件中不予认定的企业间接费为基础，对“二次植筋”费用、商品砼超运距

〔1〕 最高人民法院(2022)民再286号民事判决书。

款以及企业间接费进行了审理。可见,本案与413号案件虽然同属一个建设工程施工合同纠纷,但具体事实不同,本案审理的事实在413号案件中并未审理。就诉讼标的而言,3618号案件系新某公司起诉请求判令化某、来某退还新某公司超支工程款256,293.06元。本案系化某、来某起诉要求新某公司支付工程款1,681,560.81元及利息,其中工程款由企业间接费、二次植筋费用和商品砼超运距款构成,而这些款项在413号案件中未进行审理,化某、来某在该案中亦未提出反诉。由此化某、来某无法通过申请再审途径在413号案件中获得欠付工程款救济。现化某、来某另诉主张这些费用,并不违反"一事不再理"原则。综上,本案化某、来某的主张并未否定413号判决认定的应付工程款及已付工程款事实,而是在该案认定事实的基础上请求支付该案未作审理的其他费用,本案的受理并不违反"一事不再理"原则。[1]

生效判决未被撤销前,构成重复诉讼;生效判决被撤销后,不构成重复诉讼。

【案例14-77】　程某红等与河南九某交通建设工程有限责任公司等建设工程施工合同纠纷再审案

最高人民法院认为,程某红、常某海、黄某喜、罗某智起诉九某公司、王某福、长葛市交通局及第三人刘某锋给付工程款等,经审理,河南省高级人民法院作出(2018)豫民终1556号民事裁定,认为在刘某锋诉九某公司建设工程施工合同案生效判决未被撤销之前,程某红、常某海、黄某喜、罗某智的起诉与刘某锋的起诉系基于同一工程主张工程款,本案构成重复起诉,遂裁定驳回程某红、常某海、黄某喜、罗某智的起诉。针对河南省长葛市人民法院(2017)豫1082民初3790号民事判决,程某红、常某海、黄某喜、罗某智提起第三人撤销之诉。该案经审理,河南省长葛市人民法院作出(2019)豫1082民撤1号民事判决:撤销河南省长葛市人民法院(2017)豫1082民初3790号民事判决;河南省许昌市中级人民法院作出(2021)豫10民终593号民事判决:驳回上诉、维持原判。刘某锋对河南省许昌市中级人民法院(2021)豫10民终593号民事判决申请再审,河南省高级人民法院已裁定驳回其再审申请。因本案据以裁定驳回程某红、常某海、黄某喜、罗某智起诉的法律文书已被撤销,故原裁定所认定的重复起诉事由已不存在,本案诉讼应继续审理。[2]

分别以合同纠纷和不当得利纠纷起诉的,系不同诉讼依据,不构成重复起诉。

---

〔1〕　最高人民法院(2018)民再183号民事判决书。

〔2〕　最高人民法院(2021)民再369号民事裁定书。

【案例14－78】 和某埔地产(成都)温江有限公司与中国建筑某工程局有限公司建设工程施工合同纠纷案

最高人民法院认为,本案中,中建某局反诉和某埔公司返还履约保证金系基于合同解除后的返还义务,而在四川省高级人民法院453号不当得利纠纷案中,中建某局的诉讼请求系基于不当得利要求返还,两案的诉讼标的不同。并且,该案生效判决亦明确告知中建某局"因案涉建设施工合同产生的纠纷可以依据双方当事人《解除合同协议》的约定另行处理"。因此,中建某局在本案中反诉请求和某埔公司返还履约保证金,并不构成重复起诉。[1]

工程款与利息不属于同一诉讼标的,不构成重复诉讼。

【案例14－79】 西部中某建设集团股份有限公司与郑某庄等建设工程施工合同纠纷案

最高人民法院认为,关于长达公司所提郑某庄起诉本案违反一事不再理原则的问题。根据《民事诉讼法解释》第二百四十七条的规定,后诉与前诉的诉讼请求相同构成重复起诉。经审查,郑某庄在前诉中主张的是欠付工程款,后诉也即本案中主张的是欠付工程款的利息,两次诉讼的诉讼请求不相同,没有违反一事不再理原则。长某公司抗辩无法律依据,不予支持。[2]

原判决以实际施工人作为挂靠人以承包人的名义起诉发包人后,又以自己名义起诉发包人、承包人的,因前诉是依据施工合同提起的诉讼,后诉是依据法律规定或者挂靠协议提起的诉讼,前后两案的当事人、诉讼请求、诉讼标的以及请求权基础不同,不属于重复起诉。

【案例14－80】 徐某升与重庆一建建设集团有限公司青海分公司建设工程施工合同纠纷再审案

最高人民法院认为,重庆一建公司、上诉人重庆一建青海分公司的上诉请求及答辩意见,以及二审的庭审情况,本案争议焦点:关于徐某升的上诉请求。关于豪都华庭公司是否应在重庆一建公司、重庆一建青海分公司欠付款项的范围内承担责任问题。(1)关于案件受理费、鉴定费784,389.5元的问题。经审查,该部分费用系徐某升在重庆一建公司与豪都华庭公司的建设工程施工合同纠纷案件中所支付。因该费用在另案生效判决中已经对诉讼费、鉴定费的分担作出了处理,故一审法院认为该部分费用徐某升可以通过法院退还,本案不予处理并无不当。(2)关于豪都华庭公司是否应对重庆一建公司、重庆一建青海分公司向徐某升退还履约保证金5,000,000元及利息

---

〔1〕 最高人民法院(2017)民终402号民事判决书。
〔2〕 最高人民法院(2017)民终972号民事判决书。

1,860,513.2 元、支付其他款项 8,331,074.16 元范围内承担给付责任的问题。2014 年 4 月 29 日重庆一建公司作为承包人已向青海省高级人民法院提起诉讼,要求发包人豪都华庭公司支付工程款,并承担违约赔偿责任。该案审理中,徐某升担任重庆一建公司的委托代理人,发包人豪都华庭公司亦在该案诉讼中向重庆一建公司提出反诉。青海省高级人民法院作出(2014)青民一初字第 13 号一审判决后,双方当事人均向本院提起上诉。2017 年 8 月 30 日,本院作出(2017)最高法民终 208 号民事判决,对双方争议的工程款、保证金、违约金等本诉和反诉请求均予以裁判。在上述案件中,徐某升以重庆一建公司委托诉讼代理人的身份全程参与了另案审理,足以说明其本人对案涉工程款、保证金以及违约金等款项数额的最终确定是知悉并认可的。本案是上述案件审理终结后,徐某升以实际施工人的身份,依据《内包合同》向重庆一建公司、重庆一建青海分公司、豪都华庭公司提起的另一民事诉讼案件,前后两案当事人、法律关系、诉讼请求均不相同,一审法院认定本案不属于重复起诉并无不当。但徐某升以上述款项未得到实际履行,主张豪都华庭公司应在欠付范围内(前案生效判决确定的给付范围内)承担给付责任,无事实依据,本院不予支持。此外,根据《建设工程解释》第二十六条关于"实际施工人以转包人、违法分包人为被告起诉的,人民法院应当依法受理。实际施工人以发包人为被告主张权利的,人民法院可以追加转包人或者违法分包人为本案当事人。发包人只在欠付工程价款范围内对实际施工人承担责任"的规定以及《建设工程解释(二)》第二十四条关于"实际施工人以发包人为被告主张权利的,人民法院应当追加转包人或者违法分包人为本案第三人,在查明发包人欠付转包人或者违法分包人建设工程价款的数额后,判决发包人在欠付建设工程价款范围内对实际施工人承担责任"的规定,本案徐某升主张的上述款项并非案涉工程款,不符合上述司法解释的规定,故徐某升请求豪都华庭公司承担责任的上诉请求无法律依据,本院亦不予支持。[1]

4. 上诉利益处理

一审被告对法院驳回原告起诉的裁定不服提起上诉,请求二审法院发回重审,但并未对一审裁定驳回起诉的处理结果提出异议,法院应当作不予支持处理。

---

〔1〕 最高人民法院(2020)民终 242 号民事判决书。

【案例14－81】 贵州德正房地产开发有限公司与申某义建设工程施工合同纠纷案

最高人民法院认为，本案为建设工程施工合同纠纷，二审争议焦点：德正公司是否对本案具有上诉利益。上诉利益是指当事人请求二审法院对一审法院作出的对自己不利的裁判结果予以救济的必要性和实效性。具体而言，只有上诉人通过上诉有可能得到比一审裁判更为有利的裁判结果，上诉人才具有上诉利益。上诉利益作为当事人上诉请求与理由的基本要素，是人民法院判断是否支持上诉请求的必要条件。首先，本案中，一审法院确定该案的争议焦点：申某义是否构成该案的适格原告。一审法院根据查明的事实，认为申某义与该案没有直接的利害关系，其起诉不符合《民事诉讼法》第一百一十九条规定起诉条件，故裁定驳回原告申某义的起诉。该裁判结果并未对德正公司的利益造成任何减损，德正公司作为一审被告对该裁定提起上诉不能取得比一审裁定更为有利的裁判结果，德正公司在上诉中亦未对一审裁定驳回起诉的处理结果提出异议，故德正公司在本案中不具有上诉利益，本院对德正公司上诉请求本院发回重审，由一审法院作出新的认定，不予支持。其次，《民事诉讼法》第一百七十一条（现为第一百七十八条）规定："第二审人民法院对不服第一审人民法院裁定的上诉案件的处理，一律使用裁定。"因本案系一审被告对驳回起诉裁定不服而提出的上诉案，本院只能对一审裁定所解决的程序性事项作出处理，不能对与该程序性事项以外的事实进行实体审理与认定。德正公司上诉称一审裁定认定的部分事实错误，该上诉理由不属本院二审审理的范围。德正公司如认为一审裁定中事实认定错误，可根据《民事诉讼法解释》第九十三条第二款的规定依法主张。[1]

【案例14－82】 太原银海房地产开发有限公司与太原华泰医院有限公司建设工程施工合同纠纷案

最高人民法院认为，华泰医院起诉请求解除案涉《参建协议》之C区部分并由银海地产公司承担违约责任，原裁定驳回华泰医院起诉。银海地产公司作为一审被告，针对该裁定提起上诉，不具备上诉利益。上诉利益是当事人具有通过上诉获得司法救济的必要性与实效性，是人民法院审查上诉是否成立的基本要素。若不具有上诉利益，当事人的上诉不应当受理；已经受理的，应当驳回。经审查，首先，银海地产公司的上诉系针对原审裁定驳回原告华泰医院的起诉而提出，该裁定主文并未损害其诉讼权利和实体权利；其次，原裁定已驳回原告华泰医院的起诉，银海地产公司作为原审被告上诉请求人

---

〔1〕 最高人民法院（2020）民终1205号民事裁定书。

民法院"对本案进行审理",有悖于民事诉讼基本法理。因此,银海地产公司的上诉请求缺乏救济的必要和实效。[1]

5. 先行判决

建设工程纠纷诉讼时间跨度较长,工程造价鉴定也极为耗时。部分发包人为了拖延付款时间,会通过多种程序手段拖延诉讼,如管辖权异议、财产保全复议、申请鉴定等。在这种情况下,承包人可以启动先行判决。

《民事诉讼法》第一百五十三条规定,人民法院审理案件,其中一部分事实已经清楚,可以就该部分先行判决。先行判决应当满足以下条件:与先行判决诉请有关的事实已经查明、先行判决的诉请与未予判决的诉请相互独立以及先行判决的诉请具有紧迫性。司法鉴定机关作出工程造价鉴定意见之前,法院可以就已查明的应付工程款数额作出先行判决。先行判决的启动程序,民事诉讼法没有明确规定是依当事人申请还是法院依职权。也就是说,承包人可主动提出适用先行判决的意见。尤其是在发包人恶意拖延诉讼的情况下,承包人可以及时向法院申请对无争议部分的工程款先行判决。需要强调的是,先行判决仅是一个中间裁决,并非终局裁判,其适用的前提是具备清楚的事实和充分的裁判理由。在具体适用过程中,承包人倘若工程款存在无争议项和有争议项、工程款利息存在协议确定项和利息存在争议项,建议法院选择适用先行判决,维护自己的合法权益。对建设工程案件中的先行判决之诉请可根据具体案情五个方面提出,有律师认为:(1)就双方无争议的造价部分先行判决;(2)就合同效力及工程款先行判决;(3)就本诉部分先行判决;(4)就承包人配合办理竣工验收备案手续先行判决;(5)就部分事实先行判决抑或全案判决的标准。[2]

【案例 14-83】 安阳中某发汇成置业有限公司与杭某建工集团有限责任公司建设工程施工合同纠纷案

最高人民法院认为,本案中,对于无争议已付工程的数额和无争议应付工程款的数额已经查明,前者采纳杭某公司认可的数额,后者采纳中某发公司所提举证据中显示的数额。在上述两个数额确定的基础上,人民法院委托的司法鉴定机关未作出鉴定意见之前,中某发公司应当向杭某公司支付的工程款数额事实清楚。因此,一审法院在本案一部分事实已经清楚的基础上作出先行判决,符合法律规定。[3]

---

〔1〕 最高人民法院(2022)民终 37 号民事裁定书。

〔2〕 参见彭钊:《建设工程法律实务热点问题研究》,法律出版社 2021 年版,第 373~378 页。

〔3〕 最高人民法院(2019)民终 275 号民事判决书。

因办理竣工验收备案手续需要,法院可先行判决。

【案例 14-84】 浙江昆某建设集团股份有限公司与安徽文某投资置业有限公司、安徽省文化厅某建设工程施工合同纠纷案

最高人民法院认为,本案昆某公司应履行配合竣工验收备案义务的事实已经查清,可以先行判决。昆某公司有关文某公司未按照施工合同约定支付工程款,有权不配合办理竣工验收备案手续的抗辩理由不能成立。本案中,竣工验收备案手续不能及时办理,已经影响到购房户办理产权证的权利。权衡各方利益,一审法院就此先行判决并无不当。若文某公司存在逾期支付工程款的违约行为,可以在本诉中解决。另外,根据前述理由,双方对备案信息的争议可以在昆某公司履行竣工验收备案义务时协商解决。[1]

【案例 14-85】 大连宜某建设集团有限公司与大连金某房地产开发有限公司建设工程施工合同纠纷再审案

最高人民法院认为,原审法院先行判决宜某公司配合金某公司办理涉案工程竣工备案手续符合本案实际情况。本案中,宜某公司与金某公司对涉案工程价款争议较大,短期内无法解决,但工程竣工验收备案手续的办理已严重影响金某公司为房屋买受人办理产权登记,不仅可能造成损失继续扩大,也严重影响社会稳定。在金某公司同意在被保全财产的基础上提供其他担保,以保障宜某公司预期债权实现的情况下,原审法院先行判决宜某公司配合金某公司办理竣工验收备案手续并无不当。[2]

【案例 14-86】 湖南巴某建设有限公司与湖南大某人防投资开发有限公司建设工程施工合同纠纷再审案

最高人民法院认为,巴某公司和大某公司签订的《湖南省建设工程施工合同》虽未明确约定巴某公司对大某公司在涉案工程竣工验收、消防验收、综合验收及竣工验收备案过程中的直接协助义务,但从合同目的和办理前述验收备案手续的客观需要出发,要求巴某公司履行相关协助义务亦属诚实信用原则的应有之义。一审、二审法院先行判决巴某公司履行协助竣工验收及备案义务,是因为该部分事实清楚、权利义务关系明确,以及出于保障涉案工程质量和及时解决房屋办证问题、防止诉讼过分迟延的综合考量,并非对巴某公司履行协助义务和大某公司支付工程款的先后顺序的认定。故对该部分反诉请求的先行判决不影响巴某公司在本诉中对工程款的主张。[3]

---

〔1〕 最高人民法院(2015)民一终字第 269 号民事判决书。

〔2〕 最高人民法院(2016)民申 2574 号民事裁定书。

〔3〕 最高人民法院(2018)民申 279 号民事裁定书。

对已查明的无争议部分的工程款,法院可先行判决。

【案例14－87】　山东省对某建设工程总公司与刘某禄建设工程施工合同纠纷再审案

最高人民法院认为,对某工程公司虽主张代刘某禄垫付的工程涉诉款项、工程检测费和垫付农民工工资应当计入已付款,但在其未提交全部付款凭证的情况下,法院无法确认上述款项是否已经包含在结算明细中。原判决认为,鉴于本案已审理多年,为减轻当事人诉累并依法保护双方的合法权益,本案可就已查明的事实先行判决。对上述款项或对账明细中遗漏的款项,可对某工程公司另行主张。原判决的该项认定具有合理性。[1]

在二审诉讼程序中,法院就部分事实已经查清的,也可先行判决。

【案例14－88】　长春某某股份有限公司与长春信某房地产开发有限责任公司建设工程施工合同纠纷再审案

最高人民法院认为,对于本案就部分案件事实先行判决的问题。本案二审判决就本案已经查清的部分事实先行作出判决,而有关"二期地下室是否存在质量问题""18#地下室工程是否存在质量问题""16#人防工程及18#地下室未改造部分的质量问题""配合办理具有验收备案手续"等问题因一审判决存在部分基本事实认定不清,而将上述部分问题发回一审重审。对于一审法院的此种处理方式,尽管《民事诉讼法》对于在第二审民事程序中人民法院可否就部分案件事实作出先行判决并未作出明确规定,但参照《民事诉讼法》第一百七十四条(现为第一百八十一条)"第二审人民法院审理上诉案件,除依照本章规定外,适用第一审普通程序"以及《民事诉讼法》第一百五十三条(现为第一百五十六条)"人民法院审理案件,其中一部分事实已经清楚,可以就该部分先行判决"的规定,二审法院就已经查清的部分事实先行判决的方式并不违反法律规定,不属于适用法律错误的情形。[2]

【案例14－89】　中某国际工程有限责任公司与萍乡市金某房地产开发有限公司建设工程施工合同纠纷再审案

最高人民法院认为,金某公司与中某公司签订的《协议书》约定,金某公司逾期付款,应承担拖欠工程款日万分之五的违约金。合同履行中,金某公司自2008年8月22日起拖欠工程价款,至今长达近8年,必然使中某公司遭受资金损失。金某公司认为中某公司的损失认定应当以银行同期贷款利率作为参照标准,但并无证据表明中某公司在金某公司拖欠工程价款情况

---

〔1〕 最高人民法院(2018)民申6103号民事裁定书。

〔2〕 最高人民法院(2015)民申字第2904号民事裁定书。

下,继续施工的资金来源于银行贷款,金某公司主张以银行贷款利率确定其给中某公司造成损失数额的参照,缺乏合理性。其该项再审申请理由不成立。且二审判决系就双方无争议的工程价款先行判决,金某公司承担的违约金是否过分高于中某公司的损失,需要综合金某公司拖欠工程款的总额予以判断,故在人民法院对双方争议工程价款案件审理中,金某公司可就该问题提出主张,由案件审理法院综合各项因素予以认定。[1]

工程质量反诉部分周期较长的,法院就工程造价本诉部分先行判决。

【案例14-90】 贵州建工集团第某建筑工程有限责任公司与松原市金某源房地产开发有限公司建设工程施工合同纠纷案

最高人民法院认为,因金某源公司申请质量鉴定、质量维修方案及修复造价鉴定,鉴定时间较长,为避免给当事人造成诉累及扩大损失,依据《民事诉讼法》第一百五十三条(现为第一百五十六条)"人民法院审理案件,其中一部分事实已经清楚,可以就该部分先行判决"的规定,对贵州某建的本诉部分先行判决,金某源公司的反诉部分待事实查明后再行裁判。[2]

未查明工程量、应得工程款,作出先行判决违反法律规定,应予再审。

【案例14-91】 驻马店市富某电子科技有限公司与林某建工集团有限公司、贾某义与某某公司建设工程施工合同纠纷再审案

最高人民法院认为,一审、二审判决在未查明双方有争议款项和未完工工程款数额的情况下,即先行判决全部支持林某建工公司关于支付3897.5万元的诉讼请求,缺乏证据证明。《民事诉讼法》第一百五十三条(现为第一百五十六条)规定:"人民法院审理案件,其中一部分事实已经清楚,可以就该部分先行判决。"一审法院在未查清林某建工公司、贾某义一方实际施工工程量、应获得的工程款的情况下,即作出先行判决,二审法院予以维持,违反了上述规定。[3]

6.先予执行

先予执行是指法院在受理案件后、终审判决作出之前,根据一方当事人的申请,裁定对方当事人向申请人给付一定数额的金钱或其他财物,或实施、停止某种行为,并立即付诸执行的一种程序。主要是针对某些案件要求义务人提前履行法定义务而确立的一种诉讼制度。在施工合同履行中,如果发包人需要更换承包

[1] 最高人民法院(2016)民申998号民事裁定书。
[2] 最高人民法院(2017)民终225号民事判决书。
[3] 最高人民法院(2019)民申2958号民事裁定书。

人,且双方并不能就工程的解约、结算、清场等事项达成一致时往往会出现原承包人拒不退场从而影响新承包人进场施工。为了避免公司的延误以及损失的扩大,根据法律规定,在此情形下发包人可以通过向法院提出要求承包人撤场、交换施工场地的先予执行申请,以便工程的实施和按时投入使用。

关于因情况紧急需要先予执行的认定。

【案例14-92】　镶黄旗住建局与某第一分公司建设工程施工合同纠纷案

判决观点,施工建设期间,被告某第一分公司未能在指定的期限内完工,导致99户回迁户长年无法进行回迁,且被告不能支付回迁户的损失,致使政府每年向99户回迁户支付房租。原告、被告双方协商签订《终止镇黄旗棚户区改造开发建设项目协议清退场协议》,约定了工程结算、施工现场处理、清场事项、违约责任等,被告某第一分公司应在协议约定的期限内撤出苏敦小区施工现场,但到目前为止被告仍未撤出施工现场,致使原告无法开展尽快解决回迁户问题的后续工作。鉴于涉及的回迁户人数较多,因长期无法回迁导致99户老百姓居无定所,为使涉案工程中99户回迁户能够顺利迁回住所,本院认为原告镶黄旗住建局的先予执行申请符合法律规定,应予以准许。责令被告撤出镶黄旗苏敦小区施工现场。[1]

如果权利义务明确的,法院可以依据发包人申请而作出先予执行裁定。如果建设单位与施工单位在合同中约定了撤场的条件,法院可以依据该约定而作出先予执行裁定。

发包单位在申请先予执行时一定要将要求分包单位撤场列入诉讼请求,若作为被告希望原告进行撤场,在不另诉的情况下应当提出反诉。

【案例14-93】　世邦公司与锦通公司建设工程施工合同纠纷案

最高人民法院认为,世邦公司并在二审诉讼中提出了要求锦通公司撤场的先予执行申请,本院已裁定驳回,并组织双方进行了释明,告知鉴于世邦公司作为本案的被告并未提出过诉讼请求,故其不能在本案中提出要求锦通公司撤场的先予执行申请,对其要求锦通公司递交竣工验收决算资料和办理撤场交接手续的请求,可另案诉请主张。[2]

当所涉工程存在挂靠、转包、违法分包的情况下,若发包人向法院提起合同之诉要求解除合同或者认定合同无效。发包方与承包方解除合同后,分包方拒不离场,发包方以分包方侵权为由,请求法院判令分包方立即撤场,并申请先予执行。

---

〔1〕 内蒙古自治区镶黄旗人民法院(2020)内2528民初171号民事裁定书。

〔2〕 最高人民法院(2018)民终117号民事裁定书。

【案例 14－94】 三星公司与土木公司建设工程施工合同纠纷案

最高人民法院认为，分包合同虽然独立于上述总包合同，但总包合同是签订、履行分包合同的前提和基础，发包方与承包方之间总包合同解除后，承包方即丧失了总承包人的法律地位，分包合同也丧失了继续履行的必要性和可能性，使分包合同履行不能，此时分包合同应予解除。分包公司必须退出场地。[1]

应注意的是，申请先予执行，还需要满足：被申请人有履行能力、申请人提供足额担保、先予执行的范围没有超出诉讼请求等法定条件。

7. 再审程序终结

【案例 14－95】 牡丹江市宏阁建筑安装有限责任公司诉牡丹江市华隆房地产开发有限责任公司、张某增建设工程施工合同纠纷案

最高人民法院认为，人民法院接到民事抗诉书后，经审查发现案件纠纷已经解决，当事人申请撤诉，且不损害国家利益、社会公共利益或第三人利益的，应当依法作出对抗诉案终结审查的裁定；如果已裁定再审，应当依法作出终结再审诉讼的裁定。[2]

---

〔1〕 最高人民法院（2016）民再 53 号民事判决书。

〔2〕 人民法院案例库 2012－18－2－115－001。最高人民法院（2011）民抗字第 29 号民事裁定书。最高人民法院指导案例 7 号。

三、施工合同争议纠纷举证

(一)施工合同争议举证理解

《民事诉讼法》第六十七条第一款规定:“当事人对自己提出的主张,有责任提供证据。”《民事诉讼法解释》第九十条第一款规定:“当事人对自己提出的诉讼请求所依据的事实或者反驳对方诉讼请求所依据的事实,应当提供证据加以证明,但法律另有规定的除外。”《民事证据规定》第一条规定:“原告向法院起诉或者提出反诉,应当提供起诉条件的相应的证据。”法律和司法解释规定了“谁主张,谁举证”的责任,或称举证责任,又叫证明责任。

举证责任是指在诉讼中,当法官或陪审团无法确定某种事实(确定某种法律效果的权利发生、变更或消灭所必要的事实)的存在时,对当事人所产生的不利后果。具体地说,是指对于当事人有利的法律效果(或者当事人的请求)未获得法庭承认。[1] 也有学者认为,证明责任中的“责任”,应该是指两个方面,即举证的义务与举证不能时的法律后果。[2] 举证责任,是指当事人对自己提出的主张有收集或提供证据的义务,并有运用该证据证明主张的案件事实成立或有利于自己主张的责任。[3] 原告在诉讼中主张显失公平的事实是由举证完成的,法官认定的事实是裁判的根据。所谓以“事实”为基础,既包括案件的客观事实,也包括依照法律所推定的事实。[4] 在二者的关系上,事实真实是基础,法律真实是补充。

在施工合同纠纷案中,同样适用“谁主张,谁举证”的一般原则。对于待证事实处于真伪不明的状态,由负有举证责任的人承担不利后果。

---

〔1〕 参见叶自强:《举证责任》,法律出版社 2011 年版,第 36 页。

〔2〕 参见樊崇义主编:《证据法学》,法律出版社 2003 年版,第 136 页。

〔3〕 参见何家弘、张卫平:《简明证据法学》(第 4 版),中国人民大学出版社 2016 年版,第 231 页。

〔4〕 参见叶自强:《举证责任》,法律出版社 2011 年版,第 76 页。

1. 原告应对诉求承担举证责任

【案例 14－96】 某公司与某某公司建设工程施工合同纠纷再审案

再审法院认为，申请人原审中主张涉案工程还存在合同外四个增项及三个变更项，所涉工程量及工程款未包含在审核报告中，并提供了施工工地技术人员单方制作的工程造价报告、购买消防设备的合同等证据予以证明，原审判决对申请人主张的上述费用未予支持系认定事实不清。对此本院审查认为，按照我国建设工程施工规范和一般交易惯例，建设工程施工中若发生合同外增项工程和工程变更项目，由此发生的费用，工程承包人应当及时与发包人或者受发包人委托的监理工程师通过签署现场签证、工作联系单、施工日志等补充协议的方式予以审核确认，并在工程竣工结算时进行增项和变更项的费用索赔。双方共同签署的工程现场签证、工作联系单或者施工日志等书面文件，性质上属于双方达成的补充协议，而申请人主张涉案工程发生了四个增项和三个变更项，但原审中并未提供上述现场签证、工作联系单及能够证明该事实存在的必要证据，仅提供施工工地技术人员单方制作的工程造价报告、购买消防设备的合同等证据不足以证明涉案工程发生了增项和变更项，故原审法院以申请人的主张证据不足为由不予支持符合《民事诉讼法》第六十四条的规定。若申请人能够进一步收集到必要的相关证据，可以再另寻法律规定的途径加以救济。[1]

在诉讼中，被视为放弃举证权利的一方当事人依法享有抗辩权。

【案例 14－97】 江西圳业房地产开发有限公司诉江西省国利建筑工程有限公司建设工程施工合同纠纷案

最高人民法院认为，圳业公司虽主张已付清全部工程款，但不能提出有效证据加以证明。因此，一审法院只能以国利公司提供的证据作为计算工程款的依据。尽管圳业公司提出了通过鉴定确定工程款数额的请求，但这一请求因其未按期交纳鉴定费而未能得到支持。圳业公司提出因国利公司计算工程款有误，致使一审判决认定的工程款数额多了 1,879,343.98 元。本院二审期间，国利公司对误算工程款一事予以确认并明确表示放弃向圳业公司主张 1,879,343.98 元工程款的诉讼请求，本院对此依法予以确认。圳业公司关于一审判决多算上述工程款的抗辩有理，本院予以支持。[2]

---

〔1〕 山东省高级人民法院（2021）鲁民申 13101 号民事裁定书。
〔2〕 参见《最高人民法院公报》2007 年第 6 期。

负有举证责任的一方当事人,由于对方当事人的行为而导致相关证据灭失,致使其无法提供相关证据的,属对方当事人行为阻却了举证方当事人的举证。同时,该项证据亦能作为反驳对方当事人的证据,则应由对方当事人承担举证不能的责任,举证方当事人提供了其他证据证明其主张,对方当事人又无充分证据予以反驳的,则该证据应予采纳。

【案例 14－98】　成都国标建设工程有限公司与四川天府汇城置业有限公司建设工程施工合同纠纷案

二审法院认为,国标公司作为施工单位主张工程款,对工程造价的具体数额应承担举证责任,但案涉工程系因天府汇城公司原因中途停工,又未通知国标公司于 2012 年 10 月自行拆除部分案涉工程,天府汇城公司在本案中的相关行为阻却了国标公司的举证,该后果因天府汇城公司造成,故原判依据国标公司提交的结算书认定案涉工程款并无不当。[1]

2. 对争议问题的举证

在施工合同中双方明确约定预算单作为合同附件的情况下,该预算单仍应由双方签字或者盖章确认,且符合双方合意及内容确定的合同基本要素,否则,虽然合同将预算单定性为合同附件,但其仍不具备附件的法律效力。对预算单是否是合同附件,应由主张一方承担举证责任,证明其关联性。

【案例 14－99】　鄞州建筑公司与华翌科技公司建设工程施工合同纠纷案

二审法院认为,上诉人与被上诉人于 2010 年 1 月 10 日签订的钢结构工程施工合同合法有效,双方均应按约履行。该合同第 1 条虽另行特别约定“乙方(上诉人)预算作为附件”,上诉人在原审审理时也提供了一份上诉人于 2009 年 12 月 15 日编制的钢结构工程预算单,但该预算单未经被上诉人签字或者盖章确认,因此该预算单不能认定为施工合同的附件。结合被上诉人提供的结构设计总说明的证据,上诉人应对未按照要求选用钢材制作钢结构的损失承担过错责任,原审据此判决驳回上诉人该部分的反诉请求,并无不当。上诉人的上诉理由不足,不予支持。[2] 本案中,被告(上诉人)主张该份预算单作为合同附件又无法证明其与本案的关联性的情况下,虽然原告也未能举证证明合同附件的具体内容,但举证不利的法律后果应由被告承担。

对于工程款支付有争议的,应由主张方承担举证责任。

---

〔1〕 四川省成都市中级人民法院(2014)成民终字第 5244 号民事判决书。

〔2〕 浙江省宁波市中级人民法院(2011)浙甬民二终字第 88 号民事判决书。

【案例14-100】 黎某某与佛山市市政建设工程有限公司建设工程施工合同纠纷案

二审法院认为，据黎某某提供的加盖了市政公司财务专用章的《证明》显示，黎某某与市政公司于2012年1月就市政公司尚欠的涉案工程款数额进行对账，市政公司确认尚欠黎某某工程款964,987元。市政公司对该《证明》的真实性予以确认，但主张其在公司内账上另行支付了95万元予黎某某，应予以抵扣。经审查，首先，生效的(2008)佛禅法刑初字第239号、第634号两份刑事判决并未确定市政公司存在内账、外账的事实，市政公司上诉称刑事判决认定的“小金库”为公司的内账，理由并不充分；其次，在市政公司没有提供完整的公司财务账册的情况下，单凭5张孤立的支出证明单，亦不足以证明市政公司存在内账的事实；最后，双方是于2012年1月进行对账，而市政公司提供的5张支出证明单均发生在1999年至2001年，如市政公司关于公司存在内账的陈述属实，其财务人员在对账时亦应遵循高度的谨慎注意义务将其抵扣，现市政公司以其财务人员直接抄写外账而未扣除内账记录为由否认欠款数额，有违常理。因此，在市政公司提供的证据不足以推翻黎某某诉讼请求所依据的事实的情况下，市政公司应承担举证不能的法律后果。另外，市政公司主张5张支出证明单所显示金额可在涉案工程欠款964,987元中予以抵销，缺乏事实和法律依据，本院不予支持。[1]

法院执行被执行人对他人的到期债权，可以作出冻结债权的裁定，并通知该他人向申请执行人履行。该他人对到期债权有异议，申请执行人请求对异议部分强制执行的，法院不予支持。这是因为执行程序并不对到期债权是否存在、是否真实、数额多少等实体问题进行实质审查。在到期债权的执行中，次债务人是否提出异议是继续执行的前提，次债务人未提异议或者提出异议后又撤回导致继续执行，属对自身权益的处分；案外人执行异议之诉案件主要解决案外人对执行标的是否享有足以排除强制执行的权益的问题，故发包人仍应就被扣划的1052万元就是自己支付的本案折价补偿款的主张承担举证责任。

【案例14-101】 伟达公司与弥河林场建设工程施工合同纠纷案

最高人民法院认为，涉案被扣划的1052万元款项应否被确认为弥河林场支付的案涉工程款？被扣划的款项系潍坊市中级人民法院在执行另案债务人刘甲过程中，经弥河林场认可而自弥河林场处划扣的刘甲对弥河林场的到期债权，伟达公司为案外人提起的执行异议之诉未获支持之后，1052万元款项被扣划给另案的执行债权人。上述执行程序和(2017)鲁07民初449号

---

〔1〕 广东省佛山市中级人民法院(2014)佛中法民一终字第1630号民事判决书。

执行异议之诉案件中,伟达公司、刘乙均否认刘甲系涉案工程的实际施工人,刘乙主张其为实际施工人,而弥河林场述称,我方系与伟达公司签订了建设工程合同,对各方当事人之间的法律关系不清楚。人民法院执行被执行人对他人的到期债权,可以作出冻结债权的裁定,并通知该他人向申请执行人履行。该他人对到期债权有异议,申请执行人请求对异议部分强制执行的,人民法院不予支持。这是因为执行程序并不对到期债权是否存在、是否真实、数额多少等实体问题进行实质审查。在到期债权的执行中,次债务人是否提出异议是继续执行的前提,次债务人未提异议或者提出异议后又撤回导致继续执行,属对自身权益的处分;案外人执行异议之诉案件主要解决案外人伟达公司对执行标的是否享有足以排除强制执行的权益的问题,故弥河林场仍应就被扣划的1052万元就是弥河林场支付的本案折价补偿款的主张承担举证责任。弥河林场主张刘甲系案涉工程实际施工人,并提交了刘甲与伟达公司签订的《工程项目内部承包合同》等证据材料,该材料系合同复印件,落款签订日期为2010年9月25日,早于涉案工程邀请招标以及伟达公司中标时间,弥河林场对此未作出合理说明,且伟达公司亦不认可刘甲为其合同相对方,故该证据不能证明其主张。总体而言,弥河林场已付8000余万元款项中,除100万元工程款为弥河林场支付给伟达公司以外,其余大部分工程款为案外人刘甲等人持加盖伟达公司字样公章的授权委托书至弥河林场处领取,伟达公司对此亦予以追认,故弥河林场尚未能提交充分的证据证明刘甲与伟达公司存在直接的实际施工关系。弥河林场应将欠付工程款依约支付给合同相对方伟达公司或受到伟达公司委托的人,在未经伟达公司确认的情况下,弥河林场认可山东省潍坊市中级人民法院扣划的1052万元,不能作为弥河林场已支付的案涉应付款项。对于该扣划的1052万元工程款,弥河林场可依法另行主张权利。[1]

3. 被告抗辩的承担举证责任

常见的有是否存在施工方主张的工程量。

【案例14-102】 深圳市粤鹏环保技术有限公司湖南分公司与益阳市海尔特电路科技有限公司建设工程施工合同纠纷案

判决观点,被告股东邓某铮虽然对《补充协议》上的签名无异议,但认为《补充协议》中约定的增加工程量并不存在,该协议并无实际履行。根据《民事证据规定》(此为旧版,现已修订)第五条第二款关于"对合同是否履行发

[1] 最高人民法院(2020)民终731号民事判决书。

生争议的,由负有履行义务的当事人承担举证责任”之规定,原告应对《补充协议》中的增加工程量的履行负举证责任,但本案原告并没有提供施工过程中对施工图纸曾进行过变更的证据,也未提供《工程承包合同》中约定的增加工程量时有原告、被告双方驻工地代表签证的证据,原告提供的并未经被告签字确认的《深水处理工程费用增加说明》,不足以证明其履行了增加工程量义务。相反,原告在诉状中陈述增加工程量是在施工过程中才确定的,而在庭审中却陈述增加工程量在施工前就已确定了,前后相互矛盾,此为其一;其二,原告至今仅向被告按照《工程承包合同》约定的93万元工程款开具了50%(46.5万元)的17P设备增值税发票,而不是依据所谓《补充协议》增加后的106万元工程款开具发票。基于以上理由,原告并未实际履行《补充协议》中约定的增加工程量义务,被告仅应按照《工程承包合同》约定的93万元工程款向原告履行付款义务,无需向原告支付《补充协议》,于是驳回《补充协议》中约定的所谓增加的工程量价款13万元。[1]

因工程量变更而引起的工程结算纠纷多种多样,针对因随意下发口头指令进行变更,因不遵守合同约定的变更程序且事后得不到对方认可的变更,以及无授权人员签署文件引起的变更等事实,根据证据规则的规定,证明事实发生的一方应当提供合法依据进行证明,证明主张的事实客观存在或签署人员具有相应的资格,在举证不能时应当承担不利法律风险。

承发包双方对工程量有争议的,按照施工过程中形成的签证等书面文件确认。承包人能够证明发包人同意其施工,但未能提供签证文件证明工程量发生的,可以按照提供的其他证据确认实际发生的工程量。

【案例14-103】 江苏省苏中建设集团股份有限公司与大庆市大图房地产开发有限公司建设工程施工合同纠纷再审案

最高人民法院认为,本案系建设工程施工合同纠纷,双方当事人争议的核心问题为如何确定案涉工程总造价。案涉备案的《黑龙江省建设工程施工合同》(以下简称《施工合同》)系双方当事人意思自治的结果,且不违反法律、行政法规的效力性强制性规定,依法应当认定有效,应当作为确定双方权利义务的基本依据。该《施工合同》约定了合同变更及价款协商程序,双方亦均认可合同签订后,实际施工过程中发生了设计变更。但是,作为主张权利一方的苏中公司虽提出发生设计变更、工程造价增加,但未提交证据证明双方以符合合同约定的方式对设计变更、增加工程款的商议过程以及变更范

〔1〕 参见国家法官学院案例开发研究中心编:《中国法院2016年度案例》(合同纠纷),中国法制出版社2016年版,第155页。

围和增加量。从举证责任的负担来看，苏中公司作为主张权利的一方，应当举证证明增加工程量和工程款的事实。一审法院未查明以上事实，径行组织鉴定，并按全部工程量定额结算的计价方式计算案涉工程总造价，未区分《施工合同》及《变更协议》确定的203，107，916元工程覆盖范围及后期设计变更范围，将不能区分的不利后果赋予不负有主张增加造价举证责任的大图公司，认定事实不清，分配举证责任有误。本案发回后，一审法院要立足合同约定，正确分配举证责任，根据查清案件事实的需要，决定是否进行鉴定以及如何鉴定，准确认定案涉工程总造价。裁定：(1)撤销黑龙江省高级人民法院(2017)黑民初39号民事判决；(2)本案发回黑龙江省高级人民法院重审。[1]

根据《发票管理办法》第三条的规定，发票既是完税凭证，也是付款凭证。在其是否已付工程款的诉讼中，持有发票方具有已付款的优势证据地位，承包人必须举证证明给其发票是应发包人要求仅为做账之用而没有实际付款事实。

【案例14－104】　新疆某房地产开发有限公司与江苏南通二建集团有限公司建设工程施工合同纠纷案

最高人民法院认为，双方争议的244万元应当认定某公司已经支付南通二建。某公司持有南通二建为其开具的收款发票。发票应为合法的收款收据，是经济活动中收付款项的凭证。双方当事人对244万元发票的真实性没有提出异议，某公司持有发票，在诉讼中处于优势证据地位，南通二建没有举出有效证据证明付款事实不存在。一审法院认为发票只是完税凭证，而不是付款凭证，不能证明付款事实的存在，曲解了发票的证明功能，应予纠正。[2]

【案例14－105】　大连吴源建筑工程有限公司与大连康达房屋开发有限公司建设工程施工合同纠纷案

最高人民法院认为，康达公司主张其已经履行了付款义务，应当负有对该主张举证加以证明的责任。发票具有结算功能，但在不是现金交易的情况下仅持有发票并不能作为付款已完成的依据。发票持有人应该提供支付款项的支票存根、转账记录、银行对账单等用以对付款事实加以证明，因此，康达公司仅以持有发票而主张付清全部工程款依据不足。[3]

收据在通常情况下应该作为直接证据证实出具收据人收到了相应的款项，但

---

〔1〕 最高人民法院(2022)民终834号民事裁定书。

〔2〕 最高人民法院(2005)民一终字第82号民事判决书。

〔3〕 最高人民法院(2013)民提字第46号民事判决书。

在案件存在诸多问题,且有悖常理的情况下,持有收据人在其具有健全的财务凭证的情况下,拒绝提供财务凭证证实已付款,根据《民事证据规定》第七十五条的规定,应认定收据上的款项未实际支付。

【案例14－106】 新疆石河子开发区农建建筑工程有限责任公司与新疆宏新生物科技有限公司建设工程施工合同纠纷再审案

再审法院认为,关于50万元工程预付款是否实际到位问题。宏新公司在起诉时提供了一张由农建公司出具的收据,该收据上载明的款项若实际到位,应认定该收据的证明力,若未实际到位,则该收据不具有证明力。首先,两家公司均为具有法人资格的公司,都在银行开立账户,如50万元预付款已实际支付,应通过开户银行,出具转账支票,但宏新公司在二审及再审中均拒绝提供该证据。其次,宏新公司在庭审中称该50万元预付款是从销售鸡蛋的现金收入中支付的。中国人民银行发布的《现金管理暂行条例》第十一条规定……宏新公司从本单位的现金收入中直接支付的行为属坐支,但宏新公司一直未提供其经开户银行审查批准及定期向开户银行报送坐支金额和使用情况的相关证据。再次,双方当事人虽然在《补充协议》中提到了质量保证金,但在签订《建设工程施工合同》时却无质量保证金的约定。农建公司在《建设工程施工合同》签订的当日给付合同中未约定的质量保证金,且保证金的数额又与工程预付款的数额相一致,有悖常理。最后,宏新公司是法人单位,对每天鸡蛋的销售以及销售鸡蛋所收取的现金、坐支情况,应有一个完整的财务凭证,但宏新公司一直未能提供该50万元现金支付的财务凭证等相关证据。据此,应推定50万元预付款未实际到位。[1]

应注意的是,由于工期索赔举证责任不同,发包人举证责任相对较轻,承包人举证责任较重,承包人实现停窝工损失赔偿的难度较大,尤其是对停窝工造成的具体损失,只能通过司法鉴定来确定。所以承包人在施工中对发包人原因延误工期的证据要注意收集保存,这样不仅可以抗辩发包人的工期延误索赔,还可以向发包人反向主张停窝工损失赔偿,以保护自己的合法利益。

(二)施工合同争议举证分配

举证责任的分配是证据法学上的重要概念,是指法院按照一定的标准,将事

---

〔1〕 参见最高人民法院审判监督庭编:《全国法院再审典型案例评注》(上),中国法制出版社2011年版,第172页。

实真伪不明的风险在双方当事人之间进行分配，在待证事实真伪不明时，由负有举证责任的一方承担不利后果。举证责任的分配又是举证责任制度的核心所在。

关于举证责任的基本原则，《民事诉讼法》及相应司法解释、证据规定均作出了原则性规定。然而，相关规定及学理解释并不能很好地确定举证责任的归属，简单依据“谁主张，谁举证”原则无法应对复杂的现实情况。在实践中，能够反映案件事实真相的有关材料因时间推移、客观环境的变化以及人为破坏等原因而丧失其证明价值，加上证明手段的匮乏以及科技发展水平的制约，以至于经常会出现法官及当事人虽已穷尽所有的方法来发现和调查证据，但仍不能认定案件事实的状况。即使案件事实的真伪无法确定，法官仍然必须对案件作出裁判，此时只能依赖举证责任的分配。在证据僵局出现，且双方当事人的证据均不能达到法官的内心确信标准时，案件事实将陷入真伪不明的状态，法官只能加重一方当事人的举证责任，以通过其举证不能的方式来否定其主张事实之存在，在此过程中，自由裁量权即自由心证的存在就具备了必要性。

施工合同法律关系是民事合同关系的一种，在分配举证责任上，当然也应当遵循民事诉讼举证分配的一般规则。

法官运用公平原则和诚实信用原则对当事人的举证责任进行再分配，是行使法官自由裁量权的体现，但该自由裁量权的行使并不代表可以随意而为，还应当综合以下因素：其一，合理评估双方当事人收集评估证据的能力、便利条件、难易程度，将举证责任分配给更有能力、更有条件收集证据的一方，从而使当事人更趋于平等对抗的诉讼地位，方符合公平原则。其二，依据待证事实发生的盖然性来作出判断。法官可以根据一般的客观规律、生活经验、交易习惯等来确定待证事实发生的可能性，把举证责任分配给如果待证事实成立则对其有利的一方，以此来补强待证事实成立的高度盖然性。其三，结合纠纷发生的前因后果，当事人前后的言行表现是否一致，以形成谁更遵守诚实信用原则的内心确信，进而确定举证责任的分配来印证这一内心确信。

举证责任的分配要根据不同的案件事实，区分争议点是承包人双方内部关系还是与发包人之间的外部关系，合理分配举证责任，并注意举证责任的转移。

1. 效力争议举证

【案例 14－107】 贵州中振房地产开发有限责任公司与湖北远大建设集团有限公司建设工程施工合同纠纷再审案

最高人民法院认为，关于久昌公司不具备施工资质，其与中振公司所签订的建设施工合同效力问题。中振公司主张案涉工程实际施工单位系久昌公司，并于再审程序中提交了《应收款质押协议》、湖北省高级人民法院(2016)鄂民终1336号民事判决等材料予以证明。根据一审查明事实，案涉工程合同签订主体为中振公司与远大贵州分公司。中振公司作为发包方主张实际施工人系久昌公司，但并未提交久昌公司在合同实际履行中具有施工实际支配权的相关证据，仅依据《应收款质押协议》不足以推翻一审判决对案涉工程法律关系的认定。故中振公司关于因久昌公司非法挂靠，合同应无效的主张不予支持。[1]

2. 责任争议举证

【案例 14－108】 白某强与重庆瑞昌房地产有限公司建设工程施工合同纠纷再审案

最高人民法院认为，本案再审审查的焦点问题：(1)是否应以2011年5月13日签订的合同为依据认定工程价款；(2)瑞昌公司应否承担案涉工程款及利息的连带责任。关于是否应以2011年5月13日签订的合同为依据认定工程价款的问题。本案中，当事人提交了瑞昌公司与中信公司之间的三份施工合同，即第一份系落款时间为2011年3月31日的合同，第二份系落款时间为2011年4月3日的合同，第三份系落款时间为2011年5月13日的合同。对于该三份合同，本院分析认定如下：对于2011年3月31日的合同，即一审法院依据白某强的申请向重庆市万州江南新区建设环保局调取的合同，该份合同为复印件，中信公司亦否认签订过该份合同，而瑞昌公司也认为该合同仅为备案所用，故该份合同不能作为确定案涉工程价款的依据。对于2011年4月3日的合同，瑞昌公司与中信公司均持有原件，并主张以此合同作为认定案涉工程价款的依据。但该合同明确约定自双方法定代表人或授权代表签字并加盖公司印章后生效，而该合同中发包人处并无法定代表人或授权代表签字，故该合同因欠缺当事人约定的生效要件而未生效。瑞昌公司与中信公司亦未提交双方或者白某强实际履行了该份合同的证据，故无法认定该合同为实际履行的合同。对于2011年5月13日的合同，即由白某强提供的合同复印件，本院认为，第一，根据本案认定的事实，由中信公司出具的《投标报价书》载明“工程固定总价90,550,000元”，这表明2011年5月13日价款为9055万元合同的形成具有一定的前期基础。第二，从行政主管部门审核备案的《建筑工程施工许可证》明确载明“合同价款90,550,000元”，而瑞昌公司认可是由其工作人员去实施备案的，可见，9055万元这个金额具有相应的使用记录。第三，合同履行过程中，中信公司编制并经瑞昌公司审批的案涉工程《施工组织设计》载明的施工合同签订日期为2011年5月13

[1] 最高人民法院(2021)民申3522号民事裁定书。

日,表明施工过程中的相应文件所对应的合同签订时间应为2011年5月13日。第四,从工程造价来看,本案一审庭审询问了四川佳华工程造价咨询事务所有限公司工作人员李某,李某从专业的角度判断,案涉工程按照常规每平方米造价应该为1200~1400元,案涉工程是10万平方米,故造价应在1.2亿元以上。白某强所主张的合同价款9055万元再加上瑞昌公司所主张的甲供材4882万元,则工程总造价为13,937万元。在此基础上,反观瑞昌公司不认可该合同真实性的理由。第一,瑞昌公司在二审中提交了2018年3月21日重庆市万州江南新区建设环保局出具的《说明》,内容:涉案《建筑工程施工许可证》"证载合同价格9055万元的构成:施工合同造价6580万元和甲供材料2475万元"。瑞昌公司试图通过该《说明》解释案涉《建筑工程施工许可证》为何载明合同价格为9055万元。但江南新区建设环保局并未解释其作出此份《说明》的依据以及案涉《建筑工程施工许可证》载明的合同价格与实际合同价款不一致的原因。瑞昌公司也未能对此作出合理解释。第二,瑞昌公司在申请再审过程中所提供的证据——"固定总价9055万元的施工合同"司法鉴定意见书虽然表明,订立时间为"2011年5月13日"、发包方为"重庆瑞昌房地产有限公司",承包方为"四川省晟茂建设有限公司"的《建设工程施工合同》是经与检材(案涉2011年3月31日合同)同源的"合同"复印、变造处理、打印、再复印形成。但固定总价9055万元的施工合同是本案一审、二审中的关键证据,瑞昌公司在一审、二审中从未提出该合同涉嫌伪造的观点,这显然有违常识常理。加之当事人均未能提交固定总价9055万元的施工合同原件,上述鉴定又仅为以合同复印件作为比对样本,故难以得出该份合同系白某强变造而来的结论。因此,瑞昌公司所述2011年5月13日9055万元合同系伪造的事实真伪不明,本院不予认定。综上,依照《民事诉讼法》第六十四条(现为第六十七条)第一款"当事人对自己提出的主张,有责任提供证据"及《民事诉讼法解释》第九十条"当事人对自己提出的诉讼请求所依据的事实或者反驳对方诉讼请求所依据的事实,应当提供证据加以证明,但法律另有规定的除外。在作出判决前,当事人未能提供证据或者证据不足以证明其事实主张的,由负有举证证明责任的当事人承担不利的后果"之规定,瑞昌公司对其申请再审的理由并未提交充分的证据予以证明,应由其承担举证不能的不利后果。[1]

3. 违约金调整争议举证

违约金调整与实际损失举证关系问题。一般情况下,原、被告双方都未举证

---

〔1〕 最高人民法院(2019)民申729号民事裁定书。

损失的,法院按照合同约定的违约金判决,不再支持调减请求。

【案例 14-109】 重庆浩浦消防安装工程有限公司与重庆奥法实业有限公司建设工程施工合同纠纷案

二审法院认为,关于一审法院主张上诉人支付被上诉人违约金 1 万元应否进行调整的问题。根据规定,违约金调整应以实际损失为基础进行调整,由于双方在审理中均未就损失数额举示证据,因此,一审法院按照双方合同约定进行判决,并无不当。[1]

在举证责任分配上,主张违约金过高一方应承担违约金明显高于损失的责任。

【案例 14-110】 重庆极地实业有限公司与重庆伟太建筑工程有限公司建设工程施工合同纠纷案

二审法院认为,关于极地公司请求调整违约金的问题。因极地公司在其作出的承诺中明确如逾期付款应按逾期支付额的 1‰/天支付违约金,极地公司理应遵守该约定。根据《合同法》第一百一十四条第二款之规定,审理中,极地公司申请了违约金的调减,根据"谁主张,谁举证"的法律原则,极地公司应当对承诺约定的违约金已过分高于其逾期付款给伟太公司造成的实际损失承担举证责任。但上诉人极地公司在本案审理中并未对此提供任何证据予以证实。极地公司要求调减违约金缺乏事实依据,极地公司理应遵守诚实信用原则按照其作出的承诺向伟太公司支付逾期付款违约金。[2]

证明违约金过高或合理标准把握问题。违约方提供何类证据才能证明违约金过高,守约方应提供何类证据才能证明违金合理有待于分析探讨。《民法典合同编通则解释》第六十五条第二款规定:"约定的违约金超过造成损失的百分之三十的,人民法院一般可以认定为过分高于造成的损失。"违约金超过造成损失的 30%,方符合过分高于造成的损失标准,违约方如果仅主张以未及时支付的款项的货币时间价值(甚至具体化为未支付款项按中国人民银行的 4 倍利率标准计算)来确定造成损失 1.3 倍的金额,超过部分不应获得支持,最高人民法院并不认为违约方的举证足够。守约方尽管并未举证证明其受到的实际损失,其也并未承担否定性法律后果。

【案例 14-111】 天威公司与川海公司建设工程施工合同纠纷再审案

最高人民法院认为,双方约定按照 1‰的标准计算违约金,系对因违约

---

〔1〕 重庆市第五中级人民法院(2014)渝五中法民终字第 05245 号民事判决书。

〔2〕 重庆市第五中级人民法院(2014)渝五中法民终字第 04241 号民事判决书。

产生的损失赔偿额计算方法的约定,天威公司在对案涉合同效力未提出异议的情况下,仅以川海公司未提供证据证明其受到损失为由,否定上述约定的违约金计算方法,并主张按照中国人民银行同期同类贷款利率四倍计算违约金,理据不足。[1]

【不同处理】 亦有法院认为,违约金约定过高,法院认为应调整,但因损失无法确定,须另行主张。

【案例 14-112】 沈阳昊华置业有限公司与辽宁国际建设工程集团有限公司建设工程施工合同纠纷案

二审法院认为,被上诉人昊华公司在诉讼中未能向法院提供充分证据证明因上诉人国建公司的违约行为给昊华公司造成实际损失的具体数额,故根据现有证据,该违约金的数额本院目前无法认定,故被上诉人的此部分诉讼请求,本案暂不予认定,被上诉人可待证据充分后,另行主张权利。[2]

4. 损失争议举证

对实际损失诉求成立,是需要有证据支持。根据"谁主张,谁举证"原则,应由主张实际损失方承担举证责任。《建设工程解释(一)》第六条第一款规定:"建设工程施工合同无效,一方当事人请求对方赔偿损失的,应当就对方过错、损失大小、过错与损失之间的因果关系承担举证责任。"该条明确规定无效合同主张方的举证责任、举证要求和举证范围。

其一,各项损失。

【案例 14-113】 江苏胜威建设有限公司与徐州市金安房地产开发有限公司建设工程施工合同纠纷案

二审法院认为,关于胜威公司反诉刘某赔偿各项损失问题。胜威公司要求赔偿的主要理由是刘某拖延工期,刘某亦承认实际施工时间超过了协议约定的工期,但认定造成的原因不在自身。庭审时刘某向法庭提供了怡丽家园8~11号楼的材料(构配件)、设备进场使用报验单,显示塑料门窗及保温板在2010年4月25日及2010年5月11日仍有材料进场使用记录,因上述材料是由胜威公司负担提供,根据现有证据无法认定延误工期的应归咎于刘某,现无法支持胜威公司的反诉诉请,胜威公司可待证据充分后,另行主张该项权利。[3]

---

[1] 最高人民法院(2016)民申字第1584号民事裁定书。

[2] 辽宁省沈阳市中级人民法院(2014)沈中民二终字第01574号民事判决书。

[3] 江苏省徐州市中级人民法院(2013)徐民终字第0653号民事判决书。

主张赔偿损失方证据证明力大小,决定法官采信和支持的程度。

【案例14-114】 金坛市建筑安装工程公司与大庆市庆龙房地产开发有限公司建设工程结算纠纷案

最高人民法院认为,关于供暖费问题,一审法院认为仅凭庆龙公司与大庆市鑫城物业管理有限公司签订的供暖协议,尚不足以认定双方实际履行了供暖协议项下的包括付款在内的权利义务,加之庆龙公司未能提供其已经实际支付了该款项的合法有效的凭证,故其主张因对方违约使自己受到该损失的请求不能支持。关于额外贷款利息的问题,庆龙公司提供的是中国银行大庆市分行业务部的证明,欲证明因庆龙公司不能按期偿还银行贷款造成额外利息6,043,000元。经一审法院和本院查明,该笔贷款的主体并不是庆龙公司,也无证据证明该款项确实为庆龙公司所用,故一审判决未予支持是正确的。[1]

实践中,实际损失的成立中因果关系与举证息息相关,举证不能的则实际损失主张不成立。

【案例14-115】 北京中色建设工程有限公司与扬州京华城中城生活置业有限公司建设工程施工合同纠纷案

一审法院认为,现京华城公司要求中色公司赔偿蒸汽管线泄漏损失3,390,904.5元,其提供的证据虽然可以证明蒸汽管线泄漏损失确实存在,但其损失的构成是其自行采集的数据,其真实性无法予以核实,对照上述法律规定,京华城公司主张赔偿损失的请求,因依据不充分,原审法院不予支持。二审法亦持同样意见,维持原审判决。[2]

【案例14-116】 某公司与某某公司建设工程施工合同纠纷案

最高人民法院认为,建设工程施工合同无效,发包方请求承包方按照合同约定支付工程逾期违约金、未达到优质工程标准违约金和未达到安全文明工地标准罚金的诉讼请求不能成立,但有权主张赔偿损失。发包方主张的,需要证明承包方的过错、自己一方的损失以及两者之间的因果关系。经查明工程工期逾期由多方面原因造成,难以认定仅由承包方造成,且未能证明承包方对工程未达到优质工程标准和未达到安全文明工地标准存在过错,故判决未予支持发包方请求承包方支付未达到优质工程标准违约金和未达到安全文明工地标准罚金,并无不当。另外,因双方原因造成案涉工程已无法被

---

〔1〕 参见《最高人民法院公报》2007年第7期。最高人民法院(2004)民一终字第118号民事判决书。

〔2〕 参见《江苏省高级人民法院公报》2013年第1期(总第25期)。江苏省高级人民法院(2011)苏民终字第0118号民事判决书。

评定为优质结构工程，故优质结构工程申请主体对判定双方过错已无参考价值。[1]

其二，停工、窝工损失。

造成工期延误的原因可能有很多种，如天气原因、开工通知延期、工程设计变更停工、窝工等。因此，法院根据案件实际情况和原告、被告双方之间的诉讼请求重新分配了举证责任。

【案例 14－117】　某公司与某某公司建设工程施工合同纠纷再审案

最高人民法院认为，《工程竣工验收报告》仅可证明案涉工程的竣工日期晚于约定的竣工日期，但无法证明造成工程延期的全部责任均在承包人一方，发包方对属于承包方原因的工期延误事实负有举证责任。[2]

施工过程中存在各施工单位交叉施工事项，同时，工程设计变更增加了基础工程量，相应增加了施工工期。发包人不能举证证明其损失的具体数额，亦无法证明工程工期延误的责任在于承包人的，对发包人要求承包人承担工期延误责任的诉讼请求，不予支持。

【案例 14－118】　宇寰公司与宏业公司建设工程施工合同纠纷案

一审法院认为，施工合同对计算停工、窝工及工期延误的损失条件已经作了明确的约定，宏业公司也已对符合该条款的停工、窝工损失在工程造价审核报告中予以计算，现停工、窝工损失之审价结论明确双方均未提供符合合同约定可直接证明并计算停工、窝工损失的材料。因此，宇寰公司作为主张宏业公司应当承担其停工、窝工损失的一方，未能举证停工、窝工责任在宏业公司以及停工、窝工损失实际发生金额的证据材料。根据当事人对自己提出的诉讼请求所依据的事实有责任提供证据加以证明，没有证据或者证据不足以证明当事人的事实主张的，由负有举证责任的当事人承担不利后果的证据规定，宇寰公司该项诉讼请求法院不予支持。二审法院亦持同样意见。[3]

对于主张损失方证据充分的，其损失的因果关系亦成立，法院应支持其诉求。

【案例 14－119】　苏阳公司与燕欣公司建设工程施工合同纠纷案

一审法院认为，本案争议焦点在于苏阳公司是否应当赔偿燕欣公司停工、窝工损失及损失如何确定。苏阳公司虽然在庭审中否认工程停工、窝工是由于其原因而造成的，但其于 2005 年 10 月 26 日发给燕欣公司的信函中，

---

〔1〕　最高人民法院(2022)民终 49 号民事判决书。

〔2〕　最高人民法院(2021)民申 7085 号民事裁定书。

〔3〕　参见潘福仁主编：《建设工程合同纠纷》(第 4 版)，法律出版社 2015 年版，第 120 页。

要求行政研发大楼A、B栋暂不施工,培训中心、专家楼工程安排到2006年,停工、窝工的原因显然是由苏阳公司造成的。审价部门对具体损失已作鉴定,苏阳公司虽有异议,但无证据证明其异议成立,故法院对停工、窝工损失的鉴定予以确认。该案中,对于停工、窝工的原因,由于燕欣公司提供了充足的证据证明因苏阳公司要求其停工,而且燕欣公司在履约期间也一再催问苏阳公司何时复工,苏阳公司均未给予答复,所以苏阳公司应对停工、窝工的损失承担责任,即赔偿燕欣公司该笔损失。由于燕欣公司起诉所要求的该项损失未得到对方认可,且合同对于停工、窝工损失未作出约定,所以法院委托审价部门对此予以审价,以此来确定该项损失的具体金额。二审法院亦持同样意见,维持一审判决。[1]

施工人主张发生停工、窝工的事实,应当有监理单位签证或者施工人与发包人往来函件予以证实。

【案例14-120】 浙江中成建工集团有限公司与元太置业(合肥)有限公司建设工程施工合同纠纷案

最高人民法院认为,施工方主张因发包方未按期支付工程款,导致其停工、窝工的损失,应当提供证明其存在停工、窝工的事实和停工、窝工损失的具体数额。从施工方提交的证据来看,其主张停工、窝工的事实是依照相关工程开工证明和相关工程的竣工验收证明来推断其存在停工、窝工及停工、窝工的时间,其主张的损失是依照其单方计算及单方委托鉴定部门出具的鉴定意见,而该鉴定意见据以作出的鉴定依据主要是施工方提供的证据材料。依照建筑工程施工规范及行业习惯,施工企业在施工过程中发生停工、窝工,应当有监理单位签证或者施工方与建设方往来函件予以证实。施工方未提供能够证明其停工、窝工事实发生的上述直接证据,其依据相关间接证据的推定,难以证明停工、窝工事实的存在。其提供的有关损失的证据,因缺乏停工、窝工的事实基础,亦难以证明损失的直接发生及造成损失的数额,施工方请求发包方补偿其停工、窝工损失,缺乏事实依据,不予支持。[2]

在工期延误损失的认定上,法院还是有较大的自由裁量权,这就要求承包人主张停工、窝工的损失时,要有充分的证据。承包人主张停工、窝工的损失,应该完成以下举证:一是存在停工、窝工的事实,以及停工的原因在于发包人。二是停工、窝工的实际损失,如承包人举证证明实际损失困难,需要申请司法鉴定。

---

〔1〕 参见潘福仁主编:《建设工程合同纠纷》(第4版),法律出版社2015年版,第174页。

〔2〕 最高人民法院(2008)民一终字第117号民事判决书。

【案例 14－121】　福建某建设公司与贵州某房产公司建设工程施工合同纠纷案

最高人民法院认为,福建某建设公司承建工程均超过《建设工程施工合同》约定工期完工。根据查明事实,贵州某房产公司存在逾期支付工程款的情形,故其对工程逾期完工存在过错。而施工过程中,福建某建设公司在7、8、13号楼及人防地下室工程的施工存在质量问题,监理单位多次要求福建某建设公司停工整改,因此福建某建设公司对逾期完成工程建设也存在相应责任。但双方当事人举示的证据均不足以证明各自的过错程度及应承担的责任比例,故根据诚实信用原则和公平原则,贵州某房产公司、福建某建设公司自行承担各自的损失。[1]

【案例 14－122】　中铁公司与迅通公司建设工程施工合同纠纷案

最高人民法院认为,……第四,一审判决关于停工损失数额,垫资资金占用费和违约金的认定是否正确。中铁公司上诉主张按照合同约定,因迅通公司的原因造成停工的,迅通公司应赔偿其实际发生的停工损失。由于迅通公司未按约定支付工程款导致工程停工,其应向中铁公司支付停工损失。但协议书是无效合同,其合同约定的该部分条款当然无效,对当事人没有约束力。中铁公司提交的关于停工损失的证据中,迅通公司认可其中关于施工现场的电费损失91,560元,该部分损失确实实际发生,故一审判决对该部分实际损失91,560元予以认定正确。至于中铁公司主张的其他停工损失如现场租赁材料费、工资及伙食费、保安服务费等、拖欠钢材款项利息等,其提交的证据均是其单方制作或提供,迅通公司并未参与,亦未确认。这部分证据既无法充分证明其主张的该部分停工损失已经实际发生以及发生的合理性,亦无法证明均与涉案项目有关或者是迅通公司的原因造成的,一审判决对中铁公司提交的该部分证据不予采信并无不当。关于中铁公司主张的资金占用费,由于其提交的证据不能充分的证明实际垫资时间及数额,故应承担举证不能的法律后果,一审判决对此未予认定也是正确的。[2]

承包人对于工期逾期损失的举证一定要详细具体,提供合同、结算单、对账单、申报表,与以上证据有关联性的实际支出凭证,逻辑完整的证明实际支出的事实。

---

〔1〕　最高人民法院(2019)民终995号民事判决书。

〔2〕　最高人民法院(2018)民终96号民事判决书。

【案例14－123】 中国建筑股份有限公司与昆山市超华投资发展有限公司建设工程施工合同纠纷案

最高人民法院认为，结构封顶后虽确有工期延长事实存在，但中建公司并未举证证明停工、窝工损失已实际发生，也未提供损失的计算依据，其请求该部分损失的证据不足，本院不予支持。管理人员工资、办公费、办公设施摊销费、差旅费等均属公司正常开支，不属于工期延长的直接损失，上述费用根据不足，本院不予支持；但因工期延长，活动房租期相应延长，为此多支出的租赁费1,162,000元、为维护施工现场安全多支出的保安人员工资453,180元以及多支出的生活水电费271,617元，提供了合同、支出凭证等证据，证明上述费用发生于所涉项目，应属于工期延长增加的费用，一审判决未予支持不当，本院予以纠正。本案项目采用工程量报价单报价，施工中的分部分项综合单价均已包含人工费成本，而根据双方合同，该综合单价属充分考虑风险因素后的最终综合单价，中建公司请求增加人工费，没有合同依据且无事实依据，本院不予支持。〔1〕

【案例14－124】 中国建筑第六工程局有限公司与哈尔滨凯盛源置业有限责任公司建设工程施工合同纠纷案

最高人民法院认为，因讼争建设项目已被中建公司转包给实际施工人施工，缺乏证明窝工损失名目的证据，所示证据不足以证明窝工损失的具体内容。〔2〕

因承包人提供证据不符合双方履约过程中已经形成的工作惯例，法官一般推定损失发生依据不足而不予认可。

【案例14－125】 中铁二十二局集团第四工程有限公司与安徽瑞讯交通开发有限公司等建设工程施工合同纠纷案

最高人民法院认为，对于2004年至2005年第一次停工期间人员、机械设备停工、窝工费用不确定部分的造价6,929,833.87元，经查明，该部分诉请款项是指：2004年12月的统计表中，只有12月1～6日的明细，没有其他天数的明细；2004年1～6月和2005年1～3月，只有现场监理人员签字确认的每月停工、窝工情况统计表，没有现场监理人员签字确认的每日停工、窝工情况统计表。上述事实表明，该不确定部分停工、窝工损失款项虽然有每月的总统计表，但没有与此总统计表一一对应的每日索赔签证统计表，这同案涉工程针对确定部分停工、窝工损失的通常做法不符，一审法院未支持中铁

〔1〕 最高人民法院(2014)民一终字第310号民事判决书。
〔2〕 最高人民法院(2017)民终字第730号民事判决书。

公司针对该不确定部分停工、窝工损失的诉请,并无不当。中铁公司上诉请求瑞讯公司赔偿该部分损失,理据不足,应予驳回。[1]

【案例14-126】 某公司与某某公司建设工程施工合同纠纷案

最高人民法院认为,关于窝工及损失赔偿问题。上诉人认为被上诉人并未证明有窝工事实,被上诉人也没有提出工期索赔,一审根据工作联系单等即认定窝工事实发生并计算窝工损失,事实认定不清、适用法律错误。根据二审查明的事实,被上诉人主张窝工损失的事实和法律依据不足。主要理由:第一,被上诉人未按照施工协议约定的索赔程序提出窝工损失赔偿。对此,被上诉人并无异议。按照本案窝工索赔的要求,发生索赔事件后,承包方必须于28日内以书面方式提出索赔意向,并于其后依约提交索赔理由和证据,发包方工程师要求补充索赔理由和证据时,承包人还需进一步补充索赔理由和证据。本院认为,窝工索赔的时间限制和相关要求是窝工索赔事实能够被准确确认的前提,也是判断合同当事人处理实际施工问题真实意思表示的依据,对控制施工成本和进行施工管理均具有重要意义,具有一定的时效性和程序性限制。因为施工是一个持续性履行行为,其中包含众多和复杂的民事行为,而每一个行为均有相对独立的意义,从整体上又是双方履行施工合同相互协作义务的一部分。第二,本案施工协议虽没有约定未按索赔程序提出索赔即视为放弃索赔,但被上诉人于诉讼中提出索赔,其主张的窝工事实难以确认。本案中,被上诉人对其主张的窝工损失,虽能提供部分施工活动因上诉人原因导致拖延的事实,如开工时间问题、材料认价问题等,但这些问题均可以通过施工配合、调整予以解决,确有窝工及损失的,才能认定构成窝工索赔的事实。据此,上述事实均不足以证明窝工损失发生,即施工合同履行中,有施工拖延的因素和情况并必然发生窝工损失,窝工损失作为补偿性损失,施工方须提供充分的证据予以证明。一审法院以相关施工活动中的延误时间为据认定窝工时间和窝工损失,无事实和法律依据,本院予以纠正。第三,被上诉人诉前对窝工损失一直未提出主张。根据二审查明的事实,被上诉人在施工中未提出窝工损失请求;施工完毕后双方结算中,被上诉人对窝工损失也没有作为施工成本予以主张,其表示窝工事实发生时未予提出的原因是出于合作考虑,该种情形亦可视为其具有放弃窝工损失的意思表示。据此,被上诉人虽然举示了其各阶段施工中催促上诉人加快材料认价、加快外包施工等导致施工延迟的因素,但其主张窝工损失的证据不足,一审法院对其窝工损失予以支持不当,本院予以纠正。[2]

---

[1] 最高人民法院(2014)民一终字第56号民事判决书。参见《最高人民法院公报》2016年第4期。
[2] 最高人民法院(2017)民终671号民事判决书。

逾期交付工程损失抗辩举证问题。对此,抗辩者应有充分证据证实不承担损失责任。

【案例 14－127】 江苏欧瑞置业有限公司与瑞安市建筑工程有限公司建设工程施工合同纠纷案

判决观点,关于第三人李某溪是否逾期交付工程,应承担违约责任问题。经司法鉴定,确定了第三人李某溪施工工程的最低工期,即使按最低工期,第三人李某溪施工的工程仍逾期交付。但因第三人李某溪已举证证明其实际施工的 A10～A15 号楼房土建工程、水电安装竣工分项验收时间在司法鉴定确认的最低施工工期内,其余 8 项分包工程的施工系欧瑞公司决定又分包给他人施工,因此而导致整体工程的竣工验收交付逾期与第三人无关。经审查第三人该抗辩主张有事实依据,其不应承担 A10～A15 号楼房逾期交付的赔偿责任,该部分损失由原告欧瑞公司自己承担。[1]

案涉工程工期延误,承包人主张损失的,应提交证据证明其因工期延误实际遭受的损失以及相对方存在过错。

【案例 14－128】 北京丽贝亚公司与滁州一院建设工程施工合同纠纷再审案

最高人民法院认为,根据原审查明,案涉工程工期延误,既有滁州一院对合同内的部分项目进行设计变更、增加部分装饰装修工程的原因,又有北京丽贝亚公司前期公司资金不足,进而导致案涉工程实际的开工时间顺延的原因。北京丽贝亚公司和滁州一院对于案涉工程工期延误均存在过错,双方应按照各自的过错责任承担工期延误的损失。北京丽贝亚公司主张滁州一院应向其赔偿 818 万元的工期延误损失,但未提交证据证明其因工期延误实际遭受了损失及损失数额,其关于该项申请再审的理由不能成立。[2]

监理单位认可存在停工事实的工程联系单,可作为停工损失的计算依据。

【案例 14－129】 某公司与某某公司建设工程施工合同纠纷案

最高人民法院认为,案涉工程联系单上,施工单位明确指出了停工损失项目和单价,监理单位已签署“确认属实”的意见,并有签字盖章,业主的意见签署栏则写“具体工程量请监理方与合同项目部共同确认”,表明监理单位和建设单位均认可存在停工事实。因此该联系单可作为停工损失的计算依据。另一份案涉联系单中,监理单位对停工事务时间予以了确认,而建设

---

〔1〕 江苏省淮安市中级人民法院(2012)淮中民初字第 0162 号民事判决书。

〔2〕 最高人民法院(2021)民申 5590 号民事裁定书。

单位并未就该停工损失提出异议。则同样视该联系单为认可存在停工事实的联系单。[1]

认定预期工程利润的法律依据来自《民法典》第五百七十七条,其本质是预期可得利益,需要同时满足承包人可期待性、发包人可预见性、金额的确定性和合理性。一般而言,法院在认定可得利益损失时,由承包人承担举证责任,发包人可以通过证明承包人没有采取合理减损措施等过错来减轻或者免除己方责任。

5. 解除争议举证

施工合同解除或者中途退场,施工现场的各种材料设施处理是合同解除的多发争议。

其一,承包人不能证明发包人同意接受或实际建筑材料,承包人请求发包人支付建筑材料价款,法院不予支持。

【案例 14 -130】　杭建公司与中广发公司建设工程施工合同纠纷案

中途退场遗留物损失 641.088743 万元问题。最高人民法院认为,即使中广发公司提交杭建工公司拉走物品清单,但因一审中已经查明清单中记载的拉走物品与鉴定机构作出鉴定所依据的物资清单并不对应,中广发公司并未提供证据予以推翻,而且二审中中广发公司也无证据证明拉走物品清单上的物品及价值可以抵扣中途退场遗留物资损失,所以,中广发公司对上述630.797413 万元提出的异议,不能成立。[2]

【案例 14 -131】　四川一建与万都公司建设工程施工合同纠纷案

最高人民法院认为,首先,万都公司对四川一建主张物资材料损失所提交的证据的真实性、关联性、合法性均不予认可,虽然存在万都公司认可施工电梯、塔式起重机在四川一建退场后仍使用过,但这部分因系租赁的设备,故与四川一建主张的物资、材料损失无关。现物资、材料均无进场确认清单,故无法证明四川一建所主张的物资、材料进入了施工场地;四川一建未举示证据证明其离场至物资、材料清退完毕期间,遗留在施工现场的物资、材料的数量;也无证据证明前述物资、材料损失系万都公司和建投二电公司的行为所致。而且,一审法院对此咨询了鉴定机构的意见,鉴定机构认为周转材料无法判断,故无法进行鉴定,故一审法院因此而未对四川一建的该鉴定申请予以准许,并无明显不当。此外,在这种情况下,即使调取公安机关处有关四川一建所称的被强行清场的有关记录,亦无法证明物资、材料的有关情况,故一

---

[1] 最高人民法院(2019)民终 1588 号民事判决书。

[2] 最高人民法院(2020)民终 1113 号民事判决书。

审法院对四川一建调取相关证据的申请未予准许并无不当。[1]

其二，发包人同意接受建筑材料或者发包人将建筑材料投入后续施工，法院根据会议纪要、交接文件确定建筑材料数量。双方未办理交接手续，根据未办理交接手续的原因以及双方过错等因素合理分配举证责任。

【案例14－132】 许某明与中关村建设公司建设工程施工合同纠纷案

最高人民法院认为，关于现场遗留材料费用问题。许某明上诉认为其撤场时现场遗留的材料，应计算在应付工程款中。对此，许某明提交了相关人员对遗留物品清点的相关证据，该证据不能证明双方就现场材料的归属进行了约定，亦不能证明中关村建设公司已同意赔偿。且证据显示，现场遗留材料大部分为办公用品、生活用品、建筑设备等，许某明完全可以将其搬离现场减少损失。案涉工程因施工进度缓慢要求对工程质量改进等问题，双方协商解除了内部承包协议，中关村建设公司对协议的解除并无过错，故许某明以现场遗留材料费用系合同解除后的撤场损失为由主张中关村建设公司承担此费用的理由不能成立，本院不予支持。[2]

【案例14－133】 远大公司与新京润公司建设工程施工合同纠纷案

二审法院认为，施工现场内材料3,667,043.81元。依据合同约定，远大公司对现场材料负有照管责任，远大公司在撤场之时未办理交接，且在新京润公司通知其进行施工界面确认时亦未配合，仅凭2017年7月26日对涉案工程现场情况的公证材料不足以证明其所述材料的存在，即使现场存有材料，亦不足以证明该材料对应的价款应计入其应得的工程价款。故在新京润公司不予认可的情况下，对于远大公司要求将该部分金额计入工程价款的上诉请求，本院不予支持。厂家已加工的库存材料1,977,346.57元。依据合同第二十条关于合同解除的约定，本案情形下，已经订货的材料、设备由远大公司负责退货和解除订货合同并承担有关费用和损失。故远大公司主张将该部分金额计入工程价款，根据不足，本院不予支持。[3]

【案例14－134】 中服公司与通州建总公司建设工程施工合同纠纷案

最高人民法院认为，关于剩余材料费814,532元。根据查明的事实，2013年12月，中服公司与通州建总公司对施工现场已加工及未加工材料数量进行清点确认，双方签字确认部分材料。对于通州建总公司主张的剩余材料，因中服公司未签字确认，不足以认定中服公司认可所涉材料的数量，故不

---

〔1〕 最高人民法院(2019)民终1134号民事判决书。

〔2〕 最高人民法院(2021)民终663号民事判决书。

〔3〕 北京市高级人民法院(2021)京民终339号民事判决书。

能根据光明公司出具的鉴定意见确定总价。原判决未予支持剩余材料费814,532元,并无不当。关于钢构件3,631,201元应否支持的问题。根据案涉合同第22.2.4(2)款的约定,因发包人违约解除合同的,发包人应支付承包人为该工程施工订购并已付款的材料、工程设备和其他物品的金额。发包人付款后,该材料、工程设备和其他物品归发包人所有。钢构件系城建公司为施工案涉工程订购的材料,由于案涉合同因首开公司违约解除,鉴定机构根据城建公司提交的证据材料确定钢构件费用为3,631,201元,一审法院采信鉴定机构意见判决首开公司支付费用,有事实依据和法律依据。首开公司主张不应支付该笔费用,依据不足,本院不予支持。[1]

其三,发包人强行驱赶承包人退场,鉴于发包人对建筑材料数量不能查明的后果存在重大过错,发包人不能否定承包人提供的证据,法院按照承包人证据认定建筑材料数量。

【案例14－135】　濮银公司与陶富公司建设工程施工合同纠纷再审案

最高人民法院认为,陶富公司在2017年3月14日将濮银公司驱离场地后,已实际占有案涉工程,二审判决以该日期作为欠付工程款的利息起算时间,并无不妥。同时,陶富公司应就濮银公司离场时遗留的设备、剩余材料和租赁设备的情况进行举证,其所提交的公证材料形成于2017年4月15日,并不能完整反映濮银公司离场时的客观情况,陶富公司也无证据证明濮银公司有看守人员参与了公证活动,二审法院采信濮银公司提供的设备清单认定损失,酌定陶富公司应当返还的租赁设备数量并酌定陶富公司承担濮银公司就租赁设备的租金损失、自购设备损失、剩余材料损失的50%,并无不当。[2]

【案例14－136】　环宇公司与南北公司建设工程施工合同纠纷案

最高人民法院认为,关于南北公司是否应当返还或赔偿环宇公司机械设备、办公用品和建筑材料等问题。南北公司提出环宇公司关于返还机械设备、办公用品和建筑材料的请求与本案不是同一法律关系,不应在本案中一并审理。对此,需要提醒南北公司注意的是,双方在合同中虽然对机械设备、办公用品、建筑材料的使用和处理问题未作约定,但使用机械设备、办公用品、建筑材料是施工方环宇公司完成建设工程的必要条件,而保护和返还上述物品也应当是建设方南北公司的附随义务。因此环宇公司请求返还机械设备、办公用品和建筑材料属于建设工程施工合同纠纷的范畴,一审法院将该请求在本案中一并处理是正确的。关于上述物品的具体数量和种类情况,

---

〔1〕　最高人民法院(2020)民终383号民事判决书。
〔2〕　最高人民法院(2020)民申1913号民事裁定书。

从双方往来函件和法院生效判决及调解书确认情况看，施工现场留存了大量的建筑材料。鉴定机构据此对遗留现场的模板、方木及其他周转材料的残值进行了计算，并给出了参考性意见。虽然南北公司对鉴定机构的意见及现场物品种类和数量提出质疑，但由于环宇公司系被强制驱逐出施工场地，加之其他施工队伍已经进入施工现场，故机械设备、办公用品和建筑材料已为南北公司所掌控，在此情况下，南北公司应当举证证明物品的具体情况，但其未能提供确凿充分的证据，其应当承担不利后果。经鉴定机构计算，现场遗留物品的价值共计13,093,867.04元，南北公司应返还上述价值的机械设备、设施、原材料、办公设备和用品；不能返还原物的，应予赔偿，故一审法院对该问题的处理意见并无不当。〔1〕

6. 工期争议举证

根据“谁主张，谁举证”的民事诉讼举证原则，发包人首先应当证明合同约定工期具体明确，其次应当证明工程实际竣工日期，其中相差的天数就是工期延误天数。在工程内容增加的情况下，发包人还应举证证明完成工程增加内容的合理工期。发包人证明实际工期及追究承包人工期违约责任的举证责任相对较轻，只需要举证合同约定工期以及涉案工程的实际工期，据此确认工期延误的事实的存在并主张延误天数，同时举证合同约定的工期违约金的计算方式。

承包人为对抗工期违约的诉请，需承担较重的举证义务。一要证明工期延误并非承包人原因，而是发包人原因、存在法定或约定事由或不可抗力、意外事件等因素导致。承包人抗辩应当证明工期延长的原因在于不属归责于己方的自然因素、人为因素。工程变更与内容增加的不同性质对于举证责任承担的影响，如建筑物增加门窗、建筑材料工艺方法的变化等变更对工期是否有影响，如果有影响，其影响的后果是延长工期还是减少工期，延长或减少数量是多少需要承包人举证证明。承包人不能举证证明延误原因，则应承担举证不能的不利后果。即一般情况下推定工期延误系承包人造成的，且相应的损失及违约责任由承包人承担。在发包人或者监理人未出具工期顺延签证，则承包人证明在合同约定的办理期限内向发包人申请过工期顺延且顺延事由符合施工合同约定。二要证明上述事由的合理顺延天数。三要证明上述事由与工期延误之间存在因果关系。

工期争议的最终目的是确认工期逾期的天数以及相应违约责任的承担。一般情况下，工期逾期天数 = 实际工期 - 合同工期 - 合理顺延工期（如有）。一旦被确认为工期逾期，则需进一步需要查明逾期原因和责任主体，根据案件具体事

〔1〕 最高人民法院（2015）民一终字第9号民事判决书。

实判定系发包人原因抑或承包人原因，从而确定是承包人赔偿发包人工期延误的违约责任，还是发包人需要赔偿承包人因工程停工导致的停工、窝工损失。

法院根据案件实际情况和原告、被告双方之间的诉讼请求重新分配了举证责任。

【案例 14－137】 某公司与某某公司建设工程施工合同纠纷再审案

最高人民法院认为，《工程竣工验收报告》仅可证明案涉工程的竣工日期晚于约定的竣工日期，但无法证明造成工程延期的全部责任均在承包人一方，发包方对属于承包方原因的工期延误事实负有举证责任。[1]

工期顺延的证明标准包括四部分：有与工期顺延相关的事件；工期顺延的具体时间；工期顺延事件与工期顺延之间存在因果关系；承包人对工期顺延事件的发生没有过错。单纯地证明有与工期顺延相关的事件不足以支持工期顺延。[2]

【案例 14－138】 武汉建工第三建筑有限公司与武汉天恒置业有限责任公司建设工程施工合同纠纷案

一审法院认为，(1)关于 C1、C2 栋在施工工程中是否存在设计变更而影响工期的问题。设计变更应是指对工程原设计方案及图纸的改变。武建三公司提交的主要是天恒公司、武建三公司、监理公司和设计单位对工程施工中的具体细节及工程价都确认的来往征询和答复的函件，不能证明工程设计发生变更。且没有证据表明，武建三公司因工程变更设计而提出要求顺延工期，更没有天恒公司和监理公司、设计单位对改变工期的答复和认可的证据。同时，这些证据也不能证明工程量设计变更导致增加及增加额度。因此，武建三公司提出 C1、C2 栋的设计发生变更的事实没有证据证明，其抗辩因设计变更而导致 C1、C2 栋工程工期顺延理由不足，证据不足，且与合同约定相悖，不予采信。(2)关于 B 栋基坑工程质量事故的确定及对工期的影响。①关于 B 栋基坑工程质量事故责任的确定。根据调查报告，武建三公司作为 B 栋基坑开挖的决策方和开挖方，应对 B 栋基坑质量事故承担主要责任。武建三公司虽然对调查报告的认定不服，但没有证据反驳，其辩称不是基坑开挖的决策方的理由与事实不符，不予采信。②关于 B 栋基坑质量事故工期的影响。B 栋基坑于 1998 年 7 月 9 日开挖，7 月 11 日出现质量事故后，工程停工至 1999 年 3 月 8 日。在此期间，没有证据证明双方当事人对工程工期问题进行过协商，故应依据合同确认责任。合同第十一条第三款约定停工责任

---

〔1〕 最高人民法院(2021)民申 7085 号民事判决书。

〔2〕 参见郭丁铭、肖芳编著：《建设工程施工合同法律实务精解与百案评析》(第 2 版)，中国法制出版社 2017 年版，第 273 页。

在甲方,工期相应顺延。根据调查报告的认定,对工程停工负主要责任的是武建三公司,故武建三公司应承担主要责任。但考虑到B栋基坑开挖出现质量事故的原因,有监理公司及天气等自然因素的影响,故可酌情顺延工期。B栋从1998年7月11日至1999年3月8日,共停工237天,酌情顺延100天。……(4)关于1998年洪水及高考对工程工期的影响。武建三公司提交了1998年8月1日、8月28日武汉市防汛指挥部第6号命令及解除对建筑施工单位的砂石料冻结的通知,证明1998年8月1日至8月28日,因砂石料冻结,影响工期,工期应顺延28天。但B栋工程在此期间因基坑质量事故处于停工状态,故砂石料的冻结对B栋工期没有影响,工期不应顺延。对于1998年7月7日至9日高考期间停工,天恒公司在本案开庭审理时认可工期可以顺延3天。故C1、C2栋和B栋工程工期各顺延3天。(5)关于武建三公司提出B栋施工过程中还存在其他设计变更影响工期的问题。在武建三公司提交的证据中,天恒公司在3份工程联系单上注明可以顺延工期,共计顺延3天。其他的证据与其证明C1、C2栋存在设计变更的证据相似,这些证据反映的是施工过程中的具体技术细节,且不能证明工程量的增加额及工期变更。最高人民法院亦持同样意见,维持原判。[1]

对于承包人抗辩的工期未延误,应提交施工合同约定申请确认工期延误的报告及工程签证等相关证据,其举证不能则抗辩不成立。

【案例14－139】 章诚隆公司与特房集团建设工程施工合同纠纷案

最高人民法院认为,本案《建设工程施工合同》对于工期顺延的程序作出了明确约定。虽因讼争工程屋面防水层设计问题而导致章诚隆公司对屋面进行整改施工的事实的确存在,但其并未提交因此而实际延误总工期的证据,且章诚隆公司也未就该项整改施工办理相关的工期顺延签证,故对其就此要求延长工期的请求不予支持。[2]

实践中,即使由于发包人原因导致工期逾期的,承包人往往很难得到发包人同意工期顺延的书面签证。发包人在施工过程中通常会哄骗承包人加快施工进度,口头承诺不会追究工期责任或者许诺待工程结束后再办理签证。但在工程一旦完工,发包人出于抵扣、延付工程款等目的转而追究承包人工期的责任。承包人则因口说无凭,缺乏证据往往陷入被动,因而承担其不利法律后果。在这种情况下,如果承包人能够举证证明其在办理签证的期限内向发包人提出了顺延工期的要求,或者其能举证证明发包人迟延支付工程款情节较为严重而影响了施工进

---

〔1〕 最高人民法院(2004)民一终字第112号民事判决书。
〔2〕 最高人民法院(2014)民抗字第80号民事判决书。

度,则法律应支持其工期顺延权。反之,承包人不能举证证明其提出过工期顺延的要求,且发包人迟延支付工程款情节较轻,并不必然导致工程进度延误,则不认定承包人享有工期顺延权。有法官认为,承包人虽然没有办理工期签证,但仍然享有工期顺延权。[1] 该观点有其合理性,符合公平原则。

关于监理日志作为证明承包人延误工期天数证据问题。监理日志是由第三方监理公司对承包人每日施工情况的记载,具有客观性和真实性特征,基于监理公司是受发包人委托监理的原因,故承包人对监理日志记载的情况不予认可。最高人民法院在个案中的态度为,发包人提供监理日志可证明承包人延误工期的天数。一审法院和最高人民法院(二审)均未对监理日志的证明力提出质疑,发包人通过该证据证明了承包人延误工期的天数,在工期延误索赔上获得了两级法院的支持。[2]

提出工期鉴定,申请人应提供设计变更联系单、发包人或监理单位的确认签证、承包人的停工、窝工等方面依约工期应当顺延的相应证据,当鉴定人按施工合同约定难以确定工期增减时,可按政府主管部门制定的工期定额标准进行鉴定。对于发包人拖延或拒绝在承包人申请顺延工期报告签字的情形,承包人可就新增加工程提出鉴定,并要求鉴定机构在鉴定意见中对顺延工期问题给出意见,以鉴定意见确定是否在工期顺延、工程量增加及工程款支付。

关于开工日期纠纷举证。无开工许可证,而合同约定的开工日期又未执行,由主张开工日期承担举证责任,在主张的实际开工日期无相关证据证明的,应根据双方认可的开工报告确定工期。

【案例 14－140】　双慧建筑公司与金华肉制品厂建设工程施工合同纠纷案

判决观点,对于双方当事人主张的工期问题,双方合同约定为 180 天,因被告支付工程预付款迟延 10 天,故不应将该 10 天计算在工期内。原告主张真实的破土动工是 4 月 23 日,但无双方签字认可的证据证明,故对原告主张不予采信。原告在收到工程预付款后出具开工报告是双方认可的施工文件,该开工报告记载开工日期为 4 月 20 日,故应认定开工日期为 4 月 20 日。同年 10 月 16 日,工程竣工验收,故原告施工工期为 4 月 20 日开工至 10 月 16 日竣工,正好 180 天。因此,原告不存在工期延误。[3]

在双方对工程工期延误均存在过错的情况下,一方提供的证据无法证明仅因另一方原因导致工期延误具体天数的,其主张工期延误责任不应得到支持。

---

〔1〕 参见《建设工程合同纠纷裁判思路》,法律出版社 2014 年版,第 145 页。

〔2〕 最高人民法院(2015)民一终字第 341 号民事判决书。

〔3〕 参见张广兄编著:《建设工程合同纠纷诉讼指引与实务解答》,法律出版社 2013 年版,第 256 页。

【案例14－141】 某冶金建设公司与某环保科技公司建设工程施工合同纠纷案

最高人民法院认为，某冶金建设公司、某环保科技公司均认可实际交工日期晚于合同约定的交工日期。一审中，两公司提交的工作联系单、会议纪要等证据，可以证明造成案涉工程工期延误既有冶金建设公司的原因，也有环保科技公司的原因。环保科技公司提交的施工进度表、会议纪要、工程联系单等证据，无法证明仅因冶金建设公司导致的工期延误的具体天数，其主张冶金建设公司支付317天工期延误导致的违约金和管理费，没有事实依据，不予支持。[1]

7. 竣工争议举证

关于组织竣工验收纠纷举证。

【案例14－142】 西双版纳妙行房地产开发有限公司与重庆南岳建筑工程有限公司施工合同纠纷案

二审法院认为，按照合同约定，发包人收到承包人送交的竣工验收报告后28日内不组织验收的，视为竣工验收报告已被认可。南岳公司已于2012年7月9日提交了竣工验收报告，但妙行公司不能就其已按合同约定28日内组织验收提交证据予以证明，故南岳公司提交的竣工报告已被认可，南岳公司有权主张工程竣工结算，并按结算价格请求支付欠付工程款。关于妙行公司二审提交的勘察单位、设计单位出具的《证明》中，载明的妙行公司通知验收的时间为2013年1月中旬，也已超过合同约定的组织验收期限，故妙行公司关于其并未怠于履行组织验收义务的主张本院不予采信。[2]

关于竣工日期纠纷举证。

【案例14－143】 广东省装饰总公司与佛山市南海区某房地产有限公司建设工程施工合同纠纷案

二审法院认为，关于讼争工程的交付使用日期，装饰公司、某公司争议较大。某公司主张其于2004年12月30日被迫接收使用；而装饰公司则认为某公司在2004年12月25日已将讼争工程接收，并向社会公众开放使用。由于双方当事人对于讼争工程投入使用时间并无直接证据，装饰公司提供了讼争工程对外开放的媒体广告，衡量双方当事人对该事实的举证状况，装饰公司的主张较为合理，确认讼争工程已于2004年12月25日投入使用。一

---

〔1〕 最高人民法院(2021)民终750号民事判决书。

〔2〕 云南省高级人民法院(2015)云高民一终字第365号民事判决书。

审判决认定该日是讼争工程竣工交付使用日是正确的。装饰公司、某公司在二审期间均表示讼争工程约定的竣工日期是2004年12月11日。[1]

关于办理竣工验收手续资料纠纷举证。

【案例14－144】　佛山市高明合水建筑工程公司与佛山市高明区高建电影发展有限公司等建设工程施工合同纠纷案

关于合水建筑公司是否应向高建电影公司提供相关工程技术资料及办理相关竣工验收手续的资料，二审法院认为，根据住房和城乡建设部《房屋建筑和市政基础设施工程竣工验收规定》第四条的规定，工程竣工验收由建设单位负责组织实施。高建电影公司是涉案工程的建设单位，有义务组织实施工程竣工验收工作，合水建筑公司也有义务予以配合。但本案中高建电影公司未具体提出需要合水建筑公司提供哪些工程技术资料及办理相关竣工验收手续的资料，也没有证据证明其已向合水建筑公司提出该请求而合水建筑公司不予配合。因此，高建电影公司的该项上述请求本院不予支持。[2]

8. 工程质量争议

在工程质量问题纠纷中，举证责任分配应遵循的原则：第一，依据实体法律规范（包括司法解释）明文规定，对“工程质量存在问题”这一法律事实由主张质量问题存在的一方承担举证责任，对“过错”这一法律事实首先由承包人举证证明不存在过错。第二，当事人对举证责任的分配有明确约定的，只要该约定不违反法律禁止性规定，属当事人的意思自治，应尊重当事人之间关于举证责任的约定。[3]

具体到工程质量问题纠纷中，举证责任转移通常出现以下情形：（1）工程未经任何验收且未使用情形下的举证责任分配，司法实践及理论中存在一定争议。由于已完工程质量合格作为承包人主张工程款的积极要件，应当由承包人承担工程质量合格的初步举证责任。如果承包人能初步证明工程质量合格，那么裁判者心中会形成工程质量合格的临时心证，此时关于工程质量是否合格这一要件事实在行为上的举证责任就从承包人处暂时转移到发包人处，发包人主张存在工程质量问题的，应当对存在质量问题这一要件负有举证责任。（2）对于工程经验收合格的情形，裁判者心中会形成工程质量合格的临时心证，发包人主张存在工程质量问题的，应当对存在质量问题这一要件事实负有举证责任，若发包人能够证明

---

〔1〕　广东省佛山市中级人民法院（2006）佛中法民五终字第491号民事判决书。

〔2〕　广东省佛山市中级人民法院（2014）佛中法民一终字第1411号民事判决书。

〔3〕　参见常设中国建设工程法律论坛第十六工作组：《建设工程质量纠纷裁判指引》，法律出版社2023年版，第128页。

系竣工验收之前即存在的质量问题,则承包人需承担工程质量瑕疵担保责任,若系竣工验收之后出现质量问题,则承包人承担缺陷修复责任或质量保修责任。无论哪种责任承包人均可提出因他人过错减免自己责任的抗辩,并对此承担举证责任。[1]

承发包双方对质量发生纠纷,原则上依据“谁主张,谁举证”分配举证责任,但有一定的变通。具体来讲,发包人主张工程质量有问题的,应当提供关于工程质量问题的初步证据,如竣工验收记录、照片、现场勘察记录等;承包人予以否定的,应当提供反驳证据证明不存在争议质量问题或争议质量问题并非承包人的原因所造成。若双方不能达成一致意见,一般由发包人申请法院委托工程质量鉴定。

【案例 14-145】 洛阳市技改建安工程有限公司与河南鸿信枫叶置业有限公司建设工程施工合同纠纷案

二审法院认为,因本案工程未经竣工验收枫叶公司擅自使用,按照《建设工程解释》第十三条的规定,建设工程未经竣工验收,发包人擅自使用后,又以使用部分质量不符合约定为由主张权利的,不予支持;但是承包人应当在建设工程的合理使用寿命内对地基基础工程和主体结构质量承担民事责任。由于枫叶公司认为本案地基基础工程和主体结构存在质量问题的证据不足,因此其认为工程存在质量问题质保金不应返还的理由没有证据支持,不能成立。一审法院对质保期未满的房屋防水工程的质保金酌定预留 20,000 元并无不当,二审法院予以维持。[2]

【案例 14-146】 上海沪北建筑装饰工程公司诉北京龙地工艺美术品有限责任公司建设工程施工合同纠纷案

判决观点,关于龙地公司提出的外墙铝塑板质量问题,因龙地公司在工程验收前已实际使用该工程,又因用于检验的铝塑板材已经使用多年,国家建筑材料测试中心的“国家抽字[2006]第 1850 号、第 1851 号检验报告”只能证明抽检样品的状态,不能证明沪北公司使用的铝塑板时的质量状态,故本院对龙地公司提出的外墙铝塑板存在质量问题的主张不予采信。[3]

在竣工验收后的工程保修期内,建设方若主张工程质量缺陷的责任由施工单位承担,对此应承担举证责任。一般情况下,法院通过质量鉴定最终认定工程质

---

〔1〕 参见常设中国建设工程法律论坛第十六工作组:《建设工程质量纠纷裁判指引》,法律出版社 2023 年版,第 129 页。

〔2〕 河南省高级人民法院(2010)豫法民一终字第 92 号民事判决书。

〔3〕 参见国家法官学院案例开发研究中心编:《中国法院 2012 年度案例》(合同纠纷),中国法制出版社 2012 年版,第 67 页。

量缺陷是否存在以及各方的责任。

【案例 14－147】　深圳东海集团有限公司与北京江森自控有限公司建设工程施工合同纠纷案

二审法院认为，鉴于涉案工程的大部分水电抄表系统系在东海公司使用1年多之后才主张存在质量问题，且相关质量问题在原审诉讼期间经鉴定证实已无法通过维修、调试恢复，因此，无法确认也无法排除该质量问题是江森公司的施工原因还是东海公司使用不善所造成的。原审依据公平原则，认定江森公司和东海公司应根据合同造价对水电抄表系统存在的质量问题各承担一半责任并无不当，本院依法予以维持。东海公司关于涉案工程水电抄表系统质量问题的责任应全部由江森公司承担的上诉主张，理据不足，本院不予采纳。关于涉案工程中一卡通系统的门禁系统的施工布线以及可视对讲系统中东海花园二期9、10、11号楼的施工布线存在质量问题的责任承担问题。根据原审法院委托的鉴定机构对涉案工程的质量鉴定结论，一卡通系统的施工布线以及可视对讲系统中9、10、11号楼的施工布线确实存在质量问题，且确属江森公司施工布线不符合规范所致。东海公司对上述质量问题已在涉案工程保修期内多次要求江森公司进行整改，但至今未果。因此，原审认定江森公司有义务对上述工程质量问题整改并承担相应的整改所需费用正确，本院予以维持。[1]

【案例 14－148】　平坝县人民政府建设项目管理中心与贵州某集团第四建筑工程公司建设工程施工合同纠纷案

二审法院认为，案涉工程确实存在部分翻砂、起皮等情况，平坝县项目中心提交的路面照片、某四公司《关于维修平坝县中山大道并请求支付拖欠工程款的回复函》等证据未能充分证明路面工程出现质量问题的原因及某四公司在保修期内应承担的维修面积。同时，贵州省交通建设工程检测中心的检测报告检测时间在2010年12月3日，距离工程竣工验收交付使用时间2008年10月15日已经过去了2年，其检测结论只能反映检测时的路面平整度情况，无法确认该路面工程在竣工验收时的平整度。[2]

对于工程竣工验收后发包人主张的质量问题，即便有证据证明问题存在，也将其归于保修范围处理。

【案例 14－149】　博宏公司与云南设计院建设工程施工合同纠纷案

最高人民法院认为，关于博宏公司称工程存在的质量问题，涉案工程验

---

〔1〕 广东省高级人民法院(2009)粤高法民一终字第66号民事判决书。

〔2〕 贵州省高级人民法院(2011)黔高民终字第54号民事判决书。

收交付博宏公司使用,说明涉案工程质量合格。博宏公司所述工程存在的问题,未提交相关证据予以证明,即使此类问题确实存在,也属于双方合同中约定的保修责任范围。博宏公司以此拒付工程余款的抗辩理由不成立。[1]

对于工程是否需要维修,由发包人承担举证责任。在维修费用数额确定上,举证责任分配区分两种情况讨论。在发包人通知承包人不履行维修的,由承包人承担认为费用过高的举证责任。在发包人未通知承包人的,承包人认为费用过高的,由发包人举证证明费用的合理性或费用的合理范围。

【案例 14-150】 陕西省咸阳市建筑安装工程总公司与宁夏银峰房地产开发有限公司建设工程施工合同纠纷案

最高人民法院认为,银峰公司虽然提交了涉案工程售后方面的证据,证明涉案工程部分存在质量问题需要维修,但其并未提交证据证明已向咸阳公司发出维修的通知。而且,银峰公司也没有提供关于维修的相关凭证已送达咸阳公司的证据。因此,咸阳公司有权按约定不承担银峰公司委托其他人员修理所支出的费用。[2]

根据已经生效判决的案件中已查明的事实,作为诉争案件房屋质量存在问题认定依据。

【案例 14-151】 天宇公司与豪杰公司建设工程施工合同纠纷案

在一审期间因业主原因无法鉴定,但从双方当事人确认的维修情况看,房屋质量问题与伸缩缝的建筑垃圾有极大关联,且双方均确认在清除伸缩缝中的建筑垃圾后再未发生过房屋渗水现象,所以系争房屋发生渗水与豪杰公司的建筑质量有直接关系,豪杰公司应对此承担赔偿责任。二审法院认为,根据本案查明的事实,本案系争房屋确有因渗水而导致损失的发生,且该损失与豪杰公司的建筑质量有关,故对于天宇公司要求豪杰公司赔偿的数额予以酌情认定。[3]

施工人否认对涉案工程施工进而不承担保修责任的,亦应有证据支持。

【案例 14-152】 北京中色建设工程有限公司与扬州京华城中城生活置业有限公司建设工程施工合同纠纷案

二审法院认为,中色公司是涉案工程的施工人。首先,中色公司与京华城公司于 2005 年 3 月 21 日签订施工合同,约定京华城公司将涉案的热网安

---

〔1〕 最高人民法院(2014)民一终字第 256 号民事判决书。

〔2〕 最高人民法院(2014)民一终字第 70 号民事判决书。

〔3〕 参见潘福仁主编:《建设工程合同纠纷》(第 4 版),法律出版社 2015 年版,第 198 页。

装工程发包给中色公司施工。其次,中色公司主张扬子公司为涉案蒸汽管网焊接等工作的实际施工人,其一审举证是施工单位一栏盖有扬子公司公章的工程竣工验收资料。对此京华城公司辩解称,因中色公司不具备施工该热网安装工程的资质,故在工程完工时以扬子公司的名称及资质进行竣工验收,扬子公司并未实际参与该工程招投标、施工及工程价款结算。原审法院向扬子公司调查取证时,该公司出具的说明与京华城公司的辩解相符。最后,本案热网工程竣工验收合格后,中色公司向京华城公司结算了该工程价款,仅现存部分质量保证金在京华城公司。本案并无任何证据显示扬子公司参与了该工程价款的结算。因此,中色公司上诉称京华公司将涉案蒸汽管网焊接等工作分包给扬子公司施工、一审应追加扬子公司为当事人的主张,因证据不足,本院不予采信。[1]

实务中,对于发包人未使用部分,需发包人承担举证责任。如发包人无法举证证实未使用部分工程范围,或者使用部分与未使用部分难以区分,则发包人就未使用部分工程质量主张权利,将难以得到法院支持。

应注意的是,一般情况下遵循"谁主张,谁举证"的原则,但如果是因缺陷产品致人损害的侵权诉讼,则由产品的生产者就法律规定的免责事由承担举证责任。

9. 表见代理争议举证

相对人有理由相信行为人有代理权的事由,这是一种表见事实。就表见事实的证明责任而言,主张有表见事实的相对人即合同相对方主张构成表见代理的,应当承担举证责任。不仅应当举证证明代理行为存在诸如合同书、公章、印鉴等有权代理的客观表象形式要求,而且应当证明其善意无过失相信行为人具有代理权。

建设工程施工合同中,认定表见代理应把握的举证责任,具体来讲应重点证明以下几点。其一,根据《民法典》第一百七十二条的规定,审理建设工程施工合同纠纷案件,应着重审查主张构成表见代理的合同相对人的举证责任是否完成,即不仅要严格审查代理人的无权代理行为在客观上是否形成具有代理权的表象,而且要审查相对人在主观上善意且无过失地相信行为人有代理权。审判实践中主张构成表见代理的合同相对人常是包工头,应当了解建设工程领域中存在借用资质、转包、违法分包乱象,应当负有更高的注意和审查义务。因此,审判实践中要避免仅审查客观上是否形成表见代理的表象,而忽视审查主张构成表见代理的合同相对人是否善意且无过失。

其二,在承包人没有授权借用资质人、转承包人和违法分承包人代表其对外

---

〔1〕 江苏省高级人民法院(2011)苏民终字第0118号民事判决书。《江苏省高级人民法院公报》2013年第1期(总第25期)。

缔约的情况下,项目经理或者工程项目部的行为构成无权代理;合同相对方主张构成表见代理的,应当承担举证责任。项目经理是受施工企业委托对工程项目全面负责的项目管理者,在签订合同时应获得授权或任命。实践中,要着重审查合同相对人举证的项目经理任命是否在签订合同时就已经取得,而非诉讼前或诉讼中取得,从而判断是否形成表见代理。工程项目部是不需要登记的临时机构,其印章不需要在公安机关备案,只能在工程项目内部使用,用于图纸会审、申请付款、工程签证、移送施工资料等环节,不能对外签订合同。在证明表见代理的证据中,以项目经理或工程项目部名义对外签订合同并非构成表见代理的排他性证据。根据《民法典》第一百七十二条的规定,合同相对人还应举证证明其有理由相信项目经理或者工程项目部有代理承包人对外缔约的权利,即证明自己善意无过失。

其三,承包人抗辩的,亦应承担举证责任。项目经理对外订立合同时加盖承包人或项目部符合要求的相关印章,证明该印章在工程施工中正常使用或者承包人知道或者应当知道项目经理利用该印章从事相关行为,证明在订立合同前或合同时已知道具有案涉工程项目经理身份。承包人对项目经理行为抗辩的,亦应承担举证责任。在承包人提出合理抗辩的情况下,仅凭项目经理身份或项目部印章的授权表象形式要素,而无借款的时间、地点、金额、交付、习惯等其他与承包人相牵连的表象事实证据,尚不足以认定代理权外观成立。同时,具有代理权表象也不一定就会构成表见代理,还需要对相对人善意无过失这一构成要件作进一步的考察。有律师认为,在表见代理客观要件具备的情形下,应推定相对人具备"善意且无过失"的要件,相对人不应对主观要件承担证明责任。[1]

《河南省高级人民法院关于审理建设工程领域买卖、租赁合同纠纷案件若干疑难问题解答》的问题十一:表见代理的举证责任如何分配?根据《民法典总则编解释》第二十八条第二款的规定,因是否构成表见代理发生争议的,相对人应当就无权代理存在代理权的外观承担举证责任;被代理人应当就相对人不符合相对人不知道行为人行为时没有代理权且无过失的条件承担举证责任。也即行为人要对代理行为存在诸如行为人签订合同时持有建筑企业的授权委托书、任命书、公章、印鉴等有权代理的客观表象,承担举证责任;建筑企业要对行为人并不是善意且无过失地相信行为人具有代理权承担举证责任。

【案例14-153】 赖某树与国厦建设有限公司、国厦建设有限公司嘉兴分公司建设工程施工合同纠纷案

二审法院认为,首先,薛某并非国厦公司法定代表人或国厦嘉兴分公司负责人,对外签订合同亦非其职责范围。从结算单出具的时间来看,其负责

〔1〕 参见代瑞:《实际施工人表见代理构成的司法适用》,载于健龙等主编:《中国建设工程法律评论》(第七辑),法律出版社2018年版,第54页。

施工的项目亦早已竣工，且本案中并无证据表明国厦嘉兴分公司向其出具过委托书、介绍信等授权文书，国厦嘉兴分公司亦未就其行为作出追认，故薛某的行为不构成职务行为或有权代理。其次，关于本案是否构成表见代理的问题。……如承揽关系确实存在，赖某树作为承揽合同的承揽人，在发生业务之初，应对薛某的身份进行严格审查，以确认其是否得到授权，但赖某树在二审中亦承认其与薛某系经过他人介绍认识，当时并未对其身份进行严格审查，薛某也未向其出示任何有关授权的文件。而在工程施工期间直至本案诉讼之前，赖某树亦未直接向国厦公司主张权利或从国厦公司领取款项。并且，尽管赖某树事后提供的证据可以表明，在银河公司工程施工期间，薛某确系国厦嘉兴分公司该工程项目的具体负责人，但银河公司工程施工时间为2006年至2007年，在2008年5月早已竣工。赖某树亦未能提供在该工程施工期间，与国厦嘉兴分公司发生承揽合同关系的其他证据，故一般而言，即使在工程施工期间，薛某作为项目负责人有权对外签订合同，在工程竣工后，其身份及相应的权限业已终止，对此，赖某树应当明知。最后，本案中更为重要的是，2009年2月，因包括薛某在内的国厦公司各项目负责人负责施工的工程拖欠材料商货款和农民工薪酬，与国厦公司之间产生大量纠纷，为此相关部门曾多次召集国厦公司包括薛某在内的各项目负责人以及供货商等进行协调，薛某与国厦公司之间已因材料款等的支付问题产生矛盾，故时至2009年7月26日，赖某树更应当知晓薛某已无权再代表国厦公司对外发生任何民事法律行为，其要求薛某出具结算单的行为，并不符合善意无过失的构成要件。因此，赖某树作为相对人，并未尽到谨慎的注意义务，显然不符合《合同法》第四十九条关于表见代理的相关规定。判决撤销原判，驳回赖某树对国厦公司及国厦嘉兴分公司的诉讼请求。[1]

根据“谁主张，谁举证”的原则，由原告承担构成表见代理的责任，举证不能的承担不利后果。实际施工人以承包人名义对外实施法律行为，但有证据证明第三人知道实际施工人真实身份的，不成立表见代理。

【案例14－154】　黄某丹诉镇江市润州区建筑装潢配套工程公司买卖合同纠纷案

二审法院认为，原审法院已查明涉案工程现场公示栏中载明了王某中、包某澄的身份，同时涉案工程工地例会会议纪要中，王某中、包某澄均以被上诉人工作人员名义参加会议并签名，这尚不足以表明王某中、包某澄能够代表被上诉人从事交易活动。依据《合同法》第四十九条的规定，要求行为人

---

〔1〕 浙江省嘉兴市中级人民法院（2009）浙嘉商终字第591号民事判决书。

必须以被代理人的名义在上诉人出具的送货单上予以签字，上诉人没有证据证明王某中、包某澄的行为代表被上诉人。因此，上诉人的上诉请求没有事实和法律依据。原审法院判决并无不当，上诉人的上诉请求理由不能成立。[1]

【案例14-155】 淮安龙跃建材贸易有限公司与江苏鑫盛建设工程有限公司买卖合同纠纷再审案

最高人民法院认为，龙跃公司称其在与张某泉洽谈钢材合同过程中，在工地现场看到了公示牌，确认张某泉为鑫盛公司项目负责人。龙跃公司在二审期间提交了公示牌照片，但拍摄时间早于涉案工程的开工时间，故无法以此证明张某泉是鑫盛公司的项目负责人。仅凭张某泉的陈述也不足以认定其有权代表鑫盛公司。鑫盛公司与张某泉存在内部承包关系，对此，龙跃公司是知情的。本案购销合同上加盖的鑫盛公司印章系张某泉私刻，无证据证明得到鑫盛公司负责人批准用于签订本案合同。因此，从合同签订情况看，鑫盛公司并非合同当事人。[2]

由被代理人对行为人确系无权代理或其不具有可归责性承担举证责任。被代理人应首先对行为人确系无权代理的事实进行举证，如行为超出授权范围、行为人非本单位工作人员、缔约所用之公章系私刻或盗用、授权材料为伪造文件、行为人的授权已然终止等，若被代理人举证不能的，则需承担不利的法律后果。[3]遵循从有权代理到无权代理再到表见代理的认定路径。

【案例14-156】 徐州中铁物资有限公司与龙成建设工程有限公司、江苏耀华特种玻璃有限公司等买卖合同纠纷再审案

最高人民法院认为，行为人徐某某等对外签订和履行涉案合同，属职务行为，故龙成公司申请再审，称二审判决未能认定徐某某等人的行为属于无权代理，未能从是否构成表见代理的角度确认当事人应负责任，属于适用法律错误的理由不能成立。[4]

【案例14-157】 杨某与云南九州建设集团有限公司、曹某某民间借贷纠纷再审案

最高人民法院亦明确其审查思路，是否应由九州公司承担清偿债务的责

---

〔1〕 参见国家法官学院案例开发研究中心编：《中国法院2015年度案例》（买卖合同纠纷），中国法制出版社2015年版，第99页。

〔2〕 最高人民法院（2015）民申字第1675号民事裁定书。

〔3〕 参见陈沸、朱春苗：《建设工程纠纷中的表见代理——以举证责任的分配为视角》，载于健龙等主编：《中国建设工程法律评论》（第七辑），法律出版社2018年版，第67页。

〔4〕 最高人民法院（2014）民申字第1987号民事裁定书。

任,就要审查曹某某的借款行为是职务行为还是个人行为,曹某某是否构成有权代理,是否构成表见代理。[1]

被代理人举证排除表见代理制度的适用,从而免除其责任。

【案例 14－158】 武汉恒钢物流发展有限公司与中铁七局集团第五工程有限公司、武汉鼎顺置业有限公司买卖合同纠纷案

最高人民法院认为,行为人以私刻的中铁七局五公司的印章与恒钢公司签订合同及对账单,恒钢公司虽主张构成表见代理,但未能证明案涉相关人员系中铁七局五公司的工作人员,且中铁七局五公司事先并不知情,事后也未予追认。故应当认定案涉合同并非中铁七局五公司与恒钢公司所签订,而是行为人与恒钢公司所签订。[2]

印章真实性不明情况下,商事合同关系确定应通过举证完成。

【案例 14－159】 陈某叶诉河南永畅建工集团有限公司买卖合同纠纷案

判决观点,被告辩称原告提供的合同专用章、财务专用章均不是其公司印章,且公司于 2011 年更名后已经不再使用周口市建筑工程有限公司财务专用章,但在其更名后交税的综合申报表中,却加盖有周口市建筑工程有限公司财务专用章,其辩称与事实存在诸多矛盾之处,不能否认"周口市建筑工程有限公司(二)"的印章为其公司印章的事实。综合全案证据,相互之间可以印证,并使原告举证证明案件事实形成具有高度盖然性的证据优势,故被告辩称理由,本院不予采信。[3]

对印章真实有异议而不作司法鉴定的,承担举证不能的法律后果。

【案例 14－160】 大连力诚混凝土有限公司诉大连顺发建筑工程有限公司买卖合同纠纷案

二审法院认为,上诉人虽然否认《商品混凝土买卖合同书》上加盖印章的真实性,并申请进行司法鉴定,但其未按规定交纳鉴定费,视为放弃自己的鉴定申请,应对此承担举证不能的法律后果,原审判决对上诉人在《商品混凝土买卖合同书》上加盖公章的真实性予以确认,并认定上诉人与被上诉人之间存在买卖合同关系并无不当。[4]

---

〔1〕 最高人民法院(2016)民申字第 2966 号民事裁定书。

〔2〕 最高人民法院(2016)民终字第 110 号民事判决书。

〔3〕 参见国家法官学院案例开发研究中心编:《中国法院 2016 年度案例》(买卖合同纠纷),中国法制出版社 2016 年版,第 100 页。

〔4〕 参见国家法官学院案例开发研究中心编:《中国法院 2017 年度案例》(买卖合同纠纷),中国法制出版社 2017 年版,第 94 页。

10. 鉴定争议举证

当事人双方均不申请鉴定,导致工程造价或者工程质量无法通过鉴定查明事实的,经法官释明后对鉴定事项负有举证责任人仍然不提出鉴定请求的,举证责任人承担其相应后果。举证责任人或相对人无正当理由在规定期限内拒绝提交鉴定材料或拒不配合,导致鉴定无法进行,经法官释明不利后果其拒绝提交或拒不配合的,应承担举证不能的不利后果。诉讼中应尽量将鉴定事项的举证责任推给对方,由对方申请鉴定并承担鉴定费用。因为工程造价或者工程质量的鉴定费用较高,且需要预缴,因此当事人一般都不愿意承担鉴定费用。一旦对方没有申请鉴定或者不缴鉴定费用,法院有可能直接驳回对方的诉讼请求,或者直接支持本方的诉讼请求。当事人双方已就工程款的结算达成协议,无证据证明其显失公平的不予鉴定。

应注意的是,一审中负有举证责任的当事人未申请鉴定,二审中可以申请鉴定,但是否准许由法官根据案情裁量。

【案例 14－161】 宋某某与聪舜公司建设工程施工合同纠纷案

二审法院认为,宋某某作为案涉工程的施工人应对其实际施工的工程量承担举证责任,但宋某某在法院释明是否需要对案涉工程的实际工程量进行鉴定后坚持不申请鉴定;因此在宋某某、聪舜公司未对案涉工程进行结算且宋某某又不申请鉴定的情况下,原审法院对宋某某关于案涉工程的工程量的主张不予采纳。[1]

发包人未提出证据证明工期延误的事实,亦未证明工期延误的损失,法院则不予启动司法鉴定程序。

【案例 14－162】 中天公司与昌泰公司、唐山公司建设工程施工合同纠纷案

最高人民法院认为,一审法院认为因案涉工程已完成整机试运行168小时,并办理了相关验收手续,按照合同约定达到了竣工验收条件。同时,中天公司和昌泰公司已进行了工程结算,结算文件中除注明垫资款利息单独核算外,没有标注其他未结事宜。在工程已竣工验收并已结算的情况下,昌泰公司反诉主张质量和工期延误赔偿并无事实依据,故对其诉请和鉴定申请不予支持。二审依据《民事诉讼法解释》第九十条的规定,在作出判决前,当事人未能提供证据或者证据不足以证明其事实主张的,由负有举证责任的当事人承担不利后果。昌泰公司提出因中天公司原因导致工期延误,中天公司应承担工期延误的违约责任,但昌泰公司并未提供证据支持其主张,本院对其该

---

〔1〕 广东省广州市中级人民法院(2016)粤01民终字第7639号民事判决书。

项主张不予支持。[1]

当事人对鉴定意见有异议,若无相反证据予以证明则应采信司法鉴定机构的意见。经二审庭审补充质证,当事人没有充分的理由和证据反驳的,可以认定鉴定意见的证明力。

【案例 14-163】 金坛市建筑安装工程公司与大庆市庆龙房地产开发有限公司建设工程结算纠纷案

最高人民法院认为,庆龙公司虽然主张对方领用材料未完全用于争议工程,退价时应据实结算,但始终未向本院提供能充分证明其主张的证据。故金坛公司此项请求理由成立,水电材料应按 4,478,674.18 元退价,土建材料与水电材料两项合计退价款 4,154,194.45 元。[2]

【案例 14-164】 赵某某与徐某建设工程施工合同纠纷案

二审法院认为,关于华龙建设项目管理咨询有限公司的鉴定报告能否作为定案依据的问题。根据鉴定人员的陈述,原审法院采用的鉴定报告没有经过现场仔细核对,而是根据图纸作出,该公司在认真进行现场勘验后作出的补充报告也证实了原鉴定报告未能客观真实反映涉案工程的工程量,故原一审法院采用的鉴定报告不足以采信。赵某某的上述理由成立,予以支持。[3]

诉前承发包双方共同选定具有相应资质的鉴定机构对建设工程作了鉴定意见,因鉴定机构的选择是双方合意的结果,表明承发包双方愿意受其共同选择鉴定机构作出的鉴定意见的约束。诉讼中一方要求重新鉴定的,法官一般不予准许,除非有证据证明存在《民事证据规定》第四十条规定的情形存在。

【案例 14-165】 开顺建工公司与广泰宾馆建设工程施工合同纠纷案

判决观点,双方当事人诉前共同选择并委托的鉴定机构所作出的鉴定意见,因该鉴定机构具有司法鉴定资质,且鉴定程序合法,对其鉴定意见应予以采信。被告认定鉴定机构的鉴定人员与原告法定代表人关系密切,可能影响鉴定结论的客观公正;但原告对此否认,而被告又无证据证明自己的主张,其申请重新鉴定不符合相关法律规定,故对被告主张不予采纳。[4]

【案例 14-166】 方某与宁波建工股份有限公司第一分公司建设工程施工合同纠纷案

二审法院认为,关于审计报告。由于审计单位江苏华东天地工程造价咨

---

〔1〕 最高人民法院(2016)民终第 360 号民事判决书。

〔2〕 参见《最高人民法院公报》2007 年第 7 期。

〔3〕 江苏省徐州市中级人民法院(2012)徐民终字第 1143 号民事判决书。

〔4〕 参见张广兄编著:《建设工程合同纷诉讼指引与实务解答》,法律出版社 2013 年版,第 407 页。

询有限公司由双方在诉前共同选定,具有相应的资质,且上诉人方某无证据证明审计结果存在错误,对上诉人有关审计结果不能作为定案依据的主张,不予采纳。至于上诉人方某在二审中提出的审计资料不全的问题。案涉工程建设方徐州市华宁房地产开发有限公司曾于2009年12月24日针对方某附属工程审计事项组织召开专题工作会议,方某参加了此次会议。会议纪要显示,方某原送审资料全部退回,并由方某重新整理,如需补充资料或者说明尽快处理,待审计内容送到审计公司后不予补充任何资料。该会议还对审计费用的支付与负担进行了明确的约定。方某在此次会议纪要上签字认可。审计报告是依据再次送审的资料作出的。对方某在二审中提交的证明送审资料不全的证据,除青苗补偿费用不属本案审理范围,其他证据显示的内容均包含在审计范围内。经比对审计报告,方某在二审中对审计工程项目没有异议,仅对围墙工程送审数额,以及审计确认的清淤土方工程量等有异议,但其无证据证明审计结果存在错误,故对其提出的重新审计请求不予支持。[1]

重新鉴定举证问题。鉴定机构作出了工程造价鉴定,诉讼中一方提出重新鉴定除非具有《民事证据规定》第四十条规定的条件,否则不予准许。

【案例14-167】 唐山风辉房地产开发有限公司与赤峰建设建筑(集团)有限责任公司建设工程施工合同纠纷案

最高人民法院认为,本案一审审理过程中,鉴定机构的选定经过了法定程序,其在鉴定过程中听取了双方当事人的意见,最终作出的鉴定意见经过了庭审质证,鉴定人员也出庭接受了质询,风辉公司上诉申请重新鉴定,但没有提交证据证明存在上述情形,故对其重新鉴定的申请不予准许。一审法院委托鉴定机构按照定额进行鉴定,是为了确定赤峰建设公司完成的部分占整个工程的比例,而不是直接采用鉴定意见作为工程款数额,并不违背《建设工程解释》第二十二条规定,不存在适用法律错误的问题。[2]

【案例14-168】 杨某某与重庆巨浪工业设备安装有限公司建设工程施工合同纠纷案

一审法院认为,渝金正咨〔2009〕鉴字第37号鉴定意见书是人民法院在诉讼过程中依法委托有资质的鉴定机构对涉案项目劳务费作出的鉴定,该鉴定意见书能客观真实地反映当时工程的劳务费用。同时,该鉴定意见书亦不会因为当事人的撤诉而失去其效力,故对巨浪公司要求对工程劳务费进行重

〔1〕 江苏省徐州市中级人民法院(2011)徐民终字第1648号民事判决书。

〔2〕 参见最高人民法院民事审判第一庭编:《民事审判指导与参考》2016年第1辑(总第65辑),人民法院出版社2016年版,第182页。

新鉴定的申请,本院不予支持。综上,在巨浪公司与杨某某未对涉案工程进行结算的情况下,杨某某根据渝金正咨〔2009〕鉴字第37号鉴定意见书主张工程劳务费为36,604.93元并无不当,本院对此予以支持。二审法院亦持同样意见,维持原判。[1]

【案例14-169】　陕西建工集团第五建筑工程有限公司与陕西铠达投资集团有限公司建设工程施工纠纷案

最高人民法院认为,关于鉴定程序是否合法。鉴定机构为一审法院应铠达公司的申请所选定的鉴定机构,该鉴定机构主体合格。鉴定意见作出后,一审组织双方当事人对于鉴定意见进行质证,鉴定机构对于省五建与铠达公司的异议均予以了解答,鉴定程序合法。铠达公司申请重新鉴定的主张缺乏依据,最高人民法院认为应不予支持。[2]

对于鉴定程序违法的主张必须举证加以证明。

【案例14-170】　浙江中南建设集团钢结构有限公司与马泰力克(青岛)建筑系统有限公司、陆某等建设工程施工合同纠纷案

二审法院认为,因双方对工程造价数额的争议较大,中南公司向原审法院提出申请对涉案工程造价进行鉴定。鉴于此,原审法院委托对工程造价进行司法鉴定符合法律规定。经查,原审法院技术室已通知各方当事人选择鉴定机构并组织现场勘验,鉴定机构依据原审法院提供的相关资料及现场勘查情况作出《鉴定报告》后,原审法院业已通知当事人提交书面质证意见,鉴定人员也出庭接受当事人质询。马泰力克公司与陆某诉称鉴定程序违法、鉴定资料不实以及工程量认定错误,对此并没有提交足以反驳的相反证据,根据《民事证据规定》第五十九条、第七十一条之规定,该工程造价鉴定报告,程序合法,依据充分,原审采信该报告作为本案工程造价结算之依据正确。[3]

鉴定机构不主动对法院委托鉴定范围之外事项作出鉴定意见,如当事人对委托鉴定事项范围之外事项有质疑,则应承担举证责任。

【案例14-171】　成都爱华康复医院有限公司与四川省建强建筑有限责任公司建设工程施工合同纠纷案

二审法院认为,鉴定部门对工程作出造价鉴定在法院没有委托的情况下是根据双方约定或者定额进行,对材料是否使用的新、旧材料鉴定部门是不

---

〔1〕 重庆市第一中级人民法院(2014)渝一中法民终字第05513号民事判决书。

〔2〕 参见最高人民法院民事审判第一庭编:《民事审判指导与参考》2013年第3辑(总第55辑),人民法院出版社2014年版,第164页。

〔3〕 山东省高级人民法院(2014)鲁民一终字第143号民事判决书。

会主动作出鉴定的。根据《民事证据规定》第二条的规定,爱华医院对其陈述是旧建材的事实有义务提供证据,爱华医院没有证据证明建强公司使用的是旧建材,并且在一审审理中爱华医院也没有申请对使用的是否是新、旧材料进行鉴定,故一审法院对该鉴定报告直接采信认定正确,本院对爱华医院的该项上诉请求认为亦无事实依据,不予支持。〔1〕

在诉讼过程中,工程质量鉴定程序启动后,法院委托的鉴定机构会要求当事人提供完整的资料并且经过质证才予以采信,否则,将承担举证不能的后果。在最高人民法院二审案中,发包人反诉主张案涉工程存在质量问题,并申请司法鉴定,由于发包人仅提交工程质量问题列表,法院认为该证据资料属发包人单方陈述,其他两方当事人均不认可,不能作为有效证据使用,故认定发包人对其反诉请求未完成初步举证责任,亦未提供任何其他证据加以证明,根据《民事诉讼法解释》的规定,发包人应对其主张的质量问题承担举证不能的不利后果,即鉴定机构不能对工程质量进行鉴定的后果。故法院对其提出该反诉请求予以驳回。〔2〕

当事人提供的鉴定意见系诉前其单方委托作出,该鉴定意见因欠缺民事诉讼程序保障,影响鉴定结论的证明力。当事人单方委托作出的鉴定意见,因未纳入民事诉讼程序,保障当事人充分行使诉权,不具有鉴定意见的证据效力。原审法院根据该鉴定意见,认定案涉工程已经检验为合格,证据不充分。

【案例 14－172】 舜发公司与新金山公司等建设工程施工合同纠纷再审案

最高人民法院认为,本案系建设工程施工合同纠纷。根据舜发公司提出的再审请求,新金山公司、刘某波及姚某娟的意见,本案主要审查的问题:新金山公司与舜发公司签订的《建设工程施工合同》效力;原判决有关舜发公司未能提供充分证据证明1号、2号厂房坍塌与工程质量存在直接因果关系的认定,是否属于《民事诉讼法》第二百条第二项规定的"认定的基本事实缺乏证据证明"、第六项规定的"适用法律确有错误"的情形,新金山公司应否承担案涉厂房拆除、重建或修复、加固等民事责任及赔偿因厂房坍塌而造成的库存产品损失。舜发公司主张,经原审法院委托司法鉴定,案涉工程中八项施工内容不符合设计要求或验收规范,足以证明新金山公司施工质量违约,新金山公司应承担相应违约责任。舜发公司与新金山公司于2014年10月7日签订《建设工程施工合同》,舜发公司、新金山公司与刘某波、姚某娟又于2015年1月7日签订《舜发公司厂区建设工程三方协议书》(以下简称《三方协议书》)。根据《合同法》第二百七十二条第三款的规定,禁止承包人

---

〔1〕 四川省成都市中级人民法院(2012)成民终字第1287号民事判决书。
〔2〕 最高人民法院(2021)民终985号民事判决书。

将工程分包给不具备相应资质条件的单位。建设工程主体结构的施工必须由承包人自行完成。根据《建设工程解释》第一条的规定,承包人未取得建筑施工企业资质或者超越资质等级的、没有资质的实际施工人借用有资质的建筑施工企业名义签订的施工合同无效。原审法院认定,舜发公司、新金山公司与刘某波、姚某娟签订《三方协议书》,刘某波、姚某娟系借用新金山公司资质施工,属实际施工人,并据此认定施工合同无效并无不当。导致施工合同无效的主要缔约过错方为新金山公司和刘某波、姚某娟,两方配合实施的违法违规签约履约行为,与约定和法定的施工标准比较而言,显然全面降低了施工人的施工能力,客观上损害了业主方权益;业主方舜发公司明知违法而配合签约,也存在一定的缔约过错。《三方协议书》明确约定,讼争工程建设项目仍由变更名称后的新金山公司负责,施工人员及义务不变;分承包方对外欠款及对外任何经济纠纷由其自行承担,建设方不承担任何责任义务;建设方将剩余工程款支付给总承包人,分承包方自行前往总承包人处提款等。发包人明知实际施工人施工;合同强调总包分包分层履行施工合同,尚不足以认定发包人与实际施工人直接成立签约履约的合同相对人关系;尽管合同无效,但不足以据此认定总承包人免责或减轻责任。舜发公司主张,佳翔公司出具的检测报告系新金山公司单方委托鉴定,且检测项目不全,原判决据此认定案件事实,依据不足;案涉工程中八项施工内容不符合设计要求或者验收规范,1 号、2 号厂房坍塌属质量缺陷所致具有高度可能性。在气象资料显示厂房坍塌前后未出现罕见雪灾,又不能取得雪荷载数据的情形下,应由新金山公司承担举证不能责任,原判决却适用《民事诉讼法解释》第九十条规定,认定舜发公司不能提供充分证据证明 1 号、2 号厂房坍塌与工程质量存在直接因果关系,属适用法律错误。本院认为,《建筑法》第五十八条规定,建筑施工企业对工程的施工质量负责。建筑施工企业不得擅自修改设计。第六十条第一款规定,建筑物在合理使用寿命内,必须确保地基基础工程和主体结构的质量。《建设工程质量管理条例》第二十六条第一款规定,施工单位对建设工程的施工质量负责。第二十八条规定,施工单位必须按照工程设计图纸和施工技术标准施工,不得擅自修改工程设计,不得偷工减料。《建设工程解释》第十三条规定,建设工程未经竣工验收,发包人擅自使用后,又以使用部分质量不符合约定为由主张权利的,不予支持;但是承包人应当在建设工程的合理使用寿命内对地基基础工程和主体结构质量承担民事责任。上述法律、法规、司法解释以及国家颁布实施的其他相关规范性文件均规定,施工人对工程质量负总责,“建筑物在合理使用寿命内,必须确保地基基础工程和主体结构的质量”,施工人为工程质量第一责任人。本案工程建设项目在竣工交付使用近 4 年时发生部分厂房坍塌的重大工程质量缺陷事故,承建讼争建设项目的建筑施工企业新金山公司如认为其应减轻或者免除工程质量缺陷责任的,应对此承担举证责任。原审委托鉴定的吉林省建筑工程质量检测中心作出的SFJD字〔2017〕第1009号《司法鉴定意见书》确认,案涉工程存在八处不符合设计要求和验收规范,初步证实存在施工不规范行为。刘某波、姚某娟主张,1号、2号厂房坍塌系因雪大且未及时清理至屋顶荷载过重所致,但未提供相关证据予以证实。原判决认定,"舜发公司未能提供充分的证据证明1号、2号厂房坍塌与工程质量存在直接因果关系",系对证据分析判断不当。本院认为,佳翔公司作出的检测报告系诉前新金山公司单方委托鉴定。鉴定意见因欠缺民事诉讼程序保障,影响鉴定意见的证明力。《民事诉讼法》第六十八条、《民事诉讼法解释》第一百零三条、第一百零四条、第一百零五条等法律、司法解释规定,应当按照法定证据运用规则,对证据进行分析判断。未经当事人质证的证据,不得作为认定案件事实的根据。根据《民事诉讼法》第七十六条第一款及《民事证据规定》有关委托鉴定的规定,当事人申请鉴定,由双方当事人协商确定具备资格的鉴定人;协商不成的,由人民法院指定。实务中,委托鉴定一般采取当事人协商确定一家有资质的鉴定机构或者法院从当事人协商确定的几家鉴定机构中择一选定,法院指定鉴定机构一般采取摇号等随机抽取方式确定;在法院主持下,经双方当事人当庭质证后确定哪些材料送鉴;鉴定机构及其鉴定人员有义务就鉴定使用的方法或标准向双方作出说明,有义务为当事人答疑,有义务出庭参与庭审质证;允许双方当事人申请法院通知具有专门知识的人出庭,就鉴定意见或者专业问题,形成技术抗辩。《民事诉讼法》第七十八条规定,鉴定人拒不出庭作证的,鉴定意见不得作为认定事实的根据。在本案中,佳翔公司受新金山公司单方委托作出的鉴定结论,因未纳入民事诉讼程序,保障当事人充分行使诉权,不具有鉴定意见的证据效力。原审根据佳翔公司出具的检测报告,认定案涉工程已经检验为合格,证据不充分。舜发公司主张,新金山公司应承担案涉工程拆除、重建、修复、加固等相关费用,赔偿因厂房坍塌造成产品露天堆放等损失。《合同法》第二百八十二条规定,因承包人的原因致使建设工程在合理使用期限内造成人身和财产损害的,承包人应当承担损害赔偿责任。据此,总承包人、实际施工人应对减轻、免除厂房坍塌的工程质量缺陷责任承担举证责任,舜发公司对因厂房坍塌造成的露天堆货等损失的实际发生和实际损失数额等承担举证责任。原审以"舜发公司未提供明确具体的维修方案,而新金山公司亦明确表示不同意修复"为由,驳回发包人赔偿诉请,理据不充分,应在查明损失是否真实存在,与案涉1号、2号厂房坍塌是否存在因果关系等基础上,再作出判断。综上,舜发公司提出的再审申请符合《民事诉讼法》第二百条第二项、第六项规定的情形。[1]

11. 实际施工人争议举证

实际施工人首先应当举证证明其实际施工人身份，即其与承包人之间存在转包、违法分包或者挂靠等情形，其次实际施工人应证明其对案涉工程价款享有排他性的权利。其实际施工人成立的前提要件是建设施工合同存在转包、违法分包及借用有施工资质的企业名义承揽工程等无效情形。实践中，实际施工人的身份认定，需要举示足够的证据证明其身份，需要举示以下四方面内容。其一，人的方面。实际施工人在施工过程中聘用了足够的施工或管理人员。具体包含两部分，第一部分为管理人员，包括项目经理、生产经理、技术负责人（也可能是实际施工人本身一人）、财务负责人、四大员（施工员、材料员、质检员及安全员）、财务人员、资料员等，需举示项目成员清单及岗位；第二部分为劳务班组，需举示与劳务班组签订的劳务合同。核心点在于证明实际施工人组织人力施工。其二，材料方面。即实际施工人施工所需的材料，包括主材、辅材及周转材，特别是主材中的商品砼及钢材，需举示购销合同和发票，核心点在于证明实际施工人投入财力进行施工。其三，设备方面。即实际施工人租赁或购买的机具设备，施工现场用的大型机具设备，如塔机、升降机、混凝土配料机、钢筋拉伸机等，通常需举示租赁合同、付款凭证和发票。核心点在于证明实际施工人具体实施施工。其四，财务方面。为项目资金流向，以证明发包人支付的款项最终扣除管理费和税金后全款支付给实际施工人，或由实际施工人指定的第三方。同时需举示前述管理人员、材料商及对外款项的财务支付流水及明细，以证明工程所需费用由实际施工人承担。实际施工人施工对外有借款的，亦应举示相应的证据。核心点在于证明实际施工人承担工程的成本。

实际施工人起诉发包人，应提供证据证明发包人可能欠付工程款，或者其合同相对方有破产、下落不明、法人主体资格灭失等严重影响实际施工人权利实现的情形。

建设工程施工过程中，一个建设工程由多家施工队伍完成也较为普遍。对于每一个参与施工的施工队伍而言，其很容易提供如租赁机械设备协议、材料买卖协议、人工费等证据用于证明其实际参与工程的施工。但并不能得出其中的某一个施工队伍是全部工程的实际施工人。

其一，实际施工人身份举证。

最终实际投入全部资金、材料和劳力进行工程施工的主体应认定为实际施

---

〔1〕 最高人民法院(2019)民申835号民事裁定书。

工人。

【案例 14－173】 北京金翅鸟建筑装饰工程有限公司诉北京丽贝亚建设装饰工程有限公司、王某申建设工程施工合同纠纷案

二审法院认为，实际施工人应当是最终实际投入资金、材料和劳力进行工程施工的主体。建设单位主张自己是实际施工人的，应承担举证责任，不能证明其独立完成涉案工程，并未最终实际投入全部资金、材料和劳力进行工程施工的不应认定其为涉案工程的实际施工人。〔1〕

【案例 14－174】 丁某华与重庆龙海石化有限公司、中国化学工程第四建设有限公司建设工程施工合同纠纷再审案

最高人民法院认为，关于丁某华是否为案涉工程的实际施工人。2011年3月9日，龙海公司与四化建公司签订《重油综合利用项目土建施工合同》，约定由四化建公司承建龙海公司的重油深加工综合利用项目。2011年3月16日，四化建公司建筑工程分公司与丁某华就上述项目签订《工程合作协议书》，约定，"四化建公司建筑工程分公司以四化建公司名义与建设方签订了工程建设合同，乙方（丁某华）全部接受所签订合同条款，并承担所建项目垫资款及相应风险"。乙方（丁某华）"按承包工程合同总造价的7%上交管理费"。从施工合同的内容上看，丁某华承担了四化建公司在《重油综合利用项目土建施工合同》中的全部权利和义务，并需向四化建公司支付7%的管理费用。从合同的实际履行情况看，丁某华在签订合同后，组织人力、物力并垫资进行案涉工程的建设。从施工的实际支配情况看，案涉工程建设过程中的施工单位用电统计表、租用设备明细单及相关收据、班组劳务协议、劳务工资欠条及收条证明也均有丁某华的签字。龙海公司在庭审中也陈述其代丁某华支付民工工资并认可丁某华进场施工的事实。四化建公司对丁某华实际施工的情况也予以认可。综上，一审判决认定丁某华为案涉项目的实际施工人，事实清楚、证据充分，并无不当，龙海公司上诉时也并未就此问题提出异议。龙海公司申请再审，主张丁某华与四化建公司签订的《工程合作协议书》系伪造的，该主张与已查明的事实不符，且无相反证据足以推翻原审判决认定的事实，本院不予支持。龙海公司提供《工程设备退场函》等退场明细及16份报验申请表的新证据，认为丁某华非案涉工程的实际施工人，但该证据均形成于庭审结束前，也不足以否定丁某华为实际施工人的事实。龙海公司关于原审判决认定丁某华系案涉工程实际施工人的证据是伪造的，有

〔1〕 参见北京市律师协会主编：《民事二审再审改判案例诉讼过程与争点剖析》，法律出版社2017年版。北京市第一中级人民法院（2015）一中民终字第06842号民事判决书。

新的证据足以推翻原判决的申请理由不能成立,本院不予支持。[1]

实际施工人可凭与案涉工程有关的外包、供货合同、工程款及材料款的付款凭证、支付所组建的项目部技术人员、管理人员等工人工资等资料证明主体身份。

【案例 14－175】 杨某涛与源泰公司、原某亮建设工程施工合同纠纷再审案

最高人民法院认为,关于案涉实际施工人的认定问题。根据一审、二审查明的事实,源泰公司虽与汇邦公司签订了相关施工合同,但并未实际组织施工,源泰公司提交的证据亦不足以证明原某亮系实际施工人之一;且原某亮对一审判决认定杨某涛系实际施工人,享有案涉未支付工程款亦未提出上诉。与之相应地,杨某涛提交了多份与案涉工程有关的外包以及供货合同、工程款及材料款的付款凭证,并支付所组建的项目部技术人员、管理人员等工人工资,一审、二审据此认定杨某涛系实际施工人并不缺乏依据。源泰公司、原某亮称《建设工程解释(二)》第二十四条仅适用于承包人怠于行使请求权利的情形,这与该条司法解释文义不符,源泰公司,原某亮主张二审适用法律错误理据不足。且源泰公司、原某亮也未举证证明其与杨某涛对于工程价款的计算方式另有约定,其主张二审判决该部分认定错误理据不足,本院不予支持。[2]

【案例 14－176】 中豪公司和何某功与建设工程施工合同纠纷再审案

最高人民法院认为,一方面,虽中豪公司主张其系案涉工程的承包人,但其在原审中未提供对案涉工程实际施工的相关资料,就未能提供施工资料的问题其向法庭的陈述亦前后矛盾;保证金票据上虽显示该款项系中豪公司交纳,但其并不持有交款票据的原件;同时其称与何某功之间存在雇佣关系,但并未提供能够证明双方之间存在雇佣关系的任何证据,据此中豪公司主张其对案涉工程进行了施工的证据不足。另一方面,何某功实际签订案涉合同及相关协议,与实践公司(房地产开发方)进行结算,施工过程中的款项往来均在实践公司与何某功之间进行。综合上述情况,原判决认定何某功为案涉工程的实际施工人,事实依据充分,并无不妥。中豪公司认为何某功并非实际施工人的理由不能成立,不予支持。[3]

个案中,由法官根据证据认定实际施工人身份。

---

〔1〕 最高人民法院(2020)民申 5858 号民事裁定书。

〔2〕 最高人民法院(2021)民申 7068 号民事判决书。

〔3〕 最高人民法院(2021)民申 1860 号民事裁定书。

【案例 14－177】 郑某文与河南高速公司建设工程施工合同纠纷再审案

最高人民法院认为，郑某文提交《施工项目经营、管理责任承包合同》《项目安全生产目标责任书》及河南高速公司出具的情况说明来证实其为实际施工人。经审查，郑某文提交的证据仅能证明其与河南高速公司存在合同关系，并不能证明其在签订合同后，就案涉工程自行组织施工、购买材料、发放工人工资等事实，亦未提供证据证明其与河南高速公司之间关于案涉工程款的资金往来情况。案涉工程的施工资料及工程签证中也未出现郑某文的姓名，故一审认定现有证据尚不足以证实郑某文系案涉工程的实际施工人，并无不当，予以维持。[1]

【案例 14－178】 蔡某峰与玉兰公司、金颐公司建设工程施工合同纠纷再审案

最高人民法院认为，首先，玉兰公司与金颐公司就曲沂社区综合服务楼建设项目签订了《建设工程施工合同》，案涉工程的合同相对人为玉兰公司与金颐公司。蔡某峰主张其与金颐公司签订了书面的转包合同，但未提交证据予以证实，蔡某峰以其签订合同为由主张其系实际施工人依据不足。其次，蔡某峰主张其在案涉工程中投入资金43,561,336.38元，但对其主张通过大量现金往来向案涉工程投入资金，未提交充分证据予以证实，故一审、二审法院认为蔡某峰仅以现有的250余万元银行转账证据证实其已经投入资金完成了5000余万元工程依据不足，符合本案客观情况。最后，蔡某峰在申请再审程序中提交的证人证言等证据未满足“足以推翻原判决、裁定的”条件。综上，蔡某峰主张其为案涉全部工程的实际施工人证据不足，原审法院适用法律并无不当，故对蔡某峰再审申请不予支持。[2]

承包方法定代表人的身份究竟是承包方代表还是实际施工人，需要根据履行合同过程中各方面的情况尤其是资金投入的情况来确定。

【案例 14－179】 杨某溪与润泽公司建设工程施工合同纠纷再审案

最高人民法院认为，关于二审法院以证据不足为由驳回杨某溪主张其为案涉工程实际施工人诉讼请求的处理意见是否妥当。杨某溪与金房集团共同出资设立润泽公司，杨某溪曾担任该公司法定代表人、杨某溪亦陈述其与金房集团共享润泽公司融资平台、案涉工程施工合同系借用森鑫公司建筑资质签订以及与森鑫公司签订《协议书》的合同一方是“杨某溪”、案涉工程施工期间均是以项目部的名义进行组织管理、森鑫公司项目部是经由“杨某

[1] 最高人民法院(2021)民申1676号民事裁定书。
[2] 最高人民法院(2021)民申1156号民事裁定书。

溪”负责组建成立、“杨某溪”任项目部经理、项目部主要工作人员的劳务合同由“杨某溪”代表项目部签订并加盖项目部印章等，原审法院据此认为，杨某溪具有自然人和润泽公司股东兼法定代表人的双重身份，其既可以以自然人身份也可以以润泽公司法定代表人身份签订资质借用合同，并组织施工。故在此情形下，不能仅依据以上证据及事实的表面特征，当然地判定杨某溪就是案涉工程的实际施工人，并无不当。事实上，案涉工程项目施工需要大量资金，这些资金是杨某溪个人投入还是其任法定代表人的润泽公司或其关联公司投入，是判断杨某溪签订并履行合同的身份性质的关键。经查，杨某溪没有提供从其个人账户转款给项目部账户的银行转账凭证等直接证据，证明其对案涉工程实际投入了资金，其虽主张提供现金用于项目部发放工资，却未提供相应的银行取款凭证予以证明。另外，杨某溪主张个人实际承包案涉工程施工，但却又称将个人资金出借给公司后再用于工程项目，而不是将自有资金直接转入工程项目部使用，基于本案所述内容，逻辑难以自洽。而金房集团提供证据证明案涉工程的投标保证金1050万元均是其支付的，其中1000万元转作案涉施工合同约定的履约保证金，杨某溪对此并无异议，金房集团亦提供案涉项目费用报销单据以证明案涉项目的相关费用在金房集团的财务上进行了报销等案件事实。杨某溪虽主张金房集团向案涉项目工程的资金支付实际系其与金房公司的借款，与案涉项目无关，但其未提交证据予以证明。因此，原审法院根据《民事诉讼法解释》第一百零八条的规定认为，杨某溪对“其系案涉工程项目实际施工人”的待证事实提供的证据没有达到高度可能性的证明标准，而金房集团提供的反驳证据令该部分待证事实处于真伪不明的状态，故对杨某溪主张其是案涉工程实际施工人的事实不予认定，杨某溪承担举证不能的不利后果，理据充分，本院予以认可。故原审法院经对案件证据予以综合审查并结合全部案件情况后认为，杨某溪请求确认其为履行案涉施工合同的实际施工人，没有事实和法律依据，遂驳回其诉讼请求，并无不当。[1]

实际施工人起诉转包人或违法分包人支付工程款，应当举证证明其与转包人或违法分包人之间存在施工合同关系，如举证不能则其实际施工人身份不能确定。

【案例14－180】　程某强等诉南昌洪恒房地产开发有限公司等建设工程施工合同纠纷再审案

最高人民法院认为，本案再审的争议焦点是程某强是否为涉案工程的实

---

〔1〕 最高人民法院(2021)民申1724号民事裁定书。

际施工人，其起诉是否具备原告主体资格问题。本案发包人洪恒公司将涉案工程通过招投标方式与湾建公司签订了《建设工程施工合同》，由湾建公司承建涉案工程，但事实上湾建公司未设立项目部，亦未施工。程某强起诉主张其为度假公寓楼的实际施工人，对此其并没有提供与洪恒公司或湾建公司之间建立了合同关系的证据。……程某强并无任何与其建立承包合同关系的证据。而根据湾建公司与付某保签订的委托书、洪恒公司与付某保签订的《意向协议书》、洪恒公司与付某保签订的以借款冲抵度假公寓楼工程款的协议书等，并结合湾建公司没有实际施工的事实，原审裁定认定付某保借用湾建公司资质承建度假公寓楼、付某保是实际施工人、程某强并非实际施工人并无不当。虽然南昌市湾里区劳动监察大队出具《关于熊某平等人追讨农民工工资情况的补充说明》，但两份证明中并没有否认付某保委托程某强出面协调处理农民工工资事宜，因此，虽然程某强从洪恒公司处接收部分工程款，但根据前述证据，结合付某保与程某强之间存在的亲属关系，以及程某强认可通过付某保才与洪恒公司联系的事实，表明程某强接收工程款等行为系受付某保的委托或负责工程的管理，并非涉案工程的实际施工人。因此，原审裁定认定程某强不具备原告适格主体资格并无不当。[1]

【案例14－181】 闫某某与新沂市嘉阳建筑安装工程有限公司建设工程施工合同纠纷案

二审法院认为，当事人对自己的主张负有举证责任，本案中，闫某某不能提供充分证据证明其系涉案工程的实际施工人，应承担不利的法律后果。其向嘉阳公司及陈某主张工程款的证据不足，不予支持。理由：(1)闫某某提供其与第三人陈某某签订的协议、嘉阳公司的授权书、施工资质证书等证据，拟证明其系借用嘉阳公司资质承建涉案工程，但第三人陈某某亦提供了授权委托书、其与嘉阳公司签订的施工协议、徐某书写的代领工资的书面材料及闫某某书写的代领工资承诺书等证据，且嘉阳公司对闫某某的实际施工人身份不予认可。(2)闫某某提供了嘉阳公司与嘉利公司签订的施工协议书、嘉利公司代表李某签字的验收材料、收条、电费收据、送货单、收货单等证据，但是嘉阳公司提供了由陈某某签字的其与嘉利公司签订的施工协议，第三人领款的收条及支票存根、进账单等付款凭证，且从闫某某提供的施工协议书、工程签证单、验收意见书、工程预算书等证据看，上述材料上均有第三人陈某某及闫某某的共同签字。李某在一审法院做的调查笔录中对闫某某的实际施工人身份亦予以否认。(3)闫某某提供了有第三人署名的材料款结算单、嘉

〔1〕 最高人民法院(2014)民申字第2058号民事裁定书。

阳公司法人的电话录音等证据,但是第三人陈某某提供了支付工人工资及材料款的收条及李某署名的验收意见书、施工图纸等证据。(4)闫某某提供了证人出庭作证,第三人陈某某亦提供了证人出庭作证。综上,闫某某、嘉阳公司及第三人陈某某为证明自己的观点均提供了证据。嘉阳公司及第三人陈某某提供的证据能够对抗闫某某提供的证据。双方提供的证据的证明力相当,闫某某的证据在本案中不具有证据优势,无法以此认定其为实际施工人并享有工程款的请求权。且闫某某虽然主张陈某某签字的施工协议是虚假的、嘉阳公司与陈某某之间是恶意串通,但是其并无证据证明自己的观点。综上,闫某某的上诉请求不能成立,不予支持。[1]

以实际施工人身份或名义主张权利而举证不能的,则不能认定为实际施工人。

【案例 14－182】　福建省利恒建设工程有限公司与福建省仙游县世和房地产开发有限公司建设工程合同纠纷再审案

最高人民法院认为,本案中,利恒建设公司虽与世和开发公司签订《建设工程施工合同》,但综合本案的相关证据分析,利恒建设公司不能成为涉案诉争工程的实际施工人。首先,利恒建设公司与世和开发公司之间签订的《建设工程施工合同》约定,本合同价款采用包工包料按实结算方式确定,工程预付款按月工程进度预付 80%,每月 30 日之前转账支付等内容。从合同对工程预付款的约定和利恒建设公司的诉讼请求来看,当事人并未按照合同履行相应的义务。其次,陈某峰虽为仙游项目部的负责人,但其工资、节日补贴、出差报销等均由世和开发公司签发或签批报销领款。在一审庭审调查中,陈某峰不能说明仙游项目部的组成人员、财产来源、财物管理情况。相反,世和开发公司在一审、二审过程中提供了银行证明、现金支票、转账支票等证据,证明世和开发公司控制仙游项目部的财务收入与支出管理。陈某峰对仙游项目部的人、财、物没有独立的支配权。最后,涉及诉争工程的《建设工程施工合同》原件、施工图纸与各施工班组签订的分包协议、供货协议、材料支付凭证等证据,为世和开发公司持有。该证据亦可证明涉案诉争工程为世和开发公司对外开展施工,实际履行承建诉争工程的各种义务。此外,世和开发公司持有加盖利恒建设公司公章的空白施工合同、空白施工方案、空白税(费)申报表、空白企业(公司)登记委托书、空白施工方案审批表和施工组织设计(方案)报审表,仙游项目部通过转账支付给利恒建设公司管理费 3 万元,以及证人张某荣、温某禄、刘某清、邵某仲在一审过程中所做的证言等有

---

〔1〕 江苏省徐州市中级人民法院(2013)徐民终字第 0730 号民事判决书。

关情形,进一步佐证世和开发公司为涉案工程实际施工人的事实。利恒建设公司申请再审提供的《工程价款审核书》《工程停工报审表》、150万元的汇款凭证以及世和开发公司在证据清单中"证明对象"的有关表述等证据不足以证明利恒建设公司为涉案诉争工程的实际施工人,不能推翻二审判决认定的事实。[1]

实际施工人身份确认应注意相关证据的问题,其一,监理公司的证词。由于监理公司代表建设方常驻施工现场,监理公司出具的证明可以证实实际施工人的身份。其二,转包人或分包人的证词。转包人或违法分包人最清楚其与实际施工人之间的关系,如其说明或承认也可证明实际施工人身份;多数情况下转包人或违法分包人与实际施工人之间签订经济承包合同,通过分析合同对涉案工程权利义务的约定,也可查清实际施工人的身份。其三,解决纠纷的协议。如在工程施工过程中,发生发包人与承包人之间因工程款支付产生的治安纠纷,或在当地政府有关部门主持下达成因农民工工资支付纠纷的协议,该类协议对各方身份及权利义务往往也有约定。因此,法官在认定实际施工人时,应当以书面证据为主,结合其他证据,形成完整的证据链。

其二,实际施工人施工事实举证。

实际施工人对案涉工程由其施工负有举证证明义务,需提供工程签证单或工程交接验收手续等核心客观证据。

【案例14-183】 王某清与某公司建设工程施工合同纠纷再审案

最高人民法院认为,涉案《建设工程施工合同》不包含消防工程,一审鉴定意见亦无消防工程造价。王某清作为原告主张实际施工消防工程,其应对案涉消防工程由其施工的"法律关系存在"负有举证证明义务,并应达到"高度可能性"标准。本案中,王某清并未提供消防工程签证单或消防工程交接验收手续等核心客观证据,其提交的证据均未能达到直接证明或间接形成链条证明其主张成立的高度可能性。王某清未完成举证证明义务,依法应当承担举证不能的不利后果。[2]

【案例14-184】 湖南省永安建筑股份有限公司与萍乡市兴盛房地产开发有限公司建设工程施工合同纠纷再审案

最高人民法院认为,根据原审查明的事实,《建设工程施工合同》签订后,涉案工程实际由彭某芳进场进行施工,并由彭某芳向永安公司缴纳保证

---

[1] 参见最高人民法院立案一庭、最高人民法院立案二庭编:《立案工作指导》2013年第4辑(总第39辑),人民法院出版社2014年版,第127~136页。

[2] 最高人民法院(2021)民再46号民事裁定书。

金，其不仅负责涉案工程的现场管理，而且所有的工程资料均由其掌握，且在项目施工过程中，涉案设备租赁费、材料费、工人工资均由彭某芳直接支付。可见，涉案工程实际是由彭某芳在进行施工，永安公司并未提交与工程相关的证据材料证明其实际负责涉案工程的施工。在前述证据的基础上，原审法院结合湖南省浏阳市人民法院（2015）浏刑初字第985号刑事判决书中陈述的事实以及相关人员询问笔录，综合判定彭某芳为案涉工程的实际施工人，并无不当。[1]

实际施工人不能举证证明其实际承包施工了涉案工程的，无权向工程发承包主张权利。

【案例14－185】　陈某某与新沂华诚建筑安装工程有限公司、新港商贸城新沂有限公司建设工程施工合同纠纷案

判决观点，原告要主张华诚公司将涉案工程转包由其实际施工，并主张华诚公司支付全部工程款，其不但应举证证明其进行了施工组织和管理，而且要举证证明其实际承担工程建设施工的投资。原告非本案实际施工人，其主张工程款的诉讼主体不适格。……综上所述，原告虽然主张涉案工程由其自行投资，是实际施工人，但该主张与其在涉案工程其他诉讼中的自述及房某某签订的协议书相悖，不符合实际施工人的身份特征，其主张涉案工程款诉讼主体不适格。[2]

其三，挂靠关系事实举证。

如果发生被挂靠人和挂靠人纠纷，则应当由主张存在挂靠关系事实的一方承担举证责任。

对于"发包人明知"的事实举证责任，最高人民法院观点认为应属于挂靠人或者被挂靠人。[3] 一般情况下，挂靠实际施工人很少直接以自己名义参与施工管理，发包人的工程款多数支付给承包人且较少直接支付给实际施工人。这给认定"出借资质"的事实带来困难，更难以认定发包人对此"明知"的事实，除非发包人自愿承认"明知"。通常情况下，被挂靠人较挂靠人更愿意举证证明发包人"明知"，因为一旦认定"明知"，就会认定为挂靠而非转包。

发包人抗辩并不知晓原告系借用资质的实际施工人，并未形成事实合同关系可通过以下内容证明自身"不知晓"具体情况：其一，举示合法的招投标、竞争性谈判文件、中标通知、施工单位承诺。以证明发包人的合同相对方为施工单位，包

---

〔1〕 最高人民法院（2019）民申1307号民事裁定书。

〔2〕 江苏省徐州市中级人民法院（2015）徐民初字第83号民事判决书。

〔3〕 参见最高人民法院民事审判第一庭编著：《最高人民法院新建设工程施工合同司法解释（一）理解与适用》，人民法院出版社2021年版，第87页。

括在施工合同签订前是与施工单位进行接洽、磋商,而非实际施工人。其二,施工单位的保证金缴纳凭证。以证明合同履行的主体为施工单位而非实际施工人。其三,施工单位提供的项目部人员名单。发包人核实是否实际施工人为施工单位项目人员而非独立的施工主体,将实际施工人的身份吸纳入施工单位。其四,直接向施工单位付款的工程款支付凭证以及结算等,以证明发包人的合同相对方为施工单位,从始至终仅与施工单位建立合同关系,产生经济往来。其五,委托授权资料。发包人核实实际施工人是否有施工单位的委托授权资料,以便证明其所有民事行为均代表施工单位而非其本人。

【案例 14－186】 严某华与中兴公司建设工程施工合同纠纷再审案

最高人民法院认为,关于双方是否属于建设工程挂靠关系的问题。中兴公司未提供劳动合同、缴纳社保证明等能够证明与严某华存在劳动合同关系的证据。且严某华个人无工程施工资质,其与中兴公司签订的《内部承包施工合同》《承包协议》明确约定中兴公司只收取固定管理费,严某华承担工程所需的人工、材料采购、机械、管理费等,承担一切风险,中兴公司实际不参与案涉工程的施工以及管理。从《内部承包施工合同》《承包协议》约定及履行情况看,严某华不是中兴公司职工,《内部承包施工合同》《承包协议》不具有企业内部承包经营性质,而是严某华借用中兴公司资质的挂靠行为。[1]

区分真内部承包与假内部承包(转包或挂靠)的关键在于双方是否存在劳动合同关系。

【案例 14－187】 罗某国与维泰公司与建设工程施工合同纠纷案

最高人民法院认为,内部承包区别于转包合同的关键在于双方是否存在劳动合同关系。维泰公司将其承包的案涉工程以签订《责任书》的形式全部交由罗某国施工,在维泰公司不能证明其与罗某国存在劳动合同关系的情况下,原判决将《责任书》认定为转包合同,并无不当。《责任书》因违反《建筑法》第二十八条"禁止承包单位将其承包的全部建筑工程转包给他人"的规定,故原判决依据《建设工程解释》第四条"承包人非法转包、违法分包建设工程或者没有资质的实际施工人借用有资质的建筑施工企业名义与他人签订建设工程施工合同的行为无效"的规定(现参见《建设工程解释(一)》第一条),认定《责任书》无效正确。维泰公司关于《责任书》合法有效的再审申请事由不能成立,不予支持。[2]

挂靠关系下的实际施工人不能证明发包人明知其身份的,无权直接向发包人

〔1〕 最高人民法院(2021)民申 6504 号民事裁定书。
〔2〕 最高人民法院(2021)民申 142 号民事裁定书。

主张权利。

【案例 14－188】　徐某波与中石油丹东分公司、吉林石化公司某某公司建设工程施工合同纠纷再审案

最高人民法院认为，徐某波主张其系挂靠在丹东二建公司名下的实际施工人，与发包人中石油丹东分公司形成事实上的法律关系。但徐某波原审提交的证据不能证明其与中石油丹东分公司形成事实上的法律关系，且中石油丹东分公司、吉林石化公司均不认可徐某波系实际施工人的身份，故徐某波无权直接向发包人中石油丹东分公司主张权利。[1]

【案例 14－189】　重庆瑞昌房地产有限公司与白某强、中信国安建工集团有限公司、刘某刚建设工程施工合同纠纷再审案

最高人民法院认为，中信公司与白某强之间并非挂靠关系，而系转包关系。本案中，中信公司中标在前，白某强与中信公司签订内部承包合同在后，实际施工人白某强并未以承包人中信公司的委托代理人身份签订合同，也没有与发包人瑞昌公司就合同事宜进行磋商，故认定中信公司与白某强为挂靠关系，没有事实依据。因此，二审法院依照《建设工程解释》第二十六条第二款“实际施工人以发包人为被告主张权利的，人民法院可以追加转包人或者违法分包人为本案当事人。发包人只在欠付工程价款范围内对实际施工人承担责任”之规定，认定发包人瑞昌公司在其欠付工程价款范围内对实际施工人白某强承担工程款及利息支付责任，并无不当。裁定：驳回重庆瑞昌房地产有限公司的再审申请。[2]

其四，主张工程款事实举证。

【案例 14－190】　李某生与鑫泰公司建设工程施工合同纠纷再审案

再审法院认为，原审判决鑫泰公司给付李某生案涉工程款 227,600 元是否正确。本案中，李某生主张其于 2015 年 6 月至 11 月 13 日，承包了鑫泰公司开发的海城市蓝湾国际小区的部分楼房大白工程，经鑫泰公司工程部决算，总账工程款为 814,672 元，扣除已付的 587,072 元，尚欠其 227,600 元。李某生为证明其主张，向原审法院提供了双方当事人签订的《大白合同书》、有鑫泰公司现场负责人赵某签名的“工程量确认单”等证据，鑫泰公司虽对前述证据提出异议，但未提供充分的证据来反驳对方的诉讼请求，亦未举证证明案涉工程由他人施工。一审、二审法院根据双方的举证情况及诉辩意

〔1〕　最高人民法院（2021）民申 3259 号民事裁定书。

〔2〕　最高人民法院（2019）民申 729 号民事裁定书。

见,判决鑫泰公司给付李某生主张的案涉工程款227,600元并无不当。[1]

施工合同因将工程整体转包给自然人而无效,有书面证据证明承包人与实际施工人实际为挂靠承包关系,明确表示工程款应支付给实际施工人,故应认定工程款由发包人支付给实际施工人。

【案例14－191】 晨光公司与刘某明与建设工程施工合同纠纷再审案

最高人民法院认为,本案晨光公司与刘某明签订的《项目工程内部承包合同》因将涉案工程整体转包给自然人刘某明而无效。后晨光公司在原二审审理中出具《一二九团新华苑小区·廉住房项目承包中晨光公司与刘某明关系的说明》,载明其与刘某明实际为挂靠承包关系,明确表示工程款应支付给刘某明。故原判决认定涉案工程款应由发包人一二九团支付给实际施工人刘某明并不缺乏证据证明,亦不存在适用法律错误的问题。[2]

实际施工人主张工程款的,需要证明其实际履行情况,应当对其实际投入工程的资金、设备、材料、人工等事实进行举证。作为分包部分的施工人,理应掌握工程量清单、现场签证单、施工日志、确认函等书面文件,但其未能提交相应证据,造成案涉工程造价难以计算。

【案例14－192】 戚某锋与斯某江等建设工程施工合同纠纷案

最高人民法院认为,关于"保证金"是否应退还并支付逾期利息问题。根据《内部工程承包协议》的明确约定,在建设方的总承包合同主要条款有所修改且戚某锋无法接受的情况下,斯某江才负有退还"保证金"的合同义务。从本案已查明的事实来看,戚某锋对案涉工程已施工完毕,以实际行为表明并无拒绝承建工程以及相关条件的情形,亦未提交证据证明本案存在双方约定的应退"保证金"的事由,故戚某锋主张退还保证金缺乏合同依据。另从合同的具体约定判断,案涉"保证金"的法律属性并不明确,亦非工程质量保证金,戚某锋主张斯某江自工程竣工之日退还并支付逾期退还的利息,缺乏更为充分的法律依据。故戚某锋此项上诉请求不能成立,本院不予支持。[3]

12. 付款人承担举证责任

发包人在欠款范围内向实际承包人担责,涉及举证责任分配问题。在此类纠纷案件中,应当充分考虑民事诉讼中"谁主张,谁举证"的举证规则,以及司法解

[1] 辽宁省高级人民法院(2022)辽民申444号民事裁定书。
[2] 最高人民法院(2018)民申859号民事裁定书。
[3] 最高人民法院(2021)民终1268号民事判决书。

释保护实际施工人权益的立法目的，根据不同情况分配相应举证责任。对于发包人是否欠付与欠付工程款举证责任分配，《建设工程解释（一）》未有明确规定。一般认为，对工程价款是否欠付的举证责任，由发包人承担。实际施工人应就转包人全部工程款的数额承担举证责任，发包人应当对其已付工程款数额承担举证证明责任。[1] 笔者认为，首先，实际施工人应当举证证明发包人与转包人或违法分包人之间的工程价款已结算完毕。已经完成结算方能确定发包人应当支付的工程价款金额，而该事实是认定发包人是否存在欠付工程款的基础，欠付应当是一种确定的状态。其次，发包人对于其已付款情况承担举证责任，这虽为是否欠付与欠付范围的抗辩举证，也是此类纠纷争议最多的问题。最后，如果根据现有证据确实无法查清发包人欠付工程款的具体数额时，则由实际施工人承担举证不能的不利后果。

【案例14－193】　徐某某与丰呈公司、春神公司、王某某建设工程施工合同纠纷案

一审法院认为，由于本案系争工程属于擅自搭建建筑物、构筑物的行为，在施工期间被上海市奉贤区南桥镇人民政府作出期限拆除的决定，故停止施工，为此工程已无法继续履行。徐某某要求王某某支付已完工部分的脚手架搭建费用，该部分费用经徐某某和王某某确认，费用合计950,000元，法院对该部分费用予以认可。该款项扣除已付的30,000元，剩余的920,000元徐某某要求由王某某支付，法院予以支持。对于徐某某要求春神公司对王某某的上述款项承担全部连带责任的请求，缺乏事实和法律依据，法院不予采纳。二审法院认为，系争脚手架工程是由王某某分包给徐某某施工，春神公司与徐某某之间不存在合同关系，涉案工程系中途停止施工，春神公司与王某某均确认双方之间尚未结算，故目前尚无法确定王某某已施工部分的工程总价，春神公司是否欠付王某某工程款以及具体的欠付金额，在徐某某未能就春神公司存在欠付工程款进行举证的情况下，其要求春神公司承担连带清偿责任缺乏依据。[2]

在发包人、承包人（转包人、违法分包人或被挂靠人）与实际施工人三者关系中，就何人承担付款义务人而言，前几种人均可以成为付款义务人，均需对于有效付款承担举证责任，证明已支付全部或部分工程款事实。

---

〔1〕 参见杨临萍主编：《最高人民法院第六巡回法庭裁判规则》，人民法院出版社2022年版，第179页。

〔2〕 参见潘福仁主编：《建设工程合同纠纷》（第4版），法律出版社2015年版，第247页。

【案例14－194】　白某与福州建工(集团)总公司等建设工程施工合同纠纷案

二审法院认为,转包人应提供其履行付款义务的直接证据以证明其主张成立,但其在原审举证期限内及庭审阶段均未提供有关付款明细的全部证据,而是在庭后提供单据和财务账册,并单方委托会计师事务所对该部分证据进行财务审计。对该审核意见,实际施工人提出异议,不认可转包人单方委托的审计结论。鉴于转包人提供的相关证据存在诸多质疑,故原审法院多次向其释明,可由法院委托鉴定机构对其提供的单据和财务账册进行司法鉴定,以便对当事人的主张进行进一步的审查认定,但遭其拒绝。原审法院以实际施工人的主张符合常理,转包人的主张无充分证据证明为由,认定已付工程款包括发包人通过第三方支付的款项,并无不当。二审期间,转包人对实际施工人在原审否认的款项,新补强提供了相关凭证,主张是其代为支付实际施工人拖欠的货款,应作为其支付实际施工人的工程款。因转包人不能提供其向其他单位和个人付款或其他单位和个人收款是接受实际施工人委托的相关证据,故其关于付款的主张不能成立,相关权利可另行主张。而转包人代扣水电费及垫付款等向第三人支付的费用,在实际施工人不认可为工程款,不同意直接抵扣的情况下,亦可另行主张。[1]

付款义务人的举证责任还涉及一个问题,付款义务人未向实际施工人直接付款,而是付给第三人,则应证明其付款或该第三人收款得到了实际施工人的委托,否则法院将不认可其付款有效性,其抗辩争议的款项已支付实际施工人事实不能成立。

【案例14－195】　宁夏新月建筑有限公司与刘某豹建设工程施工合同纠纷案

二审法院认为,违法分包人向第三人支付款项,由第三人出具借据,违法分包人主张第三人系实际施工人亲属,在涉案工程施工期间一直以工地负责人的身份出现,其完全可以代表实际施工人收取工程款,其领取的款项即工程款。实际施工人主张领取工程款,应有委托书或书面手续。法院认为,因实际施工人对第三人的身份及收款行为均不认可,违法分包人也未提供有效证据证明第三人领取款项属职务或委托行为,故对其主张不予支持。[2]

---

〔1〕 安徽省高级人民法院(2012)皖民四终字第00113号民事判决书。
〔2〕 宁夏回族自治区高级人民法院(2010)宁民终字第70号民事判决书。

（三）施工合同争议举证采信

1. 证据采信理解

在法官与当事人的交流中，提出证据属于当事人，对证据的采信、事实和法律的判断则属于法官。对原告举证不充分的，法官行使自由裁量权裁定。

从理论上讲，对证据采信就是对证据的判断，就是自由心证的过程。判断证据证明力强弱及其取舍、斟酌，实践中主要凭借法官的自我理性判断，进而对案件事实的认定必须建立在内心深处对自己主观判断确认真实无疑的基础之上。这种自由心证的强度依次分为微弱的心证、盖然的心证、盖然的确信心证和必然的确信心证。这就要求法官必须具有良好的法律知识、社会经验、逻辑推理和道德良知，最大限度地发挥高度盖然性的积极作用，使法律事实尽可能地接近客观事实。

高度盖然性证明标准（优势证据标准），是现行我国民事证据采用的证明标准。该标准意在降低判决事实基础的要求，法官可以借鉴现代自由心证的规则，基于高度盖然性（事物发展的高度概率）认定案件事实，在证据优势基础上形成内心确认，得出待证事实虽还不能排除其他可能性，但十之八九是如此的结论即可认定为法律事实。适用高度盖然性标准需要注意以下几点：其一，不能违背法定的证据规则。其二，不能主观臆断。其三，必须达到确信的程度。其四，不允许仅凭微弱的证据优势认定案件事实。其五，要求最终认定的证据能够形成完整的证据链，得出唯一的证明结论。

法官应当在审查施工合同、交付凭证等直接证据形式上的真实性、合法性、关联性之外，还应当根据证据取得的方式、证据形成原因、证据形式、证据提供者情况及与案件的关系等，对证据的证明力进行审查和判断，并对比双方当事人提供证据的证明力大小，按照民事诉讼证据盖然性标准，形成内心确信，作出最终采信认定。

法官在审查证人证言时，应当严格按照《民事诉讼法》、《民事诉讼法解释》和《民事证据规定》等规定进行，特别是对于客观证据较为薄弱的案件，更要注意甄别证人证言的真实性、合法性。在认定证人证言时，还可以灵活运用对质等方法，以便更好地查清案件事实。

在民事案件中，法官职权的介入及心证的运用一般发生在当事人的证明方法皆已穷尽的情形之下，因法官无法以事实不清为由拒绝裁判，此时案件进展的推动力由当事人转至法官。民事诉讼待查的事实均系既往事件，法官审理案件只能立足过去,依据证据认证规则衡量各方当事人提交的证据,据此认定案件事实,并对案件进行裁判,这个过程是法官心证产生的过程。法官须依照逻辑规律和经验法则对证据的证明力进行分析判断。实践中,法官主要依据自身的经验法则,结合当事人本人的陈述,以及对细节的反复推敲,运用高度盖然性的证明标准,最终达到自身的内心确信。并在判决说理部分对争议焦点进行充分、合理、合情的阐述,展示其行使自由裁量权的过程,使其采信证据确认争议事实让当事人接受,实现判决达到定分止争的目的。

【案例 14-196】 黄某德、林某、张某彬与贵州申安盘南投资有限公司、重庆市德感建筑安装工程有限公司、六盘水盘南产业园区管理委员会建设工程施工合同纠纷再审案

最高人民法院认为,《建设工程解释(二)》第二十四条规定:“实际施工人以发包人为被告主张权利的,人民法院应当追加转包人或者违法分包人为本案第三人,在查明发包人欠付转包人或者违法分包人建设工程价款的数额后,判决发包人在欠付建设工程价款范围内对实际施工人承担责任。”据此,实际施工人要求发包人承担支付工程款的前提是发包人欠付承包人工程款,进而需要认定发包人与承包人之间的工程款结算事实。本案中,2015 年盘州市人民政府、申安盘南公司、德感公司三方签订的《BT 补充协议》第五条(一)项目回购 2. 项目回购期约定,“该项目竣工决算、审计结束进入回购期。审计须在 3 个月内完成,即乙方(德感公司)将决算报告提交至甲方后 3 个月未完成审计,视为已经完成审计程序,并暂按决算金额直接进入回购”。第六条约定,“……(二)在工程竣工后的 1 个月内,由乙方申请竣工验收,甲方在收到乙方竣工验收申请后 28 个工作日内完成竣工验收,竣工验收合格后乙方应依照相关法律规定向甲方移交全部资料和工程”。申安盘南公司与德感公司签订的《施工合同书》第五条 5.5.2 约定,“严格按照施工规范及《附件四》(2013 年盘南园区管委会与德感公司签订《建设工程施工合同》)关于承包人工作的规定程序、标准完成施工内容,并按规定提交完整的竣工验收资料和全部的工程造价文件”。现各方当事人均确认德感公司未一直未提交竣工验收资料,且验收资料由德感公司掌握,以上原因导致案涉工程截至目前仍未验收。另外,案涉工程尚有部分工程未完工,且存在工程质量问题。黄某德一方以工程质量验收会议结论原件、工程结算审核定案表原件、会议签到册原件以及现场照片等作为再审新证据,主张案涉工程已结算并竣工验收合格投入使用。但上述证据材料作为结算依据与前述多份合同约定不符,缺乏作为竣工结算资料的合同依据。故上述证据不能推翻二审判决关于“未有证据证明申安盘南公司与德感公司对案涉工程款已有结算”的认定。另外,实际施工人并非合法的工程施工主体,其虽然有权突破合同相对性向发包人主张债权,但其享有的权利不能优于承包人,其权利的行使要受到发包人与承包人之间约定的限制。《BT 补充协议》第七条约定,“本协议签订之前,因本工程产生的债权债务由乙方自行解决”。该约定对实际施工人发生效力。2015 年 12 月 23 日德感公司与申安盘南公司签订的《施工合同书》也是基于《BT 补充协议》而签订的,即申安盘南公司在此时成为案涉工程发包人,且只对此后的债权债务负责。黄某德一方大部分工程的完成时间在 2015 年 12 月 23 日之前,其无法举证证明在该时间节点前后两个阶段所完成的具体工程量。况且,在德感公司一直缺席本案诉讼的情形下,已付工程款金额完全出于黄某德一方自认。因此,即使能够确定申安盘南公司欠付德感公司的工程款金额,也无法确定申安盘南公司应向黄某德一方支付的工程款金额。从已查明的事实来看,黄某德一方向二审法院申请调取的证据并不影响对案涉项目未结算事实的认定,二审法院未准许调取另案证据并无不当。黄某德一方未提交任何证据证明欠付农民工工资,也没有证据证明二审判决实际上损害了农民工利益。综上,黄某德、林某、张某彬的再审申请不符合《民事诉讼法》第二百条之情形。裁定:驳回黄某德、林某、张某彬的再审申请。[1]

2. 被告抗辩证据判断标准

被告抗辩证据达到何种判断标准是疑难问题。一般认为,被告证明自己抗辩主张的证明标准,不应当适用一般举证所需要的高度盖然性标准。在诉讼中,只要被告举示的抗辩证据能够证明抗辩主张的合理性和可能性,动摇法官对原告、被告双方存在借贷合意的确信,应视为被告完成抗辩举证义务,即便未达到高度盖然性标准,亦不影响其证据不能成立抗辩主张。在具体案件审理中,法官可以结合个案特点,综合考虑原告、被告双方之间的关系等案件相关事实,来评判被告举示的证据能否证明其抗辩主张的合理性和可能性,并在此基础上界定其内心对借贷合意的确信是否因被告举示的证据而发生动摇,同时对被告抗辩是否完成了举证义务作出判断。换言之,被告抗辩证据判断标准要低于盖然性证明标准。

【案例 14-197】　河北建设公司与世邦公司建设工程施工合同纠纷案

最高人民法院认为,河北建设一审提交的双方所签《协议》、云南建工钢结构有限公司向河北建设报送的《工作联系函》、云南省昆明市中级人民法院(2017)云 01 民终 7304 号民事判决、《工地例会纪要》等证据,可以证明停工事实客观存在,但不足以证明实际停工天数或具体损失金额。因双方所签《协议》中载明项目停工系“因世邦公司未按时支付工程款”,停工至承包人

---

〔1〕 最高人民法院(2021)民申 3407 号民事裁定书。

撤场前因机械设备租赁等必然产生费用,故世邦公司应当支付河北建设一定的停工损失。由于河北建设无法举证证明何时退场,其主张的243天又显著超出确定无法复工后及时退场止损的合理期限,故本院酌定河北建设应在30天内退场,世邦公司支付河北建设停工损失180万元(6万元/天×30天)。[1]

个案中,法官根据具体案情行使自由裁量权采信证据。

【案例14-198】 通州建总公司与中服公司建设工程施工合同纠纷案

最高人民法院认为,关于钢管、扣件、油托等2015年1月1日至2017年5月的租赁费698,312元。根据查明的事实,案涉工程于2013年1月1日起停工。2013年12月,中服公司与通州建总公司对施工现场已加工及未加工材料数量进行清点确认,2014年1月15日,通州建总公司同意杰信公司对案涉工程造价进行审定。通州建总公司应知案涉工程复工困难,应采取适当措施降低损失,原判决认为通州建总公司负有减轻损失的义务,对于扩大的损失不能要求赔偿,据此认定钢管、扣件、油托等租赁费应计算至2014年12月底,2015年11日至2017年5月的租赁费不应计入工程款,并无不当。关于停工后管理人员遣散费工资、看护费损失6,612,570元。根据查明的事实,通州建总公司提交的中宇广场一、二标段管理人员、保安人员工资表系单方制作且未提交付款凭证等证据。针对停工后的看护费问题,中服公司提交的呼和浩特市大禹水文勘测有限公司证明、内蒙古建筑勘察设计研究院勘测有限责任公司见证单、现场人员签到表,证明现场仅有两名看护人员。通州建总公司主张赔偿损失6,612,570元,依据不足,原判决未予以支持,并无不当。关于一标段D号楼人员遣散费65万元。通州建总公司提交的遣散费结算单及收据等不能充分证明是涉案工程的遣散费损失,通州建总公司请求该项损失的证据不足。[2]

【案例14-199】 明辉公司与澳派公司建设工程施工合同纠纷再审案

最高人民法院认为,关于澳派公司应否支付现场设备、停工期间人员工资、钢筋降价抵用工程材料款、项目部办公生活用房及设备闲置、辅材、室外景观、房建安装工程材料等损失共计5,104,066.13元的问题。经查,上述损失的证据来源主要为明辉公司制作的统计表、与其他劳务公司签订的协议、收条和销售清单等复印件。人员工资损失、工程款降价损失、辅材损失等为明辉公司单方制作;项目部办公生活用房及设备闲置损失为云南乾胜建筑劳

〔1〕 最高人民法院(2020)民终144号民事判决书。
〔2〕 最高人民法院(2020)民终383号民事判决书。

务有限公司提供，明辉公司并未提交有效的付款凭证。一审中，经人民法院释明后明辉公司不同意对案涉工程进行鉴定，故二审法院关于明辉公司承担该部分损失举证不能的认定并无不当。[1]

3. 证据判断处理

当事人因另案结果于己不利而自我否定已获法院支持的本案主张，有违诉讼诚信原则。

【案例14－200】　申某某诉重庆某建设公司、盘州某房产公司等建设工程施工合同纠纷案

最高人民法院认为，当事人仅对一审法院未获支持的诉讼请求具有上诉利益，有权对该部分诉讼请求提出上诉。在一审法院审理中，如果当事人所作陈述不存在重大误解或受欺诈、胁迫等情形的，应当认定为其真实意思表示。当事人因另案结果于己不利而自我否定已获一审法院支持的本案主张，有违诉讼诚信，人民法院不予支持。[2]

再审申请人在原审中拒不提交证据的民事制裁。

【案例14－201】　湘潭市某某公司诉广东某某公司建设工程合同纠纷再审案

再审法院认为，当事人在一、二审经法院释明拒不提交相关证据，后又以新证据为由申请再审，导致案件改判的，应当按照民事诉讼法有关规定，对其证据予以采信的同时，对其再审才提交证据的行为给予民事制裁。[3]

---

〔1〕 最高人民法院(2019)民再324号民事判决书。

〔2〕 人民法院案例库2023－07－2－115－007。最高人民法院(2021)民终727号民事判决书。

〔3〕 人民法院案例库2023－16－2－115－016。广东省广州市中级人民法院(2015)穗中法审监民再字第11号民事判决书。